Geschichte der Stadt Ludwigshafen am Rhein

Band I

Geschichte der Stadt Ludwigshafen am Rhein

Band I

Von den Anfängen bis zum Ende des Ersten Weltkrieges

Herausgegeben
von Stefan Mörz und Klaus Jürgen Becker
Stadtarchiv Ludwigshafen am Rhein

Gestaltung von
Schutzumschlag, Überzug und Typolayout
Hans-Joachim Kotarski

Druck und buchbinderische Verarbeitung dieses Bandes
sind ein Geschenk der ›Rheinpfalz‹, Ludwigshafen, zum
150jährigen Jubiläum der Stadt Ludwigshafen am Rhein

Gedruckt auf geglättetem, säurefreiem, chlorfreiem und
alterungsbeständigen Werkdruckpapier

Satz und Bildbearbeitung
Llux Datenverarbeitung GmbH, Ludwigshafen am Rhein

Druck und buchbinderische Verarbeitung
Westermann Druck Zwickau GmbH

ISBN: 3-924667-35-7

STADT
LUDWIGSHAFEN
AM RHEIN

gewidmet
den einwohnern der stadt

Dr. Eva Lohse
Oberbürgermeisterin
der Stadt Ludwigshafen am Rhein

Grußwort

150 Jahre Ludwigshafen: Das ist ein Grund zum Feiern, das ist für uns aber auch Anlaß zu Rückblick und Ausblick. Dem Rückblick dient die vorliegende Stadtgeschichte. Sie ist aber auch die notwendige Grundlage für den Ausblick. Denn bevor wir darüber nachdenken, wohin wir gehen, müssen wir zunächst wissen, woher wir kommen. Stadtjubiläen bieten deshalb auch immer eine willkommene Gelegenheit zur Selbstvergewisserung.

Unser Nachbar Frankenthal feierte im vergangenen Jahr 425 Jahre Stadtrechte. In unserer Schwesterstadt Mannheim haben bereits die ersten Vorbereitungen für das 400jährige Jubiläum 2007 begonnen. Speyer konnte schon 1990 auf eine zweitausendjährige Geschichte zurückblikken. Dagegen wirken 150 Jahre Ludwigshafen auf den ersten Blick fast ein wenig unscheinbar. Aber dieses Jubiläum ist etwas Besonderes.

Ludwigshafen am Rhein ist die einzige erfolgreiche Stadtgründung des 19. Jahrhunderts im deutschen Binnenland. Die rasante Entwicklung von der unscheinbaren Handelsniederlassung in der Rheinschanze zur pulsierenden Großstadt geschah innerhalb weniger Jahrzehnte. Der Prozeß der Stadtwerdung, der sich anderen Orts über sehr lange Zeiträume erstreckte, vollzog sich hier innerhalb einer Generation. Die Geschwindigkeit dieses Prozesses wurde schon von den Zeitgenossen mit dem rasanten Wachstum amerikanischer Städte verglichen.

Als „Seestadt auf dem Lande" hat der in Ludwigshafen geborene Philosoph Ernst Bloch seine Heimatstadt bezeichnet: „fluktuierend, aufgelockert, am Meer einer unstatischen Zukunft". Die Geschichte der Gründung und Entwicklung Ludwigshafens ist die Geschichte von Menschen, die dieses „Unstatische" nicht als Bedrohung gesehen haben, sondern als Chance, die diese Chance nutzen wollten und sich deshalb auf das „Meer" der Zukunft hinausgewagt haben. Natürlich ist die Geschichte Ludwigshafens auch eine Geschichte politischer, wirtschaftlicher und sozialer Stürme. Aber alles in allem ist dieses Wagnis Ludwigshafen geglückt, und deshalb ist der Rückblick auf unsere Geschichte auch eine große Ermutigung für den Ausblick in die Zukunft.

Zum ersten Mal hat Ludwigshafen nun eine wissenschaftlichen Ansprüchen genügende Stadtgeschichte. Mein Dank gilt allen, die zur Entstehung dieses Werkes beigetragen haben: den Mitgliedern des Stadtrats, die das Projekt 1997 auf den Weg gebracht haben, den beiden Herausgebern, den Autorinnen und Autoren, den Buchgestaltern, den Lektoren und den Druckern, insbesondere aber der Tageszeitung ›Die Rheinpfalz‹, ohne deren großzügige Unterstützung die Veröffentlichung der Stadtgeschichte in dieser Form nicht möglich gewesen wäre.

Ich wünsche der Geschichte der Stadt Ludwigshafen am Rhein zahlreiche interessierte Leserinnen und Leser und diesen eine anregende und angenehme Lektüre. Tauchen Sie ein in vergangene Zeiten, erleben Sie 150 Jahre wirtschaftlichen, sozialen und kulturellen Wandel. Entdecken Sie eine junge und lebenswerte Stadt, in der Fortschritt Tradition hat.

Eva Lohse

Der weg zur stadtgeschichte

eine einleitung

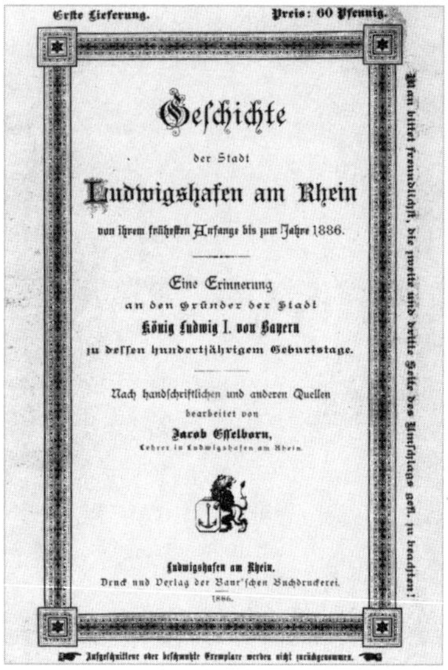
Erste Lieferung. Preis: 60 Pfennig.

Geschichte
der Stadt
Ludwigshafen am Rhein
von ihrem frühesten Anfange bis zum Jahre 1886.

Eine Erinnerung
an den Gründer der Stadt
König Ludwig I. von Bayern
zu dessen hundertjährigem Geburtstage.

Nach handschriftlichen und anderen Quellen
bearbeitet von
Jacob Esselborn,
Lehrer in Ludwigshafen am Rhein.

Ludwigshafen am Rhein.
Druck und Verlag der Baur'schen Buchdruckerei.
1886.

Man bittet freundlichst, die zweite und dritte Seite des Umschlags gefl. zu beachten!

Aufgeschnittene oder beschmutzte Exemplare werden nicht zurückgenommen.

Die erste in Buchform veröffentlichte Geschichte der Stadt Ludwigshafen 1886 [1]

Postkarte zum 50jährigen Jubiläum der Stadt Ludwigshafen 1903 [2]

Ludwigshafens Entwicklung stehe in Deutschland „einzig" da und müsse „kurzweg amerikanisch" genannt werden. Mit diesen Worten rechtfertigte Bürgermeister Krafft im Jahr 1903 die Herausgabe der anläßlich des fünfzigjährigen Gemeindejubiläums in einem repräsentativen Jugendstilgewand erschienenen ›Geschichte der Stadt Ludwigshafen‹.[1]

Krafft nannte das Buch eine ›Gedenkschrift‹ – und dies traf den Charakter des Werks auch mehr als der Ausdruck ›Geschichte‹. Denn das innerhalb weniger Monate entstandene Buch war keine fortlaufende historische Darstellung,[2] sondern eine ›Leistungsschau‹ vor allem der städtischen Verwaltung und der Industrie der Stadt. Deren Vertreter berichteten voller Optimismus vom dauernden Aufstieg des neuen Gemeinwesens. Probleme kamen nur als Beispiele für im Geist des technisch-wissenschaftlichen Fortschritts gelöste bzw. zu lösende Herausforderungen vor; politische, soziale und gesellschaftliche Konflikte existierten nicht. Demzufolge zeigte die überaus reichhaltige Bebilderung auch vor allem technische und Industriebauten und die städtischen Honoratioren. Die Unterschichten der Stadt erschienen nie. In dem von ihr selbst gesteckten Rahmen enthält die ›Gedenkschrift‹ allerdings eine Fülle von Informationen zur frühen Geschichte der Stadt, die in aller Regel exakt recherchiert und zuverlässig sind.

Schon vor 1903 war Ludwigshafen zweimal Gegenstand von ausführlichen Darstellungen gewesen, die sich mit ihrem liberal-optimistischen Grundtenor nicht wesentlich von der ›Gedenkschrift‹ des Jahres 1903 unterscheiden. Bereits 1868 hatte der Baumeister des frühen Ludwigshafen, Josef Hoffmann, in den ersten Nummern der neuentstandenen ersten Lokalzeitung der Stadt, des ›Ludwigshafener Anzeigers‹, eine ›Geschichte des Handelsplatzes Ludwigshafen‹ veröffentlicht.[3] Ihre Herausgabe sei, so Hoffmann, ein Freundschaftsdienst für den Herausgeber August Lauterborn gewesen,[4] der es seinerseits nicht versäumte, in seinem Blatt die Kandidatur Hoffmanns für das Amt des Bürgermeisters eifrig zu fördern.

Aufbauend auf dieser Arbeit Hoffmanns veröffentlichte der Ludwigshafener Hauptlehrer und erste – noch nebenamtliche – Leiter der

Anmerkungen
Seite ii und iii

1. *Geschichte der Stadt Ludwigshafen am Rhein. Entstehung und Entwicklung einer Industrie- und Handelsstadt in fünfzig Jahren. Mit einem geschichtlichen Rückblick. Aus Anlaß des 50-jährigen Bestehens der Stadt Ludwigshafen am Rhein herausgegeben vom Bürgermeisteramt, Ludwigshafen, Verlag Waldkirch 1903*
2. *abgesehen von einigen einführenden Kapiteln zur Geschichte der Rheinschanze, die auch ausdrücklich als „geschichtlicher Teil" des Werks bezeichnet wurden*
3. *Ludwigshafen am Rhein, früher Rheinschanze, mit den nun zur Stadt gehörenden Hemshöfen und der Gräfenau. Von ihrer frühesten Erinnerung bis zum Jahre 1868, in: ›Ludwigshafener Anzeiger‹, 2.1.—11.2.1868 (Kopie erhalten in StALu, Ze 163/1)*
4. *›Ludwigshafener Anzeiger‹, 11.2.1868*
5. *Loschky über das Leben Esselborns, in: StAnz., 15.11.1969*

EINLADUNG
ZUR FEIER DES
75 JÄHRIGEN
BESTEHENS DER STADT
LUDWIGSHAFEN A. RH.
AM 15TEN APRIL 1928,
VORMITTAGS 11 UHR,
IM GROSSEN SAAL DES
VEREINSHAUSES DER
I. G. FARBENINDUSTRIE

Ludwigshafen a. Rh., im März 1928

DIE STADTVERWALTUNG:
Dr. Dr. WEISS, Oberbürgermeister

Einladung anläßlich der 75-Jahr-Feier der Stadt Ludwigshafen 1928 [3.1]

DEUTSCHLANDLIED

Deutschland, Deutschland über alles
Über alles in der Welt,
Wenn es stets zu Schutz und Trutze
Brüderlich zusammenhält.
Von der Maas bis an die Memel,
Von der Etsch bis an den Belt,
Deutschland, Deutschland über alles,
Über alles in der Welt!

Deutsche Frauen, deutsche Treue,
Deutscher Wein und deutscher Sang
Sollen in der Welt behalten
Ihren alten schönen Klang,
Uns zu edler Tat begeistern,
Unser ganzes Leben lang!
Deutsche Frauen, deutsche Treue,
Deutscher Wein und deutscher Sang!

Einigkeit und Recht und Freiheit
Für das deutsche Vaterland!
Danach laßt uns alle streben
Brüderlich mit Herz und Hand!
Einigkeit und Recht und Freiheit
Sind des Glückes Unterpfand,
Blüh' im Glanze dieses Glückes,
Blühe, deutsches Vaterland!

VORTRAGSFOLGE

LANDESSYMPHONIE-ORCHESTER · LEITUNG
GENERAL-MUSIKDIR.
PROFESSOR E. BÖHE
FESTMARSCH R. WAGNER

FESTREDE
OBERBÜRGER-MEISTER
Dr. Dr. WEISS

ANSPRACHEN

BEETHOVENCHOR
LEITUNG FR. SCHMIDT
DAS HALLELUJAH
AUS DEM ORATORIUM
MESSIAS VON HÄNDEL

Programm des Festaktes 1928 [3.2, 3.3]

Stadtbücherei, Jacob Esselborn (1841—1900), in den Jahren 1886 bis ca. 1890 in einzelnen, jeweils etwa 50 Seiten umfassenden und 60 Pfennig teuren Lieferungen[5] eine umfangreiche ›Geschichte der Stadt Ludwigshafen am Rhein‹.[6] Anlaß war nach seinen Angaben der 1886 begangene 100. Geburtstag des Namensgebers der Stadt, König Ludwigs I. von Bayern. Neben gedruckten Quellen benutzte Esselborn bereits die Ratsprotokolle sowie weitere Akten in den Registraturen der Kommunalverwaltungen Ludwigshafens und Mundenheims, der Pfarrämter und des Hauptzollamts.

Die in der ›Gedenkschrift‹ von 1903 gewählte Grundform einer offiziösen Behandlung der Entwicklungslinien des jungen Gemeinwesens – die Spitzen der städtischen Verwaltungsbehörden bzw. des öffentlichen Lebens berichten über ihre jeweiligen Tätigkeitsfelder – blieb charakteristisch für die aus Anlaß verschiedener Jubiläen publizierten weiteren Darstellungen. Im Vorfeld der 75-Jahr-Feier der Gemeinde erschien 1927 in der vom ›Verein für Kommunalwirtschaft‹ herausgegebenen Reihe ›Monographien deutscher Städte‹ ein Band über Ludwigshafen, „die jüngste deutsche Großstadt".[7] Zum 100jährigen Gemeindejubiläum 1953 brachte die Stadtverwaltung eine ganz ähnlich strukturierte ›Festschrift‹ heraus.[8] Und das 100jährige Jubiläum der Stadtrechte 1959 wurde mit einem wiederum von der Verwaltung betreuten Ludwigshafen-Band in der vom Kuwe-Verlag unter dem Titel ›Deutschland baut auf‹ herausgegebenen Serie deutscher Stadtportraits gewürdigt.[9]

Die Darstellungen der Jahre 1927 und 1959 wurden von umfangreichen Firmenanhängen ergänzt, die informative Portraits der Ludwigshafener Unternehmen und ihrer Geschichte boten. Das im Geist der Wiederaufbauzeit entstandene Werk von 1959 enthielt außerdem einen großen Bildteil, der die Lebendigkeit und Schönheit der wiedererstandenen Stadt dokumentieren sollte.

Allen diesen Werken gemein war eine starke Betonung der Leistungen und Probleme der Gegenwart. Der durchgängig angewandte „Grundsatz, diese Darstellungen nur von durchaus erfahrenen, in der Praxis stehenden Männern schreiben zu lassen" – so das Vorwort der

Anmerkungen
Seite ii und iii cont.

6 *Geschichte der Stadt Ludwigshafen am Rhein von ihren frühesten Anfängen bis zum Jahre 1887. Eine Erinnerung an den Gründer der Stadt, König Ludwig I. von Bayern, zu dessen hundertjährigem Geburtstage. Nach handschriftlichen und anderen Quellen bearbeitet von Jacob Esselborn, Lehrer in Ludwigshafen am Rhein, Ludwigshafen, Baursche Buchdruckerei 1886*

7 *Die Stadt Ludwigshafen, herausgegeben von Oberbürgermeister Dr. Dr. Christian Weiß, Dr. Albert Zwick, Direktor des Amtes für Wirtschaft und Statistik, und Erwin Stein, Berlin-Friedenau, Generalsekretär des Vereins für Kommunalwirtschaft und Kommunalpolitik; Monographien deutscher Städte. Darstellung deutscher Städte und ihrer Arbeit in Wirtschaft, Finanzwesen, Hygiene, Sozialpolitik und Technik, Bd. XXI, Berlin 1927*

8 *100 Jahre Ludwigshafen am Rhein. Herausgeber Stadtverwaltung Ludwigshafen am Rhein, Ludwigshafen, Rheinpfalz Verlag o.J. [1953]*

9 *Ludwigshafen am Rhein. Stadt der Chemie. Herausgeber Stadtverwaltung Ludwigshafen am Rhein; Deutschland baut auf. Eine Folge deutscher Städte- und Landschaftsbilder von gestern und heute, hg. Wolfgang Arnim Nagel, Hanau, Kuwe-Verlag 1959*

Plakat mit dem Programm des Festaktes zur 100-Jahr-Feier 1953 [4]

Anmerkungen
Seite iv und v

10 *125 Jahre Stadt Ludwigshafen. Festschrift der Stadt Ludwigshafen, hg. Rheinpfalz-Verlag und Druckerei-GmbH, Ludwigshafen 1984*

11 *Prot. Finanzausschuß, 14.11.1927 (StALu, PA I 121)*

12 *in der Bibliothek des Stadtarchivs*

13 *vor allem die beiden Werke des späteren Stadtarchivars Emil Nesseler zur Geschichte der Hemshöfe und der Rheinschanze*

›Monographie‹ von 1927 – führte dazu, daß die Geschichte oft nur in kleinen, eher anekdotischen Artikeln abgehandelt wurde oder vorzugsweise dazu diente, die Leistungen der betreffenden Amtsträger in möglichst hellem Licht zu präsentieren. Und gleichgültig, ob die Bücher in der Weimarer Zeit oder den Nachkriegsjahrzehnten verfaßt wurden – die Zeit des Kaiserreichs wurde nunmehr abgewertet oder in heimattümelnden Beiträgen sentimental verniedlicht. Allenfalls die vergangenen Leistungen der Großindustrie wurden positiv gewürdigt.

Zu den Gemeinde- und Stadtjubiläen 1979 und 1984 brachte die Tageszeitung ›Die Rheinpfalz‹ jeweils große Beilagen heraus, die in einem bunten Mix historische und gegenwartsbezogene Beiträge, Firmenportraits und Betrachtungen zur zukünftigen Entwicklung von Stadt und Region enthielten. Zu den Verfassern zählten neben Journalisten und Industriellen auch die damaligen Stadtarchivare. Erstmals erschien hier auch ein Artikel zur politischen Geschichte der Stadt. Die Mehrzahl der Beiträge wurde 1984 von der ›Rheinpfalz‹ zu einer kleinen ›Festschrift‹ zusammengefaßt.[10]

Titel der von der ›Rheinpfalz‹ 1984 veröffentlichten Sammlung von Artikeln zu den Stadtjubiläen 1978 und 1984 [5]

Das Fehlen einer wirklich historischen Darstellung, die auch politische und gesellschaftliche Entwicklungen mit in den Blick nahm, wurde schon 1927 vom Stadtrat als gravierender Mangel empfunden. Er beauftragte den Dozenten für Geschichte an der Mannheimer Handelshochschule, Max Springer, mit der Anfertigung eines zweiten Bandes der ›Geschichte der Stadt Ludwigshafen‹, der die Jahre 1903 bis zum Stadtjubiläum 1928 umfassen sollte.[11] Springer hat dieses Werk in der Tat verfaßt, und es ist als Manuskript erhalten.[12] Veröffentlicht wurde es jedoch nie. Über die Gründe kann nur spekuliert werden: Der Autor, der für seine Kampfschriften gegen die französische Besatzung bekannt war, legte auch in seiner Stadtgeschichte großen Wert auf die Darstellung der Besatzungsherrschaft, was sie möglicherweise nach dem Abzug der Franzosen Mitte 1930 rasch veralten ließ. Auch könnte die Weltwirtschaftskrise dem Projekt die finanzielle Grundlage entzogen haben. Die nationalsozialistische Stadtverwaltung, die sich ansonsten die Förderung einer in ihrem Sinn interpretierten Heimatgeschichte sehr angelegen sein ließ, veröffentlichte zwar einige kleinere Werke[13] und 1939 zum

80jährigen Stadtjubiläum eine Sonderausgabe des von dem ehemaligen ›Arbeiterdichter‹ Josef Lenhard verfaßten Novellenbandes ›Ein Kamm aus Elfenbein‹ unter dem Titel ›Stadt der Arbeit‹. Vorangestellt wurden einige gegenwartsbezogene Sachartikel, die „von Männern der Partei, der Stadtverwaltung, der Wirtschaft und der Chemie" aus Anlaß des Stadtjubiläums in der NS-Zeitung ›NSZ-Rheinfront‹ veröffentlicht worden waren.[14] Eine größere historische Darstellung entstand jedoch nicht.

Noch 1953 beklagte das Vorwort der ›Festschrift‹ zum 100jährigen Gemeindejubiläum, daß „in einer jungen Stadt mit einem so ausgesprochen industriellen Gepräge sich nur ein kleiner Kreis von Persönlichkeiten wissenschaftlich mit den Problemen der Vergangenheit auseinandergesetzt hat". Heute, im Jahr des 150jährigen Gemeindejubiläums, kann von einem solchen Mangel keine Rede mehr sein. Zwar gibt es weiterhin noch zahlreiche Aspekte der Ludwigshafener Geschichte, die einer genauen Aufarbeitung harren. Doch in den vergangenen Jahrzehnten wurde das Stadtarchiv Ludwigshafens systematisch aufgebaut und die reiche und weitgehend von Kriegszerstörungen verschonte Überlieferung der Stadt für die öffentliche und wissenschaftliche Nutzung zugänglich gemacht.[15] Eine große Zahl von überwiegend jungen Forschern hat diese Chance ergriffen, um vor allem die Zeit des Kaiserreichs und Aspekte des Nationalsozialismus aufzuarbeiten. Gerade die junge Industriestadt fand das Interesse der Sozialgeschichte, und die politische Entwicklung ist ausführlich behandelt worden.

So konnte sowohl, was den Forschungsstand anging, als auch in Bezug auf das Vorhandensein geeigneter Autoren auf einem soliden Fundament aufgebaut werden, als 1995 aus dem Kreis der Stadträte die Idee auftauchte, anläßlich der 50. Wiederkehr demokratischer Verhältnisse in der Kommunalverwaltung eine ›Geschichte des Ludwigshafener Stadtrates‹ zu verfassen. Es ist das Verdienst des damaligen Stadtarchivleiters Dr. Willi Breunig, darauf hingewiesen zu haben, daß aufgrund der ›Allzuständigkeit‹ der Kommunalverwaltung eine solche Arbeit praktisch gleichbedeutend mit einer Stadtgeschichte werden müsse und es sich daher – auch im Hinblick auf das Stadtjubiläum 2003 – anbiete, von Anfang an eine solche Gesamtdarstellung anzustreben. Im Juli 1997 erteilte der Stadtrat dem Projekt einer umfassenden Stadtgeschichte, der ersten für Ludwigshafen überhaupt, seine einstimmige Zustimmung.

Um die Stadtgeschichte zugleich zu einem fundierten Standardwerk und zu einem lesbaren Buch für den historisch interessierten Bürger zu machen, wurden vorzugsweise in der Region verwurzelte, meist durch vorherige Publikationen mit der Stadt vertraute Historiker gebeten, als Autoren an der Erstellung des Werks mitzuwirken. Denn sie können sowohl die Einordnung der Geschichte Ludwigshafens in die Forschungsdiskussion und die nationalen Gesamtbezüge leisten wie auch das illustrative Detail und den Bezug zu den örtlichen, den in und um die Stadt lebenden Lesern vertrauten Gegebenheiten bieten. Bei der Strukturierung der Stadtgeschichte wurde eine chronologische Einteilung in Epochen bevorzugt, um dem einzelnen Autor die Möglichkeit einer abwägenden Gesamtdarstellung zu geben.

So wird der Leser in 18 Kapiteln mit dem Schicksal der Stadt bekannt gemacht. Dabei wird auch die Geschichte des Raums Ludwigshafen bis zur Gemeindegründung und der Randgemeinden der Stadt bis zu

Anmerkungen
Seite vi und vii

14 Stadt der Arbeit. 80 Jahre Ludwigshafen am Rhein. Einfache Geschichten aus Werkhallen und Versuchsräumen von Josef Lenhard, Potsdam o.J. [1940]

15 Auch andere Archive, die unentbehrliches Material für die Stadtgeschichte enthalten, wie das Landesarchiv und die Kirchenarchive in Speyer, die Münchener staatlichen Archive oder das Unternehmensarchiv der BASF etc. haben zahlreiche einschlägige Bestände neu erschlossen bzw. erworben und so die Forschung beflügelt

16 Von manchen ›Objekten‹ existieren nur noch gedruckte, bereits gerasterte Vorlagen unterschiedlicher Druckqualität, fotografische, nicht planparallelle Reproduktionen von gedruckten oder anderen, teils farbigen Vorlagen oder Xerografien, deren technisch bedingte Tonwertverschiebungen zudem von den üblichen Folgen unterschiedlicher Alterungsprozesse überlagert werden

ihrer Eingemeindung gewürdigt. Etwa ein Fünftel der Stadtgeschichte ist diesen Themen gewidmet. In allen Teilen werden sowohl die Bevölkerungs- und Wirtschafts- als auch die Sozial-, die Kultur- und die Kirchengeschichte, die bauliche wie die politische Entwicklung behandelt, wobei je nach Epoche unterschiedliche Schwerpunkte gesetzt werden. Etwa 2000 Abbildungen illustrieren die Darstellung. Hier konnte zum überwiegenden Teil auf den großen Fundus der Sammlungen des Stadtarchivs zurückgegriffen werden. Dabei wurde seitens der Lithografen große Sorgfalt darauf verwandt, die zum Teil brüchigen und verblaßten oder sonst beschädigten Originale und Vorlagen so gut als möglich zu reproduzieren und dabei doch auch den Charakter des Ist-Zustandes des Bildmaterials für den Betrachter zu erhalten.[16] Und auch die Einwohner der Stadt werden vorgestellt: In Quellentexten kommen sowohl ›einfache Menschen‹ wie ›die Spitzen der Gesellschaft‹ zu Wort, und Dutzende von Kurzbiographien beleuchten das Leben hervorragender Ludwigshafener aus allen Lebensbereichen – ob es sich um Gründerväter der Stadt, um hervorragende Erfinder, Industrielle, Politiker, Geistliche, Sportler, Künstler oder Schriftsteller handelt.

Wer im Einzelnen eine Kurzbiographie ›erhält‹, ist ebenso eine Frage nicht immer eindeutig zu beantwortender Abwägung wie die Schwerpunktsetzungen in einzelnen Artikeln oder die ›angemessene‹ Berücksichtigung der verschiedenen Aspekte städtischer Geschichte. Um ein Beispiel zu nehmen: Die Geschichte des bei weitem größten Unternehmens der Stadt, der BASF, kann unmöglich in ihrer gesamten Breite in dieser Stadtgeschichte gewürdigt werden. Vielmehr erscheint die ›Große Fabrik‹, der Ludwigshafen ganz wesentlich seinen Aufstieg zur Großstadt verdankt, vor allem in ihrem Bezug zur Entwicklung des jungen Gemeinwesens. Die innerbetriebliche Entwicklung, die große Fülle an Forschungsleistungen kann nur in großen Linien an einigen ausgewählten, besonders hervorstechenden Beispielen beleuchtet werden.

Ein weiteres Problem bei der Erstellung dieses Werks war der ungleichmäßige Forschungsstand, der sicherlich trotz der bedeutenden Eigenleistungen der Autoren seine Spuren im Gesamtwerk hinterlassen hat. Schließlich mußten die Endredaktionsarbeiten mit den äußerst beschränkten personellen Ressourcen des Stadtarchivs bewältigt werden. Deshalb gilt es an dieser Stelle all jenen zu danken, die als Lektoren und im graphischen Bereich als Helfer bereitstanden, die unbürokratisch und schnell zusätzliche Informationen geliefert und sich um die Organisation der Subskription verdient gemacht haben.

Insgesamt ist mit dem vorliegenden Werk, so hoffen wir, ein Überblick über die Geschichte der Stadt Ludwigshafen und ihres Raumes entstanden, der, bei allen unvermeidlichen Defiziten doch dem selbstgesteckten Anspruch gerecht wird, gut lesbar, unterhaltsam und zuverlässig informierend zu sein.

Stefan Mörz

Bildnachweis

Frontispiz: Blick über den Rhein auf Ludwigshafen 1896, Federzeichnung von C. Dietrich, Stadtmuseum Ludwigshafen

[1, 2] StALu, Fotosammlung

[3] entnommen aus: StALu, ZR 1082/2—3

[4] StALu, Plakatsammlung

[5] StALu, Bibliothek

Inhaltsverzeichnis

Geschichte der Stadt Ludwigshafen am Rhein
Band I

Kurzbiographien, Einzeldarstellungen, Grafiken und Tabellen, die in die einzelnen Kapitel eingebettet oder diesen am jeweiligen Kapitelende angefügt sind, werden im Inhaltsverzeichnis an die einzelnen Kapitel anschließend jeweils gesondert aufgeführt und ihr Ort [Seitenzahl] durch Einschluß in Klammern von der ansonsten fortlaufenden Numerierung unterschieden.

Im Anschluß an das Inhaltsverzeichnis finden sich biographische Notizen zu den Autoren sowie ein alphabetisches Verzeichnis der Kurzbiographien und der Abkürzungen.

Jedem Kapitel folgen eine eigene Bibliographie und ein Bildnachweis.

Querverweise im Kapiteltext auf nachstehend aufgeführte Unterkapitel erfolgen wie in [*Verweis*] angegeben

Dr. **Willi Breunig**, geb. 1933, Studium in Heidelberg, promovierte über die sozialen Verhältnisse und die sozialistische Arbeiterbewegung in Ludwigshafen der Jahre 1869 bis 1919, seit 1964 Archivar, seit 1989 – bis 1998 – Leiter des Stadtarchivs Ludwigshafen. Mit dem durch ihn betriebenen Auf- und Ausbau des Stadtarchivs ging eine wissenschaftliche Beschäftigung mit nahezu allen Aspekten der Stadtgeschichte einher. Besondere Schwerpunkte sind die Sozial- und Wirtschaftsgeschichte der Stadt sowie das Werk des Regisseurs William Dieterle.

Claudia Friedrich, geb. 1968, Studium in Mannheim, Dipl.-Handelslehrerin in Frankenthal, veröffentlichte in der Reihe des Stadtarchivs eine Arbeit über Arbeiterfrauen im Ersten Weltkrieg in Ludwigshafen.

Dr. **Martin Furtwängler**, geb. 1963, Studium in Freiburg, promovierte über die Standesherren in Baden 1806—1848, seit 1999 stv. Leiter des Stadtarchivs Ludwigshafen. Forschungsschwerpunkte sind Adelsgeschichte sowie die Landes- und Stadtgeschichte Südwestdeutschlands.

Prof. Dr. **Wolfgang von Hippel**, geb. 1936, Studium in Freiburg und Göttingen, promovierte über Bundes- und Landespolitik des Großherzogtums Baden im Vormärz, 1974 bis 2001 Professor für Neuere Geschichte an der Universität Mannheim. Schwerpunkt seiner Forschungen bildet die Wirtschafts- und Sozialgeschichte vom 17. bis zum 20. Jahrhundert mit besonderer Berücksichtigung Südwestdeutschlands. In diesem Rahmen entstanden neben vielen anderen auch zahlreiche Arbeiten zur Geschichte Ludwigshafens vor allem während der Zeit des Kaiserreichs.

Dr. **Franz Maier**, geb. 1960, Studium in München, Archivar am Landesarchiv in Speyer, promovierte über die bayerische Herrschaft in der rechtsrheinischen Pfalz während des Dreißigjährigen Krieges und veröffentlichte seitdem mehrere Arbeiten zur Geschichte der frühen Neuzeit und zum Dritten Reich in Rheinland-Pfalz.

Dr. **Stefan Mörz**, geb. 1959, Studium in Mainz und München, Archivar – seit 1998 Leiter – des Stadtarchivs Ludwigshafen, promovierte über den Aufgeklärten Absolutismus in der Kurpfalz unter Kurfürst Carl Theodor, veröffentlichte seitdem mehrere Arbeiten zur kurpfälzischen Geschichte des 17. und 18. Jahrhunderts sowie zu verschiedenen Aspekten der Ludwigshafener Stadtgeschichte.

Peter Ruf, geb. 1950, Studium in Mannheim, seit 1986 zuerst im Stadtarchiv tätig, danach Leiter des Stadtmuseums Ludwigshafen und Mitarbeiter des Ernst-Bloch-Zentrums. Seine Forschungen und Veröffentlichungen betreffen verschiedenste Aspekte der Geschichte von Stadt und Region.

Die [in Klammern gesetzten Persönlichkeiten] werden lediglich im Rahmen einer erweiterten Bildunterschrift behandelt

Abkürzungen		
	AB	Adreßbuch
	ahd.	althochdeutsch
	AVT	Aus vergangenen Tagen
	BASFUA	Unternehmensarchiv der BASF
	ber.	berechnet
	Bll.Pf.Kig.	Blätter für pfälzische Kirchengeschichte
	BSKB	Beiträge zur Statistik des Königreichs Bayern
	ct.	Centimes
	f.d.F.	für das Folgende
	fl.	Gulden
	fr.	Franc
	FtEJ	Frankenthal Einst und Jetzt
	GA	General-Anzeiger Ludwigshafen
	GO	Gemeindeordnung
	Hbll.Lu	Heimatblätter für Stadt- und Landkreis Ludwigshafen
	HdStWiss.	Handwörterbuch der Staatswissenschaften
	IM	Kammer des Inneren
	JBFI	Jahresberichte der königlich bayerischen Fabriken-Inspektoren (1892/1906: der Fabriken- und Gewerbe-Inspektoren, 1907/13: der Gewerbeaufsichtsbeamten)
	Jb.Westdt.Lg.	Jahrbuch für Westdeutsche Landesgeschichte
	JHKL	Jahresbericht der Handelskammer Ludwigshafen am Rhein
	JPHGK	Jahresbericht der Pfälzischen Handels- und Gewerbekammer
	k.A.	keine Angabe(n)
	LASp	Landesarchiv Speyer
	lat.	lateinisch
	MGB	Mannheimer Geschichtsblätter (auch zit. als MGBl)
	MGB, N.F.	Mannheimer Geschichtsblätter, Neue Folge
	MHVP	Mitteilungen des Historischen Vereins der Pfalz
	MFA	Monatschrift des Frankenthaler Altertumsvereins
	MM	Mannheimer Morgen
	NAZ	Neue Abendzeitung
	N.F.	Neue Folge
	NSZ	Nationalsozialistische Zeitung
	NPfK	Neuer Pfälzischer Kurier
	NPfL	Neue Pfälzische Landeszeitung (zit. auch NPL)
	OA	Oggersheimer Anzeiger
	OEA	Oppau-Edigheimer Anzeiger
	PfH	Pfälzer Heimat
	PfHbll.	Pfälzische Heimatblätter
	PfK	Pfälzischer Kurier
	PfP	Pfälzische Post
	PfR	Pfälzische Rundschau
	PZ	Pfälzer Zeitung
	RdP	Regierung der Pfalz
	SDR	Statistik des Deutschen Reichs
	SJKB	Statistisches Jahrbuch für das Königreich Bayern
	SRP	Stadtrats-Protokoll
	StAnz.	Stadtanzeiger Ludwigshafen
	StALu	Stadtarchiv Ludwigshafen

Bestände des Stadtarchivs Ludwigshafen

StALu, DS	Druckschriften
StALu, Ed.	Edigheim,
StALu, Fr.	Friesenheim
StALu, LUA bzw. ZR Ludwigshafen vor 1945 mit den zwei Gruppen LUA bzw. ZR	
StALu, LUN	Ludwigshafen nach 1945
StALu, M	Manuskripte
StALu, Md.	Maudach
StALu, Mu.	Mundenheim
StALu, N	Nachlässe
StALu, Og.	Oggersheim
StALu, Op.	Oppau
StALu, PGV	Parteien, Gewerkschaften, Vereine
StALu, PR I	Protokollabteilung I (zit. auch Pa I)
StALu, PR II	Protokollabteilung II
StALu, Rgh.	Rheingönheim
StALu, Ru.	Ruchheim
StALu, Ws.	Wirtschaftsschriftgut (Firmenarchive)
StALu, ZR II	Restbestand Zentralregistratur
StALu, ZSL	Zeitungsschnitte Ludwigshafen
VB	Verwaltungsbericht des Bürgermeisteramts Ludwigshafen am Rhein für das Jahr ...
VSWG	Vierteljahresschrift für Sozial- und Wirtschaftsgeschichte
Xr	Kreuzer (auch xr)
ZGO	Zeitschrift für die Geschichte des Oberrheins
ZKBSB	Zeitschrift des Königlich Bayerischen Statistischen Bureaus
ZsLu	Zeitschrift Lu

Siglen der Verfasser der Kurzbiographien

Die Kurzbiographien ohne Siglen stammen vom Autor des jeweiligen Kapitels. Falls dies nicht der Fall ist, bedeutet

K. B.	Klaus Becker
W. B.	Willi Breunig
S. M.	Stefan Mörz
O. P.	Oskar Poller
C. S.	Curt Schuster
K. W.	Karl-Heinz Weigand

Landschaft am Rhein

Der Raum Ludwigshafen von der Vorgeschichte
bis zum Ende der Römerzeit

Landschaft am Strom 1925 [2]

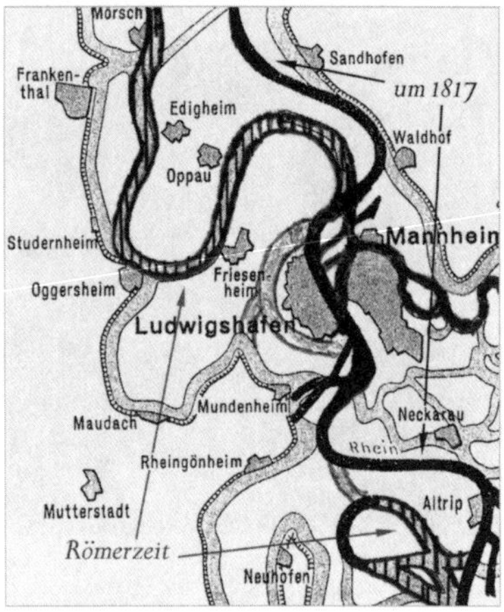

Römerzeitlicher und Flußverlauf 1817; andere Rheinverläufe zu verschiedenen Epochen [3]

Ludwigshafen am Rhein,
der Name verrät dem Betrachter einiges über die Entstehung dieser Stadt. Wie das benachbarte Karlsruhe oder die württembergische Residenz Ludwigsburg eine ›Kunstschöpfung‹, trägt sie den Namen ihres fürstlichen Gründers und Förderers, König *Ludwig I.* von Bayern. Neben Wilhelmshaven und Bremerhaven ist sie die dritte gelungene Stadtgründung des 19. Jahrhunderts in Deutschland, abseits der Küste die einzige. Der im Namen erwähnte *Hafen* deutet auf die Gunst der Verkehrslage, die ursächlich zur Entstehung der Stadt beitrug. Ludwigshafen hatte keinerlei Bodenschätze aufzuweisen, doch wurde es zum einzigen leistungsfähigen Hafen der bayerischen Pfalz, zu einem der größten Binnenhäfen Deutschlands und war bis zum Ersten Weltkrieg der Endpunkt der Großschiffahrt auf dem Rhein. Bahnlinien und Straßen wurden auf die Stadt zu gebaut, sie wurde zum Entrée für die Rheinpfalz, zum Sitz grosser Handelshäuser, Industrien und Zeitungsverlage. Das extrem schnelle Bevölkerungswachstum – 1852: 1 520 Einwohner, 1914: 94 000, 1922: 100 000 – brachte Ludwigshafen den Titel eines ›deutschen Chicago‹, das Vorherrschen einer bestimmten industriellen Branche den einer ›Stadt der Chemie‹ ein. Diese Stadt liegt *am Rhein* – und ohne die Nachbarschaft des großen Stroms, Transportwegs und Wasserspeichers wäre Ludwigshafen nicht denkbar. Doch machte erst seine Bändigung durch die Rheinkorrektion des frühen 19. Jahrhunderts die Gründung einer Stadt direkt in der Niederung am Fluß möglich. So wirkten Politik, (Wasserbau-)Technik, Verkehr und Industrie bei der Entstehung Ludwigshafens zusammen.

Der Rhein hat die Landschaft des Stadtgebiets geformt. Der Oberrheingraben,[1] dessen Entstehung vor etwa 80 bis 100 Millionen Jahren begann, war bis zum Miozän – 26 bis 7 Millionen Jahre vor unserer Zeit – vom Meer gefüllt. Danach entstand der ›Ur-Rhein‹, der vor etwa 600 000 Jahren die ›Kaiserstuhlschwelle‹ überwand und mit seinen heutigen alpinen Quellflüssen verbunden wurde. Die Rheinebene wurde im Rhythmus der Klimaschwankungen des Eiszeitalters durch das Gewässernetz gestaltet. In den Kaltzeiten stellte sie sich als Tundrenlandschaft dar, in der zahllose Schmelzwässer Gesteinschutt von den Bergen am Rand der Ebene hinabtrugen; aus herbeigewehtem Gesteinstaub entstanden fruchtbare Lößschichten. In den Warmzeiten, in denen das Land von Laubmischwald bedeckt war, verringerte sich die Entstehung von Gesteinschutt. Die Bäche und Flüsse schnitten sich in die Ebene ein und bildeten Schwemmkegel und Vertiefungen, die in der folgenden Kaltzeit wiederum von Schutt und Löß bedeckt wurden. Seit dem Ende der letzten Eiszeit begann der Rhein in dem gefällarmen Teil der Oberrheinebene, in dem auch Ludwigshafen liegt, mit seinen zahllosen und immer wieder sich verändernden Mäandern die heutige Flußniederung zu bilden. Eine tiefgelegene, etwa zehn Kilometer breite Auenlandschaft entstand, die von der umgebenden Landschaft durch ein bis zu 20 Meter mächtiges ›Hochufer‹ getrennt ist. Im Bereich der Niederung selbst blieben nur einige wenige erhöhte Bereiche gleichsam wie Inseln stehen. Die Aue war stets von Hochwassern bedroht und deshalb für Jahrtausende einer menschlichen Ansiedlung feindlich. Doch brachten die fast alljährlichen Überschwemmungen fruchtbaren Rheinschlick heran, der sich in zum Teil großer Mächtigkeit ablagerte.[2] Je nach Höhe des Wasserstandes und der Dauer der alljährlichen Überschwemmung ließ sich das

Anmerkungen
Seite 2 und 3

1 *Geiger, S. 19ff*
2 *Hailer, S. 642; Musall, S. 383*
3 *Geiger, S. 29*
4 *Stöhr, S. 572*
5 *Cziesla, S. 94f*
6 *Fauck, S. 1*
Das Schädelfragment befindet sich im K.-O.-Braun-Museum in Ludwigshafen-Oppau. Es handelt sich wohl um einen deutlich jüngeren Schädel
7 *ebd.*
8 *Stöhr, S. 553; Cziesla, S. 96*
9 *Musall, S. 383*
10 *Grünwald, Frühbronzezeit S. 2056*

Gelände nicht nur als Standort für Sumpfpflanzen, Weichhölzer (Weiden und Pappeln) oder als nasse Weide, sondern auch landwirtschaftlich nutzen. Jenseits des allzeit überschwemmungsfreien Hochufers liegt das heutige Stadtgebiet im Bereich der ›Frankenthaler Terrasse‹, einer eigenen Reliefeinheit, die in der letzten Eiszeit als Schotterterrasse des Neckars entstand. Der Rhein wich vor ihr in weitem Bogen nach Westen aus. Erst als der Neckar in der Nacheiszeit in der Randsenke vor dem Odenwald „nach Norden verschleppt"[3] wurde und bei Darmstadt in den Rhein mündete, suchte sich der große Strom wieder ein Bett östlich der Terrasse. Wegen ihrer späten Entstehung ist sie zwar nicht von Löß bedeckt, weist aber dennoch fruchtbare und leicht zu bearbeitende Böden auf. Im Bereich des alten Rheinarms bei Maudach entstand – als dritte landschaftliche Einheit im Stadtgebiet neben der Rheinniederung und dem Areal westlich des Hochufers – ein Niedermoor mit reichen Torfvorkommen.[4]

Die Rheinaue beim Rehbach um 1900 [4]

Die ersten Spuren der Anwesenheit von Menschen im Ludwigshafener Raum[5] stammen aus der Zeit vor etwa 100 000 Jahren. Neandertaler hatten damals Wohnplätze in der Gegend von Worms und durchstreiften die Tundrenlandschaft des Rheintals. Im Juni 1956 entdeckte man im Mittelparthweiher nördlich von Oggersheim ein Schädelfragment, das zuerst als das eines Spät-Neandertalers bezeichnet wurde – eine Deutung, die neuere Untersuchungen mehr als zweifelhaft erscheinen lassen.[6] Immerhin wurde 1976 in Binshof bei Speyer ein etwa 20 000 Jahre alter menschlicher Schädel gefunden, das erste Zeugnis des ›homo sapiens‹, d. h., des modernen Menschen in der Vorderpfalz. Aus den folgenden Kaltzeiten wurden bisher keine Spuren menschlicher Besiedlung im Ludwigshafener Raum entdeckt. Die Baggerweiher, vor allem in der Gemarkung Oppau, gaben allerdings zahlreiche ca. 40 000 bis 60 000 Jahre alte Skelettreste von Ur- und Wildpferden, den Schädel eines Wollnashorns und viele Knochen von Mammuts frei.[7] Ein Fundplatz bei Fußgönheim bezeugt die Anwesenheit von Menschen nach dem Ende der Eiszeit um etwa 10 000 v. C.

Die fruchtbare Frankenthaler Terrasse, zwischen Ruchheim und Rheingönheim um 1950 [5]

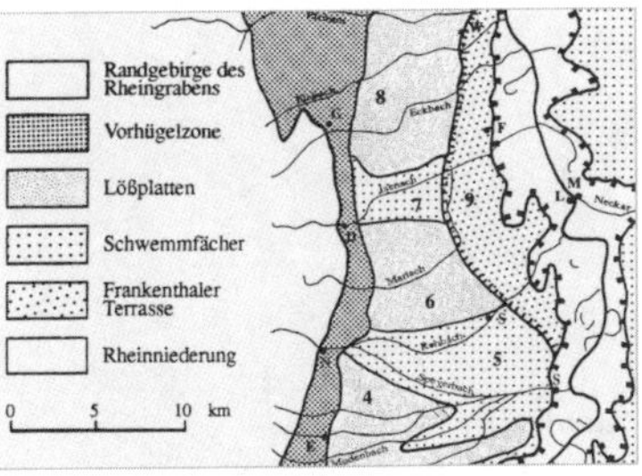

Landschaftliche Gliederung der vorderpfälzischen Rheinebene [6]

In der mittleren Steinzeit, um etwa 5 700 v. C., erfolgte in der Vorderpfalz der Übergang vom Jäger- und Sammlerdasein zu einer auf Ackerbau und Viehzucht basierenden Gesellschaftsform.[8] Von diesem Zeitpunkt an wurde das Gelände der Frankenthaler Terrasse mit seinen leicht zu bearbeitenden Böden ein bevorzugter Siedlungsstandort, wobei durchaus auch die Nähe des Hochufers, d. h., des Rheins mit seinen Nahrungsquellen (Fischfang), gesucht wurde. Die Fruchtbarkeit der Rheinauen veranlaßte Menschen auch, sich direkt auf den inselartigen Erhebungen in der Niederung anzusiedeln, obwohl diese im Gegensatz zum Hochufer nur relative und keineswegs absolute Sicherheit vor Hochwassern boten.[9] So finden sich nicht nur in Ruchheim und entlang des Hochgestades (in Oggersheim und Mundenheim),[10] sondern auch im Bereich der ›Aue-Inseln‹ des heutigen Rheingönheim und Oppau Siedlungsspuren bereits aus der Periode der Jungsteinzeit – 4 000 bis 1 800 v. C. Abfallgruben, verstreute Reste von Keramik, Gerätschaften, Waffen und Gräber bzw. Gräberfelder deuten auf das Vorhandensein menschlicher Behausungen. In Mundenheim wurde 1967 ein Hockergrab aufgedeckt, das man auf circa 2 000 v. C. datiert hat.

Die Überlappung von Funden älterer und jüngerer Kulturstufen sowie die lange Nutzung von Gräberfeldern deuten auf eine über

Das Maudacher Bruch vom Maudacher Kirchturm aus, 1938 [7]

Ernteszene zur Jungsteinzeit [8]

Jahrhunderte kontinuierliche Entwicklung ohne große Brüche und dramatische Bevölkerungsverschiebungen hin.[11] Die geringe Größe der Gräberfelder, die sich in der Spätbronzezeit – 1350 v. C. bis 750 v. C. – entlang der Hochuferkanten bzw. Wege erstreckten,[12] legt es nahe, daß im Raum des heutigen Ludwigshafen und der umgebenden Vorderpfalz lediglich Einzelhöfe oder bestenfalls kleine Weiler existierten – ein Siedlungsbild, das sich bis zum Ende der römischen Periode fortsetzt.[13] Dorfähnliche Ansiedlungen sind vor der Römerzeit eher unwahrscheinlich. Einzelfunde von Waffen und Schmuckstücken im Bereich alter Rheinschleifen deuten nicht auf Siedlung, sondern auf Weihegaben, die dem möglicherweise religiös verehrten Fluß oder damit verbundenen Gottheiten dargebracht wurden.[14]

Da bronzezeitliche Hausbauten bisher in der Pfalz nicht aufgedeckt wurden, finden sich die dem Stadtgebiet nächsten Fundstellen eines Hauses in Mannheim-Vogelstang und Mauchenheim.[15] Hier kann man auf Pfostenbauten schließen, die zum Schutz vor den Unbilden des Wetters eingetieft standen. Die Wände waren aus Flechtwerk und mit dem in der Rheinniederung reichlich vorhandenen Lehm beworfen. Bruchstücke solcher Lehmwände wurden auch im Linksrheinischen entdeckt. Die Funde im Raum Ludwigshafen lassen keinerlei Rückschlüsse auf eine besondere soziale Gliederung der Landeseinwohner in der Bronze- und Hallstattzeit – 2 300 v. C. bis 450 v. C. – zu.[16] Die Analyse großer spätbronzezeitlicher Gräberfelder in Hessen zeigt eine Bevölkerung, die, nach Uwe Grünwald, ein „Völkergemisch" darstellt, „wie es sich spätestens seit der frühen Bronzezeit entwickelte und sich in weiten Teilen Europas in vergleichbarer Art findet".[17] Die Serien ergaben eine Körperhöhe, die bei Männern im Durchschnitt bei 1,74 Meter, bei Frauen bei 1,60 Meter lag, was ungefähr den Verhältnissen bis vor wenigen Jahrzehnten gleichkommt. Anders steht es mit Sterblichkeit und Lebenserwartung. Der Durchschnitt liegt hier bei 20 bis 24 Jahren, wobei allerdings eine hohe Säuglings- und Kleinkindersterblichkeit einberechnet ist, der vermutlich ca. 25% der Bevölkerung zum Opfer fiel. Der Gipfel der Sterblichkeit liegt in der Altersklasse zwischen 20 und 40 Jahren, und nur ca. 15% der untersuchten Individuen wurden älter als 40 Jahre. Individuen über 60 Jahre sind nur noch selten belegt. Dies entspricht in etwa Verhältnissen, wie sie in Mitteleuropa mindestens bis ins Mittelalter, regional bis ins vorletzte Jahrhundert bestanden – eine Feststellung, die in Untersuchungen zur Sterblichkeit im Raum des heutigen Ludwigshafen in der frühen Neuzeit, ja noch im 19. Jahrhundert ihre Bestätigung findet.

In der Latène-Zeit – 450 v. C. bis ca. Christi Geburt – belegen Funde wie das ›Fürstengrab‹ in Bad Dürkheim das Entstehen einer reichen Führungsschicht in der Nähe des heutigen Stadtgebiets. Die Grabbeigaben lassen auf regen Handel mit Griechenland und den Etruskern schließen. Parallel mit der sozialen Ausdifferenzierung der Bevölkerung dürfte die Bildung eines Stammesbewußtseins gegangen sein, so daß man nunmehr die Menschen der Region als ›Kelten‹[18], vielleicht als die von den Römern bezeugten Mediomatriker ansprechen kann. Vom zweiten vorchristlichen Jahrhundert ab übernahmen die Kelten den Gebrauch von Münzen von den Griechen. Eine Tatsache, die sich auch in einem zeitgenössischen Fund aus Oggersheim belegen läßt.[19] Kulturell orientierte sich die nördliche Vorderpfalz in der späten Latène-Zeit am

Anmerkungen
Seite 4 und 5

11 *Grünwald, Frühbronzezeit, S.2069; Spätbronzezeit, S.2073; Engels, Eisenzeit I, S.374; Eisenzeit II, S.459, 463*
12 *Grünwald, Spätbronzezeit, S.2081f*
13 *Engels, Eisenzeit II, S.464*
14 *Grünwald, Spätbronzezeit, S.2076, 2081*
15 *ebd., S.2084*
16 *Engels, Eisenzeit I, S.375, 379; Grünwald, Frühbronzezeit S.2068*
17 *Grünwald, Spätbronzezeit, S.2084*
18 *ebd., S.2083*
19 *Engels, Eisenzeit II, S.465, 469*
20 *ebd., S.463*
21 *ebd., S.464*
22 *Bernhard, Pfalzatlas, S.1186f*
23 *ebd., S.1183; Roller, S.20*
24 *zum Kastell Rheingönheim vgl. Ulbert; Bernhard, in: Cüppers, S.455ff*

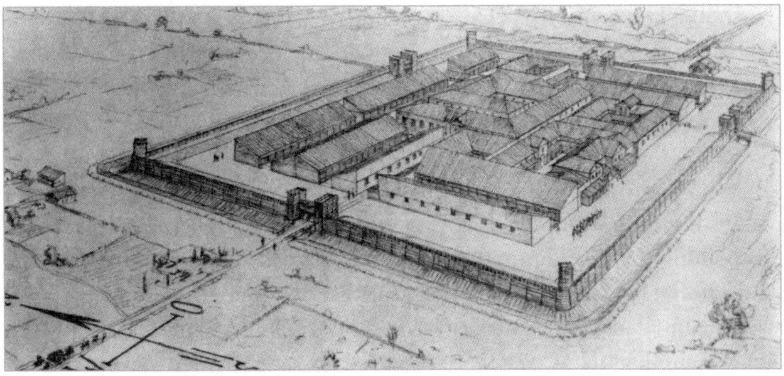

Versuch einer Rekonstruktion des neueren römischen Kastells Rheingönheim [9]

Gefäße und Schmuck aus der Latène-Zeit; Fundort Gartenstadt, 1968 [10]

Mainmündungsraum, einem der wesentlichen Kulturschwerpunkte dieser Epoche. Diese Verbindung riß erst in der zweiten Hälfte des ersten Jahrhunderts vor Christus ab.[20]

Nur wenige Funde lassen sich im Raum der Vorderpfalz in jene 50 Jahre vor der Zeitenwende datieren, was als Zeugnis dramatischer Veränderungen gedeutet werden darf.[21] Die kriegerischen Auseinandersetzungen zwischen den Galliern und in den Raum drängenden Germanenstämmen führten vermutlich zu einer Entvölkerung der pfälzischen Rheinebene. Der Zug des Germanenfürsten Ariovist über den Oberrhein provozierte schließlich das Eingreifen Caesars und die römische Eroberung Galliens, die um 50 v. C. abgeschlossen war. Das Gebiet am Rhein blieb jedoch noch für mehr als eine Generation außerhalb wirklicher römischer Herrschaft. Erst um 16 v. C. begann Augustus mit der definitiven Besetzung des Raums am Strom,[22] der jedoch zuerst durchaus nicht als Grenze, sondern als feste Ausgangsposition zur Eroberung ganz Germaniens gedacht war.

Um 13 v. C. entstand unter anderem das heutige Mainz als Legionslager, und noch in augusteischer Zeit wurde vermutlich die überaus wichtige Römerstraße[23] angelegt, die die militärischen Stützpunkte entlang des Rheins miteinander und mit Italien verband. Die etwa sechs Meter breite, aufgeschüttete und gekieste Trasse durchschnitt auch den Raum des heutigen Ludwigshafen, an dessen Südende, auf dem schon seit der Jungsteinzeit besiedelten ›Hügel‹ von Rheingönheim,[24] wahrscheinlich ein erstes, von Erdwällen und Gräben umgebenes Militärlager von 350 Meter (?) Breite auf 280 Meter Länge entstand. Die Lage auf der Anhöhe über Rhein und Rehbach und nahe der antiken Mündung des Neckars war strategisch günstig.

Ist die Existenz dieses ersten Lagers nur durch die heute noch im Gelände vorhandenen Gräben anzunehmen, so hinterließ der zweite auf dem selben Platz angelegte Militärstützpunkt weit umfangreichere Spuren, die ab 1913 wiederholt näher erforscht wurden. Vermutlich wurde das Kastell nach dem Fehlschlag der Eroberung Germaniens unter Kaiser Claudius – 41 n. C. bis 54 n. C. – zur Sicherung der Rheingrenze angelegt. Mit 250 Meter auf 187 Meter war es deutlich kleiner als das vermutete Vorgängerlager. Das Kastell wurde durch einen sechs Meter breiten und drei Meter tiefen Spitzgraben geschützt, hinter dem sich eine 2,60 Meter breite aus Holzstämmen und Erde errichtete Umwehrung mit vier Toren befand. Im Ganzen folgte das Lager dem allge-

Die römische Provinz Germania Superior: Der Raum Ludwigshafen gegenüber der Neckarmündung; in der Nähe Noviomagus (Speyer) und Borbetomagus (Worms) [11]

Medaillon: Kopf des Drusus; Fundort Rheingönheim [12]

mein üblichen Grundrißschema solcher Anlagen. Mit Hilfe der Grabungen und aus durch Luftbilder gewonnenen Erkenntnissen konnte man die Lage von Werkstätten, Mannschaftsbaracken, des im Osten gelegenen Haupttores und die vermutliche Lage des Stabsgebäudes ermitteln. Vor dem Haupttor fand sich eine gemauerte Badeanlage. Allein für die Umwehrung waren nach modernen Berechnungen ca. 16 000 laufende Meter Stammholz nötig. Ein gewaltiger Bedarf, den die Wälder der Umgebung decken konnten. Umgeben war das Lager von drei kleinen Ansiedlungen (›vici‹), in denen die für die Truppen notwendigen Handwerker und sonstigen ›Dienstleister‹ lebten. Deren Wohnstätten waren sicher lediglich in leichter Bauweise aus Holz erstellt, die bei feindlichen Angriffen schnell niedergelegt werden konnten, um dem Gegner keine Deckung und keinen Unterschlupf zu bieten. Die errechnete Größe des Rheingönheimer Lagers reichte für die Unterbringung mindestens einer Kohorte, die aus Inschriften hier auch nachzuweisen ist. Das Vorkommen von Gewandspangen alpenländischer Form läßt es nicht unwahrscheinlich erscheinen, daß die im Kastell stationierten Auxiliareinheiten, d. h., aus eroberten Völkerschaften rekrutierte Hilfstruppen des römischen Heeres, aus dem Alpenraum stammten.

Während der Unruhen und Aufstände benachbarter Völkerschaften, die nach dem Tod Kaiser Neros – 68 n. C. – ausbrachen, wurde das Lager zerstört. Im Graben und in der Siedlung liegende Skelette von Gefallenen, ein rasch vergrabener und nie mehr gehobener Münzschatz und Brandspuren bezeugen das gewaltsame Geschehen. Allerdings wurde das Lager auch danach noch einige Jahre weiterbenutzt, bis die Eroberung des rechten Rheinufers und die Anlage des Limes – nach 74 bis 84 n. C. – zum Abzug der Truppen von diesem Teil des linken Rheinufers führten. Seit etwa 85 wurde die Militär- durch eine Zivilverwaltung ersetzt,[25] die Vorderpfalz wurde Teil der Provinz ›Germania Superior‹. Das Rheingönheimer Kastell wurde im 2. und 3. Jahrhundert möglicherweise als Nachschublager oder als Straßenpolizeistelle genutzt, worauf zwei in der spätrömischen Festung Altrip vermauerte Inschriften römischer Straßenpolizisten aus den Jahren um 200 deuten. Auch bestand sicher eine kleine, allerdings wohl recht unbedeutende Zivil-Ansiedlung bei der Station fort. „Auch noch im späten 4. Jahrhundert läßt sich eine Besiedlung anhand von Grabfunden mit Militärgürteln nachweisen."[26]

Der Raum des heutigen Ludwigshafen lag an der Grenze der beiden als Selbstverwaltungs- und Provinzial-Untereinheiten konstitutierten ›civitates‹ der Nemeter und Vangionen,[27] deren Hauptorte Noviomagus (Speyer) und Borbetomagus (Worms) waren. Nemeter und Vangionen, germanische Stämme, die bereits als Gefolgsleute des Ariovist genannt werden, siedelten wohl schon seit dem Jahrzehnt vor der Zeitenwende im menschenleeren Gebiet der Vorderpfalz bzw. wurden vielleicht auch von den Römern als loyale Hilfsvölker zur Deckung der am Rhein angelegten Kastelle dorthin verpflanzt. In Oggersheim[28] fanden sich einige Waffengräber eines einheimischen Stammesverbandes aus der Zeit vor den verheerenden Aufständen von 69/70 n. C. In jenen Jahrzehnten förderten die Römer durchaus irreguläre Stammesaufgebote als Stützen ihrer Macht. Gerade das heutige Stadtgebiet und seine Umgebung stellen sich als eine kleine „Fundprovinz germanischer Sachaltertümer"[29] dar, die mit anderen pfälzischen Fundstätten bezeugen,

Anmerkungen
Seite 6 und 7

25 *Bernhard, Pfalzatlas, S. 1189ff*
26 *Bernhard, in: Cüppers, S. 457*
27 *Bernhard, Pfalzatlas, S. 1187f*
28 *Bernhard, MHVP, S. 99f*
29 *ebd., S. 144*
30 *ebd., S. 47ff*
31 *zur Besiedlung des Ludwigshafener Gebiets in der Römerzeit: Bernhard, MHVP; Bernhard, Pfalzatlas, S. 1168, 1172ff, 1181ff*
32 *Bernhard, MHVP, S. 138*
33 *f. d. F. Bernhard, Pfalzatlas, S. 1193f; Bernhard, Merowingerzeit*

welchen großen Anteil die Germanen an der römerzeitlichen Besiedlung des Gebietes hatten, wobei selbstverständlich die Stammeszugehörigkeit der in den untersuchten Gräbern aufgefundenen Individuen kaum mehr zu fixieren ist. Immerhin ist es möglich, daß die in dem großen, zwischen der zweiten Hälfte des ersten bis zum dritten Jahrhundert genutzten Gräberfeld Bestatteten auf der Friesenheimer Erhöhung den rechtsrheinisch siedelnden germanischen Neckarsueben zuzuordnen sind.[30] Der Raum des heutigen Oppau lag ohnehin zu jener Zeit noch von einer Rheinschleife umflossen rechts des Stroms und wurde somit erst nach 74 n. C. Teil des Römischen Reiches.

Die Siedlungsstruktur des Raumes Ludwigshafen in römischer Zeit[31] war vermutlich nicht wesentlich verschieden von der schon oben für die Vor- und Frühgeschichte beschriebenen; d. h., einzelne landwirtschaftliche Betriebe, die sich nun als ländliche Villen mit zum Teil prächtigem Äußeren darstellten, und nicht etwa Dörfer bestimmten das Bild. Nur einige wenige größere Ansiedlungen waren zu finden, wie die ›Hauptstädte‹ Noviomagus und Borbetomagus, die sich aus Kastellansiedlungen entwickelten, oder einige ›vici‹ (Dörfer), wie sie sich in und nahe dem Stadtgebiet in Rheingönheim und Mutterstadt nachweisen lassen. In Oggersheim hingegen deutet die regelmäßige Verteilung von Begräbnisplätzen entlang des Hochufers auf eine entsprechende Anordnung von Gehöften, die den vorhandenen Raum optimal nutzte und für eine einigermaßen gleiche Verteilung der Hofgrößen sorgte, wie sie sich auch in anderen Teilen der Vorderpfalz findet. Die Grundstücksgrenzen folgten natürlichen Gegebenheiten, und die Höfe schlossen oft sowohl Acker- wie Weideland, Bach- bzw. Flußniederungen und höhergelegenes Gelände ein. Der noch im 19. Jahrhundert im Raum Ludwigshafen zu findende Weinbau geht vermutlich auf die römische Zeit zurück.

In Maudach wurde 1951 ein Grabfund aus der Zeit des Kaisers Domitian – 81 bis 96 – entdeckt, der „mit seiner reichen Ausstattung derzeit [1985] keinen Vergleich am Oberrhein"[32] findet. Unter der umfangreichen Bronzegeschirrausstattung fand sich eine Handwaschgarnitur, die ebenso wie ein Geschirrsatz aus Terra Sigillata kultivierte Tischsitten bezeugt. Daneben wollte der Tote offenbar auch im Jenseits auf die Körperpflege nicht verzichten, für die sich ebenfalls zahlreiche Gerätschaften fanden. Insgesamt belegt das Grab den Reichtum einer zivilen Oberschicht gerade im Zeitalter des Übergangs von der Militär- zur Zivilverwaltung, in der die Wohlhabenden der ›civitas‹ die Führungspositionen übernehmen konnten. Die Grabstätte ist ebenso wie ein 1911 ebenfalls in Maudach gefundener, aus dem zweiten Jahrhundert stammender Weihestein für die Göttin Diana ein besonders nachdrückliches Beispiel für die Übernahme der römischen Kultur und Zivilisation durch die ortsansässige Bevölkerung, ob es sich um Kelten, Germanen oder Zugewanderte aus anderen Teilen des Reiches handelte.

Einen tiefen Einschnitt in die Entwicklung brachte der Einfall germanischer Stämme nach Gallien um 260.[33] Der Limes wurde aufgegeben, der Rhein wieder zur Grenze des Römischen Reiches, wenn auch nicht des römischen Einflusses. Brandschichten in Noviomagus (Speyer) zeigen, daß auch die Region um das heutige Ludwigshafen nicht von den Ereignissen verschont blieb. Die Bevölkerung ging offenbar zurück – in Speyer bestanden von elf bekannten Hofstellen im Umkreis nur zwei weiter.

Diana-Weihestein aus dem zweiten Jahrhundert; Fundort Maudach, 1910 [13]

Das vermutlich früheste Zeugnis des Christentums im Raum Ludwigshafen: Bronzene Lampe in Taubenform; Fundort Altrip [14]

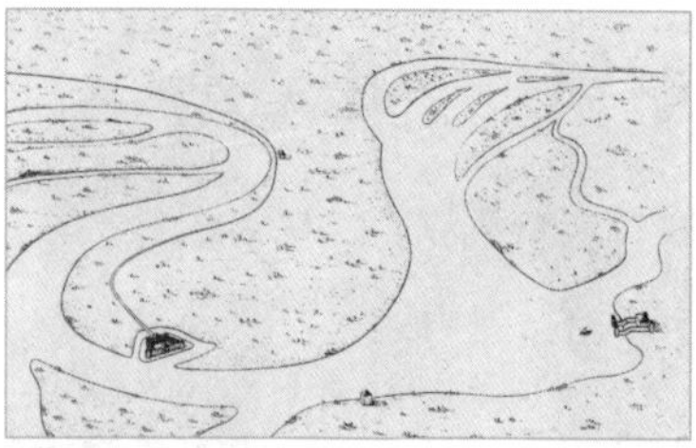

Altrip: Rekonstruktionsbild der spätantiken Neckarmündung mit Hauptkastell (links), Station bei Rheingönheim (links oben), Burgus (Mitte unten) und Schiffslände (rechts) [15]

Römisches Schwert aus dem Umkreis des Rheingönheimer Kastells, 1886 entdeckt. Es trägt die Inschrift: „Lucius Valerius hat es gemacht" [16]

Die Neugestaltung des Römischen Reiches durch Diokletian – 284 bis 305 – stabilisierte das Imperium, verwandelte es aber auch in eine autoritäre Militärmonarchie. In konstantinischer Zeit konnte man gar von einer gewissen Blüte in den Rheingegenden sprechen – der Aufstieg des nicht allzu fernen Trier zur Kaiserresidenz war dabei sicherlich nicht ohne Bedeutung. Während der Unruhen um den Thronusurpator Magnentius – nach 352 – wurde die von Truppen entblößte Rheingrenze am Oberrhein von den Alamannen überrannt, die alle Städte ebenso wie die Landgüter und anderen Siedlungen zerstörten. Die römische bzw. romanisierte Bevölkerung ist damals wohl zu großen Teilen vertrieben bzw. getötet worden, ohne aber ganz zu verschwinden.

Erst nach etwa zehn Jahren gelang den Römern die Wiederherstellung der Rheingrenze, die dann Valentinian I. – 364 bis 375 – mit einem großanlegten Festungsprogramm sichern ließ. Zu den damals erbauten Anlagen zählte auch das Kastell in Altrip (Alta Ripa),[34] in dem zahlreiche Reste der wohl nach 352 zerstörten römischen Siedlungen – u. a. aus Rheingönheim – verbaut wurden. Im Jahr 369 besuchte der Kaiser das Kastell. Ein vermutlich in gottesdienstlichem Gebrauch stehender metallener Leuchter in Taubenform aus Altrip stellt das wohl älteste Zeugnis christlichen Kults im Umkreis des heutigen Ludwigshafen dar.[35] Worms und Speyer als Hauptorte der ›civitates‹ wurden offenbar noch im 4. Jahrhundert Bischofssitz.

Die zumindest teilweise Wiederherstellung römischen Lebens in den Städten und auf dem Land wurde durch den erneuten Einfall der Alanen, Sueben und Vandalen in der Neujahrsnacht 406/07 brutal beendet.[36] Nach einer zeitgenössischen Quelle wurden vor allem die Städte Mainz, Worms und Speyer und deren Umgebung geplündert. Einmal mehr war also die Region um die heutige Stadt besonders betroffen. Das römische Grenzheer südlich von Mainz wurde vernichtet, das Altriper Kastell zerstört, danach allerdings notdürftig hergerichtet und von einer offenbar romanisch-germanischen Bevölkerung weiter bewohnt – wie überhaupt auch jetzt noch mit dem Vorhandensein von Resten der alten Bevölkerung gerechnet werden muß. Ausgrabungen haben gezeigt, daß sich römisches Leben in der Vorderpfalz an den alten Siedlungsstellen in Stadt und Land bis zur Mitte des 5. Jahrhunderts nachweisen läßt. Doch mußten die Bewohner nicht immer der romanisierten Alt-Bevölkerung entstammen. Es ist vielmehr wahrscheinlich, daß von 413 ab die Burgunder als verbündetes Germanenvolk die römische Grenze am Oberrhein anstelle der vernichteten Grenztruppen schützten – und wohl zum Teil die verlassenen ländlichen Güter und Ansiedlungen bewohnten, auf denen auf diese Weise das Leben weiterging. Ein Aufstand der Burgunder gegen die Römer 437/38 wurde durch eine römische Strafexpedition beendet, die Burgunder an den Genfer See umgesiedelt. Im Jahr 455 fand letztmalig eine Inspektionsreise eines römischen Heermeisters zu den Grenztruppen am Rhein statt, wenig später endete die römische Herrschaft.

Anmerkungen Seite 8

34 Bernhard, in: Cüppers, S. 299ff

35 Boppert, S. 250

36 f.d.F. Bernhard, Merowingerzeit

Bernhard, Helmut:
Fundkarten zur Römerzeit,
in: Alter, W. (Hg.): Pfalzatlas, Textband II, S. 1168—1196, Speyer 1971
[zit. Bernhard, Pfalzatlas]

Studien zu den Anfängen römischer Besiedlung in der Region
Ludwigshafen, in: MHVP 83/1985, S. 33—152 [zit. Bernhard, MHVP]

Altrip/Ludwigshafen-Rheingönheim,
in: Cüppers, H. (Hg.): Die Römer in Rheinland-Pfalz, Stuttgart 1990
[zit. Bernhard, in: Cüppers]

Die Merowingerzeit in der Pfalz – Bemerkungen zum Übergang von
der Spätantike zum frühen Mittelalter und zum Stand der Forschung,
in: MHVP 95/1997, S. 7—106 [zit. Bernhard, Merowingerzeit]

Boppert, Walburg: Die Anfänge des Christentums,
in: Cüppers, H. (Hg.): Die Römer in Rheinland-Pfalz, Stuttgart 1990

Cziesla, Erwin: Die Besiedlung der Vorderpfalz in
vor- und frühgeschichtlicher Zeit,
in: Geiger, M. u. a. (Hg.),
Der Rhein und die Pfälzische Rheinebene, Landau 1991, S. 94ff

Engels, Heinz-Josef:
Fundkarte der älteren Eisenzeit,
in: Alter, W. (Hg.): Pfalzatlas, Textband I, S. 373—382, Speyer 1964
[zit. Engels, Eisenzeit I]

Fundkarte der jüngeren Eisenzeit,
in: Alter, W. (Hg.): Pfalzatlas, Textband I, S. 457—472, Speyer 1964
[zit. Engels, Eisenzeit II]

Fauck, Siegfried: Geschichte der Stadt Ludwigshafen am Rhein in Daten;
Veröffentlichungen des Stadtarchivs Ludwigshafen 2,
Ludwigshafen 1989

Geiger, Michael: Die pfälzische Rheinebene – eine natur- und
kulturräumliche Skizze, in: Geiger, M. u. a. (Hg.),
Der Rhein und die Pfälzische Rheinebene, Landau 1991, S. 94ff

Grünwald, Uwe:
Fundkarte der Früh- und Mittelbronzezeit,
in: Alter, W. (Hg.): Pfalzatlas, Textband IV, S. 2055—2072,
Speyer 1994 [zit. Grünwald, Frühbronzezeit]

Fundkarte der Spätbronzezeit,
in: Alter, W. (Hg.): Pfalzatlas, Textband IV, S. 2073—2094,
Speyer 1994 [zit. Grünwald, Spätbronzezeit]

Hailer, Norbert: Die natürlichen Vegetationsgebiete,
in: Alter, W. (Hg.): Pfalzatlas, Textband II, S. 638—644, Speyer 1971

Musall, Heinz: Die Rheinniederung zwischen Karlsruhe und Speyer,
in: Alter, W. (Hg.): Pfalzatlas, Textband I, S. 383—392, Speyer 1964

Roller, Otto: Die wirtschaftliche Entwicklung des pfälzischen Raums während
der Römerzeit, in: Industrie- und Handelskammer der Pfalz (Hg.),
Beiträge zur pfälzischen Wirtschaftsgeschichte, Speyer 1968, S. 3—54

Stöhr, Willy: Bodenübersichtskarte der Pfalz,
in: Alter, W. (Hg.): Pfalzatlas, Textband I, S. 553—588, Speyer 1964

Ulbert, Günter: Das frührömische Kastell Rheingönheim
(Limesforschungen 9), Berlin 1961

Titelbild Kapitel 1: Luftbild der Rheinlandschaft südlich der Stadt Ludwigshafen; Aufnahme von Marlies Jonas

[3] Überarbeitete Karte nach Karte 13 in Landkreis und Stadt Ludwigshafen am Rhein; Klöpper, Rudolf (Hg.), Die Landkreise in Rheinland-Pfalz 2, Speyer 1957

[5] entnommen aus: Landkreis und Stadt Ludwigshafen am Rhein (wie Abb. *[3]*), Abb. 2

[6] Überarbeitete Karte nach Geiger, S. 14

[8] entnommen aus: Geiger, S. 98

[9] Original im K.-O.-Braun-Museum Oppau

[11] Kartenausschnitt aus Cüppers, S. 111

[12] Medaillon mit dem Kopf des Drusus, des Bruders des Kaisers Tiberius, Original im Historischen Museum der Pfalz, Speyer

[13] Diana-Weihestein aus dem zweiten Jahrhundert; Fundort Maudach, 1910; Abguß im Stadtmuseum Ludwigshafen

[14] Bronzene Lampe in Taubenform, Original im Historischen Museum der Pfalz, Speyer

[15] Karte nach Cüppers, S. 151

[16] Römisches Schwert, Original im Historischen Museum der Pfalz, Speyer

[2, 4, 7, 9, 10, 12, 13] Fotosammlung StALu

Bischöfe und Äbte Leininger und Pfalzgrafen

Der Raum Ludwigshafen im Mittelalter

Frühmittelalterliches Schwert aus einem Kiesweiher nördlich von Oppau [2]

›Heim des Friso‹, ›Heim des Mundo‹ – die alamannische und fränkische Besiedlung

In der zweiten Hälfte des 5. Jahrhunderts ging die römische Herrschaft über Gallien nach einem halben Jahrtausend zu Ende. Die letzte erfolgreiche Kraftanstrengung war die Abwehr der Hunnen in der Schlacht auf den Katalaunischen Feldern im Jahr 451 gewesen, die der römische Heermeister Aëtius im Verein mit den Kontingenten der germanischen ›Föderaten‹ (Verbündete) geschlagen hatte. Doch Aëtius wurde schon im Jahr darauf ermordet; seine Nachfolge als Heermeister trat Ricimer an, der in der Folgezeit als tatsächlicher Machthaber im Weströmischen Reich bis zu seinem Tod im Jahr 472 in Ravenna die Kaiser nach Belieben einsetzte und wieder stürzte. Über Gallien hingegen verlor er immer mehr die Kontrolle. Nach dem Zusammenbruch des Hunnenreiches 455 war die Bedrohung von außen und damit der Zwang zu gemeinsamem Handeln für die germanischen Föderaten weggefallen. Sie gingen in den folgenden Jahren dazu über, sich gegenseitig zu bekämpfen und zugleich die bis dahin noch römisch verwalteten Gebiete in Gallien zu unterwerfen. Während im nördlichen Teil Galliens und am Niederrhein seit dem 4. Jahrhundert Föderatenverbände aus dem nordwestlichen Germanien siedelten, die unter dem Namen ›Franken‹ zusammengefaßt wurden, traten am Oberrhein ab etwa 470 die Alamannen wieder vermehrt in Erscheinung, die um diese Zeit durch suebische Zuwanderer aus dem Donauraum verstärkt wurden und nun den Franken auch die Vorherrschaft im nördlichen Gallien streitig machten. Dabei genossen sie wohl die Unterstützung Ricimers, der selbst suebischer Herkunft war.[1]

In diesem Zusammenhang gerieten auch die Gebiete der römischen ›civitates‹ Worms und Speyer unter alamannische Kontrolle. Soweit es dort damals überhaupt noch eine romanische Bevölkerung gab, dürfte diese sich vollständig hinter die Mauern der beiden befestigten Städte zurückgezogen haben; das dazwischen liegende flache Land, somit auch das Gebiet, über das sich heute die Stadt Ludwigshafen erstreckt, war damals allem Anschein nach unbebautes Ödland, das sich allmählich der Wald zurückholte. Auch die Alamannen zeigten offensichtlich kein großes Interesse an einer Besiedlung des Landes – dazu war wohl auch ihre Zahl zu gering. Nach Ausweis der archäologischen Zeugnisse blieben sie zum größten Teil in ihren rechtsrheinischen Wohnsitzen. Nur von Worms aus in nördliche Richtung gegen Mainz und Bingen hin gibt es deutlichere Spuren einer Ansiedlung von Alamannen, was mit der Stoßrichtung gegen die fränkischen Gebiete an Mittel- und Niederrhein übereinstimmt.

Wenn es auch über die Herrschaftsstruktur der Alamannen in dieser Zeit so gut wie keine schriftlichen Quellen gibt, so ist doch klar, daß die Stadt Worms für sie eine besondere Bedeutung gehabt haben muß. Hier besaßen sie einen Brückenkopf am Rhein, der ebenso für Vorstöße rheinabwärts wie auch ins Innere Galliens genutzt werden konnte. Das war umso wichtiger, als es ihnen offensichtlich nicht gelang, auch die Provinzhauptstadt Mainz unter ihre Kontrolle zu bringen, wo sich bereits die Franken festgesetzt hatten. Grabsteine mit germanischen Namen aus dieser Zeit, die in Worms gefunden wurden, scheinen darauf hinzudeuten, daß Teile der Alamannen auch schon mit dem Christentum in Berührung gekommen waren.[2] In einem engen Zusammenhang mit dieser alamannischen Position in Worms stand wohl auch der Ort

Anmerkungen
Seite 14 und 15

1. *Staab, Speyer, S. 163—248, hier S. 170*
2. *Fuchs, S. 3—5*
3. *Maier, S. 49. Der Rhein änderte seinen Lauf erst im 9. Jahrhundert dergestalt, daß die bis dahin rechtsrheinischen Orte Edigheim und Oppau auf seinem linken Ufer zu liegen kamen*
4. *Lodemann, S. 196. Den Ort des Mordanschlags vermutet L. etwa dort, wo sich heute die Kläranlage der BASF befindet*
5. *Nitz, Flurformen, S. 221—223; mit Karte 38. Die Trasse der Römerstraße sank infolge der Verlegung der Verkehrswege ab dem 16. Jahrhundert auf der Strecke zwischen Limburgerhof und Frankenthal zu einem Feldweg herab, der aber im Volksgebrauch auch noch um 1960 als ›die alte Landstraße‹ bezeichnet wurde; Storck, S. 55. In neuester Zeit ist diese uralte Trasse wiederbelebt worden, indem man die vierspurige Umgehungsstrecke der B 9 um Ludwigshafen auf ihr angelegt hat.*

Edigheim, dessen Name und vor allem dessen damals rechtsrheinische Lage die Vermutung erlauben, daß es sich hierbei schon um eine alamannische Gründung des 5. Jahrhunderts handelt.[3] Edigheim kann also wohl die Ehre für sich in Anspruch nehmen, von allen heutigen Ludwigshafener Stadtteilen der älteste zu sein. Hier bei Edigheim dürfte sich auch irgendwann im ausgehenden 5. Jahrhundert die historische Tat ereignet haben, die 700 Jahre später als ›Ermordung Siegfrieds‹ im Nibelungenlied ihre literarische Verewigung erfuhr.[4]

Bei Edigheim geschehen? Die Ermordung Siegfrieds, Max Slevogt, 1918/19 [3]

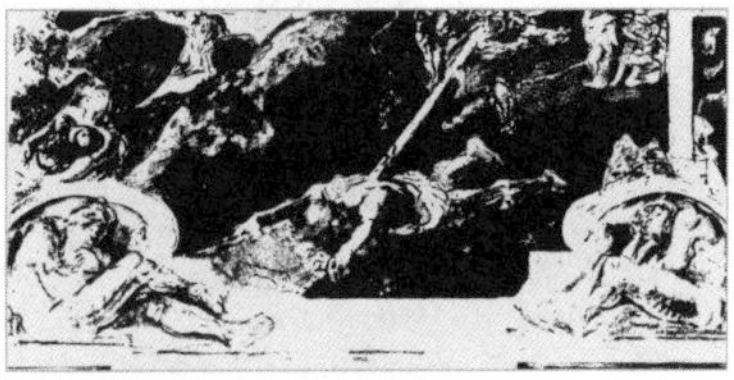

Siegfrieds Tod, Fresko Max Slevogt, 1924 [4]

Die alamannische Vorherrschaft am Oberrhein war nicht von langer Dauer. Mit dem Tod Ricimers 472 und der Absetzung des letzten Kaisers in Ravenna, Romulus Augustulus, im Jahr 476 fand das Weströmische Reich sein Ende. Das letzte noch unter römischer Verwaltung stehende Gebiet in Gallien um Soissons und Paris eroberte im Jahr 486 Chlodwig, ein in Tournai residierender fränkischer Kleinkönig aus dem Geschlecht der Merowinger, der damit zum mächtigsten Mann in Nordgallien wurde. Er vereinte unter seiner Führung die bis dahin zersplitterten Kräfte der Franken und trat den Alamannen entgegen. Um 496 besiegte er sie in einer Schlacht bei Zülpich am Niederrhein, etwa zehn Jahre später folgte eine weitere Schlacht, in der die Alamannen eine vollständige Niederlage erlitten, bei der auch ihr König den Tod fand. Die alamannische Herrschaft brach damit zusammen, ihre politische Führungsschicht verließ fluchtartig das Land, um im ostgotisch beherrschten Donauraum Schutz zu suchen, die Franken Chlodwigs nahmen die Gebiete um Worms und Speyer auf beiden Seiten des Rheins in Besitz.

Der Sieg Chlodwigs über die Alamannen und die daraus resultierende Eingliederung ins neu entstehende Frankenreich der Merowinger war ein Ereignis von epochaler Bedeutung für den Rhein-Neckar-Raum. Bis dahin war der Rhein fast dreihundert Jahre lang eine Grenzlinie gewesen, an der sich Römer und Alamannen – manchmal friedlich, meist aber feindlich – gegenübergestanden waren. Bei Chlodwigs Tod im Jahr 511 befand sich der Oberrhein nun fest in fränkischer Hand, in den darauffolgenden 25 Jahren schoben seine Nachfolger die Grenze des Frankenreiches noch weiter nach Osten vor. Die neu gewonnene Sicherheit erlaubte nun auch wieder eine dauerhafte Besiedlung des offenen Landes zwischen den befestigten Römerstädten Worms und Speyer. Archäologische Zeugnisse und die Interpretation der Ortsnamen deuten darauf hin, daß die Gründung der Siedlungen, die heute die Stadtteile Ludwigshafens bilden, bereits im Verlauf dieser ersten Besiedlungsphase durch die Franken im 6. Jahrhundert erfolgte, der heutige Ludwigshafener Raum somit ein typisches Altsiedelland darstellt. Er bildet dabei den südlichsten Abschnitt eines Gebietsstreifens, der nördlich bis in die Gegend von Oppenheim reicht und dessen besondere Flurformen, sogenannte ›Langgewannfluren‹, auf eine planmäßige Kolonisationstätigkeit des fränkischen Staates hinweisen. Diese Siedlungen zogen sich an der alten römischen Heerstraße entlang, die am linken Rheinufer von Basel über Straßburg, Speyer und Worms nach Mainz führte und natürlich auch für die Merowinger von großer strategischer Bedeutung war.[5] Gesteuert wurde diese Kolonisation offensichtlich von der Stadt Worms aus, die gerade in der ersten Hälfte des 6. Jahrhunderts für die bis nach Italien reichenden Feldzüge der seit 511 in Reims residierenden Merowingerkönige den wichtigsten Rheinübergang auf dem Anmarschweg aus Gallien darstellte. Auch nach dem Scheitern der großangelegten

In Mundenheim gefundene fränkische Vogelfibel aus Silberblech, ca. 600 n.C.; heute im Stadtmuseum Ludwigshafen [5]

Italienpläne und dem Aussterben der Reimser Merowingerlinie kurz darauf im Jahr 555 behielt die Stadt Worms ihre Vorrangstellung gegenüber den anderen fränkischen Städten am Oberrhein bis in die Karolingerzeit hinein. Erst unter der Herrschaft Karls des Großen wurde sie wieder von der alten römischen Provinzhauptstadt Mainz überflügelt.[6]

Von besonderer Bedeutung für die Erforschung der frühen Siedlungsgeschichte ist die Analyse der Ortsnamen der heutigen Ludwigshafener Stadtteile.[7] Vier dieser Ortsnamen sind eindeutig nach dem typisch fränkischen Muster ›Personenname und -heim‹ gebildet: Friesenheim – ›Heim des *Friso*‹, Hemshof – ursprünglich Hemsheim, ›Heim des *Haming*‹, Oggersheim – ›Heim des *Agar*‹, Mundenheim – ›Heim des *Mundo*‹. Bei den übrigen fünf jedoch ist der Fall nicht ganz so klar. Zunächst muß man die Orte Edigheim und Oppau einer besonderen Betrachtung unterziehen, weil sie damals noch auf dem rechten Rheinufer lagen. Wie bereits erwähnt, fanden die um 506 eindringenden Franken hier wohl schon eine alamannische Ansiedlung in Edigheim vor – ursprünglich *Otingen*, von den Franken erweitert zu *Otingheim*. Der Name des benachbarten Oppau bereitet für die Erklärung gewisse Probleme. Eine Herleitung vom Personennamen *Oppo* – also ›Aue des *Oppo*‹ ist aus sprachlichen Gründen nicht plausibel, der Ort müßte in diesem Fall heute ›Oppenau‹ heißen. Möglich wäre dagegen eine Zurückführung auf das Wort *apa*, das im nordwestdeutschen Raum, also im ältesten fränkischen Siedlungsgebiet, anstelle des Wortes ›Aue‹ – Flußinsel – verwendet wurde.[8] Der Ortsname Oppau könnte also ein Hinweis auf eine fränkische Siedlung sein, die im frühen 6. Jahrhundert neben dem bereits vorhandenen alamannischen Edigheim gegründet worden ist. Dafür spricht auch, daß Edigheim kirchlich bis ins 20. Jahrhundert zur Pfarrei Oppau gehörte, ebenso könnte damit die auffallende Tatsache zusammenhängen, daß bis in die frühe Neuzeit sämtliche Bewohner des Dorfes Edigheim Leibeigene waren, während die Bewohner von Oppau als persönlich frei galten.[9]

In ähnlicher Weise kann man die bisherige Deutung des Ortsnamens Maudach als ›Schlammgewässer‹ in Zweifel ziehen. Verschiedene Indizien weisen darauf hin, daß dieser Ort in einem engen Zusammenhang mit dem benachbarten Mutterstadt gestanden hat und daß dieser Zusammenhang auch in einem gemeinsamen Bestimmungswort des Ortsnamens zum Ausdruck kommt, der sich in beiden Fällen auf ahd. *muta* – Maut, Zoll – zurückführen läßt. Die Orte Maudach und Mutterstadt, deren Bedeutung in merowingischer Zeit sich auch in der großen Anzahl der archäologischen Funde widerspiegelt, hatten offensichtlich eine besondere Funktion bei der Überwachung der alten Römerstraße, die in diesem Bereich die Grenze der ›civitates‹ Speyer und Worms überquerte. Für die Erhebung des Zolls befand sich wohl damals schon an der Stelle, wo die Straße den Maudacher Graben überquerte, eine Zollstation, in späteren Quellen als ›Hütte‹ bezeichnet. Hierzu paßt, daß Mutterstadt der Mittelpunkt eines alten fränkischen Königsgutbezirkes war, auf den sich wohl auch die Namen der benachbarten Orte Fuß- und Rheingönheim bezogen haben – ›Gön‹, eigentlich ›Gen‹, in der Bedeutung ›gegen, gegenüber von‹; die Ableitung von einem Personennamen *Gago* ist weniger wahrscheinlich.[10]

Nicht restlos befriedigen kann übrigens auch die bisherige Deutung des Ortsnamens Ruchheim als ›Heim des *Ruocho*‹.[11] Auch in diesem Fall müßte der Name dann eigentlich ›Ruchenheim‹ lauten – wie

Anmerkungen
Seite 16 und 17

6 *Gerlich, Wormsgau, S. 101*

7 *vgl. zum Folgenden Dolch/Greule*

8 *Von diesem Wortstamm, der ursprünglich auch allgemein für ›fließendes Gewässer‹ steht, leitet sich auch der durch die Ruchheimer Gemarkung fließende und bei Oggersheim in den Altrhein mündende ›Affenbach‹ bzw. ›Affengraben‹ her*

9 *Maier, S. 42–48*

10 *hierzu ausführlicher Maier, S. 49–54. Besonders deutlich wird die topographische Situation von Rhein- und Fußgönheim im Hinblick auf Mutterstadt auf der Kartenskizze bei Eyselein, S. 18, ersichtlich. Vgl. zu dieser Thematik auch Nitz, Langstreifenfluren, S. 345f*

11 *Dolch/Greule, S. 403*

12 *Dolch/Greule nennen zwar für Ruchheim einen Beleg aus dem Jahr 775 in den Weißenburger Traditionen; in Rochenheimemarca; doch ist dieser Beleg mit Sicherheit auf die heutige Wüstung Rockenheim bei Saulheim in Rheinhessen zu beziehen*

13 *Dette, vgl. dazu Doll, und Gockel*

14 *Darauf beruht etwa die noch Jahrhunderte später lebendige Überlieferung, daß ›Mönche‹ aus dem Stift Neuhausen bei Worms in Ruchheim anstelle eines heidnischen Opferaltars eine christliche Kapelle errichtet haben sollen; Barth, S. 22*

Aquarell zur Gründungslegende Mundenheims [6]*

etwa das ›Heim des *Wacho*‹ an der Weinstraße, das heute Wachenheim und nicht ›Wachheim‹ heißt. Außerdem ist der Ortsname Ruchheim erst relativ spät belegt, ganz im Gegensatz zu denen der übrigen Ludwigshafener Stadtteile – Oggersheim 769, Mundenheim und Maudach 770, Friesenheim und Hemsheim 771, Edigheim 772, Oppau 808, alle im ›Lorscher Kodex‹; Rheingönheim 831 im ›Goldenen Buch‹ der Abtei Prüm.[12] Die ersten sicheren Belege für Ruchheim – in der Form *Rucheim* – stammen erst aus dem Anfang des 10. Jahrhunderts aus dem ›Liber Possessionum Wizenburgensis‹, einem Besitzverzeichnis des Klosters Weißenburg,[13] und aus der Wormser Mauerbauordnung, s. u. S. 24. Die Frage nach der Herkunft des Ortsnamens Ruchheim wird man vorläufig noch nicht eindeutig beantworten können, doch scheint auch hier eine sekundäre Ortsnamenbildung mit dem Adjektiv ›rauh‹ – ahd. *ruh* – als Bestimmungswort wahrscheinlicher als die Herleitung von einem Personennamen. Möglicherweise ist dies ein Hinweis darauf, daß die Rodung der Wälder, die im frühen Mittelalter das heutige Stadtgebiet noch zusammenhängend bedeckt hatten, auf der Ruchheimer Gemarkung später beendet war als auf den umliegenden Gemarkungen.

Archäologie und Ortsnamen erlauben Rückschlüsse auf die Herkunft der Siedler, die von den Merowingerkönigen in den neu gegründeten Dörfern entlang der Römerstraße angesetzt wurden. Zu einem großen Teil kamen sie aus den rechtsrheinischen Gebieten, die sich von Mainfranken über den mitteldeutsch-thüringischen Raum bis in die Norddeutsche Tiefebene erstrecken, gehörten also zu Völkerschaften, die man für die damalige Zeit unter dem Begriff ›Thüringer‹ im weitesten Sinn zusammenfassen kann. ›Echte‹ Franken aus den Gebieten in Nordgallien und am Niederrhein blieben zahlenmäßig offensichtlich eine Minderheit, die sich nur in den befestigten Städten und an einigen strategisch wichtigen Punkten auf dem Land als Oberschicht niederließ, wie etwa in Frankenthal, dessen Ortsname schon andeutet, daß hier Franken inmitten einer Bevölkerung von ursprünglich anderer Herkunft wohnten. Die Christianisierung der neu eingewanderten Germanen erfolgte von Worms aus, wo die christliche Tradition aus der Spätantike kontinuierlich fortwirkte.[14]

zu Abb. 6

* *Wie man sich die fränkische Besiedlung legendär verbrämt vorstellen kann:*
Legende: Der Franke Mundo sucht einen Siedlungsplatz; seine Begleiterin Hita hat eine Wiese mit herrlichen Schlüsselblumen entdeckt, auf der dann das Dorf Mundenheim entsteht – der ›Petrusschlüssel‹ im heutigen Ortswappen wird hier auf die ›Schlüsselblumen‹ zurückgeführt

Der karolingische Torbau des Klosters Lorsch [7]

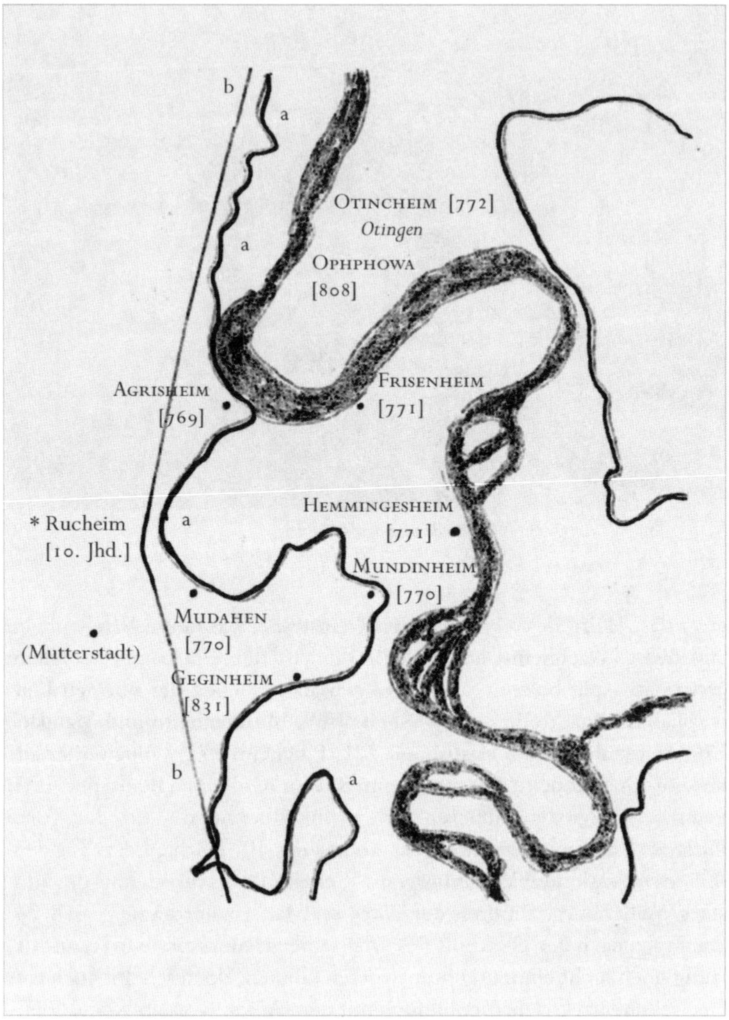

Der Raum Ludwigshafen im frühen Mittelalter mit dem damaligen Rheinlauf vor der Veränderung um 886: a. dem Hochufer, b. der alten Römerstraße und den Ansiedlungen mit ihren urkundlichen bzw. erschlossenen ursprünglichen Namen und dem Datum der urkundlichen Ersterwähnung [8]

Das Frühmittelalter – Oppau und Edigheim wechseln die Rheinseite

Schon nach dem Tod König Chlodwigs 511 hatten dessen vier Söhne unter sich das Reich aufgeteilt. Der letzte Überlebende dieser vier Brüder, Chlothar I., konnte 558 noch einmal das ganze Frankenreich in seiner Hand vereinigen. Nach dessen Tod 561 wiederholten jedoch seine Söhne, wiederum vier – später nur noch drei – an der Zahl, diesen Vorgang, so daß sich die fränkischen Teilreiche mit der Zeit auseinander entwickelten. Die Rheinlande gehörten dabei zum östlichen Reichsteil Austrien – oder Austrasien, der außerdem noch die Champagne und das Maas- und Moselland umfaßte. Die Residenz dieses Teilreiches, das im Gegensatz zu den beiden anderen Teilreichen Neustrien und Burgund durch einen starken germanischen Bevölkerungsanteil geprägt war, befand sich anfangs in Reims, später dann in Metz, doch spielte auch Worms als zeitweilige Nebenresidenz eine bedeutende

Anmerkungen
Seite 18 und 19

15 *Wolfram*
16 *vgl. hierzu Glöckner, Lorsch*
17 *Glöckner, Codex*
18 *zum Lorscher Besitz ausführlich Rogg. Die dort angeführten Belege für Lorscher Besitz in Rheingönheim beziehen sich eher auf Gönnheim, Nr. 2076 und 2166, bzw. Fußgönheim, Nr. 3659*
19 *Dolch / Greule, S. 389*
20 *Der Flurname erscheint 1217 als ›Houestetin‹, 1429 als ›uff der belden hoffstede‹ etc.; die Wandlung von Hof- zu Hoch- erfolgte erst im 17. Jahrhundert; Dolch / Greule, S. 219. Alter will die Wüstung Hubenstat mit einem 1987/88 gefundenen merowingerzeitlichen Friedhof zwischen Edesheim und Großfischlingen in Verbindung bringen, kann dafür jedoch keine stichhaltigen Argumente liefern; ebd. S. 61—63. Auf eine weitere Wüstung bei Ruchheim verweist der Flurname ›Im Steinheimer Grund‹ – 1494 Steynhemmer pfatt bzw. weck, wobei der Name auf Steinbauten aus römischer Zeit hinweisen könnte; Dolch / Greule, S. 449. Auffällig ist in diesem Zusammenhang, daß der Ortsname Ruchheim sich erst im 10. Jahrhundert nachweisen läßt, weswegen man durchaus Spekulationen über einen frühmittelalterlichen Ortsnamenwechsel in der heutigen Ruchheimer Gemarkung anstellen kann.*

Rolle. Seit dem späten 7. Jahrhundert lassen sich die Rupertiner – oder Robertiner – als wichtigstes Adelsgeschlecht in diesem Raum fassen, zuerst in der Person des Wormser Bischofs Rupert, der vor allem durch seine kirchenpolitischen Reorganisationsmaßnahmen in Bayern – Salzburg – Bekanntheit erlangte und nach seinem Tod – nach 716 in Worms – als Heiliger verehrt wurde.[15] Dieser Familie entstammte aller Wahrscheinlichkeit nach auch der gleichnamige Graf im Oberrheingau, dessen Witwe Williswind zusammen mit ihrem Sohn Cancor 764 im rechtsrheinischen Vorfeld von Worms das Kloster Lorsch gründete.[16]

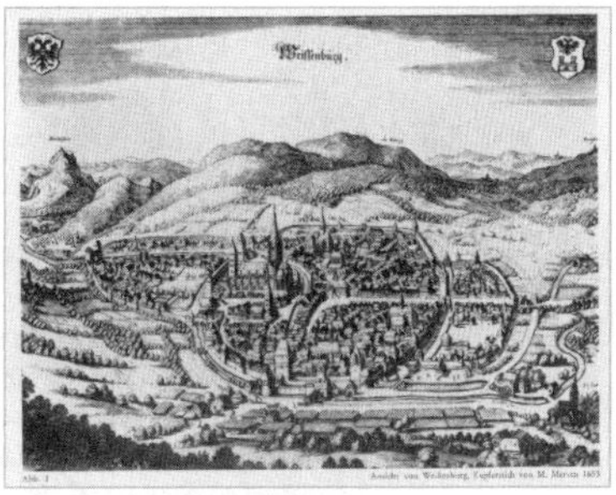

Weißenburg, nach Merian 1653 [9]

Schon in den ersten Jahren seines Bestehens kam dieses Kloster, das seit 772 direkt dem König unterstellt war, in den Genuß zahlreicher Güterschenkungen, die uns im Lorscher Kodex, dem ›*Codex Laureshamensis*‹ überliefert sind.[17] In den Jahren zwischen 769 und 808 erscheinen – wie oben erwähnt – fast alle Orte, die heute zur Stadt Ludwigshafen gehören, in den im Lorscher Kodex überlieferten Schenkungsurkunden – abgesehen von Rheingönheim und Ruchheim, wo sich kein Lorscher Besitz sicher nachweisen läßt.[18] Besonders stark konzentrierte sich Lorscher Besitz in Oppau, 13 ›*mansi*‹ bzw. ›*hubae*‹ – ›Huben‹ – und Edigheim, 6 Huben, sowie in Maudach, 10 Huben, und im benachbarten Mutterstadt, 6 Huben. Das im Lorscher Kodex genannte *Richinesheim* läßt sich zwar aus sprachlichen Gründen nicht mit dem heutigen Ruchheim identifizieren,[19] doch erlaubt der Flurname *Auf der Hochstätte* in der Ruchheimer Gemarkung – nördlich der Straße nach Fußgönheim, heute von der A 61 durchquert – die Vermutung, daß hier das im Lorscher Kodex mehrfach erwähnte *Hubenstat* gelegen sein könnte.[20]

Neben dem Kloster Lorsch verfügte in karolingischer Zeit auch noch das Kloster Weißenburg über größeren Grundbesitz im Ludwigshafener Raum: einen Herrenhof mit der Kirche und 6 Hofstätten in Mundenheim sowie 3 Huben in Ruchheim – wozu dort noch ›7 *mansi absi*‹ kamen, also Huben, die nicht mit eigenen Bauern besetzt waren, sondern von den 3 anderen Huben aus bewirtschaftet wurden. In Maudach besaß das Kloster Weißenburg zwar nur 1 (?) Hube, doch stand diese in enger Verbindung mit dem reichen Besitz des Klosters im benachbarten Mutterstadt – ein Herrenhof mit der Kirche und 23 (?) Huben. Die Inhaber der Maudacher Hube waren zu Kriegs- und Botendiensten mit einem Pferd verpflichtet und dafür von bestimmten normalen Frondiensten befreit[21] – ein Hinweis auf den alten Königsdienst an der Heerstraße.[22] Für sonstige klösterliche Besitzkomplexe in frühmittelalterlicher Zeit gibt es, abgesehen von dem schon erwähnten Prüm keine eindeutigen Hinweise.[23]

Huben

Die Hube – oder Hufe, lat. mansus – bildete die grundlegende Leistungseinheit im Rahmen der frühmittelalterlichen Grundherrschaft. Ursprünglich als bäuerlicher Familienbetrieb angelegt, löste sie sich im Gebiet der intensiver bewirtschafteten Oberrheinebene schon früh auf und wurde zu einer bäuerlichen Betriebseinheit, die gemeinsam von mehreren Inhabern bewirtschaftet oder auch aufgeteilt wurde. Für die Erhebung von Abgaben und Diensten durch die Grundherrschaft blieb sie aber als verwaltungstechnische Einheit bestehen. Auch die Hubgerichte als Ausprägung der alten grundherrlichen Gerichtsbarkeit auf Basis dieser Hubenorganisation hielten sich in unserem Raum sehr lange, teilweise bis weit in die Neuzeit hinein.

Anmerkungen Seite 19

21 *Dette, S. 109, 115, 118f, 124, 125, 130, 133, 136f – vgl. dazu Doll, S. 453, 138, 145*

22 *vgl. dazu das Kapitel ›Die staatliche Verkehrsorganisation des 9. Jahrhunderts und die Lazen am Mittelrhein‹ bei Staab, Untersuchungen, S. 46—64*

23 *Besitz des Klosters Murbach in Friesenheim wird nur aufgrund des St.-Leodegar-Patroziniums der dortigen Kirche vermutet; Besitz des Klosters Fulda in Friesenheim kann sich ebensogut auf die gleichnamigen Orte in Rheinhessen oder im Elsaß beziehen; vgl. dazu Debus, S. 861—912. Die von Gerlich, Wormsgau, S. 103 und 111, und ihm folgend von Debus, S. 866, für Oggersheim angegebenen Metzer Güter beziehen sich mit größerer Wahrscheinlichkeit auf die heutige Wüstung Eigersheim – bei Weisenheim am Sand; vgl. Bonin, S. 8 und 157; außerdem Debus, S. 869, und d'Herbomez, S. 128*

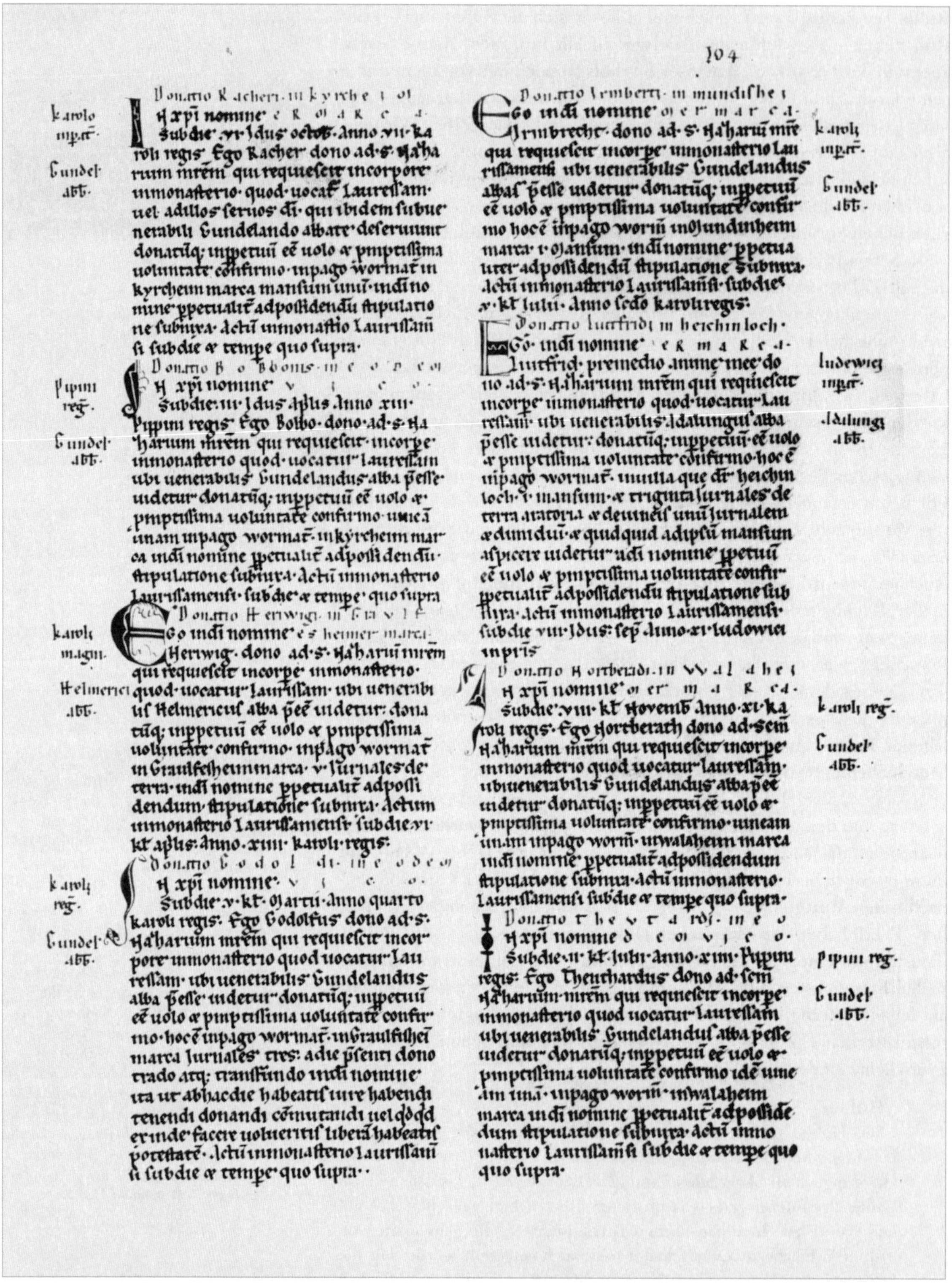

Blatt 104 aus dem ›Lorscher Kodex‹, dem 1170—1195 entstandenen Besitzverzeichnis des Klosters, in welchem der Wortlaut älterer Urkunden aufgezeichnet wurde, mit der Kopie der Urkunde, die Mundenheim erstmals erwähnt, zweite Kolumne, Zeile 8 [10]

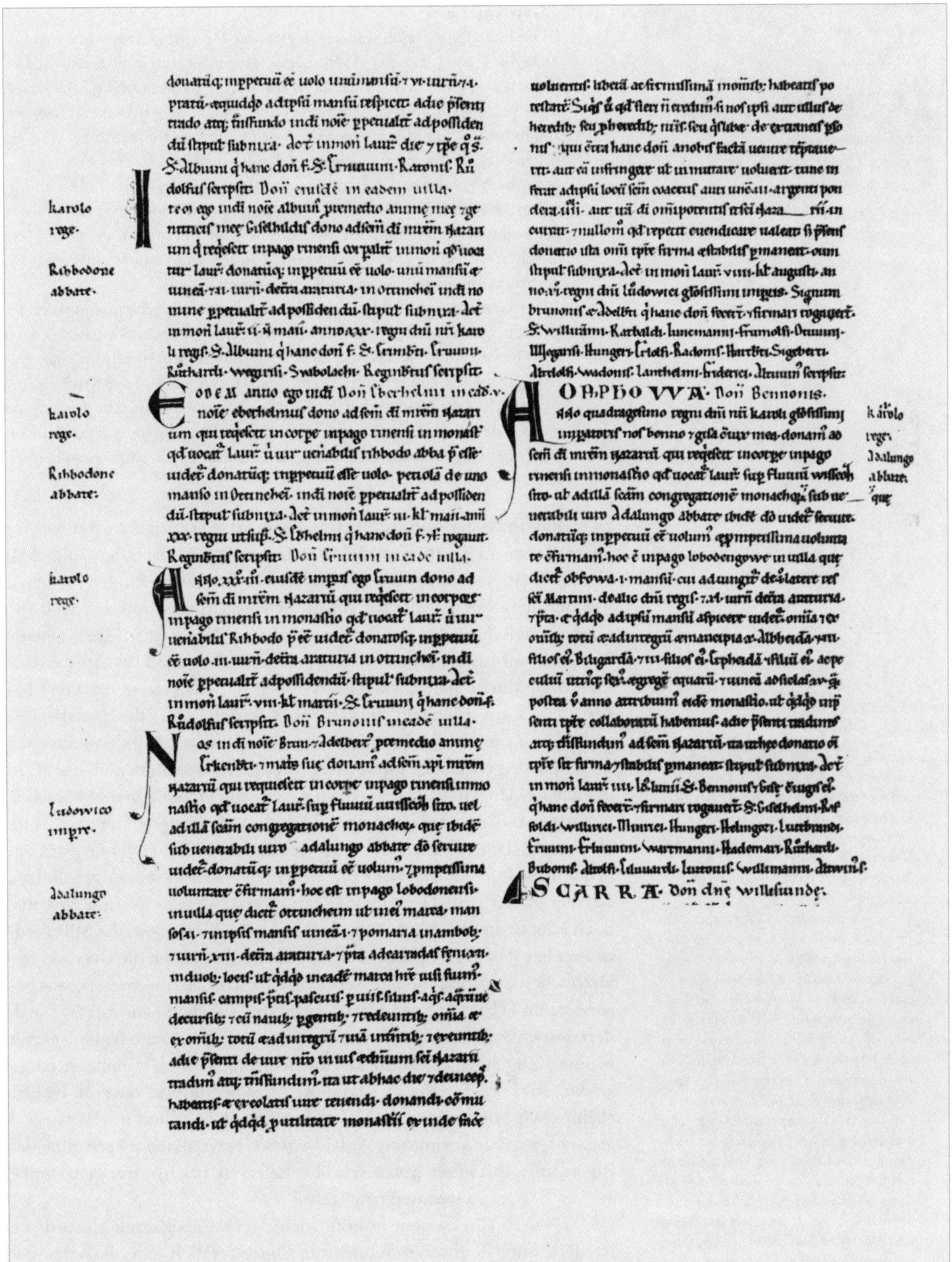

Blatt 63 aus dem ›Lorscher Kodex‹ mit der Ersterwähnung Oppaus – ›OPPHOWA‹, zweite Kolumne, Zeile 16 [11]

Kloster Lorsch vor der Zerstörung 1621 nach Merian [12]

Gau und Graf

Das Fränkische Reich war seit Beginn der Merowingerzeit verwaltungsmäßig in Gaue – lat. pagus, Pl. pagi – eingeteilt, die sich im nördlichen Gallien und am Rhein an die alten römischen Civitasbezirke – civitates, ursprünglich Gebiete der keltischen und germanischen Völkerschaften – anlehnten. Kristallisationspunkte waren die alten Hauptorte, die im Rhein-Neckar-Raum auch namengebend wurden: lat. Borbetomagus – dt. Worms – für den Wormsgau, lat. Lopodunum – dt. Lobdenburg, später Ladenburg – für den Lobdengau; im Fall von Speyer verdrängte der von den germanischen Einwanderern mitgebrachte Ortsname Spira die alten lat. Namen Noviomagus und Nemetes und wurde auch namensbestimmend für den umliegenden Speyergau.

Der Graf, lat. comes, war ein königlicher Amtsträger mit Aufgaben im Bereich von Verwaltung und Rechtsprechung, dessen Amtsbezirk sich aber nicht immer genau mit den Gaugrenzen deckte und in mancher Hinsicht auch die Immunitätsbezirke des Hochadels und der Kirchen aussparte. Mit dem Niedergang der karolingischen Königsmacht gegen Ende des 9. Jahrhunderts wurde das Grafenamt zu einer vom Adel begehrten Machtbasis und damit zu einer der Grundlagen für die entstehenden fürstlichen Territorien.

Innerhalb der politischen Gliederung des Fränkischen Reiches lag unser Raum im Schnittpunkt dreier Gaue. Quer durch den südlichen Teil des heutigen Stadtgebiets verlief die Grenze zwischen dem Wormsgau und dem Speyergau, die vermutlich bereits in römischer Zeit die Grenze zwischen den beiden ›civitates‹ gewesen war. Der genaue Grenzverlauf im Frühmittelalter ist dabei nicht ganz klar. An der Römerstraße dürfte der Maudacher Graben die Gaugrenze markiert haben, direkt am Rheinlauf die Rehbachmündung bzw. die damals etwa gegenüberliegende Neckarmündung, wobei diese Geländepunkte sich nach jedem größeren Hochwasser verändern konnten und damit zu mancherlei Ungenauigkeiten Anlaß gaben. Rheingönheim und Maudach gehörten so noch zum Speyergau, während die übrigen Orte schon im Wormsgau lagen.[24] Im Fall von Ruchheim ist die Zugehörigkeit im Frühmittelalter unklar, da es für diesen Ort keine eindeutigen Belege aus dieser Zeit gibt. Der Ort gehörte später zwar zur Diözese Worms, doch könnte dies auch auf die frühe kirchliche Bindung an das Stift Neuhausen bei Worms zurückgehen. Ansonsten aber haben die Grenzen der kirchlichen Organisation eine sehr lange Lebensdauer bewiesen, was besonders im Fall der beiden Orte Oppau und Edigheim augenfällig wird, deren ursprünglich rechtsrheinische Lage noch bis in die frühe Neuzeit in ihrer Zugehörigkeit zum kirchlichen Landkapitel Weinheim nachwirkte. Im Lorscher Kodex sind diese Orte im Juli 888 noch im rechtsrheinischen Lobdengau, im November 888 dann schon im Wormsgau genannt, was zur Vermutung Anlaß gegeben hat, daß diese Verlegung des Rheinlaufes mit einer historisch überlieferten Hochwasserkatastrophe im Jahr 886 im Zusammenhang steht.[25]

Diesem Hochwasser könnte auch die erste bekannte klösterliche Niederlassung in unserem Raum zum Opfer gefallen sein, die ›*cella*‹ des Hl. Medardus in Altrip, die der Frankenkönig Pippin im Jahr 762 von drei einheimischen Adeligen erhalten und an die Abtei Prüm in der Eifel weiterverschenkt hatte.[26] Zum Ausstattungsgut, das mit dieser Zelle in Altrip an Prüm gekommen war und auch nach dem Untergang der Zelle selbst bei dieser Abtei verblieb, gehörten offensichtlich die Hufen –

Anmerkungen
Seite 22

24 Maudach ist im Lorscher Kodex elfmal eindeutig für den Speyergau belegt, dagegen nur einmal für den Wormsgau. Die Ursache hierfür könnte darin liegen, daß die Gaugrenze nicht immer genau mit den Gemarkungsgrenzen übereinstimmte, der Nordteil der Maudacher Gemarkung also schon im Wormsgau lag, wie Gehrig, S. 97f. und Niemeyer, S. 82, vermutet haben. Diese Erklärung kann aber im Fall von Hemmingesheim wohl nicht zutreffen, das im Lorscher Kodex jeweils zweimal für den Wormsgau und für den Speyergau genannt wird. Es ist kaum vorstellbar, daß bei der nördlichen Lage des späteren Hemshofes dessen frühmittelalterliche Vorgängersiedlung einmal dem Speyergau angehört hat. So ist zu vermuten, daß es sich bei dem speyergauischen Hemmingesheim um eine andere, heute wüstgefallene Siedlung in der Vorderpfalz gehandelt hat. Zu denken wäre an eine Wüstung bei Hochdorf-Assenheim, auf die der Flurnamenbeleg ›Henteßheimer weeg‹ aus dem Jahr 1582 hindeutet; Namenbildung mit Sproßkonsonant ›t‹ zwischen ›m‹ und ›s‹ gelegentlich belegt im 16. Jahrhundert; vgl. Dolch / Greule, S. 203, 550

25 vgl. Hildenbrand, Oppau und ders., Wanderung

26 Knichel, S. 11 und S. 57

24 (?) ›*mansa ledilia*‹ und 18 ›*mansa servilia*‹ in Rheingönheim, Hillensheim, heute Hillensheimerhof bei Mutterstadt, und *Farenheym*, Lage unbekannt, wohl ebenfalls bei Mutterstadt –, deren Abgabepflichten im ›Prümer Urbar‹ aus dem Jahr 893 genau aufgelistet sind. Am bemerkenswertesten ist dabei die jährliche Abgabe von 100 Blutegeln an das Kloster, zu der jede Hufe verpflichtet war.[27]

Menschenwerk und Hochwasser[28]

Das Bild der Landschaft im Raum Ludwigshafen, das aus den Urkunden des Lorscher Kodex deutlich wird, veränderte sich in vielem bis ins 20. Jahrhundert wenig. Vorrang bei den Schenkungen an das Kloster hatte selbstverständlich das Ackerland – wobei Lorsch allein in Maudach mehr als hundert ›Joch‹, d. h., von einem Ochsengespann an einem Tag zu pflügende Ackerstücke in Besitz nehmen konnte. Daneben tauchen Mühlen, Groß- und Kleinvieh und ein Gestüt in Oppau auf. Und natürlich wurden auch Menschen – Leibeigene – an das Kloster übergeben. Ebenso fremd muß es auf den modernen Betrachter wirken, daß mehrfach Weingärten als Schenkungsobjekt genannt werden – die es im Raum Ludwigshafen bis tief in die Neuzeit hinein gab.

Doch zeigte sich auch die von Wasser und urtümlicher Vegetation bestimmte Umwelt in den Urkunden: immer wieder werden Wälder, Wiesen und Weiden, Gewässer, Bäche, Fischteiche, Rheininseln und sogar – in Edigheim – eine Anlegestelle am Strom verschenkt. Eine solche Landschaft blieb dauernd verletzlich. Nur wenig hatte sie der Gewalt des Rheins entgegenzusetzen, besonders in jenen Jahrhunderten des Frühmittelalters, als der Strom nahezu alljährlich und von keinerlei Dammbauten gehemmt über die Ufer trat. Dabei war der durch die Verlegung des Hauptstroms bewirkte ›Wechsel‹ von Oppau und Edigheim auf die linke Rheinseite zweifelsohne die spektakulärste vormoderne überschwemmungsbedingte Veränderung des Naturraums im Gebiet des heutigen Ludwigshafen. Es gab jedoch zahlreiche weitere Hochwasserkatastrophen. Ihre Häufigkeit hat selbstverständlich mit der Veränderung des mitteleuropäischen Klimas geschwankt. Der größere Teil des Mittelalters war eher warm, mit überwiegend freundlichen Sommern, aber auch kalten Wintern. Wiederholt berichten Chroniken davon, daß der Rhein zum Rinnsal vertrocknet war, durch das man waten konnte. Genauso wie Hochwasser verursachte auch Niedrigwasser oft Mißernten; Hungersnöte und der Ausbruch von Seuchen bei den geschwächten Menschen waren die Folge. In der zweiten Hälfte des 15. Jahrhunderts setzte ein Wandel ein: Die ›Kleine Eiszeit‹ begann, die fast bis an die Schwelle des 19. Jahrhunderts dauern sollte. In den Flußgebieten Mitteleuropas nahmen die Hochwasserereignisse stark zu. Nicht alle waren ›Katastrophen‹, viele hinterließen allerdings aufgrund der zeitbedingt unvollkommenen Dammbauten große Schäden. Meist traten die Hochwasser im Winter bzw. an dessen Ende auf, und besonders verheerend waren sie als Folge von ›Eisgang‹: Bei plötzlich eintretendem Tauwetter geriet die Eisdecke des Flusses in Bewegung, staute sich an Engstellen oder Brücken – oder an der Neckarmündung – und blockierte den Wasserfluß. Setzten sich die Eisschollen dann in Bewegung, wirkten sie wie Rammböcke, trugen Häuser, Mühlen und mehr als einmal die Heidelberger Brücke weg. Aber auch der Sommer war nicht frei vom Hochwasserrisiko: Wenn die Wasser einer verspäteten Schneeschmelze mit starken Niederschlägen zusammentrafen, trat der Rhein, gerade in der Gegend der Einmündung des Neckars, oft über die Ufer.

Gerade weil Hochwasser oft extreme Schäden hinterließen, die Menschen am Fluß so viel Leid durch sie erfuhren, waren sie ein beliebtes Thema der Chronisten, wurden Nachrichten über sie weitererzählt und

Menschenwerk und Hochwasser
„Von der überauß schrecklichen und grossen Wasserfluth, welche sich in diesem 1651ten Jahr nit allein im Römischen Reich, sonder auch zu Mörß und am Rhein begeben …"
Flugblatt zur Überschwemmung 1651 [13]

Anmerkungen
Seite 23

27 *Schwab, S. 252f*

28 *die Charakteristik der Landschaft nach den Lorscher Urkunden zusammengestellt aus Rogg; zur Klimaentwicklung siehe Glaser, S. 209; zur Geschichte der Flutkatastrophen im Rhein-Neckar-Gebiet: Herbel, bes. S. 4, 14ff; Zitat „Sicherheitsvorkehrungen …" aus: ›Rheinpfalz‹, 20.7.1974; zu den Kasseler Forschungen: ›Dürren und Fluten‹, ›Frankfurter Allgemeine Zeitung‹, 15.8.2002; zu den Hochwassern des 18. und 19. Jahrhunderts vgl. auch Kap. 4 ›Das Ende der alten Zeit‹, Kap. 5 ›Unter Trikolore und weißblauer Fahne‹ und Kap. 8 ›Im Sog der Industriestadt‹*

Reste der Wormser Stadtmauer mit zwei der einst 60 Türme um 1970 [14]

in der Neuzeit in Flugblättern und Zeitungen verbreitet. Nach einer Zusammenstellung aus der Rhein-Neckar-Region lassen sich erstmals Mitte des 13. Jahrhunderts eine Serie von Hochwasserkatastrophen belegen. So verlegte wohl 1278 der Neckar nach einer Flut, bei der viele Menschen umkamen, sein Bett vom Süden des Mannheimer Gebiets in den Norden. 1306 sprechen die Quellen von vielen Toten bei einem Hochwasser. 1315 vernichteten Wasserfluten und Dauerregen die Ernte. Auch von der herausragendsten, historisch belegbaren Überschwemmungskatastrophe in Mitteleuropa im Jahr 1342 war das Rhein-Neckar-Gebiet betroffen. 1365 brachte der Aufbruch des Flußeises schreckliche Schäden, im Februar 1374 wurden Menschen, Kirchen und Häuser vom Rhein davongeschwemmt. Bis zum Ende des Mittelalters sind weitere Hochwasser aus den Jahren 1400, 1432, 1456, 1458, 1470, 1480 und 1485 bekannt.

Im 16. Jahrhundert ereigneten sich besonders dramatische Hochwasser in den Jahren 1529, 1565 und 1595. Ein Hochwasser 1616 soll viele Brücken, Mühlen und Gebäude an Rhein und Neckar weggeschwemmt haben, das von 1658 das höchste in 200 Jahren gewesen sein. Auch das Hochwasser im Jahr der europäischen Hungersnot 1709 war offenbar gewaltig, und 1757/8 wurde das Dorf Mundenheim beinahe von einer Wasserflut verschlungen. Zum Dank für die Errettung errichteten die Einwohner das ›Große Kreuz‹. Besonders verheerend in der Region war das durch Eisstau ausgelöste Hochwasser im Winter 1784, das ganz Mitteleuropa gewaltige Überschwemmungen brachte. Die Flut von 1824 schuf nach dem Bruch des Damms bei der Rheinschanze den Kolk, aus dem der Ludwigshafener Winterhafen entstand. Die vorerst letzte Hochwasserkatastrophe im Gebiet des heutigen Ludwigshafen fand um die Jahreswende 1882/83 statt. Damals stand das gesamte Gebiet der heutigen Stadt jenseits des Hochufers mit Ausnahme der aufgeschütteten und von Bahndämmen eingeschlossenen Innenstadt und der BASF unter Wasser.

Insgesamt belegt die Chronik 19 Hochwasser für das 17., 39 für das 18. und 16 Hochwasser für das 19. Jahrhundert. Im 20. Jahrhundert lassen sich ca. 20 Hochwasser belegen, elf davon nach dem Jahr 1970. Noch 1974 sprach man stolz von der Zähmung des Rheins durch Dämme. „Sicherheitsvorkehrungen lassen die Gefahr von Hochwasserkatastrophen unwahrscheinlich werden." Seit den 1980er Jahren wurde jedoch verstärkt an der neuen Hochwasserlinie gebaut, und die Frage von Rückhalteräumen trat wieder in die öffentliche Diskussion. Nach den Modellrechnungen des Zentrums für Umweltforschung an der Universität Kassel könnte der weltweite Klimawandel gerade im Oberrheingebiet bis zum Jahr 2070 zu einer Verdoppelung extremer Dürren und Hochwasser führen. Der Rhein bleibt also trotz aller Vorsorge wie zu allen Zeiten ein ebenso nützlicher wie auch gefährlicher Begleiter der Geschichte des Raums und der Stadt Ludwigshafen.

Ein einzigartiges Dokument aus der Zeit um 900 stellt die Wormser Mauerbauordnung dar, die mit großer Wahrscheinlichkeit auf Bischof Thietlach (890—914) zurückgeht. Darin wurde genau festgelegt, welche der umliegenden Orte für den Erhalt bestimmter Abschnitte der Wormser Stadtmauer zuständig waren. Die Dörfer Bobenheim, *Ligrisheim* – der heutige Nonnenhof, ehem. Littersheimerhof bei Bobenheim –, Roxheim, Oggersheim und alle am Rhein entlang Wohnenden – *iuxta Rhenum habitantes* – bis nach Hemsheim – heute Hemshof – mußten den östlichen Teil der Südmauer unterhalten, die Hälfte von Ruchheim und alle, die auf der anderen Seite der Rheinstraße bis zum Karlbach wohnen – *omnes ab alia parte plateae Rheni habitantes usque ad fluvium, qui Karlebach vocatur* –, den westlichen Teil der Südmauer.[29] Der

Anmerkungen
Seite 24 und 25

29 *Boos, Worms, S. 223f; vgl. dazu Spille, S. 2160*

30 *Das zum Speyergau gehörige Mutterstadt mußte entsprechende Leistungen – 5 Zinnen – an der Speyerer Stadtmauer erbringen, wie eine Inschrift aus dem 11. Jahrhundert beweist; Röttger, S. 564*

31 *Nach dem Chronisten Regino von Prüm wurde dieses linksrheinische Gebiet bei der Reichsteilung wegen des dortigen Weinbaues [propter vini copiam] dem Ostfrankenreich zugeschlagen; Mühlbacher, S. 455*

32 *Ottenthal, S. 6*

33 *Mühlbacher, S. 826, 835f; Ottenthal, S. 13f, 37f*

34 *Ottenthal, S. 113f*

35 *Gerlich, Konrad*

36 *Werle, Hausmachtpolitik, S. 266*

Verlauf der alten Rheinstraße diente so als Grenze der Mauerbaubezirke, womit die Mehrzahl der heutigen Ludwigshafener Stadtteile schon damals in einer administrativen Einheit zusammengefaßt war. Auffällig ist jedoch die Sonderstellung von Ruchheim, das zwar auf der anderen Seite der Rheinstraße lag, trotzdem aber zwischen den beiden Bezirken aufgeteilt war. Die Situation, wie sie in neuester Zeit durch die Eingemeindung von Ruchheim in die Stadt Ludwigshafen entstanden ist, hat also in ähnlicher Form schon einmal vor über 1 000 Jahren existiert. Die beitragspflichtigen Orte sind in der Mauerbauordnung zwar nicht alle namentlich aufgeführt, doch gehörten Maudach und Rheingönheim als Orte im Gebiet der Diözese Speyer bestimmt nicht dazu. Man kann jedoch davon ausgehen, daß die Dörfer um Speyer von ihrer Bischofsstadt in ähnlicher Weise zum Mauerbau herangezogen worden sind.[30]

Die Bauern hatten im Gegenzug für ihre Mithilfe bei Bau und Verteidigung der Stadtmauern das Recht, sich im Notfall mit ihren Angehörigen und ihrem Vieh in deren Schutz zurückzuziehen, was gerade im 10. Jahrhundert immer öfter notwendig wurde. So versuchte im Jahr 920 der westfränkische König, der Karolinger Karl III., seinen Anspruch auf das linksrheinische Gebiet, das bei der Reichsteilung durch den Vertrag von Verdun 843 an Ostfranken gefallen war,[31] mit militärischen Mitteln durchzusetzen, mußte sich aber bei Worms vor den dort versammelten Getreuen des zum neuen König von Ostfranken gewählten Sachsenherzogs Heinrich zurückziehen.[32] 925 konnte König Heinrich I. im Gegenzug das Elsaß und Lothringen unter seine Kontrolle bringen, wodurch die Westgrenze des ostfränkisch-deutschen Reiches bis über die Maas hinaus vorgeschoben wurde.

Gefährlicher jedoch waren zunächst die Einfälle der Ungarn, die 912 erstmals über den Rhein vordrangen, danach wieder in den Jahren 917, 926 und 937.[33] Besonders bedrohlich war die Situation im Jahr 954, als die Ungarn einen Aufstand Herzog Liudolfs von Schwaben gegen seinen Vater, König Otto I., den Sohn und Nachfolger König Heinrichs I., zu einem neuen Einfall ausnutzten. Liudolfs Schwager und Verbündeter Konrad der Rote, Herzog in Lothringen und Graf im Worms- und Speyergau, bewirtete und beschenkte die Ungarn in Worms und versuchte sogar, sie im Kampf gegen seine Feinde in Lothringen einzusetzen, konnte damit aber nicht verhindern, daß die Reiterkrieger auch die Gebiete ihrer angeblichen Verbündeten mit den üblichen Verwüstungen heimsuchten. Liudolf und Konrad gerieten in den Verdacht, die Ungarn absichtlich herbeigerufen zu haben, mußten sich schließlich ihrem Vater bzw. Schwiegervater König Otto unterwerfen und verloren ihre Herzogtümer.[34] Konrad durfte immerhin seinen Herzogstitel und seine Machtstellung im Wormser Raum behalten. Als König Otto im darauffolgenden Jahr 955 die Ungarn auf dem Lechfeld besiegte und deren Angriffen auf Deutschland damit ein Ende setzte, stand Herzog Konrad der Rote im Heer des Königs an vorderster Front und fand an der Spitze des fränkischen Aufgebotes den Schlachtentod.[35]

Konrads Nachkommen konnten jedoch ihre Vormachtstellung im Wormser Raum behaupten. Als Titularherzöge von Worms besaßen sie die Oberlehnshoheit über mehrere Grafschaften, die sie wiederum durch Untergrafen, Vizegrafen oder Lehnsgrafen verwalten ließen.[36] Konrads Sohn, Herzog Otto von Worms, unterstützte nach dem Tod Kaiser Ottos II. 983 dessen Sohn Otto III. bei der Durchsetzung seines

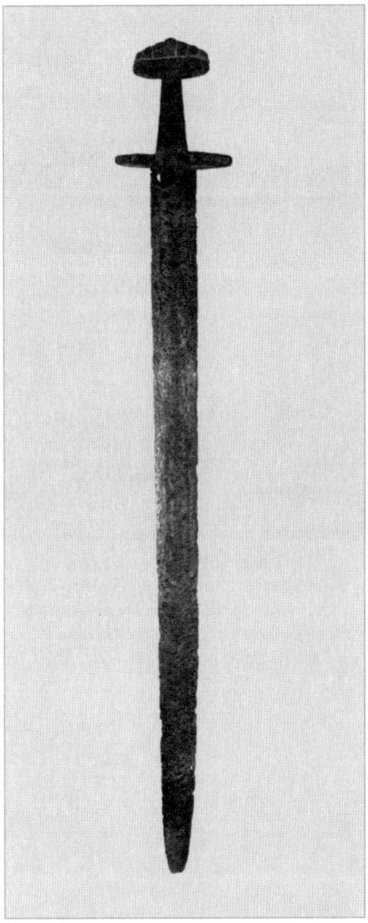

Einfälle fremder Völker: Wikingerschwert aus dem 9. Jahrhundert 1922 in Oppau gefunden [15]

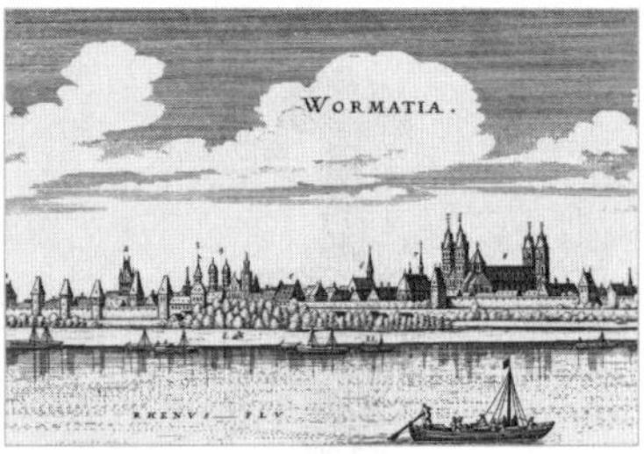

Die Dome von Worms – oben [16] – und Speyer – unten [17]; Zentren der blühenden Reichsstädte nördlich und südlich des Ludwigshafener Raumes; Ausschnitte nach Merian

Anspruchs auf die Thronfolge und wurde dafür mit Gütern des Klosters Weißenburg belohnt, das gegen Otto III. opponiert hatte, ein Vorgang, der in der Historiographie als ›Weißenburger Kirchenraub‹ überliefert wurde. Dadurch gelangten 985—991 auch Weißenburger Güter in den Orten Oggersheim und Ruchheim in seinen Besitz.[37] Herzog Ottos Enkel Konrad wurde schließlich sogar nach dem Aussterben des ottonischen Königshauses im Jahr 1024 zum König gewählt und damit zum Begründer der salischen Dynastie.

Das Hochmittelalter – wirtschaftlicher und sozialer Wandel

Die erfolgreiche Politik der ostfränkisch-deutschen Könige aus dem Haus der Ottonen im Verlauf des 10. Jahrhunderts schuf die Grundlagen für ein wirtschaftliches und kulturelles Aufblühen des Oberrheingebietes. Der Sieg über die Ungarn 955 beendete für immer die Einfälle aus dem Osten; durch die Verschiebung der Westgrenze vom Rhein an die Maas mit der Eingliederung von Elsaß und Lothringen 923—925 blieb das Rhein-Neckar-Gebiet für die folgenden 700 Jahre von französischen Angriffen verschont. Der Oberrhein lag nun wieder im Zentrum des Reiches, das sich infolge der Gewinnung von Italien 951 und der Kaiserkrönung Ottos I. 962 als erneuertes Römisches Reich sah – in der Folgezeit ›Heiliges Römisches Reich‹.

Die nunmehr gesicherten politischen Verhältnisse brachten auch dem Fernhandel zwischen Italien und der Nordsee einen großen Aufschwung, von dem die Städte am Oberrhein erheblich profitierten. In Worms setzte diese Entwicklung bereits im 10. Jahrhundert ein und wurde vor allem durch den tatkräftigen Bischof Burchard (1000—1025) vorangetrieben, während die Stadt Speyer zunächst noch im Schatten ihrer nördlichen Konkurrentin stand, dann jedoch durch die Förderung des seit 1024 regierenden Königshauses der Salier einigermaßen gleichziehen konnte. Die großartigen romanischen Dome, die in den beiden Städten in dieser Zeit errichtet wurden, geben bis heute Zeugnis von diesem Aufschwung, der sich damals innerhalb weniger Jahrzehnte vollzog.

Die zwischen den beiden Städten in relativ geringer Entfernung davon gelegenen ländlichen Siedlungen waren von dieser Entwicklung natürlich unmittelbar betroffen, so daß dort schon früh Änderungen in wirtschaftlicher und sozialer Hinsicht ihren Lauf nahmen, welche die Landschaft und das Leben der Bevölkerung bis weit ins 19. Jahrhundert prägen sollten. Die schnell wachsende Bevölkerung der Städte Worms und Speyer machte eine Erhöhung der landwirtschaftlichen Produktion im Umland erforderlich. Den adeligen und geistlichen Grundherren, die ihre großen Gutshöfe, ›Villikationen‹, bis dahin unter Ausnutzung der Frondienste ihrer Hofknechte und Hubeninhaber bewirtschaftet hatten, wurde bald klar, daß eine stückweise Verpachtung ihrer Hofgüter rentabler war. Es bildete sich nun die sog. ›Rentengrundherrschaft‹ heraus, in der die Bauern ihren Grundherren jährliche Abgaben – Zinsen, Renten oder Gülten – in Geld oder Naturalien und daneben Sonderabgaben beim Besitzwechsel der Hofstellen entrichten mußten. Dafür erhielten sie ihre Höfe meist in Erbleihe, d. h. der Grundherr war verpflichtet, den Hof nach dem Tod des Pächters an dessen Erben weiterzuverleihen, soweit keine schwerwiegenden Gründe dagegen sprachen.

Anmerkungen
Seite 26 und 27

37 *Werle, Saliergut, S. 109*

38 *Hildebrandt, S. 137ff; im Spätmittelalter erfolgte allerdings teilweise wieder ein Übergang zur Dreifelderwirtschaft, so in Rheingönheim, wo es im 15. Jahrhundert wieder ein Sommerfeld gab; vgl. Urkunde vom 18. Februar 1467, Reiss-Museum, Mannheim*

39 *vgl. hierzu Auge, S. 515—522*

Daneben gab es auch noch andere Leiheformen wie Zeit- und Teilpacht, die aber nur ergänzend praktiziert wurden. Die Erbleihe war für die Bauern ein relativ günstiges Recht, doch andererseits umfaßten die meisten bäuerlichen Betriebe in unserer Gegend nur eine Fläche von drei ha bis zehn ha, und dies zudem noch in stark zersplitterter Form, wozu auch die Sitte der Realteilung beitrug. Die fruchtbaren Böden der Oberrheinebene erlaubten zwar auch solchen kleinen Betrieben das Überleben, doch wirtschaftete die Mehrzahl davon ständig an der Grenze des Existenzminimums und war, um die Abgaben bezahlen zu können, in schlechten Jahren oft gezwungen, bei Grundherren, Stadtbürgern oder den wenigen Großbauern im Ort Kredite aufzunehmen.

Die Dreifelderwirtschaft hatte in unserer Gegend bereits seit dem 9. Jahrhundert den bis dahin im Rahmen der Feld-Gras-Wirtschaft praktizierten Anbau von Sommergetreide, vor allem Hafer und Gerste, abgelöst und war zunächst individuell parzellenweise eingeführt worden. Sie wurde im Lauf des 11. Jahrhunderts durch den ›Flurzwang‹ ergänzt, der eine Aufteilung der Gemarkungen in jeweils drei Felder, ›Zelgen‹, für Sommer- und Wintergetreide sowie Brache mit sich brachte. Damit war die klassische ›Dreifelderwirtschaft‹ etabliert. In der Folgezeit verlagerte sich das Gewicht immer mehr auf das ertragreichere Wintergetreide, was schließlich noch im Verlauf des Mittelalters mit dem Verschwinden des Sommergetreides zur Zweifelderwirtschaft führte – Wechsel von Winterroggen und Brache, wobei die Brache wohl hin und wieder durch Sommergetreide ersetzt wurde – eine Besonderheit der landwirtschaftlichen Entwicklung am Oberrhein. Anlaß hierfür war wohl der ständig steigende Brotgetreidebedarf in den nahegelegenen Städten. Trotz ihrer mit 50% etwas umfangreicheren Brachfläche war die oberrheinische Zweifelderwirtschaft der Dreifelderwirtschaft ertragsmäßig überlegen, da der Marktwert des Wintergetreides um diese Zeit etwa doppelt so hoch war wie der des Sommergetreides. Zusätzliche Erträge brachte außerdem der meist mit der Zweifelderwirtschaft kombinierte Weinbau.[38]

Mit der Entstehung des Flurzwangs wurde eine Koordinierung der Anbautermine innerhalb der Gemarkung erforderlich, die von den dort ansässigen Bauern in Eigenregie vorgenommen werden mußte. Dies war der Anfang einer genossenschaftlichen politischen Organisation in den ländlichen Ortschaften, die Entstehung von ›Dörfern‹ im heutigen Sinn, die auch mit einer Veränderung des Siedlungsbildes einherging. Die für das frühe Mittelalter charakteristischen Streusiedlungen und Weiler verschwanden, es kam zu einer Konzentration auf diejenigen Dörfer, die die Grundlage der heutigen Ludwigshafener Stadtteile bilden, ursprünglich angelegt meist in der Form von Straßendörfern, die von einem Dorfzaun, ›Etter‹, umgeben waren.[39] Nur in der Rheinaue erhielten sich bis zu einem gewissen Grad ältere Zustände, wo der Hemshof als Herrschaftsgut bis in die Neuzeit hinein noch in der Art und Weise einer frühmittelalterlichen Villikation bewirtschaftet wurde. Dort überdauerten auch noch größere Waldstücke auf den für den Ackerbau ungeeigneten überschwemmungsgefährdeten Flächen, vor allem der Friesenheimer Wald. Diese Wälder wurden als Viehweide, manchmal auch als herrschaftliches Jagdgebiet benutzt. Auf der Niederterrasse dagegen verschwanden die Wälder im heutigen Stadtgebiet von Ludwigshafen während des 11. und 12. Jahrhunderts als Bau- und

Ein holzumfriedetes Bauerngehöft aus der der Salierzeit (zwischen 1000 und 1100) vor der Zusammenfassung der Einzelgehöfte in eigentlichen ›Dörfern‹ [18]

Feldarbeiter
Augsburger Kalender, 1480 [19]

Zeugnis dörflicher Verwaltung: das Oppauer Dorfgerichtsbuch, das von 1467 bis 1603 benutzt wurde [20]

Brennholz in den nahegelegenen Städten und Dörfern und machten den ausgedehnten landwirtschaftlichen Nutzflächen Platz, die bis ins 19., teilweise auch noch ins 20. Jahrhundert hinein die Landschaft um Ludwigshafen prägten.[40] Während man so auf der Niederterrasse durch Waldrodungen die landwirtschaftliche Nutzfläche vergrößerte, versuchte man dies in der Rheinaue durch den etwa gleichzeitig einsetzenden Deichbau, der die in unregelmäßigen Abständen wiederkehrenden verheerenden Überschwemmungen unter Kontrolle halten sollte, was aber nur unzureichend gelang. Die Versuche, den alljährlichen Rheinhochwassern durch Deiche Grenzen zu setzen, begannen wohl im 12. Jahrhundert, urkundlich faßbar werden sie am Ende des 13. Jahrhunderts. Im Jahr 1299 regelte Pfalzgraf Rudolf einen Konflikt zwischen seinem Dorf Friesenheim und dem Frauenkloster Frankenthal, der durch einen Deichbau der Nonnen bei dem ihnen gehörigen Hemshof ausgelöst worden war.[41] 1299 ist auch in einer Zehntbeschreibung der Gemarkung Rheingönheim ein Mundenheimer Deich, ›*Mundinheimir dichg*‹ genannt.[42] In den überschwemmungsgefährdeten Gebieten der Rheinaue, die für den Ackerbau kaum nutzbar waren, erlangte die für die Viehzucht wichtige Wiesenkultur große Bedeutung.

Die ältesten Urkunden des Klosters Lorsch aus dem 8. Jahrhundert, die für unser Gebiet überliefert sind, weisen darauf hin, daß schon zu dieser Zeit der Grundbesitz in den einzelnen Siedlungen stark unter verschiedene Grundherren zersplittert war. Es war deshalb notwendig, bei Grundstücksgeschäften alteingesessene und vertrauenswürdige Dorfbewohner heranzuziehen, die über diese verwickelten Verhältnisse genaue Auskünfte zu geben wußten, gleichsam als lebender ›Erinnerungskataster‹ – schriftliche Aufzeichnungen wie Grundbücher etc. gab es ja noch nicht. Hieraus entwickelten sich im Lauf der Zeit die bäuerlichen Gerichtsschöffen, die in den ›Dorfgerichten‹ unter Leitung der von der Herrschaft eingesetzten ›Schultheißen‹ Recht sprachen und deren Familien mit der Zeit eine dörfliche Führungsschicht, eine Art ›Dorfpatriziat‹ bildeten.[43] Die Gerichtsbarkeit im Dorf war seit dem Frühmittelalter auf grundherrlicher Basis in den ›Hubgerichten‹ organisiert gewesen, die für Grunduntertanen eines Herrn in verschiedenen Dörfern zuständig sein konnten. Solche Hubgerichte hielten sich in unserem Raum sehr lange, vereinzelt bis über das 15. Jahrhundert hinaus, wenn auch in dieser Zeit die Tendenz zu ihrer Beseitigung durch die neuen Territorialmächte immer mehr zunahm. 1479 bewilligte Kurfürst Philipp von der Pfalz auf Bitten des Ortsherrn Myas von Oberstein die Umwandlung des Hubgerichts zu Edigheim in ein Schöffen- oder Weggericht.[44] Danach existierte ein funktionierendes Hubgericht offenbar nur noch in Maudach, während es aus früherer Zeit auch noch Hinweise auf Hubgerichte in Mundenheim und Rheingönheim gibt.[45]

Seit dem 12. Jahrhundert versuchten die weltlichen Herrschaftsträger ihre bis dahin auf die eigenen Grunduntertanen beschränkte Banngewalt auf sämtliche Ortsbewohner auszudehnen, wobei in vielen Fällen die Vogtei über geistliche Grunduntertanen als Mittel eingesetzt werden konnte. Auf diese Weise entstanden einheitliche Dorfgerichte, deren Inhaber unter dem Begriffspaar ›Zwing und Bann‹ allgemeinverbindliche Regeln für das Zusammenleben der Bewohner festsetzen konnten, als oberste Vogtherren die Schutz- und Schirmgewalt ausübten und dafür Anspruch auf bestimmte Abgaben von allen Haushalten

Anmerkungen
Seite 28 und 29

40 vgl. hierzu Küster, S. 176—190

41 LASp, Best. F 7, Nr. 290; bereits 1269 hatte es einen Streit zwischen dem Kloster und der Gemeinde Friesenheim gegeben, in dem es u. a. um die Reinigung von Wassergräben ging; BayHStA Rheinpfälzer Urkunden Nr. 1009

42 BayHStA Rheinpfälzer Urkunden Nr. 1070

43 Staab, Verfassungswandel, S. 153, 171

44 Braun, S. 98

45 in Mundenheim noch im 14. Jahrhundert; vgl. Urkunde von 1343, BayHStA Rheinpfälzer Urkunden Nr. 194; im Jahr 1291 ist auch noch von einem Hubhof der Herren von Frankenstein in Rheingönheim die Rede; Hilgard, S. 128f

46 vgl. hierzu Auge, S. 515—522, Bede: Steuer, ›erbetene‹, d. h. geforderte Abgabe, Rauchhuhn: Abgabe von einem Huhn pro Feuerstelle, ›Rauchabzug‹

47 hierzu Auge, S. 518—521

48 Werle, Hausmachtpolitik, S. 263, 274

hatten – Bede, Herbergsrechte, Frondienste, Rauchhühner.[46] Allerdings verlief diese Entwicklung nicht immer reibungslos: In manchen Dörfern mit zwei etwa gleich stark vertretenen Grundherrschaften kam es zeitweise zu einer Teilung von Dorf und Gemarkung – Maudach, Rheingönheim –, manchmal auch nur zu einer Teilung der Einkünfte – Mundenheim. Schließlich konnten in allen Dörfern unseres Gebietes die Pfalzgrafen ihre Leibuntertanen aus diesem Prozeß der Einbindung in die territorialen Dorfgerichte weitgehend heraushalten. Die Dorfherren übten die niedere Gerichtsbarkeit aus und besaßen das Recht auf Einsetzung der Schultheißen, der Gerichtsschöffen und auf Besetzung der dörflichen Ämter – Feldwächter, Büttel, Hirten etc.[47]

Herr und Bauer: bei der Ablieferung der bäuerlichen Abgabe; Augsburg um 1477 [21]

Herrschaft in den Dörfern

Ortsherrschaft ergab sich aus Grundherrschaft im Verein mit der Niedergerichtsbarkeit: ›Dorf und Gericht mit Wald, Wasser, Weide etc.‹ ist die gängige Formel. Neben der Niedergerichtsbarkeit waren Kennzeichen der Ortsherrschaft das Besteuerungsrecht, die Wehrhoheit und das Recht auf Frondienste der Dorfbewohner – auch wenn diese außerhalb der Grundherrschaft des Dorfherrn standen. Die Hochgerichtsbarkeit hat sich aus Relikten der Grafschaftsverfassung oder aus der Vogteiherrschaft über kirchliche Immunitäten entwickelt, galt aber in unserem Raum im Spätmittelalter nicht als konstituierend für die Landesherrschaft.

Vom Hoch- zum Spätmittelalter – Leininger und Pfalzgrafen streiten um das königliche Erbe zwischen den Reichsstädten Worms und Speyer

Die Zollhütte bei Oggersheim als Kristallisationspunkt der Macht

Königliche Machtentfaltung in der Pfalz: die Reichsfeste Trifels [22]

Unter den von 1024 bis 1125 regierenden salischen Königen und Kaisern wurde das Gebiet um Worms und Speyer zum politischen Zentrum des Reiches, die beiden Städte gehörten zu ihren bevorzugten Residenzorten. Ebenso blieb es unter ihren ab 1138 regierenden Erben und Nachfolgern, den Staufern, die bereits 1125 die Grafenrechte der Salier am Ober- und Mittelrhein geerbt hatten und diesen Anspruch nach der Gewinnung des Königsthrons gegenüber den ›Untergrafen‹ aus der Familie der Emichonen – Grafen von Leiningen, Veldenz, Wildgrafen, Raugrafen – auch durchsetzen konnten.[48] Für den Worms- und Speyergau bedeutete dies eine unmittelbare Vorherrschaft des Königs bzw. Kaisers, der durch die Zusammenfassung des alten Reichsgutes mit dem salischen bzw. später staufischen Hausgut hier über eine Machtkonzentration verfügte wie kaum anderswo in Deutschland. Verwaltet wurde dieses Reichsgut durch Dienstleute des Königs, Angehörige der Reichsministerialität, die als eigener Stand seit der Regierungszeit Konrads II. (1024—1039) deutlich hervortrat. Bei der Reichskirche war diese Erscheinung schon etwas früher aufgetreten. Die ›Ministerialität‹ wurde seit dem 11. Jahrhundert zu einem entscheidenden politischen Faktor auf lokaler Ebene im heutigen Ludwigshafener Raum, wobei als Dienstherren zunächst das Reich sowie die Bischöfe von Worms und Speyer im Vordergrund standen. Die Lehen, die die Ministerialen für ihre Dienstleistungen erhielten, wurden mit der Zeit erblich und bildeten so das Fundament für die sich herausbildenden Geschlechter des Niederadels.

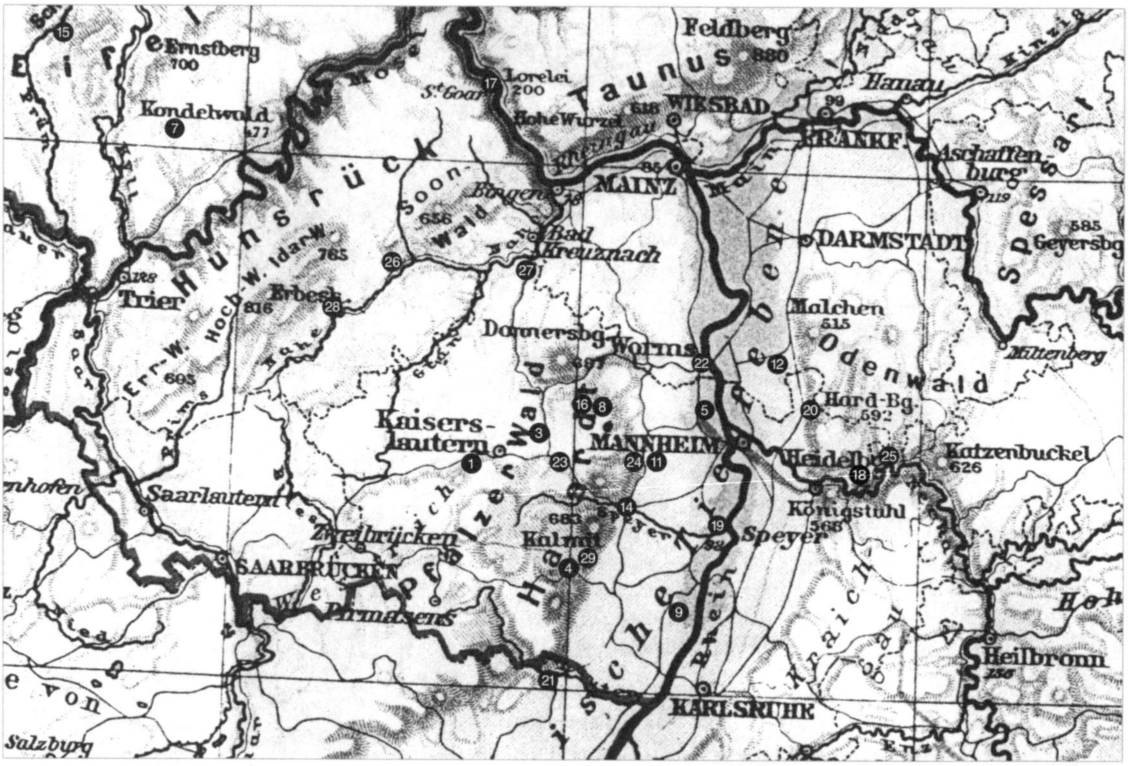

Eine Landschaft wird Gegenstand von Herrschaftsansprüchen: geistliche Orts-, Gerichts-, Grund- und Kirchenherren im Raum Ludwigshafen während des Mittelalters sowie weltliche Ortsherren – Lehensherren und -träger – während des Hoch- und Spätmittelalters [23]

Geistliche Herren

1 Einsiedel
2 Ellwangen – außerhalb des Kartenausschnitts
3 Enkenbach
4 Eußerthal
5 Frankenthal
6 Fulda – außerhalb des Kartenausschnitts
7 Himmerod
8 Höningen
9 Hördt
10 Klosterreichenbach – außerhalb des Kartenausschnitts
11 Limburg
12 Lorsch
13 Murbach – außerhalb des Kartenausschnitts
14 Neustadt an der Haardt (Mainz)
15 Prüm
16 Rosenthal
17 St. Goar
18 Schönau
19 Speyer (Domstift und andere)
20 Weinheim
21 Weißenburg
22 Worms (Domstift und andere)

Weltliche Herren

23 Frankenstein
24 Hardenburg (Leiningen)
25 Hirschhorn
26 Kyrburg (Wildgrafen)
27 Neubamberg (Rheingrafen)
28 Oberstein
29 Scharfeneck (später Wertheim)

Ministerialität

In fränkischer Zeit waren die Ministerialen unfreie Leibdiener, die unmittelbaren persönlichen Dienst für den König verrichteten. Durch diesen königlichen Dienst stellten sie innerhalb der sonstigen Unfreien eine bevorzugte Klasse dar. In karolingischer Zeit konnten sie bereits Vasallen werden, die als Gegenleistung für ihren Dienst Lehen erhielten. So entwickelte sich aus dem Stand der Ministerialen der Typ eines zunächst noch unfreien Ritters, der nur Lehen von seinem eigenen Dienstherrn empfangen konnte.

Seit dem 10. Jahrhundert gingen auch geistliche Dienstherren dazu über, für ihre Verwaltung und ihren Heerdienst Ministerialen heranzuziehen, die sie aus ihrer eigenen ›familia‹ – den ihnen gehörigen Unfreien – rekrutierten, ab dem 12. Jahrhundert folgten auch die mächtigeren weltlichen Adelsgeschlechter diesem Beispiel. Die zunehmende Attraktivität des Ministerialenstandes – gesicherter Lebensunterhalt bei abnehmender rechtlicher Bedeutung des Unfreienstatus – bewog nun auch viele Edelfreie zum Übertritt in die Ministerialität, was letztendlich dazu führte, daß sich aus diesen beiden Wurzeln ein homogener ›niederer Adel‹ entwickelte, wobei die Tätigkeit im Kriegshandwerk die entscheidenden Impulse leistete.

Der Pfalzgraf bei Rhein aus dem Mainzer Kurfürstenzyklus, um 1330; Landesmuseum Mainz. Der Fürst trägt einen zeittypischen Maschenpanzer, Waffenrock, das mit dem Wappen versehene Schild, Schwert und Dolch. Über die Schulter ist der Topfhelm mit einem Löwen als Helmzier gehängt [24]

Dabei zeigte die Entwicklung im südlichen Teil des heutigen Stadtgebiets andere Tendenzen als die im Norden. Im Jahr 1086 wurden den Bischöfen von Speyer die Grafschaftsrechte im Speyergau übertragen. Schon zuvor war die königliche Macht dort geschwunden: Bereits im Jahr 976 hatte Kaiser Otto II. das gesamte Reichsgut in Maudach einem seiner Getreuen namens Giso – oder Biso – geschenkt, wodurch der alte Reichsgutkomplex Mutterstadt-Maudach aufgeteilt worden war. Hatte dieser sich bis dahin zu beiden Seiten der Landstraße erstreckt, so bildete in der Folgezeit eben diese Straße die Grenze zwischen zwei Herrschaftsbereichen, da Maudach in der Folgezeit an das Bistum Speyer kam, Mutterstadt hingegen im unmittelbaren Besitz des Reiches blieb. Die alten Verbindungen zwischen Mutterstadt und Maudach blieben in Relikten über lange Zeit hinweg bestehen: So pflegte noch im 15. Jahrhundert das Mutterstadter Dorfgericht auf der freien Landstraße zwischen Mutterstadt und Maudach zu tagen, was zweifellos auf eine alte Zuständigkeit dieses Gerichts für beide Orte hindeutet.[49] Ebenso gab es noch in der frühen Neuzeit ein gemeinsames Hubgericht für die ehemaligen Reichsgüter in Mutterstadt und Maudach unter dem Vorsitz des Maudacher Schultheißen, angesiedelt am Hubhof der Maudacher Ortsherrschaft, der damals immer noch „des Königs Hubhof" hieß.[50] In Maudach, Mundenheim und Rheingönheim begannen die im Dienst der Speyerer Bischöfe stehenden ministerialischen Niederadelsfamilien auch sehr früh, sich auf der Grundlage ihrer Besitzungen die Verwaltung von einzelnen Ortschaften zu sichern, und im späteren Mittelalter wurden die Herrschaftsverhältnisse durch fortgesetzte Teilungen und Verpfändungen immer unübersichtlicher; siehe S. 62 ff.

Einen etwas anderen Verlauf nahm die Entwicklung in den nördlichen Ortschaften des heutigen Stadtgebiets, wo noch bis ins 13. Jahrhundert hinein das Reich der vorherrschende Machtfaktor war. Die Versuche der Grafen von Leiningen, während des Interregnums von 1254 bis 1273 in dessen Positionen einzurücken, stießen ab 1273 auf den deutlichen Widerstand König Rudolfs und seiner Nachfolger, deren Programm darauf abzielte, die alte königliche Macht am Oberrhein wieder

Anmerkungen Seite 31

49 *Erler, S. 252f; auch beim Rechtszug war das Dorfgericht Mutterstadt noch im 15. Jahrhundert dem Maudacher Gericht übergeordnet*

50 *LASp, Best. T 3, Nr. 666, Bl. 2*

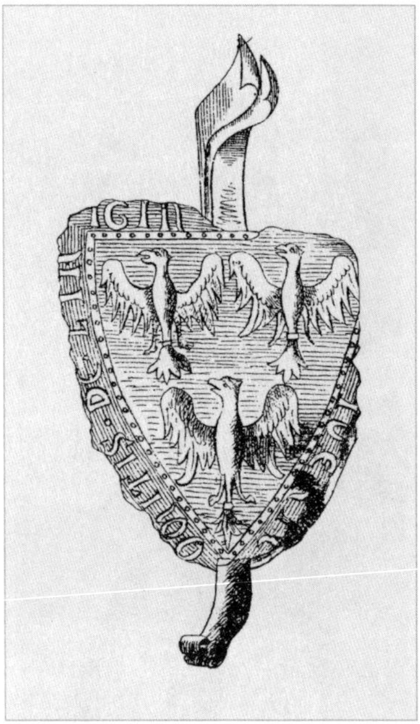

Leiningisches Siegel aus dem Jahr 1239
Zeichnung [25]

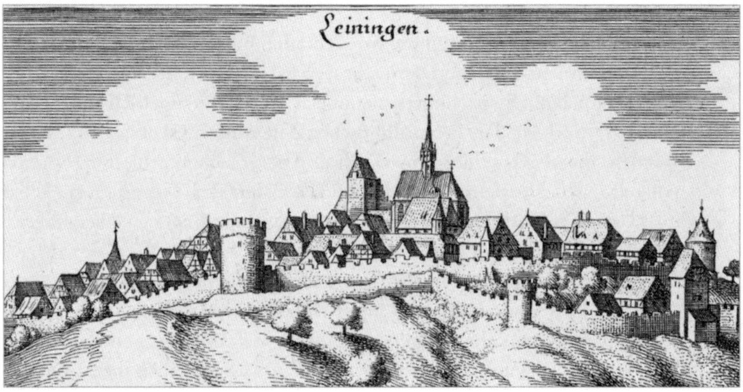

Neuleiningen nach Merian [26]

aufzurichten. Gegenüber diesen beiden Kontrahenten trat der Einfluß der Wormser Bischöfe zurück: Nur in Edigheim, einem Ort, der schon zur unmittelbaren Umgebung der Stadt Worms gezählt werden kann, konnten Wormser Ministeriale auf Dauer ihre Herrschaft etablieren.

Von besonderer Bedeutung für die weitere politische Entwicklung in der Region war die ›Schutzvogtei‹ über die Bistümer Worms und Speyer. Vögte geistlicher Institutionen waren an und für sich dazu ausersehen, als ›weltlicher Arm‹ deren Rechte zu schützen. Faktisch gelang es ihnen oft, sich den kirchlichen Besitz anzueignen. Die Hochstiftsvogtei in Speyer besaßen wohl schon seit etwa 1100 als königliches Lehen die Staufer,[51] die mit Konrad III. 1138 selbst den Königsthron erlangten. Um 1170 verloren die Grafen von Saarbrücken ihre bis dahin innegehabte Hochstiftsvogtei in Worms, die Kaiser Friedrich I. Barbarossa an seinen Bruder Konrad von Staufen übergab. Konrad war seit 1156 rheinischer Pfalzgraf und hatte bereits 1157 auch die Vogtei über das Kloster Lorsch erhalten, womit die ursprünglich am Mittelrhein angesiedelte Pfalzgrafschaft – eigentlich die Pfalzgrafschaft des alten Herzogtums Lothringen – erstmals im Rhein-Neckar-Raum Fuß fassen konnte. Am Neckar gründete Konrad die Stadt Heidelberg, die zukünftige Residenz seiner Nachfolger.[52] Hier am Neckar bauten die Pfalzgrafen ihre Macht auch auf Lehen des Bistums Worms auf und reduzierten schon im 13. Jahrhundert ihre bischöflichen Lehensherren fast zur politischen Bedeutungslosigkeit. Pfalzgraf Konrad selbst starb 1195; seine Pfalzgrafschaft fiel schließlich 1214 durch die Heirat seiner Enkelin Agnes mit Herzog Otto II. von Bayern an die Wittelsbacher.

Die wittelsbachischen Pfalzgrafen erwiesen sich als Macht der Zukunft, die auch im linksrheinischen Bereich, unter anderem im heutigen Stadtgebiet, immer mehr Macht gewinnen konnten. Mit deren Aufbau hatte schon Pfalzgraf Konrad begonnen. Zusammen mit der Hochstiftsvogtei über Speyer hatte er von Kaiser Friedrich Barbarossa auch Teile des Reichsgutes und des ehemaligen salischen Hausgutes im Wormser Raum erhalten, was auf eine Wiedererrichtung des alten salischen Herzogtums Worms mit seiner Oberlehnshoheit über die meisten Grafschaften in diesem Bereich hinauslief.[53] Dabei gelang es ihm, die Familie der Bertholde, die bis dahin zu den mächtigsten Geschlechtern im Worms- und Speyergau gehört und mit Gottfried von Calw von 1113 bis 1131 auch schon das Pfalzgrafenamt innegehabt hatte, weitgehend aus diesem Gebiet zu verdrängen. Einer der Reste bertholdischer Herrschaft könnte

Anmerkungen
Seite 32 und 33

51 *Werle, Hausmachtpolitik, S. 356*
52 *Schaab, Kurpfalz, S. 52ff*
53 *Werle, Hausmachtpolitik, S. 274f*
54 *Das Auftreten der Grafen von Eberstein in und bei Ruchheim 1270/71 könnte ein Indiz dafür sein, daß dieser Ort damals in ihrem Besitz war; vgl. zu den genealogischen Verbindungen Werle, Anfänge. Da Graf Simon von Zweibrücken-Eberstein (†1281) mit einer Tochter Gottfrieds, des letzten Grafen von Calw, verheiratet war, könnte Ruchheim auch auf diesem Weg an ihn gefallen sein*
55 *Braun, S. 34; Karst, Oggersheim, S. 18—20*

Der Hüttengraben bei Oggersheim, um 1937 deutlich erkennbar die alte Landstraße [27]

Reitersiegel Pfalzgraf Ludwigs II. an einer Urkunde für die Deutschordenskommende Frankfurt 1292 [28]

das Dorf Ruchheim gewesen sein, das allem Anschein nach später im Besitz der Grafen von Eberstein war, die von den Bertholden abstammten.[54] Im Jahr 1191 konnte Pfalzgraf Konrad auch Oppau und Edigheim in seinen Herrschaftsbereich einbeziehen. Diese Orte waren 1117 zunächst vom Kloster Lorsch an Gottfried von Calw vergeben worden, der sie wiederum an seinen Schwiegersohn, den Herzog Welf VI. von Spoleto, vererbt hatte, nach dessen Tod sie auf dem Erbweg nun wieder an die Pfalzgrafschaft fielen.[55]

Den entscheidenden Durchbruch für den linksrheinischen Besitz der Pfalzgrafen brachte, wie noch zu zeigen sein wird, das Königtum Ludwigs des Bayern (1314—1347), der zunächst die Ansprüche der Leininger Grafen eingrenzte und anschließend alle noch verbliebenen unmittelbaren Herrschaftsrechte des Reiches seiner Familie zuschanzte. Im weiteren Verlauf des 14. Jahrhunderts gelang den Pfalzgrafen der Aufstieg zur neuen Ordnungsmacht anstelle der früheren Reichsgewalt, wobei sie sich 1388 auch gegen andersgerichtete Bestrebungen der Reichsstädte durchsetzen konnten. Ihre Herrschaft stützte sich dabei auf ein Ämter- und Burgensystem, getragen vom regionalen Niederadel, der durch Lehen und Pfandschaften vielfältig mit den Pfalzgrafen verbunden war. Dieses System erwies sich über Jahrhunderte hinweg als erstaunlich stabil und überstand auch die Teilungen innerhalb des pfalzgräflichen Hauses Wittelsbach, die oft von heftigen Konflikten zwischen den verschiedenen Linien begleitet waren.

Die Hauptkonkurrenten der Pfalzgrafen beim allmählichen Aufbau eines geschlossenen Territoriums im linksrheinischen Gebiet waren im 13. Jahrhundert die Grafen von Leiningen als Inhaber der alten Landgrafschaft im Wormsgau. In dem Ringen der einzelnen Territorialgewalten um die Abgrenzung ihrer Machtbereiche, das mit dem Verfall der Königsmacht im 13. Jahrhundert einsetzte, stützten sich die Leininger auf ihre Landgrafschaft (s. u. S. 42) und die damit verbundene Ausübung der königlichen Rechte (Regalien), insbesondere das Geleitrecht auf der Landstraße, verbunden mit dem Recht auf den Zoll, der dort erhoben wurde. Diese königlichen Rechte besaßen sie als Amtslehen in ihrer Eigenschaft als Landgrafen, genaugenommen jedoch nur als Afterlehen, da die direkten Lehnsnehmer vom Reich die rheinischen Pfalzgrafen waren, die diese Rechte ihrerseits an die Grafen von Leiningen weiterverlehnt hatten. Seit jedoch die Pfalzgrafschaft im Besitz der Herzöge von Bayern war, die sich zunächst meist in ihrem Stammland aufhielten, versuchten die Grafen von Leiningen diese Situation auszunutzen und die Rolle der Pfalzgrafen als Lehnsträger zwischen ihnen selbst und dem Reich in Vergessenheit geraten zu lassen. Nicht umsonst behauptete Graf Friedrich von Leiningen im Jahr 1249 gegenüber dem Kloster Limburg, seine Grafschaft und den Ort Oggersheim direkt vom Reich als Lehen zu besitzen, ohne den Pfalzgrafen dabei auch nur zu erwähnen.[56] Die bedeutende Rolle, die Oggersheim für die Grafschaft der Leininger spielte, wird gerade im Zusammenhang mit dem späteren Verkauf des Ortes an die Pfalzgrafen noch einmal deutlich (s. u. S. 44).

Das eben erwähnte Geleits- und Zollregal auf der Landstraße, das in der Zollstation (›Zollhütte‹) an der alten Gaugrenze ausgeübt wurde, erwies sich im 13. Jahrhundert als wichtigster Ansatzpunkt für eine Herrschaftsbildung im heutigen Ludwigshafener Raum. In der Zeit des Interregnums von 1254 bis 1273, als nach dem Ende der staufischen Königsherrschaft der Thron praktisch vakant war, eskalierten die Auseinandersetzungen der Territorialmächte um diese und andere entscheidende Positionen. Eine neue Burg bei Maudach, die der Ritter Heinrich von Ruppertsberg errichtet hatte, wurde im Auftrag der Stadt Worms wieder zerstört, wofür deren Bürger im Jahr 1258 dem Ritter eine Entschädigungszahlung von 80 Mark Silber leisten mußten.[57] Ritter Heinrich gehörte einer Ministerialenfamilie des Bistums Speyer an, die sich im 12. Jahrhundert noch nach Maudach benannt, später ihren Sitz nach Ruppertsberg verlegt hatte, aber nach wie vor die Ortsherrschaft über zumindest einen Teil von Maudach als Lehen des Bistums Speyer ausübte. Der noch im 16. Jahrhundert existierende Flurname ›im Schloß‹ auf der Maudacher Gemarkung läßt den Schluß zu, daß die Burg des Heinrich von Ruppertsberg ein Stück südlich des Dorfes am Weg nach Speyer, damit also nicht weit entfernt von der unter leiningischer Kontrolle stehenden Zollhütte an der Landstraße lag und demnach als eine ausgesprochene Konkurrenzgründung zu dieser konzipiert war. Da kaum anzunehmen ist, daß ein kleiner Ministeriale wie Heinrich von Ruppertsberg ein solches Unternehmen aus eigener Initiative riskierte, stellt sich die Frage, wer eigentlich dahinter stand. Heinrichs damaliger Dienstherr als Bischof von Speyer war der von 1245 bis 1272 amtierende Heinrich von Leiningen, der wohl kaum ein Interesse daran hatte, die Herrschaft seiner Familie über die Landstraße in Frage zu stellen.[58] Des Rätsels Lösung dürfte darin liegen, daß Heinrich von Ruppertsberg neben dem Bischof von Speyer noch einen weiteren Dienstherrn hatte, nämlich den Pfalzgrafen Ludwig II. – ein Fall von sogenannter ›Doppelministerialität‹, die gelegentlich, wie in diesem Fall, zu Loyalitätskonflikten führen mußte.[59] Pfalzgraf Ludwig hatte im Jahr 1255 die wittelsbachischen Lande mit seinem Bruder Heinrich geteilt, wobei ihm neben Oberbayern auch die rheinische Pfalzgrafschaft zugefallen war. Beim Versuch, nunmehr die pfalzgräflichen Rechte am Rhein durchzusetzen und auszuweiten, geriet er in Konflikt mit dem Wormser Bischof, dem Raugrafen Eberhard,[60] der als Vetter des Speyerer Bischofs mit den Grafen von Leiningen nahe verwandt war. Der Maudacher Burgenbau des Heinrich von Ruppertsberg ist wohl in den Zusammenhang dieses Konfliktes einzuordnen, und der Ritter hatte es wahrscheinlich dem Eintreten seines anderen Dienstherrn, des Bischofs von Speyer, zu verdanken, daß der Wormser Bischof ihm zumindest den Schadensersatz für seine

Anmerkungen
Seite 34

56 *BayHStA Rheinpfälzer Urkunden 1341*

57 *Boos, Worms, S. 156*

58 *Dazu paßt auch, daß als Wormser Stadthauptmann in dieser Zeit Graf Emich von Leiningen, der Bruder des Bischofs Heinrich von Speyer, amtierte, der somit führend an der Aktion gegen die Maudacher Burg beteiligt gewesen sein dürfte; Boos, Städtekultur, S. 15*

59 *LASp, Best. T 3, Nr. 429, Bl. 608*

60 *Schaab, Kurpfalz, S. 75f*

zerstörte Burg vermittelte. Pfalzgraf Ludwig II. konnte seine Fehde mit dem Wormser Bischof 1261 dadurch beenden, daß dieser auf alle Rechtsansprüche außerhalb des Lehnsbandes verzichtete, womit der politische Einfluß des Bistums Worms in unserem Raum weitgehend ausgeschaltet wurde.[61]

Für die Grafen von Leiningen dürfte dieser Konflikt aber den Anlaß gegeben haben, etwa 3 km nördlich der alten Zollhütte eine neue, mit Erdwall und Graben befestigte Zollhütte zu errichten, den heute noch im Gelände unmittelbar südlich des Oggersheimer Autobahnkreuzes sichtbaren Hüttengraben.[62] Die Erbauung dürfte wohl zwischen 1258 und 1273 durch Graf Friedrich IV. von Leiningen erfolgt sein; nach dem Regierungsantritt König Rudolfs wäre eine derartige Verlegung der Zollstätte nicht mehr so ohne weiteres möglich gewesen. In engem Zusammenhang mit der Errichtung des Hüttengrabens ist sicherlich die alte Befestigungsanlage des Ortes Oggersheim zu sehen, die dort um die sogenannte ›Altstadt‹ herumführte und wohl auch auf Friedrich IV. von Leiningen zurückgeht[63] – sie verlief entlang der heutigen Straßen ›Buschweg‹, ›An der Stadtmauer‹, ›Am Schießgraben‹, ›Altstadtplatz‹ und ›2. Altstadtgasse‹; im Nordosten bildete der Altrhein die Grenze, heute die Straße ›In den Weihergärten‹.

Damit hatten die Leininger die Zollstätte aus dem Bereich des Dorfes Maudach, das nicht ihrer Kontrolle unterstand, näher an den ihrer Herrschaft unterstehenden Ort Oggersheim verlegt, was dessen Aufstieg zur Stadt zur Folge hatte, während die Entwicklung von Maudach seitdem stagnierte.[64]

Die alte Zollhütte zwischen Maudach und Mutterstadt existierte aber weiter, wenn auch nicht in ihrer bisherigen Funktion, worauf der 1363 erscheinende Maudacher Flurname *›uf die alte hütde‹* hinweist.[65] Es deutet einiges darauf hin, daß sie in ein Hospital für Leprakranke umgewandelt worden ist (erstmals 1275 urkundlich erwähnt; s. u. S. 71). Im Jahr 1330 verlieh Kaiser Ludwig der Bayer seinem Diener Heinrich Schwenkriem die ›Hütte zu Mutterstadt‹ – *›hutten ze Mutterstat‹*.[66] Mit der Landvogtei im Speyergau gelangten 1331 auch Mutterstadt und die dortige ›Hütte auf der Straße‹ an die Pfalzgrafen, die sie vor 1351 an die Brüder Albrecht, Heinrich und Klein-Heinrich von Erligheim verpfändeten. 1381 erscheinen als Inhaber dieses Pfandes die Ritter Eberhard Rüdt von Collenberg, Schwiegersohn des Heinrich von Erligheim, und Seyfried von Landau.[67]

Später kam das Wormser Bürgergeschlecht der Bonnen in den Besitz dieser Mittelhütte – *Mittelhucken* – zwischen Mutterstadt und Maudach, welche 1403 Henne Bonne, seine beiden Töchter Irmel und Dyme und sein Schwiegersohn Contze von Iggelheim zusammen mit ihren sonstigen Gütern und Rechten in Maudach für 150 Pfund Heller an den Maudacher Dorfjunker, den Ritter Eberhard von Hirschhorn, verkauften.[68] Seit 1427 läßt sich nachweisen, daß die Grafen von Leiningen-Hardenburg ihr Dorf Ruchheim *mit der hutten zum mittelnhag* von den Herren von Hirschhorn zu Lehen trugen. Bis zum Aussterben der Hirschhorner im Jahr 1632 wurde die Mittelhütte in jedem Lehnsbrief, der zwischen ihnen und den Leiningern ausgetauscht wurde, wieder erwähnt, obwohl in späterer Zeit keiner der Beteiligten mehr wußte, was damit eigentlich gemeint war.[69]

Anmerkungen Seite 35

61 Schaab, Kurpfalz, S. 76

62 Fauck

63 Kreuter, Chronik, S. 19f

64 Interessant ist in diesem Zusammenhang die Beobachtung, daß es auch in Maudach im Mittelalter eine Flur namens ›Altstadt‹ gegeben hat, was auf eine ursprünglich ähnliche Situation wie in Oggersheim hindeuten könnte, erwähnt in einer Urkunde aus dem Jahr 1298, zugleich mit dem Flurnamen ›uffe dem graben‹; BayHStA, Rheinpfälzer Urkunden 1619

65 BayHStA Rheinpfälzer Urkunden Nr. 1831; ihr Standort läßt sich dort vermuten, wo die Landstraße den Maudacher Graben überquerte, also unmittelbar östlich der heutigen B 9 im Bereich der Anschlußstelle Ludwigshafen-Maudach

66 Böhmer, S. 504f, Nr. 739; dies war der Grund dafür, daß die Mittelhütte nicht mit der Verpfändung der Landvogtei im Speyergau 1331 an die Pfalzgrafschaft gelangte

67 Koch / Wille, S. 163, Nr. 2692; S. 260, Nr. 4340; Albrecht von Erligheim war pfälzischer Pfleger (Burggraf) zu Alzey, (Groß)-Heinrich von Erligheim Vitztum zu Heidelberg; Möller III, Tafel CXII

68 StadtA Worms Abt. 159 U 53

69 vgl. dazu Irschlinger, S. 88f

Ein Fürstentreffen in ›Mittelhaug‹

Bei der Zollhütte, für die im 13. Jahrhundert auch der Name ›Mittelhaug‹ gebräuchlich wird, ist im Jahr 1277 – zum ersten und einzigen Mal überhaupt – ein Schultheiß genannt. Ein gewisser Algozzo, der dieses Amt damals innehatte, trat als Zeuge bei einem Gültverkauf im benachbarten Mutterstadt auf.[70] Ob man daraus allerdings auf eine dörfliche Siedlung im herkömmlichen Sinn schließen darf, ist zweifelhaft; es handelte sich wohl eher um den vom Grafen von Leiningen eingesetzten Zollschreiber, der innerhalb der Zollhütte auch gerichtliche Funktionen ausübte. Weiteres Licht auf die Herrschaftsverhältnisse um diese Zeit wirft eine Urkunde, die am 13. April 1270 bei Mittelhaug – lat. *aput Mithelhauc* – ausgestellt worden ist.[71] Graf Otto von Eberstein, der zu diesem Zeitpunkt bereits 100 Jahre alt gewesen sein soll (!), und sein Großneffe Graf Simon von Zweibrücken-Eberstein[72] erlaubten damit ihren Lehnsmännern, den Herren von Fleckenstein, den Verkauf der Burg Leimersheim an das Kloster Hördt, wozu auch Bischof und Domkapitel von Speyer als Oberlehnsherren dieser Burg ihre Zustimmung erteilt hatten. Hierfür hatte sich eine Reihe von gewichtigen Zeugen bei der Zollhütte zusammengefunden: Bischof Eberhard von Worms und sein Bruder, der Raugraf Ruprecht, der Wormser Domdekan, der Speyerer Domdekan mit vier Domherren, die Dekane der Speyerer Stifte St. German und St. Guido sowie mehrere Ritter, darunter Philipp von Bolanden und Johann von Metz. Auffallend dabei ist, daß unter den Anwesenden keiner der Grafen von Leiningen, der ›Hausherren‹ auf Mittelhaug, anwesend war, auch nicht der dieser Familie angehörende Speyerer Bischof Heinrich, der doch als Oberlehnsherr direkt in das Rechtsgeschäft verwickelt gewesen wäre. Der Grund hierfür war wohl ein Konflikt des Speyerer Bischofs mit Graf Simon von Zweibrücken, welcher eine oppositionelle Bewegung innerhalb des Speyerer Stadtrates gegen den Bischof unterstützt hatte. Die aufständischen Bürger waren zwar schon 1265 aus Speyer verbannt worden, doch hielt Graf Simon weiterhin seine schützende Hand über sie. Nach langwierigen Verhandlungen wurde schließlich 1271 durch Vermittlung eines gewählten Schiedsgerichtes, das aus Graf Otto von Eberstein, Graf Emich IV. von Leiningen sowie dem Reichsministerialen Engelhard von Weinsberg bestand, in Ruchheim ein Friedensvertrag geschlossen, in dem Simon von Zweibrücken auf eine weitere Unterstützung der Aufständischen verzichtete.[73]

Anmerkungen Seite 36

70 *BayHStA Rheinpfälzer Urkunden Nr. 1775*

71 *BayHStA Rheinpfälzer Urkunden Nr. 1093*

72 *vgl. Möller I, Tafeln IV und XVI; der alte Graf Otto von Eberstein genoß als ›avunculus‹, als Bruder der Leininger Ahnfrau Agnes, der Mutter des Speyerer Bischofs Heinrich und Großmutter des Grafen Friedrich IV., großes Ansehen bei den Leininger Grafen; vgl. Toussaint, Die Grafen, S. 116f*

73 *Der Vertrag wurde am 23. Januar 1271 im Bischofspalast zu Speyer besiegelt; Hilgard, S. 87. Zum Aufstand gegen Bischof Heinrich von Speyer vgl. Voltmer, S. 282—285. Zur wahrscheinlichen ebersteinischen Herrschaft über Ruchheim vgl. oben Anm. 54. Ruchheim könnte auf dem Erbweg an Simon von Zweibrücken-Eberstein gelangt sein, dessen Geschlecht schon in der folgenden Generation mit dem erbenlosen Tod seiner Söhne erlosch; letzter Beleg nach Möller I, Tafel XVI, im Jahr 1314*

Wie man die örtlichen Mächtigen an sich bindet: Der Ausbau der pfalzgräflichen Macht

Gegen die Widerstände der vielfach versippten rheinischen Hochadelsfamilien erweiterte Pfalzgraf Ludwig II. während seiner langen Regierungszeit von 1253 bis 1294, ausgehend von den alten pfalzgräflichen Stützpunkten an den beiden Rändern der Oberrheinebene – Heidelberg und Neustadt an der Haardt –, sein Herrschaftsgebiet, wobei der Raum an der Neckarmündung wegen seiner Brückenfunktion zwischen diesen beiden wichtigen Stützpunkten natürlich vorrangig in sein Blickfeld geraten mußte. Wegen der Quellenarmut lassen sich diese Vorgänge in der Zeit bis etwa 1300 allerdings im Einzelnen nur bruchstückhaft nachvollziehen.

Die frühesten Ansatzpunkte unmittelbarer pfalzgräflicher Herrschaft waren bereits im 12. Jahrhundert die Dörfer Oppau und Edigheim gewesen. In Oppau kam es zu einer Teilung des pfalzgräflichen

›Allodialgutes‹ zwischen den Töchtern des Pfalzgrafen Heinrich von Braunschweig d. Ä. (1195—1211), von denen Agnes mit Herzog Otto II. von Bayern und Irmengard mit Markgraf Hermann V. von Baden verheiratet war. Mit dem Allodialgut scheint aber auch die Ortsherrschaft über Oppau geteilt worden zu sein, denn in späterer Zeit hatte der Deutsche Orden, der 1273 den badischen Besitz in Oppau übernahm,[74] Anspruch auf die Hälfte der Frevelgelder und die Aufstellung eines eigenen Schultheißen neben dem pfalzgräflichen. In Edigheim dagegen waren um 1300 die Ritter von Metz, die im 13. Jahrhundert über mehrere Generationen hinweg in der Stadt Worms das Amt des bischöflichen ›Vizedoms‹ bekleideten, in den alleinigen Besitz der Ortsherrschaft gelangt. Sie verkauften das Dorf aber schon 1323 an die Herren von Oberstein. Diese trugen zur Absicherung ihrer Herrschaft jeweils eine Hälfte des Dorfes dem Erzbischof von Mainz und – im Jahr 1341 – dem Pfalzgrafen zu Lehen auf, übten aber weiterhin die Ortsherrschaft selbst aus.[75] Grund für den Verkauf durch die Ritter von Metz waren wohl finanzielle Nöte, in die sie durch eine Fehde mit der Stadt Worms geraten waren, denn im selben Jahr verkauften sie auch noch zwei weitere Dörfer in der rechtsrheinischen Umgebung von Worms an den dortigen Bischof.[76]

In Friesenheim verkauften um 1281 die inzwischen auf der Kropsburg sitzenden Angehörigen der Ministerialenfamilie von Friesenheim ihre Güter an Pfalzgraf Ludwig,[77] 1291 empfingen die Pfalzgrafen dann von König Rudolf auch die Gerichtsherrschaft über das Dorf, nachdem es bereits 1287 als Teil des Wittums für die lothringische Braut des – allerdings dann noch vor der Heirat verstorbenen – ältesten Pfalzgrafensohnes Ludwig ›Elegans‹ vorgesehen gewesen war.[78] Weil damit zugleich das Wittum für die Mutter des Bräutigams, Pfalzgräfin Mechthild, die Tochter König Rudolfs, neu umschrieben werden mußte, dürfte der Übergang von Friesenheim aus der unmittelbaren Herrschaft des Reiches an die Pfalzgrafschaft in diesem Zusammenhang zu sehen sein.[79]

Einen Sonderfall stellte der alte Ort Hemsheim dar, aus dessen Höfen sich, im Unterschied zu den Nachbarorten, nie ein Dorf gebildet hat. In der zweiten Hälfte des 13. Jahrhunderts war nur noch ein Hof im Besitz des Frauenklosters Klein-Frankenthal übrig – eben „der Hemshof", für den die Nonnen einen jährlichen Zins an das St.-Andreas-Stift zu Worms entrichten mußten; 1355 verkauften sie den Hemshof an die Ritter Heinrich Sure von Katzenelnbogen – ›Vitztum‹ Pfalzgraf Rudolfs II. – und Dietrich Kämmerer von Dürkheim.[80] Die Söhne Heinrich Sures verkauften ihre Hälfte des Hofes 1368 für 450 Gulden an den pfälzischen Kurfürsten Ruprecht I., der damit eine Altarstiftung in der Schloßkapelle zu Eichelsheim bei Mannheim ausstattete;[81] die andere Hälfte trat Heinrich Kämmerer 1398 an die Kurpfalz ab.[82] Der Hemshof gehörte danach bis 1417 zum Wittum der Pfalzgräfin Elisabeth und fiel dann an die Linie Simmern-Zweibrücken, welcher er 1470 gewaltsam durch Kurfürst Friedrich I. von der Pfalz entrissen wurde. Dieser löste 1473 auch die bis dahin noch bestehende Zinspflicht gegenüber dem St.-Andreas-Stift ab. Seitdem wurde der Hemshof als kurfürstliches Kammergut verwaltet, das im unmittelbaren Dienst der Hofhaltungen in Heidelberg und im Schloß Eichelsheim bei Mannheim stand.[83]

Anmerkungen
Seite 37

74 *Markgraf Rudolf von Baden übertrug 1273 dem Deutschen Orden das Auslösungsrecht für seine an den Ritter Friedrich von Heuchelheim verpfändeten Güter in Oppau; StALu, M 214*

75 *Karst, Neustadt, S. 15—17*

76 *Baur I, S. 279—281*

77 *Ruf, S. 76; zur Genealogie der Friesenheimer vgl. auch Ehrhard*

78 *Karst, Oggersheim, S. 18f. Im wittelsbachisch-lothringischen Heiratsvertrag von 1287 ist eine Burg (castrum) in Friesenheim genannt; Lenz, S. 35—38. Ruf, S. 93f, bezweifelt allerdings diese Angabe, vermutet einen Fehler im Urkundentext und hält allenfalls für möglich, daß sich am linken Rheinufer gegenüber vom Schloß Rheinhausen auf Friesenheimer Gemarkung eine Zollstätte befunden haben könnte, die dann zusammen mit der Zollstätte Rheinhausen aufgelöst worden wäre, nachdem am Ende des 13. Jahrhunderts Eichelsheim erbaut war*

79 *Schaab, Kurpfalz, S. 77*

80 *BayHStA Rheinpfälzer Urkunden Nr. 1009, 1014; LASp, Best. F 7, Nr. 176; Karst, Neustadt, S. 139*

81 *Koch / Wille, S. 226f, Nr. 3812, 3823*

82 *Koch / Wille, S. 359, Nr. 5928, 5930*

83 *Karst, Neustadt, S. 18—20*

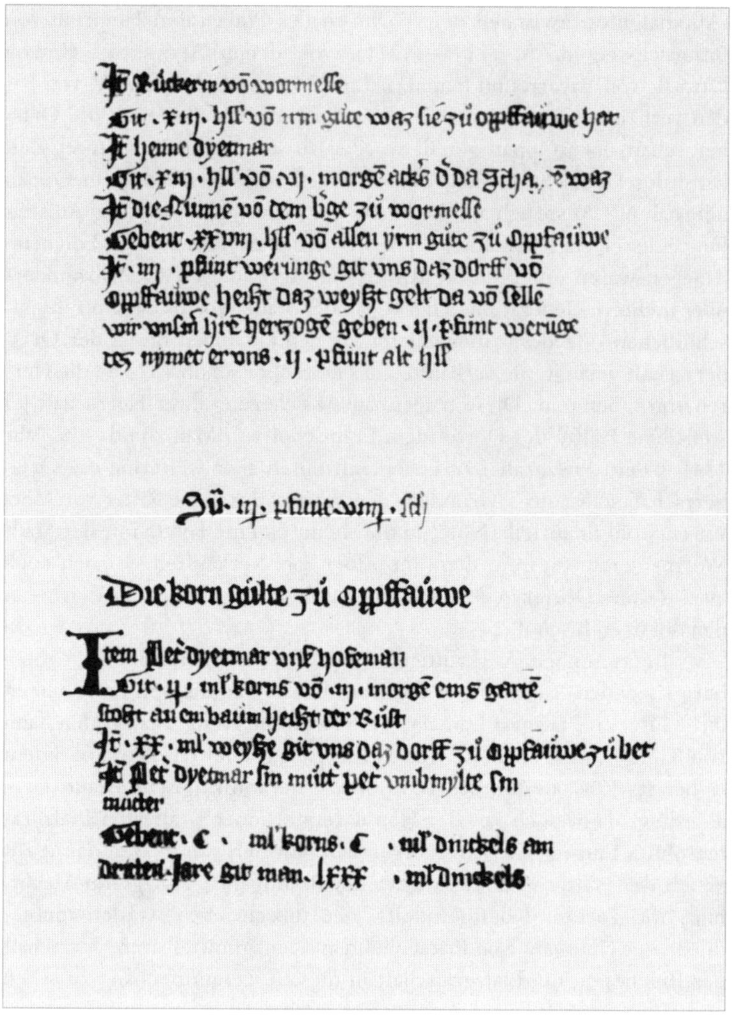
Die korn gülte zu oppffauwe

›Die Korngülte zu Oppffauwe‹
Verzeichnis der Deutschordenskommende Weinheim, 1381 [29]

Anmerkungen
Seite 39

84 *Koch/Wille, S. 59, Nr. 1016, 1017; Toussaint, Die Grafen, S. 45*

85 *Koch/Wille, S. 69, Nr. 1186*

86 *Pöhlmann/Doll, S. 107f, Nr. 331*

Vitztum

Vitztum oder Vizedom – lat. vicedominus – war ursprünglich der Titel des Beamten, der für den regierenden Pfalzgrafen bei Rhein und Herzog von Bayern die Amtsgeschäfte in der gesamten rheinischen Pfalz führte, wenn dieser sich in Bayern aufhielt. Er ist erstmals 1283 nachgewiesen. Er war in dieser Funktion den Amtmännern in den einzelnen pfälzischen Ämtern übergeordnet. Der Amtssitz des Vitztums befand sich damals überwiegend in Heidelberg, seltener in Neustadt an der Haardt. Im 14. Jahrhundert wurde dann der Vitztumstitel dauerhaft mit dem Amtmann von Neustadt verbunden. Der Grund hierfür lag wohl zum einen darin, daß seit Verpfändung der Landvogtei im Speyergau an die Pfalz 1331 der Neustadter Amtmann auch die Geschäfte des früheren Landvogts wahrnahm, zum anderen aber auch darin, daß seit dem wittelsbachischen Hausvertrag von Pavia 1329 Heidelberg zur dauerhaften Pfalzgrafenresidenz geworden und ein Vitztum dort somit nicht mehr vonnöten war. Für die Neustadter Amtmänner blieb die Bezeichnung Vitztum allerdings nur ein bloßer Titel; es war damit keine Überordnung über die Amtmänner in den anderen kurpfälzischen Ämtern verbunden.

Wie man die örtlichen Mächtigen an sich bindet: Der Kurfürst von der Pfalz empfängt den Lehenseid eines Vasallen; aus dem Lehnsbuch Kurfürst Friedrichs I., 1471 [30]

Das oben angesprochene System einer Bindung des Adels durch Lehen und Pfandschaften zur Stützung der pfalzgräflichen Macht fand auch im heutigen Ludwigshafener Raum Anwendung. Besonders stark konzentrierte sich adliger Lehensbesitz in Dorf und Gemarkung Friesenheim. Bereits 1278 wurden die Grafen Friedrich IV. und Emich [V.] von Leiningen ›Burgmannen‹ des Pfalzgrafen zu Alzey bzw. zu Wachenheim, wofür ihnen der Pfalzgraf seinen Zehnt und seine sonstigen Einkünfte, die er damals in Friesenheim besaß, verschrieb.[84] Diese Einkünfte blieben bis 1467 bei den Grafen von Leiningen, doch Pfalzgraf Ludwig II. erhielt andererseits wieder 1288 von König Rudolf die dortigen Reichslehen, die dieser von den Rittern von Friesenheim gekauft hatte.[85] So konnte der Pfalzgraf dann 1291 auch den Grafen Walram von Zweibrücken mit einer ›Korngült‹ in Friesenheim ausstatten, als dieser Burgmann des Pfalzgrafen zu Neustadt wurde.[86] Das Grundkapital dieser sogenannten ›Burglehen‹ belief sich auf jeweils 300 Mark Pfennige, wofür die Grafen jedoch nicht persönlich zur Burghut verpflichtet

Bolanden

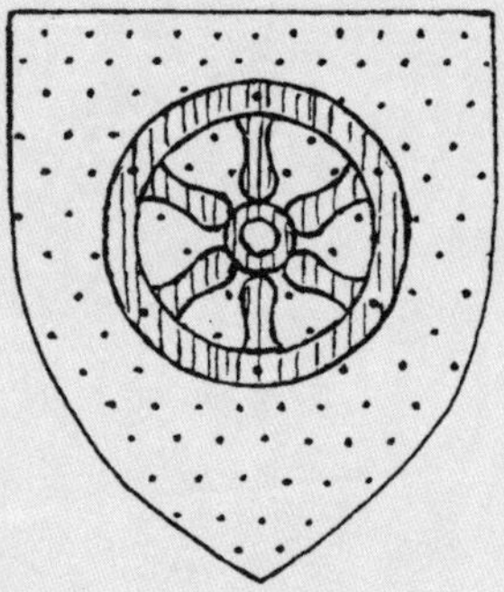

Lerch von Dirmstein

Kranich von Kirchheim

Vielfalt der Lehensbeziehungen: Wappen der niederadligen Lehensträger der Pfalzgrafen und Leininger in Friesenheim [31—36]

waren, sondern sich durch einen geeigneten Ritter vertreten lassen konnten. Für den Pfalzgrafen kam es vor allem darauf an, sich so diese einheimischen Grafengeschlechter, die ihm bis dahin meist feindselig gegenübergestanden waren, zu verpflichten. Auch in Heidelberg besassen die Grafen von Leiningen ein Burglehen, das 1357 von Kurfürst Ruprecht I. mit einem Haus bei der Burg und 600 Gulden gebessert wurde, wofür Graf Emich ihm eine Gült von seinen Gütern in Ruchheim zu Lehen auftrug.[87]

Niederadlige Geschlechter wurden auf ebensolche Weise in die pfälzische Lehnsmannschaft einbezogen. Johann von Wachenheim, der seit 1340 ein Burglehen zu Wachenheim besaß und dafür mit Gütern zu Lambsheim ausgestattet war, erhielt vom pfälzischen Kurfürsten 1359 als Besserung dieses Burglehens das Weiderecht für 600 Schafe in der Oggersheimer Gemarkung.[88] Seit dem Ende des 14. Jahrhunderts lassen sich noch weitere Familien des Niederadels mit pfälzischen Lehen in Friesenheim und Umgebung identifizieren: die Lerch von Dirmstein – 120 Morgen Ackerland in Friesenheim für ein Burglehen zu Winzingen, die Schliederer von Lachen – 24 Malter Korngült in Friesenheim für ein Burglehen zu Wolfsberg – und die von Venningen – 20 Malter Korngült auf dem Hemshof für ein Burglehen zu Wachenheim, mit kleineren Lehen die Grick von Dirmstein und die Kranich von Dirmstein, die auch in Oppau pfälzische Lehen besaßen.[89]

Auch bei diesem System traten die Pfalzgrafen jedoch in Konkurrenz zu anderen regionalen Familien: So waren sie nicht die einzigen Herren, die Lehen in Friesenheim zu vergeben hatten. Bereits im 13. Jahrhundert verfügten die Reichsministerialen aus der Familie von Bolanden über Güter in Friesenheim, die mit deren Burg Altbolanden verbunden waren. In den Besitz dieser Burg mit den dazugehörigen Lehen gelangten, nachdem sie bereits seit 1291 in mehreren Schritten die Lehnsherrschaft erworben hatten, vollständig im Jahr 1393 die Grafen von Leiningen. Graf Johann von Leiningen-Rixingen übergab diese Lehen 1415 bei der Verheiratung seiner Tochter Walpurga an seinen Schwiegersohn Graf Johann von Sponheim. Nach dessen kinderlosem Tod fielen sie 1437 wieder an seinen Schwiegervater zurück, der sie schon im Jahr darauf an seinen Vetter, den Grafen Emich VI. von Leiningen-Hardenburg verkaufte. Als leiningische Lehensmänner in Friesenheim erscheinen 1381 Johann von Wartenberg, Frank von Eppstein und

Anmerkungen
Seite 40 und 41

87 *Koch / Wille, S. 181, Nr. 3020*

88 *Koch / Wille, S. 188, Nr. 3142*

89 *Spieß, S. 43f, 85*

90 *Mötsch, Altbolanden*

91 *LASp, Best. F 7, Nr. 181, 182. Eine ganz ähnliche Geschichte wie das ›Rubengut‹ in Oggersheim hatte das ›Streifengut‹ in Oppau und Edigheim: Im Jahr 1255 vertauschte der Ritter Friedrich Streif von Rodenburg seine Vogtei- und sonstigen Rechte in Frankenthal mit dem dortigen Kloster gegen dessen Güter in Oppau und Edigheim, die fortan nach ihren neuen Besitzern als „Streifengut" bezeichnet wurden; BayHStA Rheinpfälzer Urkunden Nr. 1006; LASp, Best. F 7, Nr. 88, 89. Auch hier ist von der ellwangischen Lehnshoheit später nichts mehr zu hören*

92 *Andermann, S. 138f*

Schlider von Lachen

Venningen

Wachenheim

die Brüder Johann und Stephan von Friesenheim – später wohl an Siegfried von Oberstein gefallen, 1411 Werner Schade von Dirmstein, 1415 Konrad Schaffrad von Eppelsheim und Peter Kranich von Kirchheim.[90]

Zu diesen leiningischen Lehen gehörte auch das mit über 120 Morgen Ackerland und 14 Mannsmahd Wiesen relativ umfangreiche ›Rubengut‹ zu Oggersheim, das sich seit Anfang des 15. Jahrhunderts im Besitz der Familie von Zeiskam nachweisen läßt. Dieses Gut ging in seiner Entstehung auf das Jahr 1277 zurück, als der Ritter Heinrich von Eppstein und sein Bruderssohn Johann Rube ihre bis dahin innegehabten Güter in Frankenthal für 180 Pfund Heller an das dortige Augustinerkloster verkauft hatten. Da die Eppsteiner diese Güter von den Herren von Schauenburg zu Lehen getragen hatten – und diese wiederum vom Kloster Ellwangen, mußten sie vom Kaufpreis 120 Morgen Ackerland in Oggersheim kaufen und den Schauenburgern zu Lehen auftragen – eben das spätere Rubengut.[91] Die Herren von Schauenburg starben wenige Jahre danach aus – um 1285/90. Wie die Lehnsherrschaft über das Rubengut danach an die Grafen von Leiningen gekommen ist, läßt sich nicht mehr feststellen; es muß aber wohl noch vor 1323 geschehen sein, da sie bis dahin ihre landgräfliche Stellung in Oggersheim ausnutzen konnten. Von der Oberlehnsherrschaft des Klosters Ellwangen ist jedenfalls nach 1277 nichts mehr zu hören. Nach dem Aussterben der Kunoschen Linie der Zeiskamer, die das Rubengut als Lehen innehatte, wurde es von den Grafen von Leiningen eingezogen, die damit erstmals seit 1323 wieder über direkten Grundbesitz in Oggersheim verfügten.[92]

Diese adligen Lehnsinhaber wohnten in der Regel nicht in Oggersheim oder den Dörfern der Umgebung, sondern verpachteten ihre Lehnsgüter oder ließen sie von weisungsgebundenen Hofmännern bewirtschaften. Heinrich – ›Wißheinrich‹ – von Zeiskam etwa, der zu Anfang des 15. Jahrhunderts das Rubengut in Oggersheim besaß, hielt sich überwiegend auf seinem Hof in der Stadt Landau auf und führte von dort aus die Aufsicht über seine Güter in der Vorderpfalz. Sein Oggersheimer Gut ließ er von dem dortigen Bürger Bechtold Krusel verwalten, dem er die Anweisung erteilte, eine jährliche Gült von 5 Malter Korn, die er eigentlich von seinem Gut in Oberlustadt an das Speyerer St.-German-Stift zu reichen schuldig war, stattdessen von Oggersheim aus dorthin zu liefern, weil er das bessere Oberlustadter Korn in seinen Hof nach Landau führen wollte und für die Pfaffen auch das schlechtere

Oggersheimer Korn gut genug wäre.[93] Abgesehen von diesem Argument spielte dabei aber sicher auch eine Rolle, daß der Zeiskamer auf diese Weise einiges an Transportkosten sparen konnte.

Rudolf von Habsburg deutscher König 1273—1291 Grabplatte im Speyerer Dom [37]

Reichslandvogtei, Landgrafschaft und Pfalzgrafschaft: Oggersheim wird pfälzisch

Entscheidend für die Begründung der pfälzischen Dominanz im heutigen Ludwigshafener Raum war aber die Gewinnung von Oggersheim, wo sich im 13. Jahrhundert die Grafen von Leiningen einen festen Stützpunkt mit städtischem Charakter eingerichtet hatten. Grundlage der leiningischen Herrschaft in diesem Bereich war die alte ›Landgrafschaft‹, zu deren Umfang und den damit verbundenen Rechten sich dabei nur wenig Genaues sagen läßt. Jedenfalls spielte der Ort Oggersheim in diesem Zusammenhang offensichtlich eine besondere Rolle. Um 1316 heißt es, daß „Ogersheim die Graveschafft seye und zu Lehen rure von dem Hertzog von Bayern", d.h. dem Pfalzgraf bei Rhein. Damit war aber sicher nicht gemeint, daß Oggersheim mit der Landgrafschaft identisch wäre. Vielmehr war es wohl das vornehmste mit ihr verbundene Amtslehen, vielleicht auch ihr Vorort. Ein schiedsrichterlicher Entscheid der leiningischen Ratsleute aus dem Jahr 1317 spricht genauer von Oggersheim als einem Zubehör der „Landgraveschafft und Landgericht."[94]

Dörfer als landgräfliche Amtslehen gab es in größerer Anzahl im Unterelsaß – vor allem im Kochersberger Land, wo sie als ›Grafschaftsdörfer‹ – *ville comitie* – bezeichnet wurden. Die Verhältnisse dort entsprachen denen in Oggersheim: Der Landbesitz war zum Großteil in Händen der umliegenden Klöster und Stifte. Keiner dieser Grundherren hatte die Macht, seinen Besitz zu einer, wenn auch kleinen, Herrschaft auszubauen, aber er erschwerte durch seine Besitzrechte das Fußfassen von mächtigeren weltlichen Herren. Weil diese Dörfer aber nicht ohne Gerichtsherr bleiben konnten, übernahm diese Funktion eben der Landgraf, obwohl er in diesen Dörfern oft weder Boden noch Höfe besaß. Interessanterweise kam auch im Unterelsaß gegen Ende des 13. Jahrhunderts die Meinung auf, daß die Grafschaftsdörfer die Landgrafschaft schlechthin darstellten, während vorher diese Dörfer durchaus nur als Teile derselben betrachtet worden waren.[95]

In der Zeit des Interregnums von 1254 bis 1273 gewöhnten sich die Grafen von Leiningen – ebenso wie die Inhaber ähnlicher Ämter in anderen Gegenden des Reiches – daran, die Landgrafschaft als ihren erblichen Familienbesitz zu betrachten. Daraus ergaben sich einige Probleme, als im Jahr 1273 mit Rudolf von Habsburg wieder ein König gewählt wurde. König Rudolf reorganisierte das Reichsgut durch Einrichtung einer Landvogtei im Speyergau, zu der auch wesentliche Teile des ehemaligen Wormsgaues, etwa Kaiserslautern und auch Oggersheim, gehörten. Zu deren Verwaltung setzte er eigene Vögte ein, zunächst einen gewissen Markward Kaufmann, ab 1282 dann Heinrich von Bannacker, einen Ritter aus Weißenburg im Elsaß. Daneben beanspruchte aber auch Graf Friedrich IV. von Leiningen weiterhin dieses Amt; der König, für den der Graf ein wichtiger Gefolgsmann am Oberrhein war, versuchte dieses Dilemma anscheinend dadurch zu lösen, daß er diesem Anspruch zumindest nicht offen entgegentrat, sondern ihn in seinen Rechten bestätigte. Der Graf, der sich bis ca. 1285 häufig am Hof des Königs aufhielt, betrachtete wiederum die vom König eingesetzten

Anmerkungen
Seite 42 und 43

93 *LASp, Best. D 23, Nr. 290*
94 *Toussaint, Die Grafen, S. 84f*
95 *Eyer, S. 169 mit Anm. 21*
96 *Toussaint, Die Grafen, S. 225—227; vgl. hierzu Schreibmüller, S. 37—49*
97 *Toussaint, Die Grafen, S. 174*
98 *Toussaint, Die Grafen, S. 228*
99 *LASp, Best. D 21, Nr. 809*
100 *Toussaint, Territorium, S. 200; allerdings erscheint in der Urkunde von 1292 die Stadt Oggersheim nicht als Siegler, wie Toussaint irrtümlich annahm, vgl. Pöhlmann / Doll, S. 110 und Schreibmüller, S. 47—49*
101 *Schreibmüller, S. 53; Remling, Rheinbayern, S. 240; Steiner, S. 18—20*

Vögte lediglich als seine Stellvertreter im Landrichteramt, was zunächst auch einigermaßen funktioniert zu haben scheint – zumal Bannacker ein Vasall des Grafen von Leiningen war.[96]

In den letzten Regierungsjahren König Rudolfs aber trat der Landvogt Bannacker dem Grafen gegenüber zunehmend selbstbewußt auf, offensichtlich im Vertrauen auf den Rückhalt, den er beim König genoß. Es kam zu einem Streit, in dessen Verlauf Bannacker – allem Anschein nach im Jahr 1289 – die Leute des Grafen von Leiningen in Oggersheim zur Schatzung heranzog, was nur in seiner Funktion als königlicher Landrichter im Speyergau geschehen konnte. Dies geschah wohl im Zusammenhang mit dem im selben Jahr erfolgten Tod des Grafen Emich [V.], des Sohnes Emichs IV. von Leiningen-Landeck, der König Rudolf veranlaßte, dessen bisherige Reichslehen einzuziehen und dabei auch die bis dahin leiningische Stadt Landau der Reichsgewalt zu unterstellen[97] – ein deutlicher Hinweis darauf, daß auch Oggersheim in dieser Zeit noch unter unmittelbarer königlicher Herrschaft stand und der Graf von Leiningen dort nicht aus eigenem Recht, sondern nur als königlicher Amtsträger Herrschaftsrechte ausüben konnte. Graf Friedrich IV., der die Nachfolge seines verstorbenen Vetters Emich beanspruchte, sah sich schließlich gezwungen, 1290 persönlich nach Erfurt zu reiten, wo der König damals gerade einen Reichstag abhielt, um sich dort wegen ehrenrühriger Äußerungen Bannackers über seine Person zu verantworten.[98] Die Auseinandersetzungen gingen aber offensichtlich weiter und zogen auch die Orte der Umgebung in Mitleidenschaft, denn aus einer Urkunde des Jahres 1291 geht hervor, daß der an der Lahn ansässige Friedrich Frey von Dehrn, der damals zugunsten des Speyerer Domkapitels auf ein Gut in Maudach verzichtete, es wegen einer „lebensgefährlichen Fehde" – *pre capitali inimicicia* – nicht wagen konnte, selbst nach Maudach zu kommen, um vor dem dortigen Dorfgericht den Verzicht zu leisten.[99] Der Streit zwischen dem Grafen von Leiningen und Bannacker wurde schließlich am 5. Januar 1292 vertraglich beigelegt.[100]

Unter dem Nachfolger König Rudolfs, Adolf von Nassau – reg. 1292—1298, war die Landvogtei an dessen Parteigänger Johann von Rheinberg vergeben. Für den Grafen von Leiningen als Parteigänger der Habsburger wurde die Situation nun besonders schwierig, zumal sich auch die Pfalzgrafen eng an König Adolf anschlossen. Andeutungsweise erfahren wir sogar von einer Verschwörung, die Graf Friedrich von Leiningen im Jahr 1297 zusammen mit dem Erzbischof von Mainz gegen König Adolf angezettelt habe, wozu der Landvogt Rheinberg besonderen Grund gegeben haben soll. Im Zusammenhang mit diesen Auseinandersetzungen, die sich teilweise wohl in gewaltsamer Form auch direkt in Oggersheim abspielten, dürfte die Verlegung des Klarissenklosters, das Graf Friedrich dort kurz zuvor gegründet hatte, nach Speyer stehen.[101]

Nach dem Sieg Herzog Albrechts von Österreich über König Adolf in der Schlacht bei Göllheim 1298 und dem daraus resultierenden neuerlichen Thronwechsel rückten Graf Friedrich IV. von Leiningen und Heinrich von Bannacker wieder in ihre vorherigen Positionen ein, nahmen aber auch bald ihre alten Streitigkeiten wieder auf. Ab 1304 amtierte als Nachfolger Bannackers in der Landvogtei dann Raugraf Georg, der in der Schlacht von Göllheim König Adolf erschlagen hatte und sich als Landvogt bald wegen seiner ruppigen und auf Recht und Gesetz

Klinge des sogenannten ›Drachenschwerts‹ aus dem 12./13. Jahrhundert; gefunden im Willersinnweiher bei Oppau [38]

Er erwarb Oggersheim für die Wittelsbacher: Der mit einer großen Initiale geschmückte Name Kaiser Ludwigs des Bayern in einer Urkunde aus dem Jahr 1331 [39]

wenig Rücksicht nehmenden Amtsführung allgemein unbeliebt machte.[102] Als nach der Ermordung König Albrechts am 1. Mai 1308 wieder eine monatelange Zeit der Thronvakanz begann, geriet er auch mit Friedrich von Leiningen aneinander, wobei wieder die Differenzen zwischen dem amtierenden, vom König eingesetzten Landvogt und dem Grafen von Leiningen, der auf die Landvogtei einen erblichen Anspruch zu haben glaubte, zum Ausbruch kamen. Dieser Streit konnte noch im September 1308 beigelegt werden, wobei einer der zwei gewählten Schiedsrichter ein Johann von Oggersheim – wohl identisch mit dem 1288/89 erwähnten Schultheiß – war, der dabei jedoch allem Anschein nach nicht für den Grafen von Leiningen, sondern für den Raugrafen – als Landvogt – auftrat.[103] Der Nachfolger des Raugrafen als Landvogt, der ab 1309 amtierende Graf Georg von Veldenz,[104] hatte zwar ein besseres Verhältnis zu Friedrich IV. von Leiningen und heiratete sogar dessen Tochter Agnes, doch änderte dies nichts daran, daß die fortdauernde Existenz einer eigenständigen königlichen Landvogtei für die Leininger ein schwerwiegendes Hindernis beim Aufbau einer eigenen, halbwegs geschlossenen Landesherrschaft war.

Graf Friedrich IV. von Leiningen starb 1316, seine beiden Söhne aus zwei Ehen, Friedrich V. und Jofried, teilten 1317 das Erbe, wobei der ältere Friedrich V. von Leiningen-Dagsburg die Landgrafschaft im Wormsgau mit der Stadt Oggersheim erhielt, Geleit und Zoll auf der Landstraße aber zwischen beiden Brüdern geteilt wurden.[105] Für Friedrich V., bei dessen Anteil die Landgrafschaft einen wesentlichen Teil ausmachte, war eine Klärung der offenen Fragen besonders wichtig: Falls der König auch weiterhin nach seinem Belieben über die Landgrafschaft – oder Landvogtei – verfügte, konnte sich Friedrich kaum Hoffnungen auf den Aufbau einer eigenen Landesherrschaft machen. Gerade um diese Zeit eröffnete sich jedoch eine praktische Lösungsmöglichkeit: Im Jahr 1314 war der gleichnamige Sohn und Nachfolger des Pfalzgrafen Ludwig II. zum König gewählt worden, der in der Folgezeit als ›Ludwig der Bayer‹ bekannt wurde. In seiner Eigenschaft als Pfalzgraf mußte Ludwig großes Interesse an einem Erwerb von Oggersheim für die Pfalz haben, da der Ort strategisch günstig mitten im Kreuz der Verbindungslinien zwischen den beiden Reichsstädten Speyer und Worms einerseits und den pfälzischen Städten Heidelberg und Neustadt andererseits lag. So kam es zu einem Vertrag zwischen dem König und Friedrich V. von Leiningen, der am 4. August 1323 in Worms besiegelt wurde: Für einen Preis von 3 400 Pfund Heller ›verkaufte‹ der Graf von Leiningen die Stadt Oggersheim mit der Gräfenau und seinen Rechten an der Zollhütte zu Mittelhaug an König Ludwig den Bayern in dessen Eigenschaft als Pfalzgraf.[106] Diese Tatsache mußte ausdrücklich bekundet werden, da Ludwig in seiner Eigenschaft als König ja bereits oberster Stadtherr von Oggersheim war. Der Kaufpreis war dabei wohl Nebensache, die tatsächliche Gegenleistung des Königs bestand darin, daß er dem Grafen einen wesentlichen Teil der bisherigen Landvogtei – nämlich drei näher bezeichnete Landgerichte im ehemaligen Wormsgau – als erbliches Lehen zusicherte. Deshalb wurde in den Vertrag auch die Klausel aufgenommen, daß Oggersheim wieder an die Leininger zurückfallen sollte, wenn der König bzw. die Pfalzgrafen die Landgerichte doch wieder einmal anderweitig vergeben würden. Vom Verkauf ausgenommen war vorerst noch der Grafenhof der Leininger in

Anmerkungen
Seite 44

102 *vgl. dazu Schreibmüller, S.62—73; bemerkenswert und sicher problematisch für den Grafen von Leiningen war die Tatsache, daß der König hier erstmals einen Landvogt eingesetzt hatte, der den Leiningern standesmäßig ebenbürtig war*

103 *vgl. Mötsch, Sponheim I, S.218; leider ist die Urkunde nur im Kurzregest überliefert, doch der andere Schiedsrichter, Graf Heinrich von Sponheim, war ein Vasall des Grafen von Leiningen – vgl. dazu Toussaint, Die Grafen, S.186, und auch die im Regest erscheinende Reihenfolge der Namen deutet darauf hin, daß der Graf von Leiningen sich bei der Beilegung dieses Streits von Heinrich von Sponheim vertreten ließ – ein weiterer Hinweis darauf, wie eng die Herrschaft über Oggersheim mit der Landvogtei verbunden war*

104 *vgl. Schreibmüller, S.74—83; die Annahme Schreibmüllers, daß Georg von Veldenz ab 1315 nicht mehr als Landvogt amtiert habe – ebd. S.82, ist nicht zwingend, seine Erwähnung im Zusammenhang mit dem Verkauf von Oggersheim 1323 spricht sogar dagegen*

105 *Abschrift der Urkunde im LASp, Best. F 1, Nr. 186, Bl. 2—4*

106 *Kremer, J.M., S.255—257*

Oggersheim, für den Friedrich V. eine jährliche Gült von 65 Malter Korn an den Landvogt Graf Georg von Veldenz entrichten mußte. Im Rechtsstreit um diese Gült sicherte der König dem Leininger seine Unterstützung zu, wofür dieser dann bei einem für ihn positiven Ausgang des Streits den Hof ebenfalls an die Pfalz verkaufen sollte. Dazu kam es jedoch nicht: Graf Georg hat den Grafenhof behalten und an seine Nachkommen weitervererbt, die ihn zeitweise wiederum als Lehen an ihre Gefolgsleute vergaben.[107] In pfälzischen Besitz dürfte er erst im Jahr 1444 gekommen sein, als nach dem Tod Graf Friedrichs III. von Veldenz dessen Grafschaft an die Pfalzgrafen von Simmern-Zweibrücken fiel.

Sekretsiegel Pfalzgraf Rupprechts I. an einer Urkunde für die Deutschordenskommende Frankfurt, 1355 [40]

Tatsächlich bedeutete also der Kaufvertrag von 1323 das frühzeitige Ende einer potentiellen Entwicklung Oggersheims hin zu einer Reichsstadt. Die Landgrafschaft mit dem dazugehörigen Landgericht wurde zwar weiterhin – als pfälzisches Lehen – in der Hand der Leininger Grafen belassen, ihren Charakter als Amtslehen des Reiches hatte sie jedoch verloren. Die jetzt pfälzische Stadt Oggersheim und ihre Bürger wurden von der Gerichtsbarkeit dieses Landgerichts ausgenommen.[108] Wir haben es bei diesen Vorgängen zwischen 1317 und 1323 mit einem Prozeß zu tun, den Meinrad Schaab als „Gesundschrumpfung" der alten Landgrafschaften bezeichnet hat: Die Landgrafschaft war in erster Linie nicht ein bestimmtes Territorium, sondern ein Amt, eine gerichtliche Oberhoheit, die sich über ein bestimmtes Gebiet erstreckte. Im Verlauf der sich verändernden politischen und sozialen Realität im 12. und 13. Jahrhundert hatten die Landgrafen wesentliche Teile ihrer richterlichen Gewalt an andere, auch den nichtlandgräflichen Adel verloren. Letztendlich war ihnen nur das ›Gericht über Erbe und Eigen‹ für die immer kleiner werdende Zahl der Freien geblieben. Damit waren die Leininger als Landgrafen nicht dazu prädestiniert, die Territorialherren in ihrem Sprengel zu werden, sie konnten dieses Ziel nur in Teilbereichen ihrer Grafschaft erreichen, eben dort, wo ihnen auch Zwing und Bann samt Niedergericht zustanden.[109]

Aus Ludwigs Sicht war der Vertrag von 1323 durchaus ein gutes Geschäft: Als König gab er zwar die direkte Verfügungsgewalt über die Landgrafschaft der Leininger im Wormsgau aus der Hand, dafür erhielt er aber als Pfalzgraf die Stadt Oggersheim als erblichen Besitz – ein in reichsrechtlicher Hinsicht zumindest problematischer Vorgang. Der Leininger versuchte sich deswegen auch dadurch abzusichern, daß er in den Vertrag die Klausel aufnehmen ließ, Oggersheim solle an ihn oder seine Erben zurückfallen, sobald die Landgrafschaft aus irgendwelchen Gründen nicht mehr als Lehen an sie vergeben werden sollte.

Die Eingliederung Oggersheims in die Reihe seiner Städte brachte den Pfalzgrafen beim Ausbau seiner Machtposition am linken Rheinufer gegenüber der Neckarmündung einen entscheidenden Schritt weiter. Der Besitz der Mittelhütte verschaffte ihm nun auch die Zolleinnahmen aus dem Verkehr auf der Landstraße zwischen Speyer und Worms, die zwar sicher nicht so ergiebig waren wie die Einnahmen aus dem pfälzischen Flußzoll auf dem Rhein, der von der Burg Eichelsheim bei Mannheim aus erhoben wurde, die aber trotzdem eine willkommene Bereicherung für die pfalzgräfliche Kasse darstellten. Zwar hatte die Pfalz durch den Kauf von 1323 eigentlich nur die Hälfte des Zolls erworben; die andere Hälfte war ja bei der Leininger Teilung von 1317 an den

Anmerkungen
Seite 45

107 *Bei den Gütern der Grafen von Veldenz, die sich bis zum Jahr 1403 in Oggersheim nachweisen lassen, dürfte es sich mit großer Wahrscheinlichkeit um den Grafenhof handeln; vgl. dazu Kreuter, Heimatkunde*

108 *Kreuter, Oggersheim, S. 9f*

109 *Schaab, Landgrafschaft, S. 52f; vgl. hierzu auch Eyer, S. 172—174*

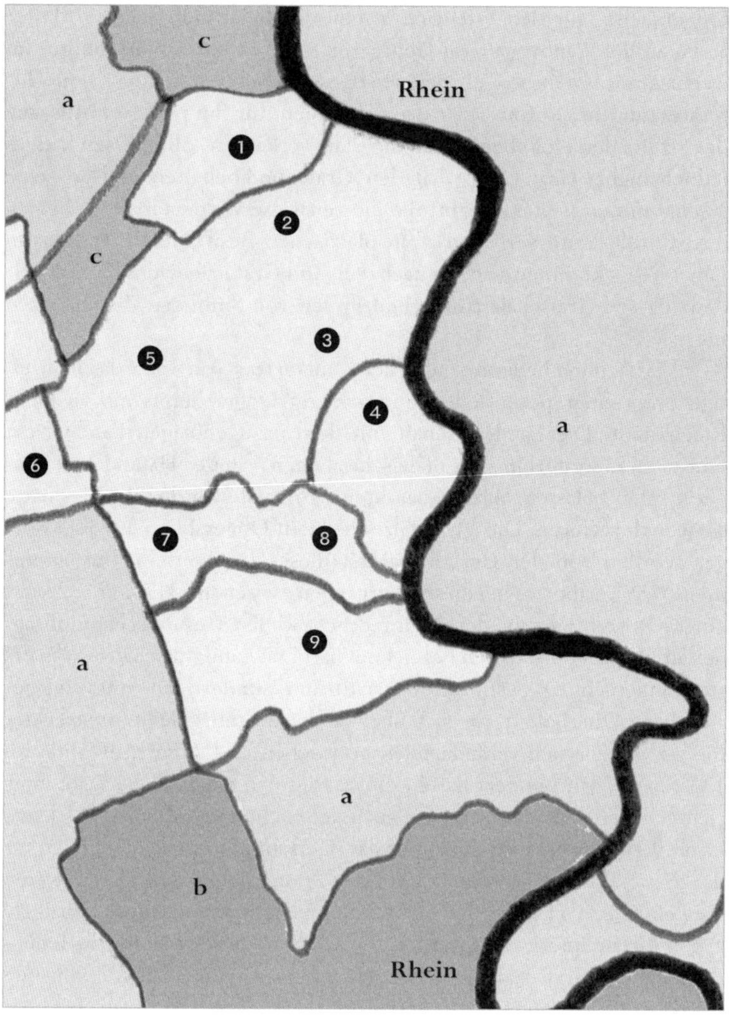

Eine Momentaufnahme:
die Herrschaftsträger im Raum Ludwigshafen im Jahr 1350
vereinfachte Darstellung [41]

a pfalzgräflicher Besitz
b weltlicher Besitz der Bischöfe von Speyer
c weltlicher Besitz der Bischöfe von Worms
1 Edigheim: Lehensherren Pfalzgraf und Erzbischof von Mainz; Lehensträger Herren von Oberstein
2 Oppau: Pfalzgraf
3 Friesenheim: Pfalzgraf
4 Hemshof: Oberherr Pfalzgraf; Besitzer Frauenkloster Klein-Frankenthal
5 Oggersheim: Pfalzgraf
6 Ruchheim: Leininger, mit konkurrierenden Rechten der Hirschhorner
7 Maudach: Lehensherr Bischof von Speyer; Lehensträger Familie v. Bruck
8 Mundenheim: Lehensherr Bischof von Speyer (1/2) Ruppertsberger (1/4), Hirschhorner (1/4), Lehensträger Ruppertsberger, Scharfenecker
9 Rheingönheim: Lehensherr Wildgrafen; Lehensträger Familie v. Bruck

Anmerkungen
Seite 47

110 LASp, Best. F 1, Nr. 130, Bl. 10v

111 Der Zeitpunkt dieser Verpfändung ist nicht bekannt. Vielleicht geschah sie im Zusammenhang mit der Lehnsauftragung des halben Dorfes Edigheim durch Johann von Oberstein an Pfalzgraf Rudolf II. im Jahr 1341; Koch / Wille, S. 136, Nr. 2252

112 Johann von Oberstein sollte durch eine Beteiligung an den Erträgen des pfälzischen Zolls zu Germersheim befriedigt werden, was aber 1363 immer noch nicht geschehen war; Koch / Wille, Nr. 3140, 3357, 3447

113 Urkunde von 1327 Juli 27: Der Edelknecht Albrecht Wüst von Wonsheim schwört, sich wegen der Gefangennahme durch den Rat und die Bürger von Worms während der Belagerung von Oggersheim durch den Landfrieden nicht zu rächen; Boos, Urkundenbuch, S. 152f

114 Boos, Städtekultur, S. 93

jüngeren Bruder Jofried von Leiningen-Hardenburg gefallen. Ob die Zolleinnahmen auch nach 1323 geteilt wurden, läßt sich nicht genau sagen; immerhin gibt es Hinweise aus der Zeit um 1465—1470, daß den Pfalzgrafen nur die Einnahmen aus dem in Süd-Nord-Richtung passierenden Verkehr zustanden.[110]

Pfalzgräfliche Gewinne und Verluste: Oggersheim als Witwengut

Mit dem Erwerb der Stadt Oggersheim hatte die Pfalzgrafschaft zwar einen ersten wichtigen Stützpunkt in unserem Raum gewonnen, doch war dies noch nicht der Beginn einer zielgerichteten Territorialpolitik am linken Rheinufer. Im Gegenteil: Nicht lange darauf verpfändete der Pfalzgraf seine Dörfer Oppau und Friesenheim an den Herrn von Oberstein, der seit 1323 bereits im Besitz von Edigheim war.[111] Schon bald erkannte man allerdings auf pfälzischer Seite die Gefahr, daß die Bildung einer geschlossenen obersteinischen Herrschaft in diesem Raum die dauerhafte Abriegelung der Kurpfalz vom linken Rheinufer gegenüber der Neckarmündung nach sich ziehen würde; 1359 löste Kurfürst Ruprecht I. die beiden Dörfer Oppau und Friesenheim wieder von Johann von Oberstein, wobei ihm aber die Aufbringung der Pfandsumme in Höhe von 700 Gulden schwer genug fiel.[112]

Insgesamt war die politische Situation in den Jahren vor und nach dem Erwerb Oggersheims durch die Pfalzgrafschaft undurchsichtig und wechselhaft: Im wittelsbachischen Haus selbst stritt Pfalzgraf Adolf, ein Neffe König Ludwigs des Bayern, damals zusammen mit seinen Brüdern Rudolf und Ruprecht gegen seinen Onkel um einen Anteil am Erbe seines Vaters. Überdies hatte 1322 der Erzbischof von Mainz mit einigen Grafen, Rittern und Städten am Oberrhein einen Landfriedensbund gegründet, der zunächst gegen König Ludwig gerichtet war. Doch nach dem Sieg Ludwigs über den Gegenkönig Friedrich von Österreich bei Mühldorf im gleichen Jahr – mit anschließender Versöhnung der Kontrahenten – wurde die Machtposition des Bayern deutlich gestärkt; auch seine Neffen versöhnten sich nun mit ihrem königlichen Onkel, doch als dieser außer Versprechungen keine Anstalten machte, sie auch tatsächlich in das von ihnen beanspruchte pfälzische Erbe einzusetzen, begann der Konflikt 1325 von neuem. Dafür schwenkte aber in diesem Jahr der rheinische Landfriedensbund auf die Linie Ludwigs ein. Im Jahr 1327 wird eine Belagerung von Oggersheim durch die Mitglieder dieses Bundes – als Teilnehmer sind genannt Erzbischof Matthias von Mainz, Philipp von Sponheim-Bolanden, die Ritter von Dirmstein sowie die Städte Straßburg, Speyer, Worms, Oppenheim und Mainz – erwähnt,[113] wohingegen noch ein Jahr zuvor die Stadt Oggersheim sich auf Seiten der Stadt Worms an deren Fehde gegen den Ritter Siegfried von Metz beteiligt hatte.[114] Inwiefern in diese Auseinandersetzungen die wittelsbachischen Pfalzgrafen verwickelt waren, läßt sich nicht mehr klären. Jedenfalls einigte sich Ludwig der Bayer – seit 1328 auch Kaiser – schließlich im Hausvertrag von Pavia 1329 mit seinen Neffen, denen er die rheinische Pfalzgrafschaft zusammen mit einigen Gebieten im bayerischen Nordgau – die ›Oberpfalz‹ – überließ. Seitdem gingen die pfälzischen und die bayerischen Fürstentümer der Wittelsbacher getrennte Wege, bis sie nach dem Aussterben der bayerischen Linie im Jahr 1777 wieder zusammengeführt werden sollten.

Grabplatte des Pfalzgrafen Ruprecht Pipan im Chor von St. Martin Amberg. Das Grabmal seiner 1417 verstorbenen Frau Elisabeth von Sponheim in der Kreuznacher Pfarrkirche ging leider Anfang des 18. Jahrhunderts verloren, muß aber ein beeindruckendes Bronzekunstwerk gewesen sein [42]

In der Folgezeit kam es auch in der Pfalzgrafschaft immer wieder zu Landesteilungen. Pfalzgraf Adolf war zwar schon 1327, also noch vor dem Vertrag von Pavia, gestorben, doch seine beiden Brüder Rudolf und Ruprecht teilten ihre Gebiete 1338, wobei Rudolf die linksrheinischen Besitzungen mit Neustadt, Wachenheim und Oggersheim erhielt. Mit dem Grafen Jofried von Leiningen-Hardenburg schloß Rudolf 1340 ein Abkommen, das die Frage der Leibeigenen des Reiches regelte, welche im Besitz des Leiningers waren, aber auch vom Pfalzgrafen beansprucht wurden. Jofried durfte diese Leibeigenen ebenso wie diejenigen, die ihm aus eigenem Recht gehörten, behalten, mußte aber künftig allen seinen Leibeigenen die Niederlassung in pfälzischen Städten erlauben. Dagegen wurde klargestellt, daß diejenigen Leute, die zwar mit Jofrieds Leibeigenen zusammenwohnten, aber nicht zu dessen Leibeigenen gehörten, „*von burgerschaft wegen*" dem Pfalzgrafen zu dienen hatten.[115] So konnte man auf pfälzischer Seite hoffen, daß nun ein verstärkter Zustrom von Neubürgern aus den leiningischen Dörfern der Umgebung nach Oggersheim einsetzen würde.

Der kinderlose Tod Rudolfs im Jahr 1353 verhinderte, daß die erste Teilung der pfälzischen Lande zur Dauereinrichtung wurde. Sein Bruder Ruprecht I. regierte nun als pfälzischer Kurfürst von Heidelberg aus noch bis zum Jahr 1390, die Nachfolge trat dann sein Neffe Ruprecht II. an, der Sohn des früh verstorbenen Pfalzgrafen Adolf.[116] Noch kurz vor seinem Tod verlieh Ruprecht I. Oggersheim wichtige Privilegien,[117] was die Stadtentwicklung gefördert zu haben scheint – siehe Seite 57.[118] Kurfürst Ruprecht II. gestattete seinem Enkel Ruprecht, genannt ›Pipan‹, anläßlich von dessen Heirat mit der Grafentochter Elisabeth von Sponheim im Jahr 1392, der Braut die pfälzischen Städte Wachenheim, Lambsheim und Oggersheim mit dem Zoll auf der Mittelhütte sowie den Hemshof als Wittum – Witwengut – zu verschreiben.[119] Es war nicht das erste Mal, daß die genannten drei Städte zusammen auftraten: Bereits 1383 hatte Kurfürst Ruprecht I. für seine dortigen Burgmannen und Bürger ein spezielles Dienstverhältnis gegenüber dem damaligen Abt des Klosters Frankenthal begründet.[120] Das bisher der Herrschaft des Wormser Bischofs unterstehende Kloster Frankenthal, das aber jetzt die pfälzischen Kurfürsten schrittweise in ihr Territorium integrierten, wurde so zum Ansatzpunkt für eine spätere verwaltungsmäßige Zusammenfassung dieser drei Städte in einem Amt Wachenheim.

Ganz unerwartet starb Ruprecht Pipan schon im Jahr 1397, noch vor seinem Großvater, ohne Nachkommen zu hinterlassen, womit sich nicht nur die mit der Heirat verbundenen Hoffnungen auf eine künftige Übernahme des sponheimischen Erbes durch die Pfalz zerschlugen, sondern auch die Wittumsverschreibung von 1392 in Kraft trat. Oggersheim bildete nun zusammen mit dem Hemshof, Wachenheim und Lambsheim gewissermaßen ein eigenes kleines Territorium, dessen Einkünfte der verwitweten Pfalzgräfin Elisabeth zugute kamen. Die Herrschaftsrechte übte dort zwar weiterhin ihr Schwiegervater Kurfürst Ruprecht III. aus, der 1398 die Nachfolge seines Vaters Ruprecht II. angetreten hatte und 1400 auch zum König gewählt wurde. Doch mußte er 1404 die Erlaubnis der Pfalzgräfin-Witwe einholen, als er deren Orte in eine von ihm in seinen pfälzischen Landen ausgeschriebene allgemeine Steuer einbeziehen wollte.[121]

Anmerkungen
Seite 48 und 49

115 LASp, Leiningische Regesten 1340 II 2
116 Schaab, Kurpfalz, S.93
117 Kreuter, Oggersheim, S.11
118 Röttger/Goering, S.84
119 Koch/Wille, S.325, Nr. 5443 und 5444
120 Koch/Wille, S.271, Nr.4519
121 Mötsch, Sponheim III, S.76f, Nr. 3179
122 Lehmann, Burgen, Bd. 2, S.428
123 Oberndorff, S.254, Nr. 3588
124 ausgestellt in Kreuznach am 15. Juni 1417, Mötsch, Sponheim III, S.348—352, Nr. 3806
125 Kaiser
126 LASp, Best. F 1, Nr. 128, S.112f; Eyselein, S.71
127 Kreuter, Oggersheim, S.11f
128 LASp, Best. A 1, Nr. 1828
129 Lenz, S.221

Die Pfalzgräfin-Witwe Elisabeth lebte noch bis 1417, und die pfälzischen Kurfürsten konnten von Glück sagen, daß sie sich nicht wieder verheiratet hatte, da sie in einem solchen Fall nach den Bestimmungen des Vertrages von 1392 das Wittum nur gegen eine Auslösung in Höhe von 15 000 Gulden zurückerhalten hätten. Die bevorzugte Residenz Elisabeths war zwar die Burg Wachenheim,[122] doch scheint sie sich auch häufiger auf der Mittelhütte bei Oggersheim aufgehalten zu haben. Im Jahr 1404 hatte König Ruprecht diese Mittelhütte einem gewissen Volz verliehen, der sie in Erbleihe bewirtschaftete, wie dies schon sein Vater Heinz getan hatte – weswegen sie damals auch *Heintzen hutte* genannt wurde. Von den Zolleinnahmen war der Pfalzgräfin-Witwe Elisabeth eine Gült in Höhe von jährlich 14 Pfund Pfennigen und einem Malter Salz zu entrichten, nach ihrem Tod dann wieder dem pfälzischen Kurfürsten als Landesherrn. Die Hütte unterstand nicht der städtischen Gerichtsbarkeit, sondern nur derjenigen des Landesherrn und seiner Amtleute.[123]

Für die Tochter des Volz übernahm die Pfalzgräfin-Witwe die Patenschaft und bedachte sie in ihrem Testament mit dem Hausrat, den sie im Zollhaus auf der Hütte hinterließ.[124] Der Begriff ›Hütte‹ sollte im übrigen nicht dazu verleiten, sich dieses Zollhaus als armselige Behausung vorzustellen. Man darf wohl von einer burgähnlichen Anlage ausgehen, und diese Annahme wird noch bestätigt durch die Reste einer Kapelle im gotischen Baustil, die dort bei archäologischen Ausgrabungen zu Anfang des 20. Jahrhunderts freigelegt worden sind.[125] Urkundlich ist diese Kapelle nur ein einziges Mal erwähnt: Im Jahr 1450 wird eine ›neue Kapelle‹ innerhalb des Zollhüttengrabens auf dem Acker einer Käthe Riem genannt, was darauf hindeutet, daß die Erbauung durchaus in die Zeit der Pfalzgräfin-Witwe – bestimmt nicht früher – fallen könnte.[126]

Nach dem Tod der Pfalzgräfin-Witwe Elisabeth 1417 fiel deren Wittum an Pfalzgraf Stephan, den vierten Sohn König Ruprechts, wie es nach dessen Tod im Jahr 1410 im Teilungsvertrag, den seine vier überlebenden Söhne miteinander geschlossen hatten, festgesetzt worden war.[127] Auch das Hofgut Hemshof war 1410 zum Anteil Stephans gekommen. Da er jedoch bei der Landesteilung ansonsten mit den pfälzischen Gebieten um Simmern und Zweibrücken bedacht worden war, lagen der Hemshof und die aus dem Wittum Elisabeths angefallenen Orte, die zum Amt Wachenheim zusammengefaßt wurden, weitab von seinen übrigen Herrschaftsgebieten. Deshalb verkaufte er schon im Jahr 1424 seinem ältesten Bruder, dem in Heidelberg residierenden pfälzischen Kurfürsten Ludwig III., die Stadt Oggersheim zusammen mit seinem Anteil am Dorf Freinsheim für 5 000 Gulden, wofür der Kurfürst eine Schuld Stephans in entsprechender Höhe beim Erzbischof von Mainz ablöste.[128] Stephan hatte sich zwar im Kaufvertrag noch den Wiederkauf vorbehalten, doch Kurfürst Ludwig III. bekundete schon in seinem Testament von 1426 seinen Willen, daß die Stadt Oggersheim nicht mehr aus kurpfälzischem Besitz veräußert werden sollte.[129]

Allerdings hatte Pfalzgraf Stephan von diesem Verkauf den Zoll auf der Hütte bei Oggersheim, die Fischwasser und die Korn- und Hafergült auf seinen Eigengütern in der Stadt ausgenommen, die in der Folgezeit durch das Amt Wachenheim verwaltet wurden. In Stephans um 1443 angelegtem Rentenbuch wurden die Erträge des Zolls auf

Der wegen seiner Kriege so genannte ›böse Fritz‹: Kurfürst Friedrich I.; Statue an der Fassade des Friedrichsbaus des Heidelberger Schlosses [43]

400 Gulden jährlich geschätzt, womit der Oggersheimer Zoll in dieser Zeit einer der ertragreichsten Landzölle in den Rheinlanden war.[130] Der Zollschreiber erhielt davon 31 Gulden als Besoldung, praktisch die gesamten übrigen Zolleinnahmen verschrieb Stephan an auswärtige Geldgeber für Kredite, die er bei diesen aufnahm: Dem St.-Andreas-Stift zu Worms verschrieb er im Jahr 1440 eine jährliche Gült von 30 Gulden auf dem Zoll für einen Kredit von 600 Gulden.[131] Die adlige Familie von Erligheim besaß eine Gült von jährlich einem Malter Salz, die ihr aus den Zollerträgen zu entrichten war.[132] Wesentlich höher waren die Anteile am Zoll, mit denen die beiden Adeligen Heinrich von Rüppurr und Hamann Ulner von Dieburg für ihre Kredite an den Pfalzgrafen bedacht wurden: Rüppurr erhielt eine jährliche Gült von 150 Gulden für einen Kredit von 3 000 Gulden, Ulner sogar eine Gült von 180 Gulden für einen Kredit von 3 600 Gulden. Der pfalzgräfliche Zollschreiber Heinrich Dagstuhl von Obermoschel mußte die Zolleinnahmen in Büchsen mit zwei Schlössern deponieren, deren zweite Schlüssel im Besitz der Gültberechtigten waren und die daher nur gemeinsam geöffnet werden konnten: Am Martinstag – 11. November – wurde die mit Rüppurr gemeinsame Büchse geöffnet, am Jakobstag – 25. Juli – die mit Ulner gemeinsame, um die jeweiligen Gültbeträge auszuzahlen. Für Fehlbeträge mußten Pfalzgraf Stephans Städte Wachenheim und Lambsheim als Bürgen geradestehen.[133] Der Zollschreiber Dagstuhl erhielt 1450 von Pfalzgraf Stephan auch dessen Hof zu Oggersheim als Erblehen, dazu einen Acker innerhalb des Hüttengrabens – ein Hinweis darauf, daß auch damals schon ein Teil des Areals innerhalb der Befestigung landwirtschaftlich genutzt wurde.[134]

Die dauernden Geldnöte, in denen Pfalzgraf Stephan sich offenkundig befand,[135] hatten auch auf sein Hofgut Hemshof nachteilige Auswirkungen: Wegen einer vergleichsweise geringfügigen Schuld von etwa 15 Gulden, über deren Rückzahlung keine Einigung erzielt werden konnte, geriet er 1441 in eine Fehde mit dem Ritter Friedrich von Eppelborn, dessen Familie im Elsaß und in der Grafschaft Leiningen, besonders in Dürkheim, ansässig war. Der Ritter verübte einen nächtlichen Überfall auf den Hemshof, wobei er eine große Scheuer, die mit frisch geerntetem Getreide gefüllt war, niederbrannte. In einem Brief an den Bruder Friedrichs, Hans von Eppelborn, erhob Pfalzgraf Stephan den Vorwurf, daß durch diesen Überfall „arme Kinder, kleine elende Waisen", die den Hof als Pächter im Besitz hatten, geschädigt worden seien. Die Fehde wurde schließlich 1442 durch Vermittlung des Grafen Jakob von Lützelstein beigelegt.[136]

Im Jahr 1444 nahm Pfalzgraf Stephan zusammen mit seinem Schwiegervater Graf Friedrich III. von Veldenz, der keinen männlichen Erben hatte und dessen Grafschaft deshalb nach seinem Tod an Stephan bzw. dessen Nachkommen fallen sollte, eine vorläufige Teilung seiner Territorien zwischen seinen zwei Söhnen vor, die dann mit seiner Abdankung 1453 in Kraft trat: Dabei erhielt der ältere Friedrich die Gebiete im Hunsrück mit Simmern und dem pfälzischen Anteil an der Grafschaft Sponheim, der jüngere Ludwig, genannt ›der Schwarze‹, die Grafschaften Zweibrücken und Veldenz mit den Besitzungen im Donnersberg-Gebiet und in der Südpfalz.[137] Die Besitzungen in unserem Raum, also das Amt Wachenheim mit Lambsheim, dem Zoll auf der Hütte bei Oggersheim und dem Hemshof, kamen dabei zunächst an

Anmerkungen
Seite 50

130 vgl. dazu Pfeiffer, S. 31f; höhere Jahreserträge sind nur für Landzölle in Luxemburg und am Niederrhein, nicht aber am Mittel- und Oberrhein nachgewiesen

131 LASp, Best. A 1, Nr. 1831

132 Barbara von Erligheim verkaufte diese Gült 1482 an das Kloster Höningen. Bemerkenswerterweise wurde noch in dieser Urkunde die Zollhütte als ›Foltzenhütte‹ bezeichnet, trug also immer noch den Namen der Erbbeständerfamilie, die sie um 1400 bewirtschaftet hatte; LASp, Best. D 36, Nr. 23

133 Wihr, Nr. 10; die Verschreibung an Ulner von 1442 Juli 22 in StadtA Worms Abt. 159 K 15 U 21

134 LASp, Best. F 1, Nr. 128, S. 112f

135 Der Grund hierfür war wohl vor allem die kostspielige Auslösung von Zweibrücken aus lothringischem Pfandbesitz im Jahr 1416; Schaab, Kurpfalz, S. 149

136 vgl. dazu Lehmann, Zweibrücken, S. 58; der Briefwechsel zwischen Pfalzgraf Stephan und Hans von Eppelborn mit Erwähnung des Überfalls auf den Hemshof im StadtA Heidelberg, Urkundensammlung Nr. 7—9

137 Lehmann, Zweibrücken, S. 84; Baumann, S. 1214

Friedrich von Simmern, der sie aber 1464 an seinen Bruder Ludwig von Zweibrücken-Veldenz abtrat, da sie von seinen übrigen Territorien zu weit abgelegen waren.[138]

Wegen der Zollhütte bei Oggersheim geriet Ludwig der Schwarze jedoch schon bald in Streitigkeiten mit seinem Vetter, dem pfälzischen Kurfürsten Friedrich I., der hierauf ebenfalls Ansprüche erhob.[139] Als die beiden Fürsten im Jahr 1465 vereinbarten, sich gegenseitig Listen mit ihren Beschwerdepunkten zuzuschicken, beklagte sich Ludwig bei dieser Gelegenheit über verschiedene Eingriffe des kurpfälzischen Landschreibers zu Neustadt am Zoll auf der Hütte. Dieser hinderte die veldenzischen Beamten an der Ausübung der ihnen dort zustehenden Strafgerichtsbarkeit; zudem wollte er nicht gestatten, daß man die aus südlicher Richtung kommenden Wägen zwinge, über die Zollhütte zu fahren, wie es von alters her gebräuchlich war; die Einwohner von Mannheim, Neckarau, Mundenheim und Mutterstadt weigerten sich, auf der Hütte zu zollen, wie sie dies früher getan hatten. Außerdem hatte der Landschreiber verboten, Ludwig die ihm zustehenden Gülten aus seinen Oggersheimer Gütern zu bezahlen, und die kurpfälzische Gemeinde Friesenheim bedrängte ihn in seinem Besitz am Hemshof.[140]

Demgegenüber beschwerte sich Kurfürst Friedrich, daß Ludwigs Beamte einem Neustadter Bürger, der Wirt auf der Mittelhütte gewesen war, die Ausübung seines Gewerbes verboten hatten. Außerdem hatten sie versucht, diesen Wirt und andere auf der Hütte Ansässige vom Gericht zu Oggersheim an Ludwigs Gericht zu Lambsheim zu ziehen.[141] Erste Verhandlungen, die kurpfälzische und veldenzische Räte vom 3. bis zum 5. August 1465 auf der Mittelhütte führten, wurden vertagt.[142] In einem 1466 zu Oppenheim geschlossenen Vergleich wurden diese Differenzen dann einer späteren Entscheidung vorbehalten.[143] Noch im selben Jahr verbündeten sich die beiden Fürsten sogar mit dem Speyerer Bischof Matthias gegen die Stadt Speyer. Die Bündnispartner untersagten ihren Untertanen für die Dauer der Fehde jeden Handelsverkehr mit der Stadt Speyer und eröffneten in verschiedenen Städten ihrer Territorien als Ersatz neue Wochenmärkte, darunter auch Kurfürst Friedrich einen in Oggersheim, der zusätzlich zum bisherigen samstäglichen jeden Dienstag abgehalten werden sollte.[144]

Auf die Dauer jedoch blieb die herrschaftliche Situation in und um Oggersheim aus kurpfälzischer Perspektive unbefriedigend. Die Stadt befand sich zwar seit der Verpfändung durch Pfalzgraf Stephan 1424 in kurpfälzischem Besitz, doch besaßen die Pfalzgrafen von Simmern bzw. seit 1464 Ludwig von Zweibrücken-Veldenz dort nach wie vor bedeutende Rechte: neben der Zollhütte ihre Eigengüter mit dem Grafenhof, die Fischwasser und außerdem jährliche Einkünfte in Höhe von 47 Pfund Hellern, die zur Burg Wachenheim fällig waren.[145] Die Gelegenheit zur Klärung dieser verwickelten Verhältnisse ergab sich im Jahr 1470, als ein Konflikt des pfälzischen Kurfürsten mit der Stadt Weißenburg Kaiser Friedrich III. auf den Plan rief, der die wachsende Machtentfaltung der Kurpfalz schon seit geraumer Zeit mit Mißtrauen verfolgte. Ludwig der Schwarze wurde vom Kaiser zum Reichshauptmann in diesem sog. Weißenburger Krieg gegen den pfälzischen Kurfürsten ernannt, war dessen militärischer Macht jedoch nicht gewachsen: Bereits am 15. Juli 1470 besetzten die Kurpfälzer die Burg Wachenheim, am 25. August brannten sie das leiningische Dorf Ruchheim

Anmerkungen
Seite 51

138 Bachmann, S. 122

139 Schon 1454 hatte in einer Kundschaft zu Worms ein dortiger Bürger den Hinweis gegeben, das zwischen Worms und Speyer geübte Geleit sei eine Aufgabe des kurpfälzischen Vitztums zu Neustadt; Fendler, S. 712. Aus diesem Geleitsrecht leitete Friedrich offensichtlich sein Recht auf die Zolleinnahmen ab

140 LASp, Best. F 1, Nr. 130, Bl. 10v; aus den Beschwerdepunkten scheint hervorzugehen, daß dem Pfalzgrafen Ludwig auf der Hütte nur der Zoll des aus südlicher Richtung kommenden Verkehrs zustand. Vielleicht geht dies noch auf die leiningische Teilung von 1317 zurück, in der Graf Jofried dann den Zoll von dem in Nord-Süd-Richtung laufenden Verkehr erhalten hätte

141 LASp, Best. F 1, Nr. 130, Bl. 15v

142 LASp, Best. F 1, Nr. 130, Bl. 19r

143 Lehmann, Zweibrücken, S. 159

144 Kremer, C. J., S. 362

145 Lehmann, Zweibrücken, S. 165

Anmerkungen
Seite 52 und 53

146 Schloßkirche Fußgönheim, S.43
147 Braun, S.133
148 Lehmann, Zweibrücken, S.172—175
149 Lehmann, Zweibrücken, S.211f
150 Karst, Oggersheim, S.15

Spätmittelalterlicher Krieg: Die ›Große Schlacht‹ zeigt ein Zusammentreffen des Herzogs von Pfalz-Neumarkt mit den Hussiten 1433 (linke Hälfte) [44]

nieder, da die Grafen von Leiningen sich auf die Seite Ludwigs geschlagen hatten.[146] Am 13. November gingen dann auch die Dörfer Oppau und Edigheim in Flammen auf.[147] Nach kurzen Belagerungen verlor Ludwig am 5. Juni 1471 die Stadt Wachenheim, am 3. August desselben Jahres Lambsheim an den Kurfürsten, dem damit auch die Zollhütte und die sonstigen Güter und Rechte Ludwigs in Oggersheim mit dem Hemshof in die Hände fielen. Die militärischen Erfolge des Kurfürsten bewogen Ludwig zum Abschluß eines Friedensvertrages in Mannheim am 2. September 1471, in dem jedoch das künftige Schicksal der vom Kurfürsten eroberten Orte späteren Verhandlungen vorbehalten wurde.[148] Dazu kam es erst nach dem Tod Ludwigs des Schwarzen im Jahr 1489: Dessen ältester Sohn Kaspar hatte sich im Jahr 1481 mit seinem Vater überworfen und in den Schutz des pfälzischen Kurfürsten Philipp begeben, der 1476 die Nachfolge seines Onkels Friedrich I. angetreten hatte. Im Zorn auf seine Familie ging Kaspar damals sogar so weit, den Kurfürsten als seinen Erben einzusetzen, und als nach dem Tod Ludwigs

Die ›Große Schlacht‹ (rechte Hälfte) [45]

durch Vermittlung des Pfalzgrafen Johann von Simmern am 27. November 1489 in Kreuznach eine Versöhnung zwischen Kaspar und seinem jüngeren Bruder Alexander zustande kam, in der beide sich auf eine gemeinsame Regierung einigten, ließ Kurfürst Philipp sich seinen Verzicht auf Kaspars voreilige Erbverschreibung dadurch bezahlen, daß die zweibrückischen Brüder nun auf alle von Kurfürst Friedrich I. im Weißenburger Krieg von 1470/71 eroberten Orte verzichten mußten, ebenso auf das Einlösungsrecht an der Stadt Oggersheim.[149]

Somit war es dem pfälzischen Kurfürsten im Jahr 1471 gelungen, die fast achtzig Jahre zuvor durch die Wittumsverschreibung an Elisabeth von Sponheim erfolgte Herauslösung von Oggersheim und dem Hemshof aus dem kurpfälzischen Territorium wieder rückgängig zu machen. Auch Kurfürst Friedrichs Nachfolger Philipp ließ sich die Förderung der Stadt Oggersheim angelegen sein und bewilligte ihr 1481 zwei Jahrmärkte.[150] Die Landstraße war bereits erstmals vor 1470 von Kurfürst Friedrich I. von der Mittelhütte verlegt und durch die Stadt

Das Heidelberger Schloß und die Stadt Heidelberg um 1590; aus dem ›Kurpfälzischen Skizzenbuch‹ [46]

Oggersheim geführt worden, wo die Zolleinnahmen in seine eigene Kasse flossen.[151] Entgegen bisherigen Annahmen wurde aber die außerhalb der Stadt Oggersheim an der alten Landstraße liegende Zollhütte auch unter kurpfälzischer Herrschaft – wohl nach Klärung der Besitzverhältnisse 1489 – noch einmal in Betrieb genommen, wie ein Quellenbeleg aus dem Jahr 1490 beweist.[152] Das Amt des Zollschreibers wurde ab 1471 vom Amtmann zu Wachenheim mitverwaltet.[153]

Die – nur archäologisch nachgewiesene, in schriftlichen Quellen nicht erwähnte – Zerstörung der Zollhütte erfolgte wahrscheinlich erst im 16. Jahrhundert, wohl im Verlauf des Landshuter Erbfolgekrieges 1504. In diesem Krieg, der für die Kurpfalz unglücklich ausging, war Pfalzgraf Alexander von Zweibrücken-Veldenz auf Seiten von König Maximilian I. an der Koalition gegen die Kurpfalz beteiligt, doch obwohl der König wegen Verhängung der Reichsacht gegen Kurfürst Philipp den Vertrag von 1489 für ungültig erklärte, gelang es dem Pfalzgrafen Alexander nicht, wieder in den Besitz des Amtes Wachenheim zu kommen. Auch die Oggersheimer Zollstätte verblieb bei der Kurpfalz und wurde wohl erst nach dem Landshuter Krieg in die Stadt selbst verlegt, womit auch der Straßenverlauf endgültig geändert werden mußte: Die schnurgerade Trasse aus römischer Zeit, die eineinhalb Jahrtausende den überregionalen Verkehr an Oggersheim vorbeigeleitet hatte, wurde nun mittels einer Ausbuchtung durch die Stadt hindurchgeführt, was sicherlich zu deren wirtschaftlichem Aufschwung beigetragen hat.[154]

Die spätmittelalterliche pfälzische Verwaltung in Oggersheim und Umgebung

Die herrschaftliche Zersplitterung, die den linksrheinischen Teil des Rhein-Neckar-Gebietes besonders stark bis ins späte 15. Jahrhundert, in verminderter Form aber auch noch darüber hinaus prägte, stand in einem auffälligen Gegensatz zum rechtsrheinischen Teil dieses Gebietes, also etwa dem heutigen Stadtgebiet von Mannheim, wo sich die Pfalzgrafen schon im 13. Jahrhundert von ihrer Residenz Heidelberg aus ein geschlossenes Herrschaftsgebiet geschaffen hatten.[155] Angesichts der geschilderten komplizierten Herrschaftsverhältnisse in Oggersheim und Umgebung kann es nicht verwundern, daß es dieser Stadt – trotz aller von den pfälzischen Kurfürsten erteilten Privilegien – nicht gelang, im Spätmittelalter zu einem Verwaltungszentrum innerhalb des kurpfälzischen Territoriums aufzusteigen, mit allen positiven ökonomischen Effekten, die ein solcher Aufstieg zur Folge gehabt hätte. Letztendlich liegt in dieser Tatsache die historische Wurzel für die bis heute fortdauernde ökonomische – und daraus folgend auch kulturelle – Dominanz des rechtsrheinischen Mannheim gegenüber dem linksrheinischen Ludwigshafen.

Das linksrheinische Pendant zu Heidelberg innerhalb des kurpfälzischen Territoriums war Neustadt an der Haardt, das schon früh die Rolle einer Nebenresidenz neben Heidelberg einnahm. Die Teilung der Pfalz in ein linksrheinisches und ein rechtsrheinisches Fürstentum im Jahr 1338 dauerte nur bis 1353, seitdem amtierte in Neustadt ein Beamter als Stellvertreter des Kurfürsten, als Vitztum (siehe S. 38), zu dessen Amtsbereich die im alten Speyergau gelegenen Orte der Kurpfalz gehörten, die jedoch keineswegs ein geschlossenes Territorium bildeten, sondern stark mit anderen Herrschaftsgebieten vermischt waren. Eine

Anmerkungen
Seite 54

151 LASp, Best. F 1, Nr. 130, Bl. 287r; die Rechte der Grafen von Leiningen-Hardenburg an der Hälfte des Zolls sind von kurpfälzischer Seite wohl spätestens 1470 wegen deren Beteiligung am Weißenburger Krieg auf Seiten der Feinde des Kurfürsten als verfallen betrachtet worden; vgl. Kremer, C. J., S. 397

152 Der bisher nicht beachtete Beleg aus dem Departementalarchiv Straßburg ist zitiert bei Mentgen, S. 552. Die Annahme, daß der Zoll bereits unmittelbar nach dem Besitzwechsel der Mittelhütte in die Stadt verlegt worden sein soll, beruht auf einer Fehlinterpretation des Textes der Urkunde Friedrichs I. vom 24. Januar 1472: „den zolle zu Agersheim der von der hutten dargezogen ist"; Kremer, C. J., S. 456. Wihr, und ihm folgend weitere Forscher, hat dies übersetzt als den Zoll zu Agersheim, der von der Hütten dahingezogen ist (Nr. 9), was aber so nicht in der Urkunde steht. Dargezogen meint vielmehr lediglich, daß der Zoll an der Hütte eingenommen wurde

153 Im Jahr 1479 wird ein Hans Philipp als Zollschreiber zu Oggersheim und Amtmann zu Wachenheim genannt; LASp, Best. A 1, Nr. 1435

154 Das Zollhaus in der Stadt Oggersheim wurde erst im Jahr 1556 fertiggestellt; vgl. Röttger / Goering, S. 85

155 vgl. dazu Schaab, Kurpfalz, S. 84; Karte 13

der wichtigsten Grundlagen für diesen Amtsbereich des Neustadter Vitztums waren die Reste der alten Reichslandvogtei im Speyergau, die Kaiser Ludwig der Bayer im Jahr 1331 seinen pfälzischen Neffen verpfändete und die in der Folgezeit vom Reich nicht mehr ausgelöst wurden. Die alten Funktionen der königlichen Landvögte übte seitdem der Vitztum zu Neustadt im Auftrag des pfälzischen Kurfürsten aus.

In Oggersheim begann im ausgehenden 13. Jahrhundert die Entwicklung vom Dorf hin zu einem städtischen Gemeinwesen. Von einem Stadtprivileg König Rudolfs I., wie dieser es für viele andere pfälzische Orte ausgestellt hat, ist im Fall von Oggersheim nichts bekannt, obwohl es in der Regierungszeit dieses Königs erstmals als Stadt erscheint. Die erste urkundliche Nennung als solche erfolgte 1289 an unerwarteter Stelle, nämlich in einer Urkunde, mit der der Schultheiß der lothringischen Stadt Wallerfangen einen Streit zwischen dem Kloster Wadgassen und dessen Lehnsmann Bertram von Ensdorf entschied.[156]

Aus dem Inhalt dieser Urkunde kann man schließen, daß Oggersheim sich damals schon eine Zeit lang als Stadt bezeichnen konnte. Vorausgegangen waren sicher zumindest einige Jahre dieser städtischen Entwicklung innerhalb der alten, die spätere ›Altstadt‹ umgebenden Befestigung, deren Einzelheiten allerdings weitestgehend im Dunkeln liegen. Wir hören lediglich von einem Johann als Schultheiß zu Oggersheim, der im Jahr 1288 zusammen mit mehreren Adligen aus der Umgebung vor dem Stadtgericht zu Worms einen Prozeß gegen das dortige St.-Martins-Stift wegen einiger Güter in Studernheim führte[157] und 1289 vom Kloster Frankenthal als Schiedsrichter in einem Streit um Weiderechte mit der Gemeinde Mörsch gewählt wurde.[158] Johann erscheint mehrfach in enger Verbindung zur Familie der Ritter von Eppstein.[159] Dieser Familie scheinen auch die zwischen 1262 und 1302 vereinzelt genannten Mitglieder der Familie von Oggersheim anzugehören, worauf die in beiden Familien vorkommenden Leitnamen Berthold und Heinrich hinweisen.[160] Offensichtlich haben Nachkommen der Ritter von Eppstein noch über längere Zeit hinweg in Oggersheim eine maßgebliche Rolle gespielt: Zu ihnen zählten wohl auch jener Heinz und sein Sohn Volz, die um 1400 die Zollhütte in Erbbestand hatten.[161]

Allem Anschein nach wurde schon kurz nach ihrem Übergang an die Pfalz die Stadt Oggersheim neu angelegt: Die bisherige Siedlung wurde aufgelassen und in Ackerland umgewandelt, der Platz, an dem sie gelegen hatte, seitdem ›Altstadt‹ genannt – siehe auch S. 35. Unmittelbar südöstlich anschließend an den alten Befestigungsring wurde eine neue Stadtmauer mit fast quadratischem Grundriß errichtet, hinter der sich die Bürger nun ihre Häuser bauen mußten. Allerdings war die Anlage für die Anzahl der tatsächlich vorhandenen Bürger sehr großzügig geplant; es kam auch in der Folgezeit nicht zu dem erhofften Zuwachs, so daß Oggersheim noch bis ins 18. Jahrhundert eine für pfälzische Verhältnisse ziemlich lockere Bebauung aufzuweisen hatte. Bauherr dieser neuen Stadtanlage soll – allerdings nach einer unsicheren Quellennachricht[162] – Pfalzgraf Adolf gewesen sein.

Die ältesten zwei überlieferten Urkunden, in denen die Stadt Oggersheim als Körperschaft in Erscheinung trat, wurden am 11. November 1316 ausgestellt und betreffen die Verpachtung des Schönauer Klosterhofes in Oppau an mehrere Oggersheimer Bürger. In einer der beiden Urkunden erscheinen als Aussteller der Schultheiß, die Richter, die

Neustadt nach Merian [47]

Anmerkungen Seite 55

156 Burg, S. 99f, Nr. 245

157 BayHStA Rheinpfälzer Urkunden Nr. 2029

158 LASp, Best. F 7, Nr. 233

159 Urkunden von 1288; BayHStA Rheinpfälzer Urkunden Nr. 2029; und 1289; LASp, Best. F 7, Nr. 233

160 Berthold von Oggersheim erscheint als Wormser Bürger 1262 und 1271; Boos, Urkundenbuch, S. 206 und 231f; Heinrich von Oggersheim als Edelknecht 1302; LASp, Best. F 7, Nr. 302

161 Oberndorff, S. 254, Nr. 3588. Ein Heinrich und ein Volzo von Eppstein erscheinen schon zusammen in einer Urkunde von 1288; BayHStA Rheinpfälzer Urkunden Nr. 2029. Auffällig ist bei dieser Familie übrigens die Häufung von hebräischen Namen im 13. Jahrhundert: Der Vater des 1277 erscheinenden Heinrich hieß David, der Vater des 1288 erscheinenden Johann, wohl identisch mit dem 1277 auftretenden Bruder Heinrichs Johann Rube gleich Ruben (?) hieß Libmann, ein Wormser Kanoniker, der 1289 zusammen mit dem Schultheiß Johann von Oggersheim als Schiedsrichter auftrat, Jakob von Eppstein; LASp, Best. F 7, Nr. 181, 233; BayHStA Rheinpfälzer Urkunden Nr. 2029

162 zit. bei Kreuter, Oggersheim, S. 10

Kleine gotische Pforte am Eingang zum ehemaligen von Blombergschen Gutshaus in Oggersheim; Aufnahme 1937 [48]

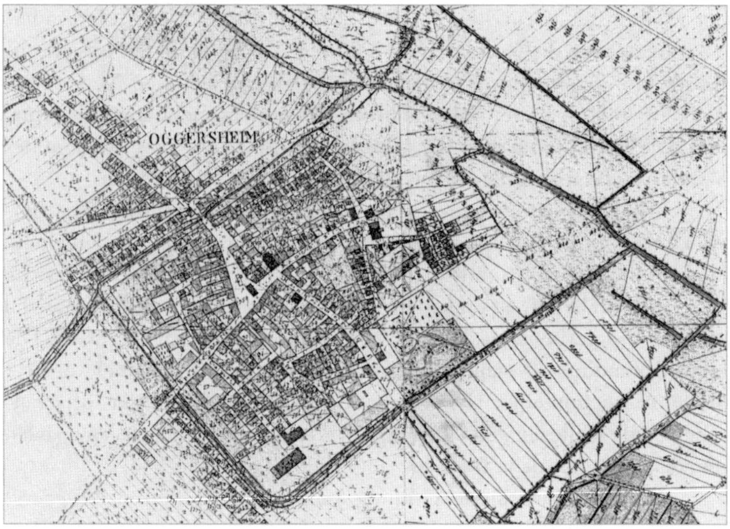

Katasterurkarte von Oggersheim 1839 [49]

Geschworenen und die Bürgerschaft – *scultetus, judices, jurati ac universitas civium civitatis in Agersheim*, in der anderen anstelle von Schultheiß und Richtern der Bürgermeister und die Räte – *magister civium, consules, jurati ac universitas civium civitatis in Agersheim*. Es gab also offensichtlich mit Gericht und Rat zwei unterschiedliche Institutionen an der Stadtspitze – die Urkunden sind auch von zwei verschiedenen Schreibern geschrieben, die aber das gleiche Siegel führten, das mit ca. 80 mm Durchmesser für eine relativ kleine und unbedeutende Stadt wie Oggersheim recht repräsentativ ausgefallen war und in dem die drei Adler aus dem Wappen des Stadtgründers Friedrich IV. von Leiningen im Dreiecksschild erscheinen, dazwischen ein Kreuz, das vom Kopf des unteren Adlers bis zum oberen Schildrand reicht.[163] Warum allerdings im einen Fall das Stadtgericht und im anderen der Stadtrat als Beurkunder auftraten, bleibt unklar, da die Urkunden sich in ihrem rechtlichen Inhalt nicht voneinander unterscheiden. Unter pfälzischer Herrschaft führte Oggersheim dann das Wappentier der Pfalzgrafen, den Löwen, im Dreiecksschild in ihrem Siegel, das mit ca. 60 mm Durchmesser einen etwas bescheideneren Zuschnitt aufwies als das älteste Stadtsiegel.[164]

Zu Konflikten kam es in den ersten Jahren der pfälzischen Herrschaft mit dem Kloster Frankenthal, das einen Hof in Oggersheim besaß, davon aber keine Abgaben an die Stadt entrichten wollte. Im Jahr 1327 wurde dieses Problem zunächst dadurch gelöst, daß die Stadt das Kloster aus der Bürgerschaft entließ und auf alle Forderungen verzichtete. 1331 erhielt dann das Kloster das Bürgerrecht in Oggersheim wieder zurück, allerdings ohne die normalerweise damit verbundenen Verpflichtungen und mit dem Recht, seinen dortigen Hof jederzeit verkaufen zu dürfen. Auf Seiten der Stadt treten dabei im Jahr 1327 wieder der Bürgermeister, die Schöffen und die Bürger von Oggersheim auf, vier Jahre später dagegen mehrere Bürgermeister und Schöffen. Die Anzahl der Bürgermeister geht aus dem Text der Urkunde nicht eindeutig hervor, die Angabe bezieht sich aber wohl auf die zwei erstgenannten Personen Heinz Rime und Johann Glane; an dritter Stelle – vor weiteren fünf namentlich aufgeführten Schöffen – ist ein *Fauth Syferith* genannt,

Anmerkungen
Seite 56 und 57

163 *LASp, Best. F 7, Nr. 363, 364a; die um 1268 von Friedrichs IV. Onkel Emich IV. von Leiningen-Landeck gegründete Stadt Landau führt noch bis heute dessen Wappen, den saarbrückischen Löwen – die Landecker Nebenlinie der Leininger führte das Wappen der Grafen von Saarbrücken, die nach dem Aussterben der älteren Grafen von Leiningen um 1214 deren Grafschaft übernommen hatten, während die Hauptlinie das alte leiningische Wappen weiterführte, vgl. Toussaint, Die Grafen, S. 112*

164 *erstmals belegt im Jahr 1410; LASp, Best. A 1, Nr. 1826; Best. F 7, Nr. 1238 von 1429, bezeichnet als der ›stad Agerßheim groß ingesiegel‹*

165 *LASp, Best. F 7, Nr. 411, 436*

166 *zu den Privilegien von 1390 und 1408 siehe: Kreuter, Oggersheim, S. 11, 22 bis 24; zum Rathausbau: Röttger / Goering, S. 84*

Der Merianstich von Oggersheim und die Katasterurkarte von 1839 zeigen deutlich den fast quadratischen Grundriß des ›neuen‹ Oggersheim mit dem relativ regelmäßigen Straßenraster. Am linken Ende der Stadtbefestigung vor dem ›Storchenturm‹ ist der Abfall des Geländes in die sumpfige Rheinniederung zu erkennen. Bei den großen Gebäuden in der Mitte der Stadt handelt es sich um das Rathaus (vorne) und eventuell um den pfälzgräflichen Hof [50]

wobei ebenso unklar ist, ob das Fauth als Amtstitel – Vogt – oder als Familienname zu interpretieren ist.[165] Jedenfalls scheinen Titel und Anzahl der obersten Repräsentanten der Stadt in den ersten Jahrzehnten ihrer Geschichte durchaus noch nicht fest definiert gewesen zu sein.

Am 6. Januar 1390, nur sechs Wochen vor seinem Tod, stellte Kurfürst Ruprecht I. der Stadt Oggersheim noch ein Privileg aus, mit dem sie auf zehn Jahre von allen Steuern befreit wurde. Das gesparte Geld sollte stattdessen für den besseren Ausbau der Stadtbefestigung und für die Verschönerung der Häuser verwendet werden, um so den Zuzug in die Stadt zu fördern; offensichtlich also war die Entwicklung der Stadt bis dahin doch weit hinter den ursprünglichen Erwartungen zurückgeblieben, auch wenn im Jahr 1371 immerhin schon ein eigenes Rathaus auf dem Marktplatz errichtet worden war.

Im Jahr 1408 gewährte König Ruprecht der Stadt Oggersheim überdies eine Erweiterung ihrer bisherigen Privilegien: Die Stadt durfte jetzt alle Personen, die sich in ihr niederlassen wollten, als Bürger aufnehmen – ausgenommen Leibeigene, auf die ihre Herren Anspruch erhoben. Die Bürger unterstanden künftig nur noch der Gerichtsbarkeit von Bürgermeister und Rat – mit dem Kurfürsten als höherer Instanz, womit die Stadt also auch die eigene ›Halsgerichtsbarkeit‹ erhielt, d. h. das Recht, Todesstrafen auszusprechen und zu vollstrecken. Dem wirtschaftlichen Aufschwung der Stadt sollten die Bestimmungen dienen, mit denen die Bürger weitgehende Zollbefreiung erhielten, andererseits aber adlige und geistliche Erwerber von Grundstücken auf städtischer Gemarkung für diese nicht mehr wie bisher von den städtischen Abgaben und Steuern befreit wurden. Das ›Ungeld‹, eine Getränkesteuer, verblieb nun ganz der Stadt, um davon die nötigen Baukosten zu bestreiten. Außerdem wurde der Stadt ein Wochenmarkt an Samstagen zugestanden.[166]

Trotz solcher und ähnlicher Förderungsversuche der kurfürstlichen Stadtherren im 14. und 15. Jahrhundert kam es in Oggersheim in wirtschaftlicher Hinsicht zu keinem wesentlichen Aufschwung. Der Großteil der Bürger lebte nach wie vor hauptsächlich von der Landwirtschaft. Das Handwerk produzierte nur für den lokalen Bedarf, von einer

Ausschnitte aus Abb. 50, Oggersheim
oben: Der ›Storchenturm‹ mit Abfall des Geländes in die sumpfige Rheinniederung [51]
unten: Der Oggersheimer Rathausturm ist deutlich im Häusergewirr rechts des Stadttores zu erkennen. Ein Rathaus ist seit 1371 nachweisbar [52]

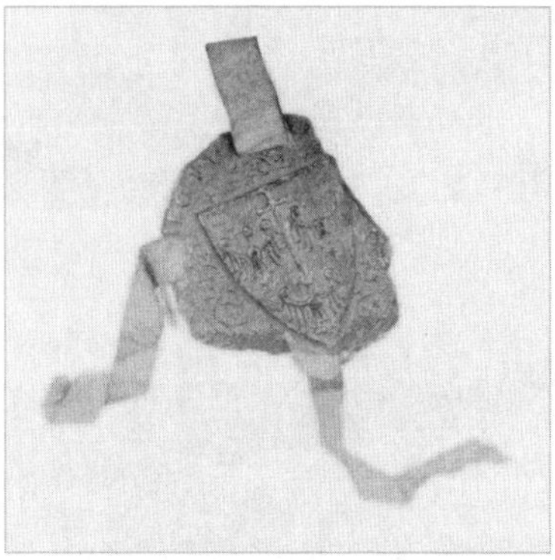

Das älteste erhaltene Siegel der Stadt Oggersheim an einer Urkunde des Jahres 1316 (Ausschnitt aus Abb. 56) zeigt die drei Adler aus dem Wappen des Stadtgründers Friedrich IV. von Leiningen; nach dem Übergang der Stadt an die Pfalzgrafen trat an ihre Stelle der kurpfälzische Löwe (vgl. Abb. 54) [53]

Das Oggersheimer Siegel mit dem kurpfälzischen Löwen; 14. Jahrhundert [54]

Gliederung in Zünfte läßt sich im Mittelalter noch keine Spur finden. Der einzige über den dörflichen Rahmen hinausgehende Gewerbezweig scheinen die Gast- und Wirtshäuser gewesen zu sein, deren Betreiber wohl auch zur städtischen Führungsschicht gehörten. Hier spielte Oggersheim als Etappenort an der Landstraße zwischen Speyer und Worms eine gewisse Rolle; allerdings konnten die Oggersheimer Wirte in der Regel nur von den schweren Fuhrwerken profitieren, die die Strecke zwischen den beiden größeren Städten nicht an einem Tag bewältigen konnten und deshalb einen Zwischenaufenthalt in Oggersheim einlegen mußten. Der sonstige Verkehr lief bis um 1460—1470 auf der Landstraße an der Stadt vorbei.

Ein pfälzisches Steuerbuch aus dieser Zeit informiert uns über einige außerordentliche Steuern, die Ruprecht I. zu speziellen Anlässen von den Orten in seinem Fürstentum erhob: Im Jahr 1359 mußten die linksrheinischen Orte der Kurpfalz insgesamt 1 026 Pfund aufbringen, um damit den Kauf der Burg Simmern vom Herrn von Bolanden zu finanzieren. Die Stadt Oggersheim mußte dafür 50 Pfund aufbringen – ebenso viel wie die Städte Wachenheim und Lambsheim –, Friesenheim 15 Pfund und Oppau 30 Pfund – zum Vergleich: Die Stadt Neustadt wurde mit 300 Pfund veranlagt. Im Jahr darauf wurde zur Finanzierung eines Turniers eine neue Sondersteuer ausgeschrieben, für die Friesenheim 10 Pfund und Oppau 16 Pfund zu zahlen hatten – Oggersheim und die anderen Städte waren diesmal nicht veranlagt, 1361 abermals eine Sondersteuer in gleicher Höhe wie diejenige von 1359 für die Auslösung mehrerer an den Grafen Emich von Leiningen verpfändeter Dörfer.[167]

Eine Verwaltungseinheit unterhalb des pfälzischen Amtes Neustadt wird erstmals faßbar im Amt Wachenheim, das mit dem 1397 eingerichteten Wittum für die Pfalzgräfin-Witwe Elisabeth in Erscheinung trat, nachdem bereits 1383 eine Vorform desselben in Verbindung mit dem pfälzischen Schutzkloster Frankenthal erkennbar geworden war (s. o. Seite 48). Aus diesem seit 1417 pfalz-simmerschen bzw. -zweibrückischen Amt Wachenheim, auch ›Pflege Wachenheim‹ genannt,[168] fiel schon 1424 die Stadt Oggersheim durch Verpfändung wieder an die Kurpfalz. Zum Amt Wachenheim gehörten im heutigen Stadtgebiet

Anmerkungen
Seite 58 und 59

167 *Weech, Steuerbuch*
168 *LASp, Best. F 1, Nr. 130, Bl. 10r*
169 *Eid, S. 204*
170 *Diese Verhältnisse erscheinen im Reißbuch, das 1504 anläßlich des Landshuter Erbfolgekrieges angelegt worden ist; hrsg. von Weech*
171 *Zum gleichen Ergebnis kommt auch Theodor Karst in seiner Untersuchung zum Ursprung der erst im 17. Jahrhundert auftretenden Oberschultheißerei Oggersheim; Karst, Oggersheim, S. 37*
172 *LASp, Best. F 7, Nr. N 934, Bl. 5*
173 *vgl. hierzu allgemein Keitel, S. 523—527*

Die Wachtenburg über Wachenheim; Stich aus dem 19. Jahrhundert [55]

Eine der beiden ältesten Urkunden – aus dem Jahre 1316, in denen die Stadt Oggersheim als Körperschaft auftritt [56]

seitdem nur noch die Gülten vom Hemshof und vom Grafenhof zu Oggersheim, Abgaben von Salz, vom Zoll und von den Weingärten der Mittelhütte sowie die Fischwasser zu Oggersheim.[169] Diese Güter wurden zusammen mit dem restlichen Amt Wachenheim 1471 gewaltsam an die Kurpfalz angegliedert; der Zuständigkeitsbereich des Amtmanns auf der Burg Wachenheim, der bereits unter zweibrückischer Herrschaft auch die Zollschreiberei auf dem Hüttengraben bei Oggersheim mitverwaltet hatte, wurde nun auch auf die Stadt Oggersheim und die von alters her kurpfälzischen Dörfer Oppau und Friesenheim ausgedehnt, wobei das Amt Wachenheim als ›Unteramt‹ dem Vitztum des Amtes Neustadt untergeordnet war.[170]

Dafür, daß die schon vor 1471 kurpfälzischen Dörfer Oppau und Friesenheim zusammen mit der seit 1424 wieder kurpfälzischen Stadt Oggersheim bereits in dieser Zeit eine eigene Verwaltungseinheit innerhalb des Amtes Neustadt gebildet haben, gibt es keinen Anhaltspunkt.[171] Vertreter des Landesherrn in diesen drei Orten waren die jeweiligen Schultheißen, die direkt dem Vitztum in Neustadt unterstanden, doch wird im 15. Jahrhundert erkennbar, daß die relativ entfernte Lage dieser Orte vom Amtssitz in Neustadt allmählich zur Herausbildung einer Art Mittelinstanz führte, die sich bis 1471 allerdings noch nicht zu einer festen Institution entwickelt hatte, sondern nur von Fall zu Fall in Erscheinung trat. Hinweis darauf ist, daß im Jahr 1452 Jakob von Oggersheim, Wirt zu Frankenthal, als „geschworener Knecht" – vereidigter Beamter – des Neustadter Vitztums „von des Pfalzgrafen wegen" auftritt, um auf Bitten des Abtes zu Frankenthal in einem Streit zwischen diesem Kloster und der Gemeinde Edigheim Befehle des Pfalzgrafen bzw. Vitztums an den Edigheimer Schultheißen zu übermitteln.[172]

Ein wichtiges Mittel zur Sicherung der pfälzischen Vorherrschaft in unserem Raum waren die Herrschaftsrechte über Leibeigene in Dörfern außerhalb des pfälzischen Territoriums, in den sog. Ausdörfern.[173] Dieser Personenkreis erweiterte sich ständig durch das ›Wildfangrecht‹, d. h., das Recht, alle Neuzugezogenen in den Ausdörfern zu kurpfälzischen Leibeigenen zu machen. Dieses Vorrecht wurde im 15. Jahrhundert gewohnheitsrechtlich ausgeübt und war zumindest teilweise mit

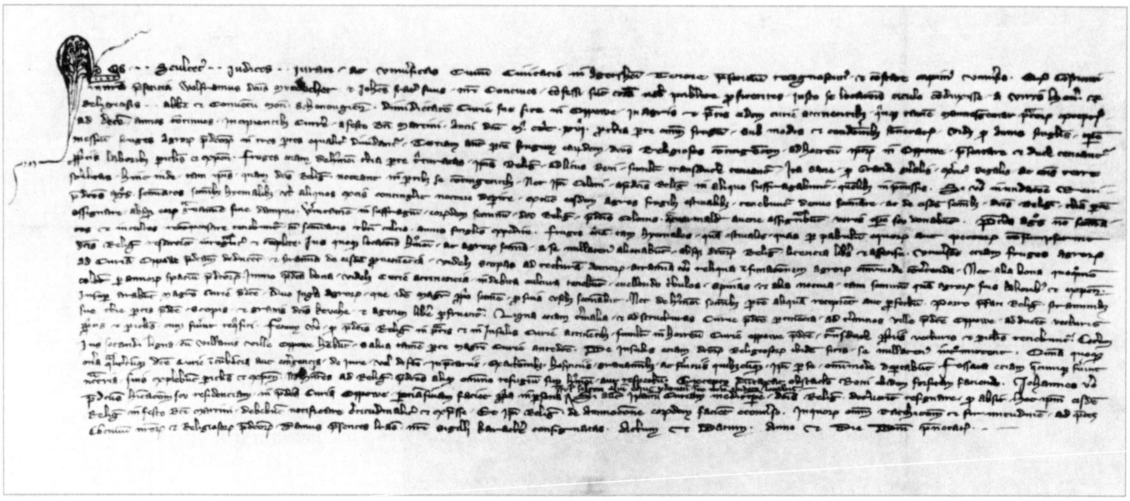

Urkundentext
Ausschnitt aus Abb. 56 [57]

der Verpfändung der Reichslandvogtei im Speyergau 1331 an die Pfalz gekommen. Zu diesen Ausdörfern zählten im 15. Jahrhundert alle Orte im heutigen Stadtgebiet, die nicht unter unmittelbarer pfälzischer Herrschaft standen – Edigheim, Ruchheim, Mundenheim, Maudach und Rheingönheim. Die Pfalz forderte von ihren dort wohnenden Leibeigenen die Huldigung, den Leibzins und sonstige üblicherweise mit der Leibeigenschaft verbundene Abgaben. Auch Fälle der freiwilligen Gerichtsbarkeit und Streitfälle, soweit sie sich ausschließlich zwischen pfälzischen Leibeigenen abspielten, wurden vor dem pfälzischen Amt Neustadt geregelt, nicht vor den jeweiligen Dorfgerichten. Besonders weitgehend waren die Rechte der Pfalz über ihre Leibeigenen im obersteinischen Dorf Edigheim, die zum pfälzischen Kriegsdienst herangezogen werden konnten und auch hinsichtlich der Besteuerung und der Belegung mit Strafgeldern zur Hälfte der pfälzischen Herrschaft unterstanden.[174] Zusammen mit dem Schirmvertrag, den die Gemeinde Edigheim 1465 mit der Kurpfalz schloß, kann man hier von einer fast vollständigen Einbindung Edigheims in das kurpfälzische Territorium schon im 15. Jahrhundert sprechen.

Mit den Grafen von Leiningen schloß die Kurpfalz nach dem Landshuter Erbfolgekrieg im Jahr 1506 einen Vertrag über den wechselseitigen Austausch der jeweiligen Leibeigenen in den beiden Territorien, der zur Folge hatte, daß es ab 1506 in Ruchheim – als einzigem Ort im heutigen Ludwigshafener Stadtgebiet – keine pfälzischen Leibeigenen mehr gab.[175] Dies führte letztendlich dazu, daß Ruchheim sich als einziger Ort im heutigen Ludwigshafener Stadtgebiet bis zur Französischen Revolution der Einbeziehung ins kurpfälzische Territorium entziehen konnte – ein klarer Hinweis auf die Bedeutung der pfälzischen Leibherrschaft in den Ausdörfern für die Ausdehnung des kurpfälzischen Territoriums in der frühen Neuzeit.

Auf ältere Verhältnisse, wie sie noch vor der Herausbildung der landesherrlichen Ämterorganisation geherrscht haben, weist der Rechtszug hin, der bei den Dorfgerichten noch bis ins 16. Jahrhundert hinein gebräuchlich war: Hier hatte das Gericht der Stadt Neustadt an der Haardt, welcher 1275 von König Rudolf das Speyerer Stadtrecht verliehen worden war, seit dem frühen 14. Jahrhundert die Stadtgerichte in

Anmerkungen
Seite 60 und 61

174 Karst, Oggersheim, S. 112—116
175 LASp, Best. A 1, Nr. 1495
176 Erler, S. 343
177 Grimm, S. 463—467

Wirtshaus mit Gehöft in Frankenthal, um 1563. So oder ähnlich werden auch die Häuser im Ludwigshafener Raum ausgesehen haben [58]

Worms und Speyer in deren zentraler Funktion als ›Oberhöfe‹ für die Orte unseres Raumes abgelöst. In Neustadt fragte bei zweifelhaften Rechtsfällen das Stadtgericht von Oggersheim an, welches wiederum als Anfrageinstanz für die Gerichte der Dörfer Edigheim (?), Oppau und Friesenheim herangezogen wurde. Für den südlichen, speyerischen Bereich übernahm diese Funktion einer Zwischeninstanz das Dorfgericht von Mutterstadt, wohin Maudach seine Anfragen richtete; auffälligerweise ging der Rechtszug von Mundenheim aber nicht über Mutterstadt, wie es aufgrund der politischen Verhältnisse im 15. Jahrhundert nahe läge, sondern über Oggersheim nach Neustadt, was darauf hindeutet, daß hier ältere Zustände konserviert worden sind – die frühere Zugehörigkeit von Mundenheim zum Wormsgau. Von den Dorfgerichten Ruchheim und Rheingönheim sind dagegen keine Anfragen nach Neustadt überliefert.[176]

Im Fall von Edigheim ist die Lage nicht ganz eindeutig: Ein Relikt aus frühmittelalterlichen Zeiten war die Zugehörigkeit von Edigheim – und Oppau – zum rechtsrheinischen Lorscher Wildbann, wie sie im Weistum dieses Wildbanns aus dem Jahr 1423 noch in Anspruch genommen wurde.[177] Zu den namentlich aufgezählten 24 Huben innerhalb dieses Wildbanns – ›Wildhuben‹, deren Inhaber zur Beschickung des Hubgerichts in Lorsch verpflichtet waren, gehörte auch Edigheim. Das Lorscher Hubgericht (s. S. 13), das neben den üblichen Zuständigkeiten solcher grundherrschaftlichen Gerichte auch über Jagd- und Waldfrevel innerhalb des Wildbanns zu richten hatte, stand unter der Herrschaft des Erzbischofs von Mainz, seit diesem 1229 das Kloster Lorsch und dessen Wildbann zugefallen waren. Der Mainzer Erzbischof, der seit dem frühen 14. Jahrhundert Lehnsherr über die Hälfte des Dorfes Edigheim war, konkurrierte dort also auch auf dem Gebiet der Gerichtsbarkeit mit der Kurpfalz. Natürlich mußte der pfälzische Kurfürst daran interessiert sein, das Edigheimer Gericht unter den Oberhof in seiner Stadt Neustadt zu bringen und aus seinen alten Bindungen an das mainzische Lorsch zu lösen, deswegen wohl auch die Umwandlung des Edigheimer Hubgerichts in ein Schöffengericht im Jahr 1479, nachdem die pfälzische Vormachtstellung gegenüber Mainz durch die Siege Friedrichs I. gesichert war. Trotzdem bewiesen die alten Verhältnisse

Hirschhorn am Neckar [59]

eine große Zähigkeit: Noch im Edigheimer Weistum von 1495 wurde der Rat zu Heppenheim als Oberhof des Edigheimer Gerichts angegeben,[178] was allerdings inzwischen dadurch seine politische Brisanz verloren hatte, daß die mainzischen Gebiete an der Bergstraße mit Heppenheim und Lorsch in der Mainzer Stiftsfehde 1462 ohnehin an die Kurpfalz gefallen waren.

Der bischöflich-speyerische Teil des Raumes Ludwigshafen im Hoch- und Spätmittelalter

Die spätmittelalterlichen Herrschaftsverhältnisse in den Orten, die heute die drei südlichen Stadtteile von Ludwigshafen bilden, entwikkelten sich auf der Grundlage der Grafschaftsrechte im Speyergau, die den Bischöfen von Speyer im Jahr 1086 übertragen worden waren. Wie es damals üblich war, wurden die Herrschaftsrechte über eine Reihe von Orten im bischöflich-speyerischen Gebiet an bischöfliche Ministerialen als Lehen im Gegenzug für deren Dienste ausgegeben. Diese Lehen wurden bald erblich, die Ministerialengeschlechter begannen ab dem 12. Jahrhundert, sich mit den Orten, in denen sie saßen und Herrschaftsrechte ausübten, immer mehr zu identifizieren und sich nach ihnen zu benennen, zugleich verselbständigten sie sich zunehmend von ihren Lehnsherren, den Bischöfen von Speyer.

Diese Entwicklung wird schon früh im Fall von Maudach deutlich, als im Jahr 1157 ein Helenger von Maudach als Zeuge in einer Urkunde des Bischofs Günther von Speyer erscheint.[179] Dieser Helenger von Maudach war wohl eng verwandt, wahrscheinlich sogar identisch mit dem Ritter Helenger von Frankenstein, der im Jahr 1146 mit seinen Söhnen Helenger und Ulrich urkundlich belegt ist.[180] Da der seltene Vorname Helenger auch bei den Rittern von Ruppertsberg vorkommt, die im 13. Jahrhundert Herrschaftsrechte in Maudach ausübten, kann man davon ausgehen, daß es sich hier ursprünglich um ein und dieselbe Familie handelt, die im 12. Jahrhundert, als es beim Adel üblich wurde, sich Burgen am Haardtrand und im Pfälzer Wald zu errichten, aus Maudach und Mundenheim auf die Höhenburgen in Frankenstein und Ruppertsberg umgezogen war, ihre Rechte in den Dörfern am Rheinufer aber

Anmerkungen Seite 62 und 63

178 *Weizsäcker, S. 357*

179 *Remling, Urkundenbuch, S. 106*

180 *Frey, M., S. 56*

181 *Koch / Wille, S. 137, Nr. 2268; Remling, Urkundenbuch, S. 591—593; im Jahr 1349 hatte Pfalzgraf Rudolf II. bereits die Burg Rheinhausen und die Dörfer Neckarau und Feudenheim auf dem gegenüberliegenden rechten Rheinufer an Engelhard von Hirschhorn verpfändet, ebenso befand sich die pfälzische Burg Wersau mit den Dörfern Hockenheim und Reilingen um diese Zeit in dessen Pfandbesitz, was alles darauf hindeutet, daß die Hirschhorner eine planmäßige Arrondierungspolitik um die Neckarmündung betrieben; die Pfänder wurden allerdings 1369 und 1377 von der Kurpfalz wieder ausgelöst; Lohmann, S. 318f. Zu den verwandtschaftlichen Beziehungen zwischen Frankenstein, Bruck, Erbach und Hirschhorn vgl. Möller, 1950—1951, S. 72f. und Lohmann, Stammtafel 1. Da der Verkauf von Lindenberg ohne Einwilligung des Speyerer Bischofs als Lehnsherrn geschehen war, erwirkte dieser 1354 ein Urteil seines Lehengerichts, das besagte, daß die Herrschaft Lindenberg als dem Hochstift heimgefallen zu betrachten sei. Dies scheint aber ohne Auswirkung geblieben zu sein, denn ab 1422 sind Belehnungen der Hirschhorner mit Lindenberg durch die Speyerer Bischöfe urkundlich belegt; LASp, Best. D 1, Nr. 868, 869*

Die Kyrburg, Sitz der Wildgrafen, der Ortsherren von Rheingönheim [60]

behalten hatte. Zum Besitz der Herren von Frankenstein gehörte auch die Burg Lindenberg, die sie als Lehen des Bistums Speyer besaßen. Der Letzte des Geschlechts, Eberhard von Frankenstein, verschrieb 1334 seiner Frau Agnes von Bruck seine Hälfte der Herrschaft Lindenberg als Witwengut; nach seinem bald darauf erfolgten Tod (1345) fiel Lindenberg über Agnes an deren Schwester Kunigunde von Bruck, die mit Konrad von Erbach verheiratet war. Diese beiden wiederum verkauften Lindenberg 1353 an Engelhard von Hirschhorn, den im Jahr 1342 Pfalzgraf Rudolf II. und Kaiser Ludwig der Bayer als „obersten Amtmann und Vitztum bei der Pfalz" eingesetzt hatten und dessen gleichnamiger Sohn mit Konrads Schwester Margarete verheiratet war, womit die Herrschaft Lindenberg mit den dazugehörigen Orten, darunter auch Maudach und ein Teil von Rheingönheim, für fast 300 Jahre an die Herren von Hirschhorn fiel, die ihre Herrschaftsrechte im 15. Jahrhundert allerdings meist an geistliche oder adlige Kreditgeber verpfändeten.[181]

In Maudach wird in einem Weistum aus dem Jahr 1364, in dem 16 Schöffen unter dem Vorsitz von zwei Schultheißen, einem im oberen Teil und einem im niederen Teil des Dorfes, auftreten, eine politische Teilung des Dorfes erkennbar. Seit wann und wie lange diese Einrichtung bestand, läßt sich den Quellen nicht entnehmen.[182] Im Weistum von 1556 ist nur noch ein Schultheiß mit seinem Dorfgericht genannt. Allerdings wirkte die alte Teilung noch dadurch fort, daß zwischen „Anläufern" – d. h. Anwohnern – auf der oberen Seite und auf der unteren Seite des Dorfes unterschieden wurde, wobei die auf der unteren Seite dem Dorfherrn eine höhere jährliche Abgabe zahlen mußten als die auf der oberen Seite; auch die damals noch bestehende Teilung in zwei Oberfelder und zwei Niederfelder dürfte auf die alte Teilung des Dorfes zurückgehen. Neben dem Dorfgericht gab es in Maudach noch ein Hubgericht, das zum sogenannten königlichen Hubhof gehörte, der sich später im Besitz der hirschhornischen Dorfherren befand. Angebunden an dieses Hubgericht waren neun Hübner in Maudach und sechs in Mutterstadt, was beweist, daß es sich hierbei um den ehemaligen Lorscher Besitz in Maudach und Mutterstadt handelt (vgl. oben S. 19). Als Stabhalter dieses Hubgerichts fungierte der Schultheiß zu Maudach.[183]

Anmerkungen
Seite 63

182 *In dem Weistum – BayHStA Rheinpfälzer Urkunden Nr. 238; eine zweite Ausfertigung jetzt auch im LASp, Best. D 21, Nr. 810 – werden als Junker, die zusammen mit einem Achtel an den Gemeindenutzungen im Bruch beteiligt waren, Stefan von Schifferstadt und Jouchen von Maudach genannt; Stefan [von Friesenheim, genannt] von Schifferstadt hatte von den Hirschhornern ein Sechstel des Dorfes als Afterlehen empfangen und 1420 wieder an diese verkauft; Lohmann, S. 134. Offensichtlich war 1364 ein weiteres Sechstel des Dorfes an Jouchen von Maudach als Afterlehen ausgegeben, so daß diese beiden zusammen ein Drittel besaßen. Wie vorsichtig die Quellen in dem Punkt des „doppelten Dorfgerichts" interpretiert werden müssen, erkennt man daran, daß bei einem Güterverkauf im Jahr 1363 nur ein Schultheiß mit seinen acht Schöffen zu Maudach erscheint, der andere überhaupt keine Erwähnung findet, obwohl er im Weistum von 1364 als der Ältere genannt wird; BayHStA Rheinpfälzer Urkunden Nr. 1831*

183 *In Mutterstadt gab es außerdem noch ein eigenes, ehemals königliches, Hubgericht mit 18 Hubhöfen, das im 16. Jahrhundert ebenfalls im Besitz der Hirschhorner war; LASp, Best. D 2, Nr. 248 a. Auch in Mundenheim ist im 15. und 16. Jahrhundert noch ein Hubgericht belegt; der dazugehörige Hubhof war Eigentum des Domstifts Speyer, dessen Keller den Vorsitz im Hubgericht führte; Erler, S. 191 f; Mone, S. 194*

Die Cyriacus-Kapelle von Lindenberg der letzte Rest der alten Burganlage [61]

Teilweise andere Ursprünge als in Maudach und Mundenheim hatte die Ortsherrschaft in Rheingönheim. Dieses Dorf gehörte seit dem 9. Jahrhundert zusammen mit Altrip und einigen benachbarten Orten zu einem Immunitätsbezirk des Klosters Prüm, d. h., es war von der Gerichtsbarkeit der Grafen des Speyergaues – und damit später auch der Bischöfe von Speyer – ausgenommen. Das Kloster Prüm ließ die Gerichtsbarkeit in diesen Orten durch Vasallen ausüben, die dort als Vögte des Klosters fungierten; im frühen 13. Jahrhundert erscheinen als solche die Wildgrafen, die ihre Abstammung – ebenso wie die Grafen von Leiningen – von den alten Grafen des Nahegaues herleiteten. Während die alte Herrschaft des Klosters Prüm mit der Zeit in Vergessenheit geriet, behielten die Wildgrafen ihre Herrschaft über Rheingönheim bis zum Ende des 17. Jahrhunderts. Weil das Dorf jedoch weit von ihren sonstigen Besitzungen an der Nahe und in Rheinhessen entfernt war, vergaben sie es als Lehen an die Herren von Frankenstein als Untervögte, wodurch es in politischer Hinsicht mit den Nachbarorten zusammenwuchs. Schon im 13. Jahrhundert traten in Rheingönheim die Frankensteiner als einflußreichste Familie und als Besitzer eines Hubhofs auf.[184] Nach deren Aussterben gelangte ein Teil von Rheingönheim 1353 auf dem gleichen Weg wie Maudach und Mundenheim an die Hirschhorner, die 1397 auch noch einen weiteren Teil des Dorfes von den Wildgrafen als Lehen erhielten, nachdem der bisherige Inhaber dieses Teiles, Tilman vom Stein gen. Wartenstein, ohne Erben gestorben war. Zunächst übten die Hirschhorner die Ortsherrschaft aber nur im unteren Teil des Dorfes aus, während die Wildgrafen sie im oberen Teil an die Ritter von Dahn als Lehen vergeben hatten.[185] Wie Maudach gab es also auch in Rheingönheim im 14. Jahrhundert zwei Dorfgerichte. 1403 fiel die obere Hälfte – ›Obergericht‹ – Rheingönheims durch Heirat von den Dahnern an Johann von Löwenstein, der sie aber, wohl schon 1407, an die Hirschhorner verkaufte, womit diese die Herrschaft über das ganze Dorf in ihre Hände bekommen hatten. Heinrich von Dahn versuchte 1420 vergeblich, vor dem Lehengericht der Wildgrafen das Rheingönheimer Obergericht wieder an seine Familie zu bringen.[186] Auf eine nur kurzfristige Verpfändung dürfte es zurückgehen, daß im Jahr 1467 als Dorfherr neben den Hirschhornern der Junker Heinrich von Lustadt erscheint.[187]

Besonders kompliziert waren die Herrschaftsverhältnisse in Mundenheim. Auch dieses Dorf war unter verschiedene Herren aufgeteilt, doch im Unterschied zu Maudach und Rheingönheim handelte es sich in Mundenheim dabei nicht um eine reale Teilung des Dorfes und seiner Gemarkung – mit zwei Dorfgerichten im oberen und unteren Teil des Dorfes, sondern hier gab es immer nur ein Dorfgericht mit einheitlicher Gemarkung, lediglich die mit der Ortsherrschaft verbundenen Erträge wurden anteilsmäßig an die verschiedenen Herren abgeführt. Im 14. Jahrhundert war die eine Hälfte des Dorfes speyerisches Lehen im Besitz derer von Ruppertsberg, die andere Hälfte Allod, halb – also jeweils ein Viertel des Dorfes – der Ruppertsberger und halb der Hirschhorner, die ihr Viertel wiederum zusammen an die Ruppertsberger und die Scharfenecker als Lehen ausgegeben hatten.[188] Nach dem Aussterben der Scharfenecker 1416 übernahmen die Ruppertsberger dieses Viertel allein, verkauften jedoch 1420 die Hälfte des Dorfes, nämlich das speyerische Lehen, für 400 Gulden an die Hirschhorner, 1425 auch noch für 105 Gulden ihr allodiales Viertel, welches die Hirschhorner in der Folgezeit an die

Anmerkungen Seite 64 und 65

184 Hilgard, S. 128f

185 Lehmann, Burgen, S. 153

186 Die Belehnung Eberhards II. von Hirschhorn mit dem Obergericht erfolgte erst 1409, doch werden in einem Weistum von 1407 Dahn und Löwenstein schon nicht mehr als Dorfherren genannt; Lohmann, S. 108 und 302f – hier Verwechslung von ›Obergericht‹ mit Hochgerichtsbarkeit; Bauer, S. 101

187 Urkunde von 1467 Februar 18 im Reiss-Museum Mannheim

188 Bereits 1289 wird ein Ritter Johann von Mundenheim als Grundbesitzer in Meckenheim genannt, der wahrscheinlich zur Familie der Ruppertsberger gehörte; Glasschröder, Urkunden, S. 8

189 StadtA Worms Abt. 159 U 36; Lohmann, S. 131

190 LASp, Best. D 1, Nr. 964

191 StadtA Worms Abt. 159 U 36; Lohmann, S. 131, 288, 444

Steben von Einselthum als Lehen ausgaben. Diese verkauften es dann um die Mitte des 15. Jahrhunderts an die Kämmerer von Worms, gen. Dalberg. 1476 fiel es an Dam von Handschuhsheim († 1497) und über dessen Tochter Margarethe an deren Ehemann Hans von Ingelheim.[189] Die Hirschhorner verpfändeten ihren – vom Bistum Speyer zu Lehen rührenden – Teil von Mundenheim 1436 zusammen mit Maudach und anderen Besitzungen für 3 500 Gulden (Lösung bis 1439) an Weiprecht von Helmstatt, 1448 dann – mit anderen Besitzungen, aber ohne Maudach, für 2 000 Gulden an einen anderen Weiprecht von Helmstatt, Sohn des Hans, Schultheiß zu Oppenheim (†1466), der wie sein namensgleicher Verwandter mit einer Anna von Hirschhorn verheiratet war (die Ehefrauen waren Cousinen).[190]

Das 1420 bei den Ruppertsbergern verbliebene Viertel, welches noch 1446 Wilhelm von Ruppertsberg als Lehen von den Hirschhornern empfangen hatte, wurde wohl 1448 ebenfalls an Weiprecht von Helmstatt verpfändet und kam auf nicht näher bekannte Weise von diesem in den Besitz des Hans von Ingelheim. Dieser erbte 1497 nach dem Tod seines Schwiegervaters Dam von Handschuhsheim auch noch dessen Viertel, womit ganz Mundenheim in seinem Besitz war. Damit war die Situation für alle Beteiligten weitgehend unübersichtlich geworden, was vor allem daran lag, daß die Hirschhorner bei ihrer zweiten Verpfändung 1448 die Hälfte, die in ihrem unmittelbaren Besitz war, als freies Eigen deklariert hatten, um die Zustimmung ihres Lehnsherrn, des Speyerer Bischofs, und eine damit verbundene zeitliche Begrenzung der Verpfändung zu umgehen. Hans von Ingelheim betrachtete infolgedessen nun offensichtlich ganz Mundenheim als freies Eigen und wollte einen Rückkauf durch Hans VIII. von Hirschhorn nicht gestatten. Der deshalb ausgebrochene Streit wurde 1501 durch Götz von Adelsheim, den Propst zu Wimpfen, und den Ritter Hans von Sickingen geschlichtet: Ingelheim gestattete den Rückkauf, erhielt dafür die Hälfte von Mundenheim zu Erblehen, wobei Hirschhorn aber das Lösungsrecht für ein Viertel vorbehalten blieb. Aber auch Friedrich Steben von Einselthum erhob Ansprüche auf ein Viertel von Mundenheim, das Dam von Handschuhsheim 1481 von den Steben durch Verpfändung erworben hatte. Diesen Anspruch konnte Hans VIII. von Hirschhorn 1503 durch Zahlung von 150 Gulden an Einselthum abgelten; nach dem Tod Hans von Ingelheims 1517 machte Hirschhorn auch von dem 1501 vereinbarten Lösungsrecht Gebrauch, womit seitdem wieder drei Viertel des Dorfes unter hirschhornischer Herrschaft standen, während das restliche Viertel über den Schwiegersohn des Ingelheimers, den pfälzischen Hofmeister Ludwig von Fleckenstein, im Erbgang 1543 weiter an die Kämmerer von Worms fiel.[191]

Zusammenfassend läßt sich sagen, daß die spätmittelalterliche Geschichte der drei Orte, die heute die südlichen Stadtteile von Ludwigshafen bilden, von der Herrschaftsbildung der Hirschhorner geprägt war, die teilweise in Konkurrenz zu anderen ritterschaftlichen Geschlechtern erfolgte. Die Voraussetzungen waren dabei unterschiedlich: Maudach war Lehen des Bistums Speyer, Rheingönheim Lehen der Wildgrafen, Mundenheim halb speyerisches Lehen, halb ritterschaftliches Allod. In der Zeit von 1353 bis 1425 gelang es den Hirschhornern, unter Ausnutzung ihrer guten finanziellen Lage, ihrer Beziehungen zum Bistum Speyer wie auch zur Kurpfalz ihre Herrschaft über diese drei Dörfer

Grabmal des Engelhard von Hirschhorn († 1361) [62]

zu etablieren. Danach trat jedoch ein Umschwung ein: Hans V. von Hirschhorn hatte 1412 dem Bischof von Würzburg ein Darlehen von 15 000 Gulden gewährt, für welches die Zinszahlungen zunächst nur unregelmäßig und nach Hans' V. Tod 1426 überhaupt nicht mehr erfolgten. Die Familie geriet dadurch in eine schwere wirtschaftliche Krise, die bis zum Ende des 15. Jahrhunderts andauerte und wiederholte Verpfändungen der Dörfer zur Folge hatte.[192] Faktisch bedeutete dies einen weitgehenden Rückzug der Hirschhorner aus unserem Gebiet, der im Fall von Mundenheim sogar so weit ging, daß dieses Dorf ihnen um 1500 ganz zu entgleiten drohte. Die Pfandinhaber, meist ritterschaftliche Familien aus dem verwandtschaftlichen Umkreis der Hirschhorner, bauten zu den Dörfern keine dauerhaften Beziehungen auf, sondern betrachteten die Herrschaft über diese nur als Einnahmequelle. Erst nach Wiederaufrichtung der hirschhornischen Herrschaft im 16. Jahrhundert erfolgte eine Einbindung der Dörfer in eine über die lokalen Verhältnisse hinausgehende herrschaftliche Organisation.

Ruchheim im Spätmittelalter

Die frühe Herrschaftsgeschichte des Dorfes Ruchheim ist aus den spärlichen Quellen kaum mehr zu klären. Von den vagen Hinweisen auf eine Herrschaft der Grafen von Eberstein im 13. Jahrhundert wurde bereits gesprochen – s. o. Anm. 54. Nach dem Aussterben der Grafen von Zweibrücken-Eberstein im frühen 14. Jahrhundert könnte Ruchheim an den Grafen Jofried von Leiningen-Hardenburg gefallen sein, dessen Sohn Emich V. im Jahr 1357 dem pfälzischen Kurfürsten Ruprecht I. eine Gült von 60 Pfund auf 200 Morgen Ackerland aus seinem Eigenbesitz zu Ruchheim für sein Burglehen zu Heidelberg, das er vom Kurfürsten hatte, zu Lehen auftrug.[193] Doch bereits vorher verfügten die Leininger über Besitz in Ruchheim, vor allem Lehen des Klosters Limburg, über die sie seit 1205 die Vogtei ausübten.[194] Graf Friedrich IV. von Leiningen erreichte im Jahr 1288 die Befreiung seiner Ruchheimer Güter von der Gült, die bis dahin an das Stift Neuhausen zu entrichten war.[195] Hierbei dürfte es sich um das sogenannte Kleingut handeln, von dem Friedrichs IV. Sohn Jofried 1316 dem Kloster Schönau einen jährlichen Zins verschrieb.[196] Schon 1281 hatte sich Graf Berthold von Leiningen – von 1258 bis 1285 Bischof von Bamberg, Bruder des Speyerer Bischofs Heinrich – mit seinem Neffen Emich von Leiningen-Landeck über das Eigentum an einem Hof in diesem Ort geeinigt, für den Berthold seinem Neffen 300 Pfund bezahlen sollte.[197] Der Hof blieb jedoch im Besitz der Linie Leiningen-Landeck. Nachdem diese mit Emich († 1289) und dessen Sohn Rudolf († 1290) im Mannesstamm ausgestorben war, finden wir im Jahr 1295 Adelheid, die Schwester Emichs und Witwe des Grafen Johann von Sponheim-Kreuznach, und deren Kinder im Besitz dieser Güter.[198] Von den Kindern Adelheids traten zwei Söhne in den geistlichen Stand, die Tochter Anna heiratete den Grafen Ludwig V. von Rieneck-Rotenfels, der 1333 als Letzter seines Stammes starb. Die seit der Mitte des 14. Jahrhunderts deutlich werdende Herrschaft der Grafen von Leiningen-Hardenburg über Ruchheim dürfte also nicht auf diesen Besitz zurückgehen.

Als im Jahr 1340 Graf Jofried das Dorf Ruchheim dem Wittum für seine Ehefrau Mathilde von Salm hinzufügte, mußte dafür der Edelknecht Heinrich von Schifferstadt als Lehnsherr seine Einwilligung[199]

Anmerkungen
Seite 66

192 Lohmann, S. 225
193 Koch / Wille, S. 181, Nr. 3020
194 Kaul, S. 250
195 Lehmann, Burgen III, S. 54
196 LASp, Best. F 7, Nr. 361
197 Mötsch, Sponheim I, S. 128f, Nr. 110
198 Mötsch, Sponheim I, S. 169f, Nr. 188
199 Für die ohne Quellenangabe erfolgte Mitteilung von Frey, R., daß im Jahr 1340 Heinrich von Schifferstadt, „Edelknecht des Stifts Neuhausen", das einen Teil des Erbes seiner Frau Mathilde von Hirschhorn ausmachende Dorf Ruchheim für 800 Pfund Heller an die Grafen von Leiningen verpfändet habe, ließ sich der Quellenbeleg nicht ausfindig machen. Auf der gleichen Quelle beruht offensichtlich die Angabe von Brinckmeier, S. 161, daß am Sonntag nach Jacobi [31. Juli] 1340 der Edelknecht Heinrich von Schifferstadt dem Grafen Jofried von Leiningen genehmigt habe, 800 Pfund Heller des Wittums für dessen Ehefrau Mathilde von Salm „auf das von ihm herrührende Dorf Ruchheim zu verlegen"; Erwähnung auch bei Lehmann, Burgen III, S. 103, hier aber mit dem Datum Samstag nach Jacobi [30. Juli] 1340

Die Hardenburg im 17. Jahrhundert [63]

erteilen. Dieses Obereigentum an Ruchheim hatte Heinrich von Schifferstadt durch seine Heirat mit Mathilde von Hirschhorn erlangt, und da Heinrich um 1345 ohne Erben gestorben zu sein scheint,[200] ist es damals wohl wieder an die Herren von Hirschhorn zurückgefallen. Wie die Hirschhorner in den Besitz dieser Lehnsherrschaft über Ruchheim gekommen waren, läßt sich nicht mehr sagen, da Besitzgeschichte und Genealogie dieses Geschlechts in der Zeit vor ca. 1350 nur rudimentär überliefert sind. Der erste bedeutende Vertreter dieser Familie aus dem Odenwald, Engelhard von Hirschhorn, tritt ab 1342 als Vitztum – oberster Beamter – und wichtiger Geldgeber des Pfalzgrafen Rudolf II. in der linksrheinischen Pfalz auf. Urkundlich läßt sich das kuriose Lehnsverhältnis in Ruchheim, bei dem die hochadligen Grafen von Leiningen als Lehnsmänner eines niederadligen Rittergeschlechts auftraten, erst ab dem Jahr 1427 belegen, dauerte allerdings fort bis zum Aussterben der Hirschhorner 1632.[201]

Auch als Jofrieds Sohn Emich V. von Leiningen-Hardenburg sich im Jahr 1362 mit der Gräfin Margarete von Kyburg vermählte, gehörten Dorf und Gericht Ruchheim mit dem dort befindlichen ›Baugut‹ wieder zum Wittum, das er seiner Braut verschrieb und in dessen Genuß diese nach ihrem Eintritt in den Witwenstand 1381 kam.[202] Anfang des 15. Jahrhunderts stand Ruchheim dann unter der Herrschaft der Raugräfin Anna, die von 1406 bis 1412 als Äbtissin des Klosters Schönfeld – bei Dürkheim – amtierte. Wie die Raugräfin in den Besitz von Ruchheim gekommen war, ist unklar. Als sie 1412 von ihrem Amt als Äbtissin zurücktrat, verpfändete sie Ruchheim für 200 Gulden an Emich VI., den Sohn Emichs V. von Leiningen-Hardenburg. Die Tatsache, daß zu dieser Verpfändung ihr Vetter, Raugraf Otto zu Alt- und Neu-Bamberg, seine Zustimmung erteilte, sich dabei aber die Wiedereinlösung des Pfandes vorbehielt, ist ein Hinweis darauf, daß die Herrschaft über Ruchheim tatsächlich zum raugräflichen Familienerbe gehörte und nicht Zubehör des Klosters Schönfeld war. Am 31. Dezember 1412 entließ die resignierende Äbtissin von Schönfeld Schultheiß und Gemeinde zu Ruchheim aus ihrem bisherigen Untertanenverhältnis und forderte sie auf, dem Grafen Emich VI. als ihrem neuen Herrn zu huldigen.[203]

Anmerkungen
Seite 67

200 vgl. Armgart, S. 37

201 vgl. Irschlinger. Er vermutet, das Lehnsverhältnis sei erst infolge einer Auftragung durch Emich VI. an Hans V. von Hirschhorn kurz vor 1427 zustandegekommen, wogegen Lohmann, S. 137, „größte Vorbehalte" äußert. Seine Zweifel begründet Lohmann damit, daß keine vorangegangenen Fehdehandlungen Emichs VI. gegen die Hirschhorner bekannt seien, was aber nicht unbedingt gegen eine Lehnsauftragung sprechen muß. Der Beleg von 1340, der tatsächlich auf einen früheren Ursprung der hirschhornischen Rechte an Ruchheim hinweist, war ihm offensichtlich nicht bekannt

202 LASp, Leiningische Regesten 1362 IX 3 und 1381 IX 18

203 LASp, Leiningische Regesten 1408 IX 20, 1412, 1412 XII 31; zur Resignation der Äbtissin Anna vgl. Jürgensmeier, S. 759, 761

Der einzige mittelalterliche Hochbau, der im Raum Ludwigshafen überlebt hat: die Rheingönheimer Kirche mit ihrem im 13. Jahrhundert erbauten Turm [64]

Die Raugrafen nahmen ihr Rückkaufsrecht in der Folgezeit nicht mehr wahr. Im Jahr 1418 konnte Emich VI. seinen unmittelbaren Besitz in Ruchheim noch dadurch erweitern, daß Heinrich Kämmerer von Worms seine bis dahin dort innegehabten leiningischen Lehen an seinen Lehnsherrn übergab, da er bereits in hohem Alter stand und keine Hoffnungen mehr auf einen Erben hatte.[204] Zugleich sah sich Emich VI. jedoch genötigt, ein Viertel des Dorfes jeweils kurzfristig 1412 an die Kurpfalz, 1420 an Kurmainz zu verpfänden.[205] An der unmittelbaren Herrschaft der Leininger Grafen über Ruchheim änderte sich dadurch nichts. Diese wurde sogar noch ausgebaut, so daß der Friedensvertrag der Leininger mit der Kurpfalz, der 1506 nach dem Landshuter Erbfolgekrieg geschlossen wurde, die bis dahin pfälzischen Leibeigenen im Dorf den Grafen von Leiningen zusprach.[206]

Als Inhaber der Gerichtsherrschaft forderten die Grafen von Leiningen eine jährliche Abgabe, die sogenannte ›Bede‹, von der Gemeinde Ruchheim, über deren Erhebung wir durch ein Weistum aus dem Jahr 1454 näher informiert sind, welches Schultheiß und Gemeinde zu Ruchheim dem Grafen erteilten. Der Schultheiß wählte dabei jedes Jahr vier Angehörige der Gemeinde aus, die dann die einzelnen Bauern nach ihren Vermögensverhältnissen und ihren Anteilen am Genuß der Allmende zur Bede veranlagten.[207] Für die Finanzverwaltung gab es zwei Dorfmeister, die jährlich neu gewählt wurden, einer aus dem Dorfgericht und einer aus der Gemeinde.[208]

Kirche und mildtätige Stiftungen

Nach der Christianisierung, die mit der politischen Integration des Oberrheingebietes ins Frankenreich im 6. Jahrhundert einherging, wurde die Seelsorge in den ländlichen Siedlungen zunächst von den Bischofsstädten Speyer und Worms aus versehen. Die Einrichtung einer flächendeckenden Pfarrorganisation auf dem Land erfolgte erst allmählich in einem Prozeß, der im 8. Jahrhundert einsetzte. Kennzeichnend für unseren Raum war hierbei die Herausbildung von kleineren Einzelpfarreien, die sich in Wechselwirkung mit einer allmählichen Siedlungskonzentration vollzog, von den zahlreicheren Weilern des frühen Mittelalters hin zu den größeren Dörfern, wie sie bis in unsere Zeit das Siedlungsbild bestimmten. Im 11., spätestens im 12. Jahrhundert existierten dann die Pfarreien, die mit den politischen Dorfgemeinden deckungsgleich waren. Zu einem gewissen Abschluß kam diese Entwicklung durch die Bestimmung des Laterankonzils von 1215, die die Gläubigen dem ›Pfarrbann‹ unterwarf und die jährliche Beichte und den österlichen Kommunionsempfang beim eigenen Pfarrer vorschrieb.

Bei den ländlichen Kirchen handelte es sich seit ihrer Gründung im 7./8. Jahrhundert in der Regel um ›Eigenkirchen‹, d. h., die Gründer der Kirche – weltliche Grundherren oder auch geistliche Institutionen – und ihre Rechtsnachfolger behandelten die Kirchen als ihr Privateigentum und setzten dort selbst die Pfarrer ein. Im 12. Jahrhundert wurde infolge der kirchlichen Reformbewegung dieses Eigenkirchenwesen zurückgedrängt und durch das Patronat ersetzt; die früheren Eigenkirchenherren wurden nun zu Patronen, die zwar die Einsetzung der Pfarrer dem Bischof überlassen mußten, aber die Kandidaten dafür vorschlagen durften – d. h. das ›Präsentationsrecht‹ innehatten. In der Praxis änderte sich dadurch wenig, da der Bischof im Normalfall den vom Patron vorgeschlagenen Kandidaten akzeptierte.

Anmerkungen
Seite 68 und 69

204 LASp, Leiningische Regesten 1418 III 4; vgl. dazu Möller, 1922—1936, Tafel LXV
205 Toussaint, Grafschaften, S. 1096
206 LASp, Best. A 1, Nr. 1495
207 LASp, Best. F 9, Nr. 52
208 LASp, Best. F 4, Ruchheim
209 vgl. hierzu Angenendt, S. 676f
210 BayHStA Rheinpfälzer Urkunden Nr. 1015
211 Ruf, S. 111
212 Die alten Bauteile (Turm und Sakristei) der Michaelskirche in Maudach stammen wahrscheinlich erst aus der Zeit um 1535; Oexner, S. 132, 176
213 Das spätere St.-Gallus-Patrozinium geht erst auf die Einführung des Simultaneums im Jahr 1699 zurück
214 Engels, S. 240—243

Von allen Angehörigen der Pfarrei wurde als Abgabe für die Ortskirche der Zehnt erhoben. Ein Drittel dieses Zehnts stand dem Pfarrer zu und bildete zusammen mit dem Pfarrwittum – Grundbesitz der Ortskirche – die Grundlage für dessen Lebensunterhalt, die sogenannte ›Kompetenz‹, wofür er zum baulichen Unterhalt des Chorraumes der Kirche, in dem die zentralen Kulthandlungen zelebriert wurden, verpflichtet war. Zum Bau des Langhauses, in dem die Gemeindeangehörigen während des Gottesdienstes Platz fanden, war der Kircheneigner bzw. Patron verpflichtet, der dafür die restlichen zwei Drittel des Zehnts erhielt; diese Zehntanteile wurden oft stückweise als Lehen vergeben. Für die Gemeinde hatte die Kirche, das im Bereich des Dorfes gelegene Gotteshaus, eine über das rein religiöse hinausgehende Bedeutung. Der um sie herum gelegene, mit einer Mauer umgebene Kirchhof oder Friedhof war einerseits Begräbnisplatz für die verstorbenen Gemeindeangehörigen, andererseits aber auch Versammlungsort für die Gemeinde, die dort zu Feierlichkeiten und zur Entscheidung über politische Angelegenheiten zusammenkam und auf diese Weise immer wieder die ›Solidargemeinschaft‹ zwischen Lebenden und Toten dokumentierte.[209] Als es etwa im Jahr 1217 darum ging, die Grundstücke in der Rheingönheimer Gemarkung, die dem Stift St. Goar gegenüber zehntpflichtig waren, genau zu beschreiben, versammelten sich zu diesem Zweck der Stiftskanoniker Gozwin und die führenden Persönlichkeiten der Gemeinde auf dem dortigen Friedhof.[210] Für Bau und Unterhalt der Friedhofsmauer war deshalb die Gemeinde zuständig, ebenso für den Bau des Kirchturms, der bei Dorfkirchen wohl erst ab dem 12. Jahrhundert allgemein üblich wurde; in dieser Zeit wurden auch die bis dahin üblichen Holzkirchen durch steinerne Bauten ersetzt.[211] Friedhofsmauer und Kirchturm boten bei Überfällen, die mit dem Verfall der zentralen Reichsgewalt ab dem 13. Jahrhundert immer häufiger wurden, für die Bauern des Dorfes, Vieh und Getreide auch einen gewissen Schutz und Deckung bei der Verteidigung.

Die Kirchen im Raum Ludwigshafen
Ort / Ersterwähnung / Schutzheiliger*

Oppau / 808 / St. Martin
Rheingönheim / 1204 / St. Sixtus
Mundenheim / 1231 / St. Sebastian u. Peter
Friesenheim / 1238 / St. Leodegar
Ruchheim / 1307 / St. Cyriakus
Maudach / 1307 / St. Michael (?)
Edigheim / um 1315 / St. Maria
Oggersheim / 1346 / St. Kilian

** urkundlich*

Pfarreien in der Diözese Speyer

Rheingönheim

Obwohl die Kirchenbauten in aller Regel die ältesten Gebäude innerhalb ihrer Dörfer darstellen, gibt es davon im heutigen Stadtgebiet so gut wie keine mittelalterlichen Überreste mehr – ein Beleg für die Verwüstungen, denen unser Raum vor allem im 17. Jahrhundert ausgesetzt war. Einzige Ausnahme ist der im 13. Jahrhundert erbaute Turm der heutigen evangelischen Pfarrkirche von Rheingönheim.[212] In dieser Zeit wurde die Kirche, die dem Hl. Sixtus geweiht war,[213] aus der ursprünglichen Mutterpfarrei Altrip herausgelöst: Möglich wurde dies durch eine Stiftung des Ritters Marquard von Frankenstein und seiner Frau Petrissa, die im Jahr 1204 die Rheingönheimer Kirche mit Wittumgut, Pfarrhaus und einer jährlichen Gült von neun Malter Korn aus der Feldwache – *custodia agrorum*, wohl dem späteren Büttelamt – ausstatteten. Allerdings wurden die Pfarreien Altrip und Rheingönheim noch bis 1291 weiterhin zusammen von nur einem Priester betreut, der aber jetzt zumindest zeitweise auch in Rheingönheim residierte.[214]

Das ursprünglich beim Reich liegende Patronatsrecht über die Kirchen zu Altrip und Rheingönheim schenkte König Heinrich [VII.] im Jahr 1231 dem Zisterzienserkloster Himmerod in der Eifel. 1256 inkorporierte der Bischof von Speyer dem Kloster die beiden Pfarrkirchen,

Der Chor der älteren Maudacher Kirche – heute Sakristei – aus dem frühen 16. Jahrhundert [65]

womit auch das bisher dem Pfarrer zustehende Zehntdrittel und das Wittumgut an Himmerod fiel. Die Seelsorge erfolgte seitdem durch vom Kloster eingesetzte und besoldete Pfarrvikare. Als der Abt von Himmerod 1291 erstmals einen eigenen Pfarrvikar in Rheingönheim einsetzte, nahm zwar die Stifterfamilie von Frankenstein noch Einfluß auf die Stellenbesetzung, doch wurde dabei ausdrücklich festgehalten, daß sie kein Präsentationsrecht habe. Im 15. Jahrhundert ging das Kloster Himmerod dazu über, seine Zehnten zu Rheingönheim, Altrip und Neuhofen langfristig zu verpachten, so etwa 1471 für 30 Jahre an den Speyerer Bürger Heinrich Clais von Mutterstadt. Schließlich einigte es sich 1511 mit dem Speyerer Domkapitel über einen Verkauf dieser Zehnten zum Preis von 2 000 Gulden, der im Jahr 1514 vollzogen wurde.[215]

Die restlichen zwei Drittel des ›großen‹ Zehnts, d. h. des Zehnts von Felderträgen, verblieben als Reichslehen bei der Familie von Friesenheim, die mit Konrad auch dem letzten Pfarrherrn vor der Inkorporation 1256 gestellt hatte. Über Margarete von Friesenheim, verheiratete von Erligheim († 1444), und ihre Tochter Erlante von Erligheim gelangte der Zehnt nach deren Tod 1453 an ihren überlebenden Ehemann Weiprecht von Helmstatt, der im Jahr darauf Kaiser Friedrich III. die ebenfalls von seiner Frau geerbten Eigengüter in Ladenburg zu Lehen auftrug und im Gegenzug dafür die zwei Drittel des Rheingönheimer Zehnten, die bis dahin Reichslehen gewesen waren, als freies Eigen erhielt.[216]

Daneben gab es noch einen ›Salzehnt‹, den Kirchenzehnt vom ehemaligen Herrenland, der ursprünglich im Besitz des Klosters Prüm gewesen und von diesem – wohl Ende des 11. Jahrhunderts – an seine Filiale, das Stift St. Goar, übertragen worden war, das ihn 1518 an das Wormser St.-Andreas-Stift verkaufte.[217] Der ›kleine‹ Zehnt, d. h. der Zehnt von Gartenfrüchten, stand zu einem Drittel ebenfalls dem Kloster Himmerod zu und war Bestandteil der Kompetenz des Pfarrvikars, zwei Drittel wurden vom Hochstift Speyer als Lehen vergeben – ab 1399 an die Herren von Hirschhorn.

Zur Verbesserung der Seelsorge stifteten Pfarrvikar und Gemeinde zu Rheingönheim 1458 eine Frühmeßpfründe an einem eigenen Marienaltar in der Pfarrkirche, die mit einer Pfründewohnung und einem Jahreseinkommen von 30 Gulden ausgestattet wurde.[218] Der ›Frühmesser‹ hatte wöchentlich zweimal den Dorfbewohnern, bevor sie an die Arbeit gingen, eine Messe zu lesen, dem Ortspfarrer an Sonn- und Feiertagen beim Gottesdienst beizustehen und diesen in Notfällen zu vertreten. Das Verleihungsrecht für diese Pfründe lag bei der Dorfobrigkeit, den Herren von Hirschhorn, welche die Stelle im Einvernehmen mit dem Dorfgericht zu Rheingönheim zu besetzen hatten.

Maudach

Weit weniger als über Rheingönheim wissen wir über die zweite Pfarrei des mittelalterlichen Bistums Speyer im heutigen Ludwigshafener Stadtgebiet, nämlich Maudach. Dies gilt sogar für den Kirchenheiligen: Ob das seit Rekatholisierung der Kirche 1699 bestehende Michaelspatrozinium auch schon vor der Reformation gegolten hat, läßt sich nicht mit Sicherheit sagen. Die Kirche in Maudach wird erstmals 1307 beiläufig erwähnt. Patronatsrecht und Zehnt gehörten der Herrschaft Scharfeneck und waren im 14. Jahrhundert an die Böchinger Linie der Ritter von Zeiskam als Lehen vergeben. Nach dem Aussterben dieser

Anmerkungen
Seite 70 und 71

215 *LASp, Best. D 21, Nr. 591, 758, 19*

216 *Oberndorff, S. 437 (Nr. 5843) und 447 (Nr. 5967); Altmann, 1897—1900, S. 156 (hier ist Ringenheim irrtümlich als „Bönnigheim" aufgelöst worden); Chmel, S. 101, 189, 244, 316, 320. Dieser Weiprecht von Helmstatt entstammte dem Bischofsheimer Ast der Familie und war nicht identisch mit den zwei Weiprechts, denen die Hirschhorner im 15. Jahrhundert Teile von Maudach und Mundenheim verpfändet hatten*

217 *LASp, Best. D 11, Nr. 512*

218 *Damit überstieg das Einkommen des Frühmessers sogar das des Pfarrvikars, das sich auf umgerechnet etwa 27 ? Gulden belief, bevor es 1494 um weitere 6 Gulden aufgestockt wurde. Glasschröder, Neue Urkunden, S. 82*

219 *Engels, S. 147f; Andermann, S. 140*

220 *Eyselein, S. 159f; vgl. Keil*

221 *abgedruckt bei Weech, Synodale; hieraus die folgenden Angaben*

222 *Weech, Synodale, S. 231—235*

Linie im Jahr 1427 wurden die Rechte an der Maudacher Pfarrkirche vom pfälzischen Kurfürsten, der 1416 die Herrschaft Scharfeneck übernommen hatte, eingezogen, 1482 fielen sie dann mit der Herrschaft Scharfeneck als Erbe an Ludwig, den Sohn Kurfürst Friedrichs I. von der Pfalz aus dessen morganatischer Ehe mit der Augsburger Bürgerstochter Clara Dett, und verblieben in der Folgezeit bei dessen Nachkommen, den Grafen von Löwenstein.[219]

Die mit der Pfarrpfründe versehenen Pastoren scheinen im allgemeinen nicht selbst in Maudach residiert zu haben, sondern ließen sich an Ort und Stelle durch mehr schlecht als recht besoldete sogenannte ›Ewigvikare‹ vertreten – ein im späten Mittelalter häufig die Seelsorge beeinträchtigender Mißstand.

Außerhalb des Dorfes an der Landstraße gab es als fromme Stiftung ein ›Gutleuthaus‹, ein Hospital für Leprakranke, die abgesondert von der Gesellschaft untergebracht werden mußten, welches erstmals im Jahr 1275 urkundlich belegt ist. Die Lage an der Landstraße erleichterte den Leprakranken das Almosenbetteln. Ansonsten ist über das Leprosenhaus zwischen Maudach und Mutterstadt nichts Genaueres bekannt. Ungewöhnlich ist jedoch, daß in den Jahren 1327 und 1475 an der Landstraße zwischen Maudachergraben und Grasweg eine ›Hütte‹ genannt wird, die 1529 ausdrücklich den ›guten Leuten‹, also den Leprakranken zugeschrieben wird.[220] Da der Ausdruck ›Hütte‹ ansonsten für Leprosorien nicht gebräuchlich ist, liegt es nahe, daß hier im 13. Jahrhundert die frühere Zollhütte in ein Leprosenhaus umgewandelt worden ist, worauf auch einige weitere Indizien hindeuten – s. o. S. 35ff.

Die Oggersheimer Kilianskirche nach Merian [66]

Pfarreien in der Diözese Worms

Die in ihren Grundzügen bis auf die Römerzeit zurückgehende Grenzziehung zwischen den Diözesen Speyer und Worms mitten durch das heutige Ludwigshafener Stadtgebiet blieb, unberührt von allen territorialen Veränderungen, bis zum Ende des 18. Jahrhunderts bestehen. Abgesehen von Rheingönheim und Maudach gehörten alle übrigen Orte im heutigen Ludwigshafener Stadtgebiet zur Diözese Worms. Für diese Pfarreien besitzen wir mit dem Wormser Synodale aus dem Jahr 1496 eine wertvolle Quelle, gleichsam eine Momentaufnahme des Zustandes dieser Diözese am Ende des Mittelalters, kurz bevor die Reformation hier die Verhältnisse grundlegend änderte.[221]

Oggersheim

Vier Pfarreien im heutigen Stadtgebiet, nämlich Oggersheim, Friesenheim, Mundenheim und Ruchheim, gehörten zu jenem Wormser Landdekanat, das seinen Sitz in Dirmstein – früher in Heßheim – hatte.[222] In jeder dieser Pfarreien waren neben dem Pfarrer vier Kirchgeschworene aufgestellt, die zusammen mit dem Pfarrer das Kirchenvermögen verwalteten und die Mesnerstelle besetzten. In der Stadt Oggersheim erfolgte diese Stellenbesetzung im Einvernehmen mit dem Bürgermeister, wobei aber ausdrücklich bemerkt wurde, daß dies nicht von Rechts wegen, sondern nur um der guten Nachbarschaft willen geschah. Die Oggersheimer Pfarrkirche St. Kilian war eigentlich nur eine Filiale der Pfarrkirche St. Georg im benachbarten Studernheim, doch dürfte der Pfarrer dieser beiden Kirchen seit der Stadterhebung Oggersheims im späten 13. Jahrhundert dort seinen Wohnsitz genommen haben. Für beide Kirchen lag das Patronat beim Wormser Domkapitel,

Reste der Zehntscheuer in Mundenheim
Aufnahme 1952 [67]

welchem sie zwischen 1346 und 1410 inkorporiert worden sind.[223] In der Oggersheimer Kirche gab es im 15. Jahrhundert drei von eigenen Kaplänen versehene Nebenaltäre, St. Maria, St. Jakob, St. Katharina, deren Pfründen vom Pfarrer und den Kirchgeschworenen vergeben wurden, womit den seelsorgerischen Erfordernissen der im Vergleich zu den umliegenden Dörfern zahlreicheren städtischen Bevölkerung von Oggersheim Rechnung getragen wurde. Eine dieser Altarpfründen, St. Jakob, war im Jahr 1410 von den Kirchgeschworenen aus dem sequestrierten Vermögen einer ehemaligen Beginenklause gestiftet worden.[224] Die Entstehungszeit der beiden anderen ist unbekannt, doch bereits 1380 wird ein Kaplan zu Oggersheim genannt.[225] Die Baulast für das Pfarrhaus lag beim Wormser Domkapitel, wohingegen die Kapläne ihre Häuser selbst zu unterhalten hatten. Allerdings beklagte sich der Pfarrer bei der Visitation von 1496, daß er keine Scheune und Ställe habe.

Für kurze Zeit bestand auch ein Klarissenkloster in Oggersheim, das einer – unsicheren – Nachricht zufolge im Jahr 1289 von Graf Friedrich IV. von Leiningen gegründet worden sein soll. Allerdings verlegten die Nonnen schon 1299 ihr Kloster in die Stadt Speyer, offensichtlich veranlaßt durch unsichere Verhältnisse in Oggersheim.[226] Von den Konflikten zwischen dem Grafen von Leiningen und den königlichen Landvögten, die sich um diese Zeit in Oggersheim abspielten, war schon die Rede – s. S. 43. Diese Situation verschärfte sich besonders in der Regierungszeit des Königs Adolf von Nassau (1292—1298), der mit Johann von Rheinberg einen seiner Getreuen als Landvogt im Speyergau eingesetzt hatte, mit dem Graf Friedrich von Leiningen als Parteigänger der Habsburger unweigerlich aneinandergeraten mußte. Gerade für das Jahr 1297 ist von einer Verschwörung die Rede, die der Graf von Leiningen zusammen mit dem Erzbischof von Mainz gegen König Adolf angezettelt habe, wozu der Landvogt Rheinberg besonderen Grund gegeben haben soll.[227] Vermutlich erfolgte im Zusammenhang mit diesem Konflikt die Verlegung des Klosters von Oggersheim nach Speyer. Erst danach, im 14. Jahrhundert, dürfte wohl die Gründung der Oggersheimer Beginenklause erfolgt sein, die schon Anfang des 15. Jahrhunderts wieder eingegangen war – s. o. Eine weitere kirchliche Einrichtung, über die so gut wie nichts bekannt ist, war die nur 1450 urkundlich erwähnte „neue" Kapelle im Hüttengraben, deren Entstehungszeit wohl um 1400 liegt – s. o. S. 49. Im Wormser Synodale von 1496 wird diese Kapelle nicht erwähnt, was bedeuten kann, daß sie um diese Zeit schon nicht mehr im Gebrauch war.

Friesenheim

Für die Pfarrkirche St. Leodegar in Friesenheim ist wegen des Patroziniums eine frühmittelalterliche Gründung durch das Kloster Murbach im Elsaß vermutet worden, wofür es aber keine urkundlichen Belege gibt. Bei ihrer ersten Erwähnung im Jahr 1238 gehörte die Kirche dem Kloster Lorsch, als letzter Überrest der einst so weitläufigen linksrheinischen Besitzungen dieser damals bereits in Verfall geratenen Abtei.[228] Mit der Lorscher Klostervogtei, die der Erzbischof von Mainz den Pfalzgrafen 1247 nach einem hierüber entbrannten Streit ausdrücklich zugestand, kam auch das Patronatsrecht über die Friesenheimer Kirche an die Pfalzgrafen. Ruprecht I. inkorporierte sie 1370 dem von ihm 24 Jahre zuvor gegründeten Ägidienstift in Neustadt an der Haardt,[229] wobei aber die Verfügungsgewalt über zwei Drittel des Zehnts bei den

Anmerkungen
Seite 72

223 *Im Jahr 1276 wird noch ein Erzpriester zu Studernheim (LASp, Best. F 7, Nr. 176, 1346) dann ein Erzpriester zu Oggersheim erwähnt (BayHStA Rheinpfälzer Urkunden Nr. 1409), 1410 wird das Domkapitel als Pastor bezeichnet; Glasschröder, Urkunden, S. 215*

224 *LASp, Best. A 1, Nr. 1826*

225 *Boos, Urkundenbuch, Bd. 2, S. 501*

226 *Remling, Rheinbayern, S. 240; Steiner, S. 18—20*

227 *Schreibmüller, S. 53*

228 *Abschrift einer Urkunde Papst Gregors IX. im StA Würzburg Best. Mainzer Bücher verschiedenen Inhalts Nr. 19, Bl. 44r. Die Vermutung von Ruf, S. 111, daß die Friesenheimer Kirche im 11. oder 12. Jahrhundert aus Murbacher Besitz direkt in den des Wormser Domstiftes übergegangen sei, kann also nicht zutreffen. Eher ist an einen Gütertausch zwischen den Klöstern Murbach und Lorsch zu denken, vielleicht in der Zeit des Abtes Udalrich (1055—1075), der beiden Klöstern vorstand und in dessen Zeit auch Schenkungen elsässischer Güter an Lorsch belegt sind; Glöckner, Codex, S. 402*

229 *Koch / Wille, S. 232 (Nr. 3900); das Stift Neustadt verpflichtete sich 1372, von der Friesenheimer Kirche dem Wormser Domkapitel einen jährlichen ›Rekognitionszins‹ von 5 Pfund Wachs zu entrichten, wobei der Grund hierfür allerdings unklar bleibt; Glasschröder, Urkunden, S. 211*

pfälzischen Kurfürsten verblieb, während das Stift Neustadt zusammen mit der Pfarrei das verbleibende Drittel des Zehnts und die damit verbundene Unterhaltspflicht für den Chorraum erhielt. Der vom Stift eingesetzte Pfarrvikar in Friesenheim mußte neben den gewöhnlichen Verpflichtungen noch mit jährlich 24 Pfund Öl das Ewige Licht in der Kirche unterhalten und war außerdem für das Backhaus im Dorf zuständig. In den Jahren 1488 und 1494 konnte der damalige Pfarrvikar Caspar Grave gegenüber dem Stift eine deutliche Erhöhung seiner Kompetenz durchsetzen, außerdem die Renovierung des Pfarrhauses und den Bau von Stallungen auf Kosten des Stifts, wofür allerdings die künftige bauliche Unterhaltung die Pfarrvikare übernehmen mußten.[230] Ende des 15. Jahrhunderts gab es in der Friesenheimer Pfarrkirche zwar noch einen Nebenaltar – St. Wolfgang, Valentin und Maria Magdalena – der aber nicht mit einer eigenen Pfründe ausgestattet war.

Der Turm der Mundenheimer St. Sebastianskirche frühes 20. Jahrhundert [68]

Mundenheim

Die Pfarrkirche St. Sebastian und Peter in Mundenheim wird urkundlich erstmals im Jahr 1231 erwähnt;[231] das Kirchenpatronat besaß damals der Abt des Klosters Weißenburg.[232] Weißenburg verkaufte seine Rechte an der Mundenheimer Kirche 1482 für 800 Gulden dem Wormser Andreasstift, das sich im Jahr darauf „zur Verhütung künftiger Zehntstreitigkeiten" vom Wormser Bischof die Pfarrei inkorporieren ließ, nachdem der bisherige Pfarrer Johannes Strinz auf seine Pfründe Verzicht geleistet hatte.[233] Papst Sixtus IV. bestätigte 1483 diese Inkorporation und erlaubte dem Andreasstift dabei die Anstellung von widerruflichen statt ständigen Vikaren, was finanziell günstiger war; sein Nachfolger Innozenz VIII. erweiterte diese Vergünstigung 1492 noch dahingehend, daß das Andreasstift seine Vikare in Mundenheim nicht mehr durch den Archidiakon oder Bischof einsetzen lassen mußte.[234] Auch in der Mundenheimer Kirche gab es einen Nebenaltar – St. Maria – ohne eigene Pfründe.

Ruchheim

Die Sage, daß die Ruchheimer Pfarrkirche St. Cyriakus von ›Mönchen‹ des gleichnamigen Stifts in Neuhausen bei Worms an der Stelle eines heidnischen Opferaltars errichtet worden sein soll, muß wohl angezweifelt werden.[235] Zu den ältesten kirchlichen Zentren im Wormsgau gehört Ruchheim sicher nicht, doch kann man der Nachricht insofern Glauben schenken, als die dortige Kirche sich von Anfang an im Besitz des Stifts Neuhausen befand und wohl auch von dort aus gegründet worden ist. Den Zehnt in der Pfarrei teilten sich zu jeweils einem Drittel Propst und Kapitel zu Neuhausen sowie das Wormser Domkapitel, wofür der Propst die Baulast am Chor und das Domkapitel diejenige am Langhaus hatte. Das Neuhauser Stiftskapitel mußte für den Kirchenornat aufkommen. In der Ruchheimer Kirche gab es ebenfalls einen Nebenaltar – St. Maria – ohne eigene Pfründe. Für die Unterhaltung des Ewigen Lichtes in der Kirche zahlten die drei Zehntherren jährlich 18 Schilling, wozu die Speyerer Augustinereremiten noch 25 Pfund Öl beisteuerten. Bei der Visitation zeigten sich offensichtlich noch Nachwirkungen der Zerstörungen durch die Kurpfälzer im Weißenburger Krieg 1470: Das Pfarrhaus war völlig eingefallen, weswegen der Pfarrer nicht bei der Kirche residierte; auch das Portal und das Dach des Kirchenschiffs waren schadhaft.

Anmerkungen Seite 73

230 Glasschröder, Neue Urkunden, S. 177; LASp, Best. F 2, Nr. 89 b, Bl. 546

231 BayHStA Rheinpfälzer Urkunden Nr. 1592; der manchmal genannte Beleg in einer Urkunde Papst Alexanders III. aus dem Jahr 1179 bezieht sich auf Mommenheim bei Mainz

232 Boos, Urkundenbuch, Bd. 1, S. 383

233 LASp, Best. D 11, Nr. 772

234 Glasschröder, Neue Urkunden, S. 174f und 178

235 Barth, S. 22

Die Oppauer (protestantische) Kirche um 1900. Sie war aus der alten St. Martinskirche hervorgegangen, die, wie bei Kirchen üblich, auf dem höchsten Punkt des Dorfes stand [69]

Oppau und Edigheim

Im Gegensatz zu den bisher genannten Pfarreien gehörten die Pfarrei Oppau und deren Filiale Edigheim zum rechtsrheinischen Landdekanat Weinheim[236] – hier wirkten also noch am Ende des 15. Jahrhunderts die geographischen Verhältnisse nach, wie sie vor der Verlegung des Rheinlaufs im 9. Jahrhundert bestanden hatten. Das Martinspatrozinium der Oppauer Kirche deutet auf eine sehr frühe Gründung hin, möglicherweise handelt es sich um die älteste Kirche überhaupt im heutigen Ludwigshafener Stadtgebiet. Sie wird auch als erste urkundlich erwähnt: Schon die Erwähnung von Besitzungen des Hl. Martin, *res sancti Martini*, im Dorf Oppau in einer Lorscher Schenkungsurkunde aus dem Jahr 808 dürfte sich auf die dortige Kirche beziehen.[237] Im Jahr 888 schenkte der ostfränkische König Arnulf seinem Getreuen Reginbert die Kirche in Oppau, die dieser später an das Kloster Lorsch weiterverschenkte.[238] Wohl im 12. Jahrhundert, als Lorsch in zunehmende wirtschaftliche Schwierigkeiten geriet, fiel das Patronat über die Oppauer Kirche an den Wormser Dompropst, der sie dann im Jahr 1234 im Rahmen eines größeren Tausches dem Wormser Domkapitel übergab, um dessen Pfründen durch die Inkorporation dieser Pfarrei aufzubessern. Seitdem wurde die Pfarrei Oppau von einem Pfarrvikar des Domkapitels betreut.[239]

1475 stiftete der Oppauer Pfarrer in der dortigen Kirche einen Nebenaltar – St. Maria – mit einer eigenen Kaplaneipfründe mit Haus, welche vom pfälzischen Kurfürsten zusätzlich noch mit einem Anteil an der Allmende zu Oppau für ein Pferd, drei Kühe, zwei Schweine und sechs Schafe ausgestattet wurde. Das Besetzungsrecht für diese Kaplaneipfründe besaßen die Kirchgeschworenen. In den rechtsrheinischen Pfarreien war deren Anzahl höher als im linksrheinischen Gebiet; normalerweise gab es sieben Kirchgeschworene in jeder Pfarrei, im Fall von Oppau waren es sogar vierzehn, da diese Pfarrei zwei Dorfgemeinden, Oppau und Edigheim, umfaßte.

In Edigheim stand als Filialkirche eine Marienkapelle, die um 1315 erstmals erwähnt wird.[240] Sie hatte einen Nebenaltar – St. Anna – an dem ein Kaplan bepfründet war.[241] Das dazugehörige Pfründnerhaus war jedoch bei der Visitation 1496 niedergebrannt, wohl ebenfalls noch eine Folge der Dorfzerstörung durch die Kurpfälzer im Weißenburger Krieg 1470. Diese Pfründe wurde vom Pfarrer und den Kirchgeschworenen zu Oppau vergeben, doch war dies 1496 schon seit längerer Zeit nicht mehr geschehen, vielmehr ließ der Oppauer Pfarrer die Edigheimer Kapelle von seinem Oppauer Kaplan – ›Frühmesser‹ – mitbetreuen. Die Edigheimer waren mit diesen Zuständen unzufrieden, boykottierten im Gegenzug schon seit Jahrzehnten die Sonntagsmessen in der Oppauer Pfarrkirche, wobei sie sich auf eine angebliche Übereinkunft mit dem Wormser Bischof Reinhard von Sickingen (1445—1482) beriefen. Doch für Taufen und Begräbnisse blieben die Edigheimer auf den Oppauer Pfarrer angewiesen.

Die Kapelle in Edigheim war wohl erst zu einem relativ späten Zeitpunkt von der dortigen Gemeinde errichtet worden; bei ihr, nicht beim Wormser Domkapitel als Inhaber der Pfarrei, lagen deswegen auch die alleinige Baulast und die Anschaffungspflicht für den Kirchenornat, sie besetzte darum auch – mit dem Pfarrer – die dortige Mesnerstelle, während dies sonst – auch in Oppau – Sache des Pfarrers und der Kirchgeschworenen war. Für Ewiges Licht, Wachs, Salböl, Rituale,

Anmerkungen
Seite 74 und 75

236 *Weech, Synodale, S. 397f*

237 *Glöckner, Codex, S. 168; die dort geäußerte Vermutung, daß es sich auch um das Martinsstift in Worms handeln könnte, ist weniger wahrscheinlich, da dieses wohl erst gegen Ende des 10. Jahrhunderts gegründet worden ist; vgl. Como, S. 8*

238 *Glöckner, Codex, S. 330, 332*

239 *Glasschröder, Urkunden, S. 196; die Kompetenz des Pfarrvikars wurde vom Domkapitel im Jahr 1237 festgesetzt; Urkunde von 1237 März 12, ebd.*

240 *Boos, Urkundenbuch, Bd. 2, 71*

241 *Ein zweiter Nebenaltar in der Edigheimer Kapelle – 10 000 Märtyrer und St. Nikolaus – hatte keine eigene Pfründe*

242 *LASp, Best. F 7, Nr. 96*

243 *Braun, S. 57*

244 *Braun, S. 124—126*

Fahnen, Weihwasserbecken und Taufstein, die in den linksrheinischen Pfarreien normalerweise von den Gemeinden gestellt wurden, mußte in Oppau das Kirchenvermögen aufkommen, ebenso in Edigheim, wo allerdings den Taufstein die Gemeinde stellen mußte, das Beinhaus hingegen im Verantwortungsbereich des Kirchenvermögens lag – in Oppau lag es bei der Gemeinde. Auch die Haltung des männlichen Zuchtviehs, ›Faselvieh‹, für den Halter mit viel Aufwand und wenig eigenem Nutzen verbunden, war in der Pfarrei Oppau anders geregelt als in den übrigen Dörfern des heutigen Stadtgebietes: Während dies dort durchgehend Sache der Gemeinden war, mußte in Oppau der Pfarrer einen Stier, einen Eber und einen Schafbock halten, wofür er als Gegenleistung 21 Schafe unentgeltlich auf der Allmende hüten lassen durfte. In Edigheim wiederum hielten der pfälzische Kurfürst und das Wormser Domkapitel bzw. deren Pächter jeweils einen Stier auf ihre Kosten. Diese Regelung ging auf eine Entscheidung zurück, die Bischof Eberhard von Worms im Jahr 1259 in einem Streit wegen dieser Frage zwischen dem Abt von Frankenthal einerseits und den Rittern Berthold von Eppstein und Dietrich von Oppau andererseits getroffen hatte.[242] An den Kurfürsten war diese Verpflichtung dadurch gefallen, daß er im Jahr 1422 von Hans von Bachenstein ein damit belastetes Gut gekauft hatte, das vorher im Besitz der Kranich von Dirmstein gewesen war.[243]

Seit 1486 läßt sich in Edigheim eine ›Elenden-Bruderschaft‹ urkundlich nachweisen, die aus etwa 30 bis 40 Mitgliedern unter einem ›Elendenmeister‹ bestand. Der Elendenmeister wurde jährlich nach dem Vorschlag der Brüder und des Schultheißen vom Gerichtsherrn des Dorfes, dem Herrn von Oberstein, ernannt, welcher auch die Rechnungen der Bruderschaft abhörte. Die Gründung dieser Bruderschaft war wohl in der ersten Hälfte des 15. Jahrhunderts erfolgt, sie unterhielt wahrscheinlich eine eigene Elendenherberge zur Aufnahme und Verköstigung von armen Durchreisenden, deren Standort allerdings unbekannt ist.[244]

Die mittelalterliche Pfarrorganisation im heutigen Stadtgebiet

Insgesamt zeigt die mittelalterliche Pfarrorganisation im heutigen Ludwigshafener Stadtgebiet die für ein agrarisch geprägtes Altsiedelgebiet typische Form. Mit Oppau und Maudach lassen sich zwei sehr alte Säkularpfarreien identifizieren, d. h. Pfarrkirchen, die nicht an andere geistliche Institutionen angebunden waren, sondern selbständig von einem unmittelbar dem Bischof unterstehenden Priester – Pfarrherr, Pastor – geleitet wurden; ihr Ursprung geht wohl auf königliche oder adelige Eigenkirchen zurück, die schon im 6. Jahrhundert errichtet worden sind. Zu dieser Kategorie dürften in der näheren Umgebung noch Altrip und Studernheim zu rechnen sein, die alten Mutterkirchen von Rheingönheim und Oggersheim, bei denen auch die Patrozinien – St. Peter und Paul bzw. St. Georg – auf ein hohes Alter hindeuten. Jüngeren Datums sind die offensichtlich von auswärtigen Stiften und Klöstern gegründeten Kirchen in Ruchheim – Stift Neuhausen bei Worms, Mundenheim – Kloster Weißenburg, Friesenheim – Kloster Murbach (?), ebenso wie die Filialkirchen in Rheingönheim und Oggersheim. Die jüngste Gründung ist mit Sicherheit die Kirche in Edigheim, die auch am Ende des 15. Jahrhunderts noch ohne eigenen Pfarrer auskommen mußte.

Eine typische Erscheinung der spätmittelalterlichen Kirche, die Inkorporation, d. h. die Einverleibung von Pfarrkirchen in juristische Personen, wie Klöster oder Stifte, begegnet uns auch in unserem Gebiet häufig. Die Ruchheimer Kirche wurde wohl schon im Frühmittelalter als Eigenkirche des Stifts Neuhausen gegründet, und dieses Verhältnis ging in der Folgezeit nahtlos in ein Inkorporationsverhältnis über. Die Pfarrei Oppau wurde 1234 dem Wormser Domkapitel inkorporiert, Rheingönheim 1256 dem Kloster Himmerod, Oggersheim zwischen 1346 und 1410 ebenfalls dem Wormser Domkapitel, Friesenheim 1370 dem Stift Neustadt. Die letzte, aber auch vollständigste Inkorporation war die der Pfarrei Mundenheim in das Andreasstift zu Worms im Jahr 1483. Als einzige nicht inkorporierte Pfarrei im heutigen Stadtgebiet war somit am Ende des Mittelalters Maudach übriggeblieben.

Ein weiteres Phänomen ist der Rückzug kirchlicher Institutionen aus ihrem bereits jahrhundertelang bestehenden Fernbesitz in unserem Raum am Ende des Mittelalters: 1482 verkaufte das Kloster Weißenburg die Kirche in Mundenheim an das Wormser Andreasstift, 1514 das Kloster Himmerod die Kirchen in Rheingönheim und Altrip an das Speyerer Domkapitel. 1518 schließlich veräußerte auch noch das Stift St. Goar seinen Salzehnten in Rheingönheim an das Wormser Andreasstift. Man gewinnt dabei fast den Eindruck, als hätten die geistlichen Institutionen das mit der Reformation für sie heraufziehende Unheil vorausgeahnt und durch Abstoßung weit entfernter Besitzungen und Rechte unbewußt ihre Kräfte für die bevorstehenden Auseinandersetzungen konzentriert.

Alter, Willi: Hubenstat und seine Grundbesitzer im 8. Jahrhundert, in: MHVP (98) 2000, S. 59—82

Altmann, Wilhelm: Regesta Imperii XI. Die Urkunden Kaiser Sigmunds (1410—1437); Bd. 2, Innsbruck 1897—1900

Andermann, Kurt: Studien zur Geschichte des pfälzischen Niederadels im späten Mittelalter, Speyer 1982

Angenendt, Arnold: Geschichte der Religiosität im Mittelalter, Darmstadt 1997

Armgart, Martin: In villa, quae dicitur Sciffestad. Die Ersterwähnung, hohes und spätes Mittelalter in Schifferstadt, in: Schifferstadt. Geschichte und Geschichten, hrsg. von der Stadt Schifferstadt, Schifferstadt 1998, S. 17—60

Auge, Oliver: Genese und Struktur der Dorfgemeinde, in: Spätmittelalter am Oberrhein, Teil 2: Alltag, Handwerk und Handel 1350—1525, Bd. 2: Aufsatzband, hrsg. von Sönke Lorenz und Thomas Zotz, Stuttgart 2001, S. 515—522

Bachmann, Johann Henrich: Pfalz-Zweibrückisches Staats-Recht, Tübingen 1784

Bauer, Dieter: Rheingönheim. Von der Steinzeit in die Neuzeit, Ludwigshafen 1991

Barth, Friedrich: Ruchheim gestern und heute, Veröffentlichungen des Stadtarchivs Ludwigshafen 4, Ludwigshafen [2]1986

Baumann, Kurt: Territoriale Entwicklung des Herzogtums Pfalz-Zweibrücken von 1444 bis 1793, in: Pfalzatlas Textband II, Speyer 1971, S. 1213—1224

Baur, Ludwig: Hessische Urkunden, Bd. 1, Darmstadt 1860 (Nachdruck Aalen 1979)

Böhmer, Johann Friedrich: Acta Imperii selecta, Innsbruck 1870 (Nachdruck Aalen 1967)

Bonin, Daniel: Urkundenbuch der früheren Freien Reichsstadt Pfeddersheim, Frankfurt a. M. 1911

Boos, Heinrich:
Urkundenbuch der Stadt Worms, Bd. 1: 627—1300, Berlin 1886; Bd. 2: 1301—1400, Berlin 1890 [zit. Boos, Urkundenbuch]

(Hrsg.): Quellen zur Geschichte der Stadt Worms, III. Teil: Chroniken, Berlin 1893 [zit. Boos, Worms]

Geschichte der rheinischen Städtekultur von ihren Anfängen bis zur Gegenwart mit besonderer Berücksichtigung der Stadt Worms, Bd. 2, Berlin [2]1897 [zit. Boos, Städtekultur]

Braun, Karl Otto: Geschichte von Oppau und Edigheim, Ludwigshafen a. Rh. 1953

Brinckmeier, Eduard: Genealogische Geschichte des uradeligen, reichsgräflichen und reichsfürstlichen, standesherrlichen, erlauchten Hauses Leiningen und Leiningen-Westerburg, Bd. 1, Braunschweig 1890

Burg, Josef (Hrsg.): Regesten der Prämonstratenserabtei Wadgassen bis zum Jahre 1571, Saarbrücken 1980

Chmel, Joseph: Regesta chronologico-diplomatica Friderici IV. Romanorum regis (imperatoris III.), Bd. 1, Wien 1838 (Nachdruck Hildesheim 1962)

Como, Franz Alois: Das kaiserliche Kollegiatstift St. Martin in Worms. Ein Beitrag zu seiner 900jährigen Geschichte, Koblenz 1962

Debus, Karl Heinz: Früher kirchlicher Fernbesitz, in: Pfalzatlas, Textband II, Speyer 1971, S. 861—912

Dette, Christoph (Hrsg.): Liber Possessionum Wizenburgensis, Mainz 1987

Dolch, Martin/Greule, Albrecht: Historisches Siedlungsnamenbuch der Pfalz, Speyer 1991

Doll, Anton: Die Possessiones Wizenburgenses und ihre Neuedition, in: Archiv f. mittelrhein. Kirchengeschichte (41) 1989, S. 437—463

Ehrhard, Arno: Friesenheim, in: PH (53) 2002, H. 1, S. 9—15

Eid, Ludwig: Der Hof- und Staatsdienst im ehemaligen Herzogtume Pfalz-Zweibrücken von 1444—1604, in: MHVP (21) 1897

Engels, Renate (Bearb.): Palatia Sacra, Teil I, Bd. 5: Der Landdekanat Böhl, Mainz 1992

Erler, Adalbert: Der Oberhof zu Neustadt an der Weinstraße, Bd. 1, Frankfurt a. M. 1968

Eyer, Fritz: Die Landgrafschaft im unteren Elsaß, in: ZGO (117) 1969, S. 161—178

Eyselein, Heinrich: Mutterstadt in Vergangenheit und Gegenwart, Mannheim 1967

Fauck, Siegfried: Der Hüttengraben bei Oggersheim, in: Stadt-Anzeiger Ludwigshafen am Rhein Jg. 19, Nr. 8 vom 19. Februar 1966, S. 4f

Fendler, Rudolf: Geleitsstraßen und Postlinien vor der Französischen Revolution, in: Pfalzatlas Textband II, Speyer 1971, S. 703—732

Frey, Michael: Versuch einer geographisch-historisch-statistischen Beschreibung des Gerichts-Bezirkes von Kaiserslautern im königl. bayer. Rheinkreise, Speyer 1837

Frey, R.: Aus Ruchheims vergangenen Tagen, in: Hbll.Lu (1) 1912, Nr. 22

Fuchs, Rüdiger: Die Inschriften der Stadt Worms, Wiesbaden 1991

Gehrig, Franz: Die Grenzen von Wildbann, Waldmark, Grafschaft und Diözese vom Uffgau bis zum Taubergau sowie am Mittel- und Oberrhein, in: Freiburger Diözesan-Archiv (84) 1964, S. 5—115

Gerlich, Alois:

Der Metzer Besitz im Wormsgau, in: Bll.Pf.Kig. (18) 1951, S. 97—115 [zit. Gerlich, Wormsgau]

Konrad der Rote, in: Lexikon des Mittelalters V, München 1991, Sp. 1344 [zit. Gerlich, Konrad]

Glaser, Rüdiger: Klimageschichte Mitteleuropas. 1 000 Jahre Wetter, Klima, Katastrophen, Darmstadt 2001

Glasschröder, Franz Xaver:

Urkunden zur Pfälzischen Kirchengeschichte im Mittelalter, München/Freising 1903 [zit. Glasschröder, Urkunden]

Neue Urkunden zur Pfälzischen Kirchengeschichte im Mittelalter, Speyer 1930 [zit. Glasschröder, Neue Urkunden]

Glöckner, Karl

(Hrsg.): Codex Laureshamensis. Bd. 1—3, Darmstadt 1929—1936 [zit. Glöckner, Codex]

Lorsch und Lothringen, Robertiner und Capetinger, in: ZGO N.F. 50 (1937), S. 301—354 [zit. Glöckner, Lorsch]

Gockel, Michael: Kritische Bemerkungen zu einer Neuausgabe des Liber Possessionum Wizenburgensis, in: Hess. Jb. f. Landesgesch. (39) 1989, S. 353—380

Grimm, Jacob: Weisthümer, Bd. 1, Göttingen 1840

Herbel, Jürgen: Oppau und Sandhofen im Spiegel des Rheins (Typoskript in Bibl. StALu) 1996

D'Herbomez, A.: Cartulaire de l'Abbaye de Gorze, Paris 1898

Hildebrandt, Helmut: Historische Feldsysteme in Mitteleuropa. Zur Struktur und Genese der Anbauformen in der Zeit vom 9. bis zum 11. Jahrhundert, in: Das Dorf am Mittelrhein. Fünftes Alzeyer Kolloquium, Stuttgart 1989, S. 103—148

Hildenbrand, Friedrich Johann:

Oppau und Edigheim einst rechtsrheinisch, in: MFA (4) 1896, S. 8 [zit. Hildenbrand, Oppau]

Edigheim und Oppau. Eine Wanderung durch deren Vorzeit, in: Rheno-Franconica I (1899/1900), Nr. 20 [zit. Hildenbrand, Wanderung]

Hilgard, Alfred: Urkunden zur Geschichte der Stadt Speyer, Straßburg 1885

Irschlinger, Robert: Das Dorf Ruchheim und die Mühle zu Mittelhage als hirschhornisches Lehen der Grafen von Leiningen, in: MHVP (60) 1962, S. 88—99

Jürgensmeier, Friedhelm (Bearb.): Die Männer- und Frauenklöster der Benediktiner in Rheinland-Pfalz und Saarland, St. Ottilien 1999 (gleich Germania Benedictina IX)

Kaiser, Karl Werner: Der Hüttengraben, in: Hbll.Lu (27) 1938, Nr. 21 und 22

Karst, Theodor:

Das Kurpfälzische Oberamt Neustadt an der Haardt, Speyer 1960 [zit. Karst, Neustadt]

Die Oberschultheißerei Oggersheim. Pfalzgräflich-kurpfälzische Territorialpolitik und Verwaltung im Gebiet von Stadt und Kreis Ludwigshafen, Ludwigshafen 1968 [zit. Karst, Oggersheim]

Kaul, Theodor: Das Verhältnis der Grafen von Leiningen zum Reich und ihr Versuch einer Territorialbildung im Speyergau im 13. Jahrhundert, in: MHVP (68) 1970, S. 222—291

Keil, Gundolf: Aussatz, in: Lexikon des Mittelalters I, München 1980, Sp. 1249—1257

Keitel, Christian: Formen der Leibherrschaft, in: Spätmittelalter am Oberrhein, Teil 2: Alltag, Handwerk und Handel 1350—1525, Bd. 2: Aufsatzband, hrsg. von Sönke Lorenz und Thomas Zotz, Stuttgart 2001, S. 523—527

Knichel, Martina: Geschichte des Fernbesitzes der Abtei Prüm im Metropolitanverband Mainz, in: Archiv f. mittelrhein. Kirchengeschichte (45) 1993, S. 11—59

Koch, Adolf/Wille, Jakob (Bearb.): Regesten der Pfalzgrafen am Rhein 1214—1400, Innsbruck 1894

Kremer, Christoph Jacob: Urkunden zur Geschichte des Kurfürsten Friedrichs des Ersten von der Pfalz, Mannheim 1766

Kremer, Johann Martin: Genealogische Geschichte des alten Ardennischen Geschlechts, insbesondere des zu demselben gehörigen Hauses der ehemaligen Grafen zu Sarbrük, Teil IV, Frankfurt/Leipzig 1785

Kreuter, Karl:

Geschichte der Stadt Oggersheim, Oggersheim 1910 [zit. Kreuter, Oggersheim]

(Hrsg.): Die Oggersheimer Güter und anderes aus der Heimatkunde. Sonderdruck der zum ›Oggersheimer Anzeiger‹ erscheinenden Beilage ›Aus vergangenen Tagen‹ von November 1930 bis Juni 1934, Oggersheim 1934, Nr. 6 (1930) [zit. Kreuter, Heimatkunde]

Aus der Chronik von Oggersheim; Veröffentlichungen des Stadtarchivs Ludwigshafen 10, Grünstadt [4]1983 [zit. Kreuter, Chronik]

Küster, Hansjörg: Geschichte der Landschaft in Mitteleuropa. Von der Eiszeit bis zur Gegenwart, München 1999

Lehmann, Johann Georg:

Urkundliche Geschichte der Burgen und Bergschlösser in den ehemaligen Gauen, Grafschaften und Herrschaften der bayerischen Pfalz, Bd. 1—5, Kaiserslautern 1857 [zit. Lehmann, Burgen]

Vollständige Geschichte des Herzogthums Zweibrücken und seiner Fürsten, München 1867 [zit. Lehmann, Zweibrücken]

Lenz, Rüdiger (Bearb.): Ausgewählte Urkunden zur Territorialgeschichte der Kurpfalz 1156—1505, hrsg. von Meinrad Schaab, Stuttgart 1998

Lodemann, Jürgen: Die Nibelungen oder Europa – Fundstücke beim lebenslangen Herstellen einer genauen Fassung des Epos, in: Ein Lied von gestern? Wormser Symposium zur Rezeptionsgeschichte des Nibelungenliedes, hrsg. von Gerold Bönnen und Volker Gallé, Worms 1999, S. 179—202

Lohmann, Eberhard: Die Herrschaft Hirschhorn. Studien zur Herrschaftsbildung eines Rittergeschlechts, Darmstadt/Marburg 1986

Maier, Franz: Oppau, Maudach und Mutterstadt. Überlegungen zur Siedlungsgeschichte des Ludwigshafener Raums anhand der Ortsnamen, in: MHVP (98) 2000, S. 41—58

Mentgen, Gerd: Studien zur Geschichte der Juden im mittelalterlichen Elsaß, Hannover 1995

Möller, Walther: Stamm-Tafeln westdeutscher Adels-Geschlechter im Mittelalter, Bd. 1—3, Darmstadt 1922—1936; Neue Folge, Bd. 1—2, Darmstadt 1950—1951

Mone, Franz Joseph: Hübnergerichte, in: ZGO (12) 1861, S. 194—198

Mötsch, Johannes:
Regesten des Archivs der Grafen von Sponheim 1065—1437, Bd. 1: 1065—1370, Koblenz 1987; Bd. 3: 1400—1425, Koblenz 1989 [zit. Mötsch, Sponheim]

Die Lehen und Mannen der Burgen Altbolanden und Frankenstein im Spätmittelalter, in: MHVP (87) 1989, S. 131—159 [zit. Mötsch, Altbolanden]

Mühlbacher, Engelbert (Bearb.): Regesta Imperii I. Die Regesten des Kaiserreichs unter den Karolingern 751—918 nach Johann Friedrich Böhmer, Innsbruck ²1908

Niemeyer, Wilhelm: Der Pagus des frühen Mittelalters in Hessen, Marburg 1968

Nitz, Hans-Jürgen:
Die Orts- und Flurformen der Pfalz, in: Pfalzatlas, Textband I, Speyer 1964, S. 204—224 [zit. Nitz, Flurformen]

Regelmäßige Langstreifenfluren und fränkische Staatskolonisation, in: Historisch-genetische Siedlungsforschung. Genese und Typen ländlicher Siedlungen und Flurformen, hrsg. von Hans-Jürgen Nitz, Darmstadt 1974, S. 334—360 [zit. Nitz, Langstreifenfluren]

Oberndorff, L. von: Regesten der Pfalzgrafen am Rhein. Bd. 2, Innsbruck 1912

Ottenthal, Emil von (Bearb.): Regesta Imperii II. Sächsisches Haus 919—1024, 1. Abt.: Die Regesten des Kaiserreichs unter Heinrich I. und Otto I. 919—973, Innsbruck 1893 (Nachdruck Hildesheim 1967)

Oexner, Mara (Bearb.): Kulturdenkmäler in Rheinland-Pfalz, Bd. 8: Stadt Ludwigshafen am Rhein, Düsseldorf 1990

Pfeiffer, Friedrich: Transitzölle 1000—1500, Köln 2000 (gleich Geschichtlicher Atlas der Rheinlande, Beiheft VII/10)

Pöhlmann, Carl: Regesten der Grafen von Zweibrücken aus der Linie Zweibrücken, eingeleitet, bearb. und ergänzt unter Mitwirkung von Hans-Walter Herrmann durch Anton Doll, Speyer 1962

Remling, Franz Xaver:
Urkundliche Geschichte der ehemaligen Abteien und Klöster im jetzigen Rheinbayern, Bd. 2, Neustadt a. d. Haardt 1836 [zit. Remling, Rheinbayern]

Urkundenbuch zur Geschichte der Bischöfe zu Speyer, Bd. 1, Mainz 1852 [zit. Remling, Urkundenbuch]

Rogg, Matthias: „Wir schenken dem Heiligen Nazarius …" Der Grundbesitz des Klosters Lorsch im Raum Ludwigshafen a. Rh., Veröffentlichungen des Stadtarchivs Ludwigshafen 17, Ludwigshafen a. Rh. 1993

Röttger, Bernhard Hermann (Bearb.): Die Kunstdenkmäler der Pfalz, Bd. 3: Stadt und Bezirksamt Speyer, München 1934

Röttger, Bernhard Hermann/Goering, Max (Bearb.): Die Kunstdenkmäler der Pfalz, Bd. 6: Stadt und Bezirksamt Ludwigshafen am Rhein, München 1936

Ruf, Peter: Geschichte von Friesenheim, Bd. 1, Ludwigshafen 1995

Schaab, Meinrad:

Landgrafschaft und Grafschaft im Südwesten des deutschen Sprachgebiets, in: ZGO (132) 1984, S. 31—55 [zit. Schaab, Landgrafschaft]

Geschichte der Kurpfalz, Bd. 1: Mittelalter, Stuttgart 1988 [zit. Schaab, Kurpfalz]

Schloßkirche Fußgönheim. Festschrift zur Weihe der Schloßkirche St. Jakobus Major, 9. Oktober 1976

Schreibmüller, Hermann: Die Landvogtei im Speiergau, Kaiserslautern 1905

Schwab, Ingo (Hrsg.): Das Prümer Urbar, Düsseldorf 1983 (gleich Rheinische Urbare 5)

Spieß, Karl-Heinz: Das älteste Lehnsbuch der Pfalzgrafen bei Rhein vom Jahr 1401, Stuttgart 1981

Spille, Irene: Die Freie Stadt Worms vom 8. bis 18. Jahrhundert, in: Pfalzatlas, Textband IV, Speyer 1994, S. 2159—2177

Staab, Franz:

Untersuchungen zur Gesellschaft am Mittelrhein in der Karolingerzeit, Wiesbaden 1975 [zit. Staab, Untersuchungen]

Speyer im Frankenreich (um 500 bis 918), in: Geschichte der Stadt Speyer. Bd. 1, hrsg. von der Stadt Speyer, Stuttgart 1982 [zit. Staab, Speyer]

Verfassungswandel in rheinhessischen Dörfern zwischen dem 12. und 14. Jahrhundert, in: Das Dorf am Mittelrhein. Fünftes Alzeyer Kolloquium, Stuttgart 1989, S. 149—173 [zit. Staab, Verfassungswandel]

Steiner, Helmut: Speyer, vormals Oggersheim, Klarissen, in: Alemania Franciscana Antiqua, Bd. 5, Ulm 1959, S. 5—47

Storck, Walter: Die römische Rheinuferstraße bei Mutterstadt, in: PfH (11) 1960, S. 55—58

Toussaint, Ingo:

Die Grafschaften Leiningen im Mittelalter (1237—1467). Die Grafschaften Leiningen in der Neuzeit, in: Pfalzatlas, Textband II, Speyer 1971, S. 1056—1107 [zit. Toussaint, Grafschaften]

Das Territorium der Grafen von Leiningen im Wormsgau. Sein Aufbau und Verfall im Mittelalter, in: MHVP (71) 1974, S. 155—202 [zit. Toussaint, Territorium]

Die Grafen von Leiningen, Sigmaringen 1982 [zit. Toussaint, Die Grafen]

Voltmer, Ernst: Von der Bischofsstadt zur Reichsstadt. Speyer im Hoch- und Spätmittelalter, in: Geschichte der Stadt Speyer, hrsg. von der Stadt Speyer, Bd. 1, Stuttgart 1982, S. 249—368

Wand, Norbert: Das Dorf der Salierzeit, Sigmaringen 1991

Weech, Friedrich von:

Das Reißbuch anno 1504. Die Vorbereitungen der Kurpfalz zum bairischen Erbfolgekriege, in: ZGO (26) 1874, S. 137—264 [zit. Weech]

Das Wormser Synodale von 1496, in: ZGO (27) 1875, S. 227—326, 385—454 [zit. Weech, Synodale]

Ein pfälzisches Steuerbuch aus den Jahren 1350—1361, in: ZGO (28) 1876, S. 467—483 [zit. Weech, Steuerbuch]

Weizsäcker, Wilhelm (Bearb.): Pfälzische Weistümer, Bd. 1: Abtfischbach bis Eygersheim, Speyer 1962

Werle, Hans:
Die Anfänge der Grafen von Eberstein in der Nordpfalz, in: Mitteilungsblatt zur rheinhessischen Landeskunde (7) 1958, S. 131—132 [zit. Werle, Anfänge]
Staufische Hausmachtpolitik am Rhein im 12. Jahrhundert, in: ZGO (110) 1962, S. 241—370 [zit. Werle, Hausmachtpolitik]
Das Saliergut an Mittel- und Oberrhein (944—1125), in: Pfalzatlas, Textband I, Speyer 1964, S. 105—110 [zit. Werle, Saliergut]

Wihr, R[udolf]: Hüttengraben und Rehhütte, zwei Zollstätten auf der alten Landstraße, in: Hbll.Lu (24) 1935, Nr. 9—12

Wolfram, Herwig: Rupert, in: Lexikon des Mittelalters VII, München 1995, Sp. 1106

Bildnachweis

Titelbild Kapitel 2: Oggersheim in mittelalterlichem Gewand, nach Merian, um 1620

[3] Landesmuseum Mainz

[4] Ausschnitt aus dem Wandgemälde im Slevogt-Haus Neukastel

[6] Aquarell von Clarissa Kirsch, dem Stadtarchiv von Friedrich Kirsch zur Verfügung gestellt

[8] für die Stadtgeschichte entworfen

[9] entnommen aus: Schweer, Helga: Weißenburg im Elsaß. Eine Stadttopographie, Speyer 1964, Abb. 1

[10, 11] StALu, M 314

[12] entnommen aus: Matthäus Merian, Topographia Palatinatus Rheni 1645/1672

[13] Bayer. Staatsbibl. München

[14] entnommen aus: Illert, Friedrich M.: Worms im wechselnden Spiel der Jahrtausende, Worms 1963, Abb. 46

[16, 17] entnommen aus: Merian, wie Nr. *[12]*

[18] entnommen aus: Wand, Norbert: Das Dorf der Salierzeit, Sigmaringen 1991

[19] entnommen aus: Das Leben in der Gotik, Basel 1969, S. 32

[20] StALu, Op.38

[21] entnommen aus: Wand, wie Nr. *[18]*, Abb. 48

[22] Landesamt f. Denkmalpflege Rheinl.-Pf., Sigmar Fitting

[23] Kartenausschnitt entnommen aus: Diercke Schulatlas, Ausg. 1938, S. 138ff.

[24] entnommen aus: Rödel, Volker (Hg.): Der Griff nach der Krone. Die Pfalzgrafschaft am Rhein im Mittelalter. Begleitpublikation zur Ausstellung auf dem Heidelberger Schloß, Regensburg 2000, S. 203

[25] entnommen aus: Lehmann, Burgen und Bergschlösser, Bd. 3, Zeichnung Nr. 3

[26] entnommen aus: Merian, wie Nr. *[12]*

[28] Generallandesarchiv Karlsruhe

[29] aus StALu, M 214; Original im Generallandesarchiv Karlsruhe

[30] Generallandesarchiv Karlsruhe

[31—36] entnommen aus: Gärtner, P.: Geschichte der bayerisch-rheinpfälzischen Schlösser, Anhang: Darstellung [...] der Wappen pfälzischer Adelsgeschlechter

[37] entnommen aus: Weindel, Philipp: Der Dom zu Speyer, Speyer 1972, Abb. 38

[39] Kärntner Landesarchiv, Klagenfurt

[40] Generallandesarchiv Karlsruhe

[41] für die Stadtgeschichte entworfen

[42] entnommen aus: Schaab, Kurpfalz, Bd. 1, S. 193; Foto Max Paulus, Amberg

[43] entnommen aus: Oechelhäuser, Adolf von: Das Heidelberger Schloß, Heidelberg 1998 [Reprint der Ausgabe von 1955], Abb. 22

[44, 45] Louvre, Paris

[46] Graphische Sammlung der Staatsgalerie Stuttgart

[47] entnommen aus: Merian, wie Nr. *[12]*

[49] StALu, Plansammlung

[50—52] entnommen aus: Merian, wie Nr. *[12]*

[53] Landesarchiv Speyer

[55] entnommen aus: Medding, Wolfgang: Burgen und Schlösser in der Pfalz und an der Saar, Frankfurt 1962, S. 183

[56, 57] Landesarchiv Speyer
[58] Germanisches Nationalmuseum Nürnberg
[59] Stich von Tanner, Hess. Landesmuseum Darmstadt
[60] entnommen aus: Medding, wie Nr. *[55]*, S. 236
[63] entnommen aus: Medding, wie Nr. *[55]*, S. 186
[66] entnommen aus: Merian, wie Nr. *[12]*

[1, 2, 5, 6, 7, 15, 20, 27, 38, 48, 54, 61, 62, 64, 65, 67, 68, 69]
Fotosammlung StALu

von der Reformation zum Jahrhundert der Kriege

Der Raum Ludwigshafen im 16. und 17. Jahrhundert

Der Landesherr ordnet das Leben seiner Untertanen: Titelbild des Kurpfälzischen Landrechts und der Landesordnung von 1582. Das Gemeinwesen – res publica – wird vom Fürsten gemäß den Grundsätzen der Gerechtigkeit – iustitia, Nächstenliebe – charitas – und Umsicht – prudentia – im Geiste des Friedens regiert [2]

Das Jahrhundert der Reformation

„Die Regierung meiner Obrigkeit"

Mit dem Anbruch der Neuzeit wird das Bild der Lebensumstände und der Menschen, die den Raum des heutigen Ludwigshafen bevölkerten, deutlicher. Denn hier wie auch sonst im Deutschen Reich und in Europa begann sich eine neue Herrschaftsauffassung durchzusetzen.[1] ›Herrschaft‹ – das war nicht mehr nur eine Sammlung verschiedenster Rechte, die ein Herr über Burgen, Klöster, Städte, Wälder, Gewässer, Gutshöfe, Lehensleute, Leibeigene und andere bäuerliche Hintersassen hatte. Man verstand nunmehr darunter den umfassenden, auf ein bestimmtes Gebiet bezogenen Anspruch des jetzt so genannten ›Landesherren‹, Ge- und Verbote zu erlassen, Steuern, Militär- und andere Dienste zu fordern, Recht zu sprechen und Recht zu setzen. ›Gute Policey‹, d. h., eine religiös begründete ›rechte‹ Ordnung in Kirche, ›Welt‹ und privatem Leben sollte Ziel staatlicher Gesetzgebung sein, wobei das Reich mit den großen Werken der Strafprozeß- und der Polizeiordnung von 1532 bzw. 1530 Maßstäbe für viele Landesfürsten setzte. Immer weitere Bereiche des alltäglichen Lebens wurden so einer gesetzlichen Regelung für würdig erachtet, und erscheinen in den behördlichen Akten, die erst jetzt überhaupt in größerer Menge anzufallen begannen und aus denen wir unsere Kenntnisse über die Menschen der damaligen Zeit schöpfen können.[2]

Die Herrschaftsverhältnisse im Raum des späteren Ludwigshafen blieben das ganze 16. Jahrhundert über weitgehend stabil: Im Norden übten die Herren von Oberstein als Lehensträger des pfälzischen und Mainzer Kurfürsten die Ortsherrschaft über Edigheim aus, Ruchheim war – als Lehen der Herren von Hirschhorn – im Besitz der Leininger, Oggersheim, Oppau, Friesenheim und der Hemshof gehörten zur Kurpfalz. Der Süden des späteren Stadtgebiets mit den Dörfern Maudach, Mundenheim und Rheingönheim war Teil der Besitzungen der Herren von Hirschhorn, die nach der Überwindung ihrer Finanzkrise des späten 15. Jahrhunderts ihre Herrschaft wieder stabilisierten und alle verpfändeten Anteile an den Dörfern zurückgewannen.[3] Maudach und Mundenheim trugen sie als Lehen von den Bischöfen von Speyer, Rheingönheim als Lehen der Wild- und Rheingrafen. Lediglich in Mundenheim war ein Viertel des Ortes nicht in ihrem Besitz, das die Dalberger als Lehen ebenfalls der Speyerer Bischöfe innehatten. Die ›Viertelsherren‹ übten allerdings kaum Herrschaft aus, sondern konnten vor allem ein Viertel der Einkünfte beanspruchen.

Nur einmal änderte sich im Jahrhundert der Reformation die territoriale Zuordnung, als durch die Erbteilung zwischen Kurfürst Ludwig VI. und seinem Bruder Pfalzgraf Johann Casimir im Jahr 1577 eine Grenze quer durch unser Gebiet lief: Der Hemshof als kurfürstliches Domänengut und das ihm benachbarte Jagdschloß Hirschbühl fielen an den Kurfürsten, die übrigen kurpfälzischen Orte im heutigen Stadtgebiet aber an den Pfalzgrafen. Durch den frühen Tod Ludwigs VI. erledigte sich diese Teilung faktisch nach wenigen Jahren wieder.[4]

Am 23. Mai 1577 erschienen Johann Casimir und seine Gemahlin in Oggersheim und nahmen dort die Huldigung der Untertanen der Stadt und der umliegenden Orte – Dannstadt, Mutterstadt, Neuhofen, Friesenheim, Oppau, Altrip, Lambsheim und Ormsheim – entgegen.

Anmerkungen
Seite 88 und 89

1 *vgl. neben vielen anderen grundsätzlichen Darstellungen zum Thema: Schaab, Kurpfalz, Bd. 1, S. 189ff, S. 81ff; Lohmann, S. 187ff*

2 *Andere in dieser Zeit häufiger werdende Schriftgutquellen wie Unterlagen von Handelshäusern und anderen Unternehmen oder private Aufzeichnungen sind leider aus unserem Betrachtungsgebiet bisher nicht aufgetaucht*

3 *Irschlinger, S. 20f*

4 *Ruf, S. 144; Schaab, S. 47ff*

5 *Kreuter, Maudach, S. 27f*

6 *Kuhn, S. 24*

7 *zur Entstehung der Oberschultheißerei vgl. Karst, S. 129ff; Auf eine hervorgehobene Position des Schultheißen von Oggersheim weist auch die Tatsache, daß er 1566 zusammen mit dem Amtmann von Neustadt in Lambsheim Untersuchungen über die Täufer unternahm; vgl. Güß, S. 100*

8 *Karst, S. 99; Kreuter, Zollhaus*

9 *ein Exemplar des Landrechts in der Gesetzblättersammlung des StALu, Sign. T 504*

10 *Schaab, S. 15*

›Verbindung zwischen Herr und Untertanen‹[5]

Die Naturalabgaben (Wein, Hafer, Gerste u. a.), die die Untertanen der drei Hirschornschen Dörfer im Süden der heutigen Stadt ihrem Herren schuldig waren, mußten nach Heidelberg zum dortigen großen Hirschhorner Hof geliefert werden, der als zentrale Sammelstelle für viele dergleichen Einkünfte diente. Im Maudacher Weistum von 1518 liest man dazu: „Item alle Frucht [Getreide], so die Inwohner von Maudach Junker Hansen [von Hirschhorn] pflichtig und schuldig sind, müssen sie auf ihre eigenen Kosten nach Heidelberg liefern und antwurten [übergeben], wohin sie beschieden sind. So aber Junker Hans aus Gnad Schiffe an den Rechbach [Rehbach] stellt, sind die Untertanen schuldig, die Frucht darin zu wehren [zu fahren] und geben von einem jeden Malter vier Pfennig Schiffgeld." Gleiches galt für den Wein, der aber offenbar nicht aus Maudach, sondern von der Haardt aus dem ebenfalls Hirschhornschen Dorf Königsbach kam. Denn die Maudacher waren verpflichtet, die leeren Fässer von Heidelberg wieder dorthin zu fahren.

Die Bürger Oggersheims verehrten ihrem neuen Landesherren dabei einen goldenen Becher.[6] Diese Szene zeigt deutlich, daß zu diesem Zeitpunkt Oggersheim bereits der Hauptort einer Verwaltungseinheit war, die im 17. Jahrhundert dann als ›Oberschultheißerei‹ Oggersheim klar faßbar wird. Seit 1667 läßt sich eine fast lückenlose Reihe der Oberschultheißen bis zum Ende der kurpfälzischen Herrschaft nachweisen.[7] Auch die Zollstelle in der Stadt, für die 1556 ein neues Zollhaus errichtet wurde, scheint recht groß gewesen zu sein und eine Art von Oberaufsicht über die umliegenden kleinen Zollstätten in den Dörfern eingenommen zu haben.[8] Der Landstrich um Oggersheim war damit aus dem Verbund des ›Amtes‹ Wachenheim, zu dem er einst gehört hatte, herausgefallen, wurde allerdings nunmehr – wie Wachenheim selbst – klar als Untereinheit des Oberamtes Neustadt definiert.

Der Ausbau der Verwaltungsinstanzen, der Versuch, sie immer klarer einander zu- und über- beziehungsweise unterzuordnen war ein Mittel, den neuen Herrschaftsanspruch, von dem oben die Rede war, durchzusetzen. Auch die vom Geist der Zeit getragene Sorge um die ›gute Policey‹ findet sich in der Politik der Kurpfalz jener Jahrzehnte: 1582 erließ Ludwig VI. eine umfassende ›Landesordnung‹ und ein Landrecht, die zahllose Bereiche des Lebens regelten und bis zum Ende des Kurstaates Gültigkeit behielten.[9] Doch gingen gerade die Kurfürsten bei der Festigung ihrer Herrschaft nicht nur den Weg solcher ›moderner‹ Methoden: Im bunten Flickenteppich des deutschen Südwestens mit seinen vielen reichsunmittelbaren Kleinterritorien legten sie weiter Wert auf die Nutzung ihrer tief im Mittelalter gegründeten, sogenannten ›überterritorialen‹ Rechte, die ihnen unter verschiedensten Rechtstiteln den Zugriff auf das Land und die Untertanen ihrer Nachbarn erlaubten. Als Gegengabe für seine Unterstützung bei der Kaiserwahl ließ sich Kurfürst Ludwig V. im Jahr 1518 diese Privilegien noch einmal bestätigen.[10] So konnte die Kurpfalz weiterhin das Geleitrecht auf vielen nicht-pfälzischen Straßen in der Region ausüben, lebten weiter zahllose Menschen in den benachbarten Territorien als kurpfälzische Leibeigene, von denen besondere Steuern und Leistungen verlangt wurden. Zudem konnte der Kurfürst in vielen Dörfern außerhalb seines Landes, den sogenannten ›Ausdörfern‹, jeden Zuziehenden, der nicht schon Leibeigener eines anderen war, zu seinem eigenen machen – das sogenannte ›Wildfangrecht‹.

Titelblatt des Kurpfälzischen Landrechts von 1582 [3]

Der Inhalt des kurpfälzischen Landrechts und der Landesordnung von 1582:

- *Polizeiordnung · Almosenordnung*
- *Vormundschaftsordnung*
- *Verordnung gegen die Wiedertäufer*
- *Von der Nacheile bei Raub und Landfriedensbruch*
- *Bürgerein- und Bürgerabzug*
- *Leibeigenschafts- und Wildfangrecht*
- *Gerichtsprivileg der Kurpfalz*
- *Appellationsordnung zum Hofgericht*
- *Instruktion für die Amtleute*
- *Behandlung von Freveln*
- *Amtsschreiberinstruktion*
- *Vom Wucher*
- *Über den Verkauf liegender Güter*
- *Von dem Gebäudeunterhalt*
- *Von der Brennholzausgabe und Waldnutzung*
- *Von Zigeunern und Vagabunden*
- *Vom unerlaubten Militärdienst für andere Herren*
- *Vom Brandschutz*
- *Von allzu üppiger Kleidung*
- *Von den Handwerkern*
- *Von Gewürzen und Spezereien*
- *Apothekerordnung*
- *Kannengießer-Handwerksordnung*
- *Mahlordnung · Bäckerordnung*
- *Metzger- und Fleischordnung*
- *Gewichte und Maße*
- *Stadt- und Gerichtsschreiber*
- *Münzwesen*
- *Keßler-Handwerksordnung*
- *Landrecht · Untergerichtsordnung*
- *Hofgerichtsordnung*
- *Ehegerichtsordnung*
- *Handelsrecht – „Von Kontrakten und Hantierungen"*
- *Von Testamenten und letzten Willen*
- *Von Erbschaften ohne Testament*
- *Kriminalgerichtsordnung*

Die Thurn- und Taxis-Post in Maudach und Oggersheim[11]

Eine besondere herrschaftliche Einrichtung in der heutigen Stadtregion stellte die Station der kaiserlichen Post in Maudach dar. Sie bildete einen Teil des großen Netzes, das auf den Wunsch Kaiser Maximilians I. zurückging, seine durch Heirat mit der burgundischen Erbtochter gewonnenen niederländischen Gebiete mit seinen Stammlanden in Österreich besser zu verbinden. 1489 hatte Maximilian deshalb dem Johann „de Tassis" die Beförderung der herrscherlichen Befehle zwischen Innsbruck und den Niederlanden übertragen. In den folgenden Jahrzehnten baute der ›Urvater‹ der modernen Post ein System von Stationen entlang der Route von den Alpen zur Nordsee auf, an denen in regelmäßigen Abständen die Pferde und Boten gewechselt wurden. So konnte der Transport stets mit ausgeruhten Kräften vor sich gehen und stark beschleunigt werden. Nach und nach wurden weitere Linien eingerichtet, die nicht mehr nur kaiserliche, sondern auch die Briefe anderer Herrschaften und von Privaten beförderten.

Ursprünglich war geplant gewesen, in unserer Region in Speyer eine Poststation einzurichten. Die ›freie Reichsstadt‹ fürchtete jedoch die Anwesenheit kaiserlicher Amtsträger in ihren Mauern, und so entstand eine große Station im rechtsrheinischen Rheinhausen – und eine kleinere im Hirschhornschen Maudach. Die erste Nennung der dortigen Poststation ist 1568 in einer Beschreibung des Postwegs Rom—Brüssel zu finden, wenig später, 1571, wird erstmals ein Posthalter namentlich erwähnt. Der mußte stets frische Pferde für die reitenden Boten in seinem Stall bereithalten und diese verpflegen. Dafür erhielt er von den Taxis eine Entschädigung, und die Kaiser garantierten ihm die Freiheit von Frondiensten und militärischen Einquartierungen. Solche Vergünstigungen wollten die für Maudach zuständigen Landesherren – bis 1632 die Herren von Hirschhorn, danach bis 1709 die Bischöfe von Speyer, zuletzt die Kurfürsten von der Pfalz – nicht anerkennen, und es kam zu langen und umständlichen Streitigkeiten und gedrechselten Briefwechseln zwischen Brüssel, dem Sitz der Taxis, Speyer, Heidelberg und Maudach. In Kriegszeiten, vor allem während des Dreißigjährigen Krieges, konnte von einer Beachtung der Vorrechte der Posthalter natürlich gar keine Rede sein.

Am Beginn des 18. Jahrhunderts wurde die Route von Innsbruck nach Brüssel verändert, Maudach blieb nur noch Station an einer Nebenstrecke. Gemäß dem Wunsch einflußreicher Herrschaften wurde die Poststation dann verlegt, zuerst 1739 nach Fußgönheim, wo das Schloß des pfälzischen Kanzlers von Hallberg stand, dann 1743 nach dem Willen des Kurfürsten Karl Theodor zurück nach Maudach, schließlich 1757 nach Oggersheim, wo der kurpfälzische Generalissimus Prinz Friedrich sein Schloß ausbaute. Ein Zweig der Maudacher Familie König, die schon Generationen hindurch als Posthalter gewirkt hatten, zog daraufhin nach Oggersheim und arbeitete weiterhin bis zur Französischen Revolution im Dienste der Taxis. Mit dem Übergang der linksrheinischen Gebiete an Frankreich verloren diese ihre Rechte, erhielten sie nach der Eroberung der Pfalz durch deutsche Truppen 1814 wieder kurz zurück, und wurden 1816 durch die bayerische Postverwaltung abgelöst. Durch all jene Umwälzungen und noch bis 1849 betreute die Familie König den Poststall und hielt im Anwesen der Firma König & Herf 30—35 Pferde. Im Jahr 1868 wurde der Poststall aufgehoben, das Postamt aber bestand weiter – bis heute.

Wildfang- und Leibeigenschaftsrecht galten auch in den Hirschhornschen Dörfern Maudach, Mundenheim und Rheingönheim,[12] in denen der Kurfürst darüberhinaus noch die ›hohe Jagd‹, d. h. die Jagd

Anmerkungen
Seite 90 und 91

11 *Kreuter, Maudach, S. 67ff; Kreuter, Chronik, S. 104ff*

12 *Lohmann, S. 191ff, 286ff, 302f*

13 *ebd. S. 302f; allerdings ist nicht sicher, wann diese Oberschultheißerei bestand und wie man genau sich ihre Funktionsweise vorzustellen hat*

14 *Kein Hirschhorner Untertan konnte künftig vor ein nicht-hirschhornsches Gericht geladen werden. Erst diese Zusage erlaubte es den Herren von Hirschhorn, ihr Kleinterritorium gerichtstechnisch ›abzuschließen‹ und eine eigene Gerichtsorganisation aufzubauen*

15 *Lohmann, S. 211ff*

16 *StALu, Md. 490*

17 *Nach der gültigen Definition eine Aussage über geltendes Gewohnheitsrecht, die von anerkannten Mitgliedern der Dorfgemeinschaft ›gewiesen‹ wurde. Das Maudacher Weistum von 1556 wurde zum Beispiel von einer Kommission aus dem Hirschhornschen Syndikus und Anwalt, dem Schreiber des Herren, dem Ortspfarrer, dem Schultheißen, dem Bürgermeister, d. h. Einnehmer und zwei Gerichtsleuten ausgearbeitet; Kreuter, Maudach, S. 26. Trotz der dörflichen Beteiligung bei der Abfassung ist allerdings nicht zu übersehen, daß das Weistum in Zusammenhang mit der von den Hirschhornern in jenem Jahr betriebenen Erneuerung aller ihrer herrschaftlichen Rechte steht. Erhalten sind Weistümer aus Edigheim, Maudach und Ruchheim*

18 *Kreuter, Oggersheim, S. 21ff*

19 *Nesseler, Hemshof, S. 47*

Das kurfürstliche Domänengut Hemshof im Jahr 1622
Rekonstruktion von Schack, um 1940 [4]

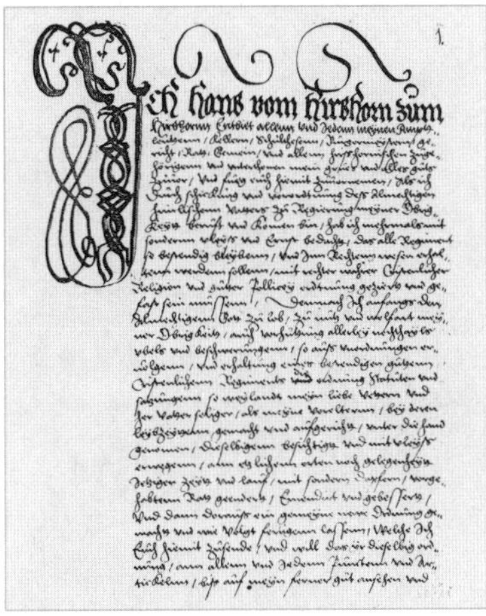

Die erste Seite der Hirschhornschen Herrschaftsordnung aus dem Maudacher Dorfgerichtsbuch [5]

vor allem auf Rotwild besaß. Immer wieder versuchte die Kurpfalz auch die Hochgerichtsbarkeit in den drei Gemeinden an sich zu ziehen, was bis zu Klagen vor den Reichsgerichten führte. Trotz solcher Widrigkeiten gelang es auch den Herren von Hirschhorn, die von ihrer Burg im Neckartal aus regierten, ihr Territorium zu vereinheitlichen. So faßten auch sie ihre drei Dörfer im späteren Stadtgebiet zu einer ›Oberschultheißerei Rheingönheim‹[13] zusammen. 1554 erhielten sie vom Kaiser ein Gerichtsprivileg[14] und die Bestätigung ihrer Reichsunmittelbarkeit, und vier Jahre später erließ Hans IX. von Hirschhorn eine umfassende ›Herrschaftsordnung‹. Hatte er noch wenige Jahre zuvor nur von der „Hanthabung seiner Rechte" gesprochen, so proklamierte er nun selbstbewußt die „Regierung meiner Obrigkeit" als umfassende Vollmacht.[15] Eine Abschrift der Ordnung hat sich im Maudacher ›Dorfgerichtsbuch‹ erhalten.[16] Die Anlage solcher Bücher, in denen landesherrliche Befehle und Statuten, die Verhandlungen des Dorfgerichts und Akte der freiwilligen Gerichtsbarkeit wie zum Beispiel Testamente aufgezeichnet werden konnten, hatte der Hirschhorner einige Zeit vor dem Erlaß der Herrschaftsordnung für alle seine Dörfer befohlen.

Die innere Ordnung der Dörfer und der einen Stadt im Raum des heutigen Ludwigshafen blieb äußerlich weitgehend unverändert. ›Weistümer‹,[17] die wir, wenn überhaupt, in der Form kennen, die sie zwischen dem 14. und 17. Jahrhundert erhielten, regelten die dörfliche Verfassung, redeten allerdings vor allem von den Rechten der Herren gegenüber ihren Untertanen. Immerhin wurde mit ihnen ein für beide Seiten verbindlicher Rahmen geschaffen. In Oggersheim mit seiner städtischen Verfassung und den damit verbundenen Steuer-, Markt-, Fron-, Leibeigenschafts- und anderen Privilegien, zum Beispiel der eigenen Hochgerichtsbarkeit – d. h., der Stadtrat konnte Todesurteile fällen – stellten sich die Verhältnisse etwas anders dar.[18] Keine dörfliche Verfassung besaß das kurfürstliche Domänengut Hemshof, das von einem Pächter, ›Keller‹ genannt, bewirtschaftet wurde und der herrschaftlichen Finanzbehörde unmittelbar zugeordnet war. Auf dem Gut wurde zum Teil direkt für die Bedürfnisse des Hofes in Heidelberg gewirtschaftet: So zog man etwa Kraut für die Hofküche und verpflegte ›kurfürstliche‹ Stuten.[19]

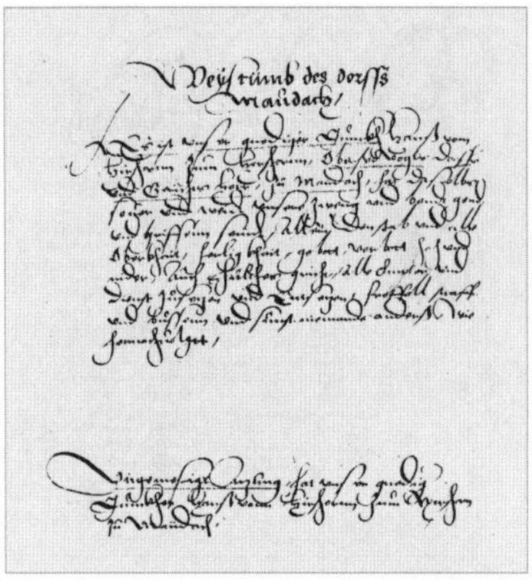

Teil des „Weistumbs des Dorffs Maudach" von 1518 im Dorfgerichtsbuch [6]

Eine Hinrichtung in Edigheim[20]

In Edigheim hatten die Herren von Oberstein als Ortsherren auch die hohe Gerichtsbarkeit inne. Deshalb stand es ihnen zu, den Knecht Hans Schauenberger aus Viernheim, der in Edigheim verhaftet worden war, zu richten. Unter der Folter gestand der Beklagte verschiedene Diebstähle dort, in Oppau und Viernheim – er hatte unter anderem ein Gewehr sowie Geld und mehrere Laibe Käse entwendet. Von seinem Vernehmungsort Guntheim wurde er unter kurpfälzischem Geleitschutz zurück nach Edigheim gebracht, wo das um einige Vertreter benachbarter Ortschaften verstärkte Dorfgericht unter Vorsitz des Junkers Rudolf von Oberstein als Vertreter des Ortsherren über ihn richtete. Der Kläger verlangte die Todesstrafe, der Rechtsbeistand des Beklagten, ein „Actuatter Israel in Worms", bat um Gnade und bot an, der Beklagte werde zur Sühne nach Ungarn in den Türkenkrieg ziehen. Das Gericht aber verurteilte Schauenberger unter Berufung auf die Strafgerichtsordnung des Reiches zum Tod. „Als nun dieses Urteil öffentlich vor dem Rathaus ‚mit dem ganzen Umstand' ausgesprochen wurde, hat sich von des armen Beklagten wegen niemand ferner vermerken lassen, der um [...] Milderung gebeten." Der – von Alzey herbeigerufene – Henker „führte ihn unter Begleitung einer großen Menge Volkes an den erst neulich aufgerichteten Galgen, knüpfte ihn an und richtete ihn mit Strang und Kette vom Leben zum Tode. In der Sonntagsnacht hernach ist der Übeltäter vom Galgen abgelöst worden, vermutlich der Ketten halber, so die Gaukler und Teufelsbeschwörer brauchen, oder aber durch Anstiftung von des Übeltäters Freundschaft. Dienstags hernach wurde aber die Leiche durch Hansen, den Nachrichter [Henker] von Worms, wieder an den Galgen gehängt"; denn der Leichnam mußte nach dem Brauch der Zeit zum abschreckenden Beispiel mindestens acht Tage sichtbar allem Volke hängen bleiben.

Trotz äußerlich unveränderter Verfassung griffen die neuen Herrschaftsansprüche der ›Obrigkeit‹ tief ins kommunale Leben ein. So regelten die Landes- bzw. Herrschaftsordnungen der Kurpfalz und der Hirschhorner[21] unter anderem die Bürgerannahme, den Brandschutz, den Güterwechsel, die Vormundschaften, die Strafen für Manipulationen an den Grenzsteinen und mahnten die gute bauliche Instandhaltung der Gebäude an, da deren Erscheinungsbild Zeugnis dafür ablegen sollte, daß die Herrschaft um das Wohlergehen der Untertanen bemüht war. Die Hirschhornsche Ordnung übertrug den Dorfgerichten weitreichende Vollmachten zur Rechtspflege, setzte Geldbußen und – bei schwereren Vergehen – auch das Abhacken von Hand oder Schwurfingern als Strafen fest. Auf diese Weise sollte ein geordnetes, friedliches Zusammenleben der Gemeinschaften erzwungen werden. Auch das sittliche und religiöse Leben erfuhr eine umfassende Reglementierung. Die einschlägigen Vorschriften waren vor allem auch Ausfluß des Geistes der Reformation, die die Region der heutigen Stadt tiefgreifend veränderte.

Die Reformation und ihre Folgen

Die Gegend um Heidelberg sei eine der lutherischsten in ganz Deutschland, schrieb der päpstliche Nuntius 1535. Neun Jahre später kamen viele Menschen dort nicht mehr zur Kommunion, und wenn, verlangten sie das Abendmahl in beiderlei Gestalt.[22] Diese Beobachtungen hätte man wohl auch im Gebiet der heutigen Stadt machen können, lag es doch umringt von Brennpunkten reformatorischer Geschehens: 1518 hatte sich der der Ketzerei beschuldigte Mönch Luther auf dem

Anmerkungen Seite 92 und 93

20 *Braun, S. 99ff*
21 *Lohmann, S. 215ff*
22 *Schaab, S. 25*
23 *ebd., S. 16*
24 *Kreuter, Chronik, S. 33f*
25 *vgl. Kapitel 2*
26 *vgl. Alter, Speyer; ders., Bauernkrieg, S. 1369f*
27 *vgl. Herbel*
28 *zum Bauernkrieg vgl. Alter, Bauernkrieg sowie ders., Aufstand, S. 374ff*

Kapitel seiner Ordensbrüder, der deutschen Augustinereremiten, in Heidelberg zu verantworten und erregte mit seinen Thesen größtes Aufsehen,[23] 1521 erschien er vor Kaiser und Reich auf dem Reichstag in Worms. 1526 beschloß der Speyerer Reichstag eine gewisse Duldung der Einführung des Protestantismus durch die Landesherren. Kurfürst Johann von Sachsen, der mit einem Gefolge von mehreren hundert Menschen und Pferden auf dem Weg zum Reichstag war, machte damals in Oggersheim für Beratungen über die Tagesordnung der Versammlung Station.[24] Der ebenfalls in Speyer abgehaltene Reichstag von 1529 erneuerte das 1521 ausgesprochene Verbot von Luthers Lehre, was zur „Protestation" der lutherisch gesinnten Landesherren und Reichsstädte führte.

Nachrichten über diese Geschehnisse verbreiteten sich sicherlich sehr schnell im Umland. Dort trafen sie, wie andernorts auch, auf eine Situation, die nur auf den zündenden Funken gewartet hatte. Die materiellen Grundlagen der seelsorgerlichen Betreuung der Gemeinden im heutigen Stadtgebiet waren im Spätmittelalter deutlich geschwächt worden: Alle Pfarreien außer Maudach waren geistlichen Instituten in Worms und Speyer ›inkorporiert‹, d. h., das Institut erhielt alle Einkünfte und setzte einen vermutlich schlecht bezahlten Vertreter zur Versehung der Pfarre ein. Und selbst in Maudach scheint der Pfarrer nicht am Ort residiert zu haben: Auch er ließ sich wohl vertreten.[25]

Zudem herrschte ganz allgemein Unzufriedenheit mit der Last der Abgaben für Geistlichkeit und Landesherren.[26] Die neue Sorge der Obrigkeit um die Untertanen fand nicht deren ungeteilten Beifall: So sorgte die verstärkte Kontrolle bei der Nutzung der Wälder, deren völlige Abholzung durch die wachsende Bevölkerung vermieden werden sollte, für viel Streit und Bitterkeit. Zudem hatten sich die Lebensbedingungen der Menschen allgemein verschlechtert: Die ›kleine Eiszeit‹ hatte die recht günstigen klimatischen Bedingungen des Mittelalters abgelöst, kalte, nasse Jahre mit Mißernten und darauf folgend Hungersnöten und ›Teuerungen‹ kamen auch in der vorderpfälzischen Region häufiger vor – so etwa 1490, 1491, 1498, 1501 und 1513. Seuchen grassierten immer wieder, und in den rheinnahen Regionen waren Hochwasser eine Geißel der Menschen.[27]

Schon im 15. Jahrhundert hatte es in Südwestdeutschland immer wieder Bauernunruhen gegeben,[28] und Anfang des 16. Jahrhunderts waren sie verstärkt in Gegenden nahe der Pfalz ausgebrochen. Der – von eher mißverstandenen reformatorischen Gedanken geförderte – große Bauernkrieg erreichte die Kurpfalz Ende April 1525. Kurfürst Ludwig V. zögerte zuerst, verhandelte und traf eine Vereinbarung mit den Bauern, die die Einberufung eines Landtags versprach. Doch die Auseinandersetzung ging weiter. Von Anfang Juni an wälzte sich ein neuer, etwa 8 000 Mann großer Bauernhaufen von Winzingen aus durch die Vorderpfalz. In Mundenheim schloß sich ihm offenbar ein stattlicher Teil des Dorfes an, Oggersheim, das um den 10. Juni erreicht wurde, leistete anscheinend keinen Widerstand, sympathisierte vielleicht sogar. Die Schlacht bei Pfeddersheim am 23./24. Juni 1525 endete mit der Niederlage der Bauern, der Kurfürst ließ ein blutiges Exempel statuieren, scheute aber vor weitläufigen Rachemaßnahmen zurück. Er wollte Ruhe. In Mundenheim allerdings hatte man noch Jahre später keine Kenntnis vom Verbleib der mit dem Bauernheer Gezogenen. Sie waren offenbar außer Landes geflohen.

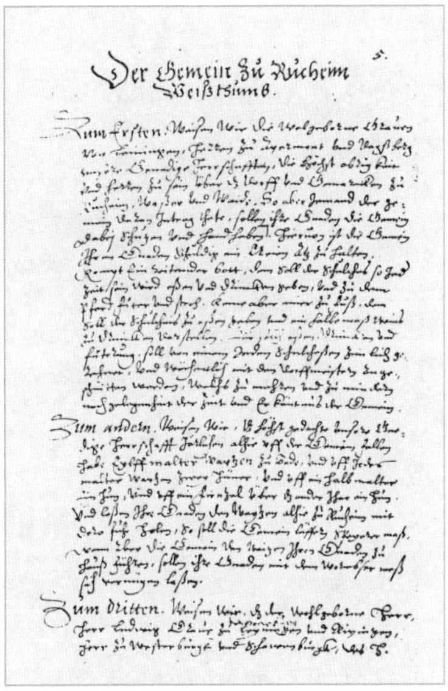
Der Gemein zu Ruchheim
Weißthumb

„Der Gemein zu Ruchheim Weißthumb" vom Beginn des 17. Jahrhunderts. Erste Seite des Dorfrechtes aus dem Ruchheimer Dorfgerichtsbuch [7]

Gedenkplatte vor der Oggersheimer Markuskirche zur Erinnerung an den Aufenthalt Kurfürst Johanns von Sachsen in Oggersheim 1526 [8]

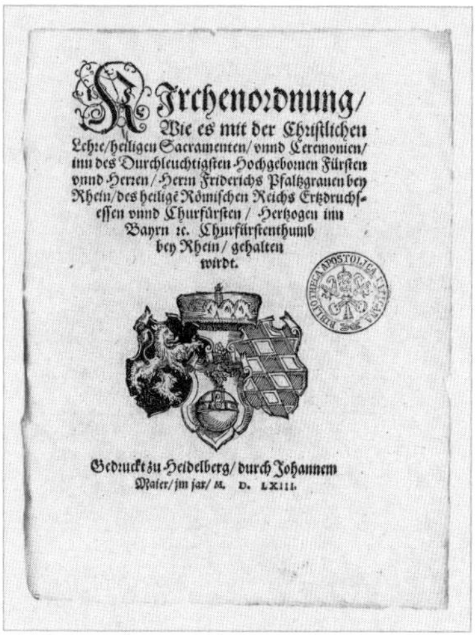

Kirchenordnung/
Wie es mit der Christlichen
Lehre/heiligen Sacramenten/vnnd Ceremonien/
inn des Durchleuchtigsten Hochgebornen Fürsten
vnnd Herren/Herrn Friderichs Pfaltzgrauen bey
Rhein/des heiligẽ Römischen Reichs Ertzdruchs-
essen vnnd Churfürsten/ Hertzogen inn
Bayrn rc. Churfürstenthumb
bey Rhein/ gehalten
wirdt.

Gedruckt zu Heidelberg/ durch Johannem
Maier/ im jar/ M. D. LXIII.

Die kurpfälzische Kirchenordnung von 1563. Dieses Exemplar gelangte im Dreißigjährigen Krieg nach der Eroberung Heidelbergs durch die Bayern als Geschenk Kurfürst Maximilians von Bayern mit der ganzen berühmten ›Bibliotheca Palatina‹ an den Vatikan. Daher der Stempel der Vatikanischen Bibliothek [9]

Das gewaltsame Geschehen verhinderte allerdings nicht die Ausbreitung der Reformation. Schon 1522 und 1523 mahnte der Bischof von Speyer die Gläubigen und Geistlichen, Luthers Ketzerei auszurotten.[29] Dies sahen jedoch die Herren von Hirschhorn ganz anders: Sie gehörten zu den frühesten Anhängern des Reformators.[30] Schon 1522 hatten sie einen lutherischen Pfarrer in Hirschhorn selbst eingesetzt. Das Verbot der neuen Lehre 1529 ließ allerdings auch sie vorsichtiger werden. Erst 1543 führte Hans IX. von Hirschhorn das Luthertum in allen seinen Territorien ein. 1544 verbot er dem Geistlichen in Königsbach, dem Hauptort der Herrschaft Lindenberg, zu der auch Maudach und Mundenheim gehörten, das Messelesen, drei Jahre später drängte er auf die Einsetzung eines lutherischen Pfarrers.[31] In Maudach, wo nicht die Hirschhorner, sondern in jener Zeit die ebenfalls schon sehr früh lutherische Kraichgauer Ritterfamilie der Göler von Ravensburg das Patronat von 1538—1553 innehatte, ist eben in jenem Jahr 1547 erstmals der lutherische Pfarrer Balthasar Müller nachweisbar.[32] Noch einmal zögerten die Hirschhorner, als nach dem Schmalkaldischen Krieg der Kaiser zeitweise die Oberhand über die Protestanten gewann und das ›Interim‹ verkündete, das den Laienkelch und die Priesterehe erlaubte, ansonsten aber die alte Kirche festigen sollte. Als das militärische Glück sich erneut gewendet hatte und endgültig nach dem Augsburger Religionsfrieden von 1555, der den Landesfürsten und auch den Reichsrittern wie den Hirschhornern das Reformationsrecht einräumte,[33] war die Einführung des Luthertums gesichert.

In der Kurpfalz hatte Kurfürst Ludwig V. eine abwartende Haltung eingenommen.[34] Äußerlich weiterhin katholisch, unternahm er doch nichts gegen die Ausbreitung der reformatorischen Lehre. Blutig bekämpfte er allerdings die ›Täufer‹,[35] die kurz nach dem Bauernkrieg in der Pfalz aufzutauchen begannen. Hier witterte der Kurfürst eine herrschaftsfeindliche, revolutionäre Kraft, die es auszumerzen galt. Auch in Oggersheim gab es offenbar eine Gemeinde, ein Täuferführer wurde in der Stadt im Gefängnis gehalten. In der zweiten Jahrhunderthälfte wurde den Täufern mit Landesverweis gedroht, obgleich man auch eine gewisse Duldung möglich machte. Noch Anfang des 17. Jahrhunderts berichteten Amtsleute und Pfarrer von Versammlungen der Täufer im Feld bei Ruchheim, während andererseits die Oggersheimer Gemeinde durch Verbote, Wegzug und das langsame Wegsterben der aktiven älteren Mitglieder fast erloschen sei.

Ludwigs Nachfolger Friedrich II. trat 1546 offen zum Luthertum über, nahm nach dem Sieg des Kaisers 1547 das ›Interim‹ an, starb aber 1556 als Lutheraner. Mit Kurfürst Ottheinrich kam nunmehr ein überzeugt lutherischer, glaubenseifriger Mann zur Regentschaft. Er führte offiziell das Luthertum in der Pfalz ein und ließ 1556 das ganze Land durch seine geistlichen Vertrauten visitieren, um einen Eindruck vom religiösen Zustand der Pfalz zu erhalten. Angesichts der Wirrnisse der Vorjahre zeigte sich ein erschreckendes Bild:[36] Der Kirchenbesuch war oft erbärmlich, die Almosen und Pfarrergehälter gingen nicht ein – schon seit 1525 hatte es Probleme mit den Zehnten gegeben. Die Pfarrer waren oft ungelehrt, verwirrt, manche noch katholisch, manche lutherisch. Im Oberamt Neustadt, zu dem auch der Nordteil des heutigen Stadtgebiets gehörte, gab es angeblich viele Täufer und andere Sektierer, da die offizielle Kirche einen wenig einladenden Eindruck bot.

Anmerkungen
Seite 94 und 95

29 Alter, Speyer, S. 1361
30 Irschlinger, S. 21f
31 Stamer, S. 52f
32 Nach freundlicher Auskunft von Heinrich König, Ludwigshafen, der die einschlägigen Aktenstücke im Staatsarchiv Wertheim eingesehen hat (vgl. StALu, M König, unverz.)
33 Irschlinger, S. 22; Lohmann, S. 212
34 zum Gang der Reformation in der Pfalz vgl. Lossen; Schaab, S. 23ff
35 zu den Täufern in der Pfalz vgl. allgemein Güß, betr. Oggersheim bes. S. 102f
36 Lossen, S. 249ff
37 Himmighöfer; Mayer, S. 132f; Biundo, S. 338
38 Braun, S. 125f

Ein kurpfälzisches Lebensbild
aus dem konfessionellen Zeitalter: **David Pareus**[37]

David Wängler, der wie so viele Reformationstheologen seinen Namen latinisierte, wurde 1548 in Frankenstein in Schlesien als Sohn eines Schöffen geboren. Zuerst Apotheker, dann Schusterlehrling, mußte er wegen seiner reformierten Neigungen seine Heimat verlassen. 1566 immatrikulierte er sich in Heidelberg und arbeitete danach in verschiedenen geistlichen Positionen in der rechtsrheinischen Pfalz. In Niederschlettenbach bei Bergzabern, einer Gemeinschaftsherrschaft von Kurpfalz und Speyer, konnte er sich wegen der feindseligen Haltung der Katholiken nicht halten. Nach dem Regierungsantritt des lutherischen Kurfürsten Ludwig VI. suchte er Zuflucht im Fürstentum von dessen reformierten Bruder Johann Casimir. So wirkte er 1577 bis 1580 als Pfarrer in Oggersheim und danach als Professor an der vom Pfalzgrafen für die Reformierten gegründeten Hochschule des ›Casimirianums‹ in Neustadt. 1584 konnte er nach Heidelberg zurückkehren, wurde Leiter des ›Sapienzkollegs‹, Kirchenrat und Professor an der Universität. Ein fruchtbarer Schriftsteller, wurde er vor allem wegen seiner Herausgabe der ›Neustadter Bibel‹, der ersten reformierten Bibelausgabe Deutschlands, und seiner Friedensschrift ›Irenicum‹ berühmt, die um Einigkeit zwischen den protestantischen Konfessionen warb. Auch ein Streitgespräch mit den Speyerer Jesuiten suchte er zu führen. 1621 floh Pareus vor den anrückenden spanischen Truppen vorübergehend aus Heidelberg. Im Jahr darauf starb er in der kurpfälzischen Hauptstadt am Vorabend ihrer Eroberung durch das Heer der katholischen Liga.

Eminenter Theologe und der hervorragendste frühe protestantische Pfarrer von Oggersheim: David Pareus [10]

Ottheinrich erließ eine Kirchenordnung und begann mit dem Wiederaufbau der kirchlichen Strukturen. Doch kehrte noch keine Ruhe ein, denn nach seinem frühen Tod kam mit dem Simmerner Pfalzgrafen Friedrich, als Kurfürst Friedrich III., ein Herrscher an die Regierung, der zum Calvinismus neigte. Dieser wurde schließlich 1560 offiziell in der Kurpfalz eingeführt, obgleich der Augsburger Religionsfriede nur den Katholizismus und das Luthertum tolerierte. 1563 folgten eine neue Kirchenordnung und ein Katechismus. Die bisher durch bischöfliche Jurisdiktion geregelten Bereiche wie etwa die Ernennung bzw. Bestätigung der Pfarrer oder auch das Eherecht wurden nunmehr von durch den Staat eingesetzten Körperschaften wahrgenommen. So entstand in Heidelberg der vom Kurfürsten ernannte Kirchenrat als oberstes Organ der pfälzischen Kirche.

Die von den Visitatoren des Jahres 1556 oft noch monierten ›papistischen‹ Zierrate, Bruderschaften und Praktiken wurden rigoros beseitigt. Der Kurfürst selbst legte Hand an beim ›Bildersturm‹ in Heidelberg. Über die ›Reinigung‹ der Kirchen in den kurpfälzischen Orten des heutigen Stadtgebiets ist nichts bekannt, doch ist es bezeichnend, daß der ›Brudermeister‹ der ›Elendsbruderschaft‹ in Edigheim nunmehr auch als Almosenpfleger der Gemeinde agierte und neben armen und kranken Reisenden auch für die Ortsarmen zu sorgen hatte.[38] ›Brüder‹ waren die Zinsbauern des Dorfes, etwa dreißig bis vierzig, die bestimmte Abgaben zu entrichten hatten.

Der Calvinismus blieb in Oggersheim, Oppau und Friesenheim dann bis zum Dreißigjährigen Krieg die herrschende Lehre, da Pfalzgraf Johann Casimir, unter dessen Herrschaft die Orte 1576/78 kamen, nicht den Rückschwenk seines Bruders, Kurfürst Ludwigs VI., zum Luthertum mitmachte. Stolz betonte man in einem 1683 aufgestellten

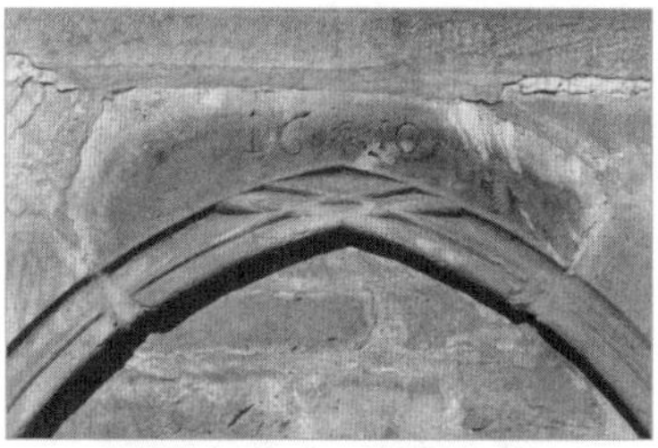

Ausschnitt des kriegszerstörten Turmportals der Sebastianskirche in Mundenheim. Der Schlußstein, noch ganz in gotischen Formen gehalten, trägt das Datum 1610. Er wurde also in lutherischer Zeit gesetzt. Die Verwendung altertümlicher Formen war vielleicht wie anderwärts Zeichen von Provinzialität, vielleicht auch von Pietät, da man die Gotik oft als den christlichen Baustil überhaupt betrachtete [11]

Verzeichnis der Rechte der Stadt Oggersheim, daß die dortige Pfarre „allezeit seit der ersten reformation (außer dem dreißigjährigen Krieg, da das Gegenteil die Oberhand gehabt) der wahren christlich reformierten Religion zugetan gewesen" sei.[39]

Nach Ludwigs Tod 1583 wurde Johann Casimir Regent für dessen minderjährigen Sohn und führte den Calvinismus wieder in der ganzen Pfalz ein, nachdem er schon zuvor der aus Heidelberg und der rechtsrheinischen Pfalz ausgewiesenen calvinistischen Pfarrer- und Theologenschar Asyl geboten hatte. Auch der namhafte Theologe David Pareus, der in den Jahren 1577 bis 1580 als Pfarrer in Oggersheim amtierte, gehörte zu diesen Glaubensflüchtlingen.

Im Gegensatz zur flächenhaften Einführung der Reformation in Norddeutschland entstand in Südwestdeutschland und der Pfalz ein bunter Flickenteppich von katholischen, lutherischen und calvinistischen Herrschaften. Dabei ergaben sich absurde Konstellationen. Während die weiterbestehenden geistlichen Körperschaften in Worms und Speyer ihre Rechte zur Ernennung der Pfarrer in der calvinistischen Pfalz und dem lutherischen Hirschhorn-Gebiet selbstverständlich nicht mehr ausüben konnten – die Geistlichen wurden in den ehemals geistlichen Patronatspfarreien von ›der Herrschaft‹ benannt[40] –, wurden sie keineswegs enteignet. Das hätte den Religionsfrieden verletzt. So besassen die Institutionen weiterhin große Güter auch im Gebiet der heutigen Stadt – die nunmehr von Calvinisten und Lutheranern gepachtet wurden. Die Zehnten gingen weiterhin zum Beispiel an das Wormser und Speyerer Domkapitel, die dafür – so in Oppau und Oggersheim – die Baulast für die Pfarrhäuser reformierter Geistlicher und reformierter Kirchen trugen.[41] Ja, mehr noch – während der Heidelberger Katechismus die Messe als „vermaledeite Abgötterei" bezeichnete, mußte das Wormser Domkapitel die Besoldung der reformierten Pfarrer von Oggersheim und Oppau zahlen.[42] Das Speyerer Domkapitel zahlte die des Pfarrers in Rheingönheim. Was einst bei Inkorporation der Pfarreien durch die Stifte als ›gutes Geschäft‹ erschienen war, wurde nun zum Ärgernis. Anläßlich einer Neubesetzung der Rheingönheimer Pfarrstelle ließen etwa die Speyerer Domherren beim Herren von Hirschhorn, der den neuen Geistlichen präsentierte, anfragen, ob der Kandidat auch wirklich Lutheraner und nicht Reformierter sei.[43] Zur Bekundung seines hilflosen Mißfallens gegen die nicht-katholische Besetzung verwendete das Kapitel bei der Einweisung der Pfarrer in ihre Einkünfte eine Art ›Trotzformel‹, die aber doch die Duldung und Bezahlung vorsah.[44]

Die geistlichen Besitzungen innerhalb der Kurpfalz, über die der Kurfürst Verfügungsgewalt hatte, wurden alle der ihm direkt unterstehenden ›Verwaltung der geistlichen Güter‹[45] unterstellt. Die verstreuten Rechte und Besitzungen der Pfarreien wurden dabei von ›Kollekturen‹ verwaltet, die größeren Besitzungen früherer Klöster von ›Schaffnern‹. So gehörten die Limburger Klostergüter im Bereich der heutigen Stadt zur Schaffnerei Limburg, die Kircheneinkünfte zum Beispiel von Oggersheim wurden von der Kollektur Neustadt verwaltet, die dafür die „Zierrate" in der Oggersheimer Kirche finanzieren mußte.[46]

Als mächtigste Herrscher der Region nutzten die Kurfürsten zudem alle ihnen zu Gebote stehenden Mittel, um ihrem Glauben auch in den angrenzenden Gebieten Geltung zu verschaffen.[47] So wurden die

Anmerkungen
Seite 96 und 97

39 *Kappelmann, S.4*
40 *zur Ernennung: Kreuter, Oggersheim, S.26; Maudach, Mundenheim: Irschlinger, S.26*
41 *Kreuter, Oggersheim, S.26; Braun, S.724*
42 *Kreuter, Oggersheim, S.26; Braun, S.747f*
43 *nach freundlicher Auskunft von Heinrich König, Ludwigshafen, nach GLAK 67/982, folio 149*
44 *Stamer, S.53*
45 *Schaab, S.94f*
46 *Kreuter, Güter; Kreuter, Oggersheim, S.26*
47 *Schaab, S.41ff; Barth, S.84f; Braun, S.99, 106, 325*
48 *Lohmann, S.215*
49 *nach freundlicher Auskunft von Heinrich König, Ludwigshafen, vorwiegend nach den Akten im Staatsarchiv Wertheim R, Rep. 78/208 Nr. 21, 28, 36, 48; vgl. StALu, M König, unverz.*
50 *ebd.*

Bewohner von Edigheim, die von Oppau aus geistlich versorgt wurden, ebenfalls reformiert, obgleich die Obersteiner Ortsherren katholisch waren, und nach der Einnahme des Stiftes Neuhausen bei Worms durch Kurfürst Friedrich III. im Jahr 1567 gelangten auch nach Ruchheim als einer Patronatspfarre des Stiftes reformierte Geistliche. So wurde das Dorf trotz seiner leiningischen Landesherren, die dem Luthertum anhingen, zum Calvinismus bekehrt.

Wie die konfessionelle Gemengelage und die häufigen Wechsel auf das Glaubensleben der Menschen gewirkt haben mögen, kann nur vermutet werden. Das mit Strafen bewehrte strikte Verbot von Aberglauben, Zauberei und Teufelsbeschwörungen in den kurpfälzischen und Hirschhorner Landesordnungen wirft ein bezeichnendes Licht auf den ›unterchristlichen‹ Grund, auf dem Katholizismus und Reformation um die Herrschaft rangen.[48] 1580 mußte der Hirschhorner einen Pfarrer gegen dessen Willen nach Maudach abordnen, um Ordnung zu schaffen – s. u. ›Streit um eine Pfarrbesetzung‹. Gab es doch im „Maudacher Eck" in der Nachbarschaft ›Papisten‹ und Calvinisten, und dementsprechend seien die Untertanen zu Maudach in vielfältiger Spaltung der Religion. Wiedertäufer, die sich in der Umgebung aufhielten, hätten gar einige Menschen zur Emigration nach Mähren verlockt.[49]

Um den neuen Glauben zu festigen, brauchte es auch einen neuen und guten Pfarrerstand. Der war jedoch nicht so ohne weiteres verfügbar, und so kamen viele kurpfälzische Pfarrer des Reformationszeitalters aus anderen Teilen Deutschlands – der oben erwähnte Oggersheimer Geistliche David Pareus, ein Schlesier, ist nur ein Beispiel. Mit der Reform der Heidelberger Universität, der Kirchenordnung und der Einrichtung des Kirchenrates als oberster Instanz schuf die Kurpfalz dann die Voraussetzungen für eine geregelte Pfarrbesetzung und eigenen Pfarrernachwuchs.

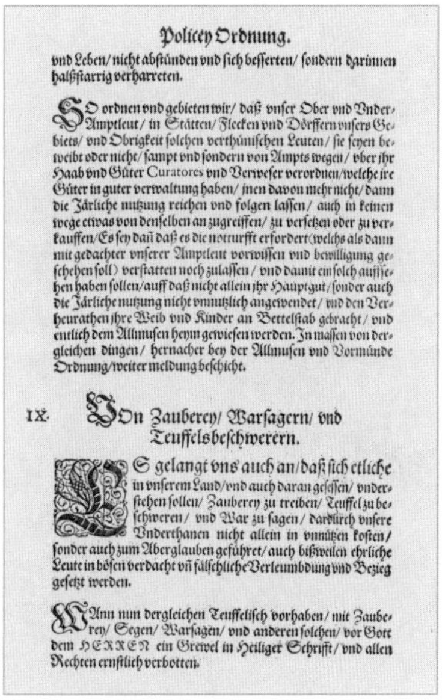

Policey Ordnung.

vnd Leben/ nicht abstünden vnd sich besserten/ sondern darinnen halßstarrig verharreten.

SO ordnen vnd gebieten wir/ daß vnser Ober vnd Vnder-Amptleut/ in Stätten/ Flecken vnd Dörffern vnsers Gebiets/ vnd Obrigkeit solchen verthünischen Leuten/ sie seyen beweibt oder nicht/ sampt vnd sondern von Ampts wegen/ vber jhr Haab vnd Güter Curatores vnd Verweser verordnen/ welche jre Güter in guter verwaltung haben/ jnen davon mehr nicht/ dann die Järliche nutzung reichen vnd folgen lassen/ auch in keinen wege etwas von denselben an zugreiffen/ zu versetzen oder zu verkauffen/ Es sey dañ daß es die notturfft erfordert (welchs als dann mit gedachter vnserer Amptleut vorwissen vnd bewilligung geschehen soll) verstatten noch zulassen/ vnd damit ein solch auffsehen haben sollen/ auff daß nicht allein jhr Hauptgut/ sonder auch die Järliche nutzung nicht vnnutzlich angewendet/ vnd den Verheurathen jhre Weib vnd Kinder an Bettelstab gebracht/ vnd entlich dem Allmusen heym gewiesen werden. In massen von dergleichen dingen/ hernacher bey der Allmusen vnd Vormünde Ordnung/ weiter meldung beschicht.

IX. Von Zauberey/ Warsagern/ vnd Teuffelsbeschwerern.

ES gelangt vns auch an/ daß sich etliche in vnserem Land/ vnd auch daran gesessen/ vnderstehen sollen/ Zauberey zu treiben/ Teuffel zu beschweren/ vnd War zu sagen/ dardurch vnsere Vnderthanen nicht allein in vnnützen kosten/ sonder auch zum Aberglauben geführet/ auch bißweilen ehrliche Leute in bösen verdacht vñ fälschliche Verleumbdung vnd Bezieg gesetzt werden.

WAnn num dergleichen Teuffelisch vorhaben/ mit Zauberey/ Segen/ Warsagen/ vnd anderen solchen/ vor Gott dem HERREN ein Grewel in Heiliger Schrifft/ vnd allen Rechten ernstlich verbotten.

„Von Zauberey, Warsagern und Teuffelsbeschwerern"
Beginn der einschlägigen Passage im Kurpfälzischen Landrecht von 1582 [12]

Streit um eine Pfarrbesetzung in Maudach[50]

Konnten die Herren von Hirschhorn in Mundenheim und Rheingönheim den Pfarrer durch das Erlöschen des geistlichen Patronats (s. o.) ohne Zutun anderer bestimmen, so mußten sie im Fall von Maudach zugunsten der ebenfalls lutherischen Grafen von Löwenstein zurückstehen, die das Patronatsrecht hatten. Dies konnte durchaus zu Konflikten führen. So waren die Hirschhorner höchst ungehalten, als 1579 ein von Löwenstein präsentierter Geistlicher ohne vorherige landesherrliche Erlaubnis einfach mit Sack und Pack in Maudach einzog. Da zudem Bedenken gegen den Lebenswandel des Kandidaten, seine Qualifikation und seine religiösen Überzeugungen bestanden – er wurde verdächtigt, Sympathien für die Täufer zu haben – verbot der Hirschhorner ihm die Kanzel und beauftragte den Rheingönheimer Pfarrer, die Kirche zu betreuen. Löwenstein wurde aufgefordert, einen anderen Pfarrer zu präsentieren, was nicht geschah. Daraufhin ernannte der Hirschhorner einen seiner Geistlichen aus dem Rechtsrheinischen als Interimspfarrer (s.o.). Schließlich gab der Löwensteiner nach und präsentierte einen Kandidaten, der von Dr. Wilhelm Zimmermann, einem Mitglied des damals lutherischen Kirchenrats in Heidelberg empfohlen worden war und akzeptiert wurde. Dabei war die Pfarrei Maudach durchaus nicht sehr lukrativ, da die Löwensteiner die vorreformatorischen Einkünfte des Pfarrers aus Zehnten und Gütern an sich gezogen hatten und dem Geistlichen nur eine feste ›Kompetenz‹ zukommen ließen.

Auch die Hirschhorner, die bevorzugt bewährte Pfarrer aus ihrem rechtsrheinischen Gebiet in der Oberschultheißerei Rheingönheim einsetzten, entwickelten eine Regelung für die Pfarrbesetzung, die die Vorlage von Zeugnissen über Leben und Ausbildung, eine Prüfung durch den Hirschhorner Superintendenten und eine Probepredigt des Kandidaten vorsah, bevor die Einweisung in die Stelle erfolgte.[51] Wie Kurpfalz nahm der Hirschhorner damit die bisherigen bischöflichen Oberaufsichtsrechte bei der Pfarrbesetzung wahr.[52]

Die Festigung des ›wahren‹ Glaubens war im Zeitalter der Glaubensspaltung auf allen Seiten ein besonderes Anliegen der Herrschaften. Hirschhorner und Kurfürsten mahnten den Gottesdienstbesuch und die religiöse Unterweisung ihrer Untertanen in ihren Landesordnungen an.[53] Nach der kurpfälzischen Polizeiordnung waren alle Geschäfte sowie der Aufenthalt auf Straßen und Plätzen, in Wirts- oder Schützenhäusern während des Gottesdienstes verboten. Sowohl der Protestantismus als auch der durch das Konzil von Trient reformierte Katholizismus suchten durch den Unterricht der Jugend Glaube und gute Sitte zu verbreiten.[54] So finden sich denn die ersten Erwähnungen von Schulen im Bereich des heutigen Stadtgebiets in den Jahrzehnten nach der Reformation – zuerst urkundlich faßbar 1572 in Oppau und 1591 in Oggersheim.[55] Ob es sie schon in vorreformatorischer Zeit in der Region gegeben hat, ist schwer zu sagen, aber wohl eher unwahrscheinlich. In Maudach erwähnt das Weistum von 1518, daß der Pfarrer die Funktion eines Gemeindeschreibers ausüben mußte – was man als Zeichen werten könnte, daß offenbar sonst niemand des Lesens und Schreibens genügend mächtig war.[56] Unterhalt und Besoldung der Schulhäuser und Lehrer erfolgte in der Regel durch die Verwaltung der Geistlichen Güter bzw. ›die Herrschaft‹, die Eltern mußten ein kleines Schulgeld zahlen.

Da die Menschen sich nunmehr durch ihre Konfession definierten, wurde zum Beispiel das Bürgerannahmerecht der Stadt Oggersheim dahingehend eingeschränkt, daß nur mit einem Zeugnis des Pfarrers betreffend ihrer Rechtgläubigkeit versehene Bewerber aufgenommen werden durften.[57] Auch verlangten die Kurfürsten seit den 1560er Jahren die Anlage von Kirchenbüchern mit Einträgen zu Taufe, Heirat und Begräbnis, die die Zugehörigkeit der Untertanen zur rechten Kirche dokumentierten. Obwohl es schon in vorreformatorischer Zeit einzelne Ansätze zu solchen Büchern in der Pfalz gegeben hatte, sind sie in unserer Region vermutlich erst nach den reformatorischen Verordnungen entstanden.[58] Mit der Festigung der konfessionellen Verhältnisse nach 1560 dürfte in den folgenden Jahrzehnten in den nachwachsenden Generationen der jeweilige religiöse Status quo Wurzeln geschlagen haben. Damit gab es offiziell im Bereich der heutigen Stadt einen calvinistischen Norden – einschließlich Ruchheim und Edigheim – und einen lutherischen Süden. Ein freies Glaubensleben für Katholiken – von denen nichts mehr bekannt ist – und die im späten 16. und frühen 17. Jahrhundert noch vereinzelt hier bezeugten Täufer existierte nicht.[59]

Anmerkungen
Seite 98 und 99

51 *nach freundlicher Auskunft von Heinrich König, Ludwigshafen, vorwiegend nach den Akten im Staatsarchiv Wertheim R, Rep. 78/208 Nr. 21, 28, 36, 48; vgl. StALu, M König, unverz.*

52 *ebd.*

53 *Lohmann, S. 215; Ernst, S. 214f*

54 *Stamer, S. 95, 97*

55 *Braun, S. 770; Kreuter, Chronik, S. 58*

56 *Kreuter, Maudach, S. 25*

57 *Kreuter, Oggersheim, S. 26*

58 *zu den Kirchenbüchern vgl. Müller, S. VI ff. Wohl aufgrund der Zerstörungen im Dreißigjährigen Krieg stammen die ältesten erhaltenen Kirchenbücher in der Region der heutigen Stadt aus der zweiten Hälfte des 17. Jahrhunderts*

59 *vgl. Güß, S. 102f; Schaab, Katholizismus*

60 *f. d. F. vgl. Alter, Oberamt; für Oggersheim noch: Kreuter, Einwohner*

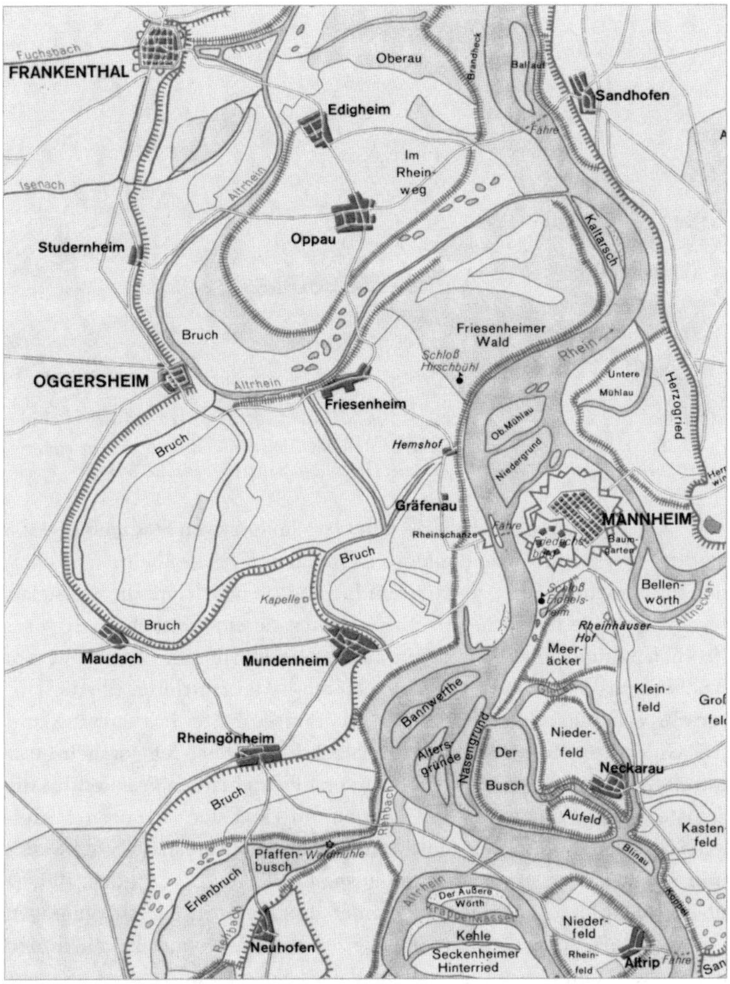

Der Rheinlauf zwischen Altrip und Frankenthal vor dem Dreißigjährigen Krieg [13]
Deutlich erkennbar ist die Vielzahl der tiefgelegenen Altrhein-, Sumpf- und Weidegebiete in den Gemarkungen der Dörfer des heutigen Stadtkreises, die Lage der Gemeinden auf dem Hochufer bzw. Erhebungen in der Niederung und die zahlreichen Dämme. Auch die in Kriegszeiten prekäre Lage des Gebiets zwischen den Festungen Frankenthal und Mannheim wird erkennbar. Am Rand des noch recht großen Auwaldgebiets –›Friesenheimer Wald‹ – liegt das kurfürstliche Jagdschloß Hirschbühl.

Siedlung und Bevölkerung

Erstmals liegen aus dem 16. Jahrhundert Nachrichten über die Bevölkerung der Region der heutigen Stadt vor, die einen genaueren Blick auf deren Zahl, Beschäftigung, Vermögensstand und Vergnügungen erlauben. Eine wichtige Quelle ist das Türkensteuerregister des Oberamts Neustadt. Nach einem Reichstags-Beschluß sollte im ganzen Reich eine Türkensteuer zur Finanzierung des Kampfs gegen das Osmanische Reich erhoben werden.[60] Zu diesem Zweck wurden in den Jahren um 1585 alle kurpfälzischen Untertanen nach ihrem Vermögen geschätzt.

Pfeiler mit Datum 1572 im Keller des Hauses Kirchenstraße 50 in Maudach [14]

Ein in Renaissanceformen gehaltener Schlußstein mit der Jahreszahl 1613 an einem Kellereingang im Inneren des Hauses Luitpoldstraße 15 in Friesenheim [15]

Die drei damals kurpfälzischen Orte im heutigen Stadtgebiet – die Stadt Oggersheim sowie die Dörfer Oppau und Friesenheim – erscheinen darin nicht eben in günstigstem Licht. Wie überhaupt die Ortschaften im Gebirge und nahe am Rhein wiesen sie ein deutlich niedrigeres Pro-Schatzungszahler-Vermögen auf als die Dörfer und Städte in den fruchtbaren Wein- und Ackerbaugebieten in der mittleren Ebene. Unter 36 erfaßten Gemeinden des Oberamtes hatte Friesenheim mit 217 Gulden pro Kopf den nahezu schlechtesten Wert, Oggersheim war mit 358 Gulden pro Kopf neben dem erst entstehenden Frankenthal die ärmste Stadt, Oppau mit 402 Gulden ein Dorf der ›ärmeren Mittelklasse‹. Edenkoben, Neustadt, Schauernheim, Dannstadt, Duttweiler und Meckenheim erreichten demgegenüber Werte von über 700, ja über 900 Gulden. Von den 33 Personen im Oberamt, die ein Vermögen von mehr als 4 000 Gulden vorzuweisen hatten, wohnte keiner in den drei Orten, und nur in Oggersheim gab es einen Steuerzahler mit etwas mehr als 3 000 Gulden Vermögen.

Vermögensverteilung in Oggersheim, Oppau und Friesenheim 1585
nach dem Türkensteuerregister
in absoluten Zahlen und in % der Schatzungspflichtigen

	Oggersheim		Oppau		Friesenheim	
	abs.	in %	abs.	in %	abs.	in %
unter 199 fl.	79	58,1	32	53,3	38	66,7
200—799 fl.	43	31,6	21	35	16	28,1
800—1 399 fl.	4	2,9	3	5,0	3	5,2
1 400—2 999 fl.	9	6,7	4	6,7	–	–
über 3 000 fl.	1	0,7	–	–	–	–

Ein Drittel der Bewohner Oggersheims wurde unter der Kategorie „vermag nichts" eingeordnet, war also tendenziell völlig vermögenslos. Und während in Neustadt 28% der Bevölkerung über 800 Gulden Vermögen nachwiesen, waren es in Oggersheim nur 10,3%.

Waren in Oppau und Friesenheim jeweils fast 90% der Schatzungspflichtigen offenbar in der Landwirtschaft tätig – es gab dort nur ganz wenige Handwerker, ernährten sich in Oggersheim immerhin über

Anmerkungen
Seite 101

61 *Kreuter, Oggersheim, S. 29*

62 *Schaab, S. 101, 105*

63 *Dieses Ergebnis ist sicher zutreffend, obgleich das Steuerregister eine gewisse Verzerrung dadurch erhielt, daß Bargeld und Handwerksgerätschaften sowie Wertgegenstände nicht in die Schätzung einbezogen waren – was wohlhabendes städtisches Publikum bei ihren Zahlungen eher begünstigte, für den heutigen Forscher aber deren Vermögen zum Teil verbirgt. Doch scheint es kaum wahrscheinlich, daß wirklich wohlhabende Stadtbürger in ärmlichen und wertlosen Häusern, die bei der Vermögensschätzung herangezogen wurden, wohnten oder daß Handwerker, die nur einen ärmlich taxierten Umsatz hatten, über wertvollste Gerätschaften verfügten. Insofern sind der Verzerrung Grenzen gesetzt.*

64 *Die im Gebiet der Rheinniederung sehr verbreiteten Gewannamen Pfingstweide – diese war erst zu diesem Zeitpunkt hochwasserfrei, Mittagsweide, Nachtweide, Gänsweide, Fohlenweide etc. sprechen eine deutliche Sprache*

Ansicht von Frankenthal vom „Meister des kurpfälzischen Skizzenbuchs" um 1598 Ähnlich werden auch die anderen Ansiedlungen der Umgebung ausgesehen haben [16]

Wohnhaus aus dem Jahr 1632 an der Rheingönheimer Hauptstraße [17]

Wohnhaus aus dem Jahr 1620 am Rheingönheimer Brückweg [18]

20 Menschen, d.h. etwa 19% der Schatzungspflichtigen, von Handwerk, Handel und Gewerbe. Da gab es zwei Bäcker, zwei Fischer, einer davon auch ›Metzler‹, einen Reusenmacher, zwei Schuster, zwei Leinenweber, zwei Steinmetzen, drei Dachdecker, einen Schreiner, einen Zimmermann, zwei Küfer, einen Verkäufer von Kleinwaren – ›Höker‹, einen Abdecker, einen Bader und einen ›Gelzenheiler‹ (Schweinschneider). Abgesehen von einem der Schuhmacher, einem Küfer und dem Abdecker gehörten sie allerdings durchgängig zu den wenig Begüterten, zwölf „vermochten nichts" oder wenig. Ihr durchschnittliches Vermögen war mit etwa 90 Gulden weit niedriger als das der Stadteinwohner insgesamt. Dies zeigte deutlich, daß Oggersheim zwar mit einer recht breiten Palette von Handwerkern die Versorgung der umliegenden Ortschaften mit übernahm – es war ja auch Marktstadt. Ein bedeutenderes Handels- und Gewerbezentrum war es jedoch nicht. In Neustadt als Verwaltungszentrum und größter Stadt des Amtes sowie in Frankenthal waren ca. 50% bzw. 67% der Schatzungspflichtigen in Handwerk, Handel und Gewerbe tätig, und sie waren, zumindest was Neustadt anging, deutlich wohlhabender. Möglicherweise litt Oggersheim, das 1555 von einer Feuersbrunst verwüstet worden war,[61] schon unter der Konkurrenz des nahen, durch die Ansiedlung holländischer calvinistischer Flüchtlinge mächtig aufstrebenden Frankenthal, das, seit 1577 Stadt, bis zum Vorabend des Dreißigjährigen Krieges auf ca. 6 500 Einwohner anschwoll.[62] Hier wurden Tuche, Tapisserien und Luxusgegenstände hergestellt, eine Malerschule florierte. Demgegenüber blieb Oggersheim, wo 1585 offenbar nur ein einziger Schatzungspflichtiger niederländischer Herkunft wohnte, weit abgeschlagen.

Ganz allgemein zeigt allerdings das Türkensteuerregister, daß die reichsten Menschen meist Landwirte waren – auch die wenigen Reichen in Oggersheim und den Dörfern.[63] Die Landwirtschaft war und blieb die Erwerbsgrundlage der überwältigenden Mehrheit der Bevölkerung, und damit hatten die rheinnahen Orte mit ihren Gemarkungen voller riesiger Sumpfgebiete und den vielen flußnahen Niederungen, die oft überschwemmt waren und nur als Weide[64] genutzt werden konnten, eben nicht die besten Voraussetzungen. Auch der Weinbau, der andere Dörfer reich machte, war hier zwar vorhanden, doch weit weniger ausgedehnt als am Haardtrand.

Hirschjagd im Wald
Holzschnitt von Michael Ostendorfer [19]

Entsprechend den weniger günstigen Gegebenheiten für den Nahrungserwerb gehörten Oggersheim, Oppau und Friesenheim mit geschätzten 505, 222 und 210 Einwohnern durchaus nicht zu den volkreichsten Orten im Oberamt und der Kurpfalz insgesamt.[65] Ende des 16. Jahrhunderts waren die Dörfer in den Gebirgsgegenden mit einer Bevölkerung von um die 100 oder weniger Menschen zwar deutlich kleiner als die Orte im heutigen Stadtgebiet, doch in der rechts- und linksrheinischen Ebene fanden sich zahlreiche Dörfer mit über 500, ja über 1 000 Einwohnern. Die Städte hatten im Schnitt etwa 1 000 Einwohner; Heidelberg mit ca. 7 000, Neustadt und, wie erwähnt, Frankenthal waren deutlich größer.

Auch für die Hirschhornschen Orte ist eine Schätzung der Bevölkerung für die Zeit um die Mitte des 16. Jahrhunderts möglich.[66] Denn die Untertanen schuldeten neben diversen meist Natural- und einigen Geldabgaben auch von jedem Haushalt ein ›Fasnachtshuhn‹. Im Jahr 1518 hatte Rheingönheim 43 solcher Hühner zu liefern, Mundenheim und Maudach 40 Jahre später etwa 58 bzw. 38. Einige Haushalte, wie der Inhaber des Hirschhornschen Guts in Rheingönheim, der kaiserliche Posthalter in Maudach oder die Pfarrer waren von dieser Abgabe befreit, so daß die Zahl der Haushalte ein wenig größer war als die Zahl der Fasnachtshühner. Multipliziert man diese Zahlen mit 4,5 – der ungefähren durchschnittlichen Größe eines Haushalts – ergeben sich für Rheingönheim 1518 rund 200 Einwohner, für Mundenheim 1556 circa 280, für Maudach ungefähr 180. In Maudach zogen in den Jahren 1559 bis 1618 nach den Angaben des Dorfgerichtsbuchs 47 Menschen zu. Um 1618 dürfte die Bevölkerung bei etwa 250 Menschen gelegen haben.[67]

In den kurpfälzischen Orten stieg die Bevölkerung bis zum Vorabend des Dreißigjährigen Krieges offenbar kaum mehr an. Waren 1585 an Haushalten und Vormundschaften in Oggersheim, Oppau und Friesenheim 136, 60 und 57 genannt, so liegen die Zahlen im Schatzungsregister von 1617 bei 143, 73 und 61.[68] Den höchsten Anstieg hatte Oppau zu verzeichnen, Oggersheim stagnierte geradezu. Dies kann nicht nur

Anmerkungen
Seite 102 und 103

65 *neben Alter, Oberamt, auch Schaab, S. 95ff*

66 *Maudach / Mundenheim: Lohmann, S. 286ff; Rheingönheim: Angabe im Hirschhornschen Zinsregister von 1518; Abschrift in StALu, Rgh. 468*

67 *König, Bürgerbuch, S. 8*

68 *Braun, S. 333f; Ruf, S. 107; Kreuter, Steuerveranlagungen*

69 *Stamer, S. 95ff, 100*

70 *Lohmann, S. 220f; Kreuter, Maudach, S. 27*

Skizzenhafte Darstellung von Schloß Hirschbühl aus der Karte der pfälzischen Rheinbefahrung von 1580 [20]

die Folge der Frankenthaler Konkurrenz sein. Ende des 16. Jahrhunderts suchte offenbar eine Pestepidemie viele linksrheinische Orte heim, welche die Visitatoren der Landgebiete des Bistums Speyer um 1586/88 als „großes Sterben" bezeichneten. In einem Dorf gab der Lehrer an, vor der Pest 40, danach nur noch 16 Schüler gehabt zu haben, in Heiligenstein starben 100 Menschen an der Seuche.[69] Da die Ansiedlungen ganz unterschiedlich betroffen sein konnten, differierte wohl auch die Bevölkerungszunahme entsprechend.

Die landesherrlichen Akten des 16. Jahrhunderts berichten freilich nicht nur vom eher bescheidenen Wohlstand der Menschen, von Pest und von Aufruhr. Die im Geist protestantischer Sittlichkeit verfassten Herrschafts- und Polizeiordnungen und die Weistümer zeigen in ihren Ver- und Geboten auch das Bild der Vergnügungen, die die Untertanen genießen konnten:[70] Wirtshausbesuche mit den Gefahren der Trunkenheit und von Schlägereien, Kirchweihen – zu der in Maudach stiftete der Herr von Hirschhorn Wein, den die Bewohner aber kaufen mußten, wenn etwas übrig blieb; Hochzeiten, deren ›Üppigkeit‹ beschränkt werden sollte – genau regelte die Hirschhorner Herrschaftsordnung den Betrag, den man für Hochzeitsgeschenke ausgeben durfte; Tanzvergnügen sowie Würfel- und andere Spiele, die streng verboten waren, da die dort gemachten Einsätze die Untertanen ruinieren konnten. Auch Fasnacht, ›Mummereien‹, Maibaumstecken und andere von der protestantischen Obrigkeit als ›heidnisch‹ verdammte Lustbarkeiten werden erwähnt.

Nicht betroffen in seinen Vergnügungen war von diesen Verboten der vornehmste zeitweilige Bewohner des heutigen Stadtgebiets im 16. Jahrhundert – der Kurfürst selbst. Schon lange Zeit war das Hofgut Hirschbühl als herrschaftlicher Jagdstützpunkt genutzt worden. 1556 ließ Kurfürst Friedrich II. dann anstelle des Hofes ein Jagdschloß erbauen, das bis zu seiner Zerstörung im Dreißigjährigen Krieg immer wieder der ›erlauchten‹ Jagdgesellschaft als Wohnort diente.

›Der Jäger aus Kurpfalz‹: Pfalzgraf Johann Casimir (1543—1592) jüngerer Bruder Kurfürst Ludwigs VI., erhielt in Paris und Nancy eine höfische Ausbildung; versuchte sich danach mit wenig Glück als Militärführer in Unterstützung seiner calvinistischen Glaubensbrüder in Frankreich. 1576/78 Pfalzgraf von Pfalz-Lautern, ab 1583 Regent für seinen minderjährigen Neffen Kurfürst Friedrich IV. und Wiederhersteller des Calvinismus in der ganzen Kurpfalz. Vertreter einer aggressiv-protestantischen Außenpolitik, sorgte er für den Ausbau des kurpfälzischen Heereswesens. Im Volksmund lebt er vor allem als trinkfreudiger, fröhlicher Freund der Jagd fort [21]

Kurfürstliches Jagdvergnügen am Rhein
Schloß Hirschbühl und sein Revier[71]

Vom kurfürstlichen Jagdschloß Hirschbühl ist nichts mehr erhalten. Im Dreißigjährigen Krieg zerstört, ist es als ›Jagdbuckel‹ in älteren Karten noch auszumachen, aber die völlige Veränderung der Rheinuferlandschaft läßt inzwischen nur noch Vermutungen über den ehemaligen Standort zu. Die Auwälder, welche den Hirschbühl einst umgeben hatten, sind verschwunden, die Rheinbegradigung des 19. Jahrhunderts führte das neue Flußbett über die Ruine oder unmittelbar an ihr vorbei. Dammbauten und die Ausdehnung der BASF haben auch die letzten Spuren überdeckt. Heute weisen nur noch Gewannbezeichnungen wie sie sich zum Beispiel in der Benennung der ›Herrenwaldstraße‹ erhalten haben, auf das ehemalige Jagdschloß hin.

Hirschbühl war zunächst als Hofgut kurpfälzischer Eigenbesitz gewesen. Dessen älteste uns bekannte Bezeichnung als „Hoff uff dem Hirtzbuhel" zeigt aber auch, daß der Name – Bühl bedeutet: Erhöhung im Rheinniederungsgebiet – unabhängig und schon vor dem kurpfälzischen Gut existierte. Als trockene Erhebung in den Rheinauen war der Hirschbühl ein geeigneter Standort zur Besiedelung und die Kurfürsten wußten schon bald die sich von hier aus bietenden Jagdgelegenheiten zu schätzen.

Anmerkungen
Seite 104

71 Der folgende Text ist eine teils wörtliche Übernahme aus: Ruf, S. 123ff

Wir haben uns die damalige Rheinuferlandschaft völlig anders vorzustellen als sie heute aussieht. In der verlandeten ehemaligen Flußschlinge, die später durch die Rheinbegradigung des Friesenheimer Durchstichs durchschnitten wurde, war ein artenreicher Auwald entstanden. Im trockenen Bereich gab es einen dichten Mischbestand aus Stieleichen, Feldulmen, Erlen und Ahorn, der im Überflutungsgebiet von Pappeln und Grauerlen gebildet wurde, durchsetzt mit schwer durchdringlichem Buschwerk. Der unmittelbare Uferbereich war ebenso wie die vielfältigen Bäche, Tümpel und Altrheinarme von Weiden und Pappeln gesäumt. Die Wälder waren sehr wildreich, wobei die Kurfürsten vor allem der Bestand an Hochwild angelockt hatte. Denn mit Hasen gaben sie sich nicht ab, nach kurpfälzischem Jagdrecht war das Hochwild ausschließlich ihnen vorbehalten.

Der Hirschbühler Hof lag nicht unmittelbar im Wald. Das trockene Land war gerodet und wurde landwirtschaftlich genutzt, die Hofgebäude befanden sich auf einer Erhöhung am Übergang dieser Zone in den Auwaldbereich. Er war von einem Schutz- und Entwässerungsgraben umgeben, den eine ›Schlagbrücke‹ (Zugbrücke) überquerte.

Das Hofgut war schon vor seinem Ausbau als Jagdstützpunkt benutzt worden. Kurfürst Friedrich II., der von 1544 bis 1556 regierte, ließ schließlich hier ein Jagdschloß errichten, weil er dem Pächter des Hirschbühler Hofs – und wohl auch sich selbst – die Unterbringung der Jagdgesellschaft nicht mehr zumuten wollte. Auch die Rückkehr zum Heidelberger Schloß war eine mühsame Angelegenheit, zumal der Rhein damals noch auf Nachen überquert werden mußte. Friedrich ließ auch das nach ihm benannte Jagdschloß Friedrichsbühl bei Bellheim erbauen und das Neuschloß bei Lampertheim vergrößern. All diese Jagdschlösser lagen in der Rheinebene in ähnlicher Umgebung, erhalten ist nur noch das Neuschloß, allerdings stark verändert und überbaut. Wir haben also kaum Anhaltspunkte dafür, wie diese zu den ersten Renaissancebauten in der Pfalz zählenden Schlösser aussahen. Auch das heute im Pfälzischen Museum in Speyer befindliche Portal, das Friedrichsbühl zugeschrieben wurde, scheint erst gegen Ende des 16. Jahrhunderts entstanden zu sein. So sind wir also auf die spärlichen Quellen und auf Vermutungen angewiesen, wenn wir Schloß Hirschbühl rekonstruieren wollen.

Baumeister der Jagdschlösser war Hans Engelhart, der von 1533 bis ungefähr 1570 im Hofbaudienst tätig war und im Heidelberger Schloß wahrscheinlich auch den ›Gläsernen Saalbau‹ errichtet hat. Er steht zwischen Spätgotik und Renaissance; wir dürfen annehmen, daß in diesem Übergangsstil auch Hirschbühl gebaut war. Kunsthistorisch bedeutsames sollte allerdings nicht vermutet werden, das Jagdschloß war ein Zweckbau, der wohl auch die bestehenden Gebäude des Hofgutes mit einbezog. Überdies war Hirschbühl im Vergleich zu Friedrichsbühl und Neuschloß eine kleine Anlage.

Nach dem Zeugnis der Quellen war das Jagdschloß 1556 im wesentlichen erbaut, aber noch nicht vollendet. Neben dem Hauptgebäude sind Chor – Treppenturm?, Zugbrücke und Marstall erwähnt, der nicht genannte Küchenanbau war schon fertiggestellt oder ist als bestehender Teil des ehemaligen Hofgutes zu sehen. Das einzige uns bekannte Bild ist auf einer Rheinkarte von 1580 zu finden. Hier ist gegenüber dem „schlos Manheim" – das heute nicht mehr erhaltene Eichelsheimer Schloß – auch das „schlos hirschbihel" eingetragen. Man sollte diese Zeichnung allerdings nicht als genaue Abbildung verstehen, denn die Bauwerke sind auf dieser Karte, deren Hauptthema der Rheinlauf war, nur schematisch skizziert. Immerhin ist ein Rundturm zu erkennen mit anschließendem dreistöckigem Hauptbau, dessen Dach mit Treppengiebeln eingefaßt ist. Davor sind Nebengebäude angedeutet.

Nach einem Inventar des Jahres 1603 bestand das Schloß aus drei Stockwerken. Im Erdgeschoß befanden sich unter anderem der Aufenthaltsraum der Jäger, die ›Silberkammer‹ und Kammern für Silberknecht, Schenk und Küchenschreiber. Den größten Raum im Erdgeschoß nahm aber der Speisesaal ein, der mit einem Kachelofen versehen war. Im Mittelgeschoß lagen die eher sparsam ausgestatteten Gemächer des kurfürstlichen Paares und die ihrer Angehörigen und persönlichen Diener. Die Schlafgemächer konnten ebenfalls mit Kachelöfen beheizt werden. Im Obergeschoß waren die Kammern der Jagdgesellschaft mit insgesamt 15 Betten untergebracht. Als Nebengebäude werden Pferdestall, Keller, hier obenerdiger Lagerraum, und ›Metzelhaus‹ (Schloßküche) erwähnt. Im Obergeschoß des Marstalls waren Pferdeknechte und Gesinde untergebracht, angeschlossen war die Gesindeküche. Die Ausstattung der Schloßküche zeigt, daß man auf größere Gelage eingerichtet war, offensichtlich gehörten neben der Jagdbeute auch Rheinfische zum Speiseplan.

Das Schloß war nur während der Anwesenheit der kurfürstlichen Jagdgesellschaft bewohnt, in der übrigen Zeit stand es unter der Aufsicht des Pächters des Hemshofs, der für Reparaturen, den Unterhalt seiner Inneneinrichtung und die Reinigung zu sorgen hatte. Auch das Wohlergehen des das Revier betreuenden Jägers oblag ihm. Bei Anwesenheit der kurfürstlichen Jagdgesellschaft mußte er zu Diensten stehen. Von den 130 Morgen Wiesen des Hemshofes waren fast 60 Morgen der Versorgung der Pferde der Jagdgesellschaft vorbehalten. Den Oppauern und Friesenheimern, die in Fronarbeit das Gras zu mähen hatten, standen je Morgen 4½ Batzen zu, daneben hatte der Hofmann sie bei der Heufuhr mit Suppe, Gemüse, Käse und Brot zu versorgen. Ihm selbst wurde für die Versorgung des Schlosses zu „seiner ergetzlichkeit" jährlich ein Winterkleid gewährt.

Hirschbühl blieb mit dem Hemshof 1576 im Besitz Kurfürst Ludwigs VI. Für die Jagd sollten ihm das Verpflegungsrecht und die Fron einiger im Machtbereich seines Bruders Johann Casimir gelegenen Dörfer, darunter Oppau und Friesenheim zustehen. Erst nach Ludwigs Tod konnte der Pfalzgraf das Schloß nach Herzenslust nutzen. Johann Casimir betrieb die Jagd mit Leidenschaft und gab wahrscheinlich das Urbild zum ›Jäger aus Kurpfalz‹ ab. Aus den Jahren 1582 und 1585—1589 sind seine Schießregister erhalten, in denen er genau Buch führte über seine Jagdergebnisse. Er unterschied dabei zwischen „im Jagen" – Treibjagd – und „im Birschen" – allein mit seinen Hunden – geschossenem Wild. In der Aufstellung wird deutlich, daß der Hirschbühl mit seinem Revier, wohin er Jahr um Jahr Ende August und Anfang September kam, das ergiebigste Jagdrevier für Hochwild war. So erlegte er, um ein Beispiel zu geben, 1585 bei Böhl, Hirschbühl, Petersau und Mutterstadt 15 Hirsche, dabei allein sechs am 11. September. Im Pirschen schoß er an diesem Tag zwei Hirsche auf dem Hirschbühl und vier bei der Petersau.[72]

Fürstliche Jagdpartien ebenso wie fröhliche bäuerliche Hochzeiten sollten allerdings im anbrechenden Jahrhundert der Kriege zur Ausnahme in der Region der heutigen Stadt werden.

Das Jahrhundert der Kriege

Der Dreißigjährige Krieg

Mit dem Übergang der Kurpfalz zum Calvinismus entstand eine politisch-konfessionelle Konstellation, die etwa sechzig Jahre später in den ›Großen Krieg‹ führte. Für unsere Region bedeutete dies das Ende

Anmerkungen
Seite 106 und 107

72 *Gelegentlich wurde das Jagdschloß auch zu Regierungsgeschäften genutzt. Im „Schloß zu Friesenheim" einigte sich am 13.4.1581 Pfalzgraf Johann Casimir mit Johann Dietrich von Eschingen, Komtur zu Einsiedel, über Zehnt, Schatzung, Atz und die Schließung der Deutschherrenkomturei*

73 *Schaab, S. 50ff*

74 *zur Rheinschanze vgl. Nesseler, Rheinschanze*

einer seit dem Hochmittelalter andauernden Periode ohne Invasionen großer fremder Heere. Eine Katastrophe brach über das Land herein, deren Ausmaße die späteren Verheerungen – einschließlich derer des Zweiten Weltkriegs – weit hinter sich ließ und wohl nur mit der Entvölkerung des Gebiets in der Zeit der römischen Eroberung um 50 v. C. vergleichbar ist.

In folgenschwerer Überschätzung ihrer beschränkten Machtmittel strebten die calvinistischen Kurfürsten eine Führungsrolle im deutschen Protestantismus an, und sie knüpften enge Kontakte zu ihren niederländischen und französischen Glaubensbrüdern.[73] Dies brachte sie in einen ›natürlichen‹ Gegensatz zur katholischen Führungsmacht Spanien, für die das Rheintal ein Verbindungsgebiet zwischen ihren Besitzungen in Italien, Burgund und den Niederlanden – dem heutigen Belgien – darstellte. So war der Ausbau der Festungen Frankenthal und Mannheim – ab 1573 bzw. ab 1606/07 – von vornherein ein Akt antispanischer, protestantischer ›Trutzpolitik‹. Die beiden Städte, unmittelbar angrenzend an den Raum des heutigen Ludwigshafen, dienten als ›Sperriegel‹ für katholische Truppen. Im Zeichen wachsender Spannungen formierte sich 1608 unter kurpfälzischer Führung die ›Union‹ verschiedener protestantischer Reichsfürsten, der die Katholiken 1609 die von Bayern geführte ›Liga‹ entgegensetzten. 1615 errichtete der Bischof von Speyer seine südlich von Mannheim gelegene Festung Philippsburg – ein deutliches Warnzeichen in Richtung Kurpfalz, die daraufhin den zuvor aus Finanzgründen gestoppten Ausbau der Festung Mannheim wieder aufnahm.

Die erste Rheinschanze[74]

Die Rheinschanze, das linksrheinische Vorwerk der Festung Mannheim, entstand zusammen mit den rechtsrheinischen Anlagen in den Jahren nach 1607. Wie die Hauptfestung selbst wurde sie nach dem Muster niederländischer Fortifikationen errichtet. Die Pläne stammten von dem ›Reißbaumeister des Fortifikationsbaues zu Mannheim‹, dem Niederländer Barthel Janson. Nach dem Tod des Stadtgründers, Kurfürst Friedrich IV., im Jahr 1610 kam der Ausbau der Festung ins Stocken. Erst nach 1615 wurde er wieder betrieben, war aber bei Beginn der Kampfhandlungen 1622 noch nicht vollendet.

Die Rheinschanze war ein kleines einfaches ›Hornwerk‹, d. h. eine mit zwei hornartigen Vorsprüngen versehene Anlage aus einem Hauptwall, vor dem eine Hagedornhecke gepflanzt war, einem breiten Wassergraben, der vom Rhein gespeist wurde, und einem vorgelagerten Glacis. Eine kleine Insel im Rhein, die mit einer Zick-Zack-Brustwehr versehen war, sicherte die offene Seite zum Fluß hin. Die ganze Befestigung, die vor allem die Rheinüberfahrt schützte, war militärisch wenig nützlich, da sie durch den breiten Strom von der Hauptfestung getrennt war und zu klein, um genügend Truppen zu ihrer Verteidigung zu fassen. So war es kein Wunder, daß die Rheinschanze schon einen Tag nach dem Angriff durch die bayerischen Truppen am 12. September 1622 geräumt und aufgegeben wurde.

Die im Krieg verwüstete und verfallene Anlage war in den Wiederaufbauplänen für die Festung Mannheim von 1662 nicht mehr enthalten, wurde aber bald nach 1663 – ebenso klein und nutzlos wie bisher – wiederhergestellt, um erneut im Pfälzischen Erbfolgekrieg der Vernichtung anheimzufallen. Zu ihrem Schicksal im 18. Jahrhundert vgl. Kap. 4.

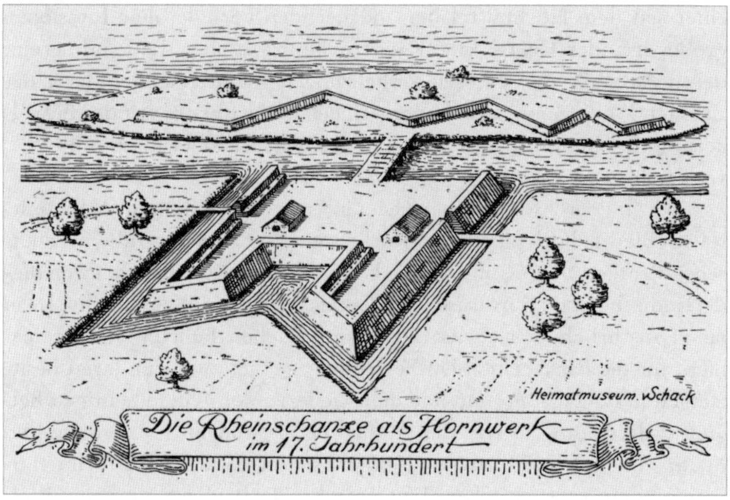

Die Urzelle des späteren Ludwigshafen: Die Rheinschanze als kleines ›Hornwerk‹ im 17. Jahrhundert. Die Darstellung von Schack aus dem Jahr 1940 ist insofern unvollständig, als sie weder die Hagedornhecke zwischen dem Wall und dem Wassergraben, noch den Weg entlang dem äußeren Rand des Wassergrabens und die ihn deckende, langsam im Gelände auslaufende Böschung zeigt [22]

Die Annahme der böhmischen Krone durch Kurfürst Friedrich V. rief sofort seine Gegner auf den Plan.[75] Der Kaiser, dem der Kurfürst Böhmen entrissen hatte, betrieb die Erklärung der Reichsacht über ihn, die katholische Liga mit ihrem Heer unter dem Feldherren Tilly half, den ›Winterkönig‹ aus Prag zu vertreiben, und Friedrichs Schwiegervater, König Jakob I. von England, gab ihm nur wenig Unterstützung.

Schon Ende 1619 planten die Spanier eine Invasion der Kurpfalz, die im Sommer 1620 in die Tat umgesetzt wurde. Alle kurpfälzischen Gebiete nördlich von Worms wurden besetzt, Frankenthal hielt einer Belagerung stand. Nach einem Waffenstillstand rückten die spanischen Truppen im September 1621 unter dem Feldherren Don Fernando Consalvo de Cordoba erneut vor. Frankenthal wurde von allen Seiten umzingelt. Damals erreichten die Spanier auch Oggersheim – und verschonten die Stadt, angeblich durch das ebenso mutige wie gewitzte Verhalten des Schafhirten Hans Warsch, der als einziger nicht vor den heranrückenden Truppen geflohen sei. Die Episode, die im 19. Jahrhundert den Stoff für ein Theaterstück Achim von Arnims sowie einer Geschichte von Hebbel bot und von zahllosen Heimatdichtern ausgeschmückt wurde, ist erstmals in Johann Philipp Abelinus' „Theatrum Europaeum oder: Wahrhafte Beschreibung aller denkwürdigen Geschichten, die sich von 1617 bis 1629 zugetragen" beschrieben. Ihr Wahrheitsgehalt ist schwer zu bewerten, einen zutreffenden Kern wird sie wohl enthalten, und Tatsache ist, daß Oggersheim zu dieser Zeit nicht verwüstet wurde.

Anmerkungen
Seite 108

75 *zum allgemeinen Gang des 30jährigen Krieges vgl. Schaab, S. 109—123*
76 *zit.n. Kreuter, Chronik, S. 38ff*

Die Geschichte von Hans Warsch nach Abelinus[76]

Inzwischen rüstete sich Don Cordova, die Stadt Frankenthal zu belagern, da sich kurz vorher mit Oggersheim eine denkwürdige Sache zugetragen. Als Cordova sein erstes Quartier nahe bei dem Städtlein Oggersheim, zu Lambsheim, genommen, kam ein solcher Schrecken unter die Einwohner von gedachtem Oggersheim, daß sich alle die Vornehmsten mit Sack und Pack und was sie nur fahren, tragen und in Eile fortbringen

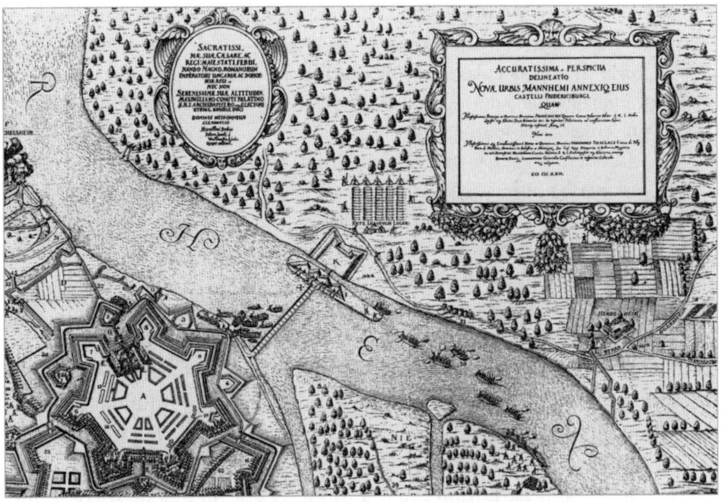

Ausschnitt aus einem Plan der Belagerung Mannheims durch den bayerischen Feldherren Tilly 1622. Zu erkennen ist darauf u. a. der Hemshof, in der Nähe eine von den Belagerern angelegte Bastion zur Beschießung Mannheims, die Rheinschanze und das sie belagernde Heer Erzherzog Leopolds sowie eine Schiffbrücke zwischen Mannheim und der Rheinschanze [23]

Der Hirte von Oggersheim vor dem spanischen Befehlshaber
Historisierende Zeichnung vermutlich aus dem 19. Jahrhundert [24]

konnten, in die Festung Mannheim retteten. Der meiste Hausrat aber samt Wein, Früchten und Vieh wurde zurückgelassen, und es blieben nicht mehr als etwa 24 Bürger, die nicht viel zu verlieren hatten, allda. Die zogen, sobald die anderen fort waren, die Brücke auf, verschlossen die Tore und begaben sich auf die Stadtmauer und beiden Pfortentürme, um zu erwarten, wie die Sache ablaufen würde. Stracks darauf aber zeigten sich die Spanier von Lambsheim aus mit 17 Kornett – das sind Fähnlein – Reitern im Feld. Darauf brannten die Oggersheimer die 15 Doppelhaken – das waren Feuerwaffen, die Bleikugeln von 100 bis 200 Gramm schossen, die damals noch auf beiden Pforten lagen, zu unterschiedlichen Malen los in der Meinung, die Spanier damit abzuschrecken, daß sie sich wieder zurückbegeben sollten. Dessen ungeachtet tritt ein Trompeter herbei und blies dreimal. Darauf rief einer von den zurückgebliebenen Bürgern vom Turm herunter und frug, was er begehre, worauf der Trompeter antwortete, er begehre im Namen des Don Cordova, sie sollten die Stadt aufgeben. Und als er ferner gefragt wurde, in wes Namen Don Cordova solches täte, antwortete er: „Im Namen Ihrer Kaiserlichen Majestät." Darüber kam den vorgemeldeten Bürgern eine solche Furcht an, daß sie alle von Turm und Mauern sich heruntermachten, auf der anderen Seite des Städtleins über die Mauer, wo sie am niedrigsten war, sprangen und davonliefen, also daß niemand zurückblieb als der Schafhirt, Hans Warsch geheißen. Als dieser nun, solchergestalt von den anderen allen verlassen, sich allein in dem Städtlein befand, sich auch keine Gedanken auf Hilfe machen konnte, entschloß er sich, das Städtlein den Spaniern zu übergeben. Für seine Person und die Seinigen allein verabredete er mit dem Trompeter, daß man ihn bei seiner Religion [der reformierten] und allem, was er habe, lassen und samt Weib und Kindern schützen und schirmen wolle, was alles vom Trompeter ihm zugesagt und versprochen wurde. Darauf öffnete der Schäfer die Tore und ließ die Spanier einziehen, die ihm sofort eine Schildwache vor sein Haus stellten und die Abmachung getreulich hielten. Gegen Abend kamen die Kühe – von denen der Kuhhirt, als er vernommen, daß die Spanier das Städtlein innehätten, entlief – von selbst heim in ihre Ställe und gingen also von freiem den Spaniern in ihre Quartiere, also daß man-

Die spanische Belagerung Frankenthals im September 1621. Am oberen Ende der Karte ist das Lager des Befehlshabers Don Cordova erkennbar [25]

cher von 2 bis 12 und mehr Stück in sein Quartier bekam. Kurz hernach bat Hans Warsch, nachdem sein Weib eines Kindes genesen, den Don Cordova, welcher daselbst [im Gasthaus] zur Krone lag, die Patenstelle zu übernehmen, der auch das Kind bei der Taufe hob und den Warsch von seiner Tafel speisen ließ.

Nachdem Oggersheim von den Spanischen erzähltermaßen eingenommen worden war, zog Don Cordova den 19. September [1621] in dreifacher Schlachtordnung gegen Frankenthal an, deren eine den Weg vom Dorf Hessen [d. i. Heßheim] und die anderen von Oggersheim und die dritte von Lambsheim her marschierte."

Die Belagerung Frankenthals zog sich in die Länge, die Spanier begannen ein Winterlager zu errichten, für dessen Ausstattung sie die umliegenden Dörfer – wohl auch Oppau und Edigheim – plünderten. Damals ist vermutlich auch das Schloß Hirschbühl verwüstet worden. Als ein Heer der protestantischen Union heranzog, zogen sich die Spanier zurück. Insgesamt hatten sie fast 2 500 Mann vor den Wällen von Frankenthal verloren. Eine große Anzahl der Toten wurde in einem Massengrab im östlichen Teil des Oppauer Friedhofs beigesetzt. „Der Platz hieß bis zum Ende des vorigen Jahrhunderts der ‚Spanische Friedhof', wurde von den Einwohnern stets scheu gemieden und der Verwilderung und Verheckung überlassen."[77]

1622 besetzten bayerische Truppen unter Tilly die rechtsrheinische Pfalz, im November drangen sie auch bis vor Oggersheim und Frankenthal. Der Einbruch des Winters nötigte sie zum Rückzug, nicht ohne zuvor, um die Nahrungszufuhr nach Frankenthal zu erschweren, die umliegenden Dörfer, darunter Oppau und Edigheim, auszurauben und teilweise abzubrennen. Ein zurückbleibender Truppenteil unter Graf Pappenheim mußte, wie der Graf in einem Brief an Herzog Maximilian von Bayern schreibt, in den ruinierten und gänzlich verderbten Orten des Frankenthaler Umlands den armen Leuten das Wenige, was ihnen zu Unterhalt bleibe, wegzehren. Am 27. Dezember 1622 zog Pappenheim „aus dem Hunger- und Kummerland vor Frankenthal" weg.[78]

Die Festung fiel erst im nächsten Jahr, als König Jakob von England, dessen Truppen den Kern der Verteidiger stellten, sie den Spaniern in der Hoffnung auf eine Verbesserung seiner Beziehungen zum Hof in Madrid übergab. Nun wurde die Stadt Sitz einer – 1626 – circa 1 000 Mann starken spanischen Garnison.[79] Auch das flache Land war in den Händen der Spanier, die von dem in Brüssel residierenden Generalstatthalter der Spanischen Niederlande kontrolliert wurden. In Kreuznach wurde eine spanische Zentralverwaltung für die besetzten pfälzischen Gebiete eingerichtet. In die kommunale Verwaltung und die Rechtsprechung mischte sich die Besatzung nicht ein,[80] im Land herrschte nach zwei Jahren Krieg wieder ein „leidlicher Friede."[81] Allerdings erhoben die Spanier zum Unterhalt ihrer Truppen eine hohe Steuer, die ›Kontribution‹, und forderten freies Logis und ›Servis‹, d. h. Licht, Salz, Holz, Möbel u. a. Offenbar wurde die Wirtschaftskraft des besetzten Landes, über dessen Zukunft – Rückgabe an den Kurfürsten, an Bayern, spanische Provinz – Unsicherheit bestand, dauernd überbeansprucht. Konnte 1627/28 die Armee aus den Einkünften der Kontribution besoldet werden, so ging 1631/32 kaum noch etwas ein.[82]

Die äußerst angespannte Lage gerade in der Umgegend der spanischen Festung Frankenthal zeigt die Rechnung der Edigheimer Elends-

Anmerkungen
Seite 110 und 111

77 Braun, S. 317
78 ebd., S. 318
79 Egler, S. 66ff, 75, 81
80 ebd., S. 111f
81 ebd., S. 153
82 ebd., S. 69ff, 84ff, 88
83 Braun, S. 321
84 zit. n. Kreuter, Maudach, S. 31
85 zur Konfessionspolitik vgl. Egler, S. 114ff
86 Braun, S. 321
87 vgl. Biundo. Einträge Joh. Rottengatter (Pfr. Oggersheim), Joh. Konrad Weigel (Pfr. Oppau), Friedrich Schmeltzhorn u. Valentin Sutoris (Lehrer Oggersheim)
88 Braun, S. 325

bruderschaft: „Wegen ohngebauten Feldern und Kriegswesens" waren 1621 bis 1633 nur in drei Jahren einige Malter Getreide eingebracht worden.[83] Die Zinsen der als Kapitalanlage ausgeliehenen Gelder gingen nur noch sehr unregelmäßig ein, viele Zinspflichtige waren geflohen, ihre Häuser zerstört. Auch die Hirschhornschen Dörfer fühlten den Krieg. In einem Brief an seinen Oberlehensherren, den Bischof von Speyer, schreibt Friedrich von Hirschhorn 1628 von „unaufhörlichen Durchzügen, Sammelplatz- und anderen Bedrückungen."[84] Dazu seien die Einwohner von Mundenheim und Maudach „von den Spanischen zu schweren, fast unerschwinglichen Kriegssteuern nach Neustadt und Frankenthal gezogen, ja nunmehr auch zu gewissen wöchentlichen Fronen und Holzfuhren angestrengt worden ..."

›Bedrückungen‹ und Änderungen brachte die spanische Besatzung auch auf dem Feld der Konfession. Allerdings waren die Spanier weit weniger rigoros als die Bayern in ihrem rechtsrheinischen Teil der Kurpfalz, wo sie schon seit 1622 eine radikale gegenreformatorische Politik verfolgten und die calvinistischen Geistlichen vertrieben.[85]

Das Wappen des Fürstbischofs von Speyer und Kurfürsten von Trier, Christoph Wilhelm von Sötern. Er schlug Maudach und Mundenheim seinem Familienbesitz zu [26]

Obwohl von der Kurie – die 1622 die Kongregation ›Propaganda fidei‹ eingerichtet hatte – dem Bischof von Speyer und den Orden gedrängt, ließen die Spanier die calvinistischen und lutherischen Geistlichen zuerst noch in Amt und Besoldung. Allerdings erhielten die Katholiken erstmals seit der Reformation wieder volle Bewegungsfreiheit in den besetzten Gebieten. Ordensgeistliche errichteten Niederlassungen in Frankenthal, Kreuznach und anderswo. Schon im September 1621 wurde ein katholischer Geistlicher in Oppau und Edigheim eingesetzt,[86] vorläufig aber erst einmal in Konkurrenz zum calvinistischen Pfarrer.

Ein Wandel der spanischen Haltung trat 1625 ein, als der Nuntius in Brüssel das Ohr der Generalstatthalterin gewann und auch der Kaiser zur Wiedereinführung des Katholizismus im besetzten Gebiet mahnte. Ein Befehl erging, den protestantischen Pfarrern ihre Einkünfte zu sperren und bei einem Wechsel im Pfarramt einen Katholiken an ihre Stelle zu setzen. In Neustadt wurde schon 1625 der reformierte Gottesdienst verboten. In den folgenden Jahren zeigten sich die Folgen dieser Politik auch im Gebiet der heutigen Stadt: Der Oppauer und der Oggersheimer Pfarrer erscheinen 1628, jeweils mit Frau und fünf Kindern, in einer Liste von nach dem Entzug ihrer Einkünfte und dem Verbot des Protestantismus durch Almosen unterstützter Geistlicher.[87] Sie lebten allerdings weiter in ihren ehemaligen Pfarrorten, wo sogar der Bruder des Oggersheimer Geistlichen, ebenfalls ein Pfarrer, ›im Exil‹ um 1628 starb. Anders als die Pfarrer hatten die reformierten Schulmeister die Stadt Oggersheim verlassen. Friedrich Schmeltzhorn ging, so ein Bericht, zu Freunden nach Holland und war schon über fünfeinhalb Jahre abwesend „ob er noch lebt oder tot, weiß man nicht." In Frankenthal blieben die reformierten Geistlichen allerdings in Amt und Würden, und voller Abscheu notierte der Stadtpfarrer, daß einige Bewohner Edigheims ihre Kinder „in der Pfaffenkirche" d. h. dem katholischen Gotteshaus taufen ließen[88] – die Konversionsbemühungen zeigten erste Früchte.

Die durch den Siegeszug des Schwedenkönigs Gustav Adolf herbeigeführte Wende des Krieges zugunsten der Protestanten wurde sicherlich von manchen Anhängern der Kirchen der Reformation in unserer Region mit Freude begrüßt. Im Dezember 1631 setzte Gustav Adolf

Soldaten bei Mord und Raub auf dem Dorf
Radierungen von Hans Ulrich Franck aus den Jahren nach 1643; auch Abb. 28 [27]

bei Oppenheim über den Rhein und begann mit der Eroberung der pfälzischen Gebiete. Vier Monate später, im März 1632, fiel den Schweden Kreuznach in die Hände, im November desselben Jahres übergaben die Spanier ihnen nach einer Belagerung auch Frankenthal. 1633 eroberten sie Heidelberg. Nun waren sie die Herren der Pfalz, und neue Hoffnung keimte: So wurde eines der Güter der Kollektur Neustadt der Geistlichen Güterverwaltung in Oggersheim 1634 neu verliehen.[89] Es hatte zuletzt öd gelegen, und zuvor seinen Ertrag an die „Spanischen" geliefert. Wie zu erwarten, begannen die Schweden den Protestantismus zu fördern, vor allem allerdings das Luthertum, dem sie selbst anhingen. Bezeichnenderweise findet sich ab 1633 mit dem aus Frankenthal stammenden Niederländer Jakob Balde wieder ein evangelischer Geistlicher in Oppau.[90] Doch schon 1636 war es damit vorbei. Pfarrer Balde floh, wurde Prediger in Utrecht und starb in den Niederlanden 1653.

Erneut hatte sich nach dem Tod Gustav Adolfs und der schweren schwedischen Niederlage bei Nördlingen 1634 das Kriegsglück gewendet – und für die Gegend zwischen den Festungen Mannheim und Frankenthal wie für die ganze Vorderpfalz begann nun die schrecklichste Zeit des Krieges. Die Schweden in Frankenthal, die wie ihre spanischen Vorgänger die Umgegend ausgeplündert hatten, machten im Februar 1635 den Franzosen Platz, die nunmehr das Kriegstheater als Verbündete der Schweden betraten. Im Oktober 1635 mußten sie die Stadt an die kaiserlichen Truppen übergeben; die händigten die Festung den Spaniern aus, die nunmehr bis 1652 im Besitz der Stadt blieben. Das flache Land aber kontrollierten sie nur noch zum Teil. Denn immer wieder stießen die Franzosen vor, versuchten 1644 und 1646 die Festung zu erobern und verbrannten jeweils bei ihrem Abzug die Umgebung. Die Anwesenheit der zum Teil von hugenottischen Offizieren kommandierten Franzosen bewirkte, daß die Gegenreformation im linksrheinischen pfälzischen Gebiet nicht mehr so gelang wie vor dem Schwedeneinfall. So konnten sich etwa zwei Dutzend reformierte Pfarrer im Land links des

Anmerkungen
Seite 112 und 113

89 *Kreuter, Güter*
90 *Biundo*
91 *Ernst, S. 75*
92 *Stamer, S. 153ff, 158*
93 *König, Bürgerbuch, S. 7; Poller, Mundenheim, S. 9f*
94 *StALu, Op. 314/1; Auswertung bei Braun, S. 323f*

Soldaten bei Mord und Raub auf dem Dorf
Die in Augsburg entstandenen Abbildungen beschönigen nichts [28]

Flusses halten. Von den Spaniern bedroht und vertrieben, von den Franzosen toleriert bzw. wiedereingesetzt, reisten sie oft weit herum und betreuten viele Gemeinden.[91]

Mitten im Krieg, am 22. September 1632, starb Friedrich von Hirschhorn in Heilbronn, wohin der lutherische Ritter vor der katholisch-bayerischen Besatzung geflohen war. Mit ihm erlosch das Geschlecht, das seit dem Mittelalter die Ortsherren von Mundenheim, Maudach und Rheingönheim gestellt hatte. Damit fielen die Orte wieder an ihre Lehensherren zurück – Rheingönheim an die Wild- und Rheingrafen, Maudach und Mundenheim an das Bistum Speyer. Bischof war dort seit 1610 Philipp Christoph von Sötern, der, Sproß einer eher armen Adelsfamilie, 1623 auch zum Kurfürst-Erzbischof von Trier gewählt worden und einer der wichtigeren Protagonisten im diplomatischen Spiel des Großen Krieges war. Der ehrgeizige Prälat schacherte sich aus Kirchengut einen Herrschaftskomplex für seine Familie zusammen, dessen Umfang zuletzt existenzbedrohend für das Bistum wurde.[92] Auch Maudach und Mundenheim gelangten vorerst nicht mehr in den Besitz der Speyerer Kirche, sondern wurden Teil des ›Söternschen Familienfideikommisses‹.[93]

Die einzige aus einem Ort des heutigen Stadtgebiets noch erhaltene Jahresrechnung, die von Oppau aus dem Jahr 1641, zeigt ein kümmerliches Fortbestehen des gemeindlichen Lebens im Schatten der spanischen Festung Frankenthal.[94] Die Bevölkerung war auf 20 Familien – gegenüber 73 im Jahr 1617 – zusammengeschmolzen. Die Ausgaben, die der Rechner verzeichnete, hatten fast ausschließlich mit dem Krieg zu tun. Die der Gemeinde gestellten spanischen ›Quarten‹, d. h. Wachen, die sie vor willkürlicher Plünderung schützen sollten, kosteten jede Woche zwei Gulden an ›Servisgeldern‹, die auf die Einwohner umgelegt wurden. Hatte der Pflichtige kein Geld, wurden Schuldscheine ausgestellt, die später – mit Inflationsaufschlag, denn der Krieg ließ durch Münzverschlechterung die Währungen verfallen – eingelöst werden

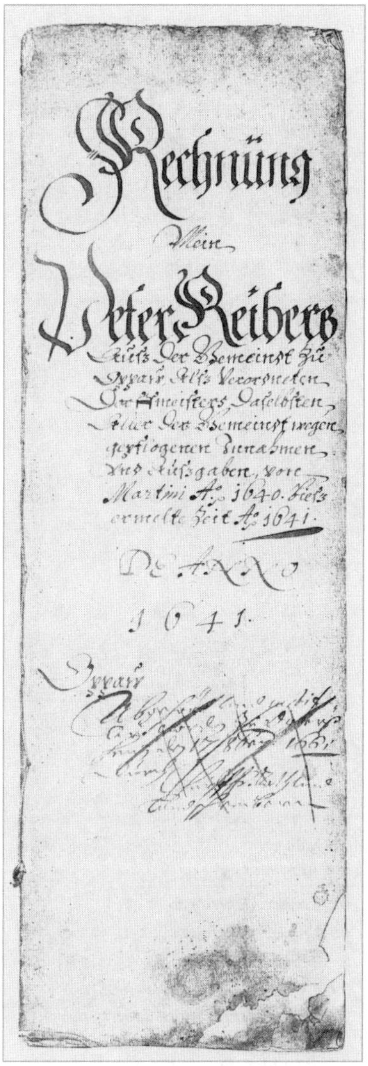
Rechnung
Mein
Peter Reibers
De Anno
1641

Die älteste im Stadtarchiv Ludwigshafen erhaltene Gemeinderechnung überhaupt: „Rechnung mein Peter Reibers auß der Gemeindt Oppaw, alß verordneten Dorffmeisters daselbsten aller der Gemeindt wegen gepflogenen Innahmen und Außgaben von Martini Anno 1640 bieß ermelte Zeit Anno 1641"[29]

Ein ausgeplünderter Leichnam in der Ebene. Dahinter ziehen die Soldatenhaufen weiter. Radierung von Karel Dujardin [30]

mußten. Für einen vom Feind gefangenen spanischen Wachmann mußte das Dorf einen Gulden für das gezahlte Lösegeld berappen. Wenn Schultheiß und Rechner zu Bitt- und Dienstgängen nach Frankenthal aufbrachen, war dies angesichts der Unsicherheit nur mit Begleitung spanischer Wachen möglich. Zweimal baten sie dort vergeblich „bei dem Gubernator um Abwendung des noch weiter begehrten Karch Holzes."

Feuerholz war ein wichtiges Gut für die Besatzung. 1644 ließen die Spanier deshalb nach einer bei Merian überlieferten Nachricht wegen Holzmangels die Stadt Oggersheim mit ihren vielen Fachwerkbauten bis auf wenige Häuser abbrechen und das Holz nach Frankenthal bringen. Damit dürfte das gemeindliche Leben dort weitgehend zum Erliegen gekommen, die Stadt menschenleer geworden sein.[95]

In den Dörfern war dies teilweise schon wesentlich früher der Fall gewesen. Schon seit 1629 finden sich kaum noch Einträge im Ruchheimer Dorfgerichtsbuch, die Edigheimer Elendsbruderschaft erlosch nach 1633, und seit 1637 ist das Maudacher Gerichtsbuch stumm.[96] Vier Jahre später stellt ein Bericht fest, die sechs Güter des Hochstifts Speyer in Maudach trügen nichts, „weil alles wüst liegt und kein Mensch darinnen wohnt."[97] Viele waren geflohen, viele wurden aber auch Opfer der in der Vorderpfalz und den umliegenden Gebieten ausbrechenden Seuchen, und der durch die militärischen Beschlagnahmungen und den Menschenmangel ausgelösten Hungersnöte. Ein Zeitgenosse berichtet: „Zwischen und neben den Kriegsruten schickte uns Gott die Pestilenz. Sie kam zu Anfang des Jahres [1635] auf, an der viele starben. Im Frühjahr fielen die Leute schnell und haufenweise dahin, so daß man sie alle gar nicht begraben konnte. Oft lagen Kranke bei den Toten in einem Bette. Die Pest währte bis in den Herbst. Sie riß viele Menschen im Lande weg, so daß kaum der zwanzigste Teil, in einigen Dörfern aber gar niemand übrigblieb." Nach dem Einfall feindlicher Heere zur Erntezeit war „in wenigen Tagen keine Frucht mehr im Lande zu bekommen.

Anmerkungen
Seite 114 und 115

95 Kreuter, Oggersheim, S. 33

96 Kraut, S. 12f; Braun, S. 130; König, Bürgerbuch, S. 8

97 zit. n. Kreuter, Maudach, S. 35

98 Johann Daniel Minck, zitiert nach Rasimus, S. 97. Der Text ist verkürzt, die Auslassungszeichen wurden der besseren Lesbarkeit wegen nicht aufgenommen.

99 Braun, S. 326

100 ebd.

Gedenkmünze für den Westfälischen Frieden, 1648 [31]

Darauf folgte eine sehr große Teuerung, auf diese eine große Hungersnot, die von Anno 1635 bis 1638 einschließlich dauerte. Viele Leute [wurden] dermaßen schwach, daß sie nichts als Haut und Knochen waren. Sie waren ganz schwarzgelb, mit weiten Augen, fleckigen Zähnen, dick geschwollen, fiebrig. Fast alle Ehen wurden daher auch unfruchtbar. Ein Ehegatte zog von dem anderen in ein fremdes Land, Brot zu suchen, Kinder liefen von den Eltern weg, und ein Teil sah einander niemals wieder."[98]

„Ein pfälzischer Pfarrer, Gottfried Andreä, berichtet in seinem Lebenslauf, daß er [...] vor dem Rheintor bei Worms selbst gesehen habe, wie sich an einem Pferdekadaver gleichzeitig Menschen, Hunde und Raben sättigten. Räuberbanden in der Umgebung von Worms hatten es nicht nur auf Geld und Gut, sondern auf das Fleisch der Überfallenen abgesehen."[99]

Der Hunger oder auch die Angst vor Übergriffen der Soldaten trieb die wenigen noch in Oppau und Edigheim Lebenden in die Sümpfe und Inseln des Rheins, wo sie sich von Fischen und Beeren ernährten und in Erdhöhlen hausten. Fünf Familien soll es bei Kriegsende in Edigheim noch gegeben haben, drei in Oppau. Valtin Klump aus Oppau siedelte sich damals, so berichtet der Oppauer Heimatforscher K.O. Braun, auf einer Rheininsel an „und hauste mit den Seinen halbverwildert und vertiert noch jahrelang nach dem großen Kriege. Sein Name galt später bei den neuzugezogenen Dorfbewohnern als Schreckgespenst und hat sich in dem Flurnamen ›Klumpenhütte‹ [...] erhalten."[100]

Am 24. Oktober 1648 wurde der Westfälische Friede in Münster unterzeichnet. Der Sohn des 1632 verstorbenen Winterkönigs, Kurfürst Karl Ludwig, erhielt sein Land zurück. Den meisten Menschen in unserer Region, die ein Opfer des schrecklichen Krieges geworden waren, konnte dies nicht mehr helfen. Lediglich auf eine bessere Zukunft bestand Hoffnung.

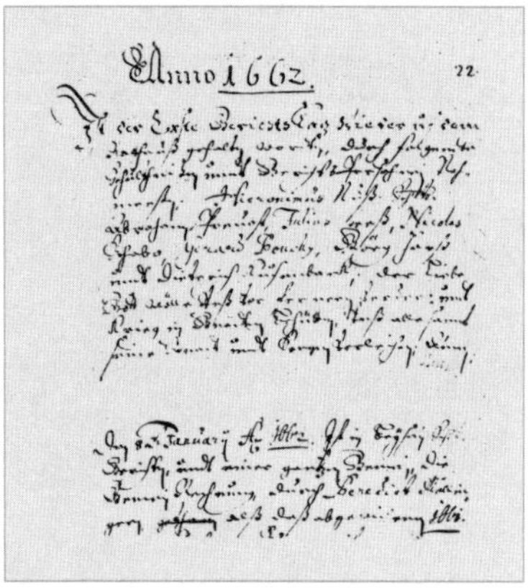
Anno 1662. 72

Eintrag über den ersten Gerichtstag nach dem Krieg aus dem Jahr 1662 im Ruchheimer Dorfgerichtsbuch [32]

„Brulez le Palatinat": Wiederaufbau und erneute Zerstörung

„Ist der erste Gerichtstag wieder auf dem Rathauß gehalten worden [...] der liebe Gott wolle unß vor fernerem Verderb mit Krieg in Gnadten behüten, unß allesamt seine Gnadt und Sorge verleihen. Amen." Diese schlichte Eintragung dokumentiert den Wiederbeginn des gemeindlichen Lebens in Ruchheim im Jahr 1662.[101]

In allen Orten des heutigen Stadtkreises, die im am stärksten verwüsteten Herzen der Kurpfalz lagen, dauerte es geraume Zeit, bis sich wieder Leben zu regen begann. Über Ruchheim hatte der reformierte Pfarrer Fohrer, der in Mutterstadt lebte, 1652 geschrieben, daß dort keine lebendige Seele wohne.[102] In Maudach und Mundenheim seien keine Abgaben mehr zu erhalten, da die Dörfer seit Jahren verwüstet und unbewohnt seien, vermerkt die Rechnung des Söternschen Fideikommisses vom Jahr 1649/50.[103] „Alles Gebäu war eingerissen und das ganze Dorf wüst und öd", hieß es von Oppau.[104] Die anderen Dörfer dürften kaum anders ausgesehen haben, und der Hemshof lag seit der Belagerung der Rheinschanze durch Tilly 1622 zerstört und öde da.[105] Als die Kellerei Neustadt, die Einnahmebehörde des Kurfürsten für Naturalabgaben, den ›Thomashafer‹ von den in Oggersheim dazu verpflichteten Äckern forderte, stellte der Stadtrat fest, „daß die Schuldnere [...] bey diesem langwührigen Kriegswesen gestorben und verdorben, die Güttern auch, ob welcher gemelter Thomashabere gefallen thut [...] wüst und ohnbebauet liegen."[106] Das menschenleere Land war in großen Teilen in den Zustand der Wildnis zurückgefallen. Da die Deiche nicht mehr gepflegt worden waren, hatte der Rhein große Flächen überschwemmt und unbrauchbar gemacht. Die Felder lägen meist brach „voll Hecken und Stauden und nichts wird da gebaut."[107] So wie in Ruchheim klangen die Beschreibungen überall. Darüber hinaus blieb die spanische Besatzung bis zum Mai 1652 in Frankenthal, und noch 1651 beklagte sich der neue Pächter des Schönauer Hofguts in Oppau über spanische Räubereien auf seinen Feldern.[108]

Schon 1650 forderte Kurfürst Karl Ludwig die während des Krieges geflohenen Untertanen auf, ihre Häuser und Äcker wieder in Besitz zu nehmen und herzustellen.[109] Mehrmals wiederholte er die Aufforderung, verbunden mit der Drohung, die unbewohnten Besitztümer andernfalls zu konfiszieren und weiterzuvergeben.[110] Darüberhinaus ergingen in mehreren Sprachen Einladungen an „alle ehrlichen Leute von allen Nationen",[111] sich in der Pfalz niederzulassen, verbunden mit dem Angebot großzügiger Steuererleichterungen für diese ›Existenzgründer‹. Als Herrscher eines calvinistischen Territoriums konnte der Kurfürst dabei hoffen, daß viele seiner Glaubensbrüder aus den Niederlanden und vor allem aus Frankreich, wo sie immer stärkeren Pressionen ausgesetzt waren, seinem Werben folgen würden.

Nach dem Zeugnis des 1655 angelegten Schatzungsregisters lebten in Oggersheim 37 Steuerpflichtige, in Oppau 55, in Friesenheim 57.[112] Damit hatte Friesenheim sogar mehr Pflichtige als vor Ausbruch des Großen Krieges, Oppau erreichte immerhin 75% des Vorkriegsstandes, und nur in Oggersheim war die Zahl um 75% kleiner als 1617. Das Ergebnis für die beiden Dörfer ist umso bemerkenswerter, als nach Schätzungen die Gesamtbevölkerung der Kurpfalz 1675 erst 50% des Vorkriegsstands erreicht hatte.

Anmerkungen Seite 116 und 117

101 *StALu, Ru. 955*
102 *Kraut, S. 12f*
103 *Poller, Mundenheim, S. 9f*
104 *Braun, S. 326*
105 *Nesseler, Hemshof, S. 39*
106 *Kreuter, Oggersheim, S. 33*
107 *Kraut, S. 12f; zu den Deichen und dem Rhein: Braun, S. 329f*
108 *Braun, S. 327*
109 *Sellin, S. 97ff*
110 *Das Maudacher Dorfgerichtsbuch zeigt, daß viele herrenlose Güter und Häuser von der Herrschaft eingezogen und weiterverkauft wurden; Kreuter, Maudach, S. 35ff*
111 *zit. n. Ruf, S. 156*
112 *Kreuter, Steuerveranlagungen; Braun, S. 334ff; Ruf, S. 156f*
113 *zit. n. Kreuter, Steuerveranlagungen*
114 *zit. n. Ruf, S. 157*

Bevölkerungszusammensetzung nach dem Schatzungsregister 1655

		Namen		
		vor dem Krieg bekannt	deutsche nicht bekannt	französische niederländische
Oggersheim	37 gesamt	19	7	11
Oppau	56 gesamt	7	14	35
Friesenheim	57 gesamt	2	5	50

So überraschend gut die Bevölkerungszahl dieser kleinen Ecke der Kurpfalz also aussah – es waren nicht die alten Einwohner oder ihre Erben, die zurückgekehrt waren. Viele waren wohl im Krieg umgekommen, von Seuchen und Hunger dahingerafft, oder so weit fortgezogen, daß sie nicht mehr zurückkehren wollten bzw. konnten. Von den 37 Namen, die im Schatzungsregister Oggersheims des Jahres 1655 verzeichnet sind, tauchen 19, also nur knapp mehr als die Hälfte, schon 1617 auf. Daneben wurden 72 freie Hausplätze registriert, „deren sich niemand unterfangen will."[113]

Zur Bevölkerungsentwicklung im Bereich des heutigen Ludwigshafen im 16. und 17. Jahrhundert[1]

	1556/85	1617	1655	1667[2]	um 1685/88	1700	1721
Edigheim	?	220[3]	?	?	?	157	266
Friesenheim	260	270	260	?	?	?	320
Maudach	180	250	27	76	150[4]	60[4]	221
Mundenheim	280	?	58	122	?	?	252
Oggersheim	630	640	170	?	?	249[5]	387
Oppau	270	320	250	?	?	230[5]	392
Rheingönheim	200[6]	?	100[7]	103	125[8]	?	221
Ruchheim	?	?	?	?	120	?	?

1 Die Zahl der Schatzungszahler / Haushaltsvorstände wurde in der Regel mit 4,5 multipliziert; daher die Abweichung von den im Text zitierten Zahlen von 1585: dort anderer Hochrechnungsmodus
2 Genaue Angaben
3 1627
4 Schätzungen nach König, Bürgerbuch
5 Auf tatsächlichen Zählungen beruhende Zahlen
6 1518
7 1658
8 Hochrechnung aus der Zahl der Fasnachtshühner in: LASp A2, 1544/2
Sonstige Quellen siehe Text; bzw. 1721 Kapitel 4

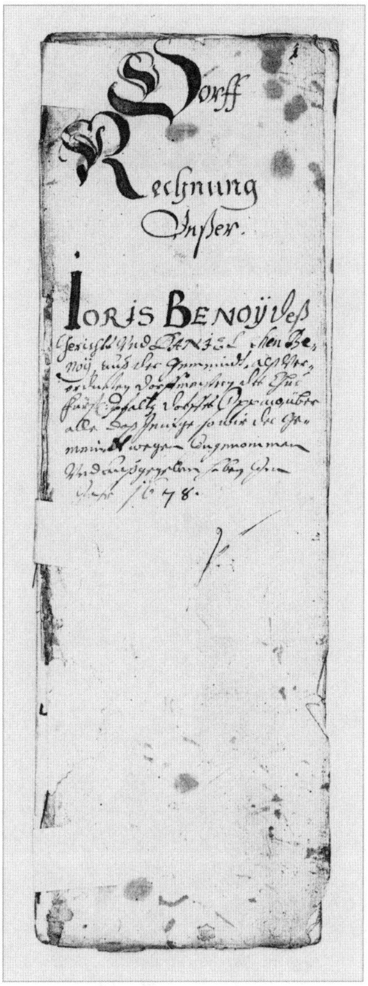

Neue Einwohner: Die Gemeinderechnung von Oppau des Jahres 1678 nennt als Namen der Rechner Ioris und Daniel Benoy [33]

Die beiden ›volkreichen‹ Dörfer boten demgegenüber ein ganz anderes Bild. Ganz offenbar waren Friesenheim und Oppau Ziel einer im Verhältnis zur Ortsgröße geradezu massenhaften Einwanderung niederländischer und französischer Neubewohner geworden. In Oppau trugen 35 der 56 anwesenden Schatzungspflichtigen ›fremde‹ Namen, in Friesenheim 50 der 57 Gezählten. Es seien „die neuankommenden fremden Leute [...], die Welschen und Holländer, die das Dorf in Aufbringung und Bau bringen", vermeldete ein Bericht über Friesenheim im Jahr 1657.[114] Die rheinnahe und sumpfige Lage des Dorfes erwies sich

Neue Produkte: Tabaks-Tonpfeifen aus der Frankenthaler Produktion der 1670er Jahre [34]

offenbar hier als Standortvorteil. Denn viele der Zugezogenen bauten Flachs an und betätigten sich als Leinenweber und konnten die zahlreichen Wassertümpel der Umgegend zur Flachsverarbeitung nutzen. In Ruchheim, wo ebenfalls fast nur noch neue Namen auftauchten und die Schultheißen ebenfalls Neubürger französischer Herkunft waren, wurde 1663 das „Tabaktrinken" in den Häusern verboten, Hinweis auf die einsetzende Kultivierung des neuen, aus Amerika stammenden Krauts in der Region und Zeugnis einer sowohl religiös wie ganz banal feuerpolizeilich begründeten Ablehnung.[115] Noch 1684 heißt es in einem Bericht des Friesenheimer Pfarrers über die dortige Schule für die kurpfälzische Regierung: „Die Gemeind ist ganz französisch. Der Schulmeister, so der deutschen Sprach nicht kundig, hat aber den Schuldienst vom 10. August 1681 [ab] versehen, und heißt Abraham le Maittre."[116] In Oppau und Oggersheim fanden nachweislich französische Gottesdienste statt.[117]

Immer noch zogen in den Jahren nach dem Krieg nicht nur Menschen zu, es verließen auch viele die Pfalz – Neubürger, die noch nicht verwurzelt waren und deren Erwartungen enttäuscht wurden, und Alteingesessene, die trotz des Friedens die Perspektive verloren hatten. 1658 schrieb der Mannheimer Stadtdirektor Clignet, daß viele das Land verließen, „weil sie sich nicht wohl ernähren können und keine andere apparens sehen als zum Krieg."[118] So mußte die kurfürstliche Verwaltung versuchen, durch relative Milde und Entgegenkommen die Leute zu gewinnen. Nur selten konnte sie ihre Autorität voll ausspielen. Als um 1657/58 die Einwohner Oggersheims und seiner Umgebung Widerstand gegen die ihnen auferlegten Fronen leisteten, kam es zu keiner wirklichen Bestrafung. Man wollte alles gütlich regeln, um Anstoß zu vermeiden.[119]

Auch bei der Suche nach neuen Pächtern für ihre großen Güter im Oggersheimer Gebiet mußten der Kurfürst und die Geistliche Güterverwaltung zu Konzessionen bereit sein.[120] Gleich, ob es sich um das Kameralgut Hemshof, die Güter in Oppau oder die Kollekturgüter in Oggersheim handelte – es dauerte oft Jahre nach dem Krieg, bis überhaupt die ersten Pächter zu gewinnen waren, und dann zu extrem ermäßigten Pachtbedingungen. Oft waren die Grenzsteine verloren gegangen, die Äcker deshalb unauffindbar, manche waren im Rhein versunken, alle mußten erst gerodet und neu kultiviert werden. Die Bauernhöfe waren meist zerstört. So waren 1653 erst zwanzig der 150 Morgen des Pfalzgrafenguts in Oppau besamt. Der Mangel an Menschen erschwerte die Vergabe erheblich, und viele der Einwanderer waren anscheinend Handwerker und keine Bauern und verfügten kaum über viel Kapital. Nach dem Schatzungsregister Oggersheims besaßen die Alteingesessenen im Schnitt deutlich größere Summen als die Neuen. Zudem übernahmen viele wohl lieber einen leerstehenden Besitz, den sie zu Eigentum erwerben konnten und dessen Erträge in dem dünn besiedelten Land für die eigene Ernährung und den geringen Verkauf hinreichten, als ein großes Gut, das einen enormen Wiederherstellungsaufwand mit sich brachte und für das jährliche Pachten zu bezahlen waren.[121] Die Güter wurden darüberhinaus meist nur auf Zeit vergeben, auch um die Pacht der durch die Wiederherstellung der Ländereien gesteigerten

Anmerkungen Seite 118

115 Barth, S. 35
116 zit. n. Ruf, S. 160
117 Kreuter, Pfarrhäuser; Braun, S. 749; Friesenheim gehörte zur Pfarrei Oggersheim
118 zit. n. Ernst, S. 61
119 Sellin, S. 111
120 Braun, S. 329f; Kreuter, Güter, in: AVT 1931/3, 1932/2
121 Braun, S. 329

Ertragskraft anpassen zu können. Beim Hemshof, den mehrere Neuzuwanderer mit französischen Namen pachteten, wurden die Natural- und Geldabgaben nach Ablauf der jeweils achtjährigen Pachtzeiten 1665 und 1674 deutlich angehoben.[122] Andere Verträge sahen eine jährliche Steigerung während der Pachtdauer vor.

Auch im religiösen Bereich konnte die Vorkriegswelt nicht mehr wiederhergestellt werden: Vor allem gegenüber protestantischen Sekten, gegenüber den Lutheranern und in sehr beschränktem Maß auch gegenüber den Katholiken war Karl Ludwig aus einer gewissen Weitherzigkeit heraus, vor allem aber ökonomischer Interessen halber, zur Duldung bereit.[123] Sie scheint allerdings im Oggersheimer Gebiet kaum nötig gewesen zu sein. Denn die Neuzuwanderer waren offenbar alle calvinistisch. Der seit 1652 in Oggersheim amtierende Pfarrer Elias Beynon war Schweizer und gehörte damit zu der großen Schar von Geistlichen aus der Alpenrepublik, die nach dem Krieg herbeieilten, um beim Wiederaufbau der kurpfälzischen reformierten Kirche zu helfen.[124] Ein Bericht des reformierten Pfarrers Zinn aus dem Jahr 1700 betont, daß es in Oggersheim vor dem Ausbruch des Pfälzischen Erbfolgekrieges 1688 nur einen einzigen Katholiken gegeben habe, einen ›Bettelmann‹, zu dessen Begräbnis ein Kapuziner aus Frankenthal gekommen sei, der aber nicht auf den Friedhof gelassen wurde, sondern die Liturgie außerhalb desselben halten mußte.[125]

Weit weniger verheißungsvoll sah der Neuanfang in den ehemals Hirschhornschen Gebieten aus.[126] Die völlig entvölkerten Dörfer Maudach und Mundenheim verblieben zuerst noch beim Söternschen Fideikommiss, bis sie nach dem Tod des Kurfürst-Erzbischofs 1652 wieder vom Bistum Speyer eingezogen wurden. Ein langer Prozeß mit den Söternschen Erben endete erst 1660. Nach dem Schatzungsregister des speyerischen Amtes Marientraut, zu dem die Ortschaften gehörten, lebten in Maudach 1655 nur sechs (!) Schatzungspflichtige, fünf davon Alteingesessene und ein Neuzuzug. In Mundenheim zählte man 13 Steuerzahler. Zehn Jahre später, 1665/66, gab es 14 Haushalte in Maudach und 17 in Mundenheim.[127] Für diese überaus bescheidenen Zahlen gibt es wohl hauptsächlich zwei Gründe. Zum einen hatten die bischöflichen Behörden wohl kein so ausgeprägtes Interesse, die lutherischen Alteingesessenen wieder ins Land zu holen. Denn im Geist der Gegenreformation wollten sie ihr Territorium zum Katholizismus zurückführen. Andererseits aber gab es kein großes Reservoir verfolgter Katholiken in anderen Ländern, die man zu einer Ansiedlung hätte verlocken können. Dementsprechend war die kleine Schar von Zuwanderern nach Mundenheim, die in der Volkszählung 1665/66 registriert wurde, aus vielen Teilen des Reiches und Europas zusammengekommen: Schweiz, Württemberg, Steiermark, Jülicher Land, Geldern, Calais, Namur – ein bunter Mix, der eher auf katholische Herkunft schließen läßt.[128]

Aus dem wild- und rheingräflichen Rheingönheim sind erstmals 1654 ›Schultheißerei-Rechnungen‹ erhalten, die zeigen, daß das Dorf wie alle Orte der Umgebung weitaus weniger Einwohner als vor dem Krieg hatte. In den Jahren bis 1660 nahm die bebaute Fläche dann von 243 auf 355 Morgen zu, die Zahl der bezeugten Haushalte wuchs von 22 im Jahr 1658 auf 30 im Jahr 1673.[129]

Anmerkungen Seite 119

122 Nesseler, Hemshof, S. 40, 51

123 Ernst, S. 27ff

124 ebd., S. 140ff; für Beynon: Biundo

125 Kappelmann, S. 5. Der Tod des ›Bettelmanns‹ muß nach 1685 erfolgt sein. Erst danach lebten unter dem ersten katholischen Kurfürsten aus dem Haus Neuburg wieder Ordensgeistliche in Frankenthal und konnten frei ihren Glauben praktizieren

126 Stamer, S. 158f; König, Mundenheim; dies., Maudach

127 König, Maudach; König, Mundenheim; Klotz

128 vgl. König, Mundenheim; Kirsch, Schwanen, erwähnt, daß Anton Böhmer, dessen Eltern aus Westfalen und Lothringen kamen, der bei weitem reichste Mann war, dem fast ein Fünftel der Gemarkung gehörte. Das könnte darauf schließen lassen, daß er mit der vor dem Großen Krieg in Mundenheim bezeugten Familie Böhmer verwandt war

129 nach freundlicher Auskunft von Dr. Franz Maier, Speyer, der die Schultheißerei-Rechnungen im LASp, A2, 1544/2 eingesehen und ausgewertet hat

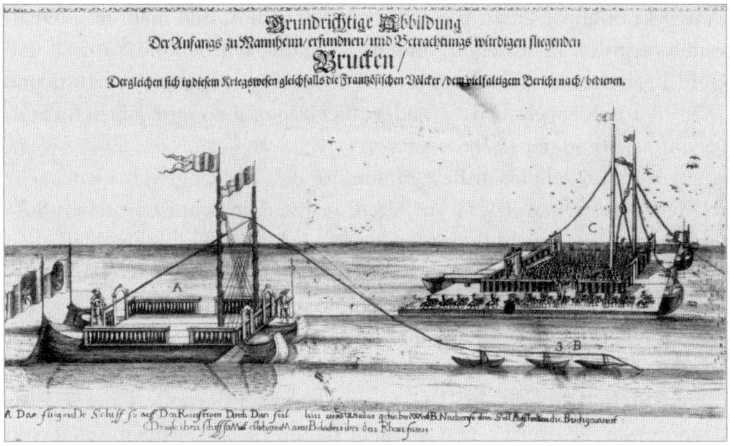

„Grundrichtige Abbildung der […] fliegenden Brucken"
zwischen Mannheim und der Rheinschanze [35]

Ein vielgepriesenes Wunderwerk der Wiederaufbauzeit: die ›Fliegende Brücke‹

Zur Förderung des Verkehrs ließ Kurfürst Karl Ludwig 1669 die beiden Ufer des Rheins auf der Höhe der Rheinschanze durch eine sogenannte ›Fliegende Brücke‹ verbinden.[130] Es war eine fest installierte, an Seilen gezogene Fähre, die der Ingenieur Michael Taudpheus aus Bacharach gebaut hatte. Das hochgelobte technische Wunderwerk soll nach seinen eigenen Angaben ein Fassungsvermögen von 400 Personen gehabt haben, er war so stolz auf seine „Brücke, der keine andere sonstwo gleiche", daß er sie und sich selbst mit einem Gedicht feierte. Auch der Kurfürst wußte die Reiseerleichterung zu schätzen, er unternahm die erste Fahrt am 27. August 1669 auf der Reise von Mannheim nach Frankenthal, am folgenden Tag schrieb er seiner Frau: „Gestern sind mir mit 100 pferdt uff einmahl mitt der fliegenden Brück über Rhein in einem Huy gefahren. Wann ich bis Frankenthal hette also [ebenso] gemechlich kommen können, hette ich mich nicht wund geritten." Das gewöhnliche Volk mußte dem Pächter, der gegen einen jährlichen ›Zins‹ den Betrieb der Brücke übernahm, einen Obolus entrichten: das Brückengeld belief sich auf 2 Pfennige pro Passanten.

Allerdings wies das Wunderwerk schon bald verschiedene Mängel auf: Im Winter und bei Hochwasser konnte die Fliegende Brücke nicht genutzt werden, und wenn die ›Brückenknechte‹ unachtsam oder betrunken waren, kam es zu Unglücksfällen. Zur Erntezeit war die Kapazität des Gefährts ungenügend, und Wagen mußten oft lange warten. Deshalb wurde schon 1674 eine Schiffbrücke vorgeschlagen, die in der Folge auch errichtet wurde. Im Pfälzischen Erbfolgekrieg wurde die Rheinüberquerung zerstört. Erst im 18. Jahrhundert entstand eine neue Schiffbrücke, die – mit Unterbrechungen – bis zum Jahr 1869 existierte.

Während die religiösen Verhältnisse in Rheingönheim unter den neuen ebenfalls lutherischen Landesherren unverändert blieben, versuchten die Bischöfe von Speyer in Mundenheim und Maudach gemeinsam mit den seit 1621 wieder katholischen Löwensteinern, die in Maudach das Patronat ausübten, und den Freiherren von Dalberg, denen nach wie vor ein Viertel des Dorfes Mundenheim als speyerisches Lehen gehörte, katholische Geistliche einzusetzen. So betrauten sie 1657 einen Ordensgeistlichen aus Speyer mit der Versorgung von Maudach und Mundenheim.[131] Dies rief den Widerstand der lutherischen Bewohner

Anmerkungen
Seite 120 und 121

130 Walter, S. 216ff
131 zu den religiösen Streitigkeiten um Maudach und Mundenheim: Stamer, S. 219ff; Ernst, S. 299
132 Beschreibung, S. 2
133 zum Wildfangstreit vgl. Karst, S. 104ff
134 ebd., S. 121

hervor, die unter Führung des Schultheißen die Mundenheimer Kirche mit Palisaden umzäunten, um dem Geistlichen den Zutritt zu verwehren. An diesem Punkte griff die Kurpfalz ein, und trat, unter Berufung auf ihre Stellvertretung des Kaisers nach dem Tod Ferdinands III., als Schutzherr der Lutheraner auf. Unter Hinweis auf den Westfälischen Frieden, nach dem der Religionszustand des Jahres 1624 maßgeblich war – und damals waren Maudach und Mundenheim definitiv lutherisch gewesen – beauftragten die kurfürstlichen Behörden den lutherischen Pfarrer im rhein- und wildgräflichen Rheingönheim mit der Versorgung der beiden anderen Dörfer. Von 1665 ab amtierten dann dennoch Ordensgeistliche in Mundenheim als Priester, während in Gegenwart des Oggersheimer Oberschultheißen am 28. Februar 1675 Johannes Hübner als lutherischer Geistlicher von Maudach durch den Pfarrer von Mutterstadt auf kurfürstlichen Befehl eingesetzt wurde.[132] Acht Jahre später, 1683, beschwerte sich die Kurpfalz bei den speyerischen Behörden über den Mundenheimer Pfarrer, der den lutherischen Pfarrer von Rheingönheim nicht zu den Kranken seiner Konfession lasse und die im Ort lebenden Leibeigenen des Kurfürsten zur Teilnahme an Prozessionen zwinge.

Neue kriegerische Auseinandersetzungen: Reitergefecht, Stich aus der zweiten Hälfte des 17. Jahrhunderts [36]

Die Erwähnung der Leibeigenen wies auf einen Streit hin, der die Beziehung der Kurpfalz zu allen ihren Nachbarn vergiftete. Kurfürst Karl Ludwig, der heimgekehrte Herrscher, war um keinen Preis bereit, auf irgendeines seiner wiedergewonnenen Rechte zu verzichten. So bestand er auch auf dem obenerwähnten ›Wildfangrecht‹[133] und reklamierte alle Neuzugezogenen in den seinem Territorium benachbarten, sogenannten ›Ausdörfern‹ als Leibeigene. Da das Land entvölkert war, bedeutete dies, daß nahezu alle Einwohner unter diese Kategorie fielen. Das Recht ließ er weidlich ausnutzen, forderte allerhand Abgaben und hoffte wohl, damit letztendlich die Landeshoheit in den Gemeinden gewinnen zu können. Genau dies befürchteten auch die benachbarten Fürsten. In seinem Visitationsbericht an die Kurie des Jahres 1694 hob der Bischof von Speyer hervor, daß er es wegen des Wildfangrechtes für ratsamer gehalten habe, auf eine größere Anzahl von Untertanen in den umstrittenen Dörfern zu verzichten, als deren Zahl durch Zuzug zu erhöhen und damit die angemaßten Rechte des Kurfürsten zu vermehren. Dies könnte eine weitere Erklärung für die langsame Wiederbesiedlung von Mundenheim und Maudach nach dem Krieg sein, denn diese beiden Gemeinden gehörten zu den Ausdörfern. Eine von der kurfürstlichen Verwaltung 1667 angelegte Liste bezeichnete in Maudach alle 67 Einwohner als Leibeigene, in Mundenheim 115 von 122, im wild- und rheingräflichen Rheingönheim 96 von 103.[134] Die Verwalter des Bischofs beklagten, daß die Kurpfalz jedem der Maudacher Untertanen, der sich weigere, den ›Leibzins‹ zu zahlen, mit militärischer Exekution, d. h. der Eintreibung des Geldes durch Soldaten, drohe. So entstand ein Kleinkrieg zwischen den benachbarten Territorien, die doch den Frieden so nötig gehabt hätten. Kurpfälzische Reiter durchstreiften die speyerischen und mainzischen Gebiete, nahmen manchmal Geiseln, die ihre Mitbürger dann auslösen mußten, verfolgten Bauern auf Feld und Straße. Soldaten der angegriffenen Herren taten Gleiches in den kurpfälzischen Gebieten. „Die Schultheißen der Nachbarorte der Festung Frankenthal waren nach einer Anweisung des Jahres 1666 verpflichtet, dem Stadtkommandanten sofort durch Eilboten über die ‚Tathandlungen' durchziehender Völker zu berichten und die Ortseinwohner durch Glockenschläge zur Gegenwehr zusammenzurufen, sonst müßte der den ‚beleidigten Leuten' zugefügte Schaden durch die verantwortlichen Bedienten ersetzt werden. Eine andere Instruktion fordert die Untertanen auf, ruhig ihre Äcker zu bauen und ihre Geschäfte zu treiben, wobei sie von Soldaten geschützt würden. Die beste Habe und die alten Leute sollten sie in Sicherheit bringen. Jedermann habe sich mit zwei Pfund Pulver, zwei Pfund Blei und 20 Klafter Lunte zu versehen. An den nächstgelegenen feindlichen Ortschaften sollte man Rache nehmen."[135] Erst der durch Schweden und Frankreich vermittelte ›Heilbronner Schiedsspruch‹ von 1667 beendete die kriegerischen Auseinandersetzungen. Er bestätigte dem Kurfürsten sein Recht auf die Leibeigenen in den Ausdörfern, beschränkte aber deren ›Nutzung‹ durch ihn. Über die eigentlichen Leibeigenschaftsabgaben hinaus durfte er nichts mehr fordern. Dennoch blieb diese Überlagerung verschiedener Herrschaftsrechte ein Problem, das im Raum der heutigen Stadt erst durch Tauschverhandlungen in den Jahren um 1700 gelöst wurde (siehe Kap. 4).

Ein weiterer Streit zwischen den benachbarten Fürsten war 1661/64 um den Besitz von Edigheim[136] entbrannt. Nach dem Tod des letzten weltlichen Herrn von Oberstein hatte Kurpfalz seine Hälfte des Ortes eingezogen und die Untertanen dem Kurfürsten huldigen lassen. Kurmainz als Mitlehensherr beließ dem letzten Obersteiner, einem Mainzer Domherrn, seine Hälfte. Nach dessen Tod im März 1663 beeilten sich die mainzischen Behörden, nunmehr für ihren Teil des Ortes die Huldigung zu erhalten. Schultheiß und Einwohner zeigten sich jedoch zögernd, fürchteten Schwierigkeiten mit den kurpfälzischen Amtsträgern. Der kurmainzische Lehensprobst griff daraufhin zu demonstrativen Drohungen und Gesten. Nachdem er die Bevölkerung durch Glockenschlag vor dem Rathaus hatte zusammenrufen lassen, hielt er eine Rede über ihre Treuepflicht zu ihrem Mitherrn, dem Erzbischof von Mainz. Dann schlug er mit der Hand an die Rathaustür und verkündete: „So gewiß als ich diese Tür angreife, habe ich das Recht, die Huldigung anzunehmen." Danach ging er zur Tür der Arrestkammer, rührte sie an und sagte: „ So gewiß ich diese Tür angreife, so gewiß habe ich das Recht, einen jeden von Edigheim in das Gefängnis zu setzen oder ihm den Kopf abschlagen zu lassen." Die Huldigung erfolgte umgehend.

Als die kurpfälzischen Behörden in Neustadt davon erfuhren, sandten sie sofort Reiter nach Edigheim, ließen den Schultheißen verhaften und nach Neustadt bringen. Schärfstens wurde ihm und den Untertanen befohlen, ihre Abgaben nur nach Neustadt zu bringen, den Mainzern nicht das geringste zu geben. Ähnliches erfuhr der Schultheiß wenig später, als er vor die Regierung nach Heidelberg zitiert wurde. Ein Versuch der kurmainzischen Amtsträger, ihn in ein mainzisches Dorf zu locken und dort ihrerseits zu verhaften schlug fehl. Ein weiterer Plan, den Schultheißen mit Gewalt aus Edigheim wegzuführen, konnte wegen der das Dorf wie so oft umgebenden Überschwemmung nicht verwirklicht werden, da die Ortschaft nur noch vom kurpfälzischen Frankenthal aus zu erreichen war. Die diplomatische Auseinandersetzung um das Dorf endete schließlich mit einem Sieg Kurfürst Karl Ludwigs, dem der Reichstag den Gesamtbesitz des Ortes bestätigte.

Nicht nur konfessionelle und territoriale Streitigkeiten hemmten den Wiederaufbau. Die 1650er und 1660er Jahre sahen immer wieder

Anmerkungen
Seite 122 und 123

135 *Braun, S. 337*
136 *Braun, S. 106ff, dort auch die folgenden Zitate*
137 *vgl. Herbel*
138 *vgl. Henrich; Rasimus, S. 103*
139 *Schaab, S. 131ff, 140ff*
140 *Braun, S. 338ff, auch für das Folgende*
141 *LASp, A2, 1544/2; nach Auskunft von Dr. Franz Maier, Speyer*
142 *zit.n. Kreuter, Güter in: AVT 1932/2, auch für das Folgende*

extrem strenge Winter und langandauernde Regen- und Frostperioden.[137] 1658 war der Rhein so fest zugefroren, daß das für den Kurfürsten auf dem Fluß angefertigte große Faß auf dem Eis mittels Kufen bis nach Heidelberg gebracht werden konnte. Auf das Eis folgte ein großes Hochwasser, das die Menschen als ungeheuer empfanden und das grossen Schaden anrichtete. Noch weit schlimmer war der Ausbruch einer schweren Pestepidemie,[138] die von London und den Niederlanden den Rhein herabkommend Anfang 1666 die Pfalz erreichte und neben Frankenthal, Mannheim und Neustadt auch die Region der heutigen Stadt heimsuchte.

Es war jedoch die Einmischung Frankreichs unter seinem jungen König Ludwig XIV., die schließlich zur erneuten Katastrophe für die Kurpfalz und unsere Region wurde. Kurfürst Karl Ludwig hatte sich zuerst dem Werben der Großmacht im Westen nicht entzogen, Geldzahlungen für politisches Wohlverhalten akzeptiert, und 1671 seine Tochter Elisabeth Charlotte, die berühmte ›Liselotte‹, dem Bruder des Königs zur Frau gegeben.[139] Doch blieb sein Verhalten schwankend, denn er wollte es sich auch nicht mit dem Kaiser verderben, der in heftiger Gegnerschaft zu Frankreich stand. Als Ludwig XIV. Anfang der 1670er Jahre seinen Eroberungszug gegen die Niederlande begann, versuchte der Kurfürst zu taktieren, verhandelte mit Frankreich wie mit dessen Gegnern. Französische Truppen besetzten daraufhin Germersheim und durchzogen plündernd die übrige Vorderpfalz. In der Bevölkerung wurde der im 16. Jahrhundert eingeführte Aufruf der Wehrfähigen wiederbelebt, Schildwachen bei den Dörfern postiert.[140] Die Naturalabgaben sollten nur noch im Konvoi unter militärischer Bedeckung in die großen befestigten Städte gebracht werden, nicht mehr in die kaum zu verteidigenden Amtsorte. Im Juni 1675 traf eine französische Reitertruppe, die offenbar auf dem Weg zur Ausplünderung Oppaus war, auf einen pfälzischen Militärkonvoi und wurde zurückgeschlagen.

Die Folgen der Unsicherheit waren bald zu spüren. In Oppau sank die Zahl der Haushalte von 55 im Jahr 1673 auf nur noch 38 sechs Jahre später, ganz ähnlich war die Entwicklung in Rheingönheim – 30 Haushalte 1673, 22 im Jahr 1679.[141] Allein von 1673 auf 1674 schafften die Oppauer alle ihre Schweine ab – 1673 hatte es noch 64 gegeben – und verminderten die Zahl ihres fronbaren Großviehs von 149 Stück auf 64 Stück – „der Kriegstruppen wegen", vor deren Überfällen und Raub man sich fürchtete. Im Sommer 1674 und 1675 kamen die Feldarbeiten weitgehend zum Erliegen. „Bei dieser Zeit wegen der Kriegsunruhe, welche alle Leute am meisten scheuen"[142] gelang es in Oggersheim 1675/76 nicht, die dortigen Güter der Kollektur Neustadt der Geistlichen Güterverwaltung neu zu verpachten. Die bisherigen Inhaber entschuldigten sich wegen der Wachen, Fronen und dem Mangel an Pferden, neue Pächter waren nicht oder nur zu für die Herrschaft extrem ungünstigen Bedingungen zu gewinnen. Erst die Drohung der Amtsträger, im Falle der Nichtvergabe die Güter in Fron bebauen zu lassen, führte zum gewünschten ›Erfolg‹.

Das Ende des Niederländischen Krieges mit dem Frieden von Nymwegen 1679 brachte keine Ruhe. Denn nun begann der französische König unter Verweis auf höchst fadenscheinige angebliche alte Rechtstitel von bereits französischen Territorien auf Gebiete innerhalb des Deutschen Reiches diese zu besetzen. Erneut war die Kurpfalz

„Heidelberga deleta"
Französische Triumphmedaille zur Zerstörung von Heidelberg, 1693. Die Münze wurde zum Symbol der Grausamkeit der französischen Kriegsführung und deshalb bald nicht mehr öffentlich ausgestellt [37]

besonders betroffen. Schon im Frühjahr 1680 durchstreiften französische Truppen das Oberamt Neustadt und trieben einen „Nachtrag der Philippsburger Contribution" ein[143] – die einstmals speyerische Festung war 1648 an die französische Krone gefallen. Oggersheim[144] mit einer kleinen kurpfälzischen Besatzung von 60 Musketieren wurde angegriffen. Am dritten Tag der Belagerung gelang es den Franzosen, an zwei Stellen mit Leitern die Stadtmauer zu übersteigen, die Kurpfälzer zu entwaffnen und sie vors Tor zu führen, wo sie sie „nach wieder zugestelltem Gewehr ihres Weges fortwiesen." Als Reaktion ließ Kurfürst Karl Ludwig sofort darauf die Oggersheimer Stadtmauer niederreißen, weil „der Ort [...] den beiden Festungen Mannheim und Frankenthal zu nahe gelegen, auch so stark nicht befestigt gewesen, daß solcher eine förmliche Belagerung hätte aushalten können." Das kaum zu verteidigende Städtchen sollte also künftig keine militärischen Begehrlichkeiten mehr wecken. Die Steine der Stadtmauer durften die Bürger für ihre eigenen Häuser und zur Reparatur der Kirchhofmauer verwenden. Dort, im ummauerten Friedhof, sollten sie künftig „gegen die Mauser und Marodenbrüder", d. h. plündernde Truppen, Schutz suchen. In den Jahren danach scheint sich die Situation in der Region stabilisiert zu haben: Jedenfalls wuchs die Zahl der Haushalte in Oppau und Rheingönheim wieder.

Im Mai 1685 starb mit Kurfürst Karl der letzte Sproß des reformierten kurpfälzischen Herrscherhauses.[145] Erbe war Herzog Philipp Wilhelm von Pfalz-Neuburg aus der seit dem frühen 17. Jahrhundert wieder katholischen Nebenlinie der pfälzischen Wittelsbacher. Der neue Kurfürst übte auf religiösem Gebiet kluge Zurückhaltung, wenn er auch auf die langfristige Konversion seines neuen Landes zum Katholizismus hoffte. Er erklärte, sich ganz an eine mit seinem Vorgänger ausgehandelte, aber durch dessen Tod nicht mehr rechtskräftig gewordene Vereinbarung zum Schutz der Reformierten halten zu wollen. Allerdings proklamierte er die Religionsfreiheit für seine Konfession. Erstmals seit dem Dreißigjährigen Krieg kamen so wieder Ordensgeistliche in die Kurpfalz und zum Beispiel nach Frankenthal. Naturgemäß erlahmte das Interesse der Kurpfalz für die Erhaltung des Protestantismus in den speyerischen Orten Maudach und Mundenheim. Hier arbeitete die Zeit ohnehin gegen die Lutheraner, da durch den Neuzuzug der größte Teil der Bevölkerung katholisch war. 1685 forderten die Maudacher Katholiken, die etwa 75% der Einwohner ausmachten, einen eigenen Pfarrer, und am 26. Januar 1686 kam der Statthalter des Hochstifts, begleitet von einem Speyerer Franziskaner, in den Ort und ließ die erste Messe in der Kirche lesen. Künftig wurde eine konfliktreiche Koexistenz zwischen dem im Ort wohnenden lutherischen Pfarrer und dem katholischen Geistlichen von Mundenheim praktiziert. Beide hielten ihre Gottesdienste in der Maudacher Kirche, der Altar wurde den Katholiken reserviert. Allerdings wurde der Mundenheimer Pfarrer gewarnt, er solle die Andersgläubigen nicht nötigen, ihre Kinder in den katholischen Religionsunterricht zu schicken.[146] Im fast ausschließlich katholischen Mundenheim konnte er aber 1686 erstmals wieder eine große Fronleichnamsprozession halten.[147]

Im eigentlichen kurpfälzischen Herrschaftsgebiet blieben die Konfessionsverhältnisse in der Region der heutigen Stadt zunächst noch unangetastet. Eine Änderung der Gesamtlage trat erst ein, als Johann

Anmerkungen
Seite 124 und 125

143 *Braun, S. 342*
144 *Kreuter, Oggersheim, S. 35*
145 *f.d.F. vgl. Schaab, S. 143ff*
146 *Stamer, S. 219f*
147 *Gugumus, S. 26*
148 *zur ›verspäteten Gegenreformation‹ vgl. Schaab, S. 154ff*
149 *Kreuter, Oggersheim, S. 115*
150 *Kappelmann, S. 5*
151 *zu Rheingönheim, Maudach, Mundenheim vgl. Kap. 4*
152 *zum Pfälzischen Erbfolgekrieg vgl. Schaab, S. 149ff*
153 *Heidelberg mit dem Schloß wurde 1692 auf ausdrücklichen Befehl des Königs vernichtet*
154 *Braun, S. 342*

Wilhelm, der Sohn Kurfürst Philipp Wilhelms, nach 1690 einen wesentlich schärferen Kurs einschlug. Er wollte im Rahmen einer ›verspäteten Gegenreformation‹ sein Land auch mit Gewalt zum alten Glauben zurückführen.[148] So wurden Konversionen belohnt, Kinder aus Mischehen mußten katholisch erzogen werden, Protestanten wurden zur Teilnahme an katholischen Prozessionen gezwungen. Im Frieden von Rijswijk 1697, der den Pfälzischen Erbfolgekrieg beendete, ließ der Kurfürst den Konfessionszustand in den von den Franzosen rekatholisierten kurpfälzischen Gebieten festschreiben. Den Einwohnern von Bellheim in der Südpfalz, die wieder zu ihrem angestammten Glauben zurückkehren wollten, ließ der Kurfürst fast zynisch ihre ›Wankelmütigkeit‹ vorwerfen. Gleichsam zur Strafe dafür mußten sie auch künftig katholisch bleiben. Unmittelbar nach Kriegsende ließ Johann Wilhelm das ›Simultaneum‹, d.h. die gemeinsame Nutzung aller Kirchen durch Reformierte, Katholiken und Lutheraner einführen, eine Maßnahme, von der die schon bestehenden allein katholischen Kirchen aber nicht betroffen waren. So wurde auch in Oggersheim die Kirche für den katholischen Gottesdienst geöffnet, das Pfarrhaus teilten sich hinfort der reformierte Pfarrer Zinn und ein Kapuziner aus Frankenthal, der die Messe las und neben den Oggersheimer Katholiken auch die in Oppau, Edigheim, Friesenheim, Ruchheim und Studernheim zu betreuen hatte.[149] Nach dem Jahresbericht des reformierten Pfarrers Zinn lebten in der Stadt, die noch 1685 nur calvinistische Einwohner gehabt hatte, im Jahr 1700 unter 249 Einwohnern bereits 81 Katholiken und 30 Lutheraner.[150] Auch in Rheingönheim, das die Wild- und Rheingrafen 1698 an die Kurpfalz abtraten, wurde das Simultaneum, hier zwischen Lutheranern und Katholiken, eingeführt. Kaum verwunderlich ist es, daß Kurfürst Johann Wilhelm 1709 im Vertrag zum Erwerb von Mundenheim und Maudach den Verlust jeglicher öffentlicher Religionsausübung durch die Protestanten in den beiden Dörfern festschreiben ließ.[151]

Ludwig XIV. von Frankreich hüllt sich in ein Kleid aus geraubten Städten und Ländern; Niederländischer Stich [38]

Vor der Einführung der ›verspäteten Gegenreformation‹ durchlebte unsere Region allerdings noch einmal einen Krieg, der wiederum zu verheerenden Zerstörungen und Entvölkerungen führte.[152] Kurfürst Philipp Wilhelm, aufs engste mit dem Kaiserhaus verbunden, geriet bei seinen Verhandlungen über das Erbe der Liselotte in immer größere Gegensätze mit Ludwig XIV. Dabei nutzte der französische König die Auseinandersetzung als Vorwand, um einen neuen Krieg führen zu können. Der gegen die Türken siegreiche Kaiser sollte geschwächt, die gegen die französische Okkupationspolitik 1686 entstandene ›Liga von Augsburg‹ zerschlagen werden. Im Oktober 1688 eröffnete der König die Kampfhandlungen, französische Truppen drangen weit nach Schwaben und Franken vor. Als sich im Frühjahr 1689 der Widerstand zu formieren begann, der Reichskrieg gegen Frankreich erklärt wurde, mußte sich das Heer des ›Sonnenkönigs‹ zurückziehen. Auf Befehl des Kriegsministers Louvois wurde dabei das preisgegebene Gebiet, darunter der größte Teil der Kurpfalz, planmäßig verwüstet, um den nachrückenden Truppen die Versorgung zu erschweren. „Brulez le Palatinat", so wurde die Ordre an den Befehlshaber Melac bekannt. Mannheim, Frankenthal, Worms und Speyer wurden zerstört, ebenso wie viele Dörfer in der Umgegend.[153] Angesichts der Schrecken flohen die Einwohner der Region, so zum Beispiel die Friesenheimer angeblich nach Ladenburg, die Edigheimer auf die Rheininseln.[154] Im anscheinend ebenfalls verlassenen

Die Einnahme Frankenthals durch den französischen Thronfolger, den Dauphin, am 19. November 1688 [39]

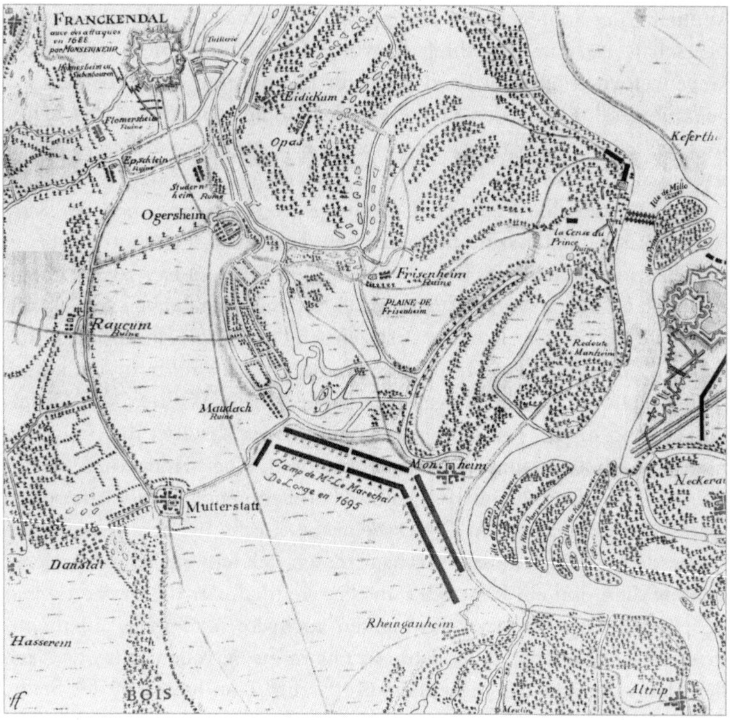

Nachzeichnung einer französischen Kriegskarte aus dem Jahr 1695. Im Gebiet der heutigen Stadt werden Maudach, Friesenheim, Ruchheim und der Hemshof – „la cense du Prince" – als Ruinen bezeichnet [40]

Anmerkungen
Seite 126 und 127

155 *Gugumus, S. 27*
156 *Kreuter, Chronik, S. 42*
157 *Braun, S. 342f*
158 *zit. n. Kraut, S. 15*
159 *Ruf, Friesenheim, S. 158f*
160 *zit. n. Kraut, S. 15*
161 *Ruf, S. 162*
162 *Kreuter, Pfarrhäuser*

Mundenheim, wo 1689 französische Truppen lagerten, versah der Geistliche des Militärspitals, Aumonier Goujon, den Gottesdienst.[155] Auch die Oggersheimer verließen ihre nunmehr unbefestigte Stadt. Doch wurde der Ort ganz offenbar nicht zerstört, denn der kursächsische Rentbeamte Konrad Rüger, der 1691 mit einem über 10 000 Mann starken Reichsheer den Sommer über bei Oggersheim lagerte, schrieb über einen Besuch in der Stadt: „Da war wohl alles verstört, die Einwohner entlaufen und andessenstatt der kaiserliche Stab darinnen [...], doch war nichts verbrannt."[156]

Auch Oppau blieb verschont, das Gemeindeleben ging weiter. Eine recht legendenhaft wirkende Erzählung berichtet, daß der Schultheiß die schon fluchtbereiten Einwohner des Dorfes 1689 veranlaßte, in den Sumpfwäldern nach den als Delikatesse begehrten Morcheln zu suchen und sie am gleichen Tag dem anrückenden französischen Befehlshaber kniefällig als Geschenk verehrte, was diesen zur Milde bewegt habe: Nur einige Häuser seien angezündet worden, doch durften die Menschen löschen und das Umsichgreifen der Flammen verhindern.[157]

Ruchheim wurde ganz offenbar kein Opfer der Franzosen, sondern des obenerwähnten kaiserlichen Heeres. Der Mutterstadter Pfarrer Salathé berichtete 1693: „Zu Ruchheim sind keine Hausgenossen mehr, weil die daselbst gestandenen Häuser bis auf die Kirche von der zu Oggersheim gestandenen Armee abgebrochen und das Holz ins Lager geführt worden."[158]

Eine französische Kriegskarte des Jahres 1695 bezeichnet neben Ruchheim auch Friesenheim, Maudach und den Hemshof als Ruinen.[159]

Die anderen Orte waren der völligen Zerstörung entkommen, aber dennoch menschenleer. Pfarrer Salathé schrieb von der „Öde" in den Dörfern, „zudem wird man daselbst von den fast täglich herumstreifenden Schnapphähnen und Husaren sehr belästigt."[160] Vom Krieg erschüttert und ihrer Nahrungsgrundlage beraubt, waren viele der Neubürger weitergezogen, etwa nach Preußen oder in andere Teile des Reiches. In Friesenheim, dem wohl extremsten Beispiel in der Region, findet sich Anfang des 18. Jahrhunderts keiner der Namen mehr, die in den Schatzungslisten des späten 17. Jahrhunderts auftauchen.[161]

Als der Friede von Rijswijk 1697 den Krieg beendete, kam das Leben langsam wieder in Gang. Noch am 10. Februar 1698 meldete die Geistliche Güterverwaltung, daß „die Gemeind Oggersheim dem eingelangten Bericht nach noch zur Zeit so schwach, daß sie anhero mit einem absonderlichen [eigenen] Pfarrer noch nicht bestellt ist."[162] Nachdem das Pfarrhaus vom Wormser Domkapitel als Zehntinhaber notdürftig hergerichtet war, kam dann im Sommer 1698 der neue Pfarrer. Der erste Eintrag im Kirchenbuch datiert vom 24. Juni 1698. Das schreckliche 17. Jahrhundert neigte sich seinem Ende zu. Das folgende, das Jahrhundert des Rokoko und der Aufklärung, sollte gerade für Oggersheim und seine Region einen ungeahnten Aufschwung bringen.

Alter, Willi:
Das pfälzische Oberamt Neustadt an der Haardt um das Jahr 1584, in: Alter (Hg.), Pfalzatlas, Textband II, Speyer 1971, S. 1041ff [zit. Alter, Oberamt]

Das Hochstift Speyer zu Anfang des 16. Jahrhunderts, in: Alter (Hg.), Pfalzatlas, Textband III, Speyer 1981, S. 1343ff [zit. Alter, Speyer]

Der Bauernkrieg in der Pfalz, in: Alter (Hg.), Pfalzatlas, Textband III, Speyer 1981, S. 1363ff [zit. Alter, Bauernkrieg]

Der Aufstand der Bauern und Bürger im Jahre 1525 in der Pfalz; Veröffentlichungen der Pfälzischen Gesellschaft zur Förderung der Wissenschaften 93, Speyer 1998 [zit. Alter, Aufstand]

Barth, Friedrich: Ruchheim gestern und heute; Veröffentlichungen des Stadtarchivs Ludwigshafen 4, 2. Auflage, Ludwigshafen 1986

Kurze Beschreibung der evangelischen Parochialgemeinde Maudach, o. O. 1844 [zit. Beschreibung]

Biundo, Georg: Die evangelischen Geistlichen der Pfalz seit der Reformation, Neustadt a. d. Aisch 1968

Braun, Karl Otto: Geschichte der beiden Rheindörfer Oppau und Edigheim, Ludwigshafen 1953

Egler, Anna: Die Spanier in der linksrheinischen Pfalz 1620—1632; Quellen und Abhandlungen zur mittelrheinischen Kirchengeschichte 13, Mainz 1971

Ernst, Albrecht: Die reformierte Kirche der Kurpfalz nach dem Dreißigjährigen Krieg; Veröffentlichungen der Kommission für Geschichtliche Landeskunde in Baden-Württemberg, Reihe B 133, Stuttgart 1996

Güß, Ernst Friedrich Peter: Die kurpfälzische Regierung und das Täufertum bis zum Dreißigjährigen Krieg; Veröffentlichungen der Kommission für Geschichtliche Landeskunde in Baden-Württemberg, Reihe B, 12, Stuttgart 1960

Gugumus, Johannes Emil: Die Pfarrei Mundenheim im Wandel der Zeiten bis zur Auflösung des Wormser Bistums 1802, in: Katholisches Pfarramt St. Sebastian, Ludwigshafen-Mundenheim (Hg.): Kirche und Pfarrei St. Sebastian. Festschrift zur Konsekration der neuen St. Sebastianskirche, Ludwigshafen 1954, S. 11ff

Henrich, Karl: Die Pest von 1666/67 in der Pfalz und den angrenzenden Gebieten, in: MHVP 65/1967, S. 163ff

Herbel, Jürgen: Oppau und Sandhofen im Spiegel des Rheins, Manuskript in Bibl. StALu, 1996

Himmighöfer, Traudel: David Pareus, in: Neue Deutsche Biographie, Bd. XX, S. 65f

Irschlinger, Robert: Zur Geschichte der Herren von Hirschhorn; Sonderheft 1 der Zeitschrift ›Der Odenwald‹, Neustadt i. Odenwald, 1969

Kappelmann, J.: Festschrift zur Erinnerung an die Einweihung der neuen evangelischen Kirche zu Oggersheim, Oggersheim 1898

Karst, Theodor: Das kurpfälzische Oberamt Neustadt an der Haardt; Veröffentlichungen zur Geschichte von Stadt und Kreis Neustadt an der Weinstraße 1, Speyer 1960

Kirsch, Friedrich:
Das Mundenheimer Gasthaus zum Schwanen; 1. Beiheft der Zs. ›Pfälzisch-Rheinische Familienkunde‹, Ludwigshafen 1960 [zit. Kirsch, Schwanen]

Mundenheim. Bilder zu seiner Geschichte; Veröffentlichungen des Stadtarchivs Ludwigshafen 26, Ludwigshafen 1999

Klotz, Fritz: Die Einwohnerliste des Amtes Marientraut 1664—1667, in: Pfälzisch-Rheinische Familienkunde, Bd. IX, Ludwigshafen 1978 bis 1981, S. 326ff, 353ff

König, Irmgard:
Maudacher Einwohner von 1660—1730, in: Pfälzisch-Rheinische Familienkunde, Bd. IX, Ludwigshafen 1978—1981, S. 225ff [zit. König, Maudach]

Mundenheimer Einwohner von 1655—1673, in: Pfälzisch-Rheinische Familienkunde, Bd. IX, Ludwigshafen 1978—1981, S. 294ff [zit. König, Mundenheim]

Die Einwohner von Maudach 1268—1875; Deutsche Ortssippenbücher, Reihe B 34, Frankfurt a. M. 1985 [zit. König, Bürgerbuch]

Kraut, Walter: Aus der Ruchheimer Vergangenheit. Streifzug durch die Ortsgeschichte. Privatdruck in Bibl. StALu, 1993

Kreuter, Karl:
Geschichte der Stadt Oggersheim, Oggersheim 1910 [zit. Kreuter, Oggersheim]

Die Einwohner Oggersheims im Jahre 1585 und ihre Vermögensverhältnisse, in: AVT 5/1929 [zit. Kreuter, Einwohner]

Aus dem alten Oggersheimer kath. Pfarrbuch (1699—1798), in: AVT 2/1932

Die freiadligen, geistlichen und gemeindeeigenen Güter in Oggersheim, in: AVT 6/1930—4/1934 [zit. Kreuter, Güter]

Das Oggersheimer Zollhaus, in: AVT 4/1931 [zit. Kreuter, Zollhaus]

Die fünf protestantischen Pfarrhäuser in Oggersheim, in: AVT 2/1932 [zit. Kreuter, Pfarrhäuser]

Was alte Steuerveranlagungen uns zu sagen haben, in: Beilage zum Oggersheimer Anzeiger, 9.12.1938 [zit. Kreuter, Steuerveranlagungen]

Aus der Chronik von Oggersheim; Veröffentlichungen des Stadtarchivs Ludwigshafen 10, 4. Auflage, Ludwigshafen 1983 [zit. Kreuter, Chronik]

Maudach im Wandel der Zeiten; Veröffentlichungen des Stadtarchivs Ludwigshafen 6, 3. Auflage, Ludwigshafen 1986 [zit. Kreuter, Maudach]

Kuhn, Manfred: Pfalzgraf Johann Casimir von Pfalz-Lautern; Schriften zur Geschichte von Stadt- und Landkreis Kaiserslautern 3, 1961

Lohmann, Eberhard: Die Herrschaft Hirschhorn. Studien zur Herrschaftsbildung eines Rittergeschlechts; Quellen und Forschungen zur hessischen Geschichte 66, Darmstadt 1986

Lossen, Richard: Die Glaubensspaltung in der Kurpfalz, in: Freiburger Diözesan-Archiv, N.F. 18, Beiträge zur Reformationsgeschichte Badens, Erste Hälfte, Freiburg 1917, S. 208—310

Mayer, Eugen: Pfälzische Kirchengeschichte, Kaiserslautern 1939

Müller, Anton: Die Kirchenbücher der bayerischen Pfalz; Archivalische Zeitschrift, 1. Beiheft, München 1925

Nesseler, Emil:
Der Hemshof, Neustadt a. d. W. 1939 [zit. Nesseler, Hemshof]

Die Rheinschanze als kurpfälzisches Festungswerk, Saarbrücken 1940 [zit. Nesseler, Rheinschanze]

Poller, Oskar:
Die Einwohner von Oppau und Edigheim 1480—1813; Deutsche Ortssippenbücher, Reihe B, 28, Frankfurt a. M. 1983

Mundenheimer Bürgerbuch 1518—1814; Deutsche Ortssippenbücher, Reihe B, 42, Frankfurt a. M. 1988 [zit. Poller, Mundenheim]

Friesenheimer Bürgerbuch 1584—1814; Deutsche Ortssippenbücher, Reihe B, 55, Frankfurt a. M. 1989

Oggersheimer Bürgerbuch 1584—1814; Deutsche Ortssippenbücher, Reihe B, 66, Frankfurt a. M. 1991

Rheingönheimer Bürgerbuch 1518—1798; Deutsche Ortssippenbücher, Reihe B, 81, Frankfurt a. M. 1993

Ruchheimer Bürgerbuch 1604—1814; Deutsche Ortssippenbücher, Reihe B, 116, Frankfurt a. M. 1996

Rasimus, Dieter: Chronik der Gemeinde Jockgrim, Jockgrim 1992

Ruf, Peter: Geschichte von Friesenheim, Bd. 1, Ludwigshafen 1995

Schaab, Meinrad:

Die Wiederherstellung des Katholizismus in der Kurpfalz im 17. und 18. Jahrhundert, in: ZGO, NF 75, 1966, S. 147—207 [zit. Schaab, Katholizismus]

Geschichte der Kurpfalz, Bd. 1, Stuttgart 1990 [zit. Schaab, Kurpfalz, Bd. 1]

Geschichte der Kurpfalz, Bd. 2, Stuttgart 1992 [zit. Schaab]

Scherer, Karl: Karten zum Dreißigjährigen Krieg, in: Alter (Hg.), Pfalzatlas, Textband III, Speyer 1981, S. 1398ff

Sellin, Volker: Die Finanzpolitik Karl Ludwigs von der Pfalz, Stuttgart 1978

Stamer, Ludwig: Kirchengeschichte der Pfalz, III. Teil, 1. Hälfte, Speyer 1955

Vogt, Jean: L'evolution du fermage au XVIIIe siècle; Plaine du Palatinat ..., in: Actes du 80; Congrès Des Sociétés Savantes, Lille 1955, Paris 1955

Walter, Friedrich: Geschichte der Stadt Mannheim, Bd. 1, Mannheim 1907

Titelbild Kapitel 3: Die Leiden des Krieges.
Bauer und Offizier vor einem brennenden Dorf
Zeitgenössische Radierung von Rudolf Meyer
(Staatsgalerie Stuttgart)

[2,3] StALu, T 504

[5,6] StALu, Md. 490

[7] StALu, Ru. 955

[9] Vatikan. Bibliothek, Rom; entnommen aus: Bonkoff, Bernhard: Bild-Atlas zur Pfälzischen Kirchengeschichte, Band I, Speyer 2000, S. 172

[10] entnommen aus: Bonkoff, wie Nr. 9, S. 173

[12] wie Nr. *[2]*

[13] Kartenausschnitt aus: Alter, Willi (Hg.), Pfalzatlas, Speyer 1963ff

[16] Hess. Landesmuseum Darmstadt

[19] Staatl. Graph. Sammlung München

[20] Generallandesarchiv Karlsruhe

[21] Stadtmuseum Ludwigshafen

[23] Ausschnitt aus Karte in Walter, Mannheim, Bd. 1

[24] entnommen aus: Nieritz, Gustav: Der Kuhhirte von Oggersheim. Historische Erzählung, Oggersheim 1934

[25] entnommen aus: Stadt Frankenthal (Hg.): Frankenthal. Bilder aus der Vergangenheit, Frankenthal 1977, S. 35

[29] StALu, Op. 314/1

[30] Mährische Galerie Brünn

[31] Stadtmuseum Münster

[32] StALu, Ru. 955

[33] StALu, Op. 314/1

[34] Erkenbert-Museum, Frankenthal

[36] entnommen aus: Stadt-Anzeiger Ludwigshafen, 21/1940

[37] British Museum London

[38] Privatbesitz

[39] Kleine Kartusche in einem großen Stich zu Ehren des Dauphin, Kurpfälzisches Museum Heidelberg

[40] StALu, Plansammlung

[4, 8, 11, 14, 15, 17, 18, 22, 26, 27, 28, 35]
Fotosammlung StALu

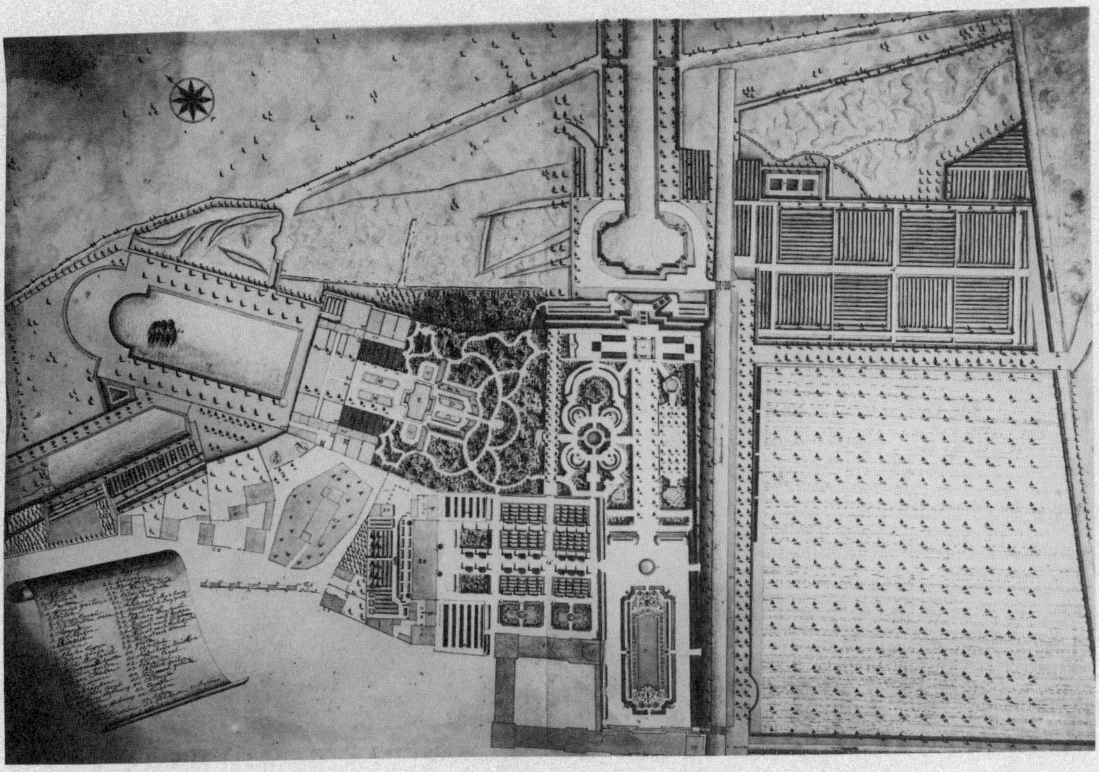

Das Ende der Alten Zeit

Der Raum Ludwigshafen
vom Ende des 17. Jahrhunderts bis
zur Französischen Revolution

* *Weitere Erläuterungen zu Abb. 2*

1 *die Rheinschanze und*
2 *das angrenzende, zu Mannheim gehörende Kriegswörth*
3 *der Rheineinbruch bei Mundenheim aus der Mitte des Jahrhunderts*
4 *die ›Oberschultheißereihöfe‹, hier der Hemshof*
5 *die Fasanerie der Kurfürstin und*
6 *der Kanal des Oggersheimer Schlosses*
7 *Beginn der Gemarkung Ruchheim*

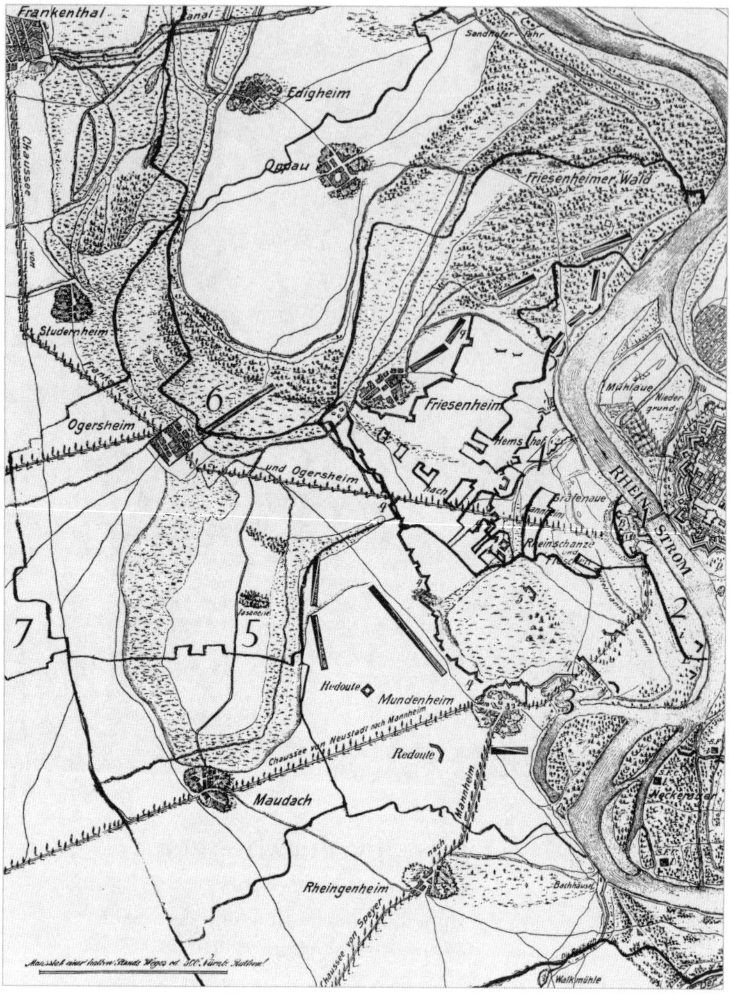

Der Raum Ludwigshafen am Ende des 18. Jahrhunderts
In die schon recht präzise Kriegskarte von Dewarat zu den militärischen Ereignissen der Jahre 1794/95 wurden die Gemarkungsgrenzen eingezeichnet [2]*

Kriege und Territorialpolitik

Geflohene Einwohner, öde Felder, vernachlässigte Rheindämme, durch die der Strom in die Fluren drang[1] – am Ende des Pfälzischen Erbfolgekriegs bot der Raum des künftigen Ludwigshafen ebenso wie die ganze pfälzische Rheinebene ein trauriges Bild. Einige Orte wie Friesenheim, Maudach und Ruchheim waren nur noch Ruinen. Das Dorf „sei bis aufs Fundament ruinieret [...] und nicht eine einzige Hütte stehen" geblieben, schrieb der Friesenheimer Schultheiß 1698.[2] Oggersheim war zwar unzerstört, aber menschenleer. In anderen Ansiedlungen, so etwa in Oppau, war das Leben während des Krieges kümmerlich weitergegangen.

Die Menschen, die nach dem Rijswijker Friedensschluß in das Land zwischen den Festungen Mannheim und Frankenthal zurückkehrten, mochten auf dauernde Verschonung von weiteren Kriegshandlungen gehofft haben. Diese Hoffnung jedoch trog. Zwar blieben ihnen Orgien

Anmerkungen Seite 134 und 135

1 *Braun, S. 148*
2 *Ruf, Friesenheim, Bd. 1, S. 161*
3 *Braun, S. 344ff*
4 *ebd., S. 348*

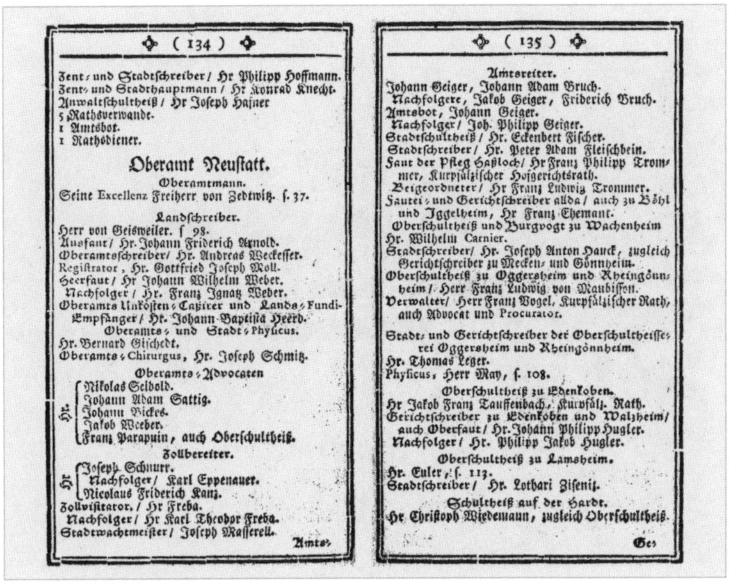

(134)

Zent- und Stadtschreiber / Hr Philipp Hoffmann.
Zent- und Stadthauptmann / Hr Konrad Knecht.
Anwaltschultheiß / Hr Joseph Hafner
5 Rathsverwande.
1 Amtsbot.
1 Rathsdiener.

Oberamt Neustatt.

Oberamtmann.
Seine Excellenz Freiherr von Zedtwitz. f. 37.

Landschreiber.
Herr von Geisweiler. f 98.
Ausfaut / Hr. Johann Friderich Arnold.
Oberamtsschreiber / Hr. Andreas Weckesser.
Registrator, Hr. Gottfried Joseph Moll.
Heerfaut / Hr Johann Wilhelm Weber.
Nachfolger / Hr. Franz Ignatz Weber.
Oberamts Unkösten-Caßirer und Lands-Fundi-Empfänger / Hr. Johann Baptista Heerd.

Oberamts- und Stadt-Physicus.
Hr. Bernard Gischedt.
Oberamts-Chirurgus, Hr. Joseph Schmitz.

Oberamts-Advocaten
Hr. Nikolas Seldold.
Hr. Johann Adam Sattig.
Hr. Johann Bickes.
Hr. Jakob Weeber.
Hr. Franz Parapuin, auch Oberschultheiß.

Zollbereiter.
Hr Joseph Schnurr.
Hr Nachfolger / Karl Eppenauer.
Hr Nicolaus Friderich Kanz.
Zollvisitator. / Hr Freba.
Nachfolger / Hr Karl Theodor Freba.
Stadtwachtmeister / Joseph Masserell.

Amts-

(135)

Amtsreiter.
Johann Geiger, Johann Adam Bruch.
Nachfolgere, Jakob Geiger, Friderich Bruch.
Amtsbot, Johann Geiger.
Nachfolger / Joh. Philipp Geiger.
Stadtschultheiß / Hr. Eckenbert Fischer.
Stadtschreiber / Hr. Peter Adam Fleischbein.
Faut der Pfleg Haßloch / Hr Franz Philipp Trommer, Kurpfälzischer Hofgerichtsrath.
Beigeordneter / Hr Franz Ludwig Trommer.
Fautei- und Gerichtschreiber allda / auch zu Böhl und Iggelheim, Hr Franz Ehemant.
Oberschultheiß und Burgvogt zu Wachenheim Hr. Wilhelm Carnier.
Stadtschreiber / Hr. Joseph Anton Hauck, zugleich Gerichtschreiber zu Mecken- und Gönnheim.
Oberschultheiß zu Oggersheim und Rheingönnheim / Herr Franz Ludwig von Maubisson.
Verwalter / Herr Franz Vogel, Kurpfälzischer Rath, auch Advocat und Procurator.

Stadt- und Gerichtschreiber der Oberschultheisserei Oggersheim und Rheingönnheim.
Hr. Thomas Leger.
Physicus, Herr May, f. 108.

Oberschultheiß zu Edenkoben.
Hr Jakob Franz Tauffenbach, Kurpfälz. Rath.
Gerichtschreiber zu Edenkoben und Walzheim / auch Oberfaut / Hr. Johann Philipp Hugler.
Nachfolger / Hr. Philipp Jakob Hugler.

Oberschultheiß zu Lamsheim.
Hr. Euler, f. 113.
Stadtschreiber / Hr. Lothari Zisenitz.

Schultheiß auf der Hardt.
Hr Christoph Wiedemann, zugleich Oberschultheiß.

Ge-

Die Herrschaft im Raum des späteren Ludwigshafen
Personal des Oberamtes Neustatt (Neustadt), hierunter das der Oggersheimer Oberschultheißerei auf S. 135 des Hof- und Staatskalenders MDCCLXXVII (1777) [3]

Die Herrschaft im Raum des späteren Ludwigshafen
Kurpfälzisches Wappen aus dem Hof- und Staatskalender MDCCLXXVII [4]

der Verwüstung für ein Jahrhundert bis zu den Kriegen im Gefolge der Französischen Revolution erspart, die ersten Jahrzehnte des 18. Jahrhunderts brachten jedoch weiterhin schwere Kriegslasten. Während der ersten 14 Jahre tobte der Spanische Erbfolgekrieg,[3] und wieder war der Oberrhein eines der bevorzugten ›Theater‹ für die sich bekämpfenden französischen und kaiserlichen Truppen. Immer wieder wurden die Einwohner der Vorderpfalz zum Unterhalt der Belagerungsringe um die heißumkämpfte Festung Landau herangezogen. Insbesondere die Schanzarbeiten, die sie im Herbst 1704 bis zu den Knien in Schlamm und eisigem Regenwasser stehend zu leisten gezwungen wurden, entwickelten sich zum Alptraum für die Menschen. Truppen beider Seiten verpflegten sich in der Gegend und bei erzwungenen Fuhren für die Armeen wurden den Bauern oft noch ihre Wagen und ihr Zugvieh weggenommen.

Als nach dem Frieden von Utrecht die Verbündeten des Kaisers aus dem Krieg ausgeschieden waren und sich nurmehr das Reich und Frankreich gegenüberstanden, verlagerten sich die Kampfhandlungen direkt in das Gebiet des heutigen Ludwigshafen. Die 1704/05 von den Umwohnern in Fronarbeit wiederhergestellte Rheinschanze wurde von kurpfälzischen Truppen gegen die Soldaten des ›Allerchristlichsten Königs‹ verteidigt. Der französische Befehlshaber schlug sein Lager in Mundenheim auf, während viele Einwohner der linksrheinischen Dörfer in der Festung Mannheim Zuflucht suchten. Erst nach dem Frieden von Baden (1714) endeten Besatzung und Ausplünderung des Landes. Allein das Dorf Oppau mit seinen vielleicht 300 Einwohnern hatte laut einer amtlichen Aufstellung in den 13 Kriegsjahren 4 107 Gulden an französischen Kontributionsgeldern zahlen müssen. Der Gesamtverlust des Ortes durch Lieferungen für die Armeen und Schädigungen betrug zwischen 40 000 und 50 000 Gulden.[4]

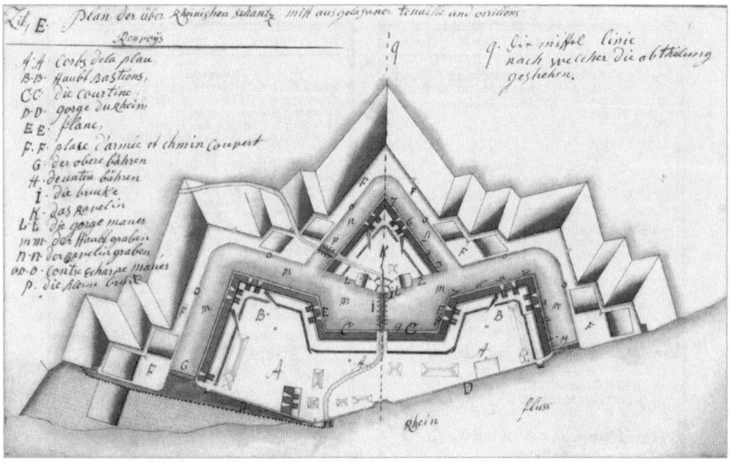

Plan der Rheinschanze
Handzeichnung aquarelliert [5]

Die Rheinschanze im 18. Jahrhundert[5]

Die in den Kriegen des 17. Jahrhunderts zerstörte ›Rheinschanze‹, das linksrheinische Vorwerk der Festung Mannheim, die erst kurz nach 1700 zum dritten Mal in ihrer Geschichte aufgebaut worden war, wurde 1713 in den Kämpfen am Ende des Spanischen Erbfolgekrieges von französischen Truppen belagert, genommen und dann zerstört. Erst 1723 räumten die Franzosen das Gelände wieder.

Um 1727 begann Kurfürst Carl Philipp (1716—1742) einmal mehr mit dem Wiederaufbau der Rheinschanze. Die obige Abbildung zeigt das Festungswerk in seiner um 1739 vollendeten Form. Die Anlage entsprach im Kleinformat den Erkenntnissen der damaligen in Holland und Frankreich perfektionierten Festungsbaukunst, die durch die Neigungswinkel und Stellung der Mauern und Erdwerke angreifenden Geschützen keine offenen Flanken und leicht zu zerstörende *gerade* Flächen bieten wollte. Umgeben war die Befestigung von vielfach gestaffelten, im Gelände auslaufenden nach außen flachgeböschten Erdwerken – den ›Tenailles‹, an deren Spitze verdeckte Laufgänge für verteidigende Truppen liefen, und einem vom Rhein gespeisten Wassergraben, bei dem zwei Schleusen – die ›Bähren‹ – das Abfließen des Wassers bei Niedrigstand des Flusses verhindern sollten. Die eigentliche Befestigung bestand aus zwei spitzig zulaufenden Bastionen mit Wehrgängen und Geschützständen sowie einem verbindenden geraden Mauerstück – der ›Courtine‹, dem das wiederum spitz zulaufende ›Ravelin‹ zum Schutz vorgelagert war. Im Inneren des Geländes befanden sich zwei kleine Kasernen für die Schanzenbesatzung, eine Marketender- und mehrere Zöllnerswohnungen mit einer Wachstation, eine Kapelle, zwei Brunnen und verschiedene Schuppen.

Der Kommandant der französischen Festung Landau hatte beim Beginn des Wiederaufbaus protestiert, daß die Anlage von deutschen Fortifikationen auf dem linken Rheinufer verboten sei. Die Kurpfälzer wiesen jedoch darauf hin, daß es sich nur um eine kleine ›Redoute‹ – Schanze – handele, die als Brückenkopf zum Schutz der dortigen Wach- und Verwaltungsgebäude diene. Das war nur zu wahr. Der militärische Wert der

Anmerkungen
Seite 136

5 *Nesseler, Rheinschanze, dort, S. 58f, auch Zitat auf S. 137*

Militär als höfisches Spektakel: Manöver in Schwetzingen vor Kurfürst Carl Theodor Gemälde von Ph. H. Brinckmann, 1748; Kurpfälzisches Museum Heidelberg [6]

Anlage war äußerst beschränkt. Das unter der Courtine gelegene Pulvermagazin war durch das sumpfige Gelände ständig feucht, die Gesamtanlage zu klein und durch den breiten Rhein von der Hauptfestung getrennt. Vom linken Ufer des nördlich von Mannheim stark nach Osten abbiegenden Flusses konnte man ohne Mühe die hintere unbefestigte Uferseite – der ›Gorge du Rhin‹ des Plans der Schanze beschießen. Ein zeitgenössischer Beobachter fällte das vernichtende Urteil: „Diese Rheinschanze, die eher einem Modelle, einem zur Übung junger Anfänger erbauten Werke als einem wahren militärischen Etablissement gleicht, ist ein armseliges Wesen, das nur angelegt zu sein scheint, um die Dürftigkeit des militärischen Genies seines Baumeisters zu verewigen."

Bedeutung hatte die Rheinschanze als linksrheinisches Entrée zur Hauptstadt Mannheim. Von hier aus nahmen die alten Wege zur Haardt und den Weinbaugegenden ihren Anfang, die im 18. Jahrhundert zu modernen Chausseen ausgebaut wurden. Zahlreiche für die Residenz und das Rechtsrheinische bestimmte Waren und Besucher rollten durch das Festungswerk, das damit auch als Zollstation an der Grenze zwischen den kurpfälzischen Verwaltungsbezirken Neustadt und Mannheim großen Nutzen hatte. Von der Rheinschanze führte eine unter Carl Philipp angelegte Schiffsbrücke über den Rhein. Diese Verbindung zwischen den Ufern bestand an dieser Stelle bis zum Jahr 1869! Letztlich mag es nicht uninteressant sein, daß die kurfürstlichen Lustbarken an der Rheinschanze vertaut waren und dort von den Herrschaften für kleine „Parthien" den Fluß hinauf und hinab bestiegen wurden.

Das Ende der Rheinschanze kam mit den Revolutionskriegen. Mehrmals wechselte das Festungswerk den Besitzer, und 1796/97 versuchten die Kurpfälzer mit einer weitläufigen künstlichen Überschwemmung des Geländes um die Schanze einen Angriff der Franzosen unmöglich zu machen. Im Januar 1798 war das Festungswerk das einzige Areal links des Rheins zwischen Basel und der niederländischen Grenze, das noch nicht französisch war. Ende des Monats eroberte die französische Armee die Rheinschanze und ließ sie in der Folge schleifen.

Geschäftiges Treiben am Rhein bei Speyer Aquarell von Lorenz Janscha (Ausschnitt) [7]

Auch im Polnischen (1733—1737) und im Österreichischen Erbfolgekrieg (1740—1748) war das Gebiet zwischen den Festungen Mannheim und Frankenthal Schauplatz militärischer Aktivitäten. Vor allem in den Jahren 1734/35 und 1743—1745 war das Land wieder voll von Truppen – mit all den sattsam bekannten Begleiterscheinungen für die Einwohner.[6] Vermutlich geht auch jene Seuche, die 1734/35 Oggersheim heimsuchte und der binnen vier Monaten 60 Menschen – bei ca. 500 Einwohnern – zum Opfer fielen, auf die Anwesenheit der ›fremden Kriegsvölker‹ zurück.[7] Mit dem Abzug der Truppen Ende 1745 blieb das Gebiet vor der Mannheimer Rheinschanze dann wie die ganze Kurpfalz für etwa 50 Jahre von Kriegsnöten verschont – die längste Friedensperiode seit dem 16. Jahrhundert. Zwar belastete der Siebenjährige Krieg die Menschen der Vorderpfalz mit ›Teuerung‹, Wirtschaftskrise und einigen Verpflegungs- und Transportleistungen für die kämpfenden Parteien – doch gefochten, gestorben und zerstört wurde anderswo.[8]

Die Einwohner des Gebiets der heutigen Stadt Ludwigshafen waren seit der Wende vom 17. zum 18. Jahrhundert fast alle Untertanen des Kurfürsten von der Pfalz geworden. Kurfürst Johann Wilhelm hatte systematisch die Streitigkeiten mit den Nachbarterritorien der Kurpfalz zu beenden gesucht, darunter auch den unseligen ›Wildfangstreit‹. Im Tausch gegen den Verzicht auf dieses Recht in den übrigen Gebieten der betreffenden Landesherren erwarb der Kurfürst 1698 das Dorf Rheingönheim von den ›Wild- und Rheingrafen‹ und 1709 die Dörfer Mundenheim und Maudach vom Bischof von Speyer.[9] Die drei Neuerwerbungen wurden Teil der ›Oberschultheißerei Oggersheim und Rheingönheim‹, wie man sie in Erinnerung an die Hirschornsche ›Oberschultheißerei‹ Rheingönheim seit 1709 nannte, einer seit dem 16. Jahrhundert deutlicher erkennbaren Untereinheit des kurpfälzischen Oberamts Neustadt. Sie umfaßte fast das gesamte Gebiet des heutigen Ludwigshafen und größere Teile des heutigen Landkreises. Erstmals bildete damit das spätere Stadtgebiet eine administrative Einheit, in der der Kurfürst von der Pfalz oberster Landes-, Gerichts- und Herr über alle Leibeigenen war.

Auch im Jahrhundert der Aufklärung wies der Verwaltungsaufbau der Oberschultheißerei einige Besonderheiten auf, die bis zur Französischen Revolution erhalten blieben. So war das große, direkt von der kurfürstlichen Finanzbehörde, der Hofkammer, verwaltete Domänen-Gut Hemshof zwar Teil der Oberschultheißerei, aber keiner der angrenzenden Dorfgemarkungen.[10] Zwei weitere vom kurpfälzischen Staat abhängige große Gutsbetriebe, die Scharrau und die Petersau, waren lose der Gemeinde Oppau zugeordnet, obgleich sie ohne räumlichen Zusammenhang mit deren Gemarkung ein ganzes Stück nördlich bei Roxheim lagen.[11] In Edigheim hatte Kurfürst Johann Wilhelm 1704 die Hälfte der Gerichtshoheit einem seiner getreuen adligen Gefolgsleute verliehen, der sie schon im Jahr darauf an die Freiherren von Hundheim verkaufte.[12] Diese hatten sie dann das ganze Jahrhundert über inne – eine Quelle bitterer Streitigkeiten zwischen Einwohnerschaft, Kurpfalz und Hundheimschen Beamten, die im übrigen je länger je weniger irgendeine konkrete Funktion ausübten – wohl aber auf die Ablieferung der schuldigen Abgaben pochten. Im Falle Mundenheims[13] wiederum war 1709 ein Viertel der Ortsherrschaft beim Bischof von Speyer verblieben,

Anmerkungen
Seite 138 und 139

6 *Braun, S. 349ff*
7 *Kreuter, Kath. Pfarrbuch, in: AVT 2/1930*
8 *Heinz, S. 34f*
9 *Letzterer erhielt darüberhinaus noch eine territoriale Entschädigung für seinen Verzicht auf die beiden Dörfer*
10 *vgl. allg. Nesseler, Hemshof*
11 *Braun, S. 61ff*
12 *Franz, Besitz*
13 *Kirsch, S. 13f*
14 *Barth, S. 42ff*
15 *Widder, Bd. 2, S. 354ff*

der sie an die Freiherren von Dalberg verliehen hatte. Auch hier handelte es sich offenbar nicht um die Ausübung konkreter Herrschaft, sondern lediglich um das Recht, ein Viertel der Einkünfte aus dem Ort erheben zu können. 1771 erwarb der kurpfälzische Premierminister Freiherr von Zedtwitz das Viertel von den Dalbergs – und überließ zwei Jahre später gegen finanzielle Entschädigung seine Rechte der Kurpfalz.

Nur ein einziger Ort im Raum des heutigen Ludwigshafen blieb gänzlich außerhalb der kurpfälzischen Landesherrschaft: Ruchheim.[14] Das Dorf, seit Jahrhunderten im Besitz der Leininger Grafen, wurde 1695 durch den vor den Franzosen nach Frankfurt geflohenen Emich Christian von Leiningen-Guntersblum an einen dortigen Bankier verpfändet, der dem durch die Kriegsläufte verarmten Grafen dafür 9 000 für einen standesgemäßen Lebensstil bitter nötige Gulden lieh. Schon fünf Jahre später wurde der Ort von den Erben des Bankiers an den Basler Caspar von Rußikon verkauft. Er und seine Erben hatten ihn dann bis zum Jahr 1739 inne – allerdings nicht unbestritten, da die Leininger ein vereinbartes Rückkaufsrecht geltend machten und es zu weitschweifigen Prozessen kam. Für 49 000 Gulden – das Dorf hatte sich von den Kriegsverwüstungen erholt und war wieder ein Vielfaches des Kaufpreises von 1695 wert – erwarb schließlich der kurpfälzische Hofkanzler Jakob Tillmann von Hallberg den Ort, der dann unter ihm und seinen Nachkommen zusammen mit dem benachbarten Fußgönheim und Heuchelheim bis zur Französischen Revolution eine kleine reichsunmittelbare Herrschaft bildete, die im Auftrag der Hallbergs von einem in Fußgönheim ansässigen Amtmann und Rentmeister verwaltet wurde. Obgleich nun Ruchheim nicht der kurpfälzischen Landeshoheit unterstand, konnte man natürlich nicht von einer selbständigen Entwicklung sprechen: Der Kurfürst übte die Herrschaft über die Ruchheimer Kirche aus, er besaß im Ort Güter – und die Hallbergs waren im Dienst des Mannheimer Hofes.

Das Ruchheimer Beispiel zeigt, daß es auch jenseits der eigentlichen Landeshoheit noch eine große Zahl von herrschaftlichen Rechten gab, die es erlaubten, Einfluß auf die Untertanen auszuüben. Dies diente im Falle Ruchheims den Interessen des pfälzischen Herrschers – in den Orten der Oberschultheißerei hatte es jedoch die gegenteilige Wirkung. So gehörten dort die Zehnten verschiedensten Herren – in Maudach etwa den Fürsten von Löwenstein-Wertheim, in anderen Orten den geistlichen Stiftern und Klöstern in Worms und Speyer, die auch die Grundherren über große Teile der Gemarkungen waren.[15] Das sorgte für eine Gemengelage, die der Wirksamkeit kurfürstlicher Politik Schranken auferlegte.

Agrarische Landschaft in der Rheinebene
Blick auf Mannheim von Osten
Gemälde von Kobell, 1790
Reiss-Museum, Mannheim [8]

Bevölkerung und natürliche Grundlagen

Nach einem Jahrhundert der Kriege, die zweimal zur fast völligen Entvölkerung des Landstrichs zwischen den Festungen Mannheim und Frankenthal geführt hatten, konnte sich im 18. Jahrhundert endlich wieder eine bodenständige Einwohnerschaft bilden. Die Zunahme der Bevölkerung erfolgte dabei, soweit man nach dem bruchstückhaften Zahlenmaterial der ersten Hälfte des 18. Jahrhunderts urteilen kann, durchaus nicht gleichmäßig. Vielmehr scheint es, daß die ersten Jahrzehnte nach dem Rijswijker Frieden von einem steilen Bevölkerungsanstieg gekennzeichnet waren, gefolgt von einer Phase soliden, aber gemässigteren Wachstums, das sich möglicherweise in den letzten Jahren des Jahrhunderts dem europaweiten bzw. weltweiten Trend folgend wieder beschleunigte.

Aus der Zeit um 1700 besitzen wir nur von vier Orten des Raums Ludwigshafen Schätzungen der Einwohnerzahl: Edigheim, Maudach, Oggersheim und Oppau hatten damals zusammen wohl um die 700 Einwohner.[16] Zwanzig Jahre später war diese Zahl auf ca. 1 220 gewachsen, eine Zunahme von über 70%.[17] Dies konnte selbstverständlich nicht nur durch die natürliche Bevölkerungsbewegung erfolgt sein, d. h. durch einen Geburtenüberschuß. Vielmehr wanderten zahlreiche Menschen in das Gebiet der Oberschultheißerei und nach Ruchheim ein. In Friesenheim zeigt sich gar, daß die Bevölkerung durch den Pfälzischen Erbfolgekrieg erneut vollkommen „ausgewechselt" wurde. Keine der 1655 und 1684 in den Steuerlisten erwähnten Familien ist in der Liste von 1721 noch zu finden.[18] Die neuen Einwohner waren französische Hugenotten und Schweizer Mennoniten, die vor den Verfolgungen in ihren Heimatländern flohen, Schweizer Reformierte und Katholiken aus der Oberpfalz und Tirol. Im weiteren Verlauf des 18. Jahrhunderts scheint dann die Einwanderung aus den nahegelegenen Reichsterritorien ganz im Vordergrund gestanden zu haben.[19]

In der Zeit von 1720 bis 1791 vermehrte sich die Bevölkerung im Gebiet des heutigen Ludwigshafen – ohne Ruchheim und den Hemshof – von ca. 2 060 auf 4 185, d. h. um etwas mehr als 100%.[20] Auch dies war wiederum nicht nur Folge eines natürlichen Zuwachses. So beläuft sich der Geburtenüberschuß in Mundenheim für die Jahre 1740 bis 1791 auf nur 58 Personen,[21] die Bevölkerung aber nahm von ca. 420 auf 534 Einwohner zu. In Oggersheim war der Geburtenüberschuß – der Katholiken und Reformierten – zwischen 1768 und 1791 mit 139 deutlich höher,[22] die Bevölkerung aber nahm um 225 Menschen auf 962 zu. Mit anderen Worten, auch weiterhin zog die Region Zuwanderer an – und zwar noch weit mehr als die eben zitierten Zahlen suggerieren. Denn zugleich war auch die Auswanderung ein nicht zu vernachlässigendes Phänomen.[23] Zwar verließen überwiegend Einwohner der armen Gebirgsoberämter die Kurpfalz, doch auch im Raum des heutigen Ludwigshafen wurden die Menschen vor allem durch Kriege und wirtschaftliche Not zum Verlassen der Heimat getrieben. Die Werbung der französischen Regierung für eine Einwanderung nach Cayenne führte 1764 geradezu zu einer Massenhysterie, besonders in der Vorderpfalz. Scharf wurde das Oberamt Neustadt dafür gerügt, daß innerhalb weniger Tage nicht weniger als 86 Menschen ohne behördliche Erlaubnis aus Mundenheim in Richtung Frankreich/Cayenne ausgewandert seien.

Am Ende des ›Ancien regime‹ (1791) lebten auf dem Territorium des heutigen Ludwigshafen[24] ca. 4 900 Menschen,[25] wobei die Stadt Oggersheim mit 962 Einwohnern die deutlich größte Ansiedlung war. Mit ca. 63 Einwohnern pro Quadratkilometer war die Bevölkerungsdichte erheblich höher als in den meisten Teilen des zeitgenössischen Europa und natürlich auch in den armen Gebirgsoberämtern der Pfalz. Sie blieb jedoch hinter der durchschnittlichen Bevölkerungsdichte der Kurpfalz – 83 Ew. je qkm um 1791[26] – zurück, die sich vor allem aus der großen Zahl der Bewohner der Weinbaugebiete am Haardtrand und den Großdörfern in der rheinferneren Ebene erklärte.

Anmerkungen Seite 140 und 141

16 *Braun, S. 840ff (Edigheim, Oppau); König, S. 8ff; Kreuter, Steuerlisten, in: Beilage zum Oggersheimer Anzeiger, 9. 12. 1938*

17 *die Bevölkerungszahl errechnet aus der in den Schatzungslisten angegebenen Zahl von Steuerzahlern, in: LASp, F 3, 45—47*

18 *Ruf, Friesenheim, Bd. 1, S. 162*

19 *Dies ergibt eine Analyse der Neubürgerlisten der Orte Rheingönheim und Mundenheim, StALu, Mu. 303, Rgh. 93*

20 *Einwohnerzahl 1791: Statistik des Oberamts Neustadt (Kopie des Archivales aus dem LASp), StALu, M 581; für Ruchheim (Zahl von 1789): StALu, Ru. 1059/28*

21 *errechnet aus Kirchenbuch Mundenheim, StALu, Mu. 615—618, 623—626*

22 *errechnet aus Kirchenbüchern, StALu, Og. 981—983*

23 *vgl. Heinz, S. 17ff, besonders S. 113*

24 *etwa 77,3 qkm; die Gemarkungen der Dörfer insgesamt waren jedoch noch um einiges größer, denn zum heutigen Umfang der Stadt muß man noch die zu Oppau und Friesenheim gehörende Friesenheimer Insel mit ca. 7 qkm sowie das seit 1930 zu Limburgerhof gehörende Areal der Gemeinde Rheingönheim rechnen. Abzuziehen ist das zu Mannheim gehörende Gebiet der Rheinschanze und des anschließenden ›Kriegswörths‹. Ein Gesamtumfang von ca. 85 qkm ist realistisch. Bei der Bevölkerung muß von der für die ›Oberschultheißereihöfe‹ angegebenen Zahl die – geschätzte – Einwohnerschaft der Scharrau und Petersau in Abzug gebracht werden*

25 *wie Anm. 23*

26 *Heinz, S. 21*

27 *Zahl der Schatzungszahler, d. h. Haushaltsvorstände mit 4,5 multipliziert*

28 *LASp, F 3, 45—47*

29 *LASp, A 2, 114*

Ferdinand Kobell: Rheinauenlandschaft, 1788 [9]

Der gefährliche Fluß: Votivtafel aus der Wallfahrtskirche Oggersheim mit ertrinkendem Flößer [10]

Bevölkerung der Orte im Raum des heutigen Ludwigshafen
Zahlen 1720/21 nach den Schatzungsregistern (LASp, F 3, 45—47) geschätzt[27]; 1785 und 1791 aus der kurpfälzischen Statistik

	1720	1785	1791	Bev.-Wachstum 1720—1791
Edigheim	266	445	477	79,3%
Friesenheim	320	510	539	68,4%
Maudach	221	444	453	104,9%
Mundenheim	252	459	534	111,9%
Oggersheim	387	922	962	148,5%
Oppau	392	656	709	80,8%
Rheingönheim	221	460	511	131,2%
Ruchheim	?	?	609*	
Oberschultheißereihöfe (Hemshof, Petersau, Scharrau)	?	?	174	

** 1789*

Auch die Zunahme der Bevölkerung im Gebiet des heutigen Ludwigshafen in den Jahren 1720—1791 war trotz einer stattlichen Zuwanderung prozentual kleiner als die der gesamtkurpfälzischen Einwohnerschaft – die um ca. 112% wuchs. Dies kann nicht verwundern, wenn man bedenkt, daß die Gebiete nahe am Rhein eben doch nicht zu den geographisch und klimatisch besten gehörten. Zwar bot die Neueinschätzung der landwirtschaftlichen Nutzfläche zur Steuerveranlagung in den Jahren 1721—1723 gar kein so schlechtes Bild:[28] Die Orte im Raum des heutigen Ludwigshafen konnten mit einer großen Zahl von Äckern ›mittlerer‹ Güte aufwarten, auch wenn sie kaum ertragreiche Weinberge und nur wenige ›gute‹ Äcker besaßen. Lediglich die Weiden und Wiesen vor allem in den rheinnahen Dörfern wurden als ›schlecht‹ und ›doppelt schlecht‹ bewertet. Eine Übersicht des Jahres 1790 über die Erträge pro Morgen für verschiedene ›Ackerfrüchte‹ im Bereich des Oberamtes Neustadt zeigt die Orte im Gebiet des heutigen Stadtkreises oft an der Spitze, und zwar sowohl bei guten wie bei schlechten Äckern.[29] So wurde nur in 14 Orten des Oberamtes Weizen angebaut, von denen die Oggersheimer Felder ebenso wie beim viel verbreiteteren Korn die Höchsterträge lieferten. Oppau lag beim Spelz an der Spitze, Edigheim beim Ertrag der mit ›Futterkräutern‹ bebauten Äcker.

Das 1758 errichtete ›Große Kreuz‹ im Zentrum von Mundenheim; es wurde wegen Baufälligkeit abgetragen und 1990 durch eine Neuschöpfung ersetzt [11]

Die Überschwemmung von 1784: Das verwüstete Neckarhausen; Zeichnung von Ferdinand Kobell; das Ortsbild dürfte sich kaum von dem der Dörfer der Oggersheimer Oberschultheißerei unterschieden haben [12]

Der Rhein blieb – neben dem Segen, den er brachte, wie fruchtbaren Rheinschlick, Fischerei, Flößerei, Warentransport, Rheingold – jedoch vor allem eine Belastung und Bedrohung für die flußnahen Gebiete. Sicker- und Druckwasser entwerteten die Ländereien, und große Gebiete der Gemarkungen waren ›öde Gründe‹, die nicht nutzbar waren und oft viele Monate lang überflutet blieben. Ein französischer Reisender berichtete um 1772, daß Oggersheim „auf der einen Seite zwischen vielen Sümpfen und Morästen" liege, „die der anstrebende Rhein macht, da das Land überhaupt sehr tief liegt",[30] und auch vom Gebiet um Maudach und Mundenheim liegen ähnliche Beschreibungen vor.[31]

Ständig mußten die Hochwasserdämme ausgebessert werden, und endlos waren die Streitigkeiten wegen ihrer Beschädigung durch Herden und andere Nutzer, besonders aber wegen des Beitrags, den die steuerfreien Adels- und Kirchengüter zu ihrem Unterhalt zu leisten hatten.[32] 1748 verordnete der Kurfürst in einer Grundsatzentscheidung, daß alle diejenigen, die durch die Dämme geschützt wurden, also auch die geistlichen und weltlichen steuerbefreiten Grundherren, nach der Größe ihres Besitzes zum Unterhalt der Wasserbauten beizutragen hätten. Wieder und wieder bedrohten Überschwemmungen die Dörfer.[33] Nachrichten über Schäden und Steuerbefreiungen aus diesem Anlaß finden sich aus der Zeit des Spanischen Erbfolgekriegs und den Jahren 1717, 1720, 1735, 1737, 1738, 1740—1747, 1751 sowie 1754—1756. Um 1758 hätte ein Hochwasser ums Haar das Hochufer, auf dem das Dorf Mundenheim stand, und mit ihm den Ort zerstört. Das ›Große Kreuz‹ in der Ortsmitte erinnert noch heute an die Errettung aus dieser Gefahr. Auch die übrigen Rheindörfer der Oberschultheißerei hatten in diesem Jahr große Wasserschäden zu beklagen, so daß am 1. August 1758 in Mundenheim eine „Zusammenkunft aller ersoffenen Rheinorte" abgehalten und gemeinschaftliche Dammreparaturen beschlossen wurden. Solche Kooperation war nicht selbstverständlich, denn im Zweifelsfall versuchten bedrängte Einwohner auch immer wieder, die Wassermassen auf die Äcker ihrer Nachbarn zu lenken. Weitere Hochwasser brachten die Jahre 1764—1767, 1769—1771, 1776, 1778, 1784, 1789, 1792 und 1795. 1770 wird von einer „totalen Überschwemmung" berichtet.

Anmerkungen
Seite 142 und 143

30 *zit. nach Kleeberger*
31 *LASp, A 2, 1394/8, 1425/5*
32 *Braun, S. 152*
33 *f.d.F. vgl. Braun, S. 143ff*
34 *ebd., S. 157*
35 *Ruf, Friesenheim, Bd. 2, S. 82*
36 *StALu, Og. 983*
37 *zum ersten Schloßbau vgl. Lochner, S. 11ff*
38 *Kreuter, Wallfahrtskirche*
39 *Kreuter, Chronik, S. 68f*
40 *zur zweiten Bauphase vgl. Lochner, S. 18ff; Mörz, Elisabeth Augusta, S. 122ff*

Deputierte des einmal mehr schwer getroffenen Oppau liefen in Mannheim umher, „um bei den hohen Herrschaften für die Notleidenden Brot auszumachen, um Brot anzuhalten, um Brot abzulangen". Immer wieder baten die Ortschaften bei solchen Naturereignissen um Steuernachlaß – und wurden in der Regel erhört. Der Winter 1784/85, der grossen Teilen Deutschlands schwere Hochwasser brachte, führte in der Gegend um Mannheim zur Katastrophe. Nach einer extremen Kälteperiode, während derer man eine Kirmes auf dem zugefrorenen Rhein hatte halten können, brach Ende Februar das Eis bei Tauwetter und staute die Wassermassen von Rhein und Neckar. Mit ungeheurer Gewalt wurden die Dämme durchbrochen, und in kürzester Zeit versanken Edigheim, Oppau, Friesenheim und die Hemshöfe in den Fluten. In Oppau stand das Wasser so hoch, daß die Einwohner kaum auf den Dachböden Schutz fanden und sich an dort gelagerten Tabakstangen festklammern mussten.[34] Das vom Wasser völlig eingeschlossene Dorf verlor viel Vieh, während die Friesen- und Edigheimer sich und ihre Herden nach Oggersheim bzw. Frankenthal retten konnten.

Der erste Oggersheimer Schloßherr Pfalzgraf Josef Carl Emanuel von Pfalz-Sulzbach, Erbe der Kurpfalz [13]

Eine weitere Folge des Lebens am Fluß mit seinem ungesund-feuchten Klima sind wahrscheinlich die häufig in den Kirchenbüchern als Todesursache genannten ›Brustleiden‹.[35] Insgesamt blieb die Lebenserwartung recht niedrig, die Säuglings- und Kindersterblichkeit immens hoch. Das war im Europa dieser Zeit nichts Außergewöhnliches. Doch es ist für den modernen Betrachter schon erschreckend, daß etwa, wie Peter Ruf gezeigt hat, von den 21 in den Jahren 1738—1743 in Friesenheim geborenen Kindern, zu denen weitere Lebensdaten vorhanden sind, sieben als Säuglinge und weitere acht bis zum zehnten Lebensjahr verstarben. Nur sechs erreichten das Erwachsenenalter und starben im Alter von 28, 28, über 35, 38, 42 und 57 Jahren. Selbst unter Ausschluß der zahlreichen bis zum zehnten Lebensjahr verstorbenen Kinder erreichten die im Oggersheimer Sterberegister der Reformierten Verzeichneten der Jahre 1785—1790 nur ein Durchschnittsalter von 44 Jahren.[36]

Vorland der kurpfälzischen Residenzstadt Mannheim

Trotz der eher ungünstigen Rahmenbedingungen erlebte der Raum des heutigen Ludwigshafen im 18. Jahrhundert eine nie zuvor gekannte kulturell-zivilisatorische Blüte. Die Ursache lag in der 1720 erfolgten Verlegung der kurpfälzischen Residenz von Heidelberg nach Mannheim. Die Oberschultheißerei Oggersheim wurde damit zum unmittelbaren Umland eines der glänzendsten deutschen Höfe. Noch im Jahr der Verlegung der Residenz, 1720, begann der damalige Erbe der Kurpfalz und Schwiegersohn Kurfürst Carl Philipps, Josef Carl Emanuel von Sulzbach (1693—1729), mit der Errichtung eines kleinen Sommersitzes in Oggersheim.[37] Neben diesen trat 1729 eine vom Erbprinzen geförderte Loreto-Kapelle, die sich nach ihrer Eröffnung 1733 zur einzigen kurpfälzischen Wallfahrtsstätte entwickelte und vor allem aus der Hauptstadt große Menschenmassen in die kleine linksrheinische Stadt zog.[38] Der Zustrom war so groß, daß man 1741 eine erste noch recht einfach gestaltete linksrheinische ›Chaussee‹ in der Kurpfalz von der Rheinschanze nach Oggersheim errichtete.[39] Um 1750 erwarb der Schwager Kurfürst Carl Theodors und kurpfälzische ›General-en-chef‹, Pfalzgraf Friedrich Michael von Zweibrücken (1724—1767), das seit dem Tod Josef Carl Emanuels (1729) verwaiste Schlößchen.[40] In den folgenden 18 Jahren wurde es zu einer großen Anlage mit über 200 Zimmern ausgebaut, an deren Gestaltung die hervorragendsten pfälzischen Hofarchitekten mitwirkten. Die Innenausstattung der älteren Teile des Bauwerks war noch ganz vom Rokoko geprägt; besonders bewundert wurde der Speisesaal mit seinem Deckengemälde von Brinckmann.

Pfalzgraf Friedrich Michael
von Pfalz-Zweibrücken
Gemälde von K. H. Brandt
Kurpfälzisches Museum Heidelberg [14]

Pfalzgraf ***Friedrich Michael von Zweibrücken-Birkenfeld*** *(1724—1767), Bruder des Herzogs von Zweibrücken, 1746 Heirat mit der Schwägerin des kinderlosen Kurfürsten Carl Theodor, Übertritt zum Katholizismus und Ernennung zum Chef des kurpfälzischen Militärs, im Siebenjährigen Krieg Oberkommandierender der Reichstruppen, später Militärgouverneur in Böhmen und Ungarn, seit 1765 – bis zu seinem krankheitsbedingten qualvollen Tod zwei Jahre später – im ›Ruhestand‹ in Oggersheim. Sein Sohn Max Josef wurde 1806 erster König Bayerns.*

Hinter dem Schloß entstand ein weitläufiger Park im französischen Stil mit ›Bosketts‹, einem Buchsbaum-Irrgarten, einer Menagerie mit anschließendem, von seltenen Wasservögeln bevölkertem Teich, einem Badhaus und einem großen Kanal, auf dem vergoldete Barken fuhren. Auf einer Terrasse über dem Kanal war das Chinesische Teehaus plaziert, eine überaus elegante Rokoko-Schöpfung, auf deren Dachfirst ein vergoldeter Chinese mit einem sich im Winde drehenden Sonnenschirm plaziert war. Ein neben dem Schloß im Park errichtetes Orangeriegebäude diente als Theater- und Konzertsaal, und der an den Parkflügel angebaute Turm beherbergte in seiner Haube einen großen Wassertank, von dem aus die Brunnen im Park gespeist wurden, die in der flachen Ebene nur durch das fallende Wasser wirklich zum ›Springen‹ gebracht werden konnten. Zum Schloß gehörten weiterhin umfangreiche Stallungen, ein großer Gutshof, weitläufige Nutzgärten und eine im Süden von Oggersheim angelegte ›Fasanerie‹ als Jagdbezirk. Der fürstlichen Jagd dienten darüberhinaus zahlreiche ›Jagdremisen‹ in den Feldern, angelegte Waldstücke, in die sich das Wild zurückziehen konnte.

Nach dem frühen Tod Friedrich Michaels 1767 erwarb Kurfürst Carl Theodor für 140 000 Gulden den Bau vom ältesten Sohn des Pfalzgrafen. Um den Kaufpreis aufbringen zu können, nahm er dabei ein Darlehen bei einem Schweizer Bankhaus auf, dem als Sicherheit die Einkünfte des rechtsrheinischen Oberamts Bretten verpfändet wurden. Im Jahr darauf schenkte Carl Theodor das Schloß seiner Gemahlin Elisabeth Augusta. Die Ehe des Kurfürstenpaares hatte sich immer unerquicklicher entwickelt, und so nutzte die Kurfürstin das Schloß künftig als ihren eigenen Sommersitz. Hier konnte sie mit ihrem Dauergeliebten, ›Obristhofmeister‹ und Quasi-Ehemann Freiherr von Rodenhausen, den sie in aller Öffentlichkeit zärtlich „Pepperl" nannte, ungestörte Sommerwochen verbringen und so dem gemeinsamen Schwetzinger Aufenthalt mit ihrem Gemahl entgehen.

Anmerkungen
Seite 145

41 Bericht Riaucour, 6.6.1768
42 f.d.F. vgl. Kreuter, Elisabeth Auguste, S. 51f
** zit. n. Mörz, Elisabeth Augusta, S. 144f*

__Elisabeth Augusta__ (1721—1794), Tochter des Erbprinzen Josef Carl Emanuel und Enkelin Kurfürst Carl Philipps, seit 1742 Gemahlin Carl Theodors, eine lebenslustige und dominante Persönlichkeit, übte in den frühen Jahren der Regentschaft Carl Theodors bestimmenden Einfluß auf ihn aus. Ihrer Inititative entsprang der Ausbau des Hof-Orchesters und der Oper, die Mannheim zu einem Musikzentrum von europäischem Rang machten. Seit dem Ende der 1750er Jahre begann sich der Kurfürst von ihrem Einfluß zu emanzipieren, beide gingen getrennte Wege, in der Liebe wie der geistigen Entwicklung: Carl Theodor öffnete sich der Aufklärung, der aufsteigenden deutschen Literatur und dem Theater, Elisabeth Augusta behielt ihren italienisch-französischen Geschmack. Seit 1778/81 in der Pfalz getrennt von ihrem Gemahl lebend, wechselte sie jedes Jahr zwischen Mannheimer Winter- und Oggersheimer Sommerresidenz. Andachtsübungen, Jagden, Familienkontakte und abendliche Kartenspiele füllten ihre Tage. Die Oggersheimer Wallfahrtskirche hat sie mit Geldern ihrer Privatschatulle ausstatten lassen. Als „Trost der [von ihrem Fürsten verlassenen] Pfalzgrafschaft" wurde die einstmals wegen ihres Hochmuts kritisierte Fürstin bei der Bevölkerung populär. 1794 mußte sie wegen der Revolutionskriege von Mannheim nach Weinheim an der Bergstraße fliehen, wo sie starb.

Kurfürstin Elisabeth Augusta
Zugeschrieben Lorenz Edinger, um 1781
Historisches Museum der Pfalz, Speyer
[15]

Der Einzug der Kurfürstin in Oggersheim*

Im Frühsommer des Jahres 1768 hielt Elisabeth Augusta mit gebührenden ›Umbständen‹ Einzug in ihr neues Schloß. Am 1. Juni gab sie eine ganz dem Geist des Rokoko verpflichtete ›fête champêtre‹, ein ländliches Fest, für ihren Gemahl. Der sächsische Botschafter Riaucour berichtete:[41] „Man hatte [...] am Eingang des Ortes eine Triumphpforte aus grün umwundenen Masten errichtet, die durch Blumengirlanden verbunden waren und zum Schloß hinführten. Bei der Ankunft des Kurfürsten Karl Theodor wurde aus kleinen Kanonen Salut geschossen. Die Bürgerschaft paradierte in gleichmäßigen Röcken; die Mädchen, als Schäferinnen aufgeputzt, reichten dem Landesherren Blumensträuße dar und unterhielten ihn nach der Tafel im Garten mit verschiedenen Spielen."

Am 16. Juni fand dann der feierliche Einzug der Kurfürstin selbst statt.[42] Aus den Ortschaften der ganzen Umgebung waren große Delegationen zur Begrüßung Elisabeth Augustas abgeordnet worden, aus dem kleinen Lambsheim allein 132 „zur Paradierung bey dem Einzug unserer Durchleuchtigsten Frauen Churfürstin nacher Oggersheim." Die Gemeinderechnung des Dorfes gibt über die näheren Umstände weitere Auskünfte: Fast 260 Gulden zahlten die Lambsheimer für aus dem Zeughaus in Mannheim ausgeliehene Säbel und Gewehre nebst Zubehör, „eine neuangefertigte weißblaue Fahne, für gekaufte Glacéhandschuhe, Glanzborten, Band für Hüte und für die Fahne, Pulver, Papier, Flintensteine, Schellen etc., für acht Hoboisten, die vom Grafen von Leiningen in Grünstadt überlassen wurden, mehrere [...] von auswärts geworbene Pfeifer und Tamboure, deren Monturen noch mit Kragen und Aufschlägen besetzt und geschmiert wurden. Die sechs Oberoffiziere und 18 Unteroffiziere bekamen Kokarden. Vom 12. bis 15. Juni wurde täglich fleißig [...] exerziert, vor und nach jeder Übung erhielten die Teilnehmer Brot, Wein und Bier. Am 16. Juni gings dann nach Oggersheim [...], am 17. und 18. Juni feierten sie daheim den Einzug [...] nach. Das Oberamt Neustadt hatte 1427 Gulden 7 Kreuzer Unkosten von dem Einzug der Kurfürstin. Nach einer Regierungsverordnung wurde die Summe auf die einzelnen Gemeinden des Oberamts ausgeschlagen. Die Stadt Oggersheim und die zu ihrer Oberschultheißerei gehörigen Ortschaften sollten ⅓ zahlen, die übrigen Gemeinden ⅔."

Modell des Oggersheimer Schlosses nach den Forschungen von Oberbaudirektor Lochner

oben:
Das Schloß von Süden mit Blick auf die Straßenseite [16]

unten:
Blick von Osten auf die Gartenseite des Schlosses: im Vordergrund der Nutz- und Obstgarten, rechts der Kanal, darüber das Chinesische Teehaus, im Hintergrund das Badhaus mit der Menagerie (rechts) und die Orangerie [17]

Anmerkungen
Seite 146 und 147

43 *zit. n. Kreuter, Oggersheim, S. 72*

44 *zit. n. Mörz, Elisabeth Augusta, S. 109*

45 *zum Hofstaat vgl. Mörz, Elisabeth Augusta, S. 130ff*

Elisabeth Augusta ließ den parkseitigen Flügel des Hauptgebäudes im modischen Louis-Seize-Stil vollenden, wobei zeitgenössische Betrachter vor allem das aus ›Vieux Lacque‹ „gefertigte, mit Bronze, marmornen Brustbildern und Bildsäulen, auch einem von dem berühmten (Nicolas) Guibal gefertigten Deckenstücke gezierte Kabinett als eines der kostbarsten seiner Art" bezeichneten.[43] Ansonsten veränderte die Kurfürstin wenig am Schloß. Sie entwickelte eine große Liebe zu diesem ihrem ureigensten Refugium und verbrachte zwischen 1768 und 1793 fünf bis sieben Monate fast jeden Jahres dort. Auch nach dem Weggang ihres Gemahls nach München blieb sie in der Pfalz und vermittelte

oben:
Der einzige Teil des Schlosses, der bis ins ›Fotozeitalter‹ überdauert hat: die Orangerie vor ihrer Zerstörung durch einen Brand 1892 [18]

unten:
Zeichnung des Chinesischen Teehauses im Oggersheimer Schloßgarten [19]

besonders der Region in und um Mannheim einen Rest höfischen Glanzes. Dafür war man ihr überaus dankbar – und lobte sie als „Trost der [von ihrem Fürsten verlassenen] Pfalzgrafschaft."[44] Während des Sommers brachte Elisabeth Augusta einen umfangreichen Hofstaat von fast 170 Menschen in das kaum 900 Einwohner zählende Oggersheim.[45] Neben ca. zwölf adligen Herrschaften – Hofdamen, der ›Obristhofmeisterin‹, dem ›Obriststallmeister‹ und ›Obristhofmeister‹ – gehörten dazu 72 Bedienstete für die Sorge um die Räume des Schlosses und die direkte Bedienung der Herrschaften – davon 24 allein für die Kurfürstin, 46—51 für Küche, Keller, Proviant-, Tücher-, Silberkammer und

Kammerjungfer der Kurfürstin Elisabeth Augusta Gemälde von Friedrich Oelenheinz Kurpfälzisches Museum Heidelberg [20]

Wäscherei, 16—20 für den Stall, fünf für die Jagd und vier für die Gärten. In den 1780er Jahren kostete der jährliche Unterhalt des Hofstaats etwa 45 000 Gulden an Besoldungen, und zwischen 48 000 (1782) und 74 000 (1793) Gulden für Kostgelder, Naturalbezüge und den gesamten Hofkonsum – Nahrungsmittel, Getränke, Beleuchtung, Geschirr und Wäsche. Die so anfallende Gesamtsumme von etwa 100 000 Gulden machte ca. 1% der pfalz-bayerischen Staatseinnahmen aus und überstieg die Steuerkraft Oggersheims um mehr als das Sechzigfache.

Die ›Steuerkraft‹/Die ›Schatzung‹[46]

Die ›Schatzung‹ als Hauptsteuer der Kurpfalz wurde seit 1593 regelmäßig erhoben. Ende des 17. Jahrhunderts zeitweilig abgeschafft, ließ sie Kurfürst Carl Philipp 1717 wieder einführen. Zu diesem Zeitpunkt wurde der Wert der landwirtschaftlichen Nutzflächen, Waldungen, Häuser sowie von Gewerbetätigkeit und Handel – die ›Nahrungsschatzung‹ – neu geschätzt, um so die Leistungsfähigkeit der Untertanen zu bestimmen und alljährlich einen bestimmten Prozentsatz – zuerst 10%, später 12% – des ›Schatzungskapitals‹ als Steuer einziehen zu können. Die Festlegung hätte jedoch kaum ›arbitrarischer‹, d. h. willkürlicher, sein können, wie selbst die kurfürstliche Regierung zugab – ohne je die Kraft zu einer Reform zu finden. Es gab keine tragfähigen landesweiten Maßstäbe, und die veranschlagten Kapitalsummen – gerade bei der Nahrungsschatzung – waren oft rein schematisch ohne Bezug zu den wirklichen Einkünften.

Wallfahrt und höfische Anbindung brachten Oggersheim deutliche Vorteile.[47] Die Zahl der bürgerlichen Häuser erhöhte sich von 1765/68 bis 1791 von 110 auf 162, d. h. um 47%. Um denselben Prozentsatz erhöhte sich auch das Nahrungsschatzungs-Kapital, d. h. das von den Steuerbehörden angenommene Vermögen von Handel, Handwerk, Gewerbetreibenden und Tagelöhnern. Schloß und Hof mußten mit Frischwaren, vor allem Fleisch, und mit diversen Handwerksleistungen versorgt werden, die auch die zahlreichen Höflinge in Anspruch nahmen, die gar nicht im Schloß wohnten, sondern für den Sommer im Städtchen in Miete gingen. Die Zahl der von den ›Schatzungslisten‹ namhaft gemachten Handwerker wuchs zwischen 1765 und 1780 von 34 auf 67. Auch die Zahl der Wirte nahm zu, wobei dabei neben der Wallfahrt auch die Tatsache eine Rolle spielte, daß auf Wunsch des Pfalzgrafen Friedrich Michael die seit dem 16. Jahrhundert in Maudach angesiedelte Station der Reichspost 1756 nach Oggersheim verlegt wurde, was zahlreiche Durchreisende in die Stadt brachte. Zudem konnte Oggersheim mit billigeren Quartieren winken als die Hauptstadt Mannheim. Dies nutzte auch Friedrich Schiller,[48] als er sich im Oktober und November 1782 einige Zeit im Gasthaus ›Viehhof‹ einquartierte und hier den ›Fiesko‹ beendete und erste Entwürfe für ›Kabale und Liebe‹ anfertigte.

Schiller und Oggersheim[49]

Der Regimentsarzt Friedrich Schiller, dessen Drama ›Die Räuber‹ im Januar 1782 mit großem Erfolg in Mannheim aufgeführt worden war, sah nach einem Schreibverbot seines Landesherren keine Zukunft mehr in den Diensten des württembergischen Herzogs. Er entschloß sich im September 1782 zur Flucht. Nach einem fruchtlosen und teuren Aufenthalt in Frankfurt mieteten er und sein Freund Andreas Streicher sich gegen Mitte Oktober im Oggersheimer Gasthaus ›Viehhof‹ ein, wo ihnen ein

Anmerkungen Seite 148

46 *zur Schatzung vgl. allg. Blasse*
47 *f.d.F. vgl. Mörz, Elisabeth Augusta, S. 149ff*
48 *Kreuter, Oggersheim, S. 108ff*
49 *nach Kreuter, Schiller; Burschell, S. 121ff*

Zimmer vom Regisseur des Mannheimer Nationaltheaters, Meyer, vermittelt worden war. Um sich vor einem gefürchteten Entführungsversuch durch württembergische Offiziere zu sichern, hatten Schiller und Streicher die Namen ›Dr. Schmidt‹ und ›Dr. Wolf‹ angenommen. Im Viehhof sollte Schiller die vom Mannheimer Intendanten Dalberg gewünschten Änderungen an seinem ›Fiesko‹ vornehmen, von dessen Aufführung er sich weiteren Ruhm und finanziellen Gewinn erhoffte. Schiller begann jedoch zu Streichers Überraschung an einem neuen Stück, ›Luise Millerin‹, dem späteren ›Kabale und Liebe‹ zu arbeiten. Er verbrachte fast seine ganze Zeit in dem bescheiden ausgestatteten Zimmer, in dem sich die beiden Flüchtigen ein Bett teilen mußten. Abends ließ sich der Dichter von Streicher auf dessen mitgebrachtem Klavier vorspielen, da Musik ihm Entspannung und neue Gedanken brachte. Die kahle, naßkalte Oktoberlandschaft des Oggersheimer Umlands hat ihn hingegen wenig gereizt, zudem vermied er aus Furcht vor Entdeckung Spaziergänge und Kontakte. Mittellos mußten die beiden Freunde immer wieder ihre Rechnungen beim Viehhofwirt anschreiben lassen, Streicher bat seine Mutter um Geld, Schiller verkaufte seine Uhr und konnte schließlich mit dem Geld für einen Druck des Fiesko gerade einmal seine Oggersheimer Schulden bezahlen. Das Auftauchen eines unbekannten württembergischen Offiziers, der sich nach ihm erkundigte, und die erneute Ablehnung auch des überarbeiteten ›Fiesko‹ durch den Intendanten Dalberg veranlaßten Schiller schließlich, das Angebot der ihm wohlgewogenen Frau von Wolzogen anzunehmen und in das ihr gehörende kleine thüringische Dörfchen Bauerbach zu übersiedeln. Am 30. November 1782 packte er seine Sachen und machte sich auf die 65 Stunden dauernde, überaus anstrengende Reise mit der Postkutsche.

Schiller als Regimentsmedicus
Gemälde von Hetsch
Schillerhaus Oggersheim [21]

Mancher arme Tagelöhner konnte sich für Handlangerdienste bei der Herrschaft verdingen, mancher Arme der Kurfürstin oder den sie besuchenden ›Herrschaften‹ direkt sein Leid klagen – und offenbar war Elisabeth Augusta recht freigiebig. Den Armen der Stadt wurden Medikamente aus der Schloßapotheke unentgeltlich abgegeben. Auch die Gestrandeten der Gesellschaft hofften auf ein Almosen. Der Damm bei der Chaussee von der Rheinschanze nach Oggersheim hieß im 18. Jahrhundert nicht ohne Grund ›Bettelmannsdamm‹, denn da die Straße die Route zahlreicher Wallfahrer und wohlhabender Menschen war, übte sie auf viele heimatlose Bettler eine unwiderstehliche Anziehung aus.

Wie günstig sich die Anwesenheit eines Hofes in Oggersheim auswirkte, wird besonders im Vergleich mit anderen Orten und der Gesamtpfalz deutlich: Während, wie erwähnt, die Bevölkerungsentwicklung im übrigen Bereich des heutigen Ludwigshafen in den Jahren 1720 bis 1791 mit einem Plus von 93% deutlich unter dem pfälzischen Durchschnitt von 112% blieb, liegt Oggersheim mit einer Wachstumsrate von rund 150% deutlich darüber. Für die Zeit von 1779 bis 1791, für die es Vergleichszahlen für die ganze Pfalz gibt, stieg die Zahl der Häuser in Oggersheim um 30%, die in der gesamten Pfalz nur um 6%. Selbst das Gesamtschatzungskapital wuchs in Oggersheim in dieser Zeit um 3,3%, im gesamten Kurfürstentum nur um 1,2%. Vor allem aber bot der Hof der oben erwähnten steigenden Zahl von Handwerkern und Händlern Nahrung, und eröffnete damit neue Möglichkeiten des Lebensunterhalts in einem Ort, der landwirtschaftlich zwar besser dastand als die ganz rheinnahen Gemeinden, aber deutlich schlechter als die Weinbaugegenden an der Haardt. 1791 machte die Nahrungsschatzung

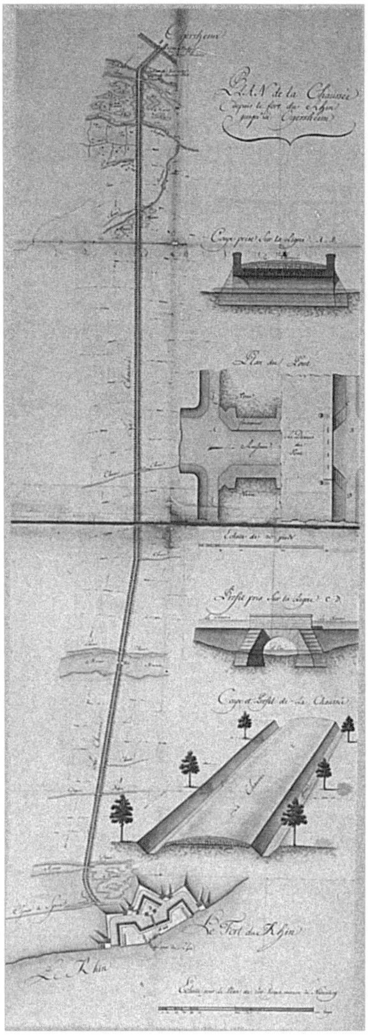

›Plan de la chaussée depuis le fort du Rhin jusqu'à Oggersheim‹, 1752/65 [22]

etwa 44% der Gesamtschatzungssumme des Städtchens aus und erreichte mit 7,2 Gulden pro Kopf fast das Niveau des Dienstleistungs- und Regierungszentrums Mannheim mit 8,9 Gulden.

Neben den materiellen vermittelte die Anwesenheit des Hofes in Oggersheim auch kulturell-zivilisatorische Impulse.[50] Die Kurfürstin zog über Jahre das Mannheimer Orchester und die Französische Komödie, später, nach dem Wegzug Carl Theodors nach München, gelegentlich das Mannheimer Nationaltheater über den Rhein. 1770 wurde die Oper ›L'Endimione‹ von Johann Christian Bach und Jomelli vermutlich in der Oggersheimer Orangerie uraufgeführt. Mit Diner, Feuerwerk, Konzert und ländlichem musikalischem Schauspiel beging Elisabeth Augusta alljährlich ihren zweiten Namenstag – den ›Augustentag‹ – in Oggersheim. Nach dem Weggang ihres Gemahls nach München blieb ›Oggersheim‹ weiter ein Begriff unter den Diplomaten der Region, die dort der ranghöchsten Fürstin Südwestdeutschlands vor allem zu ihrem Namenstag die Aufwartung machten und diese Gelegenheit zu zwanglosen Treffen und Verhandlungen nutzten. Im Sinne eines aufgeklärten Idealismus' ließ die Kurfürstin den Schloßgarten für die Untertanen öffnen, damit sie in der Betrachtung der Schönheit ihre Seelen und Manieren veredeln konnten.

Nicht nur Oggersheim profitierte von der seit 1720 nahegerückten Residenz. Neben der Chaussee Rheinschanze—Oggersheim, „der Weg, welcher", nach Auffassung der kurfürstlichen Straßenbaubehörde „bei der Residenzstadt Mannheim am mehrsten gebraucht wird", wurden in den 1750er bis 1770er Jahren noch eine Reihe weiterer auf die Hauptstadt zulaufende Wege zu modernen Straßen ausgebaut.[51] Doch erschloß das Netz nicht gleichmäßig alle Teile der Oberschultheißerei: Der Norden, besonders Oppau und Edigheim, blieb ohne Anbindung und damit benachteiligt – und mußte dennoch zum Unterhalt der Chausseen in Fron und Geld beitragen.[52] Mundenheim hingegen, in dessen Ortsmitte die Straßen aus Speyer und Neustadt zusammentrafen, war begünstigt.[53] Viele Fremde (und für die Hauptstadt bestimmte Güter) kamen durch das Dorf, viele suchten wohl, wie Schiller in Oggersheim, hier billigeres Quartier, viele mußten bei Hochwasser oder Eisgang hier ihre Reise nach Mannheim unterbrechen. Das erklärt die große Zahl von zehn Gasthäusern, die sich in dem vergleichsweise kleinen Dorf um 1770 fanden. Auch scheint die Mundenheimer Kerwe durchaus das Publikum aus der Residenz angelockt zu haben.

Ein weiterer wichtiger Faktor für den Aufschwung der Region war der Mannheimer Hofadel, der ganz wie das kurfürstliche Haus in bequemer Distanz zur Residenz gelegene Sommersitze suchte.[54] Seit dem Übergang der Herrschaft auf die katholischen Linien der pfälzischen Wittelsbacher 1685 war die bisherige adlige wie bürgerliche protestantische Hof- und Staatsdienerschaft Zug um Zug aus ihren Ämtern gedrängt worden. Die Kurfürsten ersetzten sie durch katholische Adlige bzw. neugeadelte Staatsdiener aus den kurpfälzischen Nebenlanden – Jülich/Berg, Neuburg, Sulzbach – oder dem katholischen Ausland. Diese ›Neuankömmlinge‹ erwarben sich Güter und Schlösser und bildeten einen kurpfälzischen ›Landadel‹, den es vordem nie gegeben hatte, da sich der in kurpfälzischen Diensten stehende Adel in der Vergangenheit der Landesherrschaft der Kurfürsten stets hatte entziehen können.

Anmerkungen Seite 150

50 *Mörz, Elisabeth Augusta, S. 100f, 149*
51 *Kreuter, Chronik, S. 68ff; Kreuter, Weitere Ergänzungen, S. 21ff*
52 *Braun, S. 815*
53 *Kirsch, S. 13*
54 *f.d.F. vgl. Mörz, Mannheim, S. 130ff*

Das Hofgut in Mundenheim, Sitz des Premierministers von Zedtwitz
Aufnahme von 1903 [23]

Das Maudacher Schlößchen
Sitz des Freiherrn von Maubuisson
um 1930 [24]

Für die Anlage von Landsitzen bot sich der Raum der Oggersheimer Oberschultheißerei durch seine Nähe zur Hauptstadt besonders an. Der Rhein war kein Hindernis, da Mannheim ja durch eine Schiffbrücke mit dem linken Rheinufer verbunden war. So begann die Ansiedlung des Adels schon im Jahr der Übersiedlung des Hofes, als der Geheimsekretär des Pfalzgrafen Josef Carl Emanuel, Wilhelm Heinrich Cramer von Clauspruch, ein großes Gut in und bei Oggersheim erwarb.[55] Wohl um 1721 ließ der neue Ortsherr von Ruchheim, Hannibal von Rußicon, dort ein einfach gestaltetes, mit Fachwerkoberbau und Türmchen versehenes, aber dennoch repräsentatives ›Schlößchen‹ in seinem großen Hofgut errichten,[56] und etwa zehn Jahre später machte der ›Geheime Referendar‹, d. h. Staatssekretär, Kurfürst Carl Philipps, Johann Erasmus von Bakke, ein Hofgut in Friesenheim zu seinem Sommersitz.[57]

In Mundenheim entstand um 1770 der Sommersitz des kurpfälzischen Premierministers Peter Emanuel Freiherr von Zedtwitz. Er erwarb die Besitzungen der Freiherren von Dalberg im Ort zusammen mit dem oben erwähnten, der Familie gehörenden Viertel der Ortsherrschaft.[58] Während er diese bald der Kurpfalz abtrat, ließ er den dalbergischen Gutshof vermutlich durch den Hofarchitekten Verschaffelt zu einem prächtigen Anwesen ausbauen, das ein elegantes Landschloß ebenso einschloß wie ein mustergültig geführtes landwirtschaftliches Anwesen. Beim Sommersitz entstanden gärtnerische Anlagen und ein kleines in einiger Distanz vom Landhaus angelegtes Wäldchen, vielleicht eine Eremitage im Stil des späten Rokoko, wo der Schloßherr Zedtwitz sich frühromantischen Naturgefühlen hingeben konnte. Etwa zur selben Zeit wie Zedtwitz in Mundenheim siedelte sich der Finanz- und Wirtschaftsfachmann Kurfürst Carl Theodors, Karl Ludwig von Maubuisson, in Maudach an und ließ in dem eher ärmlichen Dorf ein Schlößchen errichten, das den Einwohnern „als einem Palaste gleich" erschien.[59] Auch hier gehörten ein großes Gut, eine Musterlandwirtschaft und Parkanlagen zum Landsitz. Im übrigen erstreckte sich diese ›Adelslandschaft‹ auch über die Grenzen des heutigen Ludwigshafen hinaus nach Westen und Norden.

Viele Untertanen waren sich des Nutzens der Anwesenheit der hohen Herrschaften sehr bewußt.[60] Auf vielerlei Weise zeigten sich gerade die Oggersheimer Stadtväter bereit, ›ihrer‹ Kurfürstin entgegenzukommen. Nichts sollte sie stören, und so wurde die Straßenreinigung oder das Putzen der am Schloß vorbeiführenden Gräben forciert, damit

Anmerkungen Seite 151

55 *Kreuter, Oggersheim, S. 51*
56 *Barth, S. 47*
57 *Ruf, Friesenheim, Bd. 2, S. 91ff*
58 *zu Zedtwitz und Mundenheim vgl. Kunz, in: MGB, N.F., 1995; Kirsch, S. 109ff*
59 *Vogt, Maubuisson*
60 *vgl. Mörz, Elisabeth Augusta, S. 147f*

Die bäuerlichen Einwohner Hans aus Mundenheim; Gemälde des Hofmalers Brandt, um 1780 Kurpfälzisches Museum Heidelberg [25]

keine unangenehmen Gerüche in den Speisesaal Elisabeth Augustas drängen. Die Beherbergung von ›Gesindel‹ in der Stadt wurde verboten. Auf ödem Gelände vor dem Schloß legten die städtischen Honoratioren Gärten an, damit die Fürstin einen angenehmen Ausblick habe. Die Jagdgründe und Jagdremisen wurden dem Pfalzgrafen und Elisabeth Augusta unentgeltlich zur Verfügung gestellt, in dieser Hinsicht kein Wunsch abgeschlagen.

Das heißt freilich nicht, daß das Verhältnis der Untertanen zu den ›hohen Herren‹ grundsätzlich spannungsfrei geblieben wäre.[61] Die Äußerungen ›submissester‹ Verbundenheit mit der Herrschaft kamen, dies läßt sich z. B. gerade in Oggersheim demonstrieren, vor allem aus dem Kreis derjenigen, die – als Beamte, Gutspächter, Händler, Metzger, Wirte – den größten Nutzen aus der Anwesenheit des Hofes und der bestehenden Besitzstruktur zogen – mit anderen Worten, aus dem Schoß der Oberschicht. Was die Unterschicht aus armen Bürgern, Tagelöhnern, Knechten und Mägden über die fürstlichen Herrschaften dachte, hat naturgemäß keinen Niederschlag in den Ratsakten gefunden. Daß ihre Haltung vielleicht nicht von jener dankbaren Ehrfurcht geleitet war wie die der Honoratioren, läßt ein Eintrag im Stadtratsprotokoll vom Oktober 1784 vermuten: 25 Personen, darunter Eheweiber, Tagelöhnerinnen und Mägde wurden wegen Obstdiebstahl aus dem Schloßgarten angeklagt. 15 hatten das Obst heruntergeschlagen und mußten je 50 Kreuzer Buße zahlen, 10 hatten lediglich Früchte aufgelesen, wofür ihnen je 24 Kreuzer Strafe zudiktiert wurden. Dem Schloßgärtner Wittig waren davon 1 Gulden 20 Kreuzer als Schadensersatz abzuliefern, der Rest des Geldes fiel an die städtische Kasse. Kann man sich vorstellen, daß ein solches Vorkommnis sich ereignet hätte, wenn die betreffenden Frauen ›ihre‹ Kurfürstin in tiefster Ehrfurcht gehalten hätten?

Im übrigen wurden – auch von der Oberschicht – die Wünsche der Mitglieder des Kurhauses nicht immer nur mit Freude erfüllt.[62] Für manchen Betroffenen war der von Pfalzgraf Friedrich Michael betriebene Erwerb von Häusern und Grundstücken zur Erweiterung des Oggersheimer Schloßgeländes recht bitter. Vergeblich bat etwa der Hofkammerrat Hiermeyer 1755 um „Schonung seiner Behausung", die der Pfalzgraf kaufen wollte. Sein Sträuben half ihm nichts, noch im selben Jahr mußte er im Tausch ein anderes Haus akzeptieren, konnte allerdings einen Aufpreis von 2 500 Gulden und eine Renovierung des ihm zugewiesenen Anwesens auf fürstliche Kosten durchsetzen. Ein besonders flagrantes Beispiel eines höchst irregulären Erwerbs von Gütern durch Adlige, das zugleich ein Schlaglicht auf die Hierarchien und Standesgrenzen sowie die Staatsmacht des ›Ancien régime‹ wirft, schildert K. O. Braun in seiner Geschichte Oppaus:[63] Im Jahr 1729 wollte der obenerwähnte Herr Cramer von Clauspruch, der Geheimsekretär des Pfalzgrafen Josef Carl Emanuel, Oppauer Gemeindeland erwerben. Er lud Schultheiß und Schöffen des Dorfes vor und gab ihnen zu verstehen, der Pfalzgraf selbst, der Erbe der Kurpfalz, sei der Interessent. Selbstverständlich wurde der Verkauf nicht verweigert und ein recht kleiner Preis festgesetzt. Als die Oppauer dann jedoch mit dem fertigen Vertrag konfrontiert wurden, fanden sie Cramer von Clauspruch als Erwerber dort festgelegt. Auf ihre Weigerung, diesen Kontrakt zu unterzeichnen, beschimpfte sie der Geheimsekretär als „schelmgrobe Bauern und Flegel." Die Oppauer Honoratioren, über die Heftigkeit Cramers erschreckt, überzeugten schließlich die Bürger der Dorfes, dem Verkauf

Anmerkungen Seite 152 und 153

61 *Mörz, Elisabeth Augusta, S. 151*
62 *ebd., S. 148*
63 *Braun, S. 226*
64 *Statistik 1791, StALu, M 581*
65 *Angabe für Ruchheim n. Stat. von 1801: 116 Personen sind 10,7% der Bevölkerung; zit. n. Kreutz, S. 49*
66 *Kreuter, Oggersheim, S. 22ff*
67 *Braun, Obrigkeit, S. 8; Gemeinderechnung Maudach 1782, StALu, Md. 37*

doch zuzustimmen, da Cramer vermutlich einmal kurpfälzischer Premierminister werde und man bei einer dauernden Weigerung befürchten müsse, daß „der eine oder andere" Oppauer „wohl nach Mannheim zum Schanzen geführt werden dürfte." Diese Drohung wirkte – der Verkauf wurde gebilligt.

Die bäuerlichen Einwohner Margarethe aus Mundenheim; das Porträt ist das Gegenstück zu Abb. 25 Kurpfälzisches Museum Heidelberg [26]

Ungleichheit als Grundkonstante

Der Aristokrat Cramer von Clauspruch bezeichnete die Oppauer als „schelmgrobe Bauern und Flegel" und brachte damit sein Überlegenheitsgefühl als Angehöriger eines höheren Standes deutlich zum Ausdruck. Doch auch die nichtadlige Einwohnerschaft des Städtchens Oggersheim und der Dörfer des heutigen Ludwigshafener Raums war von tiefen sozialen und konfessionellen Gräben durchzogen. Die Ungleichheit der Menschen nach (Geburts-) Stand, Besitz und vor dem Gesetz war eine Grundtatsache der Herrschaftsordnung des Ancien régime – und sie wurde in diesem kleinen Teil der Kurpfalz auf vielerlei Weise sichtbar.

Schon der grundlegende Rechtsstatus der Untertanen war höchst unterschiedlich: Zwar gehörte der weitaus größere Teil der Bevölkerung dem Bürgerstand an und hatte damit formal gleichen und uneingeschränkten Anteil am gemeindlichen Leben, vor allem an den Nutzungen wie Allmenden, Weiden und Holzrechten. Doch gab es auch Einwohner minderen Rechts: Die ›Beisassen‹, die kein Bürgerrecht hatten, konnten die Nutzungen nur zu einem Bruchteil in Anspruch nehmen, während die Knechte und Mägde lediglich als Teil der Haushalte ihrer Herrn wahrgenommen wurden. Beide Einwohnerkategorien waren nur dort zahlreich, wo sie bei bessergestellten Mitmenschen Arbeit finden konnten: im – wohlhabenden – Mundenheim und in der Nebenresidenz Oggersheim[64] machten sie 1791 zwischen 10% und 20% der Ansässigen aus. In den anderen fünf Dörfern gab es nur wenige bzw. keine Beisassen und – mit Ausnahme von Oppau mit seinen großen Herrengütern – nur eine kleine Zahl von Knechten und Mägden. Vom Bürgerrecht grundsätzlich ausgeschlossen blieben die geduldeten religiösen Minderheiten der Juden und Mennoniten. Von ihnen lebten 1791 nicht viele im Raum der heutigen Stadt: drei jüdische Familien in Rheingönheim und je eine in Oppau und Edigheim, zwei mennonitische in Friesenheim. Aus dem Rahmen fiel die Bevölkerungszusammensetzung der Oberschultheißereihöfe Hemshof, Scharrau, Petersau: Hier lebten nicht weniger als acht mennonitische Familien, die sämtlich zur Oberschicht der Gutspächter gehörten, während andererseits die Knechte und Mägde fast 60% der Einwohnerschaft ausmachten. Den höchsten Judenanteil hatte mit vermutlich über 10% der Bevölkerung Ruchheim.[65] Wie viele Kleinherrschaften gewährten auch die Hallbergischen Ortsherren den Juden offenbar bereitwillig das Recht zur Ansiedlung, um ihre Einnahmen durch die Schutzgelder aufbessern zu können.

Ein weiteres Element des ungleichen Rechtsstatus' bildete die Leibeigenschaft, die zwar im 18. Jahrhundert keine schwere Bürde mehr war, aber doch für die davon Betroffenen zusätzliche Abgaben und Heirats- sowie Niederlassungshindernis bedeutete. Zwischen den Ortschaften herrschten große Unterschiede: Oggersheim zum Beispiel war verbriefter Weise leibeigenschaftsfrei, d. h. Leibeigene konnten dort nicht Wohnung nehmen,[66] es sei denn, sie hatten von den Behörden die Freiheit gekauft. In Edigheim und Maudach dagegen waren alle Einwohner Leibeigene des Kurfürsten.[67]

Gesellenbrief der Oggersheimer Schmiedezunft vom Jahr 1774 [27]

Heimkehrende Bauern bei Speyer um 1798
Detail aus einem Aquarell von Lorenz Janscha, Albertina Wien [28]

Nicht nur der Geburts- und Rechtsstand, auch die Form des Lebensunterhalts trennte die Menschen scharf. Staats- und höhere Kommunalbedienstete, in eine vielgestaffelte Hierarchie eingebunden, sowie die Geistlichen und Angehörige der freien Berufe genossen eine besondere Position in der ›Gesellschaftspyramide‹. Von ihnen gab es allerdings im Gebiet der Oberschultheißerei Oggersheim im 18. Jahrhundert nicht eben viele. Der Kreis beschränkte sich auf den ›Oberschultheiß‹, den Stadtschreiber, die ›Schultheißen‹ und deren Stellvertreter in den Dörfern und die Geistlichen der verschiedenen Konfessionen. Die Lehrer und die niederen Gemeindebediensteten – Hirten etc. – zählten definitiv zur Unter-, nicht zur Oberschicht der Gemeinden.

Die übrige Einwohnerschaft schied sich im wesentlichen in Menschen, die ihren Lebensunterhalt vornehmlich durch Handwerk und Handel gewannen und solche, die vor allem den Boden bearbeiteten. Was die Gewerbe anging, so fand sich allein in der Nebenresidenz Oggersheim eine größere Zahl von Handwerkern, Wirten und Händlern,[68] nach dem Schatzungsregister des Jahres 1780 waren es insgesamt 75, d.h. rund 44% der Schatzungspflichtigen. 21 davon befaßten sich mit Textilien und Bekleidung, unter ihnen zwölf Weber sowie fünf Schuster und vier Schneider, 19 waren Bauhandwerker – je fünf Schreiner und Maurer, ein Zimmermann, vier Glaser, drei Steinhauer, ein Tüncher – zwölf boten Geräte und Zurüstung – je drei Schmiede und Sattler sowie Küfer, Dreher, Wagner, Spengler, Schlosser, Säckler – und neun bzw. zehn stellten Nahrungsmittel her – fünf Bäcker, drei Metzger und je ein ›Caffeesieder‹ und Bierbrauer. Zu diesen Handwerkern traten noch zwei Krämer, ein Barbier, ein Goldarbeiter – ganz offenbar aufgrund des höfischen Publikums – und elf Wirte – die z. T. aber auch ein Handwerk ausübten. Die meisten der Handwerker hatten außer ihrer ›Profession‹ einige Äcker, viele aber keine Güter und nicht einmal ein versteuerbares Haus. Nur die Schmiede, Metzger, Sattler und Wirte gehörten zum großen Teil zur steuerlich faßbaren Mittel- und Oberschicht und waren auch vergleichsweise wohlhabende Landwirte.

Anmerkungen
Seite 154 und 155

68 *Schatzungsrechnung 1780, StALu, Og. 196*

69 *Die Oberschultheißereiprotokolle der Jahre 1789—92, LASp, A 4, 1507/34—37, nennen z. B. die Große und Kleine Bauzunft, die Schuhmacher-, Schmied- und Wagner-, Leinenweber-, Schneider-, Schreiner- sowie die Bäcker- und Müllerzunft.*

70 *zu den Zünften vgl. Kreuter, Ergänzungen, S. 25; Braun, S. 397ff*

71 *Kreuter, Ergänzungen, S. 25*

Ein großes Adelsgut: das Ruchheimer Schloß mit seinem Hofgut 19. Jahrhundert [29]

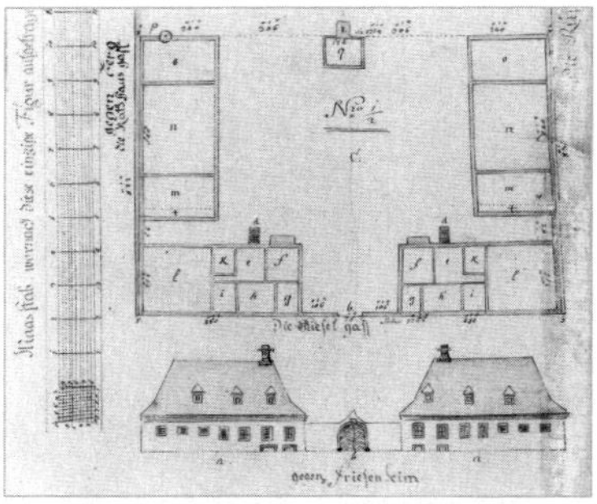

Plan des Hofgutes des Deutschen Ordens in Oppau vom Jahr 1786. Das Gut lag zwischen der Kissel-, Rusten- und Rathausgasse. Es bestand aus zwei identischen, um einen Hof gruppierten Anwesen [30]
a. Vorderansicht
b. Einfahrt
c. Hof
d. Treppen in die Haustür
e. Hausgänge
f. Stuben
g. Stubenkammern
h. Küche
i. / k. Zimmer
l. Kuhstall
m. Pferdestall
n. Scheuer
o. ›Remisen‹ (Wagenhäuser)
p. Brunnen
q. Waschhaus
r. Backofen

Nur wenig ist auch aus dem 18. Jahrhundert über die Handwerkerorganisationen im Bereich der Oberschultheißerei erhalten: Oggersheim war offenbar Sitz zahlreicher kleiner Zünfte[69] sowie von vier ›Hauptzünften‹,[70] die dort ihre Kassen hatten und ihre Zunfttage abhielten.[71] Ihnen unterstanden auch die Handwerker in anderen Orten der Oberschultheißerei, wo es jedoch nur wenige von ihnen gab. Die Schatzungsregister des Jahres 1721 machen im Durchschnitt nur drei bis fünf in den Dörfern namhaft, meist Weber, Schmiede, Schuhmacher, Schneider. Oppau besaß um 1798 bei einer Einwohnerzahl von 850 gerade einmal 14 nachweisbare Handwerker. Dies war zum einen darauf zurückzuführen, daß in den Dörfern kaum kaufkräftiges Publikum zu finden war und, abgesehen von einigen wenigen Gütern – Schuhen, Bekleidung, landwirtschaftlichem Gerät – und Diensten wie Hufbeschlag, im wesentlichen Selbstversorgung herrschte. Doch spielte auch eine Rolle, daß die konkurrierenden Gewerbe der benachbarten Städte Mannheim, Frankenthal und Oggersheim eifersüchtig ihre Vorrechte wahrten. So durfte der Oppauer Bäcker nicht einmal Mehl in kleinsten Mengen an „bettelarme Leute" verkaufen. Dahinter stand allerdings die Angst der Gewerbetreibenden vor Verelendung, einem ›Überangebot‹ an Handwerkern einer Branche im Zeichen stetig wachsender Bevölkerung bei keineswegs gleichermaßen wachsenden Beschäftigungsmöglichkeiten. Auch die Manufakturen der Stadt Frankenthal bedrohten zunehmend die Existenz vieler Handwerker, deren zünftige Organisationen sich zudem einer immer weitergehenden Kontrolle und Regulierung durch den Staat, im heutigen Stadtgebiet repräsentiert durch den Oggersheimer Oberschultheiß, ausgesetzt sahen.

Der dominierende Erwerbszweig blieb das ganze Jahrhundert hindurch die Landwirtschaft. Der Besitz oder Nichtbesitz von Haus und Hof, Grund und Boden war die entscheidende Quelle von Ungleichheit. Gerade weil sie nur über wenig bzw. gar kein Land verfügten, war die Situation vieler Tagelöhner und Handwerker so erbärmlich. An der Landfrage schieden sich deshalb die Geister, sie schuf stärkste soziale Spannungen.

Die Gemüsehändlerin [31]*

Die Tuchhändlerin [32]*

Die Oberschultheißerei Oggersheim lag in einer das gesamte Oberrheingebiet einschließlich des Elsaß umfassenden Zone der ›versteinerten‹ Grundherrschaft,[72] in der adlige oder kirchliche Grundherren aufgrund mittelalterlicher Rechtstitel die Eigentümer großer Teile des Landes blieben. Größter Grundherr in den Dörfern am und nahe des Rheins im Bereich des heutigen Ludwigshafen war zweifelsohne der Kurfürst, dem nicht nur die oben erwähnten Oberschultheißereihöfe – Hemshof, Petersau, Scharrau – unterstanden: das ›Kameralgut‹ in Oppau umfaßte etwa ein Viertel der nutzbaren Gemarkung,[73] und in Rheingönheim gab es mehr als ein Dutzend kleinere und größere Kameralgüter.[74] Verwaltet wurden diese Besitzungen entweder als Staatsbesitz durch die Hofkammer, die Finanzbehörde der Kurpfalz, oder durch die ›Verwaltung der Geistlichen Güter‹, die im Auftrag des Kurfürsten die in der Reformation in die Verfügungsgewalt des Staates übergegangenen Kirchengüter betreute und aus den Einkünften Kirchen und Schulen unterhielt. Neben dem Landesherren besaßen auch die geistlichen Stifte und Domkapitel der benachbarten Bischofsstädte Speyer und Worms recht umfangreiche Ländereien, während die alten Adelsbesitzungen der Dalberg, Sickingen u. a. vergleichsweise klein waren. Zu ihnen traten allerdings im Laufe des 18. Jahrhunderts die schon angesprochenen neuen adligen Güter.

Rund 58% der Ackerflächen, d. h., der wertvollsten Teile der Gemarkungen im Raum des heutigen Ludwigshafen – ohne den Hemshof, der zu 100% im Besitz des Kurfürsten war, und Ruchheim – gehörten 1791 den verschiedenen Grundherren.[75] Der Anteil des bäuerlichen Eigentums am Ackerland war demzufolge mit 42% sehr viel kleiner als im kurpfälzischen Durchschnitt mit 71%[76] und unterbot sogar noch die Durchschnittswerte in der übrigen Vorderpfalz. Allerdings gab es zwischen den Ortschaften der Oberschultheißerei große Unterschiede. Waren in Mundenheim und Oggersheim 66% bzw. 63% der Ackerfläche in bäuerlichem Eigenbesitz – ›bürgerliche Äcker‹, wie es genannt wurde, lag dieser Prozentsatz in Friesenheim bei 40%, in Edigheim bei 30%, in Rheingönheim bei 27%, in Oppau nur bei 20% und in Maudach gar bei erbärmlichen 17,5%.

Die Grundherren betrieben ihre Güter nicht selbst, sondern übergaben sie, abgesehen von den großen Oberschultheißereihöfen, die eigene kleine Gemeinschaften bildeten, den Bauern der benachbarten Orte in Pacht.[77] Die von der kurfürstlichen Hofkammer verwalteten Domänengüter waren im Gebiet der heutigen Stadt in der Regel in ›Erbpacht‹ vergeben, d. h. der Sohn konnte auf den Vater folgen. Die Güter anderer Grundbesitzer standen überwiegend in ›Temporalpacht‹, d. h. der Grund wurde für eine bestimmte Anzahl von Jahren – etwa neun – vergeben und dann erneut, wie auch Erbbestände nach ihrem Freiwerden, an den Meistbietenden gegen eine Einmalzahlung und eine jährliche Pacht versteigert. Die Pachtbedingungen waren recht verschieden, überwiegend scheinen die Pächter jedoch eine stets gleichbleibende Menge bestimmter Naturalien entrichtet zu haben. Eine in der Region eher seltene Ausnahme war die beim Schloßgut in Oggersheim geltende Regelung, jeweils die Hälfte der Erträge an den Schloßherrn abzuliefern.[78] Diese in früheren Jahrhunderten auch in der Vorderpfalz häufiger gebrauchte ›Halbpacht‹ war allerdings weniger hart als sie auf den ersten Blick erscheint. Denn einerseits brachte sie dem

Anmerkungen Seite 156

72 *Vogt, Rheingönheim; ders., Fermages*

73 *Braun, S. 36*

74 *Feld- und Lagerbuch 1744, StALu, Rhg. G433*

75 *Statistik 1791, StALu, M 58; die Angaben sind nicht so präzise, wie es erscheint. Die Maßeinheiten variierten von Dorf zu Dorf und innnerhalb der Dörfer selbst. In Mundenheim und Maudach z. B. gab es Morgen von bis zu drei verschiedenen Größen!*

76 *Bericht zur Geschichte des rheinpfälzischen Steuerwesens 1804; GLAK, 77/5585; die Angabe bezieht sich auf alle der Schatzung unterworfenen Gründe, nicht nur auf das Ackerland*

77 *zu Gütern, Vergabe und Pachtbedingungen allg. Vogt, Fermages; Steuerveranlagung 1721; LASp, F 3, 45—47; Kreuter, Die Oggersheimer Güter, in: AVT, Nov. 1930—Juni 1934; Braun, S. 34ff*

Pächter in schlechten Erntejahren keinen Konflikt mit einem auf einer bestimmten Menge bestehenden Grundherren, und zum anderen wurde die Hälfte erst nach Abzug des Drescherlohns berechnet, und von der herrschaftlichen Hälfte gingen noch das Saatgetreide und das Besoldungsgetreide für den Schloßverwalter ab. In den 1780er Jahren wurde die Naturalpacht beim Schloßgut wie im Falle anderer Güter in der Region offenbar durch eine fixe Summe Geldes ersetzt. Jährlich sollte der Pächter nun 375 Gulden zahlen, etwa die Summe, die in den Jahren 1772—1782 die Kasse der Kurfürstin durch den Verkauf der Naturalien eingenommen hatte. Solche Erlöse variierten freilich gewaltig je nach Jahren – in Kriegszeiten und bei Mißernten waren ungleich höhere Preise zu erzielen – und nach der Fruchtgattung: Korn war teuer, Spelz billig und den relativ höchsten Gewinn warfen Neupflanzungen wie Raps ab.

Die Bürstenhändlerin [33]*

Wenn man die Naturalpachten, die einige der Oggersheimer Pächter an ihre Grundherren liefern mußten, näher betrachtet, scheinen sie insgesamt nicht zu drückend: So mußten die Zeit-Pächter des oben erwähnten 100 Morgen umfassenden Frankenthaler ›Schaffnereigutes‹[79] 1781 15 Malter Korn, 18 Malter Gerste, 16 Malter 6 ›Simmer‹ (der Malter zu 9 Simmern) Spelz und 16 Malter 6 Simmer Hafer liefern. Zieht man die in der Statistik des Jahres 1791 genannten Durchschnittsertragswerte für die Oggersheimer Äcker heran, so mußte der Pächter, je nachdem, ob es sich um gute, mittlere oder schlechte Äcker handelte, z. B. zwischen 4 und 6 Morgen mit Korn, 3—4 Morgen mit Gerste, 1,75 bis 2,5 Morgen mit Spelz und 3—4,5 Morgen mit Hafer nur für die Herrschaft bebauen, d. h. zwischen 11 und 17 Morgen von insgesamt 100 Morgen. In sehr schlechten Erntejahren konnte dies freilich zum Problem werden, da die Pachtbedingungen zwar meist Nachlässe wegen „Mißwachs" vorsahen, es aber immer wieder zu bittersten Kontroversen zwischen Pächtern und den ebenfalls in schlechten Jahren in ihren Ressourcen beschränkten Grundherren kam.[80]

Der Huthändler [34]*

Auch im Gebiet der Oberschultheißerei strebten die Grundherren wie anderwärts im Laufe des Jahrhunderts danach, die Gewinne aus ihren Besitzungen zu erhöhen.[81] Besonders skrupellos gingen offenbar die Freiherren von Hallberg[82] in ihrer Fußgönheimer und Ruchheimer Adelsherrschaft vor. Unter dem Vorwand fehlender urkundlicher Belege nahmen sie das den Ortsherren zustehende Recht über herrenlose Güter in Anspruch, enteigneten in Fußgönheim eine Reihe von ›Beständern‹, d. h. Pächtern und übernahmen das Land selbst. Auch in Ruchheim erwarben sie auf die eine oder andere Weise über 500 Morgen Land, und 1740 übertrugen sie ohne jede Rechtsgrundlage das Ruchheimer Kirchengut der neugegründeten katholischen Pfarrei Fußgönheim, ein Akt, wegen dessen die kurpfälzische Verwaltung der Geistlichen Güter, der das Gut gehört hatte, noch bis zur Französischen Revolution mit ihnen prozessierte. Im kurpfälzischen Gebiet versuchten die Grundherren immer öfter, Erbbestandsgüter in Temporalbestände zu verwandeln, um so nach Ablauf der Pachtzeiten jedesmal die Pachtsummen und Einmalzahlungen heraufsetzen zu können. In Oggersheim läßt sich der Wandel am Handeln der Geistlichen Güterverwaltung verfolgen, die vor der Mitte des Jahrhunderts sogar noch einige Temporal-Güter in Erbpacht vergab, um sie dann wieder in Zeitpacht zurückzunehmen.[83] Andere Grundbesitzer folgten ihrem Beispiel: das Gut der Klosterfrauen vom Wormser Andreasberg in Oppau, bis 1760 auf Zeit vergeben, war danach bis 1788

Anmerkungen
Seite 156 und 157

78 *Kreuter, Oggersheimer Güter, in: AVT, 6/1930, S. 1ff; LASp., A. 2, 1505/8a—c*

79 *Keuter, Oggersheimer Güter, in: AVT 4/1931*

80 *Braun, S.45*

81 *vgl. grundsätzlich Vogt, Fermages, der auch Beispiele aus Oppau und der ›Oberschultheißerei‹ anführt*

82 *zum Vorgehen der Hallbergs: Merk, S.45ff; Kraut, S.21*

83 *Kreuter, Oggersheimer Güter, in: AVT, 3/4/1931, 2/3/1932*

* *Radierungen des Mannheimer Malers Ferdinand Kobell (1740—1799)*

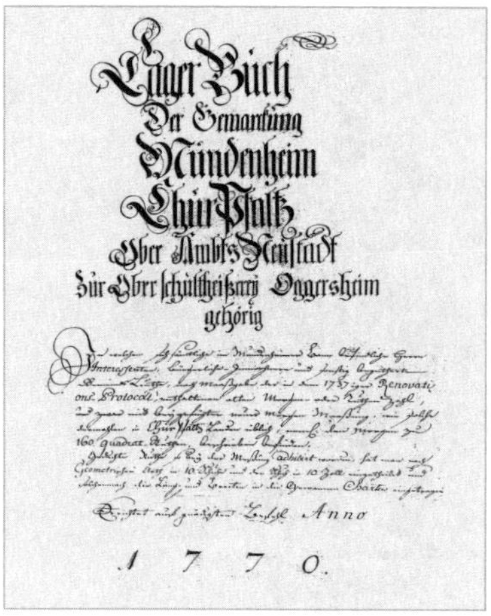
Lager Buch
Der Gemeinde
Mundenheim
Chur Pfaltz
Ober Ambts Neustadt
Zur Ober Schultheißerey Oggersheim
gehörig
Anno
1770.

Das Lagerbuch: nach Eigentümern geordnetes Verzeichnis der Häuser und Gründe in der Gemeinde Mundenheim aus dem Jahr 1770 [35]

in Erbbestand.[84] Als 1787 der Pächter durch die Folgen mehrerer Hochwasser in Zahlungsschwierigkeiten geriet, versuchten die Klosterfrauen, ihn aus dem Gut zu klagen und führten dabei an, der Erbbestandsvertrag sei ohnehin in seiner Rechtskraft zweifelhaft, weil er seinerzeit durch eine analphabetische Priorin geschlossen worden sei! Wie sehr bei der Neuvergabe eines Gutes die Pachtsumme gesteigert werden konnte, zeigen Beispiele aus Oppau – 175% Steigerung von einem zum anderen Mal – oder bei drei kleinen Kirchengütern in Oggersheim, für die 1714 53 Malter Korn Jahrespacht zu entrichten waren, 1727 aber 81 Malter![85] Hier ist allerdings zu berücksichtigen, daß die Güter, oft in den Kriegen verlassen, durch dauernde Kultivierung und Verbesserung in der Tat auch mehr trugen und größere Abgaben leisten konnten. Die kurfürstliche Hofkammer, die anderwärts ebenfalls Zeitpachten zu forcieren suchte, beließ im übrigen im Bereich der Oberschultheißerei die Erbpächter im Besitz ihrer Höfe.

Das starke Bevölkerungswachstum und der daraus resultierende Landhunger der Bauern spielte den Grundbesitzern in die Hände. Musste man nach den Verwüstungen der Kriege des 17. Jahrhunderts zuerst noch Menschen mit günstigen Bedingungen anlocken, so begannen die Untertanen seit etwa 1720—1730 immer härter um die begehrten Güter zu konkurrieren, die ihren Eigenbesitz so vorteilhaft ergänzen konnten. Soziale Spannungen und Neid wurden auf diesem Feld ausgetragen, und gerade in einer Region wie dem heutigen Stadtgebiet, wo mehr als die Hälfte des Ackerlands grundherrschaftlicher Besitz war, funktionierten diese ›Mechanismen‹ besonders gut. Schon 1736 mußten die Erwerber von um die 60 Morgen großen Gütern der Geistlichen Administration in Oggersheim zwischen 425 und 450 Gulden an Einmalzahlung ›berappen‹.[86] Unter diesen Bedingungen konnten es sich nur die reichen Bauern leisten, bei den Versteigerungen mitzubieten und konsolidierten durch die Pachtgüter ihren materiellen Vorsprung im Dorf. In Rheingönheim monopolisierten nach den Angaben des ›Lagerbuchs‹ von 1744 nur acht Familien praktisch alle 19 Güter im Dorf. Die Unmöglichkeit, die Güter wirklich zu ersteigern, hielt manche Armen nicht davon ab, aus blankem Neid bei den Versteigerungen mitzubieten. 1784 berichtete der Oberschultheiß, daß eine Gruppe armer Bauern aus Oppau bei der Neuversteigerung des Frankenthaler Kirchengutes den Preis aus Neid und Mißgunst gegenüber den vorherigen Pächtern so in die Höhe getrieben habe, daß diese zwar letztlich noch den Zuschlag erhalten hätten, aber nunmehr vom Ruin bedroht seien. Erst zwei Jahre später, als einige der Steigerer schon bankrott waren, erfolgte eine behördliche Korrektur der pervertierten Versteigerung.[87] In einigen Orten gingen die Grundherren in der zweiten Jahrhunderthälfte dazu über, ihre Güter in immer kleineren Parzellen zu versteigern,[88] um so auch an das Geld der dörflichen Mittelschicht zu kommen, die bisher, wenn überhaupt, von den Großpächtern Grundstücke in Unterpacht empfangen hatte. So war um 1780 das der Geistlichen Güterverwaltung unterstehende ›Große Frankenthaler Schaffnereigut‹ in Oggersheim an bis zu zehn Pächter vergeben.[89]

Jenseits der relativ kleinen Schicht der reichen und mittleren Bauern mußte die Masse der dörflichen Bevölkerung versuchen, mit wenig bzw. ohne Grundbesitz, mit ärmlichem Handwerk und Tagelöhnerei ihr

Anmerkungen
Seite 158 und 159

84 *Braun, S. 51*
85 *Vogt, Fermage, S. 123; Kreuter, Oggersheimer Güter, in: AVT, 2/1932*
86 *Kreuter, Oggersheimer Güter, in: AVT 3/1932, S. 1*
87 *Braun, S. 377*
88 *Ein anderer Grund für die Zerstückelung der Güter war, daß viele der grundherrschaftlichen Besitzungen lediglich aus Äckern und Wiesen bestanden, ohne daß ein zugehöriger Hof vorhanden gewesen wäre*
89 *Kreuter, Oggersheimer Güter, in: AVT, 4/1931, S. 1*
90 *StALu, M 581*
91 *König, S. 10*
92 *Braun, S. 61*
93 *StALu, Op. 361*

Leben zu fristen. Gerade diese Menschen waren auf die gemeindlichen Nutzungen der ›Allmende‹ und Weide angewiesen, deren Verteilung aufgrund des starken Bevölkerungswachstums während des 18. Jahrhunderts immer heftiger umkämpft war. In den volkreichen Dörfern des heutigen Stadtkreises mit einem geringen Anteil an freiem bäuerlichem Feldbesitz verschärften sich die Probleme in besonderer Weise. Die Statistiken des Jahres 1791[90] zeigen drastische Unterschiede: Während in Mundenheim 1,86 Morgen ›bäuerlich-freien‹ Ackerlands auf jeden Einwohner kam, waren es in Edigheim 0,47 und in Oppau nur 0,44 Morgen! Diese Durchschnittswerte zeigen allerdings nur die Differenzen zwischen den Dörfern, nicht die sozialen Zerklüftungen innerhalb der Dorfgemeinschaften: Schon 1721 hatten 56% der Maudacher Schatzungszahler überhaupt kein Feld und weitere 20% nur bis zu vier Morgen Land,[91] und am Ende des Jahrhunderts – 1790 – waren von den 170 Familien Oppaus 70 ohne eigenen Acker.[92] Eine Analyse der Oppauer ›Schatzungsregister‹ des Jahres 1782[93] zeigt, daß 61,3% der Schatzungszahler des Dorfes nur über Güter und Häuser im Wert von bis zu maximal 10 Gulden verfügten – im Durchschnitt 4,6 Gulden (zusammen 13,1% des Gesamtkapitals). Demgegenüber verfügten 3,4% der Zahler über 42,5% des Kapitals – im Durchschnitt 271 Gulden. Die Ärmlichkeit des bäuerlichen Eigenbesitzes in Oppau – nur 20% des Grundes waren freier Besitz – zeigt sich daran, daß 63,3% der Kapitalsumme für die landwirtschaftlichen Nutzflächen von den grundherrschaftlichen Gütern herrührte, und kein einziger Oppauer Landwirt ohne ein Pachtgut Gründe besaß, deren Wert mit mehr als 80 Gulden angesetzt wurde. Der in Oppau und Edigheim zu beobachtende hohe Anteil der Nahrungs- an der Gesamtschatzung rührte vor allem von der vermutlich mehr als die Hälfte der Schatzungszahler ausmachenden Masse der Tagelöhner her, die „auf den Leib allein" schematisch mit je 50 Gulden Schatzungskapital „versehen" wurden. Die Höhe des Nahrungsschatzungskapitals, das in der Residenz Mannheim und im kurfürstlichen Sommersitz Oggersheim ein Zeichen großer Verdienstmöglichkeiten darstellte, war deshalb hier eher ein Produkt der verzweifelten Suche nach Lebensunterhalt.

Arm und Reich im Gebiet der heutigen Stadt um 1791

	1 in %	2 Morgen	3 in %	4 in %	5 Zahl	6 Gulden
Edigheim	30	0,47	50,5	5,2	–	14,1
Friesenheim	40	0,86	40	6,1	4	16,4
Maudach	17,5	0,71	37	1,3	–	15,9
Mundenheim	66	1,86	22	7,8	13	21,7
Oggersheim	63	1,3	44	8,3	18	16,3
Oppau	20	0,44	51	8,2	9	16,0
Rheingönheim	27	0,97	28	5,7	2	20,1

1 Anteil des frei verfügbaren Ackerlands in Bauernhand 1791
2 Frei verfügbares Ackerland pro Einwohner 1791 in Morgen
3 Anteil der Nahrungsschatzung am Gesamtschatzungskapital 1791
4 Anteil der Knechte und Mägde an der Bevölkerung 1791
5 Zahl der Beisassenfamilien 1791
6 Gesamtschatzungskapitalsumme pro Kopf 1791 in Gulden

Herrschaftliches Vergnügen: Die Hasenjagd
Nymphenburger Porzellan nach einem Frankenthaler Modell
2. Hälfte 18. Jahrhundert [36]

Mundenheim mit seinem absolut und pro-Kopf hohen Anteil an ›frei-bäuerlichem‹ Ackerland bot demgegenüber um 1765 ein ganz anderes Bild.[94] Zwölf der 109 bäuerlichen Schatzungszahler waren ganz überwiegend durch ihren Eigenbesitz überaus wohlhabend, kamen auf Grundbesitz- und Haus-Kapitalsummen zwischen 185 Gulden und über 1 000 Gulden! Diese 11,9% der Schatzungszahler besaßen 50,2% des Kapitals. Allerdings gab es auch in Mundenheim Landarme und Landlose: 28,4% der Zahler besaßen nur Güter und Häuser im Wert von bis zu 10 Gulden und damit lediglich 1,9% des Kapitalwertes. Trotzdem bleibt die Gesamtbilanz positiver: Während in Oppau 84,6% der Zahler Güter im Wert von weniger als 50 Gulden besaßen, waren es in Mundenheim nur 57,8%.

Auch in der Nebenresidenz Oggersheim bestätigt ein Blick auf die Verteilung der Gesamtschatzungskapitalsumme den Eindruck großer materieller Ungleichheit. 1791 hielten von den damals 257 Schatzungszahlern[95] in dem Städtchen die obersten 5% nicht weniger als 24% des schatzbaren Vermögens – durchschnittlich 291 Gulden, während das untere Drittel nur 5% des Vermögens besaß – durchschnittlich 8,6 Gulden. Die ›untere Mittelschicht‹ – schatzbares Vermögen 26 bis 75 Gulden – mit 43,5% der Pflichtigen verfügte über 40,1% des Vermögens – 55,9 Gulden pro Kopf; die obere Mittelschicht – 76 bis 150 Gulden – mit einem Anteil von 17,9% der Pflichtigen über 30,3% – 102,8 Gulden pro Kopf. Die große Masse der Bevölkerung lebte unter sehr bescheidenen Verhältnissen. Man muß nur einmal die erwähnten 10 bis 50 Gulden Schatzungs*kapital*, die ja keineswegs mit Einkommen identisch waren, mit den Lebenshaltungskosten in Beziehung setzen, wie sie die 1760 vom Oggersheimer Rat veröffentlichte Preisliste für Brot und Fleisch zeigt:[96] ein Brötchen kostete einen Kreuzer – der Gulden zu 60 Kreuzer, ein etwa dreipfündiges Roggenbrot 8 Kreuzer, ein Pfund Schweinefleisch 7 Kreuzer, ein Pfund Rindfleisch 5 Kreuzer. Teuerungen für das Grundnahrungsmittel Getreide durch schlechte Ernten oder Kriege konnten für diejenigen, die nicht gleichzeitig von den verbesserten Verkaufserlösen profitierten, den Ruin bedeuten. Ein einziger – überaus kostbarer – Brillant-Brustschmuck der Kurfürstin war demgegenüber 25 000 Gulden wert![97]

Die Schatzungslisten präsentieren allerdings ein stark verzerrtes Bild und lassen gerade die wohlhabenden Gutspächter viel zu ›arm‹ erscheinen: Die grundherrschaftlichen Güter wurden nämlich wegen der von den Pächtern zu zahlenden Abgaben an die Herren nur zu einem Viertel (Erbpacht) bzw. einem Achtel (Zeitpacht) ihres Wertes in die Schatzungskapitalsumme einbezogen.[98] Andere, vorwiegend alte und neue Adelsgüter, genossen völlige Steuerfreiheit. So wurde das 464 Morgen große Schönauer Erbbestandsgut in Oppau, das 1721 nach Schätzung 5 849 Gulden wert war, nur mit 1 462 Gulden zur Steuer herangezogen,[99] dem 174 alte Morgen großen Dalbergischen Gut in Mundenheim, das fast 1 000 Gulden wert gewesen wäre, wurde offenbar während der Neufestsetzung der Schatzung die völlige Steuerfreiheit bestätigt bzw. gewährt.[100] Auch das Schloßgut in Oggersheim war schatzungsfrei.[101] In Rheingönheim betrug 1721 der tatsächlich geschätzte Wert der 19 mit einem Viertel bzw. nur einem Achtel bewerteten Güter statt 2 510 Gulden 12 160 Gulden, d. h., die Gesamtschatzungskapitalsumme des Dorfes hätte eigentlich nicht 8 735 Gulden, sondern 18 385 Gulden betragen![102]

Anmerkungen
Seite 160 und 161

94 *Mundenheimer Schatzungs-, Ab- und Zugangsprotokoll, StALu, Mu. 302*
95 *Schatzungsregister 1791, StALu, Og. 197*
96 *Kreuter, Oggersheim, S. 55*
97 *Mörz, Elisabeth Augusta, S. 80f*
98 *Blasse, S. 13ff; Franz, Besitz*
99 *Schatzungsrenovation 1721, LASp, F 3, 47*
100 *dass., LASp, F 3, 46*
101 *Kreuter, Oggersheimer Güter, in: AVT 6/1930 usw.*
102 *Schatzungsrenovation 1721, LASp, F 3, 47*
103 *Blasse, S. 14*
104 *Braun, S. 411*
105 *ebd., S. 64*
106 *Mörz, Absolutismus, S. 259ff, 339ff; Blasse, S. 48ff*
107 *Blasse, S. 48ff*
108 *Mörz, Absolutismus, S. 284ff*
109 *Kreuter, Oggersheim, S. 25*
110 *vgl. Braun, S. 402ff*
111 *Mörz, Mannheim, S. 51f*
112 *Preisgedicht auf Parforce-Jagd (GHAM, Familienarchiv Stengel, Va5)*
113 *Braun, S. 265; Mörz, Elisabeth Augusta, S. 168ff*

Letztlich genossen, wie überall in der Kurpfalz, Geistliche und die höchsten Beamten[103] Schatzungsfreiheit. Doch auch am unteren Ende der sozialen Leiter ergaben sich Verzerrungen: Bezieht man die Familiengröße der Schatzungszahler mit ein, so stellten sich viele ganz Arme relativ besser, da es sich oft um Witwen und Waisen handelte, die niemand zu unterstützen hatten. Die untere Mittelschicht – wenig wohlhabende Menschen mit Familie – kam deutlich schlechter weg. Völlig unberücksichtigt blieben in der Liste die Knechte und Mägde und die in der Gegend lebenden Heimatlosen. Während die ›ehrlichen‹ und ›angesessenen‹ Armen in den Dörfern auf eine gewisse Hilfe durch die Almosen hoffen konnten, durften etwa die am ›Bettelmannsdamm‹ versammelten Gestrandeten auf wenig Gnade hoffen. Immer wieder wurden sie vertrieben, und wenn die Ortswitwen, wie es Brauch war, im Frühjahr die Feldwege säuberten, fanden sie immer einmal wieder die Reste im Winter erfrorener Bettler unter und in den Weidenbäumen.[104]

Unterschichten als kunsthandwerkliches Sujet
Statuette einer Bettlerin
Mitte 18. Jahrhundert
Schloß Favorite bei Rastatt [37]

Insgesamt war die Belastung der Untertanen höchst ungleich, um nicht zu sagen ungerecht. Befreiungen und Privilegien betrafen nicht nur die Schatzung. Auch von den gemeindlichen Abgaben blieben die Privilegierten oft verschont.[105] Ganz selbstverständlich waren andererseits die Einwohner minderen Rechts, wie Leibeigene, Juden und Mennoniten speziellen Sondersteuern unterworfen.[106] Das ›Husarengeld‹ zum Unterhalt der soldatisch organisierten Polizeikompanie wurde groteskerweise neben den Juden und Mennoniten nur noch Wirten, Müllern, Scharfrichtern, Bierbrauern, ›Waasenmeistern‹ und Schäfereibesitzern auferlegt.[107]

Auch das Gros der nicht-privilegierten Untertanen mußte noch weitere Lasten tragen. Zu den wichtigsten und verhaßtesten zählten die Frondienste,[108] von denen Adlige, Geistliche und Staatsbedienstete einmal mehr grundsätzlich befreit waren. Auch die Pächter einiger der großen Güter mußten sie nicht erbringen. Die Stadt Oggersheim genoß aufgrund ihrer 1736 von Kurfürst Carl Philipp erneuerten Privilegien allgemeine Freiheit von herrschaftlichen Fronen.[109] Die Stadtrechte bestätigten damit die Kommune als gegenüber ihrem Umland bevorzugten Rechtsraum, schufen also erneut Ungleichheiten.

Die Fronfreiheit war ein nicht zu verachtendes Vorrecht, denn die zahlreichen herrschaftlichen Frondienste[110] für die Jagd, für die Beifuhr von Baumaterial für den Chausseebau oder auch die Mauern der Oggersheimer Wallfahrtskirche, für den Transport herrschaftlicher Weine und Lebensmittel oder „zum Besten" der kurfürstlichen Staatsdiener waren eine starke Belastung für die betroffenen Untertanen, auch und gerade im Umland der neuen Residenz. Denn hierher kamen die ›hohen Herrschaften‹ des öfteren, und man konnte sie dann nicht nur um Gnaden bitten, man mußte ihnen auch dienen. Der Oppauer Wald war bevorzugtes Jagdrevier Kurfürst Carl Philipps.[111] Als sein Nachfolger Carl Theodor 1761 während einer Hirschjagd bei einem Oppauer Bauern einkehrte und von ihm mit Brot, Salz, Eiern und saurem Wein bewirtet wurde, gab dies einem Hofpoeten Gelegenheit, die kurfürstliche Bescheidenheit zu loben.[112] Kurfürstin Elisabeth Augusta wiederum übte die kleine Jagd auf Hasen und Rebhühner bei Oppau, Mutterstadt und Rheingönheim.[113] Neben den herrschaftlichen gab es noch Gemeindefronen etwa für den Bau- und Wegeunterhalt oder Fuhrdienste für einheimische und fremde Truppen. Von ihnen konnte sich im allgemeinen

Das erste Blatt des Ratsprotokolls der Stadt Oggersheim vom Jahr 1770 [38]

Anmerkungen
Seite 162 und 163

114 *Blasse, S.37ff*

115 *nach dem Zeugnis der Gemeinderechnungen der Orte im heutigen Stadtkreis*

116 *Küstner*

117 *Braun, S.410*

118 *Blasse, S.49ff*

119 *von Hippel, S.219*

120 *Wesentliche Quelle zur Ämterbesetzung und gemeindlicher Herrschaftsstruktur sind die Dorfgerichtsbücher bzw. die Ratsprotokolle von Oggersheim im StALu: Friesenheim (1683—1730), Fr. 5/4; Maudach (1759—1793), Md. 490a; Mundenheim (1737—1797), Mu. 303; Oggersheim (1755—1761, 1770 bis 1779), Og. 9—11; Oppau (1707 bis 1797), Op. 38a; Rheingönheim (1743 bis 1852), Rgh. 93; Ruchheim (1604 bis 1773), Ru. 955*

121 *Ruf, Friesenheim, Bd. 2, S.52ff und eigene Untersuchungen zu den Schultheißenlinien in anderen Dörfern*

122 *Schatzungsrenovation, LASp, F 3, 45—47*

123 *LASp, A 2, 1395/1; Ruf, Friesenheim, Bd. 2, S.57; Braun, Obrigkeit, S.10f*

124 *Ratsprotokolle, StALu, Og. 9—11*

125 *Oberschultheißereiprotokolle 1789ff; LASp, A 4, 1507/34—37*

niemand freimachen – doch gab es auch hier Ausnahmen, und im Falle der Dorfhonoratioren wurden diese Dienste ohnehin vom Dienstpersonal erledigt.

Ähnlich ungeliebt wie die Fronen war der Zehnt, eine Abgabe, die wie im Mittelalter noch bis zur Revolution auf fast allen Ländereien lag. Am Ende des Ancien régime diente nur noch ein Bruchteil der Zehnten wirklich der Besoldung von Pfarrern und Lehrern – meist die sogenannten ›kleinen Zehnten‹ von Gartenfrüchten und Obst. Die ›großen‹ und reichen Zehnten gehörten wie oben erwähnt meist den Domstiften der Umgebung oder Adligen, die dafür oft nur sehr ungenügend ihren Baulasten an Pfarrhäusern und Kirchen nachkamen. Die Zehnten wurden Jahr um Jahr oft ganz direkt vom Feld weg von den Beauftragten der Zehntherren eingesammelt, in die örtlichen Zehntscheuern gebracht und dann meist verkauft.[114]

Neben diesen großen gab es noch eine Reihe kleinerer Lasten und Abgaben. So mußten manche Grundstücke Naturalleistungen für Hospitäler und Kirchen erbringen, und eine Reihe alter oder neuerer direkter landesherrlicher und oberamtlicher Abgaben wurde – in der Regel unter Zugrundelegung des Schatzungskapitals – alljährlich zu verschiedenen Terminen erhoben.[115] Sie waren allerdings insgesamt nicht sehr drückend. Auch die ständigen direkten Gebühren und Steuern, die die Gemeinden einziehen durften, etwa Beiträge zur Tilgung der Gemeindeschulden, für die Anschaffung von Feuerlöschgeräten, zur Unterhaltung des ›Faselviehs‹ oder zur Besoldung der Hirten erreichten keinen großen Umfang. Immerhin aber dürfte z.B. der Beitrag zu den Hirtengehältern manchen Armen davon abgehalten haben, allzu viel Vieh zu halten.

Erheblicher waren Sondersteuern wie die Umlagen für den Bau des Mannheimer Schlosses, für den z. B. Rheingönheim in den Jahren 1720—1733 immerhin 1 389 Gulden zahlte.[116] Eine ähnliche Abgabe wurde 1774 für den Bau der Oggersheimer Wallfahrtskirche erhoben, und im gleichen Jahr verlangte man einen Beitrag in Höhe von 1% des Schatzungskapitals zur Finanzierung der Eheschließung des Neffen Kurfürst Carl Theodors, des Pfalzgrafen Carl August.[117] Neben den direkten erhoben Staat und Gemeinden auch indirekte Steuern,[118] etwa ›Ungeld‹ auf Bier und Wein, Salzgeld, und die Zölle, vor allem Binnenzölle, die im 18. Jahrhundert in jedem kurpfälzischen Ort des heutigen Stadtkreises und in der Rheinschanze sowie auf dem Hemshof und an der Fähre nach Sandhofen von vielen transportierten Waren zu entrichten waren. Alle Steuern und Abgaben dürften nach einer neueren Schätzung etwa ein Drittel der Einkünfte der nicht-privilegierten Untertanen ausgemacht haben.[119]

Gemeindliche Herrschaftsstrukturen

Die Besitzverhältnisse prägten auch die Herrschaftsstrukturen in den Gemeinden der Oberschultheißerei: die Höchstbesteuerten dominierten in der Regel sowohl das Amt des ›Schultheißen‹, d. h. des Ortsvorstehers, das Gremium der ›Gerichtsleute‹, d. h. den Gemeinderat und alle wichtigen gemeindlichen Ämter.[120] Gerade die Schultheißen bildeten eine aufs engste miteinander versippte Führungsschicht:[121] In allen Orten der Oberschultheißerei folgten immer wieder Söhne auf Väter, Schwiegersöhne auf Schwiegerväter. Die Familien verbanden sich durch Heiraten und Taufzeugenschaft, und auch zwischen den Schultheißen-

Familien der Dörfer wurden Bande geknüpft. Ähnliches gilt für die Schicht der Gerichtsleute. Um 1721 verfügten Schultheiß und Gericht in den meisten Orten des heutigen Stadtkreises über ca. ein Viertel der Gesamtschatzungssumme.[122] Und was die Gemeindeämter anging, zeigt sich, daß die wichtigen Posten des Gemeinderechners, der ›Kirchengeschworenen‹, ›Feldschätzer‹, ›Steinsetzer‹ – hier ging es um die Sicherheit der Feldgrenzen –, ›Feuerbeseher‹, ›Fleischbeseher‹ und das offenbar sozial angesehene Amt des Feuerspritzenfuhrmanns von Gerichtsleuten bzw. reichen Bürgern besetzt waren. Arme Bürger fanden allenfalls Verwendung als Hirten – Kuh-, Schweine-, Pferde-, Gänsehirt; sie fungierten oft auch als Nachtwächter, Polizeidiener – in anderen Orten Häscher genannt –, Feuerspritzenpumper und ›Bettelvögte‹ sowie in den katholischen Orten als Prozessions-, Fahnen- und Kreuzträger, Klingelbeutelsammler und Blasebalgtreter. Diese niedrigen Ämter wurden oft mit Naturalien bzw. aus geringfügigen Gebühren, z. B. für die Hirten, besoldet.

Die Dominanz der Höchstbesteuerten bestand im ganzen Jahrhundert fort, obgleich es in der Verfassungsstruktur der Dörfer gemessen an den Standards der Zeit durchaus ›demokratische Elemente‹ gab.[123] Denn sowohl Schultheiß wie offenbar auch Gerichtsleute und die Inhaber der Gemeindeämter wurden in der ›Gemeindeversammlung‹ d. h. einer Zusammenkunft aller männlichen Bürger – unter Ausschluß der Nicht-Bürger: Beisassen, Juden, Mennoniten, Knechte – bestimmt. Auch finden sich in einer Reihe von Dörfern des heutigen Stadtkreises Beispiele für erfolgreiche Beschwerden der vereinigten Bürgerschaft gegen unfähige Amtsinhaber, die abgesetzt und nach Neuwahlen ersetzt wurden. Zudem wurden wichtige Entscheidungen, wie etwa betreffend landwirtschaftlicher Reformen, in der Regel mittels einer Abstimmung aller Bürger getroffen.

Allerdings wiesen die ›Wahlen‹ durch die Gemeindeversammlung zahlreiche Besonderheiten auf, die sämtlich zugunsten der dörflichen Oberschicht wirkten. Schultheiß und Gerichtsleute wurden auf Lebenszeit bzw. bis zu einem freiwilligen oder unfreiwilligen Ausscheiden aus dem Amt bestimmt, und es war selbstverständlich, daß die verbliebenen Amtsinhaber der Gemeindeversammlung immer schon ›Vorschläge‹ für die Neubesetzung machten, die kaum umgangen werden konnten. Denn die Abstimmung erfolgte öffentlich. Zudem konnte die Gemeinde nicht allein entscheiden. Vielmehr mußte das kurpfälzische Oberamt Neustadt neue Gerichtsmänner bestätigen. Im Falle der Schultheißenwahl hatte man mehrere Kandidaten vorzuschlagen. Aus diesen wählte das Oberamt mit Unterstützung des Oberschultheißen und nach Rat der dörflichen Amtsträger den ihm genehmen aus – und die Behörde bevorzugte wohlhabende, alteingesessene und loyale Bürger, die eventuell auch für materielle Schäden wie Steuerrückstände haften konnten und sich amtlichen Verfügungen nicht widersetzten, sondern sie gehorsam ausführten. In Oggersheim war die Bürgerschaft von der Bestimmung der Ratsmitglieder völlig ausgeschlossen.[124] Hier schlugen beim Tod eines Stadtrats die Verbliebenen dem Oberamt drei bzw. später auch nur einen Kandidaten vor, der dann in der Regel die herrschaftliche Bestätigung erhielt. Diese ›Kooptation‹ könnte auch in einigen Dörfern die Wahl ersetzt haben.[125] Der Oberschultheiß als Vorsteher eines staatlichen Unterbezirks wurde ohnehin von Mannheim aus ernannt.

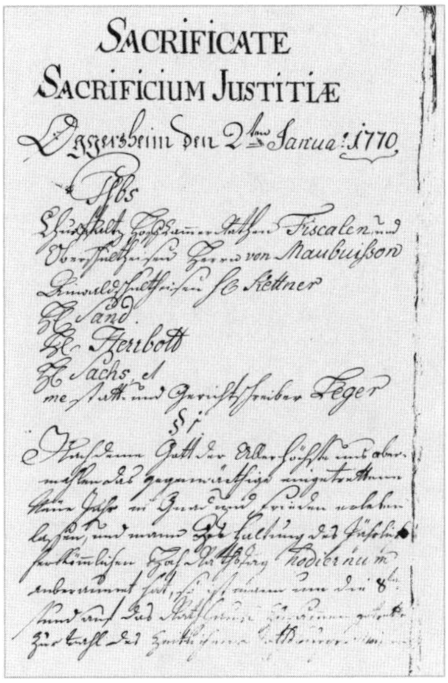
SACRIFICATE
SACRIFICIUM JUSTITIÆ
Oggersheim den 2ten Januar 1770

Protokoll der Gemeindeversammlung der Stadt Oggersheim vom 2. Januar 1770 [39]

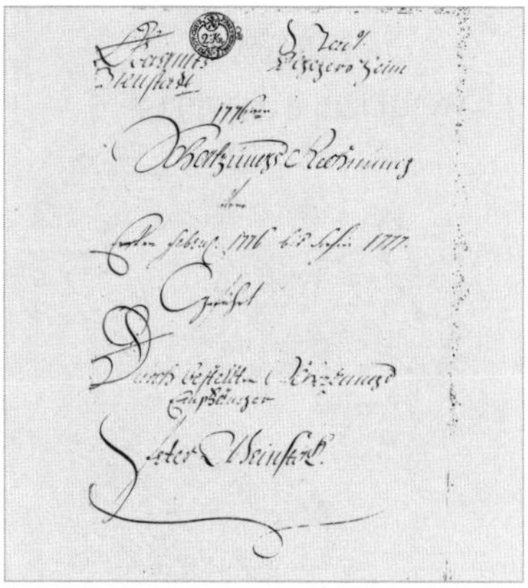

Erste Seite der Schatzungseinzugsliste des Oggersheimer Schatzungseinnehmers Peter Weinstock vom Jahr 1776 [40]

Anmerkungen
Seite 164 und 165

126 *StALu, Mu. 303*

127 *„General-Satz- und Ordnung", StALu, T 500*

128 *Braun, S.402ff*

129 *ebd., S.146f*

130 *Mörz, Absolutismus, S.241, 275f*

131 *Braun, S.715*

132 *StALu, Og. 9—11 sowie die oben genannten Dorfgerichtsbücher*

Auch bei den Gemeindeämtern, die im Rahmen des sogenannten ›Hauptgerichtstags‹ in Gegenwart des Oberschultheißen oder seines Vertreters am Beginn eines jeden neuen Jahres neu besetzt bzw. bestätigt wurden, stellt sich die Frage, inwieweit im 18. Jahrhundert noch von einer ›Wahl‹ durch die Gemeindeversammlung gesprochen werden kann. Das Zeugnis der erhaltenen ›Dorfgerichtsbücher‹ ist durchaus zweideutig. Zwar ist oft davon die Rede, daß dieser oder jener zu einem Amt „erwehlet" worden sei, ebenso oft aber wird festgestellt, daß Schultheiß und Gericht „in Gegenwart der ganzen Gemeinde" die Ämter „besetzt" hätten. Das Oggersheimer Ratsprotokoll spricht davon, daß der Stadtrat über die Besetzung „deliberirt", d. h. beraten habe, und das Ergebnis der Bürgerschaft dann „publicirt" worden sei.

Wie auch immer es sich mit den formalen ›Wahlen‹ zu den Gemeindeämtern verhielt, in jedem Fall waren sie durch Traditionen, Gewohnheiten und – im Zeichen des sich verfestigenden absolutistischen Staates – oberamtliche Eingriffe sehr beschränkt. So zeigt das Zeugnis des Mundenheimer Dorfgerichtsbuchs,[126] das als einziges aus den Gemeinden des heutigen Stadtkreises die Wahlprozeduren etwas ausführlicher erläutert, daß die ›Feuerläufer‹, die bei Bränden in die benachbarten Dörfer rennen mußten, um Hilfe zu erbitten, einfach die zuletzt in den Kreis der Bürgerschaft aufgenommenen Einwohner waren. Auch der ›Polizeirüger‹ war der „jüngstangesessene" Bürger. Die Ämter der Feldschadensschätzer und Brotwieger erhielten „nach der Gewohnheit" die Gemeinderechner des Vorjahres aus dem Kreis der Gerichtsleute und Bürger. Die hier wie bei anderen wichtigen Posten geübte Doppelbesetzung hatte ursprünglich den Zweck, einem Gerichtsmann stets ein wohlhabendes Mitglied der übrigen Bürgerschaft zur Seite zu stellen. Dies wurde jedoch in Mundenheim z.B. bei den Steinsetzern durchbrochen: 1748 fungierten in dieser Position zwei Gerichtsleute, die vom Oberamt ihre Posten „für beständig" erhalten hatten. Die Doppelbesetzung der Rechner, Rats- und Gemeinde-›Bürgermeister‹ genannt, die ursprünglich je die staatlichen bzw. gemeindlichen Einnahmen und Ausgaben zu verwalten hatten, wurde durch die staatlich angeordnete Neuordnung des Gemeinderechnungswesens um 1766[127] beendet, die die Wahl mehrerer Kandidaten für das Rechneramt anordnete, von denen einer dann vom Oberamt ausgewählt und auf Dauer in das Amt eingewiesen wurde und gemeindliche wie staatliche Abgaben zu verwalten hatte.

Gerade beim Gemeinderechner wie bei den gelegentlich erwähnten dörflichen ›Ungeldern‹ und ›Ohmgeldaufsehern‹ für die Verwaltung der indirekten Steuern wurde die Urwahl durch die Gemeindeversammlung dezidiert dazu genutzt, die staatliche Macht noch zu verstärken. Denn die Öffentlichkeit der Wahl ermöglichte es den Behörden, im Falle einer nicht einstimmigen und im Konsens mit Schultheiß und Gericht erfolgten Wahl eines Rechners dessen Wählern mit der Haftung für ein Fehlverhalten ihres Kandidaten zu drohen! Hier wird die Rolle der Gemeinde als staatliche Untereinheit besonders deutlich: Es war der Gemeinderechner, der Monat um Monat von Haus zu Haus zog und die Schatzung und andere Abgaben eintrieb, die Liste der säumigen Steuerzahler führte, die eventuelle ›Exekution‹, d. h. die gewaltsame Steuereintreibung zu beantragen hatte. Der Ratsbürgermeister mußte die Fronlisten führen und die ungeliebten Dienste unter die Dorfbewohner verteilen.[128] Traditionellerweise hatte die Gemeinde beim Dammbau und der

Hochwasserwacht mitzuwirken und entsprechende ›Rheindeichgelder‹ einzuziehen;[129] und in der zweiten Hälfte des 18. Jahrhunderts traten dazu noch die Mitsorge für die neuangelegten Chausseen und die für den Seidenbau angelegten Maulbeerbaumpflanzungen, für die gelegentlich bei den Hauptgerichtstagen gemeindliche Chausseewarte und Maulbeeraufseher bestimmt wurden. Überhaupt waren Schultheiß und Gericht für die genaue Befolgung behördlicher Anordnungen und Anforderungen, etwa Einquartierungen von Militär, zuständig. Der Hauptgerichtstag diente wesentlich zur Veröffentlichung neuer staatlicher Vorschriften. Auch wurden bei dieser Gelegenheit die neuen Bürger „angenommen" und zur Eidesleistung und der Zahlung des ›Bürgereinzugsgeldes‹ verpflichtet. Doch war hier einmal mehr der Staat die entscheidende Instanz, da das Oberamt über die Bürgerannahme letztgültig entschied – und auch die Hälfte der Gebühren erhielt.[130] Staatlich bestimmt wurde auch der Gemeindeschreiber,[131] doch hatte im 18. Jahrhundert im Bereich des heutigen Ludwigshafen nur die Stadt Oggersheim, deren Oberschultheiß ja auch zugleich der Verwaltungsbeamte des ganzen Bezirks war, einen solchen Funktionär. Die anderen Dörfer mußten sich, wenn das nötige „Schreibwerk" die Künste des jeweiligen Ortsvorstehers und Rechners überstieg, der Dienste dieses Oggersheimer Amtsträgers bedienen.

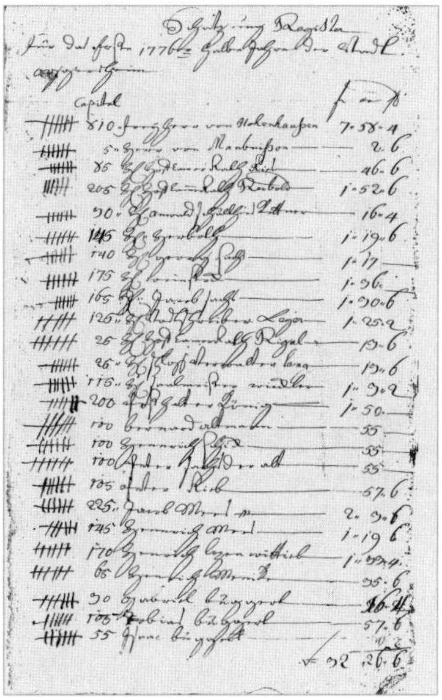

Schatzungseinzugsliste
Neben jedem ›Debenten‹ ist die ordnungsgemäße monatliche Zahlung mittels Strichliste vermerkt [41]

Neben der Funktion als staatliche Untereinheit bestanden Reste der gemeindlichen Selbstverwaltung auch im 18. Jahrhundert fort, wenn sie auch, etwa durch die erwähnte Neuordnung des Rechnungswesens, immer stärker eingeschränkt wurden. Nach wie vor fungierten Schultheiß und Gericht tatsächlich als Gericht in kleineren Streitfällen und bei Ordnungswidrigkeiten. Hier konnten sie auch Strafgelder verhängen, die eine kleine Einnahme für die Gemeinde darstellten. Die von der Gemeinde verhandelten Streitfälle, wie sie sich etwa im Oggersheimer Ratsprotokoll finden, spiegeln die gesellschaftliche Realität und die Konflikte jener Jahrzehnte wider:[132] unrechtmäßiges Weiden auf Privatgrundstücken, Holzdiebstahl, Wirtshausschlägereien, Prozesse um Grundstücke und Schulden. Daneben war die freiwillige Gerichtsbarkeit wesentlicher Teil der Aufgaben der Ratsgremien, die hier in der Funktion moderner Notare wirkten. Polizeiliche und Aufgaben der Wirtschaftslenkung übten die Gemeinden bzw. die oben schon erwähnten Gemeindebediensteten im Bereich der Lebensmittelkontrolle und Feuersicherheit, der Hygiene – Erlasse zum Straßenreinigen –, der Feld- und Wegesicherheit, der Armen- und der Preiskontrolle – Festlegung der Preise für bestimmte Güter – aus. Letztlich verwalteten die Kommunen ihr Vermögen, besonders an Grundstücken, teilten sie den Berechtigten als Allmenden zu oder verpachteten sie an einzelne Bauern als Äcker, ließen sie gegen Gebühr als Weiden nutzen, erlaubten das Mähen der Gemeindewiesen, vergaben die Nutzung der Brachäcker für den Pächter der Gemeindeschäferei. Gerade über die ›gemeinen Gründe‹ wurde bei den Hauptgerichtstagen immer wieder heftig debattiert, wobei Schreiereien und wahrscheinlich auch handgreifliche Auseinandersetzungen nicht ausblieben. Dies widersprach dem auf Zucht und Ordnung ausgerichteten Wesen des absolutistischen Staates, und so versuchte 1755 der Oggersheimer Rat durch die Anordnung der Wahl von ›Viertelmeistern‹ die ungeregelten und heftigen allgemeinen Diskussionen abzuschaffen. So sollten nun die neuen Amtsträger die Bedenken der Bürgerschaft dem Rat gegenüber in zivilisierter Form vortragen.

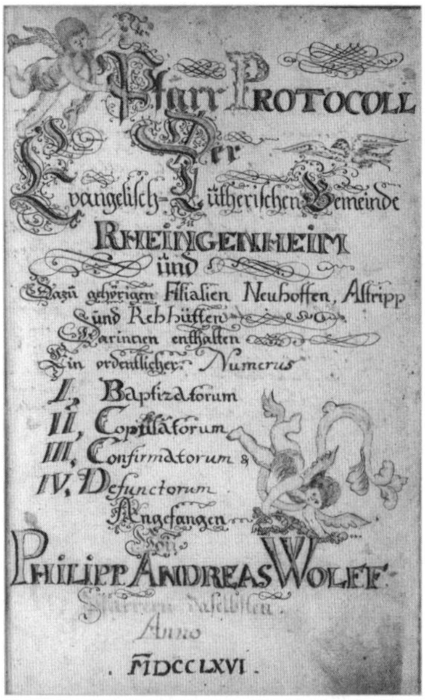

Protestantisches Rokoko
Titelblatt des lutherischen Kirchenbuches Rheingönheim [42]

Religion und Konfession

Drastisch verschärft wurden die dörflichen Konflikte durch den Einfluß der kurfürstlichen Religionspolitik.[133] Die zum Teil gewaltsamen Bemühungen der Herrscher, im Rahmen einer ›verspäteten Gegenreformation‹ ihre Untertanen zum Katholizismus zu bekehren, das flächendeckende ›Simultaneum‹, d. h., die gemeinsame Nutzung der Kirchen durch Reformierte und Katholiken, zu erreichen und das bisher nahezu ausschließlich in reformierten Händen liegende Kirchenvermögen den Katholiken zuzuwenden, riefen überall in der Kurpfalz den Widerstand der Calvinisten hervor. Sie wandten sich an die protestantischen Mächte Preußen und England-Hannover sowie an die vereinigten evangelischen Reichsstände auf dem Reichstag. Deren Intervention erzwang den Abschluß einer ›Kurpfälzischen Religionsdeklaration‹, die im Jahr 1705 in Kraft trat und die Teilung sowohl der Kirchen als auch des nicht direkt mit einer Pfarrkirche verbundenen Kirchenvermögens im Verhältnis fünf zu zwei zwischen Reformierten und Katholiken vorsah. Über die Verteilung der Kirchen, die bezirksweise in verschiedene Güteklassen eingeteilt waren, entschied eine aus Reformierten und Katholiken zusammengesetzte Kommission. Der so gefundene Kompromiß hielt ein ganzes Jahrhundert bis zum Ende der Kurpfalz, obgleich die Kurfürsten gerade in den ersten Jahrzehnten des 18. Jahrhunderts noch tatkräftig versuchten, ihn zugunsten der Katholiken zu verändern.

Im größeren Teil des heutigen Stadtgebietes von Ludwigshafen[134] fand die Religionsdeklaration Anwendung – und brachte für die Reformierten recht absurde und bittere Ergebnisse. Denn sowohl in Edigheim wie in Friesenheim und Oggersheim fielen die Pfarrkirchen mit allen Einkünften an die Katholiken, obgleich z. B. in Edigheim im Jahr 1705 nur eine einzige katholische Familie lebte, und auch die beiden anderen Orte große protestantisch-reformierte Mehrheiten aufwiesen. Den Oggersheimer Reformierten wurde die Kirche im kleinen benachbarten Studernheim zugewiesen. So gelangten einige kleine Güter in der Gemarkung dieses Ortes in ihren Besitz. Den Pfarrsitz beließen die Oggersheimer jedoch in ihrer Stadt; die Studernheimer Kirche verfiel. Allein die Kirche in Oppau und ihre Einkünfte verblieben den Reformierten. Ruchheim, das überhaupt nicht kurpfälzisch war, wurde dennoch aufgrund des kurfürstlichen Patronatsrechtes über die Kirche in die Kirchenteilung einbezogen – und fiel ebenfalls an die Katholiken. Heftigst protestierten die Untertanen, unterstützt von den Grafen von Leiningen als ehemaligen und den schweizerisch-reformierten Herren von Rußikon als faktischen Ortsherren. Bis zum Reichstag und an den englischen Hof gelangten die Bittschriften der Ruchheimer, doch vollzogen die kurpfälzischen Behörden 1713 mit Gewalt die Übergabe der Kirche an die Katholiken: Abgesandte des Oberamts Neustadt ließen die Kirchentüren aufbrechen und eine öffentliche Prozession veranstalten. Den Herren von Rußikon blieb lediglich, der reformierten Bevölkerungsmehrheit den Rathaussaal als Gottesdienstraum einzuräumen. Zudem vermachte Caspar von Rußikon in seinem Testament 1721 den Reformierten ein Kapital von 1 000 Gulden, aus dem der Pfarrer bis nach dem Ersten Weltkrieg Zinserträge erhielt.

Die Religionsdeklaration erlangte jedoch nicht in allen Teilen des heutigen Stadtgebietes Geltung. In den kurpfälzischen Neuerwerbungen Rheingönheim, Mundenheim und Maudach galten andere Regelungen.

Anmerkungen
Seite 166 und 167

133 zu den Grundzügen der kurpfälzischen Konfessionspolitik im 18. Jahrhundert: Schaab, Kurpfalz, Bd. 2, S. 154ff, 173f, 201ff; Mörz, Absolutismus, S. 293ff

134 Die Kirchengeschichte der frühen Neuzeit in den Ortschaften des heutigen Stadtkreises war schon lange Gegenstand intensiver Forschungen. Grundlegend dabei: Edigheim: Braun, Obrigkeit; Friesenheim: Ruf, Friesenheim, Bd. 2, S. 83ff; Maudach: Kreuter, Maudach, S. 38ff; Mundenheim: Gugumus, S. 11ff; Oggersheim: Kreuter, Oggersheim, S. 112ff; Kreuter, Wallfahrtskirche; Oppau: Braun, S. 723ff; Rheingönheim: Prot. Kirchengemeinde; Ruchheim: Kreiselmeier; Barth, S. 84ff

135 Gümbel, S. 503

136 Gugumus, S. 28f

137 Kreuter, Wallfahrt

138 Mörz, Elisabeth Augusta, S. 160ff

Im 1698 ans Oberamt Neustadt gekommenen Rheingönheim[135] war 1699 das Simultaneum eingeführt worden, das bis zum Ersten Weltkrieg bestehen blieb. Hier im ehemaligen Gebiet der lutherischen Herren von Hirschhorn teilten sich jedoch nicht die Reformierten, sondern die Lutheraner mit den Katholiken die Kirche, deren ›Teilung‹ einmal mehr mit zum Teil grotesken Gewaltszenen zustande kam. Ihren Widerstand gegen das Simultaneum mußten zwei lutherische Kirchengeschworene mit Haft in Neustadt und die Gemeinde mit einer Strafe von 50 Reichstalern büßen. Der lutherische Pfarrer, der sich über die Maßnahme beschwerte, wurde Opfer einer Attacke der katholischen Geistlichen aus Mundenheim und Maudach, die ihm auf der Landstraße auflauerten und ihn verprügelten. Im bis 1709 bischöflich-speyerischen Mundenheim[136] und Maudach blieb nach den Bestimmungen des Übergabevertrages trotz wiederholter Bitten der Untertanen allein den Katholiken die öffentliche Religionsausübung erlaubt. Die Protestanten mußten sich vom katholischen Pfarrer taufen, trauen und beerdigen lassen, durften keinen Lehrer halten und keinen Besuch vom lutherischen Pfarrer in Rheingönheim empfangen. Mit diesem bunten Gemisch von Rechtszuständen stellte die Oberschultheißerei Oggersheim in konfessioneller ebenso wie in anderer Hinsicht einen Mikrokosmos der gesamten Kurpfalz dar.

Wallfahrtsbild; ca. 1733
Die Oggersheimer Loreto-Madonna wird als Schutzpatronin der Pfalz gepriesen [43]

Als Teil des Umlandes der neuen Residenz Mannheim, in dem sowohl das katholische Kurhaus wie der katholische Hofadel seine Landsitze errichtete, war das Gebiet des heutigen Ludwigshafen Gegenstand besonders intensiver Katholisierungsbemühungen. Hervorragendstes Beispiel ist die 1729 noch von Erbprinz Josef Carl Emanuel vollzogene Errichtung der einzigen Wallfahrt in den Grenzen der Kurpfalz in Oggersheim.[137] Die nach dem Vorbild des italienischen Loreto gestaltete Marienkapelle wurde von verschiedenen Hofadligen mit Schenkungen gestützt. Während seiner Reise nach Rom 1751 erwirkte Pfalzgraf Friedrich Michael von Papst Benedikt XIV. Ablässe für die Kapelle und brachte zwölf Reliquien für sie mit. Kurfürstin Elisabeth Augusta ließ die Wallfahrtsstätte schließlich in den Jahren 1774—1777 mit einer vom Hofarchiktekten Verschaffelt entworfenen frühklassizistischen Kirche ummanteln.[138] Bei ihrem Bau mußten die Untertanen des Umlandes zahlreiche Fronfuhren für die Herbeischaffung der Baustoffe leisten – und wurden dann noch einmal zu einer pfalzweiten Sondersteuer von 12 000 Gulden für die Bezahlung weiterer Transporte für den Bau der Kirche herangezogen. Da das Projekt bei den überwiegend protestantischen Untertanen nicht gerade populär war, fürchtete das Oberamt daraufhin sogar Unruhen – und erhob das Geld unter der bewußt irreführenden Bezeichnung ›Amtsunkosten‹. Für die innere und künstlerische Ausstattung der Kirche wandte die Kurfürstin fast 120 000 Gulden aus ihrer Privatschatulle auf und überließ dem Gotteshaus, das im übrigen ihr Eigentum blieb, zum Unterhalt ein Kapital von 30 000 Gulden. Die Wallfahrt, die gerade bei den Mannheimern sehr populär war, zog dauernd große Menschenmassen an und wurde zuerst von den Mannheimer Jesuiten, später durch eine eigene kleine Jesuitenniederlassung in Oggersheim betreut. Nach dem päpstlichen Verbot des Ordens 1773 wurde auf die Dauer eine Neuregelung nötig. Die Kurfürstin ließ das Oggersheimer Kloster den Kapuzinern übertragen, sicherte sich jedoch weitgehende Mitspracherechte bei der Verwaltung der Wallfahrt und erließ

Detail vom Hochaltar
Oggersheimer Wallfahrtskirche [44]

Reformierte Kirche in Oggersheim erbaut 1750—1760 während der NS-Zeit abgerissen [45]

Inneres der reformierten Kirche in Oggersheim [46]

Der bedeutendste Sakralbau des 18. Jahrhunderts im Raum des heutigen Ludwigshafen ist zweifelsohne die 1777 vollendete Oggersheimer Wallfahrtskirche [47]

Anmerkungen Seite 168

139 zit.n. Geßner

140 Ruf, Friesenheim, Bd. 2, S.95ff

vom Geist der katholischen Aufklärung geprägte Statuten, die allem abergläubischen Wesen und mönchischer Geldverschwendung einen Riegel vorschieben sollten und den Wert gelehrter Priester und vernünftiger Beicht- und Predigtpraxis betonten.

Auch der Hofkanzler Freiherr von Hallberg förderte in seinem kleinen Territorium Fußgönheim-Ruchheim die ›Retablierung‹ des Katholizismus. 1741 betonte er bei der Stiftung der katholischen Pfarrei in Fußgönheim, daß er seit der Erwerbung des Ortes „auf die Herstell- und Emporbringung der darinnen zeither hundert und mehreren Jahren in gänzlichen Abgang gerathenen Heiligen Catholischen Religion immerfort bedacht und bestimmt entschlossen gewesen sei, des Endes zur Anziehung mehrerer katholischer Unterthanen und Einwohner in besagtes davon fast völlig entblößtes Dorf wie auch zu möglichster Beförderung des Allerhöchsten Gottes daselbst eine katholische Pfarrkirche zu erbauen."[139] Ähnliche Beweggründe veranlaßten in Friesenheim den kurfürstlichen Staatssekretär und Gutsbesitzer Erasmus von Bakke, 1738 für die Neugründung einer katholischen Pfarrei zu sorgen,[140] wobei er nicht nur die Kirche auf seine Kosten reparieren und mit einem Altar sowie Ornaten und kostbarem Gerät ausstatten ließ, sondern auch für

Inneres der Oggersheimer Wallfahrtskirche um 1961 [48]

Kanzel von Joh. Matthäus van den Branden in der St. Galluskirche Friesenheim; 1740; gestiftet von Erasmus von Bakke [49]

den dauernden Unterhalt ein Kapital von 1 500 Gulden stiftete, das, bei der Gemeinde Mundenheim und einigen Privaten angelegt, 5% Zinsen im Jahr trug. Nur durch sein großes materielles Engagement überwand der Freiherr den Widerstand der katholischen Geistlichen Güterverwaltung, die wieder und wieder gegen die Gründung der Pfarrei Stellung nahm und betonte, daß es selbst in katholischen Gegenden ganz „unerhört" sei, auf Kosten des Kirchenvermögens „nur zu der Bauren Kommodität [...] auf eine jede halbe, ja viertel Stundt" einen eigenen katholischen Geistlichen anzustellen; die Pfarrei solle wie bisher von Oggersheim aus betreut werden.

Der Widerstand der kurfürstlichen Behörde war durchaus nicht untypisch für die Haltung der verschiedenen katholischen Klöster, Stifte und Herren, die wie erwähnt als Zehntbezieher zu Bau und Unterhalt der Kirchen verpflichtet waren. Verständlich erscheint dies im Falle von Oppau, wo das Wormser Domkapitel eine reformierte Kirche instandhalten mußte. Hier entstand ein jahrelang ausgefochtener Streit zwischen dem Pfarrer und den Domherren um einen Zuschuß von 48 Gulden (!) zur Beschaffung einer neuen Kanzel. Die ausstehende Schuld bezahlte zuletzt der katholische (!) Schultheiß, nicht ohne beschuldigt zu

Inneres der spätbarocken St. Cyriakuskirche in Ruchheim um 1950 [50]

werden, er habe sich dabei von seiner reformierten Ehefrau unangemessen beeinflussen lassen.[141] Doch auch den mit dem ›gottseligen‹ Werk der Rekatholisierung einhergehenden Kosten suchten sich die katholischen Stifte und Herren ebenso wie die kurfürstlichen Behörden soweit als möglich zu entziehen. Endlos waren zum Beispiel die Streitigkeiten um den Neubau der Michaelskirche in Maudach.[142]

Trotz solcher Widrigkeiten sind im Laufe des 18. Jahrhunderts fast alle Kirchen in den Gemeinden des heutigen Stadtgebiets neu errichtet oder zumindest umfangreichen Reparaturen und Erweiterungen unterzogen worden. Dabei konnten allerdings einige der protestantischen Gotteshäuser in den Orten, deren Kirchen durch die Kirchenteilung an die Katholiken gefallen waren, nur durch Spenden finanziert werden. Oft genug wurde den Gemeinden das Sammeln in der Pfalz und dem protestantischen Ausland zuerst verboten – hier sollte wohl ein schlechter Eindruck vermieden werden.[143] Zuletzt aber erhielten die Reformierten und Lutheraner in Oggersheim und Friesenheim doch ihre Erlaubnisse und errichteten in den Jahren 1750—1780 vier Kirchen. Für die zahlenmäßig kleinen lutherischen Gemeinden stellten Bau und Unterhalt von Gebäude und Personal – Pfarrer, Lehrer – oft eine kaum zu bewältigende Last dar. Die Oggersheimer Lutheraner[144] verschuldeten sich mit dem Bau ihrer Kirche stark und baten auch am Hof der Kurfürstin um einen Zuschuß. Die den Protestanten grundsätzlich ablehnend gegenüberstehende Fürstin gab jedoch nur einen sehr kleinen Betrag – und wurde dafür in der zeitgenössischen aufgeklärten Presse scharf angegriffen. Die wohl von ihr inspirierte Gegendarstellung rief noch größere Empörung hervor, da sie feststellte, daß erstens die Lutheraner in diesem Teil der Kurpfalz ohnehin froh sein könnten, daß man ihnen überhaupt den Bau einer Kirche erlaube und zweitens das Ganze nur der Bequemlichkeit von ein paar Bauern diene, die doch das Gehen über Land gewohnt seien und die Kirche in Mannheim aufsuchen könnten. Zudem sei es „fast nie rathsam, in einem Staat mehr als eine Art der öffentlichen Gottesverehrung zu gestatten, wenn man anders Ruhe im Lande genießen will."

Diese 1788 (!) getroffene Feststellung spiegelte zweifellos die Haltung eines großen Teils vor allem der älteren katholischen Staatsführung der Kurpfalz wider. Sie erklärt auch, warum trotz des Kompromisses des Jahres 1705 die Benachteiligung der Protestanten kein Ende fand. Dabei blieb der Versuch, die Bevölkerungszusammensetzung durch Konversionen zugunsten der Katholiken zu verschieben, weitgehend erfolglos. Nur sehr wenige Übertritte lassen sich im Raum des heutigen Ludwigshafen im ganzen 18. Jahrhundert nachweisen.[145] Wollte man die ›heilige römische Kirche‹ stärken, mußte man, wie der Hofkanzler von Hallberg in seiner Stiftungsurkunde andeutete, die Zuwanderung von Katholiken fördern. So gab es eine geheime kurpfälzische Regierungsanweisung, daß man bei katholischen Neubürgern weniger genau die sonst nötige Vermögensqualifikation prüfen sollte.[146] Ihren deutlichsten Niederschlag fand diese Politik im Bereich der heutigen Stadt in der Nebenresidenz Oggersheim: Zwischen 1765 und 1790 war die überwältigende Mehrheit der neuzugezogenen Schatzungszahler Katholiken, und die konfessionellen Verhältnisse im Städtchen kehrten sich zwischen 1700 und 1802 völlig um:[147] Während am Beginn des 18. Jahrhunderts etwa ⅔ der 250 Einwohner reformiert oder lutherisch waren, standen

Anmerkungen
Seite 170 und 171

141 Braun, S. 750

142 Kreuter, Maudach, S. 42ff

143 z.B. Ruf, Friesenheim, Bd. 2, S. 116; Kreuter, Oggersheim, S. 115

144 Mörz, Elisabeth Augusta, S. 166f

145 nach Ruf, Friesenheim, Bd. 2, S. 25, lassen sich in Friesenheim nur zwei Konversionen für das frühe 18. Jahrhundert belegen; vgl. auch Mörz, Elisabeth Augusta, S. 166

146 Mörz, Absolutismus, S. 305

147 Mörz, Elisabeth Augusta, S. 165

148 LASp, A 2, 1424/8

149 Zahlen nach Frey; die Zahlen um 1835 aus: Anzeige der Beamten ... des Rheinkreises, 1830, StALu, T 213

1802 den dann 590 Katholiken nur 350 Reformierte und 30 Lutheraner gegenüber. Durch gezielt geförderte Zuwanderung stieg auch in den ganz überwiegend protestantischen Orten im Norden des heutigen Stadtgebiets und in Rheingönheim die Zahl der Katholiken an, wenn auch die Mehrheit der Reformierten bzw. Lutheraner erhalten blieb. In die ganz überwiegend bzw. fast ausschließlich katholischen Orte Mundenheim und Maudach gelangten hingegen auch weiterhin fast nur katholische Neubürger, und ein Streit um die Zulassung eines schon ansässigen Lutheraners zum Bürgerrecht in Mundenheim in den Jahren 1737 bis 1741 zeigte,[148] wie sehr religiöses Ressentiment der katholischen Dorfspitze, die Furcht vor einem weiteren Nutzer der Allmenden und die zweideutige Haltung von Kurfürst und Behörden einander in die Hände spielten.

Konfessionszusammensetzung im heutigen Stadtgebiet im Jahr 1802[149]

	ref.	luth.	kath.	Juden	Men.
Edigheim	217	55	97	7	–
Friesenheim (und Hemshof)	217	44	229	–	83
Maudach (um 1830)	121		695	–	–
Mundenheim (um 1830)	51		1 065	–	–
Oggersheim	350	30	590	–	–
Oppau	530	56	330	6	–
Rheingönheim	34	260	132	8	–
Ruchheim (um 1830)	634		198	99	30

ref. *reformiert*
luth. *lutherisch*
kath. *katholisch*
Men. *Mennoniten*

Waren die Kurfürsten also bei ihren Konversionsversuchen insgesamt wenig erfolgreich, so gelang ihnen dennoch die Umkehrung der konfessionellen Herrschaftsverhältnisse. Die Katholiken, bisher eine benachteiligte Minderheit, wurden zur privilegierten Schicht, die bislang bevorzugte Mehrheitskonfession, die Reformierten, zur benachteiligten Mehrheit. Auch die weitgehend rechtlosen Lutheraner konnten einige Konzessionen erringen. So wurde die Kurpfalz das einzige Reichsterritorium, in dem nach dem Ende des Dreißigjährigen Krieges eine völlige Veränderung der konfessionellen Struktur der Zentral-, Lokal- und Kommunalverwaltung stattfand: In alle vom Staat vergebenen Positionen außerhalb der eigentlichen protestantischen Kirchenverwaltung gelangten nur noch Katholiken.

Das geschah auch in der Oberschultheißerei: Der um 1712 gestorbene Oberschultheiß Johann Adam Beyer war offenbar der letzte Protestant auf diesem Posten, und zwischen 1710 und 1720 wurden in den Dörfern die protestantischen durch katholische Schultheiße ersetzt – zum Teil mit Gewalt und gegen den Protest der Untertanen. Selbstverständlich hatte der Gemeindeschreiber Katholik zu sein. In den Gerichtsgremien achtete man peinlich auf religiöse ›Parität‹, was in der Regel ein deutliche Bevorzugung der katholischen Minderheit bedeutete, die kaum weniger Sitze erhielt als Reformierte und Lutheraner zusammen. Bei den wichtigen Gemeindeämtern, die doppelt besetzt waren,

Sebastiansreliquiar aus Mundenheim 18. Jahrhundert (?) [51]

stand zum Beispiel in Oggersheim stets ein Katholik einem Protestanten (Reformierter oder Lutheraner) zur Seite.[150] Diesem Zurückdrängen der Protestanten in den überwiegend evangelischen Orten stand allerdings kein Eintritt auch nur eines Protestanten etwa ins Maudacher Gericht gegenüber, obwohl 1757 immerhin zwölf der 74 Haushaltsvorstände des Ortes, d. h. mehr als 15%, reformiert bzw. lutherisch waren.[151]

Die Einsetzung katholischer Schultheiße zeitigte gerade in den beiden nördlichen Orten Oppau und Edigheim, die nur kleine katholische Minderheiten aufwiesen, groteske Ergebnisse.[152] Zwar mußte hier wie in den anderen gemischt-konfessionellen Orten mindestens je ein reformierter, katholischer und lutherischer Kandidat dem Oberamt zur Auswahl vorgeschlagen werden, wofür jeder Bürger unabhängig von seiner Konfession auch je eine Stimme für jede Konfession hatte. Es war jedoch klar, daß die Behörde nur einen Katholiken wählen würde, und so einigten sich zum Beispiel die Edigheimer Protestanten wiederholt darauf, ihre ›katholische‹ Stimme extrem ungebildeten und schwachen Katholiken zu geben, die sie dann bequem würden lenken können. Dies gelang auch mehrmals, wurde dann aber von den Behörden registriert, die gegenzusteuern versuchten. Dennoch betonte noch 1785 der Oberschultheiß gegenüber dem Oberamt, daß man in Edigheim um keinen Preis einen Protestanten zum Schultheiß machen solle. Das „Catholicon" sei hier so klein und bedroht, daß es in diesem Fall sofort untergehen müßte.

Die konfessionelle Verschiebung durchkreuzte auch die Dorfhierarchie. Wo Katholiken vor allem Zuwanderer waren, wie in Oppau und Edigheim, gehörten sie gerade nicht zu der betuchten Schicht, die sonst die Ämter monopolisierte. Und so gelangte dann 1720 in Oppau der zugewanderte Maurermeister Schuhler, der laut Schatzungsregister weder Güter noch ein Haus zu „verschätzen" hatte, zum Schultheißenamt.[153] Dies ist ein extremer Fall, doch illustriert er in besonders klarer Weise die Tatsache, daß bäuerliches Vermögen und Grundeigentum in vielen gemischtkonfessionellen Orten vorwiegend in protestantischen Händen lagen – und blieben. Die Katholisierungstendenzen gingen ja nicht mit einer Enteignung der Nicht-Katholiken einher, und so entstand die interessante Situation, daß die dörfliche Mittelschicht überwiegend protestantisch blieb, die Spitze und die Basis der Dorfhierarchie aber, d. h. die Unter-, Kleinbesitzer- und Tagelöhnerschicht einerseits und die der adligen Landgutsbesitzer andererseits, überproportional bzw. ausschließlich katholisch wurde. Das Rheingönheimer Lagerbuch des Jahres 1744[154] zeigt fast nur Lutheraner als Besitzer der Erb- und Temporalgüter der Grundherren; im konfessionell stärker gemischten Oggersheim ist das Bild ausgewogener.[155] Auf dem Hemshof[156] ist die beschriebene konfessionelle Sozialordnung extrem ausgeprägt: die kurfürstliche Hofkammer ließ die effektiv arbeitenden reformierten und mennonitischen Erbpächter das ganze Jahrhundert ruhig im Besitz der Höfe, während Katholiken nur als Hirten, Knechte und Mägde auftauchen.

Die Verschiedenheit der Konfession trennte deutlich die Bevölkerung der Gemeinden der Oberschultheißerei in verschiedene „Heirats- und Verwandtschaftskreise."[157] Zwar vermischten sich im Laufe des Jahrhunderts die noch vorhandenen Reste deutsch- und französisch-reformierter Gemeinden etwa in Friesenheim, und die Lutheraner lebten immer öfter in Mischehen mit ihren calvinistischen Mitbrüdern und -schwestern. Zwischen Protestanten und Katholiken gab es aber offen-

Anmerkungen
Seite 172 und 173

150 *nach dem Zeugnis der Dorfgerichtsbücher bzw. Ratsprotokolle*
151 *LASp, A 2, 1394/8*
152 *Ruf, Friesenheim, Bd. 2, S. 50ff; Braun, S. 712ff; Braun, Obrigkeit, S. 10f*
153 *Braun, S. 400*
154 *StALu, Rgh. G 433*
155 *Auswertung der bei Kreuter, Oggersheimer Güter, in: AVT 1930ff genannten Namen*
156 *Kreuter, Hemshof*
157 *Ruf, Friesenheim, Bd. 2, S. 29*
158 *Braun, S. 735ff, 757*
159 *Prot. Kirchengemeinde, S. 35*
160 *Kreuter, Maudach, S. 49ff*
161 *Braun, Obrigkeit, S. 9f*

bar nur wenige Mischehen, und so trat zu der sozialen noch die konfessionelle Heiratsbarriere.

Animositäten zwischen den Angehörigen der verschiedenen Konfessionen führten immer wieder zu langandauernden Streitereien um die Nutzung der Friedhöfe oder die Mithaltung katholischer Feiertage durch die Protestanten.[158] Deren Kirchen hatten die Glocken zu läuten, und den Nicht-Katholiken waren nur innerhäusliche Arbeiten bei geschlossenen Fenstern und Türen erlaubt. Zuwiderhandelnden ›Frevlern‹ wurden Strafen, oft zugunsten der katholischen Almosenkasse, aufdiktiert. Für die Nutzung der ›Simultankirche‹ in Rheingönheim wurde 1785 genauestens festgelegt, welche Konfession zu welchen Jahreszeiten ihren Gottesdienst sonntags zuerst abhalten durfte![159] Die so entstehenden latenten Spannungen führten zu gefährlichen Gewalttätigkeiten. Der wohl heftigste Ausbruch im Gebiet der heutigen Stadt ereignete sich am dritten Pfingstfeiertag 1763 in Maudach[160] mit seinem besonders spannungsgeladenen Verhältnis zwischen den Konfessionen. Hier entwickelte sich der Streit zwischen einem lutherischen Soldaten, der auf Urlaub war und nahe der Kirche auf einen katholischen Maudacher mit seinem Gewehr einzudreschen begann, zu einer riesigen Straßenschlacht zwischen Protestanten und Katholiken. „Es wurde Sturm geläutet, das ganze Dorf lief zusammen. Im Kampf wurde mit Mistgabeln und ›Mistcraben‹, Dreschflegeln, Stöcken und Prügeln dreingeschlagen. Einer eilte nach Rheingönheim, ein anderer nach Mutterstadt, um die dortigen Protestanten zu Hilfe zu rufen. Es gab Verwundungen [...] Der Chirurgus Hege von Mutterstadt hatte viel zu tun [...] Frauen wurden auch in Mitleidenschaft gezogen, eine [...] bekam derart Hiebe, daß sie in Ohnmacht fiel und lange den Arzt in Anspruch nehmen mußte, andere wurden bei den Haaren genommen und herumgezerrt."

Durch die gewöhnlich zugunsten der Katholiken vorgenommenen behördlichen Interventionen und Streitigkeiten zwischen den Geistlichen wurden die Konflikte oft noch verschärft. In Edigheim,[161] dessen Kirche wie erwähnt trotz nahezu ausschließlich reformierter Einwohnerschaft an die Katholiken gefallen war, wurden von allen Häusern im Dorf Zinsen für angebliche alte Darlehen der Kirche gefordert und trotz fehlender urkundlicher Beweise mittels der Einquartierung von Dragonern eingetrieben. Proteste der Bevölkerung führten immerhin dazu, daß das Geld überwiegend zur Neuerrichtung einer Kirche genutzt wurde, die die bisherige vorhandene ›Stützenscheuer‹ ersetzte und in den Jahren 1747—1750 für 1 575 Gulden erbaut wurde. Dann jedoch geschah das Unfaßbare: Auf Antrag des katholischen Pfarrers von Frankenthal wurde die Weihe der Kirche untersagt, um damit dem Wunsch der Reformierten nach Mitbenutzung von vornherein einen Riegel vorzuschieben. Volle acht Jahre (!) blieb das neue Gotteshaus nun verschlossen und öd. Taufen wurden in den Häusern vollzogen, Gottesdienste mußten anderswo besucht werden. Erst in höchster Not, beim Hochwasser 1758, als sich zahlreiche Bewohner in die Nähe der Kirche geflüchtet hatten, brachen Katholiken und Protestanten gemeinsam das Gebäude auf, um dort eine Bittandacht zu halten. Doch wurde im folgenden nur den Katholiken die Nutzung der Kirche gestattet, und ein 1776/77 von den Behörden vermittelter Vergleich über den gemeinsamen Gebrauch des Gotteshauses trat nie in Kraft, da die Pfarrer beider Konfessionen in Frankenthal und Oppau sich nicht über die Aufteilung der Pfarreinkünfte einigen konnten.

Der Maubuissonsche Besitz im Zentrum von Maudach am Ende des 18. Jahrhunderts; Modell im Stadtmuseum Ludwigshafen [52]

Auch die Tatsache, daß Reformierte ihren Zehnten an katholische Pfarrer liefern mußten und umgekehrt, sorgte für Zwietracht. Doch auch von seinen eigenen Konfessionsgenossen mußte sich etwa der Pfarrer von Oppau viel Hohn und Spott anhören und sah sich oft seines gerechten Zehntanteils beraubt – ohne auf besondere Unterstützung durch die katholischen Behörden hoffen zu können.[162] Der katholische Pfarrer von Oggersheim[163] verkaufte 1753 das Pfarrgut und die Zehnten an das Wormser Domkapitel, das ihm dafür ein jährliches fixes Einkommen von 300 Gulden und eine große Menge von Naturalien überwies. Dies, so führte der Pfarrer aus, sichere nicht nur seinen Lebensunterhalt in schlechten Jahren. Es vermeide auch Konflikte: „Mache ein Pfarrer den Leuten Vorstellungen, wenn sie beim Zehnten Betrug übten und ihn übervorteilten, so werde er, wenn er auch in seinem vollen Rechte sei, gleichwohl als ein aufs Zeitliche gar zu versessener, geiziger, eigennütziger, anders tuender als redender und lehrender Mann ausgerufen [...]" Solche Erscheinungen erlauben zwar keine Rückschlüsse auf den Glauben der Menschen, sind aber wohl ein Hinweis, daß die Untertanen auch gegenüber der Kirche sehr wohl auf ihre Interessen sahen und nicht nur fromm und demütig allen geistlichen Wünschen folgten.

Aufgeklärte Reform und archaischer Alltag in der Oberschultheißerei

Schon die letzten calvinistischen Kurfürsten hatten begonnen, die vom Krieg zerstörten staatlichen Strukturen der Kurpfalz im Sinne einer Ausweitung ihrer Macht wieder aufzubauen. Diese französischem Vorbild folgenden absolutistischen Tendenzen verstärkten sich noch seit dem Übergang der Kurwürde auf das Haus Pfalz-Neuburg. Im Jahre 1719 bezeichnete der kurpfälzische Oberjägermeister Freiherr von Hacke die alten dörflichen Weistümer, auf die sich die Beschwerde einer Gemeinde stützte, als „alte charteques, so null und nichtig seien."[164] Diese Haltung machte sich auch im Bereich der Oberschultheißerei bemerkbar: Die durch die Kriege des 17. Jahrhunderts außer Gebrauch gekommenen Stadtprivilegien von Oggersheim wurden, wie erwähnt, zwar 1736 erneuert und Zunft- und Marktrecht, bestimmte Einnahmen sowie das Recht zur Erbauung einer Stadtmauer zugesichert. Doch waren die Rechte gegenüber früheren Urkunden beschränkt worden – von einer Hoch- und Blutgerichtsbarkeit des Stadtrats konnte keine Rede mehr sein. Lediglich das Recht zur Voruntersuchung stand ihm noch zu, die Urteile fällte die Mannheimer Regierung.[165] Stetig wuchs die Zahl herrscherlicher Verordnungen, die bisher autonome Bereiche behördlich regelten.[166] Ob es die Nutzung der Wälder, die Organisation der Zünfte oder der dörflichen Feuerpolizei, die Anstellung der wichtigsten Gemeindebediensteten oder das gesamte gemeindliche Rechnungswesen und die Verwaltung der Gemeindegründe betraf – alles wurde Stück um Stück der Kontrolle durch Regierung, Oberamt und Oberschultheißerei unterworfen.

Seit den 1760er Jahren trat zu dem Bestreben nach möglichst umfassender staatlicher Kontrolle noch der Wunsch des Kurfürsten und wachsender Kreise der kurfürstlichen Beamtenschaft, die Untertanen im Sinne aufgeklärter Prinzipien zu besserem, ›vernunftgemäßem‹ Handeln und Leben zu veranlassen. Die bisher befolgten Maximen staatlichen Handelns wurden im Licht des „Geistes unseres Jahrhunderts", wie

Anmerkungen
Seite 174 und 175

162 *Braun, S. 299, 374*
163 *Kreuter, Oggersheimer Güter, in: AVT, 1, 1932, S. 1*
164 *Mörz, Verwaltung, S. 411*
165 *Kreuter, Oggersheim, S. 27f*
166 *Mörz, Absolutismus, S. 240ff*
167 *ebd., S. 229ff*
168 *Kreuter, Maudach, S. 52f*
169 *Braun, S. 751*
170 *Mörz, Absolutismus, S. 364ff*
171 *Das Schulwesen der frühen Neuzeit der Orte des heutigen Stadtkreises war schon Gegenstand intensiver Forschungen von Lehrer-Heimatforschern. Grundlegend: Maudach: Kreuter, Maudach, S. 64ff; Mundenheim: Eid, S. 93ff; Oggersheim: Kreuter, Chronik, S. 58ff; Oppau-Edigheim: Braun, S. 775ff*

es immer wieder heißt, einer dauernden Kritik unterzogen.[167] Gerade die Religionspolitik veränderte sich durch die Verbreitung aufgeklärter Toleranzideen. In der Oberschultheißerei fanden sie ihren exemplarischsten Niederschlag in der Intervention des Oberschultheißen von Maubuisson zugunsten der Maudacher Protestanten.[168] Noch 1765 war ihnen ein weiteres Mal die freie Religionsausübung ausdrücklich versagt worden. Nachdem 1787 König Ludwig XVI. den französischen Hugenotten nach 100jähriger Verfolgung wieder die Freiheit des Gottesdienstes geschenkt hatte, wandte sich Maubuisson unter Hinweis auf diese Großtat, die das Unrecht „falschen Religionseifers und des Fanatismus" endlich korrigiert habe, an den Kurfürsten. In bewegten Worten schilderte er die Maudacher Situation: Dort herrsche „eine ungewöhnliche Erbitterung zwischen den Gemüthern der katholischen und der beiden anderen Religionsteile, und eben hierin liegt auch der Grund zu allen Beschwerden, welche beide Parteien schon gegeneinander vor Gericht gebracht [...] und zu den verschiedenen Fehden, bei deren einer es wenig gefehlt, daß fanatische Wildheit sich nicht mit Blut gefärbt hätte." Da die Protestanten keine Schule hätten, würden deren Kinder in sittlicher Verwahrlosung und ohne gute, nützliche Kenntnisse „zu rohen, ungebildeten Bürgern" aufwachsen, was dem Staat nur schädlich sein könne. Zwar hätten die Protestanten in Maudach kein Recht auf eine Verbesserung ihrer Situation, wohl aber appelliere er, Maubuisson, an die Gnade des Kurfürsten. Die Bitte blieb nicht vergebens: Am 5. April 1789 gewährte Carl Theodor den Maudacher Nicht-Katholiken die freie Religionsausübung. Künftig durften sie sich vom Rheingönheimer Pfarrer seelsorgerlich betreuen lassen und auf ihre Kosten einen Schullehrer beschäftigen. Ihre Verstorbenen konnten sie, „aber ohne Gesang und Geläut", nach Rheingönheim bringen. Auch sollte keinem Protestanten mehr unter Hinweis auf seine Konfession das Bürgerrecht verweigert werden dürfen.

Auch die Oppauer Protestanten erhielten 1784 Maubuissons Unterstützung gegenüber dem in seinen Kirchenbaulasten säumigen Wormser Domkapitel.[169] War in dieser Hinsicht ein neuer Ton der katholischen Obrigkeit gegenüber den nicht-katholischen Untertanen unüberhörbar, so blieben in dem in der Kurpfalz, wie generell im Europa des Ancien régime, aufs engste mit der Kirche verwobenen ›Trivialschulwesen‹[170] grundlegende Reformen aus. Nur die Staatsaufsicht über die katholischen Schulen wurde ganz im Sinne absolutistischer Politik durchgesetzt, während die Kurfürsten die reformierten und lutherischen Anstalten weiterhin der Kontrolle der jeweiligen Kirchenbehörden überließen und damit religiöse Kontroversen vermieden.

Die eben beschriebenen Verhältnisse fanden sich auch im Bereich der Oberschultheißerei wieder,[171] über deren Schulsituation erst aus dem 18. Jahrhundert umfangreichere Quellenzeugnisse vorliegen. In allen gemischtkonfessionellen Orten des heutigen Stadtkreises bestanden damals wie fast überall in der Kurpfalz zwei Schulen – eine katholische und eine reformierte mit je einem Schulhaus und einem Lehrer, in den katholischen Dörfern Maudach und Mundenheim allerdings nur eine katholische – wenn auch in Maudach, wie erwähnt, seit 1789 ein lutherischer Lehrer amtierte. Im katholischen Schulwesen zeigte sich der immer stärkere staatliche Einfluß: Seit einer Verordnung des Jahres 1744 war die Ernennung der katholischen Lehrer Sache des Oberamtes, das

Unterricht in einer Schulstube [53]

in dieser Hinsicht keine Einmischungen der Gemeinden duldete: als sich 1747 die Gemeinde Mundenheim „erfrechte", selbst den Schulmeister zu entlassen und einen neuen anzustellen, wurde sie schärfstens zurechtgewiesen und der hauptverantwortliche Gerichtsmann aus seinem Amt entfernt. Von 1770 an sollte der Oberschultheiß die katholische Schule Oggersheims visitieren.

In den meisten Orten war die Geistliche Güterverwaltung, die die Einkünfte aus dem alten Kirchenbesitz bezog, für den Unterhalt der Schulen zuständig. Im ehemals speyerischen Maudach mußte allerdings die Gemeinde selbst Schule und Lehrer bezahlen. Wie bei den Baulasten für die Kirchen kam es immer wieder zu Konflikten, doch mußten angesichts der schnell wachsenden Bevölkerungs- und Kinderzahl fast alle zum Teil recht verfallenen Schulhäuser im Bereich des heutigen Ludwigshafen im 18. Jahrhundert neu erbaut werden. Die Lehrereinkünfte bestanden zum einen aus dem Schulgeld, das die Eltern wöchentlich entrichten mußten, zum anderen aus fixen Naturalien- und Geldbeträgen. Diese fielen allerdings durch die Kirchenteilung 1705 nur einer Konfession zu. So genoß der katholische Lehrer in Oggersheim die ziemlich umfangreichen Einkünfte aus alten Zehnten, Renten und einem 16 Morgen großen Gut allein und war damit keiner jener armen Pädagogen, die die zeitgenössische aufgeklärte Publizistik so beklagte. Die Oggersheimer Reformierten mußten ihre Schule und Kirche allein aus Kollekten unterhalten, nachdem sie zum Neubau des Schulhauses eine einmalige Zuwendung der Geistlichen Güterverwaltung erhalten hatten, die dafür den bisher gezahlten Mietzuschuß für den Schulraum einstellte. Demgegenüber erhielten die Oppauer und Edigheimer katholischen Lehrer – ganz im Sinne des katholischen Staates – dauernd Zuschüsse der Geistlichen Güterverwaltung. Auch das machte sie allerdings nicht wohlhabend, da sie nur wenige Schüler hatten. Zudem erwiesen sich die meist armen Katholiken vielfach als zahlungsunfähig, so daß das Schulgeld immer wieder aus der Almosen- oder Gemeindekasse gezahlt wurde. Zur Aufbesserung ihres Salärs dienten die Schulmeister oft auch als Organisten, Uhrenwarte, Glöckner und in liturgischer Funktion bei Taufen, Heiraten und Beerdigungen. Aus dem Einkunftsverzeichnis des Edigheimer reformierten Lehrers geht hervor, daß er gelegentlich Begräbnisse allein ohne den Pfarrer vornahm.[172] Die Lutheraner versuchten gelegentlich, in Oggersheim einen eigenen Lehrer anzustellen, mußten wegen ihrer geringen Zahl aber darauf verzichten.

Die Nachrichten über die Leistungen der Schulen sind recht dürftig und zum Teil widersprüchlich: Eine Statistik des Jahres 1791[173] weist in allen Orten hohe Schülerzahlen aus, die darauf schließen lassen, daß der größte Teil der schulpflichtigen Kinder auch die Schule besuchte. Allerdings betrug nach einem Bericht des Oppauer Lehrers die Schulzeit um 1755 nur etwa 20 ›winterliche‹ Wochen im Jahr, und erst nach 1756 verschwanden die Analphabeten aus dem Kreis der Edigheimer Gerichtsleute.[174] Der Schulunterricht, den die Lehrer oft etwa 100 Schülern verschiedener Altersstufen in einem engen Klassenzimmer erteilen mußten, beschränkte sich naturgemäß auf die Vermittlung elementarer Kenntnisse und religiöse Unterweisung. Noch 1801 waren von 959 Oppauer Einwohnern nur 168 des Lesens fähig, von 566 Edigheimern 187. In Oggersheim sollen die Verhältnisse deutlich besser und Analphabeten selten gewesen sein.[175]

Anmerkungen
Seite 176 und 177

172 *Braun, S. 776*

173 *LASp, A 2, 114*

174 *Braun, S. 775*

175 *ebd., S. 777*

176 *Mörz, Absolutismus, S. 371ff*

177 *Kreuter, Oggersheim, S. 116f*

178 *f.d.F. Vogt, Maubuisson; Vogt, Rheingönheim*

179 *zu Maubuisson vgl. 50 Jahre Pfälzische Familienforschung, 1975, S. 71f; Kurpfälzische Hofkalender 1773, 1774, 1775, 1783 (Sammlung im Stadtarchiv Mannheim); Zeugnis der Dorfgerichtsbücher; Mörz, Absolutismus, S. 238; Ebersold, S. 65, 68, 77*

Eng verknüpft mit der Kirche blieb auch die Armenfürsorge. Auch hier erwog der aufgeklärte absolutistische Staat weitgehende Reformen, und ließ einiges davon in den Städten Mannheim und Frankenthal umsetzen.[176] Im Bereich der Oberschultheißerei blieb es jedoch bei der Verwaltung der alten wohltätigen Stiftungen und Almosensammlungen durch die Vertreter der jeweiligen Konfessionen, die dann auch die Erträge an die Bedürftigen verteilten. Dabei ging es natürlich nicht ohne Streit ab: So herrschten das ganze Jahrhundert über Spannungen zwischen Reformierten und Katholiken in Oggersheim, die sich gegenseitig die Nutzung ihrer Stiftungen und Almosen streitig machten. Regierungsamtlich vermittelte Vergleiche blieben ohne Erfolg.[177]

Insgesamt brachte die aufgeklärte Reform im ›Kultuswesen‹ (Kirche, Schule, Karitas) zwar ein für die Betroffenen deutlich fühlbares Mehr an Toleranz – alle strukturellen Veränderungen blieben jedoch aus. Ein wesentlich lebhafteres, hochdifferenziertes Bild ergibt hingegen die Betrachtung des Haupterwerbszweiges der Einwohner der Oberschultheißerei, der Landwirtschaft. Waren andere Teile der Kurpfalz, vor allem die ›dritte Hauptstadt‹ Frankenthal, Gegenstand merkantilistischer Experimente und Bemühungen, wurde das Gebiet des heutigen Ludwigshafen vor allem ein Exerzierfeld agrarischer Reformen.[178]

Hier tritt einmal mehr, wie schon beim Durchbruch des Toleranzgedankens in Maudach, die Familie derer von Maubuisson ins Blickfeld.[179] Karl Ludwig von Maubuisson und sein Sohn Franz Ludwig bestimmten zwischen 1764 und 1790 die Geschicke der Oberschultheißerei und waren ganz wesentlich an der Umsetzung der regierungsamtlich verordneten ›aufgeklärten‹ Reformen beteiligt. Karl Ludwig, der 1739 geborene Sohn und Enkel kurpfälzischer Oberamtmänner in Veldenz an der Mosel, begann seine Karriere in der Finanzbehörde des Kurstaats, der Hofkammer. 1764 wurde er Oberschultheiß von Oggersheim. Dieser in der Worten des Kabinettsekretärs Carl Theodors „schlaue und helle, zugleich ungemein tätige Kopf" stieg bald zum Vertrauten des Kurfürsten in Fragen der Industrieförderung auf. Zusammen mit dem italienischen Sekretär Fontanesi wurde er Herr der ›Frankenthaler- und Kommerzienkommission‹ sowie des Chaussee- und Seidenbauwesens. Zur Finanzierung der „Fabrikenzucht" habe er dem Kurfürsten die Einführung eines schwungvollen Handels mit staatlichen Stellen vorgeschlagen, wobei der Überschuß zur Versorgung der unehelichen Kinder Carl Theodors dienen sollte. Auf diese Weise habe Maubuisson sich eine unangreifbare Position erobert. 1764 vermählte er sich mit der Tochter des Landschreibers, d. h. faktischen Hauptes, des Oberamts Neustadt. Auf vielen Feldern tätig, ließ er 1774 den Posten des Oberschultheißen auf seinen erst achtjährigen Sohn Franz Ludwig übertragen, bis zu dessen Volljährigkeit 1783 der Hofkammerrat Franz von Vogel die laufenden Geschäfte führte – ein dem modernen Betrachter recht merkwürdiges Verfahren, das damals aber gang und gäbe war. Trotz des formellen Verzichts auf das Amt bewahrte sich Karl Ludwig von Maubuisson offenbar weiterhin bis zu seinem Tod um 1788 wesentlichen Einfluß in der Oberschultheißerei.

In bewunderswerter Weise verband der ältere Maubuisson in seinem schon erwähnten Maudacher Mustergut den reformerischen Impuls mit dem wohlverstandenen Eigeninteresse des Staatsdieners. Von 1771 ab hatte er etwa 360 Morgen an Erbbestands- und Bauerngütern in

Unterhaltung und Information für die Landbevölkerung: ›Der Kupferstichverkäufer‹; Gemälde des am kurpfälzischen und Darmstädter Hof beschäftigten Johann Conrad Seekatz; um 1750 Historisches Museum der Pfalz, Speyer [54]

der Maudacher Gemarkung erworben. Den größeren Teil davon wandelte der Kurfürst 1779 in ein Erblehen um, den Rest machte Maubuisson unter Fortbestand der grundherrlichen Obereigentumsrechte zu einem Teil seines großen Gutes. Auch in Dannstadt und auf der Rehhütte erwarb er Ländereien. Kurz zuvor, um 1770, hatte der kurpfälzische Premierminister von Zedtwitz das Dalbergische freiadlige Gut in Mundenheim erworben und durch kluge Tausch- und Zukaufmanöver arrondiert. Die so entstandenen und bewußt auf Geschlossenheit der Feldflur ausgerichteten Güter bewirtschafteten Maubuisson und Zedtwitz nach den Grundsätzen der Landwirtschaftsreformer, die in der Pfalz in der Lauterer physikalisch-ökonomischen Gesellschaft ihr propagandistisches Zentrum hatten. Auch bei Hof und in der gutsbesitzenden Schicht gab es Anhänger, und in den ersten Jahren ließ sich Maubuisson von einem der hervorragendsten kurpfälzischen Vertreter der Reform, Stephan Gugenmus, beraten.

Die Landwirtschaft im Bereich der Oberschultheißerei bot dabei breiten Raum für Reformansätze. Da waren zum einen die zahlreichen öden Gründe und kaum und schlecht genutzten Gemeindeländereien,[180] auf denen das Vieh nur dürftige Nahrung fand. Oft wurde es lediglich mit Stroh gefüttert – und sah entsprechend schlecht aus.[181] Insbesondere die sumpfigen Wiesen der rheinnahen Dörfer waren Brutstätten für Viehkrankheiten: „Kaaf kä Kuh' vun Edigum [Edigheim]" war ein Spottspruch aus jener Zeit, der darauf Bezug nimmt.[182] Auch die Anbaumethoden selbst waren den Reformern ein Dorn im Auge. Noch herrschte eine Bewirtschaftung mit ausgedehnten Brachen vor, auf die der Schafweidepächter seine Tiere trieb.[183] Dennoch kann man nicht von einem statischen Bild sprechen:[184] Hanf und Flachs hatten schon die hugenottischen Leinenweber im 17. Jahrhundert mitgebracht, seit dem Anfang des 18. Jahrhunderts hatte der Tabak als Handelspflanze im Bereich der Oberschultheißerei Einzug gehalten, und seit 1720 läßt die Kartoffel sich zum Beispiel in Oppau nachweisen. Um die Mitte des Jahrhunderts begann man etwa in Maudach Futterrüben anzupflanzen, die die Ernährung des Viehs deutlich verbesserten; die Veredelung der Obstbäume wurde vorangetrieben. Auch teilte man seit Anfang des Jahrhunderts im Zeichen des Bevölkerungswachstums verstärkt Teile der Gemeindegründe in Lose und überließ sie als Allmenden einzelnen Bauern und Tagelöhnern zur Nutzung.[185]

Die in Maudach und Mundenheim entstandenen Mustergüter gaben jetzt allerdings viel weitergehende Impulse. Schon 1772 wurde Maubuissons Besitz als ›Meierei‹ bezeichnet, ein Terminus, den die Zeitgenossen nur den besten Landwirtschaftsbetrieben zulegten. Durch Kleeanbau, Stallfütterung und den Import guter Schweizer Milchkühe wurde die Viehzucht und damit die Produktion von Milchprodukten und natürlichen Dungs enorm verbessert. Zwischen 1782 und 1791 vermehrte sich der Bestand an Ochsen, Kühen und Rindern in Maudach um 70%, ein weit über dem kurpfälzischen Durchschnitt liegender Wert.[186] Die gut gedüngten, durch dauernd instandgesetzte Gräben entwässerten und gepflegten Äcker des Guts brachten zum Teil bis zu vier Mal höhere Erträge als die der Bauern in der Nachbarschaft. Neue Handelspflanzen wie Krapp, Wicken und Hopfen wurden ausgesät, ältere Neuankömmlinge wie Tabak und Kartoffeln besonders gefördert. In Mußbach errichtete Maubuisson eine Krappfabrik, in Maudach 1782

Anmerkungen
Seite 178 und 179

180 LASp, A 2, 1394/8, 1425/5, 1425/9
181 Vogt, Maubuisson
182 Braun, Obrigkeit, S. 11
183 Vogt, Maubuisson
184 Vogt, Maubuisson; Braun, S. 372, 379ff
185 Braun, S. 296ff; Kreuter, Oggersheimer Güter, in: AVT, 5/1932ff; allg. Regula
186 Zahlen aus: von Hippel, in: ZGO, 148/2000, S. 183; Gemeinderechnung Maudach 1782, StALu, Md. 37; Statistik 1791, StALu, M 581
187 In Oppau läßt sich Kleeanbau seit 1767 nachweisen, die Dreifelderwirtschaft wurde wenig später aufgegeben; Braun, S. 372; ähnliches zeigt sich in Oggersheim; Kreuter, Oggersheimer Güter
188 LASp, A 2, 1425/9
189 Braun, S. 807

eine durch seinen Gutsverwalter Kieffer betriebene Puder- und Stärkefabrik, den ersten vorindustriellen Betrieb auf dem Gebiet des heutigen Ludwigshafen. Zedtwitz wiederum ließ eine Brennerei und Brauerei errichten.

Peter Emanuel Freiherr von Zedtwitz-Liebenstein *(1712—1786)*
Aus bayerisch-böhmischer Adelsfamilie, Studium in Heidelberg, nach Aufstieg im kurpfälzischen Staatsdienst 1756 Minister, der bald bestimmenden Einfluß auf Carl Theodor erlangte, 1768 ›Obristkämmerer‹, 1771 durch den kaiserlichen Hof erzwungener Rücktritt als Minister unter Beibehaltung seiner Besoldung und seiner höfischen Funktionen, Gutsherr in Mundenheim.

Frühklassizistischer Grabstein des Freiherrn von Zedtwitz an der Sebastianskirche Mundenheim verschollen [55]

Die von Zedtwitz und Maubuisson angewandten modernen Methoden begannen sich auch in der Umgebung der Mustergüter zu verbreiten. Gutes Vieh fand seinen Weg in die Ställe, Stallfütterung wurde eingeführt, und Maubuisson gab seinen Pächtern und den Dannstadter Bauern Kredite und Prämien für den Anbau von Krapp. Die bisher üblichen Beschränkungen bei der Nutzung der Felder wurden Stück um Stück fallengelassen, und zwischen 1776 und 1786 verschwand in Maudach die Brache bis auf Reste – auch hier förderte Maubuisson den Prozeß durch die Gewährung von Prämien. Die Beschwerden des Pächters der Schäferei, der bisher die Brachfelder als Weide genutzt hatte, fruchteten nichts: 1780 entschieden sich die Bürger mit 34 gegen 19 Stimmen für die Abschaffung der Beweidung.[187] Die gut gepflegten Abzugsgräben nutzten zudem allen Anwohnern. Die Grundstückspreise stiegen. Eine zeitgenössische Quelle lobt Maubuisson mit der Feststellung, daß er „der Agricultur [...] mit eigenen großen Kosten in einer ganzen Gegend der Kurpfalz" geholfen habe, „indem er in derselben voranging."

Dieses lichtvolle Bild sollte allerdings nicht vergessen machen, daß die Welt des späten 18. Jahrhunderts in der Oberschultheißerei wie anderswo nach wie vor durch den schärfsten Kontrast archaischer und moderner, human-›aufgeklärter‹ und gewalttätig-primitiver Zustände gekennzeichnet war. Trotz der Hebung der Landwirtschaft beklagte eine herrschaftliche Verordnung noch 1788 die großen Sümpfe bei der Rheinschanze und entlang der Chausseen, die nunmehr zum Nutzen der „durch Unglücksfälle herabgekommenen" Gemeinde Mundenheim abgeschafft werden sollten.[188] Feucht und schlammig waren und blieben auch alle Wege in und um die Dörfer abseits der neuen Straßen. „Bei nassem Wetter waren selbst die Ortswege vor Schlamm, Kot und Pfützen kaum passierbar, am wenigsten die Rheinstraße [...],weil sie von mehreren notdürftig ›überbrückelten‹ Abzugsrinnen durchzogen war", schreibt K. O. Braun in seiner Geschichte Oppaus und fährt fort: „Der Schultheiß ließ oft die ganze Gemeinde zum Straßenputzen antreten [...] 1743 fronte die ganze Gemeinde acht Tage lang im Ort. Mitten in Oppau bildeten fünf oder sechs Weede oder Pferdeschwemmen lebensgefährliche Verkehrshindernisse und in einigen niedrigergelegenen Gassen und Höfen [...] waren zur Aufnahme des Abflußwassers aus dem Dorfe noch künstliche Wasserlöcher angelegt, Kloaken, die im Sommer einen pestartigen Geruch von sich gaben, wahre Dorados und Brutstätten der lästigen Rheinschnaken."[189]

Torbogen in der Oggersheimer Kronengasse. Der Schlußstein trägt die Jahreszahl 1728; Aufnahme 1938 [56]

Das sogenannte Derheinsche Haus in Oggersheim; Aufnahme von 1938 [57]

Metzgerei Haas
Oggersheim, Schillerstraße
1953 abgerissen [58]

Bauernhaus des frühen 18. Jahrhunderts, Ruchheim
Aufnahme von 1973 [59]

Die Dörfer, in denen die prächtigen Schlösser und Adelssitze emporwuchsen und sich stattliche Höfe verschiedener Grundherren fanden, waren im übrigen durchaus bescheidenen Zuschnitts und spiegelten so die oben beschriebene Armut der Mehrzahl der Einwohner wider. Zwar entstanden in der Nebenresidenz Oggersheim in der zweiten Hälfte des Jahrhunderts eine Reihe stattlicher in Stein gebauter adliger und bürgerlicher Häuser, sonst jedoch konnte man zweistöckige Steinhäuser in den Orten der Oberschultheißerei kaum finden. In Mundenheim war neben den Gutshöfen das Gasthaus zum ›Schwanen‹ mit seinem steinernen Erd- und Fachwerkobergeschoß eines der ganz wenigen mehr als anderthalbstöckigen Gebäude,[190] und vom 1788 erbauten grossen Friesenheimer katholischen Pfarrhaus[191] schrieb der Oberschultheiß ein Jahr später, daß es „in der ganzen Gegend wenige seines gleichen haben wird." Bezeichnend ist, daß der Pfarrer die offenbar ungewöhnliche Anlage eines großen gemauerten zweiten Stockwerks damit begründete, daß es der Bevölkerung in Hochwasserzeiten als Zuflucht dienen könne. Denn ansonsten könnten sich bei Wassereinbruch die Einwohner „in ihren niederen Häuseren" kaum schützen, „da kaum eines oder das

Anmerkungen
Seite 180 und 181

190 *Kirsch, Mundenheim, S. 14*
191 *Ruf, Friesenheim, Bd. 2, S. 109f*
192 *ebd., S. 34f*
193 *Franz, Besitz, S. 20*
194 *Kreuter, Stadtmauer*
195 *Kreuter, Oggersheim*

Eines der wenigen mehrgeschossigen Häuser in der Gegend
Das Friesenheimer katholische Pfarrhaus vom Ende des 18. Jahrhunderts [60]

Wo Schiller 1782 logierte: das ehemalige Gasthaus ›Viehhof‹ in Oggersheim Aufnahme vor 1912 [61]

Das Wohnhaus des ehemaligen Schloßgutes neben dem Gelände der Wallfahrtskirche; Aufnahme 1938 [62]

Mundenheimer Wohlhabenheit das (1943 zerstörte) Gasthaus ›Zum Schwanen‹ [63]

andere zweystöckige Haus im Orte ist". Ein- bzw. anderthalbstöckige Gehöfte, die meist aus Lehm und Holz gebaut und mit Stroh gedeckt waren, waren die Regel.[192] Der Giebel zeigte zur Straße, ein großes Tor öffnete sich zum Innenhof, der ›Hofgasse‹, um den sich Wohnhaus, Stall und Scheuer gruppierten. Das Schatzungsregister z. B. Edigheims von 1721[193] zeigt, daß fast alle Häuser erst nach den Zerstörungen des Pfälzischen Erbfolgekriegs erstellt worden waren. Beim überwiegenden Teil handelte es sich nur um „Wohnhäusel" oder gar „Stützelhütten". Friedhöfe – wie in Mundenheim – oder der ganze Ort waren von Gräben umfangen, die wilde Tiere abhalten sollten; dementsprechend waren auch einfache ›Tore‹ vorhanden. Oggersheim hatte nach 1736 die 1680 abgerissene Stadtmauer wiederhergestellt.[194]

In eben jenem Oggersheim fand Schiller offenbar einige kongeniale Geister:[195] die Viehhofwirtin Frau Schick sammelte die Entwürfe des Dichters und war an „allem Geschriebenen" höchst interessiert, und der Kaufmann Jakob Derhein (1743—1813) wird von Schillers Begleiter Streicher als belesener und aufgeklärter Gesprächspartner gepriesen, den das Klingeln der Ladentür immer unangenehm bei der Lektüre

Das Erscheinungsbild der Dörfer im Umkreis von Mannheim: Häuser und Höfe in Neckarau, um 1785 [64]*

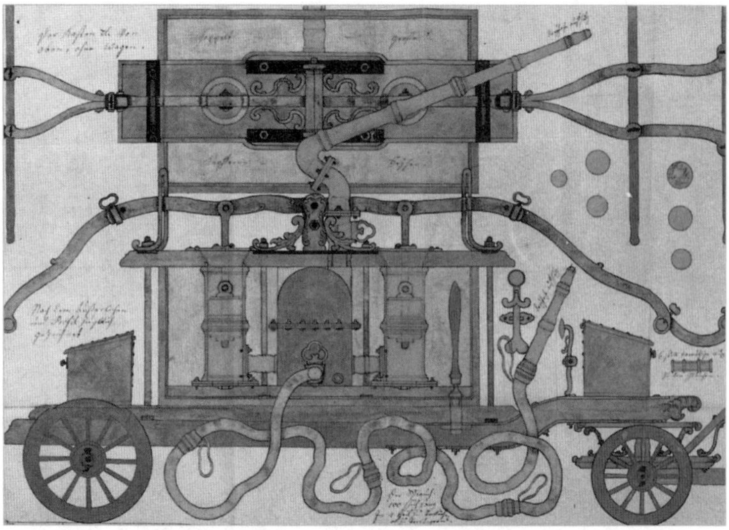

Entwurf des Hofmechanikus Beyser zu einer Feuerspritze für den Schwetzinger Schloßgarten aus dem Jahr 1759. Auch die Feuerspritzen der Oberschultheißereidörfer stammten von Beyser [65]

und philosophischen Betrachtungen störte. In seinem Sterbeeintrag wird er „homme des lettres" genannt. Oggersheim war aber auch eine Stadt, in der etwa 1761 zwei 19jährige „nichtsnutzige Dürnen" von der Bürgerpatrouille verprügelt, gefangengesetzt und am nächsten Tag „zur Warnung und Abscheu anderer, und zwar eine nach der anderen, mit anhangender sogenannter Geige mit der Wach durch die Hauptstraße geführt, alsdann vor dem Rathause mit 25 Farrenschwanzstreichen von dem Bettelvogt auf dem Rücken beleget und hernach der Stadt verwiesen" wurden.[196] Noch bis um 1740 durchstreiften Wölfe die Gegend.[197]

Im Geist des aufgeklärten Jahrhunderts setzte die Obrigkeit um 1780 in allen Orten der Oberschultheißerei die Anschaffung der etwa 400 Gulden teuren Feuerspritzen durch,[198] die der Mannheimer Hofmechanikus Beyser angefertigt hatte. Fünf Jahre später wäre bei einem Großbrand „ohne die Beihülfe der Feuerspritzen [...] das ganze Dorf Rheingönheim gänzlich abgebrannt." Die Not der Feuergeschädigten gab noch im selben Jahr den Anlaß zur Gründung einer von den Maubuissons initiierten, von allen Gemeinden der Oberschultheißerei getragenen Brandversicherung auf Gegenseitigkeit, die künftig zwei Drittel der Verluste ersetzte.[199] Andererseits hielten sich mit dem christlichen Kult verquickte, von den Aufklärern als abergläubisch bezeichnete Praktiken, etwa wenn die Gemeinde Mundenheim Jahr um Jahr zwei je ein Pfund schwere ›Gewitterkerzen‹ in der Oggersheimer Wallfahrtskirche opferte.[200] Bis an die Schwelle des 19. Jahrhunderts wurden archaische Riten praktiziert, wenn etwa die von Tierseuchen geplagten Edigheimer das erste verendete Stück Vieh als Tieropfer auf dem Weg zur Kuhweide vergruben, und noch 1797 wurden die Ausgaben für solche Praktiken aus der Gemeindekasse bezahlt und ordentlich quittiert![201]

Gewalt als alltägliche Erscheinung

Als 1728 das Oberamt allzu exzessive Trinkgelage anläßlich der Hauptgerichtstage verbot, erhob der Oppauer ›Gemeinsmann‹ Hans Peter Fensel Protest mit den Worten: „Was tut man mit dem Geld, wenn

Anmerkungen
Seite 182 und 183

196 *Kreuter, Oggersheim, S.57*
197 *Braun, S.261*
198 *nach dem Zeugnis der Dorfgerichtsbücher*
199 *in allen Dorfgerichtsbüchern registriert; vgl. auch Kreuter, Maudach, S.74*
200 *Franz, Mundenheim*
201 *Braun, S.280*
202 *ebd., S.765*
203 *Kreuter, Oggersheim, S.108ff*
204 *vgl. Barth, S.37*
205 *Braun, S.409*
206 *ebd., S.261f*
207 *Mörz, Absolutismus, S.411ff*
208 *Vogt, Maubuisson, S.216*
* *Zeichnung von Ferdinand Kobell (1740—1799)*

man es nicht versauft?"[202] Der Konsum großer Mengen alkoholischer Getränke gehörte selbstverständlich zu den Festen, Kirchweihen, Vertragsabschlüssen und besonderen Anlässen wie eben den Hauptgerichtstagen – mit allen Folgen: Wirtshausschlägereien waren ein häufig in den Dorfgerichtsbüchern erwähntes Delikt.

Eine der Mannheimer Rheinmühlen um 1785 [66]*

Gewalt war eine alltägliche Erscheinung und ein ganz gängiges Mittel der Auseinandersetzung. Zwischen den Konfessionen, gegen die Bettler, gegen die Einwohner des Nachbardorfes – etwa beim ›ewigen‹ Streit zwischen Oggersheim und Oppau um die Melmwiesen[203] – kam es immer wieder zu Gewalttätigkeiten. Auch soziale Spannungen entluden sich auf diese Weise, und selbstverständlich war Gewalt nicht nur ein Phänomen der Auseinandersetzung innerhalb der dörflichen und kleinstädtischen Gemeinschaft. Auch der Staat übte zum Teil brutale Gewalt gegen die Untertanen, suchte Recht und Ordnung in seinem Sinne auf diese Weise zu etablieren und – vergeblich – sein Gewaltmonopol durchzusetzen. Drastisch schildert das Ruchheimer Dorfgerichtsbuch die 1737 erfolgte öffentliche Hinrichtung einer Kindsmörderin.[204] Umgekehrt waren auch die Untertanen immer wieder bereit, sich mit gewalttätigen oder Boykottmaßnahmen gegen herrschaftliche Ansprüche zu wehren.

Die Eintreibung rückständiger Steuern erfolgte wieder und wieder durch ›militärische Exekutionen‹, d.h. man legte den säumigen Dörfern bzw. Individuen Soldaten ins Haus, die auf deren Kosten versorgt werden mußten und blieben, bis die Schulden bezahlt waren. Wegen einer solchen Exekution kam es 1778 zum Aufruhr in Oppau, in dessen Verlauf die Tochter eines Schuldners einem Soldaten kräftig in die Hand biß – eine schwere Geldstrafe für die Gemeinde war die Folge.[205] Ähnlich gewalttätig ging es bei der Auseinandersetzung um die Nutzung der Wälder zu, die infolge des Bevölkerungswachstums immer schneller ausgeplündert wurden. Der Staat versuchte hier seine Rechte – und die Wälder selbst – zu schützen und die althergebrachten gemeindlichen Nutzungen – Weide, Holzeinschlag etc. – zu beschränken. In Oppau wurde bei solchen Streitigkeiten der herrschaftliche Förster einmal angeblich zum Rathausfenster hinausgeworfen.[206]

Gewalt war auch deshalb als Mittel der Auseinandersetzung so präsent, weil die Kurpfalz wie alle Herrschaften des Ancien régime kein Rechtsstaat war.[207] Zwar bemühte sich gerade Kurfürst Carl Theodor, Streitigkeiten in rechtsförmige Bahnen zu lenken und betonte immer wieder, daß er nicht willkürlich in Prozesse eingreifen wolle. Doch damit war es für den einfachen Untertanen noch keineswegs einfacher geworden, sein Recht zu erhalten. Da waren diverse Gebühren zu entrichten, man mußte sich eines bestimmten, kostspieligen, staatlich konzessionierten Papiers bedienen – und sich gegen die zahlreichen Einflüsse von interessierter Seite durchsetzen. Bezeichnend sind die Äußerungen sowohl der löwensteinschen Zehntherren Maudachs 1782 als auch von Rheingönheimer Untertanen sechs Jahre später über ihre Möglichkeiten, gegen die mächtigen Maubuissons zu prozessieren:[208] Erstere stellten fest, daß man kaum hoffen könne, durchzudringen, da Maubuisson der Schwager des Neustadter Oberamtmanns sei, und letztere klagten: „Die Menge von Dienststellen, mit welchen [...] Herr von Maubuisson [...] zum Teil begnädigt und zum Teil verbandweis bewaffnet ist, wirken in den Gemütern der [...] Rechts-Vorsteher eine solche schüchterne

Ungeliebte Neuerung: Der Frankenthaler Kanal; Aufnahme um 1935 [67]

Gleichgültigkeit", daß nur stärkste Unterstützung von hoher Seite helfen könne. Hier zeigt sich der aufgeklärte Reformer Maubuisson von einer ganz anderen, dunkleren Seite, zu der auch sein Ämterschacher und seine offenbar nicht immer sehr rücksichtsvolle Art des Grunderwerbs gehörten. Ganz offen vermerkt die Oppauer Gemeinderechnung,[209] daß man „hin und wieder an Diskretem gegeben" habe, um einen Prozeß „zur Endschaft zu bringen." Da die Gehälter der kurpfälzischen Landbeamten oft mehr als bescheiden waren, ist es kaum verwunderlich, daß unrechtmäßig von den Untertanen erpreßte Frondienste für private Zwecke ebenso nichts Ungewöhnliches waren wie ›Geschenke‹ in Form von Geld, Federvieh, Holz oder Getreide. Letztere wurden einmal mehr in der Oppauer Gemeinderechnung offen als ›Unkosten‹ geführt. Fronen, nicht nur die unrechtmäßig erpreßten, bildeten überhaupt ein breites Konfliktfeld zwischen Herrschaft und Untertanen gerade in den residenz- und jagdreviernahen Gebieten, wo häufig Transport- und Jagddienste anfielen. Immer wieder protestierte etwa der Oppauer Schultheiß Klötz (1748—1761) bei den Behörden gegen die nach kurpfälzischem Recht grundsätzlich ›ungemessenen‹, d. h. willkürlich festsetzbaren, oft zur Erntezeit zu erbringenden Fronen, und wurde deshalb von herrschaftlicher Seite als „saugrober Flegel" zu verschiedenen Geldstrafen verurteilt. Die Gemeindeeinwohner allerdings waren ihm dankbar – und zahlten ihm die Strafen.[210]

Bot somit schon der ›traditionelle‹ Staat zahlreiche Reibungsflächen zwischen Herrschaft und Untertanen, so waren die wohlgemeinten aufgeklärten Reformen keineswegs immer dazu geeignet, Konflikte zu lösen, sondern beschworen vielmehr neue und zum Teil gewalttätige Streitigkeiten herauf. So wurden die Fronen für den Chausseebau bzw. das später dafür geforderte ›Geldsurrogat‹ von den Untertanen nur sehr ungern erbracht. Sie klagten über die Überlastung durch solche Forderungen, und die 1768er Oggersheimer Gemeinderechnung vermerkt, daß man keine Allmendabgaben erhoben habe, „weil der gemeine Mann mit den Chaussees allzu hart mitgenommen".[211] Bei Zahlungsverzug trat etwa in Oppau, das zwar Teile der benachbarten Chausseen unterhalten mußte, aber selbst nur über schlammige Feldwege zu erreichen war, wiederum die militärische Exekution in Aktion.[212] Noch weit unbeliebter als die Leistungen für die Chausseen war die Verpflichtung, gegen teures Gemeindegeld Maulbeerbäume von der privilegierten Seidenbaugesellschaft zu kaufen und anzupflanzen. Immer wieder kam es hier zu Konflikten und Bestrafungen. Die Gemeinden der Oberschultheißerei, die auch Maulbeerwarte zur Beaufsichtigung der zuletzt 50 000 Bäume auf ihren Gemarkungen beschäftigen mußten, versuchten sich schließlich 1784 und 1785 durch Verträge mit Maubuisson und der Seidenbaugesellschaft einigermaßen von ihren Verpflichtungen zu lösen.[213] Auch der 1773—1775 erbaute Frankenthaler Kanal war keine reine Freude für die Untertanen an seinen Ufern. Zwar gab sein Bau vielen Arbeit und Brot, doch wurden dafür ›Kanalisten‹ aus Italien und anderen Gegenden herangeholt, die nach Ende der Arbeiten zum Teil im Land blieben und sich etwa auch in Edigheim ansiedelten – daher die ›Welschgasse‹, wo die ›Welschen‹, d. h. Italiener, wohnten.[214] Die Dämme des neuen Bauwerks stauten bei Hochwasser die Fluten, so daß Edigheim und seine Felder besonders 1784 noch mehr Schaden als zuvor erlitten.[215]

Anmerkungen
Seite 184 und 185

209 Braun, S. 405
210 ebd., S. 402
211 StALu, Og. 191
212 Braun, S. 815
213 Kreuter, Maudach, S. 85ff; Braun, S. 393ff
214 Braun, Obrigkeit, S. 11
215 Braun, S. 164f
216 LASp, A 2, 1424/8; Braun, S. 296ff
217 Kreuter, Oggersheimer Güter, in: AVT, 1/2/1933
218 Braun, S. 288ff; Vogt, Rheingönheim
219 z.B. LASp, A 2, 1394/8, 1425/5
220 Braun, S. 290
221 Heinz, S. 128, 132f

Die schwersten gewalttätigen Konflikte sowohl unter den Untertanen als auch zwischen ihnen und dem aufgeklärten Staat verursachte offenbar die Verteilung der Allmenden und der ›öden Gründe‹. Wie erwähnt mußten im Zeichen wachsender Bevölkerung immer mehr Menschen Anteil an den Allmenden erhalten, und so bekamen Jungbürger zunehmend nur Bruchteile einer ›vollen‹ Allmende und mußten Jahre auf weitere Zuteilungen warten. Im Kampf um die materielle Lebensgrundlage wurde auch die Religion instrumentalisiert: In Mundenheim verweigerte man einem Protestanten auch deshalb das Bürgerrecht, um ihm den Allmendanteil verweigern zu können, und 1733 bedrohte man eine mennonitische Witwe in Oppau mit dem Verlust ihres Allmendstücks, wenn sie sich nicht binnen 14 Tagen „zur Annahme einer christlichen Religion resolviere."[216] Andererseits trachteten auch die dörflichen Oberschichten im Laufe des Jahrhunderts danach, sich ein ›größeres Stück‹ vom ›Allmendkuchen‹ zu sichern. Als 1742 die ›Mehrbegüterten‹ unter Führung der Ratsherren Oggersheims[217] unter dem Vorwand, sie trügen auch die höheren Lasten, versuchten, eine Reihe von Wiesen unter Ausschluß aller anderen Bürger unter sich zu verteilen, traten ihnen auf dem Feld zwei Dutzend Tagelöhner, Weiber und Gesinde entgegen, die beim Herankommen ihre unter den Röcken verborgenen Sicheln und Hacken zogen und „als Rasende mit völliger Furie" auf die Ratsherren zustürmten. Hätten sie sich nicht, so schrieben sie, unter Wahrung größter Fassung stillschweigend zurückgezogen, wäre es „zu einem mordsgefährlichen Anfall und Massaker" gekommen.

Eine neue Dimension erreichten die in allen Orten des heutigen Stadtkreises nachweisbaren Konflikte durch die Intervention von Staat, Oberamt und Oberschultheißerei bei der weiteren Aufteilung der wenig oder nicht genutzten gemeinen Gründe als Allmenden.[218] Innerhalb der Gemeinden waren die Fronten klar: Die Besitzenden, als hauptsächliche Eigner von (Zug-)Vieh auch ›Bespannte‹ genannt, waren entweder für die Beibehaltung der gemeinen Gründe – wie schlecht auch immer – als Weide für ihre Tiere, oder sie favorisierten einen Teilungsmodus, der ihnen deutlich größere Anteile als den armen, ›unbespannten‹ Bürgern zuwies. Letztere erhofften von einer vermehrten Teilung eine Verbesserung ihrer Lebensumstände. Die staatlichen Behörden waren in jedem Fall für die Abschaffung der nur extensiv genutzten Weiden und die Verwandlung der öden Gründe in schöne, nützliche Gärten und Äcker. Schon um die Mitte der 1760er Jahre hatten sie Erkundigungen über die Nutzung der gemeinen Gründe eingezogen und die bessere Kultivierung der Weiden zur Erzielung besseren Viehs angemahnt.[219] Nach dem Hochwasser des Jahres 1784 erging ein Befehl zur „besseren Einrichtung des Weidwesens und respektive Trockenlegung der Sümpfe in der Oberschultheißerei Oggersheim."[220] Diese Äußerung entsprach den um diese Zeit in den Kreisen der kurpfälzischen Regierung gepflogenen Überlegungen, die überwiegend arme, immer mehr zunehmende Bevölkerung nicht etwa zur Auswanderung zu drängen, sondern in einer Art inneren Kolonisation, wie sie in viel größerem Maßstab auch Friedrich der Große betrieb, mit der Kultivierung bisher öder Gründe zufriedenzustellen.[221] Entsprechend stimmten 1788 die herrschaftlichen Beamten gemeinsam mit den Tagelöhnern und Kleinbauern in Oggersheim – zusammen 104 Bürger – gegen die Groß- und Mittelbauern – 57 Stimmen –

für die Urbarmachung und Verteilung der schlechten Weiden.[222] Um den Untertanen die Finanzierung der nötigen Sanierung der Abzugsgräben zur Trockenlegung und der eigentlichen Kultivierung zu erleichtern, verzichtete der Staat für zwölf Jahre auf den sonst von neuangelegten Äckern gebräuchlichen ›Neubruchzehnten‹. Denn die Urbarmachung von nicht weniger als 880 heutigen Morgen Land werde längerfristig, so die begutachtende staatliche Kommission, die Steuereinkünfte erhöhen, den Vermögens- und Nahrungsstand sowie die Gesundheit – weniger fauler Sumpf! – der Oggersheimer verbessern und als leuchtendes Beispiel für die Urbarmachung des Maudacher Bruchs und der Oppauer und Friesenheimer Sümpfe dienen. Letztlich werde sich ›Ihre Kurfürstliche Durchlaucht‹ „abermals ein unaussprechliches und über alle Siegeszeichen erhabenes Denkmal der Liebe und Güte gegen Ihre Untertanen stiften."

In allen kurpfälzischen Orten des heutigen Stadtkreises brachten die Jahre um 1788, angeregt vom Staat sowie auf Druck der Minderbesitzenden, größere Verteilungen von ungenutzen Gründen als Allmenden. Dabei war der Nutzen für die Unbespannten von Dorf zu Dorf verschieden. In Edigheim[223] überwanden die ›Kleinen‹ den Widerstand der Hofbauern mittels einer Hofgerichtsentscheidung, die die sofortige Urbarmachung befahl. Auch konnten sich die ›Großen‹ keine Vorteile bei der Verteilung sichern, und streuten deshalb in ihrer Verärgerung Gerüchte aus, der Staat wolle den Bauern ihre ›Lose‹ nicht auf Dauer lassen – was behördlicherseits aber umgehend dementiert wurde. In Mundenheim[224] hingegen sicherten sich Schultheiß und Gerichtsleute bei der Verteilung besondere Vorzugs-›Lose‹. Eine Beschwerde verschiedener Bürger fruchtete nichts, da der befragte Schultheiß sein Verhalten als dem alten Herkommen gemäß und daher völlig gerecht bezeichnete und nur 13 Gemeindebürger ihre Opposition vor der Untersuchungskommission zu bekennen wagten, während 70 sich als ›zufrieden‹ bezeichneten. In Friesenheim[225] konnten die ›Großen‹ die Verteilung bis zum Jahr 1793 verzögern, und die Behörden kamen ihnen auch dann noch mit einem Kompromiß entgegen, obgleich ein ›Bespannter‹ den Sprecher der Unbespannten vor den Augen der Verteilungskommission am Kragen gepackt und zur Rathaustür hinausgeworfen hatte.

Der schwerste Konflikt bei der Allmendverteilung ereignete sich nach dem Zeugnis der Quellen im Frühsommer 1788 in Rheingönheim[226] – und hier wurde auch ein tiefgehender Gegensatz deutlich, der offenbar zwischen den Intentionen der kurfürstlichen Regierung und denen des Oberschultheißen bestand. Die Grundkonstellation war ›klassisch‹: Die Bespannten suchten sich Vorteile zu sichern, die Unbespannten verhinderten dreimal mit Gewalt die für sie ungünstige Verteilung und wurden daraufhin in Mannheim inhaftiert. Kurfürst Carl Theodor, der seit 1778 als Kurfürst in Bayern regierte, aber damals zu einem Besuch in Mannheim weilte, bevorzugte anscheinend eine gleichmäßige Verteilung der Lose. So stellte einer der ›Rebellen‹ fest, „sein gnädigster Landesvater würde nicht begehren, daß seine Untertanen und Bürger die Last tragen, die Begüterten aber den Nutzen ziehen sollten."

Der Oberschultheiß Maubuisson hingegen favorisierte klar die Begüterten. Nach seiner Auffassung hatten nur die Besitzenden das Wissen und das Vermögen, die öden Gründe im Rahmen größerer Höfe effektiv und modern zu bewirtschaften. Die ›Kleinen‹ seien unfähig, müßig-

Anmerkungen
Seite 186 und 187

222 Kreuter, Urbarmachung
223 Braun, S. 289ff
224 LASp, A 2, 1425/9
225 Ruf, Friesenheim, Bd. 2, S. 71ff
226 vgl. Vogt, Rheingönheim
227 Mörz, Elisabeth Augusta, S. 178f

gängerisch und würden sich lediglich verzetteln und verschulden, stellten die Rheingönheimer Begüterten fest, deren Darlegungen in den – eigentlich unglaublichen – Sätzen gipfelten: „Wir haben unsere Leute, die uns behaupten, und Herr von Maubuisson muß unser Mann sein so lange die Welt steht. Wenn auch der gnädige Churfürst zehnmal für sie [die Kleinen, Anm. d. Verf.] gesprochen haben würde, so soll es doch nach seiner Abreise nach München ohne Folge für uns und alle Verfügungen bloß Maubuissonisch sein [...] Dann sollen die Unbegüterten erfahren, daß sie ehender den Teufel verreißen als es anders geht als wir wollen, denn sie sind Lumpen" [...] „Hat etwa der geheime Rat von Maubuisson eine Obgewalt in dero Staaten, daß wir seine Sklaven sind?" kommentierte ein verärgerter Beobachter solche und ähnliche Aussagen.

Auch die ›Kleinen‹ ihrerseits fuhren große verbale Geschütze auf. Die Verhaftung ihrer Führer widerspreche „den Gesetzen der Menschheit", erklärten sie und begleiteten die Gefangenen geschlossen bis zum Rhein. Als der Wagen mit den Verhafteten dann über die Rheinbrücke rollte, riefen diese ihren Genossen zu: „Ihr Brüder, wir lassen unser Leben für euch, es mag hingehen, wohin es wolle." Die antworteten darauf: „Wir lassen auch für euch, ihr Brüder, unser Leben, fahret nur in Gottes Namen hin." Diese Betonung einer spontan gebildeten Gemeinschaft, der brüderlichen Hilfe, der Menschenrechte – das waren neue Töne, die den Blick auf das Geschehen jener Jahre jenseits der kurpfälzischen Grenzen lenken.

Große Hoffnungen: zeitgenössische Darstellung eines Freiheitsbaumes Aus dem Kalender ›Der hinkende Bote am Rhein‹, Straßburg um 1791 [68]

Die Französische Revolution und das Ende der kurpfälzischen Herrschaft

„Nur das Gefühl erleidender Unbilligkeit kann Leute, die es gewohnt sind und darin aufgewachsen sind, bis auf diesen Grad mutig machen", kommentierte ein Beobachter die Worte und Taten der Rheingönheimer ›Kleinen‹. Damit deutete er den grundlegenden Wandel an, den das Ende des 18. Jahrhunderts brachte. Die Menschen waren in der Tat eine Gesellschaft der Privilegien und der extremen materiellen und rechtlichen Ungleichheit gewohnt – sie waren jedoch nicht mehr einhellig gewillt, sie weiter hinzunehmen.

Dabei waren natürlich keineswegs alle Untertanen für eine revolutionäre Veränderung der Verhältnisse: Wenig Grund dazu hatten zum Beispiel die Oberschicht der Gutsbesitzer, Staats- und Hofbediensteten sowie die katholischen Geistlichen. Glasklar war die Haltung der Kurfürstin,[227] die in ihren Privatandachten darum bat, daß das Land vor den entarteten französischen „Tiermenschen" beschützt werde und „Glaube und Rechtschaffenheit bei unseren Untertanen" erhalten bleiben möge. Noch in der napoleonischen Zeit lobten die Oggersheimer katholischen Kirchenvorstände Elisabeth Augusta in höchsten Tönen – Zeugnis einer sicher durch vielerlei Wohltaten untermauerten Zuneigung zu der alten Landesmutter in dem ehemaligen Residenzstädtchen. Anderwärts hatte sich jedoch viel Unmut angestaut: Unmut über die Schwächen von Rechtsprechung und Verwaltung, Unmut über die Benachteiligung der Protestanten, der Unmut der wachsenden Zahl von Minderbemittelten. Der Edenkobener Oberschultheiß von Täuffenbach berichtete um die Jahreswende 1791/92, daß die französischen Revolutionäre durchaus mit einer großen Schar von Anhängern unter den „mißvergnügten Bauern" rechnen könnten. Revolutionspamphlete fänden reißenden Absatz:

„Die Bürger Leuthe aufm Landt [...] lesen diese Büchleins mit ganz besonderer Wißbegierde. Sie communiciren sich solche einander insgeheim, und es ist der Inhalt öfters der Gegenstand ihrer Gespräche bei ihren Zusammenkünften [...]"[228]

Im gesamten Gebiet der Kurpfalz begann sich schon seit Mitte 1789 eine wachsende Unruhe zu verbreiten, und in der Gegend um Haßloch, in Kreuznach und in den Oberämtern Simmern und Alzey brachen zum Teil gewaltsame Auseindersetzungen aus. Auch im Gebiet der heutigen Stadt wurde die Widersetzlichkeit gegen die Obrigkeit spürbar. Die ›Oberschultheißereiprotokolle‹[229] berichten von dem bitteren Streit der reformierten Bevölkerung Friesenheims mit ihrem Lehrer, dem vorschriftswidrigen Vorgehen der Gemeinden Oppau und Friesenheim bei der Brandholzbeschaffung im herrschaftlichen Wald (1791), den Beschwerden Mundenheims über die Fronen (1789). Besonders das überwiegend lutherische Rheingönheim blieb weiterhin Brennpunkt von Unruhen. 1789 wird die fortdauernde „Gährung" im Ort beklagt, und im März 1792 wurden die ›Gemeinen Vorsteher‹ scharf kritisiert, die sich „erfrecht" hatten, ohne Zustimmung von Schultheiß und Gerichtsleuten eine Gemeindeversammlung einzuberufen. Hier zeigte sich ein in jenen Jahren häufiger zu beobachtender Konflikt zwischen den herrschaftstreuen Spitzen der dörflichen Verwaltung und der Dorfbevölkerung, die sich in den ›Gemeinen Vorstehern‹, welche seit 1770 in allen Dörfern der Oberschultheißerei[230] alljährlich bei der Gemeindeversammlung zur Mitkontrolle des Rechnungswesens bestimmt wurden, Führer suchte.

Auch die Macht der eben noch so einflußreichen Maubuissons zerbrach.[231] Nach dem Tod seines Vaters um 1788 entglitten dem jungen Oberschultheißen Franz Ludwig von Maubuisson ganz offenbar die Zügel. 1790 verkaufte er seinen Posten mit kurfürstlicher Zustimmung an einen Herrn Conrad Heiligenstein, der allerdings seine Amtsgeschäfte durch Stellvertreter ausüben ließ. Im selben Jahr veräußerte seine Mutter das große Maudacher Gut, verfolgt von endlosen Klagen der Pächter und Maudacher Bürger, die Schulden nicht bezahlen wollten bzw. gegen die unrechtmäßige Aneignung von Grundstücken durch Karl Ludwig von Maubuisson prozessierten. Die Achtung vor der Familie scheint völlig geschwunden zu sein: Als 1790 ein durch den alten Maubuisson mit einer Anwartschaft versehener Mann seinen Posten als Gerichtsmitglied in Dannstadt antreten wollte, drohten „Gährung und Unruhe unter der Bürgerschaft" des Dorfes.

In Maudach selbst waren besonders die wohlhabenderen Bauern mit den Maubuissons unzufrieden. Durch seine Gutswirtschaft waren ihnen nämlich nicht nur verbesserte landwirtschaftliche Methoden bekannt geworden. Gleichzeitig hatten sie auch die Chance verloren,[232] durch die Pachtung der in Maubuissons Besitz übergegangenen Bestandsgüter ihre eigenen Höfe zu vergrößern. Zudem bewirtschaftete der Adlige sein Land mit Tagelöhnern, die die Zahl der Armen im Ort noch vermehrten und von denen die Besitzenden befürchteten, sie müßten sie eines Tages durch Almosen unterstützen. So kam es zum Aufruhr, als Maubuissons Witwe 1789 ihr Gut drei Bauern aus Hockenheim verpachtete. Ungefähr 14 Männer aus dem Ort bedrohten die neuen Pächter und jagten sie von der Gemarkung. Nur unter dem Schutz von Soldaten konnten sie 1790 ihren Hof beziehen, während die Maudacher

Anmerkungen
Seite 188 und 189

228 zit.n. Schunk, S. 193, 423

229 LASp, A 4, 1507/34—37

230 nach dem Zeugnis der Dorfgerichtsbücher

231 Oberschultheißereiprotokolle 1790, S. 292, 1304; LASp, A 4, 1507/35; Kreuter, Maudach, S. 78

232 Vogt, Maubuisson, S. 225f; Dorfgerichtsbuch Maudach mit der kurfürstlichen Gewährung der Forderungen der Maudacher; StALu, Md. 490a

233 nach dem Zeugnis des Maudacher Dorfgerichtsbuchs

234 Schunk, S. 223

235 zum Revolutionskrieg in der Gegend der heutigen Stadt vgl. Braun, S. 414ff

236 Mörz, Elisabeth Augusta, S. 182

237 Braun, S. 415

238 zu Ruchheim und der Revolution vgl. Dumont, in: Pfalzatlas, Bd. IV, S. 1464ff; Hettich, S. 52f

Rädelsführer verhaftet und eingesperrt wurden. In der Folge reklamierte die Gemeinde in einer großen Beschwerdeschrift an die Regierung das Recht, fremde Pächter von vornherein ausschließen zu dürfen – was ihr für die Zukunft auch konzediert wurde.[233] Die Maudacher Klage war nur ein winziger Tropfen einer Flut von Bitt- und Klageschriften, die 1792/93 die kurpfälzischen Behörden überschwemmten. Ganze Oberämter reichten Beschwerdekataloge ein, „und an einem einzigen Tag entschied die Regierung in Mannheim über 297 Einzelgravamina".[234] Hier machte sich der angestaute Unmut noch in zivilisierter Form Luft – wobei die geforderten Rechte und Abstellungen von Mißständen durchaus nicht immer ›revolutionär-progressiv‹, sondern oft auf die Herstellung ›guten alten Rechts‹ ausgerichtet waren.

Mit der Kriegserklärung Frankreichs an den ›König von Böhmen und Ungarn‹ im April 1792 begann eine neue über zwanzigjährige Kriegszeit in Europa. Einmal mehr war dabei die Gegend um die Mannheimer Rheinschanze ein wichtiges ›Kriegstheater‹.[235] Zuerst einmal vermochte der Kurfürst allerdings das Schlimmste zu verhindern, da er seine Lande für neutral erklärte. Kurfürstin Elisabeth Augusta soll diese „Feigheit" ihres Gemahls zutiefst geschmerzt haben.[236] Doch nur die Neutralität erlaubte es ihr, im Frühsommer 1792 wie jedes Jahr zu ihrem Oggersheimer Landaufenthalt überzusiedeln, wobei allerdings der Stadtrat am 12. Juli „in Anbetracht der äußerst gefährlichen Zeiten und der Anwesenheit gnädigster Herrschaft" verschärfte Nachtwachen anordnete. Schließlich drohten nicht nur feindliche Heere, sondern auch allerhand Gesindel, Verbreiter revolutionärer Schriften und andere verdächtige Personen.

Die Heere kamen freilich schneller als erwartet. Nach dem Fehlschlag der Offensive der österreichisch-preußischen Truppen gelang es den Franzosen, die linksrheinischen Gebiete zu besetzen. Am 30. September 1792 verließ die Kurfürstin ihr Sommerschloß, nur drei Tage später erreichten die revolutionären Truppen Oggersheim. In den von ihnen besetzten kurpfälzischen Gebieten respektierten sie die Neutralität. Der Oberschultheißereiverwalter berichtete im Dezember 1792, daß die französischen Truppen sich ruhig und gesittet verhielten.[237] Die alte Ordnung bestand offiziell fort, und zur Jahreswende 1792/93 wurde überall das fünfzigjährige Regierungsjubiläum Carl Theodors festlich begangen.

Nicht profitieren von der kurpfälzischen Neutralität konnte Konstantin Freiherr von Hallberg.[238] Er und sein Vater hatten noch um 1792 große Summen in die Ablösung konkurrierender Rechte auf ihre kleine reichsunmittelbare Adelsherrschaft investiert. Nun wurde sie ›revolutioniert‹. Auch Ruchheim gehörte so zu den Orten, die Teil der kurzlebigen Mainzer Republik wurden. Am 8. März 1793 kam es „durch eine exekutorische Franken-Commission" zur Absetzung der alten Ortsgewaltigen, gefolgt vom geforderten „Schwur auf Freiheit und Gleichheit", dem sich vermutlich die Wahl einer Munizipalität und die eines Abgeordneten für den ›rheinisch-deutschen Nationalkonvent‹ in Mainz anschloß. Dabei handelte es sich um einen katholischen Priester, der aus Mainz stammte und später angab, die Gegend allenfalls einmal bei Nacht einige Jahre zuvor durchreist zu haben. Trotzdem ein Freiheitsbaum aufgestellt wurde, scheint nicht alles im Sinne der revolutionären Behörden gelaufen zu sein: Offenbar mußten Repressionen angedroht werden,

Zeitgenössische Darstellung des ›Plünderwinters‹ [69]

und es kam zu Protesten gegen den Schwur, den Teile der Einwohnerschaft verweigerten.[239] Auch der unter Verletzung der kurpfälzischen Neutralität durch französische Soldaten in Maudach errichtete Freiheitsbaum mußte schon 24 Stunden später nach heftigen Protesten der Einwohnerschaft entfernt werden. Die vielen Lasten für die Besatzungsarmee hatten wohl die anfänglichen Sympathien für die Revolution bereits abkühlen lassen.[240]

Im Frühjahr 1793 gelang es den österreichisch-preußischen Truppen, die Revolutionsarmee auf Landau zurückzudrängen. Anfang April wurde die Hallbergische Herrschaft wieder eingesetzt,[241] deren Amtmänner zu Frieden und Ruhe mahnten und die gerechte Strafe für Revolutionäre androhten. Auch Freiherr Konstantin von Hallberg kehrte zurück und besuchte noch mehrmals Ruchheim. Er blieb auch nach dem Übergang des gesamten Landes an Frankreich dort und konnte so 1812 seine Güter in Ruchheim und Fußgönheim zurückerhalten. 1801 wurde er, Zeichen offenbar fortdauernden Respekts, als Bürger ›Konstantin Hallberg‹ zum Präsidenten des Munizipalrats von Ruchheim-Fußgönheim gewählt.[242] Die „Befreiung der hiesigen Gegend von fränkischen Kriegsvölkern", wie es der Hallbergische Amtmann ausdrückte, erlaubte es auch Kurfürstin Elisabeth Augusta, zum letzten Mal in ihr linksrheinisches Schloß zu kommen; sie blieb dort bis in den November.[243] Währenddessen hatte der Konvent in Paris beschlossen, anstelle eines Befreiungskrieges einen Eroberungskrieg zu führen, was die rücksichtslose Ausbeutung der eroberten Territorien mit einschloß. Als gegen Jahresende 1793 die Front bei Landau zusammenbrach und sich eine grimmig entschlossene Revolutionsarmee zu einem ›Plünderwinter‹ nach Norden aufmachte, gehörte die linksrheinische Kurpfalz zu den ersten Opfern. Die Neutralität bot nun keinerlei Schutz mehr. Seit Ende November wälzte sich ein Flüchtlingsstrom über die Schiffbrücke nach Mannheim, und zum Jahresende war das gesamte heutige Stadtgebiet mit Ausnahme der Rheinschanze in französischer Hand. Ein Beobachter schrieb am 6. Januar 1794:[244] „Zu Mannheim ist das Elend unglaublich, die Gassen voller geflüchteter Menschen, Pferde, Wagen, die zum Himmel schreien und nicht unter Obdach kommen können. Alle Stund fürchtet man Bomben und Kugeln. Alle Mannheimer [die Kurfürstin eingeschlossen, Anm. d. V.] flüchten daher an die Bergstraß."

Vor allem die Bediensteten der Kurfürstin, die kurfürstlichen Amtsträger und die Wohlhabenden suchten nun ihr Heil auf dem rechten Rheinufer, einige ließen in der Eile fast alle ihre Habseligkeiten zurück. Die vorhandenen Fuhren aus Oggersheim wurden vor allem dafür benutzt, die besten Möbel des Schlosses sowie die Kostbarkeiten und Bilder der Wallfahrtskirche zu retten. Nach ihrer Besetzung am 3. Januar 1794 erhielt die Stadt Oggersheim den Befehl, innerhalb von 48 Stunden 43 143 Gulden, 615 Hemden, 307 wollene Röcke und ebensoviele Hosen sowie 307 Paar Schuhe aufs Neustadter Rathaus zu liefern. Die Revolutionstruppen begnügten sich jedoch nicht, wie Franz Xaver Remling in seiner ›Geschichte der Rheinpfalz in der französischen Revolutionszeit‹ anschaulich schildert, „mit der gewaltsamen Eintreibung der eben gemeldeten Auflagen, sondern bald erschienen die Agenten der sogenannten Ausleerungskommission, um ihr arges, räuberisches Treiben zu beginnen. Gegen tausend Fuhrleute und Wagen aus dem Elsaße und Lothringen führten sie mit sich, um durch sie und

Anmerkungen
Seite 190 und 191

239 Dumont, S.417, 567, 579

240 LASp, A 2, 1394/2; Oberschultheißereiprotokoll 5.3.1793; LASp, A 4, 1507/40; sowie Dumont, S.615

241 Hallbergisches Amtsprotokoll, 5.4.1793; StALu, Ru. 1059/5; f.d.F. Kraut, S.26ff; Gemeinderechnungen Ruchheim 1793, 1796; StALu, Ru. 153, 181

242 Vereidigung des Munizipalrates; StALu, Ru. 1059/16

243 Mörz, Elisabeth Augusta, S.187ff, auch f.d.F.

244 zit.n. Mörz, Elisabeth Augusta, S.187f

245 Remling, S.504ff

246 zit.n. Kreuter, Maudach, S.79f

247 nach dem Zeugnis der Gemeinderechnungen

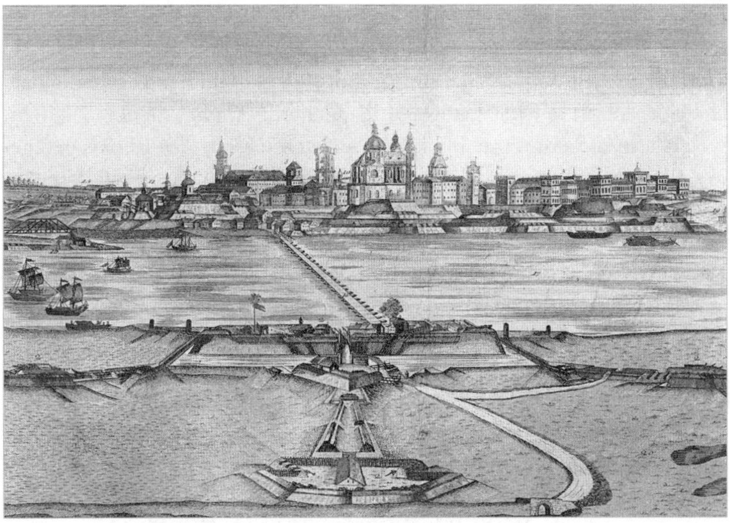

Die während der Revolutionskriege ausgebaute Rheinschanze
mit einem Freiheitsbaum und Blick auf Mannheim
Stich von Dominikus Tessaro um 1794 [70]

Was vom Schloß blieb:
„Noch eine stolze Säule ..."
Reste in Oggersheim, Juli 1961 [71]

andere gezwungene rheinische Fuhrleute die erpreßte Beute in das Innere von Frankreich abzuführen. Vor allem fielen sie über die Häuser der geflüchteten Beamten und Bürger her. Ihre besondere Aufmerksamkeit schenkten sie dem Kloster, dem kurfürstlichen Schloß und der Hofapotheke. Sie brachen in alle Gemächer und Keller ein, raubten die Vorräte und zertrümmerten und verwüsteten, was sie nicht fortbringen konnten, namentlich die noch aufgefundenen Tische, Stühle, Türen und Fenster etc. im Schlosse. Den Gärtner und den ›Castellan‹, welche in demselben zurückgeblieben waren, haben sie bis aufs Hemd ausgeplündert. Die feindlichen Reiter behängten sich und ihre Pferde mit den aus dem Schlosse geraubten Seidenzeugen und gewirkten Stoffen und hielten in dieser Tracht Umzug, dem sich andere, in Kirchengewänder gehüllt, anschlossen."[245] Auch das Maudacher Schlößchen wurde verwüstet, der damalige Besitzer Otto Freiherr von Gemmingen, ein durch seine aufgeklärt-sentimentalen Sturm-und-Drang-Dramen deutschlandweit bekannter Autor, hatte die Flucht ergreifen müssen. Ein ganz im Stil aufgeklärter Publizistik schreibender Betrachter berichtet von seinem tiefen Schmerz, den Wohnsitz dieses „nur der Menschenbeglükkung und Menschenveredlung" gewidmeten Herren so geschändet zu sehen. „Dieser edle Mann verlor, wie man aussagte, einen Teil seiner Bibliothek und hatte in Rücksicht seiner Landökonomie beträchtlichen Schaden. Ich freute mich tief in der Seele, hier Menschen gefunden zu haben, die den Wert dieses vortrefflichen Mitbürgers zu schätzen wussten. Alle Einwohner des Dorfes bedauerten durchgängig [...] den Verlust ihres geliebten Gemmingen [...] sie erwähnten nicht ihren eigenen Verlust, sondern nur den ihres guten, wohlwollenden und in der ganzen Gegend geliebten Herrn."[246] Gemmingen verkaufte den Maudacher Besitz 1796 an die Freiherren von Sturmfeder. Auch in den anderen Ortschaften der Oberschultheißerei wurden Gutshöfe geplündert und alle Einwohner zu qualvoll großen Lieferungen gezwungen. In Friesenheim und Mundenheim verbrannten mit den Rathäusern alle Akten der alten Gemeindeverwaltungen.[247]

Die „schöne Wirtin von Oggersheim" [72]*

Ende Januar 1794 besetzten preußische Truppen das Gebiet vor der Rheinschanze und drängten die Franzosen bis zum Rehbach zurück. Den zurückkehrenden Flüchtlingen bot sich ein Bild der Verwüstung:[248] „Es läßt sich in der Tat kaum ein kläglicherer Anblick denken als den, welchen in diesem Augenblicke die meisten jenseits des Rheins gelegenen Ortschaften gewähren. Niedergerissene oder in ihrem Inneren ganz verwüstete Häuser, ausgeplünderte und auf die schändlichste Art entheiligte Kirchen, Menschen von allen Ständen in Elend und Armut, durch Kummer, Schrecken und Mißhandlungen entstellt: dies sind die Gegenstände, auf die man beinahe bei jedem Schritt stößt. Die Dörfer Mundenheim und Friesenheim nebst der Stadt Oggersheim haben besonders viel gelitten. Das dortige kurfürstliche Schloß und die schöne Kapelle sind völlig verwüstet [...]." Während jedoch die Wallfahrtskirche, von den Franzosen als Munitionsdepot genutzt, durch einen glücklichen Zufall der von den Revolutionstruppen geplanten Sprengung entging, wurde das Schloß teils durch französische, teils durch kaiserliche Truppen so zerstört, daß schließlich nurmehr Ruinen übrigblieben, die der Kurfürst 1797 auf Abbruch verkaufen ließ. Allein das Orangeriegebäude überlebte, wurde im 19. Jahrhundert als Baubüro für die auf dem Schloßgrund entstehende große Samtfabrik und später als städtisches Spital genutzt, bevor es 1892 nach Blitzschlag abbrannte und beseitigt wurde. Schön behauene Steine aus Schloß und Gärten finden sich bis heute an einigen Oggersheimer Gebäuden.

Nach einem Jahr voller kleinerer Gefechte nahe den Dörfern um die Rheinschanze besetzten die Franzosen erneut im Oktober 1794 die ganze Gegend.[249] Nunmehr mußten die Untertanen in ihrem Auftrag große Schanzen rund um das Festungswerk aufwerfen, von denen aus die Revolutionstruppen es belagern und am Weihnachtstag 1794 einnehmen konnten. Während sie die Rheinschanze sofort zerstörten, errichteten sie nahe Mundenheim, Oggersheim und Friesenheim Barackenlager zur Unterbringung ihrer Truppen. Im September 1795 wurde den Franzosen auch die Festung Mannheim übergeben. Dann jedoch erfolgte ein erneuter Gegenschlag der Kaiserlichen.[250] Mitte November 1795 war das heutige Stadtgebiet wieder in ihrer Hand, Mannheim fiel ihnen wenig später zu und ein kurzfristiger Waffenstillstand wurde geschlossen.

Was folgte, war jedoch nicht eine Verschnaufpause, sondern die härteste Prüfung der Revolutionskriege für die Menschen der Ortschaften zwischen Edigheim und Rheingönheim. Denn um die – erneut mit Frondiensten – rasch wiederaufgebaute Rheinschanze zu sichern, veranlaßten die militärischen Behörden eine nach Plänen des Ingenieurs Traitteur konzipierte künstliche Überschwemmung des gesamten Umlandes der Schanze.[251] War der Rehbach einst zur Sommerzeit kurzfristig umgeleitet worden, um den Lustkanal des Oggersheimer Schlosses zu füllen, so wurden seine und die Wasser der anderen Gräben und Bäche nun genutzt, um insgesamt etwa 14 000 Morgen großenteils wertvoller Äcker zu überfluten. Die betroffenen Gemeinden Oggersheim, Friesenheim, Mundenheim, Edigheim, Oppau und Frankenthal schätzten schon am Beginn der Maßnahme ihre Schäden auf fast 300 000 Gulden. 7 000 zum Teil mit militärischer Gewalt herbeizitierte Untertanen mußten in Fron die notwendigen Gräben ziehen und beklagten es als „höchst unerklärlich und unbillig", daß man ihnen zumute, auch noch selbst Hand anlegen zu müssen zur Vernichtung ihrer Nahrungsquellen. Drastisch be-

Anmerkungen
Seite 192 und 193

248 *zit.n. Remling, S. 506f*

249 *Braun, S.419f*

250 *die inzwischen ohne die nach dem französisch-preußischen Sonderfrieden von Basel aus dem Kriegsgeschehen ausgeschiedenen preußischen Truppen weiterkämpften*

251 *Braun, S.431ff*

252 *Braun, S.440*

* *Anekdote aus den Revolutionskriegen: Die „schöne Wirtin von Oggersheim" appelliert an die Menschlichkeit des französischen Generals Hoche und erwirkt von ihm die Verschonung ihres Besitzes vor Plünderungen*

schrieb das Oberamt Neustadt, daß den Frönern „Stiefel, Schuhe und Strümpfe von den Füßen gefault" seien. Die durch die Arbeit in den feuchten und nassen Gebieten gesundheitlich geschwächten Menschen verbreiteten ein bösartiges „Faulfieber" in der Umgegend, das zahlreiche Opfer forderte. Alle Klagen bei Kurfürst, Behörden und Militärs fruchteten nichts, die künstliche Überflutung wurde erst im Spätherbst 1797 aufgehoben.

Schon im Juni 1796 besetzten französische Truppen das linksrheinische Mannheimer Vorland bis auf die Rheinschanze, im Oktober kamen einmal mehr die Kaiserlichen. Angesichts der unerträglichen Lasten und Brutalitäten sowohl der Truppen der alten Herren wie derjenigen der „einen und unteilbaren" Republik ist kaum davon auszugehen, daß bei der Masse der Bevölkerung für die eine wie andere Sache noch besonderer Enthusiasmus herrschte. Man versuchte sich wohl durchzulavieren, ohne sich zu exponieren – denn wie schnell konnte man beim Wechsel der Herrschaft unter die Räder kommen. Versuche der alten Ortsherren wie der Freiherren von Hundheim in Edigheim, während der Perioden der Wiederherstellung der kurpfälzischen Herrschaft rückständige Abgaben unnachsichtig einzutreiben, dürften das Ihrige zur weiteren Aushöhlung der alten Ordnung beigetragen haben.[252]

Das Ende dieser Ordnung kam schnell. Als nach dem französisch-österreichischen Vorfrieden von Leoben, der der Republik das linke Rheinufer überließ, die kaiserlichen Truppen abgezogen wurden, traten pfalz-bayerische Soldaten an ihre Stelle. Sie besetzten neben der Rheinschanze Mundenheim, Friesenheim, Oppau und Edigheim, die nun neben der Festung Mainz das einzige noch nicht französische Gebiet links des Rheins zwischen Basel und der holländischen Grenze darstellten. Nach dem österreich-französischen Frieden von Campo Formio vom Oktober 1797 wollten die Franzosen diese Vorposten nicht mehr dulden. Im Dezember 1797 erzwangen sie die Übergabe der Festung Mainz, wenig später wurden die Fabrikationsgerätschaften der Frankenthaler Porzellanmanufaktur, die man ins Rathaus von Oppau gebracht hatte, über den Rhein in Sicherheit gebracht. Nachdem die Franzosen den noch von pfalz-bayerischen Truppen besetzten Ortschaften zu Jahresende verkündet hatten, daß sie ab sofort Teil des französischen Kantons Worms seien und Verhandlungen über eine friedliche Übergabe scheiterten, bemächtigten sie sich durch einen militärischen Handstreich am 25. Januar 1798 der Rheinschanze und ihres Umlands. Die Trennung der jahrhundertealten Verbindung der links- und rechtsrheinischen Gebiete um die Neckarmündung war vollzogen – und damit im politischen Bereich die Voraussetzung dafür geschaffen, daß gegenüber der Stadt Mannheim ein selbständiges Gemeinwesen, eine neue Stadt entstehen konnte.

Mannheim brennt: Belagerung der von den Franzosen besetzten kurpfälzischen Hauptstadt durch die Österreicher [73]

Die Eroberung der Rheinschanze durch die Franzosen am 25. Januar 1798 [74]

Barth, Friedrich: Ruchheim gestern und heute; Veröffentlichungen des Stadtarchivs Ludwigshafen 4, 2. Auflage, Ludwigshafen 1986

Blasse, Ludwig: Die direkten und indirekten Steuern der Churpfalz, Rochlitz 1914

Braun, Karl Otto:
Obrigkeit und Recht im alten Edigheim, in: Monatsschrift des Frankenthaler Altertumsvereins, 2/3 1928 [zit. Braun, Obrigkeit]

Geschichte der beiden Rheindörfer Oppau und Edigheim, Ludwigshafen 1953 [zit. Braun]

Burschell, Friedrich: Schiller, Hamburg 1968

Distler, Uwe: Franz Albert Leopold von Oberndorff. Die Politik Pfalzbayerns (1778 bis 1795); Beiträge zur pfälzischen Geschichte 17, Kaiserslautern 2000

Dufraisse, Roger: L'influence de la domination française sur l'agriculture du Palatinat, in: Wagner, F. L. (Hg.): Strukturwandel im pfälzischen Raum vom Ancien régime bis zum Vormärz. Referate ... der Arbeitstagung ... 1975 in Speyer, Speyer 1982

Dumont, Franz u. Schütte, Ludwig: Die Zeit der Französischen Revolution und Napoleons, in: Alter (Hg.), Pfalzatlas, Textband III, Speyer 1981, S. 1458ff

Dumont, Franz: Die Mainzer Republik von 1792/93. Studien zur Revolutionierung in Rheinhessen und der Pfalz; Alzeyer Geschichtsblätter, Sonderheft 9, 2. Auflage, Alzey 1993

Ebersold, Günther (Hg.): Stephan Freiherr von Stengel. Denkwürdigkeiten; Schriften der Gesellschaft der Freunde Mannheims und der ehemaligen Kurpfalz 23, Mannheim 1993

Eid, Friedrich: Aus der Geschichte der Mundenheimer Schule, in: Kath. Pfarramt St. Sebastian, Ludwigshafen-Mundenheim (Hg.): Kirche und Pfarrei St. Sebastian. Festschrift zur Konsekration der neuen St. Sebastianskirche, Ludwigshafen 1954, S. 93ff

Franz, Georg:
Die Besitzverhältnisse in einem pfälzischen Dorf vor der französischen Revolution (Edigheim), in: Monatsschrift des Frankenthaler Altertumsvereins 5/1916ff [zit. Franz, Besitz]

Mundenheim in den französischen Revolutionskriegen u. f., in: Hbll. Lu 13/14, 1929 [zit. Franz, Mundenheim]

Frey, Michael: Versuch einer geographisch-historisch-statistischen Beschreibung des Königl. Bayer. Rheinkreises, Bd. II: Gerichtsbezirk Frankenthal, Speyer 1836—1837

Geßner, Jakob: Errichtungsurkunde der katholischen Pfarrei Fußgönheim, in: Hbll. Lu 17, 1925

Gugumus, Johannes Emil: Die Pfarrei Mundenheim im Wandel der Zeiten bis zur Auflösung des Wormser Bistums 1802, in: Kath. Pfarramt St. Sebastian, Ludwigshafen-Mundenheim (Hg.): Kirche und Pfarrei St. Sebastian. Festschrift zur Konsekration der neuen St. Sebastianskirche, Ludwigshafen 1954, S. 11ff

Hettich, Emil: Fußgönheim im 18. Jahrhundert. Die Hallbergzeit, in: Gemeinde Fußgönheim (Hg.): Ortsgeschichte der Gemeinde Fußgönheim, Bd. 2, Speyer 2001, S. 21ff

Hippel, Wolfgang v.: Die Kurpfalz zur Zeit Carl Theodors (1742—1799) – wirtschaftliche Lage und wirtschaftspolitische Bemühungen, in: ZGO, N.F. 109/2000, S. 177—244

Karst, Theodor: Das kurpfälzische Oberamt Neustadt an der Haardt; Veröffentlichungen zur Geschichte von Stadt und Kreis Neustadt an der Weinstraße 1, Speyer 1960

Kirsch, Friedrich: Mundenheim. Bilder zu seiner Geschichte; Veröffentlichungen des Stadtarchivs Ludwigshafen 26, Ludwigshafen 1999

Kleeberger, Karl: Oggersheim nach einem Reisebrief 1756, in: Hbll. Lu 6, 1938

König, Irmgard: Die Einwohner von Maudach 1268—1875; Deutsche Ortssippenbücher, Reihe B 34, Frankfurt/M. 1985

Kraut, Walter: Aus der Ruchheimer Vergangenheit. Streifzug durch die Ortsgeschichte. Privatdruck im StALu, 1993

Kreiselmaier, Kurt: Der Kirchenstreit in Ruchheim, in: Bll. f. pfälz. Kirchengeschichte 48/1981, S. 32—46

Kreuter, Karl:

Geschichte der Stadt Oggersheim, Oggersheim 1910 [zit. Kreuter, Oggersheim]

Kurfürstin Elisabeth Auguste von Pfalz-Bayern (1721—1794), Oggersheim 1914/19 [zit. Kreuter, Elisabeth Auguste]

Ergänzungen zur Geschichte der Stadt Oggersheim, Oggersheim 1923 [zit. Kreuter, Ergänzungen]

Festschrift zur 150-Jahrfeier der Pfarr- und Wallfahrtskirche zu Oggersheim, Oggersheim 1925 [zit. Kreuter, Wallfahrtskirche]

Über die Oggersheimer, die mit Schiller verkehrten, in: AVT 1/1929, 2/1929

Die Erbauung der Oggersheimer Wallfahrtskapelle vor 200 Jahren, in: AVT 4/1929 [zit. Kreuter, Wallfahrt]

Aus dem alten Oggersheimer kath. Pfarrbuch (1699—1798), in: AVT 2/1930 [zit. Kreuter, Kath. Pfarrbuch]

Die freiadligen, geistlichen und gemeindeeigenen Güter in Oggersheim, in: AVT 6/1930 ff [zit. Kreuter, Oggersheimer Güter]

Nachrichten über den Bau der großen Straßen bei Oggersheim, in: AVT 5/1930ff

Bewohner des Hemshofs im vorletzten Jahrhundert, in: Hbll. Lu, 20/21, 1930 [zit. Kreuter, Hemshof]

Zur Erinnerung an Schillers Aufenthalt in Oggersheim vor 150 Jahren, in: AVT 5/1932 [zit. Kreuter, Schiller]

Vom Wiederaufbau der Stadtmauer (1737), in: AVT 3/1933 [zit. Kreuter, Stadtmauer]

Die Vorbereitungen zur großen Urbarmachung in Oggersheim 1788, in: AVT 3/1934 [zit. Kreuter, Urbarmachung]

Was alte Steuerveranlagungen uns zu sagen haben, darin: Schatzungsregister 1723, in: Beilage zum Oggersheimer Anzeiger, 9.12.1938 [zit. Kreuter, Steuerlisten]

Weitere Ergänzungen der Oggersheimer Ortsgeschichte, Ludwigshafen 1948 [zit. Kreuter, Weitere Ergänzungen]

Aus der Chronik von Oggersheim; Veröffentlichungen des Stadtarchivs Ludwigshafen 10, 4. Auflage, Ludwigshafen 1983 [zit. Kreuter, Chronik]

Maudach im Wandel der Zeiten; Veröffentlichungen des Stadtarchivs Ludwigshafen 6, 3. Auflage, Ludwigshafen 1986 [zit. Kreuter, Maudach]

Kreutz, Wilhelm: Die pfälzischen Juden in der napoleonischen Ära: Bevölkerungsentwicklung, regionale Ausbreitung und Sozialstruktur, in: Kuby, A.H. (Hg.): Pfälzisches Judentum gestern und heute. Beiträge zur Regionalgeschichte des 19. und 20. Jahrhunderts, Neustadt/W. 1992

Küstner, Wilhelm: Rheingönheim zahlt Geld zu der Erbauung des Mannheimer Schlosses, in Hbll.Lu, 2/1912

Kunz, Wolfgang: In Treue fest zur Kurpfalz. Freiherr Peter Emanuel Freiherr von Zedtwitz-Liebenstein (1715—1786), Dorfherr und Minister, in: MGB, N.F. 2/1995, S. 283—296

Lochner, Karl: Schloß und Garten Oggersheim; Veröffentlichungen der Pfälzischen Gesellschaft zur Förderung der Wissenschaften 41, Speyer 1980

Merk, Ernst: Ortsgeschichte von Fußgönheim, Ludwigshafen 1925

Mörz, Stefan:
Verwaltungsstruktur der Kurpfalz zum Zeitpunkt des bayerischen Erbfalls, in: MHVP 84/1986, S. 403—485 [zit. Mörz, Verwaltung]

Aufgeklärter Absolutismus in der Kurpfalz (1742—1777); Veröffentlichungen der Kommission für Geschichtliche Landeskunde in Baden-Württemberg, Reihe B, 120, Stuttgart 1991 [zit. Mörz, Absolutismus]

Die letzte Kurfürstin. Elisabeth Augusta von der Pfalz, die Gemahlin Carl Theodors, Stuttgart 1997 [zit. Mörz, Elisabeth Augusta]

Haupt- und Residenzstadt. Carl Theodor, sein Hof und Mannheim; Kleine Schriften des Stadtarchivs Mannheim 12, Mannheim 1998 [zit. Mörz, Mannheim]

Nesseler, Emil:
Der Hemshof, Neustadt a. d. W. 1939 [zit. Nesseler, Hemshof]

Die Rheinschanze als kurpfälzisches Festungswerk, Saarbrücken 1940 [zit. Nesseler, Rheinschanze]

Poller, Oskar: Oggersheimer Bürgerbuch 1584—1814; Zur Geschichte der Stadt Ludwigshafen am Rhein 18, Frankfurt a.M. 1991

Prot. Kirchengemeinde Rheingönheim (Hg.): Protestantische Kirche Rheingönheim 1792—1992, Ludwigshafen 1992 [zit. Prot. Kirchengemeinde]

Remling, Franz Xaver v.: Die Rheinpfalz in der Revolutionszeit von 1792 bis 1798, 2 Bde, Speyer 1865/67

Roedel, Volker (Hg.): Die französische Revolution und die Oberrheinlande (1789—1798); Oberrheinische Studien 9, Sigmaringen 1991

Ruf, Peter:
Geschichte von Friesenheim, Bd. 1, Ludwigshafen 1995 [zit. Ruf, Friesenheim, Bd. 1]

Geschichte von Friesenheim, Bd. 2, Ludwigshafen 1996 [zit. Ruf, Friesenheim, Bd. 2]

Schaab, Meinrad: Geschichte der Kurpfalz, Bd. 2, Stuttgart 1992

Schmitt, Friedrich: Die Oppauer Bauern im Wandel der Zeit; Geb. Typoskript im StALu, o.J.

Schunk, Erich: Französische Revolution und pfälzischer Protestantismus; Saarbrücker Hochschulschriften 19, St. Ingbert 1992

Streicher, Andreas: Schillers Weg nach Oggersheim, in: AVT 1/1928ff

Vogt, Jean:
L'evolution du fermage au XVIIIe siècle; Plaine du Palatinat ...; in: Actes du 80. Congrès Des Sociétés Savantes, Lille 1955, Paris 1955 [zit. Vogt, Fermage]

Un aspect de la revolution agricole de la plaine rhenane. Les initiatives du M. de Maubuisson in: Actes du 85 ... wie oben ... Chambéry-Annecy 1960, Paris 1961 [zit. Vogt, Maubuisson]

Notes agraires rhenanes: Laboureurs et petits gens à la fin du XVIIIe siècle, in: Revue Géographique de l'Est 2, 1961 [zit. Vogt, Rheingönheim]

Widder, Johann Goswin: Versuch einer vollständigen geographisch-historischen Beschreibung der kurfürstlichen Pfalz am Rheine, Bd. 2, Frankfurt und Leipzig 1786

Titelbild Kapitel 4: Plan des Oggersheimer Schlosses nach Knobloch; kolorierte Tuschezeichnung, 1781; Bayerische Staatsbibliothek München

[2] entnommen aus: Geschichte der Stadt Ludwigshafen 1903
[3, 4] Bibliothek des Stadtarchivs Mannheim
[5] Stadtarchiv Mannheim
[6] Kurpfälzisches Museum Heidelberg
[7] Graph. Sammlung Albertina, Wien
[8, 9] Reiss-Museum, Mannheim
[10] Sammlung der Wallfahrtskirche Oggersheim
[12, 14] Kurpfälzisches Museum Heidelberg
[15] Historisches Museum der Pfalz, Speyer
[19] Graphische Sammlung München
[20] Kurpfälzisches Museum, Heidelberg
[21] Schillerhaus Oggersheim
[22] Landesarchiv Speyer
[25, 26] Kurpfälzisches Museum Heidelberg
[28] Graph. Sammlung Albertina, Wien
[29] Privatbesitz
[30] StALu, Op. G 2256
[31—34] Stadtmuseum Ludwigshafen
[35] StALu, Mu. 304
[37] Schloß Favorite bei Rastatt
[38, 39] StALu, Og. 11
[40, 41] StALu, Og. 193
[42] StALu, Rgh. 1051
[51] Kath. Pfarrei St. Sebastian, Mundenheim
[52] Stadtmuseum Ludwigshafen
[53] Historisches Museum der Stadt Wien
[54] Historisches Museum der Pfalz, Speyer
[64] Reiss-Museum, Mannheim
[65] Generallandesarchiv Karlsruhe
[66] Reiss-Museum, Mannheim
[68] Archives Municipales Straßburg
[70] Stadtmuseum Ludwigshafen
[73] Reiss-Museum, Mannheim
[74] Stadtmuseum Ludwigshafen

[1, 5, 7, 11, 13, 14, 16, 17, 18, 19, 21, 23—27, 29, 36, 43—52, 55, 56—63, 67, 69—72]
Fotosammlung StALu

Unter Tricolore und weißblauer Fahne

Der Raum Ludwigshafen
in den Jahren 1798—1843

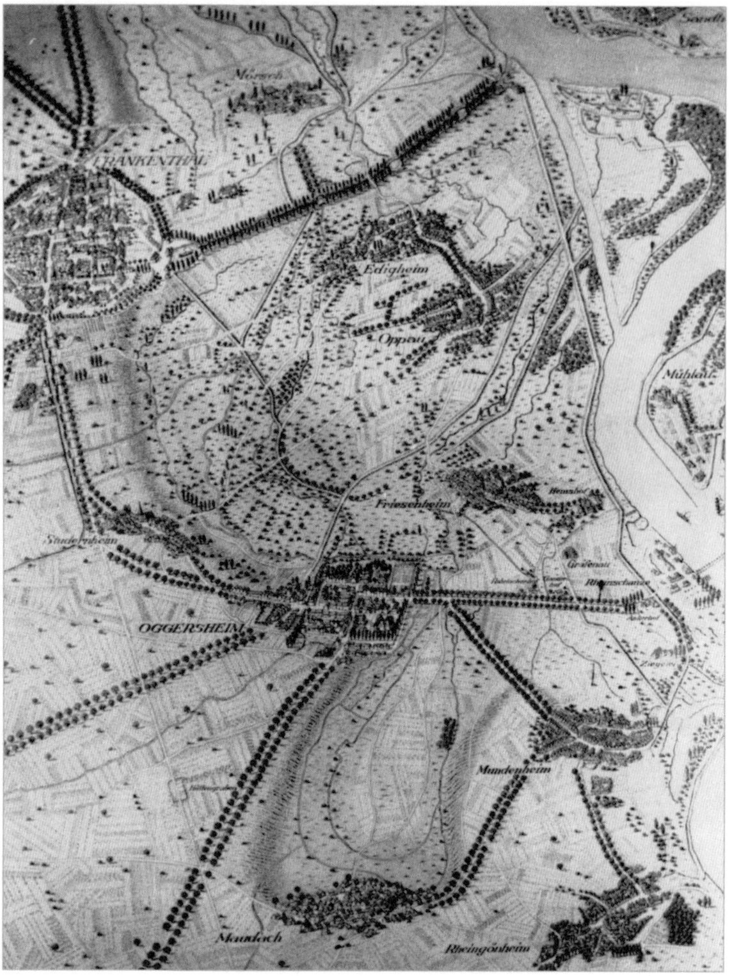

Ländliche ›Idylle‹ vor dem Beginn der Industrialisierung: die Landschaft im Raum Ludwigshafen um 1840 Bildtafel von Schack [2]

Die Epoche zwischen den Revolutionen 1789 und 1848 gilt in der Geschichte Deutschlands als eine Zeit des Übergangs. Die neuen Ideen von der Freiheit, der Gleichheit und der Brüderlichkeit der Menschen, von der verbindenden Kraft der Nation, brachen sich von Frankreich aus ihre Bahn. Gleichzeitig avancierte England zum Vorbild und Motor der Industrialisierung Europas. Veränderung war somit ein wesentliches Charakteristikum des Zeitalters. Auch die Gemeinden, die einmal in der Stadt Ludwigshafen aufgehen sollten, waren mit ihrer bäuerlichen Lebenswelt diesen Tendenzen unterworfen und erfuhren dadurch in vielen Bereichen einen tiefgreifenden Wandel. Die allgemein wirksame Dynamik des Zeitalters präsentierte sich ihnen darüber hinaus in Gestalt der Rheinschanze, die ab den 1820er Jahren zu einem prosperierenden Handelsplatz ausgebaut werden sollte. Am Anfang der neuen Zeit stand für den Raum Ludwigshafen[1] jedoch die Eingliederung der ehemaligen Reichsterritorien auf der linken Rheinseite in den französischen Herrschaftsbereich.

Anmerkungen
Seite 200 und 201

1 *Unter dem Terminus ›Raum Ludwigshafen‹ verstehe ich diejenigen Orte, die heute im Stadtgebiet von Ludwigshafen liegen. Es handelt sich dabei um einen rein technischen Begriff, der den vorgegebenen Untersuchungsgegenstand bezeichnet. Es soll hiermit kein kulturhistorischer Raum im Sinne von Hermann Aubin konstatiert werden; vgl. hierzu: Gerlich, S. 82. Auch soll mit dieser Bezeichnung nicht der Eindruck erweckt werden, als hätten die verschiedenen Orte bereits in der Vergangenheit in so inniger Beziehung gestanden, daß sich die Entwicklung zum heutigen Zustand quasi notwendigerweise ergeben hätte*

2 *vgl. Schneider, S. 23*

Unter der Trikolore: Der Raum Ludwigshafen 1798 bis 1813

Der Übergang in den französischen Kosmos

Die Wirren des ersten Koalitionskrieges zwischen Frankreich und dem Kaiser in Wien mit seinen Verbündeten fanden im Frieden von Campo Formio Ende Oktober 1797 ihr Ende. Darin mußte Franz II. der auf dem Schlachtfeld siegreichen Französischen Republik die Annexion der linksrheinischen Reichsgebiete zugestehen, was völkerrechtlich auf dem Rastatter Friedenskongreß bestätigt werden sollte.

Unter territorialen Gesichtspunkten bedeutete dies im Grundsatz zweierlei: Einmal verschwand links des Rheins der Flickenteppich, der auch die heutige Pfalz im 18. Jahrhundert mit ihren insgesamt 31 weltlichen und vier geistlichen Herrschaften charakterisiert hatte. Das ganze Land besaß nun die gleiche politische Zugehörigkeit. Außerdem wurde der Rhein, bislang das verbindende Element der Rheinlande, mit einem Mal zur Grenze, zerschnitt gewachsene Strukturen und Verbindungen. Der Raum Ludwigshafen, bis dahin überwiegend ein Teil der Kurpfalz, verlor die Anbindung zu deren rechtsrheinischen Teilen und vor allem zu Mannheim, als dem kulturellen, wirtschaftlichen und politischen Zentrum der Region. Die Beständigkeit dieser staatlichen Trennung war zum damaligen Zeitpunkt allerdings noch keineswegs sicher, änderten sich in Mitteleuropa Grenzen und herrschaftsmäßige Zugehörigkeiten bis zum Ende des Wiener Kongresses 1815 mit fast jedem der häufig stattfindenden Waffengänge. Land und Leute spielten in extremer Weise nur die Rolle einer politischen Manövriermasse.

In bezug auf die linksrheinischen Reichsgebiete wollte die damalige französische Regierung, das ›Direktorium‹, jedoch schnellstmöglich Fakten schaffen. Gleich nach der Ratifizierung des Vertrages von Campo Formio durch den Kaiser ernannte man am 4. November 1797 den Elsässer Franz Josef Rudler, Richter am Pariser Kassationshof, zum Generalkommissar für die neuen Territorien. Mit umfassenden Vollmachten ausgestattet sollte er die seit 1793/94 besetzten und bisher weitgehend nach militärischen Gesichtspunkten verwalteten Gebiete zu einem Bestandteil Frankreichs machen. Von nun an partizipierten auch die Bewohner im Raum Ludwigshafen an den verfassungsrechtlichen Prinzipien der Französischen Revolution: Die Gleichheit aller Staatsbürger in ihren Rechten und Pflichten, das Prinzip der Gewaltenteilung, die Freiheit der Person und des Eigentums galten jetzt als Maßstab für das staatliche und gesellschaftliche Leben.[2] Allerdings unter zwei Einschränkungen: Einmal blieb den ehemaligen Reichsgebieten die volle rechtliche Gleichstellung mit dem übrigen Frankreich noch mehrere Jahre verwehrt. Selbst als im Frieden von Lunéville 1801 das Reich die Vereinbarungen von Campo Formio völkerrechtlich bestätigte, und die Rheinlande von da an auch de jure ein Teil Frankreichs waren, wurde dies nicht vollständig aufgehoben. Erst am 23. September 1802 fielen die letzten Zurücksetzungen weg. Zum anderen erfuhren die Verhältnisse in Frankreich insgesamt eine grundlegende Veränderung. Am 9. November 1799 riß Napoleon Bonaparte die Macht gewaltsam an sich, deklarierte sich zum Ersten Konsul und krönte sich schließlich 1804 selbst zum Kaiser. Die Prinzipien der Revolution verloren in der Folge zwar nicht grundsätzlich ihre Gültigkeit, doch sie wurden nun begrenzt und verformt durch die herausgehobene Stellung des Korsen.

Das Departement Donnersberg und die spätere bayerische Pfalz Übersichtskarte [3]

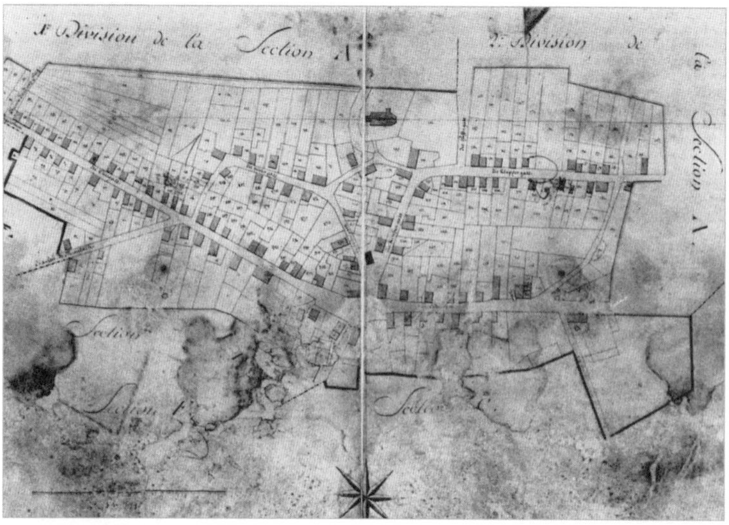

Mundenheim nach der französischen ›Sektionskarte‹ des Jahres 1812 In französischer Zeit wurden die ersten wirklich exakten Karten des Raums Ludwigshafen angelegt, die dann um 1840 nach einer umfassenden Neuvermessung durch die bayerischen Behörden ersetzt wurden [4]

Die Verwaltung der Gemeinden: Rahmenbedingungen und Ausprägungen

Die Verwaltung der Rheinlande und damit auch diejenige der dortigen Gemeinden wurde ab 1798 den französischen Verhältnissen angepaßt. Bereits am 23. Januar jenes Jahres hatte Generalkommissar Rudler seinen Sprengel in vier ›Departements‹ aufgeteilt. Dabei wurde auf historische Verbindungen und Zusammengehörigkeiten bewußt keine Rücksicht genommen, um einen möglichst konsequenten Bruch mit der Vergangenheit zu fördern. Der Raum Ludwigshafen gehörte von nun an zum Donnersbergdepartement mit seinem Hauptort Mainz. Dieses umfaßte in etwa den ehemaligen Regierungsbezirk Rheinhessen-Pfalz unter Weglassung der südpfälzischen Gebiete. Es setzte sich aus insgesamt 38 ›Kantonen‹ zusammen, die als kommunale Verwaltungsorganisationen in der Regel eine Reihe von Gemeinden vereinigten.[3] Oggersheim, Maudach, Ruchheim, Mundenheim, Friesenheim und Rheingönheim gehörten zum Kanton Mutterstadt, wohingegen Oppau und Edigheim dem Kanton Frankenthal zugeschlagen wurden. Die Verwaltung organisierte Rudler – dem System des Direktoriums gemäß – als kollegiale Behörden. Auf lokaler Ebene bildeten daher die jedem Ort eines Kantons vorstehenden ›Agenten‹ bzw. ›Adjunkten‹ zusammen als Kollegium die ›Kantonsmunizipalität‹. Sie entschieden mit Mehrheit über die wichtigsten Vorgänge. Wie alle Beamten in den Rheinlanden wurden sie damals im Gegensatz zu Altfrankreich jedoch nicht gewählt, sondern von der Zentralverwaltung des jeweiligen Departements ernannt.[4]

Diese Organisationsstruktur wurde infolge der staatsrechtlichen Veränderungen von 1799 wegen ihrer Ineffizienz grundlegend reformiert. Im Februar 1800 führte Napoleon das sogenannte Präfektursystem ein, das im Rheinland bis zum Ende der Franzosenherrschaft Anfang 1814 in Kraft bleiben sollte.[5] Es zeichnete sich u. a. durch einen straffen Zentralismus aus. Auf jeder Verwaltungsebene hatte zudem nun jeweils ein einzelner Beamter die alleinige Entscheidungsgewalt

Anmerkungen
Seite 202 und 203

3 *vgl. zur Organisation der Verwaltung: Ortlepp, S. 136*

4 *vgl. Kreutz, Freiheitsbaum, S. 50; König, S. 83*

5 *vgl. zu dieser Verwaltungsreform: Rödel, S. 1473; Ortlepp, S. 140ff; Graumann, S. 46, 73ff*

6 *Bodman, S. 125, 135*

7 *vgl. König, S. 154f*

8 *Die Anzahl der Adjunkten war abhängig von der Größe der Mairie. Im Falle der Orte im Raum Ludwigshafen kam man jedoch nicht über einen Beigeordneten hinaus; vgl. Ortlepp, S. 146*

9 *vgl. zu den Aufgaben ausführlich: Graumann, S. 73f; Ortlepp, S. 146*

10 *vgl. hierzu: Ortlepp, S. 147; Graumann, S. 89; StALu, T 428, Instruktion für die Munizipalräte der Mairien des Departements Donnersberg, 8. 1. 1802 [18. Nivôse X]*

11 *vgl. LASp, G 315; 1806; Verordnung des Präfekten, 3. 3. 1806*

12 *vgl. König, S. 82f*

inne. Zentrum des Systems war das Departement. Ihm stand ein ›Präfekt‹ vor, dem alle anderen Behörden der Zivilverwaltung untergeordnet waren. Die neueingerichteten Mittelinstanzen, die ›Arrondissements‹, mit ihren Spitzen, den ›Unterpräfekten‹, stellten den verlängerten Arm des Präfekten in der jeweiligen Region dar. Im Donnersbergdepartement gab es deren vier, wobei der Raum Ludwigshafen zum Arrondissement Speyer gehörte. Auf lokaler Ebene büßten die Kantone hingegen erheblich an Bedeutung ein, verloren ihre Verwaltungsfunktionen an die Arrondissements und die neu eingeführten ›Mairien‹ und dienten fortan nur noch als Wahlkreise und als Bezirke für die Friedensrichter.

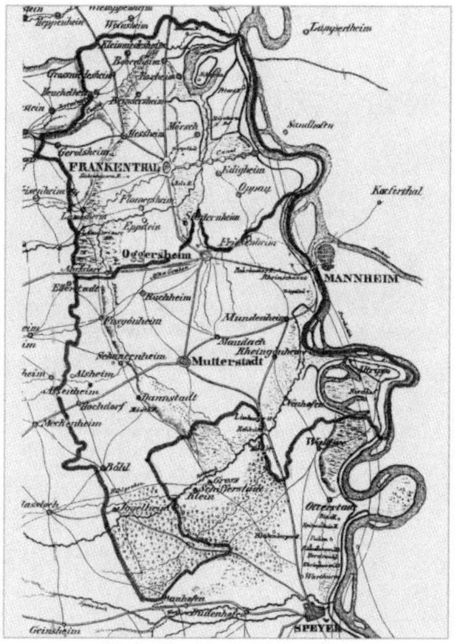

Die Kantone Mutterstadt und Frankenthal, unter die das heutige Stadtgebiet seit 1798 aufgeteilt war; Karte des frühen 19. Jahrhunderts [5]

Als Nachfolger der Kantonsmunizipalitäten im örtlichen Bereich stellten die Mairien oft einen Verwaltungsbezirk für mehrere Orte dar. Im Raum Ludwigshafen bildeten meist zwei Gemeinden zusammen eine Mairie. So war Maudach mit Mundenheim vereinigt, Ruchheim mit Fußgönheim, Neuhofen mit Rheingönheim, Oppau mit Studernheim und Edigheim mit Mörsch. Lediglich Oggersheim und Friesenheim besaßen den Status einer eigenen Mairie.[6] Doch diese Zusammenschlüsse verharrten an der Oberfläche. Sie führten nicht zu einer Verschmelzung der Gemeinden wie z. B. infolge der Gemeindereform in den 1970er Jahren. Lediglich einige wenige Aufgaben wurden gemeinschaftlich erledigt, ansonsten blieben die einzelnen Orte als juristische Personen erhalten. Ganz deutlich wird dies durch den Umstand, daß jede Gemeinde ihre eigene Rechnungsführung beibehielt und die Mairie als solche über keine eigenen Einnahmen verfügte.[7] An der Spitze jeder Mairie stand ein ›Maire‹, dem im Raum Ludwigshafen in der Regel ein Adjunkt zur Seite gestellt war, welcher ihn in einem Teilort vertrat.[8] Die Aufgaben des Maires waren vielfältig.[9] Er leitete die Gemeindeverwaltung, übte die Ortspolizeigewalt aus, bearbeitete die Zivilstandsregister und verwahrte die Steuerrollen sowie die ›Konskriptionslisten‹. Schließlich hatte er den Vorsitz im ›Munizipalrat‹ seiner Mairie inne. Zu seiner Unterstützung wurden von der Gemeinde meist ein Schreiber sowie mehrere Feldhüter, Nachtwächter u. ä. angestellt.

Der Munizipalrat – ›conseil municipale‹ – stellte das zweite Element der kommunalen Organisation dar.[10] Er beriet über besondere lokale Bedürfnisse und Notwendigkeiten, prüfte als erste Instanz die Rechnungen, traf Beschlüsse über die Ausführung der Gemeindearbeiten und beratschlagte über Rechtsangelegenheiten der Mairie. Im Grunde war er der Nachfolger des alten Dorfgerichts, ohne aber gemäß der Gewaltenteilung über dessen richterliche Kompetenzen zu verfügen. Beschränkt wurde die praktische Bedeutung des Munizipalrates jedoch dadurch, daß er nur einmal im Jahr für 14 Tage zusammenzutreten hatte. Außerordentliche Sitzungen konnte nur der Präfekt anberaumen.[11]

Schon dies deutet an, daß die Mairien keine eigenständigen Körperschaften darstellten. Bereits die französische Verfassung von 1795 hatte die Selbständigkeit der Gemeinden weitgehend aufgehoben.[12] Nun waren sie gegenüber dem Präfekten weisungsgebunden und der direkten Kontrolle des Unterpräfekten unterworfen. Sie besaßen letztlich den Charakter unterer Staatsbehörden. Von kommunaler Selbstverwaltung, wie wir sie heute kennen, konnte damals keine Rede sein. Dieses Unterordnungsverhältnis zeigte sich denn auch deutlich in der

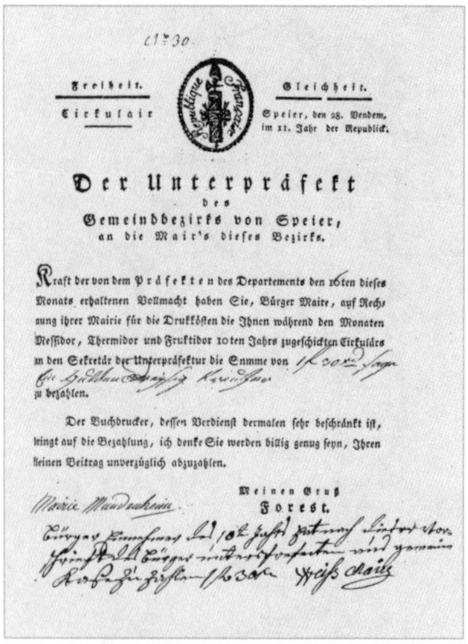

Freiheit. Gleichheit.

Cirkulair

Speier, den 28. Vendem. im XI. Jahr der Republick.

Der Unterpräfekt des Gemeindbezirks von Speier, an die Mair's dieses Bezirks.

Kraft der von dem Präfekten des Departements den 16ten dieses Monats erhaltenen Vollmacht haben Sie, Bürger Maire, auf Rechnung ihrer Mairie für die Drukköften die Ihnen während den Monaten Messidor, Thermidor und Fruktidor 10ten Jahrs zugeschickten Cirkulärs an den Sekretär der Unterpräfektur die Summe von 1 fl 30 kr zu bezahlen.

Der Buchdrucker, dessen Verdienst dermalen sehr beschränkt ist, dringt auf die Bezahlung, ich denke Sie werden billig genug seyn, Ihren kleinen Beitrag unverzüglich abzuzahlen.

Meinen Gruß
Forest.

Rundschreiben des Unterpräfekten von Speyer an den Maire von Mundenheim Jahr 11 der Republik [6]

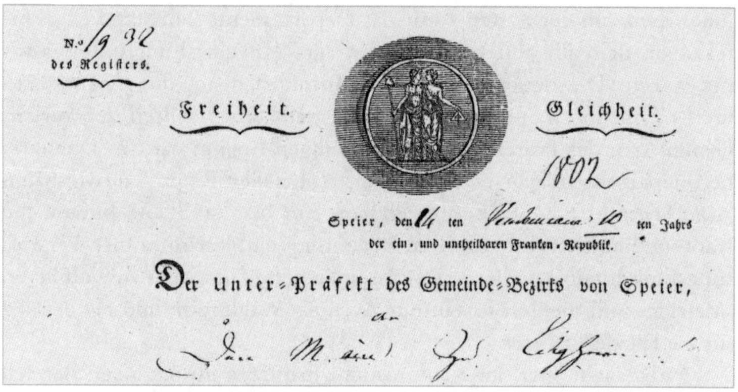

N.o 1932 des Registers.

Freiheit. Gleichheit.

1802

Speier, den 14 ten Vendemiaire 10 ten Jahrs der ein- und untheilbaren Franken-Republik.

Der Unter-Präfekt des Gemeinde-Bezirks von Speier,

Revolutionäre Symbolik *[7]*

Mit dem Übergang zur Republik 1792 kam die Revolution unter einen gewaltigen ideologischen Rechtfertigungsdruck. Ein Mittel dem zu begegnen war die Entwicklung einer speziellen Revolutionsikonographie. Mit dem Anschluß an Frankreich findet sich diese auch auf den Briefköpfen des Verwaltungsschriftguts in den vier rheinischen Departements. Zweck dieser Briefkopfsymbolik war dabei vor allem, die verschiedenen Ebenen der Verwaltungshierarchie propagandistisch anzusprechen. Vorliegendes Schreiben des Unterpräfekten von Speyer, Sadoul, an den Maire von Edigheim vom 14. Vendémiaire des Jahres 10 der Republik (6. 10. 1801) zeigt eine häufig vorkommende Motivkombination. Umrahmt von den Begriffen Freiheit und Gleichheit sind in einem Medaillon die Allegorien dieser Begriffe als sich umarmende Frauengestalten abgebildet. Die Freiheit ist erkennbar an der auf einem Stab steckenden Jakobinermütze, die Gleichheit an dem Senklot. Ab der Kaiserkrönung Napoleons 1804 verschwanden diese Revolutionssymbole und wurden ersetzt durch den Adler bzw. den Lorbeerkranz.

Praxis der Gemeindeverwaltung. Schon die Schreiben des Unterpräfekten aus Speyer an die Mairien im Raum Ludwigshafen hatten in der Regel den Duktus von Befehlen, gegen die kein Widerspruch geduldet wurde. So ließ z. B. Unterpräfekt Verny in einem Brief an den Maire von Maudach von vornherein „keine Reklamationen noch Vorstellungen" gegenüber einer von ihm getroffenen Entscheidung zu.[13]

Darüber hinaus waren die lokalen Amtsträger recht umfassenden Kontrollmaßnahmen unterworfen. So unternahmen der Präfekt und seine Unterpräfekten regelmäßig Inspektionsreisen, um zu überprüfen, ob die lokalen Amtsträger im Sinne der übergeordneten Behörde handelten.[14] Außerdem ging man Beschwerden aus den Gemeinden gegen die Amtsträger gründlich nach. Bei Nachlässigkeiten und Pflichtversäumnissen oder was als solche gewertet wurde, konnten die Maires persönlich für den entstandenen Schaden haftbar gemacht werden.[15] Wurden gar schwerere Vergehen ruchbar, führten diese auch zur Amtsenthebung des Betreffenden durch den Präfekten. Der Maire von Mundenheim, Hilarius Weiß, z. B. verlor zeitweilig seinen Posten, da er sich wegen Forstvergehen zu verantworten hatte.[16] Heinrich Kraus, der Maire von Edigheim, kam durch seinen Rücktritt 1813 wohl nur seiner förmlichen Entlassung zuvor, da ihm Veruntreuung von Gemeindegeldern in erheblichem Umfang zur Last gelegt wurde.[17] Im Allgemeinen scheint die Verwaltung der Mairien im Raum Ludwigshafen jedoch ohne größere Unregelmäßigkeiten der Amtsinhaber erfolgt zu sein.

Anmerkungen
Seite 204 und 205

13 *StALu, Md. 318, Unterpräfekt Verny an Maire von Maudach, 4. 10. 1806*

14 *LASp, G 315; 1806, Unterpräfekt Verny an die Maires, 1. 5. 1806; LASp, G 315; 1808; Unterpräfekt Verny an die Maires, 11. 5. 1808*

15 *LASp, G 6, Nr. 519, Rundschreiben des Präfekten an die Maires, 3. 10. 1803 [10. Vendémiaire XII]; LASp, G 315; 1806; Präfekt an Unterpräfekt, 4. 10. 1806*

16 *LASp, G 6, Nr. 565a I, Arrêté des Präfekten 17. 8. 1803 [29. Thermidor XI]. Später wurde dieses Urteil des Präfekten jedoch wieder aufgehoben, so daß Weiß noch mehrere Jahre als Maire fungierte; vgl. LASp, G 6, 523, Liste der Maires der Kantone Mutterstadt und Frankenthal, um 1807*

17 *LASp, G 6, Nr. 555, Sers an Präfekt des Donnersbergdepartements, 13. 7. 1813*

18 *LASp, G 6, Nr. 519, Rundschreiben des Präfekten an die Maires, 3. 10. 1803 [10. Vendémiaire XII]; vgl. als Beispiel: StALu, Ed. 11b, Maire von Edigheim an Unterpräfekt in Speyer, 16. 2. 1808*

19 *vgl. z. B. StALu, Op. 2 / 36, Allgemeines Verzeichnis der Schulden von Oppau; vgl. Springer, S. 159, 317*

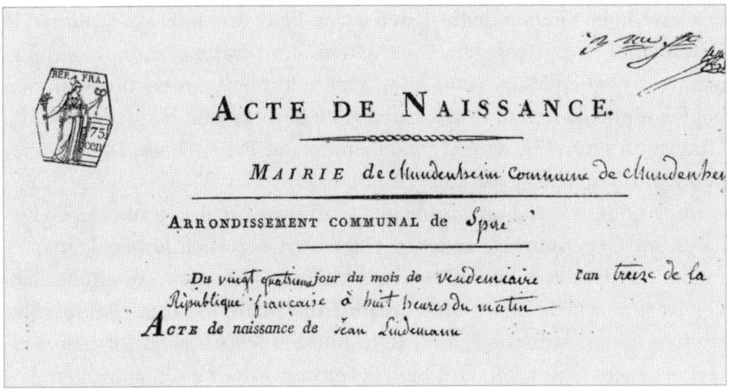

ACTE DE NAISSANCE.

MAIRIE de Mundenheim Commune de Mundenheim

ARRONDISSEMENT COMMUNAL de Spire

Du vingt quatrième jour du mois de vendemiaire l'an treize de la République française à huit heures du matin

ACTE de naissance de Jean Lindemann

Die neuen Zivilregister: hier das Geburtsregister der Gemeinde Mundenheim aus dem Jahr 13 der Republik [8]

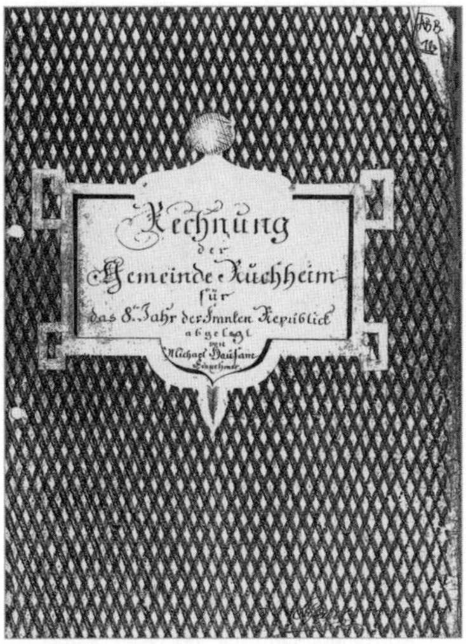

Rechnungsband der Gemeinde Ruchheim für das Jahr 8 der Republik [9]

Besonders strikt war die Abhängigkeit der Mairien im finanziellen Bereich. Sie besaßen keine Hoheit über das Aufstellen des eigenen Haushalts. Ja, sie konnten nicht einmal dessen Umsetzung wirklich gestalten, denn jede Ausgabe des Maires bedurfte der Genehmigung des Präfekten.[18] Auch bei der Behandlung eines der größten Probleme für die Gemeinden in der Franzosenzeit, nämlich bei der Frage der Gemeindeschulden, gab eindeutig die Staatsverwaltung die Richtung vor. Die Verbindlichkeiten der Kommunen waren aufgrund der langen Kriegsjahre vor allem zwischen den Jahren 1791 und 1799 enorm angewachsen.[19] Im Einklang mit Paris drängte nun der Präfekt des Donnersbergdepartements, Jeanbon St. André, nach der Jahrhundertwende auf deren Tilgung. Als Maßnahmen offerierte er den Gemeinden den Einzug ausstehender Kapitalien sowie den Verkauf von Holz, Gras etc. Außerdem forderte er sie auf, die Allmenden nicht weiter unentgeltlich zu vergeben, sondern für deren Genuß jährlich einen angemessenen Zins zu erheben.[20] Zur Abtragung des Schuldenberges erwiesen sich diese Mittel jedoch als ungeeignet. Ruchheim beispielsweise hatte 1803 einen Schuldenstand von 14 401 fr. bei jährlichen Einkünften von rund 2 750 fr. Bis 1809 konnte man keine Schulden abbauen, ja sie erhöhten sich sogar noch leicht auf 15 451 fr. 96 ct.[21] Vor einer Veräußerung von Gemeindevermögen als Mittel der Schuldentilgung schreckte man trotz der Erfolglosigkeit der übrigen Bemühungen auf Seiten der Departementsverwaltung jedoch zurück. Dahingehenden Vorschlägen, wie sie z. B. der Maire von Edigheim mit seinem Plan machte, Schulden durch den Verkauf von Allmenden zu tilgen, erteilte man stets eine klare Absage.[22] Hinter dieser Weigerung verbarg sich wohl die Überlegung, daß die Leistungsfähigkeit der Gemeinden für den Gesamtstaat möglichst nicht geschmälert werden sollte. Denn daß man sich nicht scheute deren Vermögen für nationale Ziele zu opfern, wurde in der Notlage des ›Empire‹ 1813 offensichtlich, als die Gemeinden fast ihren gesamten Grundbesitz an den Staat bzw. an die Schuldentilgungskasse zu übertragen hatten.[23]

Wie die Kontrolle der Amtsführung so lagen auch Bestimmung und Ernennung der lokalen Beamten und der Räte im Raum Ludwigshafen in der Hand des Präfekten.[24] In der Praxis griff man bei den Auswahlverfahren jedoch auf die Kenntnisse lokaler Vertrauensleute zurück. Gab es z. B. Vakanzen bei den Munizipalräten, so hatte der Maire

Anmerkungen
Seite 205

20 *LASp, G 6, Nr. 519, Präfekt an Maires, 3.10.1803 [10. Vendémiaire XII]; StALu, Ed. 11a, Unterpräfekt an Maire von Edigheim, 27.4.1802 [7. Floréal X]*

21 *vgl. StALu, Ru. 1059/31, Verzeichnis des Eigentums, der Einkünfte, Schulden, Lasten etc. der Gemeinde Ruchheim, 16.1.1803 [26. Nivôse XI]; StALu, Ru. 1058/29, Verzeichnis der seit 1792 eingegangenen Schulden der Gemeinde Ruchheim, 24.2.1810. Ruchheim war beileibe kein Einzelfall, eine ähnliche Entwicklung gab es z. B. auch in Edigheim; vgl. StALu, Ed. 11a, Vorschlag von Maire Kraus zur Reduzierung der Schulden, 6.12.1801 [15. Frimaire X]; LASp, G 6, Nr. 702, Präfekt des Donnersbergdepartements an Innenminister, 19.9.1807*

22 *StALu, Ed. 11a, Unterpräfekt an Maire von Edigheim, 27.4.1802 [7. Floréal X]*

23 *König, S. 277ff; Springer, S. 320. Diese Maßnahme, von der die Allmenden ausgenommen waren, wurde von den Alliierten nach 1814 wieder rückgängig gemacht*

24 *vgl. hierzu: Graumann, S. 83, 89ff; Ortlepp, S. 146f*

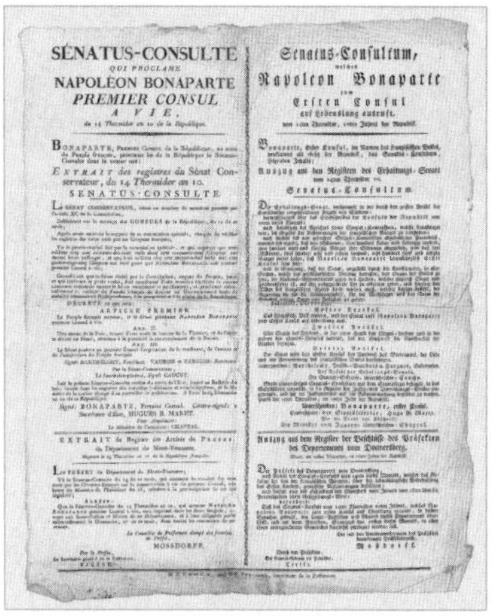

SÉNATUS-CONSULTE
QUI PROCLAME
NAPOLÉON BONAPARTE
PREMIER CONSUL
A VIE,

EXTRAIT des registres du Sénat Conservateur, du 14 Thermidor an 10.

SENATUS-CONSULTE

Senatus-Consultum,
welches
Napoleon Bonaparte
zum
Ersten Consul
auf Lebenslang ausruft.

Senatus-Consultum

Auf dem Weg zur neuen Monarchie: Erhebung Napoleons zum Konsul auf Lebenszeit, 1802 [10]

der jeweiligen Gemeinde für jeden freien Platz drei in Frage kommende Kandidaten vorzuschlagen, von denen der Präfekt dann einen ernannte.[25] Bei den Maires und Adjunkten selbst holte man Informationen bei Persönlichkeiten der regionalen Elite ein. Im Jahr 1813 ersuchte die Unterpräfektur z. B. den Arrondissementsrat Peter Heuss aus Oggersheim um Vorschläge für die Neubesetzung der Mairestelle in Edigheim.[26] Dieses Verfahren impliziert, daß man für den Raum Ludwigshafen im Gegensatz zu anderen Gegenden der rheinischen Departements vornehmlich auf einheimische Amtsträger setzte. Von außerhalb der Region wurde hier z. B. niemand zum Maire ernannt. Bei der Bestimmung der Amtsträger und Räte mußten jedoch auch formale Kriterien beachtet werden. Am bedeutsamsten waren die finanziellen Anforderungen. Alle Munizipalräte hatten zum Kreis der 100 Höchstbesteuerten des Kantons zu gehören.[27] Die Maires und Adjunkten wiederum waren dann aus der Mitte des Munizipalrates zu nehmen. Dabei hatte die Forderung nach einem gewissen Vermögen durchaus einen praktischen Hintergrund. Denn sämtliche Wahlämter in den Gemeinden waren ehrenamtlich und somit unbesoldet. Um insbesondere die arbeitsintensiven Funktionen als Maire oder als Adjunkt ausüben zu können, bedurften die Betreffenden also einer gewissen finanziellen Basis. Von den Gemeindevorstehern des Raumes Ludwigshafen besaß deshalb jeder ein für die Gegend beachtliches Vermögen von mindestens 5 000 fr., der Schnitt lag gar bei etwa 10 000 fr.[28] Andererseits hatte diese Regelung natürlich auch grundlegende politische Konsequenzen, denn sie sicherte der vermögenderen Schicht in den einzelnen Orten den wesentlichen Einfluß. Im Munizipalrat von Ruchheim saßen 1811 z. B. nur Mitglieder des Bauernstandes oder Rentiers, Tagelöhner waren nicht vertreten.[29]

Inwieweit die Ausübung von Gemeindeämtern in der napoleonischen Zeit von den Betreffenden im Raum Ludwigshafen als Last oder eher als Auszeichnung empfunden wurde, ist heute kaum mehr zu klären. Denn da die Mandatsträger von staatlichen Stellen ernannt und nicht gewählt wurden, wäre es für sie wohl einerseits recht schwierig gewesen, die zugewiesene Würde einfach abzulehnen. Die einmal übernommenen Funktionen wurden in der Regel dann auch lange Jahre ausgeübt und der eigene Rückzugswunsch stets mit hohem Alter oder mit angegriffener Gesundheit, also unverfänglich begründet.[30] Andererseits waren die Gemeindeämter für den Einzelnen nicht unattraktiv. Dies galt insbesondere für den Posten des Maires. Zwar unterlag dieser einer engen Bindung an den Willen des Präfekten, dennoch bot dessen Stellung mit der Kontrolle über die lokale Verwaltung und Polizei hinreichende Möglichkeiten zur persönlichen Einflußnahme.[31]

Trotz dieser durchaus attraktiven Rahmenbedingungen hatte die Staatsverwaltung jedoch zuweilen Schwierigkeiten geeignete Kandidaten gerade für die Position des Gemeindevorstehers zu finden. Denn die Gruppe von Menschen, welche Bildung und Fähigkeiten für dieses Amt aufbrachten, war im Raum Ludwigshafen damals recht klein. In Ruchheim beispielsweise konnten 1802 von 643 Einwohnern gerade mal 295 lesen.[32] Ein in den Munizipalrat berufener Bürger lehnte denn auch seine Ernennung mit der Begründung ab, „des Lesens und Schreibens unerfahren zu sein."[33] Auch eine Reihe amtierender Maires war den Klagen des Unterpräfekten zufolge zu systematischem Verwaltungshandeln kaum in der Lage.[34] In den Anfangsjahren der französischen

Anmerkungen
Seite 206

25 vgl. LASp, G 6, Nr. 530, Maire von Oppau an Unterpräfektur Speyer, 9.7.1811; Maire von Edigheim an Unterpräfekt, 10.5.1811

26 vgl. LASp, G 6, Nr. 530, Peter Heuss an Sers, 29.9.1813

27 vgl. Ortlepp, S. 147; LASp, H3, Nr. 215, Kreisregierung an Bayer. Innenministerium, 31.3.1833 [Konzept]

28 vgl. LASp, G 6, Nr. 523, Liste der Maires der Kantone Mutterstadt und Frankenthal, um 1807

29 StALu, Ru. 52, Auflistung des Munizipalrates von Ruchheim, 11.6.1811

30 LASp, G 6, Nr. 530, Auditeur au Conseil d'État beim Unterpräfekten in Speyer an Präfekt, 9.7.1811

31 vgl. König, S. 134

32 vgl. StALu, Ru. 1059/28, Statistische Erläuterungen zur Mairie Ruchheim, Juli/August 1808

33 vgl. StALu, Ru. 1059/16, Protokoll der Vereidigung der Munizipalität von Ruchheim, 4.2.1802 [15. Pluviôse IX]

34 vgl. LASp, G 315; 1804; Unterpräfekt von Speyer an Maires des Arrondissements, 24.7.1804 [5. Thermidor XII]

Herrschaft wurde diese Basis dann noch erheblich durch die Forderung nach strikter politischer Zuverlässigkeit im republikanischen Sinne eingeschränkt, denn dies schloß die meisten Amtsträger aus der Zeit des Ancien régime zunächst einmal von der Funktionsübernahme aus.[35] Unter Napoleon trat dieser ideologische Aspekt dann aber in den Hintergrund. Nun griff man verstärkt wieder auf die fachliche Kompetenz der alten Amtsinhaber zurück, schließlich stellte eine ehemalige Tätigkeit im Fürstendienst nun keinen wirklichen Widerspruch zu den herrschenden politischen Verhältnissen mehr dar. In Edigheim wurde z. B. 1813 Andreas Ballinger zum Maire ernannt, der dort bereits in kurfürstlicher Zeit ›Schultheiß‹ gewesen war.[36] Im Raum Ludwigshafen ergab sich daher letztlich eine recht hohe Kontinuität der lokalen Amtsträger, was sich mit den Verhältnissen in den vier rheinischen Departements insgesamt deckte.[37]

Einen Stolperstein für fast jeden potentiellen Amtsinhaber bedeutete die Einführung des Französischen als Amtssprache. Denn diese Regelung traf die Bevölkerung 1798 völlig unvorbereitet. Gerade in ländlichen Gegenden war bis dahin fast kaum jemand des Französischen mächtig. Dennoch wollte Präfekt Jeanbon St. André seiner Muttersprache in seinem Machtbereich zum Durchbruch verhelfen. Ihm war bewußt, daß dies eine wesentliche Voraussetzung für die volle Integration der neuen Departements in Staat und Gesellschaft Frankreichs darstellte.[38] Präfektur und Unterpräfektur verlangten deshalb von den Maires bei jeder Gelegenheit, daß sie ihre amtlichen Schreiben in Französisch ausfertigten.[39] Sofern sie selbst der Amtssprache nicht mächtig seien, so Unterpräfekt Verny, sollten die Maires doch bitte einen des Französischen kundigen ›Greffier‹ (Schreiber) engagieren.[40] Da diesen behördlichen Appellen nur sehr zögernd nachgekommen wurde, versteifte sich der Unterpräfekt auf immer heftigere Drohungen. Man werde kein Schreiben in deutscher Sprache mehr annehmen, verkündete er 1804, und die Maires hätten für die daraus resultierende Nichtbearbeitung ihrer Eingaben die Verantwortung zu tragen.[41] Dies erzeugte wohl heftigen Widerspruch von Seiten der Betroffenen, denn Verny sah sich gezwungen, einzulenken. In einem wenig später datierten Schreiben versicherte er den Maires, daß er auch weiterhin mit ihnen in Deutsch korrespondieren werde, „bis Sie [...] im Stande sein werden [... ihre Schreiben] in französischer Sprache einzusenden."[42] Die angestrebte Verankerung des Französischen in der Bevölkerung sollte aber vor allem durch die nun staatlich gelenkten Schulen betrieben werden.[43] Auch in Oggersheim stellte man für diesen Zweck einen Lehrer ein.[44] Letztlich nahm der Anteil des Französischen in der dienstlichen Korrespondenz auch auf den unteren Verwaltungsebenen mit der Zeit zu, wie die Akten der Gemeinden im Raum Ludwigshafen verdeutlichen. Als Amtssprache wurde Deutsch aber bis zum Ende der Franzosenzeit nicht völlig verdrängt, als Verkehrssprache blieb es ohnehin unangefochten.

Die Einführung der neuen französischen Rechtsordnung

Die französische Herrschaft bewirkte jedoch nicht nur eine Veränderung der staatlichen und politischen Verhältnisse, sie leitete auch einen tiefgreifenden gesellschaftlichen Wandel ein. Eine der Säulen dieser Entwicklung waren die Reformen im Bereich des Rechtswesens.[45]

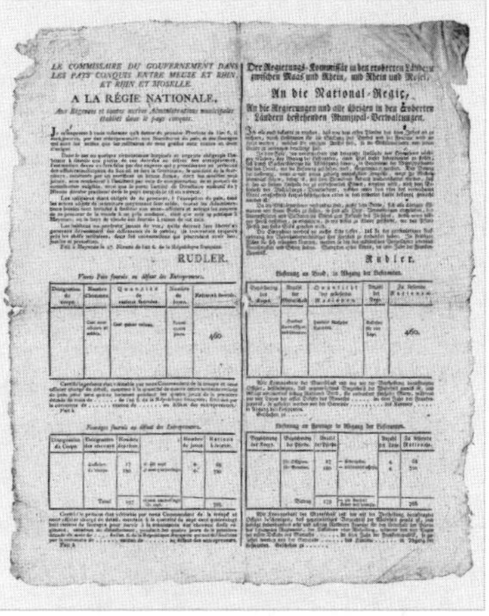
LE COMMISSAIRE DU GOUVERNEMENT DANS LES PAYS CONQUIS ENTRE MEUSE ET RHIN, ET RHIN ET MOSELLE.

A LA RÉGIE NATIONALE,

RUDLER.

Der Regierungs-Kommissär in den eroberten Ländern zwischen Maas und Rhein, und Rhein und Mosel,

An die National-Regie,

An die Regierungen und alle übrigen in den Eroberten Ländern bestehenden Munizipal-Verwaltungen.

Rudler.

Immer zweisprachig: Anordnung der französischen Verwaltung in „den eroberten Ländern" aus dem Jahr 1798 [11]

Anmerkungen Seite 207

35 *vgl. LASp, G 6, Nr. 10/15, passim*

36 *LASp, G 6, Nr. 530, Sers an Präfekt, 9.10.1812. Allerdings gab es auch vorher schon Beispiele einer Kontinuität aus der Zeit des Ancien régime. So amtierte der Schultheiß von Friesenheim Georg Rickert von 1783 bis 1815; vgl. Ruf, Friesenheim, S. 144*

37 *vgl. allgemein hierzu: Faber, S. 350ff*

38 *vgl. Springer, S. 260*

39 *vgl. z. B. StALu, Ed. 11a, Unterpräfekt an Maire von Edigheim, 31.5.1802 [11. Prairial X]; LASp, G 315; 1804; Unterpräfekt an alle Maires, 28.8.1804 [10. Fructidor XII]*

40 *LASp, G 315; 1804; Unterpräfekt an alle Maires, 28.8.1804 [10. Fructidor XII]*

41 *vgl. LASp, G 315; 1804; Unterpräfekt von Speyer an alle Maires seines Bezirks, 21.4.1804 [1. Floréal Jahr XII]*

42 *LASp, G 315; 1804; Unterpräfekt von Speyer an alle Maires seines Bezirks, 6.10.1804 [14. Vendémiaire XIII]*

43 *vgl. König, S. 197; Springer, S. 195; zum Schulwesen in der Franzosenzeit allgemein: König, S. 195—197*

44 *vgl. Kreuter, Oggersheim, S. 103*

45 *vgl. f.d.F. Kreutz, Freiheitsbaum, S. 54; Moersch, S. 462; Thalmann, S. 170f, Springer, S. 332ff*

Hochgepriesene Quellen der Rechtsgleichheit, und in der Pfalz bis zum Jahr 1900 gültig: die ›fünf französischen Gesetzbücher‹, an ihrer Spitze der ›Code Napoléon‹, in einer Übersetzung des Jahres 1844 [12]

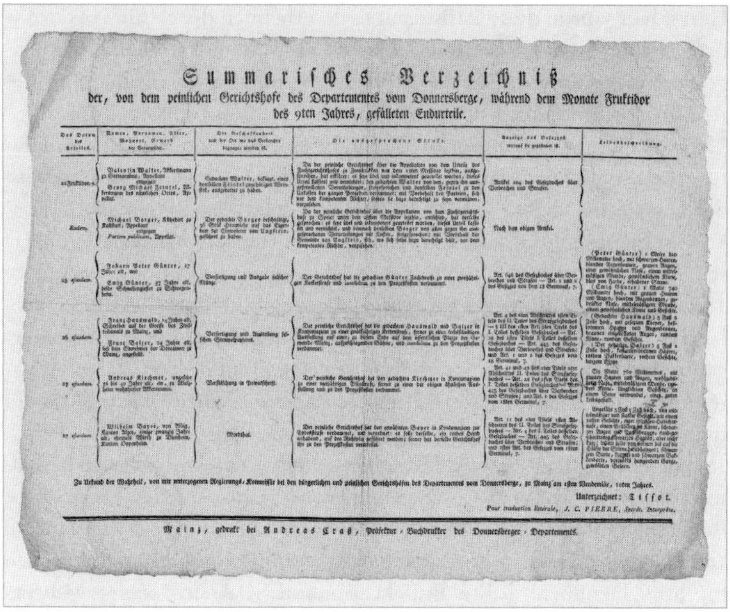

Die neue Rechtsordnung: Verzeichnis der Strafgerichts-[›peinlichen‹]-urteile im Departement Donnersberg aus dem ›Fructidor‹ des Jahres 9 [1800]; [13]

Ein neues Strafgesetzbuch, eine neue Zivil- und eine neue Strafprozeßordnung traten in Kraft. Von besonders einschneidender Bedeutung war jedoch der am 1. Januar 1811 eingeführte ›Code civil‹ oder ›Code Napoléon‹. Mit ihm wurde eine neue Rechtsordnung geschaffen, welche die Aufhebung der feudalen Vorrechte und der Privilegien der Vergangenheit kodifizierte, die unterschiedlichen Rechtssetzungen der einzelnen Territorien beseitigte und somit die Rechtsgleichheit aller Bürger festigte sowie die Rechtseinheit im ganzen Land herstellte. Der Code Napoléon war zudem in einer klaren und verständlichen deutschen Übersetzung für jedermann zugänglich. All dies führte nicht nur zu seiner weiten Verbreitung, sondern bescherte ihm auch große Popularität unter der Bevölkerung der rheinischen Departements. Wie kein anderes Werk versinnbildlichte gerade er den sozialen Fortschritt in den Augen der Menschen. Letztlich war dem Code Napoléon eine lange Lebensdauer beschieden. Erst im Jahr 1900 sollte er durch das BGB abgelöst werden.

Das Pendant zu diesen Gesetzeswerken stellte die Gerichtsorganisation der französischen Zeit dar. Bereits Rudler hatte 1798 mit der Neuorganisation der Justiz begonnen, die unter Napoleon 1802 ihre Endfassung erhielt. Justiz und Verwaltung waren nun voneinander getrennt, das Prinzip der Gewaltenteilung verwirklicht. Ein abgestuftes System von Zivil-, Kriminal- und Zunftpolizeigerichten wurde etabliert: Als unterste Stufe fungierten die Friedensgerichte in den jeweiligen Kantonen.[46] Im Raum Ludwigshafen tagte das Friedensgericht des Kantons Mutterstadt in Oggersheim, das des Kantons Frankenthal im Kantonshauptort.[47] Zuständig waren diese Gerichte vor allem für geringere Strafsachen und zivilrechtliche Angelegenheiten mit niedrigem Streitwert. In jedem Arrondissementshauptort schuf man Zivil- und Strafgerichte. Deren nächsthöhere Instanzen waren für Kriminalsachen

Anmerkungen
Seite 208 und 209

46 *vgl. zu den Friedensgerichten: König, S. 182f*

47 *vgl. Barth, S. 51; vgl. Bodman, S. 281*

48 *vgl. hierzu: Springer, S. 333ff; König, S. 169; Kreutz, Freiheitsbaum, S. 54*

49 *zit. n. Springer, S. 334*

50 *vgl. f. d. F. Moersch, S. 462f; Ruf, Friesenheim, S. 179; Springer, S. 198ff, 338ff; Thalmann, S. 171f; König, S. 239ff*

51 *vgl. LASp, G 315; 1804; Erlaß des Unterpräfekten Verny, 4.4.1804 [14. Germinal XII]*

52 *vgl. LASp, G 6, 784, Zentralverwaltung in Mainz 14.5.1798 [25. Floréal VI]*

in den Departementshauptorten angesiedelt, für Zivilsachen lag die Zuständigkeit beim ›Appellationshof‹ in Trier. Die wirklich innovativen Elemente dieser neuen Gerichtsordnung bestanden jedoch in der Mündlichkeit und in der Öffentlichkeit der Prozesse sowie in der Besetzung der Gerichte mit Geschworenen. Diese Einrichtungen verschafften den Verfahren eine große Transparenz und erhöhten damit die Rechtssicherheit gegenüber dem Ancien régime erheblich. In der Praxis des Rechtswesens gab es trotz dieser hehren Vorgaben aber auch negative Erscheinungen.[48] So waren die Gebühren besonders für die Gerichtsschreiberei sehr hoch. Der Zwang zum Gebrauch des Französischen vor Gericht verursachte für die meisten Bürger zudem noch erhebliche Auslagen für notwendige Übersetzungen. Beides führte zu hohen Prozeßkosten, was die vermögenderen Kreise doch stark bevorzugte, da viele ärmere Leute das Geld für einen Rechtsstreit nicht aufbringen konnten und deshalb vielfach darauf verzichteten. Dieser Sachverhalt stellte natürlich einen Mangel in der Rechtsgleichheit dar. Außerdem bestand noch das Problem, daß viele Richter aufgrund niedriger Besoldung anfällig für Bestechung waren. So klagte z. B. auch der Notar Lembert aus Mutterstadt im Jahr 1802, über das „Bestechungswesen, [und] das Justizverbrechen", welche in seinem Kanton „die abscheulichste Höhe erreicht" hätten.[49] Langfristig fiel dies alles gegenüber den Vorteilen des neuen Systems jedoch weniger ins Gewicht. Ja, die Gerichtsorganisation und -verfassung wie auch der Code Napoléon prägten in der Folgezeit das Rechtsempfinden in der Pfalz und avancierten gar zu einem Bestandteil einer neuen Pfälzer Identität.

EXTRAIT

COMMISSAIRE DU GOUVERNEMENT

DELIBERATION

Dekret betreffend die Abschaffung von Nonnenklöstern, 1798 [14]

Die Kirchen in der Defensive

Ein weiterer Aspekt der Umformung der traditionellen Gesellschaft betraf die Stellung der christlichen Kirchen. Mit dem Eintreten in den französischen Kosmos 1798 mußten sie eine massive Beschränkung ihrer gesellschaftlichen Stellung hinnehmen.[50] Schon die Einführung des Revolutionskalenders im September 1798 hatte eine dezidiert antichristliche Stoßrichtung, hob sie doch die christliche Zeitrechnung als Orientierungspunkt des täglichen Lebens auf. Darüber hinaus verloren die Kirchen verschiedene Möglichkeiten der gesellschaftlichen Einflußnahme. Mit der Übernahme der Schulaufsicht durch den Staat, büßten sie beinahe jegliche Kontrolle über die Erziehung der Jugend ein. Die Einführung der Zivilehe und die Möglichkeit der Ehescheidung wiederum versetzten die Menschen in die Lage, wichtige Ereignisse des Lebens ohne kirchlichen Beistand zu regeln. Zudem wurde den Kirchen durch die Säkularisation noch der Großteil ihres Besitzes entrissen. Selbst in ihrem ureigensten Feld, der Religionsausübung, wurden sie während der Zeit der Französischen Republik von staatlicher Seite bekämpft. Fronleichnamsprozessionen waren z. B. nicht mehr möglich und selbst noch 1804 waren Gottesdienste außerhalb der Kirchengebäude im Arrondissement Speyer strikt untersagt.[51] Die Revolutionäre versuchten die dadurch entstandene Lücke mittels einer Reihe von Nationalfeiern, wie dem ›Fest der Ehegatten‹, dem ›Fest des Ackerbaus‹ usw. zu kompensieren. Mit ihrem quasi religiösen Charakter sollten sie als Konkurrenzveranstaltungen das kirchliche Leben austrocknen.[52] Doch sie blieben nicht nur im Raum Ludwigshafen ohne große Resonanz.

Unter der Herrschaft Napoleons entspannte sich die Situation für die Kirchen. Im Jahr 1806 wurde z. B. der ungeliebte republikanische Kalender abgeschafft und der christliche wieder eingeführt. Vor allem aber wurde der ideologisch-antireligiöse Druck auf die Kirchen beendet, sie standen nun unter dem Schutz des Staates. Bereits 1801 hatte Napoleon dafür mit dem Papst ein Konkordat geschlossen, das die Stellung der katholischen Kirche in Frankreich absicherte. Allerdings zu einem für die Kirche hohen Preis. Denn die erlittenen Kompetenz- und Vermögensverluste wurden nicht wieder rückgängig gemacht. Ja, die Kirche mußte in der napoleonischen Zeit gar noch weitere Einbußen verkraften. Im Jahr 1802 erfolgte die Aufhebung der Klöster und 1803/04 deren Versteigerung als Nationalgüter. Dieser Maßnahme fiel auch das Kapuzinerkloster in Oggersheim zum Opfer. Der katholischen Kirche blieben als Besitz im wesentlichen nur noch die Pfarrgüter. Ebenfalls 1802 wurde darüberhinaus der eigenständige Gestaltungsspielraum der Kirche in Frankreich mittels einer Neuorganisation der kirchlichen Institutionen stark beschnitten. Einmal wurden sie in ihrer Struktur der staatlichen Verwaltung angeglichen.[53] Für jedes Departement richtete man ein Bistum ein, die Pfarreien wurden neu geordnet. Im Raum Ludwigshafen führte dies bei den katholischen Gemeinden zum Verlust ihrer Selbständigkeit. Sie wurden in der Folge alle zu ›Sukkursalkirchen‹ umgewandelt und unterstanden nun der Aufsicht der Hauptkirchenpfarrer aus den jeweiligen Kantonshauptorten.[54] Ein Zustand, an dem sich bis zum Ende des 19. Jahrhunderts nichts Wesentliches ändern sollte.[55] Das geistliche Personal wiederum unterlag der Kontrolle des Staates: Napoleon ernannte die Bischöfe, diese bestellten dann mit Genehmigung der Staatsführung die Pfarrer. Alle Geistlichen hatten der Regierung den Treueeid zu leisten und unterstanden der Disziplinargewalt des ›Staatsrates‹.

Diese hier umrissene Stellung der katholischen Kirche wies der Staat in leicht angepaßter Form auch den protestantischen Konfessionen, den Reformierten und den Lutheranern, zu.[56] Damit befanden sich alle drei christlichen Kirchen in einer Art Unterordnungsverhältnis, das dem Staat die wesentliche Kontrolle über sie sicherte. Sie hatten sich zu Staatsinstitutionen gewandelt und ihre Amtsträger, die Priester, wie Springer es ausdrückt, zu „Staatsbeamten mit besonderen Funktionen".[57] In dieser Eigenschaft hatten die Kirchen den Interessen des Staates dienlich zu sein. Und dies konnte für jede Kirchengemeinde erhebliche Konsequenzen nach sich ziehen, was z. B. auch die Katholiken von Oppau im Jahr 1803 erfahren sollten. Mit Billigung des Bischofs in Mainz hatten diese nämlich ihre Kirche der Armee als Militärhospital abzutreten, was für sie bedeutete, daß sie für die Ausübung ihrer Gottesdienste ein ›Simultaneum‹ mit den Reformierten in deren Kirche eingehen mußten.[58] Militärische Zweckmäßigkeit rangierte hier eindeutig vor der Gefahr, daß alte Ressentiments zwischen den Konfessionen durch eine solche Maßnahme wieder aufbrachen. Und diese Möglichkeit bestand durchaus. Denn einmal lebten im Raum Ludwigshafen Reformierte, Lutheraner, Katholiken und Mennoniten eng nebeneinander. In jedem Ort gab es Anhänger mehrerer christlicher Konfessionen in jeweils unterschiedlicher Stärke. In Ruchheim und vereinzelt auch in Rheingönheim wohnten zudem noch Juden. Zum anderen hatten die Kurfürsten von der Pfalz im 18. Jahrhundert das Verhältnis

Anmerkungen
Seite 210 und 211

53 *vgl. hierzu: Thalmann, S. 171f; König, S. 241ff*

54 *vgl. LASp, G 315; 1804; Präfekt an Unterpräfekt, 17.9.1804 [30. Fructidor XII]; vgl. Ammerich, S. 248f, 252f*

55 *ebd., S. 262f*

56 *vgl. hierzu: Springer, S. 339ff*

57 *ebd., S. 342*

58 *LASp, G 6, 109/12, Bischof von Mainz an Präfekt des Donnersbergdepartements, 19.4.1803 [29. Germinal XII]*

59 *Diese Simultaneen waren zwar de jure aufgehoben, in der Praxis existierten sie aber weiter; vgl. Springer, S. 348*

60 *vgl. LASp, G 6, 110/9, Älteste und Vorsteher der reformierten Gemeinde zu Ruchheim an Unterpräfekt Verny, 11.12.1806; StALu, Ru. 653, Kreisregierung an Bürgermeisteramt Ruchheim, 11.6.1817 [Abschrift]*

zwischen den drei großen christlichen Konfessionen vergiftet, indem sie die im Raum Ludwigshafen meist als Minderheit vorhandenen Katholiken auf Kosten der protestantischen Mehrheit bevorzugten. Aufgrund der Gleichbehandlung aller Religionsgemeinschaften – auch der Juden – durch den Staat glätteten sich die Wogen in der Franzosenzeit merklich. Dennoch waren die Beziehungen nicht grundsätzlich konfliktfrei, sondern variierten von Ort zu Ort. Besonders deutlich sichtbar wurden Spannungen eben bei Simultaneen, also der Benutzung eines Gotteshauses durch mehrere Konfessionen.[59] Denn hier ließ sich trefflich streiten und der jeweils anderen Konfession Hindernisse in den Weg legen. In Ruchheim z. B. schenkten sich Katholiken und Reformierte in einem solchen Fall offensichtlich nichts,[60] wohingegen man sich in Friesenheim auf pragmatisches Handeln verstand. Hier stimmten die Reformierten einer Mitnutzung ihrer Kirche durch die Mennoniten der Gegend zu, schließlich konnten sie auf diese Weise ihre Schulden erheblich senken. Denn immerhin waren die Mennoniten bereit, 400 fl. (851,96 fr.) für die Mitnutzung der Kirche zu bezahlen.[61]

Die finanziellen Lasten der staatsfreundlichen Kirchenorganisation blieben verstärkt an den politischen Gemeinden haften. Zwar übernahm der Staat die Besoldung der Pfarrer, doch die Gehälter waren viel zu niedrig angesetzt. Die Kirchen insgesamt und auch die einzelnen christlichen Gemeinden im Raum Ludwigshafen waren indes finanziell nicht in der Lage, dies zu kompensieren,[62] so daß die politischen Gemeinden kaum umhin konnten, den Pfarrern unter die Arme zu greifen.[63] Eine noch viel größere finanzielle Belastung beinhaltete jedoch die Verpflichtung der Kommunen, für die Instandhaltung der Kirchengebäude und Pfarrhäuser zu sorgen. Mehrfach forderten Präfekt und Unterpräfekt Berichte über den baulichen Zustand der Gebäude an und drohten bei Baufälligkeit mit deren Schließung.[64] Doch mehr als notdürftige Ausbesserungen der schlimmsten Schäden waren von kommunaler Seite nicht zu leisten. In Oggersheim konnte man immerhin noch 1 450 fr. für die Reparatur des Pfarrhauses aufbringen.[65] In Edigheim hingegen überstiegen die veranschlagten 6 000 fr. zur Herrichtung des Presbyterhauses, in dem der Pfarrer wohnte, bei weitem die Kapazitäten der Gemeinde, weshalb der Geistliche bei verschiedenen Gemeindemitgliedern auf deren Kosten lebte.[66] Diese finanzielle Abhängigkeit der Kirchen von den politischen Gemeinden blieb auch nach 1814 bestehen, denn ein Zurück zu den Besitzverhältnissen des 18. Jahrhunderts sollte es für die Kirchen auch unter bayerischer Oberhoheit nicht geben.

Insgesamt bewirkten die Veränderungen und Neuerungen der Franzosenzeit eine Verweltlichung der Lebensformen und eine Zurückdrängung der Religionsausübung in eine private Sphäre, wodurch die Kirchen ihren beherrschenden Einfluß verloren. Zwar wurde diese Entwicklung unter Napoleon etwas abgefedert und konsolidierte sich das Gewicht der Kirchen auf einem niedrigeren Niveau, doch nichts war mehr so wie zuvor. Nicht umsonst beklagte 1835 der protestantische Pfarrer von Rheingönheim, von den Heyden, daß lange Zeit „Lauigkeit in der Religion und Gleichgültigkeit gegen dieselbe, welche durch den Zeitgeist, zurückgehend auf den Revolutionskrieg der 1790ger u. darauf folgenden Jahren, sind herbei geführt worden", in seiner Gemeinde vorgeherrscht hätten.[67]

Anmerkungen
Seite 211

61 *LASp, G 6, Nr. 106/6, Unterpräfekt von Speyer an Präfekt, 27.5.1807; LASp, G 6, 106/6, Auszug aus dem Geschäftsregister des Konsistoriums der Reformierten von Frankenthal von der Sitzung, 5.5.1807*

62 *vgl. z. B. StALu, Fr. 21/1, Budget der Kirchenfabrik zu Friesenheim für 1812, 8.4.1812*

63 *LASp, U 216, Nr. 47, Munizipalrat von Oggersheim über die Bestreitung der zum Gottesdienst nötigen Ausgaben, 4.12.1806*

64 *StALu, Ru. 1059/39, Unterpräfekt Sadoul an Maires des Arrondissements, 16.6.1800 [27. Prairial IX]*

65 *Kreuter, Oggersheim, S. 118*

66 *LASp, G 6, Nr. 110/11, Etat der Kirchen von Edigheim, 25.5.1808*

67 *StALu, Rgh. 483/1, Beschreibung des gesamten Kirchenwesens in der protestantischen Pfarrei Rheingönheim 1835*

Das 1811 aus Steinen des Oggersheimer Schlosses bei der Wallfahrtskirche erbaute staatliche Tabakmagazin wurde später von Privatunternehmen genutzt, zuletzt als Kaserne ›Quartier Verdun‹ der französischen Besatzung nach 1918 [15]

Die nach 1800 wieder- bzw. neuerbauten großen Bauernhöfe in der Gegend um die Rheinschanze; Bildtafel von Schack [16]

Das Ende des Feudalismus

Die Veränderungen der Franzosenzeit im Raum Ludwigshafen betrafen in hohem Maß auch den wirtschaftlich-sozialen Sektor. Der Übergang an Frankreich markierte den Eintritt in einen großen offenen Wirtschaftsraum, der sich über das ganze Land erstreckte. Aus diesem Grund mußte vieles neu und einheitlich geregelt werden. So verschwand die Vielfalt der Maß- und Gewichtseinheiten, an ihre Stelle trat nun das metrische System. Mit dem französischen Franc wurde eine neue und gemeinsame Währung eingeführt. Für den Raum Ludwigshafen besaß diese wirtschaftliche Großraumbildung jedoch die unangenehme Begleiterscheinung, daß man im Osten ab 1798 eine recht undurchlässige Zollgrenze vor sich hatte, die den regionalen Handel erschwerte.[68] Vor allem die Verbindung nach Mannheim als der größten Stadt der Region war nun mit Hindernissen belegt, was z. B. nachteilig für den Absatz landwirtschaftlicher Güter sein mußte. In welchem Ausmaß die wirtschaftlichen Verhältnisse durch diese Grenze jedoch konkret beeinträchtigt wurden, läßt sich anhand der erschlossenen Quellen leider nicht bestimmen.

Anmerkungen
Seite 212 und 213

68 vgl. Springer, S. 374ff; Schneider, S. 24

69 Die Einbußen lassen sich aufgrund der schlechten Quellenlage leider nicht quantifizieren

70 StALu, Ru. 1059/7, Bevölkerungsliste von Ruchheim aus dem Jahr 8;
StALu, Ru. 1059/35, Extrait de l'état de population de la mairie de Rugheim, 1.7.1807;
StALu, Ru. 1059/34, Verzeichnis der Bürger der Mairie Ruchheim, 11.2.1811

71 zur Bevölkerungsentwicklung in der ersten Hälfte des 19. Jahrhunderts: vgl. S. 231

72 Ruf, Friesenheim, S. 147

73 StALu, Ru. 1059/28, Statistische Erläuterungen der Gemeinde Ruchheim, August 1808

74 StALu, Mu. G 306;
StALu, Og. 625 I

75 Springer, S. 367f

Mit der Vereinheitlichung ging eine Liberalisierung des Wirtschaftslebens einher. Das Zunftwesen sowie andere Beschränkungen wurden abgeschafft und die Gewerbefreiheit eingeführt. Langfristig war dies von großer Bedeutung, eröffnete sich dem einzelnen dadurch doch die Möglichkeit zur freien wirtschaftlichen Entfaltung. Zunächst allerdings zeitigte diese Reform im Raum Ludwigshafen nur geringe positive Auswirkungen. Für Oggersheim mußte die Franzosenzeit gar zu einem Rückgang des sehr ausgeprägten gewerblich-handwerklichen Sektors führen. Denn wie in anderen ehemaligen Residenzstädten der Pfalz auch ging durch die Aufgabe des kurfürstlichen Nebenhofes der Elisabeth Augusta der zahlungskräftigste Auftraggeber vor Ort für alle möglichen Gewerbe verloren.[69] Die Dörfer rund um Oggersheim verharrten derweil in ihrer überwiegend agrarischen Struktur. Gewerbe und Handel spielten weiterhin nur eine untergeordnete Rolle und dienten im wesentlichen der Selbstversorgung. Beredter Ausdruck dessen ist die Entwicklung der Berufsstruktur, die besonders für Ruchheim gut überliefert ist.[70] Im Jahr 1799 gab es dort 49 Ackersleute (Bauern mit eigenem Land), 61 Tagelöhner, 24 Knechte und Mägde, 10 Handwerker (Maurer, Schmiede, Schneider etc.), 12 Handelsleute, 4 Schankwirte, 1 Agent, 2 Lehrer und 4 Leute ohne Gewerbe. Bis 1811 erhöhte sich zwar die Zahl der Handwerker auf 15 und die der Handelsleute auf 18. Vergleichbare Steigerungsraten verzeichnete jedoch auch der agrarische Sektor, so daß dieser Anstieg wohl letztlich auf das in der Franzosenzeit sehr starke Bevölkerungswachstum zurückzuführen ist.[71]

Das 1807 erbaute Bauernhaus Ritscher am Mundenheimer ›Kleinen Kreuz‹ war typisch für die Häuser in den Dörfern des Ludwigshafener Umlands im frühen 19. Jahrhundert [17]

Gravierender für die Region waren somit zunächst die umfangreichen Veränderungen im landwirtschaftlichen Bereich. Auf diesen Sektor hatte Präfekt St. André sein besonderes Augenmerk gerichtet. In ›physiokratischer‹ Manier versuchte er die Landwirtschaft in seinem Departement voranzubringen. So sollte insbesondere Kulturland neu gewonnen werden. Dafür begann man z. B. mit dem Austrocknen von Sümpfen und Morästen, was u. a. auch zwischen Frankenthal und Oggersheim geschah. In Friesenheim soll durch die verschiedenen Maßnahmen zur Bodenverbesserung bis 1814 gar eine Vermehrung des Ackerlandes um rund 30% erreicht worden sein.[72] Aber auch neue Nutzpflanzen wurden eingeführt. Hier wirkten besonders der mit England geführte Wirtschaftskrieg und die dabei 1806 verhängte Kontinentalsperre als Katalysatoren. Denn Kolonialwaren konnten nun nicht mehr importiert werden, sondern man mußte sie durch eigene Produkte ersetzen. Der Anbau von Zuckerrüben und von Tabak erlebte nun eine Blütezeit. In Ruchheim z. B. schnellte die Anbaufläche für Tabak zwischen 1801 und 1807 von null auf 55 ha empor.[73] Der Einbruch erfolgte hier jedoch 1811, als der Staat ein Tabakmonopol einführte, was viele Bauern zum Umstieg auf andere Früchte zwang. Doch auch nach 1816 erlebte der Tabak vielfach eine Renaissance und war z. B. in Mundenheim und Oggersheim ein wichtiges Anbauprodukt.[74] Eingriffe des Staates in das Wirtschaftsleben erwiesen sich aber auch an anderer Stelle als Hemmschuh. So unterlag der Handel von Getreide zeitweilig einem Ausfuhrverbot, um eine ausreichende Lebensmittelversorgung in Frankreich sicherzustellen.[75] Dies beschränkte die Absatzmöglichkeiten für die Grenzregionen wie die Pfalz erheblich, zumal sich die Transportwege in die großen Zentren des Landes, insbesondere nach Paris, für die hiesigen Produzenten und Händler als zu weit erwiesen. Die Folge war auch im Raum Ludwigshafen ein Rückgang der Anbauflächen von Weizen, Gerste etc.[76]

Den wirklich entscheidenden Einschnitt in die traditionelle bäuerliche Welt stellte jedoch die umfassende und nachhaltige Aufhebung des Feudalsystems dar, die mit Beginn der Franzosenzeit einsetzte. Bereits im März 1798 erließ Generalkommissar Rudler eine Verordnung, welche die Abschaffung der lehensherrschaftlichen Rechte vorsah. 1804 wurden per Gesetz die Grundrenten und die sonstigen Reallasten abgelöst. Adel und Kirche hatten damit ihr Obereigentum über den Boden der Bauern verloren. Das Land war nun deren volles Eigentum, über das sie frei verfügen konnten. Verkauf, Beleihung oder auch Verpachtung der Parzellen oblag nun allein ihrer Entscheidungsgewalt. Damit einher ging eine Umstellung des Abgabensystems. An die Stelle der Feudallasten trat nun eine Besteuerung modernen Zuschnitts. Schon 1798 hatte Rudler das innerfranzösische Steuersystem auch in den linksrheinischen Departements eingeführt.[77] Dieses beinhaltete einmal indirekte Verbrauchssteuern auf Tabak, Bier, Branntwein, Salz, Spielkarten usw. Zudem umfaßte es eine Reihe direkter Steuern: die Mobiliar- oder Aufwandssteuer, die Tür- und Fenstersteuer, die Patent- und die Personalsteuer und schließlich als die wichtigste Abgabe die Grundsteuer.[78] Die Bevölkerung empfand diesen Abgabenkatalog in der Summe als schwere Bürde. Zwar beliefen sich die direkten Steuern nach offiziellen Verlautbarungen im Donnersbergdepartement 1809 pro Kopf durchschnittlich nur auf rund 10,35 fr.,[79] was in etwa auch dem Steueraufkommen im Raum Ludwigshafen entsprach.[80] Der überwiegende Teil der Steuerlast resultierte jedoch aus den indirekten Steuern und die waren hoch. Zudem wurden sie während der Franzosenzeit im Gegensatz zu den direkten Abgaben auch noch mehrmals angehoben.[81] Gegenüber dem Feudalsystem war die Besteuerung jedoch nun insofern gerechter, als niemand mehr von den Abgaben befreit war, wie früher eben Adel und Kirche. Andererseits trafen hohe indirekte Steuern vor allem die ärmeren Teile der Bevölkerung bzw. große Familien. Damit stellten sie auch im Raum Ludwigshafen für viele Menschen eine große Belastung dar.

Die rechtliche Entfeudalisierung korrespondierte mit einer massiven Umverteilung des Grundbesitzes. Gegenstand waren die Güter der ehemaligen Landesherren und der Kirche, welche die Franzosen in der Regel schon kurz nach der Besetzung des linken Rheinufers beschlagnahmt und anschließend meist verpachtet hatten. Im Jahr 1801 erklärte man sie zu Staatsgütern. Ab 1803 wurde ein Großteil von ihnen öffentlich versteigert bzw. zum Mindestpreis an überwiegend innerfranzösische Armeelieferanten abgegeben.[82] Präfekt St. André hatte bei diesen Landveräußerungen ursprünglich das Ziel verfolgt, den Grund und Boden in die Hände der wirklichen Ackerbauern übergehen zu lassen, also eine echte Landreform durchzuführen. Letztendlich dominierten aber die fiskalischen Interessen des Staates, der den Erlös aus dem Verkauf der Ländereien zur Finanzierung der kaiserlichen Kriege benötigte.

Im Raum Ludwigshafen war das Ausmaß des Nationalgüterverkaufs in den einzelnen Orten recht unterschiedlich:[83]

Anmerkungen Seite 214 und 215

76 *vgl. StALu, Op. 2425, Statistische Erläuterungen der Gemeinde Oppau, August 1808; StALu, Ru. 1059/28, Statistische Erläuterungen der Gemeinde Ruchheim, August 1808*

77 *vgl. König, S. 160ff; Springer, S. 309ff*

78 *über den Modus der Einziehung vor allem der direkten Steuern vgl. König, S. 160f*

79 *vgl. Bodman, 1810, S. 14*

80 *Als Beispiel mag hier Oppau dienen, das bei einer Einwohnerzahl von 1 019 im Jahr 1806 ein Steueraufkommen von 11 495,83 fr. aufwies; vgl. StALu, Op. 227, Auszug des Totalbetrages der sämtlichen Steuerrollen des 14. Jahres der Republik, 5.9.1806; StALu, Op. 2425, Statistische Erläuterungen der Gemeinde Oppau, August 1808*

81 *Springer, S. 310ff; Napoleon entschloß sich erst in der höchsten Not 1813, die direkten Steuern zu erhöhen*

82 *vgl. Schieder, I, S. 31ff, 44f*

83 *siehe Anm. 84*

84 *Die Angaben der Tabelle beruhen auf der Zusammenstellung der veräußerten Nationalgüter in den vier rheinischen Departements bei: Schieder, IV, passim*

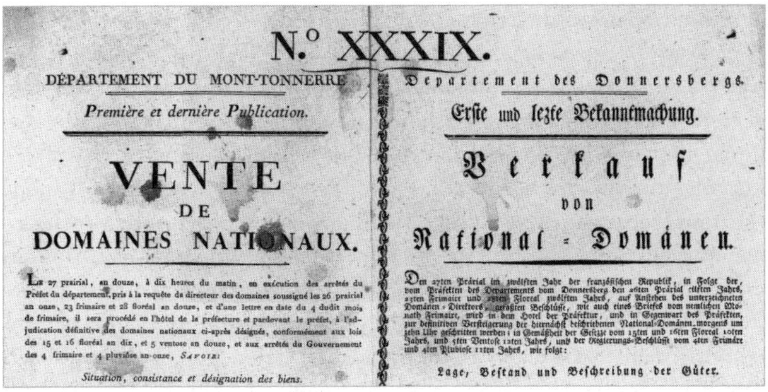

N.° XXXIX.

DÉPARTEMENT DU MONT-TONNERRE.

Première et dernière Publication.

VENTE DE DOMAINES NATIONAUX.

Le 27 prairial, an douze, à dix heures du matin, en exécution des arrêtés du Préfet du département, pris à la requête du directeur des domaines soussigné les 26 prairial an onze, 23 frimaire et 28 floréal an douze, et d'une lettre en date du 4 dudit mois de frimaire, il sera procédé en l'hôtel de la préfecture et pardevant le préfet, à l'adjudication définitive des domaines nationaux ci-après désignés, conformément aux lois des 15 et 16 floréal an dix, et 5 ventose an douze, et aux arrêtés du Gouvernement des 4 frimaire et 4 pluviôse an onze, SAVOIR:

Situation, consistance et désignation des biens.

Departement des Donnersbergs.

Erste und lezte Bekanntmachung.

Verkauf von National-Domänen.

Den 27ten Prärial im zwölften Jahr der französischen Republik, in Folge der, vom Präfekten des Departements vom Donnersberg den 26ten Prärial eilften Jahrs, 23ten Frimaire und 28ten Floreal zwölften Jahrs, auf Anstehen des unterzeichneten Domänen-Direktors, gefaßten Beschlüsse, wie auch eines Briefes vom nemlichen Monath Frimaire, wird in dem Hotel der Präfektur, und in Gegenwart des Präfekten, zur definitiven Versteigerung der hiernächst beschriebenen National-Domänen morgens um zehn Uhr geschritten werden: in Gemäßheit der Gesetze vom 15ten und 16ten Floreal 10ten Jahrs, und 5ten Ventose 12ten Jahrs, und der Regierungs-Beschlüsse vom 4ten Frimäre und 4ten Pluviose 11ten Jahrs, wie folgt:

Lage, Bestand und Beschreibung der Güter.

Wandanschlag aus dem Jahr 1804 [18]

Verkauf der Nationalgüter[84]

	Edigheim	Oppau	Friesen-heim	Maudach
verkaufte Lose	1	1	4	12
zunächst nicht verkauft	—	—	—	5
nicht verkaufte Lose	2	—	—	—
Fläche (ha) der verk. Lose*	65,67	—	33,05	257,08
Gebäude der verk. Lose	—	1 Scheune	—	—
Schätzpreis der Objekte**	16 160	840	8 661	81 365
Verkaufspreis der Objekte**	30 100	845	8 735	84 760
Lose an Ortsansässige***	—	—	—	1
Lose an Käufer				
aus der Umgebung***	1	1	—	—
an Auswärtige, Vermittler, Armeelieferanten***	—	—	4	11

	Munden-heim	Oggers-heim	Rhein-gönheim	Ruch-heim
verkaufte Lose	7	39	19	5
zunächst nicht verkauft	—	—	—	—
nicht verkauft	—	—	—	—
Fläche (ha) der verk. Lose*	16,74	158,89	116,98	17,95
Gebäude der verk. Lose	2 Häuser 2 Höfe	1 Haus 3 Gebäude 1 Stall 1 Scheune 1 Kanal	—	—
Schätzpreis der Objekte**	5 061	45 967	45 500	5 807
Verkaufspreis der Objekte**	6 535	85 625	50 150	7 375
Lose an Ortsansässige***	6	11	6	—
Lose an Käufer				
aus der Umgebung***	2	18	3	3
an Auswärtige, Vermittler/ Armeelieferanten***	—	10	11	2

* Ackerland, Gärten und Wiesen

** in Francs

*** Die Abgabe eines Loses konnte an mehrere Käufer gehen, Doppeleintragungen sind daher möglich

Die Spannweite reichte von Maudach, wo die losgeschlagenen Parzellen mit 248,31 ha Ackerland und 8,77 ha Wiesen mehr als ein Viertel der Gemarkung umfaßten, bis hin zu Oppau, wo das versteigerte Gut lediglich aus einer Scheune bestand.[85] Die umfangreichen Nationalgüter blieben hier bis zum Ende der Franzosenzeit im Besitz der Ehrenlegion und des Senats von Paris.[86] Versteigert wurden die Ländereien im Departementshauptort Mainz. Den Zuschlag für die angebotenen Parzellen erhielten meist Agenten oder Spekulanten, die sie dann in der Regel an Interessenten vor Ort weiter veräußerten. Die Preise für das Land waren insgesamt recht niedrig, des öfteren fand man im ersten Anlauf gar keinen Käufer und bei vielen Versteigerungslosen kam man über das Mindestgebot kaum hinaus.[87] Das große Angebot und eine gewisse Geldknappheit aufgrund der Steuerlast im Land ließen keine höheren Preise zu. Selbst die dann von den Agenten weiterverkauften Güter blieben deshalb für viele erschwinglich.[88]

Wer ist nun letztendlich in den Besitz der veräußerten Ländereien im Raum Ludwigshafen gelangt? In einem gewissen Ausmaß bildete sich neuer Großgrundbesitz von auswärtigen Investoren aus. In Maudach z. B. gelangte ein Großteil der Nationalgüter in den Besitz der Freiherren von Sturmfeder, die schließlich rund 150 ha Land ihr eigen nennen konnten und diesen Besitz 1840 an die Grafen von Waldkirch verkauften.[89] In Oggersheim wiederum avancierte der französische Gesandte am badischen Hof in Karlsruhe, Massias, mit Abstand zum größten Grundbesitzer. Insgesamt 149 Parzellen gingen bis 1812 in seinen Besitz über. Er besaß damit mehr als die Gemeinde Oggersheim selbst, die nur auf 114 kam.[90] Nach 1814 ist Massias als Grundbesitzer jedoch nicht mehr greifbar. Der ›Löwenanteil‹ der Nationalgüter fand seinen Weg jedoch zu den lokalen Interessenten. Dabei entstammten die Käufer meist der damals schon vermögenderen Schicht in den betreffenden Dörfern selbst oder den umliegenden Gemeinden. Schon in den Versteigerungslisten tauchen Namen wie Peter Grüner aus Maudach, Michael Gantz aus Oggersheim oder Gabriel Bolgard aus Mutterstadt mehrfach auf.[91] Sie und ihresgleichen dürften auch zu den guten Kunden der Agenten und Zwischenhändler gehört haben. Insgesamt ist somit eine gewisse neue Konzentration des Landbesitzes nicht ausgeblieben. Andererseits war die Streuung des Landes wohl nicht so gering, wie dies bisher in der Regel vermutet wurde.[92] Auch eine ganze Reihe von bislang landlosen Tagelöhnern muß die Chance genutzt haben, günstig in den Besitz von Ackerland zu gelangen. Nur so ist zu erklären, daß z. B. in Ruchheim die Zahl der Grundbesitzer und Ackerbauern von 49 im Jahr 1799 auf 85 im Jahr 1811 anstieg, wohingegen die Zahl der Tagelöhner im selben Zeitraum von 61 auf 41 sank.[93] Man kann also wohl mit Recht festhalten, daß die Bauernbefreiung mitsamt der Nationalgüterveräußerung auch im Raum Ludwigshafen das Entstehen einer bäuerlich-bürgerlichen Eigentumsgesellschaft gefördert hat.[94] Die Gemeinde Ruchheim würdigte sie denn auch 1817 als großen wirtschaftlichen Fortschritt, da die „dem Adel oder den Corporationen angehörig gewesenen Güter [...] in der Regel schlecht bewirtschaftet" gewesen seien und nun wesentlich mehr Ertrag brächten.[95]

Insgesamt führte die umfassende Veränderung der bäuerlichen Welt bis 1814 somit auch zu einer Verbesserung der allgemeinen Lebensverhältnisse. Die Reformen konnten ihre Wirkungskraft nicht zuletzt auch deshalb entfalten, weil die Franzosenzeit in der Region eine

Anmerkungen
Seite 216

85 *vgl. Schieder, IV, S.308, 333ff; Barth, S.91; Braun dagegen führt noch den Verkauf eines weiteren Gutes an, leider ohne Quellenbeleg; vgl. Braun, S.450; Brauns dort geäußerte These, daß in Oppau z. B. die Familien Weisbrod oder Schmitt mittels Nationalgüterkäufen zu den reichsten Sippen des Ortes geworden seien, läßt sich nicht halten. Gerade die Weisbrods sind noch in den Grundsteuerlisten der 1820er Jahre kaum in der Spitzengruppe vertreten. Erst 1840/41 gehören mehrere Mitglieder der Familie zu den größten Grundbesitzern des Ortes. Ihr Vermögen kann also kaum auf den günstigen Erwerb von Nationalgütern in der Franzosenzeit zurückgehen; vgl. StALu, Op. G 891, Grundsteuerverzeichnis für Oppau 1824/25; StALu, Op. 907, Heberolle der Grund-, Personal- und Fenstersteuer für Oppau 1840/41*

86 *vgl. Braun, S.450; StALu, Op. 927, Summarische Mutterrolle der Grundsteuer der Gemeinde Oppau für das Jahr 14 der Republik. Nach 1814 gingen die meisten Güter wohl an den Herzog von Dalberg über, der in den 1820er Jahren der größte Grundbesitzer des Ortes war; StALu, Op. G 891, Grundsteuerverzeichnis für die Gemeinde Oppau für das Etatjahr 1824/25*

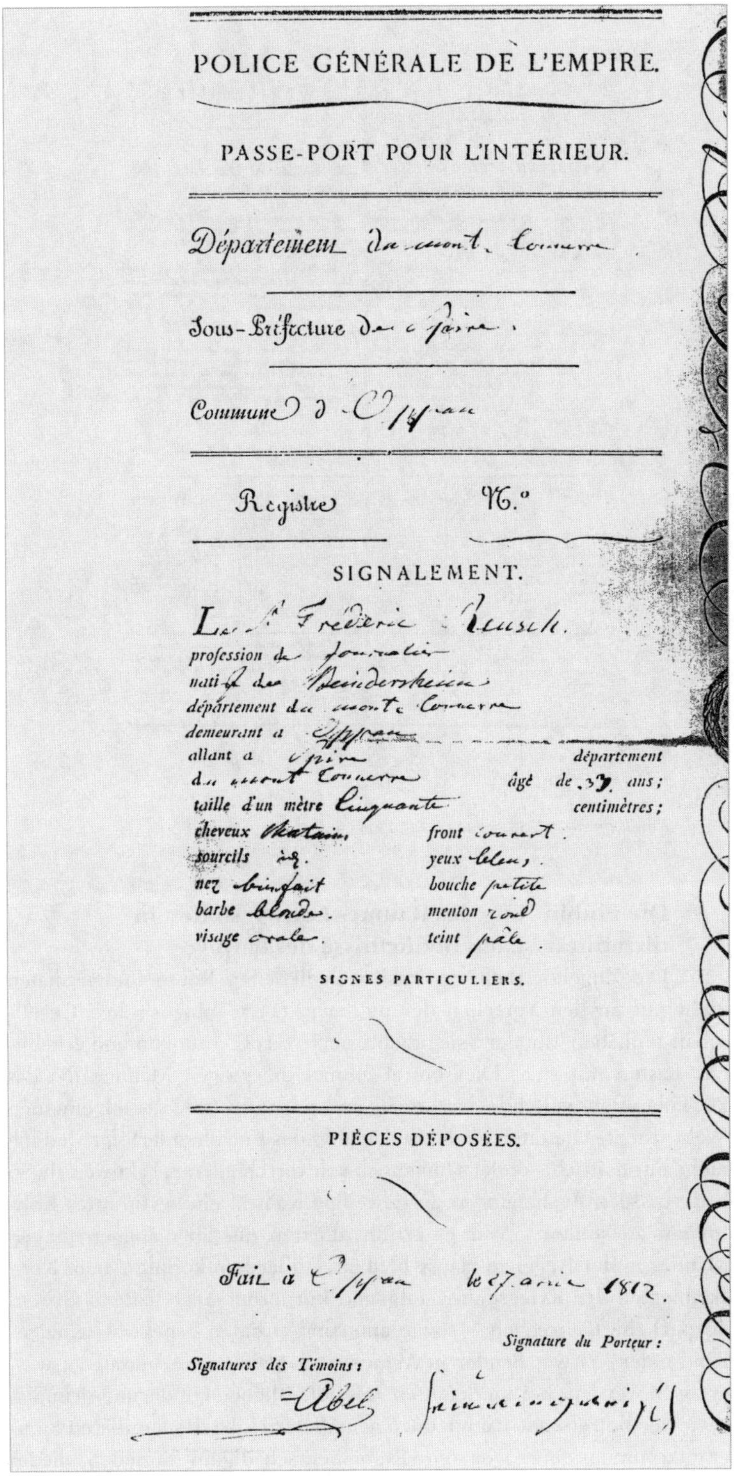
POLICE GÉNÉRALE DE L'EMPIRE.

PASSE-PORT POUR L'INTÉRIEUR.

Département du mont Tonnerre

Sous-Préfecture de Spire.

Commune d'Oppau

Registre N.°

SIGNALEMENT.

Le S.r Frédéric Reusch.
profession de journalier
natif de Beindersheim
département du mont Tonnerre
demeurant a Oppau
allant a Spire département
du mont Tonnerre âgé de 37 ans;
taille d'un mètre cinquante centimètres;
cheveux châtains front couvert.
sourcils id. yeux bleus,
nez bien fait bouche petite
barbe blonde. menton rond
visage ovale. teint pâle.

SIGNES PARTICULIERS.

PIÈCES DÉPOSÉES.

Fait à Oppau le 27 avril 1812.

Signatures des Témoins: Abel

Signature du Porteur:

Paß eines Einwohners von Oppau [19]

Fortdauerner adliger Besitz
Das Wappen der Freiherrn von Sturmfeder am Giebel des Maudacher Schlosses [20]

Phase relativen Friedens nach den Verwüstungen und Belastungen der Revolutionskriege gewesen ist. Die Schlachten Napoleons fanden lange Zeit andernorts statt. Die große Bedeutung der skizzierten Verwandlung der feudalen Welt lag jedoch vor allem darin, daß sie in ihren wesentlichen Teilen über 1814 hinaus Bestand hatte.

Anmerkungen
Seite 216 cont.

87 *vgl. Schieder, IV, passim; Schieder, I, S. 39ff; Springer, S. 361*

88 *vgl. Schieder, I, S. 45*

89 *Kreuter, Maudach, S. 81*

90 *LASp, U 216, Nr. B 68, Alphabetische Grundsteuerliste von Oggersheim 1812. Der Großteil dieser Grundstücke kann nur aus der Masse des versteigerten Nationalguts stammen. Darüber hinaus hat Massias jedoch seinen Besitz auch durch sonstige Käufe arrondiert; vgl. LASp, G 6, Nr. 519, Chef de l'Administration des Innenministers an Präfekt des Donnersbergdepartements, 12.11.1807; LASp, G 6, Nr. 581 I, Dekret des Kaisers auf Vorschlag des Innenministers, 14.7.1811*

91 *vgl. Schieder, IV, S. 332ff*

92 *vgl. hierzu: Ruf, Friesenheim, S. 148; Kreutz, Freiheitsbaum, S. 54; Springer, S. 362*

93 *StALu, Ru. 1059/7, Bevölkerungsliste von Ruchheim aus dem Jahr 8; StALu, Ru. 1059/34, Verzeichnis der Bürger der Mairie Ruchheim, 11.2.1811; vgl. zu Maudach: Kreuter, Maudach, S. 91f; vgl. allgemein: Schneider, S. 24*

94 *ebd., S. 23*

95 *StALu, Ru. 1059/15, Jahresbericht der Gemeinde Ruchheim, 31.12.1817*

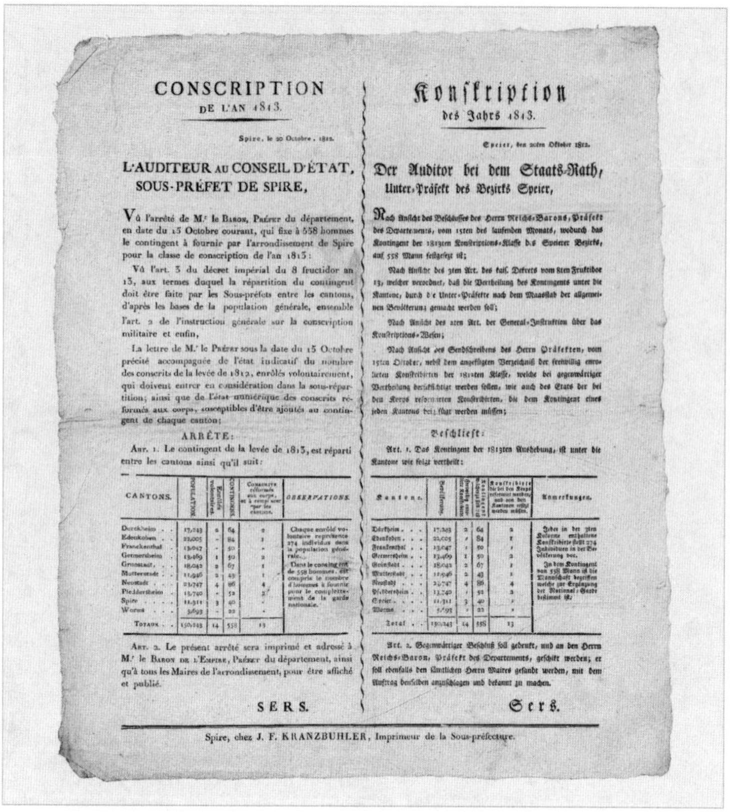

CONSCRIPTION
DE L'AN 1813.

Spire, le 20 Octobre, 1812.

L'AUDITEUR AU CONSEIL D'ÉTAT, SOUS-PRÉFET DE SPIRE,

Vû l'arrêté de M.r le Baron, Préfet du département, en date du 15 Octobre courant, qui fixe à 558 hommes le contingent à fournir par l'arrondissement de Spire pour la classe de conscription de l'an 1813:

Vû l'art. 3 du décret impérial du 8 fructidor an 13, aux termes duquel la répartition du contingent doit être faite par les Sous-préfets entre les cantons, d'après les bases de la population générale, ensemble l'art. 2 de l'instruction générale sur la conscription militaire et enfin,

La lettre de M.r le Préfet sous la date du 15 Octobre précité accompagnée de l'état indicatif du nombre des conscrits de la levée de 1812, enrôlés volontairement, qui doivent entrer en considération dans la sous-répartition; ainsi que de l'état numérique des conscrits réformés aux corps, susceptibles d'être ajoutés au contingent de chaque canton;

ARRÊTE:

Art. 1. Le contingent de la levée de 1813, est réparti entre les cantons ainsi qu'il suit:

CANTONS.	POPULATION.	Enrôlés volontaires.	CONTINGENS.	Conscrits réformés aux corps, et à remplacer par les cantons.	OBSERVATIONS.
Durckheim	17,243	2	64	2	Chaque enrôlé volontaire représente 274 individus dans la population générale. Dans le contingent de 558 hommes, est compris le nombre d'hommes à fournir pour le complettement de la garde nationale.
Edenkoben	22,005	-	84	1	
Franckenthal	13,047	-	50	-	
Germersheim	13,469	1	50	2	
Grunstadt	18,042	2	67	1	
Mutterstadt	11,946	2	43	1	
Neustadt	23,747	4	86	4	
Pfeddersheim	13,740	-	52	2	
Spire	11,311	3	40	-	
Worms	5,693	-	22	-	
Totaux	150,243	14	558	13	

Art. 2. Le présent arrêté sera imprimé et adressé à M.r le Baron de l'Empire, Préfet du département, ainsi qu'à tous les Maires de l'arrondissement, pour être affiché et publié.

SERS.

Konskription
des Jahrs 1813.

Speier, den 20ten Oktober 1812.

Der Auditor bei dem Staats-Rath, Unter-Präfekt des Bezirks Speier,

Nach Ansicht des Beschlusses des Herrn Reichs-Barons, Präfekt des Departements, vom 15ten des laufenden Monats, wodurch das Kontingent der 1813ten Konskriptions-Klasse des Speierer Bezirks, auf 558 Mann festgesezt ist;

Nach Ansicht des 3ten Art. des kais. Dekrets vom 8ten Fruktidor 13, welcher verordnet, daß die Vertheilung des Kontingents unter die Kantone, durch die Unter-Präfekte nach dem Maasstab der allgemeinen Bevölkerung gemacht werden soll;

Nach Ansicht des 2ten Art. der General-Instruktion über das Konskriptions-Wesen;

Nach Ansicht des Sendschreibens des Herrn Präfekten, vom 15ten Oktober, nebst dem angefügten Verzeichniß der freiwillig enrollirten Konskribirten der 1812ten Klasse, welche bei gegenwärtiger Vertheilung berüksichtigt werden sollen, wie auch des Etats der bei den Korps reformirten Konskribirten, die dem Kontingent eines jeden Kantons beizufügt werden müssen;

Beschliest:

Art. 1. Das Kontingent der 1813ten Aushebung, ist unter die Kantone wie folgt vertheilt:

Kantone.	Bevölkerung.	Freiwillig enrollirte Konskribirte	Kontingent	Konskribirte die bei den Korps reformirt werden, und von den Kantonen ersezt werden müssen.	Anmerkungen.
Dürkheim	17,243	2	64	2	Jeder in der 3ten Kolonne enthaltene Konskribirte stellt 274 Individuen in der Bevölkerung vor. In dem Kontingent von 558 Mann ist die Mannschaft begriffen welche zur Ergänzung der National-Garde bestimmt ist.
Edenkoben	22,005	-	84	1	
Frankenthal	13,047	-	50	-	
Germersheim	13,469	1	50	2	
Grünstadt	18,042	2	67	1	
Mutterstadt	11,946	2	43	1	
Neustadt	23,747	4	86	4	
Pfeddersheim	13,740	-	52	2	
Speier	11,311	3	40	-	
Worms	5,693	-	22	-	
Total	150,243	14	558	13	

Art. 2. Gegenwärtiger Beschluß soll gedrukt, und an den Herrn Reichs-Baron, Präfekt des Departements, geschikt werden; er soll ebenfalls den sämtlichen Herrn Maires gesandt werden, mit dem Auftrag denselben anzuschlagen und bekannt zu machen.

Sers.

Spire, chez J. F. KRANZBUHLER, Imprimeur de la Sous-préfecture.

Konskription, 18. Aushebung, 1813 [21]

Anmerkungen
Seite 218 und 219

96 *vgl. hierzu Kermann, S. 1481ff*

97 *vgl. z. B. LASp, G 315; 1806; Unterpräfekt an die Maires, 20.4.1806, 27.10.1806; LASp, G 315; 1809; Unterpräfekt an die Maires, 3.10.1809*

98 *vgl. StALu, Fr. 27/4, Befehl des Unterpräfekten von Speyer an Maire von Friesenheim, 14.4.1813; vgl. auch Springer, S. 325*

99 *Bodman, S. 203*

100 *LASp, G 315; 1806; Präfekt an Unterpräfekt, 4.10.1806; vgl. zu den Begriffsunterscheidungen: Springer, S. 326; Kermann, S. 1491*

101 *LASp, G 315; 1806; Unterpräfekt an die Maires, 5.8.1805 [17. Thermidor XIII]; vgl. Springer, S. 326*

102 *vgl. LASp, G 315; 1806; Unterpräfekt an die Maires, 7.4.1804 [17. Germinal XII]; LASp, G 315; 1806; Unterpräfekt an die Maires, 5.8.1805 [17. Thermidor XIII]*

103 *LASp, G 6, Nr. 855, Unterpräfekt von Speyer an Präfekt des Donnersbergdepartements, 5.7.1809*

Die Einbindung des Raumes Ludwigshafen in die militärischen Bedürfnisse des Empire

Die Zugehörigkeit zu Frankreich ließ den Raum Ludwigshafen nicht nur an den Vorteilen der modernisierten französischen Gesellschaft teilhaben, sondern sie brachte auch Verpflichtungen und erhebliche Lasten mit sich. Dies betraf einmal die jungen Männer, die das 20. Lebensjahr vollendet hatten. Sie unterlagen ab 1802 der allgemeinen Wehrpflicht. Die tatsächliche Einziehung des Einzelnen erfolgte jedoch nicht automatisch, sondern hing noch von verschiedenen Faktoren ab. So hatte bei den Aushebungen der jeweilige Kanton ein bestimmtes Kontingent zu stellen.[96] War es erfüllt, durften die überzähligen jungen Männer in der Regel zu Hause bleiben. Außerdem konnte einem Konskribierten der Kriegsdienst aufgrund körperlicher Defizite – Größe, körperliche Gebrechen – sowie aufgrund sozialer Aspekte – einziges Kind einer Witwe, Bruder in Armee oder gefallen, verheiratet usw. – erlassen werden. Bei anerkannten gesundheitlichen Hinderungsgründen hatte der Betreffende dann jedoch gemäß der Höhe des familiären Steueraufkommens eine sogenannte Reformentschädigung zu zahlen, die im Höchstfall 1 200 fr. betragen konnte. Im Raum Ludwigshafen bewegte sich diese Abgabe jedoch meist um die 100 fr. oder darunter.[97] Erst in der militärischen Krisensituation des Empire 1813 galten gesundheitliche Probleme und der Status als Verheirateter nicht mehr als Tauglichkeitsmängel.[98] Schließlich bestand noch die Möglichkeit durch Stellung eines Ersatzmannes dem Militärdienst zu entgehen. Allerdings mußte man diesen dafür finanziell entschädigen, was natürlich die wohlhabenderen

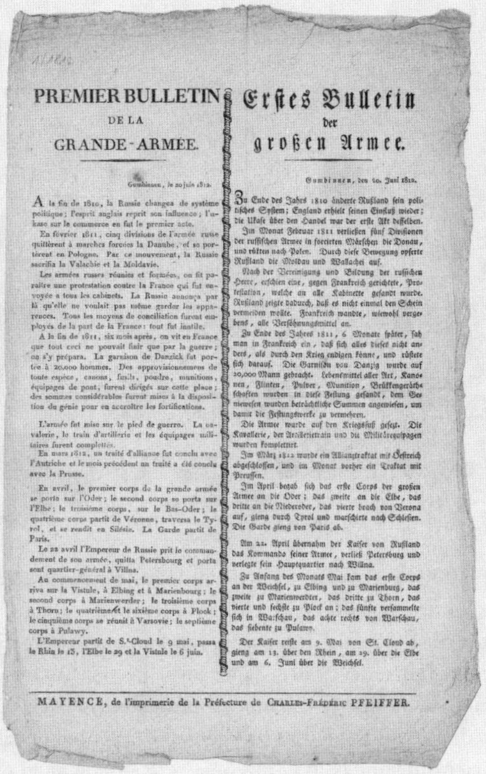

PREMIER BULLETIN
DE LA
GRANDE-ARMÉE.

Gumbinnen, le 20 juin 1812.

A la fin de 1810, la Russie changea de système politique; l'esprit anglais reprit son influence; l'ukase sur le commerce en fut le premier acte.

En février 1811, cinq divisions de l'armée russe quittèrent à marches forcées la Danube, et se portèrent en Pologne. Par ce mouvement, la Russie sacrifia la Valachie et la Moldavie.

Les armées russes réunies et formées, on fit paraître une protestation contre la France qui fut envoyée a tous les cabinets. La Russie annonça par là qu'elle ne voulait pas même garder les apparences. Tous les moyens de conciliation furent employés de la part de la France: tout fut inutile.

A la fin de 1811, six mois après, on vit en France que tout ceci ne pouvait finir que par la guerre; on s'y prépara. La garnison de Danzick fut portée à 20,000 hommes. Des approvisionnemens de toute espèce, canons, fusils, poudre, munitions, équipages de pont, furent dirigés sur cette place; des sommes considérables furent mises à la disposition du génie pour en accroître les fortifications.

L'armée fut mise sur le pied de guerre. La cavalerie, le train d'artillerie et les équipages militaires furent complettés.

En mars 1812, un traité d'alliance fut conclu avec l'Autriche et le mois précédent un traité a été conclu avec la Prusse.

En avril, le premier corps de la grande armée se porta sur l'Oder; le second corps se porta sur l'Elbe; le troisième corps, sur le Bas-Oder; le quatrième corps partit de Véronne, traversa le Tyrol, et se rendit en Silésie. La Garde partit de Paris.

Le 22 avril l'Empereur de Russie prit le commandement de son armée, quitta Petersbourg et porta sont quartier-général à Villna.

Au commencement de mai, le premier corps arriva sur la Vistule, à Elbing et à Marienbourg; le second corps à Marienwerder; le troisième corps à Thorn; le quatrième et le sixième corps à Plock; le cinquième corps se réunit à Varsovie; le septième corps à Pulawy.

L'Empereur partit de S.t-Cloud le 9 mai, passa le Rhin le 13, l'Elbe le 29 et la Vistule le 6 juin.

Erstes Bulletin
der
großen Armee.

Gumbinnen, den 20. Juni 1812.

Zu Ende des Jahrs 1810 änderte Rußland sein politisches System; England erhielt seinen Einfluß wieder; die Ukase über den Handel war der erste Akt desselben.

Im Monat Februar 1811 verließen fünf Divisionen der russischen Armee in forcirten Märschen die Donau, und rükten nach Polen. Durch diese Bewegung opferte Rußland die Moldau und Wallachei auf.

Nach der Vereinigung und Bildung der russichen Heere, erschien eine, gegen Frankreich gerichtete, Protestation, welche an alle Kabinette gesandt wurde. Rußland zeigte dadurch, daß es nicht einmal den Schein vermeiden wollte. Frankreich wandte, wiewohl vergebens, alle Versöhnungsmittel an.

Zu Ende des Jahres 1811, 6 Monate später, sah man in Frankreich ein, daß sich alles dieses nicht anders, als durch den Krieg endigen könne, und rüstete sich darauf. Die Garnison von Danzig wurde auf 20,000 Mann gebracht. Lebensmittel aller Art, Kanonen, Flinten, Pulver, Munition, Brükkengeräthschaften wurden in diese Festung gesandt, dem Geniewesen wurden beträchtliche Summen angewiesen, um damit die Festungswerke zu vermehren.

Die Armee wurde auf den Kriegsfuß gesezt. Die Kavallerie, der Artillerietrain und die Militärequipagen wurden komplettirt.

Im März 1812 wurde ein Allianztraktat mit Oestreich abgeschlossen, und im Monat vorher ein Traktat mit Preussen.

Im April begab sich das erste Corps der großen Armee an die Oder; das zweite an die Elbe, das dritte an die Niederoder, das vierte brach von Verona auf, gieng durch Tyrol und marschirte nach Schlesien. Die Garde gieng von Paris ab.

Am 22. April übernahm der Kaiser von Rußland das Kommando seiner Armee, verließ Petersburg und verlegte sein Hauptquartier nach Willna.

Zu Anfang des Monats Mai kam das erste Corps an der Weichsel, zu Elbing und zu Marienburg, das zweite zu Marienwerder, das dritte zu Thorn, das vierte und sechste zu Plock an; das fünfte versammelte sich in Warschau, das achte rechts von Warschau, das siebente zu Pulawy.

Der Kaiser reiste am 9. Mai von St. Cloud ab, gieng am 13. über den Rhein, am 29. über die Elbe und am 6. Juni über die Weichsel.

MAYENCE, de l'imprimerie de la Préfecture de CHARLES-FRÉDÉRIC PFEIFFER.

Was die Bürger lesen durften: Erstes Bulletin der Großen Armee Frankreichs in Rußland, 1812 [22]

Kreise der Bevölkerung begünstigte. Dies um so mehr als sich die Preise ab 1809 in Folge der vermehrten Aushebungen und der sich steigernden Menschenverluste in der Armee drastisch erhöhten. Bekam man noch 1801/02 für 200 fr. einen Ersatzmann, so waren 1809 schon rund 3 500 fr. üblich, Tendenz steigend.[99] Selbst für die reicheren Bewohner des Raumes Ludwigshafen waren diese Summen kaum zu finanzieren. Wenn alle Stricke rissen, blieb den hiesigen Wehrdienstunwilligen also nur noch die Flucht. Die nahe Rheingrenze bot dabei eine gute Möglichkeit, schnell aus dem unmittelbaren Machtbereich der französischen Behörden zu entweichen. Gerade im Kanton Frankenthal scheinen dies etliche Betroffene genutzt zu haben, stand dieser doch bei der Unterpräfektur in Speyer im Ruf, besonders viele sogenannte Widerspenstige oder Deserteure hervorzubringen.[100] Die harten finanziellen Strafen für die Fahnenflucht hatten dann die zurückgebliebenen Eltern zu begleichen.[101] Doch die Verwaltung wollte es erst gar nicht so weit kommen lassen. Die Maires der Rheingemeinden wurden von Präfekt und Unterpräfekt unter der Androhung der persönlichen Haftung mehrfach angehalten, Desertionen zu verhindern. Dazu sollten sie z. B. die Pässe der Reisenden genau kontrollieren, die Rheinschiffe überwachen etc.[102] Inwieweit dies von den Maires im Falle von Ortsansässigen befolgt wurde, ist nicht zu eruieren. Bei Ortsfremden scheint man jedenfalls zur Mithilfe bei der Ergreifung von Fahnenflüchtigen bereit gewesen zu sein, wie der engagierte Einsatz z. B. des Maires von Oggersheim, Caspar Altmann, in einem Fall aus dem Jahr 1809 offenbart.[103] Insgesamt dürften im Donnersbergdepartement während der Franzosenzeit zwischen

Rheinübergang der russischen Armee bei Friesenheim am 1. Januar 1814
Aquarell von Wilhelm Kobell [23]

18 000 und 19 000 junge Männer in der französischen Armee gedient haben.[104] Dazu kommen noch rund 2 500 Widerspenstige und Deserteure. Somit mußten ab 1802 mit steigender Tendenz zwischen 25% und 50% der Konskribierten eines jeden Jahrgangs ihren Militärdienst leisten. Dies entsprach auch den Verhältnissen im Raum Ludwigshafen, soweit sich dies aus der etwas mageren Quellenbasis erschließen läßt.[105]

Die Kriegsführung Napoleons belastete jedoch nicht nur die wehrfähigen Männer, sondern die jeweilige Dorfgemeinschaft insgesamt. Während der ganzen Franzosenzeit, vor allem aber 1813, verlangte der Staat von den einzelnen Orten immer wieder größere Lebens- und Futtermittellieferungen sowie Transportleistungen zur Unterhaltung der Armee. So hatte allein Maudach in diesem letzten Jahr der französischen Herrschaft 28 395 Liter Hafer, 2 028 Liter Weizen, 448 Liter Dürrgemüse, 34 007 kg Heu und 4 759 kg Stroh abzuliefern.[106] Die Gemeinden versteigerten derartige Forderungen in der Regel an den Wenigstnehmenden oder zogen die Begüterten des Ortes zur Lieferung heran.[107] Gesammelt wurden die Vorräte dann in dafür eingerichteten Magazinen, von denen sich die nächsten in Oggersheim und Frankenthal befanden.[108] Bei nicht pünktlicher Lieferung und sei sie auch nur um Stunden verzögert, wurde die Eintreibung der Forderung durch Militär angedroht. Diese Maßnahme mußte von den Schuldnern dann zusätzlich noch bezahlt werden. In einem Fall in Maudach, 1806 z. B. mit „6 Franken per Stunde".[109] Im Gegensatz zur Zeit vor 1798 wurden die von den Gemeinden erbrachten Leistungen aber vom Staat erstattet. Die Entschädigungen würden, wie es in einem Brief des Unterpräfekten an den Maire von Maudach hieß, „durch den Praefekten nach den Marktpreisen des Zeitpunktes der Lieferung bestimmt, festgesetzt und bezahlt".[110] Letzteres jedoch dauerte in vielen Fällen recht lange, was mannigfache Klagen nach sich zog.[111] Zuweilen kam die Entschädigung erst ein bis zwei Jahre später bei den Gemeinden an.[112] Die Departementsverwaltung gelobte zwar immer wieder Besserung, doch es änderte sich wenig.[113] Da die Gemeinden des Raumes Ludwigshafen besonders 1813 stark in Anspruch genommen worden waren, blieben viele ihrer Forderungen an den französischen Staat am Ende der Franzosenzeit offen. Gemäß dem 1. und 2. Pariser Frieden von 1814 bzw.

Anmerkungen
Seite 220

104 *vgl. auch f. d. F. Kermann, S. 1482ff; Springer, S. 322ff*

105 *vgl. z. B. LASp, G 6, Nr. 900, Liste der Konskribierten im Kanton Frankenthal der Klasse von 1811, 22. 3. 1811*

106 *StALu, Md. 318, Naturalienrechnung der Gemeinde Maudach für das Jahr 1813, 1. 5. 1815*

107 *LASp, G 315; 1806, Unterpräfekt von Speyer an die Maires, 14. 10. 1806*

108 *LASp, G 6, Nr. 847 I, Liste der Lieferungen des Kantons Frankenthal an die Magazine im Arrondissement Speyer, 17. 10. 1807*

109 *StALu, Md. 318, Unterpräfekt Verny an Maire von Maudach, 29. 9. 1806*

110 *StALu, Md. 318, Rundbrief des Unterpräfekten von Speyer an die Maires, 31. 8. 1805 [13. Fructidor XIII]*

111 *LASp, G 6, Nr. 847 II, Maire von Oggersheim an Präfekt, 10. 2. 1809*

112 *In Oggersheim z. B. erhielt man erst 1810 die Erstattung für Fouragelieferungen der Jahre 1808 und 1809; vgl. StALu, Og. 215*

113 *LASp, G 6, Nr. 845 I, Erlaß des Präfekten an alle Maires des Donnersbergdepartements, 14. 3. 1809; StALu, Op. 2/23, Präfekt des Donnersbergdepartements an die Maires, 2. 11. 1813*

1815 mußte Frankreich jedoch für alle außerhalb seines nunmehrigen Territoriums bei Privaten und Gemeinden gemachten Schulden haften.[114] Die Prüfung der entsprechenden Forderungen übernahm eine von den Vertragspartnern paritätisch besetzte Liquidationskommission. Im April 1818 willigten die Alliierten jedoch in eine Konvention ein, die Frankreich zum Leidwesen seiner Gläubiger sehr entgegen kam. Die Gemeinden erhielten nun prinzipiell nur noch einen Teil ihrer Ansprüche erstattet.[115] Hinzu kam, daß die kommunalen Forderungen vielfach sogar ganz abgelehnt wurden, da die eingereichten Belege vor den Augen der Kommission keine Anerkennung fanden.[116] Beides bedingte eine erhebliche Folgelast für die Kommunen.

Mit dem Rückzug der französischen Armee nach der Völkerschlacht bei Leipzig im Oktober 1813 kehrte auch der Krieg selbst wieder in den Raum Ludwigshafen zurück. Präfekt St. André bereitete die Gemeinden auf die kommenden Belastungen vor. In einem Brief an die Maires vom 2. November 1813 forderte er jeden Gemeindevorsteher auf, „die in seine[r] Gemeinden zu stehen kommenden Truppen, sowohl Infanterie als auch Kavallerie in zwei oder drei Tagen aufnehmen zu können [...] Die Armee wird einige Augenblicke der Ruhe geniessen, und Ihre brüderliche Freundschaft wird ihnen diese Ruhe versüssen [...] Nach einem schweren Feldzug kommen sie zu Ihnen mit Bedürfnissen, die befriedigt werden müssen."[117] Daß die Aussicht auf kommende massive Einquartierungen bei niemandem Freude hervorrufen konnte, war nach den Erfahrungen, welche die Menschen damit bereits in der Vergangenheit gemacht hatten, verständlich. Reibereien zwischen Soldaten und Bevölkerung hatten ja selbst während des Empire das gegenseitige Verhältnis belastet.[118] Präfekt St. André sah sich deshalb veranlaßt, möglichen Konflikten von vornherein entgegenzuwirken. In seinem Schreiben an die Maires betonte er, daß sein „einziges Bestreben [...] lediglich dahin [geht], daß zwischen den Einwohnern und den Truppen das gute Vernehmen herrsche, das Franzosen geziemt".[119] Doch die Belastungen durch die zurückflutenden Truppen der ›Grande Armée‹ waren groß. Die geschwächten und ausgelaugten Soldaten mußten mit allem versorgt werden. Im Friesenheimer Wald und in der Orangerie des Oggersheimer Schlosses wurden zudem für die zahlreichen Verwundeten und Kranken Lazarette eingerichtet, die schließlich heillos überfüllt waren.[120] Seuchen, insbesondere Typhus, breiteten sich aus und griffen auch auf die Dorfbevölkerung über. Gleichzeitig rückten die Armeen der antifranzösischen Koalition in breiter Front an den Rhein vor. Dem Raum Ludwigshafen gegenüber auf der rechten Rheinseite brachte sich das 26000 Mann starke russische Korps des Baron von Osten-Sacken in Stellung. Der französische Marschall Marmont befehligte die Abwehrmaßnahmen. Um die Rheinüberquerung der Russen bei Mannheim zu verhindern, die dafür am Neckar bereits eine Schiffsbrücke errichtet hatten, ordnete er den Bau einer neuen Schanze, etwas nördlich der Rheinschanze an, gegenüber der damaligen Neckarmündung. Vom 6. bis 21. November wurde sie von 80 Bürgern aus Oppau und je 50 aus Friesenheim, Edigheim und Oggersheim in Fronarbeit erbaut. Der Erfolg blieb ihr jedoch versagt. Beobachtet u. a. vom späteren Kaiser Wilhelm I. überquerten russische Truppen in der Neujahrsnacht 1813/14 den Rhein, eroberten die Schanze und beendeten damit die französische Herrschaft im Raum Ludwigshafen.[121]

Anmerkungen
Seite 221

114 vgl. StALu, Ru. 1058/29, Auszug aus den Tractaten zwischen den hohen verbündeten Mächten und Frankreich vom 30ten Mai 1814 und 20ten November 1815 sowie der Zusatz-Convention zu dem Art. 9 des Hauptvertrages vom 20. November 1815 die Forderungen an Frankreich betreffend; vgl. hierzu auch: Fenske, Speyer, S. 147f

115 vgl. StALu, Ru. 1058/29, Landkommissariat an Bürgermeisteramt Ruchheim, 22.8.1821; StALu, Op. 1073a, Beschluß der Bayerischen Ministerial-Liquidationskommission für die Forderungen an Frankreich, 24.3.1825 [Abschrift]

116 vgl. StALu, Ru. 1058/29, Gemeinderatsprotokoll Ruchheim, 28.11.1825

117 StALu, Op. 2/23, Präfekt St. André an die Maires, 2.11.1813

118 vgl. z. B. LASp, G 6, Nr. 859, Maire von Oggersheim an Unterpräfekt in Speyer, 14.6.1808

119 StALu, Op. 2/23, Präfekt St. André an die Maires, 2.11.1813

120 vgl. hierzu: Ruf, Friesenheim, S. 150; Braun, S. 461f

121 zum Rheinübergang vgl. Ruf, Friesenheim, S. 151ff; Fenske, Speyer, S. 119f

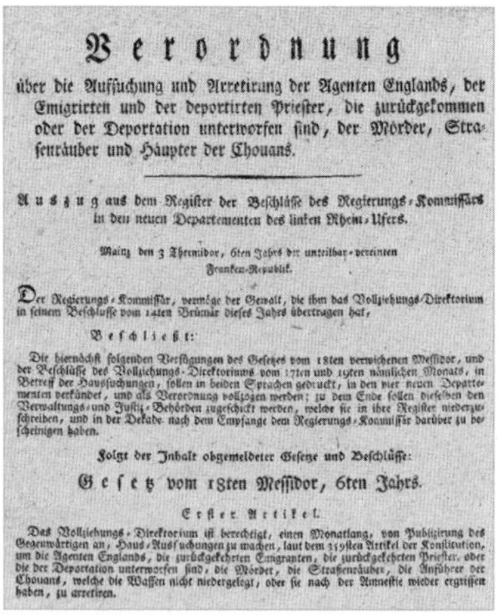

Verordnung

über die Aufsuchung und Arretirung der Agenten Englands, der Emigrirten und der deportirten Priester, die zurückgekommen oder der Deportation unterworfen sind, der Mörder, Strasenräuber und Häupter der Chouans.

Auszug aus dem Register der Beschlüsse des Regierungs-Kommissärs in den neuen Departementen des linken Rhein-Ufers.

Maintz den 3 Thermidor, 6ten Jahrs der untheilbar-vereinten Franken-Republik.

Der Regierungs-Kommissär, vermöge der Gewalt, die ihm das Vollziehungs-Direktorium in seinem Beschlusse vom 14ten Brümär dieses Jahrs übertragen hat,

Beschließt:

Die hiernächst folgenden Verfügungen des Gesetzes vom 18ten verwichenen Messidor, und der Beschlüsse des Vollziehungs-Direktoriums vom 17ten und 19ten nämlichen Monats, in Betreff der Haussuchungen, sollen in beiden Sprachen gedruckt, in den vier neuen Departementen verkündet, und als Verordnung vollzogen werden; zu dem Ende sollen dieselben den Verwaltungs- und Justiz-Behörden zugeschickt werden, welche sie in ihre Register niederzuschreiben, und in der Dekade nach dem Empfange dem Regierungs-Kommissär darüber zu bescheinigen haben.

Folgt der Inhalt obgemeldeter Gesetze und Beschlüsse:

Gesetz vom 18ten Messidor, 6ten Jahrs.

Erster Artikel.

Das Vollziehungs-Direktorium ist berechtigt, einen Monatlang, von Publizirung des Gegenwärtigen an, Haus-Aussuchungen zu machen, laut dem 359sten Artikel der Konstitution, um die Agenten Englands, die zurückgekehrten Emigranten, die zurückgekehrten Priester, oder die der Deportation unterworfen sind, die Mörder, die Strasenräuber, die Anführer der Chouans, welche die Waffen nicht niedergelegt, oder sie nach der Amnestie wieder ergriffen haben, zu arretiren.

Die Angst um den Bestand der neuen Ordnung: Wandanschlag aus dem Jahr 1798 mit Warnungen vor „Agenten Englands, Emigierten und deportierten Priestern"[24]

Die Akzeptanz der französischen Herrschaft

Die bisherigen Ausführungen haben die verschiedenen Aspekte der französischen Herrschaft im Raum Ludwigshafen beleuchtet. Bleibt noch die Frage nach deren Akzeptanz in der Bevölkerung. Aufgrund der allgemein schwierigen Quellenlage für die Zeit bis 1814 kann dieser Punkt leider nicht erschöpfend beantwortet werden. Einige Tendenzen lassen sich aber durchaus sichtbar machen. Der Wandel der staatlichen Verhältnisse 1798 hatte in den Dörfern rund um Oggersheim ein widersprüchliches Echo gefunden. Einerseits erfuhr er in begrenztem Maße durchaus öffentliche Zustimmung. So legten in Oggersheim 43 Bürger ein Bekenntnis zum neuen Staat ab, indem sie insgesamt 52,94 Francs als sogenannte „Patriotische Abgaben" spendeten.[122] Das Geld sollte „als ein patriotisches Geschenk [...] zur Landung von England" angesehen werden, wie es in den Rechnungen der Stadt von 1798 heißt. In den anderen Orten des Raumes Ludwigshafen kam es, wenn überhaupt, allerdings nur ganz vereinzelt zu derartigen Zuwendungen.[123] Auf der anderen Seite gab es in den ersten Jahren der französischen Herrschaft durchaus Unmutsbekundungen und Widerspruch gegen die neue Ordnung. Sie traten vor allem im Zusammenhang mit der Initiative von Generalkommissar Rudler auf, in allen Orten der rheinischen Departements sogenannte Freiheitsbäume pflanzen zu lassen. Damit sollte aller Welt signalisiert werden, daß die Bevölkerung der besetzten Rheinlande den Anschluß an die Republik begrüßte, ja wünschte.[124] Denn beim Motiv des Freiheitsbaums handelte es sich um eine Übertragung des traditionellen Maibaumsetzens in die politische Sphäre. Statt vom Frühling und vom Neuanfang des Lebens nach dem Winter kündete der Baum nun vom Völkerfrühling der Revolution und von der Geburt einer neuen politisch-sozialen Ordnung.[125] Im Raum Ludwigshafen stellte ab dem März 1798 fast jede Gemeinde einen solchen Freiheitsbaum auf.[126] Anläßlich ihrer Errichtung veranstaltete man jeweils ein öffentliches Fest: Feierliche Reden wurden gehalten, Freiheitsfahnen an den Kirchtürmen gehißt. Die Bevölkerung wurde mit Essen und Wein auf Rechnung der Gemeinde verköstigt. Böllerschüsse, Musik und Tanz rundeten die Feiern vielerorts ab. Offene Opposition gegenüber dem Aufstellen der Freiheitsbäume, etwa in Gestalt eines Boykotts der damit verbundenen Feiern ist nicht erkennbar. Die Ansicht von Karl-Otto Braun, daß man in Edigheim und Oppau nur gezwungenermaßen an diesen Veranstaltungen teilgenommen hätte, mag zutreffen, sie läßt sich aber nicht belegen.[127] Hingegen kam es, wie in vielen anderen Regionen der rheinischen Departements, auch im Raum Ludwigshafen zu nächtlichen Beschädigungen und Zerstörungen von Freiheitsbäumen.[128] So wurde z. B. derjenige in Rheingönheim einfach abgesägt. Und diese Botschaft war unmißverständlich. Denn indem sie das Symbol der von den Franzosen verordneten Freiheit stürzten, brachten einige Bürger deutlich zum Ausdruck, daß sie diese nicht als eine solche empfanden und gerne losgeworden wären. Die Zentralverwaltung in Mainz vermutete zwar primär „Österreicher" hinter dem Vergehen, interpretierte den Vorgang zunächst einmal also als einen von außen hereingetragenen Gewaltakt.[129] Letztendlich kam man jedoch nicht umhin, sich einzugestehen, daß dabei auch Einheimische ihre Finger im Spiel gehabt haben mußten. Welchen Anteil an der Gesamtbevölkerung die expliziten Gegner und Befürworter der neuen Ordnung im Raum Ludwigshafen zu Beginn der Franzosenzeit

Anmerkungen
Seite 222 und 223

122 StALu, Og. 204

123 Eine weitere Spende dieser Art, die aber nur von einer Person getätigt wurde, ist in Mundenheim nachgewiesen, vgl. StALu, Mu. 2

124 vgl. dazu: Springer, S.167ff, 172; Schneider, S.21; Moersch, S.459f; Braun, S.447

125 vgl. Kreutz, Freiheitsbaum, S.5

126 vgl. hierzu die Rechnungen der Gemeinden aus dem Jahr 1798, die detaillierte Aufstellungen der Maßnahmen und ihrer Kosten enthalten: StALu, Op. 365; StALu, Og. 204; StALu, Md. 44; StALu, Ru. 181; vgl. auch Kreuter, Oggersheim, S.103; Kreuter, Chronik, S.120; Springer, S.154

127 Braun, S.444f; vgl. mit gleicher Aussage für die Pfalz insgesamt: Springer, S.153ff

128 vgl. allgemein: Molitor, S.43; Springer, S.169ff; Moersch, S.460

129 vgl. LASp, G 6, Nr. 1, Regierungskommissar der Zentralverwaltung des Departements an Zentralverwaltung, 7.4.1800 [17. Germinal VIII]

130 vgl. LASp, G 6, Nr. 3/3, Liste der Verdächtigen des Kantons Mutterstadt, 6.11.1799 [15. Brumaire VIII]

tatsächlich ausmachten, läßt sich rückblickend nicht mehr feststellen. Allerdings dürften Ablehnung oder zumindest Mißtrauen gegenüber den neuen Verhältnissen in der hiesigen Honoratiorenschicht recht groß gewesen sein. Dies legen jedenfalls die Dossiers nahe, welche die französische Regierung über die Amtsträger des Ancien régime und andere lokal wichtige Persönlichkeiten anfertigen ließ. Darin wurde nur dem protestantischen Pfarrer von Ruchheim, Hans Orth, eine positive Staatsgesinnung bescheinigt, alle anderen erfaßten Personen als gefährliche Fanatiker, Antirepublikaner oder bestenfalls als Opportunisten eingestuft.[130] Insgesamt reagierte die Bevölkerung auf den Wandel der staatlichen Verhältnisse jedoch zunächst einmal mit zurückhaltender Distanz. Man nahm die Veränderungen einfach hin und wartete ab. Diese Haltung entsprach dabei durchaus der allgemeinen Tendenz in den ehemaligen linksrheinischen Reichsterritorien.

Mit der Dauer der Zugehörigkeit zu Frankreich ebbte die Distanz der Anfangsjahre allmählich ab. Die Menschen gewöhnten sich an die neuen Verhältnisse, verspürten ihre Vorzüge und manche Kreise der Bevölkerung empfanden vielleicht sogar so etwas wie Stolz zu einem so mächtigen Staat zu gehören, wie es Frankreich damals war.[131] Offizielle Feiern zu Ehren des Kaisers, Festlichkeiten anläßlich von Friedensschlüssen wie z. B. 1807 jedenfalls wurden in den meisten Orten des Raumes Ludwigshafen begangen.[132] Der Maire von Ruchheim, Dieter Carl Hausam, verstieg sich gegenüber dem Unterpräfekten gar in panegyrischen Lobpreisungen Napoleons, welcher seiner Aussage zu Folge „der Welt als ein Geschenk der Gottheit gegeben" worden sei.[133] Derart unkritisch war man im Allgemeinen im Raum Ludwigshafen jedoch nicht. So betrachtete die hiesige Bevölkerung z. B. die Wahlen für die fast einflußlosen Repräsentativorgane auf der Ebene der Arrondissements und der Departements zu Recht wohl nur als demokratisches Feigenblatt des Empire und maß ihnen demzufolge nur geringe Bedeutung bei.[134] Der Wahlleiter des Kantons Mutterstadt beklagte sich denn auch bei den Wahlen 1804, daß selbst einige Gemeindevorsteher öffentlich verkündet hätten, die Teilnahme an der Wahlversammlung sei nicht unbedingt notwendig.[135]

Die Rückkehr in ein monarchisches System unter Napoleon dürfte vielen Menschen und gerade den Eliten des Ancien régime die Annahme der französischen Herrschaft erleichtert haben, was dem inneren Frieden sicherlich zuträglich war. Ein Paradebeispiel dafür stellt der Werdegang des ehemaligen ›Oberschultheißen‹ von Oggersheim Peter Heuss (1759—1824) dar.[136] Als 1799 für die Zentralverwaltung des Kantons Mutterstadt ein neuer Präsident gesucht wurde, schätzte der ›Regierungkommissar‹ vor Ort den Vorschlag Heuss einzusetzen noch als einen „dummen Streich für die Würde einer republikanischen Verwaltung ein", habe der Kandidat die neue Ordnung doch nie gemocht.[137] Bereits im Jahr 1804 konnte man von diesen gegenseitigen Vorbehalten nichts mehr spüren. Als nunmehriges Mitglied im Arrondissementsrat konnte Heuss als Stütze des Empire gelten.[138] Im Laufe der Jahre avancierte er zudem immer mehr zum wichtigen lokalen Berater der Unterpräfektur. So begutachtete er 1813 die Vorwürfe gegen den Maire Kraus von Edigheim und schlug schließlich der Verwaltung in Speyer die Kandidaten für dessen Nachfolge vor.[139] Sein Favorit Andreas Ballinger, der seinerseits bereits unter den Kurfürsten als

EMPIRE FRANÇAIS.

Departement vom Donnersberg. Bezirk von Speier.

Speyer, den

Der Unterpräfekt des Gemeinde-Bezirks von Speyer.

No.

Der Unterpräfekt des Bezirks Speyer autorisirt den Maire zu … zu Gunsten des … ein Zahlungsmandat auf den Betrag von …

Kaiserliche Symbolik auf einem Schreiben an den Maire von Ruchheim, 1806 [25]

Anmerkungen Seite 223

131 Molitor, S. 44; Schneider, S. 25; Rödel, S. 1474

132 zu den Feiern in Ruchheim, Maudach und Oggersheim vgl. StALu, Ru. 185; StALu, Md. 50; StALu, Og. 212. In Friesenheim hingegen fanden offensichtlich keine Feiern statt; vgl. StALu, Fr. 29

133 StALu, Ru. 185, Beleg Nr. 71, 11.8.1807

134 Diese Institutionen waren 1802 durch ein Senatskonsult eingerichtet worden; vgl. Graumann, S. 94ff

135 vgl. LASp, G 6, Nr. 1002, Wahlleiter des Kantons Mutterstadt an Präfekt, 12.7.1804 [23. Messidor XII]; Wahlleiter des Kantons Frankenthal an Präfekt, 13.7.1804 [24. Messidor XII]

136 vgl. zu Heuss: Kreuter, Weitere Ergänzungen, S. 51

137 LASp, G 6, Nr. 10/15, Moré an Zentralverwaltung des Departements in Mainz, 2.12.1799 [11. Frimaire VIII]; vgl. auch LASp, G 6, Nr. 3/3, Liste der Verdächtigen des Kantons Mutterstadt, 6.11.1799 [15. Brumaire VIII]

138 vgl. Bodman, S. 107

139 LASp, G 6, Nr. 530, Heuss an Sers, 29.9.1813; LASp, G 6, Nr. 555, Heuss an Untersuchungsrichter im Staatsrat, 8.7.1813

›Schultheiß‹ amtiert hatte, wurde letztlich auch ernannt. Im Jahr 1813 bestimmte man Heuss schließlich selbst zum Maire von Oggersheim.

Die Belastungen der letzten Jahre der napoleonischen Herrschaft ließen die allgemeine Stimmung offensichtlich aber wieder erheblich absinken.[140] Jedenfalls sah sich die französische Regierung im Dezember 1813 veranlaßt, gegen Entschädigung alle sich in den rheinischen Departements im Umlauf befindlichen ›Munitionsflinten‹ einzuziehen,[141] wohl um Unruhen von vornherein zu unterbinden. Dies konnte jedoch das positive Bild, das sich weite Kreise in der Pfalz von der Zeit unter dem Banner der Trikolore nach 1814 machten, nicht schmälern.

Gebührenstempel mit kaiserlichen Symbolen [26]

Unter weiß-blauer Fahne: Der Raum Ludwigshafen 1814/16—1843

Hängepartie: Der lange Wechsel von Frankreich nach Bayern (1814—1816)

Nach dem Ende der Franzosenherrschaft blieb zunächst einmal alles so, wie es war. Die alliierten Monarchen hatten nämlich bereits im Oktober 1813 vereinbart, die eroberten Gebiete bis zur Festsetzung der künftigen Herrschaftsverhältnisse rechtlich und verwaltungsmäßig in ihrem status quo zu belassen. In einer Proklamation vom 1. Januar 1814 an die linksrheinische Bevölkerung forderten sie deshalb auch alle Beamten auf, ihre Tätigkeit fortzusetzen. Nur die leitenden französischen Funktionsträger mußten ihre Posten verlassen. Auch im Raum Ludwigshafen behielten die meisten Maires ihr Amt. Lediglich Peter Heuss aus Oggersheim wurde durch Ferdinand Krieger ersetzt. Dessen Engagement im Dienste des Empire war den Alliierten offensichtlich zu suspekt. Die Aufsicht über die Verwaltung lag zunächst beim sogenannten Zentralgouvernement für die besetzten Gebiete. Nach dem ersten Pariser Frieden am 30. Mai 1814 gelangte das linksrheinische Territorium südlich der Mosel unter die gemeinschaftliche Verwaltung von Österreich und Bayern, wofür beide eine gemeinsame ›Landesadministrationskommission‹ in Bad Kreuznach einrichteten. Für Besatzungszwecke war dieser Bezirk aber zwischen den beiden Mächten geteilt, wobei Bayern das größere Stück erhielt, das auch die spätere Pfalz umfaßt. Für die Bevölkerung dieser Landstriche konnte das Gefühl der Befreiung zunächst allerdings kaum aufkommen. Einquartierungen, Arbeitsdienste für militärische Bedürfnisse, Ablieferung von Lebensmitteln und Tierfutter gehörten auch im Raum Ludwigshafen bis zum Rückzug der alliierten Truppen nach der endgültigen Niederlage Napoleons bei Waterloo zum Alltag. So berichtet der Schöffenrat von Oppau, daß man Versorgungsgüter „an die russischen Truppen und an den General Vrarjenkof [leisten mußte], welcher letzterer nebst seinem Generalstab, 50 Schneider[n], viele[n] Schuster[n] und Wagner[n] während sechs Monate in hiesiger Gemeinde stationiert" war.[142] Die ohnehin schon finanziell gebeutelten Orte traf es also nochmals hart. Zwar wurde zwischenzeitlich auch von den alliierten Monarchen eine Vergütung der Auslagen zugesagt, sofern die betreffenden Gemeinden die entsprechenden Quittungen vorlegen könnten.[143] Doch letztlich blieben die Kommunen auf dem Großteil ihrer Forderungen sitzen. Denn die bayerische Seite hatte lange Zeit nur wenig Interesse am wirtschaftlichen Wohlergehen der Pfalz. Vielmehr versuchte man soviel als

Anmerkungen
Seite 224 und 225

140 *vgl. Springer, S. 259*
141 *Küstner, passim*
142 *StALu, Op. 68, Liquidation der neueren Kriegsschulden der Gemeinde Oppau erstellt am 21.9.1820; vgl. zu den Belastungen auch: Braun, S. 466ff; Kreuter, Oggersheim, S. 105ff*
143 *LASp, U 216, Nr. 64, Kreisdirektor Schönberger an sämtliche Bürgermeister des Kreises, 3.8.1815*
144 *Fenske, Speyer, S. 122*
145 *vgl. hierzu: Volz, passim*

möglich aus dem Land herauszuholen. Der bayerische Kommissionspräsident Franz Xaver Ritter von Zwackh bemerkte dazu schließlich 1815, daß die Kuh nunmehr ausgemolken sei und man ab jetzt vorsichtiger agieren müsse.[144] Die distanzierte Haltung Bayerns war jedoch nicht weiter verwunderlich, beabsichtigten doch weder König Max Joseph noch sein leitender Minister Montgelas, die Pfalz zu erwerben, die so abseits, isoliert und ohne Landverbindung zum Rest des Königreichs lag. Sie betrachteten die Gebiete links des Rheins deshalb lediglich als Tauschobjekt im allgemeinen Länderschacher. Letztendlich verlor Bayern jedoch den Machtpoker gegen Österreich und mußte im Münchner Vertrag vom April 1816 der Übernahme der Pfalz zustimmen, bei gleichzeitiger Überlassung Salzburgs und des Innviertels an Wien. Daß die Pfalz und damit auch der Raum Ludwigshafen ein Teil des Wittelsbacher Königreichs wurde, war also das Ergebnis einer diplomatischen Niederlage der bayerischen Krone. Auch die Namensgebung für den neuen Landesteil bereitete Schwierigkeiten. Zunächst nannte man ihn die „bayerischen Lande am Rhein", ab 1817 ›Rheinkreis‹. Erst 1838 gab ihm König Ludwig I. den Namen ›Pfalz‹, wohl nicht zuletzt um die eigenen Ansprüche auf die rechtsrheinischen Teile der alten Kurpfalz zu betonen, die ja nun zu Baden gehörten.

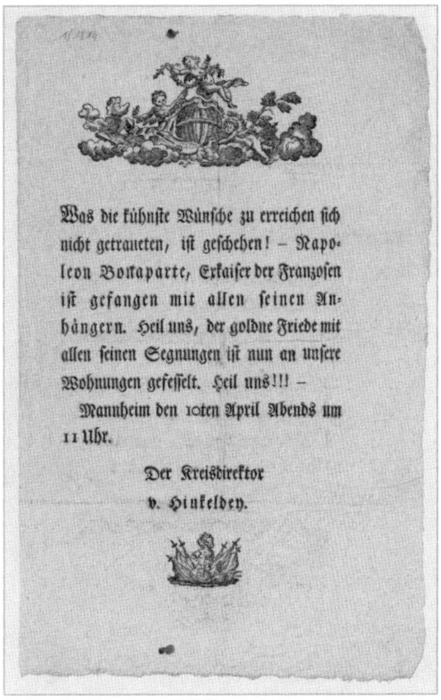

Was die kühnste Wünsche zu erreichen sich nicht getraueten, ist geschehen! – Napoleon Bonaparte, Exkaiser der Franzosen ist gefangen mit allen seinen Anhängern. Heil uns, der goldne Friede mit allen seinen Segnungen ist nun an unsere Wohnungen gefesselt. Heil uns!!! –

Mannheim den 10ten April Abends um 11 Uhr.

Der Kreisdirektor
v. Hinkeldey.

Napoleons Ende und das Siegesfest
Flugblatt des Jahres 1814 [27]

Die Besitzergreifung durch den neuen Landesherrn, König Max Joseph von Bayern, erfolgte mit dem Patent vom 30. April 1816 und trat am folgenden Tag in Kraft. Zuvor hatten die meinungsführenden Kreise der Region bereits durch zahlreiche Petitionen ihren Wunsch nach Beibehaltung der Reformergebnisse der französischen Zeit, den sogenannten ›rheinischen Institutionen‹, bekundet. Um Unruhe in der Bevölkerung zu vermeiden, entschloß sich der König daher, die politischen und rechtlichen Verhältnisse seiner neuen Lande zunächst unangetastet zu lassen. In einer von ihm ermächtigten Erklärung wurde verkündet, daß die feudalen Rechte und die Zehnten für immer abgeschafft seien, die Krone das gesetzlich erworbene Eigentum der Bürger schützen werde und daß gleiche Besteuerung der Güter ein verbindlicher Grundsatz der Staatsverfassung sein werde. Die Revision der französischen Gesetze oder die Angleichung an die bayerischen Verhältnisse war damit zwar keineswegs ausgeschlossen. Es sollte später auf einzelnen Feldern durchaus einige Neuerungen und Veränderungen geben. Doch insgesamt blieben die rheinischen Institutionen – und hier insbesondere die Gerichtsverfassung – und damit die Sonderrolle der Pfalz im bayerischen Staatsverband weit über die Jahrhundertmitte hinaus bestehen.[145]

Gemeindeverfassung und Gemeindefinanzen unter bayerischer Herrschaft

Für die Gemeinden bedeutete die Beibehaltung der französischen Rechtsverhältnisse, daß auch die für sie ungünstige französische Gemeindeverfassung im wesentlichen bestehen blieb. Die Kommunen verharrten somit weiter in ihrer Unselbständigkeit und Abhängigkeit. Denn auch die bayerische Gemeindeordnung von 1818 fand im Rheinkreis keine Anwendung. Dennoch gab es einige nicht unwichtige Veränderungen der bestehenden Kommunalverfassung. Zunächst einmal traten rein formal an die Stelle von Kaiser, Präfekt und Unterpräfekt nun der bayerische König, sein ›Kreisdirektor‹ samt ›Kreisregierung‹ sowie

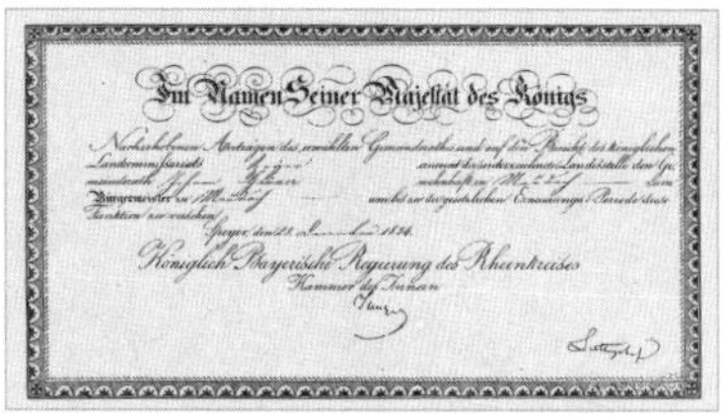
Im Namen Seiner Majestät des Königs

Königlich Bayerische Regierung des Rheinkreises

Ernennungsurkunde des Maudacher Bürgermeisters Johann Grüner [28]

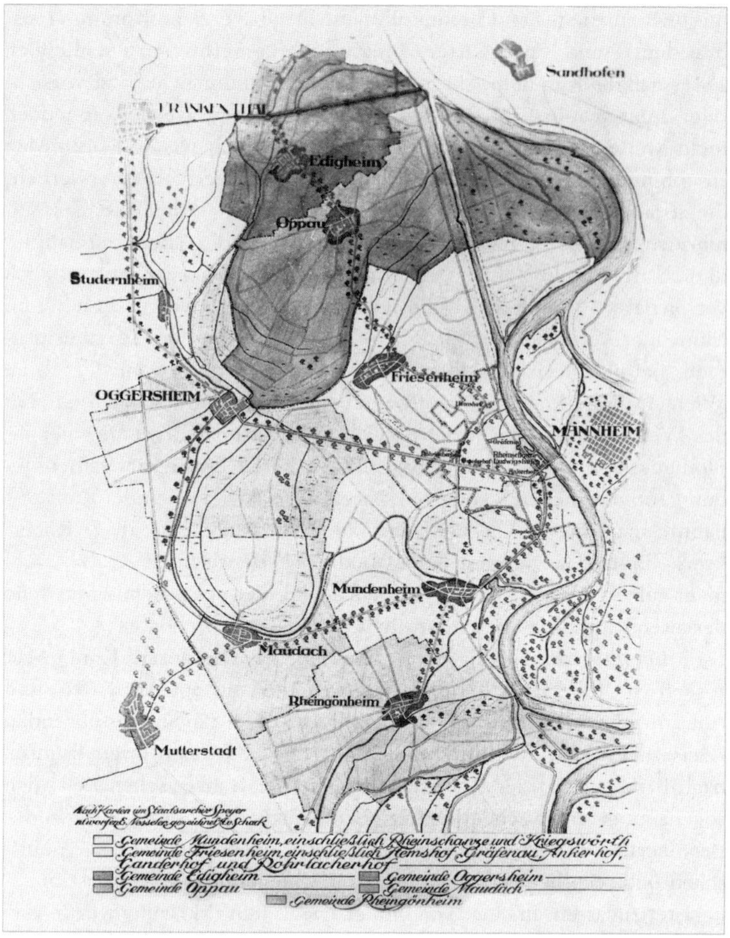

Die Verwaltungseinteilung des Raumes Ludwigshafen in bayerischer Zeit – bis zur Formierung der Gemeinde Ludwigshafen. Der Plan schneidet unzutreffend den südlichen Zipfel der Gemarkung Rheingönheim ab, auf dem um 1850 die Zuckerfabrik Friedensau entstand und der bis 1930 zur Gemeinde gehörte [29]

ab 1818 die ›Landkommissariate‹. Außerdem erweiterte man den Aufgabenkatalog der Gemeinden um einige Punkte wie der „Brandaßekuranz, den öffentlichen Unterricht, [und] das Medizinalwesen".[146] Die Kantone blieben mit ihren Aufgaben bestehen, aber die Zusammenschlüsse mehrerer Gemeinden zu Mairien löste man 1818 auf, so daß jede Gemeinde nun wieder völlig ungebunden war.[147]

Die wohl bedeutendste Veränderung gegenüber der Franzosenzeit bestand jedoch darin, daß die Gemeinderäte unter bayerischer Herrschaft von den Bürgern gewählt und nicht mehr von übergeordneten Staatsbehörden einfach ernannt wurden. In einer Wahlinstruktion vom 25. November 1818 bestimmte die Krone, daß die Gemeinderäte auf zehn Jahre zu wählen seien.[148] Nach erfolgter Wahl 1819 wurde dann 1829 auch im Raum Ludwigshafen jedoch nur die Hälfte der Räte durch Losentscheid ausgeschieden und in Neuwahlen ersetzt. Wiederwahl war dabei möglich. Die erste Gesamterneuerung der Ratskollegien fand schließlich 1838 statt.[149] Im Jahr zuvor waren jedoch die Wahlmodalitäten reformiert worden. Von nun an war alle fünf Jahre eine Teilerneuerung und alle zehn Jahre eine komplette Wahl vorgeschrieben. Die

Anmerkungen
Seite 226 und 227

146 LASp, H 3, Nr. 215, Kreisregierung an Bayer. Innenministerium, 31.3.1833; [Konzept]

147 vgl. StALu, Rgh. 42, Landkommissariat Speyer an Bürgermeisteradjunkt zu Rheingönheim, 8.4.1818; LASp, H 3, Nr. 220a, Verzeichnis der Ortschaften des Rheinkreises und ihrer Bevölkerung am Ende des Jahres 1823

148 vgl. zu den Wahlmodalitäten: Fenske, Speyer, S. 141; Leeb, S. 69, 105f

149 vgl. z.B. StALu, Ru. 71; StALu, Mu. 279; StALu, Fr. 14/2

150 StALu, Ru. 52, Auflistung des Munizipalrates Ruchheim vom 11.6.1811; StALu, Ru. 71; StALu, Mu. 279; StALu, Fr. 14/2

151 vgl. Ruf, Friesenheim, S. 161f

152 vgl. z. B. StALu, Ru. 71; StALu, Mu. 279

153 vgl. Fenske, Speyer, S. 143f; Braun, S. 481

154 StALu, Ru. 71, Wahl 1838

155 vgl. hierzu: StALu, Fr. 14/2; StALu, Rgh. 80

Anzahl der zu wählenden Räte richtete sich nach der Gemeindegröße. Im Raum Ludwigshafen gehörten 1818 alle Orte zur Kategorie der Gemeinden unter 2 500 Einwohnern, auf die zwölf Ratsmitglieder inklusive des Bürgermeisters und eines Adjunkten entfielen. 1837 wurde diese Gemeindekategorie aufgefächert, so daß die Zahl der Räte nun je nach Größe des Ortes von sechs bis 16 variieren konnte. Über das aktive Wahlrecht verfügten nur Männer ab dem vollendeten 25. Lebensjahr, die seit mindestens sechs Jahren in der Gemeinde ihren ständigen Wohnsitz hatten. Darüber hinaus mußten sie entweder besteuerten Grund und Boden besitzen oder ein besteuertes Gewerbe ausüben. Auswärtige konnten unter gewissen Bedingungen wahlberechtigt sein. Staats-, Gemeinde- und Kirchendiener hingegen waren ausgenommen, ebenso Personen, die unter Kuratel standen oder sich in Konkurs befanden. Das passive Wahlrecht kam denjenigen männlichen Einwohnern zu, die zur höchstbesteuerten Hälfte der Wählerschaft gehörten. Die Gruppe derjenigen, die in den Rat gelangen konnte, wurde rechtlich somit gegenüber der Franzosenzeit erheblich ausgeweitet. Die Vorherrschaft der wohlhabenden Schicht in den Dörfern gefährdete dies in der Praxis jedoch nicht. Wie die Beispiele Friesenheim, Mundenheim und Ruchheim zeigen, schafften bei den ersten Wahlen 1819 denn auch fast alle alten Munizipalräte wieder den Sprung in die Ratskollegien.[150] Daß dennoch eine ganze Reihe von Neulingen ebenfalls in die Gemeinderäte einzog, verdankten diese vornehmlich einer im Vergleich zur Franzosenzeit starken Vermehrung der Ratssitze. Sozial entstammten die neuen Räte in der Regel aber auch dem Kreis der wohlhabenderen Bauern, so daß die Homogenität der Kollegien erhalten blieb. Bei den nachfolgenden Wahlen 1829, 1838 und 1843 wurden die amtierenden Räte mehrheitlich bestätigt. Wem die Wähler dabei jeweils ihre Stimme gaben, hing vornehmlich von der Persönlichkeit der Kandidaten ab. Parteien oder Parteibindungen im heutigen Sinne gab es noch nicht, allerdings spielten konfessionelle Zugehörigkeiten bei der Wahlentscheidung vieler Bürger eine nicht unerhebliche Rolle.[151] Die Mitgliedschaft in den Räten währte in den meisten Fällen lange Jahre. Ein freiwilliges Ausscheiden eines Rates erfolgte in der Regel nur im fortgeschrittenen Alter des Betreffenden unter dem Hinweis auf gravierende gesundheitliche Beschwerden.[152] Dies spricht zwar dafür, daß dieses Wahlamt dem Einzelnen Prestige und Einfluß im Dorf vermittelte und somit begehrt war. Allerdings galt die Attraktivität der Ratsmitgliedschaft im Raum Ludwigshafen nur mit Einschränkungen. Darauf verweist schon die Tatsache, daß wie in anderen Gegenden der Pfalz auch viele Räte nach erfolgter Wahl in den Sitzungen des Gremiums eher durch Abwesenheit als durch Engagement in Erscheinung traten.[153] Manche empfanden die Mitarbeit im Rat folglich wohl eher als Last, denn als Chance zur Einflußnahme. Darüber hinaus konnte es wie z. B. in Ruchheim 1838 vorkommen, daß die Wahl in den Gemeinderat von den Betreffenden nicht angenommen wurde.[154] Über die jeweiligen Gründe gibt es leider nur wenig Hinweise. In einigen Fällen bestanden sie aber interessanterweise in der Ausübung von offensichtlich attraktiveren Ehrenämtern, so bei Abraham Wolf aus Friesenheim und Peter Klamm d. Ä. aus Rheingönheim. Beide lehnten es Anfang der 1820er Jahre ab, als Nachrücker in den Gemeinderat einzutreten,[155] da sie bereits das Amt eines protestantischen Kirchenvorstandes bekleideten. Denn dieses hätten sie aufgrund einer rechtlich bindenden Ämterunverträglichkeit aufgeben müssen, um als Gemeinderat tätig werden zu können. Von staatlicher Seite sah man wohl recht bald ein, daß eine Häufung solcher Ablehnungen dem Ansehen der Gemeinderäte schaden mußte. Anfang 1823 wurde die Unvereinbarkeit beider Ämter durch „Allerhöchste Entschließung" deshalb auch aufgehoben.[156]

Die Bürgermeister und Adjunkten wurden de iure wie in der Franzosenzeit vom Präfekten nun von der Kreisregierung ernannt. Zuvor hatte der Gemeinderat der Behörde in Speyer aber aus seiner Mitte jeweils einen Kandidaten vorzuschlagen. Da die Regierung diesen Empfehlungen der Räte eigentlich immer folgte, beschränkte sich ihr Ernennungsrecht faktisch auf eine bloße Bestätigung der Wahl durch die Gemeinderäte. Der Unterschied zu den Verhältnissen vor 1814 ist somit auch hier sehr deutlich. Beide Ämter waren aber nach wie vor unbesoldet, obwohl sie aufgrund der Aufgabenfülle von den Amtsinhabern einen großen Zeitaufwand abverlangten. Für die Bekleidung dieser Posten kamen deshalb weiterhin nur vermögendere Personen in Betracht, Leute, die sich dieses Engagement eben leisten konnten. So wurde in Maudach z. B. 1818 Peter Grüner zum Bürgermeister ernannt, der nach den Freiherrn von Sturmfeder der größte Steuerzahler im Ort war.[157] Doch nicht immer fanden sich die wohlhabenderen Bürger bereit, diese Ehrenämter zu übernehmen. Dies galt insbesondere für den Posten des Adjunkten. Schon fast verzweifelt mutet die Suche nach einem Nachfolger für den 71jährigen Adjunkten Nikolaus Böhmer in Mundenheim im Jahr 1836 an.[158] Insgesamt neun Gemeinderäte lehnten es aus den unterschiedlichsten Gründen ab, das angebotene Amt anzunehmen. Erst nach den Wahlen 1838 fand sich mit dem neuen Gemeinderat Lorenz Werner ein Nachfolger für Böhmer.[159]

Die Amtsführung der Bürgermeister war aufgrund ihrer unzureichenden Verwaltungskenntnisse in der Regel sicherlich nicht professionell, doch dies ließ die Ehrenamtlichkeit ihrer Position auch gar nicht zu. Wohl sahen ihnen auch die Gemeindemitglieder diese Defizite nach, denn Beschwerden aus der Bevölkerung über ihre Bürgermeister gab es so gut wie keine. Die Situation war hier somit entspannter als noch in der Franzosenzeit, als es doch mancherorts zu Differenzen gekommen war. Lediglich dem Bürgermeister Peter Grüner aus Maudach warfen zwei Gemeinderäte 1832 willkürliche Amtsführung vor. Die Beschwerde wurde jedoch vom Landkommissariat Speyer als unbegründet abgewiesen. Dennoch bat Grüner in der Folge um seine Entlassung, wie es hieß aus „Altersgründen".[160] Was ihn dazu bewogen hatte, bleibt allerdings unklar. Von Seiten der Aufsichtsbehörde sah man die Funktionsfähigkeit der Gemeindeverwaltungen insgesamt ebenfalls positiv. Die königliche Regierung in Speyer rühmte sich gar 1833 gegenüber dem Ministerium des Innern, daß sie eine weitaus geregeltere Haushaltskontrolle über die Gemeinden ausübe und damit einen besseren Verwaltungsgang gewährleiste als zuvor die französischen Präfekten und Unterpräfekten.[161] Zwar verschwieg man hier die zuweilen doch erheblichen Durchsetzungsprobleme der Kreisregierung gegenüber den lokalen Amtsträgern jenseits der fiskalischen Ebene, wie am Beispiel des Schmuggelwesens noch zu zeigen sein wird.[162] In bezug auf die Haushaltskontrolle der Gemeinden war die Selbstzufriedenheit der

Anmerkungen
Seite 228

156 *StALu, Fr. 14/2, Landkommissariat Speyer an Bürgermeisteramt Friesenheim, 31.1.1824*

157 *StALu, Md. 282, Urwahllisten der Gemeinde Maudach von 1818*

158 *vgl. hierzu: StALu, Mu. 279, Briefwechsel zwischen dem Landkommissariat Speyer und dem Bürgermeisteramt Mundenheim, 19.7.1836ff*

159 *Werner war zudem derjenige mit den wenigsten Stimmen unter den Gewählten. Daß man gerade ihn zum Adjunkten machte, bestätigt denn auch nur das geringe Ansehen des Amtes; vgl. StALu, Mu. 279, Wahlanzeige von 1838*

160 *vgl. StALu, Md. 282, Beschwerde vom 8.5.1832*

161 *LASp, H 3, Nr. 215, Kreisregierung an Bayer. Innenministerium, 31.3.1833 [Konzept]*

162 *vgl. S. 238ff*

Regierung jedoch durchaus berechtigt. Mit harten und zuweilen geradezu rigiden Regelungen hatte sie nach 1816 dafür gesorgt, daß das drängende kommunale Schuldenproblem schnell angegangen wurde. In mehreren Verordnungen legte sie 1817 fest, daß die sogenannten neueren Kriegsschulden, also die Verbindlichkeiten aus den Befreiungskriegen ab 1814, als kommunale Umlagen von den Steuerpflichtigen der jeweiligen Orte aufgebracht werden mußten.[163] Darüber hinaus bezeichnete sie den Verkauf von Gemeindeland zum damaligen Zeitpunkt als das wichtigste Tilgungsmittel für die Gemeindeschulden, wobei Waldungen vom Verkauf ausgenommen sein sollten.[164] Mit diesem Ansinnen vollzog man zumindest zeitweilig einen radikalen Wechsel gegenüber der französischen Politik, welche die Veräußerung von Gemeindegut ja fast durchgängig abgelehnt hatte. Die Kommunen im Raum Ludwigshafen ließen sich dazu nicht zweimal bitten und verkauften ab 1818 einen Teil ihres Grundbesitzes. Der Zeitpunkt für diese Verkäufe war dabei recht günstig, da die Grundstückspreise damals hoch waren, was erkleckliche Beträge in die Gemeindekassen fließen ließ.[165] Oggersheim z. B. brachte 1818 Teile der großen und der kleinen Kuhweide zur Versteigerung, die 22 075 fl. (Gulden) Erlös erzielten und in Edigheim half 1819 die parzellenweise Veräußerung der sogenannten großen Mulde die hohe Schuldenlast von 27 782 fl. zu tilgen.[166] Innerhalb weniger Jahre konnte auf diese Weise die desolate Finanzsituation der Gemeinden überwunden werden, die Schuldenlast ging fast überall im Raum Ludwigshafen stark zurück.[167] Ein Befund, der sich mit der Entwicklung in der Pfalz insgesamt deckt.[168] Allerdings geschah dies auf Kosten einerseits der Steuerpflichtigen, die erhebliche finanzielle Bürden zu schultern hatten. Andererseits ging es zu Lasten der Substanz an Gemeindevermögen. Jedoch, die Veräußerungen an Grund und Boden waren im großen und ganzen nicht so umfangreich, daß die Kommunen nun ohne Besitz zurückgeblieben wären.

In den folgenden 1820er und 1830er Jahren ging es den Gemeinden finanziell nicht schlecht. Die Haushalte waren ausgeglichen und selbst aus den regelmäßigen Einnahmen – in der Hauptsache resultierend aus Holz- und Grasverkäufen – ließ sich mancherorts, wie z. B. in Oggersheim, ein Überschuß erwirtschaften.[169] Vor allem die Gemeinde Maudach verfügte über regelmäßig recht hohe Einnahmen. Denn seit Anfang der 1820er Jahre betrieb sie auf ihrer Gemarkung die lukrative Torfstecherei in Eigenregie. Erst 1842 mußte die Förderung dieses Rohstoffes auf Veranlassung des Landkommissariats Speyer zur Schonung der Vorkommen gedrosselt werden.[170] Darüber hinaus eröffneten sich den Gemeinden ab den 1820er Jahren weitere Geldquellen. So gab es noch etliche Erstattungen von Seiten der Franzosen für die Kriegsausgaben vor 1814. Ab Mitte der 1820er Jahre kamen erhöhte Grundzinseinnahmen aufgrund der Auflösung der Allmenden hinzu.[171] Für die direkt am Rhein gelegenen Gemeinden wirkte sich außerdem noch die Tullasche Rheinbegradigung in Gestalt des Friesenheimer Rheindurchstichs finanziell positiv aus. Denn einen Teil des Landes, das zur Herstellung des neuen Flußbettes und der dazu gehörenden Dämme benötigt wurde, besaßen die Kommunen und sie konnten dieses 1826 für gutes Geld veräußern. So erzielte z. B. Friesenheim 3 863 fl. 10 kr. und Oppau gar 7 812fl. 54 kr. als Verkaufserlös.[172]

Anmerkungen Seite 229

163 Fenske, Speyer, S. 148
164 vgl. Regula, S. 51
165 StALu, Ru. 1058/28, Protokoll der Sitzung des Schöffenrates der Gemeinde Ruchheim, 2. 11. 1817
166 Kreuter, Chronik, S. 118; Braun, S. 472f
167 vgl. z. B. StALu, Fr. 477, Gemeinderäte Rikert und Wolf an Königliche Regierung, 20. 10. 1824; Braun, S. 472f
168 Gruber, S. 25f
169 LASp, U 216, Nr. 29, Sitzungsprotokoll des Stadtrates, 12. 9. 1838
170 Kreuter, Maudach, S. 83, 102ff
171 vgl. Tabelle Allmenden, s. S. 234
172 Intelligenzblatt des Rheinkreises 1826, Nr. 105, S. 529ff

Das um 1820 erbaute Mundenheimer Rat- und Schulhaus [30]

Johann Gottfried Tulla und die ›Rheinkorrektion‹[173]

Schon 1809 war der Ingenieur in badischen Diensten Johann Gottfried Tulla (1770 bis 1828) mit Plänen für eine umfassende Regulierung des Rheins von Basel bis zur badisch-hessischen Grenze hervorgetreten. Ihr Ziel sollte eine Verkürzung des Flußlaufes sein, um die Fließgeschwindigkeit des Stroms zu erhöhen und damit sein Bett zu vertiefen und festzulegen. Endlose Grenzstreitigkeiten an der Rheingrenze wegen wechselnder Flußläufe würden dann der Vergangenheit angehören. Auch sollten durch die Regulierung die Hoch- und Grundwasserstände gesenkt und so neue Möglichkeiten für eine bessere Nutzung der Rheinniederung für Siedlung und Landwirtschaft eröffnet werden. Nach Verzögerungen durch die Befreiungskriege wurde 1817 mit der Umsetzung der Tullaschen Pläne begonnen und bis 1878 insgesamt 20 Durchstiche angelegt. Im Raum Ludwigshafen entstand ab 1826 der Friesenheimer Durchstich, 1866 derjenige bei Altrip. Widerstände der ›Unterlieger‹ des Rheins, vor allem Preußens, wegen befürchteter Hochwasserwellen zum Niederrhein hin, mußten in langwierigen Verhandlungen überwunden werden. Das Ergebnis der ›Korrektion‹ entsprach Tullas Voraussagen, und nur durch sein Werk war das Wachstum der Großstadt Ludwigshafen in der Rheinniederung überhaupt möglich. Allerdings gingen durch die Abschneidung des vom hohen Rheinhauptdamm umschlossenen, begradigten Strombettes von der übrigen Rheinniederung viele alte Überflutungsräume und die alte Verbindung der Niederung mit dem Fluß verloren. [S.M.]

Der wiedergewonnene finanzielle Spielraum korrespondierte mit einer im Vergleich zur Franzosenzeit regen Bautätigkeit der Gemeinden. Teilweise unterstützt durch Zuschüsse des Kreises wurden nun endlich die in vielen Orten des Raumes Ludwigshafen so dringend benötigten neuen Schulbauten errichtet: in Rheingönheim, in Edigheim und in Oppau bereits im Jahr 1822, in Oggersheim um das Jahr 1830.[174] Zudem entstanden neue Gemeinde- und Rathäuser, in die meist mehrere Schulsäle integriert wurden: so in Mundenheim um 1820, in Friesenheim 1828, in Maudach 1842 und in Ruchheim 1843/46.[175] Ein Rathaus ohne Nebennutzung erstellte man zudem noch in Oggersheim 1839/40.[176] Die Kosten für diese Gebäude schwankten je nach Größe und Ausstattung des jeweiligen Bauwerkes zwischen 5000 fl. und 20000 fl. Trotz der beruhigten Finanzlage stellten diese Projekte damit für die Gemeinden stets einen finanziellen Kraftakt dar. Denn deren Einkünfte bewegten sich insgesamt doch auf recht niedrigem Niveau. Im Jahr 1834 z. B. reichte die Spanne von Ruchheim mit 1857 fl. an Einnahmen im Dreijahresschnitt bis zu Oggersheim mit 4424 fl.[177] Die bereits beschriebenen Zusatzeinnahmen der Gemeinden bewirkten jedoch, daß diese Bautätigkeit zu keiner längerfristigen Neuverschuldung führte. Im Jahr 1853 waren gar sämtliche Kommunen des Raumes Ludwigshafen schuldenfrei.[178]

Jenseits dieser finanziellen Aspekte verweist die Bautätigkeit der Kommunen aber auch auf einen allgemeinen Paradigmenwechsel in der Geschichte der Dörfer im Raum Ludwigshafen. Prägten nämlich im 18. Jahrhundert noch die damals neu errichteten Wohnsitze des Mannheimer Hofadels das Baugeschehen, so waren es nun die Funktionsbauten der politischen Gemeinden selbst. Nicht mehr adliger Lebensstil suchte also seinen Ausdruck im öffentlichen Ortsbild, sondern das bürgerliche Gemeinwesen selbst schuf sich seine zweckmäßigen und zugleich repräsentativen Fixpunkte. Damit wird gewissermaßen in Stein gehauen nochmals der Bruch mit einer Gesellschaftsform vollzogen, die vom Adel und seinen Idealen dominiert gewesen war. An deren Stelle trat nun die verbürgerlichte Welt des 19. Jahrhunderts. Besonders sinnfällig vollzog sich dieser Wechsel in Maudach, wo 1846 das neue Gemeindehaus im ehemaligen Schloß untergebracht wurde.[179]

Anmerkungen
Seite 230

173 *Musall/Preuß/Rother, S. 55ff*

174 *vgl. StALu, Rgh. 1295, passim; Braun, S. 777; LASp, U 216, Nr. 58, passim*

175 *StALu, Mu. 194, passim; Ruf, Friesenheim, S. 161; StALu, Fr. 493, passim; Kreuter, Maudach, S. 83; StALu, Ru. 717, passim;*

176 *LASp, U 216, Nr. 29, passim; vgl. Kreuter, Oggersheim, S. 128*

177 *vgl. LASp, H 3, Nr. 149a, Schulstatistik des Rheinkreises 1834*

178 *LASp, H 3, Nr. 222w, Landkommissariate Frankenthal und Speyer, Beschreibung sämtlicher Gemeinden nach ihrer finanziellen Lage, 26.2.1853*

179 *Allein noch auf dem Mundenheimer Hofgut, das als Sommersitz der Freifrau von Herding diente, bestand das adlige Leben im Raum Ludwigshafen weiter*

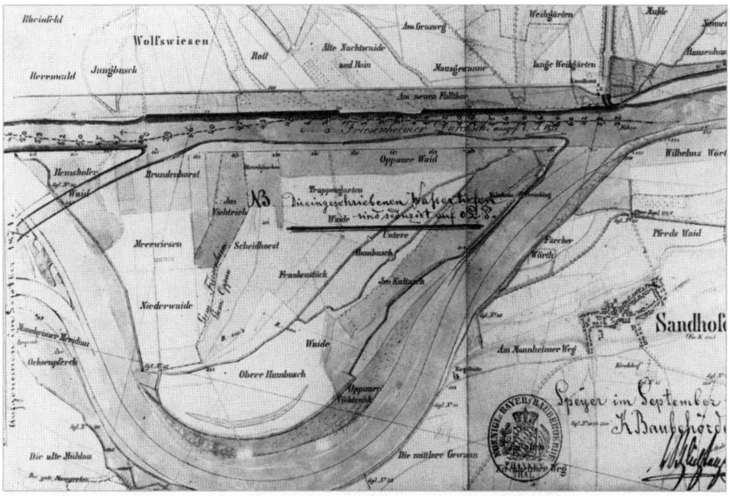

Der Friesenheimer Durchstich; Plan aus dem Jahr 1871 [31]

Das 1828 erbaute Friesenheimer Schul- und Rathaus, 1871 um ein Stockwerk aufgestockt [32]

Daß auch dieses neue Zeitalter nicht ohne Sorgen, Krisen und Nöte durchlebbar war, hat sich ja schon in der Franzosenzeit gezeigt. Neben der Finanz- und Schuldenfrage gab es nach 1816 im Verlauf der ersten Hälfte des 19. Jahrhunderts aber noch weitere Problemfelder, welche die Funktionsfähigkeit der Kommunen und das Gemeindeleben ganz allgemein stark berührten. Von ihnen handeln die folgenden Kapitel.

Die Krise der ländlichen Gesellschaft

Mit Beginn des 19. Jahrhunderts setzte eine allgemeine starke Bevölkerungszunahme in Mitteleuropa ein, die auch den Raum Ludwigshafen erfaßte. Allein zwischen 1798 und 1816 stieg hier die Einwohnerzahl um über 50%, womit man die ohnehin schon hohe durchschnittliche Zunahme von 30% im Donnersbergdepartement sogar noch übertraf.[180]

Bevölkerungsentwicklung im Raum Ludwigshafen[181] 1785—1853

	1785	1798	1816	1823	1834	1853
	Einwohner					
Edigheim	445	–	646	773	862*	769
Oppau	656	959**	1269	1302	1485	1634
Friesenheim mit Hemshof und Gräfenau	450	486	808	1064	1165	1662
Maudach	444	427	693	761	836	1048
Mundenheim	459	424	692	926	1220	1750
Oggersheim	922	837	1390	1492	1645	2276
Rheingönheim	460	399	845	858	957	1139
Ruchheim	609†	620	850††	871	1022	1040

* 1832; ** 1801; † 1789; †† 1817
Da nicht für alle Gemeinden zu den jeweiligen Stichjahren Angaben vorlagen, wurden Einwohnerzahlen von möglichst naheliegenden Zeitpunkten ausgewählt

Anmerkungen
Seite 231

180 *Dabei lag man 1798 im Raum Ludwigshafen deutlich unter dem Vorkriegsstand von 1785; vgl. Thalmann, S. 175; Kreuter, Kanton, passim*

181 *vgl. hierzu: Lützel, Einwohnerzahlen, passim; StALu, Ru. 1059/28, Statistische Erläuterungen zur Gemeinde Ruchheim 1808; StALu, Op. 2525, Statistische Erläuterungen der Gemeinde Oppau 1808; StALu, Ru. 1059/15, Jahresbericht der Gemeinde Ruchheim 1817; Intelligenzblatt des Rheinkreises 1820, Nr. 12, S. 65f; LASp, H3, Nr. 220a, Verzeichnis der Ortschaften des Rheinkreises und ihrer Bevölkerung am Ende des Jahres 1823; LASp, H3, Nr. 149a, Schulstatistik des Rheinkreises 1834; StALu, Ed. 262, Gewerbesteuerheberolle für 1832/33; LASp, H3, Nr. 220o und 220w, Landkommissariate Speyer und Frankenthal, Beschreibung sämtlicher Gemeinden nach ihrer finanziellen Lage, 26.2.1853*

Detail vom Turm des Oggersheimer Rathauses mit dem Stadtwappen [33]

Das 1839/40 im Stil der Bauten der Münchener Ludwigstraße errichtete Oggersheimer Rathaus [34]

Dieses rasante Wachstum der Bevölkerung setzte sich auch unter bayerischer Herrschaft nahezu ungebremst fort. Die Ursachen für diese Entwicklung sind auch heute noch nicht ganz geklärt. Einer der wichtigsten Aspekte für die Pfalz dürfte jedoch der Wegfall der traditionellen Heiratsbeschränkungen nach 1798 gewesen sein. Denn dies ermöglichte es den Menschen ohne oder mit nur geringem Besitz sich zu verehelichen und legitime Nachkommen zu zeugen, was Pfarrer König aus Oppau auch noch 1843 von vielen Tagelöhnern seiner Gemeinde berichtet.[182] Hinzu kam in der Franzosenzeit der Anreiz, sich mittels Verehelichung dem Militärdienst zu entziehen.[183] Nach 1816 wurde die nachhaltige Zunahme der Bevölkerung u.a. auch durch eine verbesserte Gesundheits- bzw. Seuchenvorsorge begünstigt. Vor allem die Bekämpfung der Pocken war für die Kreisregierung damals ein wichtiges Anliegen. Dabei setzte man verstärkt auf das Instrument der Schutzimpfung, die durch die Forschungen des englischen Arztes Edward Jenner im Jahr 1796 möglich geworden war. In der Franzosenzeit hatte der Staat dieser Art der Krankheitsvorsorge wenig Aufmerksamkeit geschenkt und sie nicht gefördert. Unter der Bevölkerung grassierten deshalb aus Unkenntnis vielerorts Mißtrauen und Widerstände gegen diese Schutzvorkehrungen. Außerdem blieben ihr viele arme Leute fern, da sie die nötigen Kosten nicht tragen konnten, wie dies der Maire von Oggersheim 1807 beklagte.[184] In Bayern hingegen herrschte seit jenem Jahr Impfpflicht und die wurde ab 1816 auch in der Pfalz durchgesetzt. Dafür übernahm nun die Gemeinde die Impfkosten für die sozial Schwachen. Die Skepsis vieler Menschen gegenüber dem Impfen wurde durch verstärkte Werbeaktionen abgebaut, wobei den Bürgermeistern ein wichtige Rolle zukam.[185] Besonders engagierte Ortsvorstände erhielten von Speyer deshalb auch eine öffentliche Belobigung, eine Ehre, die auch den Bürgermeistern von Ruchheim, Maudach und Oppau zuteil wurde. Der Erfolg blieb nicht aus. Anfang der 1830er Jahre stellten Todesfälle aufgrund der Pocken im gesamten Rheinkreis schon fast eine Ausnahmeerscheinung dar.

Anmerkungen Seite 232

182 StALu, M 34

183 vgl. hierzu: Nipperdey, S. 102ff; Kermann, S. 1486; Rufs Annahme, daß das Bevölkerungswachstum in der Franzosenzeit einen Indikator für Wohlstand und materielles Wohlergehen darstellen würde, geht an der Sache vorbei. Die recht kurze Dauer der französischen Herrschaft verbunden mit einer nicht gerade explosionsartigen Verbesserung der Lebensverhältnisse konnte wohl kaum ein solch enormes Wachstum an Menschen provozieren; vgl. Ruf, Friesenheim, S. 149

184 LASp, U 216, Nr. 46, Maire von Oggersheim an Unterpräfekt Verny, 31.12.1807 [Konzept]

185 vgl. hierzu und f.d.F. Intelligenzblatt des Rheinkreises 1822, Nr. 20, S. 81f; 1823, Nr. 26, S. 126; 1826, Nr. 20, S. 81; 1828, Nr. 6, S. 52f; Amts- und Intelligenzblatt des Rheinkreises 1832, Nr. 55, S. 494; 1833, Nr. 5; 1835, S. 34; 1835, Nr. 1, S. 6

Haus in Edigheim, Werderstraße; erbaut 1815 [35]

Die langandauernde und hohe Bevölkerungszunahme warf jedoch zunehmend die Frage auf, wo und wie diese Menschen ihr Auskommen finden sollten. Bis in die 1850er Jahre gingen hierfür in den Dörfern im Umfeld der Rheinschanze vom gewerblichen Sektor wenig Impulse aus. Handwerker und Gewerbetreibende blieben vielmehr in der Minderheit und waren nur am Eigenbedarf der Dörfer orientiert.[186] Beredtes Beispiel dafür ist die Tatsache, daß man im Raum Ludwigshafen bei den dörflichen Bauprojekten, wie z. B. bei der Errichtung des Schulhauses in Friesenheim nicht über genügend „verläßige und baukundige Subjecte" verfügte, um die Vorhaben durchführen zu können. Man war auf Handwerker aus anderen Gegenden angewiesen.[187] Allenfalls die in allen Orten relativ ansehnliche Zahl von Leinwebern, die immerhin zwischen 10% und 20% der Gewerbetreibenden ausmachten, läßt auf eine, wenn auch insgesamt bescheidene, Präsenz von Heimgewerbe schliessen. Innovative Pläne, wie sie z. B. die Freiherrn von Sturmfeder 1826 hegten, die damals in Maudach eine Sodafabrik errichten wollten, gelangten jedoch nicht zur Ausführung.[188] Die weitgehende Gewerbefreiheit im Rheinkreis zeitigte also im Raum Ludwigshafen in der Praxis keine so bedeutenden Auswirkungen, wie man vielleicht hätte erwarten können. Doch dies galt für die Pfalz insgesamt und ist wohl auf deren isolierte Lage zurückzuführen, die sie handelspolitisch behinderte und die der Gewerbefreiheit innewohnenden Kräfte nicht zur Entfaltung kommen ließ.[189]

Wie in ganz Deutschland blieb also auch im Raum Ludwigshafen die grundsätzlich agrarische Prägung der Gesellschaft noch weitgehend erhalten. Doch konnte auf dieser Grundlage der enorme Zuwachs an Menschen verkraftet werden? Von staatlicher Seite gab es durchaus intensive Bemühungen um Fortschritt und Weiterentwicklung im landwirtschaftlichen Bereich, so z. B. im Hinblick auf die wissenschaftlich-technische Rationalisierung der Landwirtschaft.[190] Mit dieser Zielsetzung entstanden in Deutschland neben verschiedenen Hochschulen auch sogenannte landwirtschaftliche Vereine, die sich in der Regel

Anmerkungen Seite 233

186 *vgl. Gewerbesteuerheberollen der verschiedenen Orte: StALu, Op. 836; Ed. 262; Fr. 17/2; Rgh. 319; StALu, M 34; Kimmle, S. 23, 31*

187 *StALu, Fr. 493, Landkommissariat Speyer an Kreisregierung, 12.7.1828; vgl. auch LASp, U 216, Nr. 29, Foltz an Bürgermeisteramt Oggersheim, 26.4.1839; Ruf, Friesenheim S. 166*

188 *StALu, Md. 462a*

189 *Gruber, S. 22ff*

190 *vgl. Nipperdey, S. 148ff*

Hofgut Mundenheim um 1870 [36]

durch einen halbstaatlichen Charakter auszeichneten. Auch im Rheinkreis gab es bald nach 1816 ein Bezirkskomitee des landwirtschaftlichen Vereins für Bayern. Es kümmerte sich um die Verteilung von Sämereien, die Ausrichtung des landwirtschaftlichen Festes etc. und versuchte die beruflichen Kenntnisse der Bauern zu verbessern.[191] Eines der wichtigsten Projekte, wozu die Kreisregierung von diesem Komitee angeregt wurde, war die Auflösung der Allmenden. Unter Allmenden sind in der Pfalz diejenigen Gemeindegründe zu verstehen, welche an die Ortsbürger lebenslang zur Nutzung meist gegen ein äußerst geringes Entgeld ausgegeben wurden, danach an die Gemeinde zurückfielen, die sie nun wiederum demjenigen zuwies, der nach seinem Bürgeralter der nächste Anwärter war.[192] Diese Form des gemeinschaftlich genutzten Landes war ab 1735 zumeist durch Urbarmachung von Weiden entstanden und kam vor allem in der Vorderpfalz entlang des Rheins vor. Insgesamt umfaßten die Allmenden des Rheinkreises im Jahr 1823 rund 4661 ha. Davon entfielen 666,45 ha auf den Raum Ludwigshafen.[193]

Allmenden im Raum Ludwigshafen[194]

Größe der Allmenden	Tatsächlich verteiltes Gemeindeland	Einnahmen der Gemeinde durch die Allmenden*	an Zins**
Edigheim [63 ha 29 ar 29 m²]	125 ha	300 fl	1051 fl 41 kr
Oppau [81 ha 35 ar 71 m²]	n.v.	624 fl	1652 fl 19 kr
Friesenheim [74 ha 81 ar 44 m²]	202 ha 44 ar 28 m²	275 fl 48 kr	1039 fl 26 kr
Maudach [85 ha 16 ar 68 m²]	102 ha	300 fl	n.v.
Mundenheim [80 ha 60 ar 81 m²]	142 ha 25 ar 63 m²	300 fl	506 fl 20 kr
Oggersheim [170 ha 99 ar 60 m²]	202 ha 86 ar 4 m²	928 fl 18 kr	1310 fl
Rheingönheim [55 ha 97 ar 97 m²]	n.v.	347 fl 9 kr	1209 fl 23 kr
Ruchheim [54 ha 23 ar 77 m²]	n.v.	500 fl	n.v.

* Von den hier angeführten Beträgen muß noch die von den Gemeinden zu entrichtende Grundsteuer abgezogen werden. Die Einnahmen verringerten sich dabei erheblich. Maudach z. B. hatte von den 300 fl an Einnahmen allein 256 fl Grundsteuer für die Allmenden zu bezahlen

** direkt nach der Teilung des Gemeindelandes

Die Kreisregierung drängte nun ab 1824 die Gemeinden verstärkt dazu, die Allmenden beim Rückfall nicht mehr auszugeben.[195] Vielmehr sollten sie diese künftig zu dann angemessneren Preisen verpachten oder besser noch gegen die jährliche Zahlung eines Grundzinses auf Eigentum unter die Gemeindebürger verteilen. Dabei sollte

Anmerkungen
Seite 234 und 235

191 *vgl. Gruber, S.44ff*

192 *vgl. Intelligenzblatt des Rheinkreises 1823, Nr. 301, S.1333f*

193 *vgl. Intelligenzblatt des Rheinkreises 1823, Nr. 318, S.1400ff*

194 *Der Tabelle liegen folgende Quellen zugrunde: Intelligenzblatt des Rheinkreises 1823, Nr. 301, S.1333f; Nr. 318, S.1400ff; StALu, Mu. G285, Allmendverteilungsakt der Gemeinde Mundenheim, 16.4.1829; StALu, Fr. 477, Anschlagregister für Allmenden der Gemeinde Friesenheim für das Jahr 1819; StALu, Fr. 478, Verteilungsakt der Allmenden und sonstigen Güter in Friesenheim 1830; StALu, Ed. 273, Allmendverteilungsakt von Edigheim, 1827; LASp, U 216, Nr. 77, Beschluß des Gemeinderates von Oggersheim, 20.4.1830; Verzeichnis der verteilten Allmenden und Grundstücke der Stadt Oggersheim, 1.3.1830; Regula, S.58*

195 *vgl. Intelligenzblatt des Rheinkreises 1824, Nr. 232, S.1010*

196 *Regula, S.53ff*

197 *Gut zusammengefaßt sind die Argumente der Regierung in: StALu, Fr. 477, Protokoll über die zwischen dem Gemeinderat von Friesenheim und dem Landkommissariat von Speyer geführten Verhandlungen bzgl. der Allmenden, 1.4.1826*

diese Abgabe letztlich gegen die einmalige Zahlung des 20fachen Jahresbetrages ablösbar sein.[196] Dieses Ansinnen aus Speyer zielte einmal darauf ab, die Finanzkraft der Gemeinden zu erhöhen.[197] Vor allem aber versprach man sich von der Auflösung der Allmenden bessere Erträge des Bodens, da man davon ausging, daß ein Eigentümer mehr Engagement bei der Bewirtschaftung an den Tag legen würde, als der Nutznießer eines Allmendestückes, das ja nach seinem Tod nicht an seine Erben, sondern an völlig andere Personen fallen würde. Nicht ganz zu Unrecht betrachtete man von staatlicher Seite deshalb die Allmenden als einen Hemmschuh für die Entwicklungsfähigkeit des Landes.

Zugute kam der Kreisregierung bei ihrem Vorhaben, daß die Vergabe der Allmenden aufgrund der Bevölkerungsentwicklung zunehmend problematisch geworden war, da immer weniger Bürger in deren Genuß gelangen konnten. In Oppau z. B. verfügten 1823 gerade einmal 34 Bürger über ein ganzes Los, „die übrigen [50 Losinhaber] hatten weniger, und 168 jüngere Bürger [...] [hatten] gar keinen Antheil".[198] Vielerorts wuchs aufgrund dieser Gerechtigkeitslücke die Unzufriedenheit mit den bestehenden Verhältnissen. In den meisten Orten des Raumes Ludwigshafen fanden die Pläne der Kreisregierung zur Teilung der Allmenden auf Eigentum deshalb auch relativ schnell Gehör, zumal der Grundzins in der Praxis mit 5% des Kapitalwertes der Grundstücke nicht wesentlich höher war als die Allmendabgabe zuvor. Zudem wurde in vielen Orten sogar mehr Gemeindeland verteilt, als eigentlich zur Allmende gehört hatte, „zu deren besserer Arrondierung", wie es in Mundenheim hieß.[199] Die Mehrheit der Bürger machte also ein gutes Geschäft. Für die Gemeinde lag der Einnahmevorteil vornehmlich darin, daß sie nun für das verteilte Land keine Grundsteuer mehr zu entrichten hatte. In Oppau und Rheingönheim erfolgten diese Allmendeteilungen bereits 1826, in Edigheim 1827, in Maudach und Mundenheim 1828.[200] Ruchheim ließ sich etwas Zeit und folgte 1838. Lediglich in Oggersheim und Friesenheim gab es eine starke Opposition gegen die Auflösung der Allmenden.[201] Sie rekrutierte sich überwiegend aus amtierenden Allmendlosbesitzern, die sich von der Aufteilung zum damaligen Zeitpunkt eher Nachteile denn Vorteile versprachen.[202] Aber es gab auch sozial motivierte Ablehnungsgründe, die auf die durchaus vorhandenen Schattenseiten einer dem allgemeinen Fortschritt folgenden Allmendauflösung verwiesen. So haben z. B. der Bürgermeister von Oggersheim und andere mit Recht hervorgehoben, daß mit Hilfe der Allmenden im Gegensatz zur Teilung auf Eigentum viele arme Leute in ihrer Existenz wirklich gesichert werden konnten. Denn hier bestand nicht die Gefahr, daß die Menschen den Besitz veräußerten und dadurch letztlich ihrer Existenzgrundlage verlustig gingen.[203] Dennoch setzten sich auch in diesen beiden Orten schließlich die Befürworter einer Allmendteilung durch, die in Oggersheim 1829 und in Friesenheim 1830 vollzogen wurde.

Letztlich hat die Auflösung der Allmenden sicherlich zur Steigerung der landwirtschaftlichen Produktion beigetragen, die man nach 1816 wohl auch im Raum Ludwigshafen konstatieren kann.[204] In den Orten direkt am Rhein wie Oppau, Friesenheim oder Mundenheim wirkte sich auch noch der Zuwachs an wertvollem Ackerland positiv aus, der durch die Rheinbegradigung ab 1826 gewonnen werden konnte, da ganze Teile der Gemarkungen nun nicht mehr durch die fast

›Plan über den vorigen Zustand der zur Vertheilung beantragten Allmende und Gemeindegüter in Friesenheim‹ 1829 (Ausschnitt) [37]

Anmerkungen
Seite 235

198 *Intelligenzblatt des Rheinkreises 1823, Nr. 318, S. 1402; vgl. Braun, S. 300*

199 *StALu, Mu. G 285, Allmendverteilungsakt Mundenheim 16.4.1829*

200 *Regula, S. 57*

201 *vgl. LASp, U 216, Nr. 77, Landkommissariat Speyer an Bürgermeisteramt Oggersheim, 28.8.1829; StALu, Fr. 477, Protokoll über die zwischen dem Gemeinderat von Friesenheim und dem Landkommissariat von Speyer geführten Verhandlungen bzgl. der Allmenden, 1.4.1826*

202 *StALu, Fr. 477, Jakob Rikert I. / Abraham Wolf an Kreisregierung, 20.10.1824*

203 *LASp, U 216, Nr. 77, Gemeinderatsprotokoll Oggersheim, 19.10. und 16.11.1828; vgl. hierzu auch: Nipperdey, S. 166*

204 *vgl. als Beispiel für Ruchheim: StALu, Ru. 1059/15, Vergleichsstatistik 1798—1835 [Konzept]; StALu, Ru. 1059/15, Statistik der Gemeinde Ruchheim für das Jahr 1819, 30.1.1820*

jährlichen Hochwasser überschwemmt wurden.[205] Insgesamt blieben die Auswirkungen all dieser Bemühungen auf die soziale Lage jedoch begrenzt. Sie halfen zwar im Laufe der Zeit die allgemeine Versorgung mit Lebensmitteln zu verbessern. Sie leisteten jedoch wenig zur direkten Bewältigung der demographischen Revolution in der ersten Hälfte des 19. Jahrhunderts, die sich vor allem als ein Problem der Unterbeschäftigung erwies. Dies zeigt sich besonders deutlich, wenn man die Besitzstruktur auf dem Land betrachtet. Bedingt durch die Realteilung verringerte sich das vom einzelnen Bauern bewirtschaftete Land infolge des Bevölkerungswachstums nämlich mehr und mehr. Durchaus typisch ist diesbezüglich für den Raum Ludwigshafen die Situation in Mundenheim. Dort verfügten im Jahr 1840 rund 73,3% der Landwirtschaftsbetriebe nur noch über eine Fläche von unter 2 ha. Immerhin 15,9% bearbeiteten 2—5 ha, 8,9% dann 5—20 ha. Großbäuerliche Betriebe mit 20—100 ha machten nur 1,6% aus. Über 100 ha konnten nur 0,3% der Betriebe ihr eigen nennen.[206] Legt man zugrunde, daß noch 1850 die Existenzfähigkeit eines Hofes den Besitz von durchschnittlich 2—3 ha verlangte,[207] so war es für die Mehrheit der Menschen in Mundenheim nicht mehr möglich, allein von ihrem Grund und Boden zu leben. Sie hatten sich einen Nebenerwerb zu suchen. Die Gruppe der landlosen oder eben nur wenige Parzellen besitzenden Tagelöhner stieg deshalb im Raum Ludwigshafen auch überproportional an.[208] Doch Beschäftigungsmöglichkeiten gab es für diese Menschen in der Landwirtschaft eben nur wenige. Größere Güter, die solchen Menschen Arbeit geben konnten und wollten, waren nach der Säkularisation auf eine Handvoll reduziert. Die Masse der mittleren Bauern hingegen verzichtete vielfach aus Kostengründen ganz oder teilweise auf die Mitarbeit von Tagelöhnern.[209] Denn wichtige Anbauprodukte der Gegend, wie der Tabak, mußten nun im Gegensatz zu den goldenen Zeiten während der französischen Kontinentalsperre mit billigen Einfuhren aus Übersee konkurrieren, was die Preise dafür doch erheblich drückte.[210] Besonders in den Wintermonaten blieben deshalb viele Menschen mangels Arbeit ohne ausreichendes Auskommen. Die Armut unter der wachsenden Bevölkerung wurde so mehr und mehr zum Problem. In eine Katastrophe drohte diese Situation jedes Mal dann zu münden, wenn es wie 1816/17, 1831/32 oder 1845/47 zu allgemeinen Mißernten kam, was dann jeweils Teuerungswellen, vor allem bei Lebensmitteln, nach sich zog. Ähnlich verheerend erwies sich auch das Hochwasser von 1824 mit den bis dahin höchsten gemessenen Pegelständen des Rheins in der Gegend. Infolge eines Dammbruchs am nördlichen Rand der Rheinschanze überflutete es weite Teile des Raumes Ludwigshafen, insbesondere Friesenheim, Oppau und Edigheim und entriß der Mehrheit von deren Bewohnern Hab und Gut.[211] Anfang der 1840er Jahre hatte die Armut auf dem Lande in Deutschland insgesamt, wie in der Pfalz, jedoch auch ohne derartige Ereignisse den Rang eines Massenphänomens erreicht, das man nun mit dem Namen ›Pauperismus‹ bezeichnete. Allerdings dürfte der Raum Ludwigshafen damals etwas besser dagestanden haben, als viele andere Gegenden in der bayerischen Rheinprovinz. Denn das Problem der Unterbeschäftigung wurde hier zumindest zeitweilig durch die Arbeiten zur Rheinbegradigung im Raum Mannheim ab 1826 abgemildert, die Hunderte von Tagelöhnern aus der Umgebung in Lohn und Brot stellte.[212] Beispielsweise berichtet Pfarrer König aus

Anmerkungen
Seite 236

205 StALu, M 34, Pfarrbeschreibung von Oppau durch Pfarrer König von 1843; gegenteilige Aussagen aus der subjektiven Sicht der Dorfbewohner werden angeführt bei: Ruf, Friesenheim, S. 208f

206 vgl. Dieffenbacher, S. 21

207 ebd., S. 21; Nipperdey, S. 175

208 vgl. StALu, Md. 282, Urwahllisten für Maudach von 1818 und 1829; StALu, M 34

209 StALu, Fr. 477, Gemeinderäte Jakob Rikert I. / Abraham Wolf an Kreisregierung, 20.10.1824

210 vgl. Moersch, S. 471

211 vgl. die Schilderung dieser Katastrophe bei: Ruf, Friesenheim, S. 199ff

212 vgl. Ruf, Friesenheim, S. 207ff

Oppau noch für das Jahr 1843, daß viele Tagelöhner seines Ortes sich dadurch ein ausreichendes, wenn auch karges Einkommen sichern konnten.[213] Doch eine Insel der Seligen war der Raum Ludwigshafen deshalb keineswegs, das Problem war auch hier gegenwärtig. So mussten z. B. ab 1836 allein in Oppau 103 Personen durch eine Suppenküche des Armenpflegschaftsrates versorgt werden.[214]

Staatliche Maßnahmen zur Linderung des zunehmenden Elends kamen links des Rheins nur schleppend in Gang. Noch 1844 konstatierte selbst das Landkommissariat Speyer, daß in der Pfalz im Vergleich zu anderen Kreisen Bayerns noch wenig für das Armenwesen geschehen sei.[215] Lange Zeit reagierten die staatlichen Behörden nur auf akute Hungerkrisen oder Naturkatastrophen. So stellte die Kreisregierung beim Hochwasser von 1824 eine „ansehnliche Unterstützung an Holz und Früchten" bereit. Da das Ausmaß der Katastrophe ihre Leistungsfähigkeit überstieg, ordnete sie schließlich eine „allgemeine Collekte" im Rheinkreis an.[216] Deren Ergebnis war durchaus beeindrukkend. Bis Mai 1825 wurden rund 29900 fl. an Geld zuzüglich umfangreicher Sachgaben gespendet.[217] Davon profitierten auch die Gemeinden im Raum Ludwigshafen, von denen z. B. Oppau 7902 fl. 45 kr. und Edigheim 7834 fl. 30 kr. zuzüglich Sachspenden erhielten.[218] Zur Bekämpfung der Hungerkrise 1816/17 wiederum wurden auf Vorschlag des Königs alle Gemeinden zur Gründung von sogenannten Wohltätigkeits-Ausschüssen angehalten, aus denen sich später die Armenpflegschaftsräte entwickelten. Bestehend aus Honoratioren des jeweiligen Ortes sollten diese die wohlhabenderen Bürger an ihre Pflicht der Mildtätigkeit gemahnen und zu Spenden bewegen.[219] Ein nachhaltiges und kontinuierliches Engagement der Kreisregierung auf dem sozialem Sektor hat es hingegen nicht gegeben. Denn im Grunde beschränkte man sich im wesentlichen darauf, die Gemeinden auf deren Zuständigkeit für die Unterstützung der Armen aus der eigenen Ortschaft hinzuweisen.

Letztlich war den Armen damit nur wenig geholfen, denn die Kommunen legten kein ausgeprägtes soziales Engagement an den Tag. Vielmehr scheute das jeweilige Dorf als Gesamtheit in der Regel vor jedem Versorgungsfall, vor jeder Hilfsleistung zurück und versuchte, soviel als möglich an Lasten abzuwälzen.[220] Vielfach setzte man einfach auf die Mildtätigkeit der einzelnen Dorfbewohner. Besonders signifikant ist hierbei die Haltung des Gemeinderates von Mundenheim, der sich seiner Fürsorgepflicht dadurch entledigte, daß er den Armen an „zwey Tage[n] in der Woche (Mittwochs und Samstags) [... das] Sammeln von Gaben bey den wohlhabenderen Gemeindegliedern", also das Betteln, erlaubte.[221] Auf dieser Grundlage ließen sich die Haushaltsmittel für die Armenversorgung offensichtlich gut begrenzen. Ruchheim z. B. meinte im Jahr der Mißernte von 1831 gerade einmal 35 fl. für diesen Zweck ausgeben zu müssen.[222] Mit diesen Geldern finanzierte man einmal Hilfsgüter, wie z. B. die Schuhe und Socken, welche die Gemeinde Oppau 1836 für 61 bedürftige Personen anschaffte.[223] Außerdem ist immer wieder das Bemühen erkennbar, den Armen gerade in den Wintermonaten Arbeit zu verschaffen.[224] Die Gemeinden zogen sie z. B. zur Erbauung und Wiederherstellung von Gräben und Wegen heran. In Maudach wurden etliche arme Tagelöhner in der Torfstecherei beschäftigt.

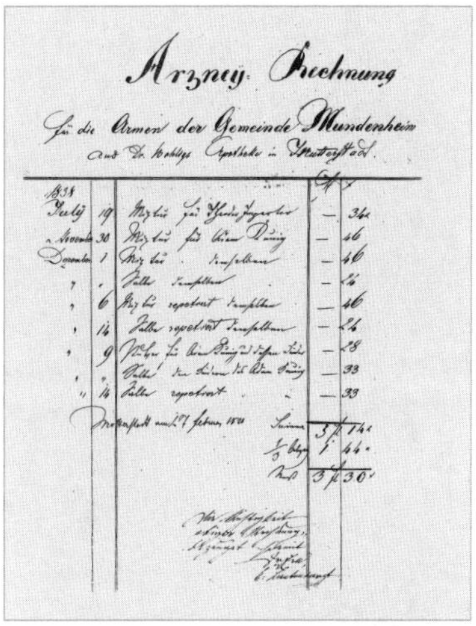

Aus der Rechnung des Mundenheimer Armenfonds, 1839: ›Arzney-Rechnung für die Armen der Gemeinde Mundenheim aus Dr. Wohligs (?) Apotheke in Mutterstadt‹ [38]

Anmerkungen Seite 237

213 StALu, M 34, Pfarrbeschreibung von Oppau durch Pfarrer König von 1843

214 StALu, Op. 44, Armenpflegschaftsrat Oppau, Prot., 1.12.1836

215 vgl. auch f.d.F. StALu, Mu. 188, Landkommissariat Speyer an Bürgermeisteramt Mundenheim, 31.1.1844

216 Intelligenzblatt des Rheinkreises 1824, Nr. 319, S. 1365f

217 Intelligenzblatt des Rheinkreises 1825, Nr. 115, S. 535

218 StALu, M 34, Pfarrbeschreibung von Oppau durch Pfarrer König von 1843; für Friesenheim liegen leider keine Angaben vor

219 vgl. StALu, Ru. 795, Reskript der Kreisregierung, 8.10.1831; vgl. auch Gruber, S. 98

220 vgl. zur dörflichen Mentalität in der ersten Hälfte des 19. Jahrhunderts: Nipperdey, S. 175ff

221 StALu, Mu. 188, Gemeinderatsprotokoll Mundenheim, 17.12.1831

222 StALu, Ru. 795, Gemeinderatsprotokoll Ruchheim, 15.12.1831

223 StALu, Op. 44, Armenpflegschaftsrat Oppau, Prot., 1.12.1836

224 vgl. StALu, Ru. 795, Gemeinderatsprotokoll Ruchheim, 15.12.1831; Fenske, Speyer, S. 149

Dem Ausmaß, das die Not unter der Bevölkerung dann Ende der 1830er Jahre anzunehmen begann, war mit diesen Mitteln nicht mehr beizukommen. Letztlich wäre aber auch jede Gemeinde selbst bei größtem Engagement auf diesem Gebiet überfordert gewesen. Gelöst wurde das Problem des Pauperismus schließlich durch die Industrialisierung. Erkennbar war dies für die meisten Zeitgenossen damals jedoch nicht. Viele Menschen suchten deshalb ihr Glück in der Neuen Welt. Ende der 1830er Jahre nahm die Zahl der Auswanderer nach Nordamerika deshalb auch im Raum Ludwigshafen deutlich zu, was zumindest für Oppau und Edigheim belegt ist.[225]

Unter Schmugglern

Am 20. Dezember 1834 berichtete der bayerische Brigadekommandant Martin Klöpfer von einem Erlebnis auf seinem Patrouillengang entlang der Rheingrenze in der Nacht zuvor: „Als wir [...] an dem Viehtrieb rechts gegen den Rheindurchstich zogen, bemerkten wir in der Ferne vier Personen, welche sich hinter einem Hügel versteckt hielten, als uns dieselben ansiechtig wurden ergriffen dieselben die Flucht. Ich eilte so viel wie möglich den entlauffenden nahe zu werden, dieselben [...] bleiben ungefähr zwey bis dreyhundert Schritt in den Feldern gegen Oppau stehen, und riefen ihren noch im Gesträuch versteckten Kameraden, welche sogleich [...] Folge leisteten, ungefähr bis hundert Personen gingen auf uns los [...] einige von dieser Rotte umringten mich, die andern Gendarm Kieffer, welche mit Prügeln und einer mit einem Gewehr bewaffnet war, dieselben fragten uns [...] ob wir ihnen ihre Waaren abnehmen wollten, welche sie zu jenner Zeit oder Stunde 4¾ Uhr früh einschwärzen wollten, wir dürften gewieß dencken das sie anders gegen uns verfahren werden als bisher, wir sind Schmuggler aus Oppau und müssen uns von diesem Geschäfft ernähren. Einige von dieser Rotte wollten Hand an uns anlegen und mißhandeln, allein der Commandant oder Führer der Schmugglerrotte hielt dieselben von ihrem Vorhaben ab [...]."[226] Klöpfer und sein Kollege kamen also noch einmal mit dem Schrecken davon. Derartige Begegnungen mit Schmugglern waren für Mitglieder der bayerischen Zollschutztruppe am Rhein im Raum Ludwigshafen in der damaligen Zeit allerdings keine Seltenheit. Schon in der Phase der Franzosenherrschaft, als der Rhein zur Grenze geworden war, hatte es längs der grossen Wasserstraße immer wieder Fälle von Schmuggel gegeben.[227] Nun jedoch – von 1830 bis 1835 – erlebte dieses Gewerbe seine große Blütezeit. Hintergrund war das Entstehen eines einheitlichen deutschen Zollgebietes ab den 1820er Jahren, zu dem sich die Staaten des Deutschen Bundes aufgrund des Drucks ausländischer Konkurrenz immer mehr gezwungen sahen.[228] Am Ende dieses Prozesses stand die Gründung des Deutschen Zollvereins im März 1833. Ein wesentlicher Schritt dahin wurde im Jahr 1829 mit der Errichtung der ersten großen Zollunion vollzogen, die aus Preußen, Hessen-Darmstadt, Württemberg und Bayern bestand. Sie trat mit Beginn des Jahres 1830 in Kraft. Für den Rheinkreis brachte dies jedoch erhebliche Probleme mit sich:[229] Die Hauptexportgüter der Pfalz, Wein und Tabak, blieben von den Vergünstigungen der Union ausgenommen, auf alle Kolonialartikel wurden von nun an recht hohe Zölle erhoben. Hinzu kam, daß nun

Anmerkungen
Seite 238

225 *vgl. auch f.d.F. Braun, S.483ff, 490ff*
226 *StALu, Op. 1715a, Anzeige vom 20.12.1834*
227 *vgl. StALu, Op. 2261*
228 *vgl. hierzu: Nipperdey, S.358ff*
229 *vgl. Gruber, S.144ff*

nach Baden, einem der wichtigsten Absatzgebiete des Pfälzer Weines, eine hohe Zollschranke bestand, da das Großherzogtum der Zollvereinigung bzw. dem Deutschen Zollverein bis 1835 fernblieb. Und genau diese Verhältnisse machten den Schmuggel damals so attraktiv. Betrieben wurde die Schmuggelei von großen Banden, die zuweilen über 100 Personen zählten und gut organisiert waren. Im Raum Ludwigshafen verliefen ihre Aktionen dabei im wesentlichen nach folgendem Schema: In Mannheim kaufte ein Teil der Bande die Waren ein.[230] Nachts schiffte man die Güter in kleinen Kähnen über den Rhein. Von großen Gruppen, Männern wie Frauen, wurde das Schmuggelgut am linken Ufer in Empfang genommen, geschultert oder auch unter den Kleidern versteckt in die nahegelegenen Ortschaften getragen und dort erst einmal sicher gelagert. Dann verschickte man es mit Frachtscheinen versehen an die Kaufleute oder verkaufte es an Hausierer.

Das Ausmaß dieses Schmuggels war letztlich so groß, daß er die Pfälzer Wirtschaft fast völlig unterminierte. Kolonialwaren z. B. wurden trotz Errichtung der Mautlinie um die Pfalz nicht teurer, sondern sogar um ein bis zwei Kreuzer das Pfund billiger.[231] Den Händlern blieb unter diesen Bedingungen letztlich nur übrig, entweder selbst Schmuggler zu werden oder unter ihrer Konkurrenz zugrunde zu gehen. Zentren des Schleichhandels waren u. a. die direkt am Rhein gelegenen Gemeinden, im Raum Ludwigshafen Edigheim und Friesenheim, vor allem aber Oppau. Dabei beteiligten sich nicht nur die ärmeren Schichten der Orte an diesem Geschäft, wie das oben angeführte Zitat vielleicht suggerieren mag. Zumindest in Oppau waren alle sozialen Gruppen des Ortes involviert, Lehrer und Bürgermeister eingeschlossen. So übernahmen hier Bürgermeister Jakob Pfarr und sein Adjunkt Schmidt offensichtlich die Rolle von Zwischenhändlern.[232] Zur Tarnung ließen sie sich als gewerbsmäßige Großhändler registrieren und gehörten im Fall von Pfarr während der Hochzeit des Schmuggels auch zu den grössten Gewerbesteuerzahlern im Ort. Nach 1835 traten sie bezeichnenderweise als Handelsleute nicht mehr in Erscheinung.[233]

Die Staatsmacht stand dem ganzen Geschehen ziemlich hilflos gegenüber. Appelle an die lokalen Amtsträger und Honoratioren z. B. für die Bildung von Patrouillen zu sorgen oder auf die strikte Einhaltung der Sperrstunden zu achten, blieben im Ergebnis ohne Erfolg.[234] Das Landkommissariat Frankenthal mußte schließlich resigniert eingestehen, daß die lokalen Behörden, wie z. B. das Bürgermeisteramt Oppau wenig „Eifer und Kraft [...] zur Unterdrückung des [...] Schleichhandels" zeigten.[235] – Dies kann bei der Verstrickung der lokalen Verwaltungsspitzen in die Schmuggelgeschäfte im Ort allerdings auch kaum verwundern. – Auch mit einer personellen Aufstockung der Zollkräfte längs des Rheins bekam man das Problem nicht in den Griff. Zwar taten im Bezirk des Zollamtes Rheinschanze, von Bobenheim bis Neuhofen, schließlich insgesamt 117 Mann Dienst.[236] Doch die Patrouillen des Zolls waren auch dann noch gegenüber der Masse an Schmugglern überfordert, zumal diese vor einer gewaltsamen Auseinandersetzung nicht zurückschreckten. Und diese gingen nicht immer so glimpflich aus, wie im Falle von Kommandant Klöpfer. So fanden 1830 allein bei einem Scharmützel nahe Edigheim zwei Gendarmen und zwei Schmuggler den Tod.[237]

Anmerkungen
Seite 239

230 *vgl. Beschreibungen dieser Schmuggelvorgänge in: StALu, Op. 1715a, Anzeige von Brigadekommandant Martin Klöpfer und Gendarm Kiefer an Landkommissariat Frankenthal, 20.12.1834; StALu, M 34, Pfarrbeschreibung von Oppau durch Pfarrer König von 1843; Gruber, S. 150f; Braun, S.496f*

231 *vgl. Gruber, S. 151*

232 *StALu, M 34, Pfarrbeschreibung von Oppau durch Pfarrer König von 1843*

233 *StALu, Op. 836, Gewerbesteuerheberollen von Oppau 1822ff; StALu, Op. 1715a, Landkommissariat Frankenthal an Bürgermeisteramt Oppau, 8.7.1831; StALu, Op. 1715a, Oberzoll- und Hallamt Frankenthal an Friedensgericht Frankenthal, 23.3.1834*

234 *StALu, Op. 1715a, Landkommissariat Frankenthal an Bürgermeisteramt Oppau, 22.12.1834; vgl. Braun, S.498*

235 *StALu, Op. 1715a, Landkommissariat Frankenthal an Bürgermeisteramt Oppau, 24.3.1835*

236 *vgl. Braun, S.497*

237 *StALu, Op. 1715a, Kreisregierung an Landkommissariat Frankenthal, 18.10.1830*

Die Schiffbrücke von der Rheinschanze nach Mannheim mit Schlagbaum und Wachthäuschen, um 1830 [39]

Letztlich blieb dem Präsidenten der Königlichen Regierung des Rheinkreises nur noch die Hoffnung, daß die Zollgrenze zu Baden doch bald fallen möge.[238] Ein Wunsch, der sich schließlich 1835 mit dem Beitritt des Großherzogtums zum Zollverein erfüllte. Der freie Handel über den Rhein begann am 19. Juli diesen Jahres und besiegelte das Ende der Schmuggelzeit. Die neue Handelsfreiheit wurde in Mannheim mit einem großen Fest willkommen geheißen, an dem auch Bürger vom linken Rheinufer teilnahmen. In einem feierlichen Zug setzten diese, unter den Freudenschüssen der bürgerlichen Artillerie, über die Rheinbrücke bei der Rheinschanze und zogen zum Mannheimer Rathaus, wo eine große Festsitzung stattfand.[239]

Die Religionsgemeinschaften in der bayerischen Zeit

Der Übergang der Pfalz an Bayern bescherte auch den Kirchen erhebliche Veränderungen: Für die Katholiken wurde auf der Grundlage des Konkordats zwischen Bayern und dem Papst von 1817 das Bistum Speyer mit dem Rheinkreis als Sprengel reorganisiert und dem Metropoliten in Bamberg unterstellt. Die Protestanten erhielten ebenfalls eine eigene Pfälzer Kirchenprovinz mit einem Konsistorium in Speyer an der Spitze. Außerdem vereinigten sich beide evangelischen Konfessionen 1818 zu einer Union. Den Anstoß dazu hatte das 300jährige Jubiläum der Reformation 1817 gegeben, das in ganz Deutschland Vereinigungstendenzen unter den Protestanten hervorgerufen hatte. In der Pfalz erfolgte der Zusammenschluß auf der Grundlage einer vom Oberkonsistorium in München angeregten Abstimmung der Familienoberhäupter. Im Raum Ludwigshafen übertraf man dabei noch die durchschnittliche Zustimmung im Rheinkreis von 98,6%, und sprach sich einstimmig für die Union aus.[240]

Diese Neugestaltung brachte den Kirchen jedoch nur partiell eine Verringerung ihrer Abhängigkeit von der weltlichen Macht, der sie seit der Franzosenzeit unterworfen waren. Auch die bayerische Monarchie hatte sich der damals vorherrschenden Doktrin vom souveränen Staat verschrieben und trachtete danach, Kontrolle über die verschiedenen

*Anmerkungen
Seite 240 und 241*

238 *StALu, Op. 1715a, Präsident der Kreisregierung, 7.12.1833*

239 *vgl. Braun, S.498f*

240 *Schnauber/Bonkhoff, S.70, 77, 82; für Mundenheim liefert die Quellensammlung jedoch leider keine Ergebnisse*

241 *vgl. hierzu: Scherer, S.106ff*

242 *vgl. f.d.F. Furtwängler, S.153; Ammerich, S.254ff*

243 *StALu, Fr. 21/2, Landkommissariat Speyer an Bürgermeisterämter des Bezirks, 9.7.1824*

244 *vgl. Moersch, S.484*

245 *vgl. f.d.F. StALu, Rgh. 483/1; StALu, M 34*

Die Nachbarschaft Oppaus zum Rhein: an der Sandhofener Fähre
Aufnahme vermutlich aus dem frühen 20. Jahrhundert [40]

Religionsgemeinschaften auszuüben. In der protestantischen Kirche konnte deshalb ohne Zustimmung des Monarchen nichts von Bedeutung geschehen. König Ludwig I. griff ab 1833 sogar massiv in deren Personalstruktur in der Pfalz ein, um das bis dahin als liberal angesehene Konsistorium in Speyer samt der rationalistischen Geistlichkeit in einen Stamm königstreuer, neuorthodox ausgerichteter Pfarrer umzubilden.[241] Auch der Spielraum der katholischen Kirche blieb trotz des Konkordats eingeschränkt.[242] Zu den wichtigsten Punkten des staatlichen Kirchenregiments zählte hier, daß der Staat festsetzte, was ein kirchlicher Feiertag war. Außerdem bedurften Hirtenbriefe, Bußordnungen, Wallfahrten, Prozessionen und Kirchengeläut außerhalb der regulären Gottesdienstordnung einer staatlichen Genehmigung. Selbst bei der Vermögensverwaltung ließ der Staat der Kirche keine freie Hand. Von mehr traditionellen Befugnissen des Königs wie dem Präsentationsrecht bei der Besetzung vieler Pfarrstellen und dem durch das Konkordat zugestandenen Ernennungsrecht der Bischöfe ganz zu schweigen.

Andererseits sah die staatliche Seite in den Kirchen prinzipiell eine Stütze der bestehenden Ordnung und versuchte sie deshalb in ihrem Wirken zu fördern. So wies das Landkommissariat Speyer 1824 alle Bürgermeisterämter des Bezirks an, „den Geistlichen aller Confessionen in ihren Gemeinden, in der Erfüllung ihrer berufspflichten zur Abwendung aller äussern Störungen des Gottesdienstes und zur Steuerung der Unsittlichkeit [...] alle erforderliche Hilfe und Unterstützung angedeihen zu lassen".[243] Blickt man auf die Ereignisse der Revolution von 1848/49, so hielt sich die Wirkungskraft der Kirchen zumindest als politischer Stabilisierungsfaktor jedoch in Grenzen, zumal gerade viele protestantische Geistliche mehr oder minder offen mit liberalen Ideen sympathisierten.[244] Aber auch auf dem gesellschaftlichen und dem religiösen Feld war der kirchliche Einfluß bei einem Teil der Bevölkerung im zweiten Drittel des 19. Jahrhunderts nicht mehr bzw. nur noch gering vorhanden. Für den Raum Ludwigshafen finden sich Hinweise darauf vor allem in den Pfarrbeschreibungen der protestantischen Geistlichen aus Oppau und Rheingönheim zwischen 1835 und 1843.[245] Zwar

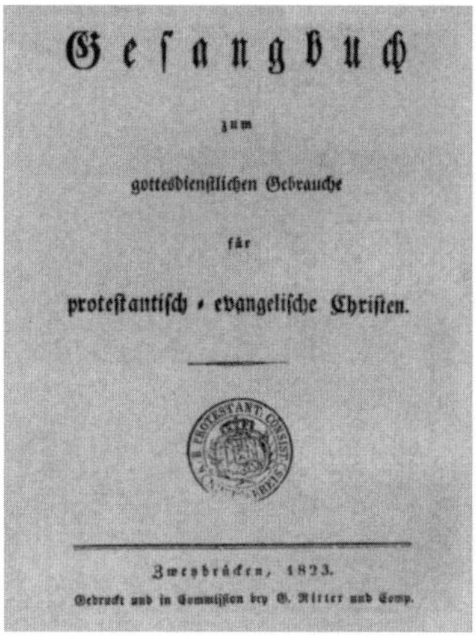

Das Unionsgesangbuch der Protestanten 1823 [41]

Im Raum Ludwigshafen wurden zwischen 1806 und 1850 zwei Kirchenbauten neu errichtet: hier das Innere der 1833/34 nach einem Entwurf von Leo von Klenze erbauten protestantischen Kirche von Ruchheim [42]

berichteten die Pfarrer beider Gemeinden, daß die Lauigkeit gegenüber der Religion seit der Franzosenzeit abgenommen habe. Dennoch waren die Verhältnisse keineswegs nur erfreulich. Denn genauso mußten die Geistlichen eingestehen, daß sich der sittliche Lebenswandel ihrer Gemeindeglieder nur wenig mit der Religion in Übereinstimmung befand.[246] Besonders für Oppau beklagten Pfarrer Friedrich Hepp und sein Nachfolger Karl König so manches Defizit der ihnen anvertrauten Schafe.[247] Im Gegensatz zu Pfarrer von den Heyden aus Rheingönheim hatten sie schon die geringe Kenntnis der Religion an sich zu bemängeln, die bereits dadurch zum Ausdruck komme, daß 1842 „die Bibel aus den meisten Familien verschwunden war u. von den Confirmanden [...] nur ungefähr 5 Bibeln vorgezeigt werden konnten". Abhilfe wollte Pfarrer König mit der Gründung eines Bibelvereins schaffen. Da dieser in Oppau schon bald 277 Mitglieder zählte, dürfte er einen gewissen Erfolg bei der Wiedererrichtung des Glaubens gehabt haben. Die Distanz zur Religion kam jedoch auch verstärkt in einer recht grundlegenden Mißachtung ihrer Gebote zum Ausdruck. So hatten die Geistlichen schon schwer daran zu tragen, daß viele Menschen auch am Sonntag an den Rheindämmen und Uferbefestigungen des Rheindurchstichs arbeiteten. Wurde Sonntagsarbeit in der Landwirtschaft aus Gründen der Erntesicherung und damit der Überlebensfähigkeit der Gemeinschaft auch von der Kirche stets toleriert, so sahen die Pfarrer im Falle des Dammbaus wohl zu Recht eine solche Notwendigkeit nicht, da ja hier nicht etwa ein Hagelschauer die Arbeit eines ganzen Jahres zunichte machen konnte. Als noch viel gravierender jedoch mußte den Geistlichen das von der Dorfgemeinschaft offensichtlich hingenommene Vorkommen wilder Ehen erscheinen, von denen es 1843 laut Pfarrer König in Oppau 13 und in Edigheim sechs gegeben haben soll. Denn hier stellten sich die Betreffenden offen gegen das sittliche Gebot der Kirche für das Zusammenleben von Mann und Frau.

Doch soll hier nicht der Eindruck entstehen, als sei das kirchlich-religiöse Leben im Raum Ludwigshafen zu einer ›Minderheitenveranstaltung‹ abgesunken. Vielmehr wurden weite Kreise der dörflichen

Anmerkungen
Seite 242 und 243

246 *StALu, Rgh. 483/1, Beschreibung des gesamten Kirchenwesens in der protestantischen Pfarrei Rheingönheim von 1835*

247 *vgl. StALu, M 34, Pfarrbeschreibung von Oppau 1838 durch Pfarrer Friedrich Hepp; Pfarrbeschreibung von Oppau 1843 durch Pfarrer König*

248 *vgl. oben S. 227f*

249 *StALu, Ru. 653, Kreisregierung an Bürgermeisteramt Ruchheim, 11.6.1817; [Abschrift]*

250 *StALu, M 34, Pfarrbeschreibung von Oppau 1843 durch Pfarrer König*

251 *vgl. LASp, H 3, Nr. 149a, Schulstatistik des Rheinkreises 1834*

252 *Ruf, Friesenheim, S. 180ff*

253 *vgl. hierzu: Nipperdey, S. 420; Moersch, S. 488*

Wallfahrt in Oggersheim, rechts das Kloster
Stich aus der zweiten Hälfte des 19. Jahrhunderts (?) [43]

Die 1845 eingeweihte kleine Kirche
für die Maudacher Protestanten [44]

Gesellschaft weiterhin stark geprägt durch die Religion bzw. die Konfession. Dies versinnbildlicht schon die bereits erwähnte Bevorzugung kirchlicher Laienämter vor einem Gemeinderatssitz durch einige Dorfhonoratioren.[248] Die anhaltende Bedeutung der Religion zeigt sich aber auch in den fortdauernden Spannungen zwischen den christlichen Konfessionen in mehreren Gemeinden. In Ruchheim konnte z. B. das Simultaneum aufgrund solcher Zwistigkeiten lange Zeit überhaupt nicht stattfinden.[249] In Edigheim, in dem die Protestanten 1816 erstmals seit 1740 die Kirche zumindest wieder mit benutzen durften, blieb ihnen jedoch noch 1843 das Glockengeläut während des Gebets versagt, „weil die Katholiken den Durchgang durch den Chor in den Thurm nicht gestatten."[250] Im Schulwesen wiederum war ein gemeinsamer Unterricht aller Kinder nicht möglich. Jede Konfession hatte ihre eigenen Lehrer und ihre eigenen Lehrsäle, wenngleich die Klassen in der Regel im selben Schulhaus untergebracht waren und der Unterricht unter staatlicher Aufsicht stand.[251] Tendenziell nahmen diese Spannungen zwischen den Konfessionen zu, je näher die Jahrhundertmitte rückte. Ein Beispiel hierfür mag der von Peter Ruf beschriebene Zwist um den Bau der katholischen Kirche in Friesenheim zwischen der dortigen Kirchengemeinde und dem von Protestanten dominierten Gemeinderat sein, der sich vom Beginn der bayerischen Herrschaft bis 1848 hinzog.[252] Das Anwachsen derartiger Unstimmigkeiten hatte jedoch nicht allein einen lokalen Ursprung, sondern war ein zeittypisches Phänomen, das in vielen Staaten des Deutschen Bundes um sich griff. In Bayern wurde es noch begünstigt durch den König selbst. Denn Ludwig I. betrieb mit seinem Ministerium von Abel (1837—1847) eine zunehmende Konfessionalisierung des öffentlichen Lebens, welche die Protestanten tendenziell benachteiligte.[253] Seinen Ausdruck fand dieser klerikale Kurs des Monarchen u. a. auch in einer verstärkten Neugründung von Klöstern. Der Raum Ludwigshafen verdankte ihm 1845 die Neuerrichtung des Minoritenklosters in Oggersheim. Diesem verhalf der König mit einem Stiftungskapital von 80 000 fl. aus seiner Privatschatulle zum Leben – gegen großen Widerstand protestantischer und

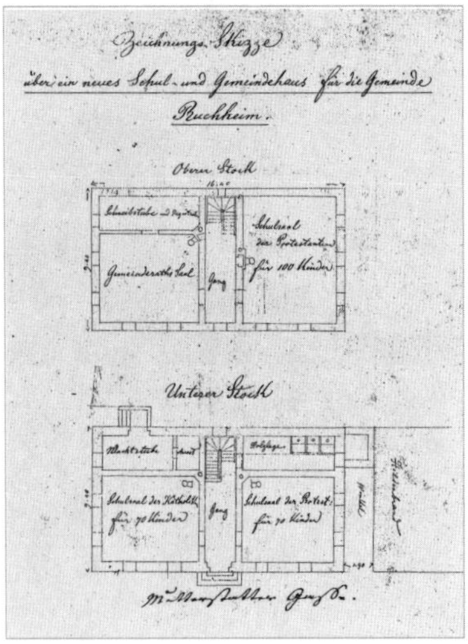

Protestanten und Katholiken säuberlich getrennt: Plan des neuen Gemeinde- und Schulhauses in Ruchheim [45]

liberaler Kreise.[254] Noch in der Revolution von 1848/49 sollte das Kloster ein Stein des Anstoßes für die liberal-demokratischen Kräfte in der Pfalz sein.

Über das Verhältnis der christlichen Mehrheit zu ihren jüdischen Mitbewohnern im Raum Ludwigshafen geben die Quellen für die erste Hälfte des 19. Jahrhunderts nur wenig Auskunft. Der jüdische Anteil an der Bevölkerung war insgesamt gering: In den 1830er Jahren stellte er lediglich in Ruchheim mit immerhin rund 8% der Einwohner eine bedeutende Größe dar, gefolgt von Rheingönheim mit noch 2% an jüdischen Bewohnern.[255] In Oppau, Edigheim und Oggersheim hingegen lebten nur einzelne jüdische Familien, in Mundenheim und Friesenheim waren gar keine Juden ansässig. Von ihrer Rechtsstellung her war diese Minderheit damals immer noch gegenüber dem Rest der Bevölkerung benachteiligt. Zwar hatte die französische Herrschaft ab 1798 den Juden zunächst Gleichberechtigung und volles Bürgerrecht eingebracht, doch Napoleon schränkte bereits 1808 durch das sogenannte ›décret infame‹ vor allem deren Niederlassungsfreiheit und deren Möglichkeiten, Handel zu treiben, stark ein.[256] Unter bayerischer Herrschaft blieben diese Regelungen bis nach 1848 in Kraft, wobei den Juden zudem noch die Wählbarkeit in die zweite Kammer versagt wurde. Andererseits machte das Landkommissariat Speyer bereits 1819 deutlich, daß man von Regierungsseite gegen jedweden gewaltsamen Antisemitismus energisch vorgehen werde.[257] Große Konflikte zwischen Juden und Christen scheint es im Raum Ludwigshafen jedoch ohnehin nicht gegeben zu haben. Im gegenseitigen Verhältnis dominierte wohl eher ein gewisser Pragmatismus. Dies deutet zumindest der Fall des Juden Jacob Mendel an, der 1820 aus dem Hessischen kommend in Rheingönheim als Bürger aufgenommen werden wollte.[258] Der Gemeinderat unterstützte dieses Ansinnen, schließlich galt Mendel als finanziell unabhängig und arbeitsam. Außerdem wollte er die Witwe des Jacob Marx ehelichen und für sie und deren Kinder sorgen. Der Gemeinde wäre somit ein potentieller Armen- und Unterstützungsfall abgenommen worden. Für den Rheingönheimer Gemeinderat rangierte der finanzielle Vorteil folglich eindeutig vor vielleicht vorhandenen Vorurteilen der christlichen Mehrheit gegenüber den Juden.

Geselliges Leben

Unsere heutige Zeit zeichnet sich durch ein großes Angebot an Möglichkeiten aus, die eigene freie Zeit zu gestalten. Nicht umsonst spricht man vielfach von der Freizeitgesellschaft, wenn es darum geht, die Lebenswelt zu Beginn des 21. Jahrhunderts in Deutschland zu beschreiben. Doch wie sah dies in der ersten Hälfte des 19. Jahrhunderts im Raum Ludwigshafen aus? Welche Gelegenheiten außerhalb des Familienkreises hatten die Menschen damals, den Alltag aufzulockern?

Der Rheingönheimer Pfarrer von den Heyden berichtet 1835 von einem „sittenverderbende[n] Nachtschwärmen der Jugend während der Polizeistunden und nach derselben".[259] Gab es also in den kleinen Orten am Rhein so etwas wie ein pulsierendes Nachtleben? Wenngleich der genaue Hintergrund dieser Äußerung unklar bleibt, darf man davon jedoch wohl kaum ausgehen. Denn es existierte weder ein Theater, noch gab es Konzerte und dergleichen. Die waren allenfalls im nahegelegenen

Anmerkungen
Seite 244

254 *LASp, H 3, Nr. 5817, Stifterbrief von König Ludwig I. für die Errichtung eines Minoritenklosters in Oggersheim, 21.4.1844; [Abschrift]*

255 *LASp, U 216, Nr. 34 (B), Bevölkerungsstatistiken von Oggersheim 1812—1823; StALu, Ru. 1059/15, Statistik für das Jahr 1819 der Gemeinde Ruchheim; StALu, Rgh. 483/1, Beschreibung des Kirchenwesens der protestantischen Pfarrei Rheingönheim; StALu, M 34; StALu, Fr. 24/2, Bevölkerungsstatistik von Friesenheim, 28.1.1822*

256 *vgl. hierzu: Kukatzki, S. 195ff*

257 *StALu, Rgh. 486, Landkommissariat Speyer an Bürgermeisteramt Rheingönheim, 29.8.1819*

258 *StALu, Rgh. 99, Landkommissariat Speyer an Bürgermeisteramt Rheingönheim, 17.4.1820; Gemeinderatsprot. Rheingönheim, 1.5.1820; [Abschrift]*

259 *StALu, Rgh. 483/1, Beschreibung des gesamten Kirchenwesens in der protestantischen Pfarrei Rheingönheim von 1835*

Mannheim zu besuchen. Selbst öffentliche Tanzveranstaltungen fanden durchschnittlich in jedem Ort nur ein bis zwei Mal im Jahr vornehmlich an Kirchweih und an Nachkirchweihtagen statt. Darüber hinaus bot sich die Gelegenheit zum Tanz nur im Zusammenhang mit außergewöhnlichen festlichen Anlässen, wie etwa zur Grundsteinlegung des Oggersheimer Rathauses 1839 oder zur Feier des 25jährigen Regierungsjubiläums von König Max Joseph 1824.[260] Ihre Zahl hielt sich nicht zuletzt auch deshalb in engen Grenzen, da derartige Veranstaltungen stets einer staatlichen Genehmigung bedurften.[261] Daß sich trotz dieser geringen Beschäftigungsmöglichkeiten in den 1820er Jahren anfangs vier, später zwei, Musikanten in Friesenheim niedergelassen hatten, dürfte sich deshalb wohl nur durch die Nähe zu Mannheim erklären lassen.[262] Zum Nachtschwärmen blieb der Jugend wie auch der älteren Generation somit nur der Dorfplatz, die Gassen der Ortschaften oder aber der Besuch in einem der Wirtshäuser. Deren Zahl war im Raum Ludwigshafen nicht gering, wie die Gewerbesteuerheberollen preisgeben. Ende der 1820er Jahre gab es z. B. in Friesenheim allein neun, in Oppau immerhin noch sieben.[263] Neben diesen sogenannten Weinwirten bestanden auch spezielle Branntweinschenken bzw. -brennereien, in denen offensichtlich besonders die ärmeren Schichten verkehrten. Gerade im Winter, wenn es wenig Arbeit gab, waren sie gut und bis spät in die Nacht frequentiert. Zwar galt auch im Raum Ludwigshafen in all diesen Lokalitäten die Polizeistunde um 22 Uhr, doch sie wurde nur sehr sporadisch durchgesetzt.

Vereine, die Geselligkeit und Abwechslung bieten konnten, gab es im Gegensatz zu einer größeren Stadt wie Speyer im ländlichen Raum Ludwigshafen bis 1843 noch kaum. Die dennoch vorhandenen zarten Ansätze zu einem Vereinsleben entwickelten sich primär im kirchlichen Umfeld. Neben den erwähnten Bibelvereinen in Oppau und Edigheim wurde nämlich schon 1832 ein katholischer Männergesangverein in Oggersheim gegründet, der vor allem als Kirchenchor fungierte – eine der frühesten Gründungen dieser Art in der gesamten Region. Etwa zehn Jahre später entstanden in Oggersheim, Oppau, Edigheim und Friesenheim protestantische Männerchöre. Bürgerliche Vereine, wie Schützen- oder Turnvereine wurden meist erst später gegründet.[264] Allerdings bestand immerhin schon Anfang der 1830er Jahre in Oggersheim eine sogenannte ›Casinogesellschaft‹.[265] Diese Vereinigungen wurden meist von bürgerlichen Honoratiorenkreisen ins Leben gerufen und geprägt. Die Existenz einer solchen Gesellschaft in Oggersheim verweist somit auch darauf, daß in diesem Ort wohl aufgrund seines kleinstädtischen Charakters eine größere Anzahl von Personen ansässig gewesen sein muß, die man zum Bürgertum rechnen konnte. Die Aktivitäten dieser Vereine erstreckten sich in der Regel auf gesellige Unterhaltungen, das Abonnement literarischer und politischer Zeitschriften, auf Ausflüge und Kulturveranstaltungen. In Oggersheim nahm sie auch interessiert am aktuellen geistig-politischen Leben teil. Dies belegt schon ein Festessen für den liberalen Publizisten Philipp Jacob Siebenpfeiffer, dem Organisator des Hambacher Festes vom Mai 1832, das die Casinogesellschaft am 8. Januar jenen Jahres durchführte.[266]

Das ›Rondell‹ an der Oggersheimer Schillerstraße, Teil eines alten Stadttors; hier druckte Siebenpfeiffer seine Zeitung [46]

Anmerkungen Seite 245

260 *StALu, Fr. 11/2, Gemeinderatsprotokolle Friesenheim, 22.1.1824; StALu, Rgh. 8, Landkommissariat Speyer an Bürgermeisteramt Rheingönheim, 6.2.1824; LASp, U 216, Nr. 29, Beschluß des Bürgermeisteramtes Oggersheim, 9.6.1839*

261 *vgl. StALu, Op. 2279, Landkommissariat Frankenthal an sämtliche Bürgermeisterämter des Bezirks, 22.8.1837*

262 *StALu, Fr. 24/2, Bevölkerungs- und Berufsstatistik von Friesenheim, 28.1.1822; StALu, Fr. 17/2, Gewerbesteuerheberolle für Friesenheim von 1827*

263 *StALu, Fr. 17/2, Gewerbesteuerheberolle für Friesenheim von 1827; StALu, Op. 927, Gewerbesteuerheberolle für Oppau von 1829/30*

264 *Jubiläumsfestschriften der einschlägigen Männergesangvereine, StALu, Ds 68/2,69/3, 71/11; Barth, S. 113*

265 *Nipperdey, S. 267*

266 *Kreuter, Veranlasser, passim*

Philipp Jakob Siebenpfeiffer [47]

Westbote,

ein

allgemein politisches und deutsches Volksblatt.

Nro. 51. Oggersheim, 20. Februar 1832.

An's deutsche Volk.

Fünfter Artikel.

Dort, wir wiederholen es, dort ist Anarchie, dort ist Gesetzlosigkeit, wo die Willkür herrscht, wo Geist und Leib des Menschen, wie Alles, was die Erde und die Arbeit des Menschen hervorbringen, der Willkür eines einzelnen Menschen, dem die Willkür von Tausenden anderer Einzelnen dient, verfallen sind; wo jeder Polizeibeamte Gesetzgeber ist und dieses Gesetz aus seiner rohen Laune schöpft, wo jeder Polizeirichter den Bürger vor seinen Augen prügeln lassen kann; dort, wo alle Schritte und Bewegungen gefesselt und besteuert sind, und wo nicht blos, wie Ludwigs XIV. Beichtvater, sondern die ganze Priesterschaft, die Hofleute und alle servilen Diener der Gewalt, ja wo die Verfassungsurkunde selbst dem Fürsten täglich die Worte wiederholen: »Großmächtigster König, allergnadigster König und Herr Herr! Dein ist Alles, was da lebet und nicht lebet, und Gnade, bloße fürstliche Gnade ist's, was du uns, deinen Knechten, und deinem leibeigenen Volke willst zukommen oder übrig lassen.« Dort ist Anarchie, Anarchie im entsetzlichsten Sinne des Worts, weil der Name des Gesetzes und die angeblich gesetzliche Gewalt ihr dienen; nicht aber in einem geordneten wahrhaften Staate, dessen Gründung wir erstreben wollen, in einem Staate, wo kein Einzelner mehr gilt, als was er werth ist, wo jeder für seine Handlungen haftet, und der Gesammtwille, in feierlicher Weise ausgesprochen, das alleinige Gesetz ist, das bindet und Alle gleich bindet und schützt.

Wie nun aber solche entsetzliche Anarchie im Innern unserer deutschen Staaten waltet, so waltet sie auch im äußern, in allen Beziehungen zu andern Staaten und Völkern. Völker wollen und sollen naturgemäß unter- und nebeneinander so leben, wie die Bürger im Staate. Sie sollen und wollen ihre Gedanken und Empfindungen wechseln, ihre stofflichen und geistigen Bedürfnisse gegenseitig austauschen, ihre Erfindungen und Entdeckungen einander mittheilen, sich allseitig in Schutz und Trutz gegen innere und äußere Feinde verbündet und verbrüdert seyn. Von allem dem finden wir in deutschen Ländern nichts. Wie schon bemerkt, steht der Deutsche dem Deutschen fremd, ja feindlich gegenüber. Die Mittheilung der Gedanken und Empfindungen ist gefesselt und unter willkürliche Censur von Leuten gestellt, die weder empfinden noch denken, sondern als sinnlose Maschinen zu handeln angewiesen und verpflichtet sind. Die geistigen und körperlichen Erzeugnisse anderer Länder und Völker sind nicht nur dem Deutschen in Beziehung auf das Ausland, sondern dem Deutschen gegen den Deutschen versagt oder mit ungeheuerer Steuer und eckelhafter Vexation belegt und vergällt. Nicht die Völker sind es, welche in nachbarlicher Brüderschaft, im Bunde der Civilisation, des geistigen und stofflichen Austausches, zu einander stehen, sondern die Kabinette, die Fürsten; und wenn ein Bund, wenn irgend eine Einigung unter den Deutschen besteht, so ist es zu dem Zwecke der Aussaugungen durch Handels- und Mauthverträge, oder zur Unterdrückung, zum Todtschlagen Aller, die sich regen, und zum Einfangen der Landstreicher und Ausreißer, d. h. derer, die aus Verzweiflung auf Raub und Bettel ausgehn oder dem Corporalstock entfliehen.

Die großen Angelegenheiten der Völker, wer besorgt sie, wer verhandelt sie? der Hof; in welchem Sinne behandelt er sie? nach seinem Interesse; in welcher Weise? geheim. Die Völker haben die Vergünstigung, die Kosten der Verhandlung zu bezahlen, aber vom Inhalte erfahren sie nichts, bis etwa ein Ludwig XVI. enthauptet, ein Carl X. verjagt wird oder ein Carl v. Braunschweig die Flucht ergreift, und der Aufruhr die Sündenregister sammt Kron' und Scepter aus dem brennenden Schlosse wirft. Millionen dürft ihr hingeben, eure Söhne, wohl gar euch selbst dürft ihr hinopfern, wenn der heirathslustige Prinz einen Korb empfängt, wenn der Gesandte des Hofs scheel angesehn worden, wenn dem großmächtigsten König oder seiner Mätresse durch den Kopf eine Laune fuhr; Jahrhunderte lang empörte sich die Christenheit gegen die Raubstaaten in Afrika, Niemand hörte auf das Nothgeschrei der Völker; da kriegt der Gesandte des Königs von Frankreich einen Streich mit dem Sonnenfächer des Deys, o das fordert Krieg — Algier ist erobert und das Raubnest zerstört. — Ihr könnt die Ehre haben, durch sogenannte Staatsverträge das Vaterland zerschneiden, blutende Stücke abreißen, vertauschen, verschenken, als Witthum oder Leibgeding, als Heirathsgut oder Appanage decretiren zu sehn; heute seyd ihr Baiern, morgen Badener, übermorgen Hechinger oder Sondershauser, je nachdem das Patent lautet, womit der Mann von Gottes Gnaden Besitz ergreift von euch, eurem Leib und eurer Scholle; ihr könnt es erleben, und habt es erlebt, daß man, wie man euch eine sogenannte Staatsverfassung aus dem Dunkel des Kabinets an den Kopf wirft, euch unter das Protectorat eines frem-

›Westbote‹, herausgegeben in Oggersheim von Philipp Jakob Siebenpfeiffer [48]

Anmerkungen
Seite 247

267 Kreuter, Veranlasser, passim; LASp, H 3, Nr. 151a, Bayer. Innenministerium an Kreisregierung, 7.2.1832

268 zu Siebenpfeiffer und Westbote: Mörz, S. 3, zum Vaterlandsverein: Foerster, S. 195, 198; Kreuter, Veranlasser, passim

269 Kreuter, Oggersheim, S. 108

270 vgl. f.d.F. Ludwigshafen (1903), S. 86ff

Philipp Jakob Siebenpfeiffer *(1789—1845), geboren im badischen Lahr, fand schon während seines juristischen Studiums in Freiburg zu den liberalen Idealen eines Karl von Rotteck, der auch sein Freund und Gönner blieb. Nach der Teilnahme an den Befreiungskriegen wurde er – nach verschiedenen Posten im österreichischen und bayerischen Dienst – 1818 Landkommissär des bayerischen Kreises Homburg. Seit 1830 gab Siebenbpfeiffer die Zeitschrift ›Rheinbaiern‹ heraus, die immer radikaler den konservativen Kurs König Ludwig I. kritisierte. Im darauffolgenden Jahr begann er auch die Tageszeitung ›Der Bote aus dem Westen‹ zu veröffentlichen, die unter dem Titel ›Westbote‹ dann ab Anfang 1832 in Oggersheim erschien. Als führende Persönlichkeit des Hambacher Festes wurde Siebenpfeiffer verhaftet und zu zwei Jahren Gefängnis verurteilt. Siebenpfeiffer floh in die Schweiz, wo er Professor in Bern wurde. 1845 starb er in geistiger Umnachtung.*

[S.M.]

Die Akzeptanz der bayerischen Herrschaft

Der festliche Empfang für Siebenpfeiffer beinhaltete jedoch auch eine Parteinahme der Casinogesellschaft für die politische Opposition in Bayern. Denn mit seinen Zeitungen ›Der Bote aus dem Westen‹ und später dem ›Westboten‹ war Siebenpfeiffer einer der führenden regierungskritischen Publizisten in der Pfalz, der sich für die Freiheit und die Einheit Deutschlands einsetzte. Ende 1831 hatte er sich in Oggersheim niedergelassen, um hier seinen ›Westboten‹ zu drucken und zu verlegen. Von Anfang an mußte er sich dabei mit der staatlichen Zensur auseinandersetzen, die ihn an der Verbreitung seiner aufklärerischen Ideen hindern wollte.[267] Allein die Beamten vor Ort kamen den diesbezüglichen Anweisungen aus Speyer nur widerwillig bzw. erst mit Verzögerung nach. Ja, sie nahmen sogar an dem Festessen zu Ehren Siebenpfeiffers teil. Die Feier selbst war dann geprägt vom Kampfeswillen gegen eine als reaktionär und freiheitsfeindlich angesehene Politik der bayerischen wie der übrigen deutschen Regierungen. So gab Siebenpfeiffer in seiner Tischrede ein deutliches Bekenntnis zur Pressefreiheit ab und kritisierte die herrschenden Zensurpraktiken. Mit den ausgegebenen Trinksprüchen schließlich huldigte man der freien Presse, den rheinischen Institutionen sowie den entschlossenen, kampfbereiten Bürgern der Pfalz. Das Vorhandensein oppositionellen Geistes unterstreicht darüber hinaus auch die Mitgliedschaft von 30 Oggersheimer Bürgern in dem von Johann Georg August Wirth initiierten und in der Pfalz weit verbreiteten ›Preß- und Vaterlandverein‹, der sich ebenfalls der Wahrung der Pressefreiheit und der Durchsetzung liberaler Prinzipien verschrieben hatte.[268] War der Raum Ludwigshafen also ein Hort des Widerstandes gegen die bayerische Ordnung der Dinge? Hatte die bayerische Herrschaft hier ein Akzeptanzproblem?

Seit der Übernahme der Pfalz war man in München bestrebt gewesen, den Menschen im Rheinkreis ein bayerisches Staatsbewußtsein einzupflanzen. Zumindest in Oggersheim existierten dafür auch gute Startbedingungen, wurde hier doch die bayerische Besitzergreifung mit einem Fest begangen.[269] Um die Bindungen ihrer neuen Lande an ihr Königreich zu stärken, begaben sich die Wittelsbacher Monarchen denn auch des öfteren zu Besuchen in ihre linksrheinischen Besitzungen. So kam König Max Joseph bereits 1816 in die Pfalz. Sein Nachfolger Ludwig I. weilte hier gleich mehrfach. Beide Fürsten bereisten dabei auch den Raum Ludwigshafen mitsamt der Rheinschanze. Bei solchen Anlässen wurde dann demonstrativ die Einheit zwischen dem Monarchen und seinen Pfälzer Untertanen beschworen und zelebriert, wie dies der Besuch von Ludwig I. im Juni 1829 verdeutlicht. Damals eskortierten 52 Reiter aus Mundenheim, Maudach und Friesenheim den König und seine Gemahlin Therese von Oggersheim bis zur Rheinschanze, in die das Königspaar dann unter den Augen von angeblich 10 000 Schaulustigen durch eine Ehrenpforte einzog.[270] Nach einem Empfang im Hause des Kaufmanns Lichtenberger besichtigten die hohen Gäste anschließend den Hafen sowie die damit verbundenen Anlagen. An Loyalitätsbekundungen für die königlichen Herrschaften fehlte es bei dieser Visite nicht. Bereits die Inschrift auf der Ehrenpforte verkündete die Ehrerbietung gegenüber den Gästen unmißverständlich mit den Worten: „Mild wie Frühlingsregen/Strömt heute doppelt Heil,

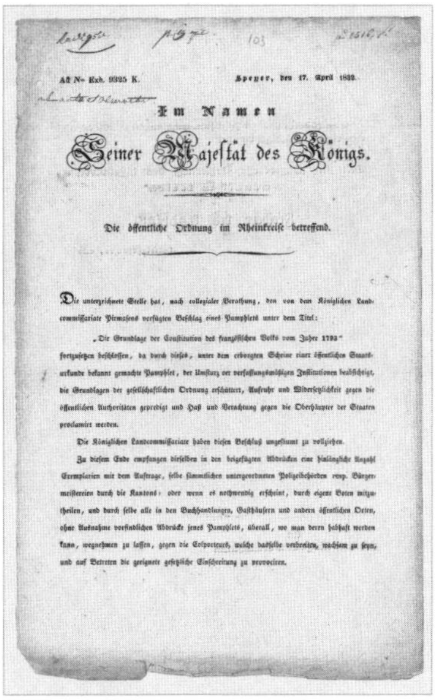

Ad № Exh. 9325 K. Speyer, den 17. April 1832.

Im Namen

Seiner Majestät des Königs.

Die öffentliche Ordnung im Rheinkreise betreffend.

Die unterzeichnete Stelle hat, nach collegialer Berathung, den von dem Königlichen Landcommissariate Pirmasens verfügten Beschlag eines Pamphlets unter dem Titel:

„Die Grundlage der Constitution des französischen Volks vom Jahre 1793“

fortzusetzen beschlossen, da durch dieses, unter dem erborgten Scheine einer öffentlichen Staatsurkunde bekannt gemachte Pamphlet, der Umsturz der verfassungsmäßigen Institutionen beabsichtigt, die Grundlagen der gesellschaftlichen Ordnung erschüttert, Aufruhr und Widersetzlichkeit gegen die öffentlichen Authoritäten gepredigt und Haß und Verachtung gegen die Oberhäupter der Staaten proclamirt werden.

Die Königlichen Landcommissariate haben diesen Beschluß ungesäumt zu vollziehen.

Zu diesem Ende empfangen dieselben in den beigefügten Abdrücken eine hinlängliche Anzahl Exemplarien mit dem Auftrage, selbe sämmtlichen untergeordneten Polizeibehörden resp. Bürgermeistereien durch die Kantons- oder wenn es nothwendig erscheint, durch eigene Boten mitzutheilen, und durch selbe alle in den Buchhandlungen, Gasthäusern und andern öffentlichen Orten, ohne Ausnahme vorfindlichen Abdrücke jenes Pamphlets, überall, wo man deren habhaft werden kann, wegnehmen zu lassen, gegen die Colporteurs, welche dasselbe verbreiten, wachsam zu seyn, und auf Betreten die geeignete gesetzliche Einschreitung zu provociren.

Die Behörden mahnen zur Ruhe: „Die öffentliche Ordnung im Rheinkreise betreffend", 1832 [49]

Gedenkmünze zum Besuch des Königs in der Pfalz, Vorderseite [50]

Der Empfang König Ludwigs I. in der Rheinschanze 1829 [51]

doppelter Segen/Bayerns treuem Volk am Rhein entgegen." Glockengeläut, Danksagungen und Lobgesänge schmückten diesen Aspekt dann noch weiter aus. Eine Eskorte von 50 berittenen Landleuten aus Rheingönheim und Neuhofen geleitete das Königspaar schließlich wieder nach Oggersheim zurück. Derartig offiziös geäußerte Zustimmung zum Herrscher kam jedoch nicht allein bei königlichen Besuchen zum Ausdruck, sondern war bei fast allen größeren offiziellen Feiern anzutreffen. So wurde auch bei der Grundsteinlegung für das Rathaus in Oggersheim 1839 das Lied ›Heil dem König‹ angestimmt.[271] Die Monarchen ihrerseits werteten diese Äußerungen durchaus als Zeichen für die Treue und die Loyalität der an den jeweiligen Feiern teilnehmenden Untertanen.[272]

Doch hatten sie Recht mit dieser Einschätzung? Darüber läßt sich heute vielfach nur noch spekulieren. Für einen Teil des jeweiligen Festpublikums mag dies durchaus zugetroffen haben. Doch für viele dürften das Spektakel und die profanen Volksbelustigungen, die diese Veranstaltungen ohne Zweifel stets boten, im Vordergrund gestanden haben. Eine innere Anteilnahme der Menschen an den Lobpreisungen für die herrschende Familie oder für den bayerischen Staat kann also nur bedingt vorausgesetzt werden. Dies gilt um so mehr, als die Zugehörigkeit zu Bayern zunächst nur von bürgerlichen Schichten, ab den 1830er Jahren aber auch von weiten Bevölkerungskreisen in der Pfalz durchaus kritisch gesehen wurde. Denn obgleich König Ludwig I. eine verklärt romantische Vorliebe für das Land seiner Ahnen hatte, versuchte er den liberalen Status der Pfalz, d. h. die rheinischen Institutionen immer mehr zu beschneiden – besonders nach seinem Schwenk zu einer konservativen Politik 1833.[273] Hinzu kamen die wirtschaftlichen Probleme des Landes, hervorgerufen durch dessen separierte Lage, restriktive Zollgrenzen sowie Mißernten. Ebenso sahen sich viele Pfälzer bei der Verteilung der Steuermittel und bei Personalentscheidungen vom fernen München zurückgesetzt. Insgesamt verbreitete sich die Ansicht, daß Bayern die Pfalz im Grunde nur als Kolonie betrachtete.[274] Nicht zuletzt unter dem Eindruck der Julirevolution in Frankreich 1830 artikulierte sich der angestaute bürgerliche Unwillen dann erstmals deutlich bei den Landtagswahlen von 1831.[275] Nun erlangten überwiegend liberal bis demokratisch orientierte und damit oppositionelle Kandidaten ein Mandat

Anmerkungen
Seite 248 und 249

271 *LASp, U 216, Nr. 29, Bericht über die Feier der Grundsteinlegung, 13.6.1839; [Konzept]*

272 *LASp, H 3, Nr. 666, Bayer. Innenministerium an Kreisregierung, 18.3.1824*

273 *vgl. Gollwitzer, S.360; Kreutz, Entwicklung, S.64*

274 *Moersch, S.470*

275 *vgl. zum Landtagswahlrecht: Leeb, S.98ff*

276 *Foerster, S.128 A. 357*

277 *StALu, Md. 282, Beschwerde gegen Bürgermeister Peter Grüner, 8.5.1832*

278 *vgl. f.d.F. Ludwigshafen (1903), S.77; Esselborn, S.43ff; Ruf, Entstehung, S.8; StALu, LUA 45/2, S.1129f*

„Westliche Ansicht der Rheinschanze bey Mannheim", 1825 [52]

Gedenkmünze zum Besuch des Königs in der Pfalz, Rückseite [53]

für die zweite Kammer in München. Vor diesem Hintergrund ist es nicht verwunderlich, daß die bürgerlichen Kreise von Oggersheim Siebenpfeiffer Anfang 1832 mit einem Festessen ehrten. Damit brachten auch sie wohl letztlich jenes Pfälzer Sonderbewußtsein zum Ausdruck, das sich aus dem Stolz auf die damals modernen Einrichtungen aus der Franzosenzeit sowie aus einem Gefühl des Zurückgesetztseins in Bayern speiste. Im Zusammenhang mit dem Hambacher Fest kam es dann in Oggersheim wie in vielen Gemeinden in der Pfalz auch noch zur Errichtung eines Freiheitsbaumes.[276] Danach hatte es aber auch hier mit dem offen artikulierten Oppositionsgeist bis zur Revolution von 1848/49 sein Bewenden. In den umliegenden Dörfern ist es hingegen auch im Gefolge des Hambacher Festes zu keinen Tumulten oder sonstigen offenen Widersetzlichkeiten gegen die bestehende Ordnung gekommen. Vereinzelt wurde von der Dorfbevölkerung lediglich die Aufgeregtheit der Zeit genutzt, um sich in Speyer über lokale Mißstände zu beschweren. So beklagten sich zwei Gemeinderäte aus Maudach beim Landkommissariat Speyer über die Amtsführung ihres Bürgermeisters.[277] Und auch Siebenpfeiffer hatte nach dem Bankett der Casinogesellschaft Oggersheim bald wieder verlassen. Unter dem Druck der Zensur gab er bereits im März 1832 die Herausgabe des ›Westboten‹ auf und siedelte nach Neustadt über.

All dies vermittelt den Eindruck, als habe die Mehrheit der Bevölkerung im Raum Ludwigshafen die Zugehörigkeit zum bayerischen Staat akzeptiert, ohne diesem aber mit glühendem Herzen anzuhängen. In den eher bürgerlichen Kreisen hingegen rumorte es, doch zur Eruption kam es bis 1843 noch nicht.

Die Rheinschanze: Verkehr und Handel als das fremde Element in bäuerlicher Umgebung

Keimzelle Ludwigshafens sollte nicht eine der Ortschaften rund um Oggersheim werden, sondern die von Kurfürst Friedrich IV. von der Pfalz als linksrheinisches Vorwerk der Festung Mannheim angelegte Rheinschanze. Mit der Besetzung des linken Rheinufers durch die Franzosen in den Revolutionskriegen war deren Ende als Befestigungsanlage gekommen, sie wurde zum Großteil geschleift.[278] Danach blieb das Gelände zunächst brach und verlassen. Da jedoch die Franzosen den

Katharina Hornig, die Frau des Gastwirtes Carl Hornig, die nach dessen Tod 1820 ihren Besitz in der Rheinschanze an J. H. Scharpff veräußerte [54]

Der ›Ankerhof‹ vor der Rheinschanze – heute Ecke Ludwig-/Kaiser-Wilhelm-Straße – im Jahr 1860, damals schon von der gewachsenen Stadt ›umbaut‹ [55]

Verkehr über den Rhein mit Mannheim an dieser Stelle beibehielten, etablierte sich der Ort als kleiner Verkehrsknotenpunkt. Jakob Graf von der Gräfenau erkannte hierin wohl eine gute Existenzmöglichkeit für ein Gasthaus und erbaute im Jahr 1804 unmittelbar vor dem Eingang zur Rheinschanze das Wirtshaus ›Zum Anker‹, den späteren ›Ankerhof‹. Vier Jahre später erwarb der Mannheimer Gastwirt Karl Hornig rund zwei Hektar ehemaligen Nationalguts im Innern der Rheinschanze für 2 000 fr. von dem Handelshaus der Gebrüder Fabrequettes aus Lodève.[279] Unmittelbar am Rheinufer errichtete auch er einen Gasthof und baute daneben noch eine Zollstation, die er an die französischen Behörden vermietete. Hornigs Aktivitäten verwiesen aber bereits in die Zukunft, befestigte er doch in der Rheinschanze einen Landungsplatz für Schiffe, an dem Güter und Personen verladen werden konnten.

Mit dem Übergang der Pfalz an Bayern 1816 erhielt die Rheinschanze den Status eines Militär- und Zollpostens, was der bayerischen Armee ein Mitspracherecht bei der Ausgestaltung des Platzes sicherte. Ansonsten änderte sich zunächst nicht viel. Erst der Tod von Karl Hornig 1819 leitete eine neue Phase in der Geschichte der Rheinschanze ein. Denn seine Witwe sah sich nicht in der Lage, die Geschäfte allein weiterzuführen und entschloß sich, ihren Besitz zu veräußern. Am 27. Dezember 1820 wurde er für 15 000 fl. an den Speyerer Kaufmann Johann Heinrich Scharpff versteigert.[280] Scharpff vertrieb vornehmlich die landwirtschaftlichen Produkte der Pfalz, insbesondere Wein und Tabak. Schon zuvor hatte er zuweilen seine Fracht in der Rheinschanze umgeladen. Auf Drängen seines Schwiegersohnes Philipp Markus Lichtenberger erwarb er nun das Hornigsche Terrain, um dort eine Zweigniederlassung seines Handelshauses zu gründen und den Ort zu einem richtigen Handelsplatz auszubauen. Dabei war dessen Lage am Rhein von ausschlaggebender Bedeutung. Denn vor dem Aufkommen moderner Verkehrsmittel wie der Eisenbahn, dem Automobil etc. stellten die Wasserstraßen mit Abstand die wichtigsten Verkehrswege dar, ließen sich hier Waren und Menschen doch wesentlich billiger und schneller transportieren als über Land. Darüber hinaus hatten sich nach dem Wiener Kongreß auch die Rahmenbedingungen für die Rheinschiffahrt erheblich verbessert. Denn in der Wiener Schlußakte hatte man die Freiheit des Handels auf den gemeinsamen Wasserstraßen des Deutschen

Anmerkungen
Seite 250 und 251

279 vgl. Esselborn, S.43f

280 StALu, LUA 45/1, P. 266, Protokoll der Versteigerung des Erbes von Karl Hornig, 27.12.1820; [Abschrift]

281 Manuskript Raimar unter ›Johann Heinr. Scharpff‹ im Archiv der Arbeitsgemeinschaft für Pfälzisch-Rheinische Familienkunde; Megner

282 vgl. Gruber, S.86

283 vgl. hierzu: Esselborn, S.49ff

284 LASp, H 3, Nr. 213a, Landkommissariat Speyer an Kreisregierung, 28.1.1822

Johann Heinrich Scharpff (1754—1828)[281] *entstammte dem wohlhabenden Speyerer Bürgertum. Seine Familie stellte Bäckerzunft- und Kürschnermeister, Ratsmitglieder und Bürgermeister in der alten Reichsstadt. Johann Heinrich heiratete 1783 die Tochter des Speyerer Kaufmanns und Bürgermeisters Johann Alexander Holtzmann und wurde selbst Handelsherr, der vor allem die pfälzischen Landesprodukte Wein und Tabak vertrieb, gelegentlich aber auch ›exotische‹ Güter wie Malaga-Wein zum Weiterverkauf erwarb. Das Haupt-Absatzgebiet des Handelshauses erstreckte sich nördlich des Mains von der holländisch-belgischen Grenze bis ins Sächsische.*

In Mannheim unterhielt Scharpff eine Filiale seines Geschäfts. Dort dürfte er in Beziehung zur Familie Lichtenberger getreten sein. 1806 heiratete seine Tochter Rosina Charlotte Philipp Markus Lichtenberger. 1826 zog sich Scharpff von den Geschäften zurück.

Er starb 1828 in Speyer.

[S.M.]

Der Gründer des Handelsplatzes Rheinschanze: Johann Heinrich Scharpff [56]

Bundes bereits präzisiert, bevor 1831 schließlich mit der Rheinschifffahrtsakte alle Beschränkungen, wie etwa Stapelrechte, beseitigt wurden, die dem freien Verkehr noch im Wege gestanden hatten.[282] Doch auch die Lage des Platzes an sich war sehr günstig. Denn die Rheinschanze war für Schiffe sehr bequem anzufahren. Selbst bei sehr niedrigem Rheinwasser konnten sie hier noch anlegen. Die Hochwasserkatastrophe des Jahres 1824 bescherte ihr auf lange Sicht dann sogar noch einen winterfesten Hafen.[283] Die Wassermassen hatten nämlich den sogenannten Bettelmannsdamm im Norden der Rheinschanze weggerissen und so viel an Erdreich ausgespült, daß daraus ein Kolk entstand, der schon im folgenden Winter als Ankerplatz genutzt wurde. Die Zufahrt versandete zwar rasch wieder und der Kolk wurde dann erst zwischen 1844 und 1847 zu einem richtigen Hafen ausgebaut. Dennoch, insgesamt mußte der Handelsplatz in der Rheinschanze im bayerischen Rheinkreis konkurrenzlos attraktiv sein. Selbst Mannheim auf der anderen Rheinseite konnte zunächst keine vergleichbaren Bedingungen bieten, lag doch sein Hafen Anfang der 1820er Jahre noch am Neckar und war schwierig anzufahren.

Nach dem Erwerb des Geländes bat Scharpff die Königliche Regierung in Speyer 1821 darum, die Rheinschanze offiziell zum Landungs- und Ladeplatz zu erklären. Dies sollte vor allem die Existenz seines Etablissements absichern, denn die Gegner einer Scharpffschen Handelsstation waren zahlreich. Links des Rheins fürchteten besonders die Städte Speyer, Germersheim und Frankenthal durch einen Handelsplatz in der Rheinschanze Nachteile für sich und ihre Handelsleute zu erleiden. Das Landkommissariat Speyer machte sich deren Einwände zu eigen und drängte die Regierung das Scharpffsche Gesuch abzulehnen, da es „also dem allgemeinen Intereße nicht ersprießlich seyn [kann], zum Vortheile einer Privat-Anstalt viele bestehende Einrichtungen untergraben zu lassen, die später dennoch mit neuen Kräften wiederhergestellt werden müßten".[284] Als weiterer Gegner entpuppte sich das Großherzogtum Baden, das ebenfalls aus Furcht vor Konkurrenz – in diesem Fall für den Hafen in Mannheim – einen Handelsplatz in der Rheinschanze verhindern wollte. In der Rhein-Schiffahrtskommission bemühten sich seine Vertreter deshalb, Bayern die Wiederbelebung des Frankenthaler Kanals schmackhaft zu machen. Denn der Handelsplatz Frankenthal war für Mannheim ja weitaus weniger gefährlich als die

Philipp Markus Lichtenberger [57]

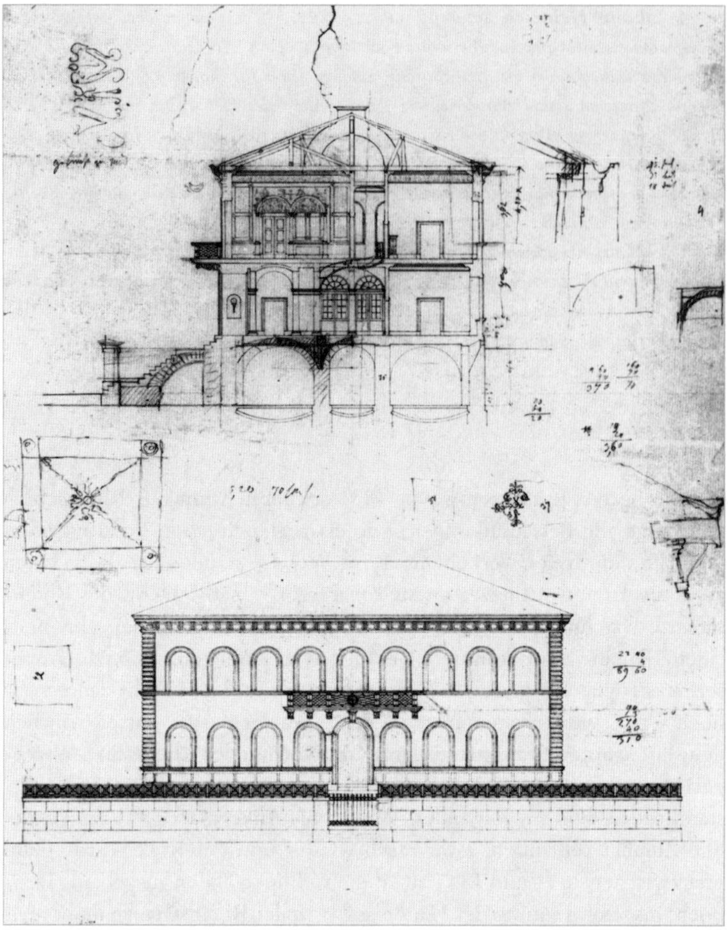

Fassadenaufriß und Schnitt des Lichtenbergerhauses in der Rheinschanze
August von Voit, 1833/34 [58]

Anmerkungen
Seite 252 und 253

285 *Manuskript Raimar unter ›Johann Heinr. Scharpff‹ im Archiv der Arbeitsgemeinschaft für Pfälzisch-Rheinische Familienkunde; Nerdinger, S. 507*

286 *vgl. z. B. LASp, H 3, Nr. 213a, Dankschreiben von Scharpff an eine Excellenz, 15. 8. 1822*

287 *LASp, H 3, Nr. 213a, Kreisregierung an Bayer. Außenministerium, 12. 4. 1822*

288 *LASp, H 3, Nr. 213a, Kreisregierung an Landkommissariat Speyer, 24. 5. 1822*

289 *Ludwigshafen (1903), S. 84*

290 *StALu, LUA 45/1, P. 100—102, 361*

291 *StALu, M 15, Liste des Volumens der Güterversendungen in der Rheinschanze 1827—1829*

292 *LASp, H 3, Nr. 213a, Firma Lichtenberger an König von Bayern, 4. 2. 1839; [Abschrift]*

293 *Gruber, S. 80*

294 *StALu, LUA 45/1, P. 232; vgl. Ludwigshafen (1903), S. 92*

295 *Breunig, S. 29*

Philipp Markus Lichtenberger *(1783—1842)[285] war Sproß eines alten Pfarrer- und Staatsdienergeschlechts, das dem Haus Leiningen gedient hatte. Die Wirren der Französischen Revolution ließen die Familie in Mannheim Zuflucht suchen, wo Philipp Markus' Vater in badische Dienste trat. Seine Söhne wechselten das Metier, wurden Kaufleute und Fabrikanten. Philipp Markus heiratete 1806 Rosina Charlotte Scharpff. Er war die treibende Kraft für den Erwerb der Rheinschanze und deren großzügigen Ausbau. 1822 wurde Lichtenberger Scharpffs Teilhaber, 1826, nach dessen Rückzug von den Geschäften, alleiniger Leiter. 1830 konnte er nach Erbauseinandersetzungen die Rheinschanze von den Erben Scharpffs erwerben. Strategisch günstig knüpfte er über seine Töchter Heiratsverbindungen mit der Familie des pfälzischen Regierungspräsidenten von Stichaner. In den Jahren 1833—1836 ließ er sich nach Entwürfen des ›Zivilbauinspektors für die Pfalz‹, August von Voit, ein repräsentatives Wohnhaus im von König Ludwig I. favorisierten ›Klenze-Stil‹ in der Rheinschanze – an der heutigen Kaiser-Wilhelm-Straße – errichten, zu dem auch große Gartenanlagen gehörten. 1837 zog er sich aus dem Geschäft zurück und widmete sich intensiv der Verbesserung der Verkehrsverhältnisse der Rheinschanze durch den Bau einer Bahnlinie und direkte Dampfschiffverbindungen nach Rotterdam. 1842 starb er in Speyer.*

[S.M.]

Rheinschanze. Scharpff, der offensichtlich über recht gute Kontakte zur Königlichen Regierung in Speyer verfügte,[286] konnte diese jedoch von den Vorteilen seines Vorhabens für die allgemeine Entwicklung des Handels überzeugen. Mit der Regierung im Rücken setzte sich Scharpff schließlich auch in München durch.[287] Am 14. Mai 1822 genehmigte der König den von Scharpff gestellten Antrag auf Einrichtung eines Landungsplatzes. Auch dessen Wunsch, einen Kran für Ladezwecke betreiben zu können, erhielt den königlichen Segen. Die Regierung in Speyer stellte dafür kurz darauf eine Konzession für die Dauer von zehn Jahren aus.[288]

Die Ära des Handelsplatzes Rheinschanze hatte begonnen. Scharpff ging auch sofort daran, die baulichen Voraussetzungen dafür zu schaffen. Noch 1822 wurden der Kran installiert und ein Lagerhaus für die ein- und ausgehenden Güter errichtet. Gleichzeitig schloß das Scharpffsche Handelshaus Schiffahrtsverträge mit mehreren in- und ausländischen Speditionen ab, welche nun einen großen Teil des Warentransports übernahmen.

Im selben Jahr nahm Scharpff seinen Schwiegersohn Philipp Markus Lichtenberger als Teilhaber auf.[289] Nach Scharpffs Rückzug ins Privatleben 1826 ging schließlich die Leitung des Handelsplatzes und der Firma auf diesen über.[290] In seinen wirtschaftlichen Unternehmungen war Lichtenberger überaus erfolgreich, ja man kann ihn mit Fug und Recht als die treibende Kraft für den Aufschwung bezeichnen, den die Rheinschanze nahm. Denn das ehemalige Festungswerk wandelte sich allmählich von einem betulich verschlafenen Grenzposten zu einem äusserst betriebsamen Handels- und Hafenplatz. Dieser Erfolg manifestierte sich nicht zuletzt in einem starken Anstieg der umgeschlagenen Warenmengen. Wurden im Jahr 1827 bereits 6 173 t Güter allein für den Export verladen, so waren es zwei Jahre später schon 8 650 t.[291] Bis zum Jahre 1838 stieg das Ladevolumen dann sogar noch auf 10 872 t an.[292] Die Waren bestanden hauptsächlich aus Baumwolle, Twist, Eisen, Tabak und Wein. Ende der 1820er Jahre konzentrierte sich in der Rheinschanze nahezu der gesamte Schiffsverkehr zwischen Mainz und Basel.[293] Doch auch im Fernhandel wurde das Haus Scharpff-Lichtenberger aktiv. In den 1830er Jahren dehnte man die eigenen Handelsbeziehungen u. a. durch die Einrichtung einer direkten Segelschiffahrtslinie nach Amsterdam und Rotterdam bis nach Übersee aus.[294] Diese rasante Aufwärtsentwicklung machte natürlich einen weiteren Ausbau des Handelsplatzes unabdingbar. Bereits um 1826 errichtete man ein Komtur- und Wohngebäude, da für kurzfristige Entscheidungen stets ein Mitglied der Firmenleitung vor Ort sein mußte. Lichtenberger vermietete es zunächst an seinen Prokuristen und Teilhaber Friedrich Happe und später an den Spediteur Carl Huß.[295] Sein Sohn Heinrich Wilhelm, der ab dem Jahr 1836 mit der Leitung des Handelshauses betraut war, erbaute neben diesem Quartier ein repräsentatives Wohn- und Bürogebäude, in das er dann auch selbst einzog. Doch auch die Lager- und Ladekapazitäten wurden ausgeweitet: 1829/30 wurde ein zweites Lagerhaus erstellt, 1840 genehmigte die Regierung in Speyer den Bau eines dritten. Mit der Verlängerung der Krankonzession 1832 um weitere zehn Jahre wurde auch die Aufstellung eines zweiten Krans gebilligt, was die Firma Scharpff-Lichtenberger aber lediglich zur Errichtung einer billigeren und weniger effizienten Wippe nutzte.

›Exotisches‹ Handelsprodukt des Handelshauses Lichtenberger [59]

Das erste Lichtenbergersche Haus in der Rheinschanze, später an den Teilhaber und zweiten Bürgermeister Ludwigshafens, Carl Huß, vermietet [60]

Die drei Kinder von Philipp Markus und Charlotte Rosina Lichtenberger 1814 [61]

Charlotte Rosina Lichtenberger (1787—1845) [62]

Die Steigerung des Handelsvolumens in der Rheinschanze korrespondierte mit einer Zunahme des staatlichen Wohlwollens. Deutlichstes Kennzeichen dafür war der Besuch von König Ludwig I. im Jahr 1829 und dessen Empfang im Lichtenbergerschen Haus. Aber auch die anfänglichen Hindernisse, die sich aus Auflagen der Militärbehörden beim Ausbau des Platzes ergaben,[296] verflüchtigten sich. Die militärische Seite verhielt sich danach meist sehr kooperativ gegenüber den an sie herangetragenen Wünschen, so daß sie die Entwicklung der Rheinschanze im Grunde aktiv wenig erschwerte.[297] Die wachsende Bedeutung des Handelsplatzes schlug sich zudem in der Ansiedlung und dem Ausbau staatlicher Behörden nieder. Bereits im Jahr 1816 hatte man die Zollämter in Oggersheim und Mundenheim aufgelöst und eine neue Station in der Rheinschanze eingerichtet. Diese wurde nun 1827 in ein Zollkontrollamt umgewandelt, zwei Jahre später zum Oberzoll- und Hallamt und schließlich 1834 zum Hauptzollamt erhoben. Aber auch

Anmerkungen
Seite 254 und 255

296 *vgl. LASp, H 3, Nr. 213a, Scharpff an Kreisregierung, 17.6.1822*

297 *vgl. z. B. StALu, M 15, Bayer. Kriegsminsterium an Bayer. Finanzministerium, 6.12.1833; LASp, H 3, Nr. 201, Brigadekommando des Rheinkreises an Königliche Regierung des Rheinkreises, 9.8.1831*

298 *StALu, Mu. 279, Landkommissariat Speyer an Bürgermeisteramt Mundenheim, 19.8.1837*

299 *vgl. Pachtvertrag für die Zeit von 1821—1830: StALu, LUA 45/1, P. 80f*

Eleonore Auguste Lichtenberger (1809—1833) [63]

›Biedermeier in der Rheinschanze‹

Mitglieder der Familie Lichtenberger:
[61] Gruppenbild der drei Kinder von Philipp Markus und Charlotte Rosina Lichtenberger, 1814.
Die Kinder tragen Kosakenuniform zu Ehren des russischen Zaren, der damals bei den Eltern einquartiert war.
Von links nach rechts:
Philipp (1807—1831),
Eleneore Auguste (1809—1833),
Heinrich Wilhelm (1811—1872)

[62] Charlotte Rosina (1787—1845), Tochter des Johann Heinrich Scharpff und Ehefrau des Philipp Markus Lichtenberger

[63] Eleonore Auguste Lichtenberger, verheiratete Frau von Stichaner, Tochter von Philipp Markus Lichtenberger und Schwiegertochter des pfälzischen Regierungspräsidenten von Stichaner

eine gewisse Eigenständigkeit wurde dem Platz im Laufe der Zeit zuteil, der ja administrativ zu Mundenheim gehörte. 1837 erhielt die Rheinschanze einen eigenen Polizeiadjunkten, zu dem Heinrich Wilhelm Lichtenberger ernannt wurde.[298]

Bei aller gegenseitigen Wertschätzung gab es zwischen dem Haus Scharpff-Lichtenberger und den bayerischen Behörden aber durchaus auch Differenzen, die sich insbesondere an der Frage nach dem Status des Handelshauses in der Rheinschanze entzündeten. Der erste Streitfall resultierte aus einer Auseinandersetzung zwischen der Firma und der Witwe des Jakob Graf im Jahr 1825. Zusätzlich zu ihrem Ankerhof hatte diese damals auch noch den ehemals Hornigschen Gasthof innerhalb der Rheinschanze von Scharpff gepachtet.[299] Direkt neben dieser Gaststätte befand sich eine kleine Anlegestelle, genannt die ›Schachtel‹, die zum Entladen kleinerer Nachen und Fahrzeuge vor allem während der Winterszeit genutzt wurde, wenn die Schiffsbrücke über den Rhein

Tarif
der Krahnen-Gebühren in der Rheinschanze, Mannheim gegenüber.

	fl.	kr.
Für ein Stück Wein, Essig, Bier und Branntwein	—	30
Für eine rheinische Ohm desgleichen in kleineren Fässern...	—	4
Für ein leeres Stückfaß	—	3
Für leere Fässer von geringerem Gehalt........	—	1½
Für einen einfachen Zentner (50 Kilogrammes) Kaufmanns-Güter aller Gattung, worunter auch Oel und Thran begriffen	—	1½
Für einen Sack Getreide, Mehl ꝛc., von 75 à 100 Kilogr.	—	2
Für Reps- Magsaamen- und Leinkuchen, das 100 Q....	—	30
Für Pech, Therr und Gußeisen	—	1
Für Marmor-, Quater- und Mühlsteine	—	1
Für einen Mühlstein von 1250 Kilogrammes (25 Zentner) Mühlsteine von größerem Gewichte werden durch den Krahnen nicht ausgeladen.	1	—
Für Kalk, Gips und Traß, für 2 Hectolitres........	—	1
Für Diele und Borde, das 100	—	6
Für Latten, das 100	—	2
Für einen Stamm Holz von 50 bis 70 Fuß	—	3
Für einen Stamm Holz von 30 bis 50 Fuß	—	2

Lager-Gebühren per Monat.

	fl.	kr.
Von jedem Zentner Güter (die 50 Kilogrammes).....	—	2
Ein leeres Stückfaß	—	6
Getreide aller Art, Reps und Magsaamen per Malter von 125 Litres, vom Tage der Ausschüttung	—	2

Waag-Gebühren.

	fl.	kr.
Für Güter durch den Krahnen ausgeladen und auf Verlangen gewogen, die 50 Kilogrammes	—	1
Für sonsten zu wiegende Güter, die 50 Kilogrammes....	—	2

Tarif der Krahnengebühren in der Rheinschanze, 1830 [64]

Das Innere der Rheinschanze mit Zollhäusern und Schlagbaum, 1834 [65]

abgetragen war. Die Witwe Graf hatte diesen Ort nun zum Entladen von Gips genutzt und war daraufhin von Scharpff zur Bezahlung von Anlege- und Krangebühren genötigt worden, obwohl sie den Kran gar nicht in Anspruch genommen hatte.[300] Scharpff begründete dieses Vorgehen mit seinem Eigentumsrecht an Grund und Boden. Die Witwe Graf erhob dagegen jedoch Beschwerde bei der Königlichen Regierung in Speyer, denn Scharpffs eigentlicher Beweggrund sei, daß „derselbe [...] anderen den Handel mit Waaren-Artikeln die er selbst auch führt zu erschweren" sucht.[301] Im Jahr 1828 bekam sie schließlich in der Sache recht.[302] Denn, so die Begründung, die Rheinschanze sei ein allgemeiner Platz, an dem jedermann anlegen und sein Schiff kostenlos entladen dürfe. Scharpff sei es nur erlaubt, Gebühren für die Benutzung seines Krans zu erheben. Dies ergebe sich bereits eindeutig aus seiner Konzession von 1822 und gründe zudem auf einem Verbot zur Erhebung von Ladegebühren, das bereits der Unterpräfekt von Speyer 1811 gegenüber Hornig erlassen hatte.[303]

Doch die Firma Scharpff-Lichtenberger wollte sich offensichtlich mit diesem Zustand nicht abfinden. Dies verdeutlicht eine Vereinbarung, die das Handelshaus 1831 mit der Großherzoglich badischen Domänenverwaltung traf, die ja u. a. für das Betreiben der Rheinbrücke zuständig war. Danach verpflichtete sich Lichtenberger, die Schachtel auszubauen und verkehrssicherer zu machen.[304] Im Gegenzug sollte er einen Teil der Kosten und der Unterhaltsleistungen sowie die Hälfte der Gebühren erhalten, die das badische Brückeninstitut für die Benutzung der Schachtel erheben wollte. Denn die badische Seite sah diesen Anlegeplatz als Teil der Rheinbrücke an, für die man ja ein Gebührenrecht besaß und reklamierte deshalb für sich auch noch die Ausübung der Polizeigewalt in der Schachtel.[305] Der Widerstand der Regierung in Speyer war damit natürlich vorprogrammiert. Zu Recht betrachtete dagegen diese ein derartiges Vorgehen als einen Eingriff in ihre eigenen Hoheitsrechte und untersagte folglich jedwede Gebührenerhebung. Doch erst nach mehrfacher Aufforderung kamen Lichtenberger und die badische Seite diesem Verbot nach.[306]

Anmerkungen Seite 256

300 LASp, H 3, Nr. 213a, Bürgermeisteramt Mundenheim an Landkommissariat Speyer, 21.3.1825

301 LASp, H 3, Nr. 213a, Landkommissariat Speyer an Kreisregierung, 10.4.1828

302 ebd.; LASp, H 3, Nr. 201, Landkommissariat Speyer an Kreisregierung, 19.1.1829

303 Der Text des Arrêté ist nachzulesen bei: Esselborn, S.45f

304 LASp, H 3, Nr. 201, Vertrag zwischen Philipp Markus Lichtenberger und der Großherzoglich badischen Domänenverwaltung Mannheim, 19.7.1831

305 LASp, H 3, Nr. 201, Großherzoglich badische Domänenverwaltung Mannheim, Tarif für die in der sogenannten Schachtel der Rheinschanze zu erhebenden Gebühren beim Ein- und Ausladen, 19.7.1831

306 LASp, H 3, Nr. 201, Kreisregierung an Großherzoglich badisches Direktorium des Rheinkreises, 13.2.1832 [Konzept]; LASp, H 3, Nr. 201, Großherzoglich badische Domänenkammer an Königliche Regierung des Rheinkreises, 31.8.1832

Blick auf die Rheinschanze vom Mannheimer Ufer aus, 1834 [66]

›Exotisches‹ Handelsprodukt des Handelshauses Scharpff [67]

Positiv gewendet kommt in diesem doch etwas fragwürdigen Vorgehen ein großer Selbstbehauptungswillen der Firma und ihrer Inhaber zum Ausdruck. Über diesen mußte das Handelshaus aber auch verfügen, wollte man in der Rheinschanze überleben, denn deren Aufstieg ging keineswegs unangefochten vonstatten. Zwar zogen die anfänglichen Gegner aus der Pfalz später nur noch sporadisch gegen das Etablissement Scharpff-Lichtenberger zu Felde, doch die Konkurrenz auf der badischen Seite blieb ein ständiger Widersacher. Bereits 1821 hatte die Handelskammer Mannheim ein Verbot durchgesetzt, wonach es badischen Schiffern bei hohen Strafen untersagt war, an ungesetzlichen Orten, gemeint waren Häfen in Rheinbayern und Rheinhessen, Güter zu verladen.[307] Dabei schreckte man nicht davor zurück, diesem Verdikt auch nichtbadische Schiffer zu unterwerfen, wie der Speyerer Johann Oberdahn erfahren mußte.[308] Als dieser nämlich im Oktober 1824 den Mannheimer Hafen anlief, um 100 Zentner Tabak aufzunehmen, stellte der Hafenmeister anhand seiner Papiere fest, daß er in der Rheinschanze bereits Güter geladen hatte. Mit bewaffneter Macht wurde er nun gezwungen, diese insgesamt 270 Zentner an den Kranen im Neckarhafen wieder auszuladen und die dafür fälligen Gebühren zu entrichten. Zwar blieben derartig gravierende Schikanen und Behinderungen des Handels relativ selten, doch insgesamt waren die folgenden Jahre gekennzeichnet von vielen kleinen Zänkereien, die letztendlich den Aufstieg der Rheinschanze jedoch nicht verhindern konnten. Als weitaus gefährlicher sollten sich für diese die badischen Bemühungen um eine Verbesserung der Hafenanlagen in Mannheim erweisen. Im September 1828 bewilligte Großherzog Ludwig der Stadt Mannheim nämlich einen Freihafen am Rhein, der in den folgenden Jahren mit großem finanziellem Aufwand des Staates zügig ausgebaut wurde und 1833 auch noch einen Winterhafen erhielt. Darüber hinaus erteilte man von staatlicher Seite dem Handelsstand größere Bewegungsfreiheit und senkte auch die Kran- und Ausladegebühren spürbar. Die Rheinschanze drohte demgegenüber ins Hintertreffen zu geraten. Erstes sichtbares Zeichen dafür war, daß es dem Mannheimer Handelsstand nun gelang, Exklusivverträge mit

Anmerkungen Seite 257

307 *vgl. Ludwigshafen (1903), S. 80; Gruber, S. 78; LASp, H 3, Nr. 213a, Beschluß des Direktoriums des Neckarkreises, 28.7.1820 [Kopie der Kopie]*

308 *Gruber, S. 78f*

Aus der Rheinschanze wird Ludwigshafen
Ausschnitt aus Abbildung 69 [68]

gleichartigen Vereinigungen anderer Städte abzuschließen, durch die man den bilateralen Handel auf die Quadratestadt konzentrierte.[309]

Philipp Markus Lichtenberger versuchte dieser härteren Konkurrenz dadurch entgegenzuwirken, daß er die Attraktivität seines Handelsplatzes erhöhte. So setzte er sich stark für den Bau einer pfälzischen Eisenbahnstrecke mit dem Anschluß an den Rheinverkehr bei der Rheinschanze ein. Der König bewilligte das Projekt zwar 1838, doch die Anbindung des Hafens erfolgte erst im Jahr 1847 mit der Einweihung der Strecke von Ludwigshafen nach Neustadt.[310] Wichtiger jedoch waren Lichtenbergers Anstrengungen für die Anerkennung der Rheinschanze als Freihafen und der damit verbundenen Beseitigung von lästigen Handelsbeschränkungen ab 1831.[311] Hier erreichte er zunächst aber nur einen Teilerfolg, da die Rheinschanze 1833 lediglich zum sogenannten freien Landungsplatz erklärt wurde, was ihr einige, aber nicht alle Vorzüge eines Freihafens sicherte.[312] Es sollte noch bis 1842 dauern, ehe König Ludwig I. schließlich die Deklaration zum Freihafen genehmigte und eine adäquate Hafen- und Zollordnung erließ.[313]

Dies stand von bayerischer Seite jedoch bereits unter den Vorzeichen einer neuen Politik. Mehr denn je schätzte man in München zwar die außerordentliche Bedeutung der Rheinschanze als Hauptspeditionsplatz der Pfalz. Nicht zuletzt war der Ort auch ein Hoffnungsträger dafür, daß Bayern seine Defizite auf dem Sektor des Handels gegenüber anderen Staaten bald würde ausgleichen können. Außerdem versprach der Transport von Waren auf dem Rhein weitere Zuwächse, schließlich machte die Tullasche Begradigung durchaus Fortschritte – z. B. war ja auch der Rheindurchstich bei Friesenheim seit 1840 für Segelschiffe befahrbar. Doch spätestens seit 1839 setzte sich in Regierungskreisen die Überzeugung durch, daß die Monopolstellung der Firma Lichtenberger für die Entwicklung des Handelsplatzes weniger zuträglich sei, als dessen Öffnung auch für andere Handelshäuser.[314] Zu diesem Sinneswandel hat wohl die zunehmende Dominanz des Rheinhafens in Mannheim ebenso beigetragen, wie eine negative Einschätzung der persönlichen Fähigkeiten von Heinrich Wilhelm Lichtenberger. Man traute ihm nicht zu, der rechtsrheinischen Konkurrenz erfolgreich zu begegnen und für einen neuen Schub in der Entwicklung des Handelsplatzes zu sorgen.[315] Die Gesuche Lichtenbergers, ihm zur Ausweitung seines Geschäftes weiteres Gelände im Innern der Rheinschanze zu verkaufen, wurden deshalb ab 1838 von staatlicher Seite sämtlich abgelehnt. Zur größeren Streuung des Besitzes wollte die Regierung diesen Grund und Boden lieber mittels einer Versteigerung veräußern. Die 1841 durchgeführte Auktion schlug in ihrem Ergebnis jedoch fehl. Denn Lichtenberger selbst und seine Vertrauten erwarben den Löwenanteil der angebotenen Grundstücke.[316] Doch kurz darauf bot sich dem Staat die Gelegenheit, die Verhältnisse in der Rheinschanze gänzlich neu zu gestalten. Denn nach dem Tod von Philipp Markus Lichtenberger 1842 und der daraus resultierenden Erbteilung geriet das Handelshaus in finanzielle Bedrängnis. Der Speyerer Regierungspräsident Fürst Wrede schlug daraufhin dem König vor, die Chance zu ergreifen und Heinrich Wilhelm Lichtenberger zum Verkauf seines Besitzes an den Staat zu bewegen.[317] Aufgrund seiner finanziellen Situation blieb diesem wenig anderes übrig, als die bayerische Offerte anzunehmen. Für

Anmerkungen
Seite 258

309 *Esselborn, S.48*
310 *StALu, LUA 45/2, P. 1132; vgl. Breunig, S.28*
311 *StALu, M 15, Generalzolladministrationsvorstand an Finanzministerium, 8.6.1832*
312 *StALu, M 15, Kriegsministerium an Finanzministerium, 14.11.1833*
313 *LASp, H 3, Nr. 196a, Bekanntmachung zum Freihafen Rheinschanze, 12.10.1842 [Konzept]*
314 *StALu, LUA 45/1, Antrag des Königlichen Ministeriums des Innern an König von Bayern, 30.4.1839*
315 *StALu, M 20, Antrag der Königlichen Ministerien des Innern und der Finanzen an den König, 15.3.1843*
316 *LASp, H 3, Nr. 196a, Versteigerungsprotokoll von Parzellen in der Rheinschanze, 22.4.1841 [Abschrift der Abschrift]*
317 *Ludwigshafen (1903), S.95f*

190 000 fl. ging der überwiegende Teil seines Besitzes in der Rheinschanze im März 1843 in staatliche Hände über, was der König selbst am 16. des Monats genehmigte.[318] Der Hafen sollte von nun an in staatlicher Regie bleiben, den übrigen Grund und Boden wollte man jedoch an andere, private Interessenten veräußern. Dabei war nicht mehr nur an die Fortentwicklung eines Handels- und Hafenplatzes gedacht, vielmehr bereitete die bayerische Verwaltung die Bildung eines neuen politischen Gemeinwesens vor, das sich aus Teilen der Gemarkungen von Friesenheim und Mundenheim zusammensetzen sollte. Dafür hatte man bereits am 16. Februar 1843 den militärischen Charakter der Rheinschanze aufgehoben, der nun keinesfalls mehr zu der geplanten Weiterentwicklung des Ortes paßte. Am 25. April 1843 billigte der König dem künftigen Gemeinwesen schließlich den Namen ›Ludwigshafen‹ zu.[319] Doch ehe diese neue Gemeinde in die Selbständigkeit entlassen wurde, sollten noch zehn weitere Jahre vergehen.

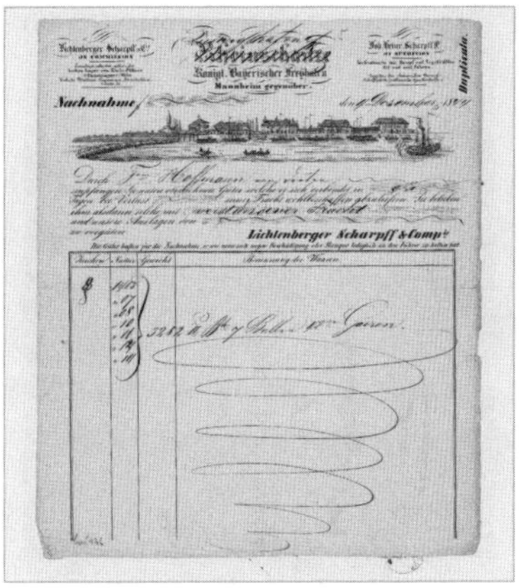

Ludwigshafen hat seinen Namen erhalten: die neue Ortsbezeichnung handgeschrieben auf einem gedruckten Frachtbrief der Firma Scharpff-Lichtenberger, 1844 [69]

Anmerkungen
Seite 259

318 StALu, M 20, Antrag der Königlichen Ministerien des Innern und der Finanzen an den König, 15.3.1843, mit Marginaldekret des Königs, 16.3.1843

319 Schon früher war eine Benennung der Rheinschanze nach dem Landesherrn geplant woden. 1825 hatte Johann Heinrich Scharpff die Regierung gebeten, seiner Niederlassung den Namen ›Maximilianshafen‹ – nach dem regierenden König Max Josef – zu verleihen. Dieses Gesuch wurde jedoch abschlägig beschieden, „da die Beilegung des Namens Seiner Majestät eine ungerechtfertigte Auszeichnung den andern Plätzen gegenüber bedeuten würde"– die Zeit für solche königliche Zuwendung war noch nicht gekommen; vgl. Ludwigshafen (1903), S. 34f

Ammerich, Hans: Zur Entwicklung der Pfarreiorganisation im Bistum Speyer im 19. und 20. Jahrhundert, in: Archiv für mittelrheinische Kirchengeschichte 44, 1992, S. 247—268

Barth, Friedrich: Ruchheim gestern und heute, Ludwigshafen 1986

Bodman, F.: Annuaire statistique du Departement Mont-Tonnère pour l'an 1808, 1810

Braun, Karl Otto: Geschichte von Oppau und Edigheim, Ludwigshafen am Rhein 1953

Breunig, Willi: Vom Handelsplatz zur Industriestadt. Wirtschaftsentwicklung in Ludwigshafen am Rhein 1820—1920, Ludwigshafen 1986

Bürgermeisteramt der Stadt Ludwigshafen am Rhein (Hg.): Geschichte der Stadt Ludwigshafen am Rhein. Entstehung und Entwicklung einer Industrie- und Handelsstadt in fünfzig Jahren 1853—1903, Ludwigshafen o. J. [zit. Ludwigshafen (1903)]

Dieffenbacher, Bernd: Die siedlungsgeographische Entwicklung und funktionale Gliederung Mundenheims, (masch.) Worms 1973

Esselborn, Jacob: Geschichte der Stadt Ludwigshafen von ihrem frühesten Anfange bis zum Jahr 1887, Ludwigshafen am Rhein 1887

Faber, Karl Georg: Verwaltungs- und Justizbeamte auf dem linken Rheinufer während der französischen Herrschaft, in: Aus Geschichte und Landeskunde. Forschungen und Darstellungen. Franz Steinbach zum 65. Geburtstag gewidmet von seinen Freunden und Schülern, Bonn 1960, S. 350—388

Fenske, Hans:

Speyer im 19. Jahrhundert (1814—1918), in: Geschichte der Stadt Speyer, Bd. II, Stuttgart, Berlin, Köln, Mainz, S. 115—290 [zit. Fenske, Speyer]

Staat, Gesellschaft, Kirchen. Südwestdeutschland im ersten Drittel des 19. Jahrhunderts, in: Zwischen ›Staatsanstalt‹ und Selbstbestimmung. Kirche und Staat in Südwestdeutschland vom Ausgang des Alten Reiches bis 1870, hg. von Hans Ammerich und Johannes Gut (†) (Oberrheinische Studien 17), Stuttgart 2000, S. 83—104 [zit. Fenske, Kirche]

Foerster, Cornelia: Der Preß- und Vaterlandsverein von 1832/33, Sozialstruktur und Organisationsformen der bürgerlichen Bewegung in der Zeit des Hambacher Festes, Trier 1982

Furtwängler, Martin: Die Katholische Kirche und die Revolution von 1848/49 in der Pfalz, in: Die Pfalz und die Revolution 1848/49, Bd. II, hg. von Hans Fenske, Joachim Kermann, Karl Scherer, Kaiserslautern 2000, S. 151—177

Gerlich, Alois: Historiographie der Geschichtlichen Landeskunde des Mittelalters. Genese und Probleme, Darmstadt 1986

Gollwitzer, Heinz: Ludwig I. von Bayern. Königtum im Vormärz. Eine politische Biographie, München 1986

Graumann, Sabine: Französische Verwaltung am Niederrhein. Das Roerdepartement 1798—1814, Essen 1990

Gruber, Hansjörg: Die Entwicklung der pfälzischen Wirtschaft 1816—1834 (Veröffentlichungen des Instituts für Landeskunde des Saarlandes 6), Saarbrücken 1962

Hartwich, Wolfgang: Speyer vom 30jährigen Krieg bis zum Ende der Napoleonischen Zeit (1620—1814), in: Geschichte der Stadt Speyer Band II, hg. von der Stadt Speyer, Stuttgart u. a. 1982, S. 1—113

Kermann, Joachim: Die Konskription des Jahres 1812 in den Kantonen der Arrondissements Speyer, Kaiserslautern und Zweibrücken, in: Pfalzatlas. Textband III, hg. von Willi Alter, Speyer 1981, S. 1481—1494

Kimmle, Rosemarie: Die Gemeinde Maudach bei Ludwigshafen bis zur Eingemeindung 1938 (seit 1800), (masch. Examensarbeit), Landau 1970

Knauber, Jakob: Joseph Anton Krebs. Pfarrer etc. in Mundenheim, in: Kirsch, Friedrich, Die St. Josefspflege in Ludwigshafen-Mundenheim, 1992

König, Jürgen: Der Hunsrück in der französischen Zeit (1789/94—1814). Unter besonderer Berücksichtigung der drei Kantone Simmern-Kirchberg-Kastellaun, Mainz/Darmstadt 1995

Kreuter, Karl:
Geschichte der Stadt Oggersheim, Oggersheim 1910 [zit. Kreuter, Oggersheim]
Der Kanton Mutterstadt im Jahr 1806, in: Hbll.Lu. 8, 1922 [zit. Kreuter, Kanton]
Ergänzungen zur Geschichte der Stadt Oggersheim, Oggersheim 1923 [zit. Kreuter, Ergänzungen]
Die Allmenden im Amtsbezirk Ludwigshafen am Rhein vor 100 Jahren, in: Hbll.Lu. 4, 1924 [zit. Kreuter, Allmenden]
Der Veranlasser des Hambacher Festes Dr. Siebenpfeiffer kämpft in Oggersheim um die Pressefreiheit, in: Hbll.Lu. 3, 4, 1932 [zit. Kreuter, Veranlasser]
Weitere Ergänzungen zur Oggersheimer Ortsgeschichte, Ludwigshafen am Rhein 1948 [zit. Kreuter, Weitere Ergänzungen]
Aus der Chronik von Oggersheim, Ludwigshafen 1983 [zit. Kreuter, Chronik]
Maudach im Wandel der Zeiten, Ludwigshafen 1986 [zit. Kreuter, Maudach]

Kreutz, Wilhelm:
Einen Freiheitsbaum, den pflanzen wir am Rhein. Die Auswirkungen der Französischen Revolution auf die rheinisch-pfälzischen Territorien 1789 bis 1814, Mainz 1989 [zit. Kreutz, Freiheitsbaum]
Zur politischen Entwicklung der bayerischen und badischen Pfalz vom Ende der napoleonischen Herrschaft bis zur Gründung der Bundesländer Rheinland-Pfalz und Baden-Württemberg, in: Alexander Schweickert (Hrsg.), Kurpfalz, Stuttgart 1997, S. 51—98 [zit. Kreutz, Entwicklung]

Küstner, Wilhelm: Waffenbeschlagnahme, in: Hbll.Lu. 6, 1916

Kukatzki, Bernhard: Die pfälzischen Juden und ihre Beteiligung an der Revolution 1848/49 – ›Keine Juden, sondern nur noch israelitische Mitbürger‹, in: Die Pfalz und die Revolution 1848/49, Bd. II, hg. von Hans Fenske, Joachim Kermann, Karl Scherer, Kaiserslautern 2000, S. 193—220

Leeb, Josef: Wahlrecht und Wahlen zur Zweiten Kammer der bayerischen Ständeversammlung im Vormärz (1818—1845), 2 Bde., Göttingen 1986

Ludwigshafen (1903), siehe Bürgermeisteramt

Lützel, Heinrich:
Einwohnerzahlen der Gemeinden unseres jetzigen Bezirks Ludwigshafen in den Jahren 1798, 1858, und 1910, in: Hbll.Lu. 24, 1912 [zit. Lützel, Einwohnerzahlen]
Rheinschanzhafen 1822, in: Hbll.Lu. 5, 1926

Megner, Hans: Das Handelshaus Johann Heinrich Scharpff in Speyer am Rhein in den Jahren 1820 und 1821, dargestellt an den Briefkopierbüchern des Unternehmens im Archiv der Stadt Ludwigshafen am Rhein, (masch.) o. O. 1960/61

Moersch, Karl: Geschichte der Pfalz. Von den Anfängen bis ins 19. Jahrhundert, Landau 1987

Mörz, Stefan: Vom Westboten zur Rheinpfalz. Die Geschichte der Presse im Raum Ludwigshafen von den Anfängen bis zur Gegenwart, Veröffentlichungen des Stadtarchivs Ludwigshafen 19, Ludwigshafen 1994

Molitor, Hansgeorg: Zensur, Propaganda und Überwachung zwischen 1780 und 1815 im mittleren Rheinland, in: Vom alten Reich zu neuer Staatlichkeit. Kontinuität und Wandel im Gefolge der Französischen Revolution am Mittelrhein, hg. von Alois Gerlich, Wiesbaden 1982, S. 28—44

Musall, H./Preuß, G./Rother, K.H.: Der Rhein und seine Aue, in: Geiger, M. u. a. (Hg.), Der Rhein und die Pfälzische Rheinebene, Landau 1991, S. 46ff

Nerdinger, Winfried (Hg.): Romantik und Restauration. Architektur in Bayern zur Zeit Ludwigs I., 1825—1848 (Ausstellungskataloge der Architektursammlung der TU München 8), München 1987

Nipperdey, Thomas: Deutsche Geschichte 1800—1866. Bürgerwelt und starker Staat, München 1991

Ortlepp, Rainer: Die französische Verwaltungsorganisation in den besetzten linksrheinischen Gebieten 1797—1814 unter besonderer Berücksichtigung des Departements Donnersberg, in: Vom alten Reich zu neuer Staatlichkeit. Kontinuität und Wandel im Gefolge der Französischen Revolution am Mittelrhein, hrsg. von Alois Gerlich, Wiesbaden 1982, S. 132—151

Regula, Konrad: Die Allmenden der Pfalz in Vergangenheit und Gegenwart, Leipzig 1927

Rödel, Volker:

Die Zeit der Französischen Revolution und Napoleon. II: Die Pfalz in der Zeit der Zugehörigkeit zu Frankreich (1799/1801—1813), in: Pfalzatlas. Textband III, hg. von Willi Alter, Speyer 1981, S. 1471—1475

u. a.: Die Zeit der Französischen Revolution und Napoleon. IV: Die napoleonische Zeit und das Ende der französischen Herrschaft, in: Pfalzatlas. Textband III, hg. von Willi Alter, Speyer 1981, S. 1504—1512

Ruf, Peter:

Die Entstehung Ludwigshafens. 1843 Namensgebung – 1853 Selbständigkeit, Ludwigshafen am Rhein 1993 [zit. Ruf, Entstehung]

Geschichte von Friesenheim, Bd. 2, Ludwigshafen 1996 [zit. Ruf, Friesenheim]

Scherer, Karl: Die unierte Kirche in der Pfalz in den Revolutionsjahren 1848/49, in: Die Pfalz und die Revolution 1848/49, Bd. II, hg. von Hans Fenske, Joachim Kermann, Karl Scherer, Kaiserslautern 2000, S. 105—150

Schieder, Wolfgang (Hg.): Säkularisation und Mediatisierung in den vier rheinischen Departements 1803—1813. Edition des Datenmaterials der zu veräußernden Nationalgüter. Teile I und IV Donnersberg-Departement, Boppard am Rhein 1991

Schnauber, Sonja/Bonkhoff, Bernhard H.: Quellenbuch zur Pfälzischen Kirchenunion und ihrer Wirkungsgeschichte bis zur Mitte des 19. Jahrhunderts, Speyer 1993

Schneider, Erich: Die Revolutionszeit in der Rheinpfalz, in: ders. (Hg.), ›Triumph, die Freiheitsfahne weht ...‹. Die Pfalz im Banne der Französischen Revolution (1789 bis 1814): eine Sammlung zeitgenössischer Stimmen, Landau/Pfalz 1988, S. 10—32

Springer, Max: Die Franzosenherrschaft in der Pfalz 1792—1814 (Departement Donnersberg), Berlin und Leipzig 1926

Stein, Wolfgang Heinz: Französisches Verwaltungsschriftgut in Deutschland. Die Departementsverwaltungen in der Zeit der Französischen Revolution und des Empire, Marburg 1996

Thalmann, Eva: Die Pfalz in der Zeit der Französischen Revolution und unter Napoleon, in: Karl Heinz Rothenberger u. a. (Hg.), Pfälzische Landeskunde. Beiträge zu Geographie, Biologie, Volkskunde und Geschichte, Band III, Landau 1981, S. 153—178

Volz, Günther: Der bayerische Rheinkreis um 1830, in: Pfalzatlas. Textband III, hg. von Willi Alter, Speyer 1981, S. 1679—1693

Titelbild Kapitel 5: Die Urzelle des späteren Ludwigshafen: der Handelsplatz Rheinschanze 1832, von der Mannheimer Seite aus gesehen; Stadtmuseum Ludwigshafen

[2] Bildtafel im StALu

[3] entnommen aus: Pfälzischer Geschichtsatlas, Neustadt 1935, Karte 9

[4] StALu, Plansammlung

[5] entnommen aus: Frey, Michael, Versuch einer geographisch-historisch-statistischen Beschreibung des königl. Bayer. Rheinkreises, Teil II, Speyer 1836—1837

[6] StALu, Mu. 3

[7] StALu, Ed. 11a

[8] StALu, Mu. 342

[9] StALu, Ru. 181

[10, 11] StALu, Plakatsammlung

[12] StALu, Gesetzblättersammlung

[13, 14] StALu, Plakatsammlung

[16] Bildtafel aus dem StALu

[18] StALu, Plakatsammlung

[19] StALu, Op. 2/17

[21, 22, 24] StALu, Plakatsammlung

[25, 26] StALu, Ru. 185

[27] StALu, Plakatsammlung

[28] StALu, Md. 282

[29] Bildtafel im StALu

[37] StALu, Fr. 477

[38] StALu, Mu. 100

[41] Bibliotheca Bipontina, Zweibrücken; Abb. entnommen aus: Bonkoff, Bernhard: Bild-Atlas zur Pfälzischen Kirchengeschichte, Band I, Speyer 2000, S. 405

[45] StALu, Ru. 717

[49] StALu, Plakatsammlung

[50—54] Stadtmuseum Ludwigshafen

[56, 57] ebd.

[58] Archiv der TU München

[59] StALu, WS Scharpff-Lichtenberger

[61—63] Stadtmuseum Ludwigshafen

[65, 66] ebd.

[67—69] StALu, WS Scharpff-Lichtenberger

[1, 15, 17, 20, 23, 30—36, 39, 40, 42—44, 46—48, 50—57, 60, 61—66]
Fotosammlung StALu

vom Handelsplatz zum Industriestandort

Gründung und Entwicklung Ludwigshafens 1843—1870

Prolog

Die meisten deutschen Gemeinden und Städte sind in ›grauer Vorzeit‹ oder im ›finsteren Mittelalter‹ entstanden, so daß ihr Ursprung sowie ihre Frühgeschichte weithin im Dunkeln liegen. Bei der erstmaligen Überlieferung von Ortsnamen beispielsweise in ›Kodices‹ und Urkunden handelt es sich vorwiegend jeweils um die schriftliche Ersterwähnung, nicht jedoch um das eigentliche Gründungsdatum eines Gemeinwesens. Zumeist sind die Kommunen wesentlich älter, als es von ihnen frühe Zeugnisse gleich welcher Art gibt. Noch größer sind die Schwierigkeiten, wenn es darum geht, neben der kommunalen Anfangsentwicklung auch die wirtschaftlichen und sozialen Entfaltungsprozesse einer Gemeinde oder Stadt zu ergründen, weil die historischen Quellen auf diesen Forschungsfeldern im allgemeinen noch seltener und unergiebiger sind als für die traditionelle Ortsgeschichte. Um so reizvoller, ja faszinierender ist es, den kommunalen, wirtschaftlichen und sozialen Verhältnissen in einem Gemeinwesen von Beginn an exakt nachzugehen. Ludwigshafen, um die Mitte des vorvergangenen Jahrhunderts gegründet, bietet dazu eine günstige Gelegenheit, weil aussagekräftige Text- und Bilddokumente für eine derartige Studie in den Archiven bereitstehen.

Die Region in der alten Kulturlandschaft zwischen Speyer und Worms in den Auen am linken Rheinufer gegenüber von Mannheim konnte erst nach Regulierung des Stromes und den Dammbauten gegen Überschwemmung in größerem Umfang besiedelt werden. Unter diesen Voraussetzungen vollzog sich aber dann eine rasche Aufwärtsentwicklung Ludwigshafens, die in einer stürmischen Industrialisierung und Urbanisierung mit vielen positiven und negativen Begleit- und Folgeerscheinungen gipfelte. Verschiedentlich ist dieses sprunghafte Wachstum und der damit verbundene Strukturwandel der Stadt als ›amerikanisch‹ bezeichnet worden.

Der industrielle Aufschwung Ludwigshafens seit den siebziger Jahren des 19. Jahrhunderts zur ›Chemiestadt‹ ist allerdings nicht Gegenstand des folgenden Beitrages. Vielmehr geht es darum, die kommunalen, ökonomischen und sozialen Fortschritte in den vorausgegangenen drei Jahrzehnten zwischen 1843 und 1870 in Wort und Bild zu dokumentieren, als Handel sowie Handwerk das Wirtschaftsleben am Ort prägten. Im Mittelpunkt steht demnach die ›Sattelzeit‹ Ludwigshafens. In dieser Anfangsphase der Stadtgeschichte war die Interdependenz zwischen Kommunalpolitik und Wirtschaftsentfaltung von maßgeblicher Bedeutung. Wie sich zeigen wird, stimulierten gerade die vorgenannte gegenseitige Abhängigkeit, aber auch die wechselseitige Förderung den frühen Entwicklungsprozeß des Gemeinwesens.[1]

Anmerkungen
Seite 266 und 267

1 vgl. dazu Breunig, Kommunalpolitik, S. 5f
2 zu Ludwig I. vgl. Gollwitzer
3 Möckl, S. 23

Der Namensgeber: König ***Ludwig I. von Bayern***[2]

Wenn Ludwig I. in seinen alten Tagen fast jeden Sommer sein Schloß ›Ludwigshöhe‹ bei Edenkoben bezog, schwärmte er von der „rheinischen, heimischen Luft": Am Rhein, in Straßburg, war er 1786 als Sohn des Pfalzgrafen Max Josef geboren worden, der damals französischer Offizier war. Und während der Revolutionszeit nach 1789 hatte er zeitweilig im Oggersheimer Schloß seiner Tante Kurfürstin Elisabeth Augusta gelebt. 1799 wurde sein Vater Kurfürst, 1806 König von Bayern. Prinz Ludwig, der in Landshut und Göttingen studierte, wurde zum glühenden Verfechter „teutscher" Freiheit gegen Napoleon und Anhänger der romantischen Nationalbewegung. Die Wiedererrichtung deutscher bzw. auch bayerischer Herrschaft in den linksrheinischen Gebieten war ihm eine tiefe Befriedigung. Zeitlebens hoffte er auf die Rückgabe der alten kurpfälzischen Hauptstädte Mannheim und Heidelberg an sein Haus, um so die seit 1816 bayerische Pfalz mit Altbayern verbinden zu können.

Als Ludwig I. 1825 den Thron bestieg, galt er zuerst als relativ liberal. Die Revolutionen von 1830 in Frankreich und Deutschland sowie das Hambacher Fest in der Pfalz 1832 schockierten ihn allerdings tief. In der Zeit danach wurden ›staatsfeindliche‹ Regungen zum Teil brutal unterdrückt, und seitdem stand seine Regierung im Zeichen einer konservativen Gesellschafts- und Wirtschaftspolitik. Die katholische Kirche als Stütze seiner Königsherrschaft wurde gefördert – auch auf Kosten der Protestanten – und mehr und mehr zeigte Ludwig I. sein tiefverwurzeltes Bedürfnis, sich von den Fesseln der Verfassung zu befreien und allein zu herrschen.

Moderne Wissenschaft und Industrie fanden sein Interesse, er beteiligte sich willig am Deutschen Zollverein von 1834, und 1835 fuhr die erste deutsche Eisenbahn zwischen Nürnberg und Fürth. Doch eine ausgreifende Industrieförderung war nicht seine Sache, erweckten doch die inhumanen Arbeitsbedingungen und der Niedergang des konservativen Handwerks sein Mißtrauen. Die Landwirtschaft sollte für ihn als wahrhaft dem Menschen angemessene Existenzform auf Dauer Priorität genießen. Fabriken, so stellte er 1847 resigniert fest, seien zwar zu akzeptieren, aber sie sorgten dafür, daß „die Anzahl Proletarier sich vergrößert, dem Kommunismus in die Hände gearbeitet wird."[3]

Ganz im Stil von Herrschern des 18. Jahrhunderts war er ein großer Bauherr. Der großzügige und zum Teil ohne Rücksicht auf Einwände und Finanzschranken durchgeführte Ausbau von München machte die bayerische Metropole in der Tat – wie er es einmal ausdrücklich gewünscht hat – zu einer Stadt, die man gesehen haben muß, wenn man Deutschland gesehen haben will – und die de Gaulle „vraiment une capitale" nannte. Auch in anderen Teilen des Königreichs – Walhalla, Pompeianum in Aschaffenburg, Villa Ludwigshöhe – hat die Bauleidenschaft Ludwig I. Spuren hinterlassen.

Der König war alles andere als ein treuer Ehemann, und auch ganz allgemein ein Verehrer weiblicher Schönheit. Man denke nur an die ›Schönheitsgalerie‹ mit Portraits von ihm verehrter Frauen im Schloß Nymphenburg. Seine törichte Affäre mit der Tänzerin Lola Montez fachte die latenten Spannungen im Jahr der europäischen Revolution auch in Bayern so an, daß Ludwig I. im März 1848 abdankte.

Der König, der noch weitere 20 Jahre lebte, hat die Stadt, die seinen Namen trägt, zwischen 1852 und 1866 häufig besucht, meist auf dem Weg zur ›Ludwigshöhe‹. Für die Oggersheimer Samtfabrik hat er den Grundstein gelegt, bei der Weihe der St. Ludwigskirche war er zugegen.

[S.M.]

König Ludwig I.; Gemälde von Stieler [2]

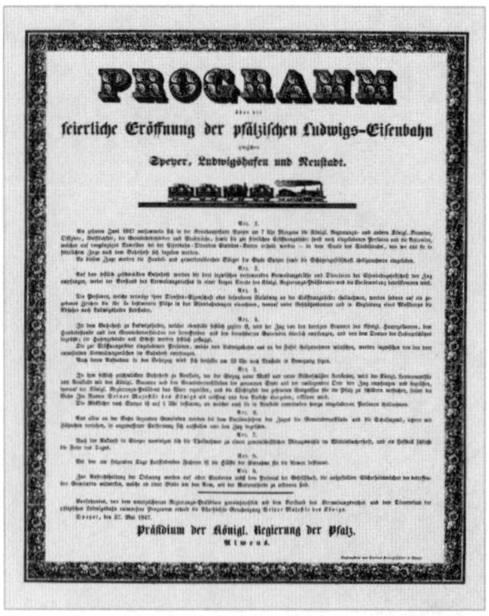
PROGRAMM

feierliche Eröffnung der pfälzischen Ludwigs-Eisenbahn

Speyer, Ludwigshafen und Neustadt.

Präsidium der Königl. Regierung der Pfalz.

Programm der Eröffnungsfeierlichkeiten der Ludwigsbahn zwischen Speyer, Ludwigshafen und Neustadt, 1847 [3]

Namensgebung und Siedlungsentstehung 1843—1849

Vor 160 Jahren, am 25. April 1843, wurde die ungefähr zwei Jahrhunderte als Festung und danach für einige Jahrzehnte als Kaufmannsniederlassung dienende Rheinschanze zum Handels- und Gewerbeplatz Ludwigshafen. In der damaligen Entschließung des bayerischen Innenministeriums heißt es unter anderem:

„1 Seine Königliche Majestät genehmigen, daß dem bisher unter dem Namen der Rheinschanze bekannten Handels- und Hafenplatz gegenüber von Mannheim und der sich dort bildenden Gemeinde der Name Ludwigshafen schon jetzt beigelegt werde. Diese Benennung ist daher von nun an allenthalben, insbesondere in allen amtlichen Verhandlungen zu gebrauchen und auch dem Publikum durch das Amts- und Intelligenzblatt der Pfalz zur Nachachtung bekannt zu machen.

2 Der Ort Ludwigshafen hat zwar vorerst noch in seinem bisherigen Gemeindeverbande zu verbleiben, seine Erhebung zu einer selbständigen Gemeinde ist jedoch einzuleiten und schon jetzt durch alle zweckdienlichen Maßregeln vorzubereiten.

3 Es ist sogleich ein besonderer Polizeibezirk für Ludwigshafen zu bilden, welcher die bisherige Rheinschanze, den Ankerhof, Ganterhof, den Gräfenau- und Rohrlacherhof und die Hemshöfe zu umfassen hat."[4]

Für diese Option des bayerischen Königs Ludwig I. und seiner Regierung gab es eine Vielzahl staats- und wirtschaftspolitischer Gründe. Dazu gehörten veränderte überregionale und regionale Rahmenbedingungen, technische Fortschritte sowie fiskalische Gesichtspunkte, aber auch unerwartete kommerzielle und familiäre Probleme in der Rheinschanze selbst. Von den zahlreichen Faktoren sollen in diesem Kontext nur die wichtigsten kurz ins Blickfeld gerückt werden.

Das Handelshaus Scharpff-Lichtenberger, das seit 1820 in der Rheinschanze ansässig war und dort eine Monopolstellung innehatte, konnte mit seinem biedermeierlichen Zuschnitt fortan nicht mehr die vom bayerischen Staat an diesen Platz geknüpften Erwartungen erfüllen. Die Handels- und Speditionstätigkeit stagnierte, weil die erforderlichen beträchtlichen Investitionen für eine Geschäftserweiterung von einem einzigen Unternehmen nicht aufgebracht werden konnten. Nach dem Tod Philipp Markus Lichtenbergers 1842, der das Etablissement mehrere Jahre erfolgreich geleitet hatte, geriet das Handelshaus sogar in eine schwere Krise. Der älteste Sohn Heinrich Wilhelm Lichtenberger, der seit 1836 zwar Leiter, aber nicht Eigentümer des Unternehmens war, mußte seinen Geschwistern ihr Erbteil zukommen lassen. Die drohende Verschuldung und ein verringerter Kredit des Handelshauses sollten durch eine größere Spekulation abgewendet werden. Als sich die gehegten Erwartungen zerschlugen und das finanzielle Wagnis scheiterte, stand die Firma Scharpff-Lichtenberger vor einem Scherbenhaufen. Da der neue junge Inhaber nicht das kaufmännische Geschick und die geschäftlichen Beziehungen seines verstorbenen Vaters besaß und seine Ehefrau ihr ererbtes Vermögen nicht in das Unternehmen einbringen wollte, konnte Heinrich Wilhelm Lichtenberger nur noch der Verkauf des Handelshauses in der Rheinschanze retten.[5]

Für den hohen finanziellen Wert des Handelsplatzes waren nicht nur sein günstiger Standort, seine Hafenanlagen, Lagerkapazitäten und

Anmerkungen
Seite 268 und 269

4 StALu, LUA 706

5 StALu, M 20 und LUA 706, außerdem Breunig, Handelsplatz, S. 30

6 Breunig, Handelsplatz, S. 28, 35f

7 im StALu verwahrte Original-Akten des Bayerischen Innenministeriums zum Kauf der Rheinschanze und ihrer Entwicklung 1839—45, StALu, M 20; 1845—48, StALu, M 18; künftig nur zitiert als M 18 und M 20; außerdem Ludwigshafen (1903), S. 512 sowie Springer, S. 10f

seine weiträumigen Geschäftskontakte maßgebend, sondern weit mehr noch seine wirtschaftlichen Perspektiven, sofern eine frühzeitige und optimale Nutzung damaliger technischer Fortschritte erfolgen konnte. Deshalb hatte Philipp Markus Lichtenberger seit 1836 mehr und mehr seinem ältesten Sohn die Geschäftsführung des Handelshauses überlassen, um sich hauptsächlich dem ersten regionalen Eisenbahnprojekt von der Rheinschanze gegenüber dem badischen Mannheim nach dem saarländischen Bexbach widmen zu können, dessen ökonomische Entwicklungschancen für die eigene Firma und den pfälzischen Raum von ihm scharfsinnig erkannt worden waren. Er wurde Vorsitzender eines zur Förderung des Bahnbaus gewählten Gremiums und erwarb sich besonders um die Finanzierung große Verdienste. Leider war es ihm nicht vergönnt, die Realisierung zu erleben, die 1843 von der Bayerischen Eisenbahngesellschaft der Pfalz beschlossen wurde.[6]

Eine weitere technische Errungenschaft, die sich vorteilhaft auf den Handelsplatz auswirken konnte, war die Dampfschiffahrt, allerdings nur, wenn deren Einsatz, um sich einen profitablen Marktanteil zu sichern, nicht zu lange hinausgeschoben wurde. Zum erstenmal war 1825 der holländische Dampfer ›De Rijn‹ den Strom hinaufgefahren und hatte an der Rheinschanze angelegt. Seit den anschließenden dreißiger und vierziger Jahren verschaffte sich die Dampfschiffahrt dann immer stärkere Bedeutung. Die kleinen Rheinkähne, die man bislang stromaufwärts, mühsam und zeitaufwendig herangebracht hatte, indem man sie von Menschen oder Pferden ziehen ließ, wurden mehr und mehr durch größere, rentablere Boote ersetzt. Den Schleppdienst bergan übernahmen Dampfer, soweit es die Fahrrinne zuließ. Er war damals nur bis Mannheim beziehungsweise bis zur Rheinschanze hin möglich. Dort mußten alle Waren, die von den Seehäfen oder von Duisburg, der Eingangspforte des großen Berg- und Industriereviers, kamen, umgeschlagen, das heißt zum Weitertransport auf kleinere Schiffe oder die verfügbaren Landverkehrsmittel verladen werden. Dieses Speditionsgeschäft versprach angesichts des rasch wachsenden Güterbedarfs beträchtliche Frachteinnahmen, so daß es 1842 auf Initiative des Fürsten Eugen von Wrede, damals Regierungspräsident der Pfalz, in der Rheinschanze zur Gründung der ›Bayerisch-Pfälzischen Dampfschleppschiffahrts-Gesellschaft‹ kam. Zusammen mit dem vorgenannten Eisenbahnprojekt durch die Pfalz zum Saargebiet waren damit die technischen Voraussetzungen erfüllt und zugleich ein nachhaltiger Synergieeffekt erreicht, um den Handelsplatz in der Rheinschanze zu einem wichtigen Knotenpunkt des regionalen und überregionalen Warenaustauschs hauptsächlich für Landprodukte, Industriegüter und Bodenschätze fortzuentwickeln.[7]

Von den Rahmenbedingungen der näheren Umgebung war die Konkurrenzsituation zu Mannheim der herausragende Faktor. Solange die badische Handelsstadt über keinen ausgebauten Hafen am Rhein, sondern seit 1828 lediglich über provisorische Landungs-, Verlade- und Lagerungsmöglichkeiten verfügte, brauchte die Rheinschanze den Wettbewerb nicht zu fürchten. Die auf dem Strom fahrenden Gesellschaften suchten wegen seiner besseren Einrichtungen weit mehr den linksrheinischen Landeplatz auf als die primitive Mannheimer Anlegestelle. Hinzu kam, daß die Frachtsätze in der Rheinschanze günstiger waren als am gegenüberliegenden Ufer. Die Verhältnisse änderten sich schlagartig, als in Mannheim 1840 der mit beträchtlichen staatlichen Mitteln

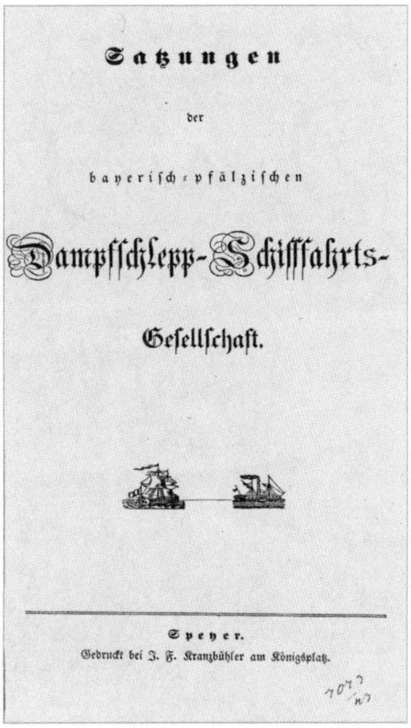
Satzungen

der

bayerisch-pfälzischen

Dampfschlepp-Schifffahrts-

Gesellschaft.

Speyer.

Gedruckt bei J. F. Kranzbühler am Königsplatz.

Satzungen der bayerisch-pfälzischen Dampfschleppschiffahrts-Gesellschaft [4]

*Die Rheinschanze
Ludwigshafen 1843
Tafel von Schack [5]*

entstandene neue Rheinhafen, bestehend aus Inlands- und Auslandshafen, eröffnet wurde. Nunmehr befand sich die Anlage auf der rechten Stromseite mit ihren modernen Einrichtungen mehrfach im Vorteil. Die Rheinschanze geriet zwar nicht völlig ins Hintertreffen. Hauptsächlich die linksrheinisch erheblich geringere Festsetzung von Geröll und die dadurch nicht ständig erforderliche kostspielige Nachbaggerung des Hafenbettes, aber auch die unmittelbare Hafenlage am Strom, die den Schiffern keinen finanziellen und zeitlichen Aufwand für die schwierige Hafenbeckenein- und -ausfahrt wie in Mannheim abverlangte, waren nach wie vor nennenswerte Gesichtspunkte. Hinzu kam, daß die Löhne der Hafenarbeiter am Stromufer gegenüber durchschnittlich um ein Drittel höher lagen als in der Rheinschanze und daß die dortige Konzentration von Hafen, Hauptzollamt sowie Handels- und Speditionsunternehmen auf engem Raum eine wesentliche Kosten- und Zeitersparnis für die Geschäftsleute bedeutete, so daß bessere Gewinnspannen als in Mannheim erzielt werden konnten.[8]

Dennoch mußte sich der neue Mannheimer Hafen besonders wegen seiner fortschrittlichen Ausstattung auf die Dauer zugkräftiger erweisen als die Rheinschanze. Dort herrschte bei allgemein zunehmendem Gütertransport auf dem Rhein immer stärkerer Mangel an Verlade- und Lagerkapazitäten. Die vorhandenen Kranen und Magazine reichten sowohl quantitativ wie qualitativ nicht mehr aus. Die Folge war, daß die Be- und Entladung von Schiffen zu lange dauerte und ein Teil der Güter im Freien lagerte. Hauptsächlich die stets spürbareren Verzögerungen bei der Abfertigung waren existenzgefährdend. Sie drohten die Relation des Hafenumschlages von durchschnittlich zwei zu eins zugunsten Mannheims, was ungefähr der Größe der jeweiligen

*Anmerkungen
Seite 270 und 271*

8 *StALu, LUA 706 sowie 150 Jahre Rheinhafen Mannheim, S. 15, 19ff*
9 *StALu, M 20*
10 *StALu, M 20*
11 *StALu, M 20, außerdem Marx, S. 17f*

Wirtschaftsräume und der Speditionsgeschäfte entsprach, für die Rheinschanze zu verschlechtern. Wenn die Frachtkähne erst verspätet wieder auslaufen konnten und die Warenlieferungen nicht rasch genug umgeschlagen wurden, so bedeuteten diese Versäumnisse für die Schiffseigner und die Kaufleute finanzielle Verluste, die im Mannheimer Hafen zu vermeiden waren.[9]

Bilanziert man die Vor- und Nachteile, dann konnte nur eine Modernisierung und Erweiterung der Hafenanlagen die Konkurrenzfähigkeit der Rheinschanze gegenüber Mannheim erhalten. Das Handelshaus Scharpff-Lichtenberger erkannte die Gefahren und Perspektiven spätestens Ende der dreißiger Jahre, als das Hafenprojekt in der badischen Handelsstadt konkrete Gestalt annahm. In einem Gesuch an den bayerischen König Ludwig I. wurde deshalb am 4. Februar 1839 um Genehmigung zum Erwerb von Grundstücken gebeten, die für militärische Zwecke im Rahmen der Fortifikation nicht mehr benötigt wurden. Darin heißt es unter anderem:

„Entfernt von allem Eigennutz oder Gewinnsucht und geleitet von dem Bestreben, dem hiesigen Handelsplatze den großen Anstrengungen unserer rivalisirenden Nachbarn gegenüber nicht nur seine Bedeutsamkeit und Nützlichkeit zu erhalten, sondern auch den Anforderungen der Zeit entsprechend zu erhöhen, sehen wir uns daher veranlaßt, uns an Euer Königliche Majestät vertrauensvoll mit der allerehrfurchtsvollsten Bitte zu wenden [...]"

In der Petition wurde ausdrücklich betont, daß man kurz- oder mittelfristig eine Konkurrenz am Platz sowohl für die notwendige Hafenentfaltung wie für eine künftige Stadtgründung als nachteilig erachte. Die bayerische Regierung war jedoch schon damals gegenteiliger Auffassung und versprach sich gerade von der Ansiedlung weiterer Unternehmen und der Investition zusätzlicher Mittel die erforderlichen Impulse. Mit anderen Worten: Man konnte sich nicht vorstellen, daß die Firma Scharpff-Lichtenberger imstande sei, das benötigte Kapital aufzubringen und wollte deshalb die langjährige Monopolstellung des Handelshauses in der Rheinschanze beenden.[10]

Nach Beratungen mit der Regierung der Pfalz und aufgrund einer Entscheidung Ludwigs I. lehnten das Finanz- sowie das Innenministerium in München im Mai 1839 das vorgenannte Gesuch ab und ordneten eine öffentliche Versteigerung an. Allerdings dauerte es noch fast zwei Jahre, bis sich am 22. April 1841 eine „zahlreiche Concurrenz von Kauflustigen" einfinden konnte, um sich des verfügbaren Geländes zu bemächtigen. Der Spekulantenkreis hatte die aussichtsreiche Lage am Rhein gegenüber von Mannheim erkannt. Das Ergebnis der Versteigerung war für den bayerischen Staat einerseits erfreulich, weil der achtfache Schätzwert – 15 700 Gulden – erzielt wurde, andererseits kontraproduktiv, weil das Handelshaus Scharpff-Lichtenberger und Peter Frank, Inhaber des Gasthauses ›Zum Anker‹ in der Rheinschanze letztlich den Zuschlag erhielten und somit auch fortan jegliche dem Platz förderliche Rivalität ausschlossen. Wenn das Gelände zur Innovation der Hafensiedlung genutzt worden wäre, hätte die bayerische Regierung zwar nicht optimal, aber zumindest absichtsgemäß ihr Ziel erreicht. Indessen blieben die Grundstücke wegen der bald darauf sich abzeichnenden und bereits erläuterten Finanzprobleme Heinrich Wilhelm Lichtenbergers brachliegen und weitere kostbare Zeit zur Realisierung der staatlichen Intentionen ging verloren.[11]

Eugen Fürst von Wrede (1806—1845) Regierungspräsident der Pfalz 1841 bis 1845, ein Förderer des Bahnbaus und der Gründung von Ludwigshafen [6]

Dieser Schwebezustand war umso weniger zufriedenstellend, als sich in den dreißiger Jahren die administrativen Handels- sowie Transportbedingungen und damit die Voraussetzungen für einen wachsenden Güterumschlag erheblich verbessert hatten. Mit der ›Mainzer Rheinschiffahrtsakte‹ von 1831 war der Stapelzwang in Köln und Mainz aufgehoben worden. Dieser hatte die Schiffer jahrhundertelang gezwungen, bei Fahrten rheinauf- und -abwärts die genannten Häfen anzulaufen, die Ladung an Land zu bringen und zum Erwerb anzubieten. Dann erst konnten die unverkäuflichen Waren wieder eingeladen und weitertransportiert werden. Neben der Beseitigung dieser Hindernisse kam es durch die Mainzer Beschlüsse auch zu einer allmählichen Reduzierung der Oktroigebühren beziehungsweise Rheinschiffahrtsabgaben. Die größten Hemmnisse für einen kommerziellen Aufschwung waren jedoch bislang von dem überholten Zollpartikularismus ausgegangen. Nach der Gründung des Deutschen Zollvereins 1834 und besonders seit dem Anschluß Badens zwei Jahre später begann eine neue expansive Handelsepoche. Die lästige Zollgrenze zwischen den rechts- und linksrheinischen Bundesstaaten wurde beseitigt. Schlagbäume und Zollschranken verschwanden, die so lange den Verkehr behindert hatten. Völlig frei konnte sich nunmehr der Güteraustausch entfalten. Am 19. Juli 1836, als die Zollvereinbarung mit Baden wirksam geworden war, hatten sich Mannheimer Bürger und Bewohner der Rheinschanze getroffen, um diesen Tag festlich zu begehen.[12]

Beleuchtet man in diesem Kontext kurz die Position Bayerns im Deutschen Zollverein und speziell am Rhein, so gab es zwischen dem süddeutschen Königreich und den anderen deutschen Territorien insofern keinen Unterschied, als man versuchte, den fehlenden politischen Zusammenschluß durch eine wirtschaftliche Einigung zu kompensieren und voranzutreiben. In dieser Zeit stand daher weniger die Politik als vielmehr die Wirtschaft im Vordergrund des öffentlichen Interesses. Die Förderung des ökonomischen Lebens war allen Regierungen zur vordringlichen Aufgabe geworden. Bayern hatte unter den Zollvereinsstaaten damals längst nicht die Bedeutung, die ihm nach seiner Flächengröße und seinem Traditionsstatus eigentlich hätte zukommen sollen. Es stand beispielsweise hinter den kleineren Nachbarländern Hessen und Baden zurück, von denen ersteres durch seine Handelsmetropole Mainz, letzteres durch sein Wirtschaftszentrum Mannheim sich Prestige- und Finanzvorteile am Rhein zu verschaffen wußte. Die Gründung und Aufwärtsentwicklung eines merkantilen Schwerpunktes am Strom war deshalb für die bayerische Regierung ein vorrangiges Ziel. Die politische Ökonomie des Staates stimmte dabei mit den Interessen des pfälzischen Handels überein, der die Agrar- und Gewerbeerzeugnisse der Region nicht von auswärtigen Spediteuren transportiert und an entfernten Orten umgeschlagen wissen wollte, sondern auf diesen Tätigkeitsfeldern beträchtliche eigene Gewinnchancen erblickte, wenn es in der Pfalz zur Errichtung eines zentralen Handelsplatzes mit optimaler Verkehrsanbindung und uneingeschränktem Zugang kommen sollte.[13]

Von den pfälzischen Ansiedlungen am oder nahe dem Strom hatte die Rheinschanze die besten Prämissen und Perspektiven, um den vorgenannten Anforderungen gerecht zu werden, sofern das dortige nicht mehr zeitgemäße Monopolprivileg des Handelshauses Scharpff-Lich-

Anmerkungen
Seite 272 und 273

12 150 Jahre Rheinhafen Mannheim, S. 29 sowie Breunig, Handelsplatz, S. 29

13 zur Stellung Bayerns im Deutschen Zollverein siehe Hahn, S. 74ff und S. 102ff, außerdem zu diesem Absatz vgl. Ludwigshafen (1903), S. 96

14 StALu, LUA 706 und StALu, M 20

15 StALu, LUA 706 und StALu, M 20

tenberger außer Kraft gesetzt werden konnte. Nach der mit der staatlichen Versteigerung eines Teiles des Festungsgeländes beabsichtigten, jedoch gescheiterten Herbeiziehung weiterer kommerzieller Unternehmen herrschte zunächst Ratlosigkeit. Wie sollten der pfälzische Handel und die bayerische Regierung auf die verfahrene Situation reagieren? Bestand in absehbarer Zeit überhaupt die Möglichkeit, aus der Rheinschanze zusätzlich ökonomischen und vermehrt fiskalischen Nutzen zu ziehen? Da kam es um die Jahreswende 1842/43 unerwartet zum völligen Finanzdesaster Heinrich Wilhelm Lichtenbergers. Die Rheinschanze stand plötzlich zum Verkauf. Weniger auf Tatsachen als auf Gerüchten beruhte eine Mitteilung, die der bayerische König im Januar 1843 erhielt. Darin wurde vermutet, daß sich Mannheimer Geschäftsleute entweder aus Eigeninitiative oder im Auftrag des badischen Staates in den Besitz der Rheinschanze bringen wollten, um die bisherige unliebsame linksrheinische Konkurrenz loszuwerden. Diese Nachricht führte in den folgenden Wochen zu einer lebhaften Korrespondenz zwischen dem bayerischen Innenminister Karl August von Abel einerseits sowie dem Regierungspräsidenten der Pfalz in Speyer und dem Leiter des Hauptzollamtes in der Rheinschanze andererseits. In diesem Zusammenhang wurden von den beiden Letztgenannten auch zwei umfangreiche Denkschriften verfaßt.[14]

Oberzollinspektor Karl Schneider sprach sich entschieden gegen den Erwerb des Handelshauses Scharpff-Lichtenberger durch Mannheimer Interessenten aus. In diesem Fall stehe zu befürchten, daß die vorhandenen Lagerhäuser dann lediglich noch als Magazine für pfälzisches Getreide, Tabak, Wein und sonstige Landesprodukte dienten, umgeben von einigen Schankwirtschaften, Krämerläden und Steinkohlenlagern. Hauptsächlich aber drohten ein beträchtlicher Rückgang des Hafenumschlags, die Infragestellung des linksrheinischen Eisenbahnprojekts sowie eine spürbare Abnahme des Güterverkehrs mit Mannheim und seinem Hinterland, was wiederum für den pfälzischen Handel und den bayerischen Fiskus zu schmerzhaften Einnahmeausfällen führen müsse. Fürst Eugen von Wrede hob besonders hervor, daß der Rheinschanze nicht nur die Bedeutung eines provinziell wichtigen, sondern eines darüber hinaus gesamtstaatlich aussichtsreichen Standortes zukomme. Den damaligen Wert des Handelsplatzes taxierte er auf 300 000 Gulden und betonte, daß nach Aufhebung der Fortifikation und Inbetriebnahme der Eisenbahn für das Objekt mindestens die doppelte Summe aufgewendet werden müsse. Die Befürchtung des Innenministers, daß die Staatskasse beim Erwerb ein Verlustgeschäft mache, sei deshalb sowohl nach dem Wert als auch aufgrund der Perspektiven unbegründet, zumal er vertraulich mitteilen könne, daß Heinrich Wilhelm Lichtenberger wegen dessen akuter Finanz- und Justizprobleme sich ihm gegenüber bereit erklärt habe, die Rheinschanze mit Ausnahme von zwei Wohngebäuden dem Königreich Bayern für 200 000 Gulden zu überlassen. Der Regierungspräsident wies ausdrücklich darauf hin, daß diese Offerte allerdings nur bis zum 15. März 1843 Gültigkeit habe und ersuchte deshalb um eine Eilentscheidung Ludwigs I.[15]

Trotz der ausführlichen und befürwortenden Denkschriften des Regierungspräsidenten sowie des Oberzollinspektors und obwohl kaum noch zeitlicher Spielraum bestand, ordnete der bayerische König die Bildung und Einberufung einer Kommission an, die sich hauptsächlich

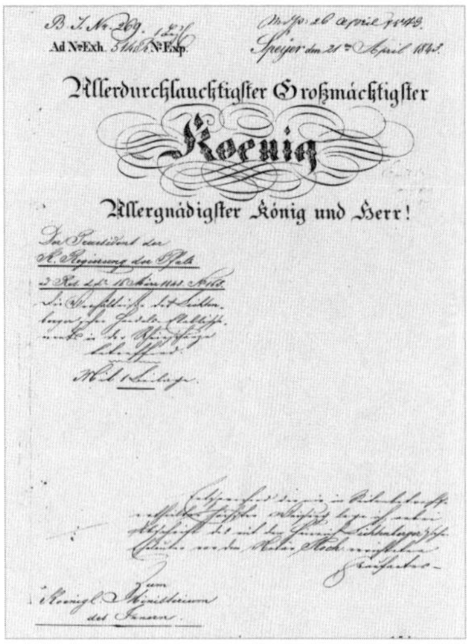

Der Regierungspräsident übersendet seinem „allerdurchlauchtigsten" und „großmächtigsten" König eine Abschrift des Kaufvertrags mit Heinrich Wilhelm Lichtenberger, 26. April 1843 [7]

mit der politischen Zielsetzung, den finanziellen Folgelasten und der kommerziellen Entwicklung der Rheinschanze nach ihrer Verstaatlichung beschäftigen sollte. Neben Eugen von Wrede als Vorsitzendem gehörten Regierungsdirektor Franz Alwens, Karl Schneider sowie Landkommissär Carl Friedrich Koch dem Gremium an, das in kürzester Frist „ein gemeinsames erschöpfendes Gutachten" zu erstatten hatte. In der Stellungnahme wurden die wesentlichen Gesichtspunkte der bereits erwähnten Denkschriften zusammengefaßt. Außerdem empfahl die Kommission neben weiteren Maßnahmen besonders die sofortige Wiederveräußerung von Gelände an bedeutende Handels- und Speditionsunternehmen, die zügige Ansiedlung von Gewerbebetrieben verschiedener Art, die rasche Vermehrung der Lager- und Verladekapazitäten sowie eine angemessene Erweiterung des Freihafens. Für die beiden letztgenannten Anregungen wurde ein Finanzbedarf von 25 000 bis 30 000 Gulden veranschlagt.[16]

In den gemeinsamen Regierungsantrag des bayerischen Innen- sowie Finanzministeriums an Ludwig I. wurde nicht nur das Kommissionsgutachten aufgenommen, sondern auch ein Verzeichnis über die Gebäude, Einrichtungen, Grund- und Wasserflächen, die sich im Eigentum von Heinrich Wilhelm Lichtenberger befanden. Zugleich erfolgte eine Schätzung der einzelnen Objekte. Insgesamt handelte es sich um 16 bayerische ›Tagwerk‹ und 20 verschiedenartige Hochbauten, von denen der Verkäufer jedoch zwei Wohngebäude behalten wollte. Der Gesamtwert des Besitzes, der zur Veräußerung kommen sollte, belief sich auf 204 040 Gulden. Die tabellarische Beschreibung und Wertermittlung lassen erkennen, daß die Rheinschanze eine beachtenswerte Handels- und Hafensiedlung darstellte. Aus der Ministerialvorlage an den König geht ferner hervor, daß Heinrich Wilhelm Lichtenberger, falls der bayerische Staat die Rheinschanze erwerben sollte, sich verpflichtete, mindestens zwei Jahre seine Geschäftsaktivitäten fortzusetzen, um einen Rückgang der Handels- und Speditionstätigkeit zu vermeiden, solange weitere Unternehmen, die sich ansiedeln wollten, die Aufrechterhaltung des Betriebes am Platz noch nicht in vollem Umfang gewährleisten konnten. Für die Inanspruchnahme der erforderlichen Räumlichkeiten und Einrichtungen wurde mit einem jährlichen Mietbetrag von 5% des an Heinrich Wilhelm Lichtenberger zu entrichtenden Kaufpreises gerechnet. Außerdem gingen bei Übernahme der Rheinschanze an das Königreich Bayern die Mieteinnahmen für das Krämergeschäft von Friedrich Wilhelm Corcilius und das Wirtshaus von Wilhelm Saam, die sich in der Siedlung befanden, von insgesamt 1 600 Gulden jährlich an den Fiskus. Als weitere Einnahmen wurden die Gebühren für die Benutzung der Hafenanlagen, Verladekranen und Lagerhäuser in Höhe von jährlich 6 000 Gulden veranschlagt. Der Erwerb der Rheinschanze werde sich somit für die Staatskasse auch ohne die erwartete wirtschaftliche Expansion nicht als Fehlinvestition erweisen.[17]

Ihr Interesse an einer Niederlassung hatten bereits die Großhandelsfirmen Weber und Karcher in Kaiserslautern sowie Friedrich Haape in Mannheim, ein früherer Teilhaber des Handelshauses Scharpff-Lichtenberger, bekundet. Ihnen sollten für die Dauer eines Jahres unentgeltlich Büroräume zur Verfügung gestellt werden, bis sie über eigene Geschäftsgebäude am Ort verfügten. Da dem bayerischen Staat an einer raschen Ansiedlung von leistungsfähigen Unternehmen gelegen sei,

Anmerkungen
Seite 274 und 275

16 StALu, M 20
17 StALu, M 20
18 StALu, M 20, außerdem Marx, S. 20f
19 StALu, LUA 706 und M 20, außerdem Ludwigshafen (1903), S. 97ff

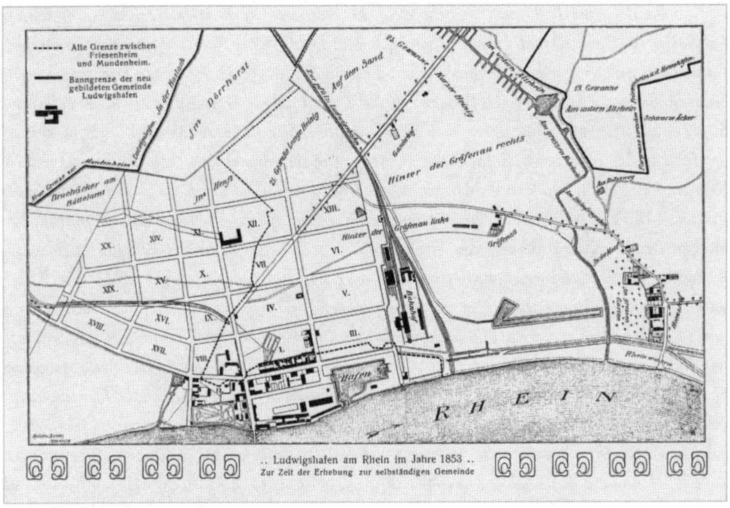

Ludwigshafen 1853 mit dem Denisschen Quadrateplan von 1843 [8]

Aus dem Adreßbuch von 1874
Anzeige mit Quadrate-Adresse [9]

müßte jegliches Hindernis vermieden werden. Zu den Hemmnissen, die eine günstige kommerzielle und politische Entwicklung der Rheinschanze störend beeinflussen könnten, zählte Innenminister Karl August von Abel nicht zuletzt den Namen des Handelsplatzes, der geeignet sei, bei möglichen Interessenten in entfernteren Regionen unzutreffende Vorstellungen hervorzurufen. Eine Umbenennung, die sowohl der gegenwärtigen Funktion als auch den vielfältigen Chancen des Standortes am Rhein entspreche, wurde deshalb dem König am Schluß der Regierungsvorlage dringend empfohlen.[18]

Nach Abfassung des Kommissionsgutachtens am 23. Februar und vor Fertigstellung des Ministerialantrages am 15. März hatte der pfälzische Regierungspräsident am 4. März 1843 den Abschluß eines Vorvertrages mit Heinrich Wilhelm Lichtenberger über den Verkauf der Rheinschanze an das Königreich Bayern für 190 000 Gulden erreicht. Beide Vertragspartner waren bis zum 25. März an diese Vereinbarung gebunden. Mit Entschließung vom 27. Februar hatte das bayerische Kriegsministerium auf Befehl Ludwigs I. bereits die Fortifikation, das heißt den Festungsstatus der Rheinschanze, aufgehoben, was jedoch in der Pfalz erst am 5. März bekannt geworden war. Am 9. März schrieb Eugen von Wrede, der diesen Beschluß für verfrüht hielt, an Karl August von Abel, den Innenminister in München:

„[...] und nur einem glücklichen Zufalle ist es zu verdanken, daß die beifolgende Kaufpunktation schon am 4. Mittags abgeschlossen war, denn am folgenden Tage würde Lichtenberger sich schwerlich mehr mit einem Kaufpreise von 300 000 Gulden begnügt haben."

Schon am 16. März genehmigte der König den Regierungsantrag vom Vortag einschließlich des Erwerbsvorschlages. Der notarielle Kaufvertrag wurde in der folgenden Woche, am 23. März, in der Wohnung Heinrich Wilhelm Lichtenbergers abgeschlossen. Ungefähr einen Monat später, am 25. April 1843, erfolgte der am Anfang dieses Kapitels teilweise zitierte Ministerialbeschluß mit der Umbenennung der Rheinschanze in ›Ludwigshafen‹ und der damit verbundenen Gründung einer Siedlung. Gleichzeitig begann ein neuer Abschnitt in der Geschichte des bisherigen Festungs- und Handelsplatzes.[19]

Der Schöpfer des Ludwigshafener Stadtplans: Paul Camille von Denis [10]

Paul Camille Denis[20] *wurde 1795 als Sohn des Landwirts Pierre Denis auf Schloß Les Salles im Departement Haute Marne geboren. Denis' Vater kam mit der napoleonischen Verwaltung ins Departement Donnersberg und blieb nach 1815 in bayerischen Diensten. Seinen Sohn sandte er zu Studien nach Paris, wo er das Lycée Louis-le-Grand und die Ecole Polytechnique absolvierte. 1816 trat dann auch Paul Camille Denis als Ingenieur und Bauinspektor in der Pfalz in den bayerischen Staatsdienst. 1832/33 unternahm er eine lange Studienreise nach Belgien, Frankreich, Großbritannien und in die USA, wo er vor allem Kanäle und Eisenbahnen studierte. Wahrscheinlich durch Beziehungen zum ehemals pfälzischen und danach mittelfränkischen Regierungspräsidenten von Stichaner wurde Denis in leitender Position zum ersten deutschen Eisenbahnbau zwischen Nürnberg und Fürth herangezogen. In der Folge hat er fast 1 000 Kilometer Eisenbahnstrecke entworfen. In der Pfalz war er seit 1841 Kreisbaurat, und seit 1844 arbeitete er für die Pfälzische Ludwigsbahn, deren Betriebsdirektor mit Sitz in Ludwigshafen er zwischen 1850 und 1856 war. Zusammen mit seiner Gattin Henriette, geborene Vautrot, stand Denis damals an der Spitze der Gesellschaft der jungen Gemeinde. Er wurde zum ersten Vorsitzenden des Fabrikrats der St.-Ludwigs-Gemeinde. Nach Tätigkeiten im rechtsrheinischen bayerischen Eisenbahnbau war er 1865—1868 mit der Ausführung der Rheinbrücke zwischen Ludwigshafen und Mannheim beauftragt, obwohl er seit 1866 offiziell im Ruhestand war. Seinen Lebensabend verbrachte er in Dürkheim, wo er 1872 starb. Die Pfälzischen Bahnen widmeten ihm ein Denkmal am Frankensteiner Tunnel, und 1852 erhielt er neben dem persönlichen Adel des Königreichs Bayern auch das Kreuz der französischen Ehrenlegion. [S.M.]*

Nach Erwerbung der Rheinschanze durch den Staat und noch vor Umbenennung des Handelsplatzes in Ludwigshafen wurde Baurat Paul Denis mit der Erstellung eines Bebauungsplanes für die junge Siedlung beauftragt. Schon am 10. April erhielt der Regierungspräsident den angeforderten Entwurf und am 9. Mai wurde dieser vom König genehmigt. Die Planungen sahen auch bereits das Alignement oder die Baulinie und das Niveau beziehungsweise die Bauhöhe für die ersten Straßen vor. Ausgebaut war bereits die Brückenstraße – heute Teil der Kaiser-Wilhelm-Straße, die an der Schiffbrücke begann als erster Abschnitt der Staatsstraße in Richtung Oggersheim. In fertiggestelltem Zustand befand sich auch die Speyerer Straße – heute Teil der Ludwigstraße, die von der Brückenstraße südlich in Richtung Mundenheim verlief. Projektiert war die Rheinstraße – heute Teil der Wredestraße, die von der Speyerer Straße als südliche Parallelstraße der Brückenstraße zum Rhein führte. An dieser Straße wurden vom Staat die ersten Bauplätze verkauft. Außerdem diente sie zum Transport von Füllerde aus dem Strom, die zur Erhöhung sämtlicher Hausfundamente im Überschwemmungsbereich notwendig war. An der Brückenstraße lagen 1843 nur die Kontor- und Wohngebäude Heinrich Wilhelm Lichtenbergers, an der Speyerer Straße der Ankerhof mit Gaststätte von Peter Frank.[21]

Paul Denis hatte sich wahrscheinlich vom Vorbild der im frühen 19. Jahrhundert neuangelegten Münchener Vorstädte inspirieren lassen. Sein Bebauungsplan für Ludwigshafen sah im Gebiet zwischen dem Gewann Kriegswörth am südlichen Ende der damaligen Speyerer Straße, den projektierten Eisenbahnanlagen im Norden, dem linken Rheinufer im Osten sowie der das heutige Stadtzentrum westlich begrenzenden Heinigstraße große langgezogene Quadrate vor, die mit römischen Ziffern bezeichnet wurden. Die genaue Orientierung ermöglichte eine hinzugefügte arabische Hausnummer – Beispiel: I, 10 entspricht dem 10. Haus im I. Quadrat. Es gab demnach vorerst keine offiziellen Strassennamen. Als Exempel für diese Numerierung diente Mannheim, wo die Quadrate der Innenstadt nach dem Alphabet und arabischen Ziffern benannt sind, die durch eine jeweils ebenfalls arabische Hausnummer

Anmerkungen
Seite 276 und 277

20 *Poller, Ludwigsbahn, S.20f*
21 *StALu, M 20 sowie Ludwigshafen (1903), S.245, 256*
22 *StALu, M 20 sowie Ludwigshafen (1903), S.256ff*
23 *StALu, LUA 706, daneben Springer, S.9, 16f sowie Marx, S.21f*

ergänzt werden; Beispiel: A 2, 20 entspricht dem 20. Haus im 2. A-Quadrat. Innerhalb des vorgenannten Terrains plante Paul Denis nur eine einzige Freifläche zur Verwendung als Marktplatz südlich des für die Eisenbahngebäude reservierten Geländes. Vermutlich ging er von einer maximalen Nutzung der Grundstücke für hochbauliche Maßnahmen aus. Der Bebauungsplan erfuhr zwar in späteren Jahren manche Veränderung, hauptsächlich wurden weitere Freiflächen geschaffen und einige Quadrate verkürzt, jedoch behielt er für längere Zeit grundsätzlich Gültigkeit.[22]

Wer in Ludwigshafen nach der Siedlungsgründung mit schnellen Fortschritten bei der Umsetzung des Bebauungsplanes rechnete, sah sich bald sehr enttäuscht. Bis zum Beginn der 1850er Jahre waren zahlreiche Hindernisse zu überwinden, so daß erst um diese Zeit eine kontinuierliche Erschließung und Bebauung des von Paul Denis projektierten Areals erfolgen konnte. Eine Hürde war von Ludwig I. selbst errichtet worden, indem er in der Entschließung vom 25. April 1843 auch verfügt hatte:

„Vorläufig wollen Seine Königliche Majestät, daß der Plan jedes in Ludwigshafen aufzuführenden Gebäudes, daher auch jene der Privaten, Allerhöchst demselben zur Genehmigung vorgelegt, bei diesen Plänen ebensoviel Luxus als gemeines Aussehen vermieden, vielmehr Zweckmäßigkeit mit gutem architektonischem Style, beobachtet werde."

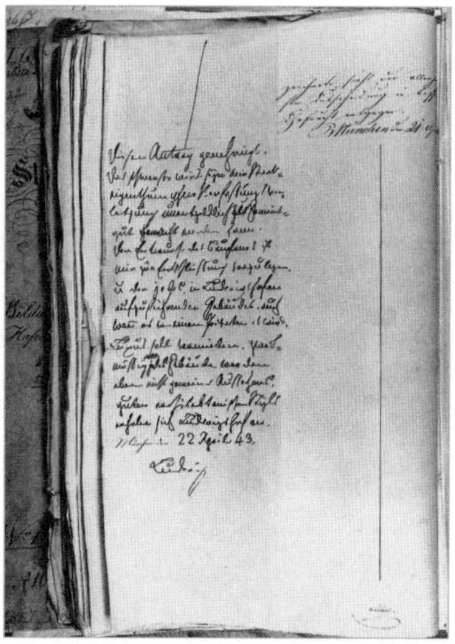

Randnotiz Ludwigs I. betreffend die schöne Gestaltung Ludwigshafens 21. April 1843 [11]

Erst nach Abdankung Ludwigs I. 1848 trat diese Verordnung außer Kraft. Der König hatte bis dahin zwar erreicht, daß namhafte Architekten wie August von Voit und Johann Friedrich von Gärtner mit dem Entwurf von Gebäuden in Ludwigshafen beauftragt wurden, jedoch kam es bis zum Baugesuch und bei der Bauausführung nicht selten zu erheblichen Verzögerungen. Daneben wirkte sich ungünstig aus, daß der Monarch in Erwartung steigender Grundstückspreise im allgemeinen auf dreistöckigen Gebäuden bestand und nur ausnahmsweise Häuser mit zwei Stockwerken genehmigte. Bei seinen Besuchen in der Pfalz, die ihn verschiedentlich auch kurzfristig nach Ludwigshafen führten, fand er zwar seine ästhetischen und zweckmäßigen Anforderungen erfüllt, indessen kann dieser Sachverhalt nicht darüber hinwegtäuschen, daß er durch seine Vorschriften auf dem ihm wichtigen Hochbausektor und sein mangelndes Engagement in anderen Bereichen die Siedlungsentwicklung eher hemmte als förderte.[23]

Ein Beispiel dafür war die Weiterführung der Speyerer Straße, später auch inoffiziell Dammstraße genannt – heute Teil der Ludwigstraße, von der Brückenstraße in nördlicher Richtung bis zu den künftigen Eisenbahnanlagen. Aufgrund von Zusagen der Regierung der Pfalz, daß diese Straße rasch gebaut werde, hatten mehrere Interessenten, hauptsächlich Kaufleute und Gewerbetreibende, wegen der zu erwartenden günstigen Verkehrslage in Bahnhof- und Hafennähe dort Grundstücke zu relativ hohem Preis erworben, obwohl es sich dabei um sumpfiges Land handelte, das bei der Errichtung von Gebäuden beträchtliche Fundamentierungskosten verursachte. Ein Teil der Geschäfts- und Wohnhäuser wurde gebaut, allein die Straße ließ auf sich warten. Da noch nicht einmal eine Auffüllung des trassierten Geländes auf die projektierte Niveauhöhe erfolgte, waren die Gebäudefundamente ungeschützt, der Zugang zu den Anwesen erschwert, eine Zufahrt gar völlig unmöglich, es sei denn die Hauseigentümer ließen sich Steigwege auf

Bauen im sumpfigen Gelände: Das Kassengebäude der Pfälzischen Bahnen an der Bismarckstraße im Bau, 1872 [12]

eigene Kosten herstellen. Aufgrund eines prognostizierten schnellen Bevölkerungsanstiegs waren Mietwohnungen entstanden, Läden und Wirtschaften eröffnet worden, indessen blieben die Wohnungsinteressenten, Kunden und Gäste weit hinter den Erwartungen zurück. Finanzielle Verluste gefährdeten die Existenz mehrerer Geschäftsleute. Zankapfel zwischen den Regierungsbeamten und den Grundbesitzern waren die Beträge, die der Staat für die Bereitstellung des zum Straßenbau erforderlichen Geländes entrichten wollte. Danach hätten die Eigentümer beträchtlich weniger erhalten, als von ihnen beim Grunderwerb bezahlt worden war. Fast zwei Jahre schwelte der Konflikt, ohne daß Ludwig I. eine Entscheidung im Interesse eines zügigen Aufschwungs seiner Patensiedlung traf. Auch nach einer von den Betroffenen – zu ihnen gehörten in späterer Zeit so prominente Ludwigshafener Bürger wie der Unternehmer Karl von Gienanth, Ökonomierat Gottfried Hoech, Baumeister Josef Hoffmann und Bäckermeister Ludwig Gelbert – im Oktober 1845 über die Regierung der Pfalz an den König gerichteten ausführlichen Beschwerdeschrift dauerte es noch weitere Monate, bis eine Einigung zustande kam und die Straße gebaut wurde. Aus der Petition geht auch hervor, daß bereits damals am Ort eine der stetigen Fortentwicklung schädliche Grundstücksspekulation im Gang war.[24]

Anmerkungen
Seite 278 und 279

24 StALu, M 18
25 zit.n. Schneider, S.216
26 StALu, M 18 und M 20

Noch ein Reisebericht vom August 1849 läßt erkennen, daß es mit den Baumaßnahmen nur langsam voranging. Damals schrieb ein Besucher der jungen Siedlung in sein Tagebuch:

„Im übrigen ist Ludwigshafen wie von jeher eine prächtige Einöde trotz einer die mutmaßliche Bevölkerung um wenigstens das Doppelte übersteigenden Besatzung von 50 Mann. Wenn ich mich recht besinne, so sind es wenigstens 20 Jahre, seit man angefangen, aus Ludwigshafen eine Art Trutz-Mannheim machen zu wollen, und diese 20 Jahre haben mit Hilfe aller königlichen Gunst nichts hervorgebracht als anderthalb Dutzend palastartige Gebäude, denen nichts zu fehlen scheint als die Einwohnerschaft, und außerdem eine Anzahl abgesteckter Bauplätze und aufgeführter Grundmauern, über denen das Unkraut wuchert. Indessen hat der König Ludwig mit der weiland Rheinschanze es doch immerhin weitergebracht als Napoleon mit dem von ihm angeordneten Bau einer Hafenstadt in der Nähe von Marseille, Le Bou geheißen, welche, als ich sie vor einigen Jahren besuchte, aus einem einzigen Hause

Der Winterhafen in seiner ursprünglichen Ausbauform, um 1880 [13]

bestand. Warum solche Schöpfungen fürstlicher Laune oder Berechnung gewöhnlich mit allen Anstrengungen und Opfern nicht vorwärts zu bringen sind? Weil ein Fürst samt seinen Räten selten gescheiter ist als die Tausende, die vor ihm über dieselbe Stelle gegangen, und weil seine Mittel fast niemals ausreichen gegen die Natur der Dinge."[25]

In seinen humoristischen Reisenotizen unterschätzte der Verfasser zwar massiv die damalige Bevölkerungszahl Ludwigshafens und irrte sich auch völlig bezüglich der mittelfristigen Perspektiven des Handelsplatzes, indessen dürfte der auf eigener Anschauung beruhende Situationsbericht über den seinerzeitigen Bebauungszustand kaum eine Untertreibung sein.

Ähnlich wie beim Straßenbau gab es ebenfalls größere Schwierigkeiten und längere Verzögerungen bei der Hafenerweiterung. Zunächst sah es so aus, als sollten die Planungen unverzüglich verwirklicht werden. Schon im Mai 1843 genehmigte der König für die Erhöhung eines vorhandenen Lagerhauses, den Neubau eines zusätzlichen Magazins sowie die Errichtung zweier weiterer Kranen fast 25 000 Gulden, um der Konkurrenz des Mannheimer Hafens gewachsen zu sein. Im Dezember 1846 bewilligte der Monarch erneut 6 900 Gulden für die Erbauung eines Auf- und Abladeschuppens beim Ludwigshafener Hauptzollamt, wo die Frachtwagen bislang unter freiem Himmel hatten be- und entladen werden müssen. Während es demnach mit den Hochbauprojekten zügig voranging, stockten wie im Siedlungs- so auch im Hafenbereich die Tiefbaumaßnahmen.[26]

Der Winterhafen, der 1824 bei einer Überschwemmung entstanden war, als das Hochwasser einen Dammbruch verursacht und einen ›Kolk‹ herausgespült hatte, befand sich in einem desolaten Zustand. Wie der pfälzische Regierungspräsident in einem Gesuch an Ludwig I. vom 22. April 1843 bemängelte, hatte die Firma Scharpff-Lichtenberger die Ufer völlig ungesichert und gänzlich verschieden hoch belassen, so daß der Hafen einen vernachlässigten Eindruck mache. Unter diesen Bedingungen sei die Güterverladung äußerst erschwert. Weiterhin berichtete Eugen Fürst von Wrede dem König, daß wegen der zu engen Einfahrt und des zu seichten Bassins keine größeren Schiffe und schon gar keine Dampfschiffe den Hafen nutzen könnten. Wenn jedoch eine mit relativ geringem Finanzaufwand verbundene Instandsetzung und

Eines der ältesten Fotos aus Ludwigshafen: die Lokomotive ›Denis‹ vor der Remise des Bahnhofs, vor 1860 [14]

Der 1847 eingeweihte Bahnhof mit den 1854 vollendeten flankierenden Verwaltungsgebäuden; Aquarell, 1861 [15]

Modernisierung erfolgt sein werde, gebe es am Rhein wohl kaum einen Hafen, der dem Ludwigshafener Winterhafen hinsichtlich seines Standortes und seiner Zweckmäßigkeit gleichkomme. Für den wirtschaftlichen Fortschritt der jungen Siedlung, der nicht zuletzt auch von einer Steigerung der Verladeplätze am Strom abhänge, seien die Baumaßnahmen dringend notwendig. Längerfristig könnten die Kosten durch Hafengebühren amortisiert werden, deren Erhebung allerdings nicht in Betracht komme, solange sich der Winterhafen im gegenwärtigen Zustand befinde.[27]

Schon bald nach dem Antrag des Regierungspräsidenten akzeptierte der Monarch einen Kostenvoranschlag von 10 200 Gulden für die Hafenerweiterung. Erst anschließend stellte sich heraus, daß für die Verwirklichung des Projektes nicht nur staatliches sondern in erheblichem Umfang auch privates Gelände erforderlich war. Neben mehreren Parzellen, die verschiedenen Eigentümern gehörten, war der Erwerb von größeren Grund- und Wasserflächen aus dem Besitz des Ankerhofwirtes Peter Frank unumgänglich. Während sowohl die bayerische Finanzbehörde als auch einige Privatleute ähnliche Grundstücke in der näheren Umgebung zu relativ hohem Preis veräußerten, wollte der Fiskus den betroffenen Eigentümern für das benötigte Gelände einen weitaus geringeren Betrag erstatten als diese selbst dafür bezahlt hatten. Dabei blieb unberücksichtigt, daß die Baulandpreise damals in Ludwigshafen immer mehr stiegen, so daß bei einem baldigen oder späteren Wiederverkauf beträchtliche Gewinne erzielt werden konnten. Nicht wenige Eigentümer, die ihre Grundstücke als Spekulationsobjekte erworben hatten, sahen sich durch die staatlichen Planungen und Pressionen in ihren Erwartungen getäuscht. Da der Fiskus jedoch bei Inanspruchnahme des Zwangsenteignungsverfahrens kaum Erfolgsaussichten hatte, weil er selbst stattliche Grundstückspreise verlangte, blieb nur der Weg der gütlichen Einigung. Dieser zog sich indessen hauptsächlich mit dem Besitzer des Ankerhofes in die Länge, ohne daß Ludwig I. eine Entscheidung traf. Vermutlich hoffte der König, durch seine Verzögerungstaktik noch günstigere Erwerbskonditionen zu erreichen, obwohl wegen der bevorstehenden Fertigstellung der ersten pfälzischen Eisenbahnteilstrecke zwischen Ludwigshafen und Neustadt die Baulandpreise in der jungen Siedlung weiter in die Höhe gingen. Erst nach mehrmaligen Dringlichkeitsanträgen der Regierung der Pfalz genehmigte der Monarch im Februar 1846 den Kaufvertrag mit Peter Frank, so daß die längst notwendige Erweiterung des Winterhafens begonnen werden konnte. Die in bisherigen stadtgeschichtlichen Publikationen verschiedentlich erwähnte Inbetriebnahme um 1845 entbehrt jeder Quellengrundlage. Erst zwei Jahre später waren die umfangreichen Bauarbeiten abgeschlossen und die neugestaltete Hafenanlage benutzbar.[28]

Anmerkungen
Seite 280 und 281

27 StALu, M 20

28 StALu, M 18 und M 20, vgl. dazu auch Ludwigshafen (1903), S. 99 sowie Marx, S. 21

29 Kermann, S. 299

30 vgl. Ruf; von Jan; Kermann, S. 298

Von den weiteren Ereignissen und Entwicklungen bis gegen Ende der 1840er Jahre sind hervorzuheben: die kontinuierliche und breitgefächerte Niederlassung von Handels- und Gewerbebetrieben, die Eröffnung der Pfälzischen Ludwigsbahn zwischen Ludwigshafen und Neustadt an der Haardt 1847, die gleichzeitige Einweihung des Ludwigshafener Bahnhofes am nördlichen Siedlungsende, die Weiterführung des Schienenweges bis Bexbach im Saargebiet 1849 sowie der mit dem Wirtschafts- und Verkehrsaufschwung verbundene rasche Bevölkerungsanstieg von 90 Personen im Jahr 1840 über 535 Ende 1845 auf fast 900 Personen im Jahr 1849. Ausführliche Informationen sowohl über die Fortschritte auf den vorgenannten Tätigkeitsfeldern wie zur Struktur der damaligen Einwohnerschaft enthalten die folgenden Kapitel dieses Beitrages.

Revolution und Lokalkommission 1849—1853

Ludwigshafen bestand erst ungefähr fünf Jahre, als die Siedlung in die nationale Politik verstrickt wurde. Zwar hatten die führenden Kreise des Handelsplatzes während der Hungersnöte in der Pfalz um 1845/47 ihre staatstragende Gesinnung unter Beweis gestellt und bedeutende Summen für den vom Regierungspräsidenten gegründeten ›Aktienverein zum Ankauf von Saatkartoffeln für bedürftige Gemeinden‹ bereitgestellt. Unter den größten Gebern fanden sich Karl von Gienanth mit 240 Gulden, Heinrich Wilhelm Lichtenberger mit 120 Gulden sowie die Firma Kaufmann & Glöcklen mit ebenfalls 120 Gulden.[29] Doch schon im Frühjahr 1848 begannen die revolutionären Ereignisse ihre Schatten über den Handelsplatz zu werfen.[30] Bereits im April 1848 trieben Aufständische von Mannheim aus die Brückenwache über die Schiffbrücke nach Ludwigshafen und errichteten am Mannheimer Ufer eine Barrikade. In der Ansiedlung selbst ließen „Individuen" die Republik und den Führer des badischen Aufstandes, Friedrich Hecker, hochleben. Doch zum Zorn der Soldaten, welche die Unruhestifter dingfest gemacht hatten, wurden viele von ihnen anstandslos wieder freigelassen, unter anderem ein Schweizer Handwerksbursche, der am hellen Tag in Trunkenheit Hochrufe auf Friedrich Hecker ausgestoßen hatte. „Vier fremde Matrosen, vom Militär wegen revolutionärer Ausrufe verhaftet – sie hatten den König beschimpft und einen Zollaufseher niedergerissen, kamen mit einer Polizeistrafe glimpflich davon, ‚weil sie nicht unseren König, sondern den König von Preußen' gemeint hätten." Matrosen und Handwerker – die bunt zusammengewürfelten Ludwigshafener Unterschichten – waren offensichtlich ein Gefahrenpotential für die bestehende Ordnung. Doch auch der erste Bäckermeister der Ansiedlung, Ludwig Gelbert, der Dammwart Louis und ein ›Commis‹ Heinrich Wilhelm Lichtenbergers waren den Behörden verdächtig.

Ihren bedrohlichen Höhepunkt erlebte die Revolution in Ludwigshafen jedoch im Frühsommer 1849. Mit der Zurückweisung der Kaiserkrone durch den preußischen König Friedrich Wilhelm IV. und der Ablehnung der Reichsverfassung durch einige mächtige Bundesstaaten war die Revolution von 1848/49 in ihren Hauptzielen gescheitert. Von der dadurch ausgelösten Reichsverfassungskampagne, Aufstandsbewegungen vorwiegend in den betroffenen Territorien mit der Tendenz zum republikanischen Umsturz, sollte die Anerkennung beziehungsweise Inkraftsetzung des Gesetzeswerkes der Paulskirche doch noch erzwungen werden. Die allgemeine Aufregung führte auch in der Pfalz zu einer

Die Ehefrau des Freischarenführers Blenker beim Verladen requirierter Gegenstände, 1849 [16]

entschlossenen Volkserhebung. Auf einer Versammlung von mehr als 12 000 Menschen Anfang Mai in Kaiserslautern konstituierte sich ein Landesverteidigungsausschuß, der die Beamten auf die Reichsverfassung vereidigte und in der Hauptsache die Volksbewaffnung einleitete. Der Aufruhr gelang, da sich die Garnisonen mit Ausnahme der Festungen Germersheim und Landau der Volksbewegung anschlossen, ebenso die aus Frankfurt herbeigeholten Truppen und weil die beurlaubten Soldaten der Einberufung durch den pfälzischen Regierungspräsidenten nicht Folge leisteten, so daß dieser fliehen mußte. Am 17. Mai wurde eine provisorische Revolutionsregierung aus fünf Mitgliedern gebildet. Damit beanspruchte die Pfalz, als selbständiger von Bayern losgelöster republikanischer Staat zu gelten.[31]

In Anbetracht der bevorstehenden militärischen Auseinandersetzung zwischen den zur Niederschlagung des Aufstandes eingesetzten Heeresverbänden und den zur Verteidigung der Pfalz entschlossenen Revolutionstruppen war der Rheinübergang bei Ludwigshafen/Mannheim von erheblicher strategischer Bedeutung. Bereits am 9. Mai hatte eine kleine Freischarenabteilung von Frankenthal aus versucht, sich des linksrheinischen Handelsplatzes zu bemächtigen, scheiterte indessen am Widerstand der bayerischen Besatzung. Tags darauf gelang jedoch einer größeren Einheit aus Worms und Frankenthal unter Führung des ehemaligen Weinhändlers und nunmehrigen Revolutionsobersten Ludwig Blenker die Eroberung Ludwigshafens. Die dort stationierten wenigen Soldaten ergaben sich aufgrund der Übermacht der Angreifer und schlossen sich mehrheitlich dem Aufgebot der Freischaren an. Auch zwei bayerische Kompanien, die zur Entsetzung der Siedlung und des Brückenkopfes herbeieilten, liefen angesichts ihrer Unterlegenheit zu den Aufständischen über, nachdem sie ihre Offiziere gefangengenommen hatten. Mehr als einen Monat dauerte die wegen der Einquartierungen mit vielen Drangsalen für die Einwohnerschaft verbundene Herrschaft der Revolutionstruppen, Ludwigshafen war das Hauptquartier Ludwig Blenkers, der ungefähr 1 500 Freischärler kommandierte. Doch dann stieß Mitte Juni preußisches Militär von Homburg über Kaiserslautern und Frankenthal nach Ludwigshafen vor. An einer vor dem Hotel ›Deutsches Haus‹ gegenüber dem Ankerhof errichteten Barrikade und im Gebäude selbst kam es zum heftigen Kampf, bei dem einige Freischärler getötet und mehrere gefangengenommen wurden. Nachdem von den Preußen auch der Widerstand an den Baumwollbarrikaden gebrochen worden war, flohen die meisten Aufständischen nach Mannheim und zerstörten anschließend die Schiffbrücke.[32]

Am 15. Juni, als sich die preußischen Truppen bereits anschickten, die Siedlung nach deren Einnahme zu verlassen, und bayerisches Militär zur Sicherung des Rheinüberganges nachrückte, wurde entgegen der Anweisung der badischen Revolutionsregierung von Mannheim aus auf Ludwigshafen heftiger Artilleriebeschuß eröffnet, den die Freischärler vier Tage lang bis zum 18. Juni ununterbrochen fortsetzten. Hauptziel des Geschützfeuers waren die Lager- und Zollgebäude im Hafenbereich, die infolge Dauerbeschießung und mangels Löschpersonals fast sämtlich zerstört wurden. Weiterer schwerer Sachschaden entstand, weil die eingelagerten Handelsgüter ebenfalls ein Raub der Flammen wurden. Auch die Eisenbahnanlagen blieben nicht verschont. Bereits während des Bombardements kam in der Siedlung das Gerücht auf, der Artillerieangriff sei auf Veranlassung einiger Mannheimer Handels-

Anmerkungen
Seite 282 und 283

31 *siehe dazu Siemann, S. 213f*

32 *vgl. dazu Marx, S. 24ff; Breunig, Handelsplatz, S. 113; Ruf, S. 6ff*

33 *Ludwigshafen (1903), S. 109f; Hoffmann, S. 30ff; Poller, Denkschriften, S. 43; Ruf, S. 9f*

34 *zit. n. Schneider, S. 215f*

Das Bombardement von Ludwigshafen am 15. Juni 1849 [17]

Preußische Truppen vor Ludwigshafen im Juni 1849 [18]

und Speditionsfirmen erfolgt, um die linksrheinische Konkurrenz zumindest längerfristig oder sogar endgültig auszuschalten. Wenn ein stichhaltiger Beweis für diese Behauptung auch niemals erbracht werden konnte, so steht doch fest, daß sich verschiedene Unternehmen in der badischen Handelsstadt die Katastrophe, von der Ludwigshafen betroffen war, zunutze machten, indem sie gegenüber auswärtigen Geschäftspartnern den Eindruck erweckten, daß Ludwigshafen seine bisherige Bedeutung als Verkehrsknotenpunkt und Handelsplatz niemals wiedererlangen werde. Zwar war diese Perspektive der angerichteten Schäden übertrieben, indessen kann nicht bestritten werden, daß die Siedlung einen herben Rückschlag erlitten hatte.[33]

Schon Ende Juni waren die Aufräumungsarbeiten beendet und eine Schadensfeststellung erfolgt. Über die damaligen Zustände in Ludwigshafen heißt es in dem bereits zitierten Reisebericht vom August 1849:

„Die Mannheimer Schiffbrücke ist bis jetzt kaum zur Hälfte wieder hergestellt, und die langsame Fähre muß noch immer das fehlende Mittelstück derselben ersetzen. Drüben, in Ludwigshafen, dagegen sind die Spuren der Revolution bereits, wenn nicht verwischt, so doch wenigstens dem Auge so ziemlich entrückt. Die zerschossenen und ausgebrannten Lagerhäuser sind teils auf den Grund abgebrochen, teils schon wieder unter Dach gebracht, kurz, die schauerlichen Brandstätten und die riesenhaften Ruinen, welche vor sechs Wochen das Rheinufer inne hatten, sind verschwunden, und die entstandenen Lücken werden wahrscheinlich bald durch Neubauten ausgefüllt sein. Auch die Handelstätigkeit beginnt sich wieder zu regen. Zumal Baumwolle liegt am Ufer in mächtigen Ballen aufgeschichtet."[34]

Der Schadensumfang betrug 403 873 Gulden, wovon 117 192 Gulden auf Staats- und 286 681 Gulden auf Privateigentum entfielen. Allein die vernichteten Warenbestände hatten einen Wert von 224 821 Gulden, die zerstörten Hafengebäude von 107 797 Gulden. Während für die Wiedererrichtung der staatlichen Immobilien hauptsächlich die bayerische Brandkasse aufzukommen hatte, war zunächst völlig ungewiß, ob und wie den betroffenen Geschäftsleuten sowie Privatpersonen geholfen werden konnte. Da die Verursacher der Kanonade nicht feststellbar und regreßpflichtig zu machen waren, reichten die Geschädigten

Der Dammwart Heinrich Louis (1807 bis 1871), Platzkommandant und Hauptmann der Bürgerwehr während der Revolution 1849 in Ludwigshafen. Zu zehn Jahren Zuchthaus verurteilt, wurde er schon nach zwei Jahren freigelassen – und in Ludwigshafen von seinen Freunden unter Führung des Bäckers Gelbert triumphal am Bahnhof empfangen. Der beobachtende Polizist hatte lediglich darauf geachtet, daß der Rasen vor dem Gebäude nicht betreten wurde [19]

Das brennende Ludwigshafen während der Beschießung vom 15.—18. Juni 1849 [20]

eine Petition beim bayerischen Armeehauptquartier der Pfalz in Pirmasens ein, die einen finanziellen Ausgleich erwirken sollte. In einer durch das Gesuch veranlaßten Entschließung des Handelsministeriums in München wurde jedoch die Gewährung einer sofortigen Entschädigung mangels staatlicher Mittel abgelehnt und eine Entscheidung bis nach eingehender Klärung der näheren Umstände hinausgeschoben. Die verständliche Konsequenz waren zuerst Enttäuschung und Ratlosigkeit bei der Ludwigshafener Bevölkerung.[35]

Dann aber entschloß sich der ortsansässige Handelsstand, unterstützt von Vertretern des Gewerbes und der Behörden, zu einer Denkschrift, die eine Abordnung bei der Regierung der Pfalz in Speyer, dem Staatsministerium in München und bei König Maximilian II. selbst einreichte. In der Darstellung vom 28. August 1849 wurden ein Rückblick auf die Entwicklung des Handelsplatzes gegeben, dessen Bedeutung für das Wirtschaftsleben der Region hervorgehoben, die Zerstörungen anläßlich des Geschützangriffs erläutert und um Vergütung der Sachschäden ersucht. Nachdrücklich wurde zum Ausdruck gebracht, daß die Betroffenen den Schicksalsschlag nicht aus eigener Kraft bewältigen könnten und daß andere Regierungen nach Aufständen schon Entschädigungen geleistet hätten. Die Denkschrift war von dem Mannheimer Ökonomierat Gottfried Hoech, seit Jahren Grund- und Hausbesitzer in Ludwigshafen, entworfen und von den maßgeblichen Geschäftsinhabern, an der Spitze Heinrich Wilhelm Lichtenberger, mitunterzeichnet worden. Dieser kollektive und kompetente Vorstoß verfehlte seine Wirkung nicht. Von der bayerischen Regierung wurde nunmehr ein Gesetzentwurf erarbeitet und in die Abgeordnetenkammer eingebracht, der eine finanzielle Wiedergutmachung des vernichteten Privateigentums vorsah. Nachdem die Vorlage schon in einer Ausschußsitzung genehmigt worden war, beschäftigte sich das Landtagsplenum am 27. Februar 1850 mit dem Gesetzentwurf. Dabei wurde von dem Regierungsvertreter auf die gegenwärtige wirtschaftliche Bedeutung Ludwigshafens für die gesamte Pfalz hingewiesen und darüber hinaus dem jungen linksrheinischen Handelsplatz Bayerns eine große Zukunft vorausgesagt. In dieser Erwartung habe der Staat die Rheinschanze erworben und die Siedlung seitdem mit Investitionen gefördert. Deshalb müsse auch ein unverschuldeter Niedergang aufgrund der Revolutionsereignisse unter allen

Anmerkungen Seite 284 und 285

35 *Ludwigshafen (1903), S. 110f; Poller, Denkschriften, S.43f; Ruf, S. 10*

36 *Ludwigshafen (1903), S. 111f; Hoffmann, S.34ff; Poller, Denkschriften, S.44f*

37 *ebd.*

38 *StALu, LUA 706, außerdem Ludwigshafen (1903), S. 102f*

Umständen vermieden werden. Beispielsweise dürfe im Interesse der Glaub- und Kreditwürdigkeit kein Zweifel aufkommen, daß die öffentlichen Lagerhäusern anvertrauten Güter unter dem öffentlichen Schutz des bayerischen Staates stünden. Zusammenfassend betonte der Referent der Regierung, daß sowohl politische wie ökonomische Erwägungen eine rasche Schadensregulierung mit staatlichen Mitteln erforderten, ohne indessen Regreßansprüche gegenüber den Verursachern der Zerstörungen aufzugeben.[36]

In der anschließenden Landtagsdebatte gab es nicht nur zustimmende, sondern auch kritische und ablehnende Äußerungen. Ein Abgeordneter erklärte, wenn die Perspektiven für Ludwigshafen so günstig seien, wie dargestellt, so habe der dortige Handelsstand seinen Vorteil, mithin könne er auch den Schaden tragen. Von einem weiteren Abgeordneten wurde der bayerischen Regierung sogar empfohlen, das unruhige Ländchen – gemeint war die Pfalz insgesamt – einfach zu verkaufen. Nach längerer und heftiger Aussprache ergab sich jedoch mit 121 zu 2 Stimmen eine überwältigende Mehrheit für den Entschädigungsantrag. Auch die Kammer der Reichsräte billigte den Gesetzentwurf, so daß die Ersatzansprüche der betroffenen Handelsunternehmen und Privatpersonen erfüllt werden konnten. Die Lagerhäuser, Verladeeinrichtungen, Hafenanlagen, Geschäfts- und Wohngebäude wurden in den Jahren 1850/51 wiederhergestellt. Die Bedingungen waren somit gegeben, daß sich erneut rege Handels- und Verkehrstätigkeit am Ort entfalten konnte. Für die weitere Aufwärtsentwicklung war jedoch die kommunale Selbständigkeit eine wesentliche Voraussetzung. Diese Grundlage zu schaffen, war in der folgenden Zeit die vordringliche Aufgabe der damaligen Einwohnerschaft Ludwigshafens.[37]

Schon in der eingangs teilweise zitierten Entschließung des bayerischen Innenministeriums vom 25. April 1843, mit der die Umbenennung der Rheinschanze in Ludwigshafen erfolgte, war zum Ausdruck gebracht worden, daß der linksrheinische Handelsplatz in absehbarer Zeit eine eigenständige Gemeinde werden sollte. Bislang war der Vollzug dieser Absichtserklärung indessen hauptsächlich an der mangelnden finanziellen Ausstattung der jungen Siedlung gescheitert. Der namhafte Architekt und königliche Oberbaurat Johann Friedrich von Gärtner, der den Plan für ein Gebäude in der damaligen Brückenstraße entworfen und sich bei dieser Gelegenheit mit den örtlichen Verhältnissen vertraut gemacht hatte, war 1845 mit dem Vorschlag an Ludwig I. herangetreten, der Staat sollte, wenn auch nur vorschußweise gegen späteren Rückersatz durch die Gemeinde, die nötigsten Einrichtungen schaffen und größere Geländeankäufe tätigen, um Ludwigshafen die kommunale Selbständigkeit zu ermöglichen und zugleich ein geräumiges Areal der Grundstücksspekulation zu entziehen. Als vordringliche Aufgabe hatte er in diesem Zusammenhang die Anlegung der wichtigsten Straßen und die Herstellung eines zentralen Platzes bezeichnet, um den privaten Bauanreiz zu steigern und infolgedessen die lokale Steuerkraft zu erhöhen. Nur so könnte Ludwigshafen den Vorortcharakter zu Mannheim bald abstreifen und eine blühende Handelsstadt, würdig des Namens ihres Stifters, werden, hatte Johann Friedrich von Gärtner zusammenfassend in seiner Eingabe an den König betont. Nach dem eben skizzierten, allerdings vergeblichen, Vorstoß waren weitere Bemühungen in dieser Richtung durch die Revolutionsereignisse und -folgen jedoch in den Hintergrund gedrängt worden.[38]

Das 1842 von Friedrich von Gärtner entworfene Haus neben dem Lichtenberger-Anwesen in der späteren Kaiser-Wilhelm-Straße [21]

Die treibende Kraft bei der Gemeindegründung: Gottfried Hoech [22]

„Oekonomierat ***Gottfried Hoech****, der Generalverwalter bedeutender Güter des Grafen von Oberndorf in Baden, Nassau und in der Rheinpfalz, selbst Hausbesitzer zu Mannheim, ein reicher Mann, der zur Zeit lediglich von den Renten seines Vermögens lebt, das er größtenteils in Realitäten in Ludwigshafen angelegt hat, wo er nun im eigenen Haus wohnt, interessiert sich sehr lebhaft für das Gedeihen von Ludwigshafen." Mit diesen Worten beschrieb 1850 der pfälzische Regierungspräsident Gottfried Hoech[39] und charakterisierte damit auch dessen gesellschaftliche Stellung, das Interesse der Regierung an einer Zusammenarbeit mit ihm sowie seine enge Beziehung zu der neuen Ansiedlung am Rhein.*

Hoech war im Jahr 1800 als Sohn eines kurpfälzischen Hofgerichtsregistrators in Mannheim geboren worden. Auch er stieg im – nunmehr badischen – Staatsdienst auf. Als Revisor bei der Kreisregierung in Mannheim unterhielt er verwandtschaftliche und freundschaftliche Beziehungen zu anderen gehobenen Beamten-Familien des Großherzogtums. Anfang der 1840er Jahre wurde er zum badischen Ökonomierat erhoben, gab sein Amt auf und wurde Berater in Rechts- und Wirtschaftsfragen für reiche und adlige Klienten. Für sie wie für die junge Gemeinde Ludwigshafen knüpfte der gewandte Fachmann Kontakte zu den Behörden, die seine Art ganz offenbar zu schätzen wußten.

Seit 1841 hatte er Grundbesitz im Raum Ludwigshafen erworben, seit 1849 war er dort ansässig. Seine Töchter vermählte er mit einflußreichen bayerischen Unternehmern, sein Sohn wurde einer der größten Immobilienbesitzer Münchens. 1856 wurde er bayerischer Staatsbürger und mit dem St.-Michael-Verdienstorden ausgezeichnet. Obwohl er beim Aufbau Ludwigshafens so intensiv mitgewirkt hatte, war er nur 1859—1860 Mitglied des Stadtrats. 1860 verkaufte er seinen gesamten Grundbesitz in der Stadt, um 1869 scheint er nach Bayern verzogen zu sein. Am 11. April 1872 ist Gottfried Hoech in München verstorben. [S.M.]

Mit der Denkschrift von 1849 zwecks staatlicher Entschädigung für die Beschießungsschäden waren die maßgeblichen Einwohner Ludwigshafens zum erstenmal in engeren Kontakt gekommen. Nachdem die gemeinsame Initiative in der Wiedergutmachungsfrage zum uneingeschränkten Erfolg geführt hatte, entschloß sich der genannte Personenkreis ebenfalls zu vereinten Anstrengungen, um die kommunale Selbständigkeit Ludwigshafens zu erreichen. Wiederum war Ökonomierat Gottfried Hoech die treibende Kraft, als er, unterstützt von vier Mitunterzeichnern, nämlich den Kaufleuten Carl Huß, Adolf Jolas, Friedrich Kaufmann und Heinrich Wilhelm Lichtenberger, am 27. Juni 1850 der Regierung der Pfalz einen konkreten Vorschlag zur Gemeindegründung unterbreitete. In dem Schreiben wurde zunächst darauf hingewiesen, daß Ludwigshafen bis jetzt bewußt darauf verzichtet habe, einen derartigen Antrag zu stellen, „ [...] denn es würde damit eine, seinen Verhältnissen nach, keineswegs angemessene Verbindlichkeit auf sich genommen haben und seine Bürger wären der Last unterlegen, wenn sie ohne alles Liegenschaft-Vermögen alle Verpflichtungen und Bedürfnisse einer selbständigen Gemeinde aus ihrem Privatbeutel durch unerschwingliche Umlagen hätten zusammentragen müssen." Im weiteren Verlauf seiner Ausführungen machte Gottfried Hoech die Territorialbehörde darauf aufmerksam, daß von einer Anleihe zugunsten der Pfälzischen Ludwigsbahn in Höhe von 800000 Gulden noch mehr als 500000 Gulden verfügbar seien. Wie von der Regierung in Verbindung mit der Landesvertretung beschlossen, sollten diese finanziellen Mittel eigentlich nicht einem speziellen Zweck, sondern der allgemeinen Förderung von Handel und Industrie der Pfalz dienen. Wenn Ludwigshafen die Bestimmung habe, sich zum kommerziellen Zentrum der Pfalz zu entwickeln, so sei es gerechtfertigt, einen Teil des noch vorhandenen Betrages zur Schaffung der notwendigsten Gemeindeeinrichtungen zu verwenden und dadurch der Siedlung in naher Zukunft die kommunale Selbständigkeit zu

Anmerkungen Seite 286 und 287

39 *zu Hoech vgl. Oberdorffer/Jung*
40 *StALu, LUA 706 sowie Poller, Denkschriften, S. 16f*
41 *StALu, LUA 706*

ermöglichen. Da die Regierung der Pfalz Ludwigshafen jegliche Unterstützung zur Erreichung dieses Zieles versprochen habe, erhoffe sich die inzwischen auf 1 200 Personen angewachsene ortsansässige Bevölkerung eine günstige Entscheidung. Nach bereits Mitte der 1840er Jahre vorgenommenen amtlichen Schätzungen waren für die unumgängliche Erstausstattung des Gemeinwesens 120 000 bis 150 000 Gulden erforderlich. Der vordringliche Bedarf erstreckte sich auf Gemeindehaus, Schulgebäude, Katholische Kirche, Protestantische Kirche, Straßen, Brunnen, Abzugskanäle, Ortsbeleuchtung und Friedhof – Einrichtungen, die in fast allen Kommunen im Lauf mehrerer Jahrhunderte entstanden waren und deren kurzfristige Schaffung die Ludwigshafener Einwohnerschaft ohne staatliche Unterstützung in hohem Maß finanziell überfordert hätte.[40]

Zwar brachte auch das Gesuch von Gottfried Hoech und der vier weiteren Antragsteller keine substantiellen Fortschritte, jedoch ordnete die Regierung der Pfalz nunmehr mit Entschließung vom 12. Juli 1850 die Bildung eines aus fünf Personen bestehenden Komitees an, das die politischen und wirtschaftlichen Interessen Ludwigshafens im Hinblick auf seine baldige kommunale Selbständigkeit vertreten sollte. Das Landkommissariat Speyer hatte die Mitglieder des Gremiums aus der Gruppe der Höchstbesteuerten zu ernennen, wobei diesbezügliche Wünsche der Einwohnerschaft geeignet berücksichtigt werden konnten. Wichtig war, daß die ›Local-Commission von Ludwigshafen‹, wie ihre offizielle Bezeichnung lautete, ohne vorherigen Konsens mit den agrarisch strukturierten Gemeinden Friesenheim und Mundenheim, auf deren Gemarkungen sich der Handelsplatz seit seiner Gründung 1820 entwickelt hatte, bei allen zuständigen Behörden innerhalb ihres besonderen Aufgabengebietes vorstellig werden konnte. Allerdings wurde es der Ludwigshafener Vertretung ausdrücklich untersagt, sich in die inneren Angelegenheiten, hauptsächlich die Verwaltungs- und Polizeibelange, der vorgenannten Ortschaften einzumischen, so daß die Territorialbehörde die Befugnisse der Kommission einerseits weit, andererseits eng umriß. Dadurch wollte man Konflikte zwischen den beiden Landgemeinden und der jungen Siedlung wegen ihrer entgegengesetzten Interessen vermeiden, zumal die Regierung der Pfalz anfangs davon ausging, daß mit einer freiwilligen Abtretung von Gemarkungsflächen und Abgabenanteilen durch Friesenheim und Mundenheim die Konstituierung Ludwigshafens als eigenständige Gemeinde ermöglicht werden könnte.[41]

Um die Ernennung der fünf Mitglieder der Lokalkommission vornehmen zu können, forderte das Landkommissariat beim Steuerkontrollamt Speyer zunächst ein Verzeichnis der höchstbesteuerten Ludwigshafener Einwohner an. In der Aufstellung vom 22. Juli 1850 wurde erfaßt, wer einen staatlichen Steuerbetrag – Grund-, Haus-, Gewerbesteuer – von insgesamt mehr als 10 Gulden entrichtete. Dabei handelte es sich um 21 Personen und Unternehmen. An der Spitze standen der Bierbrauer Johann Deutsch und der Weinhändler Heinrich Wilhelm Lichtenberger mit jeweils 95 Gulden. Ihnen folgten der Land- und Gastwirt Jakob Jotter mit 51 Gulden, dann die Kaufleute Carl Huß und Friedrich Kaufmann sowie fünf weitere Handelsleute und Spediteure, bei denen das niedrigste Steueraufkommen 29 Gulden betrug. Ebenfalls in dieser Steuergruppe war der Landwirt Peter Frank. Drei Handelsfirmen befanden sich schließlich noch inmitten der Gewerbetreibenden

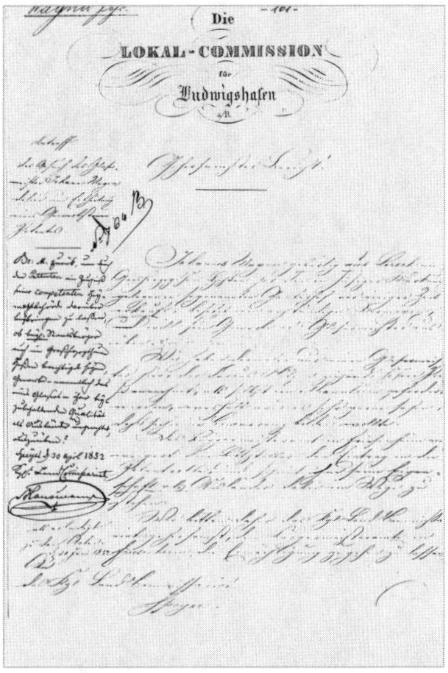
Die
LOKAL-COMMISSION
für
Ludwigshafen

Bürgeraufnahme-Gesuch der Lokal-Commission mit Anmerkungen des Landkommissariats Speyer, 30. April 1852 [23]

Das Gienanthsche Haus in der späteren Ludwigstraße [24]

und Gastwirte, die mit Sätzen zwischen 20 und 10 Gulden beim Steuerkontrollamt eingetragen waren. Zu diesem Personenkreis gehörte auch Gottfried Hoech, der für seine Ludwigshafener Liegenschaften 19 Gulden Grundsteuer entrichtete. Indessen waren nicht sämtliche Bewohner aus der vermögenden Schicht, die als Mitglieder der Lokalkommission in Betracht kamen, in der Steuerliste enthalten. So besaß der Fabrikant Karl von Gienanth schon damals ein Anwesen mit Garten in Ludwigshafen, aber seine Grundsteuer war wegen der nach Zuzug zehnjährigen Steuerfreiheit noch nicht fällig. Auch die leitenden Angestellten wie beispielsweise der Direktor der ›Bayerisch-Pfälzischen Dampfschleppschifffahrts-Gesellschaft‹, Philipp Eckenroth oder die maßgeblichen Beamten der ›Pfälzischen Ludwigsbahn‹ und des Ludwigshafener Hauptzollamtes fehlten in der Steuerliste.[42]

Nach der bisherigen Entwicklung und der damaligen Bedeutung Ludwigshafens sollte den Kaufleuten in der Lokalkommission wesentlicher Einfluß zukommen. Die Interessen der Handelssiedlung gegenüber den Dorfbürgermeistern zu vertreten und mit Entschlossenheit die Vorbereitungen zur Gemeindegründung zu treffen, bildeten die Hauptaufgaben. Gottfried Hoech, von der Regionalbehörde ersucht, ihr Vorschläge für die Besetzung der Lokalkommission zu unterbreiten, kam dieser Aufforderung insoweit nach, als er den Kaufleuten Heinrich Wilhelm Lichtenberger, Carl Huß und Friedrich Kaufmann sowie dem Baumeister Josef Hoffmann bescheinigte, daß diese bislang mit Eifer die Interessen des Platzes zu fördern gesucht hätten und deshalb für das Gremium in Empfehlung zu bringen seien. Für die Höchstbesteuerten Ludwigshafens hielt der Ökonomierat übrigens den Hüttenwerksbesitzer Karl von Gienanth und den Landwirt Peter Frank, wobei er den ersteren, obschon zeitweise abwesend, dennoch für das Komitee als geeignet erachtete, während letzterer sich unablässig bemüht habe, die Konstituierung Ludwigshafens als selbständige Gemeinde zu verhindern. Dieser Einblick ist mehrfach aufschlußreich, zeigt er doch neben der sachlichen Stellungnahme auch den näheren Bekanntenkreis Gottfried Hoechs.[43]

Letztlich entschloß sich das Landkommissariat Speyer aber dann doch, ein offizielles Votum der nach Vermögen und Einkommen herausragenden Einwohner Ludwigshafens herbeizuführen. Dabei ergab sich, daß die 37 wahlberechtigten Personen, die je fünf Kandidaten benennen konnten, sich wie folgt entschieden: 28 Stimmen erhielt Gottfried Hoech, 22 Heinrich Wilhelm Lichtenberger, 18 Peter Frank, 15 Carl Huß, je 13 Johann Deutsch und Friedrich Kaufmann, elf Ludwig Gelbert. Friedrich Goerg bekam nur neun, Carl Dorer sieben, Karl Dauth, Karl von Gienanth, Josef Hoffmann und Jakob Jotter lediglich je fünf Stimmen. Auf 13 weitere Namen entfielen ein bis vier Stimmen. Die Regionalbehörde folgte schon am 19. August 1850 den Wünschen der Wahlberechtigten und entschied sich bei Stimmengleichheit von Johann Deutsch und Friedrich Kaufmann sogar für den ersteren, weil dieser einen höheren Steuerbetrag entrichtete als letzterer, obwohl die vordringliche Repräsentation der Handelsinteressen dadurch eine unerwartete Beeinträchtigung erfuhr. So traten eine Woche später Ökonomierat Gottfried Hoech, Kaufmann Heinrich Wilhelm Lichtenberger, Landwirt Peter Frank, Kaufmann Carl Huß und Bierbrauer Johann Deutsch als Ludwigshafener Lokalkommission zusammen und wählten Gottfried Hoech zum Vorsitzenden. Das Gremium wurde aber bereits Ende 1850

Anmerkungen
Seite 288 und 289

42 *StALu, LUA 706, außerdem Breunig, Kommunalpolitik, S. 19f*

43 *Breunig, Kommunalpolitik, S. 20f*

44 *StALu, LUA 706, vgl. dazu auch Breunig, Kommunalpolitik, S. 21f*

45 *ebd.*

46 *StALu, LUA 706*

insofern verändert, als Peter Franks permanenter Widerstand gegen die Gemeindegründung zu dessen Ausscheiden und zum Eintritt des Baumeisters Josef Hoffmann führte, wodurch Gottfried Hoech offenbar seine Wunschbesetzung erreicht hatte, zumal die Kommission häufig auf baufachliche Ratschläge angewiesen war.[44]

Aus dem Rücktrittsgesuch Peter Franks vom 10. November 1850 an das Landkommissariat geht allerdings auch hervor, daß Gottfried Hoech weithin eigenmächtig handelte, die Eingaben selbst verfaßte und die anderen zwar mit unterzeichnen, aber nicht immer mit vorberaten ließ. Indessen bedurfte es schon einer engagierten und kompetenten Zielstrebigkeit, um gegenüber den Gemeinden Friesenheim und Mundenheim sowie bei den pfälzischen Behörden und den Münchener Ministerien zum Erfolg zu gelangen. Gottfried Hoech hatte auf diesen Feldern nach seinem langjährigen Staatsdienst bei der badischen Verwaltung große Erfahrung. Er wußte, wann und wie die notwendigen Argumente vorzubringen waren, und die übrigen Komiteemitglieder ließen ihm deshalb auch bei der Aufgabenerfüllung im allgemeinen vertrauensvoll freie Hand. Aus der breitgefächerten Tätigkeit der Lokalkommission werden in diesem Zusammenhang nur zwei wichtige Vorgänge paradigmatisch herausgegriffen.[45]

Bislang war die bürgerlich geprägte Gruppe der neuen Ludwigshafener Einwohner mit völlig anderen Wirtschaftsinteressen den Bürgermeisterämtern in den Dörfern Friesenheim und Mundenheim nur zur Last gefallen und sie war diesem Personenkreis sonst ohne Beziehung gegenübergestanden. Nunmehr erheischten die Zuwanderer, auf dem Gebiet und auf Kosten der beiden Orte eine selbständige Gemeinde zu gründen. Nach Vorstellung der Lokalkommission konnte dieses Ziel dadurch erreicht werden, daß die Regierung zunächst eine Gemarkungsfläche für Ludwigshafen bestimmte. Anschließend sollte durch Gesetz das vorhandene Gemeindevermögen von Friesenheim und Mundenheim entsprechend der jeweiligen Einwohnerzahl auf die beiden bestehenden Orte und die neue Siedlung in Liegenschaften und/oder Finanzmitteln aufgeteilt werden. Gegen diesen Ludwigshafener Lösungsvorschlag vom 2. September 1850, der gleichsam eine Teilenteignung von Friesenheim und Mundenheim bedeutet hätte, erhoben die Ratsgremien der betroffenen Gemeinden noch im selben Monat bei der Regierung der Pfalz einstimmig heftigen Widerspruch. Als wesentliche Einwände wurden geltend gemacht, daß der Handelsplatz weder auf Veranlassung noch mit Förderung der beiden Orte entstanden sei und daß wegen eigener Haushaltsprobleme und dringender Gemeindeaufgaben irgendwelche Abtretungen nicht in Betracht gezogen werden könnten, umso mehr als man in nächster Zeit sogar zur Aufnahme von Anleihen gezwungen sei, um die Finanzierung unaufschiebbarer Bauprojekte zu ermöglichen.[46]

Wenn auch dieser Versuch zur Konstituierung Ludwigshafens als selbständige Gemeinde fehlschlug, hauptsächlich weil die Regierung der Pfalz über keine rechtliche Grundlage für das gegenüber Friesenheim und Mundenheim beantragte Enteignungsverfahren verfügte, so gab die Territorialbehörde über das Landkommissariat Speyer der Lokalkommission doch einen Hinweis, der in absehbarer Zeit der Handelssiedlung mindestens zur eigenen Gemarkung verhelfen konnte. In diesem Zusammenhang wurde die Ludwigshafener Interessenvertretung aufgefordert, sich aus der schriftlichen Überlieferung und bei sachkundigen

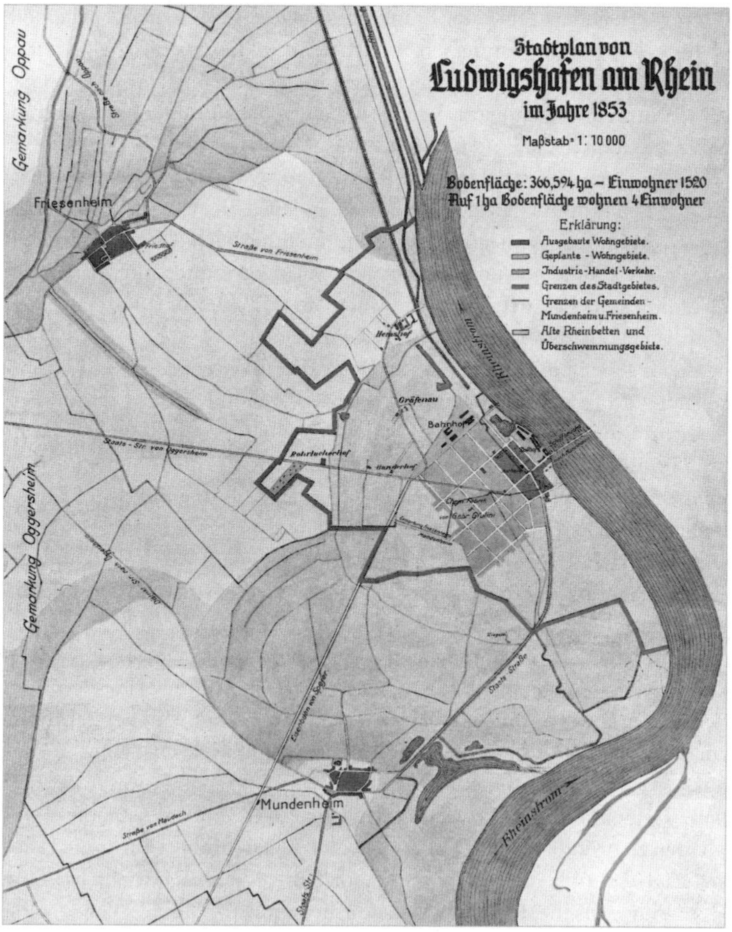

Die Gemarkung Ludwigshafen 1853 mit Einzeichnung der vorherigen Gemarkungsgrenzen von Friesenheim und Mundenheim [25]

Anmerkungen
Seite 290 und 291

47 StALu, LUA 706

48 StALu, LUA 706 sowie Poller, Denkschriften, S.45f

49 StALu, LUA 706 und Poller, Denkschriften, S.48

Zeitzeugen darüber zu informieren, ob die Rheinschanze und die Hemshöfe sowie die angrenzenden Fluren schon vor Abtretung des linken Rheinufers an Frankreich im Frieden von Campo Formio 1797 zu Mundenheim beziehungsweise Friesenheim gehört hatten oder ob diese Gebiete früher ausgegliederte selbständige Komplexe gewesen beziehungsweise unter direkter kurfürstlicher Verwaltung gestanden haben. Nach Einsichtnahme in Urkunden, Akten, Literatur und Pläne aus dem 18. Jahrhundert durch Gottfried Hoech in Mannheim bestand kein Zweifel an der Richtigkeit letzterer Vermutung. Außerdem bestätigte ein älterer Chronist in der ehemaligen kurpfälzischen Hauptstadt, daß die Rheinschanze und die Hemshöfe erst „[...] durch die Lostrennung des linken Rheinufers von Deutschland [...] den Gemeinden Mundenheim beziehungsweise Friesenheim [...] einverleibt worden seien [...]."[47]

Aufgrund eines entsprechenden Berichtes der Ludwigshafener Lokalkommission vom 29. November 1850 an das Landkommissariat und angesichts der einige Monate später durch das Steuerkontrollamt Speyer getroffenen Feststellung, daß das staatliche Steueraufkommen in der Siedlung auf über 4 000 Gulden angestiegen war, ordnete die Regierung der Pfalz nunmehr die Erstellung eines Gemarkungsplanes für Ludwigshafen an, der eine der maßgeblichen Voraussetzungen für die Gemeindegründung bedeutete. Die Bannfläche entsprach im wesentlichen den nach 1797 an Friesenheim und Mundenheim gekommenen Bereichen und verkleinerte demnach die Gebiete der beiden Dörfer auf den ehemaligen Bestand. Zugleich wurde dadurch der mit Entschließung vom 25. April 1843 unter Punkt 3 gebildete Polizeibezirk Ludwigshafen praktisch als Gemarkungsterrain ausgewiesen. Jedoch blieben die Eigentumsverhältnisse beim Grund- und Hausbesitz unberührt, so daß die Ratsgremien von Friesenheim und Mundenheim sowohl im Mai 1851 gegenüber dem Landkommissariat Speyer als auch noch einmal im Juni 1852 gegenüber der bayerischen Regierung ihren Widerstand gegen die Selbständigkeit Ludwigshafens aufgaben. Aus dem Vermögen der beiden Orte sollten lediglich die von Bewohnern der bisherigen Siedlung entrichteten Bürgereinzugsgelder der neuen Gemeinde ausgehändigt werden. Allerdings brachten die Friesenheimer und Mundenheimer Kommunalvertretungen bei ihren vorgenannten Beschlüssen auch jetzt noch die unverändert vorhandenen Besorgnisse ihrer künftig auf Ludwigshafener Gebiet ansässigen Bürger zum Ausdruck, die fortan geringere Vergünstigungen und höhere Abgaben befürchteten. Wenn diese Vorbehalte einerseits nicht unberechtigt waren, zumal was die in absehbarer Zeit wahrscheinlichen stärkeren Belastungen betraf, so stand dieser nachteiligen Perspektive doch andererseits eine erhebliche Besitzwertsteigerung in der neugebildeten zukunftsträchtigen Gemarkung gegenüber. Letztendlich konnten indessen ohnehin alle Friesenheimer sowie Mundenheimer Widersprüche und Einwände nichts bewirken, denn durch nach wie vor gültige Gesetze aus französischer Zeit bestand kein Zweifel an der Kompetenz der Staatsverwaltung zur Regulierung von Gemarkungsgrenzen selbst bei Weigerung der betroffenen Gemeinderäte und Ortsbürger.[48]

Neben der Festlegung des Gemarkungskomplexes richtete die Lokalkommission ihr Hauptaugenmerk auf die Finanzprobleme. Bei Verhandlungen mit den pfälzischen Behörden in Speyer und den bayerischen Ministerien in München hoffte man noch immer auf staatliche Mittel zur unverzüglichen Schaffung der notwendigsten Gemeindeeinrichtungen. Dafür gab es stichhaltige Gründe. So ging es nicht um die Bedürfnisse eines stillen Dorfes, sondern um die Anforderungen eines lebendigen Handelsplatzes, der durch Rheinübergang, Hafenbetrieb und Eisenbahnverkehr zusätzlich frequentiert wurde. Ferner galt es zu verhindern, daß die auch von seiten des Staates erwünschte Neuansiedlung von Handels-, Gewerbe- und Industrieunternehmen in Ludwigshafen von vornherein durch ein permanent hohes Umlagenniveau beeinträchtigt wurde. Und schließlich bestand die Gefahr, daß es bei Verzögerung der vordringlichen Kommunalinvestitionen zu längerfristigen unerträglichen Lebensverhältnissen am Ort kam. So häuften sich beispielsweise jetzt schon die Beschwerden von Einheimischen und Fremden wegen mangelnder Nachtbeleuchtung, bodenloser Ortsstraßen und verpesteter Sumpflöcher. Vorschläge der Lokalkommission, den außerordentlichen Finanzbedarf in der bereits genannten Höhe von ungefähr 120 000 bis 150 000 Gulden aus dem Kreisfonds oder durch Staatsanleihen aufzubringen, stießen jedoch auf Ablehnung der Behörden.[49]

Ludwigshafen 1853
Stahlstich nach Höfle [26]

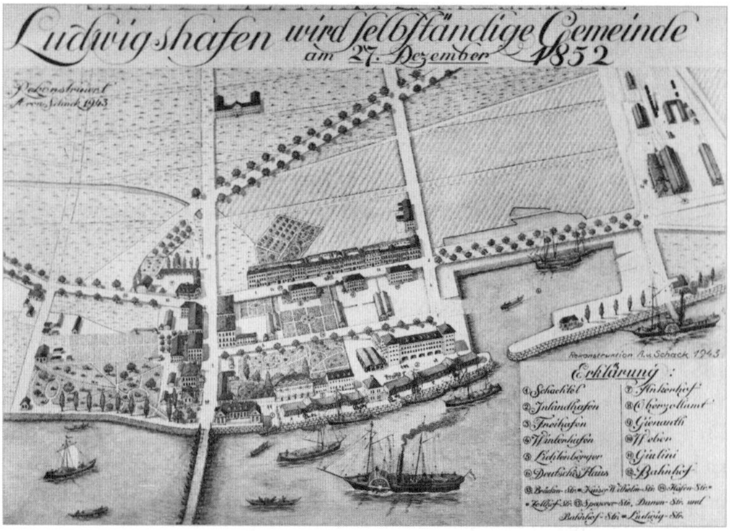

Ludwigshafen Ende 1852; Tafel von Schack [27]

Die Regierung der Pfalz hatte zwar nichts unversucht gelassen, Ludwigshafen von Anfang an zu einer soliden finanziellen Basis zu verhelfen, indessen waren alle Bemühungen auf territorialer Ebene ohne nennenswerten Erfolg geblieben. Nachdem auch die zuständigen Münchener Ressorts für Finanzen, des Innern, des Handels und für Kultur sich außerstande erklärt hatten, eine gemeinsame Startfinanzierung für die neuzugründende Gemeinde aus ihren laufenden Haushaltsmitteln bereitzustellen, faßte das Innenministerium am 26. April 1852 eine Entschließung, die zwar die baldige Selbständigkeit Ludwigshafens ermöglichte, die Lösung der brennenden Finanzprobleme jedoch offenließ. In dem vorgenannten Erlaß heißt es:

„Demgemäß ist bei der weiteren Verhandlung der Sache von dem außerordentlichen Bedarfe vorerst ganz Umgang zu nehmen und lediglich die Bildung einer eigenen Gemeinde zu Ludwigshafen gegenwärtig zu erledigen."

Entscheidend war, daß die bayerische Regierung nach Festlegung der Gemarkung und unter Berücksichtigung der Einwohnerzahl auf diesem Areal davon ausging, daß die künftige Kommunalverwaltung die laufenden Ausgaben bestreiten und sogar Haushaltsüberschüsse erwirtschaften konnte, die für die noch fehlenden Gemeindeeinrichtungen verwendet werden sollten, wobei die Direkt- oder Anleihenfinanzierung je nach Einnahmenentwicklung beziehungsweise Ratsentscheidung freigestellt wurde. Aufgrund wiederholter amtlicher Berechnungen betrugen die ständigen kommunalen Aufwendungen in Ludwigshafen jährlich ungefähr 2 500 Gulden. Um diesen Mindestbetrag ohne Umlagen erzielen zu können, wurde die Lokalkommission im Dezember 1852 von der Territorialbehörde zusammenfassend auf folgende mögliche Einnahmequellen für den Gemeindehaushalt hingewiesen: ›Pflastergeld‹, ›Oktroi‹, ›Marktstandsgeld‹, ›Fruchtmarktgebühr‹, ›Belustigungssteuer‹ und ›Bürgereinzugsgeld‹. Die Einführung und Höhe der Abgaben mußten von der nach Gemeindegründung zu wählenden Kommunalvertretung beschlossen und vom Landkommissariat Speyer als der zuständigen Aufsichtsbehörde genehmigt werden, so daß auf den Modus

Anmerkungen
Seite 293

50 *StALu, LUA 706 und Poller, Denkschriften, S.48*

51 *StALu, LUA 706, vgl. außerdem Ludwigshafen (1903), S.117, 274f; Hoffmann, S.39; Breunig, Kommunalpolitik, S.22*

der Erhebung und den Umfang des Ertrages der Haupteinnahmen Ludwigshafens im weiteren Verlauf noch einzugehen sein wird.[50]

In diesem Zusammenhang bleibt nachzutragen, daß Gottfried Hoech, der energische Vorsitzende der Lokalkommission, sich in einem Fall nicht an die Regierungsverfügungen hielt. Nachdem Wilhelm Saam seinen in den 1840er Jahren erbauten Gasthof in der damaligen Speyerer Straße aufgegeben und das neue Bahnhofsrestaurant übernommen hatte, erwarb Gottfried Hoech 1851 kurz entschlossen das bisherige Wirtshausanwesen für 19 500 Gulden zunächst auf eigene Rechnung, um Ludwigshafen noch vor der kommunalen Selbständigkeit zu einem Schul- und Gemeindehaus zu verhelfen. Zwar waren aus dem Kreisschulfonds für die Errichtung eines Schulgebäudes bereits 15 000 Gulden bereitgestellt, jedoch fehlten die finanziellen Mittel für ein Gemeindehaus. Da das Anwesen aber ausreichende Räumlichkeiten für beide Verwendungszwecke hatte, gab die staatliche Aufsichtsbehörde nachträglich ihre Zustimmung zum Gebäudeankauf, verbunden mit der Genehmigung einer längerfristigen Anleihe über 4 500 Gulden bei der ›Allgemeinen Protestantischen Pfarrwitwenkasse der Pfalz‹. Somit hatte die Eigenmächtigkeit Gottfried Hoechs für ihn keine ungünstigen Auswirkungen, er erhielt sein Kapital mit Zinsen zurück. Die Ludwigshafener Gemeinde- und spätere Stadtverwaltung hatte in diesem an der heutigen Ludwigstraße zentral gelegenen, aber unauffällig errichteten Anwesen, das nur bis 1862 zugleich als Schulhaus diente und danach verschiedentlich Aus- und Umbauten erfuhr, für längere Zeit ihren Hauptsitz. Wahrscheinlich war Gottfried Hoech beim Erwerb des Gebäudes von einer vorübergehenden Lösung ausgegangen, solange sich Ludwigshafen kein repräsentatives Rathaus leisten konnte. Daß es bis dahin allerdings mehr als ein halbes Jahrhundert dauern sollte, dürfte er wohl kaum vermutet haben.[51]

Jedenfalls verfügte Ludwigshafen über ein öffentliches Gebäude, in dem vom 25. bis 28. November 1852 die Abstimmung der Einwohnerschaft darüber stattfand, ob die Siedlung eine eigenständige Kommune werden sollte. Die Lokalkommission hatte eine Woche zuvor in einem Aufruf, der an sämtliche Haushaltungen verteilt worden war, noch einmal auf die Vorteile der kommunalen Selbständigkeit hingewiesen und vor allem die Finanzhoheit des künftigen Gemeinderates hervorgehoben, die erforderlich sei, um einerseits vordringliche Aufgaben bewältigen und andererseits unerwünschte Umlagen fernhalten zu können. Stimmberechtigt waren sämtliche ungefähr 300 volljährigen Haushaltungsvorstände, demnach auch unverheiratete und verwitwete Frauen. Insgesamt trugen sich 143 Personen in die ausgelegten Listen ein, wovon 132 für und 11 gegen die Konstituierung Ludwigshafens als politische Gemeinde votierten. Die Gegenstimmen kamen ausschließlich aus der bäuerlichen Bevölkerungsschicht, die an dem von Handel und Gewerbe dominierten Platz zurecht eine Schmälerung ihres Einflusses und ihrer Interessen befürchtete. Hauptopponenten waren die Großgrund- und Gasthofbesitzer Peter Frank und Jakob Jotter, die sich schon seit Jahren offen gegen die Abtrennung ihrer Liegenschaften von Mundenheim beziehungsweise Friesenheim ausgesprochen hatten. Daneben gab es eine Reihe von Einwohnern, die der Abstimmung fernblieben, vermutlich weil sie an der Fragestellung desinteressiert waren. Jedenfalls bestand ein erheblicher Unterschied zwischen der Anzahl der Stimmberechtigten

Die Königliche Filialbank am Ludwigsplatz; um 1880 [28]

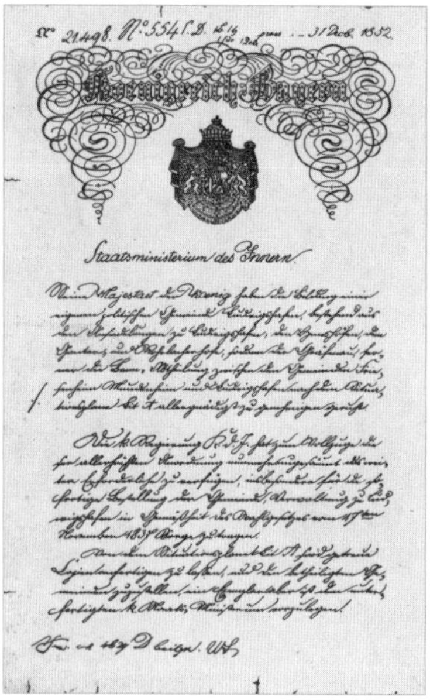
Königreich Bayern

Staatsministerium des Innern

Erste Seite der königlichen Verordnung zur Gründung der Gemeinde Ludwigshafen, 27.12.1852 [29]

und der Abstimmungsteilnehmer. Die Lokalkommission ließ sich jedoch weder von der unzulänglichen Beteiligung noch von der schichtspezifischen Ablehnung beeinflussen. In ihrem Bericht an das Landkommissariat Speyer vom 29. November 1852 über den Verlauf und das Resultat der Befragung stellte sie die überwältigende Befürwortung der kommunalen Selbständigkeit Ludwigshafens durch mehr als 90% der Abstimmungsteilnehmer in den Vordergrund und brachte ihre Hoffnung auf baldige Anerkennung des Abstimmungsergebnisses durch die bayerische Regierung zum Ausdruck.[52]

Ende 1852 zählte Ludwigshafen bereits mehr als 1 500 Einwohner. Ungefähr weitere 500 Personen waren am Ort tätig, hatten jedoch in benachbarten Gemeinden ihr Domizil, hauptsächlich weil es in der Siedlung nicht genügend Wohnraum gab. Schon damals spielten die einpendelnden Arbeitskräfte somit eine wesentliche Rolle. Die relativ hohe Anzahl der Beschäftigten war darauf zurückzuführen, daß sich inzwischen neben verschiedenen Behörden und Agenturen über 50 Handels- und fast 160 Gewerbebetriebe sowie einige Fabriken, darunter mit der Firma Gebrüder Giulini das erste Chemieunternehmen, am Platz niedergelassen hatten. Den Behörden zugeordnet wurden seinerzeit auch die 1849 von Speyer nach Ludwigshafen übergesiedelte Direktion der Pfälzischen Eisenbahnen sowie die 1852 errichtete Filiale der Königlichen Bank Nürnberg. Weitere nennenswerte Zugänge am Ort waren einige Niederlassungen von Dampfschiffgesellschaften, die damals als Agenturen bezeichnet wurden. Zu den kurz angeführten bedeutenden Fortschritten gehörte schließlich die Ende 1850 erfolgte Einrichtung einer öffentlichen Volksschule mit zwei Abteilungen für katholische und protestantische Kinder, so daß von diesem Zeitpunkt an kein weiter Schulweg nach Friesenheim oder Mundenheim mehr zurückzulegen und ein kontinuierlicher Schulbesuch endlich gewährleistet war. Eingehende Betrachtungen zu den vorgenannten Fakten, Trends und Strukturen während der letzten Jahre vor der Gemeindegründung Ludwigshafens finden sich im weiteren Verlauf dieses Beitrags.[53]

Gemeindegründung und Konsolidierung 1853—1859

Nachdem sich bei der Abstimmung hauptsächlich die ortsansässigen Kaufleute und Gewerbetreibenden für die kommunale Selbständigkeit ausgesprochen hatten, wurde bereits einen Monat später mit einer Entschließung des bayerischen Königs Maximilian II. vom 27. Dezember 1852 die Bildung der Gemeinde Ludwigshafen verkündet. Da es sich bei diesem Beschluß gleichsam um die offizielle Gründungsurkunde handelt, erfolgt nachstehend die Wiedergabe in vollem Wortlaut:

„Seine Majestät der König haben die Bildung einer eigenen politischen Gemeinde Ludwigshafen, bestehend aus den Ansiedlungen zu Ludwigshafen, den Hemshöfen, dem Ganter- und Rohrlacherhofe, sodann der Gräfenau, ferner die Bannabtheilung zwischen den Gemeinden Friesenheim, Mundenheim und Ludwigshafen nach dem Situationsplane K allergnädigst zu genehmigen geruht.

Die Königliche Regierung, Kammer des Innern, hat zum Vollzuge dieser Allerhöchsten Anordnung nunmehr ungesäumt das weiter Erforderliche zu verfügen, insbesondere für die sofortige Bestellung der Gemeindeverwaltung zu Ludwigshafen in Gemäßheit des Wahlgesetzes vom 17. November 1837 Sorge zu tragen.

Anmerkungen
Seite 294 und 295

52 *StALu, LUA 706 sowie Ludwigshafen (1903), S. 119, 201ff; Einwohnerverzeichnis, d. h. Liste der Haushaltungsvorstände vom 25. Juni 1852*

53 *StALu, LUA 706, außerdem Ludwigshafen (1903), S. 116, 119, 288 sowie Poller, Denkschriften, S. 18ff*

54 *zu Maximilian II. vgl. Haus der Bayer. Geschichte*

55 *ebd., S. 233*

56 *Ziegler, S. 113ff*

57 *ebd., S. 138*

58 *StALu, LUA 706*

Der Stadtgründer: König ***Maximilian II. von Bayern***[54]

Maximilian II. (1811—1864), ein „meditativ" veranlagter, oft zögerlicher, „eher biederer und ernster Gelehrtentyp"[55] war in Geschmack und Lebenszuschnitt ganz Repräsentant des bürgerlichen 19. Jahrhunderts: In glücklicher Ehe mit Prinzessin Marie von Preußen verbunden, schätzte er Landaufenthalte vor allem im bayerischen Oberland – wo er sich mit dem Schloß Hohenschwangau einen großartigen Sommersitz schuf – und trug am liebsten Zivil.

Trotz seines bürgerlichen Erscheinungsbilds war Maximilian II. kaum der ›geborene‹ Gründer einer modernen Industriestadt. Zwar wollte er das Gewerbe fördern, gründete schon im Jahr seiner Regierungsübernahme ein Handelsministerium und einen Unterstützungsfonds für industrielle Projekte, und die 1854 im – nach Londoner Vorbild errichteten – Münchner Glaspalast abgehaltene große Industrieausstellung war ein Höhepunkt seiner Regierung. Doch plädierte er wiederholt dafür, mit Fabrikenkonzessionen nicht zu großzügig zu sein, da ihm die Zusammenballung von „Proletarier-" Massen als Brutstätte des Sozialismus und Gefahr für die monarchische und gesellschaftliche Ordnung verdächtig war. Ganz dementsprechend spielte er zwar mit liberalen Wirtschaftsmodellen, beseitigte aber nicht die im rechtsrheinischen Bayern bestehenden Hemmnisse. Um die Bildung von sozialen Brennpunkten zu vermeiden, bestand der König bei der Konzessionierung großer Fabriken auf der Errichtung von Betriebskrankenkassen. Jährlich gab er rund 160000 Gulden aus seiner Privatschatulle zur Hilfe für Arme, ließ sich über die Lage der Unterschichten informieren und schrieb Preisfragen zur Lösung der ›sozialen Frage‹ aus. Eine umfassende Sozialpolitik, wie sie verschiedentlich an ihn herangetragen wurde, hat er aber nicht durchgesetzt.

Geprägt von der für ihn traumatischen Erfahrung der Revolution von 1848/49, während der er nach der Abdankung seines Vaters auf den Thron gekommen war, hielt er sich – mehr aus Vernunft als aus Neigung – an die Prinzipien der bayerischen Verfassung. Dennoch versuchte er nach 1849 lange, liberale Zugeständnisse der Revolutionszeit rückgängig zu machen. Gerade die Pfalz,[56] die sich noch 1849 zum Aufstand erhoben hatte, wurde zuerst dem Kriegsrecht und dann einer lange dauernden Periode reaktionärer Herrschaft unterworfen, in der „unzuverlässige" Staats- und Kirchenbedienstete verdrängt, die liberale Presse zermürbt und Wahlen massiv beeinflußt wurden. Erst 1859 ernannte Maximilian II. ein fortschrittlicheres Ministerium und kommentierte – wohl halb resigniert: „Ich will Frieden haben mit meinem Volke."[57]

Der König, der in Göttingen und Berlin studiert hatte, war stark an der Förderung von ›Künsten‹ und Wissenschaften interessiert. Das ›Maximilianeum‹ als Studien- und Förderinstitut entsprang seiner Initiative. Er pflegte engen Kontakt mit namhaften Wissenschaftlern seiner Zeit – u. a. Ranke und Liebig – und berief zahlreiche protestantische norddeutsche Gelehrte an die Münchner Universität, die in der katholischen Bevölkerung allerdings als „Nordlichter" geschmäht wurden. Im Dienste einer Stärkung konservativen Heimatgefühls und einer königstreuen Gesellschaft förderte er die Erforschung und Bewahrung der Volkskultur und stiftete das Bayerische Nationalmuseum. In Nürnberg entstand unter seiner Ägide das Germanische Nationalmuseum. Die Münchner Maximilianstraße mit ihrem charakteristischen Stil verdankt dem König ihre Entstehung. Die von ihm gegründete Stadt Ludwigshafen hat Maximilian II., der 1864 einer schweren Krankheit erlag, mehrmals besucht, so im Oktober 1852, im Juni 1858 und im Juni und Oktober 1860. [S.M.]

Der Stadtgründer
König Maximilian II. von Bayern
mit seiner Frau Marie
Fotografie von 1860 [30]

Von dem Situationsplane Lit. K sind getreue Copien anfertigen zu lassen und den betheiligten Gemeinden zuzustellen, ein Exemplar aber ist dem unterfertigten Königlichen Staatsministerium vorzulegen."[58]

Die Lokalkommission, die am 18. Januar 1853 die amtliche Mitteilung erhalten hatte, daß sie am Ziel ihrer mehr als dreijährigen Bemühungen angelangt war, drängte nunmehr auf eine rasche Durchführung der ersten Gemeinderatswahl. In einem Schreiben an das Landkommissariat Speyer heißt es:

„Im Allgemeinen ist die Erhebung Ludwigshafens zu einer eigenen Gemeinde sehr freudig begrüßt worden und alles ist in der gespanntesten Erwartung hinsichtlich des Ausfalls der Gemeinderathswahlen, die wir daher nach Kräften zu beschleunigen bitten."

Eine weitere gelungene Stadtgründung im 19. Jahrhundert in Deutschland: Bremerhaven, um 1845 [31]

Ludwigshafen – die einzige gelungene Stadtgründung im deutschen Binnenland im 19. Jahrhundert?

Schon im ersten Kapitel dieser Stadtgeschichte wurde Ludwigshafen als einzige gelungene Stadtgründung des 19. Jahrhunderts im deutschen Binnenland gekennzeichnet. Ist diese Behauptung zutreffend? Entstanden nicht im Zeichen der Industrialisierung Dutzende neuer Städte vor allem in der zweiten Hälfte des 19. Jahrhunderts?[59]

Zweifelsohne erfuhr das Siedlungsbild Deutschlands zwischen 1850 und 1910 eine tiefgreifende Wandlung. Lebten 1871 rund 88% der Bevölkerung in Dörfern und Kleinststädten unter 20 000 Einwohnern, so beherbergten vor Beginn des Ersten Weltkriegs die Städte über 20 000 Einwohner mehr als ein Drittel der Einwohner des Deutschen Reiches.[60] Schwerpunkte dieses Verstädterungsprozesses waren vor allem die Industriezentren an Rhein und Ruhr und in Oberschlesien, wo Kohle, Stahl und Eisen das Bild beherrschten. Auch die Gemeinden in der alten Industrielandschaft in Sachsen und Mitteldeutschland, die großen Seehäfen sowie die Reichshauptstadt Berlin und ihre Randgemeinden wuchsen enorm an. In Süddeutschland konzentrierte sich die Industrie im wesentlichen um die alten Zentren München, Nürnberg, Augsburg, Stuttgart Frankfurt und Mannheim herum.

Fast alle jene gewaltig vergrößerten Kommunen waren jedoch keine Neugründungen, sondern jahrhundertealte Städtchen oder Dörfer, die oft im Laufe der zweiten Hälfte des 19. und in den ersten Jahren des 20. Jahrhunderts die Stadtrechte erhielten.[61] Manche der Industrieorte verharrten allerdings sehr lange oder dauerhaft im Status einer Landgemeinde, obwohl sie zum Teil schon über 100 000 Einwohner hatten. Und viele der Orte mit dem steilsten Bevölkerungswachstum, wie etwa das rheinische Hamborn, das von 1871 4 000 auf über 102 000 Einwohner 1910 anwuchs, blieben nur wenige Jahre selbständige Städte: Wer kennt heute noch außerhalb der Region die Städte Buer, Sterkrade oder Linden? Sie wurden eingemeindet und sind heute Teil von Gelsenkirchen, Oberhausen bzw. Hannover. Hamborn, 1911 zur Stadt erhoben, heißt heute Duisburg-Hamborn. Die Randgemeinden Berlins, von denen eine Reihe das Stadtrecht erlangt hatten – zuerst 1898 Schöneberg – gingen 1920 in Groß-Berlin auf.

Überblickt man die Liste der größeren Städte des Jahres 1910, so finden sich nur wenige wirkliche Neugründungen des 19. Jahrhunderts darunter. Die größte Ähnlichkeit mit Ludwigshafen weist dabei eindeutig Oberhausen auf.

„Die Eisenbahn aber führt uns weiter nach Oberhausen, mitten in eine Landschaft, welche eine Staffage von nordamerikanischem Gepräge hat, wir befinden uns in ödester Sandgegend [...] und mitten in ihr erblicken wir die Schöpfungen des modernsten Kulturlebens, eben aus dem Boden gestiegene Stationsgebäude, Häuser, Hotels, Fabriketablissements, und ehe viel Zeit verfließt, wird mit amerikanischer Schnelligkeit eine Stadt aus diesen Sandhügeln aufwachsen [...]."[62]

Diese Worte eines Beobachters aus dem Jahr 1856 könnten auch auf Ludwigshafen zutreffen.

Und doch gibt es wesentliche Unterschiede: Grundlage der Entstehung Oberhausens waren die Kohlenlager der Region. Sie führten schon lange vor der Gründung der Gemeinde (1862) und der Stadt (1874) zur Ansiedlung von Industrien, die wiederum den Bahnbau förderten. Um den nach einer alten Burg in der Nähe ›Oberhausen‹ genannten Bahnhof entstanden Arbeitersiedlungen und Fabriken. Die Stadtgründung versuchte dann, diese Entwicklung in geordnete Bahnen zu lenken. „Die ,verspätete Stadt' mußte sich [...] in die Lücken einfügen, die Großbetriebe und Eisenbahngesellschaften ihr ließen."[63] Ein ganz ähnliches Bild bietet das

Anmerkungen Seite 296 und 297

59 *Liste der Städte im Deutschen Reich 1910 im Diplomatisch-statistischen Jahrbuch des Gothaischen Hofkalenders 1913, bes. S. 633f*

60 *Nipperdey, S. 33*

61 *Informationen zu den Städten: Erich Keyser (Hg.), Deutsches Städtebuch, Stuttgart 1952ff; v.a. Rheinisches, Westfälisches und Niedersächsisches Städtebuch; Handbuch der historischen Stätten Deutschlands, Stuttgart 1958ff. Auch Neu-Ulm, 1869 zur Stadt erhoben und in seiner Entstehung immer wieder mit Ludwigshafen verglichen, war schon älter und 1811 aus den bayerisch gebliebenen Teilen von Ulm gebildet worden. Seinen Aufstieg verdankte es dem planmäßigen Ausbau als Teil der Bundesfestung Ulm. Militär und nicht Industrie war also hier der Entwicklungsmotor. Durch den Festungsring blieb Neu-Ulm allerdings bis ins 20. Jahrhundert im Status einer Kleinstadt.*

62 *Reif, Einbanddeckel*

63 *Reif, S. 456*

64 *Weczerka, S. 236*

65 *Ludwigshafen: 1843 Anlage, 1853 Gemeinde, 1859 Stadt; Bremerhaven: Hafengründung 1827, 1837 Gemeindeordnung, 1851 Stadt; Wilhelmshaven: 1856 Beginn des Hafenbaus, 1869 Namensgebung, 1873 städt. Verfassung; zu Bremerhaven und Wilhelmshaven vgl. Keyser*

66 *StALu, LUA 1440, vgl. dazu auch Breunig, Kommunalpolitik, S. 24f*

67 *ebd.*

oberschlesische Königshütte (heute Chorzów), das 1868 eine Reihe von Siedlungen in einer Stadt zusammenfaßte, die um die „Königs-(Kohlen-) Grube" und die „Königshütte" emporgewachsen waren.[64]

Ludwigshafen, Wilhelmshaven und Bremerhaven, die alle um die Mitte des 19. Jahrhunderts entstanden,[65] zeigen ein anderes Entwicklungsmuster: hier folgt die Stadtgründung nicht der eher anarchischen Industrieansiedlung. Vielmehr wurde von Anfang an auf die Gründung einer neuen Stadt hingearbeitet: Zentral waren in jedem Fall nicht Bodenschätze, die keine der drei Gründungen aufzuweisen hatte, sondern ein Hafen – in Wilhelmshaven ein Marinestützpunkt, um den ein entsprechendes Strassenraster entworfen wurde. Auch zeigen die Namen der Ansiedlungen – der des republikanischen Stadtstaates bzw. der regierenden Monarchen, daß es sich um planmäßige Neugründungen handelt, die einzigen im Deutschland des 19. Jahrhunderts. Ludwigshafen hat unter ihnen die bei weitem größte Bevölkerungszahl.

[S.M.]

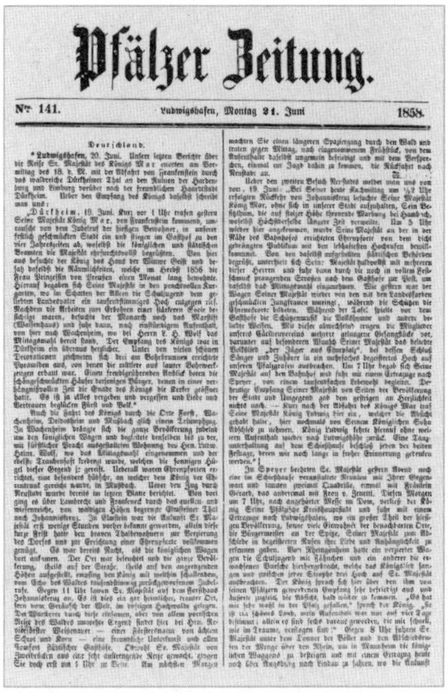
Pfälzer Zeitung.
Nr 141. Ludwigshafen, Montag 21. Juni 1858.

Die erste Zeitung in Ludwigshafen, die konservative ›Pfälzer Zeitung‹ des Arztes Dr. Lukas Jäger [32]

Aufgrund der damaligen Einwohnerzahl Ludwigshafens waren 18 Ratsmitglieder und 6 Ersatzleute zu wählen. Das aktive Wahlrecht hatten nach dem Gesetzestext alle volljährigen männlichen Personen, die in der Gemeinde ansässig waren. Von den rund 1 500 Einwohnern um 1853 erfüllten ungefähr 240 die Bedingungen. Tatsächlich waren aber nur 215 Bürger wahlberechtigt, da die Lokalkommission bei Erstellung der Wählerliste verschiedene Personen nicht aufgenommen hatte, was gegenüber der Aufsichtsbehörde ganz im Zeichen der konservativ-antirevolutionären Politik im Gefolge der Ereignisse von 1848/49 wie folgt begründet wurde:

„Dieses Verzeichnis wurde in Gemeinschaft mit dem hiesigen Königlichen Polizei-Kommissariat angefertigt, und wir haben uns bemüht, daraus alle jene Elemente entfernt zu halten, denen, sei es ihrer politischen Gesinnung wegen, sei es ihrer Vermögens-Umstände oder um ihrer moralischen Aufführung willen, nach unserer Ansicht die bürgerliche Aufnahme verweigert werden müßte."[66]

Während für die Ausübung des aktiven Wahlrechtes keine fiskalischen Bedingungen zu erfüllen waren, hing das passive Wahlrecht, das heißt die Wählbarkeit zum Ratsmitglied, von einer bestimmten Steuerleistung ab. In Ludwigshafen, aufgrund der damaligen Bevölkerungszahl eine Gemeinde dritter Klasse, mußten sich die Mandatsbewerber in den höchstbesteuerten zwei Dritteln der Ortsbürger befinden. Diese Bestimmung gewährleistete, daß nur begüterte Einwohner, die nach den zeitgenössischen Vorstellungen auch über das erforderliche Verantwortungsbewußtsein verfügten, die kommunalen Entscheidungen trafen. Von den 215 aktiv wahlfähigen Bürgern Ludwigshafens hatten 144 nach dem Gesetz die Möglichkeit, in den Gemeinderat gewählt zu werden. In Wirklichkeit war die Anzahl der Kandidaten jedoch weitaus geringer, weil sich am Ort bereits eine Oberschicht gebildet hatte, die ihre Meriten und Perspektiven eindrucksvoll darzustellen verstand. Aussichtsreiche Bewerber dürften kaum mehr als 40 Personen gewesen sein.[67]

Die erste Ludwigshafener Kommunalwahl, die am 9. März 1853 unter Vorsitz des Königlichen Landkommissärs Franz Hausmann stattfand, wurde als Persönlichkeitswahl durchgeführt. Jeder Stimmberechtigte, der im Wahllokal erschien, erhielt ein amtliches Formular, in das er die Namen von 24 Mitbürgern eintrug, die er wählen wollte. Diejenigen

Franziska Viktoria, geb. Wacker (1818—1861), Gattin Heinrich Wilhelm Lichtenbergers und Tochter eines Sinsheimer Kaufmanns [33]

Heinrich Wilhelm Lichtenberger. Gemälde wohl um 1838 vor dem Hintergrund der Rheinschanze und Mannheim. Rechts, hinter Lichtenberger, das noch unvollendete Lichtenberger-Haus [34]

Anmerkungen
Seite 298 und 299

68 *Raimar, Lichtenberger; Oberdorffer, Bürgermeister, S. 12f, 19ff; Poller, Denkschriften, S. 97f*

69 *StALu, LUA 1440 sowie Breunig, Kommunalpolitik, S. 26*

70 *Ludwigshafen (1903), S. 155ff und S. 209ff*

Heinrich Wilhelm Lichtenberger[68] *wurde 1811 als Sohn von Philipp Markus Lichtenberger und Enkel Johann Heinrich Scharpffs in Speyer geboren. Zum Erben des Handelshauses in der Rheinschanze wurde er erst im Alter von 23 Jahren nach dem Tod seines älteren Bruders Philipp Heinrich. In den Jahren nach 1835/36 übertrug ihm sein Vater die Leitung des Geschäfts und überließ ihm die Vollendung des repräsentativen Hauses in der Rheinschanze. Auch bei den Verhandlungen um den Bau der pfälzischen Eisenbahn war er einbezogen. Heinrich Wilhelm, dessen „offenkundige Fähigkeit, Menschen zu gewinnen und [...] liebenswertes Wesen" gerühmt wurden, pflegte wie sein Vater beste Beziehungen zur Politik: 1840 wurde König Ludwig I. Pate seines ersten Sohnes Ludwig, wobei der Monarch betonte, wie wichtig es ihm sei, daß das Kind „gut teutsch" Ludwig und nicht etwa Louis heiße! Geschäftlich operierte Heinrich Wilhelm offenbar nicht so erfolgreich. Nachdem er die Firma in der Rheinschanze 1842 geerbt hatte, verkaufte er sie 1843 an den bayerischen Staat, blieb aber auch danach als Kaufmann – Holz-, Weinhändler – und überaus wohlhabender Einwohner in Ludwigshafen präsent. Daneben hatte er sein Geld in den Salzbergwerken von Heilbronn angelegt. Am Aufbau der neuen Gemeinde nahm er intensiven Anteil. Nachdem Gottfried Hoech nicht zur Wahl stand, war es nur konsequent, daß Lichtenberger 1853 zum ersten Bürgermeister bestimmt wurde. In dieser Funktion kamen ihm seine menschlichen Qualitäten zweifellos zugute. Sie konnten allerdings nicht verhindern, daß er 1862 wegen schwerer Konflikte mit der vorgesetzten Behörde vorzeitig von seinem Amt zurücktrat. 1872 ist Lichtenberger in Ludwigshafen verstorben. „Er war ein braver, gewissenhafter Mann und allgemeine Achtung folgt ihm ins Grab", lobte der ›Ludwigshafener Anzeiger‹ in seinem Nachruf. [S.M.]*

18 Personen, denen die meisten Stimmen zufielen, bildeten den Gemeinderat, die in der Stimmenzahl folgenden sechs Personen waren Ersatzleute. Von den 215 Wahlberechtigten nahmen 172 an der Abstimmung teil, was einer Wahlbeteiligung von 80% entsprach. Die höchste Stimmenzahl, nämlich 168, erreichte Heinrich Wilhelm Lichtenberger, so daß dieser an erster Stelle in die Kommunalvertretung gelangte. Um überhaupt einen Sitz im Ratsgremium zu erhalten, waren 88 Stimmen erforderlich, die auf Johann Rödel an 18. Stelle entfielen. Allerdings konnten die drei mit weniger als 100 Stimmen gewählten Personen nur deshalb ihre Mandate erlangen, weil die Ärzte Dr. Simon Gutherz und Dr. August Schneider sowie der Gerichtspräsident Dr. Heinrich Otto von Schnellenbühl, die höhere Stimmenzahlen erzielt hatten, den Eintritt in das Kollegium ablehnten. So war Dr. Lukas Jäger, der Redakteur der ›Pfälzer Zeitung‹, der einzige Akademiker im ersten Ludwigshafener Gemeinderat. Mit der Wahl von acht Kaufleuten und sechs Handwerkern erreichten Handel und Gewerbe starke Vertretungen im Ratsgremium. Die vorherrschende Repräsentation dieser beiden Erwerbsgruppen entsprach durchaus der sozialen Zusammensetzung der Bürgerschaft um die Mitte des 19. Jahrhunderts. Schließlich gehörten zwei Lotterieeinnehmer und ein Gastwirt der ersten Kommunalvertretung an.[69]

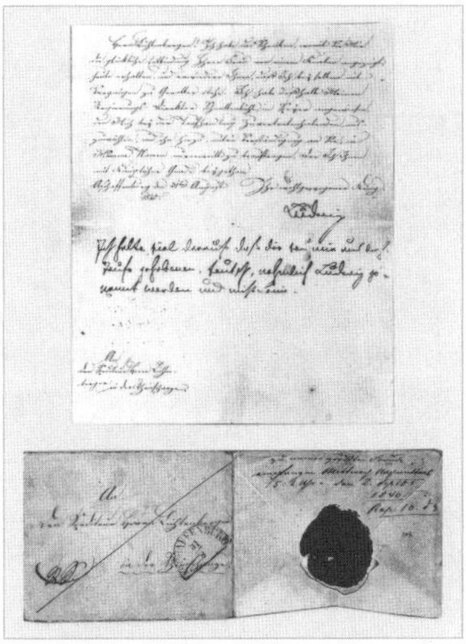

Brief König Ludwigs I. an Heinrich Wilhelm Lichtenberger mit der Zusage der Taufpatenschaft für dessen ersten Sohn Ludwig, 1840 [35]

Nachdem die Einwohnerschaft Ludwigshafens bis Ende der 1850er Jahre bereits auf weit mehr als 2 500 Personen angewachsen war, erhöhte sich die Anzahl der Mandate von 18 auf 23. Eine Änderung in der Sozialstruktur des Ratsgremiums war damit allerdings nicht verbunden. Bei sämtlichen generell alle fünf Jahre abgehaltenen Wahlen bis 1870 blieb es bei der Dominanz von Vertretern des Handels und Gewerbes, obwohl spätestens seit Mitte der 1860er Jahre hauptsächlich durch verstärkten Zuzug von Arbeitern ein spürbarer Wandel im Gefüge der ortsansässigen Bevölkerung eingesetzt hatte. Die Kommunalvertretung war davon aber insofern nicht betroffen, als diese Entwicklung zwar die soziale Zusammensetzung der gesamten Einwohnerschaft, nicht jedoch die der wahlberechtigten Bürgerschaft veränderte, was in anderem Kontext noch genauer zu erläutern sein wird.[70]

Im Jahr 1853, als die administrativen Probleme im Zusammenhang mit der Gemeindegründung Ludwigshafens im Vordergrund des lokalen Interesses standen, hatten die demographischen Faktoren noch geringe Bedeutung. Die einflußreichsten Mitglieder des ersten Ratsgremiums waren zweifellos Heinrich Wilhelm Lichtenberger, der ehemalige Eigentümer der Rheinschanze und Inhaber eines großen Handelsunternehmens, der Spediteur Carl Huß sowie Josef Hoffmann, der Besitzer eines expansiven Baugeschäftes. Aufgrund ihres vorbildlichen Engagements für die Aufwärtsentwicklung Ludwigshafens, begonnen mit der Tätigkeit in der Lokalkommission, wurden diese drei Persönlichkeiten auch nacheinander zu ehrenamtlichen Bürgermeistern gewählt. Heinrich Wilhelm Lichtenberger stand 1853 bis 1862, Carl Huß 1863 bis 1868 und Josef Hoffmann 1868 bis 1872 an der Spitze der Kommunalverwaltung. Ein Rätsel wird wahrscheinlich immer bleiben, warum Gottfried Hoech, der Vorstand der Lokalkommission, 1853 auf eine Ratskandidatur verzichtete. Von ihm, der sich maßgeblich für die Gemeindegründung eingesetzt hatte, wären bestimmt auch in der folgenden Zeit starke Impulse ausgegangen. Insbesondere hätte Gottfried

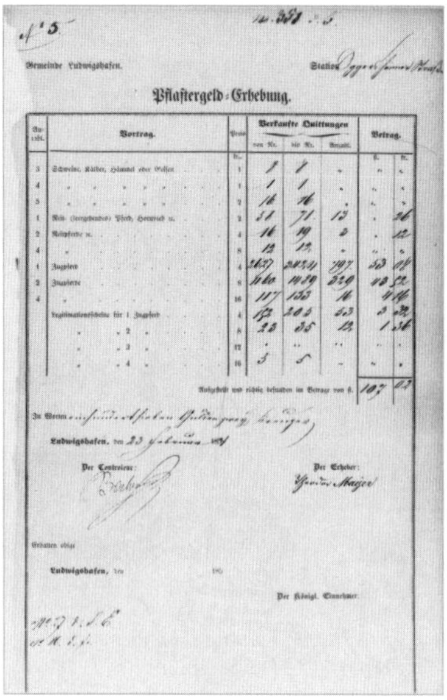
N° 5 — Nr. 351

Gemeinde Ludwigshafen. Station

Pflastergeld-Erhebung.

Anzahl	Vortrag.	Preis	Verkaufte Quittungen von Nr.	bis Nr.	Anzahl	Betrag fl.	kr.
5	Schweine, Kälber, Hämmel oder Geißen	1	1	1	-	-	-
4	"	1	1	1	.	.	.
5	"	2	16	16	.	.	.
1	Reit- (leergehendes) Pferd, Hornvieh u.	2	51	71	13	.	26
2	Reitpferde u.	4	16	19	3	.	12
4	"	8	12	12	.	.	.
1	Zugpferd	4	2627	2824	197	53	08
2	Zugpferde	8	1160	1489	329	43	52
4	"	16	117	133	16	4	16
	Legitimationsscheine für 1 Zugpferd	4	152	205	53	3	32
	" 2 "	8	23	35	12	1	36
	" 3 "	12	.	..	..	.	.
	" 4 "	16	5	5	-	-	.
	Aufgestellt und richtig befunden im Betrage von fl.					107	02

In Worten [illegible]

Ludwigshafen, den 23 Februar 1854

Der Controleur: — Der Erheber:

Erhalten obige

Ludwigshafen, den 18

Der Königl. Einnehmer:

Pflastergeld-Erhebung, 1854 [36]

Hoech als Ratsmitglied die besten Aussichten gehabt, zum ersten Bürgermeister von Ludwigshafen gewählt zu werden, galt er doch damals als Favorit für dieses Amt.[71]

Nach den Wahlen konstituierte sich die Kommunalvertretung am 15. April 1853. Dieser Tag gilt allgemein als offizielles Gründungsdatum der Gemeinde Ludwigshafen. Heinrich Wilhelm Lichtenberger leitete nunmehr im Alter von 42 Jahren als ehrenamtlicher Bürgermeister die Verwaltung und behielt das Amt mehr als neun Jahre. Seine offenkundige Fähigkeit, tatkräftige Menschen zu gewinnen und durch liebenswertes Wesen festzuhalten, dürfte es ihm erleichtert haben, sich in dieser neuen Kommune mit ihrem uneinheitlichen Gesellschaftsgefüge als ausgleichende und verbindende Kraft zu behaupten. Als er dann mit 51 Jahren vom Bürgermeisteramt vor Ende der Wahlperiode zurücktrat, hatten schroffe Meinungsverschiedenheiten mit dem Landkommissariat Speyer dazu Veranlassung gegeben. In der Amtszeit Heinrich Wilhelm Lichtenbergers galt es zunächst, der jungen Gemeinde eine finanzielle Grundlage zu verschaffen. Was die Einnahmen während der Anfangsjahre betraf, so ist festzustellen, daß Ludwigshafen weder über Grund- noch Kapitalvermögen in nennenswertem Umfang verfügte. Zinserträge wurden deshalb kaum erzielt.[72]

Unter den wesentlichen Einnahmen war das Bürgereinzugsgeld in der Anfangszeit die ergiebigste Quelle. Es konnte nach den Bestimmungen eines bayerischen Gesetzes entsprechend den Vorteilen, die eine Gemeinde den Neubürgern bot, bis zur Maximalhöhe von 200 Gulden festgesetzt werden. In Anbetracht des großen Geldbedarfs beschloß der Ludwigshafener Gemeinderat 1853 mit Zustimmung der Regierung der Pfalz teilweise sogar noch höhere Beträge. Während bayerische Staatsangehörige bei der Bürgeraufnahme 200 Gulden zu bezahlen hatten, mußten Zuwanderer aus den Zollvereinsstaaten 220 und die übrigen Neubürger 260 Gulden entrichten. Als Gründe für diese stattlichen Gebührensätze wurden einerseits der rasche wirtschaftliche Aufschwung am Ort, andererseits die beabsichtigte strikte Fernhaltung von Minderbemittelten angegeben. Im Haushaltsjahr 1853/54 erbrachte das Bürgereinzugsgeld mit 4 334 Gulden mehr als ein Drittel der ordentlichen Einnahmen.

Der Pflasterzoll wurde im Herbst 1853 durch eine Regierungsentschließung in Ludwigshafen eingeführt. Die Erträge sollten ausschließlich zur Herstellung und Instandhaltung des Ortspflasters verwendet werden. Wegen finanzieller Schwierigkeiten setzte sich die Gemeindeverwaltung indessen über diese Zweckbindung hinweg. Mit anderen Worten: Der Pflasterzoll diente jahrelang zur Verwirklichung anderer wichtiger Projekte auf dem Tiefbausektor. Es hagelte deshalb Beschwerden, weil diese Gebühren erhoben wurden, obwohl es in Ludwigshafen überhaupt noch kein Straßenpflaster gab. Der Pflasterzoll war wie folgt gestaffelt: für jedes eingespannte Pferd: 4 Kreuzer; für jedes berittene oder leergehende Pferd: 2 Kreuzer; für jedes Hornvieh: 2 Kreuzer; für Kleinvieh – Schweine, Kälber, Schafe, Ziegen – je 5 Tiere: 2 Kreuzer, 3—4 Tiere: 1 Kreuzer, 1—2 Tiere: 0 Kreuzer. Der Pflasterzoll wurde an den Ortseingängen erhoben gegen ein Zeichen, auf dem der entrichtete Betrag stand. Das Zeichen mußte beim Verlassen der Gemeinde wieder abgegeben werden. Von den Gebühren waren neben der Ludwigshafener Einwohnerschaft sämtliche Angehörige des Hofes, des Militärs,

Anmerkungen
Seite 300 und 301

71 *vgl. dazu Breunig, Kommunalpolitik, S. 26f*

72 *ebd., S. 27f*

73 *ebd., S. 28ff*

der Behörden und der Post befreit. Alle sonstigen Passanten und Besucher Ludwigshafens hatten Pflasterzoll zu bezahlen, wenn sie Nutztiere mit sich führten. Die Einnahmen, die durch diese Abgabe im ersten Erhebungsjahr 1853/54 erzielt wurden, betrugen 6978 Gulden.

Neben dem Bürgereinzugsgeld und dem Pflasterzoll war der Oktroi die dritte maßgebliche Einnahmequelle der 1853 völlig mittellos gegründeten Gemeinde Ludwigshafen. Die Erhebung dieser Verbrauchssteuer wurde erst im Dezember des Gründungsjahres von der Regierung der Pfalz genehmigt, nachdem ein Antrag des Gemeinderates, statt des Oktroi eine Gleichstellungsumlage einzuführen, abgelehnt worden war. Aus dem damals veröffentlichten Tarifverzeichnis geht hervor, daß sich die Steuerpflicht auf Wein, Bier, Branntwein, Essig, Öl, Fleisch, Brenn- und Baumaterial erstreckte. Der höchste Oktroisatz betrug 4 Gulden je Hektoliter Branntwein, der niedrigste 1½ Kreuzer je Zentner Steinkohle. Die Abgaben wurden an den Ortseingängen vor Einfuhr der Güter in die Gemeinde erhoben. Erhebehäuschen befanden sich an der Mundenheimer Straße, an der Rheinbrücke, am Bahnhof und an der Oggersheimer Straße. Für am Ort hergestellte Waren mußten die Gebühren im Oktroibüro entrichtet werden. Steuerpflichtig waren die Geschäftsleute, die den Oktroi jedoch über den Preis an die Verbraucher weitergaben, so daß die Konsumenten die eigentlichen Steuerzahler waren. Dennoch wurde der Oktroi vom Ludwigshafener Handelsstand heftig kritisiert, weil dieser Aufschlag das Preisniveau erhöhte und die Konkurrenzfähigkeit gegenüber dem Umland beeinträchtigte. Infolge der wenigen Erhebestellen und der vielen noch einzelstehenden Häuser war außerdem dem Schmuggel weit Tür und Tor geöffnet. Trotz dieses Mißstandes konnte die Einnehmerei im ersten vollständigen Oktroijahr 1854/55 einen Gesamtbetrag von fast 5000 Gulden verbuchen, was einem Drittel der Einnahmen in der Hauptrechnung entsprach.[73]

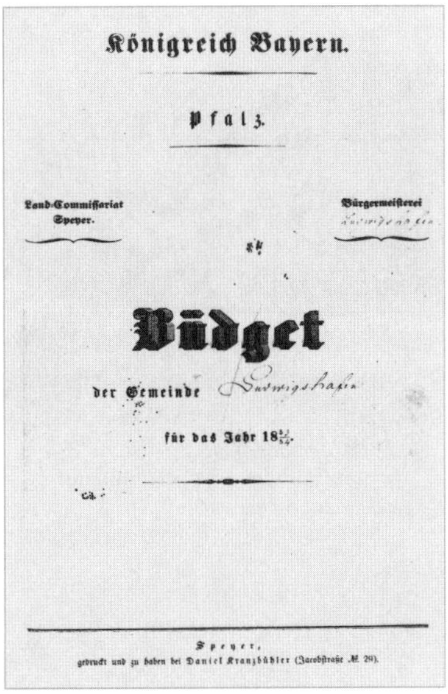
Königreich Bayern.

Pfalz.

Land-Commissariat Speyer.

Bürgermeisterei Ludwigshafen

Büdget

der Gemeinde Ludwigshafen

für das Jahr 18 53/54.

Speyer,
gedruckt und zu haben bei Daniel Kranzbühler (Jacobsstraße № 20).

Das erste Budget der Stadt Ludwigshafen, 1853/54 [37]

Kommunale Einnahmen und Ausgaben Ludwigshafens 1853—1870
je Haushaltsjahr in Gulden

	Einnahmen	Ausgaben	Rechnungs-abschluß
1852/53	5339	2937	+2402
1853/54	12858	7788	+5070
1854/55	15004	9091	+5913
1855/56	15687	10395	+5292
1856/57	19852	15314	+4538
1857/58	30993	20936	+10057
1858/59	30762	31520	-758
1859/60	25346	22274	+3072
1860/61	18302	14342	+3960
1861/62	18092	13361	+4731
1862/63	30417	25115	+5302
1863/64	20409	12423	+7986
1864/65	24577	12307	+12270
1865/66	30756	17438	+13318
1866/67	39635	28641	+10994
1867/68	21847	27156	-5309
1868/69	25228	24223	+1005
1870	42488	35561	+6927

Die schlammigen Straßen der jungen Stadt, hier vor dem Gasthaus ›Zum Anker‹ um 1860 [38]

Ludwigshafen nach einem Plan des Jahres 1856 [39]

Anmerkungen
Seite 303

74 *Hoffmann, S.43; Poller, Denkschriften, S.73; Breunig, Kommunalpolitik, S.32*

75 *Ludwigshafen (1903), S.215 und Breunig, Kommunalpolitik, S.28*

76 *Oberdorffer, Bürgermeister, S.46f und S.52; Poller, Denkschriften, S.55*

Von dem allgemeinen jährlichen Überschuß waren die Distriktumlage abzuführen, die Anleihenzinsen und -tilgung zu bestreiten sowie das Gemeindevermögen aufzubauen. Solange Gulden und Kreuzer – 1 Gulden zu 60 Kreuzer – die gültige Währung in den süddeutschen Staaten waren, reichten die Einnahmen Ludwigshafens bei weitem nicht aus, um die kommunalen Aufgaben zu erfüllen. Das mit den vorgenannten Gebühren erzielte Finanzvolumen war einfach zu gering. Vordringliche Projekte der jungen Gemeinde konnten nicht oder nur teilweise verwirklicht werden. Hauptsächlich der Aufbau der Infrastruktur kam nur schleppend voran. Erst als die neue Gemeindeordnung 1869 die Erhebung von Umlagen auf die Staatssteuern ermöglichte, besserten sich allmählich die finanziellen Verhältnisse Ludwigshafens, so daß sogar der Oktroi und der Pflasterzoll abgeschafft werden konnten. Die Entwicklung der Staatssteuern – Grund-, Haus-, Gewerbe-, Kapital- und Einkommensteuer – zeugte von der wachsenden privaten Prosperität am Ort. Erhielt der bayerische Fiskus von der Ludwigshafener Bevölkerung 1853/54 fast 9000 Gulden, so waren es

1858/59 bereits über 18 000 und 1865/66 mehr als 22 000 Gulden mit steigender Tendenz in den folgenden Jahren. Somit wurde der kommunale Haushalt durch die vorwiegende Umlagenfinanzierung auf eine solidere und rentablere Basis gestellt als durch die ausschließliche Gebührenfinanzierung.[74]

Was die Ausgaben der neuen Gemeinde betraf, so waren die Personalkosten in der Anfangszeit wegen der niedrigen Beschäftigtenzahl noch relativ gering. Da der Bürgermeister und sein Stellvertreter, der Adjunkt, ehrenamtlich tätig waren, erstreckte sich der besoldete Personalbestand vorerst auf einen Schreiber, einen Einnehmer, einen Polizisten sowie zwei Lehrer. Zu beträchtlichen Aufwendungen kam es dagegen von Beginn an auf dem Tiefbausektor. Die wichtigsten Projekte in diesem Entwicklungsbereich während der Amtszeit Heinrich Wilhelm Lichtenbergers als Bürgermeister waren die Fortsetzung des Straßenbaus, die Anlegung von Entwässerungskanälen, die Schaffung eines Friedhofes sowie die Einführung der Straßenbeleuchtung. Da diese Maßnahmen die Lebens- und Wohnverhältnisse am Ort wesentlich verbesserten, verdienen sie nähere Beachtung.[75]

Wie bereits im Zusammenhang mit der Erstellung des Ludwigshafener Bebauungsplanes erwähnt, hatten 1843 schon die Brückenstraße und die Speyerer Straße als Teile von Staatsstraßen bestanden. Hinzugekommen waren bis zur Gemeindegründung 1853 die Rheinstraße und die Verlängerung der Speyerer Straße bis zum Bahnhof. Aufgabe des anschließenden Gemeindestraßenbaus nach Erlangung der kommunalen Selbständigkeit war es, die weiteren Baugebiete für den Verkehr zu erschließen. Dabei gab es vielfältige Probleme. Die Hauptschwierigkeit bestand darin, daß die östlich der zugleich als Hochwasserdamm dienenden Speyerer Straße befindlichen Grundstücke bis hin zum Rhein in der Überschwemmungsniederung lagen. Die von Johann Gottfried Tulla initiierte Rheinkorrektion hatte seit 1818 durch Begradigung und Tieferlegung des Strombettes zwar zu einer erheblichen Senkung des Grundwasserspiegels und einer weitgehenden Trockenlegung der Sümpfe geführt, was sich auf die Ortslage Ludwigshafens günstig auswirkte, dennoch mußten sämtliche Straßenzüge und Bauplätze in Ufernähe um zwei bis drei Meter auf Dammhöhe aufgeschüttet werden. Um ein einheitliches Niveau zu erreichen, war diese aufwendige Erhöhung des Geländes vor der Bebauung auch westlich der Speyerer Straße erforderlich, obwohl dort eine geringere Überflutungsgefahr bestand. Welche Kosten und Verzögerungen damit verbunden waren, hatten sich der Gemeinderat und die Bevölkerung anfangs wohl kaum vorgestellt. Jedenfalls war es unter diesen Umständen nicht verwunderlich, daß die Oberflächen der Verkehrswege längere Zeit nicht mit Pflaster versehen werden konnten, sondern lediglich aus Lehm oder Kies bestanden und das Straßennetz 1860 nur einen und 1870 erst drei Kilometer umfaßte.[76]

In diesen Kontext gehört auch der besonders teure und langwierige Ausbau des Marktplatzes – heute Ludwigsplatz – südlich des Bahnhofes und westlich des Winterhafens. Für die Geländeauffüllung wurden 1853 zunächst finanzielle Mittel aus dem territorialen Polizeistrafgelderfonds bereitgestellt, jedoch reichte dieser Zuschuß längst nicht aus, so daß eine weitere Aufschüttung des Terrains durch ein am Marktplatz angesiedeltes Handelshaus erfolgte, das dadurch eine maßgebliche Standortverbesserung erwirkte. Der Finanzaufwand wurde

Anstelle des abgerissenen Ankerhofs entstanden nach 1873 die von der Firma Hoffmann erbauten eleganten ›Ankerbauten‹ [40]

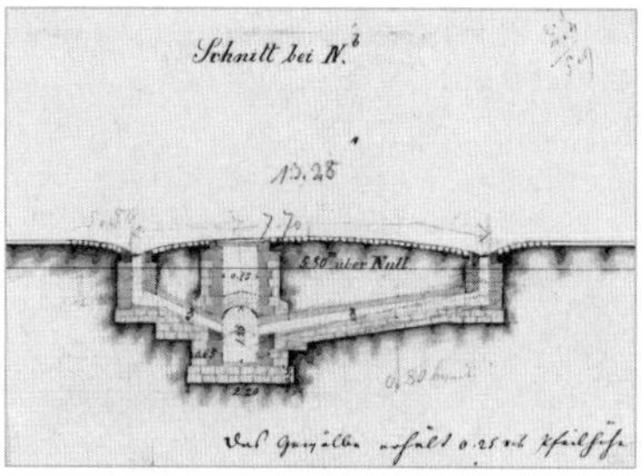

Die ältesten Kanäle der Stadt in der Oggersheimer [heute Bahnhof-]Straße, um 1856; farbige Federzeichnungen des Querschnitts … (oben) [41]

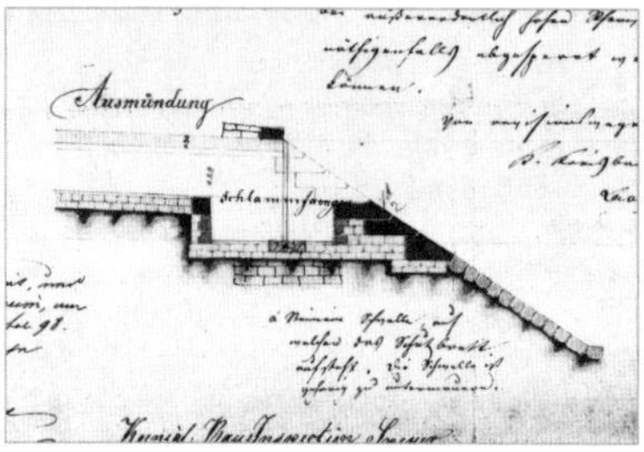

… und des Ausgangs zum Rhein (unten); aus der Gemeinderechnung 1856/57 [42]

dem Unternehmen gemäß Gemeinderatsbeschluß von 1855 in drei Jahresraten zurückerstattet. Die Gestaltung des Marktplatzes belastete aber auch danach fortwährend den kommunalen Haushalt. Noch 1869 mußte das Ratsgremium einen größeren Betrag für die Marktplatzvollendung in den laufenden Etat aufnehmen. Was Wilhelm Heinrich Riehl 1857 von einem ortskundigen Informanten neben anderem in Erfahrung gebracht hatte über die aufstrebende, aber noch unterentwickelte Gemeinde Ludwigshafen, daß nämlich „[…] deren Marktplatz vor wenigen Jahren noch dergestalt von Wasserlöchern durchfurcht gewesen sey, daß man sprüchwörtlich sagte, ein Pferd könne auf dem Markt ersaufen", scheint demnach keine Übertreibung gewesen zu sein.[77]

Infolge der Geländeerhöhung waren die Straßen, Häuser und der Marktplatz in Ludwigshafen weitgehend vor Überschwemmungen durch den Rhein geschützt. Das Regen- und Schneewasser wurde zunächst nicht in Kanälen, sondern mittels eines künstlichen Gefällesystems der Straßenoberflächen zum nahen Strom geleitet. Dieses System, das wesentlicher Bestandteil des ›Nivellements‹ beziehungsweise der Bauhöhenplanung war, konnte jedoch nur bei ununterbrochenen Straßendecken einigermaßen funktionieren. Da die Beschaffenheit der Verkehrswege anfangs, wie bereits dargelegt, sehr zu wünschen übrig ließ, machte sich bei starken Niederschlägen immer wieder beträchtlicher Abwasserrückstau unangenehm bemerkbar. Höfe und Keller wurden überflutet. Nachdem die vorgenannten Mißstände wiederholt im Gemeinderat erörtert worden waren, wurde bereits 1855 mit dem unterirdischen Kanalbau begonnen, um eine spürbare Verbesserung der Ortsentwässerung zu bewirken. Am Anfang stand die Kanalisierung der Oggersheimer Straße – heute Bahnhofstraße, die am Winterhafen begann, dann den Marktplatz südlich begrenzte und weiter in westlicher Richtung verlief. Als nördliche Parallele der Brückenstraße war die Oggersheimer Straße erst kurz zuvor trassiert worden. In den 1860er Jahren wurde der Kanalbau in der Brückenstraße und im Bahnhofsbereich fortgesetzt. Alle Kanäle dienten hauptsächlich zur Fortleitung des Oberflächenwassers aus den Straßen und mündeten unterhalb des Terrains am Ufer in den Rhein. Indessen wurde durch die Kanalisation wegen der damals noch nicht ausgereiften Technik keine optimale Problemlösung erreicht. Gegen Hochwasser des Stroms waren die Kanäle nur mangelhaft gerüstet, indem durch Schlitze in den Kanalschächten aus Brettern und Balken bestehende Absperrwände eingesetzt wurden. Da die Kanäle außerdem undicht gebaut waren, gaben sie auch deshalb verschiedentlich Anlaß zu massiver Kritik dadurch, daß bei höheren Rheinpegelständen die in ihnen zurückgehaltenen beziehungsweise aufgestauten Wassermengen durch die porösen Kanalwände in das benachbarte Erdreich und weiter in die nahegelegenen Keller eindrangen. Trotz Kanalisation blieb die Ortsentwässerung bei Hochwasser somit vorerst ein ungelöstes Problem.[78]

War die Kanalisation in Ludwigshafen am Anfang noch mit Mängeln behaftet, so war die Energieversorgung der Gemeinde von Beginn an ein Erfolg. Von der Saarregion mit der Eisenbahn und mit Lastkähnen aus dem Ruhrrevier kam seit Mitte des 19. Jahrhunderts die Steinkohle für die in den größeren Gewerbebetrieben und ersten Industrieunternehmen installierten Dampfmaschinen. Hinzu kam wenig später die Erzeugung von ›Stadtgas‹ ebenfalls aus Steinkohle für Wärme und Licht.

Anmerkungen Seite 304 und 305

77 *Riehl, S. 308 und Ludwigshafen (1903), S. 257*

78 *Ludwigshafen (1903), S. 267f sowie Breier, S. 18*

79 *Breunig, Handelsplatz, S. 74*

80 *vgl. dazu ›Pfälzer Zeitung‹ vom 5. April 1856; ferner Hoffmann, S. 45*

Besonders die Gasbeleuchtung erwies sich als enormer technischer Fortschritt, der den Verkehr bei Nacht erleichterte und die Nachtarbeit mit Maschinen ermöglichte. Die erste Gasfabrik in Ludwigshafen wurde 1856 von den Pfälzischen Eisenbahnen errichtet. Von Anfang an erstreckte sich die Produktion nicht nur auf die Deckung des Eigenbedarfs der Bahngesellschaft, vielmehr wurde auch die Gemeinde von diesem Gaswerk mitversorgt. Der zwischen dem Verkehrsunternehmen und der Kommunalverwaltung abgeschlossene Vertrag hatte eine Laufzeit von 15 Jahren. Da der Gastarif zunächst relativ hoch war, weil auch die Anleihe für die Verlegung des Rohrnetzes über den Verbraucherpreis verzinst und getilgt wurde, konnten sich in der Anfangszeit nur wenige Firmen und Haushaltungen einen Gasanschluß leisten. Hauptkonsument neben den Pfälzischen Eisenbahnen war die Gemeindeverwaltung für die Straßenbeleuchtung. Ludwigshafen verfügte als erstes Gemeinwesen der Pfalz über Gaslaternen in seinen Straßen, lernte aber auch schon früh die Gefährlichkeit der neuen Energie kennen. Am 28. November 1856, dem Tag des Versorgungsbeginns, entströmte Gas aus einer undichten Leitung im Haus des Lederhändlers Adam Kinzel. Seine Frau und die drei Kinder wurden bewußtlos aufgefunden. Für ein Kind kam jede Hilfe zu spät.[79]

Eine Gaslaterne am ›Notar-Kellerschen-Haus‹ Ecke Bismarckstraße und Kaiser-Wilhelm-Straße, ca. 1878 [43]

Zweifellos war die Beerdigung dieses Kindes eines der ersten, wenn nicht gar das erste Begräbnis auf dem Ludwigshafener Friedhof, denn dieser war wenige Tage vor dem Gasunglück, am 23. November 1856, eingeweiht worden. Im Jahr zuvor hatte die Gemeindeverwaltung einige Grundstücke an der Oggersheimer Straße im Bereich der nordwestlichen Gemarkungsgrenze erworben und anschließend das Terrain um fast einen Meter erhöhen sowie mit einer Mauer umgeben lassen. Außerdem war auf dem Gelände eine Trauerhalle errichtet worden, bevor die Begräbnisstätte feierlich eröffnet wurde. Bis dahin hatten die verstorbenen Einwohner Ludwigshafens auf dem Friesenheimer oder Mundenheimer Kirchhof beerdigt werden müssen, was wegen der beträchtlichen Entfernung für das jeweilige Trauergefolge und bei späteren Grabbesuchen sehr beschwerlich war. Hinzu kam, daß die Begräbnisstätten in den beiden Muttergemeinden kaum noch aufnahmefähig waren, so daß auch die dortigen Kommunalverwaltungen auf schnellstmögliche Abhilfe gedrängt hatten. Und schließlich war es mit den urbanen Bestrebungen Ludwigshafens auf Dauer unvereinbar, daß die junge Gemeinde noch nicht einmal über einen eigenen Friedhof verfügte.[80]

Was die urbanen Ambitionen betraf, so fühlten sich die Ludwigshafener von Beginn an als Städter gegenüber den Einwohnern in den benachbarten Bauerndörfern. Diese Mentalität resultierte vorrangig aus den von Handel und Gewerbe bestimmten Wirtschaftsinteressen und einer gewissen Geringschätzung der Landarbeit und Agrarbevölkerung. So hatte sich die Kommunalvertretung von Ludwigshafen in den Ratsprotokollen zunächst als Stadtrat bezeichnet, bis ihr diese Benennung 1855 von der Aufsichtsbehörde untersagt worden war. Daß sich dadurch allerdings nicht das allgemeine Selbstbewußtsein und Selbstverständnis verändert hatte, zeigte ein Beitrag der in Ludwigshafen herausgegebenen ›Pfälzer Zeitung‹ vom 5. April 1856, der mit großem Enthusiasmus von den ökonomischen Fortschritten am Ort berichtete:

„Zu dem Charakter einer Handelsstadt, den unsere junge Stadt von Anfang an hatte, nimmt sie allmählich auch den einer Fabrikstadt

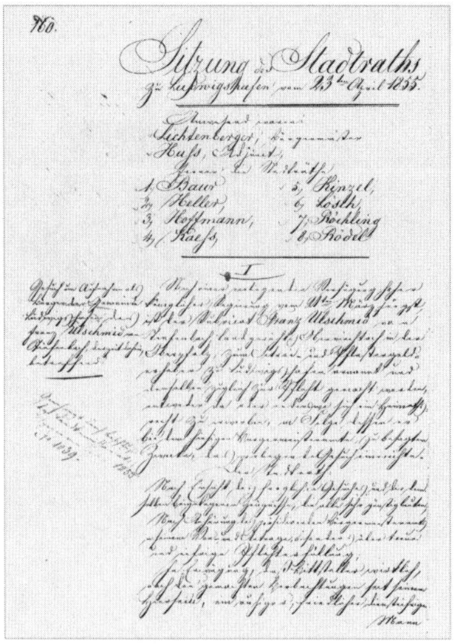
Sitzung des Stadtraths zu Ludwigshafen vom 23ten April 1855.

Der ›Stadtrath‹ der Gemeinde Ludwigshafen, Protokoll der Sitzung vom 23. April 1855 [44]

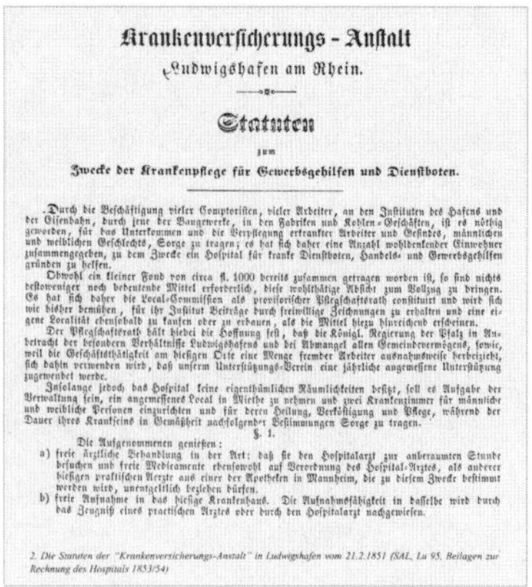
Krankenversicherungs-Anstalt
Ludwigshafen am Rhein.

Statuten
zum
Zwecke der Krankenpflege für Gewerbsgehilfen und Dienstboten.

Durch die Beschäftigung vieler Comptoristen, vieler Arbeiter, an den Instituten des Hafens und der Eisenbahn, durch jene der Baugewerke, in den Fabriken und Kohlen-Geschäften, ist es nöthig geworden, für das Unterkommen und die Verpflegung erkrankter Arbeiter und Gesindes, männlichen und weiblichen Geschlechts, Sorge zu tragen; es hat sich daher eine Anzahl wohldenkender Einwohner zusammengegeben, zu dem Zwecke ein Hospital für kranke Dienstboten, Handels- und Gewerbsgehilfen gründen zu helfen.

Obwohl ein kleiner Fond von circa fl. 1000 bereits zusammen getragen worden ist, so sind nichts destoweniger noch bedeutende Mittel erforderlich, diese wohlthätige Absicht zum Vollzug zu bringen. Es hat sich daher die Local-Commission als provisorischer Pflegschaftsrath constituirt und wird sich wie bisher bemühen, für ihr Institut Beiträge durch freiwillige Zeichnungen zu erhalten und eine eigene Localität ebensobald zu kaufen oder zu erbauen, als die Mittel hiezu hinreichend erscheinen.

Der Pflegschaftsrath hält hiebei die Hoffnung fest, daß die Königl. Regierung der Pfalz in Anbetracht der besondern Verhältnisse Ludwigshafens und bei Abmangel allen Gemeindevermögens, sowie, weil die Geschäftsthätigkeit am hiesigen Orte eine Menge fremder Arbeiter ausnahmsweise herbeizieht, sich dahin verwenden wird, daß unserm Unterstützungs-Verein eine jährliche angemessene Unterstützung zugewendet werde.

Insolange jedoch das Hospital keine eigenthümlichen Räumlichkeiten besitzt, soll es Aufgabe der Verwaltung sein, ein angemessenes Local in Miethe zu nehmen und zwei Krankenzimmer für männliche und weibliche Personen einzurichten und für deren Heilung, Verköstigung und Pflege, während der Dauer ihres Krankseins in Gemäßheit nachfolgender Bestimmungen Sorge zu tragen.

§. 1.

Die Aufgenommenen genießen:

a) freie ärztliche Behandlung in der Art: daß sie den Hospitalarzt zur anberaumten Stunde besuchen und freie Medicamente ebensowohl auf Verordnung des Hospital-Arztes, als anderer hiesigen praktischen Aerzte aus einer der Apotheken in Mannheim, die zu diesem Zwecke bestimmt werden wird, unentgeltlich beziehen dürfen.

b) freie Aufnahme in das hiesige Krankenhaus. Die Aufnahmsfähigkeit in dasselbe wird durch das Zeugniß eines practischen Arztes oder durch den Hospitalarzt nachgewiesen.

2. Die Statuten der "Krankenversicherungs-Anstalt" in Ludwigshafen vom 21.2.1851 (SAL, Lu 95, Beilagen zur Rechnung des Hospitals 1853/54)

Statuten der Ludwigshafener Krankenversicherungs-Anstalt, 1851 [45]

an. Hohe Kamine, die fernhin sichtbaren Zeichen der industriellen Tätigkeit einer Gegend, erheben sich bereits rings um die Stadt und bekunden die günstige Lage Ludwigshafens sowohl zur bequemen Herbeiführung des Rohmaterials als auch zur raschen Versendung der Fabrikate. Bei den Hemshöfen, nahe am Rhein, sind die Koksöfen der hiesigen Kohlenhandlung Schmidtborn und Kompanie in ununterbrochener Tätigkeit. An der Oggersheimer Straße befindet sich die Levinosche Fabrik zur Erzeugung der für Kartun- und Samtfärbereien nötigen Weinsteinsäure. Nicht weit davon läßt soeben Herr Kaufmann Hackmann ein Gebäude zur Errichtung einer Eisengießerei vorläufig für kleinere Gegenstände aufführen. Die Giulinische Schwefelsäurefabrik ist ein schon älteres und bekanntes Etablissement. In der Stadt selbst befinden sich die Zigarrenfabriken der Herren Selinger und Stern. Auch an dem Südende der Stadt sollte eine Dampfmaschine aufgestellt werden, und der Kamin hat bereits eine bedeutende Höhe erreicht. Aber der Besitzer hat bis jetzt die obrigkeitliche Genehmigung nicht erhalten. Diese und andere bereits bestehenden oder projektierten Unternehmungen sind erfreuliche Garantien für das Wachsen und Gedeihen unserer Stadt, die freilich, wie alles Emporstrebende, mit Schwierigkeiten zu kämpfen hat. Aber eine nach der anderen wird von einer sorgsamen Verwaltung überwunden und ein geordneter Zustand herbeigeführt."

Eng zusammen mit der wirtschaftlichen Fortentwicklung hing der permanente Anstieg der Ludwigshafener Einwohnerschaft auf fast 2 500 Personen bis Ende 1856. War noch kurz vor der Gemeindekonstituierung die Grundversorgung der Bevölkerung durch die Einrichtung einer Krankenpflegeanstalt, die Niederlassung von Ärzten und die Eröffnung einer Apotheke weiter verbessert worden, so wurde nach Erlangung der kommunalen Eigenständigkeit mit der Gründung örtlicher Glaubensgemeinschaften auch in diesem Lebensbereich eine baldige Verselbständigung angebahnt, nicht zuletzt um für Gottesdienstbesuche keine längeren Wege in die Dörfer der Umgebung oder über den Rhein nach Mannheim mehr zurücklegen zu müssen. Mitte der 1850er Jahre gab es in Ludwigshafen nach der damaligen Volkszählung 1 061 Protestanten, 1 030 Katholiken, 107 Israeliten und 92 Andersgläubige. Durch die Einsetzung eines katholischen Fabrikrates – Mitglieder: Eisenbahndirektor Paul Denis, Baumeister Josef Hoffmann, Eisenbahnsubdirektor Albert Jaeger, Postverwalter Karl Siry – und eines protestantischen Presbyteriums – Mitglieder: Fabrikant Karl von Gienanth, Kaufmann Carl Huß, Kaufmann Heinrich Wilhelm Lichtenberger, Maschinenmeister Eugen Mündler, Oberzollinspektor Hermann Weintz – erhielten die großen christlichen Konfessionen jeweils ein Gremium, das sich um die Gestaltung des religiösen Lebens und die Erbauung der projektierten Gotteshäuser kümmerte. Als provisorische Lösung bis zur Vollendung der Kirchenbauten wurde 1854 in der Brückenstraße ein simultanes Bethaus für Katholiken und Protestanten eingeweiht, das in späterer Zeit der ebenfalls 1854 gegründeten israelitischen Kultusgemeinde als Synagoge diente.

Wie sein Vater und Vorgänger Ludwig I. weilte auch der bayerische König Maximilian II. verschiedentlich zu Kurzbesuchen in Ludwigshafen, um sich über die wirtschaftlichen und baulichen Fortschritte im pfälzischen Handels-, Gewerbe- und Verkehrszentrum selbst zu informieren. Während diese monarchischen Stippvisiten schon fast Routinecharakter hatten, war der Zwischenaufenthalt des französischen

Anmerkungen
Seite 307

81 *Ludwigshafen (1903), S. 208 sowie Fauck, S. 31ff*

82 *Protokoll des Gemeinderates Ludwigshafen vom 20. April 1857; StALu, PR I 1 und LUA 706; vgl. dazu auch Breunig, Kommunalpolitik, S. 37f*

Kaisers Napoleon III. im Ludwigshafener Hotel ›Deutsches Haus‹ am 29. September 1857 während dessen Rückreise von Stuttgart schon mehr als eine lokale Sensation. Zum erstenmal gelangte die junge Gemeinde auf die Titelseiten der internationalen Presse.[81]

Aus dem Bericht der ›Pfälzer Zeitung‹, 30. September 1857

„Der Kaiser der Franzosen kam gestern mittag um halb zwölf hier an und wurde, nach allerhöchstem Befehl, mit denselben Ehrenbezeugungen empfangen, die dem König selbst zu erweisen sind. Die Rheinbrücke sowie die Schiffe und Häuser waren festlich beflaggt und eine große Menschenmenge hatte sich versammelt, um den Mann zu sehen, der durch seine wechselnden Geschicke fast ebenso merkwürdig ist, wie durch die mächtige und einflußreiche Stellung, welche er gegenwärtig in Europa einnimmt. Der Donner der Böller vom Hafenquai und den vor Anker liegenden Dampfern begrüßte den offenen großherzoglich-badischen Gallawagen, in welchem der Kaiser saß. Eine Abteilung Chevaulegers nahm denselben am diesseitigen Ufer in die Mitte und gab ihm das Geleite bis zum ›Deutschen Haus‹, wo eine Compagnie mit Musik und Fahne als Ehrenwache aufgestellt war. Am Thore des Gasthauses begrüßte Seine Königl. Hoheit der Prinz Luitpold im Namen unseres Königs auf bayerischem Boden den Kaiser, welcher seinen Wagen verließ und dem Prinzen aufs freundlichste die Hand reichte. Auch der k. Regierungspräsident v. Hohe und der General v. Krazeisen, umgeben von Civil- und Militärbehörden der hiesigen Stadt, empfingen den hohen Gast. Nach einem Frühstück bei dem Prinzen Luitpold fuhr der Kaiser, wieder unter einer Chevaulegers-Eskorte und von lebhaften Zurufen begrüßt, nach dem schön verzierten Bahnhof, wo er von dem Direktor Albert Jäger und dem Verwaltungsrathe [...] empfangen wurde. Im Wartesaale wurden durch den k. Regierungspräsidenten mehrere Herren vorgestellt, wobei der Kaiser sehr freundlich war und insbesondere auch seine Überraschung über das schnelle Emporblühen Ludwigshafens ausdrückte; als er im Jahre 1834 in Mannheim gewesen, seien da, wo jetzt eine hübsche Stadt stehe, nur einige wenige Häuser gewesen. Die Abfahrt erfolgte nach halb zwei Uhr [...]"

Dennoch dürfte es weniger der bislang erreichte Grad der Urbanität als vielmehr die seinerzeit unbestreitbare Dynamik der Aufwärtsentwicklung am Ort gewesen sein, die das Ludwigshafener Ratsgremium am 20. April 1857 dazu veranlaßt hatte, einen Beschluß zu fassen, mit dem die gerade vier Jahre alte Gemeinde die Verleihung der Stadtrechte anstrebte. Eigentlicher Initiator dieses Vorstoßes war vermutlich die Direktion der Pfälzischen Eisenbahnen. Als damals größtes und expansivstes Unternehmen am Platz hatte die Bahngesellschaft nach beträchtlicher Erweiterung des regionalen Streckennetzes seit 1849 und dringender Indienststellung von zwei Verwaltungsgebäuden 1854 verständliches Interesse, Ludwigshafen, dem Standort ihrer Betriebsleitung, mehr Ansehen und Gewicht zu verschaffen. Nicht in irgendeinem Dorf sondern in einer Stadt der Pfalz sollte sich der Sitz der Eisenbahndirektion befinden. Zustimmung zu dem Gemeinderatsbeschluß kam auch von den maßgeblichen Vertretern des Ludwigshafener Handels- und Gewerbestandes, die sich von einer Hebung des Ortsprestiges günstige Auswirkungen auf ihre Geschäfte versprachen. Nachdem die Regierung der Pfalz ihre nachhaltige Unterstützung zugesichert hatte, reichte Bürgermeister Heinrich Wilhelm Lichtenberger am 2. September 1857 eine Bittschrift bei König Maximilian II. ein, die den Monarchen um Aufnahme Ludwigshafens in die Reihe der bayerischen Städte ersuchte.[82]

Werbung der ältesten Apotheke der Stadt, der 1852 gegründeten Löwenapotheke, im Adreßbuch des Jahres 1876 [46]

„Souvenir à Ludwigshafen", die Noten des 1857 beim Besuch Napoleons III. von der bayerischen ›Militärmusik‹ gespielten Stücks [47]

Wenn auch Maximilian II. die Verhältnisse in Ludwigshafen aus eigener Anschauung und durch laufende Ministerialberichte gut bekannt waren, so gab der Bürgermeister in seiner Petition dem König dennoch einen gedrängten Überblick über die in den letzten Jahren raschen Fortschritte bei der Verkehrsentwicklung, dem Güterumschlag, den Firmengründungen, Behördenansiedlungen und beim Bevölkerungswachstum. Aufgrund von Kenntnissen aus der Überlieferung in seiner Familie als auch gelegentlich der Unterhandlungen vor Verstaatlichung der Rheinschanze sprach Heinrich Wilhelm Lichtenberger ferner die Vermutung aus, „[...] daß es früher schon in der Absicht der Königlichen Majestäten lag, auf deßfallsiges Ansuchen, seiner Zeit Ludwigshafen allerhuldvollst den Städterang zu verleihen". Und schließlich gab der Bürgermeister dem Herrscher zu verstehen, daß die Ansiedlung im Volksmund stets als Stadt bezeichnet und diese Benennung von der Einwohnerschaft als Selbstverständlichkeit empfunden werde.[83]

Wer in Ludwigshafen mit einer zügigen Bewilligung des Gesuches gerechnet hatte, sah sich bitter enttäuscht. Bei den Ministerien in der bayerischen Hauptstadt erinnerte man sich nämlich an die beträchtliche Höhe der finanziellen Wiedergutmachung für die Revolutionsschäden 1849 sowie an die umfangreichen Forderungen der Lokalkommission zur kommunalen Erstausstattung 1851 und befürchtete nach Verleihung der Stadtrechte erneute Anträge zur staatlichen Beteiligung an den Kosten für die noch fehlenden oder nur provisorischen Gemeinschaftseinrichtungen in Ludwigshafen. Man konnte davon ausgehen, daß eine Zurückweisung derartiger Eingaben auf erhebliches Unverständnis in der Öffentlichkeit stoßen werde, wenn man einerseits die Stadtrechte verleihe und andererseits die Stadtattribute verweigere. Erst als die Regierung der Pfalz nach Kontakten mit der Ludwigshafener Gemeindeverwaltung nach München berichtet hatte, daß die Stadterhebung keine Finanzansprüche zur Folge haben werde, waren die sachlichen Widerstände überwunden. Inzwischen hatten sich jedoch neue Schwierigkeiten ergeben und für eine weitere Verzögerung gesorgt. Da die Petition längere Zeit unbeantwortet blieb, ließen vermutlich Gottfried Hoech und Heinrich Wilhelm Lichtenberger ihre Beziehungen in den Münchener Ministerien spielen, um die Entscheidung zu beschleunigen. Diese „[...] Vorgriffe Meiner Verwaltungsbehörden [...]" brachten König Maximilian II. in eine gewisse Zwangslage und dürften bei ihm zu erheblicher Verärgerung gegenüber Ludwigshafen und seinen einflußreichsten Interessenvertretern geführt haben. So bewirkten Letztere das Gegenteil dessen, was sie eigentlich erreichen wollten. Denn erst mehr als zwei Jahre nach Antragstellung unterzeichnete der Monarch am 8. November 1859 die Stadterhebungsurkunde. Sie bedeutete nicht nur im Hinblick auf die Veränderung des kommunalen Status eine wesentliche Zäsur in der Geschichte Ludwigshafens.[84]

Stadterhebung und Urbanisierung 1859—1870

Das Dokument über die Verleihung der Stadtrechte, das von der Ludwigshafener Kommunalvertretung, den Behörden, der Wirtschaft und der Bevölkerung so lange erwartet worden war, hat folgenden Wortlaut:

„Nachdem Wir im Jahre 1852 die Ansiedelungen in Ludwigshafen zu einer politischen Gemeinde erhoben haben, finden Wir Uns in

Anmerkungen
Seite 308 und 309

83 StALu, LUA 706, außerdem Breunig, Kommunalpolitik, S. 38
84 StALu, LUA 706; daneben Oberdorffer, Bürgermeister, S. 22 und Breunig, Kommunalpolitik, S. 38
85 StALu, LUA 706
86 ebd.

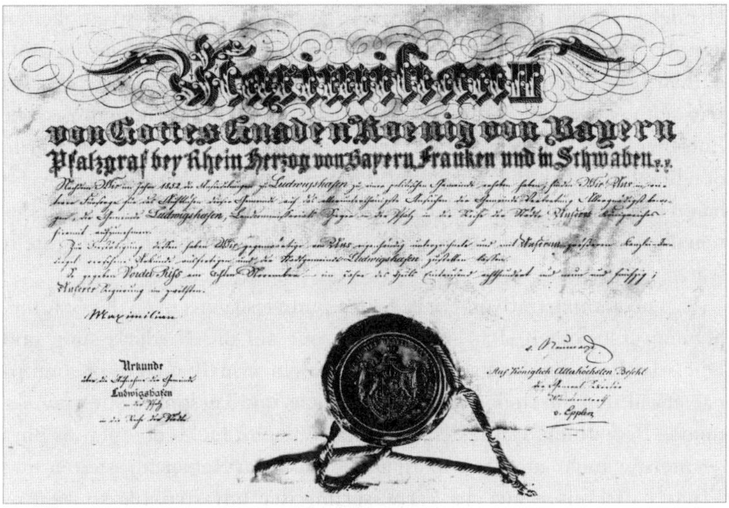
von Gottes Gnaden Koenig von Bayern
Pfalzgraf bey Rhein Herzog von Bayern, Franken und in Schwaben r.r.

Urkunde

Ludwigshafen

Die Stadtrechtsurkunde vom 8. November 1859
nach dem Zweiten Weltkrieg verloren [48]

Das 1877 eröffnete Gebäude des Amtsgerichts in der heutigen Amtsstraße Foto von 1885 [49]

weiterer Fürsorge für das Aufblühen dieser Gemeinde auf das allerunterthänigste Ansuchen der Gemeinde-Vertretung Allergnädigst bewogen, die Gemeinde Ludwigshafen, Landcommißariats Speyer in der Pfalz in die Reihe der Städte Unseres Königreiches hiermit aufzunehmen.

Zur Bestätigung deßen haben Wir gegenwärtige von Uns eigenhändig unterzeichnete und mit Unserem größeren Kanzlei-Insiegel versehene Urkunde ausfertigen und der Stadtgemeinde Ludwigshafen zustellen laßen.

So gegeben Vorder-Riß am achten November im Jahre des Heils Eintausend achthundert und neun und fünfzig, Unserer Regierung im zwölften."[85]

Am 23. November 1859 während einer feierlichen Sitzung des Ludwigshafener Stadtrates wurde der Kommunalvertretung die Stadterhebungs-Urkunde durch den Speyerer Landkommissär Carl Friedrich Ottmann überreicht. Für Heinrich Wilhelm Lichtenberger war es ein stolzer Tag, auch wenn er nicht öffentlich daran erinnerte, daß einst sein Großvater Johann Heinrich Scharpff und sein Vater Philipp Markus Lichtenberger am 27. Dezember 1820 dieses Ödland mutig erworben hatten, um zunächst einen Handelsplatz und späterhin eine Hafenstadt zu gründen. Mit einem Schreiben vom 10. Dezember 1859 sprach der Bürgermeister deshalb König Maximilian II. seinen tiefempfundenen Dank für die Verleihung der Stadtrechte aus. Wenn er auch seine Ratskollegen in die Dankadresse einschloß, so war die Wortwahl doch weit eher von eigenen Reminiszenzen als von amtlicher Anerkennung geprägt. Umso mehr gab es Grund zur Dankbarkeit, als Ludwigshafen zwei Tage nach der Stadterhebung von dem Monarchen durch eine gemeinsame Entschließung des Innen- und des Justizministeriums anstelle von Mutterstadt, das bislang diese Funktion innehatte, zum Kantonshauptort bestimmt worden war. Damit wurden folgende Staatsbehörden in die junge Stadt verlegt: Landgericht, Kantonsgefängnis, Notariat, Rentamt sowie Kantonsphysikat.[86]

Für Ludwigshafen war vorrangig die Übersiedlung des Gerichts mit wesentlichen Vorteilen verbunden. Insbesondere die fast täglich bei

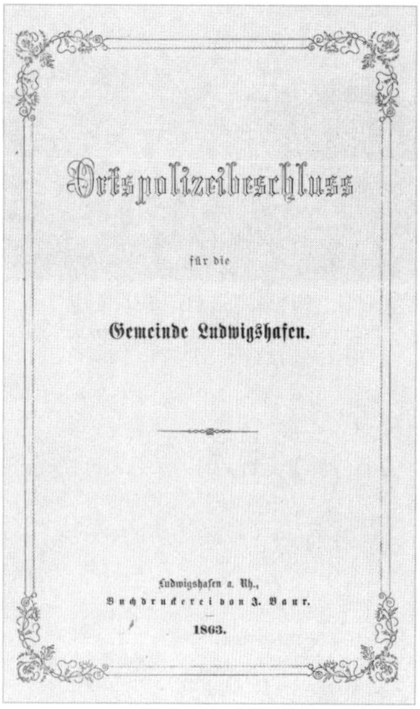
Ortspolizeibeschluss

für die

Gemeinde Ludwigshafen.

Ludwigshafen a. Rh.,
Buchdruckerei von J. Baur.
1863.

Ortspolizeibeschluß von 1863 [50]

Handelsgeschäften und im Rheinverkehr vorkommenden Streitigkeiten konnten nunmehr an Ort und Stelle ihre Erledigung finden, lästige Aufenthalte für Schiffe und Fracht infolge eines entfernten Gerichtsortes wurden vermieden, das im Wirtschaftsleben wichtige Element rascher Entscheidungen verbesserte die Standortkonditionen. Allerdings wurde der Beschluß über die Verlegung der Kantonsbehörden nach Ludwigshafen erst zum 1. Januar 1861 wirksam, als neben den bereits vorhandenen übrigen Amtslokalitäten auch die regionale Haftanstalt fertiggestellt war.[87]

Die administrativen Fortschritte Ludwigshafens nach der Stadterhebung erstreckten sich jedoch nicht nur auf die Niederlassung und Dienstleistung von Staatsbehörden, vielmehr erhielt auch die Kommunalverwaltung durch den Aufgabenzuwachs und Personalanstieg zunehmende Bedeutung. Hatte sich Heinrich Wilhelm Lichtenberger als Bürgermeister mehr um die wichtigen Kontakte zu Regierungsstellen und Wirtschaftskreisen zwecks Verbesserung der Infrastruktur sowie Ansiedlung von Unternehmen bemüht und die eigentliche Verwaltungsarbeit weithin seinem Stellvertreter Carl Huß überlassen, so sah dieser, nachdem er 1863 vom Stadtrat zum Nachfolger Heinrich Wilhelm Lichtenbergers gewählt worden war, aufgrund mehrjähriger Erfahrung seine Hauptaufgabe in einer effizienten Organisation der Stadtverwaltung. Dazu gehörte auch die erstmals 1863 erfolgte Zusammenstellung und Herausgabe der seit Gemeindegründung von den Ratsgremien erlassenen Ortspolizeibeschlüsse, um sowohl die städtische Beamtenschaft mit dem notwendigen Kompendium für ihre Tätigkeit zu versehen als auch der ortsansässigen Bevölkerung die gültigen Vorschriften zur Kenntnis zu bringen. Die 32 Seiten umfassende Sammlung von Verordnungen erstreckte sich auf fast alle lokalen Lebens- und Arbeitsbereiche der damaligen Zeit. Von zentraler Bedeutung waren die Bestimmungen zur öffentlichen Sicherheit, zur nachhaltigen Brandverhütung und wirksamen Feuerbekämpfung, über sanitäre und hygienische Vorkehrungen sowie über ökonomische Rahmenmodalitäten. Um den laufenden und künftigen städtischen Verlautbarungen und Verfügungen die nötige Aufmerksamkeit zu verschaffen, wurde in das Verzeichnis der Ortspolizeibeschlüsse sogar folgender Paragraph (§ 32) aufgenommen:

„Bei Bekanntmachungen durch die Gemeindeorgane mittelst Schelle, haben Fuhren und Reiter in gehöriger Entfernung stille zu halten, bis die Bekanntmachung beendet ist."

So wurde durch die ortspolizeilichen Vorschriften nicht zuletzt auch der seinerzeit noch beschauliche Stadtverkehr geregelt.[88]

Herrschte auf den Straßen der Innenstadt im allgemeinen relative Ruhe, so konnte im Bahn- und im Hafengebiet davon keine Rede sein. Dort konzentrierte sich neben dem Personen- hauptsächlich der Schwerlastverkehr. Da der Bahn- und der Hafenbereich unmittelbar aneinander grenzten, hatte es nur wenige Kosten und Mühen bereitet, die Eisenbahngeleise bis an die Schiffsanlegestellen heranzuführen, so daß die transportierten Güter, die nicht für Ludwigshafen bestimmt waren, mit verhältnismäßig geringem Aufwand von einem auf das andere Verkehrsmittel umgeladen werden konnten. Davon profitierte sowohl der Export aus der wie der Import in die Pfalz. Aber auch die umliegenden linksrheinischen Regionen nutzten die günstigen Verkehrsbedingungen in Ludwigshafen für ihren Warenaustausch. Beschwerlich war indessen

Anmerkungen
Seite 310 und 311

87 StALu, LUA 706 sowie Poller, Denkschriften, S.49f; vgl. dazu auch Hoffmann, S.50 und Breunig, Kommunalpolitik, S.48

88 StALu, LUA 1053, vgl. dazu auch Breunig, Kommunalpolitik, S.40

89 Heimatrechtsverleihungen; StALu, ZR 1025; zu Huß weiter Oberdorffer, Bürgermeister, S.11ff

90 Heimatrechtsverleihungen; StALu, ZR 1025

91 Breunig, Handelsplatz, S.34

92 Ludwigshafen (1903), S.474; Marx, S.34f; Hoffmann, S.51; Poller, Denkschriften, S.42

Carl Huß

„So gedenke ich für alle Folgen meine Kenntnisse, meine Fähigkeiten und meine Handlungsverbindungen zum Wohle des mir liebgewordenen Platzes zu verwenden."[89] Mit diesen Worten suchte Carl Huß 1853 um die Verleihung des Bürgerrechtes in Ludwigshafen nach. Der im Jahr 1800 in Bayreuth als zehntes von fünfzehn Kindern eines Staatsförsters Geborene war Kaufmann geworden, während sein Vater und seine älteren Brüder in Erlangen studiert hatten. Seine Lehrjahre absolvierte Huß offenbar an verschiedenen Orten, unter anderem wohl auch in den Niederlanden. Zeitlebens blieb er Vertreter der Rotterdamer Dampfschleppschifffahrts-Gesellschaft. Um 1834 trat er in das Handelshaus Lichtenberger in der Rheinschanze ein, wurde zuletzt Prokurist und Teilhaber des Unternehmens. 1837 heiratete er, wurde auf Wunsch des Schwiegervaters Bürger Mannheims, bezog aber das ehemals Scharpffsche Haus in der Rheinschanze. Nach dem Ende des Handelshauses Lichtenberger gründete Huß eine Spedition, um 1850 gehörte er zu den Höchstbesteuerten der jungen Ansiedlung. Nachdem er an der Gemeindegründung lebhaften Anteil genommen hatte, wurde er 1853 Mitglied des Gemeinderats sowie des evangelischen Presbyteriums und schon ein Jahr später als Adjunkt der engste Mitarbeiter Heinrich Wilhelm Lichtenbergers. Die Staatsbehörden lobten ihn als politisch zuverlässig; er sei „entschieden ein Anhänger der konservativen Partei."[90] Als gewissenhafter Verwalter hat er kaum eine Ratssitzung versäumt. Seit 1863 Bürgermeister, äußerte er Anfang 1868 aus Gesundheitsgründen Rücktrittsabsichten. Auf einer Reise zu Verwandten nach Bayreuth ist er dann wenig später gestorben. Seine Firma ging an seinen Schwiegersohn Theodor Fügen über. [S.M.]

Bürgermeister Carl Huß [51]

der Personen- und Güterverkehr mit der Eisenbahn von der Pfalz nach Baden und in umgekehrter Richtung. Da auf der veralteten Schiffbrücke aus kurpfälzischer Zeit zwischen Ludwigshafen und Mannheim kein rheinüberschreitender Schienenverkehr möglich war, mußten die Reisenden den weiten Weg von einem zum anderen Bahnhof entweder zu Fuß oder mittels Droschke zurücklegen. Für die mit der Eisenbahn beförderten, zu Zielorten auf der anderen Stromseite bestimmten Güter war ebenfalls ein mühsamer, zeit- und kostenaufwendiger Zwischentransport mit Fuhrwerken über die Schiffbrücke unvermeidlich. Hinzu kam, daß bei Eisgang oder Hochwasser die Brücke abgefahren und der Verkehr auf ihr somit eingestellt werden mußte.[91]

Der Mangel einer direkten Verbindung zwischen dem Mannheimer und Ludwigshafener Bahnhof machte sich umso spürbarer bemerkbar, je stärker der Verkehr auf den rechts- und linksrheinischen Bahnnetzen zunahm. Gleichzeitig wurde die Schiffbrücke sowohl für den Lokal- wie für den Fernverkehr immer mehr zum Nadelöhr, wenn ihre Benutzung wegen extremer Stromverhältnisse sogar nicht völlig unmöglich war. Eine Entlastung für den Brücken- wie für den Frachtverkehr brachte die am 9. Januar 1862 von der badischen und pfälzischen Eisenbahnverwaltung gegründete ›Trajektanstalt‹, die genau ein Jahr später ihre Tätigkeit aufnahm. Mit dieser Einrichtung, von Dampfschiffen gezogenen Fähren, wurden die Güterwagen über den Rhein geschafft und von den Bahnhöfen Ludwigshafen oder Mannheim weiterbefördert, soweit sie auswärtige Bestimmungsorte hatten. Dabei konnte es sich jedoch nur um eine provisorische Lösung handeln, weil der Trajektanstalt derselbe Nachteil anhaftete wie der Schiffbrücke: Hohe Pegelstände oder längere Frostperioden erzwangen für Betreiber und Benutzer kostspielige Betriebsunterbrechungen.[92]

Friederike Huß
Tochter des in Mannheim ansässigen
Hofmalers Friedrich Sprecher
und Ehefrau von Carl Huß [52]

Schon 1856 hatte die Direktion der Pfälzischen Eisenbahnen in einem Bericht an die Regierung der Pfalz die baldige Errichtung einer festen Rheinbrücke zwischen Ludwigshafen und Mannheim vorgeschlagen. Auf einer Sitzung der Pfälzischen Handels- und Gewerbekammer

Beim Bau der Rheinbrücke [53]

Figurengruppe über dem Portal der festen Rheinbrücke auf der Ludwigshafener Seite: Germania und Palatia reichen sich über dem bayerischen Wappen die Hand. Die Skulpturen des Speyerer Bildhauers Renn wurden erst nach der Reichsgründung aufgestellt [54]

Die neue Rheinbrücke im Bau, um 1866 [55]

im folgenden Jahr war von dem Ludwigshafener Fabrikanten Paul Giulini der gleiche Antrag gestellt worden. Auch bei weiteren Zusammenkünften der vorgenannten Institution stand dieser Punkt wiederholt auf der Tagesordnung. Allerdings war das Projekt nicht unumstritten. Während die Interessenvertreter des Fernlastverkehrs, hauptsächlich Pfalzbahndirektor Albert Jaeger, der 1856 die Nachfolge von Paul Denis angetreten hatte, nach Fertigstellung der Rheinbrücken bei Köln 1859, Straßburg 1861 und Mainz 1862 sowie durch die Konkurrenz der Bahnlinien von Frankreich über die Schweiz nach Süddeutschland eine irreparable Verlagerung des West-/Ost-Verkehrs aus dem pfälzisch-badischen Raum befürchteten, sahen die regionalen Spediteure, die vorwiegend den Nahlastverkehr bewerkstelligten und zu denen nicht zuletzt der Ludwigshafener Bürgermeister Carl Huß gehörte, durch eine Eisenbahnbrücke zwischen Mannheim und Ludwigshafen ihre berufliche Existenz gefährdet, weil nach ihrer Einschätzung infolge rheinüberschreitender Schienentransporte eine beträchtliche Verringerung des Güteraustausches zu Wasser und auf der Straße drohten, die zu herben Verlusten im Frachtgeschäft führen mußte. Neben kommerziellen Widerständen waren jedoch auch militärische Vorbehalte zu überwinden, bis am 27. Januar 1862 ein Staatsvertrag zwischen dem Großherzogtum Baden und dem Königreich Bayern über die Herstellung einer festen Eisenbahn- sowie Straßenverkehrsbrücke über den Rhein bei Mannheim und Ludwigshafen zustande kam. Letztlich hatten sich die politische Ökonomie und die wirtschaftliche Dynamik gegen nicht mehr zeitgemäße merkantile und strategische Sonderinteressen durchgesetzt.[93]

Der Vertrag sah unter anderem vor, daß die Kosten für den Brükkenbau zu gleichen Teilen von den Staaten Bayern und Baden aufgebracht wurden. Ebenfalls hälftig sollten die Gebühren aus dem Verkehr auf der Straßenbrücke und den Fußgängerwegen dem jeweiligen Fiskus zukommen. Obwohl eine gemeinsame Kommission noch 1862 den genauen Standort des Bauwerkes bestimmt und die technischen Schwierigkeiten der Baumaßnahme geklärt hatte, dauerte es weitere drei Jahre, bis mit der Verwirklichung des Projektes angefangen werden konnte. Hauptsächlich das längere Zeit ungelöste Problem, wo der neue Mannheimer Bahnhof entstehen sollte, verzögerte den Baubeginn. Die Errichtung der Brücke selbst ging dann relativ zügig vonstatten. Von einer rechtsrheini-

Anmerkungen Seite 312 und 313

93 *Marx, S.33f; Oberdorffer, Bürgermeister, S.24; Hoffmann, S.53; Breunig, Kommunalpolitik, S.41f*

94 *Ludwigshafen (1903), S.474; Marx, S.34; Breunig, Verhältnisse, S.64*

95 *Poller, Denkschriften, S.42f*

Die fertiggestellte Rheinbrücke von der pfälzischen Seite aus [56]

Der königliche Salonzug im Bahnhof Ludwigshafen vor der Eröffnungsfahrt über die Rheinbrücke Aufnahme vom 25. Februar 1867 [57]

schen Baustelle aus wurden die Fundamente und Pfeiler des Unterbaus hergestellt, zur Montierung der Eisenkonstruktion des Oberbaus diente ein Werkplatz am linken Stromufer. Die erstmalige, wenn auch vorübergehende Anwesenheit einer größeren Anzahl von Arbeitern, die beim Brückenbau tätig waren, veranlaßte die Ludwigshafener Stadtverwaltung zu besonderen Sicherheitsvorkehrungen. Praktisch wurde die komplette Montagebelegschaft von ungefähr 1 000 Beschäftigten unter Ausnahmerecht gestellt.[94]

Ohne daß es jedoch zu nennenswerten Zwischenfällen irgendwelcher Art gekommen war, erfolgte die Indienststellung der Eisenbahnbrücke am 10. August 1867, die Inbetriebnahme der Straßenverkehrsbrücke am 20. August 1868. Eine Woche später, am 27. August 1868, fand die feierliche Einweihung des Gesamtbauwerkes statt. Damit verfügten die Städte Mannheim und Ludwigshafen sowie der badisch-pfälzische Raum über eine moderne, sichere und ständige rheinüberschreitende Verkehrsverbindung, die der regionalen Wirtschaftsentwicklung neue Perspektiven und kräftige Impulse gab. Beispielsweise kam es in Ludwigshafen unmittelbar nach Eröffnung der Rheinbrücke zu einem beträchtlichen Anstieg beim Eigenhandel, der reichlichen Ersatz für die Verluste im Speditionsgeschäft bot. Während die Aufhebung der Trajektanstalt nicht mit nachteiligen Konsequenzen verbunden war, bedeutete die Beseitigung der Schiffbrücke doch einen spürbaren Einschnitt, weil der an das damals südliche Stadtende Ludwigshafens verlegte Stromübergang fortan die meisten Passanten zu Umwegen zwang und außerdem bei jedweder Benutzung der neuen Brücke nunmehr Kosten entstanden. Schon bald hatten sich jedoch die meisten Ludwigshafener Einwohner an diese Veränderungen gewöhnt und erblickten in der allzeit ungestörten Rheinüberquerung einen wesentlichen Fortschritt, der nicht nur die persönliche Mobilität in der Region verbesserte, sondern auch das kollektive Selbstbewußtsein in der Stadt erhöhte.[95]

Indessen waren es nicht kommunale Statussymbole, sondern ökonomische Voraussetzungen wie die Bedeutung als Schiffahrts- und Eisenbahnknotenpunkt, Handels- und Gewerbezentrum sowie als Rheinbrückenkopf und Geländereservoir, die dazu führten, daß Ludwigshafen auch als Industriestandort zunehmend interessant zu werden begann. Zwar war es schon seit Beginn der 1850er Jahre am Platz zu einigen

Friedrich Engelhorn [58]

__Friedrich Engelhorn__[96] wurde 1821 in Mannheim als Sohn des Bierbrauers und Ratsmitglieds Johann Conrad Engelhorn geboren. In seiner Jugend war er Goldschmiedelehrling, der wie für Handwerker üblich „auf die Walz" ging. Nach seiner Rückkehr gründete er mit Hilfe der Mitgift seiner Frau in seiner Vaterstadt ein ›Bijouterie-Waren-Geschäft‹. Dann begann er sich gänzlich umzuorientieren, beteiligte sich 1848 an einer Leuchtgasfabrik, die ab 1850 die Straßenbeleuchtung der Stadt Mannheim versorgte. Im Abfallstoff der Gasherstellung, dem Teer, erkannte Engelhorn einen Stoff der Zukunft für die Herstellung synthetischer Farben. Mit Carl Clemm und anderen gründete er 1861 eine Anilinfarbenfabrik in Mannheim. Sie ging in der 1865 gegründeten BASF auf, deren Errichtung Engelhorn mit Unterstützung des Mannheimer Bankhauses Ladenburg geschickt gegen den Widerstand der etablierten Chemieunternehmen der Quadratestadt gleichzeitig rechts und links des Rheins betrieb. Neben den Clemms zog der Unternehmer bis 1870 mit Heinrich Caro, Carl Glaser und Heinrich von Brunck weitere glänzende Chemiker heran. Aber auch jenseits der BASF war Engelhorn auf vielen Feldern tätig. Zur jungen Industriestadt, in der sein Unternehmen stand, hielt er allerdings Distanz, und ließ sich, wie der Volksmund sagte, „in der Kutsch' über die Brück" nach Ludwigshafen bringen. In Mannheim führte der Patriarch einer zahlreichen und mit Adel, Wirtschaft und Militär verwandtschaftlich verbundenen Familie ein großbürgerliches Haus. Beobachter verglichen ihn mit einem Nürnberger Patrizier des 16. Jahrhunderts. Laut seinem Kollegen Karl Glaser hatte er in späteren Jahren nur eine Passion: „In vielseitigster Betätigung Geld zu machen."[97] Als überzeugter Nationalliberaler schreckte er auch nicht vor massiver Wahlbeeinflussung seiner Arbeiter in der BASF zurück. Als nach 1880 die Indigosynthese nicht in kurzer Zeit die erhofften Gewinne abwarf, wollte Engelhorn die BASF an ein englisches Konsortium verkaufen. „Geduld war nie Sache Engelhorns gewesen."[98] Nach heftigen Auseinandersetzungen unterlag er 1883 und schied aus dem Unternehmen aus. Dennoch war er weiterhin in zahllosen Unternehmen, Versicherungen und Banken tätig. Nur wenige Monate nach dem Tod seiner geliebten Frau ist Engelhorn 1902 in Mannheim gestorben. [S.M.]

Fabrikansiedlungen und ähnlichen Unternehmensgründungen gekommen, jedoch hatten diese Firmen bislang weder hinsichtlich der Beschäftigtenzahlen noch bei den Geschäftsergebnissen die größeren Handwerksbetriebe übertreffen können, so daß die industrielle Tätigkeit nicht mit einer spezifischen Wachstumsdynamik und signifikanten Erfolgsbilanz verbunden war. Einige Fabrikgründungen hatten auch keinen Bestand. Somit blieben Handel, Handwerk und Verkehr in den 1860er Jahren die vorherrschenden Erwerbszweige am Ort. Diese hatten damals ihre Blütezeit.[99]

Daran änderte zunächst auch die Ansiedlung der Badischen Anilin- und Sodafabrik nichts. Das Chemieunternehmen, das am 6. April 1865 in Mannheim gegründet worden war, dort aber keine Genehmigung zum Erwerb eines geeigneten Terrains für seine Produktionsanlagen am linken Neckarufer – heute Luisenpark – erhalten hatte, wollte eine weitere Verzögerung am Gründungsort unter allen Umständen vermeiden und bemühte sich deshalb um die Erlangung des benötigten Geländes auf der anderen Rheinseite. In der denkwürdigen Sitzung des Ludwigshafener Stadtrates am 21. April 1865, als Bürgermeister Carl Huß zur Sprache brachte, „ [...] daß, wie schon ziemlich allgemein bekannt, eine Mannheimer Gesellschaft [...] eine chemische Fabrik auf dem Hemshöfer Rheinfeld, hiesigen Bannes [...] gründen wolle, und daß er des Erachtens sei, das Zustandekommen dieses Etablissements sei im Interesse Ludwigshafens mit allen Kräften zu unterstützen", schloß sich das Ratsgremium diesem Antrag einmütig an. Der Bürgermeister hatte mit Friedrich Engelhorn, dem Inhaber einer Mannheimer Gasfabrik und Initiator des neuen Chemiebetriebes, engagiert und erfolgreich verhandelt und konnte in der Stadtratssitzung auf Altbürgermeister Friedrich Reiß und Bankier Seligmann Ladenburg als Mitgründer der Gesellschaft

Anmerkungen
Seite 314 und 315

96 zu Engelhorn vgl. Schröter

97 Schröter, S. 209

98 Poller, Persönlichkeiten, S. 647

99 Ludwigshafen (1903), S. 526 und Breunig, Handelsplatz, S. 16

100 Protokoll des Stadtrates Ludwigshafen vom 21. April 1865, StALu, PR I,4; vgl. dazu auch Marx, S. 36 und Breunig, Kommunalpolitik, S. 40f

101 Marx, S. 36; Wolffhardt; Breunig, Handelsplatz, S. 41f

Die BASF 1866 [59]

hinweisen, die mit einem Kapital von über einer Mio. Gulden die Produktion aufnehmen wolle. Schon zwei Wochen später genehmigte das Bezirksamt Speyer am 8. Mai das Konzessionsgesuch der Badischen Anilin- und Sodafabrik. Der Stellenwert und die Perspektive dieser Entscheidung des „[...] Herbeiziehens von Fabriken [...]", die eine Niederlassung von Großindustrie nicht ausschloß, vielmehr anstrebte, war der Ludwigshafener Kommunalvertretung durchaus bewußt gewesen. Ging es doch darum, die vorhandene Verkehrs- und Wirtschaftsstruktur für eine nachhaltige Beschleunigung der Stadtentwicklung zu nutzen. Daneben trafen sich nicht zuletzt die Interessen des zielstrebigen Bürgermeisters mit denen des vom Schiffsweg begünstigten Spediteurs vorbehaltlos.[100]

Das von Friedrich Engelhorn favorisierte und dann auch von der Badischen Anilin- und Sodafabrik erworbene Gelände, am nach der Rheinkorrektion optimal schiffbaren Friesenheimer Durchstich im nördlichen Gemarkungsbereich Ludwigshafens gelegen, war für den Transport von Rohstoffen und Erzeugnissen sowie für die Wasserversorgung und Abwasserentsorgung überaus gut geeignet. Auch der zügige Anschluß an den Eisenbahnverkehr bereitete keine Probleme. Das Terrain war Jahre zuvor schon von der Chemiefabrik Gebrüder Giulini als Standort für ihre Produktion in Augenschein genommen worden, jedoch hatten die damaligen Emissionsbestimmungen die Niederlassung geruchbelästigender Industrieunternehmen in geringer Entfernung des Dorfes Friesenheim nicht zugelassen. Erst nachdem diese Restriktionen durch eine Verordnung des bayerischen Königs Maximilian II. 1863 gelockert worden waren, konnte die von der Badischen Anilin- und Sodafabrik vorgesehene Nutzung des Hemshöfer Rheinfeldes erfolgen. Die Frage war, ob sich die von dem Ludwigshafener Bürgermeister und dessen Ratskollegen an die Firmenansiedlung geknüpften Erwartungen in absehbarer Zeit erfüllten. Die Badische Anilin- und Sodafabrik begann ihre Tätigkeit nach dem Standortwechsel auf die linke Rheinseite mit einer Belegschaft von 30 Arbeitern. Auf eine rasche Expansion konnte hindeuten, daß die Finanzierung nicht nur durch Eigenkapital wie bei den meisten übrigen in Ludwigshafen bereits ansässigen Industriebetrieben sondern darüber hinaus mittels Aktienemission erfolgte. Hinzu kam, daß neben den bereits genannten Persönlichkeiten die beiden Chemiker Dr. Carl Clemm und dessen Bruder Dr. August Clemm zu den Mitgründern der Badischen Anilin- und Sodafabrik gehörten, was bedeutete, daß das Unternehmen von Beginn an auch über die für eine schleunige Aufwärtsentwicklung nötigen Fachkräfte verfügte.[101]

Dr. Carl Clemm (1836—1899) [60]

Dr. August (Ritter von) Clemm (1837—1910) [61]

***Carl und August Clemm**, die beiden ersten Ludwigshafener Ehrenbürger*

Carl und August Clemm,[102] die das Schicksal der BASF und Ludwigshafens so entscheidend mitgeprägt haben, stammten aus einer Juristenfamilie. Ihr Vater war hessischer Kanzleirat in Gießen. Carl Friedrich Clemm wurde 1836 geboren und besuchte sowohl das Polytechnikum in Karlsruhe wie die Universität Gießen, wo er zum Dr. phil. promovierte. Er spezialisierte sich auf die Chemie und besonders die Anilinfarben. Erste Anstellung fand er in Mannheim in der Fabrik eines Onkels. 1861 gründete er dort mit Friedrich Engelhorn und anderen eine chemische Fabrik für Anilinfarben. Sie ging 1865 in der BASF auf, in der Clemm von Anfang an mit tätig war. Über zwanzig Jahre war er Direktor im Werk und wurde Mitglied des Vorstands. 1883/85 verließ er mit Friedrich Engelhorn die BASF. Daneben war er als Gründer und Teilhaber zahlreicher Unternehmen, Banken und Handelsgeschäfte vor allem in der näheren Umgebung beteiligt. Aber auch die Deutsch-Ostafrikanische Gesellschaft in Berlin fand sein Interesse. Von 1885 bis 1894 war er Mitglied des Stadtrats von Ludwigshafen, 1887—1893 nationalliberaler Reichstagsabgeordneter für Ludwigshafen. Für seine Tätigkeit im Hilfskomitee für die Hochwassergeschädigten nach der großen Flut 1882/83 verlieh ihm der Friesenheimer Gemeinderat 1884 die Ehrenbürgerwürde, die später von Ludwigshafen übernommen wurde. Anläßlich seiner Silberhochzeit übergab er der jungen Chemiestadt die „Carl-und-Maria-Clemm-Stipendien-Stiftung" zur Verwaltung. 1899 ist Carl Clemm in Ludwigshafen verstorben.

August (seit 1893 Ritter von) Clemm, 1839 ebenfalls in Gießen geboren, wurde wie sein Bruder Chemiker und trat als Fabrikdirektor in die BASF ein. „Auch er war auf chemischen Sachgebieten nicht nur ein vorzüglicher Fachmann und Forscher, sondern ebenfalls ein anerkannter Wirtschaftsführer." In heftigem Streit mit seinem Bruder verließ er 1882 die BASF und kehrte erst nach dessen Ausscheiden 1885 in den Aufsichtsrat des Werks zurück. 1886 wurde er Mitgründer und Aufsichtsrat der Pfälzischen Hypothekenbank. 1883 bis 1899 vertrat er Ludwigshafen als nationalliberaler Landtagsabgeordneter in München. Wie Carl Clemm wurde er mit zahlreichen Ehren überhäuft, wie er wurde er Kommerzienrat und (1892) Ehrenbürger Ludwigshafens. 1893 erhielt er den persönlichen Adel und wurde Mitglied der Ersten Kammer des bayerischen Parlaments.

Durch ihre Ehen und die ihrer Kinder knüpften die Clemms enge Bindungen zur Wirtschaftselite des Rhein-Neckar-Raums und traten in den Kreis der Familien Engelhorn, Knoll, Brunck und Giulini. Die Söhne der Brüder waren wiederum vielgeehrte Wirtschaftsführer.

[S.M.]

Als Gasfabrikant war Friedrich Engelhorn auf den Teer aufmerksam geworden und die Erzeugnisse, die sich daraus gewinnen ließen. Schon bald stand er in Mannheim an der Spitze eines chemischen Betriebes, dessen angestrebte Erweiterung zur Gründung der Badischen Anilin- und Sodafabrik geführt hatte. Friedrich Engelhorn und seine Mitgründer fühlten sich ermutigt, das Unternehmen in günstigerer Lage fortzuentwickeln. Besonders bewog sie der Wunsch, die Fabrikation auf die Erzeugung der anorganischen Roh- und Hilfsstoffe auszudehnen, die man bislang hatte kaufen müssen. Das klar erkannte Ziel war also, den gemischten chemischen Betrieb mit vertikaler Produktionsfolge – vom notwendigen Grundstoff bis zum fertigen Farbstoff – zu realisieren, eine in jener Zeit ganz neue Planung. Dazu kam die Erkenntnis, daß die chemische Industrie von nun an auf die Synthese von Technik und Wissenschaft gegründet werden müsse. Hauptsächlich ging es darum, von der Nachahmung wegzukommen und Neuland zu erschließen. Daß sich die Badische Anilin- und Sodafabrik mit dieser Strategie auf dem richtigen und erfolgreichen Weg befand, zeigte sich bereits fünf Jahre nach ihrer Entstehung, als die Gründungsphase abgeschlossen und das Fabrikationsprogramm aufgebaut war. Bis 1870 hatte sich die Anzahl der Arbeiter auf mehr als 500 erhöht. Hinzu kamen die Beschäftigten in den Labors und Büros des Chemiebetriebes. Um den

Anmerkungen
Seite 316 und 317

102 Raimar, Die Brüder Clemm
103 Ludwigshafen (1903), S. 259; Springer, S. 15f; Breunig, Handelsplatz, S. 42
104 Ludwigshafen (1903), S. 155
105 Ludwigshafen (1903), S. 155f sowie Springer, S. 24ff

stattlichen Werkskomplex auf dem Hemshof im Norden Ludwigshafens begann ein neuer Ortsteil zu entstehen. Die Industrialisierung mit allen ihren angenehmen und unangenehmen Begleiterscheinungen hatte die Stadt erfaßt. Ludwigshafen stand vor einer neuen Epoche seiner Wirtschaftsentwicklung.[103]

Aber nicht nur im ökonomischen Bereich, sondern auch auf kommunalpolitischer Ebene bahnte sich in Ludwigshafen am Ende der 1860er Jahre eine qualitative Veränderung an. Wie bei der lokalen Wirtschafts- vollzog sich ebenfalls in der städtischen Verfassungsstruktur ein bedeutsamer Wandel. Mit der Pfälzischen Gemeindeordnung vom 29. April 1869 traten für den Stadtrat und die -verwaltung neue Bestimmungen in Kraft, die in der Kommunalpolitik fortan mehr Effizienz und Transparenz bewirken sollten. Hauptsächlich die in der Gesetzessammlung enthaltenen demokratischen und fiskalischen Fortschritte stimulierten zusätzliche und wirksame Initiativen, so daß die Kommunalpolitik zeitgemäße und zukunftsträchtige Gestaltungsmöglichkeiten erhielt. Bislang hatten die gesetzlichen Rahmenbedingungen eher restriktiven Charakter. Außerdem war das pfälzische Gemeinderecht in eine Reihe einzelner Bestimmungen zersplittert, die vielfach nicht ineinandergriffen. Deshalb hatte es schon in den 1850er Jahren erste Bestrebungen gegeben, die auf eine moderne Umgestaltung des Kommunalrechts abzielten. Im Jahr 1860 hatte dann der bayerische Landtag die Regierung zur baldigen Vorlage eines Gesetzentwurfes aufgefordert, der „ [...] auf dem Grundsatze der Selbstverwaltung beruhend, unter Aufhebung des Artikels 20 des Gesetzes vom 28. Pluviose VIII eine freiere Wahl der Vorstände und eine festere Stellung der Vertreter der Gemeinde sichere." Nach langwierigen Kommissionsberatungen, die zu maßgeblichen Verbesserungen der Regierungsvorlage geführt hatten, waren die neuen Gemeindeordnungen für die rechts- und linksrheinischen Landesteile Bayerns dann endlich vom Parlament beschlossen und zum 1. Juli 1869 in Kraft gesetzt worden.[104]

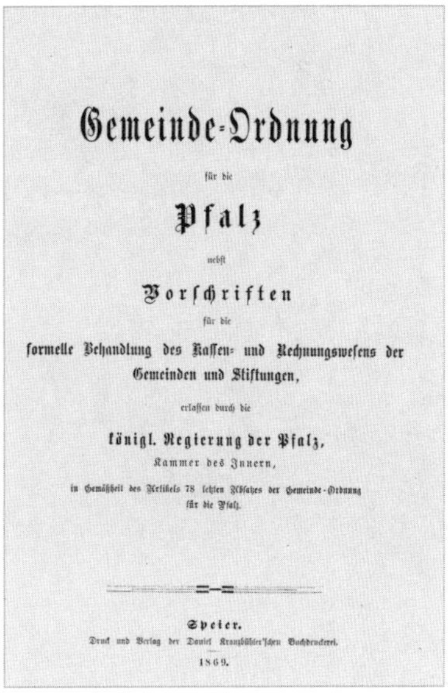

Titelseite der Pfälzischen Gemeindeordnung von 1869 [62]

Während es beim aktiven Gemeindewahlrecht auch seither keine Beschränkungen gegeben hatte, war das passive Wahlrecht bislang von einer bestimmten Steuerentrichtung abhängig gewesen. Mit der neuen Gemeindeordnung entfielen diese Voraussetzungen für die Wahlfähigkeit, so daß nunmehr alle männlichen Personen, die das Bürgerrecht hatten, in der Kommune aktiv und passiv wahlberechtigt waren. Ein weiterer von der überwiegenden Mehrheit der Ludwigshafener Bevölkerung geschätzter Vorzug der Pfälzischen Gemeindeordnung bestand darin, daß diese im Gegensatz zum rechtsrheinischen Bayern, wo für die Städte die Magistratsverfassung obligatorisch war, am Einkammersystem festhielt, so daß der Stadtrat auch fortan das einzige kommunale Entscheidungsgremium blieb. Allerdings wurde die Autonomie des Ratsgremiums bei Beschlüssen von erheblicher finanzieller Bedeutung durch die neue Pfälzische Gemeindeordnung eingeschränkt.[105]

So regelte eine Vorschrift, daß die Höchstbesteuerten – fünf oder weniger natürliche oder juristische Personen, die mehr als ein Drittel der Steuern zu entrichten hatten, bei der Beschlußfassung über die Einführung neuer und die Erhöhung bestehender Gemeindeumlagen zur Beratung und Entscheidung im Stadtrat zuzuziehen waren. Zwar erwies sich diese Bestimmung in der Praxis häufig als bedeutungslos, da sich die Mehrheit der Ratsmitglieder über Widersprüche der Höchstbesteuerten hinwegsetzen konnte. Indessen wurde in Ludwigshafen durch dieses Mitspracherecht den Vertretern der maßgeblichen Wirtschaftsunternehmen wie beispielsweise der Pfälzischen Eisenbahngesellschaft und der Badischen Anilin- und Sodafabrik doch Gelegenheit gegeben, in einem größeren Auditorium ihre Wünsche und Beschwerden gegenüber der Stadtverwaltung vorzubringen. Eine weitere Beschränkung ihrer Entscheidungskompetenz war der Kommunalvertretung bei der Aufnahme größerer Anleihen auferlegt. In derartigen Fällen mußte jeweils eine Gemeindeversammlung einberufen und deren Votum respektiert werden. Wenn auch dieses plebiszitäre Element der Gemeindeordnung keine nennenswerten Auswirkungen auf die Ludwigshafener Finanzpolitik hatte, weil die Bürgerschaft stets die betreffenden Vorschläge des Stadtrates billigte, so veranlaßten der mit Bürgerentscheiden verbundene erhebliche Verwaltungsaufwand und die davon ausgelöste öffentliche Kritik doch das Ratsgremium zu einer gewissen Vorsicht bei der Inanspruchnahme dieses Instrumentes der Mittelbeschaffung beziehungsweise Aufgabenfinanzierung. Ein weiterer günstiger Effekt der Gemeindeversammlungen war, mochte die Teilnahme auch manchmal gering sein, die Stärkung des Verantwortungsgefühls bei der Ludwigshafener Bürgerschaft für die Belange des Gemeinwesens.[106]

Für den politischen und administrativen Vollzug der neuen Gemeindeordnung war in Ludwigshafen hauptsächlich der Bauunternehmer Josef Hoffmann verantwortlich, den der Stadtrat am 27. April 1868 als Nachfolger des kurz zuvor verstorbenen Carl Huß zum ehrenamtlichen Bürgermeister gewählt hatte. Josef Hoffmann war ein erfahrener Kommunalpolitiker, er hatte bereits der Lokalkommission und einige Wahlperioden dem Ratsgremium angehört, bevor er im Alter von fast 58 Jahren in das kommunale Spitzenamt berufen worden war. Seine Wahl bedeutete insofern eine Zäsur, als Josef Hoffmann nicht nur ein Repräsentant des traditionellen Handwerks sondern auch der jungen Industrie war. Verfügte doch seine Firma, die er 1843 am Ort mit 20 Beschäftigten eröffnet hatte, mittlerweile über eine Belegschaft von mehr als 200 Mitarbeitern. Für die vorwiegende Zuordnung seines Unternehmens zum industriellen Erwerbszweig war jedoch eher maßgebend, daß dieses die fortgeschrittene Mechanisierung und beginnende Standardisierung auf dem Bausektor optimal zu nutzen verstand. In den ersten Jahrzehnten der Ludwigshafener Ortsentwicklung wurden die meisten öffentlichen profanen und sakralen Gebäude, zahlreiche Geschäfts- und Fabrikanwesen sowie viele Wohnhäuser von der Baufirma Josef Hoffmann errichtet. Die infolge des raschen Bevölkerungsanstiegs auf über 7000 Personen um 1870 beträchtliche Wohnungsnot machte außerordentliche Anstrengungen in diesem Bereich der Bautätigkeit erforderlich. Wegen des Zeitdrucks, aber auch aus Kostengründen entstanden überwiegend gleichförmige und schmucklose Wohnbauten, die eine gewisse Monotonie im Stadtbild bewirkten. Über die unzulänglichen Bauzustände und die bedrückenden Wohnverhältnisse in damaliger Zeit heißt es in der Denkschrift von Carl Ludwig Heinrich Matthaeus:

„Die Baulust stieg in den letzten Jahren ungemein, so daß viele Neubauten gleichzeitig in Angriff genommen wurden und in ganz kurzer Zeit ganz neue Häuserreihen fast wie aus dem Boden wachsen. Trotzdem kann dieselbe mit den Bedürfnissen kaum gleichen Schritt halten, und sind die Häuser oft schon bis unter das Dach vermietet

Anmerkungen
Seite 318 und 319

106 Ludwigshafen (1903), S. 155f sowie Springer, S. 24ff

107 zu Hoffmann vgl. Siebler

108 Poller, Denkschriften, S. 53 und S. 68; Breunig, Handelsplatz, S. 96; Breunig, Kommunalpolitik, S. 43

Josef ***Hoffmann****, Bauunternehmer und Bürgermeister*

An der Spitze der Stadt müsse „eine liberale, tatkräftige, vorurteilsfreie und unabhängige Magistratsperson" stehen, schrieb der neugegründete ›Ludwigshafener Anzeiger‹ im März 1868. Wer damit gemeint war, wurde deutlich, als der Stadtrat sechs Wochen später den Bauunternehmer Josef Hoffmann[107] *einstimmig zum Bürgermeister erkor. Er verkörperte ganz offenbar das Idealbild einer Unternehmerpersönlichkeit, die ganz dem liberalen Geist der jungen Stadt entsprach.*

Josef Hoffmann war 1810 als ältester Sohn eines aus dem Schwäbischen stammenden Maurers in Mannheim geboren worden. Er folgte dem Berufsweg seines Vaters und arbeitete sich zum Bauaufseher unter dem Mannheimer Baudirektor Dyckerhoff empor. Durch die Ausführung von Bauaufträgen für die Lichtenbergers in Mannheim kam er in Kontakt mit der aufstrebenden Rheinschanze. Als 1843 die Ansiedlung verschiedener Unternehmen dort möglich wurde, gründete Hoffmann ein selbständiges Baugeschäft, das zuerst noch in Ludwigshafen und Mannheim tätig war. Hoffmann scheint damals schon großes Ansehen genossen zu haben, denn nicht nur übertrugen ihm die pfälzischen Bahnen den Bau der Ludwigshafener Bahnanlagen. Auch König Ludwig I. beauftragte ihn mit der Bauausführung seines Sommersitzes Villa Ludwigshöhe bei Edenkoben. 1850 verlegte Hoffmann seinen Wohn- und Geschäftssitz nach Ludwigshafen. Im Laufe der Jahre erbaute er fast ⅔ der Häuser der jungen Stadt, die beiden Kirchen und wurde auch von der chemischen Industrie herangezogen – zuerst von den Gebrüdern Giulini. Seit 1865 wurde die BASF sein größter Kunde. Hoffmann engagierte sich auch kommunal- und verbandspolitisch stark: Er war Mitglied der Lokalkommission, 1853 bis 1879 – mit einer kurzen Unterbrechung – des Stadtrats, des Fabrikrats der Ludwigskirche, des Verwaltungsrats der 1868 gegründeten Volksbank, der Handels- und Gewerbekammer. Bei den Wahlen zum ersten Reichstag 1871 trat er in öffentlichen Wahlaufrufen für die Nationalliberale Partei ein. Nach seinem Rückzug vom Amt des Bürgermeisters widmete er sich zusammen mit seinen Söhnen weiter seinem Unternehmen. Zu den letzten Bauten, die er errichtete, gehören die Turmspitzen der Ludwigs- und Lutherkirche. Am 15. Mai 1881 starb Hoffmann hochgeehrt in Ludwigshafen.

[S.M.]

Der Baumeister der Stadt
Josef Hoffmann (1810—1881) [63]

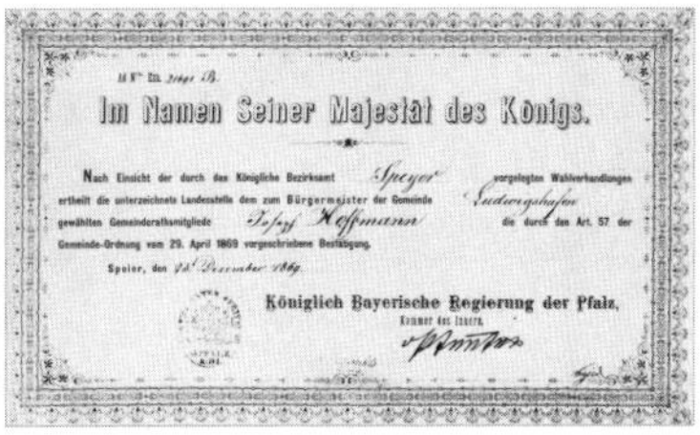

Im Namen Seiner Majestät des Königs.

Nach Einsicht der durch das Königliche Bezirksamt Speyer vorgelegten Wahlverhandlungen ertheilt die unterzeichnete Landesstelle dem zum Bürgermeister der Gemeinde Ludwigshafen gewählten Gemeinderathsmitgliede Josef Hoffmann die durch den Art. 57 der Gemeinde-Ordnung vom 29. April 1869 vorgeschriebene Bestätigung.

Speier, den 2[illegible] Dezember 1869.

Königlich Bayerische Regierung der Pfalz,
Kammer des Innern.

Bestätigungsurkunde der pfälzischen Bezirksregierung für Bürgermeister Josef Hoffmann nach dem neuen Gemeinderecht, 1869 [64]

während noch am Keller gebaut wird. Bei der vorherrschend praktischen Richtung, die bei den Bauten meist befolgt wird, sieht sich der Kunstgeschmack und die Ästhetik ziemlich vernachlässigt."

Konkret bedeutete die Unterversorgung mit Wohnraum, daß sich 1870 in Ludwigshafen exakt 1 892 Haushaltungen auf 358 Hausnummern verteilen mußten und außerdem 1 500 Arbeitskräfte in der Stadt nach wie vor keine Unterkunft finden konnten, so daß sie gezwungen waren, ihrer Beschäftigung als Pendler mit den damit verbundenen Erschwernissen nachzugehen.[108]

Handel, Gewerbe, Industrie

Die Bevölkerungseskalation mit wachsendem Fabrikarbeiteranteil und der Wohnungsmangel trotz zunehmender Baukapazität waren die auffälligsten Folgeerscheinungen des Wirtschaftsaufschwungs in den sechziger Jahren. Ein kritischer Beobachter vermerkte dazu wenig später, daß die junge Stadt am Rhein „ [...] einen amerikanischen Anstrich [...] " bekommen habe. Ein Vergleich der Ludwigshafener Handels- und Gewerbestatistiken von 1853 und 1871 ergibt, daß sich die Agenturen von neun auf 40 vermehrt hatten, zwölf Fabriken waren aus sechs derartigen Unternehmen geworden, aus 56 Handelshäusern verschiedener Branchen war ein Anstieg auf 110 Firmen zu verzeichnen und der Bestand selbständiger Gewerbebetriebe hatte sich von 156 auf 196 erhöht. Aufgrund dieser ökonomischen Entwicklung verwundert es nicht, daß die Firma Josef Hoffmann und die anderen Bauunternehmen am Ort vorrangig mit der Errichtung von Geschäfts- und Fabrikgebäuden

Die Baursche Buchdruckerei am späteren Ludwigsplatz. Hier erschienen die frühesten Zeitungen der Stadt, die ›Pfälzer Zeitung‹ und der ›Pfälzische Kurier‹; Foto um 1880 [65]

Das Gebäude der Fabrik Giulini auf dem Gelände des heutigen ›Wilhelm-Hack-Museums‹ um 1880. Mit diesem ersten Betrieb wurde die Problematik der Industrie in mehrfacher Hinsicht deutlich: Trotz der im Bauantrag gegebenen Versicherung, die Fassade durch ein „geschmackvolles Wohnhaus" und das Gelände neben den rechts sichtbaren Arbeiterwohnungen mit „geschmackvoller Gartenanlage" zieren zu wollen, sah die Realität 20 Jahre später doch etwas anders aus. Und als die junge Stadt zuerst ihr Gefängnis und 1859 ihr Krankenhaus nahe der Fabrik errichten wollte, wurde sie von der vorgesetzten Behörde belehrt, daß der Ort „wegen der Nähe und der unangenehmen und schädlichen Ausdünstungen der Giulinischen Schwefelsäurefabrik für das Gefängnis nicht geeignet gefunden" worden war und sich „demnach noch weniger zum Bauplatze für eine Krankenanstalt eignen" würde** [66]*

beschäftigt waren und die Schaffung von Wohnraum dadurch oftmals in den Hintergrund gedrängt wurde.[109]

Von den Großhandelsfirmen, die schon vor der Gemeindegründung entstanden waren, hatten neben dem Handelshaus Lichtenberger hauptsächlich die Kohlenhandlung Schmidtborn und Klingenburg, die Eisen- und Metallwarenhandlung Johann Leonhard Tretter, die Speditions- und Kommissionshandlung Pfaff und Lederle, die Tabakhandlung Gebrüder Morgenthau, die Landesprodukten- und Weinhandlung Kaufmann und Glöcklen, die Holzhandlung Weber und Karcher sowie die Eisen- und Kohlenhandlung Gebrüder Röchling eine einträgliche Geschäftsentwicklung zu verzeichnen. Als Handelsunternehmen mit überdurchschnittlichem Marktanteil und langjähriger Firmengeschichte kamen nach der kommunalen Selbständigkeit Ludwigshafens hinzu (in Klammern die Gründungsjahre): Chemikalienhandlung Lippmann und Biernbaum (1854), Hopfenhandlung Neuberger und Landecker (1855), Eisenhandlung Wolf Netter (1856), Getreidehandlung Weingart und Kaufmann (1861), Kaffeehandlung Wolff (1864) und Holzhandlung Fickeisen (1870). Auf dem Großhandelssektor ragten seit den 1850er Jahren der Kohlen- sowie der Eisenhandel hervor. Diese Handelszweige belieferten nicht nur die aufstrebenden Handwerks- und Industriebetriebe Ludwigshafens, sondern hatten darüber hinaus einen lebhaften Absatz in Süddeutschland und in der Schweiz. Auch der Holzhandel fand in der Stadt von Anfang an einen günstigen Standort. Sowohl der zunehmende Materialbedarf des lokalen Baugewerbes als auch die ständige Vergrößerung des auswärtigen Kundenkreises sicherten diesem Handelszweig wachsende Erträge. Weiterhin hatte der Weinhandel seit frühester Zeit einen erheblichen Stellenwert. Besonders pfälzische ›Kreszenzen‹ wurden nach allen Regionen Deutschlands, aber auch ins Ausland bis nach Übersee geliefert. Im Gegensatz dazu konnte der Ludwigshafener Getreidehandel erst in späterer Zeit zum bedeutsamen Wirtschaftsfaktor werden.[110]

Anmerkungen Seite 320 und 321

109 *Poller, Denkschriften, S. 68ff und Breunig, Kommunalpolitik, S. 43f*
110 *StALu, LUA 706; Ludwigshafen (1903), S. 98; Breunig, Handelsplatz, S. 103f*
111 *Giulini-Familienchronik, StALu, DS 447/1; Giulini-Chronik, Bd. 1, StALu, Ws 3b, 268*
112 *Breunig, Handelsplatz, S. 96f*
* *nach Giulini-Chronik, Bd. 2, S. 165, StALu, Ws 3b, 269*
** *zit. n. von Hippel, S. 38*

Paul Franz Giulini,[111] *der Gründer von Ludwigshafens ältester chemischer Fabrik wurde 1796 in Torno am Comer See geboren. Er entstammte einem erstmals im 13. Jahrhundert erwähnten lombardischen Adelsgeschlecht, das sich in mehrere Zweige aufgeteilt hatte. Die in Torno ansässigen Giulinis waren Kaufherren und auf engste versippt mit weiteren Kaufmanns-Familien, so den Maggi und Grasselli. Diese hatten seit dem 18. Jahrhundert eine Reihe von ›Drogen- und Materialien-Handlungen‹ in Deutschland eröffnet, unter anderem in Thiengen und 1812 in Mannheim. Die dort beschäftigten Führungskräfte kamen fast ausschließlich aus der Verwandtschaft. So gelangte auch Paul Franz Giulini, dessen Vater Anteilseigner der Firma Maggi und Grasselli war, 1813 zur Ausbildung nach Thiengen und später nach Mannheim. 1824 wurde er nach internen Auseinandersetzungen alleiniger Besitzer des Mannheimer Geschäfts, das er 1834 an Friedrich Daniel Bassermann verkaufte. Schon 1823 hatte Giulini eine Schwefelsäure-Fabrik in Mannheim-Wohlgelegen eröffnet, damals die erste in Baden. Ihr folgte 1841/42 ein ähnliches Werk in Nürnberg. 1849 verkaufte er das Mannheimer Unternehmen und gründete 1851 mit seinem Sohn Lorenz in Ludwigshafen eine neue Fabrik. Wohnsitz der Familie blieb Mannheim. Paul Franz war Mitglied der Mannheimer, später der Ludwigshafener Handelskammer und setzte sich sehr für den Beitritt Badens zum Zollverein und später den Bau einer festen Rheinbrücke zwischen Mannheim und Ludwigshafen ein. Ein Mannheimer Zeitgenosse lobte ihn als „einen der intelligentesten Bürger [und] geeigneten Vertreter der kommerziellen Interessen Mannheims".*

Paul Franz Giulini starb 1876 auf dem von ihm erworbenen Schloß Lazzago am Comer See, einem im 17. Jahrhundert für Papst Innozenz XI. erbauten Sommersitz.

[S.M.]

Paul Franz Giulini (1796—1876) [67]

Zu den Unternehmen des Gewerbebereiches, die nach der Ludwigshafener Gemeindekonstituierung eine sprunghafte Ausweitung ihrer Belegschaft und ihrer Tätigkeit erfuhren und die schon relativ früh den üblichen Rahmen von Handwerksbetrieben sprengten, zählten neben dem bereits verschiedentlich erwähnten Bauunternehmen Josef Hoffmann das 1853 entstandene Zimmerergeschäft Georg Kutterer und die im selben Jahr gegründete Baufirma Gebrüder Hoffmann, die beide gleichfalls in beachtenswertem Umfang zur baulichen Entwicklung Ludwigshafens beitrugen. Daneben gehörten in die Kategorie der größeren Handwerksbetriebe die 1860 eröffnete Mechanische Werkstätte Johannes Roth, der 1862 gegründete Schreiner- und Glaserbetrieb Heinrich Fasig sowie die 1852 von Landau nach Ludwigshafen verlegte Baursche Buchdruckerei, die zunächst die ›Pfälzer Zeitung‹ und seit 1859 den ›Pfälzischen Kurier‹ herausgab. Bereits um 1870 hatten diese Unternehmen einen Entwicklungsstand erreicht, der dazu berechtigt, sie eher dem Industrie- als dem Handwerkssektor der Gewerbestatistik zuzuordnen. Nicht nur die jeweilige Firmengröße und Leistungsbilanz, sondern vielmehr der Einsatz moderner Technik und die Nutzung rationeller Arbeitsteilung in den vorgenannten Betrieben sprechen für diese Einstufung.[112]

Eine besondere Herausforderung und neue Aufgabenstellung für die Ludwigshafener Bauunternehmen waren die Errichtung von Fabrikanlagen für die jeweils spezifischen Produktionszwecke. Die früheste Erfahrung und meiste Befähigung auf diesem Tätigkeitsfeld hatte zweifellos die Firma Josef Hoffmann. Sie wurde bereits mit der Erbauung der Chemiefabrik Gebrüder Giulini beauftragt, die sich 1851 noch vor der kommunalen Selbständigkeit als erster Industriebetrieb in Ludwigshafen niedergelassen hatte. Auch die frühen Produktionsanlagen der 1862 gegründeten Aktienbrauerei, der 1865 von Mannheim übergesiedelten Badischen Anilin- und Sodafabrik sowie der 1867 entstandenen Waggonfabrik wurden ausschließlich von der Firma Josef Hoffmann

Der Gründer von Benckiser in Ludwigshafen Ludwig Reimann (1804—1872) [68]

Ludwig Reimann[113] *wurde 1804 als Sohn eines Kaufmanns und Bürgermeisters in Buttstädt in Thüringen geboren. Nach der Lehrzeit in einer Apotheke studierte er in Heidelberg bei Gmelin. Damals machte er sich durch die Entdeckung des Nikotins einen Namen. Als der Pforzheimer Fabrikant Johann Adam Benckiser einen hochqualifizierten Chemiker für seinen Betrieb suchte, empfahl die Universität Reimann. 1830 wurde Reimann Teilhaber, drei Jahre später heiratete er Benckisers Tochter. Nach dem Tod Benckisers 1851 wurde er Miteigentümer und faktisch Leiter des Betriebs. 1858 erwarb er in Ludwigshafen die Weinsteinsäurefabrik von Levino und betrieb in den folgenden Jahren die Verlegung der gesamten Produktion in die junge Industriestadt. 1872 ist Reimann, dessen Gesundheit schon in der Studentenzeit durch die Verätzung eines Lungenflügels mit Salpetersäure geschwächt war, in Pforzheim gestorben. [S.M.]*

erstellt. An der Errichtung weiterer Fabrikkomplexe in Ludwigshafen war das Bauunternehmen maßgebend beteiligt. Ein Überblick über die Frühindustrialisierung am Ort bis zum Jahr 1870 läßt erkennen, in welchem Ausmaß das Ludwigshafener Baugewerbe allein durch die rasante Aufwärtsentwicklung dieses jungen Erwerbszweiges in Anspruch genommen wurde. Aufgrund seiner optimalen Verkehrslage und wirtschaftlichen Infrastruktur gewann Ludwigshafen als Standort für Fabrikgründungen immer stärkere Attraktivität.[114]

Schon als sich die Brüder Paul Franz und Johann Baptist Giulini um 1850 entschlossen, ihre 1823 in Mannheim vorwiegend zur Herstellung von Schwefelsäure, Soda und Alaun gegründete Fabrik auf die gegenüberliegende Rheinseite zu verlegen, waren dafür die Hafen- und Bahnhofsnähe des in Ludwigshafen erworbenen Werksgeländes der Hauptgrund für den wahrscheinlich von Gottfried Hoech initiierten Standortwechsel. Daneben konnten die Firmeninhaber auf dem linken Stromufer, falls bei Ausweitung der Produktion erforderlich, zusätzliches angrenzendes Terrain akquirieren, was am bisherigen Standort nicht möglich war. Die Chemiefabrik der Gebrüder Giulini wurde in den ersten zwei Jahrzehnten nach ihrer Ansiedlung in Ludwigshafen als mittelständisches Unternehmen geführt und zählte um 1870 zirka 90 Mitarbeiter.

Schon wenige Jahre nach der Werksverlegung der Firma Gebrüder Giulini eröffnete Jacob Levino in Ludwigshafen eine weitere chemische Fabrik, die sich auf die Erzeugung von Weinsäure konzentrierte. Als sich der Unternehmensgründer schon bald darauf zum Verkauf seiner Produktionsstätte entschloß, erwarb 1858 die Pforzheimer Firma Benckiser, die sich dank Engagements des Chemikers Dr. Ludwig Reimann, des Schwiegersohns und Teilhabers Johann Adam Benckisers, aus einer Salmiakhütte zur Säurefabrik entwickelt hatte, den kleinen Ludwigshafener Betrieb und erweiterte ihn bis 1870 zu einem führenden Unternehmen für Weinsäure mit ungefähr 50 Beschäftigten. Für den Entschluß der Firma Benckiser zur Errichtung eines Zweigwerkes waren die optimalen Standortbedingungen in dem jungen Gemeinwesen am Rhein maßgebend. Aus diesem Grund wurde auch die Ludwigshafener Niederlassung stets mehr zum Haupt- und das Pforzheimer Stammunternehmen zum Nebenbetrieb. Da reichlich Gelände bereitstand, konnte, ohne daß man sich finanziell übernehmen mußte, eine sukzessive Vergrößerung der Fabrikationsanlagen erfolgen.

Zu den frühen Fabrikgründungen gehörte auch die 1857 in Ensheim entstandene und schon kurz darauf nach Ludwigshafen verlegte Ziegel- und Backsteinfabrik Ludowici. Die Übersiedlung des Unternehmens wurde durch die lebhafte Bautätigkeit in der Stadt veranlaßt, wo

Anmerkungen Seite 322 und 323

113 *Poller, Persönlichkeiten, S.652f*

114 *vgl. dazu Breunig, Kommunalpolitik, S.48f*

115 *Poller, Denkschriften, S.68f sowie Breunig, Handelsplatz, S.38ff und S.57*

116 *Kube, S.78ff; Poller, Denkschriften, S.69; Breunig, Handelsplatz, S.60f*

die Firma neben kleineren Ziegeleibetrieben einen raschen Aufschwung erfuhr. Bis zum Ende der 1860er Jahre wurde mit einer Belegschaft von 30 Arbeitern fast ausschließlich der lokale Bedarf gedeckt und die nähere Umgebung beliefert. Als um diese Zeit die Nachfrage auswärtiger Interessenten nach Ziegeleiprodukten beträchtlich anstieg, entschloß sich die Firma Ludowici zur Erbauung neuer Fertigungsanlagen mit höherer Kapazität, so daß sich das Unternehmen um 1870 auf Expansionskurs befand.[115]

Während der sechziger Jahre beschleunigte sich die Industrieansiedlung in Ludwigshafen. Mit der Aktienbrauerei kam es 1862 zur Gründung der ersten Kapitalgesellschaft am Ort. Der Münchener Brauereibesitzer Georg Pschorr und seine Ludwigshafener Mitgründer, voran Heinrich Wilhelm Lichtenberger und Paul Franz Giulini, wählten zum erstenmal in Bayern den Status der privatrechtlich-kapitalistischen Großunternehmung für eine Bierbrauerei. Damit sollte nicht nur eine schnelle Finanzierung erreicht, sondern auch die angestrebte Produktivität signalisiert werden. Das Aktienkapital von 320 000 Gulden diente zunächst hauptsächlich dem Erwerb eines Grundstücks, dem Bau der Betriebsanlagen sowie dem Ankauf von Einrichtungsgegenständen und Fuhrwerken. Die Brauerei entstand auf dem X. Stadtquadrat und erlebte mit dem raschen Anstieg der Ludwigshafener Einwohnerschaft einen steilen Aufschwung, so daß sie um 1870 bereits 40 Arbeiter beschäftigte. Von der Firma wurden vorwiegend die örtlichen Gaststätten und Geschäfte beliefert, der Bierumsatz außerhalb der Stadt hatte nur geringen Anteil an der günstigen Betriebsentwicklung. Ende 1864 wurde in Ludwigshafen ein weiteres Industrieunternehmen, die Düngerfabrik Michel, Lederle und Companie, gegründet. Von den fünf Gesellschaftern hatten drei in der Stadt und zwei an anderen Orten ihren Wohnsitz. An der Geschäftsführung aktiv beteiligt waren der Baumeister Wendel Hoffmann, der für die Errichtung und Erweiterung der Werksanlagen zuständig war, Sebastian Lederle, der sich als Spediteur und Bankier um den Bezug der Rohstoffe sowie um den Absatz der Erzeugnisse kümmerte, und Dr. Ferdinand Reinhard Michel, ein promovierter Chemiker, der die Leitung der Fabrikation übernahm. Die Firma produzierte Knochen- sowie Phosphatdünger und befaßte sich außerdem mit der Aufbereitung von ›Peru-Guano‹. Während das Rohmaterial teilweise aus dem Ausland bezogen wurde, befand sich der Kundenkreis vorwiegend in Süddeutschland. Für die Fabrik waren günstige Transportverhältnisse mit Schiff und Bahn von existenzieller Bedeutung. Bei einer Rohstoffzufuhr von beispielsweise 27 000 Zentnern – ohne Schwefelsäurebezug und Kohlenlieferungen von ortsansässigen Lieferanten – und einer Fertigproduktmenge von 35 000 Zentnern im Jahr 1866 war ein leistungsfähiges Transportnetz die Voraussetzung für einen reibungslosen Betrieb. Um 1870 waren bei der Düngerfabrik ungefähr 40 Arbeiter beschäftigt.[116]

Mitte der sechziger Jahre eröffnete die Pforzheimer Brückenbaufirma Gebrüder Benckiser in Ludwigshafen eine Filialniederlassung, die zunächst vorrangig mit der Errichtung der festen Rheinbrücke zwischen Mannheim und Ludwigshafen beschäftigt war. Um 1870 hatte der Betrieb noch eine Belegschaft von zirka 160 Arbeitern, die nunmehr nach beendeter Bautätigkeit am Ort hauptsächlich Bestandteile für auswärtige Brückenkonstruktionen fertigten. Das metallverarbeitende Zweigunternehmen litt schon damals an schleppendem Auftragseingang, so

Der Ganderhof, frühe Produktionsstätte von Benckiser [69]

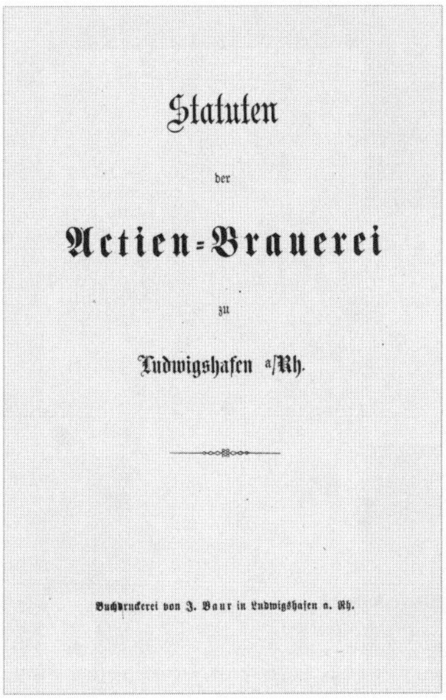

Statuten

der

Actien-Brauerei

zu

Ludwigshafen a/Rh.

Buchdruckerei von J. Baur in Ludwigshafen a. Rh.

Die Statuten der 1862 gegründeten Aktienbrauerei [70]

Dünger-Fabrik
in
Ludwigshafen am Rhein
von
Michel, Lederle & Cie.
Controlfabrik mehrerer landwirthschaftlicher Vereine,
empfiehlt zur Frühjahrssaison
Knochenmehle, Kalisalze,
Superphosphate, Specialdünger,
Prima Peru-Guano.
Analysen, Preislisten und Gebrauchsanweisungen gratis
Wegen Errichtung von Niederlagen sehen wir Anträgen entgegen.

Werbung der Düngerfabrik Michel, Lederle & Cie im ›Pfälzischen Kurier‹ März 1867 [71]

Die Waggonfabrik an der Oggersheimer Straße [72]

daß mit seiner Auflösung in absehbarer Zeit zu rechnen war. Mit der 1866 von dem Chemiker Dr. Heinrich Schlinck und dem Kaufmann Alexis Rutsch gegründeten gleichnamigen Öl- und Futtermehlfabrik entstand in Ludwigshafen ein Unternehmen, das wie die vorgenannte Benckiser-Niederlassung eine günstige Anfangsentwicklung verzeichnete, die bis 1870 die Arbeiterzahl auf 25 ansteigen ließ. Danach geriet die Fabrik, die ihre meisten Kunden in der Pfalz und in Hessen hatte, jedoch ebenso wie der Zweigbetrieb der Gebrüder Benckiser in eine Stagnationsphase, die Alexis Rutsch veranlaßte, als Gesellschafter aus der Firma auszutreten. Anschließend bestand das Unternehmen nur noch kurze Zeit. Das Fabrikgelände und die Werksanlagen wurden von Dr. Heinrich Schlinck an die benachbarte Badische Anilin- und Sodafabrik veräußert.[117]

Die 1867 entstandene Waggonfabrik hatte ihren Ursprung in der 1856 von Jacob Hackmann in Ludwigshafen gegründeten Eisengießerei, die vorwiegend für den lokalen Bedarf kleinere Gegenstände wie beispielsweise Grabkreuze, Blumenkübel, Treppenstäbe und Türfüllungen herstellte. Auch als um 1860 Adolf Jacquet als Gesellschafter eingetreten war und der Betrieb seitdem unter Hackmann und Jacquet firmierte, erfuhr das Fabrikationsprogramm keine wesentliche Veränderung, soweit es sich um Gießereiprodukte handelte. Allerdings wurde dem Unternehmen nunmehr eine Dampfholzschneiderei angeschlossen. Das Rohmaterial für die Eisenerzeugung kam teilweise aus der Hinterpfalz und dem Saarrevier, teilweise aber auch aus Schottland, wofür erschlossene Verkehrswege und preiswerte Transportbedingungen mit Bahn und Schiff angesichts des hohen Gewichtsdurchsatzes notwendig waren. Im obengenannten Jahr übernahm die mit königlicher Genehmigung gegründete Waggonfabrik das Gelände sowie die Anlagen der Firma Hackmann und Jacquet und beteiligte beide Unternehmer mit Aktien im Wert von 70 000 Gulden an der neuen Gesellschaft. Diese konzentrierte sich auf die Produktion von Eisenbahn- und Pferdebahnwagen, für die infolge des beträchtlich angewachsenen und weiterhin zunehmenden Schienenverkehrs dringende Nachfrage bestand. Schon bald dehnten sich die Fabrikationsgebäude auf das gesamte XIII. Stadtquadrat aus. Es entstanden Schreiner-, Schlosser-, Schmiedewerkstätten

Anmerkungen
Seite 324 und 325

117 *Kube, S. 223f; Poller, Denkschriften, S. 69; Breunig, Handelsplatz, S. 54*

118 *Kube, S. 128ff und S. 94ff; Poller, Denkschriften, S. 68f; Breunig, Handelsplatz, S. 53, 56*

119 *vgl. Breunig, Handelsplatz, S. 52f, 56*

sowie Montage- und Lagerhallen für die umfangreiche Fertigung. Die Waggonfabrik hatte Ludwigshafen deshalb als Standort gewählt, weil sich in der Stadt die Direktion der Pfälzischen Eisenbahnen befand. Aber auch die Nähe zu den badischen und hessischen Bahnlinien ließ eine günstige Geschäftsentwicklung erwarten. Die Waggonfabrik, die 1870 fast 400 Arbeiter beschäftigte, hatte jedoch schon zu diesem Zeitpunkt ihre größtmögliche Ausweitung erreicht. Mit der allmählichen Fertigstellung der Bahnanlagen gegen Ende des Jahrhunderts ging die Bedeutung der Firma immer mehr zurück. Die regionale Spitzenstellung in der Reihe der metallverarbeitenden Industriebetriebe konnte nur für kurze Dauer behauptet werden. Von den weiteren industriellen Gründungen in Ludwigshafen bis zum zeitlichen Abschluß dieses Beitrages konnte die 1868 eröffnete Kunstwollfabrik Kuhn und Adler eine zügige und längere Aufwärtsentwicklung verzeichnen. Das Unternehmen, das sich schon bald auf die Herstellung von Konfektions- und Lodenstoffen spezialisierte, hatte um 1870 bereits mehr als 40 Mitarbeiter. Noch im Entstehungsstadium befanden sich seinerzeit die Fabrik für pharmazeutisch-chemische Präparate Saame und Companie sowie die Fabrik für Leim und Dünger Zimmermann.[118]

Während der fünfziger und sechziger Jahre, als die Fabrikenansiedlung in Ludwigshafen zunächst vereinzelt und sodann beschleunigt einsetzte, war ein spezifischer Trend, der auf die spätere Hegemonie eines bestimmten Industriezweiges hindeutete, noch kaum zu erkennen, obzwar nicht bestritten werden kann, daß von der frühen Niederlassung der Firmen Giulini und Benckiser eine gewisse Sogwirkung ausging, zumal die chemische Industrie als relativ neuer Erwerbsbereich mit generell hoher Umweltbelästigung damals bei der Suche nach verkehrsgünstigen und aufnahmebereiten Standorten nicht gerade eine große Auswahl hatte. Der exemplarische Aufstieg der Badischen Anilin- und Sodafabrik förderte die Anziehungskraft der jungen Stadt am Rhein für Chemiegründungen dann noch zusätzlich. War doch schon die Anfangsentfaltung dieses Unternehmens so spektakulär, daß sich dadurch die bislang von Handel und Handwerk dominierte Wirtschaftsstruktur Ludwigshafens mindestens vor einer spürbaren Akzentverschiebung, wenn nicht gar vor einem qualitativen Wandel befand. Deshalb wurde die Entstehung der Badischen Anilin- und Sodafabrik auch nicht dem gerade vorausgegangenen Abschnitt über die Industrieansiedlung, sondern dem schon früheren Kapitel über die Stadtentwicklung zugeordnet. Zwar bestand Ende der 1860er Jahre am Ort keine industrielle Monostruktur, wie die zahlreichen Fabrikniederlassungen verschiedener Branchen belegen. Jedoch läßt sich nicht verkennen, daß die Chemiebetriebe erheblich weniger Marktveränderungen und Konjunkturschwankungen ausgesetzt waren als beispielsweise die Metallindustrie. Diese geringere Krisenanfälligkeit und die besseren Ertragsverhältnisse ermöglichten deshalb gegenüber anderen Fabrikgründungen eher eine dauerhafte Ansiedlung, so daß als Perspektive der Ludwigshafener Frühindustrialisierung die Entwicklung zum prävalenten Chemiestandort zumindest nicht auszuschließen war.[119]

Neben der großen Anzahl von Firmen unterschiedlicher Erwerbszweige leistete auch die Pfälzische Handels- und Gewerbekammer durch ihre Initiativen einen maßgeblichen Beitrag zum wirtschaftlichen Aufschwung Ludwigshafens. Als einziges Beispiel soll in diesem Kontext

Fassade der Ludwigskirche (um 1865?) [73]

Das Innere der nach dem Vorbild von San Lorenzo in Florenz und der Abtei St. Bonifaz in München gestalteten Ludwigskirche; Foto um 1936 [74]

an die Bemühungen der Institution zur Errichtung einer festen Rheinbrücke zwischen Mannheim und Ludwigshafen erinnert werden. Die Kammer, die sich vorrangig der Interessenvertretung des Handels widmete, aber auch die Förderung von Gewerbe und Industrie zu ihren Aufgaben zählte, hatte eine längere Vorgeschichte, die bis zur Entstehung des bayerischen Rheinkreises 1816 zurückreicht. Den ersten konkreten Schritt bildete indessen eine königliche Verordnung von 1842, die zur Gründung von Handelskammern in allen Kreisen (Regierungsbezirken) Bayerns führte. Anfänglicher Standort der pfälzischen Kammer wurde Kaiserslautern, das damalige regionale Wirtschaftszentrum. In dieser Stadt fand auch die konstituierende Sitzung am 30. April 1843 statt. Ludwigshafen war in der pfälzischen Handelskammer noch nicht vertreten, was den zu diesem Zeitpunkt erst geringen Stellenwert des jungen Handelsplatzes am Rhein innerhalb des gesamtpfälzischen Wirtschaftslebens dokumentiert. Erstes Ludwigshafener Mitglied der Kammer wurde der Kaufmann Carl Huß im Jahr 1847. Seine nicht unumstrittene Ernennung rechtfertigte die Regierung der Pfalz mit der Feststellung, daß die mittlerweile gestiegene kommerzielle Bedeutung Ludwigshafens es erfordere, daß der dortige Handelsstand in der Institution vertreten sei. Die Verordnung von 1842, die Grundlage für die Errichtung und Tätigkeit der pfälzischen Handelskammer war, wurde bereits acht Jahre später anscheinend im Zusammenhang mit der politischen Reaktion durch neue Bestimmungen ersetzt, die den Zuständigkeitsbereich wirtschaftlicher Interessenvertretungen auf Städte und Bezirke beschränkten. Die Kaiserslauterer Institution konnte somit ihre bisherigen auf die gesamte Pfalz ausgerichteten Aktivitäten nicht weiterführen, sondern durfte sich fortan nur noch auf lokaler Ebene betätigen. Überall, wo konkreter Bedarf bestand, der allerdings eingehend nachzuweisen war, wurde jedoch die Gründung von Kammern durch die bayerische Regierung genehmigt. Die Gewerbe- und Handelskammern, wie sie sich nunmehr nannten, bestanden in der Regel aus drei selbständigen Abteilungen: dem Fabrikrat, dem Gewerberat und dem Handelsrat.[120]

In Ludwigshafen kam es lediglich zur Bildung eines Handelsrates, die Errichtung der beiden anderen Abteilungen unterblieb wegen der seinerzeit am Ort noch geringen Bedeutung von Handwerk und Industrie.

Anmerkungen Seite 326 und 327

120 Ludwigshafen (1903), S. 517ff und Breunig, Handelsplatz, S. 107f

121 ebd.

Das Innere der an die Tudor-Gotik Englands – der mächtigsten protestantischen Nation – erinnernden Lutherkirche [75]

Fassade der Lutherkirche (um 1865) [76]

Da sich die dezentralisierte Organisation nicht bewährte, hatte sie auch nur kurzen Bestand. Schon 1855 wurden wieder einheitliche Kammern für jeden bayerischen Kreis beschlossen und demzufolge erneut eine pfälzische Handels- und Gewerbekammer gegründet. Diese setzte sich anfangs aus Vertretern sämtlicher Fabrik-, Gewerbe- und Handelsräte zusammen. Ihre Wirksamkeit war aber insofern noch eingeschränkt, als ihr Zusammentritt nur einmal jährlich erfolgte. Ein fester Standort für die pfälzische Kammer wurde zunächst nicht vorgesehen, jedoch fanden die Sitzungen von 1857 an stets in Ludwigshafen statt. Dem seit 1860 verschiedentlich wiederholten Antrag zur Genehmigung eines ständigen Ausschusses der Kammer wurde von der Regierung schließlich 1868 entsprochen. Bereits ein Jahr später erhielt die Pfälzische Handels- und Gewerbekammer ihren dauernden Sitz in Ludwigshafen. In der folgenden Zeit blieb es im wesentlichen bei den damaligen Aufgaben und Kompetenzen der Wirtschaftsvereinigung. Profilierte Ludwigshafener Kammermitglieder waren in den 1850er und 1860er Jahren neben dem bereits erwähnten Carl Huß die Kaufleute Friedrich Kaufmann und Sebastian Lederle, der Fabrikant Paul Franz Giulini sowie der Baumeister Josef Hoffmann.[121]

Kirchen, Institutionen, Vereine

Aus der ›Pfälzer Zeitung‹, 14. April und 9. Mai 1853

„Was aber hier [in Ludwigshafen] hauptsächlich nottut, das sind zwei Kirchen. Dauert der jetzige Mangel an Ortspfarrern und an Gebäulichkeiten für gottesdienstliche Übungen noch länger fort, so droht ein grosser Teil der Bevölkerung durch gänzliche Entfremdung von allem kirchlichen und religiösen Leben völlig zu verwildern." „Der öffentliche Gottesdienst" ist das eine Bedürfnis, welches „bei der Masse so verschiedenartig zusammengekommener Menschen nicht länger mehr ohne Gefahr für Zucht und Sitte verschoben werden darf." „Die Sammlungen für den Kirchenbau sind so spärlich ausgefallen, daß ihr Ertrag kaum zur Aufführung der einfachsten Dorfkapelle genügen würde, viel weniger zur Erbauung zweier Gotteshäuser für eine zukunftreiche Stadt. Da die hiesige Gemeinde eben erst neu gebildet wurde und gar kein Vermögen besitzt, so bleibt bei diesen ausnahmsweisen Verhältnissen hier nur ein Mittel – die Hilfe des Staates."

Die vom jüdischen Kaufmann Morgenthau gestiftete Pforte der Ludwigskirche [77]

Zeichen der Toleranz und des guten Einvernehmens zwischen Juden und Christen waren auch die Spenden des Zigarrenfabrikanten ***Lazarus Morgenthau*** *an die Luther- und Ludwigskirche. 1860 stiftete er eine nach seiner Frau „Babette" genannte Glocke im Wert von 436 Gulden. Der Ludwigskirche finanzierte er eines ihrer Seitenportale, das fortan von der Gedenkplatte „Posta fundata a Lazaro Morgenthau" geziert wurde. Beide Gaben waren angeblich als Dank an die christlichen Mitarbeiter seines Unternehmens gedacht. Morgenthau war 1815 vermutlich in Hobach in Unterfranken geboren. Ein eher unstetes Leben führte ihn an verschiedene Orte. Nach Ludwigshafen zog er offenbar von Würzburg. Er war einer der ersten jüdischen Einwohner und betrieb Handel und Zigarrenherstellung. 1860 gründete er mit seinem Bruder eine Zigarrenfabrik in Mannheim, die schon einen Vertrieb in New York eröffnete. Nach dem amerikanischen Bürgerkrieg wanderte er 1866 in die USA aus, wo er 1897 starb. Sein Enkel ist der amerikanische Finanzminister Henry Morgenthau, der Schöpfer des berüchtigten, aber nie umgesetzten ›Morgenthau-Plans‹ zur Deindustrialisierung Deutschlands nach dem Zweiten Weltkrieg. – Angaben aus StALu, ZR 1025; Bürgerrechtsverleihungen sowie ›Mannheimer Morgen‹, 2. und 5.10.1998 [S.M.]*

Es spricht für die Leistungsfähigkeit und Vielseitigkeit des Ludwigshafener Baugewerbes und insbesondere der Firma Josef Hoffmann, daß dieses Unternehmen neben dem Bau unzähliger Wohn-, Geschäfts- und Fabrikgebäude auch mit der Errichtung der ersten christlichen Gotteshäuser in der Stadt betraut wurde. Nachdem das 1854 als provisorische Andachtstätte eingeweihte simultane Bethaus infolge des Bevölkerungsanstiegs unvorhergesehen rasch zu klein geworden war und der katholische Fabrikrat sowie das protestantische Presbyterium das jeweilige Kirchenbaukapital von ungefähr 80 000 Gulden durch Kollekten, Spenden und Zuschüsse aufgebracht hatten, wurden die Bauarbeiten in Angriff genommen. Der Entwurf des Architekten Heinrich Hübsch für eine katholische Kirche im neuromanischen Stil stieß zwar bei der obersten Baubehörde in München auf Kritik, wurde aber schließlich durch Intervention des ehemaligen Königs Ludwig I. zur Ausführung genehmigt. Am 28. April 1858 erfolgte auf dem IX. Ortsquadrat der erste Spatenstich und am 9. Juni desselben Jahres bereits die feierliche Grundsteinlegung, die von dem früheren Monarchen persönlich vorgenommen wurde. Die Errichtung des protestantischen Gotteshauses verzögerte sich, denn erst unter Einschaltung der bayerischen Regierung war es möglich, einen geeigneten Bauplatz auf der alten Oggersheimer Landstraße zu erwerben. Der Plan des Architekten August von Voit für eine neugotische Kirche fand die uneingeschränkte Zustimmung der Oberbaubehörde, so daß mit der Verwirklichung des Projektes am 20. August 1858 begonnen werden konnte. Da aber zwischenzeitlich strittig war, ob das Langhaus vorerst nur zur Hälfte oder sogleich in Gänze fertiggestellt werden sollte, kam es zu einer Arbeitsunterbrechung, bis man sich zur kompletten Bauausführung entschlossen hatte.[122]

Schon 1857 war am Ort eine katholische Pfarrei gegründet und im folgenden Jahr der Priester Carl Vogt zum ersten Pfarrer in Ludwigshafen ernannt worden. Bis er in der neuen Kirche mit den Gläubigen die heilige Messe feiern und das schlichte Pfarrhaus beziehen konnte, sollte es allerdings noch einige Zeit dauern. Am 28. August 1862 wurde die St. Ludwigskirche in Anwesenheit Ludwigs I. und seiner Schwester, der Erzherzogin Hildegard von Österreich, von dem Speyerer Bischof Dr. Nikolaus Weis in einem Festgottesdienst geweiht und ihrer Bestimmung übergeben. Mehr als zwei Jahre später, am 27. November 1864,

Anmerkungen
Seite 328 und 329

122 *Poller, Denkschriften, S. 60ff und Breunig, Kommunalpolitik, S. 47f*
123 *Poller, Denkschriften, S. 60ff und Breunig, Kommunalpolitik, S. 49*
124 *Ludwigshafen (1903), S. 288ff und Poller, Denkschriften, S. 59f*

erfolgte die Weihe der protestantischen Kirche (seit 1917 Lutherkirche) und des Pfarrhauses durch den Konsistorialrat Karl Philipp König aus Speyer. Zuvor hatte im simultanen Bethaus an der Brückenstraße ein Abschiedsgottesdienst mit Predigt des ersten protestantischen Pfarrers Carl Friedrich Keim stattgefunden, der mit Errichtung der selbständigen Stadtpfarrei 1862 nach Ludwigshafen berufen worden war. Wenn auch in den Kirchen zunächst noch manche Einrichtungsgegenstände fehlten und die unvollendeten Türme vorerst nur bis zum Dachstuhl reichten, so bedeutete die Fertigstellung der beiden Gotteshäuser doch einen wesentlichen Abschnitt beim Aufbau der städtischen Infrastruktur. In diesen Zusammenhang gehört auch, daß das simultane Bethaus, nachdem es die israelitische Kultusgemeinde von den christlichen Glaubensgemeinschaften erworben hatte, am 26. Mai 1865 als Synagoge eingeweiht wurde. Schon 1855 hatte sich ein Synagogenrat gebildet, dem unter anderen Dr. Simon Gutherz, einer der ersten Ärzte Ludwigshafens, angehörte. Es zeugt von der damaligen Toleranz zwischen den Konfessionen, aber auch der Bevölkerung in der Stadt, daß ein zuerst christliches Gotteshaus als jüdisches Gemeindezentrum weitere Verwendung fand.[123]

Das ursprüngliche Bethaus für beide Konfessionen, später Synagoge, in der Kaiser-Wilhelm-Straße [78]

Die 1862 errichtete Volksschule neben der Ludwigskirche, später als Mädchenschule genutzt Aufnahme um 1900 [79]

Mit der Berufung von Geistlichen der verschiedenen Konfessionen nach Ludwigshafen hatte die bayerische Regierung nicht zuletzt die Erteilung des Religionsunterrichtes dauerhaft sichergestellt. Nachdem Ende 1850 in dem gerade erworbenen Gemeinde- und Schulhaus an der verlängerten Speyerer Straße eine öffentliche Volksschule mit je einer Klasse für katholische und protestantische Schulpflichtige eingerichtet worden war und zu Beginn insgesamt 138 Kinder am Unterricht teilgenommen hatten, kam es in der folgenden Zeit mit der schnell wachsenden Einwohnerschaft auch zu einem parallel raschen Schüleranstieg. Bis 1856 hatte sich die Anzahl der Schulkinder auf 246, 1866 auf 433 und 1870 auf 711 erhöht. Die Bewilligung von Lehrerstellen konnte mit dieser sprunghaften Entwicklung längst nicht Schritt halten. So wurden die 246 Schulpflichtigen des Jahres 1856 nach wie vor in zwei Klassen von je einem katholischen und protestantischen Lehrer unterrichtet. Obwohl sich das Lehrerkollegium bis Ende der sechziger Jahre allmählich auf acht Stellen vergrößert hatte, gab es 1869 je nach Alter und Konfession noch immer Schulklassen mit 140 bis 150 Kindern, da eine Trennung der Geschlechter in den oberen Abteilungen aus moralischen und pädagogischen Gründen 1867 unvermeidlich geworden war. Mit dem Schulgeld von anfangs 1 Gulden 30 Kreuzer und 2 Gulden seit 1856 für jedes Schulkind bemittelter Eltern konnten noch nicht einmal die Lehrergehälter aufgebracht werden, für die um 1870 aus der Stadtkasse 2 680 Gulden, dem Kreisschulfonds 420 Gulden und der Kultuskasse der Israeliten 400 Gulden, demnach insgesamt 3 500 Gulden erforderlich waren. Nachdem die jüdischen Kinder zunächst am protestantischen Unterricht teilgenommen hatten, verfügten sie seit 1861 über eine eigene Abteilung innerhalb der Ludwigshafener Volksschulorganisation.[124]

Die Unterrichtsräume befanden sich zuerst an der Straßenfront des kommunalen Verwaltungs- und Schulgebäudes rechts und links der Toreinfahrt. Da der zunehmende Verkehr die Aufmerksamkeit der Schüler beeinträchtigte, aber auch weil schon bald weitere Büroräume benötigt wurden, erfolgten eine Aufstockung des Rückgebäudes und die Verlegung der Schulräume in diesen Hinterbau, obwohl dessen Erdgeschoß als Pferdestall genutzt wurde. Diese unzulänglichen Verhältnisse

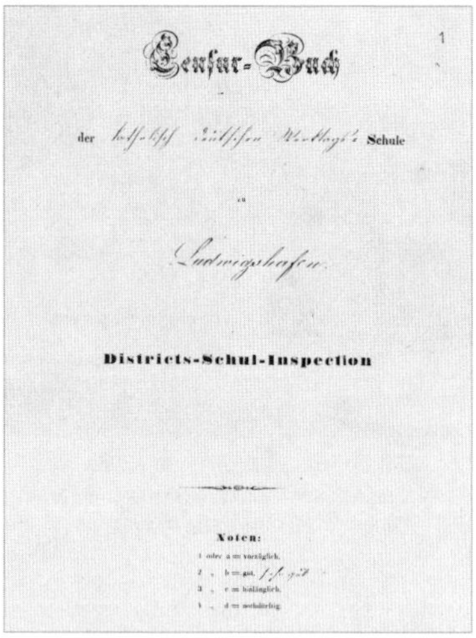

›Censur-Buch‹ der katholischen Volksschule Ludwigshafen ab 1850 [80]

hatten allerdings insofern keinen längeren Bestand, als die im Gemeindehaus insgesamt vorhandenen Räumlichkeiten bereits Ende der 1850er Jahre für Verwaltungs- und Schulzwecke nicht mehr ausreichten. Als 1861 auch noch die Kantonsbehörden in dem Anwesen untergebracht werden mußten, entschloß sich der Stadtrat zur Errichtung eines eigenständigen Schulhauses. Am 22. März 1862 wurde vom katholischen Fabrikrat ein Bauplatz auf dem IX. Quadrat in nördlicher Nachbarschaft der St. Ludwigskirche erworben. Mit einem beträchtlichen Kostenaufwand von mehr als 21 000 Gulden und in aller Eile erfolgte die Erbauung des neuen Unterrichtsgebäudes, so daß dieses noch am Jahresende 1862 fertiggestellt und bezogen werden konnte. Damit hatten zwar die räumlichen Schwierigkeiten vorerst eine zufriedenstellende Lösung gefunden, nicht jedoch die pädagogischen Probleme der Ludwigshafener Volksschule.[125]

Zwar auch aus weltanschaulichen, aber hauptsächlich aus erzieherischen Gründen stieß die Konfessionsschule bei der übergroßen Mehrheit der städtischen Einwohnerschaft im Lauf der Zeit auf immer stärkeren Widerstand. Nachdem sich die Kammer der Abgeordneten für, die Kammer der Reichsräte indessen gegen die Einführung von Simultanschulen in Bayern ausgesprochen hatten und ein diesbezüglicher Gesetzentwurf der Regierung somit gescheitert war, sollte aufgrund älterer im Rheinkreis geltender Bestimmungen, die Möglichkeiten zu Sonderregelungen boten, in der Pfalz dennoch die kommunale oder simultane Schule durchgesetzt werden, soweit die jeweilige Stadt- oder Gemeindebevölkerung diese Veränderung im lokalen Schulwesen befürwortete. Das vorwiegend liberal gesinnte Ludwigshafener Ratsgremium, an der Spitze Bürgermeister Josef Hoffmann, ergriff die Initiative und forderte 1869 alle volljährigen selbständigen männlichen Einwohner zu einer Abstimmung über die Zukunft der städtischen Volksschule auf. In dem Aufruf der Kommunalvertretung hieß es unter anderem:

„Ein lebendiges Streben, die seitherigen Konfessionsschulen in kommunale, das heißt konfessionell gemischte Schulen umzuwandeln, erhebt sich allerorten. Vorzugsweise sind die Städte von der Einsicht durchdrungen, daß nur die gemischten Schulen, in welchen die Kinder aller Konfessionen gemeinschaftlich unterrichtet werden, den heutigen Anschauungen und den Bedürfnissen unserer Zeit entsprechen."

Die Abstimmung fand am 24. und 25. Juni 1869 im Stadtratssaal statt und hatte folgendes Ergebnis: Für die Simultanschule entschieden sich von 680 Katholiken 540, von 621 Protestanten 577 sowie sämtliche 31 stimmberechtigten Juden. Nur 16 Katholiken sprachen sich für die Beibehaltung der Konfessionsschule aus. Nach Abschluß der Stimmenauszählung fand eine Zusammenkunft der Einwohnerschaft im Lichtenbergerschen Garten statt, bei der das Ergebnis mit großer Begeisterung aufgenommen und gefeiert wurde. Gestützt auf das überwältigende Votum beschloß der Stadtrat, die Simultanschule einzuführen und erhielt dazu am 28. Dezember 1869 die Genehmigung der Regierung der Pfalz. Am 13. Juli 1870 konnte die neue Kommunalschule, die katholische, protestantische und jüdische Schüler jedes Jahrganges in einer Abteilung vereinigte, eröffnet werden.[126]

Die siebenjährige Ludwigshafener Volksschule bestand nunmehr aus fünf koedukativen und vier in den beiden oberen Jahrgängen nach Geschlechtern getrennten Klassen. Der Wandel der Bekenntnisschule

Anmerkungen Seite 330 und 331

125 *Hoffmann, S. 50; Poller, Denkschriften, S. 59; Fauck, S. 36*

126 *Ludwigshafen (1903), S. 290f; Oberdorffer, Bürgermeister, S. 33f*

127 *Ludwigshafen (1903), S. 288ff; Oberdorffer, Bürgermeister, S. 34; Poller, Denkschriften, S. 60*

128 *Ludwigshafen (1903), S. 443f; Breunig, Kommunalpolitik, S. 15*

zur Simultanschule war eine der herausragenden Weichenstellungen in der Entwicklung des städtischen Schulwesens. Ein Vorteil trat sofort in Erscheinung. Die Schulpflichtigen konnten auf neun Kurse verteilt und eine durchschnittliche Klassenstärke von 80 Kindern erreicht werden. Diese Schülerzahl war zwar immer noch von einer zufriedenstellenden Lösung weit entfernt, aber gegenüber vorherigen Klassenstärken doch ein großer Fortschritt. Hinzu kam, daß die Veränderung mit einer wesentlichen Verbesserung der Organisation und einer Steigerung der pädagogischen Leistungsfähigkeit der Volksschule verbunden war. Außerdem erwies sich, daß durch die Umgestaltung die religiöse Erziehung der Schuljugend keinesfalls geschädigt, vielmehr die gegenseitige Toleranz der Konfessionen gefördert wurde. Allerdings können diese günstigen Konsequenzen nicht darüber hinwegtäuschen, daß man von einer effizienten und nachhaltigen Unterrichtsgestaltung noch weit entfernt war. Nicht wenige Jugendliche verließen damals nach sieben Jahren die Schule, ohne zumindest ausreichend lesen, schreiben und rechnen gelernt zu haben, von darüber hinaus gehenden Fähigkeiten und Kenntnissen ganz zu schweigen.[127]

Dr. Simon Gutherz, einer der ersten Ärzte Ludwigshafens und erster Spitalarzt [81]

Das alte städtische Hospital auf der Gräfenau [82]

Wie das Schulwesen mußte auch die örtliche Krankenversorgung ohne die Möglichkeit zum Rückgriff auf Vorgängerinstitutionen wie beispielsweise traditionelle Hospitaleinrichtungen allmählich aufgebaut werden. Schon 1846, drei Jahre nachdem die Rheinschanze in Ludwigshafen umbenannt worden war, hatte sich in der damaligen Siedlung der erste Arzt niedergelassen und 1852, kurz vor der Gemeindegründung, war die erste Apotheke am Platz eröffnet worden. Ebenfalls bereits 1846 hatten einige maßgebliche Ludwigshafener Kaufleute die Gründung eines Hospitalvereins, tatsächlich eines Krankenversicherungsvereins, für Mitarbeiter in den Handelskontoren und Gewerbebetrieben veranlaßt, um diesen bei längeren Erkrankungen finanzielle Hilfe leisten zu können. Diese Vereinigung bestand bis 1859 und übertrug das gesamte Vermögen bei ihrer seinerzeitigen Auflösung an die Stadtverwaltung mit der Auflage, die Mittel für Krankenhauszwecke zu verwenden. Am 1. Juli 1869 trat das bayerische Gesetz über die öffentliche Armen- und Krankenpflege vom 29. April desselben Jahres in Kraft, das unter anderem auch die Verantwortlichkeit der Gemeinden zur Leistung von Krankenhilfe regelte. Die Kommunen wurden zur Unterstützung auf ihrer Gemarkung beschäftigter Handels- und Gewerbegehilfen, Lehrlinge, Fabrik- beziehungsweise Lohnarbeiter für die Dauer von 90 Tagen verpflichtet und zugleich ermächtigt, von diesen Personen einen regelmässigen Krankenkassenbeitrag zu erheben.[128]

Was die stationäre Krankenversorgung betraf, so war 1851 durch eine Regierungsentschließung die Errichtung eines Spitals in Ludwigshafen genehmigt worden. Da jedoch für dieses Projekt vorerst keine finanziellen Zuschüsse aus dem Kreisfonds bereitgestellt werden konnten, kam es zu einer Vereinbarung, durch die eine Unterbringung und Betreuung von Schwerkranken in Mannheim ermöglicht wurden. Unzufriedenheit mit den Pflegeleistungen einerseits und den Kostenerstattungen andererseits führten indessen schon bald zu einer Vertragsauflösung. Nunmehr wurde mit dem Ludwigshafener Polizeidiener Johann Jakob Röder 1855 eine Übereinkunft getroffen, wonach dieser die gesamte Fürsorge für die pflegebedürftigen Patienten übernahm. Dazu hatte er sechs Zimmer mit je zwei Betten in seinem Haus bereitzuhalten

Feuerlösch-Ordnung

der

Stadt Ludwigshafen.

Ludwigshafen a. Rh.
Buchdruckerei von J. Baur.
1854.

Feuerlöschordnung 1854 [83]

und außerdem für die sonst notwendigen Einrichtungsgegenstände und Dienstleistungen zu sorgen. Als jährliche Entschädigung erhielt er 900 Gulden. Erster Spitalarzt war Dr. Simon Gutherz. Mit dem Kapital des 1859 aufgelösten Krankenversicherungsvereins errichtete die Kommunalverwaltung dann die erste städtische Krankenanstalt in einem Gebäude, das sich im Besitz des Schlossermeisters Philipp Abel befand. Zwei Jahre später wurde das zunächst gemietete Haus in der Speyerer Straße von der Stadt Ludwigshafen zum Preis von 6 550 Gulden erworben. Indessen vermehrte sich die Anzahl der Kranken, die stationäre Behandlung nötig hatten, derartig schnell, daß dieses Anwesen bereits 1865 wieder veräußert werden mußte, um ein größeres Krankenhaus bereitstellen zu können. Für 11 000 Gulden wurde ein Gebäude- und Geländekomplex auf der Gräfenau – später Von-der-Tann-Straße – übernommen und für weitere 9 000 Gulden eingerichtet. Das neue Krankenhaus war in verschiedene Abteilungen unterteilt und konnte maximal 60 Patienten aufnehmen. Es verfügte über eine moderne Ausstattung und eine ausgedehnte Gartenanlage.[129]

Zu den wichtigen kommunalen Institutionen gehörten auch die Polizei und die Feuerwehr. Schon 1837 war die Rheinschanze durch eine Entschließung des bayerischen Innenministeriums zum besonderen Polizeibezirk auf den Gemarkungen Friesenheims und Mundenheims erklärt worden. Mit der Ernennung eines Polizeiadjunkten, der in seiner Funktion als öffentlicher Ordnungshüter direkt dem Landkommissariat Speyer, bei seinen Aufgaben sonstiger Art jedoch den beiden Gemeindeverwaltungen unterstand, hatte die Regierung zwar auf die eigenständige Entwicklung der jungen Siedlung reagiert, die damaligen Schwierigkeiten des örtlichen Polizeidienstes jedoch unterschätzt. Dem seit 1843 amtierenden Polizeiadjunkten Peter Frank, Eigentümer des Ankerhofes, stand bei der Erfüllung seiner Pflichten noch nicht einmal ein Gehilfe zur Verfügung, obwohl wegen der Sicherheitsmängel des Handelsplatzes eine stärkere Polizeipräsenz dringend erforderlich gewesen wäre. Denn abgesehen von vielen Bettlern, die durch die Gegend zogen und die Einwohner belästigten, waren es auch die Mannschaften der ankernden Schiffe sowie die im Hafen beschäftigten Arbeiter, die sich in den nahen Wirtshäusern und deren Umgebung häufig ordnungswidrig verhielten. Das Gesuch der Ludwigshafener Bevölkerung an die Gemeindeverwaltungen Friesenheims und Mundenheims, den Polizeischutz in der Siedlung zu verbessern, stieß jedoch wegen der damit verbundenen Ausgaben auf strikte Ablehnung. Erst auf Intervention der Regierung der Pfalz konnte die Anstellung des Polizeidieners Johann Jakob Röder und dessen Besoldung durch die beiden Gemeinden durchgesetzt werden. Allerdings klagten die Dorfbürgermeister von Friesenheim und Mundenheim gegen die Entscheidung der Territorialbehörde bis zur obersten Instanz, ohne jedoch die Einrichtung und Besetzung der Polizeidienerstelle rückgängig machen zu können. Bezüglich der finanziellen Aufwendungen wurde Mitte 1850 insofern ein Kompromiß gefunden, als die Ausschellgebühren fortan von der Ludwigshafener Lokalkommission aufzubringen waren. Letztere erließ dazu folgende Anweisungen: „1. Der Polizeidiener Röder muß sich die Schelle selbst kaufen. 2. Für das Ausschellen in der Stadt [!] werden 12 Kreuzer und auf den Höfen 16 Kreuzer bezahlt. 3. Offizielle Bekanntmachungen müssen unentgeltlich besorgt werden. 4. Durch das Ausschellen darf der Polizeidienst nicht vernachlässigt werden."[130]

Anmerkungen
Seite 332 und 333

129 Hoffmann, S. 39, 50 sowie Poller, Denkschriften, S. 64

130 Ludwigshafen (1903), S. 235ff und Poller, Denkschriften, S. 65

131 ebd.

Nach dem Rücktritt Peter Franks vom Amt des Polizeiadjunkten im November 1850 übernahm Heinrich Wilhelm Lichtenberger diese Funktion, bis er 1853 vom Gemeinderat zum ersten Ludwigshafener Bürgermeister gewählt wurde. An die Stelle des Polizeiadjunkten trat nach der kommunalen Selbständigkeit ein vom bayerischen Staat ernannter Polizeikommissär, der, seit Ludwigshafen 1861 Kantonshauptstadt geworden war, auch die staatsanwaltlichen Aufgaben in den öffentlichen Landgerichtssitzungen wahrzunehmen hatte. Mit dem Inkrafttreten der Pfälzischen Gemeindeordnung am 1. Juli 1869 wurde der staatliche von einem städtischen Polizeikommissär abgelöst. Obwohl sich die öffentliche Sicherheit seit Anfang der 1850er Jahre hauptsächlich infolge des mit der Frühindustrialisierung verbundenen wachsenden Zuzugs von Fabrik- und Hafenarbeitern, aber auch wegen der ständig zunehmenden Anzahl von Gastwirtschaften noch verschlechtert hatte, sparte die Ludwigshafener Kommunalverwaltung ebenso wie zuvor die von Friesenheim und Mundenheim an den Personalkosten für die Polizei. Im Jahr 1855 waren es erst drei, 1869, als die Stadt bereits um die 6000 Einwohner zählte, gerade fünf Schutzleute, die für Ruhe und Ordnung zu sorgen hatten, ihre Obliegenheiten aber aufgrund unzureichender Mannschaftsstärke eher schlecht als recht erfüllen konnten.[131]

Der erste städtische Polizeidiener Jakob Röder; Hinterglasbild [84]

Personell weitaus besser ausgestattet war seit 1850 die Feuerwehr, die sich allerdings ihren Aufgaben auf freiwilliger Basis widmete. Als Ludwigshafen ein Jahr zuvor während der Reichsverfassungskampagne durch die Beschießung von Mannheim aus in Flammen gestanden hatte, hatte es in der jungen Ansiedlung weder Mannschaften noch Löschgeräte zur Brandbekämpfung gegeben. So hatte sich das verheerende Feuer schnell ausbreiten und schwere Schäden ungehindert anrichten können. Erst dieses Ereignis veranlaßte die Einwohnerschaft, dem Löschwesen fortan die notwendige Aufmerksamkeit zu schenken. Nachdem eine am Ort ansässige Mobiliar-Feuerversicherungs-Gesellschaft den Betrag von 1400 Gulden zur Anschaffung einer Feuerspritze durch das Gemeinwesen bereitgestellt hatte, kam es Ende 1850 zu ersten Übungen mit diesem Löschgerät. Ungefähr 30 Freiwillige unter Leitung des Kaufmanns Eduard Lipowski bildeten die erste Ludwigshafener Feuerwehrmannschaft. Gleichzeitig wurde die Lokalkommission vom Landkommissariat Speyer angewiesen, eine Feuerlöschordnung auszuarbeiten und zur Genehmigung vorzulegen. Die große Bedeutung, die dem Brandschutz zuerkannt wurde, geht daraus hervor, daß bereits am 20. Januar 1851 das erste Feuerwehrstatut für Ludwigshafen in Kraft gesetzt werden konnte. Mit seltener Schnelligkeit hatte der Entwurf der Lokalkommission die Zustimmung der staatlichen Aufsichtsbehörde erhalten. Die ›Organisation der Feuer-Lösch-Anstalt für Ludwigshafen vom Jahre 1850‹ regelte in 24 Artikeln die Pflichten der Mannschaft und der Bevölkerung. Durch diese Vorschriften erhält man einen guten Einblick in die damaligen Löschverhältnisse. Bei Alarm, der durch den Ruf ›Feuer‹, die Feuerwehrglocke und durch die Ortsschelle angezeigt wurde, hatte ein Teil der Feuerwehr unverzüglich die Geräte von der Aufbewahrungsstelle zum Brandort zu transportieren, während die übrige Mannschaft direkt zum Gefahrenherd eilen mußte, um in Eimern das Wasser zur Bekämpfung des Feuers herbeizuschaffen. Wörtlich heißt es in Artikel 2 weiter:

„Küfer und Bierbrauer haben mit gefüllten Butten, die Kaminfeger mit ihren Kratzen und Leitern, die Schieferdecker mit Hacken und

Leitern und die Zimmerleute, welche nicht anderst verwendet sind, mit Äxten zu erscheinen; ferner haben sich zwei Feuerreiter auf der Brandstätte einzufinden, um die Aufträge der Feuerlösch-Commission zu erwarten."

Wer sich spätestens zehn Minuten nach dem Feueralarm nicht bei der Mannschaft eingefunden hatte, unterlag der Polizeistrafe, wenn er keine ausreichende Entschuldigung vorbringen konnte. Die Besitzer von Pferden waren verpflichtet, ihre Fuhrwerke für den Transport der Löschgeräte bereitzustellen. Damit sich die Mannschaft unbesorgt der Brandbekämpfung widmen konnte, hatte eine Sicherheitswache zum Schutz des Eigentums durch die Siedlung zu patrouillieren. Alle Einwohner, die über Brunnen verfügten, mußten diese zum Schöpfen von Wasser zugänglich machen. Brach ein Feuer im Winter aus, so waren die nahe des Brandherdes wohnenden Personen verpflichtet, heißes Wasser zu beschaffen, um ein Einfrieren der Spritzen zu verhindern.[132]

Der Freiwilligen Feuerwehr gehörten 1851 einschließlich der von Eduard Lipowski ausgebildeten Leute 180 Personen an. Nachdem Ludwigshafen 1853 Gemeinde geworden war und 1859 Stadtrechte erlangt hatte, wurden jeweils neue Feuerlöschordnungen erlassen, die indessen keine wesentlichen Änderungen beinhalteten, sondern lediglich die früheren Bestimmungen aktualisierten. Am Anfang waren die Löschgeräte im Wohngebäude des Polizeiadjunkten beziehungsweise des Bürgermeisters untergebracht. Im Jahr 1854 wurde in der Remise des Gemeindehauses ein Spritzenhaus zur Deponierung der Ausrüstungen eingerichtet. Spätestens seit der Stadterhebung Ludwigshafens ergaben sich erste Schwierigkeiten aus der Freiwilligkeit des Feuerwehrdienstes. Die rasch fortschreitende Bebauung der Gemarkungsfläche und die ständig zunehmende Fluktuation innerhalb der Löschmannschaft waren die Hauptursachen für einen völlig unzureichenden Brandschutz am Ende der 1850er Jahre. Eine Neubelebung der Freiwilligen Feuerwehr schien dringend geboten. Im August 1860 warb der angesehene Bauunternehmer und spätere Bürgermeister Josef Hoffmann in seiner Eigenschaft als damaliger Feuerwehrkommandant in einem Aufruf zum verstärkten Eintritt in das Freiwilligenkorps. Der Appell brachte den gewünschten Erfolg. Außerdem wurden beträchtliche Spenden zum Ersatz von Geräten und Uniformen gemacht. Indessen war nicht zu übersehen, daß das Prinzip der Freiwilligkeit in den sechziger Jahren immer problematischer wurde. Trotz ständiger intensiver Bemühungen des Kommandos traten immer weniger Einwohner der Feuerwehr bei, so daß der Brandschutz Ludwigshafens mit seinen besonders gefährdeten Chemiefabriken nicht mehr gewährleistet war. Glücklicherweise brach in jener Zeit kein großes Feuer aus, sondern mußten nur kleinere Brände gelöscht werden. Im März 1870 wurde daher in der Generalversammlung der Freiwilligen Feuerwehr beantragt, eine Modernisierung der Löschverhältnisse durch Einführung einer Pflichtfeuerwehr und Erneuerung der Gerätschaften herbeizuführen. Die wachsende Bedrohung von Leben und Eigentum der Bevölkerung veranlaßten den Stadtrat, die Reorganisation des Brandschutzes unverzüglich in Angriff zu nehmen.[133]

Während die 1850 gegründete Feuerwehr und der schon 1846 konstituierte Krankenversicherungsverein freiwillige Zusammenschlüsse waren, die anstelle noch fehlender kommunaler Institutionen gemeinnützige Aufgaben erfüllten, hatte die 1851 ebenfalls noch vor der

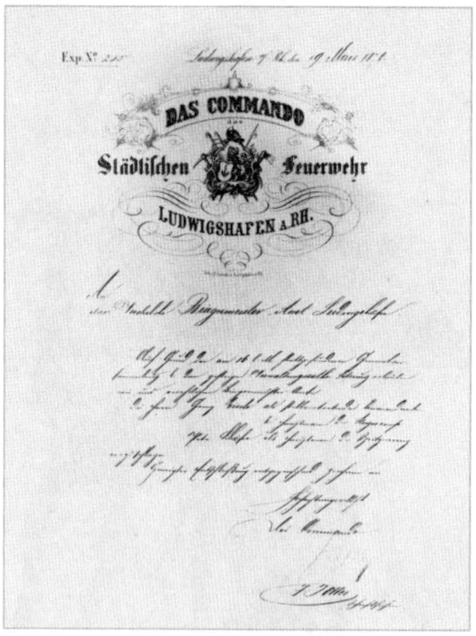
DAS COMMANDO

der

Städtischen Feuerwehr

LUDWIGSHAFEN a. RH.

Feuerlöschordnung 1878 [85]

Ein alter Löschwagen der Feuerwehr [86]

Anmerkungen
Seite 334 und 335

132 *vgl. dazu Breunig, Berufsfeuerwehr, S. 6f*

133 *ebd., S. 8ff*

134 *Hoffmann, S. 43f; Jung, S. 48, 78f; Poller, Denkschriften, S. 67; Breunig, Verhältnisse, S. 142*

135 *Hoffmann, S. 43f*

Gemeindegründung Ludwigshafens entstandene ›Schützengesellschaft‹ damals hauptsächlich gesellige, aber auch vaterländische Zielsetzungen. Erst nach der Stadterhebung kam es mit den Männergesangvereinen ›Frohsinn‹, 1860, und ›Liederkranz‹, 1861, zu weiteren Vereinsgründungen, die neben sozialen vorrangig musikalische Ambitionen hatten. Im Jahr 1861 begann auch die Geschichte des ›Turnvereins‹, des späteren ›Turn- und Fechtclubs‹, des ältesten Sportvereins der Stadt. Wie von dem 1867 entstandenen ›Cäcilienverein‹ maßgebliche Impulse für die kulturelle Entwicklung Ludwigshafens ausgingen, so leistete der im selben Jahr gegründete ›Frauenverein‹ wichtige Pionierarbeit auf dem sozialen und karitativen Sektor. Schließlich sollte dem 1868 konstituierten ›Arbeiter-Fortbildungs-Verein‹ wesentliche Bedeutung bei den künftigen sozialpolitischen Auseinandersetzungen in der Stadt zukommen. Die geringe Anzahl von Vereinsgründungen in Ludwigshafen bis 1870, insbesondere der fast völlige Stillstand während der fünfziger Jahre, hing vermutlich damit zusammen, daß bei der einflußreichen Bevölkerungsschicht, die für derartige Initiativen ausschließlich in Betracht kam, zunächst die kommunale und wirtschaftliche Konsolidierung im Vordergrund des Interesses gestanden hatte, bevor man Zusammenschlüsse zur Freizeitgestaltung und Wohlfahrtspflege in Erwägung zog. Daß die Anstöße zu Vereinsgründungen von den tonangebenden Personenkreisen ausgingen und diese auch die Aktivitäten der verschiedenen Gemeinschaften weitgehend beeinflußten, belegen die Entstehung und Entwicklung der einzelnen Vereinigungen. Die nachfolgende Anfangsgeschichte dreier in den 1850er und 1860er Jahren entstandener Vereine erhärtet nicht zuletzt die gerade skizzierten Befunde.[134]

Zum Gründungsvorstand der 1851 konstituierten Schützengesellschaft gehörten Ökonomierat Gottfried Hoech, seinerzeit Vorsitzender der Lokalkommission, Kaufmann Heinrich Wilhelm Lichtenberger, damals Polizeiadjunkt, Mitglied der Lokalkommission und nach der kommunalen Selbständigkeit ehrenamtlicher Bürgermeister, sowie die in den ersten Gemeinderat gewählten Kaufleute Jakob Bochkolz und Friedrich Kaufmann. Ebenfalls ortsbekannte Vorstandsmitglieder waren der Landwirt Heinrich Stauffer und der Bahnbeamte Adam Noll. In der folgenden Zeit übernahmen die späteren Bürgermeister Josef Hoffmann und Georg Kutterer das Amt des Oberschützenmeisters, das anfangs Heinrich Wilhelm Lichtenberger inne hatte. Für die lokalen Honoratioren war die Mitgliedschaft in der Schützengesellschaft offenkundig eine Ehrensache, aber auch Prestigeangelegenheit, wenn nicht gar ein Statussymbol. Die Schießstände befanden sich zunächst in einem abgeschiedenen Wirtshaus auf dem Hemshof und den umliegenden Feldern. Im Jahr 1856 erwarb der Verein in Ortsnähe auf dem Dörrhorst ein größeres Areal und errichtete darauf sein erstes Schießhaus.[135]

Der 1867 gegründete Frauenverein widmete sich in erster Linie und mit großem Engagement der freiwilligen Armen- und Krankenpflege. Hilfeleistungen erhielten hauptsächlich ärmere Taglöhner- und Fabrikarbeiterfamilien. Bei längerer Krankheit oder völliger Erwerbslosigkeit wurden die Betroffenen auf Vereinskosten mit Medikamenten und Lebensmitteln versorgt. Außerdem vermittelte die Vereinigung den Frauen in Not geratener Familien entweder Gelegenheits- oder Heimarbeit. Ein weiterer Schwerpunkt der Vereinstätigkeit bildete die Errichtung und Unterhaltung einer Kleinkinderschule. In einem gemieteten

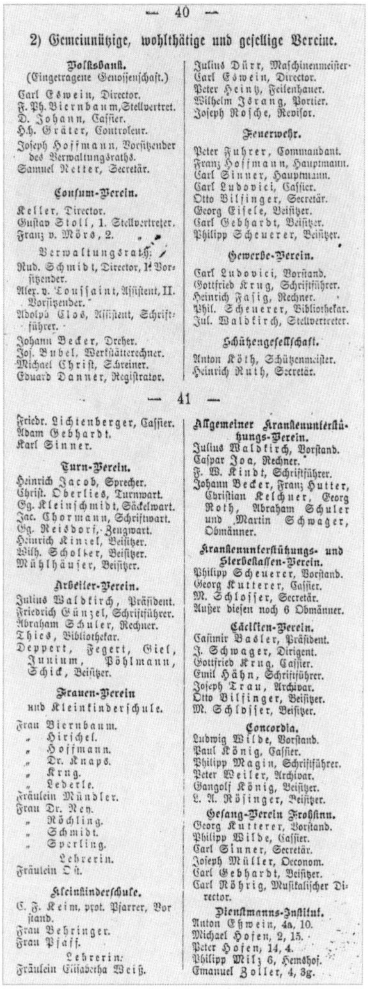
— 40 —

2) Gemeinnützige, wohlthätige und gesellige Vereine.

Volksbank.
(Eingetragene Genossenschaft.)
Carl Eswein, Director.
F. Ph. Biernbaum, Stellvertret.
D. Johann, Cassier.
H.H. Gräter, Controleur.
Joseph Hoffmann, Vorsitzender des Verwaltungsraths.
Samuel Netter, Secretär.

Consum-Verein.
Keller, Director.
Gustav Stoll, 1. Stellvertreter.
Franz v. Mörs, 2. „ „
Verwaltungsrath:
Rud. Schmidt, Director, I. Vorsitzender.
Alex. v. Toussaint, Assistent, II. Vorsitzender.
Adolph Clos, Assistent, Schriftführer.
Johann Becker, Dreher.
Jos. Bubel, Werkstätterechner.
Michael Christ, Schreiner.
Eduard Danner, Registrator.

Julius Dürr, Maschinenmeister.
Carl Eswein, Director.
Peter Heintz, Feilenhauer.
Wilhelm Jörang, Portier.
Joseph Rosche, Revisor.

Feuerwehr.
Peter Fuhrer, Commandant.
Franz Hoffmann, Hauptmann.
Carl Sinner, Hauptmann.
Carl Ludovici, Cassier.
Otto Bilfinger, Secretär.
Georg Eisele, Beisitzer.
Carl Gebhardt, Beisitzer.
Philipp Scheuerer, Beisitzer.

Gewerbe-Verein.
Carl Ludovici, Vorstand.
Gottfried Krug, Schriftführer.
Heinrich Fasig, Rechner.
Phil. Scheuerer, Bibliothekar.
Jul. Waldkirch, Stellvertreter.

Schützengesellschaft.
Anton Köth, Schützenmeister.
Heinrich Ruth, Secretär.

— 41 —

Friedr. Lichtenberger, Cassier.
Adam Gebhardt.
Karl Sinner.

Turn-Verein.
Heinrich Jacob, Sprecher.
Christ. Oberlies, Turnwart.
Gg. Kleinschmidt, Säckelwart.
Jac. Chormann, Schriftwart.
Gg. Reisdorf, Zeugwart.
Heinrich Kinzel, Beisitzer.
Wilh. Scholber, Beisitzer.
Mühlhäuser, Beisitzer.

Arbeiter-Verein.
Julius Waldkirch, Präsident.
Friedrich Günzel, Schriftführer.
Abraham Schuler, Rechner.
Thies, Bibliothekar.
Deppert, Fegert, Giel, Junium, Pöhlmann, Schick, Beisitzer.

Frauen-Verein und Kleinkinderschule.
Frau Biernbaum.
„ Hirschel.
„ Hoffmann.
„ Dr. Knaps.
„ Krug.
„ Lederle.
Fräulein Mündler.
Frau Dr. Ney.
„ Röchling.
„ Schmidt.
„ Sperling.
Lehrerin.
Fräulein Ott.

Kleinkinderschule.
C. F. Keim, prot. Pfarrer, Vorstand.
Frau Behringer.
Frau Pfaff.
Lehrerin:
Fräulein Elisabetha Weiß.

Allgemeiner Krankenunterstützungs-Verein.
Julius Waldkirch, Vorstand.
Caspar Joa, Rechner.
F. W. Kindt, Schriftführer.
Johann Becker, Franz Hutter, Christian Kelchner, Georg Roth, Abraham Schuler und Martin Schwager, Obmänner.

Krankenunterstützungs- und Sterbekassen-Verein.
Philipp Scheuerer, Vorstand.
Georg Kutterer, Cassier.
M. Schlosser, Secretär.
Außer diesen noch 6 Obmänner.

Cäcilien-Verein.
Casimir Basler, Präsident.
J. Schwager, Dirigent.
Gottfried Krug, Cassier.
Emil Hähn, Schriftführer.
Joseph Trau, Archivar.
Otto Bilfinger, Beisitzer.
M. Schlosser, Beisitzer.

Concordia.
Ludwig Wilde, Vorstand.
Paul König, Cassier.
Philipp Magin, Schriftführer.
Peter Weiler, Archivar.
Gangolf König, Beisitzer.
L. A. Rösinger, Beisitzer.

Gesang-Verein Frohsinn.
Georg Kutterer, Vorstand.
Philipp Wilde, Cassier.
Carl Sinner, Secretär.
Joseph Müller, Oeconom.
Carl Gebhardt, Beisitzer.
Carl Röhrig, Musikalischer Director.

Dienstmanns-Institut.
Anton Eßwein, 4a, 10.
Michael Hofen, 2, 15.
Peter Hofen, 14, 4.
Philipp Milz 6, Hemshof.
Emanuel Zoller, 4, 3g.

Vereinsverzeichnis der Stadt im Adreßbuch von 1874 [87]

Musikfreund und Chef der Pfälzischen Bahnen Albert von Jaeger [88]

Albert [von] Jaeger[136] *wurde 1814 in Kempten geboren, wo sein Vater Rektor des örtlichen Gymnasiums war. 1817 wurde dieser nach Speyer berufen, wo Albert aufwuchs. Nach einem juristisch-philosophischen Studium in München und Heidelberg sowie einem Aufenthalt in Dijon wurde er 1840 Regierungsakzessist in Speyer. Schon während des Studiums hatte er mit dem Frankenthaler Landkommissar Freiherr von Pölnitz einen Hauptförderer des Bahnbaus in der Pfalz kennengelernt. 1844 wurde er zum Geschäftsführer und Subdirektor der Ludwigsbahnen ernannt, 12 Jahre später, 1856, gelangte er als Nachfolger Denis' an die Spitze der Bahngesellschaft, deren Wachsen er für die nächsten 28 Jahre prägte.*

Wie sein Vorgänger gehörte Jaeger zu den Spitzen der Ludwigshafener Gesellschaft, seine Musikbegeisterung, die er mit seiner Frau Karoline teilte, war berühmt. Als ein sehr bewußter Christ und Präsident des katholischen Fabrikrates – ebenfalls als Nachfolger Denis' – war Jaeger ein besonderer Förderer seiner Konfession in der Stadt. Er spendete große Summen für die Ausstattung der Ludwigskirche und trat während der Kulturkampfjahre den liberalen Kräften im Stadtrat entgegen. 1869 wurde er in den persönlichen Adelsstand erhoben. Jaeger überlebte den Tod seiner Frau nur um eineinhalb Jahre. Eine Erkältung setzte seinem Leben binnen weniger Wochen im Februar 1884 ein Ende.

[S.M.]

Anwesen mit spezifischer Ausstattung wurden um 1870 mehr als 200 Kinder im Vorschulalter, deren Eltern berufstätig waren, tagsüber betreut und erzogen. Die Finanzierung der Vereinsarbeit erfolgte durch Beiträge der Mitglieder, Verkauf von Heimarbeiten sowie durch Spenden aus der Oberschicht und dem Mittelstand. An der Spitze des Frauenvereins standen Anna Karoline Röchling und Anna Elisabeth Knaps, die Ehefrauen des Kaufmanns und Ratsmitgliedes Ernst Röchling und des Mediziners und Bezirksarztes Dr. Carl Knaps. Ein vom katholischen Stadtpfarrer Carl Vogt geleiteter Berater- und Förderkreis aus vermögenden Einwohnern unterstützte den Verein bei der Erfüllung seiner Aufgaben.[137]

Albert Jaeger, der musikbegeisterte Direktor der Pfälzischen Eisenbahnen, war der eigentliche Initiator für die 1867 erfolgte Gründung des Cäcilienvereins. Schon vor seiner Übersiedlung nach Ludwigshafen infolge Verlegung der Bahndirektion hatte er in Speyer einen ›Musikkranz‹ für an Gesangskunst und Instrumentalmusik interessierte Bevölkerungskreise ins Leben gerufen. Unter Albert Jaegers Leitung wurden Chöre, Oratorien und Passionen einstudiert und in privaten Zirkeln aufgeführt. In Ludwigshafen erlebte der Musikkranz mit fast 100 Sängern und Musikern eine vergrößerte sowie verbesserte Auflage. Die Proben und Aufführungen fanden in der repräsentativen Dienstwohnung Albert Jaegers oder im geräumigen Versammlungssaal der Pfälzischen Eisenbahnen statt. Beteiligte Laienkünstler und eingeladene Gäste bildeten gleichsam ein musikalisches Kasino, dessen Treffpunkt das Bahn-Direktionsgebäude war. Das Gebäude diente im übrigen 1868 auch als Ort der vermutlich ersten Kunstausstellung in Ludwigshafen, das damals erstmals Etappe einer vom Pfälzischen Kunstverein veranstalteten Wanderausstellung wurde.[138]

Da eine große Anzahl ortsansässiger Musikfreunde von den Veranstaltungen unter dem Patronat Albert Jaegers ausgeschlossen blieb, machte sich der Mangel eines allen Interessierten zugänglichen Vereins zur Pflege der Musik und Förderung der Geselligkeit immer mehr bemerkbar. So wie weltliche Cäcilienvereine in anderen Städten der Pfalz schon bestanden und sich ständig bewährten, sollte eine derartige anspruchsvolle Musikgemeinschaft auch in Ludwigshafen entstehen.[139]

Anmerkungen Seite 336 und 337

136 Poller, Ludwigsbahn, S.27ff; Knauber
137 Hoffmann, S.55 und Poller, Denkschriften, S.67
138 Jöckle, S.357
139 Jung, S.43ff
140 Jung, S.47f sowie Fauck, S.32,35

Anzeige in der Ludwigshafener ›Pfälzer Zeitung‹
12. Juni 1853

„Ein geehrtes Publikum erlaubt sich der Unterzeichnete darauf aufmerksam zu machen, daß er in der nächsten Woche dahier ein Tivoli-[Sommer-]Theater eröffnen wird [...] Da der Zweck der Sommertheater überhaupt nur ein solcher ist, das Publikum angenehm zu unterhalten und zu erheitern, so werden auch nur vorzugsweise Lustspiele, Vaudevilles und Possen der neueren und neuesten Bühnenliteratur zur Aufführung kommen. Außerdem wird Herr Deutsch, Besitzer des neuen Bierkellers hier, vor dessen Lokal das Tivoli-Theater errichtet wird, dafür Sorge tragen, daß dem geschätzten Publikum immer gute Speisen und Getränke zur Verfügung stehen. Eine Stunde vor Anfang und während der Zwischenakte werden von der vorteilhaft bekannten Bambschen Musikgesellschaft Conzertstücke aufgeführt [...] "

Einige Titel der aufgeführten Stücke zeigen, daß das Lob der Zeitung, die „Art des Theaters vergönne, während des Aktes Speise und Trank zu sich zu nehmen und der Zigarre sich zu bedienen", wohl durchaus zutraf: Premiere war das „sinn- und lehrreiche Stück ›Stadt und Land‹", gefolgt von ›Der Weiberfeind‹, ›Das Tischrücken‹, ›Muttersegen oder der neue Fanchon, Schauspiel mit Gesang und Tanz in fünf Abteilungen‹, ›Der artesische Brunnen. Zauberposse in drei Abteilungen‹, ›Die Räuberherberge im Walde oder Dr. Fausts Zauberkäppchen‹ usw.

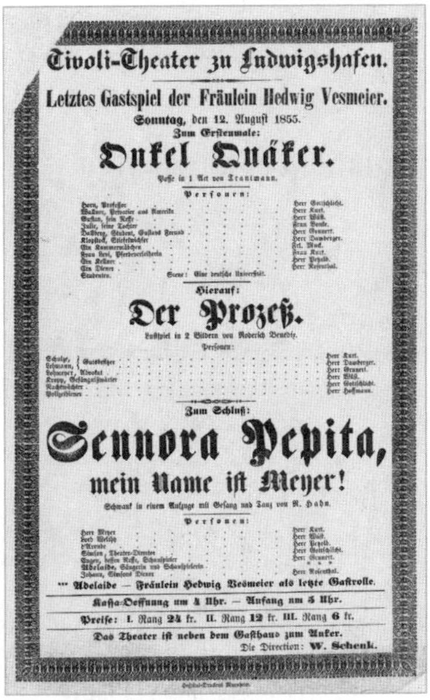

Plakat des ›Tivoli-Theaters‹ in Ludwigshafen, 1853 [89]

Starthilfe bei der Konstituierung des Ludwigshafener Cäcilienvereins 1867 gab der Männergesangverein Liederkranz, der in den wenigen Jahren seiner Existenz über eine bescheidene Wirksamkeit und geringe Mitgliedschaft nicht hinausgelangt war und nunmehr in der neuen Vereinigung aufging. Bei der Gründungsversammlung des Cäcilienvereins wurde ein geschäftsführender Ausschuß gewählt, dem Bezirksingenieur Casimir Basler als Präsident sowie Kaufmann Johann Baptist Borler, Lehrer Egidius Faust, Buchhalter Eduard Henrich, Arzt Dr. August Schneider und Oberingenieur Josef Trau angehörten. Wer angenommen hatte, daß sich die junge Vereinigung mit dem stolzen Namen sogleich ernsten Aufgaben zuwenden würde, sah sich enttäuscht. Von einem gemischten Chor war vorerst überhaupt keine Rede mehr. Zunächst wurden leichtere Männerchöre, Orchesterkompositionen und Theaterstücke einstudiert und präsentiert. Hinzu kamen ein gemeinsames Konzert mit dem Männergesangverein Frohsinn und einige Musikunterhaltungs- und Tanzveranstaltungen. Das Hauptereignis in der Anfangszeit war 1869 die Aufführung der komischen Oper ›Incognito‹ oder ›Der Fürst wider Willen‹ von Hermann Ripper. Der Erfolg bestand darin, daß die Vorstellung wiederholt werden mußte. Übrigens waren die Theaterdarbietungen des Cäcilienvereins nicht die ersten Veranstaltungen dieser Art in Ludwigshafen. Seit 1853 hatte das ›Tivolitheater‹ verschiedentlich vor zahlreichem Publikum gastiert und 1861 hatte ein ›Sommertheater‹ Johann Nestroys ›Der Talisman‹ aufgeführt. Die gelegentlichen Vorstellungen in Wirtshaussälen waren allerdings nicht geeignet, die Angehörigen der gehobenen Ludwigshafener Gesellschaftsschicht von der Teilnahme am elitären Theater- und Konzertleben in Mannheim abzuhalten.[140]

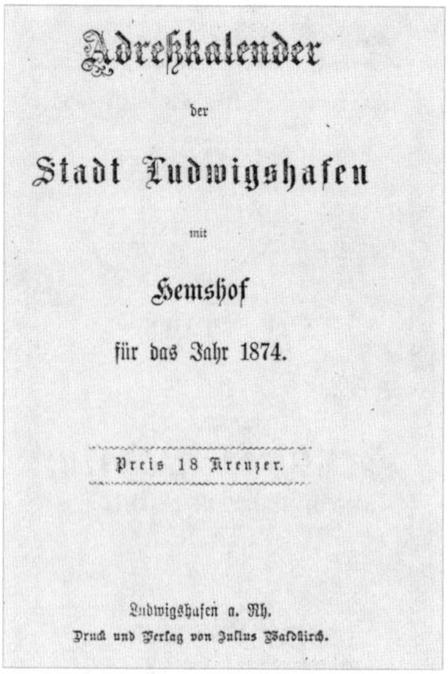

Adreßkalender
der
Stadt Ludwigshafen
mit
Hemshof
für das Jahr 1874.

Preis 18 Kreuzer.

Ludwigshafen a. Rh.
Druck und Verlag von Julius Waldkirch.

Das älteste noch erhaltene Adreßbuch der Stadt aus dem Jahr 1874 [90]

Die armen und „gefährlichen" Einwohner der Stadt: Arbeiter beim Bau der Rheinbrücke, um 1866 [91]

Anmerkungen
Seite 339

141 StALu, LUA 32 und Ludwigshafen (1903), S. 208
142 Ludwigshafen (1903), S. 208f
143 StALu, LUA 701; Ludwigshafen (1903), S. 201ff; Einwohnerverzeichnis vom 25. Juni 1852

Bevölkerung, Gesellschaft, Politik

Als die Regierung der Pfalz gegen Ende 1845 die erste amtliche Volkszählung in Ludwigshafen anordnete, konnte trotz der offensichtlichen Standortvorteile niemand auch nur vorausahnen, daß dem Handelsplatz eine derartig stürmische wirtschaftliche, kommunale und gesellschaftliche Aufwärtsentwicklung bevorstand, wie sie in diesem Beitrag bislang nachgewiesen worden ist. Der Territorialbehörde ging es bei ihrem Erkenntnisdrang auch weniger um die langfristige Perspektive als um die damalige Situation der jungen Ansiedlung. Die konkrete Frage, um deren exakte Beantwortung es ging, war, ob die Umbenennung der seitherigen Rheinschanze in Ludwigshafen und die damit im Zusammenhang getroffenen Maßnahmen des Staates auf die Bevölkerungsentwicklung günstige Auswirkungen hatten. Die Erhebung ergab, daß die Einwohnerschaft gegenüber der für 1840 geschätzten Anzahl von 90 auf 535 Personen angewachsen war. Diese spektakuläre Steigerungsrate bedeutete zwar nicht absolut, aber prozentual einen einmaligen Vorgang während der gesamten Ludwigshafener Stadtgeschichte und darüber hinaus in der bayerischen Landesgeschichte. Denn ein Bevölkerungszuwachs von fast 500 Prozent in fünf Jahren an einem Ort hatte es bisher weder gegeben noch sollte er sich jemals wiederholen. In den folgenden Jahren stieg die Einwohnerzahl Ludwigshafens dann weiterhin in außergewöhnlichem Umfang. Zur Zeit der Gemeindegründung 1853 waren es mehr als 1 500, im Jahr der Stadterhebung 1859 fast 3 000 und um

1870 ungefähr 7 000 Personen, die in der Stadt ihren Wohnsitz hatten. Vor 1865 bestand stets nur ein geringfügiges, danach ein zunehmendes Übergewicht der männlichen gegenüber der weiblichen Bevölkerung, was mit dem wachsenden Zuzug meistens junger lediger, aber auch zeitweise getrennt lebender Arbeiter zusammenhing.[141]

In den ersten Jahrzehnten der Ludwigshafener Geschichte resultierte der Anstieg der Einwohnerschaft verständlicherweise überwiegend aus dem Wanderungsgewinn und weniger aus dem Geburtenüberschuß. Zwischen 1865 und 1867 beispielsweise belief sich die Anzahl der Geborenen auf 525, die der Verstorbenen auf 327, was eine natürliche Zunahme um 198 bedeutete. Gleichzeitig wurden 938 zugezogene Menschen verzeichnet, so daß sich ein Bevölkerungswachstum von insgesamt 1 136 Personen ergab. In der folgenden Zeit sollte sich die Differenz zwischen Wanderungsgewinn und Geburtenüberschuß noch beträchtlich erhöhen. Was die Konfessionszugehörigkeit anbelangte, so rangierten die Katholiken zumeist vor den Protestanten. Weitere nennenswerte Glaubensgemeinschaften waren die Juden und die Mennoniten. Letztere bildeten auf dem Hemshof eine kleine Kolonie. Im Jahr 1864 zum Beispiel gab es in Ludwigshafen 1 830 katholische, 1 653 protestantische, 124 israelitische und 106 mennonitische sowie andersgläubige Einwohner.[142]

Über die Sozialstruktur und die Herkunftsgebiete der Ludwigshafener Bevölkerung zur Jahresmitte 1852, somit kurz vor der kommunalen Selbständigkeit, informiert ein selten aussagekräftiges Dokument. Danach waren von den 299 Haushaltungsvorständen:

142	Handwerker	entsprechend 48 Prozent
40	Kaufleute	entsprechend 13 Prozent
36	Taglöhner und Bürodiener	entsprechend 12 Prozent
58	Eisenbahnbeamte	entsprechend 19 Prozent
7	Akademiker und Fabrikanten	entsprechend 2 Prozent
14	Landwirte	entsprechend 5 Prozent
2	Berufslose	entsprechend 1 Prozent

Nach der Statistik über die Heimatorte waren von den 299 Erfassten entweder mit ihren Familien oder als Einzelpersonen zugezogen: 210, entsprechend 70%, aus pfälzischen Landstrichen; 85, entsprechend 29%, aus dem rechtsrheinischen Bayern, anderen deutschen Bundesstaaten und dem benachbarten Ausland; 4, entsprechend 1 Prozent, hatten dazu keine Angaben gemacht. Somit dominierten 1852 am Ort die Berufstätigen in Gewerbe und Handel mit 61% und die Zuwanderer aus der Pfalz mit 70 Prozent.[143]

Fast zwei Jahrzehnte später um 1870 hatte sich der Zustrom von außerhalb der Pfalz nach Ludwigshafen zwar verstärkt, insbesondere aus den angrenzenden und nahegelegenen Regionen Badens, Hessens und Württembergs machte sich eine wachsende Zuwanderung bemerkbar, jedoch waren von der ortsansässigen Bevölkerung einschließlich der bereits in der Stadt zur Welt gekommenen Personen noch immer mehr als 60% gebürtige Pfälzer, so daß der pfälzischstämmige Anteil während des gesamten dargestellten Zeitraums als vorherrschend bezeichnet werden kann. Wie außerdem statistisch nachgewiesen, bildete das Hauptherkunftsgebiet der Ludwigshafener Einwohnerschaft nach wie

Der wohl ›exotischste‹ frühe Einwohner Ludwigshafens war Thomas Adrian van Vorden, ein aus Surinam stammender, farbiger Mann, der die Köchin seines Mannheimer ›Herrn‹, eines Naturforschers, heiratete und in Ludwigshafen den Gasthof ›Drei Mohren‹ eröffnete – in Anspielung auf sich und seine beiden Töchter. Van Vorden starb bereits 1863, sein Gasthaus blieb ein Schauplatz gehobener Konzerte und anderer Veranstaltungen [92]

Eine der Töchter van Vordens [93]

vor die Vorderpfalz. Hinsichtlich der Berufszugehörigkeit um 1870 war verständlicherweise eine beträchtliche Steigerung der absoluten Zahlen gegenüber 1852 zu verzeichnen. Auch bei der prozentualen Aufgliederung hatte es einen signifikanten Wandel gegeben, der maßgeblich von der in den 1850er Jahren noch langsam und in den 1860er Jahren dann rasch angewachsenen Fabrikarbeiterschaft bewirkt worden war. Selbst wenn die rund 1 700 Beschäftigten in den Industriebetrieben vorerst nur zum geringeren Teil in der Stadt seßhaft werden konnten und zum überwiegenden Teil täglich aus der Region einpendeln mußten, hatte sich der Prozentsatz der gelernten und ungelernten Handarbeiterschicht bis 1870 auf fast zwei Drittel erhöht, nur noch ein Drittel der Ludwigshafener Bevölkerung repräsentierte die übrigen vertretenen Erwerbsgruppen. Zweifellos war es die Fabrikarbeiterschaft, die unter den bedrükkenden Wohnverhältnissen und den sonstigen Entwicklungsproblemen im Zusammenhang mit der Frühindustrialisierung am meisten zu leiden hatte.[144]

Im Gegensatz zu dem trotz hoher Fluktuation dynamischen Anstieg der Einwohnerschaft stand die behutsame Verleihung des Bürgerrechts durch die Ludwigshafener Kommunalvertretung. Noch um 1903 wurde dafür die folgende verfremdete und dennoch schonungslose Begründung gegeben:

„Wenn von diesem Rechte nur ein sehr beschränkter Gebrauch gemacht wird, so ist dies in der Natur der Sache begründet, weil bei dem Fallenlassen aller Vorbedingungen und Auflagen weitgehende Konsequenzen zu befürchten wären."

Aufgrund dieser restriktiven Verfahrensweise erhöhte sich die Anzahl der Gemeinde- beziehungsweise Stadtbürger von 215 im Jahr 1853 auf lediglich 268 im Jahr 1868. Danach erfolgte bis 1870 keine weitere Zunahme. Schon die bereits in anderem Kontext erwähnte Festsetzung eines hohen Bürgereinzugsgeldes zwischen 200 und 260 Gulden bedeutete eine nur von wenigen Einwohnern zu überwindende Hürde. Aber selbst wer diese Gebühr aufbrachte, konnte nicht anstandslos mit seiner Einbürgerung rechnen. Denn wer im Besitz des Bürgerrechts war, hatte in persönlichen Notsituationen einen Anspruch auf kommunale Armenunterstützung.[145]

Während der Gemeinde- beziehungsweise Stadtrat an finanziell gesicherte Personen wie Selbständige und Beamte großzügig das Bürgerrecht erteilte, versagte er es in allen Fällen, wo eine solche Sicherheit nicht gewährleistet war. Dadurch sollten die Armenkosten gering gehalten werden. Da Ludwigshafen als junge Ansiedlung nur über minimalen Grundbesitz verfügte, bedeutete jede Erhöhung des Armenbudgets eine Steigerung der Gebühren- oder Umlagensätze. Letzteres aber mußte soweit wie möglich vermieden werden, weil nur relativ niedrige Kommunalabgaben die angestrebte Niederlassung von Unternehmen förderten und damit die weitere Entfaltung der Wirtschaft garantierten. Aber nicht nur die beträchtlichen Konsequenzen eines Anstiegs der Armenlasten waren in Ludwigshafen maßgebend für die begrenzte Verleihung des Bürgerrechts. Aufgrund der Tatsache, daß das Bürgerrecht die Wahlberechtigung zum Gemeinde- beziehungsweise Stadtrat einschloß, erhielt die Restriktion neben dem sozialökonomischen einen politischen Akzent. Die Einbürgerung wirtschaftlich unselbständiger und finanziell ungesicherter Einwohner wurde auch deshalb abgelehnt,

Anmerkungen
Seite 340 und 341

144 Oberdorffer, Bürgermeister, S. 25 sowie Weidner, S. 106f, 155ff
145 Ludwigshafen (1903), S. 211 und Breunig, Verhältnisse, S. 44ff
146 Breunig, Verhältnisse, S. 77ff
147 ebd., S. 136f
148 ebd., S. 138f

um eine unerwünschte Einflußnahme auf die Kommunalpolitik zu verhindern. Diese Einstellung wurde von der vermögenden Schicht nach überkommenen Vorstellungen keinesfalls als Unrecht, sondern als Selbstverständlichkeit betrachtet. Nur wer durch sein Steueraufkommen zur Lösung der kommunalen Probleme beitrug, sollte auch berechtigt sein, darüber mitzuentscheiden.[146]

Es waren nicht nur die aufgezeigten unzulänglichen Verhältnisse in der Stadt wie die empfindliche Wohnungsnot und die politische Rechtlosigkeit, sondern auch die angewachsenen verschiedenen Mißstände in den Handwerks- und Fabrikbetrieben wie niedrige Taglöhne, überlange Beschäftigungszeiten und mangelnder technischer und hygienischer Arbeitsschutz, die zu einem sozialen Gärungsprozeß bei der unterprivilegierten Bevölkerungsschicht, hauptsächlich der Arbeiterschaft, führten. Schließlich machte sich spätestens seit Ende der sechziger Jahre bei diesem Personenkreis eine steigende Unzufriedenheit mit den Zuständen in der Kommune und den Unternehmen bemerkbar. Aufgrund der politischen Situation in Ludwigshafen konnten die Betroffenen jedoch nicht damit rechnen, daß in absehbarer Zeit eine spürbare Verbesserung ihrer schwierigen Lebens- und harten Arbeitsbedingungen eintreten werde. Bei den einflußreichen Bevölkerungsgruppen der Stadt standen damals nicht die vielfältigen Probleme der Arbeiterschaft, sondern die nationalen Einheits- und wirtschaftlichen Erfolgsbestrebungen im Zentrum des Interesses.[147]

Die politische Lage in Ludwigshafen am Ende der 1860er Jahre wurde maßgeblich bestimmt durch die während des Krieges von 1866 in der gesamten Pfalz gewandelten Verhältnisse. War die öffentliche Meinung zuvor überwiegend großdeutsch orientiert gewesen, so bewirkte die kriegerische Auseinandersetzung zwischen Österreich und Preußen einen völligen politischen Umschwung. Die Anfang der sechziger Jahre lediglich von dem sogenannten Deidesheimer Kreis um die Weingutsbesitzer Franz Peter Buhl und Ludwig Andreas Jordan repräsentierte kleindeutsche Bewegung, die sich der 1863 gegründeten bayerischen Fortschrittspartei spontan angeschlossen hatte, vermochte nunmehr sehr schnell die politische Führungsrolle in der Pfalz zu erlangen. Entscheidend für den plötzlichen Umschwung zugunsten der preußenfreundlichen Richtung war zweifellos die militärische Bedrohung durch Frankreich. Als wesentlich für die Konsolidierung der bayerischen Fortschrittspartei in der linksrheinischen Provinz erwiesen sich aber ihre liberalen Wirtschaftsanschauungen. Das wurde zum erstenmal bei den Wahlen zum Zollparlament 1868 deutlich. Während sich die Landbevölkerung wie vor 1866 mehr zugunsten der konservativ-klerikalen Partei entschied, konnte die fortschrittliche Bewegung in allen Städten mit Ausnahme von Kaiserslautern eine starke Majorität erlangen, die ihr letztlich vier der sechs pfälzischen Wahlkreise einbrachte. Die Demokraten und Konservativen vermochten nur je einen Sitz zu erlangen. Die unterschiedliche Abstimmung in Stadt und Land zeigte, daß nicht so sehr die Haltung in der nationalen Frage als vielmehr die wirtschaftspolitische Einstellung für den Erfolg der Fortschrittspartei den Ausschlag gab. Es waren die Handels- und Gewerbekreise sowie die Repräsentanten der Industrie, die sich für die fortschrittliche Politik entschieden.[148]

Hauptsächlich im aufstrebenden Ludwigshafen wurde der Wirtschaftsliberalismus verfochten. Der 1859 in der Stadt gegründete und

Pfälzischer Kurier.

Nr. 242. Ludwigshafen, Dienstag 16. October 1866.

Titelblatt des seit 1859 in Ludwigshafen erscheinenden liberalen ›Pfälzischen Kuriers‹ [94]

Anmerkungen Seite 342 und 343

149 *Mörz, S. 6f, 11ff*

150 *Breunig, Verhältnisse, S. 139f*

151 *ebd., S. 141*

152 *ebd., S. 141f, 146ff*

bei der Baurschen Buchdruckerei erscheinende ›Pfälzische Kurier‹ war nicht nur das Sprachrohr für die nationalen, sondern auch für die wirtschaftlichen Zielsetzungen. Das Blatt setzte die Tradition Ludwigshafens als bevorzugter Pressestandort[149] fort, nachdem die regierungstreue und konservative ›Pfälzer Zeitung‹ im Oktober 1858 ihren Sitz nach Speyer verlegt hatte. Sie hatte in der jungen Stadt kaum Abonnenten. Die Zeitung war 1849 mit Unterstützung der Regierung als antirevolutionäres Organ von dem aus Annweiler stammenden Arzt Dr. Lukas Jäger gegründet worden. 1852 war sie nach Ludwigshafen gezogen, denn der aufstrebende Ort, vor allem aber die Gunst der Verkehrslage, die Möglichkeit per Bahn schnell die offiziösen Mitteilungsblätter aus Frankreich zu erhalten und umgekehrt eine regionale Zeitung an den Mann bringen zu können, wirkten anziehend. Diese Standortvorteile genoß auch die neue, von Baur – mit Unterstützung von Franz Peter Buhl und der seiner Gesinnungsfreunde – herausgegebene Zeitung. Sie entsprach zudem dem Geist der jungen Stadt viel mehr. Ihr erster Chefredakteur war Ludwig Frey, ein Aktiver der Revolution von 1848, der die Zeitung bis 1867 prägte. Er kämpfte mit seinem Blatt gegen die „Reaktion", gegen die konservative Kirchenpolitik der bayerischen Regierung, für die Gemeinschaftsschule, für die nationale Einheit. Als Organ des extrem liberalen Protestantenvereins geriet der ›Pfälzische Kurier‹ wiederholt in Konflikte mit dem Speyerer Konsistorium und wurde gelegentlich von Regierungsseite beschlagnahmt. Je mehr die Zeit fortschritt, verwandelte sich das Blatt allerdings zu einem Exponenten wirtschafts- und nationalliberaler Ansichten. Vom Erbe der Revolution blieb kaum mehr etwas. Ganz ähnlich im Ton waren zwei weitere Zeitungen, die seit dem Ende der 1860er Jahre in der Stadt zu erscheinen begannen, so als erste wirkliche Lokalzeitung der ›Ludwigshafener Anzeiger‹ des aus Kaiserslautern stammenden Druckers und Lithographen August Lauterborn und der kurzlebige ›Rheinische Telegraph‹ des späteren Ludwigshafener Pressezaren Julius Waldkirch.

Der Einfluß dieser Presseerzeugnisse auf die ortsansässigen Kaufleute, Handwerksmeister und Fabrikanten darf nicht unterschätzt werden. Das von diesen Kreisen praktizierte schrankenlose Profit- und Expansionsstreben erhielt vor allem durch den ›Pfälzischen Kurier‹ publizistische Rechtfertigung. Die politische Lage in Ludwigshafen am Ende der sechziger Jahre war somit gekennzeichnet durch die Hegemonie der nationalliberal-fortschrittlichen Bewegung. Diese Dominanz basierte weniger auf den national- als vielmehr auf den wirtschaftspolitischen Vorstellungen der Fortschrittspartei, die den Ambitionen von Handel, Gewerbe und Industrie sehr zustatten kamen. Gefahren, die aus den damit verbundenen sozialen Problemen erwachsen konnten, schenkte man schon relativ früh Beachtung. Ein wichtiges Zeugnis für diese Aufmerksamkeit der Unternehmer findet sich im Bericht der Pfälzischen Handels- und Gewerbekammer Ludwigshafen von 1864. Dort heißt es:

„Wenn daher Gegner der Gewerbefreiheit und Anhänger längst überwundener Principien in Schrift und Wort Versuche machen – wie dies im verflossenen Jahre vielfach geschehen ist – die arbeitende Klasse als diejenige erscheinen zu lassen, welche von Arbeitgebern, vom Capital und der Industrie ausgebeutet und zu einem neuen Sklaventhum erniedrigt wird, wenn dadurch dem blinden Haß gegen das Maschinenwesen, der Mißgunst, dem Neide unverständiger Menschen Nahrung gegeben und verkehrte Begriffe über staatliche und volkswirthschaftliche Zustände verbreitet werden, so wollen wir diese Gelegenheit nicht vorübergehen lassen, unser Mißfallen und Bedauern über ein solches Verfahren auszusprechen." [150]

Zugleich wurde in dem Bericht der Pfälzischen Handels- und Gewerbekammer zum Ausdruck gebracht, daß die Pfalz von derartigen Bestrebungen bislang verschont geblieben sei. Auch in den folgenden Jahren trat keine Veränderung ein. Auf eine Anfrage nach der Existenz politischer Arbeitervereine erstattete die Regierung der Pfalz noch 1867 Fehlanzeige. Diese Feststellung kann aber nicht darüber hinwegtäuschen, daß sich die Verhältnisse gegenüber 1864 dennoch fundamental gewandelt hatten. So waren der ›lassalleanischen‹ Arbeiterbewegung im nahegelegenen Rhein-Main-Gebiet mittlerweile beträchtliche Fortschritte gelungen. Hauptsächlich die in den Städten Frankfurt, Mainz, Offenbach und Wiesbaden entstandenen Mitgliedschaften des ›Allgemeinen Deutschen Arbeitervereins‹ wurden seit 1867 zu wichtigen Stützpunkten, von denen aus die frühe Agitation in Süddeutschland erfolgte. Ein für die Pfalz und besonders für Ludwigshafen folgenreiches Ergebnis dieser Bemühungen war die Gründung eines lassalleanischen Arbeitervereins in Mannheim noch im Jahr 1867. Wenn die Pfalz um diese Zeit auch noch nicht tangiert wurde, so hatte sich die sozialistische Bewegung doch bereits dicht an der Grenze der pfälzischen Region festgesetzt. [151]

Für Ludwigshafen, das damals gerade durch eine feste Brücke mit Mannheim verbunden worden war, bestand natürlich vorrangig die Gefahr einer lassalleanischen Infiltration. Aufgrund der Tatsache, daß seit 1865 zunächst zur Errichtung der Rheinbrücke, sodann aber auch für die Expansion der Industrie ein reger Zustrom von Arbeitern erfolgte, verstärkte sich noch diese Bedrohung. Es war zu erwarten, daß ein Auftritt lassalleanischer Agitatoren in Ludwigshafen nicht ohne Folgen bleiben werde. Die aus Gewerbe- und Handelsunternehmern zusammengesetzte Kommunalvertretung traf deshalb Vorkehrungen, um einen Übergriff der lassalleanischen Bewegung auf die Stadt zu verhindern. So wurden die von Mannheim nach Ludwigshafen kommenden Personen und die bei Errichtung der Rheinbrücke beschäftigten Arbeiter nicht nur zur Aufrechterhaltung der öffentlichen Sicherheit, sondern auch aus politischen Gründen einer scharfen polizeilichen Kontrolle unterzogen. Was die ortsansässigen Arbeiter betraf, so besorgte der jeweilige Arbeitgeber die politische Überwachung. Nachdem es jedoch lassalleanischen Wanderrednern, unterstützt von der Mannheimer Mitgliedschaft des Allgemeinen Deutschen Arbeitervereins, 1869 gelungen war, in den benachbarten Städten Oggersheim und Frankenthal zwei Versammlungen abzuhalten, bei denen hauptsächlich die Notwendigkeit eines politischen Zusammenschlusses zur Verbesserung der sozialen Lage der Arbeiterbevölkerung betont wurde, dürfte es wahrscheinlich nur auf den Ausbruch des deutsch-französischen Krieges zurückzuführen sein, daß Ludwigshafen nicht noch 1870 in die frühe lassalleanische Agitation einbezogen wurde. Die sozialistische Arbeiterbewegung stand jedenfalls vor den Toren der jungen Stadt und sollte bald der liberalen Wirtschaftspolitik und deren ortsansässigen Repräsentanten mit Nachdruck entgegentreten. Mit anderen Worten: Der Sozialismus war auf dem Weg, dem Liberalismus die politische Vorherrschaft in Ludwigshafen streitig zu machen. [152]

August Lauterborn's
BUCHHANDLUNG
Quadrat 3, Kassenstrasse No. 17
empfiehlt sich zur Lieferung von
WERKEN
aus allen Wissenschaften und Zweigen der Literatur und Kunst
und hält fortwährend eine *reichhaltige Auswahl*
der neuesten und beliebtesten Schriften auf Lager,
namentlich
Journale, Musikalien, Schulbücher, Gebet- und Gesangbücher
Deutsche Classiker etc. etc,
sowie Globen, kartographische Werke u. dergl.

Nicht vorräthige Bücher werden schnell und pünktlichst besorgt unter Zusicherung aufmerksamer und reeller Bedienung.

Der
Ludwigshafener Anzeiger
erscheint sechsmal wöchentlich.
Vierteljährlicher Abonnementspreis: 1 M. 60 Pf.
Inserate finden durch dieses Blatt die weiteste Verbreitung und wird für die 4gespaltene Garmondzeile nur 8 Pfennige berechnet.
Redaction und Expedition:
Quadrat 3, Kassenstr. No. 17.

Aus dem Adreßbuch von 1876 [95]

Das Ludwigshafener Schulhaus als Lazarett während des deutsch-französischen Krieges [96]

Die Töchter des Ludwigshafener Bürgertums engagieren sich als Helferinnen im „Einheitskrieg": Urkunde für Katharina Brandt, die Tochter des Kaufmanns Louis Brandt [97]

Ludwigshafener Anzeiger.

Wochenblatt für den Kanton Ludwigshafen.

№ 1. Donnerstag, den 2. Januar 1868.

Einladung zum Abonnement.

Der „Ludwigshafener Anzeiger" der heute mit der ersten Nummer in's Leben tritt, hat sich bereits einer respectablen Anzahl von Abonnenten sowohl hier, wie auch im ganzen Kantone zu erfreuen. Anzeigen jeder Art dürften daher die angemessenste Verbreitung finden und ladet zur ferneren Betheiligung ergebenst ein

Ludwigshafen im Januar 1868.

Die Expedition des „Ludwigshafener Anzeigers."

Deutschland.

Ludwigshafen am Rhein.

Die erste Ausgabe des ›Ludwigshafener Anzeigers‹ vom 2. Januar 1868 mit dem Anfang der Ortsgeschichte von Josef Hoffmann [98]

Epilog

Als der damalige Bürgermeister und langjährige Baumeister Josef Hoffmann 1868 im ›Ludwigshafener Anzeiger‹ des im selben Jahr gegründeten Verlages August Lauterborn die erste Ortsgeschichte in einer Reihe von Beiträgen veröffentlichte, war ein viertel Jahrhundert seit der Umbenennung der Rheinschanze in Ludwigshafen vergangen. Josef Hoffmann, der die gesamte Entwicklung seit 1843 nicht nur als Bewohner einfach miterlebt, sondern als Bauunternehmer, Mitglied der Lokalkommission und der Kommunalvertretung sowie als Bürgermeister maßgeblich mitgestaltet hatte, war demnach Träger wertvoller Erinnerungen und Kenner bedeutsamer Entscheidungen. Daß er 1868 als Abschlußjahr für seinen historischen Rückblick wählte, war zwar vorrangig auf das 25. Ortsjubiläum zurückzuführen, dürfte indessen auch damit zusammenhängen, daß er Ludwigshafen seinerzeit an einem markanten Wendepunkt seiner Geschichte angelangt sah. Aus dem beschaulichen Handelsplatz Rheinschanze in der Biedermeierepoche war während nur zweieinhalb Jahrzehnten das regionale Wirtschaftszentrum Ludwigshafen im Industriezeitalter geworden.

Spätestens seit Beginn der Frühindustrialisierung wurde für jedermann augenfällig, daß es sich bei der Stadt um ein an keine Tradition gebundenes Gemeinwesen mit einer vielschichtigen Einwohnerschaft ohne überkommene Verwurzelung handelte. Aufgrund mangelnder langfristig entstandener und bestehender Strukturen war das Verhältnis zwischen den Bevölkerungsschichten von gegenseitiger Verständnislosigkeit und Gleichgültigkeit geprägt. Diese Kontaktlosigkeit führte zu jeweils schroffer Interessenvertretung bis hin zur Feindseligkeit. Erhielten doch die sozialen Spannungen durch die wachsende Politisierung der verschiedenen Gesellschaftsgruppen noch eine zusätzliche Brisanz.

Die dargestellte Entwicklung Ludwigshafens zwischen 1843 und 1870 war eng mit dem dynamischen Aufschwung von Handel, Handwerk, Industrie und Verkehr seit Mitte des 19. Jahrhunderts verknüpft. Für diese allgemeine Entfaltung erweist sich die Frühgeschichte der Stadt als eindrucksvolles Beispiel. Ein neues Zeitalter, vom 18. Jahrhundert geistig und wissenschaftlich vorbereitet, hatte Einzug gehalten. Fortschrittliche ökonomische, gesellschaftliche und politische Ideen begannen sich durchzusetzen. Schicksalsmächte dieser Epoche waren Kapitalismus und Sozialismus. Von ihrer Antinomie sollte der weitere Aufstieg Ludwigshafens zwar beeinflußt, aber nicht beeinträchtigt werden.[153]

Anmerkungen
Seite 344 und 345

153 *Oberdorffer, Bürgermeister, S. 21; Fauck, S. 38; Breunig, Kommunalpolitik, S. 44ff*

154 *Im Folgenden werden bei der Beschreibung der Bilder zur besseren Orientierung die späteren Straßennamen verwandt, die erst 1885 eingeführt wurden*

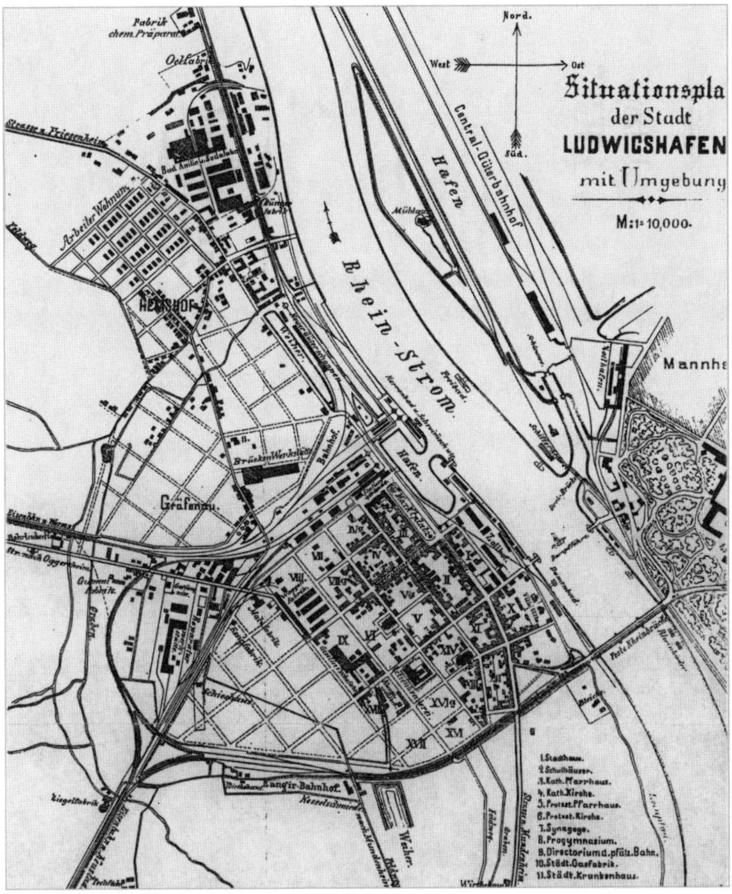

Plan der Stadt Ludwigshafen aus dem Adreßbuch des Jahres 1876 [99]

Das Ludwigshafen der Gründungszeit – ein fotografischer Spaziergang

Die im folgenden vorgestellten Fotografien entstanden größtenteils in den Jahren 1876—1878. Sie wurden im Auftrag des Bauunternehmers Josef Hoffmann angefertigt, der offenbar eine Dokumentation seines Werks in der jungen Stadt beabsichtigte. Die Aufnahmen sind ein eindrückliches Zeugnis der ›unfertigen‹ Stadt. Einerseits sind da die prächtigen Hauptstraßen im strengen spätklassizistischen Stil. Einige Gebäude, etwa die Zollamtswohnung, erinnern an die Münchner Ludwigstraße. Andererseits präsentieren sich die Häuser an der Bismarck-, Schul- und Maxstraße deutlich einfacher und phantasieloser. Allgegenwärtig sind noch die sumpfigen Löcher, die unausgebauten, aufgeschütteten Straßen. Und um die Stadt gruppieren sich die öden Lagerflächen am Rhein, der Winterhafen und die häßlichen Industriebauten – die doch so wesentlich ihren Wohlstand und ihren Aufstieg garantierten.[154]

Die älteste fotografische Stadtansicht

Ludwigshafen von der Rheinbrücke aus 1869: Vorne links erstreckt sich, von einem Gartenpavillon abgeschlossen, der Lichtenbergersche Garten am Rhein entlang. Zwischen den Bäumen ist das Lichtenberger-Haus erkennbar. Rechts schließen sich die noch aus Stichen und Gemälden bekannten alten Gebäude des Hafens und der Rheinschanze an. Im Hintergrund sind die Ludwigs- und Lutherkirche mit ihren unausgebauten Türmen sichtbar. Dahinter rauchen die Schlote – wohl Giulini [100]

Blick von der Rheinbrücke auf das Rheinufer und die Stadt, um 1878

Die Häuserzeile links im Hintergrund gehört zu den ältesten der Stadt; rechts ist der Lichtenberger-Garten bereits von den Villen der Clemms überbaut [101]

Winterhafen und Bahnhof, um 1880 [102]

Der Marktplatz – Ludwigsplatz, in dessen sumpfigem Grund „ein Pferd ersaufen konnte" [103]

Am Eingang zur Stadt von der Brücke: Das Haus ›Brückenquadrat Nr. 6‹, später Ludwigstraße [104]

Die Ecke Kaiser-Wilhelm- und Ludwigstraße, durch die man bis zum Marktplatz und Bahnhof sehen kann; um 1880 [105]

Die Keimzelle der Stadt: Lichtenberger- und Huß-Haus an der Kaiser-Wilhelm-Straße; um 1900 [106]

Gegenüber dem Lichtenberger-Haus:
das Kaufmannsche Anwesen
später Pfälzische Hypothekenbank
[107]

Das Zollamtswohnhaus
schräg gegenüber dem Stadthaus
in der Ludwigstraße
[108]

Das Stadthaus in der Ludwigstraße,
das frühere Saamsche Gasthaus
[109]

Die Löwenapotheke
und eine Auswanderungsagentur
in der Ludwigstraße nahe dem Marktplatz
[110]

Die Häuserzeile in der Ludwigstraße vor der Kaiser-Wilhelm-Straße vorn am Eck das Hotel ›Deutsches Haus‹ [111]

Die katholische Ludwigskirche in der Bismarckstraße, um 1870 (?) [112]

Das Haus des Bauunternehmers Hoffmann zur Oggersheimer Straße hin [113]

Das Hoffmannsche Haus zur Bismarckstraße hin [114]

Links die Bismarckstraße,
rechts die Oggersheimer [Bahnhof-]Straße
Richtung Ludwigsplatz
[115]

Bescheidene Häuser in der Bismarckstraße
zwischen Oggersheimer und Schulstraße
[116]

Einfache Bebauung in der Maxstraße zwischen Oggersheimer und Amtsstraße [117]

Die Synagoge, das alte Bethaus, in der Kaiser-Wilhelm-Straße [118]

Die Lutherkirche in der Maxstraße [119]

*Am Ende der Stadt:
Wohnhaus des Zimmermanns Dünkel
in der Kaiser-Wilhelm-Straße,
dahinter erkennbar das Giulini-Gelände
[120]*

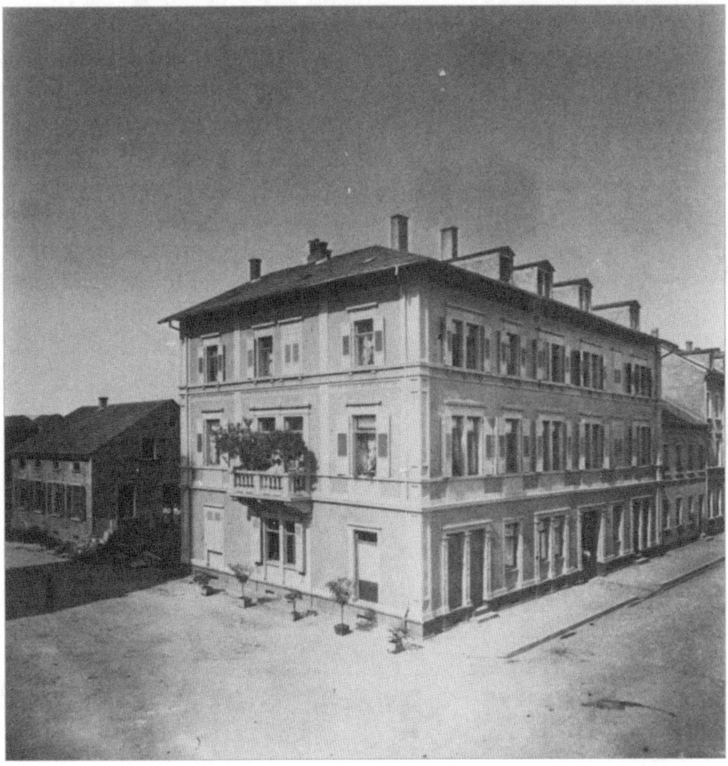

*Repräsentatives Haus in der Maxstraße
gegenüber der Lutherkirche,
daneben Stadtrand-Häuschen
[121]*

Am Tümpel: Die Leimfabrik Michel am stadtzugewandten Ende der BASF [122]

Am Stadtrand: Aktienbrauerei auf dem Gelände des heutigen Pfalzbaus [123]

Breier, Thomas: Eine Stadt wird gebaut, Ludwigshafen am Rhein von der Gründung bis zum Zweiten Weltkrieg, Veröffentlichungen des Stadtarchivs Ludwigshafen 18, Ludwigshafen 1994

Breunig, Willi:

50 Jahre Berufsfeuerwehr der Stadt Ludwigshafen am Rhein, Ludwigshafen 1968 [zit. Breunig, Berufsfeuerwehr]

Soziale Verhältnisse der Arbeiterschaft und sozialistische Arbeiterbewegung in Ludwigshafen am Rhein 1869—1919, Veröffentlichungen des Stadtarchivs Ludwigshafen 5, Ludwigshafen 1976 [zit. Breunig, Verhältnisse]

Vom Handelsplatz zur Industriestadt, Wirtschaftsentwicklung in Ludwigshafen am Rhein 1820—1920, Veröffentlichungen des Stadtarchivs Ludwigshafen 12, Ludwigshafen 1986 [zit. Breunig, Handelsplatz]

Kommunalpolitik und Wirtschaftsentfaltung in Ludwigshafen am Rhein 1843—1871, Veröffentlichungen des Stadtarchivs Ludwigshafen 20, Ludwigshafen 1995 [zit. Breunig, Kommunalpolitik]

Bürgermeisteramt der Stadt Ludwigshafen am Rhein (Hg.): Geschichte der Stadt Ludwigshafen am Rhein 1853—1903, Ludwigshafen 1903 [zit. Ludwigshafen (1903)]

Fauck, Siegfried: Geschichte der Stadt Ludwigshafen am Rhein in Daten, Veröffentlichungen des Stadtarchivs Ludwigshafen 2, 2. Auflage, Speyer 1989

Gollwitzer, Heinz: Ludwig I. von Bayern. Königtum im Vormärz, München 1987

Hahn, Hans-Werner: Geschichte des Deutschen Zollvereins, Göttingen 1984

Haus der Bayer. Geschichte (Hg.): König Maximilian II. von Bayern 1848—1864, Rosenheim 1988

von Hippel, Wolfgang: Zum Wohle der Kranken. Vom Hospital zum Klinikum der Stadt Ludwigshafen 1892—1992, Ubstadt-Weiher 1992

Hoffmann, Josef: Kurze Geschichte des Handelsplatzes Ludwigshafen von ihrer frühesten Erinnerung bis zum Jahre 1868, Ludwigshafen 1967

150 Jahre Rheinhafen Mannheim, Mannheim 1978

von Jan, Helmut: Beiträge zur Geschichte des Aufstandes 1849 in Ludwigshafen, in: Pfälzische Familien- und Wappenkunde, VIII. Jg., 1959, Bd. 3, Heft 7/9, S. 217—223

Joeckle, Clemens: Künstler [...] aufzumuntern und zu unterstützen – Die Geschichte des Pfälzischen Kunstvereins 1867—1920, in: MHVP 95/1997, S. 345—400

Jung, Wilhelm Jakob: Musikgeschichte der Stadt Ludwigshafen am Rhein vom Jahre 1850 bis 1918, Veröffentlichungen des Stadtarchivs Ludwigshafen 1, Ludwigshafen 1968

Kermann, Joachim: Die wirtschaftlichen Verhältnisse in der Pfalz zur Zeit der Revolution von 1849, in: Fenske, Hans (Hg.), Die Pfalz und die Revolution 1848/49 (Beiträge zur pfälzischen Geschichte, Bd. 16), Bd. 2, Kaiserslautern 2000, S. 289—374

Keyser, Erich: Niedersächsisches Städtebuch; Deutsches Städtebuch 3; Stuttgart 1952

Knauber, Jakob: Albert von Jaeger, Ludwigshafen 1925

Kube, Helga: Die Industrieansiedlung in Ludwigshafen am Rhein bis 1892, Stuttgart 1962

Ludwigshafen (1903), siehe Bürgermeisteramt

Marx, Werner: Die Entstehungsgeschichte der Stadt Ludwigshafen a. Rh., Ludwigshafen 1953

Möckl, Karl: König und Industrie. Zur Industrialisierungspolitik der Könige – Max I. Joseph, Ludwig I. und Max II., in: Rainer A. Müller (Hg.), Aufbruch ins Industriezeitalter, Bd. 2, München 1985, S. 13—36

Mörz, Stefan: Vom Westboten zur Rheinpfalz. Die Geschichte der Presse im Raum Ludwigshafen von den Anfängen bis zur Gegenwart, Veröffentlichungen des Stadtarchivs Ludwigshafen 19, Ludwigshafen 1994

Nipperdey, Thomas: Deutsche Geschichte 1866—1918, Bd 1: Bürgerwelt und starker Staat, München 1990

Oberdorffer, Kurt/Jung, Hans: Gottfried Hoech – die „graue Eminenz" aus den 1850er Jahren, in: Pfälzische Familien- und Wappenkunde, VIII. Jg., 1959, Bd. 3, Heft 7/8, S. 224—228 [zit. Oberdorffer/Jung]

Oberdorffer, Kurt (Hg.): Ludwigshafen und seine ehrenamtlichen Bürgermeister 1853—1896, Ludwigshafen 1964 [zit. Oberdorffer, Bürgermeister]

Poller, Oskar:

(Hg.): Ludwigshafen 1853 und 1873, Die Denkschriften von Lamotte und Matthäus; 10. Beiheft zur ›Pfälzisch-Rheinischen Familienkunde‹, Ludwigshafen 1974 [zit. Poller, Denkschriften]

Persönlichkeiten der Ludwigshafener Industrie und ihre Abstammung, in: Genealogie, Bd. 12, Heft 9, Sept. 1975, S. 641—661 [zit. Poller, Persönlichkeiten]

Ludwigshafen am Rhein und die Ludwigsbahn; 11. Beiheft zur ›Pfälzisch-Rheinischen Familienkunde‹, Ludwigshafen 1977 [zit. Poller, Ludwigsbahn]

Raimar, Josef:

Die pfälzische Familie Lichtenberger, in: Pfälzische Genealogie, Beilage zur Pfälzischen Familien- und Wappenkunde, 5/1953 [zit. Raimar, Lichtenberger]

Die Brüder Clemm, in: Pfälzische Biographie, Beilage zur Pfälzischen Familien- und Wappenkunde, 5/1953 [zit. Raimar, Die Brüder Clemm]

Reif, Heinz: Die verspätete Stadt. Industrialisierung, städtischer Raum und Politik in Oberhausen 1846—1929; Landschaftsverband Rheinland, Rheinisches Industriemuseum, Schriften 7, Köln 1993

Riehl, Wilhelm Heinrich: Die Pfälzer, Ein rheinisches Volksbild, Stuttgart und Augsburg 1857

Ruf, Peter: 1848/49. Revolution in Ludwigshafen; Katalog der Ausstellung im Stadtmuseum Ludwigshafen, Ludwigshafen 1991

Schneider, Erich (Hg.): Die Entdeckung der Pfalz, Reisebilder zwischen 1789 und der Mitte des 19. Jahrhunderts, Landau 1992

Schröter, Hans: Friedrich Engelhorn. Eine Unternehmerpersönlichkeit des 19. Jahrhunderts, Landau 1991

Siebler, Walter: Josef und Wendel Hoffmann, in: Oberdorffer, Kurt (Hg.), Ludwigshafen und seine ehrenamtlichen Bürgermeister, Ludwigshafen 1964, S. 27—42

Siemann, Wolfram: Die deutsche Revolution von 1848/49, Frankfurt am Main 1985

Springer, Max: Die Entwicklung der Stadt Ludwigshafen 1903—1928, im Auftrag der Stadt Ludwigshafen verfaßt; Manuskript in Bibl. StALu, 1929

Weczerka, Hugo: Schlesien; Handbuch der historischen Stätten; Stuttgart 1977

Weidner, Rolf: Wahlen und soziale Strukturen in Ludwigshafen am Rhein 1871—1914, Veröffentlichungen des Stadtarchivs Ludwigshafen 11, Ludwigshafen 1984

Wolffhardt, Emma: [...] Selbst der Luxus bedarf der Soda [...], Von der Bedeutung einer Verordnung Maximilians II. für die Gründung der BASF, in: Die BASF 1965

Ziegler, Hannes: Das pfälzisch-bayerische Verhältnis zwischen Revolution und Reichsgründung, in: Fenske, Hans (Hg.), Die Pfalz und Bayern 1816—1956, Veröffentlichungen der Pfälzischen Gesellschaft zur Förderung der Wissenschaften 94, Speyer 1998, S. 113—130

Bildnachweis

Titelbild Kapitel 6: Die neue Stadt in der sumpfigen Rheinniederung: Ludwigshafens Bahnhof und das Kassengebäude der Bahnen an der aufgeschütteten Bismarckstraße, 1873. Das Gelände der Post präsentiert sich noch als sumpfige Gestrüpplandschaft

[2] Bayer. Staatsgemäldesammlung

[3] entnommen aus: Die Pfälzische Eisenbahn und ihre Umgebungen, Ludwigshafen 1884 (Reprint mit histor. Einleitung, 1978), S. 8

[4] StALu, Druckschriftensammlung

[5] Bildtafel im StALu

[7] StALu, M 20

[8] entnommen aus: Bürgermeisteramt Ludwigshafen (Hg.), Geschichte der Stadt Ludwigshafen am Rhein, Ludwigshafen (1903), S. 255

[9] StALu, Druckschriftensammlung

[11] StALu, M 20

[15, 16] Stadtmuseum Ludwigshafen

[17] Stich von Friedrich Wentzel, Stadtmuseum Ludwigshafen

[18] Zeichnung von Franz Artaria, Stadtmuseum Ludwigshafen

[19] Ausschnitt aus einem Stich von Moser, Stadtmuseum Ludwigshafen

[20] Aquarell von Franz Artaria, Stadtmuseum Ludwigshafen

[23] StALu, ZR 1025

[25] Tafel im StALu

[26] Stadtmuseum Ludwigshafen

[27] Bildtafel im StALu

[30] entnommen aus: Ranke, Winfried: Josef Albert – Hofphotograph der bayerischen Könige, München 1977, Tafel 7

[31] entnommen aus: Schwarzwälder, Herbert: Bremer Geschichte, Bremen 1993

[32] StALu, Zeitungssammlung

[33, 34] Stadtmuseum Ludwigshafen

[35] StALu, WS Scharpff-Lichtenberger

[36, 37] StALu, LUA 1130

[39] StALu, Plansammlung

[41, 42] StALu, LUA 1133

[44] StALu, PR I, 1

[45] StALu, LUA 95

[46] StALu, Druckschriftensammlung

[47] StALu, M 263

[48] StALu, LUA 2630

[50] StALu, LUA 570

[62] StALu, Gesetzblättersammlung

[70] StALu, Druckschriftensammlung

[71] StALu, Zeitungssammlung

[80] StALu, LUA 15

[81, 87] StALu, Druckschriftensammlung

[89] StALu, Plakatsammlung

[90] StALu, Druckschriftensammlung

[94] StALu, Zeitungseinzelexemplare

[95] StALu, Druckschriftensammlung

[97] StALu, N 28, A 4

[98] StALu, Zeitungseinzelexemplare

[99] StALu, Druckschriftensammlung

[1, 6, 10—15, 21, 22, 24, 28, 29, 36, 37, 38, 40, 43, 48, 49, 51—61, 63—69, 72—79, 81—86, 88, 91—93, 96, 100—123]
Fotosammlung StALu

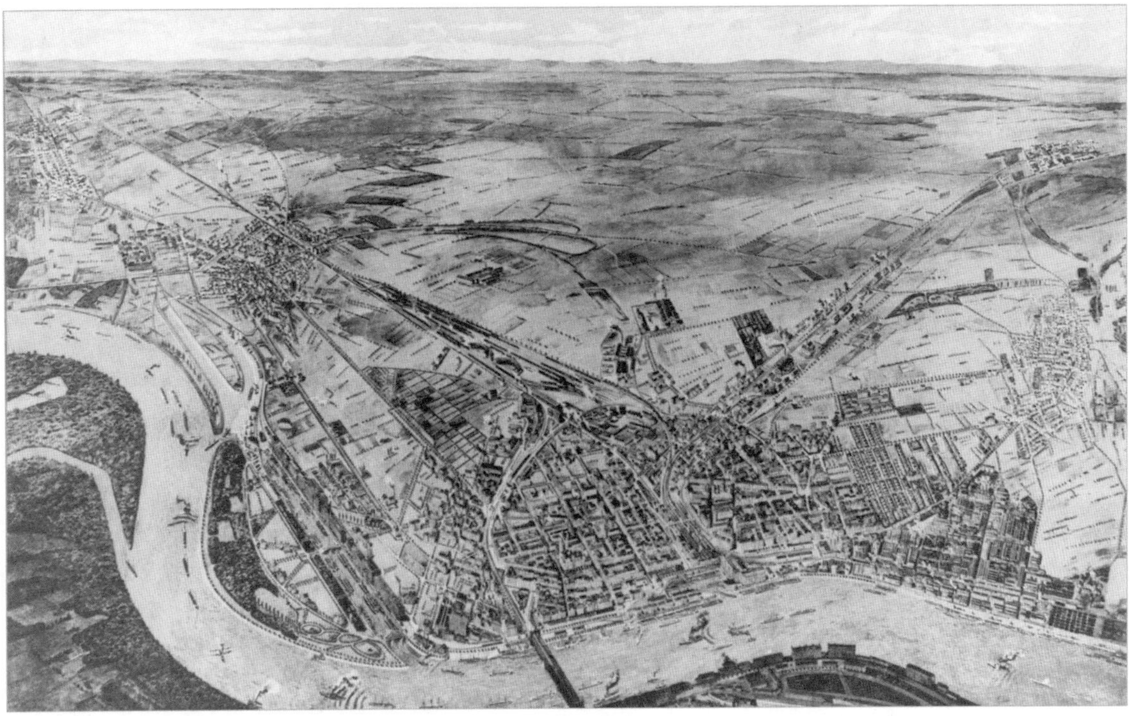

zwischen kleindeutscher Reichsgründung und Weltkriegs-Katastrophe

Ludwigshafen zur Zeit des zweiten Deutschen Kaiserreichs 1870/71—1914

Blick über die Stadt Richtung Süden vom Turm der Lutherkirche aus um 1910 [2]

Einleitung
„[...] der erste Großhandels-, Hafen- und Fabrikplatz der Pfalz" – Aspekte einer Stadtgeschichte Ludwigshafens im Zeichen der Hochindustrialisierung*

„Hier war der Handel und Verkehr auf dem Rheine der Magnet, welcher anzog. Die Erwerbstätigkeit, ein volkswirtschaftliches Streben war die Zentripetalkraft, welche fleißige Hände und intelligente Köpfe hier zusammenführte. Dieser Grund sichert auch die fernere Bedeutung von Ludwigshafen [...].

Diese Zuversicht wird noch durch die neue politische Gestaltung des Deutschen Reiches mit seinen neuen Grenzen erhöht. Ludwigshafen bildet jetzt nicht mehr eine Grenzstadt, wie bisher fast nach Osten und Westen; nach erster Richtung mit Bezug auf das inländische Ausland Baden gegenüber dem rivalisierenden Mannheim; nach der anderen in steter Ungewißheit, ob nicht die Verwüstungen Louvois' unter Ludwig XIV. und der Revolutionszeiten sich wiederholen auf dem alten Kampfplatze.

Das Neue Deutsche Reich kennt nur noch Deutsche innerhalb seines ganzen Gebietes, und die deutschen Festungen Metz und Straßburg geben Bürgschaft für die Sicherheit des Handels und der Industrie.

Mit allen Vorbedingungen für das Blühen und Gedeihen von Handel, Gewerbe und Industrie ausgestattet, an der günstigsten Stelle des großen Handelsstromes gelegen, durch Eisenbahnen mit allen anderen Handelsplätzen verbunden, wird Ludwigshafen daher auch in Zukunft das bleiben, was es geworden ist: der erste Großhandels-, Hafen- und Fabrikplatz der Pfalz. Doch müssen, da jeder Stillstand zugleich Rückschritt ist, bei dem raschen Fortschreiten unserer Zeit auf allen Gebieten der Industrie und des Verkehrs die Industriellen selbst hier hauptsächlich beitragen in einmütigem Zusammenwirken mit den Vertretern der Stadt und des Handels. An Unterstützung hiebei, wo sie deren wirklich bedürfen, wird es ihnen auch ferner bei der [...] für Förderung der Gewerbe und des Handels in der Pfalz unermüdlich tätigen Kreisregierung, bei dem mit ihren Interessen persönlich vertrauten Staatsministerium sicher nicht fehlen."

Mit diesen Sätzen schloß ›Regierungs-Accessist‹ [Beamtenanwärter] Heinrich Matthäus die Denkschrift, die er 1873 im Auftrag des Regierungspräsidenten der Pfalz über die Entwicklung Ludwigshafens verfaßte.[1] Der Text ist aufschlußreich für die Sicht eines kundigen Zeitgenossen auf die junge Siedlung am Rhein: Matthäus hebt ab auf die Verkehrsgunst als entscheidendes Kapital der Stadt, er zeigt sich überzeugt

Anmerkungen Seite 366 und 367

1 *Poller 1974, S. 69*

2 *vgl. Schneider 1990*

* *Der folgende Beitrag profitierte von dem an der Universität Mannheim durchgeführten Forschungsprojekt ›Industrialisierung, Urbanisierung und sozialer Wandel in Südwestdeutschland zur Zeit des Kaiserreichs, Untersuchungen am Beispiel des Ballungsraums Mannheim-Ludwigshafen 1871—1914‹*

** *Ein weiterer Aspekt der Vereinheitlichung der Lebensverhältnisse war die reichsweite Einführung der ›Mitteleuropäischen Zeit‹ (MEZ) am 1. April 1892. Die Ludwigshafener Uhren mußten deshalb um eine halbe Stunde vorgestellt werden; die Einführung vollzog sich nach Angaben der örtlichen Presse ohne Probleme, nur einige Angestellte kamen zu spät zur Arbeit; ›General-Anzeiger‹, 1.4.1892*

Blick von der Rheinbrücke auf Ludwigshafen 1903, 50 Jahre nach der Gemeindegründung [3]

von deren großen Zukunftschancen zumal im ›Neuen Deutschen Reich‹, betont aber auch, daß die Vertreter von Industrie, Stadt und Handel mit den bayerischen Staatsbehörden bis hinauf zum Staatsministerium zusammenwirken müßten, um im Zeichen neuartiger Wirtschaftsdynamik die regionale Spitzenstellung Ludwigshafens zu behaupten.

Damit sind wesentliche Aspekte der Geschichte Ludwigshafens zur Zeit des Kaiserreichs angesprochen. Natürlich kann man darüber streiten, welches Gewicht der ›großen Politik‹ für die Geschichte einzelner Städte zukommt. Ginge es darum, ein Datum auszumachen, das für die weitere wirtschaftliche und soziale Entwicklung der Stadt bis heute entscheidend geworden ist, so stünde 1865, das Gründungsjahr der Badischen Anilin- & Soda-Fabrik, der BASF, an erster Stelle, noch vor 1870/71, den Jahren des Deutsch-Französischen Krieges und der kleindeutschen Reichsgründung. Gleichwohl war die Entstehung des Zweiten Kaiserreichs selbstverständlich auch für Ludwigshafen in weiterem Kontext ein Schlüsselereignis. Sie hat nicht nur die politischen Rahmenbedingungen nachhaltig verändert, sondern auch sein räumliches Bezugssystem: Die Annexion von Elsaß und Lothringen schob die als bedrohlich nah empfundenen Grenzen Frankreichs[2] ein kräftiges Stück zurück und eröffnete den freien Zugang zu einem wirtschaftlich bedeutsamen Hinterland westlich und südwestlich der Rheinpfalz. Und soweit es die übergreifenden politischen Rahmenbedingungen betraf, machten sich Reichsgründung, Reichsverfassung und Reichsgesetzgebung im Alltag der Ludwigshafener Bevölkerung bemerkbar: Das gemeinsame Indigenat für ganz Deutschland sicherte volle rechtliche Gleichstellung als ›Inländer‹ in allen Mitgliedstaaten und damit eine bisher unbekannte Freiheit der Niederlassung sowie der Berufsausübung; das allgemeine, gleiche, direkte und geheime Wahlrecht für den Reichstag eröffnete einem deutlich größeren Anteil der erwachsenen Männer politische Mitbestimmung als das Wahlrecht für den Landtag sowie den Gemeinderat und bewirkte dadurch verstärkte Politisierung auf nationaler Ebene, die wiederum auf die regionalen und lokalen Verhältnisse zurückwirkte; die Reichsgesetzgebung sorgte auf einer Vielzahl von Gebieten für Vereinheitlichung des Alltags** über das bereits erreichte Maß hinaus – man denke z. B. an Maß und Gewicht oder Münze, an die Wirtschafts- oder die neuartige Sozialgesetzgebung, an die Entfaltung reichsweit agierender Parteien und Verbände, an die erweiterte Freiheit des Vereinswesens und der Presse. Überhaupt berührte das politische,

Der ›Hinterhof‹ der Stadt: Blick über die Sümpfe am westlichen Stadtrand November 1924 [4]

wirtschaftliche und soziale Klima im Deutschen Reich mit preußischer Dominanz auch Ludwigshafen durchaus existenziell. Andererseits behielt für die Gemeinden, für ihre Rechtsstellung, Kompetenzen und Handlungsspielräume gerade im Königreich Bayern die Landesebene – Landesverfassung, Landesrecht, Landesgesetzgebung und Landesverwaltung – weiterhin entscheidende Bedeutung.

Mit Blick auf die Entwicklung der deutschen Städtelandschaft insgesamt ist zu betonen: Die Zeit des Kaiserreichs bis zum Ersten Weltkrieg bildete die entscheidende Durchbruchsperiode der ›Verstädterung‹ oder ›Urbanisierung‹ in Deutschland und daher recht eigentlich die Schlüsselphase der modernen deutschen Stadtgeschichte.[3] Lebte 1871 nur ein gutes Drittel der Bevölkerung in Gemeinden, welche zumindest die Größe einer ›Landstadt‹ erreichten (ab 2 000 Einwohner), so vor dem Ersten Weltkrieg bereits über 60%, und der Anteil der ›Großstädte‹ (ab 100 000 Einwohner), der 1871 noch nicht einmal ganz 5% betragen hatte, kam nun bereits einem Viertel der Gesamtbevölkerung nahe. Eine derartige Gewichtsverschiebung von ›Land‹ und ›Dorf‹ in die ›Stadt‹ vollzog sich in Wanderungsströmen von bisher unbekannten Ausmaßen, sie beinhaltete zugleich eine grundlegende Veränderung der Wirtschafts- und Berufsstruktur, denn sie stand in einem unlösbaren Wechselverhältnis zum Industrialisierungsprozeß, der damals recht eigentlich in die Phase der ›Hochindustrialisierung‹ eintrat und das Städtewachstum wenn schon nicht alleine in Gang setzte, so doch kräftig anheizte und vorantrieb. Lebte und arbeitete 1871 noch etwa die Hälfte der Menschen in der Landwirtschaft, so vor dem Ersten Weltkrieg wenig mehr als ein Viertel, während Industrie und Handwerk ihren Anteil von knapp 30% auf nahezu 45%, Handel und Verkehr den ihren von etwa 8% auf annähernd 15% steigerten.

Mag man ›Verstädterung‹ vornehmlich als quantitativen Vorgang begreifen, so ist unter ›Urbanisierung‹ darüber hinaus ein Wandel in qualitativer Hinsicht zu verstehen: Die Städte wurden für den überwiegenden Teil der Bevölkerung zum bestimmenden Lebens- und Erfahrungsraum, in dem sich alle ›modernen‹ Entwicklungstrends konzentrierten, in dem sich spezifisch städtische Lebensformen sowie Lebensstile

Anmerkungen
Seite 368 und 369

3 *vgl. allg. Reulecke 1985, Krabbe 1989*

4 *Belege bei v. Hippel 1983, S. 339*

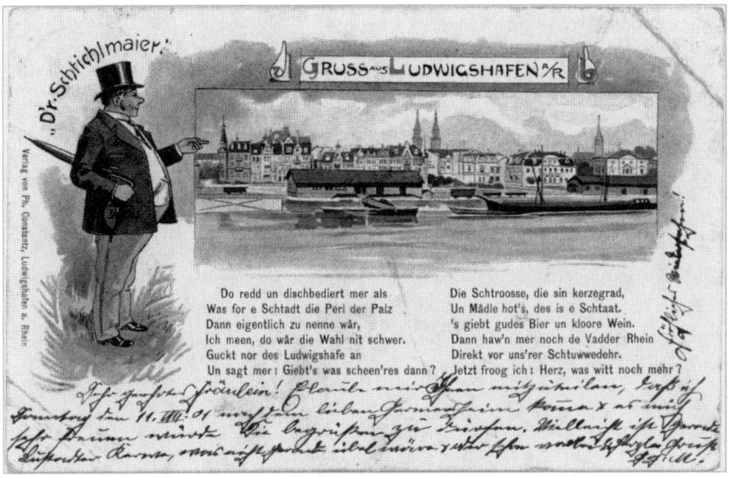

Lobesgedicht auf Ludwigshafen auf einer Scherzpostkarte der Jahre um 1900 [5]

herausbildeten und von dem aus sie sich allmählich auf das ›flache Land‹ ausbreiteten, ob man nun an die Welt der Arbeit, an Politik, an Wissenschaft und Technik – zumal die moderne ›Städtetechnik‹ und Infrastruktur – oder an das weite Feld der ›Kultur‹ in ihren verschiedenen alltäglichen und nichtalltäglichen Ausprägungen denken mag. Die deutsche Gesellschaft wurde zunehmend zu einer städtischen Gesellschaft: Die sich herausbildende Klassengesellschaft wurde vom Leben und Zusammenleben in den Städten geformt, die ›Arbeiterbewegung‹ läßt sich eigentlich nur als städtisches Produkt richtig begreifen, und das gilt ebenso für die Entstehung moderner politischer Parteien und für die großen politischen und sozialen Diskussionen und Konflikte zur Zeit des Kaiserreichs, allen voran für die ›Arbeiterfrage‹ und die Versuche zu ihrer Lösung.

Diese übergreifenden Zusammenhänge sind in der Geschichte einer einzelnen Stadt mitzudenken. Die leitenden Fragestellungen zur Geschichte Ludwigshafens in der Periode des Kaiserreichs orientieren sich an wesentlichen Aspekten der Urbanisierung und suchen sie soweit wie möglich aufeinander zu beziehen, um einen Gesamteindruck entstehen zu lassen:

> Am Beginn steht die Frage nach der wirtschaftlichen Entwicklung der Stadt, denn die Wirtschaft war der antriebsstarke Motor des rasanten Wachstums, dem Ludwigshafen seinerzeit das übertreibende und übertriebene Etikett des ›pfälzischen‹, wenn nicht gar des ›deutschen Chicago‹ verdankte.[4] Die Industrie mit deutlichem Schwerpunkt im Bereich Chemie prägte zunehmend die Gewerbe- und Berufsstruktur der Stadt und steuerte ihrerseits den Zustrom der Bevölkerung in die bisherige pfälzische Handels- und nunmehr auch Industriemetropole; und in engem Wechselprozeß mit ihrer wirtschaftlichen Dynamik wuchsen der Stadt über das bereits erreichte Maß hinaus ökonomische und administrative Zentralitätsfunktionen für das nähere und weitere Umfeld zu. Schließlich bestimmte die wirtschaftliche Entwicklung maßgeblich die ›Arbeitswelt‹ der Beschäftigten.

Die Stadt und ihre Lebensader: Blick auf die Ludwigskirche von der Rheinbrücke aus 1910 [6]

Dies lenkt den Blick auf die Menschen in der Stadt: Wieviele Menschen lebten und arbeiteten in ihr, aus welchen Quellen speiste sich der Bevölkerungszuwachs, woher kamen die Zuwanderer? Was läßt sich über Niederlassung und Familiengründung in der Stadt, über Reproduktionsverhalten und Lebenschancen sagen? Wie bildete sich im Mit-, Neben- und Gegeneinander alltäglichen Lebens und Arbeitens eine eigene Ludwigshafener ›Sozialstruktur‹ aus, welche Rolle spielte hierbei beruflich-soziale Mobilität, und welche Bedeutung kam dem Rechtsstatus der Menschen – Bürger- und Heimatrecht – für ihr Leben in der Stadt zu?

Industrie und Menschen benötigten Raum zum Arbeiten, zum Wohnen, zur Lebensgestaltung in ihren verschiedenen Ausprägungen. Wie entwickelte sich der ›städtische Raum‹ Ludwigshafen, wie dehnte er sich – auch durch Eingemeindungen – aus, wie wurde er im einzelnen genutzt, wie weit und wie wurde die Nutzung geplant, was für Bauten und Anlagen entstanden und prägten das Erscheinungsbild der Stadt?

Industrieansiedlung, Menschenzuzug und Stadtentwicklung wurden im ›pfälzischen Chicago‹ zweifellos mit ganz anderer Intensität registriert und reguliert als im namengebenden Vorbild jenseits des Atlantik. Die Tradition obrigkeitlicher Aufsicht über die Gemeinden und die Tradition gemeindlicher Selbstverwaltung blieben in Deutschland ordnungspolitisch aufeinander bezogen und wirkten unkontrolliertem Wildwuchs im städtischen Raum wenigstens einigermaßen erfolgreich entgegen. Wie aber funktionierte damals die Selbstverwaltung in Ludwigshafen, wie war sie aufgebaut, welches waren ihre Kompetenzen, welche finanziellen Mittel standen ihr zur Verfügung? Welcher Personenkreis war an ihr beteiligt? Wie weitete sich ihr Aufgabenbereich im Zeichen permanenten städtischen Wachstums und sich wandelnder Bedürfnisse und Wünsche der Einwohnerschaft, und was hat sie in dieser Hinsicht geleistet?

Wie waren die materiellen Lebensbedingungen der Menschen in der Stadt beschaffen – Löhne und Einkommen, die allgemeinen Lebenshaltungskosten, die Wohnverhältnisse, wie gestaltete sich die Lebenssituation derjenigen, die durch Notlagen wie Arbeitslosigkeit, Krankheit oder Todesfälle betroffen wurden: Von welcher Seite und in welchem Umfang konnten sie mit Hilfe rechnen, falls sie sich, wie das für die meisten galt, nicht voll aus eigener Kraft zu helfen vermochten? Inwieweit bildeten sich über die älteren Traditionen und Institutionen der Armenfürsorge hinaus Ansätze zu einer modernen städtischen ›Sozialpolitik‹?

Jenseits der materiellen Verhältnisse entstanden in der Stadt zur Zeit der Hochindustrialisierung neue Formen gesellschaftlicher Kontakte und Beziehungen. Die vielzitierte kapitalistische ›Klassengesellschaft‹ formte sich keineswegs nur auf der ökonomischen Ebene aus, sondern auch auf der mentalitäts- und bewußtseinsprägenden sozialen und kulturellen Ebene als wichtigem Katalysator. Inwieweit entwickelte sich in Ludwigshafen zur Zeit des Kaiserreichs ein ›Kulturleben‹ in weiterem Sinne – welche Bildungsmöglichkeiten waren oder wurden verfügbar, welche Rolle spielte die Kirche in der Industriestadt, welche neuen Möglichkeiten der Freizeitgestaltung entfalteten sich, welche Bedeutung gewannen hierbei Vereine, die seit den 1880er Jahren in überraschend grosser Zahl und Vielfalt entstanden?

Das Vereinswesen diente nicht zuletzt politischen Zwecken und Zielen. Wie aber entwickelte sich das ›politische Leben‹ in der Stadt insgesamt? Was gab es an Presseorganen mit welcher politischen Orientierung? Wie intensiv und in welchen Formen organisierten und betätigten sich die politischen Richtungen in der Stadt, zumal bei Wahlen? Besonderes Interesse verdient in diesem Zusammenhang die Entwicklung der ›Arbeiterbewegung‹, der Sozialdemokratie und der Gewerkschaften. Sie vermochte nach schwierigen und mühsamen Anfängen wachsenden Einfluß zu erringen sowie die politische Willensbildung in der Industriestadt Ludwigshafen seit den 1890er Jahren zunehmend mitzubestimmen und in vielerlei Hinsicht sogar ihrerseits entscheidend zu prägen.

Bei der Suche nach Antworten auf die angesprochenen Fragen sollen Tabellen, Graphiken und Zahlenangaben helfen, typische Verhältnisse und Entwicklungen in komprimierter Form sichtbar und einsichtig zu machen; im Vordergrund steht jedoch die Erzählung über eine Vergangenheit, die uns in ihren Hinterlassenschaften täglich begegnet, deren Lebensverhältnisse und Mentalitäten uns aber – aller damaligen ›Modernität‹ ungeachtet – aus der Distanz eines an Umbrüchen reichen und schnell-lebigen Jahrhunderts doch bereits recht fremd geworden sind.

Ausgangsbedingungen: Die Stadtentwicklung – Größenordnungen und Hintergründe; Zuwachs an Zentralitätsfunktionen

Um 1840 lebten in der ›Rheinschanze‹ knapp 100 Menschen, 1853 in der neugegründeten Gemeinde Ludwigshafen wenig mehr als 1 500 Einwohner. Als Ludwigshafen 1859 zur Stadt erhoben wurde, hatte es mit noch nicht einmal 3 000 Personen erst die Dimensionen einer Landstadt (2 000—5 000 Einwohner) erreicht. Nur acht Jahre später (1867) streifte es bereits die Untergrenze zur Kleinstadt (5 000 bis 20 000 Einwohner); nach weiteren 18 Jahren (1885) war es in die Kategorie einer – noch kleinen – Mittelstadt (20 000—100 000 Einwohner) aufgerückt, und binnen der folgenden zweieinhalb Jahrzehnte konnte es auch infolge zweier Eingemeindungen (Friesenheim 1892, Mundenheim 1899) dem Schwellenwert zur Großstadt (ab 100 000 Einwohner) schon ziemlich nahekommen (vgl. im einzelnen die Tabelle auf der gegenüberliegenden Seite und Grafik 1, S. 740).

Damit schob sich die dynamische Industrieansiedlung, die zwischen 1895 und 1900 vor Kaiserslautern zur größten Gemeinde in der Pfalz aufgerückt war, bis zur Jahrhundertwende unter den bayerischen Städten auf Rang fünf, bis zum Ersten Weltkrieg sogar auf Rang vier vor – hinter München, Nürnberg und Augsburg, nun aber noch vor Würzburg. Anfang 1914 umfaßte sie annähernd 10% der gesamten Bevölkerung der bayerischen Pfalz.[5] Noch lebhafter entfaltete sich ihre Wirtschaftskraft – 1913 entrichteten ihre Einwohner fast 26% der direkten Steuern, die der Regierungsbezirk aufbrachte.[6]

Solches Wachstum könne „kurzweg amerikanisch genannt werden", meinte die Stadtgeschichte von 1903[7] und nutzte damit eine Vokabel, die offenbar bereits drei Jahrzehnte zuvor für die Entwicklung Ludwigshafens geläufig war.[8] Ein durchschnittliches jährliches Wachstum der Einwohnerschaft von 5% zwischen 1871 und 1910[9] war in der Tat beachtlich. Erklären läßt es sich nicht zuletzt aus dem permanenten Wettbewerb mit Mannheim auf dem rechten Rheinufer, dem traditions- und einflußreichen Industrie-, Handels- und Bankenzentrum im Großherzogtum Baden. Ludwigshafen war zu einem nicht unerheblichen Teil ein Produkt des deutschen Föderalismus: Ohne die Rheingrenze zwischen Baden und Bayern hätte sich wohl kaum eine eigenständige Gemeinde entwickelt, sondern an ihrer Stelle wäre eher ein Vorort von Mannheim entstanden, wie die Rheinschanze das ja fast schon vorgezeichnet hatte. Die politisch-wirtschaftliche Rivalität zwischen den beiden Mitgliedstaaten des Deutschen Bundes, seit 1871 des Deutschen Reiches, kam beiden Städten,[10] vor allem jedoch der kleineren Konkurrentin zustatten, dem pfälzischen ›Altona‹[11] oder ›Trutz-Mannheim‹, wie

Anmerkungen
Seite 372

5 *berechnet nach SJKB 13 / 1915, S. 18f*
6 *berechnet nach JHKL 1913 II, S. 125*
7 *Stadtgeschichte (1903), S. I*
8 *vgl. Denkschrift Matthäus von 1873 bei Poller 1974, S. 69*
9 *5,0% Wachstum unter Einschluß von Friesenheim und Mundenheim; bezogen auf den jeweiligen Gebietsstand Ludwigshafens betrug die durchschnittliche jährliche Wachstumsrate 1871—1910 6,2%, bezogen nur auf die Innenstadt ohne Vororte 5,3%*
10 *Dies betont zu Recht Schott 1907a, S. 261f*
11 *Becker, S. 65*

Bevölkerungsentwicklung Ludwigshafens 1855—1910[i]

Jahr	Einwohnerzahl von Ludwigshafen		Wachstumsrate[i] jährlich in %		Anteil des Wanderungsgewinns in %
	Innenstadt[ii]	gesamt[ii]	Innenstadt[ii]	gesamt[ii]	
1855	2296	5788	6,4	3,5	63,3
1861	3331	7128	6,6	3,7	79,1
1867	4887	8880	12,7	8,5	90,7
1871	7874	12305	11,3	8,8	73,1
1875	12093	17264	4,4	4,1	47,3
1880	15012	21142	7,0	5,9	67,1
1885	21042	28113	6,4	5,8	64,6
1890	28712	37305	3,6	3,8	33,6
1895	34299	44880	6,2	6,6	50,6
1900	46295	61914	2,3	3,1	14,5
1905	51777	72286	2,5	2,9	22,6
1910	58458	83301	–	–	–

Jahr	Sexualproportion w/m in %	Bevölkerungsanteil in % am Bezirksamt Ludwigshafen[iii]	
		Innenstadt[ii]	gesamt[ii]
1855	105,6	9,2	23,1
1861	102,2	12,2	26,2
1867	107,9	16,7	30,4
1871	118,6	24,1	37,7
1875	108,6	31,4	44,8
1880	107,5	34,2	48,2
1885	110,1	40,5	54,1
1890	109,7	46,7	60,7
1895	105,9	48,8	63,8
1900	109,3	51,2	68,4
1905	101,9	50,0	69,7
1910	100,2	49,5	70,5

i Die Daten der Spalten ›Wachstumsrate jährlich‹ und ›Anteil des Wanderungsgewinns‹ beziehen sich jeweils auf den Zeitraum bis zur folgenden Zeile; die Daten zum Jahr 1855 gelten demnach für den Zeitraum von 1855 (Zeile 1) bis 1861 (Zeile 2) usw.

ii ›Innenstadt‹ bezeichnet das engere Stadtgebiet ohne die später eingemeindeten Dörfer Friesenheim und Mundenheim, die unter ›gesamt‹ eingerechnet sind

iii Bezogen auf den jeweiligen Gebietsstand der Stadt: bis 1890 ›Innenstadt‹, 1895 mit Friesenheim, ab 1900 mit Friesenheim und Mundenheim

Quellen: Stadtgeschichte (1903), S.208f; BSKB 69 (1912), S.48f; Weiß, S.20ff; Statist. Jahrb. d. Stadt Ludwigshafen am Rhein (1963)

Zeitgenossen sie pointiert tituliert haben. Die räumliche Nähe zu Mannheim erwies sich in dieser Konstellation geradezu als Entwicklungsbonus für Ludwigshafen: Sie garantierte auf der einen Seite die besondere Aufmerksamkeit der Münchener Regierung, auf der anderen Seite sorgte der engere Verbund mit Mannheim, wie ihn die feste Brücke über den

Rhein seit 1867/68 dauerhaft absicherte, immer wieder für erwünschten Zuzug vom rechten Rheinufer und bei aller Konkurrenz und Rivalität doch auch für Synergieeffekte in einer größeren Industrieregion mit einer Ansammlung von einander vielfach ergänzenden Firmen und mit leistungsfähiger Infrastruktur wie einem gut ausgebauten Verkehrs- und einem ausdifferenzierten Bankensystem, nicht zu reden von den zahlreichen offiziellen und inoffiziellen Kontakten innerhalb der Unternehmerschaft auf beiden Seiten des Rheins, die Ludwigshafen zumal während seiner frühen Entwicklungsphase entscheidende Impulse verliehen.

Eng mit der politischen verband sich die natürliche Verkehrsgunst, die Ludwigshafen mit Mannheim teilte. Schon die Lage an der bedeutendsten europäischen Wasserstraße stellte ein Kapital dar, aus dem sich bei geschickter Nutzung solider Gewinn auf lange Frist ziehen ließ; entschieden gesteigert wurde ihr Wert dadurch, daß zumindest bis 1907 oberhalb von Mannheim-Ludwigshafen keine Schleppschiffahrt betrieben werden konnte und kleinere Schiffe nicht mit den Eisenbahnen zu konkurrieren vermochten, die seit den 1840er Jahren auf beiden Ufern alle wichtigeren Orte in der oberrheinischen Tiefebene bis nach Basel miteinander verbanden. So entwickelte sich Ludwigshafen hier zum dominanten linksrheinischen Brechungspunkt zwischen Wasser- und Landtransport mit Sammel- und Verteilerfunktion,[12] nicht zuletzt als „ein Hauptdepot und Vermittlungsplatz [...] von Ruhr- und Saarkohlen und Coaks".[13] Der Ausbau der Hafenanlagen *[vgl. Hafen, S. 501]* und der Eisenbahnanschlüsse waren dafür Voraussetzung und notwendige Konsequenz.

Erst der Einsatz der Eisenbahn als Massenverkehrs- und -transportmittel verschaffte dem Umschlag zwischen Wasser- und Landweg großräumige Wirkung.[14] Spätestens seit den 1860er Jahren war Ludwigshafen in ein europaweit verzweigtes Schienennetz eingebunden. 1867 eröffnete die Eisenbahnbrücke den bisher noch fehlenden Direktzugang in den rechtsrheinischen Raum. Der Zusammenschluß der vier in der Pfalz engagierten privaten Eisenbahngesellschaften zu den Pfälzischen Eisenbahnen mit Direktions-Sitz in Ludwigshafen sicherte seit 1870 die volle Koordination des Verkehrs auf allen vorhandenen Linien und förderte innerhalb der Pfalz den Ausbau des Streckennetzes, in dem die Stadt am Rhein den bestimmenden Knotenpunkt bildete.

Damit bot Ludwigshafen ebenso wie Mannheim zumal solchen Unternehmen Standortvorteile, die für Produktion und Absatz preisgünstigen Ferntransport benötigten. Die Aussage, die Geschichte Ludwigshafens sei „vornehmlich eine Geschichte seiner Verkehrsverhältnisse",[15] erscheint daher besonders mit Blick auf die Industrieansiedlungen vor Ort seit den 1860er Jahren vollauf berechtigt. Als geradezu schicksalhaft erwies sich die Niederlassung der BASF auf dem linken Rheinufer 1865 – kennzeichnenderweise, nachdem der ursprüngliche Plan gescheitert war, das Unternehmen in Mannheim zu etablieren. Zu einem derart stürmischen Aufschwung, wie ihn die junge Gemeinde seitdem dank der Teerfarbenfabrik auf Aktienbasis erlebte, wäre es sonst wohl kaum gekommen. Der rasche Wandel von einer bis dahin vom Handel geprägten zu einer ausgesprochenen Industriestadt, zur ›Stadt der Arbeit‹[16] und vor allem zur ›Stadt der Chemie‹ datiert vom Jahr 1865.

Anmerkungen Seite 374 und 375

12 *vgl. Ackermann, S. 97ff, Kube, S. 5ff*
13 *Bericht der Handelskammer Ludwigshafen für das Jahr 1864, S. 71, zit. bei Kube, S. 17*
14 *f.d.F. Stadtgeschichte (1903), S. 463ff und Poller 1977*
15 *Stadtgeschichte (1903), S. 460*
16 *z.B. AB 1913, S. 7*
17 *Stadtgeschichte (1903), S. 523*
18 *Esselborn, S. 129ff; Stadtgeschichte (1903), S. 517ff*
19 *Esselborn, S. 84ff; Stadtgeschichte (1903), S. 608f*
20 *100 Jahre Eichamt Ludwigshafen 1889—1989 (Festschrift), 1989*
21 *Stadtgeschichte (1903), S. 665ff; vgl. SRP 25.6.1888*
22 *Stadtgeschichte (1903), S. 629*
23 *VB 1900/04, S. 20*

Eine ›natürliche‹ Folge derartiger Entwicklungsdynamik war es, daß der Handels- und Industriestadt zentralörtliche Funktionen auf gehobenem Niveau zuwuchsen. Die staatlichen Behörden und Einrichtungen, die sich noch vor Gemeinde- und Stadtgründung in der Rheinschanze niederließen, orientierten sich an Bedürfnissen des Handels und Verkehrs, betrafen Zoll und Hafen, Post und Telegraphie. Der wirtschaftlichen Bedeutung der Siedlung angemessen war es, daß die Direktion der Pfälzischen Ludwigsbahn bereits 1849 aus Speyer zuzog und daß 1852 mit einer Filiale der Kgl. Bayerischen Bank Nürnberg ein erstes größeres Geldinstitut in der Pfalz ansässig wurde [*vgl. Banken, S. 424*]. Die Erhebung in den Status einer Stadt 1859 bescherte dem neuen Kantonshauptort auf Kosten von Mutterstadt und Oggersheim eine Serie staatlicher Behörden: [Amts-]Gericht, Finanzamt und Notariat. Wenn die Pfälzische Handels- und Gewerbekammer als Dachorganisation der verschiedenen lokalen Gewerbe- und Handelskammern ihre Jahressitzungen seit 1857 stets in Ludwigshafen abhielt, so zeigt dieser Umstand, welcher Rang dem Handelsplatz am Rhein als „Zentralpunkt für den pfälzischen Handel"[17] beigemessen wurde. Eine Ministerialentschliessung vom 2. Februar 1869 bestimmte Ludwigshafen endgültig zum ständigen Sitz der Handels- und Gewerbekammer der Pfalz, und dabei blieb es, obwohl die entsprechenden Gremien anderer Städte, besonders Kaiserslauterns, noch bis 1876 die Führungsposition Ludwigshafens in Frage zu stellen suchten. Am 6. März 1877 endlich schlossen sich zunächst zehn Bezirksgremien zur Pfälzischen Handels- und Gewerbekammer mit ständigem Sitz in Ludwigshafen zusammen.[18] Der Zuwachs an zentralörtlichen Funktionen setzte sich zur Zeit des Kaiserreichs fort, vor allem im Finanzsektor [*vgl. Banken, S. 424*], dagegen angesichts der Nähe zu Mannheim eher zögerlich beim höheren Schulwesen [*vgl. Bildung, S. 615*] oder hinsichtlich der medizinischen Versorgung [*vgl. Hospital, S. 569*] und so gut wie gar nicht im – gehobenen – Kulturbereich, den Mannheim mit zunehmender Intensität, Modernität und Reichweite pflegte. Förderlicher waren Entscheidungen auf der administrativen Ebene: Mit Blick auf die Nähe zu Mannheim und „den häufigen Verkehr mit den badischen Behörden" sowie auf „wichtige Gründe der Repräsentation" ordnete die Regierung 1886 an, den Amtsgerichtsbezirk Ludwigshafen zu einem selbständigen Bezirksamt zu erheben.[19] Die vom Stadtrat beantragte Einrichtung eines Eichamts für den Bezirksamtssprengel ab dem 1. Januar 1889 entsprach einem dringenden wirtschaftlichen Bedürfnis.[20] Wenn im gleichen Jahr das Landwehrbezirkskommando von Speyer nach Ludwigshafen übersiedelte,[21] so dürfte hierbei neben den Vorteilen besserer Kommunikationsmöglichkeiten die Überlegung eine Rolle gespielt haben, daß die Industriestadt Ludwigshafen im Gegensatz zur gemächlichen Amtsstadt Speyer als unruhiges Pflaster galt – und tatsächlich auch war. 1892 erhielt Ludwigshafen „infolge der regen Bautätigkeit und des schnellen Wachstums der Stadt" eine eigene Brandversicherungs-Inspektion mit Zuständigkeit für die Rentamtsbezirke Ludwigshafen und Frankenthal.[22] Nach der Jahrhundertwende drängte die Stadt darauf, ihr „diejenigen Einrichtungen und Anstalten" zuzuerkennen, die bei Städten von ihrer Größe „sonst als selbstverständlich gelten": ein Landgericht oder wenigstens eine Zweigstelle mit Strafkammer und Kammer für Handelssachen, eine „neunklassige technische Mittelschule, ev. auch die Zuweisung einer Garnison"[23] –

Das 1873 vollendete repräsentative Direktionsgebäude der Pfälzischen Bahnen gegenüber dem Bahnhof [7]

Das Amtsgebäude des Bezirks (Landkreises) Ludwigshafen am Oberen Rheinufer 1891 [8]

Königlich Bayerische
PFÄLZISCHE
LUDWIGSBAHN-GESELLSCHAFT.

3½% reducirt.

4% Partial-Obligation
über
Sechshundert Mark
Lit. D. №7987

von dem Prioritätsanlehen zu 39,201,700 Mark vom Jahre 1881,
rückzahlbar zum Nominalwerthe.

Dem Inhaber der gegenwärtigen Obligation wird beurkundet, dass er bei dem zum Zwecke der Convertirung der 4½ prozentigen Prioritätsanlehen der Pfälzischen Ludwigsbahn aufgenommenen, mit einer vierprozentigen staatlichen Zinsengarantie innerhalb der bezüglichen Gesetze versehenen 4prozentigen Prioritätsanlehen der Pfälzischen Ludwigsbahn von M 39,201,700 in Worten: Neununddreissig Millionen zweihundert ein Tausend siebenhundert Mark vom Jahre 1881 mit einem Betrage von 600 Mark in Worten: Sechshundert Mark betheiligt ist und alle Rechte der Prioritätsgläubiger auf Grund der anderseits abgedruckten Anlehensbedingungen anzusprechen hat.

Gegenwärtige Obligation dient zugleich als Quittung der Ludwigsbahn-Gesellschaft über die erfolgte Zahlung der Summe, auf welche sie lautet.

Ludwigshafen, den 1. Mai 1881.

Neben der BASF das bei weitem größte Unternehmen am Ort:
›Partial-Obligation‹ der Pfälzischen Bahnen, 1881 [9]

Anmerkungen
Seite 376 und 377

24 *vgl. SRP 23.2., 3.7., 7.8., 9.10.1873, 23.5.1878 (Garnison); 22.2.1877, 15.5.1878 (Landgericht)*

25 *SRP 27.10.1905; VB 1905, S.14; Wiederholung der Bitte um ein eigenes Landgericht 1913; VB 1913, S.12*

26 *Meyer Bd. 11 (1896), S.572*

27 *Poller 1974, S.68f*

28 *ebd., S.70f*

teilweise bereits ältere Anliegen der Gemeinde, die sie allerdings selbst nicht viel kosten sollten.[24] Eingaben an den Landtag hatten jedoch 1903 und 1905 sowie 1913 keinen Erfolg;[25] nur der Wunsch nach einer Kammer für Handelssachen und der Schulwunsch gingen 1905 bzw. 1907 in Erfüllung.

Teil 1
„Der außerordentliche Aufschwung der Stadt [...] ist der Industrie und dem Handel zu verdanken"[26] – die wirtschaftliche Entwicklung

Der Stand der Dinge zu Beginn des Kaiserreichs

Ludwigshafen war keine Industriestadt, die völlig neu ›auf der grünen Wiese‹ entstand wie z. B. Oberhausen oder Leverkusen, sondern es begann seinen Aufstieg als gediegener Handelsplatz, speziell für den Speditionshandel. „Nachdem dieser mit der Zeit fast ganz in die Hände der Eisenbahnverwaltungen übergegangen war, trat auch in dem Charakter von Ludwigshafen eine Änderung ein." Während ›Eigenhandel‹ und Verkehr weiter zunahmen, bildete sich nun erst „die Industrie- und Fabriktätigkeit mehr und mehr aus" – so charakterisierte Regierungs-Akzessist Matthäus die Leitlinien der wirtschaftlichen Entwicklung Ludwigshafens bis zu Beginn der 1870er Jahre, um anschließend namentlich zwölf Fabriken mit etwa 1 670 Arbeitern aufzuführen, von denen bereits nahezu die Hälfte auf die Badische Anilin- und Soda-Fabrik entfiel. Hinzu kamen, pauschal aufgelistet, 30 ›Agenturen‹, 110 ›Handelsfirmen‹ und – mitsamt den zwölf Fabriken – 196 ›Werkstätten‹, in denen ›Groß- und Kleingewerbe‹ betrieben wurden.[27]

Die ›Handels- und Gewerbestatistik‹ Ludwigshafens vom Ende des Jahres 1871[28] macht zwar leider keinerlei Aussagen über die jeweiligen Größenverhältnisse, vermittelt aber doch einen ersten Eindruck von der damaligen, im Umbruch befindlichen Wirtschaftsstruktur. Die 30 Agenturen verwiesen auf die Rolle des Handelsplatzes mit Zentralitätsfunktionen vor allem im zeittypisch boomenden Versicherungswesen – 12 Agenturen von Feuerversicherungen, 6 von Lebensversicherungen, 3 von Transport- und 2 von Hagelversicherungen, während der Finanz- und Verkehrsbereich mit jeweils nur einer Agentur vertreten war. Die fünf Auswanderungsagenturen befaßten sich mit einem Geschäft, das angesichts der sprichwörtlichen Pfälzer ›Auswanderungslust‹ jahrzehntelang einträglichen Gewinn gebracht hatte, nun allerdings infolge verminderter Nachfrage rückläufig war, auch wenn Ludwigshafen zumindest für das Gebiet der bayerischen Pfalz der wohl wichtigste Ausgangspunkt für die Reise nach Übersee blieb.

Die 306 ›Handlungshäuser und Gewerbe‹ verteilten sich auf insgesamt 122 Sparten – Ludwigshafen mit seinen knapp 8 000 Einwohnern verfügte damals bereits über ein erstaunlich differenziertes Angebot an Gütern und Dienstleistungen für fast jeglichen Bedarf, wobei ein Teil der Geschäfte sicher auf Kundschaft aus einem größeren Umkreis rechnete – dies galt für gehobene Warensortimente und mehr noch für die Großhandelsgeschäfte, die sich mit Blick auf die vorteilhafte Verkehrslage in der aufstrebenden Siedlung niedergelassen hatten. ›Restaurationen‹ (34), Gastwirtschaften (7) und Herbergen (2) dienten nicht zuletzt dem Reiseverkehr, den neben der Eisenbahn vier Dampfschifffahrtsgesellschaften und eine Gesellschaft für Güterdampfschiffahrt in den Ort trugen. 9 Speditionen vertraten diesen einst florierenden Handelszweig; 5 Kommissionsgeschäfte und 5 Geschäftsagenturen betätigten sich auf verwandtem Gebiet. Besonders groß war natürlich die Zahl der Geschäfte für Nahrung und Kleidung: 7 Bäcker und 6 Metzger

Wirtschaftsbranchen:
Die Industriestadt – Blick über die Gleisanlagen am Rhein zur BASF, 1900 [10]

kamen sicher auf ihre Kosten; 5 Geschäfte für Landesprodukte, 2 Mehl-, 4 Milch-, 3 Obst-, 2 Salzhandlungen und 2 Gärtner bedienten sonstige Grundbedürfnisse im Lebensmittelbereich. Bei den 20 Spezereiwarengeschäften handelte es sich vermutlich meist um recht kleine Einheiten, zumal noch 4 Kolonialwarenhändler ihre Waren ›en détail‹ – neben einem ›en gros‹ – anboten. Durststillend betätigten sich 1 Mineralwasserfabrikant und vor allem 4 Bierbrauereien, unter letzteren herausragend die Aktienbrauerei Ludwigshafen („gegen 40 Arbeiter"). Höheren Ansprüchen mochten 2 Konditoreien, 1 Schokoladenfabrikation, 1 Delikatessen- und 1 Spirituosengeschäft sowie 6 Weinhandlungen genügen, die ähnlich wie 2 Hopfenhandlungen in erster Linie einheimische Erzeugnisse auch überregional vermarkteten.

Anmerkungen
Seite 378

29 *Stadtgeschichte (1903), S. 524*

Nicht weniger zahlreich waren die Geschäfte für Herstellung und Pflege der Kleidung bei einem nicht zu unterschätzenden Anteil des weiblichen Geschlechts. Das stärkste Kontingent lieferten wie üblich die Schuhmacher (27) und Schneider (16), denen 10 Kleidermacherinnen und 8 Näherinnen Konkurrenz machten. 1 Kamm-Macher, 1 Kürschner und 1 Pelzwarengeschäft, 1 Konfektionsgeschäft, 2 Kleiderhandlungen, 2 Manufakturwarengeschäfte, 2 Modistinnen, 1 Tuch-, 1 Schirm- und 1 Schuhwarenlager, 1 Schäftefabrikant sowie 6 Kurzwarengeschäfte und je ein Geschäft für Ellenwaren und für Wollwaren vervollständigten das Angebot. 12 Büglerinnen leisteten professionellen Kundendienst, während von Wäscherinnen nicht die Rede ist; vermutlich wurde diese Arbeit von privaten Haushalten oder auch von auswärtigen Kräften übernommen.

1 Koksgeschäft und 5 Kohlenhandlungen, unter ihnen als bedeutendstes Geschäft dieser Art die Vorgängerfirma der späteren Eisen- und Kohlengroßhandlung Gebr. Röchling [*Handel, S. 436*], versorgten die Haushalte und Firmen mit dem erforderlichen Brennmaterial und vermarkteten große Mengen ihrer Ware im süddeutschen Raum und in der Schweiz. Ähnliches galt für die 8 Holzhandlungen und die 2 Eisenhandlungen vor Ort.[29]

Wirtschaftsbranchen:
Das Geschäftszentrum der Stadt – die Ludwigstraße um 1910/12 [11]

Angesichts des Baubooms in der Stadt waren alle Handwerke mit einschlägigen Fertigkeiten gefragt: 4 Baumeister, 1 Dampfsägewerk, 1 ›Furniturenleger‹, 3 Gasinstallateure, 4 Glaser, 1 Luftheizungsgeschäft, 1 Pflästerer, 1 Schieferdecker, 9 Schlosser, 11 Schreiner, 7 Spengler, 3 Tapezierer, 6 Tüncher, 2 Zementgeschäfte, 1 Ziegler und 3 Zimmermeister – das klingt alles in allem nach weniger, als es tatsächlich war, denn bei dem Ziegler handelte es sich um die Ziegel- und Backsteinfabrik Karl Ludowici, damals mit rd. 30 Arbeitern, und unter den Bau- und Zimmermeistern befanden sich die Inhaber der größten Baugeschäfte wie Josef Hoffmann & Söhne, Wendelin Hoffmann und Georg Kutterer & Söhne, die dabei waren, selbst in industrielle Dimensionen hineinzuwachsen.

Eine größere Zahl von Handwerkern und Geschäften widmete sich der Herstellung und dem Verkauf des verschiedensten Alltagsbedarfs: 1 Bürstenmacher, 2 Dreher, 1 Geschäft für Eisen-, Stahl- und Messingwaren, 1 Feilenhauer, 1 Gelbgießer, 1 Güterbeförderung, 1 Kartonagearbeiter und 2 Geschäfte für Kartonage-Waren, 1 Kistenfabrik, 6 Küfer, 1 Kupferschmied, 2 Lederhandlungen, 2 Materialwarengeschäfte, 2 Mechanische Werkstätten, 1 Messerschmied, 5 Sattler, 5 Schmiede und je 1 Seifensieder, Seiler, Wagenbauer und Wagner sowie ein Geschäft für Wildhäute.

Als Geschäfte und Handwerke, die etwas gehobenere Ansprüche der verschiedensten Art befriedigten, lassen sich benennen: 1 Bildhauer, 4 Buchbinder, 3 Buchdruckereien, 1 Buchhandlung, 2 Friseure, 1 Glaswarengeschäft, 1 Goldarbeiter und 1 Goldschläger, 1 Graveur, 1 Klaviermacher, 2 Kutscher, 1 Leihbibliothek, 1 Lithographische Anstalt, 1 Möbelhandlung, 1 Orgelmacher, 1 Parfümerie, 1 Porzellanwarengeschäft, 1 Geschäft für Posamentierwaren, 1 Sesselfabrikant, 1 Uhrmacher. Hinzurechnen mag man den einen Rechtskonsulenten oder die zwei ›Magdverdingfrauen‹, die weibliche Dienstboten vermittelten, und 2 Geschäfte für Drogerie- und für Färberwaren, auf finanziellem Gebiet 3 Bank- und 3 Inkassogeschäfte sowie 1 Wechselgeschäft, darunter immerhin die

Wirtschaftsbranchen: Handel en gros – das Lagerhaus der Pfälzischen Eisenbahnen am Winterhafen, 1903 [12]

Filiale der Königlich Bayerischen Bank Nürnberg und die Volksbank Ludwigshafen am Rhein, Vorläuferin der Pfälzischen Bank.

Aufschlüsse über den damaligen Industriestandort Ludwigshafen liefert der noch bescheidene Bestand an Fabriken. Die Konzentration in Richtung Chemie begann sich bereits deutlich abzuzeichnen. Der Chemischen Fabrik der Gebrüder Giulini (gegr. 1851) mit nunmehr rd. 90 Arbeitern war 1858 die Weinsäurefabrik von Johann Adam Benckiser mit derzeit rd. 50 Arbeitern gefolgt, 1862 die Düngerfabrik Michel & Cie. mit ca. 40 Arbeitern und 1865 als ›Shooting Star‹ die BASF mit inzwischen (1872) rd. 650 Arbeitern.[30] 1871 hatte sich die Chemische Fabrik Zimmermann für Leim und Dünger als AG etabliert, und zuletzt war 1872 die Fabrik chemisch-pharmazeutischer Präparate Saame & Co. mit 25 Arbeitskräften hinzugekommen.[31] Zwei Fabriken verdankten ihre Ansiedlung der besonderen Verkehrssituation der Stadt: die Eisenbahnwaggonfabrik mit gegen 400 Arbeitern und die ›Eisenbrückenbau-Filiale‹ der Brüder Benckiser, Pforzheim, Neffen von Johann Adam Benckiser, mit etwa 160 Arbeitern – sie hatte die feste Brücke zwischen Ludwigshafen und Mannheim über den Rhein errichtet. Die verbleibenden vier Unternehmen, darunter schon erwähnt die Aktienbrauerei und die Firma Ludowici, produzierten für konventionelleren Bedarf, so auch die Kunstwollfabrik von Kuhn und Adler mit ca. 40 Arbeitern bzw. Arbeiterinnen und die 1866 gegründete Öl- und Futtermehlfabrik Schlinck und Rutsch,[32] letztere übrigens wie Saame & Co. eigentlich auf Friesenheimer Gemarkung gelegen.

Wirtschaftsstrukturen

Die weitere wirtschaftliche Entwicklung Ludwigshafens vollzog sich in einem komplexen Wechselspiel zwischen der Ansiedlung und Entwicklung einzelner Unternehmen, dem Zuzug arbeitsuchender Menschen und ökonomisch relevanten Entscheidungen und Verhaltensweisen von Kommunal- wie Staatsbehörden. Bevor wir sie mehr aus der Nähe betrachten, erscheint es sinnvoll, sich anhand der zeitgenössischen Gewerbezählungen von 1882, 1895 und 1907 einen ersten Überblick für den gesamten Zeitraum zu verschaffen. Die Quellenlage hierfür ist leider nicht optimal – vor allem für das Jahr 1907 liegen anders als für 1882 und 1895 keine gesonderten Daten für die Stadt vor, sondern nur für das Bezirksamt Ludwigshafen. Doch da damals ziemlich genau 70% von dessen Einwohnerschaft auf die pfälzische Industriemetropole entfielen und deren Sogkraft angesichts der hohen Einpendlerzahlen die Beschäftigungsstruktur der benachbarten Gemeinden maßgeblich prägte, bieten die Amtsdaten von 1907 wenigstens brauchbare Anhaltspunkte für eine vergleichende Betrachtung.

Nächst der chemischen Industrie, die seit der Gründung der BASF sehr rasch an die vorderste Stelle rückte, bildeten Metallverarbeitung und Maschinenbau einen zweiten, wenngleich bescheideneren Kernbereich der industriellen Entwicklung der Stadt. 1882 und 1895 entfiel auf diese drei Wirtschaftszweige fast ein Drittel aller Berufstätigen. Läßt man die Landwirtschaft außer Betracht, die fast durchweg auf die Orte im Umfeld der Stadt entfiel, so erhöhte sich im Bezirksamt Ludwigshafen ihr Anteil zwischen 1895 und 1907 von 29,4% auf ein gutes Drittel (33,6%). In der Stadt allein dürfte sich der Prozentsatz 1907 der 40%-Grenze genähert haben bei offensichtlich wachsendem Gewicht von

Anmerkungen Seite 380

30 *Matthäus gibt in seiner Denkschrift 700 bis 800 Arbeiter an; obige Zahl ergibt sich aus den Archivalien der BASF*

31 *nähere Angaben in StALu, Fr. 24, 23.6.1873*

32 *laut Denkschrift Matthäus etwa 25 Arbeiter, laut Erhebung von 1873 7 männliche und 4 weibliche Arbeitskräfte; StALu, Fr 24, 23.6.1873. Zu Dr. Schlinck, dem späteren Gründer der Palmin-Werke in Mannheim, vgl. Raimar*

Einwohnerschaft Ludwigshafens 1882 und 1895

	Einwohner	davon berufstätig
1882	15971	6302
1895	38219	15099

Hauptberuflich Tätige und berufliche Zugehörigkeit der Einwohnerschaft Ludwigshafens 1882 und 1895 in %

Branche	1882 berufstätig	1882 Einwohner	1895 berufstätig	1895 Einwohner
Landwirtschaft	2,4	1,8	2,1	2,0
Gewerbe und Industrie	67,5	61,9	66,5	67,3
Bergbau usw., Torfgräberei	k.A.	k.A.	0,1	0,1
Steine und Erden	0,6	0,7	1,6	1,4
Metallverarbeitung	5,3	4,3	9,3	8,3
ohne Eisen	(0,3)	(0,3)	k.A.	k.A.
Eisenverarbeitung	(4,9)	(4,0)	k.A.	k.A.
Maschinen, Werkzeuge, Apparate	4,8	5,9	3,9	4,1
Chemische Industrie	22,2	23,3	20,3	24,3
Verarbeitung von Fetten, Ölen usw.	1,5	1,5	0,6	0,8
Textilindustrie	2,9	1,8	1,5	1,0
Papier- und Lederindustrie	1,1	0,9	1,2	1,0
Papierindustrie	k.A.	k.A.	(0,4)	(0,3)
Lederindustrie	k.A.	k.A.	(0,8)	(0,6)
Holz- und Schnitzstoffe	4,1	3,9	4,1	4,4
Nahrungs- und Genußmittel	4,0	3,7	5,4	4,8
Bekleidung und Reinigung	8,6	6,3	6,8	5,0
Baugewerbe	9,3	8,8	10,8	11,3
Polygraphisches Gewerbe	0,7	0,7	0,8	0,7
Künstlerische Gewerbe	0,1	0,1	0,1	0,1
Unklar	k.A.	k.A.	0,0	0,0
Handel und Verkehr	21,8	26,2	21,1	22,0
Handelsgewerbe	8,7	8,8	9,2	9,1
Versicherungsgewerbe	0,2	0,2	0,3	0,3
Verkehrsgewerbe	10,8	14,9	8,4	9,8
Beherbergung und Erquickung	2,1	2,2	3,2	2,8
Häusl. Dienste, wechselnde Lohnarbeit	2,4	1,7	2,1	1,6
Öffentlicher u. a. Dienst, freie Berufe	3,5	4,1	4,4	4,3
Militärverwaltung	k.A.	k.A.	0,2	0,2
Verwaltung, Rechtspflege usw.	k.A.	k.A.	1,8	2,0
Kirche und religiöse Anstalten	k.A.	k.A.	0,3	0,2
Bildung, Erziehung, Unterricht	k.A.	k.A.	1,1	1,2
Gesundheitspflege und Krankendienst	k.A.	k.A.	0,6	0,4
Schriftsteller, Journalisten usw.	k.A.	k.A.	0,1	0,1
Musik, Theater, Schaustellungen	k.A.	k.A.	0,4	0,3
ohne Beruf und Berufsangabe	4,8	4,3	3,8	2,8
insgesamt	100,0	100,0	100,0	100,0

Quellen: BSKB 48, München 1886, S.208ff; ZKBSB 28 (1896), S.233ff

Wirtschaftsbranchen: ›Handwerkerhaus‹ an der Ecke Heinig- und Schulstraße Aufnahme nach 1920 [13]

Hauptberuflich Tätige* im Bezirksamt Ludwigshafen 1895 und 1907

	Hauptberuflich tätige Einwohner
1895	23 213
1907	39 672

Hauptberuflich Tätige* im Bezirksamt Ludwigshafen 1895 und 1907 in %

Branche	1895	1907
Gewerbe und Industrie	69,8	67,4
Bergbau usw., Torfgräberei	–	0,2
Steine und Erden	3,8	2,1
Metallverarbeitung	1,3	1,5
Maschinen, Werkzeuge, Apparate	11,4	14,4
Chemische Industrie	16,4	17,8
Verarbeitung von Fetten, Ölen usw.	0,3	0,3
Textilindustrie	3,7	2,3
Papierindustrie	0,4	0,2
Lederindustrie	0,8	1,0
Holz- und Schnitzstoffe	3,9	3,4
Nahrungs- und Genußmittel	9,3	7,7
Bekleidung und Reinigung	7,3	5,5
Baugewerbe	10,2	9,9
Polygraphisches Gewerbe	0,6	1,0
Künstlerische Gewerbe	0,2	0,1
Unklar	0,2	0,0
Handel und Verkehr	19,5	19,7
Handelsgewerbe	9,0	9,3
Versicherungsgewerbe	0,2	0,4
Verkehrsgewerbe	7,4	6,3
Beherbergung und Erquickung	2,9	3,7
Häusliche Dienste, wechselnde Lohnarbeit	1,5	1,5
Öffentlicher u. a. Dienst, freie Berufe	4,3	4,1
Militärverwaltung	0,2	0,1
Verwaltung, Rechtspflege usw.	1,6	1,7
Kirche und religiöse Anstalten	0,3	0,2
Bildung, Erziehung, Unterricht	1,2	1,1
Gesundheitspflege und Krankendienst	0,6	0,7
Schriftsteller, Journalisten usw.	0,1	0,1
Musik, Theater, Schaustellungen	0,3	0,3
ohne Beruf und Berufsangabe	4,9	7,3
gesamt	100,0	100,0

* ohne Land- und Forstwirtschaft; die Zahl der hier außer acht gelassenen Land- und Forstwirte betrug 5 675 (1895) bzw. 6 850 (1907)

Quelle: SDR 109, Berlin 1897, S.438f; SDR 209, Berlin 1910, S.487f

Anmerkungen Seite 383

33 *Marx, S.66f*

34 *SDR 109, Berlin 1897, S.438f; SDR 209, Berlin 1910, S.487f*

35 *Allerdings wurde der ›Dienstleistungssektor‹ innerhalb der Industriefirmen bei den Zählungen dem gewerblich-industriellen Sektor zugerechnet*

Metallverarbeitung und Maschinenbau. Gemessen an den Ludwigshafener Betrieben mit wenigstens zehn Beschäftigten waren 1910 sogar knapp drei Viertel aller Arbeiter in den drei Branchen tätig, davon gut

Die Gewerbe-Ausstellung zum Stadtjubiläum 1903 im Hof der Realschule an der Ecke Schiller- [heute Berliner] und Schulstraße [14]

vier Fünftel in der Chemie[33] – erst wenn man die kleineren Geschäfte außer Betracht läßt, gerät die Tendenz zur industriellen Monostruktur voll in den Blick. Nicht zuletzt die Nachfrage aus der chemischen Industrie kam Metallverarbeitung und Maschinenbau zugute, und von den drei Branchen zusammen wiederum gingen positive Impulse aus auf die nächstgrößten Wirtschaftssektoren: das Baugewerbe sowie Handel und Verkehr, ansonsten natürlich auf alle Bereiche des täglichen Bedarfs für die wachsende Bevölkerung.

Soweit es die Erwerbstätigkeit insgesamt betrifft, blieb der Beschäftigungsgrad zwischen 1882 und 1907 fast konstant. Die sog. ›Erwerbsquote‹, der Anteil der hauptberuflich Erwerbstätigen an der Gesamtbevölkerung, lag für Stadt und Bezirksamt – hier nach Abzug der Landwirtschaft – stets nahe bei 40%. Nur für 1907 läßt sich der Anteil der beruflichen Frauenarbeit erfassen; damals betrug er im Bezirksamt – wiederum ohne Landwirtschaft – insgesamt ziemlich genau ein Fünftel (20,3%), in Gewerbe und Industrie nur 12,6%, in Handel und Verkehr dagegen 29,0%, im Waren- und Produktenhandel allein 40%, bei häuslichen Diensten und in der Gastronomie jeweils 62%.[34]

Wenigstens nach den großen Wirtschaftszweigen kann man die Berufsdaten Ludwigshafens für alle drei Gewerbezählungen miteinander und mit der benachbarten Konkurrentin Mannheim vergleichen (vgl. folgende Tabelle). Die Zahlen lassen das wachsende Gewicht der Industrie in Ludwigshafen erkennen, während Handel und Verkehr entgegen dem allgemeinen Trend zumindest relativ schwächer werden.[35] Deutlich zeichnen sich die strukturellen Unterschiede gegenüber Mannheim in den Daten für das Jahr 1907 ab: Dort besaß der tertiäre Sektor (›Handel und Verkehr‹ sowie ›Militär- und Staatsdienst, freie Berufe‹) entschieden größere Bedeutung, waren Gewerbe und Industrie nicht derart dominant wie in der ›Stadt der Arbeit‹. Der höhere Bevölkerungsanteil unter ›ohne Beruf‹ signalisiert zudem ansehnlicheren Wohlstand in Mannheim, denn unter dieser Kategorie wurden auch sogenannte ›Rentner‹ oder ›Rentiers‹ eingeordnet, die es sich überwiegend leisten konnten und wollten, allein von ihrem Vermögen zu leben.

Die ortsanwesende Bevölkerung
Ludwigshafens und Mannheims 1882—1907*

ortsanwesende Bevölkerung	Ludwigshafen 1882	1895	1907	Mannheim 1907
	15 971	38 219	78 637	171 594

davon nach Berufszugehörigkeit
1882—1907* in %

	Ludwigshafen 1882	1895	1907	Mannheim 1907
Land- und Forstwirtschaft	1,8	2,0	1,6	1,7
Gewerbe und Industrie	61,9	67,3	68,2	54,8
Handel und Verkehr	26,2	22,0	19,9	28,7
Häusliche Dienste usw.	1,7	1,6	1,4	1,4
Militär- und Staatsdienst, freie Berufe	4,1	4,3	4,1	6,8
ohne Beruf	4,2	2,8	4,8	6,6
insgesamt	100,0	100,0	100,0	100,0

* Berufstätige mit Familienangehörigen und Dienstpersonal

Quellen: für Ludwigshafen: BSKB 69 (1912), S.252f;
für Mannheim: SDR, Bd. 207, S.309

Anmerkungen Seite 384

36 Daten bei Marx, S.70f, 74f

Kennzeichnend für die Entwicklung der Ludwigshafener Industrie war schon sehr früh der beachtliche Beschäftigtenanteil in größeren Betriebseinheiten; die betreffenden Firmen waren offensichtlich vielfach von vornherein über handwerkliche Dimensionen hinaus geplant worden. Von den fast 14 300 Beschäftigten in den 112 Betrieben mit wenigstens zehn Arbeitern entfielen 1910 nur 12,6% auf ›Mittelbetriebe‹ mit 10—50 Personen, dagegen 87,4% auf ›Großbetriebe‹ (nach dem Maßstab der Zeit ab 51 Personen), und zwar 13,5% auf Betriebe mit 51 bis 200, 12,6% auf solche mit 201—1 000 Arbeitern, während zwei ›Riesenbetriebe‹ mit jeweils mehr als 1 000 Arbeitern (BASF und Gebr. Sulzer) 61,3% beschäftigten, davon die BASF allein wiederum 86%.[36]

Die Gewerbezählungen liefern Grundvorstellungen von der Wirtschaftsstruktur Ludwigshafens und ihrer Entwicklung. Genaueren Einblick ermöglichen die Übersichten über die Fabrik- und Handwerksbetriebe in der Stadt, die seit 1910 vorliegen. Die beiden folgenden Tabellen erfassen für das Jahr 1912 den Bestand an Firmen mit mehr als 50 Arbeitern und damit diejenigen Unternehmen, welche Ludwigshafens Aufstieg zur pfälzischen Industriemetropole maßgeblich getragen und vorangetrieben haben.

Die fünf Chemiefabriken unter den 20 Firmen (BASF, Gebr. Giulini, Grünzweig & Hartmann, Raschig, Knoll) stellten mit 9 623 Mitarbeitern fast zwei Drittel der erfaßten Belegschaften (63%), die BASF allein nahezu 55%. An zweiter Stelle folgte der Bereich Metallverarbeitung, Maschinen- und Gerätebau mit vier Firmen (Sulzer, Reparaturwerkstatt, Platz, Lux) und 2 942 Arbeitern (19,3%), an dritter Stelle die Bauwirtschaft mit sechs Firmen und 1 827 Arbeitskräften (12,0%).

Ludwigshafener Betriebe mit mehr als 100 Arbeitern
im Jahr 1912

Firma	Arbeitskräfte	davon weiblich
BASF, Chemische Fabrik	8 310	–
Gebr. Sulzer, Maschinenfabrik und Eisengießerei	1 773	–
Reparaturwerkstatt der Eisenbahn	912	–
Josef Hoffmann & Söhne, Baugeschäft	772	–
Gebr. Giulini GmbH, Chemische Fabrik	755	–
Gebr. Kratz, Pflästerei und Asphaltiergeschäft	410	–
Kuhn & Adler, Kunstwoll- und Tuchfabrikation	306	237
Grünzweig & Hartmann, Isoliermassen- u. Korksteinfabrik	294	–
Friedrich Stauch, Baugeschäft	195	–
Ludwigshafener Walzmühle AG	189	6
Dr. Fritz Raschig, Chemische Fabrik	183	–
Ludwigshafener Ziegelwerke Heinrich Holz	176	41
Weiß & Hameier, Buchdruckerei	168	68
Gebr. Meyer, Köln, Tiefbau, Hafenbau	160	–
Carl Platz, Maschinen- und Metallwarenfabrik	150	–
Heinrich Fasig & Sohn, Baugeschäft	114	–
Knoll & Co., Chemische Fabrik	110	32
Luxsche Industriewerke AG, Wassermesserfabrik	107	33
Gebr. Mann, Trikotweberei	106	92
Gasfabrik	105	–
insgesamt	15 266	509

Quelle: zusammengestellt nach StALu, LUA 14

Damit sind die bestimmenden Schwerpunkte genannt. Das Industriespektrum aber war reichhaltiger: Unter den 20 größten Firmen befanden sich zwei Textilfabriken (Kuhn & Adler, Gebr. Mann) mit immerhin 412 meist weiblichen Arbeitskräften, eine Getreidemühle (Walzmühle) und eine Buchdruckerei (Weiß & Hameier), mit der Gasfabrik auch ein Gemeindebetrieb, und das Bild wird noch etwas bunter, wenn man die sonstigen ›Großbetriebe‹, nach dem Maßstab der Zeit Betriebe ab 50 Mitarbeiter, einbezieht; denn dann geraten zusätzlich die beiden konkurrierenden Ludwigshafener Brauereien (Aktienbrauerei und Bürgerbräu) in den Blick, während ansonsten wiederum Maschinenbau und Metallverarbeitung (291 Arbeiter), Bau (278 Arbeiter) und Chemie (230 Arbeiter) dominieren.

Ludwigshafener Betriebe mit 50—100 Arbeitern im Jahr 1912

Firma	Arbeitskräfte	davon weiblich
Hermann Hessenmüller, Werkzeugmaschinenfabrik	94	–
Michel & Cie., Chemische Fabrik	85	–
Waldkirch & Cie., Buchdruckerei	82	20
Georg Kutterer & Söhne, Baugeschäft und Zimmerei	81	–
Ludwigshafener Aktienbrauerei	79	–
F. B. Silbermann, Chemische Fabrik	76	–
Heinrich Zimmermann, Baugeschäft	75	–
Johannes Roth, Maschinenfabrik und Eisengießerei	74	–
Hertewich & Kratz, Baugeschäft	72	–
Johann Adam Benckiser, Chemische Fabrik	69	–
Bürgerbräu AG	64	–
Ph. Friedrich Breitling, Kesselfabrik	63	–
Johann Brechtel Wwe., Brunnenmacherei, Pumpenfabrik	60	–
Gebr. Röchling, Eisenlager, Bearbeitung von Eisenteilen	51	–
Georg Schaich, Baugeschäft	50	–
insgesamt	1 075	20

Quelle: zusammengestellt nach StALu, LUA 14

Anmerkungen
Seite 386 und 387

37 *zur beruflichen Tätigkeit von Stadträten und ehrenamtlichen Bürgermeistern Hinweise unter [Rechtsgrund, S. 514]*

38 *Kube, S. 159ff, bes. S. 184ff, 190f*

39 *vgl. Kube, S. 28ff*

40 *Stadtgeschichte (1903), S. 527*

41 *Weiß, S. 17*

Fragt man für die einzelnen Firmen nach den Gründen der Industrieansiedlung, so spielte bei der Mehrheit die Gunst der Verkehrslage dank des Verbundes von Wasserweg und Eisenbahn die Schlüsselrolle; auf dem zweiten Platz stand die positive Einstellung der Gemeinde bzw. der Bürgermeister und Stadträte gegenüber Industrieansiedlungen, gerade auch solchen, die – wie die Chemische Industrie – andernorts nicht so gerne gesehen wurden. Das Interesse an höheren Steuereinnahmen, auf welche die Gemeinde angesichts ungenügender Grundausstattung und wachsender Aufgaben von Anbeginn angewiesen war, ging zusammen mit weltanschaulicher Überzeugung und vielfach sicher auch mit persönlichem Nutzenkalkül der Stadtväter.[37] Hinzu kam der permanent anstachelnde Wettbewerb mit Mannheim, das seinerseits auf industrielle Expansion setzte. Aus der so entstehenden Industrieagglomeration ergaben sich wiederum zusätzliche Anreize für neue Niederlassungen und Gründungen, sei es daß man auf das industrielle Image der Stadt und auf ein förderliches Geschäftsklima vertraute, sei es, daß man vorteilhafte Bezugs- und Absatzmöglichkeiten, einen leistungsfähigen Großhandel und ein Reservoir an geeigneten Arbeitskräften vorfand. Derartige ›zugewachsene Eigenschaften‹ haben für Ludwigshafen spätestens seit Beginn der 1870er Jahre ein nicht zu unterschätzendes Gewicht gewonnen. Eine Untersuchung über die Ansiedlung von 29 Unternehmen der Chemie und der Metallverarbeitung bis zum Jahr 1892 verbucht als entscheidungsbestimmend für 60% die Verkehrslage, je etwa hälftig bezogen auf Hafen und Eisenbahn, für ein gutes Viertel ›zugewachsene Eigenschaften‹ und für den verbleibenden Rest von 13% geeignetes Gelände zum Aufbau von größeren Industriebetrieben,[38] auch wenn die niedrige und feuchte Lage in Flußnähe zunächst vergleichweise hohe Erschließungskosten verursachte;[39] aber gerade für Chemieunternehmen sicherte die unmittelbare Nachbarschaft zum Rhein zugleich das benötigte Brauchwasser und bequeme Entsorgung der Abwässer. Die Stadt ergriff ihrerseits seit 1905 die Initiative und suchte durch das Angebot eines umfangreicheren Gewerbeareals entlang der Eisenbahnstrecke in Richtung Frankenthal die Chancen für neue Industrieansiedlungen gezielt zu verbessern *[vgl. auch S. 488, 555]*.

Die Ansiedlung von Industriebetrieben zeitigte über die unmittelbare Entstehung neuer Arbeitsplätze hinaus einen Verstärkereffekt, den man geradezu als ›Gesetz vom doppelten Stellenwert‹ formuliert hat: Demnach schafft jeder Arbeitsplatz in der industriellen Fertigung längerfristig einen zweiten Arbeitsplatz, da der Inhaber des (ersten) Arbeitsplatzes mitsamt seiner Familie wiederum versorgt werden muß mit Nahrung, Kleidung, Wohnung und Dienstleistungen der verschiedensten Art. Auch wenn sich solche Folgewirkungen natürlich nicht mathematisch genau berechnen lassen, demonstriert dieses ›Gesetz‹ doch die dynamisierende Kraft des industriellen Wachstumsprozesses für die Stadtentwicklung generell, und entsprechende Wirkungen lassen sich in Ludwigshafen während der Zeit des Kaiserreichs beobachten.

Die Geschichte der Ludwigshafener Industrie bildet daher ein zentrales Kapitel der und in der Stadtgeschichte. Erforscht ist sie bisher mit sehr unterschiedlicher, insgesamt mit eher begrenzter Intensität, und sie kann im Folgenden auch nur am Beispiel einzelner Firmen illustriert werden, stets mit Blick auf deren Bedeutung für die Stadt und ihre weitere Entwicklung.

Wirtschaftsbereiche

„[...] die glückliche Verbindung von Wissenschaft und Technik" – die chemische Industrie als Leitbranche

Die entscheidenden Weichen für die künftige Industriestruktur Ludwigshafens wurden mit der Ansiedlung der BASF wenige Jahre vor der Reichsgründung gestellt – wie sehr und wie grundsätzlich dies der Fall war, zeigte sich allerdings erst und immer deutlicher zur Zeit des Kaiserreichs.

›Die Große‹ – die BASF ...

Ohne die BASF wäre Ludwigshafen nicht die Stadt geworden, die sie heute ist. Zumindest bis zum Ersten Weltkrieg prägte noch die Herstellung ›künstlicher‹ Farben und der hierfür benötigten Vorprodukte das Image und die Geschäftsergebnisse des ›Weltetablissements‹,[40] konnte man Ludwigshafen sehr wohl noch als ›Chromopolis‹,[41] als Farbenstadt bezeichnen. Immerhin entfiel aber damals bereits ein knappes Drittel des Firmenumsatzes auf andere Sparten, zeichneten sich neue zukunftsträchtige Entwicklungen und damit einhergehende Strukturverschiebungen nicht nur in der Produktion ab.

Fabrikgebäude der BASF ›im Herzen‹ des alten Werksgeländes [15]

Die ›Große Fabrik‹: die BASF und die vorgelagerte Werkskolonie nach einer überarbeiteten Aufnahme aus einem Zeppelin, 1914 [16]

Im Volksmund als ›die Anilin‹ oder als ›die Große‹ bezeichnet, hat die BASF wie keine andere Ludwigshafener Firma, ja wie nur wenige Firmen zu damaliger Zeit, Wirtschafts-, Wissenschafts- und zugleich Kulturgeschichte geschrieben,[42] sie hat sich zwar nicht als Städtegründerin, aber doch als Städtegestalterin und als wichtigster städtischer Wachstumsmotor betätigt, hat in mehr als einer Hinsicht über die Werkstore hinaus nicht nur das Stadtbild entscheidend (mit-)geprägt, sondern auch die dort wohnenden Menschen und das Leben in der Stadt, die konjunkturelle Entwicklung, die Arbeitsbedingungen und die Einkommensverhältnisse. Sie übte einen beträchtlichen Einfluß in der Ludwigshafener Kommunalpolitik aus, und sie entwickelte ein Modell der Beziehungen zwischen dem Unternehmen und seiner Arbeiterschaft, das in seiner Mischung aus Fürsorge und Kontrolle die Arbeiterschaft, genauer: die firmentreue Arbeiterschaft zu fördern, sie damit aber zugleich noch fester an das Unternehmen zu binden und der Arbeiterbewegung zu entziehen suchte.[43] Und sie war damit nicht ganz erfolglos. So ist es wenig verwunderlich, daß ›die Anilin‹ von der Arbeiterbewegung als entscheidende Kontrahentin vor Ort empfunden wurde. Tatsächlich hat sie alles in ihrer Macht Stehende getan, um Gewerkschaften und Sozialdemokratie innerhalb und möglichst auch außerhalb des Werkes Paroli zu bieten. Sie wird daher im Verlauf der Darstellung immer wieder in unterschiedlichen Zusammenhängen auftauchen.

Hier ist zunächst ihre wirtschaftliche Entwicklung wenigstens anzudeuten – mehr ist nicht möglich, war die BASF doch um die Jahrhundertwende „unbestritten die größte chemische Fabrik der Welt"[44] und damit das führende Unternehmen in einer Branche, die neben der Elektroindustrie den wichtigsten modernen Wirtschaftszweig im Zweiten Deutschen Kaiserreich bildete: der deutschen Teerfarbenindustrie.

Es sei „in erster Linie zweifellos die geistige Arbeit – die glückliche Verbindung von Wissenschaft und Technik, welche in steter Wechselwirkung stehend sich gegenseitig fördern und befruchten – und die energische geschäftliche Ausnutzung der durch sie erzielten Resultate", welchen die deutsche Teerfarbenindustrie ihre glänzenden Erfolge zu verdanken habe, betonte BASF-Direktor Brunck 1893 in einer Stellungnahme „über die Ursachen des blühenden Standes unserer Industrie".[45]

Anmerkungen
Seite 388 und 389

42 *zur Geschichte der BASF bis zum Ersten Weltkrieg v. Hippel 2002a und Johnson*

43 *vgl. Hinweise unter [Stützung, S. 592]*

44 *Weltausstellung zu Paris. Sammelausstellung der deutschen Chemischen Industrie, Berlin 1900, S. 68*

45 *BASFUA, Direkte Korrespondenz der Direktion 1889—1907, Bl. 95*

46 *zu den folgenden Angaben Daten aus BASFUA, bes. die statistischen Zusammenstellungen in BASFUA, A 915/2. Die Bestandsangaben beziehen sich auf Anfang 1914*

47 *JHKL 1913 II, S. 112f*

48 *Meinzer, S. 2012ff*

49 *hier und im folgenden sind die Tageswerte mit 1/300 des Jahreswerts angesetzt*

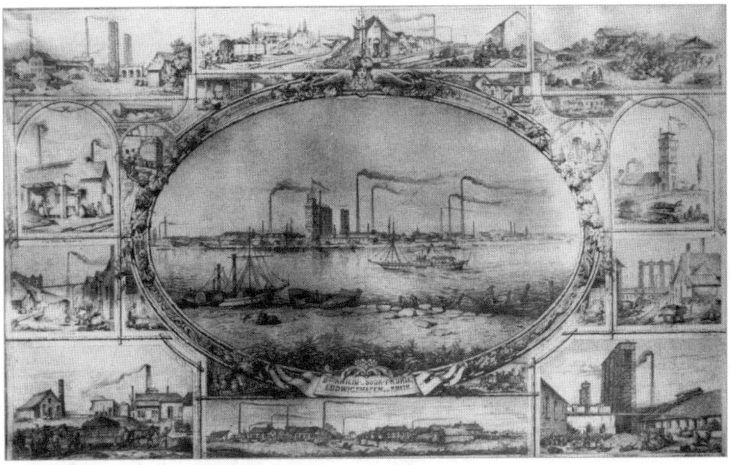

Die BASF im Jahr 1873; Gemälde von Carl Jauslin
In der Bildmitte der quadratische Wasserturm, dahinter die Kokstürme [17]

Die Salzsäureabsorptionstürme der BASF vor 1914 [18]

Welche Dimensionen das von ihm 1884—1907 maßgeblich geleitete Unternehmen auf dieser Grundlage am Vorabend des Ersten Weltkriegs erreicht hatte, können die folgenden Daten illustrieren:[46] Der Gesamtumsatz, zu über 70% in Teerfarbenprodukten bestehend, belief sich 1913 auf nahezu 121 Mio. Mark; drei Viertel davon entfielen auf den Export. Der Bruttogewinn betrug gut 23 Mio. Mark, der Nettogewinn gut 15 Mio. Mark trotz einer Abschreibungspolitik, die auf die Bildung stiller Reserven als beliebter Form der Eigenkapitalbildung abzielte. Zwei Drittel des solchermaßen heruntergerechneten Nettogewinns, 28% des Aktienkapitals (bis 1897: 18 Mio. Mark, 1899: 21 Mio. Mark, 1908 auf 36 Mio. Mark und 1914 auf 54 Mio. Mark erhöht), wurden als Dividende ausgeschüttet – das waren Spitzenwerte innerhalb der ohnehin florierenden Teerfarbenindustrie. Entsprechend hoch gehandelt wurden die Aktien: Anfang 1914 lag ihr Kurs bei 560 Mark; mit weitem Abstand erst folgten die nächsthoch bewerteten pfälzischen Wertpapiere (Zukkerfabrik Frankenthal 384,50 Mark, Schnellpressenfabrik Frankenthal 284,00 Mark).[47]

Die BASF verfügte Anfang 1914 in Ludwigshafen und Umgebung über ein Areal von rd. 270 ha, von denen 42 ha mit Fabrikanlagen überbaut waren. Auf dem Fabrikgelände mit seinen 581 Gebäuden und 22 Kaminen in Ludwigshafen sowie im nördlich davon gelegenen Oppau arbeiteten Anfang 1914 knapp 13 000 Menschen, davon etwa 78% Arbeiter und 22% ›Betriebsbeamte‹ bzw. Angestellte[48] – Techniker für die Wartung und Ausgestaltung der immer komplexeren Anlagen, Kaufleute für die Vermarktung der Produkte und Chemiker in der Forschung und der Leitung der Produktion. Im Flußhafen des Werks Ludwigshafen wurden 1913 an drei Landungsbrücken tagtäglich[49] 2 076 t entladen und 626 t abgefertigt. Auf der Schiene gelangten Tag für Tag weitere 786 t Produktionsbedarf ins Werk, während 394 t es auf demselben Weg verließen; rd. 95 Waggons waren hierfür in beide Richtungen erforderlich. 17—19 Lokomotiven, zwei Triebwagen und 956 Wagen transportierten im Werk selbst täglich nahezu 5 200 t auf fast 90 km Gleisanlagen, unterstützt von sechs Kranen, die täglich etwa 700 t verluden, von einer Kohlenförderanlage mit einer täglichen Leistung von 1 933 t und von einer Schwefelkies-Förderanlage mit einer täglichen

Die BASF im Jahr 1903 [19]

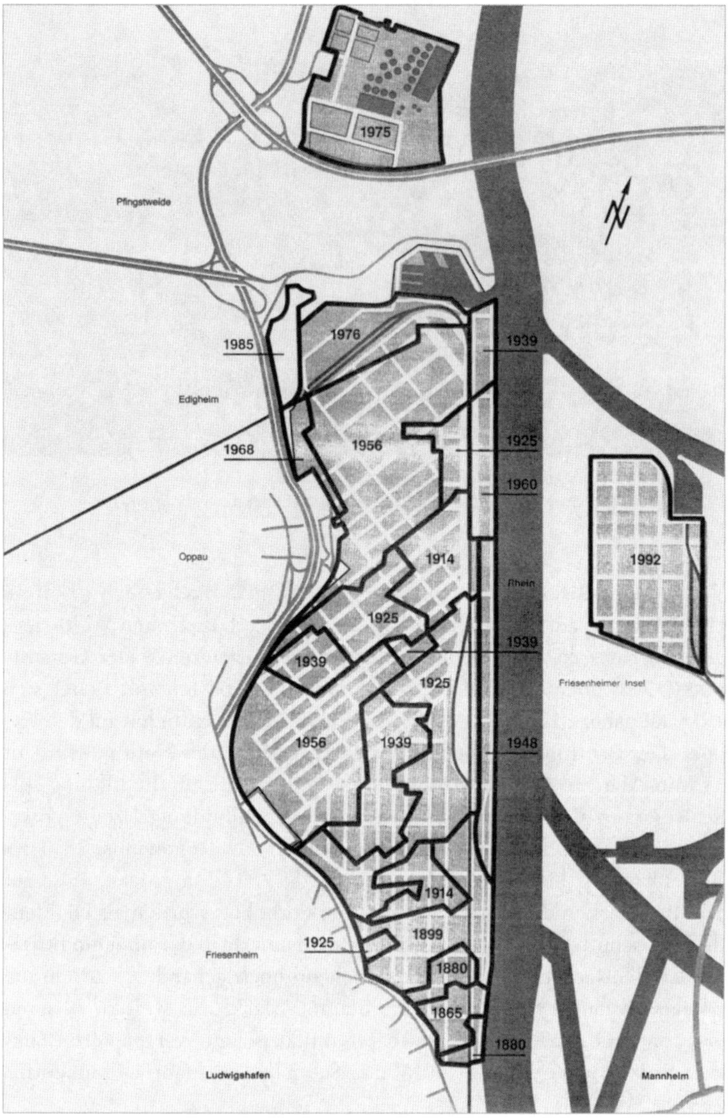

Die Entwicklung des Werksgeländes der BASF von 1865 bis zum Jahr 1992 [20]

Anmerkungen
Seite 391

50 *Poller 1975, S. 467f; Saftien; ›Pfälzische Rundschau‹, 5., 9. 12. 1911*
51 *Johnson, S. 137*
52 *Johnson, S. 138f, 157*

Leistung von 338 t. Im Schnitt verbrauchten die Betriebe Tag für Tag annähernd 236 000 m³ Wasser, 36 800 m³ Gas, 1 467 t Steinkohle, ferner u. a. 371 t Schwefelkies, 187 t Steinsalz und nicht zu vergessen 373 t Eis. 15 Dynamos mit einer Kapazität von 13 575 PS generierten täglich 203 000 kWh elektrische Energie, nahezu 420 Dampfmaschinen erbrachten eine Leistung von 50 000 PS. Umfangreiche eigene Handwerkerabteilungen – die Bauabteilung mit gut 2 400 und die Maschinentechnische Abteilung mit 2 100 Mann – erstellten benötigte Gebäude, Apparate, sonstige Betriebseinrichtungen und Verpackungen in Eigenregie und erledigten die ständig erforderlichen Reparaturen.

Die BASF auf dem Weg zum Weltunternehmen:

Heinrich von Brunck [50]

Geboren 1847 als zwölftes Kind eines wohlhabenden Gutsbesitzers in Winterborn bei Bad Münster, hatte Heinrich Brunck schon in der väterlichen Bibliothek durch die landwirtschaftlichen Schriften Liebigs Zugang zur Chemie gefunden. Nach dem Besuch der Gewerbeschule in Kaiserslautern wechselte er mit 16 Jahren auf das Züricher Polytechnikum, hörte bei Kekulé in Gent und promovierte 1867 in Tübingen.

Nach ersten Berufserfahrungen in der Chemiefirma de Haen in List bei Hannover wurden Brunck die Verhältnisse dort wohl zu klein. Zusammen mit seinem Freund Carl Glaser trat er 1869 bei der BASF ein. Dabei ließ Brunck an seiner – finanziellen – Unabhängigkeit auch gegenüber den Leitern des Unternehmens keinen Zweifel. „Wenn Sie mich nicht mehr haben wollen, dürfen Sie es nur sagen. Ich brauche nicht fortzugehen, ich kann fortfahren," betonte er anläßlich einer Auseinandersetzung. 1874 bis 1876 wirkte er im Auftrag der BASF bei deren Dependance in Duisburg, wo der Jungverheiratete Mittelpunkt eines großen gesellschaftlichen Kreises wurde – die glücklichsten zwei Jahre seines Lebens, wie er in Rückschau fand.

Als am 1. Januar 1884 Friedrich Engelhorn und Carl Clemm ihren Rücktritt erklärten und auf ihre Wahl in den Aufsichtsrat verzichteten, übernahm Brunck die technische Oberleitung des Werkes, nachdem Carl Glaser zugunsten des „jüngeren, kraftstrotzenden, feurigen und ehrgeizigen" Freundes und Landsmannes verzichtet hatte. Brunck war damals 36, Glaser 42 Jahre alt. Der Machtkampf in der BASF, der sich zuletzt um die Frage der Fortführung der kostspieligen Forschung bei der Indigosynthese kristallisiert hatte, war entschieden. In den folgenden Jahrzehnten hatte Brunck eine glückliche Hand bei der Unterstützung bahnbrechender Forscher und Forschungen. Seiner Risikobereitschaft und Zähigkeit sind das Gelingen der Indigosynthese und die ersten wesentlichen Schritte bei der Herstellung der Indanthrenfarben und der Ammoniaksynthese zu danken. Unter seiner Führung wandelte sich die BASF zum Weltunternehmen. Als er 1906 aus dem Vorstand ausschied und Vorsitzender des Aufsichtsrats wurde, hatte sich der Jahresumsatz von 18 Millionen Mark (1884) auf 105 Millionen Mark mehr als verfünffacht, die Zahl der Beschäftigten war mit fast 10000 mehr als viermal größer geworden, vor allem arbeiteten nun 230 Chemiker im Dienst der Fabrik statt 61 im Jahr 1884. 1904 führte Brunck die BASF in den ›Dreibund‹ mit Bayer und Agfa, ein erster Schritt zur zwanzig Jahre später gebildeten I.G. Farben. Dabei wurde er von seinen Partnern zeitweise heftig angefeindet, die ihm die Verheimlichung schlechter Geschäftszahlen der BASF vorwarfen. „Als ein Mann, der Widerspruch nicht gewohnt war, mußten diese Angriffe [...] Heinrich von Brunck tief verletzt haben [...]"[51] Die exzellente Entwicklung der Gewinne nach 1905 rechtfertigten ihn – und erlaubten ihm einen ehrenvollen Rückzug aus dem Vorstand.

Von 1885 bis 1899 gehörte Brunck, der jahrelang im engeren Vorstand der pfälzischen Nationalliberalen wirkte, dem Stadtrat an. Den Aufstieg der Sozialdemokratie und ihrer Gewerkschaften suchte er innerhalb und außerhalb des Unternehmens mit aller Kraft und zum Teil anfechtbaren Mitteln zu verhindern. Als die SPD 1899 bei den Stadtratswahlen den Durchbruch erzielte, verzichtete er, obgleich wiedergewählt, auf die weitere Mitarbeit im Kommunalparlament. Der verstärkte Ausbau der Sozialeinrichtungen der BASF ist indes auch seiner Initiative zu verdanken. Für notleidende Werksangehörige gründete er eine Stiftung, und in seinem Sommersitz, dem Schloßpark von Kirchheimbolanden, errichtete er auf eigene Kosten ein Erholungsheim für Arbeiter. Auch für das Rote Kreuz und das Pfälzische Gewerbemuseum gab er reichlich; jahrelang war er Mitglied des Ludwigshafener protestantischen Presbyteriums.

Die bayerische Krone ehrte seine Lebensleistung mit der Verleihung des Kommerzienratstitels und – im Jahr 1905 – des persönlichen Adels. Brunck, der alle seine Kinder vor sich ins Grab sinken sehen mußte, starb 1911 und wurde im Kirchheimbolandener Schloßgarten beigesetzt.

Die Bedeutung Bruncks für die ›Große Fabrik‹ dokumentierte sich in der Tatsache, daß über Jahre kein neues Mitglied für ihn in den Vorstand gewählt wurde. Vorstandsvorsitzender wurde formell Robert Hüttenmüller, der sich die Leitungsgeschäfte in den Jahren bis zum Ersten Weltkrieg mit Carl J. Müller teilte.[52] [S. M.]

Heinrich von Brunck [21]

Die Direktionsgebäude der BASF
[22]

All dies waren für die damalige Zeit gigantische Ausmaße. Davon hätte selbst ein phantasiebegabter Industriepionier wie der Gastwirtssohn und gelernte Goldschmied Friedrich Engelhorn kaum zu träumen gewagt, als er nach erfolgreicher Tätigkeit als Gaswerksdirektor in Mannheim 1861 eine chemische Fabrik zur Herstellung von Teerfarben gründete und vier Jahre später mit seinen drei Teilhabern, darunter den Brüdern Carl und August Clemm als technischen Direktoren, beschloß, die finanzielle Basis der Firma durch die Gründung einer Aktiengesellschaft kräftig zu erweitern, um die angestrebte Herstellung der Teerfarben mitsamt den erforderlichen Vorprodukten in großem Maßstab zu ermöglichen. Durch diesen Schritt sicherte Engelhorn die Unabhängigkeit von Zulieferern und die flexible Kapitalversorgung und verband zudem einen beschränkten Kreis des vermögenden Mannheimer Wirtschaftsbürgertums und die wichtigsten damaligen Kunden der Fabrik mit deren Interessen. Die gleichzeitig vorgenommene Standortverlagerung auf das linke Rheinufer in die unmittelbare Nachbarschaft der jungen Gemeinde Ludwigshafen schuf optimale Produktionsbedingungen dank der Nähe zum Rhein als Wasserlieferanten, Entsorgungskanal und Transportweg und dank des bequemen Anschlusses an das Eisenbahnnetz.

Entscheidend aber wurde die eigene Leistung. Bei Produktion wie Absatz beschritt die BASF sehr früh neue Wege, die ihr wenigstens auf Zeit einen wertvollen Vorsprung vor der nachdrängenden Konkurrenz verschafften:

1. Sie begann seit Ende der 1860er Jahre damit, sich von der blossen Imitation fremder Produktionen zu verabschieden und aufgrund eingeworbener und zunehmend eigenständiger systematischer Forschung neue Produkte zu entdecken und neue Herstellungsverfahren zu entwickeln. Der erste aufsehenerregende Durchbruch war die preisgünstige Synthese des Alizarin, des roten Farbstoffs der Krappwurzel, durch Caro, Graebe und Liebermann 1869 und die anschließende Ausarbeitung einer optimalen Produktionsmethode durch Carl Glaser. In den folgenden Jahren bescherte vor allem Heinrich Caro, der Leiter

Das Gesellschaftshaus der BASF um 1900 [23]

Eingangshalle im Ersten Stock des Gesellschaftshauses [24]

des Hauptlabors, in Zusammenarbeit mit Hochschulinstituten und einer wachsenden Zahl von firmeneigenen Chemikern dem Unternehmen in- und ausländische Patente in Serie für neue Farbschöpfungen und ihre Anwendung nicht nur auf Textilien, sondern auf einer Vielzahl unterschiedlicher Materialien, so daß der zuvor übliche, meist recht komplizierte Einsatz von Farben auf pflanzlicher und mineralischer Basis in wortwörtlichem Sinne zunehmend aus der Mode kam. Die BASF übernahm seitdem die Spitzenstellung in der Produktion der sog. ›Alizarinfarben‹, die sich auf der Grundlage des Rotalizarin entwickeln ließen, darunter besonders gewinnbringend das Alizarinblau, eine Entdeckung Carl Glasers (1878), die Heinrich Brunck bis zur industriellen Reife vorantrieb und für den Einsatz in der Baumwoll- wie in der Wollechtfärberei tauglich machte. Das Unternehmen erzielte aber auch beachtliche Erfolge bei den sog. ›Anilinfarben‹ und auf dem ertragreichen Gebiet der Azofarbstoffe. Die damit einhergehende zunehmende Verwissenschaftlichung der Teerfarbenproduktion zeitigte Konsequenzen für den Unternehmenskurs: Als nach mehrjährigen Dissonanzen auf der Vorstandsetage Anfang 1884 Heinrich Brunck und Carl Glaser anstelle von Engelhorn und Carl Clemm die Führungsposition in der Direktion übernahmen, war auf lange Zeit entschieden, daß wissenschaftlich kompetente Chemiker die Firma leiteten. Der verstärkte Übergang zu längerfristig ausgelegter Forschung in Eigenregie während der ›Ära Brunck‹ bescherte der BASF eine Reihe spektakulärer Triumphe, die in den Bereich der chemischen Großtechnik hineinführten und den Anteil der anorganischen Produktion neben den einstweilen noch dominanten synthetischen Farben kräftig wachsen ließen; Rudolf Knietsch, der die Qualitäten eines Chemikers und Ingenieurs in sich vereinigte, erwarb sich hierbei entscheidende Verdienste. Nur die bekanntesten Durchbrüche seien genannt: das Verfahren zur Verflüssigung des Chlorgases (1888), die Herstellung von Schwefelsäure nach dem Kontaktverfahren (1890—1898), die Umsetzung der in Lizenz übernommenen Methode zur Herstellung von Chlor aus Natriumchlorid (Kochsalz) nach dem

PATENT-URKUNDE

№ 1886.

GESETZ v. 25. MAI 1877

AUF GRUND DER ANGEHEFTETEN BESCHREIBUNG UND ZEICHNUNG IST DURCH BESCHLUSS DES KAISERLICHEN PATENTAMTES

Badische Anilin- & Soda-Fabrik in Mannheim

EIN PATENT ERTHEILT WORDEN.

GEGENSTAND DES PATENTES IST:

Verfahren zur Darstellung blauer Farbstoffe aus Dimethylanilin und anderen tertiären aromatischen Monaminen

ANFANG DES PATENTES: 15. December 1877

DIE RECHTE UND PFLICHTEN DES PATENT-INHABERS SIND DURCH DAS PATENT-GESETZ VOM 25. MAI 1877 (REICHSGESETZBLATT FÜR 1877 SEITE 501) BESTIMMT.

ZU URKUND DER ERTHEILUNG DES PATENTES IST DIESE AUSFERTIGUNG ERFOLGT.

Berlin, den 7 August 1878.

KAISERLICHES PATENTAMT.

Beglaubigt durch

Sekretär des Kaiserlichen Patentamtes.

Der Weg der BASF ist mit Patenten gepflastert: hier eine Urkunde aus dem Jahr 1877 [25]

Anmerkungen Seite 395

53 *Mach, S. 18ff*

54 *Poller 1975, Text weitgehend übernommen, S. 645f; Schuster, S. 11*

Elektrolyse-Verfahren in die Großproduktion (Chlor-Alkali-Elektrolyse, seit 1897—1899), die publikumsträchtige Indigosynthese (1897), die Entdeckung des Indanthrenblau 1901 und damit der Vorstoß in die ganz neue Farbengruppe der Indanthrenfarben – eine Leistung von René Bohn, einem der produktivsten BASF-Mitarbeiter neben Caro und Knietsch, der Einstieg in das Gebiet der synthetischen Gerbstoffe 1911 und als zukunftsweisende Krönung 1912 die Ammoniaksynthese nach dem Haber-Bosch-Verfahren, die sich für friedliche wie für militärische Zwecke, für die Herstellung von Dünger wie von Munition gleichermaßen eignete, von dem Karlsruher Professor Fritz Haber im Labor erdacht und von dem jungen BASF-Chemiker Carl Bosch bis zur großindustriellen Fertigung vorangetrieben. Seit 1913 wurde die neuartige katalytische Hochdrucksynthese in dem eigens errichteten Stickstoffwerk Oppau wirtschaftlich nutzbringend durchgeführt.

Der ›Backsteingeneral‹: **Eugen Haueisen**[53]

Das rasche Wachstum der BASF ließ schon um 1870 die Anstellung eines eigenen Architekten immer dringlicher erscheinen. Freilich mußte erst der Widerstand des wohl der Kosten wegen zögernden Friedrich Engelhorn überwunden werden, bevor 1874 der damals in Stuttgart lebende Architekt Eugen Haueisen berufen wurde. Der aus einer Baumeisterfamilie stammende, 1845 in Leonberg geborene Haueisen hatte an der TU in München studiert. Er verdankte seine Ernennung vermutlich der Fürsprache seines Jugendfreundes August Clemm. Die Arbeitsgruppen des Bauwesens wurden zu einem Betrieb zusammengefaßt und Haueisen unterstellt. Ein Baubüro wurde eingerichtet, das 1880 aus sechs ›Beamten‹ bestand. Als Carl Clemm Ende 1883 aus der BASF ausschied, wurde Haueisen Leiter des ›Technischen Büros‹, zu dem auch alle maschinentechnischen Betriebe gehörten. Seine Funktionen übte er 40 Jahre bis zu seinem Ruhestand Ende 1914 aus. Der Ausbau des Ludwigshafener Werks und die Planungen zum Werk Oppau sind von ihm geleitet worden. Die Pläne für die Werkskolonie, die Direktionsbauten und das Gesellschaftshaus der BASF stammen von ihm. Aber auch das Ludwigshafener Krankenhaus hat er entworfen. Haueisen starb 1925 in Jockgrim, dem Heimatort seiner Frau.

[S. M.]

Eugen Haueisen [26]

Forscher der Farbenära: **Heinrich Caro**[54]

Von England, wo er mehrere Jahre erfolgreich in der chemischen Industrie gearbeitet hatte, kam Heinrich Caro im Jahre 1867 nach Heidelberg, mit der Absicht, sich eigener Forschung auf dem Gebiet der organisch aromatischen Chemie zu widmen. Schon ein Jahr später holte Friedrich Engelhorn den 36jährigen in die BASF.

Heinrich Caro wurde 1834 in Posen geboren. Seine Vorfahren hatten zur Zeit der Vertreibung der Juden aus Portugal im Jahre 1498 ihre Heimat verlassen und waren über Holland und Schlesien nach Polen gekommen. Heinrichs Großvater betrieb in seinem Hause am Marktplatz in Posen ein bedeutendes Getreidehandelsgeschäft, in dem auch Heinrichs Vater Simon tätig war. Im Jahre 1842 siedelte die Familie nach Berlin über. Dort besuchte Heinrich das Realgymnasium.

Nach dem Besuch des Kgl. Gewerbe-Instituts, des Vorgängers der TH, in Berlin – er wollte Färbereipraktiker werden – ging er 1855 in die Kattundruckerei von Troost in Mülheim/Ruhr. Nach zehn Monaten Militärdienst beim Garderegiment in Berlin begab er sich nach England. Bei der Firma Roberts and Dale in Manchester trat er als Assistent ein. Bald fand er Gelegenheit, sich experimentell mit der neuen Farbstoffchemie zu beschäftigen und die Mauveinherstellung zu verbessern. Als 30jähriger wurde er Teilhaber der Firma und heiratete. Noch im gleichen Jahre löste er seinen Vertrag und verließ England mit seiner jungen Frau. 1867 arbeitete er im Bunsenschen Laboratorium in Heidelberg.

Der erste Gegenstand seiner Tätigkeit bei der BASF und zugleich der erste Erfolg war das Alizarin. Mit den Indulinen und Nigrosinen schuf Caro sehr geschätzte und vielseitig anwendbare Blau- und Schwarzfarbstoffe. Im Juli 1877 entdeckte er einen außerordentlich wertvollen roten Farbstoff für Wolle, das sog. Echtrot. Ein ausgezeichneter Blaufarbstoff ist das Methylenblau, das er zusammen mit A. v. Baeyer entwickelte. Auch um die Gewinnung von Zwischenprodukten und Grundstoffen war Caro bemüht. Nicht vergessen sei das gelbe Auramin.

Heinrich Caro schied im Jahre 1889 aus dem aktiven Dienst der BASF aus, nachdem er seit 1884 dem Vorstand angehört hatte. Im Privatlaboratorium seines Hauses forschte er weiter. Eine Frucht dieser Tätigkeit ist als ›Carosche Säure‹ bekannt.

Caro trat auch organisatorisch hervor, so bei der Gründung des VDI und des Vereins deutscher Chemiker sowie als Wortführer der Ludwigshafener chemischen Industrie bei der Beratung des deutschen Patentrechtes. Es war die Krönung seines Lebenswerkes, als im Jahre 1891 an ihn die Einladung erging, vor der Deutschen Chemischen Gesellschaft in Berlin einen zusammenfassenden Vortrag über seine Arbeiten zu halten, eine Einladung, die damals eine hohe Auszeichnung, fast eine Art deutscher Nobelpreis, bedeutete. Er genoß reichliche Anerkennung durch die Ernennung zum Badischen Hofrat und zum Ehrenbürger von Mannheim. 1876 war er Ehrendoktor der Universität München geworden. Caro starb 1910 auf einer Reise in Dresden. Sein Grab befindet sich auf dem Hauptfriedhof in Mannheim.

[O. P.]

Farben für die Welt:
Heinrich Caro [27]

Indanthren: René Bohn, hier am Schreibtisch seines Arbeitszimmers in der BASF im Jahr 1895 [28]

Indanthrenfarbstoffe: **René Bohn**[55]

René Bohn, wurde 1862 als Sohn des Leiters der Elsässischen Maschinenbau AG in Dornach bei Mülhausen im Elsaß geboren. Er studierte an der Technischen Hochschule in Zürich Chemie, wo Heumann, Lunge und Viktor Meyer seine Lehrer waren. Dort promovierte er im Jahre 1883 und trat nach praktischer Tätigkeit in einer Kattundruckerei im Jahre 1884 in die BASF ein. Im Zuge umfassender Untersuchungen auf dem Gebiet des Anthrachinons und seiner Derivate schuf er im Indanthren-Blau RS jenen Typ von Farbstoffen, der wegen seiner hervorragenden bis dahin unerreichten Eigenschaften zum Ausgangspunkt einer ganz neuen, großen Entwicklung wurde. Außer seinen zahlreichen wichtigen Erfindungen auf dem Gebiet der Alizarin- und Küpenfarbstoffe hat Bohn auch bedeutsame Anregungen für das Gebiet der Azofarbstoffe gegeben, die zum Aufbau der Gruppe der komplexen Metallfarbstoffe, der Palatin-Echtfarben, führten.

Seine Arbeitsweise und seine Erfolge sind dadurch gekennzeichnet, daß Bohn die Kenntnis der praktischen Anwendung der Farbstoffe und der Erfordernisse der Coloristik in souveräner Weise mit einer höchst originellen, phantasievollen Experimentierkunst und einem tiefgründigen Wissen von den Stoffen seines Arbeitsgebietes verband. Von 1906 an war Bohn stellvertretendes, von 1919 an ordentliches Vorstandsmitglied. Seit 1914 führte er den Titel eines Professors. Bohn starb 1922 in Mannheim.

[C. S.]

Anmerkungen
Seite 396 und 397

55 *zu Bohn vgl. Schuster sowie Auskunft des BASF-Unternehmensarchivs*

56 *Poller 1975, Text weitgehend übernommen, S. 646f*

57 *zu Knietsch vgl. Wolf; Schuster*

Der Durchbruch bei der Alizarinsynthese: **Carl Glaser**[56]

Carl Andreas Glaser wurde 1841 als Sohn eines bekannten Arztes in Kirchheimbolanden geboren. 1858 schloß er seine Schulausbildung auf der Kreisgewerbeschule in Kaiserslautern ab. Schon früh hatte er eine ausgesprochene Neigung für Naturwissenschaften gezeigt. Er bezog zunächst die polytechnische Hochschule in Nürnberg, sodann diejenige in München. 1862 hörte er die Vorlesung des weltberühmten Justus v. Liebig. In Erlangen beschäftigte er sich mit dem Problem der Einwirkung von Chlor und Brom auf Naphthalin, in der Hoffnung, von da aus zum Alizarin zu gelangen. 1864 promovierte er damit in Tübingen, um anschließend in Gent bei Kekulé Assistent zu werden.

Im Jahre 1866 erhielt Glaser die Unterrichtsassistentur und konnte sich selbst neue Aufgaben suchen. 1869 habilitierte er sich an der Rheinischen Friedrich-Wilhelms-Universität, wohin er 1867 zusammen mit Kekulé gegangen war. Kekulé schrieb über Glaser: „Ich habe die Überzeugung, daß Dr. Glaser die Chemie noch wesentlich fördern wird und daß er in wenigen Jahren zu den Kandidaten gehören wird, die bei Besetzung der besseren Professuren werden genannt werden."

Im Jahre 1869 trat Carl Glaser zusammen mit seinem Landsmann und Freund Heinrich Brunck in die BASF ein. Die technische Ausgestaltung der Alizarinsynthese zu einer Großproduktion gegenüber einer starken Konkurrenz, namentlich auch in Bezug auf die Qualität des Produktes, ist weitgehend sein Verdienst. 1877/78 unternahm er im Auftrag der Firma Reisen nach Rußland und richtete eine Zweigfabrik für die Farbenherstellung ein.

1879 erfolgte die Ernennung Glasers zum stellvertretenden Direktor. Er leitete nun die gesamten Farbenfabrikationsbetriebe des Werkes, wobei sein besonderes Geschick, neue im Laboratorium gefundene Produkte in die technische Produktion überzuführen, vorteilhaft zur Geltung kam. 1883 wurde er zusammen mit Brunck in den Vorstand der Gesellschaft berufen. Unter der Führung dieser beiden Männer nahm die BASF in der folgenden Zeit einen bedeutenden Aufschwung. 1895 schied Glaser aus der Geschäftsführung aus. Er gehörte bis 1920 dem Aufsichtsrat an, von 1912 bis 1919 als dessen Vorsitzender. 1935 starb Glaser, der ein biblisches Alter erreichte, 94jährig in Heidelberg.

[O. P.]

Der Durchbruch bei den Alizarinfarben: Carl Glaser [29]

Schwefelsäure, Chlor, Indigo: **Rudolf Knietsch**[57]

Es „kann kein Zweifel darüber bestehen, daß, wenn über Ludwigshafener Chemiker gesprochen wird, Rudolf Knietsch mit an erster Stelle genannt werden muß". Dem auf vielen Feldern tätigen Forscher, der die Aufgaben eines Ingenieurs wie eines Chemikers in seiner Arbeit vereinte, verdankt die BASF nicht nur die Aufnahme der überaus lukrativen Indigofabrikation im Jahr 1897. Die erste von Knietsch errichtete Kontaktschwefelsäureanlage machte das Werk bald nach 1890 vom Käufer zum Verkäufer starker und rauchender Schwefelsäure. Das Verfahren fand Eingang in allen Industrieländern.

Rudolf Knietsch wurde 1854 als Sohn eines Schmiedemeisters in Oppeln geboren. Früh verlor er seinen Vater, brach das Gymnasium mit 13 Jahren ab und erlernte das Schlosserhandwerk. 1870 trat er als Maschinenschlosser in die Eisenbahn-Zentralwerkstätte in Breslau ein. Dann kam die Lebenswende: Knietsch besuchte ab 1873 die Gewerbeschulen in Brieg und Gleiwitz, und der dort erworbene Abschluß eröffnete ihm 1876 den Weg zum Studium an der Berliner Gewerbeakademie. 1881 promovierte er in Jena. Nach mehreren Anstellungen in Görlitz, Berlin und Basel trat Knietsch 1884 im Zusammenhang mit der Herstellung von Chlorindigo in die BASF ein. Obwohl die Betriebsführung nicht sicher war, den „Feuerkopf" halten zu können, betraute sie ihn mit den Aufgaben, die seine Lebensarbeit wurden: Schwefelsäure, Chlor, Indigo und dessen Vorprodukte.

Knietsch, der eine glückliche Ehe mit der Tochter eines Direktors der Pfälzischen Bahnen führte und Sport ebenso wie die Jagd und die Astronomie liebte, erhielt 1904 die goldene Liebigmedaille der Deutschen Chemischen Gesellschaft. Im selben Jahr wurde er zum stellvertretenden Direktor und Vorstandsmitglied der BASF ernannt. Seiner vielfältigen Tätigkeit hielt seine Gesundheit allerdings nicht stand. 1906 starb er im Alter von nur 51 Jahren.

[S. M.]

Indigo und Kontaktschwefelsäure: Rudolf Knietsch [30]

Weltweite Handelsbeziehungen: Stand der BASF bei der Weltausstellung in Chicago 1893 [31]

Ochsengespann im Rangierdienst bei Giulini [32]

2. Die BASF entwickelte vergleichsweise früh eine offensive Marktstrategie, indem sie sich beim Vertrieb ihrer Produkte vom Zwischenhandel zunehmend unabhängig machte und mit den Verbrauchern in direkten Kontakt trat. Hierfür schuf die Fusion mit den Firmen Rudolph Knosp und Heinrich Siegle in Stuttgart 1873 die feste Grundlage. Zwar löste sich die Firma Siegle 1889 wieder aus der Zweckgemeinschaft, doch hatte Gustav Siegle während der Fusionsperiode in der württembergischen Landeshauptstadt ein leistungsfähiges, international agierendes Verkaufssystem aufgebaut, das 1889 ziemlich reibungslos nach Ludwigshafen übernommen werden konnte. Die Tatsache, daß der überwiegende Teil der BASF-Erzeugnisse exportiert wurde, macht die Bedeutung kundenorientierter Absatzmethoden in weltweitem Maßstab voll einsichtig. Das schloß freilich harte Konkurrenzkämpfe mit anderen Firmen nicht aus – mit dem Effekt, daß seit den frühen 1880er Jahren die Zeit der ›Konventionen‹ (Kartelle) auch in der Teerfarbenindustrie einsetzte. Der Versuch, die Politik wechselseitiger Absprachen zwischen der kleinen Zahl von Produzenten zu institutionalisieren und die wichtigsten Firmen in einem ›Trust‹ nach amerikanischem Vorbild zusammenzuschließen, gipfelte 1905 unter dem vorantreibenden Impuls von Bayer-Chef Carl Duisberg vorerst in der ›kleinen I.G.‹ zwischen BASF, Bayer und Agfa, während Hoechst sich mit Cassella und Kalle verband.

Der rasche Aufstieg Ludwighafens zur bedeutendsten Industrie- und Handelsstadt in der bayerischen Pfalz ist mit dem rasanten Wachstum der BASF auf das engste verknüpft, nicht zuletzt infolge des nun einsetzenden industriellen Agglomerationsprozesses. Allein die in der Stadt wohnende Arbeiterschaft der BASF und ihre Familien machten in den beiden Jahrzehnten vor 1914 etwa 20—25% der dortigen Bevölkerung aus, und berücksichtigt man die Multiplikatorwirkung, die sie durch ihre Nachfrage nach den verschiedensten Lebensbedürfnissen auslösten, so erhöht sich der Anteil derjenigen, deren Existenz direkt oder indirekt mit ›der Großen‹ näher verknüpft war, sicher auf annähernd die Hälfte der Einwohnerschaft. Zudem übte die BASF mit wachsender Größe des Unternehmens eine starke Sogwirkung aus: Der Prozentsatz der Einpendler stieg von Werten zwischen 25 und 30% (1896—1907) auf ein knappes Drittel (1910) und nach der Inbetriebnahme des Oppauer Werkes auf 40% zu Beginn des Jahres 1914. Anfang 1898 stellten schon 82 Orte solche Arbeitskräfte zur Verfügung, und bis Anfang 1914 stieg ihre Zahl auf nunmehr 136 (vgl. Karte S. 462)[58]

Anmerkungen Seite 398 und 399

58 *ermittelt nach BASFUA, A 915/2*

59 *Kube, S. 62ff; Bachelin; zu Georg Giulini vgl. Giulini; Knauer. Eine wertvolle kommentierte Materialsammlung liefert die Chronik der Firma Gebr. Giulini GmbH Ludwigshafen, o. D.; StALu, WS 3b, 169ff*

60 *100 Jahre (1953), S. 76*

Das neue Werk Giulinis südlich von Mundenheim; Gemälde aus dem Jahr 1923 [33]

Giulini verlagert seine Anlagen aus der Stadt: Sprengung des großen Schornsteins auf dem Werksgelände zwischen Schiller- und Heinigstraße 1910 [34]

... und die anderen

Erst durch die BASF gewann Ludwigshafen das Image der ›Stadt der Chemie‹. Die anderen Unternehmen der chemischen Industrie, die sich seit den 1870er Jahren in beachtlicher Zahl vor Ort ansiedelten, verschwinden demgegenüber nur zu leicht im Schatten ›der Großen‹ – kaum zu Recht, denn die Serie von Firmen mit überregionaler Bedeutung konnte sich durchaus sehen lassen. Sie alle profitierten von der Lage- und Verkehrsgunst des Standorts, zogen zum Teil direkten Vorteil aus der Nachbarschaft zur BASF durch Übernahme und Verwertung bestimmter Produkte und konnten auf alle Fälle geschäftliche und gesellschaftliche Kontakte im Kreis von Fachleuten pflegen. Dies begünstigte eine rasche und flexible Anpassung der eigenen Produktion an die Fortschritte wissenschaftlicher Erkenntnis, an denen viele Firmen zum eigenen Vorteil selbst mitwirkten, und erleichterte es, ein Netzwerk wirtschaftlicher Beziehungen mit dem europäischen und überseeischen Ausland zu knüpfen. Die besonderen Erfordernisse zumal beim Aufbau derartiger Betriebe führten dazu, daß sich sehr häufig Kaufleute mit Chemikern und Technikern bei der Gründung und Leitung chemischer Firmen zusammentaten – die BASF selbst lieferte dafür bereits ein anschauliches Beispiel.

Das älteste Chemieunternehmen in Ludwigshafen war die 1851 hier gegründete Chemische Fabrik der *Gebrüder Giulini*.[59] Sie produzierte weniger spektakuläre, doch von anderen Gewerben wie Gerbereien, Färbereien und Papierfabriken sowie für pharmazeutische Zwecke benötigte anorganische Stoffe, zunächst Schwefelsäure, Vitriol und Alaun, Salpetersäure und Soda, und begann 1854 mit der Fabrikation von schwefelsaurer Tonerde, wozu sie sich den Rohstoff anfangs aus Grönland (Kryolith),[60] seit 1865 aus Frankeich (Bauxit) besorgte. Mit dem Pyrogenverfahren, bei dem Bauxit mit Hilfe von Soda aufgeschlossen wird, entwickelte sich die Firma unter ›Aluminiumkönig‹ Georg Giulini (1858—1954) zum wichtigsten Erzeuger von kalzinierter Tonerde (Aluminiumoxyd) als Rohstoff für die Aluminiumproduktion; der Bau einer Tonerdefabrik bei Laibach (damals Österreich) direkt neben einer Bauxitgrube und der eigene Einstieg in die Aluminiumproduktion durch Beteiligung an französischen Aluminiumhütten wenige Jahre nach der Jahrhundertwende sicherte die Wirtschaftlichkeit des Unternehmens im zunehmend schärferen Wettbewerb auf dem internationalen Aluminiummarkt. Phosphorsaures Salz, sonstige Mineralsäuren und künstlicher Dünger – Superphosphat auf Schwefelsäurebasis seit

Fabrik Silbermann nördlich des BASF-Geländes, um 1900
Das Werk wurde 1916 an die BASF verkauft und ging in deren Werksgelände auf [35]

1894 – kamen als Produktionsbereiche hinzu. Das Unternehmen wuchs bereits bis gegen Jahrhundertende in Dimensionen, die einen neuen Standort erforderten, denn die Fabrik wurde zunehmend von der Stadt eingekreist. Nach umfangreichem Geländekauf am Kaiserwörth-Ufer auf der Gemarkung Mundenheim seit 1890 begann die Firma 1893/94 damit, die Produktion nach und nach in die verkehrsgünstig gelegenen neuerbauten Fabrikationsstätten zu verlagern. 1903 war die Übersiedlung abgeschlossen, verblieb nur noch die Geschäftsleitung in der Innenstadt (1865 ca. 50, 1871 ca. 90, 1886 rd. 150, Ende 1902: 553, Ende 1913: 783 Arbeiter[61]).

Seit Liebigs epochemachenden Erkenntnissen über die Physiologie der Pflanzen und die Bedeutung der Mineralstoffe im Ackerbau eröffnete der Einsatz von ›künstlichem‹ Dünger in der Landwirtschaft der chemischen Industrie einen ganz neuen, lohnenden Fabrikationsbereich. Die Ammoniaksynthese der BASF bildete hierbei den zukunftsweisenden Höhepunkt einer längeren Entwicklung. Schon 1864, kurz vor der Gründung der BASF, hatte sich in unmittelbarer Nähe von deren späterem Gelände die Düngerfabrik *Michel, Lederle & Co.* etabliert,[62] getragen vor allem vom kaufmännischen ›know-how‹ des Spediteurs und Bankiers Sebastian Lederle und dem Fachwissen des Chemikers Dr. Ferdinand Reinhard Michel. Sie erzeugte Kunstdünger aus Knochen, Phosphatdünger und Dünger aus Peru-Guano, wobei sie seit 1865 Schwefelsäure als wertvolles Hilfsprodukt ohne riskanten Transport über eine Rohrleitung direkt aus der BASF übernehmen konnte. Die Jahresproduktion von zunächst rd. 1 000 t stieg bis zu Beginn des 20. Jahrhunderts auf immerhin an die 21 000 t. 1912 rechnete die nunmehrige Firma Michel & Cie. mit 85 Arbeitern zu den gehobenen Mittelbetrieben.

Konnten Michel und Lederle unerwartet von der etwas später zuziehenden BASF profitieren, so bezogen zwei andere Firmengründer mit ähnlichem Produktionsprogramm den Standortvorteil in unmittelbarer Nachbarschaft des Ludwigshafener Spitzenunternehmens von Anbeginn als kostensenkenden Faktor in ihre Kalkulation ein: 1871 der aus dem hohen Norden übersiedelnde Chemiker Friedrich Zimmermann und 1890 der Augsburger Geschäftsmann Franz Baptist Silbermann.

Zimmermann[63] hatte, bevor er sich zum Umzug nach Ludwigshafen entschloß, anderthalb Jahrzehnte lang eine ›Fabrikgesellschaft‹, eine Leimfabrik in Wilhelmsburg (zwischen Hamburg und Harburg), geleitet, war jedoch durch den Gestank, den die Verarbeitung der Tierknochen verursachte, mit seiner Nachbarschaft in derart bedrohliche Auseinandersetzungen geraten, daß er es vorzog, einen neuen Betrieb in weniger konfliktträchtiger Umgebung aufzubauen. Ludwigshafen bot der Aktiengesellschaft optimale Bedingungen: Das Gelände lag abseits von Wohngebieten, dafür in unmittelbarer Nähe der BASF, die ihr über ein Verbindungsgleis die benötigte Salzsäure waggonweise in großen Steingutbehältern lieferte, und verfügte über gute Verkehrsanbindung für den Bezug der Knochen aus dem näheren und weiteren Umfeld – um 1900 rd. 5 000 t, von Kohlen und gelöschtem Kalk sowie für den Absatz der daraus gewonnenen Erzeugnisse: Knochenleim und Kunstdünger, Knochenfett für die Seifen- und Stearinfabrikation sowie phosphorsaurer Kalk als Beigabe zum Viehfutter. Der Leim – anfangs 200 t, um 1900 600 t jährlich – diente den verschiedensten Zwecken in der Holzverarbeitung, im Buchdruck, in der Kartonage-, Buntpapier- und

Anmerkungen
Seite 400 und 401

61 *Stadtgeschichte (1903), S. 552; Chronik [wie Anm. 59], S. 371f*
62 *vgl. Kube, S. 78ff*
63 *f.d.F. Stadtgeschichte (1903), S. 553f; Kube, S. 97ff*
64 *zu Georg Giulini vgl. WS 3a, Göller-Akte 25; WS 3b, 268, S. 61ff; 269, S. 273ff; 270, S. 377f*
65 *Stadtgeschichte (1903), S. 554*
66 *VB 1907, S. 181f; vgl. des näheren Breunig 1976, S. 475ff*
67 *VB 1908, S. 40*
68 *AB 1913, S. 524; Arbeiterzahl in StALu, LUA 14 mit der Angabe, es handele sich sich um eine ›Automobilkühlerfabrik‹*
69 *vgl. Kube, S. 120f*

Der ›Aluminiumkönig‹: ***Georg Giulini***[64]

Georg Giulini wurde 1858 in Mannheim als Sohn von Lorenz Giulini und Enkel des Gründers der Ludwigshafener Familienfirma, Paul Franz Giulini, geboren. Nach einem Chemiestudium an der Technischen Hochschule in Karlsruhe und bei Bunsen in Heidelberg promovierte er 1881 an der dortigen Universität und trat dann in das väterliche Unternehmen ein. Zwei Jahre später heiratete er die Tochter des Mannheimer Großkaufmanns Diffené. 1896 übertrug Lorenz Giulini seinen drei Söhnen die Leitung des Werks. Durch den frühen Tod seiner beiden Brüder, die 1899 und 1903 starben, wurde Georg Giulini zum alleinigen Chef der Firma.

Unter seiner Führung entwickelte sich das Unternehmen zu einem der führenden Tonerdefabrikanten mit Zweigwerken und Beteiligungen in Frankreich, der Schweiz, Belgien, Norwegen, Österreich-Ungarn – später Jugoslawien und Italien – am Niederrhein, in Bayern und Mitteldeutschland. Georg Giulini erwarb Bauxitgruben, beteiligte sich an diversen Aluminium-Elektrolysen und Aluminium-Walzwerken.

Seit 1912 lebte Giulini auf dem Familiensitz Lazzago am Comer See und leitete die Firma von dort aus. Als Italien 1915 gegen das Deutsche Reich in den Krieg eintrat, blieb Georg Giulini in Lazzago, dessen Bürgermeister er sogar wurde, und behielt seine italienische Staatsbürgerschaft. Als Angehöriger einer ›Feindnation‹ verzichtete er auf die Geschäftsführerschaft des Ludwigshafener Unternehmens und übertrug seine Geschäftsanteile, um die Beschlagnahme als ›Feindeigentum‹ zu vermeiden, formell an deutsche Verwandte. Die Behandlung als feindlicher Ausländer scheint ihn herb getroffen zu haben.

Nach der Niederlage Deutschlands trat er noch im Dezember 1918 wieder in alle seine Rechte ein. Seinen Status als Ausländer nunmehr einer Siegernation nutzte Giulini im folgenden, um die Enteignung des alten Giulini-Geländes in der Stadt zu verhindern und es nach Stabilisierung der Währungsverhältnisse dann günstig an Ludwigshafen veräußern zu können.

Noch bis zum Jahr 1935 nahm Georg Giulini im Verein mit weiteren Verwandten – Sohn, Neffen u. a. – die Leitung des Unternehmens wahr. 1936 wurde ihm vom italienischen König der Titel eines ›Conte‹ verliehen. Georg Giulini starb hochbetagt 1954 in Lazzago.

[S. M.]

Georg Giulini [36]

Goldleistenfabrikation sowie in der Textilindustrie zum Glätten und Festigen von Gewebeteilen (Kettfäden). 1880 war Zimmermann durch Aktienerwerb Alleininhaber des Unternehmens geworden, zehn Jahre später übernahm sein Sohn, Dr. Otto Zimmermann, das Geschäft. 1902/03 beschäftigte er „infolge eingeschränkten Betriebes nur ca. 50 Arbeiter".[65] 1907 geriet er mit der Belegschaft in einen harten Lohnkonflikt, der am 9. Mai „zu einem großen Auflauf und zu Ausschreitungen führte, wobei die Umzäunung der Fabrik zerstört wurde und sonstige erhebliche Beschädigungen stattfanden". Selbst der Bezirksamtmann, der die teilweise alkoholisierten Arbeiter zur Vernunft mahnen wollte, wurde niedergeschlagen. Zusätzlich herangezogene Gendarmen suchten für Ordnung zu sorgen.[66] Dieses Schockerlebnis hat wohl dazu beigetragen, daß die Firma 1908 aufgelöst wurde.[67] 1912 produzierte ›An der Leimfabrik‹ Nr. 1 und 2 die ›Spezialfabrik für Röhrenapparate‹ von Dr. Otto Zimmermann mit 36 Arbeitern.[68]

Franz Baptist *Silbermann* rechnete ebenfalls mit Zulieferungen der BASF, als er 1890 eine Fabrik für die Herstellung von Superphosphatdünger gründete:[69] Damals stieg die BASF durch das neuentwickelte Kontaktverfahren gerade zum unbestrittenen Marktführer für Schwefelsäure auf; Silbermann erhielt dieses wichtige Basisprodukt der modernen Großchemie für seinen Bedarf also direkt an der Quelle, während er die benötigten Rohstoffe ansonsten aus etlicher Herren Länder besorgen mußte – Guano aus Chile und aus der Südsee, Phosphorit aus Nordafrika – und hierfür vom preiswerten Transport auf dem Wasserweg

Urkunde zur Verleihung der Goldmedaille an die Firma Grünzweig & Hartmann anläßlich der Bayerischen Landesgewerbeausstellung in Nürnberg 1896 „für epochemachende Leistungen in der Korkindustrie" [37]

Der 1914 errichtete ›Korkturm‹ der Firma Grünzweig & Hartmann [38]

profitierte. Damit war sein Erfolg auf einem großen, aber auch zunehmend umkämpften Markt sichergestellt, bis die expandierende BASF mitten im Ersten Weltkrieg das Areal der vergleichsweise kleinen Nachbarfirma aufkaufte.

Zu den ›älteren‹ Chemiefabriken und ebenfalls zur ›Mittelklasse‹ gehörte die Firma *Johann Adam Benckiser* GmbH, älteste und größte Weinsäurefabrik Deutschlands.[70] 1858 als Zweigwerk von Pforzheim aus gegründet, entwickelte sich das Unternehmen in Ludwigshafen auf Grund der günstigeren Lage für den Bezug der erforderlichen Rohstoffe (vor allem Weinstein aus den pfälzischen Weinbaugebieten, später auch aus der Champagne, Kohlen aus dem Saargebiet) und für den – schließlich weltweiten – Absatz des Erzeugnisses so vorteilhaft, daß die Pforzheimer Fabrik 1888/89 stillgelegt und die gesamte Produktion in der florierenden Industriestadt am Rhein konzentriert wurde. Der Versuch, seit 1882/83 in einer eigenen Fabrik (im sog. Dörrhorst) Chemikalien wie Schwefel-, Salpeter- und Salzsäure, Kaliumsulfat und Pottasche für den eigenen Bedarf wie für den Absatz herzustellen, erwies sich allerdings angesichts der niedrigeren Produktionskosten der Großindustrie nach gut zwei Jahrzehnten als nicht mehr rentabel; die Fabrik Dörrhorst wurde 1907—1910 etappenweise geschlossen, die Zahl der Arbeiter im Unternehmen, die 1885 etwa 120, 1902/03 etwa 150 Mann betragen hatte, ging dadurch bis 1912 auf weniger als die Hälfte zurück. Das Haupterzeugnis jedoch, die Weinsäure in ihren verschiedenen Ausformungen, erwies sich bei ständig verbesserter und modernisierter Produktionstechnik unter Albert Reimann sen. dauerhaft als solide Basis des marktführenden Unternehmens dank der anhaltenden Nachfrage aus der Lebensmittelindustrie (Backpulver, Brausepulver, Limonade, Zusatz zu Wein), aus der Textilindustrie (für Färberei und Zeugdruckerei) und aus der Bijouterieindustrie (Einsatz von Weinstein beim Blanksieden und Verzinnen), aber auch wegen der offizinellen Bedeutung (Weinstein als mildes Abführmittel, essigweinsaure Tonerde).

Anmerkungen
Seite 402 und 403

70 *vgl. Boetticher; Kube, S. 73ff; Dubbers, S. 89ff*

71 *vgl. zu ihm Seiffert und Herbel*

72 *vgl. Grünzweig; Kube, S. 106ff; Hess, S. 24ff; Biographie Carl Grünzweig, S. 519*

73 *vgl. Hess, S. 10ff*

Werksanlagen der Firma Raschig 1929 [39]

Die Anfänge der Firma Raschig: Das ›Fabrikel‹ auf der Mundenheimer Gemarkung, 1891 [40]

Das Luftbild der 1950er/1960er Jahre zeigt gut das von allen Seiten durch die Bahnanlagen und die Frankenthaler Straße eingezwängte alte Betriebsgelände der Firma Benckiser [41]

Die größeren chemischen Firmen nach dem Stand von 1912 widmeten sich ›moderneren‹ Produktionen. Der Chemiker Dr. Carl Grünzweig[71] und sein kaufmännisch ausgebildeter Kompagnon und Freund Paul Hartmann z. B. begannen ihr 1878 gegründetes Unternehmen, die Korkstein- und Isoliermittelfabrik *Grünzweig & Hartmann*,[72] zwar als ›Fabrik chemisch-technischer Produkte‹ mit einer Art von Gemischtwarenproduktion – Isoliermasse, Diamantkitt zum Dichten von Maschinenteilen, Lauge zur Verhütung von Kesselstein und die 1879 preisgekrönte ›Brillantstiefelwichse‹ – konzentrierten sich aber sehr bald auf Isoliermaterialien, die dazu dienten, Kälte- und Wärmeverlust sowie die unerwünschte Übertragung von Schall und Erschütterungen in möglichst engen Grenzen zu halten. Für Produkte wie den 1880 patentierten Korkstein eröffnete sich im Zeitalter der Hochindustrialisierung dank des wachsenden Einsatzes von Kesseln, Öfen und Maschinen, der neuen Wärme- und Kältetechnik, der zahllosen Leitungs- und Röhrensysteme für die Versorgung mit Gas, Wasser und Wärme (Dampf- oder Warmwasserheizungen) und dank moderner Bautechnik ein fast unbegrenzter Markt. Die Kombination von Kieselgur (einem hochporösen hitzebeständigen und säureresistenten Sediment aus den Panzern von Kieselalgen), Tonerde, Asbest, Korkabfällen, Imprägniermaterialien und Bindemitteln bildete das Fundament der neuen Korkstein-Industrie. Zu Beginn des 20. Jahrhunderts verarbeitete das Unternehmen jährlich allein 2 500 t Korkspäne, großenteils Abfälle der nahegelegenen Frankenthaler Korkindustrie.[73] Die Firma, die seit 1882 auf dem Baumarkt als erstes Unternehmen der Isoliermittelindustrie fest und dauerhaft Fuß fassen konnte, erwarb für ihre grundlegenden Erfindungen eine Serie von Patenten (1891 der ›Imprägnier-Korkstein‹, 1897 der außerordentlich hitzefeste ›Diatomit‹, der ›Reform-Korkstein‹ 1898 und vor allem der ›Expansitkork‹ 1906), verwertete sie im Inland durch Zweiggeschäfte u. a. in Berlin, Düsseldorf, Hamburg, München, Dresden und Stuttgart und vermarktete sie im Ausland durch Lizenzvergabe, aber

Unternehmer und engagierter Kommunalpolitiker: Fritz Raschig, hier in einem frühen Automobil [42]

auch durch eigene Vertretungen (1883 Frankreich, 1884 Österreich, 1901 Ungarn, 1902 USA, 1904 Großbritannien). Dementsprechend benötigte man neuartige Anlagen und wuchs die Zahl der beschäftigten Arbeiter von rd. 100 im Jahr 1890 auf über 200 kurz nach der Jahrhundertwende ohne die etwa 60 Arbeiter in auswärtigen Zweigbetrieben.[74] 1912 waren im Stammwerk fast 300 Arbeiter beschäftigt.

Das nächstgrößte chemische Unternehmen nach dem Stand von 1912, die Chemische Fabrik *Dr. Fr. Raschig*,[75] zeichnete sich ebenfalls durch gezielte Spezialisierung auf einige Kern-Erzeugnisse aus, die allerdings wiederum Ausgangsstoffe für eine recht breite Produkt-Palette bildeten. Raschig (1863—1928),[76] begann seine industrielle Karriere 1887 in der BASF und schaffte es, binnen drei Jahren zum Betriebsleiter der Benzoë-, Carbol- und Pikrinsäureabteilung aufzusteigen. Dann freilich geriet er mit seinem Ressortchef Rudolf Knietsch in Konflikt, verließ die BASF und gründete 1891 seine eigene Firma, ›das Fabrikl‹, auf der Mundenheimer Gemarkung. Hierbei profitierte er von seiner in der BASF gesammelten Berufserfahrung, denn er konzentrierte sich nun zunächst auf die Derivate der Rohcarbolsäure, die als Desinfektionsmittel damals hoch im Kurs standen: Phenol (reine Carbolsäure), Kresole und Xylenole, alles Hoffnungsträger im Kampf gegen die damals neuentdeckte Welt der Bakterien für mehr Hygiene und Gesundheit. Bereits 1892/93 konnte der Jungunternehmer damit während der schweren Hamburger Cholera-Epidemie guten Gewinn machen. Raschig bezog sein Ausgangsmaterial, die Rohcarbolsäure, anfangs ausschließlich aus England, entwickelte dann aber ein patentiertes Verfahren zur „ununterbrochenen Destillation" des benötigten Rohstoffs aus Teer und erzeugte in seiner Anlage, der größten ihrer Art, mit Hilfe einer genialen technologischen Erfindung, der ›Raschig-Ringe‹, ungewöhnlich reine Produkte und über lange Zeit etwa ein Drittel des Weltbedarfs an kristallisierter Carbolsäure,[77] die zudem als Ausgangsstoff von Trinitrophenol (Pikrinsäure), einem damals für Granatenfüllungen benutzten Sprengstoff, militärisches Interesse erregte. Von der Teerdestillation ausgehend, entwickelte Raschig eine Serie neuer Produkte, u. a. 1907 ›Kiton‹, einen auch von der Stadt Ludwigshafen erprobten Straßenbelag aus Steinkohlenteer,[78] der die Decke der bisher üblichen Schotterstraßen nicht nur festigte, sondern zugleich gegen Feuchtigkeit abdichtete, so daß die Straße rasch abtrocknete und deutlich länger hielt, also ein Fabrikat mit zukunftsträchtigen Perspektiven in der sich abzeichnenden modernen Verkehrsgesellschaft. Aus der Teerdestillation ergab sich eine Vielzahl sonstiger Produkte, besonders bekannt das Desinfektions- und Konservierungsmittel Raschit (1911), ferner Klebe- und Dichtungsmassen, bereits bewährte Materialien wie Karbolineum und Benzol und Grundstoffe für die pharmazeutische Industrie, und vom Kresol und Phenol ausgehend Riechstoffe sowie leicht zu bearbeitende Kunstharze. Nach wenig mehr als einem Jahrzehnt beschäftigte das Unternehmen außer vier Chemikern, einem Ingenieur und acht Kaufleuten an die 100 Arbeiter;[79] 1912 näherte sich deren Zahl schon der 200-Mann-Marke.

Raschigs Hauptprodukte lagen nahe bei einem Bereich, der sich damals neben und zugleich in vielfach enger Verbindung mit der Farbenchemie bald zu ungeahnter Blüte entwickelte: der Produktion von pharmazeutischen Artikeln. Die BASF versuchte in den 1880er Jahren zeitweise, in das neue Geschäft einzusteigen, überließ jedoch nach nur

Anmerkungen Seite 404 und 405

74 *Arbeiterzahl: 1878: 6, 1880: 25, 1890: 94, 1900: 177, 1903: 216, dazu kaufmännische und technische Beamte – 1900: 13, 1903: 20 in Ludwigshafen, 12 in den Zweiggeschäften; Stadtgeschichte (1903), S. 555*

75 *vgl. Kube, S. 121ff; Raschig. Arbeiterzahl: 1891: 10, 1903: 100 und 13 Beamte*

76 *vgl. Mathes*

77 *Weiß, S. 396, 400f*

78 *VB 1909, S. 53f*

79 *Stadtgeschichte (1903), S. 556*

80 *Mathes; Poller 1975, S. 655f; ›General-Anzeiger‹, 4.2., 6.2., 8.2.1928; ›Pfälzische Post‹, 6.2.1928*

81 *f.d.F. Kube, S. 94ff*

Der letzte Unternehmer als Kommunalpolitiker: ***Friedrich Raschig***[80]

Friedrich Raschig wurde 1863 in Brandenburg als ältester von 13 Geschwistern geboren. Er entstammte einer alten Tuchmacherfamilie. Ein Studium der Chemie in Berlin und Heidelberg schloß er 1885 mit der Promotion ab. Nach zwei Jahren als Assistent an der Heidelberger Universität trat er in die BASF ein, wo er es bis zum Betriebsleiter brachte. Wachsende Zerwürfnisse zwischen dem ›widerspenstigen‹ Raschig und der Leitung der BASF ließen ihn neue Wege suchen. 1891 errichtete er im Bann von Mundenheim eine zunächst kleine Fabrik zur Herstellung von Teerprodukten wie Karbolsäure und Kresol. Später ging er zu anderen Erzeugnissen, darunter auch Straßenbaustoffen, über. Er begann seine Produktion mit zehn Arbeitern. Ein spektakulärer Erfolg gelang ihm mit der Erfindung der ›Raschig-Ringe‹, die als Füllkörper in chemisch-technischen Apparaturen verwendet werden. Nachdem er seine Entdeckung jahrelang geheimgehalten hatte, ließ Raschig sie 1915 patentieren.

Gegenüber den Gewerkschaften zeigte er sich als offener Gesprächspartner, ja er förderte sogar die Gewerkschaftsorganisation in seinem Betrieb. 1905 wurde bei Raschig der erste Lohntarif der chemischen Industrie der Pfalz eingeführt.

Friedrich Raschig ist der letzte der großen, in der Ludwigshafener Kommunalpolitik tätigen Unternehmer. Von 1900 bis zu seinem Tod 1928 gehörte er ununterbrochen als Liberaler, in der Weimarer Republik als Mitglied der DDP, dem Stadtrat an. Freund und Gegner lobten seine sorgfältige Arbeitsweise und fundierten Beiträge. Auch gegenüber Bürgermeister und Parteifreunden vertrat er unabhängig seine Meinung. Die städtische Finanzwirtschaft und die städtischen Werke fanden sein besonderes Interesse. 1916 schenkte er der Stadt ein 200000 Quadratmeter großes Grundstück auf dem Hochfeld zur Errichtung erschwinglicher ›Heimstätten‹ für heimkehrende Soldaten – eine Stiftung, die der Entwicklung der Gartenstadt entscheidende Impulse gab und die bayerische Regierung bewegte, das Enteignungsrecht der Gemeinden gerade für Wohnungsbauzwecke auszuweiten. Auch im Aufsichtsrat der GAG wirkte er mit. 1919/20 und ab 1924 gehörte er als Abgeordneter der Weimarer Nationalversammlung bzw. dem Reichstag an und wirkte besonders für die Belange der besetzten Gebiete.

Daneben war Raschig in den Aufsichtsräten zahlreicher Unternehmen, Banken und Versicherungen der Stadt und Region tätig, und Mitglied von Industrie- und Arbeitgeberverband. Er wurde Ehrendoktor der Universität Heidelberg und der Technischen Hochschule in Darmstadt. Zu seinen weiteren Auszeichnungen gehört auch die Liebig-Gedenkmünze, die ihm der Verein Deutscher Chemiker verlieh. Raschig hatte einige familiäre Schicksalsschläge zu erleiden: ein Sohn fiel im Krieg, eine Tochter starb an einer Infektion bei der Kriegskrankenpflege. Drei Monate nach dem Tod seiner Frau erlitt er im Februar 1928 auf der Reise von Berlin auf dem Duisburger Bahnhof einen Schlaganfall und starb kurz darauf.

[S. M.]

Friedrich Raschig [43]

mäßigen Ergebnissen diesen Markt, dessen Entwicklungsfähigkeit, Chancen und Risiken damals noch kaum richtig einzuschätzen waren, den erfolgreicheren Konkurrenten Hoechst und Bayer und einer wachsenden Zahl kleinerer Firmen, die sich mit unterschiedlichem Erfolg auf die Herstellung einschlägiger Präparate spezialisierten. Anfang 1872 hatte sich nördlich der BASF[81] zwischen Friesenheim und Ludwigshafen die Fabrik Chemisch-pharmazeutischer Fabrikate *Saame & Co.* etabliert. Der Chemiker Dr. Georg Heinrich Emil Saame und seine beiden Kompagnons, ein Kaufmann und ein Techniker, verlegten die ursprünglich in Göttingen angesiedelte Firma wegen der vorteilhaften Verkehrslage und der bequemen Bezugsmöglichkeiten von Chemikalien aus der BASF an den Rhein, um hier unter anderem Tannin, Chloral und Chloralhydrat herzustellen – Stoffe, die bei der Produktion von Farben und Arzneien benötigt wurden bzw. zur Desinfektion dienten oder wie das Chloralhydrat für ein erstaunlich umfangreiches Spektrum medizinischer Anwendungen eingesetzt wurden. Die Firma wechselte 1877 die

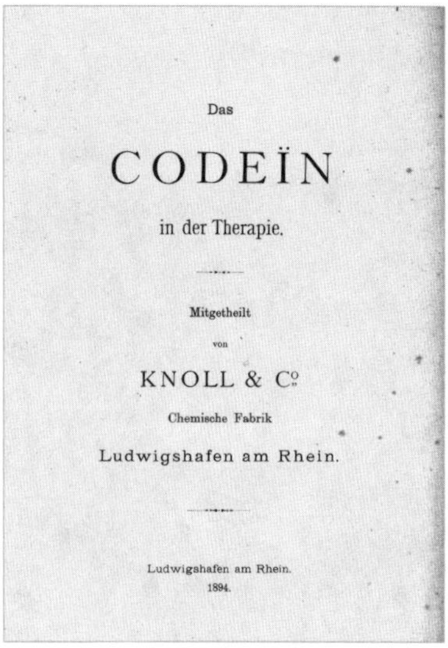
Das

CODEÏN

in der Therapie.

Mitgetheilt

von

KNOLL & Co.

Chemische Fabrik

Ludwigshafen am Rhein.

Ludwigshafen am Rhein.

1894.

Eine medizinisch wertvolle Erfindung Albert Knolls: Broschüre zu den Anwendungen des Codeins, 1894 [44]

Eigentümer: Zwei bisherige Mitarbeiter in der bewährten Kombination von Chemiker und Kaufmann übernahmen sie unter ihren Namen *Hofmann & Schoetensack*[82] als OHG und wandelten sie 1881 in die *AG Chemische Fabrik vormals Hofmann & Schoetensack* mit Hauptsitz in Mannheim um bei gleichzeitiger Erweiterung des Produktionsprogramms u. a. auf Chloroform und Äther, den großenteils die Firma Christoph Boehringer für ihre Chininfabrikation in Mannheim nutzte. 1889/94 verkauften die beiden Inhaber ihre Ludwigshafener Fabrik an die weiter expandierende BASF und verlegten ihr Unternehmen stromabwärts nach Gernsheim am Rhein.

Wenige Jahre zuvor (1886) hatten die Brüder Hans und Dr. Albert Knoll,[83] Kaufmann der eine, Chemiker der andere, beide im Chemikaliengeschäft erfahren, die OHG *Knoll & Co.* gegründet mit dem Ziel, das Patent Albert Knolls auf eine medizinisch wertvolle Erfindung wirtschaftlich zu nutzen: die Gewinnung von Codeïn aus Morphin (Morphium), dem Hauptalkaloid des Opiums. Codeïn war schon bewährt als Mittel, durch seine beruhigende Wirkung Reizhusten zu mildern, ohne süchtig zu machen, konnte jedoch bis dahin nur in sehr geringen Dosen und dementsprechend teuer direkt aus Opium gewonnen werden; erst die Entdeckung Knolls eröffnete die Chance für seinen medizinischen Einsatz in großem Maßstab. So begannen die Brüder Knoll mit Produktion und Vertrieb unter bescheidensten Bedingungen, finanziell gestützt durch Schwager Max Daege, damals noch kaufmännischer Direktor der Chemischen Fabrik vormals Hofmann & Schoetensack, und durch einen größeren Kredit der gerade neugegründeten Pfälzischen Bank [*vgl. Banken, S. 424*]. Das Geschäft entwickelte sich höchst vorteilhaft. Eine Reihe erfolgreicher Medikamente erweiterte neben weniger bekannten Mitteln der Organtherapie im Lauf der Jahre das Sortiment, so das aus Kakaoschalen gewonnene Diureticum Diuretin 1891, Tannalbin gegen Durchfallerkrankungen 1895, das Schlafmittel Bromural 1906, das Herzmittel Digipuratum 1908 oder das Hustenmittel Paracodin 1913. Seit 1906 suchte eine Interessengemeinschaft (I.G.) mit vier anderen Herstellern pharmazeutischer Produkte in Deutschland die schärfer werdende Konkurrenz zu minimieren; ein beachtlicher Teil der Produktion ging in den Export, besonders nach Rußland. 1902/03 waren zehn Chemiker und Ingenieure, 18 kaufmännische ›Beamte‹ und 70 Arbeiter „mit der Darstellung chemisch-technischer und pharmazeutischer Präparate beschäftigt, welche heute anerkannte Bestandteile des Arzneischatzes der meisten Kulturländer sind" – so die Stadtgeschichte von 1903.[84] Bis 1912 hatte sich die Zahl der Arbeiter auf 110 erhöht.[85]

Zur Bereicherung der Ludwigshafener Industrielandschaft trug die 1886 vom Mannheimer Kaufmann Ferdinand Pfeiffer gegründete Tintenfabrik bei, die zunächst BASF-Farbstoffe für ihre Zwecke verarbeitete. Nach Eintritt des Stuttgarter Chemikers Dr. Karl Schwandner 1893 stellte die *Chemische Fabrik Pfeiffer & Dr. Schwandner* ihre Produktionspalette um auf Klebstoffe und Chemikalien für die Galvanostegie-Methode, um Gegenstände durch Elektrolyse mit dünnen Metallüberzügen zu versehen, während man die Tintenproduktion 1901 aufgab.[86] 1912 beschäftigte das Unternehmen zehn Arbeiter – wie man sieht, konnte der Begriff ›Fabrik‹ damals noch auf Betriebe angewandt werden, die handwerkliche Dimensionen kaum übertrafen. In den 1920er Jahren nahm die Fabrik den Namen *Türmerleim-Werke* an.

Anmerkungen
Seite 406 und 407

82 hierzu und f.d.F. Kube, S. 103ff
83 f.d.F. Kube, S. 112f, 114ff; Kraft; Hundert Jahre (1986)
84 Stadtgeschichte (1903), S. 556
85 vgl. Tabelle 5 ›Ludwigshafener Betriebe‹; laut VB 1911, S. 208 hingegen über 200 Beamte und Arbeiter
86 Stadtgeschichte (1903), S. 556
87 Poller 1975, S. 656f
88 ›Rheinpfalz‹, 7. 5. 1952
89 Stadtgeschichte (1903), S. 565; AB 1913, S. 499
90 f.d.F. Stadtgeschichte (1903), S. 592ff

Die Segnungen des Codeins: ***Albert Knoll***[87]

Im Jahre 1886 kam der damals 28jährige Chemiker Dr. Georg Wilhelm Albert Knoll von Braunschweig nach Ludwigshafen, um „auf der Pechhütte auf dem Dörrhorst" eine chemische Fabrik zu errichten. Kurz zuvor war es ihm in England gelungen, ein wirtschaftliches Verfahren für die Umwandlung von Morphin in Codeïn zu entwickeln, und er hatte sich dieses Verfahren sowohl in England als auch in Deutschland patentieren lassen. Codeïn dient bekanntlich dazu, den Menschen von quälendem Hustenreiz zu befreien, war aber vor der Entdeckung Albert Knolls außerordentlich teuer.

Knoll wurde 1858 als Sohn eines Schneidermeisters in Braunschweig geboren. Erst nach zähem Ringen mit seinem Vater, der ihn zum Kaufmann machen wollte, gelang es ihm, Chemie zu studieren. Nach einer Lehrzeit in einer Chininfabrik konnte er endlich die TH in Braunschweig beziehen, wobei er sich das Geld zum Studieren durch Stundengeben verdienen mußte. Zwei Jahre später bezog er die Universität Göttingen, wo der damals hochbetagte Friedrich Wöhler lehrte. Im Jahre 1878 promovierte der Zwanzigjährige. Ein Jahr später trat er in die Industrie ein und wurde 1882 mit Max Daege bekannt, mit dem ihm anschließend eine Freundschaft fürs Leben verband. 1885 ging Albert Knoll nach England.

Über Daege, der seit 1883 in dem chemischen Werk von Hoffmann und Schoetensack arbeitete, gelangte Knoll nach Ludwigshafen. Daege trat, genau wie Hans Knoll, der ältere Bruder von Albert Knoll, vorerst als stiller Teilhaber in die neugegründete Fabrik ein.

Von einer Fabrik konnte man allerdings in den Anfangsjahren nicht gut reden. Das Werk bestand aus einem zweistöckigen Gebäude von 23 Metern Länge in einem Gebiet, das damals weitab lag von jeder bewohnten Gegend. Große Destillationen wurden in einem einfachen eisernen Ofen vorgenommen. Das erste Codeïn kristallisierte man in einer Suppenschüssel. Die Glasapparate blies Albert Knoll persönlich. Mit einer an einer Schnur aufgehängten Bierflasche wurden Beginn und Ende der Arbeitszeit signalisiert. Besonders laut mußte Albert Knoll dabei sicher nicht an die Flasche klopfen, denn die Belegschaft bestand in den ersten zwei Jahren nur aus drei Mann. Gas und Strom gab es in dieser Gegend damals noch nicht, so wenig wie eine Wasserleitung. Dafür sickerte das Regenwasser duch die undichte Decke, so daß der Buchhalter bei Regenwetter einen Schirm aufspannen mußte.

In den folgenden Jahren entwickelte Knoll weitere Präparate. „Die Herstellung von Theobromin [...], Dicodid und Bromural, des weltbekannt gewordenen Cardiazols, ferner verschiedene Narkose- und Krampflösungsmittel und weiterer darauf entwickelter Präparate kennzeichnen die Forschungstätigkeit Albert Knolls."[88] Für seine Verdienste um die Heilkunde verlieh ihm die Universität Würzburg den medizinischen Ehrendoktor.

Albert Knoll war ein langes Leben beschieden. Er sah den Aufstieg, die Zerstörung und neues Leben in dem von ihm gegründeten Betrieb. Im Jahre 1925 trat sein Schwiegersohn Dr. Wilhelm Clemm in die Werksleitung ein. Albert Knoll wurde Vorsitzender des Aufsichtsrates. Im Jahre 1939 siedelte er nach Mannheim und 1943 nach Baden-Baden über. Er überlebte seine Teilhaber Max Daege und seinen Bruder Geheimrat Hans Knoll und starb am 1. Mai 1952 im Alter von nahezu 94 Jahren.

[O. P. / S. M.]

Der Vater des Unternehmens: Albert Knoll (mi.) mit seinen Partnern Hans Knoll (li.) und Max Daege (re.) [45]

Auch bei der Seifen- und Glyzerinfabrik Ludwigshafen, 1871 von Jean Müller begründet, 1888 von Jean Knab übernommen und als *Seifen- und Lichterfabrik* ausgewiesen,[89] dürfte es sich um eine ähnlich kleindimensionierte Firma gehandelt haben.

Sehr viel zukunftsträchtiger war der neue Wirtschaftszweig, dem der Ausbau des Mundenheimer Altrhein-Armes zu einem einfachen Hafen seit 1898/99 den Weg nach Ludwigshafen öffnete: die Öl-Industrie.[90] 1899 baute die *Pure Oil Company*, die eine Zweigniederlassung in Mannheim besaß, in dem Hafen eine Anlage von drei Tanks mit einem Gesamtvolumen von 115 000 hl, beschickte sie mit Hilfe von zwei Rheintankschiffen und versandte das Öl von hier in Fässern sowie in 50 eigenen Eisenbahn-Zisternenwagen. Ähnlich verfuhren seit 1903 die

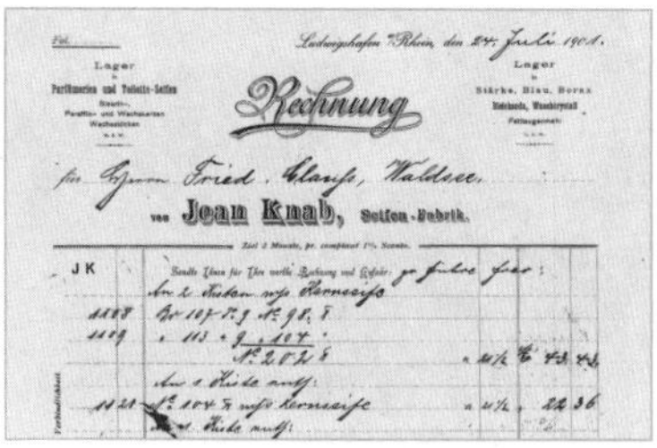
Ludwigshafen a/Rhein, den 24. Juli 1901.

Lager in Parfümerien und Toilette-Seifen

Rechnung

Lager in Stärke, Blau, Borax

für Herrn Fried. Glanz, Waldsee.

von Jean Knab, Seifen-Fabrik.

Lieferschein der Seifenfabrik Jean Knab
1901 [46]

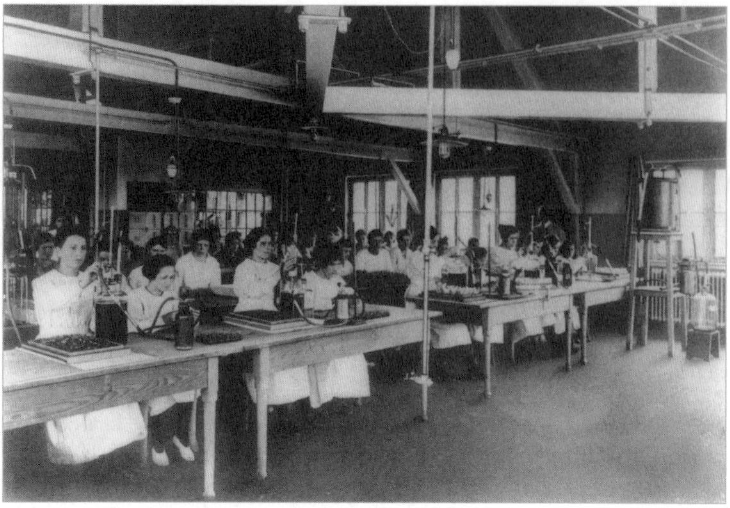

Arbeiterinnen im Labor der Firma Knoll
1920er Jahre [47]

Benzinwerke Rhenania GmbH (später Deutsche Shell AG, Zweigniederlassung Ludwigshafen), die in Düsseldorf-Reisholz Rohbenzin aus Niederländisch-Indien (heute: Indonesien) verarbeitete (acht Tanks mit 13 000 hl Kapazität) und die *Petroleum-Produkte Hamburg AG* mit Zweigniederlassungen in Amsterdam und Mannheim (zwei Tanks, 80 000 hl Volumen). Anders die *Süddeutschen Benzinwerke GmbH*,[91] die sich 1900 am Altrhein-Hafen etabliert hatten: Sie stellten aus Erdöl Öl und Benzin für Beleuchtung, Reinigung (Fleckwasser, Waschbenzin, Putzöl) und Motorenantrieb her, auch eigene Markenerzeugnisse für den Automobilisten – die Benzinsorten Veloxin, Motorin und Stellin, das Öl Lubrifin – und begannen sehr bald mit dem Aufbau eines einfachen Tankstellensystems. Diese „Benzin-Stationen nach französischem System", die Stellin und Lubrifin „in besonderer Packung" lieferten, waren 1903 vom Deutschen Automobil-Klub als „offizielle Stationen zur Deckung des Bedarfs anerkannt" – das organisierte Automobilzeitalter begann sich in ersten Konturen abzuzeichnen.

Metallverarbeitung und Maschinenbau

Gegenüber der Chemie-Branche erscheint das Gewicht der metallverarbeitenden und Maschinenbau-Industrie in Ludwigshafen vergleichsweise bescheiden. Das gilt für die Zahl der Beschäftigten wie für die Zahl und Größe der Firmen. Zudem scheinen häufiger als bei der chemischen Industrie Unternehmen ihren Betrieb nach kürzerer oder längerer Zeit wieder eingestellt zu haben.[92] Querverbindungen zur chemischen Industrie sind in einigen Fällen offensichtlich, doch waren sie keineswegs eine bestimmende Größe für die gesamte Branche. Insgesamt war der Standort – eine sich dynamisch entwickelnde Industrie-Agglomeration in bester Verkehrs- und Transportlage – der maßgebliche Entscheidungs-Faktor für die jeweilige Ansiedlung, falls die Firmenleiter nicht ohnehin bereits am Ort lebten und arbeiteten. Anders als bei der chemischen Industrie handelte es sich bei den Unternehmern zu einem Teil um Aufsteiger aus handwerklichem Milieu, die bei Erfolg mit bestimmten Produkten ihre Firmen bedarfsgerecht aufstockten.

Anmerkungen
Seite 408 und 409

91 *Stadtgeschichte (1903), S. 557, dort die folgenden Zitate; zum Benzinproblem vgl. Rothenberger 1999, S. 530f*

92 *Hinweise bei Kube, S. 123ff*

93 *vgl. Esselborn, S. 140; Breunig 1986, S. 54*

94 *vgl. Kube, S. 128ff, 135ff; König 1993*

95 *161 der 339 Aktien à 1 000 Gulden wurden von Frankfurter Interessenten gezeichnet; Kube, S. 137f*

96 *Breunig 1976, S. 37*

97 *vgl. Matschoss, allerdings für das Ludwigshafener Werk wenig ergiebig; Hundert Jahre (1934), S. 28f*

Rechnungsvordruck der ›Süddeutschen Benzinwerke‹ mit einer Abbildung ihrer kleinen Anlagen an der Bahnlinie bei Mundenheim [48]

Werbung für Weinbergspritzen der Firma Carl Platz, ca. 1910 [49]

Die 4000ste bei Sulzer in Ludwigshafen gefertigte Dampfmaschine wird gefeiert 1907 [50]

Die Eisenbahnwerkstätte Ludwigshafen Aufnahme undatiert, weit vor 1914 [51]

Zunächst bleibt an zwei Unternehmen zu erinnern, von denen schon früher die Rede war. Die Zweigniederlassung der in Pforzheim ansässigen *Gebr. Benckiser*, Neffen von Johann Adam Benckiser, konnte nach dem erfolgreichen Brückenbau über den Rhein mit Folgeaufträgen rechnen, und Ludwigshafen bot sich hierfür als geeigneter Standort an. So beschäftigte das Filialunternehmen 1871 immerhin etwa 160 Arbeiter. Allerdings lief das Geschäft wohl nicht so vorteilhaft, wie erhofft; die Arbeiterzahl sank im Zeichen der langwierigen Wirtschaftskrise seit 1873 bis 1885 auf rd. 100 Beschäftigte, und wenige Jahre später (1888?) wurde der Betrieb eingestellt.[93] Die 1867 gegründete Aktiengesellschaft *Waggonfabrik Ludwigshafen*[94] expandierte unter starker Beteiligung von Frankfurter Kapital[95] dank lebhafter Nachfrage nach ihren Produkten, Eisen- und Pferdebahnwagen, über eine Reihe von Jahren, mußte dann aber offensichtlich karge Zeiten durchstehen; jedenfalls minderte sich die Arbeiterzahl zwischen 1871 und 1886 von rd. 400 Arbeitern auf etwa die Hälfte.[96] Ende 1895 wurde die AG liquidiert.

Vom Arbeitsfeld her stand der Waggonfabrik die Reparaturwerkstatt der Eisenbahn nahe und machte ihr zumindest Konkurrenz, soweit es die Wartung der eigenen Wagen betraf. Die Pfälzischen Eisenbahnen hatten zumal seit dem Wachstumsschub infolge der Reichsgründung und des damit verbundenen Zugewinns von Elsaß-Lothringen als ›Hinterland‹ einen immer umfangreicheren Bestand an rollendem Material instandzuhalten, und Ludwigshafen, Sitz der Eisenbahn-Direktion und Knotenpunkt des pfälzischen Eisenbahnnetzes, bot sich als der bestgeeignete Standort an. Angesichts der umfangreichen Aufgaben avancierte die *Reparaturwerkstätte* schließlich zum zweitgrößten Betrieb der Metallbranche mit über 900 Arbeitern im Jahr 1912.

Das damals mit Abstand bedeutendste metallverarbeitende Unternehmen vor Ort, die Maschinenfabrik und Eisengießerei *Gebrüder Sulzer*,[97] war eine Filiale der gleichnamigen Schweizer Firma aus Winterthur. Nach längeren Planungen, die bis in das Jahr 1873 zurückreichten, begann das Familienunternehmen 1881 in Ludwigshafen mit der Produktion von Dampfmaschinenteilen, um die verschärfte deutsche

Die Firma Sulzer in Ludwigshafen, um 1885. Deutlich erkennbar ist der ›Schweizer Stil‹ einiger Gebäude des Zweigwerks des Unternehmens aus Winterthur [52]

Schutzzollgesetzgebung zu unterlaufen, sich eine vorteilhafte Position auf dem deutschen Markt zu sichern und von dort aus auch in andere Länder (bes. Rußland) zu exportieren. Eine eigene Eisengießerei (seit 1887), die bald außer dem dringend benötigten Eigenbedarf Auftragsarbeiten anderer Firmen ausführte, und die bemerkenswerte Diversifikation des Produktionsprogramms[98] sorgten für – fast – kontinuierliche Expansion (Mitarbeiterzahl – Beamte und Arbeiter – 1882: 100; 1890 rd. 300; 1892: 467; 1895 rd. 650; 1900: 929; 1902: 759;[99] 1912: 1 773). 1906 präsentierte das Unternehmen auf der Weltausstellung in Mailand den ersten umsteuerbaren Dieselmotor für Schiffe und wurde in der Folge für lange Zeit führend bei der Herstellung von Schiffsmotoren selbst für Ozeanriesen. 1914, kurz vor Ausbruch des Ersten Weltkriegs, wurde das Unternehmen in eine eigenständige AG innerhalb der neugegründeten Sulzer Unternehmungen AG eingebracht.[100]

Sehr viel stärker spezialisiert hatte sich die *Rheinpfälzische Maschinen- und Metallwarenfabrik Carl Platz*,[101] hervorgegangen aus einem 1864 in Deidesheim gegründeten Handwerksbetrieb, der seit 1886 „Apparate zum Pflanzenschutz, zur Vertilgung von Ackerunkräutern und zur Bekämpfung der Reben- und Baumkrankheiten in Forst und Garten",[102] also für landwirtschaftlichen Bedarf herstellte. Den Ausgangspunkt bildete die von Adam Carl Platz entwickelte ›Deidesheimer Weinbergspritze‹, bis heute das Vorbild für einschlägige Spritzgeräte. Zwecks leichteren Absatzes ihrer weltweit nachgefragten Produkte siedelte die Firma 1900 nach Ludwigshafen über und blieb als Deutschlands größte Spezialfabrik dieser Art auf Expansionskurs (1902/03: 50 Arbeiter, 1912: 150 Arbeiter).

Demgegenüber konzentrierten sich die *Lux'schen Industriewerke AG* auf feinmechanische Meßgeräte, wie sie in der neuentstehenden ›Städtetechnik‹ (Gas, Wasser, Elektrizität) unentbehrlich waren. Der erfindungsfreudige Ludwigshafener Fabrikant Friedrich Lux (geb. 1854)[103] hatte nach dem Studium von Chemie und Elektrotechnik zunächst als Ingenieur bei den Pfalzbahnen gearbeitet, dann aber sehr bald (1881) eine Fabrik für chemische Produkte gegründet,[104] um vor allem mit Hilfe eines Abfallprodukts der Firma Gebrüder Giulini eine ›Gasreinigungsmasse‹ zu erzeugen, die giftige Cyan- und Schwefelwasserstoff-Verbindungen aus Gas herausfilterte und daher einen interessanten Artikel für die rasch wachsende Zahl von Gaswerken in In- und Ausland darstellte.

Anmerkungen Seite 410 und 411

98 Stadtgeschichte (1903), S. 557f
99 nach Stadtgeschichte (1903), S. 557; Daten 1890 und 1895 aus Hundert Jahre (1934), S. 29
100 Hundert Jahre (1934), S. 33
101 Platz
102 Stadtgeschichte (1903), S. 560f
103 vgl. Lux
104 vgl. Kube, S. 110ff
105 Stadtgeschichte (1903), S. 559f
106 Rothenberger 1999, S. 544ff
107 JHKL 1909 II, S. 39
108 AB 1914, S. 536: ›Apparate für das Gas-, Wasser- und Elektrizitätsfach, Luxsche Gasreinigungsmasse‹
109 Stadtgeschichte (1903), S. 558
110 Kube, S. 141f

Automobile aus Ludwigshafen: Wagen der Firma Lux um 1900 [53]

Einige Jahre später gliederte Lux eine feinmechanische Werkstatt an für die Produktion von Gaswaagen, Gasverbrauchsreglern und anderen Meßgeräten und begann seit 1891 mit der Fabrikation von Wassermessern als dem bald wichtigsten Artikel. Die hierfür 1898 eigens gegründete AG (Aktienkapital 600 000 Mark, 1900 auf 1,6 Mio. erhöht) nahm außer Gasmeßgeräten den neuesten Entwicklungen der Technik entsprechend Elektrizitätszähler in ihr Fabrikationsprogramm auf.[105] 1898 stieg Friedrich Lux mit Hilfe eines bei Benz abgeworbenen Ingenieurs in den Automobilbau ein, mit gutem technischen und schlechtem wirtschaftlichen Erfolg, so daß das Unternehmen mehrere Jahre hindurch keine Dividende zahlte, ja vorübergehend sogar Verluste machte. Friedrich Lux verließ die Firma 1901; da die Aktionäre nicht bereit waren, weiter in ein ungewisses Geschäft zu investieren, endete der Ausflug der AG in die Zukunftstechnologie des Autobaues schon nach kurzer Frist: Die Abteilung für Motorwagenbau wurde 1903 geschlossen.[106] Friedrich Lux aber führte in einem eigenen Geschäft unter verschiedenen Firmenbezeichnungen, seit 1909 als *Lux'sche Apparatebaugesellschaft mbH* (Gründungskapital 50 000 Mark),[107] zusammen mit Sohn August sein altes, um neue Varianten bereichertes Fabrikationsprogramm fort.[108] Die Luxschen Industriewerke wurden 1929 nach Frankfurt verlegt.

Querverbindungen zur chemischen Industrie, speziell zur BASF, lassen sich bei zwei anderen Firmen beobachten: Die Eisengießerei und Maschinenfabrik *Johannes Roth* entwickelte sich aus kleinsten Anfängen (Eisengießerei 1860) dank laufender Zulieferaufträge der BASF zu einem respektablen mittelständischen Betrieb, der eine Vielzahl von Gießerei-Artikeln sowie Maschinen und Apparate speziell für die Ziegel- und Tonindustrie und Transportsysteme auf den Markt brachte.[109] Die Büffet-, Eisschrank- und Möbelfabrik *Leo Meller & Co.* hingegen entstand aus einem Unternehmen, das der aus Essen zugezogene namengebende Fabrikant offensichtlich mit Blick auf die bereits ansässige chemische Industrie 1869 gegründet hatte: eine Firma zur Herstellung von Bleigefäßen, wie sie für die Aufbewahrung und den Transport von Säuren benötigt wurden.[110] Meller erweiterte das Unternehmen 1876 zu einer Metallwarenfabrik mitsamt Metallgießerei und stellte die Produktion im wesentlichen auf Brauereiartikel um; darauf aufbauend begann sein Sohn seit 1884 mit der Herstellung von Eisschränken und Büffets für den Bierausschank und bezog nach der Jahrhundertwende die

Detail des Briefbogens der Firma Friedrich Lux [54]

Fabrikation von Möbeln in sein Programm ein,[111] so daß nun nicht mehr die Metall-, sondern die Holzverarbeitung das Geschäft bestimmte. Die angestrebte stattliche Größe von 200 Arbeitern scheint allerdings illusorisch geblieben zu sein; jedenfalls werden 1912 für die Fabrik nur acht Arbeiter angegeben. Daneben betrieb Meller damals sogar noch einen Autohandel.[112] Die Firma erlosch 1915.[113]

Die vorteilhafte Verkehrslage und das ausreichende Angebot an geeigneten Gewerbeflächen veranlaßten den Ingenieur Alexander Geiger und den Kaufmann Friedrich Hermann Hessenmüller, die von ihnen 1882 in Stuttgart gegründete *Werkzeugmaschinenfabrik Ludwigshafen Geiger und Hessenmüller* 1888 an den Rhein zu verlegen, als der Platz für ihr Unternehmen in der württembergischen Landeshauptstadt zu eng wurde. Bereits nach zwei Jahren freilich trennten sich ihre Wege wegen unterschiedlicher Vorstellungen über die künftige Ausrichtung ihres Produktionsprogramms: Hessenmüller wollte die bisherige Produktlinie, ›Werkzeugmaschinen für Kleinindustrie und Handwerker‹, auf Werkzeugmaschinen zur Metallbearbeitung konzentrieren, sein Kompagnon dagegen auf solche zur Holzbearbeitung. Während Geiger 1890 für diesen Zweck eine eigene kleine Maschinenfabrik gründete[114] (1902 ca. 20—25, 1912: 14 Arbeiter), baute Hessenmüller[115] die Werkzeugmaschinenfabrik nun allein unter seinem Namen zu einem stattlichen Mittelbetrieb, nach den Zeitmaßstäben sogar zu einem ›Großbetrieb‹ aus, dessen Erzeugnisse in „die ganze industrielle Welt" exportiert wurden. Die Belegschaft stieg um die Jahrhundertwende bis auf rd. 140 Mann, sank dann „infolge der ungünstigen allgemeinen Verhältnisse" bis 1902/03 erst einmal auf die Hälfte ab,[116] um bis 1912 wieder bis auf nahezu 100 Arbeiter zuzulegen.

Zumindest zwei Unternehmen der Branche bleiben noch kurz vorzustellen: die *Kesselfabrik Ph. Friedrich Breitling* und die *Pumpenfabrik Johannes Brechtel*. Philipp Friedrich Breitling, Absolvent der Maschinenbauschule Stuttgart, eröffnete nach langjährigen Arbeitserfahrungen in Deutschland und der Schweiz 1882 eine Kesselschmiede, produzierte zunächst kleinere Kessel, Behälter und Apparate, übernahm dann aber auch als einziger ansässiger Fachmann den Bau größerer Industrieanlagen wie „komplette Teerdestillationen, Wasserhochbehälter, Gasometer und große Öltanks".[117] Ein Jahr später als Breitling begann der aus Oppau stammende Johannes Brechtel nach einer Ingenieursausbildung sein Geschäft.[118] Angesichts der noch fehlenden zentralen Wasserversorgung und der lebhaften Bautätigkeit war die Herstellung kleiner Pumpbrunnen für den Hausbedarf ein lohnendes Unterfangen; hinzu trat mit dem Aufkommen zentraler Versorgungs- und Entsorgungseinrichtungen der Bau von Wasser- und Gasleitungen sowie von Kanalisationen, während sich die Pumpenfabrikation auf Erzeugnisse in allen Größen und für alle Zwecke ausdehnte. „Die Hauptspezialität der Firma" war jedoch die Durchführung „aller in das Brunnenbau- und Tiefbohrfach einschlagenden Arbeiten" in einem Wirkungskreis, der sich zu Beginn des 20. Jahrhunderts „außer der Rheinpfalz auf ganz Süd-, Mittel- und Norddeutschland, ferner auf die Niederlande, Belgien, Frankreich, Schweiz, Österreich-Ungarn, Rußland sowie überseeisch auf Afrika und China" erstreckte.[119] Das betraf vor allem die Wasserversorgung von Gemeinden und Industriebetrieben, aber z. B. auch der Mittellandbahn in Deutsch-Ostafrika, es betraf Tiefbohrungen auf Bodenschätze,[120] auf

Anmerkungen
Seite 412 und 413

111 *Stadtgeschichte (1903), S. 562*
112 *AB 1913, S. 511*
113 *StALu, LUA 14*
114 *Stadtgeschichte (1903), S. 560; Kube, S. 158f*
115 *Stadtgeschichte (1903), S. 559, auch f. d. F.; Kube, S. 156f*
116 *Stadtgeschichte (1903), S. 559*
117 *Weiß, S. 426*
118 *Kube, S. 148ff*
119 *Stadtgeschichte (1903), S. 569f*
120 *Weiß, S. 391ff*
121 *Poller 1975, Text weitgehend übernommen, S. 657f*
122 *Stadtgeschichte (1903), S. 590f; Breunig 1986, S. 98f. 1912 wird nur eine ›Holzbearbeitungsfabrik‹ Harry Held mit 10 Arbeitern angeführt; darauf mag sich die Gründung der Harry Held GmbH mit 300 000 Mark Gründungskapital beziehen, die in JHKL 1912 II, S. 28 erwähnt wird. AB 1914, S. 566 notiert unter Installationsartikel die Firma Bayer & Fehser vorm. Harry Held – G.m.b.H.*
123 *Böhn, S. 51; Weiß, S. 463; 100 Jahre (1953), S. 91*
124 *Stadtgeschichte (1903), S. 560*

Automobile aus Ludwigshafen: ***Friedrich Lux***[121]

Friedrich Lux wurde im November 1854 in Mainz geboren. Sein Vater war Kapellmeister und Komponist, sein Großvater desgleichen. Letzterer schuf unter anderem eine Komposition des Liedes „Ach wie ist's möglich dann." Friedrich Lux studierte Chemie und später Elektrotechnik an der TH Darmstadt. Im Jahre 1880 trat er als Chemiker beim Gaswerk der Pfälzischen Eisenbahnen in Ludwigshafen ein.

Bald stellte er Überlegungen an über die Verbesserung der damals ungenügenden Gasfilter, die den Zweck haben, Stoffe zu binden, welche das Leuchtgas beeinträchtigen, unter anderem Schwefelwasserstoff. In den Abfallprodukten der Giulinischen Tonerdeproduktion erkannte er einen idealen ›Rohstoff‹ und machte daraus eine ideale Gasreinigungsmasse. Die Erfindung ließ er unter dem Namen ›Luxmasse‹ patentieren. In der Westendstraße baute er seine Fabrik. Giulini überließ ihm den Rohstoff kostenlos.

Der chemischen Produktion folgte die technische auf dem Fuß. Lux konstruierte Meßgeräte für die Gaserzeugung, einen Gasdruckregler, einen Getreideprüfer und vor allem seit 1891 einen Wassermesser, den er damals schon aus Hartgummi herstellte.

Aber auch Autos wurden von Friedrich Lux ab 1898 konstruiert, und sein Ludwigshafener Werk gehörte zu der kleinen Zahl von Pionier-Unternehmen, die im Gefolge der Entwicklungen der Firma Benz u. Co. in Mannheim die Automobilproduktion in Deutschland aufnahmen. Im Gegensatz zu Benz verwendete Lux den Vorderradantrieb. Kunden und Interessenten waren unter anderem Prinz Heinrich von Preußen, der Bruder des letzten Kaisers, und dessen Schwager Prinz Adolf von Schaumburg-Lippe. Ein guter Abnehmer war auch Großbritannien. In einer Sendung wurden 40 Wagen dorthin geliefert. Sogar einen Omnibus stellte er eigens für ein Londoner Hotel her. Vielleicht war es der erste motorbetriebene Omnibus überhaupt. Lux wollte die Autoproduktion ausbauen, aber die Aktionäre waren dagegen.

So zog er sich 1901 aus den Luxwerken zurück und widmete sich in einer eigenen neuen Firma, die mehrmals den Namen und die Gesellschaftsform wechselte, wieder der Herstellung und dem Vertrieb von Meßgeräten aller Art und der ›Gasreinigungsmasse‹. 1919 entstand daraus ein neues Unternehmen für Wassermesser, aus dem 1932 die Firma Pollux hervorging.

Im späteren Wittelsbachviertel hat Lux in den 1890er Jahren größere Gründe, unter anderem den ›Luxschen Weiher‹, gekauft. Er ließ das Gelände mit der ausgehobenen Erde des gerade im Bau befindlichen Luitpoldhafens auffüllen und machte es so für die Bebauung reif. Die Volkssternwarte in der Rheinschule ging auf seine Anregung zurück. Im Alter von 75 Jahren starb Friedrich Lux am 5. April 1930 in Ludwigshafen.

[S. M. / O. P.]

Vielseitiger Erfinder und Unternehmer: Friedrich Lux [55]

Mineral- und Thermalwässer – die Suche nach Erdöl bei Krozingen/Baden in Zusammenarbeit mit der Firma Raschig z. B. führte 1911 zur Öffnung der ersten Mineralquelle des heutigen Heilbades Krozingen. Die Firma Brechtel vollzog also in großem Umfang den Brückenschlag vom Maschinen- und Apparatebau zum industriell betriebenen Tiefbaugeschäft.

Mit der modernen Städtetechnik befaßte sich die *Installationsfirma Harry Held*. Ihr Inhaber baute das von ihm 1880 übernommene kleine Gasinstallationsgeschäft zu einer Großhandlung für Gas- und Wasserleitungsartikel aus mit Absatz vor allem in Mittel- und Süddeutschland, Schweiz und Luxemburg und ging daneben zur Eigenproduktion über. Seinen Mitarbeitern, 1902 ca. 50 an der Zahl, gewährte Held seit 1894 einen bezahlten vierzehntägigen Jahresurlaub, ein beachtlicher Schritt, was den Zeitpunkt und den Umfang der Sozialleistung betrifft.[122] Die Großschlosserei Peter *Schäfer* (gegr. 1868) entwickelte sich zum Hersteller von Eisenkonstruktionen mit 44 Beschäftigten 1912 (Stahlbau-Schäfer).[123] Die *Feilenfabrik und Dampfschleiferei Ludwigshafen Renner & Sigwart* (gegr. 1891) kam 1902/03 mit ca. 45 Arbeitern[124] nach den Maßstäben der Zeit dem Grenzwert zum ›Großbetrieb‹ (50 Personen) schon

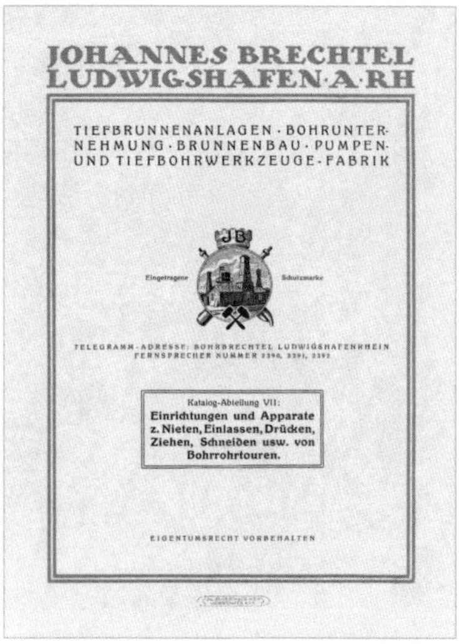

Markenzeichen der Firma Johannes Brechtel auf einem Katalog von 1923 [56]

Schmiedewerkstätte der Firma Harry Held 1910 [57]

sehr nahe, doch scheint sie im folgenden Jahrzehnt erheblich verkleinert worden zu sein.[125] Die Eisengießerei *Jakob Ruppel* brachte es 1912 immerhin auf 32 Arbeiter.

Die Bauwirtschaft

Die Verstädterung im Zeichen fortschreitender Industrialisierung beinhaltete einen Bauboom von bisher kaum vorstellbarer Größe: Es mußten neue Produktionsstätten von zuvor unbekannten Ausmaßen geschaffen werden, und die dort beschäftigten Menschen und ihre Familien benötigten Unterkünfte und die erforderlichen Versorgungseinrichtungen aller Arten, angefangen von Straßen und Geschäften über Einrichtungen der ›Städtetechnik‹ bis zu Verwaltungsgebäuden, Schulen oder Krankenhäusern. 1871—1914 betraf das in Ludwigshafen (einschließlich Friesenheim und Mundenheim) den Bedarf für einen Zuwachs von rd. 80 000 Personen. Bauaufträge von solchen Dimensionen zu übernehmen und durchzuführen vermochten nur entsprechend leistungsfähige ›Baugeschäfte‹, wie sie damals in jeder etwas stärker expandierenden Stadt entstanden. Das erste und zugleich größte derartige Unternehmen am Ort war die 1843 von Mannheim aus gegründete Firma *Josef Hoffmann* (seit 1870 *Josef Hoffmann & Söhne*).[126] Sie begann mit etwa 20 Mann, brachte es nach zehn Jahren auf gut 60 und erreichte 1900 im Zeichen der damaligen Hochkonjunktur an die 1 100 Arbeiter, um während der folgenden Rezession bis 1902/03 auf ca. 370 Mann abzusinken. 1912 setzte sie wieder 772 Mitarbeiter in Lohn und Brot – ein Zeichen, wie sensibel gerade die Bauwirtschaft auf konjunkturelle Schwankungen reagierte. Josef Hoffmann & Söhne begleiteten und prägten Ludwigshafens Gesicht über die Jahrzehnte hinweg, bauten die Kirchen im südlichen Stadtteil (St. Ludwigskirche und Lutherkirche), die Bahnhofsgebäude und Bahnanlagen, Banken, Zoll- und Lagerhäuser bei den Häfen, waren intensiv im industriellen Bereich tätig, errichteten u. a. die Fabriken der Gebrüder Giulini und Benckiser, dann von Anbeginn sämtliche Haupt- und Nebengebäude sowie die Arbeiterwohnungen der BASF, die sehr bald nach ihrer Gründung zum Hauptauftraggeber des

Anmerkungen
Seite 414 und 415

125 *Nach der Aufstellung von 1912 firmiert der Betrieb von Albert Sigwart unter ›Süddeutsche Feilenfabrik und Maschinenbau-Anstalt‹ mit 13 Arbeitern; StALu, LUA 14*

126 *Stadtgeschichte (1903), S. 567f; Weiß, S. 434ff; zu Josef Hoffmann Siebler; zu den folgenden Firmenangaben Stadtgeschichte (1903), S. 568ff (Daten für 1902) und StALu, LUA 14 (Daten für 1912)*

127 *zu Georg Kutterer Böhn*

Die Ziegelei Ludowici auf dem späteren Gelände des Rangierbahnhofs 1890 [58]

Pavillon der Firma Ludowici auf der Jubiläums-Gewerbeausstellung in Ludwigshafen 1903 [59]

Bauunternehmens avancierte, die Fabriken von Sulzer, von Grünzweig & Hartmann und von Raschig, gründeten 1873 ein Zweiggeschäft in Mannheim und erhielten dort so prestigeträchtige Aufträge wie den Bau der Festhalle ›Rosengarten‹ und des Mannheimer Wasserturms, der Börse und des Planetariums. Zustatten kam ihnen, daß sie die verschiedenen Baugewerbe miteinander verbanden, selbst ein eigenes Zimmereigeschäft, eine Schreinerei und Schmiede betrieben.

1853, zehn Jahre nach der führenden Firma, eröffnete Wendelin Hoffmann, der jüngere Bruder von Josef Hoffmann, das Baugeschäft, das seit 1885 von seinen Söhnen unter dem Namen *Gebrüder Hoffmann* geführt wurde und das nächst der größeren Konkurrentin Akzente in Ludwigshafen gesetzt hat mit dem Bau der protestantischen Kirche im nördlichen Stadtteil, des Krankenhauses, der Schanzschule, des Eisenbahnviadukts, von Industrieanlagen wie der Ludwigshafener Walzmühle; und ähnlich wie Hoffmann & Söhne betätigte es sich über ein Zweiggeschäft in Mannheim, 1902 sogar mit deutlich mehr Arbeitern als in Ludwigshafen (ca. 300 gegenüber 180). So war es konsequent, daß das Unternehmen 1917 voll nach Mannheim überwechselte.

Ebenfalls 1853 gründete Georg Kutterer das ›Zimmergeschäft‹ Georg Kutterer (später *Georg Kutterer & Söhne*).[127] Im Boomjahr 1900 beschäftigte die Firma durchschnittlich 160 Arbeiter, ziemlich genau die doppelte Anzahl wie 1912. Sie war, soweit es die Zimmererarbeiten betrifft, in enger Kooperation mit der Firma Josef Hoffmann & Söhne an den Industriebauten der meisten bedeutenderen Ludwigshafener Unternehmen, zumal der BASF, sowie an Bahnhof- und Kirchenbauten beteiligt.

Eine ganze Reihe größerer und kleinerer Baugeschäfte kam hinzu, als die Stadtentwicklung zur Zeit des Kaiserreichs zunehmend an Schwung gewann – 1886 das Baugeschäft *Wiedemann & Schneekloth*, das es um die Jahrhundertwende auf durchschnittlich 160 Arbeiter brachte (1912 offenbar nur noch 36 Arbeiter), 1891 *Baumann & Böhler* mit 1902 rd. 60, 1896 *Friedrich Stauch* mit 1902 durchschnittlich 200, 1912: 195 Arbeitern, dazu auf dem Gebiet des Tiefbaues führend 1884 die

Kiesbaggerei Kief: Lager mit großem Bagger am Rheinufer [60]

Geschäftsbrief der ›Pfälzischen Hohl- und Blendsteinfabrik‹, 1901 [61]

Die Belegschaft der Kiesbaggerei Kief, 1906 [62]

Gebrüder Kratz, 1902 mit durchschnittlich 60, 1912 mit 410 Arbeitern. Die Fenster- und Türenfabrik *Heinrich Fasig & Sohn*,[128] seit 1862 aus kleinen Anfängen erwachsen, spezialisierte sich auf den Innenausbau von Gebäuden und nutzte hierbei die Möglichkeiten der Produktion von vorgenormten Teilen (1902 „über 100 Arbeiter", 1912: 114 Arbeiter). Der spätere Hollywood-Regisseur William Dieterle war in seiner Jugend bei Fasig beschäftigt und dichtete: „Ich war Lehrling bei Fasig und Sohn, da gab es viel Arbeit und wenig Lohn." Die Fabrik für Holzbearbeitung *Conrad Huth & Cie.*, 1892 erwachsen aus einer zehn Jahre älteren Holzhandlung, verarbeitete vor allem Holz aus Schweden und Nordamerika zu Kehlleisten und Profilstäben für Möbel und Bauzwecke.[129]

Zur Bauwirtschaft zählt schließlich eine Reihe von Ziegeleien, allen voran die Firma *Carl Ludowici*, die sich 1859/60 zwischen Ludwigshafen und Mundenheim ansiedelte, um dortige Tonvorkommen auszuwerten.[130] Das Geschäft entwickelte sich gut, zumal Vater Carl und Sohn Wilhelm sich systematisch um die technische Verbesserung der Falzziegel bemühten bis hin zum entscheidenden Patent für den ›Ludowici-Doppelfalz Z 1‹ (1881). Die starke Nachfrage nach den verschiedenen Ziegel- und Backsteinvarianten veranlaßte den Aufbau mehrerer Werke in Jockgrim/Pfalz mit seinen reichen Tonlagern. Als das Ludwigshafener Werk 1894 der geplanten Anlage des neuen Rangierbahnhofs weichen mußte, wurde es ebenfalls in Jockgrim angesiedelt; nur der Sitz des Unternehmens blieb vorerst in der pfälzischen Industriemetropole. Zu Beginn des 20. Jahrhunderts beschäftigte die Firma etwa 700 Arbeiter und war mit einem Ausstoß von rd. 25 Mio. Falzziegeln und 5 Mio. Backsteinen „in ihrem Spezialfache die größte Fabrik der Welt".[131]

Ludwigshafen verblieben noch mehrere durchaus respektable Unternehmen mit ähnlichem Produktionsprogramm, so die *Pfälzische Hohl- und Blendsteinfabrik Ludwigshafen a. Rh. AG*, 1892 aus einer 1876 gegründeten Backsteinfabrik hervorgegangen; 1902 betrug ihre Jahresproduktion gegen 3 Mio. Verblend- und Profilsteine „bei eingeschränktem Betriebe" und bei einer Betriebsgröße von fünf ›Beamten‹ und annähernd

Anmerkungen
Seite 416 und 417

128 Stadtgeschichte (1903), S. 561
129 Stadtgeschichte (1903), S. 561; Breunig 1986, S. 98; in AB 1907 nicht mehr nachzuweisen
130 Stadtgeschichte (1903), S. 571f; Weiß, S. 432
131 Stadtgeschichte (1903), S. 572; f.d.F. ebd., S. 572f
132 Lexikon Pfälzer Persönlichkeiten; ›Mannheimer Morgen‹, 3.8.1996
133 ebd.
134 ›Pfälzische Rundschau‹, 22.2.1910
135 1909 in eine GmbH mit 250 000 Mark Gründungskapital verwandelt; JHKL 1909, S. 39
136 Stadtgeschichte (1903), S. 572
137 Weiß, S. 430
138 vgl. Kief
139 Weiß, S. 427

Ziegel für die Welt: ***Wilhelm Ludowici***[132]

Wilhelm Ludowici, der Sohn des Firmengründers Carl Ludowici, wurde 1855 in Ensheim geboren. Nach Studien am Karlsruher Polytechnikum und der Gewerbeakademie in Berlin nahm ihn sein Vater 1877 in die Firma auf. Nach dem plötzlichen Tod Carl Ludowicis – er stürzte von einem Ziegeleiofen und wurde tödlich verletzt – übernahm er mit seinem Bruder Franz Carl die Leitung des Betriebs. Im selben Jahr – 1881 – ließ sich Wilhelm Ludowici seinen Doppelfalzziegel Z 1 patentieren. Diese Erfindung, zu der noch weitere Ziegelmodelle traten, wurde für Jahrzehnte der größte Verkaufserfolg der Firma. Sein technischer Vorteil machte ihn zum marktbeherrschenden Ziegel, der die Dächer vieler Städte zu prägen begann. „Der entscheidende Kniff: Die gebrannten Tonpfannen sind sowohl zur Seite als auch am Kopf mit Ausbuchtungen versehen. Auf diese Weise lassen sie sich einfach verlegen und können schlechtem Wetter besonders erfolgreich trotzen."[133] Seit 1883 betrieb Ludowici die Verlegung seines Unternehmens nach Jockgrim, wo er bessere Standortbedingungen vorfand. In dem südpfälzischen Ort errichtete er große Anlagen, die mit Sozialeinrichtungen für seine Beschäftigten verbunden waren. Andererseits zahlte er offenbar recht niedrige Löhne.

Bei den Ausgrabungen der römerzeitlichen Terra-Sigillata-Industrie bei Jockgrim erwarb sich Ludowici große wissenschaftliche Verdienste. 1929 ist er in Heidelberg verstorben.

[S. M.]

Seine Patente prägen heute fast jedes Stadtbild: Wilhelm Ludowici [63]

50 Arbeitern. In den ersten Jahren des 20. Jahrhunderts stellte sie ihren Betrieb ein. Das Gelände erwarb der „millionenschwere Weingutsbesitzer" Fritz Andre in Haardt. Nach dessen Konkurs wurde das Anwesen parzelliert und zur Bebauung freigegeben. 1910 sprengte man den Schornstein der ehemaligen Fabrik.[134]

Übertroffen an Größe und Lebensdauer wurde die Hohl- und Blendsteinfabrik von der *Dampfziegelei Kaiserwörth AG, Ludwigshafen a. Rh.*, gegründet 1893, mit einer Fabrikation von ca. 6 Mio. Backsteinen durch rd. 60 Arbeiter (1902), vor allem aber durch die 1897 gegründeten *Ludwigshafener Ziegelwerke Heinrich Holz*,[135] deren „etwa 200 Arbeiter und Arbeiterinnen" es zu Beginn des 20. Jahrhunderts auf etwa „10 Millionen Stück diverser Fabrikate" brachten,[136] darunter vor allem Dachziegel[137] (1912: 176 Arbeiter). Hinzu kam 1903 das Mundenheimer Zweiggeschäft der Dampfziegelei Gebrüder Baumann in Altrip (1912: 47 Arbeiter).

Ein anderes wertvolles Baumaterial lieferten mehrere Dampfbaggereien und Kiesgeschäfte, neben den bereits genannten Gebr. Kratz z. B. der 1882 gegründete Baggerbetrieb *Karl Kief*,[138] der im frühen 20. Jahrhundert mit rd. 20—30 Mann arbeitete (1912: 12 Arbeiter); er lieferte den begehrten Rheinkies an die Bauunternehmen in Ludwigshafen, Mannheim und in großem Umfang bis nach Stuttgart und führte „die meisten Anschüttungen und Auffüllungen innerhalb des Stadtbildes" durch.[139]

Nahrungs- und Genußmittelindustrie

Die moderne Nahrungs- und Genußmittelindustrie machte seit dem letzten Viertel des 19. Jahrhunderts beachtliche Fortschritte, so vergleichsweise gering ihr Anteil an der Herstellung, Be- und Verarbeitung von Nahrungsmitteln insgesamt auch noch gewesen ist. Einige Ludwigshafener Firmen betätigten sich gewinnbringend in der Großmüllerei und im Brauereiwesen – zwei Produktionsbereiche, die damals eine rasche Umstrukturierung durch Konzentration erlebten.

Die ersten Gebäude der Walzmühle neben der Auffahrt zur Rheinbrücke um 1895 [64]

Mitglieder der Belegschaft der Walzmühle um 1905 [65]

Der Dampfantrieb und der Einsatz neuartiger Maschinen (Walzen statt Mahlen des Getreides) schufen die technischen Voraussetzungen, der preiswerte Getreide-Import auf dem Wasser- und Landweg aus aller Herren Länder sorgten für den wirtschaftlichen Anreiz, zum Großbetrieb in der Müllerei überzugehen: Anders als die alten Mühlen mit ihrer Bindung an die oft unzuverlässige und in ihrer Kapazität begrenzte Wasserkraft erstrebte die Großmüllerei bei ihren Standortentscheidungen in erster Linie die verkehrs- und kostengünstige Lage für die Zufuhr der Rohstoffe und den Absatz ihrer Produkte, die sie dank der Dampfmaschine das ganze Jahr hindurch nachfragegerecht herstellen konnte. So wurde Mannheim nicht zufällig zum Zentrum des süddeutschen Getreidehandels und entwickelte sich zusammen mit Ludwigshafen bis ins frühe 20. Jahrhundert zum „größten Mühlenplatz des Kontinents".[140] Den entscheidenden Beitrag auf linksrheinischer Seite lieferte die *Ludwigshafener Walzmühle*; sie stand zu Anfang des 20. Jahrhunderts „in der Entwicklung der deutschen Mühlenindustrie an erster Stelle".[141] Die Frankenthaler Firma Kaufmann, Strauß & Co., Inhaberin einer bescheidenen Mühle mit Mälzerei, erwarb 1885 von der Maschinenfabrik der Gebr. Sulzer am Rheinufer in unmittelbarer Nachbarschaft zur Rheinbrücke ein stattliches Grundstück und begann 1886 den Betrieb einer hochmodern ausgestatteten Weizenmühle mittlerer Größe mit einer Wochenproduktion von anfangs 3000 Zentnern Mehl.[142] „Die direkte Einfuhr der besten Getreidesorten aus allen Exportländern der Welt bürgte für die hervorragende Qualität der Fabrikate" – so beschrieb das Unternehmen in einer späteren Selbstdarstellung seinen erfolgreichen Aufstieg.[143] 1895 wurde es in eine AG (Kapitalstand 1902: 2 Mio. Mark) umgewandelt. Der große Erfolg auf dem süddeutschen und Schweizer Markt begünstigte die Expansion während der folgenden Jahre, u. a. durch den Aufbau einer Roggenmühle (1899), „die speziell auf die Fernhaltung der norddeutschen Konkurrenz berechnet war",[144] und durch den Einstieg in die Produktion von Rollgerste (Graupen) und Hartgrieß, letzteres im Wettbewerb mit den bisher dominierenden französischen Importen. Der Expansionsschub führte zu einem sprunghaften Anstieg der Beschäftigten: 1895—1901 erhöhte sich die Zahl der ›Beamten‹ und Arbeiter von 54 auf 225; wenn für 1912 nur noch 189 Arbeiter genannt werden,[145] so sagt dies nichts aus über einen etwaigen Rückgang des Unternehmens, denn als der Betrieb 1905 abbrannte,

Anmerkungen
Seite 418 und 419

140 *Das Großherzogtum Baden, 2. Aufl., Karlsruhe 1912, S.608*
141 *Stadtgeschichte (1903), S.562*
142 *Stadtgeschichte (1903), S.562f; Breunig 1986, S.59f*
143 *Weiß, S.413; nähere Angaben über die Bezugsquellen des Getreides in Mang/Zink, S.245*
144 *Stadtgeschichte (1903), S.563*
145 *Mang/Zink, S.245 nennen als beschäftigt „rd. 300 Leute, darunter 60 Beamte und 10 weibliche Personen"*
146 *100 Jahre (1953), S.93*
147 *Boos, S.65f*
148 *Zitat VB 1905, S.160f; SRP 19.1.1906; Boos, S.67*
149 *Weynantz, S.153f*
150 *Stadtgeschichte (1903), S.565; vgl. ebd., S.565f; Weiß, S.420*
151 *Stadtgeschichte (1903), S.160*

Die Walzmühle nach dem Großbrand von 1905 mit ihrer neuen, auch auf Wunsch der Stadt im Jugendstil errichteten rheinseitigen Fassade [66]

Wendelrutsche und Laufbänder in der Walzmühle; aus einer Druckschrift des Jahres 1928 [67]

wurde er in feuersicherer Bauweise und grundlegend modernisiert wiedererrichtet und erreichte nun eine Verarbeitungskapazität von 7 500 dz täglich.[146] Es war allerdings nicht selbstverständlich, daß das Unternehmen an seinem alten Standort verblieb, denn 1899 hatten die kleineren Mühlenbesitzer in Bayern die übermächtige Konkurrenz durch ein eigenes Gesetz, die sog. ›lex Walzmühle‹, zu zähmen versucht, das die progressive Besteuerung „nach dem Vermahlungsquantum" und nicht nach dem finanziellen Ertrag vorsah.[147] Als der Aufsichtrat der Walzmühle 1905 erwog, nun auf die weniger steuerbelastete badische Rheinseite überzuwechseln, wo man das renommierte Unternehmen mit offenen Armen empfangen wollte, gelang es der Intervention des Stadtrates und des Ludwigshafener Landtagsabgeordneten Ehrhart im bayerischen Landtag, die einschlägige Gesetzespassage „durch einen entsprechenden Zusatz" außer Wirkung zu setzen und so das wertvolle Unternehmen in und für Ludwigshafen und zugleich für den bayerischen Fiskus zu erhalten.[148] Ihre Produkte setzte die Walzmühle vor allem in Süddeutschland, zumal in Elsaß-Lothringen ab, exportierte aber auch größere Chargen in die Schweiz und nach Italien, nach den Niederlanden, Belgien, Großbritannien und in die skandinavischen Länder.[149]

Kostenvorteile bei der Zufuhr der Rohstoffe, kontinuierliche Massenproduktion während des gesamten Jahres und leichter Absatz der Erzeugnisse über Vertragsgaststätten und als Flaschenbier über weitere Entfernungen hinweg begünstigten im Brauereigewerbe den Konzentrationsprozeß. Die bereits früher erwähnte *Ludwigshafener Aktienbrauerei* lieferte dafür ein besonders frühes Beispiel: Sie war „die älteste aller in Bayern bestehenden Brauerei-Aktiengesellschaften".[150] An der AG-Gründung mit 320 000 fl Kapital beteiligten sich namhafte Ludwigshafener Unternehmer wie Bürgermeister Heinrich Wilhelm Lichtenberger, der dann zeitweise als Direktor des Unternehmens firmierte,[151] und Fabrikbesitzer Paul Franz Giulini im Verbund mit der Kgl. Bayerischen Filialbank. Die Brauerei verarbeitete fast ausschließlich Pfälzer Gerste und fand ihren kräftig steigenden Absatz ganz überwiegend in Ludwigshafen und Mannheim mitsamt ihren Vororten. Das Aktienkapital stieg bis zur Jahrhundertwende auf nunmehr 1,6 Mio. Mark; mit gut 100 Arbeitern in der Brauerei und Mälzerei erreichte das Unternehmen damals eine Größe, die es in der Folgezeit offenbar nicht voll halten konnte (1912: 79 Arbeiter).

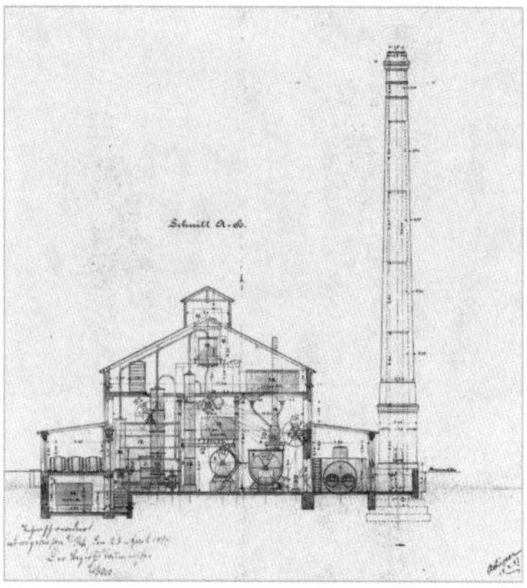

Lufthefe-Fabrikationsanlage der ›Pfälzischen Preßhefe- und Spritfabrik‹ Darstellung im Querschnitt; 1897 [68]

Brauereialltag: Kesselhaus der Oggersheimer Brauerei Mayer vor 1914 (?) [69]

Dazu mag verschärfte Konkurrenz beigetragen haben: 1890 wurde die *Aktiengesellschaft Bürgerbräu Ludwigshafen a. Rh.* gegründet.[152] Sie ging aus der deutlich älteren Privatbrauerei von Johann Peter Fuhrer hervor, der sich unter dem Druck zunehmenden Wettbewerbs schließlich dazu entschloß, seine Firma in die AG einzubringen, und als deren erster Aufsichtsratvorsitzender fungierte, während sein Sohn Heinrich die Braumeisterstelle in dem kräftig ausgebauten Betrieb übernahm. An der Gründung war u. a. Julius Waldkirch, der aufsteigende Pressemagnat der Pfalz, beteiligt[153] – ein erneuter Beleg für die Kapital-Vernetzung innerhalb der Ludwigshafener Industrielandschaft. Nach Anlaufschwierigkeiten expandierte das Unternehmen zügig und produzierte vor Beginn des Ersten Weltkriegs fast das Dreieinhalbfache der anfangs angepeilten Jahresmenge (120 000 hl gegenüber 35 000 hl); die Zahl der Arbeiter erhöhte sich 1890–1902–1912 von 10 über 52 auf 64; hinzu kam noch eine vergleichsweise große Zahl an ›Beamten‹.[154] Das Bürgerbräu bediente denselben Raum Ludwigshafen/Mannheim wie die Aktienbrauerei und nutzte hierbei zwei Ausschankstätten auf dem Firmengelände in der Ludwig- wie in der Bismarckstraße zur Direktvermarktung ihrer Produkte. Das ›Große Bürgerbräu‹ erhielt 1911 in „seinen Parterre-Lokalitäten mit über 600 Sitzplätzen eine Ausstattung in Münchener Stil und Behaglichkeit",[155] im ersten Stock Räume für gehobene Geselligkeit.

Unter den kleineren Lebensmittelherstellern ist am ehesten noch die 1873 gegründete *Pfälzische Preßhefen- und Spritfabrik Ludwigshafen am Rhein* erwähnenswert, seit 1888 als Aktiengesellschaft in Betrieb und durch Ankauf einer Malzfabrik in Ludwigshafen (1894; Ströhle & Co., gegr. 1872[156]) und einer Filiale in Landstuhl (1901) auf Expansionskurs unter Erhöhung des Aktienkapitals von zunächst 500 000 auf 1 Million Mark bei gut 60 Beschäftigten (45 Arbeitern und 16 ›Beamten‹) im Jahr 1902[157] (1912 mindestens 50 Arbeiter). Die *Preßhefen-Fabrik Kölitz*, 1897 von einem früheren Direktor der zuvor genannten AG gegründet, ein offenbar ziemlich kurzlebiges Unternehmen,[158] war mit 25 Arbeitern und 12 Fabrikbeamten (Stand 1902)[159] um einiges kleiner ausgelegt;

Anmerkungen
Seite 420 und 421

152 Stadtgeschichte (1903), S. 566; Weiß, S. 428; Breunig 1986, S. 62f
153 Waldkirch, S. 8
154 1890: 3, 1902/03 immerhin 10; Stadtgeschichte (1903), S. 566
155 Selbstdarstellung in Weiß, S. 428
156 Stadtgeschichte (1903), S. 566
157 Stadtgeschichte (1903), S. 564f
158 in AB 1907 noch erwähnt, nicht mehr in AB 1912; Emil Kölitz war bereits in den 1870er Jahren als Firmeninhaber hervorgetreten; vgl. SRP 4. 10. 1877
159 Stadtgeschichte (1903), S. 565
160 ebd., S. 566
161 ebd., S. 592
162 vgl. die Aufstellung in VB 1908, S. 204f; Hanz, S. 6ff
163 Hanz, S. 10f
164 Stadtgeschichte (1903), S. 563
165 Das ergibt sich aus den Selbstangaben des Unternehmens in Weiß, S. 423

›Parterrelokalitäten‹ des Ludwigshafener Bürgerbräus
Postkarte; mit Briefmarke auf dem Bildmotiv [70]

1000 Mark ACTIE №0419

Actienbrauerei Ludwigshafen am Rhein

EINTAUSEND MARK

Der Inhaber dieser Actie hat nach Massgabe der Statuten und nach Verhältniss des voll eingezahlten Betrages von

— Eintausend Mark —

Theil an dem Vermögen, Gewinn und Verlust der Actienbrauerei Ludwigshafen am Rhein.

Actienbrauerei Ludwigshafen am Rhein

Aktie der Aktienbrauerei Ludwigshafen 1899 [71]

die *Malzfabrik Ludwigshafen Schoeffler & Cie.*, gegr. 1894, beschäftigte 1902 (und 1912) sogar nur 12 Arbeiter, dies allerdings „bei gänzlicher elektrischer maschineller Einrichtung".[160] Auch die *Dampfmolkerei und Milchkuranstalt Philipp Neff* (gegr. 1886, 1912: 18 Arbeiter und 7 Arbeiterinnen) darf man nicht mit heutigen Maßstäben messen, denn die Herstellung von pasteurisierter Milch für Butterbereitung und Direktvermarktung (darunter sog. Kindermilch für Babies und Kleinkinder) erreichte um 1902 nur wenig mehr als 1 Mio. Liter im Jahr.[161] Die übliche Versorgung mit dem wertvollen, leicht verderblichen Produkt erfolgte in Ludwigshafen wie andernorts teilweise über die Wochenmärkte in den vier Stadtteilen, vorwiegend aber über zahlreiche kleine Milchhändler – in den Jahren vor dem Ersten Weltkrieg an die 100, die ihre Ware tagtäglich aus der näheren oder per Eisenbahn auch aus der weiteren Umgebung bezogen[162] – unkontrolliert und oft genug unter hygienisch zweifelhaften Bedingungen. Daran konnte auch der Zusammenschluß von etwa 20 Händlern zur *Ersten Sanitäts-Molkerei-Genossenschaft der Milchhändler E.G.m.b.H.* 1906 mit entsprechend gehobenen Standards nichts Grundlegendes ändern.[163] Ein sehr viel größeres Absatzgebiet bediente die *Gewürzmühle* von *Georg Grüner* mit ihren etwa 20 Arbeitern und 6 ›Bureaubeamten‹ (Stand 1902; 1912: 11 Arbeiter): Sie vertrieb ihre Produkte sowie Tee in Deutschland und der Schweiz.[164]

Als Hilfsgewerbe vor allem für die Nahrungsmittelindustrie bzw. für den Handel mit Nahrungsmitteln sei schließlich auf die Firma verwiesen, aus der später die *Pfälzischen Eiswerke vorm. Heinrich Günther* erwuchsen: Heinrich Günther aus Hanau a. M. gründete das Unternehmen 1891 in Mundenheim als Handwerksbetrieb, denn seine Ware bestand in ›Natur-Klareis‹, das im Winter auf einem Altrheinarm gebrochen und in Eishallen gelagert wurde, um dann während der warmen Jahreszeit den Weg zu den Konsumenten, vor allem Gastwirten und Lebensmittelhändlern, zu finden. Erst in den letzten Jahren vor dem Ersten Weltkrieg scheint die Firma mit Hilfe der modernen Kältetechnik „neben der Natureisgewinnung zur Kunsteisfabrikation" übergegangen zu sein.[165]

Abb. Mitte und unten: Die ›Pfälzischen Eiswerke‹ an der Kleinen Blies, Ausschnitte aus dem Gemälde von Hans Arnold; oben [linker Teil des Gemäldes] der ›Vertrieb‹, unten [rechter Teil] die ›Fabrikationsanlagen‹ [72, 73]

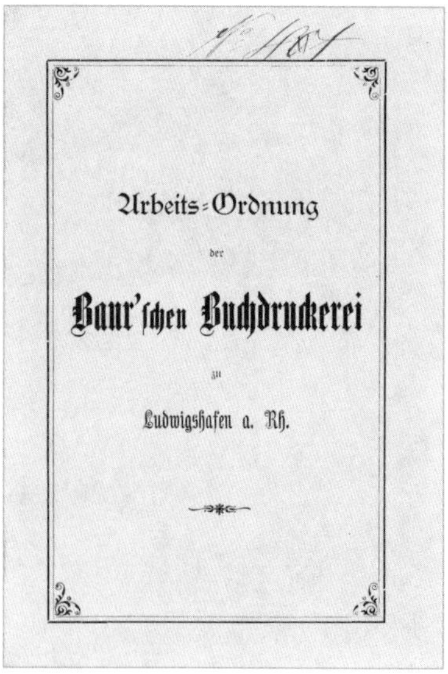

Arbeits-Ordnung
der
Baur'schen Buchdruckerei
zu
Ludwigshafen a. Rh.

Arbeitsordnung der Baurschen Buchdruckerei, 1892 [74]

Druckereien und Verlage

Fast mag es verwundern, daß in Ludwigshafen eine ganze Reihe lokal und regional ausgerichteter größerer Druckereien und Verlage erfolgreich agierten. Dafür lassen sich vor allem zwei Gründe anführen: der wachsende Bedarf der Geschäftswelt, insbesondere der Industrie, an gedrucktem Material vom Briefpapier über Formulare bis zu Prospekten, Preislisten und sogar Wertpapieren – all dies Arbeit für sog. Akzidenzdruckereien – und die wachsende Bedeutung von Zeitungen als Informationsträger und politische Meinungsbildner. Fast alle bekannteren Firmen versuchten sich mit einer Zeitung. Über Rückbindungen an Geldgeber ist wenig bekannt, obwohl vielfach Querverbindungen zu bestimmten politischen Gruppen auszumachen sind oder naheliegen. Verständlicherweise suchten die Druckerei-Verleger ihr Blatt so auszurichten, daß es eine möglichst große Leserschaft ansprach. Nicht immer ist das freilich gelungen, wie ein Blick in Ludwigshafens Pressegeschichte zeigt *[vgl. Presse, S. 722]*, doch für das Firmen-Renommee fiel das publizistische Engagement zweifellos ins Gewicht.[166] Das gilt für die *Baursche Buchdruckerei,* die 1854 von Zweibrücken nach Ludwigshafen übergesiedelt war, das älteste einschlägige Geschäft vor Ort mit dem ältesten Journal vor Ort, dem ›Pfälzischen Kurier‹ (1859—1892), das gilt für die *Lithographische Anstalt und Steindruckerei August Lauterborn*, gegr. 1862, in der das erste Lokalblatt, der ›Ludwigshafener Anzeiger‹, 1868—1887 erschien, das gilt ganz speziell für *Buckdruckerei und Verlag Julius Waldkirch*, deren namengebender Gründer (1870) zunächst mit zwei Zeitungsprojekten scheiterte und die dadurch bewirkte Krisensituation erst einmal durch Auftragsarbeiten u. a. für die Pfälzischen Eisenbahnen überstand, bevor ihm 1876 mit dem ›Generalanzeiger für die Stadt und den Bezirk Ludwigshafen a. Rh.‹ der große Wurf gelang und er im Lauf der nächsten Jahrzehnte zum pfälzischen Pressemagnaten aufstieg, und das gilt schließlich für *Druckerei und Verlag J. G. Biller*: Biller gründete die Firma 1893 eigens zu dem Zweck, um den ›Neuen Pfälzischen Kurier‹ zu produzieren, den er ein Jahr zuvor ins Leben gerufen hatte – wie sich bald herausstellen sollte, mit nur mäßigem Erfolg.

Wenn die genannten vier Firmen die im schwer kalkulierbaren Pressegeschäft offensichtlich unvermeidlichen Engpässe meisterten, so dadurch, daß sie gleichzeitig Buchdruck und Buchbinderei betrieben, andere rentable Publikationen herausbrachten (Waldkirch z. B. seit 1871 die Ludwigshafener Adreßkalender, dann Adreßbücher), vor allem aber mit der Akzidenzdruckerei ein tragfähiges Geschäft machten. Am erfolgreichsten auf diesem Gebiet war offensichtlich die Firma *Weiß & Hameier,*[167] die 1886 mit einer handbetriebenen Schnellpresse und je einem gelernten und ungelernten Arbeiter begann und binnen weniger Jahre kräftig expandierte. Zu Beginn des 20. Jahrhunderts beschäftigte sie über 100, 1912 sogar 168 Arbeiter und Arbeiterinnen und ließ damit die ortsansässige Konkurrenz weit hinter sich: Julius Waldkirch erreichte 1912 mit 82 Beschäftigten (ohne die Zeitungsausträger und -trägerinnen) nicht einmal ganz die Hälfte, Biller brachte es 1902/03 auf 55—70, die Baursche Buchdruckerei nur auf 23—30 Personen. Weiß & Hameier verstanden es offenbar, sich auf marktgängige Segmente bei hohem Qualitätsstandard zu spezialisieren; der Druck der Fahrplanbücher für die Pfälzischen Eisenbahnen seit 1900 sorgte für zusätzlichen Auftrieb.

Anmerkungen
Seite 422 und 423

166 *f.d.F. vgl. Stadtgeschichte (1903), S. 573ff*

167 *Stadtgeschichte (1903), S. 576; Weiß & Hameier, S. 21f*

168 *f.d.F. Stadtgeschichte (1903), S. 564*

169 *JHKL 1909 II, S. 37; daneben gab es noch die Wäschekonfektion von Jakob Mann, die 1912 33 weibliche Arbeitskräfte beschäftigte*

170 *Stadtgeschichte (1903), S. 565*

171 *ebd., S. 554*

Sonstige Industrien

Unter den bedeutenderen Ludwigshafener Betrieben bleiben zwei zu nennen, die Textilien produzierten.[168] *Kuhn & Adler* startete 1868 als ›Kunstwollfabrik‹ mit angeschlossener Färberei, produzierte also Stoffe aus sog. Kunstwolle, einem aus Lumpen, Spinnerei- und Webereiabfällen gewonnenen Billig-Material (deshalb im Volksmund ›Lumpezwick‹ genannt). Das Unternehmen begann mit etwa 50 Arbeitskräften und entwickelte sich so gut, daß es zehn Jahre später an die 120 Personen in Brot setzte. Nachdem es 1898 zusätzlich eine Tuchfabrik mit Spinnerei, Tuchfärberei und Appretur in Betrieb genommen hatte, um „Herren- und Damenkonfektionsstoffe sowie Loden" herzustellen, erreichte es 1902 eine Größenordnung von ca. 350 Beschäftigten. Für das Jahr 1912 werden 306 Arbeiter angegeben, zu über 70% Frauen – Kuhn & Adler war damit eine der wenigen größeren Firmen in Ludwigshafen, die überwiegend Arbeitsplätze für Frauen anbot, wie das in der Textilindustrie allgemein üblich war.

Blick in die Handsetzerei-Abteilung der Firma Waldkirch, 1924 [75]

Noch höher lag die Frauenquote bei der ›Mechanischen Trikotweberei‹ der *Gebrüder Mann* (1912 nahezu 90%). Das Unternehmen eröffnete 1885 mit 15 handbetriebenen Rundwirkstühlen, ging jedoch bald zum mechanischen Antrieb über und erweiterte seinen Bestand bis 1902 auf 150 Rundwirkstühle nebst 70—80 erforderlichen ›Hilfsmaschinen‹, zu denen damals z. B. auch Nähmaschinen rechneten; ebenso wie die eigene Wäscherei und Trockenanlage dienten sie dazu, die Trikotware verkaufsfertig aufzubereiten. Damals beschäftigte die Firma in ihren eigenen Räumen 150—160 Personen, dazu 60—80 Heimarbeiterinnen außer Hauses. Diesen Stand konnte sie allerdings nicht halten, wie die Daten für 1912 belegen (106 Arbeiter und Arbeiterinnen), obwohl sie 1909 in eine AG umgewandelt worden war (Aktiengesellschaft für Trikotweberei vorm. Gebrüder Mann mit einem Aktienkapital von 500 000 Mark). Der nahe der Walzmühle angesiedelte Betrieb existierte bis in die 1930er Jahre.[169]

Preisliste des Schmirgelwerks Carl Lebert [76]

Andere Unternehmen waren sehr viel kleiner dimensioniert, so die 1891 gegründete *Chamotte- und Tonwaren-Industrie Ludwigshafen*, die feuer- und säurefeste Erzeugnisse herstellte[170] (1912: 22 Arbeiter) oder die *Waagenfabrik Franz Schotthöfer* (1912: 29 Beschäftigte). Die Firma *Columbus* betrieb 1912 außer einer Elektrolytischen Verzinkerei (22 Arbeiter) eine Fabrik für elektrische Apparate und Elemente (33 Beschäftigte, davon 11 Frauen). Die ›Fabrik für Armaturen und Apparate‹ von *Gustav Gulde* (gegr. 1885) brachte es 1912 auf gerade einmal 9 Arbeiter. Nicht viel größer, gleichwohl für seine Spezialitäten renommiert war das *Schmirgelwerk Ludwigshafen am Rhein* (1912: 13 Arbeitskräfte). Gegründet hatte es der Chemiker Friedrich Zimmermann 1875, der offensichtlich unter dem Druck wachsender Konkurrenz und verfallender Preise seine Leime teilweise direkt zu verarbeiten suchte. 1888 verkaufte er diesen Teil seines Unternehmens an Karl Lebert, der 1912 auch als Inhaber des Verzinkungs- und Galvanisierungswerks *Helios* (13 Arbeiter) in Erscheinung trat. Lebert stellte aus „Naxos- und Levantiner Schmirgel, Feuerstein, Glas und sonstigen Materialien" mit Leim als Bindemittel ein umfassendes Sortiment von Produkten zum Schleifen und Polieren für handwerkliche und industrielle Zwecke her. Das Werk galt „als eines der ersten" seiner Art und versandte „seine Erzeugnisse nicht nur in Deutschland, sondern nach fast allen Kulturstaaten".[171]

Das Schmirgelwerk Carl Lebert am Südende des BASF-Geländes nach einer zeitgenössischen Zeichnung [77]

Schließlich sei auf einen Produktionsbereich hingewiesen, der sich gerade während des Kaiserreichs kräftig entwickelte, wichtige Modernisierungsschübe für das städtische Leben brachte und nach Personalbestand und technischer Ausstattung dem industriellen Sektor zuzuordnen ist: die kommunalen Wirtschaftsbetriebe wie Gas-, Wasser- und Elektrizitätswerk, Schlachthof und städtische Straßenbahn. Sie wurden allerdings nicht in erster Linie unter kommerziellen Gesichtspunkten betrieben, obwohl sie sich nach Möglichkeit rentieren sollten und dies großenteils auch taten. Hier seien sie als nicht zu unterschätzender Teil der Ludwigshafener Wirtschaft wenigstens erwähnt; ausführlicher ist von ihnen später die Rede *[vgl. Stadt-Unternehmer, Seite 555]*.

Banken – Geldverkehr – Versicherungen

Angesichts der dynamischen Entwicklung der Industriestadt stellt sich die Frage nach den Finanzen: Wie brachten die Unternehmen die erforderlichen Gelder auf, wie wurden Kapitalerhöhungen durchgeführt, wie tätigte man die unvermeidlichen Vor- und Zwischenfinanzierungen im täglichen Geschäftsverkehr, wie funktionierte der Geldtransfer, welche Rolle spielten Versicherungen? Darüber ist noch wenig bekannt; das Wenige aber spricht für zahlreiche Verflechtungen und Vernetzungen innerhalb der Unternehmerschaft und innerhalb des relativ kleinen Kreises potenter Kreditinstitute, der sich im Lauf der Jahrzehnte vor Ort herausbildete.[172]

Das Fehlen leistungsfähiger Banken in der Pfalz konnte für die Entwicklung der jungen Siedlung zumal nach dem wirtschaftlichen Einbruch von 1849 zum unerwünschten Hemmschuh werden, denn das 1850 gegründete Bankgeschäft von Sebastian Lederle,[173] einem Speditionskaufmann, war größeren Finanzaktivitäten kaum gewachsen. Die bayerische Regierung genehmigte daher nach längeren Vorerhebungen 1852, eine Filiale der *Königlich Bayerischen Bank Nürnberg* in Ludwigshafen zu etablieren. Mitte dieses Jahres eröffnet, blieb sie bis 1876 „fast die einzige Stelle für kurzfristige Betriebsvorschüsse an Handel, Industrie und Gewerbe".[174] Wie groß der Bedarf auf der Nachfrage- wie auf der Angebotsseite war, zeigt der Anstieg des Geschäftsumfangs (Umsatz in

Anmerkungen
Seite 424 und 425

172 f.d.F. Stadtgeschichte (1903), S. 577ff; wenig ergiebig Kleefeld von Wüstenhoff

173 vgl. Poller 1979, S. 150f

174 Hundert Jahre (1952), S. 21

175 JHKL 1913 II, S. 105

176 vgl. Stadtgeschichte (1903), S. 580ff; Mayr, S. 60ff, 168ff; Gutmann; Weiß, S. 220ff; Breunig 1986, S. 66ff

Der Schalterhof im Gebäude der Bayerischen Staatsbank [78]

Hauptportal des 1903 errichteten Gebäudes der Bayerischen Staatsbank in der Kaiser-Wilhelm-Straße [79]

Mark 1853: 11 Mio., 1863: 51 Mio., 1873: 86 Mio., 1883: 111 Mio., 1893: 373 Mio., 1903: 736 Mio., 1913: 3,387 Mrd.[175]). Der repräsentative Neubau der Filialbank, im Jahr des 50jährigen Gemeindejubiläums von Ludwigshafen eingeweiht, an Baumustern des französischen Barock orientiert, strahlte solides Selbstbewußtsein aus – und erwies sich schon zehn Jahre später wieder als zu klein.

Inzwischen hatte sich die Situation auf dem Ludwigshafener Geld- und Kreditmarkt allerdings grundlegend gewandelt, hatte sich hier eine ganze Reihe von Banken mit Haupt- oder Nebenstellen niedergelassen, so daß die großen und die kleineren Geschäftsleute nicht mehr im bisherigen Ausmaß auf die naheliegenden Mannheimer Ressourcen zurückgreifen mußten.

Recht eigentlich auf Ludwigshafener Grund und Boden entstand die *Pfälzische Bank*:[176] 1867 schlossen sich 36 Interessenten zum solidarisch haftenden Vorschußverein Ludwigshafen nach den Prinzipien von Schulze-Delitzsch zusammen, erweiterten zwei Jahre später die Geschäfte der nunmehrigen *Volksbank Ludwigshafen am Rhein* über den engen Kreis der Mitglieder hinaus, zunächst noch auf genossenschaftlicher Grundlage, unter dem wachsenden Einfluß kapitalkräftiger Unternehmerschaft seit 1883 als Aktiengesellschaft mit einem Startkapital von 600 000 Mark (1884: 1,2 Mio. Mark). Das Wachstum beschleunigte sich nachhaltig, als das Unternehmen seinen Geschäftsbereich seit 1884 aus der lokalen Bindung zu lösen begann und 1886, nun unter der Bezeichnung Pfälzische Bank, in Kaiserslautern und Pirmasens erste größere Filialen gründete. 1903 gehörten ihr 18, 1914 34 derartige Zweigniederlassungen in der bayerischen Pfalz, in Baden, Hessen und Bayern, großenteils entstanden durch die Übernahme einer Serie kleinerer und größerer Geldinstitute, darunter der Deutschen Unionbank in Mannheim/Frankfurt mit einem Aktienkapital von 6 Mio. Mark (1895). Die zunehmende Vernetzung mit der südwestdeutschen und bayerischen Finanzwelt und Industrie führte dazu, daß die Pfälzische Bank an so wichtigen Finanzplätzen wie Mannheim (1895) und Frankfurt a. M. (1895), München und Nürnberg (1897) eigene Vertretungen besaß. Das Aktienkapital erhöhte sich bis 1901 auf 50 Mio. Mark, der Umsatz stieg

Das Gebäude der Pfälzischen Bank in der Ludwigstraße – später Deutsche Bank [80]

Aktie der Pfälzischen Hypothekenbank 1892 [81]

von rd. 7 Mrd. Mark 1899 auf über 15 Mrd. Mark 1913, die Dividende lag 1912/13 bei 7%.[177] Neben den üblichen Kreditgeschäften tätigte die Pfälzische Bank als sog. Universalbank u. a. die Umwandlung von Industrieunternehmungen in Aktiengesellschaften, handelte mit Pfandbriefen und beteiligte sich bei der Emission von Anleihen des Deutschen Reichs und der deutschen Bundesstaaten, ausländischer Staaten und einer beachtlichen Anzahl deutscher Städte – auch Ludwigshafen besorgte sich bei einem Konsortium unter der Federführung der Pfälzischen Bank wiederholt namhafte Beträge.[178] Trotz der bemerkenswerten Expansion aber sah sich die Pfälzische Bank schließlich genötigt, angesichts der zunehmenden Konzentration im Finanzgeschäft und angesichts zeitweisen Einbruchs ihrer Gewinnerwartungen zunächst in engere Geschäftsverbindungen mit dem A. Schaffhausenschen Bankverein (Köln) als stillem Teilhaber zu treten und 1911 nach Übernahme der Süddeutschen Bank (Mannheim) mit der Rheinischen Creditbank in Mannheim eine Interessengemeinschaft einzugehen, die ihren Eintritt in den Konzern der Deutschen Bank zur Folge hatte. Die Pfälzische Bank behielt zwar ihre Selbständigkeit, doch die Personalunion von Vorstand und Aufsichtsrat mit der Rheinischen Creditbank sorgte für Abstimmung der Interessen zwischen den beiden Partnern.

Während die Pfälzische Bank von Ludwigshafen aus den Weg zur Großbank einschlug, etablierten andere große Geldinstitute ihrerseits Zweigstellen in der Pfalzmetropole, so 1872 die *Süddeutsche Bodenkreditbank*, 1875 die *Bayerische Notenbank,*[179] beide München, und 1876 die *Reichsbank* mit einer Nebenstelle, die dank guter Geschäftsentwicklung[180] 1905 zu einer Reichsbankstelle mit ansehnlichem eigenen Gebäude aufgewertet wurde. Während die beiden letztgenannten Häuser vor allem Handel und Industrie durch Wechsel-Diskont- und Lombard-, dann zunehmend durch Giro-Verkehr bedienten, widmete sich die Filiale der Süddeutschen Bodenkreditbank dem Hypothekengeschäft auf einem lohnenden Terrain, denn leistungsfähige Einrichtungen für die Vergabe von Immobilienkrediten gab es in der Pfalz bis dato noch nicht; Interessenten mußten sich angesichts der mangelhaften pfälzischen Hypothekengesetzgebung französischen Ursprungs an die oft wucherischen privaten Geldverleiher im näheren Umfeld wenden, zumal die Hypothekenbanken im benachbarten ›Ausland‹ sich mit Blick auf die ungenügende Rechtssicherheit bei der Vergabe von Krediten in die Pfalz zurückhielten.[181] Die Süddeutsche Bodenkreditbank blieb eine der wichtigsten Anlaufstellen für Kreditsuchende in Ludwigshafen,[182] auch als ihr fast anderthalb Jahrzehnte später nach zwei gescheiterten Gründungsversuchen[183] endlich leistungsfähige Konkurrenz erwuchs: 1886 gelang es „einer Anzahl der hervorragendsten Kapitalisten der Pfalz",[184] vor allem bekannten pfälzischen Gutsbesitzern nationalliberaler Couleur wie Bassermann-Jordan, Bürklin und Buhl, unter Federführung von Dr. August Clemm, einem Mitbegründer der BASF, Präsidenten der Pfälzischen Handels- und Gewerbekammer und bayerischem Landtagsabgeordneten, im Zusammenspiel mit der seit 1871 tätigen Rheinischen Hypothekenbank in Mannheim, die *Pfälzische Hypothekenbank* als AG mit einem Grundkapital von 6 Mio. Mark aus der Taufe zu heben (29. Mai 1886).[185] Staatliche Anerkennung von Pfandbriefen und Kommunalobligationen der Bank als Anlageobjekte für Gemeinden und Stiftungen, wie rechtsrheinisch bereits üblich, förderte die ebenso

Anmerkungen
Seite 426

177 JHKL 1913 II, S. 107

178 vgl. Angaben bei Bappert, S. 127

179 JHKL 1909 II, S. 136 und 1913 II, S. 106; Umsatz 1893: 211 Mio., 1903: 330 Mio., 1913: 262 Mio. Mark, wobei sich das Hauptgewicht zunehmend auf den Giroverkehr verlagerte. Die Notenbankfiliale verfügte bald über eine größere Zahl von Agenturen im Regierungsbezirk; 15 seit 1909

180 VB 1900/04, S. 168; 393 Mio. Mark Umsatz 1903; JHKL 1913 II, S. 104; Gesamtumsatz 1913: 2,321 Mrd. Mark, davon 1,927 Mrd. Mark im Giroverkehr, 0,354 Mrd. Mark im Wechselverkehr und 0,040 Mrd. Mark im Lombardverkehr

181 vgl. Kermann, S. 177ff, 188

182 1914 betrug der Darlehensbestand für 702 Objekte in Ludwigshafen 18,2 Mio. Mark und damit mehr als bei der Pfälzischen Hypothekenbank (15,2 Mio. Mark) und bei der Städtischen Sparkasse (6,9 Mio. Mark); Kempter, S. 114ff

183 vgl. Kermann, S. 187ff

184 Gutachten der Speyerer Kreisregierung vom 9. 2. 1886, zit. bei Kermann, S. 198

185 Stadtgeschichte (1903), S. 583ff; Mayr, S. 63, 194ff; Epochen, S. 13ff; Kermann, S. 197ff

zügige wie stabile Entwicklung des Unternehmens; das Aktienkapital wuchs bis 1910 auf 19 Mio. Mark, der Hypothekenbetrag erreichte Ende 1913 474 Mio. Mark, der Pfandbriefbetrag 449 Mio. Mark.[186] Die wirtschaftliche Bedeutung der Bank für den Bausektor und dessen Zulieferer am Ort war dementsprechend groß[187] – 15,2 Mio. Mark auf 918 Objekte[188] betrugen die Hypothekendarlehen im Stadtbezirk Ludwigshafen Anfang 1914, aber sie reichte, wie die angegebenen Daten zeigen, weit über Ludwigshafen und über die Pfalz hinaus; rechtsrheinisches Bayern und Preußen (Berlin und Ruhrgebiet) bildeten mit Abstand die wichtigsten Anlagegebiete.[189] Nach dem Übergang der Pfälzischen Bahnen in Staatsregie 1909 rangierte die Pfälzische Hypothekenbank in der Stadt unter den Höchstbesteuerten nach der BASF an zweiter Stelle.

Ganz anderer Art waren zwei Geldinstitute, die gegen Ende des 19. Jahrhunderts ihren Geschäftsbetrieb in Ludwigshafen aufnahmen: die *Landwirtschaftliche Zentral-Darlehenskasse für Deutschland, Filiale Ludwigshafen a. Rh.* und die *Pfälzer Genossenschaftsbank*, beides Einrichtungen des Raiffeisenverbandes zur Verbesserung der landwirtschaftlichen Produktions- und Kreditbedingungen.[190] Die erstgenannte Filiale wurde 1897 von Wachenheim an der Haardt in die Industriestadt am Rhein verlegt, weil sie hier einem wesentlichen Teil ihrer Aufgaben sehr viel besser als im ländlichen Umfeld nachkommen konnte, nämlich der Vermittlung landwirtschaftlicher Bedarfsartikel für die angeschlossenen Spar- und Darlehensvereine des Raiffeisen-Verbandes – 1902 immerhin 287 an der Zahl:[191] In mehreren Lagerhäusern mit einer Kapazität von 3 500 t waren 1902/03 mehr als 100 Arbeiter beschäftigt und setzten in der Warenabteilung 1902 5,3 Mio. Mark um. Deutlich größer war – bei steigender Tendenz – der Umsatz in der Geldabteilung (1902: 15,6 Mio. Mark, 1913: 35,7 Mio. Mark), während die Warenabteilung stagnierte (1913: 4,4 Mio. Mark).[192] Eng verbunden mit der Filiale der Zentral-Darlehenskasse war die Pfälzer Genossenschaftsbank (1899): Sie diente als Geldausgleichsstelle für die landwirtschaftlichen Produktivgenossenschaften, die sich dem pfälzischen Raiffeisenverband angeschlossen hatten und ihre Produkte u. a. über eigene Verkaufsgenossenschaften (so für Tabak und für Getreide) mit Sitz in Ludwigshafen absetzten;[193] ihr Umschlag belief sich 1902 auf den vergleichsweise bescheidenen Betrag von 5,1 Mio. Mark.

Erstaunlich spät schaltete sich die Stadt Ludwigshafen selbst in den lokalen Finanzmarkt ein: Erst am 1. September 1888 trat eine Städtische Sparkasse ins Leben vor allem zum Nutzen der kleinen Sparer und der ortsansässigen Kreditsuchenden, die hinreichende hypothekarische Sicherheiten zu bieten vermochten *[vgl. nähere Angaben unter Sparkasse, S. 566]*.

Demgegenüber scheiterte die Post zwar 1885 im Reichstag mit einem Gesetzentwurf zur Einführung einer überregional arbeitenden Postsparkasse, konnte jedoch mit der Einführung des Postscheckverkehrs Anfang 1909 einen wesentlichen Beitrag zur Erleichterung des bargeldlosen Zahlungsverkehrs leisten; die neue Einrichtung gewann für Handel und Industrie noch an Bedeutung, als sie 1910 mit dem internationalen Postgiroverkehr – zunächst mit Österreich, Ungarn und der Schweiz – verbunden wurde. Bemerkenswerterweise erhielt Ludwigshafen – und nicht Mannheim – ein eigenes Postscheckamt; 1914 nahmen die 73 Mitarbeiter auf 2 562 Konten gut 3,6 Mio. Buchungen vor,[194] die weit mehr als 1 Mrd. Mark bewegten.[195]

Anmerkungen Seite 427

186 JHKL 1913 II, S. 108

187 vgl. Mayr, S. 86f

188 Kempter, S. 114

189 Hinweise bei Kempter, S. 112; Epochen, S. 26f, 69f; Kermann, S. 201f, 209ff

190 Stadtgeschichte (1903), S. 586f; Jung 1924, S. 41ff

191 1913 noch 247 mit durchschnittlich 135 Mitgliedern; Jung 1924, S. 78

192 Jung 1924, S. 170

193 vgl. Stadtgeschichte (1903), S. 593; Jung 1924, S. 165ff

194 Weiß, S. 369

195 1913 entfielen auf die 3,4 Mio. Buchungen (Gut- und Lastschriften) 1,257 Mrd. Mark; JHKL 1913 II, S. 61

Rechenschaftsbericht der Atlas-Lebensversicherungsgesellschaft in Ludwigshafen, 1901 [82]

Hauptumschlagsgut Kohle: Das Kohlenschiff ›Gebrüder Röchling‹ fährt am 29. Juli 1895 als erstes Schiff in den neuen Luitpoldhafen ein [83]

Schon früh boten in Ludwigshafen Versicherungsagenturen die Möglichkeit, sich gegen die verschiedensten Risiken im Industriezeitalter zu schützen – 1871 mindestens 23, vor allem solche von Feuer-, aber auch solche von Lebens-, Transport- und Hagelversicherungen.[196] Doch erst 1896 ließ sich am Ort selbst eine eigenständige Gesellschaft, die *Deutsche Lebensversicherungs-Gesellschaft Atlas* nieder.[197] Das Aktienkapital von 10 Mio. Mark und die Ausweitung des Geschäfts über die Grenzen des Deutschen Reichs hinaus auf die Schweiz (1898), Belgien (1898), Niederlande (1899) und Frankreich (1903) zeigen, daß es sich um ein größer geplantes Unternehmen handelte. Das Versicherungsspektrum umfaßte erheblich mehr, als der Name allein vermuten läßt, nämlich „Lebens-, Renten-, Pensions- und Aussteuer-Versicherungen aller Art, Unfall- und Haftpflicht-Versicherungen sowie Kautions-Versicherungen" – letztere „gegen Verluste durch Verschulden von Personen in Vertrauensstellungen". Die Versicherungssumme, die Ende 1897 5,6 Mio. Mark betragen hatte, stieg bis 1913 auf 91,5 Mio. Mark.[198] Das Unternehmen stand dabei in harter Konkurrenz mit Wettbewerbern: Unter den 73 ›Versicherungs-Geschäften‹ mit ihren Generalagenturen, die das Ludwigshafener Adreßbuch von 1913 ausweist, angefangen von dem *Allgemeinen Deutschen Versicherungs-Verein* (Stuttgart) und der *Allianz* (Berlin) bis zur *Allgemeinen Unfall- und Haftpflicht-Versicherungs-Aktien-Gesellschaft Zürich*, befanden sich mindestens 16 Firmen, die (auch) dasselbe Feld wie die Atlas bestellten.[199]

Transport und Verkehr, Kommunikationstechnik

Die entscheidende Bedeutung der Verkehrsgunst für die Entwicklung der Stadt Ludwigshafen ist hinreichend oft betont worden. Noch wenig war hingegen die Rede von Größenordnungen und Leistungen des ›Verkehrsgewerbes‹, das es erst ermöglichte, die Verkehrsgunst in wirtschaftlichen Gewinn umzusetzen. Transport und Verkehr zählten vor allem dank Hafen, Eisenbahn und Post zu den gewichtigeren Erwerbszweigen in der Industriestadt – das schlug sich in der Gewerbestatistik nieder [*vgl. Tabelle Hauptberuflich Tätige, S. 381*], eindrucksvoller jedoch noch in der Entwicklung der Leistungsbilanz.

Anmerkungen
Seite 428 und 429

196 *vgl. die Angaben in [Beginn, S. 377]*
197 *Stadtgeschichte (1903), S. 594f; die folgenden Zitate ebd., S. 595*
198 *JHKL 1913 II, S. 118*
199 *AB 1913, S. 587ff*
200 *f.d.F. vgl. Esselborn, S. 123ff; Stadtgeschichte (1903), S. 512ff*
201 *Weiß, S. 410; vgl. Poller 1974, S. 85*
202 *150 Jahre Rheinhafen Mannheim, Mannheim 1978, S. 37*

Die Dampffähre zwischen Ludwigshafen und Mannheim um 1910 [84]

Seit den 1840er Jahren wurde Ludwigshafen von Dampfschifffahrtsgesellschaften angesteuert, die für gewöhnlich Personen- und Güterverkehr auf dem Rhein ab dem und bis zum Hochseehafen Rotterdam betrieben.[200] 1842 bildete sich in Ludwigshafen selbst die *Bayerisch-Pfälzische Dampfschleppschiffahrts-Gesellschaft*, eine der ältesten Aktiengesellschaften in der Pfalz; nach Anlaufschwierigkeiten bediente sie erstmals erfolgreich die Verbindung nach Rotterdam und Amsterdam, seit 1867 sogar durch einen Schnelldienst, um mit der Eisenbahn konkurrieren zu können. 1895 allerdings löste sich die Gesellschaft auf.

Ebenfalls noch in den 1840er Jahren nahm die *Niederländische Dampfschiff-Reederei* in Zusammenarbeit mit einer Ludwigshafener Speditionsfirma den regelmäßigen Verkehr von und nach Rotterdam auf. Die *Kölnische und Düsseldorfer Dampfschiffahrtsgesellschaft* hingegen, die schon seit 1832 Mannheim anlief, machte erst 1878 in Ludwigshafen fest, hier vertreten durch das Handelshaus Clemens Grohé;[201] das Besondere an ihrem Service bestand darin, daß sie über Rotterdam hinaus den direkten Anschluß an den Seeverkehr herstellte.

Speziell für das Geschäft mit Getreide interessierten sich zwei in Mannheim ansässige Firmen. Die *Badische Aktiengesellschaft für Rheinschifffahrt und Seetransport* gründete 1896 – ein Jahr nach Auflösung der Bayerisch-Pfälzischen Dampfschiffahrtsgesellschaft – in dem noch nicht ganz fertiggestellten Luitpoldhafen eine Zweigniederlassung, die im wesentlichen aus einem stattlichen Getreidespeicher (ca. 9 000 t Fassungsvermögen) mit modernstem technischen Zubehör bestand. Die *Rheinschiffahrts-Aktien-Gesellschaft vorm. Fendel* tat wenige Jahre später denselben Schritt, indem sie 1900 durch Fusion mit der Straßburger Rheinschiffahrts-Gesellschaft GmbH ein Lagerhaus im Luitpoldhafen mit 10 000 t Fassungsvermögen und 1901 zusätzlich eine Werfthalle errichtete (ca. 3 000 t Volumen). An die Betriebsgemeinschaft, welche die beiden Firmen einige Jahre später eingingen, schloß sich 1912 die *Bayerische Transportgesellschaft vorm. Theodor Fügen GmbH* an[202] – auch im hartumkämpften Transportgeschäft war Konzentration angesagt.

Der *Ludwigshafener Local-Dampfschiffahrtsgesellschaft* kam, wie ihr Name schon anzeigt, gegenüber den bisher genannten Unternehmen bloß lokale Bedeutung zu. Erwähnt werden soll sie dennoch, weil sie zwischen 1869 und 1919 einen nicht zu unterschätzenden Beitrag für die engere Verbindung zwischen den beiden Nachbarstädten am Oberrhein geleistet hat.[203] Grund für ihre Entstehung war der Umstand, daß die neuerbaute Rheinbrücke den Bewohnern der weiter nördlich gelegenen Stadtteile von Ludwigshafen außer den fälligen Brückengebühren einen größeren Umweg abnötigte, wenn sie ans andere Ufer strebten. Deshalb erregte der Abbau der alten Schiffsbrücke über den Rhein beträchtlichen Unmut, und so konnte sich die von Spediteur und Bankier Sebastian Lederle und drei Konsorten gegründete Dampfschiffahrtsgesellschaft im Wettbewerb mit Pferdebahn und ›Elektrischer‹ auf schließlich vier Überfahrten bis ins frühe 20. Jahrhundert behaupten, bevor sie infolge des fortschreitenden Ausbaues der Straßenbahn zunehmend unter finanziellen Druck geriet.

Natürlich beschränkte sich der Wasserverkehr keineswegs auf die genannten Gesellschaften, denn der Rhein wurde durch die Mannheimer Rheinschiffahrtsakte vom 17. Oktober 1868 ab dem 1. Juli 1869 für Fahrzeuge aller Nationen freigegeben, ohne daß sie dafür die bisher fälligen Oktroigebühren zahlen mußten. Grafik 2, S. 741 läßt bei allen Schwankungen im Zeitverlauf den beachtlichen Anstieg erkennen: 1870—1913 zu Schiff auf gut den 21fachen Stand, bei der Bahn immerhin auf das 5,8fache. Daß der Transport zu Wasser sich lebhafter entwickelte als derjenige auf der Schiene, erklärt sich nicht zuletzt aus dem wachsenden Fassungsvermögen der Schiffe, aus den steigenden Leistungen der Schlepper und aus der größeren Umschlaggeschwindigkeit dank Erweiterung und technischer Modernisierung der Hafenanlagen *[vgl. Hafen, S. 501]*, so daß die Frachtsätze von den 1870er Jahren bis zum Ausbruch des Ersten Weltkriegs um mehr als die Hälfte fielen. Der beginnende Ausbau des Rheinoberlaufs zur Wasserstraße für die Großschiffahrt seit 1907 konnte trotz wachsender Bedeutung der Häfen Karlsruhe, Kehl und Straßburg die Schlüsselstellung von Mannheim und Ludwigshafen im Umschlag zwischen Schiff und Schiene nicht ernsthaft gefährden. Rheinabwärts dagegen vermochte die Eisenbahn beim Transport von Massengütern mit dem Wasserweg kaum zu konkurrieren allen tarifpolitischen Schachzügen zum Trotz: 1913 kostete der Kohlentransport von den Ruhrhäfen nach Mannheim-Ludwigshafen auf der Schiene fast viermal so viel wie per Schiff.[204] Entschieden wichtiger als mögliche oder tatsächliche Konkurrenz zwischen Schiff und Schiene blieb ihre Kooperation zu beiderseitigem Vorteil; nicht ohne Grund investierten die Pfälzischen Eisenbahnen stattliche Summen in den Ausbau der Hafenanlagen Ludwigshafens und übernahmen in wesentlichen Teilen den Hafenbetrieb *[vgl. Hafen, S. 501]*. Der Umschlag zwischen Wasser und Schiene machte in den letzten Vorkriegsjahren ein knappes Drittel des gesamten Hafenverkehrs aus – etwa ein Fünftel der ›Wasserankunft‹ ging zum Weitertransport auf die Bahn, gut die Hälfte der ›Wasserabfahrt‹ wurde von der Bahn aus größerer Distanz geliefert.[205]

„Die wichtigsten in Ludwigshafen zum Umschlag gelangenden Güter und Waren sind Kohlen, Getreide, Mühlenfabrikate, rohes und bearbeitetes Eisen, Baumaterialien, Holz, chemische Produkte, Zucker, Salz, Düngemittel und Petroleum", resümierte die Stadtgeschichte von 1903. Empfang und Versand per Bahn und Schiff nach abnehmender

Anmerkungen
Seite 430 und 431

203 vgl. Breunig 1986, S. 91ff

204 Weynantz, S. 119, 122

205 vgl. Daten bei Knöll, S. 66

206 Stadtgeschichte (1903), S. 461; vgl. ebd., S. 510f

207 Die folgenden Angaben beziehen sich allein auf den Wassertransport stromaufwärts bis Ludwigshafen und von dort wieder stromabwärts; der Anteil, der auf den Austausch zwischen Ludwigshafen und weiter rheinaufwärts gelegenen Häfen entfiel, betrug 1913 nur 6% des gesamten Ludwigshafener Schiffahrtsverkehrs; f.d.F. vgl. Daten in JHKL 1913 II, S. 74, 81ff; Knöll, S. 48, 50; Weynantz, S. 163, ferner bes. Weynantz, S. 124ff

208 berechnet nach Knöll, S. 67

209 geschätzt nach Fischer, S. 48, 51

210 Knöll, S. 87f

211 Weynantz, S. 167ff

Größenordnung der genannten Artikel,[206] und die Reihenfolge blieb während des folgenden Jahrzehnts ziemlich unverändert. So läßt sich die Situation des Jahres 1913 in den Grundzügen auf die vorangehenden Jahre und Jahrzehnte übertragen. Einige Angaben über Zu- und Abfuhr auf dem Rhein mögen eine etwas genauere Vorstellung von der Bedeutung der Warenströme und zugleich von deren Verflechtung in größere, vielfach globale wirtschaftliche Zusammenhänge vermitteln.[207] Von der Zufuhr (1,848 Mio. t), auf die sieben Zehntel des Umschlags entfielen, stammte ein gutes Drittel (37%) aus dem Ausland.[208] Kohle, d. h. in erster Linie Steinkohle aus dem Ruhrgebiet, dazu Koks und Braunkohle – insgesamt 895 000 t, bildete den weitaus voluminösesten Zufuhrartikel; verbraucht wurde sie hauptsächlich von der Ludwigshafener Industrie selbst – 1913 zu vier Fünfteln; der Rest verteilte sich fast ganz auf die bayerische Pfalz (knapp zwei Drittel) und die Schweiz (gut ein Drittel). Nach Gewicht (303 000 t) den zweiten, nach Wert den ersten Platz nahm Getreide aus aller Herren Länder ein. Die größte Masse (1912 z. B. an die 90%[209]) kam aus dem Ausland, meist auf dem Wasserweg aus den russischen Ostseeprovinzen, aus Kanada und den USA, während die Importware aus Südrußland, Rumänien, Südamerika, Australien oder Indien auch den Weg über die großen Mittelmeerhäfen mit der Eisenbahn fand. Weizen stand mit Abstand an vorderster Stelle (1913: 73%) vor Hafer (9%), Gerste (8%), Mais (6%) und Roggen (3%).[210] Die Walzmühle verarbeitete 80—90% der Anlieferungen [*vgl. Nahrung, S. 417*]; größere Partien verließen die Firma wiederum auf dem Wasserweg. Vom Roheisen (79 000 t), fast ausschließlich aus dem Ruhrgebiet, nur bis zu 5% aus dem Ausland stammend, erreichten rd. zwei Drittel 1913 per Bahn ihre Endabnehmer, annähernd zur Hälfte im Saargebiet, zu einem Viertel in der bayerischen Pfalz, zu einem bescheidenen Teil in Italien (4%) und in der Schweiz (3%). Die stattliche Zufuhr von Erzen (179 000 t) bestand vornehmlich aus Schwefelkies (Pyrit; 123 000 t): Er wurde zwecks Herstellung von Schwefelsäure in großen Angebinden aus Spanien an die BASF geliefert, die dank des Schwefelsäurekontaktverfahrens zur bedeutendsten Produzentin dieses wichtigen Grundstoffs der chemischen Industrie geworden war und jenseits des Eigenbedarfs beträchtliche Mengen verkaufte; der verbleibende Kies-Abbrand (96 000 t) gelangte wiederum auf dem Wasserweg nach Duisburg, wo die Duisburger Kupferhütte die in ihm enthaltenen Metallteile, vor allem Kupfer und Eisen, ausschmolz. Ebenfalls rheinabwärts wurden Eisenprodukte (247 000 t Fertigfabrikate wie Maschinen usw., ferner Stabeisen, Eisenträger, Schienen, Röhren u. ä.), sog. Brucheisen aus dem Saargebiet (104 000 t) und Erze aus Lothringen (45 000 t) in beachtlicher Menge umgeschlagen und gingen vielfach in den Export. Bei dem Abfuhr-Posten Erde, Kies und Ton (59 000 t) handelte es sich keineswegs nur um einfache Baumaterialien, sondern vor allem um sog. Klebsand für die Herstellung von Gußformen und von Feuerzement, um Tonmergel, der in der Steinzeugfabrikation Verwendung fand, und um fetten Ton aus dem Gebiet von Eisenberg und Hettenleidelheim zur Chamottestein-, Porzellan- oder Terrakotta-Produktion.[211] Der Dünger bestand, soweit es die Zufuhr betrifft (73 000 t), zu einem knappen Drittel aus Chilesalpeter, der auch zur Produktion von Salpetersäure diente, ansonsten ganz überwiegend aus phosphorsaurem Kalk, dem

Das vermutlich erste Automobil in Ludwigshafen: der Benz ›Comfortable‹ des Verlegers Julius Waldkirch, 1896 [85]

Gütertransport mit der Bahn: der riesige 1895 bis 1900 errichtete Ludwigshafener Rangierbahnhof, 1920er/30er Jahre [86]

Ausgangsstoff für Superphosphat, einem Importartikel namentlich aus den USA, Algier und Tunis. Bei der Dünger-Abfuhr (34 000 t) dominierte das Thomasmehl, ein wertvolles Nebenprodukt aus der Montanindustrie, das nun aus Lothringen und dem Saargebiet über Ludwigshafen seinen Weg rheinabwärts vielfach zu Konsumenten im Ausland fand ebenso wie der in Ludwigshafen selbst produzierte Kunstdünger (schwefelsaures Ammoniak, Ammon-Sulfatsalpeter).[212] Bei der Zufuhr bleibt schließlich auf die rasch steigenden Quantitäten an Erdöl und Petroleum (60 000 t) als einen zunehmend geschätzten Rohstoff für industrielle und gewerbliche Zwecke und auf die steigende Zufuhr von Rohzucker (60 000 t) hinzuweisen, letzterer in der Zuckerfabrik Frankenthal verarbeitet, ein immer selbstverständlicheres Konsumgut breiter Bevölkerungsschichten. Wenn der Transport stromabwärts deutlich weniger Masse aufwies als die Zufuhr nach Ludwigshafen (852 000 t gegenüber 1 849 000 t), so erklärt sich das nicht zuletzt daraus, daß besonders hochwertige Produkte der Industrie ihre Reise zur Kundschaft, falls auf dem Landweg erreichbar, großenteils von vornherein auf der Eisenbahn antraten, gerade auch Erzeugnisse der chemischen Industrie: Teerfarben, Schwefelsäure, Soda und sonstige Chemikalien.

Der Ludwigshafener Güterverkehr per Eisenbahn entwickelte sich schon angesichts der starken gegenseitigen Ergänzung von Schiene und Schiff in ähnlichem Rhythmus (vgl. Grafik 2, S. 741). Das steigende Umschlagsvolumen überforderte allerdings zunehmend den vorhandenen Güter- und Rangierbahnhof an der Strecke nach Mannheim; eine bedarfsgerechte Erweiterung war nur möglich, wenn die ganze Anlage an einen neuen Standort verlagert wurde. Die schließlich getroffene Wahl eines umfangreichen Geländes zwischen Ludwigshafen und Mundenheim in unmittelbarer Nachbarschaft zur Bahnstrecke in Richtung Neustadt, von den Pfälzischen Eisenbahnen über Jahre zusammengekauft, sicherte eine langfristig tragfähige Lösung des Problems. Rund 48 km Rangier- und Abstellgleise sorgten nach dem Bau des Rangierbahnhofs (1895 ff) für die reibungslos-zügige Abwicklung des Verschiebegeschäfts.[213]

Anmerkungen
Seite 432 und 433

212 *Weynantz, S. 174ff*
213 *vgl. Stadtgeschichte (1903), S. 479, 481f*
214 *ebd., S. 462: „abgehende Personen" 1870: 160 238, 1902: 1 150 050; JHKL 1913 II, S. 52: „abgegebene Fahrausweise" 1 459 191*
215 *Stadtgeschichte (1903), S. 462*
216 *Springer, S. 80*
217 *Waldkirch, S. 100ff; Rothenberger 1999, S. 515f*
218 *Springer, S. 96*
219 *vgl. Messungsdaten aus Kaiserslautern von 1912 bei Rothenberger 1999, S. 528*
220 *vgl. Rothenberger 1999, S. 509f*

Postfuhrwerk und Postbedienstete
um 1900 [87]

Eine ›Radfahrkarte‹ des Bürgermeisteramtes Rheingönheim 1911 [88]

Lebhafter noch als der Gütertransfer stieg der Personenverkehr auf der Bahn: gemessen an den „abgehenden Personen" 1870—1902 auf gut das Siebenfache, 1902—1912 noch einmal um 27%.[214] Entscheidend trug dazu der ›Arbeiterverkehr‹ bei, der sich zu einem erheblichen Teil auf der schmalspurigen Lokalbahn abspielte, wie deren hoher Anteil am gesamten Verkehrsaufkommen erkennen läßt (48% im Jahr 1902). Stark ermäßigte Arbeiterwochen- und Monatskarten auf sämtlichen Bahnen und „sorgsame Anpassung des Fahrplans an die Verkehrsbedürfnisse",[215] also an die Arbeitszeiten der Industrie, machten die tägliche Pendelwanderung in die Industriestadt zu einem lohnenden Unterfangen. Hinzu kam als wichtiger Verkehrsträger im innerstädtischen Bereich bei vollem Verbund mit Mannheim seit 1878 die Pferdebahn, seit 1902 die elektrisch betriebene Straßenbahn [*vgl. Schienen, S. 505*].

Die Anfänge des neuartigen ›Kraftwagen‹-Verkehrs ließen demgegenüber noch nichts von dessen künftiger Bedeutung erahnen, auch wenn seit 1906 eine erste Autobuslinie zwischen Ludwigshafen und Bad Dürkheim über Fußgönheim – deshalb damals Auto-Gönheim genannt – erste Einsatzmöglichkeiten erprobte.[216] Der Benz ›Comfortable‹, mit dem Julius Waldkirch 1896 von Ludwigshafen aus den Pfälzer Wald durchquerte, war noch eine Sensation,[217] und allzu viele Nachahmer, die sich den kostspieligen Luxus leisten konnten und wollten, fand er in den nächsten Jahrzehnten noch nicht: 1913 gab es in der Stadt der Arbeit gerade einmal 44 Personenwagen, 12 Lastwagen und 47 Motorräder.[218] Mit Problemen des motorisierten Verkehrs und der Verkehrssicherheit hatte die Polizei noch nicht zu kämpfen. Größere Mühe bereitete ihr der Umgang mit den Radfahrern wegen ihrer stattlichen Zahl, denn obwohl ein Fahrrad den Gegenwert von mehreren Monatslöhnen eines Arbeiters kostete, bot es bei einer Geschwindigkeit von etwa 20 Stundenkilometern[219] letztlich die preisgünstigste Möglichkeit, den Arbeitsplatz über eine größere Entfernung zu erreichen. Die 1898 erlassenen ›Oberpolizeilichen Vorschriften über den Radfahrverkehr‹[220] und die gebührenpflichtige Vergabe von ›Radfahrkarten‹ sorgten für das unvermeidliche Maß an amtlicher Reglementierung und Kontrolle.

Die erste Telefonvermittlungsanlage in Ludwigshafen – und Bayern 1882 [89]

In enger, wenngleich nicht unkomplizierter Wechselwirkung mit der Entwicklung der Eisenbahn stand die Post als umfassender Dienstleister im Personen- und Güterverkehr, zunehmend aber und an erster Stelle bei der schriftlichen und schließlich bei der immer wichtigeren fernmündlichen Nachrichtenübermittlung. Die rasche Abfolge technologischer Innovationen machte sich gerade auch bei der Post bemerkbar.[221] 1871 verschwand in Ludwigshafen der 1853 eingerichtete Poststall, mit dessen Hilfe Personen und Frachtgut in der Region transportiert worden waren: Nachdem das Eisenbahnnetz die publikumsträchtigen Strecken links wie rechts des Rheins erfaßt hatte, erwies sich die Einrichtung als nicht mehr rentabel. Wenn dann anderthalb Jahrzehnte später (1886) ein neuer Poststall eröffnet werden mußte (und bis 1927 im Betrieb blieb), so bestätigte das die überall zu beobachtenden positiven Impulse der Eisenbahn auf den innerstädtischen Güter- und Postverkehr, dem die Verteilerfunktion zwischen Bahnstation, Postämtern und Endempfängern zufiel. Vor allem die Ausweitung des Paketdienstes erhöhte den Bedarf an effizienteren postalischen Transportkapazitäten. Ohnehin erforderte es die immer größere Ausdehnung Ludwigshafens, den Postservice kundennäher zu gestalten. Das 1865 eingerichtete ›Postamt‹, hervorgegangen aus einer älteren ›Postverwaltung‹ zunächst 3. Klasse, dann (1853) 1. Klasse, bis 1876 nur mit einem Schalter, seit 1886 mit drei Schaltern versehen, erhielt seitdem mehrere Zweigstellen (Hemshof 1886, Maxstraße 1896, Brückenaufgang 1903), während die beiden eingemeindeten Orte Friesenheim und Mundenheim über eigene kleinere Postämter verfügten. Die zu erbringenden Leistungen verraten etwas von der Expansion des Nachrichtenbedarfs: Während die Bevölkerung der Stadt 1880—1901 auf knapp den 4,3fachen Stand anstieg, erreichten die Briefpostsendungen fast das Zwanzig-, die Paketpostsendungen wenigstens das 6,6-, der Zeitungsversand das Achtfache, und die Zahl der bearbeiteten Postanweisungen erhöhte sich auf annähernd das Fünf-, die transferierte Geldsumme auf das Sechsfache.[222] Die Entwicklung während des folgenden Jahrzehnts verlief in den genannten Bereichen nicht mehr vergleichbar rasant: Der Brief- und Paketverkehr wuchs 1901—1913 wohl nur noch um wenig mehr als 10%,[223] beim Briefverkehr waren sogar leichte Einbußen zu verzeichnen (1901: 20,6 Mio., 1913: 19,2 Mio. eingegangene und aufgegebene Sendungen), und der Postanweisungsverkehr erlitt nach dem 1908 erreichten Hoch sogar massive Einbrüche, so daß das transferierte Geldvolumen 1913 sehr viel niedriger ausfiel als 1902.[224] Der Grund für diese scheinbare Negativbilanz war in der Modernisierung des postalischen Geldumschlags über Postscheckkonten zu suchen [*vgl. Banken, S. 424*]: Die entsprechenden Aus- und Einzahlungen stiegen für Ludwigshafen 1909 bis 1913 von 6,8 auf 19,5 Mio. Mark.[225]

Damit ist aber nur ein Teil der postalischen Leistungen erfaßt, denn in den frühen 1880er Jahren wuchsen dem staatlichen Monopolbetrieb zwei zukunftsträchtige Dienstleistungsbereiche zu: Telegraphenverkehr und Telefon. Der Telegraph[226] war zwar inzwischen seit fast einem halben Jahrhundert ein erprobtes Mittel der Nachrichtenübermittlung geworden – auch in Ludwigshafen, das Anfang 1854 eine eigene Telegraphenstation erhielt und bis 1866 zum zentralen Knotenpunkt des Telegraphenverkehrs für die gesamte Pfalz avancierte. Aber erst seit dem 1. Januar 1881 wurde die Telegraphenstation „dem Postamte unterstellt".[227]

Anmerkungen
Seite 434 und 435

221 *f.d.F. Stadtgeschichte (1903), S.620ff; Breunig 1986, S.69ff*

222 *errechnet nach Stadtgeschichte (1903), S.625*

223 *von 22,9 auf 26 Mio. eingegangene und aufgegebene Sendungen, wobei für 1901 nur die eingegangenen Zeitungen vermerkt sind; Stadtgeschichte (1903), S.625, VB 1913, S.205, auch f.d.F.*

224 *1902: 27,5 Mio. Mark*
1908: 34,2 Mio. Mark
1913: 18,1 Mio. Mark

225 *VB 1913, S.206*

226 *f.d.F. Stadtgeschichte (1903), S.622ff*

227 *ebd., S.623*

228 *VB 1913, S.206*

229 *AB 1913, S.84*

230 *vgl. VB 1913, S.207*

231 *vgl. AB 1913, S.85ff*

232 *Stadtgeschichte (1903), S.620*

233 *vgl. Beispiele in Waldkirch, S.86*

Geboren aus dem optimistischen Geist des Kaiserreichs: Die vom ›Bürgermeisteramt‹ herausgegebene ›Festschrift‹ zum 50jährigen Stadtjubiläum Ludwigshafens 1903 [f 1]

Der Namensgeber der Stadt: König Ludwig I. von Bayern (1786—1868)
Gemälde von Josef Stieler; Bayer. Staatsgemäldesammlung München [f 2]

Die Rheinschanze 1825
Aquarell von F. Vell
Wilhelm-Hack-Museum, Ludwigshafen [f3]

Ludwigshafen 1853
Kolorierter Stahlstich von Wilhelm Höfle
Stadtmuseum Ludwigshafen [f4]

Ludwigshafens erster Bürgermeister Heinrich Wilhelm Lichtenberger vor der Kulisse der Rheinschanze um 1838
Stadtmuseum Ludwigshafen [f5]

Bürgermeister für 24 Jahre: Friedrich Krafft
Stadtoberhaupt Ludwigshafens von 1896 bis 1920
Stadtmuseum Ludwigshafen [f6]

Verkehrsknotenpunkt: der Hauptbahnhof
Kolorierte Postkarte, frühes 20. Jahrhundert [f7]

Die Ludwigshafener Seite der Rheinbrücke
Kolorierte Postkarte, frühes 20. Jahrhundert [f8]

Markt-(Ludwigs-)Platz mit dem Winterhafen und dem großen Lagerhaus der Pfälzischen Eisenbahnen
Kolorierte Postkarte, frühes 20. Jahrhundert [f 9]

Markttreiben auf dem Ludwigsplatz
Kolorierte Postkarte, frühes 20. Jahrhundert [f 10]

Der Brückenaufgang mit dem Lokalbahnhof
Kolorierte Postkarte, um 1910 [f 11]

Die Bismarckstraße
Kolorierte Postkarte, um 1910 [f 12]

Am Stadtrand: Blick von einem Haus in der heutigen Halbergstraße
über die auf altem Rheinniederungsniveau liegenden Schrebergärten hinweg
zum Gebäude der Weberei Gebr. Mann und zum begrünten Bahndamm;
hinter dem Bahndamm das Gebäude der Pfälz. Hypothekenbank
Gemälde von Adolf Dietrich
1923 [f13]

Unterhaltung: Plakat für das Ludwigshafener Parkfest 1909; StALu, Plakatsammlung [f 14]

Städtische Repräsentation
Decke des Jägerzimmers im städtischen Kurhaus Trifels in Annweiler
von Josef Strickle, 1911 [f21]

Eine Stadt stellt sich vor: kolorierte Postkarte mit bayerischem und Stadtwappen, Rheinbrücke und Jubiläumsbrunnen vermutlich aus dem Jahr des 50jährigen Stadtjubiläums 1903 [f22]

Post und Bahnhof als hervorragende Sehenswürdigkeiten einer modernen Stadt: Ansichtskarte um 1903 [f23]

Im Jahr darauf schlug in Ludwigshafen die Geburtsstunde der ›Telephonie‹. Nicht zufällig wurde hier die erste Anlage Bayerns installiert: Vor allem das Interesse der Industrie, zumal der BASF, an der neuen Kommunikationstechnik und an der Direktverbindung in das benachbarte Mannheim machte es möglich, daß am 1. Dezember 1882 der Telefonverkehr mit 13 Teilnehmern eröffnet wurde. Das Wachstum an erbrachten Dienstleistungen war in beiden Bereichen nicht minder beachtlich als bei der ›gelben Post‹: Die Zahl der expedierten Telegramme nahm 1870—1913 auf das Zehnfache zu (von 41 100 auf 411 000 oder ein gutes Drittel des Gesamtverkehrs in der Pfalz[228]), und noch spektakulärer fiel der Zuwachs beim Telefon nach einem eher verhaltenen Start seit den 1890er Jahren aus, nachdem ein sich ständig verdichtendes Bezirksnetz in der Pfalz entstanden war und ›Fernleitungen‹ den Kontakt mit den Fernsprechteilnehmern in allen größeren Orten innerhalb Deutschlands und über Deutschlands Grenzen hinaus ermöglichten: Bis 1902 erhöhte sich die Teilnehmerzahl auf 455, die der Hauptanschlüsse auf 504, der ›Sprechstellen‹ auf 780, und wer über kein eigenes Telefon verfügte – zur Jahrhundertwende noch etwa 99% der Ludwigshafener Haushalte – der konnte seit 1884 auf einen freilich höchst bescheidenen Bestand an öffentlichen Fernsprechstellen zurückgreifen, sechs im Jahr 1912.[229] 24 ›Telephonistinnen‹ und drei Beamte waren 1903 im ›Telephondienst‹ eingesetzt und stellten z. B. 1901 allein zwischen Ludwigshafen und Mannheim über eine Million Verbindungen her, während damals die Gesamtzahl der Gespräche 2,3 Mio. betrug. Und die fernmündlichen Kontakte nahmen weiter in beschleunigtem Tempo zu: Ende 1913 gab es bereits 1 154 Teilnehmer, 1 313 Hauptanschlüsse und 2 354 Sprechstellen, über die fast 3 Mio. Ortsgespräche, 2,6 Mio. Gespräche nach Mannheim und schätzungsweise an die 700 000 Gespräche im sonstigen „Fernverkehr nach auswärts" abgewickelt wurden,[230] im Oktober 1911 stand Ludwigshafen mit über 1 300 Orten des In- und Auslandes im ›Sprechverkehr‹.[231] Möglicherweise läßt sich der Rückgang des Briefverkehrs auf die neue Möglichkeit des fernmündlichen Direktkontakts zurückführen.

Mit der Fülle und dem Volumen der postalischen Serviceleistungen wuchs das benötigte Personal. Betrug die Zahl der Mitarbeiter 1860 16, so 1903 256, wohl bis auf die Telefonistinnen durchweg Männer. Nach jahrzehntelangen Unterbringungs-Provisorien begann in den späten 1880er Jahren die Planung eines stattlichen ›ärarialischen Posthauses‹,[232] das sämtliche zentralen Postbereiche unter einem Dach zusammenfaßte; im Herbst 1895 war das in späthistoristischem Stil gehaltene, technisch modern ausgestattete Hauptpostgebäude am Bahnhofplatz fertiggestellt, erwies sich aber bald schon wieder als zu klein ausgelegt, als am 1. Januar 1909 in Ludwigshafen das Postscheckamt den Dienst am Kunden aufnahm und binnen weniger Jahre einen beachtlichen Mitarbeiterstab benötigte [*vgl. Banken, S. 424*].

Nicht zu vergessen und zu unterschätzen ist neben den großen Verkehrsunternehmen die Tatsache, daß für die Verbindung mit dem näheren Umland, zumal mit denjenigen Ortschaften, die nicht durch Eisenbahn, Straßenbahn oder Omnibus mit der Stadt verbunden waren, die alte Einrichtung des Boten- und Frachtfuhrwesens üblicherweise mit täglichem Ab- und Zugang oder wenigstens mit mehreren regulären Terminen pro Woche auch jetzt noch unverzichtbar blieb.[233]

Eine Großhandelsfirma mit großem Namen in Ludwigshafen: das Haus Röchling am Oberen Rheinufer [90]

Das Kaufhaus Brann in der Prinzregentenstraße [91]

Großhandel, Handwerk und Einzelhandel

Bisher war allein von großen und mittleren Unternehmen, vor allem von Industriebetrieben die Rede und hierbei fast nur von solchen, die sich erfolgreich durchsetzten. Sie haben das Bild vom aufstrebenden ›pfälzischen Chicago‹ geprägt, waren sie doch die Träger von Innovation und Wirtschaftswachstum und die maßgeblichen Arbeitgeber vor Ort. Darüber sollte man allerdings andere Bereiche nicht aus dem Blick verlieren, die ihrerseits für den wirtschaftlichen Aufstieg Ludwigshafens bedeutsam gewesen sind oder für das Leben in der Stadt unentbehrlich waren, aber gerade wegen ihrer ›Selbstverständlichkeit‹ leicht zu wenig wahrgenommen werden.

Ludwigshafen entstand als Handelsplatz. Groß- und Speditionshandel spielten bei seiner Entstehung und seiner Entwicklung in den ersten Jahrzehnten eine Schlüsselrolle. Während der Speditionshandel seinen einstigen Rang vor allem durch den weiteren Ausbau des Gütertransports der Eisenbahn verlor, behauptete der Großhandel einen wichtigen Platz im Wirtschaftsleben der Stadt,[234] auch als die Industrie seit den 1870er Jahren unwiderruflich an die Spitze rückte. Das Adreßbuch von 1901 benannte unter der Rubrik ›Großhandel‹ immerhin 58, dasjenige von 1913 52 Geschäfte. Der Großhandel befaßte sich zum einen mit Nahrungsmitteln wie Wein (*Carl Lichtenberger* 1868, *Gustav Mehl* 1873), Hopfen (*Neuberger & Landecker* 1855), Kaffee (*I. Wolff & Co.* 1864; *Deutsche Kaffeeröstwerke* mit 38 Beschäftigten 1912), Mineralwasser (*Peter Rixius* 1879 mit Export in die Schweiz, nach Österreich und Rußland, daneben als Lotteriebüro tätig), mit Eiern und Landesprodukten (*Ludwig Engelter & Cie.* 1871), vor allem aber seit dem Aufkommen der Großmüllerei mit Getreide: Die *Firma Weingart & Kaufmann* (gegr. 1861) exportierte ausschließlich Braugerste aus der Pfalz und aus Österreich-Ungarn überwiegend nach Großbritannien, aber auch in die Niederlande, nach Skandinavien und Finnland und beschäftigte damit 1902 20 ›Beamte‹ und an die 100 Arbeiter; Zweigniederlassungen der *Gebr. Zimmern*, Mannheim (1895) und der *Mannheimer Lagerhaus-Gesellschaft* (1896) nutzten geeignete Speicherkapazitäten des Ludwigshafener Hafengeländes (ca. 1 900 t bzw. ca. 2 400 t, letztere 1901 aufgestockt um 2 000 t).[235]

Das zweite wesentliche Aktionsfeld des Großhandels betraf den Grundbedarf der Industrie und der Bauwirtschaft: Eisen, Kohle und Holz. An vorderster Stelle zu nennen ist die von Saarbrücken aus gegründete Eisen- und Kohlengroßhandlung der Gebr. Röchling (1849 gegründet als *C. Schmidtborn, Klingenburg & Co.*, 1878 *Gebr. Röchling & Klingenburg*, seit 1892 *Gebr. Röchling*)[236] – schon deshalb, weil sie ein Sprungbrett für das stattliche Wirtschaftsimperium einer Familie geworden ist. Der vorausschauende Plan, von Ludwigshafen Kohle aus dem Saarrevier, seit 1861 vor allem Ruhrkohle im Großen zu vertreiben, bezog angesichts des geschäftlichen Erfolgs bald den Import englischen und schottischen Roheisens und den Handel mit Eisenwaren ein. Niederlassungen in Ruhrort-Duisburg (1863), Basel (1863), Middlesbrough on Tees (1868—1886), Glasgow (1873) und Antwerpen (1873—1885) und Filialen in Mailand (1882), München (1909) und Hamburg (1913) sorgten für die Abwicklung der international ausgelegten Geschäfte. Seit 1881 die Völklinger Hütte im Saargebiet und 1897 die Carlshütte in Lothringen hinzukam, konnten hochmoderne Produktion und effiziente

Anmerkungen
Seite 436 und 437

234 *Hinweise in Stadtgeschichte (1903), S. 587ff*

235 *ebd., S. 592*

236 *dazu Nutzinger; Kirchgässner 1995; Seibold, S. 60ff*

237 *Weiß, S. 429; Breunig 1986, S. 103f*

238 *Stadtgeschichte (1903), S. 589; 1912 wird eine Lack- und Kittfabrik mit 4 Arbeitern genannt*

239 *Stadtgeschichte (1903), S. 591*

240 *Zugrunde gelegt wurden der Schätzung die Beschäftigten 1895 in Landwirtschaft (2,1%), Nahrungs- und Genußmittel (5,4%), Bekleidung und Reinigung (6,8%), Handelsgewerbe (9,2%), Beherbergung und Erquickung (3,2%) – vgl. Tabelle ›Hauptberuflich Tätige‹, S. 381. Da es auch in den meisten anderen Branchen kleinere und kleine Geschäfte gab, dürfte der Anteil von Kleinhandel und Gewerbe eher noch größer gewesen sein. Genauere Daten ließen sich StALu, LUA 14 entnehmen*

241 *zit. bei Breunig 1986, S. 105*

Vermarktung über ein eingespieltes Vertriebssystem optimal miteinander verzahnt werden.

Verglichen mit Röchling erscheinen andere Geschäfte für industriellen Bedarf sehr viel bescheidener, waren deshalb jedoch keineswegs geringzuschätzen. Die Eisengroßhandlung *Wolf Netter* (gegr. 1856) erweiterte ihr Geschäft 1894 durch Gründung einer Achsenfabrik, deren Produkte in ganz Deutschland Abnehmer fanden. Mit Holz handelte die Firma Karl Ludwig *Fickeisen* (1870), mit Holz- und Baumaterialien die *Gebrüder Enzenauer* (1902), mit Gummi- und Asbestfabrikaten vor allem zu Abdichtung und Isolierung von Maschinen *Rausch & Lampert* (1889).[237] Von der Firma *Harry Held* und ihrem Geschäft mit Gas-, Wasser- und Dampfarmaturen war bereits die Rede. Und in der ›Stadt der Chemie‹ durften einschlägige Firmen mit entsprechender Ausrichtung nicht fehlen, so *Lippmann & Biernbaum* (seit 1862), die sich neben anderem mit dem Handel von Drogen und Chemikalien befaßten, auch zur Produktion eigener chemisch-technischer Artikel übergingen,[238] oder *Bender & Bunz*, Farben-, Lack- und Materialwarengeschäft en gros (gegr. 1872).[239]

Schließlich bleibt noch auf den Großhandel mit den modernen und besonders zukunftsträchtigen Produkten Öl und Benzin zu verweisen. Er fand seit Inbetriebnahme des Mundenheimer Altrheinhafens (1899) dort einen gerne genutzten Standort, teilweise in engerem Verbund mit eigener Produktverarbeitung [*vgl. andere B., S. 399*].

Für die tagtägliche Versorgung der Bevölkerung spielten die Werkstätten und Läden ›um die Ecke‹, Kleingewerbe und Kleinhandel, eine entscheidende Rolle. Die Landwirtschaft eingeschlossen dürfte ihr Anteil an der Gesamtbeschäftigung 1895 bei eher vorsichtiger Schätzung an die 30% betragen haben.[240]

Die mäßige Betriebsgröße charakterisierte Handwerk und Einzelhandel gleichermaßen, obwohl diese ansonsten keineswegs eine Einheit bildeten, sondern wie die Industrie ganz unterschiedlichen Wirtschaftsbereichen angehören konnten. Gemeinsam war ihnen vor allem die Ausrichtung an den Bedürfnissen der Stadtbevölkerung, zumal denjenigen der Arbeiter und ihrer Familien, welche die große Masse der Einwohnerschaft ausmachten, und soweit es über die alltäglichen Dinge hinausging, berücksichtigte ihr Angebot zugleich die Bedürfnisse der Menschen, die in den Dörfern der näheren Umgebung lebten und oft genug in Ludwigshafen arbeiteten. Das Warensortiment für gehobene Ansprüche hielt sich daher auch mit Blick über den Rhein in Grenzen. Das Gefälle gegenüber Mannheim kennzeichnete ein Zeitungsbericht aus dem Jahr 1911: „In den Schaufenstern billige Massenartikel in Massen ausgelegt und ihre Billigkeit in schreienden Auszeichnungen angepriesen. Die ›besseren Leute‹ [...] fahren mit der Elektrischen über den Rhein und kaufen in Mannheim. Ludwigshafener Detailgeschäfte müssen sich auf Arbeiterwochenlöhne einrichten."[241]

Das schloß jedoch ein umfangreiches und differenziertes Waren- und Dienstleistungsangebot nicht aus. Das Ludwigshafener Adreßbuch von 1901 verzeichnete (bei einer Einwohnerschaft der Stadt von rund 62 000 Personen) nach Abzug von 58 Großhandlungen und 56 Fabriken 2 944 Geschäfte, verteilt auf 223 Sparten. Die folgende Tabelle bietet aus dem beachtlich weit gefächerten Spektrum anhand der zahlreich vertretenen Gewerbe einen Ausschnitt.

›Warenhaus‹ Emil Beer in der Ludwigstraße; 1912 [92]

Werbepostkarte der Parfümerie Spiegel in der Bismarckstraße, im Original koloriert [93]

„Milch, Butter, Käse, Eier", Lebensmittelgeschäft Christiane Holzäpfel in der Mundenheimer Straße [94]

Metzgerei Rapp, Schanzstraße Aufnahme vom 20. Juli 1910 [95]

Kleinhandel und Kleingewerbe in Ludwigshafen um 1900*

Restaurateure, Wein- und Bierwirte	380
Schuhmachermeister	141
Näherinnen	119
Bäcker	110
Schneidermeister	102
Spezereihandlungen	101
Metzgermeister	87
Schreinermeister	67
Victualienhändler	64
Tüncher, Lackierer, Maler	57
Fuhrunternehmer	53
Baumeister, Bauunternehmer, Maurermeister	51
Friseure	48
Kleidermacherinnen	44
Büglerinnen	43
Schlossermeister	42
Milchhändler	40
Agenturen, Kommissionsgeschäfte	38
Weinstuben	38
Colonialwarengeschäfte	37
Flaschenbierhändler	36
Hebammen	36
Kohlehandlungen	30
Wäscherinnen	29
Ärzte	28
Manufakturwaren- und Ausstattungsgeschäfte	28
Tapezierer, Decorateure	28
Schiffer	27
Obsthändler	26
Spenglermeister	26
Architekten	22
Buchbinder und Schreibwarenhändler	21
Gärtner	21
Zimmermeister	20

* häufigste Nennungen. Aufgeführt werden die Gewerbe(gruppen) mit mehr als 20 Nennungen

Quelle: Adreßbuch von 1901
Die Daten wurden von Klaus Schöler erhoben

Gastwirtschaften rangierten mit 437 Nennungen[242] an der Spitze der Gewerbeliste. Ludwigshafen war trotz offenbar sinkender Konsum-Tendenz eine Stadt mit einer durstigen Einwohnerschaft – der Jahreskonsum pro Kopf der Bevölkerung läßt sich für 1890 auf 208, für 1900 auf 187, für 1902 auf 166, für 1913 noch auf 128 Liter Bier schätzen.[243] Beim kritischen Blick auf die stattliche Zahl an einschlägigen Etablissements bleibt zu berücksichtigen, daß Gasthäuser schon angesichts der beengten Wohnverhältnisse damals sehr viel stärker als heute zentrale Orte der Freizeitgestaltung, der politischen Diskussion und des Vereinslebens bildeten [*vgl. Freizeit, S. 635*]. Die folgenden Ränge zeigen Gewohntes und Ungewohntes zugleich: Zum Üblichen gehört die stattliche Zahl von Schustern und Schneidern, Bäckern und Metzgern, dann von Bauhandwerkern der verschiedenen Gattungen; eher aus dem Rahmen fällt

Anmerkungen
Seite 438 und 439

242 Zusammengerechnet wurden Restaurateure usw. und Weinstuben, dazu 9 Wirtschaften mit Beherbergung, 7 Gastwirte, 2 Bierbrauereien, 1 Herberge

243 Für 1890—1902 berechnet anhand der Verbrauchsangaben in Stadtgeschichte (1903), S. 223, für 1913 geschätzt anhand VB 1913, S. 198 und S. 200 und der jeweiligen Bevölkerungsdaten

Donnerstag
Freitag
Samstag
Grosse Gelegenheits-Posten
in
Damen-Wäsche
Damenhemd Reformschnitt mit Stickerei-Einsatz 95 Pf.
Damenhemd mit gestickter Passe 1.45 M.
Damenhemd prima Renforce mit Stickerei-Eins. 2.45 M.
Damenhemd Reformschnitt gestickt, versch. Ausf. 2.95 M.
Eleg. Untertaillen
Untertaille mit breiter Klöppelspitze 1.75. 1.25 M.
Amerik. Untertaille 2.75, 1.95 M.
1 Restposten Untertaillen
1 Restposten Taschentücher
ca. 500 Kissenbezüge
1 Restposten Herrenkragen
Steh-Umlegkragen 25 Pf.
Stehkragen 15 Pf.
„Redio" „Redio"
Korsetts
in hervorragender Auswahl
unübertroffen an Preiswürdigkeit
erstklassige Fabrikate
Alleinverkauf von „Redio"
Korsett für starke Damen Mk. 7.50
in extra guter Verarbeitung Mk. 11.50
Beachten Sie unsere Spezial-Auslagen!
S. Wronker & Co. Nachf.
Ludwigshafen a. Rh.
Ludwigstrasse 71.
Billige Kurzwaren
Preise netto! Verkauf solange Vorrat reicht!
Jeder Artikel 1 Pf.
Jeder Artikel 2 Pf.
Jeder Artikel 3 Pf.
Jeder Artikel 4 Pf.
Jeder Artikel 5 Pf.
Jeder Artikel 6 Pf.
Jeder Artikel 7 Pf.
Jeder Artikel 8 Pf.
Kommen Sie heute und morgen unbedingt ins Union-Theater
2 Kolossal-Schlager
Der Mephistotanz!
Ohne mütterliche Liebe!
Georg Wiehe
Atelier für moderne Bildniskunst
J. Maurmann
Ludwigshafen a. Rh. — Bismarck-Straße 94
SPEZIALITÄT:
Bessere und feinste Haus-Uhren.
Hausuhr mit Kaisergong Mk. 85.—
Hausuhr mit Doppelgong Mk. 108.—
Die Pfälz. Rundschau kostet
monatlich nur 60 Pfennig!
Moderne Spazierstöcke
in reicher Auswahl, billig
HUGO KUHN
Kgl. Bayer. Hoflieferant
Ludwigshafen :: Bismarckstr. 52
RABATTMARKEN!
Firma D. Mayscheider
Es lobt wer probt!
Apfelwein
Prämiierte Obstweine 1907
Ph. Ley, Studernheim.
„Ragut"
Reformhaus „Thalysia"
Büsten-Halter
Frauen-Gurte
Reform-Korsetts
Nährsalz
B. Jotter

Die Ludwigshafener Geschäftswelt empfiehlt sich den Kunden mit Inseraten im ›General-Anzeiger‹, 1909 [96]

Größtes Lager Nürnberger u. Sächsischer
Kinderspielwaaren.
Grossartige Ausstellung
Puppen
Jac. Schmitt,
Zu Weihnachten 1887
Damenkleiderstoffen
Tuche, Bukskin und Paletotstoffe.
Ausstattungs-Artikel,
Theodor Doerner,
Weihnachtsausstellung
Schaukelpferde
Mk. 4.50
Fellpferde
Jac. Schmitt.
Weihnachts-Ausstellung.
Schöne Auswahl
10-Pfennigs-, 50-Pfennigs- und 1-Mark-Artikel.
W. A. Klebs,

Aus dem ›General-Anzeiger‹ Weihnachtszeit 1887 [97]

die Vielzahl der Näherinnen und der Spezereihandlungen. In beiden Fällen handelt es sich wohl um das Bemühen, in einer Stadt mit geringem Arbeitsplatzangebot für Frauen weibliche Verdienstmöglichkeiten zu nutzen; dabei könnten sich unter den Näherinnen teilweise die Heimarbeiterinnen der Trikotweberei Gebr. Mann befinden. Die Liste erfaßt wohl insgesamt mehr weibliche Berufstätigkeit, als beim ersten Hinsehen zu erkennen ist, denn nicht nur Kleidermacherinnen, Büglerinnen oder Wäscherinnen rechnen hierher, sondern auch unter Viktualien-, Milch-, Kolonialwaren- und Obsthandel sowie in der Gastronomie verbirgt sich vielfach Teil- und Nebenerwerb, der von Frauen betrieben wurde. Die Fluktuation war in diesen Geschäftsbereichen ähnlich wie in der Gastronomie ungewöhnlich groß, das lassen die zahlreichen gewerblichen An- und Abmeldungen binnen eines Jahres erkennen.

Das Haushaltswarengeschäft Gebr. Pabst Ludwigstraße, um 1920 [98]

Grammophone bei der Firma Spiegel & Sohn, Kaiser-Wilhelm-Straße 7 [99]

So entfielen 1907 auf 3 448 steuerlich erfaßte Gewerbebetriebe 1 041 Zugänge und 1 323 Abgänge; schätzt man die tatsächlichen Abgänge[244] nur gleich hoch ein wie die Zugänge, so ergibt sich rein rechnerisch ein gewerbliches ›Wanderungsvolumen‹ von 60%; im Handwerk betrug es 41%, beim Handel dagegen 84%, fast so hoch wie im Wirtschaftsgewerbe (89%). Für 1905 läßt sich sogar ein gesamtgewerbliches ›Wanderungsvolumen‹ von nahezu 100% errechnen.[245]

Auf der anderen Seite gab es Stabilität und Kontinuität im Handwerk mit einer durchaus beachtlichen Zahl auch größerer Betriebe zumal im Bau-, Holz- und Metallbereich,[246] organisatorisch zusätzlich abgestützt durch Innungen, wie sie die später für das Deutsche Reich übernommene Gewerbeordnung des Norddeutschen Bundes von 1869 vorsah, um im Rahmen der nunmehr geltenden Gewerbefreiheit gemeinschaftliche Interessen wahrzunehmen und die Vorteile genossenschaftlicher Organisation zu nutzen. Die Bäckerinnung war 1876 die erste in der Stadt der Chemie, und bis 1914 kamen 22 weitere hinzu.[247] Die Gründung der pfälzischen Handwerkskammer 1900 schuf eine berufsübergreifende Interessenvertretung. In diesem Fall wurde Kaiserslautern zum Sitz des Selbstverwaltungsorgans gewählt, während Ludwigshafen eine Handwerkskammerabteilung für die Bezirksämter Ludwigshafen, Frankenthal, Speyer und Germersheim erhielt.[248]

Im Dienstleistungsbereich läßt die Übersicht moderne Entwicklungstrends erkennen. Das gilt für die stattliche Zahl von Agenturen und Kommissionsgeschäften – wohlgemerkt ohne Versicherungsagenten, für die Architekten, die in Verbund oder Konkurrenz mit den Bauunternehmen vor Ort ihrem Unterhalt nachgingen, und nicht zuletzt für die Ärzte. Das Bismarcksche Krankenversicherungsgesetz (1883) trug Wesentliches bei zu einer breitenwirksamen medizinischen Versorgung [*vgl. Hospital, S. 569, und Stützung, S. 592*]. 28 praktische Ärzte und drei Zahnärzte im Jahr 1903 auf rd. 67 000 Einwohner, das war nach damaligen Maßstäben nicht wenig, zumal sich in den 1890er Jahren bei engerer Anbindung an das Städtische Krankenhaus eine Reihe von Spezialisten niederließen (HNO- und Augenarzt, Gynäkologe, Chirurg und Orthopäde). Bis Ende 1913 erhöhte sich der Stand auf 39 Ärzte, darunter

Anmerkungen
Seite 440 und 441

244 Daten in VB 1907, S. 26f; anläßlich einer Revision der Gewerberegister verschwanden damals auch früher nicht abgemeldete Betriebe aus der Statistik – deshalb die hohe Zahl der Abgänge

245 1 552 An- und 1 472 Abmeldungen auf 3 042 Gewerbebetriebe; VB 1905, S. 26

246 vgl. StALu, LUA 14

247 Esselborn, S. 275; Breunig 1986, S. 100f

248 Stadtgeschichte (1903), S. 521f; Breunig 1986, S. 101

249 AB 1914, S. 534f; je 3 HNO- und Frauenärzte, je 2 Augenärzte, Hautärzte und Chirurgen, 1 ›Lichtheil- und elektromedizinisches Institut‹; auch das Folgende nach AB 1914

250 SRP 11. 3. 1910; VB 1910, S. 12; vgl. AB 1913, S. 25

251 vgl. SRP 12. 11. 1897

252 vgl. Waldkirch, S. 111

253 Bericht des Ludwigshafener Vereins zum Schutz von Handel und Gewerbe; JPHGK 1907 I, S. 208f

254 vgl. Minor / Ruf, S. 76f

›Geordnete‹ Reklame: Die Litfaßsäule am Bismarckplatz wird neu beklebt 1910 [100]

13 Spezialisten,[249] ferner vier Zahnärzte und 17 Zahntechniker, während neun Apotheken neben eigenen Rezepturen eine wachsende Fülle von industriell gefertigten Heilmitteln anboten.

Im Handel zeichneten sich angesichts steigender Kaufkraft breiterer Bevölkerungsschichten und verschärfter Konkurrenz zwischen den Anbietern seit der Jahrhundertwende sichtbare Veränderungen ab. Die Schaufenster wurden zahlreicher und größer, nun teilweise sogar zur Abendzeit mit elektrischem Licht illuminiert. Die Geschäftsinhaber führten den Kampf um den Kunden mit optischen Anreizen auch außerhalb des Verkaufslokals, so daß der Stadtrat 1910 eine ortspolizeiliche Vorschrift „zum Schutze des Orts- und Landschaftsbildes gegen verunstaltende Reklame" erließ, um „die Anbringung von Geschäftsschildern, Reklametafeln, Firmentafeln, Schaukästen, Beleuchtungsvorrichtungen und Aufschriften außerhalb der Geschäftsräume an Straßen" unter Kontrolle zu bringen.[250] Ein eigenes ›Plakat-Institut‹,[251] von der Stadt gewinnbringend an die Firma Julius Waldkirch verpachtet, sorgte demgegenüber seit 1906 für ordnungsgemäße ›Plakat-Reklame‹ als die „ebenso feinste als wirksamste und dabei billigste" an über 30 Plakat-Tafeln und Säulen.[252]

Der Handel zog einerseits zunehmend größere Bereiche tradierter handwerklicher Produktion an sich – so gab es Ende 1912 neben den 140 Schuhmachermeistern, von denen nur zehn zugleich ein Schuhwarengeschäft betrieben, noch 25 reine Schuhwarengeschäfte, teilweise sogar mit Filialen, und Konfektionsgeschäfte wie die *Gebr. Rothschild* machten den Schneidern Konkurrenz. Andererseits zeigten die Klagen des ›Detailhandels‹ über ›unlauteren Wettbewerb‹, insbesondere über „das Ausverkaufsunwesen und die schwindelhafte Reklame in den Zeitungen", daß die „reellen Detailgeschäfte" sich durch die neuen Formen des Marketings unter Druck gesetzt fühlten: durch ›Detailreisende‹, durch ›Ramschbazare‹ und schließlich dadurch, daß sie „mit den Warenhäusern, welche für viele Damen ein Unterhaltungslokal bilden, schwer zu kämpfen" hatten.[253] Auch in Ludwigshafen brach zu Beginn des 20. Jahrhunderts das Warenhaus-Zeitalter an mit den Kaufhäusern *Knopf* und *S. Wronker & Co.*,[254] deren erfolgreiche Expansion die Einführung einer

›Arbeitsplätze‹: ein Büro der BASF um 1900 [101]

Warenhaussteuer zum Schutz der kleineren Geschäfte nicht ernsthaft behindern konnte; Ende 1912 gab es immerhin vier, ein Jahr später fünf ›Warenhäuser‹ in Ludwigshafen.[255] Dagegen sah sich der Hausierhandel in der Stadt verstärkten Einschränkungen ausgesetzt.[256] Immer deutlicher schlugen sich die modernen Errungenschaften in der Geschäftswelt nieder. So boten 1912 fünf Photographen ihre Dienste an, zwei Geschäfte vertrieben Photographische Apparate, *Leo Meller* firmierte unter anderem als Automobil-Handlung, vier Werkstätten widmeten sich der Reparatur von Autos und Maschinen, 17 Geschäfte waren für Fahrräder zuständig, davon vier zugleich für Nähmaschinen neben drei Läden, die sich voll auf letzteres Produkt konzentrierten, drei Geschäfte handelten mit Schreibmaschinen, unter der Rubrik ›Elektrizitätsbranche‹ waren außer den Elektrizitätswerken der Stadt und den Pfälzischen Eisenbahnen noch elf Firmen eingetragen, *L. Spiegel & Sohn* bot Grammophone an, und natürlich hatte der Kinematograph schon seinen Siegeszug angetreten [*vgl. Freizeit, S. 635*].

Anmerkungen Seite 442 und 443

255 *AB 1913, S. 581: Beer, Brann, Knopf, Wronker & Co.; AB 1914, S. 611: Brann hat Wronker übernommen, dafür sind Grünhut und Gebr. Rothschild hinzugekommen*

256 *vgl. SRP 29.9.1911; VB 1911, S. 15f*

257 *f.d.F. Breunig 1976, S. 83ff*

258 *vgl. Breunig 1976, S. 83; Schmid 1994, S. 1775f, 1781ff, 1796*

Ein- und Ausblicke in die Arbeitswelt. Arbeitskämpfe

Über die Arbeitsbedingungen in den Betrieben und Geschäften Ludwigshafens zur Zeit des Kaiserreichs ist bisher nur wenig bekannt, kaum etwas systematisch erfaßt, publiziert und analysiert. Keinesfalls lassen sie sich pauschal charakterisieren, dazu waren die angesprochenen Tätigkeitsfelder in den einzelnen Gewerben und die jeweils erforderlichen Qualifikationen, dazu war der Status der Beschäftigtenkategorien zu unterschiedlich – man denke nur an die ›Beamten‹ in Wirtschaftsunternehmen oder bei der Stadt (heute würde man von Angestellten sprechen), an die gelernte, die angelernte oder die ungelernte Arbeiterschaft, an Auszubildende im Kleingewerbe, an kaufmännisches Personal. Nicht zuletzt haben sich die innergewerblichen, besonders die innerindustriellen Beziehungen während der fraglichen viereinhalb Jahrzehnte spürbar verändert, machte die Sicherheit am Arbeitsplatz unübersehbare Fortschritte, sorgte die Sozialgesetzgebung, so bescheiden sie aus heutiger Sicht anmuten mag, bei Krankheit, Unfall,

›Arbeitsplätze‹: an den Filterpressen der Indigo-Fabrik, BASF 1921 [102]

Invalidität und im Alter für ein bisher unbekanntes Maß an Existenzsicherung, die auch auf den Arbeitsalltag durchschlug, schuf die Arbeiterbewegung ein wirksames Gegengewicht gegen pures Kapitalistendenken und -handeln und sensibilisierte für den Gedanken besseren Arbeiterschutzes und größerer sozialer Gerechtigkeit, wie er auch von bürgerlichen Sozialreformern verfochten wurde, wirkten verwandte Bewegungen für Anhebung des Angestelltenstatus im kaufmännischen und Verwaltungsbereich.

All dies mochte bestehende Unzuträglichkeiten nur langsam und Ungeduldigen zu langsam abbauen oder beseitigen, vielerlei Widerstände mochten sozialen Fortschritt aufhalten und teilweise blockieren, aufs Ganze gesehen waren die Verbesserungen während der fraglichen viereinhalb Jahrzehnte sehr beachtlich.

Dies kann im Rahmen der Stadtgeschichte nicht ausführlicher behandelt werden; einige Streiflichter müssen genügen, um wenigstens einen Eindruck von Zuständen und Entwicklungstrends im Wechselspiel übergreifender politischer Regungen und Regelungen sowie lokaler Gegebenheiten und Bewegungen zu vermitteln.

Immerhin begann sich die bayerische Regierung wenige Jahre nach der Reichsgründung für die Verhältnisse der Arbeiter zu interessieren.[257] Eine Erhebung über ›Einrichtungen zum Besten der Arbeiter‹ in der Pfalz, 1873 wohl unter dem Eindruck einer schweren Wirtschaftskrise, des sog. ›Gründerkrachs‹, und mit Blick auf die im gleichen Jahr erlassene Reichsgewerbeordnung offensichtlich ziemlich konzeptionslos und unsystematisch auf den Weg gebracht, konnte für Ludwigshafen nur wenig Substantielles vermelden.[258] Auch die vom Bundesrat 1875 beschlossene reichsweite Enquête über Arbeiterverhältnisse erwies sich in dieser Hinsicht als unergiebig, zumal die Unternehmerseite sich auf Allgemeinheiten beschränkte. Von Arbeiterseite hingegen beschwerte man sich über willkürliches Handeln der Fabrikherren durch einseitiges Erlassen und Abändern von Arbeitsordnungen und forderte strenge staatliche Betriebskontrolle und gegebenenfalls Sanktionen. Das Urteil der Kreisregierung Speyer über das Verhalten der Pfälzer Arbeitgeber fiel

Die

Jahresberichte

der

Königlich Bayerischen

Gewerbeaufsichtsbeamten

dann der Königlich Bayerischen

Bergbehörden

für das Jahr 1911.

Mit einem Anhange
betreffend Erhebungen über die Arbeits- und Gesundheitsverhältnisse in den
Zementfabriken.

Im Auftrage des Königlichen Staatsministeriums des Königlichen Hauses
und des Aeußern veröffentlicht.

Theodor Ackermann
Königlicher Hof-Buchhändler.
1912.

Diese Berichte brachten viele Mißstände an die Öffentlichkeit [103]

›Arbeitsplätze‹: Laboratorium der BASF um 1900 im Vordergrund links Dr. Rudolf Knietsch (mit Vollbart) [104]

wenig schmeichelhaft aus: „Die meisten Geschäfte kümmern sich bei uns um ihre entkräfteten und müden Arbeiter, soferne es sich nicht um vorübergehende Krankheiten handelt, nicht viel mehr, als sie sich um eine durch lange Dienstleistungen unbrauchbar gewordene Maschine zu kümmern genötigt sind, d. h. sie suchen sich derselben auf die wenigst kostspielige Weise zu entledigen."[259] Die Forderung nach staatlicher Intervention lag daher auf der Hand. Die reichsweite Einführung der Fabrikinspektion seit 1878/79 war ein wichtiger Schritt zu stärkerer Kontrolle der industriellen Verhältnisse; die sozialpolitisch engagierten Aufsichtsbeamten eröffneten dank des im Lauf der Jahre zusammengetragenen Informationsmaterials tiefere Einsicht in die Beziehungen zwischen Arbeitgebern und Arbeitnehmern, gaben zahlreiche Hinweise und Anstöße für mögliche Verbesserungen der Arbeitsbedingungen und wurden so trotz gelegentlicher Reibungen eine allseits geachtete neutrale Instanz.

Gerade in der chemischen Industrie waren die innerbetrieblichen Verbesserungen unübersehbar. Zwischen den oft engen und schlecht ventilierten Produktionsstätten, in denen z. B. die Arbeiter der BASF um 1870 weithin ungeschützt und offen mit chemischen Mixturen hantierten, ohne daß deren mittel- und langfristige Wirkung auf den menschlichen Organismus bekannt war, und den großtechnischen Anlagen um 1910, in denen die Produktion weithin in geschlossenen Systemen erfolgte, lagen Welten – das Ergebnis einer wahrhaft rasanten wissenschaftlichen, technischen und wirtschaftlichen Entwicklung, auch wachsender, wenngleich immer noch recht unvollkommener Einsicht in die Möglichkeiten, Chancen und Risiken der Großchemie.[260] Und Entsprechendes gilt, wenngleich in bescheidenerem Maßstab, für die anderen Firmen der Branche.

Im übrigen galt besonders in einem ›Riesenunternehmen‹ wie der BASF dem Geist der Zeit entsprechend das Prinzip obrigkeitlich ausgerichteter Disziplin:[261]

Anmerkungen
Seite 444 und 445

259 *Bericht an das Innenministerium in München vom 3.7.1875, zit. bei Breunig 1976, S. 85*

260 *vgl. v. Hippel 2002a und allg. Andersen, S. 226ff*

261 *v. Hippel 2002a, S. 112*

262 *vgl. bes. Ehrhart 1892*

263 *Breunig 1976, S. 89f*

›Arbeitsplätze‹: Fabrikhalle der BASF bei den Schmelzkesseln in der Indanthrenfabrik [105]

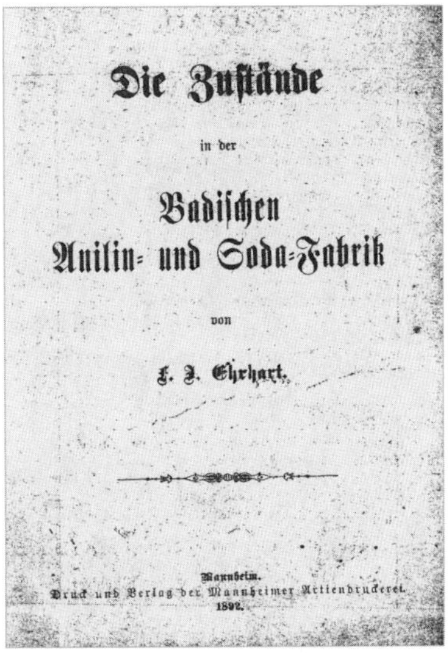

Die Zustände

in der

Badischen

Anilin- und Soda-Fabrik

von

F. J. Ehrhart.

Mannheim.
Druck und Verlag der Mannheimer Actiendruckerei.
1892.

Die 1892 erschienene Schrift des pfälzischen Sozialdemokraten, Franz Josef Ehrhart, über ›Die Zustände in der Badischen Anilin- und Sodafabrik‹ löste wütende Proteste der Betriebsführung der BASF aus [106]

Weisung und Gehorsam, Verpflichtung und Ordnung bestimmten die hierarchisch strukturierte Arbeitswelt, für den Arbeiter repräsentiert durch seine Vorgesetzten sowie einen größeren Personenkreis mit spezifischen Weisungsbefugnissen wie „Aufseher, Vorarbeiter, Portiers, Nachtwächter oder Bahnwärter". Die Disziplinierung am Arbeitsplatz begann mit dem Durchschreiten des großen Tores auf den vorgesehenen „an den Portiersstuben vorbeiführenden" Wegen. Die Aufsicht intensivierte sich, in je größere Dimensionen das Unternehmen hineinwuchs. Seit etwa 1890 kontrollierte ein eigener Wachdienst die Werkeinfriedung und leistete Portierdienst an den beiden Zugängen, dem „großen" und dem „kleinen" Tor. Wer sich derartigem Reglement durch „Ungehorsam" oder „ungebührliches" Betragen widersetzte, mußte mit sofortiger Entlassung rechnen; ansonsten galt für beide Seiten eine Kündigungsfrist von einer Woche.

Im einzelnen schwer zu beurteilen ist die Wirkung, welche die fast permanente Kritik von sozialdemokratischer Seite an den Arbeitsbedingungen zumal in der BASF[262] gezeitigt hat. Sie wurde vom Unternehmen im allgemeinen empfindlich-abwehrend registriert und als rein parteipolitisch motiviert und umstürzlerisch ausgerichtet abqualifiziert, und die Direktion konnte dabei vor allem während der Frühphase des Kaiserreichs auf amtliches Wohlwollen rechnen. Kennzeichnend genug war das Verhalten von Polizei und Justiz, als Ferdinand Weidemann, der Vorsitzende der sozialistischen Tischlergewerkschaft, 1877 in einer Rede die „Knochenfabrik" attackierte und die gesundheitsschädliche Arbeit anprangerte, die dort durch „Schrecken erregende Gestalten" verrichtet werde: Weidemann mußte wegen aufrührerischer Reden eine vierzehntägige Gefängnisstrafe verbüßen.[263] Gleichgültig waren derartige Angriffe der Direktion aber schon deshalb nicht, weil sie mit wachsendem Einfluß der Sozialdemokratie auf ihre eigene Arbeiterschaft rechnen mußte. Daher reagierte sie höchst empfindlich, als 1885 Fabrikinspektor Heuser auf gesundheitliche Gefahren der Farbenfabrikation einging, die bei unsachgemäßem Verhalten sogar bis zum Tod führen könnten: „Derartige amtliche Mitteilungen im Besitze eines sozialistischen Agitators bilden unschätzbares Material zur Förderung des Klassenhasses."[264] Die Tendenz, die – vielfach noch gar nicht angemessen erkenn- und einschätzbaren – Gesundheitsrisiken der Produktion herunterzuspielen, war nicht zu übersehen; andererseits erforderte es schon die eigene Imagepflege des Unternehmens, der Gesundheit der Arbeiterschaft und deren Versorgung im Krankheitsfall auch im Rahmen seiner ›Wohlfahrtseinrichtungen‹ besondere Aufmerksamkeit zu widmen [*vgl. Stützung, S. 592*].

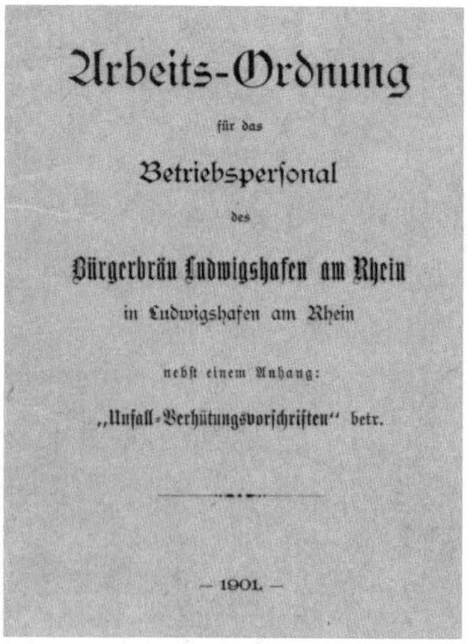
Arbeits-Ordnung
für das
Betriebspersonal
des
Bürgerbräu Ludwigshafen am Rhein
in Ludwigshafen am Rhein
nebst einem Anhang:
„Unfall-Verhütungsvorschriften" betr.
– 1901. –

Arbeitsordnung des Bürgerbräus 1901 [107]

Die Arbeitsverhältnisse in Betrieben mit wenigstens 20 Arbeitern wurden ab 1892 allgemein durch die reichsgesetzlich verpflichtend vorgeschriebenen Fabrikordnungen geregelt, die zugleich als verbindlicher Arbeitsvertrag zwischen Arbeitgeber und Arbeitnehmer galten.[265] Sie mußten Bestimmungen über Arbeitszeit und Lohnzahlungsmodalitäten enthalten, zentrale Probleme der Arbeiterexistenz. Lange Arbeitszeiten an wenigstens sechs Tagen der Woche blieben im 19. Jahrhundert die selbstverständliche Norm, auch wenn die durchschnittliche tägliche Arbeitszeit im gewerblich-industriellen Bereich seit den 1860er Jahren zu sinken begann und sich zwischen 1870 und 1913 bei recht großer branchenspezifischer und regionaler Bandbreite pauschal von etwa 72 auf 56 Wochenstunden minderte.[266] In Ludwigshafen hielt der mit Abstand größte Arbeitgeber, die BASF, bis 1911 an der Zwölfstundenschicht fest, wobei die Firmenleitung davon ausging, daß nach Abzug aller Pausen maximal 9 Stunden reiner Arbeitszeit verblieben.[267] Als die Direktion sich Ende 1910 unter wachsendem Druck der Gewerkschaften dazu durchrang, die Schicht auf 10 Stunden zu verkürzen, „um unseren Arbeitern, insbesondere den auswärts wohnenden, eine längere Nachtruhe zu ermöglichen", gleichzeitig aber die Pausen reduzierte und die Arbeitszeitkontrollen verschärfte, handelte sie sich dadurch erheblichen Unmut der Belegschaft ein, obwohl die geringere Aufenthaltsdauer im Werk vor allem für die Pendler das sonst außerordentlich knappe Zeitbudget außerhalb des Werkes spürbar vergrößerte. Allerdings suchten viele Arbeiter auf Kosten ihrer ›Freizeit‹ den knappen Lohn durch besserbezahlte Überstunden aufzustocken; 1896—1900 leistete fast ein Drittel der BASF-Belegschaft pro Mann und Tag durchschnittlich zwei Überstunden, und die Direktion mußte beim Abbau der Überstunden seit 1906 mit Blick auf das schmale Einkommen der Arbeiter vorsichtig verfahren, wollte sie nicht Forderungen nach höheren Stundenlöhnen provozieren. Diese Tatsache zeigt exemplarisch, wie eng die Probleme von Arbeitszeit und Entlohnung miteinander verknüpft waren – von der ›Lohnfrage‹ wird später noch die Rede sein [*vgl. Lebenshaltung, S. 575*].

Urlaubsanspruch war für Arbeiter noch bis ins frühe 20. Jahrhundert praktisch unbekannt. Ausnahme war die Firma Harry Held, die seit 1894 einen bezahlten vierzehntätigen Jahresurlaub gewährte, aber auch die Stadt Ludwigshafen selbst wurde ihrer Vorbildfunktion in dieser Hinsicht gerecht, indem sie ihren Arbeitern den Anspruch auf „Beurlaubung mit Lohnfortzahlung" einräumte.[268] Die BASF entschloß sich Ende 1907, allen Arbeitern, die zehn Jahre ohne Unterbrechung im Werk gearbeitet hatten, eine Woche bezahlten Urlaub zuzugestehen.[269]

Nachdem bereits das Unfallversicherungsgesetz von 1884 im Zusammenspiel mit der Fabrikinspektion dazu beigetragen hatte, die

Anmerkungen Seite 446 und 447

264 *Schreiben BASF vom 13.11.1885; BASFUA, C 622. Zum Problem der Gesundheitsrisiken in der BASF ausführlicher v. Hippel 2002b, S.494ff*

265 *vgl. allg. Ritter/Tenfelde 1992, S.397ff; für Ludwigshafen z.B. die Fabrikordnung der Firma Benckiser vom 1.3.1892 in Dubbers, S.136ff; zur Fabrikordnung der BASF vgl. v. Hippel 2002b, S.475ff*

266 *vgl. allg. Ritter/Tenfelde 1992, bes. S.360ff; fortlaufende Angaben für die Pfalz in den JBFI 1880ff*

267 *vgl. auch f.d.F. v. Hippel 2002b, S.481ff*

268 *Stadtgeschichte (1903), S.590f; Breunig 1986, S.98f; VB 1900/04, S.14f*

269 *Braun, S.45f; v. Hippel 2003, Kap. 3.2*

270 *vgl. allg. Ritter/Tenfelde 1992, S.372ff; Frerich/Frey, S.128ff*

271 *20.5.1901; StALu, LUA 672*

272 *vgl. VB 1906, S.11f; VB 1907, S.10f; VB 1911, S.15; VB 1912, S.99ff; zu den unterschiedlichen Interessen betr. die Öffnungszeiten von Geschäften an Sonn- und Feiertagen – angestrebte Beschränkung auf 11—13 Uhr – vgl. z.B. SRP 6.4.1906; 12.7.1907; 10.7.1908. Am 22.1.1909 befürwortete der Stadtrat nach „Abstimmung der beteiligten Geschäftsinhaber" den allgemeinen Ladenschluß um 20 Uhr entsprechend dem eingekommenen Mehrheitsvotum von 368 gegen 183 Stimmen*

273 *vgl. Breunig 1976, S.266ff*

Unfallrisiken zu vermindern, sorgten die verstärkt einsetzenden Maßnahmen staatlichen Arbeiterschutzes seit 1890[270] für ein weitgehendes Verbot von Sonntagsarbeit, Verkürzung und gesetzliche Normierung der maximalen Arbeitszeiten für Frauen und Jugendliche. Daß Jugendliche, zumindest diejenigen männlichen Geschlechts, für gewöhnlich sofort nach dem vorgeschriebenen Volksschulbesuch eine Lehre antraten oder als ungelernte Arbeiter ihr Brot verdienten, war zeitüblich; die Verlängerung der Schulzeit durch ein achtes Schuljahr, wie sie die Stadt Ludwigshafen 1908 für Knaben durchsetzte [*vgl. Schulen, S. 616*], stieß bei vielen Eltern auf wenig Begeisterung, hofften sie doch auf Entlastung des eigenen Haushalts durch Zuverdienst und Hilfe der nachwachsenden Generation. Das galt auch für das weibliche Geschlecht. Von nahezu 2 000 stichprobenweise erfaßten Ludwigshafener Frauen, die zwischen 1870 und 1910 heirateten, gab zwar nur ein Fünftel eine feste Berufstätigkeit an, fast zur Hälfte als Köchin und Dienstmagd, zu einem knappen Viertel als Fabrikarbeiterin, der Rest in den sonst gängigen Bereichen weiblicher Tätigkeit: als Näherin, Schneiderin, Büglerin, Taglöhnerin, im frühen 20. Jahrhundert dann häufiger als Verkäuferin, Krankenpflegerin oder Stenotypistin. Aber natürlich arbeiteten auch die anderen vier Fünftel, als Mit- und Aushilfe in den Familien, in der Landwirtschaft, im Geschäft. 1910 nannten immerhin fast 40% der heiratenden Frauen einen eigenen Beruf; weiblicher Broterwerb außer Hauses wenigstens vor der Familiengründung nahm demnach im frühen 20. Jahrhundert zu. Volle Berufstätigkeit der verheirateten Frau hingegen blieb weiterhin die Ausnahme, dafür war Nebenerwerb durch Putzen, Waschen, Bügeln oder Nähen in Heimarbeit eine gängige Erscheinung.

Die Arbeitsbedingungen in größeren gewerblichen Betrieben wurden dank regelmäßiger Kontrollen durch die Fabrikinspektion insgesamt sicher sorgfältiger auf mögliche Mißstände und auf die Einhaltung der gesetzlichen Vorschriften hin überprüft als im Kleingewerbe. Angesichts der vielfach kargen Lebensumstände kleiner Handwerker und Händler garantierte die größere persönliche Nähe zwischen Geschäftsinhaber und Personal diesem keinesfalls familienartige Geborgenheit. So meinte Polizeikommissär Hatzfeld auf Grund seiner deprimierenden Beobachtungen 1901, es sei „eine dringende Notwendigkeit [...], den Schlaf- und Unterkunftsräumen des Gehilfen- und Bedienungspersonals in den Handwerks- und Wirtschaftsbetrieben sowie des häuslichen Dienstpersonals besondere Aufmerksamkeit zu widmen und polizeiliche Vorschriften zu schaffen, die diese Verhältnisse regeln".[271] Auch das Durchsetzen von Schutzbestimmungen zugunsten der „Gehilfen, Lehrlingen und Arbeitern an Sonn- und Festtagen" bereitete offenbar gerade gegenüber den kleinen Geschäftsleuten einige Mühe.[272]

Verständlicherweise betrachteten die Sozialdemokratie und die Gewerkschaften den Arbeiterschutz als verpflichtende Aufgabe – das 1895 gegründete Ludwigshafener Gewerkschaftskartell bildete hierfür 1898 eine eigene Arbeiterschutzkommission, die den zuständigen staatlichen Behörden ihr mitgeteilte Mängel und Mißstände anzeigte und für ihr Wirken auch amtliche Anerkennung erhielt.[273]

Kam es zu Streitigkeiten zwischen gewerblichen Arbeitgebern und Arbeitnehmern über die beiderseitigen Rechte und Pflichten, stellte sich die Frage nach einer raschen und preiswerten Schlichtung. Die als Reichsgesetz übernommene Gewerbeordnung des Norddeutschen

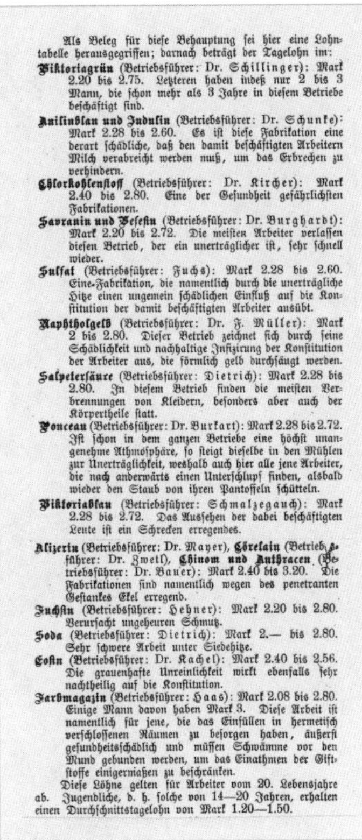

Als Beleg für diese Behauptung sei hier eine Lohntabelle herausgegriffen; darnach beträgt der Tagelohn im:

Viktoriagrün (Betriebsführer: Dr. Schillinger): Mark 2.20 bis 2.75. Letzteren haben indeß nur 2 bis 3 Mann, die schon mehr als 3 Jahre in diesem Betriebe beschäftigt sind.

Anilinblau und Indulin (Betriebsführer: Dr. Schunke): Mark 2.28 bis 2.60. Es ist diese Fabrikation eine derart schädliche, daß den damit beschäftigten Arbeitern Milch verabreicht werden muß, um das Erbrechen zu verhindern.

Chlorkohlenstoff (Betriebsführer: Dr. Kircher): Mark 2.40 bis 2.80. Eine der Gesundheit gefährlichsten Fabrikationen.

Savranin und Vesesin (Betriebsführer: Dr. Burghardt): Mark 2.20 bis 2.72. Die meisten Arbeiter verlassen diesen Betrieb, der ein unerträglicher ist, sehr schnell wieder.

Sulfat (Betriebsführer: Fuchs): Mark 2.28 bis 2.60. Eine-Fabrikation, die namentlich durch die unerträgliche Hitze einen ungemein schädlichen Einfluß auf die Konstitution der damit beschäftigten Arbeiter ausübt.

Naphtholgelb (Betriebsführer: Dr. F. Müller): Mark 2 bis 2.80. Dieser Betrieb zeichnet sich durch seine Schädlichkeit und nachhaltige Infizirung der Konstitution der Arbeiter aus, die förmlich gelb durchsäugt werden.

Salpetersäure (Betriebsführer: Dietrich): Mark 2.28 bis 2.80. In diesem Betrieb finden die meisten Verbrennungen von Kleidern, besonders aber auch der Körpertheile statt.

Ponceau (Betriebsführer: Dr. Burkart): Mark 2.28 bis 2.72. Ist schon in dem ganzen Betriebe eine höchst unangenehme Athmosphäre, so steigt dieselbe in den Mühlen zur Unerträglichkeit, weshalb auch hier alle jene Arbeiter, die nach anderwärts einen Unterschlupf finden, alsbald wieder den Staub von ihren Pantoffeln schütteln.

Viktoriablau (Betriebsführer: Schmalzegauch): Mark 2.28 bis 2.72. Das Aussehen der dabei beschäftigten Leute ist ein Schrecken erregendes.

Alizerin (Betriebsführer: Dr. Mayer), **Cörelain** (Betriebsführer: Dr. Zwetl), **Chinom und Anthracen** (Betriebsführer: Dr. Bauer): Mark 2.40 bis 3.20. Die Fabrikationen sind namentlich wegen des penetranten Gestankes Ekel erregend.

Fuchsin (Betriebsführer: Hehner): Mark 2.20 bis 2.80. Verursacht ungeheuren Schmutz.

Soda (Betriebsführer: Dietrich): Mark 2.— bis 2.80. Sehr schwere Arbeit unter Siedehitze.

Eosin (Betriebsführer: Dr. Rachel): Mark 2.40 bis 2.56. Die grauenhafte Unreinlichkeit wirkt ebenfalls sehr nachtheilig auf die Konstitution.

Farbmagazin (Betriebsführer: Haas): Mark 2.08 bis 2.80. Einige Mann davon haben Mark 3. Diese Arbeit ist namentlich für jene, die das Einfüllen in hermetisch verschlossenen Räumen zu besorgen haben, äußerst gesundheitsschädlich und müssen Schwämme vor den Mund gebunden werden, um das Einathmen der Giftstoffe einigermaßen zu beschränken.

Diese Löhne gelten für Arbeiter vom 20. Lebensjahre ab. Jugendliche, d. h. solche von 14—20 Jahren, erhalten einen Durchschnittstagelohn von Mark 1.20—1.50.

Betriebsführer, Arbeitsbedingungen und Löhne in den Farbenfabriken, aus Ehrhart 1892 [108]

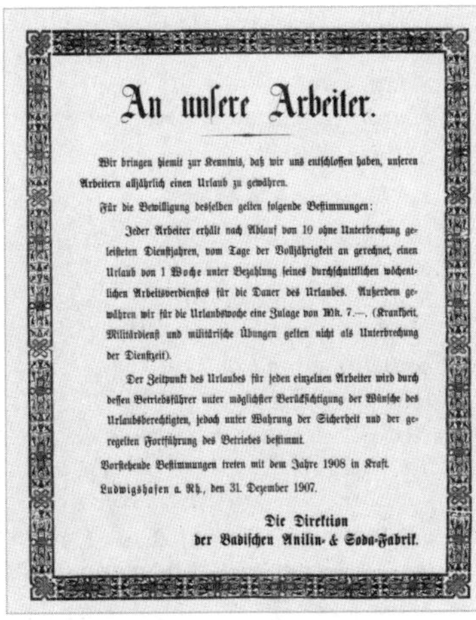

An unsere Arbeiter.

Wir bringen hiemit zur Kenntnis, daß wir uns entschlossen haben, unseren Arbeitern alljährlich einen Urlaub zu gewähren.

Für die Bewilligung desselben gelten folgende Bestimmungen:

Jeder Arbeiter erhält nach Ablauf von 10 ohne Unterbrechung geleisteten Dienstjahren, vom Tage der Volljährigkeit an gerechnet, einen Urlaub von 1 Woche unter Bezahlung seines durchschnittlichen wöchentlichen Arbeitsverdienstes für die Dauer des Urlaubes. Außerdem gewähren wir für die Urlaubswoche eine Zulage von Mk. 7.—. (Krankheit, Militärdienst und militärische Übungen gelten nicht als Unterbrechung der Dienstzeit).

Der Zeitpunkt des Urlaubes für jeden einzelnen Arbeiter wird durch dessen Betriebsführer unter möglichster Berücksichtigung der Wünsche des Urlaubsberechtigten, jedoch unter Wahrung der Sicherheit und der geregelten Fortführung des Betriebes bestimmt.

Vorstehende Bestimmungen treten mit dem Jahre 1908 in Kraft.

Ludwigshafen a. Rh., den 31. Dezember 1907.

Die Direktion
der Badischen Anilin- & Soda-Fabrik.

Urlaub für die BASF-Mitarbeiter Ankündigung der Werksleitung 1907 [109]

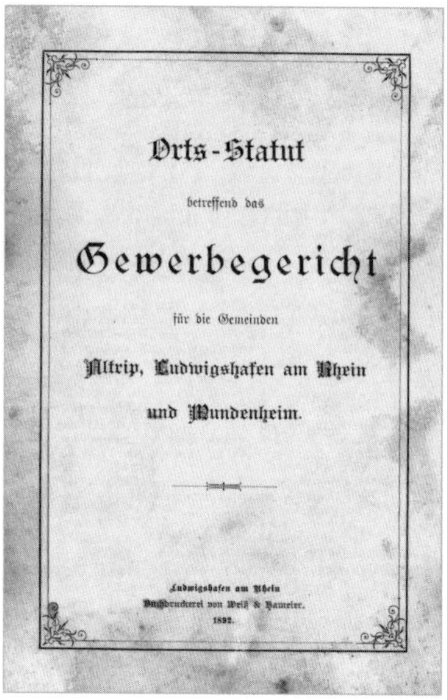
Orts-Statut

betreffend das

Gewerbegericht

für die Gemeinden

Altrip, Ludwigshafen am Rhein

und Mundenheim.

Ludwigshafen am Rhein
Buchdruckerei von Weiß & Hameier.
1892.

Ortsstatut des Ludwigshafener Gewerbegerichts, 1892 [110]

Bundes von 1869 sah in solchen Fällen ausdrücklich die Zuständigkeit der Gemeindebehörden oder eigener Schiedsgerichte vor. Ein Reichsgesetz vom 29. Juli 1890 schuf hierfür solidere Rechtsgrundlagen, überließ allerdings die Einsetzung von speziellen ›Gewerbegerichten‹ den Gemeinden allein auf freiwilliger Basis; erst 1901 wurden derartige Sondergerichte für Gemeinden ab 20 000 Einwohner durch Reichsgesetz verbindlich vorgeschrieben. Entscheidend für die Wirksamkeit der Institution war es, daß „Standesgenossen der Streitenden" mit Sachverstand paritätisch mitwirkten und ohne große Kosten für zügige Entscheidung der anstehenden Konflikte möglichst durch Vergleich sorgten.[274]

In Ludwigshafen hatte der Sozialdemokrat Bruno Körner bereits Mitte 1889 namens des ›Vereins zur Erzielung volkstümlicher Wahlen‹, einer sozialdemokratisch ausgerichteten Organisation, beim Stadtrat den Antrag gestellt, ein Gewerbegericht zu schaffen, und es war Carl Clemm, der sogleich nachdrücklich für „möglichst sofortige Einführung des Schiedsgerichts" eintrat, „da die Schiedsgerichte sich überall da, wo sie bestehen, bewährt hätten".[275] Die Stadtverwaltung mußte zu ihrer eigenen Entlastung an einer derartigen Einrichtung interessiert sein; da diese aber nur Chancen hatte, wenn auch die Unternehmerseite zustimmte, leitete die Stadt ihr den Antrag mitsamt dem vorgelegten Entwurf von Statuten weiter. Deren verbindliche Endfassung bildete letztlich ein Gemeinschaftswerk von Gewerkschaften und BASF.[276] 1892 trat das Gewerbegericht, dem sich einige Nachbargemeinden (Mundenheim, Altrip, Rheingönheim) anschlossen, in Aktion. Es hat sich trotz anfänglicher Vorbehalte von Arbeitgeberseite in Ludwigshafen wie andernorts sehr schnell allgemeines Ansehen erworben. Zugute kam seine Tätigkeit in erster Linie den Arbeitnehmern, denn Klagen gingen fast ausschließlich von ihrer Seite aus. Meistens handelte es sich freilich um Konflikte in kleineren Firmen, vielfach Handwerksbetrieben.[277] Entsprechendes galt für den sehr viel geringeren Arbeitsanfall im ›Kaufmannsgericht‹, das der Stadtrat 1904 zusammen mit Rheingönheim einzurichten beschloß.[278]

Auch als Einigungsamt bei Arbeitskämpfen wuchs die Bedeutung des Gewerbegerichts nach der Jahrhundertwende. 1904 vermochte es durch seine Empfehlungen einen härteren Konflikt in der Firma Grünzweig & Hartmann abzuwenden, indem sich beide Seiten auf einen Tarif-Vertrag über Lohnfragen und Überstundenregelung einigten,[279] wirkte 1905 beim Abschluß zweier sog. Tarifverträge mit – erneut bei Grünzweig & Hartmann, wo ein hoher Anteil der Arbeiter organisiert war,[280] ferner bei Michel & Co.[281] – und war 1906 gleich achtmal als Vermittlungsinstanz gefragt, darunter bei der Beilegung des Streiks in der BASF.[282] Die meisten Auseinandersetzungen endeten damals mit ›Tarifverträgen‹, selbst bei größeren Firmen wie Benckiser und den Ziegelwerken Heinrich Holz, während sich die BASF strikt gegen diese Form der Vereinbarung mit der Arbeitnehmerseite verwahrte. Auch in den folgenden Jahren betätigte sich das Gewerbegericht wiederholt, wenngleich mit wechselndem Erfolg, als Schlichter.[283] Nicht zuletzt diente es als die Stelle, bei der ›kollektive Arbeitsverträge‹ hinterlegt wurden, das Ergebnis der beginnenden Tarifvertragsbewegung in Deutschland.[284]

Anmerkungen
Seite 448

274 vgl. allg. Wilhelm Stieda, Gewerbegerichte, in: HdStWiss., 3. Aufl., Bd. 4, S. 880—895; Schnorbus, S. 236ff; Frerich/Frey, S. 139ff

275 SRP 5.7.1889

276 vgl. Breunig 1976, S. 261f

277 vgl. Stadtgeschichte (1903), S. 321ff und die Verwaltungsberichte der Stadt Ludwigshafen. 1913 z.B. gingen nur 8 der 550 Klagen von Arbeitgeberseite aus; vgl. im einzelnen JHKL 1913 II, S. 122f

278 Weiß, S. 216; 1913 gingen nur 5 der 79 Klagen von Kaufleuten aus; vgl. im einzelnen JHKL 1913 II, S. 120f

279 vgl. VB 1900/04, S. 78f; Braun, S. 39, der Text des Vertrags vom 20.7.1904 ebd.

280 Braun, S. 25

281 VB 1905, S. 72f; Braun, S. 39

282 VB 1906, S. 35, 73f; Breunig 1976, S. 469f

283 vgl. VB 1907, S. 80f; VB 1909, S. 87; VB 1911, S. 39; S. 97; VB 1913, S. 85

284 vgl. z.B. VB 1905, S. 72f

Die Ludwigshafener Arbeiterschaft zeichnete sich nicht durch Streikfreudigkeit aus. Bis in die 1890er Jahre scheinen Arbeitskämpfe recht selten gewesen zu sein. An 100 Auseinandersetzungen, die von 1900 bis einschließlich 1913 gezählt wurden, beteiligten sich insgesamt 8 020 Mann[285] – keine imponierende Zahl, bedenkt man, daß Ende 1913 allein in der BASF (einschließlich des Werks in Oppau) rd. 11 000 Arbeiter beschäftigt waren und daß die Zahl der Krankenversicherten in Ludwigshafen damals wohl um die 28 000 betrug,[286] von denen fast 7 800 den freien Gewerkschaften angehörten.[287] Die meisten Konflikte spielten sich im handwerklichen Bereich ab, zumal im kleineren Bauhandwerk. Für gewöhnlich handelte es sich nicht um spontane Aktionen, sondern die Arbeitskämpfe kamen nur dann in Gang, wenn vorausgehende Verhandlungen oder Verhandlungsversuche mit den jeweiligen Arbeitgebern zu keinem annehmbaren Ergebnis geführt hatten. Träger der Aktivitäten waren gemeinhin Fachverbände der freien Gewerkschaften, die in Abstimmung mit der Sozialdemokratie die Position der sozialistischen Arbeiterbewegung auszubauen suchten und in ihrem Zuständigkeitsbereich über die Verbesserung der speziellen Arbeitsbedingungen und der Entlohnung hinaus generell den Abschluß von kollektiven Tarifverträgen durchzusetzen bemüht waren. Der Abschluß von Tarifverträgen bildete seit Ende des 19. Jahrhunderts immer deutlicher ein zentrales Anliegen der Gewerkschaftsbewegung, denn auf diesem Wege sicherte sie sich seitens der Arbeitgeber die Anerkennung als gleichberechtigter Verhandlungspartner und durfte darauf rechnen, daß die Arbeiter ihren Mitgliedsverbänden in stattlicher Zahl beitraten. Freilich machte sich noch lange Zeit die starke berufsspezifische Zersplitterung in Fachverbände nachteilig bemerkbar; auch die Bildung des Ludwigshafener Gewerkschaftskartells 1895 konnte Interessenunterschiede zwischen den einzelnen Fachvereinen und getrenntes Marschieren in Konfliktsituationen nicht immer verhindern. Und erst relativ spät begannen sich Metallarbeiter und ungelernte Fabrikarbeiter wirksam zu organisieren. Der ›Verband der Fabrik-, Land- und gewerblichen Hilfsarbeiter Deutschlands‹, 1890 in Hannover aus der Taufe gehoben, faßte in Ludwigshafen erst seit 1894 allmählich fester Fuß.[288]

Die meisten Arbeitskämpfe betrafen, wie gesagt, nur kleine Firmen – das galt mit Einschränkungen auch für die eskalierende Auseinandersetzung in der Firma Zimmermann 1907 [*vgl. Wi-Struktur, S. 380*]. Um so wichtiger wurden für die Arbeiterbewegung die ganz wenigen großen Konflikte, weil ihr Verlauf und ihre Ergebnisse zugleich ein Kräftemessen mit der Unternehmerseite darstellte, allen voran die Streiks in der BASF 1906 und 1911, galten sie doch dem weitaus bedeutendsten Arbeitgeber am Ort, zudem einem Arbeitgeber, der den ›Herr-im-Hause-Standpunkt‹ strikt gewahrt wissen wollte und daher gegen Sozialdemokratie und Gewerkschaften stets eine entschlossene Abwehrhaltung einnahm.[289] Der Streik von 1906 hatte dennoch Erfolg, weil er die Unternehmensleitung völlig überraschte. 1904 hatte es erstmals einen langwierigen Streik in der Großchemie bei Bayer gegeben, doch war es dort Carl Duisberg gelungen, ihn nach mehrwöchiger Dauer in harter Front gegen alle Einwirkungsversuche der Gewerkschaften niederzukämpfen. Dem dort erfolgreichen Muster folgte die BASF-Direktion im Sommer 1905, als ein erheblicher Teil der Arbeiter des werkseigenen

Anmerkungen
Seite 449

285 nach Daten bei Breunig 1976, S.407f

286 1912 betrug die Zahl der Krankenversicherten 25 496 (davon 4 770 Frauen), im Jahr zuvor 22 866; VB 1912, S.36

287 vgl. Breunig 1976, S.794f

288 vgl. Breunig 1976, S.272ff; Braun, S.24ff

289 zu den Streiks in der BASF 1906 und 1911 vgl. Breunig 1976, S.467ff und konzise Schiffmann, S.60ff; künftig ausführlicher v. Hippel 2003, Kapitel 4.2; die folgenden Zitate aus dem Bericht des Unternehmens über den Streikverlauf 1906 in BASFUA A 82/1/9

Der Streik

in der

Badischen Anilin- & Soda-Fabrik

in Ludwigshafen am Rhein

18. Juli bis 21. August 1911.

Bericht

über Entstehung und Verlauf der Bewegung

erstattet von der

Direktion der Badischen Anilin- & Soda-Fabrik.

Druck von J. Waldkirch & Co., Ludwigshafen a. Rh.

Titelblatt der Darstellung der Direktion zum Streik in der BASF vom 18. Juli bis zum 21. August 1911 [111]

Gaswerks mit der Forderung nach einem Tarifvertrag an sie herantrat. Die neun Mann, die sich nicht bereit zeigten, eine Erklärung über ihre Zufriedenheit mit den geltenden Arbeitsbedingungen und Löhnen zu unterschreiben, wurden entlassen oder kündigten ihrerseits. „Nachdem die unzufriedenen Elemente entfernt worden waren und die Arbeiter gesehen hatten, daß sie mit ihren unvernünftigen Forderungen nichts erreichten, glaubte man hoffen zu dürfen, von weiteren Arbeiterbewegungen verschont zu bleiben" – zu Unrecht. Am 15. Januar 1906 erhoben gewerkschaftlich organisierte Arbeiter in drei Schlüsselabteilungen der Säurefabrik Lohnforderungen und reagierten mit geschlossenem Austritt, als die Direktion jede Verhandlung zurückwies und einen ähnlich harten Kurs wie im Jahr zuvor zu steuern suchte. Allerdings scheiterte sie diesmal und sah sich vernünftigerweise bereits nach wenigen Tagen zum Ausgleich genötigt: Die Arbeiterschaft zeigte sich insgesamt solidarisch; die allgemeine Stimmung wandte sich gegen das Unternehmen, das im Zeichen der damaligen Hochkonjunktur bestens verdiente, aber bei den Löhnen der allgemeinen Entwicklung eher hinterherhinkte; der Versuch, im näheren und weiteren Umfeld Streikbrecher anzuwerben, stieß auf heftigen Widerstand in der Arbeiterschaft vor Ort und erwies sich bald als Fehlschlag; das abweisende Verhalten der Direktion führte dazu, daß nach den Säureabteilungen sämtliche Betriebe in der Indigofabrik ihre Arbeit einstellten und sich die Gefahr eines ›Generalstreiks‹ abzeichnete, Gaswerkarbeiter, Heizer und Kohlenarbeiter das ganze Werk lahmlegten und ein wesentlicher Teil der Apparaturen Schaden litt, gleichzeitig ganz erhebliche Einnahmeverluste entstanden und bisherige Kundschaft an die Konkurrenz verlorenging. Angesichts solch unerfreulicher Perspektiven beschloß die Firmenleitung, nun doch „einer Verständigung näherzutreten". Mit Hilfe des Vorsitzenden des Gewerbegerichts kam zwischen Franz Josef Ehrhart, Reichs- sowie Landtagsabgeordnetem und Stadtrat der SPD, und dem Gauleiter des Ludwigshafener Gewerkschaftskartells Sebastian Prüll als Arbeitervertretern und dem BASF-Justitiar Dr. Gustav Lichtenberger eine Vereinbarung zustande, die einen Kompromiß zwischen beiden Seiten darstellte. Den Arbeitern brachte sie eine zehnprozentige Lohnerhöhung und bessere Vergütung von Überstunden, Sonntags- und Feiertagsarbeit. Ein Hauptvorteil für die BASF aber bestand darin, daß die Regelung für alle Arbeiter verbindlich galt, und das machte sich sehr schnell bezahlt, als die Kohlenarbeiter und Hoftagelöhner wenige Tage später neue Forderungen erhoben. Ehrhart und Prüll verpflichteten die Arbeiter zur bedingungslosen Wiederaufnahme der Arbeit.

1907 wies die BASF erneute Forderungen nach Lohnerhöhung und Abschaffung der Akkordarbeit strikt zurück, ohne daß die Gewerkschaften mit Blick auf die sich verschlechternde Konjunkturlage einen Konflikt riskierten, und sorgte ansonsten in den folgenden Jahren dafür, durch rechtzeitiges Anpassen der Löhne an die gestiegenen Lebenshaltungskosten, Ende 1910 auch durch die erwähnte Verkürzung der Arbeitszeit gewerkschaftlichen Ansprüchen zuvorzukommen und so ihre volle Handlungsfreiheit zu demonstrieren.[290] 1911 jedoch begann sich die Situation erneut zuzuspitzen, schien sich die Möglichkeit eines neuen Streiks abzuzeichnen, zumal der Fabrikarbeiterverband inzwischen – auch durch den Erfolg von 1906 – an Schlagkraft gewonnen

Anmerkungen
Seite 450 und 451

290 *vgl. v. Hippel 2002b, S. 490ff, 519ff*

291 *Streik (1911), S. 5f*

292 *Streik (1911), S. 3*

293 *Breunig 1976, S. 510*

294 *dazu im gesamtdeutschen Kontext Wehler, S. 547ff; fortlaufende informative Hinweise und Einschätzungen zur Konjunkturentwicklung vor Ort in den Jahresberichten der Pfälzischen Handels- und Gewerbekammer, seit 1909 Handelskammer Ludwigshafen a. Rh*

hatte und der Einfluß der Gewerkschaften unter der BASF-Arbeiterschaft insgesamt deutlich gestiegen war. Hiergegen suchte nun die Direktion im Juni 1911 durch die Gegengründung eines „wirtschaftsfriedlichen" ›gelben Gewerkvereins‹ vorzugehen [*vgl. Vereine, S. 667, und sozialistisch, S. 729*] und „eine gründliche Säuberung der Betriebe und Ausmerzung" gewerkschaftlicher Elemente „zur Ermöglichung gedeihlicher Weiterarbeit" zu erreichen. „Diese Säuberung hat uns dann der Streik gebracht", kommentierte die Direktion im Nachhinein.[291] Denn der Streik, mit dem der Fabrikarbeiterverband den gezielt gegen ihn gerichteten Angriff zu parieren suchte, hatte wenig Chancen trotz eines zeitweisen Ausstandes von nahezu 2 200 Arbeitern, über einem Viertel der Belegschaft: Wohlgefüllte Magazine, Zurückhaltung der gelernten Arbeiter gegenüber dem Arbeitskampf der Ungelernten – ein Problem, das innerhalb der Gewerkschaftsbewegung lange Zeit Reibungsverluste verursachte, der Umstand, daß keine zentralen Betriebe lahmgelegt werden konnten und die Direktion infolge der flauen Konjunktur neue Arbeitskräfte als Streikbrecher anzuheuern vermochte, all dies ermöglichte es der Unternehmensleitung, nun tatsächlich siegreich zu ›säubern‹: Nahezu 300 Arbeiter, die besonders unliebsam aufgefallen waren, wurden nicht mehr eingestellt, die Lohnforderungen wurden abgelehnt, der gelbe Arbeiterverein, durch die Firma hoch subventioniert, erhielt wegen der von ihm gebotenen Vorteile kräftigen Zulauf, der Fabrikarbeiterverband war erst einmal geschwächt und demoralisiert. Die BASF-Direktion bewertete den Verlauf der Bewegung als „lehrreich für die Industrie", zeige sich doch, daß „die Macht und der Einfluß der Arbeiterorganisationen" nicht so weit reiche, wie oft angenommen, und daß es möglich sei, „die zufriedenen Arbeiter als geschlossene Macht zu sammeln".[292] Tatsächlich folgten mehrere andere Ludwigshafener Betriebe mit der Gründung eines gelben Vereins; aber obwohl die Streikniederlage die Fabrikarbeitergewerkschaft zunächst zurückwarf und ihr bisheriges Wachstum abbremste, scheint die Stagnation bei Fabrik- und Metallarbeitern bereits Anfang 1914 überwunden gewesen zu sein.[293] Der Ausbruch des Ersten Weltkriegs verhinderte freilich vorerst alle weiteren Kraftproben zwischen Arbeitgebern und Arbeitnehmern.

Arbeitskonflikte entstanden für gewöhnlich in Jahren guter Konjunktur, denn nur in solchen Zeiten hatten die Arbeitnehmer ernsthafte Chancen, ihre Forderungen gegenüber den Arbeitgebern ganz oder wenigstens teilweise durchzusetzen. In Phasen schlechten Geschäftsganges dagegen mußten sie unter Umständen sogar Abstriche an ihrem Lohn hinnehmen, drohte ihnen die Gefahr, ihren Arbeitsplatz zu verlieren und dann um Armenunterstützung nachsuchen zu müssen, denn eine umfassende Arbeitslosenversicherung existierte noch nicht [*vgl. Soz.-Pol., S. 600*]. Zwar profitierte die ›Stadt der Chemie‹ von dem Umstand, daß zumindest ihre Leitbranche mit der BASF an der Spitze dank ihrer Innovationskraft und der internationalen Nachfrage nach ihren Erzeugnissen von den Schwankungen des Marktgeschehens weniger tangiert wurde als andere Wirtschaftszweige, aber unberührt blieb auch sie nicht von dem übergreifenden konjunkturellen Geschehen.[294] Existenziell von ihm betroffen waren die Bewohner der Stadt.

Wer waren sie, woher kamen sie?

Die Stadt voller Kinder im Rennerbad am Rhein, 1910 [112]

Teil 2
„Aber die Schattenseite einer allzu rasch wachsenden Stadt ist auch vorhanden: es fehlt die bodenständige Bevölkerung." – Ludwigshafens Einwohnerschaft

Der in Ludwigshafen gebürtige Schriftsteller Adam Ritzhaupt (1882 bis 1976) schildert in seinem 1932 erschienenen Novellenband ›In Sonne und Rauch‹ Ludwigshafen als die „Stadt ohne Vergangenheit" mit ihrer ›jugendlichen‹, noch nicht verwurzelten Bevölkerung:

> Kein Teil unseres Vaterlandes ist so reich beladen mit geschichtlicher Vergangenheit, als die Städte und Länder am Rhein. Und gerade hier kennen wir eine Stadt, von der wir zu sagen haben: Sie hat keine Vergangenheit. Sie ist ins Werden gekommen mit der neuesten Zeit. Sie ist so jung, daß ihre ersten Kinder heute noch leben könnten [...] Es ist zu verstehen, daß solche Geschichtslosigkeit das Wesen einer Stadt und ihrer Bewohner mitbestimmt; es ist zu verstehen, daß die Bewohner in jenen Jahren des stürmischen Wachsens wenig Sinn hatten für Feierlichkeit, für würdevolle Selbstdarstellung, schließlich auch eine gewisse Ehrfurchtslosigkeit besaßen vor Personen und Gewordenem [...].
>
> Man bedenke aber auch: Eine solche Stadt muß in ihren ersten Lebensjahrzehnten ein auffallendes Gepräge von Jugendlichkeit haben. „Hier kann man Geld verdienen!" Tausende von jungen Menschen, hauptsächlich aus den Dörfern des Heimatkreises, kamen herbei. Weder Faulenzer, noch still beschauliche Genießer, weder Künstler, noch Gelehrte, nur unsentimentale, zupackende Menschen. Viele brachten ihr Geld im Taschentuch herein und waren nach wenigen Jahren Hausbesitzer und Unternehmer; Leute, die sich wenig Gewissenslast machten mit der biblischen Mahnung, daß der Mensch nicht Schaden nehme an seiner Seele über seiner Hände Fleiß und seiner Unruhe nach Besitz. Hier gab es kaum Greise. Aber Kinder wurden geboren, von tausend Einwohnern so viele, als in anderen Städten von dreitausend. Man muß solche Stadt nur vergleichen mit einer geruhsamen Pensionärstadt. Wo sind die stillen Straßen, da die alten Fräuleins wohnen, die alten Regierungsräte und Majore? In der Stadt der Jugend bedarf es keiner Rücksichtnahme auf Altersbequemlichkeit, keiner Anlagen und Promenaden für alte Herrschaften; es gibt keine Kaffeekränzchen, keine Stormschen Winkel und Gärten. Alles ist neu, alles ist jung, die Häuser, die Familien.
>
> Welch ein Leben in jenen Jahren, da die Stadt aufwuchs! Da habt ihr keine Werktagspaziergänger gesehen! Aber Kinder! Kinder! Und junge Mütter und hoffende Frauen. Da gab es Straßen, die wimmelten von Kindern und Müttern. Solche Bilder wird man nie, nie wieder sehen. Toreinfahrten, Treppenhäuser, Höfe, Fenster, Rinnsteine, Fahrstraße: überall hingen, rutschten, rannten, schrien, heulten, spielten, rauften Kinder. Und dazwischen die Frauen, eines auf dem Arm, eines an der Hand, eines in der Hoffnung. O, waren das Jahre der Fruchtbarkeit! Brauchte man Spielplätze mit Bänken für Kinderfräuleins? Spielplätze waren die Straßen, die Lücken zwischen den Häusern, die leeren Baustellen, die halbfertigen Neubauten, die weiten, unbebauten Gelände zwischen den Stadtteilen. Lockendste, verbotenste Gegenden waren der Rhein, verrufenes Gehölz und die Altwasser des Rheins.

Die einfachste Meßgröße für die Bedeutung einer Stadt ist ihre Einwohnerzahl. In Ludwigshafen wohnten zum Zeitpunkt der Reichsgründung knapp 7 000, einschließlich der später eingemeindeten Dörfer Friesenheim und Mundenheim rd. 11 300, Ende 1913 dagegen schätzungsweise an die 91 000 Personen.[295] Die „beispiellose Zunahme der

Anmerkungen
Seite 452 und 453

295 *Laut VB 1913, S. 18 belief sich die Einwohnerzahl Ende 1913 auf fast 94 000 Personen, doch war diese Zahl infolge vielfach versäumter Abmeldungen beim Fortzug aus der Stadt um einiges überhöht. Der Vergleich zwischen den berechneten städtischen Daten und den Ergebnissen der Volkszählungen für frühere Jahre läßt den Rückschluß zu, daß die errechnete Zahl für Ende 1913 um etwa 3% oder knapp 3 000 Personen zu hoch ausgefallen ist*

296 *Meyer Bd. 11 (1896), S. 572*

Bevölkerung"[296] von jährlich durchschnittlich 5% war die Folge der erstaunlichen wirtschaftlichen Entwicklung und bildete ihrerseits wieder die Voraussetzung für wirtschaftliche Aktivitäten, um die vielfältigen Bedürfnisse der hier lebenden Menschen zu befriedigen. Soweit private Initiative derartige Aufgaben und Chancen nicht wahrnahm, sah sich die öffentliche Hand, also in erster Linie die Gemeinde, in der Pflicht. Umfang und Zusammensetzung der Einwohnerschaft bildeten daher für die Stadtverwaltung ein zentrales Planungsdatum.

Kinderschar vor einem Geschäft im Hemshof Ecke Hemshofstraße / Kurze Straße 1910 [113]

Das Bevölkerungswachstum und seine Komponenten

Die Grafiken 3 und 4, S. 742f, vermitteln eine erste Vorstellung von der Dynamik des Bevölkerungswachstums – von der schwankenden Dynamik: Vor allem der fulminante Start der BASF trieb die Zuwachsraten 1867—1875 bis in den zweistelligen Bereich. In den folgenden Jahrzehnten machte sich – anders als beim Regierungsbezirk und beim restlichen Bezirksamt – das Auf und Ab der Konjunktur deutlicher bemerkbar, Phasen schwächeren Wachstums (1875 bis 1880 und 1890 bis 1895) wechselten mit günstigeren Zeiten in den 1880er Jahren und im ausgehenden 19. Jahrhundert (1895—1900), aber selbst in den Jahren geringerer Zunahme hielt Ludwigshafen nicht nur seinen Spitzenplatz in der Pfalz, sondern nahm auch auf gesamtdeutscher Städte-Ebene zumindest einen der vordersten Ränge ein. Wenn das Bevölkerungswachstum im restlichen Bezirksamt seit 1896 kräftiger abhob und sich im frühen 20. Jahrhundert demjenigen von Ludwigshafen annäherte, so war dies vornehmlich durch vermehrte Pendelwanderung in die nahegelegene Industriestadt verursacht. Gleichwohl stieg deren Bevölkerungsanteil im Amt von 17% im Jahr 1867 (mit Friesenheim und Mundenheim 30%) bis 1910 auf gut 70% (vgl. Tabelle ›Bevölkerungsentwicklung in Ludwigshafen 1855—1910‹, S. 373, Bevölkerungsanteil in % am Bezirksamt). Die Prozentzahlen allein lassen die Dramatik der Entwicklung freilich nur unvollkommen erkennen, denn die absoluten Größenordnungen fielen im späten 19. und frühen 20. Jahrhundert auch bei niedrigen Zuwachsraten sehr viel stattlicher aus als in den vorangehenden Jahrzehnten (vgl. Grafik 4, S. 743); die mäßigen Prozente für die Zeitspanne 1900—1910 z. B. beinhalteten ein Mehr an Menschen, das dem Bestand der gesamten Einwohnerschaft im Jahr 1880 gleichkam, ihn sogar leicht übertraf. Damals hatte sich allerdings die Gemarkung durch die Eingemeindungen von Friesenheim (1892) und Mundenheim (1899) beträchtlich ausgedehnt, verlagerte sich die Bevölkerung verstärkt in die etwas preiswerteren neuen Außenbezirke und verlangsamte sich dadurch der Verdichtungsprozeß in der Innenstadt (vgl. die folgende Tabelle).

Aus welchen Quellen speiste sich das Bevölkerungswachstum? Inwieweit ging es auf eigenen Geborenenüberschuß zurück, wieweit kam es durch Zuwanderung zustande? Anhand der Bevölkerungszählungen und der Daten über Geburten und Sterbefälle läßt sich der Zufluß aus den beiden Wachstumsquellen ziemlich genau beziffern: Die Zuwanderung trug 1871—1910 etwa 45%, der Geborenenüberschuß demnach etwa 55% bei – das gilt jedenfalls dann, wenn man die Eingemeindungen von Friesenheim und Mundenheim nicht als ›Zuzug‹ rechnet, wie das in Literatur und Statistiken gerne geschieht. Ähnlich wie beim Gesamtwachstum zeichnen sich von einer Bevölkerungszählung zur anderen charakteristische Schwankungen ab, bedingt durch den

Bevölkerungsdichte in Ludwigshafen
in Quadratmeter pro Einwohner

	Innenstadt	Friesenheim	Mundenheim	Gesamtgebiet
1871	961	2497	3853	1767
1880	504	1688	2987	1029
1890	264	1191	2155	583
1900	164	717	1083	351
1910	129	438	701	261

Quelle: Bevölkerungszahlen in Tabelle ›Bevölkerungsentwicklung in Ludwigshafen 1855—1910‹ und Flächenangaben bei Weiß, S.27, 42: Ludwigshafen Innenstadt 757,01 ha; Friesenheim 536,65 ha; Mundenheim 881,20 ha; Gesamtgebiet 2 174,86 ha

Zustrom von Arbeitskräften in wirtschaftlichen Boomzeiten – besonders wiederum zwischen 1865 und 1875, in den 1880er Jahren und 1895—1900 – und das Abebben des Zuflusses während weniger günstiger Phasen (1876—1880, 1891—1895 und 1901—1905). Im frühen 20. Jahrhundert schwächte sich die Zuwanderung jedenfalls spürbar ab, wurde – durchaus zeittypisch – das weitere Wachstum vor allem von den eigenen Geborenenüberschüssen getragen. Aber auch hieran waren wiederum die bisherigen Zuwanderer beteiligt: Vor allem jüngere Menschen zogen auf der Suche nach einer tragfähigen Existenz in die Stadt, gründeten dort, wenn sie sich dauerhaft niederließen, großenteils Familien und trugen damit auch indirekt über die nachfolgenden Generationen zum städtischen Bevölkerungswachstum bei. Dieser indirekte Anteil war beachtlich; wenn man davon ausgeht, daß die seßhaft gewordenen Zuwanderer an der Reproduktion (nur) in demselben Ausmaß beteiligt waren wie der Bevölkerungsdurchschnitt in der bayerischen Pfalz, so erhöht sich der gesamte Beitrag der Zuwanderer zum Wachstum Ludwigshafens für 1871—1910 von 45% auf überaus stattliche 73%.[297]

Soweit es den direkten Wanderungsgewinn betrifft, wurde er erstmals 1891—1895 vom Geborenenüberschuß deutlich überholt, im Zeitraum 1896—1900 fast erreicht, bevor sein Anteil weit zurückfiel (vgl. Grafik 5 und 6, S. 744f).[298]

Der ›Zug in die Stadt‹ – Wanderungsumfang und Wanderungsverlauf, Herkunftsgebiete, Pendelwanderung

Die Zuwanderung, die als sog. ›Wanderungsgewinn‹ zum direkten und längerfristig auch zum indirekten Wachstum der Stadt Ludwigshafen beitrug, erfolgte nicht als einfacher und einmaliger Akt jedes Betroffenen, vielmehr war sie nur das Endergebnis einer sehr viel höheren Zahl von Wanderungsbewegungen. Mit gutem Grund gilt die ›Binnenwanderung‹, also die Wanderung innerhalb der Grenzen des Deutschen Reiches, im Zeichen der Hochindustrialisierung als „die größte Massenbewegung in der deutschen Geschichte".[299] Die heftige Fluktuation, welche im Zeichen der Industrialisierung in Gang gekommen war, hat viele, vor allem konservative Zeitgenossen beunruhigt, vermeinten

Anmerkungen
Seite 454

297 zur entsprechenden Berechnungsmethode vgl. Köllmann, S. 190f

298 Für den Zeitraum 1891—1895 war der nur scheinbare Zuwachs durch Friesenheim, 1896—1900 derjenige durch Mundenheim herauszurechnen; dies ist in Weiß, S. 21 offensichtlich nicht geschehen

299 Köllmann, S. 37; vgl. allg. Ritter / Tenfelde 1992, S. 175

Die ›Große Fabrik‹ zieht die Arbeitermassen an: vor dem Großen Tor der BASF 1895 [114]

Die Rolle der Frau in der Chemieindustrie: Arbeiterfrauen bringen ihren Männern zur Mittagspause das Essen in Körben um 1900 [115]

sie doch eine total mobile Gesellschaft aus modernen ›Großstadtnomaden‹ entstehen zu sehen, die alle bewährten stabilisierenden Werte – Familie, Religion und Sittlichkeit, Zucht und Ordnung – in Frage stellten. Besonders betroffen von derartigem ›Flugsand‹ waren ausgesprochene Industriestädte, zumal solche, in denen zahlreiche ungelernte Arbeiter benötigt wurden, wie das bei der chemischen Industrie der Fall war. Gemessen wird die Fluktuation für gewöhnlich in der Weise, daß man Zu- und Abzüge jahrweise addiert und ihre Größenordnung zur jeweils vorhandenen mittleren Jahresbevölkerung in Beziehung setzt; das Ergebnis ist das sog. Wanderungsvolumen, ausgedrückt in Prozent der mittleren Bevölkerung. Ein Wanderungsvolumen von 50% besagt demnach, daß – wohlgemerkt rein rechnerisch – 50% der gesamten Bevölkerung in dem betreffenden Jahr als Zu- oder Abzügler an der Binnenwanderung vor Ort beteiligt gewesen sind. Leider liegt für Ludwigshafen erst seit 1889 einschlägige Information vor, auch sie nur lückenhaft, doch erweisen sich die Fragmente als recht informativ: 1889/90 betrug das Wanderungsvolumen etwas über 60% und sank dann in den frühen 1890er Jahren, während einer wirtschaftlichen Rezessionsphase, auf Werte von 42—43%, auch dies noch auf einem weit höheren Niveau als bei den deutschen Mittel- und Großstädten insgesamt. In der Boomperiode 1895/1900 dürfte das Wanderungsvolumen noch einmal gestiegen sein, im frühen 20. Jahrhundert jedenfalls setzt sich insgesamt die fallende Tendenz fort, selbst wenn die Boomjahre 1906 und 1912/13 die Kurve noch einmal kurz in die Höhe reißen. Offensichtlich paßte sich der Zu- und Abzug nach und von Ludwigshafen gegen Ende unseres Zeitraums (1914) zunehmend den deutschen Durchschnittswerten an.

Die hohen Ziffern Ludwigshafens signalisieren zwar lebhafte, aber keineswegs völlig regellose Bewegungsabläufe. Darauf wies die Stadtverwaltung bereits vor 100 Jahren hin, um das Image Ludwigshafens in dieser Hinsicht etwas aufzubessern:

„Eine Eigentümlichkeit der Stadt Ludwigshafen ist die überaus große Fluktuation der Bevölkerung, die sehr oft, nicht selten in abfälliger Weise, besprochen wird. Sie findet vornehmlich ihren Grund in der Verschiedenartigkeit der Nationalität, in der Mannigfaltigkeit der Etablissements und der damit in Zusammenhang stehenden Arbeitsgelegenheit, die zu einem großen Teile Sach- und Fachkenntnisse nicht

Arbeit vor allem für Männer: Hebung des in den Winterhafen gestürzten Schnellzugs ›Manteuffel‹, 1901 [116]

voraussetzt, in der Vielseitigkeit der Eisenbahnverbindungen, der günstig gelegenen Wasserstraße, nicht minder aber auch in der unmittelbaren Nähe der Großstadt Mannheim.

Die Fluktuierung ist weiter veranlaßt durch den Umstand, daß viele Landbewohner der Pfalz, aus Baden, Hessen und Württemberg während der Wintermonate hier Verdienst suchen und sich mit dem Beginne der Feldarbeiten ihren Heimatorten wieder zuwenden. Umgekehrt verhält es sich mit den Bauhandwerkern. Diese finden in den Sommermonaten reichlichen Verdienst in hiesiger Stadt und kehren bei Eintritt der kalten Tage, nach Einstellung der Bautätigkeit, mit dem Lohn ihres Fleißes, den Mitteln für den Winterunterhalt, zu ihren Familien in ihre eigentliche Wohnstätte zurück."[300]

Die Suche nach Arbeit auf Zeit oder Dauer mit der Möglichkeit, sich ohne weiteren Aufwand auch über das größere und vielfältigere Arbeitsplatzangebot von Mannheim zu informieren, und der mehr oder weniger regelmäßige Wechsel der Beschäftigung zwischen Sommer- und Winterhalbjahr formten bestimmte Mobilitätsmuster, die natürlich recht unterschiedliche Bevölkerungsgruppen betrafen. Man darf davon ausgehen, daß sich der jahreszeitliche Wechsel zwischen Saisonarbeitsplätzen mit fortschreitender Hochindustrialisierung insgesamt abschwächte, weil die Unternehmen angesichts der komplizierteren Produktionstechniken selbst bei den un- bzw. angelernten Arbeitskräften zunehmend auf Arbeitsplatzerfahrung setzen mußten. An den Wanderungsbewegungen waren vor allem junge unverheiratete Männer beteiligt – das galt zumal für Ludwigshafen, wo die Industrie nur wenig weibliche Arbeitskräfte beschäftigte und weibliche Dienstboten relativ selten nachgefragt wurden. Festzuhalten bleibt, daß die Fluktuation die Einwohnerschaft keineswegs gleichmäßig erfaßte und betraf, daß es vielmehr neben seßhaften Teilen ausgesprochen mobile Elemente gab, die sich unter Umständen nur für Tage, Wochen und Monate in Ludwigshafen aufhielten, um dann weiterzuziehen, oder die saisonbedingt mehrmals im Jahr in die Stadt zogen und sie wieder verließen. Bedenkt man, daß der größte Teil der Binnenwanderung im Nahbereich erfolgte, dann erscheint die so beschaffene Mobilität keineswegs als Zeichen der Entwurzelung, sondern läßt sich eher als Bemühen interpretieren, in einem überschaubaren und einigermaßen vertrauten Raum durch Nutzung wechselnder Arbeitschancen ein gewisses Maß an Seßhaftigkeit zu bewahren oder zu gewinnen. Unter diesem Blickwinkel erscheint der Anteil der Zuzüge aufschlußreich, der zum Wachstum der Stadt beitrug. Leider kann man ihn allein für zwei kürzere Zeiträume ermitteln: 1890 bis 1894 waren es, wenigstens rein rechnerisch, nur gut 5%, 1906 bis 1910 sogar nur gut 3% der Zuziehenden, die auf ihrer Suche nach dem festen Platz im Leben schließlich Ludwigshafen wählten.

Zuverlässiger als am sinkenden Wanderungsvolumen läßt sich die Tendenz zu steigender „Ortsfestigkeit"[301] an dem wachsenden Anteil der ortsgebürtigen Einwohnerschaft ablesen. Es ist verständlich, daß der Prozentsatz der in der jungen Gemeinde Ludwigshafen Geborenen besonders niedrig ausfiel, wenngleich bei leicht steigender Tendenz von 40% 1880 auf 45% 1907 – zum Vergleich: 1900 lag der Durchschnittswert für die bayerische Pfalz bei nahezu 69% der Einwohner.[302]

In Ludwigshafen selbst gab es nur verhältnismäßig wenig Arbeitsplätze für Frauen. Die ortsanwesende Bevölkerung Ludwigshafens wies

Anmerkungen Seite 456

300 *Stadtgeschichte (1903), S. 210*
301 *Pfeil, S. 131*
302 *BSKB, H. 69/1912, S. 169, 252f*

daher wohl im Unterschied zu den meisten deutschen Städten bis ins frühe 20. Jahrhundert ständig einen nicht unerheblichen Männerüberschuß auf (vgl. Tabelle ›Bevölkerungsentwicklung in Ludwigshafen 1855—1910‹, S. 373, ›Sexualproportion‹) und zwar vornehmlich in den mittleren Altersstufen, die voll in den Arbeitsprozeß eingespannt waren, während bei den – allerdings dünn besetzten – älteren Jahrgängen die Frauen deutlich überwogen. Zum Männerüberschuß in den mittleren Altersgruppen mag im übrigen ein Stück weit auch der Zuzug von landwirtschaftlichen Arbeitern beigetragen haben, die während der Wintermonate Beschäftigung in den Fabriken suchten, um im Frühjahr wieder aufs Land zurückzukehren; so entstand ein verstärkter Männerüberhang auf Zeit, den die Zählungen – für gewöhnlich Anfang Dezember durchgeführt – erfaßten.

Die ewig unfertige Stadt braucht Bauarbeiter: Bau der Reichsbank in der Kaiser-Wilhelm-Straße, um 1905 [117]

Gliedert man die Einwohnerschaft nach Alter und Ortsgebürtigkeit auf, wie das für das Jahr 1900 leider nur für das Bezirksamt insgesamt möglich ist (vgl. Grafik 7, S. 746), so werden andere aufschlußreiche Merkmale sichtbar. Wenn der größte Anteil der Kinder und Jugendlichen, nämlich vier Fünftel, das Licht der Welt in ihrer Wohngemeinde erblickt hatte, so läßt sich daraus der Rückschluß ziehen, daß verhältnismäßig wenig Familien mit Kindern zugezogen waren, daß ledige ›Einzelwanderer‹ die Hauptmasse des ›Flugsandes‹ bildeten. Das war kennzeichnend für die damalige Binnenwanderung insgesamt, und das ist auch leicht nachvollziehbar, denn Heirat, Familiengründung und erhöhte Seßhaftigkeit gingen sozusagen Hand in Hand, sei es, daß ein solider Arbeitsplatz die Heirat ermöglichte, sei es, daß die Familiengründung die Bereitschaft und Möglichkeit zu weiterer Mobilität verminderte. Auch die geringen Chancen, jenseits einer Altersgrenze von 30 bis 40 Jahren noch einen festen Arbeitsplatz zu finden, förderten die Neigung der betreffenden Jahrgänge zur ›Ortsfestigkeit‹. Das hohe Maß an Mobilität, wie es sich im Wanderungsvolumen spiegelt, konzentrierte sich also offensichtlich auf einen bestimmten Lebensabschnitt, den man pauschal als Suche nach einem tragfähigen Arbeitsplatz noch vor der Familiengründung kennzeichnen könnte. Welche ›Spuren‹ derartige Mobilität in der Bevölkerung zurückließ, zeigt der bescheidene Prozentsatz der Ortsgebürtigen unter den 16- bis 29jährigen Einwohnern mit nur einem Drittel, unter den 30- bis 49jährigen Einwohnern mit gerade einem Viertel, unter den 50- bis 69jährigen mit zwei Fünfteln ihrer Altersgenossinnen und Altersgenossen. Alles in allem war ziemlich genau die Hälfte aller Ludwigshafener und Ludwigshafenerinnen damals von auswärts zugezogen.

Von woher aber waren sie zugezogen? Eine Antwort auf diese Frage ist schon deshalb wichtig, weil die Herkunft von außerhalb das Zusammenleben in der Stadt nicht unbeeinflußt ließ; Sprache, Verhaltensweisen und Gewohnheiten konnten den Integrationsprozeß im neuen städtischen Umfeld hemmen oder begünstigen, und auf alle Fälle gab das Zusammenströmen von Menschen aus der Nähe und Ferne dem Leben in der Stadt mehr Vielfalt und Farbe. Die verfügbaren Daten für Ludwigshafen in den Jahren 1880 und 1907 (vgl. Grafik 8, S. 747) zeigen, daß zu beiden Zeitpunkten das Hauptkontingent der Zuwanderer aus dem nächsten und näheren Umfeld stammte: Der Regierungsbezirk Pfalz stand jeweils mit Abstand an erster Stelle, und das gilt auch, wenn man, wie das für 1907 möglich ist, die Bevölkerung nach größeren

Wirtschaftsbereichen aufgliedert,[303] mit einigen charakteristischen, leicht erklärbaren Abweichungen: Unter den Landwirten dominierte der Anteil der Ortsgebürtigen (63%), beim ›Militär- und Staatsdienst etc.‹ der Anteil der Zugezogenen (67%). In der innerpfälzischen Wanderung erfolgte der Austausch vor allem mit den nächstgelegenen Bezirken:[304] Von den bayerischen Zuzüglern in das Bezirksamt Ludwigshafen stammten 1900 zwei Fünftel aus den unmittelbar angrenzenden Bezirksämtern Frankenthal, Neustadt a. d. H. und Speyer. Frauen waren in dieser – nahen – Nahwanderung mit 60% vertreten; zweifellos hat Einheirat hierbei eine wichtige Rolle gespielt.

Ludwigshafen war unbestritten der größte ›Aufnehmer‹ von Binnenwanderung innerhalb der Rheinpfalz;[305] man kann seinen Anteil auf annähernd 60% veranschlagen.[306] Und man darf davon ausgehen, daß auch das recht stattliche Kontingent der Zuwanderer aus dem übrigen Deutschen Reich – immerhin ein gutes Fünftel der Gesamtbevölkerung und schließlich nahezu zwei Fünftel der Zugezogenen – überwiegend in den angrenzenden Bundesstaaten, in Baden, Hessen und Württemberg sowie (Nord-)Bayern beheimatet gewesen ist. Das ergibt sich auch aus den Herkunftsangaben für die in Ludwigshafen „in den bayerischen Staatsverband" aufgenommenen Personen: Diese stammten beispielsweise 1905—1907 zu drei Vierteln aus Baden, Württemberg und Hessen, noch einmal zu rd. 15% aus ›Preußen‹, wohl meist aus den nächstgelegenen Provinzen.[307] Die räumliche Nähe erleichterte das Kennenlernen des neuen Arbeits- und Lebensraumes und ermöglichte notfalls auch die leichte Rückwanderung. Familienmitglieder, Freunde und Nachbarn im Dorf, welche die Stadt bereits kannten oder bereits in ihr lebten, vielleicht sogar eine erste Unterkunft bieten konnten, dürften oft genug als ›Propagandisten‹ für die Stadt gewirkt haben.[308] Im übrigen bleibt festzuhalten, daß der Anteil der Zuzügler aus ›Städten‹, also aus Orten, welche mit wenigstens 2 000 Einwohnern die gängige Dorfgröße überschritten, beachtlich gewesen ist – nach dem Stand von 1907 fast die Hälfte der Zuwanderung aus der Pfalz und dem rechtsrheinischen Bayern;[309] das dürfte den Betreffenden das Einleben in der Stadt erleichtert haben.

Präzisieren und differenzieren lassen sich diese Aussagen mit Hilfe anderer Quellen, die noch klarere Einblicke in die Feinstruktur der Wanderungsprozesse eröffnen und zudem weitergehende Aufschlüsse über berufliches und soziales Verhalten der Ludwigshafener Bevölkerung erlauben: mit Hilfe der standesamtlichen Heiratsregister und der in ihnen enthaltenen Angaben über Geburtsdatum und Geburtsort, Konfession, Familienstand und Beruf der Brautleute sowie über den Beruf der Elterngeneration. Stichproben von fast 2 000 Erstehen aus dem Zeitraum 1867—1910 bieten genügend Sicherheit der Aussage.[310]

Soweit es die regionale Herkunft betrifft, ermittelt anhand des jeweiligen Geburtsorts der Heiratenden, bestätigt sich das in Umrissen schon gezeichnete Bild:

Der Anteil der Ortsgebürtigen stieg kräftig an – von 4% um 1870 auf fast ein Viertel der Heiratenden im Jahr 1910. Der ›Flugsand‹ neigte zumindest nach erfolgter Familiengründung in der Stadt zur ›Sedimentierung‹. Denn die Männer und Frauen, die 1910 heirateten, waren um 1885 geboren; damals aber machte die Einwohnerschaft Ludwigshafens nur 36% des Bestandes von 1910 aus.

Anmerkungen
Seite 458

303 BSKB 69/1912, S. 252f
304 das Folgende errechnet nach BSKB 69/1912, S. 192 und 216
305 BSKB 69/1912, S. 110
306 Rd. 15 600 von rd. 26 100 Personen; BSKB 69/1912, S. 192
307 nach Angaben der Verwaltungsberichte errechnet
308 vgl. hierzu am Beispiel Mannheims Kromer 1985
309 47,4%; errechnet aus den Daten von BSKB 69/1912, S. 252f
310 vgl. f. d. F. v. Hippel 1979

Wenn sich der Anteil des Bezirksamts Ludwigshafen und der Vorderpfalz insgesamt im Lauf der Jahrzehnte verminderte, so fiel hierbei auch der Ausbau der Nahverkehrsverbindungen nach und von Ludwigshafen ins Gewicht: Er erleichterte oder ermöglichte es erst, aus den Dörfern des Umlandes tagtäglich zum Arbeitsplatz in der Stadt zu pendeln; man mußte nicht mehr in die Stadt umziehen. Gleichwohl stellte die Vorderpfalz stets das größte Kontingent der Heiratenden. Die Hinterpfalz ist demgegenüber bei ebenfalls sinkender Tendenz während der gesamten Zeit erstaunlich schwach vertreten. Offensichtlich haben nähergelegene Industriezentren wie Kaiserslautern, Pirmasens und das Saargebiet die dortigen Binnenwanderer an sich gezogen.

Bei schwankender Beteiligung der verschiedenen pfälzischen Regionen entstammte trotz der Grenzlage Ludwigshafens zu Baden und Hessen insgesamt gut die Hälfte der zuziehenden Männer und Frauen aus der linksrheinischen Pfalz, aus einem Gebiet, in dem abgesehen von älteren gemeinsamen Traditionen die langjährige Zugehörigkeit zum Königreich Bayern so etwas wie ein Zusammengehörigkeitsgefühl hatte entstehen lassen. Die innerstädtische Integration der Zuwanderer dürfte dadurch erleichtert worden sein. Nimmt man die aus Ludwigshafen selbst stammenden Männer und Frauen hinzu, so steigt der Pfälzer Anteil unter den Heiratenden 1910 auf fast 60%; berücksichtigt man die gesamte Bevölkerung, so war Ludwigshafen 1907 zu gut 70% von gebürtigen Rheinpfälzern bewohnt.

Bemerkenswert gering war die Zuwanderung aus weiteren linksrheinischen Gebieten. Das gilt insbesondere für das ›Reichsland‹ Elsaß-Lothringen, bei dem möglicherweise die alte deutsch-französische Staatsgrenze nachwirkte, das gilt überraschenderweise auch für Rheinhessen. Hier dürfte ähnlich wie bei Südhessen neben der Barrierewirkung der Staatsgrenze die Konkurrenz anderer Industriezonen wirksam geworden sein – z. B. Frankenthal in unmittelbarer Nachbarschaft und sicher stärker noch das Rhein-Main-Gebiet.

Vergleichsweise wenig Zuzügler kamen aus dem Gebiet nördlich der Mainlinie, die offenbar nicht nur als ›Weißwurst-Äquator‹ so etwas wie eine innerdeutsche Schwelle darstellte. Die drei süddeutschen Staaten Baden, Württemberg und Bayern lieferten die weitaus umfangreichsten Kontingente, zusammen während des gesamten Zeitraums fast ein Drittel. Nordbaden, Hauptrekrutierungsgebiet von Mannheim, stand als rechtsrheinische Nahwanderungszone an erster Stelle. Wenn Bayern trotz größerer Entfernung mit insgesamt 8% verhältnismäßig stark repräsentiert war, so erklärt sich das wohl im wesentlichen aus der gleichen Staatsangehörigkeit: Die pfälzische Beamtenschaft entstammte vielfach dem rechtsrheinischen Bayern, und das bayerische Heimatrecht begünstigte auch ansonsten die Niederlassung im eigenen Staatsgebiet.

Durchaus typisch für den Prozeß der Binnenwanderung war es, daß Frauen zu einem deutlich größeren Teil als die Männer aus den Nahregionen stammten – aus der linksrheinischen Pfalz 58,0% gegenüber nur 49,7% bei den Männern. Rechnet man auch Rhein- und Südhessen sowie Nordbaden hinzu, so entfielen bei den Frauen fast 72%, bei den Männern annähernd 65% auf die Nahwanderung. An der – meist nicht allzu fernen – ›Fernwanderung‹ waren demnach gut 35% der Männer und gut 28% der Frauen beteiligt.

Pendlerzug: die Lokalbahn in Oppau
Aufnahme von 1930 [118]

Insgesamt erfolgte die Zuwanderung bei Männern wie Frauen vornehmlich aus dörflichem und kleinstädtischem Umfeld und – wie der überwiegende Anteil der Nahwanderung zeigt – aus Gebieten, die seit langem unter dem Druck relativer Übervölkerung litten und traditionell hohe Auswanderungsraten aufzuweisen hatten, bis die Industrialisierung den Ausweg in die Binnenwanderung eröffnete. Nur etwa ein Sechstel der Zuwanderer gab für den Vater einen eigentlich landwirtschaftlichen Beruf an; die anderen Zuwanderer entstammten also in erster Linie der dörflichen Unterschicht (Taglöhner) und dem Land- und Kleinstadt-Handwerk – auch dies ein Umstand, der das Einleben in der Stadt erleichtert haben dürfte.

Anmerkungen
Seite 461

311 zit. bei Breunig 1976, S. 99
312 Kluss, S. 7

Daß zwischen der Wanderungsdistanz und der beruflichen Qualifikation der Zuzügler Zusammenhänge bestanden, ist plausibel und nach bisherigen Forschungen wahrscheinlich. Ungelernte Arbeitskräfte hatten für gewöhnlich wenig Grund, größere Entfernungen zu überbrükken, denn unqualifizierte Arbeitskraft wurde damals überall reichlich angeboten und dementsprechend mäßig bezahlt; umso wertvoller war der mögliche Rückhalt in der alten Heimat. Dagegen eröffnete gezielte Wanderung auch über weitere Strecken qualifizierten Arbeitskräften gute Aussicht, ihr fachliches Knowhow vorteilhaft vermarkten zu können. Tendenziell lassen sich die geschilderten Verhaltensweisen auch für Ludwigshafen nachweisen, allerdings mit Einschränkungen und Ergänzungen: Ortsgebürtige stellten einen überproportionalen Teil der Heiratenden mit gehobenem Status, sei es, daß sie diesen schon von der Elterngeneration ›geerbt‹, sei es, daß sie selbst die Ausbildungsangebote in der Stadt zum Erwerb einer besseren wirtschaftlichen und sozialen Position genutzt hatten.

Den Binnenwanderern, davon darf man ausgehen, brachte der ›Zug in die Stadt‹ normalerweise verbesserte Lebenschancen – nicht einfach sozialen Aufstieg, doch eine bessere Absicherung ihrer Lebensbedingungen auch gegen möglichen wirtschaftlichen und sozialen Abstieg, wie er ihnen beim bloßen Verharren im gewohnten ländlichen Umfeld angesichts mangelnder Ressourcen an Grund und Boden oder an Arbeit gedroht hätte. Treffend beschrieb ein Arbeiter, der 1880 in die BASF eintrat, im Rückblick diesen Effekt einer ›Auswanderung‹ in

Die Randgemeinden bieten billigen Wohnraum und Gärten zur Selbstversorgung
Blick auf Friesenheim, 1954 (!) [119]

die Stadt: „Im Alter von 18 Jahren entschloß ich mich endlich auszuwandern nach Ludwigshafen a. Rh. Die Badische Anilin- und Sodafabrik war das Ziel von Hunderten von armen Teufeln aus der Pfalz, Baden und Hessen. Wenn sie auch dort das Paradies nicht fanden, so doch Arbeit, die man daheim nicht erhalten konnte."[311] Räumliche Mobilität sorgte demnach für größere ökonomische und soziale Stabilität allen unvermeidlichen Anpassungs-Schwierigkeiten zum Trotz, mit denen die Neuankömmlinge fertigwerden mußten.

Ein wachsender Teil der Nahwanderung wurde im Lauf der Jahrzehnte ersetzt durch die tägliche oder wenigstens wöchentliche Hin- und Rückfahrt zwischen dem Arbeitsplatz in der Stadt und dem heimischen Wohnort. Derartige ›Pendelwanderung‹ verband sozusagen räumliche Stabilität und Mobilität miteinander. Sie bewährte sich „als das wirksamste Gegenmittel gegen die Zusammenballung der Industriebevölkerung"[312] und führte zu einer Art von Symbiose zwischen den grösseren Städten und ihrem jeweiligen Umland. Den Industriestädten wie der pendelnden Arbeiterschaft bescherte dies jeweils bedeutende Vorteile: Die Städte, in denen die Pendler arbeiteten, wurden von Verpflichtungen entlastet, die sie für eine ortsansässige Arbeiterschaft hätten erbringen müssen, angefangen von der Wohnraumversorgung bis zum Ausbau der erforderlichen Infrastruktur wie Straßen und Kanalisation, Schulen und Krankenhäuser, auch sozialer Fürsorgeeinrichtungen. Die Pendler aber konnten ihre bisherige klein- und unterbäuerliche Existenz auf dem ›Land‹ mit den vergleichsweise günstigen Verdienstmöglichkeiten in der Stadt verbinden, sie profitierten von niedrigeren Mieten, falls sie nicht sogar selbst über bescheidenen Hausbesitz verfügten, und von den Chancen der Selbstversorgung aus eigenen oder gepachteten Landstücken, auf denen sich sonst brachliegende Familienarbeitskraft – auch diejenige von Kindern – nutzbringend verwerten ließ. Das bedeutete für die Pendler eine Verbesserung ihres Lebensstandards, die vielfach über den Möglichkeiten der städtischen Arbeiterschaft gelegen haben dürfte.

Die Pendelwanderer massierten sich verständlicherweise entlang den Bahnstrecken, und die neuentstehenden Nahverkehrsbahnen, von denen schon die Rede war, orientierten sich maßgeblich an diesem

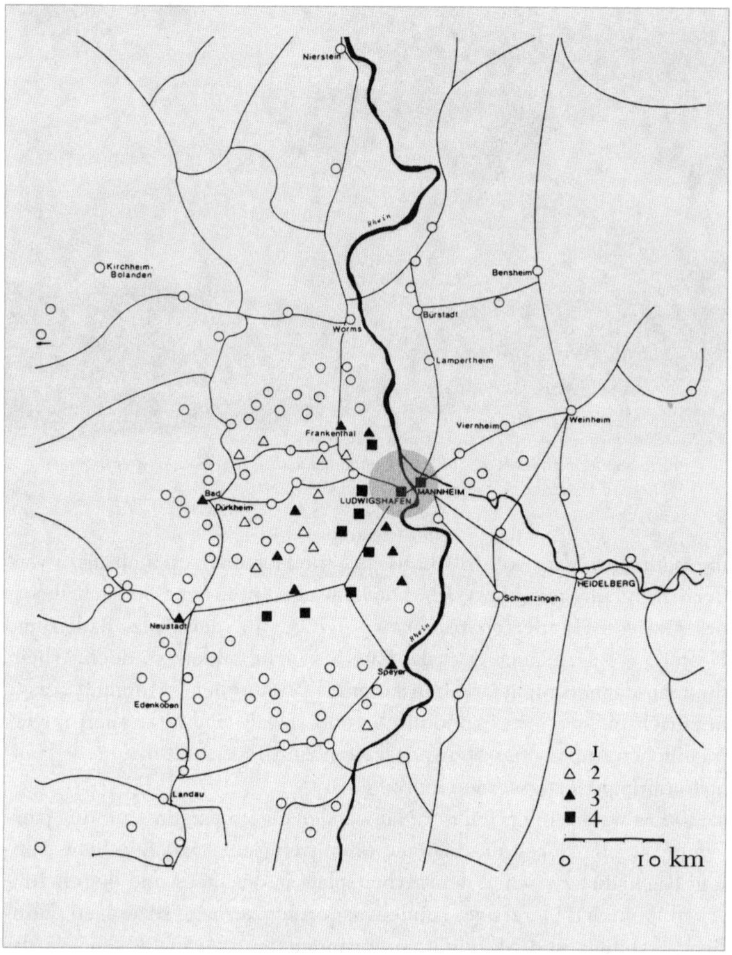

Woher kommen die Arbeiter? Wohnorte der BASF-Arbeiter Anfang 1914
1 Ort stellt 20 Arbeiter oder weniger, 2 Ort stellt 21—50 Arbeiter; 3 Ort stellt 51 bis 100 Arbeiter, 4 Ort stellt über 100 Arbeiter; die dünnen Linien markieren die vorhandenen Schienenstränge (ohne die Lokalbahn nördl. und südl. von Ludwigshafen) [120]

Anmerkungen
Seite 462 und 463

313 *Kluss, S. 128*

314 *zum Konzept der Bildung von Agglomerationen als städtischem bzw. großstädtischem Einflußbereich mit einem inneren Radius von 5 km, einem äußeren Radius von 10 km vgl. Schott 1912*

315 *Nach den Daten in ZSB verehelichten sich z. B. in der Pfalz von den heiratenden Frauen während der 1880er Jahre gegen 70% bis zum Alter von 25 Jahren, im übrigen Bayern dagegen nur rd. 50%*

Arbeitskräftepotential für die Industrie Ludwigshafens und Mannheims im nähergelegenen ländlichen Raum. Innerhalb der bayerischen Pfalz bildete Ludwigshafen bald den bei weitem wichtigsten Anziehungspunkt: 40% aller ausgegebenen Arbeiterfahrkarten galten 1913 der Stadt am Rhein; erst mit weitem Abstand folgten St. Ingbert (9%), Frankenthal und Kaiserslautern (je 8%) und Homburg (5%).[313] Soweit es z. B. die BASF betrifft, wohnten Anfang 1914 zwei Fünftel der Arbeiter nicht in Ludwigshafen. Die Bildung einer städtischen ›Agglomeration‹ im Umfeld, das sich wirtschaftlich stark an Ludwigshafen ausrichtete,[314] zeichnet sich klar genug ab.

Industriestädte wie Ludwigshafen zogen nicht zuletzt dadurch wirtschaftliche Vorteile aus der Binnenwanderung, daß sie erforderliche Arbeitskräfte in großem Umfang ohne Vorleistungen erhielten. Dadurch fiel gleichzeitig der Anteil der produktiven, im Arbeitsprozeß befindlichen Jahrgänge, des sog. ›Tragkörpers‹ (ca. 15—60 Jahre), besonders ansehnlich aus gegenüber den mitzutragenden Kindern und jüngeren Jugendlichen einerseits, den älteren Menschen andererseits – in

Ludwigshafen betrug er annähernd 60%. Die Altersstruktur für die Jahre 1880 und 1910 zeigt bei leichten Verschiebungen das gleiche Grundmuster: Auf die Altersgruppen bis zu 15 Jahren entfielen stattliche 37% bzw. 39,2%, auf die Altersgruppen ab 60 hingegen nur 3,2% bzw. 3,5%. Der Vergleich mit der Altersstruktur des Regierungsbezirks veranschaulicht die Ausnahmestellung Ludwigshafens (vgl. Grafik 9, S. 748): Die 25- bis 45jährigen Männer waren hier entschieden über-, die älteren nicht minder kräftig unterrepräsentiert, und auch bei den Frauen läßt sich das gleiche Muster, wenngleich schwächer ausgeprägt, beobachten.

Junge Menschen werden seßhaft: Hochzeit des Ludwigshafener Dachdeckermeisters Ludwig Esselborn [121]

Familiengründung, Gebürtigkeit, Sterblichkeit

Das (zumindest vorläufige) Seßhaftwerden in der Industriestadt begann wohl gewöhnlich mit der Eheschließung. In Ludwigshafen – wie in der Pfalz überhaupt – heirateten Männer und Frauen verhältnismäßig früh, das Heiratsalter lag um einiges unter, die Heiratshäufigkeit über dem gesamtbayerischen Durchschnitt.[315] Dem hohen Anteil junger Menschen entsprach die Eheschließungsziffer – man vergleiche die Werte in Grafik 10, S. 749 mit den sehr viel niedrigeren und ausgeglicheneren Ziffern für das Deutsche Reich insgesamt. In der Kurve für Ludwigshafen hat das Auf und Ab der Konjunktur wenigstens zeitweise kräftige Spuren hinterlassen, so die Phasen des Aufschwungs 1885—1890 und 1895—1900 und die Phasen des Abschwungs 1890—1895 und in den Jahren nach 1900. Der Zusammenhang mit dem ebenfalls konjunkturell bedingten Zu- und Abnehmen der dauerhaften Zuwanderung (vgl. Grafik 6, S. 745) liegt angesichts der Gleichläufigkeit der Entwicklung auf der Hand: Die Industriestadt bot einer zuziehenden jungen Bevölkerung tragfähige Arbeitsplätze und damit die Basis zur Familiengründung.

Letzte Lebensstation: Eine Trauernde kondoliert anläßlich eines Todesfalls in der Familie des Betreibers des Parkrestaurants im Stadtpark 1922 [122]

Das Reproduktionsgeschehen wurde von diesen Gegebenheiten bestimmt. Grafik 11, S. 750, zeigt, daß Gebürtigkeit und Sterblichkeit bis in die späten 1860er Jahre um einiges niedriger lagen als in den folgenden Jahrzehnten. Mit der massiven Industrialisierung Ludwigshafens und dem Einströmen junger Menschen aus ländlichem Milieu verschob sich das Reproduktionsmuster. Es war während des nächsten Vierteljahrhunderts gekennzeichnet durch ungewöhnlich hohe Gebürtigkeit und – dank der jugendlichen Altersstruktur der Bevölkerung – durch recht niedrige, schon seit den 1870er Jahren tendenziell fallende, dabei relativ stark schwankende Sterblichkeit, so daß der Geborenenüberschuß in den späteren 1890er Jahren Spitzenwerte erreichte (31 je 1 000 Einwohner im Jahr 1900). Um die Jahrhundertwende dann begann sich die akute Phase des sog. ›demographischen Übergangs‹ in sehr ausgeprägter und zeitlich konzentrierter Form abzuzeichnen (vgl. Grafik 12, S. 751): Vor allem die Gebürtigkeit, etwas weniger ausgeprägt auch die Sterblichkeit und mit ihnen der Geborenenüberschuß sanken auf ein deutlich niedrigeres Niveau, und dieser Prozeß war 1913 noch keineswegs abgeschlossen. Familienplanung begann sich demnach während der letzten anderthalb Jahrzehnte vor dem Ersten Weltkrieg offensichtlich in immer breiteren Bevölkerungsschichten einzubürgern.

Der genauere Blick auf die einzelnen Größen läßt die Eigenheiten der Ludwigshafener Demographie noch etwas klarer hervortreten. Soweit es die Gebürtigkeit betrifft, fiel der Anteil der totgeborenen Säuglinge während der erfaßten Zeitspanne mit Werten meist zwischen 2,5%

und 3,5% für die damalige Zeit eher maßvoll aus, und dasselbe gilt in eher noch höherem Grade für den Anteil der unehelich Geborenen: Er bewegte sich zwischen etwa 6% und 9% und überschritt nur 1913 knapp die 10%-Marge. Hierbei dürfte das verhältnismäßig frühe Heiratsalter in Ludwigshafen wie in der Pfalz und die offenbar weithin übliche Praxis eine Rolle gespielt haben, daß man im Fall eintretender Schwangerschaft rechtzeitig heiratete bzw. unehelich geborene Kinder bei einer Heirat legitimiert wurden.[316] Auch fiel ins Gewicht, daß in Ludwigshafen mit seinem chronischen Frauenmangel gerade in den heiratsfähigen Jahrgängen ledige Frauen einen vergleichsweise kleinen Anteil ausmachten – nur sie aber kamen als ledige Mütter in Betracht.

Wenn die Sterblichkeit der Bevölkerung insgesamt verhältnismässig niedrig war, so lag das an der günstigen Altersstruktur der Einwohnerschaft; wenn sie nicht noch niedriger ausfiel, so lag das wiederum an der hohen Gebürtigkeit. Denn der weitaus größte Anteil der Todesfälle ging auf das Konto der Neugeborenen während des ersten Lebensjahres, die sog. Säuglingssterblichkeit – fast die Hälfte 1905/06, noch ein reichliches Drittel 1913, in Mundenheim 1900—1912 sogar 57%. Die parallele Entwicklung zwischen Gebürtigkeit und Sterblichkeit – Anstieg bis 1867/70, seitdem fast ständiger Rückgang (vgl. Grafik 11, S. 750) – erklärt sich vornehmlich aus dieser Tatsache. Innerhalb der bayerischen Pfalz war Ludwigshafen eine Stadt mit recht hoher Säuglingssterblichkeit – 1906 wies allein Speyer mit fast 27% eine entschieden schlechtere Bilanz auf, während Pirmasens und Oggersheim die 22% Ludwigshafens nur marginal übertrafen. Demgegenüber betrug der Durchschnittswert für die gesamte Pfalz knapp 17%, bei den Städten gut 19%.[317] Wenn im Bezirksamt Ludwigshafen der Wert fast gleichauf mit der Stadt lag, so spricht dies für ähnliche Rahmenbedingungen. Allerdings verwischen die globalen Werte kleinräumige Unterschiede, die sich bereits innerhalb Ludwigshafens beobachten lassen: Mundenheim wies zumindest im frühen 20. Jahrhundert trotz fallender Tendenz meist signifikant höhere Werte auf als die anderen Teile der Stadt, zwischen denen wenigstens gegen Ende unseres Zeitraums nur geringfügige Abweichungen bestanden.[318] Daß uneheliche Kinder infolge der oft mangelnden Fürsorge[319] spürbar schlechtere Überlebenschancen hatten als ehelich geborene, war freilich keine Besonderheit Ludwigshafens – 1906 betrug hier ihre Sterblichkeit 29,6% gegenüber 21,7% bei den ehelich Geborenen, 1913 hatte sich der Anteil auf 24,2% gegenüber 14% bei den ehelich Geborenen vermindert.

Insgesamt sorgten die fortschreitende Stadthygiene und die gezielten Bemühungen der Stadtverwaltung um sorgfältigere Säuglingspflege *[vgl. S. 613]* dafür, daß sich die Säuglingssterblichkeit in der Industriestadt während der letzten Jahre vor dem Krieg den günstigeren Gegebenheiten im ländlichen Umfeld annäherte (1906: 22,4%, 1913: 15,1%). Die Sterblichkeit der älteren Jahrgänge war natürlich sehr viel geringer, auch wenn die Zeit der tödlichen Kinderkrankheiten noch nicht überwunden war, wie der verhältnismäßig große Anteil der Ein- bis Zehnjährigen unter den Gestorbenen belegt – auf ihn entfiel im frühen 20. Jahrhundert etwa ein Siebtel sämtlicher Todesfälle. 1910 betrug die Sterblichkeit in dieser Altersgruppe 9,7% (die Säuglingssterblichkeit 19,3%), in der Altersgruppe der Zehn- bis Fünfzigjährigen dagegen nur 0,4%, um bei den 51- bis 60jährigen auf 1,8%, bei den 61- bis 70jährigen auf

Anmerkungen
Seite 464 und 465

316 vgl. z.B. VB 1908, S. 100; für entsprechende Verhaltensweisen in Maudach Catt, S. 264ff

317 ZSB 1907, S. 414

318 Mundenheim 1906 (1913) 30,7% (21,6%), Friesenheim 21,4% (13,8%), Ludwigshafen Süd und Nord 20,7% (14,3%); berechnet nach Daten in den Verwaltungsberichten

319 vgl. z.B. VB 1908, S. 32

320 berechnet nach Daten in VB 1910, S. 29 und Bevölkerungszählungsdaten 1910

321 berechnet nach VB 1907, S. 21 und VB 1913, S. 21f

322 VB 1909, S. 25

323 vgl. 100 Jahre (1953), S. 166

324 Weiß, S. 160

325 vgl. im Überblick auch f.d.F. Weidner, S. 33ff

Kinder spielen im Wasserloch auf dem Gelände des späteren Stadthauses Nord vor 1914 [123]

4,5% und bei den älteren Jahrgängen auf 10,5% anzusteigen.[320] Erkrankungen der Atmungs- und der Verdauungsorgane nahmen die Spitzenplätze unter den Todesursachen ein, während Herz-Kreislauf-Krankheiten noch eher eine Nebenrolle spielten. Der Kampf der Ärzte und Behörden galt seit dem ausgehenden 19. Jahrhundert an vorderster Stelle der ›Schwindsucht‹, der (Lungen-)Tuberkulose: 1907 entfielen fast 27%, 1913 immer noch 20% aller Todesfälle[321] der über einjährigen Personen auf das Konto „dieser gefürchtetsten und verheerendsten aller Krankheiten".[322] 1911 übernahm der neugegründete ›Verein zur Bekämpfung der Tuberkulose‹ mit Unterstützung von Stadt, Bezirk, Krankenversicherungen und privaten Mitgliedern diese Aufgabe.[323] Der Erfolg der konzertierten Bemühungen war nicht zu übersehen: Die Zahl der Opfer sank von 4,1 Personen je 1 000 Einwohner im Jahr 1896 auf 3,4 (1905), 1,8 (1910) und 1,5 Personen (1915).[324]

Bei einer tiefergehenden Analyse des Bevölkerungsgeschehens wären auch schichtenspezifische Unterschiede und ihre Gründe zu untersuchen, z. B. beim Heiratsalter, bei der Familiengröße, nicht zuletzt bei der „Ungleichheit vor dem Tode" (vgl. Kapitel 8). Für das Verständnis der städtischen Gesellschaft und ihr ›Funktionieren‹ wichtiger ist eine genauere Vorstellung von der Sozialstruktur, die sich im Zeichen der Hochindustrialisierung herausbildete, denn sie stand in enger Wechselbeziehung zu den wirtschaftlichen, sozialen und politischen Gegebenheiten und Entwicklungen in der ›Stadt der Chemie‹.

Sozialstruktur und ihre Entwicklung – beruflich-soziale Mobilität

Daß die Expansion und Differenzierung der städtischen Wirtschaft auch die soziale Zusammensetzung der Ludwigshafener Bevölkerung maßgeblich beeinflußte, ist eigentlich eine Selbstverständlichkeit. Schwieriger wird es, wenn es darum geht, das Sozialprofil der Stadt zu analysieren. Welches sind die relevanten Kriterien, um ihre ›Sozialstruktur‹, ihre soziale Schichtung zu erfassen?[325]

Sozialstruktur Ludwigshafens 1874—1912 in % der Bevölkerung

	1874	1893	1912
Oberschicht, gesamt	3,7	7,1	7,9
Händler und Gewerbetreibende	7,3	9,4	10,2
Handwerksmeister	6,6	6,3	3,7
Wirte	3,4	1,3	3,5
selbständige Mittelschicht, gesamt	17,3	17,0	17,4
Angestellte	5,8	1,4	1,4
Beamte	5,0	3,8	3,3
Bahnbeamte	0,5	1,3	1,9
höhere Arbeiter	2,9	3,6	4,5
unselbständige Mittelschicht, gesamt	14,2	10,1	11,1
Mittelschicht, gesamt	31,5	27,1	28,5
Landwirte, gesamt	0,3	0,2	0,6
gelernte Arbeiter	34,9	30,5	35,4
Bahnarbeiter	3,1	1,1	1,4
einfache Verwaltungsbedienstete	2,1	1,4	0,9
obere Unterschicht, gesamt	40,1	33,0	37,7
Ungelernte, gesamt	21,8	30,3	22,0
Unterschicht, gesamt	61,9	63,3	59,7
Unklar, gesamt	2,6	2,3	3,3
insgesamt	100,0	100,0	100,0

Quelle: Weidner, S. 155 und S. 158 mit Angaben für weitere Stichjahre. Unregelmäßigkeiten in den dortigen Zahlenangaben wurden durch Verrechnung in der Kategorie ›unklar‹ ausgeglichen.

Anmerkungen Seite 467

326 vgl. Wunder, S. 102f

327 Breunig 1976, S. 419 Anm. 2

Für Rang und Ansehen (›Sozialprestige‹), Lebensverhältnisse und Lebensstil (soziale Verhaltensweisen) kam Besitz und Einkommen, Beruf und Stellung im Beruf, Bildung und Ausbildung größtes Gewicht zu – Merkmalen, die sich zu einem guten Teil, aber keineswegs durchweg gegenseitig bedingten und abstützten. Als vergleichsweise gut verfügbares und insgesamt wohl aussagekräftigstes Kriterium erscheint der Beruf, weil er sich bei allen Unschärfen für gewöhnlich doch einigermaßen zuverlässig in eine Berufshierarchie einordnen läßt und zugleich Informationen über Einkommen, Bildung bzw. Ausbildung und soziales Prestige enthält; das gilt offensichtlich in besonderem Maße für die Zeit seit der Industrialisierung. Auf dieser Grundlage hat Rolf Weidner die Entwicklung der Sozialstruktur Ludwighafens zwischen 1874 und 1912 im wesentlichen anhand von Adreßbüchern ermittelt.

Grafik 13, S. 752 macht die Stetigkeit der Sozialstruktur im Großen und die Veränderungen im Einzelnen gleichermaßen sichtbar. Über die Jahrzehnte hinweg kennzeichnend – und kaum sonderlich überraschend – erscheint der bescheidene Anteil der Oberschicht wie auch der Mittelschicht und dementsprechend das Übergewicht der Unterschicht, wobei freilich die ›obere Unterschicht‹ die Zahl der Ungelernten fast stets mehr oder weniger deutlich übertraf. Soweit es die Veränderungen betrifft, fällt auf, daß die Oberschicht seit den 1890er Jahren fast schlagartig zulegte, andererseits der Anteil der Ungelernten nach einem niedrigen Ausgangswert (1874) zwei Jahrzehnte lang die

30%-Marke überschritt, um seit 1907 abrupt auf Werte wenig über 20% abzusinken. Die Unterschicht insgesamt, vor allem bestehend aus gelernten und ungelernten Arbeitern, machte 1878—1887 etwa zwei Drittel der Ludwigshafener Bevölkerung aus und sank bis ins frühe 20. Jahrhundert auf einen Anteil etwas unterhalb der 60%-Grenze.

Die gute Verdoppelung des Oberschichtanteils 1874—1912 läßt sich nachvollziehen, wenn man bedenkt, welche Berufe hier zusammengefaßt wurden, nämlich solche mit Universitäts- oder Hochschulabschluß, Fabrikanten mit größeren Unternehmen, die Spitzen der staatlichen und der Kommunalverwaltung, leitende Angestellte, sonstige Bezieher höherer Einkommen: Die Akademisierung in der chemischen Großindustrie, der Ausbau der Kommunalverwaltung, die steigende Zahl größerer Unternehmen und wachsender (groß-)bürgerlicher Wohlstand schlugen hier zu Buche.

Die anfänglich sprunghafte Zunahme der ungelernten Arbeiterschaft erklärt sich im wesentlichen aus dem rasanten Aufstieg der BASF während der 1870er Jahre; die fast schlagartige Abnahme 1907—1912 hingegen mag z. T. auf zunehmende Professionalisierung in der chemischen Großindustrie und damit verstärkten Einsatz gelernter Arbeiter zurückzuführen sein, z. T. aber auch auf die Neigung der betreffenden Bevölkerungsgruppe, sich aus der Stadt in das dörfliche Umfeld mit seinen niedrigeren Mieten zurückzuziehen. Die besserverdienenden gelernten Arbeiter hingegen konnten sich eine Wohnung in der Stadt eher leisten; zudem galt Ludwigshafen gegenüber Mannheim als billiges Pflaster, ein verständliches Motiv, vom rechten auf das linke Rheinufer überzusiedeln[326] – 1910 arbeitete z. B. fast ein Drittel der Mitglieder des Ludwigshafener Metallarbeiterverbandes in Mannheim.[327] Als weitere Entwicklungstrends scheinen sich gegenläufige Entwicklungen bei den Händlern und Gewerbetreibenden einerseits, den selbständigen Handwerksmeistern andererseits abzuzeichnen, wobei ihre Anteile zusammengenommen ein beachtliches Maß an Stetigkeit aufweisen; das gilt auch für andere Gruppen der Mittelschicht wie für diese in ihrer Gesamtheit.

Allgemeine und ortstypische Entwicklungen beeinflußten soziale Beharrung und sozialen Wandel: Zuzug und Abzug von Unternehmen und Menschen, aber – und nicht zuletzt – auch berufliche und soziale Veränderungen innerhalb der ortsansässigen Bevölkerung durch berufliche und soziale Mobilität. Die Frage, ob, in welchem Ausmaß und mit welcher Tendenz sich derartige Mobilität im Zuge von Industrialisierung und Urbanisierung allgemein erhöht hat, bewegt seit längerem historisches Forschungsinteresse mit Blick auf die eigene Gegenwart, geht es doch um das gesamtgesellschaftlich bedeutsame Problem, inwieweit und auf welchen Wegen die ›moderne‹ stadtgeprägte Industrie- und Leistungsgesellschaft beruflich-sozialen Aufstieg ermöglicht oder Abstieg produziert.

Wie sah es mit derartiger beruflich-sozialer Mobilität in Ludwigshafen aus und wie ›funktionierte‹ sie? Inwieweit war speziell der ›Zug in die Stadt‹ für die Betroffenen mit positiver oder negativer beruflich-sozialer Veränderung in Form von Auf- oder Abstieg verbunden, inwieweit änderte sich wenig oder nichts für sie? Und welches war möglicherweise ihre Wirkung – oder auch Nicht-Wirkung?

Menschengetümmel in der Kaiser-Wilhelm-Straße beim Überflug des Zeppelins ›Parseval‹, 11. September 1909 [124]

Anmerkungen Seite 469

328 hierzu und f.d.F. nähere Angaben und Daten bei v. Hippel 1979, S. 58ff, 64ff

329 zum Problem der sozialen Mobilität anhand quantitativer Untersuchungen, in die auch Daten über Ludwigshafen eingegangen sind, vgl. allg. Schüren

330 Unter ›qualifizierter Arbeiterschaft‹ werden gelernte Arbeiter aller Gattungen und aufgestiegene Arbeiter wie Aufseher und Vorarbeiter zusammengefaßt

Die berufliche Mobilität innerhalb derselben Generation (innergenerationelle Mobilität) ist quantitativ nur schwer zu erfassen. Massenhaft kam sie vor beim Überwechseln von ländlichen Taglöhnern als ungelernte, nicht selten auch von Handwerksgesellen oder gar von handwerklichen Grenzexistenzen als ungelernte oder gelernte Arbeiter in die Fabriken, wobei teilweise auch wieder die umgekehrte Mobilitätsrichtung zu beobachten ist. Besonders spektakulär war andererseits natürlich der wirtschaftliche und soziale Aufstieg von ideenreichen und organisatorisch befähigten Handwerkern, Kaufleuten und Akademikern, welche die Gunst der Stunde zu nutzen wußten und entweder ihre beruflichen Erfahrungen und Aktivitäten ausbauten oder sich – oft im Verbund mit Kompagnons – auf neue gewinnträchtige Erwerbsfelder vorwagten. In Ludwigshafen fehlte es gerade zur Zeit des Kaiserreichs nicht an derartigen Unternehmerpersönlichkeiten – der ›Selfmademan‹ Engelhorn, von Haus aus Goldschmied, lieferte in dieser Hinsicht sicher das sensationellste Beispiel, doch auch die gesamte ältere und jüngere Führungsmannschaft der BASF könnte man anführen und ebenso in den verschiedenen Branchen eine ganze Serie von erfolgreichen industriellen Unternehmern *[vgl. Aufschwung, S. 377]*. Von den Erfolglosen dagegen, die es auch und vermutlich in durchaus ansehnlicher Zahl gegeben hat, erfährt man für gewöhnlich nichts – „die im Dunkeln sieht man nicht" (Bert Brecht).

Die intergenerationelle Berufs-Mobilität zwischen Vater und Sohn dagegen läßt sich leichter erfassen – am einfachsten wiederum anhand der Heiratsregister, in denen für gewöhnlich der Beruf des Bräutigams und seines Vaters verzeichnet wurde. Stichproben zwischen 1867 und 1910 ergeben für Vater und Sohn den gleichen Beruf bzw. die gleiche Branche in nur 10% bzw. 26% der Fälle. Die berufliche Mobilität zwischen den Generationen war demnach beachtlich, und sie war bei den Zuwanderern deutlich größer als bei den Einheimischen (›Berufsvererbung‹ nur in 9,4% der Fälle gegenüber 14,6% bei den Einheimischen, Verbleiben in derselben Branche in 25,5% der Fälle gegenüber 30,2%

Menschenmenge auf dem Ludwigsplatz
bei einem Besuch des Prinzregenten Luitpold, 1888 [125]

bei den Einheimischen).[328] Dies ist eine sicher nicht sonderlich überraschende, gleichwohl aufschlußreiche Tatsache, zeigt sie doch, daß bei den Zuwanderern die Bereitschaft oder Notwendigkeit zu existenzieller Veränderung der Lebensumstände verhältnismäßig größer war als bei den Ortsansässigen, die vielfach auf der Arbeit der Vatergeneration aufbauen konnten. Die Berufs(gruppen)vererbung fiel im übrigen vergleichsweise groß bei den Nahwanderern aus, zumal bei den Ungelernten und den Metallhandwerkern, also bei den Arbeitskräften der größten Industriezweige vor Ort; regionale Mobilität sicherte hier in größerem Umfang berufliche Stabilität, freilich bei recht einschneidender Veränderung des persönlichen Umfeldes.

Für die Entwicklung der Sozialstruktur und ihre Durchlässigkeit oder Undurchlässigkeit aufschlußreicher bleibt die Frage nach der sozialen Mobilität. Allein anhand der Berufsangaben für Vater und Sohn zuverlässige Rückschlüsse auf sozialen Status und sozialen Auf- oder Abstieg zu ziehen, ist jedoch schwierig vor allem aus zwei Gründen: Bei vielen Berufsangaben ist nicht ersichtlich, ob es sich um selbständige oder unselbständige Tätigkeit handelt, besonders bei bloßer Handwerksbezeichnung oder allgemeinen Aussagen wie ›Fabrikant‹ und ›Kaufmann‹; zudem beziehen sich die Berufsangaben für Vater und Sohn jeweils auf zwei recht unterschiedliche Zeitpunkte im Lebenslauf der betreffenden Personen: Während der Vater den Höhepunkt seiner Karriere vermutlich schon erreicht hatte, befand sich der Bräutigam eher noch in einem Frühstadium seiner beruflichen Entwicklungsmöglichkeiten. Diese Tatsachen bleiben bei den Schlußfolgerungen aus dem gesammelten Material zu berücksichtigen;[329] die Daten wurden deshalb nur zu wenigen größeren Schichtgruppen zusammengefaßt: ungelernter und qualifizierter Arbeiterschaft,[330] Mittelschicht und Oberschicht. Das Ergebnis ist sicherlich wiederum nicht sonderlich überraschend, aber gleichwohl signifikant: Die Abgrenzung zwischen den genannten Schichten war unübersehbar ausgeprägt; der Aufstieg von Ungelernten über zwei Generationen griff kaum, derjenige von qualifizierten Arbeitern

Tanzstunde und Damenkränzchen im Parkrestaurant 1916 [126]

reichte nur in beschränktem Umfang bis in die Mittelschicht; die Mittelschicht ihrerseits schottete sich gegen den Abstieg in die Arbeiterschaft so gut wie möglich ab, auch wenn ein intensiverer Austausch hin zur qualifizierten Arbeiterschaft wohl vor allem im handwerklichen Bereich zu beobachten ist; und die schmale Oberschicht blieb möglichst unter sich – all das gilt in ziemlich gleichem Maße für die jeweilige berufliche Entwicklung über die Generationen wie für die Heirat zwischen Mitgliedern der verschiedenen Schichten. Soweit es etwaigen sozialen Auf- und Abstieg über zwei Generationen hinweg insgesamt betrifft, dürfte er sich mit jeweils einem Viertel in etwa die Waage gehalten haben, während rd. die Hälfte der Männer in derselben Schicht verblieben wie ihre Väter. Hierbei bleiben allerdings die kräftigen schichtenspezifischen Abweichungen zu beachten: Die Abkömmlinge von ungelernten Arbeitern konnten nicht absteigen, sondern verblieben ungünstigsten Falles in der sozialen Schicht des Vaters oder stiegen in eine sozial höher angesiedelte Schicht auf – letzteres war bei nahezu der Hälfte der Ehen der Fall, fast durchweg in die Schicht der gelernten Arbeiterschaft hinein. In allen anderen Schichten hingegen konnte ebenso Abstieg wie Aufstieg stattfinden und überwog nach der rein statistischen Auswertung sogar recht deutlich, bei den Qualifizierten z. B. fast um das 2,4fache (27,1% Abstieg gegenüber 11,4% Aufstieg) – aus den angedeuteten Gründen sicher ein überhöhter Wert. Trotz derartiger Unschärfen des Materials scheint Folgendes ziemlich sicher: Bei Ortsansässigen, bei denen also bereits der Vater in Ludwigshafen gewohnt hatte, waren die Chancen für sozialen Aufstieg offensichtlich entschieden größer, blieb die Gefahr sozialen Abstiegs um einiges geringer als bei den Zuwanderern. Dies bestätigt die früher gemachte Beobachtung, daß die Industriestadt selbst ihren Bewohnern bessere Entfaltungs- und Karrieremöglichkeiten bot.

Natürlich hängen die statistischen Rechenergebnisse maßgeblich von der Schichtbildung und Schichtabgrenzung ab: Je kleiner oder grösser die Zahl der Schichten, desto kleiner oder größer werden Auf- und Abstiegsmobilität zwischen ihnen. Würde man ungelernte und qualifizierte Arbeiterschaft als Unterschicht zusammenfassen, dann ergäbe sich eine sehr viel geringere Auf- und Abstiegsmobilität, als soeben angedeutet. Denn gerade zwischen Ungelernten und Qualifizierten bestanden

Anmerkungen Seite 471

331 so Schüren, S. 103
332 Weiß, S. 18
333 vgl. dazu z. B. Sieferle / Zimmermann

In der Schlosserei der Firma Knoll um 1910 [127]

recht intensive Austauschbeziehungen sowohl hinsichtlich beruflichen Auf- und Abstiegs wie hinsichtlich der Heiratsbeziehungen. Hierin könnte man ein wesentliches Element der realen Klassenbildung zur Zeit des Kaiserreichs erkennen. Tatsächlich kam gelernter Arbeiterschaft innerhalb der Führung wie der Gefolgschaft von Gewerkschaftsbewegung wie Sozialdemokratie entscheidendes Gewicht zu, sie trug das Meiste bei zur Herausbildung eines selbstbewußten Arbeiter- und Klassenbewußtseins, das den Ungelernten oft erst mühsam genug nahegebracht, um nicht zu sagen: eingepflanzt werden mußte. Andererseits aber bildete die gelernte Arbeiterschaft auch das wichtigste Auf- und Abstiegsreservoir für die Mittelschichten, und dieser Umstand läßt das Bild von der Blockbildung einer ›Arbeiterklasse‹ als zu einfach erscheinen: Nach der erhobenen Stichprobe stammten 17% der Qualifizierten aus den Mittelschichten, und immerhin 25% der Mittelschichtsangehörigen entstammten wiederum der qualifizierten Arbeiterschaft. Die ›soziale Klassenbildung‹ zur Zeit des Kaiserreichs war jedenfalls ein komplexer Prozeß, der mit „Stabilisierung und Erstarrung der Ungleichheitsverhältnisse auf hohem Niveau"[331] sicher nur unvollkommen charakterisiert ist – die damalige Bildung der sozialen Schichten und der Austausch zwischen ihnen läßt sich nicht einfach mit einer Klassenbildung zwischen Arbeiterschaft (den Unterschichten) und Bürgertum/ Bourgeoisie (den Mittel- und Oberschichten) zur Deckung bringen.

Heimat- und Bürgerrecht

Als „Schattenseite einer allzu rasch wachsenden Stadt" hob die amtliche Darstellung Ludwigshafens aus dem Jahr 1927 hervor: „[...] es fehlt die bodenständige Bevölkerung. Die meisten Erwachsenen oder wenigstens ihre Eltern sind nicht hier geboren, ihre Wiege stand fern, vielfach im Ausland."[332] Solche Töne waren ein schwacher Widerhall der fragwürdigen, sozialdarwinistisch und agrarromantisch eingefärbten zeitgenössischen Großstadtkritik aus vorangegangenen Jahrzehnten.[333] Daß rasches Wachstum einer jungen Industriestadt sich maßgeblich aus kräftigem Zuzug von außen nährte, war eigentlich eine Banalität; der negative Beigeschmack angeblich fehlender Bodenständigkeit und ferner, ja sogar ausländischer Herkunft der Bevölkerung hingegen erweist sich bei näherem Zusehen als sachlich wenig begründet. Ludwigshafens Einwohner stammten keineswegs meistens aus der Ferne, der Anteil der Ausländer war äußerst bescheiden, und die Tendenz zur ›Ortsfestigkeit‹ nahm offensichtlich kräftig zu. Die Stadt wurde zur neuen ›Heimat‹. Inwieweit wurde die Verbundenheit mit ihr auch rechtlich abgestützt?

Eine solche Frage mag aus heutiger Sicht befremdlich erscheinen. Tatsächlich aber war für die rechtliche und soziale Situation des einzelnen Einwohners in Ludwigshafen sein Heimat- und Bürgerrecht in mehrfacher Hinsicht bedeutsam. Zwar galt im Deutschen Reich das Prinzip der Freizügigkeit,[334] es stand also jedem deutschen Staatsbürger grundsätzlich frei, innerhalb des Reichsgebiets „an jedem Ort sich aufzuhalten oder niederzulassen, wo er sich eine eigne Wohnung oder Unterkommen zu verschaffen imstande ist, an jedem Ort Grundeigentum zu erwerben und Gewerbe zu betreiben". Nicht betroffen davon waren jedoch die in den einzelnen Bundesstaaten geltenden „landesrechtlichen Bestimmungen über den Erwerb des Ortsbürgerrechts, der Gemeindeangehörigkeit und der Teilnahme an den Gemeindenutzungen".[335] Ablehnen durfte die Gemeinde einen Neuzuziehenden freilich nur dann, wenn sie nachweisen konnte, daß er sich und seine Familie nicht zu ernähren vermochte – und ein solcher Nachweis war in der Regel kaum möglich. Anders gestaltete sich die Lage, wenn ein Einwohner in Not geriet und sich auf soziale Fürsorge verwiesen sah. Dann griffen spezielle armenrechtliche Freizügigkeitsbeschränkungen, dann nämlich hatte in Bayern diejenige Gemeinde, in welcher der Betreffende Heimatrecht besaß, für die anfallenden Kosten aufzukommen. Denn in Bayern galt nach dem Gesetz über Heimat, Verehelichung und Aufenthalt vom 16. April 1868 das Heimatprinzip auch noch zur Zeit des Kaiserreichs. Damit kam der Frage, wie das Heimatrecht an einem Ort erworben werden konnte, einiges Gewicht zu. Generell galt, daß Kinder das Heimatrecht ihres Vaters, Uneheliche dasjenige ihrer Mutter ohne zusätzliche Auflagen sozusagen erbten. In der jungen Gemeinde Ludwigshafen, deren Wachstum bis etwa 1890 überwiegend durch Zuwanderung von außerhalb getragen wurde, war dies zunächst eher die Ausnahme als die Regel. Ansonsten galten speziell in der bayerischen Pfalz die folgenden Bedingungen:[336] Wollten Männer, die im rechtsrheinischen Bayern heimatberechtigt waren, das Heimatrecht in einer pfälzischen Gemeinde erwerben, so mußten sie vor allem nachweisen, daß sie seit mindestens zwei Jahren volljährig in der neuen Gemeinde wohnten, Gemeindeabgaben und die fällige Heimatgebühr entrichtet, aber Armenunterstützung „weder beansprucht noch erhalten" hatten. Entsprechendes galt für Ausländer oder Angehörige anderer deutscher Bundesstaaten. Bei Pfälzern selbst hingegen genügte außer Volljährigkeit und Selbständigkeit die Entrichtung der fälligen Bürgereinzugsgebühr oder Heimatgebühr, begleitet von einer Erklärung über den Wechsel des Heimatrechts bei der alten und der neuen Gemeinde; beantragte oder erhielt der Neuzugezogene jedoch im Jahr nach seinem Wechsel Armenunterstützung, so verlor er seinen bürgerlichen Rechtsanspruch vor Ort.

Das Heimatrecht hatte neben seinen armenrechtlichen Auswirkungen auch politische Bedeutung: Nur ›Bürger‹ der Stadt konnten als Wähler oder Gewählte an der Gemeindepolitik mitwirken *[vgl. Selbstverwaltung, S. 514]*. Bürger aber war jeder volljährige selbständige Mann, der

Anmerkungen
Seite 472 und 473

334 Gesetz des Norddeutschen Bundes vom 1.11.1867, seit 1.1.1871 als Gesetz für das neue Deutsche Reich gültig

335 Meyer, Bd. 6 (1894), S. 863f

336 vgl. Ehrhart 1904; Stern, S. 125ff; Breunig 1976, S. 75ff

337 vgl. Bappert, S. 73ff; Breunig 1976, S. 77

338 Stadtratssitzung vom 4.6.1853, zit. bei Bappert, S. 73

339 Gesetz vom 16.4.1868, zit. bei Bappert, S. 75

340 vgl. Breunig 1976, S. 77

341 vgl. z.B. SRP vom 9.10.1879; 9.3., 25.3., 27.4., 26.5.1880; 11.3.1881

342 SRP 30.10.1891 und 9.10.1903

343 vgl. Breunig 1976, S. 78f

344 vgl. Breunig 1976, S. 80f; zu Ehrharts Biographie vgl. Schneider 1964 und Breunig 1976, S. 676ff

345 SRP 9.10.1903. Den Antrag stellte der Kaufmann Johannes Ries, kein Mitglied der sozialdemokratischen Fraktion, wie Breunig 1976, S. 81 annimmt

346 Weidner, S. 252f

in der Gemeinde das Heimatrecht besaß, in der Gemeinde wohnte und dort direkte Steuern zahlte; das Bürgerrecht leitete sich in der bayerischen Pfalz also aus dem Heimatrecht ab. Die Stadt Ludwigshafen nutzte das sog. Bürgereinzugsgeld bzw. seit 1868 die vom Gesetzgeber deutlich verminderte sog. Heimatgebühr als Mittel, um ihre Einnahmen zu steigern, vor allem aber setzte sie möglichst hohe Beträge fest,[337] um „nicht jedem Minderbemittelten allzusehr Gelegenheit zu bieten, sich dahier bürgerlich ansässig zu machen"[338] und dann möglicherweise später der gemeindlichen Armenpflege zur Last zu fallen. Der gesetzlich zulässige Höchst-Tarif betrug seit dem 1. September 1868 100 Gulden (das entsprach 171,43 Mark) für bayerische Staatsangehörige, 150 Gulden für ›Ausländer‹ aus einem anderen Mitgliedstaat des Deutschen Zollvereins, 200 Gulden für sonstige Ausländer, wobei dem Gemeinderat die Ermessensfreiheit blieb, den Gebührenansatz „ganz oder teilweise zu erlassen".[339] Daher kauften sich ins Ludwigshafener Heimat- bzw. Bürgerrecht fast durchweg nur Personen ein, die sich dort als Selbständige oder als Beamte und Angestellte in gehobener Position niederließen[340] und sich deshalb in der ›besseren‹ städtischen Gesellschaft etablieren und auch Einfluß auf die kommunale Politik nehmen wollten; auch suchte die Stadt im Interesse ihrer Finanzen bessergestellte Einwohner, die sogar bereits über Haus- und Grundbesitz in der Gemeinde verfügten, zur Erwerbung der Heimatrechte zu drängen.[341] Andere potentielle Interessenten zumal aus der Arbeiterschaft dagegen wurden durch die stattliche Aufnahmegebühr ferngehalten. Auch wenn der Betrag für ›Inländer‹ 1891 auf 85 Mark halbiert und 1903 sogar auf 50 Mark abgesenkt wurde,[342] blieb selbst der letztgenannte Betrag für einen gewöhnlichen Arbeiter immer noch eine Summe, die damals in etwa dem Verdienst von zwei Wochen entsprach. Alternativ war für volljährige Angehörige des bayerischen Staates der kostenlose Erwerb möglich, wenn sie zehn, seit 1896 noch sieben Jahre ununterbrochen in der Gemeinde ihren Unterhalt verdient, keine Armenunterstützung erhalten hatten und zu keiner Freiheitsstrafe verurteilt worden waren. Diese Bestimmung suchte der Gemeinderat zusätzlich über längere Zeit, besonders während der Geltungsdauer des Sozialistengesetzes, außerordentlich restriktiv zu Lasten der Antragsteller zu handhaben;[343] sie gewann daher erst mit wachsender Seßhaftigkeit der Arbeiterbevölkerung ab den 1890er Jahren größere Bedeutung, zumal als die Sozialdemokratie mit Franz Josef Ehrhart, dem ersten Ludwighafener Sozialdemokraten im Gemeinderat, an der Spitze ihre Anhängerschaft seit 1889 dazu aufrief, von diesem Recht auch Gebrauch zu machen, um die Position der Partei in der Kommunalpolitik zu stärken[344] – durchaus mit Erfolg. Als der Stadtrat 1903 den vom 5. Pfälzischen Städtetag empfohlenen, von Bürgermeister Krafft entschieden unterstützten Antrag problemlos zum Beschluß erhob, die Siebenjahresfrist beziehe sich nicht auf ununterbrochene Arbeit, sondern auf ununterbrochenen Aufenthalt in der Gemeinde,[345] stieg die Zahl der Gemeindebürger weiter zügig an. Dabei handelte es sich nunmehr überwiegend um (Fabrik-)Arbeiter: Hatten in den 1880er Jahren unter den gebührenfrei Neueingebürgerten noch Handwerker, Händler, Bedienstete der Pfälzischen Eisenbahnen u. ä. das Gros gestellt, Arbeiter dagegen nur etwa ein Drittel ausgemacht, so erhöhte sich deren Anteil in den 1890er Jahren auf knapp die Hälfte und nach 1900 auf bis zu zwei Drittel.[346] Die Stadtverwaltung sah diese

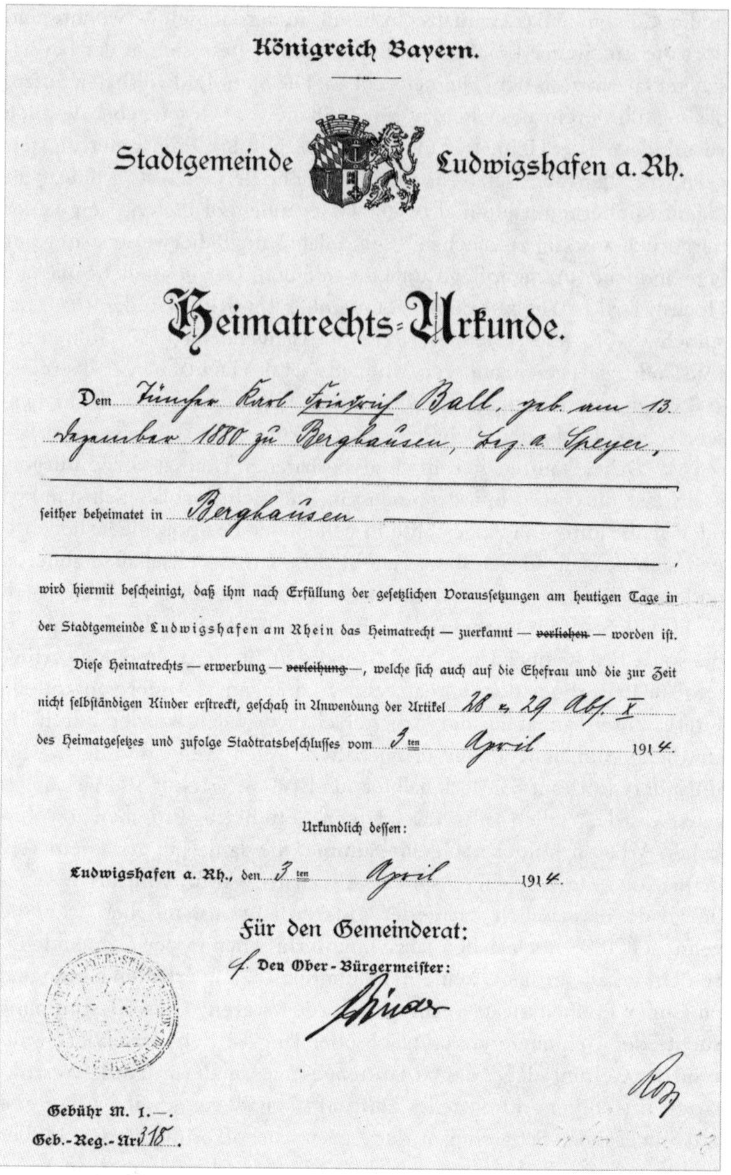

Königreich Bayern.

Stadtgemeinde Ludwigshafen a. Rh.

Heimatrechts-Urkunde.

Dem Tüncher Karl Friedrich Ball, geb. am 13. Dezember 1880 zu Berghausen, Bez. A. Speyer,

seither beheimatet in Berghausen

wird hiermit bescheinigt, daß ihm nach Erfüllung der gesetzlichen Voraussetzungen am heutigen Tage in der Stadtgemeinde Ludwigshafen am Rhein das Heimatrecht — zuerkannt — ~~verliehen~~ — worden ist.

Diese Heimatrechts — erwerbung — ~~verleihung~~ —, welche sich auch auf die Ehefrau und die zur Zeit nicht selbständigen Kinder erstreckt, geschah in Anwendung der Artikel 28 u. 29 Abs. V des Heimatgesetzes und zufolge Stadtratsbeschlusses vom 3ten April 1914.

Urkundlich dessen:

Ludwigshafen a. Rh., den 3ten April 1914.

Für den Gemeinderat:

I. V. Der Ober-Bürgermeister:

Gebühr M. 1.—.

Geb.-Reg.-Nr. 318.

Begehrtes Dokument
Eine Heimatrechts-Urkunde der Stadt Ludwigshafen aus dem Jahr 1914 [128]

Anmerkungen
Seite 474 und 475

347 *VB 1900/04, S.39; vgl. SRP 28.10.1904*
348 *nach den Angaben der Verwaltungsberichte*
349 *Weiß, S.47f*
350 *Berechnung und Schätzung anhand der Einwohnerzahlen und der Gewerbezählungen*
351 *Weiß, S.44*
352 *Bloch, S.209*

Entwicklung nicht zuletzt mit Blick in ihre Kassen mit Sorge: Für das Anwachsen des städtischen Betriebszuschusses zur Armenkasse sei hauptsächlich „der große Zugang wirtschaftlich schwacher Gemeindebürger" verantwortlich zu machen.[347] Gleichzeitig flossen die Aufnahmegelder immer spärlicher; maximal noch ein Zehntel der Personen, denen das Heimat- und Bürgerrecht in Ludwigshafen verliehen wurde, für gewöhnlich deutlich weniger (1905: 2%, 1906/07: 4% usw.), entrichteten dafür im frühen 20. Jahrhundert die ermäßigte Gebühr.[348]

Teil 3
„[...] das im wesentlichen nüchterne und arbeitsharte Gesicht der Stadt" – die bauliche Entwicklung Ludwigshafens, Stadtplanung und Stadtteilbildung

„Ludwigshafen a. Rh. gehört sicherlich nicht zu den Städten, an denen der Städtebauer, auch derjenige, der sich nicht die modernsten Forderungen zu eigen gemacht hat, seine besondere Freude haben könnte. Nicht ein bewußter städtebaulicher Gestaltungswille, sondern das freie Spiel der Kräfte, die sich überstürzende wirtschaftliche Entwicklung haben in den Jahrzehnten vor dem Krieg das im wesentlichen nüchterne und arbeitsharte Gesicht der Stadt geschaffen." So charakterisierte Rechtsrat Ludwig Reichert in der von Oberbürgermeister Weiß herausgegebenen Stadtmonographie 1927 pauschal die Situation zur Zeit des Kaiserreichs, um sogleich hinzuzufügen, man sei im letzten Decennium darum bemüht gewesen, „die Fehler der Vergangenheit zu bessern und die Stätten der Arbeit durch solche, die der Erholung, [dem] Sport und Spiel dienen, harmonisch zu ergänzen".[349]

Nun gab es zur Zeit des Kaiserreichs nicht nur in Ludwigshafen dringendere Bauvorhaben als solche vornehmlich für Freizeitzwecke: nächst den erforderlichen ›Stätten der Arbeit‹ – Fabriken, Bahn- und Hafenanlagen – vor allem Wohnungen für unterschiedliche Ansprüche und Geldbörsen, in erster Linie solche für die ›ärmeren Klassen‹ oder ›Minderbemittelten‹, die sog. ›Kleinwohnungen‹, ferner Zweckbauten für die unentbehrliche Infrastruktur wie städtische Verwaltung, Schulen, kommunale Wirtschaftsbetriebe, Krankenhaus und moderne ›Städtetechnik‹ – Wasser, Gas, Elektrizität, Kanalisation – und nicht zuletzt Straßen, all dies in bisher unbekannter Größenordnung und in ungewöhnlich kurzer Frist und über Jahrzehnte hinweg kaum reguliert angesichts des Mangels an angemessener planerischer Kompetenz sowie wirksamer rechtlicher Rahmenbestimmungen. Immerhin entstanden 1870/71—1914 in Ludwigshafen, einschließlich Mundenheims und Friesenheims, wenigstens 31 000 neue Arbeitsplätze mitsamt den benötigten Bauten, mußte Wohnraum mitsamt den erforderlichen Versorgungseinrichtungen für annähernd 80 000 Menschen geschaffen werden.[350] Das Meiste davon blieb dem freien Spiel der Kräfte überlassen, zumal die gesetzlichen Aufsichts- und Eingriffsrechte der Kommune lange Zeit nur schwach ausgebildet waren. „Vor dem Jahre 1914 waren hier das private Bauunternehmertum und der gewerbsmäßige Grundstücksspekulant Träger des Wohnungsbaues, von ihnen wurde das Gelände aufgeschlossen, wurden Straßen angelegt, Miets- und Geschäftshäuser und in bevorzugten Wohnlagen auch Villenkolonien errichtet."[351] Als um 1890 erstmals eine Stadtplanung einsetzte, die diesen Namen verdiente, indem sie grundlegende Überlegungen über die funktionale und soziale Aufgliederung des städtischen Raumes in ihre zukunftsorientierten Konzepte einbezog *[vgl. beg.-Planung, S. 483]*, konnte sie nur versuchen, vom vorhandenen Bestand und einer ungenügenden Rechtslage ausgehend die weitere Entwicklung so gut wie möglich in ihrem Sinne zu beeinflussen. Ludwigshafen aber blieb das Image vom „Fabrikschmutz, den man gezwungen hatte, Stadt zu werden".[352]

Der Bahnhofsplatz mit Blick auf die Hauptpost um 1905 [129]

Der ›Nordpol‹ der Innenstadt: Bahnhofsplatz mit Bahnhof – links – und dem Direktionsgebäude der Bahnen – rechts; um 1905 [130]

Entwicklungslinien – Stadtteilbildung?

Einige Weichen für das Erscheinungsbild Ludwigshafens während der nächsten Jahrzehnte waren um 1870 bereits gestellt:[353]

Der Bebauungsplan, den der königliche Bauinspektor Paul Camille Denis 1843 entworfen hatte, bestimmte während der folgenden Jahrzehnte die Entwicklung der Kernstadt; um ein geschlossenes Stadtbild zu gewährleisten, beharrten die Behörden darauf, daß zunächst die vorgesehenen Straßenzüge ausgefüllt werden sollten, bevor eine Bebauung weiter nördlich und südlich freigegeben wurde.[354]

Der Eisenbahnbau machte weitere Vorgaben. Der 1847 errichtete Bahnhof markierte offensichtlich den Punkt, den man damals für die nördliche Grenze der noch höchst bescheidenen Gemeinde halten mochte. Als Baden und Bayern zwei Jahrzehnte später ihre Bahnlinien durch den Brückenschlag über den Rhein miteinander verbanden, mußten die Gleise in großem Bogen um die damalige Ludwigshafener ›Innenstadt‹ herumgeführt werden, um die Rheinbrücke auf hohem Damm zu erreichen, der seinerseits die ›Altstadt‹[355] vom künftigen Erweiterungsgebiet in südlicher Richtung regelrecht abschnitt und auch den Zugang nach Norden entschieden erschwerte. Durch diesen ›Eisenbahngürtel‹ gab es nur wenige Durchgänge. Im Westen der Stadt schuf die große Eisenbahngabel mit den Abzweigungen in Richtung Neustadt und Frankenthal Leitlinien künftiger Gewerbeansiedlung.

Die niedriggelegenen Uferpartien waren zwar überschwemmungsgefährdet und erforderten daher für ihre Erschließung höheren Aufwand, boten aber gerade auch für Industrieansiedlungen durch die Nähe zum Fluß und zum Hafen wie zur Bahn attraktive Lagegunst – die Gründer der BASF haben diese Chance optimal genutzt.

Die Gründung und die rasante Expansion der BASF auf dem Hemshof ließ 1865 jenseits der bisher festgelegten Baulinien ein neues dynamisches Zentrum der Stadtentwicklung im Norden entstehen. Das Chemie-Unternehmen begann seit den frühen 1870er Jahren mit seinem Werkswohnungsbau in unmittelbarer Nachbarschaft seiner Fabrikationsanlagen, um sich den erforderlichen Arbeiterstamm zu sichern. Die Anlagerung weiterer Firmen, der Bedarf an kleineren Gewerbe-

Anmerkungen Seite 476 und 477

353 *f.d.F. Stadtgeschichte (1903), S.256ff; Schwander, S.85ff; Marx, S.44ff; v. Hippel 1983*

354 *vgl. Schwander, S.87ff*

355 *nach Schwander, S.3 die übliche Bezeichnung für Ludwigshafen-Süd*

356 *SRP 13.7.1871; vgl. SRP 13.6. und 5.9.1872*

357 *VB 1905, S.14, 40 und die Verwaltungsberichte der folgenden Jahre; Schwander, S.10, 64ff*

358 *errechnet nach den Daten bei Koepke, S.88*

Der ›Südpol‹ der Innenstadt: Lokalbahnhof vor der Rheinbrücke, rechts im Hintergrund das große Gebäude der Pfälzischen Hypothekenbank, 1909 [131]

Ein neuer Stadtteil im Süden: Lisztstraße um 1910 [132]

Eine der schnurgeraden Straßen der Innenstadt jenseits der Ludwig- und Bismarckstraße: Maxstraße mit Lutherkirche, um 1920 [133]

und Versorgungsbetrieben und das Erfordernis besserer Anbindung der neuentstehenden Industriezone an die Stadt machten genauere Planung für den ganzen betroffenen Bereich zu einer Notwendigkeit. Der ›Alignementsplan‹, den der zuständige Bezirksbauschaffner Steinbauer 1871/72 ausarbeitete, folgte nach Beschluß des Stadtrats im wesentlichen dem Grundmuster, das Denis für das Zentrum entwickelt hatte. Allerdings entschied man sich für kleinere Quadrate, damit sich auch weniger vermögende ›Ansiedler‹ den Wunsch nach einem eigenen Haus auf entsprechend kleineren Parzellen erfüllen könnten, aber auch aus Sicherheitsgründen „mit Rücksicht auf Feuersgefahr oder Ausbruch einer epidemischen Krankheit [...], damit die Gebäude und Straßen mit gesunder Luft und Licht durchzogen werden".[356] Bereits vorhandene Gebäude, Straßen und Wege, die man beibehielt, sorgten für einige Abweichungen vom ansonsten zeittypischen, durch Geraden und rechte Winkel geprägten Baulinien-Schema. Die Genehmigung des Plans durch die Speyerer Kreisregierung (29. November 1873) eröffnete eine neue Bauphase, gekennzeichnet von forciertem industriellem Wachstum im Norden der Stadt. Während der folgenden Jahrzehnte zeichnete sich immer klarer ab, daß die neuentstehenden Wohngebiete zwischen Bahngelände und Friesenheim von Fabrikanlagen am Rheinufer und entlang der Eisenbahntrasse eingeschlossen wurden, zumal als die Stadt seit 1905 an der Strecke nach Frankenthal ein rd. 15 Hektar großes Industrieareal erschloß, um die Anziehungskraft Ludwigshafens für mittlere und größere Unternehmen im Wettbewerb mit Mannheim abzusichern und zu erhöhen.[357] Neben Friesenheim, dessen Bevölkerung schon um 1888 etwa zu zwei Dritteln von Fabrikarbeit lebte, prädestinierten Wohnlage und Baupolitik daher den nördlichen Stadtteil am ehesten zum Arbeiterviertel. Dort lebten auch 1894 wie 1907 fast zwei Drittel der unterstützten Armen der Ludwigshafener ›Innenstadt‹, der Stadtteile Nord und Süd.[358]

Der südliche Stadtteil hingegen blieb der eigentliche Stadtkern mit Behörden- und Geschäftsviertelcharakter. Industrieanlagen fehlten nicht völlig, doch handelte es sich bei den wenigen zentral gelegenen Fabriken überwiegend um ›umweltfreundliche‹ Betriebe: die beiden

Zum Nutzen der Hemshof-Bauern wachsen auf den Feldern Wohnhäuser und Fabriken: der Gutsbesitzer im Hemshof, Abraham Forrer, und seine Familie [134]

Der zentrale Platz der Innenstadt: Ludwigsplatz mit Marktgeschehen, rechts im Bild der Winterhafen, um 1900 [135]

Brauereien und die Kunstwollfabrik. Unternehmen der Chemiebranche waren an der westlichen und nördlichen Peripherie in Bahnnähe angesiedelt bis auf die Fabrik von Giulini, die sich 1851 zwar mit einigem Abstand von der damaligen Ansiedlung niedergelassen hatte, infolge der zunehmenden städtischen Ausweitung aber mehr und mehr vom Wohngebiet eingeschlossen wurde und ihre Produktion deshalb seit 1893/94 allmählich auf ein Terrain südöstlich von Mundenheim auslagerte.

Bis zu Beginn der 1890er Jahre hatten sich demnach schon mehrere Stadtteile mit unterschiedlichen sozialen ›Milieus‹ fast ›naturwüchsig‹ entwickelt. Einstweilen noch in Abseitslage gegenüber der inzwischen kräftig gewachsenen, in Nord und Süd untergliederten ›Innenstadt‹ kamen 1892 und 1899 mittels Eingemeindung die Dörfer Friesenheim und Mundenheim als neue Vororte hinzu *[vgl. Eingemeindung, S. 489]*. Sie trugen trotz zunehmender Orientierung an der städtischen Arbeitswelt und Lebensweise weiterhin dörfliche Züge, gerade auch was die Bausubstanz betrifft: Noch um 1910 waren dort 90—95% der Häuser ein- bis zweigeschossig gebaut, während dies in der Innenstadt nur bei gut der Hälfte im Norden und bei einem knappen Fünftel im Süden der Fall war. Hier erreichten demnach vier Fünftel der Gebäude etwa hälftig drei und vier Stockwerke, im Norden immerhin 45%. Fünf Geschosse blieben praktisch unbekannt, und auch die Zahl der Wohnungen je Haus hielt sich in gemessenen Grenzen: Häuser mit mehr als zehn Wohnungen fehlten in den beiden Vororten nahezu völlig, und in der Nord- und Südstadt erreichten sie gerade einmal 7% bzw. 8%. Eine Mietskasernenstadt war Ludwigshafen jedenfalls nicht, ohne daß die Bauqualität deshalb besser sein mußte.

So deutlich sich die vier großen Stadtteile als statistische Einheiten voneinander abheben mögen,[359] bei näherem Zusehen sind keine scharfen sozialen Abgrenzungen zu erkennen, eher fließende Übergänge, die sich bei weitergehender Differenzierung als Nebeneinander oft recht kleinräumiger Wohnmilieus erweisen. Zudem ist in Ludwigshafen wie in anderen Städten ein soziales Gefälle in der Vertikale zu beobachten, das schichtenspezifischer Geschlossenheit in der Fläche ein Stück weit entgegenwirkte: Im ersten Stock zur Straße hin, der ›Beletage‹, wohnten die ›besseren‹, in den höheren Stockwerken bis unters Dach und in

Anmerkungen Seite 478 und 479

359 *vgl. v. Hippel 1983, S. 356ff, bes. 360ff*

360 *hierzu und f. d. F. vgl. die sozialstrukturellen Aufschlüsselungen der Wahlbezirke 1874—1912 bei Weidner, S. 126ff*

Der ungeliebte Riegel zwischen der Innenstadt und dem Hemshof: Hafen und Bahnhofsgelände mit Viadukt, Aufnahme aus den frühen 1920er Jahren [136]

Überbordende Ornamentik
Fußgängeraufgang an der zur Innenstadt gewandten Seite des Viadukts um 1900 [137]

den Hinterhäusern zunehmend die ›kleinen‹ Leute. Die folgenden Angaben können von der kleinräumigen Vielfalt auch innerhalb der grösseren Einheiten wenigstens einen Eindruck vermitteln.

Die ältesten Teile der Stadt, lange Zeit als südlicher Stadtteil, dann angesichts des weiteren Ausbaues in südlicher Richtung als Ludwigshafen-Mitte bezeichnet, wurden durch die Eisenbahn von der Rheinbrücke über den Damm bis zum Bahnhof in einer großen Rundung eingegrenzt. Hier, vor allem in der Ludwig- und Bismarckstraße, konzentrierten sich Handel und Gewerbe mit vergleichsweise hohem Anteil der Oberschicht sowie der selbständigen Mittelschicht und mit überdurchschnittlicher Repräsentanz der unselbständigen Mittelschicht (Beamte, Angestellte), während die gelernte Arbeiterschaft eher schwach vertreten war und die Quote der ungelernten Arbeiterschaft signifikant unter dem städtischen Mittelwert lag[360] – verständlich bei dem hohen Mietniveau im Stadtteil. Hier befanden sich zudem fast sämtliche wichtigen zentralen Einrichtungen – Stadthaus, weiterführende Schulen, Bezirks- und Rentamt, Post- und Telegraphenamt, Hauptzollamt, Bezirkskommando, Amtsgericht und Gefängnis und nicht zuletzt alle Bankinstitute.

Als sich die Stadt zunehmend auch südlich der Bahnlinie in Richtung Mundenheim vorschob, entstand dank fortgeschrittener Städtetechnik modernere Bausubstanz, die je nach Standard für Oberschicht, unselbständige Mittelschicht und gelernte Arbeiterschaft attraktiv war. Weiter in Richtung Mundenheim nahm der Anteil der ungelernten Arbeiter zu. Mundenheim selbst, seit Ende 1899 der südlichste Stadtteil, hatte seinen dörflichen Charakter noch nicht völlig verloren, auch wenn der Anteil ausgewiesener Landwirte zusammengeschrumpft war und die Arbeiterschaft, überwiegend Ungelernte, auch dank einiger hier angesiedelter Industriebetriebe dominierte. Denn die meisten alteingesessenen Bewohner, allen voran die ›Tagner‹, dürften über einigen Grundbesitz verfügt haben und blieben der landwirtschaftlichen Tätigkeit insoweit verbunden.

Der Stadtteil nördlich der Eisenbahnlinie wurde seit Gründung der BASF maßgeblich durch deren Entwicklung geformt. Hierbei entfalteten sich zwei Baukonzepte nebeneinander: Einerseits schob der

Anmerkungen Seite 481

361 Ritzhaupt, S.46

Gesichter des Hemshofs: Ecke Rohrlach- und Seilerstraße, um 1910 [138]

Werkswohnungsbau der BASF mit der regelmäßig angelegten Siedlung von gartenumgebenen ein- bis zweigeschossigen Zwei- bis Vierfamilienhäusern einen grünen Riegel zwischen nördlichen Stadtteil und Friesenheim, das sich unter der Sogwirkung der BASF zur Stadt hin auszudehnen begann, andererseits ging der profitorientierte Mietwohnungsbau infolge spekulativ hochgetriebener Bodenpreise auch unter Verstoß gegen Vorgaben des städtischen Alignementsplans – z. B. durch den Bau von ›Privatstraßen‹ – zunehmend von der anderthalb- bis zweistöckigen zur drei- bis viergeschossigen Bauweise über. Zumal die Errichtung von engen, lichtarmen und nur schlecht zu ventilierenden ›Rückgebäuden‹ schuf Probleme, denen die Stadtverwaltung angesichts des völlig ungenügenden Baurechts nur in sehr beschränktem Maße entgegenzusteuern vermochte. Die soziale Zusammensetzung der Bewohnerschaft variierte je nach Qualität der angebotenen Wohnungen; doch überstieg die Arbeiterschaft in ihrer Gesamtheit fast durchweg die 50%-Marge und erreichte vor allem im nächsten Umfeld der dortigen Fabrikanlagen bei hohem Ungelernten-Anteil eine Quote von 75% und mehr. Die Belegung der BASF-Wohnkolonie hob sich davon deutlich ab, denn hier waren verdiente Mitarbeiter des Unternehmens untergebracht: in großzügiger ausgelegten und ausgestatteten Häusern Akademiker und Techniker, in den einfacheren Unterkünften vor allem gelernte und ›höhergestellte‹ Arbeiter wie Vorarbeiter und Aufseher. Im Gebiet zwischen südlicher und nördlicher ›Innenstadt‹, besonders entlang der Prinzregentenstraße,

... und die ›gehobene‹ Prinzregentenstraße, Aufnahme von 1923 [139]

entstand eine Art Übergangs- und Mischzone mit größeren Anteilen von Oberschicht und Mittelschicht, aber auch gelernter Arbeiterschaft, dagegen relativ geringer Präsenz von Ungelernten.

Adam Ritzhaupt beschreibt anschaulich den ebenso unfertigen wie ›proletarischen‹ Charakter des nördlichen Stadtteils:[361]

> Die Straße hört plötzlich, mit einem Ruck, auf. Es geht steil hinab in die ›Wiesen‹, ein breiter Fußweg läuft hinüber nach dem verrußten Stadtteil. Ein Quadratkilometer Brachland wird nicht mehr für wert befunden, als Feld oder Garten behandelt zu werden, es wartet als Bauland auf die herandrängenden Häuser. Aber es ist Spielgelände den Kindern, Kampfplatz wie eine Prärie zwischen kultivierten Rändern. Wenig über den Rand hinaus wagen sich die Kinder des wohlgepflegten Stadtteils. Wer zu weit in die Mitte vortappt, gerät an die Sandlöcher der rauheren Stadtjugend. Die Kinder der Arbeiter laufen barfuß von März bis Oktober, sind streitsüchtig wie ihre großen Brüder. Viele sind voll abscheulichen Hasses gegen die Söhne und Töchter der Reichen. Ein einzelner Knabe geht nicht gerne durch den Stadtteil, wo die Straßen von Kindergewimmel durchlärmt sind wie Schulhöfe, wo Kinder- und Frauenleiber aus Fenstern und Türen quellen. Alltäglicher Wirtshausstreit, der sich oft auf der Straße fortsetzt, nicht selten mit Messerstechereien, ist der verwilderten Jugend Anschauungsunterricht im Raufen. Sie gehen gegeneinander mit vernagelten Holzlatten, mit Eisenstangen, mit Steinen, die an Stricke angebunden sind. Rauflustig ist der Volksstamm sowieso, aber von einer ungezügelten Streitsucht sind die Leute dieses übervölkerten Stadtteils.

Hemshof:
Prinzregentenstraße mit Baulücken um 1920 [140]

Hemshof: Große Mietshäuser erheben sich hinter den Reihen der BASF-Werkskolonie, vor 1914 [141]

In Friesenheim schließlich bildeten sich um den stärker landwirtschaftlich geprägten Ortskern herum vor allem im näheren und nächsten Umfeld der BASF, des allesbeherrschenden Arbeitgebers, ausgesprochene Arbeiterquartiere mit einem kräftig wachsenden Anteil der Gelernten.

Die sozialen Eigenheiten der Stadtteile waren im wesentlichen das Ergebnis der Industriestandorte innerhalb der Stadt, des Wohnungsangebots, der Miethöhen und der Einkommenshöhe auf der Mieterseite; sie haben ihrerseits wiederum über das soziale Quartiermilieu auch zur ›Stadtteilbindung‹[362] der Einwohnerschaft beigetragen *[vgl. Wohnen, S. 583]*.

Das Bild, das Ludwigshafen den interessierten Fremden bot, war kaum sonderlich attraktiv; die Stadt besaß kein eigentliches Zentrum, das ihr insgesamt ein erkennbares Profil und einen Orientierungspunkt gegeben hätte. Der ›Illustrierte Führer durch Ludwigshafen am Rhein und Umgebung‹, Ausgabe 1902, begann seine Kreuz- und Querzüge durch die Stadt nicht zufällig beim Bahnhof und dem Direktionsgebäude der Pfälzischen Eisenbahnen als besonders sehenswürdig, obwohl gerade die Bahnanlagen, im Lauf der Jahrzehnte weiter vergrößert und dem Zeitgeschmack entsprechend modernisiert,[363] die Stadt in südlichen sowie nördlichen Stadtteil trennten und dadurch für den innerstädtischen Verkehr und eine festere Integration der Stadt ein schwer zu behebendes Hindernis schufen. Erst nach langen Querelen und Rechtsstreitigkeiten[364] sorgte seit 1890 ein schrankenfreier Hochviadukt für ununterbrochene Verbindung; doch als die Straßenbahn gebaut wurde, erwies er sich als so wenig belastbar, daß er nur eingleisig überquert werden konnte. Eine Verbreiterung verbesserte die Situation, aber der grundsätzliche Engpaß, der Mangel an direkten Zugängen zwischen Süden und Norden, blieb bestehen. Als der bayerische Staat nach Übernahme der Pfälzischen Eisenbahnen (1909) einen Ausbau der zu klein gewordenen Bahnhofsanlagen plante, kam daher auch der Gedanke ins Spiel, sich nicht mit einem ›Notbehelf‹ zu begnügen, sondern die „unhaltbaren Mißstände" gründlich zu beheben, indem man den Bahnhof aus der Stadt heraus in den Bereich des Rangierbahnhofs verlegte und

Anmerkungen
Seite 482 und 483

362 zur ›Stadtteilbindung‹ vgl. Pfeil, S. 233, 235ff
363 vgl. Stadtgeschichte (1903), S. 473ff
364 Hinweise bei Böhn, S. 53f
365 SRP 17.9.1909 – Interpellation Körner
366 vgl. SRP 12.11.1909; Springer, S. 78f; Breier, S. 39

Wachstum am Stadtrand:
die ersten Häuser in der Amalienstraße im Stadtteil West, 1895 [142]

Hemshof:
In der Schmalen Gasse stoßen kleine Arbeiterhäuschen und mehrstöckige Mietsgebäude aneinander um 1930 [143]

als Durchgangsbahnhof gestaltete; dann konnte das bisherige Bahnhofsgelände in eine durchgrünte Innenstadtzone verwandelt werden und die beiden Stadtteile künftig verbinden, statt sie zu trennen.[365] Zu einem derart weitreichenden und kostspieligen Eingriff in die gewachsene Bausubstanz vermochten sich die Beteiligten damals jedoch nicht durchzuringen, auch wenn der Stadtrat die derzeitige Lösung des Problems 1909 „nur als ein vorübergehendes Provisorium" bewertete, für „eine großzügige Lösung der Bahnhoffrage" eintrat und in einer Denkschrift 1910 die bayerische Regierung als Bahneignerin auf die bessere Alternative hinwies.[366]

Beginnende Stadtplanung

Es lag eigentlich nahe, daß auch das Gelände, das rheinaufwärts an die Südstadt angrenzte, zumindest in Ufernähe der industriellen Nutzung und Bebauung anheimfiel, zumal die Hafenvergrößerungen in den 1890er Jahren *[vgl. Hafen, S. 501]* diese Richtung fast zwingend vorzuzeichnen schienen. Wenn schließlich allein das Uferstück zwischen Rheinbrücke und Luitpoldhafen industriell verbaut wurde (1881 Gebr. Sulzer, 1885 Ludwigshafener Walzmühle) und ansonsten nur auf der Mundenheimer Gemarkung in Randlage schon vor der Eingemeindung mehrere Fabriken neu entstanden bzw. wie im Fall Giulini aus Ludwigshafen ausgelagert wurden, so ist dies auch als Ergebnis städtebaulicher Planung anzusehen, die unter den letzten ehrenamtlichen Bürgermeistern Ludwigshafens, dem Bauunternehmer Wendelin Hoffmann jun. (1889—1891) und dem Industriellen Dr. Carl Grünzweig (1891 bis 1896), verstärkt einsetzte. Der erforderliche Ausbau der Stadt angesichts des raschen Bevölkerungswachstums in einer längeren Phase wirtschaftlichen Aufschwungs und das Bemühen Grünzweigs, die Entwicklung so gut wie möglich in übersichtliche und geordnete, an der Zukunft ausgerichtete Bahnen zu lenken, verbanden sich hierbei mit den Sichtweisen der damals entstehenden Disziplin des wissenschaftlichen Städtebaues.

Zwar war der von Stadtbaumeister König entworfene Alignementsplan für den südlichsten Teil der Ludwigshafener Gemarkung 1888

Ludwigshafen um 1880, Bildtafel von Engelsmann angefertigt 1950 [144]

genehmigt worden, doch fast zeitgleich stellte sich das Erfordernis, über die Gemarkungsgrenzen hinauszuplanen, um die benötigten Baulichkeiten wie Krankenhaus und Gaswerk oder einen neuen, größeren Hafen überhaupt in Angriff nehmen zu können. Dem genügte die vorgesehene Alignierung nach den neuen städtebaulichen Standards sicherlich nicht mehr – „ein unglückliches Aneinanderreihen des langweiligen, phantasielosen und unschönen Quadratsystems" ohne Rücksicht auf die tatsächlichen Bedürfnisse nannte Karl Philipp Jolas, Bezirksingenieur bei den Pfälzischen Eisenbahnen, die bisherigen Vorgaben in Richtung Friesenheim.[367] Die Alignementspläne, die nun der bekannte Karlsruher Oberbaurat und Professor der Ingenieurwissenschaften Reinhard Baumeister, einer der ersten Verfechter funktional bestimmter Bauzonenbildung,[368] für die gesamte Stadterweiterung in Richtung Friesenheim (1890) und Mundenheim (1891) entwarf und die nach einigem Hin und Her 1894 von der staatlichen Aufsichtsbehörde endgültig genehmigt wurden,[369] schufen neue Leitlinien. Für Baumeister bildete das „Streben nach angemessener Behausung" einen zentralen Aspekt seiner Forderungen an „moderne Stadterweiterungen".[370] Um flexibel auf unvorhergesehene Entwicklungen reagieren zu können, sollte die Planung jedoch nur ein übersichtliches Netz von Hauptstraßen als Verkehrsadern festlegen,

Anmerkungen
Seite 484 und 485

367 PfK 8.10.1889, Mittagsausgabe zur Stadtratsitzung vom 4.10.1889; StALu, LUA 414

368 zu Baumeister, einem der Begründer des wissenschaftlichen Städtebaues in Deutschland, vgl. jetzt Schulze

369 vgl. VB 1890/94, S. 100f

370 vgl. Baumeister 1876 und 1887, S. 3; für seine Grundgedanken ferner bes. Baumeister 1890

371 Baumeister 1890, S. 11

372 Baumeister 1887, S. 11f

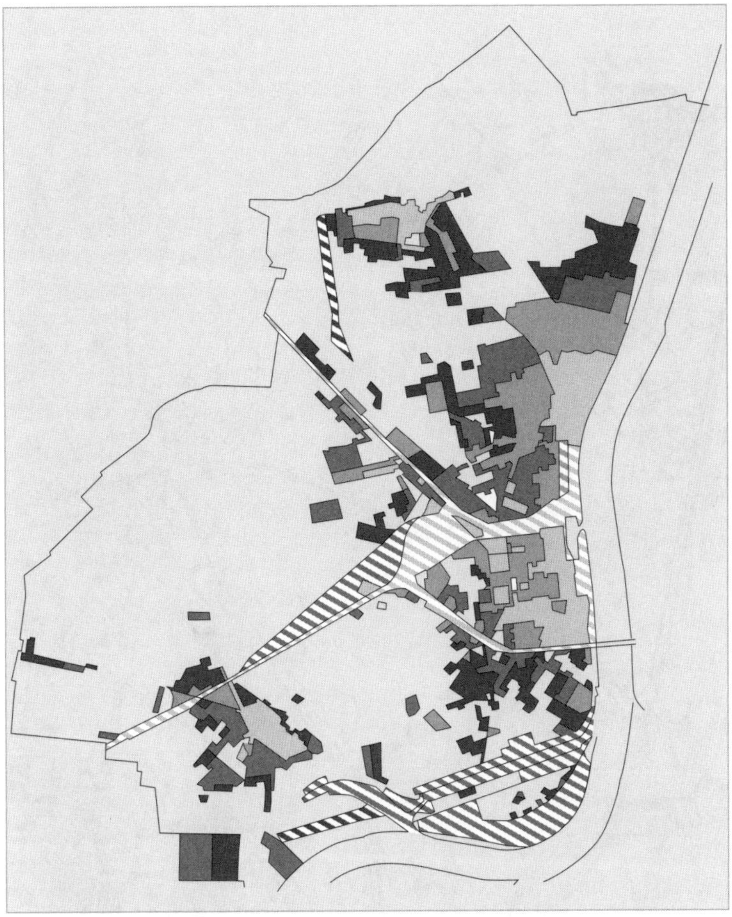

Ausdehnung des Stadtgebiets im Zeitverlauf von 1872—1915 [145]

Legende zu Abb. 145

Bebaute Fläche 1871/72
Zunahme der Bebauung bis 1891
Zunahme der Bebauung bis 1903
Zunahme der Bebauung bis 1915

Gestreifte Bereiche markieren Hafen-, Eisenbahn- und Parkanlagen

Die Karte zeigt deutlich die immer noch großen Freiflächen der Gemarkung um 1915, das auch damals noch ›unausgefüllte‹ Gebiet der westlichen Innenstadt, die Expansion des BASF-Geländes und das Fortschreiten der Bebauung des Hemshofs von der BASF gegen die Stadt zu. Auch die im wesentlichen erst nach 1890 bzw. 1900 einsetzende Erweiterung der Stadt nach Süden sowie das Wachstum Friesenheims in Richtung der BASF und Mundenheims in Richtung Giulini sind erkennbar.

hierbei durch die Trennung verschiedener Bereiche wie Verwaltungs-, Geschäfts- und Fabrikbezirke zu starke Massierung des Verkehrs vermeiden und das herkömmliche Rechtecksystem unter Anpassung an die jeweiligen natürlichen Geländeverhältnisse durch Diagonalen und sternförmige Straßenführung mit Plätzen und öffentlichen Gebäuden als zentralen Orientierungspunkten auflockern. Parks, „Squares und Alleen" waren besonders für „die Erholung der ärmern Klassen" bestimmt; zusammen mit den „Vorgärten" in besseren Wohngegenden sollten sie die allgemeine Wohn- und Lebensqualität in der Stadt anheben.[371] Eine ganz wesentliche Aufgabe der Stadtplaner aber sah Baumeister darin, „die Wohnungsbedürfnisse aller Schichten in das richtige Verhältnis zu bringen: Die kastenartige Absonderung von Arbeiterwohnungen, Mittelstand und Herrschaftshäusern" schien ihm ebenso unzweckmäßig wie „eine völlige Vermischung aller Klassen".[372] So plädierte er für wenigstens drei Bauzonen, die je nach Funktion und Publikum anders auszugestalten waren: eine Zone für Großindustrie und Großhandel einschließlich der dazugehörigen Wohnungen für Arbeiter, Angestellte und Fabrikherren „unter gehöriger Berücksichtigung der Gesundheit", dies möglichst in den Randbezirken, um die eigentliche Stadt entlasten zu können, als weitere Zone die Geschäftsstadt mit Kleinhandel und

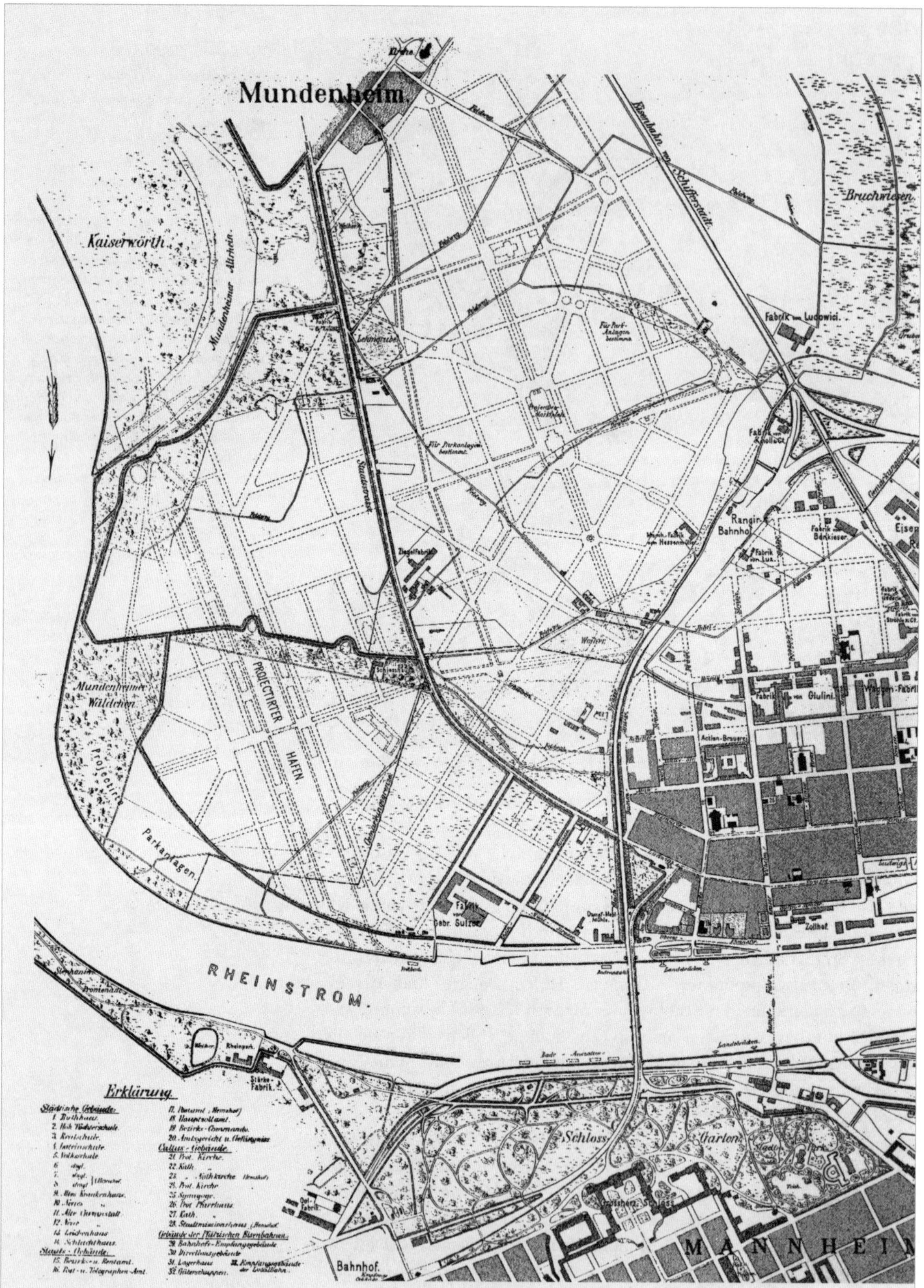

Amtlicher Stadtplan des Jahres 1891/92 mit den Baumeisterschen Erweiterungsplänen Richtung Friesenheim und Mundenheim, südl. Teil der Stadt [146.1]

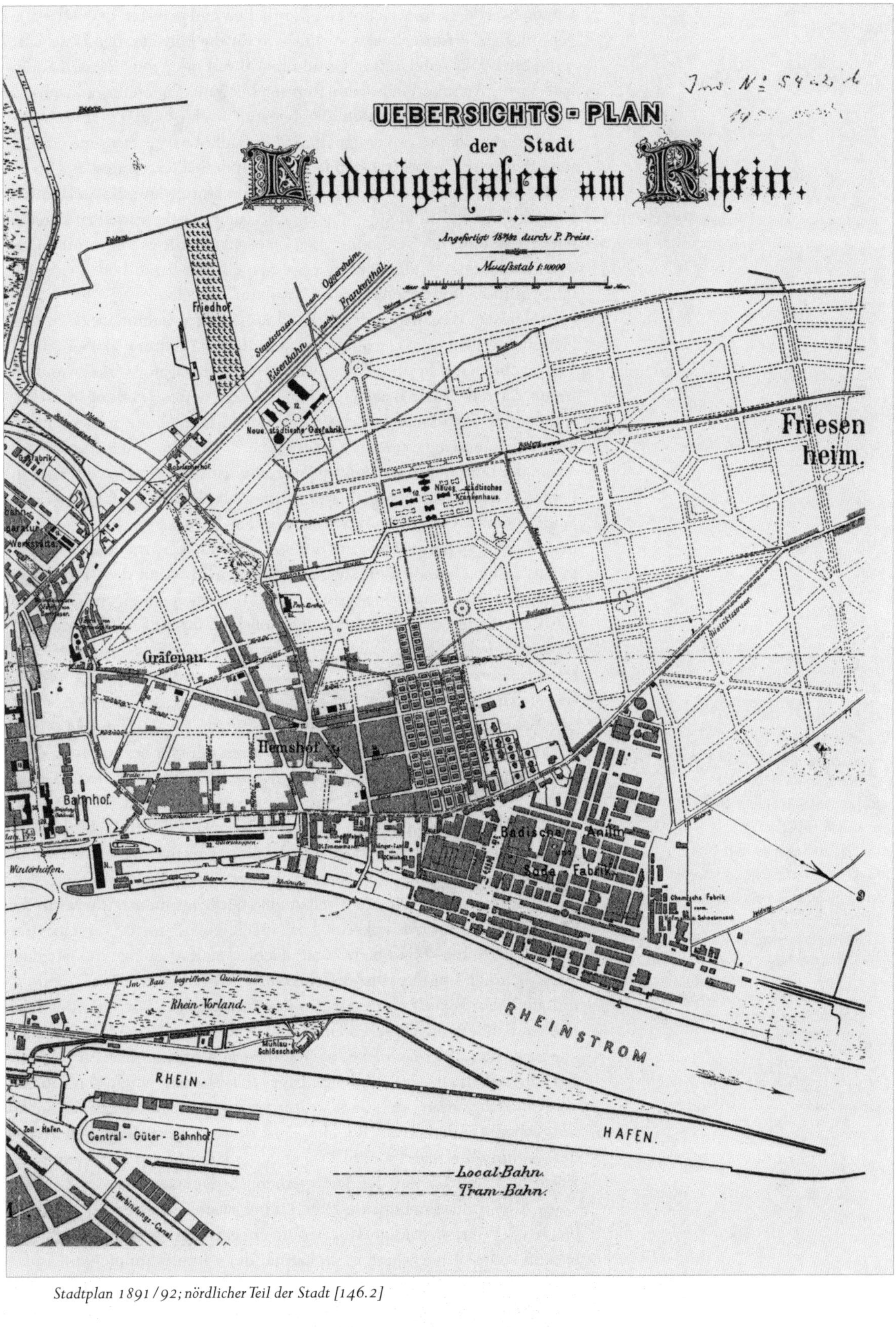

Stadtplan 1891/92; nördlicher Teil der Stadt [146.2]

Kleingewerbe, dem Angebot an öffentlichen und privaten Dienstleistungen mit dem erforderlichen Wohnraum für die betreffenden Haushalte, schließlich Wohnviertel für Leute ohne Beruf oder mit Berufen außerhalb ihres Wohnbereichs vom Rentier bis zum Taglöhner, „durchsetzt mit kleinen Geschäftslokalen",[373] abgestuft nach Qualität – und Preis – durch verbindliche Bauvorschriften über Bauhöhe, geschlossene oder offene Bauweise, Mindestabstände zwischen den Häusern und zur Straße als Regulativ für jeweils bestimmte Bauabschnitte. Um die Straßenführung und die Bebauung großflächig und längerfristig planen zu können, betonte Baumeister schließlich das Erfordernis, die Städte müßten mit den Nachbargemeinden zumindest einen „Bauverband" bilden oder gar die „politische Einverleibung von Vororten" betreiben.[374]

Diesen Maximen entsprechend konzipierte Baumeister den Ausbau Ludwigshafens in nördlicher und südlicher Richtung großenteils als Wohngebiete mit breiteren Straßen für den Durchgangsverkehr und mit freien Plätzen.[375] Die Bauverwaltung erließ in den folgenden Jahren entsprechende Vorschriften für einzelne neue Baugebiete und suchte,[376] dem allgemeinen Trend der Zeit folgend,[377] ganz im Sinne Baumeisters durch die Einteilung der Stadt in Bauzonen „sowohl dem jeweils vorhandenen industriellen Bedürfnis der einen als dem Wohnungsbedürfnis einer anderen Gegend gerecht zu werden. Durch dem jeweiligen Zonenzweck angepaßte Vorschriften soll sowohl dem mit Glücksgütern mehr Gesegneten als dem sogenannten kleinen Mann die Möglichkeit gegeben werden, nach Maßgabe seiner Mittel sich ein eigenes Heim zu schaffen. Andererseits wird durch besondere, ihr eingeräumte Erleichterungen der Industrie nahegelegt, vorzugsweise die als ›Industrieviertel‹ bezeichneten Bauquartiere aufzusuchen" – so erläuterte der Verwaltungsbericht für die Jahre 1900—1904 das Konzept. Ziel sei es nicht, „die Baulust zu unterbinden, sondern lediglich der sogenannten wilden Spekulation die im Interesse der Gesamtheit nötigen bestimmten Wege und Pfade anzuweisen".[378] In dieses Konzept fügte sich die Entscheidung, den neuen Stadtteil im Süden von weiterer industrieller Ansiedlung freizuhalten, um so ein besseres Wohnviertel „für die zahlungskräftigeren und größere Ansprüche an Wohnungen machenden Elemente der Einwohnerschaft" entstehen zu lassen – das ›Wittelsbachviertel‹. Andererseits begann die Stadt selbst ein stattliches Industrieareal an der Eisenbahnlinie nach Frankenthal zu erschließen, um in verschärftem Wettbewerb mit Mannheim den nachlassenden Zuzug industrieller Unternehmen um die Jahrhundertwende wieder zu beleben[379] und damit auch den Verlust eines der größten Steuerzahler vor Ort, der Pfälzischen Bahnen, durch deren Übergang in staatliche Regie (1909) auszugleichen. Der 1905 neuberufene Stadtbaurat Markus Sternlieb[380] suchte mit Unterstützung des Bürgermeisters die Planung zugunsten intensiverer Durchgrünung der Stadt weiter voranzutreiben bis hin zur Schaffung eines ›Grüngürtels‹, wie ihn 1912 Professor Friedrich Pützer von der Technischen Hochschule Darmstadt, damals einer der führenden Köpfe auf dem Gebiet der Stadtplanung in Deutschland, im Rahmen eines ›Generalbaulinienplanes‹ für Ludwigshafen „mustergültig" konzipierte.[381] Wenn derartige Überlegungen einstweilen auch noch kaum Realisierungschancen hatten, so kamen doch immerhin einige Ansätze in Form von kleineren und größeren ›Verschönerungsanlagen‹ und ›Neualignierungen‹[382] zustande *[vgl. schöner, S. 509]*.

Anmerkungen
Seite 488 und 489

373 *Baumeister 1890, S. 11f*
374 *ebd., S. 13*
375 *Stadtgeschichte (1903), S. 263ff; Marx, S. 59f; Weiß, S. 97*
376 *vgl. StALu, LUA 468 und 622*
377 *vgl. Hartog, S. 111ff*
378 *VB 1900/04, S. 106f*
379 *VB 1900/04, S. 21; vgl. Springer, S. 55f*
380 *zu Sternlieb vgl. Kapitel 10*
381 *Staatsministerium des Innern an Kreisregierung Speyer 18. 2. 1913; StALu, ZR 3010/2; vgl. Springer, S. 53; der Generalbaulinienplan legte die Grundlinien der Bebauung fest, das schloß auch die Ausweisung von Grünflächen mit ein*
382 *VB 1913, S. 50*
383 *vgl. allg. Matzerath 1978*
384 *vgl. Tolxdorff*

Friesenheim Anfang des 20. Jahrhunderts
Kleine Bauern- und Arbeiterhäuser und mehrstöckige Neubauten stehen Seite an Seite [147]

Die Ortsmitte des längst zum Stadtteil gewordenen Mundenheims 1920er Jahre [148]

Eingemeindungen

Das dramatisch anmutende städtische Wachstum zur Zeit des Kaiserreichs nährte sich nicht voll aus eigener Kraft, sondern griff auch auf die umliegenden Gemeinden über, nutzte deren Ressourcen an Boden, Menschen, Wohnungen – indirekt zunächst durch Pendelwanderung, zunehmend direkt durch Eingemeindungen. Die 48 deutschen Großstädte des Jahres 1910 z. B. hatten auf diese Weise seit 1871 ihre Fläche im Durchschnitt verdoppeln können. Seit Mitte der 1880er Jahre kam der Prozeß der Eingemeindungen in einer Art von Aufstaueffekt mit wachsender Dynamik in Gang,[383] nachdem der innerstädtische Flächenausbau z. T. bis an die Grenzen des Erträglichen gediehen war. Voll in die jeweilige Stadt einbezogen wurden gewöhnlich die nächstliegenden Gemeinden, die nun im Spannungsfeld verschiedenartiger Interessen die Situation für sich so vorteilhaft wie möglich zu gestalten suchten. Die Sorge vor künftig höheren Belastungen durch Gemeindesteuern und -abgaben, vor Verlust von Einflußmöglichkeiten und Mitspracherechten bei kommunalen Entscheidungen, vor verstärkter wirtschaftlicher Konkurrenz aus ›der Stadt‹ stand im Widerstreit zur Hoffnung auf gleichberechtigte Teilhabe an den Segnungen der modernen ›Städtetechnik‹, auf bessere Verkehrsanbindung, auf Zugewinn von Arbeitsplätzen infolge vermehrter Industrieansiedlungen und auf spürbaren Wertanstieg von Haus- und Grundbesitz. Am Ende stand ein jeweils ausgehandelter Kompromiß mit Übergangsregelungen und Sonderbestimmungen für den eingemeindeten Teil.

Dieser durchaus typische Vorgang läßt sich auch bei Ludwigshafen wie beim benachbarten Mannheim verfolgen. Beide Städte begannen in den 1890er Jahren mit der Expansion, Ludwigshafen durch die Eingemeindung Friesenheims (1892) und Mundenheims (1899), Mannheim etwas später, dafür um so nachdrücklicher seit 1895.[384]

Daß Ludwigshafen einen zeitlichen Vorsprung vor Mannheim hatte, nimmt kaum wunder: Die Stadt besaß, gemessen an der rasch wachsenden Bevölkerung, mit 7,6 qkm eine ungewöhnlich kleine Gemarkung. Daher war es verständlich, daß die Stadtverwaltung angesichts wachsender Raumnot schon in den 1880er Jahren das eigene Hoheitsgebiet nach Norden und Süden zu erweitern wünschte, um erforderliche Einrichtungen wie das in Planung befindliche Städtische Krankenhaus sowie ein neues Gaswerk angemessen unterbringen zu können, und ebenso verständlich war es, daß sie mit diesem Anliegen bei einem ersten Vorstoß gegenüber Friesenheim 1884 und wiederum bei den 1887 eingeleiteten Verhandlungen in Friesenheim[385] wie in Mundenheim auf wenig Gegenliebe stieß. Denn nicht zuletzt handelte es sich bei den begehrten Flächen vor allem um solche, auf denen sich bereits Industrie niedergelassen hatte oder welche die Nachbargemeinden selbst für gewerblich-industrielle Zwecke einträglich nutzen konnten und wollten. Daher wären ihnen bei bloßer Geländeabtretung die wichtigsten Steuerzahler – z. B. Friesenheim ein Fünftel der Steuern der BASF, ferner die Steuern von Hofmann & Schoetensack – und gute Entwicklungschancen verlorengegangen, während sie gleichzeitig damit rechnen mussten, daß ihnen „durch den anhaltenden Fremdenzuzug" nur „die damit verbundenen empfindlichen Lasten und Bedürfnisse" zuwuchsen.[386] So schlug Friesenheim seinerseits im Gegenzug 1888 die volle Eingemeindung nach Ludwigshafen vor, konnte es sich doch erheblichen Gewinn von einem solchen Schritt versprechen. Das Dorf, schon im frühen 19. Jahrhundert zunehmend gewerblich durchsetzt, war seit den 1850er Jahren in den Sog der neuentstehenden Handels- und Industriemetropole der Pfalz geraten mit zahlreichen Folgekosten, derentwegen die Gemeinde 1882 von den Steuern der auf ihre Gemarkung übergreifenden BASF ein Fünftel für sich einforderte und schließlich auch erhielt.[387] Der volle Anschluß an Ludwigshafen bot die Aussicht, in den Genuß der Gas- und Wasserversorgung sowie Kanalisation zu gelangen, andererseits die sozialen Kosten fortschreitender Industrialisierung auf mehr Schultern umzulegen. Insofern spekulierte die Gemeinde hier auf die ›technologische‹ infolge der ›verwaltungsmäßigen‹ Eingemeindung, während sonst die technologische der administrativen Eingemeindung häufig vorausging.[388]

Da die Kreisregierung Speyer als zuständige staatliche Aufsichtsbehörde dem Antrag auf bloße Erweiterung der Ludwigshafener Gemarkung nicht zustimmte, blieb der Stadtverwaltung nur der ungeliebte Weg einer vollen Eingemeindung (ab 1. Januar 1892). Hierbei konnte der kleinere Vertragspartner schließlich einige Sonderrechte aushandeln, die vor allem dazu beitragen sollten, die Identität des neuen Ortsteils in der einstmals so verachteten und mit Furcht betrachteten jungen Industriestadt zu wahren: Friesenheim behielt ein eigenes Standesamt und eine eigene Polizeistation, die Konfessionsschulen, die tradierten dörflichen Feste (Kirchweih und Erntefest) und auch das eigene Schlachthaus. Weiter übernahm die Stadt die Verpflichtung die Pflasterung der Dorfstraßen voranzutreiben, binnen zehn Jahren Gelder für den Bau einer protestantischen Kirche anzusparen und den bisherigen Friesenheimer Gemeindebürgern und ihren Nachkommen die Nutzung der Allmendgüter sowie auf eine Frist von 60 Jahren finanzielle Vorteile

Anmerkungen
Seite 490 und 491

385 zur Eingemeindung von Friesenheim vgl. Aderhold, S. 24ff; Ruf 1996, S. 253ff; der Wortlaut der Vereinigungsbedingungen in Stadtgeschichte (1903), S. 147ff

386 Schreiben der Gemeinde Mundenheim vom 25.5.1888, zit. in Stadtgeschichte (1903), S. 149

387 vgl. Textauszug von 1882 bei Belitz, S. 294f

388 dazu Krabbe

389 VB 1890/94, S. 37

390 f.d.F. Stadtgeschichte (1903), S. 149ff; Aderhold, S. 38ff; Fauck 1984

391 Schreiben vom 25.5.1888, zit. in Stadtgeschichte (1903), S. 149f, hier 150, laut Fauck 1984, S. 60, Anm. 24 Text aus dem Gemeinderatsprotokoll. Zur Eingemeindung Mundenheims außer Fauck 1984, Kirsch, S. 239ff sowie Mörz in vorliegendem Band, Kapitel 8

392 Wiedergabe in Stadtgeschichte (1903), S. 151ff

als Entgelt für den Übergang des Gemeindevermögens an die Gesamtgemeinde Ludwigshafen zu sichern. Ludwigshafen seinerseits profitierte von der auf 1,363 Mio. Mark geschätzten Vermögensübernahme – davon 1,291 Mio. Mark für Liegenschaften.[389]

Mundenheim[390] hatte 1888 mit Blick auf die drohenden Nachteile für die Gemeinde eine Gebietsabtretung kategorisch abgelehnt mit dem Hinweis, daß im Falle eines Falles „bei gleichmäßiger Fortentwickelung der obwaltenden Verhältnisse nur die gänzliche Vereinigung beider Gemeinden erforderlich und zweckmäßig" sei.[391] Seitdem der Luitpoldhafen (1893—1897) und der Rangierbahnhof (1895ff) weitgehend auf Mundenheimer Gelände entstanden waren und die Verflechtungen mit der Ludwigshafener Wirtschaft sich zunehmend verdichteten – die Firmen Meller, Hessenmüller, Raschig sowie die Pfälzische Hohl- und Blendsteinfabrik hatten sich auf der Mundenheimer Gemarkung angesiedelt, und Giulini verlagerte seine Produktion seit 1893/94 zunehmend dorthin, rückte dieser Zeitpunkt immer näher. Allerdings leistete Mundenheim hartnäckigeren Widerstand als Friesenheim und stellte, als besagter Zeitpunkt Mitte 1897 offensichtlich gekommen war, weitergehende Bedingungen für den Anschluß, um ein Maximum an Zugeständnissen für die eigene Einwohnerschaft zu erringen – nicht ohne Erfolg, wie die getroffene Vereinbarung belegt, zumal wenn man die zunehmend kritischere Finanzlage der Gemeinde bedenkt, die vor allem durch steigende Anforderungen an die Infrastruktur, aber auch durch Fehlplanungen bei einem gemeindeeigenen Elektrizitätswerk entstanden waren *[vgl. Bürokratie, S. 537]*. Das Grundmuster war ähnlich wie bei Friesenheim, doch kamen außer einer ganzen Reihe von Sonderregelungen zugunsten bestimmter Personen und Gruppen – so der Gemeindebediensteten und Lehrer und der Gastwirte – noch hinzu: eine 25 Jahre gültige Umlagenvergünstigung für alle Mundenheimer Heimatberechtigten, fünfjährige Befreiung von einem Teil der Verbrauchssteuern und die gegenüber dem Friesenheimer Vertrag erheblich erweiterte Verpflichtung der Stadt zu Straßenbau und -unterhalt einschließlich Kanalisation und zum Anschluß Mundenheims an das Wasserwerk.[392] Dafür ging ein Vermögen von fast 3 Mio. Mark an die Gesamtgemeinde Ludwigshafen über: Liegenschaften und Gebäude im Wert von 2,542 Mio. Mark, rentierliches Vermögen im Wert von 431 Tsd. Mark. Ab dem 1. Dezember 1899 bildete Mundenheim einen integralen Bestandteil der Stadt Ludwigshafen.

Die Eingemeindungen wurden auch im Stadtwappen symbolisch vollzogen: Seit dem 4. Juli 1900 waren in den vier Feldern das Wittelsbacher Rautenmuster, der Ludwigshafener Anker, der Friesenheimer Spaten und der Mundenheimer Petrus-Schlüssel vereint, geziert von einer Mauerkrone mit fünf Zinnen als Symbol der ehemaligen Rheinschanze und gehalten vom bayerischen Löwen.

Mit den beiden Eingemeindungen war das Expansionsbedürfnis Ludwigshafens vorerst gestillt, die unabdingbar notwendige Ausdehnung nach Norden und Süden in unmittelbarer Anrainerschaft an den Rhein und damit die entscheidende Grundlage für weiteren industriellen Ausbau war zumindest auf mittlere Frist gesichert; sich durch den Anschluß weiterer Nachbarorte zusätzliche Lasten einzuhandeln, dazu bestand kein Anlaß. Als 1902 daher Oggersheim die Möglichkeit einer

Straßen werden aufgeschüttet: Blick über die Sulzersche Fabrik Richtung Luitpoldhafen; das geplante Straßenraster dazwischen ist deutlich erkennbar um 1910 [149]

Eingemeindung nach Ludwigshafen ins Spiel brachte, entschied sich der Stadtrat am 14. März 1902 dafür, „zunächst eine abwartende Stellung hiezu einzunehmen".[393] Dennoch blickte die Stadtverwaltung anläßlich des 50jährigen Stadtjubiläums schon etwas weiter in die Zukunft: „Schon nähern sich die Vorläuferbauten von Mundenheim dem Orte Rheingönheim, ebenso hat Friesenheim Gelegenheit, sich nach Oggersheim hin auszudehnen. Die weitere Entwicklung von Ludwigshafen dürfte also noch nicht abgeschlossen sein."[394] Tatsächlich kamen deshalb in den folgenden Jahren neue Kontakte in Gang, 1911/12 mit Rheingönheim, dessen Gemeinderat freilich Avancen von seiten Ludwigshafens mit unübersehbarer Mehrheit zurückwies, 1911 auch mit Oppau, das damals als Erweiterungsgebiet für die BASF in den Blick geriet, allerdings angesichts seiner guten wirtschaftlichen Situation ebenfalls wenig Interesse an einer Eingemeindung zeigte.[395]

Die Eingemeindung von Friesenheim bescherte Ludwigshafen einen Flächenzuwachs von 536,65 ha, diejenige von Mundenheim einen solchen von 881,20 ha.[396] Die Gemarkung umfaßte damit 21,7 qkm, fast dreimal so viel wie 1891. Auch dies war im Verhältnis zur Bevölkerung noch ein recht kleines Areal. Gleichwohl bot die Stadt im frühen 20. Jahrhundert keineswegs den Anblick eines naturfernen ›Häusermeeres‹:[397] Gebäude mitsamt zugehörigen Gärten beanspruchten nur knapp 12% des Gesamtareals, ein fast gleichgroßer Anteil entfiel auf Wege, Straßen und Eisenbahnanlagen; Wasserflächen, in erster Linie das Hafengelände, machten knapp 9%, öffentliche Park- und Gartenanlagen sowie Friedhöfe knapp 2% aus. Die verbleibenden zwei Drittel konnten demnach im wesentlichen landwirtschaftlich genutzt werden, nicht nur von bäuerlichen Eigentümern, sondern in einem nicht zu unterschätzenden Umfang gegen Pacht auch von ›Städtern‹, vielfach Arbeitern, die durch teilweise Selbstversorgung ihren Lebensstandard zu verbessern suchten.

Anmerkungen
Seite 492 und 493

393 Stadtgeschichte (1903), S. 154
394 Stadtgeschichte (1903), S. 265; vgl. betr. Oggersheim SRP 14.3.1902
395 vgl. Aderhold, S. 53, 57
396 Weiß, S. 21
397 die folgenden Daten errechnet nach Statist. Jb. d. dt. Städte 17/1910, S. 9 für den Stand Ende 1908
398 Böhn, S. 47, 52
399 SRP 5.12.1872; Stadtgeschichte (1903), S. 282
400 Weiß, S. 101; VB 1913, S. 42 – 1894 besaß die Stadt ohne Friesenheim etwa 18 km Straße, davon 8,5 km gepflastert, 8 km chaussiert; VB 1890/94, S. 24
401 Stadtgeschichte (1903), S. 283; Weiß, S. 97
402 SRP 2.5., 4.10.1889, 23.7.1890; VB 1890/94, S. 24ff
403 vgl. z.B. StALu, LUA 639
404 vgl. StALu, LUA 664, 672, 679
405 ›Grundsätze für die Herstellung neuer Straßenanlagen‹ in Stadtgeschichte (1903), S. 284ff; vgl. Weiß, S. 97f

„[...] ein der Neuzeit entsprechendes großstädtisches Gepräge" – Bauordnung, Straßenbau, Straßenreinigung, Straßenbeleuchtung

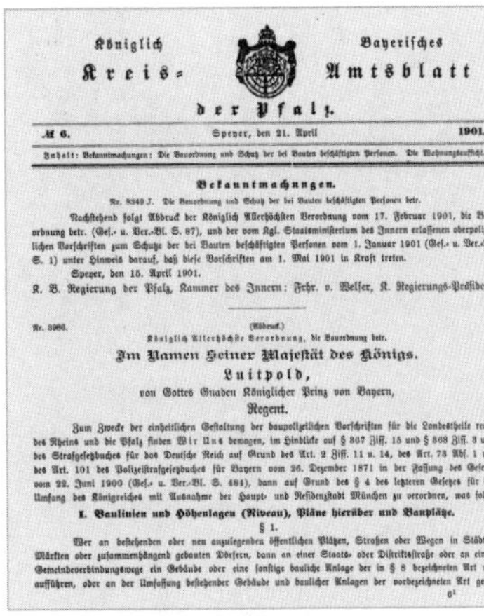
Königlich Bayerisches Kreis-Amtsblatt der Pfalz.

№ 6. Speyer, den 21. April 1901.

Inhalt: Bekanntmachungen: Die Bauordnung und Schutz der bei Bauten beschäftigten Personen. Die Wohnungsaufsicht.

Bekanntmachungen.

Nr. 8340 J. Die Bauordnung und Schutz der bei Bauten beschäftigten Personen betr.

Nachstehend folgt Abdruck der Königlich Allerhöchsten Verordnung vom 17. Februar 1901, die Bauordnung betr. (Ges.- u. Ver.-Bl. S. 87), und der vom Kgl. Staatsministerium des Innern erlassenen oberpolizeilichen Vorschriften zum Schutze der bei Bauten beschäftigten Personen vom 1. Januar 1901 (Ges.- u. Ver.-Bl. S. 1) unter Hinweis darauf, daß diese Vorschriften am 1. Mai 1901 in Kraft treten.

Speyer, den 15. April 1901.

K. B. Regierung der Pfalz, Kammer des Innern: Frhr. v. Welser, K. Regierungs-Präsident.

Nr. 3066. (Abdruck.)

Königlich Allerhöchste Verordnung, die Bauordnung betr.

Im Namen Seiner Majestät des Königs.

Luitpold,

von Gottes Gnaden Königlicher Prinz von Bayern,

Regent.

Zum Zwecke der einheitlichen Gestaltung der baupolizeilichen Vorschriften für die Landestheile rechts des Rheins und die Pfalz finden Wir Uns bewogen, im Hinblicke auf § 367 Ziff. 15 und § 368 Ziff. 3 u. 8 des Strafgesetzbuches für das Deutsche Reich auf Grund des Art. 2 Ziff. 11 u. 14, des Art. 73 Abs. 1 und des Art. 101 des Polizeistrafgesetzbuches für Bayern vom 26. Dezember 1871 in der Fassung des Gesetzes vom 22. Juni 1900 (Ges.- u. Ver.-Bl. S. 484), dann auf Grund des § 4 des letzteren Gesetzes für den Umfang des Königreiches mit Ausnahme der Haupt- und Residenzstadt München zu verordnen, was folgt:

I. Baulinien und Höhenlagen (Niveau), Pläne hierüber und Bauplätze.

§ 1.

Wer an bestehenden oder neu anzulegenden öffentlichen Plätzen, Straßen oder Wegen in Städten, Märkten oder zusammenhängend gebauten Dörfern, dann an einer Staats- oder Distriktsstraße oder an einem Gemeindeverbindungswege ein Gebäude oder eine sonstige bauliche Anlage der in § 8 bezeichneten Art neu aufführen, oder an der Umfassung bestehender Gebäude und baulicher Anlagen der vorbezeichneten Art gegen

6¹

Das ›Königlich Bayerische Kreis-Amtsblatt der Pfalz‹ mit der neuen bayerischen Bauordnung von 1901, gültig in ganz Bayern – auch links des Rheins [150]

Abgesehen von der Versorgung mit den erforderlichen Bauten für den eigenen Bedarf wie Amtsgebäuden, Schulen und kommunalen Betrieben war die Stadt als Bauherrin besonders in zwei Bereichen zum Handeln verpflichtet: beim Straßenbau und bei der Kanalisation. In beiderlei Hinsicht stellte das Gelände in unmittelbarer Randlage zum Rhein mit seinen wechselhaften Wasserständen weit überdurchschnittliche Anforderungen. Zwar hatte der sog. Friesenheimer Durchstich im Rahmen der Tullaschen Rheinkorrektion den Grundwasserspiegel um knapp anderthalb Meter absinken lassen, doch auch dann mußten Dämme von 2—3 m Höhe aufgeschüttet werden,[398] um die neuen Straßen aus dem Überschwemmungsgebiet herauszuheben und die Keller der angrenzenden Häuser dem sonst drohenden Einbruch von Druckwasser zu entziehen. Entsprechend hoch belief sich der Aufwand für Anlage und Unterhalt des Straßensystems, und es war verständlich, wenn die Stadt durch Ratsbeschluß vom 5. Dezember 1872 ein für allemal festlegte, Straßen sollten künftig nur dort gebaut werden, wo die Anlieger das Gelände unentgeltlich abtreten würden[399] – bis zu diesem Zeitpunkt hatte die Gemeinde gezahlt. 1870—1913 vergrößerte sich das Straßennetz der Stadt von 3 km auf 65 km Länge (1880: 7 km, 1890: 14 km, 1900: 27 km, 1910: 58 km).[400] Die Entwicklung verlief freilich bis zu Beginn des 20. Jahrhunderts teilweise recht chaotisch. Um Kosten zu sparen, errichteten Bauunternehmer dank mangelnder bzw. mangelhafter Bauvorschriften in der Pfalz Häuser an noch uneröffneten Straßen, teilweise sogar außerhalb der bestehenden Alignementspläne – auf freiem Felde, so daß die erforderlichen Straßendämme an derartigen ›Privatstraßen‹ erst im Nachhinein angelegt wurden und dann von der Gemeinde instandgehalten werden mußten.[401] Um sich gegen derartigen Wildwuchs abzusichern, beschloß der Gemeinderat am 23. Juli 1890 ein Ortsstatut (in Kraft ab 16. Januar 1891), das den Bau und Unterhalt neuer Straßen und hierbei auch die Kostenverteilung dauerhaft regelte: Für den Bau neuer oder erst teilweise fertiggestellter Straßen hatten bis zu einer Straßenbreite von 14 m allein die Anlieger aufzukommen; und nur falls Straßen nach den Anordnungen der Stadt auf unentgeltlich abgetretenem Gelände angelegt worden waren, übernahm die Stadt in Zukunft auch die Unterhaltskosten.[402] Angesichts der ungenügenden Rechtslage in der Pfalz blieben aber ›Baupolizeiübertretungen‹ an der Tagesordnung.[403] Die neue *Bauordnung* für das Königreich Bayern von 1901, auf Anregung der pfälzischen Städte unter entscheidender Mitwirkung des Ludwigshafener Bürgermeisters Krafft entstanden und erlassen,[404] lieferte dann endlich solidere Handhaben im Kampf gegen unkontrolliertes Bauen: Erst wenn der betreffende Straßenabschnitt hergestellt oder seine Herstellung in absehbarer Zeit gesichert war, erhielten Bauinteressenten auch die erforderliche Genehmigung.[405] Damit besaß die Stadt die nötigen Rechtsmittel, bei der Anlage von Straßen und Plätzen in Zukunft großzügiger zu verfahren als bisher, ohne die eigenen Finanzen zu strapazieren. Das Straßenbild begann sich zu wandeln: Es entstanden „schöne, breite, luftige Straßen, die meisten mit Baumpflanzungen, z. T. mit zwei Fahrstraßen und in der Mitte mit einer Baumanlage". Das Stadtbauamt suchte auch unter Mithilfe des Bezirksarztes die Bauherren

Noch unbefriedigend: Straßenzustand am Richard-Wagner-Platz im Stadtteil Süd 1920er Jahre [151]

zu besseren Bauplänen zu bewegen und so gegenüber „den kommerziellen und spekulativen Interessen diejenigen der Ästhetik und Hygiene" stärker zur Geltung zu bringen.[406] „Alle Gebäude an Straßen und öffentlichen Plätzen" mußten laut ortspolizeilicher Vorschrift vom 7. Februar 1908 „eine gefällige Gliederung und Ausschmückung erhalten" und „das Äußere aller von Straßen oder öffentlichen Plätzen sichtbaren Gebäude und Gebäudeteile" war „stets in gutem und sauberem Zustande zu erhalten".[407] Mit diesen Bestimmungen konnte man im Interesse des Stadt-Images darauf hinwirken, „daß die häßlichen Straßenbilder, die durch ganz verwahrlost dastehende Häuser in den Hauptverkehrsstrassen geschaffen werden, möglichst bald verschwinden".[408] Eine Bauberatungsstelle lieferte nützliche Anregungen, empfahl bei mangelhaften Vorlagen den Einsatz von Architekten und war bemüht, „auf die Erzielung ruhiger und gleichmäßiger Straßenbilder hinzuwirken".[409] Die Fehler der Vergangenheit mit „den trostlosen Schöpfungen der bauordnungslosen Zeit"[410] wirkten freilich noch lange genug weiter, und auch jetzt noch konnten Grundstücksbesitzer in Hoffnung auf höheren künftigen Gewinn die ästhetischen Bemühungen des Bauamts konterkarieren.[411] Und keinesfalls sollte man sich Illusionen über die Qualität der Straßen selbst machen: Zugänge zu Neubaugebieten erhielten mit Blick auf die Kosten eine Kies-Lehmdecke, weniger benutzte Strecken wurden mit Schotter chaussiert, nur die Hauptstraßen waren mit solidem Kopfsteinpflaster versehen – 45% des gesamten Straßennetzes 1913, während der Rest etwa je zur Hälfte chaussiert oder mit Kies belegt war.[412] Die Oberflächenteerung von chaussierten Straßen kam erst kurz vor dem Ersten Weltkrieg auf kleinen Flächen in Gang und erwies sich als wenig haltbar. „Der allgemeine Zustand des Straßennetzes muß als ein schlechter bezeichnet werden", bemerkte der abtretende Bürgermeister Grünzweig 1895,[413] nicht ohne auf die zahlreichen Verlegungsarbeiten von Kanalisation, Gas- und Wasserleitungen hinzuweisen. Soweit es die von den Anliegern herzustellenden ›Fußbänke‹ oder Bürgersteige betrifft, zeichnete sich allerdings zu Beginn des 20. Jahrhunderts ein neuer Trend zu Modernität ab: Wegen der „angenehmen Begehbarkeit",

Anmerkungen
Seite 494 und 495

406 VB 1905, S.44; VB 1906, S.43
407 AB 1913, S.24
408 Rechtsrat Müller an Stadtbauamt 3.11.1908; StALu, LUA 632
409 VB 1912, S.61; vgl. VB 1913, S.50
410 Denkschrift von Rechtsrat Dr. Müller 22.5.1914; StALu, LUA 622
411 vgl. Springer, S.54
412 VB 1913, S.42; Weiß, S.99
413 VB 1890/94, S.26
414 VB 1900/04, S.100
415 SRP 30.11.1906; VB 1906, S.16; VB 1907, S.43
416 SRP 27.11.1885; Stadtgeschichte (1903), S.262
417 Weiß, S.102
418 SRP 5.4.1910; VB 1910, S.12
419 VB 1913, S.42, 49

Sauberkeit und ›Klimatisierung‹: Ein Straßenbesprengungswagen im Einsatz gegen sommerliche Hitze und Staub, um 1920 [152]

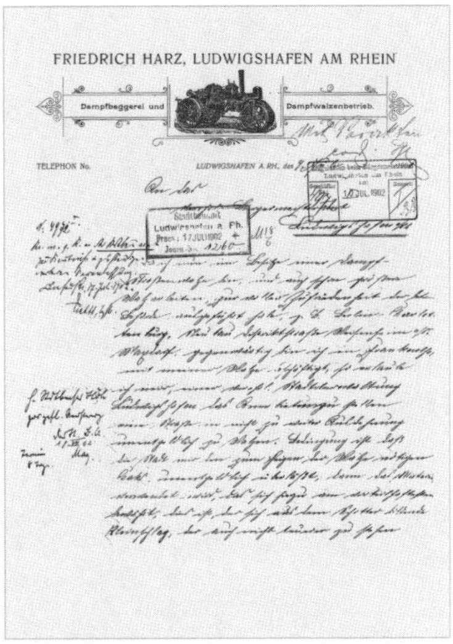

FRIEDRICH HARZ, LUDWIGSHAFEN AM RHEIN

Dampfbaggerei und Dampfwalzenbetrieb.

TELEPHON No. LUDWIGSHAFEN A. RH., den

Geschäftsbrief der Ludwigshafener Firma Friedrich Harz, die im Auftrag der Stadt einige Jahre beim Straßenbau die Straßenwalzenarbeiten erledigte [153]

des vergleichsweise niedrigen Preises und der raschen Herstellung wurden nun fast ausschließlich „Asphaltdecken auf Betonfundament verwendet. Langsam aber sicher geht Ludwigshafen dazu über, durch die Einführung der Asphaltbürgersteige seinem Straßengebilde ein der Neuzeit entsprechendes großstädtisches Gepräge zu geben", bemerkte der Verwaltungsbericht zukunftsfroh.[414] Dem ›großstädtischen‹ Gepräge sollte auch die zeittypische Systematisierung der Straßenbenennungen dienen, die der Stadtrat am 30. November 1906 mit Wirkung ab August 1907 für insgesamt 180 Straßen und Plätze beschloß, um für Fremde wie Einheimische die Orientierung in der Stadt zu erleichtern: Statt wie bisher Straßen von Fall zu Fall zu benennen, folgte man in den Neubaugebieten viertelsweise einheitlichen Richtlinien, so daß es nun ein Maler-, Komponisten-, Heerführer-, Industrie-, Sagen- und Dichterviertel gab, ferner eines, in welchem die Straßen Namen von Burgen und Bergen, und eines, in dem sie Namen aus der Landwirtschaft führten.[415] Bereits Ende 1885 war auf Anregung des Verschönerungsvereins die bisherige Quadrateeinteilung der Innenstadt aufgegeben und eine allgemeine ›Straßentaufe‹ von 53 Straßen und Plätzen erfolgt – mit ›namentlich‹ besonderer Würdigung des bayerischen Königshauses und von Gestalten und Ereignissen aus den deutschen Einigungskriegen.[416]

Zur angestrebten Modernität gehörte ferner Sauberkeit als Teilbereich der modernen Städtehygiene. Um die ordnungsgemäße *Straßenreinigung* zu gewährleisten, übernahm die Stadt sie 1879 von den bisher dazu verpflichteten Eigentümern oder Bewohnern der angrenzenden Grundstücke in eigene Regie einschließlich des Besprengens der damals 7 km Straßen während der Sommermonate, nachdem zuvor die Angrenzer verpflichtet gewesen waren, die Straße dreimal täglich mit frischem Wasser zu begießen.[417] Anfangs genügten fünf Straßenkehrer; nachdem 1910 auch Friesenheim und Mundenheim in das amtliche Straßenreinigungssystem einbezogen worden waren,[418] bewältigten 1913 83 Mann die erforderlichen Arbeiten einschließlich der Straßenunterhaltung, und weitere 28 waren mit der Kontrolle und Pflege der Kanalisation und des dazu gehörigen Kanalpumpwerks beschäftigt.[419]

Straßenbeleuchtung: die Bismarckstraße zwischen Oggersheimer und Wredestraße mit deutlich sichtbarem, hängendem Beleuchtungskörper, um 1910 [154]

Anmerkungen Seite 496 und 497

420 VB 1906, S. 14f
421 AB 1913, S. 17
422 Stadtgeschichte (1903), S. 380
423 StALu, ZR 1160/1, S. 188ff; ZR 1160/3, S. 48; die ausgezahlten Löhne betrugen 1908 zwischen 613 Mark und 730 Mark je Mann und Jahr
424 vgl. SRP 1.6.1888, 12.2. und 3.12.1897
425 berechnet nach Angaben in VB 1913, S. 121, 126f

Die Haus- und Grundeigentümer bzw. deren Stellvertreter hatten außerdem an jedem Werktag des Morgens „Fußbänke und Rinnen [...] kehren zu lassen, wobei die Rinnen mit Wasser auszuspülen" waren, mußten im Fall „etwa vorhandener erheblicher Verunreinigungen" sofort tätig werden[420] und hatten vom 1. April bis 1. Oktober den Bürgersteig „bei trockener Witterung zweimal täglich mit frischem, reinem Wasser begießen zu lassen".[421]

Dank seiner Bedeutung als Verkehrsknotenpunkt hatte Ludwigshafen schon sehr früh eine moderne *Straßenbeleuchtung* in Gestalt von Gaslaternen erhalten *[vgl. Rechtsgrund, S. 514]*. 1870 genügten noch 75 Laternen, um die rd. 3 km Straßen auch des Abends und in der Nacht zu erhellen.[422] Bis Ende 1913, für nun fast 65 km Straßen, war ihre Zahl auf 1 098 Laternen mit dem 1897/98 eingeführten hellen und preiswerteren Gasglühlicht angewachsen, die allabendlich von nebenberuflich tätigen Laternenanzündern (1908: 11 Mann, Ende 1911: 18 Mann[423]) streng nach Dienstvorschrift in Gang gesetzt und eigens von Laternenreinigern und

Kanalneubauten in der Kaiser-Wilhelm-Straße, rechts das Gebäude der Reichsbank 1919 [155]

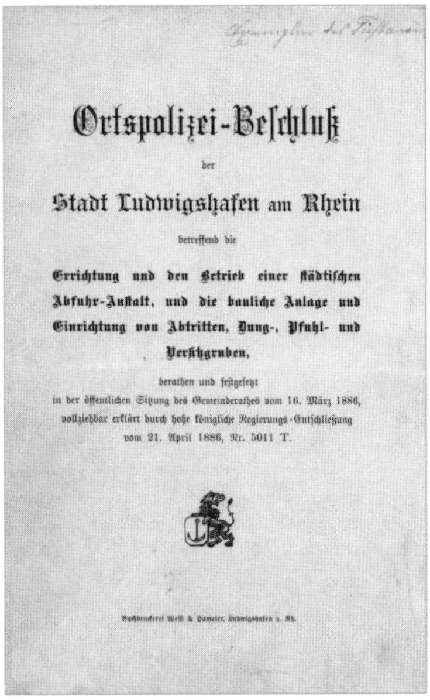

Ortspolizei-Beschluß
der
Stadt Ludwigshafen am Rhein
betreffend die
Errichtung und den Betrieb einer städtischen Abfuhr-Anstalt, und die bauliche Anlage und Einrichtung von Abtritten, Dung-, Pfuhl- und Versitzgruben,
berathen und festgesetzt
in der öffentlichen Sitzung des Gemeinderathes vom 16. März 1886,
vollziehbar erklärt durch hohe königliche Regierungs-Entschließung
vom 21. April 1886, Nr. 5011 T.

Buchdruckerei Weiß & Hameier, Ludwigshafen a. Rh.

Städtische Regelung zur Errichtung einer Müllabfuhr: ›Abfuhr-Anstalt‹ sowie betreffend die „bauliche Anlage und Einrichtung von Abtritten, Dung-, Pfuhl- und Versitzgruben" 1886 [156]

einem Laternenobwart instandgehalten wurden.[424] Dazu kamen 84 elektrische Bogen- und 628 Glühlampen. Das eigene Elektrizitätswerk ermöglichte es der Stadt, seit 1902 wenigstens an zentralen Punkten im Innenstadtbereich das besonders intensive, aber auch besonders teure Licht der außerordentlich reparaturanfälligen Bogenlampen einzusetzen, während die 50kerzigen oder sogar nur 32kerzigen Glühlampen – bei sehr viel niedrigerem Preis – entschieden schwächer strahlten. Billig war die öffentliche Helligkeit nicht: 1913 entfielen fast 3% sämtlicher städtischer Ausgaben auf diesen Posten, obwohl die Strompreise inzwischen bereits spürbar gefallen waren und die Verwaltung durch sorgfältige Abstufung zwischen „Abend-" und „Nachtlaternen" sparsam zu dosieren suchte; ein ordentlicher Fabrikarbeiter hätte mit seinem Jahreseinkommen damals kaum den Betrieb von vier „ganznächtigen Bogenlampen" (445 Mark je Stück) oder von etwa 75 „halbnächtigen 32kerzigen Glühlampen" (à 24 Mark) als der billigsten Lichtquelle finanzieren können; bei Gaslaternen hätte es für 20 bis 25 Stück gereicht.[425]

Besichtigung des Kanalsystems der Stadt 1919 [157]

„[...] ein bedeutender Schritt zur Herbeiführung besserer Gesundheitszustände" – Kanalisation und sonstige Entsorgungsprobleme

Das Überschriften-Zitat bezog sich zwar auf die Anlage von Wasserleitungen, aber es schloß auch als notwendige Folge die Kanalisation für die Abwässer ein[426] – beides zusammen bildete ein zentrales Erfordernis fortschreitender Stadthygiene. Das rasche Wachstum Ludwigshafens während der 1870er Jahre machte eine dauerhafte Lösung des bestehenden Zustandes unabdingbar:[427] In einem immer wieder von Hochwasser bedrohten Gebiet mit bestenfalls geringem Gefälle entstanden komplizierte Entsorgungsprobleme, denen die wenigen, einfach ausgemauerten Abzugskanäle in den Rhein, die bis in die 1870er Jahre vor allem für den Abfluß von Regenwasser gebaut wurden, kaum gewachsen waren. Höhere Pegelstände des Rheins bewirkten zumindest Rückstau, so daß der Kanalinhalt durch die undichten Wandungen in die Keller der anliegenden Häuser einsickerte. Durch Doppelsperren gegenüber dem Rhein und Abpumpen mit Feuerspritzen bei Hochwassergefahr konnte man das Problem für die ›Innenstadt‹ vorerst entschärfen, doch im nördlich gelegenen Hemshofgebiet entsorgten die Fabriken ihr Abwasser einstweilen ungeregelt durch eigene Kanäle in den Rhein oder in den ›Schleußengraben‹, falls sie es nicht, wie die Benckisersche Brückenbauanstalt und die Malzfabrik Ströhle & Cie., in Weiher auf tieferliegendem freiem Gelände leiteten.[428] Derartige Umweltverschmutzung, die nicht zuletzt das Grundwasser zu verseuchen drohte und durch das „stinkende Wasser" die Gesundheit der Bevölkerung gefährdete,[429] veranlaßte den bereits erwähnten Bezirksingenieur Jolas, der wiederholt verdienstvolle Anstöße für die bauliche Weiterentwicklung Ludwigshafens gab, einen Plan zur Behebung dieses unhaltbaren Zustandes zu entwickeln.[430]

Der Stadtrat entschied sich nach längeren Beratungen und Begutachtungen 1879 für das Projekt des angesehenen englischen Ingenieurs J. Gordon, der sich damals in Frankfurt aufhielt.[431] Es sah einen geschlossenen Hauptsammelkanal durch das Entsorgungsgebiet und ein

Anmerkungen
Seite 498 und 499

426 Meyer, Bd. 9 (1896), S. 833
427 f.d.F. Esselborn, S. 220ff; VB 1890/94, S. 27ff; Stadtgeschichte (1903), S. 267ff; Weiß, S. 89ff
428 SRP 18.3.1875
429 SRP 5.7.1878
430 SRP 20.5.1875; zu Jolas vgl. Poller 1974, S. 89f
431 SRP 5.7.1878, 16.1.1879
432 Stadtgeschichte (1903), S. 251; VB 1900/04, S. 100ff
433 SRP 12.5.1911; vgl. Geheimes SRP 2.6.1910
434 VB 1907, S. 54; VB 1908, S. 71; VB 1909, S. 60; VB 1910, S. 66; VB 1911, S. 55; VB 1912, S. 59; VB 1913, S. 48; Weiß, S. 89 mit falscher zeitlicher Einordnung der Planung; Springer, S. 62
435 Weiß, S. 92

Bau des Luitpoldhafens: Trockenbaggerbetrieb und Rammarbeiten für die Kaimauer 1891 [158]

Pumpwerk hinter dem Hochwasserdamm vor, das bei erhöhtem Wasserstand in Aktion trat. 1880 vom Gemeinderat genehmigt, bewährte sich die Installation selbst in noch unfertigem Zustand bei dem katastrophalen Hochwassereinbruch Ende 1882 und konnte in der Folgezeit zusätzlich die Abwässer des südlichen Stadtteils bewältigen, nachdem dort 1885—1887 eine leistungsfähige Kanalisation nach den Plänen des Mainzer Kanalisationsingenieurs Paulßen angelegt worden war.

Die Eingemeindungen von Friesenheim und Mundenheim und der fortgesetzte Ausbau der Stadt stellten Gemeinderat und städtische Behörden seit 1900 vor die Aufgabe, ein größerdimensioniertes Kanalisationsnetz für das erweiterte Stadtgebiet zu entwerfen. Bereits im Sommer 1901 legte der dafür eigens eingestellte Ingenieur einen Plan vor,[432] doch vor einem raschen Vollzug schreckten vorerst die hohen Kosten, zudem die Unsicherheit, welches System zweckmäßigerweise zu wählen sei, weil die rasant fortschreitende Städtetechnik langfristige Festlegungen als bedenklich erscheinen ließ. So unterbreitete die Stadt nach jahrelangen Vorarbeiten (1907—1910) dem Bezirksamt als der staatlichen Aufsichtsbehörde erst 1911 den umfassenden Plan einer rd. 3 Mio. Mark teuren Schwemmkanalisation, die sämtliche Abwässer, auch Fabrikabwässer, aufnehmen und entsorgen sollte.[433] Dann aber blieben noch Probleme der Abwasserreinigung abzuklären, ein zunehmend aktuelles und dementsprechend umstrittenes Zeitthema. Vor allem Widerstände der Biologischen Versuchsstation in München ließen sich erst durch eine ganze Serie von Gutachten überwinden.[434] Die Hoffnung auf endgültige behördliche Genehmigung im Jahr 1914 wurde durch den Kriegsausbruch zerstört, so daß die Bauarbeiten erst 1919 in Gang kamen.[435] Bis dahin mußte sich die Stadt mit den recht unvollkommenen älteren Installationen begnügen – bei einer Gesamtlänge des Netzes von rd. 67 km im Jahr 1913.

Um so wichtiger war es, die ordnungsgemäße Entsorgung von Fäkalien sicherzustellen. Grubenleerung und Nutzung der Abfuhr für landwirtschaftliche Zwecke waren das zeitübliche Verfahren. Mit Blick auf die Stadthygiene erwies es sich freilich als unabdingbar, daß die

Rhein und Hafen
Gemälde des Ludwigshafener Malers
Albert Haueisen
1898 [159]

Der Winterhafen
1892 [160]

Kommunalverwaltungen für einheitliche Regulierung und Kontrolle sorgten.[436] Ludwigshafen schuf 1886 durch ortspolizeiliche Vorschriften verbindliche Richtlinien für die Errichtung und den Betrieb einer städtischen ›Latrinen-Abfuhr-Anstalt‹ „zur geruchlosen Entleerung der Aborte"[437] und vergab diese seit Anfang 1887 in die Regie privater Firmen „mit dem Rechte der Gebühren-Erhebung",[438] zunächst an die Straßburger Firma Eugen Hoffmann,[439] später an die ortsansässige Firma Friedrich Frosch & Sohn, die den Spitznamen ›Puhl-Frosch‹ erhielt.[440] 1913 hatte diese rd. 2 100 Gruben, zu 85% solche mit Überlauf, fast durchweg zweimal pro Jahr zu leeren – im Durchschnitt etwa eine Grube je sechs Haushalte im südlichen, eine je sieben im nördlichen Stadtteil,[441] und beschäftigte hiermit 1912 immerhin 17 Arbeiter.

Zum Problem der ›Entsorgung‹ zählte schließlich die Müllbeseitigung, und auch hier erwies sich mit dem Wachstum der Stadt kommunales Engagement als unabdingbar, auch wenn das Müllproblem angesichts der umfangreichen Wiederverwertung von Abfällen damals bei weitem nicht die heutigen Dimensionen erreichte. So wurde nach mehrjährigem Planungsvorlauf[442] „in weiterer Fürsorge um das Wohl der Einwohnerschaft Mitte 1890 auch eine Anstalt zur Abfuhr von Kehricht, Asche und sonstigen Haus- und Küchen-Abfällen in Betrieb gesetzt";[443] gleich der Fäkalienabfuhranstalt beruhte sie „im Interesse der Reinlichkeit und Gesundheit auf dem Principe des polizeilichen Zwanges". Das ›Müllergebnis‹ wurde zur Auffüllung sumpfiger Gruben genutzt. Allerdings hatten die Armen das Recht, den Müll nach Nützlichem zu durchsuchen. Wie dringend der Schritt zur Kommunalisierung in beiden Bereichen war, belegte die Begründung seitens der Stadtverwaltung: Vorher „mußte man sich noch mit der primitiven gesundheitsschädlichen und belästigenden Art des Gruben-Aushubes und der Latrinen-Abfuhr begnügen und waren Kehricht, Asche, Speise-Reste und allerlei sonstige Abfälle in Höfen und Gängen wochen-, ja monatelang zum großen Nachtheile der Hausbewohner aufgehäuft".

Anmerkungen
Seite 500 und 501

436 *vgl. allg. Münch, S. 50ff*
437 *SRP 6.3.1885*
438 *VB 1890/94, S. 87f*
439 *Esselborn, S. 232*
440 *VB 1910, S. 16, 148f*
441 *VB 1913, S. 137*
442 *vgl. Prot. Baukommission 11. und 20.5.1887*
443 *dieses und die folgenden Zitate VB 1890/94, S. 87f; vgl. SRP 17.5.1889 – ortspolizeiliche Vorschriften betr. Kehrichtabfuhr, neugestaltet 1902; vgl. SRP 26.9.1902; 1908 wurde die städtische Kehrichtabfuhr auch auf Friesenheim und Mundenheim ausgedehnt; vgl. SRP 22.5.1908*
444 *f.d.F. Stadtgeschichte (1903), S. 490ff; Keller, S. 16ff; Rheinhafen, 30ff*

Der Luitpoldhafen um 1920 [161]

Das Lagerhaus der Pfälzischen Bahnen mit dem ›Schiffselevator‹ am Stromhafen 1903 [162]

Hafenanlagen

Das „im wesentlichen nüchterne und arbeitsharte Gesicht der Stadt" zeigte sich dem Besucher, wenn er über die Rheinbrücke von Mannheim nach Ludwigshafen kam, zunächst in den Hafenanlagen, die sich weithin am Ufer entlangzogen. Der Aufstieg Ludwigshafens zu einer der größten und wichtigsten Hafenstädte am Rhein war kein pures Naturereignis, sondern bedurfte sorgsamer Unterstützung durch Einrichtungen, die das Be-, Ent- und Umladen der Güter auf möglichst kräfte- und zeitsparende Weise ermöglichten. Hierfür zu sorgen, oblag hauptamtlich dem bayerischen Staat, der als Zolleinnehmer und -empfänger in Erscheinung trat, aber natürlich war die Stadt am Blühen und Gedeihen ›ihres‹ Hafens existenziell interessiert und betätigte sich daher als treibender Motor für Erweiterung und Modernisierung der Anlagen, dies mit ständigem Augenmerk auf Mannheim, um gegenüber der größeren Konkurrentin nicht ins Hintertreffen zu geraten: Auf der anderen Rheinseite entstanden 1870—1875 der Mühlauhafen, 1885 bis 1887 der Binnenhafen, 1892—1895 der Rheinkai, 1896—1907 der große Städtische Industriehafen und dazu in Konkurrenz 1896—1901 der privat finanzierte Rheinauhafen. Sie entwickelten hohe Attraktivität, so daß Ludwigshafen immer wieder um seinen Anteil am Güterverkehr zu Schiff und Bahn bangen und kämpfen mußte. Denn seitdem die Eisenbahnzüge über die Rheinbrücke rollten, konnte sich Ludwigshafen nicht mehr auf seinen linksrheinischen Standortvorteil verlassen, und wie Grafik 14, S. 753 – zeigt, schwankten die Anteile des Rheinverkehrs, die auf Ludwigshafen entfielen, im Lauf der Jahrzehnte recht erheblich. So reagierte Ludwigshafen auf jeden rechtsrheinischen Ausbau- und Modernisierungsschub mit Gegenaktivitäten.[444] 1883/84 überzeugte August Clemm, Vorsitzender der Pfälzischen Handels- und Gewerbekammer und angesehener Landtagsabgeordneter, die bayerische Volksvertretung durch dringende Appelle von der Notwendigkeit, die erforderlichen Mittel zu bewilligen, um den *Winterhafen*,

Ausgangspunkt für den erfolgreichen Aufstieg der einstigen Rheinschanze zur Handels- und Industriestadt, zu vertiefen und zu vergrössern, mit Kaimauern und mit Gleisanlagen zu versehen und auf den neuesten Stand der Hebe- und Lade-Technik zu bringen (1884—1887). Die Pfälzischen Eisenbahnen, zuständig für die Gleisanlagen und am Umschlagsverkehr maßgeblich beteiligt, errichteten daraufhin 1889 an der Nordseite des Hafens ein imposantes Lagerhaus für 12 000 t Getreide,[445] eines der wichtigsten Umschlagsgüter in Ludwigshafen, und investierten insgesamt im Bereich von Winterhafen sowie unterem Rheinvorland 1885 bis 1896 1,526 Mio. Mark.[446] Ein weiteres Lagerhaus längs des Rheins, 1895/96 erbaut und 1913 abgebrannt, konnte nach seinem Wiederaufbau 1913/14 mit einem Fassungsvermögen von 22 000 t Getreide für sich beanspruchen, „das größte Lagerhaus Europas zu sein".[447]

Der Winterhafen, der selbst nach der Erweiterung und Modernisierung eine Uferlänge von nur 850 m aufwies, hätte für sich genommen schon sehr viel früher den wachsenden Bedarf an Lande- und Lademöglichkeiten nicht mehr befriedigen können. Um so größere Bedeutung kam dem *Stromhafen* zu, der dank günstiger Strömungsverhältnisse infolge der Rheinkorrektion auf dem linken Rheinufer fast naturwüchsig entstanden war und bis 1913 eine Länge von rd. 13 km erreichte. Aber auch hier war selbstverständlich der Ausbau des Uferbereichs und die Sorge für leistungsfähige Umladeeinrichtungen unbedingt erforderlich. Unter Hinweis auf die Hafenerweiterungen jenseits des Rheins hatte Bürgermeister Hoffmann im September 1869 persönlich mit einer einschlägigen Denkschrift in München erfolgreich für entsprechende Baumaßnahmen geworben.[448] Die betreffenden Uferpartien wurden seit 1871 teilweise mit Kaimauern, ansonsten mit gepflasterten Böschungen ausgestattet, und im Zuge des Winterhafen-Ausbaues verschwanden am sog. Zollhafen 1886/87 die alten Holzschuppen zugunsten großer massiver Werfthallen, in denen die importierten Waren bis zu ihrem Verkauf zollfrei lagern konnten. Eine wachsende Zahl von Dampfkranen sorgte für steigende Umladekapazitäten zwischen Schiff und Bahn, denn Schienenstränge zogen sich fast am gesamten Stromkai entlang, an dem sich Industriebetriebe, vor allem im Norden die BASF auf schließlich annähernd 5 km Länge, Lagerplätze und Lagerhallen aneinanderreihten.[449]

1884 schienen sich für Ludwigshafen neue rosige Zukunftsperspektiven abzuzeichnen, als ein Straßburger ›Comité‹ für den Bau eines Schiffahrtkanals warb, um dem Elsaß und seiner Metropole den vollen Vorteil eines leistungsstarken Wasserwegs mit Zugang zum Rhein und zum Atlantik zu eröffnen. Als optimale Anschlußstelle bot sich Ludwigshafen an, für die Stadt eine Chance, ihre Position im Warenaustausch mit der Schweiz und Frankreich weiter zu verbessern.[450] Derartige Blütenträume reiften nicht, vielmehr geriet die Standortgunst von Ludwigshafen wie von Mannheim wenige Jahre später erstmals deutlicher unter Druck:[451] Der internationale Transport auf dem Rhein über Holland erhielt dank günstiger Tarife wenigstens in Teilbereichen ernsthafte Konkurrenz der Eisenbahn von und zu den Hafenstädten Bremen und Hamburg, die Mittelmeerhäfen suchten den Transit in Richtung Schweiz fester an sich zu binden, der Ausbau von Main sowie Neckar drohte bisherige Kundschaft abzuziehen; vor allem aber begannen

Anmerkungen
Seite 502 und 503

445 vgl. Stadtgeschichte (1903), S.490, 492; Böhn, S.50
446 Weynantz, S.26
447 Keller, S.22
448 vgl. Siebler, S.35; SRP 14.10.1869
449 Stadtgeschichte (1903), S.498f
450 vgl. z.B. SRP 9.4.1884
451 vgl. Schott 1907b, S.14ff
452 dazu Schott 1907b
453 SRP 30.5.1890
454 vgl. Weynantz, S.35ff
455 JHGK 1889, S.36, 1891, S.169ff; VB 1890/94, S.117ff; Herbel, S.69
456 vgl. Schwander, S.22, 61ff, 101ff
457 vgl. Stadtgeschichte (1903), S.494, 496; Rheinhafen, S.32f mit teilweise etwas höheren Kostenangaben – Staat 3,8 Mio. Mark, Eisenbahnen 4,1 Mio. Mark

damals die Planungen für die Regulierung des Oberrheins bis nach Basel, zumindest erst einmal bis nach Karlsruhe, Kehl und Straßburg und gefährdeten damit die bisherige Schlüsselstellung der beiden Nachbarstädte zwischen Wasser- und Landverkehr weit über Südwestdeutschland hinaus. Wollte man diese Position behaupten, so bedurfte es kräftiger Vergrößerung der vorhandenen Hafenanlagen nach modernstem Stand der Technik in engem Verbund mit der ortsansässigen Industrie und ihren Bedürfnissen.

Ludwigshafen wie Mannheim antworteten daher auf die Herausforderung ihrerseits mit Plänen für eine grundlegende Erweiterung ihres Hafengeländes. Sie mündeten für Mannheim 1907 in dem großen Industriehafen,[452] während Ludwigshafen schon in den 1890er Jahren sein Angebot um zwei Häfen aufstocken konnte, die besonders dem Bedarf an Massengütern dienten. Bereits in ihrem Jahresbericht für 1889 hatte die Pfälzische Handels- und Gewerbekammer auf das unabweisbare Bedürfnis weiterer Verkehrsanlagen hingewiesen voll Sorge darüber, Mannheim könnte infolge der fehlenden linksrheinischen Verladekapazitäten das Geschäft mit Holz und Petroleum vollends an sich ziehen. Im März 1890 legte Bezirksingenieur Jolas, frischgekürtes Mitglied des Stadtrats, den Plan für einen Hafenbau im wesentlichen auf der Mundenheimer Gemarkung vor,[453] der mehr überzeugte als ein Projekt auf Friesenheimer Gelände,[454] und August von Clemm verfaßte auf dieser Grundlage eine Denkschrift, in der er die Münchener Regierung ersuchte, angesichts der enormen Anstrengungen auf badischer Seite in gleicher Richtung tätig zu werden[455] – mit Erfolg: Nach langwierigen Planungen und Verhandlungen, nicht zuletzt verursacht durch Grundstücksspekulanten, deren Preistreibereien schließlich durch Zwangsenteignungen ein Ende gesetzt wurde,[456] entstand 1893—1898 der nach dem bayerischen Prinzregenten benannte *Luitpoldhafen*, 1 250 m lang und 91 m breit, unter Einsatz von rd. 3,3 Mio. Mark aus der Staats- und 260 000 Mark für den Grunderwerb aus der Stadtkasse.

Die Pfälzischen Eisenbahnen übernahmen pachtweise den Hafenbetrieb und investierten hierfür ihrerseits sogar 3,6 Mio. Mark, indem sie die gesamten Gleisanlagen im Hafengebiet und ein Verbindungsgleis zum neuen Rangierbahnhof im Westen verlegten, Lagerhäuser und Werfthallen einschließlich der Ausstattung mit moderner Hebe- und Transporttechnik errichteten und durch eine eigene elektrische Zentrale die benötigte Energie für Beleuchtung und Maschinenantrieb erzeugten.[457]

Wurden im Luitpoldhafen vor allem Kohle, Getreide, Holz, Eisen und Eisenprodukte umgeschlagen, so diente der Mundenheimer Altrheinarm, den der bayerische Staat 1898/99 zu einem einfachen Hafen von 900m Länge und 40m Breite ausbauen ließ, für Umschlag und Lagerung von Petroleum und Benzin, um den Vorsprung Mannheims auf diesem wachsenden Zukunftsmarkt nicht zu groß werden zu lassen. Doch auch Luitpoldhafen und *Mundenheimer Altrhein-Hafen* konnten die entsprechende Nachfrage nicht auf längere Sicht befriedigen.

Als Antwort auf den großen und kostspieligen, vom Staat finanzierten Hafenausbau in Mannheim, dessen Industriehafen zahlreiche neue Firmen zur Ansiedlung bewegte, begann das bayerische Innenministerium auf Anstoß der Eisenbahnverwaltung seit 1907, die Erweiterung

Tanklager am ›Petroleumhafen‹ um 1925 [163]

des Ludwigshafener Hafengeländes oberhalb des Mundenheimer Altrheinhafens zu planen. 1911—1915 wurde dann nicht nur der Mundenheimer Altrheinhafen auf 50—100 m verbreitert und im oberen Teil zum Benzinhafen ausgebaut, sondern es entstand vor allem als weitere wichtige Anlage der *Kaiserwörth-Hafen* mit 1,5 km Stromhafen und mit einem Binnenbecken von 850 m auf 90 m Ausmessung, bestimmt vor allem für den Kohlenhandel, mit einem Einsatz von 4,9 Mio. Mark aus der Staatskasse für Hafenbau und umfangreiche Gleisanlagen – seit dem 1. Januar 1909 waren die Pfälzischen Eisenbahnen in Staatsbesitz übergegangen.

Damit war Ludwigshafen 1913/14 nach Duisburg-Ruhrort, Duisburg und Mannheim zum viertgrößten deutschen Rheinhafen herangewachsen, zum größten links des Rheins, mit 102 ha Wasserfläche, 20 km nutzbarer Uferlänge, davon 5 km mit Kaimauer ausgestattet, 85 ha Lagerplatz, 60 km Gleisanlagen, 80 elektrischen und Dampfkranen, vier Verladebrücken und sechs Elevatoren sowie drei Tanklagern mit 37 Tanks, um nur einige Daten zu nennen. Mit 2,9 Mio. t Umschlag 1913 lag es zwar weit hinter dem Hafenkomplex Mannheim-Rheinau (7,4 Mio. t, Mannheim allein 5,1 Mio. t), aber auch deutlich genug vor den neuen Konkurrenten am Oberrhein: Straßburg (2,0 Mio. t), Karlsruhe (1,5 Mio. t) und Kehl (0,5 Mio. t).[458] Wie Grafik 14, S. 753, zeigt, konnte die Hafenstadt Ludwigshafen in den letzten Vorkriegsjahren ihre Position auch gegenüber der rechtsrheinischen Konkurrenz verbessern. Alles in allem haben der bayerische Staat und die Pfälzischen Eisenbahnen bis in den Ersten Weltkrieg hinein für die Hafenanlagen der Chemiestadt die stattliche Summe von 21,5 Mio. Mark aufgewandt.[459]

Anmerkungen
Seite 504 und 505

458 Daten nach Knöll, S. 26, 59f; JHKL 1913 II, S. 69. Beschreibung des Hafengeländes in Führer, S. 45ff, 124ff und bei Weynantz, S. 48ff

459 vgl. Einzelangaben bei Peter, S. 33f

460 vgl. Springer, S. 78

461 f. d. F. Stadtgeschichte (1903), S. 483ff; Breunig 1986, S. 86ff; König 1999

462 vgl. SRP 15. 1. 1884, 27. 11. 1885

463 Stadtgeschichte (1903), S. 483; laut SRP vom 17. 6. 1891 lehnte die Staatsregierung 1886 das Projekt einer Bahnlinie Dürkheim—Ludwigshafen ab

Anzeige zur ›Betriebseröffnung‹ einer Mannheimer Teilstrecke der Pferdebahn Februar 1880 [164]

Schienenwege: Lokalbahnen, Pferdebahn und ›Elektrische‹

Wie das Engagement der Pfälzischen Eisenbahnen im Ludwigshafener Hafenbereich belegt, ergänzten sich hier Schiff und Schiene zu beiderseitigem Vorteil. Die volle Einbindung der Stadt in das deutsche und europäische Schienennetz spätestens seit dem Bau der Rheinbrücke 1867 verbesserte sich 1909 noch, als die bisher fälligen Zuschläge für die Benutzung der Rheinbrücke aufgehoben wurden; durch höhere Frachtsätze und damit höhere Transportkosten hatten sie die Konkurrenzsituation für Ludwigshafen im rechtsrheinischen Eisenbahnverkehr belastet.[460]

Das weitergespannte Schienennetz der Pfälzischen Eisenbahnen wurde seit den 1890er Jahren durch eine Reihe von *Lokalbahnen* ergänzt, um die Orte des näheren Umlandes abseits der größeren Eisenbahnlinien an das Wirtschaftszentrum der Vorderpfalz anzuschließen und damit vor allem auch das ländliche Arbeitskräftepotential für die Ludwigshafener Industriebetriebe besser als bisher nutzen zu können.[461] Das Interesse der ›Pendler‹ an der Arbeit in der Stadt schuf das Bedürfnis nach schnellen und preiswerten Verbindungen und machte zugleich deren Bau rentabel. Als in den frühen 1880er Jahren eine Berliner Gesellschaft eine solche Schmalspurbahn zwischen Dürkheim und Ludwigshafen plante und die Stadt ein derartiges Vorhaben befürwortete,[462] blockierten kennzeichnenderweise die Pfälzischen Eisenbahnen, weil sie das zu erwartende Geschäft mit „Straßenbahnen in der Pfalz, für welche ein wirkliches Bedürfnis vorlag", lieber selbst tätigen wollten.[463] Nach mehrjährigen Vorverhandlungen begannen sie 1889 mit dem Bau von

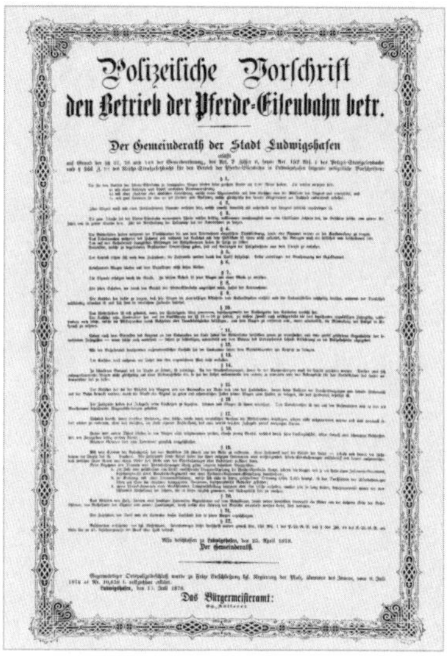
Polizeiliche Vorschrift
den Betrieb der Pferde-Eisenbahn betr.

Der Gemeinderath der Stadt Ludwigshafen

Polizeiliche Vorschrift der Stadt Ludwigshafen betreffend den Betrieb der ›Pferde-Eisenbahn‹, 1878 [165]

zwei eingleisigen Schmalspur-Strecken. Am 15. Oktober 1890 konnte der Direktor der Pfalzbahnen gleich beide Linien eröffnen: in südwestlicher Richtung nach Mundenheim-Maudach-Mutterstadt-Dannstadt, 1911 bis nach Meckenheim fortgeführt (Streckenlänge rd. 19 km), in nordwestlicher Richtung nach Friesenheim-Oppau-Edigheim-Frankenthal, 1891 nach Großkarlbach verlängert (Streckenlänge fast 24 km). Die mit Dampflokomotiven bestückten Züge fuhren in sehr gemächlichem Tempo – 15 Stundenkilometer auf freier Strecke und halbe Geschwindigkeit in den Ortschaften[464] – direkt durch die genannten Gemeinden und in Ludwigshafen über die Friesenheimer Straße bzw. die Mundenheimer Landstraße und Ludwigstraße bis zum Bahnhof. Die Durchfahrt durch die Ludwigstraße setzte Karl Jacob (von) Lavale, der einflußreiche Direktor der Pfälzischen Eisenbahnen,[465] trotz zunächst lebhaften Widerstands der Stadtväter nach der Wahl eines neuen Stadtrats 1890 schließlich durch,[466] um den Anschluß an die Eisenbahn und damit die Aussicht auf höhere Rendite zu sichern. Diese mag nicht immer den Wünschen der Betreiber entsprochen haben, aber auf alle Fälle wurden die beiden Lokalbahnen zu wichtigen und vielgenutzten Verkehrs- und Transportmitteln zwischen Ludwigshafen und seinem Umland und blieben dies auch, als die modernere Verkehrstechnik der ›Elektrischen‹ aufkam und noch vor dem Ersten Weltkrieg über die Stadtgrenze hinauszugreifen begann.

Schon 1878/79 war der innerstädtische Verkehr Ludwigshafens durch eine *Pferdeeisenbahn*, das beliebte innerstädtische Verkehrsmittel jedenfalls für ein finanziell etwas bessergestelltes bürgerliches Publikum in allen größeren Städten, belebt und auf Droschkentempo beschleunigt worden.[467] Erbauer war der belgische Ingenieur Charles de Féral, Direktor der Luxemburger Tramway-Gesellschaft, der mit gutem Blick für das wachsende Bedürfnis nach besserer Kommunikation innerhalb der entstehenden Agglomeration Mannheim-Ludwigshafen von vornherein beide Städte untereinander vernetzen wollte. Dafür erhielt er 1877 von badischer und 1878 von bayerischer Seite eine Betriebskonzession auf 25 Jahre, verkaufte diese jedoch 1886 an eine Brüsseler Aktiengesellschaft, die ›Société Anonyme des Tramways de Mannheim et de Ludwigshafen‹. Kennzeichnenderweise wurde die erste Linie nach Ludwigshafen, die am 2. und 3. Juni 1878 eröffnet wurde, ein Jahr später (9. Juli 1879) vom Ludwigshafener Bahnhof bis an die BASF mit Blick auf deren ›Beamte‹ und ›Bedienstete‹ als ein rentables Endziel herangeführt,[468] auch wenn sich das offensichtlich als Fehlkalkulation herausstellte.[469] Immerhin brachte es das neue, recht häufig von harmlosen Verkehrsunfällen heimgesuchte Verkehrsmittel auf etwa das doppelte Fußgängertempo. Billig war es nicht gerade: Für einen Arbeiter bedeuteten die 10 Pfennig, die eine Fahrt Zweiter Klasse vom Hemshof zur Rheinbrücke kostete, 1880 etwa den Gegenwert von 20 Minuten Arbeitszeit, und wollte er die Fahrt auf der ganzen Strecke in Ludwigshafen und Mannheim genießen, so mußte er für die 25 Pfennig etwa den Lohn einer Arbeitsstunde investieren.[470]

Als angesichts des zunehmenden Einsatzes von elektrischer Energie für Beleuchtungs- und Antriebszwecke die Stadt Ludwigshafen um die Jahrhundertwende ein eigenes Elektrizitätswerk plante *[vgl. Bürokratie, S. 514]*, stand von vornherein fest, daß man damit auch die Umstellung

Anmerkungen
Seite 506 und 507

464 *Weiß, S. 108*

465 *vgl. die achtungsvolle Charakterisierung durch Friedrich Profit in: Weißt du noch, S. 157ff; Poller 1977, S. 34f*

466 *SRP vom 21.10.1889, zit. bei Böhn, S. 58; Breunig 1986, S. 90*

467 *f.d.F. vgl. Stadtgeschichte (1903), S. 395ff; VB 1900/04, S. 126ff; Vogel 1923; Breunig 1986, S. 81ff; für die amtliche Abwicklung in Ludwigshafen Wenisch; chronikartig mit Illustrationsmaterial Rabe; für Mannheim vgl. Schott 1999, S. 347ff*

468 *vgl. SRP 13.5.1879; die Planung orientierte sich von vornherein am Hemshof: SRP 3.8.1876*

469 *vgl. SRP 22.10.1880, 28.6.1892*

470 *Tarife nach Böhn, S. 54; vgl. Laudien 1956, S. 17ff*

471 *Poller 1977, S. 34f; ›General-Anzeiger‹, 10.3.1925; Weißt Du noch, S. 146ff*

472 *Schott 1999, S. 350f, 437ff*

473 *Stadtgeschichte (1903), S. 397f; ortspolizeiliche Vorschriften für den Straßenbahnbetrieb in Ludwigshafen: SRP 25.4.1902*

›König Jakob‹: ***Jakob von Lavale***[471]

Jakob Lavale wurde 1843 als Sohn des ›Baukondukteurs‹ und späteren Bezirksbaurats Georg Lavale in Kandel geboren. Nach einem Studium der Rechtswissenschaften an den Universitäten Heidelberg und Erlangen trat er 1869 in den Dienst der Pfälzischen Bahnen und stieg rasch auf. 1880 wurde er stellvertretender Direktor, 1884, nach dem Tod Albert von Jaegers, Leiter der Bahnen. Diese Position behielt er bis zur Verstaatlichung der Gesellschaft zur Jahreswende 1908/09. Die Pfalzbahnen galten in der Ära Lavale als eines der bestgeführten Eisenbahnunternehmen Deutschlands, als Musterbetrieb vor allem im Hinblick auf das Verkehrs- und Tarifwesen. Der bayerische Staat ehrte Lavale unter anderem mit der Verleihung des persönlichen Adels 1888.

Lavale, der lange Jahre im ehemaligen Gienanthschen Haus in der Ludwigstraße wohnte, betrieb den pfalzweiten Ausbau der Bahnen ebenso wie in Ludwigshafen die Erweiterung der Hafenanlagen und die Errichtung des neuen großen Güter- und Rangierbahnhofs der Stadt. Sein Einfluß auf die Politik der Kommune war gewaltig. Ihm ist der Sturz Bürgermeister Kutterers zuzuschreiben, der sich weigerte, die von Lavale favorisierte Trasse der Lokalbahn gutzuheißen. Auch die Wahl von Bürgermeister Krafft 1896 wurde von Lavale maßgeblich gefördert. Selbst die Ergebnisse der Stadtratswahlen ›lenkte‹ er im Verein mit der Führung der BASF in seinem Sinne. Die Sozialdemokratie Ludwigshafens nannte den mächtigen Leiter des zweitgrößten Unternehmens am Ort schlicht ›König Jakob‹. Als der Eisenbahnarbeiter Friedrich Profit versuchte, eine Gewerkschaft bei den Mitarbeitern der Pfalzbahnen zu organisieren, setzte Lavale alles daran, dies zu verhindern. Über seinen Zusammenprall mit Lavale bei einer öffentlichen Eisenbahnerversammlung im April 1898 hat Profit eine sehr plastische Schilderung hinterlassen. Zwar wurde König Jakob dort niedergestimmt – Profit jedoch bald darauf entlassen.

Nach seinem Ruhestand wurde Lavale zum Mitglied der Ersten Kammer des bayerischen Parlaments ernannt. 1925 ist er an seinem Alterswohnsitz in Heidelberg gestorben.

[S. M.]

Der ›Eisenbahnkönig‹ mit großem Einfluß auf die Kommunalpolitik: Jakob von Lavale [166]

der Pferdebahn auf elektrischen Betrieb ermöglichen und die *Elektrische* in städtisches Eigentum übernehmen würde. Mannheim hatte seit den frühen 1890er Jahren derartige Pläne verfolgt, sich aber erst 1897 auf eine Lösung in kommunaler Regie festgelegt.[472] Außerordentlich mühsame Verhandlungen zogen sich über Jahre hin, vor allem zwischen der Stadt Mannheim und der Pferdebahngesellschaft, um deren Ansprüche aus ihrer noch wirksamen Konzession auf badischer Seite vorzeitig abzulösen und das grundlegend zu modernisierende Verkehrsmittel damit privatem Profitinteresse zu entziehen, aber auch zwischen der Stadt Ludwigshafen und der Pfalzbahndirektion wegen der Benutzung der Rheinbrücke und der Trassenführung durch die Ludwigstraße auf Schienen, die gleichzeitig von der Lokalbahn benutzt wurden, schließlich zwischen den beiden Städten selbst über die näheren Modalitäten des Baues nach einheitlichen Richtlinien und über die von Mannheim zu übernehmende Betriebsführung. Am 28. Mai 1902 fuhr die erste ›Elektrische‹ über die Rheinbrücke, drei Tage später folgte die feierliche Eröffnung des neuen Schienenverbunds zwischen den beiden Städten.[473] Die damals vorhandene Ludwigshafener Teilstrecke Rheinbrücke-Bahnhof wurde noch im gleichen Jahr bis zur BASF und in Richtung Friedhof – ›Friedhoflinie‹ – erweitert, bis zum Mai 1903 die Strecke von der BASF bis nach Friesenheim ausgebaut und im September desselben Jahres die Linie nach Mundenheim in Betrieb genommen. 1908 konnte die Stadt nach längerem Bemühen um die erforderliche amtliche Zustimmung eine Linie in Richtung Luitpoldhafen eröffnen. Schließlich erfaßte das

Die erste Fahrt der Lokalbahn Ludwigshafen—Oppau—Frankenthal 1890 [167]

Eröffnung der Straßenbahnstrecke Hauptbahnhof—Rheinbrücke 28. Mai 1902 [168]

Netz auch Orte des näheren Umfeldes, die bisher über keine feste Verkehrsanbindung nach Ludwigshafen verfügten. Im August 1906 wurde das Konzessionsgesuch für die Streckenführung nach Rheingönheim genehmigt;[474] am 28. März 1907 rollte die erste Tram. Im Oktober 1912 erreichte endlich die Friedhoflinie Oggersheim, nachdem Probleme der Trassenführung im Interessenkonflikt mit den Pfälzischen Eisenbahnen jahrelange Verzögerungen und durch das Erfordernis einer komplizierten Unterquerung der Bahnstrecke erhebliche Kosten verursacht hatten.[475] Und am 4. September 1913 nahm die 1911 gegründete Rhein-Haardtbahn-Gesellschaft den Betrieb einer seit mehreren Jahrzehnten geplanten Bahnverbindung und seit fast einem Jahrzehnt geplanten Elektrischen von Oggersheim bis nach Dürkheim auf und band damit zugleich die städtische Straßenbahn in das bereits vorhandene Netz der Lokalbahnen ein. Hauptbeteiligte an der rein kommunalen Gesellschaft war übrigens die Stadt Mannheim, die sich davon nicht zuletzt verstärkten Zuspruch eines kaufkräftigen ländlichen Publikums und zusätzlicher Arbeitskräfte für die eigene rasch wachsende Industrie versprach;[476] deshalb sollten die Wagen der Gesellschaft auch zwischen Dürkheim und Mannheim durchlaufen. Ludwigshafen selbst beteiligte sich zunächst mit einem vergleichsweise geringen Kapitalbetrag an der GmbH,[477] hielt sich aber die Option auf einen größeren Anteil offen.[478]

Anders als bei der Pferdebahn und im Unterschied zu anderen Städten berücksichtigten Mannheim und Ludwigshafen bei der Ausgestaltung des Straßenbahn-Tarifs durch Schülerkarten und Arbeiterwochenkarten zum halben Preis soziale Gesichtspunkte, so daß das neue Verkehrsmittel auch für breitere Bevölkerungsschichten erschwinglich wurde.[479] Die Zahl der beförderten Personen stieg von 1,7 Mio. im Jahr 1903 auf 10,8 Mio. im Jahr 1913 oder von rd. 4 700 Fahrgästen auf 29 600 Fahrgäste pro Tag.[480] Bis Ende 1913 erreichte die weitgehend zweigleisige Bahnlänge in Ludwigshafen fast 19 km[481] (in Mannheim nahezu 37 km). Mit einem Personal von insgesamt 1 068 Mann[482] hatte das gemeinsame Verkehrsunternehmen damals den Umfang eines ›Riesenbetriebs‹ erreicht.

Anmerkungen
Seite 508 und 509

474 *VB 1905, S. 103f; 1906, S. 100*
475 *Verwaltungsberichte 1906ff; Weiß, S. 105f; Springer, S. 79ff*
476 *vgl. Kaiser / Sperling, S. 25ff; Schott 1999, S. 522ff*
477 *Gründungskapital 750 000 Mark; JHKL 1911 II, S. 30*
478 *VB 1911, S. 133f*
479 *SRP 9. 5. 1902; VB 1910, S. 19; VB 1911, S. 134; Vogel 1923, S. 101ff*
480 *VB 1900/04, S. 131; VB 1913, S. 125*
481 *ebd.*
482 *Vogel 1923, S. 39f*
483 *Stadtgeschichte (1903), S. 402; f. d. F. ebd. S. 402ff; vgl. Laudien 1966, S. 30ff*
484 *SRP 26. 10. 1876*
485 *vgl. Stadtgeschichte (1903), S. 599f*
486 *SRP 3. 12. 1897, 29. 6. 1898; Zitate aus Stadtgeschichte (1903), S. 404*

1910 errichtet und 1914 erweitert: Straßenbahndepot im Stadtteil Süd 1925 [169]

Wagenhalle im Straßenbahndepot 1925 [170]

Die Pferdebahn in der Prinzregentenstraße [171]

›Verschönerungsanlagen‹

Daß bei alledem Ludwigshafen als karge Industriestadt mit einigen repräsentativen Einschüben in Erscheinung trat, liegt nahe. „Die örtliche Lage Ludwigshafens, die vielen Ausdünstungen aus den chemischen und anderen Fabriken sowie die hiedurch veranlaßten negativen Erfolge der Blumenfreunde hatten es einem großen Teile der Bevölkerung unmöglich erscheinen lassen, daß in gärtnerischer Beziehung etwas Herzerfreuendes in hiesiger Stadt geschaffen werden könne" – so kommentierte die Jubiläumsschrift zum fünfzigjährigen Bestehen der Gemeinde 1903.[483] Der Stadtrat beschloß zwar seit den 1870er Jahren wiederholt, bestimmte Plätze und Straßen mit Bäumen zu bestücken – „einerseits zur Verschönerung und andererseits, um mit der Zeit schattige Spaziergänge zu erlangen",[484] überließ die Durchführung derartiger Beschlüsse aber im wesentlichen dem 1876 gegründeten ›Verschönerungsverein‹, dem dafür die nötigen Gelder überwiesen wurden, und begnügte sich mit diesen eher sporadischen und symbolischen Gesten. Immerhin sorgte der Verschönerungsverein dafür, daß bis 1901 fast 1 900 Bäume gepflanzt wurden – überwiegend Linden und Platanen im südlichen, Ulmen und Ahorn im nördlichen Stadtteil, auch Kastanien und Pappeln.[485] Aber erst Berufsbürgermeister Krafft brach dem zeitgenössischen Trend nach ›mehr Licht, mehr Luft‹ und nach mehr Grün im städtischen Häusermeer entschiedener Bahn, als er gegen Ende des Jahres 1897 im Stadtrat beantragte, „einen praktisch erprobten, tüchtigen, umsichtigen, mit Geschmack und Schönheitssinn begabten Stadtgärtner anzustellen", und das Gremium zustimmte.[486] ›Kunst- und Handelsgärtner‹ Carl Brehm verstand es in den folgenden Jahren, alle anfängliche Kritik an dieser Maßnahme zum Schweigen zu bringen. Er überzeugte durch den Aufbau einer leistungsfähigen Stadtgärtnerei, mit „prächtigen wechselnden Blumenarrangements" an den wenigen repräsentativeren Plätzen der Stadt und an der Promenade ›Oberes Rheinufer‹, vor allem aber 1900/01 durch die Anlage des ›Stadtparks‹ an der Stelle des sog. ›Mundenheimer Wäldchens‹, das infolge der Eingemeindung Mundenheims in städtisches Eigentum überging – unversehrt,

Szene aus dem 1901 vollendeten Stadtpark auf der Parkinsel [172]

Die Mitarbeiter der Stadtgärtnerei um 1900 [173]

nachdem es Krafft gelungen war, die von der Gemeinde Mundenheim kurz vor Torschluß beschlossene Abholzung der dort stehenden Eichen und Ulmen noch abzuwenden. Das Gelände von rd. 100 Morgen, zuvor eine Wildnis und „der Schlupfwinkel allerlei lichtscheuer Elemente", wurde in eine der zeitüblichen Parkanlagen mit einer Reihe von Pavillons, einem Spielplatz für Kinder und zahlreichen Bänken des Verschönerungsvereins verwandelt. Seinen besonderen Reiz und Erholungswert verlieh ihm die Lage direkt am Rhein, und die Erweiterung durch 3,6 ha ›Rheinvorland‹ im Jahr 1905[487] erhöhte diese naturnahe, „großenteils urwaldartig gehaltene" Attraktion Ludwigshafens, die sich nun auf einer Breite von 100—300 Metern rd. zwei Kilometer an Deutschlands Strom entlangzog.[488] Selbstverständlich war die Stadtgärtnerei auch für die beiden repräsentativen Plätze zuständig, auf denen die Stadt sich mit jeweils einem stattlichen Brunnen in Szene setzte: Der ›Monumentalbrunnen‹ im Renaissancestil, den die Pfälzischen Eisenbahnen aus dem „wertvollen Sandsteinmaterial" ihrer Steinbrüche für die Industrie- und Gewerbeausstellung zu Nürnberg 1896 hatten anfertigen lassen und anschließend der Stadt Ludwigshafen übereigneten, aus heutiger Sicht kein begeisterndes Kunstwerk, damals jedoch mit einer Goldmedaille bedacht, wurde als Denkmal für den Stadtgründer König Ludwig I. und für Prinzregent Luitpold in dessen Beisein am 6. September 1897 auf dem Ludwigsplatz eingeweiht.[489] Den ›Jubiläumsbrunnen‹, eine Art von symbolträchtiger Visitenkarte der Stadt am sog. Brückendreieck bei der Auffahrt auf die Rheinbrücke, schenkte sich die Gemeinde selbst auf einer Feier am 11. Oktober 1903 „unter großartiger Teilnahme der Bevölkerung der Stadt und der Nachbarorte"[490] zu ihrem 50. Geburtstag – ein ›Erinnerungszeichen‹ im Geschmack der Zeit: „Auf einer phantastischen Felsengruppe, die in einem 12 m breiten Wasserbassin ruht", erhob sich „die Figur der Bavaria, welche der unter ihr stehenden allegorischen Mädchengestalt, Ludwigshafen darstellend, die Mauerkrone als Zeichen der Erhebung zur Stadt überreicht", dazu Vater Rhein, Rheinnixe und wasserspeiender Drachen „zur Belebung des imposanten Felsenaufbaues".[491]

Anmerkungen
Seite 510 und 511

487 *Schwander, S.76*

488 *AB 1913, S.7*

489 *vgl. SRP 2.10.1896, 23.3.1897; Stadtgeschichte (1903), S.403f; Poller 1977, S.35f; „Männerköpfe, Wappensprüche, Säulen, Nischen, Urnen, Kränze, Schiffchen, Kronen, Bronze, Becken, Obelisk, alles im mickrigsten Ausmaß" – so die Beschreibung durch Ernst Bloch, S.209*

490 *VB 1900/04, S.139*

491 *Stadtgeschichte (1903), S.407*

492 *vgl. VB 1900/04, S.22 und Verwaltungsberichte 1907ff; AB 1913, S.7*

493 *VB 1909, S.135*

494 *VB 1912, S.151f; Aufzählung in AB 1913, S.14*

495 *VB 1913, S.137*

Der zum 50jährigen Stadtjubiläum 1903 in der Anlage am Brückendreieck enthüllte ›Jubiläumsbrunnen‹, mit Blick auf den Bahndamm und die Häuser der Yorckstraße jenseits der Bahn, um 1905 [174]

Einweihung des Jubiläumsbrunnens am 10. Oktober 1903 [175]

Weitere gärtnerische Anlagen bei den Schulen und an den Eisenbahndämmen, im Städtischen Krankenhaus und auf den Friedhöfen sowie auf sonstigen kleineren Plätzen der Stadt kamen hinzu, schließlich als größeres Projekt 1907—1913 die Umwandlung der in städtischem Besitz befindlichen sog. Riedsaumwiesen bei Friesenheim in parkähnliche Anlagen, den ›Riedsaumpark‹ und den ›Friesenpark‹,[492] so daß nun auch die Stadtteile Ludwigshafen-Nord und Friesenheim wie der Süden über gepflegte Frei- und Erholungsflächen verfügten. Der Bestand an gärtnerisch betreuten Allee- und Straßenbäumen im Stadtgebiet wuchs bis Ende 1909 auf 4 250 an, und jährlich wurden rd. 200 000 Topf- und Freilandgewächse für die drei- bis viermalige Bepflanzung der Blumenbeete gezogen.[493] 1912 hatte die Stadtgärtnerei 24 Anlagen mit einer Gesamtfläche von 44 ha zu betreuen.[494] Mit den wachsenden Aufgaben entwickelte sich die Stadtgärtnerei zu einem stattlichen, auch recht personalintensiven Betrieb: 1913 beschäftigte sie unter dem leitenden Gartenbauinspektor einen Gartenbautechniker, zwei Obergärtner, drei Park- und Anlagenwärter, 20 Gärtner, 20 ständige Arbeiter „und durchschnittlich 50 Arbeitslose".[495] Die Stadtgärtnerei war demnach eine Hauptträgerin der Arbeitslosenbeschäftigung in Ludwigshafen.

Der 1897 zum Gedenken an Ludwig I. und den Prinzregenten Luitpold eingeweihte ›Monumentalbrunnen‹ auf dem Ludwigsplatz [176]

„[...] wo der Salat in den Gärten von den Säuren der chemischen Fabriken gefressen anstatt von den Menschen vom Teller gegessen wird [...]" – Umweltprobleme?

All diese lobenswerten Bemühungen um durchgrünende Verschönerung machten aus der ›Stadt der Chemie‹ keine Gartenstadt. „Von Großstadt muß unbedingt die Rede sein, wo die Häuser abgewaschen werden, wenn auch nur alle zwei bis fünf Jahre einmal und nur die weißen, weil man an ihnen allein das Schwarze sieht, wo der Salat in den Gärten von den Säuren gefressen anstatt von den Menschen vom Teller gegessen wird, wo die Bäume zweimal sich belauben in einem Jahr, weil die Blätter bei einmaliger Belaubung nicht imstande sind, bis zum Herbstwind auszuhalten." Mit diesen Sätzen charakterisierte

Auf dem Gelände des späteren Riedsaumparks, ca. 1900 [177]

Dr. Friedrich Gerber, seit Anfang 1910 Pfarrer der protestantischen Pfarrei Ludwigshafen Süd, 1912 die ›Großstadt Ludwigshafen‹. Fast lyrisch hatte 1889 der ›Pfälzische Kurier‹ das „junge, rauchgeschwärzte pfälzische Chicago" als die „Farbenstadt, das Chromopolis Deutschlands" beschrieben, wo „[...] all die Sinne berückende Farbenpracht, welche das Raffinement der Mode fordert und erfindet [...] wie durch ein Wunder aus dem Kohlenqualm der Hemshöfer Fabriken hervor[strahle]". Der „Kohlenqualm" war freilich nicht nur industriellen Ursprungs. Hunderttausende von Menschen in Ludwigshafen, Mannheim und den angrenzenden Gemeinden kochten und heizten mit – oft minderwertiger – Kohle oder Holz; und auch die Bahn brauchte Unmengen von Dampfkraft für ihre Maschinen.[496] Daß in einer ›Fabrikstadt‹ wie Ludwigshafen „die Bewohner naturgemäß höheren Belästigungen ausgesetzt sind als anderswo", betrachtete die Kreisregierung in Speyer 1897 als eine Selbstverständlichkeit, doch machte sie im ›Stinkkrieg‹ zwischen dem Fabrikanten Friedrich Lux und der Firma Benckiser dem letztgenannten Unternehmen strengere Auflagen für die Ablagerung des Schwefelcalciumschlammes, der als Rückstand bei bestimmten Produktionsprozessen anfiel, denn wenn, wie das öfters geschah, „glühende Schlacken aus dem Kesselhause auf die Schlammablagerungstätten gebracht" wurden, dann gerieten diese „unter Entwicklung großer Gasmengen von widerlichem Geruch in Brand". Auch die Methode der Firma Benckiser, offensichtlich stark riechenden Gips, Überbleibsel aus der Weinsäureproduktion, als Auffüllmaterial zu entsorgen, erregte 1908 Ärger beim Malzfabrikanten Schoeffler in der Nachbarschaft. Benckisers Versuch, die Gipsablagerungen in sumpfigem Gelände geradezu als gemeinnützige Aktion im Kampf gegen das früher grassierende Wechselfieber darzustellen, konnte zwar nicht überzeugen, doch ließ sich das Problem auf gütlichem Wege lösen.[497]

Die Entsorgung von Produktionsrückständen als Material zum Auffüllen niedriger Geländeteile, an denen es in Ludwigshafen nicht mangelte, war auch bei anderen Firmen ein gängiges Verfahren, z. B. bei der BASF, die u. a. Sodaschlamm mit Kohlenschlacke vermischte und damit ihr Terrain bis auf die Höhe des Rheindamms auffüllte.[498] Die Zeitgenossen neigten dazu, die auf solche Weise möglicherweise entstehenden Umweltbelastungen eher gering einzuschätzen, falls nicht bekannt giftige Stoffe wie Arsen[499] im Spiel waren und das Grundwasser bedrohten. Daß Firmen wie die Brückenbauanstalt Benckiser ihre Abwässer in der ›Frühzeit‹ der Stadtentwicklung teilweise unkontrolliert ins Gelände abfließen ließen, ohne sofortigen Einspruch auszulösen, wurde bereits erwähnt, aber auch die Tatsache, daß die Stadt seit den 1880er Jahren derartige Übelstände durch den Bau von Kanalisationsanlagen zu beheben suchte *[vgl. Entsorgung, S. 498]*. Ein Hauptproblem bei der Einschätzung von Umweltbelastungen bestand damals naturgemäß darin, daß man noch keine Erfahrungen mit den mittel- und vor allem langfristigen Risiken hatte, die für Mensch und Umwelt von chemischer Produktion ausgehen konnten.[500] Umweltbelastung durch gasförmige Emissionen wurde zunächst vor allem mit der Nase wahrgenommen; so konnte die Firma Benckiser es wagen, die kräftigen Gerüche einer Malzfabrik gegen die zweifellos bedenklicheren Ausdünstungen ihrer Abfälle auszuspielen. Beschwerden von Anliegern der BASF über Geruchs- und

Anmerkungen
Seite 512 und 513

496 Textwiedergabe für Gerber bei Belitz, Anhang, S. 95; zu Gerber ebd., S. 20f; ›Pfälzischer Kurier‹ 28.3.1889, StALu, M 380

497 Dubbers, S. 130, 132, 141

498 zu Umweltproblemen der BASF vgl. v. Hippel 2002a, S. 82ff

499 vgl. Andersen, S. 258ff

500 hierzu Andersen, S. 226ff mit vielfachem Bezug auf Ludwigshafen

501 Akten in StALu, Nr. 2330, BASF I

502 vgl. Andersen, S. 254ff

503 ebd., S. 275ff

504 ebd., S. 289ff

Die Stadt der rauchenden Schlote
›Anilinfabrik‹ um 1915 (?) [178]

Gutachten

des Herrn Professor Dr. G. LUNGE in Zürich

in Sachen der

durch die Benkiser'sche Fabrik

verursachten Übelstände.

16. April 1895.

Zeugnis des ›Stinkekriegs‹ zwischen den Firmen Benckiser und Lux:
Das von Lux in Auftrag gegebene Gutachten „in Sachen der durch die Benckiser'sche Fabrik verursachten Übelstände", 1895 [179]

Staubbelästigung blieben ohne Folgen für das Unternehmen, das seinerseits behauptete, den Beschwerdeführern gehe es im Grunde nur darum, ihre Grundstücke gewinnbringend an die beschuldigte AG zu verkaufen.[501] Soweit es flüssige Rückstände betraf, die nicht direkt und akut als toxisch zu erkennen waren, herrschte auch in der Wissenschaft noch bis Ende des 19. Jahrhunderts die Meinung vor, ihre Einleitung in fließende Gewässer stelle dank hoher Verdünnung und dank der selbstreinigenden Kraft der Flüsse nicht nur die preiswerteste, sondern auch die effizienteste und letztlich unschädlichste Form der Entsorgung dar, und dennoch auftretende Schäden seien der unvermeidliche Preis für industrielles Wachstum.[502] Der 1877 gegründete ›Verband zur Wahrung der Interessen der chemischen Industrie Deutschlands‹, in der Abwasserfrage speziell vertreten durch die von ihm 1886 eingesetzte ›Flußkommission‹, unterstützte derartige Positionen nachdrücklich, indem seine Fachleute vor allem auf die städtischen Fäkalien-Einleitungen als entscheidende Quelle der Gesundheitsgefährdung verwiesen. Unter solchem Blickwinkel konnte man die Einleitungen chemischer Fabriken wegen ihrer keimtötenden Wirkungen sogar als sanitäre Maßnahme in ein positives Licht tauchen,[503] erschienen auch Grenzwertbestimmungen untunlich. Allerdings sprangen zu Beginn des 20. Jahrhunderts bei Ludwigshafen die Probleme industrieller Abwässer zunehmend sichtbarer buchstäblich in die Augen, denn die Ausschüttungen der BASF in den Rhein, 1902: 870 Liter pro Sekunde, bildeten ein 12 bis 15 Meter breites Farbband, das sich 1892 sechs Kilometer weiter stromabwärts hinzog und 1902 „bis gegen Worms verfolgbar" blieb. Flora und Fauna der Flußlandschaft, so stellten hydrobiologische Analysen 1904/05 fest, erlitten durch den erhöhten Säure- und Salzgehalt des Wassers ernsthafte Schäden, die keineswegs dank selbstheilender Kräfte der Natur wieder verschwanden. Trotzdem sahen sich die Behörden nicht veranlaßt, dem Unternehmen Auflagen zur vorhergehenden Reinigung der Abwässer zu machen, stuften sie diese Einleitungen des Unternehmens in Deutschlands Strom doch nicht als gesundheitsbedrohlich ein.[504] Die Stadt Ludwigshafen selbst schien von dem ganzen Problem nicht betroffen zu sein – möglicher Schaden wurde den Anrainern flußabwärts zugespült.

Teil 4
„[...] die freie Entwickelung des Bürgertums aus sich selbst heraus"? Die städtische Selbstverwaltung – Rechtsgrundlagen und Aufbau, Aufgaben und Leistungen

Das Ehrenzeichen der jungen Stadt Wappen der Stadt Ludwigshafen mit dem pfälzisch-bayerischen Löwen als Wappenhalter; Holzschnitzerei vor 1900 [180]*

In den vorangehenden Teilen dieses Kapitels wurde die städtische Selbstverwaltung wiederholt angesprochen. Tatsächlich läßt sich ihre Bedeutung zumal in den größeren Städten gerade für die Zeit des Kaiserreichs kaum hoch genug einschätzen: Im Zeichen eines unvorhergesehen raschen Wachstums standen die Kommunen vor einer Masse schwierigster Aufgaben, für deren Bewältigung es keine Vorbilder gab; ›vor Ort‹ mußten sie ihre innovatorischen Fähigkeiten bewähren und haben das angesichts der damals bestehenden rechtlichen, wirtschaftlichen, technischen und sozialen Gegebenheiten in einem höchst respektablen Maße auch getan. Die Städte, allen voran die größeren Städte wurden dadurch zu Trägern wesentlicher Modernisierungs- und Mobilisierungsprozesse. Entscheidende Elemente moderner Versorgungseinrichtungen, einer uns heute selbstverständlich gewordenen ›Infrastruktur‹, wurden in Deutschland von den Kommunen getragen, sei es von Anbeginn, sei es durch Übernahme aus privater Hand. Moderne Verwaltungsstandards wurden nicht zuletzt im kommunalen Bereich entwickelt – man hat den Weg der städtischen Selbstverwaltung im Zeitalter der Industrialisierung geradezu als Weg von der ›Ordnungsverwaltung‹ zur ›Leistungsverwaltung‹ charakterisiert, also von der Wahrnehmung ›bloßer‹ Ordnungsaufgaben hin zu gezielter Übernahme von positiven wirtschaftlichen und sozialen Leistungen für die städtische Gemeinschaft. Die Städte wuchsen damit zugleich in eine sozialpolitische Vorreiterrolle hinein, indem einzelne Gemeinden auf Anstöße von außen oder aus eigenem Antrieb neue sozialpolitische Ansätze auf kommunaler Ebene erprobten und damit Pionierarbeit für künftige gesamtstaatliche Aktivitäten leisteten – z. B. hinsichtlich der Arbeitsvermittlung oder Arbeitslosenversicherung. Nicht zufällig kam in den 1890er Jahren der Begriff ›Munizipalsozialismus‹ in Gebrauch.[505] Möglich war dies nur dank eines ausgedehnten Maßes an Gemeindeautonomie auch auf finanziellem Gebiet; tatsächlich erreichte die städtische Selbstverwaltung in Deutschland zur Zeit des Kaiserreichs „ihre höchste politische Potenz".[506] Inwieweit lassen sich die angedeuteten Entwicklungstrends auch in Ludwigshafen beobachten?

Rechtsgrundlagen, Organe und Personal der Kommunalpolitik

Die entscheidende Rechtsgrundlage für die Ludwigshafener Selbstverwaltung zur Zeit des Kaiserreichs bildete die neue Gemeindeordnung für die bayerische Pfalz vom 29. April 1869.[507] Sie erfüllte nach jahrelangen Vorarbeiten und Diskussionen den Wunsch des Landtags, „auf dem Grundsatze der Selbstverwaltung beruhend, [...] eine freiere Wahl der Vorstände und eine festere Stellung der Vertreter der Gemeinde" zu sichern,[508] und schuf damit dem allgemeinen Zeittrend entsprechend im Geist eines maßvollen Liberalismus größere Spielräume für die Kommunalpolitik, auch wenn die staatliche Oberaufsicht, wahrgenommen von der Speyerer Kreisregierung, natürlich erhalten blieb.

Anmerkungen
Seite 514 und 515

505 *vgl. Krabbe 1985, S. 84ff*
506 *Krabbe 1989, S. 177*
507 *dazu in knappem Überblick Hans Heß*
508 *aus der Bitte des Landtags an den König von 1860; zit. Stadtgeschichte (1903), S. 155*
509 *Stadtgeschichte (1903), S. 171f*
510 *SRP 6.11.1889*
511 *SRP 26.8.1891; vgl. SRP 9.10.1891*
512 *vgl. SRP 10.11.1891*
* *Das Wappen in der nach der Eingemeindung Friesenheims und vor derjenigen Mundenheims gültigen Form zeigt den geviertelten Schild mit zwei Ankern, dem Friesenheimer Spaten und den bayerischen Rauten*

Anders als im rechtsrheinischen Bayern unterschied die pfälzische Gemeindeordnung nicht zwischen ›unmittelbarer Stadt‹ und Dorf. Noch in der Tradition der ›Franzosenzeit‹ galt wie in der preußischen Rheinprovinz, im Großherzogtum Hessen und in Elsaß-Lothringen die sog. Bürgermeisterverfassung. Sie räumte dem Bürgermeister eine vergleichsweise starke Rechtsposition ein; seine Stellvertreter, in Gemeinden mit mehr als 2 500 Einwohnern zwei Adjunkten, waren ihm gegenüber weisungsgebunden. Der Bürgermeister bereitete die Sitzungen des Gemeinderats einschließlich der Beschlußvorlagen vor und leitete sie mit vollem eigenem Stimmrecht; bei Stimmengleichstand gab sein Votum den Ausschlag. Zudem konnte er in Ausschüssen, welche der Gemeinderat zwecks Arbeitserleichterung in wachsender Zahl schuf, den Vorsitz übernehmen, soweit er derartige Leitungs- und Kontrollfunktionen nicht an die ihm zugeordneten Adjunkten als seine Stellvertreter delegierte. Zwar war der Gemeinderat in den meisten Gemeindeangelegenheiten „beschließendes und bestimmendes Organ" und hatte der Bürgermeister seine Entscheidungen auszuführen, doch bestimmte der Bürgermeister seinerseits allein über den Geschäftsgang der Gemeindeverwaltung, und die Handhabung der Ortspolizei blieb „ausschließlich Sache des Bürgermeisters als obersten Polizeibeamten" und war, „obwohl sie eine gesetzliche Aufgabe der Gemeinden bildet, der Zuständigkeit des Gemeinderates vollständig entrückt". Zudem hatten Bürgermeister und Adjunkten „als Organe der Staatsgewalt" auch „vielfach Gegenstände der allgemeinen Staatsverwaltung, der gerichtlichen Polizei, der Rechtspflege und der Finanzverwaltung" zu besorgen.[509]

Angesichts der Aufgabenfülle, welche die Gemeindeordnung vorzeichnete, ist es bemerkenswert, daß sie, dem liberalen Selbstverwaltungsgedanken verpflichtet, nur den ehrenamtlichen Bürgermeister kannte und dessen Wahl – wie diejenige der Adjunkten – aus dem Gemeinderat heraus vorsah, wenngleich der Kreisregierung ein Bestätigungsrecht vorbehalten blieb. Das schuf entschieden größere Freiräume gegenüber der bisher vorgesehenen unmittelbaren obrigkeitlichen Einflußnahme (Ernennung von Bürgermeister und Adjunkten durch die Regierung), forderte allerdings von den betreffenden Personen neben ihrer beruflichen Tätigkeit einen beachtlichen zusätzlichen Arbeitseinsatz, zumindest in einem derart rasch wachsenden Gemeinwesen wie Ludwigshafen.

So kann es kaum verwundern, daß Bürgermeister Wendelin Hoffmann bereits bei seinem Amtsantritt am 6. November 1889 forderte, zumindest die größeren pfälzischen Städte müßten rasch die Möglichkeit erhalten, einen rechtskundigen Bürgermeister zu bestellen.[510] Zwei Jahre später trat er auf Grund seiner inzwischen gesammelten Erfahrungen und mit Blick auf die ständige Erweiterung der städtischen Aufgaben in einem Gemeinwesen, das inzwischen über 30 000 Einwohner zählte, nachdrücklich für eine noch weitergehende Abänderung der Gemeindeordnung ein, vor allem um durch Berufsbürgermeister und das Institut der Gemeindeschreiber mehr Professionalität in der Stadtverwaltung zu erreichen, aber auch um die Städte finanziell, z. B. durch staatliche Übernahme oder Finanzierung der Kriminalpolizei, zu entlasten.[511] Auch sein Nachfolger, Dr. Carl Grünzweig, betrachtete sich nur als Platzhalter für einen künftigen Berufsbürgermeister,[512] und es waren maßgeblich die von Ludwigshafen ausgehenden Anstöße, die – freilich erst nach

Gesetz- und Verordnungs-Blatt für das Königreich Bayern.

№ 29.

München, den 23. Juni 1896.

Gesetz, Abänderungen der Gemeindeordnung für die Pfalz vom 29. April 1869 betreffend.

Im Namen Seiner Majestät des Königs.

Luitpold,
von Gottes Gnaden Königlicher Prinz von Bayern,
Regent.

Gesetz-und Verordnungsblatt des Königreichs Bayern vom 23. Juni 1896 mit dem Gesetz zur Änderung der Pfälzischen Gemeindeordnung, das die Anstellung von Berufsbürgermeistern ermöglichte [181]

Die ehrenamtlichen Bürgermeister des Kaiserreichs (1872—1896)

Bauunternehmer, Bürgermeister und Gegenspieler des ›Eisenbahnkönigs‹ Lavale: Georg Kutterer [182]

Erfolgreicher Bauunternehmer und Bürgermeister: ***Georg Kutterer***[513]

Georg Kutterer stammte aus alter pfälzischer Familie. 1828 war er als Sohn eines Zimmermanns in Dürkheim zur Welt gekommen. Er trat in die Fußstapfen seines Vaters und gelangte auf seiner Handwerks-Wanderschaft bis nach München. Als er 1848 zurückkehrte, hatten sich seine Eltern im aufstrebenden Ludwigshafen niedergelassen. Hier blieb auch er und fand bei Zimmermeister Karl Daut Beschäftigung. Die Heirat mit der Pfarrerskköchin Susanne Schmitt ermöglichte Kutterer 1853 den Schritt in die Selbständigkeit, denn seine Frau brachte 170 Gulden Erspartes als Grundstock für ein eigenes Geschäft in die Ehe mit. In der rasch wachsenden Industriestadt fand das ›Zimmerergeschäft‹ zahlreiche Kundschaft. Der Unternehmer, dessen „gewinnendes Wesen", „Geselligkeit, Witz und Schlagfertigkeit" ihm viele Freunde schufen, wurde Mitglied zahlreicher Vereine. Politisch stand er wie fast alle seine Mitbürger dem Liberalismus nahe und wurde später „eifriges" Mitglied der Nationalliberalen Partei. Als „kirchlich gesinnter Mann" diente er wiederholt im Presbyterium der Lutherkirche. 1868 wurde er erstmals in den Stadtrat gewählt und schon im Jahr darauf zum Adjunkten bestimmt. Als Josef Hoffmann 1871 vom Amt des Bürgermeisters zurücktrat, wurde er auf Vorschlag der Gruppe um den Unternehmer Röchling zu dessen Nachfolger gewählt. Kutterer nahm die Ehre nur zögernd an, versah aber dann sein Amt „mit vorbildlicher Gewissenhaftigkeit und Pflichttreue." In seiner Amtszeit übernahm die Stadt immer mehr Aufgaben in eigene Regie und wurde zudem zum Ausführungsorgan der staatlichen Sozialgesetzgebung. Bauleitpläne für das Gelände nördlich wie südlich des Stadtkerns eröffneten Expansionschancen; eine das wilde Auswuchern und die Freiheit der Bauunternehmer beschränkende Bauordnung wurde jedoch unter dem Baumeister Kutterer als Bürgermeister nicht erlassen. Nach fast 20jähriger Amtszeit geriet Kutterer 1889 in einen bitteren Konflikt mit dem Chef der ›Pfälzischen Bahnen‹, als er sich weigerte, einer Linienführung der geplanten Lokalbahn durch die Ludwigstraße zuzustimmen. Kutterer konnte den Stadtrat zu einer entsprechenden Resolution bewegen, doch ließ der Pfalzbahnchef in den folgenden Wahlen seine Beziehungen spielen – und so landete der bisherige Bürgermeister, der noch 1884 die weitaus meisten Stimmen von allen Stadträten erhalten hatte, nur noch auf dem zehnten Platz. Bei der Bürgermeisterwahl im Rat erhielt er nur noch zwei Stimmen. Dennoch gehörte er dem Kommunalparlament noch bis zu seinem Tod an. Eine schwere Krankheit machte allerdings eine weitergehende Teilnahme an den öffentlichen Angelegenheiten unmöglich. 1896 ist Georg Kutterer gestorben. [S. M.]

weiteren fünf Jahren – zu dem ›Gesetz betr. Abänderungen der Gemeindeordnung für die Pfalz vom 29. April 1869‹ führten (17. Juni 1896). Die Möglichkeit, nunmehr in Gemeinden mit mehr als 10 000 Einwohnern Bürgermeister und Adjunkten als besoldete Beamte einzustellen und nach einer dreijährigen Probezeit Dienstverträge mit ihnen abzuschließen,[514] nutzte Ludwigshafen umgehend: Bereits am 16. Juli 1896 wählte der Gemeinderat den Wunschkandidaten des scheidenden Bürgermeisters Grünzweig, Regierungsassessor Friedrich Krafft, einstimmig zum ersten Berufsbürgermeister Ludwigshafens.[515]

Bis zu diesem Zeitpunkt waren die Geschicke der Stadt von sechs ehrenamtlichen Bürgermeistern geleitet worden. Soweit es deren beruflichen Hintergrund betrifft, erscheint die Reihenfolge fast symptomatisch für die gesamte Stadtentwicklung: Standen 1853—1868 ein Großkaufmann (Heinrich Wilhelm Lichtenberger) und ein Spediteur (Carl Huß) an der Spitze der Stadt, so 1868—1891 drei führende Männer der Baubranche: Josef Hoffmann (1868—1872), Georg Kutterer (1872—1889) und Wendelin Hoffmann jun., ein Sohn von Josef Hoffmann (1889—1891); ihnen folgte mit Dr. Carl Grünzweig (1891

Anmerkungen
Seite 516 und 517

513 *zu Kutterer vgl. Böhn; ›Pfälzischer Kurier‹, 11.11.1889 (Wahlergebnis 1889); 16.11.1889 (Abwahl Kutterers); ›Neuer Pfälzischer Kurier‹, 20.3.1896*

514 *Stadtgeschichte (1903), S. 170*

515 *vgl. SRP 9. und 10.7.1896; Wahlakt vom 16.7.1896 in StALu, ZR 1052/2a; Wahl auf Lebenszeit am 13.9.1899 mit 20 Ja- und 2 ungültigen Stimmen ebd.; vgl. SRP 6.4. und 23.8.1899*

516 *zu Wendel Hoffmann: Siebler sowie ZR 1052/5a*

517 *vgl. die Biographien der ehrenamtlichen Bürgermeister in Oberdorffer 1964*

518 *vgl. Stadtgeschichte (1903), S. 174f*

519 *Auflistung in Stadtgeschichte (1903), S. 172, 174*

Die ehrenamtlichen Bürgermeister des Kaiserreichs (1872—1896)

Selbstmord im Amt: ***Wendel Hoffmann***[516]

Wendel Hoffmann wurde 1845 als zweiter Sohn des Bauunternehmers Josef Hoffmann in Ludwigshafen geboren. Er war damit das einzige künftige Stadtoberhaupt, das – neben der gegenwärtigen Oberbürgermeisterin – auf dem Gebiet der Stadt das Licht der Welt erblickte. Im Alter von 24 Jahren wurde er neben seinem älteren Bruder Teilhaber des Hoffmannschen Baugeschäftes. Auch begann er sich an den breitgefächerten wohltätigen und gesellschaftlichen Aktivitäten der Ludwigshafener Honoratiorenschicht zu beteiligen. Während des Krieges 1870 erbaute er eine Verpflegungsstelle für Soldaten, wenige Jahre später gehörte er zum Gründungsvorstand der exklusiven ›Casino‹-Gesellschaft. 1885 wurde er erstmals in den Stadtrat gewählt, dem er künftig neben seinem gleichnamigen Onkel angehörte. Nach der Niederlage Georg Kutterers 1889 wurde Hoffmann offenbar als Kandidat der siegreichen ›Partei‹ um den Vorstand der ›Pfälzischen Bahnen‹ zum Bürgermeister bestimmt.

Die kurzen Jahre seiner Amtszeit zeigten einen geradezu klassisch nationalliberal-freisinnigen Zuschnitt. Während er an der demonstrativen Verweigerung einer Ehrung der verstorbenen Kaiserin Augusta im Rat durch den Sozialdemokraten Franz Josef Ehrhart sicherlich Anstoß nahm, akzeptierte er schon in der folgenden Sitzung den Antrag Ehrharts auf die Zuteilung eines Schulsaals für den freireligiösen Unterricht – trotz des Protests der Kirchen. Hoffmann förderte den Realschulbau – nützliches Wissen für den gewerblichen Mittelstand – und war eines der Gründungsmitglieder des ›Vereins Knaben- und Mädchenhort‹, der ganz im Geist freiwilliger Wohltätigkeit den sozialen Problemen der Zeit gegenübertrat. Für ein Armenhaus in der Stadt spendete er 1 000 Mark. Aber auch für den Ausbau der Versorgungsbetriebe, in deren Anlagen die moderne Technik und Hygiene Triumphe feierten, und die beginnende Stadtplanung zeigte er sich aufgeschlossen.

Inmitten seiner Arbeit, kurz vor einer Sitzung der Finanzkommission, beging Wendel Hoffmann am Nachmittag des 23. September 1891 im Ankleidezimmer seines Hauses in der Bismarckstraße Selbstmord. Die Gründe dafür liegen im Dunkeln. Vermutlich hatte er sich geschäftlich verspekuliert und fürchtete die daraus resultierende ›Schande‹. In der Öffentlichkeit wurde das Ereignis zunächst als ›Blutsturz‹ vertuscht. Am 26. September 1891 bewegte sich ein überaus langer Trauerzug mit Vertretern von Vereinen, Behörden und Betrieben der Stadt zum Hauptfriedhof, wo Wendel Hoffmann seine letzte Ruhestätte fand.

[S. M.]

Bürgermeister mit tragischem Ende: Wendel Hoffmann [183]

bis 1896), Leiter eines bedeutenden Chemie-Unternehmens, der Vertreter einer ›neuen‹ Industrie, der in einer äußerst dynamischen Entwicklungsphase der Stadt deren Modernisierung ein kräftiges Stück weiter vorantrieb. Natürlich handelte es sich durchweg um ›Honoratioren‹, besonders angesehene Männer, angesehen nicht zuletzt als erfolgreiche Unternehmer, die sich teilweise aus bescheidenen Verhältnissen hochgearbeitet hatten wie Josef Hoffmann und Georg Kutterer. Einige von ihnen, so Huß, Kutterer und Grünzweig, hatten bereits zuvor als Adjunkten mehrjährige Amtspraxis erworben.[517]

Die sonstigen Adjunkten, die übrigens in der ›Innenstadt‹ als Vertreter des Bürgermeisters zugleich das Amt des Standesbeamten ausübten,[518] waren ebenfalls erfahrene Geschäftsleute, so die Bierbrauer Johann Peter Fuhrer und Georg Eisele, der Buchhändler und Druckereibesitzer August Lauterborn,[519] der Fabrikant Georg Grüner. Wenn Anfang 1900 Rechtskonsulent Thomas Gengler zum ersten Adjunkten gewählt wurde, so entsprang dies wohl auch dem Bedürfnis nach weitergehender juristischer Professionalität im Bürgermeisteramt. Seit 1904 gewann der parteipolitische Einschlag an Bedeutung, ohne daß deshalb

Zweifel an der Befähigung der betroffenen Personen aufkommen konnten: Der Bäckermeister Jakob Binder,[520] Mitglied der starken SPD-Fraktion, bewährte sich in dieser verantwortungsvollen Stellung fünfzehn Jahre lang (1905—1920). Seiner Wahl verlieh das Münchner Innenministerium ohne Begeisterung, aber korrekt die amtlichen Weihen – ein bis dahin in Bayern einmaliger Vorgang. Binder galt unter anderem „als entschiedener Vertreter der Bodenpolitik der Stadt",[521] die nun überhaupt erst intensiver mit wirtschafts- und sozialpolitischer Langzeitperspektive betrieben wurde *[vgl. Boden, S. 553]*. Er erwarb sich Anerkennung und Respekt auch im bürgerlichen Lager. Allgemeines Ansehen genoß auch Zentrumsmann Peter Rixius, seines Zeichens Kaufmann (Mineralwasser-Großhandel), der zweite Adjunkt von 1903 bis zu seinem Tod 1911. Ihm folgte Baumeister Friedrich Stauch, Inhaber eines stattlichen Baugeschäfts.

Auch der Gemeinderat war eine Versammlung von Honoratioren der Stadt. Ihm gehörten außer Bürgermeister und Adjunkten je nach Gemeindegröße mindestens sechs und ab einer Einwohnerzahl von 5 000 Personen 24 Gemeinderäte an – in Ludwigshafen wurden daher 1869 auf Grund des damaligen Bevölkerungsstandes 23, dagegen seit 1874 alle fünf Jahre 27, seit Wegfall des ehrenamtlichen Bürgermeisters (1896) 26 Personen gewählt. Angesichts der Begrenzung des Wahlrechts auf den kleinen Kreis der Gemeindebürger[522] bestand der Gemeinderat bis in die frühen 1880er Jahre aus einem beachtlichen Anteil der Wahlberechtigten – der Spitzenwert von 10% wurde im Jahr 1874 erreicht *[vgl. Wahl SR, S. 708]*.

Zumindest bis zur Jahrhundertwende bestimmte daher dank der schmalen Wählerschaft aus dem Besitz- und Wirtschaftsbürgertum eine kleine Honoratiorenschicht mit vorwiegend (national-)liberaler Ausrichtung in Ludwigshafen die Kommunalpolitik in einem Netzwerk persönlicher Verflechtungen und Beziehungen.[523] Den wachsenden Einfluß der Parteien auch in der Kommunalpolitik vermochte sie jedoch nicht zu verhindern, höchstens zu verzögern *[vgl. Wahl SR, S. 708]*. Dies entsprach der allgemeinen Entwicklung: Während der 1890er Jahre setzten sich die Parteien als bestimmende Kraft bei der Besetzung der Stadtparlamente auf breiter Front in Deutschland durch.[524] Eine wichtige Rolle spielte dabei zweifellos, daß sich die Sozialdemokratie nach der Aufhebung des Sozialistengesetzes (1890) gerade auch in Süddeutschland entschiedener in der Kommunalpolitik zu engagieren begann: Die Beschränkungen des kommunalen Wahlrechts waren trotz allem südlich der Mainlinie ähnlich wie die sozialen Absperrungstendenzen auf kommunaler Ebene entschieden schwächer ausgebildet als z. B. in Preußen oder Sachsen, und die Bereitschaft zu Kooperation mit kleinbürgerlichen Elementen demokratischer oder auch katholischer Couleur bot den Sozialdemokraten reale Chancen, eigene Vertreter in die Stadtparlamente zu bringen. Sinn machte dies allerdings nur, sofern sich derartige Partei-Repräsentanten in der Sache vom Klassenkampfkonzept verabschiedeten und sich zu grundsätzlich konsensbestimmter Mitarbeit bereitfanden in der Zuversicht, auf dem Weg der Reform die angestrebten politischen, wirtschaftlichen und gesellschaftlichen Veränderungen vorantreiben zu können. Sozialdemokratische Kommunalpolitik stand daher in enger Wechselbeziehung zu den parteiinternen Strömungen von Reformismus und Revisionismus.

Anmerkungen
Seite 518 und 519

520 *vgl. Breunig 1976, S. 689ff*
521 *Springer, S. 33*
522 *zum Heimat- und Bürgerrecht [vgl. Bürgerrecht, S. 471], zum Gemeindewahlrecht [vgl. Wahl SR, S. 708]*
523 *erste Ansätze zu einer Analyse bei Hesselmann, S. 206ff*
524 *dazu allg. Croon*
525 *zu Grünzweig vgl. Herbel; ›Pfälzische Rundschau‹, 11.7.1913; ›Pfälzische Post‹, 11.7.1913*

Die ehrenamtlichen Bürgermeister des Kaiserreichs (1872—1896)

Unternehmer und letzter ehrenamtlicher Bürgermeister: ***Dr. Carl Grünzweig*** [525]

Als Dr. Carl Grünzweig im Juli 1913 nach längerer Krankheit einem Schlaganfall erlag, wurde sein Begräbnis auf dem Mannheimer Friedhof zu einer beeindruckenden Darstellung großbürgerlichen Selbstverständnisses. Der Sarg war von prachtvollen Kränzen bedeckt und wurde von der Familie, zahlreichen Angehörigen der besseren Kreise der Stadt, den nationalliberalen Parteifreunden des Verstorbenen, aber auch von den Angestellten und Arbeitern der Firma Grünzweig & Hartmann begleitet. Die Trauerreden lobten Grünzweig als mustergültigen Familienvater, patriarchalischen Unternehmer und verdienten Politiker, der seine ganze Energie dem Besten seines Unternehmens und des Gemeinwesens gewidmet habe.

Auch die Stimme der ›anderen Seite‹, die sozialdemokratische ›Pfälzische Post‹, beschrieb Grünzweig als „konzilianten" Menschen. „Das kam auch in dem Verhältnis der Firma ihren Arbeitern gegenüber mehr oder weniger zum Ausdruck. Jedenfalls war er keine scharfmacherische Natur; er war ein Feind von Konflikten und hat häufig wohltuender Weise scharfmacherischen Neigungen anderer Personen die Spitze abgebrochen."

Carl Grünzweig wurde 1845 in Schorndorf als Sohn eines Apothekers aus alter schwäbischer Familie geboren. Nach einer Lehrzeit als Apotheker, die ihn in viele württembergische Städte, aber auch nach Mannheim geführt hatte, ermöglichte ihm die Tatsache, daß sein Schwager die väterliche Apotheke übernehmen konnte, das ›Umsatteln‹ auf ein Chemiestudium in München, Stuttgart und Tübingen, wo er 1872 promovierte. In der Ultramarinfabrik Marienberg im Odenwald, wo er seine erste Anstellung fand, lernte er den ebenfalls dort beschäftigten Kaufmann Paul Hartmann kennen und schätzen. 1878 gründeten die beiden in Ludwigshafen eine Fabrik chemischer Produkte. Die junge Stadt, schon als Chemiestandort bekannt, lockte mit günstigen Verkehrs- und Ansiedlungsbedingungen. Schon in Marienberg hatte sich Grünzweig mit Versuchen zu Isoliermitteln beschäftigt. 1880 gelang ihm dann die epochemachende Erfindung des Korksteins, die die erfolgreiche Expansion des Unternehmens einleitete. Grünzweig wurde zum bekannten Bürger in Ludwigshafen, er engagierte sich in der Folge sowohl im Vorstand des nationalliberalen Vereins der Stadt wie der Pfalz. Den Aufstieg der Sozialdemokratie betrachtete er mit Sorge. Für Wilhelm II. hatte er allerdings auch keine große Sympathie, bezeichnete ihn vielmehr sarkastisch als seinen größten Konkurrenten, weil er ganz Deutschland isoliere. 1889 wurde er erstmals in den Stadtrat gewählt und sofort zum zweiten, im Jahr darauf zum ersten Adjunkten erhoben. Nach dem Selbstmord Wendel Hoffmanns bestimmte ihn der Rat zum letzten ehrenamtlichen Bürgermeister der Stadt. Sein besonderes Augenmerk widmete Grünzweig dem Schulwesen; Ausbildung sah er auch als Weg zur Hilfe für die ›niederen Klassen‹. In seiner Amtszeit wurde allerdings auch definitiv deutlich, daß die Leitung der Verwaltung neben der eines großen Unternehmens immer unmöglicher wurde. Er scheint auch die Wahl des ersten Berufsbürgermeisters Friedrich Krafft in die Wege geleitet zu haben und kündigte sofort nach dessen Sicherung seinen Rücktritt an. Aus dem Stadtrat schied er Ende 1899 aus, blieb aber weiter politisch und in vielen Vereinen – u. a. Gewerbe-, Hilfsvereine für Kinder, Rotes Kreuz – tätig. Seine zur GmbH umgewandelte Firma leitete der mit dem Titel eines Kommerzienrats geehrte Unternehmer bis zu seinem Tod.

[S. M.]

Erfolgreicher Erfinder, Unternehmer und letzter ehrenamtlicher Bürgermeister: Dr. Carl Grünzweig [184]

Dankadresse des Stadtrates an den letzten ehrenamtlichen Bürgermeister, Carl Grünzweig. Der ›weltliche Altar‹ zeigt auf den Flügeln bemerkenswerte Neubauten aus der Amtszeit Grünzweigs: den Gräfenauer Wasserturm und das Volksbad, die Goetheschule und die Apostelkirche (links oben und unten), den Luitpoldhafen, den Monumentalbrunnen auf dem Ludwigsplatz und die Realschule (rechts). Eine größere und farbige Abbildung des ›Altars‹ findet sich im Farbbildteil [185]

Die Politisierung der Kommunalwahlen während der 1890er Jahre bewirkte allgemein eine deutliche Klimaveränderung in der städtischen Kommunalpolitik: Das liberale Bürgertum sah sich verstärkt in die Defensive gedrängt und auf die soziale Problematik verwiesen, und die Neigung, nach Fraktionszugehörigkeit abzustimmen, nahm zu. Mit dem Übergang von der Honoratioren- zur Parteienpolitik ging ein massiver Wechsel des Personals in den Stadträten einher. Vor allem die Repräsentanten großbürgerlichen Zuschnitts aus Handel und Industrie neigten zum Rückzug aus der ehrenamtlichen Tätigkeit, sei es – etwa bei

Der erste Sozialdemokrat in der Führung der Stadt: Jakob Binder [186, Ausschnitt]

Der erste sozialdemokratische Adjunkt in Bayern:

***Jakob Binder** (1866—1932)*

Jakob Binder wurde 1866 in Isny im württembergischen Allgäu geboren. In seiner Heimat erlernte er das Bäckerhandwerk und gelangte auf seiner Wanderschaft nach Ludwigshafen, das ihm zur neuen Heimat wurde. Als Geselle in der Bäckerei des Sozialdemokraten Josef Queva wurde er für die SPD gewonnen und wirkte schon zur Zeit des Sozialistengesetzes für die Partei. Seit 1890 selbständiger Bäckermeister, wurde er 1899 in den Stadtrat und 1904 zum Ersten Adjunkten der Stadt Ludwigshafen und damit potentiellen Polizeichef gewählt. Trotz schwerster Bedenken der bayerischen Behörden erhielt er die amtliche Bestätigung. Ein beliebter Redner und dezidiert gemäßigter Politiker, wurde er 1908 Nachfolger Franz Josef Ehrharts als Führer der Stadtratsfraktion und Reichstagsabgeordneter.

Im Ersten Weltkrieg vertrat er aus ganzem Herzen die ›vaterländische‹ Linie der SPD und leitete die städtische Lebensmittelkommission. 1919 wurde er Mitglied der Nationalversammlung, im Jahr darauf scheiterte jedoch seine Kandidatur für den Posten des Oberbürgermeisters. Die SPD der Stadt gab einem anderen Kandidaten den Vorzug. Tief gekränkt zog sich Binder von allen Ämtern zurück. Bis 1927 war er Bürgermeister von Grünstadt. 1932 ist er in Karlsruhe gestorben.

[S. M.]

neu hinzugezogenen Unternehmern – infolge geringeren Verbundenheitsgefühls mit der jeweiligen Gemeinde, sei es infolge stärkerer Inanspruchnahme im eigenen Geschäft oder auch in Wirtschaftsverbänden und -organisationen, oder sei es schließlich infolge der steigenden ehrenamtlichen Belastung der Stadträte angesichts der fast explosionsartig wachsenden Aufgabenfülle der Städte.

Die angedeuteten Trends lassen sich mit lokalen Einfärbungen auch in Ludwigshafen beobachten. Soweit es die berufliche Zusammensetzung des Gemeinderats insgesamt betrifft, ist eine gewisse Parallelität zur Entwicklung bei den Bürgermeistern und Adjunkten unverkennbar.[526] Zunächst spielten (Groß-)Kaufleute und vor allem Handwerker eine dominante Rolle; seit Mitte der 1880er Jahre freilich ging deren Zahl zurück, trifft man häufiger auf Repräsentanten von Finanz und Industrie, so 1885—1894 auf Carl Eswein, Direktor der Pfälzischen Bank, und 1885—1889 auf Bankdirektor Sebastian Lederle (seit 1875 Vorstand der Bayerischen Notenbank, Filiale Ludwigshafen), der bereits seit 1868 als ›Kaufmann‹, dann ›Bankoberbeamter‹ im Stadtrat tätig gewesen war, auf den Druckereibesitzer und Zeitungsverleger Julius Waldkirch (1879—1894), auf dessen Kollegen August Lauterborn (1870—1874), auf ›Tonwarenfabrikant‹ Ludowici (1875—1881), auf den bereits genannten Bierbrauer Johann Peter Fuhrer (1868—1894, früher ausgeschieden). Auffallend war zwischen 1885 und 1900 das Engagement von BASF und Pfälzischen Eisenbahnen im Stadtrat, so daß man sozialdemokratischerseits damals geradezu vom ›Anilin- und Bahnregiment‹ sprach:[527] 1885—1899 gehörte Dr. Heinrich Brunck, der führende Kopf der BASF, dem Stadtrat an, 1885—1894 auch Dr. Carl Clemm, bis 1883 Direktor der BASF, 1885—1889 Dr. Karl Knaps, Bezirksarzt und bis 1871 Fabrikarzt der BASF, 1890—1894 Dr. Ludwig Ney, 1871—1886 Fabrikarzt der BASF, 1895—1897 Dr. Karl Max Hecht, Advokat-Anwalt, der die BASF in Patentfragen beriet und 1890—1897 als Vorsitzender des Provisorischen Ausschusses der Nationalliberalen Partei der Pfalz fungierte.[528] Und 1890—1899 vertrat Bezirks- bzw. Oberingenieur Karl Jolas als engagierter Gemeinderat die Pfälzischen Eisenbahnen im Stadtrat, 1890—1894 unterstützt durch fünf, 1895—1899

Anmerkungen
Seite 520 und 521

526 f.d.F. die Listen der Gemeinderäte in Stadtgeschichte (1903), S. 156ff sowie in den Verwaltungsberichten 1905 und 1910

527 so Ehrhart in seiner Rede zu den bevorstehenden Stadtratswahlen am 13.11.1899

528 Bräunche 1982, S. 368, Anm. 140

529 vgl. [Stützung, S. 592]

530 vgl. Breunig 1976, S. 251; Hundert Jahre (1989), S. 27f

Städtische Honoratioren um Oberbürgermeister Krafft bei der Einweihung des Erholungsheimes ›Trifels‹, Architekt Baurat Marcus Sternlieb, 3. v. re.; 1911 [186]

immer noch durch drei weitere Eisenbahnbeamte. Derartiges Interesse der beiden größten Arbeitgeber und Steuerzahler vor Ort an der Kommunalpolitik entsprang wohl vor allem zwei Motiven: Sie wollten die Entwicklung der Stadt in der entscheidenden Durchbruchsphase zur ›Leistungsverwaltung‹ mitsteuern, und sie suchten gleichzeitig mit einigem Erfolg, den Einzug der erstarkenden Sozialdemokratie ins Stadtparlament so weit wie möglich zu verhindern, so daß die Arbeiterpartei 1890—1899 über ein Mandat für Franz Josef Ehrhart, den anerkannten Führer der Pfälzer Sozialdemokratie *[vgl. sozialistisch, S. 729]*, nicht hinauskam. Als es den Sozialdemokraten jedoch bei den Wahlen von 1899 im Zusammenspiel mit dem Zentrum gelang, sieben Sitze im Stadtrat zu erobern *[vgl. Wahl SR, S. 708]*, zogen sich die wiedergewählten Stadträte Brunck und Jolas demonstrativ aus dem Gremium zurück. BASF und Eisenbahn – diese bis zum Übergang in Staatseigentum 1909 – beschränkten sich seitdem offensichtlich im wesentlichen darauf, gegebenenfalls das Einspruchsrecht der Höchstbesteuerten gegen den städtischen Finanzhaushalt zu nutzen, falls ihnen neue Vorhaben der Gemeinde (wie der Plan zu einer städtischen Arbeitslosenversicherung 1914)[529] als unzulässige Belastung der Steuerzahler erschienen. Der BASF-Justitiar Dr. Gustav Lichtenberger diente ihnen hierbei als zuverlässiger Informant über die Stadtratspolitik.

Der Ludwigshafener Stadtrat von 1900—1904 bestand zu rd. 85% aus Neulingen. Einen derartigen personellen Einbruch hatte es bisher nie gegeben und sollte es auch während der folgenden zwei Wahlen nicht mehr geben. Das soziale Profil des Gemeinderates blieb unter der verstärkten parteipolitischen Orientierung ziemlich unverändert, jedenfalls soweit es die Berufsangaben erkennen lassen, insgesamt nun wieder mit einem stärkeren ›kleinbürgerlichen‹ Einschlag. Bei den Mandatsträgern der Sozialdemokratie handelte es sich durchweg um selbständige Gewerbsleute – Handwerksmeister, Kleinunternehmer, Gastwirte,[530] die sich auf diese Weise nach handwerklicher Ausbildung möglichen oder tatsächlichen Pressionen durch Arbeitgeber entzogen hatten und die nun den Brückenschlag zwischen Sozialdemokratie und kleingewerblichem Mittelstand proben konnten; 1909 kam mit ›Parteisekretär‹

Die älteste Fotografie eines Ludwigshafener Stadtratkollegiums, anläßlich der Besichtigung des Wasserwerks Maudach 9. Mai 1896 [187]

Friedrich Profit,[531] einem gelernten Schlosser, erstmals ein professioneller Parteipolitiker hinzu. Von der Zusammensetzung her bleibt ansonsten der Eindruck, daß im Gremium trotz verstärkten Einflusses des gewerblichen Mittelstandes weiterhin ein breites Interessen-Spektrum vertreten war – Handwerk, Handel und Industrie (besonders engagiert Dr. Fritz Raschig seit 1900, daneben für kürzere Perioden Heinrich Holz 1900 bis 1904, Georg Grüner 1900/01, 1909ff Jakob Ruppel und Friedrich Stauch), dazu mehr Männer des ›neuen Mittelstandes‹ wie Lehrer, Mediziner, Juristen, Journalisten (1900—1904 und 1905 bis 1909 vier, 1910—1914 acht Stadträte). Und infolge der Eingemeindung von Friesenheim und Mundenheim fand auch die Landwirtschaft ihre Stimme durch mehrere ›Ökonomen‹ oder ›Gutsbesitzer‹, an denen es übrigens auch zuvor im Ludwigshafener Stadtrat trotz rückläufiger Tendenz nie gänzlich gemangelt hatte. Dagegen fehlten Vertreter aus den Reihen der einfachen oder gehobenen Arbeiterschaft lange Zeit völlig; erst 1909/10 gelangten mit dem Brauer Theodor Heim und dem bei der BASF beschäftigten Schlosser Heinrich Gensheimer[532] über die SPD-Liste auch zwei Arbeiter ins Stadtparlament. Ansonsten machten sich die sozialdemokratischen Abgeordneten stets für die Sache der Arbeiterschaft stark, wenngleich ihnen die ›bürgerlichen‹ Stadträte einen derartigen Alleinvertretungsanspruch natürlich nicht zugestehen wollten.

Erst eine detailliertere Untersuchung, welche die berufliche Tätigkeit sowie die Besitz- und Vermögensverhältnisse der Gemeinderäte, deren politische Aktivitäten inner- und außerhalb des Stadtrats, auch ewaige persönliche Verflechtungen zwischen ihnen genauer analysieren müßte, könnte ein hinreichend differenziertes Bild von dieser für die Stadtgeschichte bedeutsamen Personengruppe zeichnen. Denn der

Anmerkungen
Seite 522

531 *vgl. Breunig 1976, S.697ff*

532 *Gensheimer hatte sich zuvor als Vorsitzender des freilich nur kurzlebigen Arbeiterausschusses in der BASF profiliert; vgl. Breunig 1976, S.474*

Oberbürgermeister *Krafft begrüßt den Prinzregenten Ludwig von Bayern im Stadtratssaal, 13. Mai 1913 [188]*

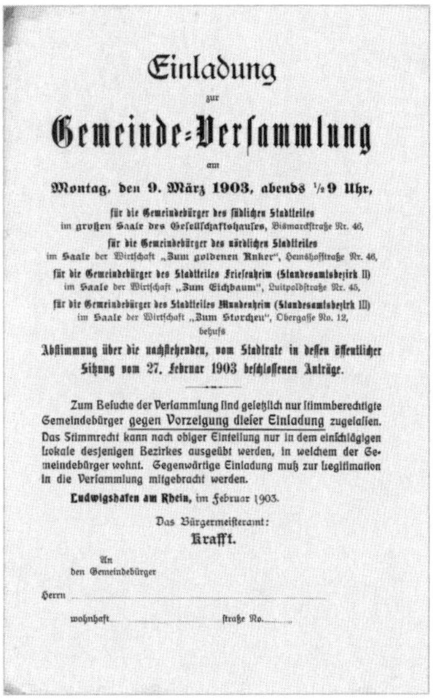

Einladung

zur

Gemeinde-Versammlung

am

Montag, den 9. März 1903, abends ½9 Uhr,

für die Gemeindebürger des südlichen Stadtteiles
im großen Saale des Gesellschaftshauses, Bismarckstraße Nr. 46,

für die Gemeindebürger des nördlichen Stadtteiles
im Saale der Wirtschaft „Zum goldenen Anker", Hemshofstraße Nr. 46,

für die Gemeindebürger des Stadtteiles Friesenheim (Standesamtsbezirk II)
im Saale der Wirtschaft „Zum Eichbaum", Luitpoldstraße Nr. 45,

für die Gemeindebürger des Stadtteiles Mundenheim (Standesamtsbezirk III)
im Saale der Wirtschaft „Zum Storchen", Obergasse No. 12,

behufs

Abstimmung über die nachstehenden, vom Stadtrate in dessen öffentlicher Sitzung vom 27. Februar 1903 beschlossenen Anträge.

Zum Besuche der Versammlung sind gesetzlich nur stimmberechtigte Gemeindebürger gegen Vorzeigung dieser Einladung zugelassen. Das Stimmrecht kann nach obiger Einteilung nur in dem einschlägigen Lokale desjenigen Bezirkes ausgeübt werden, in welchem der Gemeindebürger wohnt. Gegenwärtige Einladung muß zur Legitimation in die Versammlung mitgebracht werden.

Ludwigshafen am Rhein, im Februar 1903.

Das Bürgermeisteramt:
Krafft.

An
den Gemeindebürger

Herrn ....

wohnhaft .... straße No. ....

Die Bürger haben das Wort: Einladung zu einer Gemeindeversammlung am 9. März 1903 zwecks Abstimmung über vom Stadtrat geplante Anleihen für Schlachthof- und Schulhausbauten [189]

Gemeinderat nahm in der Stadtpolitik eine Schlüsselstellung ein. Seine Mitglieder wählten nicht nur den Bürgermeister und die Adjunkten, sondern hatten bei fast allen Entscheidungen der Kommunalpolitik jenseits der bloß administrativen Befugnisse ihr verbindliches Votum abzugeben. Nur in wenigen Fällen wurden ihre Kompetenzen von ›außen‹ beschnitten, so durch die staatliche Oberaufsicht über die Finanzen und durch die Einspruchsrechte der Höchstbesteuerten (maximal fünf, einschließlich juristischer Personen) gegen die Einführung neuer oder die Erhöhung bereits bestehender Abgaben – Einspruchsrechte, welche die Mehrheit des Stadtrats allerdings wieder außer Kraft setzen konnte. Eine andere Barriere gegen möglichen Machtmißbrauch des Stadtrats bildete die ›Gemeindeversammlung‹, die Versammlung aller wahlberechtigten Bürger: Sie hatte über grundlegende Fragen wie Eingemeindungen und vor allem über die Aufnahme von Darlehen abzustimmen, mit deren Hilfe größere Projekte wie der Bau von kommunalen Einrichtungen (Schulen, Krankenhaus, städtischen Wirtschaftsbetrieben) finanziert werden sollten. Beide Einschränkungen stadträtlicher Allmacht haben den gewohnten Geschäftsgang nur selten abgebremst oder gar zu anderen Ergebnissen der Meinungsbildung geführt, aber immerhin boten sie ein Forum für Kritik und mögliche Revision und mochten daher die Stadträte gelegentlich zu gründlicherem Überdenken ihrer Entscheidungen bewegen.

Trotz der neuartigen parteipolitischen Töne im Gemeinderat seit dem großen Revirement von 1899/1900 blieb die städtische Politik Ludwigshafens weiterhin von sachbezogenem Konsensbestreben geprägt. Dies betonte der Sozialdemokrat Ehrhart für seine Fraktion gleich in der ersten Sitzung des frischgewählten Gremiums Anfang

1900. Die Gruppe der SPD-Gemeinderäte erwies sich von Anbeginn als belebendes Element, gab insbesondere immer wieder Anstöße für eine Intensivierung städtischer Sozialpolitik, denen sich die bürgerliche Mehrheit nicht ohne weiteres zu entziehen vermochte, und drängte in der Binnenbeziehung zur Verwaltung auf größere Kontrollrechte des Stadtrates. Als sie 1904 mit elf Abgeordneten als stärkste Fraktion aus den Gemeinderatswahlen hervorging, fiel, wie erwähnt, ihrem Mitglied Jakob Binder der Posten des ersten Adjunkten zu und damit die Möglichkeit, auch auf der administrativen Ebene direkt in die Kommunalpolitik hineinzuwirken.

Soweit es das Verhältnis von Bürgermeister und Stadtrat betraf, enthielt die Gemeindeordnung bereits wesentliche Elemente des Ausgleichs und der Verbindung auch im Zeichen verstärkter parteipolitischer Ausrichtung. Der Übergang zum Berufsbürgermeister bedeutete keineswegs das Ende der bürgerlichen Selbstverwaltung, aber doch eine zeittypische und gleichsam von ›Sachzwängen‹ gebotene Verschiebung des Schwergewichts in Richtung auf verstärkte kommunale Bürokratisierung. Friedrich Krafft, der das Amt wie erwähnt 1896 übernahm und es bis 1920 innehatte, verstand es, seine weitreichenden Kompetenzen zum Wohle der Stadt zu nutzen. Man darf ihn wie seinen Kollegen Otto Beck im benachbarten Mannheim (1891—1908) getrost zur Generation jener bedeutenden Bürgermeister bzw. Oberbürgermeister zählen, die mit juristischer, administrativer sowie persönlicher Autorität und Integrität über Jahrzehnte hinweg die Geschicke ›ihrer‹ Stadt geleitet und deren Entwicklung während einer entscheidenden Phase der Urbanisierung im Netzwerk oder Spannungsfeld unterschiedlicher Interessen maßgeblich beeinflußt und gesteuert haben. Dieser kommunalen Beamtenelite[533] kam zugute, daß sie für gewöhnlich ›von außerhalb‹ stammte, daher auch eine eher neutrale Stellung gegenüber etwaigen Querelen der Honoratiorengesellschaft oder der sich herausbildenden Parteienlandschaft im städtischen Raum einnehmen konnte, und daß sie von seiten der Regierung bestätigt wurde, also nicht nur als Repräsentantin der stadtbürgerlichen Gesellschaft, sondern auch als Vertreterin des Staates fungierte. Um so überzeugender konnte sie auf Gesamtinteressen abheben und ihre Handlungsspielräume auch nutzen, um Forderungen der bürgerlichen Sozialreform ein Stück weit in die Praxis der Kommunalpolitik einzubringen. So avancierte sie zunehmend „vom ausführenden Organ [...] zum Initiativ- und Entscheidungszentrum der kommunalen Verwaltung"[534] und gab Impulse auch über die Grenzen der einzelnen Stadt hinaus in den regionalen Zusammenschlüssen der ›Städtetage‹ mit dem 1905 gegründeten ›Deutschen Städtetag‹ als Dachorganisation.

Auch wenn Kraffts Kandidatur für den Bürgermeisterposten von dem einflußreichen Direktor der Pfälzischen Eisenbahnen Geheimrat Jacob von Lavale zur Zeit des ›Anilin- und Bahnregiments‹ gefördert worden sein soll,[535] steuerte er keinen politisch einseitigen Kurs. Die ihm nachgesagten Eigenschaften – Gerechtigkeit, Korrektheit, Disziplin und hohes Arbeitsethos, Zuverlässigkeit und Hilfsbereitschaft, ausgeprägte nationale Gesinnung und soziales Verantwortungsgefühl – lassen fast das Idealbild des fähigen preußischen Beamten seiner Zeit aufscheinen. Kennzeichnend war sein Wunsch, dem Akt seiner ›Einweisung‹ am 7. September 1896 „eine möglichst nüchterne Form zu geben".[536]

Anmerkungen
Seite 524 und 525

533 *vgl. allg. Hofmann 1974, bes. S. 50ff und Krabbe 1989, S. 139ff*

534 *Krabbe 1989, S. 140*

535 *Springer, S. 30; f.d.F. ebd., S. 30ff*

536 *Schreiben Kraffts vom 27.7.1896; StALu, ZR 1052/2a; vgl. Kraffts Rede bei dieser Gelegenheit im General-Anzeiger Nr. 213 vom 11.9.1896*

537 *zu Krafft vgl. StALu, ZR 1052/2a; F. J. Ehrhart: zu den Stadtratswahlen 1899 (in Bibl. StALu); ›Pfälzische Post‹, 25.2.1920; ›General-Anzeiger‹, 26.2.1920; ebd., 13. und 14.10.1927; ›Rheinpfalz‹, 24.10.2002*

Bürgermeister zwischen Kaiserreich und Republik: **Friedrich Krafft**[537]

Friedrich Krafft wurde 1857 in Dannstadt als Sohn des dortigen protestantischen Geistlichen geboren. Nach dem Besuch des Gymnasiums in Speyer studierte er Rechtswissenschaften in Würzburg und wurde 1885 Bezirksamtsassessor in Kulmbach. 1890 bis 1893 wirkte er in gleicher Eigenschaft in Ludwigshafen, danach war er Regierungsassessor in Speyer. Als die ›Lex Ludwigshafen‹ vom Juni 1896 den pfälzischen Gemeinden die Anstellung eines rechtskundigen hauptamtlichen Bürgermeisters ermöglichte, war es offenbar der damalige Bürgermeister und profilierte Nationalliberale Carl Grünzweig, der – mit Zutun der Leitung der Pfälzischen Bahnen – Krafft den Weg nach Ludwigshafen ebnete. Schon Mitte Juli 1896 wählte der Stadtrat den gerade 39jährigen zum vorläufigen, drei Jahre später zum Berufsbürgermeister auf Lebenszeit.

Krafft – kompetent, arbeitsam, korrekt, zuverlässig, gerecht, solide und mit einer ausgeprägten nationalen Gesinnung – galt als das Idealbild eines preußischen Beamten in der bayerischen Pfalz. „Ich warne vor persönlichen Eigensüchteleien und Nörgeleien." „Keine Kleinigkeitskrämerei, kein Denunziantentum, sondern anständiges, taktvolles Benehmen gegen alle Bürger, Gehorsam und Pflichttreue", so mahnte er seine Untergebenen in seiner Antrittsrede. „Keine Schikane im Dienst, keine Verschleppung, keine Verzögerung der Dienstgeschäfte. Wer so seine Dienste tut, wird bei mir stets eine Stütze finden, wie ich aber auch den fallen lassen werde, der fortgesetzt lässig, renitent oder unbrauchbar im Dienst sich erweisen sollte", fuhr er fort. Noch nach Jahrzehnten rühmten seine Untergebenen seine unfehlbar exakten Ratsvorlagen – und wußten von seiner Strenge zu berichten. Pünktlichkeit war bei ihm von erster Bedeutung – stets soll er jeden Tag um die Mittagszeit dieselbe Straßenbahn bestiegen haben, um in seine Wohnung zum Essen zu fahren und exakt um Viertel vor Zwei wieder in den Dienst zurückzukehren. Notleidenden gegenüber zeigte er sich durchaus bereit, auch in seine eigene Tasche zu greifen.

Unter Kraffts Führung entfaltete sich die Stadtverwaltung rasch im Sinne des ›Munizipalsozialismus‹ weiter, wobei das besondere Interesse des Bürgermeisters dem Schulwesen galt. Sein Arbeitspensum war gewaltig – und nur zögernd wurde die Leitungsebene der Stadt Anfang des 20. Jahrhunderts um einen ›Rechtsrat‹ erweitert. Die Sozialdemokratie feindete ihn anfangs auf das heftigste an, vermutete sie doch hinter Kraffts rascher Beförderung zum Lebenszeitbürgermeister eine Maßnahme der Nationalliberalen, die noch rechtzeitig vor dem absehbaren Aufstieg der SPD im Rat Fakten schaffen wollten. Später scheint sich zwischen Bürgermeister und SPD ein vernünftiges Arbeitsverhältnis gebildet zu haben; der Ausbau der Kommunalbetriebe und der städtischen Daseinsfürsorge bot durchaus eine Basis für gemeinsames Handeln. Der bayerische Staat ehrte Krafft mit verschiedenen Orden und verlieh ihm 1906 den Titel eines Hofrats, 1907 den Ehrenrang eines Oberbürgermeisters; 1916 wurde er ›Geheimer Hofrat‹.

Die letzten Jahre seiner Amtszeit wurden von Krieg und Besatzung überschattet. In der nachrevolutionären Phase kam es Ende Februar 1920 zum Eklat, als eine nach Tausenden zählende Menschenmenge von Hungerdemonstranten den Oberbürgermeister zwang, das Stadthaus zu verlassen und sich auf dem Ludwigsplatz drohend vorgetragene Forderungen anzuhören. Seine Rede wurde von wüsten Zwischenrufen unterbrochen. Nur nachdem er unerfüllbare Zusagen gemacht hatte, begann die Menschenmenge ihn wieder ins Rathaus zu begleiten. Dabei wurde er immer mehr bedrängt, so daß er in ein Geschäftshaus am Straßenrand flüchtete. Unmittelbar nach dieser traumatischen Erfahrung reichte Krafft seinen Rücktritt ein, womit seine 24jährige Amtszeit, die zweitlängste eines Ludwigshafener Stadtoberhaupts, ein unschönes Ende fand. Bis 1925 lebte er in seinem Haus am Richard-Wagner-Platz, danach siedelte er nach Pasing bei München über. Zu seinem 70. Geburtstag, 1927, verlieh ihm die Stadt, auch als Akt der Wiedergutmachung für die Ereignisse des Jahres 1920, die Ehrenbürgerwürde. Die Laudatio hielt der sozialdemokratische Bürgermeister Kleefoot. Friedrich Krafft starb 1936 in Pasing. Er wurde auf dem Ludwigshafener Hauptfriedhof neben seiner 1931 verstorbenen Frau beigesetzt. [S. M.]

Der erste Berufsbürgermeister: Oberbürgermeister Geheimer Hofrat Friedrich Krafft, wie seine Titel am Ende seiner Amtszeit lauteten [190]

Kraffts Leistungen fanden im Gemeinderat im allgemeinen ein hohes Maß an Anerkennung trotz der gelegentlich erhobenen Forderung,

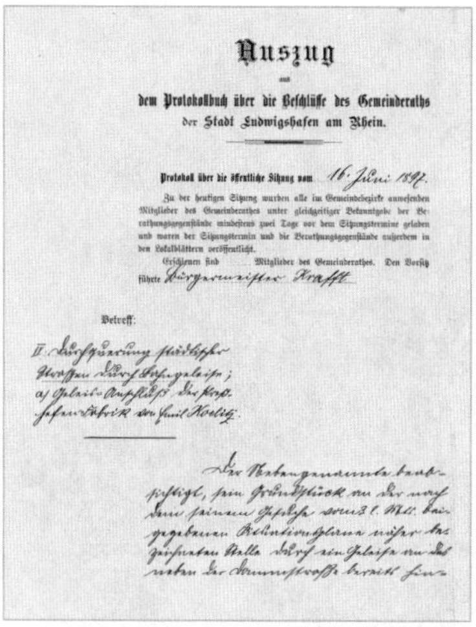

Auszug
aus
dem Protokollbuch über die Beschlüsse des Gemeinderaths
der Stadt Ludwigshafen am Rhein.

Protokoll über die öffentliche Sitzung vom 16. Juni 1897.

Zu der heutigen Sitzung wurden alle im Gemeindebezirke anwesenden Mitglieder des Gemeinderathes unter gleichzeitiger Bekanntgabe der Berathungsgegenstände mindestens zwei Tage vor dem Sitzungstermine geladen und waren der Sitzungstermin und die Berathungsgegenstände außerdem in den Lokalblättern veröffentlicht.

Erschienen sind ...... Mitglieder des Gemeinderathes. Den Vorsitz führte Bürgermeister Krafft

Betreff:

Vielfältige Aktivitäten des Stadtrats in Tausenden von ›Protokollauszügen‹; Beispiel von 1897, in Formularform [191]

dem Gemeinderat größere Mitspracherechte zuzugestehen. Um einer zu starken Gewichtsverlagerung zugunsten des nunmehr professionell betreuten Bürgermeisteramts und der ihm unterstellten städtischen Bürokratie entgegenzuwirken, setzte der Stadtrat im Sommer 1900 eigene Bevollmächtigte oder ›Kommissäre‹ ein „zur Überwachung und Förderung" der ihnen zugeteilten ›gemeindlichen Anstalt‹, so daß sie dem Stadtrat als Experten in den verschiedenen Sachbereichen dienten, zugleich aber auch als Beobachter von außen das Bürgermeisteramt über unerwünschte Entwicklungen informieren und „Anregungen und Gutachten" abgeben konnten, damit für Abhilfe gesorgt wurde.[538] Diese Referenten aber, so stellte Stadtrat Lebender von liberaler Seite 1904 fest, „seien tote Körper geblieben, weil ihnen eben die Verantwortung fehlte und solche allein dem Bürgermeister überbleiben mußte". Mit Blick auf seine bisher gesammelten Erfahrungen und im Einklang mit einem erheblichen Teil seiner Amtsgenossen, auch mit Bürgermeister Krafft, hielt Lebender eine grundlegende Veränderung der Pfälzischen Gemeindeordnung für unabdingbar. Er wollte daher wesentliche Elemente der rechtsrheinischen bayerischen Gemeindeverfassung für die ›unmittelbaren Städte‹ übernehmen, um einerseits die übermäßige Belastung des Bürgermeisters ebenso wie der ehrenamtlichen Gemeinderäte zu vermindern, andererseits ein stärkeres Mitwirkungsrecht der Gemeindevertreter in der Verwaltung zu gewährleisten. Erweiterung der bürgerlichen Gremien würde die ehrenamtliche Arbeit erleichtern, Direktunterstellung der Stadtverwaltung unter die Aufsicht von Kreisregierung bzw. Ministerium würde den Instanzenweg verkürzen und vereinfachen, zudem die Befreiung von den stattlichen Distriktsumlagen zur Folge haben, die im wesentlichen nur den kleinen Distriktsgemeinden zugute kamen, und durch den Anschluß an die Korporation der rechtsrheinischen bayerischen Städte „könnte beim Zusammenarbeiten unter großen einheitlichen Gesichtspunkten wohl manches noch erreicht werden" – gedacht war an eine eigene städtische Vertretung im Landtag.[539]

Initiativen, die Pfälzische Gemeindeordnung den veränderten städtischen Bedürfnissen anzupassen, hatten nur teilweise Erfolg. Das Pfälzische Städteverfassungsgesetz vom 15. August 1908 eröffnete den einzelnen Städten immerhin die Möglichkeit, auf Antrag die rechtsrheinische Magistratsverfassung mitsamt Kreisunmittelbarkeit einführen zu können. Das bedeutete in der Sache erweiterte Selbstverwaltungskompetenzen und damit „Vereinfachung und Verkürzung des Verfahrens" in zahlreichen Betreffen, gleichzeitig eine Entlastung des Bürgermeisters durch Mitsprache des bis zu 20 Köpfen starken Magistrats, bedeutete aber auch Wegfall der Gemeindeversammlung und ihres ›Vetorechts‹ in allen bedeutenderen Finanzfragen, und dieser Umstand zusammen mit der Sorge vor verstärktem Regierungseinfluß über eine „mehr gefügige Gemeindeverwaltung" war der Hauptgrund für die Vertreter der Sozialdemokratie, anstelle des rechtsrheinischen ›Zweikammersystems‹ von Gemeindebevollmächtigten und Magistrat lieber am bisherigen ›Einkammersystem‹ der Stadtverordnetenversammlung festzuhalten. So entschied sich zwar der Gemeinderat nach kontroverser Diskussion[540] am 2. April 1909 mit 14 gegen 12 Stimmen für die Übernahme der Magistratsverfassung, doch sprach sich die Gemeindeversammlung, die dem Übergang zum neuen Verfassungstyp zustimmen mußte und sich

Anmerkungen
Seite 526 und 527

538 *vgl. die Instruktion vom 31.8.1900 in Stadtgeschichte (1903), S.196f*

539 *SRP 22.1.1904, auch f.d.F.; vgl. VB 1900/04, S.18*

540 *Bereits am 4.2.1908 trat Rechtsrat Müller in einer nichtöffentl. Sitzung des Gemeinderats wie schon zuvor in einer Denkschrift für die Übernahme der Magistratsverfassung ein; ebenso Bürgermeister Krafft, der es für ein Unding hielt, „daß nach der Pfälz. Gemeindeordnung die größte Stadt nach demselben Modus wie das ödeste Dorf zu verwalten ist". Adjunkt Binder (SPD) warnte hingegen vor verstärktem Regierungseinfluß und vor um sich greifender Juristenwirtschaft*

541 *VB 1909, S.14: 763 Stimmen für und 2485 Stimmen gegen die Übernahme der Magistratsverfassung*

542 *vgl. Petri-Töppe, S.93f*

543 *SRP 2.10.1905; Ausschreibungsbeschluß SRP 27.10.1905*

544 *SRP 2.2.1906; VB 1906, S.7*

545 *vgl. Springer, S.33*

546 *Geheimes SRP 9.10.1908, SRP 11.12.1908*

547 *Daten in Stadtgeschichte (1903), S.200; VB 1900/04, S.170; VB*

548 *vgl. Stadtgeschichte (1903), S.196ff; Übersicht über die Ausschüsse und ihre Zusammensetzung in AB 1913, S.600ff*

549 *VB 1900/04, S.170*

damit selbst überflüssig gemacht hätte, überraschend klar für das Beibehalten der überkommenen Gemeindeordnung aus. Die Wahlbeteiligung betrug allerdings nur wenig mehr als 40%[541] – wohl ein Zeichen, daß den Bürgern derartige Probleme der Kommunalpolitik nicht allzusehr auf den Nägeln brannten, auch wenn dann anläßlich der Stadtratswahl von 1909 die Gemeindeverfassung das wichtigste Streitthema zwischen Liberalen und Sozialdemokraten bildete.[542]

Angesichts der immer umfangreicheren und rechtlich zunehmend komplizierteren Materie, die es zu bewältigen gab, hatte Krafft selbst schon einige Jahre zuvor beantragt, zu seiner Entlastung und Unterstützung zwei besoldete, also hauptamtliche Stadträte als Referenten einzustellen, wie dies nach der bereits erwähnten Novelle zur Gemeindeordnung vom 17. Juni 1896 zulässig war, davon einen mit juristischer Ausbildung. Einige Überzeugungsarbeit war nötig, damit der Stadtrat wenigstens der Zuwahl eines rechtskundigen Gemeinderatsmitglieds zustimmte, meinte Stadtrat Ehrhart doch, „die Aufstellung von besoldeten juristischen Stadträten sei das Grablied auf die Pfälzische Gemeindeordnung", während Stadtrat Raschig volle Selbständigkeit für einen besoldeten Stadtrat einforderte.[543] Amtsrichter Dr. Richard Müller fungierte seit Anfang 1906 als ›Rechtsrat‹[544] und wirkte in dieser Eigenschaft auch als Vorsitzender von Gewerbe- und Kaufmannsgericht. Er tat dies offensichtlich mit reformerischer Grundtendenz und wurde deshalb in konservativ-wirtschaftsliberalen Kreisen auch unter der Hand als ›Linksrat‹ tituliert,[545] doch fand seine Leistung allseitige Anerkennung, wie die einstimmig bewilligte Übernahme „in ein definitives Dienstverhältnis" ab Anfang 1909 zeigt.[546]

Die Zahl der zu behandelnden Gegenstände im Stadtrat, der nach Bedarf, im frühen 20. Jahrhundert etwa alle zwei Wochen tagte, nahm von 69 im Jahr 1870 über 86 im Jahr 1880 auf 314 zehn Jahre später zu, stieg zu Ende der 1890er Jahre sprunghaft an von 307 im Jahr 1898 auf 635 im Jahr 1900, 675 im Jahr 1903, 1907 sogar auf fast 1 000, um dann wieder auf 621 Tagesordnungspunkte im Jahr 1913 abzusinken.[547] Der Beratungsbedarf wäre weit größer gewesen, hätte das Gremium nicht seit 1870 einen erheblichen Teil der wachsenden Arbeitslast in Ausschüsse oder Kommissionen für bestimmte Sachbereiche verlagert. 1875 bestanden fünf derartige Kommissionen – Armenpflegschaftsrat, Hospital-, Gaswerks-, Friedhofs- und Baukommission, 1900 hingegen 21 Ausschüsse für die verschiedensten Belange. Und die Zahl stieg weiter auf schließlich 32 im Jahr 1913, ein Spiegelbild der expandierenden städtischen Aufgaben und Interessen. Außerdem hatte der Stadtrat damals auf Grund gesetzlicher Vorgaben Vertreter aus seinen Reihen in ›gesetzliche Körperschaften‹ zu entsenden, die überwiegend unter dem Vorsitz des Bürgermeisters bzw. seines Stellvertreters tagten, z. B. in den Armenpflegschaftsrat oder die Ortsschulkommission.[548] 1900—1904 fanden pro Jahr durchschnittlich 235 Ausschußsitzungen statt, auf denen rund 2 400 Tagesordnungspunkte zur Beratung anstanden;[549] 1913 hatten die Ausschuß- und Kommissionsmitglieder bei 410 Terminen 5 396 Punkte abzuarbeiten. Jeder Stadtrat saß in mehreren Ausschüssen, kaum einer in weniger als fünf, die führenden Köpfe aber leicht in doppelt so vielen.

Noch deutlicher als bei den Verpflichtungen des Gemeinderats zeigte sich die Aufgabenexplosion freilich bei der städtischen Administration selbst: Das Geschäftsregister des Bürgermeisteramtes, das im

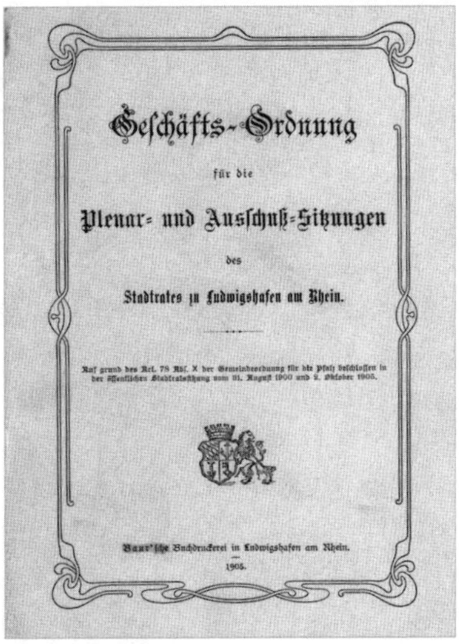

Die Geschäftsordnung von Stadtrat und Ausschüssen 1905 [192]

Damals bestanden 24 Ausschüsse und neun gesetzliche Körperschaften, in die der Stadtrat Mitglieder entsandte, und zwar – A. = Ausschuß:

A. zur Abschätzung von Liegenschaften, Allmend-A., Arbeitsamtskommission, Bau-A., Elektrizitätswerks- und Straßenbahn-A., Ständiger Fest-A., Finanz-A., A. f. d. Fortbildungsschulwesen, Friedhof-A., Gaswerks-A., Gesundheitsrat, Haupt-A., Krankenhaus-A., A. der Lokalhilfskasse des Stadtteils Mundenheim, Städt. Pensionsanstalts-Verwaltungs-A., Rheinfähr-A., Schlachthof-A., Schul-A., Schulvorstand der höheren Mädchenschule, A. f. Schulgeldbefreiung an den höheren und Fortbildungsschulen, Sparkassen-A., Stiftungs-Kommissionen, Submissions-A., Wasserwerks-A.

Gesetzliche Körperschaften: Armenpflegschaftsrat, Brand-Direktion, Distriktsrat – der heutige Bezirkstag, Katholischer Fabrikrat, Feldgeschworene, Gemeindewaisenrat, Grund- und Viehbesitzer-A., Ortsschulkommission, Zuchtstier-A.

bewegten Jahr 1870 gerade einmal 903, 1875 sogar nur 766 Nummern aufwies, enthielt 1885 bereits 3085, 1894 8338 ›Vorträge‹,[550] und wenigstens das absolute Tempo beschleunigte sich weiter auf fast 21000 Einträge 1900, 46000 im Jahr 1910 und über 74000 im Jahr 1913.[551]

Die städtischen Finanzen

Bevor die wichtigsten Tätigkeitsbereiche der kommunalen Selbstverwaltung näher beleuchtet werden, erscheint es zweckmäßig, einen Blick in die städtischen Kassen zu werfen.[552] Die Finanzen bestimmten maßgeblich den Handlungsspielraum der Gemeinden. Mit deren Aufgaben wuchs auch ihr Anteil an den öffentlichen Ausgaben in Deutschland zwischen 1881 und 1913 von 26,3% auf 32,9%, am Sozialprodukt von 2,6% auf 5,8%, wenn nicht gar auf 6,5%.[553] Welche Mittel standen der Stadt Ludwigshafen zur Verfügung, aus welchen Quellen kamen sie, wie wurden sie eingesetzt? Bereits an Volumen und Nutzung der verfügbaren Ressourcen lassen sich in Umrissen Reichweite und Prioritäten der Selbstverwaltung zur Zeit des Kaiserreichs erkennen.

Die Tabelle ›Einnahmen und Ausgaben‹ auf der gegenüberliegenden Seite vermittelt einen ersten Eindruck von der absoluten und von der relativen Zunahme des Finanzvolumens seit den 1870er Jahren. Selbst wenn man berücksichtigt, daß sich der Wert der Mark zwischen 1870 und 1914 um etwa ein Viertel vermindert haben dürfte,[554] bleibt der Anstieg der Ausgaben pro Kopf der Einwohnerschaft beachtlich.

Alles in allem befand sich Ludwigshafen während des gesamten Zeitraums in einer vergleichsweise günstigen Finanzsituation dank des großen Gewichts der Wachstumsbranche Chemie, die sich zudem als verhältnismäßig wenig konjunkturanfällig erwies. Gleichwohl folgten die Stadtväter im Rahmen der gesetzlich vorgeschriebenen oder der für erforderlich erachteten Aufgaben dem Prinzip größtmöglicher Sparsamkeit. So überstiegen die Einnahmen 1870—1913 fast stets die Ausgaben. Natürlich bestand zwischen Einnahmen und Ausgaben ein enger Wechselprozeß: Die Höhe der notwendigen Ausgaben bestimmte den städtischen Steuersatz, um die erforderlichen Einnahmen zu erhalten; andererseits ermöglichte reichlicher Geldsegen, Vorhaben zu finanzieren, die man sonst vermieden oder zumindest aufgeschoben hätte.

Bei den *Einnahmen* unterschied man nach ›gewöhnlichen‹ oder, seit 1907, ›ordentlichen‹, also regelmäßig anfallenden, und ›außerordentlichen‹, unregelmäßig anfallenden Beträgen. Ein einigermaßen festes Verhältnis zwischen beiden Kategorien im Zeitablauf bestand nicht; das lag nicht zuletzt daran, daß bis 1906 die Darlehensaufnahme ebenso wie auf der Ausgabenseite die Schuldentilgung dem außerordentlichen Haushalt zugeordnet war. Ordentliche wie außerordentliche Einnahmen umfaßten öffentlich-rechtliche Ansprüche – vornehmlich direkte und indirekte Steuern, ferner einige Gebühren, u. a. das Bürgereinzugsgeld bzw. die Heimatgebühr; hinzu kamen bei den ordentlichen Einnahmen solche erwerbswirtschaftlicher Herkunft (Erträgnisse aus Gemeindevermögen und aus wirtschaftlichen Aktivitäten der Stadt, also aus den städtischen Betrieben), während bei den außerordentlichen Einnahmen Überschüsse aus vorangehenden Jahren, städtische Ersparnisse, außerordentliche Umlagen für unvorhergesehenen Bedarf, besonders aber auch Anleihen zur Finanzierung größerer Projekte verbucht wurden.[555]

Anmerkungen Seite 528 und 529

550 VB 1890/94, S. 98f; hinzu kamen 1894 noch einmal rd. 4000 Vormerkungen in den Nebenregistern

551 Verwaltungsberichte

552 zum vorliegenden Kapitel Bappert

553 Belege in Kirchgässner/Schadt 1983, S. 64, Anm. 11

554 vgl. die Daten zum Index der Lebenshaltungskosten bei Ritter/Tenfelde 1992, S. 492

555 vgl. v. Eheberg, S. 57ff; Bappert, S. 57, 105ff

556 vgl. Bappert, Beilage 8

557 Matzerath 1985, S. 234

Einnahmen und Ausgaben der Gemeinde Ludwigshafen 1870—1913*

Einnahmen in Mark	ordentlich	außer-ordentlich	Summe	pro Kopf**
1870	27 187	46 816	74 003	11,2
1874	70 106	35 447	105 553	10,3
1880	165 238	195 719	360 957	24,6
1884	294 628	99 041	393 669	20,7
1889	324 821	219 148	543 969	20,8
1895	682 314	372 673	1 054 987	27,0
1900	1 291 077	668 195	1 959 272	34,8
1905	1 688 453	1 215 903	2 904 356	40,8
1910	3 319 682	484 292	3 803 974	46,3
1913	4 191 130	668 322	4 859 452	54,3

Ausgaben in Mark	ordentlich	außer-ordentlich	Summe	pro Kopf**
1870	33 437	27 998	61 435	9,3
1874	66 261	91 005	157 266	15,3
1880	159 722	176 382	336 104	22,9
1884	214 128	143 519	357 647	18,8
1889	309 889	211 406	521 295	19,9
1895	592 885	331 634	924 519	23,7
1900	960 351	750 999	1 711 350	30,4
1905	1 615 428	883 516	2 498 944	35,1
1910	2 961 195	422 094	3 383 289	41,2
1913	3 757 300	956 770	4 714 070	52,7

* Um die Entwicklungstendenz deutlich werden zu lassen, wurden nach Möglichkeit ›normale‹ Jahre ausgewählt, in denen die außerordentlichen Einnahmen und Ausgaben, z. B. durch Einrechnen von größeren Kreditaufnahmen und Baumaßnahmen, nicht übermäßig in die Höhe getrieben wurden.

** Pro-Kopf-Einnahmen und -Ausgaben ergänzt (Hg.)

Quelle: Bappert, Beilage 2 und 3

Königlich Bayerischer Regierungsbezirk der Pfalz.
Bezirksamt Ludwigshafen am Rhein.

Voranschlag
und
Erläuterungsheft
über
Einnahmen und Ausgaben
der
Stadtgemeinde Ludwigshafen am Rhein
für das Jahr
1893.

Buchdruckerei von Julius Waldkirch in Ludwigshafen a. Rh.

Der erste gedruckte städtische Haushaltsplan – ›Voranschlag‹ 1893 [193]

Vergleicht man sämtliche Gemeindeumlagen (Steuern) einerseits, die übrigen Einnahmen andererseits miteinander, so zeigt sich die sprunghaft steigende Bedeutung der Umlagen seit den 1890er Jahren: Zuvor betrug ihr Anteil bei starken Schwankungen insgesamt unter 50%, nun zog er an auf Werte um die 70%. Bei den ordentlichen Einnahmen allein bewegte er sich allerdings während der gesamten Periode stets über der 75%-Grenze.[556]

Die Frage nach der Herkunft der Einnahmen ist deshalb von Belang, weil die Gemeinden zunächst mit den Erträgen aus eigenem Vermögen sowie mit den amtlichen Gebühren und Beiträgen für erbrachte Dienstleistungen zu wirtschaften hatten, bevor sie auf Steuern und allgemeine Umlagen zurückgreifen konnten. Infolge ihrer wachsenden Aufgaben im Zeitalter der Urbanisierung mußten die Städte hiervon zunehmend Gebrauch machen – der Trend der städtischen Finanzpolitik verlief „von der Vermögens- zur Abgaben- und Steuerverwaltung".[557]

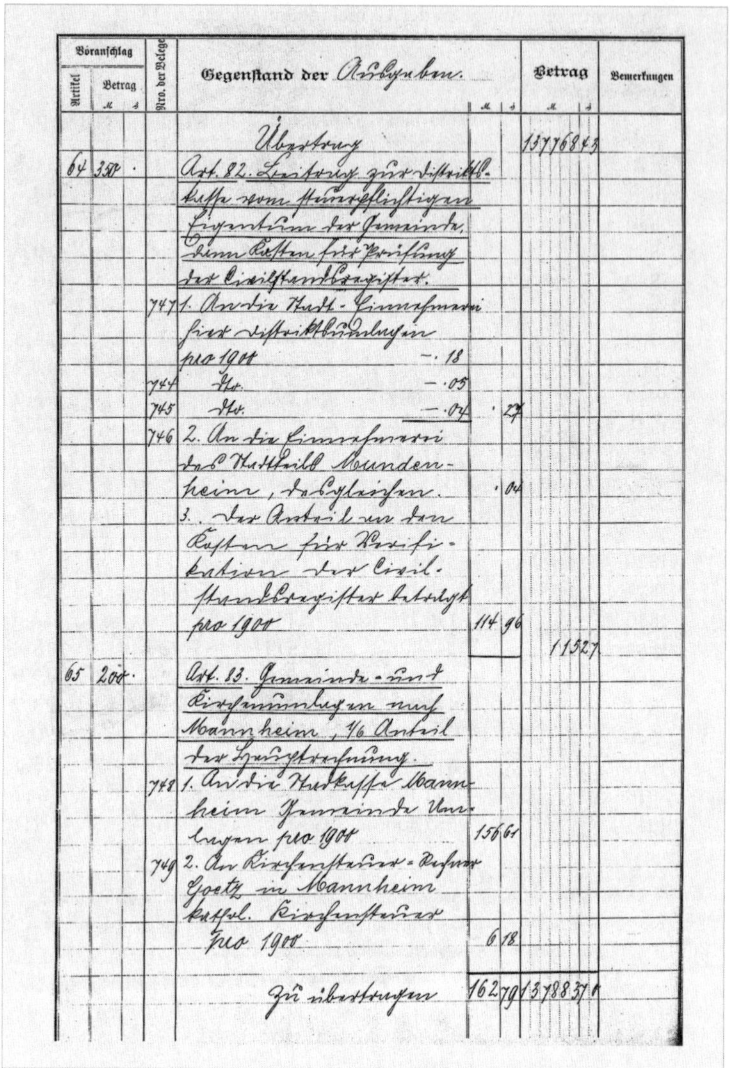

Eine Doppelseite, linke Hälfte, der weiterhin handschriftlich und genau geführten ›Stadtrechnung‹ des Jahres 1900 … [194.1]

Anmerkungen
Seite 530 und 531

558 ermittelt nach Daten bei Bappert, S. 78 und Beilage 8

559 Krabbe 1989, S. 162

560 Stadtgeschichte (1903), S. 221f; Bappert, S. 79f

Für Ludwigshafen trifft dies jedoch nicht zu, denn die Gemeinde besaß zu Beginn ihrer Existenz so gut wie kein rentierliches Vermögen, sondern erwarb solches erst im Verlauf etlicher Jahrzehnte, teilweise durch die Eingemeindungen von Friesenheim und Mundenheim, dann im Zeichen verstärkten Übergangs zur städtischen Leistungsverwaltung durch Ankauf von Grund und Boden *[vgl. Boden, S. 553]*, vor allem aber durch den Aufbau kommunaler Wirtschaftsbetriebe *[vgl. Stadt-Unternehmer, S. 555]*. Grund und Boden lieferten nur Bruchteile eines Prozents der Gesamteinnahmen, städtische Betriebe – Gas-, Wasser- und Elektrizitätswerk zu gleichen Teilen – trugen durch ihre Überweisungen an die Stadtkasse 1913 immerhin 8,3%, in längerfristigem Durchschnitt freilich deutlich weniger bei.

Angesichts des geringen gewinnbringenden Eigenvermögens der Gemeinde war Ludwigshafen vorrangig auf ›öffentlich-rechtliche Einnahmen‹ angewiesen, und das hieß im wesentlichen: auf Steuern, denn

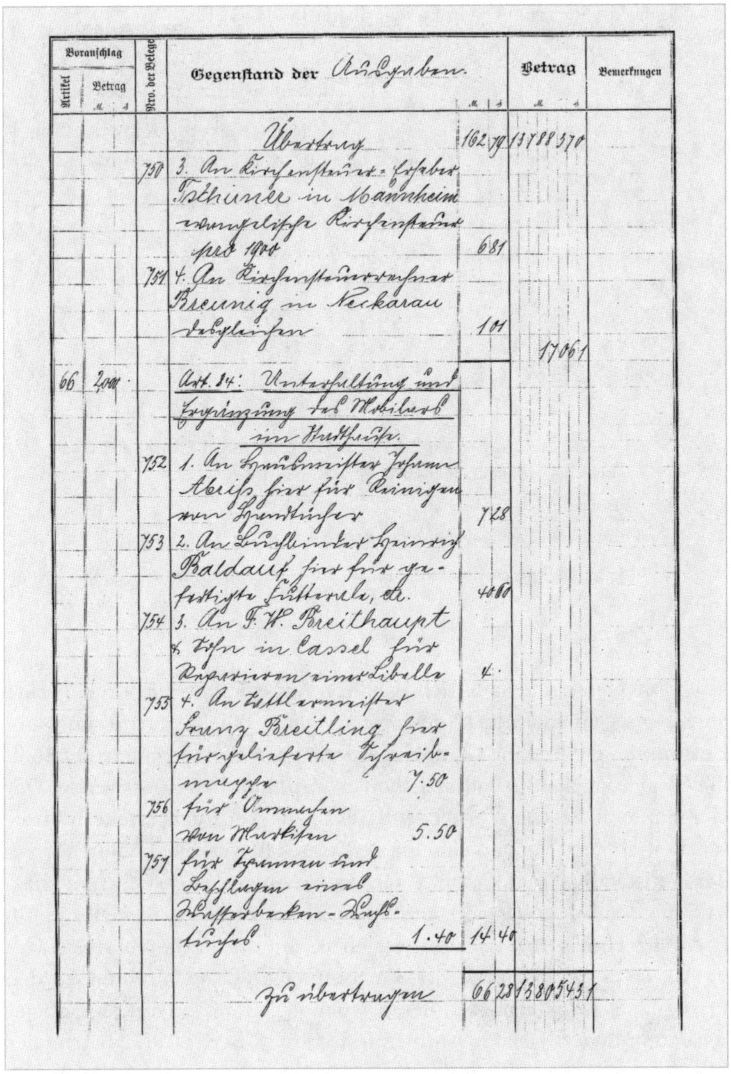

(rechte Hälfte) … die beispielsweise die 7,50 Mark auflistet, welche dem Sattlermeister Franz Breitling für eine Schreibmappe bezahlt wurden [194.2]

die Heimatgebühr, von der bereits die Rede war *[vgl. Bürgerrecht, S. 471]*, warf für gewöhnlich weniger als 1% der Gesamteinkünfte ab.[558] Die deutschen Städte besaßen bis zum Ersten Weltkrieg „eine recht weitgehende Besteuerungsautonomie"[559] und damit eine finanzielle Unabhängigkeit, wie sie in anderen Ländern unbekannt war. Das galt grundsätzlich auch für Ludwigshafen. Völlig frei in der Ausgestaltung kommunaler Besteuerung war die Gemeinde allerdings nicht, vor allem nicht in ihrer Frühphase. Der Haushalt mußte vor Inkrafttreten von der Speyerer Kreisregierung als der zuständigen Aufsichtsbehörde Jahr für Jahr genehmigt werden, und beim Aufbringen der erforderlichen Mittel mußte sich der Gemeinderat bis Ende März 1871 an die ihm 1853 zugestandenen indirekten Steuern halten: an Verbrauchssteuern, den sog. ›Oktroi‹, auf ein recht großes Spektrum von Lebensmitteln sowie auf Bau- und Brennmaterial; hinzu kam für den Bau und Unterhalt der Straßen das ›Pflaster-‹ oder ›Weggeld‹.[560]

Direkte Staatssteuern in Ludwigshafen 1872—1912

Steuerjahr	Summe in Mark	davon entfallen (in %) auf Gewerbe	Haus-besitz	Einkom-men	Kapital-renten	Grund-besitz
1872	32 839	58,0	21,9	14,4	3,3	2,4
1881	104 955	40,9	34,1	15,1	9,1	0,7
1882[1]	201 154	62,4	18,5	11,3	7,5	0,4
1892[2]	354 099	55,2	23,3	12,2	8,4	0,9
1902[3]	842 389	62,0	18,5	13,6	5,2	0,7
1909[3]	1 130 775	51,5	24,0	19,3	4,7	0,5
1913[3]	2 167 231	10,2	8,6	79,3	1,8	0,1

1 Gegenüber 1881 Wirkung der neuen Gesetze vom 19. Mai 1881 über Gewerbe-, Kapitalrenten- und Einkommensteuer

2 Einschließlich Friesenheim

3 Einschließlich Friesenheim und Mundenheim

Quelle: Stadtgeschichte 1903, S.214; VB 1909, S.30; VB 1913, S.26

Die Gemeinde hätte sich zwar von Anbeginn lieber durch direkte Steuerumlagen finanziert, doch verweigerte die Kreisregierung ihre Zustimmung.[561] Erst die Gemeindeordnung von 1869 eröffnete der Stadt die Chance zu einer grundsätzlichen finanzpolitischen Kehrtwende. Der Gemeinderat beschloß am 7. Juli 1870, die Verbrauchssteuern abzuschaffen als sozial ungerecht, für den Geschäftsverkehr hemmend, zudem umständlich und kostspielig in der Erhebung, und verzichtete deshalb auch auf das Weggeld, um nun voll zur direkten Besteuerung in Form des Umlagensystems überzugehen: Auf die Staatssteuern aus Gewerbe, Haus- und Grundbesitz, Einkommen und Kapitalrenten wurden Prozentaufschläge erhoben, deren Höhe der Gemeinderat je nach geschätztem Bedarf Jahr für Jahr neu festsetzte.[562] Bereits 1872 betrug der Hebesatz – einschließlich der Kreis-Umlagen für gemeinsame Aufgaben – 142% der Staatssteuern, stieg 1873 wegen erforderlicher Finanzierung des Schulhausbaues kurzfristig sogar auf 214% und lag 1874 bis 1881 zwischen 156 und 186%; die neue Steuergesetzgebung von 1881 ließ die Quote nur für einige Jahre spürbar sinken (1882: 117%, bis 1887 Zunahme auf 145%), dann zog sie bis 1895 auf 208% an, minderte sich bis 1903 auf 200%, erreichte jedoch 1908 mit 220%, 1909—1911 mit 225% einen neuen Höhepunkt, weil die Stadt die schmerzlichen Einnahmeeinbußen von jährlich mindestens 150 000 Mark ausgleichen mußte, die ihr durch den Übergang der Pfälzischen Eisenbahnen in staatliche Hand seit dem 1. Januar 1909 entstanden waren. Als dem Stadtsäckel infolge der bayerischen Steuerreform ab 1912 höhere Einnahmen zuflossen, entspannte sich die Lage wieder, konnte der Hebesatz auf 180% abgesenkt werden. Rechnet man freilich die Umlagen für die Finanzierung gemeinsamer Aufgaben des Distrikts (Bezirksamts) und des Regierungskreises hinzu, so kam Ludwigshafen 1910 auf insgesamt 275,5%. Damit lag es in der Spitzengruppe der bayerischen Städte, aber doch hinter mehreren anderen pfälzischen Städten, die finanziell sicher um einiges schlechter ausgestattet waren.[563]

Anmerkungen
Seite 532 und 533

561 *hierzu und f.d.F. Stadtgeschichte (1903), S.217ff; Bappert, S.87ff*

562 *f.d.F. Daten in Stadtgeschichte (1903), S.225 und bei Bappert, S.84*

563 *Oggersheim 345,5%, Pirmasens 316,5%, Homburg und Kaiserslautern 308,5%, Neustadt a.H. 307,5%, Edenkoben 296,5%; SJKB 11 (1911), S.403*

564 *VB 1910, S.35*

565 *diese Daten ermittelt nach VB 1913, S.26*

566 *berechnet nach VB 1912, S.27*

567 *SRP 9.11.1906*

568 *VB 1900/04, S.20f*

569 *errechnet nach Bappert, Beilagen 15 und 8; vgl. ebd., S.101ff – Nach VB 1913, S.26 waren von der Warenhaussteuer 4 Firmen betroffen, die mit 4 542 Mark veranlagt wurden*

570 *SRP 20.4.1888; die namentliche Abstimmung ergab 16 gegen 8 Stimmen*

571 *SRP 15.2., 20.4.1888; Stadtgeschichte (1903), S.220f; Bappert, S.96ff*

572 *Springer, S.42; vgl. SRP 20.9.1905*

573 *berechnet nach den Daten bei Bappert, S.98—100*

574 *zu dem recht bunten Sammelsurium der außerordentlichen Einnahmen vgl. Bappert, S.105ff*

Wie sich die städtischen Umlagen auf die verschiedenen Steuergattungen verteilten, läßt sich aus dem Ansatz der Staatssteuern (s. o.) ermitteln. Unübersehbar ist der Einschnitt, den die grundlegende Reform der direkten Staats- und Gemeindesteuern in Bayern 1910 durch den Übergang zur progressiven Einkommensteuer als Hauptsteuer ab 1912 bewirkte. Der Zuschlag zu den Staatssteuern erfolgte nun freilich nicht mehr wie zuvor in gleicher Höhe, sondern wurde „dem Interesse an den gemeindlichen Einrichtungen und der Leistungsfähigkeit entsprechend abgestuft":[564] Grund-, Haus- und Gewerbesteuer veranschlagte man 3fach, die Kapitalrentensteuer 1,5fach, die Einkommensteuer dagegen nur 0,5fach.[565] Von dem einkommensteuerpflichtigen Kapital entfielen in Ludwigshafen auf den ›Gewerbebetrieb‹ insgesamt etwa ein Drittel, auf den ›Beruf‹ etwa drei Fünftel.[566]

Unübersehbar war also auch vor und nach der Reform die herausragende Bedeutung, die dem Gewerbe als direktem Steuerobjekt und als beruflicher Einkommensquelle zukam. Umso verständlicher war das Bemühen der Stadt um weitere Industrieansiedlung, indem sie auf Ausbau der Häfen drängte und geeignetes Gelände für ein bahnnahes Industriegebiet erschloß; Ende 1906 bildete der Stadtrat sogar eine Kommission „zur Förderung der Industrie".[567] Und umso verständlicher war auch die Sorge, durch den Übergang der Pfälzischen Eisenbahnen in staatliche Hand (1909) schlagartig den größten Steuerzahler nächst der BASF zu verlieren, und die – nicht erfüllte – Forderung, der Staat möge wenigstens während einer längeren Übergangsfrist von zehn bis 15 Jahren eine angemessene Abfindungssumme entrichten, um Ludwigshafen die Umstellung auf die veränderte Situation zu erleichtern.[568] Indirekte Steuern wie Hundesteuer (seit 1876), Besitzveränderungsabgabe (seit 1898 beim Kauf und Verkauf von Immobilien in Höhe von 0,5% fällig), Wertzuwachssteuer (seit 1911) und Warenhaussteuer (seit 1912) spülten nur marginale Beiträge in den Stadtsäckel – 1913 gerade einmal 3% der Gesamteinnahmen.[569] Etwas schwerer wog der Beitrag der Verbrauchssteuern, die der Gemeinderat trotz erheblicher Bedenken in den eigenen Reihen gegen die „nicht mehr zeitgemäße [...], ungerechte und einseitige Einrichtung"[570] erneut seit dem 1. Oktober 1888 auf Wein, Bier, Malz, Essig und Fleisch erhob[571] und auch entgegen späteren Abschaffungswünschen der SPD[572] beibehielt, um den Reingewinn für die Tilgung der anschwellenden städtischen Schuldenlast zu verwenden: Sie erbrachten 1891—1893 fast 10%, sanken allerdings von 1901 bis 1903 auf 6,1% sämtlicher städtischer Einkünfte, und ihr Anteil schrumpfte weiter, als ab dem 1. April 1910 aufgrund eines Reichsgesetzes auf Fleisch keine Abgaben mehr erhoben werden durften. 1911 bis 1913 machten die Verbrauchssteuern nur noch knapp 3% der Gesamteinnahmen aus. Der Reinertrag lag angesichts der Erhebungs- und Verwaltungskosten um ein reichliches Viertel unter dem Bruttoertrag;[573] aber immerhin lieferte er alles in allem 20,6% der 11,135 Mio. Mark, welche die Stadt 1888—1913 für Verzinsung und Amortisation von Anleihen verausgabte.

Damit geraten die *außerordentlichen Einnahmen* in den Blick, denn Anleihen bildeten hierbei wenigstens bis 1906 den letztlich gewichtigsten Posten.[574] Sie dienten dazu, vergleichsweise große Summen für die Finanzierung nötiger städtischer Einrichtungen und Aufgaben kurzfristig über den Kapitalmarkt aufzubringen, um dann das Kapital mittels

Verzinsung und Amortisation über längere Frist zurückzuzahlen und so die ›Lasten‹ über den Tag hinaus auch auf die nachfolgende Generation als dereinstige Nutznießerin der neuen Errungenschaften zu verteilen. Der überproportionale Anstieg der Ausgaben für Zinsendienst und Schuldentilgung war demnach die Folge der Verpflichtung, aber auch der Bereitschaft der Stadt, in wachsendem Umfang langfristig wirksame Investitionen zugunsten verbesserter Lebensbedingungen ihrer Einwohnerschaft zu tätigen.

Schließlich sind noch Zuschüsse von dritter Seite zu erwähnen, damit die Gemeinde dringend gebotene Aufgaben über den eigenen Bedarf hinaus wahrnehmen konnte. Dazu rechnete insbesondere das Schulwesen, denn die höheren Schulen wurden zu einem nicht unerheblichen Teil von auswärts wohnender Schülerschaft genutzt. Die Beträge, die der Stadt hierfür nach dem Schulbedarfsgesetz seit 1903 zweckgebunden zuflossen, blieben freilich, gemessen an dem tatsächlichen Aufwand, recht bescheiden – 1910—1913, als der Betrag deutlich aufgestockt worden war, belief er sich auf gut 7% der betreffenden Ausgaben. Versuche der Stadt, den eigenen Etat z. B. durch die Verstaatlichung des Gymnasiums zu entlasten (Eingabe an den Landtag 1903), hatten keinen Erfolg.[575]

Die *Ausgaben* vermitteln durch alle Probleme derartigen Zahlenwerks hindurch erste strukturierende Vorstellungen von den Aufgaben der kommunalen Selbstverwaltung und von der Intensität ihrer Wahrnehmung durch die Gemeinde.

Wie auf der Einnahmenseite unterschied der Gemeindehaushalt zwischen gewöhnlichen bzw. ordentlichen und außerordentlichen Ausgaben. Die Unterscheidung zwischen staatlicherseits vorgeschriebenen ›Pflichtausgaben‹ und den von der Gemeinde selbstbestimmt übernommenen ›freiwilligen Ausgaben‹[576] erweist sich in der Alltagspraxis als nicht allzu aussagekräftig, bleibt aber für die Einschätzung der gemeindlichen Selbstverwaltung und ihres finanziellen Engagements von Bedeutung. Bei den Pflichtausgaben waren „die Kommunalorgane nur Mandatare des Staates"; hierzu rechneten „die Besorgung der Zivilstandsregister, des Volkszählungswesens, die Errichtung und Erhaltung von Gewerbe- und Kaufmannsgerichten, die Unterhaltung von Ortsstraßen, die Mitwirkung bei Veranlagung und Erhebung der Staatssteuern, bei Reichs- und Landtagswahlen, beim Ersatzgeschäft,[577] bei Auswahl der Geschworenen und Schöffen, beim Eichungswesen, bei der Durchführung der Gewerbeordnung, bei den Arbeiterversicherungsgesetzen usw., ganz besonders aber beim Armen-, beim Elementarschulwesen, und die Ausübung der Ortspolizei",[578] insgesamt also eine recht bunte Serie von Obliegenheiten. Die freiwilligen Ausgaben betrafen „diejenigen, welche über das vom Staate geforderte Mindestmaß hinausgehen", darunter „die Ausgaben für den mittleren und höheren Unterricht, für Kunst, Wissenschaft, Museen, für Kanalisierung und Straßenreinigung, für Beleuchtung, für Straßenerweiterung, Promenaden und Parkanlagen, Markthallen, Schlachthöfe u. dgl."[579] Tatsächlich war ein Großteil solcher ›freiwilligen‹ Ausgaben aus der Sicht der Kommunen gegenüber ihren Angehörigen ein Erfordernis, bei dem man höchstens über das Wie, kaum über das Ob streiten konnte.

Nicht ganz einfach ist es, einen kontinuierlichen Überblick über die Ausgaben zu erlangen, da Umstellungen in den Haushaltsplänen seit

Anmerkungen
Seite 534 und 535

575 *VB 1900/04, S.20*
576 *vgl. allg. v. Eheberg, S.45ff*
577 *Ergänzung der Armee durch Militärpflichtige; die Ortsbehörden hatten die Rekrutierungsstammrollen zu führen und die Militärpflichtigen zum Musterungsgeschäft einzubestellen*
578 *v. Eheberg, S.46*
579 *ebd., S.47f*
580 *z.B. die Zurechnung von Baukosten zu Sachbereichen wie Schulen, Verwaltung usw.*

Ordentliche und außerordentliche Ausgaben
der Stadt Ludwigshafen 1871—1913[1,2]
Zuschüsse der Stadtkasse in Mark

Zeitraum	1872—1906[1]	1907—13[2]	1872	1906	1913[2]
Summe	34 129 860	25 378 497	95 209	2 747 249	4 714 070
davon entfallen auf (in %)					
öffentlichen Unterricht	21,3	30,4	14,5	25,8	28,7
Polizei	13,3	6,4	11,9	14,9	5,9
Verwaltung	12,2	7,1	8,0	12,6	6,7
öffentliche Arbeiten	18,5	8,3	37,9	15,7	7,8
Wohltätigkeit	4,4	5,1	0,0	7,8	4,7
Anlage von Kapital	9,8	2,2	27,0	3,4	7,8
Schuldentilgung, Verzinsung	15,5	9,6	k.A.	16,6	10,4
Gesundheit, Wohlfahrt	k.A.	7,1	k.A.	k.A.	8,4
Sonstiges	5,5	23,8	0,7	3,2	19,6

1 Eine Zusammenstellung der Rechnungsergebnisse für den Zeitraum 1853—1902 über einen Betrag von 25,814 Mio. Mark in Stadtgeschichte (1903), S. 234 mit fast identischen Prozentwerten für die folgenden Rubriken wie hier zum Zeitraum 1872—1906

2 Die Werte für 1907—1913 und 1913 sind aufgrund der veränderten Zuordnung zu den einzelnen Rubriken mit den Werten für die früheren Jahre kaum vergleichbar; die Angaben über Schuldenverzinsung und -tilgung erfassen nur den Zuschuß der Stadtkasse, nicht aber die Zuschüsse der Gemeindebetriebe; diese Beträge sind hingegen in den Zahlen der Tabelle ›Schuldenbildung und Schuldentilgung‹ berücksichtigt

Quelle: Bappert, Beilagen 9ff

1907 und Probleme sachgerechter Zuordnung[580] einen exakten Vergleich über die Jahrzehnte hinweg fast unmöglich machen. Das Zahlenwerk in der obigen Tabelle ist mit entsprechender Vorsicht zu interpretieren. So enthält die seit 1907 kräftig zunehmende Rubrik „Sonstiges" im wesentlichen Posten, die zuvor den verschiedenen Sachbereichen zugezählt wurden.

Immerhin zeigen die Daten das hohe, weiter zunehmende Gewicht zumal des Schulwesens. Die ›klassischen‹ Ressorts ›Polizei‹ und ›Verwaltung‹ beanspruchten in langjährigem Durchschnitt etwa ein Viertel der Ausgaben, nicht zuletzt für das rasch wachsende Personal. Demgegenüber wirken die benötigten Summen für Hoch- und Tiefbau (›öffentliche Arbeiten‹) und vor allem diejenigen für ›Wohltätigkeit‹ (Armenpflege) eher maßvoll. Allerdings bleibt hierbei der Anstieg der Ausgaben für ›Gesundheit und Wohlfahrt‹ zu berücksichtigen, die wenigstens zu einem Teil auch der sozialen Fürsorge dienten.

Schwerer als es die Tabelle ausweist, wogen die Aufwendungen für die Schuldentilgung, weil die Gemeindebetriebe aus ihren Erträgen

Schuldenbildung und Schuldentilgung einschließlich Verzinsung
1871—1913 in Ludwigshafen
in Mark

	Anleiheschulden		Tilgung und Verzinsung	
	Summe	je Einwohner	Summe	in %*
1871	112 450	14	k.A.	k.A.
1872	313 800	36	k.A.	k.A.
1876	824 907	65	k.A.	k.A.
1881	932 536	58	k.A.	k.A.
1885	1 508 737	72	k.A.	k.A.
1888	k.A.	k.A.	76 644	k.A.
1895	5 363 081	135	261 012	4,9
1900	8 664 616	140	351 353	4,1
1902	10 209 194	155	375 556	3,7
1905	12 200 740	169	567 082	4,6
1906	15 708 555	211	580 064	3,7
1910	17 109 454	205	778 486	4,6
1913	18 824 168	208	930 029	5,1

* bezogen auf die Summe der Schulden

Quelle: Daten bei Bappert, S.100, 128, Beil. 20;
für 1902: Stadtgeschichte (1903), S.229 und 232

hierfür zusätzlich zu den Zuschüssen der Stadtkasse recht erhebliche Beträge verwendeten.[581]

Schuldenwesen

"Das starke Anwachsen der Schuldenlast der einzelnen Gemeinden, namentlich der Großstädte, [hat] wiederholt Anlaß zur Diskussion gegeben [...] Und doch ist diese Erscheinung nur möglich geworden durch die beispiellos günstige Entwicklung, die unser deutsches Wirtschaftsleben ausgezeichnet hatte; an dieser haben die Städte als Brennpunkte der Kultur naturgemäß den größten Anteil genommen, und die Ausdehnung der freiwilligen und pflichtgemäßen Aufgaben, die den Städten auf allen Gebieten des öffentlichen Lebens erwachsen sind, spiegelt eben die Bedeutung der Städte wider, die sie in der modernen Volkswirtschaft einnehmen." (Lexikon der Kommunalwissenschaften 1920)

Die Prokopf-*Verschuldung,* 1871, wie aus obiger Tabelle ersichtlich, noch höchst bescheiden, erreichte kurz vor dem Ersten Weltkrieg eine Größenordnung, die in etwa dem Lohn eines Fabrikarbeiters für anderthalb bis zwei Monate entsprach, und der Schuldendienst, soweit ihn die Stadt direkt bezuschußte, machte 1913 immerhin ein gutes Zehntel der städtischen Gesamtausgaben aus, dies wohlgemerkt ohne die Einnahmen aus den Verbrauchssteuern, die ja ausschließlich für diesen Zweck eingesetzt wurden, und ohne die Zuschüsse aus den Gemeindebetrieben. Dennoch bestand kein Grund zu ernster Sorge:[582] Die Zinsen hielten sich in überschaubaren Grenzen, auch wenn der Zinssatz bei einer Anleihe im Jahr 1913 erstmals 4,5% erreichte, nachdem er zwischen 1894 und 1903 nur 3,5%, dann 4% betragen hatte.[583] Und die

Anmerkungen
Seite 536 und 537

581 hierzu Daten bei Bappert, Beilage 16; 1913 überwiesen Gas-, Wasser- und Elektrizitätswerk jeweils 135 000 Mark an die Stadtkasse

582 zur zeitgenössischen Diskussion über „die Gefahren der Verschuldung" vgl. v. Eheberg, S. 79f

583 vgl. Daten bei Bappert, S. 127

584 ebd., S. 127

585 vgl. Daten bei v. Eheberg, S. 76f

586 Daten bis 1899 in Stadtgeschichte (1903), S. 227

587 berechnet nach Daten bei Weiß, S. 27

588 so Matzerath 1985, S. 370f

Amortisationsraten fielen dank langer Tilgungsperioden maßvoll aus: Die Anleihe des Jahres 1913 z. B. sollte erst 1954 voll abgegolten sein.[584] Verglichen mit der Verschuldung anderer Städte war die Situation Ludwigshafens eher günstig: 1907 betrug die Prokopf-Verschuldung der größeren deutschen Mittelstädte (50 000—100 000 Einwohner) 237 Mark,[585] in der Stadt der Chemie dagegen rd. 210 Mark.

Zudem standen dem Schuldenberg jedenfalls seit Mitte der 1890er Jahre zunehmend höhere Vermögenswerte gegenüber[586] – Ende 1913 nominell 46,8 Mio. Mark gegenüber 18,8 Mio. Mark Schulden, so daß ein Reinvermögen von rd. 28 Mio. Mark verblieb. Überbewerten sollte man eine derart positive Bilanz freilich nicht, denn zum großen Teil handelte es sich bei dem Vermögen um nichtrentierliche Werte (Straßen, Schulen, Verwaltungsgebäude u. ä.), zumindest um solche, die sich nicht oder nicht zum angesetzten Wert realisieren ließen: Es entfielen 28,2% auf bebaute und 17,8% auf unbebaute Grundstücke, 18,7% auf die städtischen Werke und Betriebe, 16,6% auf Straßen, Plätze, Anlagen und Friedhöfe, 12,2% auf Kapitalien und Forderungen, 4,1% auf die Kanalisation und 2,4% auf Einrichtungsgegenstände und Materialien.[587]

Soviel aber steht fest: Der beschleunigte Schuldenanstieg seit den 1890er Jahren dokumentiert in Ludwigshafen wie in der deutschen Städtelandschaft überhaupt eine ausgesprochen zukunftsorientierte Grundeinstellung der Stadtverwaltung, getragen von dem optimistischen Glauben an eine positive Wirtschaftsentwicklung auf lange Frist. Die darauf basierende Finanz- und Schuldenpolitik, so hat man zu Recht gesagt, brachte „einen stärker unternehmerischen Zug in die Kommunalpolitik", sie trug dazu bei, die überbordende Problemfülle der Hochindustrialisierung zwar nicht zu beseitigen oder zu lösen, aber doch zumindest abzumildern, und hat insofern ein Stück weit systemstabilisierend gewirkt.[588] Zudem dienten die Kredite für grundlegende Verbesserungen der städtischen Infrastruktur, und ein großer, wenn nicht sogar der überwiegende Teil der getätigten Investitionen, zumal diejenigen in die kommunalen Wirtschaftsbetriebe, bescherte den Stadtkassen wiederum höchst erwünschte Einnahmen. Aber auch andere Investitionsbereiche wie Kanalisation, Straßen- oder Schulhausbau erwiesen sich zumindest als produktiv, denn sie verbesserten die Lebensbedingungen der Menschen, machten die Stadt attraktiver für den Zuzug von Firmen und Menschen und steigerten so wiederum die Wirtschaftskraft und die Einnahmequellen.

Der ›Königliche Kanzleirat‹ Friedrich Günther (1852—1932), zwischen 1884 und 1920 einflußreicher Leiter der städtischen Kanzleien

Während die Bürgermeister ihn als Vertrauensperson schätzten, beschuldigten ihn die Sozialdemokraten der Mithilfe bei der Manipulation der Gemeinderatswahl von 1894; neben seinen städtischen Ämtern war Günther vielfältig sozial engagiert und schriftstellerisch tätig [195]

Bürokratisierung und Professionalisierung – Das städtische Personal – Aufgabenexpansion

Um ihren immer weiter ausgreifenden Verpflichtungen genügen zu können, benötigten die Städte einen immer größeren Bestand an qualifizierten Mitarbeitern, waren Bürokratisierung und Professionalisierung der Kommunalverwaltung zumindest in den größeren Städten ein unabdingbares Erfordernis – um so mehr, je deutlicher sich der Weg von der ›Ordnungs-‹ zur ›Leistungsverwaltung‹ abzeichnete. Das kommunale Berufsbeamtentum, das sich während der Zeit des Kaiserreichs ausbildete, wurde allmählich zum Hauptträger der städtischen Selbstverwaltung.

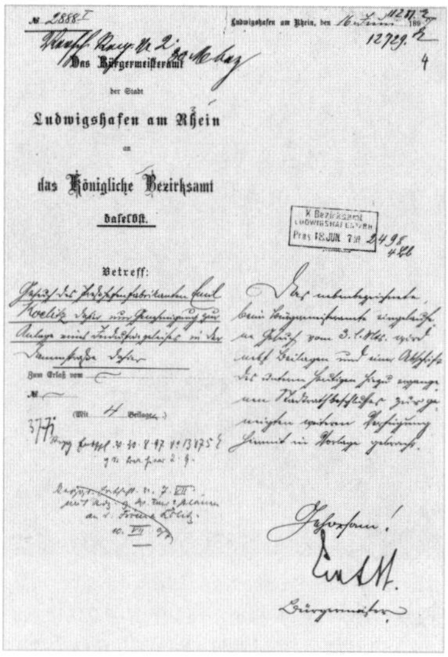
Das Bürgermeisteramt
der Stadt
Ludwigshafen am Rhein
an
das Königliche Bezirksamt
dahier.
Betreff:
Zum Erlaß vom
(Mit 4 Beilagen.)

Bürokratisierung und vereinfachte Schriftwechsel: Schreiben des Bürgermeisteramts an das Bezirksamt auf Vordruck, 1897 [196]

Das alte Stadthaus in der Ludwigstraße während des Ersten Weltkriegs
In den Vorkriegsjahren war es im ›Jugendstil‹ erweitert und umgebaut worden [197]

Anmerkungen
Seite 538 und 539

589 *Stadtgeschichte (1903), S. 177*
590 *Daten in Stadtgeschichte (1903), S. 178*
591 *VB 1913, S. 193ff*
592 *Laut Adreßbuch von 1913, S. 6, gab es 1910 365 Beamte, 315 Lehrkräfte und 336 städtische Arbeiter*
593 *f.d.F. Stadtgeschichte (1903), S. 245ff*
594 *VB 1913, S. 194*

Das galt selbstverständlich auch für Ludwigshafen. Der Übergang vom ehrenamtlichen zum Berufs-Bürgermeister markierte diesen Entwicklungsprozeß auf der obersten Ebene, die Zunahme des *städtischen Personals* läßt die Größenordnung des Vorgangs erkennen: 1865 gab es bei der Stadt 13 Bedienstete, Teilzeitberufler wie den Totengräber eingeschlossen.[589] Bis 1890 mehrte sich die Zahl der ›städtischen Beamten und Bediensteten‹ – heute würde man von Angestellten sprechen – auf 73, bis 1902 auf 210,[590] also nahezu das Dreifache. Und die Expansion hielt an: Im Dezember 1913 standen bereits 434 ›Beamte und Bedienstete‹ auf der städtischen Besoldungsliste, davon 176 in den städtischen Kanzleien, 24 im Kassenwesen, 83 im Bauwesen, 27 in den städtischen Betrieben und 124 bei der Polizei.[591] Demnach entfiel 1890 ein städtischer Bediensteter auf 393, 1902 bereits auf 314 Einwohner, und die Relation verminderte sich bis 1913 auf 209 Einwohner je Bediensteten, dies wohlgemerkt ohne das Lehrpersonal in den Schulen und ohne die städtische Arbeiterschaft in den Kommunalbetrieben, die jeweils noch einmal annähernd dieselbe Größenordnung erreichten.[592] An der Entstehung der städtischen Baubürokratie läßt sich die Entwicklung exemplarisch illustrieren. Mit Blick auf das rasante Wachstum der Stadt scheint es sich um einen geradezu naturnotwendigen Vorgang zu handeln, doch gab der Gemeinderat solch unabweisbarem Sachzwang nur recht zögerlich nach.[593] Bis Anfang 1878 begnügte sich die Stadt damit, daß der für den ganzen Distrikt zuständige Bezirksbauschaffner die städtischen Bauangelegenheiten mitbesorgte, stellte dann angesichts vielfältiger Klagen

Mitglieder von Rat und Verwaltung im Stadtratssaal anläßlich eines Vortrags des Polizeichefs Hatzfeld, 1911 [198]

Sitzende, von links:
1. Stadtrat Butscher, der spätere Bürgermeister, 5. Stadtrat Raschig,
6. der Bezirksamtmann Mathéus,
7. Oberbürgermeister Krafft,
8. SPD-Stadtrat Wagner, der Vater des Ehrenbürgers Friedrich Wilhelm Wagner,
10. SPD-Stadtrat Queva
Stehende, von links:
1. Polizeiinspektor Hatzfeld,
2. Gaswerksdirektor Förtsch,
6. Ludwigshafens erster ›Rechtsrat‹, Dr. Müller, 7. Stadtbaurat May,
10. der Herausgeber der SPD-Zeitung ›Pfälzische Post‹, Stadtrat Gerisch,
11. Redakteur Dienstbier vom ›General-Anzeiger‹, 14. rechts außen, Elektrizitätswerksdirektor Pack

wegen mangelhafter Betreuung einen eigenen Bauschaffner ein und stockte seine Stellung 1882 durch Bewilligung einer Hilfskraft zum städtischen Bauamt auf, dessen Leiter 1883 den Titel ›Stadtbaumeister‹ erhielt. Infolge des zu bewältigenden Arbeitspensums und der hierbei erforderlichen Spezialkenntnisse wurde das Amt 1890 in Hoch- und Tiefbauabteilung aufgegliedert und Mitte 1892 – bei einem Personalbestand von nur acht Mann – einem akademisch gebildeten Stadtbauinspektor als verbindender Oberinstanz unterstellt. Zehn Jahre später war das Personal auf 23 angestiegen, aber auch das war alles andere als üppig, bedenkt man die Masse an Aufgaben, die für die Stadt anfielen beim Bau und bei der ständigen Pflege von Straßen, Kanalisation, Krankenhaus, Schulen, städtischen Wirtschaftsbetrieben (einschließlich der erforderlichen Zuleitungen für Wasser und Gas) und von sonstigen öffentlichen Gebäuden sowie bei der Prüfung einer Masse von privaten Baugesuchen und bei der Kontrolle der Ergebnisse. Auch die neue Bauordnung für die Pfalz (1901) bescherte den Städten mit den dringend benötigten größeren Kompetenzen zugleich größere Verantwortung und größeren Arbeitsaufwand. Erst 1898 leistete sich Ludwigshafen einen eigenen Geometer; das Hochbauamt verfügte noch 1902 nur über vier Kräfte und behalf sich notfalls durch befristet eingestellte Fachleute für einzelne Projekte. 1913 hatte sich der Personalbestand im Bereich ›Bauwesen‹ auf nunmehr 83 Mitarbeiter erhöht, davon 46 Mann ›technisches Aufsichtspersonal‹ wie Straßenaufseher, Magaziniere, Wagmeister und Maschinisten.[594]

Verwaltungs-Bericht

des

Bürgermeisteramts

Ludwigshafen am Rhein

für das Jahr

1910

druckerei Weiß & Hameier, Ludwigshafen am Rhein

Der Verwaltungsbericht des Jahres 1910 [199]

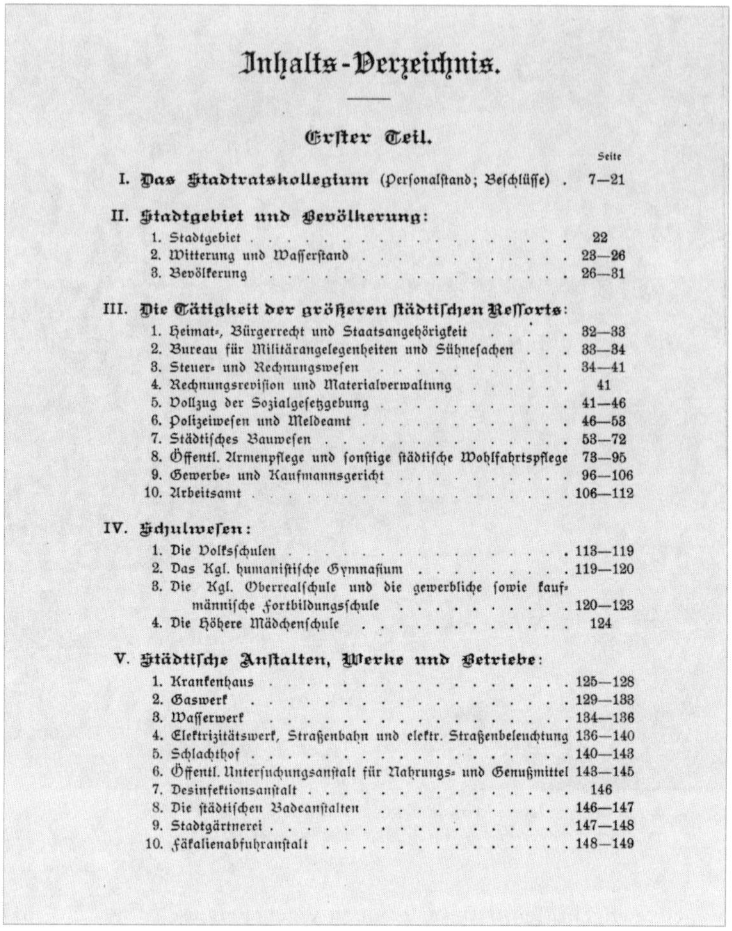

Inhalts-Verzeichnis.

Erster Teil.

Der Verwaltungsbericht 1910, Inhaltsverzeichnis, … [200]

Von anderen Amtsbereichen wird noch zu reden sein. Die ständig vergrößerte Verwaltung benötigte natürlich mehr Raum. Zu einem repräsentativen Rathaus, wie es damals in zahlreichen Städten als Symbol bürgerlichen Selbstbewußtseins entstand, konnte sich Ludwigshafen allerdings nicht durchringen und behalf sich schließlich mit dem teilweisen Ausbau des Stadthauses sowie mit einem zusätzlichen städtischen Verwaltungsgebäude im nördlichen Stadtteil (Stadthaus Nord), also mit einer dezentralen Lösung, die den Bedürfnissen und Ansprüchen der beiden großen Stadtteile gerecht wurde. Im Parterre des alten Stadthauses aber richtete man haushälterisch gewinnbringende Ladenlokale ein.

Der Ausbau der städtischen Administration wurde seit den 1890er Jahren begleitet von gezielt einsetzender *Öffentlichkeitsarbeit*. Die Sitzungen des Gemeinderats waren zwar seit je für Publikum normalerweise zugänglich, und die lokale Presse berichtete mehr oder weniger ausführlich über die dortigen Beratungen und Beschlüsse, doch erhielten die Bürger keinen amtlichen Überblick über das kommunale Geschehen. Erst Bürgermeister Grünzweig folgte 1895 dem Beispiel größerer Städte und verfertigte für die Wahlperiode 1890—1894 einen zusammenfassenden Rechenschaftsbericht. Auf Anregung des sozialdemokratischen Stadtrats Ehrhart knüpfte Bürgermeister Krafft für die Jahre 1900—1904 an das Muster seines Amtsvorgängers an und legte dann

Anmerkungen Seite 541

595 Stadtgeschichte (1903), S. 183ff; vgl. SRP 6.12.1901

596 vgl. SRP 1.3., 10.5., 30.5., 7.6.1883

597 vgl. VB 1890/94, S. 65ff; Stadtgeschichte (1903), S. 327ff; SRP 14.9.1887, 25.1.1901; VB 1900/04, S. 14; VB 1911, S. 8f; 1901 gehörten der Anstalt 82 Mitglieder an, Ende 1913 einschließlich des Lehrpersonals 506, davon 74 Frauen; VB 1913, S. 165; StALu ZR/1133/1ff

... gibt wie seine Vorgänger und Nachfolger einen präzisen und umfassenden Einblick in die breite Palette städtischer Ämter und Aufgaben [201]

Das zu Beginn des Ersten Weltkriegs fertiggestellte Stadthaus Nord [202]

Jahr für Jahr eine ausführliche Leistungsbilanz der Stadtverwaltung vor – das war im Wettbewerb der Städte um ein fortschrittliches Image inzwischen zweifellos auch zu einer Sache des Prestiges geworden.

Die kommunale Bürokratisierung schloß das *Besoldungswesen* ein. Hatte die Stadt über Jahrzehnte ihren ›Bediensteten‹ das Einkommen individuell zugemessen, so wuchs mit der Zahl der Angestellten das Bedürfnis nach übergreifender Normierung. Eine erste Gehaltsordnung trat 1890 in Kraft; infolge „der zunehmenden Teuerung der Wohnungen und aller Lebensbedürfnisse" wurde sie – erst – gut elf Jahre später nach „umfangreichen Erhebungen in einer großen Zahl von Städten mit gleichartigen Verhältnissen" ab dem 1. Januar 1902 durch völlig neue ›Satzungen zur Regelung der Dienst- und Gehaltsverhältnisse der Beamten und Bediensteten der Stadt Ludwigshafen‹ abgelöst.[595] Sie regulierten erforderliche Zugangs-Qualifikationen durch Prüfungen, grundlegende Dienstobliegenheiten, Urlaubs- und Pensionsansprüche – letztere gegenüber der bereits 1883 eingerichteten städtischen Pensionsanstalt,[596] deren solide Fundierung freilich über längere Zeit hinweg fraglich erschien, so daß sie zwischen 1887 und 1901 vorsichtshalber keine neuen Mitglieder mehr aufnahm,[597] ordneten die Tätigkeiten sechs Gehaltsgruppen mit insgesamt zwölf ›Abteilungen‹ zu und bestimmten den Gehaltsanstieg jeweils durch zehn Alterszulagen über einen Zeitraum

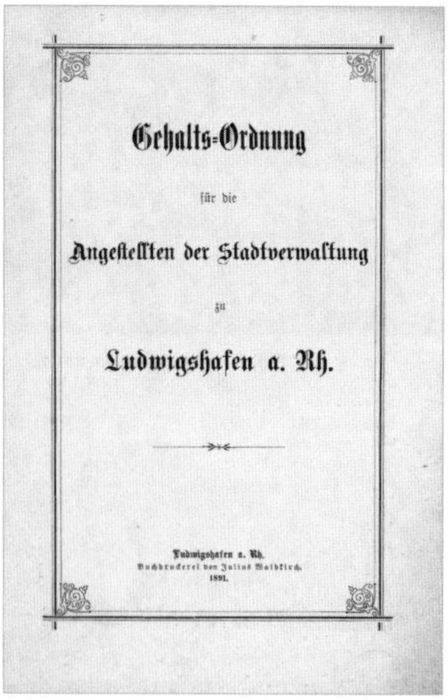

Gehalts-Ordnung

für die

Angestellten der Stadtverwaltung

zu

Ludwigshafen a. Rh.

Ludwigshafen a. Rh.
Buchdruckerei von Julius Waldkirch.
1891.

Gehaltsordnung für Angestellte der Stadtverwaltung, 1891 [203]

Das Erholungsheim für die städtischen Beamten und Bediensteten in Annweiler, ›Trifels‹, am Tag seiner Eröffnung, dem 5. Juli 1911 [204]

von 20 Dienstjahren sowie die Möglichkeit einer weiteren ›Ehrenzulage‹ nach 25 Dienstjahren. Eine Neufassung paßte 1908 die Gehälter an die gestiegenen Lebenshaltungskosten an und verbesserte die Urlaubsansprüche.[598] Im selben Jahr erwarb die Stadt bei Annweiler ein größeres Gelände, um dort ein Erholungsheim für ihre Beamten aus Mitteln der städtischen Pensionsanstalt zu errichten; am 5. Juli 1911 wurde das Haus ›Trifels‹ feierlich eröffnet.[599]

Mit der wirtschaftlichen Besserstellung der Beschäftigten im Kommunalbereich war wenigstens für einen Teil derselben auch die Anhebung ihres Rechtsstatus verbunden: Die Gesetzesnovelle von 1896 zur pfälzischen Gemeindeordnung hatte mit ausdrücklicher Unterstützung durch die Stadt Ludwigshafen den Weg freigemacht für die bisher nicht bestehende Unkündbarkeit oder ›Stabilität‹ von ›höheren Gemeindebediensteten‹. Derartige Absicherung nach dem Muster des Staatsbeamtentums blieb allerdings auf den sehr kleinen Kreis von Bediensteten beschränkt, die „einer besonderen Dienstsparte vorstehen und dieselbe mit Erfolg bekleiden",[600] und selbst hier neigte der Stadtrat im Interesse größtmöglicher Flexibilität längere Zeit zur Enthaltsamkeit.[601] Die Flexibilität bei der Auswahl der städtischen Angestellten auf der unteren Ebene wurde von anderer Seite wiederum spürbar eingeschränkt, nämlich durch einen massiven Eingriff des Reiches in das kommunale Selbstverwaltungsrecht: Laut Gesetz vom 22. Mai 1893 hatten Reich, Einzelstaaten und Gemeinden einen mehr oder weniger großen Teil ihrer ›Subaltern- und Unterbeamtenstellen‹ mit sog. ›Militäranwärtern‹ zu besetzen, ehemaligen Unteroffizieren, die auf Grund von Invalidität oder nach zwölfjähriger Dienstzeit einen ›Zivilversorgungsschein‹ und damit den Anspruch auf eine Anstellung im Zivildienst erhielten. Die Gemeinden mußten Verzeichnisse der dafür vorzuhaltenden Stellen führen, auf die sich geeignete Kandidaten bewerben und nach einer Probezeit von sechs bis neun Monaten überwechseln konnten als Kassenboten,

Anmerkungen
Seite 542 und 543

598 *SRP 6.3.1908; VB 1908, S. 8ff; StALu, ZR 119/2a*

599 *SRP 14.5.1909; VB 1909, S. 14; Beschreibung in VB 1911, S. 57, 160f; Weiß, S. 144f*

600 *Grundsätze „für die stabile Anstellung der städtischen Bediensteten" in Ludwigshafen vom 7.6.1899 in Stadtgeschichte (1903), S. 178f*

601 *Stadtgeschichte (1903), S. 179*

602 *vgl. ebd., S. 180ff*

603 *vgl. SRP 6.12.1901; Textwiedergaben in Stadtgeschichte (1903), S. 330ff*

604 *VB 1900/04, S. 14f*

Städtische Bedienstete beim Aufenthalt im Erholungsheim ›Trifels‹ August 1911 [205]

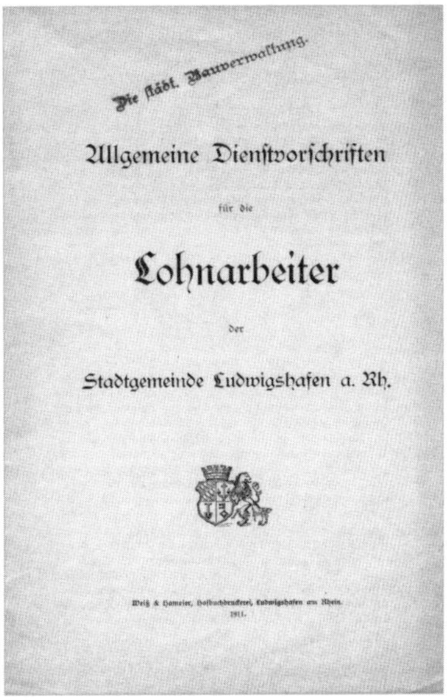

Die städt. Bauverwaltung.

Allgemeine Dienstvorschriften

für die

Lohnarbeiter

der

Stadtgemeinde Ludwigshafen a. Rh.

Weiß & Hameier, Hofbuchdruckerei, Ludwigshafen am Rhein.
1911.

Dienstvorschriften für die immer zahlreicheren Lohnarbeiter der Stadt 1911 [206]

Bau- und Straßenaufseher, Schutzleute, Nachtwächter und Laternenanzünder, Feldhüter, Krankenwärter, Heizer, Bürodiener, Magazinarbeiter, Schlachthausaufseher, Armenkontrolleure, Bademeister, Hausmeister, Friedhofaufseher oder Parkwächter, um nur einen Eindruck von der Vielfalt solcher Posten zu geben. Es liegt auf der Hand, daß derartige Vorgaben in der kommunalen Personalpolitik – in Bayern seit Ende 1899 wirksam und in Ludwigshafen seit 1901 praktiziert[602] – zu einer ›Militarisierung‹ behördlicher Mentalität beitrugen.

Jenseits der ›Beamten und Bediensteten‹ war die Stadt Ludwigshafen auch Arbeitgeberin einer ständig wachsenden Zahl von *Lohnarbeitern* in den städtischen Wirtschaftsbetrieben, aber auch bei Straßenreinigung, Müllabfuhr, Straßenbeleuchtung, Stadtgärtnerei, Tiefbauamt, alles in allem kaum weniger als das Kontingent der Beamten. Für die Gestaltung der Arbeitsverhältnisse kamen der Stadtverwaltung Vorbildfunktionen zu, ob es nun um die Bereitschaft ging, auch ältere und weniger leistungsfähige Arbeiter einzustellen, oder ob es die Situation am Arbeitsplatz und die Entlohnung der Arbeiter betraf, und natürlich hat in dieser Hinsicht die SPD-Fraktion seit 1900 immer wieder auf Verbesserungen gedrängt. So erließ das Bürgermeisteramt nach Zustimmung des Stadtrats mit Wirkung vom 1. Januar 1902 ›Allgemeine Dienstvorschriften für die Lohnarbeiter der Stadt Ludwigshafen am Rhein‹ mitsamt einem ›Lohntarif‹, der die Beschäftigten sieben Lohnklassen zuordnete und fünf Zulagen nach jeweils zwei Jahren festlegte[603] mit einer ganzen Serie von Vergünstigungen „wie Lohnzahlung für die auf einen Werktag fallenden Feiertage, Übernahme der gesamten Krankenversicherungsbeiträge, Zuschüsse zur Familienunterstützung der in Krankenhäusern untergebrachten Versicherten, Beurlaubung mit Lohnfortzahlung, Ehrenzulage nach 25 Dienstjahren, Sustentation im Erwerbsunfähigkeitsfalle, Sterbegeld".[604] In den größeren städtischen Betrieben wurden als Arbeitnehmervertretung Arbeiterausschüsse gewählt, für

Angehörige der Ludwigshafener Polizeimannschaft 1912 [207]

die der Gemeinderat 1902 eine allgemeine Geschäftsordnung erließ,[605] und 1906 entstand aufgrund entsprechender Beschlüsse ein gemeinsamer Ausschuß für die gesamte städtische Arbeiterschaft[606] – eine Einrichtung, welche die großen Firmen noch als Bedrohung ihrer unternehmerischen Freiheit bewerteten und soweit wie möglich zu umgehen suchten. In den folgenden Jahren wurden Dienstvorschriften und Lohntarif wiederholt der fortschreitenden Entwicklung angepaßt:[607] Seit Anfang 1906 galt die neunstündige Arbeitszeit, wurde der Krankengeldzuschuß nach nur ein- statt bisher fünfjähriger Dienstzeit für die Dauer von 26 Wochen bis zur vollen Höhe des Taglohns gezahlt (allerdings nach ›Mißbrauch‹ 1908 erst einmal wieder auf 80% des regelmäßigen Lohnes reduziert),[608] erhielten sämtliche Arbeiter eine zehnprozentige Lohnerhöhung. Weitere Verbesserungen – Anhebung des Krankengeldes und Reduktion der Wochenarbeitszeit um zwei Stunden bei vollem Lohnausgleich – folgten 1911.[609] Bereits Ende 1906 hatte der Stadtrat mit Wirkung ab dem 1. Januar 1907 ein Versorgungsstatut für die städtischen Lohnarbeiter und deren Hinterbliebene erlassen, das erste seiner Art in der bayerischen Pfalz: Nach mindestens zehnjähriger ununterbrochener Tätigkeit im städtischen Dienst erhielten die Arbeiter bei unverschuldeter dauernder Arbeitsunfähigkeit und ab dem vollendeten 65. Lebensjahr einen ›Ruhelohn‹; ihre Hinterbliebenen durften mit Sterbe-, Witwen- und Waisengeld rechnen.[610]

Der administrative Expansionsschub seit den 1890er Jahren entsprach der Expansion der Aufgaben, welche die Städte aufgrund gesetzlichen Auftrags oder aufgrund autonomer Entscheidungen übernahmen. Der Wettbewerb zwischen den Städten um ein fortschrittliches Image führte dazu, daß sich so etwas wie verbindliche Standards kommunaler Fürsorge herausbildeten „als ein allgemein gültiger Anspruch der Bürger an ihre Verwaltungen und als akzeptiertes Ziel des administrativen Ehrgeizes".[611] Gerade Tätigkeitsbereiche, die gewohnheitsgemäß den Gemeinden zugewiesen waren, gewannen zur Zeit des Kaiserreichs ein ganz neues Gewicht, schufen Verpflichtung, aber auch selbstbestimmte Gestaltungsspielräume. Und selbst dort, wo die Gemeinden gesetzliche Auflagen zu erfüllen hatten, so im Bereich der öffentlichen Sicherheit

Anmerkungen
Seite 544 und 545

605 *SRP 14.3. und 25.4.1902; VB 1900/04, S.15; Stadtgeschichte (1903), S.332*

606 *SRP 8.12.1905 (neue allgemeine Dienstvorschriften für die städtischen Lohnarbeiter), 6.4.1906; VB 1906, S.11, 40*

607 *VB 1906, S.39f; SRP 22.5.1908; VB 1908, S.12f, 59; Springer, S.66; StALu, ZR 1160/1ff*

608 *SRP 22.5.1908; VB 1908, S.59*

609 *VB 1911, S.9ff*

610 *SRP 14.12.1906: ›Ruhelohn‹ entspricht mindestens 30% des Lohnanschlags für Ledige, 40% für Verheiratete, ab dem 11. Jahr 1% Zuschlag jährlich bis zu einer maximalen Höhe von 80% des Lohnanschlags; ferner für jedes Kind unter 16 Jahren 3% zusätzlich; ›Sterbegeld‹ entspricht einer Lohnfortzahlung im Sterbemonat sowie im folgenden Monat; ›Witwengeld‹ entspricht 20% bis maximal 40% des Lohnanschlags; ›Waisengeld‹ entspricht 20% des Witwengeldes für einfache Waisen, 30% für Doppelwaisen; vgl. auch SRP 28.6.1907*

611 *Hofmann 1971, S.63*

612 *VB 1890/94, S.102f*

613 *zur Geschichte der Ludwigshafener Polizei: Raith*

Das seit den Jahren vor dem Ersten Weltkrieg als Polizeihauptwache genutzte Gebäude in der 1930 abgerissenen unteren Ludwigstraße; Aufnahme 1929 [208]

Gustav Hatzfeld (1851—1930) Polizeidirektor

Der gebürtige Grünstadter stand von 1886 bis 1920 an der Spitze der Ludwigshafener Polizei [209]

und des Elementarschulwesens, konnten sie über den vorgeschriebenen Mindeststandard hinausgehen. Von einigen derartigen kommunalen Aktivitäten war bereits im vorangehenden Teil die Rede, von anderen wird in den folgenden Abschnitten und Teilen zu handeln sein.

„[...] die Erhaltung der Ruhe, Ordnung, Sicherheit und Sittlichkeit" – die Polizei; Rechtsfrieden; Feuerwehr

Das damalige ›Polizeiwesen‹ umfaßte laut Verwaltungsbericht von 1890—1894 eine stattliche Aufgabenvielfalt: „im Allgemeinen den Vollzug der einschlägigen Gesetze, Verordnungen, ortspolizeilichen Vorschriften und kompetenzmäßigen Anordnungen, im Speziellen die Überwachung des Vollzuges der öffentlichen Reinlichkeit und Gesundheit (in letzterer Beziehung Visitation der Nahrungs- und Genußmittel in Gemeinschaft mit der städtischen Versuchsanstalt und dem Fleischbeschauer), die Erhaltung der Ruhe, Ordnung, Sicherheit und Sittlichkeit, die Handhabung der Feuerbeschau gemeinsam mit den Kaminkehrermeistern, die Überwachung des Vollzuges der Maß- und Gewichtsordnung, des Dienstbotenwesens und der Gewerbeordnung in Bezug auf den Meß- und Marktverkehr, das Gast- und Schankwirtschaftsgewerbe, die Sonntagsruhe, Visitation der gewerblichen Anlagen, die Arbeitsbücher, die Führung der Beschäftigungsnachweise etc., endlich Vollzug der Maßnahmen gegen fortgesetzt säumige und renitente Schüler und die Überwachung des Vollzuges des Vereinsgesetzes mit Überwachung von Versammlungen".[612]

Was das im Alltag bedeutete, mag der folgende Überblick ausschnittweise vermitteln. Zu den unbestrittenen Aufgaben der Gemeinden gehörte die Sorge für die öffentliche Sicherheit.[613] Daß das rasche industrielle Wachstum in dieser Hinsicht die Ludwigshafener Stadtverwaltung vor besondere Anforderungen stellte, liegt nahe, denn der Zustrom überwiegend junger und überwiegend ungelernter Arbeiter schuf zumal unter den beengten Lebensverhältnissen der Betroffenen vor Ort ein nicht zu unterschätzendes Unruhe- und Aggressionspotential. Gerade der Stadtteil Hemshof im Norden galt in dieser Hinsicht vor allem

Ortspolizeiliche Vorschriften

betreffend die

Straßenpolizei-Ordnung

in der

Stadt Ludwigshafen a. Rh.

Durch Entschließung königl. Regierung der Pfalz, Kammer des Innern, vom 8. November 1893, Nr. 19236 A. für vollziehbar erklärt.

Stadt-u. Bezirksgesch. Sammlungen
Inv. Nr. 2795.
Ludwigshafen a. Rh.

Ludwigshafen am Rhein
Buchdruckerei von Julius Waldkirch.

1894.

Straßenpolizeiordnung der Stadt Ludwigshafen, 1894 [210]

an Wochenenden und Feiertagen als höchst problematisches Terrain. Die Gemeinde Ludwigshafen suchte sich diese Umstände längere Zeit auf ihre Weise nutzbar zu machen, indem sie wiederholt, wenngleich mit nur mäßigem Erfolg auf die Notwendigkeit verwies, Militär dauerhaft in der Stadt zu stationieren, wohl in der Hoffnung, so ihre eigenen Ausgaben für Polizei in Grenzen halten zu können. Neben angeblicher Gefahr für Sicherheit und Eigentum brachte sie dabei seit 1873 bis zur Aufhebung des Sozialistengesetzes (1890) auch die Bedrohung durch „socialistische Umtriebe" und „socialistische Agitatoren" ins Spiel der (Zweck-)Argumente.[614] Als tatsächlich gefährlicher erwiesen sich die kräftigen Trinkgewohnheiten und rauhen Umgangsformen, wie sie zunächst im Umfeld der Fabriken „auf dem Hemshof" an der Tagesordnung waren. Polizeidiener Krauß dankte deshalb 1872 ab, weil er sich seines Lebens nicht mehr sicher fühlte;[615] dennoch wurde dort erst 1877 eine eigene Polizeistation errichtet. Von einer personalen Überbesetzung der Ludwigshafener Polizei wird man während des gesamten Zeitraums kaum sprechen können. Fünf ›Polizeidiener‹ im Jahr 1869, das bedeutete, daß jeder Hüter des Gesetzes etwa 1 240 Einwohner zu betreuen hatte. Die Relation erhöhte sich bis 1879 bei neun Polizisten auf 1 470, bis 1886 bei 15 Mann sogar auf 1 490 Einwohner je Ordnungshüter. Da die Arbeit „die Leistungsfähigkeit der Mannschaft aufs höchste in Anspruch" nahm,[616] stockte die Stadt den Bestand in den folgenden Jahren kräftig auf, so daß 1890 (27 Polizisten) nur noch 1 060, und Anfang 1903 noch 920 Einwohner auf einen der 72 Polizeibeamten entfielen[617] – immer noch deutlich mehr als in Mannheim, wo die Relation damals 1 : 760 betrug.[618] Die letztgenannte Verhältniszahl wurde in Ludwigshafen auch 1913 bei einem Stand von nunmehr 114 Beamten noch nicht erreicht (1 : 795).

Eine bestimmte Vorbildung der Polizisten war offensichtlich lange Zeit nicht vorgesehen, wie das bunte Spektrum der Bewerbungen auf neu ausgeschriebene Stellen belegt. Seit 1908 sorgte jedoch eine eigene Polizeischule für professionellere Ausbildung: Sie bot einen Spezialkurs für die ›Kriminalschutzleute‹, einen ›Oberkurs‹ für die Schutzleute, die bereits mehr als fünf Jahre im städtischen Dienst standen (und daher als Anwärter für weiteren Aufstieg in Frage kamen) und einen ›Unterkurs für die übrige Mannschaft‹. Gleichzeitig leistete sich die Stadt als „Ansporn für die Berufsfreudigkeit des einzelnen" bei den bereits bewährten älteren Beamten einen kleinen Beförderungsschub.[619]

Mit der Polizeiführung durch einen ›Polizei-Commissär‹ seit 1869 hatte Ludwigshafen zunächst nicht allzu viel Glück, mußte doch ein Amtsinhaber wegen Körperverletzung im Dienst, sein Nachfolger wegen Veruntreuung im Amt entlassen werden.[620] 1886 schließlich tat der Stadtrat einen guten Griff: Gustav Hatzfeld hat das Polizeiwesen der Stadt bis 1920, also nahezu während dreieinhalb Jahrzehnten maßgeblich ausgestaltet und mit großem Verantwortungsbewußtsein erfolgreich geleitet. Die Dienstvorschriften von 1888 und 1907[621] bieten Einblick in sein Bemühen um einen verständnisvollen, von Gerechtigkeit und Unparteilichkeit geprägten Umgang mit dem ›Publikum‹, aber auch um energisches Handeln, wo es ihm geboten erschien, und um strikt einzuhaltende, von Disziplin und Gehorsam bestimmte Ordnung als Grundlage eines gut funktionierenden Dienstes, und er selbst sparte im alltäglichen Betrieb nicht mit detaillierter Kritik und handfestem Ansporn,[622]

Anmerkungen
Seite 546 und 547

614 *vgl. Breunig 1976, S. 63ff; f. d. F. Stadtgeschichte (1903), S. 235ff*
615 *Böhn, S. 55*
616 *Stadtgeschichte (1903), S. 237*
617 *ber. nach Angaben in Stadtgeschichte (1903), S. 235ff, und Bevölkerungsdaten*
618 *ber. nach Stadtgeschichte (1903), S. 244*
619 *VB 1908, S. 46f*
620 *Raith, S. 16ff*
621 *vgl. Raith, S. 178ff*
622 *vgl. Raith, S. 31ff*
623 *Raith, S. 39*
624 *berechnet nach VB 1900/04, S. 181; VB 1913, S. 33; 1913 entfielen unter den schwereren Tatbeständen 1 114 auf Diebstahl, 947 auf Körperverletzung*
625 *VB 1905, S. 39f; Ermittlung von 57 ausgeschriebenen Personen und 94 Verhaftungen auf Grund von Haftbefehlen*
626 *VB 1900/04, S. 86 und 182*
627 *Stadtgeschichte (1903), S. 240*
628 *VB 1900/04, S. 89*
629 *VB 1906, S. 36*
630 *1908 wurden 28 „öffentliche politische Versammlungen" überwacht, 1909 nur noch 9; VB 1908, S. 52; VB 1909, S. 41; seit 1910 fehlen Angaben, scheint die Überwachung völlig entfallen zu sein*
631 *VB 1907, S. 39*

damit die wachsende Fülle an Aufgaben auf sparsamste Weise erledigt werden konnte: Die Zahl der zu bearbeitenden ›Einläufe‹ (einlaufende Briefe usw.) stieg 1890—1902[623] von rd. 5 900 auf 20 300 und bis 1913 auf über 31 000, die Zahl der Strafanzeigen von knapp 2 900 auf fast 6 700, bis 1913 auf 7 940. Die Einteilung des Stadtgebiets in Polizeibezirke mit jeweils einer Tag und Nacht besetzten Polizeistation ab 1886 (1897 neu organisiert) sollte für klare Zuständigkeiten und durch Dezentralisation für größere Effizienz sorgen, eine eigene ›Kriminalabteilung‹ (1913 neun Mann) verfolgte seit dem Herbst 1888 die angezeigten Verbrechen und Vergehen – 1903 immerhin 152 bzw. 2 365 Fälle, während sich die einfachen Übertretungen fast auf die doppelte Größenordnung beliefen (4 176); zwei Drittel der schwereren Delikte entfielen etwa hälftig auf Körperverletzungen und Diebstähle (1913: 275 Verbrechen, 3 111 Vergehen, 4 554 Übertretungen).[624] Ergänzt wurde die Kriminalabteilung 1905 durch eine zunächst einköpfige, bis 1913 auf vier Mann vergrößerte ›Fahndungsabteilung‹, welche „die Ausschreiben in den Fahndungsblättern" systematisch auswertete und „die Fremdenkontrolle in den Gasthäusern und Herbergen" übernahm und mit dieser Methode gleich im ersten Jahr bemerkenswerte Erfolge verzeichnete.[625] Zum polizeilichen Sicherheitsdienst gehörte es auch, eine größere Anzahl von in Ludwigshafen wohnenden Personen zu überwachen, „die infolge vielfacher Bestrafungen einer besonderen Aufsicht bedürfen" – 1900 bis 1904 etwa 200 pro Jahr, 1906 sogar 556, 1913 nur noch 76, und „über deren Erwerbs- und Familienverhältnisse periodische Berichte an das Bürgermeisteramt" zu erstatten. Personen, die wegen Verbrechen und Vergehen zumal gegen Eigentum und Sittlichkeit bereits mehrfach bestraft worden waren, mußten mit Ausweisung rechnen (1900—1904 insgesamt 164, 1913: 51 Ausweisungen), „arbeitsscheue Personen" erhielten auf polizeilichen Antrag vom Bezirksamt ›Arbeitsaufträge‹ zugewiesen (1900—1904 insgesamt 136 Personen, 1913: 35).[626] Dabei hatte die Schutzmannschaft in ihrer „ansehnlichen Dienstkleidung"[627] keineswegs nur mit Säbel und seit Oktober 1902 auch mit einem sechsläufigen Revolver rund um die Uhr für die Sicherheit der braven Bürger gegen zweifelhafte Elemente zu sorgen, die sich oft nur für kurze Zeit in Ludwigshafen aufhielten und leicht auf dem Wasserweg oder über die Brücke entweichen konnten. Ständig gefragt war ein Schutzmann im polizeilichen Telefondienst, der alle Polizeistationen miteinander verband, wenigstens ein weiterer bei der Schulaufsicht: „Die geradezu auffällig hohe Zahl von fortgesetzt säumigen und renitenten Sonntags- und Werktagsschülern sowie von Schülern der Fortbildungsschule erfordert jede Woche wiederholt dutzendfache Vorführungen solcher Schüler zum Unterricht", notierte der Verwaltungsbericht 1900—1904,[628] so daß ein Schutzmann 1906 regelrecht „als Schuldiener" abkommandiert wurde.[629] Die Überwachung und gegebenenfalls Berichterstattung über öffentliche Versammlungen wies den Polizisten tagespolitisch relevante Aufgaben zu – besonders galt das für die Periode des Sozialistengesetzes, aber auch später noch gab es genügend zu tun, bis das neue Reichsvereinsgesetz vom 19. April 1908 dieses polizeiliche Geschäft weitgehend austrocknete.[630] Ansonsten wuchsen Schutzleuten zusätzliche Aufgaben bei der „Handhabung der Sittenpolizei" zu; 1907 z. B. wurden 77 Personen wegen Gewerbsunzucht, 83 wegen Konkubinats, 26 wegen Kuppelei sowie 86 wegen anderer sittlicher Vergehen angezeigt.[631]

Pfälzische Chronik.

Ludwigshafen, 9. Mai.

* Zur Verhaftung des Aufschlitzers wird noch folgendes bekannt: Graf giebt die drei letzten Ueberfälle zu. Ein Fall vor etwa 3—4 Wochen mißglückte ihm. Als er nämlich damals auf ein Pärchen zuspringen wollte, ging die betreffende Mannsperson gegen ihn und prügelte ihn durch, worauf Graf die Flucht ergriff. Daß Graf auch der Thäter der früheren Fälle ist, beweist der Umstand, daß er bei demselben genau so, wie bei den zugestandenen drei Fällen zu Werke ging, nämlich auf Händen und Füßen schleichend, sich seinen Opfern näherte. Auch wurde ein Havelock, welchen der Thäter bei den früheren Ueberfällen immer trug, bei einer bei Graf vorgenommenen Hausdurchsuchung vorgefunden. Daß der Viehtreiber Damian, wie auswärtige Blätter nach einem Telegramm des Wolff'schen Bureaus meldeten, nur deshalb verhaftet worden sei, um die Gemüter der Bürgerschaft zu beruhigen, ist natürlich purer Unsinn und bleibt bloß zu wundern, daß das Bureau denselben verbreitete. Damian wurde wegen des schweren Sittlichkeitsverbrechens hinter der protestantischen Kirche verhaftet.

Der pfälzische ›Jack the Ripper‹

Besonderes Aufsehen erregte 1901 der Fall des Vorarbeiters Ludwig Graf, der aus Rache für eine einmal zugezogene Geschlechtskrankheit Frauen und Liebespaaren auflauerte und mit einer Feile schwer verletzte. Er wurde unter Einsatz zweier als Frauen verkleideter Polizisten, die mit Kollegen ›in Zivil‹ Liebespaare mimten, verhaftet.

[211]

Eintragungen
bei dem Eintritt in das Arbeitsverhältniß.
1 Eintritt am 28 APR 1906
Beschäftigung*) Fabrikarbeiter
ZUCKERFABRIK FRANKENTHAL
Des Arbeitgebers
Unterschrift
Gewerbe
Wohnort
Tinte zu bewirken.

Gewerbepolizeiliche Aufgaben: Ein ›Arbeitsbuch‹ dokumentiert den „Eintritt" des Edigheimers Georg Braun im Alter von 13 Jahren „in das Arbeitsverhältnis" im Jahr 1906, vgl. Abb. 213 [212]

Der oben schon erwähnten von den Ordnungskräften ausgeübten *Straßen- und Verkehrspolizei* kam in einer stets wachsenden Stadt mit den täglich in Kolonnen zu den Fabriken sich bewegenden Arbeitermassen und den vielen Fuhrwerken einige Bedeutung zu. Mehrere hundert der alljährlich registrierten ›Übertretungen‹ betrafen um 1910 die allgemeine Ordnung auf den Straßen, fast ebenso viele ›Übertretungen der Radfahrerordnung‹, Zeugnis der wachsenden Bedeutung dieses Verkehrsmittels. Untersuchungen des Bezirksamts Kaiserslautern über den innerstädtischen Verkehr im Jahr 1912 zeigten, daß die Fahrräder eine Geschwindigkeit von bis zu 32,4 km/h erreichen konnten – durchschnittlich 23,7 km/h – und damit das schnellste Verkehrsmittel auf der Straße waren. Automobile waren demgegenüber mit durchschnittlich nur 21,4 km/h die langsamsten Fahrzeuge; Kutschen und leichte Pferdefuhrwerke fuhren schneller.[632]

Zwecks Wahrnehmung der *Gewerbepolizei* war zunächst ein ›Sergeant‹ eingesetzt bei der Kontrolle von Fabriken und diesen gleichgestellten Anlagen durch eine wachsende Zahl von ›Revisionen‹, speziell was die Arbeitsbedingungen von Kindern und Jugendlichen, von Gehilfen und Lehrlingen sowie von Frauen in den verschiedenen Betrieben betraf, beim Ausstellen von Arbeitsbüchern für jugendliche Fabrikarbeiter, bei der Untersuchung der zahlreichen kleineren und größeren Betriebsunfälle. Hinzu kam die Kontrolle von Sauberkeit, Friedlichkeit und Sittsamkeit in den zahlreichen Gastwirtschaften *[vgl. Freizeit, S. 635]*, die Nahrungs- und Genußmittelkontrolle in „Metzgereien, Bäckereien, Konditoreien, Flaschenbierhandlungen, Mineralwasser- und Eisfabriken, Molkereien usw.",[633] die Aufsicht über die Wochenmärkte und über die Jahrmärkte. 1912 endlich wurde die Abteilung auf drei Mann aufgestockt.

Viele Berührungspunkte gab es zwischen der Gewerbe- und der *Gesundheitspolizei*. Im letztgenannten Ressort war die ›normale‹ Polizei, soweit mit den Problemen der Gesundheitsvor- und -fürsorge befaßt, weitestgehend auf Sachkompetenz von ›außen‹ angewiesen. Traditionell oblag den Gemeinden die Ausübung der Marktpolizei und hierbei vor allem auch die Sorge für angemessene Qualität der Waren, besonders des Fleisches. Mit der offensichtlich beachtlichen und weiter steigenden Zahl unerwünschter Zusatzstoffe in Lebensmitteln weitete sich im Zeitalter der Hochindustrialisierung dieses Arbeitsfeld aus und wurde zugleich der Einsatz neuartiger Prüftechniken, wie sie die boomende Wissenschaft der Chemie zur Verfügung stellte, erforderlich und möglich. Es begann sich die Lebensmittelchemie zu entfalten. Auch die Stadt Ludwigshafen suchte das moderne Instrumentarium für ihre Zwecke zu nutzen und beschloß 1888 die Einrichtung einer ›gemeindlichen Untersuchungsanstalt für Nahrungsmittel‹,[634] erhielt jedoch für die bereits vertraglich abgesicherte Einrichtung kein Placet der Kreisregierung, sondern sah sich von ihr zunächst auf die Kreis-Versuchsstation Speyer verwiesen.[635] Bei der Entfernung des Labors und bei der leichten Verderblichkeit vieler Produkte, die getestet werden sollten, war dies aber ein kaum praktikables Verfahren. So nahm die Stadt zunächst die Hilfe eines ›Privat-Chemikers‹, dann der ›Versuchsstation Mannheim‹ in Anspruch, bis die Arbeiten „nach Eröffnung des mit einem besteingerichteten chemischen Laboratorium ausgestatteten neuen Realschul-Gebäudes 1894 der kgl. Realschule übertragen werden konnten".[636] Allzu

Anmerkungen
Seite 548 und 549

632 1913 z.B. wurden 1 415 Betriebsunfälle angemeldet, davon waren 539 ortspolizeilich zu untersuchen; VB 1913, S. 31
633 VB 1913, S. 34
634 SRP 1.6.1888
635 SRP 16.2.1889
636 VB 1890/94, S. 83; f.d.F. ebd., S. 83f
637 VB 1900/04, S. 86
638 VB 1890/94, S. 84
639 RP 13.2.1903; 20.9.1905; Vertrag mit der Untersuchungsanstalt in SRP 6.4.1906
640 VB 1906, S. 36, 156 – 1907 wurden 1 435 Proben von Nahrungs- und Genußmitteln untersucht, zu mehr als der Hälfte von Milch; VB 1907, S. 128ff; die Zahl der Untersuchungen wuchs bis 1913 auf 5 564; VB 1913, S. 131ff
641 VB 1910, S. 143; VB 1912, S. 146
642 vgl. AB 1913, S. 26—41
643 SRP 12.1.1906; VB 1906, S. 8; regelmäßige Angaben in den Verwaltungsberichten; AB 1913, S. 76f
644 VB 1906, S. 35; VB 1913, S. 135
645 VB 1900/04, S. 89
646 ebd.

intensiv waren die Kontrollen freilich noch nicht: 1894 wurden insgesamt gerade einmal 114 derartige Untersuchungen durchgeführt, dazu allerdings noch vielfach Milchproben direkt auf den Wochenmärkten oder in den Verkaufslokalen auf etwaige Verwässerung hin überprüft; vor allem bei Milch hatte das auch später noch „zahlreiche Bestrafungen gewissenloser Lieferanten zur Folge".[637] Außer der Milch war damals angesichts der fehlenden zentralen Wasserversorgung das Trinkwasser ein häufig kontrolliertes Objekt, um immer wieder auftretende „typhöse Krankheitserscheinungen" zu bekämpfen. Ansonsten wurden vor allem Bäckereien, Metzgereien und Gastwirtschaften „eingehend auf ihre Reinlichkeit visitiert, die Waren kontrolliert und Beanstandungen zur Anzeige gebracht."[638]

›Arbeitsbuch‹ des Georg Braun [213]

Nach einigen Jahren genügte das bisherige Verfahren weder nach Quantität noch nach Qualität den fortgeschrittenen Ansprüchen chemischer Analyse. Bereits Anfang 1903 stimmte der Stadtrat dem Antrag zu, eine Filiale der öffentlichen Untersuchungs-Anstalt für Nahrungs- und Genußmittel Speyer in Ludwigshafen zu errichten und so diesen immer wichtigeren Bereich städtischer Ordnungs- und Fürsorgepolitik wirklich professionell zu handhaben, doch fiel die endgültige Entscheidung hierfür erst 1905.[639] Am 8. Dezember 1906 wurde die Zweigstelle im neuen städtischen Schlachthof eröffnet; erst seitdem begann eine effiziente, dank zunehmenden Personals auch flächendeckend wirksame Kontrolle von „Verkaufsstellen" und von Waren – jedenfalls gingen die Beanstandungen der untersuchten Proben von gut 20% (1907) auf gut 8% (1913) zurück.[640] 1912 wurde die Filiale auf Antrag des Stadtrats in eine selbständige ›Städtische Untersuchungsanstalt für Nahrungs- und Genußmittel‹ umgewandelt, um ihr volle Handlungsfreiheit zu sichern.[641] Die ortspolizeilichen Vorschriften „über den Verkehr mit Nahrungs- und Genußmitteln" lieferten der Gewerbepolizei detaillierte Handhaben der hygienischen Kontrolle.[642]

Bereits Anfang 1906 beschloß der Stadtrat die Errichtung einer städtischen Desinfektionsanstalt, die in enger Rückbindung an das Städtische Krankenhaus die Weiterverbreitung ansteckender Krankheiten in der Stadt, allen voran der Tuberkulose, gefolgt von Typhus, bekämpfen sollte.[643] Zimmer, Hausrat und Abortgruben derart betroffener Familien wurden nun systematisch und fachkundig desinfiziert, 1906 z. B. in wenigstens 230, 1913 in 215 Fällen.[644]

Ein Stück weit wurde die Polizei auch als ›Mädchen für Alles‹ in Notsituationen eingesetzt, nicht nur um Sanitätsdienste auf den entsprechend ausgerüsteten Polizeistationen zu leisten, sondern auch für sehr viel banalere Aufgaben, z. B. für „die alljährlichen Schüleraufnahmen zu den Volksschulen, das Austragen von Umlagezetteln, Aufnahmen zur Erstellung des Adreßkalenders, Hausnumerierungen, Volks- und Viehzählungen und sonstige statistische Arbeiten".[645] Schließlich und nicht zuletzt hatte sich die Polizei als Freund und Helfer des einfachen Volkes zu bewähren, wie der Verwaltungsbericht von 1900—1904 weiter vermerkte: „Ebenso ist die breite Masse des Publikums gewöhnt, bei dem Polizeibureau sich Rat und Aufschluß zu erholen in allen Miets- und Gesindestreitigkeiten, in Familien-, Militär-, Vereins- und sonstigen Angelegenheiten."[646] Der amtliche Bericht wies auch sogleich auf die Probleme hin, die sich damals bei der Polizei aufstauten: „Daß diese vielseitige Inanspruchnahme der Polizei, insbesondere aber der aufregende

Die im Zweiten Weltkrieg verbrannte Meldeamtskartei der Stadt Ludwigshafen Aufnahme um 1925 [214]

Mitten im Hemshof: Das Waagenhäuschen auf der Kreuzung Hemshof-, Prinzregenten- und Rohrlachstraße, Aufnahme aus den 1930ern (?) [215]

und den Witterungsverhältnissen ausgesetzte äußere Dienst einen raschen Verbrauch der menschlichen Kraft zur Folge hat, ist selbstredend." Der Krankenstand war hoch, mehrere Schutzleute waren zumindest auf längere Frist „gänzlich unverwendbar" oder wenigstens im äußeren Dienst nicht einzusetzen, acht Mann – ein Zehntel des damaligen Gesamtbestandes – waren „nur zu leichteren Tagesdiensten" zu gebrauchen, verrichteten behördliche Botendienste, kümmerten sich in den beiden Vororten um Fleischbeschau und um die Bedienung der Marktwaage.[647] Die Personalaufstockung während der folgenden Jahre bis auf 114 Mann im Jahr 1913 war eine unabdingbare Notwendigkeit. Daran änderte auch der Umstand nichts, daß es 1904 in einer Stadt wie Ludwigshafen noch fünf Nachtwächter und sechs Feldhüter – 1913 noch zwei Nachtwächter, vier Feldhüter und nunmehr drei Parkwächter – gab, die dem Polizeipersonal zugeordnet wurden und in ihren Ressorts beschränkte polizeiliche Aufgaben wahrnahmen.

Die Hauptstation der Polizei im Stadthaus umfaßte auch das 1890 gegründete (Polizei-)*Meldeamt*, das im wesentlichen die Funktionen eines modernen Amts für öffentliche Ordnung ausübte. Dazu gehörten „die Mithilfe bei der Heranziehung Steuerpflichtiger zu den Staatssteuern und Gemeindeumlagen, die Entgegennahme der An- und Abmeldungen zur Gemeindekrankenversicherung, der Wohnungsnachweis, die Instruktionsverhandlungen bei Erteilung von Wandergewerbescheinen, Gewerbelegitimationskarten und Reisepässen, die Ermittelungen zur Ermöglichung der Zustellung von Postsendungen, deren Adressate durch die Post nicht ermittelt werden können, die Vorstrafenerhebungen bezüglich der meisten zuziehenden Personen, die Stellung der hienach zweckmäßig erscheinenden Anträge und dergleichen mehr",[648] ferner die ›Fremdenpolizei‹, also die Überwachung des ortsfremden Publikums.

Seit 1894 bis zur Errichtung des städtischen Arbeitsamtes (1903) befand sich im Stadthaus zudem ein polizeilich betreutes kostenfreies *Arbeitsnachweisbüro* für Arbeiter wie für Gesinde und die Verpflegstation des Vereins gegen Haus- und Straßenbettel, wo das ›Ortsgeschenk‹ an durchziehende Arbeitssuchende ausgegeben wurde.[649] Die Polizei

Anmerkungen
Seite 550 und 551

647 VB 1900/04, S. 89f

648 ebd., S. 91; vgl. VB 1890/94, S. 46

649 Stadtgeschichte (1903), S. 333

650 VB 1890/94, S. 89; regelmäßige Zahlenangaben in den Verwaltungsberichten

651 f.d.F. Esselborn, S. 233ff; Stadtgeschichte (1903), S. 413ff; VB 1900/04, S. 154ff; 50 Jahre Berufsfeuerwehr der Stadt Ludwigshafen am Rhein, hrsg. vom Presseamt der Stadt Ludwigshafen am Rhein 1968, S. 6ff

Gedenkblatt der Feuerwehr anläßlich des Walzmühlenbrandes am 12. Dezember 1905 [216]

Georg Eisele, Brauereibesitzer und Erster Adjunkt der Stadt, als Feuerwehrkommandant (1880—1890) [217]

übernahm also außer den erforderlichen Ordnungsaufgaben auch solche mit sozialer Ausrichtung.

Angesichts der Fülle von Daten, die in der dynamisch expandierenden Industriestadt fortlaufend anfielen oder zu Information, Kontrolle und Planung gezielt erhoben werden mußten, war es schon aus Gründen der Professionalität geboten, daß Ludwigshafen derartige Arbeiten einfacher Polizeiroutine entzog und einem eigenen Statistischen Amt übertrug, wie dies damals alle größeren Städte Deutschlands taten. Am 20. Februar 1914 beschloß der Stadtrat einstimmig, das bisherige Polizeimeldeamt ab dem 1. Oktober 1914 in ein ›Statistisches Amt und Einwohnermeldeamt der Stadt Ludwigshafen am Rhein‹ zu verwandeln und hierfür die Stelle eines akademisch vorgebildeten Amtsvorstandes einzurichten.

Nicht eigentlich der Polizei zuzuordnen, aber mit Blick auf deren Sorge für Ordnung und Rechtsfrieden hier nicht fehl am Platz sind die gesetzlich institutionalisierten *Sühneversuche* der Stadt in Beleidigungssachen: Um die Justiz zu entlasten, sah die Strafprozeßordnung vor, daß in derartigen Fällen vor Erhebung einer gerichtlichen Klage ein außergerichtlicher Sühneversuch gemacht wurde. Diese Aufgabe oblag aufgrund der Reichsgesetzgebung dem Bürgermeister bzw. seinem Stellvertreter. Jahr für Jahr fielen in Ludwigshafen Hunderte derartiger ›Sühneversuche‹ an (1890: 157, 1913: 493 Fälle), meist mit höchst magerem Erfolg – eine Einigung in mehr als 10% der anstehenden Fälle mußte bereits als sehr gutes Ergebnis gelten. Dieser betrübliche Umstand war „hauptsächlich darauf zurückzuführen, daß es die beklagte Partei in den meisten Fällen geflissentlich vorzieht, im Termine nicht zu erscheinen in der sehr oft begründeten Annahme, daß der klägerischen Partei zu der Klage-Erhebung bei dem ordentlichen Gericht die nötigen Geldmittel fehlen".[650]

Für einen existenziell bedeutsamen Bereich der öffentlichen Sicherheit hatte die *Feuerwehr* zu sorgen.[651] Die rasche wirtschaftliche Entwicklung der Stadt im Zeichen der Chemie verlieh einem zuverlässigen Brandschutz zusätzliche Bedeutung. Die 1860 geschaffene freiwillige Feuerwehr konnte den wachsenden Anforderungen kaum gerecht

Der 1914 bestellte erste automobile Löschzug der Städtischen Feuerwehr, Marke ›Benz‹, wurde erst 1919 geliefert; hier das Gefährt auf dem Bahnhofsplatz [218]

Neuer attraktiver Wohnraum
Die ersten mit kommunaler Hilfe zu Beginn des Ersten Weltkriegs am damaligen Stadtrand fertiggestellten Häuser der Gartenstadt [219]

werden, zumal das bürgerliche Engagement sich in Grenzen hielt. Der Beschluß des Stadtrats von 1870, eine ›Pflichtfeuerwehr‹ zu schaffen, in der grundsätzlich „jeder zum Feuerwehrdienste befähigte Mann" mitzuwirken hatte,[652] wurde 1872 umgesetzt und bewährte sich während der folgenden Jahrzehnte; die moderne Technik sorgte für höhere Sicherheitsstandards durch fortlaufend verbessertes Gerät, z. B. eine Wassersaugspritze (1884), durch die städtische Wasserleitung mit einer Vielzahl von Hydranten (1895), durch telefonisch mit der Hauptpolizeistelle verbundene ›Feuermeldestellen‹ (1897) und durch elektrische Alarmverbindungen zwischen der Polizeistation und Mitgliedern der innerstädtischen Feuerwehrkompanien (1898), die seit 1893 jeweils für bestimmte Bezirke der Stadt zuständig waren. Das Prinzip der Pflichtfeuerwehr war bei rasant steigenden Einwohnerzahlen freilich kaum noch sinnvoll zu realisieren, die Mannschaft rekrutierte sich „vorwiegend nur aus dem Gewerbestand".[653] So beschloß der Gemeinderat 1891, eine ›Dienstbefreiungsgebühr‹ für denjenigen einzuführen, der sich von der Ehrenpflicht entbinden ließ, als Feuerwehrmann zu dienen.[654] Der Beschluß trat Ende 1893 in Kraft; die Gebühren, von den Firmen für ihre Beamten pauschal entrichtet, dienten der verbesserten Unfallversicherung[655] für die Aktiven, 1903: 728, 1913 hingegen nur noch 436 Mann, untergliedert in Kommando, Steiger- und Spritzenmannschaft, Ordnungsmannschaft und Hilfsmannschaft.[656]

Von einer Berufsfeuerwehr war diese Truppe trotz regelmäßiger Übungen noch ein gutes Stück entfernt. Gelegentlich aufkommende Diskussionen – so 1894, 1905/06 nach dem Abbrennen der Walzmühle und schließlich nach dem Großbrand bei Grünzweig & Hartmann 1912 – führten 1914 immerhin zu einem ersten Ansatz weitergehender Professionalisierung: Unter dem Eindruck der Leistung, welche die Dampfspritzen mehrerer Fabrik-Feuerwehren bei der Brandbekämpfung 1912 gezeigt hatten, beschloß der Stadtrat nach jahrelangen Planungen und Verhandlungen wegen der Finanzen noch kurz vor dem Ersten Weltkrieg, einen Automobil-Feuerlöschzug zu ordern und für dessen ständige Betreuung und Bedienung eigens vier Mann anzustellen.

Anmerkungen
Seite 552 und 553

652 *Esselborn, S. 236; SRP 9.6.1870*
653 *VB 1890/94, S. 90*
654 *SRP 27.11.1891, 28.6.1892*
655 *Eine Unfallversicherung der aktiven Mannschaft wurde bereits 1875 eingeführt; SRP 17.12.1874*
656 *VB 1913, S. 138*
657 *Weiß, S. 40*
658 *Weiß, S. 40f; vgl. Schwander, S. 91ff*
659 *vgl. die Kritik an der ›Muß-Bodenpolitik‹ der Stadt bei Schwander, S. 87, 90f*
660 *Weiß, S. 4*
661 *berechnet nach Schwander, S. 40*

Kleingärten in der Industriestadt
Gartenanlage vor der Kulisse von Grünzweig und Hartmann
um 1938 [220]

Tätigkeits-Bericht
der
Baugenossenschaft
Gartenstadt Ludwigshafen a. Rh.
Eingetragene Genossenschaft mit beschränkter Haftpflicht.

Erstattet aus Anlaß
des zehnjährigen Bestehens der Genossenschaft.
1909—1919.

Tätigkeitsbericht der Baugenossenschaft
Gartenstadt 1909—1919 [221]

Bodenpolitik und „Wohnungsfrage"

Es sei unstrittig, „daß eine gesunde Bodenpolitik unbedingte Voraussetzung einer gedeihlichen Gemeindepolitik ist", betonte der Ludwigshafener Rechtsrat Dr. Ludwig Reichert 1927.[657] Und er konnte im Rückblick auf frühere Versäumnisse hinweisen, die sich aus traditionsorientierten Grundeinstellungen der Gemeindeverwaltung und aus der ungenügenden Rechtslage ergaben. Tatsächlich lieferte erst die neue Bauordnung von 1901 den pfälzischen Städten die notwendige Handhabe, um die pure Bodenspekulation zugunsten übergreifender Gemeinschaftsinteressen wenigstens einigermaßen zu zügeln. Wenige Jahre später, 1905, begann die Stadt Ludwigshafen, „unmittelbare Grundstückspolitik" zu betreiben, statt wie bisher durch das Festlegen von Baulinien (›Alignements‹) und den der Gemeinde obliegenden Straßenbau „nur mittelbar in die Gestaltung der Bodenverhältnisse" einzugreifen.[658]

Bis dahin hatte die Gemeinde Grund und Boden nur erworben, wenn sie ihn für bestimmte Zwecke benötigte, und mußte dann entsprechend hohe Summen aufwenden. Land auf Vorrat zu kaufen, hätte bedeutet, die Gemeindeumlagen kräftig anzuheben, und dies wäre politisch kaum durchsetzbar gewesen, so verkehrt es mit Blick auf die explodierenden Bodenpreise aus späterer Sicht erscheinen mochte.[659] Die Folge war, daß „ungefähr bis zum Ende des [Ersten Welt-] Krieges die Grundstücksspekulation beinahe absolut herrschte" und vor allem eine relativ kleine Zahl von Fabrikanten, Kaufleuten, Bauunternehmern und Terraingesellschaften die hier gebotenen sicheren Gewinnchancen für sich zu nutzen verstand.[660] 1914 verfügten sie in den ausbauträchtigen Gebieten zwischen Ludwigshafen Süd und Mundenheim sowie zwischen den Bahnlinien Ludwigshafen—Neustadt und Ludwigshafen—Frankenthal über 38% der Grundstücke gegenüber 15% im Jahr 1900 (1905: 30%, 1910: 34%), während der Anteil der Landwirte und Gewerbetreibenden, gewerblosen Witwen, Erben und Arbeiter im gleichen Zeitraum von 76% auf 45% sank.[661] Besonders nachteilig wirkte es sich für die Gemeinde aus, daß es kein Recht zur Zwangszusammenlegung oder Zwangsenteignung für den Bau von Gemeindestraßen und -plätzen gab, so daß einzelne Grundstücksbesitzer blockieren konnten, um ihre Interessen oder hohen Geldforderungen durchzusetzen.[662]

So bedeutete es eine wichtige Neuorientierung, als die Stadt Ludwigshafen daranging, ihren Grundbesitz – 1905 ohne Straßenfläche knapp 99 ha – systematisch aufzustocken, um sich Spielraum für eine ernstzunehmende ›Bodenpolitik‹ zu schaffen. Binnen acht Jahren vermochte sie ihren Bestand auf 273 ha, knapp das Dreifache, zu vergrössern[663] – nahezu 13% und zusammen mit den Flächen von Straßen und Wegen an die 17% der Gemeindegemarkung (2 175 ha), im Vergleich mit der nahegelegenen Stadt Mannheim, die 1905/06 mit 2 432 ha über fast 37% der Gemarkung verfügte,[664] immer noch ein eher bescheidener Anteil.

Soweit es sozialpolitisch relevante Aspekte betrifft, hat die Gemeinde vor dem Ersten Weltkrieg mit Hilfe der neuen Bodenpolitik zumindest ansatzweise in zwei Richtungen gewirkt: durch Unterstützung des ›Kleinwohnungsbaues‹ und Förderung der ›Kleingarten-Bewegung‹.

Kleinwohnungen bildeten zur Zeit des Kaiserreichs infolge der riesigen Nachfrage das bedeutsamste Objekt der damaligen Bauwirtschaft. Die ›Wohnungsfrage‹ während der Industrialisierungsphase war, präziser ausgedrückt, die ›Kleinwohnungsfrage‹. Kleinwohnungen waren natürlich auch in Ludwigshafen stets heißbegehrt, ihre Vermarktung war jedoch angesichts der wirtschaftlichen Schwäche der Nachfrager mit Risiken verbunden (Mietausfall, hoher Verschleiß der Wohnungen durch „Überfüllung"), so daß sich die privaten Unternehmer im Interesse einer soliden Rendite lieber dem Bau mittlerer und größerer Wohnungen zuwandten. Die Stadt versuchte daher ein Stück weit gegenzusteuern, indem sie erstmals 1914 für diesen Zweck Bauplätze etwas unter dem Marktpreis zu günstigen Konditionen vergab mit der Auflage, sie binnen Jahresfrist zu bebauen, nicht ohne dadurch heftige Proteste von spekulierenden Grundstücksbesitzern auszulösen, die ihre Interessen bedroht sahen.[665]

Auf derselben Linie lag es, wenn die Stadt mit der 1909 gegründeten ›Baugenossenschaft Gartenstadt Ludwigshafen am Rhein‹ bei lebhafter Unterstützung durch die Sozialdemokratie und Einsprüchen aus den Haus- und Grundbesitzerkreisen im März 1913 einen Erbbauvertrag auf 62 Jahre abschloß über 2,64 ha Baugelände auf dem ›Hochfeld‹ bei Mundenheim gegen jährlich 3% des Bodenwertes sowie der Kosten für Straßenanlage, Kanalisation, Gas- und Wasseranschluß als Erbbauzins. Darüberhinaus stellte die Städtische Sparkasse einen ungewöhnlich hohen Anteil der Bausumme für die Häuser, nämlich 80%, gegen 3,5% Verzinsung und 0,5% Tilgung zur Verfügung.[666] Am 14. April 1914 erfolgte der erste Spatenstich für ein Ensemble von 26 Einfamilienhäusern nach preisgekrönten Architektenentwürfen, und bis zum Jahresende konnte das gemeinnützige Wohnungsbau-Vorhaben trotz Kriegsausbruch abgeschlossen werden.[667]

Bereits 1904/05 begann die Stadt sich in der *Kleingarten-Bewegung* zu engagieren und damit einem Trend zu folgen, der sich spätestens seit den 1890er Jahren in Deutschland allgemein abzuzeichnen begann. Der Wunsch nach größerer Naturnähe verband sich mit dem Gedanken, den Lebensstandard der ›kleinen Leute‹ zu verbessern, indem sie auf billigem Pachtland Teile ihrer Nahrung selbst herstellten. Eine „Anlage von Zier- und Pflanzgärten auf städtischem Gelände" sollte entstehen mit

Anmerkungen
Seite 554

662 Weiß, S.41f

663 vgl. VB 1913, S.15; Schwander, S.103f; höhere Zahlen bei Weiß, S.27

664 berechnet nach Schott 1907a, S.99, 164

665 SRP 1.5.1914; vgl. Weiß, S.44f; v. Hippel 2002c

666 SRP 24.4.1913; VB 1913, S.10; StALu, LUA 453; Schwander, S.94f; Baugenossenschaft (1984), S.11ff; zur anfänglichen Skepsis der Sozialdemokratie gegenüber der Genossenschaft vgl. PfP 16.10.1909

667 Springer, S.60; Gartenstadt, S.33

einem Kinderspielplatz in der Mitte; auf „ein gefälliges einheitliches Aussehen" legte die Stadt größten Wert und wollte dafür durch die Umzäunung Sorge tragen, während eine eigene ›Gartenbauordnung‹ und ein ›Gartenausschuß‹ die „ordnungsgemäße Bestellung der Gärten" sicherstellten.[668] Das Ausmaß derartiger Anlagen hielt sich vor dem Ersten Weltkrieg freilich in maßvollen Grenzen: 1908 standen 156 eingefriedete und mit Pumpbrunnen versehene Grundstücke, jeweils rund 450 qm groß, für den genannten Zweck zur Verfügung; diese Zahl hat sich bis 1914 nicht mehr erhöht, und erst während der Kriegs- und noch mehr während der Nachkriegsjahre übertraf die Nachfrage die städtischen Möglichkeiten bei weitem, obwohl die Zahl der Gärten inzwischen auf das 17fache und ihre Fläche wenigstens auf das elffache angestiegen war.[669]

Nicht zuletzt betrieb die Gemeinde seit 1905 Bodenpolitik mit dem Ziel, neue *Industrieansiedlungen* zu fördern *[vgl. S. 387, 488]*,[670] wobei sie sich gegen alle etwaigen Spekulationsabsichten durch Rückkaufsrechte vertraglich absicherte.[671] Allerdings nahmen dann im wesentlichen nur bereits ortsansässige Firmen das Angebot wahr,[672] während bedeutendere auswärtige Unternehmen lieber die vorteilhaften Bedingungen in Mannheim bei engem Verbund von Hafengelände und Eisenbahn nutzten.[673] Auch scheiterte die Stadt mit ihren Versuchen, die Position der bayerischen Kommunen gegenüber spekulativen Preistreibereien durch ein zeitgemäßes Zwangsenteignungsgesetz grundsätzlich und nachhaltig zu verbessern: Eingaben mit diesem Ziel von 1906, 1910 und 1914 hatten nicht den gewünschten Erfolg trotz Hinweis auf das dringende Erfordernis, für Handel und Industrie rasch und „verhältnismäßig billig" neues Gelände zu erschließen.[674]

Die Stadt als Unternehmer: Städtische Wirtschaftsbetriebe – Ausbau der Infrastruktur

Die städtischen Versorgungsbetriebe haben „in entscheidendem Umfang das geprägt, was als städtische Lebensweise bezeichnet wird. Entstehung und Ausbreitung derartiger Einrichtungen machen damit wesentliche Teilaspekte des Urbanisierungsprozesses aus".[675]

Dabei war es keineswegs selbstverständlich, daß die Städte derartige Aufgaben in solchem Umfang übernahmen, wie das in Deutschland der Fall war und ist. Zweifellos wirkten hierbei Ordnungs- und Fürsorgetraditionen des Obrigkeitsstaats fort, die nun in die kommunale Selbstverwaltung übernommen wurden. Über diesen Weg schien aber auch politischer Konsens zwischen ganz verschiedenen politischen Grundeinstellungen denkbar: Große Teile der Regiebetriebe brachten Gewinn, minderten also durch ihren Beitrag zu den städtischen Einnahmen die finanzielle Belastung der Bürger; für Sozialdemokraten stellten Kommunalbetriebe die Vorform dereinstiger Sozialisierung dar und boten geeignete Ansatzpunkte, um städtische Sozialpolitik mit Vorbildcharakter für die Privatwirtschaft zu entwickeln. Tatsächlich handelte es sich darum, auf diesem Wege zuverlässig und in guter Qualität Grundbedürfnisse der Einwohnerschaft zu befriedigen: die kollektive Versorgung mit Wasser, Licht, Energie, günstigen Verkehrsgelegenheiten, gesunden Nahrungsmitteln. Das konnte ein Stück weit auch dem Abbau sozialer Spannungen und der Sicherung sozialen Friedens in der

Anmerkungen Seite 555

668 *VB 1900/04, S. 140*

669 *Daten bei Weiß, S. 46f*

670 *SRP 28.7.1905; regelmäßige Angaben über das ›Industriegelände‹ und seinen Ausbau in VB 1905ff*

671 *Schwander, S. 93*

672 *vgl. z.B. VB 1908, S. 57f*

673 *vgl. Springer, S. 55f*

674 *Textauszüge bei Schwander, S. 64ff; vgl. SRP 2.2.1906; Weiß, S. 41f; erst 1918 bzw. 1923 wurden die Enteignungsmöglichkeiten der Gemeinden z.B. für Wohnungsbauzwecke entscheidend erweitert – auch durch den Einsatz des Ludwigshafener Unternehmers und Politikers Friedrich Raschig – siehe auch Biographie Raschig*

675 *Matzerath 1985, S. 201; vgl. exemplarisch Krabbe 1985 und allg. die Beiträge in Pohl*

Das Gaswerk um 1933 [222]

Ein neuer Gaskessel, 1901 [223]

Stadt dienen. Rentabilität bildete daher nur einen, wenngleich in der Praxis stets bedeutsamen Gesichtspunkt. Daß sich die Kommunen bei ihrem Bemühen, diese wichtigen Bereiche kapitalistischem Profitstreben zu entziehen, selbst nicht immer leichttaten, vor allem weil sie die erforderlichen Zukunftsplanungen gerne zu haushälterisch kalkulierten und die anvisierten Größenordnungen daher schneller, als gedacht, von der Entwicklung überholt wurden, war wohl fast unvermeidlich – ganz besonders in einer Stadt mit der Entwicklungsdynamik Ludwigshafens.

Gaswerk

Eine der für die Menschen sichtbarsten und eindrücklichsten Errungenschaften der modernen ›Städtetechnik‹ stand am Anfang der Entwicklung und war zugleich am ehesten mit der bisherigen Tradition ›polizeilicher Anstalten‹ verbunden: die Gasbeleuchtung.[676] Beleuchtung bildete ein wesentliches Stück öffentlicher Sicherheit auf den Straßen, und sie ermöglichte es den Menschen erstmals, auch privat die Nacht zum Tage zu machen und ein ›Nachtleben‹ zu entfalten. Daß hierbei privates Unternehmertum am Anfang stand und die Kommunen erst nach längerer Zeit, für gewöhnlich nach mehreren Jahrzehnten, den Betrieb übernahmen, war durchaus zeittypisch. So lassen sich in Deutschland nach der Gründungsphase von Gaswerken, die ihren Höhepunkt etwa zwischen 1855 und 1870 erreichte, 1860—1874 und 1885—1900 regelrechte Kommunalisierungswellen beobachten. Auch Ludwigshafen folgte diesem Entwicklungsmuster in den Grundzügen. Wenn es gemessen an seiner noch außerordentlich bescheidenen Größe erstaunlich früh in den Genuß des fortschrittlichen Ersatzes für Kerze und Öllampe gelangte, nämlich bereits seit Ende 1856, so verdankte es das maßgeblich seiner verkehrsgünstigen Lage, aber auch der Weitsicht seines ersten Bürgermeisters Heinrich Wilhelm Lichtenberger: Als die Pfälzische Ludwigsbahn 1853 für den eigenen Bedarf den Bau eines Gaswerks beschloß, trat Lichtenberger mit der Direktion in Verhandlungen, ließ Absatzchancen und Kosten ermitteln und schloß auf dieser Grundlage einen Liefervertrag über 15 Jahre.[677] Ab November 1856 lieferte die Pfälzische Ludwigsbahn ihr Produkt zur öffentlichen und

Anmerkungen
Seite 556 und 557

676 *hierzu und f.d.F. allg. Krabbe 1985, S.40ff; Matzerath 1985, S.201ff; für die Pfalz allg. informativ Rothenberger 1996*

677 *vgl. Stadtgeschichte (1903), S.349ff; Bappert, S.59ff; Breunig 1986, S.74ff*

678 *vgl. Bappert, S.60 für das Haushaltsjahr 1864/65*

679 *errechnet aus den Daten in Stadtgeschichte (1903), S.357f, 372*

680 *SRP 16.2., 17.5.1889*

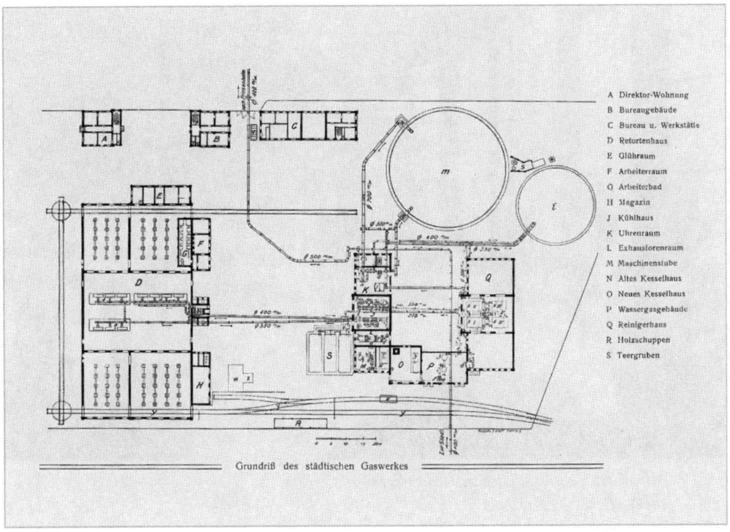

Grundriß des Gaswerks, 1903 [224]

Lieferbedingungen des städtischen Wasserwerks, 1902 [225]

privaten Beleuchtung an die Stadt, die es über Anleihe-finanzierte eigene Anlagen mit einem recht kräftigen Preisaufschlag an die private Kundschaft weiterleitete, so daß sie durch ihren Gewinn außer Verzinsung und Amortisation der Anleihe offensichtlich auch noch die Kosten für die städtische Straßenbeleuchtung abdeckte.[678] Während der Vertragsdauer konnte der Gemeinderat also risikolos genügend Erfahrung über die zuverlässige Rentabilität eines Gaswerks sammeln, und so fiel die vorausschauende Anregung von Bürgermeister Josef Hoffmann, nach Ablauf des Liefervertrags mit der Ludwigsbahn die Gasproduktion in städtische Eigenregie zu übernehmen, bei den Stadtverordneten auf fruchtbaren Boden: Am 22. Juni 1869 befürworteten sie den Bau eines städtischen Gaswerks. Ende 1871 ging es in Betrieb, erwies sich freilich über einige Jahre hinweg als störanfällig und insgesamt bald als zu klein ausgelegt. Die Überschüsse, die es während seiner zwanzigjährigen Laufzeit erwirtschaftete, fast das 4,5fache der ursprünglichen Anlagekosten, dienten zu 46% der Verzinsung und Tilgung aufgenommener Anleihen, zu 23% der Erweiterung der Anlage, während 31% der Überschüsse (252 400 Mark) in Reserve- und Betriebsfonds sowie in den städtischen Haushalt flossen oder in Form von Vorräten schließlich dem benötigten neuen, deutlich größer geplanten Gaswerk zugute kamen. Rechnet man allein diesen Reingewinn auf die gesamten Anlagekosten (361 000 Mark) um, so ergibt sich eine jährliche Rendite von 2,7%, berücksichtigt man hingegen nur die ursprünglichen Investitionen (179 000 Mark), da die Erweiterung des Werks ja bereits aus Gewinnen finanziert worden war, so belief sich die Rendite auf 4,5%.[679]

Als das Gaswerk dem rasch steigenden Verbrauch nicht mehr gewachsen war und sich am alten Standort nicht angemessen erweitern ließ, beschloß der Stadtrat 1889 den Bau einer neuen Anlage;[680] am 29. Juli 1892 begann sie ihre Arbeit. Obwohl ihre Kapazität bis 1918 vorhalten sollte, wurden die angesetzten Schätzwerte bereits 1907 erreicht und überschritten, auch infolge des Anschlusses von Friesenheim (1902), Mundenheim (1906) und Rheingönheim (1909); Erweiterungen bemühten sich um Anpassung, bis 1913 ein grundlegender Ausbau unausweichlich erschien und der Stadtrat dafür eine neue Anleihe

Mitarbeiter des städtischen Wasserwerks vor 1914(?) [226]

beschloß. Gas war inzwischen für Beleuchtung und zunehmend auch für Kochen und Heizung sowie für den Motorenbetrieb zu einem Massenkonsumartikel geworden, zumal die Stadt seit 1893 mit Gas betriebene Kocher, Bügeleisen, Bügeleisenwärmer, Lampen, Öfen und Herde vermietete[681] und seit 1902 sog. ›Gasautomaten‹ aufstellte, die gegen Münzeinwurf eine dosierte Menge Gas abgaben und damit dem Produzenten wie dem Konsumenten zuverlässig zu seinem Recht verhalfen. Die Gasautomaten entwickelten sich zur Versorgungsquelle der kleinen Leute; 1913 nutzten schätzungsweise gegen zwei Drittel der Verbraucher dieses System. Die Zahl der Kunden, 1871 gerade einmal 187, stieg allein zwischen 1892 und 1902 von (erst) 676 auf 3 301, der Privatverbrauch pro Kopf der Einwohnerschaft von 21 m^3 auf 32 m^3, der gesamte Prokopfverbrauch von 31 m^3 auf 48 m^3,[682] um bis 1913 noch einmal kräftig auf 53 m^3 bzw. 68 m^3 bei nunmehr rd. 12 000 Abnehmern zuzulegen.[683] War selbst 1900 noch kaum viel mehr als ein Siebtel der Haushalte an das Gasnetz angeschlossen,[684] so stieg der Anteil bis 1906 auf ein Viertel, bis 1913 auf wenigstens 60%.[685] Das kräftige Sinken des Gaspreises hatte dazu beigetragen – zwischen 1871 und 1902 fiel der Tarif für Leuchtgas auf zwei Drittel, für Koch-, Heiz- und Motorgas sogar auf die Hälfte, nämlich von 24 auf 16 bzw. zwölf Pfennig/m^3. Aber gleichgültig, wie der Tarif gestaltet wurde, das Ergebnis kam der Einwohnerschaft direkt über den niedrigeren Preis oder indirekt über die höheren Einnahmen der Stadt zugute. Außer den ›Privaten‹ benötigte die Stadt selbst erhebliche Mengen Gas, vornehmlich für die Straßenbeleuchtung, 1913 fast 8% der Gesamtproduktion, und weitere 5% für die städtischen Gebäude und Betriebe.[686]

Das neue Gaswerk, ein Großbetrieb mit 105 Arbeitern im Jahr 1912, erwies sich bei alledem als höchst rentables Unternehmen. Bereits während der ersten elf Jahre – von 1892 bis 1903 – erbrachte es mit 1,415 Mio. Mark Betriebsüberschüssen fast den zweifachen Betrag der anfangs investierten Beträge (736 500 Mark) ein; knapp 991 000 Mark flossen in den Ausbau der Anlage, nahezu 105 000 Mark als Zuschuß in die Stadtkasse. Berücksichtigt man die Abschreibungen, so läßt sich die Rendite auf 7,3% berechnen.[687] Für den Zeitraum 1904—1913 ergibt sich eine durchschnittliche Rentabilität von 8%.[688]

Anmerkungen
Seite 558 und 559

681 1913 u.a. 8 758 Gasherde, 10 417 Lampen, 7 572 ›Gestelle‹, 91 Gasöfen und 19 ›Bügelapparate‹; VB 1913, S. 120

682 berechnet nach Stadtgeschichte (1903), S. 374f; dabei sind unter den ›Privaten‹ auch alle Unternehmen erfaßt, die sich aus dem städtischen Gaswerk bedienten, außer der BASF, auf die 1893—1901 insgesamt 23% des Gaskonsums entfielen; zum Gesamtkonsum zählte außerdem der städtische Verbrauch, vor allem für die Straßenbeleuchtung

683 geschätzt nach VB 1913, S. 119f; demnach gab es 6 580 Gasmesser und 7 738 Gasautomaten; da nach VB 1906, S. 92 damals 6 488 Gasmesser auf 4 217 ›Gaskonsumenten‹ entfielen, dürften 1913 rd. 4 300 Verbraucher (einschließlich Industrie ohne BASF) durch Gasmesser und rd. 7 700 durch Automaten angeschlossen gewesen sein. Bereits 1910 waren gut 58% aller Haushalte (10 300 von 17 700) mit Gas versorgt, wie sich aus VB 1910, S. 197 ergibt; da die rd. 2 000 Wohnungen, die seitdem bis Ende 1913 entstanden, fast durchweg einen Anschluß an das Gasnetz gehabt haben dürften, sind dies Ende 1913 rd. 62% (12 300 von 19 700 Haushalten)

684 2 025 Konsumenten – Stadtgeschichte (1903), S. 370 – auf geschätzte 14 000 Wohnungen

685 berechnet nach Angaben der betreffenden Verwaltungsberichte

686 VB 1913, S. 119

687 105 000 Mark Zuschuß an die Stadtkasse und 757 000 Mark Nettoinvestitionen ins Gaswerk; vgl. Daten in Stadtgeschichte (1903), S. 362, 367f, 372f

688 berechnet nach Ganser, S. 79

689 hierzu und f.d.F. allg. Matzerath 1985, S. 205ff und Münch, S. 40ff

690 vgl. Laudien 1956, S. 31ff

Das städtische Wasserwerk bei Maudach um 1910 [227]

Seit 1895 in Betrieb: der Wasserturm bei der Gräfenauschule … [228]

… im Querschnitt [229]

Wasserwerk

Angesichts des städtischen Engagements bei der Gasversorgung mag es verwundern, daß die Gemeinde Ludwigshafen sich erst vergleichsweise spät um eine geregelte Wasserversorgung der Einwohnerschaft gekümmert hat. Sie stand damit allerdings keineswegs allein. Generell folgte in den deutschen Städten der Aufbau von Wasserwerken demjenigen von Gaswerken erst mit einiger Verzögerung, je nachdem wie die ältere dezentrale Versorgung über Brunnen noch funktionierte oder allmählich an ihre Grenzen stieß.[689] Einschlägige Investitionen versprachen wenigstens auf den ersten Blick bei weitem keine so hohe Rendite wie bei der Gasproduktion; daher hielt sich privates Engagement in vorsichtigen Grenzen, auch wenn in einigen wenigen großen Städten (Hamburg, Berlin, Altona, Magdeburg) erste, privat finanzierte Wasserwerke während der 1840er und 1850er Jahre in Betrieb gingen. Dann jedoch sahen sich die Kommunen gefordert: Jenseits aller Rentabilitätsüberlegungen mußten sie – auch abgesehen von feuerpolizeilichen und ordnungspolitischen Rücksichten (Straßenreinigung!) – die Grundversorgung der Bevölkerung mit dem wichtigsten Lebensmittel sicherstellen. Welche Bedeutung ihm zumal im Zusammenleben großer Menschenmassen auf engem Raum tatsächlich zukam, diese Einsicht vermittelte die rasch fortschreitende wissenschaftliche Einsicht in die Welt der Mikroorganismen und damit in die Entstehung und Verbreitung von Epidemien (Typhus, Cholera) wie von endemischen Krankheiten. Dank dieser Erkenntnis wurde die zentrale und zentral kontrollierte Wasserversorgung durch kommunale Wasserwerke spätestens seit den 1880er und 1890er Jahren zu einer wesentlichen Aufgabe der ›Stadthygiene‹, zumal nach der grob fahrlässig verursachten Cholera-Katastrophe in Hamburg 1892. Zudem erforderte das kommunale Interesse an Industrieansiedlungen auch, daß man in der Lage war, der gewerblichen Produktion genügend Wasser als Hilfsmittel zur Verfügung zu stellen.

Eigentlich sollte man denken, daß für Ludwigshafen am Rhein die Wasserversorgung kaum ein größeres Problem darstellen konnte. Tatsächlich bediente sich die Einwohnerschaft lange Zeit aus dem hochstehenden Grundwasser mit Hilfe einiger Stadtbrunnen und durch Pumpbrunnen in den Häusern.[690] Unter hygienischen Gesichtspunkten war

Das 1910 errichtete und 1914 erweiterte Straßenbahndepot im Stadtteil Süd – Innenansichten siehe Abb. 169 und 170 Aufnahme von 1925 [230]

dies jedoch alles andere als unproblematisch, bedenkt man, daß es noch kein brauchbares Kanalisationssystem gab und eine Vielzahl von Abortgruben in unmittelbarer Nachbarschaft eine ständige Gefahrenquelle darstellte. „Typhöse Krankheitserscheinungen" infolge verseuchten Wassers waren daher keine Seltenheit.[691] Hinzu kam, daß das Grundwasser „meist stark eisenhaltig, zum Teil auch manganhaltig und vielfach von moorigem Geschmack" war.[692]

Von der Industrie ging kaum Druck aus – die großen Firmen, allen voran die BASF, deckten ihren Brauchwasserbedarf direkt durch Zuleitungen aus dem Rhein, und die Stadt vermochte davon sogar noch für ihre Sicherheit zu profitieren, indem sie 1863 mit der Aktienbrauerei die Nutzung von deren Zuleitung für Feuerwehrzwecke bei Ausbruch eines Brandes vertraglich vereinbarte.

Trotz mehrerer Anstöße von verschiedenen Interessenten zwischen 1881 und 1885[693] begannen Bürgermeister und Stadtrat wohl auch wegen der damit verbundenen Entsorgungsprobleme über die Kanalisation sich erst seit 1890 intensiver mit der Errichtung eines Wasserwerkes zu beschäftigen. Im Sommer desselben Jahres vergaben sie den Auftrag für die erforderlichen Vorarbeiten an den Mannheimer Ingenieur Oskar Smreker, der kurz zuvor die zentrale Wasserversorgung seiner Vaterstadt eingerichtet hatte.[694] Auf Grund der positiv verlaufenden, doppelt abgesicherten Grundwasser-Untersuchungen wurde 1894/95 zwischen Mutterstadt und Oggersheim mit einem bescheidenen Staatszuschuß[695] ein Wasserwerk gebaut; im Oktober 1895 ging es zunächst mit 715 Hausanschlüssen in Betrieb.[696]

Angesichts des rasch wachsenden Bedarfs wurde es in den folgenden Jahren bis an die Grenzen des Möglichen erweitert (von 20 auf 48 Brunnen 1902), und dennoch mußte man bald weitere Ressourcen durch Pumpwerke anzapfen, so 1903 am Luitpoldhafen für die Versorgung Mundenheims, das 1903/04 ans Netz ging, 1905 auf der Parkinsel,[697] auch mit Blick auf den damaligen Anschluß Oggersheims an die durch den Ort führende Druckleitung. 1912 trat Rheingönheim dem Unternehmen bei. So stieg die geförderte Gesamtmenge von 1896 bis 1913 auf gut das fünffache Volumen, die Zahl der Hausanschlüsse auf 6 627, davon in Oggersheim 1 320, in Rheingönheim 521. Soweit es allein Ludwigshafen betrifft, erhöhte sich der Prokopfverbrauch aus den städtischen Leitungen während der genannten Zeitspanne auf mehr als das Doppelte, nämlich von 34 auf 75 Liter pro Tag – gemessen an heutigem Wasser-Konsum eine mäßige Größenordnung, zumal wenn man bedenkt, daß auf den Privatverbrauch 1913 nur 46 Liter täglich entfielen.[698] Immerhin verfügten damals mehr als 90% der Haushalte über einen Wasseranschluß.[699]

Auch das Wasserwerk (1912: 36 Arbeiter) bewährte sich schließlich als rentable Investition. Aus dem Vergleich zwischen den gesamten Baukosten (1,054 Mio. Mark[700]) und den jährlichen Überweisungen an die Stadtkasse ergibt sich ein Reingewinn, der zunächst etwa 5% betrug, dann aber nach der kostspieligen und dementsprechend weniger ertragreichen Ausbauphase 1903—1905 (zwischen 2,4 und 3,8%) bis 1908 Werte über 9% erreichte mit 12,8% als Spitzenwert im Jahr 1913.[701] Damit bewegte sich Ludwigshafen offensichtlich im Rahmen des Zeitüblichen.[702]

Anmerkungen
Seite 560 und 561

691 vgl. VB 1890/94, S. 84

692 Weiß, S. 114

693 vgl. auch f.d.F. VB 1890/94, S. 39ff und Stadtgeschichte (1903), S. 386ff, ferner Trinkwasser (1985), S. 2ff

694 SRP 20.6., 23.7.1890

695 vgl. SRP 24.2.1893

696 formelle Übergabe an die Stadt am 13.11.1897; SRP 3.12.1897

697 VB 1900/04, S. 118ff; VB 1905, S. 98f; Weiß, S. 113

698 berechnet nach Angaben Stadtgeschichte (1903), S. 391 und VB 1913, S. 122f; Fabriken beanspruchten 1913 ein knappes Viertel des Wassers

699 nach den Daten VB 1910, S. 197 verfügten 1910 bereits 90% der Wohnungen über einen Anschluß

700 Stadtgeschichte (1903), S. 391

701 errechnet nach Bappert, Beilage 16

702 vgl. die Daten bei v. Eheberg, S. 65f

703 SRP 17.7.1896; über die Entstehung der Stromversorgung in Ludwigshafen Stadtgeschichte (1903), S. 386ff; Weiß, S. 118ff; Breunig 1986, S. 77ff; Rothenberger 1991

704 Stadtgeschichte (1903), S. 479, 481

705 Weiß, S. 118

Generatorenhalle des E-Werks mit drei Dynamo-Maschinen
1903 [231]

Grußkarte anläßlich der Eröffnung des Ludwigshafener Elektrizitätswerks 1901 [232]

Elektrizitätswerk und Straßenbahn

Elektrizität bewährte sich im Wettbewerb mit Gas sehr rasch als flexible und effektive, freilich relativ teuere Energieform zunächst für Beleuchtungszwecke, dann zunehmend für den Antrieb gerade auch kleiner Motoren, die sich vorzüglich für den Einsatz im Handwerk eigneten und dessen Konkurrenzfähigkeit gegenüber der Industrie verbesserten, und nicht zuletzt für den städtischen Nahverkehr in Gestalt der abgasfreien ›Elektrischen‹. Für die Städte stellte sich seit den 1890er Jahren die Frage, ob sie die neue Energie in das kommunale Produktionsprogramm übernehmen und damit Modernität beweisen, aber auch wenigstens ein Stück weit den eigenen Gaswerken Konkurrenz machen sollten. In der Pfalz entschied sich 1894 als erste größere Gemeinde Kaiserslautern, ein E-Werk zu errichten; Pirmasens folgte 1896, und nicht zufällig gab im gleichen Jahr Stadtrat Ehrhart, prominentes Mitglied der Sozialdemokratie und damals noch ihr einziger Vertreter im Selbstverwaltungsgremium, den Anstoß, Ludwigshafen möge eine eigene elektrische Zentrale bauen, „ehe andere das Geschäft machten".[703] Bedarf war jedenfalls vorhanden: Die BASF hatte 1887 begonnen, in einer ersten elektrischen Zentrale Strom für ihren Bereich zu erzeugen, und die Pfälzischen Eisenbahnen hatten die Eigenproduktion zur Beleuchtung eines Teils der Bahnanlagen, zum Antrieb von Drehscheiben und zum Aufladen einiger Akkumulatorenwagen 1889 aufgenommen.[704] Eine private Firma hatte sich schon um die Genehmigung bemüht, einige Blockstationen zu errichten, und eine Erhebung über die voraussichtliche Nachfrage nach elektrischem Strom für Beleuchtungszwecke erbrachte trotz des zu erwartenden höheren Tarifs gegenüber der bisherigen Gasbeleuchtung „ein so erfreuliches Ergebnis, daß der Bau eines Elektrizitätswerkes angeraten werden konnte".[705] Dabei bediente sich Ludwigshafen von Anbeginn exzellenter Sachkunde: Oskar von Miller, 1884—1890 mit Emil Rathenau Direktor der AEG und der Berliner Elektrizitätswerke, seit 1890 Leiter des von ihm gegründeten Ingenieurbüros in München, 1891 Präsident und technischer Leiter

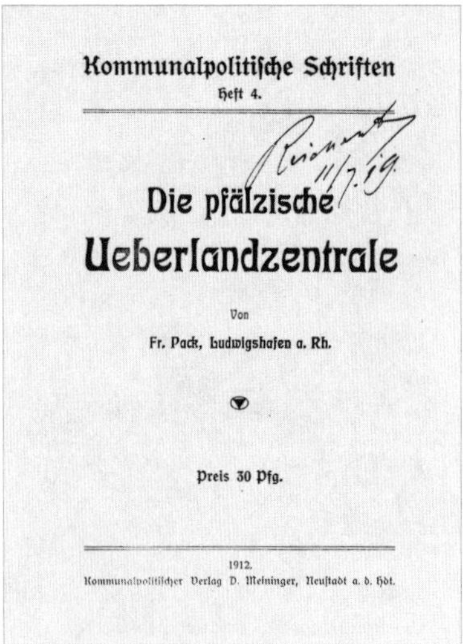

Kommunalpolitische Schriften
Heft 4.

Die pfälzische
Ueberlandzentrale

Von
Fr. Pack, Ludwigshafen a. Rh.

Preis 30 Pfg.

1912.
Kommunalpolitischer Verlag D. Meininger, Neustadt a. d. Hdt.

Denkschrift von Friedrich Pack, 1912
Seine positive Stellungnahme beeinflußte entscheidend die Zustimmung der Stadt zur Gründung der Pfalzwerke [233]

der Internationalen Elektrotechnischen Ausstellung in Frankfurt a. M., auf der erstmals die Wechselstrom-Übertragung von Lauffen am Neckar nach Frankfurt über eine Hochspannungsleitung erfolgreich vorgeführt und damit der Grundstein für die moderne Elektrizitätswirtschaft gelegt wurde, verantwortlich für den Bau des vorzüglich funktionierenden E-Werks der Stadt Kaiserslautern,[706] lieferte das grundlegende Rentabilitätsgutachten. Daß die Stadtväter auch hier auf Gewinn für die städtischen Kassen erpicht waren, belegt der anfänglich verfolgte Plan, die Generatoren mit Gaskraft anzutreiben, um die sonst befürchtete Verminderung der Einnahmen aus dem eigenen Gaswerk aufzufangen. Sie mußten sich belehren lassen, daß Dampfturbinen die preiswertere Alternative seien.

Kurz vor der Jahrhundertwende trat der Prozeß der Meinungsbildung in seine entscheidende Phase. Kurioserweise erwarb die Stadt Ludwigshafen damals sozusagen wider Willen ihr erstes Elektrizitätswerk infolge der Eingemeindung von Mundenheim: Dort war im Jahr zuvor ein privat finanziertes, von der Gemeinde übernommenes Gleichstromwerk in Betrieb gegangen, erwies sich jedoch als derart störanfällig, daß die Stadt für Abhilfe sorgen mußte.[707] Zudem wünschte Mannheim die gemeinsame Pferdebahn in eine ›Elektrische‹ zu verwandeln, und falls Ludwigshafen nicht ins Hintertreffen geraten bzw. von Mannheim und seinem 1898/99 errichteten E-Werk abhängig werden wollte, mußte es nun selbst die Initiative ergreifen.

Probleme schuf noch die Frage der benötigten Stromleistung. Die sparsamen Stadtväter neigten auch aufgrund der erwarteten Nachfrage einer kleinen Lösung zu, doch Miller konnte sie durch günstige Konditionen zu mehr Zukunftsmut motivieren. Ende 1901 wurde das neue E-Werk hochgefahren und das unrentable Mundenheimer Werk stillgelegt. Die Baukosten von 1,590 Mio. Mark hatte die Stadt wie üblich über eine Anleihe besorgt. Sie selbst machte dabei von vornherein kein schlechtes Geschäft: Sie vergab das Werk auf 15 Jahre an eine Pachtgesellschaft mehrerer kompetenter Betreiberfirmen (Oskar v. Miller, Brown-Boveri, Süddeutsche Kabelwerke) mit der Möglichkeit, den Betrieb bereits 1908 selbst zu übernehmen, und erhielt als Pachtsumme eine Verzinsung des aufgewendeten Kapitals, die sich von 5,5% im ersten Jahr mit jährlicher Steigerung um 0,5% bis auf 8% ab dem sechsten Jahr erhöhte. Blickt man auf die Überweisung von Überschüssen an die Stadtkasse und vergleicht sie mit dem investierten Kapital, so erscheint es fraglich, ob die Eigenregie wirklich profitabler ausfiel als die bisherige Verpachtung. Jedenfalls erreichte die so ermittelte Rendite 1910 bis 1912 durchschnittlich ›nur‹ 7,4%. Allerdings kamen wiederholte Senkungen der zunächst sehr hohen Tarife[708] den Kunden und durch Sonderkonditionen noch mehr den ›Großkonsumenten‹ zustatten[709] und trugen zugleich zum Nachfrageboom bei: Bis 1913 stieg der Anschlußwert des städtischen E-Werkes auf das 7,7fache des Standes von Ende 1902 (von 1 039 auf 7 970 KW), die Zahl der ›Konsumenten‹ auf gut das Elffache (von 294 auf 3 280 bei nunmehr fast 20 000 Haushalten), der Verbrauch sogar nahezu auf das 16fache (von 0,448 Mio. kWh auf 7,130 Mio. kWh), zu fast vier Fünfteln durch die Abnahme seitens der Straßenbahn und industrieller ›Großabnehmer‹.[710]

Weiterer Ausbau des Betriebs, auch mit Blick auf die umliegenden Ortschaften,[711] war also angesagt, doch verlief die Entwicklung nun in

Anmerkungen
Seite 562 und 563

706 *Rothenberger 1991, S. 25f*
707 *SRP 23.3.1900; vgl. VB 1900/04, S. 122f*
708 *1904 betrug der bereits ermäßigte Grundpreis für eine Kilowattstunde ›Licht‹ 50 Pfennig, für eine Kilowattstunde ›Kraft‹ 20 Pfennig; VB 1900/04, S. 124*
709 *SRP 18.11.1910; VB 1910, S. 19*
710 *1909 entfielen von den 4,3 Mio. kWh 38% auf ›Großabnehmer‹ und 26% auf die Straßenbahn; 1913 war der Anteil dieser beiden Kundenkreise auf 78% gewachsen; Daten nach Verwaltungsberichten und Weiß, S. 115*
711 *vgl. VB 1905, S. 103*
712 *›General-Anzeiger‹, 13.8., 15.8.1930; Lebensbild von Dr. Hans Jung; Foto Nr. 9797, StALu*
713 *Pack, Die pfälzische Überland-Zentrale, S. 18; StALu, DS 462/19*
714 *f.d.F. vgl. Rothenberger 1991, S. 63ff*
715 *Rechtsrat Müller in SRP 15.6.1912*

„Ein Pionier der Elektrizitätswirtschaft":[712] ***Friedrich Pack***

„Der Sitz der Gesellschaft und der wichtigste Einfluß auf die [. . .] Tarifpolitik würden der Stadt verloren gehen, wenn sie jetzt den richtigen Zeitpunkt des Anschlusses versäumte."[713] *Mit diesen Worten empfahl der Direktor des städtischen ›Elektrotechnischen Bureaus‹, Friedrich Pack, 1912 seinem Oberbürgermeister, die Stadt Ludwigshafen an den Pfalzwerken zu beteiligen – und eröffnete damit zugleich auch sich neue berufliche Perspektiven.*

Pack war 1867 als Sohn eines Gemischtwarenhändlers und Gastwirts in Berghofen/Westfalen nahe Dortmund zur Welt gekommen. Den Besuch des Gymnasiums brach er ab, um in die Kaiserliche Marine einzutreten. Als 21jähriger begann er dann praktische Berufserfahrungen in Maschinenwerkstätten und Fabriken zu sammeln, besuchte gleichzeitig Fortbildungs-Sonntagskurse und danach die Werkmeisterschule für Maschinenbau in Dortmund sowie die Kgl. Fachschule für mittlere Maschinentechniker. Nach der Heirat 1892 erhielt er 1893 bis 1896 eine Anstellung bei der Elektrifizierung der Dortmunder Straßenbahn. In gleicher Eigenschaft wirkte er in Mülheim an der Ruhr und Recklinghausen, bevor ihn die Stadt Ludwigshafen Ende 1900 für ihr Straßenbahn-Elektrifizierungs-Projekt berief. Pack bewies technisches Können, Umsicht und war auch bei den Verhandlungen mit Mannheim wegen des gemeinsamen Straßenbahnbetriebs erfolgreich. Er wurde Chef aller elektrischen Einrichtungen – E-Werk, Straßenbahn, Straßenbeleuchtung. Reibereien mit seinen Amtskollegen ließen ihn an Weggang denken. Doch konnte er 1912 mit der Etablierung der Pfalzwerke in Ludwigshafen zuerst zu deren nebenamtlichem Vorstand aufsteigen. Für den Ausbau der Überlandversorgung der Pfalz wurde ihm 1917 der Bayer. St.-Michaelsorden verliehen.

1920 gab er seinen Posten bei der Stadt auf und wurde hauptamtlicher Vorstand der Pfalzwerke. In allen von dem Stromversorger mitgegründeten regionalen Gesellschaften und beim Großkraftwerk Mannheim wurde Pack Mitglied des Aufsichtsrats. Seine Verdienste wurden mit den Titeln ›Generaldirektor‹ und ›Bayerischer Landesbaurat‹ gewürdigt. 1930 starb er plötzlich und unerwartet nach längerer Krankheit.

[S. M.]

Pionier der Elektrizitätsversorgung: Friedrich Pack [234]

eine andere Richtung: hin zur Konzentration der Stromerzeugung in Großkraftwerken nahe bei der Kohle und zum Absatz des Produkts in einem regionalen Verbundsystem.[714] Die Rheinische Schuckert-Gesellschaft für elektrische Industrie AG mit Sitz in Mannheim (seit 1917 Rheinelektra), die bereits mehrere lokale Kraftwerke in der Pfalz betrieb, suchte für dieses Vorhaben möglichst viele Gemeinden zu gewinnen, und wiederum war es Oskar von Miller, der in amtlichem Auftrag das grundlegende Konzept für die möglichst vorteilhafte Elektrizitätsversorgung der gesamten Pfalz, auch des ländlichen Bereichs, mit Hilfe einer pfälzischen ›Überlandzentrale‹ entwickelte. Der Beitritt Ludwigshafens zu dem geplanten gemischtwirtschaftlichen Unternehmen mit klarem Übergewicht der Öffentlichen Hand bildete hierbei den entscheidenden Schritt, die Rentabilität dauerhaft zu sichern. Trotz erheblicher Widerstände im Gemeinderat unter der Führung von Fritz Raschig, der Millers Berechnungen anzweifelte, die indirekte Subventionierung des flachen Landes zu Lasten der Städte kritisierte und durch Festhalten der Stadt am Eigentum des Elektrizitätswerks die Elektrizitätsautonomie Ludwigshafens schon mit Blick auf die Konkurrenzsituation gegenüber Mannheim für unabdingbar hielt, entschied sich nach kontroverser Diskussion eine äußerst knappe Mehrheit gegen ›Kirchturmpolitik‹[715] und für den Anschluß an die neuzugründenden *Pfalzwerke* – „ein für die ganze Pfalz hochwichtiges Unternehmen, ein Kulturwerk ersten Ranges, bei dem Stadt und Land zusammengefaßt werden sollen" und „Ludwigshafen als größte Stadt der Pfalz sich an die Spitze stellen und die Führung übernehmen sollte", wie Bürgermeister

Der neue Schlachthof auf einer Bildpostkarte um 1905 [235]

Krafft in der entscheidenden Sitzung am 15. Juni 1912 betonte. Er und Rechtsrat Müller gaben mit ihrer Stimme den Ausschlag im Patt zwischen befürwortenden Sozialdemokraten einerseits, ablehnenden ›Unparteiischen‹, Nationalliberalen und Zentrumsvertretern auf der anderen Seite.[716] Immerhin sorgte der Widerstand der Projektgegner für verbesserte Konditionen zugunsten Ludwigshafens. Am 17. Dezember 1912 begann hier eine neue Elektrizitäts-Ära:[717] Damals brachte die Stadt ihr Kraftwerk ab dem 1. Januar 1913 in die Pfalzwerke AG ein, die allen Aktionären, den beteiligten Gemeinden wie dem privaten Kapital, die Vorteile des Verbundsystems sicherte: kostengünstigere Produktion und flexibleren Absatz des Stroms. Wenn die Pfalzwerke AG, als gemischtwirtschaftliches Unternehmen ein jüngeres und bescheideneres Gegenstück zur Rheinisch-Westfälischen Elektrizitätswerk AG (RWE, gegr. 1898), ihren Sitz in Ludwigshafen nahm und Friedrich Pack, dem damaligen Direktor des Städtischen Elektrizitätswerks, die Leitung der Gesellschaft übertragen wurde, so entsprach das der Bedeutung der Stadt innerhalb der Aktiengesellschaft: Sie war mit 1,24 Mio. Mark oder 17% des Anlagekapitals (7,25 Mio. Mark) nächst der Rheinischen Schuckert-Gesellschaft Mannheim (2 Mio. Mark, 27,6% des Anlagekapitals) die größte Anteilseignerin. Und indem sie das gesamte Ludwigshafener Verteilernetz, Straßenbahn, Straßenbeleuchtung und den Stromverkauf vor Ort in der Hand behielt, wahrte sie sich während der 25jährigen Laufzeit des Stromlieferungsvertrags einen Handlungsspielraum, der auch die Preisgestaltung im eigenen Bereich einschloß. Für das ihr verpachtete städtische E-Werk selbst garantierte die Pfalzwerke AG eine Mindestverzinsung des investierten Kapitals von zunächst 5%, nach einigen Jahren von 6 und dann 7%. Tatsächlich begannen die Gewinnzuflüsse in den Stadtsäckel seit 1913 zu steigen; gemessen am Gesamtvolumen der städtischen Einnahmen machten sie jedoch 1913 kaum und in den folgenden Jahren nur wenig mehr als 3% aus.

Verglichen mit den Einkünften aus der *Straßenbahn* *[vgl. Schienen, S. 505]* war dies bereits ein außerordentlich stolzes Ergebnis, denn das moderne Verkehrsmittel brachte es nur zwischen 1904 und 1911 zu geringfügigen Überschüssen für den Gemeindeetat. Freilich bleibt bei

Anmerkungen
Seite 564 und 565

716 vgl. bes. Protokoll der entscheidenden Sitzung vom 15.6.1912; Springer, S.46f; Rothenberger 1991, S.77ff

717 vgl. VB 1912, S.135f; Weiß, S.114f; Bappert, S.63ff

718 so v. Eheberg, Gemeindefinanzen, in: HdStWiss. 4. Aufl., Bd. 4, Jena 1927, S.783—845, 812; vgl. allg. Kaufhold

719 vgl. Bappert, S.70

720 aus zeitgenössischer Sicht vgl. C. Fränkel, Schlachthäuser, in: HdStWiss. 3. Aufl., Bd. 6, Jena 1911, S.300—304

721 vgl. allg. Krabbe 1985, S.36ff

722 SRP 25.4.1872; vgl. SRP 5.6.1874

723 SRP 22.6.1876

724 SRP 19.9., 7.11.1878

725 SRP 22.6.1876, 19.9. und 7.11.1878; Stadtgeschichte (1903), S.408ff auch f.d.F., ferner Schlachthof

Die Schweineschlachthalle um 1930 [236]

Schlachthaus-Ordnung

für

die Stadt

Ludwigshafen am Rhein.

Ludwigshafen a. Rh.
Druck von Aug. Lauterborn.
1880.

Schlachthaus-Ordnung 1880 [237]

einer Bewertung zu berücksichtigen, daß die Straßenbahn als ein Hauptkunde des E-Werks zu dessen positiver Bilanz beitrug, daß ihre Gewinne zunächst für den Streckenausbau benötigt wurden und nicht zuletzt daß sie ein bedeutendes Hilfsmittel des inner- und interstädtischen Verkehrs und damit auch der Wohnungspolitik darstellte, sie also als ›gemeinnützig‹ gelten konnte.[718] Auf Subventionen aus dem Stadtsäckel jedenfalls war sie wenigstens bis 1914 nicht angewiesen.[719]

Schlachthof

Kommerzielle Überlegungen und Hoffnungen, falls überhaupt vorhanden, standen bei der Frage eines Schlachthofbaues noch weiter hintenan.[720] Je weiter die wissenschaftliche Einsicht fortschritt, welche Gefahr verdorbenes oder von Bakterien und Parasiten befallenes Fleisch für die Gesundheit der Menschen darstellte, desto mehr drängte sich das Erfordernis auf, hiergegen Vorsorge zu treffen. Die deutschen Bundesstaaten, allen voran Preußen (1868), schrieben daher den Schlachtzwang, d. h. den Zwang, daß Metzger Schlachtungen allein in einem öffentlich kontrollierten Schlachthaus vornahmen, zumindest für den städtischen Bereich vor. Die Gemeinden, denen der Gesetzgeber die Durchführung übertrug, entschieden sich fast durchweg für den Aufbau kommunaler Regiebetriebe. Deren Zahl begann daher seit den 1870er Jahren rasch zu steigen; um die Jahrhundertwende verfügten fast 100% der Mittel- und Großstädte über eine derartige Einrichtung.[721]

Ludwigshafen hatte sich bereits 1856 und erneut 1872 bei der Kreisregierung um einen geeigneten Bauplatz für ein Schlachthaus am Rhein bemüht, erfolglos, obwohl der Distriktstierarzt dieses Vorhaben als „absolutes Bedürfnis" bezeichnete.[722] Auf erneute Vorstellungen des Distriktstierarztes erkannte der Stadtrat 1876 zwar die dringende Notwendigkeit eines Schlachthausbaues an,[723] ließ sich dann aber erst einmal wieder zwei Jahre Zeit, bis er sich ernsthaft mit der Standortfrage beschäftigte und als preiswerteste Lösung beschloß, das freigewordene Polizeigerichtsgefängnis für die neue Aufgabe umzurüsten.[724] Am 15. November 1880 konnte die Anlage mit einem Festzug und Festessen der 24 Ludwigshafener Metzger feierlich eröffnet werden.[725]

Satzungen
für die
Städtische Sparkasse
zu
Ludwigshafen a. Rh.

I. Zweck der Anstalt.

§ 1. Die Sparkasse hat den Zweck zur sicheren und verzinslichen Anlage kleinerer Ersparnisse, sowie zur Vermehrung derselben durch Zuschüsse und Zinsenzuschlag Gelegenheit zu geben.

§ 2. Für die Sicherheit der in der Sparkasse angelegten Gelder und der betreffenden Zinsen haftet die Stadtgemeinde mit ihrem städtischen Vermögen.

II. Verwaltung.

§ 3. Die Sparkasse steht unter der Aufsicht des Bürgermeisteramtes und einer gemäß Art. 67 Abs. 5 der Gemeindeordnung gewählten Kommission von 9 Mitgliedern.

§ 4. Die Sitzungen der Kommission finden in der Regel allmonatlich statt; in dringenden Fällen erfolgt vom Vorstande jeweils besondere Einladung.

§ 5. Zur Beschlußfähigkeit der Kommission ist die Anwesenheit von mindestens fünf Mitgliedern erforderlich.

III. Einlagen.

§ 6. Bei der ersten Einlage muß in der Regel der Einleger persönlich erscheinen, und wenn er dem eingelegten Gelde eine besondere Bestimmung geben will, dieses

Satzungen der Sparkasse der Stadt Ludwigshafen ... [238]

Wie bei den anderen städtischen Wirtschaftsunternehmen genügte die ursprüngliche Anlage angesichts der rasch wachsenden Einwohnerschaft schon bald nicht mehr den Anforderungen. Die Zahl der Metzger im engeren Stadtgebiet vergrößerte sich bis 1902 auf 55, also auf mehr als das Doppelte des Standes von 1880, das Schlachtvolumen stieg noch deutlich stärker.[726] Schubweise Erweiterung der vorhandenen Gebäulichkeiten suchte dem Bedarf immer wieder so gut wie möglich nachzukommen, doch mußte der Stadtrat Ende 1897 eingestehen, daß nur ein völliger Neubau die zeitgemäßen Ansprüche zumal hinsichtlich Kühlungs- und Transportmöglichkeiten erfüllen könne. Nach mehrjährigen, um Sparsamkeit bemühten Planungen beschloß er am 27. Februar 1903 den Bau eines weit geräumigeren Schlachthauses, das bis zur doppelten Größe der derzeitigen Einwohnerschaft von annähernd 66 000 Menschen ausreichen sollte, „mit den modernsten Einrichtungen", eigener Wasserleitung und Anschluß an die städtische Kanalisation ausgestattet war und durch ein Gleis mit den Pfälzischen Eisenbahnen verbunden wurde.[727]

Die kostspielige „Musteranlage", die nach ihrer Fertigstellung und feierlichen Einweihung von sachkundigen Kommissionen aus interessierten Städten des In- und Auslands besucht wurde und „das größte Lob" einheimsen konnte, stand ab dem 29. Juni 1905 den Metzgern zur Verfügung. Eine adäquate Verzinsung des investierten Kapitals – 1,65 Mio. Mark ohne den erforderlichen Grunderwerb – durfte Ludwigshafen trotz ursprünglichem Zweckoptimismus[728] freilich ebensowenig erwarten wie andere Städte.[729] Hatte das alte Schlachthaus dem städtischen Haushalt erwünschte Einnahmen gebracht,[730] so war dies bei der neuen Anlage nicht mehr der Fall – im Gegenteil, die Stadt mußte zum höchsten Unwillen von Gemeinderat Raschig während der ersten sieben Betriebsjahre ein Defizit von 170 000 Mark ausgleichen, da die Schlachtgebühren trotz ihrer Höhe außer den laufenden Kosten kaum die Verzinsung, geschweige denn die Amortisation des eingesetzten Kapitals ertrugen.[731] Dafür diente die Einrichtung bei kräftig gestiegenem Arbeitspensum[732] den erforderlichen gesundheitspolizeilichen Belangen zugunsten der Einwohnerschaft.

Sparkasse – Leihhaus?

Nicht ohne Grund wurden die kommunalen Sparkassen im 19. Jahrhundert den ›sozialpolitischen Anstalten‹[733] zugerechnet. Zunächst noch in der Tradition des 18. Jahrhunderts dem Gedanken vorbeugender Armenpflege und fürsorglicher Erziehung der ›ärmeren Klassen‹ zu Fleiß und Sparsamkeit verpflichtet, breiteten sie sich während der zweiten Hälfte des 19. Jahrhunderts rasch aus als publikumsnahe Sammelstellen von Geldern des ›kleinen Mannes‹ und als zinsgünstige Bezugsquellen vor allem für Realkredit mittelständischer Hauseigentümer, von Landwirten und Gewerbetreibenden. Der einstige sozialpolitische Impuls ging dabei zunehmend verloren und blieb eigentlich nur noch in der Sicherheit der Einlagen durch kommunale Bürgschaft für etwaige Verluste bestehen. Im übrigen tätigten die Sparkassen immer mehr gewöhnliche Bankgeschäfte, wurden also ›gewerbliche Anstalten‹[734] und gerieten damit in das Spannungsfeld zwischen sozialen Fürsorgetraditionen und ökonomischen Renditeerwägungen. Bei den

Anmerkungen Seite 566

726 1881/1902 stiegen die Schlachtungen bei Großvieh von 2 100 auf 5 030, bei Kleinvieh von 5 395 auf 18 932

727 vgl. die Beschreibung in Weiß, S. 128ff; das Zitat wie die folgenden aus VB 1905, S. 108f

728 vgl. Stadtgeschichte (1903), S. 413

729 vgl. v. Eheberg, S. 68

730 vgl. VB 1890/94, S. 86

731 SRP 29. 1. 1912

732 Schlachtungen 1910: 6 400 Stück Groß- und fast 32 000 Stück Kleinvieh; Schlachthof, S. 27; 1913: 6 050 Stück Großvieh, 38 700 Stück Kleinvieh; VB 1913, S. 128

733 Krabbe 1985, S. 22; zur zeitgenössischen Sicht Robert Schachner, Sparkassen, in: HdStWiss. 3. Aufl., Bd. 6, Jena 1911, S. 628—666

734 v. Eheberg, S. 68

Kommunen ließ sich der Ausgleich noch am leichtesten finden, da etwaige Gewinne indirekt wenigstens der eigenen Einwohnerschaft, wenngleich nicht den Sparern selbst zugute kamen.

Die Stadt Ludwigshafen hat mit Blick auf die reichlich vorhandene potentielle Klientel erstaunlich lange gezögert, bis sie sich dazu aufraffte, eine eigene Sparkasse zu errichten, dies wohl auch mit Blick auf die Distriktsparkasse, die 1853 in Mutterstadt gegründet worden war und die 1890 schließlich nach Ludwigshafen übersiedelte. Als das Bezirksamt Speyer 1881 eine Entschließung zur Förderung des Sparkassenwesens erließ, erklärte der Stadtrat, daß „durch die verschiedenen Bankinstitute, insbesondere die Volksbank, für die Bewohner Gelegenheit gegeben ist, ihre Ersparnisse in solider und nutzenbringender Weise anzulegen"; deshalb könne die Errichtung einer Sparkasse „nicht als Bedürfnis erachtet werden".[735] Der Verdacht liegt nahe, daß hier mögliche Konkurrenz ferngehalten werden sollte. Anfang 1887 jedoch zeichnete sich mit Blick auf den Stadtsäckel ein grundlegender Gesinnungswandel ab:[736] Nun erschien eine städtische Sparkasse als „weitere Einnahmequelle" verlockend, da sich „nach den in anderen Städten gemachten Erfahrungen, soweit bekannt, unter Umständen namhafte Zinsen-Überschüsse zugunsten der Gemeindekasse ergeben" würden.[737] Die vom Bürgermeisteramt durchgeführten Erhebungen fielen günstig genug aus, um die Stadtväter Anfang 1888 zu einem positiven Votum zu veranlassen.[738] Am 1. September desselben Jahres öffnete die Kasse ihren Schalter. Wie die Geschäftsergebnisse zeigte, erfüllte sie offensichtlich einen vielfach vorhandenen Bedarf, Geldrücklagen sicher und flexibel anzulegen, sich andererseits vergleichsweise billige hypothekarische Darlehen zu besorgen. Mehrere Sondereinrichtungen suchten den ›Sparsinn‹ bis in die untersten und jüngsten Bevölkerungsschichten hinein zu wecken: Kleinstbeträge ab 10 Pfennig konnten jederzeit gegen die Ausgabe von Sparmarken in eine ›Pfennigsparkasse‹ eingebracht werden, und wer allwöchentlich einen Betrag zwischen 50 Pfennig und 10 Mark auf die hohe Kante legen konnte und wollte, der ließ ihn seit 1896 eigens durch den Kassenboten für die ›Ersparungsanstalt‹ oder ›Wochensparkasse‹ abholen – 1902 taten dies 458 Teilnehmer mit einem durchschnittlichen wöchentlichen Beitrag von gut zwei Mark,[739] bis 1907 stieg die Teilnehmerzahl auf rd. 1 600. Allerdings zeigte die Erfahrung, daß der Ertrag bei diesen kollektiven Erziehungsversuchen in keinem Verhältnis zum Aufwand stand, so daß die Wochensparkasse Ende 1907, die Pfennigsparkasse Ende 1910 aufgehoben wurde.[740] Ansonsten profitierte die Stadt selbst gleich in mehrfacher Hinsicht von ihrem Geldinstitut: Sie konnte bei ihm eigene Kassenüberschüsse kurzfristig einlegen und bezog aus ihm nach Abzug aller Kosten durchaus respektablen Gewinn. Nachdem sie, wie gesetzlich vorgeschrieben, bis 1902 einen Reservefonds über 200 000 Mark als Sicherheitsrücklage gebildet hatte,[741] durfte sie mit Regierungsgenehmigung ab 1904 einen Teil des Reinerlöses an die Armenpflege abführen – eine nicht ganz unproblematische, aber zeitübliche Form der Verwendung.[742] 1904—1911 flossen dem karitativen Zweck insgesamt 155 000 Mark zu;[743] dann mußten die Überschüsse aufgrund neuer Rechtsvorschriften wiederum dem Reservefonds zugeführt werden. Der Geschäftsbetrieb entwickelte sich bei Schwankungen im einzelnen befriedigend: Die Zahl der Sparerkonten

Satzungen der Pfennigsparkasse.

§ 1. Die Pfennigsparkasse ist eine Zweiganstalt der städtischen Sparkasse, sie bezweckt den Sparsinn zu wecken und zu fördern, indem sie das Sparen in kleinen Beträgen erleichtert.

§ 2. Die Verwaltung der Pfennigsparkasse erfolgt durch die städtische Sparkassenkommission, die Rechnungsführung durch den Sparkassenrechner. Die Geschäftsordnung der Sparkasse gilt auch für die Pfennigsparkasse.

§ 3. Die Errichtung von Stellen für Markenverkauf und die Abgabe von Sparkarten erfolgt in widerruflicher Weise durch die Sparkassenkommission; diese Stellen sind Ehrenamt und erhalten die Inhaber keine Vergütung für ihre Mühe. Die Sparstellen erhalten Aushängeschilder, um sie zu bezeichnen.

§ 4. Zum Erwerbe von Sparmarken ist Jedermann berechtigt. Die Abgabe von Sparmarken erfolgt unentgeltlich beim Ankauf von Marken. Die städtische Sparkasse nimmt ganz ausgefüllte, also mit 20 Sparmarken à 10 Pfg. versehene Sparkarten, in gleicher Weise wie bares Geld als Einlage an.

§ 5. Der Inhaber von Sparmarken und Sparkarten wird als deren rechtmäßiger Eigentümer anerkannt. Für abhanden gekommene Sparmarken wird keine Vergütung geleistet.

§ 6. Die Sparmarken können mit Frist von mindestens sechs Monaten einberufen werden, mit Ablauf dieser Frist verlieren dieselben ihre Gültigkeit.

§ 7. Zu jeder späteren Aenderung dieser Satzungen ist die Zustimmung des Stadtrates nötig.

Vorstehende Satzungen erhielten die Genehmigung des kgl. Bezirksamts mittelst Entschließung vom 27. Juni 1888 und bezw. 4. August 1888 Nr. 1441 und 24. April 1900 Nr. 789.

Ludwigshafen a. Rh., den 9. August 1888. / 6. August 1900.

Das Bürgermeisteramt:
Gg. Kutterer.

... und der Pfennigsparkasse
Aus dem Sparkassenbuch der Gemeinde Rheingönheim, um 1905 [239]

Anmerkungen
Seite 567

735 *SRP 19.9.1881*

736 *Laut Stadtgeschichte (1903), S. 320 kam die entscheidende Anregung von Fabrikdirektor Dr. Rudolf Schmidt (Waggonfabrik Ludwigshafen)*

737 *SRP 17.1.1887*

738 *SRP 24.2.1888*

739 *Stadtgeschichte (1903), S. 320f*

740 *SRP 7.6.1907; VB 1907, S. 145; VB 1909, S. 147; Weiß, S. 231f*

741 *Laut Verordnung von 1874 sollte der Reservefonds 10% der Einlagen betragen*

742 *zu solcher ›Überschüssepolitik‹ kritisch Schachner a.a.O., S. 642ff, bes. 644*

743 *vgl. Weiß, S. 233*

Das 1892 eröffnete Städtische Krankenhaus von der Goetheschule aus gesehen; noch ist das Gelände bis Friesenheim weitgehend unbebaut, um 1896/97 [240]

stieg von knapp 2 000 im Jahr 1889 auf etwa 13 200 Ende 1913, die Einlagen stiegen von knapp 200 000 auf 9,6 Mio. Mark; das durchschnittliche Guthaben erhöhte sich demnach von anfangs 96 auf rd. 730 Mark (1890: 139 Mark, 1900: 401 Mark, 1910: 617 Mark), alles in allem wohl ein Zeichen für die wachsende Sparfähigkeit eines größeren Teils der Bevölkerung, auch wenn eine kleine Zahl von Sparbuchbesitzern durch hohe Summen (bis über 10 000 Mark[744]) den Mittelwert in die Höhe trieben; zwei Drittel der Kontoinhaber verfügten 1913 nur über Beträge bis zu 600 Mark.[745] Geht man davon aus, daß nur etwa zwei Drittel der Einleger aus Ludwigshafen selbst stammten, so hätten kurz vor dem Ersten Weltkrieg 10% der Einwohner ein Sparbuch besessen (1890 gut 5%, 1900 gut 6%, 1910 knapp 9%). Das ist um so beachtlicher, als damals noch einmal rd. 3 200 Arbeiter der BASF über Guthaben in der Fabrikkasse der Firma verfügten. Die Einleger bei der Städtischen Sparkasse durften 1913 mit 3,5%, 1914 mit 3,75% Verzinsung rechnen, während Kreditnehmer für Hypotheken- und Zessionsdarlehen größtenteils 4,25—4,5% entrichten mußten. Der Verwaltungsrat verzichtete darauf, auch hier die Zinsen anzuheben „mit Rücksicht darauf, daß eine Sparkasse nicht gar zu sehr fiskalisch und bankmäßig arbeiten solle, sondern auch ideale Zwecke zu verfolgen habe"[746] – gemeint war die Fürsorge für das kleinere Besitzbürgertum und dessen Kreditbedürfnis. Tatsächlich entfielen Ende 1913 gut vier Fünftel der vergebenen Kredite auf Beträge bis zu 10 000 Mark.[747] Hypotheken machten reichlich 70%, Wertpapiere knapp 20% der Vermögensanlage durch die Sparkasse aus.[748] 1914 begann die Stadt damit, die Sparkasse auch in ihre verstärkten Bemühungen um den Kleinwohnungsbau einzuschalten, indem sie die Beleihungsgrenze für neuzuerrichtende Häuser bis auf 80% anhob *[vgl. Boden, S. 553]* – hier wurde in neuer Form wieder etwas von dem sozialpolitischen Anliegen sichtbar, das dereinst zahlreiche Sparkassengründungen angeregt hatte.

Nicht durchringen konnte sich die Stadt, ein ›*Leihhaus*‹ zu errichten, wie es in Mannheim seit langem bestand. Als Weinhändler Schüle 1889 im Stadtrat ein derartiges Projekt für Ludwigshafen empfahl, tat er das weniger aus Fürsorge für Mitbürger, die sich auf diesem Wege aus einer momentanen finanziellen Notlage zu befreien vermochten, als „im Interesse des Stadtsäckels". Die Erkundigungen bei anderen Städten

Anmerkungen Seite 568 und 569

744 *Ursprünglich war der Höchstbetrag einer Einlage auf 10 000 Mark begrenzt; am 25.10.1907 hob der Stadtrat die Grenze auf 20 000 Mark an*

745 *Ende 1913 gab es 46 Einleger mit mehr als 10 000 Mark, 513 mit 3 000 Mark bis 10 000 Mark, so daß die durchschnittliche Einlage der kleineren Sparer kaum mehr als 450 Mark betragen haben dürfte; die Guthaben von etwa der Hälfte aller Sparer lagen unter 280 Mark; berechnet nach Angaben in VB 1913, S. 147*

746 *VB 1913, S. 146*

747 *ebd., S. 148*

748 *berechnet nach Ganser, S. 110*

749 *hierzu und f.d.F. StALu, LUA 698*

750 *22.1.1913; ebd.*

751 *f.d.F. sei ohne weitere Belege generell verwiesen auf v. Hippel 1992, ferner für die Frühphase bis 1892 auf Ullmann*

Der Verwaltungsbau des neuen Krankenhauses Anfang 20. Jahrhundert [241]

führten allerdings zum Ergebnis, daß bei einem gemeinnützig geführten Institut kaum mit Gewinn zu rechnen war – für Schüle Grund genug, seinen Antrag zurückzuziehen.[749] Erst 1906 kam das Thema wieder auf die Tagesordnung des Gremiums vor allem deshalb, weil das Städtische Leihhaus Mannheim angesichts der regen Nachfrage daran interessiert war, Pfänderannahmestellen in Ludwigshafen einzurichten. Auch jetzt übte der Stadtrat Zurückhaltung, obwohl er sah, daß in Mannheim „große Werte umgesetzt" würden bis hin nach Frankenthal und Neustadt. Einstweilen überließ man der ›Schwesterstadt‹ das eigentlich wenig erfreuliche Geschäft mit der Not unter dem Vorbehalt, es später doch noch an sich zu ziehen. Seitdem konnten Interessenten ihre geldwerten Habseligkeiten in mehreren Annahmestellen versetzen – und „sehr häufig" sah sich dann die Ludwigshafener Armenpflege gezwungen, „zum Lebensunterhalt unentbehrliche Gegenstände wie Betten und Kleidungsstücke" auf ihre Kosten wieder einzulösen.[750] In dieser Tatsache spiegelte sich auch etwas von den unsicheren Lebensumständen der betreffenden Bevölkerungsschichten.

Vom Hospital zum Städtischen Krankenhaus

Solange es keine leistungsfähige Krankenversicherung gab, zählte schwerere Krankheit für die große Masse der Bevölkerung in Stadt und Land zu einem der bedrohlichsten Lebensrisiken, für Einzelpersonen ebenso wie für Familien. Mochten Familien ihre Mitglieder noch notdürftig versorgen, so mangelte es für Handwerksgesellen und Arbeiter, Dienstboten und sonstige Ortsfremde an der erforderlichen stationären Pflege, und sie wurden, soweit Arbeitgeber nicht in der Pflicht standen, ein Fall für die jeweilige lokale Armenpflege.[751] Ludwigshafen hatte kurz nach der Erhebung zur Stadt ein bereits vorhandenes, von einem ›Krankenpflege-Verein‹ getragenes ›Hospital‹ als wichtigen Teil der Armen- und Wohlfahrtspflege in eigene Regie übernommen und aus den Pflichtbeiträgen aller Arbeitgeber in der Gemeinde finanziert. Die Bezeichnung als ›Dienstboten-Heilanstalt‹ kennzeichnete die Klientel, zu der natürlich auch ledige Arbeiter zählten. Untergebracht war das Hospital seit 1865 in einer ehemaligen Gastwirtschaft, die man für die Pflegezwecke umgebaut hatte. Der Krankenstand blieb bis zu Beginn der 1890er Jahre höchst bescheiden und lag mit durchschnittlich etwa

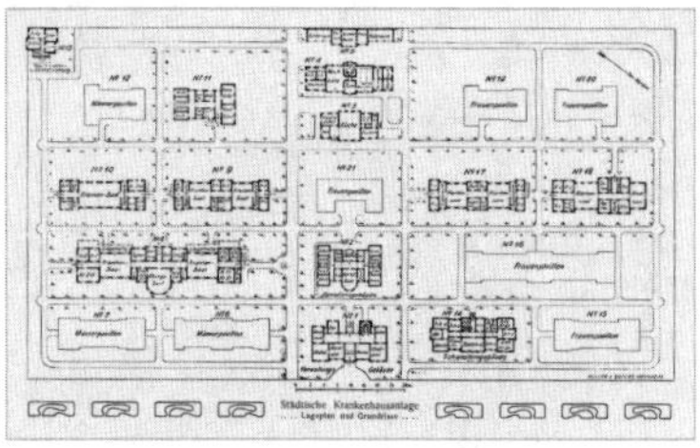

Plan der Krankenhausbauten, 1903
Gesamtansicht [242]

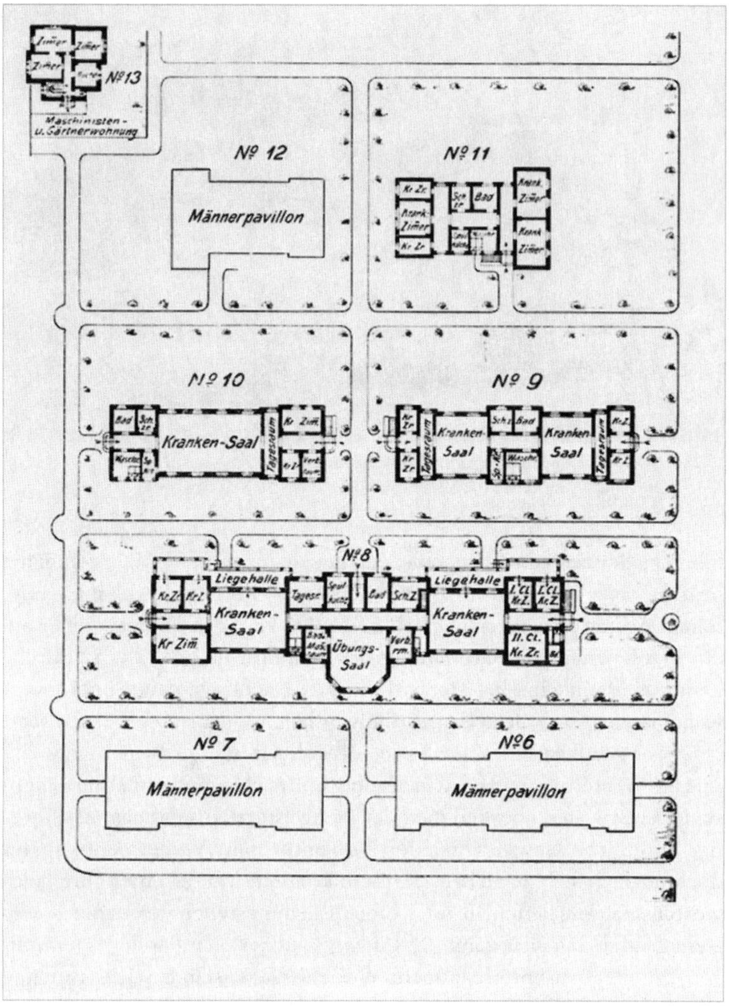

Plan der Krankenhausbauten, 1903
linker Teil [242.1]

15 Patienten weit unter der maximalen Bettenzahl (1874: 48 Plätze), auch als Ergebnis der schlechten Leistungen des Instituts: Ein Bader versorgte mit Frau und Dienstboten die Kranken, ein Arzt schaute bedarfsweise gegen ein Zubrot nach dem Rechten; „die Antipathie gegen das städtische Krankenhaus [...] bei der niederen Volksklasse"[752] war offensichtlich ausgeprägt, so daß Pflegebedürftige auf die Hauspflege als bessere Alternative auszuweichen suchten. Das Hospital war seinen Aufgaben spätestens seit den 1880er Jahren nicht mehr gewachsen, zumal als das Bismarcksche Krankengesetz von 1883 die Zahl der Aufnahmeberechtigten wenigstens auf das Dreifache des bisherigen Standes ansteigen ließ. So lag es nahe, vom älteren System der sparsamen Behelfs- und Notlösungen, das stets nur dem tatsächlichen Bedarf und den zeitgemässen medizinischen Standards hinterherhinkte, zu einer längerfristig ausgelegten zukunftsorientierten Planung überzuwechseln. Das hieß aber auch, daß man mit Kosten in bisher ungewohnter Höhe rechnen mußte, während das Hospital sich bisher im wesentlichen selbst getragen hatte.

Anmerkungen
Seite 570

752 so Hospitalarzt Dr. Ney 1886; vgl. v. Hippel 1992, S. 94

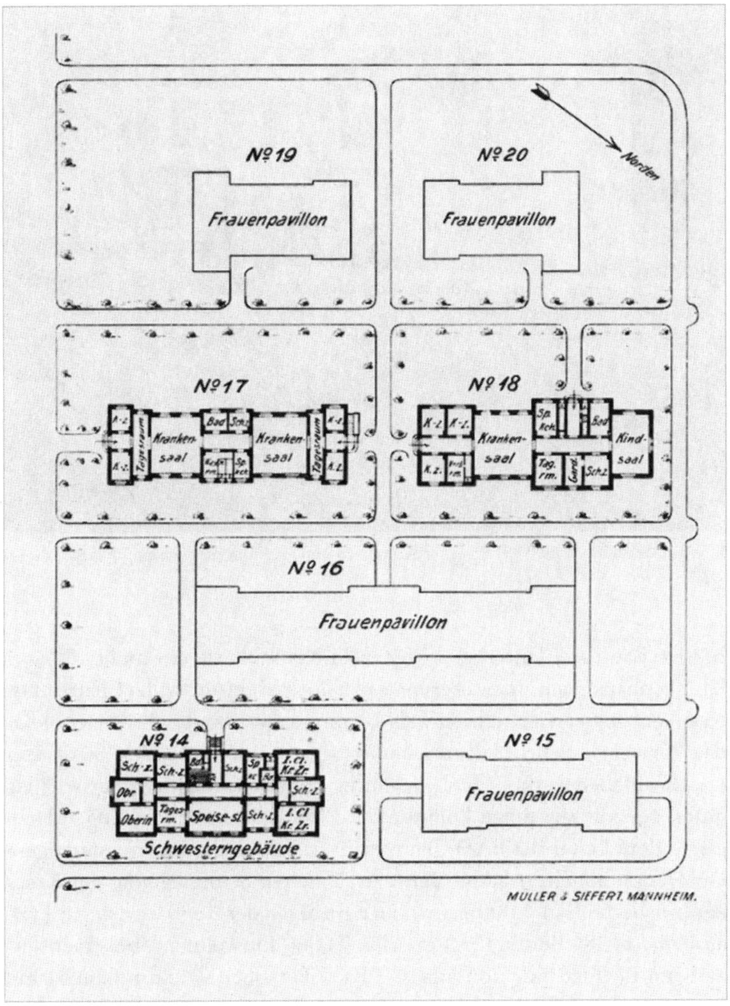

Plan der Krankenhausbauten, 1903
rechter Teil [242.2]

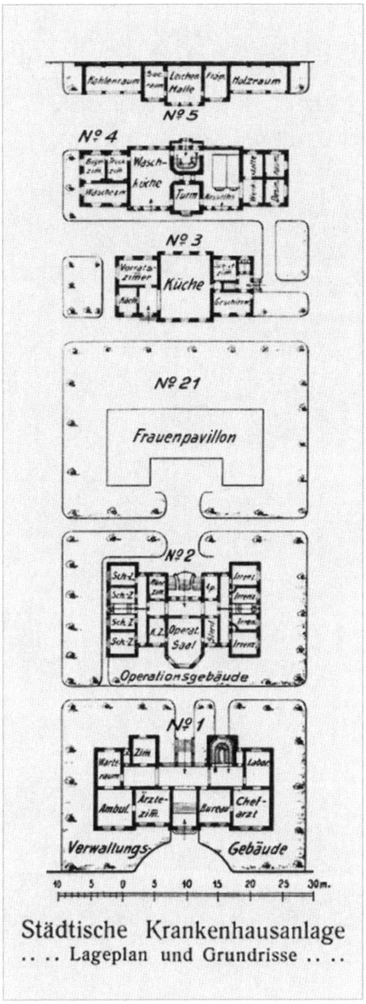

Plan der Krankenhausbauten, 1903
mittlerer Teil [242.3]

Die Grundsatz-Entscheidung des Stadtrats (7. Mai 1886) für das damals bereits außerordentlich beliebte, aber auch kostspieligere Pavillon-System anstelle eines einzigen großen Neubaues signalisierte die Bereitschaft, entschlossen den Weg in die medizinische Moderne einzuschlagen. Eine vierköpfige Sachverständigen-Delegation informierte sich beim Besuch von acht Kliniken in größeren Städten von Frankfurt bis nach Dresden und Berlin über den neuesten Stand der Krankenhaustechnik; ihre Schlußfolgerungen für Ludwigshafen spiegeln die fortschrittlichsten zeitgenössischen Trends im damaligen Krankenhauswesen: Absonderung der Verwaltungs- und Ökonomiegebäude vom eigentlichen Krankenbereich, einstöckige Pavillonbauweise, um die verschiedenen medizinischen Abteilungen voneinander getrennt zu halten, die Versorgung sowie die hygienischen Bedingungen optimal zu gestalten und Ausbau-Flexibilität zu sichern, aber auch für ruhige Lage, Luft, Licht, Naturumgebung und möglichst große Bewegungsfreiheit der Patienten zu sorgen. Dafür nahmen die Entscheidungsträger auch deutlich

Oberin Albertine Sigel und ihre Schwestern im Tagesraum des Schwesternhauses Ende 1901 [243]

höhere Bau- und Unterhalts-Kosten in Kauf, als sie ein mehrstöckiges Krankenhaus nach dem älteren ›Korridorsystem‹ erfordert hätte. Das Krankenhaus erwies sich nun als kommunalpolitisches Prestigeobjekt, das fortschrittliche Haltung und soziale Gesinnung der Stadtväter gleichermaßen verkörperte und ihrer vorausschauenden Umsicht ein gutes Zeugnis ausstellen konnte. Die Pläne stammten von Eugen Haueisen, dem Leiter des BASF-Bauwesens, der auch der Sachverständigen-Delegation angehört hatte. Beim zeitüblichen Schlüssel von vier Krankenhausbetten auf 1 000 Einwohner genügte der 1890 anvisierte Endausbau von 284 Betten für immerhin 71 000 Einwohner – bei einer derzeitigen Bevölkerung von knapp 29 000 Personen – und reichte damit nach Einschätzung der Kommissionsmitglieder für etwa 25 Jahre. Tatsächlich wurde die vorgesehene Größe auch infolge der Eingemeindungen bereits bis 1905 erreicht. Das verbesserte Versorgungsangebot stimulierte die Nachfrage zusätzlich und machte den Ausbau der Anlage zu einem unabweisbaren Erfordernis. So stieg die Bettenzahl von 70 im Eröffnungsjahr 1892 auf 306 im Jahr 1913 – schon aus Raumgründen mußte man seit 1907 zu kompakterer zweistöckiger Bauweise übergehen. Gleichzeitig wurden weitere medizinische Arbeitsfelder einbezogen. Wenigstens stichwortartig sei die Entwicklung angedeutet: bessere Unterbringung der Lungenkranken – eine wichtige Maßnahme gegen die Volkskrankheit Lungentuberkulose, mehr Raum für Gynäkologie und klinische Geburtshilfe – letzteres eine Neuerung, die einem dringenden Bedürfnis in einer Industriestadt mit hohem Arbeiteranteil in äußerst beengten Wohnverhältnissen entgegenkam, eine eigene Kinderabteilung, ein Pavillon für Elektro- und Hydrotherapie zum Einsatz der damals außerordentlich beliebten „Licht-, Luft- und Wasserbehandlung" und zur Arbeit mit dem Röntgengerät, ein „Spezialpavillon" für Geisteskranke oder „unruhige Kranke", ein weiterer OP „für aseptische Fälle", Ausbau der Verwaltung, des Wohnbereichs für Ärzte und Schwestern und nicht zuletzt der modernen Krankenhaus-Versorgungstechnik. Das Krankenhauspersonal stieg von 1894 bis 1913 von 23 auf 103 Personen,

Einer der Pavillons der ursprünglichen Krankenhausanlage von 1892 um 1910 [244]

die Zahl der ärztlichen Betreuer von zwei auf 17 – bei letzteren handelte es sich freilich zum weitaus größten Teil um Belegärzte und Medizinalpraktikanten. Je ein Assistenzarzt sorgte schließlich in der chirurgischen und in der „medizinischen" Abteilung für die kontinuierliche Betreuung der Patienten, während der leitende Arzt, Dr. Ernst Westhoven, wie bereits zwei seiner Vorgänger (1866—1886) von 1886 bis 1921 gleichzeitig als Werksarzt bei der BASF tätig war. Dieser Stellenverbund war nicht unproblematisch, konnte aber auch beiden Seiten Vorteile bringen: der BASF die sachkundige Betreuung ihrer Arbeiter gegebenenfalls auch im Krankenhaus, der Stadt und dem Städtischen Krankenhaus die tatkräftige finanzielle und fachliche Unterstützung des Unternehmens bei der Planung und Finanzierung des Krankenhauses sowie bei dessen Ausstattung (z. B. bei Anschaffung eines Röntgengeräts und bei der Versorgung des Krankenhauses mit Strom und Eis). Das System, weitere „Spezialärzte" als Belegärzte an das Krankenhaus zu binden, verbesserte dessen medizinisches Angebot zu vergleichsweise niedrigen Kosten: Einem Arzt für Augenleiden (1892) folgte 1896 ein Gynäkologe, 1904 ein HNO-Facharzt und 1910 ein Facharzt für Haut- und Geschlechtskrankheiten. Dies ebenso wie die zunehmende Differenzierung und Professionalisierung auch beim technischen und beim Pflegepersonal, das staatlich vorgeschriebene System der Krankenversicherung und die Fortschritte der Medizin führten dazu, daß das Krankenhaus den ursprünglichen Charakter einer Versorgungsstätte für ›Dienstboten‹ allmählich abstreifte und auch für bessersituierte Privatpatienten langsam an Akzeptanz gewann.

Zum Nulltarif war der verbesserte Service nicht zu bekommen. Die Ausgaben stiegen deutlich stärker als die Einnahmen, und die Stadt als Krankenhausträger mußte das wachsende Defizit – 1913 schließlich 27% der Krankenhaus-Ausgaben – aus eigener Tasche ausgleichen. Dem Versuch, die Kostensteigerung durch Erhöhung der Tagessätze aufzufangen, setzten die staatlichen Aufsichtsbehörden enge Grenzen – der medizinische Fortschritt hatte auch für Ludwigshafen seinen Preis.

Am Klavier in der Wohnung des Parkrestaurant-Betreibers, 1914 [245]

Arbeiter an der Kiesbahn der Firma Gebr. Willersinn Anfang 20. Jahrhundert [246]

Teil 5
„[...] dasjenige, was der Mensch zum Leben braucht, um die von ihm erreichte Kulturhöhe zu behaupten": Lebensbedingungen in der Stadt – Lebensstandard

Lebensbedingungen in der Stadt Ludwigshafen zur Zeit des Kaiserreichs – was gehört unter ein solches Sammeletikett, oder richtiger: Was gehört eigentlich nicht darunter? Um der Gefahr der Beliebigkeit zu entgehen, wird im Folgenden versucht, die Frage nach dem ›Lebensstandard‹ in der Stadt als Leitfaden zu nutzen. Die Bedeutsamkeit der Lebensstandardproblematik war den Mitlebenden zur Zeit des Kaiserreichs bewußt, wie die in der Kapitelüberschrift zitierte Lexikon-Definition aus dem Jahr 1897 belegen mag.[753] Denn die Entwicklung des Lebensstandards bildete ein Kernstück der ›Arbeiterfrage‹, von deren Lösung die Zukunft der bestehenden Gesellschaftsordnung abhing. Daher orientierten sich die zeitgenössischen Untersuchungen und Analysen vorwiegend oder ausschließlich an der Arbeiterschaft, und das gilt auch für den folgenden Versuch, etwas über die materielle ›Lebenshaltung‹ der Ludwigshafener Einwohnerschaft auszusagen. Dementsprechend interessieren nächst der Ernährung besonders die Wohnverhältnisse in der Industriestadt, und im dritten Abschnitt dieses Kapitels geht es um das Problem sozialer Sicherheit: Wie wurden Ausnahmesituationen – Arbeitslosigkeit, Krankheit, Todesfälle – von den Betroffenen bewältigt bzw. welche Hilfe wurde ihnen von welcher Seite zuteil? Damit stellt sich die Frage nach der Leistungsfähigkeit damaliger Fürsorge für hilfsbedürftige Teile der Bevölkerung, speziell nach der Entwicklung städtischer Sozialpolitik.

Natürlich handelt es sich dabei nur um Ausschnitte aus der übergreifenden Thematik. Mit Blick auf die städtische Gesellschaft und die Vielschichtigkeit ihrer materiellen Basis gibt es ›Lebenshaltung‹ oder ›Lebensstandard‹ nur in gruppen- und schichtenspezifischen Ausprägungen, die ebenso gemeinschaftsbildend wie nach außen abgrenzend wirkten, auch zum Vergleich herausforderten und Ansprüche weckten. Derartige Vielfalt kann im Folgenden höchstens angedeutet werden.[754]

Anmerkungen
Seite 574 und 575

753 *Meyer Bd. 16 (1897), S. 318*

754 *Unter dem Aspekt ›Einkommen und Auskommen der Arbeiter‹ vgl. allg. Ritter / Tenfelde 1992, S. 467ff*

755 *Geschätzt nach Daten in VB 1909, S. 30ff*

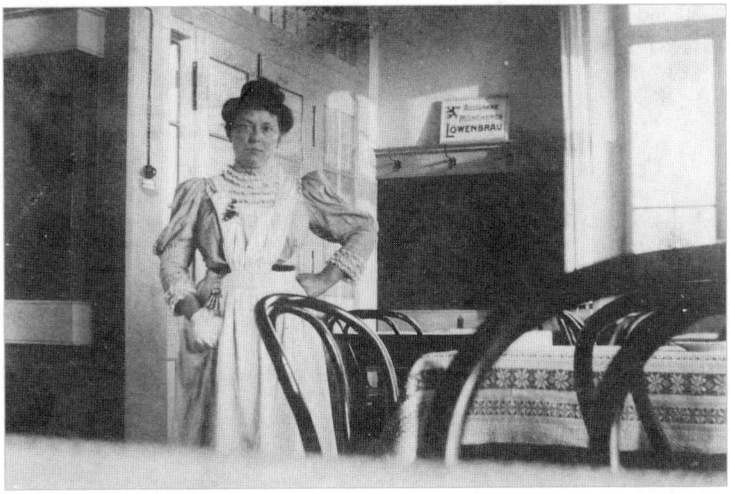

Die Wirtin des bürgerlichen ›Parkrestaurants‹ im Stadtpark
Nebenzimmer des Restaurants, Anfang 20. Jahrhundert [247]

Eine allgemeine Überlegung sei jedoch vorangestellt: Wenn so viele Menschen vom ›Zug in die Stadt‹ erfaßt wurden und dort eine neue Heimat fanden, wie das zur Zeit des Kaiserreichs der Fall war, dann ist davon auszugehen, daß sie hierbei nicht einfach dem schönen Schein des Ungewohnten erlagen, sondern daß sie die städtischen Existenzbedingungen vor dem Hintergrund ihrer überwiegend klein- bzw. unterbäuerlichen Herkunft erlebten und angesichts der ungünstigen, unregelmäßigen, oft genug auch fehlenden und auf alle Fälle schlecht bezahlten Arbeitsgelegenheit auf dem Lande positiv bewerteten. Der Vergleich zwischen den Lebenschancen in Ludwigshafen und in den wichtigsten ländlichen Herkunftsgebieten fiel für die betroffenen Zeitgenossen offensichtlich zugunsten des ›städtischen Lebens‹ aus.

›Lebenshaltung‹: Einkommen und Löhne – Preise, Kosten und Ausgaben; Reallohnentwicklung

Einkommen und Löhne waren ein grundlegendes Datum für die Lebenshaltung, denn erstens bestimmten die jeweiligen Einkommensverhältnisse letztlich über die Ausgaben- und Verbrauchsmöglichkeiten eines Haushaltes, und zweitens driftete die Höhe der Einkommen naturgemäß außerordentlich weit auseinander, während zumindest die Preise der Grundlebensmittel für Groß- und Kleinverdiener relativ nahe beieinander lagen.

Ein Blick in die Ludwigshafener Einkommensteuer-Verzeichnisse läßt bei Zusammenfassung zu größeren Gruppen vor allem markante Unterschiede zwischen den rd. 75% Lohnempfängern und den etwa 25% Besoldeten (Beamten und Angestellten) erkennen: Letztere bezogen 1909 im Durchschnitt mit 2 570 Mark jährlich mehr als das Doppelte wie die ›Lohnarbeiter‹.[755] Das Bild von einer ökonomischen Zweiteilung der städtischen Gesellschaft schwindet auch dann nicht völlig, wenn man die große Differenzierung innerhalb der beiden Gruppen berücksichtigt. Soweit Daten über die individuelle Lohn- bzw. Einkommensentwicklung vorliegen, scheinen mittlere städtische Beamte bzw. Angestellte weit besser gestellt gewesen zu sein als selbst qualifizierte

Individuelle Lohn- bzw. Einkommensentwicklungen in Ludwigshafen

	durchschnittliche Jahreseinkommen in Mark					
	1880	1885	1890	1900	1910	1913/14
Former (2)*	1 260	k.A.	k.A.	k.A.	k.A.	2 025
Alizarinarbeiter	k.A.	848	887	1 089	1 456	1 616
Polizisten (3)*	k.A.	1 193	1 401	1 787	2 493	2 823
Volksschullehrer (5)*	1 443	1 759	2 131	3 791	5 498	5 546

* Anzahl der erfaßten Einkommensbezieher

Quelle: Für die Former: Bittmann, S.178f;
für die Alizarinarbeiter: BASFUA; für Polizisten und Volksschullehrer:
Rechnungen der Stadt Ludwigshafen in StALu

Arbeiter (vgl. Tabelle ›Individuelle Lohn- bzw. Einkommensentwicklungen‹). Die nominale Steigerung des Einkommens der beiden Former, die 1874—1913 offensichtlich in der Mannheimer Maschinenfabrik Heinrich Lanz arbeiteten, war durchaus ansehnlich – entsprechende Werte sind auch für qualifizierte Arbeiter in Ludwigshafen zugrundezulegen. Dennoch standen sie bei weitem zurück hinter den Steigerungsraten bei den Ludwigshafener Polizisten oder gar den Volksschullehrern. Kamen die beiden Former zwischen 1880 und 1913 auf eine durchschnittliche jährliche Wachstumsrate ihres Lohneinkommens von rd. 1,5% und die Alizarinarbeiter der BASF zwischen 1885 und 1914 auf 2,2%, so die Polizisten zwischen 1885 und 1914 auf 3% und die Volksschullehrer zwischen 1880 und 1914 sogar auf 4%.

Entschieden besser als über die Löhne und ihre Entwicklung sind wir über das Preisgeschehen informiert. Die bayerische Statistik lieferte seit 1885 auch für die ›Stadt der Chemie‹ Jahres-Durchschnittswerte zu einer Vielzahl von Lebensmitteln und bietet somit die Grundlage, anhand eines Warenkorbs die Entwicklung der Kosten für die Ernährung einer Familie zu ermitteln. Da empirisch erhobene Haushaltsbudgets für Ludwigshafen nicht aufzufinden waren, wird im Folgenden ein Beispiel aus Mannheim herangezogen – man darf davon ausgehen, daß die dortigen Verhältnisse alles in allem recht ähnlich beschaffen waren. Besonders geeignet erscheinen die Verbrauchsdaten einer Mannheimer Arbeiterfamilie, die der badische Fabrikinspektor Föhlisch 1910 erhob und kommentierte: Die Ernährung sei „trotz der sonstigen kümmerlichen Verhältnisse gut und insbesondere hinsichtlich ihrer Zusammensetzung recht zweckmäßig. Bei einem täglichen Verpflegungssatz von nur 71 Pf kann sie geradezu als vorbildlich für ein Arbeiterbudget bezeichnet werden".[756] Die Familie bestand aus dem 34jährigen Mann, Magazinarbeiter in einer Maschinenfabrik, seiner Frau und zwei Jungen im Alter von vier bzw. acht Jahren. Veranschlagte man, wie das damals üblich war, zwei Kinder als einen Erwachsenen, so erhielt jeder Erwachsene täglich rd. 2 900 kcal. Die Familie avancierte in der Folgezeit zu einer Art von ›Mannheimer Musterfamilie‹, um die Entwicklung der Nahrungsmittelkosten in Mannheim zu erfassen.[757] Der Warenkorb mitsamt Nährwertangaben und Preisen der Zeit kann genauere Vorstellungen von einer zeitgemäß guten Arbeiterernährung vermitteln (vgl. Tabelle ›Ernährung‹). Über die Aufwendungen der Familie für die genannten und für

Anmerkungen Seite 576

756 Föhlisch, S. 125; f.d.F. ebd., S. 125f

757 vgl. Verwaltungsbericht des Stadtrats der Großherzogl. Badischen Hauptstadt Mannheim für 1912, Mannheim 1913, S. 286f

Ernährung der ›Mannheimer Musterfamilie‹

	Erwachsener täglich	Familie im Jahr	täglich pro Person* Eiweiß	Fett	Kohlen-hydrate	kcal
	g	kg	g	g	g	kcal
Schwarzbrot	329	360	30	–	131	660
Weißbrot	95	104	9	1	45	231
Fleisch/Wurst	113	124	16	23	–	280
Fisch	48	50	8	4	–	70
Kartoffeln (90%)	555	670	8	8	83	448
Mehl-/Teigwaren	47	49	6	–	32	156
Hülsenfrüchte	138	152	30	3	73	450
Fette	25	28	–	23	–	214
Milch (Liter)	½	547	25	20	20	371
Eier (274 Stück)**	12	13	2	1	–	18
gesamt			134	84	384	2905
„Bedarf für gute Ernährung" (nach damaliger Auffassung)			120	90	330	2682

* Eiweiß und Kohlenhydrate wurden mit 4,1 Kilokalorien je Gramm, Fett mit 9,3 Kilokalorien je Gramm veranschlagt; kleinere scheinbare Unstimmigkeiten bei der Addition ergaben sich durch Rundung der Werte

** 1 Ei entsprechend 48 g, 0,25 Eier also 12 g, 274 Eier 13 kg

Ausgaben der ›Mannheimer Musterfamilie‹ für Nahrungsmittel (Jahreszeitraum)

	Ausgaben		in Mhm Preise je kg	in Lhfn
	Mark	%	Pfennig	Pfennig
Schwarzbrot	107,95	13,8	30	28
Weißbrot	43,80	5,6	42	32
Fleisch und Wurst	192,00	24,5	155	k.A.
Fisch	20,00	2,6	40	k.A.
Kartoffeln	47,00	6,0	7	8
Mehl- und Teigwaren	20,80	2,7	42	k.A.
Hülsenfrüchte	33,00	4,2	22	k.A.
Gemüse/Gartenprodukte	28,00	3,6	k.A.	k.A.
Fett, Margarine, ›Pflanzenbutter‹	46,80	6,0	167	k.A.
Milch	120,45	15,4	22	22
Eier	19,92	2,5	7	8
Bier	20,80	2,7	k.A.	k.A.
Kaffee, Zucker, Salz, Spezereiwaren	72,20	9,2	k.A.	k.A.
Sonstige kleinere Ausgaben	10,00	1,3	k.A.	k.A.
gesamt	782,72	100,0		

weitere Lebensmittel informiert die Tabelle ›Ausgaben‹, über das gesamte Ausgabenbudget Tabelle ›Ausgabenbudget‹.

Gesamtes Ausgabenbudget der ›Mannheimer Musterfamilie‹

	in Mark	in %
Lebensmittel	782,72	57,2
Zigarren und Tabak	5,20	0,4
Wohnungsmiete	240,00	17,5
Heizung und Beleuchtung	55,60	4,1
Kleider-Anschaffungen	83,40	6,1
Kleider-Reparaturen	14,20	1,0
Schuhwerk-Anschaffungen	24,50	1,8
Schuhwerk-Reparaturen	13,60	1,0
Wäsche-Anschaffung und -Reparatur	34,00	2,5
Wäsche, Seife usw.	18,30	1,3
Haushaltsgegenstände	7,50	0,5
Beiträge für Vereine und Lektüre	16,90	1,2
Krankenkassenbeiträge	43,16	3,2
Steuern	16,80	1,2
Sonstige kleinere Ausgaben	12,00	0,9
gesamt	1 367,88	100,0

Der Lohn des Mannes betrug nur 1 028 Mark; die Frau verdiente durch Putzen in einer nahegelegenen Fabrik 120 Mark hinzu. Sonstige Einkünfte waren nicht vorhanden; es ergab sich also, wie der Fabrikinspektor feststellte, „ein Defizit von 220 M, das nicht beseitigt werden kann, obgleich sich die Familie, wie aus den Ausgaben zu entnehmen ist, aufs Äußerste einschränkt". Aus einer früheren, wesentlich besseren Wohnung war die Familie aus Kostengründen ausgezogen und bewohnte nun „ein Zimmer mit Küche im dritten Stock eines Hinterhauses". Die große Frage war, wie die Familie mit dem recht erheblichen und kaum behebbaren Defizit auf längere Frist eigentlich fertig wurde, denn weitere Einsparmöglichkeiten vermochte der Fabrikinspektor nicht zu erkennen, und das Anschreiben beim Händler – hier besonders beim Milchhändler – sowie das Versetzen von noch vorhandenem Besitz im Städtischen Leihhaus sorgte bestenfalls für Abhilfe auf Zeit.

Anhand eines Warenkorbes, der im wesentlichen dem Konsum der ›Mannheimer Musterfamilie‹ entspricht, läßt sich mit Hilfe der verfügbaren Lebensmittelpreise für Ludwigshafen die Entwicklung des Preisniveaus für diesen wichtigen Teil der Lebenshaltungskosten seit 1885 verfolgen und zur Lohnentwicklung des ›durchschnittlichen‹ BASF-Arbeiters (auf 310 Arbeitstage pro Jahr berechnet) in Beziehung setzen. Das Statistische Amt der Stadt Ludwigshafen legte seinen Index-Berechnungen 1920 für die Familie eines gelernten Arbeiters mit drei Kindern (zehn und vier Jahre alt sowie ein Säugling) unter Rückgriff auf die Vorkriegszeit folgende Relationen zugrunde: 59,8% für Nahrung, 17,2% für Miete, 11,7% für Kleidung, 4,9% für Heizung und Beleuchtung und 6,4% für Sonstiges[758] – wie man sieht, kommen die Anteile denjenigen bei der Mannheimer Musterfamilie erstaunlich nahe. Da die ermittelten Preisindizes für Miete, Kleidung sowie Heizung und Beleuchtung in ihrer Gesamtheit demjenigen für Lebensmittel in etwa entsprechen, kann dessen Veränderung ohne größere Verzerrung des Ergebnisses auf die Gesamtheit der Lebenshaltungskosten angewandt werden.

Anmerkungen Seite 578 und 579

758 vgl. Stabel, S.93ff; Müller, S.54ff
759 vgl. Ritter/Tenfelde 1992, S.491ff

Verdienstmöglichkeit für Arbeiterfrauen:
Waschfrauen der BASF vor einem Haus in der Werkskolonie
März 1903 [248]

Zeichen von Wohlstand:
eine Nähmaschine
Parkrestaurant-Wirtin, 1914 [249]

Bedenkt man den hohen Grad der Übereinstimmung im Preisgeschehen von Mannheim und Ludwigshafen, so kann man die Entwicklung des ›Mannheimer Warenkorbes‹ auch für Ludwigshafen ziemlich zuverlässig bis 1866 zurückverfolgen. Demnach ergibt sich zwischen 1866 und 1884 ein Anstieg der Nahrungsmittelkosten und entsprechend ein Anstieg der gesamten Lebenshaltungskosten von rd. 25%, zwischen 1885 und 1913 von rd. 32%, zwischen 1866 und 1913 insgesamt von rd. 65%. Das lag deutlich unter den Lohnsteigerungen. Aus der Verknüpfung von Einkommens- und Preisentwicklung wird die Reallohnentwicklung ermittelt. Legt man den durchschnittlichen Lohn der BASF-Arbeiter zugrunde, der für Ludwigshafen so etwas wie einen Leitlohn darstellte, so ergibt sich für 1866—1913 ein Anstieg des Nominallohns von rd. 270%, für 1885—1913 ein solcher von rd. 110%; der Reallohnanstieg hätte demnach 1866—1913 rd. 120%, 1885—1913 rd. 60% betragen – Werte, die um einige Prozent über den modernsten Reallohnberechnungen auf gesamtdeutscher Ebene liegen.[759]

Die Realität, die sich hinter dieser positiven Entwicklung verbarg, sah freilich weniger rosig aus. Vergleicht man nämlich den Durchschnitts-Lohn der BASF-Arbeiter (einschließlich der angelernten und gelernten Arbeiter) und den Verbrauch der ›Mannheimer Musterfamilie‹ (den Nahrungsmittelanteil auf 60% veranschlagt), so zeigt Grafik 15, S. 754, daß das Einkommen eines Fabrikarbeiters frühestens im beginnenden 20. Jahrhundert annähernd ausreichte, um unter normalen Umständen den elementarsten Lebensbedarf einer keineswegs sonderlich großen Familie nach knapp bemessenen Richtsätzen der Zeit einigermaßen abzudecken, daß zuvor jedoch ein erhebliches Defizit bestand.

Die Frage, wie die erforderliche Abstimmung zwischen dem verfügbaren Einkommen und der Befriedigung der Lebensbedürfnisse erfolgte, zielt auf ein zentrales Problem jeder Erforschung von Lebensstandards. Neben der Höhe kamen der Sicherheit und Steigerungsfähigkeit des individuellen Einkommens erhebliche Bedeutung zu. Auch in

Kaffeekränzchen
bei der Familie des Betreibers des Parkrestaurants
1910 [250]

dieser Hinsicht waren die ›Besoldeten‹ in einer unvergleichlich günstigeren Situation als die ›Lohnarbeiter‹, denn sie konnten nach der Anlaufphase von Ausbildung, Berufsvorbereitung und vielfach eher kargem Berufsbeginn sehr viel genauer über längere Fristen ihre Lebensumstände planen. Der Arbeiter begann zwar früher mit dem Gelderdienen, vermochte jedoch selbst bei größter Firmentreue normalerweise seinen Lohn nach einem relativ kurzen Zeitraum von etwa zehn Jahren individuell kaum mehr zu steigern, ja mußte bei nachlassender Kraft damit rechnen, daß sein Arbeitseinkommen sank oder zumindest hinter demjenigen jüngerer Kollegen zurückblieb. Zweifellos hat sich dies auf den Zeitpunkt der Familiengründung ausgewirkt. So betrug das durchschnittliche Heiratsalter (nur Erstheiraten) nach den bereits erwähnten Stichproben in Ludwigshafen bei höheren Angestellten und Beamten gut 31 Jahre, bei unteren und mittleren Beamten und Angestellten gut 28, bei ungelernten wie gelernten Arbeitern dagegen nur gut 26 Jahre. Die Arbeiter befanden sich dann in einem Lebensabschnitt, der die beste Aussicht bot, eine Familie solange zu ernähren, bis heranwachsende Kinder durch Eigenverdienst oder sogar durch Beiträge zum Familienbudget Entlastung brachten. Präzisere Lebensplanung darf man allerdings weithin nicht voraussetzen. Obwohl sich die jungen ledigen Arbeiter in einer Lebensphase befanden, in der sie dank vergleichsweise günstiger Einkommensverhältnisse am ehesten in der Lage waren, Rücklagen zu bilden, scheint dies nur in Maßen geschehen zu sein, sei es daß sie größere Teile ihres Lohnes in den elterlichen Haushalt einbrachten – und das war offenbar in einem nicht zu unterschätzenden Umfang der Fall – sei es daß sie sich in den Jahren der Ungebundenheit bis zur Heirat mehr leisteten, als ihnen das nachher noch möglich war. Die geringe Sparneigung oder Sparfähigkeit der ledigen Arbeiter wird durch einen Blick in Vermögensinventare bestätigt, die teilweise auch für Arbeiter zum Zeitpunkt der Eheschließung vorliegen: Es scheint ein gängiges Muster gewesen zu sein, daß der Mann außer persönlicher Habe (Kleidung, Wäsche, Schmuck) nichts oder nur sehr wenig, die Frau dagegen aus Mitgift oder Selbsterspartem die materielle Basis für die elementare Haushaltsausstattung und bescheidene Reserven für Notzeiten in die Ehe einbrachte.[760] Die Eheschließung mußte sich dementsprechend

Anmerkungen
Seite 580 und 581

760 *einige Beispiele in v. Hippel 2002c*
761 *für die BASF vgl. v. Hippel 2002b, S. 483f*
762 *VB 1908, S. 119*
763 *vgl. Ritter/Tenfelde 1992, S. 668ff*
764 *StALu; großenteils dieselben Angaben in VB 1911, S. 105f*

Herrenabend
im Nebenzimmer des Parkrestaurants
1914 [251]

einschneidend auf den Lebensstandard der Arbeiterfamilie auswirken. Für den Mann war das Leisten von Überstunden in beträchtlichem Umfang eine Methode, sein Einkommen aufzustocken.[761] Die Zuverdienstmöglichkeiten der verheirateten Frauen neben Haushalt und Kinderaufzucht blieben beschränkt; außer Putzen oder Heimarbeit (Waschen, Bügeln, Nähen u. ä.) bildete das Beherbergen von Kost- und Schlafgängern in der eigenen Wohnung, die ›Aftermiete‹, die wohl wichtigste Quelle für zusätzliche Einnahmen. In Mannheim hat 1907 etwa jeder fünfte Arbeiterhaushalt sein Einkommen auf diese Weise aufgestockt; es ist davon auszugehen, daß der Prozentsatz in Ludwigshafen ähnlich hoch lag.

Engpaßsituationen entstanden für die Arbeiterfamilien zumal während jener Phase, in der Kinder die mütterliche Arbeitskraft banden, ohne selbst etwas zum Unterhalt der Familie beizutragen. Die Kinder möglichst früh in den Arbeitsprozeß einzugliedern, erschien somit als selbstverständliche Notwendigkeit, zumindest soweit es die Jungen betraf; Mädchen verblieben nach dem Volksschulabschluß z. B. in Ludwigshafen um 1910 zu immerhin rd. 50%, im ›einfachen Bürgertum‹ sogar zu rd. 70% im elterlichen Haushalt. Die Aufstockung der Volksschule um ein achtes Pflichtjahr für Knaben 1908 stieß bei vielen Eltern auf geringe Begeisterung, sahen sie es doch „aus wirtschaftlichen Gründen als dringend erforderlich an, daß die Knaben möglichst bald nach Zurücklegung des 14. Lebensjahres aus der Werktagsschule entlassen werden".[762] Größere Kinder, die inzwischen selbst verdienten, schieden aus dem Haushalt aus oder leisteten nicht selten sogar beachtliche Beiträge zum Einkommen des elterlichen Haushalts. In solchen Familien konnte die Versorgungssituation ihren Höchststand erreichen, wenn der Familienvater zwischen 50 und 60 Jahre alt war und sein eigener Lohn eher stagnierte, wenn nicht gar sank. Ob und in welchem Ausmaß die ›Altersverarmung‹ jeweils eintrat,[763] hing also wesentlich von den Familienkonstellationen ab.

Natürlich betrafen die Auswirkungen von Mangel und Not gerade auch die Kinder, wie die Gesundheitsbefunde des Schularztes für das Schuljahr 1911 / 12 belegen mögen,[764] also für einen Zeitpunkt, als sich die Verhältnisse gegenüber den vorangehenden Jahrzehnten zweifellos um einiges gebessert hatten. Zwar bewertete der Arzt nur bei 0,6% der untersuchten 6 056 Kinder die Körperbeschaffenheit als „schlecht", aber auch nur bei 3,4% als „gut", d. h., rundum zufriedenstellend: Unter Blutarmut litten 26,4%, unter Rachitis, der ›englischen Krankheit‹, sogar 37,4% sämtlicher untersuchten Kinder, wobei vor allem der nördliche Stadtteil, „eigentliches Arbeitergebiet", betroffen war; dort war auch „die Läuseplage" besonders ausgeprägt, „oft" vier- bis sechsfach so hoch wie in anderen Stadtteilen, und dies bei einem Gesamtdurchschnitt von 31% der untersuchten Mädchen. Bei nahezu der Hälfte der Schulkinder registrierte der Arzt mehr als vier kariöse oder fehlende Zähne, bei gut der Hälfte „Nasen- und Rachenwucherungen", bei 91% Drüsenschwellungen hauptsächlich am Hals und im Nacken, überwiegend auf „lymphatische Konstitution" und demnach nicht zuletzt auf ungenügende Ernährung zurückzuführen, bei je fast einem Fünftel vermindertes Sehvermögen und „Sprachfehler", letzteres bei den Schulanfängern sogar „bis zu 44,1%", dagegen nur noch bei 2% der Schulabgänger. Als Folge der Rachitis zeigten 16% der untersuchten Kinder „Verunstaltungen des Brustkorbes", fast 2% „Verkrümmungen der Gliedmaßen" und 14% „Verkrümmungen der Wirbelsäule". Der Arzt mußte feststellen, daß „eine große Anzahl von Eltern diesen Krankheitserscheinungen vollkommen gleichgültig gegenüberstehen und die bedenklichen Folgen dieser Verkrüppelungen für das spätere Erwerbsleben nicht kennen", daß der Besuch der 1899 eingerichteten Sprachheilkurse durch stotternde Kinder „wegen Indolenz der Eltern sehr zu wünschen übrig" ließ und daß Eltern sogar bei Läusebefall ihres Nachwuchses „sich jedem ärztlichen Rate auf diesem Gebiete verschließen". Soweit es den Ernährungszustand betraf, bewertete der Arzt ihn 1913 immerhin bei 40% als „gut", bei 56% als „mittel" und nur bei 4% als „schlecht"[765] – ein Beleg dafür, daß die „Tendenz zur chronischen Unterernährung bei der großstädtischen und industriellen Arbeiterschaft"[766] sich demnach auch in Ludwigshafen abgeschwächt hatte.

Entsprechendes lassen die für Mannheim vorliegenden Arbeiterbudgets erkennen: Der erforderliche Anteil der Nahrungsmittel an den Ausgaben zwischen 1890 und 1910 ist zwar kaum deutlicher zurückgegangen, doch hat sich die Versorgung nach Quantität und Qualität (Versorgung mit Eiweiß und Fett) offensichtlich deutlich verbessert. Natürlich dominierten weiterhin die preiswerten Kalorienträger Brot, Mehl- und Teigwaren, Kartoffeln, Hülsenfrüchte, und der Verzehr von Fleisch erreichte kaum mehr als die Hälfte des Durchschnittswertes in der Gesamtbevölkerung. Daß Entsprechendes für Ludwigshafen galt, zeigt der dortige Prokopfverbrauch der Bevölkerung an Fleisch von nur knapp 44 kg im Jahr 1910 gegenüber 57 kg in Mannheim – zweifellos eine Folge des deutlich höheren Anteils ungelernter Fabrikarbeiterschaft.[767] Doch obwohl Fleisch und Wurst wohl höchstens ein Zehntel des Kalorienbedarfs deckten, rangierten die Ausgaben für diese Produkte zumindest an zweiter Stelle hinter den Aufwendungen für Brot. Der Preis für Fleisch gewann eine neuartige Bedeutung für die ›kleinen Leute‹ und damit auch für die Politik: Erregung über Teuerung der Lebensmittel konzentrierte sich jetzt auf die zeitweise kräftig anziehenden Fleischpreise, nicht mehr wie früher auf den Brotpreis, der dank weltweiter Versorgung relativ stabil geworden war, und veranlaßte die städtischen Behörden, im Rahmen ihrer Kompetenzen über Abhilfemaßnahmen nachzudenken.

Anmerkungen
Seite 582 und 583

765 *berechnet nach VB 1913, S.96 auf Grund von 6 383 untersuchten Kindern der ersten, vierten und der Abschluß-Klassen*

766 *Grotjahn, S.72*

767 *Daten des Prokopfverbrauchs für 1905 bei Brandt, S.105ff: 68,6 kg in Mannheim, 46,4 kg in Ludwigshafen, wobei hier größere Mengen auch auf die auswärts wohnende Arbeiterschaft entfallen sollen*

768 *vgl. Carl Johannes Fuchs, Wohnungsfrage, in: HdStWiss. 3. Aufl., Bd. 8, Jena 1911, S.873—928, mit ausführlichen Literaturhinweisen S.924ff, auf deren Titel die obigen Zitate zurückgreifen. Zur Thematik allg., besonders auch zur zeitgenössischen Diskussion Zimmermann, ferner Reulecke 1997. Zu den Wohnverhältnissen der Arbeiterschaft allg. Ritter / Tenfelde 1992, S.582ff.*
Zur ›Wohnungsfrage‹ in Ludwigshafen künftig ausführlicher v. Hippel 2002c; darauf sei auch f.d.F. verwiesen

769 *Poller 1974, S.53*

770 *nähere Angaben bei Schwander, S.44ff*

771 *vgl. hierzu Schwander, passim*

Die Armut ins Gesicht geschrieben: Bubenklasse, vermutlich in der Goetheschule Schuljahr 1900/1901 [252]

Wohnen in der Stadt

Nächst der Nahrung bildeten Aufwendungen für die Wohnung den größten Ausgabeposten des Arbeiterhaushaltes. Mit gut 17% setzte sie der Ludwigshafener Index an, und dieser Prozentsatz dürfte während des gesamten Zeitraums der Realität nahe kommen, dies bei bestenfalls höchst dürftiger, nicht selten sogar „geradezu unerträglicher Beschaffenheit" der Wohnsituation. Es waren die zeitüblich-gängigen Probleme der ›modernen Wohnungsnot‹, die vor allem die ›ärmeren‹ oder ›unteren Klassen‹ oder ›Minderbemittelten‹ zumal in den Großstädten betrafen, ›Wohnungsjammer‹ und ›Wohnungselend‹ bewirkten und die ›Wohnungsfrage‹ über Jahrzehnte hinweg zu einem zentralen Thema der zeitgenössischen Diskussion über die ›Arbeiterfrage‹ werden ließen, gekennzeichnet durch ›Wohnungsmangel und Wohnungsmängel‹.[768]

In Ludwigshafen hatte bereits während der letzten Jahre vor der Reichsgründung nicht zuletzt infolge der BASF-Ansiedlung ein ausgesprochener Bauboom eingesetzt. „Die Baulust stieg in den letzten Jahren ungemein, so daß viele Neubauten gleichzeitig in Angriff genommen wurden und in ganz kurzer Zeit ganz neue Häuserreihen fast wie aus dem Boden wachsen. Trotzdem kann dieselbe mit den Bedürfnissen kaum gleichen Schritt halten und sind die Häuser oft schon bis unter das Dach vermietet, während noch am Keller gebaut wird." So beschrieb Regierungs-Akzessist Matthäus in seiner Denkschrift 1873 die Situation in Ludwigshafen, nicht ohne vorsichtig kritisch anzumerken: „Bei der vorherrschend praktischen Richtung, die bei den Bauten meist befolgt wird, sieht sich der Kunstgeschmack und die Ästhetik ziemlich vernachlässigt."[769]

Die „praktische Richtung" bestimmte auch während der folgenden Jahrzehnte das Baugeschehen vor Ort. Der Wohnungsmarkt wurde zum weitaus größten Teil von Privatleuten bedient und in erheblichem Umfang über hypothekarischen Kredit finanziert.[770] Die Eigentümer erstrebten möglichst hohe Rentabilität ihres Hausbesitzes, die aber wurde mitbestimmt durch die Baukosten, und hierbei schlugen naturgemäß zusätzlich die explodierenden, durch Spekulation in die Höhe getriebenen Bodenpreise[771] und die Kosten für die Erschließung des Baugeländes durch Kanalisation und Straßenbau zu Buche, welche die Stadt an die

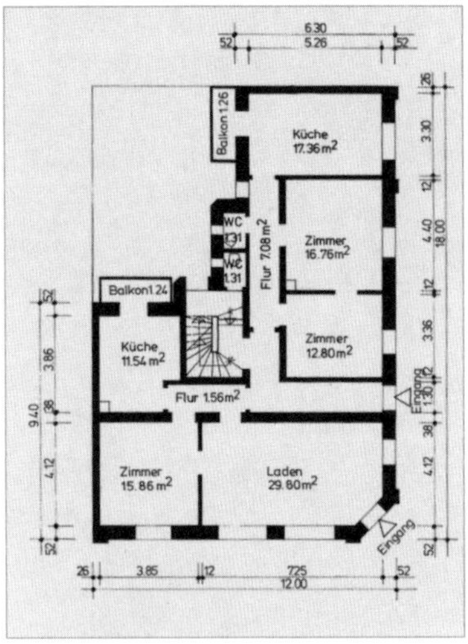

Grundriß eines Mietshauses mit etwa 60 m² großen 2—3 Zimmer-Wohnungen ohne Bad, mit Toilette auf dem Treppenabsatz außerhalb der Wohnung: „Klo in Indien – jenseits des Ganges" [253]*

Blick vom Viadukt in die ›Schlucht‹ der Hartmannstraße, Hemshof vor 1914 [254]

Anmerkungen
Seite 584 und 585

772 *vgl. Teil 3*

773 *Schwander, S. 69f*

774 *nach Auszählung von 300 genauer besichtigten Wohnungen, StALu 3/3540, ergibt sich eine Wohndichte von 6,45 Personen je Wohnung; die Bevölkerung Ludwigshafens, nun auch unter Einschluß des gerade eingemeindeten Mundenheim, belief sich zu Anfang des Jahres 1900 schätzungsweise auf wenig mehr als 58 000 Personen, so daß der Ansatz von 45% eher untertrieben ist*

775 *StALu 3/3521*

776 *StALu 3/3540*

* *Ludwigshafen, Hartmannstraße*

Bauherren weiterreichte. Bei den Bauherren selbst handelte es sich um ein recht gemischtes Publikum, wie die Durchsicht der Hauseigentümerverzeichnisse in den Adreßbüchern der Stadt belegt, keineswegs nur um ›Kapitalisten‹ und Terraingesellschaften, sondern zu einem ganz erheblichen Teil um ›Mittelstand‹, Kaufleute und Handwerker, die oft selbst im Haus wohnten.

Die zunehmenden Bauauflagen durch die Landesgesetzgebung (Bauordnung von 1901)[772] und städtische Vorschriften drohten die private Bauneigung abzuschwächen, während die Bevölkerung Ludwigshafens weiter kräftig wuchs. So betrug der Bestand an leerstehenden Wohnungen im Februar 1914 nur 0,35% – nach zeitgenössischen Maßstäben aber begann bei einem Leerbestand von weniger als 3% die ›Wohnungsnot‹. Leidtragende waren besonders Familien mit Kindern, da die Hausbesitzer mit Blick auf sichere Miete und geringere Abnutzung der Wohnungen „ruhige, kleine, kinderlose, solide Familien" bevorzugten. Aus ähnlichen Motiven neigten viele Hauseigentümer dazu, eher größere Wohnungen anzubieten, mit der Folge, daß die Mieter ihrerseits verstärkt zur Untervermietung an sog. Kost- oder Schlafgänger übergingen, um auf diesem Weg ihre eigene Belastung in erträglichen Grenzen zu halten.[773] Das wiederum führte unvermeidlich zu ›Wohnungsüberfüllung‹ mit all ihren negativen Begleiterscheinungen – ein schwer zu bekämpfendes Dauerphänomen im Arbeitermilieu, wobei auch in Ludwigshafen die beiden Faustregeln galten: „Je geringer die soziale Stellung eines Stadtteils ist, desto höher ist der Grad seiner Überfüllung", und „je geringer die Wohnung ist nach Zimmerzahl und Qualität, um so größer ist die Überfüllung".

Entsprechende Einblicke gewährt eine detaillierte Erhebung über die Wohnverhältnisse der „minderbemittelten" Bevölkerung Ludwigshafens im Jahr 1900:

Als Wohnung Minderbemittelter hatte man alle Wohnungen eingestuft, für die eine Jahresmiete unter 300 Mark gezahlt wurde – zum Vergleich: Ein Normal-Arbeiter bei der BASF mochte damals bei ganzjährigem Verdienst unter günstigen Bedingungen auf einen Betrag von

Lisztstraße im Stadtteil Süd
frühes 20. Jahrhundert [255]

1 200 Mark kommen. 4 305 derartige Wohnungen hatten die Mitarbeiter von Polizeikommissär Hatzfeld ermittelt; da in jeder Wohnung im Durchschnitt 6,4 Personen lebten, so entfielen auf ›Minderbemittelte‹ etwa 45% der Ludwigshafener Bevölkerung.[774] Gut die Hälfte der 4 305 Behausungen zählten zur „schlechtesten" Kategorie (2 200); annähernd ein Drittel (1 244) galt als „schlecht", 15% (654) als „besser" und nur 5% (207) als „gut". Die massive Nachfrage nach billigen Wohnungen, so hielt Hatzfeld fest, sicherte den Hauseigentümern jederzeit Mieter selbst für Räume, die nicht „den notwendigsten sanitären Anforderungen" entsprachen, zumal sie angesichts der intensiven Nutzung und der großen Fluktuation der Mieter „sehr rasch in Verfall" gerieten. „Hinzu kommt noch, daß die oft schon sehr beschränkten Wohnräume zum Teil noch an Schlafgänger in Aftermiete gegeben und die Familienangehörigen sodann in einem Raum zusammengedrängt werden, der weder Luft noch Licht in genügender Menge aufweist. Daß bei solchen Verhältnissen Unzukömmlichkeiten nicht allein sanitärer, sondern insbesondere auch in sittlicher Beziehung sich ergeben, ist selbstredend." Die vom Stadtrat eingesetzte Wohnungskommission konnte die Feststellungen des Polizeikommissärs nur nachdrücklich bestätigen mit der Einschränkung, daß selbst die als „besser" und „gut" bezeichneten Wohnungen zwar „ohne besondere direkt schädigende Einflüsse auf die Gesundheit bewohnt werden können, keinesfalls aber als gute, tadellose Wohnungen bezeichnet werden können" und daß die dringend gebotene Abhilfe „nur auf gesetzlichem Wege durch Erlassung scharf eingreifender Maßnahmen in Bezug auf Neu- und Umbauten sowie Wohnungskontrolle geschaffen werden kann".[775] Das Berufsspektrum der Mieter war beachtlich, wie die Auszählung einer Stichprobe von 300 Haushalten zeigt.[776] An der Spitze rangierten die ›Tagner‹ mit gut 40%, also Taglöhner, ungelernte Arbeiter, die ihrem Erwerb sicher vielfach in Fabriken nachgingen, aber ebenso in anderen Bereichen, zumal in der Landwirtschaft, wie der hohe Anteil von Tagnern in Mundenheim verrät – zwei Drittel der 92 genauer erfaßten Wohnungsinhaber. Die eigentlichen ›Fabrikarbeiter‹ brachten es in der Stichprobe nur auf 18%.

Kleintierhaltung im Hinterhof
Schanzstraße, 1936 [256]

Anmerkungen
Seite 586 und 587

777 *vgl. Jahresbericht der Fabrikinspektion von 1905, zit. bei Breunig 1976, S. 69*

778 *vgl. z.B. VB 1913, S. 52; für 1909 mit Aufschlüsselung nach Stadtteilen VB 1909, S. 43*

779 *Volksschulbericht 1904/05, S. 14 und Berechnung anhand der Daten ebd., S. 19ff; VB 1913, S. 99*

780 *hierzu und f. d. F. vgl. v. Hippel 1983, S. 369ff*

781 *für München Bleeck, bes. S. 32f*

782 *Pfeil, S. 233, 235ff*

Die verbleibenden rd. 40% entfielen auf etwa 50 weitere, überwiegend qualifizierte Handwerksberufe häufig aus den Bereichen Bau, Kleidung und Metallverarbeitung. Die Schicht der ›Minderbemittelten‹ griff demnach weit über die Gruppe der Fabrikarbeiter hinaus, zumindest bis in die untere Mittelschicht hinein.

Von einer Entspannung auf dem Wohnungsmarkt konnte auch in den folgenden anderthalb Jahrzehnten trotz Schwankungen zwischen Angebot und Nachfrage nicht die Rede sein, wie die dramatisch niedrige Leerwohnungsziffer von 1914 belegt. Ludwigshafen war und blieb die Stadt in der Pfalz, die zusammen mit Pirmasens die beengtesten und teuersten Wohnverhältnisse für Arbeiter aufwies. Daß in derartiger Beengtheit Aggressionen und Konflikte gediehen, kann nicht verwundern.[777] Zwei Zimmer mit Küche bedeuteten um 1910 gehobenen Standard für eine Arbeiterfamilie. Damals rechneten in Ludwigshafen rund 40% des gesamten Wohnungsbestandes zu dieser Größenkategorie, ein knappes Viertel lag darunter.[778] Verständlicherweise suchten die Kleinverdienenden soweit wie möglich an den Ausgaben für die Wohnung zu sparen. Die hohe innerstädtische Umzugshäufigkeit von Arbeitern ist zu einem guten Teil als Suche – oder richtiger: als Zwang zur Suche – nach preiswerterem Wohnraum zu interpretieren. An ihr waren keineswegs nur ledige Arbeiter beteiligt, obwohl für sie ein Umzug natürlich unproblematischer verlief (bis hin zur Möglichkeit, stillschweigend aus dem bisherigen Quartier zu verschwinden), sondern in großem Umfang auch Arbeiterfamilien: „Der hier in Arbeiterkreisen sehr häufig vorkommende Wohnungswechsel" veranlaßte den Schulinspektor, 1904/05

Hinterhof des Anwesens Ecke Hemshof- und Böhlstraße
1935 [257]

„eine für sämtliche Volksschulen der Stadt verbindliche Lehrstoffverteilung aufzustellen", um den Kindern den Übergang zu erleichtern. Tatsächlich wechselte damals etwa ein Fünftel der Kinder im Verlauf eines Jahres durch „Zugang" und „Abgang" die Schule; geht man davon aus, daß es sich dabei im wesentlichen um Wechsel innerhalb der Stadt handelte, so wäre immerhin jedes zehnte Kind mit seiner Familie umgezogen, und diese Größenordnung blieb in den folgenden Jahren ziemlich unverändert.[779] Untersuchungen über Wohnstabilität und -mobilität in den Stadtteilen Ludwigshafen-Süd und Ludwighafen-Nord zwischen 1893 und 1907 haben ergeben, daß binnen einer Frist von fünf Jahren nur etwa ein Drittel der Haushalte seine Wohnung beibehielt. Das scheint in etwa der Zeitnorm entsprochen zu haben.[780] Bemerkenswerterweise konzentrierten sich die Umzüge auf den jeweiligen Stadtteil und erfolgten nur selten über die trennende Bahnlinie hinweg. Neben Bemühen um Nähe zum Arbeitsplatz fielen sicherlich Wohnqualität und Miethöhe ins Gewicht, aber auch die Rückbindung an das gewohnte soziale Quartiermilieu, das die Integration der Umzügler erleichterte und ihnen ein höheres Maß an Sicherheit in einem vertrauten oder vertraut wirkenden Umfeld verlieh.[781] Derartige ›Stadtteilbindung‹[782] ließ sich in graduellen Unterschieden bei allen sozialen Gruppen feststellen und war im noch mehr dörflich-ländlich geprägten Milieu der beiden eingemeindeten Vororte mit hohem Anteil eingesessener Haus- und Grundeigentümer verständlicherweise besonders ausgeprägt.

Das Ungleichgewicht zwischen Angebot und Nachfrage auf dem Wohnungsmarkt begünstigte jedenfalls einseitig die Vermieterseite,

Erste baugenossenschaftliche Versuche: ›Baugenossenschaft Ludwigshafen‹ 1897 [258]

Bessere Wohnlage: die Wredestraße um 1906 [259]

Anmerkungen Seite 589

783 Zimmermann, S. 160ff

auch wenn von interessierter Seite gerne und sicherlich nicht völlig grundlos auf das Erfordernis hoher Abschreibungen und auf Verlustrisiken durch Mietausfall verwiesen wurde. Zudem verfügten die Haus- und Grundbesitzer über starke Interessenvertretungen: informell dadurch, daß die Gemeinderäte ganz überwiegend selbst Hauseigentümer waren, formell durch den Hausbesitzerverein. Der Mieterverein befand sich demgegenüber in einer vergleichsweise schwachen Position.

Die Versuche, jenseits des privaten Wohnungsmarkts für eine Entspannung der Situation zu sorgen, hielten sich in recht bescheidenen Grenzen. Am bedeutendsten war zweifellos der sog. *Werkswohnungsbau*, und gerade in Ludwigshafen lieferte die BASF mit ihren Arbeitersiedlungen auf dem Hemshof und seit 1899 auf dem Limburgerhof ein vielbeachtetes und vielgerühmtes Beispiel, wenigstens für einen Teil der eigenen Arbeiterschaft gute und preiswerte Unterkunft zu schaffen. Doch auch hier darf man die relative Größenordnung nicht aus den Augen verlieren: Bei der BASF kam zu Beginn des 20. Jahrhunderts ein knappes Zehntel der Arbeiterschaft in den Genuß einer der damals 635 Werkswohnungen, und in Ludwigshafen mögen damals etwa 6% der

Bessere Wohnlage: die Wörthstraße
um 1906 [260]

Seit Bestehen des Wohnungsamtes wurden besichtigt: bei der regelmäßigen Kontrolle 43 Gebäude mit 179 Wohnungen und 5 dem Gewerbebetrieb dienenden Räumlichkeiten und bei der außergewöhnlichen Kontrolle 44 Wohnungen und Gebäude.

Beanstandet wurden bei der regelmäßigen Kontrolle 11 Gebäude und 27 Wohnungen und bei der außergewöhnlichen Kontrolle 44 Wohnungen und Gebäude. Dabei wurden folgende Mängel festgestellt:

	regelmäßige Kontrolle	außergewöhnliche Kontrolle
Mangel an Luft und Licht	1	18
Bauliche Schäden	8	2
Feuchtigkeit	—	3
Unreinlichkeit	3	4
Sonstige schädliche Einflüsse, mangelhafte Entwässerung	7	2
Gegen Sittlichkeit verstoßende Belegung von Schlafräumen	3	5
Gesundheitsschädliche Heizvorrichtungen	12	6
Schlechte bauliche Beschaffenheit von Aborten	6	4
Mangelnde Trennung der Geschlechter bei Schlafgängern	2	2
Mangel an Lagerstätten bei Schlafgängern	—	2
Benützung unzulässiger Räume zu Wohn- und Schlafzwecken	1	4
Sonstige Mängel	5	—

Die festgestellten Mängel waren am Schlusse des Berichtsjahres noch nicht beseitigt, da die Fristen zu deren Beseitigung alle auf das Jahr 1914 übergingen.

Aus dem Bericht des städt. Wohnungsamts über den Beginn seiner Tätigkeit November/Dezember 1913 [261]

Bevölkerung in den insgesamt 740 Wohnungen dieses Typs gelebt haben, ziemlich derselbe Anteil wie Anfang 1914 in den nunmehr etwa 998 Werkswohnungen – davon 849 von der BASF, der Rest von Giulini, Sulzer und Fasig. Bei den Mietern handelte es sich für gewöhnlich um überdurchschnittlich qualifizierte und/oder bewährte Arbeitskräfte, welche die jeweilige Firma durch Vergabe einer Wohnung deutlich unterhalb der ortsüblichen Miete begünstigte und an sich band, davon etwa ein Sechstel ›Beamte‹.

Weit geringer war der Beitrag, den *Genossenschaften* auf dem Wohnungsmarkt erbringen konnten – darin ähnelten sich die Verhältnisse in den deutschen Städten. Bis zum Ersten Weltkrieg ist nur gut 1% des deutschen Wohnungsbestandes auf diesem Wege produziert worden,[783] und in Ludwigshafen fiel der Anteil noch niedriger aus. Unterstützt durch ein niedrig verzinstes Darlehen von Carl Clemm und eine Bürgschaftsübernahme der Stadt für 100 000 Mark, errichtete die 1897 gegründete ›Baugenossenschaft Ludwigshafen‹ bis Ende 1902 77 Wohnungen, davon 40 zu Eigentum von Mitgliedern, den Rest als Mietwohnungen im Eigentum der Genossenschaft bei einer Mitgliederzahl von

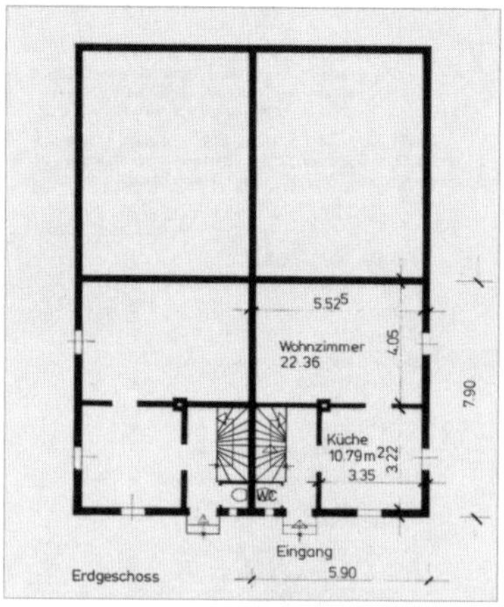

Grundriß eines Arbeiterhauses in der BASF-Werkskolonie (EG). Das Gebäude enthielt vier Wohneinheiten mit jeweils ca. 40 m² Wohnfläche im Erd- und im Obergeschoß unter der Dachschräge (drei Zimmer, Küche, WC, o. Bad); dazu kam ein stattliches Gartengrundstück [262]

Die Werkskolonie der BASF um 1880 [263]

anfangs 74, zuletzt 134 aus „allen Ständen";[784] aber auch hier kamen nur bessersituierte Facharbeiter und Angestellte zum Zuge, und Entsprechendes galt für die ›Baugenossenschaft des Personals der bayerischen Verkehrsanstalten‹[785] sowie für die ›Baugenossenschaft Gartenstadt‹, welche die Stadt 1913/14 beim Bau von 26 Einfamilienhäusern durch günstige Konditionen unterstützte *[vgl. Boden, S. 553]*. Die Absicht der Gartenstadtbewegung, den zeitüblichen privatkapitalistischen Mietwohnungsbau mit seinem spekulativen und dementsprechend kostensteigernden Einschlag so weit wie möglich zurückzudrängen zugunsten genossenschaftlich errichteter kleiner Wohneinheiten in gartenähnlichem Umfeld, ließ sich so bestenfalls ansatzweise verwirklichen.

Die *Stadt Ludwigshafen* hat sich vor dem Ersten Weltkrieg noch so gut wie gar nicht als selbständige Bauträgerin betätigt, auch wenn derartiges Engagement der Gemeinden damals in der Öffentlichkeit zunehmend diskutiert wurde. Über ein paar Wohnungen für Hausmeister, Lehrer und Aufsichtspersonal in den städtischen Betrieben kam sie nicht hinaus, und die Anregung, wenigstens eine größere Zahl von Wohnungen für die Unterbringung von unterstützungsbedürftigen Familien zu errichten, statt teure Mieten an Private zu zahlen *[vgl. Soz.-Pol., S. 600]*, stieß Anfang 1914 bereits innerhalb der Stadtverwaltung auf Abwehr. Der Einspruch der Lobby von Haus- und Grundbesitz und die ohnehin stattliche Belastung der städtischen Finanzen durch sonstige Verpflichtungen bildeten einstweilen eine unüberwindbare Barriere für weiterreichende kommunale Aktivitäten auf diesem Feld. So blieb der Stadt außer den früher erwähnten Stützungsmaßnahmen im Rahmen ihrer Bodenpolitik *[vgl. Boden, S. 553]* kaum viel mehr übrig, als den bestehenden Mangel zu verwalten, und das hieß in erster Linie, offensichtlichem Mißbrauch der Marktmacht von Vermieterseite mit den verfügbaren rechtlichen Handhaben so gut wie möglich entgegenzusteuern. Diesem Ziel diente der Ausbau der Wohnungskontrolle zunächst bei Neubauten seit 1896, dann im Interesse besserer Gesundheitsvorsorge zunehmend auch bei Altbauten.[786] Die erwähnte Erhebung über die Wohnungsverhältnisse der ›Minderbemittelten‹ von 1899/1900 gab hierfür weiterreichende Anstöße. Die zuständige Wohnungs(besichtigungs)kommission

Anmerkungen
Seite 590 und 591

784 *Stadtgeschichte (1903), S. 604f; vgl. StALu, LUA 536*

785 *72 Wohnungen in 12 Häusern, davon 50 Wohnungen mit 3 Räumen, 21 mit 4 und eine mit 5 Räumen; VB 1911, S. 42f*

786 *vgl. v. Hippel 2002c*

787 *vgl. Kluss, S. 113f; zur Familie Dieterle vgl. Breunig 1998, S. 27ff*

788 *vgl. SRP 3.4.1908*

Die Werkskolonie mit voll entwickeltem Grün um 1920 [264]

Eines der ›Beamten‹, d.h., Direktoren-Doppelhäuser in der Werkskolonie der BASF mit je Wohnung 6 Zimmern, Bad / WC und Dienstbotenräumen im Dachgeschoß; eine Mauer trennte die Bauten von den Arbeiterhäusern [265]

konnte freilich den Wohnungsmangel nicht beseitigen, sondern höchstens Wohnungsmängel vermindern und mußte daher ständig Interessenabwägungen vornehmen zwischen der angestrebten Verbesserung der Bausubstanz und der drohenden Verringerung des Wohnungsangebots bei zu strengem Einschreiten der Baupolizei. Erst als sich die Stadt 1913 dazu durchrang, die Wohnungsaufsicht einem hinreichend ausgestatteten Wohnungsamt zu übertragen, bestand Aussicht, „die Wohnungsaufsicht nicht als eine rein polizeiliche Maßnahme, sondern als soziale Wohlfahrtseinrichtung" mit Vermittlungs- und Ausgleichsfunktionen zwischen Hauseigentümern und Mietern zu betreiben. Überlegungen, den Überblick über den aktuellen Wohnungsmarkt durch einen kostenlosen kommunalen Wohnungsnachweis zu verbessern, gediehen einstweilen nicht über allgemeine Absichtserklärungen hinaus.

Die realistischste Möglichkeit für die Betroffenen, bei schmalem Geldbeutel ihre Wohnsituation selbst positiv zu verändern, bestand darin, in das nähere Umfeld der Stadt, zumindest in die beiden Vorort-Dörfer Friesenheim und Mundenheim auszuweichen. Deren überproportional starkes Wachstum seit den 1890er Jahren und der Anstieg der Pendelwanderung in die Industriestadt lassen erkennen, daß solche Möglichkeit zunehmend genutzt wurde.[787] Eine spürbare Entspannung auf dem städtischen Wohnungsmarkt hatte dies gleichwohl nicht zur Folge.

Bei aller Kritik an den schlechten Wohnverhältnissen der ›Minderbemittelten‹ bleibt andererseits festzuhalten, daß sich der Wohnstandard dank des Einsatzes der modernen ›Städtetechnik‹ besonders bei der Versorgung mit Wasser und Gas im Lauf der Jahrzehnte auf breiter Front gehoben hat, und auch die strengeren Bauauflagen und die ortspolizeilichen Vorschriften (z. B. hinsichtlich des heiklen Themas der Abortgruben)[788] zeigten einige Wirkung. Die massiven sozialen Abstufungen der Wohn-›Kultur‹ blieben freilich – wortwörtlich – unübersehbar, ja vergrößerten sich eher noch im Kontrast zwischen neuen Villenkolonien und verwohnten Arbeitervierteln. Die lebhafte zeitgenössische Diskussion über die ›Wohnungsfrage‹ bezog nicht zuletzt aus diesem Umstand ihre Aktualität und Brisanz.

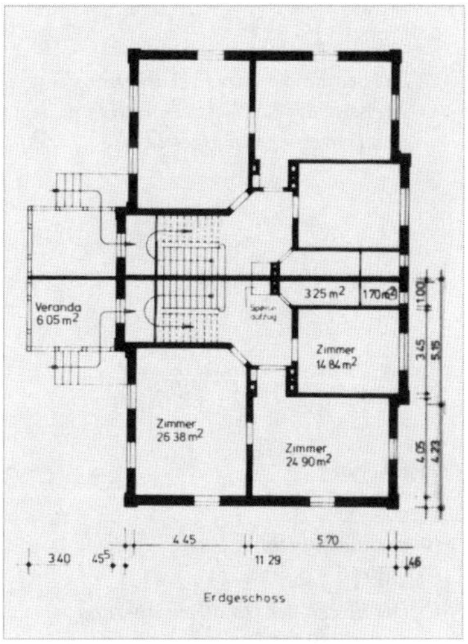

Grundriß eines Direktorenhauses Erdgeschoß einer Wohnung mit etwa 200 m² Fläche ohne Veranda; Wirtschaftsräume im Untergeschoß [266]

BASF-Werkswohnungen der neueren Bauphase in der Wöhlerstraße nach 1900 [267]

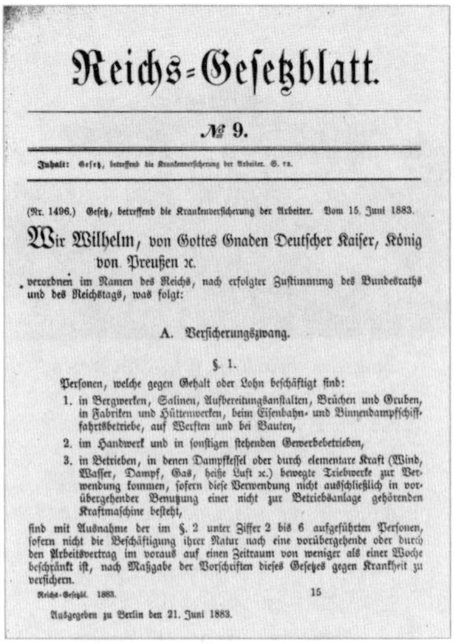

Reichs-Gesetzblatt.

№ 9.

Inhalt: Gesetz, betreffend die Krankenversicherung der Arbeiter. S. 73.

(Nr. 1496.) Gesetz, betreffend die Krankenversicherung der Arbeiter. Vom 15. Juni 1883.

Wir Wilhelm, von Gottes Gnaden Deutscher Kaiser, König von Preußen &c.

verordnen im Namen des Reichs, nach erfolgter Zustimmung des Bundesraths und des Reichstags, was folgt:

A. Versicherungszwang.

§. 1.

Personen, welche gegen Gehalt oder Lohn beschäftigt sind:

1. in Bergwerken, Salinen, Aufbereitungsanstalten, Brüchen und Gruben, in Fabriken und Hüttenwerken, beim Eisenbahn- und Binnendampfschifffahrtsbetriebe, auf Werften und bei Bauten,
2. im Handwerk und in sonstigen stehenden Gewerbebetrieben,
3. in Betrieben, in denen Dampfkessel oder durch elementare Kraft (Wind, Wasser, Dampf, Gas, heiße Luft &c.) bewegte Triebwerke zur Verwendung kommen, sofern diese Verwendung nicht ausschließlich in vorübergehender Benutzung einer nicht zur Betriebsanlage gehörenden Kraftmaschine besteht,

sind mit Ausnahme der im §. 2 unter Ziffer 2 bis 6 aufgeführten Personen, sofern nicht die Beschäftigung ihrer Natur nach eine vorübergehende oder durch den Arbeitsvertrag im voraus auf einen Zeitraum von weniger als einer Woche beschränkt ist, nach Maßgabe der Vorschriften dieses Gesetzes gegen Krankheit zu versichern.

Reichs-Gesetzbl. 1883. 15

Ausgegeben zu Berlin den 21. Juni 1883.

Der Beginn der Sozialversicherung: Titelseite des Reichsgesetzblattes mit dem Krankenversicherungsgesetz 1883 [268]

Ausnahmesituationen und ihre Bewältigung – kollektive Stützungsmaßnahmen

Der Anteil des Arbeiterbudgets, der nach Abzug der unvermeidlichen Kosten für Nahrung, Wohnung, Kleidung, Heizung und Licht verblieb, wurde durch eine Reihe regelmäßig anfallender Abgaben weiter reduziert, so durch die Steuern an Staat, Gemeinde und Kirche – insgesamt kaum viel mehr als 1 bis 2% – und seit den 1880er Jahren durch die Arbeitnehmerbeträge zur *Sozialversicherung*,[789] ca. 4% des Lohneinkommens. Der Sinn derartigen kollektiven Zwangssparens war den Arbeitern leicht bei der Krankenversicherung (seit Dezember 1884), dagegen nur mühsam bei der Alters- und Invaliditätsversicherung (seit Anfang 1891) nahezubringen.[790] Das ist verständlich angesichts der auf 30 Jahre festgesetzten Mindestbeitragspflicht bei der Alters- und der fünfjährigen Frist bei der Invaliditätsversicherung, angesichts der gesetzlichen Altersgrenze von 70 Jahren, die nur von einem bescheidenen Teil der Arbeiterschaft erreicht wurde, und der schließlich fälligen niedrigen Rentenbeträge: Sie machten bestenfalls ein Sechstel des durchschnittlichen Taglohns aus, bildeten also nur einen geringen Teilersatz des üblichen Lohneinkommens; und Anspruch auf eine Invalidenrente entstand erst dann, wenn der Antragsteller nicht mehr wenigstens ein Drittel seines bisherigen Arbeitseinkommens verdienen konnte. So wurden denn in Ludwigshafen 1913 bei einer Einwohnerschaft von etwa 90 000 Menschen sechs Anträge auf eine Altersrente und 141 auf eine Invalidenrente gestellt, ferner 50 Anträge auf Witwen- und 39 auf Waisenrente[791] – die Hinterbliebenenfürsorge war bereits eine Verbesserung der Kassenleistungen seit Anfang 1912. Wieviele dieser Anträge tatsächlich zum Erfolg führten, ist unbekannt.

Die weitaus größte Breitenwirkung entfaltete das *Krankenversicherungsgesetz* von 1883: Es betraf die Existenz der Versicherten aller Altersstufen, denn Verletzungen und Krankheit bildeten mit Abstand die gewichtigste Ursache dafür, daß die Armenfürsorge tätig werden mußte – 1885 auf Reichsebene in fast einem Drittel aller Fälle.[792] Und die Versicherungsleistungen waren durchaus beachtlich: Die betroffenen Arbeiter erhielten zunächst für 13, seit 1903 für 26 Wochen kostenlose ärztliche Behandlung und Arzneimittel, ferner nach drei Karenztagen ein Krankengeld in der halben Höhe des ortsüblichen Taglohns und bei Krankenhausaufenthalten des Versicherten das halbe Krankengeld für den Unterhalt der Angehörigen, für Frauen eine sechswöchige Wochenbettunterstützung, schließlich im Todesfall das Zwanzigfache des durchschnittlichen Taglohns als Sterbegeld. Es blieb den einzelnen Kassen unbenommen, ihre Leistungen noch zu erweitern, und gerade bei Betriebskrankenkassen war dies häufig der Fall.

Die Bismarcksche Krankenversicherung konnte ihrerseits auf einer Vielzahl älterer Ansätze aufbauen.[793] So waren in Bayern auf Grund des Gesetzes über die öffentliche Armen- und Krankenpflege vom 29. April 1869 die Gemeinden verpflichtet, Dienstboten, Gewerbsgehilfen, Lehrlingen, Fabrik- und sonstigen Lohnarbeitern für die Dauer von 13 Wochen, also einem Vierteljahr, Krankenhilfe zu leisten, und waren berechtigt, einen wöchentlichen Beitrag von maximal 15 Pfennig hierfür zu erheben.[794] Auch hatten einige Firmen bereits vor der neuen Gesetzgebung als Vergünstigung für ihre Arbeiter eigene Betriebskrankenkassen aufgebaut, so die Brückenbauanstalt Gebr. Benckiser 1865,

Anmerkungen
Seite 592 und 593

789 *dazu im Überblick Ritter/Tenfelde 1992, S.694ff*

790 *Die Kosten der Unfallversicherung (Gesetz von 1884) waren allein von Unternehmerseite zu tragen. Zur Einstellung der Arbeiter gegenüber der Sozialversicherung vgl. Ritter/Tenfelde 1992, S.708ff*

791 *VB 1913, S.31*

792 *vgl. Ritter/Tenfelde 1992, S.672*

793 *vgl. f.d.F. Stadtgeschichte (1903), S.443ff*

794 *vgl. SRP 12.1.1882*

795 *vgl. SRP 30.11., 30.12.1884*

796 *Esselborn, S.230f*

797 *vgl. die Auflistung bei Breunig 1976, S.779f*

798 *vgl. SRP 27.11.1903 und 14.7.1905; VB 1900/04, S.66ff; VB 1905, S.28ff; StALu, ZR 6610/2f*

799 *VB 1900/04, S.65*

800 *vgl. VB 1912, S.34 und VB 1913, S.31*

801 *VB 1900/04, S.64*

die Düngerfabrik Michel & Co. 1866, die BASF 1875, die Waggonfabrik Ludwigshafen 1878, die Maschinenfabrik Gebr. Sulzer 1881 und die Chemische Fabrik Joh. A. Benckiser 1882. Daneben existierten verschiedene Unterstützungskassen auf freiwilliger Basis, die ihren Mitgliedern medizinische Betreuung und einen begrenzten Ersatz für entstehenden Lohnausfall gewährten. Nach Inkrafttreten des Krankenversicherungsgesetzes vom 15. Juni 1883 wurden diese Kassen für gewöhnlich dessen Vorschriften angepaßt oder dehnten dessen Vorgaben sogar noch auf einen weiteren Personenkreis aus, als das Gesetz vorsah. Dies war bei der *Gemeindekrankenversicherung* der Fall, welche die Stadt Ludwigshafen 1884 ins Leben rief,[795] motiviert durch „die naheliegende Hoffnung, daß mindestens ein Teil der Arbeiter durch diese amtliche Versicherung von socialistischen Einflüssen ferngehalten werden könne",[796] wie sie damals auch über die privaten Hilfskassen propagiert wurden, denen zu dieser Zeit in Ludwigshafen immerhin rd. 1 100 Mitglieder angehörten.[797] Die Gemeindekrankenversicherung knüpfte an die Tradition der bayerischen Gesetzgebung von 1869 an und bezog daher z. B. auch die vor allem weiblichen häuslichen Dienstboten und die Lehrlinge in die Versicherungspflicht ein, konnte sich finanziell allerdings nicht selber tragen, sondern benötigte Zuschüsse aus der Stadtkasse; umso verständlicher war der Wunsch der Stadtverwaltung, daß der Versicherungszwang zumal für sämtliche Dienstboten reichs- oder landesgesetzlich eingeführt wurde, und der – freilich erfolglose – Versuch, wenigstens auf Gemeindeebene durch Ortsstatut den pflichtigen Personenkreis zu erweitern.[798] Die *Gemeinsame Ortskrankenkasse Ludwigshafen am Rhein* hingegen, 1888 zur Entlastung der Gemeindekrankenversicherung gegründet, erfaßte alle versicherungspflichtigen Personen in Gewerbebetrieben sowie in Land- und Forstwirtschaft, soweit sie nicht bereits Orts-, Betriebs-, Bau- und Innungskassen angehörten. Das hatte die wirtschaftlich nachteilige Folge, daß ihre Klientel „hauptsächlich aus kleinen Betrieben mit mehr fluktuierenden Arbeiterverhältnissen" bestand[799] und der Anteil der kranken oder zumindest krankheitsanfälligen Arbeitnehmer besonders groß ausfiel. Denn die Ortskrankenkasse konnte sich ihre Mitglieder nicht aussuchen. Anders die *Betriebskrankenkassen*, und dies war ein wesentlicher Anreiz für die meisten grösseren Unternehmen vor Ort, sich eine eigene Krankenkasse zuzulegen: Sie sicherten sich durch ärztliche Eingangsuntersuchungen die gesündesten Arbeitskräfte, konnten deshalb ohne entsprechende Mehrkosten ihrer Arbeiterschaft günstige Konditionen über den gesetzlich vorgeschriebenen Mindestsatz hinaus als betriebliche ›Wohlfahrtseinrichtung‹ einräumen und gleichzeitig die Versicherungsgelder als kostengünstige Kapitalreserve im eigenen Betrieb nutzen. 1900 existierten in Ludwigshafen 20 derartige Betriebskrankenkassen, davon zwei mit einem über Ludwigshafen hinausreichenden Einzugsbereich. Allerdings erwies sich nur ein Teil von ihnen als lebensfähig; bis Ende 1913 war der Bestand auf zehn Kassen geschrumpft.[800] Zu den genannten Einrichtungen kamen nach dem Stand von 1900 noch 13 eingeschriebene *Hilfskassen* mit überregionalem Zuschnitt hinzu, überwiegend solche einzelner Berufszweige, zumindest während der Zeit des Sozialistengesetzes wichtige Einrichtungen für gewerkschaftliche Arbeit, da sie als Ersatz für die sonst verbotenen Organisationen der sozialistischen Arbeiterbewegung dienten, ferner die Metallgewerbe-Innungs-Krankenkasse.[801]

Ausgaben der Ortskrankenkasse und der Betriebs-Krankenkassen in Ludwigshafen 1885—1904 und 1912

Summe der Ausgaben	1885—1904	1912	1912*
Mark	5 699 939	1 606 892	917 630
davon in % für			
Arzt	19,2	10,8	18,8
Apotheke	13,5	5,4	9,4
Krankenhaus	11,3	8,9	15,6
Krankengeld	54,0	28,6	50,1
Sterbegeld	1,9	0,8	1,4
Angehörigengeld	–	2,4	4,1
Wöchnerinnengeld	–	0,3	0,5
Kapitalanlagen	–	29,0	–
Sonstiges	–	13,9	–
gesamt	100,0	100,0	100,0

* ohne ›Kapitalanlagen‹ und ›Sonstiges‹: um Vergleichbarkeit mit den Daten für 1885—1904 herzustellen

Quelle: VB 1905, S.33,
wobei nur für die o. a. Posten Beträge ausgeworfen werden;
für die Spalten 1912 und 1912* VB 1912, S.36

Vorstehende Tabelle vermittelt einen Eindruck von den Leistungen der Ludwigshafener Krankenkassen in den Jahren von 1885 bis 1904 und 1912. Demnach bildete der Ausgleich für den Lohnausfall durch Krankengeld während des gesamten Zeitraums den weitaus größten Posten, die eigentlichen medizinischen Leistungen durch Arzt, Krankenhaus und Apotheke selbst in ihrer Gesamtheit standen noch um einiges dahinter zurück. Bemerkenswert ist der hohe Anteil, der 1912 auf ›Kapitalanlagen‹, also offensichtlich auf Rücklagen entfiel – tatsächlich war der Krankenstand seit einigen Jahren rückläufig, konnte der Verwaltungsbericht von 1911 bei einem Krankenstand von 3,4% der Versicherten eine „Besserung der allgemeinen Gesundheitsverhältnisse" konstatieren.[802]

Dabei waren die Kosten je Krankheitsfall 1912 gegenüber dem Zeitraum 1885—1904 kräftig gestiegen, von 39 auf 60 Mark.[803] 1912 entfielen auf 100 Versicherte immerhin 60 Erkrankungen, die eine zeitweise Erwerbsunfähigkeit nach sich zogen, mit einer durchschnittlichen Krankheitsdauer von 17 ›Krankengeldbezugstagen‹.[804]

Die Bismarcksche Sozialversicherung stellte den zukunftsträchtigen Versuch dar, die Arbeiterschaft gegen besonders bedrohliche Risiken ihrer Existenz besser abzusichern, und bildete einen wesentlichen Baustein in dem neuartigen System kollektiver Kontroll-, Sicherungs-, Hilfs- und Selbsthilfeeinrichtungen und -organisationen, das während der Periode des Kaiserreichs in Reaktion auf die industriellen Arbeits- und Lebensbedingungen allmählich entstand. Wie sah es damit in einer Industrie- und Arbeiterstadt wie Ludwigshafen aus?

Einiges wurde schon in früheren Kapiteln angesprochen, anderes wird in folgenden Abschnitten des näheren behandelt. Hier soll zunächst Einblick in die Vielfalt derartiger Ansätze gegeben werden.

Anmerkungen
Seite 594 und 595

802 VB 1911, S.35; 1908 betrug der Krankenstand 4,4% und sank bis 1913 kontinuierlich auf 3,3%; Verwaltungsberichte

803 berechnet nach VB 1905, S.33

804 berechnet nach VB 1912, S.36 – 1910: 21 Tage, 1911: 18 Tage; VB 1911, S.35

805 zum besonders weit ausgebauten Unterstützungssystem des Metallarbeiterverbandes vgl. Breunig 1976, S.420

Bierabfüllung, Konsumverein
1910 [269]

Bäckerei, Konsumverein
1910 [270]

Weinlager, Konsumverein
1910 [271]

Soweit es kollektive Selbsthilfemaßnahmen betrifft, sind zweifellos die *Gewerkschaften* an vorderster Stelle nennen: Sie unterstützten ihre Mitglieder bei Arbeitslosigkeit und Krankheit, erteilten Auskünfte, gewährten Beihilfen für durchreisende Angehörige – die Aussicht auf Beistand in Notlagen bildete ein wichtiges Motiv für den Gewerkschaftsbeitritt.[805] Vor allem aber übten die Gewerkschaften, in Ludwigshafen seit 1895 zu einem Kartell zusammengeschlossen, auf friedlichem Weg oder auch durch Arbeitskämpfe zunehmenden Druck auf die Unternehmerseite aus, die Arbeitszeit langsam zu reduzieren und die Löhne über bloße Anpassung an die steigenden Lebenshaltungskosten hinaus anzuheben *[vgl. nähere Angaben bei Arbeitswelt, S. 442, und sozialistisch, S. 729]*.

Daneben kam dem allgemeinen *Vereinswesen* als Organisationsform für kollektive Selbsthilfe einige Bedeutung zu. Vereine mit dem Ziel wirtschaftlicher Vorsorge existierten in einer beachtlichen Vielfalt. Ihre tatsächliche Bedeutung für die Mitglieder ist im einzelnen schwer einzuschätzen, zumal über deren Zahl und sozialen Status meist wenig bekannt ist. Sparvereine mit malerischen Namen wie ›Biene‹, ›Einigkeit‹, ›Fortuna‹, ›Frohsinn‹, ›Zufriedenheit‹ – Ende 1912 an die 60, großenteils mit Gastwirtschaften als Treffpunkten – suchten in Gemeinschaft für bestimmte Zwecke (›Fröhliche Weihnachten‹, als ›Loose-Gesellschaft‹ für den Erwerb von Lotterielosen) das erforderliche Geld zusammenzubringen; nur in Einzelfällen handelte es sich um wirtschaftlich relevante Verbindungen mit eigenem Geschäftslokal (Spar- und Darlehenskassenverein Friesenheim, Spar-Rabattverein Ludwigshafen). Weit ernsthafter waren Unterstützungs-, Kranken(pflege)- und Sterbekassenvereine – Ende 1912 alles in allem um die 30. Auch die Bismarcksche Krankenversicherung entzog ihnen nicht ihre Grundlage, denn Pflege blieb im Krankheitsfall eine wichtige Hilfe. Nicht einmal selten scheinen

Geschäftsbericht 1910/11 des Ludwigshafener Konsumvereins [272]

Eine der Verkaufsstellen, Konsumverein 1910 [273]

Anmerkungen Seite 596 und 597

806 *SRP 9.10.1908; AB 1913, S.59f*

807 *f.d.F. Festschrift; Grünewald, S.45ff; Breunig 1976, S.599ff*

808 *Mitgliederzahl 1874 und 1898: 502 resp. 1 661; auf jedes Mitglied wurden noch zwei weitere Personen veranschlagt*

809 *Mitgliederzahl 1904: 4 314*

Arbeiter sogar in mehrere Kassen eingezahlt zu haben, um sich und ihre Familien für den Notfall besser abzusichern, als dies die staatliche Sozialversicherung tat. Nicht zu unterschätzen blieb, teilweise mit Krankenkassen kombiniert, das Institut der Sterbekassen: Diese zahlten den Hinterbliebenen verstorbener Mitglieder ein Sterbegeld in einer auch wirtschaftlich besonders schwierigen Lebenssituation aus. Denn selbst der Tod war nicht umsonst: Auf 40 Mark ohne Nebenkosten und ›Extras‹ belief sich seit 1908 die Taxe für die billigste, die ›III. Beerdigungsklasse‹, in Ludwigshafen.[806]

Der größte Verein vor Ort mit dem Ziel, die Lebensbedingungen breiter Bevölkerungsschichten durch Selbsthilfe zu verbessern, war zweifellos der ›*Konsumverein*‹.[807] Nicht zufällig wurde er 1873 gegründet: Als der Wirtschaftsboom der ›Gründerjahre‹ nach der Reichseinigung die Lebensmittelpreise vor Ort bedenklich in die Höhe trieb, bot sich der genossenschaftliche Zusammenschluß nach den Prinzipien von Schulze-Delitzsch als ein möglicher Ausweg an, die Konsumentenmacht gegenüber den Anbietern zu stärken. Das sozialliberale Konzept solidarisch abgestützter Selbsthilfe eröffnete Interessenten aus allen Schichten den problemlosen Zugang in den Verein, und so reichte das Spektrum der Mitglieder zumal in der Anfangsphase vom Fabrik- und Bankdirektor (z. B. Carl Clemm, Rudolf Schmidt, Carl Eswein) bis zum einfachen Arbeiter; im Aufsichtsrat und in der Verwaltung des Vereins dominierte allerdings die Beamtenschaft von Pfälzischen Eisenbahnen, BASF und Waggonfabrik, und die Ausrichtung an der Mittelschicht als interessierter und finanziell leistungsfähiger Klientel dürfte dazu beigetragen haben, daß die Mitgliederzahl mit dem Bevölkerungswachstum der Stadt nicht Schritt hielt, der dem Verein verbundene Konsumentenkreis sich daher zwischen 1874 und 1898 von schätzungsweise 15% auf 11% der Einwohnerschaft verminderte.[808] Die Situation veränderte sich rasch, als gegen Ende des 19. Jahrhunderts die reformistisch eingestellten Kräfte in der Sozialdemokratie, gerade auch in den Reihen der Gewerkschaften, das Prinzip der Konsumvereine als wertvolles Instrument wirtschaftlicher Emanzipation der Arbeiterschaft propagierten und für

Lager, Konsumverein
1910 [274]

Verwaltungsgebäude
des Ludwigshafener Konsumvereins
in der Kaiser-Wilhelm-Straße
[275]

den Beitritt warben. 1904 dürfte durch den Zustrom neuer Mitglieder bereits wieder etwa ein Sechstel der Einwohnerschaft vom Konsumverein profitiert haben.[809] Daß sich hierbei wirtschaftliche und politische Gesichtspunkte eng miteinander verzahnten, zeigten die seit 1901 anhaltenden internen Konflikte um die Geschäftspolitik des Vereins – hohe Rückvergütungen am Jahresende, so die Linie der alten Führungsmannschaft, oder lieber von vornherein niedrigere Preise – sowie um die maßgebliche Mitwirkung von Vertretern der Arbeiterschaft, die nun das weitaus größte Mitglieder-Kontingent stellte. Die Krise kulminierte 1906 in dem Sieg der sozialistischen Liste bei der Neuwahl des Aufsichtsrates und im Austritt derjenigen Mitglieder, welche den bisherigen ›bürgerlichen‹ Mittelstands-Kurs beibehalten wollten und deshalb ihrerseits den entsprechend ausgerichteten ›Warenbezugs- und Sparverein Ludwigshafen am Rhein‹ gründeten. Der Konsumverein, bei formeller Unabhängigkeit durch führende Partei- und Gewerkschaftsfunktionäre in Vorstand und Aufsichtsrat nunmehr auf sozialdemokratischem Kurs gehalten, erfaßte kurz vor dem Ersten Weltkrieg mit über 9 000 Mitgliedern sicher einen Abnehmerkreis von wenigstens 30 000 Personen, seit 1904 zunehmend über Ludwigshafen hinaus auch in den Orten des Umlandes, z. T. durch Anschluß kleinerer Vereine, so daß die Zahl der Verkaufsstellen, 1903 immerhin bereits neun in der Stadt selbst, bis 1913/14 auf 29 anstieg. Durch den Beitritt zur Großeinkaufs-Gesellschaft Deutscher Consum-Vereine in Hamburg verbesserte der Verein seine Bezugsquellen; gleichzeitig begann er mit Eigenproduktion durch eine Bierabfüllerei, eine Selterswasser- und Limonaden- sowie eine Sauerkraut-›Fabrik‹, eine Kaffeerösterei und vor allem eine Dampfbäckerei (1910). Die Stärke des Preisdämpfungseffekts, den der Konsumverein zugunsten seiner Mitglieder auszuüben vermochte, dürfte deutlich über den 7% an Rabatten und Rückvergütungen gelegen haben, die 1874—1914 durchschnittlich auf den Warenumsatz der Genossen erstattet wurden, denn die günstigeren Direktangebote des Konsumvereins sind damit ebensowenig erfaßt wie der Druck, der von seinen niedrigeren Preisen auf die sonstigen Anbieter vor Ort ausging:

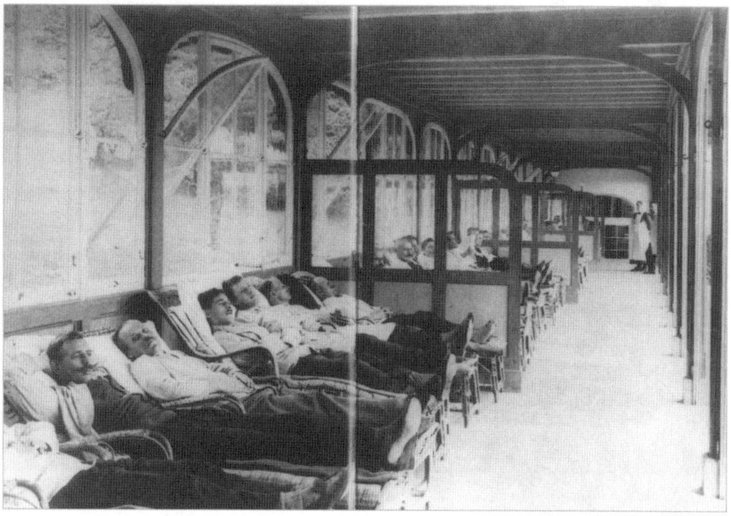

Liegehalle in der 1893 von der BASF eingerichteten Lungenheilstätte Dannenfels um 1921 [276]

Auch Nichtmitglieder konnten in den Vereinsläden gegen Barzahlung die dort angebotenen Waren billiger beziehen, und die Konkurrenz mußte bei zu hohem Preisniveau mit empfindlichem Kundenschwund rechnen. Hinzu kam der Vorteil zuverlässiger Produktqualität und – nicht zu unterschätzen – der Erziehungseffekt konsequenter Barzahlung anstelle des früher weitverbreiteten ›Borgunwesens‹, das unerfreuliche Abhängigkeiten von den jeweiligen Händlern geschaffen hatte.

Wie sah es mit unterstützender ›Fremdhilfe‹ durch ›Wohltätigkeit‹ aus?

Die Bedeutung der *Wohlfahrtsfürsorge* seitens der Arbeitgeber für den Lebensstandard der bei ihnen Beschäftigten ist in mehrfacher Hinsicht schwer einzuschätzen. Verständlicherweise stand sie immer im Kreuzfeuer kontroverser Bewertung: Was von der Unternehmerseite gerne als wesentlicher Beitrag zur Lösung der sozialen Frage verstanden und herausgestellt wurde, prangerte die Sozialdemokratie an als Feigenblatt kapitalistischer Ausbeutung und als besonders raffinierte Methode der Unternehmer, die Emanzipationsbemühungen der Arbeiterschaft zu unterlaufen, indem sie die Abhängigkeit der ihnen Untergebenen noch weiter steigerten, statt den Arbeitern den ihnen gebührenden Lohn zur freien Verfügung zukommen zu lassen. Die Sozialdemokraten standen mit derartiger Einschätzung nicht völlig allein; auch bürgerliche Sozialreformer wie Lujo Brentano sahen das in der Sache recht ähnlich. Natürlich zielte derartige betriebliche Sozialpolitik auch darauf ab, das eigene Image zu pflegen, die Firmentreue der Arbeiterschaft zu fördern und gegen „sozialistische Umtriebe" zu immunisieren. Zudem kam sie ganz überwiegend nur einem Teil der Arbeiterschaft, vornehmlich den stabilen Elementen und hierbei wiederum den qualifizierten Fachkräften und dem Führungspersonal auf unterer Ebene wie Meistern, Aufsehern und Vorarbeitern zugute, also im wesentlichen ohnehin bessersituierten Arbeitnehmern. In Ludwigshafen lieferte die BASF zweifellos ein Musterbeispiel für ungewöhnlich nachhaltig betriebene ›Wohlfahrtspolitik‹, und hier läßt sich im Einzelfall auch das finanzielle Ausmaß genauer erfassen. Demnach betrugen die freiwilligen Sozialleistungen des

Anmerkungen Seite 599

810 vgl. dazu künftig v. Hippel 2003; Überblick über den Stand der ›Wohlfahrtseinrichtungen‹ der BASF zu Beginn des 20. Jahrhunderts in Stadtgeschichte (1903), S. 535ff

811 vgl. z.B. für Knoll ›Hundert Jahre‹ (1986), S. 52f; für Sulzer JBFI 1907, S. 94f

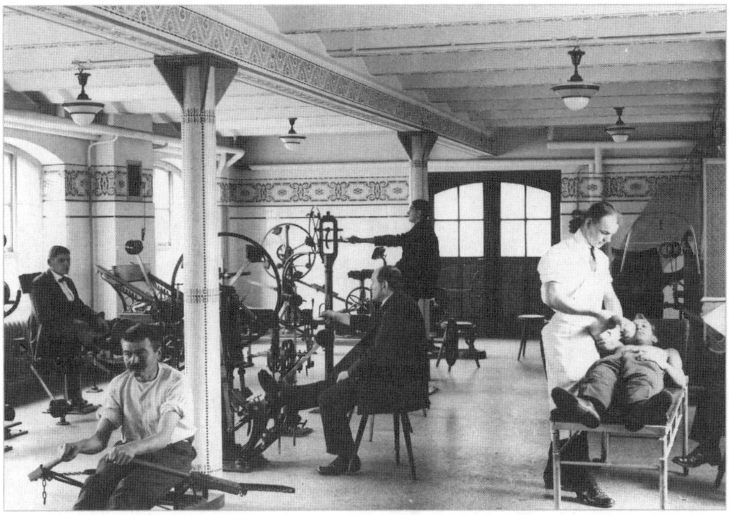

BASF Ludwigshafen: Therapiesaal der Ambulanz um 1921 [277]

Unternehmens bei großzügiger Auslegung dessen, was dieser Kategorie zuzurechnen war, gut das Dreifache der gesetzlich vorgeschriebenen Beiträge zur Sozialversicherung und machten 1903 knapp 6%, 1913 gut 9% der gezahlten Arbeiterlöhne aus. Das Geld wurde insbesondere für Wohnungsbau, für Hygiene und Gesundheitsvorsorge sowie für Absicherung und Pflege im Krankheitsfall und für Unterstützung bei Invalidität und Tod verwendet und leistete damit Hilfe gerade in Situationen, welche die betroffenen Familien hart zu belasten drohten.[810] Leistungen in auch nur annähernd vergleichbarem Umfang hat keine andere Ludwigshafener Firma erbracht, auch wenn es an Ansätzen zu einer betrieblichen Sozialpolitik nicht gefehlt hat.[811]

Die *freiwillige Wohlfahrtspflege*, zu einem guten Teil wieder von Vereinen, vor allem solchen kirchlichen Ursprungs getragen *[vgl. Religion, S. 653]*, hat sich in Ludwigshafen nicht sonderlich spektakulär entwickelt, ihr kommt aber das Verdienst zu, sich sonst vernachlässigter Bereiche angenommen zu haben. Damit arbeitete sie vielfach sozialen Aktivitäten der Stadt vor, indem die Gemeinde schließlich selbst entsprechende Einrichtungen übernahm oder sie wenigstens mit größeren Beiträgen unterstützte.

Das gilt für die Einrichtung von *Kleinkinderschulen* und *Kleinkinder-Bewahranstalten*. Das Problem ganztägiger Kinderbetreuung stellte sich überall dort, wo beide Elternteile dem Broterwerb für die Familie außer Haus nachgehen mußten, mit bisher unbekannter Intensität also im Zeichen zunehmender Industrialisierung. Zumal Städte mit einer größeren Fabrikarbeiterschaft hatten Bedarf an derartigen Einrichtungen, die oft von Ordensschwestern oder Diakonissen betrieben wurden. In Ludwigshafen entstanden die ersten zwei Kleinkinderschulen 1867 als karitative Einrichtungen. Die größere, konfessionell gemischte mit rd. 220 Kindern im Jahr 1873 befand sich in der Obhut des Frauenvereins für freiwillige Armen- und Krankenpflege *[vgl. Vereine, S. 667]*, die zweite mit etwa 120 Schützlingen stand unter der Leitung einer protestantischen Pfarrfrau. Über die Art und Weise, wie sie das Ziel verfolgten, das geistige und leibliche Wohl der Kinder zu fördern sowie „ihre sittlichen

Frauen- und Kinderbad der BASF im Bereich der Werkskolonie Hemshof, erbaut 1893 [278]

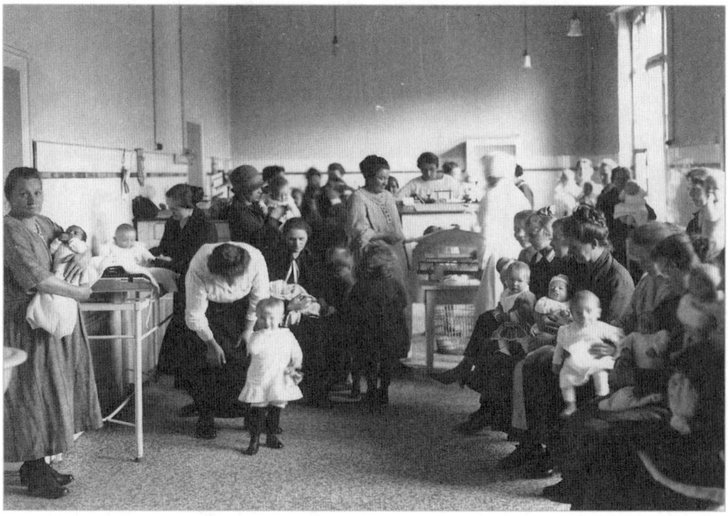

Mütterberatung in der Werksambulanz der BASF um 1921 [279]

und intellektuellen Anlagen" zu entwickeln,[812] ist nicht allzuviel bekannt. Die Schule des Frauenvereins führte nach einiger Zeit „das System der Fröbelschen Kindergärten" ein und fand damit Anklang bei „Kindern aus allen Classen der Gesellschaft", blieb darin aber zumindest bis 1887 ohne Nachfolge.[813] Im Mai 1911 eröffnete der Frauenverein „in Anwesenheit Ihrer Exzellenz der Frau Regierungspräsident von Neuffer, des Herrn Kirchenrats Dr. Gümbel [...] sowie zahlreicher geladener Gäste"[814] den vom städtischen Baurat Sternlieb entworfenen repräsentativen neuen Bau für seine Kleinkinderschule an der Dörrhorststraße, damals noch ganz am Rand des bebauten Gebiets. Die Einrichtung erhielt den Namen ›Anna-Röchling-Schule‹ im Gedenken an die ehemalige Vorsitzende des Frauenvereins, die die Kleinkinderschule besonders gefördert hatte *[vgl. Vereine, S. 667]*. Bis zur Jahrhundertwende erhöhte sich die Zahl der sonstigen Kleinkinderschulen unter konfessionell-kirchlicher Betreuung auf sechs, bis 1913 auf acht, in jedem der vier Stadtteile eine protestantische und eine katholische Schule.[815] – das mochte für etwa 10—15% der Kinder im einschlägigen Alter ausreichen. Die Stadt beschränkte sich bis zu diesem Zeitpunkt noch darauf, seit 1880 relativ bescheidene jährliche Zuschüsse zu gewähren, wenngleich sie bereits 1903 meinte, sie werde sich nicht mehr lange „der Errichtung ähnlicher Anstalten, die in allen größeren Städten als gemeindliche Einrichtungen (Krippen etc.) bereits bestehen, verschließen können".[816]

Anfänge städtischer Sozialpolitik

Als weitaus wichtigste sozialpolitisch aktive und wirksame Instanz trat die Gemeinde Ludwigshafen selbst in Erscheinung. Die Maßnahmen seitens der Städte zugunsten besserer Lebensbedingungen ihrer Bevölkerung während des Kaiserreichs erscheinen schon mit Blick auf die erforderliche Anpassungsleistung an eine Vielzahl von Entwicklungen alles in allem beeindruckend. Das gilt auch für Ludwigshafen. Die Bereitschaft, sozialpolitisches Engagement über den traditionellen Bereich der Armenpflege hinaus in Richtung auf eine umfassendere kommunale Daseinsvorsorge zu entwickeln und den Spielraum kommunaler

Anmerkungen
Seite 600 und 601

812 Denkschrift Matthäus; Poller 1974, S. 67
813 vgl. Esselborn, S. 196
814 Jahresbericht des Frauenvereins Ludwigshafen 1911; StALu, Ds 84
815 vgl. VB 1900/04, S. 54; VB 1913, S. 72; Knauber 1925b, S. 11ff. Hinzu kam jeweils die Kinderschule des Frauenvereins. Für Friesenheim vgl. Belitz, S. 313, 320ff; vgl. StALu, LUA 224 (Übersicht für 1906)
816 Stadtgeschichte (1903), S. 348
817 dazu Seeber

Eröffnung des Neubaus der Kleinkinderschule des Bayerischen Frauenvereins vom Roten Kreuz in der Dörrhorststraße, 10. März 1911 [280]

Selbstverwaltung hierfür zu nutzen, war beachtlich, auch wenn man trotz der zunehmend stärkeren sozialdemokratischen Fraktion im Gemeinderat *[vgl. Wahl SR, S. 708]* von ›Munizipalsozialismus‹ noch ein gutes Stück entfernt blieb. Die einschlägigen Leistungen der Ludwigshafener Stadtverwaltung waren nicht sonderlich originell, sondern entsprachen dem allgemeinen Trend kommunaler Aktivitäten, wobei die Städte untereinander im Wettbewerb um Modernität und soziales Verantwortungsbewußtsein standen. Für Ludwigshafen fiel in dieser Hinsicht zusätzlich die Nähe zu Mannheim ins Gewicht, dessen hochangesehener Oberbürgermeister Beck im Einklang mit den bürgerlichen Kollegien sozialen Belangen ständige Aufmerksamkeit zuteil werden ließ.[817] Sieht man einmal von infrastrukturellen Verbesserungen wie Straßenbau, Kanalisation oder medizinischer Versorgung (Krankenhausbau) ab, die auch den allgemeinen Lebensstandard der Bevölkerung verbesserten, so griff die Gemeinde kontrollierend und regulierend zumal in drei Bereichen ein, welche die Lebensbedingungen besonders der Arbeiterschaft direkt betrafen: auf dem Wohnungsmarkt, bei der Nahrungsmittelversorgung und auf dem Arbeitsmarkt. Hinzu kam natürlich als traditioneller Schwerpunktbereich kommunaler Verpflichtungen die Armenfürsorge. Sie wurde seit den 1890er Jahren entschieden modernisiert, und ihr Aktionsradius erweiterte sich durch vorbeugende und abstützende Maßnahmen allmählich zu einer städtischen Sozialpolitik.

Von den kommunalen Bemühungen um Verbesserungen der Wohnsituation für die Minderbemittelten war bereits die Rede *[vgl. Boden, S. 553, und Soz.-Pol., S. 600]*, ebenso von den Maßnahmen, welche die Gemeinde ergriff, um im Interesse der Gesundheitsvorsorge eine wirksame Lebensmittelkontrolle aufzubauen *[vgl. unter Polizei, S. 545]*. Soweit es die *Lebensmittelversorgung* selbst betrifft, intervenierte die Stadt mehrmals, wenngleich, soweit sich erkennen läßt, mit eher begrenztem Erfolg. Ein städtischer Fischmarkt konnte die Ludwigshafener Bevölkerung offenbar nicht sonderlich für vermehrten Verzehr von Seefisch erwärmen, so daß er im Frühjahr 1906 erst einmal wieder eingestellt wurde trotz der Plädoyers einiger Stadträte, „es sei eine sociale Aufgabe,

Städtisches Arbeitsamt
Ludwigshafen am Rhein
Telephonruf 461 :: Ludwigstraße 16 :: Telephonruf 461

Unentgeltliche
Stellenvermittlung
zwischen Arbeitgebern
(auch Dienstherrschaften) und
Arbeitnehmern und zwar

für Handelsangestellte, gewerbliche, industrielle u. landwirtschaftliche Arbeiter u. Arbeiterinnen jeder Art, männliches und weibliches Dienstboten- und Wirtschafts-Personal, Taglöhner, Fabrikarbeiter, Lehrlinge und Lehrmädchen.

Unentgeltliche
Erteilung von Rat
und Auskunft

a) an Minderbemittelte
— Arbeiter, Handwerker, Dienstboten etc. —
über Fragen aus allen Rechtsgebieten,

b) an Bemittelte
nur über Fragen die gewerbliche und soziale Gesetzgebung betreffend.

Geschäftsstunden: An Werktagen: vormittags von 8—12½ Uhr, nachmittags von 2—6½ Uhr, an Samstagen nachmittags nur bis 4 Uhr. An Sonn- und Feiertagen geschlossen.

Aus dem Jahresbericht des ›Städtischen Arbeitsamts‹ 1912 [281]

die Fischnahrung dem Volke mehr zugänglich zu machen".[818] Angesichts der weiteren Verschärfung der „Fleischteuerung" setzten sich Bürgermeister, Polizeikommissär und Sozialdemokraten dafür ein, die Einrichtung, „wie es bereits in vielen anderen Städten geschehen, wenigstens zur teilweisen Linderung der Fleischnot" im folgenden Spätjahr wieder einzuführen.[819] Als 1911/12 erneut ein starker Anstieg gerade der Fleischpreise die Gemüter erregte, suchte der Stadtrat nach Nürnberger Vorbild die Preisentwicklung durch eine ›Fleischpreisfeststellungskommission‹ unter Kontrolle zu halten, machte in einer Eingabe bei der Reichsregierung Vorschläge, wie die Preise durch Öffnung der Grenzen für Importe und Aufhebung der betreffenden Zölle wieder gedrückt werden könnten,[820] und unterstützte den Plan, Schlachtvieh in Holland anzukaufen, um das Fleisch zu festen Preisen abzugeben. Das Experiment verlief weniger erfolgreich, als erwartet, so daß sich die Gemeinde mit Blick auf den Stadtsäckel aus dem Geschäft bald wieder zurückzog.[821] Dafür wurde die 1902 zur Winterszeit eingerichtete ›Volksküche‹ bzw. ›Suppenanstalt‹ früher als in anderen Jahren eröffnet, um die größte Not im Rahmen der Armenfürsorge etwas zu lindern,[822] und der Ankauf von Kartoffeln „im Großen", die zum Selbstkostenpreis wieder abgegeben wurden, durfte „wohl als geglückt betrachtet werden".[823]

Um so wichtiger wurde die städtische Intervention auf dem Arbeitsmarkt. Arbeitslosigkeit zu verhindern und zu vermindern, das war zugleich die beste Methode, die städtische Armenpflege und damit die Gemeindekasse zu entlasten. Zwei Wege führten am sichersten zu diesem Ziel: Eine effiziente *Arbeitsvermittlung* und ausgleichende städtische Beschäftigungsmaßnahmen.[824]

Von der kommerziellen Gesindevermittlung abgesehen, für die es bereits eine längere Tradition gab, kam in Deutschland die institutionalisierte Vermittlung männlicher Arbeitnehmer erst seit den 1890er Jahren in Gang, sei es von kommunaler, von gewerkschaftlicher oder von Arbeitgeber-Seite.[825] In Ludwigshafen hatte die Stadtverwaltung auf eine Anregung des Arbeiter-Fortbildungsvereins und des Gewerbevereins,[826] hinter der offensichtlich der ›Pressezar‹ Julius Waldkirch stand, schon 1880 ein bescheidenes Arbeitsnachweisbüro etabliert.[827] Als 1894 die zuständigen Ministerien in Württemberg, Bayern und Preußen die Initiative ergriffen, wenigstens in den größeren Städten kommunale Arbeitsnachweisstellen einzurichten, konnte Ludwigshafen dementsprechend zügig mit einem einschlägigen Stadtratsbeschluß reagieren (30. Oktober 1894). Vor allem gelernte Arbeiter nahmen die kostenlosen Vermittlungsdienste des Büros in Anspruch, zumal der zuständige Polizeibeamte beim Meldeamt jede Woche im Austausch aus Kaiserslautern, Worms und Mainz deren Übersichten über offene Stellen erhielt.

Als jedoch das bayerische Innenministerium im Sommer 1900 anregte, die Arbeitsnachweisstellen in leistungsfähigere Arbeitsämter mit weiterem Aufgabenbereich umzuwandeln, benötigte Ludwigshafen im Hin und Her der Informations- und Meinungsbildung erstaunlicherweise drei Jahre, bis im August 1903 ein entsprechendes paritätisch besetztes städtisches Amt nach Münchener Vorbild unter der Oberaufsicht des Stadtrats und der Aufsicht einer neunköpfigen Kommission (Bürgermeister bzw. Stellvertreter, zwei Stadträte, je drei Arbeitgeber und Arbeitnehmer) seine Tätigkeit aufnahm.[828] Sein Aktionsbereich griff wie beim polizeilichen Vorläuferbüro über Ludwigshafen zunehmend

Anmerkungen
Seite 602 und 603

818 *SRP 22.12.1905; vgl. die Erklärung von Bürgermeister Krafft in SRP 9.3.1906, der Fischmarkt sei nur als Behelf gedacht, „der Fleischnot in etwas zu begegnen", und solle „nur noch bis in die Charwoche bestehen." Akten in StALu, ZR 2371/1*

819 *SRP 9.11.1906; vgl. Springer, S.69*

820 *VB 1911, S.139; VB 1912, S.14*

821 *Springer, S.70; StALu, ZR 2301/4ff*

822 *VB 1911, S.16; zur Suppenanstalt, dann ›Volksküche‹ der Stadt siehe weiter unten*

823 *VB 1911, S.91f*

824 *vgl. allg. Ritter/Tenfelde 1992, S.241ff*

825 *vgl. allg. Faust, bes. S.48ff; für Ludwigshafen vgl. Simon*

826 *vgl. Angaben unter [Vereine, S.667]*

827 *Waldkirch, S.12*

828 *SRP 13.2.1903; vgl. Stadtgeschichte (1903), S.333ff (Text von Statut und Geschäftsordnung des Arbeitsamts); VB 1900/04, S.80ff; Akten StALu, ZR 6760/2ff*

829 *VB 1907, S.88; VB 1913, S.90f; 1913 stammte z.B. (ähnlich wie in den vorangehenden Jahren) ein gutes Fünftel der angebotenen offenen Stellen von auswärts, und bei 25% der Arbeitsuchenden handelte es sich um ›Zugereiste‹, bei 15% um auswärts wohnende Personen*

hinaus: 1907 wurden offene Stellen aus 65, 1913 aus 198 Gemeinden in das Stellenangebot einbezogen;[829] interessiert an ihnen waren in erster Linie die sog. ›Passanten‹, die auf der Durchreise oder von auswärts Arbeit nachfragten,[830] im Durchschnitt um die 40% sämtlicher Arbeitsuchenden.

Die Vermittlungstätigkeit entwickelte sich freilich nicht so lebhaft, wie man hätte denken können: Die großen Firmen, allen voran die BASF, nahmen Arbeitsnachweis und Arbeitsamt der Stadt kaum in Anspruch, weil ihnen die kommunale Institution der Sozialdemokratie und den Gewerkschaften zu nahe zu stehen schien[831] – kaum zu Recht: Wenn auch der erste Amtsleiter, Adam Remmele, ein Sozialdemokrat war, so übte er sein Amt doch ohne Parteilichkeit mit engagierter Sachkunde aus, und als er bereits nach zwei Jahren ins Badische überwechselte, folgte ihm – gegen die Stimmen der SPD – dessen Bruder, der städtische Funktionär Peter Remmele, ein ›bürgerlicher‹ Kandidat.[832] Dennoch etablierte der 1905 gegründete Arbeitgeberverband der Industrie Mannheim-Ludwigshafen zwei Jahre später einen eigenen *›industriellen Arbeitsnachweis‹*, über den die Mitgliedsfirmen nun ihre Arbeiter ausschließlich zu ordern hatten. Sozialdemokratische Elemente ließen sich auf diesem Weg wenigstens teilweise fernhalten – der Arbeitgeberverband sowie die größeren Firmen vor Ort, gerade auch die BASF, haben mit diesem Ziel offensichtlich schwarze Listen über mißliebige Arbeiter geführt.[833] Als besonderes Ärgernis empfanden es die Ludwigshafener Stadtväter, daß der industrielle Stellennachweis jüngere Arbeitskräfte von auswärts anzuwerben suchte, während ältere Einheimische das Nachsehen hatten und teilweise der städtischen Armenfürsorge anheimfielen.[834] Proteste der Gewerkschaften gegen derartige Verfahrensweisen und behördliche Bedenken konnten jedoch höchstens größere Vorsicht auf Arbeitgeberseite bewirken.[835] Auch der erfolgreiche Antrag der sozialdemokratischen Fraktion im Stadtrat, durch eine Petition an den Landtag darauf hinzuwirken, daß „nur noch Arbeitsnachweise auf paritätischer Grundlage" gestattet werden sollten, mit 16 gegen zehn Stimmen angenommen,[836] zeitigte keine Wirkung. Das Reichsgesetz vom 2. Juni 1910 (Stellenvermittlergesetz) richtete sich allein gegen neue Interessenten-Arbeitsnachweise,[837] während bereits bestehende Agenturen unbehelligt weiterarbeiten konnten. So eröffnete der Arbeitgeberverband sogar noch im gleichen Jahr eine Ludwigshafener Filiale seines Stellennachweises.

Dem städtischen Arbeitsamt verblieben nach spürbarem Einbruch bei Stellenangebot und -nachfrage[838] im wesentlichen Kleingewerbe und Handel (in erster Linie für Lehrstellen), Baugewerbe, Landwirtschaft und das weiblich dominierte Dienstbotenwesen (einschließlich Gastronomie), wobei es in dieser Sparte die bisher übliche private Vermittlung nachhaltig zu reduzieren vermochte.[839] Doch trotz deutlicher Belebung des Geschäfts während der letzten Jahre vor dem Ersten Weltkrieg[840] konnte es das Arbeitsamt nicht mit der industriellen Konkurrenz aufnehmen; dafür bot es weitere Leistungen an, erteilte in größerem Umfang kostenlose Auskunft zu Fragen der Arbeiterversicherung und des Arbeitsrechts, über „Gemeinde- und Staatsangelegenheiten" sowie Probleme des Bürgerlichen Rechts und verfaßte erforderliche Schriftsätze an Berufsgenossenschaften, Versicherungen, Krankenkassen, Schiedsgerichte, Gemeinde- und Staatsbehörden u. a.[841]

Anmerkungen Seite 603

830 VB 1905, S. 80

831 vgl. Breunig 1976, S. 383ff

832 SRP 20.9.1905

833 Breunig 1976, S. 394ff

834 Breunig 1976, S. 387ff; SRP 14.5.1909

835 Breunig 1976, S. 396ff

836 SRP 7.1., 31.1.1910; VB 1910, S. 11

837 vgl. Faust, S. 105f

838 1908 (1906) kamen 7 136 (10 664) Arbeitsuchende auf 3 291 (5 852) offene Stellen; Verwaltungsberichte; demgegenüber entfielen beim Arbeitsnachweis der Industrie Mannheim-Ludwigshafen 1908 fast 36 000 Arbeitsgesuche auf gut 15 300 gemeldete offene Stellen; Jahresbericht der Handelskammer Mannheim 1908 II, S. 29

839 VB 1905, S. 80; VB 1908, S. 112f

840 1913 entfielen auf 11 760 offene Stellen 17 518 Stellengesuche; 8 746 Stellen wurden besetzt; VB 1913, S. 89

841 Verwaltungsberichte; 1913 erteilte das Arbeitsamt 1 670 derartige Auskünfte, fertigte 288 Schriftsätze und übernahm in 9 Fällen die Vertretung vor Gericht; VB 1913, S. 92f

Armen-Ordnung

der

Stadt Ludwigshafen am Rhein

nebst fünf Anlagen:

I. Normen über Umfang, Art und Verabreichung von Unterstützungen;
II. Geschäftsanweisung für die Armenbezirksvorsteher und Armenpfleger;
III. Dienstanweisung für die Armenkontrolleure;
IV. Dienstanweisung für die besoldeten Armenpflegerinnen;
V. Einteilung der Armenbezirke und Pflegschaften nebst Verzeichnis der Armenbezirksvorsteher und Armenpfleger. Alphabetisches Straßenverzeichnis.

Erlassen am 4. Juli 1900.

Abgeändert am 23. Oktober 1901, 10. Februar 1904 und 5. April 1905.

Druckerei und Verlag Biller G. m. b. H., Ludwigshafen am Rhein.

Armenordnung der Stadt Ludwigshafen Fassung von 1900 [282]

Äußerst kritisch gestaltete sich die Lage auf dem Arbeitsmarkt üblicherweise im Winter. Die Stadtverwaltung suchte daher seit Beginn des 20. Jahrhunderts anstehende Arbeiten, soweit „nur immer tunlich", bis zu dieser Jahreszeit zurückzustellen.[842] Jahr für Jahr stand seit 1901 ein größerer Betrag für derartige ›*Notstandsarbeiten*‹ im städtischen Etat, und meist wurden die vorgesehenen Beträge zu Lasten der Kosten für Straßenunterhaltung und Bauvorhaben kräftig überschritten.[843] 1905 vergab die Stadt auf diese Weise an 152 Arbeiter 4 822 Tagschichten gegen einen Taglohn von 2,82 Mark, 1913 an 582 Arbeiter 11 055 Tagschichten gegen einen Taglohn von 3,64 Mark[844] – alles in allem also keine spektakuläre, aber doch eine sinnvolle Stützung des Arbeitsmarktes, wobei die Verwaltung je nach Bedarf die übrigen Jahreszeiten in ihre Beschäftigungspolitik einbezog.[845] Ganz ohne Bedenken tat sie das nicht, meinte sie doch wahrzunehmen, „daß dadurch der Zuzug von Beschäftigungslosen von außen her befördert wird" und daß „ein Teil der als Arbeitslose Eingestellten sich daran gewöhnt, die doch nur vorübergehend gewährte Beschäftigung als eine dauernde anzusehen", und sich daher nicht hinreichend darum bemühe, „bei Eintritt der wärmeren Jahreszeit anderweitig Arbeit zu suchen".[846]

Es muß dahingestellt bleiben, wie groß die solchermaßen bewirkte Entlastung des Arbeitsmarktes tatsächlich gewesen ist, denn *Arbeitslosigkeit* ist nach Größenordnung und Verlauf in Deutschland selbst noch während der Jahrzehnte vor dem Ersten Weltkrieg kaum exakt zu erfassen, auch nicht auf lokaler Ebene, obwohl das strukturell und mehr noch konjunkturell bedingte Krisen-Phänomen gerade während des Kaiserreichs angesichts seiner Konzentration im städtischen Bereich und wegen seiner damit sichtbarer werdenden gesellschaftspolitischen Bedeutung sensibler registriert wurde als in früheren Zeiten. Weithin fehlende Unterstützungsansprüche hielten die Zahlen von vornherein in engen Grenzen, da der betroffene Personenkreis jede sich bietende Arbeit annehmen mußte und große Teile der industriellen Arbeit noch von un- oder kurzfristig angelernten Kräften ausgeführt werden konnten. Das gilt gerade auch für Ludwigshafen. Eine erste Zählung im Winter 1895 ermittelte hier 1,4% Arbeitslose, zwei weitere Zählungen im Dezember 1909 und März 1910 3,2% bzw. 2,1%, während weitere 2,3% bzw. 0,6% ›Kurzarbeit‹ leisteten (44 statt der damals noch üblichen 59 Wochenstunden)[847] – weniger als im gesamtdeutschen Durchschnitt, auch als in der bayerischen Pfalz. Ungelernte sowie – saisonbedingt – Bauhandwerker stellten den größten Anteil. Ähnliche Ergebnisse erbrachten Erhebungen, welche die Gewerkschaften Anfang 1903 und Anfang 1905 mit finanzieller Unterstützung der Stadt durchführten.[848]

Die verhältnismäßig niedrigen Ziffern waren natürlich kein Grund zur Beruhigung. Umso näher lag der Gedanke, das Versicherungsprinzip im Kampf gegen Arbeitslosigkeit einzusetzen.[849] Konzepte, die eine derartige Lösungsmöglichkeit anvisierten, waren schon seit den 1870er Jahren verfügbar. Zu Beginn des 20. Jahrhunderts gab der Reichstag den Anstoß für eine intensivere Beschäftigung der Reichsbehörden mit dem Problem. Aber obwohl eine wirklich tragfähige Lösung ähnlich wie bei der Sozialversicherung eigentlich nur auf gesamtdeutscher Ebene denkbar war, wagte es die Reichsregierung angesichts der großen Unsicherheit über die zu erwartenden Größenordnungen und über die Modalitäten der Durchführung angesichts der Einsprüche aus der Wirtschaft

Anmerkungen
Seite 604 und 605

842 *Stadtgeschichte (1903), S. 333; Akten in StALu 3/6750, Nr. 4*
843 *z.B. VB 1906, S. 53; VB 1907, S. 56*
844 *berechnet nach VB 1905, S. 50f; VB 1913, S. 43f*
845 *vgl. die Angaben in VB 1908, S. 73*
846 *VB 1900/04, S. 105*
847 *berechnet nach VB 1909, S. 36 (Gesamtzahl der Versicherten) und 97f*
848 *Springer, S. 71; vgl. Breunig 1976, S. 399ff*
849 *vgl. f.d.F. Faust, S. 131ff; Ritter/Tenfelde 1992, S. 259ff*
850 *vgl. Faust, S. 142ff*
851 *vgl. Schnorbus, S. 138f*
852 *hierzu und f.d.F. vgl. Springer, S. 72ff; Breunig 1976, S. 399ff*
853 *JBFI 1912, S. 85*
854 *vgl. Schnorbus, S. 139ff; Faust, S. 181*

nicht einmal, auch nur zaghafte Schritte in diese Richtung zu gehen. So blieb vorerst allein die Möglichkeit zum Probelauf auf kommunaler Ebene, wie dies außerhalb Deutschlands die Städte Bern und Gent mit unterschiedlichen ›Systemen‹ versuchten. Das ›Genter System‹ wurde bis 1914 in 16 deutschen Kommunen praktisch erprobt, war aber wegen seiner politischen Implikationen umstritten: Es stützte sich vornehmlich auf die Organisation der Gewerkschaften, die ja bereits langjährige Erfahrungen mit Zahlungen an arbeitslose Mitglieder gesammelt hatten, indem es ihnen Zuschüsse zu den üblichen Unterstützungsbeiträgen gewährte,[850] und wurde daher von der Sozialdemokratie favorisiert. Nachdem der bayerische Landtag 1908 den Gedanken einer kommunalen Arbeitslosenversicherung an die Regierung herangetragen hatte,[851] griff Stadtrat Körner den Gedanken für Ludwigshafen 1909 bei den Etatberatungen auf,[852] und 1911 beantragte die SPD-Fraktion wiederum anläßlich der Haushaltsdebatte die Einführung der *Arbeitslosenversicherung* in der Stadt, vorerst ohne Erfolg, weil die Mehrheit des Stadtrats mit Oberbürgermeister Krafft an der Spitze eine kommunale Lösung für kaum tragfähig und finanzierbar hielt – hierin vorsichtiger als Kaiserslautern, das 1912 einen derartigen Versuch auf drei Jahre riskierte.[853] Auch als das bayerische Innenministerium in Anlehnung an das Genter System ein Musterstatut für Arbeitslosenversicherungen auf kommunaler Ebene erarbeitet hatte[854] und die SPD-Fraktion auf dieser Grundlage einen entsprechenden Entwurf für Ludwigshafen vorlegte, erlitt sie damit Anfang 1913 wiederum eine knappe Abstimmungsniederlage, und den folgenden Mehrheitsbeschluß des Stadtrats, eine Kommission mit der Ausarbeitung eines konsensfähigen Statuts zu beauftragen, blokkierte erst einmal die BASF namens der Höchstbesteuerten, indem sie vom Bezirksamt die Aufhebung eben dieses Beschlusses verlangte. Obwohl die Zentrums-Fraktion im Oktober 1913 den Antrag der Sozialdemokraten nachträglich doch noch unterstützte, damit die Mehrheit für die kommunale Arbeitslosenversicherung herstellte und den Einspruch der BASF annullierte, gedieh das große Vorhaben bis zum Ausbruch des Ersten Weltkriegs über das Stadium der Diskussion nicht mehr hinaus. Denn der Stadtrat wollte zunächst abwarten, ob die von der bayerischen Regierung anvisierte gesamtstaatliche Lösung die Hürden des Landtags passieren würde – dann durfte man mit staatlichen Zuschüssen rechnen. Aber die Regierungsvorlage scheiterte im Frühjahr 1914, und das Vorhaben von Oberbürgermeister Krafft, sich nun gemäß der Empfehlung des Bayerischen Städtetags mit denjenigen Gemeinden zusammenzuschließen, die ebenfalls eine Arbeitslosenversicherung einführen wollten, um im Verbund für eine tragfähige Basis zu sorgen, benötigte seine Zeit. Erst 1917 wurde unter gänzlich veränderten Rahmenbedingungen die kommunale Arbeitslosenversicherung eingeführt.

Die zeitgenössische Auseinandersetzung mit dem Problem Arbeitslosigkeit machte erneut sichtbar, mit welch hohen bewußtseinsprägenden Risiken behaftet der Lebensstandard der Arbeiterschaft auch noch im frühen 20. Jahrhundert blieb allen unbestreitbaren Verbesserungen seit der Reichsgründung zum Trotz. Wie schwach das vorhandene Netz sozialer Sicherheit tatsächlich war, zeigt ein Blick in die Protokolle des Ludwigshafener Armenpflegschaftsrates, des obersten Entscheidungsgremiums der *Armenpflege*: Krankheit oder Tod des Ernährers, Krankheit oder Tod der Hausfrau, das (nicht seltene) Verlassen der

Familie durch den Mann machten die Zurückbleibenden rasch zu einem Fürsorgefall; als besonders labil erwies sich wiederum die Situation der Taglöhner und einfachen Fabrikarbeiter. Existenziell am härtesten betroffen aber waren bei eintretender Notlage Personen, die kein Heimatrecht[855] in Ludwigshafen besaßen. Denn das Gesetz über die öffentliche Armen- und Krankenpflege vom 29. April 1869 wies die Unterstützungspflicht der jeweiligen Heimatgemeinde zu. Zwar mußte die Stadt Personen ohne Heimatrecht zunächst unter die Arme greifen, wenn sie sich nicht mehr selbst zu helfen wußten, doch konnte sie die entstandenen Kosten von der Heimatgemeinde der Betreffenden zurückfordern. War die Heimatgemeinde nicht bereit, den entstehenden Aufwand längerfristig aus der Ferne zu tragen – und dies war angesichts der vergleichsweise teuren Lebenshaltung in Ludwigshafen oft genug der Fall, so mußten die Unterstützungsempfänger wenigstens bei voraussichtlich dauerhafter Hilfsbedürftigkeit mit Ausweisung aus der Stadt rechnen, und es blieb ihnen dann nichts anderes übrig, als sich in ihre oft genug weit entfernte und inzwischen fremd gewordene ›Heimat‹, meist ländliche Gemeinden, zurückzuziehen. Von dieser Möglichkeit machte der Stadtrat auf Antrag des Armenpflegschaftsrats während des gesamten Zeitraums Gebrauch, offenbar besonders häufig zwischen 1904 und 1909: Damals stieg die Zahl der beantragten Ausweisungen pro Jahr auf über 100 an und erreichte 1908/09 mit 173 bzw. 175 Anträgen den Höhepunkt solch fragwürdiger Entlastungsmethoden.[856] Die Praxis sah freilich etwas weniger dramatisch aus: 1907 z. B. wurden von 115 Anträgen nur 34 umgesetzt, während bei den anderen die Grundlagen aus verschiedenen Ursachen entfielen und in 30 Fällen die Entscheidung sich verzögerte;[857] und 1908 führte die Verwaltung von 173 Anträgen nur in 46 Fällen die Abschiebung durch, wobei allerdings in 42 weiteren Fällen die betroffenen Personen oder Familien die Stadt bereits von sich aus verlassen hatten.[858]

Für die eigenen heimatberechtigten Armen hatte die Stadt gegebenenfalls zeitlich unbegrenzt Hilfe zu leisten. Hierbei blieben ihr erhebliche Spielräume der Ausgestaltung. Für die ehrenamtlich tätigen Mitglieder des Armenpflegschaftsrates hielt sich der Beratungs- und Entscheidungsbedarf bis zu Beginn der 1890er Jahre noch in außerordentlich bescheidenen Grenzen:[859] In drei Jahren stand kein einziger Unterstützungsfall auf der Tagesordnung, in acht weiteren Jahren ging es maximal um fünf, nur in drei Jahren stieg die Zahl bis auf 23 (1886/87) und 24 Anträge (1891) – dies bei einer Einwohnerschaft von inzwischen fast 29 000 Einwohnern. Immerhin 10 bis 15% der Antragsteller mußten mit Ablehnung rechnen. Soweit erfaßbar, betraf ein Viertel der Unterstützung medizinische Betreuung (Kosten für Arzt, Krankenhaus und Medikamente), etwa ebensoviel Mietzuschüsse, Lebensmittel bzw. die Versorgung von Waisen vor allem durch deren Unterbringung bei Pflegeeltern.

Das bisherige System, das Ludwigshafen vergleichsweise billig zu stehen kam und bis 1881 dank genügender Einkünfte aus Spenden und bestimmten Gebühren keinerlei städtische Zuschüsse erforderte, erwies sich mit zunehmender Größe der Stadt als kaum noch ausreichend. Gleichzeitig stieg – nicht zuletzt unter dem Druck der Arbeiterbewegung – die Sensibilität für die soziale Problematik und erhöhten sich die Ansprüche an kommunale Sozialfürsorge: Das überkommene bürgerliche Stadtregiment und der vielgepriesene Bürgersinn mußten sich

Anmerkungen
Seite 606 und 607

855 zum Heimatrecht vgl. [Bürgerrecht, S.471]
856 vgl. Koepke, S.112ff; Verzeichnisse in StALu, LUA 223
857 VB 1907, S.69
858 VB 1908, S.89
859 f.d.F. Koepke, S.46ff
860 z.B. VB 1905, S.54ff
861 vgl. allg. Sachße/Tennstedt 1980, S.215ff
862 SRP 17.1.1890; Stadtgeschichte (1903), S.304
863 vgl. VB 1911, S.68ff
864 Daten nach Koepke, S.90
865 Ähnliche Prozentsätze ergeben sich aus den Berufsangaben für 236 Bezirksvorsteher und Armenpfleger im Jahr 1912, wobei damals immerhin auch vier Fabrikarbeiter, entsprechend 1,7%, tätig waren; VB 1912, S.73
866 VB 1911, S.68f

gerade auch auf diesem Feld legitimieren und bewähren. Hierzu war zweifellos das ›*Elberfelder System*‹ besonders geeignet, denn es verband den Gedanken christlicher Nächstenliebe und erzieherischer Kontrolle, Bürgerengagement und kommunale Sparsamkeit, Individualisierung und Dezentralisation der Armenbetreuung und gewährleistete gegenüber dem älteren Modell zentraler Regulierung ein hohes Maß an Flexibilität: Die Einteilung der Stadt in Armenbezirke unter ehrenamtlichen Vorstehern und einer größeren Zahl von ebenfalls ehrenamtlich tätigen Armenpflegern, die jeweils für höchstens vier Armenparteien zuständig waren, sorgte für ein dichtes Netzwerk an Fürsorge und zugleich Aufsicht. Die Armenpfleger konnten aufgrund ihrer persönlichen Kenntnis der Verhältnisse in einem bestimmten zeitlichen und materiellen Rahmen selbständig handeln, und die Unterstützung erfolgte, wenigstens soweit es sich um Lebensmittel handelte, in Naturalien, um den Mißbrauch von Geldgaben zu verhindern. Auf Bezirksversammlungen der Armenpfleger wurde alle vierzehn Tage mit einfacher Mehrheit über die vorliegenden Anträge entschieden; in Zweifelsfällen bildete der Armenpflegschaftsrat die höchste Instanz. Ihm wurden schon zwecks allseitiger Information auch die Bezirksvorsteher zugeordnet.[860]

Das ›System‹ war in der Textilstadt Elberfeld um die Mitte des 19. Jahrhunderts entwickelt und erfolgreich erprobt worden, und viele deutsche Städte hatten es während der folgenden Jahrzehnte mit Modifikationen übernommen.[861] Ludwigshafen tat diesen Schritt nach fast zweijährigem Vorlauf verhältnismäßig spät am 1. November 1891,[862] und zwar auf Anregung von Stadtrat Dr. Carl Clemm, dem ehemaligen Direktor der BASF und ersten Ehrenbürger der Stadt. Obwohl bei der Mittelvergabe weiterhin der Grundsatz größter Sparsamkeit befolgt werden sollte, erweiterte die Neuordnung die kommunalen Verpflichtungen, indem sie nun auch ›verschämte‹ Arme, die trotz größter Not ihrerseits keine Hilfe beantragten, in den Kreis der Empfänger einbezog.

Das System stand und fiel mit dem ehrenamtlichen Engagement aus den Reihen der Ludwigshafener Bürgerschaft. Dieses Engagement aber war beachtlich: Offensichtlich machte es nie Schwierigkeiten, die recht stattliche Zahl von Helfern zu finden, die man benötigte – 1891 gleich für 15 Armenbezirke und 189 Pflegschaften, 20 Jahre später für nunmehr 24 Bezirke und 231 Pflegschaften.[863] Die Zusammensetzung der Armenpfleger im Jahr 1910 ist kennzeichnend wohl für die Zeit bis 1914 überhaupt: Handwerksmeister stellten mit 55% das weitaus größte Kontingent, gefolgt von Händlern und Selbständigen (15%), Beamten, vor allem Lehrern (12%), Facharbeitern (6%), Privatiers (5%) und Gastwirten (4%).[864] Es handelte sich also ganz überwiegend um Männer aus dem kleinen und mittleren Bürgertum, während die einfache Arbeiterschaft mangels freier Zeiteinteilung und mangels der erforderlichen Reputation damals völlig fehlte.[865] Seit 1911 begann man dann auch „Damen" als ehrenamtliche Armenpflegerinnen – zwei je Bezirk – hinzuzuziehen.[866]

Bald genug stellte sich zudem heraus, daß ehrenamtlicher Einsatz allein nicht genügte, so prägend er für das Elberfelder System in der ›offenen Armenpflege‹, also für die zu Hause betreuten Armen, auch gewesen ist. Je weiter der Kreis der Aufgaben des Armen-Referats gezogen wurde, desto größer wurde der bürokratische Aufwand – das zunächst rein ehrenamtlich arbeitende Elberfelder System begann sich damit zu verändern und zwar in eine Richtung, die dem später so

Flugblatt I und II.

Bayerischer Frauenverein vom Roten Kreuz

unter dem Protektorate

Ihrer Königlichen Hoheit der Frau Prinzessin Ludwig von Bayern.

I. Ratschläge zu vernünftiger Säuglingsernährung.

1. Ernährung an der Mutterbrust.

Jede gesunde Frau soll ihr Kind selbst stillen. Denn vergeßt es nicht, Ihr lieben Mütter, daß es Eure heilige Pflicht ist, Euren Kindern die Nahrung zu geben, welche der liebe Gott selbst für sie bestimmt hat.

Segen der Mutterbrust. Bei keiner anderen Nahrung gedeihen die Kleinen so gut wie an der Brust, bleiben sie so sicher vor Krämpfen, Brechdurchfall und englischer Gliederkrankheit bewahrt. Von 100 Flaschenkindern sterben im ersten Lebensjahre 6 bis 7 mal mehr als von 100 Brustkindern! Darum bemüht Euch, Eure Kinder so lange wie möglich, wenigstens aber 2 bis 3 Monate zu stillen, und hört nicht auf diejenigen, die Euch im Unverstande davon abraten. Wenn Ihr glaubt, daß Ihr zu wenig Milch habt, oder wenn Ihr sonst irgendeine Schwierigkeit beim Stillen findet, so befragt erst den Arzt, bevor Ihr Euch dazu entschließt, Euer Kind den Gefahren der künstlichen Ernährung mit der Flasche auszusetzen!

Einwände gegen das Stillen. Gebt die Stillversuche nicht gleich auf, wenn nach der Niederkunft noch keine Milch da ist; sie schießt oft erst nach mehreren Tagen ein, aber nur, wenn geduldig weiter angelegt wird. Beginnt ruhig zu nähren, wenn Ihr Euch zuerst auch schwach fühlt! Nur sehr wenige Krankheiten verbieten das Stillen. Im Zweifelsfalle befragt den Arzt. Gehört Ihr einer Krankenkasse an, so habt Ihr gesetzlichen Anspruch auf Krankengeld für die ersten vier bis sechs Wochen nach der Entbindung. Müßt Ihr danach zur Arbeit gehen, so stillt wenigstens vor und nach der Arbeit und während der Mittagspause, denn: Jeder Tropfen Muttermilch macht das Kind widerstandsfähiger gegen Krankheiten!

Wie sollt Ihr stillen! Das Stillen macht wenig Mühe und greift Euch wenig an, wenn Ihr es richtig betreibt. Legt das Kind einen Tag nach der Geburt zum ersten Male an die Brust und laßt es dann in den ersten sechs Wochen sechsmal, später nur fünfmal täglich trinken. Wenn Ihr das Kind nicht öfter anlegt, wird es stets mit großem Appetit trinken und Zeit genug zum Verdauen haben. Reicht ihm auch immer nur eine Brust und nie länger als 15 Minuten, sonst wird es faul im Trinken und trinkt die Brust nicht leer, was der Milchbildung sehr schadet. Nachts soll von vornherein keine Nahrung gegeben werden, denn andauernde Nachtruhe ist dem Kinde so nötig wie Euch selbst. Wascht Euch die Brust vor und nach dem Anlegen mit Wasser, morgens und abends mit Seife und Wasser.

Lebensweise während des Stillens. Lebt weiter, wie Ihr es gewöhnt seid, und ernährt Euch so gut, als es eben möglich ist. Glaubt nicht, daß vermehrter Bier- und Weingenuß für das Stillen nützlich ist. Habt ihr Durst, so haltet Euch an Milch oder Wasser. Meidet aber den Schnaps!

Flugblatt zur Säuglingspflege
Ernährung an der Mutterbrust [283]

genannten ›Straßburger System‹[867] entsprach, und das hieß: verstärkte Professionalisierung und Bürokratisierung, Teil-Zentralisierung der Armenpflege im Armenamt und genauere Normierung der Leistungen, präzisere Arbeitsteilung zwischen haupt- und ehrenamtlichem Personal. Ein erster Armenkontrolleur nahm 1898 seinen Dienst auf; die von ihm regelmäßig durchgeführte Überprüfung der von den Händlern gelieferten Lebensmittel bewirkte sehr rasch, daß sich „die Qualität der Waren bedeutend" hob.[868] Ein zweiter Kontrolleur kam 1901 hinzu, eine erste berufsmäßige Armen- bzw. Waisenpflegerin wurde 1900 angestellt,[869] und der Bestand an hauptamtlich Beschäftigten erhöhte sich bis Ende 1913 auf drei Armenkontrolleure, je zwei Waisen- und zwei Kinderpflegerinnen. Ein 1898 zusätzlich eingestellter Stadtschreiber[870] und Hilfspersonal erledigten anfallende Büroarbeit. Der Zuwachs an ›Beamten und Bediensteten‹ schlug sich natürlich auf der Ausgabenseite nieder: 1913 entfielen gut 10% der gesamten Ausgaben bzw. 16% der Ausgaben für die heimatberechtigten Armen auf die Verwaltung mit (1910) insgesamt 17 Personen.[871]

Der Übergang zum Elberfelder System steigerte also zweifellos die Leistungsfähigkeit der Armenfürsorge erheblich, aber auch die Kosten, und zwar im Unterschied zu anderen Städten von Anbeginn: Allein die Zahl der befürworteten Anträge auf Naturalunterstützung in der offenen Armenpflege – je nach Bewertung des Falles vor allem Brot, Milch, Kartoffeln oder Kohle – betrug bereits im ersten Jahr (1892) 827 und stieg von 1895 bis 1908 fast Jahr für Jahr auf schließlich 5710, um dann bis 1913 wieder abzusinken auf immer noch 3478. Die Zunahme auf das 4,2fache lag also spürbar über derjenigen der städtischen Einwohnerschaft auf das 2,5fache. Natürlich handelte es sich überwiegend um Unterstützung auf kürzere Frist mit Schwerpunkt in der kalten Jahreszeit. Eine zuverlässige Statistik über die Zahl der unterstützten Personen mitsamt Angehörigen gibt es leider nicht, doch kann man davon ausgehen, daß z. B. 1913 kaum weniger als 7% der Bevölkerung Unterstützung erhielten,[872] schätzungsweise zu 70% „vorübergehend", zu 30% „laufend". Von den vorübergehend Unterstützten (= 100%) kamen 44% mit einer Hilfe bis zu zwei Wochen aus, weitere 19% mit einer solchen von zwei bis vier Wochen; nur 19% beanspruchten eine Unterstützung über einen Zeitraum von mehr als drei Monaten, nur gut 3% über neun Monate hinaus. Bei den laufend unterstützten Armenparteien handelte es sich zu 84% um Familien, die wiederum zu gut zwei Dritteln wenigstens drei Kinder hatten. Zu diesen Bedürftigen in der offenen Armenpflege kam eine vergleichsweise kleine Zahl von Personen in der ›geschlossenen Armenpflege‹, die zur Kur oder Pflege in Krankenhäusern, Heil- und Pflegeanstalten weilten (1913 insgesamt 903 Fälle), ferner in der ›Kinderfürsorge‹ Kinder und Jugendliche, die im städtischen Säuglingsheim, in Privatpflege, in Erziehungs-, Heil- und Pflegeanstalten oder bei Handwerksmeistern zur Erlernung eines Handwerks untergebracht waren (1913: 512 Fälle; näheres s. u.).[873]

In noch sehr viel größerem Ausmaß als die Zahl der Unterstützten stiegen die Kosten – fast möchte man von einer Kostenexplosion sprechen. Bewegten sich die Ausgaben der Ludwigshafener Armenpflege 1886—1891 zwischen 10000 und 15000 Mark, so stiegen sie 1892 sogleich auf fast 30000 Mark, überschritten zehn Jahre später die 100000-Mark-Grenze und betrugen 1913 437406 Mark. Damals

Anmerkungen
Seite 608 und 609

867 *Das ›Straßburger System‹ wurde 1905 von dem damaligen Straßburger Beigeordneten Rudolf Schwander in einer Denkschrift vorgestellt; vgl. Sachße / Tennstedt 1988, S. 25ff*

868 *VB 1895/99*

869 *Stadtgeschichte (1903), S. 306*

870 *SRP 3.12.1897*

871 *berechnet nach VB 1913, S. 61; Koepke, S. 138f*

872 *Da die Verwaltung offenbar die unterstützten ›Armenparteien‹ als Personen rechnete, kam sie selbst nur auf 3,0%; die obige eher vorsichtige Berechnung stützt sich auf die Angaben über die laufend unterstützten Armenparteien in VB 1913, S. 62; ein entsprechender Anteil läßt sich für die Jahre seit 1908 erschließen*

873 *vgl. Verwaltungsberichte, z.B. VB 1913, S. 64ff*

874 *1906/07 betrug der Anteil für Arme, die nicht in Ludwigshafen beheimatet waren, sogar über 50%; VB 1907, S. 67*

entfielen freilich gut 35% auf Leistungen, die Ludwigshafen von anderen Gemeinden oder aus der bayerischen Staatskasse (für heimatlose Arme) wieder zu ersetzen waren.[874] Aber selbst wenn man dies berücksichtigt, hatte die Armenpflege für die in der Stadt Heimatberechtigten 1913 rd. 3,10 Mark pro Einwohner aufzubringen – 1892 lag der Betrag erst bei etwa 0,50 Mark, 1903 bei 1,50 Mark.[875] Soweit es die in Ludwigshafen beheimateten Armen betraf, entfielen 1913 von den gesetzlich vorgeschriebenen Unterstützungen 62% auf die offene, 16% auf die geschlossene Armenpflege und 22% auf die Kinderfürsorge.[876]

Den größten Teil steuerte die Gemeinde unmittelbar bei; 1911 bis 1913 belief sich die direkte Beihilfe für die einheimischen Armen schließlich auf durchschnittlich 196 000 Mark oder 4,5% der kommunalen Gesamtausgaben. Die Einnahmen der Armenpflege aus Geschenken (darunter teilweise Naturalien wie Kohlen von der Firma Gebr. Röchling), aus Strafgeldern oder Abgaben bei öffentlichen Tanzveranstaltungen blieben demgegenüber geringfügig, während die Städtische Sparkasse aus ihren Reingewinnen bedeutendere Beträge beisteuerte, von 1904 bis 1911 insgesamt 155 000 Mark.

Den nicht zu übersehenden Kostenanstieg bewertete die Stadtchronik von 1903 beschönigend als „eine zwar unliebsame, aber unvermeidliche Begleiterscheinung regen industriellen Lebens",[877] während der Verwaltungsbericht von 1900—1904 neben dem „Zugang wirtschaftlich schwacher Gemeindebürger" eher menschlichen Verhaltenswandel verantwortlich machte, daß nämlich „die Scheu, welche man vor der Inanspruchnahme öffentlicher Hilfe hegte, von Jahr zu Jahr mehr zu schwinden scheint".[878] Aber die Zeitgenossen sahen natürlich auch, daß die schwankende Konjunkturlage ihre Spuren in der Armenstatistik hinterließ.[879] Um die Kosten zu drücken, ging die Armenpflege um 1906 dazu über, arbeitsfähige Arme zu Arbeitsleistungen heranzuziehen „und die Unterstützung in Form von Lohn auszuzahlen". Die Hilfe beim Umzug armer Mieter oder bei der Straßenreinigung gehörte zu derartigen Aufgaben; dabei eingesammeltes Papier wurde verkauft, und den anfallenden Dünger verwertete die Stadtgärtnerei. Auch über die Vergabe von Landstücken zum Kartoffel- und Gemüseanbau an unterstützte Arme anstelle von Geld dachte man nach.[880] Der „Entlastung der Armenkasse" und zugleich einem guten sozialen Zweck diente die 1909 geschaffene Einrichtung einer ›städtischen Hausratsammelstelle‹: Nicht mehr benötigter, aber noch brauchbarer Hausrat aller Art wurde den „vielen Unbemittelten" unentgeltlich oder „gegen ganz geringe Vergütung" abgegeben.[881]

Zum absoluten und relativen Kostenanstieg der Armenpflege trug bei, daß die Gemeinde ihr Leistungsangebot im Lauf der Jahrzehnte beträchtlich verbesserte und erweiterte. An die Stelle der bis dahin schlecht geregelten *medizinischen Betreuung* von unterstützungsbedürftigen Armen trat seit Sommer 1893 die Versorgung durch ›Armenärzte‹ – Mediziner, die zunächst gegen ein festes Jahreshonorar, seit 1906 gegen Abrechnung nach Gebührenordnung diesen Personenkreis im Bedarfsfall behandelten.[882] Wenn 1906 in Ludwigshafen 28 der 32 Ärzte den einschlägigen Vertrag unterzeichneten, zeigt dies, daß derartige Regelungen kaum diskriminierend wirken konnten – offenbar hatte hier der Beschluß, den einheimischen Armen ab Anfang 1898 die freie Arztwahl zuzugestehen,[883] bereits vorgearbeitet. 1893 verbesserte der

Zur Verhütung der Sommersterblichkeit der Säuglinge.

Hitzemerkblatt.

Bearbeitet im Kaiserin Auguste Victoria-Hause zur Bekämpfung der Säuglingssterblichkeit im Deutschen Reiche.

Daß eine so große Zahl von Säuglingen im Sommer besonders an Brechdurchfällen und Krämpfen krank wird und zugrunde geht, ist eine Folge der Hitze. Die Gefahr der Hitze für den Säugling hat eine Reihe von unmittelbaren und mittelbaren Ursachen. Er bekommt leicht erhöhte Körperwärme. Seine Verdauungskräfte vermindern sich. Seine Widerstandsfähigkeit gegen Erkrankungen nimmt ab. Alle Nahrungsmittel, die er bekommt — **außer der Muttermilch** —, verderben leichter.

In den meisten Wohnungen ist die Hitze nachweislich noch größer als im Freien. Je mehr der Säugling dem schädlichen Einfluß der Wohnungshitze entzogen wird, umso eher wird er die Gefahr der heißen Zeit überwinden. **Sorgsame Ernährung und Pflege lassen eine Schädigung durch Hitze garnicht aufkommen. Natürlich genährte Kinder sind vor Erkrankungen im heißen Sommer fast geschützt, künstlich genährte Kinder stehen stets in großer Gefahr, zu erkranken.**

Zur Verhütung der Sommersterblichkeit muß daher dafür gesorgt werden, daß während der heißen Zeit

1. die Säuglinge zweckmäßig ernährt werden,
2. durch richtige Pflege, insbesondere Bekleidung, die Ueberhitzung (Wärmestauung) der Säuglinge vermieden wird,
3. die Wohnung möglichst kühl gehalten wird.

Ernährung in der heißen Zeit.

Die **Ernährung an der Brust** ist der beste Schutz gegen den Sommerbrechdurchfall und die Sommerkrämpfe. Deswegen dürfen die Kinder nicht im Sommer abgestillt, sondern es muß ihnen solange die Brust gereicht werden, bis die heißen Tage vorüber sind.

Flugblatt zur Säuglingspflege
Was tun in der Sommerhitze? [284]

Anmerkungen
Seite 609

875 berechnet anhand der geschätzten Bevölkerungsdaten und der Daten über die Ausgaben der Armenpflege bei Koepke, S. 133 unter Abzug von rd. 35% für Ersatzleistungen

876 berechnet nach VB 1913, S. 64ff; von den Ausgaben der offenen Armenpflege entfielen damals 24% auf Hausmiete, 20% auf Lebensmittel, 17% auf ärztliche Behandlung und Heilmittel, 12% auf Kleider und Schuhe, 11% auf Bargeld, 4% auf Brennmaterial, der Rest auf Entbindungs-, Beerdigungs-, Verpflegungs-, Reisekosten und Sonstiges; Angaben für 1905 in VB 1905, S. 57ff; 1905 entfiel der größte Betrag der offenen Armenpflege auf ärztliche Behandlung und Heilmittel – 28%, fast gleichauf gefolgt von Naturalunterstützungen und Hausmiete – jeweils knapp 20%, Barunterstützungen – 17%, während Kleidung nur 5% beanspruchte

877 Stadtgeschichte (1903), S. 307

878 VB 1900/04, S. 39

879 z.B. VB 1900/04, S. 39; VB 1908, S. 84

880 VB 1909, S. 73

881 ebd., S. 80

882 SRP 21.4.1893; VB 1906, S. 56f; vgl. Koepke, S. 99ff auch f.d.F.; gedruckter Vertragstext von 1906 in StALu, LUA 237

883 VB 1900/04, S. 40f

Geschäfts-Anweisung
für die
Waisen-Pflegerinnen
und
Waisen-Räte
der
Stadt Ludwigshafen am Rhein.

Geschäftsanweisung für Waisenpflegerinnen und Waisenräte der Stadt Ludwigshafen, 1911 [285]

Das städtische Säuglingsheim in der Friedrichstraße, Friesenheim vor 1914 [286]

Armenpflegschaftsrat die Fürsorge speziell für unterstützungsbedürftige Wöchnerinnen, indem er eine Hebamme für sie verpflichtete. Um die Säuglingssterblichkeit zu senken, gewährte die Stadt seit 1906 armen Wöchnerinnen, die sich zum Stillen ihrer Kinder verpflichteten, eine ›Stillprämie‹ mit positivem Effekt (siehe unten). Ebenfalls seit 1906 bot eine ›Wochenbettpflegerin‹ über ein bis zwei Wochen die notwendigste Hilfe im Haushalt junger Mütter an;[884] 1913 betreute sie 180 Frauen,[885] (bei 2 541 Lebendgeburten in diesem Jahr).

Eine sehr viel größere Klientel bediente die ›*Städtische Suppenanstalt*‹, die im Dezember 1902 in Betrieb ging, nachdem ein größerer Geldbetrag aus dem Nachlaß von Dr. Carl Clemm für diesen Zweck den entscheidenden Anstoß gegeben hatte, ein derartiges Vorhaben aus den 1880er Jahren endlich umzusetzen.[886] Hilfsbedürftige konnten im alten städtischen Gaswerk während der kalten Jahreszeit, von November bis April, eine warme Mahlzeit zum Selbstkostenpreis (zwischen 10 und 30 Pfennig) einnehmen. Der Bedarf war groß genug, um ein Jahr später die bisherigen Räumlichkeiten zu einer ›Volksküche‹ zu erweitern, und 1906 beschloß der Armenpflegschaftsrat, die Zahl der verfügbaren Sitzplätze von 80 auf 120 aufzustocken.[887] Eine Preiserhöhung um 5 Pfennig je Portion ließ die Nachfrage allerdings im Winter 1909/10 fast auf die Hälfte absacken, auf 8 322 gegenüber 16 199 Portionen ein Jahr zuvor,[888] bevor sie in den folgenden Jahren im Zeichen steigender Lebensmittelpreise wieder kräftig zulegte, 1912/13 auf 24 024 Portionen.

Vor außerordentlich schwierigen Problemen stand die Armenpflege, sobald Einzelpersonen oder ganze Familien nicht in der Lage waren, ihre Miete zu bezahlen. Falls sie in Ludwigshafen Heimatrecht genossen, mußte die Stadt sie wenigstens auf das Notdürftigste auch mit *Wohnraum* versorgen, indem sie die Mietkosten übernahm oder den Betroffenen, wenn die Vermieter sie bereits auf die Straße gesetzt hatten, eine andere Unterkunft zuwies. 1913 zahlte die Armenpflege in 603 ›Fällen‹ die Miete, die mit 25% den höchsten Einzelposten in der Jahresrechnung der offenen Armenpflege oder 13% der gesamten Ausgaben für das Armenwesen ausmachte.[889] Gleichzeitig waren die fünf ziemlich

Anmerkungen
Seite 610 und 611

884 VB 1906, S.65f
885 VB 1913, S.73
886 Stadtgeschichte (1903), S.339f; SRP 12.12.1902; VB 1900/04, S.49ff; Koepke, S.106ff; StALu, LUA 234
887 SRP 27.7.1906; VB 1906, S.63
888 VB 1910, S.86
889 VB 1913, S.64
890 vgl. Stadtgeschichte (1903), S.308f; Koepke, S.102ff; Akten in StALu, LUA 232
891 VB 1912, S.81
892 Bericht des Armenreferats an das Bürgermeisteramt vom 3.9.1913, auch f.d.F.; StALu, LUA 232
893 vgl. z.B. VB 1905, S.65
894 VB 1908, S.103; 1908 wechselten in Ludwigshafen von den (zu Ende des Jahres 154) Kostkindern 30% „ihre Pflegestellen, mehrere sogar öfters während des Jahres"; vgl. Antrag Armenreferat auf ärztliche Kontrolle von Kostkindern und unehelichen Kindern August 1907 in StALu, LUA 237
895 VB 1913, S.66
896 VB 1900/04, S.45; VB 1905, S.59; VB 1907, S.64f
897 VB 1905, S.66
898 VB 1900/04, S.56ff auch f.d.F.

Kleinkinder in der während des Ersten Weltkriegs eingerichteten städtischen Kinderkrippe, 1916 [287]

Armenhaus in der Rohrlachstraße, im Hintergrund die Dreifaltigkeitskirche um 1925 (?) [288]

heruntergewirtschafteten Anwesen, die als Armenhäuser dienten,[890] mit über fünfzig Parteien voll belegt, so daß die Stadt sich wiederholt genötigt sah, Obdachlose in Gastwirtschaften einzumieten, soweit es nicht gelang, Frauen und Kinder in besseren Quartieren wie dem Heim des katholischen Fürsorgevereins Mundenheim, ansonsten „bei Freunden und Bekannten der obdachlos gewordenen Familien – unter Trennung der Familienglieder" – unterzubringen.[891] Der zusätzliche Bedarf belief sich auf mindestens 30—35 Wohnungen; der Bau eines Obdachlosenasyls erschien daher eine denkbare Teillösung des Problems.[892] Anfang 1914 mietete die Stadt sogar ein (vermutlich ziemlich marodes) Anwesen in Haßloch für 576 Mark pro Jahr an und quartierte dort vier Familien mit insgesamt 28 Personen ein.

Eine besonders hilfsbedürftige Gruppe innerhalb der Armenbevölkerung bildeten ferner die *Waisenkinder*. Sicher, bei weitem nicht alle Waisen waren arm, aber das Armutsrisiko war hier besonders groß und ebenso die Gefahr, daß Pflegekinder, sog. ›Kostkinder‹, die gegen Unterhaltszahlungen in Familien untergebracht waren, nicht ordentlich versorgt und behandelt wurden[893] oder durch häufigen Wechsel der Pflegestellen Schaden an „Leben und Gesundheit" erlitten.[894] 1913 betreute die Armenpflege immerhin 512 Kinder ohne Familie – 318 in Privatpflege, 115 in Anstalten, 41 in Heil- und Pflegeanstalten, 31 im städtischen Säuglingsheim, sieben in einer Handwerkslehre;[895] 1900 hatte die Zahl erst 42, 1905 schon 245, 1907 349 betragen.[896]

Tatsächlich handelte es sich bei den solchermaßen versorgten bzw. finanzierten Kindern nur um einen Bruchteil der Waisen in der Stadt. Die enge organisatorische Verknüpfung zwischen Armenpflege und Betreuung der Waisen insgesamt hatte daher ihren guten Grund.[897] Nach Vorgabe des Bürgerlichen Gesetzbuchs, das am 1. Januar 1900 in Kraft trat, hatte Ludwigshafen wie jede andere Gemeinde in Deutschland einen Gemeinde-Waisenrat zu bilden, der das Vormundschaftsgericht bei der Auswahl von Vormündern und Pflegern zu unterstützen und die Erziehung der Mündel zu überwachen hatte.[898] Ehrenamtliche Waisenräte und seit Ende 1903 auch eine stattliche Zahl ehrenamtlicher

Waisenpflegerinnen[899] leisteten daher unverzichtbare Betreuungsarbeit für eine steigende Zahl von Mündeln – 1905 für 1 424, 1913 für 2 590 Kinder und Jugendliche bis zur Vollendung des 21. Lebensjahres, davon annähernd die Hälfte unehelicher Herkunft.[900] Eine städtische Armen- und Waisenpflegerin handhabte als Vollzeitkraft seit Mai 1900 die ständige Kontrolle über Erziehung und Pflege der Mündel, um gegebenenfalls wahrgenommene Mißstände anzuzeigen;[901] die wachsende Aufgabenfülle machte 1905 die Einstellung einer zweiten Kraft notwendig. Seit 1906 erprobte die Stadtverwaltung die ›Kollektiv-‹ bzw. ›Berufsvormundschaft‹, indem der Vorstand des Armenreferats die Vormundschaft für eine Vielzahl von Mündeln übernahm und damit im Interesse der Betroffenen wie der Armenpflege selbst zügigeres Handeln der Behörde ermöglichte vor allem beim druckvollen Zugriff auf zahlungsunwillige Väter unehelicher Kinder.[902] Das Gesetz vom 23. Februar 1908 über die Berufsvormundschaft machte dann endgültig den Weg frei, das Problem für Ludwigshafen seit dem 1. März 1913 dauerhaft zu lösen: Die Berufsvormundschaft erfaßte sämtliche auf Kosten bzw. mit Unterstützung der öffentlichen Armenpflege erzogenen oder versorgten Waisen und unehelichen Kinder.[903]

Das Armenreferat hatte seit 1902 noch eine andere Aufgabe zu übernehmen, die zur Jugendfürsorge rechnete: die ›*Zwangserziehung*‹, andernorts bald ›Fürsorgeerziehung‹ genannt.[904] Sie beinhaltete „die Unterbringung verwahrloster oder der Verwahrlosung ausgesetzter Minderjähriger zur Pflege und Erziehung in einer geeigneten Familie oder in einer Erziehungs- oder Besserungsanstalt durch staatliche Anordnung und unter staatlicher Aufsicht". Das einschlägige bayerische Gesetz vom 10. Mai 1902 galt der Ludwigshafener Stadtverwaltung als „die jüngste und nicht die geringste Frucht der Sozialgesetzgebung", wende der Staat hier doch seine Fürsorge „jenen wahrhaft Armen und Schwachen zu, welchen das Allernotwendigste mangelt, nämlich eine gute Erziehung".[905] Falls die Betreffenden – üblicherweise Kinder und Jugendliche bis zur Mündigkeit mit 21 Jahren – bzw. ihre Familie mittellos waren, hatte die zuständige Heimatgemeinde für 40% der anfallenden Kosten aufzukommen, während die Staatskasse ebenfalls 40% und die Distriktsgemeinde die restlichen 20% übernahmen. Bis Ende 1904 wurde in Ludwigshafen über 23 Minderjährige Zwangserziehung angeordnet;[906] Ende 1913 befanden sich 162 Kinder und Jugendliche, zu mehr als zwei Dritteln männlichen Geschlechts, in derartiger Fürsorge, zum Teil in Familien, überwiegend aber in Anstalten, „da bei der Bekämpfung des Hanges zum Streunen, Schulschwänzen, zu Eigentumsdelikten oder Unsittlichkeit, der regelmäßig Anlaß zur Zwangserziehung gab, in den Anstalten größere Erfolge erzielt werden als in Familien".[907] Bei immerhin drei Vierteln konnte man eine mehr oder weniger deutliche Besserung feststellen.[908] Außerdem wurden dem Armenreferat 119 Fälle gemeldet, „bei welchen die Gefahr körperlicher oder geistiger Verwahrlosung zu befürchten war", und durch Vormundschaftsgericht, armenpflegerische oder karitative Maßnahmen „ihrer Erledigung zugeführt".[909]

Zum auffallenden Anstieg der Zahl von ›Zwangszöglingen‹ (Ende 1908: 33, Ende 1913: 162) trug zweifellos das ›*Jugendgericht*‹ bei, das 1909 in Ludwigshafen seine Arbeit aufnahm mit dem fortschrittlichen

Anmerkungen
Seite 612

899 Die Anregung hierzu ging von dem kurz zuvor gegründeten ›Verein für Fraueninteressen‹ aus; Stadtgeschichte (1903), S. 310; VB 1900–1904, S. 58; VB 1905, S. 67f – 1908 waren 19 Waisenräte und 46 Waisenpflegerinnen tätig; VB 1908, S. 97 – 1911 wurde die Zahl der Armen- und Waisenbezirke von 19 auf 24 erhöht und es wurde durch „Bemühungen des Bürgermeisteramtes" die Zahl der ehrenamtlichen Waisenpflegerinnen auf 102 erhöht; VB 1911, S. 85f

900 Verwaltungsberichte; vgl. Koepke, S. 108ff

901 Stadtgeschichte (1903), S. 309f

902 vgl. VB 1900/04, S. 56; VB 1906, S. 67; VB 1908, S. 86; VB 1913, S. 79ff

903 VB 1908, S. 95; VB 1911, S. 17, 84f; VB 1912, S. 94

904 vgl. allg. Loening, Zitat S. 1140

905 VB 1900/04, S. 59

906 ebd., S. 60

907 VB 1909, S. 83

908 berechnet nach VB 1913, S. 76

909 VB 1913, S. 78

Anliegen, „anstelle der Strafe, unter allen Umständen aber neben der Strafe erzieherische Maßnahmen zur Verhütung der sittlichen Verwahrlosung der jugendlichen Verbrecher treten zu lassen". Zur möglichst genauen Information des Jugendrichters wurde die Polizei bewußt nicht eingeschaltet, sondern eigens ein Armenkontrolleur angeworben, um die Verhältnisse der straffällig gewordenen jungen Leute „eingehend festzustellen".[910] Einen Einblick in dieses Arbeitsfeld mögen einige Daten für das Jahr 1913 vermitteln: 214 Jugendliche, zu 90% zwischen zwölf und 18 Jahre alt und zu vier Fünfteln männlichen Geschlechts, hatten gestohlen (50%), permanent Schule geschwänzt (8%), Sachbeschädigung oder Unterschlagung (7%), ein ›Sittlichkeitsverbrechen‹ (5%) oder ein anderes Delikt bis hinunter zu Bagatellen wie falscher Namensangabe, „Übertretung der Radfahrordnung" und verbotenem „Tanzmusik- und Wirtshausbesuch" begangen; daß Körperverletzungen in diesem Jahr kaum vorkamen, war wohl eher ein Zufall.[911] Die spröden statistischen Angaben zur Familiensituation der Täter und Täterinnen lassen etwas von dem oft trüben wirtschaftlichen und sozialen Untergrund erahnen, auf dem derartige Verstöße gegen die geltenden Rechts- und Wertnormen erwuchsen: In gut 60% der Fälle waren die Väter ungelernte Arbeiter, bei knapp einem Viertel gelernte Fabrikarbeiter; bei etwa einem Viertel handelte es sich um unvollständige Familien, in etwa gleicher Größenordnung war die Mutter außerhäuslich erwerbstätig; in gut 40% der Fälle schließlich ließen Vorstrafen, Trunksucht, Gewalttätigkeit, „unsittlicher Lebenswandel" zumindest eines Elternteils die Fähigkeit zu ordnungsgemäßer Kindererziehung fraglich erscheinen.[912] Hier war die ›Jugendfürsorgeabteilung‹ des Armenreferats gefragt, um den Jugendlichen nach ihrer Verurteilung zu Geldstrafen, Haft oder Gefängnis, meist auf Bewährung,[913] bessere Wege zu weisen.

Die *Fürsorge für Kinder und Jugendliche* bildete ohnehin einen Schwerpunkt der Ludwigshafener Armenpflege. Anfang 1906 beschloß der Armenpflegschaftsrat im aktuellen Kampf gegen die hohe Säuglingssterblichkeit, „armen Wöchnerinnen, welche wohl in der Lage wären, ihr Kind zu stillen, mangels ausreichender Mittel und dergleichen jedoch nicht im Stande sind, dies durchzuführen, eine Barunterstützung zu gewähren unter der ausdrücklichen Bedingung, daß sie ihre Kinder selbst stillen". So erhielten noch im gleichen Jahr 70 Frauen für die Dauer von 90 Tagen 50 Pfennig täglich als ›Stillprämie‹ mit dem Effekt, daß die Sterblichkeit der Säuglinge (12,6%) deutlich unter dem gesamtstädtischen Durchschnitt (20,7%) lag.[914] Strengere Milchkontrolle durch die neue Städtische Untersuchungsanstalt *[vgl. Polizei, S. 545]* mag ihren Teil zur Verbesserung der Situation beigetragen haben, ferner die intensivere Aufklärungsarbeit: 1907 ließ die Armenpflege über die Standesämter den jungen Eltern bei der Anmeldung der Geburt ein Merkblatt „über vernünftige Säuglingsernährung und die Pflege der Kinder im ersten Lebensjahr" aushändigen[915] und steigerte die ›Propaganda‹ für das Selbststillen der Kinder, indem sie 1908 die Broschüre von Dr. Friedrich Böhm, ›Das Kind im ersten Lebensjahre, dessen Nahrung, Pflege und Krankheiten‹, an die Mütter verteilen ließ.[916] Ende 1906 beschloß der Stadtrat zudem die Errichtung eines Säuglingsheims, um „arme Säuglinge, welche der öffentlichen Armenpflege zur Fürsorge anheimgefallen sind, im Interesse einer rationellen Pflege und Ernährung aufzunehmen".[917]

Anmerkungen Seite 613

910 VB 1909, S. 80f

911 1912 z.B. entfielen 19% auf Körperverletzung; VB 1912, S. 91 und 93

912 VB 1913, S. 77ff

913 vgl. z.B. VB 1910, S. 95; 1911, S. 90

914 VB 1906, S. 65 – VB 1911, S. 83: 125 Wöchnerinnen erhielten die Prämie

915 VB 1907, S. 73

916 VB 1908, S. 94

917 SRP 28.6.1907; VB 1906, S. 67; VB 1907, S. 10; Akten StALu, LUA 224

Im September 1909 ging das auf 25 Plätze ausgelegte Heim in Betrieb; unter der Leitung eines ehrenamtlichen praktischen Arztes sorgte eine geprüfte Kinderpflegerin für das tägliche Wohl ihrer Schutzbefohlenen[918] – wie sich in den folgenden Jahren zeigte, nur gut 30 Säuglinge pro Jahr, die durchschnittlich etwa drei Monate aufgepäppelt wurden.[919]

Daß „immer mehr Personen aus der Pflege fremder Kinder einen Erwerbszweig zu machen" suchten,[920] veranlaßte das Armenreferat, die Erlaubnis hierzu nur nach sorgfältiger Überprüfung der Pflegestellen zu erteilen und die Situation der ›*Pflegekinder*‹ von den beiden besoldeten Waisenpflegerinnen häufig kontrollieren zu lassen.[921] 1905 ging man mit gutem Erfolg dazu über, ›Ziehkinder‹ bei Pflegeeltern auf dem Land unterzubringen, begann mit der „Vermittlung guter Pflegestellen für Kinder, welche auf Kosten Privater in Pflege gegeben werden", mit der Vermittlung von Freiplätzen in der Kinderheilstätte Bad Dürkheim, mit der Vermittlung von Lehrstellen für schulentlassene Kinder[922] und nahm 1912 die „chirurgisch-orthopädische Heilbehandlung" für „krüppelhafte Kinder" auf.[923] Erziehungsbeihilfen (Schul- und Lehrgeld, Lehrmittel) sowie Kleiderbeihilfen für die würdige Feier von Kommunion bzw. Konfirmation[924] ergänzten die Unterstützungspalette. Davon, daß gerade auch über die Schulen, zumal über die Volksschulen wertvolle Hilfen angeboten wurden, wird noch die Rede sein *[vgl. Schulen, S. 616]*.

Schließlich verfolgte das Armenreferat seit 1912 den Plan, die Wirksamkeit sämtlicher Unterstützungsmaßnahmen dadurch zu erhöhen, daß wenigstens durch ständigen Informationsaustausch zwischen den städtischen Stellen, kirchlichen Instanzen und karitativ tätigen Vereinen die öffentliche und die private Wohltätigkeit möglichst präzise aufeinander abgestimmt und so die übermäßige Versorgung von ›Gewohnheitsbittstellern‹ verhindert wurde, daß sich aber andererseits die Möglichkeit eröffnete, ›verschämte Armut‹ besser als bisher in die Fürsorge einzubeziehen. Im März 1914 wurde zu diesem Zweck eine ›Auskunftsstelle für Wohlfahrtspflege‹ bei der städtischen Armen- und Waisenpflege geschaffen.[925]

So sehr sich das System der Armen- und Sozialhilfe im Lauf der Jahrzehnte insgesamt verdichtete und verbesserte, es blieb gemessen an heutigen Standards noch höchst bescheiden und lückenhaft, und es besaß auch diskriminierende Züge. Welche Bedeutung die Betroffenen den Bestimmungen über den zeitweiligen Verlust des – ohnehin nur Männern zustehenden – Wahlrechts beimaßen, sei dahingestellt; auf alle Fälle markierten die einschlägigen Vorschriften die gesellschaftliche Grundhaltung, daß Arme ihren Anspruch auf die gesetzlich vorgesehene politische Partizipation einbüßten, solange sie öffentliche Unterstützung erhielten.

Andererseits ist am Beispiel Ludwigshafen nicht zu übersehen: Chancen des sozialpolitischen Ausgleichs wurden weit über die tradierte Armenfürsorge hinaus im städtischen Raum erprobt, und es wurde damit der Entwicklung zum modernen Sozialstaat auf einer Vielzahl von Feldern praktisch vorgearbeitet. „Auch insofern läßt sich behaupten, daß sozialstaatliche Spielregeln in den Städten vorgeformt worden sind und die qualitativen Folgen der Verstädterung ein Bündel an Regelungs- und Bewältigungsstrategien provozierten, die später auf den Staat als Ganzes übertragen wurden."[926]

Anmerkungen
Seite 614 und 615

918 VB 1909, S. 77f
919 berechnet nach Verwaltungsberichten; VB 1912, S. 86f; VB 1913, S. 72f
920 VB 1910, S. 95
921 vgl. VB 1905, S. 65; VB 1910, S. 94f; VB 1911, S. 89
922 VB 1905, S. 65f
923 VB 1912, S. 87; 1913, S. 74
924 Stadtgeschichte (1903), S. 348; VB 1900/04, S. 54
925 Sept./Okt. 1912, März 1914; StALu, LUA 249
926 Reulecke 1985, S. 131
927 Meyer Bd. 10 (1896), S. 818
928 Herders Konversations-Lexikon, 3. Aufl. Bd. 5, Freiburg i. Br. 1905, Sp. 311
929 Meyer Bd. 2 (1893), S. 1082

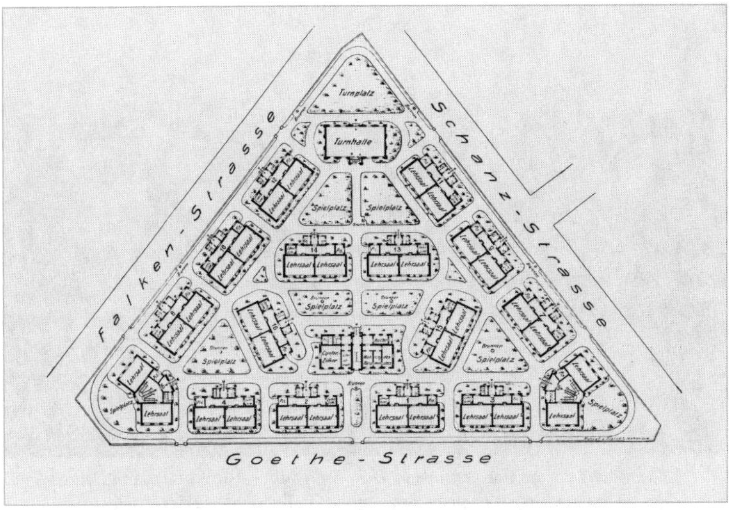

Innovatives Bauen: Lageplan der Goetheschule aus dem Jahr 1903 [289]

1870 bis 1914 erbaute Volksschulhäuser (Namen 1904 festgelegt)

1873 Maxschule Ecke Maxstraße / Schulstraße
1879 Hemshofschule
1881 Neubau der Maxschule (wegen der erstmals gebauten Aula ›Aulaschule‹ genannt)
1885 Gutenbergschule
1887 Ludwigschule
1896—1900 Goetheschule (Abb. 289: der Plan aus dem Jahr 1903 zeigt die große Zahl der Spiel- und Turnplätze)
1900 Ausbau der Luitpoldschule
1903 Wittelsbachschule
1903 Schillerschule
1904 Gräfenauschule
1909 Rupprechtschule (Friesenheim)
1912 Pestalozzischule (Nord), heute Kopernikus-Realschule
1914 Rheinschule

Teil 6
„[...] die Entwickelung und Veredelung des geistigen Lebens und Wohlbefindens der Menschen" – Elemente städtischen ›Kulturlebens‹

Die in der Überschrift zitierte Lexikondefinition zum Begriff ›Kultur‹ aus dem Jahr 1896[927] dürfte schon zu ihrer Zeit nicht unumstritten gewesen sein – wenige Jahre später formulierte ein Konkurrenzwerk, ›Kultur‹ bezeichne „alle auf die materielle und geistige Vervollkommnung der menschlichen Gesellschaft gerichteten Bestrebungen und deren Ergebnis",[928] und brachte damit den Bereich des Materiellen ins Spiel, der seinerzeit in Deutschland gerne als ›Zivilisation‹ und damit höchstens als Vorstufe ›höherer Kultur‹ bewertet (und zugleich abgewertet) wurde. Wollte man jedoch den heute üblichen sehr weitgefaßten und wertneutralen Kulturbegriff zugrundelegen, so könnte der gesamte vorliegende Beitrag darunter subsumiert werden. Im Folgenden geht es eher etwas altväterlich zu: Unter dem Sammeletikett ›Kulturleben‹ werden jenseits der materiellen Grundlage des Lebensstandards mehrere Aspekte städtischer Lebensweise behandelt, denen – recht unterschiedliche – kulturelle Qualitäten eignen: Bildungsbestrebungen, beginnende Freizeitkultur, öffentliche Festkultur, die Rolle der Kirche in der Industriestadt und das Vereinswesen.

„Ein bevorzugtes Schlagwort des Zeitalters" – Bildung und Ausbildung

Bildung sei „ein bevorzugtes Schlagwort des Zeitalters", stellte Meyers Konversations-Lexikon 1896 fest und markierte bei allen Vorbehalten gegenüber der Vieldeutigkeit des Begriffs die grundlegende Bedeutung „der durch Erziehung und Unterricht bedingten geistigen Formierung des Menschen".[929] Bessere Bildung und Ausbildung garantierten auch zur Zeit des Kaiserreichs besonders gute Chancen, die eigenen Lebensverhältnisse zu verbessern, und umgekehrt: Gehobener Lebensstandard bot die solidesten Voraussetzungen für die kommende Generation, höhere Bildung und Ausbildung zu erwerben.

Die 1887 erbaute Ludwigschule [290]

Die 1903 eröffnete Schillerschule in Mundenheim; 1912 wurde auch sie in Pavillonbauweise erweitert [291]

Die Schanz-, heute Goetheschule im Hemshof, 1896—1900 als erste in Deutschland aus pädagogischen wie hygienischen Gründen in Pavillonbauweise errichtet
Blick über die Dächer der Pavillons und die durchgrünten Freiflächen [292]

Welche Bildungs-Einrichtungen aber bestanden damals in Ludwigshafen, wie entwickelten sie sich, von wem wurden sie genutzt – und was kosteten sie? Wenn während des gesamten hier behandelten Zeitraumes rund ein Viertel der städtischen Ausgaben auf den Schulbereich entfiel und damit den höchsten Posten im Etat überhaupt bildete *[vgl. Stadtfinanzen, S. 528]*, so belegt das die Bedeutung, welche die Stadtväter der Bildung und Ausbildung für die nachrückende Generation beimaßen und daher über die bestehenden gesetzlichen Verpflichtungen hinaus die erforderlichen Mittel bereitstellten. Auf den Kopf der Bevölkerung entfielen 1910 für den Schulbereich gut 13 Mark, gegenüber 1871 ein Anstieg auf nahezu den sechzehnfachen Betrag. Den Löwenanteil beanspruchten die Volksschulen mitsamt den ihnen zugeordneten Fortbildungseinrichtungen, doch engagierte sich die Gemeinde seit den 1880er Jahren zunehmend auch im höheren Schulwesen – 1910 beliefen sich die betreffenden städtischen Zuschüsse immerhin auf 12% des Gesamtaufwands für Schulen. An eine volle Kostendeckung der weiterführenden Schulen durch Stadt, Bezirk und Staat war damals noch nicht zu denken, die Eltern der Schülerinnen und Schüler hatten normalerweise ein recht erhebliches Schulgeld zu entrichten. Daß dies einen sozialen Ausleseprozeß in Gang setzte, braucht nicht näher erläutert zu werden.

Volksschulen und Fortbildungsschulen

Ludwigshafen hatte eine junge Bevölkerung – das zeigte sich nicht zuletzt bei den Kindern im schulpflichtigen Alter: 1870 besuchten gut 9%, 1880, 1890 und 1900 gut 13%, 1910 und 1913 sogar gut 17% der Stadtbevölkerung die „Werktagsschule"[930] – die Mädchen (bis 1919) allgemein nur sieben, die Knaben in der Innenstadt seit 1900 fakultativ, seit 1908/09 stadtweit obligatorisch acht Jahre lang. Die absoluten Zahlen lassen die Probleme, die mit dem Kinderreichtum verbunden waren, noch deutlicher werden: Die Zahl der Schulkinder stieg von 1870 bis 1890 von 640 auf 3 834, erreichte nach den Eingemeindungen von Friesenheim und Mundenheim 1900 knapp 6 000 und belief sich Ende 1913

Anmerkungen
Seite 616 und 617

930 *berechnet anhand der Daten in Stadtgeschichte (1903), S. 299; VB 1910, S. 114; VB 1913, S. 99 und Bevölkerungsdaten; f. d. F. zusätzlich Schulbericht 1911/12—1917/18, S. 99*

931 *vgl. Stadtgeschichte (1903), S. 275ff*

932 *Als zweite Schule wurde wenigstens teilweise die Schillerschule in Mundenheim in Pavillonbauweise errichtet; Stadtgeschichte (1903), S. 276ff; VB 1906, S. 42*

933 *Denkschrift Matthäus; Poller 1974, S. 60*

934 *Stadtgeschichte (1903), S. 291; 18 von 226 Schulklassen waren 1908 noch gemischt; VB 1908, S. 118*

935 *Esselborn, S. 179ff; Stadtgeschichte (1903), S. 290f; Siebler, S. 33f*

936 *vgl. Zitate bei Siebler, S. 33f, 35; scharf kritisierend dagegen Knauber 1925b, S. 31ff, 43ff*

937 *vgl. SRP 23. 5. und 12. 7. 1872, 4. 5. 1876*

938 *vgl. SRP 9. 4. 1884, 28. 1., 24. 4., 11. 9., 27. 11. 1885*

939 *vgl. Esselborn, S. 184f; Weiß, S. 281*

Eine Mädchenklasse
Volksschule in der Ludwigshafener Innenstadt
1896/97 [293]

Eines der neuen Schulhäuser aus der Zeit kurz vor dem Ersten Weltkrieg: die Rupprechtschule in Friesenheim, 1915 [294]

auf etwas unter 16 000. Der Bau neuer Volksschulen,[931] darunter deutschlandweit erstmals einer im sog. Pavillonsystem, also aus einer Mehrzahl kleinerer Pavillons bestehend (Schanzschule),[932] und vor allem die Einstellung neuer Lehrer und Lehrerinnen gehörte daher zu den Themen, die häufig auf der Tagesordnung des Stadtrats standen.

Zwei Grundsatzfragen hatten die Stadtväter bereits in den 1860er Jahren entschieden: „Aus sittlichen und pädagogischen Rücksichten"[933] begann man seit 1867 damit, ab den Klassenstufen 4 und 5 die bisherige Koedukation aufzuheben und Mädchen und Jungen getrennt zu unterrichten – eine Maßnahme, die seit den späten 1870er Jahren offenbar auf alle Altersstufen so weit wie möglich ausgeweitet wurde, aber auch im frühen 20. Jahrhundert noch nicht restlos verwirklicht war.[934] Und Ende 1869 genehmigte die Kreisregierung die vom Gemeinderat beantragte und von den Bürgern mit überwältigender Mehrheit beschlossene Entscheidung, die bisherige Aufteilung der Klassen nach Konfessionszugehörigkeit der Kinder aufzuheben.[935] Am 13. Juli 1870 wurde die konfessionell gemischte ›Kommunal-‹ oder ›Simultanschule‹ eröffnet. Ludwigshafen folgte mit dieser dem liberalen Toleranzgedanken verpflichteten Maßnahme dem Vorbild anderer pfälzischer Städte wie Landau, Neustadt, Dürkheim und vor allem Kaiserslautern in der Erwartung, durch Abwehr von ›Ultramontanismus‹ und religiöser ›Unduldsamkeit‹ die Kinder „auf eine größere sittliche und geistige Höhe" gegenseitiger „Achtung und Liebe" zu bringen.[936] Die geistliche Schulaufsicht blieb in Ludwigshafen freilich trotz Eingaben des Stadtrats um die Ernennung weltlicher Schulinspektoren[937] noch bis Ende 1885, in den später eingemeindeten Dörfern Friesenheim und Mundenheim, die ihre konfessionellen Schulen beibehielten, sogar bis Ende 1919 bestehen; und der weltliche Lokalschulinspektor, der seit Anfang 1886 seinen Dienst in Ludwigshafen versah,[938] unterstand weiterhin der von den Geistlichen ausgeübten Distriktsschulinspektion.[939]

Mit dem Übergang zur Simultanschule ließ sich die Entstehung zu großer Klassen leichter als bisher vermeiden. Noch 1869 wurden in einzelnen ›Abteilungen‹, die zudem mehrere Klassenstufen umfassen

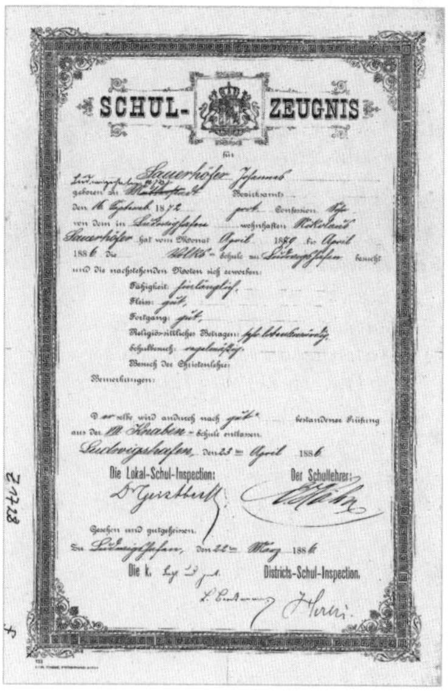
SCHUL- ZEUGNIS

Die Lokal-Schul-Inspection: Der Schullehrer:

Districts-Schul-Inspection.

Schulzeugnis der Ludwigshafener Volksschule, 1886 [295]

Die weiblichen Lehrkräfte der Goetheschule 1900 [296]

konnten, 140 bis 150 Schüler und Schülerinnen unterrichtet. Demgegenüber war es bereits ein fühlbarer Fortschritt, wenn Anfang 1873 auf fünf Lehrer und drei ›Verweser‹ an die 750, pro Lehrkraft also ›nur‹ gut 90 Schulkinder entfielen; aber auch in der Folgezeit kamen Klassen- oder Abteilungsgrößen über 100 noch häufig vor.[940] Vermindert wurden sie allerdings durch häufige Abwesenheit der weniger Bildungshungrigen: Im Schuljahr 1869/70 registrierten die aufmerksamen Pädagogen durchschnittlich an die 28 Fehltage je Schülerin und Schüler. Derartige Mängel verteilten sich natürlich höchst ungleich über Stadt und soziale Schichten; der ›Ludwigshafener Anzeiger‹ ging davon aus, daß die Schulschwänzer vor allem in den Arbeiterwohnungen auf dem Hemshof zu finden seien, ja daß dort schulpflichtige Jungen und Mädchen teilweise „bis heute ohne jeden Unterricht geblieben sind".[941]

Seit den 1890er Jahren begann sich die Situation spürbar zu verbessern. Die durchschnittliche Schülerzahl sank auf die damals ›normale‹[942] Durchschnittsgröße um die 60, bis 1913/14 stadtweit sogar auf 55 Kinder. Bemerkenswert hoch blieb die Zahl der „Versäumnisse": Noch im Schuljahr 1910/11 belief sie sich auf fast 18 Tage je Kind in der Innenstadt. Ausgesprochenes Schwänzen („schuldbare Schulversäumnisse") blieb nun jedoch offensichtlich die große Ausnahme; Krankheit fiel sicher stärker ins Gewicht, als dies heute der Fall ist. Der beachtliche Unterschied zwischen den 14 Fehltagen bei Jungen und 21 bei Mädchen spricht dafür, daß Mädchen häufiger zur heimischen Arbeit herangezogen wurden, wenn familiäre Engpässe zu bewältigen waren.

Auch die Ausstattung der Schulen mit Lehrmaterialien verbesserte sich; im frühen 20. Jahrhundert wurden Schülerbibliotheken mit geeignetem Lesestoff für Kinder ab der vierten Klasse eingerichtet,[943] und eine Lehrerbibliothek eröffnete Fortbildungsmöglichkeiten für das Unterrichtspersonal, das – bis 1920 – hauptsächlich von der Gemeinde besoldet und – bis 1903 – auch ausgewählt wurde. Die Qualifikation der Lehrer nahm zu dank fachgerechter Ausbildung und durch die von der Gemeinde beschlossene deutliche, zugleich seit 1878[944] allgemeinverbindlich regulierte Anhebung der Gehälter und Pensionsberechtigungen

Anmerkungen
Seite 618 und 619

940 *SRP 9.3.1880; Esselborn, S.182f; Stadtgeschichte (1903), S.290f*

941 *Zitiert bei Böhn, S.56*

942 *hierzu u.f.d.F. Stadtgeschichte (1903), S.287ff, Verwaltungsberichte und Volksschulberichte seit 1904/1905 in StALu*

943 *Im Schuljahr 1910/11 wurden sogar „für sämtliche Abteilungen der VII. Knaben- und VII. Mädchenklasse eigene Schülerbibliotheken eingerichtet"; VB 1910, S.115*

944 *vgl. SRP 17.1.1878*

945 *Stadtgeschichte (1903), S.296ff; SRP 26.3.1909; VB 1909, S.12f*

946 *Stadtgeschichte (1903), S.294*

947 *vgl. Schott 1907a, S.483ff*

948 *SRP 12.1., 31.8.1882; Stadtgeschichte (1903), S.289, 291; Stadtrechnung 1880*

949 *vgl. z.B. SRP 23. und 24.1.1913 (nach langer Debatte Ablehnung mit 15 gegen 14 Stimmen); Springer, S.50f*

950 *VB 1900/04, S.149; dagegen VB 1908, S.121: Angesichts des großen Bedarfs an Normalklassen kann man sich die „Hilfsschule für Schwachbefähigte" und die „Abschlußklasse" nicht leisten*

951 *VB 1910, S.115; 15 Knaben und 11 Mädchen besuchten den Kurs 1910/11*

Die männlichen Lehrkräfte der Goetheschule
1900 [297]

Statut
über die
Rechte und Pflichten der Lehrer
an den
Volksschulen
der Stadt
Ludwigshafen am Rhein
nebst einem Anhang:
Dienstesvorschriften
für die
Lehrerobmänner.

Ludwigshafen a. Rh.
Buchdruckerei von Julius Waldkirch.
1892.

Volksschullehrer als städtische Bedienstete
Statut über die Rechte und Pflichten der Lehrer an den Volksschulen
1892 [298]

(Regulierung 1902), so daß die Anstellung in der Industriestadt entschieden an Attraktivität gewann.[945] Daß an Mädchenschulen seit 1903 nur noch Frauen als neue Lehrkräfte eingestellt werden sollten,[946] folgte dem Konzept der Geschlechtertrennung und bescherte der Stadtkasse Vorteile, weil Lehrerinnen nur knapp vier Fünftel des Einkommens ihrer männlichen Kollegen bezogen, übrigens verglichen mit den zeitüblichen Lohn-Abstufungen zwischen Männern und Frauen ein eher maßvoller Abstand.

Auf der anderen Seite kamen bei der ›Volksschule‹ verstärkt soziale Komponenten ins Spiel, wobei seit der Jahrhundertwende der Einzug der sozialdemokratischen Fraktion ins Stadtparlament und der Blick auf das nahegelegene Mannheim mit seinem vorbildlichen Fördersystem[947] die Bereitschaft in dieser Hinsicht verstärken mochte. Das Schulgeld, das ab 1856 „für jedes Schulkind bemittelter Eltern" 2 Gulden (3,43 Mark), später 2,70 Mark betrug, wurde bereits 1882 abgeschafft auf Antrag von Gemeinderat Lederle, der diese Erleichterung befürwortete „zur Beseitigung der bei einem großen Teil der Bewohner durch den Schulzwang hervorgerufenen Mißstimmung".[948] Etwa 9 bis 12% der Kinder gewährte der Armenpflegschaftsrat „Lehrmittelfreiheit" (im Gegenwert von rd. fünf Mark pro Jahr), während die wiederholt vorgetragene Forderung der Sozialdemokratie nach genereller Lehrmittelfreiheit gemäß dem Erfurter Parteiprogramm von 1891 bei der Mehrheit der Stadtväter schon mit Blick auf die Kosten auf Ablehnung stieß.[949] Dagegen entwickelte die Stadt für minderbegabte oder gestörte Kinder wenigstens ein rudimentäres (und offenbar nicht sonderlich stabiles) Programm: Eine ›Hilfsklasse‹ bot (1898) zusätzlichen Unterricht an, zeitweise hatte eine „eigene Abteilung" als „Abschlußklasse" diejenigen Knaben und Mädchen der dritten und vierten Klasse „in zweckentsprechender Weise für das praktische Leben vorzubereiten", die für weiteren Schulbesuch ungeeignet erschienen (1903),[950] ein Sprachheilkurs suchte den zahlreichen Stotterern und Stammlern zu helfen (1899), ein „Seh-Hörkurs" sollte tauben oder schwerhörigen Kindern das Ablesen des gesprochenen Wortes von den Lippen beibringen (1910).[951]

Bad in der Schillerschule, Mundenheim um 1910 [299]

Mit ›Wohlfahrtseinrichtungen‹ der verschiedensten Art „zum Zwecke der körperlichen und geistigen Entwicklung unserer Schuljugend" suchte die Stadt Ludwigshafen des weiteren seit den 1890er Jahren verstärkt Not- und Mangelsituationen in den Familien der Schulkinder ein Stück weit auszugleichen, auch im Zusammenspiel mit privaten Aktivitäten, so bei der Gründung eines Knabenhorts: Nach amtlichen Erkundigungen über solche Einrichtungen in anderen Städten beschloß der Gemeinderat, für ein derartiges Institut Bürgersinn zu mobilisieren und das Unternehmen dann auf Antrag finanziell zu unterstützen.[952] Im Oktober 1890 gründeten einige Honoratioren auf Initiative von Bürgermeister Wendelin Hoffmann jun. einen Verein „mit dem Zwecke, Anstalten zu schaffen und zu unterhalten, in welchen der sittlich am meisten gefährdete Teil der männlichen Schuljugend unserer Stadt vor Verwahrlosung geschützt und durch Wacherhalten und Vertiefen der im Schulunterricht empfangenen sittlichen Anregungen weiter gefördert werden sollte".[953] Zwei Monate später eröffnete der Verein, dessen Bestand allein bis 1902 auf gut 600 Mitglieder stieg, den ersten Knabenhort, dem bis 1901 vier weitere Horte folgten. Ein Mädchenhort wurde bemerkenswerterweise erst 1902 eingerichtet – offenbar waren Mädchen für gewöhnlich fester durch häusliche Arbeiten gebunden, während Jungen unbeaufsichtigt herumstreunten und nicht selten mit dem Feilbieten von „Feuerzeug, Brezeln, Blumen etc. auf Straßen, Plätzen und in Wirtslokalen" ein Zubrot für sich oder die Familie zu verdienen suchten, eine Tätigkeit, die ihnen ausdrücklich untersagt wurde, wenn sie in einen Hort aufgenommen werden wollten. Ziel der Horte war es, „aussichtslose und schlecht erzogene Knaben an Ordnung und Reinlichkeit, an Fleiß und Wohlanständigkeit, an Gehorsam gegen Eltern, Lehrer und Vorgesetzte" zu gewöhnen.[954] 350 Kinder in sechs Horten 1903, sechs Knaben- und zwei Mädchenhorte mit schätzungsweise 550 Kindern Ende 1913[955] – das war anerkennenswert und konnte zugleich mit Blick auf die Gesamtheit der betreffenden Altersgruppen doch nur einen kleinen Teil des tatsächlichen Bedarfs decken. So wurden vor allem „elternlose, einfach und doppelt verwaiste Knaben und Mädchen

Anmerkungen
Seite 620 und 621

952 *SRP 5.7.1889*
953 *Stadtgeschichte (1903), S. 341; f.d.F. ebd., S. 341ff; vgl. VB 1890/94, S. 51ff und LAS H 1, Nr. 692*
954 *VB 1890/94, S. 52*
955 *AB 1914, S. 643f*
956 *Stadtgeschichte (1903), S. 341f*
957 *VB 1890/94, S. 53f*
958 *SRP 12.12.1890*
959 *Stadtgeschichte (1903), S. 345; VB 1900/04, S. 53*
960 *errechnet nach Daten bei Koepke, S. 97; f.d.F. ebd., S. 98*
961 *errechnet nach Volksschulberichten von 1904/05 und 1913/14*
962 *Stadtgeschichte (1903), S. 294, 346; VB 1905, S. 63; VB 1907, S. 72; VB 1910, S. 87; Schulberichte*

Turnlehrerkurs in Ludwigshafen
1901 [300]

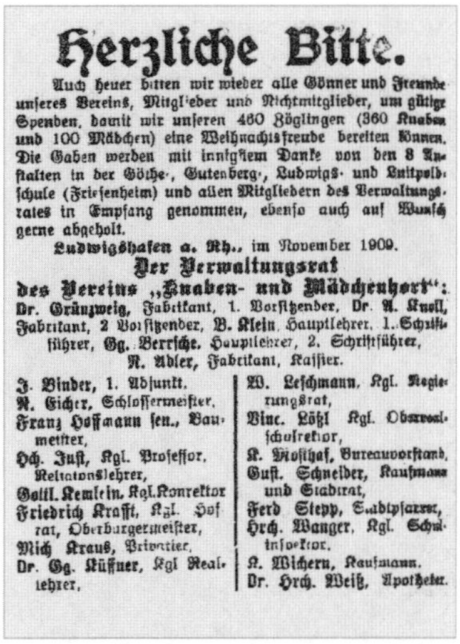

Herzliche Bitte.

Auch heuer bitten wir wieder alle Gönner und Freunde unseres Vereins, Mitglieder und Nichtmitglieder, um gütige Spenden, damit wir unseren 460 Zöglingen (360 Knaben und 100 Mädchen) eine Weihnachtsfreude bereiten können. Die Gaben werden mit innigstem Danke von den 8 Anstalten in der Göthe-, Gutenberg-, Ludwigs- und Luitpoldschule (Friesenheim) und allen Mitgliedern des Verwaltungsrates in Empfang genommen, ebenso auch auf Wunsch gerne abgeholt.

Ludwigshafen a. Rh., im November 1909.

Der Verwaltungsrat
des Vereins „Knaben- und Mädchenhort":

Dr. Grünzweig, Fabrikant, 1. Vorsitzender, Dr. A. Knoll, Fabrikant, 2 Vorsitzender, B. Klein, Hauptlehrer, 1. Schriftführer, Gg. Berrsche, Hauptlehrer, 2. Schriftführer, R. Adler, Fabrikant, Kassier.

J. Binder, 1. Adjunkt.
R. Eicher, Schlossermeister,
Franz Hoffmann sen., Baumeister,
Hch. Just, Kgl. Professor, Religionslehrer,
Gottl. Kemlein, Kgl. Konrektor
Friedrich Krafft, Kgl. Hofrat, Oberbürgermeister,
Mich Kraus, Privatier,
Dr. Gg. Küffner, Kgl Reallehrer,
W. Leschmann, Kgl. Regierungsrat,
Vinc. Lößl Kgl. Oberrealschulrektor,
K. Risthaf, Bureauvorstand,
Gust. Schneider, Kaufmann und Stadtrat,
Ferd Stepp, Stadtpfarrer,
Hrch. Wanger, Kgl. Schulinspektor,
K. Wichern, Kaufmann.
Dr. Hrch. Weiß, Apotheker.

Spendenaufruf des Vereins ›Knabenhort‹
im ›Pfälzischen Volksblatt‹
23. November 1909 [301]

aus der ärmeren Bevölkerung" aufgenommen, ferner Kinder, bei denen beide Eltern „dem Erwerbe nachgehen müssen". Eine bescheidene Vesper – ca. 170 g Brot oder eine Tasse Milch mit Brötchen – Schulaufgaben, dann Spielen, Singen, Vorlesen u. ä. Beschäftigungen, schließlich im Winterhalbjahr zweimal wöchentlich „erziehliche Knabenhandarbeit" bzw. „weibliche Handarbeiten" sorgten für bessere Ernährung und sinnvolle Nutzung der Zeit.[956] Als wichtigste Geldgeber betätigten sich die meisten größeren Firmen in der Stadt, allen voran die BASF, die damit die Hortkosten für Kinder ihrer eigenen Arbeiter abdeckte,[957] aber auch die Gemeinde Ludwigshafen engagierte sich, indem sie die Räumlichkeiten mitsamt deren Versorgung durch Wasser, Licht und Heizung zur Verfügung stellte[958] und seit 1901 außerdem einen namhaften Zuschuß in die Vereinskasse zahlte.

Vielfach denselben Personenkreis dürfte die Stadt bei einer anderen Aktion erfaßt haben: 1891 führte sie unter tätiger Mitwirkung von Bürgermeister Grünzweig ein, daß Volksschulkinder aus minderbemittelten Familien, wo beide Eltern außerhäuslicher Arbeit nachgingen, wenigstens „während der kalten Jahreszeit" ein warmes Schulfrühstück erhielten, bestehend aus Kaffee, seit 1897 aus einem Viertelliter warmer Milch und einem ›Doppelweck‹.[959] Die Kontrolle der Bedürftigkeit war offensichtlich streng – 44% der Anträge, die zwischen 1908/09 und 1913/14 gestellt wurden, blieben erfolglos.[960] Gleichwohl stieg die Zahl der ausgeteilten Portionen von anfangs 7600 bis auf fast 80200 (1904/05), um während der folgenden Jahre wieder recht deutlich abzusinken (1913/14: 52900 Portionen); ein knappes Zehntel sämtlicher Jungen und Mädchen im Volksschulalter konnten 1904/05, annähernd 7% konnten 1913/14 davon profitieren.[961] Gering blieb demgegenüber die Zahl der Kinder, die seit 1901/02 ebenfalls während des Winters mittags eine warme Suppe mit Brot erhielten (1904/05: 60, 1907/08: 95, 1909/10: 117 Kinder),[962] und dasselbe gilt für die durch private Initiative angestoßene „Errichtung einer Ferienkolonie für erholungsbedürftige arme Schulkinder" (1900): 60 von ihnen – 40 Mädchen und 20 Jungen, nur ein Bruchteil der wirklich Bedürftigen, durften jedes

Turnsaal im Neubau der städtischen Mädchenschule 1906 [302]

Jahr unter ärztlicher Kontrolle drei Wochen Erholung genießen und nahmen dabei um einige Pfunde zu.[963] 1909 errichtete die Stadt ein eigenes Ferienheim bei Ramsen im Pfälzer Wald, das zugleich der Erholung städtischer Bediensteter diente, und konnte seitdem die Zahl der Ferienkinder auf 120 verdoppeln und bis 1913 durch Ausbau und Benutzung auch während der Schulzeit auf 360 Kinder anheben, so daß nunmehr gut 2% der Volksschüler und -schülerinnen in den Genuß der Einrichtung gelangten.[964] Und seit 1905 erhielten Jahr für Jahr einige „arme kranke und schwächliche Kinder" für vier Wochen Freiplätze in der Kinderheilstätte Bad Dürkheim.[965]

Im Trend der Zeit lag ohnehin das Bemühen um bessere Gesundheitsverhältnisse. ›Volksgesundheit‹ wurde während des Kaiserreichs zu einem aktuellen Tagesthema, und die Volksschule war ein besonders geeigneter Ansatzpunkt, bereits bei der Jugend mit der Gesundheitserziehung und Gesundheitsfürsorge zu beginnen. Die Einrichtung von Schulbrausebädern seit 1899 an einer Reihe von Schulen rechnete dazu, damit „nicht nur der Sinn der Kinder für Reinlichkeit und Ordnung gepflegt, sondern auch ein heilsamer Einfluß auf das Elternhaus ausgeübt" werde.[966] Die Quantität und Qualität des freiwilligen Angebots (maximal drei Minuten Brausezeit) und die Akzeptanz bei den Kindern darf man sich nicht allzu groß vorstellen: Bei den Mädchen beteiligten sich nur 40—50%, bei den Jungen immerhin 75—90%, die rd. 20mal jährlich duschten[967] – aber das stellte unter den gegebenen Verhältnissen bereits einen entschiedenen Fortschritt dar, und die Zahl der Kinder, die solche Möglichkeiten wahrnehmen konnten, stieg im Lauf der Jahre und mit ihr die Zahl der Bäder.[968]

Seit den 1890er Jahren wurde die Forderung, spezielle Ärzte mit der Gesundheitskontrolle der Schulkinder zu betrauen, auch in Ludwigshafen zunehmend lebhafter diskutiert. So durfte die Lokalschulinspektion auf die Zustimmung des Stadtrats zu einem derartigen Antrag rechnen. Nachdem der Gemeinderat bereits im Dezember 1905 die Einführung von Schulärzten beschlossen hatte,[969] stellte die Stadt 1907 probeweise 13 Schulärzte auf drei Jahre im Nebenamt ein, und als sich

Anmerkungen Seite 622

963 *SRP 26.1.1900; VB 1908, S.123*

964 *SRP 26.7.1907, 22.1.1909; Stadtgeschichte (1903), S.346f; Verwaltungs- und Schulberichte. 1911/12 ging der Schularzt davon aus, daß 8%—10% der Schulkinder bedürftig seien; in den Genuß eines Ferienaufenthalts gelangten 1,2%; ermittelt nach dem Schularztbericht 1911/12, S.29*

965 *Verwaltungsberichte*

966 *VB 1900/04, S.151; vgl. Stadtgeschichte (1903), S.339*

967 *Schätzung auf Grund der Zahlenangaben in den Schulberichten, auch f.d.F.*

968 *Zahl der Brausebäder 1904/05: 21 643 auf eine Gesamtheit von rd. 10 000 Kindern; 1910/11: 76 405 auf rd. 14 250 Kinder, 1913/14: 115 975 (an sechs Schulen) auf rd. 15 750 Kinder, die aber wie zuvor keineswegs alle Zugang zu Brausebädern hatten; Verwaltungsberichte*

969 *SRP 8.12.1905; VB 1905, S.14; vgl. die Dienstordnung der Schulärzte in SRP 27.4.1906, ferner SRP 30.8.1907*

Ferien- und Erholungsheim der Stadt Ludwigshafen in Ramsen 1911 [303]

diese Problemlösung angesichts häufigen Wechsels der Personen nicht bewährte, leistete sie sich seit 1911 einen hauptamtlichen ›Stadtarzt‹, der sich vor allem um den Gesundheitszustand der Schuljugend zu kümmern hatte und durch seine Erfahrungen Anstöße zu weitergreifenden Maßnahmen der Verwaltung gab.[970]

Auf Anregung eines der Schulärzte wurde im Herbst 1908 ein orthopädischer Turnkurs für Mädchen, zwei Jahre später einer für Knaben eingeführt, um bei der Schuljugend den häufig diagnostizierten krankhaften Veränderungen an der Wirbelsäule entgegenzuwirken.[971] Schon seit 1900 hatte man seitens der Volksschulen im Interesse geordneter und gesundheitsfördernder Freizeitbeschäftigung sogenannte ›Jugendspiele‹ angeboten: Von Mai bis Oktober fanden für Schüler ab der dritten Klasse täglich eine Stunde nachmittags von Lehrkräften beaufsichtigte und geleitete Spiele auf je einem Spielplatz in der Nord- und der Südstadt statt.[972] 1905 nahmen daran durchschnittlich 50, 1908 60 Kinder teil, fast nur Knaben.[973] Wanderungen der drei obersten Klassen, seit 1908 durch den Pfälzerwaldverein betreut, sollten den Jungen und Mädchen bei gesunder Bewegung die Schönheiten der näheren Heimat erschließen.[974]

Bedeutsamer als derartige außerschulischen Aktivitäten von doch recht begrenzter Reichweite war der Ausbau der durch die Schule vermittelten Kenntnisse und Fähigkeiten „mit Rücksicht auf die Bildungsbedürfnisse, deren Befriedigung jeweils im Interesse des Gesamtwohles geboten erschien".[975] Hierbei fand die zeittypische Differenzierung nach dem Geschlecht statt, vor allem ab der sechsten Klasse, nachdem zuvor kaum ein Zehntel der Mädchen, dagegen etwa drei Zehntel der Jungen auf eine ›Mittelschule‹ übergewechselt waren. 1887 wurde für Mädchen nicht nur der „Turnunterricht", sondern auch der „weibliche Handarbeitsunterricht" zum Pflichtfach, „auf daß sämtliche Mädchen in den einzelnen Fertigkeiten desselben unterwiesen und damit in erhöhtem Maße zur Reinlichkeit und Ordnungsliebe, zur Arbeitsamkeit und Geduld sowie zu einem häuslichen, sparsamen, auf Erhaltung und Ausnützung des Kleinen und Unscheinbaren gerichteten Sinne erzogen würden".[976]

Anmerkungen Seite 623

970 *Schularztbericht 1911/12*

971 *VB 1908, S. 122f; VB 1910, S. 116*

972 *VB 1900/04, S. 149; Schulbericht 1910/11, S. 29*

973 *VB 1905, S. 84; VB 1908, S. 123*

974 *VB 1908, S. 123*

975 *Stadtgeschichte (1903), S. 292*

976 *VB 1890/94, S. 50; vgl. VB 1900/04, S. 149*

Ehrenurkunde des Arbeiter-Fortbildungsvereins für Wilhelm Waldkirch 1914 [304]

Der Stadtrat wünschte noch weitergehend die Einführung des obligatorischen achten Schuljahres für beide Geschlechter[977] und richtete 1900 auf freiwilliger Basis und mit gutem Erfolg[978] eine achte Klasse der ›Werktagsschule‹ für Knaben ein. Als am 1. Mai 1908 das obligatorische achte Schuljahr wenigstens für das männliche Geschlecht im Bereich der Innenstadt endlich Wirklichkeit wurde, galt dies zu Recht als „ein Höhepunkt in der Geschichte des hiesigen Volksschulwesens";[979] 1909 übertrug man die Regelung auf die Konfessionsschulen in Friesenheim und Mundenheim.[980] Mädchen mußten auf einen solchen Höhepunkt noch entschieden länger warten. Als Abschlagszahlung beschlossen die Stadtväter 1912 die „Errichtung einer fakultativen Werktagsschulklasse für Mädchen des 8. Schuljahres";[981] 1913 begann sie in der Innenstadt – im Simultanschulbereich – ihren Betrieb.

Die Leistung der Ludwigshafener Volksschulen, die angesichts der zahlreichen Zu-, Ab- und Umzüge der Familien mit ständiger Unruhe in den Klassen rechnen mußten,[982] war also durchaus beachtlich, und dementsprechend erhöhte sich der Aufwand der Stadt für Schulzwecke, wohlgemerkt ohne Baukosten[983] und ohne die Kosten für die Wohlfahrtseinrichtungen, in der Innenstadt pro Werktags-Schulkind zwischen 1870/71 und 1902/03 von 14 auf 65 Mark. Ziemlich derselbe Pro-Kopf-Betrag fiel 1913/14 auf Gesamtstadt-Ebene an.[984]

Aus damaliger Perspektive mochte die optimistische Sicht der Stadtverwaltung kurz nach der Jahrhundertwende im Rückblick auf die ersten fünfzig Jahre der Gemeinde berechtigt sein, es seien „die Einrichtungen unserer Volksschule wohl geeignet, der Jugend die kulturellen Errungenschaften der Gegenwart zu vermitteln und sie dadurch für den schweren Wettbewerb des Lebens auszurüsten". Immerhin ging der Verfasser davon aus, „mit den Kulturfortschritten" werde „des deutschen Volkes Bildungsbedürfnis stetig wachsen", und damit würden weitere „Verbesserungen der Unterrichtsanstalten" im Interesse der „Jugendbildung" erforderlich werden.[985] Dennoch gab es zur Entrüstung des Schulinspektors erhebliche Vorbehalte in den ›besseren Kreisen‹, „die sich zu vornehm dünken, ihre Söhne und Töchter mit den Kindern aus dem Mittelstande und aus Arbeiterkreisen in die öffentliche Schule zu schikken", sie stattdessen lieber „eine öffentliche oder private Schule in Mannheim" besuchen ließen und 1910 den längst gehegten Plan einer Privatschule in Ludwigshafen verwirklichten. Dies trage „zur Verschärfung der gesellschaftlichen Gegensätze" bei und verstoße gegen „die wahre Volkserziehung" und „das eine ideale Ziel: das Gefühl der nationalen Zusammengehörigkeit recht zu stärken und das Bewußtsein zu wecken, daß in einem machtvollen Ganzen alle Glieder zur Einheit zusammenzufassen sind".[986]

Eine derartige nationale Integrationsideologie entsprach jedoch kaum der sozialen Wirklichkeit. Das Schulsystem orientierte sich an den Gegebenheiten und zunehmend differenzierteren Bedürfnissen der damaligen Klassengesellschaft; das zeigte in Ludwigshafen bereits das Nebeneinander von öffentlicher Volksschule und privater ›Vorbereitungsschule‹ auf die Gymnasialstufe – eine Einrichtung, die es übrigens schon zuvor in den 1870er und 1880er Jahren für Kinder „bessergestellter Familien" gegeben hatte[987] – noch deutlicher jedoch die Trennung zwischen elementarer, mittlerer oder gar höherer Schulbildung spätestens ab dem vierten/fünften Schuljahr. Davon wird noch die Rede sein.

Anmerkungen
Seite 624

977 Bemühen um Einführung des achten Schuljahrs seit 1891: SRP 9.10.1891; 28.3.1895; 2.3.1900

978 Die Klasse wurde 1904/05 immerhin von 45%, 1907/08 sogar von 59% der betreffenden Jahrgänge besucht; errechnet aus den Schulberichten

979 Schulbericht 1907/08, S.5ff; SRP 11.1.1907

980 SRP 22.1.1909; VB 1909, S.9

981 VB 1912, S.12

982 Die Zu- und Abgänge von Schulkindern an sämtlichen Schulen von Ludwigshafen beliefen sich z.B. 1913/14 auf 22% der Schülerschaft; berechnet nach VB 1913, S.99

983 Sie betrugen bis 1904 gut 2 Mio. Mark; vgl. Stadtgeschichte (1903), S.295

984 berechnet nach VB 1913, S.99ff

985 Stadtgeschichte (1903), S.299

986 Schulbericht 1910/11, S.8, 10, 11

987 Knauber 1925b, S.8; im Durchschnitt wurde sie von 30 Schülern besucht

Hinzu kam die Ungleichbehandlung der Geschlechter, die dem überkommenen Rollenverständnis von Mann und Frau in Familie und Gesellschaft entsprach. Denn mit der Werktagsschule endete für kein Kind, ob Junge oder Mädchen, jegliche Schulpflicht, vielmehr mußten diejenigen, die auf keine ›Mittelschule‹ überwechselten, noch drei Jahre lang die ›*Sonntagsschule*‹ besuchen, die im wesentlichen die Wiederholung des Volksschulwissens betrieb – für mehr reichte die kurze Unterrichtszeit, eine Stunde in der Woche, sicher nicht. Die Einrichtung, bei den betroffenen Jungen und Mädchen ohnehin wenig beliebt, geriet spätestens um die Jahrhundertwende als völlig veraltet in die Kritik. Zeitgemäße Neugestaltung war angesagt.

Die Stadt Ludwigshafen hatte bereits 1886/87 Alternativen auf den Weg gebracht. Sie konnte dabei an ältere Ansätze aus den 1870er Jahren anknüpfen:[988] Im Winter 1869/70 hatte der ›Arbeiter-Fortbildungsverein‹ auf Anregung seines Gründers und Vorsitzenden Julius Waldkirch[989] eine *Fortbildungsschule* eingerichtet, in der die Mitglieder vor allem elementare Kulturtechniken wie Lesen, Schreiben, Rechnen und Zeichnen erlernen oder besser einüben konnten, zudem in Geschichte, Erdkunde und Buchhaltung unterrichtet wurden. Das Unternehmen erhielt die Unterstützung der Stadt. Deren Antrag, eine Fortbildungsschule auf freiwilliger Basis zu schaffen, wurde 1872 amtlich genehmigt.[990] Den bald darauf geäußerten Wunsch des Gewerbevereins, die Fortbildungsschule für alle Lehrlinge zur Pflicht zu machen, übernahm der Stadtrat freilich nicht, sondern beschloß stattdessen einen Antrag an die Kreisregierung, „das Alter zur Entlassung aus der Werktagsschule" von 13 auf 14 Jahre zu erhöhen, die Sonntagsschule aufzuheben und stattdessen den Besuch der inzwischen etablierten Elementar-Fortbildungsschule obligatorisch zu machen – ohne Erfolg.[991]

Die bayerische Gesetzgebung eröffnete 1877 neue Möglichkeiten, indem sie die Gründung von Fortbildungsschulen mit der Einrichtung von Realschulen verknüpfte. Als daher in Ludwigshafen nach mehrjährigen Vorüberlegungen 1886 eine Realschule den Unterricht aufnahm *[vgl. Mittelschulen, S. 629]*, konnte nun auch eine ›gewerbliche Fortbildungsschule‹ für Knaben ins Leben treten.[992] Dem Konzept nach mit der heutigen Berufsschule vergleichbar, verfolgte sie das Ziel, „die in der Volksschule erlangte Bildung ihrer Schüler zu befestigen und mit Rücksicht auf den künftigen Beruf derselben zu erweitern", war also vor allem für Lehrlinge in Handwerk und Handel gedacht und ersetzte – vorerst allerdings nur wahlweise – die sonst fällige Sonntagsschule. Einem Jahr ›Elementar-Abteilung‹ schlossen sich zwei Jahre ›Fachabteilung‹ für den gewerblichen oder kaufmännischen Bereich an. Der Unterricht, den Volksschul- und Realschullehrer im Nebenamt an drei Tagen zu je zwei Stunden erteilten, davon zwei Stunden sonntags von 7^{30} Uhr bis 9^{30} Uhr, wurde gut nachgefragt; sonntags nahmen am Fachzeichnen-Unterricht für gewerbliche Lehrlinge „auch nicht wenig Erwachsene" teil,[993] ein Beleg dafür, daß die praktische Ausrichtung des Lehrprogramms einleuchtete. Die Schülerzahl übertraf diejenige der Realschule bis zur Jahrhundertwende nur mit Maßen (1899/1900: 427 gegenüber 369). Das Bild wandelte sich, als angesichts fortschreitender Professionalisierung der Arbeitswelt, entsprechender Wünsche aus Handel, Handwerk und Industrie und neuer Impulse aus der Pädagogik zugunsten der modernen Berufsschule (Georg Kerschensteiner) der

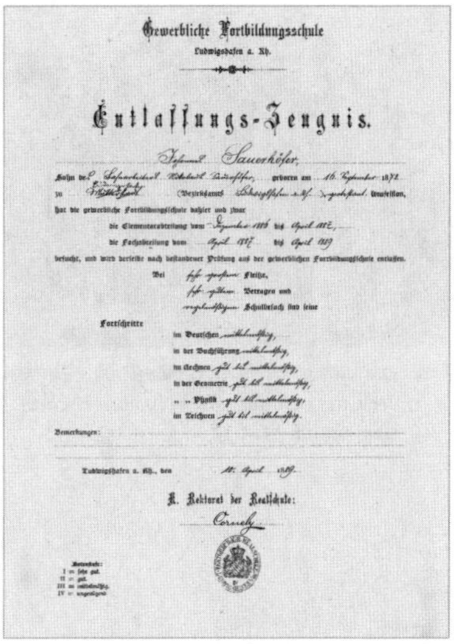

Gewerbliche Fortbildungsschule
Ludwigshafen a. Rh.

Entlassungs-Zeugnis.

Sauerhöfer,

Sohn de ... geboren am 16. September 1872
zu ... Bezirksamts ... Unterthan,
hat die gewerbliche Fortbildungsschule dahier und zwar
die Elementarabteilung vom ... 1886 bis April 1887,
die Fachabteilung vom April 1887 bis April 1889
besucht, und wird derselbe nach bestandener Prüfung aus der gewerblichen Fortbildungsschule entlassen.

Bei ... Fleiße,
... Betragen und
... Schulbesuch sind seine
Fortschritte
im Deutschen ...,
in der Buchführung ...,
im Rechnen ...,
in der Geometrie ...,
„ „ Physik ...,
im Zeichnen ...

Bemerkungen:

Ludwigshafen a. Rh., den 18. April 1889.

K. Rektorat der Realschule:

Notenstufe:
I = sehr gut.
II = gut.
III = mittelmäßig.
IV = ungenügend.

Zeugnis der gewerblichen Fortbildungsschule Ludwigshafen 1889 [305]

Anmerkungen
Seite 625

988 hierzu vgl. ›100 Jahre‹ (1953), S. 126; Waldkirch, S. 11f, 78f

989 zu ihm vgl. Hinweise unter [Presse, S. 722]

990 Ab 1. 10. 1872 will die Stadt „vorerst die bereits beschlossene Elementarfortbildungs-Schule ins Leben treten lassen, und wenn in dieser gute Erfolge sich zeigten, dann die Errichtung einer gewerblichen Fortbildungsschule in Erwägung nehmen"; SRP 5. 9. 1872

991 SRP 19. 6. 1873

992 f. d. F. VB 1890/94, S. 62f; Stadtgeschichte (1903), S. 662f; VB 1900/04, S. 144ff

993 VB 1890/94, S. 63

Das 1874 errichtete Gebäude der Lateinschule, später Humanistisches Gymnasium [306]

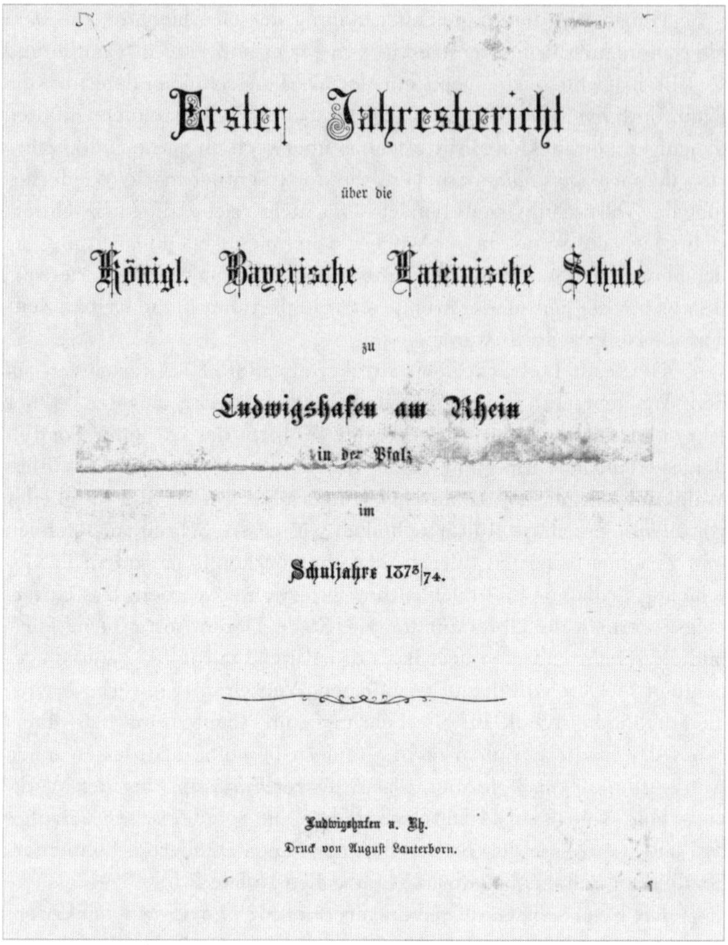

Erster Jahresbericht

über die

Königl. Bayerische Lateinische Schule

zu

Ludwigshafen am Rhein

in der Pfalz

im

Schuljahre 1873/74.

Ludwigshafen a. Rh.

Druck von August Lauterborn.

Erster Jahresbericht der Lateinschule Ludwigshafen 1873/74 [307]

Anmerkungen Seite 626 und 627

994 *Stadtgeschichte (1903), S. 662; vgl. VB 1900/04, S. 146*

995 *Stadtgeschichte (1903), S. 293*

996 *SRP 10.7.1900; laut SRP 10.1.1902 sollte die obligatorische gewerbliche Fortbildungsschule bereits ab 1.5.1902 eingeführt werden; SRP 27.3.1903*

997 *Schulbericht 1904/05, S. 25*

998 *JHKL 1913 II, S. 124*

999 *VB 1900/04, S. 144f*

1000 *vgl. VB 1905, S. 87f; fortlaufende Information in den Verwaltungsberichten*

1001 *SRP 14.9.1913 und Beratungen des Voranschlags für 1914; VB 1913, S. 104*

1002 *Esselborn, S. 193*

1003 *SRP 11.3., 5.7., 16.8.1887; Zitat in Stadtgeschichte (1903), S. 293; vgl. VB 1890/94, S. 54f*

dreijährige Schulbesuch endlich obligatorisch wurde. Zunächst galt das für die ›Kaufmännische Fortbildungsschule‹, die man 1899 als selbständige Einheit errichtete, um „den jungen Handelsbeflissenen […] eine zeitgemäße Ausbildung" zu vermitteln[994] unter Einschluß von Maschinenschreiben, Französisch und Englisch als fakultativem Angebot (1913/14: 293 Schüler). Die praktisch-ökonomische Einsicht, „daß wirtschaftlicher Aufschwung und Volkswohlstand eine Erhöhung der persönlichen Produktionsfähigkeit zur Voraussetzung haben",[995] erforderte es jedoch, die obligatorische Knabenfortbildungsschule generell und im gesamten Stadtgebiet einzuführen. Es dauerte noch fast drei Jahre, bis der einschlägige Antrag umgesetzt werden konnte: Die in gewerblichen Berufen tätige männliche Jugend hatte ab dem 1. Mai 1903 die ›Gewerbliche Fortbildungsschule‹ zu besuchen;[996] die noch verbleibenden etwa 100 Sonntagsschüler, die „weder in Fabriken noch in gewerblichen Betrieben beschäftigt waren", unterlagen dann seit 1904 der allgemeinen Fortbildungsschulpflicht.[997] Diese erfaßte 1913/14 nun alles in allem 1 595 Schüler.[998] Die jungen Leute wurden nach Berufen zu Klassen zusammengefaßt und berufsspezifisch unterrichtet; nach und nach ausgebaute Lehrwerkstätten für die einzelnen Bereiche (wie Metallarbeiter,

Allgemeiner Fortgang. Platz.	Note.	Namen der Schüler.	Alter. Jahre.	Monate.	Geburtsort.	Stand u. Wohnort der Eltern.	Fortgangsnoten in den einzelnen Fächern. Religion.	Latein. Sprache.	Deutsche Sprache.	Arithmetik.	Geographie.
*1	I	Sebastian Deffner	15	2	Mundenheim	Landwirth †	1	1	1	1	1—2
*2	I	Wilhelm Schuck	14	2	Speier	Seifensieder dahier	2	2—1	1	1—2	1—2
*3	I	Theodor Uhrig	11	9	Neustadt a. H.	Pfarrer i. Oggersh.	1	2—1	1—2	2—1	1—2
*4	I	August Knäble	13	6	Ludwigshafen	Spängler	1—2	2—1	2—1	2—1	1—2
*5	I	Johann Maas	9	8	Mannheim	Kaufmann dahier	2	2	1—2	2	1—2
6	II	Karl Vohlandt	12	2	Kaiserslautern	Postconducteur dah.	2	3—2	2—1	1—2	1—2
*7	II	Julius Guckes	10	5	Ludwigshafen	Postschaffner	1	3—2	2—1	2—1	1—2
8	II	Friedrich Renner	13	2	Finkenbach	Schneider	3	2—3	2—1	2—3	3
8	II	Wilhelm Schüle	10	4	Ludwigshafen	Privatier	2	3—2	2	2—1	2
10	II	Johann Bullinger	10	9	do.	Hausmeister	2	3—2	2—1	3—2	1—2
11	II	Karl Kleinhenz	10	1	do.	Postconducteur	1—2	3—2	2	2—3	1—2
12	II	Johann Bernhard	10	7	Obrigheim	Müller †	2	3—2	3—2	2	2
13	II	Georg Dönig	13	—	Ludwigshafen	Wirth	1	3—4	1—2	2	3
14	II	Karl Heitz	12	4	Grünstadt	Zimmermann dahier	3	2—3	2—3	3—2	3
15	III	Ferdinand Wenz	12	11	Ludwigshafen	Fuhrmann †	1	3	2	2	3
16	III	Heinrich Lenz	11	7	do.	Schlosser	1—2	3—2	3—2	2—3	2—3
17	III	Karl Eckweiler	13	—	do.	Maurer	1	3—4	2—3	2	2
18	III	Joseph Küster	9	11	do.	Kleidermacher	2	3	2—3	2—3	2—1
19	III	Friedrich Chormann	12	6	do.	Bäcker	2	3	2—3	2—3	3
20	III	Oskar Braun	13	6	Landau	Revisor dahier	2	3—4	2—3	2—3	2
20	III	Karl Gebhard	12	11	Ludwigshafen	Metzger	2	3—4	2	3—2	2—3
22	III	Heinrich Vogt	10	11	do.	Magazinier	2	3	3	2	3—2
23	III	Philipp Abel	12	1	do.	Schlosser	1—2	3	3	2—3	2—3
24	III	Alois Argus	9	1	Herxheimweyher	Lehrer dahier	1—2	3—2	3	3—2	3—4
25	III	Adam Biffar	12	9	Niederkirchen	Schmied dahier	1—2	4—3	3	2—3	3—2
25	III	Peter Gelbert	13	2	Ludwigshafen	Bäcker	3	4—3	3—4	2—1	3
27	III	Heinrich Schreiber	10	11	do.	Tüncher	3	4—3	3—2	3—4	2—3
28	III	Heinrich Hoffmann	12	8	do.	Locomotivführer	3	4—3	3—4	2—3	3—2
29	IV	Adolf Argus	10	5	Herxheimweyher	Lehrer dahier	2	3	4—3	3—2	4
29	IV	Wilhelm Peisch	10	11	Rheingönheim	Brückeneinnehmer d.	2	3—4	3	3	4
31	IV	Michael Gebhard	10	—	Dürkheim	Holzhändler dahier	3	4	2	4—3	4—3
32	IV	Joseph Röhrig	10	11	Ludwigshafen	Zugführer	2	4—3	2	3—4	3
33	IV	Ludwig Schmidt	11	11	Mundenheim	Wirth dahier	3	4—3	3—4	3—4	3
34	IV	Friedrich Göbels	12	9	Ludwigshafen	Müller †	—	4—3	4	4—3	3
—	—	Fr. Ehrmanntraut	10	3	Eschelkam in Niederbayern	Zolloberaufseher dh.	2	—	—	—	—

Anmerkungen:

1) Preisbücher erhalten:

Sebastian Deffner: Uhlands Gedichte und Dramen.
Wilhelm Schuck: Simrock, Rheinsagen.

Schülerverzeichnis der Lateinschule 1873/74 [308]

Der 1893 bezogene Bau der Realschule in der Jaegerstraße, erbaut nach Plänen des Karlsruher Architekten Hanser [309]

Holzarbeiter, Friseure) dienten der Einweisung „in die rein praktische Tätigkeit".[999] Dafür sorgten Handwerksmeister und Werkmeister, während z. B. ein Ingenieur und der Gaswerkdirektor den Metallarbeitern das theoretische Rüstzeug lieferten, der Schlachthofdirektor und der Bezirkstierarzt diese Aufgabe für die Metzger übernahmen.[1000] Mit Blick auf den obligatorischen Charakter der Schule war es nur konsequent, daß ab 1914 endlich das bis dahin monatlich fällige Schulgeld von sechs Mark aufgehoben wurde.

Dasselbe galt für die ›Mädchenfortbildungsschule‹.[1001] Zur bis dahin üblichen Sonntagsschule mit einer Stunde Unterricht pro Woche bestand für schulentlassene Mädchen bereits seit 1887 eine Alternative, „um auch diesen im Kampfe um's Dasein nach jeder Richtung die erforderliche Befähigung zu verleihen":[1002] Damals richtete Ludwigshafen als Gegenstück zur gewerblichen Fortbildungsschule für Knaben auf freiwilliger Basis eine Mädchenfortbildungsschule ein, die sie gegen ein halbjährliches Schulgeld von 2,50 Mark „in drei bzw. vier Wochenstunden für den Hausfrauenberuf und das Geschäftsleben" vorbereiten sollte.[1003] Der Hausfrauenberuf stand an erster Stelle; deshalb wurde Unterricht in Haushaltungskunde 1900 „obligatorischer Lehrgegenstand".

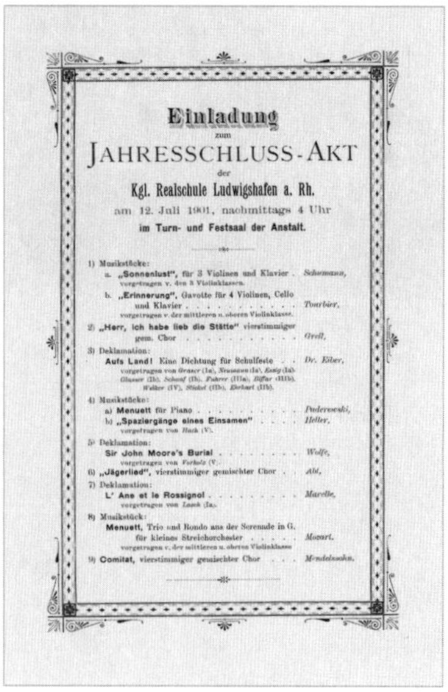
Einladung
zum
JAHRESSCHLUSS-AKT
der
Kgl. Realschule Ludwigshafen a. Rh.
am 12. Juli 1901, nachmittags 4 Uhr
im Turn- und Festsaal der Anstalt.

1) Musikstücke:
a. „Sonnenlust", für 3 Violinen und Klavier . Schumann,
vorgetragen v. den 3 Violinklassen.
b. „Erinnerung", Gavotte für 4 Violinen, Cello und Klavier . . . . Tourbier,
vorgetragen v. der mittleren u. oberen Violinklasse.
2) „Herr, ich habe lieb die Stätte" vierstimmiger gem. Chor . . . . Grell,
3) Deklamation:
Aufs Land! Eine Dichtung für Schulfeste . . Dr. Eiber,
4) Musikstücke:
a) Menuett für Piano . . . . Paderewski,
b) „Spaziergänge eines Einsamen" . . . . Heller,
5) Deklamation:
Sir John Moore's Burial . . . . Wolfe,
6) „Jägerlied", vierstimmiger gemischter Chor . . Abt,
7) Deklamation:
L' Ane et le Rossignol . . . . Marelle,
8) Musikstück:
Menuett, Trio und Rondo aus der Serenade in G. für kleines Streichorchester . . . . . Mozart,
vorgetragen v. der mittleren u. oberen Violinklasse
9) Comitat, vierstimmiger gemischter Chor . . . Mendelssohn.

Programm des Jahresschlußakts der Realschule, 1901 [310]

Übungsstunde im ›elektrischen‹ Lehrsaal der Oberrealschule um 1910 [311]

Hinzu kamen kaufmännisches Rechnen, Buchführung, Stenographie (1900) und Maschinenschreiben (1903) „in besonderen Wochenstunden".[1004] Eine ›Kochschule‹ bot seit Anfang 1901 erstmals in der Pfalz ergänzend in fünfmonatigen Tages- und Abendkursen ein zusätzliches Angebot für „eine ausreichende hauswirtschaftliche Ausbildung unbemittelter Mädchen" an,[1005] für Stadtangehörige kostenlos, für Auswärtige gegen eine Kursgebühr von 25 Mark; sie betreute während der Wintermonate die bereits erwähnte Suppenanstalt für bedürftige Schulkinder. Der Antrag des Stadtrats, für Mädchen generell die Pflichtfortbildungsschule anstelle der Sonntagsschule einzurichten (1902),[1006] ließ sich bei den staatlichen Behörden auf Grund der bestehenden Gesetzeslage einstweilen noch nicht durchsetzen. Vier Jahre später war es dann soweit: „Im Bezirke der konfessionell gemischten Schule[1007] trat am 1. Mai 1906 an Stelle der öffentlichen Mädchen-Sonntagsschule, der fakultativen weiblichen Fortbildungsschule und der Kochschule mit freiwilligem Besuche die obligatorische Mädchenfortbildungsschule".[1008] Der Lehrplan, der sich bei zwei Wochenstunden auf drei Jahre erstreckte, also die Mädchen etwa im Alter von 14/15 bis 16/17 Jahren betraf, konzentrierte sich auf den hauswirtschaftlichen Bereich; nur ein Zehntel der Schülerinnen bei freilich steigender Tendenz meldete sich für die anspruchsvollere kaufmännische Abteilung mit vier Wochenstunden Unterricht an, kennzeichnenderweise überwiegend aus dem südlichen Stadtteil mit seiner stärker mittelständisch orientierten Bevölkerung.[1009] Mit Einführung der obligatorischen Fortbildungsschule im Stadtzentrum begann sich das Beschäftigungsprofil der Schülerinnen deutlicher zu verändern. 1910/11 verblieben noch knapp 60% im Elternhaus, waren 12% in kaufmännischen Geschäften, 11% in Fabriken beschäftigt und standen 17% „im Dienst". Die fakultative Fortbildungsschule hatte demgegenüber einen sehr viel stärker ›bürgerlichen‹ Charakter getragen: 1904/05 waren fast neun Zehntel im Elternhaus verblieben, nicht einmal 1% hatte in Fabriken gearbeitet, ein gutes Zehntel hatte sich als Dienstmädchen verdingt.[1010] Geringer war der Wandel bei den Sonntagsschülerinnen in Friesenheim und Mundenheim: 1904/05 wie 1910/11 verharrten rd. 45% im Elternhaus, gingen 27% in die

Anmerkungen
Seite 628 und 629

1004 VB 1900/04, S.150
1005 Stadtgeschichte (1903), S.303f; VB 1900/04, S.149
1006 SRP 10.1.1902 (Ortsstatut!)
1007 Innenstadtbereich ohne die eingemeindeten Vororte
1008 Schulbericht 1906/07, S.32; vgl. Ortsstatut in SRP 27.4.1906
1009 1906/07 besuchten 15% der Mädchen aus dem südlichen, aber nur 5% aus dem nördlichen Stadtteil die kaufmännische Abteilung; nach Daten in VB 1906, S.84
1010 Schulbericht 1904/05, S.28
1011 hierzu und f.d.F. Esselborn, S.186ff; Stadtgeschichte (1903), S.651ff
1012 SRP 31.1., 3.7., 9.10., 6.11., 18.12.1873
1013 VB 1890/94, S.57 nennt Apotheker, mittleren Post-, Eisenbahn- oder selbständigen Telegraphendienst u.ä., Bürodienst in Stadt- und Landgemeinden, bei Kgl. Ämtern, bei Kaufleuten und Fabrikanten

Klasse 3c der Oberrealschule 1907/08 [312]

„Mechanische Oberschnellpresse für 9 Jahre GmbH": ›Absolvia‹ der Oberrealschule 1911 [313]

Fabrik; allerdings verminderte sich der Anteil der ›im Dienst‹-Befindlichen von 28% auf 17% zugunsten der Tätigkeit im kaufmännischen Bereich, einem expandierenden ›weiblichen‹ Berufsfeld.

›Mittelschulen‹: Von der Lateinschule zum Gymnasium, von der Real- zur Oberrealschule, von der Höheren Töchter- zur Städtischen Höheren Mädchenschule

Welche Bedeutung die gehobenen bürgerlichen Schichten Ludwigshafens förderlichen Bildungseinrichtungen für ihren Nachwuchs beimaßen, läßt sich daran erkennen, daß die Stadtväter bereits 1853, nur wenige Monate nach der Gemeindegründung, bei der Kreisregierung wegen Errichtung einer ›Lateinschule‹ vorstellig wurden. Und es ist andererseits verständlich, daß die Behörde meinte, es gebe für Ludwigshafen einstweilen weit dringendere Aufgaben.[1011] So mußten lernbegierige junge Ludwigshafener in den nächsten zwanzig Jahren den Rhein überqueren, um den begehrten Unterricht am Mannheimer Gymnasium wahrzunehmen. 1873 hatte die Stadt angesichts der gestiegenen Einwohner- und Interessentenzahlen mit der Wiederholung ihres Antrags Erfolg;[1012] bereits im Herbst desselben Jahres konnte der Unterricht mit 41 Schülern beginnen. Die vierklassige *Lateinschule* bedeutete für die junge Industriestadt einen wertvollen Imagegewinn, eröffnete sie doch den Einstieg ins höhere Schulwesen, an dem es bisher vor Ort noch völlig gemangelt hatte. Welchen Wert die Gemeinde auf das neue Institut legte, bewies sie dadurch, daß sie zügig für ein stattliches Schulgebäude (1875) sorgte. Sie tat dies auch mit Blick auf künftigen Ausbau: 1877 bemühte sie sich um die amtliche Genehmigung, das Unterrichtsprogramm auf sechs Klassen auszuweiten und damit den Absolventen die Berechtigung zum einjährig-freiwilligen Militärdienst (der heutigen Mittleren Reife entsprechend) und den Zugang zum Reserveoffizier und zu einem breiteren Berufsspektrum gehobener Art[1013] zu erschließen – vorerst noch vergeblich. Die Konkurrenz der Realschule seit 1886 (siehe unten) ließ den Besuch der humanistischen Bildungsanstalt erst einmal kräftig einbrechen, von insgesamt 180 Schülern 1884/85 auf 92 Schüler 1892/93. Als jedoch 1891 die neue bayerische

Eine höhere Tochter: Schlußstein des Portals des 1906 bezogenen Neubaus der städtischen Mädchenschule [314]

Das Gebäude der Mädchenschule am Bismarckplatz, mit Parkanlagen um 1910 [315]

Anmerkungen Seite 630

1014 SRP 19.12.1892

1015 VB 1905, S.85. 1900/04 waren von den Gymnasiasten „mehr als ein Drittel Auswärtige, d. h. nicht in Ludwigshafen beheimatete" Schüler; VB 1900 bis 1904, S.143; 1913 betrug der Anteil ein knappes Viertel; VB 1913, S.105

1016 VB 1913, S.105f

1017 VB 1900/04, S.20, 142f

1018 SRP 19.12.1892

Schulordnung die Alternative eröffnete, die Lateinschule entweder mit der Realschule zu vereinigen oder zu einem ›Progymnasium‹ mit dem Abschluß des ›Einjährig-Freiwilligen‹ zu erweitern, entschied sich die Stadt 1892 ohne Vorbehalt für die weitere Expansion des höheren Schulwesens und setzte sich einige Jahre später mit großem Nachdruck und erfolgreich dafür ein, daß das Progymnasium (seit 1894/95) 1898 zu einem nunmehr neunklassigen ›*Humanistischen Gymnasium*‹ aufgestockt wurde.[1014] Seitdem begann die zuvor stagnierende Schülerzahl wieder deutlich anzusteigen (1898/99: 157, 1902/03: 264 Schüler). Bezogen auf die Stärke der Altersjahrgänge indessen waren dies höchst schmächtige Anteile, zumal ›Auswärtige‹, besonders Zuzügler von nähergelegenen Progymnasien in den obersten Klassen ein beachtliches Kontingent stellten,[1015] und selbst wenn man die fast doppelt so große Zahl der Realschüler hinzunimmt (501 Schüler im Schuljahr 1902/03), betrug der Prozentsatz der männlichen Kinder und Jugendlichen, die zu Beginn des 20. Jahrhunderts in Ludwigshafen eine höhere Schule besuchten, wohl maximal 5% der betreffenden Altersjahrgänge, zu etwa 1—2% Gymnasiasten; die Abiturienten des Gymnasiums dürften vielleicht 1% ihres jeweiligen Jahrgangs ausgemacht haben. Diese Größenordnungen haben sich vor dem Ersten Weltkrieg nicht mehr wesentlich verändert, auch wenn die Real-, seit 1907 Oberrealschule ihren Anteil weiter vergrößern konnte (im Schuljahr 1913/14 besuchten 332 Schüler das Gymnasium, dagegen „trotz der notwendig gewordenen Zurückweisung vieler Gemeldeten" 1 070 Schüler die Oberrealschule).[1016]

Obwohl das Gymnasium eine ›Staatsanstalt‹ war, hatte die Stadt den Aufwand für die fünf unteren Klassen aufzubringen, die durch das Schulgeld, jährlich 54 Mark je Schüler, und die Zuschüsse des Distrikts nur zum kleineren Teil abgedeckt wurden. So ist es verständlich, daß die Stadt versuchte, den Staat finanziell stärker in die Pflicht zu nehmen. Doch blieb eine Eingabe der Stadt an den Landtag 1903 „um Verstaatlichung des Gymnasiums" ohne Erfolg[1017] – die Prestige-Schule in Konkurrenz zur „Schwesterstadt Mannheim"[1018] forderte ihren Preis.

Das Lehrpersonal der Töchterschule um Direktor Hawerkamp (3. v. l.) um 1878 [316]

Das Rektoratszimmer der Mädchenschule um 1904 [317]

Die 1914 eröffnete Rheinschule mit ihrem für eine ›Volkssternwarte‹ geplanten Turm (vgl. Kap. 10) [318]

Seit ihrer Eröffnung 1886 zog die *Realschule* eine rasch wachsende Schülerzahl an sich – das sicherste Zeichen dafür, daß die Anstalt ein echtes Bedürfnis befriedigte. Die Realschulbewegung, die mit Unterstützung des Gewerbevereins zu Anfang der 1880er Jahre in Ludwigshafen auf ein zeitgemäßes Unterrichtsangebot drängte, „wünschte eine Schule, die auf realen Lehrfächern aufgebaut jenes Wissen vermitteln sollte, das der Handwerker, der Industrielle und Kaufmann zur umsichtigen und erfolgreichen Leitung seines Geschäftsbetriebes nötig hat, überhaupt eine Anstalt, die den Interessen des Bürgerstandes diente".[1019] Die Forderung, eine Gewerbeschule nach Mannheimer Muster einzurichten, wollte sich der Stadtrat jedoch nicht zu eigen machen, handele es sich hierbei doch um eine Schulgattung, „welche nur einem Stand, nicht der Allgemeinheit" diene; er trat daher für eine Realschule in Verbund mit einer gewerblichen Fortbildungsschule ein[1020] – ein Konzept, das bei den staatlichen Schulbehörden auf Zustimmung stieß. Im Oktober 1886 begann die auf vier Klassenstufen ausgelegte Realschule mit dem Unterricht; 1890 wurde sie auf sechs Jahrgänge erweitert,[1021] so daß deren Absolventen „mit dem Zeugnis der Reife" – der mittleren Reife – entlassen werden konnten, zu Beginn des 20. Jahrhunderts in Ludwigshafen schätzungsweise 2—3% des jeweiligen Jahrgangs, wobei allerdings wiederum zu berücksichtigen ist, daß eine größere Zahl der Schüler aus den umliegenden Gemeinden stammte.[1022] Wenn im längerjährigen Durchschnitt zunächst nur wenig mehr als ein Fünftel der Schüler alle sechs Klassen absolvierte,[1023] belegt das weniger eine strenge Auslese als den fortlaufenden Abstrom der Schüler durch „Übertritt in das bürgerliche Leben":[1024] Nach insgesamt 30% Schwund während der ersten drei Jahre betrug der Verlust von Jahr zu Jahr ziemlich genau ein Drittel.[1025] Ein erheblicher Teil der Abgänger dürfte in die außerschulische praktische Ausbildung übergewechselt sein und daneben das Angebot der gewerblichen oder der kaufmännischen Fortbildungsschule genutzt haben,[1026] darunter offensichtlich nicht wenige Kinder von gelernten Arbeitern, die zuvor einige Jahre die Realschule besucht hatten.[1027]

Anmerkungen
Seite 631

1019 Stadtgeschichte (1903), S. 658; ebd. S. 658ff auch f.d.F.; Esselborn, S. 191ff; VB 1890/94, S. 59ff; VB 1900/04, S. 144ff und weitere Verwaltungsberichte; Weiß, S. 294ff

1020 vgl. SRP 5.9.1884, 28.1., 6.3., 20.8.1885

1021 vgl. SRP 5.7.1889, 30.5.1890

1022 VB 1890/94, S. 60. Im Schuljahr 1905/06 stammten 15% der 558 Schüler nicht aus Ludwigshafen; berechnet nach VB 1905, S. 86

1023 so bis 1903 zu ermitteln aus den Daten in Stadtgeschichte (1903), S. 664

1024 so die Erläuterung über das Ziel der ersten vier Klassen der Realschule in VB 1907, S. 103

1025 berechnet für den Durchschnitt der Jahrgänge 1886/87—1897/98 nach den Daten in Stadtgeschichte (1903), S. 664

1026 vgl. Stadtgeschichte (1903), S. 662f

1027 Das läßt sich aus den z.T. erhaltenen Schulgeldlisten in den Beilagen zu den Stadtrechnungen erschließen

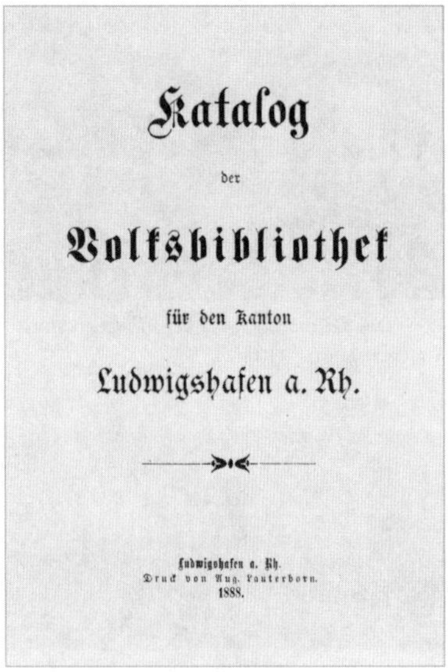
Katalog

der

Volksbibliothek

für den Kanton

Ludwigshafen a. Rh.

Ludwigshafen a. Rh.
Druck von Aug. Lauterborn.
1888.

›Volksbibliothek‹ Ludwigshafen Katalog von 1888 [319]

Auf Grund der rasch wachsenden Schülerzahlen (1886/87: 95, 1890/91: 318) sah sich die Stadt vor die Aufgabe gestellt, sehr bald ein geeignetes Gebäude zu errichten. Als die neue Schule im Oktober 1893 eingeweiht wurde, hatte sie bereits 374 Knaben zu beherbergen. Das Unterrichts-Angebot verbesserte sich seit dem Schuljahr 1897/98 durch die Einrichtung einer eigenen „Handelsabteilung, um einem längst gehegten Wunsche des Handelsstandes entgegenzukommen".[1028] Den entscheidenden weiteren Entwicklungsschritt – die Vermittlung allgemeiner Bildung „auf moderner Grundlage" unter stärkerer Berücksichtigung von modernen Sprachen, Naturwissenschaften und Wirtschaftslehre, von der Stadt und der Pfälzischen Handels- und Gewerbekammer seit Jahren in Eingaben an den Landtag gefordert,[1029] brachte 1907 die Aufstockung der Real- zur ›Oberrealschule‹ mit nunmehr neun Klassenstufen und Einführung des fakultativen Lateinunterrichts in den drei oberen Klassen, denn damit vermittelte das Institut auch die Hochschulreife abgesehen vom Studium der Theologie, Jurisprudenz und der klassisch-philologischen Fächer. Wenn der Landrat der Pfalz im November 1913 beschloß, die inzwischen „am meisten bevölkerte Mittelschule Bayerns" mit ihren fast 1 100 Schülern „als Kreisanstalt" zu übernehmen und gleichzeitig Zuschüsse für eine weitere sechsklassige Realschule in Ludwigshafen bereitzustellen,[1030] so läßt das die Bedeutung erkennen, die man der Bildungsstätte weit über Ludwigshafen hinaus beimaß.

Das Angebot für die höhere Mädchenbildung ließ insgesamt länger auf sich warten und blieb schmaler als dasjenige für Knaben. Die ›*Höhere Töchterschule*‹[1031] begann im Jahr 1875 als privates Unternehmen für die Mädchen der ›besseren Kreise‹ mit dem Ziel, die übliche Volksschulzeit in die insgesamt neunjährige Ausbildung voll einzubeziehen. Sehr rasch jedoch suchte der eigens gegründete Töchterschulverein mit Blick auf die unvermeidlich hohen Kosten um einen Zuschuß der Stadt nach. Der Gemeinderat konnte schlecht der eigenen Volksschule Konkurrenz machen, erklärte sich jedoch 1877 bereit, die Klassen vom vierten Schuljahr ab in städtische Regie zu übernehmen.[1032] Nach Zustimmung der Kreisregierung trat diese Regelung mit dem Schuljahr 1878/79 in Kraft. Die Höhere Töchterschule umfaßte demnach sechs, seit 1891 sieben Klassenstufen. Nachdem der Stadtrat 1903 beschlossen hatte, Schülerinnen erst nach der vierten statt wie bisher, bereits nach der dritten Klasse aufzunehmen, wurde der Besuch der nunmehrigen ›Städtischen Höheren Mädchenschule‹ seit 1905 wieder auf sechs Jahre reduziert.[1033]

Das Institut sollte „den Mittelschulen der Knaben" entsprechen. „So gut wie der Mann hat die Frau schon um ihrer selbst willen ein natürliches Anrecht auf so viel Bildung, als sie mit den ihr verliehenen Kräften sich aneignen kann", bemerkte der Verwaltungsbericht von Bürgermeister Grünzweig und wies darauf hin, die Schule gestatte „auch weniger begüterten [Mädchen], welche zu ihrem späteren Fortkommen auf eigenen Erwerb angewiesen sind, sich die Grundlage für ihren zukünftigen Beruf als Geschäftsleiterinnen, Erzieherinnen, Lehrerinnen, Gesellschafterinnen usw. anzueignen".[1034] Tatsächlich beschränkte das Schulgeld von normalerweise 108 Mark jährlich trotz nicht unerheblicher Nachlässe für „weniger Begüterte"[1035] die Klientel doch ganz überwiegend auf die ›besserverdienenden‹ Familien. Deshalb geriet die Schule in die Kritik. Stadtrat Lebender monierte 1900 den sozial

Anmerkungen
Seite 632 und 633

1028 Stadtgeschichte (1903), S. 661
1029 JPHGK 1900, S. 65f; 1902 I, S. 92ff, Zitat ebd., S. 93; 1903 I, S. 82ff; SRP 30.4.1901
1030 VB 1913, S. 106
1031 f.d.F. Esselborn, S. 189ff; Stadtgeschichte (1903), S. 300ff; Weiß, S. 290f
1032 SRP 22.2., 16.3.1877, 28.2.1878
1033 SRP 24.2.1905; VB 1905, S. 89f
1034 VB 1890—1894, S. 65
1035 nach den Daten in Stadtgeschichte (1903), S. 302f wurden 1902 insgesamt nur 80% des normalen Satzes gezahlt
1036 VB 1900/04, S. 153; dazu SRP 13.2.1903
1037 SRP 24.2.1905; VB 1905, S. 89f
1038 VB 1906, S. 40f
1039 Die Zahl der Schülerinnen stieg 1878—1913 von 121 auf 405, der Zuschuß von 1 800 Mark auf 76 384 Mark; Ganser, S. 45f
1040 Esselborn, S. 197f auch f.d.F.; Stadtgeschichte (1903), S. 347 und vor allem Furtwängler
1041 SRP 4.10.1877
1042 VB 1911, S. 51

elitären Charakter und die Unklarheit der Bildungsziele und forderte stattdessen die allgemeine Öffnung der Schule für begabte Mädchen unabhängig von elterlichem Wohlstand und eine stärker berufsorientierte Ausrichtung der Lehrinhalte, so daß die Schülerinnen „entweder direkt in ein Lehrerinnenseminar übertreten oder eine Stelle im Kaufmanns-, Handels- oder Bureaudienste versehen" könnten.[1036] So bot seit 1905 eine eigene ›Handelsabteilung‹ in den zwei, seit 1911 in den drei obersten Klassen direkte Berufsvorbereitung an, in der „Handelskunde, Korrespondenz, kaufmännische Arithmetik, Buchführung" und fakultativ Stenographie auf dem Unterrichtsplan standen.[1037] Die generelle Halbierung der Gebühr auf 54 Mark seit 1905 erweiterte den sozialen Einzugsbereich und bescherte der Schule bis 1913/14 einen Zuwachs von 50% auf nunmehr 405 Schülerinnen. Aber auch wenn die Stadt für den dringend erforderlichen Neubau eines angemessenen Schulgebäudes 1904/06: 415 000 Mark aufwandte[1038] und der laufende städtische Zuschuß 1878 bis 1913 auf gut das 42fache, die Schülerinnenzahl hingegen nur auf gut das 3,3fache stieg,[1039] blieb die höhere Mädchenbildung vor Ort nicht nur nach Zahl der Schuljahre im Hintertreffen: Gut dreimal soviel männliche Altersgenossen besuchten seit den 1890er Jahren eine Ludwigshafener ›Mittelschule‹. Und Mädchen, die es bis zum Abitur bringen wollten, mußten weiterhin nach Mannheim ausweichen. Erst 1919 erhielt die Mädchenschule einen realgymnasialen Zweig, der zur Hochschulreife führte.

Volks-Hochschulkurse in Ludwigshafen a. Rh.
Januar — Februar 1901.

Verbrechen und Verbrecher.

Inhaltsangabe der Vorträge
von
Prof. Dr. Gustav Aschaffenburg.

Vortrags-Abende:
Mittwoch, den 16. Januar 1901
" " 23. " "
Montag, " 28. " "
Mittwoch, " 6. Februar "
" " 13. " "

›Verbrechen und Verbrecher‹ Die erste Vortragsreihe an der Ludwigshafener Volkshochschule 1901 [320]

Sonstige Bildungsbemühungen

Die Bildungsbestrebungen beschränkten sich (auch) in Ludwigshafen nicht auf den schulischen Bereich, erhielten aber von hierher zusätzliche Impulse. So waren es Schulmänner mit Hauptlehrer und Stadthistoriker Karl Esselborn an der Spitze, die 1875 damit begannen, eine Schulbibliothek aufzubauen, um „die Fortbildung der sonntagsschulpflichtigen Jugend durch eine gute Lektüre nach Möglichkeit zu fördern und die sogenannte Kolportage-Literatur mit ihrem schädlichen Einflusse zu verdrängen"[1040] – der Kampf gegen ›Schmutz und Schund‹, und dazu rechnete man die sogenannte Kolportageliteratur, war ein vieldiskutiertes Thema im Kaiserreich. Allzuviel, um diesen Kampf bei der heranwachsenden Jugend erfolgreich zu bestehen, tat der Ludwigshafener Stadtrat dann jedoch nicht, als die Lehrerschaft der Stadt die gestifteten und erworbenen 300 Bände anvertraute mit der Bitte, die ›Local-Volksbibliothek‹[1041] zu einer ›*Städtischen Bibliothek*‹ auszubauen und für weitere Leserschichten zu öffnen. Immerhin wuchs die Sammlung unter der anfänglichen Bezeichnung ›Städtische Bibliothek‹, seit 1888 unter dem etwas hochgegriffenen Etikett ›Städtische Volksbibliothek‹ aufgrund privater Spenden und eines geringen jährlichen Zuschusses aus der Stadtkasse bis zu Beginn des 20. Jahrhunderts auf rd. 1 700 Bände, lange Zeit auf engstem Raum und mit äußerst spärlichen Öffnungszeiten mehr schlecht als recht ehrenamtlich betreut. Daß die Stadtverwaltung dank der frischen Impulse des kommunalpolitisch aktiven Lehrers Hans Lebender den Bestand 1911 in einem größeren freigewordenen Lehrsaal der Maxschule unterbringen ließ[1042] und die Öffnungzeiten publikumsfreundlicher gestaltet wurden (mittwochs und samstags von 17 Uhr bis 19 Uhr) hat auf die bis dahin eher verhaltene Lesefreude des ›Volkes‹ offensichtlich anregend gewirkt: Während 1902/03 pro Woche 60 bis

Restauration ›Zum Engel‹
in der Zollhofstraße
1907 [321]

Garten des Restaurants ›Zum Storchen‹
um 1905 [322]

70 Bände im Winter, etwa 30 im Sommer gegen die fällige Benutzungsgebühr von fünf Pfennig pro Buch entliehen wurden, stieg der durchschnittliche wöchentliche Leseumschlag 1912 auf 150, 1913 sogar auf 275 Bände.[1043] Der Bücherfundus war trotz zusätzlicher Spenden von mehreren Ludwigshafener Firmen, vor allem der BASF und der Aktienbrauerei, mit nunmehr rd. 5 000 Bänden im Vergleich zu anderen Städten „noch ein bescheidener", wie der Jahresbericht 1913 zugeben mußte, bot aber der geneigten Leserschaft „doch jetzt schon Gelegenheit, alle hervorragenden Autoren der klassischen Literatur sowie die modernen Erscheinungen auf dem Gebiete der schönen und zum Teil auch der wissenschaftlichen Literatur kennenzulernen".[1044] Die Überlegungen, welche die Stadtverwaltung bereits 1903 anstellte, nämlich in jedem Stadtteil eine Bücherei mit Lesezimmer einzurichten, um etwaige Lektüre-Hemmschwellen herabzusetzen, blieben einstweilen freundliche Zukunftsmusik.[1045]

Einen Blick in größere Fernen zur Vermittlung tieferer Einsichten in den Kosmos an die Schuljugend und ein breiteres Publikum sollte die allerdings erst nach dem Ersten Weltkrieg fertiggestellte ›Volkssternwarte‹ im Turm der Rheinschule vermitteln. Die Anregung dazu gab Fabrikant Friedrich Lux, das Geld für die Ausstattung die Stadtkasse, soweit private Spenden nicht ausreichten.[1046]

Noch in anderer Hinsicht bahnte sich kurz vor dem Ersten Weltkrieg eine neue Möglichkeit der Kinder- und Jugendbildung an: 1913 wurde in Ludwigshafen eine Zweigstelle der Mannheimer Hochschule für Musik eröffnet, in der Kinder bis zu 14 Jahren Klavier- und Violinunterricht erhielten[1047] – eine Einrichtung, die sicherlich allein den ›besseren Schichten‹ zugute kam.

Schließlich machte sich in ersten Anfängen die *Volkshochschulbewegung* bemerkbar. Angeregt durch den höchst erfolgreichen Start eines Vortragszyklus in Mannheim,[1048] trat Anfang Oktober 1900 der ›Kaufmännische Verein‹ an die Stadt heran mit der Bitte, sie möge durch einen Kostenzuschuß das Vorhaben unterstützen, „zur Förderung der Bildungsbestrebungen [...] ähnlich wie in anderen Städten sogenannte Volkshochschulkurse für populärwissenschaftliche Vorträge" abzuhalten.[1049] Hinter dem Antrag stand eine ganze Reihe von Organisationen,

Anmerkungen
Seite 634 und 635

1043 *berechnet nach VB 1913, S. 111*
1044 *ebd.*
1045 *vgl. Stadtgeschichte (1903), S. 347 und Weiß, S. 280f*
1046 *Springer, S. 83*
1047 *Weiß, S. 313f*
1048 *vgl. Schott 1907a, S. 530*
1049 *f.d.F. ›100 Jahre‹ (1953), S. 136f und Breunig 1976, S. 304f*
1050 *dazu Breunig 1976, S. 299ff, 367f*
1051 *so der Titel eines 1972 erschienenen Buches von Wolfgang Nahrstedt*
1052 *vgl. allg. Ritter / Tenfelde 1992, S. 361ff*

Der große Saal, das Bad sowie der Garten des Gesellschaftshauses „mit Grotte" zum Saal des Hauses vgl. Abb. in Kap. 14; Postkarte um 1900 [323]

Stätte vieler Veranstaltungen: das 1882 erbaute Gesellschaftshaus in der Bismarckstraße (an der Stelle der heutigen Stadtbibliothek) [324]

die auf diesem Wege besonders der Arbeiterschaft den Zugang zu besserer Bildung verschaffen wollten: Gewerkschaftskartell, Gewerbeverein, Arbeiter-Fortbildungsverein, Ortsgruppe des bayerischen Lehrerverbandes. Der Stadtrat bewilligte daraufhin alljährlich 200 Mark für diesen Zweck, und private Spenden taten ein Übriges, so daß unter großem Andrang der Heidelberger ›Psychiatriker‹ Prof. Aschaffenburg am 16. Januar 1901 mit einer Vortragsreihe über ›Verbrechen und Verbrecher‹ den ersten Volkshochschulkurs eröffnen konnte. Bis 1914 entwickelte sich das Unternehmen stetig weiter, kam dann zum Erliegen und lebte trotz einiger Ansätze in der Zwischenkriegszeit erst 1946 wieder dauerhaft auf. Einen guten Erfolg hatten auch die studentischen Unterrichtskurse, die aus Ludwigshafen stammende Studenten in den Fächern Deutsch, Physik, Rechnen, Staatsbürgerkunde und Stenographie seit 1911 für junge Arbeiter, Handwerker und Kaufleute anboten. Die Sozialdemokratie bemühte sich für ihre Klientel nach der Jahrhundertwende verstärkt um ein Bildungsprogramm, das Wissensvermittlung und sozialistisches Weltbild miteinander verknüpfte, und in Konkurrenz dazu boten kirchliche Vereine Vorträge und Lesestoff für ihre Mitglieder.[1050]

Für bildungsbürgerliche Einrichtungen wie Theater und Oper, Orchester und Museen allerdings blieb die Ludwigshafener Bevölkerung vor allem auf das einschlägige Angebot im nahegelegenen Mannheim mit seiner anspruchsvollen kulturellen Tradition noch aus kurfürstlicher Zeit verwiesen. Hiermit zu konkurrieren, war Ludwigshafen außerstande und hat es gar nicht erst versucht; das Image als ›Stadt der Chemie‹ und ›Stadt der Arbeit‹ ließ sich nicht einfach abstreifen.

Beginn der ›Freizeitgesellschaft‹? – Festlichkeiten

Die Überschrift ist aus gutem Grund mit Fragezeichen versehen: ›Freizeit‹ blieb in der Wirtschaft und Gesellschaft zur Zeit des Kaiserreichs für die meisten Menschen ein außerordentlich knappes Gut, ›die Entstehung der Freizeit‹[1051] war in der damaligen Praxis trotz der recht beträchtlichen Verkürzung der durchschnittlichen Arbeitszeit zwischen 1871 und 1914[1052] noch nicht derart weit fortgeschritten, daß man an eine ›Freizeitgesellschaft‹ heutigen Zuschnitts nur im Entferntesten denken konnte.

Wirtschaft der Weizenbier-Brauerei Ludwigshafen, vor 1914 [325]

Der Hof der Wirtschaft ›Zum Bayerischen Hiesl‹, Bismarckstraße, 1888 [326]

Dennoch entstanden neben der Arbeitswelt zunehmend kleinere und größere Freiräume, schichtenspezifisch gewiß verschieden nach Wertigkeit und Umfang, doch keineswegs allein auf die oberen Zehntausend beschränkt. Für diese schmale Schicht stand als Kommunikationsraum neben dem häuslichen Ambiente groß- oder zumindest gutbürgerlichen Zuschnitts eine bescheidene Zahl ›besserer‹ Restaurants, vor allem aber das städtische ›*Gesellschaftshaus*‹ zur Verfügung, das die Firma Josef Hoffmann & Söhne 1881/82 auf eigene Rechnung gebaut und 1889 an eine Aktiengesellschaft verkauft hatte: Von Anbeginn „war der Saal im ersten Obergeschoß der kulturelle, das Restaurant im Erdgeschoß der gesellschaftliche Mittelpunkt Ludwigshafens. Im Saal, der eine gute Akustik hatte, wurden von Gesang- und Musikvereinen zahlreiche Chor- sowie Orchesterwerke einstudiert und aufgeführt. Theatergruppen probten mit großer Ausdauer und spielten meistens vor begeistertem Publikum. Aber nicht nur Laienvorstellungen fanden im Gesellschaftshaus statt, auch bekannte Orchester, Kammermusikensembles, Wanderbühnen, das Nationaltheater Mannheim sowie das Pfalztheater Kaiserslautern gaben Gastspiele. Die Bildungsvereine hielten dort ihre Vorträge ab, die Frauengruppen ihre Wohltätigkeitsfeste, die Parteien ihre Mitglieder- und Wahlversammlungen. Gesellschaftliche Höhepunkte waren die Bälle der bedeutenden Ludwigshafener Vereine. Am Geburtstag des Kaisers, des bayerischen Königs oder Prinzregenten, am Sedanstag und sonstigen nationalen Gedenktagen wurden im Saal schneidige Reden gehalten und vaterländische Bankette veranstaltet. Bei vielfältigen offiziellen Anlässen lud die Ludwigshafener Stadtverwaltung in das repräsentative Gebäude ein. [...] Anläßlich von Besuchen hochgestellter Persönlichkeiten wie des Prinzregenten Luitpold 1888, des Prinzen Ruprecht 1905 und des Königs Ludwig III. 1914 wurden im Gesellschaftshaus große Empfänge gegeben. Im zweiten Obergeschoß hatten der Cäcilienverein, die Kasinogesellschaft, der Kaufmännische Verein und weitere Vereinigungen ihre Geschäftsräume. Die Gaststätte im Erdgeschoß [...] genoß einen ausgezeichneten Ruf. [...] Großflächige Malereien schmückten Wände und Decke des Speisesaales. Zum Gaststättenbetrieb gehörten ferner ein Café, eine Kegelbahn, ein Billardraum und eine Gartenwirtschaft. Auch eine Badeanstalt befand sich in dem Gebäude."[1053] Ein vergleichbares Ambiente bot die BASF seit Ende 1900 ihren ›Beamten‹ im firmeneigenen Gesellschaftshaus. Gleichwohl zeichnete sich angesichts des anhaltenden Bevölkerungswachstums nach der Jahrhundertwende die Notwendigkeit ab, einen größeren Saal in Ludwigshafen zu erbauen,[1054] eine Stadthalle, wie sie damals fast zum Standard-Bauprogramm selbstbewußter Bürgerstädte zählte und wie ihn sich z. B. Mannheim mit dem Rosengarten in höchst repräsentativer Form schuf. Ein derartiges Bedürfnis regte sich auch in der Stadt der Arbeit, ohne daß die Stadtväter der Gemeinde hierfür neue finanzielle Lasten aufbürden wollten. Daher erschien das Angebot einer Frankfurter Firma, eine Festhalle auf ihre Kosten zu errichten und zu betreiben, als idealer Ausweg, scheiterte aber schließlich an der Nachforderung finanzieller Garantien seitens des Bauunternehmens (1912).[1055]

Treffpunkt für die große Masse der Bevölkerung, zumindest soweit es die Männer betrifft, waren vor allem die *Gastwirtschaften* – ›Freizeitkultur‹ in der Arbeiterstadt war zu einem guten Teil Kneipenkultur.

Anmerkungen
Seite 636 und 637

1053 *Breunig 1986, S. 115f*
1054 *VB 1910, S. 12*
1055 *SRP 31.5., 19.7.1912; Geheime SRP 31.5., 27.9.1912; Springer, S. 52*
1056 *Stadtgeschichte (1903), S. 597*
1057 *Dagegen werden in Stadtgeschichte (1903), S. 242 für das Jahr 1901 467 Wirtschaften angegeben*
1058 *Geschätzt nach den Angaben von Breunig 1976, S. 754 für ausgewählte Stichjahre und Angaben von VB 1890 bis 1894 für die Jahre 1885—1894*
1059 *Laut JHKL 1913 II, S. 33 entfielen 1908—1912 zwischen 6,1 und 6,4 Gast- und Schankwirtschaften auf 1 000 Einwohner*
1060 *insgesamt 1 221; Stadtgeschichte (1903), S. 242f*
1061 *Verwaltungsberichte 1904—1907*
1062 *SRP 11.3.1881*

Dazu trugen natürlich die beengten Wohnverhältnisse bei. Die Vereine tagten für gewöhnlich in ihrem jeweiligen Stammlokal. Auch für die Entwicklung des politischen Bewußtseins spielten Gastwirtschaften als Ort der Begegnung und des Meinungsaustauschs eine zentrale Rolle – das gilt nicht zuletzt für die Arbeiterbewegung, zu deren Führungsriege in Ludwigshafen wie andernorts mehrere Gastwirte rechneten. Und schließlich sollte man die Bedeutung der „Wirtschaften mit Tanzsälen" für die Anbahnung von Kontakten zwischen den Geschlechtern nicht unterschätzen – 27 derartige Etablissements zählte man in Ludwigshafen 1902, dazu 18 „Gastwirtschaften mit Fremdenbeherbergung" und 484 „sonstige Wirtschaften",[1056] also für gewöhnlich sog. ›Schankwirtschaften‹. Letztere bildeten den Normalfall in der Ludwigshafener Gastronomie; zum Teil wurden sie nebenberuflich bzw. unter Einsatz sonstiger Familienkräfte wie der Ehefrau betrieben.

529 Gastwirtschaften in einer Stadt mit einer Einwohnerschaft von damals rd. 67 000 Einwohnern – das bedeutete: durchschnittlich entfielen 127 Personen auf eine Gastwirtschaft. Zuverlässig vergleichbare Zahlen über den Bestand zu anderen Zeitpunkten liegen nicht vor, denn in den Adreßbüchern sind deutlich weniger Wirtschaften verzeichnet, 1901 z. B. ›nur‹ 380 bzw. 437, je nachdem, welche Kategorien man einbezieht.[1057] Legt man die Adreßbuchangaben zugrunde, in denen vermutlich Stehausschänke nicht berücksichtigt waren, dann betrug die Gasthausdichte zwischen 1871 und 1894 etwa 220 Personen je Wirtschaft; erst nach der Eingemeindung von Friesenheim und Mundenheim sank der Durchschnittswert auf etwa 170 Personen je Gaststätte (1901/13).[1058] Das aber war gesamtpfälzischer Durchschnitt.[1059] Hinter derartigen Zahlen allein wachsende Vergnügungssucht der Bevölkerung zu vermuten, wäre voreilig; viel eher trifft der Rückschluß zu, daß eine größere Zahl von Menschen versuchte, auf diese Weise einen Teil ihres Hauses gewinnbringend zu nutzen. Verhältnismäßig selten nur handelte es sich bei den Antragstellern um Personen, die sich als ›Wirt‹ oder ›Gastwirt‹ bezeichneten, sondern ganz überwiegend um Berufsfremde. Nur die wenigsten Wirtschaften wurden von den Hauseigentümern selbst betrieben, „die weitaus größte Mehrzahl" war von Brauereien aus dem näheren und weiteren Umfeld (bis hin nach München und Kulmbach) gepachtet, die so den Absatz ihrer Produkte zu verbessern suchten und ihrerseits die Wirtschaften an ›Zäpfler‹ weitervermieteten, einen sehr unsteten Personenkreis, wie der häufige Wechsel belegt: 1899 bis 1902 erteilte die Stadt im jährlichen Durchschnitt rd. 300 Konzessionen,[1060] und die Zahl stieg weiter an: 1904—1907 lag sie pro Jahr durchschnittlich nahe bei 380.[1061]

Für die Stadtverwaltung waren die Gastwirtschaften natürlich eine willkommene Einnahmequelle: Sie lieferten neben Gewerbe-Abgaben Verbrauchssteuern auf Bier, Wein und Branntwein. In mehrfacher Hinsicht stellten sie aber auch ein Ordnungsproblem dar – das betraf die Hygiene von Küche, Zapfanlage und Aborten, das betraf die ›Sittlichkeit‹ und Polizeistunde, und das betraf die Sicherheit, denn in Wirtschaften entspannen sich zumal an Wochenenden leicht Streitereien, die nicht selten in handfeste Tätlichkeiten ausarteten.

Wenn der Gemeinderat 1881 beschloß, Konzessionen nur noch bei nachgewiesenem Bedarf zuzustimmen,[1062] so mochte er damit polizeiliche Bedenken wegen des drohenden Überangebots beschwichtigen.

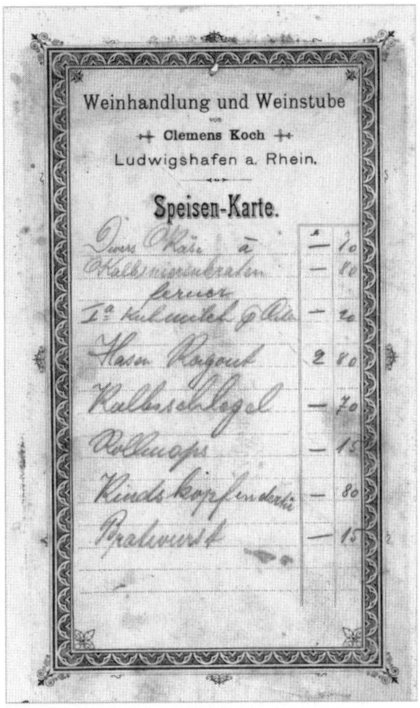

„Kalbsnierenbraten 80 Pfennig, Hasenragout 2,80 Mark, Bratwurst 15 Pfennig". Speisekarte der Weinstube Clemens Koch, vermutlich um 1900 [327]

›Zum Hobelwerk‹, Frankenthaler Straße vor 1900 [328]

Café König in der Oggersheimer Straße, Verkaufsraum 1913 [329]

Der Beschluß bewirkte jedoch unvermeidlich einseitige Begünstigung der bereits bestehenden Etablissements und verstieß gegen das Prinzip der Gewerbefreiheit. So mußte die Stadt auf Geheiß des Bezirksamts 1885 die bisherige Regelung aussetzen; allein die Befähigung und der Leumund des Antragstellers sowie die hygienische und sanitäre Beschaffenheit der für den Wirtschaftsbetrieb vorgesehenen Räume sollten in Zukunft als Entscheidungskriterien dienen.[1063] Eine Beschwerde der Gastwirte gegen diese von der Gemeindeversammlung abgesegnete Neuregelung hatte keinen Erfolg, das Problem blieb aber weiterhin virulent. 1900 stand erneut die Frage auf der Tagesordnung des Gemeinderats, ob man zur Bedürfnisprüfung zurückkehren solle, wie sie in Mundenheim bis zur Eingemeindung üblich gewesen war und laut Eingemeindungsvertrag von 1899 für diesen Ortsteil noch fünf Jahre fortdauern sollte. Einerseits erklärten die Aufsichtsbehörden eine derartige Sonderregelung für rechtlich unzulässig, andererseits drängte nun gerade die Regierung der Pfalz darauf, es solle „bei der außerordentlichen Überhandnahme der Schankwirtschaften im öffentlichen Interesse mit allen zu Gebote stehenden Mitteln eine weitere Vermehrung der Wirtschaften im Regierungsbezirke hintangehalten und dort, wo bereits eine Überzahl von Wirtschaften besteht, auf eine entsprechende Verminderung derselben hingewirkt werden". Der Gemeinderat quittierte das behördliche Ansinnen auf Erlaß eines einschlägigen Ortsstatuts einstimmig mit Ablehnung angesichts der Schwierigkeiten, sachgerechte Entscheidungen zu treffen; auf jeden Fall würde die Bedürfnisprüfung „die Schließung zahlreicher Wirtschaften hiesiger Stadt und damit den wirtschaftlichen Ruin eines manchen Hausbesitzers im Gefolge haben". Deshalb sprach er sich für „billige Rücksicht" und gegen plötzliche scharfe Einschnitte des Bezirksamts bei der Konzessionsvergabe aus.[1064] Wie die o. a. Zahlen zeigen, hat sich die Gastwirtschaftsdichte in den folgenden anderthalb Jahrzehnten offensichtlich kaum verändert, die Sättigungsgrenze war erreicht.

Anmerkungen
Seite 638 und 639

1063 *SRP 20.8.1885; vgl. Esselborn, S.231f; Breunig 1976, S.71*
1064 *SRP 5.10.1900; vgl. auch SRP 16.2.1900*
1065 *VB 1905, S.39; vgl. VB 1900/04, S.88*
1066 *AB 1907*
1067 *vgl. Springer, S.93; AB 1913, S.540*
1068 *AB 1914, S.569 nennt nur noch 5 statt 8 Kinematographen, wie im Jahr zuvor*
1069 *Breunig1998, S.35*

Eines der ältesten Kinos in Ludwigshafen: das ›Union‹ in der Ludwigstraße um 1910 [330]

Werbung der Ludwigshafener U.-T. [Union-Theater]-Lichtspiele [331]

Die knappen Gewinnmargen förderten bei etlichen Gaststättenbesitzern die Bereitschaft zu fragwürdigem Tun und Lassen. Als einen schweren Mißstand prangerte der Verwaltungsbericht von 1905 „die trotz aller Aufsicht sich vollziehende Zunahme der sogenannten Animierkneipen" an: „Die außergewöhnliche Vermehrung der Wirtschaften, deren dadurch bedingte schlechte Frequenz, führen manche Wirte auf Abwege, indem sie das eingestellte weibliche Bedienungspersonal durch Zuwendung einer Verbrauchsprovision zum Animieren herausfordern und mit diesem unlauteren Erwerb der Unsittlichkeit Vorschub leisten." 1904 wurden deshalb gegen 14 Gastwirte Untersuchungen wegen Kuppelei auf den Weg gebracht.[1065]

Versuchungen recht anderer Art brachte der ›*Kinematograph*‹ in die Stadt Ludwigshafen. Bis 1906 konnte man das neue Medium für gewöhnlich nur in einer Bude auf dem Früh- und Spätjahrsmarkt kennenlernen; in besagtem Jahr aber öffnete die Allgemeine Kinemathographen-Gesellschaft in der Ludwigstraße 40[1066] dem herbeiströmenden Publikum den ständigen Blick in die schöne neue Scheinwelt, und angesichts der Nachfrage folgten bald weitere derartige Etablissements – Ende 1912 hatte man die Qual der Wahl zwischen acht Kinematographen, weitgehend in Bismarck- und Ludwigstraße gelegen und gerne mit klangvollen Namen wie ›Central‹, ›Eldorado‹ und ›Palast‹ ausgestattet,[1067] darunter aber offenbar auch eine ganze Reihe recht kurzlebiger Unternehmungen.[1068] Für Alt und auch für Jung war „das neue Wunder der lebenden Bilder" eine echte „Sensation",[1069] und spätestens hier fing für die Behörden das Problem an: „Die Tatsache, daß ein großer Teil der kinematographischen Vorführungen die Jugenderziehung in hohem Grade schädigt, veranlaßte die Ortsschulkommission, diesem Mißstande nach Kräften entgegenzuwirken." Auf ihr Drängen traten daher am 23. März 1911 ortspolizeiliche Vorschriften „für den Betrieb der Kinematographentheater" in Kraft. Danach durfte die werktags-, sonntags- und fortbildungsschulpflichtige Jugend, also bis zu einem Alter von

Volksbad bei der Gräfenau-Schule um 1916 [332]

Badefreuden in dem am Ufer des Stroms verankerten Rheinfreibad vor 1914 [333]

rd. 16/17 Jahren, nur spezielle Kindervorführungen an Mittwoch- und Samstagnachmittagen besuchen, die Programme waren „mindestens einen Tag vor der ersten Vorführung der Kgl. Lokalschulinspektion zur Einsichtnahme und Genehmigung vorzulegen", die Vorführungen konnten überwacht, alkoholische Getränke durften nicht verabreicht werden. Allerdings folgte die Wirklichkeit nur sehr unvollkommen den behördlichen Richtlinien, besuchten viele Werktagsschüler „namentlich an Sonntagnachmittagen" verbotene Vorstellungen, ohne daß die Polizei Anzeige erstattete. Immerhin sahen die Pädagogen auch positive Einsatzmöglichkeiten, so bei „Naturaufnahmen", und regten daher an, soweit wie tunlich „künftig eine Übereinstimmung zwischen dem Lehrstoff und den Films [!] herbeizuführen".[1070] Im Stadtrat aber regten sich Überlegungen, ob man nicht bei den Lichtspielhäusern eine Lustbarkeitssteuer erheben und der Armenpflege zukommen lassen könne.[1071]

> Und dann kam es zur ersten Sensation in meinem Leben. 1905 war es. Jahrmarkt in Ludwigshafen. Unter den vielen Ausstellerbuden, Zelten und Karussells stand auch eine Bude mit vielen bunten Plakaten, daneben ein fauchendes Lokomobil, das die Kraft lieferte zu dem ›Kinematographen-Theater‹, das zum ersten Mal das neue Wunder der lebenden Bilder in unsere Stadt brachte. An der Kasse vor dem Zelt saß eine junge hübsche Frau mit einem zauberhaft schönen Zigeunerkostüm und verkaufte die Eintrittskarten. 10 Pfennig pro Person. Mit jugendlicher Regung betrat ich das dunkle Zelt. Innen war kaum etwas zu sehen. Ein paar hölzerne Bänke standen vor einer weißen Wand am Ende des Raums, die mich an Mutters Bettdecken erinnerte [...] An der Seite der Leinwand stand ein großes Grammophon, aus dessen Trichter muntere Marschmusik ertönte. Nachdem sich das Zelt etwas gefüllt hatte, trat ein Mann neben den Musikapparat und erzählte etwas über das Wunder des Kinematographen, [...] Und dann geschah es: Über unsere Köpfe hinweg blitzte ein heller Lichtstrahl und ließ die Leinwand hell aufleuchten. Dann raste ein Eisenbahnzug [...] von weiter Ferne in das Bild hinein, direkt auf uns zu, so schien es, so daß nicht nur ich, sondern das ganze Publikum entsetzt aufschrie [...] Dann, als das Bild wieder hell wurde, brachen wir alle in ein lautes Gelächter aus. Und schon fesselte ein neues Geschehen

Anmerkungen
Seite 640 und 641

1070 *Schulbericht 1910/11, S.26f*
1071 *Springer, S.42*
1072 *soweit die Schilderung William Dieterles, zit.n. Breunig 1998, S.35f*
1073 *Weiß, S.197*
1074 *ebd., S.41*
1075 *Verwaltungsberichte*
1076 *VB 1907, S.42; SRP 26.4.1911*
1077 *vgl. SRP 2.8.1895, 22.1.1897*

Laien-Theater: Schillerfeier des Gymnasiums 9. Mai 1905 [334]

Konzert des Cäcilienvereins 1908 [335]

unsern Blick. Es waren damals alles nur kurze Stücke von Filmen mit einer Laufzeit von zwei bis drei Minuten. [...] Die ganze Vorstellung [...] dauerte nur etwa zehn Minuten. Mein Kopf schwirrte von Eindrücken [...] Der Kinobesuch kam mich recht teuer zu stehen. Zehn Pfennig war für mich damals ein Vermögen. Da mußte ich lange warten, bis ich soviel Geld wieder beisammen hatte." [1072]

Ganz anderer Natur war die wachsende Begeisterung für den *Sport*, die als ein Begleitprozeß der Urbanisierung offensichtlich alle Schichten der Gesellschaft zu erfassen begann, organisiert in einer zunehmenden Vielfalt von Vereinen unterschiedlicher sozialer und politischer Ausrichtung. Der Anteil derartiger Sportenthusiasten nahm insgesamt deutlich zu: Betrug er zwischen 1861 (Gründung des Turnvereins) und 1895 etwa 2% der Gesamtbevölkerung, so stieg er seitdem bis 1901 schon auf über 3%, 1911 auf etwa 5,5%.[1073] Erste Sportanlagen entstanden, 1898 der „Sportsplatz Ludwigshafen mit einer nach dem Muster des Pariser Velodrom vorzüglich eingerichteten Radrennbahn, auf der im Sommer interessante Sportskämpfe zum Austrag kommen" – so der ›Illustrierte Führer durch Ludwigshafen am Rhein und Umgebung‹ 1902.[1074] 1905 eröffnete die Stadt im Winter eine ›Eisbahn‹, die trotz der witterungsabhängigen Unsicherheiten dem Gemeindehaushalt regelmäßig angenehmen Gewinn bescherte,[1075] und ließ in den nächsten Jahren einen Teil des Geländes für den neuen bürgerlichen Modesport des ›Lawn-Tennis‹ herrichten.[1076]

Auch abseits organisierter Bewegungsfreude gab es Möglichkeiten für freizeitliche Körperpflege und körperliche Ertüchtigung. Das ›*Volksbad*‹ beim Gräfenauer Wasserturm im Hemshof, 1895/97 vor allem mit Spenden der BASF nach dem Muster des Frauenbades der genannten Firma gebaut,[1077] bot Brause- und Wannenbäder für 10 Pfg. bzw. 40 Pfg. (seit 1911: 30 Pfg.) an – angesichts der Tatsache, daß ein Badezimmer in den Wohnungen damals noch so gut wie unbekannt war, eine wichtige, wenngleich nicht sonderlich intensiv genutzte Einrichtung der Volksgesundheit: Statistisch betrachtet nahmen 1900 nur 75 von 100 Einwohnern einmal im Jahr die Gelegenheit zu derartiger Säuberung wahr;

Beim ersten Sommertagsumzug in der Innenstadt, vor der Realschule 1904 [336]

1913 entfielen auf 100 Einwohner bereits 133 reinigende Besuche meist unter der preiswerteren Dusche in den nunmehr drei städtischen Badeanstalten, davon zwei in Schulen untergebracht.[1078] Die Schuljugend hatte es (wie oben erwähnt) in dieser Hinsicht dank der für sie kostenlosen Schulbrausebäder sehr viel besser.

Weit lebhafter war der Betrieb während der Sommermonate in der ›Rheinbadeanstalt‹, die der Stadtrat 1886 hatte einrichten lassen, damit die Bevölkerung „an gesichertem Platze der Wohltat eines unentgeltlichen Rheinbades sich erfreuen" konnte:[1079] An heißen Tagen drängten sich 1905 bis zu 5 000 Menschen in den beiden Schwimmbassins (für Erwachsene und Kinder) mit einer Fläche von 353 m^2, Grund genug, den Plan eines zweiten Bades im nördlichen Stadtteil zu forcieren. Als das vor allem an Platzproblemen scheiterte, erweiterte die Stadt 1911 die Wasserfläche in den nunmehr vier Becken der vorhandenen Anstalt auf insgesamt 545 m^2 [1080] – auch dies noch kaum ausreichend für schwimmerische Bewegungsfreiheit. Der Bau eines Hallenschwimmbades auf Aktienbasis (1906) kam trotz mehrjähriger Diskussion angesichts der schwierigen Finanzierungsfrage nicht zustande.[1081] Wer es sich leisten konnte und wollte, dem blieb die Möglichkeit, die privaten Rhein-Badeanstalten der Familie Michael Renner für Damen und Herren zu besuchen.[1082]

Von derartigen eher ›volkstümlichen‹ Vergnügungen hoben sich die Bestrebungen in den ›besseren‹ Kreisen ab, typisch bürgerliche Formen des ›Kulturlebens‹ zu pflegen, z. B. durch Theateraufführungen von Liebhabergruppen,[1083] durch Kammermusikabende, mehr noch durch Chorgesang in Männer- wie in gemischten Chören, besonders des Cäcilienvereins *[vgl. Vereine, S. 667]*, aber auch durch die engagierte Chorarbeit eines Musikenthusiasten wie Albert (von) Jaeger, des Direktors der Ludwigsbahn, dann der Pfälzischen Eisenbahnen (1856 bis 1884), der die großen Oratorien von Bach und Händel und eine Vielzahl der bekanntesten kirchlichen Chorwerke aus Vergangenheit und Gegenwart zur Aufführung brachte;[1084] hinzu kamen Konzerte von

Anmerkungen
Seite 642 und 643

1078 berechnet nach Stadtgeschichte (1903), S. 337f und VB 1913, S. 135
1079 Stadtgeschichte (1903), S. 338; vgl. Weiß, S. 194f
1080 VB 1905, S. 114; VB 1911, S. 144
1081 vgl. Verwaltungsberichte 1906/09
1082 vgl. Esselborn, S. 239f; Stadtgeschichte (1903), S. 339; Fauck (1986), S. 51f
1083 Hinweise bei Weiß, S. 343; ›100 Jahre‹ (1953), S. 122
1084 ›100 Jahre‹ (1953), S. 116f; Jung 1968, S. 43ff; zu Jaeger Knauber 1925a und Poller 1977, S. 27ff
1085 vgl. Jöckle, S. 357ff, 384; Scheeder, S. 11ff
1086 SRP 27. 5. 1904; VB 1900/04, S. 17
1087 SRP 4. 10. 1907; VB 1907, S. 179f; Führer durch die stadtgeschichtlichen Sammlungen der Stadt Ludwigshafen am Rhein, Ludwigshafen a. Rh. 1907; Verwaltungsberichte; Weiß, S. 316f

Traditionelle Feste: Blick über die Mundenheimer Kerwe im Ortszentrum 17. August 1913 [337]

Der erste Sommertagszug in der Ludwigshafener Innenstadt 1904 [338]

auswärtigen Künstlern. Aber natürlich blieb Mannheims breites Kulturangebot der große Magnet für das gehobene Ludwigshafener Publikum – die Wanderausstellungen des Pfälzischen Kunstvereins, die 1868/94 alljährlich die Stadt der Chemie erreichten, oder die (dritte und vierte) Ausstellung des sezessionistischen ›Vereins Pfälzer Künstler und Kunstfreunde‹ 1912 und 1914 in der Höheren Mädchenschule wirkten demgegenüber provinziell.[1085]

Zumindest erwähnt werden sollen schließlich die Anfänge des heutigen *Stadtmuseums*, ein Spätprodukt des Stadtjubiläums von 1903: Die intensivere Beschäftigung mit der eigenen Vergangenheit führte dazu, daß Bürgermeister Krafft die Einrichtung einer stadtgeschichtlichen Sammlung anregte und der Stadtrat 1904 dem Vorhaben zustimmte.[1086] Im Oktober 1907 eröffnet, durch fortlaufende Geschenke und Spenden erweitert, registrierte es solide Besucherzahlen.[1087]

Feste bildeten die Höhepunkte individueller und kollektiver Freizeitgestaltung. Im Folgenden kann nur von solchen die Rede sein, die regelmäßig oder gelegentlich intensiver in den städtischen Alltag Ludwigshafens hineinwirkten, gerade weil sie selbst kein Alltag waren. Dazu zählten natürlich die zentralen kirchlichen Feiertage, ferner die eher traditionellen Jahrmärkte, Kirchweihfeste oder die ›Sommertagszüge‹, die in der Innenstadt erstmals 1904 veranstaltet wurden. Vor allem aber entwickelte sich zur Zeit des Kaiserreichs eine neuartige öffentliche Festkultur mit starken politischen Implikationen, ging es doch darum, die Bevölkerung oder Teile der Bevölkerung mit ›Wir-Gefühl‹ zu erfüllen – für Vereine oder für die Stadt, für den Staat Bayern und seine Dynastie, für das Deutsche Reich und den Kaiser oder für die Arbeiterschaft und Arbeiterbewegung.

Welchen Wert Friesenheim und Mundenheim anläßlich ihrer Eingemeindung darauf legten, ihre hergebrachten *Kirchweihfeste* beizubehalten, wurde schon früher berichtet – ein Zeichen, wie wichtig ihnen diese Festivitäten auch wegen ihrer Anziehungskraft für eine weitere Umgebung waren. Ludwigshafen begann seit 1864 eine eigene Tradition

Karnevalszeitung des Karnevalsvereins ›Rheinschanze‹ 1906 [339]

Der Fasnachtszug vor dem Bahnhof 1. März 1908 [340]

auszubilden mit *Frühjahrs-* und *Spätjahrsmarkt* auf dem Ludwigsplatz. Die Märkte, für welche die Stadtverwaltung mit Anzeigen warb, fanden für gewöhnlich Ende April bzw. eine Woche vor Michaeli statt, dauerten zwei Tage (Sonntag und Montag) und waren – auch von auswärts – stets gut besucht; ihre Attraktivität zeigte sich u. a. darin, daß z. B. in der Reparaturwerkstatt der Pfälzischen Eisenbahnen an den Meßmontagen nicht gearbeitet wurde.[1088]

Das Spektrum der alljährlich fälligen Stadtfeste erweiterte sich seit 1904, als auf Anregung des im Jahr zuvor gegründeten ›Vereins für Fraueninteressen‹ *[vgl. Vereine, S. 667]* am 5. und 6. Juni das erste ›Ludwigshafener *Parkfest*‹ unter gewaltigem Zulauf „aus nah und fern, wohl an 60 000—70 000 Personen" gefeiert wurde. Es erbrachte einen Reinerlös von rd. 10 000 Mark, die dann für Wohltätigkeits- und Verschönerungszwecke zur Verfügung standen.[1089] Die Hoffnung des Stadtrats, das Ludwigshafener Parkfest werde sich „zu einem dauernden Allgemeinen Pfälzischen Volksfeste entwickeln",[1090] sollte in Erfüllung gehen, selbst wenn die alljährlich im Sommer stattfindende Veranstaltung den großen Andrang von über 100 000 Besuchern im Jahr 1905[1091] während der folgenden Jahre bei weitem nicht mehr erreichte. Zur Entlastung des Stadtparks, den man zu seiner Schonung künftig nur noch dem Parkfestverein öffnen wollte, ließ die Stadt 1912 in dessen unmittelbarer Nachbarschaft einen Festplatz mit „einer festen, über 1 000 Personen fassenden gedeckten Wirtschaftshalle" anlegen, die von den beiden großen Brauereien vor Ort als Kreditgebern beliefert wurde.[1092]

Der städtischen Selbstdarstellung und der verstärkten Identifikation der Einwohnerschaft mit der noch jungen Gemeinde dienten die eher maßvollen Festlichkeiten zum 50jährigen *Gemeindejubiläum* 1903, wobei dem ökonomischem Aspekt in Form einer Gewerbeausstellung gebührender Platz eingeräumt wurde. Den Schulfeiern folgten am 11. und am 12. Juli Festgottesdienste in der Synagoge und in sämtlichen Kirchen der Gemeinde. Am 18. Juli hielt der Stadtrat eine Festsitzung ab, „vor deren Beginn die beiden Adjunkten an den Gräbern der hier ruhenden verlebten Bürgermeister der Stadt Kränze niederlegten. Nach einer feierlichen Gedenkrede des Bürgermeisters" wurde in den Räumen der Realschule die Jubiläums-Lokal-Gewerbeausstellung eröffnet, „die am

Anmerkungen
Seite 644 und 645

1088 *Esselborn, S. 205f; Stadtgeschichte (1903), S. 244; Weißt du noch, S. 146; vgl. Laudien 1956, S. 72ff*

1089 *vgl. SRP 27. 5. 1904: Zustimmung des Gemeinderats, das Fest alljährlich abzuhalten; der Reinertrag soll dann „zu Verschönerungszwecken verwendet werden"*

1090 *VB 1900/04, S. 17f; f. d. F. regelmäßige Mitteilungen in den Verwaltungsberichten*

1091 *VB 1905, S. 160*

1092 *SRP 15. 12. 1911, 8. 3., 12. 4., 10. 5., 31. 5., 28. 6. 1912; Geheimes SRP 8. 3. 1912; AB 1913, S. 7; Festplatzordnung mit Gebührentarif ebd., S. 77f*

1093 *VB 1900/04, S. 15f*

1094 *Festschrift zum 75jährigen Jubiläum der ›Rheinschanze‹*

1095 *VB 1911, S. 11*

1096 *Laudien 1966, S. 54; vgl. Waldkirch, S. 92 und die Schilderung bei Esselborn, S. 277ff*

Prunkwagen der Vergnügungsgesellschaft ›Rheingold‹ beim Fasnachtszug 1908 [341]

Plakat für das erste Parkfest 1904 [342]

15. September mit einem durchschlagenden Erfolge für das heimische Gewerbe ihr Ende fand". Den Schlußpunkt setzten am 11. Oktober die Einweihung des ›Jubiläumsbrunnens‹ gleich am Eingang der Stadt und ein Volksfest im Stadtpark.[1093] Die damals publizierte Stadtgeschichte vermittelt bis heute höchst informative Einblicke in das erste halbe Jahrhundert der Gemeindeentwicklung.

Es sei dahingestellt, ob der Beginn systematischen *Karnevalstreibens* in Ludwigshafen mit dem Gemeindejubiläum zusammenhing. Die ›Stadt der Arbeit‹ zählte – und zählt – gewiß nicht zu den Hochburgen rheinischer Karnevalsfröhlichkeit, doch faßte die organisierte Festesfreude schon 1877 Fuß: Damals bildete sich in der Gaststätte ›Zum Storchen‹ der Vergnügungsverein ›Allotria‹ und veranstaltete 1884 mit finanzieller Unterstützung der Aktienbrauerei und unter Mitwirkung des gerade in der Stadt gastierenden Zirkus Bügler erstmals einen Karnevalszug. Dann freilich begann neue Narretei erst wieder nach der Jahrhundertwende, als der 1903 gegründete Karnevalsverein ›Rheinschanze‹ die Regie übernahm und sich nun alljährlich ein Zug von Spott-haltigen Festwagen durch die Straßen der Stadt bewegte.[1094] Damit niemand ungebührlich und ungestraft über die Stränge schlagen konnte, erließ die Stadt 1911 eigens ortspolizeiliche Vorschriften: Gesichtsmasken zu tragen oder das „Gesicht bis zur Unkenntlichkeit zu bemalen oder zu vermummen", wurde ebenso untersagt wie „das Werfen von Konfetti und Knallerbsen auf den öffentlichen Straßen und Plätzen" und der Verstoß gegen „den Anstand und die guten Sitten" in Kleidung und Auftreten.[1095]

Identifikationsstiftende Wirkung begann nicht zuletzt der *Sport* zu entfalten. Vom zehnten Verbandsschießen des Badischen Landes-Schützenvereins, des Mittelrheinischen und Pfälzischen Schützenbundes (1. bis 8. Juli 1888) und von dem Glanz seines Festzugs wurde noch der nächsten Generation „immer wieder erzählt".[1096] Noch großartiger fiel die Empfangsfeier aus, als 1912 der Vierer mit Steuermann des Ludwigshafener Rudervereins bei den Olympischen Spielen in Stockholm die Goldmedaille gewonnen hatte: Sie gestaltete sich „zu einer Kundgebung, wie sie in hiesiger Stadt in dieser Art noch nicht stattfand. Nach dem begeisterten Empfange der Weltmeister am Bahnhof durch eine ungeheure Menschenmenge bewegte sich ein imposanter Festzug, an

Die beleuchtete Rheinbrücke, vermutlich während eines Parkfestes [343]

Auf der Parkfestwiese 1912 [344]

Radrennbahn Friesenheim an der ehemaligen Landstraße nach Oggersheim um 1900 [345]

Olympische Ehren für Ludwigshafener Sportler[1097]
Medaillen bei Olympischen Spielen für Ludwigshafener Sportler

	Ort	Disziplin	Name/Verein	Medaille
1900	Paris	Rudern	LRV-Vierer	Bronze
1912	Stockholm	Rudern	LRV-Vierer	Gold
1912	Stockholm	Ringen	Jakob Neser	Silber
1928	Amsterdam	Ringen	Georg Gehring	Bronze
1936	Berlin	Rudern	Rudolf Söllner*	Gold
1936	Berlin	Ringen	Fritz Schäfer	Silber
1936	Berlin	Gewichtheben	Eugen Deutsch	Silber
1960	Rom	Fechten	Jürgen Brecht	Bronze
1964	Tokio	Ringen	Heinz Kiehl	Bronze
1964	Tokio	Turnen	Philipp Fürst**	Bronze
1972	München	Rudern	Alois Bierl***	Gold
1972	München	Ringen	Hans-Jürgen Veil	Bronze
1984	Los Angeles	Ringen	Pasquale Passarelli[1098]	Gold
2000	Sydney	Leichtathletik	Heike Drechsler	Gold

* im ›Gold-Vierer‹
** in der Mannschaftswertung
*** im ›Bodensee-Vierer‹

Sportler aus der ›Stadt der Chemie‹, die sich auch immer gerne mit dem Titel ›Stadt des Sports‹ schmückte, gewannen bei insgesamt acht offiziellen Olympiaden Medaillen. Dazu kamen, gerade im Bereich der im Arbeitersport besonders florierenden Schwerathletik, noch zahlreiche Ehrungen bei den ›Arbeiterolympiaden‹ 1925 in Frankfurt und 1931 in Wien. Die besonderen Schwerpunkte des Ludwigshafener Sports – Ringen, Rudern, Radfahren – traten bei den Olympiaden, zumindest was die beiden ersten Disziplinen anging, deutlich hervor.

dem außer den Rudervereinen von Mannheim und Ludwigshafen sämtliche Turn- und Sportvereine hiesiger Stadt sowie Feuerwehr, Sanitätskolonne und Jugendwehr teilnahmen, durch die von Menschen dicht besetzten, prächtig geschmückten und beleuchteten Straßen der Stadt.” Es folgte ein Festbankett, bei dem Oberbürgermeister Krafft dem Ruderverein als Geschenk der Stadt ein neues Viererboot ankündigte.[1099]

Ein prägender Grundzug der öffentlichen Festkultur nicht nur in Ludwigshafen waren zur Zeit des Kaiserreichs *patriotische Feiern*: Sie dienten dazu, jenseits aller ideologischen und parteipolitischen Differenzen das nationale Zusammengehörigkeitsgefühl in der Bevölkerung zu stärken. Derartige übergreifend-verbindende Elemente wurden gerade auf der lokalen Ebene eingeübt und anschaulich demonstriert. Der Deutsch-Französische Krieg von 1870/71 hatte in der Pfalz als deutschem Grenzland zunächst gemischte Emotionen geweckt, dann aber sehr rasch fast unerwartet große Opferbereitschaft im erfolgreichen Kampf gegen den ›Erbfeind‹ Frankreich mobilisiert. Der Sieg der deutschen Truppen über das französische Heer und die Gefangennahme Napoleons III. am 2. September 1870 bei Sedan beseitigten endgültig die Sorge vor einem neuen Einmarsch der Franzosen in die Pfalz, der

Anmerkungen
Seite 646 und 647

1097 Angaben aus: ›MM‹, 3.8.1976, 13.7.1996, sowie ›Rheinpfalz‹-Serie, 9.—11., 15.—19., 22.—26., 29. bis 30.10.1968; ›Rheinpfalz‹, 30.9.2000

1098 Passarelli war allerdings sportlich nicht in einem Ludwigshafener Verein tätig

1099 B 1912, S. 219

1100 vgl. dazu Schneider 1990, passim

1101 vgl. Siebler, S. 37; SRP 19.2.1871; vgl. SRP 19.1.1871

1102 aus der Adresse der Pfälzischen Gewerbe- und Handelskammer an Ludwig II. vom 4.9.1870, zit. bei Esselborn, S. 287

1103 f.d.F. Esselborn, S. 216f; die Zitate ebd., S. 217

Gold bei den Olympischen Spielen in Stockholm 1912
Siegerurkunde für den Vierer mit Steuermann des LRV [346]

Friedensschluß sorgte durch die auch in der Pfalz befürwortete Annexion von Elsaß-Lothringen für eine Entlastung des bisherigen Grenzlandes, und die starke nationalliberale Grundströmung, in Ludwigshafen durch den ›Pfälzischen Kurier‹ nachdrücklich verfochten, kam dem nationalen Gedanken gegen etwaiges bayerisches Reservatdenken zugute.[1100] Am Beginn der neuen nationalen Festkultur in Ludwigshafen stand Anfang März 1871 die von einem ›Comité‹ sorgfältig geplante, seitens der Stadt mit 150 Gulden unterstützte Friedensfeier, die mit dem Pflanzen von Reichs- und Friedenslinde, Fackelzug und einschlägigen Ansprachen aus dem zeitüblichen und zeittypischen Arsenal von symbolischen Gesten mit nationaler Ausrichtung schöpfte.[1101]

Die „schlichte Meinung", daß „die nationale deutsche Einheit auf den französischen Schlachtfeldern von Weißenburg bis Sedan durch das Blut unserer vereint kämpfenden und siegenden deutschen Brüder aus allen Teilen des Vaterlandes unauflöslich besiegelt worden ist",[1102] machte das ehrende Gedenken an die Gefallenen zu einer wesentlichen Pflichtübung bei der Pflege des neuen nationalen Selbstbewußtseins.[1103] 1873 erhielt Ludwigshafen ›sein‹ Kriegerdenkmal: auf dem Friedhof, wo 18 deutsche Soldaten bestattet waren, die 1870/71 hinter der Front

Nationale Feiern: Modell von Hornbergers ›Germania‹, aufgestellt am 1. September 1873 auf dem Ludwigsplatz anläßlich des Gedenkens an den deutschen Sieg bei Sedan 1870 [347]

ihren Krankheiten oder Verletzungen erlegen waren, fast durchweg Norddeutsche und nur ein Bayer – der einzige gefallene Ludwigshafener ruhte in französischer Erde. Bemerkenswert am Ludwigshafener Denkmal war nicht nur der abgelegene Standort, sondern auch die Entstehungsgeschichte: Angeregt und die erforderlichen Beiträge gesammelt hatte der ›Sanitäts-Verein‹, dessen Mitglieder sich während des Krieges für die Pflege der Verwundeten und Kranken eingesetzt hatten. Eher typisch dagegen gestaltete sich die Einweihung des Denkmals am 10. August 1873 unter ansehnlicher Teilnahme der staatlichen und städtischen Behörden, etlicher Militärabordnungen, der Bürgermeister aus den umliegenden Orten, von Turn- und Gesangvereinen, Schützengesellschaft, Feuerwehr, Reservisten und Landwehrmännern aus Ludwigshafen. Und kennzeichnend genug war „die Fest- und Weiherede" des protestantischen Stadtpfarrers Keim mit ihrer pathetischen Überhöhung des Kriegsgeschehens und der Vermischung von Religion und Politik: „Der Redner betonte namentlich, welcher Segen es für Deutschland sei, daß, während Frankreich in Parteikämpfen sich verzehre und am eigenen Grabe wühle, in Deutschland der Geist der Achtung vor dem Gesetz und der dasselbe verkörpernden Obrigkeit neue Kraft und Stärke erhalten habe durch Wiederaufrichtung des Kaisertums."

Auf solch verklärender Kriegserinnerung baute die seitdem alljährlich zelebrierte patriotische Fest-›Kultur‹ auf: Die Feier des ›Sedantags‹ beruhte nicht auf obrigkeitlichen Anordnungen, sondern entwikkelte sich ›von unten‹, getragen und vorangetrieben vor allem aus den Reihen des nationalliberalen Bürgertums.[1104] Vorstöße auswärtiger Comités (aus Langenberg, Bonn und Düsseldorf) veranlaßten den Ludwigshafener Gemeinderat 1873 dazu, sich in einer Sondersitzung mit dem Problem einer städtisch finanzierten Feier zu befassen.[1105] Seine Entscheidung, dies mit Blick auf offensichtlich fehlende offizielle „Hinneigung", auf die Finanzen und auf mangelnde allseitige Zustimmung – besonders von katholischer Seite – allein privater Initiative zu überlassen, geriet in den folgenden Jahren unter Druck angesichts der Feierfreudigkeit, welche gesonderte Festcomités in der Stadt und auf dem Hemshof entfalteten, um den „Schlachttag von Sedan" durch „Böllerschüsse, Festreden, Festbanketts und Umzüge mit Musik" angemessen zu würdigen.[1106] Als das Ludwigshafener Comité 1876 unter Hinweis auf das Vorbild anderer pfälzischer Städte darum bat, die Gemeindeverwaltung möge die Ausgestaltung (und natürlich auch die Kosten) der Feier übernehmen, revidierte das Gremium nach Erkundigungen in Kaiserslautern, Neustadt, Speyer und Zweibrücken 1877 seine bisherige (Zurück-)Haltung, indem es beschloß, eine Feier „in einfach-würdiger Weise" unter Federführung des Bürgermeisteramtes „vollständig unabhängig" von Comités abzuhalten und hierfür einen kleineren Betrag zur Deckung der Kosten in den Jahresetat einzustellen[1107] – 315 Mark im Jahr 1877, die in der Folgezeit allerdings bis auf 3 000 Mark anwuchsen.[1108] 1878—1880 feierten Ludwigshafen und Mannheim den Jahrestag sogar gemeinsam. Glockengeläute und Böllerschüsse, Ansprache an die versammelte Schuljugend mit anschließender Verteilung von Brezeln, Festzug zum Kriegerdenkmal mit Kranzniederlegung, Ansprache und gemeinsamem Gesang, Platzkonzert und Festessen, Illumination der reich beflaggten Straßen, Fackelzug, Volksbelustigungen, bengalische Beleuchtung oder gar Feuerwerk, Festbankett mit Toasts und

Anmerkungen Seite 648 und 649

1104 *f.d.F. für Ludwigshafen Belitz, S.128ff, 535f; vgl. allg. Vogel 1997, bes.S.144ff*
1105 *SRP 19.6. und 24.8.1873*
1106 *SRP 28.8.1874, 19.8.1875, 31.8.1876*
1107 *SRP 26.10.1876, 17.8., 30.8.1877*
1108 *SRP 11.1.1877*
1109 *›Ludwigshafener Anzeiger‹, 2.9.1875*
1110 *SRP 19.8.1875*
1111 *SRP 26.1.1900*
1112 *VB 1910, S.19; 1896 hatte der Stadtrat zum 25jährigen Jubiläum der Reichsgründung die Finanzierung von Gedenkmünzen für ehemalige Kriegsteilnehmer aus Ludwigshafen beschlossen; SRP 17.1.1896*
1113 *VB 1911, S.206*
1114 *VB 1913, S.212*
1115 *ebd., S.213*

Gesangseinlagen bildeten typische Versatzstücke derartiger Feiertage, an denen „die Herren Prinzipäle und Arbeitgeber [...] die Bureaux und Werkstätten soviel als möglich" schließen sollten, damit „es im wahren Sinne des Wortes ein Fest für das ganze deutsche Volk wird" – so das eigens gebildete Ludwigshafener ›Festcomité‹ 1875.[1109] Dafür wurde die Polizeistunde bis drei Uhr nachts verlängert.[1110]

Zumindest die protestantische Kirche hielt seit 1875 regelmäßig Dankgottesdienste ab, bei denen anfangs die Militär- und Kriegervereine der Stadt mit einer „Kirchenparade" in Erscheinung traten. Mit den Jahren flaute derartige Erinnerungs-Leidenschaft ab, die ohnehin gerade in Bayern angesichts kritischer Einstellung gegenüber Preußendominanz und protestantischer Ausrichtung des Reiches zumal im Zeichen des ›Kulturkampfes‹ auf ›partikularistisch‹ und katholisch eingefärbte Vorbehalte stieß. Seit 1884 wurde die Feier auf den Sonntag verlegt, der dem 2. September folgte – auch im Interesse möglichst ungestörter Produktion in den Fabriken. Selbstverständlich stand die Sozialdemokratie den vom nationalliberalen Bürgertum geprägten Feiern äußerst kritisch gegenüber. Nachdem der sozialdemokratische Stadtrat Franz Josef Ehrhart bereits 1890 und 1895 erfolglos die Streichung der betreffenden Mittel im Stadthaushalt beantragt hatte, wurde der Posten Anfang 1900 von einem neuen, stärker von Sozialdemokratie und Zentrum beeinflußten Stadtrat ersatzlos getilgt[1111] – sicher zum Bedauern der Schulkinder, die bisher an diesem Tag eine Brezel zum Gedenken an den glorreichen Sieg der deutschen Truppen hatten verzehren dürfen. Deshalb aber entschwanden die Siegesjahre 1870/71 nicht dem kollektiven Gedächtnis: Am 9. Dezember 1910 beschloß der Stadtrat, „aus Anlaß der 40jährigen Gedenkfeier des Feldzuges 1870/71 jedem hier wohnhaften und hier heimatberechtigten Teilnehmer dieses Feldzuges eine Ehrengabe von je M. 30,– zu gewähren und einen Kredit von M. 7 500,– hiefür zu bewilligen"[1112] – man rechnete also mit etwa 250 derartigen Alt-Kriegern. 1911 würdigte die Stadt den 40. Gedenktag der Reichsgründung zusammen mit dem Geburtstag des Deutschen Kaisers durch ein Festbankett.[1113] Zusätzlich wurden andere Schlachtenerfolge in den Auf- und Ausbau nationaler Sieges-Identität einbezogen und mit Devotion gegenüber dem neudeutschen Kaisertum verbunden: Die Feiern zum 25jährigen Regierungsjubiläum Wilhelms II. am 14. und am 15. Juni 1913 boten Gelegenheit, dies zumindest in den Schulen „mit gleichzeitiger Erinnerung an die Befreiungskriege" gegen das Frankreich Napoleons I. vor 100 Jahren zu verknüpfen; am Sonntag, dem 15. Juni, schloß der „Vormittagsgottesdienst in sämtlichen Kirchen" einen „Hinweis auf die Bedeutung des Kaiserjubiläums" ein; dem fälligen Festakt im großen Saal des Gesellschaftshauses folgte nachmittags ein „Volksfest" auf dem städtischen Festplatz und im städtischen Parkrestaurant mit Aufführungen und „Militärkonzert".[1114] Wenige Monate später beging Ludwigshafen die „Jahrhundertfeier der Völkerschlacht bei Leipzig", die in besonderem Maße den Sieg Deutschlands über Frankreich symbolisierte: „Zur Erinnerung an die große, bedeutungsvolle Schlacht fand am 18. Oktober ein von sämtlichen Vereinen hiesiger Stadt veranstalteter Fackelzug und daran anschließend auf dem Ludwigsplatz ein würdiger, erhebender Festakt statt. Die Straßen der Stadt waren prächtig geschmückt und erleuchtet."[1115] Und natürlich wurden die wichtigsten bürgerlichen Orientierungs-Persönlichkeiten

Feier des Gymnasiums anläßlich des silbernen Thronjubiläums von Kaiser Wilhelm II. 1913 [348]

EINLADUNG

zu der am Dienstag, den 14. Juli 1914 stattfindenden

Schlussfeier der K. Oberrealschule

Ludwigshafen am Rhein

zugleich **Erinnerungsfeier** an die vor 700 Jahren (1214) erfolgte Vereinigung von Bayern und Pfalz unter dem Hause Wittelsbach.

FESTFOLGE.

I. **Ouvertüre**, eingerichtet für Schülerorchester und 4hdg. Klavier . . . . Boildieu.

2. **Prolog**, gedichtet v. K. Reallehrer Breiner, vorgetragen von Steinbacher IId.

3. **Herzog Otto II. der Erlauchte und Pfalzgräfin Agnes, die Stammeltern des Hauses Wittelsbach.** Balladenzyklus von Duller.

a) **Des welfischen Pfalzgrafen Heinrich Abendruhe**, vorgetr. von Hufmann IVa

b) **Der Besuch**, „ „ Sieber VIa

c) **Abschied**, „ „ Bauer IVd

d) **Der Gefangene** „ „ Fürst IVa.

IV. **Siegesgesang der Deutschen nach der Hermannsschlacht.** Chor m. Klavier F. Abt.

5. **Graf Otto von Wittelsbach in der Verneser Klaus.** Gedicht in Pfälzer Mundart von K. Räder, vorgetr. von Räder IId, Fröhlich IId.

6. **Iwweral Palz.** Gedicht v. Richard Müller, vorgetragen von Scholz Ic.

VII. a) **Ich bin ein lust'ger Wandersmann.** Chor . . . . Daubitz.

b) **Auf, ihr Brüder, lasst uns wallen.** Chor . . . . Seanz.

VIII. **Kol Nidrei** . . . . Max Bruch

Cello-Solo mit Klavierbegleitung. Solist: Pfeiffer IX. Klasse.

Ansprache des Schulvorstandes.

Ludwigshymne. Einstimmiger Chor mit Klavier . . . . S. Breu.

IX. a) **Andante** . . . . Schubert.

b) **Menuet**, für Streichorchester . . Haydn.

Anfang 9 Uhr vormittags | Lokal: **Saal des Gesellschaftshauses**

700 Jahre Wittelsbach und Pfalz
Feier der Oberrealschule
1914 [349]

Eine Menschenmenge wartet auf den Prinzregenten vor einer zu dessen Besuch aufgestellten Triumphpforte; Einmündung der Ludwigstraße am Ludwigsplatz, 1888 [350]

des Kaiserreichs, Kaiser Wilhelm I. und Bismarck, durch Feiern zusätzlich in höhere Sphären nationaler Verehrungswürdigkeit gehoben. Um „das Geburtsfest des nun im 90sten Lebensjahre stehenden greisen Heldenkaisers [...] nicht in dem gewöhnlichen Rahmen, sondern in erhöhter Weise würdig" zu begehen, vorbereitet durch „eine entsprechende Anzahl patriotischer Männer", genehmigte der Gemeinderat 1887 1 500 Mark.[1116] Im folgenden Jahr beschloß er auf die Nachricht vom Tod Wilhelms I. nicht nur, das Stadthaus mit Trauerflor-behängten „Halbmastfahnen" zu versehen, sondern auch „die Bürger einzuladen, am Tage der Beisetzung die Geschäftslokale zu schließen und ebenfalls die Häuser in der gedachten Art zu schmücken, am Tage der Beisetzung die Straßenlaternen anzünden und mit Trauerflor umhüllen zu lassen"; eine wortgewaltige ›Condolenz-Adresse‹ wurde nach Berlin auf den Weg gebracht.[1117] Und „genau in derselben Weise" wurden die Trauerfeierlichkeiten für Kaiser Friedrich III., den „Liebling und Stolz der Nation", wenige Monate später angeordnet.[1118] 1897 feierte man den 100. Geburtstag Wilhelms I.[1119] Und Bismarck wurde zu seinem 70. Geburtstag am 1. April 1885 mit einer ›Bismarck-Jubelfeier‹ geehrt, wobei auf Antrag der Nationalliberalen Partei eine „der besten bebauten Straßen dahier" den Namen Bismarckstraße erhielt;[1120] zum 80. Geburtstag verlieh Ludwigshafen gemeinsam mit vielen anderen pfälzischen Städten dem ehemaligen Reichskanzler die Ehrenbürgerwürde.[1121]

In Konkurrenz zur gesamtdeutsch-preußischen Ebene beging man *bayerische Nationalereignisse* in festlichem, wenngleich nicht unbedingt in ganz großem Rahmen. 1880 beschränkte sich der Gemeinderat dem Wunsch Ludwigs II. entsprechend darauf, die Feier zum Geburts- und Namenstag des Monarchen zusammen mit dem 700jährigen Jubiläum des Wittelsbacher Fürstenhauses am 25. August 1880 „auf die Kirchen- und Schulfeier mit Bretzelverteilung" zu beschränken,[1122] und für die Feier des ersten Geburtstags von Prinz Luitpold als Prinzregenten gaben die Stadtväter 1887 ›nur‹ 300 Mark aus.[1123] Anläßlich des 70. Geburtstags desselben Fürsten pflanzten die Militärvereine auf dem Ludwigsplatz am 12. März 1891 einen ›Gedenkbaum‹.[1124] 1892 beschloß der

Anmerkungen
Seite 650 und 651

1116 *SRP 11.3.1887*
1117 *SRP 9.3.1888*
1118 *SRP 16.6.1888*
1119 *SRP 11.5.1897*
1120 *SRP 30.3.1885*
1121 *SRP 14.2.1895*
1122 *SRP 19.7.1880; für die Kosten wurden 500 Mark bereitgestellt*
1123 *SRP 11.3.1887*
1124 *Stadtgeschichte (1903), S.674*
1125 *Geheimes SRP 8.11.1892*
1126 *VB 1906, S.86, 154*
1127 *Stadtgeschichte (1903), S.136ff*
1128 *vgl. z.B. VB 1905, S.159; VB 1913, S.211f; Laudien 1966, S.39f*
1129 *SRP 3. und 10.9.1888; Esselborn, S.266*
1130 *Die Stadt übernahm den gesamten Betrag, obwohl ursprünglich nur 10 000 Mark bewilligt waren; Carl Clemm hatte weitere 2 500 Mark gestiftet; SRP 17.5. und 12.10.1894*
1131 *Stadtgeschichte (1903), S.138*

Bei der Einweihung des Schillerdenkmals auf dem Ludwigsplatz
11. Mai 1905 [351]

Arbeiterfeier
„Hiermit übersende ich Dir eine Maifest-Karte, ich kann leider nur einen halben Tag feiern"
Grußkarte von der Ludwigshafener Maifeier, um 1900(?) [352]

Stadtrat, die Breite Straße in Prinzregentenstraße umzubenennen, und hielt an diesem Beschluß auch gegen eine Vorstellung der Anwohner fest, den bisherigen Namen zu belassen.[1125] Zur Erinnerung an die Erhebung Bayerns zum Königreich hundert Jahre zuvor wurden am 1. Januar 1906 die Staats- und Gemeindegebäude beflaggt und Festgottesdienste abgehalten, und die Schulen würdigten das nicht gerade gesamtdeutsche Ereignis in besonderen Veranstaltungen „durch musikalische und deklamatorische Vorträge" und die obligatorische rektorale Ansprache.[1126] Das dynastische Moment blieb gerade auch auf der Landesebene ein selbstverständlich gepflegter Teil der auf Integration ausgelegten öffentlichen politischen Kultur. Die Stadtgeschichte von 1903 listete „Fürstliche Besuche" in Ludwigshafen mit ihrem ritualisierten Ablauf fast minutengenau auf[1127] – allzu häufig waren sie nicht, und allzu lange dauerten sie angesichts des beschränkten Bestandes an Sehenswürdigkeiten der Stadt auch nicht: Besichtigung der Kirchen, des Krankenhauses, der BASF, später noch der Walzmühle und vor allem der Hafenanlagen auf einer Rheinfahrt bildeten so etwas wie ein Standardprogramm, aber sie wurden als besondere Höhepunkte des städtischen Lebens empfunden und herausgestellt. Festgeläute und Böllerschießen, Musikkorps des Militärs und Gesangvereine sorgten für die gehobene akustische Begleitung, die Spalier bildenden Krieger- und Militärvereine und Scharen weißgekleideter Mädchen für zeittypisches optisches Wohlgefallen.[1128] Die Stadt war bereit, erhebliche Summen für einen würdigen Empfang lockerzumachen – 7 500 Mark[1129] 1888, 13 900 Mark[1130] 1894 – um den außerordentlich beliebten Prinzregenten Luitpold gebührend zu empfangen bei Besuchen, die gerade einmal zweieinhalb bzw. drei Stunden währten.[1131] Geradezu barock wirkende Üppigkeit, gepaart mit Devotion bestimmte den Empfang des hohen Gastes bei seinem Besuch 1888, das demonstrierten unübersehbar nicht sonderlich geschmackvolle Arrangements wie eine „Kolossalbüste Seiner Königlichen Hoheit" unter einem „mit Blumen bekränzten Kuppelbaldachin" und der Aufbau eines „riesigen Triumphbogen[s] in Weiß und Gold, dem Siegestor in München nicht unähnlich gebaut, auf dessen Höhe sich, von vergoldeten

Löwen gehalten, das von der goldenen Krone überragte bayerische Wappen zeigte".[1132] Der 90. Geburtstag des Prinzregenten bot 1911 Anlaß zu Feiern an den Schulen und zu festlichen Veranstaltungen der Stadt, die sich ihrerseits an der „Huldigungsgabe bayerischer Städte" für den Fürsten beteiligte.[1133] Zur Thronbesteigung von Ludwig III. fanden 1913 selbstverständlich in sämtlichen Kirchen Festgottesdienste statt.[1134]

Die Feiern anläßlich des 100. Todestags von Friedrich Schiller orientierten sich hingegen an ausgesprochen gutbürgerlichen Leitbildern – dem tat der erhöhende Ehrentitel des ›Dichterfürsten‹ keinen Abbruch. Der 9. Mai wurde als quasi-nationaler Gedenktag begangen, seitens der Stadt mit der feierlichen Enthüllung eines Abgusses der Dannecker-Büste als Zeugnis dafür, „daß der hartverfolgte Dichter der Freiheit und Menschenrechte während seiner freiwilligen Verbannung in Oggersheim in den Jahren 1782—1783 seine Schritte oft an dieser Stätte vorbei über den Rhein nach Mannheim lenkte".[1135] In sämtlichen Schulen fanden Festakte statt, das Gymnasium glänzte „durch Aufführung eines großen Chorwerkes mit Orchesterbegleitung und eines von einem Schüler der 9. Klasse verfaßten Festspiels", und jeder Schüler erhielt bei dieser Gelegenheit „ein schön ausgestattetes Schilleralbum", offenbar „die von dem Stadtrate gewidmeten schönen Schillergaben", die den Stadtsäckel immerhin 1 400 Mark kosteten und die der Rektor der Fortbildungsschule nach einer Festrede wenigstens „an würdige Schüler" verteilte.[1136]

Allerdings störte die *Sozialdemokratie* mit eigenen Schillerfeiern die scheinbare nationale Harmonie, indem sie Schiller als revolutionären Vorkämpfer der Arbeiterbewegung im Einsatz für Freiheit und Menschlichkeit fernab von der Bourgeoisie für sich vereinnahmte.[1137] Auch ansonsten sorgten Vertreter der Sozialdemokratie für unliebsames Aufsehen, wenn es um Huldigung und Festivitäten ging, welche die bestehende gesellschaftliche und politische Ordnung abstützten: 1890 blieb der frischgewählte Stadtrat Ehrhart demonstrativ sitzen, als das übrige Kollegium sich nach einer Ansprache des Bürgermeisters zum Gedenken an die verstorbene Kaiserin Augusta, die Witwe Wilhelms I., „als Ausdruck der Trauer und zum Zeichen der Teilnahme" erhob;[1138] 1894 äusserte derselbe Ehrhart öffentlich seinen Unmut über den beabsichtigten Aufwand der Stadt beim Empfang von Prinzregent Luitpold; 1900 trugen die sozialdemokratischen Gemeinderäte entscheidend dazu bei, die bisher gewährten 3 000 Mark für die Sedanfeier zu streichen, und verweigerten besondere Geldmittel, die dazu dienen sollten, die Besatzungen einiger Torpedoboote auf ihrer für die deutsche Flotte werbenden Rheinfahrt festlich zu empfangen und zu bewirten.[1139]

Vor allem aber formierte sich seit 1890 eine eigene sozialdemokratische Öffentlichkeit am *Ersten Mai*. Ihn beging die sozialistische Arbeiterbewegung seit dem einschlägigen Entschluß des Internationalen Arbeiterkongresses in Paris 1889 als Feiertag. Da unentschuldigtes Fernbleiben von der Arbeit üblicherweise die Kündigung nach sich zog, blieb zunächst nur die Möglichkeit, auf die Freizeit auszuweichen. Bereits 1890 veranstalteten die Ludwigshafener Genossen ein abendliches Festbankett, zu dem auch die Frauen eingeladen waren und auf dem Ehrhart die internationale Solidarität der Arbeiter als wichtige Errungenschaft im Kampf für die Rechte der Arbeiterklasse herausstellte.[1140] Seit 1895 übernahm das neugegründete Gewerkschaftskartell Ludwigshafen die

Anmerkungen
Seite 652 und 653

1132 Zeitungsbericht, zitiert bei Esselborn, S. 262
1133 VB 1911, S. 206
1134 VB 1913, S. 212
1135 VB 1905, S. 158
1136 VB 1905, S. 83, 86, 88
1137 vgl. Breunig 1976, S. 300f
1138 SRP 10. 1. 1890
1139 SRP 5. 5. 1900
1140 vgl. Breunig 1976, S. 215f
1141 Breunig 1976, S. 265f
1142 vgl. Breunig 1976, S. 369
1143 Geheimes SRP 27.4.1906; am 26.4.1907 wurde in geheimer Sitzung dasselbe Verfahren wie 1906 mit allen Stimmen gegen diejenige des Bürgermeisters gutgeheißen; vgl. Breunig 1976, S. 409f
1144 vgl. v. Hippel 2002b, S. 495
1145 Für die protestantische Kirche sei besonders verwiesen auf Belitz und auf einschlägige Passagen in den voraussichtlich noch in diesem Jahr erscheinenden Studien von Friedhelm Borggrefe, Unterwegs zum Hafen der Hoffnung, 150 Jahre Evangelische Kirche in Ludwigshafen am Rhein; Sechs Essays, Ludwigshafen

Ausgestaltung der Feiern nach einem festen Muster: Festbankett der Partei- und Gewerkschaftsmitglieder einschließlich Familienangehöriger als eine Art von großem Familienfest am Abend des 1. Mai selbst, am nächstgelegenen Sonntag zuvor oder danach vormittags eine Kundgebung mit „Ansprache eines führenden Genossen" [1141] – Aktionen, die einerseits der Festigung des inneren Zusammenhalts, andererseits der Außenwirkung und der Werbung für die eigene Sache dienen sollten und dienten. Im Bewußtsein, daß massenhaftes Auftreten wesentlich sei für die mentale Wirkung auf die Organisierten, aber auch auf (noch) nicht der Partei und den Gewerkschaften zugehörigen Sympathisanten wie auf unbeteiligte Beobachter oder Gegner, ging das Kartell seit 1910 dazu über, die Mehrzahl von kleineren Aktionen in Ludwigshafen und den umliegenden Orten durch eine zentrale Massen-Veranstaltung in der Industriemetropole der Vorderpfalz mit Umzug und obligater Ansprache zu ersetzen und so die eigene Stärke zu demonstrieren. [1142]

Nach anfänglicher Sorge der Staatsgewalt vor gefährlichen Entwicklungen, die sich an diesem Tag zusammenbrauen könnten, setzte angesichts des tatsächlichen Verlaufs der Feiern und des disziplinierten Verhaltens der organisierten Arbeiterschaft im Lauf der Jahre eine allmähliche Entkrampfung in der bürgerlichen Öffentlichkeit ein. Das zeichnete sich 1906 auch im Ludwigshafener Stadtrat ab: Zwar lehnte die Mehrheit den gewerkschaftlichen Antrag ab, den städtischen Arbeitern bei Lohnfortzahlung einen Urlaubstag zu bewilligen, gestand jedoch mit zwölf gegen neun Stimmen zu, daß Arbeiter auf ihren Antrag unbezahlten Urlaub erhalten sollten – gegen das Votum des Bürgermeisters, der die Feiern als „eine Demonstration gegen die bestehende derzeitige Gesellschaftsordnung" und als schädlich für das Image von Ludwigshafen als Industriestandort bewertete. [1143] Aber selbst die BASF entschloß sich 1906 dazu, auf Antrag Urlaub zum 1. Mai zu gewähren, soweit sich das mit den betrieblichen Bedürfnissen vereinbaren ließ. [1144]

Neben diesen ›großen‹ Festlichkeiten gab es die Vielzahl kleinerer Anlässe zum Feiern, vor allem auf Vereinsebene nicht nur bei Jubiläen, sondern zu alljährlichen Gelegenheiten wie Sommer- oder Gartenfesten oder in der Weihnachtszeit. Damit ist der kirchliche Bereich angesprochen, der offensichtlich gerne genutzt wurde, um eher weltlichen Feierlichkeiten mit Festgottesdiensten und Ansprachen von geistlicher Seite höhere Weihen zu verleihen – und sonst?

„[...] So flutet der Strom modernen Lebens an der Kirche vorbei" – Religionsgemeinschaften in der Industriestadt

Die Silhouette von Ludwigshafen wurde zunächst von Fabrikschornsteinen gezeichnet, nicht von Kirchtürmen. Das mag symptomatisch erscheinen für die Situation von Kirche und Religion in einer dynamisch heranwachsenden Industriestadt. [1145] Unbestritten erfaßte der Säkularisationsprozeß des 19. und 20. Jahrhunderts vor allem die Bevölkerung in den größeren, zumal in den großen Städten und hier wiederum besonders die ›unteren‹ Schichten. Die Kirche, wichtigste geistig-geistliche und moralische Instanz im dörflichen Kontext, reagierte auf die neuartigen Probleme in einem ungewohnten Umfeld überwiegend mit besorgter Abwehr. Selbst diejenigen ihrer Repräsentanten, die im „Dikkicht der Städte" (Bert Brecht) dem Gebot christlicher Nächstenliebe

Die 1903 eingeweihte Christuskirche in Mundenheim ist der letzte große Kirchenbau in Ludwigshafen vor dem Ersten Weltkrieg [353]

Neue Kirche im Arbeiterbezirk
Die 1894 eingeweihte Apostelkirche im Hemshof [354]

Anmerkungen
Seite 654 und 655

1146 *zum Verhältnis von Kirche, Arbeiterschaft und Arbeiterbewegung allg. Ritter/Tenfelde 1992, S.747ff*

1147 *vgl. z.B. Belitz, S.184, 227ff, 334ff (betr. neuen Friedhof in Friesenheim)*

1148 *vgl. z.B. Belitz, S.184ff*

1149 *vgl. Fauck 1993*

1150 *vgl. Defren/Hoffmann*

folgten und aus dieser Gesinnung heraus wertvolle und zukunftsweisende Sozialarbeit leisteten, wurden von der Sorge vor der Auflösung aller kirchlich-moralischen Traditionen bewegt. Ludwigshafen erschien da leicht als schlagender Beleg für die Richtigkeit solch skeptischer geistlicher Weltwahrnehmung.[1146]

Aus gutbürgerlich-administrativer Sicht stellte die Kirche eine erwünschte politisch-soziale Ordnungsmacht dar. „Die Ordnung der kirchlichen Verhältnisse" sei in Ludwigshafen „um so notwendiger" gewesen, als „eine Gemeinde durch einziehende Bürger aus den verschiedensten Orten sich gebildet hatte, in der Nähe einer Stadt, in welcher in den Jahren 1848/49 in dem Bereiche des Staatslebens wie der Kirche eine Reihe vielfacher Verirrungen sich kund gegeben hatte", betonte die schon öfters zitierte Denkschrift Matthäus 1873 nicht ohne eine politische Spitze gegen die badische Konkurrenz auf dem anderen Rheinufer. In Ludwigshafen kam hinzu, daß die Einwohnerschaft etwa zur Hälfte der katholischen und protestantischen Konfession angehörte. Das war etwaigen konfessionellen Abgrenzungstendenzen abträglich und hat unter den Gegebenheiten städtischen Lebens die Gleichgültigkeit gegenüber

Die 1901 geweihte Dreifaltigkeitskirche im Hemshof
Daneben ist noch die provisorische hölzerne Kirche zu erkennen [355]

Blick in das rechte Seitenschiff der Dreifaltigkeitskirche vor den Zerstörungen im Zweiten Weltkrieg [356]

kirchlicher Dogmatik sicher gefördert, auch wenn es an Rivalitäten und Berührungsängsten zwischen den Konfessionen auf höherer Ebene nicht fehlte und Irritationen bei bestimmten Gelegenheiten nicht ausblieben,[1147] und auch wenn innerhalb der protestantischen Landeskirche die zählebigen Auseinandersetzungen zwischen liberaler und konservativ-›orthodoxer‹ oder ›positiver‹ Richtung das Gemeindeleben vor Ort bis ins Vereinswesen hinein beeinflußten.[1148] Die große Masse der Stadtbewohner dürften derartige Querelen kaum sonderlich bewegt haben. Die Ausübung oder besser: die zunehmende Nichtausübung der gängigsten kirchlichen Pflichten oder Rechte in Form von Gottesdienst- und Abendmahlsbesuch sprachen eine recht deutliche Sprache.

An geeigneten Räumlichkeiten, seinen Glauben öffentlich zu bekunden und zu festigen, hat es in Ludwigshafen trotz zeitweiser Engpässe nicht gemangelt. Der *Kirchenbau* zählte zu den wichtigsten Anliegen der evangelischen wie der katholischen Kirchengremien. Anfangs bot eine 1854 eingeweihte Simultankapelle beiden Konfessionen ein bescheidenes Domizil. 1862 konnte die katholische Ludwigs-,[1149] 1864 die evangelische (seit 1917 so benannte) Lutherkirche[1150] im südlichen Stadtteil eingeweiht werden (vgl. Kapitel 6). Freilich erhielten sie erst 1883 bzw. 1879 ihre Türme und setzten nun im Stadtbild inmitten von Fabrikschloten weithin sichtbare christliche Akzente, während die umgebaute Simultankapelle 1865 als Synagoge an die kleine jüdische Gemeinde überging. In den 1890er Jahren folgte der Bau von je einer protestantischen und katholischen Kirche im nördlichen Stadtteil, dem eigentlichen Arbeiterviertel (Einweihung der protestantischen Apostelkirche 1894, der katholischen Dreifaltigkeitskirche 1901), von angesehenen Architekten der Zeit in Anlehnung an die frühe Gotik geplant,[1151] und auch in den eingemeindeten Vororten Friesenheim und Mundenheim wurden damals neue, größere Kirchen errichtet oder bestehende Gebäudlichkeiten wenigstens erweitert und entsprechend ausgestattet.[1152] Viel mehr als diese architektonischen Fakten und die Namen der bisherigen Pfarrer, Kaplane und der derzeitigen Mitglieder von evangelischen Presbyterien bzw. katholischen Kirchenfabrikräten hatte die Stadtgeschichte zum Jubiläum von 1903 unter der Rubrik ›Das religiöse Leben‹ nicht zu vermerken.[1153]

Dies mag symptomatisch sein für die damalige Zeit. Ein nachdenklicher Beobachter wie der evangelische Pfarrer Johann Heinrich August Schowalter charakterisierte 1913 die problematische Stellung der Kirche gerade in den Städten der Pfalz selbstkritisch und nicht ohne resignative Untertöne: „So flutet der Strom modernen Lebens an der Kirche vorbei, und es ist einem doch oft, als unterspülten diese Wogen heimlich den alten Bau. Die Zahl der Abendmahlsgäste nimmt ab, der Rückgang im letzten Jahrzehnt ist sogar am stärksten von allen Landeskirchen, von Hausandacht und Tischgebet ist wenig zu merken, der einigermaßen regelmäßigen Kirchenbesucher sind in den Städten wenige unter den Männern. Man lebt nicht mit der Kirche oder gar von der Kirche [...] Die Kirche wagt auch gar nicht mehr, zum mindesten in den Städten nicht mehr, ihre alten kirchlichen Ordnungen aufrecht zu erhalten: Die Taufen finden nicht mehr im Gottesdienst, ja kaum mehr im Gotteshause statt, bei drei Vierteln vertritt die Hebamme die Stelle der Taufpaten und verspricht, die Täuflinge im christlichen Glauben zu erziehen. [...] Selbst zu Trauungen geht man nur selten noch in die Kirche. Der Pfarrer kommt ins Haus, darinnen die Hochzeit stattfindet, Wohnhaus oder Hotel, oder man geht ins Pfarrhaus. Nur nicht in die Kirche. So wird man der Kirche entwöhnt. [...] Es mag ein Zeichen von Klugheit sein, sich über kritische Zeiten hinwegzuhelfen mit Anpassen und Nachgeben, wie über die Jahre der Dürre mit Hungern; es kann aber auch ein Beweis von Bequemlichkeit sein. Auf jeden Fall ist es das Eingeständnis einer Schwäche, einer Zeit, da die Kirche ihrem inneren Leben nicht zu viel zutraut."[1154]

Die Berechtigung zu derartiger Skepsis ließ sich an einigen Sachverhalten sogar quantitativ nachvollziehen, besonders an dem schwindenden Gewicht der Konfession bei Eheschließungen und, soweit es die evangelische Kirche betraf, anhand des schwindenden Prozentsatzes der Gemeindemitglieder, die das Abendmahl nahmen.

Angesichts der Empfindlichkeit, mit der zumal die katholische Kirche auf Verbindungen zwischen Angehörigen ihrer Herde und Andersgläubigen reagierte, indem sie solche ›gemischten Ehen‹ nur unter Auflagen als gültig anerkennen wollte (Dispens, Versprechen, die Kinder im katholischen Glauben zu erziehen), erscheint die Bereitschaft

Anmerkungen
Seite 656 und 657

1151 *die evangelische Apostelkirche durch Professor Johannes Otzen, Berlin, die katholische Dreifaltigkeitskirche durch den Architekten Schulte in Neustadt a. d. H.; zur Dreifaltigkeitskirche, der 1887 eine ›Notkirche‹ vorausging, vgl. Denkschrift 1901*

1152 *vgl. für die Pauluskirche in Friesenheim und die Christuskirche in Mundenheim Belitz, S. 339ff, 381ff*

1153 *Stadtgeschichte (1903), S. 635ff*

1154 *zit. bei Bonkhoff, S. 111*

1155 *1900 z. B. beliefen sich die gemischten Ehen in der Pfalz auf 16,7%, dabei in den 11 Städten auf 30,1%, in den anderen Gemeinden auf 9,7%; in Bayern ohne Pfalz lag die Quote nur bei 8,4%; berechnet nach ZKBSB, Jg. 1901, S. 205*

oder Nichtbereitschaft, derartige konfessionelle Abgrenzung zu akzeptieren, als ein aufschlußreicher Indikator für Kirchentreue oder auch für wachsende Gleichgültigkeit kirchlichen Normen gegenüber. Die Einführung der obligatorischen Zivilehe im Deutschen Reich 1875 überließ es allein den Eheleuten, welche Bedeutung sie dem konfessionellen Moment beimaßen. Da in Ludwigshafen jeweils annähernd die Hälfte der Bevölkerung bei relativ gleichartiger sozialer Zusammensetzung dem evangelischen und katholischen Glauben anhing, wäre bei strikter konfessioneller Abgrenzung zu erwarten, daß gar keine Mischehen geschlossen wurden, bei völligem kirchlichen Desinteresse hingegen, daß etwa die Hälfte aller Ehen zwischen Partnern unterschiedlicher Glaubensrichtung und nur jeweils ein Viertel ausschließlich zwischen Protestanten bzw. Katholiken zustande kam. Anhand einer Stichprobe von fast 1 800 Heiraten in Ludwigshafen 1879/1910 ergibt sich ein Mischehenanteil von fast 38%, also eine sehr beachtliche Größenordnung, die anzeigt – und zwar über den gesamten erfaßten Zeitraum hinweg ohne klaren Trend, daß konfessionelle Barrieren in Ludwigshafen nur noch schwach ausgebildet gewesen sind. Aufschlußreich ist ein Vergleich mit den später eingemeindeten Dörfern Friesenheim und Mundenheim. In Friesenheim, einem Ort mit einer ähnlich konfessionell gemischten Gemeinde wie Ludwigshafen, lag der Mischehenanteil bei rd. 1 900 Heiraten zwischen 1876 und 1914 wiederum ohne klaren Trend mit knapp 32% unter demjenigen in der Stadt, erscheint aber immer noch stattlich, und noch mehr trifft dies für Mundenheim zu, wenn man bedenkt, daß Mundenheim zu Beginn des Kaiserreichs eine fast rein katholische Bevölkerung aufwies: Der Anteil der Mischehen betrug hier bei rund 1 950 Ehen zwischen 1876 und 1914 fast 29% mit unverkennbarem Anstieg über die Jahrzehnte hinweg (1876—1885: 24,5%; 1886—1895: 27,4%; 1896—1905: 29,6%; 1906—1914: 30,1%); in Mundenheim wurde das protestantische Element also nicht nur über die Zuwanderung, sondern auch über Heiraten importiert. Die weite Verbreitung der Mischehen in Ludwigshafen und seiner nächsten Umgebung betraf alle gesellschaftlichen Schichten, auch wenn sich ihr Anteil in Ludwigshafen und Friesenheim bei den ungelernten Arbeitern fast während des gesamten Zeitraums mehr oder weniger deutlich über dem jeweiligen Durchschnittswert bewegte, gehobene Gesellschaftsgruppen (Beamtenschaft, Unternehmer, Freiberufler) dagegen stärker auf konfessionellen Gleichklang achteten. Im katholischen Mundenheim allerdings scheinen während der 1870/80er Jahre gerade die Ungelernten noch stärker der eigenen Konfession die Treue gehalten zu haben, bevor sie im Zeichen wachsender konfessioneller Durchmischung ebenfalls dem ›liberaleren‹ Heirats-Muster von Ludwigshafen und Friesenheim folgten. In der Pfalz, in der ohnehin dank Gelegenheit und Neigung gemischte Ehen besonders häufig waren, dürfte Ludwigshafen den Spitzenplatz unter den Städten mit ihrem Hang zur Heiratsökumene belegt haben.[1155]

Nicht minder aufschlußreich ist bei den Protestanten die Entwicklung des Abendmahlsbesuchs, handelte es sich beim Abendmahl doch um den zentralen religiösen Bekenntnisakt für einen gläubigen Christen. Hier gilt für den gesamten erfaßten Zeitraum (1886—1914), daß der Abendmahlsbesuch in den größeren Gemeinden der Pfalz, gemessen an der Einwohnerschaft, entschieden schwächer ausfiel als in den kleineren Orten und daß er während des besagten Zeitraums spürbar absank.

Eintrittskarte zu den ›Lutherfestspielen‹ im Gesellschaftshaus 1911 [357]

Anteil der Kommunikanten an der evangelischen Gesamtbevölkerung Ludwigshafens 1886—1911 in %

	1886	1891	1896	1901	1906	1911
Ludwigshafen						
Südteil	k.A.	**21,8**	**27,0**	**19,1**	**16,6**	**18,5**
davon Männer*	k.A.	37,0	29,8	30,2	32,0	32,3
Nordteil	k.A.	**21,8**	**24,8**	**23,8**	**18,6**	**16,5**
davon Männer*	k.A.	37,0	39,7	40,3	34,4	32,9
Friesenheim	k.A.	**41,6**	**52,5**	**31,7**	**25,5**	**24,2**
davon Männer*	k.A.	40,7	40,7	39,0	34,5	35,3
Mundenheim	k.A.	k.A.	k.A.	**19,6**	**18,0**	**19,7**
davon Männer*	k.A.	k.A.	k.A.	35,5	29,4	31,9
Ludwigshafen insgesamt	**23,9**	k.A.	k.A.	**22,8**	**18,9**	**18,7**
davon Männer*	k.A.	k.A.	k.A.	36,7	33,3	33,1
Restl. Dekanat Speyer	**82,0**	**86,5**	**67,8**	**61,5**	**56,6**	**45,8**
davon Männer*	k.A.	44,2	36,7	36,7	39,8	41,5
Pfalz	**58,1**	**58,3**	**57,8**	**53,3**	**46,5**	**43,3**
davon Männer*	44,4	44,2	44,0	43,8	43,2	42,9

* Anteil der Männer an der Gesamtzahl der Kommunikanten in %

Quelle: Errechnet anhand von Statistiken im Landeskirchlichen Archiv Speyer.
Die Jahre wurden ausgewählt, weil jeweils für den Dezember des vorangehenden Jahres zuverlässige Bevölkerungszahlen als Vergleichsgröße zur Verfügung standen.

Ludwigshafen wies wohl in der gesamten Pfalz den niedrigsten Prozentsatz überhaupt auf bei charakteristischen Unterschieden nach Pfarreien auch innerhalb der Stadt. Läßt man die Kinder und Jugendlichen, die noch nicht konfirmiert waren, etwa ein Drittel der Bevölkerung, außer acht, so dürfte der Anteil der Kommunikanten im frühen 20. Jahrhundert insgesamt um einiges unter die 30%-Marke gesunken sein[1156] (vgl. vorstehende Tabelle).

Bei den Schwankungen, wie sie die obige Tabelle für Ludwigshafen ausweist, wirkten sich offensichtlich auch administrative und persönliche Momente aus – so 1891 der Umstand, daß es noch keine Kirche im nördlichen Stadtteil gab, dann bei der besonders ungünstigen Entwicklung im südlichen Stadtteil, daß der dortige Pfarrer Keim, ein Vertreter der konservativen Richtung in der Landeskirche, schon reichlich betagt war (1906 war er 82 Jahre alt). Insgesamt aber fügen sich die Daten für Ludwigshafen dem sinkenden Gesamttrend in der Pfalz und im Dekanat Speyer auf vergleichsweise niedrigem Niveau. Bemerkenswert erscheint es, daß sich der Kommunikantenanteil in Friesenheim trotz der schon früh bemängelten Entfremdung vieler Gemeindemitglieder von „der kirchlichen Erbauung und der Sonntagsheiligung"[1157] auf dem höchsten Stand innerhalb der Stadt hielt, weil es hier eine protestantische Gemeinde mit festerer Tradition gab, während die

Anmerkungen
Seite 658 und 659

1156 zur richtigen Bewertung der Daten ist zu beachten:
1. erfaßt wurde die Zahl der Abendmahlsempfänger; wenn jemand mehrfach im Jahr zu einem der zunächst fünf, seit 1893 acht, später 14 üblichen Abendmahlstermine ging (vgl. dazu Belitz, S. 99f, 259, 277, 552, Anm. 390), wurde er auch mehrmals gezählt;
2., da ungefähr ein Drittel der Bevölkerung – die Kinder und Jugendlichen bis zur Konfirmation – vom Abendmahl ausgeschlossen war, muß man den Prozentsatz der Kommunikanten in der Tabelle ›Kommunikanten‹ etwa um die Hälfte erhöhen, um zu realistischen Vergleichsgrößen zu gelangen

1157 vgl. die Stellungnahme des Konsistoriums von 1880 bei Belitz, S. 308

1158 vgl. Belitz, S. 261, 275, 355

1159 Bischöfliches Ordinariat an die Kreisregierung Speyer 1891, zit. bei Stamer, S. 317f

Ansichtspostkarte
Glockenweihe der St. Sebastianskirche in Mundenheim; das neobarocke Dekor der Postkarte entspricht kaum der neugotischen Ausstattung der Kirche
1908 [358]

Protestanten in Mundenheim als ausgesprochene Zuzügler ähnlich wenig Interesse am Abendmahlsbesuch zeigten wie diejenigen im nördlichen und südlichen Stadtteil. Festzuhalten ist ferner, daß es vornehmlich die Männer waren, die ihre zunehmende Lässigkeit gegenüber dem kirchlichen Geschehen offen kundtaten – unverblümter als in den ländlichen Gebieten, wie ein Vergleich mit den Daten für den restlichen Dekanatsbezirk wie für die gesamte Pfalz erkennen läßt.

Ansonsten wurden die kirchlichen ›Dienstleistungen‹ – Taufen, Erstkommunion und Konfirmation, Trauungen, Beerdigungen – gewohnheitsgemäß noch weitgehend in Anspruch genommen, wenngleich Brautleute sich häufiger auf den Eintrag ihrer Ehe ins Zivilstandsregister beschränkten, keineswegs nur solche mit unterschiedlicher Konfession.[1158] Die Zahl der Ehescheidungen, obwohl mißfällig bemerkt, blieb geringfügig. Die wenigen Kirchenaustritte bzw. Übertritte erfolgten am ehesten vom katholischen zum evangelischen Glauben und teilweise aus den Amtskirchen zur freireligiösen Gemeinde, die sich 1891 in Ludwigshafen gebildet hatte (siehe unten).

Auf katholischer Seite, für die kein vergleichbar instruktives Zahlenmaterial zur Verfügung steht, sah man die religiöse Entwicklung zumal in einem stark protestantisch durchsetzten Landstrich ebenfalls als wenig erfreulich an. Nach Abebben des ›Kulturkampfs‹ trat auch für die katholische Geistlichkeit spätestens seit den 1890er Jahren die Sorge vor dem „verderblichen Einfluß" des Sozialismus in den Vordergrund; seinen „Lehren und Grundsätzen", die auf dem Hemshof „sehr weit verbreitet und bereits tief eingewurzelt" seien, müsse man entgegenwirken „durch intensive Seelsorge, nämlich durch Gründung und Pflege antisozialistischer Vereine und Hebung und Förderung des religiösen, kirchlichen Lebens".[1159] Bei der Einweihung der Dreifaltigkeitskirche im Norden der Stadt 1901 beklagte die aus diesem Anlaß erschienene Broschüre die ›eingerissene‹ religiöse Gleichgültigkeit der Fabrikbevölkerung:

Kommunionkinder, Oggersheim 1905 [359]

„So war es keine Seltenheit, daß man zur Ehe schritt ohne Segen der Kirche, ja es war selbst zu beobachten, daß Kinder erst nach Ablauf von 2—3 Jahren zur heiligen Taufe gebracht wurden."[1160] Derartige Indifferenz setzte sich fort im Religionsunterricht und in der Christenlehre, der größere Teile der schulentlassenen Jugend unentschuldigt fernblieben. Durch die Jahresberichte der katholischen Dekane wie durch die protestantischen Kirchenvisitationsprotokolle zieht sich neben „verhältnismäßig" freundlichen Urteilen als ein roter Faden die Klage über den schlechten Einfluß der gemischten Ehen, über „den jammervollen Kirchenbesuch und die herrschende Sonntagsentheiligung"[1161] sowie über mangelnde Moral (wilde Ehen,[1162] fehlende kirchliche Eheschließung, unchristliches Ehe- und Familienleben, ungenügende ›Kinderzucht‹ usw.). Dies war zwar standes- und zeitüblich, entbehrte aber bei allen konfessionellen Scheuklappen nicht des realen Hintergrunds. Die Fähigkeit, den angeprangerten Übelständen seitens der Kirche entgegenzuwirken, war freilich nur mäßig ausgebildet. Das lag zu einem guten Teil am Personal, seiner Herkunft und Ausbildung. Die evangelischen Geistlichen, ob liberal oder ›positiv‹-konservativ eingestellt, stammten fast durchweg aus der Mittel- und Oberschicht, zu mehr als einem Drittel aus Pfarrhäusern, die katholischen eher aus bäuerlich-handwerklichem Milieu – beides keine optimale Voraussetzung für verständnisvoll-engagiertes Wirken in den Arbeitervierteln der Industriestadt. So beurteilte der theologisch liberale, politisch aktiv nationalliberale Pfarrer Bickes, zuständig für den nördlichen Stadtteil, seine Klientel 1890 folgendermaßen: „Feststeht, daß nach wie vor der materielle, auf Erwerb und Genuß gerichtete Sinn in allen Bevölkerungsschichten der vorherrschende ist [...]. Ein großer Teil der stets wachsenden und auch wechselnden Bevölkerung setzt sich aus Leuten zusammen, die, nachdem sie in der alten Heimat an Vermögen und oft auch an Ehre bankrott geworden, hier ein Eldorado zu finden erhoffen, in dem man in kurzer Frist Geld und Genuß gewinnen könnte. Die hochgespannten Erwartungen werden allerdings bald enttäuscht, aber die Gier nach den erträumten Gütern bleibt, ja sie wächst hier und wird genährt durch böses Wort und Beispiel." Als „Krebsschaden für das sittliche Leben" galten Bickes neben dem Schlafgängerwesen die „sozialdemokratischen Lehren, welche nach einem bestimmten, von den Agitatoren als wirksam erprobten System die religiösen und sittlichen Begriffe des Arbeiter- und auch des Handwerkerstandes zu verwirren und abzustumpfen suchen".[1163] Derartige Wertungen dürften das Übliche in Bickes' Umfeld gewesen sein,[1164] obwohl gerade die pfälzische Sozialdemokratie sich atheistischer Stimmungsmache grundsätzlich enthielt. Bickes' Nachfolger Pfarrer Stepp hob 1899 unter den Hindernissen des „kirchlichen Lebens" besonders hervor „vor allem die materialistische Strömung der heutigen Zeit, die gewissenlose Aufreizung und Aufwiegelung vieler zur Unzufriedenheit mit den bestehenden Verhältnissen".[1165] Ähnlich war die Einstellung in den (protestantischen) Presbyterien und (katholischen) Kirchenfabrikräten: Von ganz kleinen Minderheiten der Gemeindemitglieder gewählt,[1166] gehörten ihre Mitglieder überwiegend der gehobenen Mittel- und der Oberschicht an, während die ungelernte Arbeiterschaft fast völlig fehlte.[1167]

Trotz aller Defizite, die zu vermelden waren, erhoben beide Kirchen offenbar ohne besondere Schwierigkeiten nicht unerhebliche ›Kultusumlagen‹ für allgemeine Zwecke und für Kirchenbau – 1913 zusammen gut 179 000 Mark, 2 Mark pro Kopf der Bevölkerung, wobei die

Anmerkungen
Seite 660 und 661

1160 *Denkschrift 1901, S. 6*

1161 *zit. bei Belitz, S. 158 betr. die Situation auf dem Hemshof 1882*

1162 *zum Vorgehen der Polizei gegen das Konkubinat Raith, S. 19*

1163 *zit. bei Belitz, S. 179f*

1164 *vgl. Belitz, S. 256, 276, ferner die innerkirchlichen Bewertungen der Pfarrer ebd., Anhang, S. 19ff*

1165 *zit. bei Belitz, S. 261*

1166 *1912 das Presbyterium in der Pfarrei Nord von 11% der Wahlberechtigten; Belitz, S. 284*

1167 *vgl. Belitz Anhang, S. 4ff*

1168 *berechnet nach VB 1913, S. 29*

1169 *Poller, Denkschriften, S. 93f; Belitz, S. 81ff, 113, 156ff, 214ff*

1170 *vgl. Hofäcker, S. 8f, 12ff*

1171 *Denkschrift Matthäus; Poller 1974, S. 67*

1172 *vgl. [Stützung, S. 592]; Stadtgeschichte (1903), S. 348f; Verwaltungsberichte; nur die Kinderschule des 1867 gegründeten Frauenvereins arbeitete überkonfessionell*

Der Pfarrer des Kaiserreichs: ***Friedrich Keim***[1169]

Ein orthodox-protestantischer, konservativer Pfarrer in einer durch und durch (national-)liberal bestimmten jungen Stadt – dies war der Grundkonflikt, dem sich Friedrich Keim fast die ganze Zeit seines 47jährigen Wirkens als Pfarrer der Ludwigshafener Protestanten gegenübersah.

Keim wurde 1825 als Sohn eines Regierungssekretärs in Speyer geboren. Nach dem Theologie-Studium in Erlangen, damals die Universität für pfälzische Protestanten, wirkte er ab 1847 als Geistlicher in Edenkoben und Dürkheim, danach in Godramstein. Wegen seiner königstreuen Haltung während des pfälzischen Aufstandes von 1849 empfing er eine Belobigung. 1862 wurde er nach eigener Bewerbung zum ersten protestantischen Pfarrer in Ludwigshafen ernannt. Schon bald geriet er in Konflikte mit den Mitgliedern seines Presbyteriums, allesamt Angehörige der städtischen Mittel- und Oberschicht, deren liberal-freisinnige Haltung ihm zuwider war. Immer wieder beklagte er den seltenen Kirchenbesuch seiner ›Kirchenältesten‹. Die vom Presbyterium durchgesetzte Wiedereinführung des rationalistischen alten Gesangbuchs erfolgte ebenso gegen seinen Widerstand wie die Demokratisierung des Presbyterial-Wahlrechts. Gleichermaßen fremd blieben ihm aber auch Erweckungsbewegungen wie die ›Stadtmission‹, in deren Mitgliedern er dann aber doch seine treuesten Kirchenbesucher schätzen lernte. Während seine Trost- und Festworte bei Hochzeiten, Taufen und Beerdigungen gelobt wurden und er als guter Pädagoge galt, bemängelten Besucher die „oft allen Anforderungen der Ästhetik sowie dem einfachen Sinn seines Vortrags direkt widersprechenden Deklamationen" bei seinen Predigten.

In Konkurrenz zu den Katholiken gründeten er bzw. seine Frau 1867 einen Kindergarten und 1877 einen Krankenpflegeverein. Als sein Vikar 1882 die Einführung von Bibelstunden auf dem Hemshof für die dortige Arbeiterbevölkerung plante und dabei wohl zum Entsetzen der überwiegend großbürgerlichen Presbyter von den „weißen Sklaven" sprach, denen es zu helfen gelte, verweigerte Keim ihm Hilfe. Schließlich mußten das Speyerer Konsistorium und die Kreisregierung den Weg für die geistliche Versorgung der Hemshöfer Protestanten freimachen.

Dem nationalen Hurra-Patriotismus nach der Reichsgründung 1870/71 schloß sich Keim nur verhalten an und mahnte, daß das neue Reich „auf wahrer, lebendiger Gottesfurcht gegründet" sein und seine Gesetze „mit Gottes Wort in Übereinstimmung stehen" müßten. Eine Würdigung in der örtlichen Presse zu seinem 50. Amtsjubiläum 1899 hob vor allem seine Versöhnlichkeit, sein sittlich unangreifbares Leben und die Vollendung der Lutherkirche hervor. Damit bewegte man sich beim Lob auf sicherem Terrain. Seine grundsätzlichen Meinungsunterschiede zur Masse der liberalen Führungsschicht der Stadt blieben unerwähnt.

Friedrich Keim wollte eigentlich bis zu seinem Tod im Amt bleiben. Doch seine Kräfte ließen nach, und langsam wuchs auch die Kritik. Anfang 1909 forderte ihn die Kirchenbehörde auf, seinen Rücktritt einzureichen. Zur Jahresmitte schied der 84jährige aus dem Amt. Drei Jahre später ist er in Ludwigshafen gestorben.

[S. M.]

Über 40 Jahre der evangelische Pfarrer der Stadt: Friedrich Keim [360]

Protestanten 58% der Gesamtsumme entrichteten.[1168] Das Problem ungleichen Wohlstandes in den einzelnen Kirchengemeinden beider Konfessionen wurde noch wenige Monate vor Ausbruch des Ersten Weltkriegs in der Weise gelöst, daß die verschiedenen katholischen und protestantischen Gemeinden in Ludwigshafen jeweils eine Gesamtkirchengemeinde als ›Umlagengemeinschaft‹ bildeten, also einen internen Finanzausgleich praktizierten.[1170]

Größere Beträge verausgabten die Kirchen natürlich für *karitative Zwecke*. Denn an Bemühungen um soziale Belange haben sie es in Ludwigshafen nicht fehlen lassen, auch wenn darüber recht wenig bekannt ist. 1867 z. B. entstand auf Antrieb des konservativen Pfarrers Keim eine Kleinkinderschule, die 1873 „gegen 120 Kinder in Pflege" hatte, „während deren Eltern in den Fabriken ihren Erwerb suchen müssen".[1171] Weitere derartige ›Kinderschulen‹ oder ›Kinderbewahranstalten‹, die in der Folgezeit entstanden, bis 1913 sieben an der Zahl, waren durchweg konfessionell ausgerichtet.[1172] Für Diakonissenstationen, die sich bei

Statuten

des

Kathol.

Jünglings-Verein

in

Ludwigshafen

St. Dreifaltigkeit.

Gegründet am 13. Oktober 1905.

„Gedenke Deines Schöpfers in den Tagen Deiner Jugend, bevor die Zeit der Trübsal kommt und die Jahre nahen, von denen Du sagen wirst, sie gefallen mir nicht."

Eccle, 12, 1

Statuten des Kathol. Jünglingsvereins Ludwigshafen St. Dreifaltigkeit 1905 [361]

Evangelische Bemühung um die Großstadt: Haus der ›Stadtmission‹ an der – noch höchst unfertigen – Pranckhstraße im Stadtteil Süd [362]

jeder protestantischen Pfarrei befinden sollten, wurden im Süden wie im Norden Ludwigshafens Schwesternheime eingerichtet, während man sich katholischerseits auf Ordensschwestern stützen konnte. Frauenarbeitsschulen boten in den protestantischen Pfarreien Handarbeitskurse für Frauen und vor allem für schulentlassene Mädchen an.[1173] Auf katholischer Seite war man auch sonst besonders um Kinder und Jugendliche bemüht. Die St. Josefspflege, 1854 gegründet, war das einzige Waisenhaus in der Stadt;[1174] das Marienheim (gegr. 1902) kümmerte sich u. a. um durchreisende Mädchen (das Gegenstück zum 1896 gegründeten ›Marthaheim‹ der protestantischen Stadtmission),[1175] das Gesellenheim des Katholischen Gesellenvereins Ludwigshafen, erbaut 1908, bot einer größeren Zahl von jungen Männern Unterkunft und Verpflegung; der katholische Fürsorgeverein für Frauen, Mädchen und Kinder (gegr. 1910) bemühte sich um „den Schutz und die Rettung gefährdeter Mädchen und Frauen sowie der gefährdeten und verwahrlosten Jugend".[1176] Beide Konfessionen engagierten sich schon recht früh in der Krankenfürsorge. 1875 suchte Pfarrer Keim den Stadtrat zur Finanzierung einer von Diakonissen betreuten Krankenpflegestation zu bewegen, ohne „von der besonderen Notwendigkeit" überzeugen zu können.[1177] 1877 bildeten sich dann in konfessionellem Wettbewerb unter Einsatz von armen

Anmerkungen Seite 662 und 663

1173 Belitz, S. 209f, 246f, 336f, 405f

1174 Niederbronner Schwestern, S. 106f; Josefspflege

1175 vgl. Stadtmission, S. 16

1176 Weiß, S. 352

1177 SRP 28. 1. 1875

1178 Belitz, S. 137ff; vgl. SRP 23. 10. 1877: volle Zurückhaltung des Stadtrats „in der Frage der Einführung von Krankenpflegerinnen"

1179 Belitz, S. 179

1180 dazu Belitz, S. 244ff

1181 ebd., S. 311ff; 356f

1182 ebd., S. 396ff, 402ff

1183 Weiß, S. 352; Barmherzige Schwestern aus Mallersdorf im südlichen Stadtteil seit 1879, in Friesenheim seit 1885 – Knauber 1925b, S. 12f, im nördlichen Stadtteil seit 1887: Denkschrift 1901, S. 7f; Niederbronner Schwestern, bes. S. 106f betr. Mundenheim

Kolpinghaus in der Oggersheimer Straße [363]

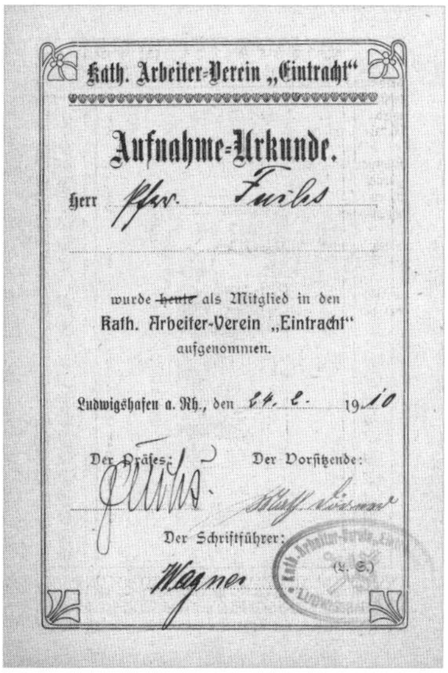

Kath. Arbeiter-Verein „Eintracht"

Aufnahme-Urkunde.

Herr Pfr. Fuchs

wurde ~~heute~~ als Mitglied in den Kath. Arbeiter-Verein „Eintracht" aufgenommen.

Ludwigshafen a. Rh., den 24. 2. 1910

Der Präses: Fuchs Der Vorsitzende:

Der Schriftführer: Wagner (L. S.)

„Gott segne die christliche Arbeit", so heißt es auf dem Einband des Mitgliedsbuchs des Katholischen Arbeitervereins ›Eintracht‹; abgebildet Seite 1, die ›Aufnahmeurkunde‹ 1910 [364]

Die Mitglieder der katholischen Arbeiter-Vereine können die **Volksbureaus und christlichen Arbeiter-Sekretariate** unentgeltlich beanspruchen, wenn ihr Verein an ein solches angeschlossen ist. Dort erhalten sie

Rat und Auskunft

in allen Fragen der **Kranken-, Unfall-** und **Invalidenversicherung**, bei Streitfällen aus dem **Arbeits-** und **Dienstverhältnis**, in allen **Klagesachen**, in **Heimat-** und **Verehelichungssachen** und in allen Fragen des **Zivil-** und **Strafrechtes**.

Gegen **geringe Gebühren** (25 o. 30 Pfg.) werden die **erforderlichen Schriftstücke** angefertigt.

Bei Anfragen wende man sich **zur Bestätigung der Mitgliedschaft** an den **Präses** oder an den **Vorstand** des Vereins oder sende das Mitgliedsbuch mit ein und **lege jeder Anfrage das notwendige Rückporto bei.**

„Die Mitglieder der Katholischen Arbeitervereine können die Volksbureaus und amtlichen Arbeitersekretariate unentgeltlich beanspruchen ...", Umschlagrückseite des Mitgliedsbuchs 1910 [365]

Franziskanerinnen bzw. Diakonissen ein katholischer und ein evangelischer Krankenpflegeverein,[1178] 1888 folgte eine evangelische Krankenpflegestation auf dem Hemshof,[1179] deren Aufgaben seit 1895/96 der evangelische Krankenpflegeverein der neugebildeten Pfarrei Nord übernahm.[1180] Bereits 1885 hatte Pfarrer Bickes in Friesenheim den Evangelischen Krankenpflegeverein aus der Taufe gehoben; seit 1909 unterstützte der ›Evangelische Frauenverein Friesenheim‹ seine Arbeit.[1181] Der 1904 gegründete ›Protestantische Diakonissenverein Mundenheim‹ errichtete noch im gleichen Jahr eine Diakonissenstation zur Pflege von Kranken und eine Kleinkinderschule.[1182] Auf katholischer Seite betrieben Schwestern der Mallersdorfer und Niederbronner Kongregationen ambulante Krankenpflege und Kinderbetreuung.[1183] Ende 1912 bestand von evangelischer wie katholischer Seite in allen vier Stadtteilen wenigstens ein Verein für Krankenpflege.

Nicht zuletzt suchten die Kirchen sich das aufblühende *Vereinswesen* zunutze zu machen, um den sich ausbreitenden Unglauben zu bekämpfen. Abgesehen von den kirchlich orientierten Gesangsvereinen und Chören *[vgl. Hinweise u. Vereine, S. 667]* sowie mehreren Kirchenbauvereinen, die gezielt den Bau bestimmter Kirchen unterstützten, waren sie nicht allzu erfolgreich trotz der Männer- und Jünglings-, Frauen- und

Jungfrauenvereine, die protestantischerseits zunächst auf Betreiben konservativer Geistlicher im Rahmen der pietistisch inspirierten ›Stadtmission‹[1184] bei kritischer Abwehr von liberaler Seite seit 1885 entstanden.[1185] Auch der Katholische Gesellenverein Ludwigshafen, 1887 als Mitglied der Kolping-Familie gegründet, erfaßte nur eine kleine, freilich engagierte Anhängerschaft – Anfang 1913 waren es 87 Aktive und 109 ›Schutzmitglieder‹.[1186] Zumal in der Arbeiterschaft kam das kirchliche Vereinswesen gegen die überstarke Konkurrenz der Arbeiterbewegung nicht an. Die begrenzte Reichweite einschlägiger kirchlicher Bemühungen läßt sich recht gut an den Arbeitervereinen mit konfessioneller Ausrichtung erkennen. Der katholische Arbeiterverein Eintracht, 1886 auf Anstoß und unter der Leitung des zuständigen Geistlichen in Ludwigshafen entstanden (1903 immerhin 608 Mitglieder), gehörte zu den relativ frühen Gründungen zumal in der bayerischen Pfalz; ein derartiger Verein bildete sich 1887 in Mundenheim[1187] (1903: 274 Mitglieder), und später ist auch in Friesenheim ein katholischer Arbeiter- und ein entsprechender Arbeiterinnenverein nachweisbar.[1188] Die katholischen Arbeitervereine bezweckten „neben der Pflege von Religion, Sittlichkeit und Geselligkeit die soziale Hebung des Arbeiterstandes",[1189] und dazu sollte besonders der Verbund mit Hilfskassen dienen. Durch ihren Monatsbeitrag von 20—30 Pfennig erwarben die Mitglieder das Anrecht auf Unterstützung bei längerer Krankheit und auf ein Sterbegeld für die Hinterbliebenen im Todesfall. Ansonsten wurden ihnen während der Wintermonate Vorträge oder „wöchentliche Unterrichtskurse" geboten, die sich „auf das religiöse, wissenschaftliche und soziale Gebiet" erstreckten, aber – soweit feststellbar – kaum Themen betrafen, die Arbeitern damals auf den Nägeln brannten.[1190] Ob dies in der 600 Bände umfassenden Bibliothek des Ludwigshafener Vereins sehr viel besser aussah, muß dahingestellt bleiben. Lohnender mag für die Mitglieder das Angebot gewesen sein, beim 1901 gegründeten ›Volksbureau der katholischen Vereine für die badische und bayerische Pfalz‹ in Mannheim unentgeltliche Auskunft einzuholen zu „allen Fragen gewerblicher, versicherungsrechtlicher oder sonstiger öffentlichrechtlicher Natur".

Erst 1898 wurde in Ludwigshafen Nord auch ein protestantischer Arbeiterverein gegründet und brachte es bis 1903 auf 482 Mitglieder. Wie die anderen Vereine desselben Typs (1901 in Deutschland 509 Vereine mit rd. 103 400 Mitgliedern) verfolgte er das Ziel, „die Interessen der arbeitenden Bevölkerung unter Aufrechterhaltung der bestehenden Gesellschaftsordnung zu pflegen und vaterländische Gesinnung zu wekken auf Grund unserer evangelisch-protestantisch-christlichen Weltanschauung [...] durch gemeinsame Geselligkeit und durch gemeinsames Hilfskassenwesen",[1191] darin weitgehend mit der katholischen Konkurrenz konform bei starker Betonung konservativ-patriotischer Gesinnung. Eigene Vereine entstanden in Friesenheim (1903)[1192] und in Mundenheim (1904).[1193] Soweit es die Aktivitäten im Ludwigshafener Verein betraf, waren sie – einschließlich der gegenseitigen „Unterstützung in Krankheits- und Sterbefällen" – ganz ähnlich beschaffen wie auf katholischer Seite. Daß die Spannungen zwischen den liberalen und ›positiven‹ Strömungen teilweise auch auf dieser Ebene durchschlugen, machte sich gerade in Ludwigshafen störend bemerkbar. Als 1907 „einige Herren" offensichtlich überwiegend aus dem kleinen Mittelstand den ›Protestantischen Arbeiterverein Ludwigshafen a. Rh.-Süd‹ gründeten, erregte

Anmerkungen
Seite 664

1184 vgl. Stadtmission

1185 vgl. Esselborn, S. 173f, 272; Belitz, S. 159ff, 184ff, 268, 286f, 324f, 357, 405ff; ebd., S. 282f zu den bescheidenen Anfängen einer kirchlichen Jugendarbeit außerhalb der Vereine 1911

1186 vgl. Kuhn

1187 Schraut, S. 27

1188 Schraut, S. 44 nennt sie für 1912

1189 Stadtgeschichte (1903), S. 455 auch f.d.F.

1190 vgl. Hinweise bei Schraut, S. 28

1191 Stadtgeschichte (1903), S. 454f; vgl. Belitz, S. 247ff

1192 Belitz, S. 350f: durchschnittlich 200 Mitglieder, bis 1911 dem Arbeiterverein in Ludwigshafen Nord angeschlossen

1193 Belitz, S. 398f

dies höchstes Mißfallen bei dem schon bestehenden liberal ausgerichteten Verein im nördlichen Stadtteil, weil er dahinter orthodoxe Machenschaften vermutete, so daß er sogar daran dachte, eine eigene Gruppe im südlichen Stadtteil zu bilden.[1194]

Problematischer war für die etablierten Kirchen religiöses Abweichlertum, das bis zum Kirchenaustritt und zum Aufbau einer eigenen Kirchenorganisation führte. Die auffallendste Erscheinung dieser Art war die *freireligiöse Bewegung*. Nachdem ihre Anhänger sich zuvor der Mannheimer Gemeinde angeschlossen hatten, bildete sich in Ludwigshafen auf Anstoß führender Köpfe der Pfälzer Sozialdemokratie am 29. November 1891 eine eigene Gemeinde.[1195] Die Freireligiösen, die ihren Ursprung unter anderen auf den Begründer des Deutsch-Katholizismus Johannes Ronge zurückführten, umfaßten freilich nur eine recht bescheidene Personenzahl (1891: 136, 1913: 286, 1914: 328 zahlende Mitglieder,[1196] laut Volkszählung von 1910: 964 Angehörige, also gut 1% der Ludwigshafener Einwohnerschaft). Ihre Berufung allein auf wissenschaftliche Erkenntnis als Grundlage der Gottes- und Weltanschauung, der Anspruch auf „freie Selbstbestimmung in allen religiösen Angelegenheiten"[1197] und die Forderung nach gesondertem Religions- bzw. Moralunterricht in der Schule für die Kinder ihrer Mitglieder stießen besonders bei der katholischen Kirche auf Widerstand,[1198] während der Stadtrat, wie dies dem Konzept der Simultanschule entsprach, mehrheitlich dem Prinzip religiöser Neutralität und Gleichberechtigung folgte, bereits 1890 ein städtisches Schullokal für die Erteilung von freireligiösem Unterricht kostenlos zur Verfügung stellte und seit 1900 trotz lebhaften Widerstandes der Zentrumsvertreter einen Zuschuß von jährlich 300 Mark für den Religionsunterricht gewährte.[1199] Entscheidend für diesen Erfolg war es, daß die namhaften Sozialdemokraten im Stadtparlament wie überhaupt ein großer Teil der sozialdemokratischen Partei- und Gewerkschaftsfunktionäre vor Ort der Freireligiösen Gemeinde angehörten: neben Franz Josef Ehrhart Josef Queva, Vorsitzender der Freireligiösen Gemeinde 1891—1903, Jakob Binder, seit 1904 erster Adjunkt, Josef Huber, Bruno Körner und Friedrich Profit.[1200] Die Gemeindemitglieder waren ganz überwiegend gelernte Arbeiter und Handwerksgesellen. Nicht zuletzt die Verflechtung zwischen Sozialdemokratie und Freireligiöser Gemeinde trug dazu bei, daß die konservative Regierung Hertling 1913/14 den freireligiösen Unterricht in den Schulen einschränkte, schließlich sogar verbot und in den privaten Bereich abdrängte.[1201]

Mit derartigen Querelen hatte die relativ kleine *jüdische Gemeinde* Ludwigshafens[1202] nicht zu kämpfen – 1910 umfaßte sie 747 Mitglieder, weniger als ein Prozent der Bevölkerung, nachdem sie es 1871 mit 180 Personen noch auf 2,3% gebracht hatte; sie stand also nach absoluter wie relativer Größe weit hinter der Schwestergemeinde in Mannheim zurück. Eigene Vereine für soziale Aufgaben, Gottesdienst, Kultur und Geselligkeit[1203] dienten vornehmlich dem Zusammenhalt und der Identitätsbildung innerhalb der Gemeinde, deren Mitglieder zum grössten Teil im kleineren und mittleren Handel, daneben im Großhandel (einschließlich der Kaufhäuser), in akademischen Berufen (Ärzte, Rechtsanwälte, Lehrer, Chemiker), kaum jedoch in der Industrie[1204] und im Finanzbereich tätig waren.[1205] Die Gemeinde konnte sich in einem von liberaler Toleranz geprägten Umfeld zu Hause fühlen: Der

Anmerkungen
Seite 665

1194 vgl. Belitz, S. 212ff, 556f

1195 vgl. Breunig 1976, S. 611ff; Bahn, S. 194ff; ›Hundert Jahre‹ (1991)

1196 Bahn, S. 207

1197 Zitat aus der Verfassung der Freireligiösen Gemeinde Ludwigshafen bei Bahn, S. 201

1198 vgl. Weiß, S. 355ff

1199 SRP vom 26. 1. 1900

1200 vgl. 1891—1991, 100 Jahre Freireligiöse Gemeinde Ludwigshafen, Ludwigshafen 1991, S. 30f

1201 vgl. Bahn, S. 207f

1202 zur jüdischen Gemeinde vgl. Minor/Ruf

1203 Genannt werden der Lokalarmen-, Krankenunterstützungs-, Frauen-, Synagogenchor- und Jugendverein, der Verein für jüdische Geschichte und Literatur, der jüdische Kulturverein und eine Ortsgruppe des Zentralvereins deutscher Staatsbürger jüdischen Glaubens; Weiß, S. 353

1204 Als Ausnahmen zu nennen sind die beiden Textilfabriken: Kuhn & Adler und Gebr. Mann; Minor/Ruf, S. 80

1205 vgl. Minor/Ruf, S. 18ff, 44f, 67ff

Anmerkungen
Seite 666 und 667

1206 *Stadtgeschichte (1903), S. 648; vgl. Esselborn, S. 174ff*

1207 *zit. bei Belitz, S. 221*

1208 *dazu bestenfalls erste Ansätze bei Le Maire*

1209 *hierzu und f. d. F. Poller 1974, S. 67f*

1210 *VB 1912, S. 220: 60 Jahre Schützenverein; Esselborn, S. 275ff*

Das Innere der Synagoge in der Kaiser-Wilhelm-Straße nach dem Umbau im für jüdische Kultusgebäude um 1900 populären orientalisierenden Stil Aufnahme 1920er Jahre (?) [366]

Erwerb der ehemaligen Simultankirche von Katholiken und Protestanten und ihr Umbau zur Synagoge dürfte ein ziemlich einmaliger Vorgang gewesen sein. Die feierliche Einweihung der Synagoge 1865 fand „in Gegenwart der Spitzen der staatlichen und städtischen Behörden sowie der Vertreter der beiden christlichen Konfessionen" statt,[1206] auf dem Festbankett anläßlich der Wiedereröffnung der umgebauten und erweiterten Synagoge im Sommer 1903 bezeugten führende Mitglieder der Gemeinde durch Toaste auf Prinzregent Luitpold und Kaiser Wilhelm II. ihre deutsch-nationale Gesinnung; der jüdische grenzte unmittelbar an den städtischen Friedhof, die Kinder jüdischer Familien besuchten seit Einführung der Simultanschule 1869 die städtischen Schulen und erhielten nur gesonderten Religionsunterricht. Die Entkirchlichung und Säkularisierung des städtischen Lebens hat die Integration der kleinen religiösen Minderheit offensichtlich erleichtert.

„Ein charakteristisches Zeichen unserer Zeit" – Vereine

Von Vereinen war in den vorangehenden Abschnitten immer wieder die Rede, und dies mit gutem Grund. Als „ein charakteristisches Zeichen unserer Zeit" benannte der alte Pfarrer Keim in seinem Jahresbericht von 1908 „die zahllosen Vereine", nicht ohne darin eine Gefahr für „den kleinsten Verein" zu sehen, dem jeder angehöre: Haus und Familie. Manch einer sei Mitglied in mehr als einem Dutzend Vereinen, so daß er kaum noch wisse, in welchen.[1207] Eine Geschichte des Ludwigshafener Vereinswesens ergäbe zweifellos ein aufschlußreiches Porträt der städtischen Gesellschaft, ihrer sozialen Gliederung, ihrer sozialen Beziehungsnetze und ihrer sozialen Abgrenzungen, ihrer politischen und wirtschaftlichen Interessen, ihrer Freizeitbeschäftigungen und ihrer Formen der Geselligkeit, ihrer Bemühungen um soziale Fürsorge und Vorsorge.[1208] Derartiges kann für die Zeit des Kaiserreichs im Folgenden nur angedeutet werden.

Daß „das Streben unserer Zeit nach Vereinigungen auch in Ludwigshafen zu Geltung kam", stellte Regierungs-Akzessist Matthäus bereits 1873 fest:[1209] Schon damals, als die Stadt 9 000—10 000 Einwohner zählen mochte, benannte er immerhin neun Vereine mit zeittypischer Ausrichtung: die 1851 gegründete Schützengesellschaft,[1210] einen gesellschaftlich bedeutsamen Treffpunkt des gehobenen Ludwigshafener Bürgertums, vier Gesangvereine „zur Förderung der Geselligkeit und zur Pflege der Musik", darunter zumindest der Cäcilienverein der gehobenen Musikpflege verpflichtet, ferner einen Turnverein, einen Arbeiterverein (gemeint war der 1868 gegründete Arbeiter-Fortbildungsverein), den allgemeinen Kranken-, Unterstützungs- und Sterbekassenverein, schließlich noch den 1867 gegründeten Frauenverein für freiwillige Armen- und Krankenpflege.

Sollte Matthäus alle damals bestehenden Vereine erfaßt haben, dann hielt sich die Vereinsfreudigkeit der Ludwigshafener 1873 noch in gemessenen Grenzen. In den folgenden Jahrzehnten gewann sie entschieden an Schwung, wie die folgende Übersicht zeigt.

Vereinsentwicklung in Ludwigshafen 1873—1911

	Vereine	Einwohner	Vereinsdichte*
1873	9	9 300	1,0
1882	68	16 500	4,1
1893	146	36 200	4,0
1901	304	62 800	4,8
1903	330	66 900	4,9
1911	453	84 400	5,4

* Die ›Vereinsdichte‹ gibt die Zahl der Vereine je 1 000 Einwohner an

Quelle: Für die Vereinszahlen Le Maire, S.13 und Stadtgeschichte (1903), S.607 (zum Jahr 1903); Schätzungen der Einwohnerschaft anhand der Bevölkerungszählungen (jeweils bezogen auf die Jahresmitte).

Die ›Vereinsdichte‹ hat sich demnach während der vier Friedensjahrzehnte des Kaiserreichs auf gut das Fünffache des Ausgangsbestandes erhöht. Ludwigshafen folgte damit ebenso wie andere Städte dem Trend

Das erste Haus im Gebiet des späteren Stadtteils Süd: Schützenhaus des Schützenvereins, um 1885 [367]

Sport der besseren Kreise: Ein Boot des Ludwigshafener Rudervereins bei einer Regatta in Mannheim, 1909 [368]

Von der ›Pracht‹ dieses ersten ›großen‹ Vereinsfestes in der jungen Stadt sprach man noch lange: das vom Schützenverein 1851 getragene ›Pfälzisch-badische Schützenfest‹, Juli 1888, Stadtumzug, vorne der Festwagen des Ludwigshafener Rudervereins [369]

zur ›Vereinsmeierei‹, die gerne dem Hang der Deutschen zu Organisation und Ordnung zugeschrieben wurde und wird. Tatsächlich eröffnete das Vereinswesen der Bevölkerung unter dem Schutz von gesetzlich garantierter Vereins- und Versammlungsfreiheit in einem bis dahin nicht bekannten Ausmaß die Chance zu selbstbestimmtem Gruppenhandeln auf einem weiten Feld der Politik, der Wirtschaft, der Gesellschaft und der Kultur.[1211]

Ludwigshafener Vereine lt. ›Stadtgeschichte‹ von 1903

gesellige Vereine	94
Turn-, Fecht-, Schützen-, Ruder-, Radfahrer- und Athletenvereine	53
Spar-, Sterbe- und Unterstützungsvereine	52
Fachvereine	39
Gesang- und Musikvereine	39
Krieger-, Militär- und patriotische Vereine	13
gemeinnützige Vereine	11
Vereine gewerblicher und belehrender Art	10
Geflügelzucht- und Brieftaubenvereine	8
politische Vereine	6
Medizinalverbände	3
Krankenpflegevereine	2
insgesamt	330

Anmerkungen
Seite 668 und 669

1211 *vgl. zu den Arbeitervereinen im Kontext des gesamten zeittypischen Vereinswesens Ritter / Tenfelde 1992, S. 818ff*

1212 *Stadtgeschichte (1903), S. 607*

1213 *vgl. ›100 Jahre‹ (1953), S. 169ff; Laudien 1966, S. 50ff*

1214 *Hinweise bei Breunig 1976, S. 315, 319, 625ff*

1215 *vgl. Weiß, S. 198; Fauck 1986, S. 52, 54*

Einen ersten Eindruck von der Vielfalt des Ludwigshafener ›Vereinslebens‹ mag die vorstehende Aufstellung von 330 Vereinen in der Stadtgeschichte von 1903 vermitteln.[1212]

Die Liste läßt zeittypische Tendenzen erkennen, so problematisch in manchen Fällen die Zuordnung zu bestimmten Rubriken gewesen sein mag. Das gilt für die Sammel-Kategorie der *geselligen Vereine*, denn der Geselligkeit kam natürlich in den meisten Vereinen eine zentrale Rolle zu. Soweit keine ›ernsthaften‹ Sachinteressen zu erkennen waren, wurden Vereine als ›gesellig‹ eingestuft, ob sich nun ›Ehemalige‹ von Gymnasium, Realschule oder Hochschule zusammentaten oder landsmannschaftliches Heimweh die Menschen verband, ob man in Rauch- und Schnupfclubs dem gemeinsamen Laster frönte, sich im Karnevalsverein ›Rheinschanze‹ auf die fröhlichste Zeit des Jahres einzustimmen suchte oder sich in ›Vergnügungsklubs‹ und ›Vergnügungs-Gesellschaften‹ am Stammtisch traf.

Der Athletenclub Friesenheim vor 1914 [370]

Die Mannschaft der ›Fußballgesellschaft Revidia‹, des 1900 gegründeten ersten Fußballvereins der Stadt, beim Parkfest-Pokal, 1913 [371]

Vereinsbestimmte Geselligkeit spielte sich weithin in sozial deutlicher umzirkten Kreisen ab – das Vereinswesen insgesamt folgte wohl eher dem Prinzip sozialer Abgrenzung als dem Ziel sozialer Öffnung innerhalb der städtischen Gesellschaft. So war die 1879 gegründete Casino-Gesellschaft, wie der Name schon anzeigt, ein Treffpunkt der ›besseren Gesellschaft‹ Ludwigshafens, zugleich ein Ort, an dem auf Grund persönlicher Beziehungen politisch und unternehmerisch relevante Entscheidungen besprochen und getroffen wurden. Vereine der ›Ehemaligen‹ waren von vornherein jeweils auf ein bestimmtes Bildungs- und Sozialmilieu festgelegt.

Die Verankerung in bestimmten Sozialmilieus ist ebenso bei den Vereinen anderer Kategorien zu beobachten, weitgehend auch bei den *Sportvereinen*,[1213] obwohl gerade die Turnbewegung ursprünglich ein klassenübergreifendes Wir-Gefühl hatte erzeugen wollen. Das allgemein wachsende Interesse an sportlicher Betätigung zumindest der Männer hatte einen Boom an Vereinsgründungen zumal seit den späteren 1890er Jahren zur Folge. Hier aber bewirkten bereits die Sportarten vielfach soziale Abgrenzung – schon wegen der jeweils erforderlichen Ausrüstung – vor allem zwischen ›Bürgertum‹ und ›Arbeiterschaft‹: Schießen, Fechten, Rudern und Tennis, Schlittschuhlaufen und natürlich Bergsteigen (Alpenverein), zunächst auch Turnen bildeten eher ›bürgerliche‹ Domänen. Schwerathletik (besonders Ringen), Fußball und zu einem guten Teil Radfahren waren dagegen bevorzugte Sportarten der Arbeiter und wurden von der Arbeiterbewegung genutzt, um parallel zur bürgerlichen Sportbewegung den Arbeitersport zu propagieren als eine Art von körperbetonter Emanzipation der Arbeiterschaft, zugleich als Mittel, weitere Anhänger für die eigene Sache zu gewinnen und einzusetzen, z. B. als Spender und Helfer in Wahlkämpfen;[1214] nationale und internationale Erfolge von Radfahrern und Ringern gaben zusätzlichen Auftrieb.[1215] Beim Turnen machte man den ›Bürgerlichen‹ seit 1898/99 Konkurrenz gleich mit zwei Arbeiterturnvereinen, die sich 1901 zur ›Vereinigten Freien Turnerschaft‹ zusammenschlossen und 1907 sogar eine Frauen-Turnabteilung eröffneten. 1899 wurde der ›Radtourenclub Solidarität Ludwigshafen‹ als erster Arbeiter-Verein dieser Sportart gegründet; fünf Jahre später schlossen sich die inzwischen entstandenen vier Vereine zum ›Arbeiter-Radfahrerverein Ludwigshafen‹ zusammen und bildeten eine Ortsgruppe des reichsweit verbreiteten Arbeiter-Radfahrerbunds ›Solidarität‹. Soweit es die Bewegung in freier Natur

Wald-Heil!
Mitteilungen der Ortsgruppe Ludwigshafen-Mannheim des Pfälzerwald-Vereins

Nr. 35 Ludwigshafen-Mannheim, den 8. November 1919.

Infolge Gassperre war es nicht möglich, die Vereins-Mitteilungen „Wald-Heil" am festgesetzten Tage erscheinen zu lassen.

Wanderungen

Sonntag, 16. November 1919.

4. Wanderung. Ziel: Altrip.

Führer: Herr Karl Theodor Effelborn.

Zeit	Wanderung	Höhe m	Entf. km
8.30	ab **Mundenheim** (Schwanen)	95	
8.40	Kaiserwörth		0,7
8.50	Chemische Fabrik		1,5
9.10	Ziegelei Frey		3,2
9.25	Waldmühle		4,3
9.45–10.15	**Neuhofen** (Schwanen)	97	6
11.25	Jagdhaus		9,8
12.20–2.20	**Altrip** (Pfälzerhof)	93	13,5
3.20	Ziegelei Frey		18,5
4.00	an **Mundenheim** (Rietzen, Ochsen)	95	21,7

Nächste Wanderung am 14. Dezember.

Vereins-Nachrichten

Stammtisch in Ludwigshafen:

13. November: Restauration Schlicher, Ludwigstraße Nr. 17;
27. November: Bahnhofrestauration;
4. Dezember: Hotel Weinberg (Sälchen), Oggersheimerstraße 7. Beginn 7 Uhr. Musik-, Gesangs- und Mundartvorträge.

Stammtisch in Mannheim.

Jeden Freitag Restauration Germania C. 1, 10. Gemeinsam mit dem Odenwaldklub.

Stammtisch in Worms.

20. November: Zwölf Apostel.

Unsere Mitglieder in Worms werden gebeten, sich recht zahlreich einzufinden. Einige Vorstandsmitglieder aus Ludwigshafen werden ebenfalls erscheinen. — Ludwigshafen ab 6,15 Uhr nachm., Worms an 6,55 Uhr nachm. Worms ab 9,55 Uhr nachm. Ludwigshafen an 10,38 nachm.

Vereinszeitung. Beschwerden über unregelmäßige Zustellungen und Ausbleiben unserer Vereins-Mitteilungen, die jeden Monat erscheinen und kostenlos jedem Mitgliede zugestellt werden, sowie Adressenänderungen, wollen immer sofort an unseren Schriftführer Eduard Müller, Ludwigshafen a. Rh., Rottstr. Nr. 24, Fernsprecher Nr. 1111 angezeigt werden. Spätere Reklamationen können nicht berücksichtigt werden.

Wirtschaft auf der Kalmit. Die Einstellung des Personenverkehrs an den Sonntagen wird einen erheblichen Rückgang im Besuch unserer Hütte zur Folge haben. In der Hauptsache werden nur die Bewohner jener Ortschaften, die, um die Kalmit zu erreichen, keine Bahn in Anspruch zu nehmen haben, die gewohnte Wanderung ausführen können. Mit Rücksicht auf diese unsere Freunde werden wir die Wirtschaft nach Möglichkeit aufrecht erhalten.

Fragen der Organisation des Vereins. Der Hauptvorstand hatte die Absicht, für Sonntag, den 26. Oktober eine Hauptausschuß-Sitzung des Vereins nach Kaiserslautern einzuberufen. Die schon für diesen Tag in Aussicht genommene Einstellung des Personenverkehrs an Sonntagen veranlaßte den Hauptvorstand die Einladungen rückgängig zu machen oder von weiterer Einladung abzusehen. Es läßt sich nicht ermessen, bis wann die Kohlennot zu beheben ist und so werden wir wohl auf eine Zusammenkunft sämtlicher Ortsgruppen fürs erste verzichten müssen. Damit aber die Vereinsarbeit und das Zusammengehörigkeitsgefühl nicht notleiden, wird der Hauptvorstand die Vertreter der Ortsgruppen nach und nach bezirksweise zu Besprechungen einladen. Diese Bezirksversammlungen sollen unter anderem darüber Klarheit schaffen, wie sich die einzelnen Ortsgruppen zu einer Gauverfassung des Vereins stellen. Darnach würden zusammenhängende Gebiete zu einem Gau mit einem Gauvorsitzenden vereinigt werden. Den Zusammenhang der Gaue unter sich würde der Hauptvorstand aufrecht erhalten. Wie die Verhältnisse liegen, bleibt u. E. gar nichts anderes übrig, als diesen Anregungen zuzustimmen. Diese Organisation dürfte ihren Wert auch dann behalten, wenn wir jemals wieder zu den alten Verhältnissen zurückkommen sollten. Es war schon unter den günstigen Verkehrsverhältnissen der Vorkriegszeit mit Schwierigkeiten verbunden, die Vertreter einer größeren Anzahl von Ortsgruppen auf einen bestimmten Platz zu vereinigen. Fand eine Sitzung in Neustadt statt, und Neustadt lag gewiß am günstigsten für solche Zwecke, so mußten wir gleichwohl feststellen, daß die Ortsgruppen der Nord- und teilweise auch der Westpfalz nicht erschienen oder nicht

Titelblatt des ›Wald-Heil!‹, der Zeitschrift der Ortsgruppe Ludwigshafen-Mannheim des Pfälzerwaldvereins, 1919 [372]

Gedenkfoto zum Stiftungsfest des ›Vereins der Unteren Kgl. Bayerischen Postbeamten‹ in Ludwigshafen 1910 mit einer Ansicht des großen Gebäudes der Hauptpost am Bahnhofsplatz [373]

Ansichtspostkarte zur 50-Jahr-Feier des Turnvereins Ludwigshafen im ›zeitgemäß traditionalistischen‹ Stil, 1911 [374]

Anmerkungen Seite 670

1216 *AB 1912 und 1913*

1217 *AB 1913, S. 624; ›100 Jahre‹ (1953), S. 170*

1218 *vgl. Stadtgeschichte (1903), S. 452ff; Breunig 1976, S. 263ff*

betraf, bildete sich 1910 in Ludwigshafen als erste Pfälzer Sektion eine Ortsgruppe der ›Naturfreunde‹, der sozialdemokratisch-gewerkschaftlichen Konkurrenzorganisation zu Alpenverein (seit 1888 in Ludwigshafen vertreten) und Pfälzerwald-Verein (1902 gegründet). Mit der Gründung des ersten Fußballklubs FG ›Revidia‹, dem bald eine Reihe weiterer Vereine folgte (Ende 1912 insgesamt neun, ein Jahr später offenbar nur noch vier Vereine),[1216] brach 1900 in Ludwigshafen verhalten das Zeitalter des populärsten Massensports der Zukunft an.[1217]

Bei den *Fachvereinen* handelte es sich um berufsspezifische Zusammenschlüsse, vielfach nur um Zweigvereine landes- oder reichsweiter Verbindungen, z. B. der Gewerkschaften, von denen sich 1895 auf lokaler Ebene 21 zu einem Gewerkschaftskartell zusammenschlossen,[1218] oder um Innungen, zu denen sich das Handwerk eines Ortes auf freiwilliger Basis oder seit 1897 auch zwangsweise vereinigte, wenn die selbständigen Gewerbetreibenden einer Fachrichtung sich mehrheitlich

Ansichtspostkarte des Arbeiter-Radfahr-Bundes ›Solidarität‹ in ›moderner‹ plakativer grafischer Gestaltung [375]

dafür entschieden. Zur Kategorie der ›Berufsvereine‹ rechneten die Angestelltenvereine, wie der ›Verein für Handlungscommis‹, der ›Verband der Handlungsgehilfen Deutschlands‹ oder der ›Deutschnationale Handlungsgehilfenverband‹, berüchtigt durch seine antisemitische Einstellung und die Abwehr von Frauenarbeit, ferner der ›Deutsche Privatbeamtenverein‹, eine Organisation der gehobenen Angestellten in der Wirtschaft, Post, Bahn, Polizei, Lehrerschaft, wobei die Lehrerinnen teilweise zu eigenen Vereinen zusammenfanden (›Lokallehrerinnenverein Ludwigshafen a. Rhein‹, ›Verein Pfälzischer Arbeitslehrerinnen‹), allgemeine und spezielle Zusammenschlüsse von Kaufleuten (bspw. ›Verband selbständiger Kaufleute und Gewerbetreibenden‹, ›Verein selbständiger Flaschenbierhändler‹, ›Verein selbständiger Schneidermeister‹, ›Meistervereinigung des Spengler-, Gas-, Wasser- und elektrischen Installationsgewerbes in Ludwigshafen‹) und Berufsgruppen (bspw. ›Lokomotivheizer-Verein Ludwigshafen a. Rh.‹, ›Verein der städtischen

Beamten‹, ›Freie Vereinigung der Isolierer und Rohrumhüller Ludwigshafen a. Rh. und Umgebung‹). Bei all diesen Vereinen stand naturgemäß neben sachkundiger berufsbezogener Information die Vertretung spezieller wirtschaftlicher und damit verbundener politischer Interessen im Vordergrund.

Auf die Spar- und Unterstützungsvereine *[vgl. Stützung, S. 592]* und vor allem auf das oben erörterte kirchliche Vereinswesen sei noch einmal eigens verwiesen: Es fügte sich kaum der Gruppenbildung, wie sie die Stadtgeschichte von 1903 vornahm, denn die betreffenden Vereine verbanden auf weltanschaulicher Grundlage Geselligkeit und Unterstützung bestimmter sozialer Aufgaben und griffen damit in den Bereich der Gemeinnützigkeit hinüber.

Unter der Bezeichnung *gemeinnützig* subsumierte die Stadtgeschichte von 1903 ein recht buntes Spektrum von elf Vereinen.[1219] Einige davon wurden bereits kurz vorgestellt, so der ›Verein Knabenhort‹ und die ›Baugenossenschaft Ludwigshafen am Rhein‹. Fast durchweg handelte es sich um gutbürgerliche Unternehmungen mit sozialem Engagement und mit Honoratioren in den Vorständen. Das gilt auch für den ältesten Verein in dieser Kategorie, den 1872 gegründeten ›Gewerbeverein‹, obwohl er sich anders als die übrigen gemeinnützigen Vereine an berufsspezifischen Interessen von Handwerk und Industrie orientierte mit dem Ziel, beide Bereiche einander näherzubringen; der Verleger August Lauterborn, der Unternehmer Carl Ludowici und vor allem der ›Pressezar‹ Julius Waldkirch zählten zu seinen Gründungsmitgliedern und führenden Köpfen im Vorstand.[1220] Besondere Verdienste erwarb sich der Gewerbeverein unter anderem um die verbesserte Ausbildung von Lehrlingen und um den Ausbau des ›Realien‹-orientierten Schulwesens *[vgl. Mittelschulen, S. 629]*, dies in Rückbindung auch an den Arbeiter-Fortbildungsverein (s. u.), und wirkte ansonsten durch eine Fachbibliothek, Vorträge, Eingaben, Gutachten und Ausstellungen mit der Jubiläums-Gewerbeausstellung zur Fünfzigjahrfeier Ludwigshafens 1903 als Glanzpunkt.[1221] Soweit es die betreute Klientel betrifft, bestand ein gewisser Zusammenhang zwischen dem Gewerbeverein und dem ›Verein gegen Haus- und Straßenbettel‹ (gegr. 1882): Dieser suchte seinem Namen gemäß das damals zunehmend als öffentliches Ärgernis empfundene Betteln von tatsächlich oder angeblich wandernden Handwerksburschen an den Haustüren und auf der Straße zu bekämpfen, indem die Vereinsmitglieder, wohl großenteils Handwerksmeister, eine Verpflegstation finanzierten, die ausgewiesenen Wanderern eine Essensration als „Ortsgeschenk" reichte. Durch Anschluß an einen Gesamtverband entsprechender Vereine für die Pfalz (1902) fügte sich Ludwigshafen in ein regional aufeinander abgestimmtes Netz derartiger Stationen ein.[1222] Der ›Tierschutzverein‹ (gegr. 1895), ein Produkt der Tierschutzbewegung, die sich damals lebhafter zu entwickeln begann, setzte mehr auf Kost für Geist und Gemüt der Jugend, da er vornehmlich durch unentgeltliche Verteilung von Tierschutzkalendern „veredelnd auf die kommende Generation zu wirken" hoffte.[1223] Veredelung in weiterem Sinne bezweckte auch der wirtschafts- und bildungsbürgerlich geprägte ›Verschönerungsverein‹ (gegr. 1876):[1224] In Zusammenwirken mit der Stadt widmete er seine Aufmerksamkeit der Herstellung und Pflege von baumbeschatteten, blumenverzierten und bänkebestückten Spazierwegen in Stadt und städtischem Umfeld und setzte sich, wie oben erwähnt, 1885 erfolgreich für die Vergabe von Straßennamen ein.[1225]

Anmerkungen
Seite 672 und 673

1219 *Stadtgeschichte (1903), S. 598ff*
1220 *Stadtgeschichte (1903), S. 601f; Waldkirch, S. 11f*
1221 *Stadtgeschichte (1903), S. 597, 601f; Breunig 1986, S. 99f*
1222 *Stadtgeschichte (1903), S. 602f; StALu, LUA 584*
1223 *Stadtgeschichte (1903), S. 603f*
1224 *vgl. ebd., S. 598ff*
1225 *vgl. SRP 5.12.1881, 21.9.1882, 27.11.1885; Esselborn, S. 227ff*
1226 *Nutzinger, S. 61ff; Belitz, S. 103f; ›Pfälzische Rundschau‹, 30.10.1908*
1227 *VB 1907, S. 181*
1228 *Stadtgeschichte (1903), S. 601*
1229 *vgl. Breunig 1976, S. 637f*
1230 *Meyer Bd. 6 (1894), S. 826*
1231 *vgl. Esselborn, S. 269ff*

Großbürgerin und sozialer Pionier: ***Anna Röchling***[1226]

Anna Röchling wurde 1831 als Tochter des Kaufmanns August Schultz in Mainz geboren. Da der Vater noch im selben Jahr starb, wuchs das Mädchen im Hause ihres Großvaters, des Mannheimer Bankiers Johann Wilhelm Reinhardt, auf. Sie erhielt die übliche Erziehung einer höheren Tochter und nahm teil am geselligen Leben und der Theaterbegeisterung der großbürgerlichen Familie. 1853 heiratete sie Ernst Röchling, damals Vertreter seiner Firma in Ludwigshafen, den sie auf einem Ball kennengelernt hatte. Das junge Paar zog in die einzige Straße der neuen Ansiedlung, die Ludwigstraße. „Sonst starrten uns nur unausgefüllte Löcher an, später das Eldorado für unsere Kinder", bemerkte Anna Röchling in ihren Lebenserinnerungen. Während sie sich gesellschaftlich weiter nach Mannheim orientierte, gründete sie zusammen mit 13 gleichgesinnten Frauen im Februar 1867 in Ludwigshafen den ›Frauenverein für freiwillige Armen- und Krankenpflege‹, dessen Vorstand sie für lange Jahre wurde. Noch im selben Jahr kaufte sie für den Verein ein Haus in der Bismarckstraße, wo dann der erste Kindergarten der Stadt sein Domizil fand. Das Institut, überkonfessionell aus liberalem Geist heraus entstanden, war „ganz ihre Stiftung" und wurde bis zu ihrem Tod vorwiegend durch ihre Zuwendungen unterhalten. Schon kurz darauf eröffneten der protestantische Pfarrer Keim und seine Frau einen Kindergarten, offenbar weil sie das Röchlingsche Unternehmen als eher katholisch ablehnten.

Auch im Krieg 1870/71 und während der Hochwasserkatastrophe 1882/83 engagierte sich Anna Röchling. Ihre Mildtätigkeit, die auch zu spontanen Gesten fähig war – etwa zur Bezahlung eines Arztbesuchs für einen Straßenfeger, der ihr bei einem Spaziergang durch seine geröteten Augen auffiel – war sprichwörtlich. Der bayerische Staat ehrte sie mit fünf Ordensauszeichnungen. Anna Röchlings ungekünsteltes Wesen, ihre Offenheit und ihr Humor wurden immer wieder gelobt: Sie liebte ungezwungene gesellige Veranstaltungen in ihrem Haus, Damenkränzchen, bei denen „Butter und Brot, kaltes Fleisch mit Eiern und Rettich und Bier" gereicht wurden. Zudem war sie politisch interessiert, hatte großen kaufmännischen Sachverstand – sie hatte 800000 Mark mit in die Ehe gebracht – und hätte nach eigenen Worten gerne Medizin studiert, wenn das zu ihrer Zeit möglich gewesen wäre.

Ihren Mann verlor Anna Röchling bereits 1877, als er einem Lungenleiden erlag. So kümmerte sie sich um ihre fünf Kinder, die alle in das Mannheimer und deutsche Großbürgertum einheirateten, und zeigte großes Interesse für ihre Enkel und Urenkel. Im Oktober 1908 starb sie in Ludwigshafen.

[S. M.]

Sozial engagierte Großbürgerin: Anna Röchling [376]

In etwas anderer Richtung bemühte sich der 1907 gegründete ›Verkehrsverein‹ um Aus- und Ansehen der Stadt: Nach dem Vorbild gleichartiger Vereine „anderer größerer Städte suchte er die Stadt Ludwigshafen am Rhein nach außen hin bekannt zu machen, für das einheimische sowie durchreisende Publikum Verkehrserleichterungen aller Art herbeizuführen und damit den Fremdenverkehr in hiesiger Stadt nach Tunlichkeit zu heben".[1227]

Eher mittelständisch-praktisch agierte die ›Freiwillige Sanitätskolonne Ludwigshafen a. Rh.‹ (gegr. 1889): für den Einsatz im Krieg und bei Unglücksfällen.[1228] Hier entstand freilich 1911 Konkurrenz von links, als sich in der Stadt der Chemie eine Sektion des ›Arbeiter-Samariterbundes‹ bildete und der Sanitätskolonne vom Roten Kreuz die in der Arbeiterbewegung aktiven Elemente entzog.[1229]

Verwandte Ziele wie die beiden zuletzt genannten Verbände verfolgte einer der relativ wenigen Vereine, in denen Frauen das Sagen hatten, denn humanitäre Zwecke gehörten nach damaligem Verständnis „einem Tätigkeits- und Interessengebiet an, auf das die Frauen durch Natur und sozialen Beruf hingewiesen werden":[1230] Aus dem sozialen Engagement von Frauen der ›besseren Kreise‹, wie Anna Röchling, erwachsen,[1231] verfolgte der 1867 gegründete ›Frauenverein für freiwillige Armen- und Krankenpflege‹ das Ziel, „die Bedürftigen mehr durch Arbeitgeben zu unterstützen und nur bei andauernder Krankheit oder

Die Musikkapelle des Katholischen Jünglingsvereins Mundenheim, 1909 [377]

Das erste Rettungsautomobil der ›Freiwilligen Sanitätskolonne‹ Ludwigshafen 1909 [378]

gänzlicher Erwerbslosigkeit Anweisungen auf Lebensmittel zu geben, in dringenden Fällen [...] auch die Kosten für Arzneien" zu übernehmen. Zudem betreute der Verein eine „Kleinkinderschule [...], in welcher die Kinder vor der Schulpflicht in leiblichem und geistigem Wohl erzogen und ihre sittlichen und intellektuellen Anlagen stufenmäßig entwickelt werden sollen",[1232] ein defizitäres Unternehmen, weil arme Eltern kein Schulgeld zahlten, und während des Kaiserreichs die einzige überkonfessionelle Kleinkinderschule in Ludwigshafen. Der Verein schloß sich Mitte 1885 dem ›Bayerischen Frauenverein vom Roten Kreuz‹ als Zweigverein Ludwigshafen an.[1233] Neben ihm wirkten die bereits erwähnten kirchlichen Frauenvereine bei der Betreuung von Kranken und Kindern.[1234]

Schließlich ist die Ortsgruppe Ludwigshafen a. Rh. des ›Vereins für Fraueninteressen‹ mit Sitz in München zu erwähnen.[1235] Die Gründung im März 1903 weist Ludwigshafen nicht gerade als Zentrum der deutschen Frauenbewegung aus – in der Pfalz hatten sich bereits 1899 Ortsgruppen in Neustadt und Landau gebildet, aber sie läßt doch erkennen, daß inzwischen genügend selbständig denkende und handelnde, teilweise auch berufstätige Frauen aus dem gehobenen Besitz- und Bildungsbürgertum bereit waren, sich gemeinsam für die Ideen der Frauenbewegung, für „die Förderung und Hebung des weiblichen Geschlechts in geistiger, sittlicher und wirtschaftlicher Beziehung"[1236] einzusetzen; die Mitgliederzahl betrug etwa 160. Die Wirksamkeit des Vereins hielt sich in Grenzen, ist aber auch nicht zu unterschätzen. In seinen Aktivitäten verbanden sich traditionelle Vorstellungen der gemeinnützigen Fürsorge für sozial schwächere Mitglieder der Gesellschaft mit dem Bemühen um praxisorientierte Berufsausbildung junger Frauen. So schloß sich der ›Gabelsberger Damenstenographenverein‹ der Ortsgruppe an und beantragte erfolgreich, „fremdsprachliche Fortbildungskurse für weibliche Handels- und Verkehrsangestellte ins Leben zu rufen" und mit Kursen für französische Handelskorrespondenz und Konversation zu beginnen. Gleichzeitig regte der Verein bei der Stadtverwaltung den Einsatz von „Frauen der besser situierten Stände" in der

Anmerkungen
Seite 674 und 675

1232 *Denkschrift Matthäus bei Poller 1974, S. 67; vgl. Belitz, S. 103ff; Pfanz-Sponagel*

1233 *9.7.1885 mit Tätigkeitsbericht 1867 bis 1884; StALu, LUA 243*

1234 *vgl. [Religion, S. 653]; z. B. Belitz, S. 405f betr. den Protestantischen Frauenverein Mundenheim*

1235 *zum Verein neuerdings Pfanz-Sponagel; die folgenden Zitate, soweit nicht anders vermerkt, aus Stadtgeschichte (1903), S. 606f*

1236 *Statuten des Vereins von 1906, zit. bei Pfanz-Sponagel*

1237 *VB 1906, S. 66*

1238 *Waldkirch, S. 11f; Breunig 1976, S. 142ff*

Knaben- und Männerchor des BASF-Gesangvereins im Vereinshaus der BASF 1913 [379]

Titelblatt des Festbuches zum 4. Gausängerfest des Deutschen Arbeiter-Sängerbundes der Pfalz in Ludwigshafen, 1912 [380]

Armen- und Waisenpflege an, zumal bei der Betreuung von Kindern berufstätiger Mütter, und stellte „der Armenpflege Erstlingswäsche zur Abgabe an arme Wöchnerinnen zu Verfügung".[1237] Seit Ende 1903 war eine stattliche Zahl von Frauen als ehrenamtliche Waisenpflegerinnen tätig *[vgl. Soz.-Pol., S. 600]*. Und nicht zuletzt gab der Verein mit karitativen Absichten den Anstoß für das erste Ludwigshafener Parkfest, das sich nach dem Wunsch von Bürgermeister Krafft, seit 1906 Ehrenmitglied des Vereins, zu einem dauernden Pfälzischen Volksfest entwickeln sollte *[vgl. Freizeit, S. 635]*.

Zu den ›*Vereinen gewerblicher und belehrender Art*‹ zählte als frühes Beispiel der ›Arbeiter-Verein‹, später ›Arbeiter-Fortbildungsverein‹.[1238] Seine Gründung im Sommer 1868 durch Unternehmer, die der Fortschrittspartei nahestanden, mit Druckereibesitzer Julius Waldkirch als entscheidendem Anreger und erstem Vorsitzendem an der Spitze war für die damalige Zeit symptomatisch: Der Aufschwung der Arbeiterbildungsvereine in den 1860er Jahren verfolgte das Konzept, den sich verschärfenden Konflikt zwischen Kapital und Arbeit auf friedlichem Weg zu entkrampfen und letztlich über die Integration der Arbeiterschaft in die bürgerliche Welt durch bessere Bildung bei gleichzeitiger Besserung ihrer materiellen Situation aufzulösen, dabei unterstützt durch genossenschaftliche Einrichtungen und durch gewährte Hilfe zur Selbsthilfe. Dazu rechnete in Ludwigshafen die bereits erwähnte berufliche Fortbildungsschule; auch war die Stadtverwaltung zu (wenngleich recht bescheidener) materieller Hilfe bereit, die der Einrichtung von vereinseigener Sparkasse (1877—1893), Krankenkasse (Kranken-Unterstützungsverein) und Bibliothek zugute kam. Daß das liberal ausgerichtete gesellschaftspolitische Integrations-Konzept als wünschenswerte Alternative zu denjenigen der sozialistischen Arbeiterbewegung erschien, mochte dem Arbeiter-Fortbildungsverein im bürgerlichen Lager Ansehen und Anhänger verschaffen, minderte jedoch seinen Einfluß innerhalb der Arbeiterschaft selbst, je fester die Sozialdemokratie in der ›Stadt der Chemie‹ Fuß fassen konnte, und ließ seinen Mitgliederkreis auf die eigentliche Handwerkerschaft zusammenschrumpfen. Andere

›Vereinsblatt‹ des „wirtschaftsfriedlichen" ›Werk-Vereins‹ der BASF, 1913 [381]

Vereine dieser Kategorie waren Interessenvertretungs-Vereine wie der Hausbesitzer- und Mieterverein, andererseits Zusammenschlüsse, die sich an beruflichen Interessen sowie an ›Hobbies‹ ausrichteten, wie Stenographievereine, Philatelisten- oder Photographie-Vereine.

Höheren „Kunstbestrebungen" widmeten sich die *Gesang- und Musikvereine* – 1903 immerhin 39 an der Zahl (1913: 43). Ihre Geschichte spiegele die Geschichte der Stadt, meinte ein späterer Betrachter, „die Unruhe eines sich überstürzenden Werdens, den Mangel der festen Struktur: Spaltung, Neuvereinigung, Umbildung, oft rascher Ablauf der Entwicklung, Enstehung – und Vergehung".[1239] 1861 traten gleich zwei Männerchöre ins Leben, der ›Frohsinn‹, der sich 1887 mit der „besonders gesellschaftlich rührigen" ›Harmonie‹ zur ›Liedertafel‹ verband, und der ›Liederkranz‹, aus dem Ende 1867 der ›Cäcilien-Verein‹ hervorging, „der Verein der geistigen und gesellschaftlichen Oberschicht der Stadt";[1240] seit 1874 entwickelte er sich zu einem Oratorienverein mit gemischtem Chor, der beachtliche musikalische Leistungen zuwege brachte.[1241] Der ›Verein für klassische Kirchenmusik‹ (gegr. 1877) widmete sich als Chor dem in seinem Namen angesprochenen Spezialgebiet.[1242] Der 1887 gegründete ›Musikverein‹ strebte die Bildung eines ständigen Orchesters an und schaffte zu diesem Zweck mit maßvoller städtischer Unterstützung die erforderlichen Instrumente an, wobei die Stadtverwaltung davon ausging, daß die „permanente Musikkapelle" ihr garantierte, „jeweils bei offiziellen Festakten den musikalischen Teil in vollständig hinreichendem Maße zu decken".[1243] In den zahlreichen Männergesangvereinen[1244] fanden sich des öfteren Angehörige einer Firma oder einer Berufsgruppe zusammen, so im Männergesangverein ›Bavaria‹ (1873) Eisenbahner, vor allem Arbeiter der Eisenbahnwerkstätte,[1245] im ›Gesangverein der BASF‹ (1892), dem ›Anilin-Chor‹, wohl vornehmlich kleine Angestellte des Unternehmens, Postbeamte im Postgesangverein (1894), jeweilige Berufsangehörige in Gesangsabteilungen von Bäcker- und Metzger-Innung. Größtenteils wirkten die Chöre in kleinem Kreis, in einem bestimmten Stadtteil – z. B. der Männergesangverein Mundenheim seit 1856, der Liederkranz Mundenheim seit 1872, in Friesenheim der Vereinigte Singverein seit 1858 und die Concordia

Anmerkungen
Seite 676 und 677

1239 Weiß, S. 323; f.d.F. ebd., S. 323ff, vor allem aber die grundlegende Arbeit von Jung 1968
1240 Weiß, S. 325
1241 vgl. ›100 Jahre‹ (1953), S. 117; Jung 1968, S. 47ff
1242 vgl. Esselborn, S. 172; Belitz, S. 136f; Jung 1968, S. 65ff
1243 SRP 15.2.1888
1244 vgl. Jung 1968, S. 74ff
1245 vgl. Weißt du noch, S. 134f; Jung 1968, S. 80ff
1246 vgl. Belitz, S. 136f, 240f, 333, 379; Jung 1968, S. 108ff
1247 f.d.F. Breunig 1976, S. 618ff
1248 Breunig 1976, S. 179, 618
1249 Profit nennt ›Thalia‹ im nördlichen, ›Erheiterung‹ im südlichen Stadtteil; Weißt du noch, S. 139

Büro des ›Werk-Vereins‹ der BASF [382]

›Nationales‹ Vereinsleben Gedenkschrift zum 25jährigen Stiftungsfest des ›Krieger- und Militärvereins‹ Ludwigshafen 1909 [383]

seit 1868, die Concordia Ludwigshafen-Hemshof seit 1870, der Männergesangverein Hemshof 1886 – oder in einer bestimmten Kirchengemeinde.[1246] Hinzu kam die Pflege volkstümlicher Instrumentalmusik durch mehrere Zithervereine und einen Bandoneonclub kurz nach der Jahrhundertwende. Es entwickelte sich also ein recht buntes, von unterschiedlichen Bedürfnissen geprägtes Musikleben in der Stadt, hauptsächlich von Laien als Sängern und Lehrern als Chorleitern getragen und bei Bedarf durch Berufsmusiker, nicht zuletzt aus Militärkapellen, abgestützt. Natürlich hat auch die Arbeiterbewegung schon früh die Pflege gemeinsamen Gesangs als Mittel der Identitätsbildung auf geselliger Ebene genutzt.[1247] So entstand 1878 der sozialdemokratisch ausgerichtete ›Sängerbund‹ als Tarnorganisation für die kurz zuvor verbotene sozialdemokratische Partei, wurde allerdings bereits wenige Monate nach seiner Gründung wieder von der Polizei aufgelöst.[1248] Seit den 1880er Jahren formierten sich in den verschiedenen Stadtteilen Arbeiterchöre,[1249] die offenbar als wertvolle Kontaktstellen unter den Sozialdemokraten zur Zeit des Sozialistengesetzes dienten. Um die eher mässige Sangesleistung zu heben, fusionierten 1904 ›Viktoria‹ und ›Thalia‹ zum ›Arbeiter-Gesangverein Ludwigshafen Nord‹, ›Erheiterung‹, ›Sängerbund‹ und ›Sängervereinigung‹ zum ›Arbeiter-Gesangverein Ludwigshafen Süd‹. Im ›Arbeiter-Sängerbund‹ schufen sich die Arbeiterchöre in größeren Gebieten eine Dachorganisation, so im ›Badisch-Pfälzischen Arbeiter-Sängerbund‹ 1891, seit 1900 im Deutschen Arbeiter-Sängerbund, Gau Pfalz. Dessen viertes Sängerfest, 1912 in Ludwigshafen abgehalten, wurde durch die stattliche Teilnehmerzahl, das Auftreten von Massenchören und die entsprechende Ausrichtung des Gesangsprogramms zu einer sichtbaren und hörbaren Demonstration der Arbeiterbewegung.

Eine eigene Kategorie bildeten die *Krieger- und Militärvereine*. Sie pflegten die Kameradschaft unter den – früher – ›gedienten Kriegern‹, unter denen die Veteranen des Deutsch-Französischen Krieges besonderes Ansehen genossen, sicherten ihren Mitgliedern ein feierliches Begräbnis mit militärischen Ehren und verfügten teilweise auch über eigene Unterstützungskassen, in welche die Mitglieder einzahlten.

Begeisterung für des Kaisers Lieblingskind: Empfang einer Torpedoboot-Division der Kaiserlichen Marine am Oberen Rheinufer, Mai 1900 [384]

22 derartige Vereine, des öfteren nach Rang (Offiziere, Unteroffiziere), Waffengattung (Artillerie, Jäger, Marine) oder Regimentern abgegrenzt, existierten Ende 1913 in Ludwigshafen. Ihre politische Bedeutung bestand vor allem in der nationalen und dynastischen Ausrichtung ihres Weltbildes, das bei Umzügen, ›Paraden‹ und Spalierstehen optisch farbenfroh in Erscheinung trat. Damit erschienen sie als ideale Einrichtung, um der Sozialdemokratie entgegenzuarbeiten, obwohl die Sozialdemokraten den Militärdienst für gewöhnlich nicht nur als unvermeidliches Übel hinnahmen, sondern in einer stark militarisierten Gesellschaft oft genug sogar positiv erlebten.[1250]

Sehr viel direkter gegen Sozialdemokratie und Gewerkschaften ausgerichtet waren die sog. „wirtschaftsfriedlichen" oder *›gelben Werkvereine‹*. Eine ganze Reihe von Ludwigshafener Firmen (BASF, Sulzer, Walzmühle, Grünzweig & Hartmann) riefen seit 1911 derartige Zusammenschlüsse ins Leben mit dem Ziel, den Einfluß der sozialistischen Arbeiterbewegung im jeweiligen Unternehmen wenigstens so klein wie möglich zu halten, indem man den eigenen Arbeitern das Gefühl solidarischer Werksgemeinschaft, die Ideologie friedlichen Interessenausgleichs zwischen Arbeitgebern und Arbeitnehmern im Rahmen „der bestehenden Gesellschaftsordnung" und „vaterländische Gesinnung" nahezubringen suchte und den Vereinsmitgliedern zur positiven Bekräftigung derartiger Gesinnung materielle Vorteile zufließen ließ. Vor allem die BASF hat mit ihrer Vereinsgründung 1911 in dieser Hinsicht regionale Maßstäbe gesetzt.[1251] Die sozialistische Arbeiterbewegung vor Ort ließ sich allerdings durch einen derartigen Querschlag höchstens kurzfristig ausbremsen, so empfindlich sie auch auf das Vorgehen des Ludwigshafener Super-Unternehmens reagierte und sogar einen dann fehlschlagenden Streik riskierte *[vgl. Arbeitswelt, S. 442]*.

Wenn die Stadtgeschichte von 1903 nur sechs Vereine als *›politisch‹* einstufte, so meinte sie damit im wesentlichen solche, die als Basisorganisationen für die Parteien dienten. Dazu rechneten der 1884 gegründete ›Nationalliberale Verein für Ludwigshafen a. Rh. und Umgebung‹ unter der Führung namhafter Industrieller (Carl Clemm, Carl Grünzweig, Hans Knoll) – im Grunde eine Reaktion der eigentlich wenig organisationsfreudigen liberalen Honoratiorengesellschaft auf

Anmerkungen
Seite 678 und 679

1250 vgl. allg. Ritter / Tenfelde 1992, S. 738ff

1251 zu den gelben Vereinen allg. Mattheier; für den Werkverein der BASF künftig v. Hippel 2003, Kapitel 3, zu den Werkvereinen in Ludwigshafen Breunig 1976, S. 456f

1252 AB 1913, S. 617ff

** Der vorliegende Abschnitt wurde, soweit nicht anders ausgewiesen, von Stefan Mörz verfaßt*

die Arbeiterbewegung und ihre Erfolge selbst unter dem Druck des Sozialistengesetzes, der ›Centrumsverein‹ und natürlich die drei sozialdemokratischen Ortsvereine in Ludwigshafen, Friesenheim und Mundenheim – derartiger basisorientierter Lokalismus einer Partei, die ansonsten eher reichsweit dachte und agierte, verdient angemerkt zu werden. Die übrigen Vereine, die das Adreßbuch von 1901 als ›politisch‹ einstufte, waren die Jugendorganisation der Nationalliberalen (›Verein der nationalliberalen Jugend‹), interessanterweise damals die einzige ausgewiesene Jugendorganisation einer Partei, und drei Vereine, die sich der Größe des Deutschen Reiches im Zeichen von Imperialismus und kolonialer Expansion verschrieben hatten: die Ludwigshafener Abteilung der ›Deutschen Kolonialgesellschaft‹, die Ortsgruppe des ›Deutschen Flottenvereins‹ und die Filiale der ›Kiautschou-Verpflanzung‹, durchweg mit angesehenen Vertretern der Wirtschaft im Vorstand bestückt. In den folgenden Jahren erweiterte sich das Spektrum, wie das Vereinsverzeichnis Ende 1912 belegt.[1252] Das Zentrum suchte offensichtlich seinen Kontakt zur Basis durch Aufgliederung in vier Stadtteilvereine zu stärken; hinzu kam der ›Windthorstbund‹ als Jugendorganisation. Auch die Liberalen zeigten mit der Fortschrittlichen Volkspartei unter dem Vorsitz von Friedrich Raschig, dem Nationalverein für das liberale Deutschland und dem Liberalen Arbeiterverein Ludwigshafen steigende Bereitschaft zu organisierter Verfestigung. Die Ortsgruppen von Kolonialgesellschaft und Flottenverein waren nun allerdings unter den ›gemeinnützigen Vereinen‹ eingegliedert.

Tatsächlich wies ein Großteil sämtlicher Vereine zumindest eine politische Komponente auf – das dürften die bisherigen Angaben sichtbar gemacht haben. Nicht zuletzt wirkte sich das Nebeneinander von ›bürgerlichem‹ Vereinswesen und Vereinsleben der Arbeiterbewegung auf die politische Stimmung und Willensbildung aus. Dadurch trugen die Vereine Wesentliches zur Verfestigung bestimmter sozialmoralischer Milieus bei, die dann bei Wahlen und sonstigen politischen Willensbekundungen aktiviert werden konnten. Gezielt nutzte die Arbeiterbewegung diese Einsicht auf der Ebene des Einzelvereins und durch das organisierte Zusammenwirken sämtlicher Arbeitervereine vor Ort. 1909 gab die Vereinigte Freie Turnerschaft den Anstoß, ein derartiges Vereins-Kartell zu gründen, um die Kräfte zu bündeln und schwächende Konkurrenz innerhalb der Arbeiterbewegung zu vermeiden. 1911 schlossen sich Turner, Radfahrer, Athleten und Sänger im ›Kartell der Arbeitervereine‹ zusammen, weitere Vereine folgten in den nächsten Jahren (Arbeiter-Samariter, Naturfreunde, Theatralischer Verein). Ob Konsumverein, ob Gewerkschaften unterschiedlicher Ausrichtung (sozialistisch, christlich, liberal), ob kirchliches Vereinswesen: politisch relevante Weltanschauungspositionen spielten überall hinein; sie prägten zunehmend intensiver das politische Geschehen in der Stadt.

Leiden an der Häßlichkeit der Stadt
Die Schriftstellerin
Anna Croissant-Rust und ihr Ehemann
Hermann Croissant [385]

Ernst Bloch und die anderen: Künstler und Schriftsteller aus dem Ludwigshafen des Kaiserreichs*

„Es war jetzt Abend geworden, und die großen häßlichen Fabriken hatten ihre Tagesschicht beendet. Auf dem Bahnsteig wogte eine dichtgedrängte Menschenmasse. Im Umsehen waren wir von ihr umringt und ein Teil ihres Riesenleibes geworden. Ich wollte nach Enzios Arm greifen, um ihn nicht im Gedränge zu verlieren, aber er bemerkte es offenbar nicht, wie gebannt starrte er die Menge an. Auf einmal hörte ich, wie er sagte: ‚Und das alles will unsterblich sein!'" Mit diesen Worten beschreibt die Erzählerin in Gertrud von LeForts Roman ›Der Kranz der Engel‹ einen kurzen abendlichen Aufenthalt auf dem Ludwigshafener Hauptbahnhof während einer Reise von Speyer nach Heidelberg.

Das Bedrohliche, Erschreckende und Niederdrückende der ›Arbeitermassen‹ und ›rauchenden Schlote‹ wurde von vielen Intellektuellen der Zeit zum Ausdruck gebracht. Man empfand die moderne Industriewelt als ›geistfeindlich‹. Die Schriftstellerin Anna Croissant-Rust, die 1895 als Gattin des Gaswerksingenieurs Hermann Croissant nach Ludwigshafen kam, war zutiefst schockiert und deprimiert von der Atmosphäre der Stadt. „Dieses nun war keine Heimat, sondern eine Verbannung. Mag sein, daß diese neun Jahre der Nüchternheit, Kälte und der Vereinsamung in dieser Fabrikstadt Jahre der Sammlung und Reife waren, ich begrüßte unsere Rückkehr nach München als Erlösung."[1253] Dorthin, nach München, in die Mitte der kulturellen und literarischen Szene, zog sich das Ehepaar Croissant-Rust 1904 zurück, denn auch der Gaswerksdirektor Croissant war eher schöngeistig und mit seinem Posten nicht sehr erfolgreich gewesen, so daß er und die Stadt ihre Vertragsbeziehungen beendeten.[1254]

München, die ›leuchtende‹ bayerische Hauptstadt, war für viele der in Ludwigshafen aufwachsenden geistig Interessierten Sehnsucht und Ziel. Denn jenseits der immer wieder mitleidsvoll oder abschätzig beschriebenen ›Arbeitermassen‹ gab es sie natürlich auch in der jungen Industriestadt – Menschen, die Neigungen und Talent zu Kunst, Literatur, Philosophie und Musik entwickelten. Bloch, Binder, Burschell, Dieterle, Exter, Lenhard, Jung – Persönlichkeiten, die später zum Teil weltberühmt wurden – sie alle wuchsen gewissermaßen ›im Geist der Industriestadt‹ auf, wenn sie auch, mit Ausnahme von Dieterle und Lenhard, nicht der Arbeiterschaft, sondern eher der Mittel- und Oberschicht Ludwigshafens entstammten.

So verschieden ihre Lebenswege wurden, haben doch die Jugendeindrücke ihr Denken beeinflußt. Die industrielle Moderne, der Kapitalismus, das ›graue‹ Leben der Arbeiter, die ›Vermassung‹ der Menschen – diese Probleme spielten bei Ernst Bloch, bei Edgar Julius Jung und im Schaffen von William Dieterle und Josef Binder eine zum Teil deutlich hervortretende Rolle.

Neben den hier bereits genannten ›Großen‹ aus Ludwigshafen, die im folgenden jeweils mit einer biographischen Skizze vorgestellt werden, gab es natürlich noch einen weitaus größeren Kreis talentierter Menschen, die in die Stadt geboren wurden bzw. sie zu ihrer Heimat machten. Sie erlangten oft lokale oder auch regionale Berühmtheit, wie der Sohn des BASF-Architekten Eugen Haueisen, Albert Haueisen, der ebenso als Maler brillierte wie etwa der Maler- und Stukkateursohn Willi Weber. Adam Ritzhaupt und Hedwig Laudien wurden mit ihrem heimatverbundenen schriftstellerischen Werk bekannt. Im Gegensatz zu ›Bloch und den anderen‹ blieben diese Kinder der Ludwigshafener Kaiserzeit, die man hier auch gut bayerisch ›Prinzregentenzeit‹ nennen könnte, oft in der Stadt oder ihrer Umgebung und wurden bis in die 1950er Jahre und später zu wesentlichen Trägern des Kulturlebens der ›Stadt der Chemie‹, deren geistiges Klima sie damit entscheidend mitgeprägt haben.

Anmerkungen
Seite 680 und 681

1253 zit.n. Paulus, S.243

1254 Später vermachte die 1943 verstorbene Schriftstellerin ihren gesamten Nachlaß der Stadt, von der sie dafür eine Leibrente erhielt. Die umfangreichen Papiere, die Bibliothek, Möbel und Kunstgegenstände von Anna Croissant-Rust befinden sich heute im Stadtarchiv

* *Aus dem 1928 verfaßten Aufsatz Ernst Blochs über den durch den Gegensatz zum ganz anders gewachsenen Mannheim klar erkennbaren Charakter Ludwigshafens*

Ludwigshafen – Mannheim*

[...] Die Badische Anilin- und Sodafabrik [...] wurde das buchstäbliche Wahrzeichen der Stadt. Drüben lag das Schachbrett der alten Residenz, heiter und freundlich gebaut wie zu Hermann und Dorotheas Zeiten; hatte statt der größten Fabrik das größte Schloß Deutschlands, vielleicht weniger Wahr-Zeichen, im XIX. Jahrhundert, doch eine schöne Dekoration, die der Bourgeoisie Haltung gab [...] Ludwigshafen dagegen blieb der Fabrikschmutz, den man gezwungen hatte, Stadt zu werden: zufällig und hilflos, vom Bahndamm im Kreis entzweigeschnitten, ein Zwickau ohne Hemmungen, nach dem falschen Morgenrot von Biedermeier, das in seine Gründungszeit fiel, ein äußerst nasser Tag. Alle Anläufe zu ›Kunst und Wissenschaft‹ gerieten lächerlich, wurden alle von Mannheim abgefangen; es gibt in der zahlenmäßig längst perfekten Großstadt heute noch kein Theater [...] Branntweinschenken heißen ›Zur Pariser Uhr‹ und der theatralische Verein spielt den ›Scharfrichter von Augsburg‹: das ist oder war bis vor kurzem dieses kleinbürgerliche Wildwest am Rhein. Am feierlichsten Fluß Deutschlands, mitten zwischen Speyer und Worms, mitten im Nibelungenlied gleichsam, dicht neben Jesuitenkirche, Rokoko-Bibliothek, Schillers Hof- und Nationaltheater in Mannheim. Selten hatte man die Wirklichkeiten und die Ideale des Industriezeitalters so nahe beisammen, den Schmutz und das residenzhaft eingebaute Geld.

Weshalb schreiben wir aber darüber mit so langem Anlauf? Eben weil hier etwas umschlug, weil hervorkommt, wohin die Zeit marschiert. Weil Ludwigshafen, das für mehreres steht, plötzlich wichtiger geworden ist, in der neuen Luft, als Mannheim. Da liegt, nein, da fährt nun die häßliche Stadt, aber sie spektakelt so roh, Geld kreist und die I.G.-Farben dampfen. Da ist etwas zur Front geworden, die alles an den Tag legt und sich nicht mehr gebildet geniert [...] Hier ist nur die Rampe für Fabriken und was damit zusammenhängt, ist Roheit und Gestank, doch ohne Stickluft. I.G.-Farben haben die Stadt von Anfang an begründet, geben ihr jetzt erst recht das reine, roh-kalte, phantastische Gesicht des Spätkapitalismus.

Städte dieser Art sollte man darum besonders wiegen. [Ludwigshafen hat ...] gegen den Typ Mannheim das ehrlichere Gesicht; seine Industrie zerstört nicht erst natürliche, kulturelle Zusammenhänge, sondern steht ab ovo fremd zu ihnen. Da ist aufrichtigster Hohlraum des Kapitalismus: dieser Schmutz, dieses rohe und todmüde Proletariat, ausgetüftelt bezahlt, ausgetüftelt ans laufende Band gestellt, dies Projektemachen eiskalter Herren, dieser Profitbetrieb ohne Legendenreste und Phrase, dieser schundig-kühne Kinoglanz in den traurigen Straßen. So sieht es jetzt aus in der deutschen Seele, deine proletarisch-kapitalistische Mischwirklichkeit ohne Maske. Und rings um Ludwigshafen die dunstige Ebene mit Sumpflöchern und Wassertümpeln, eine Art Prärie, die keine Gütchen und Idyllen kennt, zu der Fabrikmauern und Feuerschlote bedeutend passen; die Telefonstange singt dazu.

[...] Dafür aber sind Sprungstellen [...], in denen Improvisationen nisten können, die kein ›Kulturwille‹ ahnt. Orte wie Ludwigshafen sind die ersten Seestädte auf dem Land, fluktuierend, aufgelockert, am Meer einer unstatischen Zukunft. Das behagliche pfälzische Weinland, [...] Hof- und Nationaltheater, die nahen Dome von Worms und Speyer rücken vorerst fern. Die internationale Bahnhofhaftigkeit schmilzt alles ein, hat weder die frühere Muse noch kann sie sich am rezeptiven Genuß überkommender Bilder begnügen. Der Nullpunkt, der schreit, das Chaos, das kalt und gegenwärtig sich verschiebt, ist dem Ursprung, der die Kulturbilder gemacht hat, wahrscheinlich näher als das bloß ›gebildete‹ Bürgertum, das sie im Eßzimmer aufhängt. Noch das Alte zu plündern, zu Neuem zu montieren, gelingt vom Standort solcher Städte am besten. Sie sind selber ein Knotenpunkt; Arbeiter und Unternehmer schürzen ihn klar [...].

Der Gymnasiast Bloch bei der Schillerfeier des Ludwigshafener Humanistischen Gymnasiums 1905 (s. Abb. 334) [386]

Das Geburtshaus Ernst Blochs in der Maxstraße 11 [387]

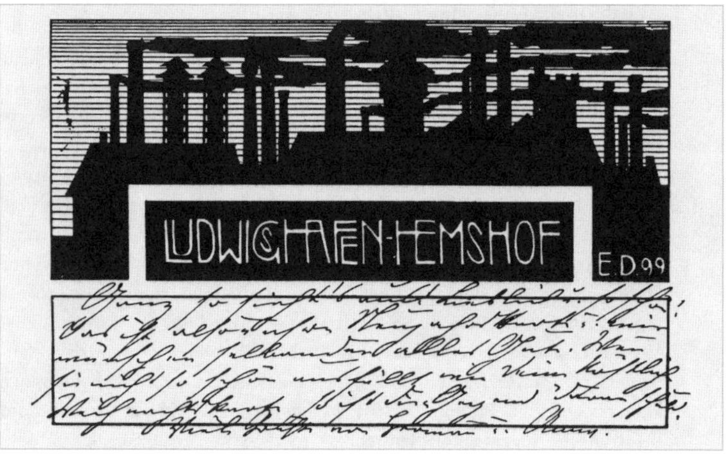

„Ganz so sieht's aus. Lieblich und so schön!": Neujahrskarte mit der Kulisse des rauchgeschwängerten Hemshofs, von Anna Croissant-Rust [388]

›Prinzip Hoffnung‹. Leben und Werk von **Ernst Bloch**[1255]

Ernst Bloch wird 1885 in Ludwigshafen geboren – der Sohn eines Beamten der Pfalzbahn, nach Blochs Worten „sehr wenig von der Muse geküßt", und einer nervösen Mutter, die in einer schwierigen Ehe leben. In seiner Kindheit fühlt er sich einsam, das Verhältnis zu seiner Geburtsstadt ist zwiespältig. Auf der einen Seite ein dauernder Konflikt mit dem Vater und schlechte Schulzeugnisse, auf der anderen Seite empfängt Bloch hier die ersten Eindrücke, die bis in sein Denken hinein wichtig werden: nämlich den Gegensatz von kultureller Tradition – Mannheim drüben, über dem Rhein, sein Theater und die Schloßbibliothek mit den Werken von Schelling, Hegel etc. – und moderner Arbeitswelt auf dem diesseitigen Ufer, der jungen Stadt Ludwigshafen, die in amerikanischem Tempo gewachsene Fabrikstadt, die „nichts vom sogenannten geistigen Leben" hat, „häßlich, geschichtslos, gegründet durch Chemie ..."

Das Philosophie-Studium in München und Würzburg wird mit einer Dissertation abgeschlossen; für das künftige Werk bedeutsamer sind einige Aufsätze dieser Zeit, zum Beispiel über Nietzsche (1906). Die Versuche, sich zu habilitieren, scheitern. Es beginnt ein Leben als freier Schriftsteller. Der junge Bloch erfährt die unterschiedlichsten Anregungen: in Berlin bei Georg Simmel, in Heidelberg durch die Freundschaft mit Georg Lukács.

Am Ende des Ersten Weltkriegs erscheint das Frühwerk ›Geist der Utopie‹. Es bündelt wesentliche Strömungen des damaligen Diskurses und wird vielfach rezipiert. Der Philosoph hat sein Thema gefunden: die Utopie. Während des Kriegs war er in die Schweiz emigriert und hatte pazifistische Zeitungsartikel verfaßt. Aus diesem politischen Engagement erwuchs konsequent die Begeisterung über die russische Revolution und über die Ausrufung der deutschen Republik. Kein Zufall also, daß er 1921 das Buch ›Thomas Münzer als Theologe der Revolution‹ veröffentlicht.

In den Zwanziger Jahren lebt Bloch vor allem in Berlin, er verkehrt unter Schriftstellern, Komponisten oder Dirigenten wie Walter Benjamin, Bertolt Brecht, Hanns Eisler, Otto Klemperer, schreibt journalistische Texte in der ›Frankfurter Zeitung‹, der ›Weltbühne‹ etc.; die philosophische Arbeit tritt vorübergehend in den Hintergrund.

Als Hitler an die Macht kommt, flieht Bloch aus Deutschland, doppelt gefährdet als Marxist und als Jude. Karola Piotrkowska, eine polnische Architektin, die er heiratet, ist ihm eine treue Gefährtin in den harten Jahren des Exils, von Zürich über Wien, Paris, Prag bis Cambridge/Massachusetts. In den USA findet Bloch keine Publikationsmöglichkeiten, dennoch arbeitet er unbeirrt, höchst produktiv, an umfangreichen Manuskripten, vor allem am Hauptwerk ›Das Prinzip Hoffnung‹, aber auch an ›Naturrecht und menschliche Würde‹ und am Hegel-Buch ›Subjekt – Objekt‹.

Die große Wende zur öffentlichen Wirksamkeit kommt für den fast vergessenen Emigranten mit der Berufung an die Universität Leipzig. Ernst Bloch profitiert von der anfangs liberal erscheinenden Kulturpolitik der jungen DDR. Er ist ein bei den Studenten beliebter Professor, mehr noch: jetzt endlich werden seine Manuskripte zu Büchern, sie erscheinen im Berliner

Anmerkungen
Seite 682

1255 Bis auf wenige kleine Veränderungen handelt es sich hier um eine wörtliche Wiedergabe des Textes von K.-H. Weigand

Ernst Bloch bei der Verleihung der Ehrenbürgerwürde mit Oberbürgermeister Ludwig 1970 [389]

Aufbau-Verlag. Aber bald folgt der Sturz: 1956, nach dem Ungarn-Aufstand, wird die ostdeutsche Opposition, vor allem die Intelligenz, von der Staatspartei hart unterdrückt. So gerät auch Blochs Philosophie unter Beschuß, als „antimarxistisch" und „revisionistisch". Er darf keine Vorlesungen mehr halten, seine Bücher werden nicht mehr gedruckt, mehrere Schüler kommen in Haft oder fliehen.

Noch einmal ein Ortswechsel. 1961, beim Bau der Berliner Mauer, beginnt Bloch wieder von vorn, mit 76 Jahren, im Westen, an der Universität Tübingen. Der ganze Besitz, die Möbel, Bibliothek, Briefe, Fotos bleiben in Leipzig, nur die Manuskripte können heimlich herübergebracht werden. Jetzt erreicht Blochs Wirkung ihren Höhepunkt, die 60er und 70er Jahre sind ihm günstig: Vortragsreisen, Präsenz in den Medien, internationale Ehrungen, weltweite Wirkung durch Übersetzungen und Sekundärliteratur von Japan bis nach Lateinamerika. Mit 92 Jahren, die Suhrkamp-Gesamtausgabe ist gerade abgeschlossen, stirbt Ernst Bloch 1977 in Tübingen.

Den Ausgangspunkt seines eigenständigen Werkes findet Bloch im Zusammenhang mit der Doktorarbeit über Erkenntnistheorie: das Noch-Nicht, die doppelte Bewegung auf das „Noch-nicht-Bewußte" im Subjekt und das „Noch-nicht-Gewordene" in der Welt.

Der utopische und hoffende Ausgriff auf das Noch-Nicht des Künftigen wird im Erstlingswerk ›Geist der Utopie‹ (1918) ausformuliert. Es geht darum, daß wir uns selbst aus den Horizonten des uns Möglichen finden und das Hoffen klären, mit dem wir immer schon nach vorn unterwegs sind. Die Zukunft ist dabei prinzipiell offen, sie wird nicht ausgemalt. Ähnlich steht es mit der Hereinnahme der marxistischen Lehre ins Gedankengebäude von ›Geist der Utopie‹, im Kapitel „Karl Marx, der Tod und die Apokalypse". Was wirtschaftlich kommen soll, die notwendige ökonomisch-institutionelle Änderung, sei bei Marx bestimmt, keineswegs jedoch all die transzendierenden Momente, „die neuen, eigentlichsten Abenteuer des freigelegten Lebens, das Wozu". Die Marxsche Sozialkonstruktion gilt für Blochs gesamtes späteres Œuvre. Die Apokalypse: hier ist völlig offen, ob sie Auslöschung oder Erfüllung sein wird; unserer Hoffnung aber bleibt – so Blochs in jüdisch-christlichen Bildern ausgedrückte Meta-Religion – der in uns Menschen selber reifende Gott.

Eine weitere wichtige Station der Blochschen Philosophie ist ›Erbschaft dieser Zeit‹ (1935), die Auseinandersetzung mit der Hitlerbewegung und Untersuchung ihrer Wurzeln. In diesem Buch, das international Beachtung findet, bescheinigt Bloch der Weimarer Linken von SPD bis KPD eine „Unterernährung an sozialistischer Phantasie" und fragt, ob es den Nazis nicht vielleicht aus diesem Grunde so leicht gelungen ist, die in den Widersprüchen der „ungleichzeitigen" Gesellschaft brennenden Energien für ihre Zwecke auszubeuten.

›Das Prinzip Hoffnung‹, Ernst Blochs im amerikanischen Exil begonnenes, 1954 ff im (Ost-)Berliner Aufbau-Verlag, 1959 dann auch im Westen, bei Suhrkamp, erschienenes Hauptwerk, greift den Impuls aus dem ›Geist der Utopie‹ wieder auf: „Wer sind wir? Wo kommen wir her? Wohin gehen wir? Was erwarten wir? Was erwartet uns?"

[K. W.]

Josef Binder und seine Ehefrau
Gemälde Binders aus dem Jahr 1925
[390]

Der Meister der Reklamekunst mit Weltruf: ***Josef Binder*** [1256]

Josef Binder, 1897 als Sohn eines wohlhabenden Metzgermeisters in Mundenheim geboren, besuchte die Oberrealschule an der Jaegerstraße, das heutige Carl-Bosch-Gymnasium, wo er 1916 das Abitur ablegte. Schon 1912 gewann er für ein Parkfestplakat, das er unter dem Namen ›Dr. Wichert‹ eingereicht hatte, den ersten Preis. Dem Kriegsdienst im Ersten Weltkrieg folgte ein privates Kunststudium in Berlin. Binder liebte das mondäne Leben in der Reichshauptstadt und anderen europäischen und amerikanischen Metropolen, die er später immer wieder aufsuchte. 1919—1921 arbeitete er u. a. im Atelier des Ludwigshafener Malers Willi Weber und war danach Grafiker bei der Druckerei Waldkirch. Nach einem mehrjährigen Aufenthalt in Saarbrücken als selbständiger Künstler und Lehrbeauftragter an der dortigen Kunstakademie betrieb er von 1927 bis 1933 sein ›Studio Binder‹ in Ludwigshafen.

Schon 1925 hatte er bei einem Wettbewerb der I.G. Farben für seinen ›I.G. Kolben‹ den ersten Preis gewonnen. Die von ihm verehrten Künstler des Dessauer Bauhauses, die mit ihm konkurriert hatten, mußten sich geschlagen geben. Walter Gropius lobte Binder voller Anerkennung für dessen Leistung – das Fortlassen alles Überflüssigen und die Betonung von Farbe und Form. Sein Markenzeichen wurde der Einsatz schriller und provokanter Farben. Der unverkennbare und auch allgemein so bezeichnete ›Binder-Stil‹ war entstanden.

›Industriekunst‹, die Schutzmarken und das Design für zahllose Produkte und Firmen, wurden Binders großer Erfolg. Mit seinen weit über 2 000 Marken und Plakaten, darunter für die I.G. Farben, Bayer, BASF, Knorr, MAN, Mercedes-Benz, Grünzweig & Hartmann etc. wurde er weltweit berühmt und zum bedeutendsten Protagonisten eines neuen Selbstverständnisses unter den Reklamekünstlern. Viele der Werke wurden preisgekrönt. Höhepunkte waren, neben dem I.G. Kolben, die Weltausstellungen in Paris (1925) und Barcelona (1929) sowie die Chicago's World's Fair (1933).

Auch in den Jahren nach 1933 war Binder mit den „Schlagworten unserer Zeit", wie die ›Neue Zeitung‹ bei einer Besprechung eines Sammelbandes des Künstlers Schutzmarken treffend charakterisierte, weiterhin erfolgreich. Als ihm, der durch seine Kontakte zu Bauhaus und Moderne den Nationalsozialisten verdächtig war, der Boden in Ludwigshafen zu heiß wurde, errichtete er 1936 die Binderstudios in Beilstein in der pfälzischen Provinz und war weiterhin tätig, unter anderem auch für Unternehmen der Rüstungsindustrie. Nachdem kritische Aussagen über die Machthaber publik geworden waren, wurde Binder 1943—1945 zum Militärstrafdienst eingezogen. Nach dem Krieg konnte er wieder erfolgreich weiterarbeiten, unter anderen zählte Porsche zu seinen Kunden. Binder scheute keine Konfrontationen, setzte sich zeitlebens kritisch mit der zeitgenössischen Gebrauchsgrafik auseinander. Aus Unzufriedenheit mit der deutschen Nachkriegsszene plante er 1951 gar in einer exzentrischen Laune die Gründung einer Kunstakademie in Äthiopien. Von 1961 an widmete er sich, der in Scheidegg im Allgäu ein großes Anwesen erwarb, allein der Malerei, wobei er den expressiven Stil der 20er Jahre bevorzugte. Seine Gemälde erinnern an die Lyonel Feiningers. In seinen letzten Jahren verarmte Binder, 1991 starb er 94jährig in einem Allgäuer Altersheim. [S. M.]

Ein „kritischer Kopf" aus Ludwigshafen: ***Friedrich Burschell*** [1257]

„Burschell war ein kritischer Kopf, mit einem profunden Wissen und einem untrüglichen Gefühl für Qualität, in vielen Sprachen und Literaturen zuhause, ein Connaisseur, der genießerisch am Leben hing, obwohl es ihm genug zugesetzt hatte. Er liebte gute Bücher, gute Weine, gute Zigaretten und gute Gespräche; er war ein Grandseigneur, der die Noblesse einer vergangenen Zeit bedächtig auskostete und an seine Freunde verschenkte, und ein Abend mit ihm [...] war eine Reise über den Ozean wert." Mit diesen Worten umreißt sein Freund Hans Sahl das Wesen des in Ludwigshafen gebürtigen Schriftstellers Friedrich Burschell.

Burschell wurde 1889 als Sohn des Uhrmachermeisters Friedrich Wilhelm Burschell geboren und wuchs in einem großen Haus am Rande des Ludwigsplatzes auf. Dem phantasievollen Kind boten die umgebenden Geschäfte, die Ludwigstraße und das ›geheimnisvolle‹ an den Ludwigsplatz grenzende Hafenareal Raum für Erlebnisse und Geschichten. Als Schüler am Humanistischen Gymnasium wurde er zunehmend zum Kritiker der scharfen Klassengegensätze, die er in seiner Heimatstadt wahrnehmen konnte. An seinem Fenster zogen die langen Arbeiterkolonnen zum Hemshof hin, „das nicht enden wollende Schlurfen der schon vor Beginn der Arbeit müden Sohlen und das Klirren der Blechgefäße" (›Essenkännchen‹) blieben ihm im

Anmerkungen
Seite 684 und 685

1256 *zu Binder: Binder, Freie und angewandte Kunst – Katalog der Ausstellung im Stadtmuseum 1989; StALu, V 30; ›Mannheimer Morgen‹, 2.4.1991; Volk, mit zum Teil deutlich abweichenden Angaben zum Leben des Künstlers*

1257 *zu Burschell vgl. Krischke*

1258 *zit.n. Krischke, S.42*

Gedächtnis. Andererseits wurde er sich bewußt, daß „in der Stadt, in der ich aufwuchs, zwar viel Geld gemacht wurde, aber das Geld wurde anderswo ausgegeben, in schöneren und eleganteren Städten, zum Beispiel im nahen Heidelberg, wo damals die Industriellen [...] ihre Villen zu bauen begannen, die mit ihren Türmen und Zinnen wie Burgen aussahen. Meine Sympathien waren nicht bei diesen Wirtschaftsemigranten [...]"[1258] Bei einem deutsch-französischen Schüleraustausch 1907 lernte er nicht nur die Kultur des Nachbarlandes kennen und lieben; er war andererseits auch entsetzt von der in den dortigen Schulen verbreiteten antideutschen Revanche-Propaganda.

Als eifriger Besucher des Mannheimer Nationaltheaters knüpfte er Briefkontakt zum Dramaturgen des Düsseldorfer Schauspielhauses, Herbert Ehrenberg, der ihn einlud, bei ihm das Schauspielstudium aufzunehmen – eine Einladung, der Burschell zum Entsetzen seiner Eltern nach dem Abitur 1908 folgte. Doch schon im Jahr darauf begann er ein breitgefächertes geisteswissenschaftliches Studium an den Universitäten München, Berlin und Heidelberg, das ihn mit vielen Geistesgrößen der Epoche in Kontakt brachte – auch mit seinem einige Jahre älteren Ludwigshafener Mitschüler Ernst Bloch, mit dem ihn fortan eine lebenslange Freundschaft verband. In jenen Jahren begann auch seine publizistische Tätigkeit.

Nach dem Kriegsdienst als Offizier – er wirkte u. a. als Ballonbeobachter und Ortskommandant im besetzten nordfranzösischen Carvin – war er zur Zeit der Novemberrevolution 1918 in München. Burschell, der den Umsturz begrüßte, fungierte nicht nur als militärischer Adjutant des sozialistischen Ministerpräsidenten Eisner. Er trat in Kontakt zu Rilke und wurde Herausgeber zweier expressionistisch gestimmter Zeitschriften. Nach dem Tod Eisners übersiedelte er mit seiner ersten Frau Käthe Schiffer nach Seeshaupt am Starnberger See. 1919 erschien mit ›Die Einfalt des Herzens‹ seine erste eigenständige Buchveröffentlichung. Wenig später begann er mit seiner Tätigkeit als Übersetzer der Werke verschiedenster bekannter französischer – und später britischer – Autoren, eine Aufgabe, die er bis zu seinem Lebensende weiterbetrieb. Nach einem kurzen Aufenthalt in Heidelberg ging Burschell 1925 nach Berlin, dem geistigen Zentrum der Weimarer Republik. Er wurde zu einem der fruchtbarsten Publizisten jener Zeit, veröffentlichte in der ›Literarischen Welt‹, dem ›Berliner Tageblatt‹ und der ›Vossischen Zeitung‹. Zeitweise wohnte er im sogenannten ›Roten Block‹, war Mitglied der linksliberal bis kommunistischen Autorenvereinigung ›Gruppe 1925‹, des ›P.E.N.‹ und des ›Schutzverbandes deutscher Schriftsteller‹. Seine erste Ehe zerbrach, und er lernte die aus Böhmen gebürtige Schauspielerin Fritta Brod kennen, mit der er den Rest seines Lebens teilte; 1939 heirateten sie. Nach der Machtergreifung ging Burschell ins Exil zuerst nach Mallorca, dann nach Prag. Unter den Linden brannten seine Bücher, 1938 wurde er von den NS-Behörden ausgebürgert. In Prag arbeitete er – bis zu den Moskauer Schauprozessen, die ihn zutiefst abstießen – an der ›Neuen Weltbühne‹ mit und gründete die ›Thomas-Mann-Gesellschaft‹, eine Notgemeinschaft deutscher emigrierter Schriftsteller. Nachdem er noch zahlreichen Leidensgenossen zur Flucht verholfen hatte, gelang auch Burschell vor dem Einmarsch der Deutschen in Prag der Sprung nach Großbritannien. Bis 1954 lebte er in Oxford, wurde nach Kriegsausbruch 1940 kurzfristig auf der Isle of Man interniert, arbeitete dann bis 1949 beim deutschen Sender der BBC. Wie so viele andere Emigranten hatte er nach 1945 große Schwierigkeiten, wieder in Deutschland Fuß zu fassen. Bei einem ersten Nachkriegsbesuch 1947 war er zutiefst schockiert „von der trostlosen Nüchternheit dieser totalen Ruinen". Burschell begann mit einer freien Tätigkeit für süddeutsche Rundfunksender, veröffentlichte in Zeitungen und Zeitschriften, übersetzte die Werke von Henry Green ins Deutsche. 1954 übersiedelte er endgültig nach München. Die Bundesregierung ließ ihm als Opfer der NS-Herrschaft und Literaten Zahlungen zukommen – Burschell war dankbar. „Im Alter war aus dem revolutionären Jüngling ein CDU-Anhänger geworden." Seine letzten Jahre widmete er neben vielen unausgeführten Projekten der Herausgabe einer kleinen und einer großen Schiller-Biographie, die beide ein geteiltes Echo in der Kritik, aber viele Leser fanden. 1969 erhielt er auf Vorschlag des P.E.N.-Vorsitzenden Erich Kästner das Bundesverdienstkreuz Erster Klasse „für seine besonderen Verdienste um den deutsch-englischen Kulturaustausch sowie für seine Verdienste auf literarischem Gebiet durch Biographien und Übersetzungen". Auch der Pfalzpreis für Literatur wurde ihm zuerkannt. In Ludwigshafen, wohin er nach der Verleihung des Pfalzpreises auf Besuch kam, verweigerte man ihm jedoch sowohl die Ehrenbürgerschaft wie die Verleihung des Ehrenrings. 1970 ist Burschell 81jährig in München gestorben.

[S. M.]

Friedrich Burschell
Zeichnung von Dolbin [391]

Friedrich Burschell als Knabe
mit Geschwistern und seiner Mutter
um 1900 [392]

William Dieterle mit Helen Chandler, Richard Barthelmess und Sid Hickox bei der Verfilmung von ›The Last Flight‹ 1931 [393]

William Dieterle mit Marlene Dietrich bei den Filmfestspielen in Berlin 1950er Jahre [394.1]

Anmerkungen
Seite 686 und 687

1259 *ausführliche Informationen zur Biographie William Dieterles bei Hermanni; Mierendorff; Breunig 1998 und Breunig 2001*

1260 *in der Florastraße 20*

1261 *Schon 1913 hatte er während der Theaterferien in einem in Heidelberg gedrehten ›Fiesko‹-Film mitgewirkt*

1262 *wie Ewald André Dupont, Leopold Jessner und Friedrich Wilhelm Murnau*

1263 *Insbesondere mit seinen Ende der zwanziger Jahre entstandenen Filmen ›Die Heilige und ihr Narr‹, ›Geschlecht in Fesseln‹ und ›Ludwig der Zweite, König von Bayern‹ wurde er in Deutschland zum Star der Leinwand und Magnet der Filmindustrie*

1264 *Eine Ausnahme bildet sein 1931 entstandenes, als vergessenes Meisterstück gepriesenes amerikanisches Erstlingswerk ›The Last Flight‹*

William Dieterle *(1893—1972)*

William (Wilhelm) Dieterle[1259] wurde 1893 im Hemshof geboren. Sein Vater, gelernter Bäcker, arbeitete damals als Fabrikarbeiter bei Grünzweig & Hartmann, seine Mutter führte ein Lebensmittelgeschäft. Von den neun Kindern der Dieterles war Wilhelm der jüngste Sohn. Nach 1900 übersiedelte die Großfamilie in das noch ländlich geprägte Mundenheim, wo das erworbene geräumige Haus mit Laden und Garten[1260] zur eigentlichen Heimat Dieterles wurde. Schon in frühester Jugend ließ er seine Spielsachen endlos miteinander sprechen, was die phantasiebegabte Mutter veranlaßte, ihm ein Kasperltheater zu basteln. Der Heranwachsende war von den Dramen Schillers fasziniert und besuchte, so oft es ging, das Mannheimer Theater.

Im übrigen war Dieterle als Jugendlicher auch in seiner unbändigen Sehnsucht nach sozialem Aufstieg ein typischer Arbeitersohn der wilhelminischen Ära. Zwar ermöglichten seine Eltern, daß er wie seine Brüder nach der Schulentlassung mit 13 Jahren ein Handwerk erlernte – er wurde Glaser und Schreiner – und so keine Fabrik- oder Gelegenheitsarbeit zu verrichten brauchte, aber darüber hinaus konnten und wollten sie sich keine Berufsaussichten vorstellen. Unter diesen Voraussetzungen fiel Dieterles Wunsch, Schauspieler zu werden, völlig aus dem Rahmen. Er jedoch hielt an seiner Vision fest. Nach der Lehre setzte er deshalb seine Freizeit und seinen Gesellenlohn einzig zur Erreichung des Zieles ein, von dem er sich eine erhebliche und nachhaltige Verbesserung seiner sozialen Lebensumstände versprach: dem Sprung auf die Bühne.

In zweijährigem Abendstudium bei Schauspieler Paul Tietsch erhielt Dieterle die erforderliche Ausbildung. Mit dem Abschlußzeugnis des Nationaltheaters Mannheim bekam er im Herbst 1911 eine Stelle als Anfänger beim Westfälischen Städtebundtheater in Arnsberg, einer Wanderbühne, bei der er auch beim täglichen Kulissenauf- und -umbau mitwirken mußte. Bereits bei seiner nächsten Laufbahnstation in Heilbronn wurde er als jugendlicher Heldenspieler engagiert. Nach Engagements in Plauen und Mainz gelangte er 1917 an das Züricher Schauspielhaus, in dem er mit der jungen Elisabeth Bergner zahlreiche Hauptrollen spielte, 1918 an die Freie Volksbühne Berlin und 1919/20 an das Münchener Schauspielhaus. In München sah ihn Max Reinhardt zum erstenmal auf der Bühne und war von der mittlerweile herausragenden Schauspielkunst Dieterles derartig beeindruckt, daß er ihn für eine Hauptrolle im Großen Schauspielhaus Berlin engagierte. Zweifellos war der Werdegang vom Anfänger bei der

Arnsberger Wanderbühne 1911 zum Reinhardt-Hauptdarsteller in der deutschen Theatermetropole 1920 eine Traumkarriere, für die Dieterle allerdings größte Anstrengung und höchste Mobilität abverlangt worden waren. Nicht nur auf den Berliner Bühnen, sondern auch bei Gastspielen unter anderem bei den Salzburger Festspielen begeisterte er fortan das Theaterpublikum mit seiner außergewöhnlichen Rollengestaltung und seinem breitgefächerten Repertoire.

Bald wurden die frühen Filmproduzenten in Berlin auf den gut aussehenden, sehr erfolgreichen Schauspieler aufmerksam. Seit Dieterle als Zwölfjähriger auf dem Ludwigshafener Jahrmarkt eine Kinematographen-Vorstellung besucht hatte, faszinierte ihn das neue Medium. So war es nicht schwierig, ihn als Filmdarsteller zu gewinnen. Seit 1920[1261] wirkte er unter überwiegend namhaften Regisseuren[1262] bei zahlreichen Spielfilmen in Haupt- und Nebenrollen mit. Bereits 1923 war er in dem Streifen ›Der Mensch am Wege‹ nicht nur Darsteller, sondern hatte auch Drehbuch und Regie übernommen. Spätestens seit Mitte der zwanziger Jahre wurde für Dieterle dann die Filmarbeit zur Haupt- und die Bühnentätigkeit zur Nebenbeschäftigung. Hauptsächlich als Filmschauspieler, aber auch als Filmregisseur gewann er wachsende Berühmtheit.[1263]

William Dieterle hinter der Kamera [394.2]

Als um 1930 die Ära des Tonfilms begann, entschlossen sich die amerikanischen Produktionsgesellschaften, von ihren Filmen fremdsprachige Versionen drehen zu lassen, da es noch keine zufriedenstellende Synchronisation gab. Von der mittlerweile auch internationalen Popularität Dieterles zeugt, daß er mit einer kleinen Schauspielertruppe seiner Wahl von den Warner Brothers Studios nach Hollywood berufen wurde, um deutsche Fassungen amerikanischer Spielfilme herzustellen. Nach Beendigung dieser Aufgabe erhielt er bei Warner einen mehrjährigen Vertrag als Kontraktregisseur. In der Anfangszeit hatte er jedoch fast ausschließlich die Regie für Kriminal-, Unterhaltungs- und Musicalfilme zu übernehmen, was weder seinem Geschmack noch seiner Befähigung entsprach.[1264] Erst als er 1934/35 zusammen mit dem emigrierten Max Reinhardt ›A Midsummer Night's Dream‹ von William Shakespeare mit großem Erfolg auf die Leinwand gebracht hatte, kam für Dieterle der Durchbruch in Hollywood.

Nunmehr erhielt er Drehbücher zur Verfilmung, die seinen Vorstellungen entgegenkamen. Insbesondere mit der ethisch-humanitär fundierten Filmbiographie betrat er das seinen individuellen Neigungen entsprechende Neuland. Daß zwei seiner Erfolge der biographischen Serie, nämlich ›The Story of Louis Pasteur‹ (1935) und ›The Life of Emile Zola‹ (1937), jeweils mit drei Oscars ausgezeichnet wurden und daß man ihn seitdem in Fachkreisen, Medien und beim Publikum den ›Plutarch des Films‹ nannte, begründete William Dieterles Weltberühmtheit als Filmregisseur. Vom Ideal der Humanität und besonders vom Appell an das Mitleid geprägt ist übrigens auch sein wohl populärster Spielfilm ›Der Glöckner von Notre Dame‹ (1939).[1265]

Hilfsbereitschaft, Achtung vor der Menschenwürde und Toleranz hatten nicht nur in seinen Filmen sondern auch in Dieterles Lebenslauf einen hohen Stellenwert. Der unmittelbar nach der Machtergreifung einsetzende Exodus von prominenten Geistesgrößen und Künstlern löste bei der deutschen Kolonie in Hollywood umfangreiche Hilfsaktionen aus, für die Dieterle und seine Frau Charlotte viel Geld und Zeit aufwandten. Die dabei entstandenen Kontakte zu emigrierten Linksintellektuellen wie Brecht, Feuchtwanger, Horkheimer und Helene Weigel sowie eine gewisse Naivität gegenüber der Realität des Kommunismus bereiteten ihm während der McCarthy-Ära politische Schwierigkeiten. Hinzu kam, daß sein an Max Reinhardt orientierter Regiestil seit Anfang der fünfziger Jahre zunehmend als nicht mehr zeitgemäß empfunden wurde. Beide Faktoren führten zu seiner beruflichen Ausgrenzung in den USA, so daß er 1956 nach Deutschland zurückkehrte, wo man ihn gleich vielen Exilkünstlern nicht gerade mit offenen Armen empfing. Seit 1958 war er jedoch wieder mit vielbeachteten Inszenierungen für Theater, Film und Fernsehen in das deutsche Kulturleben integriert.[1266]

1958 übernahm Dieterle die Intendanz und Regie der Bad Hersfelder Festspiele. Die Nichtverlängerung seines Vertrages im Jahr 1965 vor dem Hintergrund politischer Spannungen bedeutete für ihn eine herbe Enttäuschung. Nachdem Bewerbungen um Intendantenstellen in Deutschland und auch eine Rückkehr nach Hollywood gescheitert waren, erwarb er das Tourneetheater ›Der Grüne Wagen‹. In den letzten Lebensjahren kehrte William Dieterle demnach an die Ursprünge seiner Theaterlaufbahn zurück. Mit dem Stück ›Die Chinesische Mauer‹ von Max Frisch in seiner Regie kam er 1971 zum letztenmal mit seiner Wanderbühne nach Ludwigshafen in den Pfalzbau. Ein Jahr später, am 9. Dezember 1972 starb William Dieterle in seinem 80. Lebensjahr. Auf dem Friedhof von Hohenbrunn bei München wurde er in aller Stille beigesetzt. Ein schlichter Grabstein mit seinem eingemeißelten Namenszug erinnert an den Eliteschauspieler und Starregisseur.[1267] [W. B.]

Anmerkungen
Seite 687

1265 Er steht allerdings insofern außerhalb der biographischen Werke, als es sich bei der Titelfigur um keine geschichtliche sondern um eine literarische Gestalt handelt

1266 Nachhaltige Regieerfolge hatte er unter anderem mit dem Schauspiel ›Cenodoxus, Doctor von Paris‹ von Jacob Bidermann für die Bad Hersfelder Festspiele (1958), dem Spielfilm ›Die Fastnachtsbeichte‹ nach einer Erzählung von Carl Zuckmayer (1960) sowie mit der Tragödie ›Romeo und Julia‹ von William Shakespeare im Deutschen Theater München (1967). Die umfangreiche Tätigkeit als Gast- und Reiseregisseur gefährdete allerdings Dieterles schon altersbedingt geschwächte Gesundheit

1267 Hauptsächlich der für ihn eingefügte Stern auf dem Walk of Fame in der Filmmetropole Hollywood sowie der nach ihm benannte Platz im Stadtteil Mundenheim seiner Heimatstadt Ludwigshafen bekunden, daß William Dieterles Leben und Werk unvergessen bleiben

Julius Exter. Selbstportrait in seinem Münchner Atelier, 1897 [395]

Der „Farbenfürst aus Ludwigshafen“:[1268] **Julius Exter**[1269]

Julius Exter wurde 1863 in Ludwigshafen als Sohn des aus einer bekannten, weitverzweigten Familie stammenden Kaufmanns Carl August Exter geboren und wuchs in dem repräsentativen Wohnhaus des Vaters am Ludwigsplatz auf. Da die Stadt damals noch keine höhere Lehranstalt hatte, besuchte er das Gymnasium in Mannheim. Dort erhielt er auch Unterricht bei dem Maler und Galeriedirektor Karl Roux. Die Trennung der Eltern bedrohte seine künstlerische Karriere, doch unterstützte ihn seine Mutter weiterhin tatkräftig. Ab 1881 studierte Exter an der Münchner Akademie. Schon zu dieser Zeit begannen seine Gemälde Aufsehen zu erregen, eines erhielt 1887 bei einer Ausstellung im Londoner Kristallpalast eine Medaille. Das um 1885 gemalte Portrait seines japanischen Studienfreundes Harada hat zu der dauernden außerordentlichen Popularität Exters in Japan beigetragen. Seit 1887 arbeitete er als freischaffender Maler in München und gehörte zu den Gründungsmitgliedern der dortigen ›Secession‹. Obwohl im gesellschaftlichen und künstlerischen Leben der Stadt präsent, blieb Exter ein Einzelgänger, der seinen eigenen Stil entwickelte. Farbexperimente, „die ja meine Leidenschaft sind“, symbolistische Züge und wachsende Abstraktion kennzeichnen sein Schaffen. Neben Portraits und Landschaften schuf er zahlreiche allegorische und religiöse Gemälde. Um die Jahrhundertwende gehörte Exter „zu den nicht allein in München, sondern in ganz Deutschland und sogar im Ausland geschätzten Malern des modernen Kunstschaffens“. Die von ihm eröffnete Malschule wurde jeden Monat von bis zu dreißig Studenten aus dem In- und Ausland besucht, seine Werke fanden auf internationalen Ausstellungen ganz selbstverständlich ihren Platz. Prinzregent Luitpold erwarb sein Tryptichon ›Karfreitag‹ für die Münchener Pinakothek. 1902 kaufte Exter in Feldwies am Chiemsee ein Haus, das, zusammen mit dem umgebenden Garten und der Landschaft des Chiemgaus, zum geliebten Refugium und häufigen Sujet des Künstlers wurde. Das Scheitern seiner Ehe und die durch den Ersten Weltkrieg bedingte Einstellung seiner Malschule verdüsterten das Leben Exters, der sich aus der Öffentlichkeit zurückzog. Nur noch selten stellte der in Feldwies weiterhin arbeitende Künstler aus. 1939 ist er in seinem Anwesen am Chiemsee gestorben, das heute als Museum sein Leben und Werk dokumentiert. [S. M.]

Der Exponent der ›konservativen Revolution‹: **Edgar Julius Jung**[1270]

Edgar Julius Jung wurde 1894 in Ludwigshafen als Sohn eines Volksschullehrers geboren, der später zum Studienrat an der Mädchenschule aufstieg. Jung lernte Klavierspiel, sein Bruder trat später in den Stab des Pfalzorchesters. Urlaubsreisen führten die Familie in die Schweizer und österreichischen Berge. Auf eigenen Wunsch besuchte der Junge das Gymnasium der Stadt, wo er 1913 das Abitur ablegte. Für die 100-Jahrfeier der Befreiungskriege hatte er, der Sohn eines „alten Nationalliberalen“, zuvor ein Festspiel verfaßt, das im Gesellschaftshaus aufgeführt wurde und positive Aufmerksamkeit erregte.

Jung begann in Lausanne ein Jurastudium, das zu Beginn des Ersten Weltkriegs unterbrochen wurde. Das Kriegserlebnis, die, wie er es sah, Kameradschaft, und das welthistorische Geschehen haben ihn tief geprägt. Die Niederlage Deutschlands war ihm ›traumatische Erfahrung‹. Vom wiederaufgenommenen Studium in Würzburg weg schloß sich Jung 1919 dem Freikorps Epp zur Niederschlagung der Münchner Räterepublik an. Er wurde Mitglied der in der Pfalz besonders rechtsgerichteten DVP und erregte 1920 in Ludwigshafen mit einer Vortragsreihe Aufsehen, in der er in heftigen Worten den Zeitgeist geißelte. Als Parteiredner wirkte er bald im ganzen Westen des Deutschen Reiches. Nach dem Abschluß seines Studiums trat er als Anwalt in die Kanzlei eines DVP-Parteifreunds in Zweibrücken ein.

Immer deutlicher äußerte er seine Ablehnung der parlamentarischen Demokratie und Parteien. Die französische Besatzung in der Pfalz war ihm verhaßt. „Deutsch sein heißt Frankreich hassen“, äußerte er 1924. Jung begann eine Geheimorganisation als Kampfbund für Sabotageakte im besetzten Gebiet aufzubauen, suchte und fand Verbündete – auch in der Staatsbürokratie. Ein Treffen mit Hitler im Januar 1923 endete jedoch in gegenseitiger dauernder Antipathie. Jung wurde von den Franzosen ausgewiesen und organisierte von Heidelberg aus ›den Widerstand‹. Die Machtübernahme der Separatisten in der Pfalz erbitterte ihn zutiefst. Im Widerstand gegen „nationale Verräter“ hielt der junge Rechtsanwalt auch den politischen Mord für gerechtfertigt: Anfang 1924 organisierte der Jurist das Attentat auf den Separatistenführer Heinz Orbis in Speyer. Bei der Vorbereitung des Blutbades, das fünf Menschenleben kostete, Jung selbst erhielt einen Streifschuß, nutzte der ›Kampfbundleiter‹ seine beim Freikorps Epp geknüpften Verbindungen

Anmerkungen
Seite 688 und 689

1268 Titel einer Darstellung einer Exter-Ausstellung in der Zs. ›Stimme der Pfalz‹ 3/2001

1269 zu Exter: Schmid

1270 zu Jung vgl. Belafi, dort auch die Zitate; Frei

1271 zu Lenhard: Jackson. Die Zitate stammen aus dem Roman ›Mensch unterm Hammer‹; nähere Nachweise bei Jackson

zum Bund Oberland und der Organisation Consul. Nach der Gewalttat ließ sich Jung in München unbehelligt als Anwalt nieder. Sowohl der Abbruch des passiven Widerstands wie die Versöhnungspolitik des DVP-Außenministers Stresemann verärgerten ihn. Als die Bewerbung um ein eigenes DVP-Mandat fehlschlug, ging der Jungkonservative auf Distanz zur Parteipolitik.

Hauptfrucht seiner nun begonnenen publizistischen Arbeit war der politische Bestseller ›Herrschaft der Minderwertigen‹, mit dem er zu einer der Hauptfiguren der schillernden ›konservativen Revolution‹ avancierte. Jung unternahm gar nicht erst den Versuch, seine Idee eines antipluralistisch-antiwestlichen föderalen Ständestaates christlicher Prägung mit der politischen Wirklichkeit einer modernen Industrienation in Einklang zu bringen. Ab 1930 plädierte er als politischer Kommentator vor allem in Rudolf Pechels ›Deutscher Rundschau‹ für eine konservativ-revolutionäre Erneuerung, deren Stunde er mit Franz von Papens Regierungsantritt 1932 gekommen sah. Rechtskonservative Kreise wurden aufmerksam auf ihn, er wurde in den Kreis um von Papen gezogen. Nach Hitlers Machtübernahme weiterhin Redenschreiber für den nun als Vizekanzler kaltgestellten Papen, versammelte Jung eine Reihe von Gesinnungsgenossen zu einer losen Gemeinschaft, in der Pläne für die Wiedereinführung der Monarchie erörtert wurden. Am 17. Juni 1934 hielt Papen an der Marburger Universität eine Rede, bei der Jung den nationalsozialistischen Totalitätsanspruch ablehnte und warnte: „Deutschland darf kein Zug ins Blaue werden, von dem niemand weiß, wann er zum Halten kommt." Die Worte ernteten im konservativen Bürgertum viel Zustimmung, alarmierten aber auch das Regime. Am 23. Juni wurde Jung verhaftet und eine Woche später, als Hitler zu seinem Doppelschlag gegen SA-Führung und konservative Opposition ausholte, erschossen. [S. M.]

Edgar Julius Jung [396]

Politischer ›Beststeller‹ während der Weimarer Republik [397]

Der ›Arbeiterdichter‹ Ludwigshafens? **Josef Lenhard**[1271]

Josef Lenhard wurde 1886 in Kaiserslautern geboren. Der Vater, körperlich behindert, konnte nur als Hausierer arbeiten, flüchtete sich in eine exzessive Bigotterie und ließ seine Familie oft für lange Zeit allein. Schließlich entschloß sich Lenhards Mutter, die Ehe zu beenden; sie zog 1896 nach Ludwigshafen zu ihren Verwandten und verdiente ihren Lebensunterhalt als Näherin. Dennoch blieben es „armseligste Verhältnisse, ein Ringen um's Existenzminimum". Lenhard wurde als Hausbursche in eine Apotheke gegeben. Der intelligente Jugendliche erfuhr alle Demütigungen und Zurücksetzungen, die sein Platz am untersten Ende der sozialen Leiter mit sich brachte – oft auch von denen, die kaum besser gestellt waren als er. Häufig wechselte er seine Anstellung, wurde Bauarbeiter, Schiffsjunge und Industrietagelöhner. 1911 heiratete er eine Handwerkerstochter. Der Ausbruch des Ersten Weltkriegs erschien ihm zuerst „gleichbedeutend mit Freiheit, jauchzender, tobender, unermeßlicher Freiheit", der Möglichkeit, seinen engen und tristen Lebensbedingungen zu entkommen. Die Realität der Schrecken in den Schützengräben belehrte ihn jedoch bald eines Besseren.

Nach Kriegsende, 1919, fand er Arbeit in einem Labor der BASF. Gezielt erweiterte er sein Wissen, und 1927 trugen seine literarischen Bemühungen erste Früchte, als seine Kurzgeschichten in Zeitschriften und Zeitungen zu erscheinen begannen. Die Weltwirtschaftskrise zerstörte seine relativ gesicherten Verhältnisse – er wurde entlassen. Mit „grenzenloser Verbitterung" stellte er fest: „Wenn einer Tausende von Menschen auf die Straße wirft, wenn er das sorgsam gepflegte Familienleben Zehntausender zerstört, sanktioniert ihn das Gesetz, das da vorgibt zu wachen über Recht und Unrecht. Ein Gesetz aber, das dergestalt handelt, ist barbarisch, soll verflucht sein und ewige Schande!"

In jener Zeit schrieb er seinen Roman ›Mensch unterm Hammer‹, der 1932 in Berlin vom sozialdemokratischen ›Bücherkreis‹ veröffentlicht wurde. Die SPD lobte das Werk ihres Parteigenossen und „eifrigen Reichsbannermannes" in höchsten Tönen. Lenhard wurde anderen bekannten Arbeiterdichtern Deutschlands an die Seite gestellt. Ein Jahr später verboten die NS-Machthaber seinen Roman, der ein ungeschminktes Bild der Schrecken des Weltkriegs zeichnete. Seit Dezember 1932 über das Wohlfahrtsamt als ungelernter Arbeiter im städtischen Elektrizitätswerk tätig, zeigte sich Lenhard trotz der Verfolgung seines Werks für die ›Arbeiter der Stirn und Faust‹-Propaganda der Nationalsozialisten empfänglich und schrieb hinfort Gedichte und Erzählungen zum Lobe des Dritten Reiches. Eine Ausgabe seiner Werke wurde den Ludwigshafener Soldaten ins Feld übersandt. Bis zu seinem Tod 1965 lebte er zurückgezogen in Ludwigshafen und bezog eine kleine Invalidenrente – nach einer Krankheit war ihm ein Bein amputiert worden. Nach 1945 hat er nichts mehr veröffentlicht. [S. M.]

Ein ›Arbeiterdichter‹? Josef Lenhard [398]

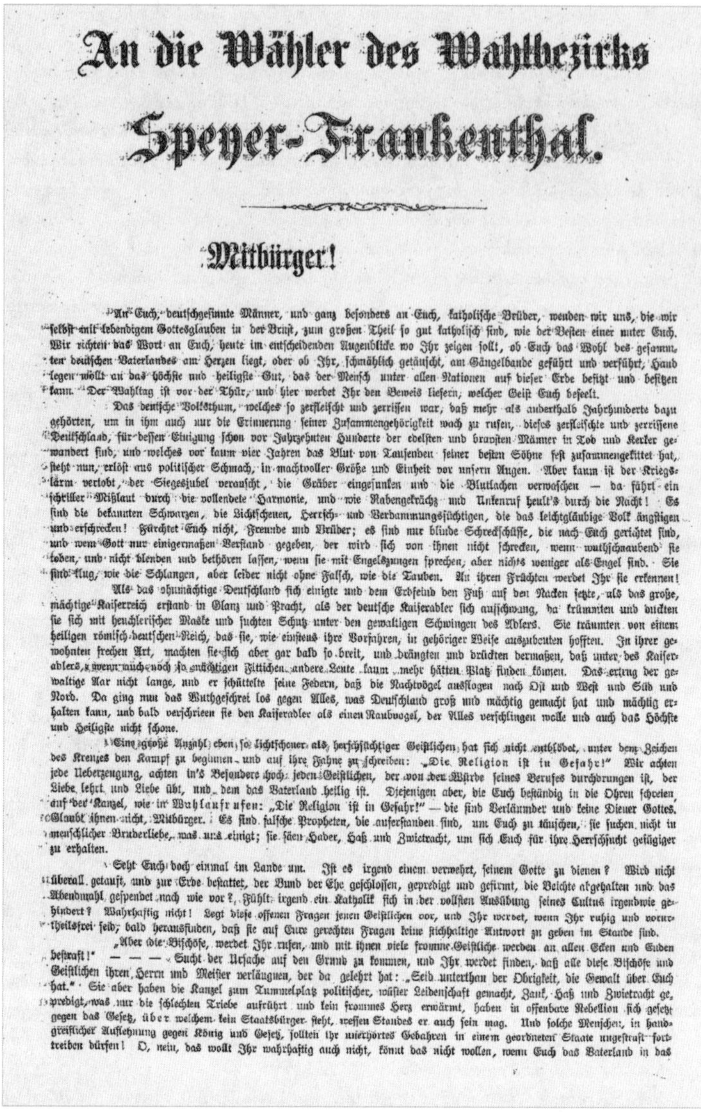

An die Wähler des Wahlbezirks Speyer-Frankenthal.

Mitbürger!

An Euch, deutschgesinnte Männer, und ganz besonders an Euch, katholische Brüder, wenden wir uns, die wir selbst mit lebendigem Gottesglauben in der Brust, zum großen Theil so gut katholisch sind, wie der Besten einer unter Euch. Wir richten das Wort an Euch, heute im entscheidenden Augenblicke wo Ihr zeigen sollt, ob Euch das Wohl des gesammten deutschen Vaterlandes am Herzen liegt, oder ob Ihr, schmählich getäuscht, am Gängelbande geführt und verführt, Hand legen wollt an das höchste und heiligste Gut, das der Mensch unter allen Nationen auf dieser Erde besitzt und besitzen kann. Der Wahltag ist vor der Thür, und hier werdet Ihr den Beweis liefern, welcher Geist Euch beseelt.

Das deutsche Volksthum, welches so zerfleischt und zerrissen war, daß mehr als anderthalb Jahrhunderte dazu gehörten, um in ihm auch nur die Erinnerung seiner Zusammengehörigkeit wach zu rufen, dieses zerfleischte und zerrissene Deutschland, für dessen Einigung schon vor Jahrzehnten Hunderte der edelsten und bravsten Männer in Tod und Kerker gewandert sind, und welches vor kaum vier Jahren das Blut von Tausenden seiner besten Söhne fest zusammengekittet hat, steht nun, erlöst aus politischer Schmach, in machtvoller Größe und Einheit vor unsern Augen. Aber kaum ist der Kriegslärm vertobt, der Siegesjubel verauscht, die Gräber eingesunken und die Blutlachen verwaschen — da fährt ein schriller Mißlaut durch die vollendete Harmonie, und wie Rabengekrächz und Unkenruf heult's durch die Nacht! Es sind die bekannten Schwarzen, die Lichtscheuen, Herrsch- und Verdammungssüchtigen, die das leichtgläubige Volk ängstigen und erschrecken! Fürchtet Euch nicht, Freunde und Brüder; es sind nur blinde Schreckschüsse, die nach Euch gerichtet sind, und wem Gott nur einigermaßen Verstand gegeben, der wird sich von ihnen nicht schrecken, wenn wuthschnaubend sie toben, und nicht blenden und bethören lassen, wenn sie mit Engelszungen sprechen, aber nichts weniger als Engel sind. Sie sind klug, wie die Schlangen, aber leider nicht ohne Falsch, wie die Tauben. An ihren Früchten werdet Ihr sie erkennen!

Als das ohnmächtige Deutschland sich einigte und dem Erbfeind den Fuß auf den Nacken setzte, als das große, mächtige Kaiserreich erstand in Glanz und Pracht, als der deutsche Kaiseradler sich aufschwang, da krümmten und duckten sie sich mit heuchlerischer Maske und suchten Schutz unter den gewaltigen Schwingen des Adlers. Sie träumten von einem heiligen römisch-deutschen Reich, das sie, wie einstens ihre Vorfahren, in gehöriger Weise auszubeuten hofften. In ihrer gewohnten frechen Art, machten sie sich aber gar bald so breit, und drängten und drückten dermaßen, daß unter des Kaiseradlers, wenn auch noch so mächtigen Fittichen, andere Leute kaum mehr hätten Platz finden können. Das ertrug der gewaltige Aar nicht lange, und er schüttelte seine Federn, daß die Nachtvögel ausflogen nach Ost und West und Süd und Nord. Da ging nun das Wuthgeschrei los gegen Alles, was Deutschland groß und mächtig gemacht hat und mächtig erhalten kann, und bald verschrieen sie den Kaiseradler als einen Raubvogel, der Alles verschlingen wolle und auch das Höchste und Heiligste nicht schone.

Eine große Anzahl eben so lichtscheuer als herrschsüchtiger Geistlichen hat sich nicht entblödet, unter dem Zeichen des Kreuzes den Kampf zu beginnen und auf ihre Fahne zu schreiben: „Die Religion ist in Gefahr!" Wir achten jede Ueberzeugung, achten in's Besondere hoch jeden Geistlichen, der von der Würde seines Berufes durchdrungen ist, der Liebe lehrt und Liebe übt, und dem das Vaterland heilig ist. Diejenigen aber, die Euch beständig in die Ohren schreien, auf der Kanzel, wie in Wahlaufrufen: „Die Religion ist in Gefahr!" — die sind Verläumder und keine Diener Gottes. Glaubt ihnen nicht, Mitbürger. Es sind falsche Propheten, die auferstanden sind, um Euch zu täuschen, sie suchen nicht in menschlicher Bruderliebe, was uns einigt; sie säen Hader, Haß und Zwietracht, um sich Euch für ihre Herrschsucht gefügiger zu erhalten.

Seht Euch doch einmal im Lande um. Ist es irgend einem verwehrt, seinem Gotte zu dienen? Wird nicht überall getauft, und zur Erde bestattet, der Bund der Ehe geschlossen, gepredigt und gefirmt, die Beichte abgehalten und das Abendmahl gespendet nach wie vor? Fühlt irgend ein Katholik sich in der vollsten Ausübung seines Cultus irgendwie gehindert? Wahrhaftig nicht! Legt diese offenen Fragen jenen Geistlichen vor, und Ihr werdet, wenn Ihr ruhig und vorurtheilsfrei seid, bald herausfinden, daß sie auf Eure gerechten Fragen keine stichhaltige Antwort zu geben im Stande sind.

„Aber die Bischöfe, werdet Ihr rufen, und mit ihnen viele fromme Geistliche werden an allen Ecken und Enden bestraft!" — — — Sucht der Ursache auf den Grund zu kommen, und Ihr werdet finden, daß alle diese Bischöfe und Geistlichen ihren Herrn und Meister verläugnen, der da gelehrt hat: „Seid unterthan der Obrigkeit, die Gewalt über Euch hat." Sie aber haben die Kanzel zum Tummelplatz politischer, wüster Leidenschaft gemacht, Zank, Haß und Zwietracht gepredigt, was nur die schlechten Triebe aufrührt und kein frommes Herz erwärmt, haben in offenbare Rebellion sich gesetzt gegen das Gesetz, über welchem kein Staatsbürger steht, wessen Standes er auch sein mag. Und solche Menschen, in handgreiflicher Auflehnung gegen König und Gesetz, sollten ihr unerhörtes Gebahren in einem geordneten Staate ungestraft forttreiben dürfen! O, nein, das wollt Ihr wahrhaftig auch nicht, könnt das nicht wollen, wenn Euch das Vaterland in das

„Es sind die bekannten Schwarzen, die Lichtscheuen, Herrsch- und Verdammungssüchtigen, die das leichtgläubige Volk ängstigen und erschrecken ..." [399.1]

Teil 7
Die Stadt als politischer Raum – Wahlen, Parteien, Presse

Größere Städte bildeten seit eh und je politische Orientierungspunkte für ein weiteres Umfeld, sei es, daß sie von vornherein als Zentren politischer Herrschaft entstanden, sei es, daß ihnen auf Grund ihrer Entwicklung derartige Funktionen zuwuchsen. Dies gilt in modifizierter Form auch für die Periode der Industrialisierung: Die damit einhergehende ›Urbanisierung‹ schloß auch die Entstehung einer zunehmend politisierten städtischen Gesellschaft ein, und dies keineswegs nur in ›Residenzstädten‹ und ›Hauptstädten‹. Moderne Politik und ›politische Kultur‹ waren und sind ein ausgesprochen städtisches Produkt, ob man nun an die ›bürgerliche Gesellschaft‹ oder an die Arbeiterbewegung denkt, an die Entstehung von Parteien und das mit ihnen verbundene

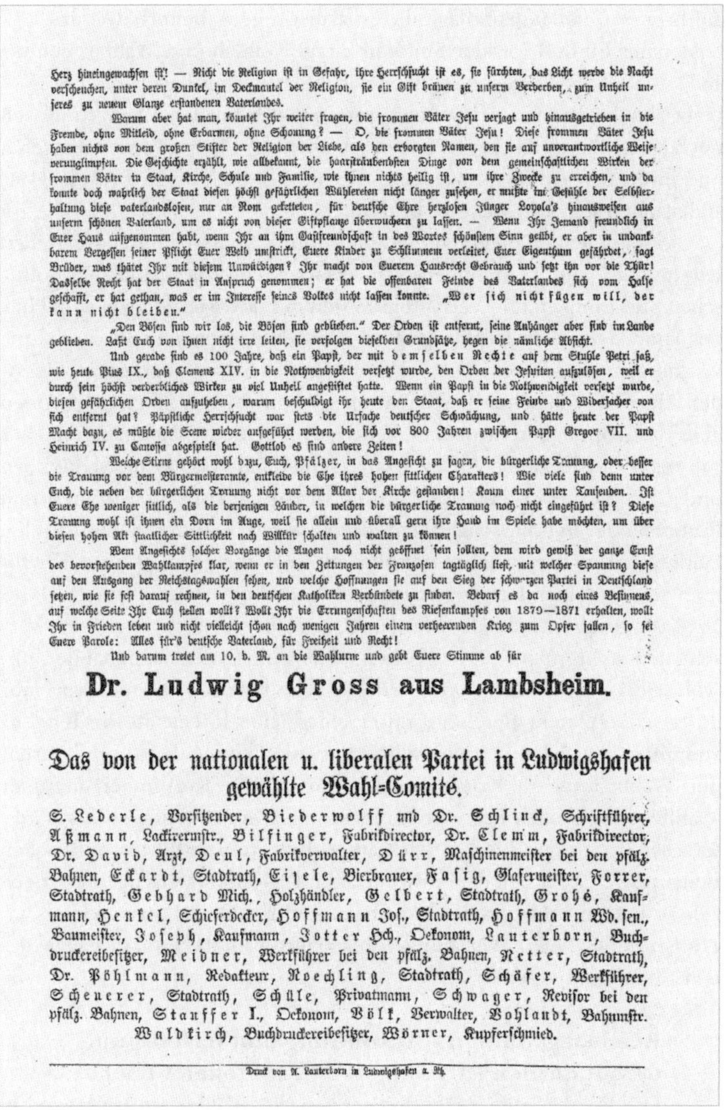

Herz hineingewachsen ist! — Nicht die Religion ist in Gefahr, ihre Herrschsucht ist es, sie fürchten, das Licht werde die Nacht verscheuchen, unter deren Dunkel, im Deckmantel der Religion, sie ein Gift bräuen zu unserm Verderben, zum Unheil unseres zu neuem Glanze erstandenen Vaterlandes.

Warum aber hat man, könntet Ihr weiter fragen, die frommen Väter Jesu verjagt und hinausgetrieben in die Fremde, ohne Mitleid, ohne Erbarmen, ohne Schonung? — O, die frommen Väter Jesu! Diese frommen Väter Jesu haben nichts von dem großen Stifter der Religion der Liebe, als den erborgten Namen, den sie auf unverantwortliche Weise verunglimpfen. Die Geschichte erzählt, wie allbekannt, die haarsträubendsten Dinge von dem gemeinschaftlichen Wirken der frommen Väter in Staat, Kirche, Schule und Familie, wie ihnen nichts heilig ist, um ihre Zwecke zu erreichen, und da konnte doch wahrlich der Staat diesen höchst gefährlichen Wühlereien nicht länger zusehen, er mußte im Gefühle der Selbsterhaltung diese vaterlandslosen, nur an Rom geketteten, für deutsche Ehre herzlosen Jünger Loyola's hinausweisen aus unserm schönen Vaterland, um es nicht von dieser Giftpflanze überwuchern zu lassen. — Wenn Ihr Jemand freundlich in Euer Haus aufgenommen habt, wenn Ihr an ihm Gastfreundschaft in des Wortes schönstem Sinn geübt, er aber in undankbarem Vergessen seiner Pflicht Euer Weib umstrickt, Euere Kinder zu Schlimmem verleitet, Euer Eigenthum gefährdet, sagt Brüder, was thätet Ihr mit diesem Unwürdigen? Ihr macht von Euerem Hausrecht Gebrauch und setzt ihn vor die Thür! Dasselbe Recht hat der Staat in Anspruch genommen; er hat die offenbaren Feinde des Vaterlandes sich vom Halse geschafft, er hat gethan, was er im Interesse seines Volkes nicht lassen konnte. „Wer sich nicht fügen will, der kann nicht bleiben."

„Den Bösen sind wir los, die Bösen sind geblieben." Der Orden ist entfernt, seine Anhänger aber sind im Lande geblieben. Laßt Euch von ihnen nicht irre leiten, sie verfolgen dieselben Grundsätze, hegen die nämliche Absicht.

Und gerade sind es 100 Jahre, daß ein Papst, der mit demselben Rechte auf dem Stuhle Petri saß, wie heute Pius IX., daß Clemens XIV. in die Nothwendigkeit versetzt wurde, den Orden der Jesuiten aufzulösen, weil er durch sein höchst verderbliches Wirken zu viel Unheil angestiftet hatte. Wenn ein Papst in die Nothwendigkeit versetzt wurde, diesen gefährlichen Orden aufzuheben, warum beschuldigt ihr heute den Staat, daß er seine Feinde und Widersacher von sich entfernt hat? Päpstliche Herrschsucht war stets die Ursache deutscher Schwächung, und hätte heute der Papst Macht dazu, es müßte die Scene wieder aufgeführt werden, die sich vor 800 Jahren zwischen Papst Gregor VII. und Heinrich IV. zu Canossa abgespielt hat. Gottlob es sind andere Zeiten!

Welche Stirne gehört wohl dazu, Euch, Pfälzer, in das Angesicht zu sagen, die bürgerliche Trauung, oder besser die Trauung vor dem Bürgermeisteramte, entkleide die Ehe ihres hohen sittlichen Charakters! Wie viele sind denn unter Euch, die neben der bürgerlichen Trauung nicht vor dem Altar der Kirche gestanden! Kaum einer unter Tausenden. Ist Euere Ehe weniger sittlich, als die derjenigen Länder, in welchen die bürgerliche Trauung noch nicht eingeführt ist? Diese Trauung wohl ist ihnen ein Dorn im Auge, weil sie allein und überall gern ihre Hand im Spiele habe möchten, um über diesen hohen Akt staatlicher Sittlichkeit nach Willkür schalten und walten zu können!

Wem Angesichts solcher Vorgänge die Augen noch nicht geöffnet sein sollten, dem wird gewiß der ganze Ernst des bevorstehenden Wahlkampfes klar, wenn er in den Zeitungen der Franzosen tagtäglich liest, mit welcher Spannung diese auf den Ausgang der Reichstagswahlen sehen, und welche Hoffnungen sie auf den Sieg der schwarzen Partei in Deutschland setzen, wie sie fest darauf rechnen, in den deutschen Katholiken Verbündete zu finden. Bedarf es da noch eines Besinnens, auf welche Seite Ihr Euch stellen wollt? Wollt Ihr die Errungenschaften des Riesenkampfes von 1870—1871 erhalten, wollt Ihr in Frieden leben und nicht vielleicht schon nach wenigen Jahren einem verheerenden Krieg zum Opfer fallen, so sei Euere Parole: Alles für's deutsche Vaterland, für Freiheit und Recht!

Und darum tretet am 10. d. M. an die Wahlurne und gebt Euere Stimme ab für

Dr. Ludwig Gross aus Lambsheim.

Das von der nationalen u. liberalen Partei in Ludwigshafen gewählte Wahl-Comité.

S. Lederle, Vorsitzender, Biederwolff und Dr. Schlinck, Schriftführer, Aßmann, Lackirermstr., Bilfinger, Fabrikdirector, Dr. Clemm, Fabrikdirector, Dr. David, Arzt, Deul, Fabrikverwalter, Dürr, Maschinenmeister bei den pfälz. Bahnen, Eckardt, Stadtrath, Eizele, Bierbrauer, Fasig, Glasermeister, Forrer, Stadtrath, Gebhard Mich., Holzhändler, Gelbert, Stadtrath, Grohé, Kaufmann, Henkel, Schieferdecker, Hoffmann Jos., Stadtrath, Hoffmann Wd. sen., Baumeister, Joseph, Kaufmann, Jotter Hch., Oekonom, Lauterborn, Buchdruckereibesitzer, Meidner, Werkführer bei den pfälz. Bahnen, Netter, Stadtrath, Dr. Pöhlmann, Redakteur, Roechling, Stadtrath, Schäfer, Werkführer, Scheuerer, Stadtrath, Schüle, Privatmann, Schwager, Revisor bei den pfälz. Bahnen, Stauffer I., Oekonom, Völk, Verwalter, Vohlandt, Bahnmstr. Waldkirch, Buchdruckereibesitzer, Wörner, Kupferschmied.

Druck von A. Lauterborn in Ludwigshafen a. Rh.

Wahlaufruf im Zeichen des Kulturkampfs des nationalliberalen Reichstagskandidaten Dr. Groß im ›Ludwigshafener Anzeiger‹ vom 8. Januar 1878 [399.2]

Ludwigshafener Anzeiger.

Anzeigeblatt für Oggersheim, Friesenheim und Umgegend

№ 138. Samstag, den 15. Juni 1878. 11. Jahrg.

Der mit patriotischem deutschem Adler geschmückte ›Ludwigshafener Anzeiger‹ ruft bei der nach dem Attentat auf Kaiser Wilhelm I. veranstalteten Reichstagswahl dazu auf, „die Freiheit und den Socialismus" unterscheiden zu lernen
15. Juni 1878 [400]

politische Vereinswesen, an die Entwicklung einer durch Zeitungen permanent informierten ›öffentlichen Meinung‹ oder an Interessenverbände, die ihre Organisations-Zentralen regelmäßig in größeren Städten fanden. Eine junge Industriestadt wie Ludwigshafen war daher stets auch ein politischer Raum, ein Ort, an dem sich die ›große Politik‹ in die kleine Münze von lokalen Auseinandersetzungen, Organisationen und Wahlen verwandelte, an dem das lokale politische Geschehen seinerseits in spezifischen Brechungen die ›große Politik‹ widerspiegelte und gleichzeitig, zumal durch die Stimmabgabe bei Wahlen, wiederum ein Stück weit auf die ›große Politik‹ zurückwirkte.

Der Versuch, einen Überblick über die ›politische Geschichte‹ Ludwigshafens zur Zeit des Kaiserreichs zu geben, muß schon deshalb fragmentarisch bleiben, weil bisher nur einige Stränge des politischen Lebens der und in der Stadt genauer erforscht worden sind, allen voran auf breiter Quellengrundlage die „sozialistische Arbeiterbewegung",[1272] ferner der Einfluß sozialer Strukturen auf Wahlen und Wahlergebnisse 1871—1914.[1273] Dagegen ist über das ›bürgerliche‹ Lager, das bis 1914 trotz abnehmender Stärke wenigstens auf der lokalen Ebene politisch noch weitgehend das Sagen hatte, ist über die ›bürgerlichen‹ Parteien und ihre Entwicklung sowie über die hierbei wirksamen Personalkonstellationen sehr viel weniger bekannt.

Im Folgenden dienen die Wahlen zum Reichstag, zum bayerischen Landtag und zum Gemeinderat als Ansatzpunkte, die damaligen politischen Stimmungen und Verhaltensweisen in Ludwigshafen vor dem Hintergrund der wirtschaftlichen und sozialen Gegebenheiten und Entwicklungen zu erfassen. Die Wahlen waren Ausdruck und entscheidender Akt der politischen Partizipation eines mehr oder weniger großen Teils der männlichen Einwohnerschaft; erst derartige Partizipation aber gab den erforderlichen Anstoß, unterschiedliche politische Meinungen und Gruppierungen auszubilden und organisatorisch in Vereinen und Parteien oder in politischer Meinungspresse zu verfestigen. Die Wahlen fanden auf den drei genannten Ebenen in sich überschneidenden Rhythmen mit voneinander abweichendem Wahlrecht statt – von 1871 bis 1914 durchschnittlich alle zwei Jahre, in acht Jahren sogar zu zwei verschiedenen Gremien.[1274] Sie blieben nicht ohne Einfluß aufeinander, obwohl sie verschiedene Kompetenzbereiche betrafen. Gemeinsam war ihnen jedoch, wenngleich mit unterschiedlicher Intensität, die Tendenz zu immer deutlicherer parteipolitischer Ausrichtung der Kandidaturen, der Wahlkämpfe und der Wahlergebnisse. Die Kernfragen heutiger Wahlforschung nach Parteipräferenzen und Parteibindungen der Wählerschaft, nach den hierbei wirksamen Faktoren und ihrer politischen Bedeutung, lassen sich daher für die Zeit des Kaiserreichs in einem noch relativ frühen und gerade deshalb aufschlußreichen Entwicklungsstadium untersuchen und erlauben Rückschlüsse auf das Funktionieren des damaligen politischen Systems.

Reichstagswahlen – Ausbildung und Verfestigung des modernen Parteiensystems auf lokaler Ebene

Die Wahlen zum Reichstag setzten die Wähler am häufigsten in Bewegung, denn während der Gemeinderat nur alle fünf, der Landtag sogar nur alle sechs Jahre neu bestimmt wurde, war dies beim Reichstag wenigstens bis 1890 bereits in jedem dritten Jahr der Fall; erst durch Gesetz von 1888 wurde die Wahlperiode auf künftig fünf Jahre verlängert. Daher waren die Stimmberechtigten in Ludwigshafen 1871—1912 insgesamt zwanzigmal dazu aufgerufen, ihr Votum abzugeben, davon allein sechsmal, um in einer Stichwahl zwischen den beiden Spitzenkandidaten zu entscheiden.[1275] Die Reichstagswahlen boten die breiteste Plattform, durch Stimmabgabe im Kollektiv politischen Einfluß geltend zu machen, und dies dank eines (Männer-)Wahlrechts, das für die damalige Zeit geradezu demokratisch anmutet: Jeder Deutsche ab dem vollendeten 25. Lebensjahr durfte in dem Wahlkreis, in dem er seinen Wohnsitz hatte, seine Stimme in gleicher, direkter und geheimer Wahl für den gewünschten Kandidaten abgeben. Eine Reihe von Ausschlußgründen – Vormundschaft oder Kuratel, Konkurs, Armenunterstützung innerhalb eines Jahres vor dem Wahltermin, die gerichtliche Aberkennung der

Anmerkungen Seite 692

1272 Breunig 1976

1273 Weidner

1274 Reichstagswahlen bis 1890 alle drei, danach alle fünf Jahre, Landtagswahlen alle sechs Jahre, Gemeinderatswahlen alle fünf Jahre. Bei den Reichstagswahlen kam das Erfordernis von zweiten Wahlgängen hinzu, falls kein Kandidat 50% der abgegebenen Stimmen erreichte; zudem waren Neuwahlen erforderlich, wenn Reichstag oder Landtag aufgelöst wurden

1275 f.d.F. ausführlich Weidner, S. 306ff

staatsbürgerlichen Rechte, aktiver Militärdienst – sollte die Rechtsfähigkeit, die wirtschaftliche Selbständigkeit und die Ehrenhaftigkeit der Wähler sicherstellen bzw. die Armee möglichst aus politischem Meinungsstreit heraushalten; solche Einschränkungen hielten sich quantitativ jedoch in mäßigen Grenzen.[1276] Damit konnten auch die unteren sozialen Schichten, die durch das restriktive Wahlrecht bei den Gemeindewahlen zumindest bis zur Jahrhundertwende großenteils ausgeschlossen blieben, ihre Stimmen wirksam in die Waagschale werfen. Das Recht, „zum Betrieb der den Reichstag betreffenden Wahlangelegenheiten Vereine zu bilden" und in geschlossenen Räumen öffentliche Versammlungen abzuhalten,[1277] förderte die Institutionalisierung politischer Meinungsrichtungen auf lokaler Ebene und ihre Rückbindung an die Tagespresse mit entsprechender politischer Couleur. Insofern kam den Reichstagswahlen für die Politisierung und für die politische Meinungsbildung vor Ort ein beachtliches Gewicht zu, obwohl die Wahlkampfthemen insgesamt natürlich weniger lokalen als nationalen Bezug hatten.

Wie hoch war der wahlberechtigte Bevölkerungsanteil und wie hoch die Wahlbeteiligung, welche Parteien traten mit welchen Aussagen zur Wahl an, und wieviele Stimmen konnten sie gewinnen? Die Antwort auf diese Fragen für Ludwigshafen läßt im Vergleich mit dem übrigen Wahlkreis, mit der bayerischen Pfalz und mit dem Deutschen Reich insgesamt Übereinstimmungen und Unterschiede erkennen; und die Analyse nach Wahlbezirken innerhalb Ludwigshafens liefert Aufschlüsse über die Ausbildung politischer Quartiere im städtischen Raum.

Nicht sonderlich aussagekräftig sind die fast durchweg nur leichten Schwankungen in den Daten über den Anteil der Reichstags-Wahlberechtigten an der Einwohnerschaft – jedenfalls dann, wenn man die Bevölkerungsdaten für den jeweiligen Wahltermin korrekterweise interpoliert, statt einfach die Zahlen der letzten Volkszählung zugrundezulegen und damit die inzwischen erfolgte Bevölkerungszunahme außer acht zu lassen.[1278] Bei Interpolation[1279] bewegen sich die Wahlberechtigungs-Werte nur zwischen 19,4% und 22,6%; allein das Jahr 1871 fällt mit 15,7% völlig aus dem Rahmen, wohl weil damals gerade in Ludwigshafen während einer stürmischen Wachstumsphase die Wahlberechtigten nur sehr unvollkommen erfaßt wurden bzw. ihr Wahlrecht angesichts zu kurzen Aufenthalts in der Stadt[1280] noch andernorts auszuüben hatten. Bezogen auf die Jahrgänge der Männer ab 25 Jahre dürften ansonsten in der Stadt kaum viel weniger als 95% wahlberechtigt gewesen sein. Das weit überproportionale Bevölkerungswachstum, dann die Eingemeindung von Friesenheim und Mundenheim erhöhten den Anteil Ludwigshafens an der Gesamheit der Wahlberechtigten im Wahlkreis Speyer-Ludwigshafen-Frankenthal zwischen 1871 und 1912 von knapp 9% auf fast 39% – die Stadt der Chemie gewann also ein immer größeres Gewicht für die Wahlentscheidung, und das galt, soweit es die einzelnen Parteien betraf, teilweise sogar in noch höherem Maße (vgl. Grafiken 16 und 17, S. 755f). Insofern konnte der Umstand politische Relevanz gewinnen, daß das Wahlvolk in Ludwigshafen stets ungewöhnlich jung gewesen ist: in Ludwigshafen betrug der Anteil der Wahlberechtigten unter 40 Jahren 63% 1880 und fast 60% 1910, während er im Regierungsbezirk Pfalz nur 45% bzw. gut 48% ausmachte.[1281] Da jüngere Wähler eher ›radikaler‹ oder wenigstens ›fortschrittlicher‹ Programmatik

Anmerkungen Seite 693

1276 *1907 erreichten sie in Ludwigshafen absolut und relativ den höchsten Wert mit 605 ausgeschlossenen Personen, knapp 4% der Wahlberechtigten, fast durchweg wegen erhaltener Armenunterstützung; Daten bei Weidner, S. 538f*

1277 *Reichstagswahlgesetz § 17*

1278 *Weidner, S. 504 ermittelt auf diese Weise Wahlberechtigtenquoten zwischen gut 20 und fast 28%; vgl. dazu die dortigen Erläuterungen S. 502ff*

1279 *Das übliche, auch hier angewandte Verfahren ist die Interpolation des Wachstums nach der Zinseszinsformel*

1280 *Das Wahlrecht jeweils vor Ort galt nach einem Aufenthalt von wenigstens einem halben Jahr*

1281 *berechnet nach BSKB 46/1883, S. 33, 187, und BSKB 112/1927, S. 22, 24*

An die Wähler des 1. pfälzischen Reichstagswahlkreises.

Unser Kandidat zu der am 15. Juni stattfindenden Reichstagswahl ist Herr

Franz Jos. Ehrhart

Stadtrath in Ludwigshafen. –

Wir ersuchen thatkräftig für dessen Wahl einzutreten. Derselbe hat durch jahrelange öffentliche Thätigkeit bewiesen, daß er der geeignetste Vertreter der Rechte u. Interessen des arbeitenden Volkes ist.

Das sozialdemokratische Wahlkomitee.

Zur Beachtung!

Stimmzettel u. s. w. können von der Expedition der „Volksstimme“, Kaiser-Wilhelmstraße Nr. 18 in Ludwigshafen bezogen werden. Stimmzettel sind auch dann giltig, wenn der Name des gegnerischen Kandidaten mit Tinte ausgestrichen und deutlich darunter geschrieben ist

Franz Jos. Ehrhart,

Stad[illegible]th, Ludwigshafen.

Aufruf zur Wahl des sozialdemokratischen Reichstagskandidaten Franz Josef Ehrhart im ›General-Anzeiger‹ 14. Juni 1893 [401]

zuneigen, und da es sich bei einem erheblichen Teil der jüngeren Ludwigshafener Wähler um Fabrikarbeiter handelte, darf man annehmen, daß hier die Altersstruktur den Einfluß beruflich-sozial bedingter Wählerpräferenzen zugunsten der ›Arbeiterpartei‹ zusätzlich abgestützt hat. Dafür spricht auch die Tatsache, daß in den Arbeiterbezirken 1874 bis 1887 zwei Drittel bis drei Viertel der Wähler unter 40 Jahre alt waren bei besonders hoher Quote der 25—29jährigen.[1282]

Der Anteil der Wahlberechtigten war im wesentlichen eine demographische Größe. Ganz anders die Wahlbeteiligung: Sie spiegelt den Grad der Politisierung und der politischen Partizipation breiterer Bevölkerungsschichten. Wie der Vergleich zwischen der Stadt Ludwigshafen und dem restlichen Wahlkreis, der bayerischen Pfalz und dem Reich insgesamt zeigt, war das Interesse bei der ersten Wahl (1871) in Ludwigshafen denkbar gering, doch übertraf die Wahlbeteiligung bereits 1874 den Reichsdurchschnitt, um sich seitdem regelmäßig und meist sehr deutlich über dessen Niveau zu bewegen. Verglichen mit dem restlichen Wahlkreis und dem Regierungsbezirk Pfalz stieg die Wahlbeteiligung in Ludwigshafen ziemlich kontinuierlich ohne derart kräftige Einbrüche, wie sie 1881 und 1890—1898 für die beiden anderen Wahlbereiche, aber auch auf Reichsebene zu beobachten sind. Offenbar gelang in Ludwigshafen die nachhaltige Mobilisierung politischen Interesses auf breiter Basis besonders gut.

Für die Hintergründe des politischen Interesses noch aufschlußreicher als die Wahlbeteiligung ist die Stimmabgabe für die Kandidaten der Parteien, die sich zur Wahl stellten. Gewählt wurde je Wahlkreis ein Abgeordneter. Als gewählt galt derjenige, der im ersten Wahlgang mehr als 50% der abgegebenen Stimmen auf sich vereinigte; war dies nicht der Fall, so mußte eine Stichwahl zwischen den beiden Bewerbern mit der größten Stimmenzahl entscheiden. Gezielte Beeinflussung während des Wahlaktes zumal gegenüber der Arbeiterschaft war trotz formal geheimer Stimmabgabe angesichts der vorgesehenen Modalitäten im Einzelnen[1283] nicht ausgeschlossen und wurde z. B. seitens der BASF wenigstens zeitweise recht handfest praktiziert,[1284] dürfte aber wohl in keinem einzigen Fall den Wahlausgang entscheidend beeinflußt haben. Wenn es im Wahlkreis Speyer-Ludwigshafen-Frankenthal 1884 und regelmäßig von 1890 bis 1907 zu Stichwahlen kam, so ist dies ein Zeichen, daß hier über einen längeren Zeitraum zumindest zwei stärkere politische Lager in hartem Wettbewerb um die Wählergunst rangen. Soweit es das Ergebnis betrifft, setzte sich bis 1893—1898 regelmäßig die ›bürgerlich‹ geprägte Richtung mit Abgeordneten der Fortschritts- bzw. dann der Nationalliberalen Partei durch; seit 1898 ging das Mandat ebenso regelmäßig an die Sozialdemokratie. Das Zentrum als dritte Kraft im Wahlkreis Speyer-Ludwigshafen-Frankenthal konnte sich nie ernsthafte Chancen auf den Sieg seiner Kandidaten ausrechnen, doch fiel ihm in den Stichwahlen die Rolle als Zünglein an der Waage zu. Denn sonstige Parteien wie linksliberale Gruppierungen (›Sezession‹), Konservative oder Bund der Landwirte, die im Regierungsbezirk Pfalz durchaus respektable Stimmenkontingente mobilisierten, konnten in Ludwigshafen kaum Fuß fassen, so daß eine weitergehende Zersplitterung der Stimmen vermieden wurde.

Im Vergleich mit dem restlichen Wahlkreis und mit der bayerischen Pfalz lassen sich für die politische Entwicklung in Ludwigshafen zumindest drei offensichtlich charakteristische Trends ausmachen:

Anmerkungen
Seite 694 und 695

1282 ermittelt nach den Daten bei Weidner, S. 119ff

1283 vgl. entsprechende Hinweise bei Breunig 1976, S. 177f

1284 vgl. den Beleg bei Breunig 1976, S. 183

1285 Der Anteil der Katholiken in der Pfalz betrug 1880—1890: 43,3%, 1910: 44,3%, in Ludwigshafen dagegen 1880: 50% und 1910: 48,1%; Daten für die Pfalz bei Ritter-Niehuss 1980, S. 85, für Ludwigshafen vgl. Weiß, S. 20

1286 Weidner, S. 114f, 567, 640f; zu den Wechselbeziehungen zwischen Konfession und Qualifikation allg. Ritter/Tenfelde 1992, S. 747ff

1287 vgl. Bräunche 1982, S. 156f

1288 ebd., S. 162

Ergebnisse der Reichstagswahlen in der Stadt Ludwigshafen 1871—1912*

	Nationalliberale	SPD	Zentrum	Sonstige
1871	96,1	—	2,9	1,1
1874	71,2	14,1	14,7	—
1877	56,7	26,7	16,0	0,6
1878	61,5	24,3	13,2	1,0
1881	60,0	27,6	9,9	0,3
1884	47,3	39,4	9,0	4,3
1887	52,0	38,7	9,3	—
1890	37,5	47,9	7,0	(Freis.) 7,6
1893	41,0	45,9	11,4	1,7
1898	26,6	58,9	13,3	1,2
1903	22,5	62,3	14,1	1,1
1907	25,9	61,5	12,6	—
1908	29,5	70,5	—	—
1912	28,9	58,0	13,1	—

* ohne Stichwahlen, mit der Nachwahl 1908
in % der gültigen Stimmen für die Kandidaten der Parteien

1. Die Liberalen – Fortschrittspartei (1871 und 1874) bzw. Nationalliberale Partei (seit 1878), bis 1887 mit der größten Anhängerschaft vor Ort, sanken in der Wählergunst insgesamt rascher und stärker ab als in den beiden anderen Wahlgebieten Frankenthal und Speyer.

2. Die Sozialdemokratie gewann, sozusagen als Kehrseite der Medaille, in der Stadt der Chemie sehr viel schneller und stetiger einen stattlichen Anhang, als dies in den genannten Vergleichsgebieten der Fall war (vgl. Grafik 19, S. 758); bereits 1890 wurde die SPD die stärkste Partei, 1893 näherte sie sich der 50%-Marke, 1898 der 60%-Marke, die sie 1903 und 1907 sogar übertraf, während sie im übrigen Wahlkreis erst 1912 einen Stimmenanteil über 40% und in der Pfalz einen solchen von über 30% erzielte.

3. Das Zentrum erreichte in Ludwigshafen für gewöhnlich nur ein Drittel bis die Hälfte des Stimmenanteils, den es im restlichen Wahlbezirk bzw. in der Pfalz gewinnen konnte. An der konfessionellen Zusammensetzung der Bevölkerung kann dies nicht gelegen haben, denn der Anteil der Katholiken, der tragenden Klientel des Zentrums, lag in Ludwigshafen sogar um einige Prozent über dem Durchschnitt im Regierungsbezirk.[1285] Vielmehr zeigt sich erneut, daß die kirchliche Rückbindung in der Industriestadt gegenüber den ländlichen Gebieten bereits deutlich abgeschwächt war und infolgedessen wirtschaftlich-soziale Komponenten das Wahlverhalten nachhaltiger beeinflußten. Dieser Umstand wirkte sich in Ludwigshafen schon deshalb gegen das Zentrum aus, weil gerade die ungelernten Arbeiter, die vom Dorf in die Industriestadt gezogen waren, überwiegend der katholischen Konfession zugehörten, aber offensichtlich nur zu einem Bruchteil das Zentrum wählten. Daher vermochte das Zentrum in Ludwigshafen nur zwischen 20% und 30% des katholischen Wählerpotentials für sich zu mobilisieren.[1286] Gleichwohl konnte die Ortsgruppe Ludwigshafen innerhalb der pfälzischen Zentrumsorganisation einigen Einfluß gewinnen;[1287] Ludwigshafen wurde Sitz des ›Katholischen Arbeitersekretariats‹ und ›Volksbureaus‹.[1288]

Pfälzischer Kurier.

Dr. Carl Clemm.

Dr. Carl Clemm!

Aufrufe zur Wahl des nationalliberalen Reichstagskandidaten Dr. Carl Clemm auf der Titelseite des ›Pfälzischen Kuriers‹ 19. Februar 1887 [402]

Reichstagswahlen in Ludwigshafen – Wahlberechtigung

	Wahlberechtigte in % der Bevölkerung von Ludwigshafen	Anteil Ludwigshafens in % an den Wahlberechtigten im Wahlkreis Speyer-Ludwigshafen-Frankenthal
1871	15,7	k.A.
1874	19,4	8,8
1877	21,0	11,2
1878	21,9	12,2
1881	19,2	12,5
1884	20,7	15,5
1887	21,9	17,7
1890	21,7	20,1
1893	20,9	24,5
1898	20,4	26,7
1903	21,7	34,8
1907	20,7	35,1
1908	22,6	k.A.
1912	22,2	38,7

Die historische Wahlforschung hat gerade für die Zeit des Kaiserreichs enge Wechselbeziehungen zwischen der damaligen ›Klassengesellschaft‹ und der politischen Meinungs- und Willensbildung festgestellt, dies übrigens im Einklang mit den Sichtweisen kompetenter zeitgenössischer Beobachter. Derartige Wechselwirkungen zwischen sozialökonomischer Position der Wählerschaft und deren Wahlverhalten lassen sich natürlich auch in Ludwigshafen aufdecken und sind bereits ausführlicher analysiert worden.[1289] Die wichtigsten Aspekte und Ergebnisse seien hier in gebotener Kürze vorgestellt. Dabei bleibt zu berücksichtigen, daß sinkende Stimmanteile für eine Partei keineswegs einen absoluten Rückgang der Wählerzahlen beinhalten, sondern bei einer rasch wachsenden Gesamtwählerschaft, wie dies in Ludwigshafen der Fall war, meist nur eine vergleichsweise schwache Zunahme ihrer Anhänger. So erhielt die Nationalliberale Partei 1871 gerade einmal 365, entsprechend 96,1% der abgegebenen Stimmen, 1912 dagegen 4727, entsprechend 29,0%.

Die Deutsche Fortschrittspartei, dann spätestens seit 1878 bestimmend die Nationalliberale Partei galt als Vertreterin des gebildeten und besitzenden und, wie der Name schon sagt, des fortschrittlich-liberal und zugleich national gesinnten Bürgertums bei unübersehbarer protestantischer Dominanz. Als sog. ›Reichseinigungspartei‹ konnte sie sich angesichts fehlender Konkurrenz zumindest in den Jahren unmittelbar nach der Reichsgründung breiter Zustimmung bis hinein in die Reihen der Arbeiterschaft erfreuen. Dabei trug die Partei, was die organisatorische Seite betrifft, zunächst ausgesprochene Züge einer Honoratiorenvereinigung, in der persönlichen Beziehungen gegenüber Organisationsstrukturen ein hoher Stellenwert zukam. Je stärker die Partei in ihren politischen Positionen nach ›rechts‹ rückte, die nationalen Interessen betonte, sich für die Schutzzollpolitik stark machte und die Arbeiterbewegung befehdete, desto stärker schrumpfte ihre Anhängerschaft

Anmerkungen
Seite 696 und 697

1289 dazu grundlegend die Arbeit von Weidner

1290 dazu vgl. Breunig 1976, S. 177f; Weidner, S. 540ff; v. Hippel 2003, Kap. 4

Reichstagswahlen in Ludwigshafen – Wahlbeteiligung in %

	Ludwigshafen	restlicher Wahlkreis	Regierungsbezirk Pfalz	Deutsches Reich
1871	33,1	61,2	52,7	51,0
1874	62,1	81,3	80,5	61,2
1877	63,5	75,5	73,8	60,6
1878	70,5	71,6	68,7	63,4
1881	64,2	52,0	54,8	56,3
1884	75,9	74,1	73,6	60,6
1887	82,0	86,9	87,1	77,5
1890	84,2	79,9	77,2	71,6
1893	87,4	82,4	76,9	72,5
1898	85,3	78,5	69,5	68,1
1903	85,8	88,3	82,7	76,1
1907	89,0	91,1	87,3	84,7
1908	71,5	k.A.	–	–
1912	85,1	88,9	86,4	84,9

Quelle: Berechnet nach Breunig 1976, S.770f, Weidner, Tab. 57 bis 76, Ritter/Niehuss, S.38ff, 85

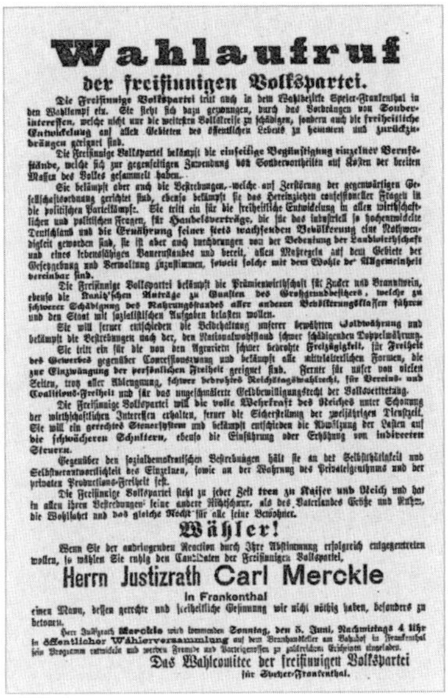

Wahlaufruf

der freisinnigen Volkspartei.

Die Freisinnige Volkspartei tritt auch in dem Wahlbezirke Speier-Frankenthal in den Wahlkampf ein. Sie sieht sich dazu gezwungen, durch das Vordrängen von Sonderinteressen, welche nicht nur die weitesten Volkskreise zu schädigen, sondern auch die freiheitliche Entwickelung auf allen Gebieten des öffentlichen Lebens zu hemmen und zurückzudrängen geeignet sind.

Die Freisinnige Volkspartei bekämpft die einseitige Begünstigung einzelner Berufsstände, welche sich zur gegenseitigen Zuwendung von Sondervortheilen auf Kosten der breiten Massen des Volkes gesammelt haben.

Sie bekämpft aber auch die Bestrebungen, welche auf Zerstörung der gegenwärtigen Gesellschaftsordnung gerichtet sind, ebenso bekämpft sie das Hereinziehen confessioneller Fragen in die politischen Parteikämpfe. Sie tritt ein für die freiheitliche Entwickelung in allen wirthschaftlichen und politischen Fragen, für Handelsverträge, die für das industriell so hochentwickelte Deutschland und die Ernährung seiner stets wachsenden Bevölkerung eine Nothwendigkeit geworden sind, sie ist aber auch durchdrungen von der Bedeutung der Landwirthschaft und eines lebensfähigen Bauernstandes und bereit, allen Maßregeln auf dem Gebiete der Gesetzgebung und Verwaltung zuzustimmen, soweit solche mit dem Wohle der Allgemeinheit vereinbar sind.

Die Freisinnige Volkspartei bekämpft die Prämienwirthschaft für Zucker und Branntwein, ebenso die Kanitz'schen Anträge zu Gunsten des Großgrundbesitzers, welche zu schwerer Schädigung des Nahrungsstandes aller anderen Bevölkerungsklassen führen und den Staat mit sozialistischen Aufgaben belasten wollen.

Sie will ferner entschieden die Beibehaltung unserer bewährten Goldwährung und bekämpft die Bestrebungen nach der, den Nationalwohlstand schwer schädigenden Doppelwährung.

Sie tritt ein für die von den Agrariern schwer bedrohte Freizügigkeit, für Freiheit des Gewerbes gegenüber Concessionszwang und bekämpft alle mittelalterlichen Formen, die zur Einzwängung der persönlichen Freiheit geeignet sind. Ferner für unser von vielen Seiten, trotz aller Ableugnung, schwer bedrohtes Reichstagswahlrecht, für Vereins- und Coalitions-Freiheit und für das ungeschmälerte Geldbewilligungsrecht der Volksvertretung.

Die Freisinnige Volkspartei will die volle Wehrkraft des Reiches unter Schonung der wirthschaftlichen Interessen erhalten, ferner die Sicherstellung der zweijährigen Dienstzeit. Sie will ein gerechtes Steuersystem und bekämpft entschieden die Abwälzung der Lasten auf die schwächeren Schultern, ebenso die Einführung oder Erhöhung von indirecten Steuern.

Gegenüber den sozialdemokratischen Bestrebungen hält sie an der Selbstthätigkeit und Selbstverantwortlichkeit des Einzelnen, sowie an der Wahrung des Privateigenthums und der privaten Productions-Freiheit fest.

Die Freisinnige Volkspartei steht zu jeder Zeit treu zu Kaiser und Reich und hat in allen ihren Bestrebungen keine andere Richtschnur, als des Vaterlandes Größe und Ruhm, die Wohlfahrt und das gleiche Recht für alle seine Bewohner.

Wähler!

Wenn Sie der andringenden Reaction durch Ihre Abstimmung erfolgreich entgegentreten wollen, so wählen Sie ruhig den Candidaten der Freisinnigen Volkspartei,

Herrn Justizrath Carl Merckle

in Frankenthal

einen Mann, dessen gerechte und freiheitliche Gesinnung wir nicht nöthig haben, besonders zu betonen.

Herr Justizrath Merckle wird kommenden Sonntag, den 5. Juni, Nachmittags 4 Uhr in öffentlicher Wählerversammlung auf dem Brauhauskeller am Bahnhof in Frankenthal sein Programm entwickeln und werden Freunde und Parteigenossen zu zahlreichem Erscheinen eingeladen.

Das Wahlcomitee der freisinnigen Volkspartei für Speier-Frankenthal.

Die Spaltung der Liberalen: Wahlaufruf der ›Freisinnigen Volkspartei‹ 1898, im ›General-Anzeiger‹ vom 4.6.1898 [403]

zusammen. Auch wenn die reichsweite Abspaltung der linksliberalen Kräfte 1880 (›Sezession‹) und ihr Zusammenschluß mit der Fortschrittspartei zur ›Deutschen Freisinnigen Partei‹ (1884) in Ludwigshafen bei den Wahlen optisch kaum zu Buche schlug – nur bei den Reichstagswahlen von 1890 erreichten die eigens angetretenen ›Freisinnigen‹ mit 7,4% der abgegebenen Stimmen einen Achtungserfolg, so schwächte diese Entwicklung doch die ideelle und soziale Basis der Partei. Zumal mit dem Aufstieg der sozialdemokratischen Arbeiterbewegung als neuer politischer Kraft reduzierte sich das nationalliberale Wählerpotential nachhaltig; gehobenes und mittleres Bürgertum blieben der zuverlässigste Anhang mit Ausstrahlung in Teile des ›Kleinbürgertums‹ einschließlich der gelernten bzw. aufgestiegenen Arbeiterschaft. In Ludwigshafen war letzteres nachhaltig der Fall in der Arbeitersiedlung der BASF: In dem betreffenden Wahlbezirk erreichten die Wahlbeteiligung und der Stimmenanteil der nationalliberalen Kandidaten regelmäßig den Spitzenwert. Hierbei scheinen eigene Überzeugung mit Versuchen zur Einflußnahme seitens des Arbeitgebers zusammengewirkt zu haben, denn bei den dortigen Wohnungsinhabern handelte es sich um eine von der Firma besonders benötigte und zugleich privilegierte Gruppe von Werksangehörigen – Meister, Aufseher, Vorarbeiter, qualifizierte Handwerker, die bei der BASF eine sichere und vergleichsweise gut bezahlte Lebensstellung gefunden hatten und ein hohes Maß an Identifikationsbereitschaft mit dem Unternehmen zeigten. Zudem bewarb sich 1887, 1890 und 1893 Carl Clemm, der Mitbegründer und ehemalige Direktor der BASF, 1884—1887 Vorsitzender des 1884 gegründeten Nationalliberalen Vereins Ludwigshafen, als nationalliberaler Kandidat um das Mandat eines Abgeordneten. Daher war seine Wahl ein Stück weit eine Sache des Firmenprestiges und scheinen Möglichkeiten zur Kontrolle über das Abstimmungsverhalten der Arbeiter zumindest in den 1870er und 1880er Jahren auch genutzt worden zu sein.[1290]

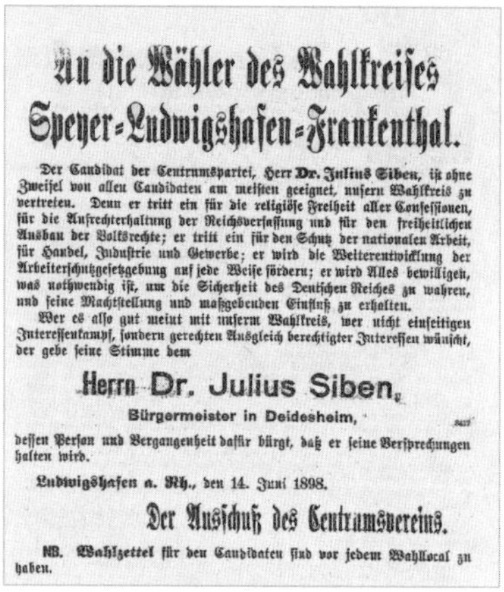

An die Wähler des Wahlkreises Speyer-Ludwigshafen-Frankenthal.

Der Candidat der Centrumspartei, Herr Dr. Julius Siben, ist ohne Zweifel von allen Candidaten am meisten geeignet, unsern Wahlkreis zu vertreten. Denn er tritt ein für die religiöse Freiheit aller Confessionen, für die Aufrechterhaltung der Reichsverfassung und für den freiheitlichen Ausbau der Volksrechte; er tritt ein für den Schutz der nationalen Arbeit, für Handel, Industrie und Gewerbe; er wird die Weiterentwicklung der Arbeiterschutzgesetzgebung auf jede Weise fördern; er wird Alles bewilligen, was nothwendig ist, um die Sicherheit des Deutschen Reiches zu wahren, und seine Machtstellung und maßgebenden Einfluß zu erhalten.

Wer es also gut meint mit unserm Wahlkreis, wer nicht einseitigen Interessenkampf, sondern gerechten Ausgleich berechtigter Interessen wünscht, der gebe seine Stimme dem

Herrn Dr. Julius Siben,

Bürgermeister in Deidesheim,

dessen Person und Vergangenheit dafür bürgt, daß er seine Versprechungen halten wird.

Ludwigshafen a. Rh., den 14. Juni 1898.

Der Ausschuß des Centrumsvereins.

NB. Wahlzettel für den Candidaten sind vor jedem Wahllocal zu haben.

Werbung für den Zentrumskandidaten bei der Reichstagswahl 1898 im ›General-Anzeiger‹ 15. Juni 1898 [404]

Noch deutlicher als bei den Nationalliberalen war die sozialökonomische Rückbindung der Wählerschaft bei der Sozialdemokratie, die sich selbst als Sachwalterin der ›Arbeit‹ im Kampf gegen die Ausbeutung durch das ›Kapital‹ verstand. Doch wäre es entschieden zu schlicht gedacht, daß Arbeiter von vornherein ›selbstverständlich‹ diese Partei wählten. Es bedurfte vielmehr nachhaltiger Überzeugungsarbeit durch die Parteimitglieder, um das Bewußtsein der eigenen ›Klassenlage‹ auf breiter Basis in die Arbeiterschaft hineinzutragen und dadurch die eigene Anhängerschaft wenigstens bei den Wahlen so kräftig zu erweitern, wie das dann in Ludwigshafen seit den 1890er Jahren der Fall war, so daß die SPD nach der Jahrhundertwende die Stimmen der meisten Arbeiter für sich verbuchen konnte. Ein Teil der gelernten Arbeiterschaft, die zunächst das Hauptkontingent der Arbeiterbewegung stellte, scheint diesem Trend allerdings nicht gefolgt zu sein, während andererseits ›kleinbürgerliche‹ Existenzen in nicht zu unterschätzender Zahl ihre Stimmen offensichtlich der ›Arbeiterpartei‹ gegeben haben.[1291] Hierzu trug zweifellos der reformistische Kurs wesentlich bei, den ihre führenden Köpfe in Ludwigshafen nach dem Fall des sog. Sozialistengesetzes (1890) nicht nur vor Ort, sondern bis in den bayerischen Landtag und den Deutschen Reichstag hinein vertraten *[vgl. sozialistisch, S. 729]*.

Standen Nationalliberale und Sozialdemokratie nach Ideologie und sozialökonomischer Rückbindung als stark städtisch geprägte Parteien einander diametral gegenüber, so fiel beim Zentrum das konfessionelle Moment entscheidend ins Gewicht; seine Wählerschaft ließ sich daher nicht so einfach anhand wirtschaftlicher und sozialer Kriterien verorten. Daß es sich weitgehend um Stammwähler handelte, zeigen die recht geringen Schwankungen bei den Stimmanteilen während des gesamten Zeitraumes. Das katholische Milieu war unabdingbar, und ländlich-dörfliches Umfeld kam der Partei unverkennbar zugute. Auf Grund derartiger Vorgaben blieb sie in Ludwigshafen selbst vergleichsweise schwach, während sie im restlichen Wahlkreis für gewöhnlich zwischen einem Drittel und einem Viertel der abgegebenen Stimmen auf ihre Kandidaten vereinigte. Eine Konstante in der Politik des Zentrums bildete der Kampf für die ›Freiheit‹ von Kirche und Religion gegenüber staatlichen Zugriffen, wie sie Bismarck im ›Kulturkampf‹ mit voller Unterstützung der Nationalliberalen versucht hatte; letztere galten dem Zentrum daher als parteipolitischer Dauer-Gegner. Sozialpolitisch vertrat das Zentrum Integrationsvorstellungen im Sinne der katholischen Soziallehre, welche die Probleme der ›Arbeiterfrage‹ mit kritischem Blick auf wirtschaftsliberale Positionen betrachtete und bewertete, vielen Forderungen der Arbeiterbewegung wohlwollend begegnete, sich besonders für den Arbeiterschutz engagierte und daher unter katholischen Arbeitern Anhänger finden konnte und fand. Dies und die gemeinsame, wenngleich unterschiedlich motivierte Front gegen die Nationalliberalen förderten im Lauf der Jahrzehnte die Annäherung zwischen Zentrum und Sozialdemokratie.[1292]

Innerhalb Ludwigshafens zeigten sich – nicht sonderlich überraschend, aber doch aufschlußreich – typische Unterschiede des Wählerverhaltens nach Wahlbezirken, die sich wenigstens teilweise aus der dortigen sozialen Zusammensetzung der Bevölkerung erklären lassen. Von der Arbeitersiedlung der BASF als einem Sonderfall war bereits die Rede; Ähnliches läßt sich in schwächerer, aber doch erkennbarer Form

Anmerkungen
Seite 698 und 699

1291 *vgl. Hinweise bei Weidner, S.634ff, 642ff*

1292 *vgl. ebd., S.560ff, 607ff*

1293 *vgl. dazu die Angaben bei Weidner zu den einzelnen Reichstagswahlen nach Stimmbezirken*

1294 *dazu ausführlich Weidner, bes. S.60ff und f.d.F. S.565ff*

1295 *vgl. Weidner, S.657ff*

1296 *ebd., S.660*

1297 *ebd., S.616ff, 662f*

für andere Teile der Stadt feststellen:[1293] höhere Zustimmung für die Nationalliberale Partei in ›besseren‹ Quartieren, höhere Zustimmung für die Sozialdemokratie in solchen mit einem hohen Arbeiteranteil. Derartige Zusammenhänge zwischen Sozialstruktur und Wahlpräferenzen lassen sich anhand von Korrelations- und Regressionsanalysen auf der Grundlage der Daten für die Wahlbezirke in der Stadt statistisch nachweisen und genauer untersuchen.[1294] Hinreichend aussagekräftig sind sie freilich erst seit 1903 dank der damals auf 21 (1907: 23 und 1912: 27) angestiegenen Wahlbezirke – zu einem Zeitpunkt also, als die Parteien, verglichen etwa mit den 1870er Jahren, organisatorisch und programmatisch bereits ein klar zu identifizierendes, allgemein bekanntes Profil entwickelt hatten. Für die drei Reichstagswahlen von 1903, 1907 und 1912 ergeben sich dabei tendenziell ganz ähnliche Grundmuster des Wahlverhaltens in Übereinstimmung mit bereits Angedeutetem: bei Oberschicht sowie unselbständiger Mittelschicht hohe positive Korrelationen zu den Stimmenanteilen der Nationalliberalen Partei und entsprechend hohe negative Korrelationen zu denjenigen der SPD, dasselbe mit umgekehrten Vorzeichen bei der Unterschicht, zumal bei den ungelernten Arbeitern. Bei den gelernten Arbeitern lassen sich statistisch nur schwache parteipolitische Vorlieben nachweisen – offenbar war bei ihnen zumindest anläßlich der Reichstagswahlen die Nähe zur ›Arbeiterpartei‹ nicht so groß, wie dies bereits einige Zeit vor der Jahrhundertwende bei der breiten Masse der Arbeiterschaft in Ludwigshafen der Fall gewesen ist.[1295] Handwerkliches Traditionsgefühl mag hier vielfach als mentale Barriere gewirkt haben, ohne daß sich deshalb festere Bindungen an eine der beiden konkurrierenden Parteien entwickelt hätten. In Ludwigshafen war die SPD demnach „von der Wählerschaft her die Partei der ungelernten und nicht der gelernten Arbeiter".[1296] Ähnlich wie die Gelernten wies die „selbständige Mittelschicht" in ihrer Gesamtheit weder zu den Nationalliberalen, noch zu den Sozialdemokraten engere Affinitäten auf, vermutlich deshalb, weil dieser Ausschnitt aus der städtischen Gesellschaft ein wirtschaftlich und sozial eher diffuses Konglomerat darstellte von kleinen und größeren Selbständigen, die sich teilweise mehr ›nach oben‹ an der gehobenen Mittelschicht ausrichteten, teilweise eher der (oberen) Unterschicht zuzurechnen waren und demgemäß unterschiedlich wählten. Zumindest aus dem ›kleinbürgerlichen‹ Segment erhielt die SPD einen Teil ihrer Stimmen. Soweit es die Katholiken betrifft, lassen sich – wiederum wenig verwunderlich – durch alle Schichten hindurch grundsätzlich Präferenzen für das Zentrum feststellen, dagegen weisen ebenso durchgehende negative Korrelationen, obwohl nicht sonderlich ausgeprägt, auf eine eher ablehnende Haltung gegenüber der Nationalliberalen Partei als kleindeutsch-protestantischer Trägerin des Kulturkampfes hin, während sich das Verhältnis zur SPD als indifferent bis leicht positiv erweist. Zum weitaus größeren Teil aber wurde die konfessionelle Komponente wiederum konterkariert durch das Gewicht schichtspezifischer Sichtweisen und Interessen, die das jeweilige Wahlverhalten vor allem an dem grundsätzlichen Richtungsstreit zwischen Nationalliberalen und Sozialdemokraten in der bereits bekannten Weise orientierten.

Wenn sich derartige Zusammenhänge sehr viel deutlicher im Norden Ludwigshafens abzeichneten als im südlichen Stadtteil,[1297] so spricht einiges dafür, daß hierzu die Präsenz der BASF wesentlich beigetragen

Mitbürger! Wähler!

Unsere Herren Liberalen sind aus Furcht, daß

Dreesbach

gewählt wird, am Ueberschnappen; sie machen im Verläumden und Lügen die tollsten Bocksprünge.

Wir wurden aufgefordert, die Bombe des Dr. Clemm zu erwiedern, aber lassen wir den Leuten das billige und kindliche Vergnügen, hinter sicherem Versteck ihre schmutzigen Pfeile auf uns zu schießen, wir sind gegen derartige unsaubere Geschosse gefeit.

Mit ächt amerikanischem Humbug soll deren Dr. Groß in den Reichstag geschmuggelt werden.

Laßt Euch nicht bethören! Auf deren Lügen gebt die einzige Antwort, wählt

AUGUST DREESBACH,

Kaufmann in Mannheim.

NB. Seht Euch vor, unsere Gegner fälschen unsere Stimmzettel.

Das socialdemokratische Wahlkomitee.

Im Auftrage:

J. F. Ehrhart.

Aufruf des sozialdemokratischen Wahlkomitees zur Reichstagswahl im Wahlkreis Speyer-Ludwigshafen-Frankenthal 1884 [405]

Anmerkungen Seite 700

1298 vgl. hierzu Lepsius

1299 dies modifizierend und ergänzend zu Weidner, S. 662f, der allein auf „ein spezifisches Arbeitermilieu", bestimmt durch die ungelernte Arbeiterschaft, abhebt

1300 f. d. F. für Ludwigshafen Weidner, S. 306ff, für die bayerische Pfalz Bräunche 1982, S. 209ff

hat: Nicht nur die Arbeitersiedlung auf dem Hemshof sorgte für den schon mehrfach erwähnten hohen Anteil der Nationalliberalen im betreffenden Wahlbezirk, sondern auch die dort wohnende Oberschicht der Chemiker sowie die Beamten und Angestellten, wesentlicher Teil der „unselbständigen Mittelschicht". Andererseits war die Arbeiterbevölkerung in besagtem Stadtteil mit ihrem weit überdurchschnittlichen Anteil an Ungelernten großen-, wenn nicht größtenteils bei der BASF beschäftigt. Insofern prägte das eine Unternehmen im Pro und Contra offensichtlich polarisierend gleichsam zwei „sozialmoralische Milieus"[1298] innerhalb der Gemeinde.[1299]

Jenseits der angedeuteten, längerfristig wirksamen politischen Strukturen und Trends bleiben die Wechselfälle der politischen Auseinandersetzungen im Spiegel der Wahlkämpfe wenigstens kurz zu skizzieren.[1300]

1871, als die Sozialdemokratie in Ludwigshafen noch nicht um Stimmen warb, konnte von einem ernsthaften Wahlkampf keine Rede

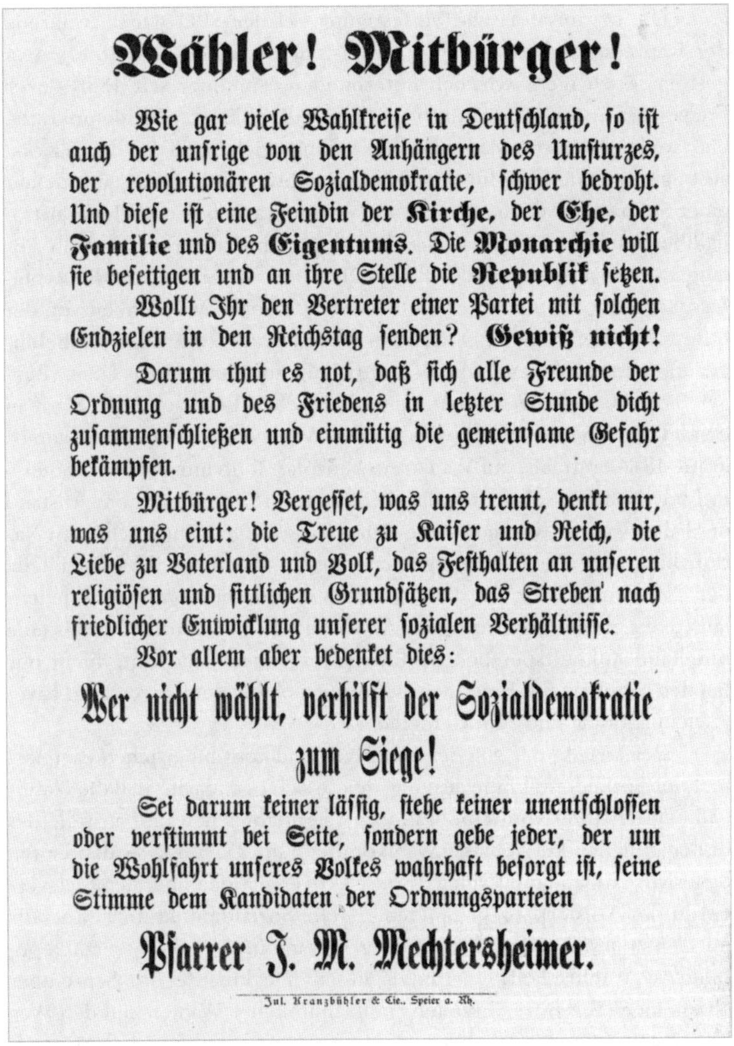

Wähler! Mitbürger!

Wie gar viele Wahlkreise in Deutschland, so ist auch der unsrige von den Anhängern des Umsturzes, der revolutionären Sozialdemokratie, schwer bedroht. Und diese ist eine Feindin der **Kirche**, der **Ehe**, der **Familie** und des **Eigentums**. Die **Monarchie** will sie beseitigen und an ihre Stelle die **Republik** setzen.

Wollt Ihr den Vertreter einer Partei mit solchen Endzielen in den Reichstag senden? **Gewiß nicht!**

Darum thut es not, daß sich alle Freunde der Ordnung und des Friedens in letzter Stunde dicht zusammenschließen und einmütig die gemeinsame Gefahr bekämpfen.

Mitbürger! Vergesset, was uns trennt, denkt nur, was uns eint: die Treue zu Kaiser und Reich, die Liebe zu Vaterland und Volk, das Festhalten an unseren religiösen und sittlichen Grundsätzen, das Streben nach friedlicher Entwicklung unserer sozialen Verhältnisse.

Vor allem aber bedenket dies:

Wer nicht wählt, verhilft der Sozialdemokratie zum Siege!

Sei darum keiner lässig, stehe keiner unentschlossen oder verstimmt bei Seite, sondern gebe jeder, der um die Wohlfahrt unseres Volkes wahrhaft besorgt ist, seine Stimme dem Kandidaten der Ordnungsparteien

Pfarrer J. M. Mechtersheimer.

Jul. Kranzbühler & Cie., Speier a. Rh.

Aufruf des nationalliberalen Kandidaten Mechtersheimer zur Reichstagswahl gegen die Sozialdemokratie 1898 [406]

„Wer nicht wählt den Dr. Groß, der ist morgen arbeitslos", drohte angeblich die BASF-Führung ihren Arbeitern: der Lambsheimer Bürgermeister Dr. Philipp Ludwig Groß, prakt. Arzt (1825—1894), war 1863—69 sowie 1875—1894 (national-)liberales Mitglied des bayerischen Landtags, 1874—1887 des Reichstags [407]

sein; bei minimaler Wahlbeteiligung vereinigte der erst wenige Wochen zuvor gekürte Kandidat der Liberalen, ein Gutsbesitzer aus Speyer, mit offizieller Unterstützung von Bürgermeister und Gemeinderat gut 96% der Stimmen auf sich, während das Zentrum, dem im Wahlkreis ein gutes Viertel der Stimmen zufiel, sich mit knapp 3% begnügen mußte. 1874 zeichneten sich Veränderungen ab, welche für die parteipolitische Entwicklung in Ludwigshafen während der nächsten Jahrzehnte charakteristisch wurden: Der neue Kandidat der Liberalen und langjährige Reichstagsabgeordnete des Wahlkreises von Ludwigshafen-Speyer-Frankenthal, Bürgermeister Groß von Lambsheim, erhielt zwar über 70%, doch nun gewannen Zentrum und als argwöhnisch beobachteter Neuling die junge Sozialdemokratie immerhin jeweils ein Siebtel der Stimmen – erstmals ließ sich in Umrissen die künftige Parteienkonstellation erkennen, in der Nationalliberale Partei, Zentrum und SPD um die Mandate rangen, während sonstige Parteien kaum Chancen auf eigenständigen Erfolg besaßen.

Pfälzische Post

Organ für die Interessen des Volkes.

18. Jahrg. Ludwigshafen a. Rh., Freitag den 12. Januar 1912. Nr. 10.

Um was handelt es sich am heutigen Wahltage?

Es handelt sich darum:

[illegible]

Es handelt sich darum, ob in Deutschland an Stelle der bisherigen volksfeindlichen Politik eine Politik der Volksfreundschaft eingeleitet werden soll. Wer das erreichen will,

der kann heute

weder einem Zentrumsmann, noch einem Nationalliberalen, noch einem Bauernbündler seine Stimme geben, der wählt die

Kandidaten der Sozialdemokratie!

Der Titel der sozialdemokratischen ›Pfälzischen Post‹ am Tag der Reichstagswahl 1912 [408]

Die organisatorische Verfestigung bei der SPD wurde während der Repressionsphase des sog. Sozialistengesetzes (1878—1890) zwar gestört, doch nicht wirklich unterbunden, vielmehr seit 1880 durch Franz Josef Ehrhart, den künftigen Führer der Pfälzer Sozialdemokratie, einstweilen noch von Mannheim aus vorangetrieben, so daß das Bezirksamt Speyer Ende 1882 für die nächste Reichstagswahl (1884) die Gefahr einer Stichwahl zwischen einem sozialdemokratischen und einem nationalliberalen Kandidaten voraussah und die Kreisregierung deshalb Anfang 1884 sogar Mithilfe der BASF-Direktion anmahnte, um die Arbeiterschaft des größten Unternehmens vor Ort nach Möglichkeit von der Stimmabgabe für die SPD abzuschrecken. Doch trotz massiver Behinderung aller Wahlkampfaktivitäten bis hin zur Aufstellung einer ›Bürger-Sicherheitsgarde‹[1301] und zur militärischen Besetzung der Stadt in den letzten Tagen vor und während der Wahl gelang es der Sozialdemokratie 1884 erstmals, auf Wahlkreisebene das Zentrum zu überrunden – in Ludwigshafen selbst war dies bereits seit 1877 mit weitem Abstand der Fall gewesen – und gegen die bisher stets völlig unangefochtenen Nationalliberalen eine Stichwahl zu erzwingen. Wenn die SPD dabei Teile der Zentrumswähler aus dem ersten Wahlgang hinzugewann – jedenfalls mehr als die Nationalliberalen, so öffnete sich damit erstmals eine mögliche Zukunftsperspektive für die folgenden Jahrzehnte nicht nur bei den Wahlen zum Reichstag, sondern auch bei denjenigen zum bayerischen Landtag und zum Gemeinderat.

Der Druck, der von der intensiven und kontinuierlichen Parteiarbeit der Sozialdemokratie ausging, zeigte sich u. a. darin, daß die Nationalliberalen 1884 vom Honoratiorensystem abwichen und anstelle des bisher üblichen kurzlebigen Wahlkomitees am 27. Juli 1884 den ersten dauerhaft tätigen und vergleichsweise aktiven nationalliberalen Ortsverein in der Vorderpfalz gründeten.[1302] Die Sozialdemokraten ihrerseits nutzten angesichts des Verbots ihrer Organisationen die gesetzlich geschützte Wahlfreiheit, um unter diesem Deckmantel im September 1886 einen ›Verein zur Erzielung volksthümlicher Wahlen‹ auf den Weg zu bringen, wie er in etlichen anderen deutschen Städten schon bestand, frequentiert vor allem von Handwerksgesellen und darauf ausgerichtet, Arbeiter, kleine Handwerker und Kleinbauern für das Programm der SPD zu gewinnen.[1303] Bei den ›Septennatswahlen‹ im Februar 1887, bei denen die Regierungsseite und mit ihr die Nationalliberalen die Forderung nach einer massiven Heeresverstärkung durch Entfachen einer Art von Kriegspsychose in den Mittelpunkt des Wahlkampfs rückten und auf diese Weise vor allem die Sozialdemokratie als Gegnerin angeblicher nationaler Belange zu treffen und zu schwächen suchten, eroberten die Nationalliberalen mit Carl Clemm als neuem Kandidaten den Wahlkreis zum letzten Mal bereits im ersten Wahlgang, während die Sozialdemokratie eine schmerzliche Niederlage einstecken mußte. 1890 dagegen hatten sich Situation und Klima spürbar verändert:[1304] Das Ende des ›Sozialistengesetzes‹ stand unmittelbar bevor, und die Sozialdemokratie profitierte bei ihrem besonders intensiv geführten Wahlkampf von der ihr nun zugestandenen weitgehenden Agitationsfreiheit. In Ludwigshafen konnte sie so erstmals – und seitdem regelmäßig – die meisten Stimmen gewinnen. Da die Nationalliberale Partei wie bereits einmal sechs Jahre zuvor nicht die absolute Mehrheit im Wahlkreis erreichte, kam es zur Stichwahl zwischen dem bisherigen Mandatsinhaber

Anmerkungen
Seite 702 und 703

1301 *vgl. die Erinnerungen Ehrharts an das Jahr 1884 in Geis/Nestler, S. 135ff*

1302 *Breunig 1976, S. 189; Bräunche 1982, S. 73, 75f, 78*

1303 *Breunig 1976, S. 198ff*

1304 *vgl. Breunig 1976, S. 205, 210ff; Weidner, S. 391ff*

1305 *vgl. Breunig 1976, S. 236ff; Weidner, S. 417ff*

1306 *zu dieser Entwicklung seit 1891 Bräunche 1982, S. 76ff*

1307 *vgl. Bräunche 1982, S. 144f*

1308 *Breunig 1976, S. 307ff; Weidner, S. 433ff*

1309 *Breunig 1976, S. 311ff; Weidner, S. 449ff*

Carl Clemm und dem zweitplazierten Kandidaten des Zentrums; es begann die Periode der Stichwahlen. Daß SPD und Zentrum noch etliche Jahre benötigten, ihre weltanschaulich-politischen Differenzen hinter der gemeinsamen Front gegen die Nationalliberale Partei zurückzustellen, und stattdessen ihrem Anhang Wahlenthaltung nahelegten, sicherte Carl Clemm noch zweimal das Reichstagsmandat – 1890 gegen das Zentrum, 1893 gegen die Sozialdemokratie.

1898 hatte sich die Parteienkonstellation in mehrfacher Hinsicht verschoben:[1305] Die Nationalliberalen waren angesichts der damaligen Wirtschaftspolitik des Reiches seit Jahren durch massive Spannungen zwischen städtisch-industriellem und ländlich-agrarischem Flügel geschwächt;[1306] ihr Zusammengehen mit dem Bund der Landwirte und die Aufstellung eines ›Bündlers‹ als gemeinsamen Kandidaten im Wahlkreis minderte hier ihre Wahlchancen und erleichterte es der SPD, Stimmen aus dem kleinen Mittelstand für sich zu gewinnen, so daß sie erstmals im gesamten Wahlkreis (und nicht nur in Ludwigshafen, wo das seit 1890 regelmäßig der Fall war) mit deutlichem Vorsprung durchs Ziel ging. In der erneut erforderlichen Stichwahl stellte die Zentrumspartei als Zünglein an der Waage ihren Wählern die Stimmabgabe nunmehr völlig frei – gegen die Aufforderung aus Berlin, in Stichwahlen die Nationalliberalen gegen die Sozialdemokratie zu unterstützen;[1307] dafür durfte sie auf sozialdemokratisches Wohlverhalten in anderen pfälzischen Stichwahlen zugunsten ihrer Kandidaten rechnen. Dank inhaltlicher Übereinstimmung vor allem mit den sozialen Reformforderungen der SPD stimmte daher ein beträchtlicher Teil der Zentrumswähler, selbst der Arbeiterschaft angehörig, für Ehrhart, der seinerseits im Wahlkampf alle schärferen Töne gegenüber der katholischen Kirche tunlichst vermieden hatte. Für die pfälzische Sozialdemokratie wie für ihren Führer persönlich war dies ein herausragender Erfolg, der die kommenden Wahlen auf allen Ebenen beeinflussen sollte bis hin zu geheimen und offenen Absprachen zwischen SPD und Zentrum auf lokaler und regionaler Ebene *[vgl. Wahl LT, S. 705 und Wahl SR, S. 708]*. Soweit es die nächste Reichstagswahl betraf,[1308] profitierte die SPD 1903 von der Uneinigkeit zwischen Nationalliberalen und dem Bund der Landwirte sowie von dem Umstand, daß die von ihnen aufgestellten Kandidaten ebenso wie der Kandidat des Zentrums als Vertreter vorwiegend landwirtschaftlicher Interessen galten. 56% des Stimmenzuwachses im Wahlkreis fielen an die Sozialdemokratie, in Ludwigshafen, das nun knapp die Hälfte der SPD-Wähler stellte, sogar zwei Drittel. So zog die Arbeiterpartei mit einem derart großen Vorsprung in die Stichwahl, daß nur volle Einigkeit der übrigen Parteien ihr den Sieg hätte entreißen können. Weil die drei Konkurrenten es jedoch nicht fertigbrachten, sich über einen gemeinsamen Kandidaten zu verständigen, gewann Ehrhart das Mandat diesmal ohne jegliche zusätzliche Anstrengung.

Schwieriger schien sich die Lage 1907 bei den sog. Hottentottenwahlen zu gestalten, in denen der Kolonial- neben der Wirtschaftspolitik besonderes Gewicht zukam:[1309] Nationalliberale und Bund der Landwirte hatten mit Franz Buhl aus Deidesheim einen gemeinsamen Kandidaten gekürt, der industrielle wie landwirtschaftliche Interessen gleichermaßen bedienen konnte und daher besonders geeignet war, das ›bürgerliche‹ Lager zusammenzuschließen. Zudem drohte eine kleine anarchistische Gruppe innerhalb der Ludwigshafener SPD Verwirrung

Nationalliberale Partei
Fortschrittliche Volkspartei.

Donnerstag, den 11. Januar 1912, abends 8½ Uhr,
im großen Saale des Pfälzer Hofes (J. Roth) Bismarckstr. 112,

Große

Wähler-Versammlung.

Tagesordnung: Die kommenden Reichstagswahlen.
Referenten: Herr Kommerzienrat Hans Knoll aus L'hafen.
Herr Direktor Busch aus Mannheim.

In dieser Versammlung sind alle liberal Gesinnten freundlichst eingeladen.

Nationalliberaler Verein. Jungliberaler Verein.
Liberaler Arbeiterverein. Fortschrittl. Volkspartei.

Ankündigung einer Versammlung der Nationalliberalen am Tag vor der Reichstagswahl 1912 [409]

Clemens Grohé (1829—1900) Revolutionsteilnehmer von 1849, hatte einst fliehen müssen; seit 1852 als Kaufmann in Ludwigshafen ansässig, vertrat er die Stadt von 1875 bis 1887 im bayerischen Landtag; zwischen 1858 und 1889 war er auch – mit Unterbrechungen – Mitglied des Stadtrats [410]

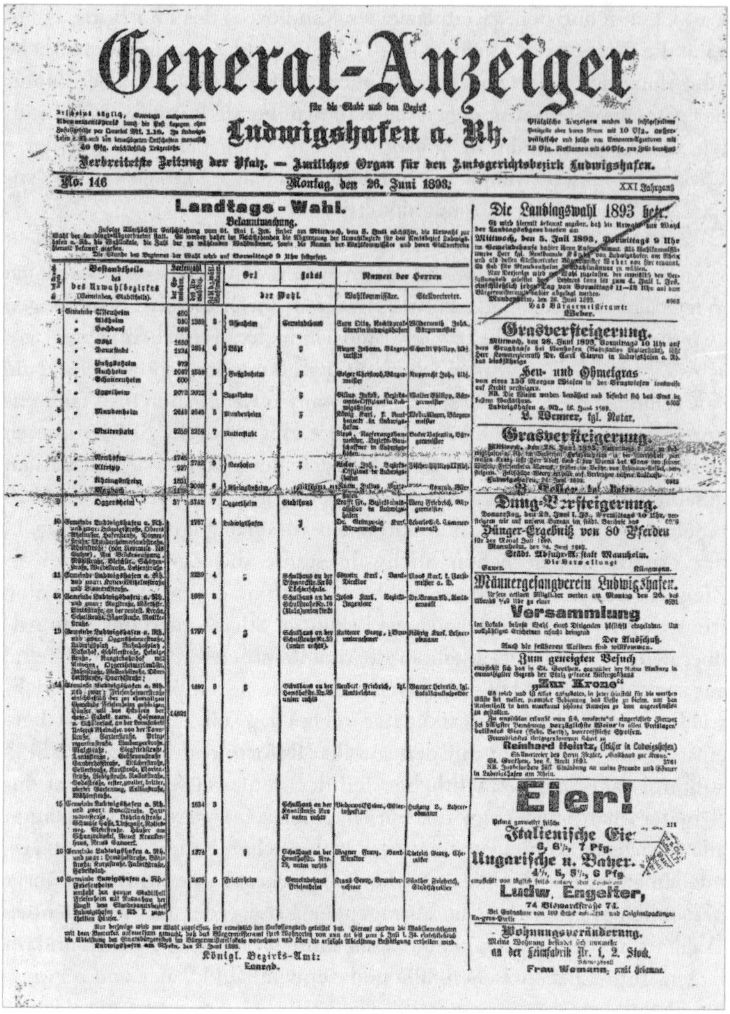

General-Anzeiger
für die Stadt und den Bezirk
Ludwigshafen a. Rh.
Verbreitetste Zeitung der Pfalz. — Amtliches Organ für den Amtsgerichtsbezirk Ludwigshafen.
No. 146 Montag, den 26. Juni 1893. XXI. Jahrgang

Landtags-Wahl.
Bekanntmachung.

Die Landtagswahl 1893 betr.

Grasversteigerung.

Heu- und Öhmdgras

Grasversteigerung.

Dung-Versteigerung.

Dünger-Ergebniß von 80 Pferden

Männergesangverein Ludwigshafen.

Versammlung

Zum geneigten Besuch

„Zur Krone"

Reinhard Heintz

Eier!

Italienische Eier

Ungarische u. Bayer.

Ludw. Engelter,

Wohnungsveränderung.

Königl. Bezirks-Amt:

Bekanntmachung der Urwahlbezirke im Amtsbezirk Ludwigshafen für die bayerische Landtagswahl am 5. Juli 1893 [411]

Anmerkungen
Seite 704 und 705

1310 *vgl. auch Bräunche 1982, S. 159f*

1311 *errechnet nach Daten bei Breunig 1976, S. 770f*

1312 *Breunig 1976, S. 316ff; Weidner, S. 472ff*

1313 *Breunig 1976, S. 318ff; Weidner, S. 485ff*

1314 *f.d.F. Weidner, S. 275ff; für Bayern insgesamt Thränhardt, S. 113ff; für Ludwigshafen aus sozialdemokratischer Perspektive Breunig 1976, S. 227ff, 242ff, 322ff*

1315 *geschätzt nach den Daten bei Weidner, S. 297, die sich freilich auf den Amtsgerichtsbezirk Ludwigshafen bzw. auf den größeren Wahlkreis beziehen; die dort angegebenen höheren Prozentzahlen zwischen 17,3% und 19,6% berücksichtigen nicht das Bevölkerungswachstum von der jeweils letzten Volkszählung bis zum Zeitpunkt der Wahl; ebd., S. 296f*

1316 *Schätzung auf Grund des Männeranteils und der Altersstruktur der Männer in Ludwigshafen 1880 und 1910*

1317 *Schätzung anhand der Prozentangaben bei Weidner, S. 297, der Bevölkerung in den Wahljahren und des Anteils und der Altersstruktur der Männer 1910*

zu stiften durch einen Aufruf zur Wahlenthaltung, da nur außerparlamentarische Aktionen dem Sozialismus zum Sieg verhelfen könnten. Dennoch gewann Ehrhart mit klarem Abstand vor Buhl; knapp die Hälfte des gesamten Stimmenzuwachses auf Wahlkreisebene, 55% des Stimmenzuwachses in Ludwigshafen gingen an die SPD. Gleichwohl wurde erneut eine Stichwahl erforderlich – zum letztenmal im Kaiserreich, und sie fiel schließlich problemlos zugunsten von Ehrhart aus, denn SPD und Zentrum hatten sich für die Stichwahlen gegenseitige Unterstützung zugesagt, und sei es auch nur durch die Empfehlung, sich der Stimmabgabe zu enthalten, wie sie das Zentrum im Ludwigshafener Wahlkreis aussprach.[1310] Tatsächlich hatte Ludwigshafen die Wahl entschieden: Im ersten Wahlgang erbrachte die Stadt allein sogar etwas mehr als das Stimmenplus der SPD im gesamten Wahlkreis, in der Stichwahl immerhin 84%.[1311]

Als 1908 infolge des plötzlichen Todes von Ehrhart eine Nachwahl erforderlich wurde,[1312] konnte die Sozialdemokratie das Mandat sogleich im ersten Wahlgang gewinnen, nicht zuletzt deshalb, weil das Zentrum keinen eigenen Kandidaten ins Rennen schickte und wie in der Stichwahl des vorangegangenen Jahres seinen Anhängern Stimmenthaltung empfahl. Der reformistische SPD-Kandidat Jakob Binder, seit 1900 Mitglied im Stadtrat und seit 1905 erster Adjunkt, hatte sich als kompetenter Kommunalpolitiker und vertrauter Mitarbeiter Ehrharts Ansehen auch in bürgerlichen Kreisen erworben. 1912 trat er erneut an, diesmal gegen den nationalliberalen Fabrikanten Knoll und einen in Speyer beheimateten Landgerichtsrat als Zentrumsmann.[1313] Nach der Gründung des ›wirtschaftsfriedlichen‹ gelben Werkvereins und dem mißglückten Arbeitskampf bei der BASF 1911 war entscheidend, ob es gelang, die Chemiearbeiterschaft für die Sozialdemokratie zu aktivieren, oder ob die Nationalliberalen sie nun verstärkt für sich zu gewinnen vermochten. Letzteres war nicht der Fall: Obwohl die SPD in Ludwigshafen nur ein gutes Drittel des gesamten Stimmenzuwachses seit 1907 für sich verbuchen konnte, gewann sie auf Wahlkreisebene fast 3 300 Stimmen hinzu, während die Nationalliberalen nahezu 3 000 Stimmen einbüßten und nur noch knapp vor dem Zentrum rangierten. Wie 1908 errang die SPD das Mandat bereits im ersten Anlauf – in Ludwigshafen allein hätte sie ein solches Ergebnis bereits seit 1898 regelmäßig erzielt.

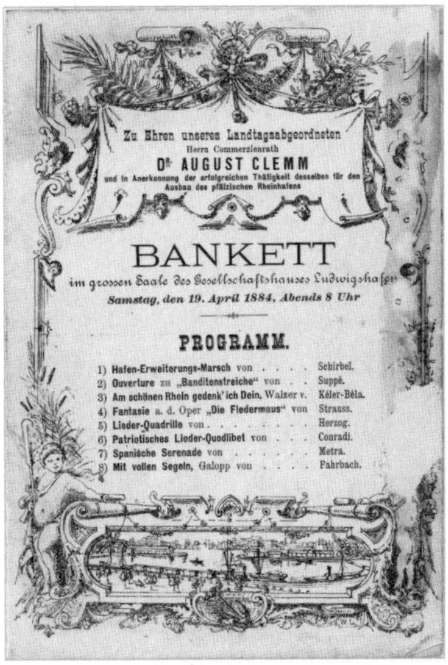
Zu Ehren unseres Landtagsabgeordneten
Herrn Commerzienrath
Dr. AUGUST CLEMM
und in Anerkennung der erfolgreichen Thätigkeit desselben für den Ausbau des pfälzischen Rheinhafens

BANKETT
im grossen Saale des Gesellschaftshauses Ludwigshafen
Samstag, den 19. April 1884, Abends 8 Uhr

PROGRAMM.

1) Hafen-Erweiterungs-Marsch von . . . . Schirbel.
2) Ouverture zu „Banditenstreiche" von . . Suppé.
3) Am schönen Rhein gedenk' ich Dein, Walzer v. Kéler-Béla.
4) Fantasie a. d. Oper „Die Fledermaus" von Strauss.
5) Lieder-Quadrille von . . . . Herzog.
6) Patriotisches Lieder-Quodlibet von . . . Conradi.
7) Spanische Serenade von . . . . . . Metra.
8) Mit vollen Segeln, Galopp von . . . . Fahrbach.

Festbankett im Gesellschaftshaus zum Dank für die Hilfe des Landtagsabgeordneten August Clemm beim Ausbau des Hafens 19. April 1894 [412]

Landtagswahlen – vom indirekten zum direkten Wahlsystem

Bedingt durch Wahlrecht und Wahlmodalitäten, ergaben sich bei den Landtagswahlen über Jahrzehnte hinweg recht andere Konstellationen.[1314] Nach den gesetzlichen Bestimmungen in Bayern galt für den Landtag bis zur Wahlrechtsreform von 1906 das System der indirekten Wahl: ›Urwähler‹ kürten in einem ersten Wahlgang ›Wahlmänner‹ – einen Wahlmann je 500 ›Seelen‹ – und diese erst bestimmten die Abgeordneten. Als Urwähler konnte jeder volljährige (mindestens 21jährige) bayerische Staatsangehörige antreten, der wenigstens seit sechs Monaten direkte Steuern zahlte und den Verfassungseid abgelegt hatte, soweit nicht bestimmte Ausschließungsgründe vorlagen, wie sie auch für die Reichstagswahlen galten; als Wahlmänner kamen nur entsprechend qualifizierte Bewohner des jeweiligen Urwahlbezirks mit Mindestalter von 25 Jahren in Betracht. Auf dieser Grundlage war der Anteil der Urwahl-Berechtigten an der Gesamtbevölkerung durchaus beachtlich: Er belief sich im Bereich Ludwigshafen 1887—1905 auf schätzungsweise 16—18%,[1315] demnach auf etwa 65% der volljährigen Männer.[1316] Als Regierung und Landtagsmehrheit sich nach mehreren mißglückten Anläufen 1906 auf eine Wahlrechtsreform geeinigt hatten, die vor allem den Übergang zur Direktwahl der Abgeordneten brachte, dafür aber das Wahlalter auf 25 Jahre heraufsetzte, minderte das den Anteil an der gesamten Ludwigshafener Bevölkerung auf etwa 14%, an den volljährigen Männern auf etwa 56%, an den Männern ab dem 26. Lebensjahr auf etwa 62%,[1317] angesichts der verhältnismäßig großen Zahl von Staatsangehörigen aus anderen deutschen Bundesstaaten einige Prozentpunkte weniger als im näheren und weiteren Umfeld der Stadt. Dafür erhielt die Stimmabgabe im Direktverfahren ein entschieden größeres Gewicht, denn obwohl zuvor schon die Wahlmänner immer stärker nach parteipolitischen Gesichtspunkten gekürt worden waren, konnten die Wähler erst jetzt ihr Votum gezielt für bestimmte Kandidaten und Parteien abgeben. Dieser Umstand hat die Motivation für den Gang an die

Wahlurne offensichtlich erhöht: Die Wahlbeteiligung, die unter dem alten Wahlsystem während der 1880er Jahre im Amtsgerichtsbezirk nur bei 22% lag, dann allerdings während der 1890er Jahre infolge zunehmender Politisierung regelrecht abhob (1893 rd. 40%, 1899 rd. 60%) und 1905 65% erreichte,[1318] stieg 1907 auf fast 80%, 1912 auf gut 85%. Ludwigshafen, das bereits 1881 einer Wahlbeteiligung von fast 40% nahekam, bewies damit ebenso wie der Wahlkreis, zu dem es gehörte, größeres politisches Interesse als der Regierungsbezirk Pfalz, der hinwiederum das Königreich Bayern in seiner Gesamtheit seit der Jahrhundertwende deutlich übertraf.[1319]

Das Wahlsystem präjudizierte in erheblichem Maße die Landtags-Wahlergebnisse, das zeigt der Vergleich mit den Reichstagswahlen. Die indirekte Wahl begünstigte jedenfalls diejenige Partei, welche die Mehrheit der Wahlmänner in einem Wahlkreis stellte, weil sie damit sämtliche Mandate des Wahlkreises bestimmen konnte – im Fall des Wahlkreises Speyer-Ludwigshafen-Frankenthal-Göllheim drei bis vier. In der Pfalz kam dies den Liberalen zugute, die trotz der internen Spaltung zwischen Nationalliberalen und linksliberalem ›Fortschritt‹ bzw. ›Freisinn‹ bei den Landtagswahlen als geschlossene Einheit auftraten und bis 1893/1899 sämtliche Mandate errangen.[1320] Ludwigshafen gewann auf diese Weise mehrere Stimmführer in der bayerischen Volksvertretung, so 1875—1886 den früher radikalen, nun linksliberalen Kaufmann Clemens Grohé und vor allem den nationalliberalen August Clemm 1883 bis 1899, bis 1882 BASF-Direktor und seit 1885 Mitglied im Aufsichtsrat des Unternehmens, der 1893—1897 als Vizepräsident, 1897—1899 als Präsident der Abgeordnetenkammer in München fungierte und sich gleich zu Beginn seiner Landtagstätigkeit durch seinen erfolgreichen Einsatz für die staatliche Förderung des Hafenausbaues um die Industriestadt am Rhein verdient machte *[vgl. Hafen, S. 501]*. Wenn der in Ludwigshafen ansässige Führer der pfälzischen Sozialdemokratie Franz Josef Ehrhart 1893 ebenfalls in den Landtag gewählt wurde, so hatte er dies nicht seinem noch zu schwachen heimischen Anhang zu verdanken, der damals zum ersten Mal bei Landtagswahlen antrat, sondern den Parteigenossen in Nürnberg.

Die Parteien im Münchener Landtag waren sich über die Effekte des Wahlsystems sehr wohl im Klaren und suchten sie so gut wie möglich für sich zu nutzen, u. a. durch die Forderung, das bestehende System in mehrfacher Richtung abzuändern. Der Kampf um die künftige Ausgestaltung des Wahlrechts wurde so seit den ausgehenden 1890er Jahren bei den Landtagswahlen zum zentralen Thema und führte 1899 und 1912 zu zwei überraschenden Absprachen und Frontwechseln im Kreis der drei größten Parteien – ein Beleg dafür, daß das damalige Parteiensystem flexibel genug war, um trotz unübersehbarer ideologischer und sozialer Barrieren zwischen den Konkurrenten um die Wählergunst gezielte Kooperation auf Zeit zu ermöglichen. 1899 fanden sich Ehrhart und Eugen Jäger,[1321] die führenden Köpfe von SPD und katholischem Zentrum in der Pfalz, zu einem anfangs geheimen Wahlbündnis gegen die Liberalen zusammen[1322] mit dem Ziel, die Zweidrittel-Mehrheit im Landtag für die angestrebte Gesetzesänderung des Wahlrechts zu erreichen, vor allem für den Übergang zur direkten Mehrheitswahl und die dafür erforderliche neue Wahlkreis-Einteilung, die sich an der Größe der Bevölkerung orientierte und damit den massiven demographischen

Bruno Körner (1852—1927), seit 1869 in Ludwigshafen ansässig, Gastwirt, vertrat ab 1907 die Stadt als sozialdemokratischer Abgeordneter im bayerischen Landtag [413]

Anmerkungen Seite 706 und 707

1318 Weidner, S. 299

1319 Daten nach Weidner, S. 299

1320 vgl. die Aufstellung in Stadtgeschichte (1903), S. 140ff; f.d.F. Ruf 1993

1321 zu ihm Bräunche 1987

1322 dazu auch Bräunche 1982, S. 145ff

1323 vgl. Breunig 1976, S. 242ff

1324 Breunig 1976, S. 328; vgl. Fräßle

1325 dazu vgl. Möckl, S. 491ff

1326 Bereits ein Drittel der abgegebenen Stimmen genügte für den Wahlsieg des erstplazierten Kandidaten gegenüber 50% bei den Reichstagswahlen

1327 zit. bei Breunig 1976, S. 333

Gewichtsverschiebungen zwischen Stadt und Land während der letzten Jahrzehnte Rechnung trug. In den ihnen überlassenen Wahlbezirken von Ludwigshafen und seinem nächsten Umfeld errangen die Sozialdemokraten einen eindrucksvollen Sieg;[1323] SPD und Zentrum eroberten dank absoluter Mehrheit ihrer Wahlmännerstimmen alle vier Abgeordnetenmandate des Wahlkreises, zwei für jede Partei, darunter die beiden SPD-Mandate für die Ludwigshafener Ehrhart und den Buchdruckereibesitzer Joseph Huber.

Da es ihnen 1899 nur gelungen war, die einfache, nicht aber die benötigte Zweidrittel-Mehrheit im Landtag zu erringen, und die Liberalen 1904 die Wahlrechtsreform weiterhin blockierten, erneuerten SPD und Zentrum 1905 ihr Wahlbündnis, nun auf Parteiebene abgeschlossen und schriftlich abgesichert. In Ludwigshafen konnte die Sozialdemokratie ihren Erfolg von 1899 in verbesserter Neuauflage wiederholen, drei Ludwigshafener Genossen – Ehrhart, Huber und Körner – rückten in den Bayerischen Landtag ein,[1324] und auf der Gesamtstaatsebene erreichten die beiden Bündnispartner trotz nicht unerheblicher parteiinterner Vorbehalte dank ihres Pragmatismus diesmal das gesteckte Ziel: Der Weg zur Wahlrechtsreform von 1906 stand offen.[1325] Die ›Innenstadt‹ Ludwigshafen (Nord und Süd) war seit 1907 ein eigener Wahlkreis (Ludwigshafen I), die Stadtteile Friesenheim und Mundenheim mitsamt den restlichen Gemeinden des Amtsgerichtsbezirks bildeten den Wahlkreis Ludwigshafen II. Beide Wahlkreise bewährten sich 1907 als zuverlässige Domäne der Sozialdemokratie, die nun wieder gleichermaßen gegen Liberale und Zentrum antrat und die Ludwigshafener Joseph Huber und Bruno Körner in den Landtag schickte, während Ehrhart ein Mandat von Kaiserslautern wahrnahm.

Wie die landesweiten Wahlergebnisse zeigten, kam die neueingeführte direkte Mehrheitswahl mit niedrigem Quorum[1326] insgesamt dem Zentrum zugute: Mit 44% der abgegebenen Stimmen konnte es 60% der Volksvertreter stellen. Den unterlegenen Parteien einen Mandatsanteil zu sichern, der ihrer Wählerschaft entsprach, setzte eine Revision des noch jungen Wahlgesetzes von 1906 voraus: den Übergang zum Verhältniswahlrecht auf Landesebene. Um eine solche doch recht tiefgreifende Neuerung parlamentarisch durchzusetzen, benötigten die Gegenspieler des Zentrums nun jedoch eine absolute Mehrheit im Landtag, also mehr als die Hälfte sämtlicher Abgeordnetenstimmen, und dies konnte ihnen im Rahmen des geltenden Rechts nur gelingen, wenn sie sich ungeachtet aller sonstigen Rivalitäten und Gegensätze wiederum zu gemeinsamem Handeln auf Zeit entschlossen. Nachdem der amtierende Landtag 1911 infolge heftiger Auseinandersetzungen zwischen Zentrum und Sozialdemokratie über Fragen des Beamtenrechts (Verbot der Mitgliedschaft von Beamten in sozialdemokratisch orientierten Gewerkschaften) aufgelöst worden war, einigten sich Liberale, Sozialdemokratie, Deutscher und Bayerischer Bauernbund auf gegenseitige Wahlhilfe gegen das Zentrum, das sich mit dem Bund der Landwirte und mehreren Splitterparteien zusammenfand. Die verblüffende Koalition zwischen Liberalen und Sozialdemokraten zwecks Befreiung vom „Zentrumsjoch"[1327] in der Landespolitik belegte erneut und noch deutlicher als die Wahlabsprachen zwischen SPD und Zentrum 1899 und 1905 die Chancen zu pragmatischer Politik im damaligen Parteiensystem. In den Wahlkreisen Ludwigshafen I und II stand der Sieg der bisherigen

Der Sozialdemokrat Josef Huber (1860—1940), gebürtiger Oggersheimer und Besitzer einer Druckerei, war Mitglied des Stadtrats (1899—1920), des bayerischen Landtags (1899—1905, 1907—1920) und des Reichstags (1909—1912, für den Wahlkreis Neustadt) [414]

Centrumspartei
Frankenthal und Umgebung.

289] Sonntag, den 26. Mai, nachmittags 3/4 4 Uhr, findet zu Frankenthal
im Saale der Metzner'schen Brauerei
(Simon Keller, Speyererstraße)
eine

Wählerversammlung

statt, in welcher unser Kandidat,
Herr Max Pongratz,
Steueroberkontrolleur in Ludwigshafen,
sein Programm entwickeln wird.

Hierzu werden die Anhänger und Freunde der Centrumspartei in Frankenthal und Umgebung freundlichst eingeladen.

Das Wahlkomitee.

Wählerversammlung des Zentrums vor der Landtagswahl 1907, Anzeige im Ludwigshafener Zentrumsorgan ›Pfälzer Volksblatt‹ 26.5.1907 [415]

SPD-Abgeordneten mit 85% bzw. 71% Stimmenanteil von vornherein außer Frage, und mit Parteisekretär Profit zog für den Wahlkreis Speyer ein dritter Ludwigshafener in den Landtag; auf Landesebene freilich behielt das Zentrum seine absolute Mehrheit, und damit entfiel die Chance einer neuen Wahlrechtsänderung. Die Drei-Parteien-Konstellation in Ludwigshafen blieb trotz der kurzfristigen Gemeinschaftsfront von SPD und Zentrum gegen die Liberalen, dann von SPD und Liberalen gegen das Zentrum nach Programmatik und Wählerstamm auf Landes- wie auf Reichsebene als zuverlässige Konstante erhalten, aber immerhin hatte sich gezeigt, daß zwischen den drei rivalisierenden Richtungen keine unüberbrückbaren Gräben und unüberwindlichen Berührungsängste bestanden, sondern daß jenseits dogmatischer Kernüberzeugungen Kooperation bei den verschiedensten Gelegenheiten möglich war. Dies wurde noch sehr viel klarer greifbar in der Alltagsarbeit der Kommunalpolitik.

Die Stadtratswahlen – vom Honoratiorenprinzip zum Parteien- und Gruppenproporz

Den Wahlen zum Gemeinderat kommt im Rahmen einer Stadtgeschichte verständlicherweise besondere Bedeutung zu, entschieden sie doch maßgeblich über die künftige Stadtpolitik. Das gilt zumal für die Übergangsphase, in der die Persönlichkeitswahl zunehmend von parteipolitischen Gesichtspunkten überlagert wurde. So erscheint es berechtigt, die Stadtratswahlen vergleichsweise ausführlich zu behandeln.

Das aktive Wahlrecht besaßen allein die Männer mit Bürgerrecht in der jeweiligen Gemeinde: volljährige, mindestens 21 Jahre alte Männer, die in der betreffenden Gemeinde Heimatrecht und Wohnsitz hatten, direkte Steuern zahlten und – als Zeichen ihrer Selbständigkeit – über eine eigene Wohnung verfügten. Das letztgenannte Kriterium wurde allerdings großzügig interpretiert, so daß auch Schlafgänger und Untermieter wahlberechtigt waren, falls sie die anderen Voraussetzungen erfüllten. Von ihnen wirkte besonders das Erfordernis des Heimatrechts, von dessen juristischer und sozialer Bedeutung bereits die Rede war *[vgl. Bürgerrecht, S. 471]*, ausgesprochen restriktiv wegen der stattlichen Gebühren, die sein Erwerb erforderte. Erst die Möglichkeiten seines kostenlosen Gewinns und der Aufruf der Sozialdemokratie, diese Chance im Interesse der Arbeiterschaft zu nutzen, sorgten dafür, daß der Anteil der Gemeindebürger an der Einwohnerschaft seit Ende der 1880er Jahre spürbar anstieg, nachdem er bis dahin fast ständig gesunken war und 1874—1884 seinen Tiefstwert mit rd. zweieinhalb Prozent erreicht hatte (vgl. Tabelle auf gegenüberliegender Seite).

Wie gering der Anteil der Gemeindebürger und damit auch der aktiv Wahlfähigen für den Gemeinderat gewesen ist, wird einsichtig durch Vergleich mit den Wahlberechtigten bei den Reichstagswahlen, für die das allgemeine, gleiche, direkte und geheime Wahlrecht sämtlicher deutscher Staatsbürger ab einem Mindestalter von 25 Jahren galt: Deren Anteil belief sich immerhin auf rd. 20% der Gesamtbevölkerung oder mindestens 90% der betreffenden Altersjahrgänge. Demgegenüber machten die Gemeindebürger 1884 knapp 10%, 1889 gerade 15% und 1910 erst 40% der über 21jährigen Ludwigshafener aus,[1328] und entsprechend groß bzw. klein war der Anteil der Wählbaren, gemessen an der männlichen Bevölkerung ab 25 Jahren, der Altersgrenze für die

Anmerkungen
Seite 708 und 709

1328 *Schätzungen anhand der Altersstruktur der Ludwigshafener männlichen Bevölkerung für die Jahre 1880 und 1910*

1329 *berechnet nach Daten bei Weidner, S. 253, 255 und Einwohnerzahlen Kaiserslauterns 1910 (54 659); vgl. die – allerdings nicht voll vergleichbaren – Daten für 15 pfälzische Gemeinden bei Stern, S. 126; danach war damals nur in Landau der Bürgeranteil noch etwas geringer (6,1%) als in Ludwigshafen (6,8%)*

Zahl, Anteil und Wahlbeteiligung der Gemeindebürger in Ludwigshafen bei den Gemeinderatswahlen 1853—1914

	Einwohner	Gemeindebürger		Stadträte		Wahlbeteiligung	
	Zahl	Zahl	in %[1]	Zahl	in %[2]	Stimmen	in %[3]
1853	1 550	215[4]	13,9	18	8,4	172	80,0
1858	2 650	210[4]	7,9	18	8,6	k.A.	k.A.
1863	3 400	209	6,1	23	11,0	k.A.	k.A.
1868	5 050	268	5,3	23	8,6	k.A.	k.A.
1869	6 200	270[5]	4,4	23	8,5	172	63,7
1874	11 000	270	2,5	27	10,0	211	78,1
1879	14 400	389	2,7	27	6,9	247	63,5
1884	20 000	509	2,5	27	5,3	459	90,2
1889	27 000	1 091	4,0	27	2,5	893[6]	81,9[6]
1894	38 700	1 877[7]	4,9	27	1,4	1 672	89,1
1899	50 600	3 586[8]	7,1	26[9]	0,7	3 207	89,4
1904	70 100	5 114[8]	7,3	26[9]	0,5	4 151	81,2
1909	81 000	7 666[8]	9,5	26[9]	0,3	6 789	88,6
1914	92 400	11 217[8]	12,1	26[9]	0,2	5 966	53,2

1 Gemeindebürger in % der Einwohner

2 Stadträte in % der Gemeindebürger

3 Wahlbeteiligung der Gemeindebürger

4 Nach dem Verwaltungsbericht 1890/1894, S.97 betrug die Zahl der wahlberechtigten Gemeindebürger 1853 nur 51 und 1858 nur 114; davon abweichend wie oben Stadtgeschichte (1903), S.211

5 Zahl geschätzt

6 Mangels genügender Wahlzeit konnten offensichtlich 67 Wähler ihr Votum nicht mehr abgeben, andernfalls hätte sich die Wahlbeteiligung auf 88,0% belaufen; Petri-Töppe, S.33

7 Einschließlich Friesenheim

8 Einschließlich Friesenheim und Mundenheim: Ab 1.12.1899 bildete Mundenheim einen Stadtteil von Ludwigshafen, am 12.12.1899 fand die Gemeinderatswahl statt

9 Nach Anstellung von BM Krafft als Berufsbürgermeister 1896 verminderte sich die Zahl der zu wählenden Gemeinderäte auf 26; 1906 wurde die Zahl durch Zuwahl eines rechtskundigen besoldeten Gemeinderatsmitglieds wieder auf 27 angehoben, allerdings erfolgte die Zuwahl erst im Kreis des Stadtrats selbst; VB 1906, S.7; VB 1909, S.7

Quellen: Die Zahl der ›Einwohner‹ anhand der Volkszählungsdaten für das jeweilige Wahldatum interpoliert nach der Zinseszinsformel, gerundete Daten, für 1914 unter Fortrechnung des Wachstums 1905/10 bis 1913 und eines Wachstums von 0,8% 1913/14 (vgl. VB 1914, S.32);
die Zahl der ›Gemeindebürger‹ nach Breunig 1976, S.755 und Mörz 1999;
die Zahl der ›Stadträte‹ nach den Vorgaben der Gemeindeordnung;
die abgegebenen ›Stimmen‹ nach Petri-Töppe, S.107

Wahl der Gemeinderäte für die Periode 1900/1904.

K. Bezirksamt Ludwigshafen a. Rh.

Gemeinde Ludwigshafen a. Rh.

Verzeichnis

derjenigen

Gemeindebürger,

welche berechtigt sind,

bei der Gemeinderats-Wahl zu wählen.

Art. 100 G.-O.

I. Wahlstimmberechtigt sind alle Gemeindebürger mit Ausschluß jener, bei welchen die Ausübung des Bürgerrechts ruht; ferner derjenigen, welchen durch rechtskräftiges Urtheil die bürgerlichen Ehrenrechte aberkannt sind, so lange dieser Verlust dauert, dann jener, welche auf Grund der bisherigen bayerischen Strafgesetzgebung, wegen eines Verbrechens oder Vergehens des Diebstahl, der Unterschlagung, des Betrugs, der Hehlerei oder der Fälschung verurtheilt worden sind, oder in Folge rechtskräftiger Verurteilung wegen eines anderen Vergehens die in Art. 28 Ziff. 4 und 5 des bayerischen Strafgesetzbuches von 1861 bezeichneten Fähigkeiten oder einzelne derselben verloren haben, sofern nicht seit der vollendeten Erstehung oder Verjährung oder dem Erlasse der Strafe in den Fällen der Verurteilung wegen Verbrechens 10 Jahre und in den übrigen Fällen 5 Jahre abgelaufen sind, oder früher vollständige Rehabilitation erfolgt ist.

II. Das Wahlrecht derjenigen, gegen welche das Gantverfahren (Falliment) eingeleitet ist, kann vor

Verzeichnis der wahlberechtigten Bürger für die Stadtratswahl 1899 [416]

passive Wahlfähigkeit. Damit lag Ludwigshafen bis zuletzt deutlich unter dem Durchschnitt der gesamten Pfalz (17% ›Gemeindebürger‹ an der Bevölkerung 1909 gegenüber knapp 10% in Ludwigshafen – vgl. vorstehende Tabelle), aber auch unter dem Durchschnitt z. B. Kaiserslauterns, der nächstgrößten pfälzischen Stadt (16% der Einwohnerschaft 1909).[1329]

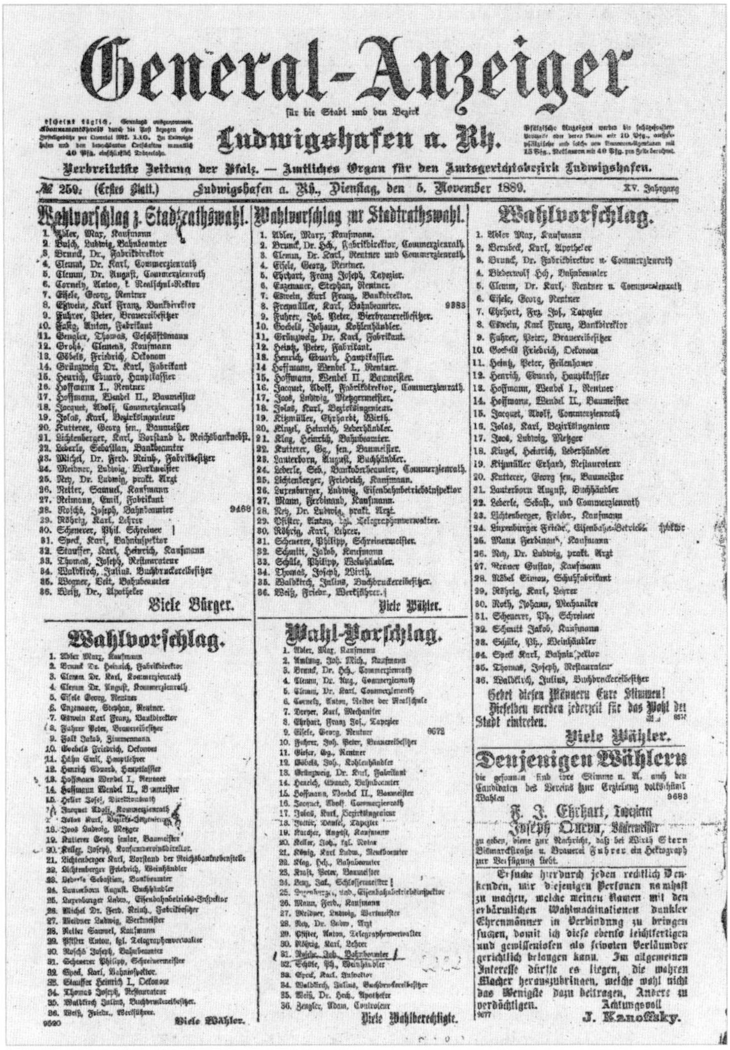

General-Anzeiger

für die Stadt und den Bezirk

Ludwigshafen a. Rh.

Erscheint täglich, Sonntags ausgenommen. Abonnementspreis durch die Post bezogen ohne Zustellgebühr per Quartal Mk. 1.10. In Ludwigshafen und den benachbarten Ortschaften monatlich 40 Pfg. einschließlich Trägerlohn.

Pfälzische Anzeigen werden die sechsgespaltene Petitzeile oder deren Raum mit 10 Pfg., außerpfälzische und solche von Annoncen-Agenturen mit 15 Pfg., Reklamen mit 40 Pfg. pro Zeile berechnet.

Verbreitetste Zeitung der Pfalz. — Amtliches Organ für den Amtsgerichtsbezirk Ludwigshafen.

№ 259. (Erstes Blatt.) Ludwigshafen a. Rh., Dienstag, den 5. November 1889. XV. Jahrgang

Wahlvorschlag z. Stadtrathswahl.

1. Adler, Max, Kaufmann
2. Busch, Ludwig, Bahnbeamter
3. Brunck, Dr., Fabrikdirektor
4. Clemm, Dr. Karl, Commerzienrath
5. Clemm, Dr. August, Commerzienrath
6. Cornely, Anton, k. Realschul-Rektor
7. Eisele, Georg, Rentner
8. Eswein, Karl Franz, Bankdirektor
9. Fuhrer, Peter, Brauereibesitzer
10. Fastg, Anton, Fabrikant
11. Gengler, Thomas, Geschäftsmann
12. Grohé, Clemens, Kaufmann
13. Göbels, Friedrich, Oekonom
14. Grünzweig Dr. Karl, Fabrikant
15. Heurich, Eduard, Hauptkassier
16. Hoffmann I., Rentner
17. Hoffmann, Wendel II., Baumeister
18. Jacquet, Adolf, Commerzienrath
19. Jolas, Karl, Bezirksingenieur
20. Kutterer, Georg sen., Baumeister
21. Lichtenberger, Karl, Vorstand d. Reichsbanknebst.
22. Leberle, Sebastian, Bankbeamter
23. Michel, Dr. Ferd. Reinh., Fabrikbesitzer
24. Meidner, Ludwig, Werkmeister
25. Ney, Dr. Ludwig, prakt. Arzt
26. Netter, Samuel, Kaufmann
27. Neimann, Emil, Fabrikant
28. Noschè, Joseph, Bahnbeamter 9468
29. Röhrig, Karl, Lehrer
30. Scheuerer, Phil. Schreiner
31. Speck, Karl, Bahninspektor
32. Stauffer, Karl, Heinrich, Kaufmann
33. Thomas, Joseph, Restaurateur
34. Waldkirch, Julius, Buchdruckereibesitzer
35. Wegner, Veit, Bahnbeamter
36. Weiß, Dr., Apotheker

Viele Bürger.

Wahlvorschlag zur Stadtrathswahl.

1. Adler, Marx, Kaufmann.
2. Brunck, Dr. Hch., Fabrikdirektor, Commerzienrath.
3. Clemm, Dr. Karl, Rentner und Commerzienrath.
4. Eisele, Georg, Rentner.
5. Ehrhart, Franz Joseph, Tapezier.
6. Enzenauer, Stephan, Rentner.
7. Eswein, Karl Franz, Bankdirektor.
8. Freymüller, Karl, Bahnbeamter. 9383
9. Fuhrer, Joh. Peter, Bierbrauereibesitzer.
10. Goebels, Johann, Kohlenhändler.
11. Grünzweig, Dr. Karl, Fabrikant.
12. Heintz, Peter, Fabrikant.
13. Henrich, Eduard, Hauptkassier.
14. Hoffmann, Wendel I., Rentner.
15. Hoffmann, Wendel II., Baumeister.
16. Jacquet, Adolf, Fabrikdirektor, Commerzienrath.
17. Joos, Ludwig, Metzgermeister.
18. Jolas, Karl, Bezirksingenieur.
19. Kitzmüller, Ehrhardt, Wirth.
20. Kinzel, Heinrich, Lederhändler.
21. Klag, Heinrich, Bahnbeamter.
22. Kutterer, Gg., sen., Baumeister.
23. Lauterborn, August, Buchhändler.
24. Leberle, Seb., Bankoberbeamter, Commerzienrath.
25. Lichtenberger, Friedrich, Kaufmann.
26. Luxenburger, Ludwig, Eisenbahnbetriebsinspektor
27. Mann, Ferdinand, Kaufmann.
28. Ney, Dr. Ludwig, prakt. Arzt.
29. Pfister, Anton, kgl. Telegraphenverwalter.
30. Röhrig, Karl, Lehrer.
31. Scheuerer, Philipp, Schreinermeister.
32. Schmitt, Jakob, Kaufmann
33. Schüle, Philipp, Weinhändler.
34. Thomas, Joseph, Wirth.
35. Waldkirch, Julius, Buchdruckereibesitzer.
36. Weiß, Friedr., Werkführer.

Viele Wähler.

Wahlvorschlag.

1. Adler Max, Kaufmann
2. Bernbeck, Karl, Apotheker
3. Brunck, Dr. Fabrikdirektor u. Commerzienrath
4. Biederwolf Hch, Bahnbeamter
5. Clemm, Dr. Karl, Rentner u. Commerzienrath
6. Eisele, Georg, Rentner
7. Ehrhart, Frz. Jos., Tapezier
8. Eswein, Karl Franz, Bankdirektor
9. Fuhrer, Peter, Brauereibesitzer
10. Goebels Friedrich, Oekonom
11. Heintz, Peter, Feilenhauer
12. Henrich, Eduard, Hauptkassier
13. Hoffmann, Wendel I., Rentner
14. Hoffmann, Wendel II., Baumeister
15. Jacquet, Adolf, Commerzienrath
16. Jolas, Karl, Bezirksingenieur
17. Joos, Ludwig, Metzger
18. Kinzel, Heinrich, Lederhändler
19. Kitzmüller Erhard, Restaurateur
20. Kutterer, Georg sen., Baumeister
21. Lauterborn August, Buchhändler
22. Leberle, Sebast., und Commerzienrath
23. Lichtenberger, Friedr., Kaufmann
24. Luxenburger Friedr., Eisenbahn-Betriebsinspektor
25. Mann Ferdinand, Kaufmann
26. Ney, Dr. Ludwig, prakt. Arzt
27. Renner Gustav, Kaufmann
28. Nöbel Simon, Schuhfabrikant
29. Röhrig, Karl, Lehrer
30. Roth, Johann, Mechaniker
31. Scheuerer, Ph., Schreiner
32. Schmitt Jakob, Kaufmann
33. Schüle, Ph., Weinhändler
34. Speck Karl, Bahninspektor
35. Thomas, Joseph, Restaurateur
36. Waldkirch, Julius, Buchdruckereibesitzer

Gebet diesen Männern Eure Stimmen! Dieselben werden jederzeit für das Wohl der Stadt eintreten.

Viele Wähler.

Wahlvorschlag.

1. Adler Marx, Kaufmann
2. Brunck Dr. Heinrich, Fabrikdirektor
3. Clemm Dr. Karl, Kommerzienrath
4. Clemm Dr. August, Kommerzienrath
5. Eisele Georg, Rentner
6. Enzenauer, Stephan, Rentner.
7. Eswein Karl Franz, Bankdirektor
8. Fuhrer Peter, Brauereibesitzer
9. Falk Jakob, Zimmermann
10. Goebels Friedrich, Oekonom
11. Hahn Emil, Hauptlehrer
12. Henrich Eduard, Hauptkassier
13. Hoffmann Wendel I., Rentner
14. Hoffmann Wendel II., Baumeister
15. Heller Josef, Direktionsrath
16. Jacquet Adolf, Kommerzienrath
17. Jolas Karl, Bezirks-Ingenieur
18. Joos Ludwig, Metzger
19. Kutterer Georg senior, Baumeister
20. Keller, Joseph, Konsumvereinsdirektor.
21. Lichtenberger Karl, Vorstand der Reichsbanknebenstelle
22. Lichtenberger Friedrich, Weinhändler
23. Leberle Sebastian, Bankbeamter
24. Lauterborn August, Buchhändler
25. Luxenburger Ludw., Eisenbahnbetriebs-Inspektor
26. Michel Dr. Ferd. Reinh., Fabrikbesitzer
27. Meidner Ludwig, Werkmeister
28. Netter Samuel, Kaufmann
29. Pfister Anton, kgl. Telegraphenverwalter
30. Noschè Joseph, Bahnbeamter
31. Scheuerer Philipp, Schreinermeister
32. Speck, Karl, Bahninspektor.
33. Stauffer Heinrich I., Oekonom
34. Thomas Joseph, Restaurateur
35. Waldkirch Julius, Buchdruckereibesitzer.
36. Weiß, Friedr., Werkführer.

9520 Viele Wähler.

Wahl-Vorschlag.

1. Adler, Max, Kaufmann
2. Amlung, Joh. Mich., Kaufmann
3. Brunck, Dr. Hch., Commerzienrath
4. Clemm, Dr. Aug., Commerzienrath
5. Clemm, Dr. Karl, Commerzienrath
6. Cornely, Anton, Rektor der Realschule
7. Dreyer, Karl, Mechaniker
8. Ehrhart, Franz Jos., Tapezier
9. Eisele, Georg, Rentner 9672
10. Fuhrer, Joh. Peter, Brauereibesitzer
11. Giefer, Gg., Rentner
12. Göbels, Joh., Kohlenhändler
13. Grünzweig, Dr. Karl, Fabrikant
14. Henrich, Eduard, Bahnbeamter
15. Hoffmann, Wendel II., Baumeister
16. Jacquet, Adolf, Commerzienrath
17. Jolas, Karl, Bezirksingenieur
18. Jotter, Daniel, Tapezier
19. Karcher, August, Kaufmann
20. Keller, Joh., kgl. Notar
21. König, Karl Ludw., Rentbeamter
22. Klag, Hch., Bahnbeamter
23. Kraft, Peter, Baumeister
24. Lenz, Jak., Schlossermeister
25. Luxenburger, Lud., Eisenbahnbetriebsinspektor
26. Mann, Ferd., Kaufmann
27. Meidner, Ludwig, Werkmeister
28. Ney, Dr. Ludw., Arzt
29. Pfister, Anton, Telegraphenverwalter
30. Röhrig, Karl, Lehrer
31. Rosche, Joh., Bahnbeamter
32. Schüle, Ph., Weinhändler
33. Speck, Karl, Inspektor
34. Waldkirch, Julius, Buchdruckereibesitzer
35. Weiß, Dr. Hch., Apotheker
36. Zengler, Adam, Controleur

Viele Wahlberechtigte.

Denjenigen Wählern

die gesonnen sind ihre Stimme u. A. auch den Candidaten des Vereins zur Erzielung volksthüml. Wahlen 9683

F. J. Ehrhart, Tapezier
Joseph Queva, Bäckermeister

zu geben, diene zur Nachricht, daß bei Wirth Stern Bismarckstraße u. Brauerei Fuhrer ein Hektograph zur Verfügung steht.

Ersuche hierdurch jeden redlich Denkenden, mir diejenigen Personen namhaft zu machen, welche meinen Namen mit den erbärmlichen Wahlmachinationen dunkler Ehrenmänner in Verbindung zu bringen suchen, damit ich diese ebenso leichtfertigen und gewissenlosen als feigen Verläumder gerichtlich belangen kann. Im allgemeinen Interesse dürfte es liegen, die wahren Macher herauszubringen, welche wohl nicht das Wenigste dazu beitragen, Andere zu verdächtigen.

Achtungsvoll
9677 **J. Kanoffsky.**

Wahlvorschläge für die Stadtratswahl 1889 im ›General-Anzeiger‹; die kleine Anzeige unten rechts wirbt für die Wahl des Sozialdemokraten Franz Josef Ehrhart, der 1889 als erster SPD-Vertreter ins Kommunalparlament gelangte
5. November 1889 [417]

Bis zur Jahrhundertwende konnte in Ludwigshafen eine verhältnismäßig kleine bürgerliche Honoratiorenschicht mit vorwiegend (national-)liberaler Ausrichtung die Kommunalpolitik beherrschen. Der wachsende Einfluß der Parteien in der Kommunalpolitik war jedoch ein überall zu beobachtender Trend. Während der 1890er Jahre setzten sich in Deutschland die Parteien als bestimmende Kraft bei der Besetzung der Stadtparlamente auf breiter Front durch.[1330] Eine wichtige Rolle spielte dabei gerade in Süddeutschland zweifellos, daß sich die Sozialdemokratie dort nach der Aufhebung des Sozialistengesetzes (1890) entschiedener in der Kommunalpolitik zu engagieren begann, und das war kein Zufall: Die Beschränkungen des kommunalen Wahlrechts waren ähnlich wie die sozialen Absperrungstendenzen auf kommunaler Ebene südlich der Mainlinie entschieden schwächer ausgebildet als z. B. in Preußen oder Sachsen, und die Bereitschaft zur Kooperation mit kleinbürgerlichen Elementen demokratischer oder katholischer Couleur bot

Anmerkungen
Seite 710 und 711

1330 dazu allg. Croon

1331 So wurden die Wahlzettel „mit Nummern versehen an die Wähler verteilt und von diesen gehörig ausgefüllt zurückgegeben" (Art. 110 GO) – wo und wie die Wahlzettel außerhalb des Wahllokals ausgefüllt wurden, blieb offen; der von der Distriktsverwaltung ernannte Wahlkommissär bzw. der am Wahltag aus den Wählern gebildete Wahlausschuß, der u. a. über etwaige „Anstände" bei der Wahl entschied (Art. 108 GO), konnte gegebenenfalls über das Nummernsystem Einblick in die Wählervoten gewinnen

1332 Art. 118 GO; Belege für diese Praxis in den Wahlakten StALu, ZR 1440/1ff

1333 Art. 56 GO

den Sozialdemokraten reale Chancen, eigene Vertreter in die Stadtparlamente zu bringen. Sinn machte dies allerdings nur, soweit sich derartige Partei-Repräsentanten in der Sache vom Klassenkampfkonzept verabschiedeten und sich zu grundsätzlich konsensbestimmter Mitarbeit bereitfanden in der Zuversicht, die angestrebten politischen, wirtschaftlichen und gesellschaftlichen Veränderungen auf dem Weg der Reform vorantreiben zu können. Sozialdemokratische Kommunalpolitik stand daher in enger Wechselbeziehung zu den parteiinternen Strömungen von Reformismus und Revisionismus.

Die Politisierung der Kommunalwahlen bewirkte allgemein eine spürbare Klimaveränderung in der Kommunalpolitik: Das liberale Bürgertum sah sich verstärkt in die Defensive gedrängt und auf die soziale Problematik verwiesen, und die Tendenz zur Abstimmung nach Fraktionszugehörigkeit nahm zu. Mit dem Übergang von der Honoratioren- zur Parteienpolitik einher ging ein massiver Wechsel des Personals in den Stadträten: Vor allem die Repräsentanten großbürgerlichen Zuschnitts aus Handel und Industrie neigten zum Rückzug aus der ehrenamtlichen Tätigkeit, sei es – soweit es neu hinzugezogene Unternehmer betraf – infolge geringeren Verbundenheitsgefühls mit der jeweiligen Gemeinde, sei es infolge stärkerer Inanspruchnahme im eigenen Geschäft oder in Wirtschaftsverbänden und -organisationen, oder sei es schließlich auch mit Blick auf die explosionsartig vermehrte Aufgabenfülle der Städte und die dadurch nachhaltig erhöhte ehrenamtliche Belastung der Stadträte.

Die erwähnten Entwicklungstrends sind in Ludwigshafen nahezu exemplarisch zu beobachten. Am übersichtlichsten lassen sie sich anhand der Gemeinderatswahlen verfolgen.

Innerhalb der enggesteckten Grenzen des Bürgerrechts folgte das Wahlrecht den Prinzipien der gleichen, direkten und grundsätzlich auch der geheimen Wahl, obwohl in dieser Hinsicht die Bestimmungen im einzelnen Schlupflöcher zur Kontrolle und Einflußnahme ließen.[1331] Anders als z. B. beim preußischen Dreiklassen-Wahlrecht oder abgemildert bei den Kommunalwahlen in Baden gab es in Bayern keine Abstufung des Stimmgewichts nach Höhe der erbrachten Steuerleistung. Jeder Bürger konnte Mitbürgern seines Vertrauens, falls sie das hierfür vorgeschriebene Mindestalter von 25 Jahren erreicht hatten, bis zur erforderlichen Zahl von Stadträten und Ersatzleuten seine Stimme geben. Als gewählt galten die 27 bzw. 26 Bürger, welche die meisten Stimmen erhielten; die folgenden neun galten als Ersatzmänner und wurden oft genug auch benötigt. Denn die Wahlen waren als Persönlichkeitswahlen konzipiert; dem Gedanken der Auslese von Honoratioren gemäß sahen sie nicht einmal eine vorausgehende Bewerbung oder Auswahl von Kandidaten vor; wer gewählt wurde, entschied erst im Nachhinein, ob er das Ehrenamt annehmen wollte oder nicht.[1332] Denn die Gemeinderäte versahen „ihre Stellen unentgeltlich, vorbehaltlich der Entschädigungen für Auslagen".[1333] Sie mußten also die erforderliche Zeit auf eigene Kosten aufbringen können; das Erfordernis der beruflichen und finanziellen Abkömmlichkeit schränkte den Kreis der potentiellen Amtsinhaber zumindest vorerst auf Selbständige ein und damit auf den Personenkreis, an dem sich die Gemeindeordnung insgesamt ausrichtete. Nicht alle, die das Ehrenamt annahmen, hielten die fünfjährige Amtsperiode durch; berufliche Belastung, Wegzug oder Todesfälle hinterließen Lücken, die

Der Held des nationalliberalen Bürgertums: Ehrenbürgerurkunde für Fürst Bismarck von 23 pfälzischen Städten, darunter auch Ludwigshafen 1895 [418]

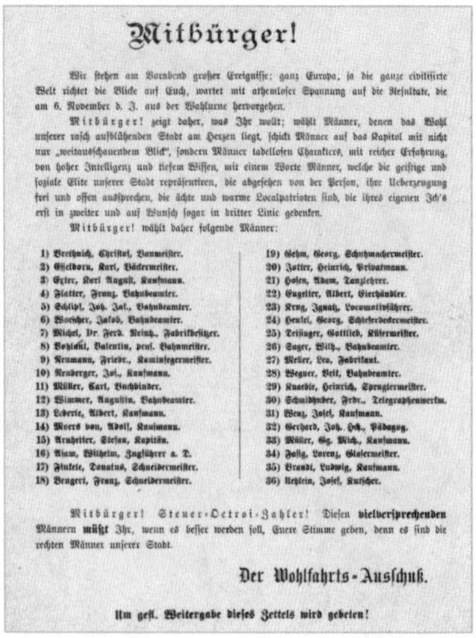

Mitbürger!

Wir stehen am Vorabend großer Ereignisse; ganz Europa, ja die ganze civilisirte Welt richtet die Blicke auf Euch, wartet mit athemloser Spannung auf die Resultate, die am 6. November d. J. aus der Wahlurne hervorgehen.

Mitbürger! zeigt daher, was Ihr wollt; wählt Männer, denen das Wohl unserer rasch aufblühenden Stadt am Herzen liegt, schickt Männer auf das Kapitol mit nicht nur „weitausschauendem Blick", sondern Männer tadellosen Charakters, mit reicher Erfahrung, von hoher Intelligenz und tiefem Wissen, mit einem Worte Männer, welche die geistige und soziale Elite unserer Stadt repräsentiren, die abgesehen von der Person, ihre Ueberzeugung frei und offen aussprechen, die ächte und warme Localpatrioten sind, die ihres eigenen Ich's erst in zweiter und auf Wunsch sogar in dritter Linie gedenken.

Mitbürger! wählt daher folgende Männer:

1) Brethnich, Christof, Baumeister.
2) Esselborn, Karl, Bäckermeister.
3) Exter, Karl August, Kaufmann.
4) Flatter, Franz, Bahnbeamter.
5) Schlipf, Joh. Jak., Bahnbeamter.
6) Woelcher, Jakob, Bahnbeamter.
7) Michel, Dr. Ferd. Reinh., Fabrikbesitzer.
8) Bohlant, Valentin, pens. Bahnmeister.
9) Neumann, Friedr., Kaminfegermeister.
10) Neuberger, Jos., Kaufmann.
11) Müller, Karl, Buchbinder.
12) Wimmer, Augustin, Bahnbeamter.
13) Leberle, Albert, Kaufmann.
14) Moers von, Adolf, Kaufmann.
15) Arnheiter, Stefan, Kapitän.
16) Alam, Wilhelm, Zugführer a. D.
17) Finkele, Donatus, Schneidermeister.
18) Bengert, Franz, Schneidermeister.
19) Gehm, Georg, Schuhmachermeister.
20) Jotter, Heinrich, Privatmann.
21) Hosen, Adam, Tanzlehrer.
22) Engelter, Albert, Eierhändler.
23) Krug, Ignatz, Locomotivführer.
24) Henkel, Georg, Schieferdeckermeister.
25) Deisinger, Gottlieb, Küfermeister.
26) Sager, Wilh., Bahnbeamter.
27) Meller, Leo, Fabrikant.
28) Wegner, Veit, Bahnbeamter.
29) Knaeble, Heinrich, Spenglermeister.
30) Schmidhuber, Frdr., Telegraphenwerkm.
31) Wenz, Josef, Kaufmann.
32) Gerhard, Joh. Hch., Pädagog.
33) Müller, Gg. Mich., Kaufmann.
34) Fasig, Lorenz, Glasermeister.
35) Brandl, Ludwig, Kaufmann.
36) Uehlein, Josef, Kutscher.

Mitbürger! Steuer-Octroi-Zahler! Diesen **vielversprechenden** Männern **müßt** Ihr, wenn es besser werden soll, Euere Stimme geben, denn es sind die rechten Männer unserer Stadt.

Der Wohlfahrts-Ausschuß.

Um gefl. Weitergabe dieses Zettels wird gebeten!

„Schickt Männer auf das Kapitol […] von hoher Intelligenz und tiefem Wissen, welche die geistige und soziale Elite unserer Stadt repräsentieren." Eine eher satirische Wahlempfehlung eines „Wohlfahrtsausschusses" zur Stadtratswahl 1889 [419]

mit nachrückenden Ersatzmännern gefüllt wurden – für gewöhnlich vier bis sechs, in der Wahlperiode 1875/1879 sogar neun, von denen wiederum zwei ausschieden.

Natürlich erfolgte die Auswahl der Gemeinderatsmitglieder nie spontan und ungeplant, sondern zunächst in einem noch einigermaßen überschaubaren Kreis von Personen nach gängigen Spielregeln von Ehrgeiz und Renommee, Bekanntheitsgrad und persönlichen Beziehungen und Kontakten, mehr oder weniger deutlich gesteuert oder beeinflußt von den Männern, die etwas zu ›sagen‹ hatten, am Stammtisch und in Vereinen, in denen vielfach bestimmte wirtschaftliche Interessen und politische Ansichten vorherrschten. Für die Wahlperiode 1870/1874 waren fast 9% sämtlicher Gemeindebürger in den Gemeinderat zu entsenden, für die Periode 1875/1879 sogar 10%; erst seitdem sank der Anteil angesichts der steigenden Bürgerzahlen rasch ab (vgl. vorstehende Tabelle), und damit gewann die gezieltere Organisation der Personalauswahl an Bedeutung. In den 1870/80er Jahren erfolgte eine Art von Vorauswahl möglicher Kandidaten wie bisher in der Weise, daß verschiedene Bürgervereinigungen Wahlvorschläge auf gedruckten bunten Zetteln oder wegen des höheren Bekanntheitsgrades zunehmend über Zeitungsinserate verbreiteten, wobei die aussichtsreichen Namen auf allen oder doch auf mehreren Listen auftauchten. Die Initiatoren, die sich hinter pauschaler Anonymität versteckten und gleichzeitig die Stärke und Qualität ihres Wahlkollektivs betonten – „viele Bürger", „viele Mitbürger", „viele rechtdenkende Bürger", „viele Wähler, die es mit der ernsten Sache wohlmeinen", „Unpartheiische Wähler der Stadt Ludwigshafen", suchten Einseitigkeit – oder den Eindruck von Einseitigkeit – zu vermeiden und verschiedene Interessen einzubinden, ohne daß dies Akzentsetzungen in eigener Sache ausschloß; die vorgeschlagenen Männer empfahl man jedoch stets wegen ihrer ausgezeichneten geistigen Fähigkeiten und ihres Charakters („tüchtige und überzeugungstreue Männer"), vor allem wegen ihres Einsatzes für das „Gemeindewohl": Männer, „die einen klaren, weitausschauenden Blick haben", die „Verständnis, gepaart mit Energie besitzen und frei von Eigennutz nur dem Gemeindewohl sich widmen werden".[1334] Die Zahl derartiger Listen war beachtlich. Für 1869, 1874, 1879, 1884 und 1889 hat man jeweils vier, 14, 19, 23 und 20 Stück gezählt, auf denen insgesamt 46 (1869), 82 (1874), 108 (1879), 119 (1884) bzw. 136 Namen vermerkt wurden[1335] – das entsprach 1879 mehr als einem Viertel, 1889 immerhin noch einem Achtel sämtlicher Gemeindebürger. Zugleich verraten die Zahlen die beträchtliche Schnittmenge derselben Namen auf mehreren Listen: Bei gleichmäßiger Verteilung hätte jeder Vorschlag nur fünf bis sieben Namen enthalten, die auf keiner anderen Liste standen; tatsächlich aber präsentierten die Vorschläge bis zu 36 Namen für 27 Gemeinderäte und neun Ersatzmänner. 1889 standen z. B. zwei Drittel der dann gewählten Stadträte mindestens auf der Hälfte der ermittelten Listen.[1336]

Modernere parteipolitische Gesichtspunkte spielten hierbei, anders als bei den Wahlen zum Reichstag und zum bayerischen Landtag, offensichtlich zunächst noch keine Rolle, und wenn gelegentlich von ›Partheien‹ die Rede ist, dann abwehrend und mit der Versicherung, man selbst handle „ohne jegliches Parteigetriebe nur zum Wohle der

Anmerkungen
Seite 712 und 713

1334 *so 1889, zit. bei Petri-Töppe, S. 32; hierzu und f.d.F. auch StALu, ZR 1440/1ff*

1335 *Daten nach Petri-Töppe, S. 111; Breunig 1976, S. 208 hingegen spricht für 1889 von nur 5 Listen*

1336 *Petri-Töppe, S. 32*

1337 *Petri-Töppe, S. 29, Anm. 3*

1338 *Breunig 1976, S. 209, Anm. 1*

1339 *Breunig 1976, S. 205f*

1340 *Die folgenden Angaben stützen sich auf die quellennahe Arbeit von Petri-Töppe, ferner auf Breunig 1976, S. 207ff*

1341 *PfK 23.10.1889, zit. bei Petri-Töppe, S. 28*

1342 *PfK 5.11.1889, zit. bei Petri-Töppe, S. 30f*

ganzen Stadt Ludwigshafen" (1884). Eine positive Umwertung von Parteibegriff und Parteiprinzip brachten die Sozialdemokraten in die Kommunalpolitik. 1884 konnten sie u. a. in den beiden später eingemeindeten Nachbarorten Friesenheim und Mundenheim Parteimitglieder zu Gemeinderäten küren, und fünf Jahre darauf, wenige Wochen vor Aufhebung des Sozialistengesetzes, gelang ihnen ein erster, sachlich eher bescheidener, doch wegen seiner öffentlichen Wirkung bedeutsamer Durchbruch auch in Ludwigshafen: Franz Josef Ehrhart, inzwischen der unbestrittene Führer der pfälzischen Sozialdemokratie, zog in den Stadtrat ein. Die Stadt der Chemie war zwar zur Hochburg der Arbeiterbewegung in der bayerischen Pfalz avanciert, doch verfügte sie unter den Gemeindebürgern über einen viel zu schwachen Anhang, um aus eigener Kraft Erfolgschancen zu haben: 1889 besaßen z. B. gerade 51 Fabrikarbeiter das Bürgerrecht.[1337] Wenn Ehrhart selbst sich erst wenige Monate vor der Wahl in das Ludwigshafener Heimatrecht zum vollen Preis von 171,43 Mark einkaufen mußte, um an der Wahl mitwirken zu können,[1338] so belegt dieser Umstand erneut die Barriere, welche die Bestimmungen über den Erwerb des Heimatrechts der sozialdemokratischen Arbeit auf kommunaler Ebene entgegenstellten.

Ehrhart gewann mit dem Heimatrecht die erforderliche Handhabe, Anliegen der Sozialdemokratie auch auf der kommunalen Ebene aktiv zu verfechten. Der einstige Radikale und nunmehrige Reformist sah auf diesem Felde zu Recht gute Chancen für die Arbeiterschaft, Verbesserungen ihrer Lebensverhältnisse voranzutreiben, und setzte sich daher am 15. September 1889 auf dem von ihm geleiteten pfälzischen Arbeitertag zu Neustadt, der in erster Linie die Marschroute für die kommenden Reichstagswahlen festlegen sollte, vor den dort versammelten Vertrauensleuten nachdrücklich für die Beteiligung der Sozialdemokratie an Kommunalwahlen ein, falls Aussichten auf Erfolg bestünden.[1339] In dem nun folgenden Wahlkampf übertrugen die Sozialdemokraten erstmals parteipolitische Gesichtspunkte gezielt ins Spiel der bisherigen Honoratiorenauslese.[1340] Der Ludwigshafener Ableger des ›Vereins zur Erzielung volksthümlicher Wahlen‹, einer 1886 gegründeten Tarnorganisation der SPD, um die Repressionen des Sozialistengesetzes bei den Reichstagswahlen so gut wie möglich zu unterlaufen, nominierte zwei Kandidaten, außer Ehrhart noch den Bäckermeister Joseph Queva. Offenbar suchte der Wahlverein eine Bürgerversammlung auf dem Hemshof in seinem Sinne zu beeinflussen, wenngleich mit mäßigem Erfolg: Zwar wünschten die Anwesenden eine stärkere Vertretung des nördlichen Stadtteils im Gemeinderat, lehnten aber „politische und confessionelle Rücksichten bei der Wahl der Gemeinderäte" ausdrücklich ab und wollten „keinen Candidaten mit gebundener Marschroute ins Rathaus schicken".[1341] Auf einer sozialdemokratischen Versammlung, die sich keineswegs nur an die Gemeindebürger richtete, sondern das ›Volk‹ in die Meinungs- und Stimmungsbildung einzubringen suchte, unterzog dann Ehrhart zwei Tage vor der Wahl die Tätigkeit des alten Stadtrats „einer eingehenden Kritik" mit dem unverkennbaren Ziel, die Entscheidungen der bisher amtierenden Gemeinderäte als letztlich von Eigeninteresse und vom Interesse der Großindustrie bestimmt ins Zwielicht zu rücken und gleichzeitig auf die gemeinsamen Interessen von Arbeiterschaft und Mittelstand abzuheben.[1342] Wenngleich die Wahl

Mitbürger! Mitbürger! Bürgerpartei.

Wahlvorschlag.

Wahlvorschlag.

„Fort mit dem Cliquewesen aus dem Stadthause"[...] „Mitbürger. Wählt nicht in der Kegelbahn!" Vorschlagslisten in der ›Wahlschlacht‹ 1894 auf den Seiten des ›General-Anzeigers‹ vom 9. November 1894 [420]

insgesamt noch das Gepräge tradierter Honoratiorenveranstaltungen trug und der den Nationalliberalen nahestehende ›Pfälzische Kurier‹ betonte, daß die „Wahlen hiesiger Stadt einen ausgesprochen parteipolitischen Charakter glücklicherweise nicht haben",[1343] blieb der Vorstoß seitens der SPD nicht wirkungslos: Ehrhart, der ohne Rücksicht auf seine Parteizugehörigkeit als Person hohes Ansehen genoß, gelangte auf Platz 24 in das Ludwigshafener Stadtparlament – für den ihn unterstützenden Arbeiter-Wahlverein Grund genug, die Bedeutung dieses Ergebnisses mit einer poetisch verschönten Feier zu würdigen.[1344] Indirekt scheint die parteipolitische Offensive der SPD aber auch entgegenstehende Gruppeninteressen stärker mobilisiert zu haben. Während die BASF wie bisher mindestens durch drei Personen vertreten war (Direktor Brunck, ehem. Direktor Carl Clemm, Fabrikarzt Dr. Ney, zuvor Fabrikarzt Dr. Knaps), gelang es den Pfälzischen Eisenbahnen, dem zweitgrössten Steuerzahler vor Ort, gleich mit sechs Beamten in den Gemeinderat vorzustoßen, nachdem einige Monate zuvor 139 Bahnbeamte ihr Bürgerrecht beantragt und erhalten hatten,[1345] und die Unternehmerschaft gewann besonders mit dem Chemiker Dr. Carl Grünzweig einen führenden Kopf der Ludwigshafener Nationalliberalen hinzu, der dann 1891/96 als letzter ehrenamtlicher Bürgermeister Stadtverwaltung und Stadtparlament in einer Phase wichtiger Entscheidungen kompetent leitete. Der ›Mittelstand‹ von Handel und Gewerbe hingegen verlor an Gewicht – insofern hatte Ehrharts Plädoyer für ein engeres Zusammenrücken von Arbeiterschaft und Mittelstand nicht gefruchtet.

Ein einzelner Sozialdemokrat vermochte im Gemeinderat kaum Veränderungen zu bewirken, er konnte aber die Stimmung beeinflussen, zumal die SPD in Ludwigshafen aus den Reichstagswahlen von 1890 und 1893 erstmals als stärkste Partei hervorgegangen war und die bisher klar führende Nationalliberale Partei vom ersten Platz verdrängt hatte. So lag – je nach Blickwinkel – die Hoffnung oder die Besorgnis nahe, die SPD werde nun auch ihre Stellung im Stadtrat kräftig ausbauen, denn Ehrharts Parole von 1889, die Arbeiter sollten sich um die Aufnahme ins Ludwigshafener Bürgerrecht bemühen, war nicht wirkungslos verhallt, und die inzwischen erfolgte Eingemeindung Friesenheims, wo bereits 1884 und 1889 Sozialdemokraten zu Gemeinderäten gekürt worden waren, konnte der Arbeiterbewegung nur förderlich sein. Darauf zielte wohl der freilich erfolglose Antrag Ehrharts kurz nach der Eingemeindung 1892, den bestehenden Stadtrat aufzulösen, um im neuzuwählenden Gremium die Friesenheimer angemessen zu berücksichtigen.

Dieser Gesichtspunkt spielte auch bei den Gemeinderatswahlen von 1894 eine Rolle. Damals überschnitten sich noch deutlicher als 1889 alte Wahltraditionen mit neuartigen Partei- und Gruppeninteressen in schwer durchschaubarer Gemengelage.[1346] Schließlich lagen 15 Vorschläge mit insgesamt 133 Namen vor, von denen keiner auf allen, nur zwei auf 14 Listen, weitere 18 immerhin auf wenigstens der Hälfte der Zettel auftauchten. Die Friesenheimer Bürger empfahlen „den Wählern in den übrigen Stadtteilen" acht Kandidaten. Zumindest eine andere Gruppe wollte „dem alten Ludwigshafener Stamm" größeren Einfluß eröffnen – gemeint waren offensichtlich einstige Mitglieder des Gemeinderats, die sich in früheren Perioden vor allem als sparsame Stadtväter bewährt hatten im Unterschied zum zukunftsorientierten

Anmerkungen Seite 714 und 715

1343 PfK 2.11.1889; zit. bei Petri-Töppe, S.35

1344 vgl. Breunig 1976, S.210

1345 SRP 2.5.1889

1346 vgl. f.d.F. Petri-Töppe, S.36ff; Breunig 1976, S.230f

1347 vgl. Petri-Töppe, S.38, 51f

Kurs des letzten Gemeinderats, der in ständiger Konkurrenz mit Mannheim auf den weiteren Aufschwung der Stadt setzte und durch aufwendige Bauvorhaben Schulden in bisher undenkbarer Größenordnung angesammelt hatte. Und selbstverständlich forcierte die Sozialdemokratie ihren bisherigen kommunalpolitischen Kurs: Der Sozialdemokratische Verein Ludwigshafen nominierte auf einer Volksversammlung sieben eigene Kandidaten. Einer dieser Kandidaten, Jacob Binder, umwarb auf einer Bürgerversammlung „als Bürger, Gewerbetreibender und Hausbesitzer" den gewerblichen Mittelstand und ›den kleinen Mann‹ und sparte dabei ähnlich wie zuvor Ehrhart auf der Volksversammlung nicht mit Kritik an dem zu starken Einfluß der Pfälzischen Eisenbahnen und der BASF im alten Stadtrat. Auf dem Wahlvorschlag, den das von der Bürgerversammlung eingesetzte Komitee dann erarbeitete, befanden sich unter den 36 Genannten neben sieben Friesenheimern und fünf Sozialdemokraten BASF-Direktor Brunck und der ehemalige BASF-Direktor und nunmehrige Reichstagsabgeordnete Carl Clemm – augenscheinlich war das Komitee um Ausgleich und Kompromiß zwischen den verschiedenen Interessen bemüht, die sich auf der Versammlung zu Wort gemeldet hatten. Eine weitere Bürgerversammlung trat unter der Parole größerer bürgerlicher Einigkeit vor allem für bewährte Honoratioren ein. Offenbar fanden unter der Hand vertrauliche Besprechungen statt mit dem Ziel, „allen politischen und commerziellen Verhältnissen" in der Stadt „Rechnung zu tragen", und zwar in der Weise, daß von den zu vergebenden 36 Stimmen jeweils drei der SPD und den beiden größten Unternehmen vor Ort, Friesenheim sechs zufallen sollten, die andere Hälfte aber für erprobte Honoratioren reserviert blieb. Besonders effizient in scharfer Front gegen die Sozialdemokratie agierten diesmal Pfälzische Eisenbahnen und BASF: Ihre Vertreter nutzten Querverbindungen zur Zentrumspartei,[1347] um unter dem Etikett der ›freien Bürgervereinigung‹ einen gemeinsamen Wahlvorschlag zu erstellen, der vor allem die Sozialdemokraten aus dem Stadtrat heraushalten sollte. Entsprechende Wahlzettel wurden vorgefertigt und zur Verstärkung der eigenen Klientel durch Aufseher und Beamte vor dem Wahllokal den etwa 500 wahlberechtigten Arbeitern der beiden Unternehmen ausgehändigt; Zurückweisen oder Abändern dieser Zettel mußte den betreffenden Wählern als riskante Verweigerung gegenüber ihren Vorgesetzten und ihren Arbeitgebern erscheinen. Die Methode wirkte; sämtliche dann gewählten Stadträte außer Ehrhart und sechs der neun Ersatzleute entsprachen den Wünschen der ›freien Bürgervereinigung‹. Beschwerden vor dem Bezirksamt Ludwigshafen, dann vor dem Verwaltungsgerichtshof in München wegen Eingriffen in die Freiheit der Wahl scheiterten jedoch, da eine Wahlbestechung, der einzige triftige Grund für die Annullierung der Wahl, nicht nachzuweisen sei. Damit blieben die bisherigen Kräfteverhältnisse im Gemeinderat ziemlich unverändert erhalten. Parteipolitisch dominierte weiterhin die nationalliberale Richtung, obwohl die Nationalliberale Partei als solche nicht hervorgetreten war; wenigstens zwei Stadträte waren dem Zentrum zuzuordnen, während Ehrhart wie bisher der einzige Sozialdemokrat im Stadtparlament blieb.

1894 war es durch fragwürdige Methoden noch einmal gelungen, den Vormarsch der Sozialdemokratie in der Kommunalpolitik, nicht

Bekanntmachung.

Nachstehend wird das Ergebniß der in der Stadtgemeinde Ludwigshafen für die Wahlperiode 1895/99 erfolgten Wahl des Gemeinderathes bekannt gegeben. 12268

Es wurden gewählt:

	A als Gemeinderäthe.		Stimmen.
1.	Brunck Dr. Heinrich, Fabrikdirektor	mit	1071
2.	Hoffmann Wendel I., Rentner	„	992
3.	Hoffmann Franz, Baumeister	„	988
4.	Kinzel Heinrich, Lederhändler	„	959
5.	Eicher Johannes II., Rentner	„	957
6.	Jolas Karl, Bezirksingenieur	„	953
7.	Kraus Michael II., Bauunternehmer	„	953
8.	Netter Samuel, Eisenhändler	„	931
9.	Enzenauer Friedrich II., Privatmann	„	922
10.	Dietrich Peter IV., Wirth	„	909
11.	Schüle Philipp, Weinhändler	„	906
12.	Joos Ludwig, k. Hoflieferant, Metzgermeister	„	892
13.	Lehmann Johann II., Landwirth	„	876
14.	Schröder Max, Schreinermeister	„	871
15.	Ziegler Dr. Michael Gustav, kgl. Bezirksarzt	„	861
16.	Ehrhart Franz Josef, Tapezierer	„	854
17.	Leyser Karl, kgl. Hoflieferant, Schreinermeister	„	838
18.	Lauterborn August, Buchhändler	„	814
19.	Hecht Karl Maximilian, k. Advokat-Anwalt	„	812
20.	Luxenburger Ludwig, Betriebsinspektor	„	790
21.	Grünzweig Dr. Karl, Fabrikant	„	780
22.	Stauffer Heinrich II., Landwirth	„	768
23.	Brandt Ludwig, Kaufmann	„	768
24.	Gelbert Ludwig jr., Bäckermeister	„	747
25.	Kutterer Georg sen., Rentner	„	744
26.	Klag Heinrich, Bahnbeamte	„	744
27.	Falk Jakob, Zimmermeister	„	743
	B als Ersatzleute:		Stimmen.
1.	Speck Karl, Bahn-Inspektor	mit	731
2.	Dehl Heinrich Adolf, Rentner	„	695
3.	Holz Heinrich, Baumeister	„	675
4.	Schmitt Adam III., Privatmann	„	671
5.	Schneider Jakob III., Maurermeister	„	661
6.	Waldkirch Julius, Buchdruckereibesitzer	„	653
7.	Wisser Jakob, Bäckermeister	„	647
8.	Lebender Hans, Lehrer	„	646
9.	Mirius Peter, Kaufmann	„	656

Zur Abgabe der nach Art. 121 der Gemeindeordnung abzugebenden Erklärungen wurden dieselben auf kommenden [illegible] den 20. November nächsthin, Vormittags 9½ Uhr in den Berathungssaal im Stadthause dahier eingeladen.

Die Wahl des Bürgermeisters und der beiden Adjunkten wird am nämlichen Vormittag um 10 Uhr in dem nämlichen Lokale begonnen.

Zur Stimmabgabe wird jedesmal eine viertelstünd. Frist gegeben werden.

Ludwigshafen, den 15. November 1894.

Der Wahlkommissär:
Rauchalles,
k. Bezirksamtsassessor.

Ein Wahlresultat, das mit zweifelhaften Mitteln erreicht wurde: Bekanntmachung des Ergebnisses der Stadtratswahl vom November 1894 [421]

Anmerkungen
Seite 717

1348 hierzu und f.d.F. Petri-Töppe, S. 58ff

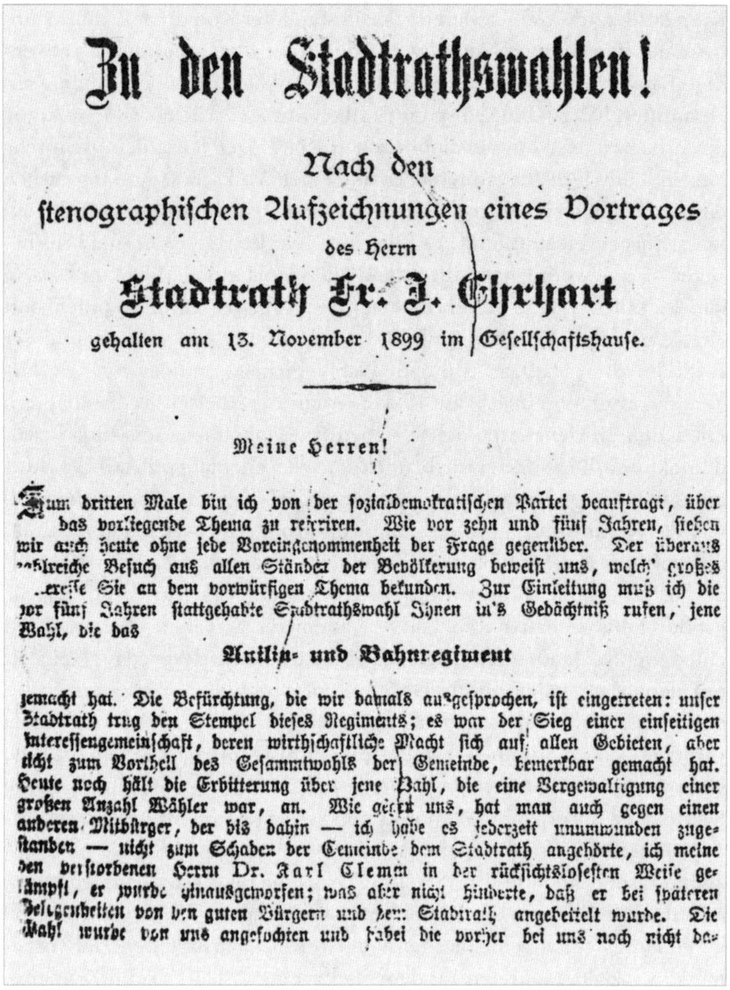

Zu den Stadtrathswahlen!

Nach den
stenographischen Aufzeichnungen eines Vortrages
des Herrn
Stadtrath Fr. J. Ehrhart
gehalten am 13. November 1899 im Gesellschaftshause.

Meine Herren!

Zum dritten Male bin ich von der sozialdemokratischen Partei beauftragt, über das vorliegende Thema zu referiren. Wie vor zehn und fünf Jahren, stehen wir auch heute ohne jede Voreingenommenheit der Frage gegenüber. Der überaus zahlreiche Besuch aus allen Ständen der Bevölkerung beweist uns, welch' großes Interesse Sie an dem vorwürfigen Thema bekunden. Zur Einleitung muß ich die vor fünf Jahren stattgehabte Stadtrathswahl Ihnen in's Gedächtniß rufen, jene Wahl, die das

Anilin- und Bahnregiment

gemacht hat. Die Befürchtung, die wir damals ausgesprochen, ist eingetreten: unser Stadtrath trug den Stempel dieses Regiments; es war der Sieg einer einseitigen Interessengemeinschaft, deren wirthschaftliche Macht sich auf allen Gebieten, aber nicht zum Vortheil des Gesammtwohls der Gemeinde, bemerkbar gemacht hat. Heute noch hält die Erbitterung über jene Wahl, die eine Vergewaltigung einer großen Anzahl Wähler war, an. Wie gegen uns, hat man auch gegen einen anderen Mitbürger, der bis dahin — ich habe es jederzeit unumwunden zugestanden — nicht zum Schaden der Gemeinde dem Stadtrath angehörte, ich meine den verstorbenen Herrn Dr. Karl Clemm in der rücksichtslosesten Weise gekämpft, er wurde hinausgeworfen; was aber nicht hinderte, daß er bei späteren Gelegenheiten von den guten Bürgern und dem Stadtrath angebettelt wurde. Die Wahl wurde von uns angefochten und dabei die vorher bei uns noch nicht da-

Agitationsrede Franz Josef Ehrharts zur Stadtratswahl 1899 [422]

aber den fortschreitenden Einfluß parteipolitischer Gesichtspunkte aufzuhalten – die Abwehrmaßnahmen der beiden Großunternehmen gegenüber der Sozialdemokratie zeigten das ihrerseits zur Genüge. Bis 1899 spitzte sich die Situation parteipolitisch weiter zu: 1898 hatte Ehrhart bei der Reichstagswahl in der Stadt der Chemie fast 60% der Stimmen auf sich vereinigt und in der erforderlichen Stichwahl mit Unterstützung des Zentrums das Mandat für den Wahlkreis gewonnen; im Sommer 1899 hatten er und sein Ludwigshafener Parteigenosse Huber aufgrund geheimer Absprachen ebenfalls mit dem Zentrum Abgeordnetensitze im Münchener Landtag erobert. Die Zahl der Gemeindebürger in Ludwigshafen hatte sich in den letzten fünf Jahren fast verdoppelt, und dabei handelte es sich überwiegend um ›kleine Leute‹, Wählerpotential für die Arbeiterpartei. Auch die Eingemeindung Mundenheims versprach angesichts der Stimmenabgaben bei den Reichstags- und Landtagswahlen eine Stärkung der sozialdemokratischen Position. Die Erinnerung an die groben Methoden der Wahlbeeinflussung von 1894 ließen sich zudem als treffsichere Munition gegen den übermäßigen Einfluß der Großindustrie auf die Gemeindepolitik ins Feld führen.

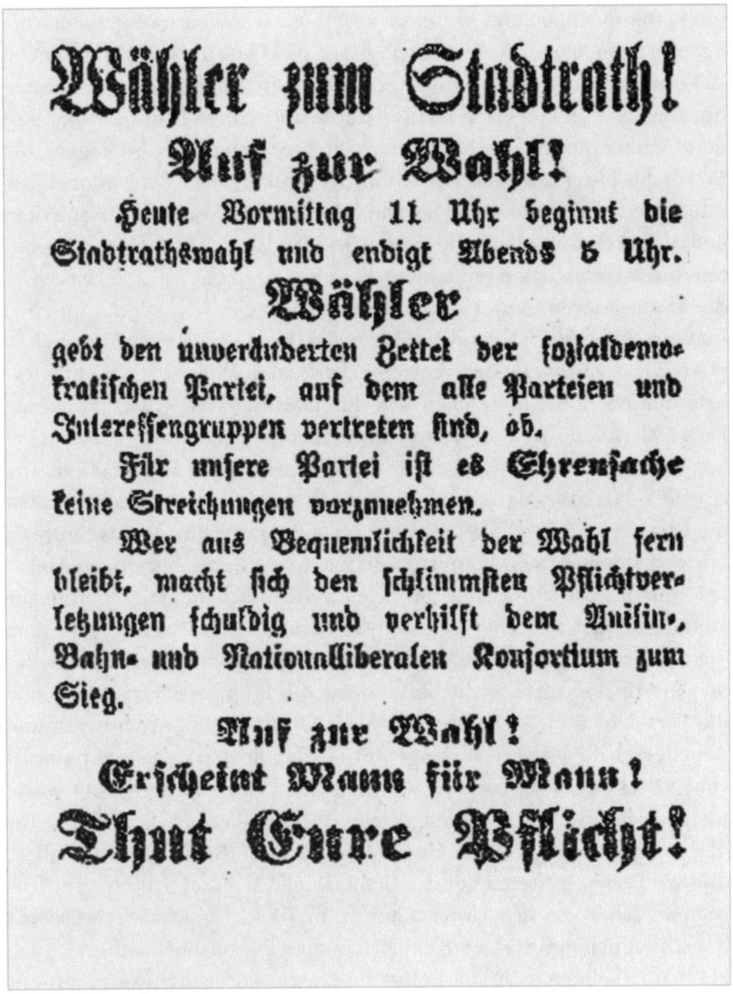

Wähler zum Stadtrath!

Auf zur Wahl!

Heute Vormittag 11 Uhr beginnt die Stadtrathswahl und endigt Abends 6 Uhr.

Wähler

gebt den unveränderten Zettel der sozialdemokratischen Partei, auf dem alle Parteien und Interessengruppen vertreten sind, ab.

Für unsere Partei ist es Ehrensache keine Streichungen vorzunehmen.

Wer aus Bequemlichkeit der Wahl fern bleibt, macht sich den schlimmsten Pflichtverletzungen schuldig und verhilft dem Anilin-, Bahn- und Nationalliberalen Konsortium zum Sieg.

Auf zur Wahl!

Erscheint Mann für Mann!

Thut Eure Pflicht!

Im Kampf gegen das ›Anilin-, Bahn- und nationalliberale Konsortium‹
›Pfälzische Post‹, 12.12.1899 [423]

Die Sozialdemokratie durfte daher diesmal auf den kommunalpolitischen Durchbruch setzen, und ihre Gegenspieler konnten bestenfalls versuchen, ihren Erfolg in möglichst engen Grenzen zu halten.[1348]

Die SPD eröffnete den Wahlkampf bereits einen Monat vor der Wahl. Auf einer gut besuchten Wahlversammlung rechnete Ehrhart ab mit der Tätigkeit „einer einseitigen Interessengemeinschaft" im alten Gemeinderat „nicht zum Vorteil des Gesamtwohls der Gemeinde"; vor solch dunkler Folie konnte er die Sozialdemokratie selbst als bürgernah und dem Gemeinwohl verpflichtet darstellen und ihren Willen zur Zusammenarbeit mit anderen Gruppen betonen, da im Stadthaus „kein Parteienregiment herrschen" solle. Immerhin nominierte die Versammlung elf Kandidaten der Arbeiterpartei. Eine Flugschrift verbreitete Ehrharts Rede und lieferte als bisher unbekannte Neuerung ein Wahlprogramm in Gestalt von 14 Forderungen für den künftigen politischen Kurs der Stadt.

Bemerkenswerterweise versuchten Mitglieder des Mieter- und des Hausbesitzervereins die sich abzeichnenden parteipolitischen Konfrontationen aufzufangen: Sie regten den „Zusammenschluß aller organisierten

Interessensgruppen und Parteien" an,[1349] um sich über eine gemeinsame Liste zu einigen und so allen Beteiligten einen Platz im Stadtparlament zu sichern. Auf einer Versammlung, zu der ein dreiköpfiges Bürgerkomitee mit diesem Ziel eingeladen hatte, waren außer dem Hausbesitzer- und dem Mieterverein „die Detailisten, die verschiedenen Innungen, die Pfälzische Eisenbahn, die Direktion der Anilinfabrik, die Nationalliberalen, das Zentrum und die Sozialdemokratie"[1350] vertreten. Nach dem ersten Durchgang über eine mögliche Mandatsverteilung beanspruchten „die verschiedenen Interessenten 33 Sitze", so daß für „die Herren" – die Honoratioren – und damit für die Anhänger der überkommenen (national-)liberalen Grundanschauungen kaum noch Platz geblieben wäre. Dr. Grünzweig, der Vertreter der Nationalliberalen, machte deshalb den ebenso listenreichen wie durchsichtigen Vorschlag, da „seine Partei als solche sich an der Wahl nicht beteiligen werde" und keine Sitze für sich beanspruche, sollten auch die anderen Parteien auf eine eigene Vertretung verzichten, „denn nach seiner Ansicht machten nicht die Parteien, sondern die Interessenten auf dem Stadthaus das Budget". Die Sozialdemokraten konterten diesen Versuch, die bisherigen Mehrheitsverhältnisse zugunsten informeller (national-)liberaler Dominanz auf ihre Kosten aufrechtzuerhalten, mit dem Gegenvorschlag, falls man die Nominierung „nach Parteien mit Berücksichtigung der verschiedenen Interessen" nicht wolle, solle man „die Interessenvertretung ohne die Parteien" nach „Schichten" ordnen: Großindustrie, Handwerk und Arbeiterschaft; letztere verlange mit elf Kandidaten noch nicht einmal ein Drittel der Sitze, „obwohl sie nach jeder Hinsicht berechtigt wäre, mehr zu beanspruchen". Den Alleinvertretungsanspruch der SPD für die Arbeiterschaft stellten Grünzweig und der BASF-Vertreter allerdings in Frage, letzterer mit der Bemerkung, Arbeiter sollten zwar aufgestellt, „aber von den Unternehmern in Vorschlag gebracht werden". Als schließlich der Vertreter der Pfälzischen Eisenbahnen äußerte, „daß bei den Arbeitern nicht die nötige Intelligenz vorhanden wäre, um mit Erfolg in den Ausschüssen mitzuarbeiten, auch hätten dieselben nicht die nötige Zeit", brachen die Sozialdemokraten die Verhandlungen ab, und auch die Vertreter von Zentrum und Mieterverein zogen sich zurück. Die parteipolitisch bestimmte Spaltung der Bürgerschaft „in zwei Heerlager"[1351] war damit unausweichlich geworden und bestimmte den weiteren Verlauf des Wahlkampfs. Die Sozialdemokratie konnte sich dabei erneut auf das inzwischen erprobte Zweckbündnis mit dem Zentrum stützen und berücksichtigte auf ihrem Wahlzettel neben zehn SPD- und fünf Zentrums-Mitgliedern Vertreter der beiden eingemeindeten Orte nebst zwölf Vertretern sonstiger Interessengruppen. Mit dem Aufruf an ihre Anhänger, den Wahlzettel unverändert abzugeben, vor allem keine Streichungen bei den Vertretern von Zentrum, Friesenheim und Mundenheim vorzunehmen, untermauerte sie ihr zuverlässiges Festhalten an getroffenen Absprachen. Auf Versammlungen am Vorabend der Wahl schließlich bot sie nun ihrerseits allen Interessenten den Koalitionswahlzettel im Austausch gegen die unbedruckten Wahlzettel an, welche die Stadtverwaltung diesmal an alle Wähler hatte austeilen lassen, um selbst dem Anschein von möglichen Wahlmanipulationen nach dem Muster von 1894 vorzubeugen.

Die Nationalliberale Partei hielt trotz warnender Stimmen an ihrer Linie fest, sich nicht an diesen Wahlen zu beteiligen, mit dem

Anmerkungen
Seite 718 und 719

1349 NPfK 20.11.1899, S.2; zit. bei Petri-Töppe, S.59
1350 PfP 27.11.1899, zit. bei Petri-Töppe, S.59; f.d.F. ebd., S.59ff
1351 NPfK 27.11.1899; ebd., S.63
1352 Breunig, S.249
1353 NPfK 28.12.1899; Petri-Töppe, S.76

Argument, es sei für die weitere positive wirtschaftliche Entwicklung Ludwigshafens von größtem Nachteil, wenn „auf dem Stadthaus die Interessen der Gesamtheit mit der Parteipolitik und der Konfessionsangehörigkeit verquickt würden". Tatsächlich aber vertraten informelle bürgerliche Gruppen die nationalliberalen Interessen durchaus handfest, so die „ordnungsliebende Bürgerpartei", die dem „sozialdemokratischen Ansturm auf das Rathaus Männer aus allen Ständen und Berufskreisen auch mitten aus der Arbeiterschaft" entgegenstellen wollte und deshalb außer Mitgliedern des bisherigen Gemeinderats sowie Unternehmern und Kaufleuten zwei Aufseher, einen Werkmeister und einen Vorarbeiter benannte, ferner der ›Bürgerverein‹, hinter dem die Sozialdemokratie BASF und Pfälzische Eisenbahnen vermutete,[1352] beide mit weithin identischen Vorschlägen.

Derartigen offenen oder nur schlecht verhüllten Parteilisten stellten verschiedene Gruppierungen parteiübergreifend ausgelegte Vorschläge entgegen, so „die freie Bürgervereinigung", der sich mehrere Innungen, der Verein zum Schutze für Handel und Gewerbe, der Gewerbe-, Hausbesitzer- und Mieterverein zuordneten; offensichtlich besorgten sie eine parteipolitische Zuspitzung der Stadtpolitik zu Lasten speziellerer wirtschaftlicher oder berufsständischer Interessen. Einige Vereine, so der Gastwirteverein und der Lehrerverein, beschränkten sich daher darauf, nur einzelne Kandidaten als ihre Vertreter zu empfehlen.

Der Wahltag besiegelte mit einem klaren Sieg der SPD-inspirierten Liste den endgültigen Durchbruch der Parteipolitik in Ludwigshafen, obwohl nur elf der neugewählten Stadträte – sieben Sozialdemokraten und vier Zentrumsvertreter – als Parteimitglieder angetreten waren. Nach der Wahl jedoch wurden sämtliche Mandatsträger den drei politischen Richtungen zugeordnet, die sich inzwischen bei Reichstags- und Landtagswahlen fester herausgebildet hatten, auch wenn man sich über die Zuordnung der Neugewählten und damit über das Kräfteverhältnis im neuen Stadtrat nicht voll im Klaren war und wohl auch nicht sein konnte. Danach blieb die Sozialdemokratie trotz ihres großen Erfolgs einstweilen mit sieben Gemeinderäten numerisch die schwächste Gruppierung, bewährte sich dagegen nach Zusammenhalt und Aktivität im Stadtparlament letztlich als stärkste, um nicht zu sagen als einzige Fraktion, denn die Inhaber der neun Sitze, die man dem Zentrum, und der zehn Sitze, die man den Liberalen zurechnete, bildeten keine vergleichbar festen Einheiten.

Die einschneidende Bedeutung, die den Wahlen von 1899 zukam, zeigte sich auch darin, daß nur sechs der Gewählten bereits dem alten Stadtrat angehört hatten, und von diesen sechs lehnten zwei besonders prominente, BASF-Direktor Brunck und der Oberingenieur der Pfälzischen Eisenbahnen Karl Jolas, die Annahme der Wahl ab mit der Begründung, „nicht einem Kollegium angehören zu können, das aus Wahlen hervorgegangen sei, die den Zweck verfolgten, das alte Stadthausregiment zu stürzen".[1353] Deutlicher konnte der Wandel in der Kommunalpolitik kaum kommentiert werden. Der neue Stadtrat bestand demnach zu fast neun Zehnteln aus Neulingen. Einen derartigen personellen Einbruch hatte es bisher nie gegeben und sollte es bei den folgenden zwei Wahlen nicht mehr geben. Die beiden Ludwigshafener Großunternehmen als entscheidende Stützen der nationalliberalen Richtung waren aus der Stadtpolitik weitgehend ausgeschieden.

Ergebnisse der Stadtratswahlen von 1899*, 1904* und 1909 in %

	1899*	1904*	1909
SPD	22,9%	31,4%	48,2%
Zentrum	10,3%	16,3%	17,5%
Nationalliberale	—	19,6%	25,7%
Liberale/Unabhängige	66,8%	32,4%	8,5%
davon* auf der von der SPD empfohlenen Liste	45,0%	22,5%	—
davon* außerhalb dieser Liste	21,7%	9,9%	—

* 1899 und 1904 Addition der Einzelergebnisse für die Stadträte und Ersatzleute nach jeweiliger Parteizugehörigkeit

Das Ringen um den Einzug der SPD ins Rathaus hatte das Wählerinteresse 1894 und 1899 angestachelt und bei kräftig gestiegener Zahl der wahlberechtigten Gemeindebürger auf fast 90% ansteigen lassen (vgl. Tabelle, S. 709). Bei den Wahlen 1904 sank die Teilnahme spürbar ab.[1354] Das Interesse an der Kommunalpolitik blieb beachtlich, die Bürger erkannten durchaus die Bedeutung stadträtlicher Entscheidungen für ihre Alltagsexistenz, aber es ging kaum mehr um grundlegende Richtungsentscheidungen wie bei den vorangehenden Wahlen. Die fortdauernde Zunahme der Wahlberechtigten, meist durch kostenlose Einbürgerung ganz überwiegend von Arbeitern, sicherte der SPD fast automatisch den weiteren Ausbau ihrer Position in der Kommunalpolitik. Dennoch nutzte sie ihre Chancen nur mit großer Zurückhaltung, verfolgte vielmehr auf Grund ihrer positiven Erfahrungen während der letzten Wahlperiode das Ziel, durch Konsens und Interessenausgleich im Stadtparlament einerseits den Ausbau städtischer Sozialpolitik erfolgreich voranzutreiben und möglichen Widerstand seitens anderer Parteien hiergegen wenigstens abzumildern, andererseits Ludwigshafen das Image einer zwar fortschrittlichen, aber keinesfalls industrie- oder unternehmerfeindlichen Gemeinde zu sichern. So einigten sich SPD, Zentrum und (National-)Liberale auf einen Kompromißzettel mit 35 Namen, für 26 Stadträte und 9 Ersatzleute, alphabetisch sortiert – 11 für die SPD, 9 für die Nationalliberale Partei, 7 für das Zentrum und 8 für die ›Unabhängigen‹, und appellierten an ihre Klientel, den Wahlschein unverändert abzugeben. Die SPD-Führung mit Ehrhart an der Spitze argumentierte, angesichts der allgemeinen Zufriedenheit mit der Tätigkeit des noch amtierenden Stadtrats solle kein Einparteienregiment in der Stadt aufkommen, sollten vielmehr alle Parteien im Stadtparlament vertreten sein. Die Basis stimmte dem Kompromiß trotz einigem Rumoren auf eigens dazu einberufenen Versammlungen zu. Auch bei den anderen Parteien scheint es teilweise Bedenken gegen derartige Harmoniepolitik gegeben zu haben, obwohl gerade ihre führenden Köpfe das Kompromißkonzept ins Spiel gebracht hatten. Vor allem die Nationalliberalen, die nun auch nach außen hin als Partei antraten, waren an der Absprache interessiert, da sie ihnen eine ansehnliche Vertretung im Stadrat sicherte, wohingegen sie bei einer Allianz von

Anmerkungen
Seite 720 und 721

1354 f.d.F. Petri-Töppe, S.79ff; vgl. Breunig 1976, S.335ff

1355 Springer, S.38 und Zeitungsangaben; demgegenüber nicht zutreffend die Angaben bei Breunig 1976, S.337

Sozialdemokratische Partei Ludwigshafen a. Rh.

Montag den 22. November 1909, abends halb 9 Uhr, im großen Saale des Gesellschaftshauses

Oeffentl. Versammlung.

Tages-Ordnung:

Was will die Sozialdemokratie in der Gemeinde? — Ein letzter Appell an die Ludwigshafener Bürgerschaft.

Referent: Redakteur Wilhelm Herzberg.

Diese Versammlung soll eine letzte Mahnung an die Wähler sein. Wir laden hierzu die gesamte Einwohnerschaft ohne Unterschied der Parteistellung, insbesondere aber die Stadtratswähler, höflichst ein.

Freie Diskussion!

Der Einberufer: Paul Kleefoot.

Die sozialdemokratische ›Pfälzische Post‹ ruft zur Wahlversammlung vor der Stadtratswahl 1909 [424]

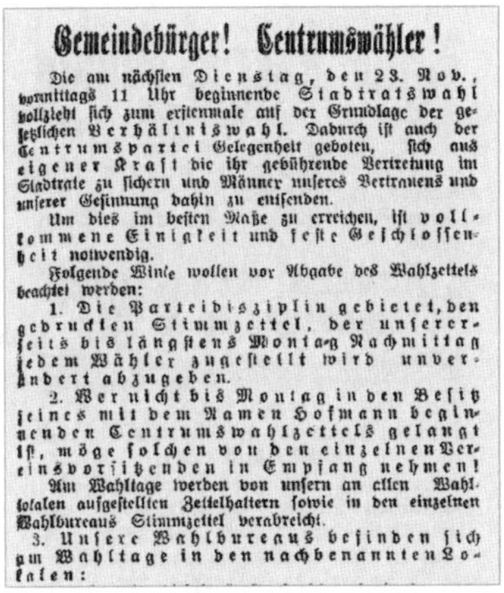
Gemeindebürger! Centrumswähler!

Die am nächsten Dienstag, den 23. Nov., vormittags 11 Uhr beginnende Stadtratswahl vollzieht sich zum erstenmale auf der Grundlage der gesetzlichen Verhältniswahl. Dadurch ist auch der Centrumspartei Gelegenheit geboten, sich aus eigener Kraft die ihr gebührende Vertretung im Stadtrate zu sichern und Männer unseres Vertrauens und unserer Gesinnung dahin zu entsenden.

Um dies im besten Maße zu erreichen, ist vollkommene Einigkeit und feste Geschlossenheit notwendig.

Folgende Winke wollen vor Abgabe des Wahlzettels beachtet werden:

1. Die Parteidisziplin gebietet, den gedruckten Stimmzettel, der unsererseits bis längstens Montag Nachmittag jedem Wähler zugestellt wird unverändert abzugeben.

2. Wer nicht bis Montag in den Besitz seines mit dem Namen Hofmann beginnenden Centrumswahlzettels gelangt ist, möge solchen von den einzelnen Vereinsvorsitzenden in Empfang nehmen!

Am Wahltage werden von unsern an allen Wahllokalen aufgestellten Zettelhaltern sowie in den einzelnen Wahlbureaus Stimmzettel verabreicht.

3. Unsere Wahlbureaus befinden sich am Wahltage in den nachbenannten Lokalen:

Aufruf des katholischen ›Pfälzer Volksblatts‹ zur Wahl des Zentrums bei der Stadtratswahl 1909 [425]

Zentrum und SPD damit rechnen mußten, kaum mehr als eine Nischenposition zu erreichen. Die ›Unabhängigen‹, unter ihnen Friedrich Raschig, vertraten Interessen außerhalb des Dreiparteienschemas und mochten dem Honoratiorenprinzip noch am nächsten kommen; dabei handelte es sich durchweg um Männer, die 1899 in den Stadtrat gewählt worden waren, demnach Vertrauen in der Bürgerschaft genossen und sich inzwischen um das Gemeinwesen verdient gemacht hatten. Doch konnte der Kompromißvorschlag nicht alle Wünsche befriedigen, sondern provozierte in Front gegen „parteipolitische Wahlvorschläge" mehrere Alternativ-Wahlzettel bestimmter Interessengruppen wie der Gastwirte, der städtischen Beamten und Bediensteten, von einem Zusammenschluß „gemeinnütziger und gewerblicher Interessensgruppen" oder auch von prinzipiellen Gegnern der Vorgaben seitens der drei Parteien. Letztlich erwiesen sich derartige Abwehrkämpfe gegen das Parteienprinzip als wenig erfolgreiche Rückzugsgefechte: Kein Kandidat konnte sich durchsetzen, der nicht auf der Kompromißliste stand; 11 Sitze im Stadtrat gingen – meist mit besonders hohen Stimmenzahlen – an die SPD, 8 an die ›Unabhängigen‹, 4 ans Zentrum, 3 an die Nationalliberale Partei; 6 Nationalliberale und 3 Zentrumsanhänger wurden als Ersatzmänner gewählt.[1355] Am besten behaupteten sich solche Bewerber, die mindestens einmal schon im Stadtparlament mitgewirkt hatten; nur sechs Gewählte waren völlige Neulinge. Es begann sich also – nun auf Parteiebene – eine neue Stadtratskontinuität herauszubilden, wie sie vor 1899 auf der Honoratiorenbasis bestanden hatte.

Auf Grund ihres Wahlsiegs konnte die SPD die Stelle des ersten Adjunkten für sich beanspruchen; das Zentrum erhielt im Gegenzug die Stelle des zweiten Adjunkten. Der fortschreitende Verfall der nationalliberalen Position in der Kommunalpolitik war nicht mehr zu übersehen.

Die parteipolitische Durchdringung der Kommunalpolitik wurde durch das neue Gemeindewahlgesetz vom 15. August 1908 auf der legislativen Ebene vollends abgesegnet. Es bestimmte, daß in Gemeinden mit über 4 000 Einwohnern der Gemeinderat nach Verhältniswahl zu bestimmen sei, wobei die Orientierungsgröße die jeweilige Liste mit Mandatsbewerbern bildete: Der Anteil der von den Wählern abgegebenen Listen entschied über den Stimmenanteil der betreffenden Gruppierung

Rasch, kurz u. bündig die Leser über alle bemerkenswerten Vorgänge auf den mannigfachsten, das Leben des Einzelnen wie der Gesamtheit berührenden Angelegenheiten zu unterrichten, ist der Vorzug der modernen Tageszeitungen. Ein **solches Blatt** ist der

„General-Anzeiger“
Ludwigshafen a. Rh.

Ludwigshafener Anzeiger — Lokal-Anzeiger
Amtsverkündiger für das königl. Landgericht Frankenthal
Amtliches Organ für den Amtsgerichtsbezirk Ludwigshafen a. Rh.

Er berichtet sachlich über alle Vorkommnisse des **politischen Lebens** vom Standpunkte des unbeeinflußten unparteiischen Beobachters aus. Ueber die wichtigsten Vorgänge auf dem Gebiet der **Industrie**, des **Handels**, der **Kunst und Wissenschaft**, über Rechtspflege des **Sportes**, des **Unterrichts- und Verkehrswesens** werden die Leser stets rasch und zuverlässig auf dem Laufenden erhalten. Spannende Romane aus den besten Federn, Novellen, Humoresken usw. bilden den unterhaltenden Teil.

Der ›General-Anzeiger‹ wirbt für sich selbst, Ausgabe vom 12. Juni 1912 [426]

im Gemeinderat, erst in zweiter Linie die Stimmenzahl für die einzelnen Bewerber. Dabei konnten die Wähler, denen maximal 39 Stimmen zustanden (für 26 Stadträte und nunmehr 13 Ersatzkandidaten), Namen aus der bevorzugten Liste streichen und Namen von Kandidaten aus anderen Listen übernehmen (Panaschieren), zudem durch Mehrfachnennung auf dem Wahlzettel bestimmten Kandidaten bis zu drei Stimmen geben (Kumulieren). Schied ein Gemeinderatsmitglied später aus dem Gremium aus, so rückte das nächstbest plazierte Mitglied der betreffenden Liste – nicht aus der Gesamtheit der Bewerber – nach. Damit war gewährleistet, daß die Gruppierungen bzw. Fraktionen im Gemeinderat ihre wahlbedingte Stärke behielten und für die Dauer einer Amtsperiode eine politisch gut kalkulierbare Größe bildeten.[1356]

Auf dieser Grundlage konnte die SPD Ende 1909 die ersten 13 der 26 Stadtratssitze für sich gewinnen. Immerhin sieben Mandate gingen an die Liberalen, die sich nun anders als bei früheren Wahlen im eigenen Interesse zur „politischen Partei" bekannten, „da sie allein größere Massen unter einheitlichen Gesichtspunkten zu vereinigen vermag",[1357] vier fielen an das Zentrum; die zwei verbleibenden Plätze konnte die Unabhängige Vereinigung besetzen, die sich zwar gegen die Herrschaft der mittlerweile etablierten Parteien gewandt hatte, dazu aber selbst so etwas wie Parteicharakter hatte annehmen müssen. Ihr mäßiger Erfolg belegt, daß sich das Honoratiorenprinzip auch in der Kommunalpolitik überlebt hatte.

„Stätte des parteipolitischen Kampfes und [...] Leiterin und Trägerin der öffentlichen Meinung" – die Ludwigshafener Presse

Die Zeitung sei „eine der wichtigsten und charakteristischsten Einrichtungen der neueren Zeit", betonte 1911 Ludwig Salomon,[1358] ein führender Vertreter der damals noch jungen „Zeitungswissenschaft". Sie sei über die bloße Vermittlung und Verbreitung von Nachrichten „zu einem hochwichtigen Kulturfaktor" aufgestiegen, „indem sie die Mission übernahm, den Bildungsstoff der Gegenwart den großen Massen des Volkes zuzuführen und damit die praktischen Interessen der Nation und des weiteren der gesamten Menschheit zu fördern". Ihre „Hauptaufgabe" sehe „jedoch die moderne Zeitung in der Erörterung der politischen Angelegenheiten", und dies mache sie „zur Stätte des parteipolitischen Kampfes und zur Leiterin und Trägerin der öffentlichen Meinung". Das waren recht hochgestimmte Töne. Tatsächlich erlebte das älteste Massenmedium dank wirtschaftlicher und – trotz aller Einschränkungen, die man machen mag – auch dank politischer Liberalisierung (Reichspressegesetz von 1874), dank wachsender Lesefähigkeit und Lesefreudigkeit sowie steigenden politischen Interesses in breiten Bevölkerungsschichten, dank ständig verbesserter Drucktechnik (Setzmaschinen, Rotationspresse), dank sinkender Papier- und Herstellungspreise im Kaiserreich einen ungeahnten Aufschwung und trug Entscheidendes zum „Strukturwandel der Öffentlichkeit" (Jürgen Habermas) bei. 1885 zählte man in Deutschland annähernd 3 100, 1914 etwas über 4 200 Zeitungen;[1359] nur ein gutes Drittel von ihnen galt als „parteilos",[1360] wobei die Grenze zwischen sog. Informations- und politisch ausgerichteter Meinungspresse sicher nicht immer klar zu ziehen war. Soweit es Bayern betrifft, stieg die Gesamtauflagenhöhe aller dort erscheinenden Blätter

Anmerkungen Seite 722 und 723

1356 *f.d.F. Petri-Töppe, S.92ff*
1357 *PfR 14.10.1909, S.3, zitiert bei Petri-Töppe, S.92*
1358 *Salomon, S.987; dort auch das Zitat in der Überschrift und die folgenden Zitate*
1359 *Mörz 1994, S.62*
1360 *nach Salomon für das Jahr 1910, S.1002*
1361 *Mörz 1994, S.62*
1362 *eigene Berechnungen nach Daten bei Mörz 1994, S.62f und Volkszählungsdaten der Zeit*
1363 *zur Presse in Ludwigshafen grundlegend Mörz 1994*
1364 *Mörz 1994, S.63*
1365 *Die Daten über die jährlich eingegangenen Zeitungsnummern in Stadtgeschichte (1903), S.625 wurden auf 350 Tage umgerechnet*
1366 *nach VB 1913, S.205 belief sich die Zahl der eingegangenen und aufgegebenen Zeitungsnummern 1908 auf 3,0 Mio, 1913 auf 6,1 Mio. Stück; etwa die Hälfte wird hier als ›Eingang‹ geschätzt*
1367 *vgl. die Übersicht bei Mörz 1994, S.214f; f.d.F. ebd., S.11ff*
1368 *dazu Bräunche 1982, S.43ff, 78ff*
1369 *Mörz 1994, S.17ff auch f.d.F.*

zwischen 1870 und 1912 von 348 000 auf 2,5 Mio. Exemplare,[1361] also auf gut das Siebenfache, und stieg die ›Zeitungsdichte‹ auf gut das Fünffache: 1870 entfielen rd. 14, 1912 dagegen nur noch rd. 2,8, in der bayerischen Pfalz sogar nur 10 bzw. 2,5 Personen auf eine abgesetzte Zeitung.[1362] Berücksichtigt man allein die Erwachsenen und bedenkt, daß die Blätter gewöhnlich von mehreren Personen gelesen wurden, dann erreichte die Presse im frühen 20. Jahrhundert – zumindest rein statistisch – in der Pfalz wirklich „alle Welt".

Für die Städte als Ausgangspunkte und wichtigste Konsumenten der ›Blätterwald‹-Produktion galt dies in besonderem Maße. Ludwigshafen[1363] war zwar kein ausgesprochenes Pressezentrum, aber es entwickelte sich nach mageren Anfängen immerhin zum auflagenstärksten Standort in der bayerischen Pfalz: 1912 lieferte es mit rd. 72 000 von 350 000 ein gutes Fünftel der in der Pfalz erscheinenden Zeitungsexemplare,[1364] während es ›nur‹ ein Zehntel der Pfälzer Bevölkerung umfaßte – bezogen auf die eigene Einwohnerschaft durchschnittlich eine Nummer auf 1,2 Personen. Natürlich wurden nicht alle Exemplare vor Ort abgesetzt, denn mehrere Zeitungen bedienten die ganze Region, aber andererseits fanden natürlich auch auswärts verlegte Blätter mit überregionalem Zuschnitt immer häufiger den Weg zu einem interessierten bürgerlichen Publikum in die pfälzische Industriemetropole – 1880 tagtäglich schätzungsweise gut 600 Exemplare, 1901 bereits an die 5 000,[1365] und bis 1913 könnte die Zahl auf 8 000—9 000 Stück gestiegen sein.[1366] Die Zeitungslektüre ist hier also offensichtlich recht intensiv betrieben worden.

Ludwigshafen verfügte seit seiner Erhebung zur Stadt (1859) stets über wenigstens eine Zeitung,[1367] und nicht zufällig eröffnete damals ein liberales Blatt die urbane Zeitungsära: der *Pfälzische Kurier*. Er war, wie sein Name schon anzeigte, auf Absatz in der gesamten bayerischen Pfalz ausgelegt und wurde von dem liberalen Zirkel um Franz Peter Buhl, Weingutbesitzer in Deidesheim und führenden Kopf des Pfälzer Liberalismus, unterstützt. Die Zeitung aus der Baurschen Druckerei betätigte sich zunächst als Oppositionsblatt gegen die ›Reaktion‹, gegen die Konfessionsschule und gegen den damals dogmatisch-konservativen Kurs der protestantischen Landeskirche, focht für die kleindeutsch-nationale Einheit und schwenkte daher im Zeichen der Reichsgründung voll auf die Linie der Nationalliberalen Partei ein. Die Auflage kam über eine recht maßvolle Stückzahl nicht hinaus (1873: 3 100 Exemplare, 1890: 5 219). Darin spiegelt sich wohl auch die Misere der Nationalliberalen zumal angesichts der zunehmend aufbrechenden Spannungen zwischen agrarischen und gewerblich-industriellen Interessen innerhalb der Partei.[1368] Während der agrarische Flügel den ›Pfälzischen Kurier‹ 1892 aufkaufte und nach Neustadt an der Haardt umsiedelte, erschien zeitgleich mit Unterstützung des industriellen Parteiflügels und als dessen inoffizielles Sprachrohr in Ludwigshafen der *Neue Pfälzische Kurier*, zunächst in der Mannheimer Vereinsdruckerei, seit 1893 in der eigens zu diesem Zweck gegründeten Buchdruckerei J. G. Biller, deren Inhaber die Zeitung ein Jahr zuvor aus der Taufe gehoben hatte. Das Blatt gab sich „deutsch-national" und bezeichnete sich selbst als „Organ der bürgerlichen Mittelstände".[1369] Wirtschaftlich rechnete sich das Unternehmen trotz derartiger Rückbindung nicht: Die Auflage blieb weit hinter den zunächst anvisierten 15 000 Exemplaren zurück – 1903 erreichte sie

Neuer Pfälzischer Kurier

Ludwigshafener Anzeige- und Handelsblatt.

›Neuer Pfälzischer Kurier‹, Titelblatt vom 10. November 1894 [427]

Erscheint täglich, Sonntags ausgenommen. Wird außer dem monatlichen Trägerlohn von 15 Pf. unentgeltlich in allen Häusern der Stadt und den benachbarten Ortschaften vertheilt.

Expedition: Quadrat XII Nr. 26.

General-Anzeiger

für die Stadt und den Bezirk

Ludwigshafen a. Rh.

Einrückungsgebühr für die viergespaltene Garmondzeile oder deren Raum 10 Pf. Bei mehrmaliger Wiederholung Rabatt nach Uebereinkunft.

Expedition: Quadrat XII Nr. 26.

Nr. 113. Samstag, den 3. Juni 1876.

Pfingst-Montag, den 5. Juni:
Oeffentlicher Festball
mit verlängerter Polizeistunde.
Reine Weine, eigenes Gewächs, und vorzügliches Bier, wozu höflichst einladet. 947
C. H. Phul, Hemshof.

Wirthschaft zur Gräfenau.
Pfingst-Montag, den 5. Juni 948
Oeffentlicher Festball
mit verlängerter Polizeistunde.
Unter Zusicherung guter Speisen und Getränke ladet hierzu ein
Joseph Sturm.

Restauration Ludwig Roth.
Pfingst-Montag, den 5. Juni:
Oeffentlicher Festball
mit verlängerter Polizeistunde.
Unter Zusicherung guter Speisen und Getränke ladet ergebenst ein 946
Ludwig Roth.

Zum Bayerischen Hofe.
Pfingst-Montag, den 5. Juni:
Oeffentlicher Festball
mit Feierabend-Verlängerung.
Musik von der Capelle des Mannheimer Stadt-Orchesters.
Zu freundlichem Besuch ladet ergebenst ein
949 Gg. Degen.

Zur Jägerlust.
Pfingst-Montag, den 5. Juni:
Oeffentlicher Festball
mit verlängerter Polizeistunde
Entrée frei.
Unter Zusicherung guter Speisen und Getränke ladet hierzu ein
945 Martin Fahlbusch.

Einladung
zu dem am Pfingst-Montag, den 5. Juni, stattfindenden
Ausflug nach Rheingönheim,
dortselbst angekommen im Saale „zur Krone“:
Repetierstunde
Anfang ½4 Uhr.
Hierzu ladet höflichst ein 937
Chr. Oberlies.

Gesang-Verein Bavaria.
Samstag, den 3. Juni, Abends 9 Uhr im Local:
Verloosung des alten Tafel-Claviers,
wozu sämmtliche Mitglieder höflichst einladet.
Ludwigshafen, den 29. Mai 1876.
921 Der Vorstand.

Mobilienversteigerung.
Mittwoch, den 7. Juni 1876, des Nachmittags 2 Uhr, zu Ludwigshafen, im Sterbhause an der Oggersheimerstraße, lassen die Kinder und Erben der in Ludwigshafen verlebten Eheleute Carl Mügge, im Leben Schreiner und Auguste Bender, die zu deren Nachlaß gehörigen Mobiliargegenstände abtheilungshalber öffentlich gegen Baarzahlung versteigern, als: 3 Bettladen, mit Feder- und Roßhaarmatratzen, 2 Kanapee, 3 Nachttische, 1 runder Tisch, verschiedene Tische, 1 Kommode, 2 Chiffonier, 1 Kleiderschrank, 1 Glasschrank, 2 Waschtische, Stühle, Spiegel und Bilder, 1 Koffer, Vorhänge und Rouleaux, Küchengeschirr und sonstige Gegenstände.
Ludwigshafen, den 28. Mai 1876. 922
Hörner, k. Notar.

Heu- und Ohmetgras-Versteigerung.
Dienstag, den 6. Juni 1876, Nachmittags 1 Uhr, zu Oggersheim, im Saale des Stadthauses, wird das Heu- und Ohmetgras von den Gemeindewiesen links am Buschweg, am Altrhein, im Weidenschlag, in der Rohrlache, Länglache und K[illegible]platte in den diesjährigen wenns auf Credit versteigert.
Oggersheim, 26. Mai 1876.
Das Bürgermeisteramt:
L. Schaaff. 931

Mein Lager, bestehend in:
Pariser Perlenkränzen
in großer Auswahl, direct bezogen, deßhalb zu äußerst billigen Preisen;
Französische Immortellen-Kränze,
selbstverfertigte
Papier- und Moos-Kränze,
sowie frische Kränze und Bouquets bringe hiermit in empfehlende Erinnerung.
Geschmackvolle Arbeit, billige Preise.
Während der Pfingstfeiertage werde ich in meinem Laden obengenannte Artikel ausstellen, um Jedermann zu überzeugen, daß bei etwaigem Bedarf Niemand genöthigt ist, Auswärts zu kaufen und lade deßhalb zur Besichtigung ergebenst ein.
J. Winnewisser,
Kunst- und Handelsgärtner,
Oggersheimer Straße, vis-à-vis Hrn. Bürgerm. Kutterer,
942 2. Laden.

Regen- und Sonnenschirme
für Herren, Damen und Kinder. Spazierstöcke in größter Auswahl zu wirklich billigen Preisen bei
906 A. Schuler.

Für Herren.
Fertige Anzüge liefert rasch und unter Garantie. 801
Max Hanck.

Der Pfingstfeiertage wegen erscheint die nächste Nummer Dienstag den 6. Juni.

Titelblatt des ›General-Anzeigers‹ aus seinem ersten Erscheinungsjahr 1876 [428]

gerade einmal 3 100 Stück! Die Finanzkrise war daher fast unvermeidlich; die Versuche, sie 1900 durch Übernahme und expansionsorientierte Modernisierung der Billerschen Druckerei in einer neugegründeten GmbH zu lösen, hinter der die Pfälzische Bank stand, endeten 1903 mit dem Verkauf des unrentablen Objekts an den Verlag Julius Waldkirch, den größten und erfolgreichsten Zeitungsverlag in Ludwigshafen und der Pfalz.

Julius Waldkirch[1370] war gleich zu Beginn seiner Ludwigshafener Karriere 1870 mit einer Lokalzeitung (›Ludwigshafener Tageblatt‹) gescheitert, er hat dann zweimal unter Einsatz einigen Kapitals versucht, in Konkurrenz zur nationalliberalen Presse, dem ›Pfälzischen Kurier‹ und August Lauterborns ›Ludwigshafener Anzeiger‹ (1868—1887),[1371] ein linksliberales Blatt aufzuziehen (›Rheinischer Telegraph‹ 1871, ›Pfälzer Journal‹ 1881—1884).[1372] Der geringe Absatz, der beiden Zeitungen ein ziemlich schnelles Ende bereitete, bewies die Schwäche der betreffenden politischen Richtung in Ludwigshafen wie in der Pfalz. Der große Durchbruch gelang Waldkirch jedoch schon 1876 mit seinem *Generalanzeiger für die Stadt und den Bezirk Ludwigshafen a. Rh.* Das

Anmerkungen
Seite 724 und 725

1370 f.d.F. Waldkirch und Mörz 1994, S.28ff
1371 vgl. Mörz 1994, S.21ff
1372 Mörz 1994, S.15f
1373 vgl. die Hinweise bei Mörz 1994, S.26ff

General-Anzeiger

Ludwigshafen a. Rh.

Ludwigshafener Anzeiger. — Lokal-Anzeiger.

Amtsverkündiger für das kgl. Landgericht Frankenthal. — Amtliches Organ für den Amtsgerichtsbezirk Ludwigshafen a. Rh.

No. 132 Erstes Blatt — Mittwoch den 9. Juni 1909 — 35. Jahrgang

Fronleichnam wegen erscheint die nächste Nummer am Freitag, den 11. Juni.

Amtliche Anzeigen

Zwangsversteigerung.

K. Gerichtsvollzieherei Ludwigshafen a. Rh.

Zwangsversteigerung.

K. Gerichtsvollzieherei Ludwigshafen a. Rh.

Konkurs-Email-Versteigerung.

Mittwoch, den 9. Juni 1909, nachmittags 2 Uhr, Fortsetzung der großen Email-Geschirr-Versteigerung.

Der Konkursverwalter: A. Steinacker, Rechtskonsulent.

Grasversteigerung.

Heu- und Ohmet-Gras

Das Bürgermeisteramt:

Versteigerung.

Rechtskonsulent Schecher, Speyer.

Feuer- Bezirks- wehr- verband

Ludwigshafen a. Rh.

Bezirks-Versammlung

Der Bezirksvorstand.

Feuer- wehr Ludwigs- hafen a. Rh.

Bezirks-Versammlung

Das Kommando:

Hypotheken-Darlehen!

Johann Stolz, Bankagentur.

Schutzverein für Handel u. Gewerbe.

An die verehrl. Geschäftswelt richten wir auch in diesem Jahre wieder das höfl. Ersuchen, den s. Zt. gefaßten gemeinsamen Beschluß hochzuhalten und in gegenseitiger konfessioneller Achtung wie am Karfreitag so auch am morgigen Fronleichnamstag die

Läden vollständig geschlossen zu lassen.

Wir bitten deshalb das ttl. Publikum, seinen Bedarf tags zuvor decken zu wollen.

Städtisches Park-Restaurant

Militär-Konzert

Großes Konzert

Verloren

Sportplatz „Pfalz"

an der Lagerhausstrasse.

Sonntag, den 13. Juni, nachmittags 2½ Uhr

große olympische Spiele

unter Teilnahme von 50 Leichtathleten.

Schnellauf über kurze und lange Strecken, Wurf-Uebungen mit Diskus, Ger und Kricketball, Sprungkonkurrenzen, Mannschaftsstaffettenlaufen

Klubmeisterschaft über 100 Meter.

Wertvolle Ehrenpreise.

Restauration in eigener Regie auf dem Platze.

Eintrittspreis 30 Pfg.

Grosse Preisermässigung!

Modellhüte früher 25 bis 30 M. jetzt 10 bis 12 M.

Trauerhüte aus Roßhaar u. Stroh früher 12 bis 18 M. . . . jetzt 6 bis 9 M.

Trauerhüte früher 8 M. . . . jetzt 4 bis 5 M.

Mädchenhüte früher 10 M. . . . jetzt 5 M.

Mädchenhüte früher 6 M. . jetzt 1⁵⁰ bis 3 M.

Elisa Feldmann, Modes, 48 Marktr. 48.

Kein Laden!

Brann's Etagen-Geschäft

für Herren- u. Knaben-Garderobe

Brann Ludwigshafen am Rhein

Panama- und Strohhüte

Piano

Piano u. Orchestrion

Gummischläuche

Ludw. Rapp jr. Oggersheimerstr. 2.

Privathäuser

Geschäftshäuser

1 u. 2 Familienhäuser

„Luftkurort Dürkheim"

Fr. B. Elmer Wwe.

Kirschen-Versteigerung.

Kgl. Bezirksamt Ludwigshafen a. Rh.

Pfälz. Gewerbemuseum Kaiserslautern.

Meisterkurs f. Uniform- u. Hosenschnitt

Direktion des Pfälz. Gewerbemuseums:

Geschäfts-Eröffnung u. -Empfehlung.

Zigarrengeschäft

ZIGARETTEN

Philipp Hesser.

Wirtschafts-Eröffnung und Empfehlung.

Wirtschaft z. wahren Jakob

Jakob Scholl, Wirt.

Steinzeugkrügl

GEBR. PABST

Ludwigstraße 51.

Friedrichspark Mannheim.

Donnerstag, den 10. Juni, nachm. und abends

Militär-Konzerte.

Abends:

Doppel-Konzert.

Odenwald-Klub

Sektion Mannheim-Ludwigshafen a. Rh.

Sonntag, den 13. Juni 1909

Titelblatt des ›General-Anzeigers‹
9. Juni 1909 [429]

Das Jugendstilgebäude
des Waldkirch-Verlags
in der Amtsstraße [430]

Anzeigenblatt verkörperte einen neuen Pressetyp, der sich damals in Deutschland zunehmend verbreitete. Es diente anfangs ausschließlich der Information über ein ständig wachsendes und daher immer unübersichtlicheres Konsum- und Freizeitangebot, steigerte seine Attraktivität aber bald durch Aufnahme von lokalen Nachrichten und Feuilletonistischem, schließlich auch von politischen Nachrichten, entwickelte sich also zu einer allgemeinen Tageszeitung, die mit umfangreichem Annoncen- und Nachrichtenteil, Fortsetzungsroman, ausgiebiger politischer sowie lokaler Berichterstattung und mit besonders niedrigem Preis den Bedürfnissen eines breiten Publikums entgegenkam, ohne ein schärferes parteipolitisches Profil zu zeigen – auch dies gewiß ein bedeutungsvolles Element für die Expansion des Generalanzeigers: Seit den 1880er Jahren avancierte er zum auflagenstärksten Blatt in der Pfalz und erreichte 1895 eine Stückzahl von 15 000, bis zum Ersten Weltkrieg wohl von etwa 18 000 Exemplaren. Alle Versuche, ihm durch eine Lokalzeitung vergleichbaren Zuschnitts Konkurrenz zu machen, erwiesen sich rasch als Fehlschlag.[1373] Die eingefahrenen Gewinne ermöglichten es Julius' Sohn Wilhelm Waldkirch, das Unternehmen stets auf dem

Zeitungsträger als Motiv
Neujahrskarte, 1908 [431.1]

Zustellung: die gelben Zeitungswagen des ›General-Anzeigers‹ gehörten 1885 bis 1920 zum Straßenbild von Ludwigshafen [431.2]

neuesten technischen Stand zu halten, und sicherten die finanzielle Basis, um neben dem politisch neutralen Informationsorgan mit der ›*Pfälzischen Rundschau*‹ 1899 eine Zeitung auf den Weg zu bringen, die pfalzweit ausgelegt war und trotz Beschwörung überparteilichen Verhaltens unverkennbar politische Positionen in unmittelbarer Nachbarschaft zur Nationalliberalen Partei bezog. So ergriff der Verleger 1903 die günstige Gelegenheit, durch den Erwerb des geistesverwandten ›Neuen Pfälzischen Kuriers‹ die Marktstellung der Rundschau weiter zu festigen und zu kräftigen. Offenbar entsprach die Pfälzische Rundschau dem politischen Weltbild vieler Pfälzer in der Tradition eines freilich konservativ (und teilweise recht hohl) gewordenen Liberalismus; jedenfalls überrundete ihre Auflage nicht zuletzt dank überregionalen Absatzes bei weitem diejenige des lokal ausgerichteten Generalanzeigers und erreichte wohl bereits lange vor dem Ersten Weltkrieg den Spitzenplatz unter den Pfälzer Zeitungen.[1374] Insofern gingen im Haus Waldkirch die eigene, inzwischen ein kräftiges Stück nach ›rechts‹ verschobene politische Weltanschauung und der blühende Kommerz seines Zeitungs-Imperiums, das außerdem rentable Wirtschafts-Periodica umfaßte,[1375] problemlos Hand in Hand.

Anmerkungen
Seite 726 und 727

1374 *Mörz 1994, S.63 geht für 1912 von ca. 30 000 Exemplaren der ›Rundschau‹ und ca. 20 000 Exemplaren des ›Generalanzeigers‹ aus; 1917 betrug die Auflage der ›Rundschau‹ 32 000 Stück, die des ›Generalanzeigers‹ nur 19 000; ebd., S.33, 37*

1375 *so die ›Pfälzische Gewerbe- und Handwerkerzeitung‹ und die ›Mitteilungen der Handelskammer Ludwigshafen a. Rh.‹; vgl. Waldkirch, S.16f*

1376 *Mörz 1994, S.28ff, 38f; Waldkirch, S.11ff; ›Pfälzische Rundschau‹, 8.8.1911*

1377 *f.d.F. Mörz 1994, S.50f*

Der erste Ludwigshafener ›Pressezar‹: ***Julius Waldkirch***[1376]

Julius Waldkirch wurde 1840 in Thiengen bei Freiburg als Sohn eines Lehrers geboren. Entgegen den Wünschen seines Vaters entschied er sich für das Druckerhandwerk, das er als Lehrling in Freiburg und als Geselle auf Wanderschaft in Karlsruhe, Pforzheim, Heilbronn und Mannheim erlernte. Seit Oktober 1865 arbeitete er in der Baurschen Buchdruckerei in Ludwigshafen. Zwei Jahre später wurde er Geschäftsleiter bei August Lauterborn. Er war also bei den beiden Verlegern der ersten Ludwigshafener Zeitungen beschäftigt gewesen, bevor er sich 1870 selbständig machte und in seiner eigenen Druckerei im Haus des Distriktszahnarztes Zahn in der späteren Wredestraße ein ›Ludwigshafener Tageblatt‹ herausbrachte.

Die Unsicherheiten des Krieges von 1870/71 führten zum Scheitern des Unternehmens. Ebenso schlugen 1871 und 1881—1884 seine Versuche fehl, ein freisinnig-liberales Blatt in Konkurrenz zu den nationalliberalen Zeitungen zu etablieren. Erst der ›General-Anzeiger‹ brachte 1876 den Durchbruch. Technischen Neuerungen gegenüber war Waldkirch offen, er erwarb 1886 die erste Rotationsmaschine und war zehn Jahre später vermutlich der erste Automobilbesitzer der Pfalz.

Neben seinem Unternehmen, dem er in patriarchalischer Weise vorstand, war Waldkirch auf vielen Feldern aktiv und wuchs über die Jahre ganz natürlich in die städtische Führungsschicht hinein: Sein Engagement galt dabei vor allem eher ›fortschrittlich-liberalen‹ Projekten: seit 1868 war er Vorsitzender des Allgemeinen Krankenunterstützungsvereins, 1869 gründete er mit dem Arbeiter-Verein, dessen Ehrenmitglied er 1877 wurde, eine berufliche Fortbildungsschule, deren Lehrpläne er selbst zusammenstellte, 1870 trat er für die Simultanschule ein, 1872 wurde er Gründungsmitglied, später Vorsitzender des Gewerbevereins, 1877 Mitglied der Ludwigshafener Handelskammer, circa 20 Jahre später auch des Deutschen Zeitungsverlegervereins. Zeitweise engagierte er sich in kolonialwirtschaftlichen Unternehmungen und war 1890 Gründungsaktionär des Bürgerbräus. Von 1879 bis 1895 war er Mitglied des Stadtrats.

1897 wandelte Waldkirch seinen Betrieb in eine GmbH um, deren Geschäftsführer sein Sohn wurde. Von einer tückischen Krankheit gezeichnet, zog er sich offenbar mehr und mehr vom Geschäft zurück. Den Baubeginn des in den Formen des Jugendstils gehaltenen repräsentativen Firmensitzes in der Amtsstraße hat er noch erlebt. 1911 starb er hochgeehrt als Pressemagnat der Stadt und bedeutendster Zeitungsproduzent der Pfalz.

[S. M.]

Der erste ›Pressezar‹ der jungen Stadt Julius Waldkirch [432]

Die lange Zeit dominante Grundstimmung zugunsten national-liberal eingefärbter Weltsicht in der Ludwigshafener und Pfälzer Presse erhielt allerdings Konkurrenz, je deutlicher und schärfer sich politische Richtungen und Richtungskämpfe im noch jungen Kaiserreich herausbildeten.

Das Zentrum, die Partei des politischen Katholizismus, gewann in Ludwigshafen erst recht spät ein Presseorgan,[1377] obwohl etwa die Hälfte der Bevölkerung katholisch war. Eine konfessionell ausgerichtete Tageszeitung zu abonnieren, erforderte einen ausgeprägten Hang zur Mutter Kirche, und daran scheint es in Ludwigshafen aus bereits angesprochenen Gründen doch etwas gehapert zu haben. Nicht Ludwigshafen, sondern Speyer war der wichtigste Standort katholischer Presse in der Pfalz, dort erschien die 1852—1858 noch in Ludwigshafen verlegte ›Pfälzer Zeitung‹, die ihr Herausgeber Dr. Eugen Jäger aus einem zunächst regierungsnah-konservativen in ein ausgeprochenes Zentrumsblatt verwandelt hatte. Jäger, ein führender Kopf und seit 1907 Vorsitzender der Zentrumspartei in der Pfalz, behielt den Druckort Speyer auch bei, als er 1901 damit begann, in Ludwigshafen das *Pfälzer Volksblatt* zu vertreiben. Wie der Untertitel der Zeitung („zugleich Anzeiger für die Bezirke

Ludwigshafen und Frankenthal") belegt, suchte Jäger durch Annoncen und amtliche Bekanntmachungen in einem bestimmten Bereich die finanzielle Basis des Unternehmens sicherzustellen, hatte hierbei jedoch wohl nur mittelmäßigen Erfolg; jedenfalls bewegte sich der Absatz in eher bescheidenen Grenzen (1901 rd. 3400 Exemplare, 1903 allein in der Stadt Ludwigshafen gut 2100 Exemplare, immerhin fast eine Verdoppelung gegenüber 1901). 1913 bündelte Jäger seine Ressourcen, indem er das ›Volksblatt‹ einstellte und stattdessen die Redaktion der nun kräftig aufgestockten ›*Pfälzer Zeitung*‹ in die Stadt der Chemie verlagerte, aus der sie 1858 ausgezogen war; die Druckerei verblieb hingegen in Speyer. Freilich konnte auch derartige Umstrukturierung die konfessionell geprägte Nachfrage im Zeichen fortschreitender Säkularisierung des Denkens gerade in der pfälzischen Industriemetropole wohl nicht neu beflügeln.

Das Gebäude der ›Pfälzischen Post‹ in der Maxstraße am Viadukt Aufnahme um 1928 [433]

Ganz anders verlief die Entwicklung bei der sozialistischen Weltanschauungskonkurrenz.[1378] Sie hatte zunächst über Jahrzehnte mit den Widrigkeiten knapper Finanzen und beschränkten Absatzes, vor allem aber bis zu Beginn der 1890er Jahre mit amtlicher Überwachung und Repression der angeblichen ›Reichsfeinde‹ und ›vaterlandslosen Gesellen‹ im Zeichen des sog. Sozialistengesetzes (1878—1890) zu kämpfen. Die Arbeiterbewegung in Ludwigshafen war ohnehin noch längere Zeit zu schwach, um aus eigener Kraft ein Presseorgan zu unterhalten, und sah sich auf die enge Zusammenarbeit mit der Sozialdemokratie in Nordbaden verwiesen. Die ersten Regionalzeitungen erschienen in Mannheim und zeigten bereits in ihren Namen den Verbund über die Rheingrenze hinweg an, das ›Pfälzisch-Badische Volksblatt‹ (das nach wenig mehr als einjähriger Existenz von September 1877 bis Oktober 1878 verboten wurde), ebenso wie die ›Volksstimme. Sozialpolitisches Tageblatt für das werkthätige Volk der Badisch-Bayerischen Pfalz‹ (seit 1. Mai 1890).[1379] Es war Franz Josef Ehrhart, der 1892 ein eigenes Sprachrohr der pfälzischen Sozialdemokratie anvisierte:[1380] Auf seinen Antrag beschloß der dritte pfälzische Arbeitertag zu Kaiserslautern, als ersten Schritt zu diesem Ziel eine eigene pfälzische Ausgabe der ›Volksstimme‹ mit stärkerer Berücksichtigung der linksrheinischen Belange herauszubringen. Zwei Jahre später stimmten die Delegierten auf dem fünften pfälzischen Arbeitertag in Pirmasens Ehrharts Vorschlag zu, den Titel der Regionalausgabe in ›*Pfälzische Post*‹ umzuwandeln und die Redaktion nach und nach voll in die eigenen Hände zu nehmen. Ab dem 1. Oktober 1895 erschien das neue Parteiorgan und entwickelte sich in der Folgezeit unter der Oberleitung von Ehrhart nicht stürmisch, aber doch kräftig (1899 gut 7000, 1903 ca. 10200, 1912 an die 20000 Exemplare),[1381] seit 1904 sogar mit eigenem Verlag und eigener Druckerei in Ludwigshafen.[1382] Bei aller ideologischen Einfärbung seiner Rhetorik folgte das Blatt dem gemäßigt-pragmatischen Kurs der Pfälzer Sozialdemokratie und zeitigte gerade dadurch Wirkung über den unmittelbaren Leserkreis der Abonnenten und Sympathisanten hinaus, denn seine ständige, oft genug berechtigte Kritik an bestehenden Verhältnissen bzw. Mißständen wurde auch von den Gegenspielern der Arbeiterbewegung empfindlich registriert und ging damit ein in den Diskurs der politischen Öffentlichkeit.

Dieser Diskurs, die fortlaufende Information und die damit einhergehende ›Erörterung der politischen Angelegenheiten‹, bildete ja die

Anmerkungen
Seite 728 und 729

1378 f.d.F. zusammenfassend Mörz 1994, S.42ff

1379 vgl. Breunig 1976, S.214f

1380 f.d.F. auch Weißt du noch, S.97ff; Breunig 1976, S.231ff

1381 nach Mörz 1994, S.46,63

1382 Breunig 1976, S.306f

1383 grundlegend die informationshaltige Untersuchung von Breunig 1976. Für die bayerische Pfalz insgesamt Schneider 1956 und Bräunche 1982, S.166ff; vgl. ferner Schneider 1999a und Fenske

1384 Breunig 1976, S.161, f.d.F. S.146ff; zur Zusammensetzung der ›Gefolgschaft‹ ebd., S.219f

bestimmende Aufgabe der Presse. Sie war in Konsens, Abgrenzung oder Konfrontation zwischen verschiedenen Interessen und weltanschaulichen Positionen, Gruppen und Parteien das Medium, das tagtäglich im Kleinen wie im Großen, in halbwegs harmonischen Tönen wie in oft recht mißtönendem Konzert mit allen verfügbaren Ausdrucksmitteln des gedruckten Worts die ›öffentliche Meinung‹ beeinflußte und formte. Die Bereitschaft, die Auseinandersetzung mit scharfer Klinge zu führen, war im Vergleich mit heutigen medialen Umgangsformen recht ausgeprägt – ein Zeichen dafür, daß die innergesellschaftlichen Spannungen relativ groß waren und zumindest die politischen Blätter deshalb gerade auch in Angriff und Verteidigung entscheidende Möglichkeiten sahen, ihre Leserschaft zu fesseln. Natürlich prägte derartige Konfrontation besonders die Beziehungen zwischen ›bürgerlichem‹ und sozialistischem Lager, wohlgemerkt auf beiden Seiten.

Pfälzische Post
Organ für die Interessen des Volkes
18. Jahrg. Ludwigshafen a. Rh., Dienstag den 9. Januar 1912. Nr. 7.
Weshalb müssen die Arbeiter der chemischen Industrie sozialdemokratisch wählen?

Die sozialdemokratische Presse „Warum müssen die Arbeiter der chemischen Industrie sozialdemokratisch wählen?" Titelseite der ›Pfälzischen Post‹ 9. Januar 1912 [434]

Der unaufhaltsame Aufstieg der sozialistischen Arbeiterbewegung

Der Aufstieg der Arbeiterbewegung, den das Sozialistengesetz vergeblich zu stoppen versuchte, war zweifellos die folgenreichste politische und soziale Bewegung in Deutschland zur Zeit des Kaiserreichs. Soweit es die Stadt der Chemie betrifft, war davon bereits immer wieder die Rede, so bei Vereins- und Pressewesen, vor allem aber im Überblick über Reichstags-, Landtags- und Gemeinderatswahlen. Die Bedeutung dieses Vorgangs für die Geschichte Ludwigshafens rechtfertigt es, ihn in gebotener Kürze zusammenhängend und bisherige Information ergänzend darzustellen.[1383]

Die ›Stadt der Arbeit‹ war zugleich eine Stadt der Arbeiter. Die Arbeiterbewegung benötigte einige Zeit, um aus dieser einfachen Tatsache vollen Nutzen zu ziehen: Handwerklich ausgebildete Kräfte, zumal Handwerksgesellen bildeten ihre Trägerschicht, während sich die Masse der Ungelernten, wie sie in der Stadt der Chemie zahlreich anzutreffen waren, ihr gegenüber noch weitgehend als immun erwies. So begannen sich vor Ort zunächst Buchdrucker, Holz- und Metallarbeiter zu organisieren und streikten 1873 erstmals angesichts stark gestiegener Lebenshaltungskosten für höhere Löhne – die Buchdrucker mit Erfolg, während die Schreiner ihre Forderungen nicht durchzusetzen vermochten.[1384] Symptomatisch für die Situation in Ludwigshafen war es ferner, daß die Agitation für die Sozialdemokratie sowie für die sozialistische Gewerkschaftsbewegung anfangs von außen in das Zentrum der Vorderpfalz hineingetragen wurde, da es an eigenständigen Führungspersönlichkeiten vor Ort noch mangelte. Nach dem Zusammenschluß der Anhänger Lassalles und der an Marx und Engels orientierten sog. Eisenacher (Bebel, Liebknecht) zur Sozialistischen Arbeiterpartei Deutschlands in Gotha 1875 wurde zunächst Mannheim mit August Dreesbach für die Parteiarbeit und Ferdinand Weidemann als Vorkämpfer für die Gewerkschaftsbewegung zur Leitzentrale der Arbeiterbewegung im badisch-pfälzischen Bereich. Der ständige, wenngleich schwankende Stimmenzuwachs für die Sozialdemokratie bei den Reichstagswahlen zeigte, daß der Aufstieg der Arbeiterbewegung auch unter dem Druck permanenter Überwachungs- und Repressionspolitik im Zeichen des sog. Sozialistengesetzes (›Gesetz gegen die gemeingefährlichen Bestrebungen der Socialdemokratie‹, 1878—1890) nicht zu stoppen war: 62% des Zuwachses

Josef Queva (1849—1929), rechts, in seiner Jugend Teilnehmer am Streik in der Oggersheimer Samtfabrik und einer der frühesten Anhänger der Sozialdemokratie, seit 1877 in Friesenheim ansässig, Bäckermeister, Vorsitzender der Freireligiösen Gemeinde und langjähriger Stadtrat der SPD [435]

an Wahlberechtigten in Ludwigshafen von 1878 bis 1890 kamen der Sozialistischen Arbeiterpartei bei den Reichstagswahlen zugute. Die Partei verstand es auch während dieser schwierigen Phase hier wie andernorts immer wieder, die amtlichen Maßnahmen zu unterlaufen, durch heimliche Verbreitung von Flugschriften, sozialdemokratischen Zeitungen und Broschüren zu werben, unter der Hand Versammlungen abzuhalten, Ersatzorganisationen auf- und auszubauen, u. a. Hilfskassen (Kranken- und Sterbekassen), die vom Vereinsverbot nicht betroffen waren, und Fachvereine, die als Berufsvertretungen galten, tatsächlich aber an die Stelle der verbotenen Gewerkschaften traten.[1385] Allmählich konnten sich die Ludwigshafener Genossen stärker auf eigene Kräfte vor Ort stützen, seit 1879 auf Joseph Queva, der sich als selbständiger Bäckermeister in Friesenheim niederließ, seit 1880 vor allem auf Franz Josef Ehrhart. Ehrhart[1386] war schon in jungen Jahren den Eisenachern beigetreten; bereits 1873—1877 hatte er von Mannheim aus in der Pfalz wirkungsvoll Parteiarbeit geleistet, bevor er sein Aktionsfeld für etwa drei Jahre ins Ausland verlegte. 1881 kehrte er nach Mannheim zurück und begann erneut mit der Agitation vornehmlich in der Vorderpfalz. Zwar hatte er sich bereits von den radikalen Positionen seiner Jugendzeit gelöst, gehörte jedoch noch bis in die späten 1880er Jahre zum linken Flügel der Partei. 1884 ließ er sich in Ludwigshafen nieder und eröffnete hier ein Möbel- und Tapeziergeschäft. Damit gewann die Sozialdemokratie vor Ort einen engagierten Repräsentanten mit Führungsqualitäten und Charisma. Nachdem Ehrhart im Reichstagswahlkampf 1884 wesentlich dazu beigetragen hatte, daß die Sozialdemokratie es in seinem Wahlkreis bis in die Stichwahl brachte, konnte er die Pfälzer Genossen aus der engen Bindung an Mannheim lösen, die bisherige Unterordnung in ein gut funktionierendes partnerschaftliches Verhältnis verwandeln. Ludwigshafen bildete fortan das neue Zentrum der Sozialistischen Arbeiterpartei in der Vorderpfalz, und Ehrhart, unbestritten der führende Kopf, betrieb von hier aus tatkräftig den weiteren Auf- und Ausbau der Partei bis in die Hinterpfalz hinein, die bisher noch kaum von der Arbeiterbewegung erfaßt worden war. 1887 erlitt die Sozialdemokratie bei den ›Septennatswahlen‹ zwar im Wahlkreis einen spürbaren Einbruch, der sogar vorübergehend Krisenstimmung innerhalb der Ludwigshafener Partei auslöste und die damalige Kandidatur Ehrharts (anstelle des bekannteren und dem gemäßigten Parteiflügel zugehörenden Dreesbach) als möglichen Fehler erscheinen ließ. Den Fortgang der zielstrebigen Aufbauarbeit konnten derartige Rückschläge jedoch nicht verhindern, Ehrharts Führungsposition blieb unangefochten. Der (erste) Pfälzische Arbeitertag in Neustadt am 15. September 1889 demonstrierte die Fortschritte der Partei in der Großregion, bestimmte schon frühzeitig die Richtlinien für die Reichstagswahl 1890 und legte auf Anregung Ehrharts den neuen, auf Mitwirkung ausgerichteten Kurs der Pfälzer Sozialdemokratie für die bisher vernachlässigte Kommunalpolitik fest. Den ersten Erfolg errang Ehrhart persönlich noch gegen Ende desselben Jahres mit seinem Mandat im Ludwigshafener Stadtrat, den nächsten Sieg einige Wochen später, als seine Partei bei den letzten Reichstagswahlen unter dem Sozialistengesetz in Ludwigshafen erstmals die größte Stimmenzahl auf sich vereinigte und entscheidend dazu beitrug, daß eine Stichwahl zwischen dem nationalliberalen und dem Zentrums-Kandidaten erforderlich wurde. Das Erscheinen der ›Volksstimme‹ als Gemeinschaftsorgan der badischen und

Anmerkungen
Seite 730 und 731

1385 hierzu und f. d. F. Breunig 1976, S. 179ff; Weißt du noch, S. 36ff, 70ff
1386 zu Ehrharts Biographie siehe unten
1387 Breunig 1976, S. 223; ergänzend und modifizierend Bräunche 1982, S. 175f
1388 vgl. Breunig 1976, S. 253f

Die Besteuerung des Hungers
Sozialdemokratische Agitationsschrift
vor 1914 [436]

Mitgliedskarte Franz Josef Ehrharts – auf der Karte „Erhard" – für den ›Sozialdemokratischen Verein Ludwigshafen a. Rh.‹
1893 [437]

pfälzischen Sozialdemokratie ab dem 1. Mai 1890 sorgte in einem bisher nicht denkbaren Ausmaß für permanenten Kontakt mit der tatsächlichen und der potentiellen Anhängerschaft auf der lokalen und regionalen Ebene. Und selbstverständlich baute die Partei nun rasch wieder eine effiziente Organisationsstruktur auf: Ein ständiges Agitationskomitee in Ludwigshafen unter dem Vorsitz von Ehrhart, bestehend aus zwölf Genossen, die der Ludwigshafener Parteiverein gewählt hatte, bildete die Pfälzer Parteileitung; ihr unterstanden ohne formelle Verbindung, die das bayerische Vereinsgesetz einstweilen noch nicht zuließ, die Bezirkskomitees der sechs pfälzischen Reichstagswahlkreise, denen wiederum die Ortsvereine im jeweiligen Wahlkreis zugeordnet waren.[1387] Nach Änderung der Gesetzeslage konnte der nunmehrige Gau Rheinpfalz 1898 problemlos in eine festere gesamtbayerische Parteiorganisation eingebunden werden mit einem Gauvorstand aus neun Ludwigshafener Parteimitgliedern.[1388]

Gründer der pfälzischen Sozialdemokratie: Franz Josef Ehrhart [438]

Der ›rote Pfalzgraf‹: **Franz Josef Ehrhart**[1389]

Als er zu Grabe getragen wurde, folgten Tausende von Menschen seinem Sarg. Die junge Chemiestadt Ludwigshafen erlebte den größten Trauerzug ihrer Geschichte. Selbst Oberbürgermeister Krafft, über Jahrzehnte ein erbitterter politischer Gegner, würdigte Franz Josef Ehrhart, den Gründer der pfälzischen Sozialdemokratie, als:

„reich begabt [...] eine zähe pflichteifrige und zielbewußte Persönlichkeit", die unter Einsatz aller Kräfte bemüht gewesen sei, „das Interesse der Stadt Ludwigshafen zu wahren und zu fördern [...]"

Ehrhart wurde 1853 in Eschbach bei Landau als uneheliches Kind der Dienstmagd eines Pfarrers geboren. Auf Kosten der Gemeinde wurde er bei Pflegeeltern versorgt und im Alter von elf Jahren nach Fürth, wo seine Mutter in Stellung war, abgeschoben.

Während seiner harten Lehre in einer dortigen Tapezierwerkstätte kam Ehrhart mit der sozialistischen Bewegung in Berührung und schloß sich den Freireligiösen an. Auf seiner Handwerks-Wanderschaft, die ihn durch ganz Süd- und Mitteldeutschland führte, lernte er den radikalen Agitator Johann Most kennen. Tief beeindruckt schloß sich der 18jährige Ehrhart der Eisenacher Richtung der Sozialdemokratie an und stand fortan auf dem linken Flügel der Arbeiterbewegung.

Seit 1872 war er als Parteiredner in der rheinisch-badisch-pfälzischen Region tätig, wurde mehrmals inhaftiert und übernahm 1874 den Vorsitz im Agitationskomittee des badisch-elsässisch-pfälzischen Bezirks der Eisenacher, der auch nach der Vereinigung der beiden sozialdemokratischen Richtungen 1875 bestehen blieb.

1877 ging Ehrhart für einige Jahre ins Ausland. Er wurde Sekretär des kommunistischen Arbeiterbildungsvereins in London, dem auch Marx und Engels angehörten, trat in Brüssel mit radikalen Umsturzparolen hervor, und knüpfte in Paris Kontakte zu russischen und französischen Revolutionären. Wiederholte Ausweisungen und dauernde Polizeiüberwachung waren die Folge. Von London aus beobachtete er voll Erbitterung die Verfolgung der Sozialdemokratie unter dem Sozialistengesetz und geriet durch die Herausgabe der radikalen Zeitung ›Freiheit‹ sowie mit Aufrufen zum gewaltsamen Umsturz des bestehenden Staates in Gegensatz zur deutschen Parteiführung.

1880 wurde er während eines Werbefeldzugs für seine Zeitung in Mannheim inhaftiert, lebte danach drei Jahre in der Quadratestadt, bevor er 1884 nach Ludwigshafen zog, ein Möbel- und Tapeziergeschäft gründete und heiratete. Als 1891 die Gründung eines eigenständigen pfälzischen SPD-Bezirks erfolgte, wurde Ehrhart sein Vorsitzender – und blieb es bis zu seinem Tod. Unter seiner Leitung wurde die pfälzische SPD zu einer stetig wachsenden, straff geführten Partei.

Seiner Initiative entsprang die Gründung einer eigenen Parteizeitung, der ›Pfälzischen Post‹. Daneben veröffentlichte Ehrhart noch in zahlreichen anderen Organen und beschrieb in eigenen Schriften in seinem ironisch-pointierten Stil die Zustände in der BASF, das Netzwerk der nationalliberalen Stadtführung oder die Komplexitäten des bayerischen Gemeindebürgerrechts, das zu erwerben er die Arbeiter ermutigte. Seine großen organisatorischen, rednerischen wie publizistischen Fähigkeiten machten ihn zum unumstrittenen Führer, wenn auch seine Ansichten immer wieder Kritik hervorriefen – zuerst von gemäßigten Parteimitgliedern, dann von der Parteilinken. Denn mit dem Ende des Sozialistengesetzes rückte Ehrhart nach rechts, wurde überzeugter Anhänger des reformistischen Flügels, trat für eine pragmatische Politik ein, die im Rahmen des bestehenden Staates, ja in Zusammenarbeit mit ihm, Verbesserungen für die Menschen erreichen konnte.

Auch auf religiösem Gebiet verfolgte er keinen radikalen Kurs mehr und plädierte wiederholt für den Respekt vor Glaubensüberzeugungen und die Freiheit religiöser Praxis.

Mit großer Energie widmete er sich der Detailarbeit in den verschiedenen parlamentarischen Gremien, in die er im Laufe der Jahre gewählt wurde: Seit 1889 war er Mitglied des Stadtrats – der erste Sozialdemokrat in dieser Runde, 1893 des bayerischen Landtags, 1898 des Reichstags. Auch in der bayerischen und gesamtdeutschen SPD übte er Funktionen aus.

Seine umfassende Tätigkeit unterhöhlte seine Gesundheit. Schon 1907 kam es zu einem physischen Zusammenbruch, es folgten Depressionen. Nach einer kurzen Erholung erlag Ehrhart im Juli 1908 im Alter von 55 Jahren einem Gehirnschlag.

[S. M.]

Anmerkungen
Seite 732 und 733

1389 zu Ehrharts Biographie bes. Schneider 1964, Breunig 1976, S. 676ff und Blinn; vgl. Schneider 1999a und 1999b

1390 vgl. Breunig 1976, S. 227ff

1391 dazu Schneider 1964, S. 293ff, ferner Fräßle

Bei der Beerdigungsfeier für Franz Josef Ehrhart 23. Juli 1908 [439]

Gewaltige Demonstration Trauerzug für Franz Josef Ehrhart Oggersheimer Straße, 1908 [440]

Die Anlehnung der Organisation an die Reichstagswahlkreise belegt, welche Bedeutung die Partei ihrer weiteren Entwicklung auf der Reichsebene beimaß. Die vorzeitige Neuwahl des Reichstags 1893 brachte zwar nicht den ganz großen Durchbruch zum ersten sozialdemokratischen Wahlsieg in der Pfalz, bestätigte aber die Spitzenstellung der Ludwigshafener Sozialdemokratie und die starke Position der SPD im Wahlkreis, da ihr Kandidat Ehrhart nach 1884 zum zweiten Mal in die Stichwahl gelangte. Allerdings wurde bei dieser Gelegenheit auch sichtbar, daß die Partei ohne einen beträchtlichen Teil der Zentrumswähler als dritter Kraft kaum würde siegreich sein können, daß aber die gemeinsame Gegnerschaft gegen den Nationalliberalismus einstweilen noch nicht stark genug war, die ideologischen Hemmschwellen zwischen den beiden Weltanschauungsparteien durch pragmatische Überlegungen im erforderlichen Ausmaß zu vermindern. Bedeutsam für eine derartige Entwicklung während der kommenden Jahre wurde der persönliche Erfolg Ehrharts bei den bayerischen Landtagswahlen 1893: Sein Mandatsgewinn in Nürnberg zeigte die zunehmende (und durch die Wahl weiter verstärkte) Vernetzung der Sozialdemokratie innerhalb Bayerns und eröffnete der Pfälzer Parteisektion erstmals den Zugang zur Landespolitik, denn bisher hatte sie sich an den Landtagswahlen nicht beteiligt, und ihr 1892 beschlossener erster Vorstoß in dieser Richtung beim Wahlgang 1893 zeitigte angesichts des restriktiv wirkenden indirekten Wahlrechts in der Pfalz noch wenig Wirkung.[1390] Die intensive Tätigkeit im Landtag[1391] brachte Ehrhart in näheren persönlichen Kontakt mit dem pfälzischen Zentrumsführer Eugen Jäger, eine wichtige Voraussetzung für die künftige Kooperation zwischen SPD und Zentrum in der Pfalz bei Wahlen, die der Ludwigshafener Sozialdemokratie dann 1898/99 wertvolle Siege bescherte. Vor Ort sorgte Ehrhart für eine stärkere Präsenz der Pfälzer SPD in der Tagespresse durch eine eigene linksrheinische Ausgabe der ›Volksstimme‹ unter Federführung der Ludwigshafener Parteileitung (1892), dann für die Umbenennung dieses Blattes in ›Pfälzische Post‹ und den allmählichen Aufbau einer

Deutscher Bauarbeiter-Verband

Jahres-Bericht
für das Geschäftsjahr 1913
des
Zweigvereins
Mannheim-Ludwigshafen

Druck der Mannheimer Aktiendruckerei A.-G.

Jahresbericht des deutschen Bauarbeiter-Verbands, Ortsgruppe Mannheim-Ludwigshafen 1913 [441]

selbständigen, von Mannheim unabhängigen Redaktion (1894/95) *[vgl. Presse, S. 722]*. Damit erhielt die Ludwigshafener und Pfälzer Sozialdemokratie ein permanent wirksames Organ, das mit neuartiger Intensität und Stetigkeit die Ansichten der Leser bis in die Wahrnehmung der regionalen und lokalen Alltäglichkeiten hinein beeinflussen und ihr Weltbild im Sinne der sozialdemokratischen Theorie und Praxis festigen konnte, weit intensiver, als dies gelegentliche Versammlungen und Vorträge vermochten. Zwischen den verschiedenen Organisationen der Partei sowie innerhalb des Vereinswesens der Arbeiterbewegung sorgte es für Gleichklang der Information und der Sichtweisen, minderte parteiinterne Reibungsverluste, sicherte einheitliches Auftreten gegenüber der politischen Konkurrenz jeder Couleur und verstärkte dadurch die sozialdemokratischen Chancen gerade auch in Wahlkämpfen. Der beachtliche Mobilisierungsgrad bei den Reichstagswahlen 1898 und das erstmals erprobte, noch zurückhaltende Zusammenspiel mit dem Zentrum bei den Stichwahlen bestätigte den eingeschlagenen Kurs: Ehrhart gewann zu Stadtrats- und Landtagssitz das erste sozialdemokratische Reichstagsmandat der Pfalz. In der Gesamtpartei lebhafter umstritten waren die taktischen Wahlabsprachen mit dem Zentrum bei den Landtags- und Stadtratswahlen im folgenden Jahr.[1392] Das Ergebnis gab Ehrhart recht, der sich aufgrund seiner Erfahrungen und im Einklang mit der pfälzischen Parteibasis zum pragmatisch-praktisch denkenden und handelnden Reformisten gewandelt hatte:[1393] 1899 wurde er zusammen mit Joseph Huber als Vertreter Ludwigshafens erneut in den bayerischen Landtag gewählt, und gegen Jahresende gelang der SPD mit nunmehr sieben Stadträten und drei Ersatzmännern (zu einem guten Teil Mitgliedern des Gauvorstands) der Durchbruch in der Ludwigshafener Kommunalpolitik.

Abgestützt und begleitet wurden diese Etappensiege durch den beginnenden Aufschwung und die organisatorische Verfestigung der Gewerkschaftsbewegung.[1394] Zwar blieben die Mitgliederzahlen in den einzelnen Verbänden meist noch sehr bescheiden,[1395] und es erwies sich die große Masse der Un- und Angelernten zumal in der chemischen Industrie den werbenden Bemühungen des Fabrikarbeiterverbandes gegenüber noch unzugänglich, doch bot der Zusammenschluß zum Gewerkschaftskartell Ludwigshafen (1895) bessere Koordination und Zusammenarbeit, ob es nun um die Wahlen der Arbeitnehmervertreter im Gewerbegericht, um die vom Kartell übernommene Ausgestaltung der Feiern zum 1. Mai, um die Organisation von Arbeitskämpfen oder um die Wirksamkeit der 1898 gegründeten Arbeiterschutzkommission ging, die durch öffentliche Kritik in der ›Pfälzischen Post‹ und durch amtliche Anzeigen die zuständigen Behörden zum Kontrollieren und gegebenenfalls Eingreifen und die betroffenen Unternehmen zum Einhalten und Verbessern von Schutzbestimmungen veranlaßte.

1903 zählte man in Ludwigshafen (einschließlich Friesenheim und Mundenheim) etwa 1 800 sozialdemokratische Parteimitglieder und 1 965 Mitglieder des Gewerkschaftskartells – 36% der Pfälzer Parteigenossen, aber doch erst ein mäßiger Anteil an der Gesamtheit der krankenversicherten Arbeiter vor Ort (schätzungsweise 10% in der SPD, 11% in den Gewerkschaften). Bis 1912 stieg die Zahl auf 2 502 Parteigenossen (21% der Pfälzer Sozialdemokraten), davon etwa ein Zehntel Frauen, die seit 1908 als Parteimitglieder gesetzlich zugelassen waren

Anmerkungen Seite 734 und 735

1392 vgl. Breunig 1976, S. 246ff
1393 ebd., S. 255ff
1394 ebd., S. 259ff
1395 vgl. die Zusammenstellung für das Jahr 1901 in Stadtgeschichte (1903), S. 453
1396 Breunig 1976, S. 697ff
1397 ebd., S. 725ff

Der Gegenspieler des Eisenbahnkönigs: **Friedrich Profit**[1396]

Die nach Ehrhart zweifellos bedeutendste Persönlichkeit der frühen pfälzischen Sozialdemokratie war Friedrich Profit. 1874 in Zweibrücken geboren, erlernte er das Schlosserhandwerk und trat auf seiner Wanderschaft in Düsseldorf dem Deutschen Metallarbeiterverband bei. In Berlin wurde er 1892 Mitglied der SPD, in Chemnitz aktiver Agitator für die Gewerkschaft. Überall geriet er deshalb in Konflikte mit den Polizeibehörden, wurde immer wieder entlassen. Nach seiner Militärzeit – 1894 bis 1896 – kehrte Profit in seine Heimat Zweibrücken zurück, trat aber bald in Ludwigshafen in den Dienst der Pfälzischen Bahnen. Er wollte Lokomotivführer werden. Gleichzeitig betrieb er mit großer Energie die Gründung einer Zelle der Eisenbahnergewerkschaft in der jungen Stadt – zu einer Zeit, als es in Deutschland insgesamt noch kaum organisierte Eisenbahner gab. Das Projekt glückte – doch Profit wurde ein weiteres Mal entlassen.

Nun begann seine Parteikarriere: Er wurde Vorsitzender der SPD Ludwigshafen, Angestellter der AOK, ehrenamtlicher Leiter des Ludwigshafener Gewerkschaftskartells. 1906 wurden seine Fähigkeiten durch die Ernennung zum besoldeten Sekretär der pfälzischen SPD anerkannt. Nach Ehrharts Tod wurde er zum faktischen Leiter der Partei. Wenig später – 1909 – gelangte Profit in den Stadtrat und 1912 in den bayerischen Landtag. Im Ersten Weltkrieg trug er die „vaterländische" Haltung der SPD mit. Vergeblich versuchte er die Abspaltung der Unabhängigen zu verhindern. Während der Revolution vereitelte er den Versuch der USPD, die Ludwigshafener Eisenbahn lahmzulegen und damit die Versorgung der Stadt und den Soldatenrücktransport zu gefährden.

In der Nachkriegszeit baute er die pfälzische SPD wieder auf und engagierte sich sowohl 1919 wie 1923/24 aktiv im Kampf gegen die separatistischen Bewegungen in der Pfalz. Redeverbote in der Pfalz durch die französische Besatzungsmacht waren die Folge. Der deutschen Friedensdelegation in Versailles gehörte er als Sachverständiger für Pfalzfragen an und wurde 1921 als sozialpolitischer Referent in das Ministerium für die besetzten Gebiete berufen. 1927 wurde er Ministerialrat.

Nach der Machtergreifung mußte Profit aus dem Staatsdienst ausscheiden. In Ludwigshafen erhielt der profilierte Sozialdemokrat Aufenthaltsverbot. So lebte er in Deidesheim, Mannheim, Kassel und Zweibrücken, wo er sein Zuhause durch den Bombenkrieg verlor. Zum Kriegsende befand er sich in Mutterstadt. Er kehrte nach Ludwigshafen zurück und widmete sich dem Wiederaufbau der pfälzischen SPD. 1951 ist er gestorben. [S. M.]

Früher Gewerkschaftler, Stadt- und Ministerialrat Friedrich Profit [442]

Gewerkschaftler im Spannungsfeld von Kampf und Kompromiß: **Gustav Haupt**

Gustav Haupt[1397] wurde 1870 in Halberstadt geboren und erlernte das Tischlerhandwerk. 1892 trat er dem Holzarbeiterverband bei und stieg in der Gewerkschaftsbewegung auf. In Bielefeld, wo er seit 1904 lebte, übernahm er 1906 im Auftrag des Ortskartells der Freien Gewerkschaften auch die Leitung des Fabrikarbeiterverbands. Im Jahr darauf bewarb er sich auf die Stelle eines besoldeten Agitationsleiters des Ludwigshafener Fabrikarbeiterverbands – und wurde ausgewählt.

Haupt arbeitete sich rasch in sein neues Arbeitsfeld ein und konnte erste Erfolge bei der Gewinnung neuer Mitglieder und der Anerkennung der Gewerkschaft vorweisen, als er 1911 die Organisation eines werkstreuen Arbeitervereins durch die BASF als ungeheure Provokation begriff und trotz des Fehlens der Unterstützung der anderen in der Anilin tätigen Gewerkschaften einen Streik vom Zaun brach, der erfolglos abgebrochen werden mußte.

Erst im Ersten Weltkrieg, besonders nach dem Erlaß des Hilfsdienstgesetzes, konnte seine Gewerkschaft in großem Stil Terrain zurück- bzw. hinzugewinnen. Das festigte auch Haupts Position, der seit 1917 Mitglied des Stadtrats war. Bei Kriegsende gelang es ihm, den Vorsitz im Arbeiter- und Soldatenrat der Stadt zu übernehmen und dessen Arbeit in Kooperation mit der SPD-Mehrheit in diesem Gremium in pragmatische Bahnen zu lenken. Von der Versammlung der pfälzischen Räte wurde Haupt als Delegierter nach Berlin zum Reichskongreß der Arbeiter- und Soldatenräte geschickt. Auch für die Nationalversammlung wurde er nominiert.

1919 wurde er jedoch als Zentralbranchenleiter für die chemische Industrie in den Hauptvorstand der Fabrikarbeitergewerkschaft in Hannover berufen. Hier widmete er sich besonders seinem Spezialgebiet, der Arbeitssicherheit und Gewerbehygiene. Haupt war Mitbegründer der Deutschen Gesellschaft für Gewerbehygiene und trat in zahlreichen einschlägigen Publikationen hervor. 1932 verstarb er völlig unerwartet im Amt. [S. M.]

Gewerkschaftssekretär, Stadtrat und ›Chef‹ des ›Arbeiter- und Soldatenrats‹ im Jahr 1918: Gustav Haupt [443]

und 1911 eine eigene Frauenabteilung innerhalb der Ludwigshafener Ortsgruppe gründeten, und 7708 Mitglieder der freien Gewerkschaften. Die Partei erfaßte demnach knapp 10% der krankenversicherten männlichen und weiblichen Arbeitnehmer, während es die Gewerkschaften jetzt auf 30% brachten.[1398] Das war ein respektables Ergebnis, und das gilt auch, wenn man mit den Reichstagswahlen von 1903 und 1912 vergleicht. Hier stieg die Wählerzahl in Ludwigshafen von 7735 auf 9412.[1399] Geht man davon aus, daß die Parteimitglieder für gewöhnlich auch einer Gewerkschaft angehörten, die Zahl der Gewerkschaftsmitglieder also im wesentlichen mit dem Bestand der Organisierten übereinstimmte, so wäre deren Anteil an den SPD-Wählern 1903 bis 1912 von rd. 25% auf 80% gestiegen; keine andere Partei konnte damals nur annähernd einen derart hohen Anteil ihrer Sympathisanten organisatorisch an sich binden. Wenn die Zahl der Gewerkschaftsmitglieder freilich 1912 dreimal so groß war wie diejenige der SPD-Genossen, so zeigt das wiederum, welch beachtliches Potential noch für die Partei gewonnen werden konnte. Die SPD suchte die Voraussetzungen hierfür 1906 durch zentralisierende Straffung ihrer Organisation und Ausbau der Personalspitze zu verbessern: Mit Friedrich Profit als besoldetem Parteisekretär erhielt Ehrhart einen ebenso engagierten wie fähigen Helfer in der Parteileitung,[1400] eine Neuerung, die in der pfälzischen Parteienlandschaft vorerst einmalig blieb. Und auf der ideologischen Ebene vertrat Ehrhart gegen alle theoretischen Radikalismen der Berliner Zentrale und gegen alle Kritik dogmatischer Marxisten an seinem angeblichen politischen Opportunismus stets nachdrücklich den Kurs eines pragmatischen Reformismus, der unter den gegebenen Verhältnissen allein politische, ökonomische und soziale Verbesserungen zugunsten der Arbeiterschaft bewirken könne. Damit beeinflußte er und repräsentierte er zugleich die Stimmung der pfälzischen Sozialdemokratie. Das zeigte sich, als der ›rote Pfalzgraf‹, wie Ehrhart wegen seiner unbestrittenen Autorität in der Pfälzer SPD genannt wurde, 1908 nach schweren Erschöpfungszuständen im Alter von nur 55 Jahren an einem Gehirnschlag starb: Die Parteiführung hielt unverändert am reformistischen Kurs als seinem Erbe fest – abgesehen von verschwindend kleinen radikalen Gruppen[1401] mit positiver Resonanz bei den Anhängern und guten Erfolgen auf allen politischen Ebenen, und Entsprechendes ließ sich trotz gelegentlicher Rück- und Querschläge bei der weiteren Entfaltung der Gewerkschaftsbewegung feststellen.[1402]

Daß die gewerkschaftliche Arbeit Probleme und Anliegen der Mitglieder in ihrem beruflichen Alltag unmittelbar aufgriff, bildete ein entscheidendes Element für ihre Fortschritte bei der Werbung neuer Mitglieder, zunächst soweit es die gelernte Arbeiterschaft betraf, um die Jahrhundertwende aber allmählich auch bei den ›Fabrikarbeitern‹ der Chemie- und der Metallindustrie. Schon 1901 hatten die ›Fabrik-, Land- und Hilfsarbeiter Ludwigshafens‹ und der ›Deutsche Metallarbeiter-Verband‹ zumindest absolut die größten Mitgliederzahlen aufzuweisen.[1403] Der Organisationsgrad war bei ihnen allerdings noch außerordentlich niedrig, und diese potentielle Klientel zum Beitritt zu motivieren und dauerhaft zu binden, erwies sich als schwieriges Unterfangen, wie die nicht nur konjunkturell bedingten Schwankungen der Mitgliederzahlen belegen.[1404] Das Gewerkschaftskartell suchte mit sparsamsten Mitteln seine Dienstleistungen anzubieten: Erst seit Oktober 1913 verfügte es über einen hauptamtlichen Arbeitersekretär für die

Anmerkungen
Seite 736 und 737

1398 berechnet anhand der Daten bei Breunig 1976, S.789 und 794f, VB 1900/04, S.69, VB 1912, S.36

1399 Daten bei Breunig 1976, S.771f

1400 vgl. Breunig 1976, S.286ff, 697ff und Breunig 1999; Weißt du noch, S.129ff

1401 zu den anarchistischen Grüppchen in Ludwigshafen Breunig 1976, S.357ff

1402 f.d.F. Breunig 1976, S.363ff

1403 vgl. Stadtgeschichte (1903), S.453

1404 vgl. Daten bei Breunig 1976, S.794f

1405 vgl. dazu v. Hippel 2002b, S.519ff

1406 vgl. Breunig 1976, S.411ff

1407 ebd., S.417ff

1408 ebd., S.432ff; Braun

Geschäftsführung und die Rechtsauskunft, zuvor behalf man sich mit ehrenamtlich tätigen Mitgliedern und in besonders schwierigen Fällen mit der Nachbarschaftshilfe des Mannheimer Arbeitersekretariats. Rechtsberatung, Fortbildung in ihren verschiedenen Spielarten, Bemühen um eine möglichst starke Vertretung der Arbeitnehmer im Gewerbegericht *[vgl. Arbeitswelt, S. 442]*, Einsatz für den Arbeiterschutz, für bessere Arbeitsbedingungen überhaupt, für Absicherung in Notsituationen (z. B. durch gewerkschaftsinterne Unterstützungen, durch Notstandsarbeiten der Stadt oder die angestrebte Arbeitslosenversicherung), Abwehrmaßnahmen gegen die Ausgrenzung der Organisierten auf dem Arbeitsmarkt, wie sie die Stellenvermittlung des regionalen Arbeitgeberverbandes offensichtlich anstrebte *[vgl. Soz.-Pol., S. 600]* – dies waren Facetten des Engagements von Kartell und Einzelgewerkschaften für ihre Mitglieder; vor allem aber gehörte natürlich die friedliche und gebotenenfalls auch die kämpferische Auseinandersetzung mit der Unternehmerseite um die Bedingungen am Arbeitsplatz, um Lohn und Arbeitszeit zum Kernbestand gewerkschaftlicher Tätigkeit. Das Ringen um vertragliche Vereinbarungen, die zugleich eine Anerkennung der Gewerkschaften seitens der Arbeitgeber beinhalteten, verlief insgesamt reichlich zäh, denn die großen Unternehmen, allen voran die BASF, verweigerten sich derartigen gewerkschaftlichen Vorstößen zu kollektiven Tarifverträgen so weit wie möglich. Doch selbst in diesen Fällen blieb der gewerkschaftliche Druck keineswegs wirkungslos, näherte sich z. B. die BASF seit 1906 widerwillig genug und unter dem Anschein voller eigener Entscheidungsfreiheit einer generellen Lohnregelung innerhalb des Unternehmens schrittweise an.[1405] Das Drängen des Hafenarbeiterverbandes, den Arbeitsschutz zu verbessern, vor allem die Nachtarbeit zu verbieten und Überstunden nur ausnahmsweise zu gestatten, führte nach mehreren Jahren 1903 zur Revision der ›Hafenpolizei- und Länderordnung für Ludwigshafen am Rhein‹ und zu strengeren Kontrollen durch Gewerbeaufsicht und Hafenkommissariat, und 1911 setzte der Verband nach hartem einmonatigem Streik einen auf vier Jahre bemessenen Tarifvertrag durch, der die Arbeitszeit auf neun Stunden verkürzte und die Löhne um 10% anhob.[1406] Nicht so erfolgreich war in dieser Hinsicht die Ludwigshafener Sektion des Metallarbeiterverbandes,[1407] weil ihr, die selbst in größere regionale Zusammenhänge eingebunden war, ein starker Arbeitgeberverband gegenüberstand, der wiederum seinen Mitgliedern im Interesse gleicher Rahmenbedingungen verbindliche und nicht verhandelbare Vorgaben machte. So konnten die Metaller zwar 1902 erreichen, daß bei den Gebr. Sulzer, der größten Branchen-Firma vor Ort, ein Arbeiterausschuß gegründet und seitdem trotz Gegenaktivitäten des Unternehmens regelmäßig fast ausschließlich mit Vertretern der freien Gewerkschaften besetzt wurde, und sie konnten 1907 für den gesamten Bezirk Stuttgart, zu dem Ludwigshafen gehörte, die Verkürzung der Arbeitszeit auf 57, 1912 auf 56 Wochenstunden bei Lohnausgleich aushandeln, dies aber nicht im festen Rahmen eines Tarifvertrags, sondern als Empfehlung des Arbeitgeberverbands an die Mitglieds-Unternehmen. Von einer Anerkennung als gleichberechtigter Partner konnte noch keine Rede sein, und in noch höherem Maße galt dies für den Fabrikarbeiterverband,[1408] die Gewerkschaft in Ludwigshafen mit den meisten Mitgliedern, aber auch mit besonders lebhafter Mitgliederfluktuation, bedingt oder wenigstens begünstigt durch die vergleichsweise instabile Wirtschafts- und Lebenssituation der

Das erste Entrée zur Stadt der Arbeit: die Rheinbrücke ... in den Jahren vor dem Ersten Weltkrieg [444.1]

ungelernten Arbeiterschaft. Die Einführung der verbandsinternen Erwerbslosenunterstützung 1904 und ebenso der Streikerfolg von Anfang 1906 in der BASF ließen seine Mitgliederzahlen kräftig ansteigen – (1904 bis 1906 von 488 auf 2 888); dagegen bewirkten in den folgenden Jahren nachlassende Konjunktur und 1911 der fehlschlagende Streik in der BASF, daß durch Austritte und durch Wegzug aus der Stadt der 1906 erreichte Stand empfindlich zusammenschmolz und bis ins Jahr 1914 hinein nur dank des Anschlusses der gewerkschaftlichen Gruppen aus einer Reihe umliegender Orte mit nunmehr gut 3 000 Mitgliedern geringfügig übertroffen werden konnte.[1409]

Der Fabrikarbeiterverband lag damit um einiges hinter dem 1911 gegründeten gelben Werkverein der BASF, der damals rd. 4 700 Angehörige zählte und numerisch die stärkste Organisation nicht nur innerhalb der Ludwigshafener Spitzen- und Leitfirma, sondern in der Stadt der Chemie überhaupt bildete. Und der Werkverein blieb nicht isoliert, sondern seine erfolgreiche Existenz ermutigte mehrere andere Firmen dazu, in den nächsten Jahren ihrerseits derartige ›wirtschaftsfriedliche‹ Einrichtungen zu schaffen, so die Gebr. Sulzer, die Walzmühle, Grünzweig & Hartmann; hinzu kamen eine Ortsgruppe des Deutsch-Vaterländischen Arbeitervereins und der Lokalverband der Zimmerer, und alle genannten Vereine schlossen sich wiederum zu einer Art von Gegenkartell gegen das Gewerkschaftskartell zusammen: zur ›Vereinigung der Werk- und Vaterländischen Arbeitervereine von Ludwigshafen a. Rh. und Umgebung‹.[1410] In größerem Zusammenhang blieben derartige Abwehr-Versuche zwar symptomatisch für das Bestreben vor allem großindustrieller Unternehmen, die innerbetrieblichen Beziehungen und Machtverhältnisse ›im Griff‹ zu behalten, doch zeigte sich hier wie auf allen Ebenen der Politik, der Wirtschaft und Gesellschaft, daß der wachsende Einfluß von Sozialdemokratie und freien Gewerkschaften ein unaufhaltsamer Prozeß war, der sich wiederum aus den wirtschaftlichen und sozialen und aus den damit verbundenen politischen Entwicklungen speiste. Fortschrittlich denkende Unternehmer wie Fritz Raschig reagierten darauf, indem sie auf dem Verhandlungsweg zu tragfähigen und ökonomisch kalkulierbaren Tarifvereinbarungen kamen,[1411] unnötigen Arbeitskampf vermieden und das Binnenklima in der Firma beruhigten.

Der Gewerkschaftsfunktionär Sebastian Prüll, der zwischen 1904 und 1911 die Stelle des ›Gauleiters‹ des Ludwigshafener Fabrikarbeiterverbands innehatte, über das Vorgehen Raschigs:[1412] „Es war im Jahr 1905",

Anmerkungen
Seite 738 und 739

1409 *vgl. Breunig 1976, S.441f, 797; berücksichtigt man nur, daß seit 1906 auch Mundenheim und Oggersheim zum Ortsverband Ludwigshafen gestoßen waren, so lag der Mitgliederstand 1913 fast um 500 unter demjenigen von 1906*

1410 *ebd., S.456f*

1411 *vgl. Tarifvertrag von 1912 in StALu, ZR 1160/9, S.28f; Braun, S.49f*

1412 *zit.n. Braun, S.49f*

1413 *dazu vgl. allg. Ritter / Tenfelde 1992, S.426ff, 783ff*

... mit Blick über Ludwigshafen [444.2]

als er für die Raschig-Arbeiter eine „Betriebsversammlung zum Zwecke der Agitation" für die Gewerkschaft veranstaltet hatte. „Die Arbeiter wollten natürlich auch gleich Erfolge sehen, denn sie hatten ja nun ihre Aufnahmescheine ausgefüllt. Nur einige der in der Versammlung Anwesenden waren schon seit längerer Zeit Verbandsmitglied. Weil jedoch nach dem Verbandsstatut von einer Lohnbewegung durch den Verband noch keine Rede sein konnte, empfahl ich der Arbeitern, fünf Kollegen zu wählen und diese der Firma als Arbeiterausschuß zu präsentieren. Die dann formulierten Forderungen sollten bei dieser Gelegenheit dem Firmeninhaber unterbreitet werden. Das geschah. Die fünf Kollegen wurden am anderen Tage bei Dr. Raschig vorstellig und von ihm als Arbeiterausschuß anerkannt. Als nun der neugebackene Arbeiterausschuß mit den Lohnforderungen herausrückte, da sagte Dr. Raschig zur Verblüffung der fünf: ‚Seid Ihr denn auch organisiert?' Zwei Kollegen antworteten nein, während drei kernig erklärten: ‚Jawohl, Herr Doktor'. Und was tat Raschig? Seelenruhig erwiderte er: ‚So, nun organisiert Euch erst alle und dann kommt wieder'. Damit war der erste Akt erledigt. Ich freute mich über die Antwort Raschigs, denn nun konnte ich in der folgenden Versammlung die noch Unorganisierten mit den Worten ihres Fabrikanten zur Solidarität bewegen, was auch gelang [...]."

In der BASF herrschte in dieser Hinsicht ein anderer Geist, der Geist des kapitalistischen Patriarchalismus, der jeglichen Außeneinfluß im Werk abzublocken suchte, und der Erfolg gegenüber dem scheiternden Streik von 1911 schien solcher Unternehmensphilosophie und -strategie sogar gute Zukunftsperspektiven zu eröffnen. Die grundlegende Frage, welche Stellung die sich noch formierende und keineswegs uniforme, sondern in sich vielfach segmentierte ›Arbeiterklasse‹[1413] innerhalb Wirtschaft, Gesellschaft und Politik einnehmen sollte oder für sich beanspruchte, wurde jedoch nicht im einzelnen Betrieb und nicht in der einzelnen Kommune entschieden. Soweit es Ludwigshafen betrifft, waren trotz aller Konflikte die Aussichten nicht schlecht, ohne Radikalität zwischen den verschiedenen Interessen einen gangbaren Weg des politischen und sozialen Kompromisses zu finden, der die Lebensbedingungen der Menschen vor Ort im Verlauf der Jahrzehnte insgesamt spürbar verbessert und stabilisiert hatte. Der Ausbruch des Ersten Weltkriegs stellte freilich, wie sich bald genug erweisen sollte, derartige Verbesserung und Stabilisierung grundlegend in Frage.

Grafik 1 **Bevölkerungsstand Ludwigshafens 1867—1910 differenziert nach Innenstadt und Friesenheim/Mundenheim**

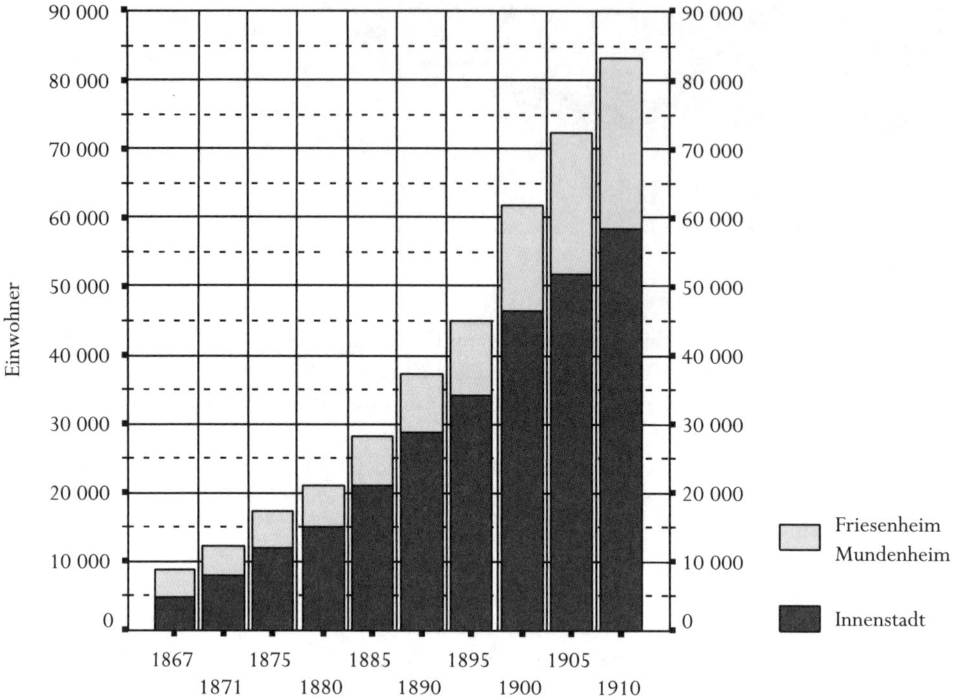

Grafik 2 **Güterverkehr Ludwigshafens zu Schiff und mit der Bahn 1870—1913**

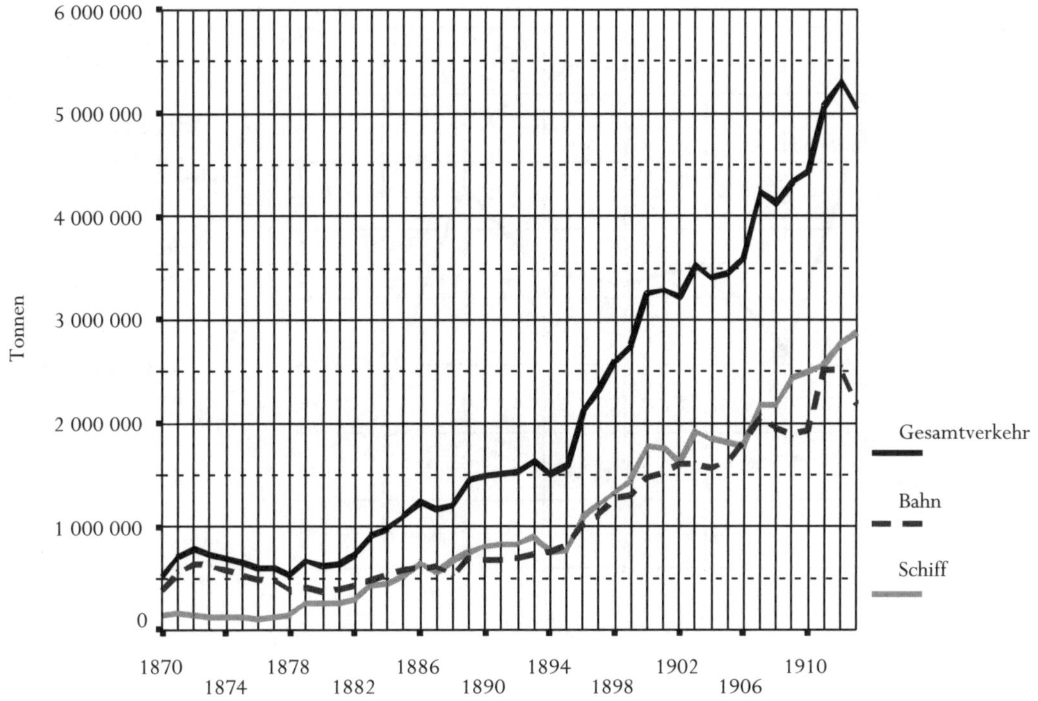

Grafik 3 **Mittleres jährliches Wachstum der Ludwigshafener Bevölkerung 1867/71—1905/10**

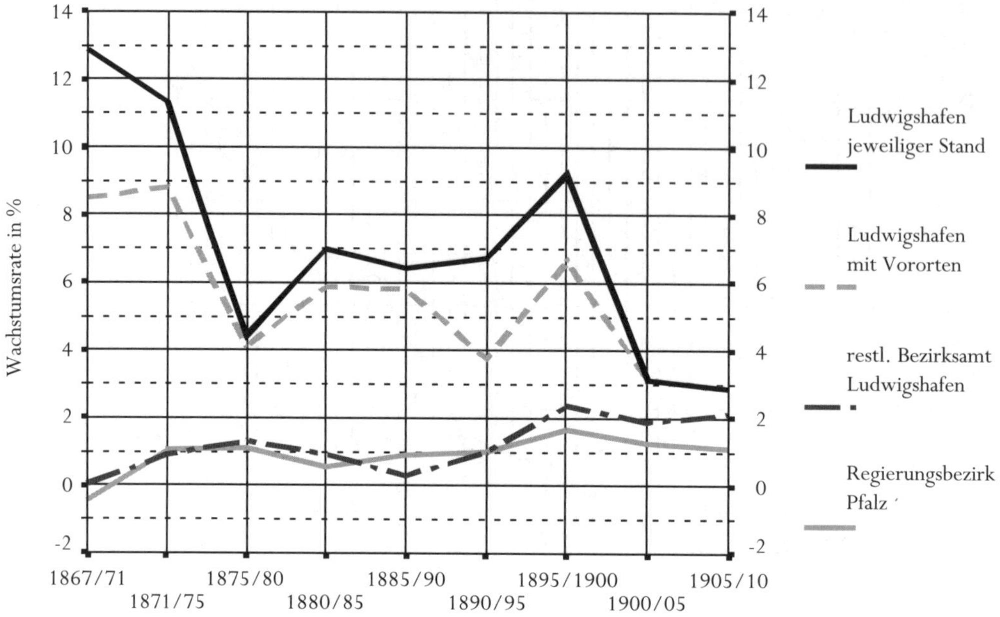

Grafik 4 **Absolutes Wachstum der Bevölkerung Ludwigshafens 1867/71—1905/10**

Grafik 5 **Zuwanderung und Geborenenüberschuß als Wachstumskomponenten 1855/58—1905/10** (relative Werte)

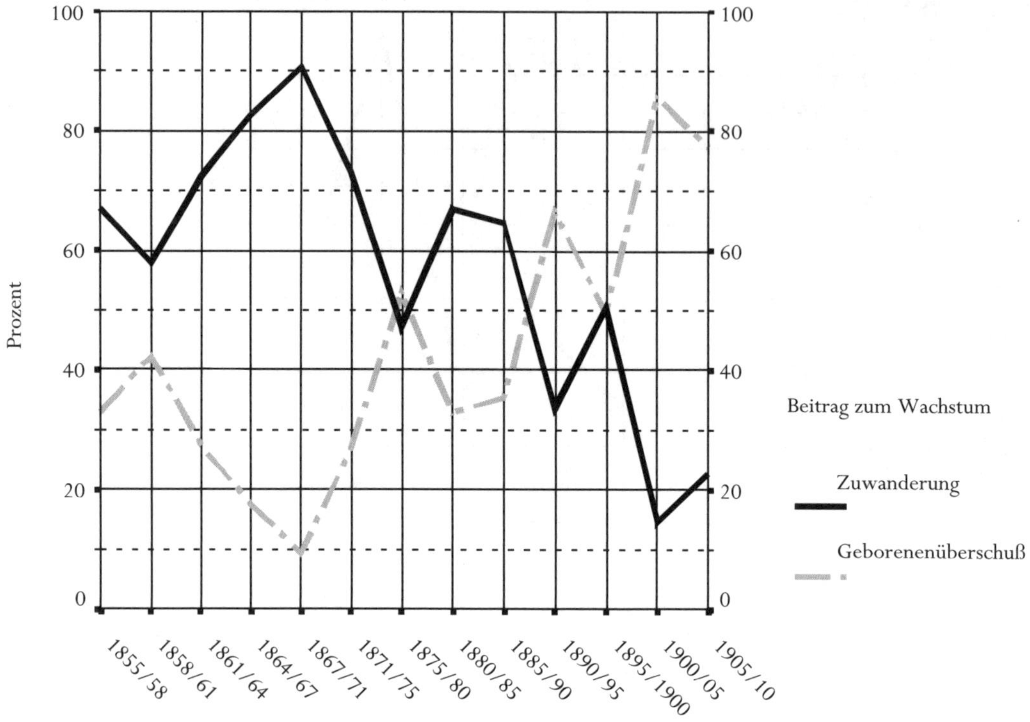

Grafik 6 **Der Beitrag von Zuwanderung und Geborenenüberschuß zum Bevölkerungswachstum Ludwigshafens 1852/55—1905/10** (absolute Werte)

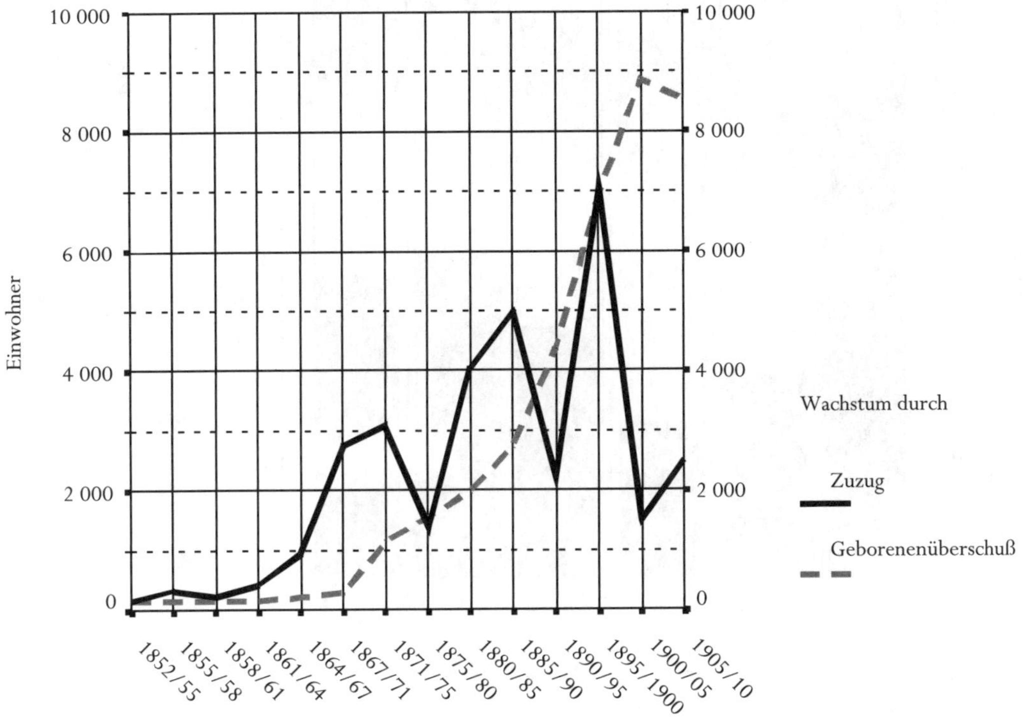

Grafik 7 **Ortsgebürtigkeit der Bevölkerung des Bezirksamts Ludwigshafen 1900 nach Altersgruppen**

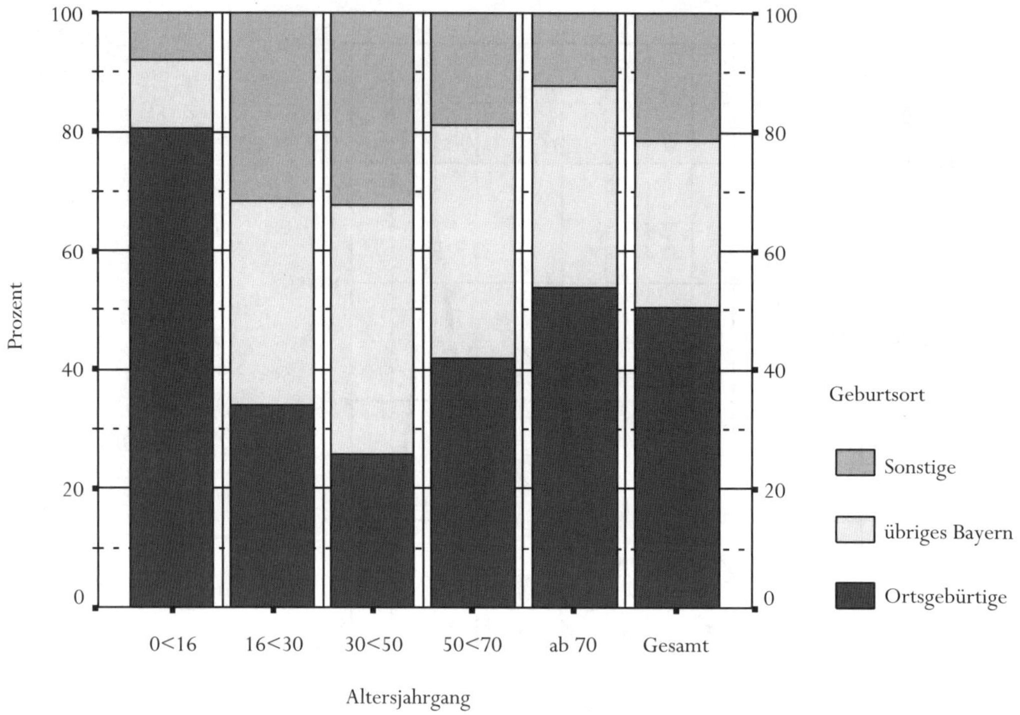

Grafik 8 **Herkunft der zugezogenen Bevölkerung Ludwigshafens 1880 und 1907**

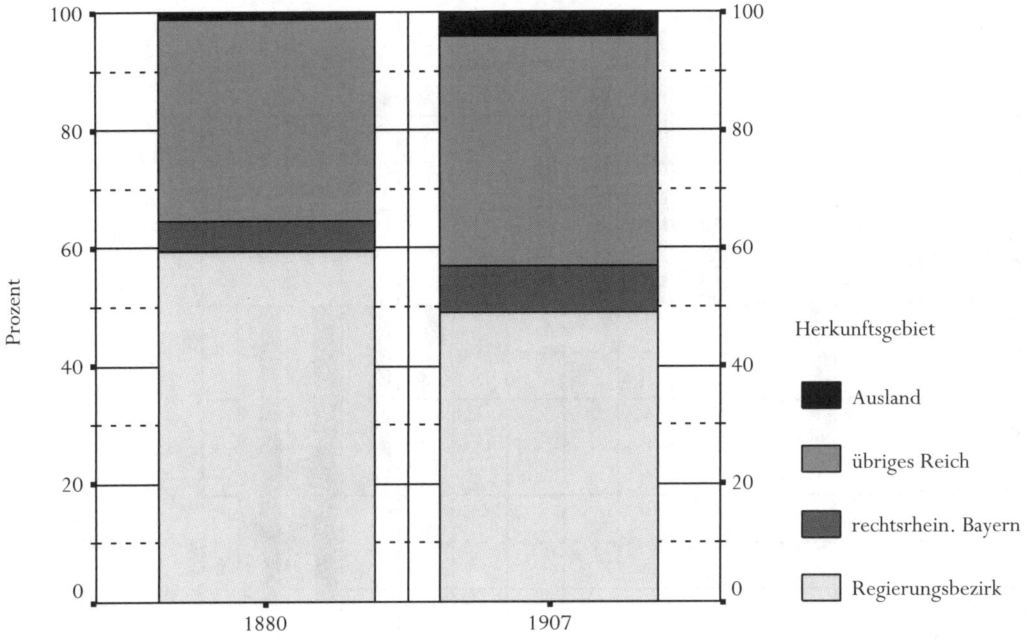

Anteil der Zugezogenen 1880: 60,4%, 1907: 54,9%

Grafik 9 **Altersstruktur der männlichen Bevölkerung Ludwigshafens 1880 und 1910 im Vergleich mit derjenigen des Regierungsbezirks Pfalz**

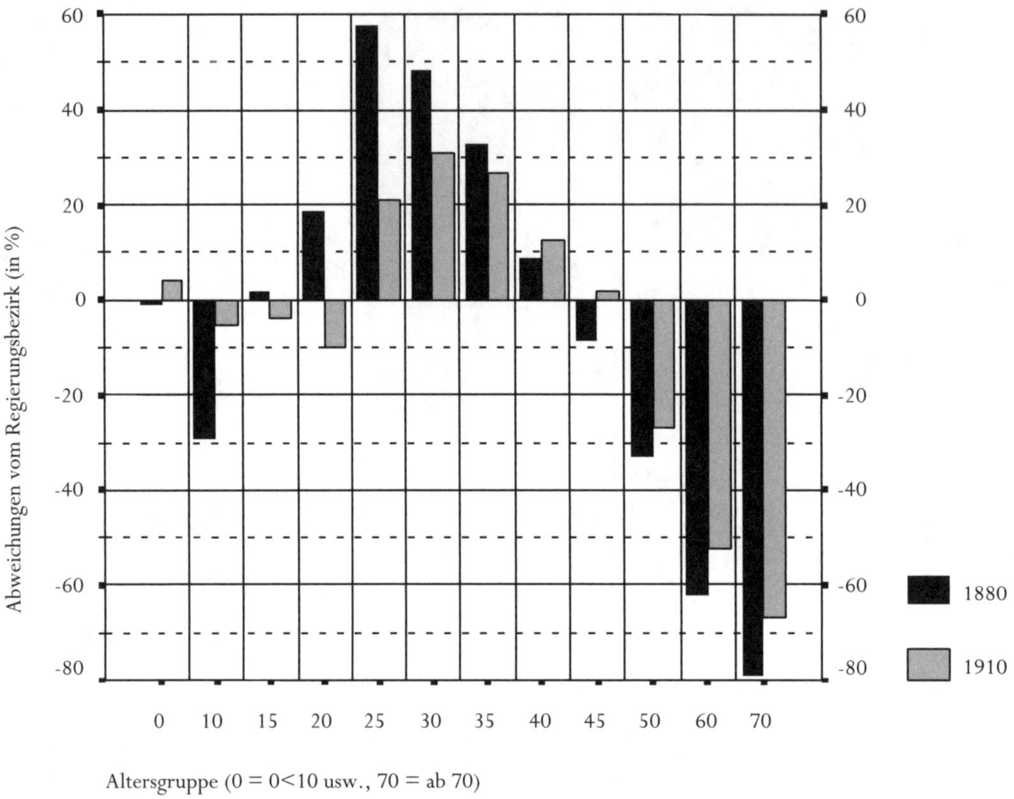

Grafik 10 **Eheschließungsziffern in Ludwigshafen und im Deutschen Reich 1879—1913**

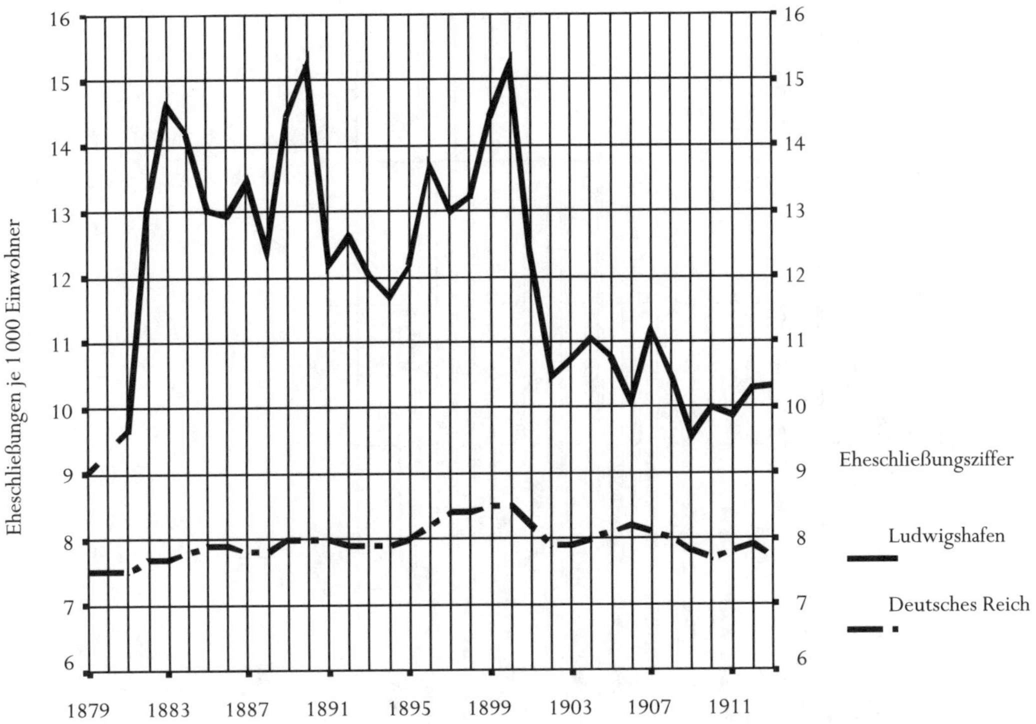

Grafik 11 **Gebürtigkeit und Sterblichkeit in Ludwigshafen 1852/55—1905/10**

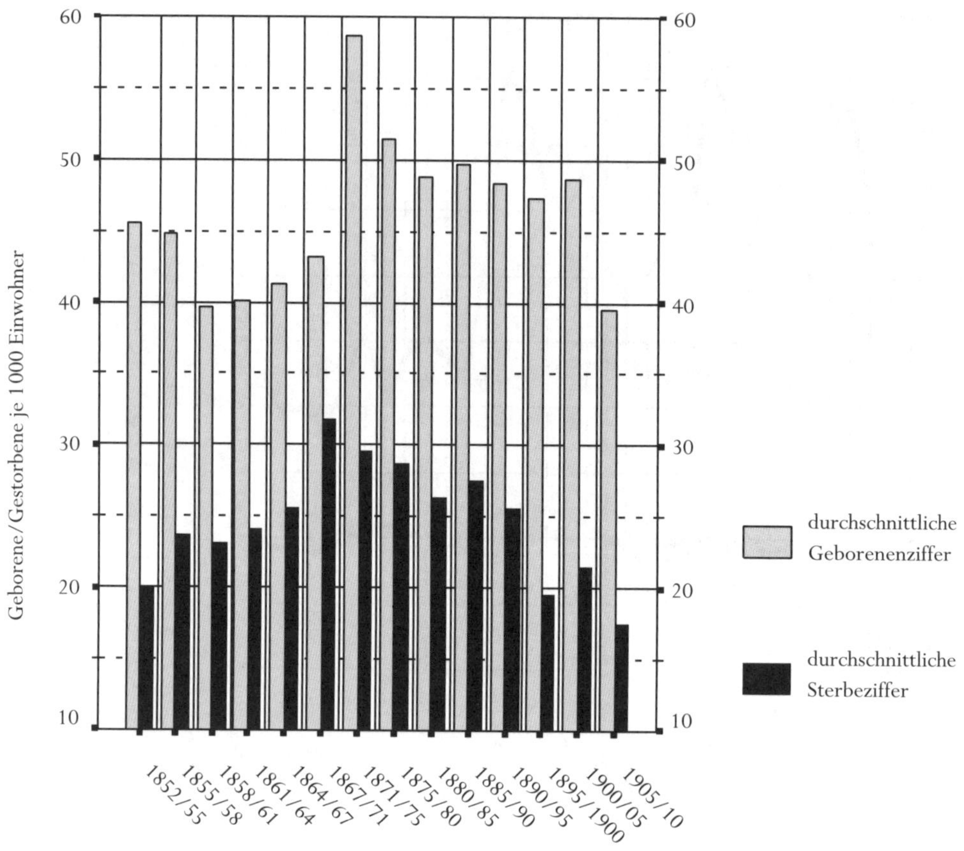

Grafik 12 **Gebürtigkeit und Sterblichkeit in Ludwigshafen 1879—1913**

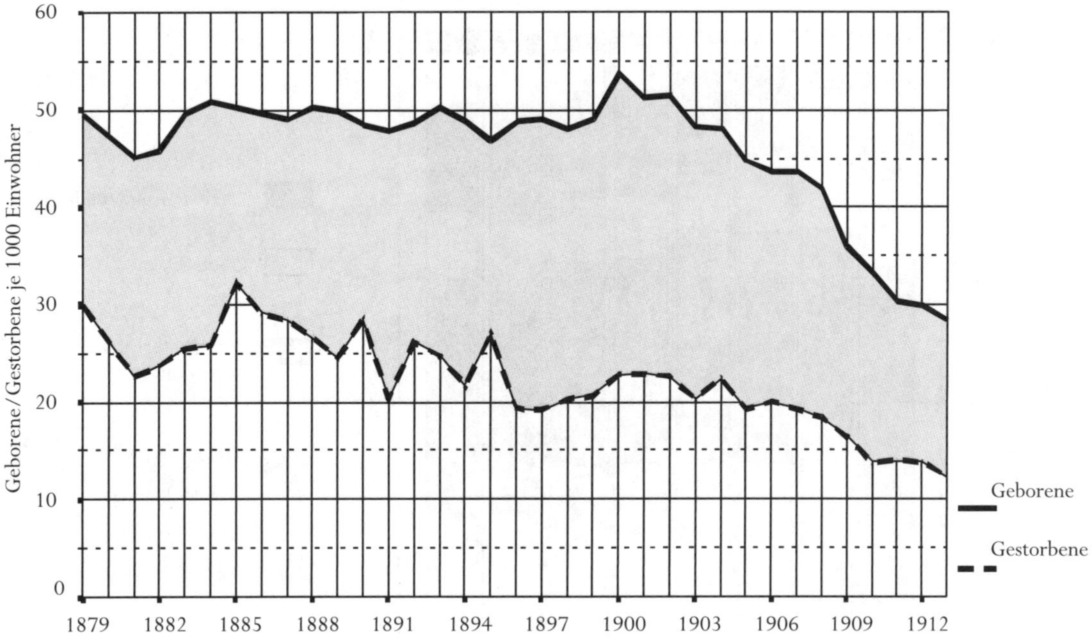

Grafik 13 **Sozialstruktur Ludwigshafens 1874—1912**

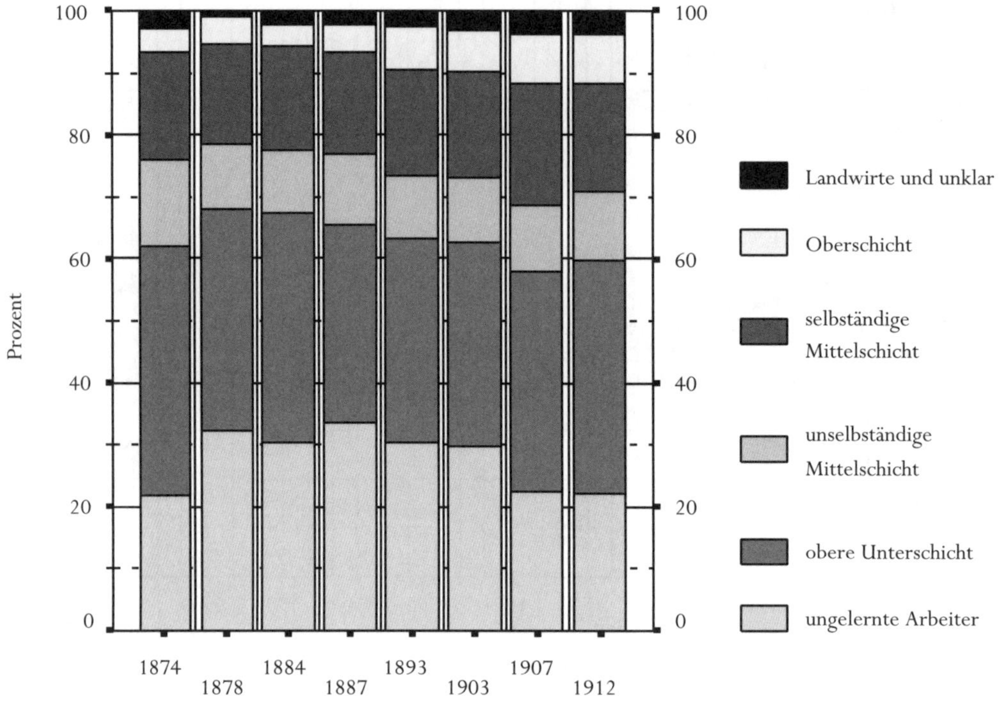

Grafik 14 **Der Hafenverkehr Ludwigshafens 1868—1913 im Vergleich mit demjenigen von Mannheim** (durchbrochene graue Linie) **und sein Anteil am Aufkommen des Hafenverkehrs beider Städte** (schwarze Linie)

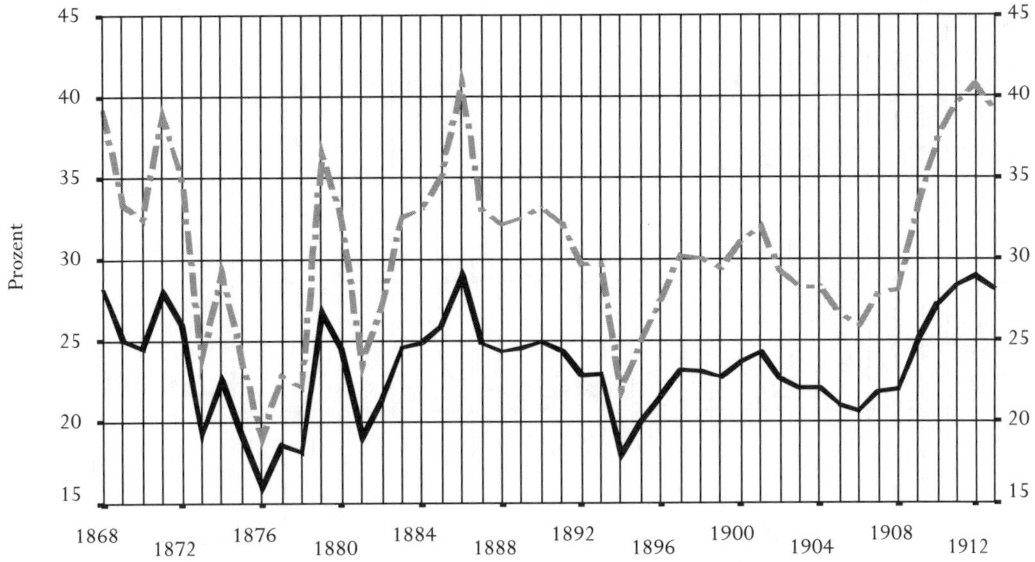

Grafik 15 **Entwicklung von Löhnen und Lebenshaltungskosten 1885—1913**

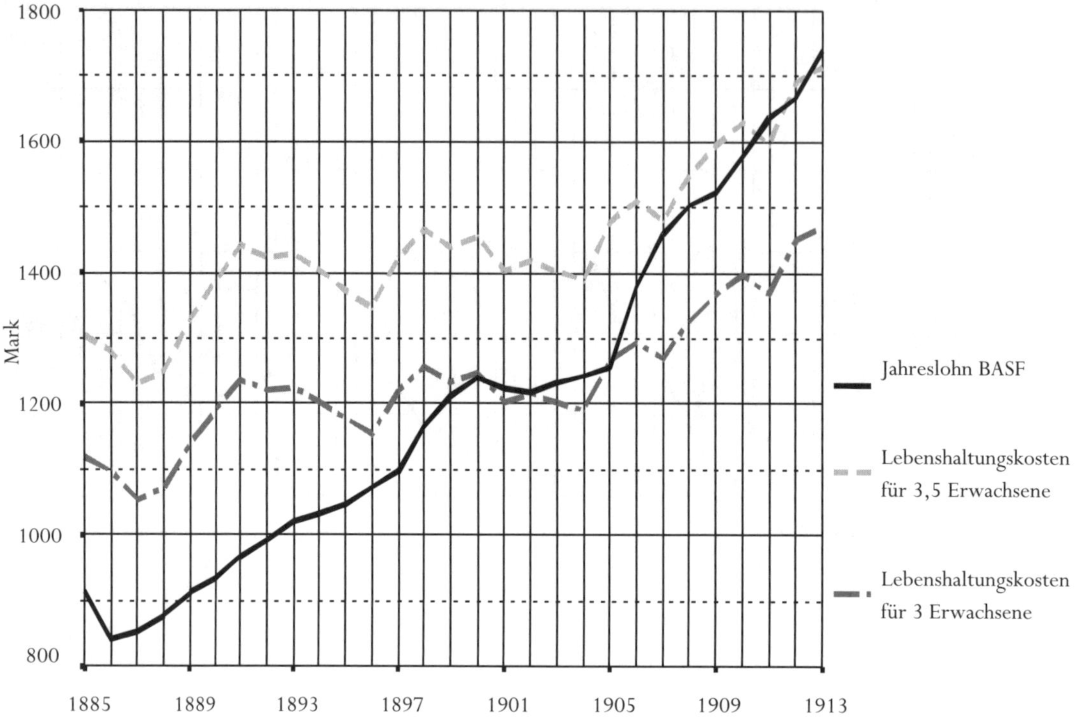

Grafik 16 **Anteil der Ludwigshafener Reichstags-Wahlberechtigten an der Bevölkerung Ludwigshafens und an den Wahlberechtigten des gesamten Wahlkreises**

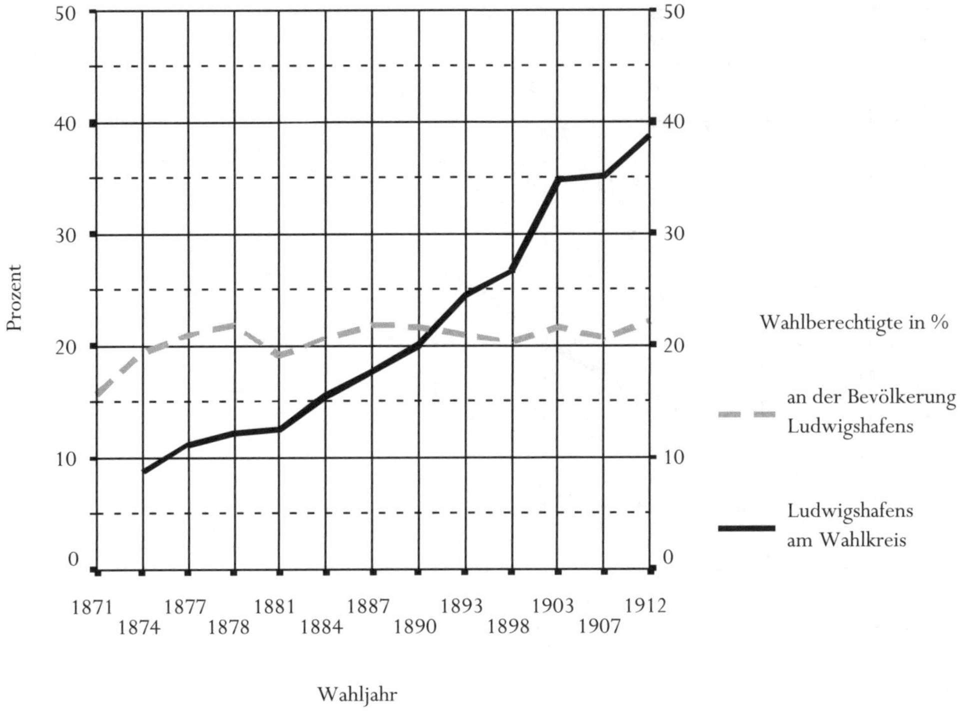

Grafik 17 **Anteil der Ludwigshafener Reichstags-Wahlberechtigten und der Wähler verschiedener Parteien an denen des gesamten Wahlkreises 1871—1912**

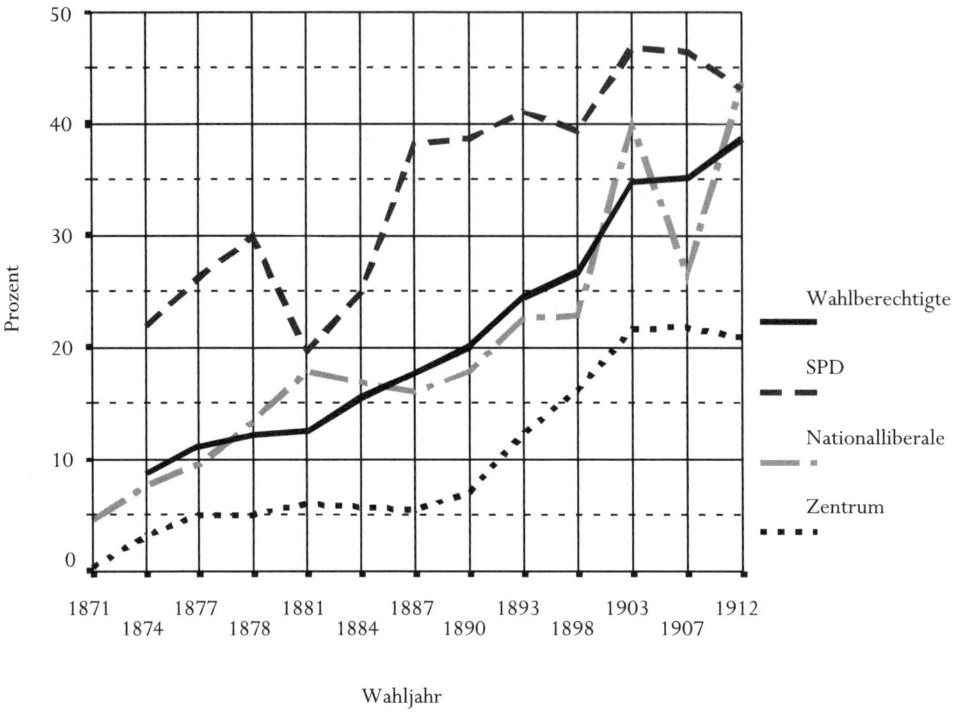

Grafik 18 **Ergebnisse der Reichstagswahlen in Ludwigshafen 1871—1912**

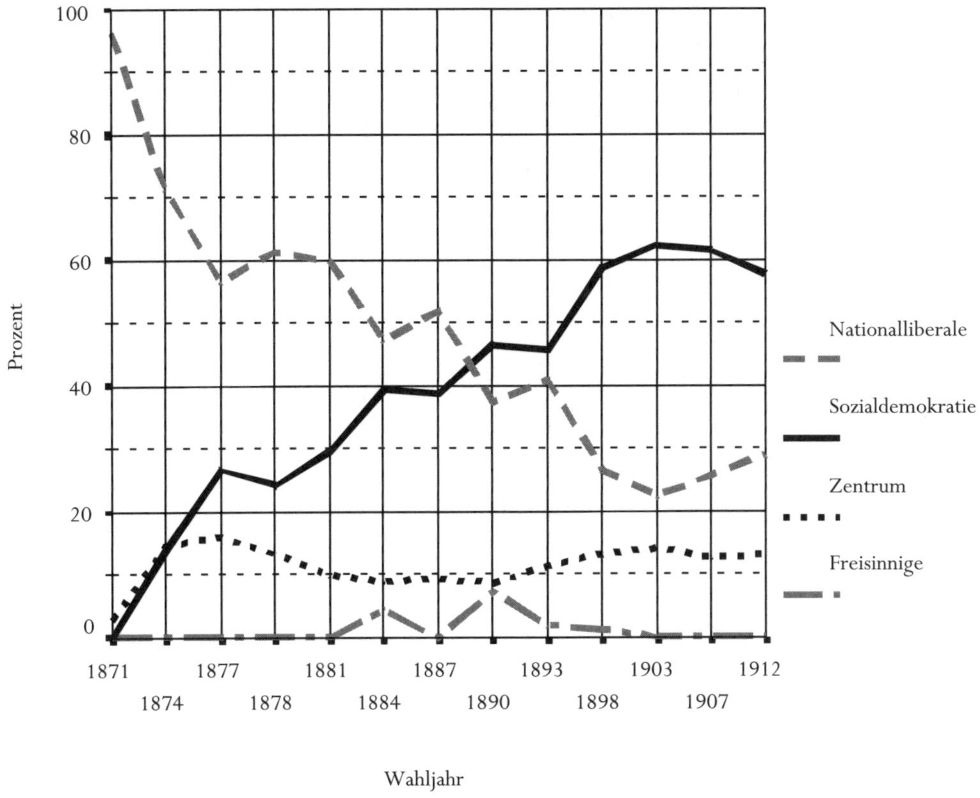

Grafik 19 **Ergebnisse der SPD bei den Reichstagswahlen 1871—1912 in Ludwigshafen, im restlichen Wahlkreis und in der gesamten bayerischen Pfalz** (in Prozent)

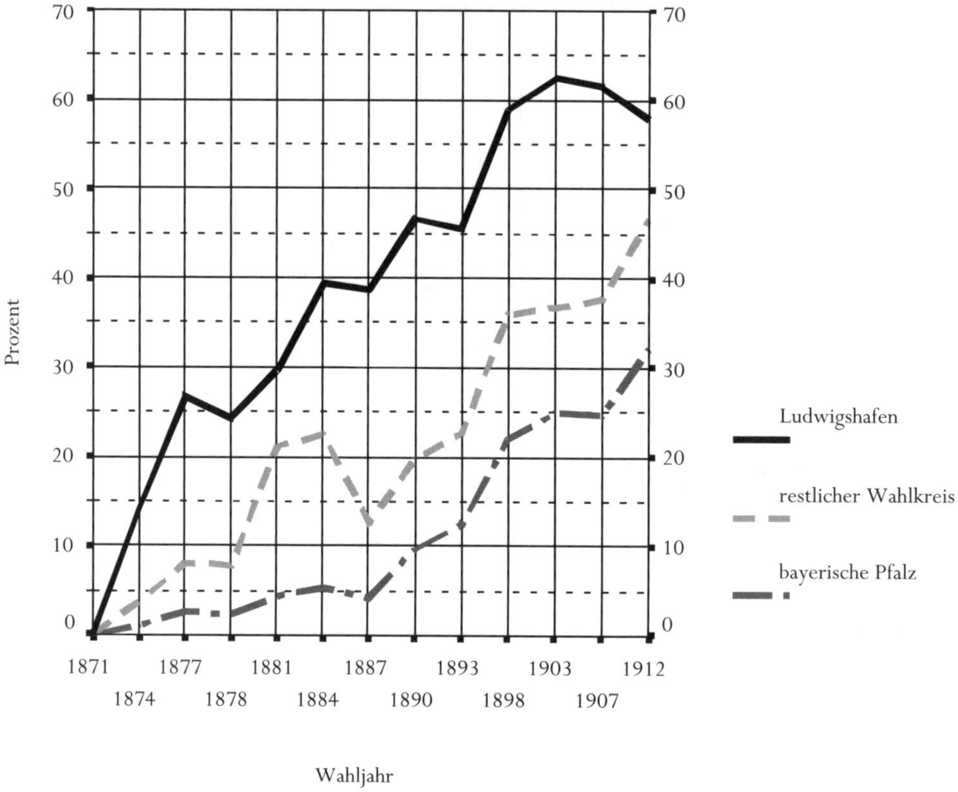

Abelshauser, Werner (Hg.): Die BASF. Eine Unternehmensgeschichte, München 2002

Ackermann, Karl-Friedrich: Die Entwicklung des Mannheim-Ludwigshafener Hafenumschlags im Spannungsfeld konkurrierender Transportwege von der Gründung der Stadt Mannheim bis zur Gegenwart (1607—1961), Diss. Mannheim 1966

Aderhold, Christel: Kommunale Selbstverwaltung und staatlicher Dirigismus – aufgezeigt am Beispiel der Eingemeindungspolitik der Stadt Ludwigshafen in den Jahren 1890 und 1938, Manuskript in Bibl. StALu, 1971

Aeckerle, Emil: Ludwig Reimann, Albert Reimann, in: Oberdorffer 1960, S. 11—44

Alter, Willi (Hg.): Pfalzatlas, Textband IV, Speyer 1994

Andersen, Arne: Historische Technikfolgenabschätzung am Beispiel des Metallhüttenwesens und der Chemieindustrie; Zeitschrift für Unternehmensgeschichte, Beiheft 90, Stuttgart 1996

Bachelin, Helmuth: Die Gebrüder Giulini GmbH, Ludwigshafen, und ihre familiengeschichtlichen Verflechtungen im kurpfälzischen Raum, in: Pfälz. Familien- und Wappenkunde VIII/1959, S. 196—205

Bahn, Peter: Deutschkatholiken und Freireligiöse. Geschichte und Kultur einer religiös-weltanschaulichen Dissidentengruppe, dargestellt am Beispiel der Pfalz, Mainz 1991

Bappert, Günter: Die Entwicklung der Finanzwirtschaft Ludwigshafens von 1853 bis zum Ende des Ersten Weltkriegs, Diss. Mannheim 1964

Baugenossenschaft Gartenstadt Ludwigshafen a. Rh. Eingetr. Genossenschaft mit beschränkter Haftpflicht. 1909—1984. Festschrift zum 75jährigen Bestehen, Ludwigshafen a. Rh. 1984 [zit. Baugenossenschaft]

Baumeister, Reinhard:
Stadt-Erweiterungen in technischer, baupolizeilicher und wirtschaftlicher Beziehung, Berlin 1876 [zit. Baumeister 1876]
Moderne Stadterweiterungen, Hamburg 1887 [zit. Baumeister 1887]
Städtisches Straßenwesen und Straßenreinigung, Berlin 1890 [zit. Baumeister 1890]

Becker, August: Die Pfalz und die Pfälzer, Leipzig 1858, Neuausgabe Kaiserslautern 1961

Belafi, Matthias: „Nein danke, ich hab' schon". Edgar Julius Jung. Ein Portrait, Manuskript in Bibl. StALu, 1996

Belitz, Hans-Joachim: Evangelische Kirche in Ludwigshafen am Rhein. Eine Chronik, 1. Band: 1853—1918; Veröffentlichungen des Stadtarchivs Ludwigshafen 8, Ludwigshafen 1981

Benz, Wolfgang/Graml, Hermann: Biographisches Lexikon zur Weimarer Republik, München 1988

Bittmann, Karl: Arbeiterhaushalt und Teuerung, Jena 1914

Bleeck, Stephan: Mobilität und Seßhaftigkeit in deutschen Großstädten während der Urbanisierung, in: Geschichte und Gesellschaft 15/1989, S. 4—33

Blinn, Hans: Franz Joseph Ehrhart (1853—1908). Ein Lebensbild des Begründers der pfälzischen SPD, o. O. (Neustadt) 1980

Bloch, Ernst: Ludwigshafen – Mannheim (ein Text aus dem Jahr 1928), in: ders., Erbschaft dieser Zeit (Werkausgabe Bd. 4), Frankfurt a.M. 1962, S. 208—212

Böhn, Georg Friedrich: Georg Kutterer, in: Oberdorffer 1964, S. 43—58

Boetticher, K. W.: Wandel und Werden in fünf Generationen, Hg. Joh. A. Benckiser GmbH, Ludwigshafen 1958

Bonkhoff, Bernhard H.: Geschichte der Vereinigten Protestantisch-Evangelisch-Christlichen Kirche der Pfalz (1861—1918); Veröffentlichungen des Vereins für pfälzische Kirchengeschichte 17, Speyer 1993

Boos, Fritz: Die deutsche Getreide-Großmüllerei mit besonderer Berücksichtigung des Mühlenzentrums Mannheim-Ludwigshafen, Ludwigshafen 1929

Bräunche, Ernst Otto:

Parteien und Reichstagswahlen in der Rheinpfalz von der Reichsgründung 1871 bis zum Ausbruch des Ersten Weltkrieges 1914. Eine regionale partei- und wahlhistorische Untersuchung im Vorfeld der Demokratie, Speyer 1982 [zit. Bräunche 1982]

Eugen Jäger, in: Pfälzer Lebensbilder, Bd. 4, Speyer 1987, S. 223—248 [zit. Bräunche 1987]

Brandt, Paul: Die Fleischversorung von Karlsruhe, Mannheim und Ludwigshafen a. Rh., Karlsruhe 1908

Braun, Günter: SchichtWechsel. Arbeit und Gewerkschaft in der Chemie-Stadt Ludwigshafen, Ludwigshafen 1994

Breier, Thomas: Eine Stadt wird gebaut. Ludwigshafen am Rhein von der Gründung bis zum Zweiten Weltkrieg; Veröffentlichungen des Stadtarchivs Ludwigshafen 18, Ludwigshafen 1994

Breunig, Willi:

Soziale Verhältnisse der Arbeiterschaft und sozialistische Arbeiterbewegung in Ludwigshafen 1869—1919; Veröffentlichungen des Stadtarchivs Ludwigshafen 5, Ludwigshafen 1976, 2. Aufl. 1990 [zit. Breunig 1976]

Vom Handelsplatz zur Industriestadt. Wirtschaftsentwicklung in Ludwigshafen am Rhein 1820—1920; Veröffentlichungen des Stadtarchivs Ludwigshafen 12, Ludwigshafen 1986 [zit. Breunig 1986]

Kommunalpolitik und Wirtschaftsentfaltung in Ludwigshafen am Rhein 1843—1871; Veröffentlichungen des Stadtarchivs Ludwigshafen 20, Ludwigshafen 1995 [zit. Breunig 1995]

(Hg.): Der Sprung auf die Bühne. Die Jugend- und Theatererinnerungen des Schauspielers und Regisseurs William Dieterle; Veröffentlichungen des Stadtarchivs Ludwigshafen 24, Ludwigshafen 1998 [zit. Breunig 1998]

Friedrich Profit (1874—1951). Vom Eisenbahner zum Parteiführer, in: Geis/Nestler, S. 380—386 [zit. Breunig 1999]

(Hg.): Der Kampf um die Story. Die Hollywood- und Lebenserinnerungen des Schauspielers und Regisseurs William Dieterle; Veröffentlichungen des Stadtarchivs Ludwigshafen 29, Ludwigshafen 2001 [zit. Breunig 2001]

Catt, Cathleen S.: Family, Land and Occupation. The Example of Maudach in the Lower Palatinate. 1840—1900, phil. Diss. University of Norwich, in Bibl. StALu, 1987

Conze, Werner/Engelhardt, Ulrich (Hg.): Arbeiter im Industrialisierungsprozeß. Herkunft, Lage und Verhalten, Stuttgart 1979

Croon, Helmut: Das Vordringen der politischen Parteien im Bereich der kommunalen Selbstverwaltung, in: Croon/Hofmann/von Unruh 1971, S. 15—58

Croon, Helmut/Hofmann, Wolfgang/von Unruh, Georg Christoph: Kommunale Selbstverwaltung im Zeitalter der Industrialisierung, Stuttgart u. a. 1971

Defren, Ralf/Hoffmann, Florian D.: Das Werden einer Kirche des 19. Jahrhunderts. Die Lutherkirche in Ludwigshafen a. Rh., Manuskript in Bibl. StALu, o. D. (1990er Jahre)

Denkschrift zur Einweihung der katholischen Pfarrkirche zur Heiligen Dreifaltigkeit in Ludwigshafen am Rhein, Ludwigshafen a. Rh. 1901 [zit. Denkschrift 1901]

Dubbers, Hans: Benckiser-Chronik I (1350—1932). Die Geschichte eines Familienunternehmens, Ludwigshafen 1993

Eheberg, Karl Theodor v.: Kommunalfinanzen, in: HdStWiss., 3. Aufl., Bd. 6, Jena 1910, S. 36—87

Ehrhart, Franz Josef:
Die Zustände in der Badischen Anilin- und Sodafabrik, Mannheim 1892 [zit. Ehrhart 1892]
Das bayerische Heimatgesetz mit Erläuterungen nebst Anhang über den Erwerb der Staatsangehörigkeit, der Naturalisation und des Armengesetzes, Ludwigshafen 1904 [zit. Ehrhart 1904]

Epochen einer Bankgeschichte. Herausgegeben anläßlich des 75jährigen Bestehens der Pfälzischen Hypothekenbank, Ludwigshafen, und der Eröffnung des neuen Verwaltungsgebäudes im Mai 1962, Darmstadt 1962

Esselborn, Jacob: Geschichte der Stadt Ludwigshafen am Rhein von ihrem frühesten Anfange bis zum Jahre 1887, Ludwigshafen 1887/90

Fauck, Siegfried:
Geschichte der Stadt Ludwigshafen am Rhein in Daten, Veröffentlichungen des Stadtarchivs Ludwigshafen 2, Speyer 1972 [zit. Fauck 1972]
Stadtgründung und Eingemeindung – als Beispiel Ludwigshafen und Mundenheim 1853 und 1899, in: Rhein-Neckar-Raum an der Schwelle des Industriezeitalters, Mannheim 1984, S. 49—61 [zit. Fauck 1984]
Ludwigshafen a. Rh. – so wie es war, Düsseldorf 1986 [zit. Fauck 1986]
130 Jahre St. Ludwigskirche in Ludwigshafen, in: MHVP 91/1993, S. 343—353 [zit. Fauck 1993]

Faust, Anselm: Arbeitsmarkt im Deutschen Kaiserreich. Arbeitsvermittlung, Arbeitsbeschaffung und Arbeitslosenunterstützung 1890—1914, Stuttgart 1986

Fenske, Hans: Jahre des steten Aufstiegs. Die pfälzische Sozialdemokratie 1900—1914, in: Geis/Nestler, S. 197—220

Festschrift (1913): Konsumverein Ludwigshafen (Hg.): 1873—1913. Festschrift zum 40jährigen Bestehen des Konsum-Vereins Ludwigshafen a. Rh. 1913 [zit. Festschrift]

Fischer, Walter: Der Rheinhafen in Ludwigshafen, seine Entwicklung und Bedeutung als Umschlagsplatz, phil. Diss. Erlangen (Masch.Schrift) 1924

Föhlisch: Die wirtschaftliche Lage der Arbeiter in 35 Mannheimer Fabriken, in: Jahres-Bericht der Großherzoglich Badischen Fabrik-Inspektion für das Jahr 1910, Karlsruhe 1911, S. 79—131

Fräßle, Sylvia: Die Arbeit der SPD-Abgeordneten im bayerischen Landtag 1893 bis 1907, in: Geis/Nestler, S. 239—252

Frerich, Johannes/Frey, Martin: Handbuch der Geschichte der Sozialpolitik in Deutschland, Bd. 1: Von der vorindustriellen Zeit bis zum Ende des Dritten Reiches, München-Wien 1993

Frey, Norbert: Edgar Julius Jung, in: Benz/Graml 1988, S. 166

Führer durch die Industrie- und Hafenanlagen von Mannheim Rheinau und Ludwigshafen, Duisburg-Ruhrort 1909 [zit. Führer]

Furtwängler, Martin: ... so daß sie gleichsam eine Volksbibliothek ist. Die Geschichte der Stadtbibliothek Ludwigshafen am Rhein von ihrer Gründung bis 1945, in: Die Stadtbibliothek Ludwigshafen am Rhein 1875—2000, Ludwigshafen 2000, S. 8—40

Ganser, Julius: Die Finanzwirtschaft der Stadt Ludwigshafen am Rhein bis 1919, Phil. Diss. Heidelberg 1923

Unsere Gartenstadt. Bausteine zur Geschichte des jüngsten Ludwigshafener Stadtteils, Kaiserslautern 1969

Geis, Manfred/Nestler, Gerhard (Hg.): Die pfälzische Sozialdemokratie. Beiträge zu ihrer Geschichte von den Anfängen bis 1948/49, Edenkoben 1999

Giulini, Udo: Georg Giulini, in: Oberdorffer 1958, S. 31—46

Grotjahn, Alfred: Über Wandlungen in der Volksernährung, Leipzig 1902

Grünewald, Theo M. A.: Die Konsumvereine der Rheinpfalz unter besonderer Berücksichtigung der Ludwigshafener, staatswiss. Diss. Würzburg (Masch.Schrift) 1953

75 Jahre Grünzweig & Hartmann AG. Ludwigshafen/Rhein. Ein Beitrag zur Geschichte der Isoliermitteltechnik, Ludwigshafen a. Rh. 1953 [zit. Grünzweig]

Gutmann, Ernst Rudolf: Die Beziehungen der Pfälzischen Bank zur bayerischen Industrie. Ein Beitrag zur Geschichte der Industriepolitik der Provinzbanken, staatswiss. Diss. München (Masch.Schrift) 1921

Hanz, Andreas: Die Milchversorgung der Städte Ludwigshafen a. Rh. und Mannheim unter besonderer Berücksichtigung der Preisbildung und der Interessenkämpfe während des Krieges und nach dem Kriege 1914—1918, phil. Diss. Heidelberg (Masch.Schrift) 1924

Hardtwig, Wolfgang/Tenfelde, Klaus (Hg.): Soziale Räume in der Urbanisierung. Studien zur Geschichte Münchens im Vergleich, 1850 bis 1933, München 1990

Hartog, Rudolf: Stadterweiterungen im 19. Jahrhundert, Stuttgart 1962

Herbel, Alfred: Dr. Carl Grünzweig, in: Oberdorffer 1964, S. 59—72

Hermanni, Horst: William Dieterle – Vom Arbeiterbauernsohn zum Hollywood-Regisseur, London 1992

Hess, Christel: Korkverarbeitende Industrie im Rhein-Neckar-Dreieck. Fallstudie zu den Unternehmen ›Bender‹ und ›Grünzweig & Hartmann‹; LTA-Forschung, Heft 38/2001, Mannheim 2001

Heß, Hans: Die Entwicklung der kommunalen Verfassung in der linksrheinischen Pfalz, in: Kirchgässner/Schadt, S. 151—162

Hesselmann, Hans: Das Wirtschaftsbürgertum in Bayern 1890—1914. Ein Beitrag zur Analyse der Wechselbeziehungen zwischen Wirtschaft und Politik am Beispiel des Wirtschaftsbürgertums im Bayern der Prinzregentenzeit, Wiesbaden 1985

Hippel, Wolfgang v.:

Regionale und soziale Herkunft der Bevölkerung einer Industriestadt. Untersuchungen zu Ludwigshafen a. Rh. 1867—1914, in: Conze/Engelhardt, S. 51—69 [zit. v. Hippel 1979]

Stadtentwicklung und Stadtteilbildung in einer Industrieansiedlung des 19. Jahrhunderts: Ludwigshafen am Rhein 1853—1914, in: Teuteberg, S. 339—371 [zit. v. Hippel 1983]

Zum Wohle der Kranken. Vom Hospital zum Klinikum der Stadt Ludwigshafen am Rhein. 100 Jahre Städtisches Krankenhaus, 1892—1992, Ubstadt-Weiher 1992 [zit. v. Hippel 1992]

Auf dem Weg zum Weltunternehmen (1865—1900), in: Abelshauser, S. 17—116 [zit. v. Hippel 2002a]

Unternehmen und Arbeiterschaft in der chemischen Großindustrie zur Zeit der Hochindustrialisierung – Die Badische Anilin- und Sodafabrik (BASF) 1865—1914, Teil I, in: ZGO 150/2002, S. 441—527 [zit. v. Hippel 2002b]

Die ›Wohnungsfrage‹ in einer jungen Industriestadt: Ludwigshafen am Rhein 1890—1914, in: MGBl N.F. 9/2002 [zit. v. Hippel 2002c]

Unternehmen und Arbeiterschaft in der chemischen Großindustrie zur Zeit der Hochindustrialisierung – Die Badische Anilin- und Sodafabrik (BASF) 1865—1914, Teil 2, in: ZGO 151/2003 [zit. v. Hippel 2003]

Hofäcker, Theodor (Hg.): Lebendige Kirche in einer lebendigen Stadt. 75 Jahre Protestantische Gesamtkirchengemeinde Ludwigshafen am Rhein, 40 Jahre Protestantisches Kirchengemeindeamt Ludwigshafen am Rhein, Speyer 1990

Hofmann, Wolfgang:

Oberbürgermeister und Stadterweiterungen, in: Croon/Hofmann/von Unruh, S. 59—85 [zit. Hofmann 1971]

Zwischen Rathaus und Reichskanzlei. Die Oberbürgermeister in der Kommunal- und Staatspolitik des Deutschen Reiches von 1890 bis 1933, Stuttgart 1974 [zit. Hofmann 1974]

Hundert Jahre (1934): 100 Jahre Gebrüder Sulzer, 1834—1934, Zürich 1934

Hundert Jahre (1952): 100 Jahre im Dienste der Pfalz. Festschrift zur 100. Wiederkehr des Gründungstages der Bayerischen Staatsbank Ludwigshafen am Rhein. Hg. Bayerische Staatsbank Ludwigshafen, Ludwigshafen 1952

Hundert Jahre (1953): 100 Jahre Ludwigshafen am Rhein, Ludwigshafen 1953

Hundert Jahre (1986): 100 Jahre im Dienst der Gesundheit, 1886—1986. Knoll AG 1986

Hundert Jahre (1989): Hundert Jahre Sozialdemokratische Kommunalpolitik für Ludwigshafen. Historische und aktuelle Beiträge, hg. von der SPD-Stadtratsfraktion Ludwigshafen am Rhein, Ludwigshafen 1989

Hundert Jahre (1991): 1891—1991. 100 Jahre Freireligiöse Gemeinde Ludwigshafen, Ludwigshafen 1991

Jackson, Catherine: Josef Lenhard (1886—1965). Bibliographie und biographische Skizze, Seminararbeit in Bibl. StALu, 1998

Jöckle, Clemens: „Künstler ... aufzumuntern und zu unterstützen" – Die Geschichte des Pfälzischen Kunstvereins 1867—1920, in: MHVP 95/1997, S. 345—400

Johnson, Jeffrey Allan: Die Macht der Synthese (1900—1925), in: Abelshauser, S. 117—219

Die St. Josefspflege in Ludwigshafen-Mundenheim. Biographie des Stifters Dekan J. A. Krebs von Prälat Jakob Knauber, Zeittafel und Bebilderung von Friedrich Kirsch, Ludwigshafen 1991 [zit. Josefspflege]

Jung, Jakob Friedrich: Der Raiffeisen-Verband Ludwigshafen a. Rh. (Organisation und wirtschaftliche Tätigkeit), phil. Diss. Heidelberg (Masch.Schrift) 1924 [zit. Jung 1924]

Jung, Wilhelm Jakob: Musikgeschichte der Stadt Ludwigshafen am Rhein vom Jahre 1850 bis 1918. Aus dem Nachlaß herausgegeben von Siegfried Fauck; Veröffentlichungen des Stadtarchivs Ludwigshafen 1, Ludwigshafen 1968 [zit. Jung 1968]

Kaiser, Josef/Sperling, Andreas: ›Fährt eine Bahn auf flotter Fahrt ...‹ Die Geschichte der Rhein-Haardtbahn 1913—1988, Neustadt a.d.Wstr. 1988

Kaufhold, Karl Heinrich: Straßenbahnen im Deutschen Reich vor 1914, in: Petzina, Dietmar/Reulecke, Jürgen (Hg.): Bevölkerung, Wirtschaft, Gesellschaft seit der Industrialisierung. Festschrift für Wolfgang Köllmann zum 65. Geburtstag, Dortmund 1990, S. 219—238

Keller, Hans (Hg.): Der Hafen Ludwigshafen a. Rh., Ludwigshafen 1929

Kempter, Robert: Die Lage des Hausbesitzes in Ludwigshafen am Rhein als Wirkung des Kampfes um Sozialisierung oder Privatbesitz, phil. Diss. Heidelberg (Masch.Schrift) 1923

Kermann, Joachim: Die Kreditverhältnisse in der Pfalz im 19. Jahrhundert unter besonderer Berücksichtigung des Hypothekenkredits und der Anfänge der Pfälzischen Hypothekenbank, in: Festschrift zum 100jährigen Bestehen der Pfälzischen Hypothekenbank 1886—1986; Veröffentlichungen der Pfälzischen Gesellschaft zur Förderung der Wissenschaften 79, Bd. 2, S. 169—225

75 Jahre Karl Kief KG Ludwigshafen am Rhein, 1882—1957. Rheinkiesbaggerei – Flußbauunternehmen – Schiffahrt, Ludwigshafen 1957 [zit. Kief]

Kirchgässner, Bernhard: Organisationsplan und Arbeitsnachweisungen des Handelshauses Gebr. Röchling in Ludwigshafen am Rhein vor dem Ersten Weltkrieg, in: VSWG 82/1995, S. 155—193 [zit. Kirchgässner]

Kirchgässner, Bernhard/Schadt, Jörg: Kommunale Selbstverwaltung – Idee und Wirklichkeit, Sigmaringen 1983 [zit. Kirchgässner/Schadt]

Kirsch, Friedrich: Mundenheim. Bilder zu seiner Geschichte vom Anfang bis zu seiner Eingemeindung am 1. Dezember 1899; Veröffentlichungen des Stadtarchivs Ludwigshafen 26, Ludwigshafen 1999

Kleefeld von Wüstenhoff, Conrad: Gründung und Entwicklung der Kreditinstitute in Mannheim und Ludwigshafen von der Mitte des 19. Jahrhunderts bis 1911, phil. Diss. Heidelberg 1967

Kluss, Rudolf: Bahnwanderungen der pfälzischen Arbeiter zwischen Wohn- und Arbeitsort; Beitr. z. Statistik Bayerns, H. 93, München 1920

Knauber, Jakob:

Albert von Jaeger, Direktor der Pfälzischen Eisenbahnen. Ein Lebensbild unter Berücksichtigung der Pfalzbahnen und der kath. Pfarrei St. Ludwig, Ludwigshafen 1925 [zit. Knauber 1925a]

Valentin Knoll, Oberlehrer in Ludwigshafen (1854—1921), Ludwigshafen 1925 [zit. Knauber 1925b]

Knauer, Manfred: „Le roi de l'alumine": Georges Giulini et l'industrie de l'aluminium (1858—1954), in: Cahiers d'Histoire de l'Aluminium 24/1999, S. 33—38

Knöll, Emil: Der Umschlagsplatz Ludwigshafen am Rhein, jur. Diss. Heidelberg, Ochsenfurt a. Main 1932

Köllmann, Wolfgang: Bevölkerung in der industriellen Revolution. Studien zur Bevölkerungsgeschichte Deutschlands, Göttingen 1974

König, Günter:

Die Waggonfabrik Ludwigshafen a. Rh. und ihre Güterwagenlieferungen an die Süddeutsche Eisenbahn-Gesellschaft, in: Die Museums-Eisenbahn 29/1993, S. 24—33 [zit. König 1993]

Aus der Geschichte der meterspurigen Lokalbahnen im Raum Ludwigshafen am Rhein, Teil 1, in: Die Museums-Eisenbahn 1999, H. 1, S. 10—29; Teil 2, in: ebd., H. 2, S. 14—38 [zit. König 1999]

Koepke, Rainer: Armut in Ludwigshafen. Die öffentliche Armenpflege in Ludwigshafen am Rhein von 1871 bis 1914; Veröffentlichungen des Stadtarchivs Ludwigshafen 21, Ludwigshafen 1996

Krabbe, Wolfgang R.:

Eingemeindungsprobleme vor dem Ersten Weltkrieg: Motive, Widerstände und Verfahrensweisen, in: Die Alte Stadt 7/1980, S. 368—387 [zit. Krabbe 1980]

Kommunalpolitik und Industrialisierung. Die Entfaltung der städtischen Leistungsverwaltung im 19. und frühen 20. Jahrhundert. Fallstudien zu Dortmund und Münster, Stuttgart u. a. 1985 [zit. Krabbe 1985]

Die deutsche Stadt im 19. und 20. Jahrhundert. Eine Einführung, Göttingen 1989 [zit. Krabbe 1989]

Kraft, Kurt: Albert Knoll, in: Oberdorffer 1958, S. 47—77

Krischke, Roland (Hg.): Friedrich Burschell. Erinnerungen; Veröffentlichungen des Stadtarchivs Ludwigshafen 23, Ludwigshafen 1997

Kromer, Wolfgang: Propagandisten der Großstadt: Die Bedeutung von Informationsströmen zwischen Stadt und Land bei der Auslösung neuzeitlicher Land-Stadt-Wanderungen, illustriert an Beispielen aus dem Hohenloher Land (Baden-Württemberg) und den benachbarten Zentren Frankfurt am Main, Mannheim, Nürnberg und Stuttgart, Frankfurt a.M. 1985

Kube, Helga: Die Industrieansiedlung in Ludwigshafen am Rhein bis 1892 (Chemie und Metallverarbeitung), Diss. Heidelberg 1962

Kuhn, Heinz: 100 Jahre Kolping in Ludwigshafen. Das Kolpingwerk in der Geschichte einer Industriestadt, Ludwigshafen 1987

Langewiesche, Dieter:
Wanderungsbewegungen in der Hochindustrialisierungsperiode. Regionale, interstädtische und innerstädtische Mobilität in Deutschland 1880—1914, in: VSWG 64/1977, S. 1—40 [zit. Langewiesche 1977]
Mobilität in deutschen Mittel- und Großstädten, in: Conze/Engelhardt 1979, S. 70—93 [zit. Langewiesche 1979]

Laudien, Hedwig:
Von den kleinen Wundern unserer Stadt, Otterbach 1956 [zit. Laudien 1956]
Verklingende Weisen aus einer jungen Stadt, Otterbach-Kaiserslautern 1966 [zit. Laudien 1966]

Mach, Erich: Entwerfen und Bauen; Schriftenreihe des Unternehmensarchivs der BASF 13, Ludwigshafen 1975

Le Maire, Dorothee: Vereine als Spiegel der Sozialstruktur einer werdenden Industriestadt am Beispiel Ludwigshafens/Rhein zwischen 1853 und 1914, Manuskript in Bibl. StALu, 1981

Lenhard, Josef: Mensch unterm Hammer. Roman, Berlin 1932

Lepsius, Rainer Mario: Parteiensystem und Sozialstruktur. Zum Problem der Demokratisierung der deutschen Gesellschaft, in: Wilhelm Abel u. a. (Hg.), Wirtschaft, Geschichte und Wirtschaftsgeschichte. Festschrift zum 65. Geburtstag von Friedrich Lütge, Stuttgart 1966, S. 371—391

Loening, Edgar: Zwangserziehung, in: HdStWiss., 3. Aufl., Bd. 7, Jena 1911, S. 1137—1163

Lux, Friedrich: Erfahrungen, Erkenntnisse, Erfindungen, Entdeckungen, Berlin 1939

Mang, Ludwig/Zink, Theodor: Das Wirtschaftsleben der Pfalz in Vergangenheit und Gegenwart. Ein Buch für Schule und Haus, München 1913

Marx, Siegfried: Die Gestaltung der Industriestadt Ludwigshafen a. Rh. mit besonderer Berücksichtigung der Wohnungs- und Siedlungsfrage, Diss. Heidelberg 1923

Mathes, Wilhelm: Fritz Raschig, in: Oberdorffer 1958, S. 79—108

Matschoss, Conrad: Geschichte der Firma Gebrüder Sulzer, Winterthur und Ludwigshafen a. Rh., Berlin 1910

Mattheier, Klaus: Die Gelben. Nationale Arbeiter zwischen Wirtschaftsfrieden und Streik, Düsseldorf 1973

Matzerath, Horst:
Städtewachstum und Eingemeindungen im 19. Jahrhundert, in: Reulecke 1978, S. 67—89 [zit. Matzerath 1978]
Urbanisierung in Preußen 1815—1914, Stuttgart 1985 [zit. Matzerath 1985]

Mayr, Eustach: Kapitalbedarf und Kapitalbeschaffung der Industrie in Mannheim, Ludwigshafen a. Rh. und Frankenthal, Karlsruhe 1910

Meyer: Meyers Konversations-Lexikon, 5. Aufl., Leipzig-Wien

Meinzer, Lothar: Das Werk Ludwigshafen der BASF AG – Die Wohnorte der Mitarbeiter der BASF, in: Alter 1994, S. 2005—2015

Mierendorff, Martha: William Dieterle – der Plutarch von Hollywood, Berlin 1993

Minor, Ulrike/Ruf, Peter: Juden in Ludwigshafen; Veröffentlichungen des Stadtarchivs Ludwigshafen 15, Ludwigshafen 1992

Möckl, Karl: Die Prinzregentenzeit. Gesellschaft und Politik während der Ära des Prinzregenten Luitpold in Bayern, München-Wien 1972

Mörz, Stefan:
Vom Westboten zur Rheinpfalz. Die Geschichte der Presse im Raum Ludwigshafen von den Anfängen bis zur Gegenwart, Veröffentlichungen des Stadtarchivs Ludwigshafen 19, Ludwigshafen 1994 [zit. Mörz 1994]
Wahlen in Ludwigshafen ab 1853/68 (—1991); Manuskript in Bibl. StALu, o. D. [zit. Mörz 1999]

Müller, Adam: Reallöhne vor und nach dem Kriege in Südwestdeutschland unter besonderer Berücksichtigung der Arbeitsmärkte im Mannheim-Ludwigshafener Wirtschaftsgebiet, Frankfurt a.M. 1930

Münch, Peter: Stadthygiene im 19. und 20. Jahrhundert. Die Wasserversorgung, Abwasser- und Abfallbeseitigung unter besonderer Berücksichtigung Münchens, Göttingen 1993

Niederbronner Schwestern: Das Wirken der Kongregation der Schwestern vom Göttlichen Erlöser (Niederbronner Schwestern) in der Provinz Pfalz, Esthal 2001

Nutzinger, Richard: Das Haus Röchling in Ludwigshafen a. Rh. 1849—1929. Bilder aus der Familien-, Orts- und Wirtschafts-Geschichte, Ludwigshafen 1929

Oberdorffer, Kurt (Hg.):
Ludwigshafener Chemiker I, Düsseldorf 1958 [zit. Oberdorffer 1958]
Ludwigshafener Chemiker II, Düsseldorf 1960 [zit. Oberdorffer 1960]
Ludwigshafen und seine ehrenamtlichen Bürgermeister 1853—1896, Ludwigshafen 1964 [zit. Oberdorffer 1964]

Paulus, Rolf/Hain, Bruno: Anna Croissant-Rust. Geschichten, Landau 1987

Peter, Armin: Der Hafen von Ludwigshafen, jur. Diss. Würzburg (Masch.Schrift) 1924

Petri-Töppe, Christiane: Von der Honoratiorenwahl zur Listenwahl: Die Stadtratswahlen in Ludwigshafen am Rhein von 1869 bis 1914; Manuskript in Bibl. StALu, 1985

Pfanz-Sponagel, Christiane: Vom Frauenverein zum Mandat. Frauen, Frauenbewegung und Politik im Rhein-Neckar-Raum 1890—1933, Mannheim 2003

Pfeil, Elisabeth: Großstadtforschung. Entwicklung und gegenwärtiger Stand, 2. Aufl., Hannover 1977

Platz: Der Weg des Erfolges. 100 Jahre Carl Platz GmbH, 1864—1964, Frankenthal/Pfalz 1964

Pohl, Hans (Hg.): Kommunale Unternehmen. Geschichte und Gegenwart, Stuttgart 1987

Poller, Oskar:
(Hg.): Ludwigshafen 1853 und 1873. Die Denkschriften von Lamotte und Matthäus, hg. und mit einem genealogischen Teil versehen, Meisenheim am Glan 1974 [zit. Poller 1974]
Persönlichkeiten der Ludwigshafener Industrie und ihre Abstammung, in: Genealogie. Deutsche Zeitschrift für Familienkunde, 9/1975, S. 641ff [zit. Poller 1975]
Ludwigshafen am Rhein und die Ludwigsbahn. Kurze Geschichte, Leben und Herkunft bedeutender Persönlichkeiten aus Planung, Bau und Betrieb der ersten pfälzischen Eisenbahn, Ludwigshafen 1977 [zit. Poller 1977]
Zur Geschichte der Stadt Ludwigshafen am Rhein. Familien und Persönlichkeiten nebst frühen Einwohnerlisten, Ludwigshafen 1979 [zit. Poller 1979]

Rabe, Werner: Betriebsgeschichte der Mannheimer Verkehrs-Aktiengesellschaft (MVG), der Verkehrsbetriebe Ludwigshafen am Rhein GmbH (VBL) und der Rhein-Haardtbahn GmbH (RHB), Mannheim 1979

Raimar, Josef A.: Von der Feinölfabrik zu den Palmin-Werken. Zur Familiengeschichte des Gründers Dr. Heinrich Schlinck, in: Poller, Oskar/Raimar, Josef (Hg.): Zur Geschichte der Stadt Ludwigshafen am Rhein. Bekannte Familien und Persönlichkeiten (Heft II), Ludwigshafen 1972, S. 52—57

Raith, Josef: Am Anfang stand der königl. bayerische Gendarm ... Geschichte der Ludwigshafener Polizei, Landau/Pfalz 1986

Raschig 1891—1966. 75 Jahre chemische Forschung, chemische Technik, chemische Fertigung. Dr. F. Raschig GmbH Ludwigshafen am Rhein, Frankfurt a. M. 1966

Reulecke, Jürgen:

(Hg.): Die deutsche Stadt im Industriezeitalter. Beiträge zur modernen deutschen Stadtgeschichte, Wuppertal 1978 [zit. Reulecke 1978]

Geschichte der Urbanisierung in Deutschland, Frankfurt a.M. 1985 [zit. Reulecke 1985]

(Hg.): Geschichte des Wohnens, Bd. 3: 1800—1918. Das bürgerliche Zeitalter, Stuttgart 1997 [zit. Reulecke 1997]

125 Jahre Rheinhafen Ludwigshafen. Festschrift zum 25jährigen Bestehen des Staatlichen Hafenamtes Ludwigshafen am Rhein am 27. August 1950, Ludwigshafen 1950 [zit. Rheinhafen]

Ritter, Gerhard A./Niehuss, Merith: Wahlgeschichtliches Handbuch. Materialien zur Statistik des Kaiserreichs 1871—1918, München 1980 [zit. Ritter/Niehuss]

Ritter, Gerhard A./Tenfelde, Klaus: Arbeiter im Deutschen Kaiserreich 1871 bis 1914, Bonn 1992 [zit. Ritter/Tenfelde]

Ritzhaupt, Adam: In Sonne und Rauch. Erzählungen aus dem Kinderleben, Karlsruhe o. D.

Rothenberger, Karl-Heinz:

Strom für alle. Die Elektrifizierung der Pfalz 1882—1928 und die Gründung der ›Pfalzwerke AG‹ 1912, Kaiserslautern 1991 [zit. Rothenberger 1991]

Geschichte der pfälzischen Gasindustrie, Landau 1996 [zit. Rothenberger 1996]

Auto und Motorrad. Der Kraftfahrzeugverkehr in der Pfalz von den Anfängen bis zum Ersten Weltkrieg, in: MHVP 97/1999, S. 505—554 [zit. Rothenberger 1999]

Ruf, Peter:

Ludwigshafener Abgeordnete im Landtag, Reichstag und Bundestag; Veröffentlichungen des Stadtarchivs Ludwigshafen 16, Ludwigshafen 1993 [zit. Ruf 1993]

Geschichte von Friesenheim, Bd. 2, Ludwigshafen 1996 [zit. Ruf, Friesenheim, Bd. 2]

Sachße, Christoph/Tennstedt, Florian: Geschichte der Armenfürsorge in Deutschland. Vom Spätmittelalter bis zum Ersten Weltkrieg, Stuttgart u. a. 1980 [zit. Sachße/Tennstedt 1980]

Geschichte der Armenfürsorge in Deutschland, Bd. 2: Fürsorge und Wohlfahrtspflege 1871—1929, Stuttgart u. a. 1988 [zit. Sachße/Tennstedt 1988]

Saftien, Karl: Heinrich von Brunck, in: Oberdorffer 1958, S. 11—30

Salomon, Ludwig: Zeitungen, in: HdStWiss., 3. Aufl., Bd. 8, Jena 1911, S. 987—1003

Scheeder, Bettina: Geschichte des Kunstvereins Ludwigshafen – von den Anfängen in den Zwanziger Jahren bis heute, Magisterarbeit Heidelberg, in Bibl. StALu, 1997

Schiffmann, Dieter: Von der Revolution zum Neunstundentag. Arbeit und Konflikt bei der BASF 1918—1924, Frankfurt 1983

Schlachthof: 75 Jahre Schlachthof Ludwigshafen am Rhein, 1880—1955, Ludwigshafen a. Rh. 1955 [zit. Schlachthof]

Schmid, Elmar: Julius Exter. Aufbruch in die Moderne, München 1998

Schmid, Wolfgang: Industriekarte 1874. Fabriken und größere Gewerbebetriebe mit sozialen Einrichtungen, in: Alter, S. 1771—1799 [zit. Schmid 1994]

Schneider, Erich:

Die Anfänge der sozialistischen Arbeiterbewegung in der Rheinpfalz 1864—1899. Ein Beitrag zur süddeutschen Parteiengeschichte, phil. Diss. Mainz (Masch.Schrift) 1956 [zit. Schneider 1956]

Franz Joseph Ehrhart (1853—1908), in: Pfälzer Lebensbilder, Bd. 1, Speyer 1964, S. 273—319 [zit. Schneider 1964]

Die Reaktion der deutschen Öffentlichkeit auf den Kriegsbeginn. Das Beispiel der Bayerischen Rheinpfalz, in: Philippe Levillain/Rainer Riemenschneider (Hg.), La Guerre des 1870/71 et ses Conséquences, Bonn 1990, S. 110—157 [zit. Schneider 1990]

Die pfälzische Sozialdemokratie von ihren Anfängen bis zur Jahrhundertwende, in: Geis/Nestler, S. 73—93 [zit. Schneider 1999a]

Franz Josef Ehrhart im Urteil von Zeitgenossen, in: Geis/Nestler, S. 184—196 [zit. Schneider 1999b]

Schnorbus, Axel: Arbeit und Sozialordnung in Bayern vor dem Ersten Weltkrieg (1890—1914), München 1969

Schott, Dieter: Die Vernetzung der Stadt. Kommunale Energiepolitik, öffentlicher Nahverkehr und die ›Produktion‹ der modernen Stadt. Darmstadt – Mannheim – Mainz 1880—1918, Darmstadt 1999 [zit. Schott 1999]

Schott, Sigmund:

(Hg.): Mannheim seit der Gründung des Reiches, 1871—1907, Mannheim 1907 [zit. Schott 1907a]

Der Industriehafen zu Mannheim. Festschrift zur Einweihung des Hafens am 3. Juni 1907, Mannheim 1907 [zit. Schott 1907b]

Die großstädtischen Agglomerationen des Deutschen Reichs 1871—1910, Breslau 1912 [zit. Schott 1912]

Schraut, Sylvia: Kirche und Arbeiterschaft in Ludwigshafen am Rhein, Manuskript in Bibl. StALu, 1976

Schulze, Jan-Peter: Der Städtebauer Reinhard Baumeister in Theorie und Praxis, Rostock 2001

Schüren, Reinhard: Soziale Mobilität. Muster, Veränderungen und Bedingungen im 19. und 20. Jahrhundert, St. Katharinen 1989

Schuster, Curt: Badische Anilin- und Soda-Fabrik AG. Ein Beitrag zur Geschichte der chemischen Technik, Ludwigshafen o. J. ca. 1960

Schwander, Rudolf: Eine Untersuchung über Preis- und Besitzentwicklung und hypothekarische Belastung des Grund und Bodens in Ludwigshafen a. Rh.; Veröff. des Statistischen Amtes der Stadt Ludwigshafen am Rhein, H. 1, Ludwigshafen 1920

Seeber, Günther: Kommunale Sozialpolitik in Mannheim 1888—1914, Mannheim 1989

Seiffert, Karl: Carl Grünzweig, in: Oberdorffer 1960, S. 85—109

Siebler, Walter: Josef und Wendel Hoffmann, in: Oberdorffer 1964, S. 27—42

Sieferle, Rolf/Zimmermann, Clemens: Die Stadt als Rassengrab, in: Smuda, Manfred (Hg.) 1992, Die Großstadt als ›Text‹, München, S. 53—72

Simon, Georg: Die Chronik des Arbeitsamtes Ludwigshafen am Rhein als Teilaspekt der politischen, wirtschaftlichen und sozialen Entwicklung in diesem Amtsbezirk, Ludwigshafen 1985

Springer, Max: Die Entwicklung der Stadt Ludwigshafen am Rhein in den Jahren 1903—1928. Im Auftrag der Stadt Ludwigshafen verfaßt, Manuskript in Bibl. StALu, 1929

Stabel, Otto: Die Teuerung in Ludwigshafen am Rhein während der Jahre 1920/22. Dargestellt an Hand der Ludwigshafener Indexziffer unter besonderer Berücksichtigung des Indexzifferproblems, Phil. Diss. Heidelberg (Masch.Schrift) 1922

Stadtgeschichte (1903): Die Geschichte der Stadt Ludwigshafen a. Rh. Entstehung und Entwickelung einer Industrie- und Handelsstadt in fünfzig Jahren 1853—1903. Mit einem geschichtlichen Rückblick, Ludwigshafen 1903 [zit. Stadtgeschichte (1903)]

Stadtmission: 100 Jahre evangelische Stadtmission Ludwigshafen/Rh. 1885—1985, Ludwigshafen 1985

Stamer, Ludwig: Kirchengeschichte der Pfalz, Bd. 4, Speyer 1964

Stern, Bruno: Königreich Bayern, in: Verfassung und Verwaltungsorganisation der Städte, Bd. 4, H. 4, Leipzig 1906; Schr. d. Vereins für Socialpolitik, Bd. 120, H. 4, S. 3—134

Streik (1911): Der Streik in der Badischen Anilin- & Soda-Fabrik in Ludwigshafen am Rhein 18. Juli bis 21. August 1911. Bericht über Entstehung und Verlauf der Bewegung, erstattet von der Direktion der Badischen Anilin- & Soda-Fabrik, Ludwigshafen 1911

Teuteberg, Hans-Jürgen (Hg.): Urbanisierung im 19. und 20. Jahrhundert. Historische und geographische Aspekte, Köln-Wien 1983

Thränhardt, Dietrich: Wahlen und politische Strukturen in Bayern 1848—1953. Historisch-soziologische Untersuchungen zum Entstehen und zur Neuerrichtung eines Parteiensystems, Düsseldorf 1973

Tolxdorff, Leo Adalbert: Der Aufstieg Mannheims im Bilde seiner Eingemeindungen (1895—1930), Stuttgart 1961

Trinkwasser für Ludwigshafen 1895—1985, hg. von Technische Werke Ludwigshafen am Rhein AG, Abt. Wasserversorgung, Landau 1981 [zit. Trinkwasser]

Ullmann, Uwe: Die Entstehung und Entwicklung des Städtischen Krankenhauses in Ludwigshafen am Rhein in der Zeit von 1853—1892, med. Diss. Heidelberg 1992

Vogel, Emil: Die Straßen- und Vorortbahnen von Mannheim und Ludwigshafen, phil. Diss. Heidelberg (Masch.Schrift) 1923 [zit. Vogel 1923]

Vogel, Jakob: Nationen im Gleichschritt. Der Kult der ›Nation in Waffen‹ in Deutschland und Frankreich, 1871—1914, Göttingen 1997 [zit. Vogel 1997]

Volk, Frank/Bathelt, Helge: Binder, Esslingen 1990

Waldkirch, Karl: 1870—1970. 100 Jahre Waldkirch Ludwigshafen/Rhein, Ludwigshafen 1971

Wehler, Hans-Ulrich: Deutsche Gesellschaftsgeschichte, Bd. 3: Von der ›Deutschen Doppelrevolution‹ bis zum Beginn des Ersten Weltkrieges, 1849—1914, München 1995

Weidner, Rolf: Wahlen und soziale Strukturen in Ludwigshafen am Rhein 1871—1914; Veröffentlichungen des Stadtarchivs Ludwigshafen 11, Ludwigshafen 1984

Weigand, Karl-Heinz: Leben und Werk von Ernst Bloch, in: Ernst-Bloch-Zentrum der Stadt Ludwigshafen a. Rh. (Hg.): Ernst-Bloch-Zentrum. Zukunft als Programm, Bönnigheim 2002, S. 12—14

Weiß, Christian (Hg.): Die Stadt Ludwigshafen, Berlin-Friedenau 1927

Weiß & Hameier: 50 Jahre im Dienste der Schwarzen Kunst. Eine Gedenkschrift zur 50. Wiederkehr unseres Gründungstages am 1. Oktober 1886, Ludwigshafen 1936

Weißt du noch ... Ein Buch der Erinnerung, gewidmet unseren Jubilaren, hg. von der Sozialdemokratischen Partei, Bezirk Pfalz Stadt- und Unterbezirk Ludwigshafen a. Rh., Ludwigshafen 1948 [zit. Weißt du noch]

Wenisch: Zur Vorgeschichte und Geschichte der Pferdebahn in Ludwigshafen (1875—1902) (Masch.Schrift) o. D., in Bibl. StALu

Weynantz, Rudolf: Die volkswirtschaftliche Bedeutung der Hafenanlagen von Ludwigshafen am Rhein, Phil. Diss. Heidelberg (Masch.Schrift) 1923

Wolf, Herbert: Rudolf Knietsch, in: Oberdorffer 1960, S. 111—134

Wunder, Friedrich Emil: Die Versorgung der Mannheimer Industrie mit auswärts wohnenden Arbeitern, Phil. Diss. Heidelberg, Heidelberg 1914

Zimmermann, Clemens: Von der Wohnungsfrage zur Wohnungspolitik. Die Reformbewegung in Deutschland 1845—1914, Göttingen 1991

Titelbild Kapitel 7: Ludwigshafen 1912 aus der Vogelperspektive; kolorierter Druck

[1] Original im Wilhelm-Hack-Museum, Ludwigshafen

[15—19] Unternehmensarchiv BASF

[20] entnommen aus: Meinzer, S.2009

[21—31] Unternehmensarchiv BASF

[46, 48] Sammlung von Firmenbriefköpfen, StALu, Druckschriftensammlung

[60] entnommen aus: 75 Jahre Karl Kief, 1957

[61] Sammlung von Firmenbriefköpfen, StALu, Druckschriftensammlung

[62] wie Nr. *[60]*

[63] entnommen aus: Rasimus, Dieter: Chronik der Gemeinde Jockgrim, Jockgrim 1992, S. 463

[67] entnommen aus: Reuter, Adolf: Vom Steinmörser zur Großmühle. Eine Betrachtung in der Ludwigshafener Walzmühle, Sonderdruck aus Westermanns Monatsheften, 1928

[68] entnommen aus: Akt ›Pfälzische Presshefen- etc.‹, StALu, ZR 2330

[75] entnommen aus: 50 Jahre ›General-Anzeiger‹, 1924

[77] entnommen aus: Preisliste Schmirgelwerk Lebert [o.D., vermutl. Ende 19. Jahrhundert], StALu, DS 807

[87] StALu, Schriftbeispiele

[96, 97] StALu, Zeitungssammlung, hier Sammlung einzelner Ausgaben des ›General-Anzeigers‹ 1874—1914

[100] Ausschnitt aus einem größeren Foto des ›Bismarckplatzes‹ d.h., des Abschnitts der Bismarckstraße vor der Mädchenschule und Ludwigskirche

[101, 102] Unternehmensarchiv BASF

[103] StALu, Gesetzblättersammlung

[104, 105] Unternehmensarchiv BASF

[109] ebd.

[114, 115] ebd.

[120] entnommen aus: Hippel 2002b, S. 470

[128] StALu, Schriftbeispiele

[144] Original im StALu

[145] Informationen Stefan Mörz, Ausführung Harald Kasparek

[146] StALu, Plansammlung

[150] StALu, Gesetzblättersammlung

[153] StALu, ZR 3210/12

[162] entnommen aus: Stadtgeschichte (1903), S. 497

[164] Aus dem ›General-Anzeiger‹, entnommen aus: StALu, ZR 4146/21

[165] entnommen aus: StALu, ZR 4146/21

[181] StALu, Gesetzblättersammlung

[191] wie Nr. *[68]*

[194] StALu, LUA 731

[196] entnommen aus: Akt ›Pfälzische Presshefen- etc.‹, StALu, ZR 2330

[211] Aus dem ›Neuen Pfälzischen Kurier‹, 2.5.1901

[212, 213] Privatsammlung Günter Braun; entnommen aus: Braun, S. 37

[217] entnommen aus: 50 Jahre städt. Feuerwehr 1903, S. 53

[224] entnommen aus: Stadtgeschichte (1903), S. 360

[227, 228] entnommen aus: ebd., S. 390

[229] entnommen aus: Trinkwasser für Ludwigshafen

[230] entnommen aus: Stadtgeschichte (1903), S. 384

[232] StALu, Schriftbeispiele

[238, 239] Aus dem Sparbuch der Gemeinde Rheingönheim bei der Städt. Sparkasse Ludwigshafen; StALu, Schriftbeispiele

[242] entnommen aus: Stadtgeschichte (1903), S. 316

[253] entnommen aus: Bauverwaltungsamt der Stadt Ludwigshafen (Hg.): Entwicklung des Wohnungsbaus in Ludwigshafen bis 1945, Ludwigshafen 1983, S. 10

[261] Aus dem Verwaltungsbericht der Stadt Ludwigshafen 1913

[262] wie Nr. *[253]*, S. 6

[263—265] Unternehmensarchiv BASF

[266] wie Nr. *[253]*, S. 8

[267] Unternehmensarchiv BASF

[268] StALu, Gesetzblättersammlung

[269—275] entnommen aus: Geschäftsbericht des Konsumvereins Ludwigshafen 1910/11, StALu, DS 458, 1910/11

[276—279] Unternehmensarchiv BASF

[283, 284] StALu, ZR 6240/1

[289] entnommen aus: Stadtgeschichte (1903), S. 278

[295] Papiere Johannes Sauerhöfer, StALu, M 521

[302] entnommen aus: Jahresbericht der Mädchenschule 1907, StALu, Ds 13/9

[304] entnommen aus: 100 Jahre Waldkirch, S. 126

[305] wie Nr. *[295]*

[310] Aus dem Jahresbericht der Realschule 1901, StALu, DS 15

[311] Jahresbericht der Oberrealschule 1911, StALu, DS 15, 17/1a

[313] StALu, DS 15, 102

[323] Sammlung Meliset

[327] StALu, Druckschriftensammlung, Sammlung von Speisekarten etc.

[331] entnommen aus: StALu, DS 127, 1

[335] entnommen aus: StALu, DS 67, 16

[346] entnommen aus: 75 Jahre Ludwigshafener Ruderverein 1953, StALu, DS 75/8

[357] StALu, Schriftbeispiele

[382] Unternehmensarchiv BASF

[388] Nachlaß Croissant-Rust, StALu, N 6, Kasten 15

[390] entnommen aus: Binder, S. 10

[391] Deutsches Literaturarchiv Marbach a. N.

[392] Nachlaß Burschell, StALu, N 40, 91

[393] Dieterle-Archiv, StALu, N 3, 135

[394.1] ebd., 202

[394.2] ebd.

[395] entnommen aus: Exter, Farbtafel 11

[397] Bibliothek StALu

[406] Wahlkampfmaterial Kaiserreich, StALu, DS 653—654

[407] entnommen aus: Rembe, Heinrich: Lambsheim; Beiträge zur Bevölkerungsgeschichte der Pfalz 1, Kaiserslautern 1971, Abb. 25

[410] Stadtmuseum Ludwigshafen

[419] Wahlkampfmaterial Kaiserreich, StALu, DS 653—654

[424] PfP 18.11.1909

[425] ›Pfälzer Volksblatt‹, 20.11.1909

[436] Wahlkampfmaterial Kaiserreich, StALu, DS 653—654
[437] Nachlaß Ehrhart, StALu, N 17

[1—14, 16—19, 21—24, 26—43, 45, 47, 49—55, 57—59, 64—66, 69—73, 78—81, 83—86, 88—95, 98—102, 104, 105, 112—119, 121—127, 129—143, 147—149, 151, 152, 154, 155, 157—161, 163, 166—178, 180—188, 190, 195, 197, 198, 202, 204, 205, 207—209, 214—216, 218—220, 222, 223, 226, 231, 234—236, 240, 241, 243—252, 254—257, 259, 260, 261—265, 267, 276—280, 286—288, 290—294, 296, 297, 299, 300, 303, 306, 309, 312, 314—318, 321—326, 328—330, 332—334, 336—338, 340—345, 347, 350—356, 358—360, 362, 363, 366—371, 373—379, 384—387, 389, 405, 410, 412, 413, 414, 418, 422, 430—432, 433, 435, 438—440, 442—444]
Fotosammlung StALu

[44, 56, 74, 76, 82, 106—108, 110, 111, 156, 179, 189, 192, 193, 199—201, 203, 206, 210, 221, 225, 233, 237, 258, 281, 282, 285, 298, 307, 308, 311, 313, 319, 320, 339, 348, 349, 361, 364, 365, 372, 380, 381, 383, 396, 398, 416, 419, 441]
Druckschriftensammlung StALu

[96, 97, 301, 399—404, 408, 409, 411, 415, 417, 420, 421, 423—429, 434]
Zeitungssammlung StALu

Im Sog der Industriestadt

Die Ludwigshafener Randgemeinden
1843—1900

Posten der pfälzischen Revolutionäre am Rhein [2]

Revolutionäres Zwischenspiel – Die Ereignisse von 1848/49 im Raum Ludwigshafen

„Die allenthalben aufgeregten Gemüter machen ein zu scharfes Vorgehen gegen die zumeist nicht aus eigener Schuld Verarmten nicht ratsam und gebieten vielmehr Schonung."[1] Mit diesen Worten riet das Landkommissariat Frankenthal im Jahr 1847 von einer Pfändung der Ernten säumiger Edigheimer Steuerzahler ab. Die Lage war in der Tat besorgniserregend. Durch die Mißernten der Jahre 1845 und 1846[2] hatten sich die Preise der gerade für die ärmeren Menschen wichtigen Grundnahrungsmittel (Kartoffeln, Brotgetreide, Hülsenfrüchte) bis zum Frühjahr 1847 mehr als verdoppelt. Besonders die Kartoffelfäule, die 1845/46 die Pfalz heimsuchte, hatte verheerende Konsequenzen. Die Not stieg – und damit auch die Auswanderungszahlen: In Oppau zum Beispiel verließen nicht weniger als 100 Menschen während des Jahres 1847 das Dorf.[3]

Durch die gute Ernte des Jahres 1847 entspannte sich die Ernährungskrise wieder – die Armut breiter Schichten jedoch blieb. Und auch die latente Unzufriedenheit vieler Menschen mit den politischen und sozialen Verhältnissen in der Pfalz blieb bestehen. Durch die konservative Politik Ludwigs I. erhielt sie sogar noch neue Nahrung. Die liberal-freiheitliche Tendenz der um 1845 in Edigheim, Oppau und Oggersheim gegründeten Gesangvereine war wohl auch die Antwort auf die tendenziell die Nicht-Katholiken benachteiligende Politik des Königs. In ihrem Licht erschien vielen liberalen Pfälzer Protestanten die Gründung des Oggersheimer Minoritenklosters als Akt der Provokation, und entsprechend heftig war auch die Polemik gegen das geistliche Institut, das sich andererseits bei den Katholiken der Region wachsenden Zuspruchs erfreute.[4] Politisch-soziale Spannungen wurden hier wie so oft auf kirchlichem Gebiet ausgetragen. Sie könnten auch hinter dem Raub der Monstranz aus der Mundenheimer Kirche im Juni 1847[5] stehen, bei der die Hostien in einem Säckchen im Kirchhof vergraben wurden. Der Diebstahl löste bei Pfarrer und bischöflicher Behörde große Betroffenheit aus. Eine Sühn- und Bußandacht wurde angeordnet, an der die ganze Gemeinde teilnahm.

Die Februarrevolution 1848 in Paris, die zur Proklamation der Republik in Frankreich führte, und die daraufhin ausbrechenden Unruhen in Deutschland trafen auch in der Pfalz und der Region um Ludwigshafen auf Widerhall. Am 12. März 1848 fand eine große Volksversammlung in Neustadt an der Haardt statt. Schon am folgenden Tag organisierte der Bürgermeister von Mundenheim, Nikolaus Metzner, eine ›Bürgerversammlung‹ in seinem Dorf und errichtete bald darauf eine Bürgerwehr – in beiden Fällen war er der erste in der Region.[6] Der seit 1843 amtierende Metzner, Wirt des traditionsreichen ›Schwanen‹ und einer der größten Grundbesitzer des Dorfes, wurde schon seit längerem von der Polizei beobachtet und als ›ultraliberal‹ eingeschätzt.[7] Ein Gesuch von Mundenheimer Bürgern, die darum baten, daß bei den im Frühjahr 1848 anstehenden Gemeinderatswahlen alle Gemeinderäte und nicht nur wie von der Gemeindeverfassung vorgeschrieben, die am längsten amtierenden neu gewählt werden sollten, lobte den Bürgermeister, der „für den Fortschritt und alles Volkstümliche stets mit Eifer" voranginge.[8] In Oggersheim war es der jüdische Arzt Jonas Löwenthal, Sohn eines Friesenheimer Tabakfabrikanten, der die revolutionäre Bewegung organisierte.[9]

Anmerkungen
Seite 778 und 779

1 *Braun, S. 502*
2 *Kermann, Revolution, S. 294ff*
3 *Braun, S. 491*
4 *Kreuter, Ergänzungen, S. 57*
5 *Knauber, in: Kirsch, Josefspflege, S. 23*
6 *Gesuch, 14. 5. 1848; StALu, Mu. 279*
7 *Kirsch, Mundenheim, S. 16, 247*
8 *siehe Anm. 6*
9 *Ruf, Revolution, S. 4; Kreuter, Ergänzungen, S. 80f*
10 *Ruf, Friesenheim, Bd. 2, S. 167*
11 *Braun, S. 504*
12 *Kreuter, Ergänzungen, S. 81; v. Jan, S. 223*
13 *Gemeinderatsprotokoll, 1. 11. 1848, 18. 12. 1848; StALu, Md. 2*
14 *Ruppert, S. 205, 216*
15 *Bahn, S. 156ff*

Bei einer großen Volksversammlung in der Stadt an Pfingsten 1848 hielt er eine scharfe Rede, in welcher er die Monarchie in Frage stellte, und seiner Initiative entsprang auch die Gründung eines ›demokratischen‹ Vereins. Im Juni 1848 wurde Löwenthal in einem Oggersheimer Gasthaus von Soldaten schwer mißhandelt, ein Akt, der wohl kaum seine Ablehnung gegenüber der bestehenden Ordnung vermindert haben dürfte. Übrigens hatten sich schon 1846 in Oggersheim im Gasthof ›Zum Grünen Baum‹ pfälzische und badische Oppositionelle getroffen, unter ihnen auch der später so berühmte Friedrich Hecker. Die bayerischen Behörden waren durch einen Spitzel informiert worden, verfuhren „aber bei der Beobachtung so ungeschickt, daß sich der ‚konspirative Treff' " ohne unmittelbare Folgen auflösen konnte.

In Friesenheim[10] versammelte Bürgermeister Eicher seit Herbst 1848 eine Reihe revolutionärer Köpfe um sich und gab ihnen gemeindliche Posten wie den des Gemeindeschreibers, Armenarztes und Führers der Bürgerwehr. In Oppau[11] war der Lehrer Philipp Stempel die Seele der revolutionären Bewegung. Deren Führer kamen, soweit erkennbar, in allen Orten nicht aus dem Kreis der Armen und Entrechteten, sondern eher der Handwerker, Landwirte und kleinen Angestellten.[12] Die ›kleinen Leute‹ mischten bei den revolutionären Ereignissen eher in unorganisierter, anarchischer Weise mit: Im Herbst 1848 nahmen z. B. die Felddiebstähle in Maudach derart überhand, daß die besitzenden Bauern die Feldhut übernahmen. Die bisherigen Feldhüter wurden wegen dauernder Untreue und Vertuschung von Räubereien entlassen, denn der Gemeinderat wollte sich nicht mehr, wie er ausführte, „durch eine grossentheils besitzlose, durch die Feldhüter im Interesse der Selbsterhaltung gehegte Partei [...] beirren lassen."[13]

Das Jahresende 1848 brachte eine Verhärtung der Fronten: Der von der Nationalversammlung in der Frankfurter Paulskirche angestossene Prozeß der demokratischen Einigung Deutschlands geriet ins Stokken, und während sich die einen in der Furcht vor Anarchie wieder der hergebrachten Ordnung zuwandten, begannen andere am gewaltlosen Sieg der Revolution zu zweifeln – und suchten neue Lösungen. Als die ablehnende Haltung der bayerischen sowie anderer fürstlicher Regierungen zur neuen Reichsverfassung und den von der Nationalversammlung verabschiedeten Grundrechten immer deutlicher wurde, konstituierten sich in Oppau, Oggersheim und Rheingönheim nach dem Vorbild anderer Regionen im deutschen Südwesten sogenannte ›Märzvereine‹, die die Errungenschaften der Revolution notfalls auch gegen den Willen der Fürsten durchsetzen wollten.[14] Der Rheingönheimer Verein hatte nachweislich um die 100 Mitglieder, eine angesichts der Einwohnerschaft von ca. 1 100 Personen ganz stattliche Zahl. Auch die ›Deutsch-Katholiken‹,[15] die seit ihrer Gründung 1844 in scharfer Gegnerschaft vor allem zur katholischen Kirche ein freies, undogmatisches Christentum propagierten, gewannen in der Pfalz insbesondere in der Region Ludwigshafen seit Ende 1848 zahlreiche Anhänger. In Friesenheim, Rheingönheim, Maudach, besonders aber in Oppau – 1850: 26 Erwachsene, 17 Kinder – und Oggersheim – 1850: 20 Erwachsene – waren sie vertreten. Gerade in der Stadt mit ihrer Wallfahrt kam es zu scharfen Konfrontationen mit der katholischen Bevölkerung, Schlägereien auf den Straßen und Ausschreitungen in den Wirtshäusern. Auch der protestantische Pfarrer, der sich geweigert hatte, den Deutsch-Katholiken seine Kirche

Reicher Gutsbesitzer und ›Ultraliberaler‹ Der Mundenheimer Bürgermeister Nikolaus Metzner (1788—1853) [3]

für den Gottesdienst zur Verfügung zu stellen, wurde auf das Heftigste kritisiert – selbst aus den Reihen seines Presbyteriums.[16] Die Anhänger der Deutsch-Katholiken kamen aus beiden Konfessionen, und sie stammten ganz überwiegend aus den Unterschichten, denen sie in erster Linie offenbar als eine Art politisch-soziale Protestbewegung erschienen – was sie den königlichen Behörden nur um so verdächtiger machte.

Doch gerade die königlichen Behörden waren andererseits Anfang 1849 bereit, das Oggersheimer Kloster der liberal-protestantischen Kritik in der Pfalz zu opfern[17] – offenbar um damit die Gemüter zu besänftigen. Die entsetzten Klosterbrüder wehrten sich nach Kräften – und der Generalkommissar der bayerischen Minoritenprovinz erhielt in einer Audienz von König Maximilian II. ebenso wie von dem ebenfalls anwesenden Ludwig I. die Versicherung, daß das Kloster geschützt werde. Gerade die Monarchen wußten es zu schätzen, daß der katholische Klerus der Pfalz ganz überwiegend antirevolutionär war. Pfarrer Krebs in Mundenheim wies 1851 darauf hin, daß die Zeit um 1848/49 für ihn „eine besonders schwierige war, in der er standhaft und unbeirrt ausharrte, treu der Kirche, dem Könige und Vaterlande ergeben war." Es ist wohl auch seinem Wirken zuzuschreiben, daß „die Mehrzahl der Mundenheimer Einwohnerschaft" der Haltung des Pfarrers folgte und sich „von der Bewegung fern"-hielt.[18] In Oppau, Oggersheim und Friesenheim begannen sich Anfang 1849 die Katholiken in ›Pius-Vereinen‹ zu organisieren. In der Pfalz war der erste dieser Vereine im Januar 1849 in Schifferstadt gegründet worden.[19] Ihr Ziel war es, die Interessen des Katholizismus gegen die antikirchlichen Projekte radikaler und oft religionsfeindlicher Revolutionsanhänger zu schützen. Gerade im „Revolutionszentrum" Oggersheim mit seinem gefährdeten Kloster und seiner religiös gespaltenen Bevölkerung erscheint die Gründung eines Pius-Vereins schlüssig. Aber auch in Oppau, wo nach den Worten der königlichen Behörde „die revolutionären Ideen Wurzeln gefaßt"[20] hatten, spürte die katholische Minderheit offenbar den Wunsch nach einer Schutzorganisation.

Höhepunkt und Ende erlebte die revolutionäre Bewegung im Ludwigshafener Raum, als die Pfalz sich im Frühjahr 1849 zur selbständigen Republik erklärte, die die Reichsverfassung im Gegensatz zu Bayern umsetzen wollte.[21] Ein recht bunter Haufen von ›Freischaren‹ besetzte im Mai Ludwigshafen und die umgebenden Orte. Der Oggersheimer Sattlermeister Becker, damals noch ein Knabe, berichtet über den großen Eindruck, den die nach ihrer eigentlich höchst unzulänglichen Bewaffnung ›Sensenmänner‹ genannten Kämpfer auf die Kinder machten: „Ich sehe jetzt noch ein Trupp echter Sensenmänner an unserem Fenster vorbeiziehen, als sei es erst gestern gewesen. Die Sensen waren nicht, wie man es gewohnt ist, waagrecht, sondern senkrecht auf lange Stangen gebunden. Überhalb der Stange unmittelbar vor der Sense war ein Haken angebracht. Wir Buben fragten einmal die Sensenmänner, welchen Zweck denn dieser Haken habe? Worauf sie uns erwiderten, damit ziehe man den Gegner herbei, um ihm dann mit der Sense den Kopf abzuschneiden. Während die anderen Jungen über diese Erklärung heftig lachten, überkam mich, da ich die Erklärung wörtlich nahm, das Gruseln."[22]

Die Freischaren zwangen die Bevölkerung der umliegenden Dörfer, sie zu versorgen, konfiszierten Gemeindekassen und die Kasse des

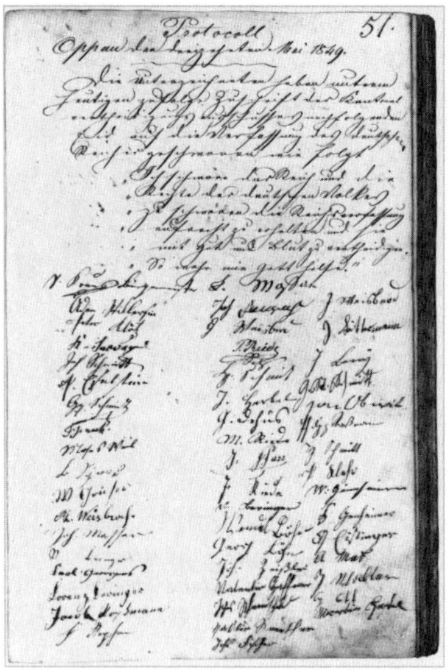

Die Oppauer trotzen ihrem Herrscher: Schwur der Bevölkerung auf die Reichsverfassung mit der Versicherung, sie „mit Gut und Blut zu verteidigen", 13. Mai 1849 [4]

Anmerkungen Seite 780 und 781

16 Kreuter, Ergänzungen, S. 81f
17 Kreuter, Weitere Ergänzungen, S. 57ff
18 Knauber, in: Kirsch, Josefspflege, S. 27
19 Fenske, S. 160f, 205, 216
20 Braun, S. 514
21 allg. Ruf, Revolution; v. Jan; Braun, S. 504ff
22 zit. n. Ruf, Revolution, S. 18
23 v. Jan, S. 220
24 Kreuter, Ergänzungen, S. 81
25 Ruf, Revolution, S. 10; v. Jan, S. 223
26 Bericht v. Metzner in: StALu, Mu. 279
27 Kreuter, Ergänzungen, S. 51
28 ›Pfälzer Zeitung‹, 4.2.1857

Oggersheimer Rentamts, verlangten ›freiwillige‹ Gaben der Bevölkerung und erhoben Sondersteuern auf die Vermögen der Wohlhabenden; auch forderten sie Waffen und versuchten die militärfähigen Männer zum Dienst in ihren Reihen heranzuziehen. In Mundenheim und Friesenheim genossen sie dabei die besondere Unterstützung der Bürgermeister. Anderwärts, wie etwa in Maudach, wurden die Ortsgewaltigen verhaftet, Drohungen gab es an verschiedenen Orten. Insgesamt reagierte die Bevölkerung eher widerspenstig und abwartend, wollte die Leistungen nicht erbringen, entzog sich dem Militärdienst. Als der Kommandant von Ludwigshafen die Bürgerwehr von Rheingönheim anforderte, verweigerte der Bürgermeister das Ansinnen mit der geschickten Begründung, man brauche sie angesichts des Hochwassers auf den Rheindämmen.[23] Der verbreitete Widerstand war kein Wunder, denn mit dem Herannahen preußischer Truppen war schon bald das Ende der pfälzischen Republik absehbar. Wer wollte sich da schon exponieren, selbst wenn er Sympathien für die Revolution hegte? Am 15. Juni 1849 eroberten die Preußen Ludwigshafen – es gab Tote und Verletzte, auch einige wenige aus den Orten des Umlands. Der ›Aufruhr‹ war zu Ende, und die königliche Regierung begann – zuerst unter Ausrufung des Kriegsrechts – die Opposition mundtot zu machen und die alte Ordnung wiederherzustellen. Die einrückenden bayerischen Truppen zeigten zum Beispiel in Oggersheim den Pfälzern ihre Verachtung, in dem sie sie „Franzosenköpfe" schimpften.[24] Noch 1849 verloren die Ortshäupter von Friesenheim und Mundenheim ihre Posten.[25] Bürgermeister Metzner hatte beim Anrücken preußischer Truppen seine Korrespondenz vernichtet, was ihm die Untersuchungsbehörden sehr verübelten. Seinen fast flehentlichen Versicherungen, er habe alle Leistungen für die Freischaren nur gegen seinen Willen und unter Drohungen geliefert, wurde offenbar kein Glauben geschenkt.[26] Auch Bürgermeister Ganß von Oggersheim wurde als „Revolutionär" verhaftet. Trotz Freispruchs verlor er bald darauf sein Amt – er hatte wohl zu laut der geplanten Auflösung des Klosters zugestimmt.[27] Einige weitere Führer der Revolution wie Philipp Stempel und Jonas Löwenthal flohen ins Ausland und wurden in Abwesenheit verurteilt. Die meisten Mitläufer wie die Männer, die die Freischaren aus den Dörfern zum Militärdienst herangezogen hatten, kamen in der Regel ohne weitere Strafe davon. Man wollte Ruhe von seiten der Behörden und vermied einen allzu harschen Kurs. Die politische Revolution war gescheitert – die industrielle Revolution stand jedoch für die Region um Ludwigshafen unmittelbar bevor.

›Sensenmänner‹ an der Barrikade der Schiffsbrücke in Mannheim, April 1848 [5]

Industrialisierung als Schicksal und Chance

„Die Gelehrten sind noch nicht ganz darüber einig, ob Fabriken einem Lande Nutzen oder Schaden bringen. Die Lösung des Streites scheint jedoch in der Frage zu liegen: was für die bürgerliche Gesellschaft besser sei, beschäftigte Menschen mit hinreichendem Auskommen oder darbende Müßiggänger. Das Übermaß ist freilich auch bei Fabriken von Übel; allein vom Übermaß ist die Pfalz noch himmelweit entfernt."[28] Mit diesen Worten kommentierte im Januar 1857 die konservative und regierungstreue, in Ludwigshafen angesiedelte ›Pfälzer Zeitung‹ die Erweiterung der Mechanischen Baumwollspinnerei in Oggersheim und umschrieb damit exakt das Dilemma, in dem sich staatliche und kommunale Entscheidungsträger in der bayerischen Rheinprovinz – wie anderswo – befanden.

Der älteste ›Industrieort‹ des heutigen Stadtkreises: Oggersheim um 1910 [6]

Einerseits fürchteten die Behörden, an ihrer Spitze der zutiefst konservative König Maximilian II., die Zusammenballung von Arbeitermassen als Potential revolutionärer Unruhen, widersprachen solche entwurzelnden, modernen Beschäftigungen dem Ideal einer ständisch gegliederten, traditionellen und königstreuen Gesellschaft. Andererseits konnte die Landwirtschaft gerade der Pfalz der schnell wachsenden Bevölkerung keine Nahrung mehr bieten. Die traditionelle Realteilung ließ die Zahl der Menschen schneller wachsen als in anderen Teilen Deutschlands: alle Kinder hatten Anteil am väterlichen Erbe und konnten so – zudem unbeschränkt von irgendwelchen gesetzlichen Ehe-Hemmnissen – Familien gründen. Die Bauernwirtschaften wurden jedoch immer kleiner und letztlich zu unrentablen Kleinstbetrieben reduziert.[29] Das am Rande des heutigen Stadtkreises gelegene Maudach[30] bot für diese Entwicklungen ein gutes Beispiel. Zwar waren die Böden fruchtbar, und durch den Anbau von Flachs, Tabak und in späteren Jahrzehnten die Produktion von Gemüse und Milch für die Bevölkerung Ludwigshafens ließen sich gute Gewinne erzielen. Auch wuchsen Kartoffeln, das Grundnahrungsmittel der breiten Bevölkerung, in der Region besonders gut, und mit der Herstellung von Kartoffelschnaps und der Torfstecherei erwirtschafteten sich einige Bauern noch zusätzliche Einkünfte. So konnte eine Familie hier schon mit einem Besitz von etwa zwei Hektar überleben. Nach der Statistik des Jahres 1840 verfügten fast alle Haushalte Maudachs über Land. Doch besaßen nur ca. 60% von ihnen mehr als die überlebensnotwendigen zwei Hektar – 35% zwei bis fünf Hektar, 20% sechs bis zehn Hektar, und nur 4% über zehn Hektar; 40%, meist Kleinbauern und Tagelöhner, hatten weniger. Diese an sich schon bedenkliche Situation[31] hatte sich vierzig Jahre später, 1880, noch verschärft. Damals war durch die Zunahme der Bevölkerung die Zahl der Landwirte und Tagelöhner sogar gestiegen. Nunmehr besaßen 45% von ihnen weniger als zwei Hektar. Immer mehr Menschen waren in Maudach – und der Pfalz insgesamt – nicht mehr in der Lage, sich vom Land zu ernähren. Hier lag das Arbeitskräftereservoir für die Industrien der Umgebung, die nach dieser Zeit immer mehr Menschen aufnahmen. Auch in Maudach wurde ein guter Teil der lebensunfähigen Klein-Bauernwirtschaften aufgegeben, ihr Anteil sank bis 1900 auf 35%, während der der Höfe mit zwei bis fünf Hektar auf fast 50% zunahm.

Diese Entwicklung lag in den Jahren 1850/51 freilich noch in der Zukunft. In jenem Jahr stellte eine regierungsamtliche Erhebung fest, daß es gerade der Regierungsbezirk der Pfalz mit seinen zahlreichen verarmten Bauern, Tagelöhnern und Handwerkern sei, „in welchem unter allen Kreisen des Königreiches der Stand der Armuth das betrübendste Bild entfaltet."[32] Eine Untersuchung zum Gesundheitszustand der Pfälzer der Jahre 1852—1854 umriß die Situation der pfälzischen Unterschichten mit drastischen Worten:[33] „Bloßgestellt allen schädlichen Einflüssen der Armuth durchkämpft diese bedauernswerte Klasse der Landbewohner von der Wiege bis zum Sarge ein Leben voller Entbehrungen und liefert bei jeglicher epidemischer Krankheit [...] weitaus das größte Kontingent." 1854/55 lag die Zahl der registrierten Armen bei über 3 000, etwa 6% der Bevölkerung;[34] ein Jahr später entfielen von allen erwerbsfähigen Armen Bayerns zwei Drittel auf die Pfalz. Die Unmöglichkeit, neue Erwerbsmöglichkeiten jenseits der überlasteten Landwirtschaft zu finden, veranlaßte gerade in Jahren schlechter Ernten zahlreiche

Anmerkungen
Seite 782 und 783

29 *Heinz, S. 172ff*
30 *Catt, Family, S. 136ff*
31 *Allerdings waren nicht alle Unter-Zwei-Hektar-Besitzer zu den Armen zu rechnen. Denn oft handelte es sich um unverheiratete junge Männer, die ihren Landbesitz durch das Erbe ihrer Frauen aufstockten, oder um Alte, die schon den größten Teil ihres Landes an die Nachkommen verteilt hatten*
32 *zit. n. Heinz, S. 176*
33 *zit. n. Kermann, Lage, S. 119*
34 *Heinz, S. 176f*
35 *Braun, S. 491*
36 *zur Bevölkerungsentwicklung s. u.*
37 *Kermann, Lage, S. 105, 109*
38 *Amts- und Intelligenzblatt 1853, Beilage zu Nr. 28*
39 *Schöningh, S. 75—85; Bavaria, Pfalz, S. 490*
40 *Nach dem Preisverfall für Zucker in den 1880er Jahren ging die Firma 1887 in Konkurs und wurde von der Zuckerfabrik Frankenthal übernommen*

Menschen zur Auswanderung. Auch in der Gegend der heutigen Stadt Ludwigshafen zeigen die trotz konstantem Geburtenüberschuß stagnierenden, ja zwischen 1849 und 1852—1855 noch deutlich zurückgehenden Einwohnerzahlen die Folgen des vor allem Richtung USA gehenden Exodus.[35] So sank die Einwohnerschaft Friesenheims in den Jahren 1849 bis 1852 von 2064 auf 1662, d. h. um fast 20%![36]

Zwar war die allgemeine Armut in der Westpfalz am weitesten verbreitet, doch zählte auch das rheinnahe Ludwigshafener Stadtgebiet nicht zu den bevorzugtesten Gegenden. Die fruchtbaren Äcker waren häufig überflutet, das Klima ungesund; die menschlichen Behausungen werden als klein, niedrig, eng und feucht beschrieben.[37] Das geringe, bestenfalls durchschnittliche Niveau der Gebäude in den Ludwigshafener Umlandgemeinden bezeugen auch die Einschätzungen der bayerischen Gebäudebrandversicherung vom Jahr 1851.[38] Der Wert der versicherten Haupt- und Nebengebäude lag in Oppau und Edigheim ca. 40%, in Ruchheim 20% unter dem pfälzischen Durchschnitt, Friesenheim, Mundenheim sowie Maudach bewegten sich im Durchschnitt und nur das Städtchen Oggersheim und Rheingönheim rangierten mit 117% und 113% etwas darüber.

Gerade aber dieses eher benachteiligte Gebiet der heutigen Stadt gewann mit den 1850er Jahren die besten Voraussetzungen, der Armuts- und Auswanderungsspirale zu entkommen. Mitten in der landwirtschaftlich dominierten Region wuchs ein völlig neues Gemeinwesen – Ludwigshafen – empor, dessen Gebäude 1851 mit 900% des pfälzischen Durchschnitts bewertet wurden. Seine Verkehrsverbindungen – Hafen und Eisenbahn – waren für die Ansiedlung von Industrien attraktiv. Zum Schienenweg nach dem Saargebiet und weiter nach Frankreich trat 1853 die Verbindung über Oggersheim nach Worms und Mainz sowie 1867 die Eisenbahnbrücke nach Mannheim mit dem Anschluß an das badische Netz. Auch nach Süden, Richtung Lauterburg – Straßburg, wurde eine Verbindung hergestellt. Von der so geschaffenen Position Ludwigshafens als zentralem Zugang und Knotenpunkt der pfälzischen Verkehrsverbindungen profitierte auch das Umland.

Zu Beginn der Industrialisierung wurden sogar die Stadt und die stadtnahe Region durchaus gleichmäßig bei der Ansiedlung von Betrieben berücksichtigt. 1851, im Jahr der Gründung der Chemischen Fabrik Giulini in Ludwigshafen, entstand auf der Rheingönheimer Gemarkung die größte Zuckerfabrik der Pfalz.[39] Der Mannheimer Kaufmann und Zuckerfabrikant Carl Gottlob Reihlen hatte sich, schockiert von den revolutionären Gewalttätigkeiten in seiner Stadt, zur Anlage einer Fabrik mitten auf dem Land entschlossen, der er den programmatischen Namen ›Friedensau‹ gab. Natürlich spielten dabei auch wirtschaftliche Gründe eine Rolle: Das Werk lag nahe der neuen Bahnlinie, was den Absatz der Produkte in den benachbarten Städten und Regionen erleichterte, die Rüben wuchsen in der nächsten Umgebung und waren von guter Qualität – und das Lohnniveau in der Pfalz war „nicht unwesentlich niedriger als anderwärts in Süddeutschland", wie ein Prospekt anläßlich der Umwandlung der Fabrik in eine AG 1870 betonte. In der Saison beschäftigten Raffinerie und Brennerei über 300 Arbeiter, davon ca. ein Drittel Frauen, und in der Nähe der Fabrik entstanden 17 Arbeiter- und ›Beamten‹-Wohnhäuser mit 33 Wohnungen – die Keimzelle der 80 Jahre später gegründeten Gemeinde Limburgerhof.[40]

Legitimationskarte
zur
Eröffnungsfahrt
der
Pfälzischen Maximiliansbahn
am 23. October 1855,
für Herrn

Diese Karte berechtigt ausserdem zur freien Fahrt mit den gewöhnlichen Zügen am 22., 23. und 24. October.

Der Präsident des Verwaltungsrathes der Pfälz. Eisenbahnen. Mahla.

Der Präsident des Verwaltungsrathes der Hessischen Ludwigsbahn. Lauteren.

›Fahrkarte‹ zur Eröffnungsfahrt der Pfälzischen Maximiliansbahn für die Strecke von Weißenburg im Elsaß bis nach Mainz, 1855 [7]

Altes Gewerbe: die Goebels-Schiffsmühle vor dem Hemshof, um 1870 [8]

Es war jedoch – noch vor Ludwigshafen selbst – die damals größte Gemeinde des heutigen Stadtgebiets, Oggersheim, die sich zuerst zum ›Industrieort‹ entwickelte. 1852 entstand hier die Essig- und Essigsäurefabrik König & Herf,[41] deren Gründer der Landwirt und Pferdezüchter Friedrich König und sein Schwager, der Kaufmann Karl Herf, waren. Verwandtschaftliche und freundschaftliche Bindungen sowie die Zusammenarbeit von Menschen mit technischem und kaufmännischen Verstand waren bei den frühen Industriegründungen nichts Ungewöhnliches. 1854 war in diesem Betrieb die erste Dampfmaschine der Stadt im Einsatz, das Werk entwickelte sich zur größten Mälzerei der Pfalz und betrieb von 1862 bis 1878 eine Gasbeleuchtung für Oggersheim.

Die ›große Fabrik‹ der Stadt wurde jedoch die Mechanische Baumwollspinnerei und Samtfabrik, die 1855 als ›Samtfabrik Ludwigshafen AG‹ mit einem Kapital von 1,2 Millionen Gulden gegründet wurde. Anteilseigner waren namhafte Bankhäuser und einige auch am Aufbau von Ludwigshafen beteiligte Industrielle wie Ökonomierat Hoech.[42] Die mit modernsten Maschinen ausgerüsteten Gebäude wurden unmittelbar neben dem Oggersheimer Bahnhof errichtet. Den Grundstein legte am 17. Juli 1856 König Ludwig I. von Bayern,[43] der sich nach seiner Abdankung fast allsommerlich in der Pfalz aufhielt. Die Pläne für den Bau wurden dem Monarchen in der zum Büro umfunktionierten Orangerie präsentiert, dem letzten Rest des 1794/95 zerstörten Schlosses der Kurfürstin Elisabeth Augusta, in dem der König einen Teil seiner Jugend verbracht hatte – und auf dessen Gelände nun eine Fabrik entstand. Schon 1863 hatte der Betrieb über 500 Beschäftigte, mehrheitlich Frauen, geriet aber während des amerikanischen Bürgerkriegs, durch den die Rohstoffzufuhr gekappt wurde, und kostspielige Experimente mit der Färberei in eine Krise, die 1865 zum Konkurs führte. Doch sanierten die Aktionäre das Unternehmen, das „eine der besteingerichteten Fabriken ihrer Art" war, wie eine bayerische Landesbeschreibung 1867 hervorhob, und schon um 1870 waren wieder 800 Menschen dort beschäftigt.

Ausweislich der staatlichen Statistik wurden zwischen 1847 und 1861 in der Pfalz rund 4 000 neue Arbeitsplätze in Fabriken geschaffen,[44] die Zahl der Arbeiter stieg von rund 8 500 auf etwa 12 300. Circa

Anmerkungen
Seite 784 und 785

41 *Kreuter, Heimatkunde, S. 11*
42 *zur Samtfabrik vgl. StALu, Og. 698; Bavaria, Pfalz, S. 473f*
43 *Kreuter, Juli 1856, König Ludwig I. in Oggersheim, in: ›Die Rheinpfalz‹, 31.7.1956*
44 *Heinz, S. 180ff*
45 *f.d.F. Schmid, S. 1771ff*
46 *Bavaria, Pfalz, S. 490*
47 *Raimar*
48 *Franz*
49 *Kirsch, Mundenheim, S. 17*
50 *Braun, S. 530*
51 *Kreuter, Maudach, S. 104f*
52 *Chronik Rheingönheim 1892; StALu, Rgh. 795*
53 *›Amts- und Intelligenzblatt der Pfalz‹ 1883, Beilage zu Nr. 59*

Die Zuckerfabrik ›Friedensau‹; Aufnahme um 1855 (?) [9]

ein Viertel der Arbeitsplätze, rund 1 000, ist in jenen Jahren im Ludwigshafener Randgebiet entstanden, das damit eine *der* Wachstumsgegenden des Regierungsbezirks war. Noch die Fabrikenstatistik des Jahres 1874[45] weist aus, daß das Umland der Stadt – mit Oggersheim an der Spitze – beim Arbeitsplatzangebot nicht zu sehr hinter die dynamische Neugründung zurückgefallen war: Rund 1 500 Arbeitern in Ludwigshafen standen etwas über 1 000 in Oggersheim, 360 in Rheingönheim und rund 90 in Mundenheim und Friesenheim gegenüber. Allerdings war die Struktur der Beschäftigung durchaus verschieden: In der Stadt dominierte die chemische Industrie, im Umland – mit der Baumwollspinnerei – die Textilindustrie und die Industrie zur Verarbeitung landwirtschaftlicher Produkte. Neben der Zuckerfabrik gab es eine Reihe von Brauereien in Oggersheim und Mundenheim sowie zum Teil recht große Zigarrenfabriken vor allem in Oggersheim, wo bei der Firma Höch & Comp. 1867 sechs Millionen Zigarren jährlich gedreht wurden.[46] 1866 entstand bei Friesenheim die Öl- und Futtermehlfabrik Schlinck und Rutsch, deren einer Besitzer, Dr. Heinrich Schlinck, der Erfinder des Palmins ist.[47] Die in den Umlandgemeinden vorherrschenden Branchen beschäftigten sehr viele Frauen – 1874 standen 639 Frauen 829 Männern gegenüber, ganz im Gegensatz zur chemischen Industrie der Stadt, wo nur 82 der rund 1 500 industriell Beschäftigten Frauen waren.

Allerdings vernichtete die Industrialisierung auch Arbeitsplätze in älteren Gewerbezweigen. So waren die im Rhein verankerten Schiffsmühlen, die es vor Mundenheim oder dem Hemshof gab, gegenüber den neuen in der Stadt entstehenden Großmühlen nicht konkurrenzfähig und verschwanden um 1870.[48] Die Treidler, die in den rheinnahen Orten beim Stromaufziehen der Schiffe ein Auskommen gefunden hatten, wurden von den dampfgetriebenen Booten nicht mehr benötigt.[49] Auch die Weber in Oppau waren ein aussterbendes Gewerbe.[50] In den 1880er Jahren ging wegen Erschöpfung der Rohstoffbasis die einstmals so lukrative Torfstecherei in Maudach ihrem Ende entgegen.[51] Schließlich führte der Verfall der Tabakpreise auch zu einer Krise bei der Zigarrenherstellung, die nach der Jahrhundertwende fast völlig verschwand.[52]

Die Wertermittlung der in der Brandversicherung versicherten Gebäude des Jahres 1882[53] zeigte deutlich die Gewinner und Verlierer

Der 1899 von der Oggersheimer Firma Schütze auf der Berliner Elektrotechnischen Ausstellung vorgestellte Elektrolastwagen [10]

unter den Gemeinden des heutigen Stadtkreises. Diejenigen Ortschaften, denen es bis zu diesem Zeitpunkt gelungen war, Industrien anzuziehen – deren Anlagen dann große Werte repräsentierten – lagen mit ihren Summen deutlich über dem pfälzischen Durchschnitt – Oggersheim 136%, Friesenheim 126%, Rheingönheim 117%, während die anderen – Maudach, Ruchheim, Oppau, Edigheim und Mundenheim, deren Industrialisierung erst später einsetzte – immer mehr an Grund verloren. Oppau erreichte 1882 nur 57% des pfälzischen Durchschnittswertes, Edigheim gar nur 48%. Zudem begannen sich nach der ersten ›Gründerzeit‹ zwischen 1850 und 1860, von der verschiedene Teile der heutigen Stadtregion profitiert hatten, die Gewichte mehr und mehr zugunsten Ludwigshafens zu verschieben. Die meisten der im Umland bis zur Jahrhundertwende gegründeten Fabriken waren ganz auf die Stadt hin orientiert und wurden deshalb oft so nahe wie möglich an der Gemarkungsgrenze zum ›deutschen Chicago‹ errichtet.[54] So entstanden dann auch chemische Betriebe im Randbereich der Stadt wie etwa 1872 die Firma Saame & Comp. in Friesenheim, und, nach einer generellen Flaute bei den Fabrikgründungen in den Jahren nach dem Gründerkrach, ab 1886 eine Reihe von Betrieben in Mundenheim – an ihrer Spitze Knoll und Raschig – und 1896/97 die Woellner-Werke und die ›Fabrik chemischer Produkte‹ in Rheingönheim, das damit in den unmittelbaren ›Dunstkreis‹ der Stadt einbezogen wurde. Von 1892 ab verlegte die älteste Chemiefabrik Ludwigshafens, die Gebrüder Giulini, ihre Produktionsanlagen aus dem Stadtzentrum in das Gebiet zwischen Mundenheim und Rheingönheim, wo Geländekauf und Expansion möglich waren.[55] Die 1880er und 1890er Jahre sahen die Errichtung großer Ziegeleibetriebe in Oggersheim, besonders aber in den von den ausbeutbaren Böden her bevorzugten Gemeinden Mundenheim und Rheingönheim.[56] Während der Saison 1901 arbeiteten in den drei Ziegeleien Rheingönheims 241 Menschen, darunter 41 Jugendliche – im Alter von 14 bis 16 Jahren – und sieben Kinder.[57] Die dort hergestellten Steine dienten weniger dem örtlichen als dem gewaltigen Baubedarf der benachbarten Industriestädte Ludwigshafen, Mannheim und Frankenthal. Die rege Bautätigkeit verwandelte zudem das zwar zentral zwischen den Industriestädten gelegene, aber verkehrsmäßig ›abgehängte‹ Oppau in ein ›Maurerdorf‹.[58] Genau wie die Oppauer Maurer, die ›auf dem Land‹ lebten, aber in den Industriestädten arbeiteten, fanden letztlich in allen Orten der Nachbarschaft Ludwigshafens immer mehr Menschen in den Industrien der neuen Stadt Arbeit – ohne daß in den Dörfern und Städtchen selbst noch größere Betriebe entstanden wären.

Dies bekam vor allem Oggersheim zu spüren. Die Ausrichtung der Industrialisierung auf die Stadt Ludwigshafen führte dazu, daß dieser ›alte‹ Industrieort immer mehr zurückfiel. Er war von der neuen Stadt relativ zu weit entfernt, konnte, was die Verkehrsinfrastruktur anging, nicht mithalten. Als einziger größerer neuer Betrieb entstand 1871 auf dem Saumhof[59] im Süden des Städtchens eine Gießerei, die aus einer bankrotten, 1825 gegründeten Salmiakfabrik hervorging. Nach weiteren Besitzerwechseln ging sie 1893 an Paul Schütze über, der das Werk zur Blüte brachte, dort eine mechanische Werkstätte einrichtete und es 1906 in eine AG umwandelte. 1901 beschäftigte der Betrieb 240 Menschen. Drei Jahre zuvor hatte Schütze auf der Berliner Verkehrsausstellung eines der ersten Elektroautos der Welt, einen Lastwagen, vorgestellt, der jedoch ganz offenbar nicht in Serie gefertigt wurde.[60]

Anmerkungen
Seite 786 und 787

54 *vgl. Karten in Kube*

55 *Feßnmayr*

56 *StALu, Rgh. 403/2, 416, 661/1; Kirsch, Mundenheim, S. 17f*

57 *Beschäftigtenstatistik; StALu, Rgh. 661/1*

58 *Braun, S. 535ff*

59 *Kreuter, Heimatkunde, S. 41f*

60 *Elektrischer Lastwagen der Firma Schütze, Bericht der Zs. ›Der Motorwagen‹ 1899; Kopie in StALu, M 641*

61 *Zahlen zur Bevölkerungsentwicklung: 1849: Beamtenverzeichnis und Statistik der Pfalz 1863; alle anderen Jahre: Historisches Gemeindeverzeichnis; H. 192 der Beiträge zur Statistik Bayerns, 1953*

Heinrich Schlinck (1840—1909), Sohn eines Eisenbahnbediensteten, der seit 1850 in Ludwigshafen lebte, studierte in Heidelberg Chemie bei Bunsen. 1866 baute er mit seinem Schwager Alexius Rutsch sein Laboratorium in Ludwigshafen zu einer Feinöl-Raffinerie aus. Jahrelange Experimente führten dann zur Entdeckung der Kokosnuß als Quelle für ein ergiebiges Pflanzenfett, das den Bedarf der wachsenden städtischen Bevölkerung decken konnte. Der Mannheimer Unternehmer P. Müller begann die Produktion des Fetts, Schlinck wurde Teilhaber. 1892 erhielt das Produkt den Namen ›Palmin‹. Das Werk wurde später nach Hamburg verlegt. Die Ludwigshafener Firma hatte schon lange zu bestehen aufgehört, ihr Gelände war 1879 an die BASF verkauft worden.

Der Erfinder des ›Palmins‹ Dr. Heinrich Schlinck [11]

Gewaltiges Bevölkerungswachstum

Die Schaffung der so nötigen industriellen Arbeitsplätze in Ludwigshafen und der heutigen Stadtregion führte zu einem Bevölkerungsanstieg, der bis zur Jahrhundertwende gewaltige Ausmaße annahm und die vorherigen Trends völlig umkehrte:[61] An die Stelle von Wanderungsverlusten trat ein stattlicher Wanderungsgewinn. Während die Bevölkerung der gesamten Pfalz zwischen 1852 und 1900 nur um 36% zunahm, lagen die Zuwachsraten der Gemeinden im heutigen Stadtkreis, ausgenommen Ruchheim, zwischen 59% und 365%. Das reichte natürlich nicht an die deutschlandweit nahezu unerhörte Steigerungsrate der Stadt Ludwigshafen mit 2 945% – von 1852 bis 1900 – heran, wurde aber selbstverständlich direkt von ihr beeinflußt.

Bevölkerungsentwicklung in den Ortschaften des heutigen Stadtkreises 1840—1871 (außer Ludwigshafen)

	1840	1849	1852	1861	1871	1840—1871 in %
Edigheim	766	749	769	859	935	+22,1
Friesenheim	1 421	2 064	1 662	1 791	2 149	+51,2
Maudach	972	1 014	1 048	1 060	1 138	+17,1
Mundenheim	1 424	1 904	1 750	2 006	2 282	+60,3
Oggersheim	1 781	2 109	2 263	3 128	3 115	+74,9
Oppau	1 667	1 626	1 634	1 611	1 985	+19,1
Rheingönheim	1 074	1 128	1 146	1 404	1 587	+47,8
Ruchheim	1 013	1 046	1 040	1 060	1 028	+1,5

1852—1900 (außer Ludwigshafen)

	1852	1871	1880	1890	1900	1852—1900 in %
Edigheim	769	935	1 162	1 358	1 637	+112,9
Friesenheim	1 662	2 149	3 180	4 504	7 486	+350,4
Maudach	1 048	1 138	1 243	1 341	1 668	+59,1
Mundenheim	1 750	2 282	2 950	4 089	8 133	+364,7
Oggersheim	2 263	3 115	3 789	4 537	6 128	+170,8
Oppau	1 634	1 985	2 256	2 547	3 354	+105,2
Rheingönheim	1 146	1 587	2 021	2 240	3 118	+172,1
Ruchheim	1 040	1 028	1 097	1 117	1 100	+5,8

Die Brauerei Mayer in Oggersheim um 1897 [12]

Die neue Verbindung für ›abgelegene‹ Orte: Lokalbahn in Oppau Aufnahme von 1930 [13]

Maxdorfer Maurer beim Bau der Oggersheimer Markuskirche; um 1897 [14]

Überdeutlich zeigt sich, daß Gewinn und Verlust direkt mit der Schaffung industrieller Arbeitsplätze verknüpft waren. In der frühen Phase (1852—1861) war vor allem die Stadt Oggersheim der Gewinner mit einem Plus von 38,2%, gefolgt von Rheingönheim mit der Zuckerfabrik mit 22,5%. Am Beispiel Oggersheims kann man die Sogwirkung der neuen Industrien deutlich erkennen, betrug doch der Geburtenüberschuß in dem Städtchen 1852—1861 nur 289 Menschen, während die Einwohnerzahl in derselben Zeit um 854 Bewohner zunahm.[62] Im besonders benachteiligten Oppau war die Bevölkerung in dieser Zeit dagegen noch leicht rückläufig. In der darauffolgenden Periode bis 1871 führte die Stagnation der industriellen Entwicklung Oggersheims – Krise der Samtfabrik, keine neuen Betriebe – dort sogar zu einem leichten Bevölkerungsrückgang, während sich in allen übrigen Gemeinden ein unspektakuläres, aber deutliches Bevölkerungswachstum zeigt. Friesenheim erreichte erst bei der Zählung des Jahres 1871 – sechs Jahre nach der Gründung der BASF nahe dem Dorf – wieder die Einwohnerzahl von 1849.

Ab 1880 und besonders 1890 beschleunigte sich dann die Zunahme der Bevölkerung gewaltig, wobei die Gemeinden je nach ihrer Nähe zu Ludwigshafen und den Verkehrsanlagen der Stadt zu den Gewinnern und – relativen – Verlierern zählten. So erlebten die Dörfer Oppau, Edigheim und Maudach den größten Bevölkerungszuwachs im Jahrzehnt nach der Anlage der Lokalbahnen 1890, die sie mit der Stadt und ihren Arbeitsplätzen verbanden. Im Jahr 1900 wiesen die der Stadt unmittelbar benachbarten und zu diesem Zeitpunkt schon eingemeindeten Dörfer Mundenheim und Friesenheim mit 365% und 350% die höchsten Steigerungsraten gegenüber 1852 aus, gefolgt von den frühen Fabrikzentren Oggersheim und Rheingönheim mit 171% und 172%. Edigheim und Oppau waren je um ca. 125% gewachsen, das recht stadtferne Maudach lediglich um 59%. Eine Ausnahme von dieser Gesamtentwicklung macht Ruchheim, das für Jahrzehnte zu weit von der neuen Stadt entfernt lag, um als Ansiedlungsort für Arbeiter der dortigen Fabriken interessant zu sein. Hier schwankte die Bevölkerungszahl zwischen leichtem Rückgang und geringfügiger Zunahme. Sie war um 1900

Anmerkungen
Seite 788 und 789

62 Errechnet aus den Zivilregistern im StALu

63 zum Dammbruch vgl. Ruf, Friesenheim, Bd. 2, S. 210ff

64 ebd., S. 211

Die Dammbruchstelle [15]

Dammbruch: in Oggersheim [16]

Dammbruch: in Friesenheim [17]

nur um 5,8% höher als 1852! Im gesamten Raum der heutigen Stadt ohne den 1853 entstandenen ursprünglichen Gemeindebezirk stieg die Bevölkerungsdichte von 152 Einwohnern je Quadratkilometer 1852 auf 465 im Jahr 1900 und lag damit weit über der von 175 für die Vorder- bzw. 140 für die Gesamtpfalz, allerdings weit unter dem unglaublichen Wert von 6 164 Menschen je Quadratkilometer im alten Stadtgebiet Ludwigshafens.

Der Dammbruch von 1882/83[63]

Das Bevölkerungswachstum folgte der Schaffung industrieller Arbeitsplätze, die Industrie wurde von günstiger Verkehrs- und Absatzlage angezogen. Beide Entwicklungen vollzogen sich völlig unabhängig davon, daß das Umland Ludwigshafens überwiegend im hochwassergefährdeten Bereich lag. Die Rheinregulierung und die neuangelegten Dämme entlang des Flusses schienen Sicherheit zu gewähren. Eine trügerische Sicherheit, wie die Jahreswende 1882/83 zeigte, als das bisher letzte in einer jahrhundertelangen Reihe extremer Hochwasser über das Land hereinbrach, welche die Menschen am Rhein immer wieder gequält hatten. Nicht nur die Natur, sondern auch menschliches Handeln war direkt für die Katastrophe mitverantwortlich. Denn schon seit der Verlegung der Neckarmündung an den Neurhein Friesenheim gegenüber in den Jahren 1867/69 war der dortige erst relativ neue und nicht so starke Damm weit größeren Drücken als zuvor ausgesetzt gewesen. Dies führte um die Jahreswende 1882/83 zur Katastrophe. Außergewöhnlich hohe Temperaturen hatten um Weihnachten zur Schneeschmelze in den Alpen geführt, so daß der Rhein in nur fünf Tagen um 4,5 Meter stieg. „Die Dammwachen, unterstützt durch Feuerwehr und Pioniere der in Speyer stationierten bayerischen Truppen, bewachten bei Tag und Nacht den gefährdeten Damm. Sie waren mit Schippen und Spaten ausgerüstet, hielten Bretter, Pfähle und Material zum Abdämmen bereit, um im Notfall sofort eingreifen zu können. Nachts war der Damm mit Laternen, Fackeln und Pechkränzen beleuchtet, die aber der heftige Sturm immer wieder ausblies."[64] Es half nichts: In der Nacht vom 29. zum 30. Dezember 1882 brach um Mitternacht der Damm,

Dammbruch: in Oppau [18]

Dammbruch: in Edigheim [19]

der Dammwache blieb nur noch die Flucht und die Benachrichtigungen der betroffenen Dörfer. In Friesenheim drängten die Bewohner in das Gemeinde- und das katholische Pfarrhaus sowie die hochgelegene katholische Kirche, da dies die sichersten und stabilsten Gebäude waren. Bald erreichten die Fluten das Dorf, um vier Uhr morgens brach das erste Haus zusammen. Von 3480 Einwohnern Friesenheims flohen bis auf 552 alle oder wurden nach Oggersheim, dem Hemshof sowie Ludwigshafen evakuiert. Höher und höher stiegen die Fluten, und ein Friesenheimer Bürger gab seinen Verwandten in den USA folgende sehr eindrückliche Beschreibung:[65] „Da das Wasser immer zunahm, so holte ich mit noch zwei Männern gegen Mitternacht die Schweine, welche noch im Stall waren, luden sie auf den Pflugskarren, fuhren sie auf den katholischen Kirchenplatz, wo noch mehr Schweine, Kühe und Pferde über Nacht standen. Wir mußten in unserem Hof bis an die Kniee im Wasser baden. Das war eine unheimliche Nacht, das Pfeifen des Windes, das rauschende Wasser, das Krachen der einstürzenden Häuser und die Hilferufe ‚Holt! Holt!'" Eine riesige Fläche zwischen Frankenthal und Ludwigshafen war vom Wasser bedeckt, und so grenzt es an ein Wunder, daß nur relativ wenige Opfer zu beklagen waren: drei Friesenheimer Kinder sowie 32 Oppauer und Sandhofener, die ihnen hatten zu Hilfe kommen wollen, fanden allerdings bei den Evakuierungsmaßnahmen den Tod.

Als die Wasser zurückgingen – am 16. Januar 1883 war die Überschwemmung weitgehend vorüber, konnte langsam Bilanz gezogen werden. In den schwerstbetroffenen Gemeinden Oppau, Edigheim und Friesenheim waren 386 Wohnungen ganz und 354 teilweise zerstört, was einem Zerstörungsgrad von ca. 65% aller Wohnhäuser entsprach. Selbst Oggersheim hatte noch den Verlust von ca. 7% seiner Wohnungen zu beklagen.[66] Insgesamt waren Schäden von 1,25 Millionen Mark entstanden. Um die Mildtätigkeit auch ferner Lebender zu fördern, wurden damals große Fotoserien der Zerstörungen aufgenommen – für die betroffenen Ortschaften oft die ersten fotografischen Zeugnisse ihrer Bauten überhaupt.

Anmerkungen
Seite 790 und 791

65 *zit.n. Ruf, Friesenheim, Bd. 2, S.217*
66 *Folgen der Hochwasserkatastrophe; StALu, Fotosammlung Nr. 18256*
67 *zit.n. Ruf, Friesenheim, Bd. 2, S.224*

Dammbruch: Oppau, Rheinstraße [20]

›Normalwasserstand‹: Gänseweide am Hochufer in Mundenheim [21]

In Ludwigshafen wurde ein ›Central-Hilfs-Comitee für die Wasser-Beschädigten des Cantons Ludwigshafen‹ gegründet, bei dessen Tätigkeit sich der BASF-Direktor Dr. Carl Clemm besondere Verdienste erwarb, weshalb ihm Friesenheim wenig später die Ehrenbürgerwürde verlieh. Gerade in den umliegenden Gemeinden war die Hilfsbereitschaft groß. Nach unmittelbaren Sicherungsmaßnahmen und der schwierigen Bereitstellung von Trinkwasser wurde der Wiederaufbau eingeleitet. Die niedrigst gelegenen Straßen wurden zum Teil nicht mehr besiedelt, man achtete auf eine ordentliche Bauweise, die auch das Ortsbild verbesserte. So entstanden schon bis zum Sommer 1883 in Friesenheim nicht weniger als 132 neue Häuser; 188 größere und 95 kleinere Reparaturen wurden durchgeführt. Das Hilfs-Comitee setzte große staatliche und private Geldsummen zur Hilfeleistung ein. Dennoch blieben den Betroffenen neben der dauernden Erinnerung an schreckliche Tage oft noch eine Menge Schulden und materielle Verluste, die keinen Ersatz fanden.

Bot die Hochwasserkatastrophe einerseits zahlreiche Beispiele gelebter Solidarität und bereitwilliger, auch gefahrvoller Hilfeleistung, so beleuchten die Geschehnisse andererseits auch die sozialen Konflikte und Gegensätze, die mit der Industrialisierung im Ludwigshafener Umland heranwuchsen. Höchst bezeichnend ist es nämlich, daß zum Beispiel in Friesenheim die neuzugezogenen Arbeiter am schlimmsten vom Hochwasser betroffen waren. Sie, die sich an den extrem niedrig gelegenen Straßen, die in die Richtung der BASF führten, niedergelassen hatten, lebten in kleinen, anderthalbstöckigen, aus simplen Lehmziegeln hergestellten Häuschen. Als die Wasser kamen, waren sie zuerst betroffen, und die Lehmhütten sogen sich einfach mit Wasser voll und begannen einzustürzen. Beim Wiederaufbau achtete man dann darauf, daß „Lehmhütten nicht mehr entstehen und an versumpften Plätzen keine menschlichen Wohnungen mehr erbaut werden dürfen [...] Leben und Gesundheit der Bewohner werden nicht mehr den Gefahren ausgesetzt sein, wie wir sie erlebt haben."[67]

Eine wachsende Schicht in den Dörfern: die Händler, hier die ›Erste Mundenheimer Obst- und Gemüsehalle‹ um 1910 [22]

Unveränderte ländliche Arbeitswelt: Heuladen auf der Rheingönheimer Mittagsweide Aufnahme von 1941 [23]

Soziale Umwälzungen und Gegensätze

Die alte, bodenständige Bevölkerung, deren Behausungen auf dem sicheren Grund lagen, an ihrer Spitze die wohlhabenden Bauern, auf der einen Seite – und auf der anderen Seite die Mitbewohner, die zu Industriearbeitern wurden, und die neuzugezogenen Arbeiter – hier wuchsen Gegensätze heran, die es zuvor so nie gegeben hatte. Noch im Jahr 1852 waren nach der Gewerbestatistik in allen Ortschaften des heutigen Stadtkreises ausschließlich Ludwigshafens selbst um die 70—80% der Bevölkerung in der Landwirtschaft tätig.[68] Neben ihnen gab es nur einige wenige Handwerker, Krämer oder – in Oppau – auch schon Maurer und Fuhrleute für die Ludwigshafener Handelshäuser.[69] In den nächsten 50 Jahren veränderte sich dieses Bild unter dem Einfluß der Industrialisierung völlig. Am frühesten machte sich dies in Oggersheim bemerkbar, dessen Bevölkerung sich um 1876 nach einem Bericht der ›Pfälzer Zeitung‹ aus „zum Teil sehr heterogenen Elementen" zusammensetzte[70] – eine diskrete Umschreibung eines hohen Anteils an Arbeitern und Armen. Bei der ›Volksversammlung‹ des Jahres 1896, die die Errichtung eines Gewerbegerichts für Oggersheim forderte, sprachen die Organisatoren von 1 200 ortsansässigen Arbeitern und Arbeiterinnen, die von der Einrichtung profitieren könnten.[71] In Oppau arbeiteten in den 1860er Jahren bereits viele Menschen in den Fabriken des Umlands oder dienten als Maurer und Hafenarbeiter. Um 1900 bestand Oppaus Bevölkerung zu 59% aus Arbeitern, nur noch 20% wirkten in der Landwirtschaft.[72] Im stadtnahen Friesenheim schrumpfte der Anteil der landwirtschaftlichen Bevölkerung von 77,5% (1821) auf 11,9% (1886) und betrug 1912 gerade noch 2%.[73] In Mundenheim waren vier Jahre nach der Eingemeindung, 1903, 70% der Haushaltsvorstände Arbeiter, entweder gelernte – 30% – oder ungelernte.[74]

Die umfassende Veränderung der Beschäftigungs- und damit auch Sozialstruktur erfaßte auch das entferntere Maudach.[75] Dort stieg der Anteil der ›Fabrik‹-Arbeiter zwischen 1860 und 1880 von ca. 7% auf über 20% an und erreichte zur Jahrhundertwende weit über 50%. Umgekehrt sank der Anteil der Tagelöhner und Landarbeiter von nahe 40%

Anmerkungen
Seite 792 und 793

68 *Berufsstatistik Bayerns 1852, in: Beiträge zur Statistik Bayerns, H. 4, 1854*
69 *Braun, S. 529ff*
70 *›Pfälzer Zeitung‹, Nr. 77 / 1877, zit. n. Ratsprotokoll 5. 5. 1877; StALu, Og. 17*
71 *Ratsprotokoll 18. 4. 1896; StALu, Og. 21*
72 *Baumgärtner, S. 80f*
73 *Auf geht die Saat, S. 25*
74 *Weidner, S. 163*
75 *Catt, Farmers, S. 133ff*
76 *Erinnerungen Josef Huber, in: 110 Jahre SPD Oggersheim, S. 29*
77 *Schöningh, S. 79*
78 *Barth, S. 78*
79 *Catt, Farmers, S. 157*
80 *Catt, Farmers, S. 139*
81 *Catt, Farmers, S. 121—125*

Industriewelt: Backsteinbrenner in einer der Ziegeleien des Ludwigshafener Umlands 1920er Jahre [24]

Arbeiterhäuser in Oppau nach 1900 [25]

Mehrstöckige große Anwesen: Kirchenstraße in Oppau; vor 1912 [26]

Erbhof Kirsch in der Ruchheimer Schloßgasse; Aufnahme von 1958 [27]

Landarbeiterhaus in Ruchheim, Maxdorfer Straße Aufnahme von 1982 [28]

auf unter 5%, während der Anteil der Bauern von 35% auf unter 20% abnahm – durch die Bevölkerungszunahme keine große Abnahme in absoluten Zahlen, wohl aber im zahlenmäßigen Verhältnis zur Gesamteinwohnerschaft. Obgleich die Arbeitsbedingungen in der Industrie oft, wie noch zu zeigen sein wird, durchaus härter waren als in der Landwirtschaft mit ihren saisonalen Rhythmen, zeigt doch das fast völlige Verschwinden des einst so starken Stands der Landarbeiter und Tagelöhner in Maudach, daß die Fabriken nicht nur für viele oft die einzige mögliche Erwerbsquelle waren, sondern, was den Lohn anging, auch eine attraktivere als die Landwirtschaft. Während ein Landarbeiter um 1870 nur etwa 30—36 Kreuzer am Tag verdiente, konnte man in der Industrie zu dieser Zeit aufs Doppelte kommen.[76] So zahlte um 1870 die Zuckerfabrik Friedensau 40—48 Kreuzer täglich an männliche Arbeiter; Arbeiterinnen erhielten allerdings nur 27—33 Kreuzer.[77]

Bis in das abgelegene Ruchheim[78] übte die Industrie ihre Anziehung aus. 50 Einwohner – bei 227 Haushalten im Ort – arbeiteten 1886 schon in den Fabriken Ludwigshafens, Oggersheims und Frankenthals, wie die Analyse der Ruchheimer Zahlen beleuchtet. Keineswegs waren aber 1886 hier 50 der 227 Haushaltsvorstände als Vollzeitarbeiter beschäftigt. „In die Fabrik schaffen" gingen vielmehr zuerst die Tagelöhner mit extrem geringem Besitz – von denen es in Ruchheim weit weniger als im benachbarten Maudach gab[79] – und dann die jüngeren Söhne, aber auch die noch unverheirateten Töchter der Bauern wie der Handwerker. In Maudach weisen die Heiratsregister in der Periode von 1840 bis 1859 nur etwa 14% der Frauen, die in den Stand der Ehe traten, als berufstätig aus. Zwischen 1880 und 1900 erreichte dieser Prozentsatz 47%![80] Zu den überwiegend der dörflichen Unterschicht entstammenden Menschen traten dann noch die Zuwanderer, die in der örtlichen Industrie, etwa in Oggersheim und Rheingönheim, bzw. im benachbarten Ludwigshafen Arbeit fanden. Händlern, Kaufleuten, Handwerkern und Wirten, die diese wachsende grundbesitzarme bzw. grundbesitzlose Schicht versorgten, eröffneten sich ebenfalls neue und lukrative Einnahmequellen in den ›Industriedörfern‹.[81]

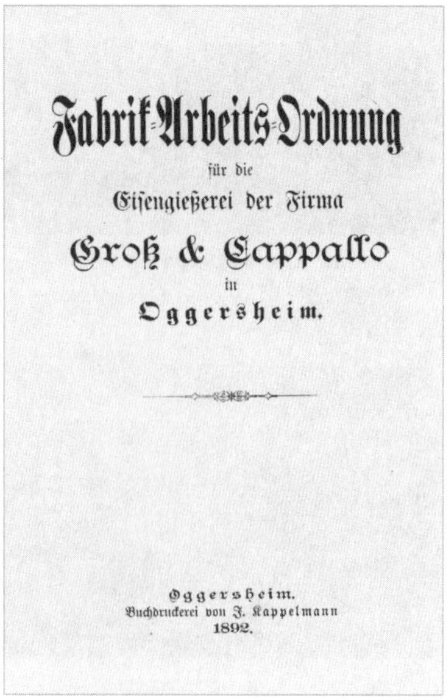
Fabrik-Arbeits-Ordnung
für die
Eisengießerei der Firma
Groß & Cappallo
in
Oggersheim.

Oggersheim.
Buchdruckerei von J. Kappelmann
1892.

Arbeitsordnung von Groß & Cappallo [29]

Mitarbeiter der Schlosserei Jakob Werner, Mundenheim um 1904 [30]

Anmerkungen Seite 794 und 795

82 Erinnerungen Josef Queva, in: 110 Jahre SPD Oggersheim, S. 20

83 vgl. Schmid, S. 1771ff

84 StALu, Og. 698

85 Gesangverein Frohsinn 1860 Oggersheim, 100 Jahre, 1960; StALu, DS 67/8

86 zit. n. Breunig, Soziale Verhältnisse, S. 85

87 s. u. Verzeichnis der eingesehenen Arbeitsordnungen

88 Prot. 19.4.1896; StALu, Og. 21; weiter zum Gewerbegericht: StALu, Og. 727

Die Menschen, die in den neuen Industrieunternehmen Beschäftigung suchten, erwarteten extrem harte Arbeitsbedingungen. Um 1870 erstreckte sich die tägliche Arbeitszeit in der Oggersheimer Samtfabrik[82] von fünf Uhr morgens bis 20 Uhr abends bei einer Stunde Mittagspause und je 20 Minuten für Frühstück und Vesper. Dazu mußte dienstags und donnerstags bis 22 Uhr, samstags bis 24 Uhr gearbeitet werden. Prügel waren im Dienstbetrieb durchaus nicht unüblich, und die schrecklichen Bedingungen galten auch für die Frauen und die in der Fabrik beschäftigten Kinder im Alter zwischen elf und 13 Jahren. Eine Erhebung der bayerischen Regierung über die sozialen Einrichtungen der Betriebe in der Pfalz vom Jahr 1874 ergab, daß die Leistungen der Fabriken für ihre Arbeiter im Randgebiet Ludwigshafens deutlich schlechter waren als in der Stadt.[83] Von den 14 dort erfaßten Unternehmen verfügten allein die beiden Großbetriebe und Aktiengesellschaften, die Zuckerfabrik Friedensau und die Samtfabrik, über eine Kranken- und Unterstützungskasse, wobei diejenige der Samtfabrik nur auf königlichen Druck zustande gekommen war.[84] Drei weitere Betriebe gewährten ohne förmliche Regelung Lohnfortzahlung im Krankheitsfall. Unfallversicherungen hatten wiederum nur drei Unternehmen, u. a. die Oggersheimer Brauerei Mayer, wenige andere gewährten Ernährungs-, Wohnungs- und Heizungshilfen. Manche ›Sozialleistung‹, wie etwa die nach einem Aufruf des Direktors Mendius erfolgte Gründung eines Gesangvereins[85] aus Arbeitern der Samtfabrik im Jahr 1860, scheinen doch eher eine zweischneidige Sache: Wer konnte sich schon dem ›Wunsch‹ des Direktors entziehen, seine Freizeit in einem von der Fabrik organisierten Verein

Die Belegschaft der Oggersheimer Brauerei Mayer; 1913 [31]

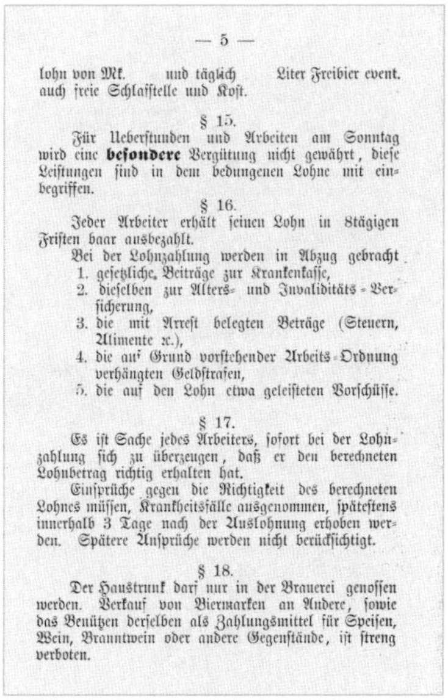

— 5 —

lohn von Mk. und täglich Liter Freibier event. auch freie Schlafstelle und Kost.

§ 15.

Für Ueberstunden und Arbeiten am Sonntag wird eine **besondere** Vergütung nicht gewährt, diese Leistungen sind in dem bedungenen Lohne mit einbegriffen.

§ 16.

Jeder Arbeiter erhält seinen Lohn in 8tägigen Fristen baar ausbezahlt.

Bei der Lohnzahlung werden in Abzug gebracht

1. gesetzliche Beiträge zur Krankenkasse,
2. dieselben zur Alters- und Invaliditäts-Versicherung,
3. die mit Arrest belegten Beträge (Steuern, Alimente ꝛc.),
4. die auf Grund vorstehender Arbeits-Ordnung verhängten Geldstrafen,
5. die auf den Lohn etwa geleisteten Vorschüsse.

§ 17.

Es ist Sache jedes Arbeiters, sofort bei der Lohnzahlung sich zu überzeugen, daß er den berechneten Lohnbetrag richtig erhalten hat.

Einsprüche gegen die Richtigkeit des berechneten Lohnes müssen, Krankheitsfälle ausgenommen, spätestens innerhalb 3 Tage nach der Auslohnung erhoben werden. Spätere Ansprüche werden nicht berücksichtigt.

§ 18.

Der Haustrunk darf nur in der Brauerei genossen werden. Verkauf von Biermarken an Andere, sowie das Benützen derselben als Zahlungsmittel für Speisen, Wein, Branntwein oder andere Gegenstände, ist streng verboten.

Arbeitsordnung der Brauerei Mayer Oggersheim, 1892 [32]

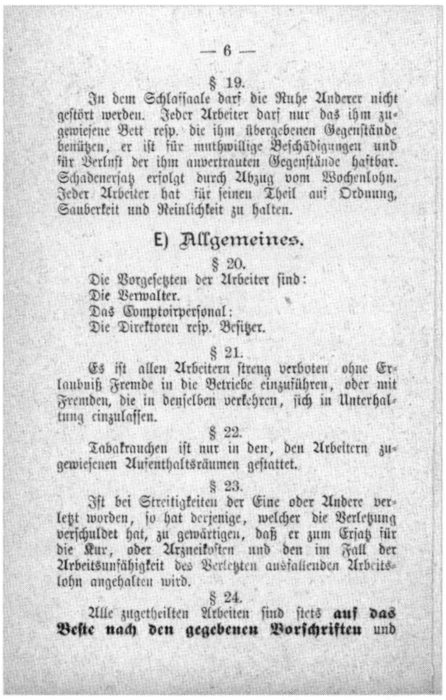

— 6 —

§ 19.

In dem Schlafsaale darf die Ruhe Anderer nicht gestört werden. Jeder Arbeiter darf nur das ihm zugewiesene Bett resp. die ihm übergebenen Gegenstände benützen, er ist für muthwillige Beschädigungen und für Verlust der ihm anvertrauten Gegenstände haftbar. Schadenersatz erfolgt durch Abzug vom Wochenlohn. Jeder Arbeiter hat für seinen Theil auf Ordnung, Sauberkeit und Reinlichkeit zu halten.

E) Allgemeines.

§ 20.

Die Vorgesetzten der Arbeiter sind:
Die Verwalter.
Das Comptoirpersonal:
Die Direktoren resp. Besitzer.

§ 21.

Es ist allen Arbeitern streng verboten ohne Erlaubniß Fremde in die Betriebe einzuführen, oder mit Fremden, die in denselben verkehren, sich in Unterhaltung einzulassen.

§ 22.

Tabakrauchen ist nur in den, den Arbeitern zugewiesenen Aufenthaltsräumen gestattet.

§ 23.

Ist bei Streitigkeiten der Eine oder Andere verletzt worden, so hat derjenige, welcher die Verletzung verschuldet hat, zu gewärtigen, daß er zum Ersatz für die Kur, oder Arzneikosten und den im Fall der Arbeitsunfähigkeit des Verletzten ausfallenden Arbeitslohn angehalten wird.

§ 24.

Alle zugetheilten Arbeiten sind stets **auf das Beste nach den gegebenen Vorschriften** und

Arbeitsordnung der Firma König & Herf Oggersheim, 1892 [33]

und nicht bei ›unnützen‹ Wirtshausbesuchen oder gar ›gefährlichen‹ politischen Aktivitäten zu verbringen? Kein Wunder, daß der Verein, der 1861 schon 115 Mitglieder hatte, offenbar bald in Turbulenzen geriet und sich 1867 – zwei Jahre nach dem zwischenzeitlichen Bankrott der Samtfabrik – vom Unternehmen löste. Insgesamt bieten die Rahmenbedingungen der industriellen Arbeit im Randgebiet Ludwigshafens um 1870 ein recht dunkles Bild, das durch die völlige Abwesenheit einer Altersversorgung noch drastisch an Schärfe gewann. 1875 stellte die pfälzische Regierung fest, daß „die meisten Geschäfte sich bei uns um ihre entkräfteten und müden Arbeiter, soferne es sich nicht um vorübergehende Krankheiten handelt, nicht viel mehr kümmere, als sie sich um eine durch lange Dienstleistungen unbrauchbar gewordene Maschine zu kümmern genötigt sind, d. h. sie suchen sich derselben auf die wenigst kostspielige Weise zu entledigen."[86]

Bekanntlich gab es in den nächsten Jahrzehnten einen Wandel zum Besseren. Die reichseinheitliche Sozialgesetzgebung, vor allem die Krankenversicherung 1883, bedeutete einen Durchbruch. Die Rentenversicherung hingegen, die erst vom 70. Lebensjahr an Leistungen vorsah, brachte kein wirkliches Ende der Altersarmut mit sich. Wie vom Gesetz vorgesehen, errichteten viele Betriebe in den 1890ern Arbeiterräte,[87] und 1896 rang sich der Oggersheimer Stadtrat[88] zur Etablierung eines örtlichen Gewerbegerichts durch, das, dem Gesetz entsprechend mit Beisitzern aus dem Kreis der Arbeiter- und Unternehmerschaft, Arbeitsstreitigkeiten entscheiden half. Schon 1892 hatte eine Arbeiterversammlung den Anschluß an das in Ludwigshafen errichtete Gewerbegericht

— 8 —

gegen die guten Sitten, sowie gegen die zur Aufrechterhaltung der Ordnung des Betriebes oder zur Durchführung der Bestimmungen der Gewerbe-Ordnung erlassenen Vorschriften den vollen Betrag des durchschnittlichen Tagesarbeitsverdienstes nicht überschreiten.

Die Verpflichtung zur Zahlung einer Geldstrafe wird durch etwaige Entlassung nicht aufgehoben. Die Festsetzung der Strafen erfolgen durch den betreffenden Verwalter. Im Beschwerdefalle entscheiden der Besitzer resp. Direktor.

Die Geldstrafen werden durch Lohnabzüge eingezogen und fließen in die Fabrik-Kasse.

§ 28.

Zur Wahrung der Interessen der Arbeitnehmer ist aus deren Mitte ein Ausschuß von 3 Mgliedern und einem Vorsitzenden gewählt. Z. Z. besteht dieser Ausschuß aus:

1. Peter Hofstetter Vorsitzender u. Kassirer
2. Nicolaus Sauer Mälzer
3. Johs Gross do
4. Carl Schmidt Hefemacher

Die vermerkten Strafgelder werden von einem aus der Mitte der Arbeitnehmer erwählten Kassirer eingezogen und zur Aufbewahrung dem Bureau übergeben.

Oggersheim, den 30 April 1892

König & Herf

Aus der Arbeitsordnung von König & Herf 1892 [34]

gefordert, was die Gemeindevertretung aber trotz oder gerade wegen (?) des Eintretens der SPD-Stadträte für den Vorschlag unter Hinweis auf die Kosten und die durch das Prozessieren in der Nachbarstadt verlorengehenden Arbeitsstunden abwies. Dem Wunsch einer sozialdemokratisch gelenkten, großen Arbeiter-›Volksversammlung‹ im Gasthaus ›Wittelsbacher Hof‹ 1896 entzog sich der Rat dann aber nicht mehr, entschied sich allerdings für eine eigene, örtliche Institution. Diese wurde fast ausschließlich von Arbeitnehmern angerufen und behandelte im Zeitraum von 1897 bis 1903 zwischen sechs (1903) und 24 (1900) Fälle jährlich. Sie drehten sich vor allem um Streitigkeiten wegen zurückgehaltenen Lohns und der Einhaltung der Kündigungsfristen. Im Gegensatz zu Oggersheim entschlossen sich Mundenheim, Rheingönheim – und Altrip – zum Anschluß an das Ludwigshafener Gewerbegericht.

Was die grundlegende Frage der Arbeitsbedingungen anging, so brachte schon der im folgenden noch näher dargestellte große Streik in der Samtfabrik vom Jahr 1871 eine Verringerung der täglichen Arbeitsstunden auf nur noch (!) 13 Stunden verbunden mit einer Reduktion der abendlichen Überstunden und einer Lohnerhöhung.[89] Die Arbeitsordnungen der Fabriken aus den Jahren nach 1892[90] legten Arbeitszeiten von in der Regel etwas über zehn durch drei Pausen unterbrochene Stunden fest, auch in der Samtfabrik wurde damals nur zehn Stunden und 20 Minuten täglich gearbeitet. Für Jugendliche und Frauen galten kürzere Arbeitszeiten, vor Sonn- und Feiertagen konnte die Arbeit früher beendet werden. Berufstätigen Hausfrauen wurde in einzelnen Unternehmen eine verlängerte Mittagspause zum Kochen für die Familie gewährt. Härtere Arbeitsbedingungen galten vor allem in den Brauereien, wo die Heizer zwölfstündige Schichten arbeiten mußten und – etwa bei Gebr. Mayer in Oggersheim – die Arbeitszeit des übrigen Personals, unterbrochen von drei Pausen von insgesamt zwei Stunden Dauer, von vier Uhr morgens im Sommer – im Winter von fünf Uhr – bis 19 Uhr abends dauerte. Doch auch hier besserten sich die Verhältnisse nach der Jahrhundertwende, und die Arbeitsordnung der Oggersheimer Brauerei von 1902 sah nurmehr eine zehnstündige Arbeitszeit zwischen sechs Uhr und 18 Uhr vor. Zehn Stunden tägliche Arbeit bei drei Pausen an sechs Tagen in der Woche, keinerlei Urlaub, Sonntagsarbeit auf Anfrage und erlaubte Abwesenheit nur in Ausnahmesituationen wie etwa einem Todesfall – auf diesem Stand blieben dann die Arbeitsbedingungen im Ludwigshafener Umland bis zum Ersten Weltkrieg.

Dieser Rahmen war immer noch hart genug, vor allem wenn man bedenkt, daß gerade die Arbeiter aus den Umlandgemeinden Ludwigshafens oft nicht am Wohnort arbeiteten. In den frühen Jahrzehnten der Industrialisierung kamen deshalb zu den Arbeitszeiten oft noch stundenlange Fußmärsche zum und vom Arbeitsplatz hinzu, die bei jedem Wetter zu bewältigen waren.[91] In Orten mit Bahn- oder später Lokalbahnanschluß konnten die Arbeiter – die bei der Bahn beschäftigten schon ab 1867 – verbilligte Fahrkarten, später Wochen- und Monatskarten erwerben,[92] deren Kosten in späteren Jahren zunehmend häufiger von den Betrieben übernommen wurden. Dies traf auch auf die Samtfabrik zu, als nach dem Bau der Rhein-Haardt-Bahn 1913 die aus Ruchheim stammenden Arbeiterinnen mit dem Zug nach Oggersheim gelangen konnten.

Anmerkungen
Seite 796 und 797

89 *Erinnerungen Josef Queva, in: 110 Jahre SPD Oggersheim, S. 24*

90 *Arbeitsordnungen folgender Firmen in der Druckschriftensammlung des StALu: Oggersheim: Brauerei Mayer 1892, 1902; Zigarrenfabrik Hach 1893; König & Herf 1892; Samtfabrik 1892; Eisengießerei Groß und Capallo 1892; Rheingönheim: Fabrik Chemischer Produkte 1897; Faßfabrik Nilhas 1908; Woellner-Werke 1897, 1911; Ziegelei Frey 1892; Mundenheim: Raschig 1891*

91 *Erinnerungen Josef Huber, in: 110 Jahre SPD Oggersheim, S. 30*

92 *Kluß, S. 17f*

93 *zit. n. Barth, S. 74f*

94 *Braun, S. 536ff*

95 *Chronik 1876; StALu, Rgh. 795; Schork/Janson, S. 4*

96 *Prot. 8.6.1884; StALu, Rgh. 14*

97 *Chronik 1906; StALu, Rgh. 795*

98 *Errechnet aus den Krankenkassen-„Betriebsergebnissen", in: StALu, ZR 6610/9*

Von den Mühen der zuvor notwendigen Fußmärsche zum Arbeitsplatz erzählt recht anschaulich eine Arbeiterin:[93] „Morgens um fünf Uhr gingen wir von Ruchheim weg [...] Solange noch keine Rhein-Haardt-Bahn fuhr, war der Weg nach Oggersheim und zurück, vor allem bei Dunkelheit, im Winter und bei schlechtem Wetter doch beschwerlich, in der Hand die Tasche oder das Körbchen mit dem ›Essenkännel‹, Kaffee oder Suppe usw. für Frühstück oder Mittagessen. Auf dem Heimweg nach sechs Uhr abends hatten die meisten die Gewohnheit, mit dem Körbchen im Arm unterwegs zu stricken. Manchmal wurde auch ein Lied gesungen. Wenn man um sieben Uhr heimkam, war man 14 Stunden unterwegs gewesen." Auch die Oppauer Maurer hatten, schon lange vor der Errichtung der Lokalbahn, die langen Wegstrecken in die benachbarten Industriestädte zu bewältigen.[94] Allerdings waren ihre Arbeitsbedingungen durchaus verschieden von den Fabrikarbeitern. Ihre aus acht bis zehn Mann bestehenden Arbeitskolonnen waren von ›sippenhaftem Zusammenhalten‹ charakterisiert, da der leitende Polier sich seine Mitarbeiter in der Regel unter Freunden und Verwandten aussuchte. Die festverbundenen, in hartem Akkord arbeitenden Oppauer Maurer wurden wegen der guten Arbeitsergebnisse besonders geschätzt. Freilich galt ihre Loyalität eben auch vor allem dem Arbeitsverband, weshalb sie sich einem Maurerstreik 1899 verweigerten und aus der Maurergewerkschaft austraten. Es ist durchaus wahrscheinlich, daß kein anderer Ort mehr Arbeiter zum Bau der neuen Stadt Ludwigshafen gestellt hat als Oppau.

Der Besitzer der Zuckerfabrik Friedensau hatte, wie oben berichtet, 1870 hervorgehoben, daß die von ihm gezahlten Löhne deutlich geringer als in benachbarten Gebieten waren. Dennoch versuchten verschiedene Unternehmer, auch hier noch zu reduzieren und benutzten dazu den Einsatz auswärtiger Kräfte.[95] Der einzige größere Arbeitgeber im Oppau des späten 19. Jahrhunderts, eine Dampfziegelei, beschäftigte fast ausschließlich billigste polnische oder italienische Arbeiter, die in Baracken auf dem Betriebsgelände hausten. Der Eigner soll sogar geäussert haben: „Die Arbeiter sollen verdienen, aber nicht bei mir." 1876 versuchte man in Rheingönheim billige Kräfte aus Ostpreußen in der Landwirtschaft einzusetzen.

Dennoch stiegen die Löhne in den folgenden Jahrzehnten. 1884 stellte der Rheingönheimer Gemeinderat[96] zwei Mark als ortsüblichen Tageslohn eines erwachsenen männlichen Arbeiters fest; bei erwachsenen Frauen lag dieser Satz bei 1,20 Mark, bei männlichen Jugendlichen, d. h. 14—16jährigen, bei einer Mark, bei Mädchen desselben Alters bei 80 Pfennig. Mehr als zwanzig Jahre später zahlten die Woellner-Werke ihren männlichen erwachsenen Arbeitern 3,20 Mark Tageslohn, die Ziegelei Frey 3,30 Mark, Frauen und männliche Jugendliche erhielten jedoch nur 2,12 Mark, Mädchen nur 1,70 Mark.[97] Bei den Mundenheimer Ziegeleibetrieben Kaiserwörth und Holz stiegen die Durchschnittslöhne für alle Beschäftigten zwischen 1900 und 1911 von 2,28 bzw. 2,32 Mark auf 3,17 bzw. 2,94 Mark.[98]

Insgesamt folgte die Lohnentwicklung dem allgemeinen Trend, der sich auch in der Stadt Ludwigshafen feststellen ließ. Doch blieb das Lohnniveau hinter dem der Stadt zurück. Zum einen senkte die große Zahl ›billig‹ beschäftigter Frauen und Mädchen den Durchschnittslohn. Aber auch die für erwachsene Männer genannten Zahlen bewegten sich

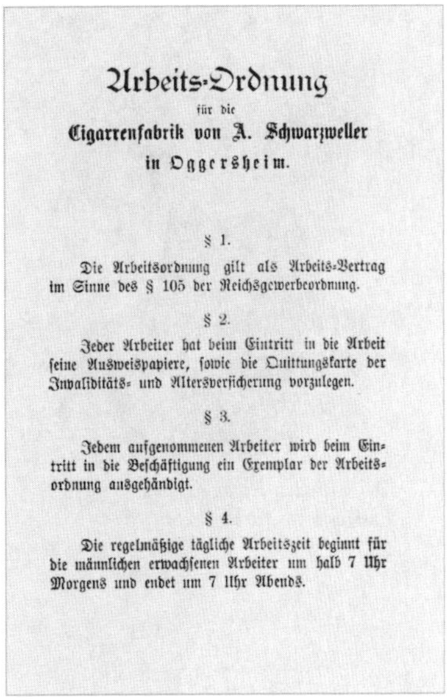

Arbeits-Ordnung
für die
Cigarrenfabrik von A. Schwarzweller
in Oggersheim.

§ 1.

Die Arbeitsordnung gilt als Arbeits-Vertrag im Sinne des § 105 der Reichsgewerbeordnung.

§ 2.

Jeder Arbeiter hat beim Eintritt in die Arbeit seine Ausweispapiere, sowie die Quittungskarte der Invaliditäts- und Altersversicherung vorzulegen.

§ 3.

Jedem aufgenommenen Arbeiter wird beim Eintritt in die Beschäftigung ein Exemplar der Arbeitsordnung ausgehändigt.

§ 4.

Die regelmäßige tägliche Arbeitszeit beginnt für die männlichen erwachsenen Arbeiter um halb 7 Uhr Morgens und endet um 7 Uhr Abends.

Arbeitsordnung der Zigarrenfabrik Schwarzweller, Oggersheim, 1892 [35]

Der Gründer der Josefspflege Pfarrer Josef Anton Krebs [36]

Der Gründer der ersten modernen sozialen Einrichtung im heutigen Stadtgebiet:
Pfarrer ***Josef Anton Krebs***[99]

Josef Anton Krebs wurde 1806 als Sohn des Küfers der Abtei Schöntal im Jagsttal in Württemberg geboren. In Ellwangen besuchte er das Gymnasium, danach studierte er in Tübingen katholische Theologie. Eine Sehschwäche, die den zur Pensionszahlung verpflichteten Staat beunruhigte, verhinderte sein weiteres Fortkommen in Württemberg. Er ging in die vom Priestermangel geplagte Pfalz, mußte allerdings auch dort wegen seines körperlichen Gebrechens um die Aufnahme ins Seminar kämpfen. Als Kaplan und Pfarrer wirkte er in verschiedenen pfälzischen Orten, und wurde Inspektor am Lehrerseminar Kaiserslautern, einen Posten, den er vermutlich wegen der Kritik seiner Vorgesetzten an seiner Teilnahme als Sänger an einem öffentlichen Konzert aufgab. 1839 kam er nach Mundenheim und amtierte dort bis zu seinem Lebensende 1882. Konservativ und königstreu, bezog er scharf gegen die Revolution von 1848/49 Stellung und erhielt regierungsamtliches Lob. Der kunst- und musikinteressierte Priester legte eine eigene Kunstsammlung an und war regelmäßiger Teilnehmer an den Musikveranstaltungen des Chefs der Pfalzbahn, Albert von Jaeger, einem der gesellschaftlichen Mittelpunkte der jungen Stadt Ludwigshafen. Die Kirche in Mundenheim ließ er zum Teil auf eigene Kosten erweitern und ausschmücken. Auch sein soziales Lebenswerk, die St. Josefspflege, unterstützte er mit eigenen Mitteln.

immer deutlich am unteren Ende der Bandbreite der für ungelernte Arbeiter der BASF genannten Beträge – 1900 bis 1910 etwa 3,35 Mark bis 4,15 Mark.[100] Hier schlugen die Unterschiede zwischen den Branchen – Textil, Nahrungsmittel, Ziegeleien gegenüber Chemie – und offensichtlich auch die Größenverhältnisse und Leistungsfähigkeit der Betriebe zu Buche.

Viele Arbeitsordnungen sahen auch eine Bezahlung nach Akkord, besonderer Leistung etc. vor. So wurden die jugendlichen Arbeiterinnen der Samtfabrik[101] um 1912 nach diesem Prinzip entlohnt. Für zwei je 100 Meter lange Stücke an den zwei von ihnen betreuten Webstühlen erhielten sie nach durchschnittlich drei Wochen Arbeit circa 27 Mark, d.h., einen Tageslohn von ca. 1,50 Mark. „Die Arbeit selbst war körperlich nicht schwer. Aber man mußte den ganzen Tag stehen und laufen. Dabei gab es in den Arbeitssälen viel Staub", kommentiert eine ehemalige Arbeiterin die Verhältnisse dazu in ihren Erinnerungen. Die Arbeiter der Brauerei Mayer erhielten 1892 Freibier und eventuell eine freie Schlafstelle zu ihrem Lohn. Eine Überstundenvergütung wurde jedoch ausdrücklich ausgeschlossen. 1902 hatte man die Freibierzuteilung eingeschränkt auf einen ›Haustrunk‹ und das Recht, täglich zwei Flaschen Bier mit nach Hause nehmen zu dürfen. Häufig erwähnte Hilfen an Lebensmitteln, Brennmaterial etc. wurden von den Betrieben nicht zusätzlich gewährt, sondern ebenso wie die Sozialversicherungsbeiträge und eventuelle Geldstrafen für schlechtes Benehmen vom Lohn abgezogen. Nur die Betriebsordnung der Mundenheimer Chemie-Firma Raschig vom Jahr 1891 vermerkt ausdrücklich, daß alle Sozialversicherungsbeiträge allein vom Arbeitgeber getragen wurden.

Auch wenn die Löhne über die Jahre anstiegen, so ist nach den Forschungen von Breunig nicht davon auszugehen, daß sie die Lebenshaltungskosten der großen Arbeiterfamilien zu irgendeinem Zeitpunkt wirklich decken konnten,[102] wenn auch die Deckungslücke im Laufe der Jahrzehnte wohl kleiner geworden ist. Es war zu jedem Zeitpunkt wünschenswert, wenn weitere Familienmitglieder mitverdienten bzw. der Lohn durch zahlreiche zusätzliche Arbeitsstunden aufgebessert wurde. Zudem war die ›Fabrikbevölkerung‹ in besonderem Maße abhängig von

Anmerkungen
Seite 798 und 799

99 *zu Krebs vgl. Knauber*
100 *Breunig, Soziale Verhältnisse, S. 115*
101 *Barth, S. 75*
102 *Breunig, Soziale Verhältnisse, S. 117ff*
103 *Zeitberichte über das große Wasser vor 50 Jahren, in: AVT, 6/1932; Erinnerungen Josef Queva, in: 110 Jahre SPD Oggersheim, S. 20*
104 *Chronik; StALu, Rgh. 795*
105 *Braun, S. 533*
106 *aus den Armen- und Gemeinderechnungen der Orte im StALu*
107 *Denkschrift zur Eingemeindung 1899, S. 59; StALu, DS 154/3*
108 *zu Mundenheim und der Josefspflege vgl. Knauber, in: Kirsch, Josefspflege, bes. S. 31ff*

konjunkturellen oder betrieblichen Krisen. Sowohl der Bankrott 1865 wie die Furcht vor einer Invasion beim Ausbruch des deutsch-französischen Krieges 1870 oder die Hochwasserkatastrophe 1882/83 legten die große Weberei in Oggersheim jeweils für längere Zeit lahm,[103] die Beschäftigten verloren über Nacht Arbeit und Einkommen. Vorhersehbarer, aber für die Betroffenen nicht weniger problematisch war der saisonale Charakter der Beschäftigung bei den Ziegeleien, den Oppauer Maurern oder in der Zuckerfabrik Friedensau.

Die offenbar vom Lehrer verfaßte Ortschronik Rheingönheims[104] zeichnet für die Jahre um 1870 ein recht rosiges Bild: Die rund 200 Fabrikarbeiter wie die gesamte Bevölkerung hätten relativen Wohlstand genossen, ja es sei direkt ›teuer‹ gewesen, Landarbeiter zu beschäftigen. Die ›Gründerkrise‹ nach 1873 stieß jedoch auch in Rheingönheim zahlreiche Fabrikbeschäftigte in die Arbeitslosigkeit, die Chronik spricht für das Jahr 1875 von vielen Beschäftigungslosen und niedrigen Löhnen. Der Winter 1877/78 war besonders hart, was vor allem die Saisonarbeiter traf. Mehr als die Hälfte der Einwohner Oppaus[105] lebte in jenem Winter in Armut, auch ansonsten Bessergestellte konnten damals das Nötigste nur auf Kredit erwerben. Schlimm erging es den kinderreichen Familien im Ort, die schon in den ökonomischen Krisenjahren zuvor in Ställen kampieren mußten, da sie sich keine Wohnung mehr leisten konnten. Und selbst jenseits solcher krisenhaften Zuspitzungen: Die Existenz der Tagelöhner und Arbeiterschaft war ständig von Armut bedroht, weil angesichts der niedrigen Löhne kaum Rücklagen gebildet werden konnten. In allen von der Industrialisierung verwandelten Orten des Ludwigshafener Umlandes schossen die Kosten der Armenpflege[106] steil in die Höhe, obgleich die Gemeinden die bestehenden Bestimmungen in der Regel so restriktiv wie möglich handhabten und keinerlei besonderen sozialen Maßnahmen in die Wege leiteten. In Oggersheim stieg der gemeindliche Zuschuß zur Armenkasse von 400 Gulden 1850 auf 1 000 Gulden 1869, in Oppau die Gesamtausgaben der Armenpflege zwischen 1878 und 1880 von 1 568 Mark auf 2 223 Mark, um bis zum Jahr 1900 auf 3 605 Mark anzusteigen. In Mundenheim[107] verdoppelten sich die aufgewandten Mittel beinahe, zwischen 1888 und 1897 von 2 189 Mark auf 3 918 Mark.

Der durch die allgemeine pfälzische Pauperismus-Krise verursachte Anstieg der Armenkosten in Mundenheim[108] in den Jahren 1848 bis 1854 von 300 auf 800 Gulden – die Gemeinde hatte damals noch die Ludwigshafener Arbeiterschaft mitzuversorgen – brachte dem lokalen ›Armenpflegschaftsrat‹ einen Verweis der vorgesetzten Staatsbehörde ein. Den vermochte er zwar unter Hinweis auf die spezielle Situation zurückzuweisen – an der Misere änderte sich jedoch nichts. Tatsächlich versuchte die Gemeinde wie viele andere – schon im Interesse ihrer wohlhabenderen Mitbürger, die den Armenfonds zu unterhalten hatten – die Kosten so klein wie möglich zu halten. So wurde etwa die Sorge für die der Gemeinde ›zur Last fallenden‹ Waisenkinder öffentlich an den Wenigstnehmenden versteigert – eine Praxis, die den seit 1839 in Mundenheim amtierenden Geistlichen Josef Anton Krebs (1806—1882) zutiefst abstieß. Denn es war allen Beteiligten klar, daß die so versteigerten Kinder oft nur als billige Arbeitskräfte mißbraucht wurden und man sich um ihre Erziehung kaum kümmerte. So errichtete der konservative Geistliche, der die Revolution 1848/49 radikal abgelehnt hatte, 1854 mit der ›St. Josefspflege‹ die erste moderne soziale Einrichtung auf dem

Das von J. A. Krebs 1854/55 angekaufte Gebäude der Josefspflege in Mundenheim, 1974 abgerissen [37]

Der Barockaltar der Kapelle der Josefspflege, den Pfarrer Krebs aus seiner Heimat erwarb [38]

Das katholische Schwesternhaus mit Kleinkinderschule in der Friesenheimer Spatenstraße Aufnahme um 1930 [39]

Die Fortuna-Apotheke in Mundenheim mit der Ausstattung aus der Zeit vor 1914 Aufnahme aus den 1920er Jahren [40]

Gebiet der heutigen Stadt Ludwigshafen. Auf eigene Kosten erwarb er ein Haus und stellte eine Hausmutter an, die künftig eine Reihe von Waisen und taubstummen Kindern sowie gebrechliche, hilflose Personen in dem Haus verpflegte und aufzog. Über Jahre betrachteten die Mundenheimer Honoratioren das Unternehmen mit Mißtrauen, bevor sie sich ab 1857 an den zugunsten des Hauses im Dorf veranstalteten Sammlungen beteiligten. 1858 beschloß der Gemeiderat einstimmig einen jährlichen Zuschuß. In den folgenden Jahren ergänzte Pfarrer Krebs das ›Angebot‹ des Heims um einen ›Arbeitsgarten‹, Ausbildungshilfen für die Zöglinge in der Lehre und eine Kleinkinderbewahranstalt. 1875 übertrug Krebs die Josefspflege in den Besitz der Kirchengemeinde und zog Niederbronner Schwestern zu ihrer Betreuung heran.

Die eben erwähnte Kleinkinderbewahranstalt war nicht die erste ihrer Art auf dem Gebiet der heutigen Stadt. Dieser Ruhm gebührt vielmehr einem 1855 von der Firma König & Herf in Zusammenarbeit mit dem protestantischen Pfarrer errichteten Kindergarten,[109] der von den evangelischen Nonnenweierer Schwestern betreut wurde. Bis zu seiner Übernahme durch die protestantische Kirchengemeinde 1886 zahlte die Firma für seinen Unterhalt. Der erste Kindergarten in der Pfalz war 1837 in Landau gegründet worden, und bis 1854 waren lediglich acht weitere entstanden, obgleich die Regierungsstellen ihre Einrichtung nachdrücklich empfohlen hatten, um der Verwahrlosung der oft sich selbst überlassenen Kinder berufstätiger Eltern entgegenzuwirken.

1860 errichtete die Gemeinde Rheingönheim einen Kindergarten,[110] der von Anfang an unter Leitung der Kommunalverwaltung stand und durch Zuschüsse aus der Gemeindekasse und ›Schulgeld‹ der Eltern finanziert wurde. Nach diesem Muster gründete 1869 auch Oppau[111] eine Anstalt, deren Statuten betonen, daß dort aller konfessionelle Hader vermieden und eine allgemeine Gottesfurcht gelehrt werden sollte. Die Kinder sollten zur Reinlichkeit angehalten und kindgemäß mit Spielen, Liedchen und Erzählungen beschäftigt werden. In den ersten Jahren besuchten ca. 80—90 Kinder die Anstalt, d. h. keineswegs alle in Frage kommenden Jungen und Mädchen im Dorf im Alter von eins bis sechs Jahren. Hier war wohl doch das Schulgeld eine Hürde für arme Eltern, obgleich die Statuten eine eventuelle Befreiung vorsahen. Im Jahr 1912

Anmerkungen
Seite 800 und 801

109 Kreuter, Welch bedeutsame Erinnerungen ein Oggersheimer Neubau weckt, in: Hbll. Lu, 14/1926
110 Chronik, StALu, Rgh. 795; Rgh. 516
111 StALu, Op. 1407/3; Rechnung des Kindergartens a. d. J. 1900; StALu, Op. 1443
112 Barth, S. 96, 116f
113 zit. n. Kermann, Lage, S. 107
114 Catt, Family, S. 184
115 Catt, Family, S. 190ff
116 Kreuter, Maudach, S. 110ff; Braun, S. 834
117 Zwei Beschlüsse; Choleragefahren

Das kleine Oggersheimer Krankenhaus [41]

Kinderschule in Rheingönheim um 1925 [42]

war die Belegung in dem stark gewachsenen Dorf dann auf 846(!) Kinder angewachsen, die von je einer evangelischen und katholischen Kindergärtnerin betreut wurden. Ein weiterer überkonfessioneller Kindergarten entstand 1872 in Privatinitiative in Ruchheim.[112] Hier war sogar das örtliche Judentum gleichberechtigt einbezogen. Solche religiöse Breite war freilich nicht unumstritten. Die meisten anderen Kindergärten, die in späteren Jahren in den Orten des Ludwigshafener Umlandes entstanden, wurden als entweder katholische oder evangelische Institutionen gegründet.

Die Betonung der ›Reinlichkeit‹ als Lehrziel in den Oppauer Kindergarten-Statuten war keine überflüssige Festellung. „Von körperlicher Reinhaltung ist der Bauer kein Freund",[113] hatte eine allgemeine Untersuchung zum Gesundheitszustand der pfälzischen Unterschichten 1852 festgestellt.

Weder die oben schon beschriebenen schlecht gebauten, engen Häuser der Armen noch ihre Ernährung, die bis nach der Jahrhundertwende kaum Fleisch, dafür immer wieder Kartoffeln und Sauermilch kannte, waren dazu geeignet, die Gesundheit der Menschen zu fördern.[114] Zudem spiegelten sich die Unterschiede an Wohlstand und Annehmlichkeit, die zwischen den bessergestellten Bauern, Händlern und Handwerkern einerseits und den Fabrikarbeitern und Tagelöhnern andererseits bestanden, auch in ihrem Gesundheitszustand wider. Es gab keineswegs eine Gleichheit aller vor dem Tod. Wie Catts Untersuchungen für Maudach[115] zeigen, waren es vor allem Tagelöhner, die 1867 beim Ausbruch der Cholera[116] dahingerafft wurden. Alle Gemeinden des Ludwigshafener Umlandes hatten auf behördliche Anordnung beim Herannahen der Seuche zahlreiche Sicherheitsmaßnahmen getroffen und z. B. Desinfektionsmittel, Särge und ›Cholerabaracken‹ auf den Friedhöfen zur sofortigen Aufnahme der Toten aufgestellt. Kirchweihen als Brutstätten der Infektion wurden verboten, die Arbeiterinnen der Oggersheimer Samtfabrik aus den infizierten Orten mußten im Städtchen Wohnung nehmen.[117] Während es in Oppau nur wenige Cholera-Fälle gab und die übrigen Orte verschont blieben, entgingen Maudach und Friesenheim der Seuche nicht. Innerhalb weniger Wochen starben dort 3% bis 4% der Bevölkerung.

Trügerische ›ländliche Idylle‹: das Ortszentrum von Mundenheim mit der traditionellen Bebauung, um 1907 [43]

Doch auch jenseits solcher spektakulärer Ausbrüche von Epidemien – zu denen in der zweiten Hälfte des 19. Jahrhunderts auch die Blattern gehörten, die etwa in Oppau zahlreiche Opfer forderten[118] – waren Leben und Tod noch gänzlich anders als heute und sozial sehr differenziert verteilt. Bauern mit ihren Frauen und Kindern lebten in Maudach[119] im Durchschnitt deutlich länger als Tagelöhner und Arbeiter und ihr Anhang, die Säuglingssterblichkeit bei letzteren war deutlich höher. Ja, bezeichnenderweise stieg die Säuglingssterblichkeit in den Jahren um 1870 noch an, um erst gegen Ende des Jahrhunderts mit 23,1% (!) nur etwas unter den Stand von 1840 zu fallen. Auch die Frauen Maudachs starben um 1870/80 früher als in den Jahren zuvor oder danach. Ebenso sank die Lebenserwartung aller Maudacher zwischen 1860 und 1880 noch, um erst dann deutlich anzusteigen. Lag sie 1840/44 für Neugeborene bzw. Einjährige, die die Klippe der Säuglingssterblichkeit überwunden hatten, bei 31,2 bzw. 45 Jahren, erreichte sie 1870/79 nur noch 27,9 bzw. 43,4 Jahre. In den Jahren 1890/99 konnten die Maudacher dann durchschnittlich auf 41,1 bzw. 53,7 Jahre hoffen – immer noch ein nach modernen Maßstäben niedriger Wert und noch unter dem damaligen Reichsdurchschnitt. Diese Phänomene sind vor allem auf die (Säuglings-)Sterblichkeit der Unterschichten zurückzuführen und zeigen (für die Jahre 1870—1880) die Folgen ungesunder industrieller Arbeit sowie – was die Frauen- und Kindersterblichkeit angeht – die der neuen Doppelbelastung durch landwirtschaftliche und industrielle Arbeit – Versorgung eines kleinen Hofs und Arbeit in der Fabrik. Gegen Ende des Jahrhunderts machte sich dann vermutlich eine verbesserte medizinische Versorgung bemerkbar. Diese war im Ludwigshafener Umland noch lange eine Sache von Badern und oft nicht gerade exzellent ausgebildeten Hebammen gewesen.[120] 1876 wurde in Oggersheim die erste Apotheke errichtet, 1896 folgte in Mundenheim – als zweite im Ludwigshafener Umland – die ›Fortuna-Apotheke‹. Der erste Arzt praktizierte in Mundenheim ab Dezember 1884, zum Zeitpunkt der Eingemeindung gab es deren nur drei. Schon vor der Entstehung der gesetzlichen Krankenversicherung wurde die Krankenpflege

Anmerkungen
Seite 802 und 803

118 Braun, S. 832f
119 Catt, Family, S. 171ff, 194, 200ff, 443
120 Barth, S. 142; Kreuter, Ergänzungen, S. 62; Kirsch, Mundenheim, S. 232f, auch f. d. F.
121 Ruf, Friesenheim, Bd. 2, S. 191, 194
122 Kreuter, Krankenpflege
123 Kreuter, Heimatkunde, S. 28 sowie StALu, Og. 829, 907/1
124 Catt, Family, S. 218ff, 374ff
125 Zs. des Bayer. Stat. Landesamtes 1910, S. 91; Verwaltungsbericht Ludwigshafen 1906, S. 18ff

Gesundes Grün? Vor dem Maudacher Gemeindehaus, dem ehemaligen Maubuissonschen Schloß, um 1920 [44]

auf gemeindlicher, privater bzw. konfessioneller Grundlage verbessert. Seit der Choleraepidemie 1867 leiteten in Friesenheim[121] Niederbronner Schwestern eine katholische Krankenpflegestation, die Protestanten des Dorfes gründeten 1885 einen Krankenpflegeverein, der Diakonissen zur Versorgung heranzog. In Oggersheim stiftete 1882 eine ›katholische Dame‹ ein Schwesternhaus zur Krankenpflege,[122] das von Mallersdorfer Schwestern geleitet wurde, nachdem wenige Monate zuvor, Ende 1881, die Protestanten einen von Pfarrer und Bürgermeister geleiteten Krankenpflegeverein ins Leben gerufen hatten, der wiederum Diakonissen heranzog. Beiden Oggersheimer Institutionen wurde einige Jahre später je noch ein konfessioneller Kindergarten angegliedert. In dem Städtchen[123] bestand auch eine alte Hospitalstiftung, die in der Armenpflege aufgegangen war. 1869 erwarb die Gemeinde die ehemalige Orangerie des Schlosses und richtete dort ein Hospital ein. Eine aus Beiträgen der potentiellen Nutzer gespeiste Krankenhauskasse diente zur Finanzierung. 1892 brannte die Orangerie ab; es wurde ein neues, 22 000 Mark teures Krankenhaus errichtet. Da seine Ausstattung jedoch sehr bescheiden blieb, wurde das weitaus größere Ludwigshafener Krankenhaus von den Einwohnern vorgezogen. Schon bald nach der Jahrhundertwende wurde der Betrieb eingestellt.

Neben den eben besprochenen Initiativen war vermutlich auch das durch reichsgesetzliche Vorschriften geschärfte Bewußtsein für Sauberkeit und Hygiene ein Faktor für die verminderte Sterblichkeit. Auf der Ebene der Gemeinden schlug es sich in zahlreichen Vorschriften etwa zur Nahrungsmittel- oder Gaststättenkontrolle nieder.[124] Dennoch blieb der frühe Tod, wie oben gezeigt, ein ständiger Begleiter der Menschen in der Umgebung Ludwigshafens. Ja, der Landbezirk Ludwigshafen wies eine weit über dem pfälzischen Durchschnitt liegende Säuglingssterblichkeit auf, und im 1899 eingemeindeten Mundenheim betrug sie 1906 noch mehr als 30%![125] Hier schlug sich offenbar weiterhin eine Kombination aus miserabler Wasserversorgung aus oft verseuchten Brunnen und sumpfigen Gräben, ungesundem Klima und hoher Arbeitsbelastung der Mütter nieder.

Verherende Wasserversorgung Zweifamilienbrunnen auf der Grundstücksgrenze Wollstraße, Mundenheim [45]

Den eben geschilderten Nachteilen und Risiken für das Leben der Unterschichten in den Ludwigshafener Umlandgemeinden standen allerdings – gerade im Vergleich zur Stadt – unbestreitbare Vorteile gegenüber.[126] Längere Anmarschwege zur Arbeit in Ludwigshafen oder relativ geringere Löhne in den Betrieben des Umlands wurden durch um vieles geringere Lebenshaltungskosten aufgewogen. Rechnete man 1914 in Ludwigshafen mit Mietkosten für eine Zwei-Zimmer-Arbeiterwohnung von jährlich 327—377 Mark, so war etwas Entsprechendes in den Randgemeinden schon für 140 Mark bis 200 Mark zu haben.[127] Zudem wohnten die Menschen nicht in riesigen, licht- und luftlosen Mietskasernen, wie sie etwa im Hemshof entstanden, sondern in häufig selbsterstellten, kleinen anderthalbstöckigen Häuschen,[128] die die alten Dorfkerne zu umgeben begannen. Wie oben bereits gezeigt, entstand eine solche Bebauung von Friesenheim aus in der Rheinniederung gegen die BASF zu. Zu diesen Häuschen gehörte meist ein Garten, der die weitgehende Selbstversorgung mit Nahrungsmitteln und die Kleintierzucht – Hasen, Hühner – ermöglichte. Noch besser wurde die Situation, wenn der Arbeiter – etwa als Erbe eines ortsansässigen Tagelöhners – über etwas Land verfügte. Durch den Anbau von Gemüse und Obst für die Verbraucher der benachbarten Industriestädte ließen sich nach einer Umfrage vom Anfang des 20. Jahrhunderts bis zu 800 Mark zusätzliches Einkommen erzielen.[129] Ja, ein zeitgenössischer Beobachter stellte fest, daß „die Lieferung von Gemüse für den Ludwigshafener und Mannheimer Wochenmarkt [...] mehr eine Sache des ländlichen Arbeiters als des Landwirts selbst"[130] sei. Allerdings sollte man das Phänomen des ›Arbeiterbauern‹ nicht überbewerten. Besonders im Ludwigshafener Umland gab es nach einer Untersuchung zum Pendlerwesen in der Pfalz viele zugewanderte Arbeiter, die nicht einmal ein Stück Gartenland bebauten. In Maudach[131] besaß 1880 nur ein Fünftel der Fabrikarbeiter ein Stück Land. Bis 1900, nachdem auch fast alle eingeborenen landwirtschaftlichen Tagelöhner, die oft über einen kleinen Acker verfügten, in die Industrie übergewechselt waren, stieg dieser Anteil auf ein Drittel.

Die hohen Lebenshaltungskosten in der Stadt veranlaßten nicht nur viele Menschen, sich von vornherein im Umland anzusiedeln. Auch die Rückwanderung aus der Stadt ins Umland wurde im Raum Ludwigshafen schon ein von Statistikern wahrgenommenes Phänomen.[132] Der Vater des Hollywood-Regisseurs Wilhelm (William) Dieterle ist ein Beispiel für diesen ›Zug aufs Land‹. Der aus Schwaben Zugewanderte, der bei der Firma Grünzweig & Hartmann Arbeit gefunden hatte, war zuerst im Hemshof ansässig geworden. Dort waren die Wohnverhältnisse für die schließlich elfköpfige Familie kaum ideal gewesen; die dichte Bebauung bot nur geringe Chancen, die Lebenshaltungskosten wie oben beschrieben durch Selbstversorgung zu senken; die Mieten waren teuer. So zog Dieterle um 1900 nach dem noch vergleichsweise ländlichen Mundenheim, wo neben einigen Fabriken noch weite Ackerflächen und die Auenlandschaft der Rheinniederung das Bild bestimmten. Dort hatte er für die Seinen ein eigenes kleines Häuschen erworben mit Garten, Acker und der Möglichkeit der Tierhaltung. Exakt verwirklichte er damit die „Wunschvorstellungen eines in der damaligen Zeit am Ende der Lohnskala eingestuften ungelernten Fabrikarbeiters mit stattlicher Familie."[133]

Anmerkungen Seite 804 und 805

126 *f.d.F. vgl. Kluß, v.a. S. 122ff*
127 *Kluß, S. 123*
128 *Ruf, Friesenheim, Bd. 2, S. 244f*
129 *Kluß, S. 120*
130 *ebd.*
131 *Catt, Farmers, S. 143*
132 *Kluß, S. 113f*
133 *Breunig, Dieterle, Bd. 1, S. 13*
* *zit.n. Breunig, Dieterle, Bd. 1, S. 27ff*

Aus den Erinnerungen William Dieterles über seine Kindheit in Mundenheim*

Wir waren von Ludwigshafen, wo ich geboren wurde, in das etwas südlich von der Stadt gelegene Dorf Mundenheim umgezogen. Mein Vater hatte dort, ich weiß nicht, wie er es ermöglichen konnte, ein kleines Haus gekauft. Das war eine wirtschaftliche Notwendigkeit bei einer elfköpfigen Familie mit nur geringem Einkommen. Die Miete allein und die Bewirtschaftung waren zweifellos der Grund zu diesem Schritt. Das Haus war klein, aber wir waren alle untergebracht, und dann war da ein nicht allzu großer Garten, der uns mit frischem Gemüse versorgte. Eine kleine Schar von Hühnern lieferte Eier. Auch Tauben, Gänse und Hasen hatten wir, die an Festtagen unseren Speisezettel bereicherten. Ja sogar ein Schwein hielten wir uns, das im Herbst jeden Jahres geschlachtet wurde und uns den Winter über mit Fleisch versorgte.

Mein Vater war ein gebürtiger Schwabe, wie er nach Ludwigshafen kam, weiß ich nicht mehr. Er war ein einfacher Fabrikarbeiter bei Grünzweig und Hartmann. Er arbeitete von früh sieben bis abends sechs Uhr, volle sechs Tage für sage und schreibe 18 Mark die Woche. Durch Überstunden kam er manchmal auf etwas mehr als 20 Mark. Wir waren neun Kinder, ich war der jüngste Bub. Zwei meiner älteren Schwestern waren gerade verheiratet. Es blieben also immer noch neun Mäuler zu ernähren. Mein ältester Bruder und meine Schwestern verdienten zwar etwas mit, aber es ist mir bis heute ein Rätsel, wie meine Eltern es schafften, uns alle zu kleiden und zu ernähren und dazu noch ein eigenes Haus zu kaufen. Meine Mutter war wie mein Vater aus Schwaben [...] Ihr Tagewerk begann früh um fünf Uhr: Feuer machen, Wasser aufsetzen und das Frühstück fertig machen, da die Männer um sechs zur Arbeit mußten. Dann die Kinder zur Schule fertig machen. Das Vieh versorgen. Dann das Haus [...]

Wie alle Arbeiten bei uns genau eingeteilt waren, so wußte auch ich, was ich zu tun hatte: In der Frühe [...] hatte ich das Vieh zu versorgen, dann schnell in die Schule von acht bis elf Uhr. Dann mit einem kleinen Korb in die Stadt, um dem Vater sein Mittagessen zu bringen [...] Nach der Schule gab es eine Tasse Malz- oder Eichelkaffee und dann ging es los, für das Vieh Futter zu holen. Gras, Brennessel, wilder Klee, alles, was ich am Wegrand mit der Sichel erraffen konnte. Wenn der Flurschütz nicht in der Nähe war, gingen auch guter Klee und einige Rüben mit in den Sack. Im Herbst mußte man Ähren lesen, Kartoffeln stoppeln, Fallobst sammeln, alles, was man ohne Geld haben konnte, um den Haushalt zu unterstützen. Danach erst kamen die Schulaufgaben [...]

Der Umzug von Ludwigshafen nach dem kleinen Dorf Mundenheim wurde von der ganzen Familie mit Begeisterung aufgenommen. Ich freute mich ganz besonders, denn für mich war die Umgebung ein Paradies. Damals war das Dorf umgeben von zwei großen Altrheinen, in denen man fischen konnte. Die Ufer waren von schönen alten Weiden eingesäumt, Frösche und Rohrspatzen belebten das dichte Schilf. Im Winter konnte man Schlittschuh laufen. Dann war da der Vater Rhein selbst gleich hinter den Deichen. Da konnte man stundenlang sitzen und den Schleppzügen flußauf und flußab folgen. Auch schöner Wald war nicht weit, voll mit schönen Vögeln und Fasanen.

Und wenn die Arbeit getan war, konnte man am anderen Ende des Dorfes den vorbeidonnernden Zügen nachsehen, was besonders am Abend reizvoll war, wenn die erleuchteten Fenster aus dem Dunkel auftauchten und wieder verschwanden [...]

Wilhelm (William) Dieterle (hinten, 2. v. l.) mit seinen Eltern und Geschwistern um 1910 (Ausschnitt eines Familienfotos) [46]

Arbeitertraum: eigenes Haus Wohnhaus der Familie Dieterle in der Mundenheimer Florastraße Aufnahme 1997 [47]

Die Bauernfamilie Nikolaus Böhmer II. aus Mundenheim; um 1900 [48]

Vor der Oggersheimer Wirtschaft ›Zur Arche Noah‹ in der Dürkheimer Straße um 1900 (?) [49]

Oppauer Kinder vor der alten Goetheschule in der ›Großen Gasse‹ um 1900 (?) [50]

Das in Dieterles Erinnerungen gezeichnete Bild, das den Nutzen und Reiz eines Lebens jenseits der Stadt verdeutlicht, hilft den Umfang des Pendlertums zu verstehen, das umso mehr zunahm, je besser die Verkehrsverhältnisse waren. Eine Untersuchung des Jahres 1913[134] stellte fest, daß aus den fünf Orten Edigheim, Maudach, Oggersheim, Oppau und Rheingönheim täglich 2 170 Arbeiter mit der Bahn nach Ludwigshafen zur Arbeit fuhren, während ca. 2 300 Menschen in Fabriken der Orte selbst beschäftigt waren. Allein 780 der Pendler lebten in Oggersheim, das damit seinen Ruf als ›Nachtherberge Ludwigshafens‹ bestätigte. Die Pendlerzahlen wären vermutlich noch um einiges größer, wenn die wohl nur noch wenigen Fußgänger und diejenigen erfaßt worden wären, die Straßenbahnen und das Rad[135] als Verkehrsmittel benutzten. Gerade die ›Drahtesel‹ wurden nach der Jahrhundertwende in der Arbeiterschaft nicht primär als Sport- und Freizeitgeräte, sondern für den alltäglichen Arbeitsweg eingesetzt. Die Chronik des Mundenheimer Radfahrvereins berichtet, daß schon um 1897 „täglich Scharen von Arbeitern, Angestellten und Beamten zur Arbeitsstelle auf der [...] Landstraße nach Ludwigshafen" radelten.[136] Mit dem Rad tauchte erstmals ein Massenverkehrsmittel auf, das den individuellen Aktionsradius auch der Menschen aus den Unterschichten erweiterte – ein erster Vorgeschmack der Wandlungen der zweiten Hälfte des 20. Jahrhunderts.

Neue politische Strukturen

Die elenden Lebensbedingungen der ›Arbeitermassen‹ in den neuen Industrieorten beschäftigten schon früh die bayerische Verwaltung, die das damit gegebene revolutionäre Potential fürchtete. Bezeichnenderweise hatte, wie erwähnt, König Maximilian II. die Gründung der Oggersheimer Weberei nur mit der gleichzeitigen Gründung einer betriebseigenen Kranken- und Unterstützungskasse, die extreme Notlagen verhindern helfen sollte, genehmigt. Gerade Oggersheim galt in der nachrevolutionären Zeit noch nicht als so ›befriedet‹ wie manche anderen Teile der Pfalz, wie Regierungspräsident von Hohe in einem Bericht 1851 hervorhob.[137] Hier bestehe im geheimen noch ein Zigarren-

Anmerkungen
Seite 806 und 807

134 *Kluß, Tabelle VII, VIII*
135 *Rothenberger, hier S. 507f*
136 *Festbuch Radfahrerverein, S. 1; StALu, DS 76/7*
137 *Stamer, S. 322*
138 *Bahn, S. 156ff*
139 *Kreuter, Ergänzungen, S. 51; Kirsch, Mundenheim, S. 16; Ruf, Friesenheim, Bd. 2, S. 178*
140 *vgl. allg. Ziegler, Reaktion*
141 *StALu, Rgh. 482, 493*

Konrad Fischer III., Landwirt und Bürgermeister von Rheingönheim (1890—1899) mit seiner Familie [51]

Nikolaus Metzner (1844—1908) Schwanenwirt und Gutsbesitzer mit seiner Familie [52]

arbeiterverein, gegen den eingeschritten werden müsse. Auch die deutsch-katholische Bewegung[138] wurde seit 1851 verfolgt und unterdrückt, die meisten, ganz überwiegend der Unterschicht angehörenden Anhänger in der Region verbargen künftig ihre Sympathien.

In Oggersheim, Mundenheim und Friesenheim waren, wie erwähnt, die ›liberalen‹ oder gar ›revolutions-freundlichen‹ Bürgermeister nach dem Ende der Ereignisse von 1848/49 aus dem Amt entfernt worden.[139] Gemeinde- wie Landtagswahlen wurden auf vielerlei Weise beeinflußt.[140] Da so ein freier Ausdruck politischer Meinung kaum möglich war, verlagerten sich die Auseinandersetzungen in der Pfalz ›stellvertretend‹ auf das Gebiet der Kirche. Vor allem der Kampf der überwiegend liberal-freisinnigen Geistlichen und Kirchenmitglieder gegen das vom konservativen Speyerer Konsistorium verordnete, mehr dem positiven Christentum verpflichtete, neue Gesangbuch löste um 1860 starke Leidenschaften aus. In Rheingönheim[141] kam es zu heftigsten Auseinandersetzungen, das Pfarrhaus wurde nachts mit Dung beworfen, der Eingang zur Simultankirche blockiert. Die vorgesetzte Behörde drohte ob dieser „Rohheiten und schändlichen Bubenstücke" mit militärischer Einquartierung zur Wiederherstellung der Ruhe und fügte hinzu, sie vertraue fest darauf, „daß der bessere Teil der Bürgerschaft und insbesondere der dieselbe repräsentierende Gemeinderat keinen Anteil" an den Exzessen habe. Gerade in der Frage des Gesangbuchs und der liberalen Grundhaltung muß man jedoch davon ausgehen, daß die Honoratioren der Gemeinde sehr wohl gewisse Sympathien mit den „rohen Elementen" hatten, sprach sich doch das gesamte protestantische Presbyterium Rheingönheims – gegen nur zwei Stimmen – genau zur Zeit der Zwischenfälle für die Zurückweisung des neuen Gesangbuchs aus – und erhielt letztlich Recht, da die bayerische Regierung die Fortsetzung der Auseinandersetzung für sinnlos hielt und die Ruhe wiederhergestellt sehen wollte.

Auf die Aussicht einer deutschen Einheit unter preußischer Führung reagierte die Bevölkerung des Ludwigshafener Umlandes in vorhersehbarer Weise: Deutlich schieden sich bei den Zollparlaments- und

Adam Metzner (1812—1866) Schwanenwirt und Gutsbesitzer Bürgermeister von Mundenheim 1863—1866 [53]

Das Kriegerdenkmal vor der Kirche in Rheingönheim [54]

Reichstagswahlen der Jahre 1868 und 1871,[142] den nach 1848 ersten wirklich freien und allgemeinen in der Pfalz, die überwiegend protestantisch-liberalen von den katholischen Orten. Siegten in Edigheim, Oppau, Rheingönheim und Ruchheim die jeweiligen liberalen Kandidaten mit zum Teil haushohen Majoritäten, stimmten Maudach und Mundenheim beide Male für den antipreußisch-bayerisch-süddeutschen Bewerber. Die konfessionell etwa 50:50 gespaltenen Gemeinden Friesenheim und Oggersheim zeigten ganz unterschiedliches Verhalten: Während in Friesenheim die Katholiken offenbar Wahlenthaltung übten und so die Liberalen mit großer Mehrheit gewannen, prallten in Oggersheim zwei nahezu gleichstarke Lager aufeinander. 1871 stimmten hier 167 Wähler für den liberalen, 168 für den konservativ-süddeutschen Kandidaten. Wie in Ludwigshafen fanden auch in den Randgemeinden großinszenierte ›Friedensfeste‹[143] anläßlich des Siegs im deutsch-französischen Krieg statt. In Oppau und Rheingönheim traten Bürgermeister, Lehrer und evangelischer Pfarrer als Organisatoren auf und verbanden das Lob Gottes mit dem auf die errungene Einheit mit Kaiser und Bismarck. Glocken klangen, die Schuljugend sang patriotische Lieder, etwa ›Die Wacht am Rhein‹ und ›Heil dir im Siegerkranz‹, Friedenslinden wurden gepflanzt, die Dörfer in der Nacht feierlich beleuchtet. Im Geist eines immer mehr ins Nationale schwingenden Liberalismus wünschte der Rheingönheimer Lehrer, daß Deutschland Sieg und Frieden mit den Früchten „gesetzliche Freiheit, Wohlstand und Volksglück bis in die spätesten Zeiten" erhalten bleiben möge.

Allgemein war bei Beginn des Krieges die Furcht vor einer Besetzung durch französische Truppen gewesen. Aus diesem Grunde war die Oggersheimer Weberei[144] vorübergehend geschlossen, die 800 Arbeiter und Arbeiterinnen entlassen worden. Dies verschärfte noch deren Notlage, so daß die ohnehin wegen der harten Arbeitsbedingungen verbreitete Unzufriedenheit wuchs. Auch nach Wiederaufnahme der Produktion kam es zu Zusammenkünften, anonyme Zettel wurden geklebt. In Mannheim kamen einige Arbeiter der Weberei mit sozialdemokratischem Gedankengut in Verbindung, und im Sommer 1869 hatte erstmals eine sozialdemokratisch beeinflußte Versammlung im Oggersheimer Gasthaus ›Zur Pfalz‹ stattgefunden, die in tumultartigen Szenen endete. Im Oktober 1871 überreichte eine Delegation von acht Arbeitern dem Direktor der Weberei einen Katalog von Forderungen, die auf eine Erleichterung der Arbeitsbedingungen abzielten. Der „witterte blos Revolution und entließ die Bittsteller sofort." Daraufhin kam es in der Fabrik zum ersten größeren Streik in der Pfalz überhaupt. Während der liberale ›Pfälzische Kurier‹ die Streikenden scharf kritisierte und hervorhob, daß die nach ihrem Bankrott 1865 kaum sanierte Fabrik zu keinen Zugeständnissen fähig sei, riet selbst der Oggersheimer Polizeikommissar der Werksleitung, in Verhandlungen einzutreten. Schließlich erreichte man einen Kompromiß, der, wie oben bereits berichtet, eine tägliche Regelarbeitszeit von 13 Stunden und eine Lohnerhöhung von 12% (?) vorsah. Nur wenige Tage nach Beginn des Streiks wurde in Oggersheim die erste dauerhafte lassalleanische, d. h. sozialdemokratische Ortsgruppe der Pfalz gegründet, wenig später formierten sich 25 Zigarrenmacher zu einer Zigarrenarbeitergewerkschaft. Noch im Dezember 1871 entstand in Ludwigshafen ein weiterer sozialdemokratischer Ortsverein,[145] im Jahr darauf gefolgt von solchen in Frankenthal

Anmerkungen
Seite 808 und 809

142 *1868: Allmann, S. 57f, 71; 1871: Ergebnisse aus der zeitgenössischen Presse; Bräunche, S. 209ff*

143 *Braun, S. 518; Wetzler, S. 55*

144 *f.d.F. Erinnerungen Queva und Huber, in: 110 Jahre SPD Oggersheim*

145 *Breunig, Soziale Verhältnisse, S. 150ff; zur Entwicklung der SPD in den Randgemeinden vgl. Edigheim: 100 Jahre SPD Edigheim; Friesenheim: Auf geht die Saat; Maudach: 100 Jahre SPD-Ortsverein Maudach, 1987; Mundenheim: Erinnerungen Jean Volz, in: Weißt Du noch; Oggersheim: 110 Jahre SPD Oggersheim; Oppau: Janson / Schork; Rheingönheim: 110 Jahre SPD Rheingönheim; alle Druckwerke in der DS-Sammlung des StALu*

146 *Geis / Nestler, S. 78*

147 *Geschäftsberichte der ›Pfälzischen Post‹ 1894, in: StALu, Nachlaß Franz-Josef Ehrhart*

148 *zit.n. Stamer, S. 317*

149 *Reichstags-Wahlergebnisse aus der zeitgenössischen Presse, 1871 / 1874, bzw. Breunig, Soziale Verhältnisse, S. 770ff*

150 *Breunig, Soziale Verhältnisse, S. 179ff; Erinnerungen Volz, in: Weißt Du noch, S. 84*

151 *Wahlkämpfe*

und Mutterstadt. Um 1875 wurde ein Ortsverein in Mundenheim gegründet, 1877/78 in Friesenheim, 1878 in Rheingönheim, 1887 in Maudach, 1889 in Oppau, wo schon zuvor eifrig agitiert worden war, 1898 in Edigheim und 1902 in Ruchheim. 1878 fanden sich von 14 pfälzischen Ortsgruppen der SPD sechs im Bereich des heutigen Ludwigshafen,[146] und noch 1894 war die Zahl der Abonnenten der sozialdemokratischen Regionalzeitung in Mundenheim und Oggersheim mit 128 und 132 wesentlich größer als in Kaiserslautern mit 100 und nicht viel kleiner als in Frankenthal mit 170.[147] Damit hatte der „verderbliche Einfluß des Sozialismus", wie die bischöfliche Behörde in Speyer 1891 schrieb,[148] in der Pfalz Fuß gefaßt. Gerade Ludwigshafen und sein Umland wurden für Jahre „der Sitz der Socialdemokratie" im Regierungsbezirk. Während die SPD in den meisten Gegenden der Pfalz noch lange recht schwach und die Vorherrschaft der Nationalliberalen unangefochten blieb, gelang es den Sozialdemokraten im Wahlkreis Ludwigshafen-Speyer schon 1884, die Liberalen in eine Stichwahl zu zwingen.[149]

Kriegerdenkmal für den Sieg von 1871 auf dem Edigheimer Friedhof [55]

Deutlich folgte das Wachstum der SPD der Industrialisierung. Im ›ältesten‹ Industrieort Oggersheim erreichte die Partei schon bei der Reichstagswahl 1874 mit 210 Stimmen die größte Zahl in der Pfalz und verwies in dem Städtchen die Liberalen mit 180 Wählern und die Katholisch-Konservativen mit 172 auf den zweiten und dritten Platz. Die Dreiteilung der Stimmen zwischen den großen politischen Lagern bestand in Oggersheim jedoch dauerhaft bis zur Jahrhundertwende fort, in der Stadt der steckengebliebenen Industrialisierung blieb auch die Entwicklung der SPD zur absoluten Mehrheit stecken.

Vielmehr waren es nun die Nachbargemeinden Ludwigshafens, Mundenheim und Friesenheim, die parallel mit ihrer industriellen Entwicklung und dem großen Zuzug von Arbeitern eine starke Sozialdemokratie entwickelten. Das Sozialistengesetz des Jahres 1878 brachte kaum einen Rückschlag. Zwar war jegliche SPD-Organisation verboten, jede offene Kundgebung unmöglich. Doch nutzten die Sozialdemokraten bestehende Gesang- und gesellige Vereine oder gründeten handwerkliche Unterstützungskassen wie etwa in Mundenheim die ›Tischlersterbekasse‹ als Deckorganisationen.[150] Das Versammlungsverbot wurde in vielfältiger Weise umgangen, indem man Kundgebungen etwa der Nationalliberalen mit eigener Anhängerschaft „überschwemmte" oder die Redner in Gasthäusern an Tischen sitzend eben offenbar nur „laut diskutierten."[151] Nach 1885 entstanden sogenannte Vereine für volkstümliche Wahlen, so in Maudach und Oppau, die nach dem Ende des Sozialistengesetzes 1890 bald in SPD-Vereine umgetauft wurden. Trotz der Verfolgung erreichte die Partei bei den Reichstagswahlen 1884 in Mundenheim und Friesenheim massive absolute Mehrheiten. In allen anderen Orten des heutigen Stadtgebiets, ausgenommen Oggersheim, wurde sie zweitstärkste Partei, die bisher dominierenden Nationalliberalen verloren überall außer in Ruchheim ihre absolute Mehrheit. Gerade der Erfolg außerhalb der Stadt selbst ermöglichte es damals, den nationalliberalen Kandidaten in die Stichwahl zu zwingen und verdeutlichte damit, wie wichtig die Agitation für die SPD auch im Ludwigshafener Umland war. Besonders bemerkenswert war dabei die Entwicklung in Mundenheim: Hatten noch 1874, möglicherweise vom Kulturkampf mobilisiert, die Katholisch-Konservativen eine große Mehrheit erreicht, so wurde die SPD in dem zu 90% katholischen Ort schon 1877

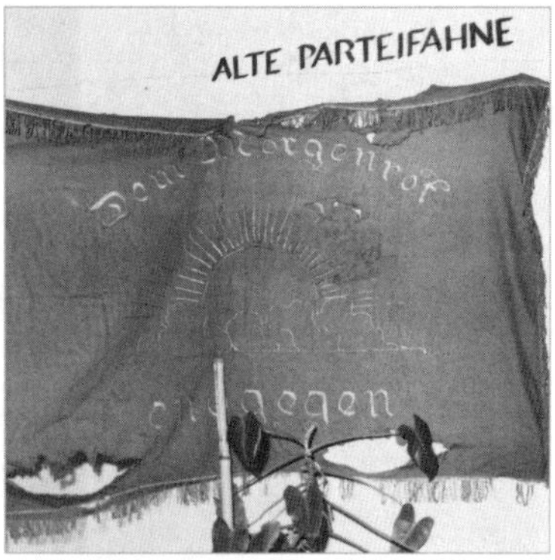

Die Traditionsfahne der SPD Oppau [56]

Anmerkungen
Seite 810 und 811

152 *Erinnerungen Volz, in: Weißt Du noch, S. 83*

153 *Erinnerungen Josef Queva, in: Auf geht die Saat, S. 40ff*

154 *Ratsprotokoll 3.9.1884; StALu, Og. 18*

155 *Franz-Josef Ehrhart, 1884 – Ein bewegtes Jahr, zit.n. Geis/Nestler, hier S. 141*

156 *Breunig, Soziale Verhältnisse, S. 259ff, 792ff*

157 *Ratsprotokoll 19.4.1896; StALu, Og. 21*

158 *Bräunche, S. 129ff*

159 *Stamer, S. 317; Vereinsregister; StALu, LUA 106*

160 *Bräunche, S. 143ff; Breunig, Soziale Verhältnisse, S. 242ff*

161 *Breunig, Soziale Verhältnisse, S. 75ff*

162 *Ratsprotokoll 2.3.1885; StALu, Og. 18*

zur stärksten Partei. Nach den Erinnerungen eines örtlichen Sozialdemokraten[152] stammten die Wähler vor allem aus den Reihen der Landarbeiter des seit 1866/67 im Besitz des Wormser Lederfabrikanten Freiherr Heyl von Herrnsheim befindlichen großen Hofguts, der Tagelöhner und Kleinbauern, die von den reichen Grundbesitzern Äcker pachten mußten, und der in Mannheim beschäftigten Tabakarbeiter.

Die Angst vor Arbeiterunruhen und der Wunsch, von der Stimmabgabe zugunsten der SPD abzuschrecken, hatte 1884 dazu geführt, daß man Ludwigshafen im Vorfeld der Stichwahlen zwischen dem SPD- und dem liberalen Kandidaten von Militär besetzen ließ. Auch in Friesenheim[153] rückten Soldaten ein, und es wirft ein bezeichnendes Licht auf die Zeitumstände, daß die Soldaten recht willkürlich ihnen verdächtig erscheinende Menschen auf den Straßen verhafteten. Dabei kam es auch zu grotesken Szenen, als die Soldaten einen Spengler aufs Rathaus zerrten, der die ganze Zeit wimmernd versicherte, er habe doch für den nationalliberalen Kandidaten gestimmt. Erst als der hinzutretende Bürgermeister versicherte, der Mann sei „einer von uns", ließen die ›Ordnungskräfte‹ ihn wieder laufen. Auch in Oggersheim ergriff der Gemeinderat Vorkehrungen gegen Unruhen und ordnete die Bildung einer ›Bürgerwehr‹ an, die die „nächtliche Verteilung socialistischer Flugblätter und Wahlaufrufe" verhindern sollte.[154] In Mundenheim hingegen, wo die Truppen ebenfalls eine nach dem Sozialistengesetz illegale SPD-Versammlung sprengen wollten, verbat der Bürgermeister sich an der Ortsgrenze jede Intervention, da er den Frieden in seinem Dorf gewahrt wissen wollte.[155]

Die Reichstagswahl des Jahres 1887, bei der Gerüchte um einen bevorstehenden Krieg mit Frankreich eine große Rolle spielten, brachte der SPD auch in ihrem hervorragenden ›Sitz‹ in der Pfalz deutliche Rückschläge. Noch einmal gelang es den Nationalliberalen, in allen Orten des heutigen Stadtkreises außer Mundenheim, Friesenheim und Maudach, die absolute Mehrheit zu erringen. Dieser Erfolg wiederholte sich jedoch nicht, und die Reichstagswahl 1898 sah den endgültigen Durchbruch der SPD, die fast im ganzen heutigen Stadtkreis die absolute Mehrheit errang. Ausnahmen blieben Oggersheim, wo es nur zur relativen Mehrheit reichte, und Ruchheim, das seine massive nationalliberale Mehrheit behielt. In diesem immer noch landwirtschaftlich geprägten Dorf wurden die Liberalen dann auch Anfang des 20. Jahrhunderts nicht von der Sozialdemokratie, sondern durch die agrarische Interessenpartei des Bunds der Landwirte (BdL) aus der Position der stärksten Gruppierung verdrängt. Auch in Maudach spaltete der BdL die liberale Wählerschaft.

Im Gegensatz zur sozialdemokratischen Partei konnten die Gewerkschaften im Ludwigshafener Umland noch keinen Durchbruch erzielen.[156] Der Organisationsgrad blieb extrem gering. In Mundenheim gehörten 1901 von geschätzten 1 000 Fabrik-, Land- und Hilfsarbeitern ganze 45 der entsprechenden Branchengewerkschaft an. In Oggersheim gab es spätestens seit 1896 ein Gewerkschaftskartell.[157] Ihm gehörten 1902 acht Einzelgewerkschaften an, die aber zusammen auf nur 266 Mitglieder kamen.

Deutlich später als die SPD entwickelte sich die zweite ›Volkspartei‹, das katholische Zentrum, im Ludwigshafener Umland. Hervorgegangen aus den katholisch-konservativ und bayerisch-patriotischen

Kräften, wurde ein pfälzischer Zentrumsverein erst 1881 gegründet.[158] Im Ludwigshafener Umland gelang es der Partei offensichtlich nicht, wirklich große Teile der katholischen Arbeiterschaft an sich zu binden. In den katholischen Orten und Oggersheim wurde die SPD führend, das Zentrum blieb zweite – oder in Oggersheim auch dritte – Kraft, für die wohl vor allem die bessergestellten Bauern und Selbständigen – Beamte, Gastwirte, Händler – stimmten. Zwar empfahl die bischöfliche Behörde in Speyer 1891 zur Bekämpfung des Sozialismus eine intensive Seelsorge und die Gründung und Pflege „antisozialistischer Vereine", doch entstanden zum Beispiel in Mundenheim in den 1890er Jahren deutlich mehr sozialdemokratisch inspirierte Verbindungen für Gesang und Sport als katholische.[159] Allerdings arbeiteten die beiden Massenparteien im Kampf gegen die Liberalen teils offen, teils verdeckt zusammen, und bei den Stichwahlen zeigte sich, daß die Wähler der jeweils einen Partei durchaus bereit waren, für Kandidaten der anderen zu stimmen.[160]

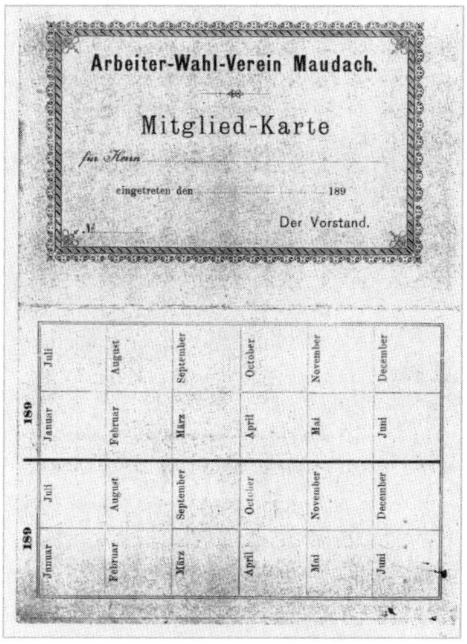
Arbeiter-Wahl-Verein Maudach.

Mitglied-Karte

für Herrn

eingetreten den 189

№ Der Vorstand.

189	Juli	August	September	October	November	December
	Januar	Februar	März	April	Mai	Juni
189	Juli	August	September	October	November	December
	Januar	Februar	März	April	Mai	Juni

Mitgliedskarte des Arbeiterwahlvereins Maudach [57]

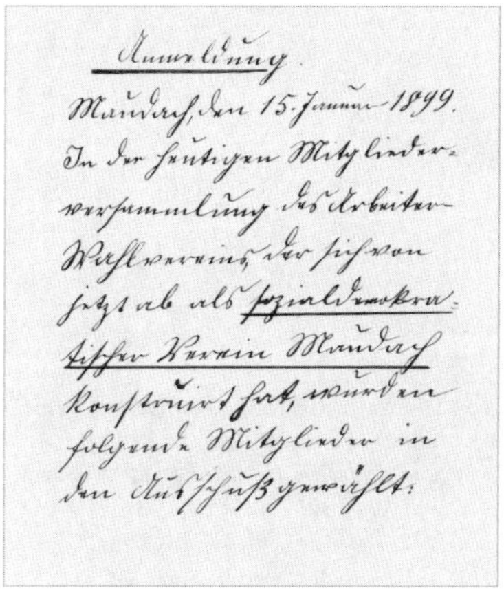
Anmeldung.

Maudach, den 15. Januar 1899.

In der heutigen Mitgliederversammlung des Arbeiter-Wahlvereins, der sich von jetzt ab als Sozialdemokratischer Verein Maudach konstituiert hat, wurden folgende Mitglieder in den Ausschuß gewählt:

Vom ›Arbeiter-Wahlverein‹ zum ›Sozialdemokratischen Verein Maudach‹: Mitteilung der örtlichen SPD an das Bürgermeisteramt, 1899 [58]

Gemeindliche Machtverhältnisse

Der in den Reichstagswahlen mit ihrem allgemeinen Männerwahlrecht erkennbare Aufstieg der SPD zeigt sich nur abgeschwächt und mit großer Verzögerung in den gemeindlichen Machtverhältnissen. Dies hatte seine Ursache im wesentlichen in den restriktiven Bedingungen des Erwerbs des Bürger- und damit Wahlrechts in der Gemeindeverfassung, die in der zweiten Hälfte des 19. Jahrhunderts voll zum Tragen kamen.[161] Die Neuzugezogenen, meist minderbemittelte Arbeiter, konnten das Bürgerrecht nicht wie die Alteingesessenen als Erbe ihrer Väter empfangen. Vielmehr mußten sie zehnjährigen ununterbrochenen Aufenthalt und ebensolange Beschäftigung am Ort nachweisen, um Bürger werden zu können. Auch durften sie zu keinem Zeitpunkt während dieser Jahre Armenunterstützung bezogen haben. Wie hart die Mächtigen in den Gemeinden diese Bestimmungen auslegten, um sich potentielle Armenunterstützungsfälle und ›linkes Stimmenpotential‹ vom Leibe zu halten, zeigt z. B. ein Oggersheimer Ratsprotokoll des Jahres 1885.[162] Das Gesuch des Arbeiters Michael Zitt um die Verleihung des Bürgerrechts wurde abgewiesen, da dessen inzwischen verstorbene Ehefrau dem Wahnsinn verfallen und auf Kosten ihrer Heimatgemeinde in der Nervenheilanstalt versorgt worden war. Der Gesuchsteller bzw. seine Familie habe also öffentliche Armenhilfe, wenn auch nicht in Oggersheim, bezogen. Ein Protest des Arbeiters bei der vorgesetzten Behörde, die um eine Neubehandlung des Gesuchs bat, fruchtete nichts. Vielmehr beklagte der Rat nun wortreich die allzu „freiheitlichen Regelungen" des bayerischen Heimatgesetzes von 1869. Hier sei der Erwerb des Bürgerrechts „zumal gegenüber früher sehr zugunsten der Arbeiter geschaffen" und müsse deshalb „sehr strenge und im Zweifelsfall stets zugunsten der Gemeinde ausgelegt werden." Gerade in den Industrieorten drohten den Gemeinden „schwere Verpflichtungen", falls sie nicht so vorgingen. Damit bezog man sich auf das bayerische Spezifikum, daß Gemeinden verpflichtet waren, nur ihre Bürger im Falle von Armut dauernd aus der Armenpflege zu unterstützen. Einwohner ohne Bürgerrecht konnten sie in ihre Heimatorte abschieben.

Unter solchen Voraussetzungen ist es kaum verwunderlich, daß gerade in den Orten mit dem stärksten Zuzug die Zahl der Bürger, d. h. Gemeindewahlberechtigten, und der Reichstagswähler immer weiter

Der letzte Mundenheimer Gemeinderat vor der Eingemeindung [59]

auseinanderklaffte.[163] In Friesenheim waren bei den jeweiligen Wahlen des Jahres 1874 445 bzw. 324 Männer berechtigt, d. h. die Zahl der Reichstagswähler übertraf die der Gemeindebürger um 37,3%. Fünfzehn Jahre später, 1889/90, gab es zwar (1889) 381 Gemeindebürger, aber (1890) 825 Reichstagswahlberechtigte, d. h. deren Zahl war um 116,5% größer als die der Bürger.[164] Ähnlich waren die Verhältnisse in Mundenheim, wo 1893 zwar fast 700 Männer von ihrem Reichstagswahlrecht Gebrauch machten; bei der Gemeinderatswahl des folgenden Jahres aber gab es nur 491 Wahlberechtigte. Und während fast 70% der Mundenheimer Einwohnerschaft Arbeiter waren, fanden sich unter den Gemeindebürgern nur knapp über 50% in dieser Kategorie. In Oggersheim standen 1898/99 ca. 1 000 Reichstagswahlteilnehmern 733 Wähler bei den Stadtratswahlen gegenüber. In Maudach,[165] wo Cathleen Catt die Wählerlisten analysiert hat, waren 1848 92% der Selbständigen,

Anmerkungen
Seite 812 und 813

163 Zahlen zu Gemeinde-Wahlberechtigten: Materialsammlung zu den Wahlen in Ludwigshafen und den Randgemeinden; StALu, M 375; StALu, Op. 131, Fr. 14/1, 483, Mu. 278, Md. 287

164 vgl. auch: Auf geht die Saat, S. 51

165 Catt, Farmers, S. 148

166 StALu, M 375; StALu, Md. 282

167 Catt, Farmers, S. 146; Catt, Family, S. 351

168 Kirsch, Mundenheim, S. 19, 247ff

169 Catt, Farmers, S. 147; Catt, Family, S. 361ff

170 Kreuter, Ergänzungen, S. 50ff

171 Catt, Farmers, S. 147f

172 Kirsch, Mundenheim, S. 18f, 254

80% der Bauern und 74% der Tagelöhner gemeindewahlberechtigt. 1874 waren es aber nur noch 72% der Bauern und nur je 65% der Selbständigen und Tagelöhner, während von den damals schon in Maudach lebenden Fabrikarbeitern nur 42% das Gemeindewahlrecht besaßen. Dennoch klaffte die Zahl der Gemeinde- und Reichstagswähler in diesem Dorf 1874 und 1898 nur um etwa 25% auseinander,[166] wohl eine Folge des verhältnismäßig geringeren Zuzugs in den Ort, in dem viele ihr Bürgerrecht noch erben konnten.

So blieben für einige Jahrzehnte viele ›gefährliche Elemente‹ vom Gemeindewahlrecht ausgeschlossen, ›Elemente‹, deren Gefährlichkeit vor allem darin lag, daß sie ebenso arm und den bestehenden Eigentumsverhältnissen gegenüber kritisch waren wie die unbemittelten Handwerker und landwirtschaftlichen Tagelöhner. Die Industriearbeiter waren jedoch im Gegensatz zu dieser traditionellen Unterschicht oft zugezogen und ortsfremd, oft nicht bei örtlichen Betrieben beschäftigt, in jedem Falle nicht von der tonangebenden bäuerlichen Oberschicht materiell abhängig.[167] Ihr Wahlverhalten war deshalb in viel höherem Maße unvorhersehbar. Sie von den Wahlurnen fernzuhalten, erleichterte es den traditionellen Führungsschichten, vor allem den wohlhabenden Bauern, reichen Gastwirten und Händlern, ihre Führungsposition zu wahren. Die Bürgermeisterlisten der Dörfer lesen sich wie Register der betuchtesten Bauern. Mundenheim[168] hatte mehrere Bürgermeister der reichen bzw. sehr reichen Familien Metzner und Deuschel. In Maudach[169] ›herrschten‹ bis um 1872 Bürgermeister aus der Familie Grüner. Nachdem diese ›Bauerndynastie‹ durch Erbteilungen an materiellem Status verloren hatte, rückten Mitglieder der Familie Kummermehr in das erste Amt im Dorf. Fast alle Bürgermeister Maudachs gehörten zur Gruppe der Landwirte mit über zehn Hektar Besitz, die nur etwa 5% der Bauern des Dorfes umfaßte. Etwas anders lagen die Verhältnisse in Oggersheim:[170] Die Führungsschicht des Städtchens rekrutierte sich nicht aus Landwirten, sondern Fabrikanten, Kaufleuten sowie wohlhabenden Gastwirten und Handwerkern. Sie stellten im 19. Jahrhundert die Bürgermeister, die, sofern Fabrikanten, eben doch die direkten Opponenten der sozialdemokratischen Fabrikarbeiterschaft waren. Bezeichnenderweise mußte Bürgermeister und Brauereibesitzer Ganß den gesetzlichen Bestimmungen nach als ›Arbeitgeber‹ den Vorsitz im örtlichen Gewerbegericht aufgeben. Ganß war im übrigen der dritte Bürgermeister Oggersheims aus der Brauereibesitzerfamilie, was zeigt, daß es ›dynastische‹ Entwicklungen nicht nur im dörflichen, sondern auch im kleinstädtischen Bereich gab. Auch die Gemeinderäte stammten überwiegend aus denselben Kreisen und Familien. 1874 hatten neun der 14 Gemeinderäte Maudachs[171] Onkel oder Väter, die vor ihnen Mitglieder des Gremiums gewesen waren, 1895 waren es sogar zehn. Noch im letzten Mundenheimer Gemeinderat von 1895[172] waren von den 23 Mitgliedern – inclusive Bürgermeister und Adjunkten – fünf ›Ökonomen‹ und Ackerer, vier ›Privatiers‹, d. h. wohlhabende Männer, fünf Handwerksmeister und je einer Arzt, Gastwirt, Lehrer, Eisenbahnbediensteter und ›Akkordant‹.

Die Vorherrschaft der dörflichen Oberschicht wurde auch dadurch gefestigt, daß Bürgermeister und Adjunkten bis 1869 von der vorgesetzten Behörde ernannt, und auch nach der neuen Gemeindeordnung von 1869 nach ihrer Wahl durch den Rat staatlicherseits bestätigt werden mußten – und der Staat bevorzugte selbstverständlich loyale und wohlhabende Männer. Zudem war die Stimmabgabe bei den Gemeinderatswahlen bis 1869 öffentlich, womit dem Druck auf die Wähler Tür und Tor geöffnet waren. Nach 1869 war die Stimmabgabe zwar geheim, doch wurden wie bisher vom Wähler in freier Zusammenstellung die je nach Größe der Gemeinde notwendige Zahl von Gemeindebürgern zu Papier gebracht. Die meistgenannten konnten dann in der Reihenfolge der Stimmstärke Gemeinderäte werden. Die verschiedenen Interessengruppen im Ort bemühten sich dabei, die Wähler mit Vorschlägen zu überzeugen.

Naturgemäß vertraten die Räte im Konfliktfall zuallererst die Interessen der von ihnen repräsentierten Schichten. Dabei ist ihr überaus restriktives Vorgehen bei der Gewährung des Bürgerrechts nur ein Aspekt dieser Haltung. Als die Regierung 1854 die Errichtung von Getreidespeichern zur Verteilung von Hilfszuteilungen an die Armen anregte, weigerte sich der Maudacher Gemeinderat strikt, dieser Anregung zu folgen und verwies dabei nicht nur auf die Kosten einer solchen Maßnahme, sondern auch darauf, daß eine solche Verteilung die Gewinnchancen der Landwirte beim Verkauf ihres Getreides schmälern würde![173] Hinter solch ›hartherzigen‹ Äußerungen verbargen sich wohl Grundüberzeugungen, wie sie der dem Zentrum nahestehende letzte Friesenheimer Bürgermeister Dissinger 1891 in der Auseinandersetzung mit den Sozialdemokraten zum Ausdruck brachte: „Die Reichen sind nicht schuld, daß sie Vermögen besitzen, aber viele Arme sind schuld, daß sie nichts haben."[174] Die Idee von der schuldhaften Armut bestimmte auch die Handhabung der Armenpflege, die mehr auf die Vermeidung von Ausgaben als auf die Bekämpfung von Elend gerichtet war. Wenig verwunderlich ist es angesichts solcher Haltungen, daß die dörflichen Unterschichten den Ratsmitgliedern nicht immer freundlich gesinnt waren. In Maudach[175] kam es in den 1860er und 1890er Jahren zu wiederholten Übergriffen auf das Eigentum von bäuerlichen Gemeindevertretern wie Felddiebstähle und das Anzünden von Heustadeln. Wiederholt wurden Beschimpfungen und Beleidigungen gegen den Rat bzw. einzelne Mitglieder geäußert, die die Dorfhonoratioren jedesmal unnachsichtig vor Gericht ahnden ließen – ganz offenbar, weil sie darin eine Bedrohung ihrer Ehre und Macht sahen. Problematisch war in den kleinen Verhältnissen des Dorfes Maudach, daß die dörflichen Ordnungskräfte – Polizisten, Feldhüter und Nachtwächter – selbst den Unterschichten entstammten, deren Vergehen gegen die ›besseren Kreise‹ sie ahnden sollten. Hier gab es immer wieder Beschwerden der Bauern, daß die Ordnungshüter ihre Pflichten vernachlässigten.

Waren sich die dörflichen Oberschichten in vieler Hinsicht recht einig, so bestanden doch Interessengegensätze und Konflikte, die auch im Rahmen von Gemeinderatswahlkämpfen mit großer Heftigkeit ausgetragen wurden. Voller Ironie beschrieb der Gründer der Pfälzer SPD, der Ludwigshafener Franz Josef Ehrhart, diese ›Wahlwochen‹:[176] „Schon lange vor der Wahl treten die ›Wahlmacher‹ [...] in Aktion, sie werden von mandatshungrigen Kandidaten geschmiert, wofür sie ihrer Spender Loblied zu singen haben. Wein, Hasen- und Rehbraten werden aufgetischt. Vor und am Wahltag fließt der Wein in Strömen. Mir ist ein Ort bekannt, in dem über die Straße Girlanden von Knackwürsten zur Verfügung der ›Herren Wähler‹ gezogen waren." Solche Mißstände gab es

Anmerkungen
Seite 814 und 815

173 Catt, Family, S.373
174 zit.n. Ruf, Friesenheim, Bd.2, S.263
175 Catt, Family, S.392ff
176 zit.n. Geis/Nestler, S.86f
177 Schork/Janson, S.4
178 ›Pfälzischer Kurier‹, 6.12.1889
179 Barth, S.70f
180 Chronik; StALu, Rgh. 795
181 Barth, S.72
182 Geschäftsberichte 1894, 1900; StALu, Nachlaß Franz Josef Ehrhart
183 Erinnerungen Josef Queva, in: Auf geht die Saat, S.39
184 vgl. die oben zitierten Geschichten der SPD in den Randgemeinden sowie die Materialsammlung in StALu, M 375
185 Erinnerungen Josef Huber, in: 110 Jahre SPD Oggersheim, S.39

auch in den Ludwigshafener Umlandgemeinden: Mit großen Gelagen suchten etwa in Oppau[177] zwei reiche Großbauern, die an der Spitze der – nach dem von ihnen bei den Essen bevorzugten Tier benannten – ›Ochsen‹- und ›Kälberpartei‹ standen, ihre minderbetuchten Mitwähler zu gewinnen. Ähnlich groteske Namen wie ›Geisbockpartei‹ (Maudach[178] 1889) oder ›Frohmännchen‹ und ›Bockhever‹ (Ruchheim[179] 1884) tauchen auch in anderen Dörfern auf. In Rheingönheim,[180] wo es nach Einführung des geheimen Wahlrechts erstmals eine hohe Wahlbeteiligung an den Gemeinderatswahlen gab, besiegte 1874 eine ›norddeutsche‹ eine ›süddeutsche‹ Partei, was vielleicht noch auf unterschiedliche Haltungen zur preußisch-deutschen Einheit schließen läßt. Doch spielten solche politischen Grundüberzeugungen im allgemeinen kaum eine Rolle, da sich die führenden Kreise in den überwiegend protestantischen Orten in einer liberal, später nationalliberal-›besitzverteidigenden‹ Haltung einig waren. Zeitungen gab es kaum in den Dörfern,[181] lagen allenfalls in den Wirtschaften aus – wie in Mundenheim – oder wurden allein von Lehrer und Pfarrer bezogen – wie aus Ruchheim berichtet wird.

Falsch wäre es freilich zu glauben, daß die gemeindlichen Herrschaftsstrukturen und Honoratiorenwahlkämpfe völlig unangefochten geblieben wären. Ein untrügliches Zeichen für den Wandel der Zeiten ist die Tatsache, daß es der SPD gelang, überall eine recht stattliche Zahl von Abonnenten für ihre Parteipresse zu gewinnen.[182] In Ortschaften wie Mundenheim, wo einstmals nur wenige Reiche ein liberales oder konservatives Blatt bezogen hatten, gab es 1894 nicht weniger als 128 Bezieher der SPD-Zeitung. Schon 1883 hatte die SPD in Friesenheim einen Fasnachtszug[183] organisiert, der offen den Gemeinderat wegen seiner korrupten Verwaltung der nach dem Hochwasser 1882/83 eingegangenen Hilfsgelder anprangerte. Die trotz aller Verzögerungstaktik unvermeidliche langsame Erweiterung der Wählerschichten sowie das Vordringen der Sozialdemokratie und später des Zentrums führte ganz allgemein zu einer Politisierung der Abstimmungen.[184] Erstmals in der Nachbarschaft Ludwigshafens und noch zehn Jahre vor ihren Parteigenossen in der neuen Stadt selbst gelang es 1879 der Oggersheimer SPD,[185] fünf Vertreter in den Stadtrat zu senden. In der Folge war gerade der Oggersheimer Rat schon stark parteipolitisch gefärbt, wobei sich die bei den Reichstagswahlen feststellbare Dreipoligkeit (SPD, Zentrum und Liberale, alle in stattlicher Stärke) auch im Rat zeigte, dessen Zusammensetzung stark schwankte. So errangen die Liberalen 1894 fast alle Sitze, 1899 wurden acht SPD-Mitglieder, sechs Nationalliberale und 13 Zentrumsleute gewählt. Dabei ist zu berücksichtigen, daß wie zuvor beschrieben die potentielle Klientel der Sozialdemokraten unter den Gemeindewählern unterrepräsentiert blieb, während die des Zentrums – Bauern, Gewerbetreibende, Selbständige – wie auch der Liberalen gut vertreten war. Wenn dennoch wie etwa 1899 in Oggersheim die Kandidaten der SPD weitaus mehr Stimmen erhielten als die der anderen Parteien, zeigt dies, daß die Partei nicht nur Arbeiter, sondern auch andere Gemeindewahlberechtigte – Kleinbürger, kleine Händler, Handwerker – zu gewinnen vermochte.

Auch in den Dörfern des Ludwigshafener Umlands veränderten die Kommunalvertretungen ihr Gesicht. Für die Gemeinderatswahl 1884 in Friesenheim schmiedeten SPD, Zentrum, Unabhängige und

Hausaltärchen aus Mundenheim
vermutlich Mitte 19. Jahrhundert [60]

Fronleichnamsprozession in Oggersheim 1905, Mannheimer Straße
im Hintergrund die alte protestantische Kirche [61]

Liberale ein Bündnis gegen die der Korruption verdächtige alte Führungsschicht. Die von dieser Koalition propagierte Liste erhielt ⅔ aller Stimmen, alle alten Gemeinderäte wurden abgewählt, der Zentrumsmann Josef Dissinger zum Bürgermeister bestimmt.[186] Auch in Mundenheim wurde nach der Gemeinderatswahl 1884 mit dem Lehrer und Zentrumsvertreter Franz Butscher erstmals kein Mitglied der alten Oberschicht zum Bürgermeister erkoren. Doch war Butscher immerhin mit einer Tochter aus der reichsten Familie des Ortes, den Metzners, verheiratet.[187] Bei der Gemeinderatswahl 1889 siegte in Maudach eine von Zentrum und SPD getragene Liste, in Oppau wurde der erste Sozialdemokrat in den Rat gewählt. Fünf Jahre später errang eine von der SPD aufgestellte Liste im ›Maurerdorf‹ einen deutlichen Sieg über eine von Liberalen, Zentrum und „antisozialistischen Arbeitern" geformtes Bündnis. Wie allgemein üblich, wurden von der SPD wie den anderen Parteien allerdings nie nur Vertreter der eigenen Partei, sondern aller ›Stände‹ und Interessengruppen vorgeschlagen, so daß die Gemeindevertretungen um die Wende vom 19. zum 20. Jahrhundert ein buntes Bild von Vertretern traditioneller Oberschichten und von parteigebundenen Persönlichkeiten der drei großen Lager – Liberale, SPD, Zentrum – boten.

Religion und Kulturkampf

Wiederholt ist bei der Diskussion der politischen Verhältnisse die Frage der Religion ins Blickfeld getreten. Dabei ist es bemerkenswert, daß sich die relative Stärke der Konfessionen in den einzelnen Ortschaften trotz des massenhaften Zustroms von neuen Einwohnern zwischen 1860 und 1900 nur in ganz geringem Maße veränderte. Die überwiegend evangelischen Orte Oppau, Edigheim, Rheingönheim und Ruchheim blieben, was sie waren, lediglich Edigheim sah ein leichtes Ansteigen des Prozentsatzes der Katholiken. Andererseits wurden die protestantischen Minderheiten der katholischen Orte Maudach und Mundenheim deutlich größer, was wohl am eher evangelischen Charakter des Zuzugsbereichs lag.[188] Doch auch in Maudach/Mundenheim wurden die

Anmerkungen
Seite 816 und 817

186 *Erinnerungen Josef Huber, in: 110 Jahre SPD Oggersheim, S. 46*
187 *Kirsch, Mundenheim, S. 19*
188 *Zahlen 1861 und 1900 aus: Beamtenverzeichnis und Statistik der Pfalz, 1863 und 1900; StALu, DS-Sammlung*
189 *StALu, Rgh. 795*
190 *Braun, S. 733f*
191 *Ruf, Friesenheim, Bd. 2, S. 179ff*
192 *Stamer, S. 245*

Das Innere der 1898 eingeweihten protestantischen Kirche, Oggersheim mit den verlorenen Wandgemälden [62]

Die neue protestantische Kirche in Oggersheim [63]

Wallfahrtskarte aus Oggersheim [64]

Verhältnisse nicht umgestürzt, die großen traditionellen Mehrheiten der Katholiken nie gefährdet. Fast scheint es, als hätten die Neuzugezogenen Orte ›ihrer‹ Konfession vorgezogen. Oggersheim und Friesenheim blieben, wie im Jahrhundert zuvor, konfessionell nahezu 1:1 gespalten.

Die Rheingönheimer Gemeindechronik[189] des Jahres 1870 betont das „wie jeh" friedliche Zusammenleben von Protestanten und Katholiken in dem Dorf mit seiner von beiden Konfessionen genutzten Simultankirche. In Edigheim[190] führte das Simultaneum hingegen wiederholt zu Reibungen zwischen den Nutzern, und in Friesenheim[191] nutzte die – geringfügige – protestantische Mehrheit ihre Position aus, um den Katholiken beim Bau ihrer neuen Kirche Schwierigkeiten zu machen. Insgesamt präsentierte sich ein offenbar recht ruhiges Bild der Beziehungen der Konfessionen zueinander, auch wenn gemeindliche Geldleistungen für die Kirchen oder die gemeinsame Nutzung von Friedhöfen immer wieder Anlaß zu kleineren oder größeren Streitigkeiten gaben.

Die Vermengung politischer und kirchlicher Fragen führte freilich auch im Umland Ludwigshafens zu einer dramatischen Verschärfung der Konflikte. Waren die oben schon behandelten Auseinandersetzungen um die Deutsch-Katholiken und das neue Gesangbuch in den 1850er und 1860er Jahren zum Teil verdeckte Schlagabtausche zwischen liberalen, radikalen und konservativ regierungstreuen Kräften, so verschoben sich im Zeichen der ›protestantischen‹ Reichseinheit und des beginnenden Kulturkampfs die Fronten. Jetzt stand eine liberal-staatskirchlich orientierte Staatsgewalt, repräsentiert durch die Regierung in Speyer und das Bezirksamt, im Verein mit den Protestanten der Gemeinden des Ludwigshafener Umlands gegen eine ›ultramontan‹-papsttreue, auf ihre Autonomie gegenüber dem Staat pochende katholische Kirche. Sinnfälligen Ausdruck fand dieser Autonomie-Anspruch in einer Versammlung von etwa 6000 pfälzischen katholischen Männern, unter ihnen viele Geistliche, in Oggersheim,[192] bei der die Menge Treue zum Papst und zum damals laufenden Vatikanischen Konzil bekundete. Gerade Oggersheim mit seiner konfessionell fast 1:1 gespaltenen Bevölkerung und

Die Mundenheimer Sebastianskirche mit neugotischer Innenausstattung
Aufnahme von 1904 [65]

seiner bedeutenden Wallfahrt wurde einer der Brennpunkte des Kulturkampfs in der Pfalz. Schon im Vorfeld der Revolution von 1848 hatte ja die Wiederbelebung des Oggersheimer Klosters zu einer scharfen Auseinandersetzung zwischen den protestantisch-liberalen und katholischen Kreisen in der Stadt geführt, und die Anwesenheit von durchschnittlich 21 000 Wallfahrtsbesuchern pro Jahr – allein an Mariae Himmelfahrt um die 5 000 Menschen[193] – mußte für die Protestanten am Ort als Provokation wirken. Die Zahl von nicht weniger als 239 konfessionsverschiedenen Ehen im Ort – um die Jahrhundertwende?[194] – zeigt zwar, daß nicht alle Oggersheimer leidenschaftlich für die eine oder andere Kirche Partei nahmen. Doch gerade um die Erziehung von Kindern aus konfessionsverschiedenen Ehen[195] wurden mehrere erbitterte Konflikte ausgefochten. Protestanten und Katholiken beschuldigten sich gegenseitig finsterer Konversionsmethoden und gar gewaltsamer Entführungen. Die liberale Presse sah 1882 einen konzertierten Versuch, den Protestantismus am Ort langsam zu verdrängen. Deshalb müßten die Protestanten ihre weitherzige Haltung aufgeben, und dem „Romanismus" entgegentreten. Die Staatsbehörde begünstigte einmal die eine, einmal die andere Seite, wobei sie sich strikt am Buchstaben des Gesetzes und durchaus nicht immer am Wunsch der Eltern orientierte.

Als der Bischof von Speyer 1882 zu Firmung und Visitation[196] die Stadt besuchte, erbaten die Katholiken die Beflaggung des Rathauses, was der Bürgermeister entrüstet als unmögliche Anmutung ablehnte. Daraufhin wurde er wenig später in einem katholischen Wirtshaus vom Eigner mit vom Publikum beifällig aufgenommenen Beschimpfungen empfangen. Der Wirt drohte offenbar auch mit dem Entzug der Stimme bei der nächsten Gemeinderatswahl. In einem Brief an die vorgesetzte Behörde betonte der Bürgermeister, daß er die besten Absichten hege und fest entschlossen sei, „den confessionellen Frieden in der Gemeinde Oggersheim, was gerade keine leichte Aufgabe ist, nach Kräften aufrechtzuerhalten." Doch was zu weit gehe, gehe zu weit. Die Beflaggung kommunaler Gebäude bei kirchlichen Feiern sei ja auch von den Protestanten nie gefordert worden. „Die Katholiken Oggersheims sehen sich beständig gekränkt und beleidigt seitens der Gemeindeverwaltung, während sie bei jeder Gelegenheit durchblicken lassen, daß sie die Protestanten etc. gar nicht als Gleichberechtigte betrachten."

Anmerkungen
Seite 818 und 819

193 *StALu, Og. 807/2*
194 *StALu, Og. 807/1*
195 *StALu, Og. 807/2*
196 *ebd.*
197 *allg. Königstein sowie ›Pfälzischer Kurier‹, 9.—14.10.1875, ›Ludwigshafener Anzeiger‹, 9.—11.10.1875*
198 *StALu, Og. 807/3*
199 *Festschrift Kirche Oggersheim, S. 14f*

Der jüdische Friedhof in Ruchheim; Aufnahme 1987 [66]

Überregionales Aufsehen erregte 1875 die ›Oggersheimer Affäre‹,[197] als während der Hundertjahrfeier der Wallfahrt der im Kulturkampf sehr exponierte Mainzer Bischof von Ketteler die Festpredigt hielt, ohne die für ihn als Nicht-Bayern gesetzlich vorgeschriebene königliche Erlaubnis für sein Auftreten zu haben. Der vom liberalen Ministerium gelenkte König Ludwig II. ließ den Speyerer Bischof deutlich sein Mißfallen spüren, die liberale Presse tobte über Tage, während der Speyerer Oberhirte in einer Rechtfertigung durchblicken ließ, daß er bewußt die Provokation riskiert habe, um die Lächerlichkeit der bestehenden restriktiven Ordnung bloßzustellen. Solche Beschränkungen gebe es nicht einmal in der Türkei, wo er ohne Erlaubnis in Jerusalem habe predigen können, führte er aus, was den liberalen, in Ludwigshafen erscheinenden ›Pfälzischen Kurier‹ zu dem Kommentar veranlaßte: „Was in der Türkei [...] zulässig ist, kann nicht maßgebend sein für Bayern. In Bayern hat man sich nach den bayerischen Gesetzen und Verordnungen zu richten." Als 1898 die neue protestantische Kirche in Oggersheim eingeweiht wurde,[198] der einzige Kirchenneubau im Ludwigshafener Umland während der zweiten Hälfte des 19. Jahrhunderts, sang die Gemeinde während des Festgottesdienstes selbstverständlich das reformatorische Kampflied Luthers ›Ein feste Burg ist unser Gott‹. Die Kirche im ›deutschen‹ Neo-Renaissance-Stil war nahe der Wallfahrtskirche errichtet worden und bot ihr mit der Höhe des Kirchturms und einer nach damaligen Maßstäben hochwertigen künstlerischen Ausstattung mit Wandgemälden und Glasfenstern durchaus ›Paroli‹. Die Festschrift zur Einweihung der Kirche hob besonders die Glasfenster beim Chor hervor – mit eindeutiger Tendenz: „Rechts [...] sehen wir Gustav Adolph in Gebetsstellung, den tapferen, glaubensmutigen Beschützer der evangelischen Christenheit; links [...] Luther, den Geisteshelden der Reformation, den deutschesten Sohn des deutschen Volkes [...]"[199]

Auch in anderen Ortschaften des Ludwigshafener Umlands kam es zu religiösen, von der Atmosphäre des Kulturkampfs verschärften Konflikten und Ausfällen. Eine Predigt des Oppauer Vikars am ›Sedanstag‹ 1874 interpretierte die Geschichte des deutsch-französischen Krieges ganz im Sinne des Sieges des tugendhaften protestantischen Preußentums gegen das verderbt-katholische Frankreich. Das abschließende obligate ›Hoch‹ auf das – katholische – bayerische Königshaus paßte dazu freilich schlecht.[200] In Maudach[201] mit seiner zu einem Viertel protestantischen Bevölkerung sorgte die Tatsache, daß nur einmal während der zweiten Jahrhunderthälfte ein Protestant in den Gemeinderat gelangte ebenso für verdeckten Unwillen wie die Zusammensetzung der lokalen Ortsschulkommission, in welcher lange Zeit der evangelische Pfarrer der einzige Protestant war. 1893 beschuldigte der evangelische Lehrer Theobald die Katholiken öffentlich, die Protestanten beständig auszubeuten und zu benachteiligen. Auch ließ er unflätige Bemerkungen über den Gemeinderat und die Geistlichen – beider Konfessionen! – fallen. Der Gemeinderat verlangte daraufhin seine Abberufung, da er den konfessionellen Frieden im Dorf bedrohe.

Parallel zum Kulturkampf erwuchs den Kirchen freilich mit dem Wachsen der Industriearbeiterschaft im Ludwigshafener Umland ein neues Problemfeld. Hatte die Rheingönheimer Pfarrbeschreibung von 1843[202] noch den gediegenen kirchlichen Sinn der Bevölkerung betont, den zahlreichen Kirchgang und das verbreitete häusliche Bibellesen, so beklagte 1873 die Gemeindechronik[203] die Nachlässigkeit der Jugend beim Gottesdienstbesuch. Die seelsorgerische Betreuung der stets wachsenden zugewanderten ›Fabrikbevölkerung‹, die von härtesten Arbeitsbedingungen ausgelaugt, ihren traditionellen Bindungen entrissen und der Kirche oft weitgehend entfremdet war, erwies sich als überaus schwierig.[204] Wie sollte ein Geistlicher tausende solcher Menschen wirklich ›versorgen‹, wie sollten die kleinen Dorfkirchen die neuen Menschenmassen fassen? Die Kirchenleitungen reagierten auf diese Probleme nur sehr zögernd. In Friesenheim,[205] dessen auf 2 000 Mitglieder angeschwollene protestantische Gemeinde vom Oggersheimer Pfarrer versorgt wurde, versuchte man schon um 1880 die Einrichtung einer eigenen protestantischen Pfarrei zu erreichen. Doch erst 1889 erhielt der Ort ein Vikariat und wenig später einen eigenen Pfarrer. Für die wachsende Zahl der Mundenheimer Protestanten[206] wurde erst 1899 ein eigenes Vikariat eingerichtet, neue protestantische Kirchenbauten wurden in Mundenheim und Friesenheim erst nach 1900 eingeweiht. Neben dem Neubau der Oggersheimer protestantischen Kirche, die den wohlproportionierten, aber viel zu kleinen Barockbau beim Rathaus ersetzte, war die einzige Kirchenbauaktivität in den Ludwigshafener Umlandgemeinden in den Jahren 1850—1900 die Erweiterung und neugotische Ausgestaltung der Mundenheimer St. Sebastianskirche durch Pfarrer Krebs. Diese 1858—1867 vorgenommene Maßnahme war allerdings in erster Linie keine Reaktion auf das Bevölkerungswachstum, das erst später einsetzte. Sie entsprang vielmehr den liturgischen und ästhetischen Vorstellungen des Geistlichen.[207]

Neben der Seelsorge versuchten die Kirchen auch durch den Ausbau ihres Vereinswesens – Arbeiter-, Lesevereine, Kirchenchöre etc.[208] – die religiösen Bindungen zu festigen, und den sozialen Nöten traten sie mit den oben beschriebenen karitativen Maßnahmen – Krankenpflege, Kindergärten, Josefspflege – entgegen, wobei hier ein weiteres Mal konfessionelle Konflikte und Konkurrenzen eine Rolle spielten. Die generell den politischen Bestrebungen der Arbeiterschaft feindliche Haltung der Kirchen trug allerdings nicht dazu bei, sie näher zum Gottesdienst zu führen. In Mundenheim beklagten, wie oben erwähnt, die Katholiken den „verderblichen Einfluß des Sozialismus", und Regierungspräsident Braun stellte 1882 fest, daß die Errichtung des Minoritenklosters in

Anmerkungen
Seite 820 und 821

200 Predigt des Oppauer Vikars Philipp Roth zum ›Sedanstag‹ 1874; StALu, M 353
201 Catt, Farmers, S. 150ff; Catt, Family, 412ff
202 StALu, Rgh. 483/1
203 StALu, Rgh. 735
204 dazu Überlegungen z.B. der prot. Kirchenbehörden in Friesenheim, n. Ruf, Friesenheim, Bd. 2, S. 193f
205 Ruf, Friesenheim, Bd. 2, S. 193—198
206 Kirsch, Mundenheim, S. 97
207 Knauber, in: Kirsch, Josefspflege, S. 38ff
208 Vereinsregister für Ludwigshafen, Friesenheim und Mundenheim; StALu, LUA 106
209 Stamer, S. 318
210 Welti, S. 405; Schraut, S. 32
211 StALu, Rgh. 493
212 f.d.F. Barth, S. 93ff; zusammenfassend allg. Kukatzki
213 Kreuter, Maudach, S. 55

Oggersheim nicht die erhofften Früchte getragen habe, da viele Arbeiter dennoch ins Lager des Sozialismus gewechselt seien.[209] Trotz aller Bemühungen und der Einrichtung neuer Pfarreien halbierte sich der Prozentsatz der protestantischen Abendmahlsteilnehmer in den industrialisierten Orten Friesenheim, Oppau und Oggersheim gegen Ende des Jahrhunderts; in den eher ländlichen Orten Ruchheim und Maudach blieb er hingegen auf hohem Niveau stabil.[210]

Der Aufstieg der SPD und die Tatsache, daß große Teile ihrer Führungsschicht der dezidiert antikirchlichen freireligiösen Bewegung angehörten, führte allerdings nicht zu einer massenhaften Austrittsbewegung in Arbeiterkreisen, zumal die pfälzischen Sozialdemokraten aktive antireligiöse Propaganda vermieden und in den 1890er Jahren sogar Bündnisse mit dem katholischen Zentrum schlossen. Um 1900 bewegte sich der Anteil der nicht katholischen, evangelischen, jüdischen oder mennonitischen Einwohner der Randgemeinden Ludwigshafens unter zwei, meist sogar unter einem Prozent. Konfessionslose gab es praktisch keine, freireligiös waren 1903 in Mundenheim und Friesenheim nur 0,4% bzw. 0,5% der Bevölkerung. Auch die altkatholische Kirche hatte kaum Anhänger, auch wenn es den zuständigen Geistlichen selbstverständlich alarmieren mußte, daß 1892 zehn Rheingönheimer Katholiken auf einmal zu den Altkatholiken übertraten.[211] Von einem ist jedoch bemerkt, daß er schon wieder in die katholische Kirche gehe, und die Konfessionsstatistik des Jahres 1900 wies nur sechs Altkatholiken in Rheingönheim aus.

Die relativ größte konfessionelle Verschiebung im Randgebiet des heutigen Ludwigshafen ist aus Ruchheim[212] zu vermelden. Hier waren 1861 nicht weniger als 13,3% der Einwohner jüdischen Glaubens gewesen – 141 Personen, ein Erbe des reichsritterschaftlichen Dorfes. Im Jahr 1900 war ihre Zahl, dem allgemeinen Trend folgend, der die jüdischen Dorfbewohner in die aufblühenden Städte zog, auf nur noch ca. 40 Personen – 3,6% der Einwohnerschaft – gesunken. 1896 wurde die jüdische Schule des Ortes geschlossen, da die Zahl der Kinder zu klein und die jüdische Gemeinde mit der Bezahlung überfordert war. Die jüdischen Kinder besuchten fortan die katholische Schule. Ähnliches geschah in Rheingönheim, dem einzigen weiteren Ort des Umlands der Chemiestadt, in dem 1860 eine größere Zahl von Juden lebte. Hier sank ihr Bevölkerungsanteil bis 1900 von 3,5% auf 1,2%.

Die Ruchheimer Juden waren vor allem Händler, Viehhändler und Hausierer, aber auch Bäcker und Metzger – der ›Fläschjudd‹. Um 1850 waren sie praktisch die einzigen Handeltreibenden im Ort. Das Verhältnis zur nicht-jüdischen Bevölkerung war offensichtlich nicht feindselig, wenn auch die vielen Spitznamen für jüdische Geschäftsleute, die kleineren handgreiflichen Scherze und der Schabernack, den man gerne mit manchem von ihnen trieb, auf eine gewisse Mißachtung deuten, ein vielleicht ganz untergründiges Ressentiment gegen die ›fremden‹ Handeltreibenden, auf die man bis zu einem gewissen Grad angewiesen war. Andererseits genossen einige Juden ein hohes Ansehen, und Markus Leva war 1872 einer der Gründer der oben erwähnten ersten Kleinkinderschule des Ortes, für die er Grundstück und Gebäude bereitstellte und in deren Vorstand er saß. Für die 1845 erbaute protestantische Kirche in Maudach stifteten zwei Mutterstadter Juden einen bedeutenden Betrag[213] – Zeichen, daß die Beziehungen zwischen den Religionen nicht zu schlecht waren.

Fahnenweihe beim Sängerklub Oppau 1901 [67]

Dampfkarrussell bei der Mundenheimer Kerwe; Aufnahme von 1920 [68]

Arbeiter-Radfahrerverein Solidarität Oppau; um 1910 [69]

Kulturleben im Ludwigshafener Umland

Die starke Veränderung der Sozialstruktur des Ludwigshafener Umlandes führte gegen Ende des Jahrhunderts dazu, daß die Menschen Gemeinschaft und Identifikation nicht mehr nur im Rahmen traditioneller Kirchlichkeit suchten. Mächtig blühte das Vereinswesen[214] auf, das sowohl die neue sozialistische Bewegung wie die Kirchen zu nutzen versuchten, um die Massen an sich zu binden und ein viele Lebensbereiche umfassendes Netz von ›richtig‹ ausgerichteten Vereinigungen zu schaffen. Daneben entwickelte sich das schon zuvor in Ansätzen bestehende, bürgerlich-wohlbetucht-gesellige Vereinswesen weiter. In Maudach und Friesenheim lassen sich für die Zeit von 1850 bis 1900 etwa je 20 Vereinsgründungen nachweisen, für Mundenheim fast 30.

Bedingt durch das restriktive Vereinsgesetz, aber auch durch einen Mangel an Interesse in der überwiegend bäuerlichen Bevölkerung bestanden in den Orten des Umlandes der Chemiestadt bis 1870 meist nur wenige, oft nur ein Verein, in der Regel ein Gesangverein. In den Jahren nach 1871 traten in allen Orten Krieger- und Militärvereine ins Leben, die sich die Vertretung der Interessen der Kriegsteilnehmer von 1870/71, die Pflege des Gedächtnisses des Sieges sowie die Feier der Nation und der ›Treue zum angestammten Herrscherhaus‹ zum Ziel setzten. Sie sorgten dafür, daß in allen Orten bis zur Jahrhundertwende oft große Kriegerdenkmäler auf den Hauptplätzen, wie auf dem Schillerplatz in Oggersheim, oder vor den Kirchen, wie in Rheingönheim, errichtet wurden. Erste Turn- und Theatervereine entstanden in den 1880er Jahren. Die große Welle der Vereinsgründungen setzte nach 1890 ein. Das hatte nicht nur mit dem Fall des Sozialistengesetzes zu tun, das es der Arbeiterschaft ermöglichte, sich in einer wachsenden Zahl von Turn-, Radfahr-, Gesangs- und Berufsvereinen zusammenzutun. Auch jenseits des sozialdemokratischen Milieus bestand nun in allen Ortschaften des Ludwigshafener Umlandes eine wachsende nicht-bäuerliche Schicht – Arbeiter, Handeltreibende, Selbständige – die ein intensives Interesse an geselligen Vereinen und Interessenvertretungen hatte.[215] Wie Cathleen

Anmerkungen
Seite 822 und 823

214 *Vereinsregister für Ludwigshafen, Friesenheim und Mundenheim; StALu, LUA 106*

215 *vgl. auch Breunig, Soziale Verhältnisse, S. 280ff, 508ff usf.*

216 *Catt, Family, S. 414ff*

217 *Erinnerungen Anna Polster, n. Barth, S. 75*

218 *z. B. Kirsch, Mundenheim, S. 173ff*

219 *ebd., S. 143ff*

Turngesellschaft Mundenheim beim Zigeunertanz; um 1905 [70]

Traditionsfahne des Oggersheimer Sängerkreises 1865 [71]

Konzert- und Theatersaal in der Rheingönheimer Wirtschaft ›Zum Löwen‹ [72]

Catt am Beispiel Maudachs gezeigt hat, nahmen die Bauern des Ortes nur am traditionellen Gesangverein Anteil. Die anderen in den 1890ern gegründeten Gemeinschaften wurden von den nicht-bäuerlichen Schichten getragen.[216] Um 1900 bestand in den Orten mit starker Industriearbeiterschaft in der Regel ein paralleles System von ›bürgerlichen‹ und sozialdemokratischen Vereinen für Sport, Gesang und Geselligkeit, wozu noch eine Reihe kirchlicher Vereine trat. Es bleibt allerdings zu bedenken, daß dieses bunte Angebot in fast keinem Fall für Frauen gedacht war. Das Abendvergnügen einer Ruchheimer Jungarbeiterin um 1910[217] bestand im Spinnen, Stricken und ›Verzähle(n)‹ mit ihren Altersgenossinnen.

Es waren vor allem die Vereine, die etwa mit Gesangs- und sportlichen Wettkämpfen oder mit der Pflege der Geselligkeit allgemein – wie etwa der ›Rauchclub Qualm‹ oder der ›Häringsclub‹ in Mundenheim – zur Unterhaltung der dörflichen und kleinstädtischen Bevölkerung beitrugen. Daneben bestanden die traditionellen Kirchweihen weiter, die, wie z. B. in Mundenheim,[218] mit Karrussells und anderen Fahrgeschäften immer bunter gestaltet wurden. Ein wesentliches Unterhaltungsmoment blieben die Gaststätten, die sich mit der Bevölkerungszunahme stark vermehrten.[219] Vereine bestimmten Wirtschaften zu ihrem regelmäßigen Treffpunkt, die Wirte ließen Tanz- und Versammlungssäle bauen, die dann auch für politische und gemeindliche Versammlungen genutzt wurden. Bezeichnenderweise fanden die Versammlungen der Mundenheimer und Friesenheimer Bürger, die zur Abstimmung über die Eingemeindung nach Ludwigshafen zusammentraten, in Gasthäusern als den einzigen neben den Kirchen größeren überdachten Versammlungsstätten statt. Immer wieder wurden Gasthäuser auch zum Versammlungsort von Menschen gemeinsamer politischer Gesinnung, oder die Ansichten des Wirts hielten umgekehrt etwa ›Sozialisten‹ fern. Vor allem Arbeiter nutzten die Gasthäuser, die sie als „familiensorgenfreien" Raum auf dem Nachhauseweg aufsuchen konnten. Die gegenüber der Stadt im Schnitt besseren Wohnverhältnisse der ›Fabrikbevölkerung‹ sorgten allerdings

Männergesellschaft in einer Oppauer Gastwirtschaft [73]

dafür, daß das Verhältnis von Gaststätte pro Einwohner z. B. in Rheingönheim (17 Wirtschaften 1906), und Mundenheim (33 Gaststätten 1901), mit 1:221 bzw. 1:246 deutlich weniger extrem als in der Stadt selbst war – 1901: 370 Gaststätten, Verhältnis 1:167.[220] Die Folgen des starken Alkoholkonsums schildert einmal mehr William Dieterle:[221] „Nie in der langen Zeit, die ich zu Hause war, habe ich von meinem Vater oder meiner Mutter ein böses Wort gehört. Im wohltuenden Kontrast zu den Krächen, die sich in den benachbarten Häusern abspielten. Wo man immer wieder Frauen heulen hörte, die von ihren Männern verprügelt wurden, besonders an Zahltagsabenden, wenn die Männer betrunken nach Hause kamen und ein Teil des Lohnes in Alkohol umgesetzt war. Solche Szenen gab es bei uns nicht." Zwar klagten Geistliche, Lehrer, Sozialreformer und gelegentlich auch Gemeinderäte über den allzu starken Alkoholkonsum der ›niederen Schichten‹, doch wollten gerade die Gemeinderäte nicht wirklich etwas daran ändern, brachten doch die durchaus nicht unalkoholischen Kirchweihen ebenso Geld in die Gemeindekassen wie die Gastwirtschaftskonzessionen.[222] Auch waren viele Landwirte, die in den Kommunalvertretungen ja überrepräsentiert waren, an der Branntweinbrennerei beteiligt.

Die Gründung von ›theatralischen‹ Vereinen mit so schönen Namen wie ›Walhalla‹ oder ›Lohengrin‹ in Maudach oder Mundenheim deutet auf ein Bedürfnis nach ›höherer‹ Kultur hin. Vor allem die Stadt Oggersheim zeigte ein gesteigertes Interesse, ihr Selbstgefühl durch einen Bezug zu den edlen Werten deutscher Kultur zu steigern. Hier bot der Aufenthalt Schillers im Städtchen 1782 einen idealen Ansatzpunkt. Schon der hundertjährige Geburtstag des Dichters am 10. November 1859 wurde in Oggersheim besonders begangen.[223] Am Vorabend des Gedenktages setzte sich ein festlicher Zug aus Fahnenträgern, Mitgliedern des Singvereins, einer Musikkapelle und den städtischen Honoratioren zum dem festlich beleuchteten Haus in Bewegung, in dem Schiller 1782 gewohnt hatte. Die daran vorbeiführende Straße erhielt den Namen

Anmerkungen Seite 824 und 825

220 *eigene Berechnung und Breunig, Wirtschaftsgeschichte, S. 121*

221 *Breunig, Dieterle, Bd. 1, S. 33*

222 *Catt, Family, S. 394ff*

223 *Programm der 100-Jahr-Feier 1859, abgedr. in: Oggersheimer Anzeiger, 10.11.1934*

224 *Kreuter, Schillerdenkmal*

225 *Aufruf in ›General-Anzeiger Ludwigshafen‹, 3.4.1905; StALu, Zs. L 13, p. 31*

226 *Kreuter, Heuß*

227 *Poller, S. 210ff*

Vor der Mundenheimer Gastwirtschaft ›Zum Schwanen‹ um 1897 [74]

›Schillerstraße‹, womit in Oggersheim die erste moderne Straßenbenennung im heutigen Stadtkreis Ludwigshafen vollzogen worden war. Am folgenden Tag wurde nahe dem Rathaus eine ›Schillerlinde‹ gepflanzt. Gesänge der Schuljugend, die Königshymne, Ansprachen des Lehrers, ein Festbankett und ein Festball in Gasthaus des Herrn Wenz umrahmten die Veranstaltungen. 1905, zum 100. Todestag des Dichters, regte man die Errichtung eines Schillerdenkmals an, das 1907 fertiggestellt wurde.[224] Bei seiner Enthüllung sangen die vereinten Gesangvereine der Stadt zum Auftakt den Chor ›O Schutzgeist alles Schönen‹, und der zur Rede herbeigeholte Gymnasialprofessor Dr. Zimmerer führte aus, „daß Oggersheim eine einzigartige Bedeutung besitze im Leben des großen Dichters, dieses unsterblichen Genius." Er pries das Denkmal unter anderem als ein Zeichen „des Trostes und Erhebung für alle Mühseligen und Beladenen, ein[en] Fingerzeig für alle Gehetzten und Bedrückten, niemals zu verzagen; es rage das Denkmal empor als ein Zeichen des Ewigen, Gottähnlichen in der Menschheit." Beim abschließenden Festbankett ließ der Bezirksamtmann „die Stadt Oggersheim, deren Bevölkerung Freude am Idealen bekunde", hochleben. Das hohe, pseudoreligiöse Pathos konnte allerdings nicht darüber hinwegtäuschen, daß Oggersheim eben kein Gymnasium besaß und seinen Festredner aus der so viel erfolgreicheren Nachbarstadt hatte holen müssen. Und der Aufruf zur Spendensammlung für das Denkmal hatte nicht verhehlt, daß viel Geld dafür von außerhalb der Stadt kommen müsse, „zumal unser Städtchen mit Umlagen (300%) ziemlich reich gesegnet ist, während ihm ein zahlreicheres steuerkräftiges Publikum fehlt, was jeder konstatieren kann, der die hiesigen Verhältnisse kennt."[225] Künstler wie der in Oggersheim gebürtige Dr. Eduard Heuß (1808—1880),[226] den der bayerische König 1869 unter Berufung auf sein Oggersheimer Bürgerrecht adelte, und die Komponisten und Musiker der Maudacher Familie Strubel[227] konnten unter solchen Rahmenbedingungen nur außerhalb ihrer Heimatregion, die ihnen keine Beschäftigung bot, zu Berühmtheit gelangen.

Schulkinder in Rheingönheim um 1874 [75]

Schulkinder in Mundenheim um 1860 [76]

Schillerfeiern in Oggersheim, Aufnahme vor dem ›Schillerhaus‹; Mai 1905 [77]

›Kulturausgaben‹ – das waren in den Ortschaften der Ludwigshafener Umgebung, auch in Oggersheim, fast ausschließlich die Ausgaben für den Unterhalt der Volksschulen.[228] Der dauernde Zuzug junger Arbeiter mit ihren Familien bedeutete eine stetig wachsende Zahl von Kindern, die schulisch zu versorgen waren. In Mundenheim beispielsweise wuchs die Zahl der Schulkinder von durchschnittlich 655 in den Jahren 1884—1893 auf über 1 000 im Jahr 1898.[229] So vermehrte sich bei allen Gemeinden die Zahl der Lehrer, in fast allen Gemeinden wurden in der zweiten Hälfte des Jahrhunderts neue Schulhäuser errichtet.[230] Dies erforderte ständig größere Geldmittel und die Aufnahme von Anleihen zur Finanzierung der Bauten. In Oggersheim beispielsweise wuchsen die Aufwendungen für das Schulwesen von 17 858 Mark 1890 auf 27 998 Mark zehn Jahre später, wobei die Baukosten für die neuen Schulhäuser noch nicht berücksichtigt sind – im Jahr 1900 z. B. allein 75 000 Mark. Die von den Gemeinden angestellten und besoldeten Lehrer stellten in der zweiten Hälfte des 19. Jahrhunderts die größte und am schnellsten wachsende Gruppe der Kommunalbediensteten dar.[231] So gab es 1891 in Friesenheim elf Lehrer bei einer Gesamtzahl von 27 Bediensteten. In Mundenheim wuchs die Zahl der Lehrer zwischen 1870 und 1898 von fünf auf 16, in Oggersheim von sechs auf – um 1912 – 25. Am Beispiel Maudachs[232] kann man auch die Bemühungen der Lehrer verfolgen, ihren Status durch Gehaltssteigerungen und bessere Wohnungen so zu erhöhen, wie es dem stetig wachsenden Niveau ihrer Ausbildung entsprach. Den legitimen Wünschen der Pädagogen verschlossen sich die Gemeinden in der Regel nicht. Die von der liberalen Lehrerschaft oft kritisierte geistliche Schulaufsicht und die konfessionelle Trennung der Schulen blieben allerdings im Ludwigshafener Umland im Gegensatz zur Stadt erhalten – was nicht heißt, daß sie unangefochten waren: In Oppau[233] endete 1874 ein achtmonatiger ›Simultanschulstreik‹ der Eltern mit der Einführung einer gemischtkonfessionellen Eingangsstufe der Volksschule, eine Maßnahme, die eine Bürgerversammlung zehn Jahre später auch in Edigheim befürwortete. Um 1890 waren die Schulen jedoch wieder durchgehend getrennt.

Anmerkungen
Seite 826 und 827

228 *siehe die Gemeinderechnungen der Randgemeinden im StALu*

229 *Denkschrift zur Eingemeindung Mundenheims 1899; StALu, DS 154/3*

230 *siehe die schulgeschichtlichen Arbeiten, die für das 18. Jahrhundert angegeben wurden*

231 *Zahlen erhoben aus den Gemeinderechnungen der Randgemeinden im StALu*

232 *Catt, Family, S. 364ff*

233 *Braun, S. 783*

234 *Chronik; StALu, Rgh. 735*

235 *Braun, S. 779f*

236 *Braun, S. 780f; Chronik; StALu, Rgh. 735*

__Franz Eduard (von) Heuß__ (1808—1880), der in Oggersheim als Sohn des ehemaligen Oberschultheißereiverwalters und Maires der Stadt geboren wurde, wuchs in Mainz auf, wo der Vater den Rang eines Obergerichtsrats bekleidete. Schon im Gymnasium wurde sein künstlerisches Talent entdeckt. Dennoch studierte er zuerst Medizin in München und besuchte nur nebenbei die Kunstakademie. Seine für Freunde und Bekannte angefertigten Bildnisse fanden allerdings allgemein Beachtung. Der Durchbruch kam 1829, als der bayerische Premierminister Montgelas ein Portrait in Auftrag gab und ihn daraufhin an den Großherzog von Hessen, Heuß' Landesherrn, weiterempfahl. Mit dessen Hilfe gelangte er 1831 nach Rom zur Fortbildung. Dort wohnte er beim dänischen Bildhauer Thorwaldsen. Seit 1837 mit der Tochter eines reichen Kaufmanns und Gutsbesitzers in Mainz vermählt, wurde Heuß in den 1840er Jahren ein beliebter und gutbezahlter Maler der europäischen Aristokratie: In London malte er Herzöge und die Königin, in Paris Mitglieder der königlichen Familie, in Wien Metternich und manchen Erzherzog. Seit den 1850er Jahren lebte er überwiegend in Mainz und München und schuf neben Portraits für die Münchner Gesellschaft zahlreiche religiöse Gemälde. So lieferte er das Altarbild für Sacré-Cœur in Paris. 1869 wurde er vom bayerischen König geadelt, wobei sein Oggersheimer Bürgerrecht erneuert wurde. Er starb 1880 nach kurzer Krankheit.

[S. M.]

Der dänische Bildhauer Thorwaldsen Gemälde von Eduard (von) Heuß aus dem Jahre 1834 [78]

Angesichts der verbreiteten Armut konnte das schulische Leben kaum im gewünschten Maße aufblühen. Der Ortslehrer von Rheingönheim konstatierte bei seinen Schülern 1871 einen „beträchtlichen Mangel an geistiger Begabung",[234] und in Oppau[235] verstummen die Klagen über mangelnden Schulbesuch der Kinder erst um die Wende vom 19. zum 20. Jahrhundert. 1862 drohte die Gemeindeverwaltung mit dem Entzug der Armenunterstützung, wenn Eltern ihre Kinder direkt nach der Schule zu den Maurern schickten. Die Versäumnislisten „enthalten die auffallendsten Bemerkungen: ‚Neiheiser erlernt das Maurerhandwerk, besucht keine Schule' [1856]. Der Hirtenbub Peter Gans kommt gar nicht mehr in die Schule [1865]. Elisabeth Fänger arbeitet in der Zuckerfabrik in Frankenthal und darf nicht einen Tag fehlen, sonst wird sie entlassen, von den sechs Kindern der Familie ist nur eins arbeitslos. Z.E. geht nach Frankenthal in die ‚Lumpenfabrik' und erklärt dem mahnenden Lehrer: ‚Wenn Sie haben wollen, daß ich in die Schule kommen soll, schenken Sie mir etwas zum Essen.' [...] Viele Kinder sind während der Schulzeit ‚auf dem Bettel; sie gehen fordern'." Daß vielfältige Arbeit im Dienst des materiellen Überlebens der Familie vor der Schulpflicht rangierten, bestätigen auch die oben zitierten Lebenserinnerungen William Dieterles. In den um 1870 in Oppau, Edigheim und Rheingönheim eingerichteten Fortbildungs-Abend-Schulen für junge Arbeiter konnten die oft vom Tagewerk völlig erschöpften Schüler dem Unterricht kaum folgen.[236] Das Institut wurde deshalb in Oppau 1882 bereits wieder aufgegeben.

Selbstbildnis Paul Münch Aus dem Ludwigshafener Umland stammt __Paul Münch__ (1879—1951), der wohl bekannteste pfälzische Mundartdichter; er wurde in Ruchheim als Sohn des dortigen evangelischen Pfarrers Philipp Münch geboren, verließ mit seinen Eltern den Ort aber schon kurz darauf [79]

Die Gemeinden im Sog der Großstadt

Gelang es den Gemeinden auch das Schulwesen auszubauen, so standen sie in vielen anderen Bereichen den Folgen der ›Bevölkerungsexplosion‹ und des sozialen Wandels hilflos gegenüber bzw. versuchten, sich den daraus entstehenden finanziellen Verpflichtungen zu entziehen. Neue gesetzliche Aufgaben im polizeilichen – bei Gewerbepolizei, Fremdenpolizei, Lebensmittelkontrolle – und sozialen Bereich – Mitverwaltung bei der Sozialversicherung, beispielsweise die Unterhaltung von

›Traditioneller‹ Amtsträger:
der Friesenheimer Nachtwächter [80]

Ungepflasterte Straßen: Kirchhof- (jetzt Hilgund-)straße in Rheingönheim um 1900/1903 [81]

›Gemeindekrankenversicherungen‹ für alle nicht anderweitig versicherten Arbeiter – verlangten nach zusätzlichem Personal, das aber nur sehr zögerlich eingestellt wurde. So waren alle Gemeindeverwaltungen des Ludwigshafener Umlands um die Jahrhundertwende noch recht klein[237] – jeweils ohne Lehrer: Oggersheim (um 1912) 34; Mundenheim (1898) 29; Rheingönheim (1909) 23; Friesenheim (1891) 16; die Bürgermeister arbeiteten wie um 1818 noch ehrenamtlich.

Auch die von den Gemeinden angestellten und bezahlten Polizeikräfte wurden vor neue Herausforderungen gestellt. Angesichts der Lebensverhältnisse der armen, ungebildeten und oft entwurzelten Menschen, die in den Industriestädten zusammenströmten, konnte das kaum überraschen. Es sei bekannt, daß die „Geschäfte" der Polizei „bei der stets wachsenden Fabrik-Bevölkerung und bei der Roheit und dem excessiven Wesen der letzteren sich successive steigern", klagte der Oggersheimer Stadtrat schon 1872. Fünf Jahre später wurden die Stadtväter von der ›Pfälzer Zeitung‹ scharf attackiert, weil sie trotz der „heterogenen Elemente", aus denen sich die Einwohnerschaft zusammensetze, nur einen einzigen Polizisten beschäftigten – ein Zustand, der im übrigen noch lange Zeit anhielt.[238] In Mundenheim[239] gab es 1898 nur vier Polizisten, einen Hilfspolizisten und einen 63jährigen Nachtwächter, die, wie ein Gutachten zum Zustand der Mundenheimer Verwaltung bemerkt, alle „aus dem Arbeiterstand" kamen und damit nur bedingt zur gewünschten sozialen und politischen Kontrolle ihrer Mitgenossen geeignet waren. Diese Polizeitruppe sei völlig ungenügend angesichts der Zustände am neugebauten Luitpoldhafen, der abgelegenen Häusergruppen und Fabriken sowie der dunklen, unbesiedelten Landstraßen, die betreffend der Verkehrssicherheit „in keinem guten Rufe" ständen. Der Mundenheimer Wald – der heutige Stadtpark – sei eine „Zuflucht lichtscheuen Gesindels." Nach Mitternacht, wenn der Nachtwächter seine Runden beende, gebe es keinerlei Sicherheitsdienst im Ort.

Schonungslos deckte das Gutachten weitere Defizite auf: Da die Mundenheimer Polizisten auch die Fleischbeschau, die Fremdenpolizei

Anmerkungen
Seite 828 und 829

237 *Zahlen zusammengestellt aus den Gemeinderechnungen der Randgemeinden im StALu*

238 *Ratsprotokoll 21.12.1872, 5.5.1877; StALu, Og. 17*

239 *Denkschrift zur Eingemeindung Mundenheims 1899, S. 39f; StALu, DS 154/3*

240 *Gaswerk*

241 *Kirsch, Mundenheim, S. 20, 238*

242 *Catt, Family, S. 385*

Amtsstube im Oppauer Rathaus um 1900 [82]

›Traditioneller‹ Amtsträger: der letzte Postillon der Strecke Ludwigshafen—Frankenthal, Georg Bechtel aus Oppau [83]

und den bürgermeisterlichen Bestelldienst wahrnehmen mußten, seien sie hoffnungslos überlastet, Strafanzeigen für gravierende Vergehen ohnehin nur bei der staatlichen Gendarmerie möglich. Die Kanalisation sei mangelhaft und wenig entwickelt, die meisten Straßen nur ungepflasterte „Rinnen", der größte Kanal münde in einen abflußlosen Graben, was zu „großen Mißständen" führe. Ähnlich unentwickelt waren Verwaltung und Infrastruktur in allen Umlandgemeinden Ludwigshafens. Während die Stadt die ihr durch die Gemeindeordnung von 1869 übertragene Selbstverwaltung und ›Allzuständigkeit‹ in vielfältiger Weise nutzte und ein dichtes Netz von Versorgungs- und Infrastruktureinrichtungen schuf, konnten und wollten dies die Randgemeinden nicht leisten. Lediglich punktuell gab es – oft erfolglose – Ansätze zur ›Modernität‹: Die gemeindlichen Kindergärten in Rheingönheim und Oppau (1860 bzw. 1869), das Oggersheimer Spital (1869), die Oppauer Gemeindesparkasse (1885), das Friesenheimer Schlachthaus, die jeweils den modernen Ideen der Sozialfürsorge bzw. Hygiene entsprangen. In Oggersheim lieferte zwischen 1862 und 1878 die Firma König und Herf Gas für die Straßenbeleuchtung.[240] Das Experiment wurde aber wegen des schlechten Netzes als zu kostspielig abgebrochen. Noch während der Verhandlungen über die Eingemeindung nach Ludwigshafen errichtete die Gemeinde Mundenheim[241] 1898 ein Elektrizitätswerk, das zwar eines der ersten in der Pfalz war, aber so schlecht arbeitete, daß es schon nach drei Jahren stillgelegt werden mußte. Erst 1877 erhielt Oggersheim eine Pflichtfeuerwehr. Kanalisationen, gar moderner Art, gab es in allen Orten entweder keine oder nur in Ansätzen, z. B. in Oggersheim ab 1890. Eine neuzeitliche Wasserversorgung existierte nirgendwo. Hier hatte man sich weiterhin mit zum Teil jahrhundertealten Brunnen und gefaßten Quellen zu behelfen. Mitten ins Industriezeitalter ragten damit Verhältnisse archaischen Charakters, wie sich das auch in Maudach[242] zeigte, wo der Nachtwächter noch bis 1897 alle Stunden bis vier Uhr morgens mit seinem großen Horn verkündete, obgleich dies die Ruhe der Menschen störte und viele gar „erschreckte", wie im Gemeinderat vorgebracht wurde.

›Traditionelle‹ Abwasserregelung: Die ›alte Dohl‹ am Ruchheimer Schloß Aufnahme 1932 [84]

Die Zurückhaltung der Gemeinden bei der Armenfürsorge und Infrastruktur sowie dem Ausbau der Verwaltung lag im wesentlichen in ihren finanziellen Schwierigkeiten begründet. Denn die traditionellen Einnahmen der Kommunen aus der Verwaltung ihres Vermögens – Pachtzinsen, Grasversteigerung etc. – oder einzelnen kleinen Gebühren und Aufschlägen auf Bier und dergleichen reichten unter den neuen Bedingungen der Industrialisierung noch viel weniger als zuvor, um die Kosten der Verwaltungstätigkeit zu decken. Zwar erlaubte die Gemeindeordnung des Jahres 1869 den Gemeinden erstmals, ohne große Umschweife gemeindliche ›Umlagen‹, d. h. prozentuale Aufschläge zu den von den Einwohnern gezahlten Staatssteuern zu erheben. Die Gemeinderäte, die, wie gezeigt, über Jahrzehnte vor allem die bessergestellten Kreise der Ortschaften repräsentierten, waren aber nur wenig geneigt, die Hauptsteuerzahler zusätzlich zu belasten. So versuchten die kommunalen Gremien mit so modernen Methoden wie dem Kauf von und der Spekulation mit Eisenbahnaktien und Obligationen Geld zu beschaffen.[243] Doch auch dies war nicht genug, die Ausgaben der Gemeinden explodierten geradezu von 1890 ab – z. B. Oggersheim 1890: circa 50000 Mark, 1900: 221000 Mark; Oppau 1890: 28000 Mark, 1900: 291000 Mark – und so kletterten trotz aller sparsamen Zurückhaltung dennoch die Umlagensätze mehr und mehr. In Mundenheim stiegen sie von 26% (1883) auf 107% (1897), in Oggersheim erreichten sie um 1905 gar 300%![244]

Unter diesen Voraussetzungen ließ sich die Frage des Verhältnisses der Randgemeinden zu der schnell wachsenden Industriestadt in ihrer Mitte nicht mehr länger umgehen. Ursprünglich waren die bäuerlichen Gemeinwesen dem neuen Ludwigshafen gegenüber nicht eben sehr gewogen gewesen. Als sich 1850 abzeichnete, daß die Friesenheimer, die in der künftigen Gemarkung Ludwigshafen Besitz hatten, dort Umlagen würden zahlen müssen, stellte der Gemeinderat am 18. September 1850 bitter fest, „daß die hiesige Gemeinde niemals eine Anregung gab, aus der vormaligen Rheinschanze eine Stadt zu gründen." „Es protestieren und verwahren sich die Gemeinden Mundenheim und Friesenheim gegen jede Verbindlichkeit und zu bestreitende Ausgaben gegen diese neue Stadt, seien diese auch von so geringem Belange",[245] hatte das Bezirksamt im Mai 1850 zu hören bekommen. Die Konstituierung der Gemeinde Ludwigshafen 1853 bedeutete für Friesenheim und Mundenheim den Verlust von 230 bzw. 520 Hektar Gemarkungsfläche mit jeweils 793 bzw. 710 Einwohnern. Friesenheim verlor 1860/63 dann noch weitere 220 Hektar durch den Übergang der Friesenheimer Insel in die Souveränität des Großherzogtums Baden und hatte damit innerhalb von zehn Jahren 450 seiner ursprünglich 1 222 Hektar umfassenden Fläche eingebüßt.[246] Sowohl gegen die Gründung einer ›Sodafabrik Ludwigshafen‹ 1858/60 als auch gegen die der BASF fünf Jahre später legten die Friesenheimer Protest ein – im ersten Falle mit Erfolg.[247] Sie fürchteten – nicht ohne Grund – eine Verseuchung ihrer Felder mit Chemikalien. Ähnliche Überlegungen veranlaßten 1896 den Maudacher Gemeinderat, die Konzession zur Gründung eines chemischen Betriebs im Dorf zu verweigern.[248]

Als 1884 die Ludwigshafener Stadtverwaltung erstmals eine Grenzverschiebung zuungunsten Friesenheims[249] anregte, war die Reaktion der Gemeindeleitung zwar ablehnend. Die Arbeiter-Bevölkerung des

Anmerkungen
Seite 830

243 *z.B. Maudach, n. Catt, Family, S. 381f*
244 *Denkschrift zur Eingemeindung Mundenheims 1899, Anlage; StALu, DS 154/3; ›General-Anzeiger Ludwigshafen‹, 3.4.1905, in: StALu, ZS Lu 13, p. 31*
245 *zit.n. Ruf, Friesenheim, Bd. 2, S. 229*
246 *ebd., S. 210, 230*
247 *ebd., S. 231f*
248 *Catt, Family, S. 376*
249 *zur Eingemeindung Friesenheims vgl. Ruf, Friesenheim, Bd. 2, S. 253ff*

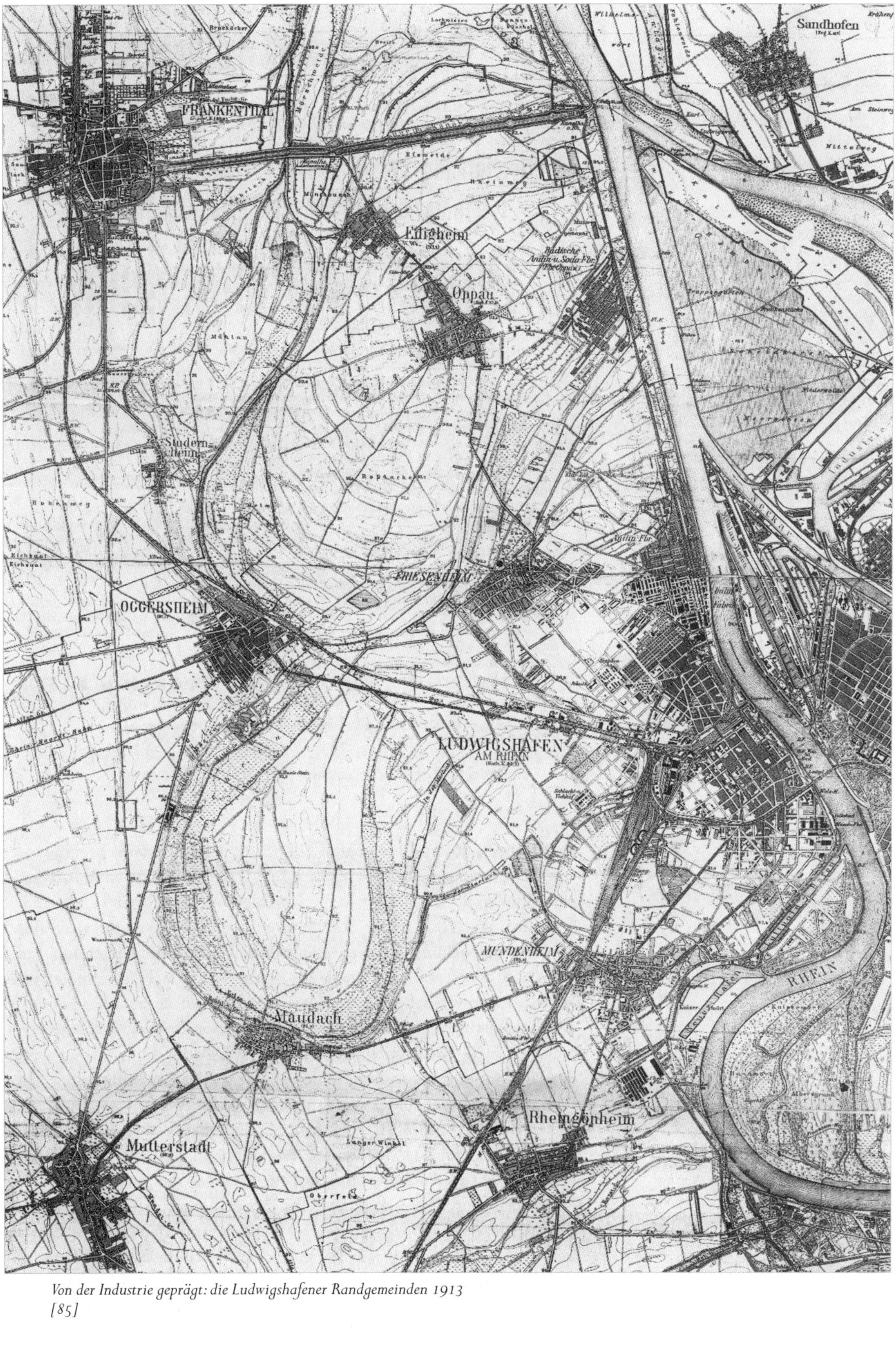

Von der Industrie geprägt: die Ludwigshafener Randgemeinden 1913
[85]

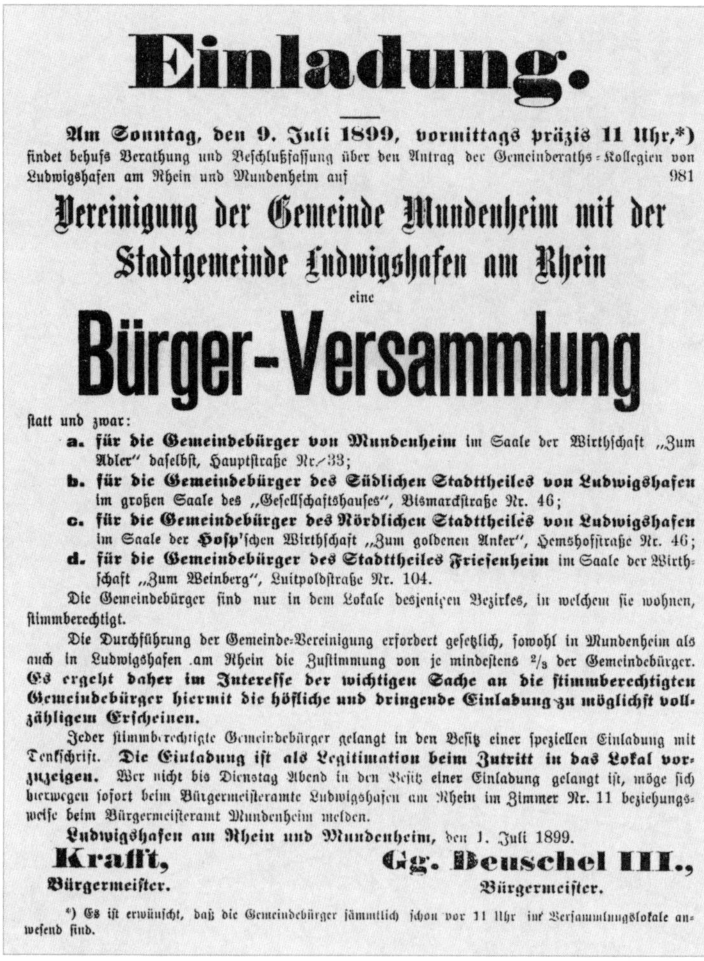

Einladung.

Am Sonntag, den 9. Juli 1899, vormittags präzis 11 Uhr,*) findet behufs Berathung und Beschlußfassung über den Antrag der Gemeinderaths-Kollegien von Ludwigshafen am Rhein und Mundenheim auf 981

Vereinigung der Gemeinde Mundenheim mit der Stadtgemeinde Ludwigshafen am Rhein

eine

Bürger-Versammlung

statt und zwar:

a. **für die Gemeindebürger von Mundenheim** im Saale der Wirthschaft „Zum Adler" daselbst, Hauptstraße Nr. 33;

b. **für die Gemeindebürger des Südlichen Stadttheiles von Ludwigshafen** im großen Saale des „Gesellschaftshauses", Bismarckstraße Nr. 46;

c. **für die Gemeindebürger des Nördlichen Stadttheiles von Ludwigshafen** im Saale der **Hosp**'schen Wirthschaft „Zum goldenen Anker", Hemshofstraße Nr. 46;

d. **für die Gemeindebürger des Stadttheiles Friesenheim** im Saale der Wirthschaft „Zum Weinberg", Luitpoldstraße Nr. 104.

Die Gemeindebürger sind nur in dem Lokale desjenigen Bezirkes, in welchem sie wohnen, stimmberechtigt.

Die Durchführung der Gemeinde-Vereinigung erfordert gesetzlich, sowohl in Mundenheim als auch in Ludwigshafen am Rhein die Zustimmung von je mindestens ²/₃ der Gemeindebürger. **Es ergeht daher im Interesse der wichtigen Sache an die stimmberechtigten Gemeindebürger hiermit die höfliche und dringende Einladung zu möglichst vollzähligem Erscheinen.**

Jeder stimmberechtigte Gemeindebürger gelangt in den Besitz einer speziellen Einladung mit Denkschrift. **Die Einladung ist als Legitimation beim Zutritt in das Lokal vorzuzeigen.** Wer nicht bis Dienstag Abend in den Besitz einer Einladung gelangt ist, möge sich hierwegen sofort beim Bürgermeisteramte Ludwigshafen am Rhein im Zimmer Nr. 11 beziehungsweise beim Bürgermeisteramt Mundenheim melden.

Ludwigshafen am Rhein und Mundenheim, den 1. Juli 1899.

Krafft, Bürgermeister.

Gg. Deuschel III., Bürgermeister.

*) Es ist erwünscht, daß die Gemeindebürger sämmtlich schon vor 11 Uhr im Versammlungslokale anwesend sind.

Einladung zur Gemeindeversammlung [86]

auf die BASF und Ludwigshafen hin orientierten, ›neuen‹ Wohngebiets auf dem Schanzbuckel trat jedoch per Unterschrift ebenso für einen Anschluß an die Stadt ein wie die Chemiefirmen BASF und Hofmann & Schoetensack. Hier zeigte sich deutlich die Verflechtung der am Rand der Stadtgemarkung angesiedelten Menschen und Industrien nicht mit dem alten Dorf, sondern der neuen Stadt. Schon vier Jahre später wiederholte Ludwigshafen seinen Erweiterungswunsch an Friesenheim – und Mundenheim. Während das letztere Dorf scharf ablehnend reagierte, war die Friesenheimer Reaktion zwiespältig. Eine Verkleinerung der Gemarkung wurde ausgeschlossen, da sie das Dorf mit dem Verlust der dort liegenden Industriefirmen der größten Steuerzahler beraubt hätte. Von den 28 746 Mark Einnahmen des Jahres 1888 wären dann bei gleichbleibenden Ausgaben nur 8 838 Mark übrig geblieben. Da den Friesenheimer Gemeindevätern bewußt war, daß die fortschreitende Industrialisierung ihres Gemeinwesens immer neue Kosten mit sich bringen würde – die Umlagesätze stiegen ständig und man mußte befürchten, daß sie 1891 bis zu 170% erreichen würden statt der 87% von 1886 – schlugen sie schließlich eine völlige Eingemeindung vor. Die Stadt war davon durchaus nicht angetan, wollte sie doch nur mehr Land

Mundenheimer Anzeiger

Lokalblatt
für Mundenheim und Umgebung.

№ 105. | Abonnementspreis durch die Post bezogen ohne Zustellgebühr 75 Pfg. vierteljährlich; durch die Träger frei in's Haus 25 Pfg. monatlich. | Erscheint Dienstags, Donnerstags u. Samstags. Samstag, den 2. Dezember 1899. | Anzeigen werden die viergespaltene Petitzeile oder deren Raum mit 5 Pfg., Reklamen mit 10 Pfg. berechnet. | 3. Jahrgang.

Lokales.

— Mundenheim, 1. Dez. Aus Anlaß der Vereinigung der Gemeinde Mundenheim mit der Stadt Ludwigshafen erstrahlte gestern Abend der neue Stadttheil im vollsten Glanze des elektrischen Lichtes. Abends gegen 6 Uhr markierte die Schuljugend den Festzug, der veranstaltet hätte sein sollen und sangen, da die Musik fehlte, den Jambo-Marsch: „Wir halten fest und treu zusammen". Heute wurden an sämmtliche Kinder Festbretzeln vertheilt. Damit dürfte die offizielle Feier beendigt sein.

Bericht zur Eingemeindung [87]

zur Expansion, nicht aber die Kosten für die Modernisierung Friesenheims tragen. Die Regierung zwang jedoch Ludwigshafen, dem Vorschlag zuzustimmen – und so errang Friesenheim mit der Aufgabe seiner Selbständigkeit einen Sieg! Der Eingemeindungsvertrag, beschönigend ›Gemeindevereinigungsvertrag‹ genannt, sicherte die Konfessionsschulen und die dörflichen Feste, eine Polizeistation, die Pflasterung der Hauptstraßen, ein eigenes Standesamt, die Position der gemeindlichen Bediensteten und eine Entschädigung der Gemeindebürger zum Ersatz für das der Stadt überlassene Gemeindevermögen. Diese sollte jedoch nur an die Allmendberechtigten, d. h. nur an die alteingesessenen (Bauern-)Familien ausgeteilt werden – ein Punkt, den die SPD heftig bekämpfte. Am 7. Mai 1891 fanden in Ludwigshafen und Friesenheim sogenannte Gemeindeversammlungen aller stimmberechtigten Bürger statt, bei denen nach den gesetzlichen Bestimmungen mindestens zwei Drittel der vorgeschlagenen Eingemeindung zustimmen mußten. Bei der Friesenheimer Zusammenkunft, die im Gasthaus ›Weinberg‹ abgehalten wurde, entfachten die anwesenden Sozialdemokraten eine heftige Debatte über die vorgesehene Entschädigung für das Gemeindevermögen. Dennoch stimmten von den anwesenden 333 Bürgern 304 für die

Geste des Trotzes: das Mundenheimer Elektrizitätswerk [88]

›Alte‹ Landschaft am ›neuen‹ Stadtrand
Das ›Fischerhäusel‹ am Rehbach; um 1910 [89]

›Gemeindevereinigung‹. Alle 29 Gegenstimmen kamen von den Sozialdemokraten. Gemäß diesem Votum hörte Friesenheim am 1. Januar 1892 als selbständige Gemeinde zu bestehen auf.

Mundenheim[250] hatte sich 1888 einer Eingemeindungsdebatte radikal verweigert. Diesen Standpunkt konnte die Gemeinde jedoch auf Dauer nicht aufrechterhalten, da die Verflechtung mit Ludwigshafen in den Jahren nach 1890 immer enger, ja erdrückend wurde. Die aus allen Nähten platzende Stadt fand nur in der Mundenheimer Gemarkung Platz für zwei um der weiteren industriellen Entwicklung willen außerordentlich wichtige Verkehrsprojekte: 1894—1897 erfolgte der Ausbau des um 1890 projektierten Luitpold-Hafens, dem 1898/99 der des Kaiserwörth-Hafens, des Ölhafens der Stadt, folgte. Und in der Mitte des Jahrzehnts entstand der ausgedehnte städtische Rangierbahnhof überwiegend auf Mundenheimer Gebiet. Zudem waren, wie oben berichtet, die in Mundenheim angesiedelten Privatunternehmen ganz auf Ludwigshafen hin ausgerichtet. Wiederum suchte die Stadt um eine Gebietserweiterung nach, die Mundenheim seiner wichtigsten industriellen Steuerzahler beraubt hätte. Der Widerstand war verständlich.

Die Spannungen zwischen Ludwigshafen und Mundenheim beleuchtet ein bizarrer Schulstreit um 1896: Die auf Mundenheimer Gemarkung im Bereich des Rangierbahnhofs entstandene Siedlung war so

Anmerkungen
Seite 834

250 zur Eingemeindung Mundenheims vgl. Kirsch, Mundenheim, S. 19ff, 256ff

Teil der modernen Industriestadt: Straßenbahn in Mundenheim vor der Sebastianskirche, rechts unten die ›Pestsäule‹ [90]

groß geworden, daß inzwischen 50 Schulkinder die benachbarten Ludwigshafener Schulen aufsuchten. Daraufhin verlangte die Ludwigshafener Schulbehörde von der Gemeinde Mundenheim 50 Mark Schulgeld für jedes Kind. Die Stadtväter sahen darin ein probates Druckmittel, um die Eingemeindung des Nachbarortes zu forcieren. Die Kompromißvorschläge Mundenheims wurden abgelehnt – und so ließ Mundenheim schließlich zur Versorgung seiner Schulkinder nahe der Gemarkungsgrenze beim Luitpoldhafen in großer Eile ein neues Schulhaus erstellen, das offiziell ›Hafenschule‹ hieß, allgemein aber ›Trutzschule‹ genannt wurde. Mit vielen organisatorischen und baulichen Mängeln behaftet, wurde es bereits 1903 als Unterrichtsgebäude aufgegeben und diente fortan als Verwaltungssitz der Stadtgärtnerei.

Der wachsende Druck der Stadt nach Erweiterung ließ schließlich eine dauerhafte Fortentwicklung Mundenheims als selbständige Gemeinde unwahrscheinlich erscheinen, und so schlug der Gemeinderat Mundenheims seinerseits Mitte 1897 eine Eingemeindung vor. Im November 1897 wurde eine paritätisch mit je sechs Mitgliedern besetzte Kommission zur Festsetzung der Eingemeindungsbedingungen ins Leben gerufen. Die Verhandlungen gestalteten sich zäh und schwierig, und sie waren begleitet von einer weiteren Mundenheimer Geste des Trotzes – der oben erwähnten Errichtung eines Elektrizitätswerks.

Solche ›spektakulären Aktionen‹ konnten nicht darüber hinwegtäuschen, daß die Erschöpfung der Leistungsfähigkeit der Gemeinde Mundenheim absehbar war. Rasch wären alle Rücklagen verbraucht gewesen und exorbitante Gemeindesteuern hätten erhoben werden müssen, wenn man die von der kommunalen Aufsichtsbehörde erhobenen Forderungen zum Ausbau einer modernen Infrastruktur – z. B. Straßenbau, Feuerlöschgeräte – aus eigener Kraft hätte verwirklichen wollen. So wurde denn im Mai 1899 eine Einigung über die Eingemeindungsbedingungen erreicht, der noch im selben Monat die Gemeinderäte Mundenheims und Ludwigshafens zustimmten.

Um aber rechtskräftig werden zu können, mußten auch die Bürger Mundenheims und der drei Ludwigshafener Stadtteile Mitte, Hemshof und Friesenheim mehrheitlich ihre Zustimmung zum Verhandlungsergebnis geben. Die dafür anberaumten ›Bürgerversammlungen‹ wurden am Sonntag, dem 9. Juli 1899, abgehalten. In Mitte und dem Hemshof verliefen die Veranstaltungen reibungslos, in Friesenheim gab es sechs Gegenstimmen, da der 1892 eingemeindete Ort den Verlust der seinerzeit ausgehandelten Sonderrechte befürchtete. Diese drei städtischen Versammlungen waren schlecht besucht, und da die bayerische Gemeindeordnung von 1869 bei Eingemeindungen eine Zweidrittel-Mehrheit der Stimmberechtigten vorschrieb, war ein nachträgliches Auflegen von Listen erforderlich. In Mundenheim selbst, im Gasthaus ›Zum Adler‹, herrschte dagegen rege Beteiligung. Bürgermeister Deuschel skizzierte die prekäre (Finanz-)Lage der Gemeinde und beschwor die Anwesenden, jetzt der Eingemeindung zuzustimmen, da sie nur noch in diesem Jahr zu den ausgehandelten günstigen Bedingungen zu haben sei. Mittels der Abstimmungsmethode des ›Hammelsprungs‹ entschieden sich daraufhin alle Anwesenden für den Anschluß an Ludwigshafen: Als alle Befürworter den Saal verlassen hatten, war dieser „sofort leer." Allerdings war der 9. Juli „sehr heiß und in der Gaststätte keine Getränke vorrätig" – das mag den Entscheidungsprozeß beschleunigt haben.

Wesentliche Punkte der Eingemeindungsbedingungen waren die Beibehaltung eines Gemeindebüros im Ort, eines Standesamtes und einer Polizeistation sowie die Zusagen betreffend die Wasserversorgung, den Kanal- und den Straßenbau. Das Mundenheimer Wappen wurde wie zuvor das Friesenheims in das Stadtwappen integriert (bis zur Neuschaffung des Wappens 1938). Besonderen Wert legten auch die Mundenheimer auf die Garantie der Konfessionsschule und ihrer altüberkommenen ›Kerwe‹. Durch zähes Verhandeln hatten sie mehr Zugeständnisse als Friesenheim erlangt: Die Gemeindebediensteten und Lehrer wurden ohne Wartezeit in die Ludwigshafener Pensionskasse übernommen, für die neu einzuführende Verbrauchssteuer und die Umlagen galten besonders günstige Bestimmungen. Bemerkenswert sind auch die Zuwendungen an den katholischen Pfarrer, die katholischen Schwestern, den Kirchenglöckner und sogar die Witwe des Gemeindeschreibers, zu denen sich die Stadt verpflichtete.

Am 29. Oktober wurde die Eingemeindung vom bayerischen Innenministerium gebilligt, zum 1. Dezember 1899 wurde sie rechtskräftig. Die selbständige Gemeinde Mundenheim hatte zu bestehen aufgehört. Der ›Mundenheimer Anzeiger‹ meldete nur bescheidenste Feierlichkeiten aus diesem Anlaß – was möglicherweise doch auf einen deutlich fühlbaren Mangel an Enthusiasmus schließen läßt.

Damit hatte Ludwigshafen kaum 50 Jahre nach seiner Gründung seine beiden Muttergemeinden inkorporiert. Und der Sog der Stadt zog immer weitere Kreise. Oggersheim, die Kleinstadt in der Nachbarschaft der Chemiemetropole, deren Industrialisierung steckengeblieben war, bat kurz nach der Jahrhundertwende um Eingemeindung. Als „Nachtherberge Ludwigshafens" von schweren sozialen Lasten geplagt, zu ungeheuer großen Umlagen gezwungen, mit einem gewaltigen Berg von Gemeindeschulden ›gesegnet‹, wollte sich die Stadt in die Arme der werdenden Großstadt retten. Die war jedoch keineswegs bereit, diesen Schritt zu vollziehen und bot lediglich den Anschluß an die städtische Infrastruktur an. Eine mögliche Eingemeindung wurde für die weitere Zukunft in Aussicht gestellt.

Mit dem angeregten und dann auch vollzogenen Anschluß an die „zeitgemäßen zivilisatorischen" Errungenschaften der Stadt – Wasser-, Gas-, Elektrizitätsversorgung, Kanalisation, Straßenbahn – war der Weg einer immer fortschreitenden und enger werdenden Vernetzung der Randgemeinden Ludwigshafens mit dem jungen Gemeinwesen in ihrer Mitte vorgezeichnet. Auf diese Weise schritt die Modernisierung dieser Kommunen nach der Wende vom 19. zum 20. Jahrhundert voran, ein Prozeß, der, besonders in Oppau, durch die industrielle Expansion im Randgebiet der Stadt bedeutend beschleunigt wurde. Nahezu ›zwingend‹ zu nennender Schlußpunkt dieser Entwicklung waren die 1938 bzw. 1974 erfolgten Eingemeindungen.

Allmann, Ludwig: Die Wahlbewegung zum I. Deutschen Zollparlament in der Rheinpfalz, Borna-Leipzig 1913

Auf geht die Saat: siehe SPD-Ortsverein Ludwigshafen-Friesenheim

Bahn, Peter: Deutschkatholiken und Freireligiöse. Geschichte und Kultur einer religiös-weltanschaulichen Dissidentengruppe, dargestellt am Beispiel der Pfalz; Studien zur Volkskultur Rheinland-Pfalz 10, Mainz 1991

Barth, Friedrich: Ruchheim gestern und heute; Veröffentlichungen des Stadtarchivs Ludwigshafen 4, 2. Auflage Ludwigshafen 1986

Baumgärtner, Roswitha: Die physiognomischen und bevölkerungsgeographischen Wandlungen Oppaus im zwanzigsten Jahrhundert, Abschlußarbeit Erziehungswiss. Hochschule Worms 1973 (Typoskript in Bibl. StALu)

Bavaria: Landes- und Volkskunde der bayerischen Rheinpfalz, Bd. 4 der 2. Abteilung der gesamtbayerischen Landesbeschreibung ›Bavaria‹, München 1867

Bräunche, Ernst Otto: Parteien und Reichstagswahlen in der Rheinpfalz von der Reichsgründung 1871 bis zum Ausbruch des Ersten Weltkriegs 1914; Veröffentlichungen der Pfälzischen Gesellschaft zur Förderung der Wissenschaften 68, Speyer 1982

Braun, Karl Otto: Geschichte der beiden Rheindörfer Oppau und Edigheim, Ludwigshafen 1953

Breunig, Willi:

Vom Handelsplatz zur Industriestadt. Wirtschaftsentwicklung in Ludwigshafen am Rhein 1820—1920; Veröffentlichungen des Stadtarchivs Ludwigshafen 12, Ludwigshafen 1986 [zit. Breunig, Wirtschaftsgeschichte]

Soziale Verhältnisse der Arbeiterschaft und sozialistische Arbeiterbewegung in Ludwigshafen am Rhein 1869—1919; Veröffentlichungen des Stadtarchivs Ludwigshafen am Rhein 5, 2. Auflage Ludwigshafen 1990 [zit. Breunig, Soziale Verhältnisse]

Der Sprung auf die Bühne. Die Jugend– und Theatererinnerungen des Schauspielers und Regisseurs William Dieterle; Veröffentlichungen des Stadtarchivs Ludwigshafen 24, Ludwigshafen 1998 [zit. Breunig, Dieterle, Bd. 1]

Catt, Cathleen:

Family, Land and Occupation. The Example of Maudach in the Lower Palatinate 1840—1900; Dissertation Norwich, GB, Geb. Typoskript im StALu, 1987 [zit. Catt, Family]

Farmers and Factory-workers. Rural Society in Imperial Germany. The Example of Maudach, in: Evans, Richard J./Lee, W. R. (Hg.): The German Peasantry, New York 1986, S. 129—157 [zit. Catt, Farmers]

Choleragefahren vor 100 Jahren, in: AVT 4/1932 [zit. Choleragefahren]

Fenske, Hans (Hg.): Die Pfalz und die Revolution 1848/49; Beiträge zur pfälzischen Geschichte, Bd. 16, Kaiserslautern 2000

Festbuch zur Feier des 25jährigen Bestehens vom Radfahrer-Verein 1898 Mundenheim, 1924 [zit. Festbuch Radfahrerverein]

Festschrift zur Erinnerung an die Einweihung der neuen evangelischen Kirche zu Oggersheim, 1898

Feßnmayr, Rolf: 175 Jahre Firmengeschichte (Guilini und Benckiser), Sonderdruck der Guilini-Werkszeitschrift, 1998

Franz, Georg: Die Rheinmühle ›Blondina‹ vor Mundenheim, in: Hbll. Lu, 6/1930

Gaswerk: Vor 20 Jahren Eröffnung des Gaswerks in Oggersheim; vor 51 Jahren Stillegung des Gaswerks, in: AVT 4/1929 [zit. Gaswerk]

Geis, Manfred/Nestler, Gerhard (Hg.): Die pfälzische Sozialdemokratie. Beiträge zu ihrer Geschichte von den Anfängen bis 1948/49, Edenkoben 1999

Heinz, Joachim: ›Bleibe im Lande und nähre dich redlich!‹
Zur Geschichte der pfälzischen Auswanderung vom Ende des 17. bis zum Ausgang des 19. Jahrhunderts; Beiträge zur pfälzischen Geschichte 1, hg. vom Institut für pfälzische Geschichte und Volkskunde, Kaiserslautern 1989

Jan, Helmut von: Beiträge zur Geschichte des Aufstands 1849 in Ludwigshafen, in: Pfälzische Familien- und Wappenkunde, VIII. Jg., 1959, Band 3, Heft 7/8, S. 217—223

Kermann, Joachim:
Die gesundheitliche, soziale und wirtschaftliche Lage der pfälzischen Landbevölkerung in der Mitte des 19. Jahrhunderts nach Berichten der Kantonsärzte und des Kreismedizinalrates, in: MHVP 74/1976, S. 101—129 [zit. Kermann, Lage]
Die wirtschaftlichen Verhältnisse in der Pfalz zur Zeit der Revolution von 1849, in: Fenske (Hg.), Die Pfalz und die Revolution 1848/49, Kaiserslautern 2000, Bd. II, S. 289—374 [zit. Kermann, Revolution]

Kirsch, Friedrich:
Die Josefspflege in Ludwigshafen-Mundenheim, mit Faksimile-Abdruck der Biographie des Stifters J. A. Krebs von J. Knauber, Ludwigshafen 1991 [zit. Kirsch, Josefspflege]
Mundenheim. Bilder zu seiner Geschichte; Veröffentlichungen des Stadtarchivs Ludwigshafen 26, Ludwigshafen 1999 [zit. Kirsch, Mundenheim]

Kluß, Rudolf: Bahnwanderungen der Arbeiter zwischen Wohn- und Arbeitsort; Beiträge zur Statistik Bayerns, Heft 93, München 1920

Knauber: siehe Kirsch, Josefspflege

Königstein, Ulrich: Kulturkampf im Bistum Speyer; Saarbrücker Theologische Forschungen 7, Frankfurt/M. 2000

Kreuter, Karl:
Ergänzungen zur Geschichte der Stadt Oggersheim, Oggersheim 1923 [zit. Kreuter, Ergänzungen]
Was vom Krieg 1870/71 in den Oggersheimer Stadtratsprotokollen steht, in: AVT 5/1930
Hofrat Dr. Eduard von Heuß, ein Maler aus Oggersheim, in: AVT 3/1932 [zit. Kreuter, Heuß]
Einweihung des Schillerdenkmals vor 25 Jahren, in: AVT 5/1932 [zit. Kreuter, Schillerdenkmal]
50 Jahre kath. Schwesternhaus/50 Jahre ev. Krankenpflegeverein, in: AVT, 1/1933 [zit. Kreuter, Krankenpflege]
Weitere Ergänzungen der Oggersheimer Ortsgeschichte, Ludwigshafen 1948 [zit. Kreuter, Weitere Ergänzungen]
Kurze Heimatkunde von Oggersheim, 2.Auflage, Oggersheim 1950 [zit. Kreuter, Heimatkunde]
Aus der Chronik von Oggersheim; Veröffentlichungen des Stadtarchivs Ludwigshafen 10, 4. Auflage, Ludwigshafen 1983
Maudach im Wandel der Zeiten; Veröffentlichungen des Stadtarchivs Ludwigshafen 6, 3. Auflage, Ludwigshafen 1986 [zit. Kreuter, Maudach]

Kube, Helga: Die Industrieansiedlungen in Ludwigshafen am Rhein bis 1892 (Chemie und Metallverarbeitung), (Dissertation Univ. Mannheim 1962)

Kukatzki, Bernhard: Juden in Ruchheim. Spuren ihrer Geschichte 1706—1940, Ludwigshafen 2001

Poller, Oskar (Hg.): Zur Geschichte der Stadt Ludwigshafen am Rhein. Familien und Persönlichkeiten nebst früheren Einwohnerlisten; 12. Beiheft zur ›Pfälzisch-Rheinischen Familienkunde‹, Ludwigshafen 1979

Raimar, Josef: Von der Feinölfabrik zu den Palminwerken – Zur Familiengeschichte des Gründers Dr. Heinrich Schlinck, in Poller, O. (Hg.), Zur Geschichte der Stadt Ludwigshafen am Rhein. Bekannte Familien und Persönlichkeiten, Heft II, Ludwigshafen 1972, S. 52—57

Rothenberger, Karl-Heinz: Auto und Motorrad. Der Kraftfahrzeugverkehr in der Pfalz von den Anfängen bis zum Ersten Weltkrieg, in: MHVP 97/1999, S. 505—554

Ruf, Peter:

1848/49. Revolution in Ludwigshafen, Katalog der Ausstellung im Stadtmuseum Ludwigshafen 1991 [zit. Ruf, Revolution]

Geschichte von Friesenheim, Bd. 2, Ludwigshafen 1996 [zit. Ruf, Friesenheim, Bd. 2]

Ruppert, Carsten: Die politischen Vereine der Pfalz in der Revolution von 1848/49, in: Fenske (Hg.), Die Pfalz und die Revolution 1848/49, Kaiserslautern 2000, Bd. I, S. 57—242

Schlinck, in: Poller, O. (Hg.), Zur Geschichte der Stadt Ludwigshafen am Rhein. Bekannte Familien und Persönlichkeiten, Heft II, Ludwigshafen 1972, S. 52—57

Schmid, Wolfgang: Industriekarte 1874. Fabriken und große Gewerbebetriebe mit sozialen Einrichtungen, in: Alter (Hg.), Pfalzatlas, Textband IV, Speyer 1994, S. 1771—1799

Schöningh, Rolf: Die Zuckerfabrik auf der Friedensau, in: Histor. Verein Limburgerhof (Hg.), „Das gedenkt mir noch". Beiträge zur Geschichte von Limburgerhof 1930—1980, Otterbach 1980, S. 75—84

Schork, Horst/Janson, Günter: Die Geschichte der Oppauer Sozialdemokratie, Ludwigshafen 1954

Schraut, Sylvia: Kirche und Arbeiterschaft (im Ludwigshafener Raum im Kaiserreich); Typoskript der Hauptseminararbeit am Hist. Seminar Univ. Mannheim SS 1976, im StALu, 1976

100 Jahre SPD Edigheim; Sonderausgabe der sozialdemokratischen Stadtteilzeitung ›Edigheimer Pumpe‹, Mai 1998 [zit. 100 Jahre SPD Edigheim]

SPD-Ortsverein Ludwigshafen-Friesenheim (Hg.): Auf geht die Saat. 110 Jahre Sozialdemokraten in Ludwigshafen-Friesenheim, Ludwigshafen 1988 [zit. Auf geht die Saat]

SPD-Ortsverein Ludwigshafen-Maudach (Hg.): 100 Jahre SPD Maudach, Ludwigshafen 1987

SPD-Ortsverein Ludwigshafen-Oggersheim (Hg.): 110 Jahre SPD Oggersheim, Ludwigshafen 1981 [zit. 110 Jahre SPD Oggersheim]

SPD-Ortsverein Ludwigshafen-Rheingönheim (Hg.): 110 Jahre SPD-Ortsverein Ludwigshafen-Rheingönheim 1878—1988, Ludwigshafen 1988 [zit. 110 Jahre SPD Rheingönheim]

Stamer, Ludwig: Kirchengeschichte der Pfalz, IV. Teil, Speyer 1964

Wahlkämpfe vor vier Dezennien, in: AVT 4/1928 [zit: Wahlkämpfe]

Weidner, Rolf: Wahlen und soziale Verhältnisse in Ludwigshafen am Rhein 1871—1914; Veröffentlichungen des Stadtarchivs Ludwigshafen 11, Ludwigshafen 1984

Weißt du noch ... : SPD Stadt- und Unterbezirk Ludwigshafen (Hg.): Weißt du noch ... Ein Buch der Erinnerung, Ludwigshafen 1948 [zit. Weißt du noch]

Welti, Manfred E., Abendmahl, Zollpolitik und Sozialistengesetz in der Pfalz. Eine statistisch–quantifizierende Untersuchung zur Verbreitung von liberal–aufklärerischem Gedankengut im 19. Jahrhundert, in: Geschichte und Gesellschaft 3/1977, S. 384—405

Wetzler, Heinrich: Rheingönheim (Typoskript o.J., vor 1914), in der Bibliothek des StALu

Ziegler, Hannes:
Die Jahre der Reaktion in der Pfalz (1849—1853); Veröffentlichungen der Pfälzischen Gesellschaft zur Förderung der Wissenschaften 75, Speyer 1985 [zit. Ziegler, Reaktion]
Das pfälzisch-bayerische Verhältnis zwischen Revolution und Reichsgründung, in: Fenske, Hans (Hg.), Die Pfalz und Bayern 1816—1956; Veröffentlichung der Pfälzischen Gesellschaft zur Förderung der Wissenschaften 94, Speyer 1998 [zit. Ziegler, Verhältnis]

Zwei Beschlüsse, ansteckende Krankheiten betreffend, in: AVT 5/1930 [zit. Zwei Beschlüsse]

Bildnachweis

Titelbild Kapitel 8: Der erste Großbetrieb im Raum des heutigen Ludwigshafen; die Samtfabrik in Oggersheim, Aufnahme um 1920

[2] Lithographie von Ernst Schalck, Stadtmuseum Ludwigshafen

[5] Ausschnitt aus einem Holzschnitt der Illustrierten Chronik 1848, Stadtmuseum Ludwigshafen

[7] StALu, Schriftbeispiele

[11] entnommen aus: Raimar, in: Poller 1972

[15, 18, 20] Bildsammlung Lutz, StALu, N 2, 224b

[29] StALu, Druckschriftensammlung

[32—35] ebd.

[42] entnommen aus: Schäfer, Walter: Rheingönheim damals und heute, Ludwigshafen 1987, S. 63

[56] Bildsammlung Lutz, StALu, N 2, 89a

[57, 58] StALu, Md. 354

[67, 69, 73] Bildsammlung Lutz, StALu, N2, 267

[75] wie Nr. *[42]*

[79] entnommen aus: Paul Münch, Gesammelte Werke, Bd. III, Hg. Franz L. Pelgen, Landau 1999, S. 577

[82] Bildsammlung Lutz, StALu, N 2, 232

[85] StALu, Plansammlung

[86] StALu, Plakatsammlung

[87] StALu, Zeitungssammlung

[1, 3, 4, 6, 8—10, 12—14, 16, 17, 19, 21—28, 30, 31, 36—41, 43—55, 59—66, 68, 70—72, 74, 76—78, 80, 81, 83, 84, 88—90]
Fotosammlung StALu

Burgfrieden und Brotunruhen

Ludwigshafen im Ersten Weltkrieg

Euphorischer Kriegsbeginn: Ein ausmarschierender Soldat erhält Blumen auf dem Ruthenplatz [2]

Ausmarsch, Ruthenplatz 1914 [3]

General-Anzeiger

Ludwigshafen a. Rh.

Ludwigshafener Anzeiger. — Lokal-Anzeiger.
Verbreitetste Zeitung der Pfalz.

Fernsprechstelle Nr. 1740 (Bezirksnebenanschluß).
Sprechstunden d. Redaktion vorm. 10-12, nachm. 4-6 Uhr.

Amtsverkündiger für das kgl. Landgericht Frankenthal. — Amtliches Organ für den Amtsgerichtsbezirk Ludwigshafen a. Rh.

Nr. 177. (Zweites Blatt.) Samstag, den 1. August 1914. 40. Jahrgang

Der drohende Weltkrieg.

Der Kriegszustand.

Die Würfel rollen weiter. Wie durch unsere Sonderausgaben bekannt geworden, hat der deutsche Botschafter in Petersburg gemeldet, daß der Zar die Mobilmachung von Heer und Flotte angeordnet habe. Daraufhin hat der Kaiser auf Grund des Artikels 68 der Reichsverfassung befohlen, daß das Deutsche Reich ohne Bayern in den Zustand der drohenden Kriegsgefahr gesetzt sei. Für Bayern ist zur selben Zeit die gleiche Anordnung ergangen. Der Artikel 68 der Reichsverfassung lautet: „Der Kaiser kann, wenn die öffentliche Sicherheit in dem Bundesgebiet bedroht ist, einen jeden Teil desselben in Kriegszustand erklären. Bis zum Erlaß eines die Voraussetzungen, die Form der Verkündigung und die Wirkungen einer solchen Erklärung regelnden Reichsgesetzes gelten die Vorschriften des preußischen Gesetzes vom 4. Juli 1851."

Die Erklärung des Belagerungszustandes wird nur in zwei Fällen vom Gesetz gestattet; erstens für den Fall eines Krieges in den von dem Feinde bedrohten oder teilweise schon besetzten Provinzen und für den Fall eines Aufruhrs bei dringender Gefahr für die öffentliche Sicherheit. Der zweite Fall scheidet im gegenwärtigen Augenblick aus und der erste Fall ist inzwischen eingetreten, wenn auch eine förmliche Kriegserklärung noch nicht erfolgt ist, was aber auch vom Gesetz nicht vorausgesetzt wird.

Welche Folgen ergeben sich aus diesem Zustand? In Labands Staatsrecht, Teil 4, S. 40 f. steht darüber folgendes zu lesen: „Die Erklärung des Kriegszustandes wirkt nicht nur auf die zur Armee gehörenden, zum Militärgehorsam verpflichteten Personen, sondern erstreckt sich auf die gesamte Verwaltung und sogar auf das Strafrecht und die Rechtspflege und erzeugt eine tief eingreifende, wenngleich nur zeitweilige Verände- …

Konrad v. Hötzendorf, österr.-ung. Generalstabschef — General v. Moltke, deutscher Generalstabschef — General Spingardi, italien. Oberbefehlshaber

Großfürst Nicolai, russ. Oberbefehlshaber — General Joffre, franz. Oberbefehlshaber — Admiral Callaghan, engl. Admiralstabschef.

Militärische Führer der europäischen Großmächte.

Die Russen wollen den Krieg.
Eine russische Herausforderung.

Ein deutsches Ultimatum an Rußland.

Patriotische Kundgebungen.

Eine Ansprache des Kaisers.

Vermählung im Kaiserhaus.

Die Versorgung mit Lebensmitteln in Deutschland gesichert!

Verbot der Ausfuhr.

Aus dem ›General-Anzeiger‹ 1. August 1914 [4]

Anmerkungen
Seite 846 und 847

1 *›General-Anzeiger Ludwigshafen‹, künftig zitiert GA, Nr. 177 vom 1.8.1914*

2 *ebd.*

3 *Burschell, S. 117*

Der Kriegsbeginn und die anfängliche Kriegsbegeisterung

In den letzten Tagen vor Ausbruch des Ersten Weltkrieges war bereits eine aufgeladene Atmosphäre in der Stadt zu spüren. Der bevorstehende „unvermeidliche" Krieg sorgte für Unruhe und Diskussionen auf den Straßen und Plätzen. In den Zeitungen wurde intensiv, zum Teil mit Sonderausgaben, über den „Zustand der drohenden Kriegsgefahr",[1] in den der Kaiser das Deutsche Reich und Bayern laut Artikel 68 der Reichsverfassung gesetzt hat, berichtet. Mit Parolen, wie „Die Russen wollen den Krieg, Eine russische Herausforderung"[2] wurde für den bevorstehenden Krieg Stimmung gemacht. Die Menschen reagierten mit Angstkäufen. Am 29. Juli 1914 wurde als erste offizielle Sicherungsmaßnahme die Rheinbrücke unter Bewachung gestellt. Dieser folgten einen Tag später die Bahnlinien, der Bahnhof sowie wichtige Bauwerke.

Im Namen Seiner Majestät des Königs.

Bekanntmachung

über die

Verhängung des Kriegszustandes.

Durch K. Verordnung vom 31. Juli 1914 ist mit sofortiger Wirksamkeit über das Königreich Bayern **der Kriegszustand** verhängt und für den Regierungsbezirk der Pfalz das **Standrecht** angeordnet worden.

Hienach treten bis auf weiteres die Artikel 3, 4 und 6—10 des Gesetzes über den Kriegszustand vom 5. November 1912 in Kraft. Die Artikel 3 und 4 des Gesetzes lauten:

Art. 3.

Die in den §§ 81, 88, 90, 307, 311, 312, 315, 322, 323, 324 des Strafgesetzbuches für das Deutsche Reich mit lebenslänglichem Zuchthaus bedrohten Verbrechen werden mit dem Tode bestraft, wenn sie in einem im Kriegszustand erklärten Orte oder Bezirke begangen werden.

Art. 4.

Wer in einem im Kriegszustand erklärten Orte oder Bezirke

1. in Beziehung auf Zahl, Marschrichtung oder angebliche Siege der Feinde wissentlich falsche Gerüchte ausstreut oder verbreitet, die geeignet sind, die Zivil- oder Militärbehörden hinsichtlich ihrer Maßregeln irre zu führen,
2. eine bei der Verhängung des Kriegszustandes oder während desselben von dem zuständigen obersten Militärbefehlshaber zur Erhaltung der öffentlichen Sicherheit erlassene Vorschrift übertritt oder zur Uebertretung auffordert oder anreizt,
3. zum Hochverrat, Landesverrat oder zur Brandstiftung oder zu einem [illegible] im Art. 3 bezeichneten Verbrechen oder zum Widerstande gegen die Staatsgewalt oder zu einem in den §§ 1 und 3 des Gesetzes vom 3. Juli 1893 gegen den Verrat militärischer Geheimnisse vorgesehenen Verbrechen auffordert oder anreizt,
4. eine Person des Soldatenstandes zu einer strafbaren Handlung gegen die Pflichten der militärischen Unterordnung, zur Verletzung einer Dienstpflicht bei Ausführung einer besonderen Dienstverrichtung oder zu einer sonstigen Handlung gegen die militärische Ordnung auffordert oder anreizt,

wird, wenn nicht die Gesetze eine schwerere Strafe androhen, mit Gefängnis bis zu einem Jahre bestraft.

8671

Durch die Anordnung des Standrechts ist die **Aburteilung bestimmter strafbarer Handlungen den ordentlichen Gerichten entzogen und besonderen standrechtlichen Gerichten übertragen.**

Die Zuständigkeit der standrechtlichen Gerichte erstreckt sich namentlich auf Zuwiderhandlungen gegen die während des Kriegszustands geltenden besonderen Gesetze und Vorschriften.

Für das Standrecht gilt ein abgekürztes Verfahren. Gegen standrechtliche Urteile findet kein Rechtsmittel statt. Todesurteile werden 24 Stunden nach der Verkündung vollstreckt.

Die Bevölkerung wird auf den Ernst der Lage und auf die Strenge des Gesetzes aufmerksam gemacht, vor Ungesetzlichkeiten gewarnt und zu besonnener Haltung ermahnt.

Der Regierungspräsident der Pfalz.

Bekanntmachung

über den

Uebergang der vollziehenden Gewalt auf die Militärbefehlshaber.

Durch K. Verordnung vom 31. Juli 1914 ist zum Zwecke der Landesverteidigung verfügt worden, daß in den vom Kriegszustand betroffenen Gebieten für die Dauer des Kriegszustandes die Ausübung der Befugnisse der den Zivilstaatsministerien untergeordneten Staatsbehörden — mit Ausnahme der richterlichen und verwaltungsrichterlichen Tätigkeit — auf die Militärbefehlshaber übergeht.

Die bezeichneten Staatsbehörden bleiben in ihren Funktionen; sie haben jedoch — ebenso wie die Gemeindebehörden — meinen Aufträgen und Anordnungen in gleicher Weise Folge zu leisten, wie wenn diese von den sonst zuständigen Staatsbehörden ausgegangen wären. Ich verordne was folgt:

1. Der **Verkehr mit Kraftfahrzeugen** ist Zivilpersonen vollständig verboten.
   Ausgenommen sind:
   a) Kraftfahrzeuge, die sich durch militärischen Gestellungsbefehl ausweisen,
   b) Fahrer und Insassen, die einen blauen — vom örtlichen zuständigen Bezirksamt ausgestellten — Erlaubnisschein besitzen.
2. Alle auf dem Rhein verkehrenden **Schiffe** usw. haben den Anordnungen der Strom- und Brückenwachen Folge zu leisten. Die Schiffs- usw. Führer erhalten von dem Hafenkommissariat Ludwigshafen oder von den eingerichteten Kontrollstationen Ausweise, die den Stromwachen vorzuzeigen sind.
3. Das Betreten und Befahren der **Rheinbrücken** darf nur mit Erlaubnis der Brückenwachen, der Zugang zu den Brücken nur auf den dem allgemeinen Verkehr dienenden Wegen erfolgen.
4. Jeder durch **Brieftauben** vermittelte Verkehr und das Beherbergen fremder Brieftauben ohne Genehmigung oder Veranlassung der Militärbehörden ist verboten.
   Aufgefundene oder zugeflogene Brieftauben sind ohne Berührung der etwa an ihnen befindlichen Depeschen an die nächste Zivil- oder Militärbehörde abzuliefern.
   Brieftauben, die nicht einem Mitgliede des Verbandes deutscher Brieftaubenliebhaber-Vereine gehören, sind sofort der Ortspolizeibehörde abzuliefern.
5. Das Auflassen von **Luftfahrzeugen**, die Anwendung von **Lichtsignalen** oder anderen Verständigungsmitteln ist ohne Genehmigung oder Veranlassung der Militärbehörden verboten. Ueber landende feindliche Luftfahrzeuge ist an die nächste Zivil- oder Militärbehörde auf schnellstem Wege Mitteilung zu machen. Ihre Bemannung ist in der Nähe ihrer Fahrzeuge bis zum Eintreffen von Sicherheitsorganen festzuhalten; es ist zu verhindern, daß Schriftstücke, Karten, photographische Apparate (mit Platten oder Films) unbrauchbar gemacht werden.
6. Private **Funkenstationen** sind durch Entfernen der Antennen, Apparate usw. sofort zu schließen. Der zuständigen Ortsbehörde ist hievon sofort Meldung zu machen.
7. Die Besitzer von **Sprengstofflagern** sind verpflichtet, diese, soweit sie erhalten bleiben, unter sicherem Verschluß und unter steter Beaufsichtigung zu halten. Abgabe von Sprengstoffen an den Besitzern unbekannte Personen ist verboten.
8. Die Eisenbahnen und Telegraphenlinien werden militärisch und durch Zivilschutzwächter bewacht. Den Anordnungen dieser Sicherheitsorgane ist unweigerlich Folge zu leisten.
9. Zuwiderhandlungen gegen das **Ausfuhrverbot** von Pferden, Kriegs- und Verpflegungsmaterial, Arznei, Verbandmitteln und ärztlichen Geräten werden nach den Kriegsgesetzen bestraft.
10. Es werden **verboten**:
    a) der Verkauf von Waffen, Pulver und anderen Sprengstoffen, sowie das Tragen von Waffen. (Ausnahmen für letzteres können durch das örtlich zuständige Bezirksamt im Einvernehmen mit der Militärbehörde gestattet werden).
    b) Versammlungen und Ansammlungen auf Straßen und öffentlichen Plätzen. (Versammlungen in geschlossenen Räumen bedürfen der Genehmigung des örtlich zuständigen Bezirksamts.)
    c) Veröffentlichungen durch die **Presse** über militärische Nachrichten, soweit sie nicht von der Presseabteilung des Großen Generalstabes in Berlin ausgegeben sind. Strengstens verboten ist jede Veröffentlichung militärischer Maßnahmen, die in dem Merkblatt für die Presse aufgeführt sind. Zuwiderhandlungen haben sofortige Beschlagnahme der betr. Zeitung und strafrechtliches Einschreiten zur Folge.
11. Alle im öffentlichen Dienste stehenden Beamten und Bediensteten haben auf Grund der von der Kreisregierung und dem Generalkommando ausgegebenen Anweisung für die Zivilbeamten der Pfalz den Vollzug obiger Anordnungen mit allen Mitteln zu sichern.
    Die Bevölkerung hat die Beamten und Bediensteten nach Kräften zu unterstützen.

Vorstehende Anordnungen erstrecken sich auf die ganze Pfalz mit Ausnahme des erweiterten Befehlsbereichs des Gouverneurs der Festung Germersheim, für welchen letzterer gesonderte Verfügung trifft.

Wer den vorstehenden Anordnungen zuwiderhandelt, kann nach Art. 4,2 des Gesetzes über den Kriegszustand vom 5. November 1912 mit Gefängnis bis zu einem Jahr bestraft werden, insoferne nicht nach anderen Gesetzen eine schwerere Strafe verwirkt ist.

Der Kommandeur der 3. Division.

Aus dem ›General-Anzeiger‹
3. August 1914 [5]

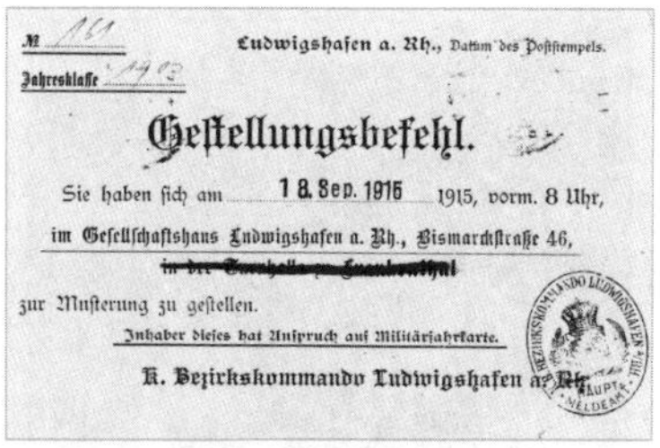

№ 161 Ludwigshafen a. Rh., Datum des Poststempels.

Jahresklasse 1903

Gestellungsbefehl.

Sie haben sich am 18. Sep. 1915 1915, vorm. 8 Uhr,

im Gesellschaftshaus Ludwigshafen a. Rh., Bismarckstraße 46,

~~[illegible]~~

zur Musterung zu gestellen.

Inhaber dieses hat Anspruch auf Militärfahrkarte.

K. Bezirkskommando Ludwigshafen a. Rh.

Gestellungsbefehl 1915 [6]

Beim Rekrutendepot
in der Wilhelmschule, Mundenheim
1915 [7]

Schließlich wurden am 1. August 1914 der Kriegszustand verhängt und die Generalmobilmachung angeordnet. Die vollziehende Gewalt ging auf die Militärbefehlshaber über, für Ludwigshafen war dies das II. Bayerische Armeekorps. Gleichzeitig erfolgte eine Sperrung des öffentlichen Telefon-, Telegraphen- und Postverkehrs. Die Presse wurde nun stark zensiert, und es galt fortan das Standrecht. Der Ludwigshafener Schriftsteller Friedrich Burschell beschreibt in seinen Erinnerungen die Gefühle der Menschen, die sich aufgewühlt und begeistert vor den öffentlichen Anschlägen drängten, in denen die Mobilmachung und die Kriegserklärungen an Rußland und Frankreich verkündet wurden. Der Krieg, der nach Expertenmeinung nur wenige Monate dauern sollte, wurde als ein gewaltiges Abenteuer empfunden, dem man sich nur schwer entziehen konnte.[3] Die Kriegsbegeisterung zog sich durch alle Teile der Bevölkerung und kam beispielsweise in dem Ansturm von

Kriegsbegeisterung; Gemälde von Strieffler, Landau [8]

Der erste Verwundetentransport trifft in Ludwigshafen ein, 21. August 1914 [9]

Kriegsfreiwilligen, die sich fortan bei dem für die Mobilmachung verantwortlichen städtischen ›Militärbureau‹ meldeten, zum Ausdruck. Dem städtischen Militärbureau, dessen Arbeit seit Verhängung des Kriegszustandes in ganz außerordentlicher Weise zugenommen hatte, fiel in diesen ersten Augusttagen eine besondere Bedeutung zu. Es war genau festgelegt, welcher Personenkreis sich in welchem Zeitraum für den Fronteinsatz zu melden hatte. Auf Plakaten und in öffentlichen Anschlägen wurde verkündet, daß zum Beispiel in der Zeit vom zweiten bis zum fünften Mobilmachungstag alle zurückgestellten Militärpflichtigen und die zum einjährig-freiwilligen Dienst Berechtigten bei dem Militärbureau für ihren Fronteinsatz antreten mußten. Am sechsten bis zwölften Mobilmachungstag waren es alle unausgebildeten Landsturmpflichtigen der Jahrgangsklassen 1894 bis 1882 (20—32jährige).[4] Je länger der Krieg andauerte, desto mehr Männer, auch älteren Jahrgangs, wurden rekrutiert. Daneben mußte das Militärbureau nach wie vor die sonstigen Militärangelegenheiten, insbesondere Musterungen, vornehmen.

Die große Kriegsbegeisterung der Menschen zeigte sich auch in deren ›Opferbereitschaft‹. Das Rote Kreuz, das bereits in den Anfangstagen des Krieges die ersten Ludwigshafener Vereinslazarette in der Pestalozzischule, in der Schanz- und Gräfenauschule und im Ferienheim Ramsen einrichtete, erhielt zahlreiche Gaben aus der Bevölkerung, beispielsweise in Form von Geldmitteln, meistens jedoch die unterschiedlichsten Sachspenden. In den Zeitungen waren Aufrufe an die in der Heimat Verbliebenen abgedruckt, in denen um Spenden für die Frontsoldaten geworben wurde. So führte das ›Bayerische Landeskomitee für freiwillige Krankenpflege im Krieg‹ in einer Anzeige, die in den Augusttagen fast täglich im ›General-Anzeiger‹ abgedruckt war, zahlreiche Beispiele an, die sich als „Liebesgaben" für die „zum Kriegsdienst Berufenen"[5] eigneten. Hier wurden mit Angabe der Sammelstellen unter anderem Wäsche, speziell Soldatenhemden, Unterwäsche oder auch Handtücher, Bettzeug, Verbandsmaterial sowie zahlreiche Genußmittel, wie Schinken, Speck, Käse, Kaffee, Schokolade und Tabakwaren, genannt. Zuweilen rief das Rote Kreuz die Menschen auch zu Sondersammlungen auf, wenn ganz bestimmte Dinge, zum Beispiel Segeltücher, Laternen, Sicherheitsnadeln, Rundhölzer, Bretter, Nägel oder Stricke, benötigt wurden.[6]

Bereits am 16. September 1914 kam König Ludwig III. in die Stadt und besuchte die eingerichteten Lazarette, um den Kriegern Mut zuzusprechen.[7] Am 13. Oktober 1915[8] besichtigte Königin Maria Theresia von Bayern unter anderem die BASF und die ›Zentralnähstuben‹.[9]

Die Aktivitäten rund um die Mobilmachung machten sich wie vielerorts auch in Ludwigshafen direkt bemerkbar. Nach Verhängung des Kriegszustandes wurde die Rheinbrücke für den Personenverkehr vollständig gesperrt und ausschließlich für Truppentransporte und die Beförderung von Kriegsmaterial benutzt.[10] Aus langen, mit Fähnchen und Laub geschmückten Eisenbahnwagenreihen winkten die frisch eingekleideten Soldaten mit ihren Gewehren der jubelnden, Taschentücher schwenkenden Menge zu. Bei einem Halt der Bahn in Höhe der Dammstraße boten die Ludwigshafener Bürger und Bürgerinnen den Soldaten „Liebesgaben", wie Blumen oder Schokolade, als Ausdruck ihrer Kriegsbegeisterung an.[11] Die Wagen waren mit Sprüchen wie „Jeder Schuß ein Russ, jeder Stoß ein Franzos, jeder Tritt ein Britt"[12] bekritzelt. Eine

Anmerkungen Seite 848

4 *VB 1914, S. 81*
5 *GA, 10.8.1914*
6 *ebd.*
7 *VB 1914, S. 23*
8 *ebd., 1915, S. 27f*
9 *zu den Zentralnähstuben s.u. im Abschnitt ›Frauenerwerbsarbeit‹*
10 *VB 1914, S. 9*
11 *Springer, S. 102*
12 *Burschell, S. 120*

starke nationalistische Stimmung prägte die Augusttage. Als recht harmloses Beispiel hierfür läßt sich eine Anzeige des Mannheimer Teehauses Eissenhardt & Bender im Ludwigshafener ›General-Anzeiger‹ vom 10. August 1914, in der die Umbenennung des ›Zaren-Tees‹ in den ›Fürsten-Tee‹ bekanntgegeben wird, anführen.[13] Doch nicht immer beschränkte sich die Kriegsbegeisterung auf die beschriebenen Ereignisse, sondern manifestierte sich auch in äußerst aggressiven und gewalttätigen Aktionen. Als Ausdruck einer hysterisch aufgeladenen Atmosphäre schildert Friedrich Burschell, wie Heckenschützen in Ludwigshafen schnell fahrende Wagen beschossen, weil sie in ihnen getarnte russische Autos vermuteten, die das Gold des Zaren nach Frankreich bringen sollten. Tatsächlich seien auf diese Art und Weise deutsche Offiziere ums Leben gekommen.[14] Vor größeren Ortschaften, so auch vor Ludwigshafen, wurden Barrikaden errichtet und alle Personen, die in die Stadt hinein oder heraus wollten, mußten sich einer Kontrolle unterziehen. Die Jagd auf „Spione" nahm geradezu groteske Formen an: „Wirklich war ein Schulkamerad, ein Vicefeldwebel der Reserve, noch in Zivil auf dem Weg von der Bahn zum Bezirkskommando wegen seiner karierten Reisemütze für einen englischen Spion gehalten, in einen Hausflur gezerrt und dort trotz seiner Proteste erschlagen worden."[15]

Die allgemeine Kriegsverzückung hielt jedoch nicht an. Je länger die Kämpfe andauerten, umso mehr wich die Begeisterung dem Kriegsalltag und es machte sich eine gewisse Kriegsmüdigkeit breit. Bereits am 19. August 1914 wurde die schreckliche Realität dieses Krieges deutlich, als der erste Ludwigshafener im Feld fiel, zwei Tage später traf der erste große Verwundetentransport in der Stadt ein.[16]

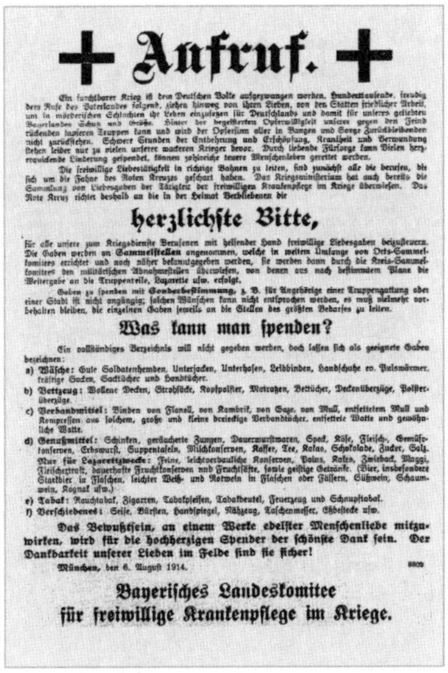
+ Aufruf. +

Ein furchtbarer Krieg ist dem Deutschen Volke aufgezwungen worden. Hunderttausende, freudig dem Rufe des Vaterlandes folgend, ziehen hinweg von ihren Lieben, von den Stätten friedlicher Arbeit, um in mörderischen Schlachten ihr Leben einzusetzen für Deutschlands und damit für unseres geliebten Bayerlandes Schutz und Größe. Hinter der begeisterten Opferwilligkeit unserer gegen den Feind rückenden tapferen Truppen kann und wird der Opfersinn aller in Bangen und Sorge Zurückbleibenden nicht zurückstehen. Schwere Stunden der Entbehrung und Erschöpfung, Krankheit und Verwundung stehen leider nur zu vielen unserer wackeren Krieger bevor. Durch liebende Fürsorge kann Vielen herzerquickende Linderung gespendet, können zahlreiche teuere Menschenleben gerettet werden.

Die freiwillige Liebestätigkeit in richtige Bahnen zu leiten, sind zunächst alle die berufen, die sich um die Fahne des Roten Kreuzes geschart haben. Das Kriegsministerium hat auch bereits die Sammlung von Liebesgaben der Tätigkeit der freiwilligen Krankenpflege im Kriege überwiesen. Das Rote Kreuz richtet deshalb an die in der Heimat Verbliebenen die

herzlichste Bitte,

für alle unsere zum Kriegsdienste Berufenen mit helfender Hand freiwillige Liebesgaben beizusteuern. Die Gaben werden an **Sammelstellen** angenommen, welche in weitem Umfange von Orts-Sammelkomitees errichtet und noch näher bekanntgegeben werden, sie werden dann durch die Kreis-Sammelkomitees den militärischen Abnahmestellen überwiesen, von denen aus nach bestimmtem Plane die Weitergabe an die Truppenteile, Lazarette usw. erfolgt.

Gaben zu spenden mit **Sonderbestimmung**, z. B. für Angehörige einer Truppengattung oder einer Stadt ist nicht angängig; solchen Wünschen kann nicht entsprochen werden, es muß vielmehr vorbehalten bleiben, die einzelnen Gaben jeweils an die Stellen des größten Bedarfes zu leiten.

Was kann man spenden?

Ein vollständiges Verzeichnis will nicht gegeben werden, doch lassen sich als geeignete Gaben bezeichnen:

a) **Wäsche:** Gute Soldatenhemden, Unterjacken, Unterhosen, Leibbinden, Handschuhe ev. Pulswärmer, kräftige Socken, Sacktücher und Handtücher.
b) **Bettzeug:** Wollene Decken, Strohsäcke, Kopfpolster, Matratzen, Bettücher, Deckenüberzüge, Polsterüberzüge.
c) **Verbandmittel:** Binden von Flanell, von Kambrik, von Gaze, von Mull, entfettetem Mull und Kompressen aus solchem, große und kleine dreieckige Verbandtücher, entfettete Watte und gewöhnliche Watte.
d) **Genußmittel:** Schinken, geräucherte Zungen, Dauerwurstwaren, Speck, Käse, Fleisch-, Gemüsekonserven, Erbswurst, Suppentafeln, Milchkonserven, Kaffee, Tee, Kakao, Schokolade, Zucker, Salz. **Nur für Lazarettzwecke:** Feine, leichtverdauliche Konserven, Bains, Kakes, Zwieback, Maggi, Fleischextrakt, dauerhafte Fruchtkonserven und Fruchtsäfte, sowie geistige Getränke. (Bier, insbesondere Starkbier in Flaschen, leichter Weiß- und Rotwein in Flaschen oder Fässern, Süßwein, Schaumwein, Kognak usw.)
e) **Tabak:** Rauchtabak, Zigarren, Tabakpfeifen, Tabakbeutel, Feuerzeug und Schnupftabak.
f) **Verschiedenes:** Seife, Bürsten, Handspiegel, Nähzeug, Taschenmesser, Eßbestecke usw.

Das Bewußtsein, an einem Werke edelster Menschenliebe mitzuwirken, wird für die hochherzigen Spender der schönste Dank sein. Der Dankbarkeit unserer Lieben im Felde sind sie sicher!

München, den 6. August 1914. 8809

Bayerisches Landeskomitee
für freiwillige Krankenpflege im Kriege.

Bitte um Spenden für die Soldaten ›General-Anzeiger‹, 10. August 1914 [10]

Wir geben hiermit bekannt, dass wir unsere Marke „Zaren-Tee" in

Fürsten-Tee

umgewandelt haben. Die Qualitäten werden wie bisher zu denselben Preisen weiter verkauft.

Eissenhardt & Bender, Mannheim, P 1, 4.

Vom ›Zaren-Tee‹ zum ›Fürsten-Tee‹ aus dem ›General-Anzeiger‹ 10. August 1914 [11]

Das politische und gesellschaftlich-kulturelle Leben während des Krieges

Das politische Leben in Ludwigshafen stand seit Verhängung des Kriegszustandes ganz im Zeichen dieses Krieges. So beschäftigte sich die Stadtverwaltung fortan fast ausschließlich mit Maßnahmen, die das Wohl der Bevölkerung, im Sinne der Sicherstellung der Versorgung mit allen Gütern des täglichen Bedarfs, betrafen. Ihr besonderes Augenmerk richtete sich dabei auch auf die materielle Lage der ins Feld gerückten Beamten, Arbeiter und sonstigen Bediensteten sowie deren Familien. Am 12. August 1914 fand die erste „Kriegssitzung" des Stadtrates statt, in der unter anderem die Familienunterstützung, die Wohnungsmieten für die Kriegerfamilien und die einzurichtenden Ausschüsse der Kriegsfürsorgestelle diskutiert wurden.[17] In der Folge beinhalteten die Stadtratssitzungen ähnliche Tagesordnungspunkte. Je länger der Krieg andauerte, umso mehr gerieten speziell die Nahrungsmittelversorgung und die damit zusammenhängenden Maßnahmen in den Vordergrund des Interesses. Insgesamt sank die Zahl der Plenarsitzungen sowie der Beschlüsse im Jahre 1914 im Vergleich zu den Friedenszeiten, um dann aber im Verlaufe des Krieges mit den größer werdenden Versorgungsschwierigkeiten wieder anzusteigen.

Im Jahre 1914 fanden auch die Stadtratswahlen für die Wahlperiode 1915/1919 statt. Sie standen ganz im Zeichen des Krieges und dem Bestreben, alle verfügbaren Kräfte für den Sieg zu bündeln. Auch in Ludwigshafen folgte man dem Modell des auf Reichsebene proklamierten ›Burgfriedens‹ zwischen den Parteien und gesellschaftlichen

Anmerkungen Seite 849

13 GA, 1.8.1914
14 Burschell, S.120
15 ebd.
16 VB 1914, S.8
17 ebd., S.10f

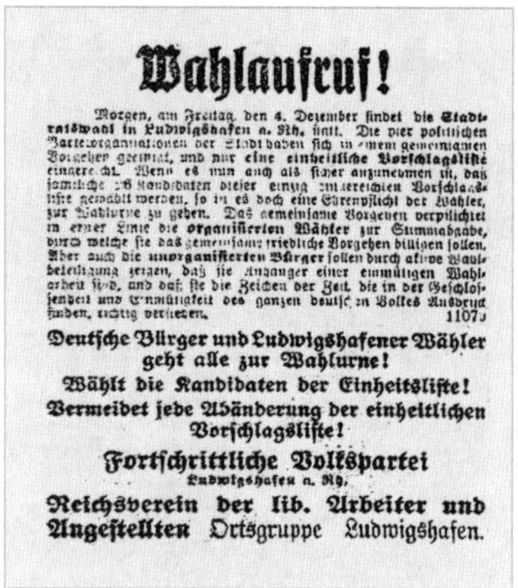

Wahlaufruf!

Morgen, am Freitag, den 4. Dezember findet die **Stadtratswahl in Ludwigshafen a. Rh.** statt. Die vier politischen Parteiorganisationen der Stadt haben sich zu einem gemeinsamen Vorgehen geeinigt, und nur eine **einheitliche Vorschlagsliste** eingereicht. Wenn es nun auch als sicher anzunehmen ist, daß sämtliche [illegible] Kandidaten dieser einzig eingereichten Vorschlagsliste gewählt werden, so ist es doch eine Ehrenpflicht der Wähler, zur Wahlurne zu gehen. Das gemeinsame Vorgehen verpflichtet in erster Linie die **organisierten Wähler** zur Stimmabgabe, durch welche sie das gemeinsame friedliche Vorgehen billigen sollen. Aber auch die **unorganisierten Bürger** sollen durch aktive Wahlbeteiligung zeigen, daß sie Anhänger einer einmütigen Wahlarbeit sind, und daß sie die Zeichen der Zeit, die in der Geschlossenheit und Einmütigkeit des ganzen deutschen Volkes Ausdruck finden, richtig verstehen. 1107

Deutsche Bürger und Ludwigshafener Wähler geht alle zur Wahlurne!

Wählt die Kandidaten der Einheitsliste!

Vermeidet jede Abänderung der einheitlichen Vorschlagsliste!

Fortschrittliche Volkspartei
Ludwigshafen a. Rh.

Reichsverein der lib. Arbeiter und Angestellten Ortsgruppe Ludwigshafen.

Wählen im Zeichen der Einheitsliste: Aufruf der Fortschrittlichen Volkspartei im ›General-Anzeiger‹ vom 3. Dezember 1914 [12]

Pfälzische Post

Organ für die Interessen des Volkes.

Redaktion und Expedition: Magstraße 65.
Redaktion: Telefon Nr. 41. Expedition: Telefon Nr. 219.

Filial-Expeditionen: Frankenthal, Folzring 75; Kaiserslautern, Gasstr. 18 (Telefon 902); Pirmasens, Winzlerstr. 15 (Telefon 784); Speyer, Heydenreichstr. 11 a.

30. Jahrg. | Ludwigshafen a. Rh., Montag den 27. Juli 1914. | Nr. 172.

Aufruf des Parteivorstandes der deutschen Sozialdemokratie!

Noch dampfen die Aecker auf dem Balkan von dem Blute der nach Tausenden Hingemordeten, noch rauchen die Trümmer verheerter Städte, verwüsteter Dörfer, noch irren hungernd arbeitslose Männer, verwitwete Frauen und verwaiste Kinder durchs Land, und schon wieder schickt sich die vom österreichischen Imperialismus entfesselte Kriegsfurie an, **Tod und Verderben über ganz Europa** zu bringen.

Verurteilen wir auch das Treiben der groß-serbischen Nationalisten, so fordert doch die **frivole Kriegsprovokation der österreichisch-ungarischen Regierung** den schärfsten Protest heraus. Sind doch die Forderungen dieser Regierung so **brutal**, wie sie in der Weltgeschichte noch **nie** an einen selbständigen Staat gestellt sind, und können sie doch nur darauf berechnet sein, den **Krieg geradezu zu provozieren.**

Das klassenbewußte Proletariat Deutschlands erhebt im Namen der Menschlichkeit und der Kultur flammenden Protest gegen dies verbrecherische Treiben der Kriegshetzer. Es fordert gebieterisch von der deutschen Regierung, daß sie ihren Einfluß auf die österreichische Regierung zur Aufrechterhaltung des Friedens ausübe, und falls der schändliche Krieg nicht zu verhindern sein sollte, sich jeder kriegerischen Einmischung enthalte. **Kein Tropfen Blut eines deutschen Soldaten darf dem Machtkitzel der österreichischen Gewalthaber, den imperialistischen Profitinteressen geopfert werden.**

Parteigenossen, wir fordern Euch auf, sofort in **Massenversammlungen**

den unerschütterlichen Friedenswillen des klassenbewußten Proletariats

zum Ausdruck zu bringen. Eine ernste Stunde ist gekommen, ernster als irgend eine der letzten Jahrzehnte. Gefahr ist im Verzuge! **Der Weltkrieg droht!** Die herrschenden Klassen, die Euch im Frieden knebeln, verachten, ausnutzen, wollen Euch als Kanonenfutter mißbrauchen. Ueberall muß den Gewalthabern in die Ohren klingen:

Wir wollen keinen Krieg! Nieder mit dem Krieg!
Hoch die internationale Völkerverbrüderung!

Berlin, 25. Juli 1914. Der Parteivorstand.

Aufruf des Parteivorstandes der SPD in der ›Pfälzischen Post‹ vom 27. Juli 1914 [13]

Gruppen. Deshalb wurde von jeglicher Wahlagitation abgesehen. Die Parteien einigten sich für die Hauptwahl auf eine gemeinsame Kandidatenliste. Diese Hauptwahl zum Gemeinderat fand schließlich am 4. Dezember 1914, die Wahl der Ersatzmänner am 9. Dezember 1914 statt. Von den 11 217 Wahlberechtigten gaben 5 296 eine gültige Stimme ab, wovon der Unternehmer und Gemeinderat Friedrich Raschig die meisten auf sich vereinte.[18]

Die Reaktionen der Arbeiterbewegung auf die Kriegskrise und den Kriegsausbruch waren zwiespältig, mündeten aber letztendlich in einer Bejahung des Waffengangs und des Burgfriedens. Zwar hatte die ›Pfälzische Post‹, das Organ der Sozialdemokraten, sich zunächst nicht dem allgemeinen „Hurra-Patriotismus" angeschlossen und breit über die auch in Ludwigshafen stattfindenden sozialdemokratischen Friedensdemonstrationen berichtet. Auch ließ sie verlauten, sachliche Informationen zu liefern und kritisch Stellung zu nehmen.[19] Der die Chemiearbeiterschaft repräsentierende Fabrikarbeiterverband hob in einer Verlautbarung vom 8. August hervor, daß die organisierte Arbeiterschaft den Krieg nicht nur als ein „ ‚roh, gewaltsam Handwerk' hasse, sondern als eine Gefahr für die Kultur, für den Fortschritt, für die Aufwärtsentwicklung der Menschheit".[20]

Diese kritischen Stimmen verstummten jedoch bald. So war die freie Berichterstattung der ›Pfälzischen Post‹ angesichts der strengen Zensur nicht zu verwirklichen. Stattdessen versuchte die Zeitung ihre Leserschaft mit dem Hinweis für den Krieg zu gewinnen, der Hauptgegner sei der reaktionäre „Zarismus" Rußlands – im Gegensatz zu den bürgerlichen Blättern der Stadt, die vom „revanchelüsternen" Frankreich, dem „verräterischen" Rußland und dem „perfiden Albion" gleichermaßen sprachen.[21]

Auch die SPD als Partei trat in die Reihe der Befürworter des Krieges und stellte sich ganz in den Dienst des Vaterlandes. Die Ludwigshafener Arbeiterschaft war bereit, ihre vaterländischen Pflichten zu

Anmerkungen
Seite 850 und 851

18 *VB 1914, S. 23*
19 *PfP, Nr. 178 v. 3. 8. 1914*
20 *zit. n. Braun, S. 51*
21 *zit. n. Mörz, S. 67, 70. Die Charakterisierungen spielen an auf die von Frankreich ersehnte Revanche für den Verlust Elsaß-Lothringens 1871, die Rolle Rußlands bei der Unterstützung Serbiens und seinen ›Einkreisungsbund‹ mit Frankreich und den ›Neid‹ Englands auf die Konkurrenz durch das Deutsche Reich.*
22 *Braun, S. 52*
23 *Breunig, S. 511ff*
24 *ebd.*
25 *Schiffmann, S. 473*
26 *Breunig, S. 521f*
27 *ebd., S. 551*

Sozialdemokratischer Verein Ludwigshafen
Dienstag den 28. Juli 1914, abends 1/2 9 Uhr
im Saale des Gesellschaftshauses
Oeffentl. Versammlung
Tagesordnung:
Krieg oder Frieden!
Referent: Genosse Ackermann-Frankenthal.
Zu dieser Versammlung, die eine Demonstration des Volkes für den Frieden werden muß, ist jedermann freundlichst eingeladen. 570
Der Vorstand.

Aufruf zu einer Friedenskundgebung der Ludwigshafener SPD in der ›Pfälzischen Post‹, Ende Juli 1914 [14]

Bekanntmachung.
Auf Grund des Art. 4 Ziff. 2 des bayerischen Kriegszustandsgesetzes ergeht zur Erhaltung der öffentlichen Sicherheit für den Regierungsbezirk der Pfalz mit sofortiger Wirksamkeit nachstehende
Anordnung:
Wer
unwahre
Kriegsnachrichten,
die geeignet sind, die Bevölkerung zu beunruhigen, vorsätzlich oder fahrlässig ausstreut oder verbreitet, wird, wenn nicht die Gesetze eine schwerere Strafe androhen, mit Gefängnis bis zu einem Jahre bestraft. Beim Vorliegen mildernder Umstände kann auf Haft oder auf Geldstrafe bis zu 1500 Mark erkannt werden.
Landau, 29. Mai 1917. Germersheim, 29. Mai 1917.
Der Kommandeur der stellvertretenden 6. Infanterie-Brigade: Schuchardt Generalmajor z. D.
Der Gouverneur der Festung Germersheim: v. Jäger Generalleutnant.

Zensur: Bekanntmachung vom 29. Mai 1917 [15]

erfüllen. Die Freien Gewerkschaften sprachen sich trotz all ihrer Bedenken bereits am 2. August 1914 für die Unterstützung der deutschen Kriegsanstrengungen aus. Auch sie boten den Arbeitgebern den Burgfrieden an,[22] der in Ludwigshafen auch über den gesamten Krieg hinweg Bestand hatte, abgesehen von kleineren Protestaktionen der Arbeiterschaft, die jedoch keinerlei Arbeitskampfcharakter besaßen. Die SPD- und die Gewerkschaftsführung bezeichneten es nun als ihre vordringlichste Aufgabe, die Verbindung zu den Genossen im Felde aufrecht zu erhalten, sowie deren Familien in der Heimat zu unterstützen; beispielsweise wurde die ›Pfälzische Post‹ von den Familienangehörigen an die Front übersandt. Auch rief die Ludwigshafener Sozialdemokratische Partei ihre Mitglieder und die Frauen der eingezogenen Genossen in regelmäßigen Abständen zusammen, um den Kontakt zu fördern und über die gemeinsame Lage zu diskutieren.[23]

Mit Fortdauer des Krieges entstanden zahlreiche Schwierigkeiten für die Arbeiterbewegung. Schon bei Kriegsbeginn hatte die Verbandsspitze des Fabrikarbeiterverbandes Probleme für das Organisationsleben prognostiziert.[24] Hierin sollte sie auch Recht behalten, denn die Zahl der Mitglieder und damit auch der Beitragszahler des Fabrikarbeiterverbandes nahm im Verlaufe des Krieges, insbesondere in den ersten Kriegsjahren, ab. Besaß die Ortsgruppe in Ludwigshafen im Jahre 1913 noch 3 065 Genossen, sank deren Zahl 1914 auf 1 803, 1915 sogar auf 1 059. Ab 1916 ging es wieder leicht aufwärts mit 1 197 Mitgliedern, deren Zahl Ende 1918 3 587 erreichte.[25] Beim Gewerkschaftskartell Ludwigshafens nahm die Mitgliederentwicklung die gleichen Relationen an. Durch den ›Dienst im Feld‹ sank auch die Zahl der SPD-Mitglieder drastisch: Mitte September 1914 waren fast 37% der Ludwigshafener Genossen eingezogen. Entsprechend schwer war die Parteiarbeit.[26] Ab Mitte 1915 begannen sich erste Stimmen in der Ludwigshafener Sozialdemokratie zu regen, die – wie Teile der deutschen SPD allgemein – den ›Kriegskurs‹ der Partei immer weniger mittragen konnten.[27] Zwei

Turn- und Fecht-Club E. V.

Wir bitten unsere in den **Krieg ziehenden Turner** um baldgefl. Bekanntgabe ihres **Truppenteiles**, um uns in Verbindung mit ihnen setzen zu können. 8690

Herz und Hand, dem Vaterland.

Der Turnrat.

Gesellschaft „Rheingold"

Ludwigshafen am Rhein — Gegr. 1907.

Heute abend 8 Uhr im Vereinslokal Wilh. Schott, Steinstraße 11 8711

Abschieds-Feier

für unsere zum Kriege einberufenen Mitglieder.

Der Ausschuß.

Arbeiter-Fortbildungs-Verein

Ludwigshafen a. Rh. (E. V.) — Gegr. 1868.

Einladung!

Wir laden unsere Mitglieder nebst Familienangehörigen zu der am Montag, den 3. August, stattfindenden

Abschieds-Feier

für unsere zur Fahne einrückenden Mitglieder höflichst ein. Dieselbe findet abends 9 Uhr im Lokale Wittelsbacher Hof (bei O. Schinkel) statt.

Der Ausschuß.

Pfälzerwald-Verein E. V.

Ortsgruppe Ludwigshafen a. Rh.-Mannheim.

An unsere Mitglieder!

Zu manch gehobener Stunde, auf frohen Wanderfahrten oder bei der Becher hellem Klange, haben wir in Wort und Lied unserer Liebe zur Heimat, unserer Liebe zum Vaterland Ausdruck gegeben. Jetzt, in ernster Stunde, gilt es, Worte und Lieder in Taten umzusetzen. Wir wenden uns hiermit an diejenigen unserer Mitglieder und Wanderfreunde, die nicht vor den Feind gerufen und beruflich abkömmlich sind. Wir bitten, sich in den Dienst des Vaterlandes zu stellen, jeder nach seinen Fähigkeiten und Anlagen; vor allem machen wir darauf aufmerksam, daß zurzeit die Ernte des Landmannes einzubringen ist. Meldet Euch recht zahlreich!

Ueber unser Vereinsvermögen — rund 2000 Mark — haben wir im Interesse der Verwundeten- und Krankenpflege verfügt. Wir wissen Euch damit einverstanden. 2218

8737 **Der Vorstand.**

Vereine nehmen Abschied von ihren eingezogenen Mitgliedern
Anzeigen aus dem ›General-Anzeiger‹ August 1914 [16—19]

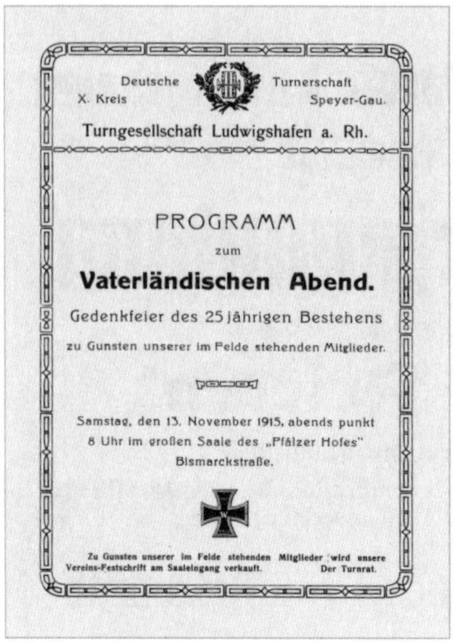

Deutsche Turnerschaft
X. Kreis Speyer-Gau.

Turngesellschaft Ludwigshafen a. Rh.

PROGRAMM

zum

Vaterländischen Abend.

Gedenkfeier des 25 jährigen Bestehens

zu Gunsten unserer im Felde stehenden Mitglieder.

Samstag, den 13. November 1915, abends punkt 8 Uhr im großen Saale des „Pfälzer Hofes" Bismarckstraße.

Zu Gunsten unserer im Felde stehenden Mitglieder wird unsere Vereins-Festschrift am Saaleingang verkauft.

Der Turnrat.

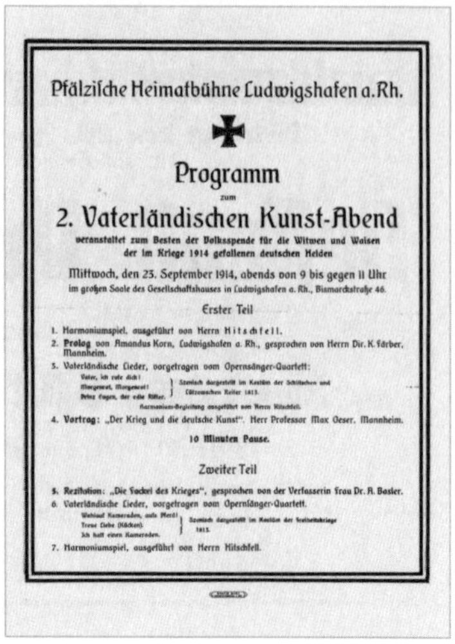

Pfälzische Heimatbühne Ludwigshafen a. Rh.

Programm

zum

2. Vaterländischen Kunst-Abend

veranstaltet zum Besten der Volksspende für die Witwen und Waisen der im Kriege 1914 gefallenen deutschen Helden

Mittwoch, den 23. September 1914, abends von 9 bis gegen 11 Uhr im großen Saale des Gesellschaftshauses in Ludwigshafen a. Rh., Bismarckstraße 46.

Erster Teil

1. Harmoniumspiel, ausgeführt von Herrn Hitschfell.
2. **Prolog** von Amandus Korn, Ludwigshafen a. Rh., gesprochen von Herrn Dir. K. Färber, Mannheim.
3. Vaterländische Lieder, vorgetragen vom Opernsänger-Quartett:
   Vater, ich rufe dich! / Morgenrot, Morgenrot! / Prinz Eugen, der edle Ritter. – Szenisch dargestellt im Kostüm der Schillschen und Lützowschen Reiter 1813.
   Harmonium-Begleitung ausgeführt von Herrn Hitschfell.
4. **Vortrag**: „Der Krieg und die deutsche Kunst". Herr Professor Max Oeser, Mannheim.

10 Minuten Pause.

Zweiter Teil

5. **Rezitation**: „Die Fackel des Krieges", gesprochen von der Verfasserin Frau Dr. A. Basler.
6. Vaterländische Lieder, vorgetragen vom Opernsänger-Quartett.
   Wohlauf Kameraden, aufs Pferd! / Treue Liebe (Kücken). / Ich hatt einen Kameraden. – Szenisch dargestellt im Kostüm der Freiheitskriege 1813.
7. Harmoniumspiel, ausgeführt von Herrn Hitschfell.

›Vaterländische‹ Abende [20, 21]

Jahre später kam es dann zur Spaltung der Arbeiterbewegung, als der oppositionelle Flügel der SPD fortan als USPD – Unabhängige Sozialdemokratische Partei Deutschlands – mit radikalen Anschauungen und revolutionären Zielen in Erscheinung trat. In Ludwigshafen war die USPD vorläufig nur eine kleine Splittergruppe, obgleich die Kriegskritik unter der Arbeiterschaft nach dem Abklingen der Kriegseuphorie verbreitet war. Anfänglich zählte die USPD in der Stadt etwa 50 Mitglieder, deren Zahl bis Kriegsende auf 100 stieg. Außer einem Parteiveteran waren keine führenden Parteimitglieder zu ihr übergewechselt. Die ›Pfälzische Post‹ polemisierte, daß an der USPD-Spitze ausschließlich Leute stünden, die sich noch nie um die Sozialdemokratie gekümmert hätten.[28]

Aber nicht nur die Stadtpolitik, die Parteien und die Gewerkschaften wurden durch den Krieg stark beeinflußt, sondern auch das gesamte gesellschaftliche Leben in der Stadt. Hier sind in erster Linie die zahlreichen Vereine zu nennen, an denen der Krieg alles andere als spurlos vorüber ging. Die meisten Vereine mußten wegen der massenhaften Einberufungen ihrer Mitglieder ihre Tätigkeit während des Krieges einstellen. Dies betraf besonders die Sportvereine, wie beispielsweise den ›Arbeiter-Radfahrerverein Ludwigshafen‹ oder die ›Freie Vereinigte Turnerschaft e.V.‹ – heute: ›Allgemeiner Sport-Verein Ludwigshafen-Mitte‹, deren Vereinsleben im Krieg komplett ruhte. Ebenso litten die Arbeitergesangvereine sehr stark unter den Rekrutierungen und konnten ihre Arbeit nicht aufrecht erhalten. Als letzte ›Amtshandlungen‹ fanden Abschiedsfeiern für die einberufenen Mitglieder statt. Diese Veranstaltungen wurden per Anzeigen beispielsweise im ›General-Anzeiger‹ angekündigt. Zuweilen gab es auch einmalige Gedenkfeiern bei einem Vereinsjubiläum, die zu Gunsten der Mitglieder im Felde abgehalten wurden. Andere Vereine wie ›Die Naturfreunde‹ erlitten empfindliche Rückschläge durch den Krieg, sowohl was die Mitgliederzahlen als auch die Vereinstätigkeit überhaupt betraf. Die Ludwigshafener Naturfreunde, deren Ziel das Hinausführen der Arbeiterschaft in die Natur war, hatten im Jahre 1913 insgesamt 210 Mitglieder; Anfang 1918 waren es nur noch 76, davon 61 Männer und 15 Frauen.[29] Die Beeinträchtigung

Anmerkungen
Seite 852 und 853

28 *Breunig, S. 548*
29 *ebd., S. 629ff*
30 *Protokollbuch des Vereins für Fraueninteressen Ludwigshafen, StALu, PGV*
31 *Jung, S. 124*
32 *ebd.*

Ausstellung von Kriegsbildern
18. April 1917 [22]

Anzeige des ›Palast-Theater‹-Kinos
8. Januar 1915 [23]

des Vereinslebens betraf aber nicht nur die Vereine der Arbeiter, sondern zog sich durch alle Schichten und Berufsgruppen. Das Geschlecht war in diesem Zusammenhang auch nicht maßgebend, denn die reinen Frauenvereine litten genauso unter dem Krieg. Die Arbeiterfrauen mußten verstärkt einer Erwerbstätigkeit nachgehen oder hatten kein Geld für die Beiträge, die bürgerlichen Frauen waren oftmals in der Krankenpflege oder im Wohltätigkeitsbereich tätig, was zwar zumeist auf Initiative eines Vereines zustande kam, doch kein eigentliches Vereinsleben im Sinne eines gesellschaftlichen oder kulturellen Austausches darstellte. So ist dem Protokollbuch des ›Vereins für Fraueninteressen Ludwigshafen am Rhein‹ zu entnehmen, daß während des Krieges nur zwei Einträge, und zwar am 19. März 1915 und am 23. April 1918 getätigt wurden. An diesen beiden Tagen fand jeweils eine Generalversammlung statt, in der jedoch ausschließlich kriegsbedingte Themen, besonders im Bereich Wohlfahrt und Fürsorge, besprochen wurden.[30] Neben dem geselligen Vereinsleben litten auch die Festivitäten unter dem Krieg. Beispielsweise fand das jährliche Ludwigshafener Parkfest im Juli 1914 das letzte Mal statt, um danach für viele Jahre zu ruhen.

Auch die Musik- und Theaterdarbietungen standen ganz im Zeichen des Krieges. Einige Tage nach Verkündung des Kriegszustandes schlossen alle Ludwigshafener Kinos und Theaterveranstalter, um „aber bald wieder zu öffnen und sich in den Dienst des Krieges zu stellen."[31] Es gab zwar keine regelmäßigen Programme, doch gaben einige Chöre, besonders Kinderchöre, oder Instrumentalvereinigungen, wie Zither-, Mandolinen- und Bandonionklubs und andere Musikkapellen in zahlreichen Wohltätigkeitskonzerten zugunsten der Kriegsfürsorge oder des Roten Kreuzes ihr Bestes. Ebenso bot mancher Musikverein den Verwundeten in den Lazaretten musikalische Unterhaltungsstunden. Außer musischen Präsentationen gab es auch zahlreiche Vorträge. Beispielsweise fand am 19. November 1916 eine ›stilvolle‹ Vortragsreihe des ›Vereins für klassische Kirchenmusik‹ zum Gedächtnis Max Regers in der dicht besetzten Lutherkirche statt.[32] Die Erlöse dieser Wohltätigkeitsveranstaltungen kamen zumeist den Soldaten im Felde zugute, zu

Tabakwarensammlung für „unsere Helden draußen in den Schützengräben" durch das Deutsche Rote Kreuz [24]

„Gold gab ich zur Wehr": Werbeplakat der Berliner Reichsbank November 1916 [25]

deren Gunsten auch spezielle Sammlungen im Rahmen eines kulturellen oder gesellschaftlichen Ereignisses stattfanden. Hier läßt sich der Ludwigshafener ›Tabaktag‹ anführen, der am 19. und 20. Dezember 1914 stattfand und an dem Tabakwaren für die Frontsoldaten gesammelt wurden, um deren Moral zu stärken. Diese Veranstaltungen erfreuten sich eines regen Interesses, ebenso wie die 1915 im Stadthaus Nord eingerichtete ›Kriegsgeschichtliche Sammlung‹. Deren Präsentation von zum gegenwärtigen Kriege in Beziehung stehenden Gegenständen, Schriften, Drucksachen usw."[33] viele Besucher veranlaßte, etwas zu spenden.

Anmerkungen
Seite 854 und 855

33 *VB 1915, S. 104*
34 *Springer, S. 142*
35 *RdP, IM, 16.7.15, LASp, H 3 12294; Johnson, S. 169*
36 *ebd.*
37 *Weitere Informationen zu Haber / Bosch und dem Oppauer Werk im Kapitel 13 ›Eingemeindung als Schicksal?‹*
38 *Osteroth, S. 159; auch Laible, S. 47*
39 *Holdermann, S. 136ff; Osteroth, S. 162ff; Johnson, S. 170ff*

Wirtschaft und Arbeit unter Einfluß des Krieges

Ludwigshafen als wichtiger Rüstungslieferant

Mit Beginn der Mobilmachung geriet das Wirtschaftsleben zunächst ins Stocken. Die nahezu lückenlose Inanspruchnahme aller öffentlichen Verkehrsmittel für militärische Zwecke brachte den Rohstofftransport und den Handel zum Stillstand. Speziell die Sperrung des Bahnverkehrs, die in der Pfalz aufgrund der Truppentransporte an die Westfront erheblich länger als in anderen Teilen des Reiches andauerte, stellte die Ludwigshafener Industrie, die stark exportorientiert war, vor große Probleme. So kam es in den Augusttagen zu einem sprunghaften Anstieg der Arbeitslosigkeit.[34] Zahlreiche Betriebe, besonders kleinere Unternehmen, mußten wegen der Einberufung von Facharbeitern und der Sperrung des Güterverkehrs, wodurch die Zufuhr von Rohstoffen ins Stocken geriet, schließen. Da man mit einem raschen Sieg rechnete, wurden selbst potentiell kriegswichtige Anlagen bei der BASF stillgelegt.[35]

Der Fehlschlag der deutschen Westoffensive im Herbst 1914 enttäuschte jedoch alle Hoffnungen. Der Krieg sollte länger dauern – und schon bald trat sein ›Materialcharakter‹ immer deutlicher hervor. Vor allem die seit 1916 durch die Reichsführung betriebene Mobilisierung aller Kräfte und die damit verbundenen massiven Produktionssteigerungen beflügelten die Kriegskonjunktur. Ihre Höchstleistung während des Ersten Weltkriegs erreichte die deutsche Industrie unter äußerster

Zeitungsverkäufer vor dem Tor 1 der BASF
1915 [26]

Werbung für die Kriegsanleihe
1918 [27]

Anspannung von Menschen und Material im Juni 1918 – um dann zusammenzubrechen. Wo es möglich war, stellten die Unternehmen nach Kriegsbeginn ihre Produktion schrittweise auf die kriegsbedingte Nachfrage um. In der Maschinenindustrie wurden nun Zünderteile, Granaten und Sprengminen an Stelle von Fahrrädern oder Maschinen hergestellt. Die Bekleidungsindustrie spezialisierte sich auf Uniformen und Militärstiefel und die chemische Industrie erzeugte Produkte des Sprengstoffbedarfs. In Ludwigshafen wurden nach einer Bekanntmachung der Kriegsamtnebenstelle neben der ›Anilin‹ auch die Firmen Grünzweig & Hartmann, Giulini, Raschig, die Luxschen Industriewerke, Sulzer und die Walzmühle[36] als ›kriegswichtig‹ eingestuft. Das bei weitem wichtigste Unternehmen war jedoch die BASF mit ihrer 1913 in Oppau gebauten, auf dem ›Haber-Bosch-Verfahren‹ basierenden ersten Ammoniaksyntheseanlage der Welt.[37] Der dort hergestellte Stickstoffdünger war für die Sicherstellung der Volksernährung unerhört wichtig, weshalb der Firma eine entschiedene – und durch großzügige Förderung ermöglichte – Vergrößerung ihrer Kapazitäten auferlegt wurde.[38] Doch konnten die Oppauer Anlagen auch helfen, ein noch weit drängenderes Problem zu lösen. Die kriegsbedingte Handelsblockade des Reiches führte nämlich zu einem Ausfall des Chilesalpeters, der als Komponente für Sprengstoffe unabdingbar war. Die Vorräte reichten nur noch bis Mitte 1915. Es war bekannt, daß die BASF schon Laborversuche mit der Gewinnung von ›synthetischem Chilesalpeter‹ aus Ammoniak unternommen hatte. So trat die Oberste Heeresleitung an das Unternehmen mit der Frage, ob diese Entwicklung auch im großem Stile nutzbar wäre. Nach Rücksprache mit seinen Mitarbeitern gab Carl Bosch, Laborleiter und 1914 stellvertretendes Vorstandsmitglied der BASF, das berühmte ›Salpeterversprechen‹. Er versicherte der Obersten Heeresleitung, daß die BASF in kürzester Zeit ein Verfahren zur großtechnischen Herstellung von Salpetersäure aus Ammoniak ausarbeiten werde. Schon Weihnachten 1914 waren die letzten Schwierigkeiten überwunden, und im März 1915 lief die erste Großanlage.[39] Damit begann für das Werk eine ungeahnte Expansion, denn der Staat

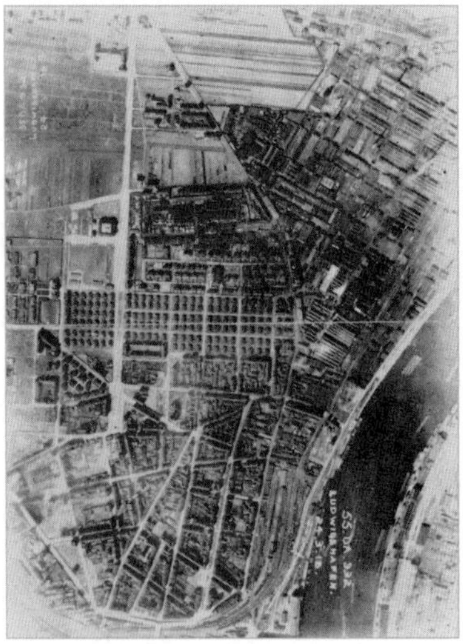

Eine der frühesten Luftaufnahmen der BASF und Friesenheims, 1918 [28]

förderte den wichtigen Lieferanten von Grundlagen der Volksernährung wie von Kriegsmaterialien auch weiter auf großzügige Weise.[40] Wurden von Seiten des Heeres bis 1916 monatlich 7 000 Tonnen Sprengstoff angefordert, stieg nach der Schlacht an der Somme 1916 die Forderung auf das Doppelte. Die einschlägige Produktion der BASF wurde daraufhin verdoppelt und nahm in der Folgezeit stetig zu, bis schließlich im Sommer 1917 das Unternehmen ca. 90% der gesamten Ausgangsmaterialien und Zwischenprodukte für die Pulver- und Sprengstoffindustrie herstellte – und das hauptsächlich in Ludwigshafen und Oppau! Und noch für weitere Produkte wurde Ludwigshafen wichtig. Das Chlorgas, das erstmals 1915 bei Ypern gegen die Truppen der Westmächte eingesetzt wurde, war ein Produkt der BASF. Auch beim zweiten, weitaus giftigeren Kampfstoff, Phosgen, stieg das Unternehmen zum Hauptlieferanten auf. Die BASF war somit neben Krupp das für die deutsche Kriegsführung wichtigste Unternehmen.[41] Dies zeigte sich auch im Gewinn der BASF, der von 17,2 Millionen Mark im Jahre 1913 auf 33,3 Millionen Mark 1917 anstieg – um im Jahr des Kriegsendes wieder auf 14,6 Millionen Mark einzubrechen.[42] Die Konjunktur der gesamten Rüstungsindustrie der Stadt spiegelte sich im Wachstum des ›Staatssteuersolls‹ von (1912) 2,3 Millionen Mark auf (1917) 3,9 Millionen im Bereich des Steuerbezirks Ludwigshafen – eine Zunahme um 67%.[43]

Mit der Ausweitung der Produktion stieg auch der Arbeitskräftebedarf enorm an. Sanken die Beschäftigtenzahlen der BASF aufgrund des Wegfalls der Farbenexportmärkte bis Anfang 1916, konnte spätestens ab 1917 eine beträchtliche Ausweitung verzeichnet werden: Vor dem Krieg betrug die Gesamtbelegschaft der BASF 12 072 Personen, die bis 1915 durch den Abzug der Wehrpflichtigen im Jahresdurchschnitt auf 8 441 sank, um dann bis auf 16 535 im Jahre 1918 wieder anzusteigen.[44] Die Fluktuation der Arbeiterschaft war in dieser Zeit sehr hoch. Insgesamt wurden im Verlaufe des Krieges zwischen 1914 und 1917 über 11 000 Arbeiter der BASF zum Militärdienst eingezogen.[45] In den letzten Kriegsmonaten konnte die enorme Nachfrage nach Arbeitskräften selbst durch Freistellungen, Beurlaubungen von der Front, die Zuweisung von Kriegsgefangenen und die Einstellung von Frauen und Jugendlichen nicht mehr befriedigt werden.

Die deutsche Chemie, in erster Linie die BASF, hat im Krieg Leistungen vollbracht, die vor August 1914, speziell im Ausland, für unmöglich gehalten wurden. Dies verdeutlicht die Ansprache eines Chemikers im englischen Parlament: „ [...] daß es lächerlich wäre, an das Märchen zu glauben, daß die Deutschen in der Lage wären, ihre Schießbaumwolle aus Holz herzustellen in Verbindung mit Salpetersäure, die sie aus der Luft gewinnen würden."[46] Doch schon bald erkannten die Kriegsgegner die enorme Bedeutung der Oppauer Stickstoffanlage, und nach dem ersten Chlorgasangriff an der Front wurde das Werk noch weitaus mehr das Ziel zahlreicher Bombenangriffe. Die BASF ließ daraufhin bombensichere Unterstände und Schutzräume auf dem Werksgelände errichten. Als weitere Reaktion auf die feindliche Luftgefahr wurde Ende 1917 der Bau einer ›Scheinanlage‹ in Angriff genommen. In einem Schreiben informierte der Kommandeur des Heimatluftschutzes das stellvertretende Generalkommando des II. Bayerischen Armeekorps in Würzburg über dieses Vorhaben: „Zum Schutz der Badischen Anilin- und Sodafabrik in Ludwigshafen a. Rh. gegen Fliegerangriffe soll auf

Anmerkungen
Seite 856 und 857

40 *Laible, S.47*
41 *Thalmann, S.170; Johnson, S.173f*
42 *Thalmann, S.171*
43 *Bayern in der deutschen Volkswirtschaft vor, in und nach dem Kriege, in: Zeitschrift des Bayerischen Statistischen Landesamts 1918, hier S.185*
44 *Schiffmann, S.459*
45 *ebd., S.77*
46 *Laible, S.97*
47 *StALu, LUA 164*
48 *Holdermann, S.144ff*
49 *Thalmann, S.387*
50 *ebd., S.286*
51 *vgl. allg. Feldman*
52 *StALu, LUA 384*

Anregung des kommandierenden Generals der Luftstreitkräfte unter militärischer Leitung eine Scheinanlage [...] ausgeführt werden. Mit der Ausführung und Tragung ihrer Kosten hat sich die Badische Anilin- und Sodafabrik einverstanden erklärt."[47] Die Anlage gehörte nicht zum eigentlichen Werk und wurde in der Gemarkung Edigheim/Mörsch errichtet. Die betroffenen Grundstücke wurden für die Kriegsdauer gemäß dem ›Gesetz über die Kriegsleistungen‹ aus dem Jahre 1873 beschlagnahmt, soweit die Eigentümer, zumeist Bauern, diese nicht freiwillig zur Verfügung stellten. Eine landwirtschaftliche Nutzung war weiterhin möglich, da lediglich Lampenmasten, Holzwände und Glasbeete zur Nachahmung von Oberlichtern aufgestellt wurden. Im März 1918 war die Anlage fertiggestellt und konnte feindliche Flugzeuge auf die ›falsche Fährte‹ locken. Um der Luftgefahr überhaupt zu entgehen, wurde seit 1916 ein großes Zweigwerk der BASF in Leuna im heutigen Sachsen-Anhalt errichtet.[48]

Abholung der Glocken der Friesenheimer Pauluskirche 10. Juli 1917 [29]

In dem Maße, wie die Ludwigshafener Großunternehmen vom Krieg profitierten, benachteiligte dieser allerdings die kleinen Unternehmen und die Handwerker, deren Auftragslage sich äußerst negativ entwickelte. Der Ludwigshafener Mittelstand wurde hart getroffen und sank wirtschaftlich teilweise bis zur Armutsgrenze herab.[49]

Um die Kriegsmaschinerie aufrecht zu halten, wurden nicht nur die deutschen Industriebetriebe herangezogen, sondern sämtliche zur Verfügung stehenden Ressourcen ausgenutzt. Mit fortschreitender Dauer der Kämpfe stieg der Bedarf an Munition dermaßen stark an, daß es notwendig wurde, Ersatzmetalle zu beschaffen. Neben der Beschlagnahmung von Haushalts- und Einrichtungsgegenständen wie Blitzableitern, Dachrinnen, Fenster- und Türgriffen, Konservendosen und Destillationsapparaten[50] wurden in Ludwigshafen, wie in zahlreichen anderen deutschen Städten auch, Kirchenglocken demontiert und abtransportiert. Die Glocken wurden später in speziellen Anlagen eingeschmolzen und zu Geschossen verarbeitet. Auf diese Art und Weise fielen beispielsweise die Glocken der Ludwigshafener St. Ludwigskirche im Juli 1917 dem Krieg zum Opfer.

Arbeitskräfte für die Industrie

Zum Jahresende 1913 lebten in Ludwigshafen 93 978 Menschen. Obgleich der Zuzug gegenüber den vorangegangenen Jahrzehnten kleiner geworden war, hatte die Bevölkerung der Stadt doch zwischen 1908 und 1913 um 2 000 bis 4 000 Personen jährlich zugenommen. Mit Kriegsausbruch änderte sich das Bild schlagartig. Die Einberufung tausender Männer zum Militär senkte die Einwohner- wie die Beschäftigtenzahlen. Nachdem jedoch – wie oben für die BASF beschrieben – die Kriegskonjunktur ›ansprang‹, suchten die größeren Betriebe der Stadt händeringend nach Arbeitskräften. Für die gesamte Kriegszeit setzte ein Tauziehen zwischen den Militärbehörden und der Industrie wegen der Freistellung vor allem von Facharbeitern ein,[51] doch mußten auch andere Quellen erschlossen werden: Die ›Kriegs-Volkszählung‹ vom Dezember 1917 zeigte, daß die gesamte ortsanwesende Bevölkerung zwar auf 87 125 Menschen geschrumpft war. Doch waren zu diesem Zeitpunkt 1 668 Kriegsgefangene in Ludwigshafen beschäftigt, vorwiegend bei der BASF und Giulini.[52] Auch gab es hunderte von ausländischen Zivilarbeitern in der Stadt. Zudem waren zahlreiche Beschäftigte aus den

Arbeiterin im BASF-Kraftwerk Oppau bei Reinigungsarbeiten Mai 1917 [30]

Die ›Zentralnähstuben für Kriegszwecke‹ in der Rheinschule 1914 [31]

nunmehr benachteiligten und ›wenig kriegswichtigen‹ Betrieben oder dem Dienstleistungsgewerbe bei der Großindustrie eingetreten. Als größtes ›Reservoir‹ für die Gewinnung zusätzlicher Mitarbeiter[-innen] hatten sich jedoch die Frauen erwiesen. Schon im Frühjahr 1917 wurden nicht weniger als 2 671 Arbeiterinnen allein in der Rüstungsindustrie der Stadt beschäftigt.[53] Hier hatte sich im von der ›männlichen‹ Chemie geprägten Ludwigshafen ein deutlicher Wandel vollzogen.

Die Bedeutung der Frauenerwerbsarbeit während des Krieges – Das ›Hilfsdienstgesetz‹

Vor dem Ersten Weltkrieg existierte in den Industriestädten eine strenge geschlechtsspezifische Segmentierung des Erwerbslebens. In der Grundstoff-, Produktions- und Investitionsgüterindustrie arbeiteten deutlich weniger Frauen als in der Verbrauchsgüterindustrie. So waren die Textil- und Bekleidungsindustrie und auch die Zigarrenindustrie typische Frauenbranchen, wohingegen in den Metall- und Chemieunternehmen überwiegend Männer beschäftigt waren.[54] In Ludwigshafen gab es fast keine typischen Frauenindustrien. Infolgedessen hat sich hier ein besonderer Arbeitsmarkt für weibliche Arbeitskräfte entwickelt, der weiter unten noch genauer besprochen wird. Lediglich bei dem Textilunternehmen Kuhn & Adler sowie der Tricotweberei Mann arbeiteten vor dem Krieg insgesamt etwa 370 Frauen – gegenüber 80 Männern. Diese beiden Firmen waren jedoch die einzigen ›Frauenbetriebe‹ in Ludwigshafen. Die großen ortsansässigen und bedeutenden Unternehmen der Metall- und Chemiebranche, wie die Firmen der Gebrüder Sulzer oder der Gebrüder Giulini, beschäftigten vor dem Krieg keine Frauen.[55] Dies galt sowohl für den Produktions- als auch für den kaufmännischen Bereich. Speziell bei dem größten Arbeitgeber der Stadt, der BASF, bei der Anfang 1914 über 11 000 Arbeitskräfte tätig waren, arbeitete bis zum Jahre 1915 so gut wie keine Frau, abgesehen von ein paar wenigen in den Sozialeinrichtungen des Betriebes, wie der Werksküche oder dem Wöchnerinnenheim.[56] Obwohl die chemische Industrie keine typische ›Frauenbranche‹ war, wiesen die großen Konzerne Bayer

Anmerkungen Seite 858 und 859

53 *Berufsverhältnisse der Arbeiterinnen in der Rüstungsindustrie, in: Zeitschrift des Bayerischen Statist. Landesamts 1919, S. 299*

54 *Jahresberichte der Königlich Bayerischen Gewerbeaufsichtsbeamten, 1913, S. 254ff*

55 *StALu, ZR I 6620/1*

56 *Handrick, S. 151*

57 *Duisberg, S. 9*

58 *Breunig, S. 105*

59 *StALu, LUA 307*

Arbeiterinnen bei der ›Luxschen Apparatebau-Gesellschaft‹ um 1917 [32]

Arbeiterinnen bei der ›Luxschen Apparatebau-Gesellschaft‹ um 1917 [33]

und Hoechst im Gegensatz zur BASF einen konstanten Frauenanteil von 5—10% auf.[57] Die Besonderheit bei der BASF ist in erster Linie auf das ständige Überangebot an männlichen ungelernten Arbeitskräften zurückzuführen, durch das sich die Lohnkosten im erträglichen Rahmen hielten.[58] So waren die Arbeiterfrauen in Ludwighafen vor dem Krieg überwiegend als Arbeiterinnen in kleineren Gewerbebetrieben, insbesondere des Handwerks, sowie im häuslichen Dienst, im Gaststättengewerbe, als Putz-, Wasch- oder Bügelfrauen und in Heimarbeit tätig. Kurz vor dem Krieg läßt sich auch eine leichte Verschiebung zugunsten kaufmännischer Berufe verzeichnen, was jedoch überwiegend nur ganz junge Arbeiterfrauen und -mädchen betraf. Das herrschende Familienleitbild sah für die Frauen den ›Hauptberuf‹ Hausfrau und Mutter vor, der jedoch aufgrund der finanziellen Situation in den Arbeiterfamilien kaum zu realisieren war.

Die Schließung zahlreicher kleinerer Unternehmen in der Stadt bei Kriegsbeginn machte besonders viele weibliche Beschäftigte arbeitslos. Die Verringerung der Arbeitsgelegenheiten betraf auch die Dienstmädchen und die in den Gastwirtschaften beschäftigten Frauen. Hinzu kamen noch zahlreiche bisher nicht erwerbstätige arbeitsuchende ›Kriegerfrauen‹, die nun auf einen Verdienst angewiesen waren.[59] Das städtische Arbeitsamt und auch private Arbeitsnachweise wurden in dieser Zeit so stark frequentiert wie nie zuvor. Ende August 1914 leitete die Stadt Maßnahmen zur Beschaffung von Arbeitsgelegenheiten in die Wege.

Von diesen Notstandsarbeiten, beispielsweise im städtischen Gaswerk oder im Stadtbauamt, profitierten aber ausschließlich männliche Arbeitskräfte. Die zahlreichen arbeitsuchenden Frauen wurden in dieses Programm nicht einbezogen. Das ›Angebot‹ an die Hausfrauen, zum Ernteeinsatz auf dem Land eingesetzt zu werden, war keine Alternative für die Arbeiterfrauen, da diese Tätigkeit fast immer unentgeltlich war. Man hoffte hier auf ehrenamtliche Helfer, die diese Arbeit aus nationaler Begeisterung verrichten würden, was eher für die Frauen aus dem Bürgerstand realisierbar war.

Arbeiterinnen bei der ›Luxschen Apparatebau-Gesellschaft‹ um 1917 [34]

Der oben schon erwähnte, bald deutlich werdende ›Materialschlacht‹-Charakter des Krieges führte schon im Herbst 1914 zu einer Steigerung der Produktion in den Betrieben der Maschinen- und der Chemieindustrie. Allerdings wurden auch hier zunächst nur männliche Arbeitskräfte, speziell Facharbeiter, benötigt. Um die große Nachfrage weiblicher Arbeitsuchender, insbesondere seitens der ›Kriegerfrauen‹, wenigstens ansatzweise befriedigen zu können, richtete die Stadtverwaltung Ludwigshafen in Zusammenarbeit mit dem Roten Kreuz im Oktober 1914 die ›Zentralnähstuben für Kriegszwecke‹ ein. Die Auftragslage für die Zentralnähstuben gestaltete sich zunächst jedoch äußerst ungünstig, da lediglich das Rote Kreuz Näharbeiten zu vergeben hatte. Heeresaufträge für Armeenäharbeiten blieben aus. Doch im Januar 1915 erhielten die Zentralnähstuben für Kriegszwecke vom ›Königlichen Kriegsbekleidungsamt‹ des II. Bayerischen Armeekorps in Würzburg einen Auftrag zur Fertigung von 6 000 Soldatenhemden. Diesem folgten im Verlauf des Jahres 1915 weitere Aufträge zur Lieferung von Soldatenwäsche, Strohsackhüllen, Sandsäcken, Strümpfen und vielem mehr.[60] Im Sommer 1915 waren in der Werkstatt der Zentralnähstuben in der Ludwigshafener Rheinschule 250 Arbeiterinnen beschäftigt. Hinzu kamen 2 000 bis 2 500 Heimarbeiterinnen, deren Zahl bis Ende 1915 auf 4 000 anstieg.[61] In der Ludwigshafener Industrie trat nun der Mangel an Arbeitskräften deutlicher hervor, so daß die Unternehmen mehr und mehr zur „Einstellung jeder sich anbietenden Arbeitskraft"[62] gezwungen waren. Mit der Einbeziehung von Frauen taten sich die Ludwigshafener Großbetriebe, insbesondere die BASF, jedoch äußerst schwer. So waren bei der Betriebskrankenkasse der BASF zum Ende des Jahres 1915 gerade einmal 145 Frauen gegenüber 10 079 Männern, von denen 2 428 ins Feld eingerückt waren, versichert.[63] Die Firma reklamierte lieber ihre eingezogenen Arbeiter bei der Heeresverwaltung, als weibliche Arbeitskräfte einzustellen. Im Verlauf des Jahres 1915 fanden allgemein mehr Frauen Eingang in Arbeitsbereiche, die bisher den Männern vorbehalten waren. Zahlreiche handwerkliche Tätigkeiten wurden aufgrund des Mangels an Gehilfen von Frauen verrichtet, beispielsweise im

Anmerkungen Seite 860 und 861

60 *Kreuter, S. 15*

61 *VB 1915, S. 27*

62 *Jahresberichte der Bayerischen Gewerbeaufsichtsbeamten 1914—1918, S. XVI*

63 *Bezirksamt Ludwigshafen, RdP, 21. 8. 18, LASp, H1 418*

64 *RdP, IM v. 16. 6. 15, LASp, H 3 12294*

65 *VB 1916, S. 46*

66 *StALu, WS 2b, Betriebschronik der Firma Gebr. Giulini GmbH Ludwigshafen, Band III*

67 *zitiert nach Daniel, S. 75*

Arbeiterinnen bei der ›Luxschen Apparatebau-Gesellschaft‹ um 1917 [35]

Bäckerei- oder Metzgereigewerbe. Aber auch bei den Verkehrsbetrieben wurden nun Frauen beschäftigt. Im April 1915 arbeiteten bei der Trambahn Ludwigshafen erstmals Straßenbahnschaffnerinnen.[64] Insgesamt veränderte sich im Verlauf der Jahre 1915 und 1916 das Straßenbild. Frauen arbeiteten nun als Kutscherinnen, Straßenfegerinnen, Briefträgerinnen und vieles mehr. Auch bei der Stadtgärtnerei, dem städtischen Gaswerk, dem städtischen Schlachthof und dem Hochbauamt wurden Frauen als Arbeiterinnen oder kaufmännische Aushilfskräfte eingestellt. Die Zentralnähstuben für Kriegszwecke konnten im Jahre 1916 ihre Geschäftstätigkeit weiter ausbauen. Zu den monatlichen Aufträgen des Kriegsbekleidungsamtes in Würzburg kam im Frühjahr 1916 eine Order der ›Königlichen Fortifikation Germersheim‹ über die Lieferung von 3 400 000 Sandsäcken hinzu.[65] Bei den industriellen Großbetrieben der Stadt verstärkte sich 1916 der Frauenanteil. So betrug dieser bei Giulini über 30%.[66] In der chemischen Industrie hatten die Frauen Transport- und Reinigungsarbeiten zu verrichten sowie die Bedienung von Ventilen und Reguliervorrichtungen an Apparaten zu übernehmen. In der Metall- und Maschinenindustrie wurden die weiblichen Arbeitskräfte für Dreh-, Fräs-, Schleif- und Bohrarbeiten an Granaten, Zündern und Gewehrteilen sowie für Kontrollarbeiten bei der Granatenproduktion eingesetzt.

Insgesamt war das Kriegsjahr 1916 von großen Verlusten an Menschen und Material geprägt. Die Mobilisierung aller in der Heimat verfügbaren Kräfte hinterließ empfindliche Lücken in den kriegsgüterproduzierenden Betrieben. Am 31. August 1916 betonte Hindenburg in seinem Schreiben an den preußischen Kriegsminister die Notwendigkeit, die für die Front benötigten Soldaten in den Rüstungsbetrieben durch Kriegsgeschädigte, Kriegsgefangene, Jugendliche und Frauen zu ersetzen. Hindenburg vertrat die Maxime „wer nicht arbeitet, soll auch nicht essen."[67] Nach längerfristigen Verhandlungen zwischen politischen, militärischen, industriellen und gewerkschaftlichen Vertretern trat am 5. Dezember 1916 das ›Gesetz über den vaterländischen Hilfsdienst‹ in Kraft, das jeden männlichen Deutschen vom vollendeten siebzehnten

Die kaufmännische Arbeitswelt ›verweiblicht‹: Frauen im Schreibbüro der Ludwigshafener Kaffeegroßhandlung Scharf 1920er Jahre [36]

bis zum vollendeten sechzigsten Lebensjahr zum vaterländischen Hilfsdienst verpflichtete, sofern er nicht Dienst an der Waffe leistete.[68] Die Frauen wurden entgegen der ursprünglichen Intention der Militärführung nicht in dieses Gesetz miteinbezogen. Die staatlichen Institutionen waren vermutlich nicht daran interessiert, die Stellung der Frau in Wirtschaft und Politik durch solch eine gesetzliche Verankerung zu stärken.

Von weitreichender gesellschaftspolitischer Bedeutung war der § 11 des ›Hilfsdienstgesetzes‹, der vorsah, daß in Betrieben mit mehr als 50 Arbeitnehmern ›ständige Arbeiter- und Angestelltenausschüsse‹ einzurichten waren, die Anträge, Wünsche und Beschwerden der Arbeiterschaft entgegenzunehmen und an die Unternehmensleitung weiterzuleiten hatten. Bei der Wahl dieser Arbeiterausschüsse besaßen sowohl die männlichen als auch die weiblichen Arbeitskräfte das aktive und passive Wahlrecht. Somit erlangten die Frauen bereits vor Einführung des allgemeinen Wahlrechts in der Weimarer Republik auf betrieblicher Ebene formal die ›Gleichberechtigung‹.[69] Die Einrichtung dieser Arbeitsausschüsse bedeutete aber noch viel mehr, weil dadurch die Alleinherrschaft der Unternehmer erstmals offiziell durchbrochen wurde und die Belegschaft bei arbeitspolitischen Fragen und Problemen mitbestimmen konnte. Dies war de facto die Anerkennung der Gewerkschaften als Interessenvertretung der Arbeiterschaft durch die Unternehmen und den Staat.

Die Auswirkungen des Hilfsdienstgesetzes auf die Mobilisierung derjenigen Arbeitskräfte, die unter dieses Gesetz fielen, das heißt Männer, die sich nicht im Fronteinsatz befanden, war relativ gering. Die meisten männlichen Arbeitskräfte waren bereits in der Kriegswirtschaft tätig. Die Frauen sollten „lediglich" zu einer freiwilligen Mitarbeit im ›vaterländischen Hilfsdienst‹ bewegt werden. Diese Aufgabe oblag der bei dem Kriegsamt eingerichteten ›Frauenarbeitszentrale‹ (FAZ). Zusätzlich wurden bei jeder Kriegsamtstelle ›Frauenreferate‹ eingerichtet, die für die Arbeit auf lokaler Ebene zuständig waren. Bei der Kriegsamtnebenstelle in Ludwigshafen wurde ein eigenes Frauenreferat (Referat B) ins Leben gerufen. Aus den Anweisungen der Kriegsamtstelle Würzburg zur ›Durchführung des Gesetzes über den Vaterländischen Hilfsdienst‹ ging hervor, daß nach Möglichkeit alle ablösbaren Militärpersonen gerade durch Frauen und Jugendliche zu ersetzen wären.[70] Im Gegensatz zu den meisten Städten im Reich war die entscheidende Frage für das Frauenreferat in Ludwigshafen nicht, wie arbeitswillige Frauen für die kriegswichtigen Industrien gewonnen werden konnten, sondern wie die ansässigen Großunternehmen, beispielsweise die BASF, dazu zu bewegen waren, die sich selbst anbietenden weiblichen Arbeitskräfte in den Produktionsprozeß zu integrieren. Genauer gesagt war in Ludwigshafen die Zahl der in der Industrie arbeitsuchenden Frauen deutlich größer als die Zahl der – für weibliche Arbeitskräfte – offenen Stellen. Die Tätigkeit des Ludwigshafener Frauenreferates konzentrierte sich daher darauf, Widerstände in der Industrie gegen den Einsatz weiblicher Arbeitskräfte zu beseitigen. In den kriegswichtigen Großunternehmen konnten nicht alle um eine Fabrikarbeit nachsuchenden Frauen untergebracht werden, trotz der gestiegenen Zahl offener Stellen.[71] Lediglich die Luxsche Apparatebau-Gesellschaft m.b.H. trat als Modellunternehmen einer erfolgreichen Einbindung weiblicher Arbeitskräfte hervor. Am 1. März 1918 veröffentlichte das Frauenreferat

Anmerkungen
Seite 862 und 863

68 *§ 1 Gesetz über den vaterländischen Hilfsdienst, Reichs-Gesetzblatt, 1916, S. 1333—1339*

69 *Friedrich, S. 66ff*

70 *StALu, LUA 395*

71 *Friedrich, S. 69f*

72 *StALu, LUA 289*

73 *Sitzungsprotokolle der „Engeren Kommission des Aufsichtsrates" der BASF vom 2.11.1917, 29.4.1918 und 4.11.1918, Unternehmensarchiv BASF*

74 *Herbert, S. 91ff; StALu, LUA 401*

der Kriegsamtnebenstelle Ludwigshafen die Broschüre ›Anlernen von Ersatzkräften in der Rüstungs-Industrie‹, in der am Beispiel der Firma Lux, die hauptsächlich Zünder- und Gewehrteile herstellte, mit Hilfe von zahlreichen Bildern demonstriert wurde, wie der Anteil der männlichen Arbeitskräfte auf 7% der Belegschaft herabgedrückt werden konnte.[72] Im Zuge der Aufklärungsarbeit des Frauenreferates stieg die Zahl der weiblichen Beschäftigten in der Industrie. Auch bei der BASF arbeiteten am 1. April 1917 bereits 983 Arbeiterinnen, deren Zahl bis zum 1. Oktober 1918 auf über 1 900 anstieg.[73] Häufig übernahmen die Frauen die Arbeitsplätze ihrer eingezogenen Männer, so daß sich das Unternehmen relativ sicher sein konnte, daß die weiblichen Beschäftigten nach Beendigung des Krieges die Stellen für ihre heimkehrenden Männer wieder räumen würden. Solche Überlegungen spielten bei den Betrieben eine wichtige Rolle, denn bereits während des Krieges begannen die ersten Demobilmachungsvorbereitungen. Die Diskussion um die wirtschaftliche Demobilmachung wurde vor dem Hintergrund der Aufrechterhaltung bzw. Wiederherstellung der gesellschaftlichen Ordnung geführt. Von Seiten der Industrie und des Staates befürchtete man Unruhen und eine Radikalisierung der Arbeiter, sofern diese nicht auf ihre ›alten‹ Arbeitsplätze zurückkehren konnten, also arbeitslos würden. Hier wird der ›Reservearmeecharakter‹ der Arbeiterinnen während des Krieges deutlich. Man ließ nie einen Zweifel daran, daß die Frauen in der Rüstungsindustrie die Arbeitsplätze für die heimkehrenden Soldaten zu räumen hätten. Aber auch andere Arbeitsbereiche, in welche die Frauen während des Krieges ›vorgedrungen‹ waren, sollten wieder freigemacht werden, denn nicht nur die Fabrikarbeit in Ludwigshafen verzeichnete im Verlaufe des Krieges einen enormen Zuwachs an weiblichen Arbeitskräften, sondern auch andere Arbeitsfelder, wie beispielsweise der kaufmännische Sektor. In den Büros der Industriebetriebe und den behördlichen Stellen wurde nun mehr weibliches Personal eingestellt. Im Gegensatz zur Fabrikarbeit konnte diese Entwicklung nach Kriegsende jedoch nicht wieder rückgängig gemacht werden. Insgesamt wird deutlich, daß im Verlauf des Krieges die bisherige geschlechtsspezifische Segmentierung des Erwerbslebens immer stärker durchbrochen wurde und die Kriegsmaschinerie ohne den Arbeitseinsatz der Frauen nicht hätte aufrechterhalten werden können. Die verstärkte Nachfrage nach Arbeit während des Krieges ist bei den Frauen jedoch weniger auf ein vaterländisches Gesamtgefühl, das mit dem Hilfsdienstgesetz intendiert wurde, als auf eine materielle Notwendigkeit zurückzuführen.

Ausländische Arbeitskräfte im Dienste der deutschen Kriegswirtschaft

Mit Ausbruch der Feindseligkeiten wurden die in Deutschland arbeitenden Staatsangehörigen der Feindstaaten zum Problem. Versuchte man die ausländischen Industriearbeiter kurz nach Kriegsbeginn in der Hoffnung auf einen schnellen Sieg aus dem Land zu schaffen, so verpflichtete man sie nach dem Fehlschlag der Westoffensive zum Bleiben. Sie wurden zu ›zivilen Kriegsgefangenen‹ und strikter Überwachung unterworfen oder interniert.[74] Davon waren in der Chemiestadt Ludwigshafen als einzige größere Gruppe Männer aus ›Russisch-Polen‹ betroffen, die zum Teil schon lange in der ortsansässigen Industrie gearbeitet

Kriegsgefangene Russen in der Landwirtschaft [37]

hatten. 1915 erhielt die BASF die – sonst in den Westgebieten des Reiches noch nicht übliche – Erlaubnis, weitere polnisch-russische Arbeiter einzustellen. Auch wurden ihr 400 ungelernte russische Kriegsgefangene zugeteilt, mit deren Renitenz und naturgemäß geringem Arbeitswillen das Unternehmen allerdings keine guten Erfahrungen machte. Die Beschäftigung dieser Kriegsgefangenen scheint denn auch überwiegend nicht von langer Dauer gewesen zu sein; denn ausweislich der bayerischen Statistik arbeiteten im Dezember 1916 in der gesamten bayerischen Chemieindustrie lediglich 148 Zivil- und 75 Militärkriegsgefangene – während es zur gleichen Zeit 31 596 weibliche Beschäftigte und 1 046 Kriegsbeschädigte in dieser Branche gab.[75] Trotz einiger Versuche, sowohl im besetzten Belgien als auch in Russisch-Polen Arbeitskräfte anzuwerben, standen die Bemühungen, die Deutschen mit Appellen und gelindem Zwang zu Höchstleistungen zu bewegen, im Vordergrund. Auch kämpften Militär und Industrie, wie oben angedeutet, beständig um die Freistellung vor allem von Facharbeitern. Erst im Rahmen der seit 1916/17 begonnenen zivilen und militärischen Mobilisierung und der sich abzeichnenden Unmöglichkeit, mit ›eigenen‹ Ressourcen den Arbeitskräftebedarf zu decken, wurde verstärkt begonnen, Kriegsgefangene in der Industrie einzusetzen und in den besetzten Gebieten (Russisch-)Polens und Belgiens Zivilarbeiter anzuwerben. Dabei wurden zeitweise auch Methoden der Zwangsrekrutierung angewandt, die man jedoch aufgrund des negativen Echos im In- und Ausland sowie peinlicher Nachfragen von Seiten des Reichstags bald wieder einstellte. Das Deutsche Reich der Jahre 1914 bis 1918 erwies sich darin als diametral verschieden von der NS-Diktatur während des Zweiten Weltkriegs. Nach der Anerkennung des Königreichs Polen durch Deutschland Ende Dezember 1916 erfuhren die Regelungen über die Behandlung der polnischen Arbeitskräfte eine gewisse Lockerung. Die Internierung der russisch-polnischen Industriearbeiter wurde aufgehoben, und es gab Urlaubsregelungen, die es den polnischen Arbeitskräften gestatteten, den von Deutschland besetzten Teil Polens zu besuchen. Die Urlauber durften sogar deutsches Geld mit in ihre Heimat nehmen, die Mitnahme

Anmerkungen
Seite 864 und 865

75 Johnson, S. 184; Statist. Jahrbuch f. d. Freistaat Bayern 1919, S. 36
76 Herbert, S. 91ff; StALu, LUA 306
77 Feldman, S. 248
78 Herbert, S. 108; StALu, LUA 306
79 Bericht vom 10. 11. 1917; StALu, LUA 401

Kriegsgefangene Russen bei Bauarbeiten in der Stadt [38]

von Goldgeld war jedoch verboten. So erließ die Militärführung die Bestimmung, daß an den Grenzübergangsstellen den Arbeitern, bei denen Goldgeld gefunden wurde, dieses umgewechselt und sie an ihre Arbeitsstätte zurückgeführt werden sollten.[76] Dennoch blieben die Polen gegenüber den deutschen Arbeitskräften deutlich benachteiligt. Die Hoffnung, die ›befreiten‹ Polen als Quasi-Verbündete zu besonderen Leistungen zu motivieren, konnte sich so nicht erfüllen.[77]

Demgegenüber gewährte man den Belgiern seit Mai 1917 die völlige Gleichberechtigung mit den deutschen Beschäftigten bei Lohn und Lebensbedingungen. Man brauchte die belgischen Arbeiter und war an deren Beschäftigung längerfristig interessiert. Dies blieb nicht ohne Erfolg: die Anwerbezahlen schnellten in die Höhe. Belgier seien, wie das Bezirksamt an das Bürgermeisteramt Ludwigshafen im September 1917 schrieb, nach Auskunft der Militärbehörden „die einzigen ausländischen Arbeitskräfte [...], mit deren rascher Beschaffung die Kriegswirtschaft rechnen kann."[78] Der Hauptteil der belgischen Arbeiter in Ludwigshafen war in der ›Anilin‹ tätig, wo im Juli 1917 die ersten 400 eintrafen, die teils in Privatwohnungen oder kasernenmäßig in zur BASF gehörenden Turnhallen untergebracht und verpflegt wurden.[79] Wenige Monate vor Kriegsende waren dann fast 600 Belgier in der BASF tätig.

Allerdings war der Ton gegenüber den fremden Zivilarbeitern aus den besetzten Gebieten nicht immer nur konziliant: Wie eine die Arbeitsverweigerung betreffende Verordnung des stellvertretenden Generalkommandos vom 27. Dezember 1916 zeigt, war es ihnen unter Strafandrohung untersagt, die Arbeitsleistung zu verweigern. Die Arbeitskräfte mußten hierüber aufgeklärt werden und bescheinigten mit ihrer Unterschrift den Erhalt einer in ihrer Muttersprache geschriebenen, die Arbeitsverweigerung betreffende Verordnung des stellvertretenden Generalkommandos vom 27. Dezember 1916. In der Akte über ›Kriegsgefangene und sonstige Angehörige des Feindbundes 1916—1918‹ des Stadtarchivs Ludwigshafen finden sich diese Bescheinigungen zahlreicher ortsansässiger Betriebe. Hieran läßt sich erkennen, daß ausländische Arbeitskräfte nicht nur in den großen Rüstungsbetrieben Gebrüder

Gefangene Franzosen am Ludwigshafener Bahnhof, 27. August 1914 [39]

Gefangene Franzosen werden durch die Stadt geführt, August 1914 [40]

Guilini oder BASF, sondern auch in kleineren Unternehmen, wie beispielsweise der Firma Kuhn & Adler, der Werkzeugfabrik H. Hessenmüller oder der Firma der Gebrüder Röchling, die einen flämischen Arbeiter beschäftigte, untergebracht waren.[80] Die Betriebe mußten bei der örtlichen Polizeiinspektion das unerlaubte Fernbleiben ihrer Fremdarbeiter melden. Ebenso waren Unruhen unter den Ausländern sofort mitzuteilen. Beispielsweise meldete der Polizeiinspektor von Ludwigshafen dem Bürgermeisteramt im November 1917, daß Arbeiter, die Marseillaise singend, Arm in Arm durch die Stadt zogen.[81] Daneben wurden einige Personen unter Spionageverdacht festgenommen. Sich ihrer Bedeutung für die deutsche Kriegswirtschaft bewußt, traten die ausländischen Arbeitskräfte ihren Arbeitgebern und den Behörden teilweise sehr selbstbewußt gegenüber. Dies wird speziell in den Lohnforderungen deutlich, die mancher Fremdarbeiter stellte. Die Firmen BASF oder Gebrüder Giulini mußten sich teilweise gegenüber der Ludwigshafener Polizeiinspektion rechtfertigen, nachdem sich ausländische Arbeitskräfte über ihre schlechte Bezahlung, das Verweigern von gutbezahlter Mehrarbeit oder die ungerechte Behandlung durch Aufseher beschwert hatten.[82] Das Verhalten der Ausländer veranlaßte manchen Betrieb dazu, auf Fremdarbeiter zu verzichten. So schrieb die Firma Kuhn & Adler am 7. Juli 1917 an die Polizeiinspektion Ludwigshafen: „Trotz dem Mangel an gelernten männlichen Arbeitskräften zögern wir, für unsere Spinnereien solche aus Russ. Polen kommen zu lassen, da wir fürchten müssen, schlechte Erfahrungen zu machen."[83]

Die in der Pfalz internierten Kriegsgefangenen kamen im Laufe des Jahres 1915 zum Arbeitseinsatz, vorläufig jedoch – abgesehen von den erwähnten Russen in der BASF – ganz überwiegend in der Landwirtschaft.[84] Das änderte sich wie beschrieben ab 1916. Im Juni 1918 arbeiteten über 1 000 Kriegsgefangene bei der BASF.[85] Um ihren besonderen Bedarf an Facharbeitern zu decken, wurde am 5. Dezember 1917 auf Initiative des Unternehmens in Ludwigshafen ein Offiziers-Kriegsgefangenenlager eingerichtet. Im Dezember 1917 waren dort insgesamt 99 Offiziere und 20 Ordonnanzen untergebracht. Diese Zahlen verringerten sich leicht bis zum Mai 1918, als das Offiziers-Kriegsgefangenenlager auch schon wieder aufgelöst und die Gefangenen in Lager in Ingolstadt und Marienberg verlegt wurden.[86] Ursache hierfür waren die Mißstände bei der Unterbringung der englischen und französischen Kriegsgefangenen. Die Räume waren nicht ausreichend gesichert und bewacht, ermöglichten den Verkehr mit der Außenwelt oder sogar die Flucht.[87]

Die Kriegsgefangenen wurden ebenso wie die Fremdarbeiter recht gut behandelt. Dennoch begegnete die Bevölkerung den Kriegsgefangenen mit Mißtrauen und Vorurteilen. Speziell die Franzosen galten als arrogant und wurden ungern beschäftigt. Dies mag an dem selbstbewußten Auftreten mancher Kriegsgefangener gelegen haben, die beispielsweise ebenso wie die Fremdarbeiter hohe Lohnansprüche verlautbaren ließen. Insgesamt war die Beschäftigung von Kriegsgefangenen jedoch im Vergleich zu deutschen Facharbeitern die kostengünstigere Variante für die Betriebe. Im August 1915 wurden im städtischen Gaswerk von Ludwigshafen deutsche Arbeiter wegen der Beschäftigung von russischen Gefangenen entlassen, was von der ›Pfälzischen Post‹ aufs schärfste kritisiert wurde. Das Gaswerk machte daraufhin einen Teil der

Anmerkungen Seite 866 und 867

80 StALu, LUA 401

81 ebd.

82 Schreiben der Firmen BASF und Gebrüder Giulini an Polizeiinspektion, 1917, StALu, LUA 401

83 Thalmann, S. 279

84 ebd.

85 ebd., S. 285; Johnson, S. 184f

86 Thalmann, S. 285

87 StALu, LUA 401

88 Thalmann, S. 282

89 Thalmann, S. 285. Auf die Thematik der Schwerarbeiterzulagen wird im Kapitel zur Ernährungs- und Versorgungslage näher eingegangen.

90 StALu, LUA 401

Entlassungen rückgängig.[88] Die Kriegsgefangenen waren sich ihrer Bedeutung für die deutsche Kriegswirtschaft sowie ihrer Rechte und der ihnen zustehenden Behandlung genau bewußt. Speziell über die in der Landwirtschaft beschäftigten Kriegsgefangenen wurden zahlreiche Klagen laut, da diese aufgrund der harten Arbeit im Hinblick auf ihre Verköstigung so anspruchsvoll wären und Fleisch verlangten, während sich die deutschen Arbeiter mit gequellten Kartoffeln begnügen mussten. Manche Gesuche auf Notschlachtungen wurden damit begründet, daß die Kriegsgefangenen Fleisch verlangten. Die Arbeitgeber in der Industrie und der Landwirtschaft waren gegenüber dem Verhalten der Kriegsgefangenen teilweise nahezu machtlos, da die Strafen im Falle der Gehorsamsverweigerung keine Furcht erzeugten. Erst im Verlaufe des Jahres 1917 wurden die Maßnahmen gegenüber den Gefangenen auch aufgrund der sich verschärfenden Versorgungslage etwas härter. Dennoch genehmigte die Regierung der Pfalz 382 Russen und Italienern von den im Juni 1918 etwa 1 000 bei der BASF beschäftigten Kriegsgefangenen eine extra Nahrungszulage für Schwerstarbeiter.[89] Bei Kriegsende hatten sich die Gefangenen mangels ausreichender Bewachung selbst befreit, und auch die Zivilarbeiter hatten Ludwigshafen nach dem Zeugnis des städtischen Ausländerregisters zwischen August und Anfang Oktober 1918 fast alle verlassen.[90]

Arbeitswelt im Krieg
Die Ludwigshafener Fabrik Harry Held
um 1916 [41]

Arbeitsbedingungen und Lohnverhältnisse im Krieg

Im Verlaufe des Ersten Weltkriegs wurden zahlreiche Verordnungen verabschiedet, die bisher geltende Arbeitsschutzbestimmungen einschränkten oder außer Kraft setzten. Bereits am 4. August 1914 ermächtigte ein ›Notgesetz‹ den Reichskanzler und die höhere Verwaltungsbehörde dazu, für die Dauer des Krieges Ausnahmen von den in der Gewerbeordnung vorgesehenen Beschäftigungsbeschränkungen zu gewähren. Von der ›Notverordnung‹ wurde daraufhin rege Gebrauch gemacht. Diese Regelung betraf in erster Linie die weiblichen Arbeitskräfte, da für diese vor dem Krieg stärkere Schutzbestimmungen vorgesehen waren als für ihre männlichen Kollegen. Beispielsweise ermöglichten die Verordnungen nun den Einsatz von Frauen in Betrieben, in denen Blei, Schwefel- und Pikrinsäure verarbeitet wurde. Daneben waren Überstunden und Nachtarbeit für die Frauen an der Tagesordnung. Schwangere oder stillende Frauen waren zwar grundsätzlich von der Nachtarbeit ausgeschlossen, doch setzten sich die meisten Betroffenen darüber hinweg. Die Rüstungsunternehmen arbeiteten größtenteils in einem ununterbrochenen zweischichtigen Betrieb, in den sowohl männliche Arbeitskräfte als auch Frauen, Jugendliche und Kriegsversehrte voll integriert waren. Die tägliche Arbeitszeit betrug zeitweise bis zu 14 oder 15 Stunden. In der zweiten Kriegshälfte erzwang der Mangel an Brennstoffen und Licht Verschiebungen in der Arbeitszeit, so daß häufig die Pausen gekürzt oder ganz gestrichen wurden. Das große Ausmaß an Über- oder Nachtarbeit wirkte sich äußerst negativ auf den Gesundheitszustand der Arbeiterschaft aus. Der Umgang mit giftigen und ätzenden Substanzen in der Chemieindustrie führte neben Atemwegserkrankungen und diversen Vergiftungserscheinungen insbesondere zu zahlreichen Hauterkrankungen, die durch den Mangel an Seife während des Krieges begünstigt wurden. Darüber hinaus bewirkte der Kohlenmangel, beispielsweise bei der BASF, daß die Arbeiter und Arbeiterinnen

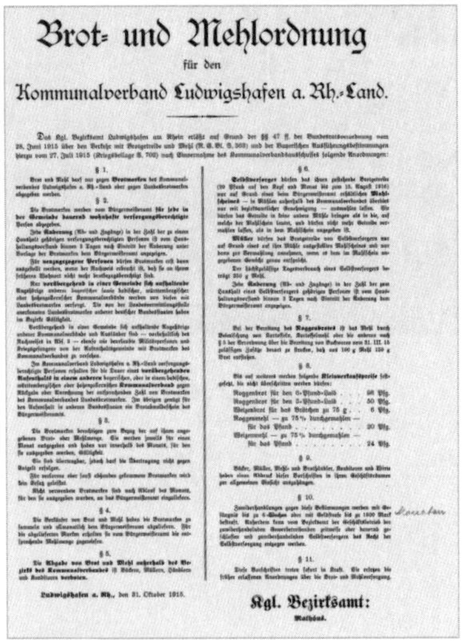

Brot- und Mehlordnung
für den
Kommunalverband Ludwigshafen a. Rh.-Land.

Kgl. Bezirksamt:

›Ordnung für den Brot- und Mehlverbrauch‹ vom 26. Februar 1915 [42]

Butter- und Eierausgabe bei der Eiergroßhandlung Leininger Oggersheimer (heute Bahnhof-) Straße, 9. November 1915 [43]

ihre Tätigkeiten speziell im Herbst und Winter 1918 in ungeheizten Räumen und Hallen zu verrichten hatten. Trotz der permanenten Überbelastung und der gesundheitlichen Gefahren in der chemischen Industrie meldeten sich die wenigsten Arbeitnehmer während des Krieges krank, was aus den Berichten der Ortskrankenkasse Ludwigshafen und der Betriebskrankenkasse der BASF hervorgeht. Die Furcht vor Entlassung und das Angewiesensein auf den Verdienst hielt viele Arbeiter – besonders Arbeiterinnen – davon ab, sich krank zu melden. All die beschriebenen Umstände führten zu einem enormen Anstieg der Unfallhäufigkeit in den Betrieben. Eine weitere Bedrohung stellten feindliche Fliegerangriffe dar, die gerade die BASF zum Ziel hatten.

Der Erste Weltkrieg führte allgemein zu einer großen Steigerung der Nominallöhne. Die Wachstumsraten der Löhne in Ludwigshafen lagen von Juni 1914 bis Oktober 1918 teilweise bei über 200%. Speziell die Frauenlöhne wurden im Ersten Weltkrieg in Relation zu den Löhnen der männlichen Kollegen stärker angehoben. Dennoch lag das Lohnniveau für Frauen bei vergleichbaren Tätigkeiten deutlich unter dem der Männer. Die ›hohen‹ Frauenlöhne betrafen in erster Linie jedoch nur die Fabrikarbeit. Im Jahre 1917 beispielsweise betrugen die Verdienste bei den Zentralnähstuben für Kriegszwecke 8 bis 15 Mark/Woche.[91] Dies entsprach etwa 60% des durchschnittlichen Wochenverdienstes einer Fabrikarbeiterin. Lohn gewinnt aber nicht als absolute, sondern nur als relative Größe an Aussagekraft. So standen den beschriebenen Nominallohnsteigerungen Reallohnsenkungen in der Zeit zwischen 1914 und 1918 gegenüber. Die Preise stiegen in dem betrachteten Zeitraum stärker als die Löhne an. Zusätzlich wurden durch die Rationierung aller wichtigen Lebensmittel und die Höchstpreispolitik die ›normalen‹ preisbildenden Marktmechanismen außer Kraft gesetzt. Die staatliche Bewirtschaftung der Güter führte zu Sonderformen des Marktes, wie Tausch- oder speziell Schwarzhandel, so daß davon ausgegangen werden kann, daß die Reallöhne besonders in der zweiten Kriegshälfte noch bedeutend niedriger ausfielen.

Anmerkungen
Seite 868 und 869

91 *Jahresberichte der Bayerischen Gewerbeaufsichtsbeamten 1917, S. 55*

92 *Wirtschaftlicher Kriegsausschuß des Handelsgremiums Kaiserslautern und der pfälzischen Handwerkskammer, RdP, 4.9.1914, StALu, LUA 652*

93 *VB 1914, S. 10*

Schlangestehen: Szene vor der Metzgerei Held, Oppau um 1916 [44]

Bayern
Fleischmarke
1/10 Anteil
22.–28. Jan.
Ludwigshafen St.

Bayern
Fleischmarke
1/10 Anteil
22.–28. Jan.
Ludwigshafen St.

Bayern
Fleischmarke
1/10 Anteil
22.–28. Jan.
Ludwigshafen St.

Bayern
Fleischmarke
1/10 Anteil
22.–28. Jan.
Ludwigshafen St.

Bayern
Fleischmarke
1/10 Anteil
22.–28. Jan.
Ludwigshafen St.

Bayern
Fleischmarke
1/10 Anteil
22.–28. Jan.
Ludwigshafen St.

Reichs-Fleischkarte
Königreich Bayern
Kommunalverband
Ludwigshafen a.Rh.-Stadt
Gültig vom 22. Januar 1917
bis 18. Februar 1917
Name: ______

Nahrungsmittelmarken für Fleisch [45]

Die Ernährungs- und Versorgungssituation in Ludwigshafen

Gleich zu Beginn des Krieges führte die einsetzende „Versorgungswut"[92] der Bevölkerung zu erheblichen Preissteigerungen. Als erste Reaktion darauf verhängte die behördliche Seite Preisaushangspflichten. Daneben wurden Lebensmittelkommissionen gebildet. Am 4. August 1914 nahm der neu eingesetzte Ludwigshafener ›Wohlfahrtsausschuß‹ seine Arbeit auf. Das Ziel des Ausschusses mit seinen fünf Unterausschüssen für die Beschaffung von Mehl, Hülsenfrüchten und Reis/Kartoffeln/Fleisch/Kohlen und dem Unterausschuß für die Aufsicht über die Wochenmärkte, war die Organisation und Sicherstellung der Versorgung der Bevölkerung.[93] Trotz sich bereits im Oktober 1914 bemerkbar machenden ersten Versorgungsengpässen beschränkten sich die staatlichen Maßnahmen zunächst nur auf die Preispolitik. Das reichsweite ›Höchstpreisgesetz‹ vom Oktober 1914 sollte Preistreibereien entgegenwirken und die Verbraucher schützen. Doch in Ludwigshafen griffen die Behörden schon im November 1914 direkt in das Wirtschaftsleben ein. So wurden aufgrund des Mangels an Weizen die Wirtshäuser und Hotels offiziell angewiesen, nur noch Schwarzbrot an Stelle von Semmeln, Brezeln oder Weißbrot anzubieten. Bereits im September 1914 veröffentlichte die Stadtverwaltung Ludwigshafen ein Merkblatt, das unter anderem für Landwirte bestimmt war und in dem beispielsweise die Verfütterung von Brotgetreide an Tiere untersagt wurde. Mit zunehmender Dauer des Krieges wurden die Lebensmittel knapper und es kam zu staatlichen Zwangsbewirtschaftungsmaßnahmen. Als erstes trat dabei am 25. Januar 1915 die Bundesratsverordnung über den ›Verkehr mit Brotgetreide und Mehl‹ in Kraft. In Ludwigshafen übernahm der neu eingerichtete ›Brot- und Mehlverteilungsausschuß‹ an der Seite der ›Nahrungsmittelpreiskommission‹ und des ›Lebensmittelverteilungsausschusses‹, in den der bisherige Wohlfahrtsausschuß überging, die Sicherstellung der Volksernährung. Am 26. Februar 1915 wurden in der ersten Ludwigshafener ›Ordnung für den Brot- und Mehlverbrauch‹

Die Anlagen der Stadt werden zum Anbau von Gemüse und Kartoffeln umgepflügt [46]

Das Kartoffellager der Stadt Ludwigshafen im Keller der Malzfabrik, Jägerstraße 23, 31. Januar 1918 [47]

Deutsche Hausfrauen! Deutsche Männer!

Wir haben auch im neuen Jahr, jeder an seinem Platz, den gewaltigen Kampf zum guten Ende fortzuführen. Der Sieg ist uns gewiß, wenn jeder immer seine Pflicht tut. Die Pflichterfüllung für uns in den Heimat fordert nicht Einsatz von Leben und Habe, nur ein allzeit lebendiges, geschärftes Verantwortungsgefühl für das allgemeine Wohl. Dieses Verantwortungsgefühl soll uns auch stets mit Ernst daran erinnern, die Vorschriften, die von Stadt und Gemeinde zur Regelung der Volksernährung im Interesse der Allgemeinheit getroffen wurden, strenge zu befolgen, dahin gehören vor allem die Vorschriften über die Lebensmittelbeschaffung und -Verteilung die Vorschriften über die Getreideversorgung, aber auch die über die Einschränkung des Lebensmittelgenusses, also die Vorschriften über fleischlose und fettlose Tage. Leider muß man immer mehr die Beobachtung machen, daß diese Vorschriften, die in erster Linie der Streckung und Verbilligung unserer Vorräte dienen sollen, dadurch umgangen werden, daß sich sehr viele Familien und gerade auch die aus dem Mittel- und Arbeiterstande — wenn es bessersituierte tun, ist es umso verwerflicher —, an den Tagen vor den „fleischlosen“ mit Vorräten eindecken und dadurch der guten Absicht der Vorschriften geradezu entgegen handeln. Alle vernünftigen und wohlmeinenden Leute werden der Ansicht sein, daß die Frauen, die auf diese Weise einer wohlbegründeten Maßnahme zuwiderhandeln, ein schweres Unrecht begehen. Denn sie schaden damit nicht nur allgemeinen vaterländischen, sondern schließlich auch ihren höchst eigenen Interessen, indem sie mithelfen die Vorräte zu vermindern und damit erheblich zu verteuern, was sie am eigenen Geldbeutel später am peinlichsten spüren werden. Die bessere Einsicht sollte allen guten Frauen predigen, daß dieses kleine Opfer und diese geringe heimatliche Entbehrung des Fleischgenusses an zwei Tagen in der Woche mit einigem guten Willen leicht getragen werden kann zum vaterländischen Besten. Schließlich dürfte auch, wenn es bei den Frauen nicht hilft, ein Appell an die Männer zu Hause eine bessere Wirkung erzielen. Von ihrem Verantwortungsgefühl für das allgemeine Wohl darf man doch wohl erwarten, daß sie sich des Fleischgenusses an den bestimmten Tagen enthalten und auf ihre Gattinnen und Hauswirtinnen in diesem Sinne einwirken. Der wäre kein Deutscher, von dem man nicht wenigstens soviel Pflichttreue erwarten dürfte.

Deutsche Hausfrauen, deutsche Männer! Das allgemeine Wohl, das Wohl des Vaterlandes verlangt von Euch ein kleines Opfer. Enthaltet Euch darum am Dienstag u. Freitag des Fleischgenusses und zeigt, daß wir auch in der Heimat uns unserer Pflicht bewußt sind!

Aufruf zu ›fleischlosen Tagen‹, ›General-Anzeiger‹ 8. Januar 1916 [48]

Anmerkungen Seite 870 und 871

94 *VB 1915, S. 10ff*
95 *ebd., S. 53f*
96 *VB 1916, S. 11ff*
97 *ebd., S. 18*
98 *Springer, S. 130*

die Rationierung und die Ausgabe von Brot- und Mehlmarken festgelegt. Auch bei anderen Lebensmitteln machten sich nun Versorgungsengpässe in der Stadt bemerkbar. Besonders die Milchversorgung stellte die Behörden vor Probleme. In Friedenszeiten konnte eine tägliche Milchzufuhr von 36 000 Litern verzeichnet werden.[94] Im Herbst 1915 waren es nur noch 17 000 und im Dezember 1915 13 000 Liter. Am 10. Dezember 1915 mußte per Stadtratsbeschluß der Milchverbrauch geregelt werden. Von nun an waren nur noch Schwangere stillende Mütter, Kranke und Kinder, mittels einer monatlichen ›Milchvorzugskarte‹ zum Bezug von Milch berechtigt.[95] Von der Stadtverwaltung wurden nun zahlreiche Maßnahmen ergriffen, die helfen sollten, die Versorgung der Bevölkerung zu gewährleisten. Beispielsweise wurden zahlreiche städtische Anlagen umgepflügt, um dort Obst, Gemüse und Kartoffeln anzubauen. Diese Aufgabe übernahm die hiesige Stadtgärtnerei. Im Verlaufe des Jahres 1916 wurden immer mehr Güter des täglichen Bedarfs der Zwangsbewirtschaftung unterstellt. Auch die verschiedenen Lebensmittelausschüsse wurden nun weiter ausdifferenziert und in Lebensmittelabteilungen des Bürgermeisteramtes umgewandelt, bei denen eine Untergliederung nach ›Brotgetreide und Mehl‹, ›Kartoffeln‹, ›Milch‹, ›Fleisch, Wild und Geflügel‹, ›Gemüse und Obst‹, ›Butter, Eier und Käse‹, ›sonstige Verteilungswaren‹, ›Fische‹ sowie ›Brennstoffe‹ stattfand. Die größten Probleme gab es in Ludwigshafen nach wie vor bei der Milchversorgung. Im Jahresdurchschnitt standen 1916 nur noch 16% des Friedensbedarfs zur Verfügung.[96]

Stadtgemeinde Ludwigshafen a. Rh.

Ausweiskarte
zum Lebensmittel-Bezug

für ....

.... straße Nr. 28

April u. Mai 1916.

Haushalt mit 2 Personen.

Nicht übertragbar!

Die Karte ist gut aufzubewahren, da Ersatzkarten nicht abgegeben werden.

Lebensmittelbezugsausweis für Haushalte 1916 [49]

Für verloren gegangene oder zu früh verbrauchte Marken wird kein Ersatz geleistet.

Stadt Ludwigshafen a. Rh.
Kartoffel-Marke
berechtigt z. Bezug von
10 Tagesanteilen
Gültig für die Zeit vom
21. bis 30. September 1917
Die zu beziehenden Mengen werden vom Bürgermeisteramt jeweils bekanntgegeben.

Stadt Ludwigshafen.	Stadt Ludwigshafen.	Stadt Ludwigshafen.
Gut für	Gut für	Gut für
100 gr Feinseife	250 gr Seife	250 gr Seife
(Toilettenseife und Rasierseife)	oder Seifenpulver oder andere fetthalt. Waschmittel	oder Seifenpulver oder andere fetthalt. Waschmittel
Nur verwertbar, soweit Vorrat!	Nur verwertbar, soweit Vorrat!	Nur verwertbar, soweit Vorrat!
Gültig nur vom 1.-31. Juli 1916	Gültig nur vom 16.-31. Juli 1916	Gültig nur vom 1.-15. Juli 1916

Stadt Ludwigshafen a. Rh.
Gut für
1/8 Pfd. Butter
Nur verwertbar, soweit Vorrat!
Gültig nur vom
16. mit 20. Juli 1916
Nicht übertragbar!

Lebensmittelmarken [50]

Die Ausgabe von Lebensmittelmarken oblag den kriegswirtschaftlichen Sparten des statistischen Amtes in Ludwigshafen. Das ›Lebensmittelmarkenheft‹ umfaßte hier zum Jahresende 1916 Brot- und Mehlmarken, Seifenmarken, Kartoffelmarken, Zuckermarken sowie Butter- und Speisefettmarken. Daneben fungierte der Umschlag des Heftes als Ausweiskarte für Grieß, Eier, Gerste, Teigwaren, Erbsen und Bohnen. Zusätzlich gab es ein eigenes ›Fleischmarkenheft‹. Aufgrund des Brennstoffmangels im Winter 1916 mußte das neu eingerichtete ›Brennstoffamt‹ die Ausgabe von Kohle und Koks rationieren.[97] Die städtischen Brennstoffreserven waren bald aufgebraucht, so daß die Schulen geschlossen werden mußten und die Ludwigshafener Kinder in den Genuß von ›Kohleferien‹[98] kamen. Auch für Kleidung und Schuhe gab es nun Bezugsscheine.

Im Jahre 1916 wurden die Zwangsbewirtschaftungsorgane in Ludwigshafen mit einer weiteren Aufgabe, der Versorgung der Rüstungsarbeiter mit zusätzlichen Lebensmitteln, betraut. Die ›Schwer- und Schwerstarbeiter‹ sollten zur Erhaltung oder Steigerung ihrer Produktivkraft Sonderrationen an Brot, Fleisch oder Kartoffeln erhalten. Die Behörden wurden damit vor eine schwierige Aufgabe gestellt, denn sie mußten aus den ohnehin schon unzureichenden Versorgungsgütern zusätzlich extra Kontingente verfügbar machen. Daneben gab es Lebensmittelsammlungen. In Plakaten wurde die Bevölkerung zu „Nahrungsmittelspenden" für die Rüstungsarbeiter aufgerufen. Diese Werbeaktionen führten aber zu eher unbefriedigenden Sammelergebnissen, denn

Notgeld der Stadt Ludwigshafen 1918 [51]

die Opferbereitschaft der Bevölkerung hatte ihre Grenzen. Dies war größtenteils auf den immer größer werdenden Mangel zurückzuführen; die meisten Menschen hatten selber nicht genug zu essen. Es machte sich darin aber auch eine fortschreitende Kriegsmüdigkeit bemerkbar. Insgesamt brachten die Zusatzrationierungen nicht den gewünschten Erfolg. Im Gegenteil, die Sonderzulagen führten eher zu einer Verschlechterung der Versorgungslage der Rüstungsarbeiter, da diese ihre Rationen häufig mit ihren Familien teilten, die nun weniger erhielten. Speziell die Arbeiterinnen, die zumeist gar nicht als Schwerstarbeiter eingestuft wurden und somit keine Sonderrationen erhielten, hatten unter dieser Regelung zu leiden.

Mit zunehmender Dauer des Krieges wurde die Versorgungslage in Ludwigshafen schwieriger und undurchsichtiger. Die umfangreicheren Aufgaben bewirkten, daß die verschiedenen Versorgungsabteilungen 1917 zu einem zentralen ›Lebensmittelamt‹ ausgebaut wurden.[99] Die allgemeine Lebensmittelknappheit führte ständig zu weiteren Rationierungen, so daß 1918 erstmals „fleischlose Wochen" eingeführt werden mußten.[100] Bis zum Ende des Krieges gab es fast kein Gut mehr, das nicht der Zwangsbewirtschaftung oder wenigstens der Höchstpreispolitik unterlag. Die Höchstpreispolitik schützte die Verbraucher jedoch kaum, denn eine Höchstpreisfestsetzung erfolgte zumeist erst dann, wenn die Kosten bereits enorm gestiegen waren, so daß dann das überhöhte Preisniveau zum Standard gemacht wurde. Die Ludwigshafener Bevölkerung war mit extrem hohen Lebenshaltungskosten konfrontiert, die durch die Lohnerhöhungen nicht gedeckt werden konnten. Die „Wucherpreise" gaben Anlaß zu öffentlichen Protesten. Die ›Pfälzische Post‹ schrieb im Juli 1915: „Wenn Deutschland siegen wollte, dann mußte zuerst der innere Feind, der Lebensmittelwucher niedergerungen werden."[101] Gleichzeitig wurden die Menschen zum Besuch von öffentlichen Protestversammlungen gegen den Lebensmittelwucher aufgerufen. Die steigenden Preise bewirkten auch einen zunehmenden Mangel an Kleingeld, der zur Ausgabe von ›Kriegsnotgeld‹ durch die Stadtverwaltung führte. Die achteckigen 5-, 10-, und 50-Pfennigstücke aus Rohzink trugen auf der Vorderseite die Aufschrift ›Stadt Ludwigshafen a. Rh.‹ und auf der Rückseite ›Kleingeldersatzmarke‹ sowie den Nennwert. Auch die BASF gab ihr eigenes ›Metallnotgeld‹ heraus. Im Spätjahr 1918 mußte ein Mangel an Zahlungsmitteln überhaupt verzeichnet werden. Daraufhin korrespondierte die Ludwigshafener Stadtverwaltung im Oktober mit der Reichsbankstelle, die der Stadt antrug, 5-, 10-, 20- und 50-Markscheine anfertigen zu lassen. In der nächsten Stadtratssitzung wurde der Beschluß gefaßt, Papiernotgeld in Höhe von 6 Millionen Mark herstellen zu lassen. Auch die Nachbargemeinden führten ihr eigenes Kriegspapiernotgeld ein. Im Zuge dessen traf Ludwigshafen mit Mannheim und Oggersheim ein Abkommen der wechselseitigen Inzahlungnahme.[102]

Die mit der Dauer des Krieges zunehmende Lebensmittelverknappung erschwerte eine ausreichende Versorgung der Bevölkerung. Besonders die Frauen, welche die Verantwortung für die Ernährung und Gesundheit der Familie zu tragen hatten, beklagten die bestehenden Verhältnisse. Das System der Zwangsbewirtschaftung und Rationierung sicherte den Frauen keineswegs den Erhalt der vorgesehenen Nahrungsmittelanteile zu, sondern stellte lediglich ein Verbot dar, mehr als die zugeteilte Ration zu erwerben. Darüber hinaus wurde die Beschaffung

Anmerkungen
Seite 872 und 873

99 VB 1917, S. 9ff
100 VB 1918, S. 33
101 PfP 10. Juli 1915
102 VB 1918, S. 11ff
103 VB 1915, S. 138
104 VB 1917, S. 174
105 ebd.
106 VB 1916, S. 166
107 Springer, S. 126
108 RdP, IM, 16.7.1915, LASp, H 3 12294
109 VB 1914, S. 52

der Nahrungsmittel schwieriger und zeitaufwendiger, da sich vor den Geschäften und Ausgabestellen lange Warteschlangen bildeten. Die Öffnungszeiten der Geschäfte oder des Wochenmarktes fielen häufig mit den Arbeitszeiten der Industriebetriebe, die jetzt zahlreiche Überstunden machten, zusammen, so daß der Einkauf speziell für erwerbstätige Frauen noch problematischer wurde. Aufgrund der begrenzten Frischhaltemöglichkeiten mußte aber besonders im Sommer täglich eingekauft werden. Im Verlaufe des Krieges verschlechterte sich nicht nur die Quantität der Güter, sondern auch deren Qualität. So wurden beispielsweise bei der Milchversorgung von der öffentlichen ›Untersuchungsanstalt für Nahrungs- und Genußmittel‹ in Ludwigshafen erhebliche qualitative Mängel aufgedeckt. Die Produkte wiesen zum Teil Verwässerungen von 10—80% auf.[103] Die Beanstandungen häuften sich, obwohl die Zahl der untersuchten Proben aufgrund des Milch- und Personalmangels gesunken war. In den Sommermonaten kam die Milch zumeist bereits sauer in Ludwigshafen an.[104] Auch andere Produkte verschlechterten sich qualitativ. Seife war nur noch ›Seifenleim‹ mit über 90% Wasser, das Brot war infolge des erhöhten Getreideausmahlverhältnisses nur noch eine „nasse klebrige, zusammengefallene Masse."[105] Zahlreiche Klagen aus der Bevölkerung gab es auch beim Fleisch. Sogar bei der Ludwigshafener Freibank mußten wegen der gestiegenen Nachfrage 1916 Bezugskarten für minderbemittelte Arbeiterfamilien ausgegeben werden. Die ›Freibankkunden‹ waren aber daraufhin von dem Bezug von Fleisch- und Wurstwaren in den Metzgereien ausgeschlossen.[106] Desweiteren wurde der Markt mit Ersatzstoffen wie Grützwurst, Waschmittelersatz oder Kaffeesurrogaten überschwemmt. Die Qualität dieser Produkte war meistens sehr schlecht. Auch erfreute sich das zumeist als einziger Brotaufstrich vorhandene ›Kriegsmus‹ keiner großen Beliebtheit und gab Anlaß zu Protesten. „Das ‚Butterbrot' war zu einem Märchen aus vergangenen Zeiten geworden."[107]

Pfälzische Post
Öffentl. Versammlung gegen den Lebensmittelwucher

Aufruf zur „Öffentlichen Versammlung gegen den Lebensmittelwucher" in der ›Pfälzischen Post‹ vom 9. Juli 1915 [52]

Angesichts der schlechten Versorgungslage griff die Bevölkerung immer mehr zur „Selbsthilfe". Subsistenzwirtschaftliche Versorgungsformen hielten Einzug in die Stadt. Auf den Balkonen und Hinterhöfen der Arbeiterquartiere fanden sich nun häufig Kaninchenkäfige.[108] Darüber hinaus stellten die Stadt und auch die BASF ›Kriegsgärten‹ zur Verfügung, in deren Genuß jedoch nur ein Bruchteil der Arbeiterfamilien kam. Bei dem täglichen Kampf um die Daseinsvorsorge wurden auch teilweise die Grenzen der Legalität überschritten. Beispielsweise wurde das ›Familienhamstern‹ zum Symbol der illegalen Selbstversorgung. Die Wochenendzüge in die ländlichen Regionen der Vorderpfalz waren stets überfüllt. Die Stadt unternahm kaum etwas gegen diese ›Kartoffelfahrten‹, da sie den Widerstand der hungernden Bevölkerung fürchtete. Die Reichsbahn stellte sogar zusätzliche Züge für die ›Hamsterfahrten‹ zur Verfügung.

Insgesamt kam es während des Ersten Weltkriegs zu einem erheblichen Anstieg der Kriminalität, die oft mit der schlechten Versorgungssituation zusammenhing. Die Daseinsvorsorge wurde immer mehr zum Delikt. Die Zahl der Gesetzesüberschreitungen konnte dabei nur unzureichend geahndet oder erfaßt werden. Bei der Ludwigshafener Polizei beispielsweise wurden bereits nach Ausbruch des Krieges von den 117 Beamten der Schutzmannschaften 70 zum Heer eingezogen, die durch nur 46 Hilfsschutzleute aus dem Bürgerstand ersetzt wurden.[109] Die Lücken in der öffentlichen Sicherheit eröffneten ein weites Feld für

Verein für Gesundheitspflege.
Vortrag
des Herrn Dr. Bocsnach aus Mannheim
Gesundheit und fleischlose Kost.
Einwirkung dieser Kost auf das Heilbestreben des Körpers
bei Kranken und Verletzten
Am 12. Januar 1916, abends 1/2 9 Uhr im kleinen Saale des Gesellschaftshauses, wozu ergebenst einladet.
Eintritt 30 Pfg., Mitglieder frei.
Der Vorstand.

Gute Ratschläge aus dem ›General-Anzeiger‹ 10. Januar 1916 [53]

Anmerkungen Seite 874 und 875

110 StAlu, LUA 716, S. 13
111 VB 1916, S. 93
112 VB 1917, S. 78
113 VB 1918, S. 235
114 Thalmann, S. 312
115 VB 1918, S. 94f
116 VB 1914, S. 12
117 LASp, H 3 12294

alle möglichen Formen von Betrügereien, wie Wucherpreise, Verkauf gefälschter Lebensmittel oder minderwertiger Surrogate, Zurückhalten von Waren für die Belieferung des Schwarzmarktes, Lebensmittelschmuggel, Fälschung von Lebensmittelmarken und -karten oder Diebstahl. Häufig wurden auch illegale Schlachtungen und der Handel mit diesem Fleisch beobachtet. Untätig war die Ludwigshafener Polizei jedoch nicht. So geht beispielsweise aus einem Bericht vom Mai 1916 hervor, daß bei 62 Kontrollen von Geschäften 25 Strafanzeigen – knapp über 40% – wegen Überschreitung der Höchstpreise oder der Weigerung der Lebensmittelabgabe erfolgten.[110] Der Anstieg der Kriminalität hatte jedoch häufig zwei Seiten bzw. Motive. So gab es zum einen die Existenznot mancher Verbraucher, zum anderen die Profitsucht der Anbieter. Als sehr gewinnbringend stellte sich auch der Handel mit unterschlagenen Lebensmittelkarten und -marken heraus. Die Zahl der Unterschlagungen von Lebensmittelkarten nahm dermaßen überhand, daß das Staatsministerium des Innern am 10. Februar 1917 eine Anordnung erließ, welche die örtlichen Behörden anwies, spezielle Maßnahmen zur Unterbindung dieser Unterschlagungen zu ergreifen. Daraufhin schloß die Stadtverwaltung Ludwigshafen mit den hiesigen Druckereien besondere Verträge ab.[111]

Hausarbeit, Wohnverhältnisse, Gesundheitswesen und soziale Fürsorge

Die hauswirtschaftlichen Leistungen gewannen im Verlaufe des Krieges zunehmend an Bedeutung. Der kriegsbedingte Mangel an Nahrungsmitteln, Kleidern, Kohle, Seife und Waschmittel verlangte den Frauen bei der täglichen Hausarbeit wesentlich mehr Zeit und Energie ab als zu Friedenszeiten. In ›Kriegskochkursen‹, die von dem bürgerlichen ›Verein für Fraueninteressen‹ in Ludwigshafen in seiner Generalversammlung am 19. März 1915 beschlossen und fortan angeboten wurden, versuchte man, den Arbeiterfrauen allgemeine Rationalisierungs- und Sparsamkeitsratschläge näherzubringen. Die Kochkurse, die recht großen Zuspruch erfuhren, fanden am Abend statt, um den Fabrikarbeiterinnen entgegenzukommen. Daneben gab es weitere Veranstaltungen und Vorträge, wie ›Wäschebehandlung im Krieg‹.

Die Wohnverhältnisse in Ludwigshafen ließen zur Zeit des Ersten Weltkriegs erheblich zu wünschen übrig. Neben baulichen und hygienischen Defiziten, die größtenteils schon vor dem Krieg bestanden hatten, wurde das Ludwigshafener Wohnungsamt besonders mit zunehmender Wohnungsnot, d. h. einem Mangel an Wohnungen konfrontiert. War im Jahre 1913 noch eine rege Bautätigkeit zu verzeichnen, kam diese in den Kriegsjahren vollständig zum Erliegen, nachdem bis 1916 lediglich bereits begonnene Gebäude teilweise noch fertiggestellt wurden. Dabei waren es überwiegend Baumaßnahmen an öffentlichen Gebäuden, beispielsweise an Erweiterungsbauten für verschiedene Schulen, die jetzt getätigt wurden. Die komplette Einstellung der Bautätigkeiten lag zum einen daran, daß ein Großteil der Baustoffe von Seiten der Heeresverwaltung beschlagnahmt wurde, zum anderen machte sich auch der enorme Mangel an Arbeitskräften bemerkbar. So wurde auch das Wohnungswesen in Ludwigshafen im Jahre 1917 der kriegsbedingten Zwangsbewirtschaftung unterstellt.[112] Aufgrund der Verschlechterung auf dem Wohnungsmarkt wurden ›Arbeitsausschüsse für das Wohnungswesen‹ gegründet, die gleich einen Sofortmaßnahmenkatalog beschlossen. Leerstehende Wirtschaften, Läden, Lagerhallen und auch Schulsäle wurden für die Unterbringung von Menschen in Beschlag genommen. Desweiteren wurden hölzerne Baracken mit mehreren Kleinwohnungen bereitgestellt. Zusätzlich warnten die Tageszeitungen vor einem Zuzug nach Ludwigshafen. Ebenso wie die Wohnsituation verschlechterte sich im Verlaufe des Krieges auch die gesundheitliche Konstitution der Ludwigshafener Bevölkerung. Die unzureichende Lebensmittelversorgung, die zeitaufwendige und schwierige Lebensmittelbeschaffung, die vielfältigen Entbehrungen, auch seelischer Art, in den getrennten Familien, sowie hygienische Defizite wirkten sich äußerst negativ auf die Gesundheit aus. Hinzu kam die starke Inanspruchnahme der Arbeiter und Arbeiterinnen in der Rüstungsindustrie. Besonders infolge anhaltender Nahrungsmittelknappheit kam es zu vielfältigen Mangelerscheinungen, z. B. Blutarmut oder Untergewicht, und einer erhöhten Infektionsanfälligkeit. Speziell in der zweiten Kriegshälfte häuften sich die Fälle schwerwiegender Infektionskrankheiten wie Lungenentzündung, Influenza, Ruhr oder Tuberkulose. Mit zunehmender Dauer des Krieges mußten immer mehr Wohnungen und Zimmer in Ludwigshafen von der städtischen Desinfektionsanstalt ›entseucht‹ werden. Dabei lagen die Tuberkulose-Erkrankungen an erster Stelle, gefolgt von Diphterie, Typhus, Scharlach und Ruhr.[113] Die Bevölkerung war in den letzten beiden Kriegsjahren so geschwächt, daß auch Ludwigshafen 1917 von einer Ruhr- und im Herbst 1918 von der weltweit grassierenden Influenzaepidemie erfaßt wurde. Die Krankheitsanfälligkeit war so groß, daß zeitweise sämtliche Schulen, Kinos und Theater geschlossen werden mussten.[114] Auch die Mortalität stieg, besonders bei der erwachsenen Zivilbevölkerung im „mittleren Alter bis 40 Jahre", aufgrund des Kräfteverschleißes stark an. Hiervon waren speziell die Frauen angesichts der Doppelbelastung mit Haushalt und Kindern sowie der Berufstätigkeit betroffen. Tuberkulose und Lungenentzündung waren allgemein die häufigsten Todesursachen.[115]

Nach Ausbruch des Krieges kam es in Ludwigshafen zu einem starken Anstieg der ›Armenlasten‹. Für die Familien einberufener ›Haushaltsvorstände‹ und durch den Krieg arbeitslos gewordene Personen wurde eine städtische Sonderunterstützung organisiert. Die Ehefrauen der eingezogenen Soldaten erhielten vom Distriktausschuß in Ludwigshafen neben einer vom Betrag her sehr unzulänglichen reichsgesetzlichen Familienunterstützung bis Ende Oktober 1914 zusätzlich 18 Mark und für jedes Kind 9 Mark monatlich. Zum 1. November 1914 wurden die Leistungen für die Ehefrauen auf 21 Mark erhöht.[116] Den Distriktgemeinden wurde der Reichsanteil wieder zurückerstattet, was jedoch äußerst schleppend erfolgte, so daß die Stadt Ludwigshafen vor zusätzliche finanzielle Probleme gestellt wurde. Neben den Distriktgemeinden zahlten auch viele Industriebetriebe den Familienangehörigen ihrer einberufenen Arbeiter eine laufende Unterstützung, wie beispielsweise die BASF mit 10 Mark in der Woche für die Ehefrauen und 3 Mark für jedes Kind unter 15 Jahren.[117] Dennoch reichte die Familienunterstützung zumeist nicht aus, so daß diese Frauen und Jugendlichen einer kriegsbedingten Erwerbsarbeit nachgehen mußten.

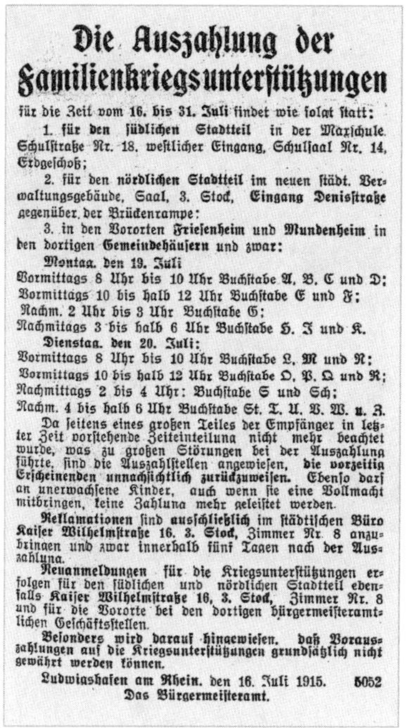

Die Auszahlung der Familienkriegsunterstützungen

für die Zeit vom 16. bis 31. Juli findet wie folgt statt:

1. für den südlichen Stadtteil in der Maxschule. Schulstraße Nr. 18. westlicher Eingang, Schulsaal Nr. 14, Erdgeschoß;

2. für den nördlichen Stadtteil im neuen städt. Verwaltungsgebäude, Saal, 3. Stock, Eingang Denisstraße gegenüber der Brückenrampe:

3. in den Vororten Friesenheim und Mundenheim in den dortigen Gemeindehäusern und zwar:

Montag. den 19. Juli
Vormittags 8 Uhr bis 10 Uhr Buchstabe A, B, C und D;
Vormittags 10 bis halb 12 Uhr Buchstabe E und F;
Nachm. 2 Uhr bis 3 Uhr Buchstabe G;
Nachmitags 3 bis halb 6 Uhr Buchstabe H. J und K.

Dienstag. den 20. Juli:
Vormittags 8 Uhr bis 10 Uhr Buchstabe L, M und N;
Vormittags 10 bis halb 12 Uhr Buchstabe O, P, Q und R;
Nachmittags 2 bis 4 Uhr: Buchstabe S und Sch;
Nachm. 4 bis halb 6 Uhr Buchstabe St. T. U. V. W. u. Z.

Da seitens eines großen Teiles der Empfänger in letzter Zeit vorstehende Zeiteinteilung nicht mehr beachtet wurde, was zu großen Störungen bei der Auszahlung führte, sind die Auszahlstellen angewiesen, die vorzeitig Erscheinenden unnachsichtlich zurückzuweisen. Ebenso darf an unerwachsene Kinder, auch wenn sie eine Vollmacht mitbringen, keine Zahlung mehr geleistet werden.

Reklamationen sind ausschließlich im städtischen Büro Kaiser Wilhelmstraße 16. 3. Stock, Zimmer Nr. 8 anzubringen und zwar innerhalb fünf Tagen nach der Auszahlung.

Neuanmeldungen für die Kriegsunterstützungen erfolgen für den südlichen und nördlichen Stadtteil ebenfalls Kaiser Wilhelmstraße 16, 3. Stock, Zimmer Nr. 8 und für die Vororte bei den dortigen bürgermeisteramtlichen Geschäftsstellen.

Besonders wird darauf hingewiesen. daß Vorauszahlungen auf die Kriegsunterstützungen grundsätzlich nicht gewährt werden können.

Ludwigshafen am Rhein. den 16. Juli 1915. 5052
Das Bürgermeisteramt.

Aus dem ›General-Anzeiger‹ 16. Juli 1915 [54]

Die Altkleiderstelle im Saal der Polizei an der unteren Ludwigstraße, 1916 [55]

Weihnachtsbescherung in der Städtischen Kinderkrippe, 1916 [56]

Die Sozialpolitik erfuhr in Ludwigshafen im Verlaufe des Krieges einen erheblichen Ausbau. Dabei waren zumeist ›Kriegerfamilien‹, besonders mit einer erwerbstätigen Mutter, die Zielgruppe. So wurde beispielsweise im Oktober 1916 eine städtische Kinderkrippe eröffnet, in der die Kinder zwischen 4 Monaten und 3½ Jahren in der Zeit von ½ 7 Uhr morgens bis ½ 8 Uhr abends beaufsichtigt und verpflegt wurden. Die Mütter mußten dafür allerdings eine Gebühr von 20 Pfennig täglich für das erste Kind und 10 Pfennig für jedes weitere entrichten.[118] Anfänglich war die Kinderkrippe kaum frequentiert, doch 1917 waren dort bereits 142 Kinder untergebracht, deren Zahl im Jahre 1918 bis auf 592 anstieg.[119] Die Nachfrage war sogar noch größer. In diesen Zahlen spiegelt sich zum einen der hohe Beschäftigungsgrad weiblicher Arbeitnehmer wider, der 1918 seinen Höhepunkt erreichte, zum anderen aber auch die Nahrungsmittelknappheit der Familien; denn die Kinder bekamen in der Krippe zu essen. Aufgrund der fortschreitenden Versorgungsnot der Bevölkerung wurde in Ludwigshafen im Sommer 1916 die städtische Volksküche zur ›Kriegsküche‹ ausgebaut. Im Stadthaus Nord wurde nun mittags eine „Massenspeisung" eingerichtet. Die Besucher konnten dort laut Bürgermeisteramt ein schmackhaftes und abwechslungsreiches Eintopfgericht für 25 Pfennige bzw. 30 Pfennige ab Dezember 1917 erhalten.[120] Mit zunehmender Dauer des Krieges waren immer mehr Familien auf die Kriegsküche angewiesen. Daneben wurden weitere Fürsorgemaßnahmen ergriffen, wie beispielsweise die Einrichtung der städtischen Altbekleidungsstellen bei der Polizei in der Ludwigstraße 19 im Jahre 1916 und in der Weizenbierbrauerei Oggersheim im Jahre 1917. Insgesamt war die am 23. September 1914 begründete ›Kriegsfürsorgestelle Ludwigshafen a. Rhein‹ mit zahlreichen Aufgaben, wie der Schaffung von Einrichtungen, der Gewinnung von Mitteln und der Verteilung der Spenden befaßt. Die Spendenbereitschaft der Ludwigshafener Bevölkerung war zumindest in den ersten Kriegsmonaten sehr hoch. Industriebetriebe wie die BASF, die ½ Million Mark für die Einrichtung von ›Kriegerheimen‹ stiftete, beteiligten sich an der

Anmerkungen
Seite 876 und 877

118 VB 1916, S.41f
119 VB 1918, S.42ff
120 VB 1916, S.18 und 1917, S.22
121 Der Text stammt aus Gassen, S.60f

Das ›Kriegswahrzeichen‹ [57]

„Schlag einen Nagel in das Stadtwappen. Du nimmst dadurch Anteil an den Bestrebungen zur Linderung der Kriegsnot", so der Text auf den an den Fahnenmasten und neben dem Eingang angebrachten Schildern

Befehlsgemäßes Anstehen der Rekruten zum Benageln des in der Bismarckstraße aufgestellten ›Kriegswahrzeichens‹ [58]

›Kriegswahrzeichen‹

Aus der Zeit des Ersten Weltkriegs stammt das ›Kriegswahrzeichen‹ der Stadt Ludwigshafen, das am 19. Dezember 1915 seiner Bestimmung übergeben wurde. Es war in einem Pavillon auf dem Bismarckplatz aufgestellt und wurde von einer ›Ehrenwache‹, die aus mehreren jungen Frauen bestand, flankiert. Das eiserne Kriegswahrzeichen hat die Form eines Wappenschilds, das auf der einen Seite den Reichsadler, auf der anderen das damalige Ludwigshafener Wappen mit den bayerischen Rauten, dem Anker (Alt-Ludwigshafen), dem Spaten (Friesenheim) und dem Schlüssel (Mundenheim) zeigt.

Mit einer freiwilligen Spende konnten die Bürger einen Nagel erwerben, der in das Wappen eingeschlagen wurde. Mit diesem Akt bzw. dem damit verbundenen Geldbetrag sollte die „Kriegsnot gelindert werden" – so lautete die offizielle Version der Regierung. Das Geld sollte zur Fürsorge für die Hinterbliebenen der Gefallenen verwendet werden. Andererseits diente die Aufstellung von Kriegswahrzeichen in Ludwigshafen wie auch anderswo propagandistischen Zwecken – als Mahnung an den „eisernen Durchhaltewillen der Deutschen" und als „Symbol der nationalen Interessen Deutschlands", wie der damalige Oberbürgermeister Krafft in seiner Festrede am 19. Dezember 1915 betonte. Im Anschluß an die Aufstellung in der Stadtmitte wurde das Benagelungswahrzeichen in Friesenheim und Mundenheim gezeigt. Hier wurde die Benagelung am 28. Mai bzw. am 18. Juni 1916 fortgesetzt.

Die Aufstellung von Kriegswahrzeichen wurde am 1. September 1915 vom Königlichen Staatsministerium des Innern verfügt. Der Erlaß war an die einzelnen Regierungen, die Bezirksämter und Gemeindebehörden gerichtet. Er gab Richtlinien vor, die die Größe, die Gestaltung und den jeweiligen Aufstellungsort der Wahrzeichen festlegten. Die Errichtung konnte im Freien erfolgen, aber auch in geschlossenen Räumen – etwa in Rathäusern oder Kirchenvorhallen. Es gab mannigfaltige Entwürfe für Kriegsbrunnen, Kriegsgedenkkreuze, Kriegsgedenksterne, Kriegsbalken, Kriegskerzen an Kirchenbänken; für benagelte Gedenksäulen auf Brückenpfeilern, benagelte Kirchentüren, Fahnenmasten, Erinnerungssäulen, Erinnerungsbänke u. a.[121]

Kriegsfürsorge der Stadt Ludwigshafen: Bestätigungskarte für die Benagelung des ›Kriegswahrzeichens‹ [59]

Der erste Luftangriff auf Ludwigshafen Französische Bomben fallen auf die BASF 27. Mai 1915; Zeichnung aus einem französischen Magazin [60]

Ernährungskrise: Für Mannheim bestimmtes Gemüse wird aufgrund eines Ausfuhrverbotes auf dem Ludwigsplatz zurückgehalten, 5. Juli 1916 [61]

Wohltätigkeit. Auch Einzelpersonen, beispielsweise der ›Rentier‹ Karl Ludwig Fickeisen, der 1915 für die Einrichtung eines Kinderheimes 400 000 Mark spendete[122] oder der Stadtrat Dr. Raschig, der für die Einrichtung von ›Heimstätten für aus dem Felde heimkehrende Krieger‹ der Stadtgemeinde ein 200 000 qm großes Grundstück zum Geschenk machte, taten sich hier hervor.[123]

Im Zuge des Krieges kam nun für das städtische Militärbureau neben den bereits angesprochenen Tätigkeiten der Musterung und Rekrutierung ein neues Aufgabenfeld, die Hinterbliebenenversorgung, hinzu. Am 1. Februar 1916 wurde speziell hierfür und für die Versorgung der Angehörigen von Kriegsteilnehmern ein eigenes ›Kriegsversorgungs-Büro‹ eingerichtet.[124]

Anmerkungen Seite 878 und 879

122 Springer, S. 146
123 VB 1916, S. 48
124 ebd., S. 108
125 Mörz, S. 72
126 GA 5. 8. 1914
127 VB 1914, S. 145f
128 ebd., S. 42
129 Nesseler, S. 64
130 VB 1918, S. 79ff

Kriegsalltag an der Heimatfront und Stimmungslage unter der Ludwigshafener Bevölkerung

In den Augusttagen 1914 wurde der Alltag der Menschen in Ludwigshafen von einer euphorischen Kriegsstimmung, aber bereits auch von wirtschaftlichen Problemen wie steigenden Preisen und Arbeitslosigkeit bestimmt. Der eigentliche Krieg, die Front mit den Kampfhandlungen, war, zumindest geographisch, relativ weit weg. Die Zeitungen berichteten zwar intensiv von dem Kriegsgeschehen, beispielsweise widmete die ›Pfälzische Post‹ fast über den gesamten Krieg hinweg ihre Titelseite den Kämpfen. Meist wurde jedoch über erfolgreiche Schlachten und Eroberungen geschrieben. Die zensierte Presse, die mehr und mehr an Glaubwürdigkeit[125] bei ihren Lesern verlor, konnte jenseits der eindringlichen, täglich veröffentlichten Liste der Gefallenen den Menschen zu Hause wenig über die Grausamkeit dieses Krieges und den Alltag der Soldaten zeigen. Sie erfuhren jedoch über ihre beim Militär stehenden beurlaubten Angehörigen viel mehr, als den Behörden recht sein konnte. Und auch die Verwundetentransporte zeigten die häßliche Seite des Krieges. Bereits am 21. August 1914 traf wie erwähnt ein größerer Transport in Ludwigshafen ein. Die Schwerverletzten wurden dem Städtischen Krankenhaus, das zuvor bereits alle Kranken, die außerhalb versorgt werden konnten, entlassen hatte, zugewiesen, die Leichtverletzten auf die Lazarette oder auch Privatquartiere in der Stadt verteilt. Die Heeresverwaltung stellte für die Unterbringung, Verköstigung, ärztliche Behandlung und die Versorgung mit Arzneien 3 Mark pro Kopf für die ›Mannschaften‹ und 5 Mark für die Offiziere zur Verfügung. Darüber hinaus trug die Heeresverwaltung die Selbstkosten für Röntgenaufnahmen, Impfungen, Blutuntersuchungen u. v. m. Sofort nach Verhängung des Kriegszustandes wurden zahlreiche Ärzte und Schwestern an die Front berufen oder meldeten sich freiwillig, was das Krankenhaus und die Lazarette in Ludwigshafen vor große Probleme stellte, denn so konnte der Betrieb dort nur schwer ordnungsgemäß aufrechterhalten werden. Als Ersatz für die Schwestern, die speziell in den Lazaretten in großer Anzahl benötigt wurden, standen lediglich ungeschulte Hilfskräfte zur Verfügung. Das Ludwigshafener Rote Kreuz suchte gleich in den Augusttagen per Anzeigen nach in der Krankenpflege ausgebildeten Damen und Ärzten, die sich bereit erklärten, Unterricht in der Krankenpflege zu erteilen.[126] Dabei handelte es sich überwiegend um Frauen aus dem Bürgerstand, die jetzt für die Versorgung der verwundeten Soldaten in den Lazaretten angelernt wurden. Besonders eklatant war der Ärztemangel, woraufhin die Stadtverwaltung zahlreiche Stellen ausschrieb. Auf die Ausschreibungen für Assistenzärzte meldete sich jedoch kein einziger. Erst nachdem eine monatliche Kriegszulage der Stadt in Höhe von 100 Mark bewilligt wurde, trafen einzelne Meldungen ein.[127] Von Beginn des Krieges an stellte die städtische Volksbibliothek ihre Bestände den Lazaretten kostenlos zur Verfügung. Die Krankenpflegerinnen holten regelmäßig größere Posten von Büchern ab und verteilten diese an die verletzten Soldaten. Der Krieg forderte schon in den ersten Monaten viele Verwundete und Tote, woraufhin am 23. Oktober auf dem Friedhof I in Ludwigshafen ein Kriegerbegräbnisplatz eingerichtet wurde.[128]

Schäden in der BASF nach dem Luftangriff vom 27. Mai 1915 [62]

Im Jahre 1915 machte sich erstmals eine gewisse Kriegsmüdigkeit unter der Bevölkerung zu Hause breit, die nun mehr und mehr mit der sich verschlechternden Versorgungslage konfrontiert wurde. Es kam zu ersten kleineren Protestaktionen. Viel dramatischer traf es die Bevölkerung jedoch, als Ludwigshafen am 27. Mai 1915 zum ersten Mal direkt in das Kriegsgeschehen einbezogen wurde. Kurz nach 7 Uhr morgens flog ein französisches Fliegergeschwader Angriffe auf die Stadt. Hauptziel dieses schweren Bombardements, das auf dem Hemshof zwölf Todesopfer und zahlreiche Verwundete forderte, war die BASF.[129] Der Luftangriff auf Ludwigshafen war der erste auf eine offene Stadt außerhalb der Kampfzone. Überall in Deutschland wurde die Aktion als völkerrechtlich unzulässig erachtet. Die Angriffe auf die Stadt ruhten nun bis zum 3. Januar 1917, als wieder Luftalarm gegeben werden mußte. Im Verlaufe des Jahres 1917 fanden vereinzelte Angriffe statt, die 1918 in ein sehr starkes Bombardement mündeten. Im Jahre 1918 gab es an 33 Tagen Fliegerangriffe und an weiteren 19 Tagen wurde Fliegeralarm gegeben.[130] Dabei lag nach wie vor die BASF im Mittelpunkt der Angriffe. Aber auch das Stadtgebiet von Ludwigshafen war betroffen. Die Zerstörungen bei der ›Anilin‹ waren jedoch nicht so groß, daß der Produktionsbetrieb beeinträchtigt wurde. Dennoch gab es auf dem Firmengelände und dem Gebiet um die Fabrik herum die meisten Toten und Verletzten.

Besuch der Königin Maria Theresia von Bayern bei den Verwundeten im Städtischen Krankenhaus 13. Oktober 1915 [63]

Im Kampf für's Vaterland gefallen

Paul Gerst, Musketier, Edenkoben. Gerichtsassistent Friedr. Wilh. Braunewell, 23. J.-R., Kaiserslautern. Wilhelm Zapp, Gefreiter, Rodenbach.

Martin Habel, 9. Inf.-Rgt., Flomersheim. Kellner Georg Bauer, 113. Bad. Inf.-Rgt., Klingenmünster. Wilhelm Pflock, Inf.-Rgt. 169, Feudenheim. Julius Fischer, 24. Inf.-Regiment, Pirmasens.

Schmuck über den Gefallenen-Anzeigen, ›General-Anzeiger‹ 11. Januar 1916 [64]

„Morgenrot". Lebendes Bild beim ›Vaterländischen Abend‹ im Lazarett Oggersheim 24. Februar 1916 [65]

Ebenso waren materielle Verluste für die Stadt und für viele Privatpersonen zu beklagen. So fielen zahlreiche Gebäude den Bombardements zum Opfer. Beispielswiese wurden bei einem schweren Fliegerangriff am 23./24. März 1918 etliche Bomben über Friesenheim abgeworfen, die dort in der Rheinfeldstraße mehrere Häuser stark beschädigten. Am 30. Juni/1. Juli 1918 wurde nachts im Stadtteil Nord eine größere Anzahl Wohnhäuser komplett zerstört, ebenso am 22. August 1918 in Mundenheim. Am Vormittag des 16. August 1918 konnten zum ersten Mal drei feindliche Flugzeuge bei ihrem Angriff auf Ludwigshafen abgeschossen werden. In der Stadt entstand dadurch kein Schaden. Am 7. September 1918 gab es einen schweren „Angriff auf die Anilinfabrik, nördl. Stadtteil und Friesenheim; eine große Anzahl schwerster Bomben fiel in der Nähe der Lessingstraße, wodurch u. a. ein großes Wohnhaus stark beschädigt wurde."[131] Viele Familien verloren bei den Fliegerangriffen ihr ganzes „Hab und Gut" und wurden obdachlos. Die Stadt stellte daraufhin Schulräume als Unterkunft zur Verfügung. Ein weiteres, des öfteren anvisiertes Ziel der feindlichen Fliegerstaffeln war die Rheinbrücke, die jedoch immer, wenngleich zum Teil auch nur knapp, verfehlt wurde.

Der Krieg machte sich nun überall direkt bemerkbar. Soldaten prägten das Stadtbild, die Straßenbahnen fuhren seltener und bei Nacht herrschte große Dunkelheit, da die Straßenbeleuchtung wegen der Fliegergefahr und auch aus Energiespargründen fast völlig eingestellt wurde. Die Fenster der Häuser mußten abgeblendet werden, und die Menschen verbrachten zahlreiche Nächte in den Kellern ihrer Häuser. Durch die Fliegergefahr, die Brennstoffknappheit und die vielen Krankheiten war auch kein normaler Schulbetrieb mehr möglich. Darüber hinaus wurden zahlreiche Schulräume für die Unterbringung von Verwundeten oder Obdachlosen benötigt. Zusätzlich waren sehr viele Lehrkräfte zum Kriegsdienst einberufen. Häufig fand ein ›Wechselunterricht‹ statt, bei dem zwei Klassen sich auf einen Lehrsaal beschränken mußten. Diese Zeit war für die Ludwigshafener Bevölkerung äußerst nervenaufreibend, besonders wenn mittels drei Alarmschüssen Luftalarm gegeben

Anmerkungen
Seite 880 und 881

131 *VB 1918, S. 80*
132 *Springer, S. 145ff*
133 *VB 1916, S. 47*
134 *ebd. 1917, S. 57*
135 *Polizei-Inspektor der Stadt Ludwigshafen an Bürgermeisteramt, 31.3.1917, StALu, LUA 716*

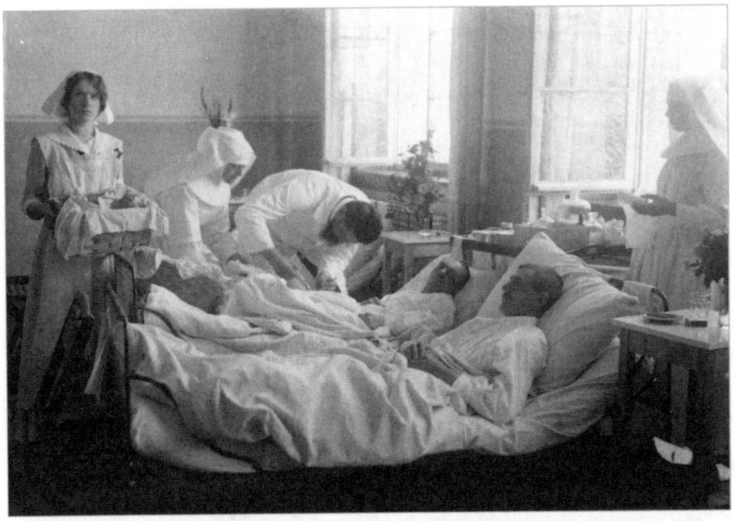

Die Tochter des Ludwigshafener Kaufmanns Louis Brandt als Krankenschwester in einem der Ludwigshafener Lazarette [66]

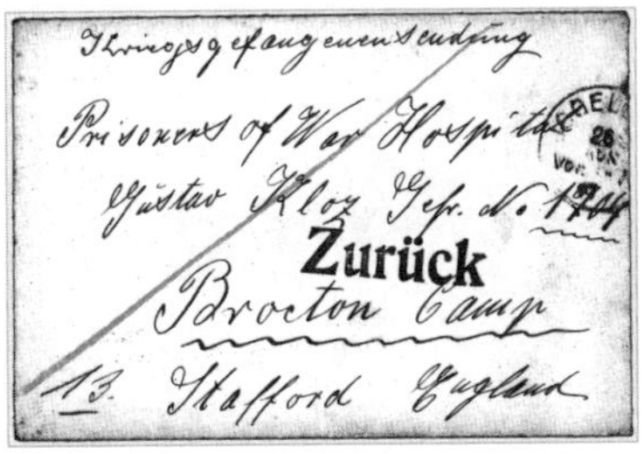

Kriegsgefangenensendung
Prisoners of War Hospital
Gustav Kloz Gef. N. 1744
Zurück
Brocton Camp
13. Stafford England

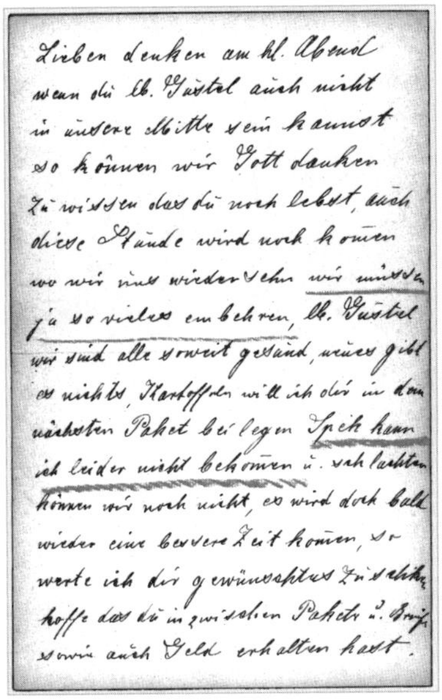

Lieben denken am hl. Abend
wenn du lb. Gustel auch nicht
in unsere Mitte sein kannst
so können wir Gott danken
zu wissen das du noch lebst, auch
diese Stunde wird noch komen
wo wir uns wieder sehn wir müssen
ja so vieles entbehren, lb. Gustel
wir sind alle soweit gesund, neues gibt
es nichts, Kartoffeln will ich dir in dem
nächsten Paket bei legen Spek kann
ich leider nicht bekomen u. schlachten
können wir noch nicht, es wird doch bald
wieder eine bessere Zeit komen, so
werde ich dir gewünschtes zuschicken
hoffe das du inzwischen Pakete u. Brief
sowie auch Geld erhalten hast.

„Wir müssen ja so vieles entbehren"; „Spek kann ich leider nicht bekommen". Kommentar der Behörde: „Zurück, weil auf Grund der mit Farbstift bezeichneten Stellen zur Beförderung in das Ausland nicht geeignet." Aus einem zensierten Brief einer Ludwigshafenerin an ihren kriegsgefangenen Mann in England, November 1917 [67]

werden mußte.[132] Aber nicht nur die Luftgefahr, sondern vor allem die unzureichende Versorgungslage zermürbte die Menschen. Die Stimmung wurde immer schlechter, woran auch die Besuche König Ludwigs III. in der zweiten Kriegshälfte nichts ändern konnten. Von Glanz war hier nichts mehr zu spüren. Der feldgrau gekleidete Monarch besuchte die wichtige, aber graue Industriestadt auf seiner Heimreise von der Front am 6. Juli 1916[133] und ein letztes Mal am 12. Mai 1917.[134] Je länger, je mehr verbreitete sich Kriegsmüdigkeit.

Die Unzufriedenheit über die Versorgungslage mündete nun in spontane Protestaktionen, die sich meist an konkreten Anlässen entzündeten. Beispielsweise war am 13. Februar 1917 bei der Kartoffelausgabe infolge der Knappheit ein großer Teil der versammelten Frauen leer ausgegangen, was starke Erbitterung auslöste. Die Menge zog daraufhin in einer Demonstration zur Lebensmittelanweisungsstelle im Stadthaus Nord. Die Polizei berichtete dem Bürgermeisteramt: „Eine große Zahl dieser Frauen und auch Kinder zogen nun in gemeinsamen Reihen über den Eisenbahnviadukt, wobei sie die Kinder aneiferten ‚Hunger' zu schreien."[135] Die Frauen seien sehr aufgebracht gewesen und unter „Schreien und Toben" gegen die postierten Schutzleute in das Stadthaus eingedrungen. Anschließend sei die Menge vor das Bezirksamt gezogen, um ihren Protest dort vorzubringen. Zu ähnlichen Aktionen kam es nun des öfteren. Generell wurde jeder Mangel beklagt, doch gewinnt man den Eindruck, daß ausgerechnet bei einer unzureichenden Versorgung mit dem Pfälzer ›Lieblingsnahrungsmittel‹ Kartoffel die Menschen besonders heftig reagierten. Insgesamt stand bei den öffentlichen Protestaktionen für die überwältigende Mehrheit der Bevölkerung die „Magenfrage" über den politischen Fragen. Gleichzeitig drückte sich in den Demonstrationen die Friedenssehnsucht der Menschen aus. Dieselben Motive waren auch für den größten ›Streik‹ während des Krieges in Ludwigshafen am 30. und 31. Januar 1918 maßgebend. Ausgehend von Berlin war es in vielen Städten zu Demonstrationen gekommen, die auch auf Mannheim übergegriffen hatten. Am 30. Januar legten zunächst 500—600 Metallarbeiter der BASF, deren Zahl bis zum Abend

Ein Fliegerabwehrkommando auf dem Ludwigsplatz, 28. August 1914 [68]

Schäden nach einem Fliegerangriff, Gellertstraße, Hemshof, 31. Juni 1918 [69]

Brand von Tankwagen im Kaiserwörthhafen nach einem Luftangriff 24. März 1918 [70]

auf 4000 angestiegen war, die Arbeit nieder. Am Tag darauf schlossen sich ihnen ungefähr weitere 3500 Rüstungsarbeiter sowie Arbeiter und Arbeiterinnen aus kleineren Betrieben an.[136] Um eine Eskalation der Situation zu verhindern, stellte sich die örtliche SPD trotz Bedenken an die Spitze der von Anhängern der Unabhängigen Sozialdemokraten ausgelösten Bewegung, wohingegen die Gewerkschaften eine Beteiligung ablehnten.[137] Paul Kleefoot, der Vorsitzende der Ludwigshafener SPD, hielt eine Rede vor der auf dem Marktplatz versammelten Menge, in der er zu Ruhe und Besonnenheit aufforderte, „damit der Zweck der Kundgebung, ein Bekenntnis für Frieden und Freiheit, auch erreicht werde."[138] Ein ›Aktionsausschuß der demonstrierenden Arbeiter Ludwigshafens am Rhein‹ wurde gebildet, dessen Beschlüsse – im wesentlichen ein Aufgreifen der Forderungen der Berliner Arbeiter nach dem sofortigen Zusammentritt des Reichstags – am Nachmittag auf dem Marktplatz verlesen wurden. Danach löste sich die Kundgebung langsam auf. Am nächsten Tag wurde die Arbeit wieder aufgenommen. Obwohl der Aktionsausschuß auch den internationalen Klassenkampfgedanken betont hatte, hatte dies wohl nur agitatorische Hintergründe. Selbst die ›Pfälzische Post‹ schrieb, daß der große Januarstreik eine „Demonstration für Frieden, Brot und Freiheit"[139] war. Die Aktionen stellten auch keine Gefahr für die öffentliche Sicherheit dar und machten ein Eingreifen der Schutzkräfte nicht notwendig. Im Juli 1918 kam es nochmals zu größeren Unruhen, die sich wiederum an der Ernährungsfrage, speziell der Kartoffelzuteilung, entzündeten. Dabei wurden unter anderem Fensterscheiben der Polizeihauptwache zerschlagen.[140] Auch in den Briefen an ihre Männer an der Front beklagten die Frauen die schlechte Versorgungslage. Zumeist kamen diese Briefe aufgrund der strengen Zensur jedoch nicht bei den Adressaten an, denn die Soldaten sollten nicht mit den Problemen zu Hause „belastet" und dadurch demoralisiert werden.

Anmerkungen Seite 882 und 883

136 *Thalmann, S. 186*
137 *Braun, S. 57*
138 *Breunig, S. 552*
139 *PfP, 1. Januar 1918*
140 *Thalmann, S. 191*
141 *Nipperdey, S. 866*
142 *VB 1918, S. 80*
143 *Burschell, S. 205*
144 *Breunig, S. 554*

Die feldgraue Stadt: Besuch König Ludwigs III. von Bayern, hier auf dem Ludwigsplatz 12. Mai 1917 [71]

Zerstörte Häuser in der Bahnhofstraße, Mundenheim, nach einem Luftangriff 1918 [72]

›Revolution‹ und Kriegsende

Im Spätjahr 1918 erreichte die Friedenssehnsucht der Menschen ihren Höhepunkt, zumal ein weiterer harter Kriegswinter befürchtet wurde. In weiten Kreisen der von den vielfältigen Entbehrungen geschwächten Bevölkerung existierte keine Siegeszuversicht mehr. Ebenso waren die Frontsoldaten „tödlich erschöpft, kriegsmüde und kriegsunwillig."[141] Am 29. Oktober 1918 fand abends zwischen 10 und 12 Uhr schließlich der letzte feindliche Luftangriff auf Ludwigshafen statt. Mit vier Fliegerstaffeln wurde die Stadt nochmals bombardiert, wobei unter anderem bei der Pestalozzischule mehrere Sprengkörper einschlugen.[142] Wenige Tage später erreichte die Nachricht über den Beginn der Revolution die Stadt. Zuerst war es in den norddeutschen Großstädten zu der Bildung von ›Arbeiter- und Soldatenräten‹ gekommen, die sich nach mehreren Aufständen seitens der Matrosen formiert hatten, um die Revolution zu kanalisieren. Am 8. November 1918 wurde in München von dem USPD-Publizisten Kurt Eisner die Bayerische Republik ausgerufen. Ein drittes großes Zentrum der Revolution war Berlin, wo Scheidemann am 10. November 1918 die ›Deutsche Republik‹ proklamierte. „Für uns, meine Freunde und mich, und für Millionen Frontsoldaten bedeutete die Abdankung der deutschen Herrscherhäuser und des bisher bestehenden Machtapparats aber nicht nur das Ende des sinnlosen mörderischen Krieges, nicht nur Rettung und Befreiung, sondern unendlich viel mehr, die Hoffnung, ja die Zuversicht, daß aus dem Umsturz eine neue und bessere Welt entstehen werde",[143] kommentierte der Ludwigshafener Frontoffizier Friedrich Burschell. Bis zur Ausrufung der Bayerischen Republik fanden in Ludwigshafen keinerlei Unruhen oder politische Kundgebungen statt. Am „Beginn der Volksbewegung in der Pfalz", wie die regionale SPD-Presse das Geschehen nannte, stand die Bildung eines Soldatenrats in Ludwigshafen am späten Abend des 9. November 1918.[144] Am folgenden Tag veranstaltete die Sozialdemokratische

An die Bevölkerung von Ludwigshafen!

Die Sozialdemokratische Partei veranstaltet morgen, Sonntag den 10. November, nachmittags halb 3 Uhr in den Sälen des Gesellschaftshauses und des Pfälzer Hofes

öffentl. Versammlungen

die zu Massenkundgebungen werden müssen für schleunigen Friedensschluß und für ein freies Deutschland, in dem das Volk sein Geschick selbst bestimmt.

Bleibe keiner fern! Auf zur Demonstration!

›Pfälzische Post‹
vom 9. November 1918 [73]

Pfälzische Post

Organ für die Interessen des Volkes.

24. Jahrg. Ludwigshafen a. Rh., Donnerstag den 7. November 1918 Nr. 263.

Die Liquidation des Weltkrieges.

Vor dem Waffenstillstand.

Die Note Wilsons.

Der Reichskanzler an das deutsche Volk.

Die Kommission zur Empfangnahme der Bedingungen.

Zur Kaiserfrage.

›Pfälzische Post‹ vom 7. November 1918 [74]

Anmerkungen
Seite 884 und 885

145 Springer, S. 152f
146 Breunig, S. 554f
147 ebd., S. 557

Partei zwei Volksversammlungen, in denen die Zustimmung zur Republik ausgesprochen wurde. Daraufhin zog die Menge durch die Stadt.[145] Im Vergleich zu anderen deutschen Städten traf auf diese Novembertage in Ludwigshafen ebenso wie in der gesamten Pfalz der Ausdruck ›revolutionär‹ im Sinne einer politisch-sozialen Umwälzung nicht zu. Das Ziel war hier kein gewaltsamer Umsturz, sondern eine friedliche Demokratisierung von Staat, Wirtschaft und Gesellschaft. So hatten in Ludwigshafen die SPD-Funktionäre das Sagen. Die USPD kam zunächst überhaupt nicht zum Zuge.[146] Die meisten Versuche der Unabhängigen, die bestehende Ordnung zu stören, wie etwa ›Aktionen‹ im Eisenbahnbereich, scheiterten. Auch bei der oben angesprochenen Kundgebung am 10. November hatte die SPD, obwohl die USPD als Mitveranstalter auftrat, das Heft fest in der Hand. Die Redner bei dieser Veranstaltung waren allesamt von der SPD, und bei dem anschließenden Umzug durch die Stadt setzte die SPD zahlreiche Ordner ein, die für einen disziplinierten Ablauf sorgten. Der ebenfalls am 10. November aus dem Soldatenrat gebildete ›Arbeiter- und Soldatenrat‹, dessen Vorsitz der SPD-Stadtrat und Agitationsvorsitzende des ›Fabrikarbeiterverbandes‹ Gustav

Pfälzische Post

Organ für die Interessen des Volkes.

34. Jahrg. Ludwigshafen a. Rh., Samstag den 9. November 1918 Nr. 265.

Die revolutionäre Bewegung in Deutschland.

Bayern zur Republik erklärt.

Absetzung der Wittelsbacher.

›Pfälzische Post‹ vom 9. November 1918 [75]

Die Revolution in München.

Der Verlauf der Ereignisse.

In der nachfolgenden Schilderung geben wir einen Bericht der „Frankfurter Zeitung" wieder, da uns direkte Meldungen vorläufig nicht zur Verfügung stehen:

Die am Donnerstag von den Gewerkschaften, der sozialdemokratischen Partei und den Unabhängigen gemeinsam veranstaltete Massenkundgebung nahm zunächst einen eindrucksvollen, ungestörten Verlauf.

›Pfälzische Post‹ 9. November 1918 [75, Auszug]

Haupt innehatte, bestand zu über der Hälfte aus SPD-Mitgliedern. Hinzu kamen einige Personen, die mit der SPD sympathisierten. Die USPD gehörte zwar ebenfalls dem Arbeiter- und Soldatenrat an, konnte jedoch auf dessen Beschlüsse keinen Einfluß ausüben. Ihr Ziel, das revolutionäre Organ mit weitreichenden Kompetenzen auszustatten und zur Basis der künftigen parlamentarischen Organsiation zu machen, konnte sie in Ludwigshafen nicht durchsetzen. Der Rat fungierte in der ›Stadt der Chemie‹ als beratende Körperschaft der gewählten Volksvertretung, „als Institution des politischen Übergangs neben der Kommunalvertretung, die nicht, auch nicht vorübergehend, in ihren gesetzlichen Rechten eingeschränkt wurde."[147] Stadtrat, Verwaltung und Arbeiterrat waren sich bewußt, daß man angesichts der angespannten Lage und der vielfältigen Aufgaben kooperieren mußte. Einerseits war den ›alten‹ Kräften klar, daß sie ohne den Arbeiterrat nicht mehr über genügend Autorität verfügten. Andererseits war der ›revolutionäre‹ Rat bereit, Ruhe und Ordnung zu erhalten und den Ausbruch anarchischer Zustände zu verhindern. Zu diesem Zweck und im Zusammenhang mit dem Durchmarsch deutscher Truppen auf dem Rückzug von der Front

Die Bewegung in der Pfalz.

An die Bevölkerung Ludwigshafens!

Der Uebergang von der alten zur neuen Staatsordnung vollzieht sich mustergültig und ohne Störungen. Auch in Ludwigshafen a. Rh. hat sich ein Arbeiter- und Soldatenrat gebildet, der Ruhe und strengste Ordnung sichern und Ausschreitungen rücksichtslos unterdrücken wird. Wir rechnen deshalb auf die Mithilfe der gesamten Ludwigshafener Bevölkerung.

Als vornehmste Aufgabe hat sich der Arbeiterrat die ständige Ueberwachung und Kontrolle der städtischen Lebensmittel-Versorgung zur Pflicht gemacht.

Die Stadtverwaltung mit dem gesamten Verwaltungskörper arbeitet in der bisherigen Weise weiter. Die Sicherung der Person und des Eigentums wird verbürgt.

Die Soldaten werden durch den Soldatenrat selbst regiert und die Disziplin aufrecht erhalten.

Arbeiter und Bürger Ludwigshafens! Vertraut unserer guten Sache, helft alle mit, daß sich die Umwälzung leicht, rasch und friedlich vollzieht. Bewahret die Ruhe!

Wir richten an die gesamte Presse, ohne Unterschied der Partei, das dringende Ersuchen, in vorstehendem Sinne auf Ruhe und Ordnung hinzuwirken.

Der Arbeiter- und Soldatenrat wird rechtzeitig von weiter zu erlassenden Beschlüssen und Maßnahmen die Bevölkerung durch die Presse in Kenntnis setzen.

Ludwigshafen a. Rh., den 10. November 1918.

Der Arbeiter und Soldatenrat.

*

Ludwigshafen für die Republik.

Aufruf des Ludwigshafener ›Arbeiter- und Soldatenrats‹ vom 10. November 1918 [76]

Anmerkungen Seite 886 und 887

148 Thalmann, S. 359ff
149 Breunig, S. 559
150 ebd., S. 560
151 f.d.F. Thalmann, S. 364f

arbeitete man auch mit den militärischen Behörden zusammen.[148] Gustav Haupt in seiner doppelten Funktion als Chef des Arbeiterrats und Mitglied des Kommunalparlaments sorgte maßgeblich dafür, daß es in Ludwigshafen zu keinen Kompetenzstreitigkeiten oder Übergriffen und illegalen Beschlüssen des Arbeiter- und Soldatenrats wie in anderen deutschen Städten und Gemeinden kam.

Die wie auf Reichsebene geformte Allianz aus bürgerlichen und sozialistischen Kräften zur Abwehr radikaler und zerstörerischer Bewegungen funktionierte auch und gerade in Ludwigshafen. Allerdings trat die SPD der Kritik bürgerlicher, vor allem liberaler Politiker an der mangelnden demokratischen Legitimation des Arbeiter- und Soldatenrats entgegen und weigerte sich, ihn in seiner Tätigkeit einzuengen oder gar umzufunktionieren. Die Bildung von Räten sei das „Recht der Revolution".[149] Die Auflösung des Arbeiter- und Soldatenrats stellten die Ludwigshafener Sozialdemokraten „für den Zeitpunkt der Einkehr geregelter demokratischer Verhältnisse in Aussicht".[150] Das Ende des revolutionären Rates erfolgte jedoch durch den Gang der äußeren Ereignisse weitaus schneller.

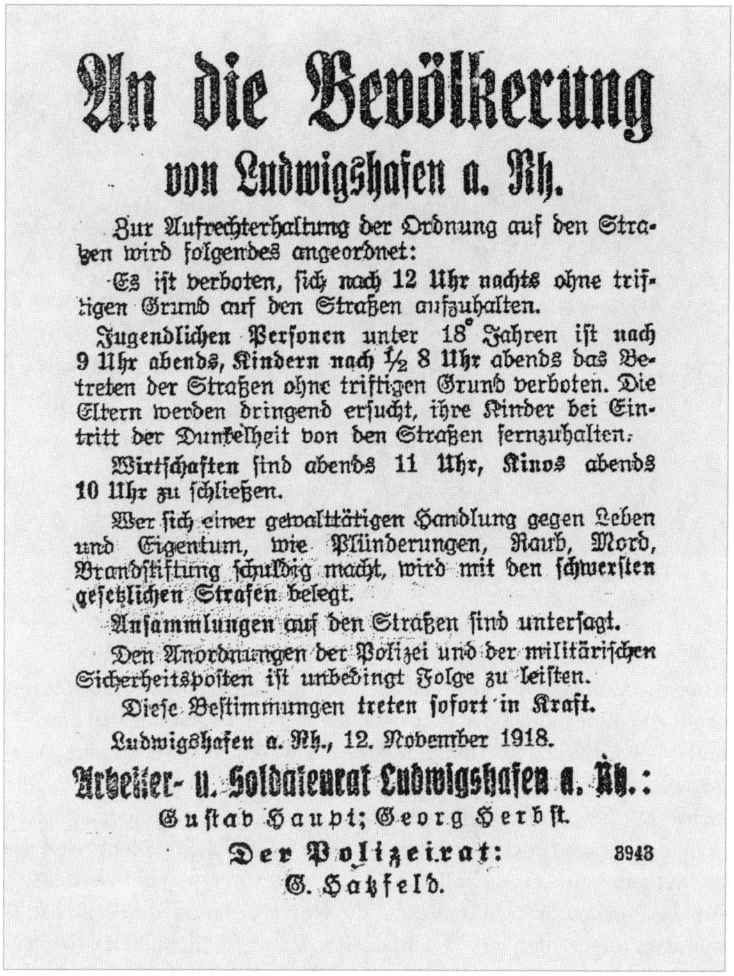

An die Bevölkerung
von Ludwigshafen a. Rh.

Zur Aufrechterhaltung der Ordnung auf den Straßen wird folgendes angeordnet:

Es ist verboten, sich nach 12 Uhr nachts ohne triftigen Grund auf den Straßen aufzuhalten.

Jugendlichen Personen unter 18 Jahren ist nach 9 Uhr abends, Kindern nach ½ 8 Uhr abends das Betreten der Straßen ohne triftigen Grund verboten. Die Eltern werden dringend ersucht, ihre Kinder bei Eintritt der Dunkelheit von den Straßen fernzuhalten.

Wirtschaften sind abends 11 Uhr, Kinos abends 10 Uhr zu schließen.

Wer sich einer gewalttätigen Handlung gegen Leben und Eigentum, wie Plünderungen, Raub, Mord, Brandstiftung schuldig macht, wird mit den schwersten gesetzlichen Strafen belegt.

Ansammlungen auf den Straßen sind untersagt.

Den Anordnungen der Polizei und der militärischen Sicherheitsposten ist unbedingt Folge zu leisten.

Diese Bestimmungen treten sofort in Kraft.

Ludwigshafen a. Rh., 12. November 1918.

Arbeiter- u. Soldatenrat Ludwigshafen a. Rh.:

Gustav Haupt; Georg Herbst.

Der Polizeirat: 8943

G. Hatzfeld.

›Revolution‹ und Polizei arbeiten Hand in Hand
Aufruf des ›Arbeiter- und Soldatenrats‹ vom 12. November 1918 [77]

Ungeachtet der innerdeutschen politischen Veränderungen mußte der Krieg noch zu Ende geführt werden. Der deutschen Delegation blieben bei den Waffenstillstandsverhandlungen in Compiègne keinerlei Verhandlungsspielräume. Deutschland hatte den Krieg verloren. Schon bald begannen sich Gerüchte über die drohende Besetzung der Pfalz durch Frankreich zu verbreiten. Bereits am 3. Oktober erzählte der gerade aus München zurückgekehrte Ludwigshafener Zentrums-Stadtrat Hofmann seinem Bekannten Dr. Kahn auf dem Heimweg nach einem Konzert, daß die Besetzung des linken Rheinufers von Frankreich gefordert werde.[151] Am Tag darauf bestätigte auch der Herausgeber der ›Pfälzischen Post‹, Stadtrat Gerisch, gegenüber Kahn dieses Gerücht; Gerisch befürchtete, es kämen „schlimme Zeiten". „Am folgenden Tag kam Hofmann in Kahns Büro, ‚innerlich in völliger Auflösung. Er sagte, ich könne mir nicht denken, wie es stünde […].'" Die Besatzung und damit die Abschneidung des linken Rheinufers vom Reich seien sicher. „In München habe man ihm beim Abschied gesagt: ‚Hoffentlich sehen wir uns als Landsleute wieder'." Hofmann und Kahn waren dem Weinen nahe. Die Behörden versuchten, die Bevölkerung zu beruhigen. Nun

Heimkehrende deutsche Soldaten ziehen durch Ludwigshafen zur Rheinbrücke November 1918 [78]

Anmerkungen Seite 888 und 889

152 zit.n. Thalmann, S. 365
153 Fauck, S. 76
154 VB 1918, S. 110
155 Fauck, S. 75
156 ebd., S. 150

trugen jedoch die Durchhalteparolen der vergangenen Jahre, die oft mit breiten Schilderungen der französischen Zerstörungen der Pfalz im 17. und 18. Jahrhundert verbunden gewesen waren, bittere Früchte. Vergeblich klagte die Regierung der Pfalz über die Zeitungen, die „die ‚schweren bevorstehenden Opfer' und dgl. gar nicht so eindringlich in den Vordergrund rücken wollten, wie es tatsächlich geschieht, weil dadurch beim Volk erst recht Befürchtungen aller Art geweckt werden."[152] Am 11. November 1918 besiegelte die Unterzeichnung des Waffenstillstandsvertrages, der um 11 Uhr in Kraft trat, schließlich das langersehnte Ende des Ersten Weltkriegs; ein Krieg, der unter der Ludwigshafener Zivilbevölkerung 44 Todesopfer durch feindliche Fliegerangriffe forderte, und bei dem 2668 Ludwigshafener als Soldaten im Feld fielen.[153] Darüber hinaus gab es unzählige Verletzte an der Front und zu Hause. Dabei sind nicht nur die körperlichen Verletzungen zu erwähnen, sondern speziell auch die seelischen Wunden, die dieser Krieg durch all die Entbehrungen, Ängste und Verluste hinterließ.

Die Hoffnungen, die die Menschen in das Ende des Krieges und die neue ›Staatsgewalt‹ setzten, sollten sich zunächst nicht erfüllen. Die Versorgungslage in Ludwigshafen verschlechterte sich sogar noch nach Kriegsende. Auch der Geldmangel verschärfte sich, so daß von der Stadtverwaltung in Ludwigshafen am 8. und am 25. November 1918 die Ausgabe von weiteren sechs bzw. fünf Millionen Mark Papiernotgeld beschlossen wurde.[154] Erst Anfang Dezember 1918 war die Reichsbank wieder in der Lage, neue Reichsgeldscheine auszugeben. Dennoch war das Ludwigshafener Papiernotgeld weiterhin gültig, sogar noch bis Mai 1919.[155] Ebenso vollzog sich die ›Rück‹-Umstellung der jetzigen Rüstungsindustrie auf den Friedensbedarf nicht reibungslos. Hinzu kam die Unsicherheit, wie sich die Reparationsleistungen, die Gebietsabtretungen sowie die Handelsrestriktionen und letztlich die französische Besatzung auf die hiesige Wirtschaft auswirken würden. Angesichts dieser Aussichten und der aufgeladenen politischen Atmosphäre betonten alle

Heimkehrende deutsche Soldaten an der Rheinbrückenauffahrt November 1918 [79]

gesellschaftlichen Kräfte, daß eine Massenarbeitslosigkeit der heimkehrenden Soldaten vermieden werden müsse. Die Regulierung des Arbeitsmarktes war demnach die vornehmliche Aufgabe, welche die Demobilmachungsmaschinerie zu bewältigen hatte. Mit der ›Verordnung über die wirtschaftliche Demobilmachung‹ vom 7. November 1918 wurde auf Kommunalebene die Einrichtung von Demobilmachungsausschüssen, denen jeweils die gleiche Anzahl von Vertretern der Arbeitgeber und der Arbeitnehmer angehörten, beschlossen. Darüber hinaus wurden ›Demobilmachungskommissare‹ zur Überwachung der Vorgänge bestellt. Am 12. November wurde das ›Reichsamt für die wirtschaftliche Demobilmachung‹, welches das deutsche Wirtschaftsleben in den Frieden überführen sollte, errichtet. Oberstes Ziel war die Sicherung einer ausreichenden Anzahl von Arbeitsplätzen für die kriegsheimkehrenden Männer. Die ›alte‹ geschlechtsspezifische Segmentierung des Erwerbslebens sollte wiederhergestellt werden, was nicht nur arbeitsmarktimmanente und ökonomische, sondern auch gesellschaftspolitische Gründe hatte. Die Wiederherstellung der vor dem Krieg existierenden Arbeitsteilung in Wirtschaft, Gesellschaft und Familie wurde als wichtiger Garant für die Stabilisierung der unruhigen politischen Verhältnisse angesehen. Im Zuge dessen räumten zahlreiche Frauen in der Ludwigshafener Industrie ihre Arbeitsplätze für die heimkehrenden Männer. Meistens begrüßten die Frauen ihre ›Befreiung‹ von der harten Fabrikarbeit, da sie sich nun wieder mehr um ihre Familie kümmern konnten. Zuweilen gab es aber auch Frauen, für die ihre Entlassung mit existentieller Not verbunden war. Daran konnte auch die zum 13. November 1918 eingeführte Erwerbslosenfürsorge nur wenig ändern. Die Erwerbslosenfürsorgestelle in Ludwigshafen war dem hiesigen Arbeitsamt angegliedert, was die Arbeit effektiver machte. Nur ganz langsam konnte sich die Wirtschaft normalisieren. Am besten erholte sich die Bauwirtschaft vom Krieg, denn gleich nach dem Waffenstillstand wurden in Ludwigshafen zahlreiche neue Bauaufträge vergeben.[156]

›Kriegsheimkehrer‹
Rheinbrückenauffahrt, 1918 [80]

Anmerkungen
Seite 890

157 Thalmann, S. 315ff
158 VB 1918, S. 81
159 ebd.
160 Breunig, S. 561f
161 Thalmann, S. 240

Für die Pfalz brachte das Kriegsende nicht nur den Übergang zur Republik. Auf Extrablättern erreichten in den Revolutionstagen auch die Waffenstillstandsbedingungen die Ludwigshafener Bevölkerung. Besonders die Klausel, daß die Pfalz von den Franzosen besetzt werden würde, beunruhigte die Menschen. Es kamen Ängste auf, der ›Erzfeind‹ Frankreich könnte Rache üben, weshalb viele Bürger ihre besonderen ›Schätze‹ in Sicherheit brachten. Auch fanden nun zahlreiche Hausschlachtungen statt, da die Tiere nicht in die „Hände der Franzosen" fallen sollten. Daneben kursierten Gerüchte, daß außer Elsaß-Lothringen das gesamte linksrheinische Gebiet an Frankreich abgetreten werden könnte, wodurch die Ludwigshafener zusätzlich verängstigt wurden.[157] Trotzdem versuchten die Einwohner Ludwigshafens den Durchzug der heimkehrenden Soldaten vom 16. November bis zum 4. Dezember 1918 zu einem festlichen Ereignis zu gestalten. „Die Stadt prangt im Flaggenschmuck. [...] Die Truppen wurden herzlichst begrüßt und aufgenommen, nach Kräften bewirtet; insbesondere erhielten sie Liebesgaben, wie Zigarren, Zigaretten und Tabak."[158] Die Begeisterung der Menschen hielt jedoch nicht lange an, denn vom 6. bis 8. Dezember 1918 rückten die französischen Besatzungstruppen mit Musik in die Stadt ein.[159] Mit sofortiger Wirkung wurden alle politischen Vereinigungen und Versammlungen verboten. Davon war auch der Arbeiter- und Soldatenrat betroffen.[160] Am 9. Dezember erschien der letzte unzensierte Artikel über den Einzug der Franzosen in der ›Pfälzischen Post‹. Die kurze Zeit der „schönen Tage völliger Preßfreiheit"[161] waren vorüber. Fortan wurde die Presse von den französischen Behörden kontrolliert. Eine unsichere Zukunft hatte begonnen.

Braun, Günter: Schichtwechsel. Arbeit und Gewerkschaft in der Chemie-Stadt Ludwigshafen, Mannheim/Ludwigshafen 1994

Breunig, Willi: Soziale Verhältnisse der Arbeiterschaft und sozialistische Arbeiterbewegung in Ludwigshafen am Rhein 1869—1919, 2. Auflage; Veröffentlichungen des Stadtarchivs Ludwigshafen 5, Ludwigshafen 1990

Burschell, Friedrich: Erinnerungen 1889—1990; Veröffentlichungen des Stadtarchivs Ludwigshafen 23, Ludwigshafen 1997

Daniel, Ute: Arbeiterfrauen in der Kriegsgesellschaft. Beruf, Familie und Politik im Ersten Weltkrieg, Göttingen 1989

Duisberg, Curt: Die Arbeiterschaft der chemischen Großindustrie. Darstellung ihrer sozialen Lage, Berlin 1921

Fauck, Siegfried: Geschichte der Stadt Ludwigshafen am Rhein in Daten; Veröffentlichungen des Stadtarchivs Ludwigshafen 2, 2. erweiterte und durchgesehene Auflage, Ludwigshafen 1989

Feldman, Gerald D.: Armee, Industrie und Arbeiterschaft in Deutschland 1914 bis 1918, Berlin/Bonn 1985

Friedrich, Claudia: Emanzipation auf Widerruf. Arbeiterfrauen in Ludwigshafen während des Ersten Weltkrieges und den Anfängen der Weimarer Republik (1914—1921); Veröffentlichungen des Stadtarchivs Ludwigshafen 28, Ludwigshafen 2000

Gassen, Richard: Stadtmuseum Ludwigshafen am Rhein. Ein Führer durch die Sammlung, Ludwigshafen 1984

Handrick, Georg: Ludwigshafen am Rhein: Zur Sozialgeschichte und Soziographie einer modernen Großstadt, Diss. Mainz 1965

Herbert, Ulrich: Geschichte der Ausländerpolitik in Deutschland. Saisonarbeiter, Zwangsarbeiter, Gastarbeiter, Flüchtlinge, München 2001

Holdermann, Karl: Im Banne der Chemie. Carl Bosch. Leben und Werk, Düsseldorf 1953

Johnson, Jeffrey Allan: Die Macht der Synthese (1900—1925), in: Abelshauser, Wilhelm: Die BASF. Eine Unternehmensgeschichte, München 2002

Jung, Wilhelm Jakob: Musikgeschichte der Stadt Ludwigshafen am Rhein vom Jahre 1850 bis 1918; Veröffentlichungen des Stadtarchivs Ludwigshafen 1, Ludwigshafen 1968

Kreuter, Martha: Die Heimarbeit in der Pfalz, Diss. Würzburg 1927

Laible, Werner: Die Entwicklung der Badischen Anilin- und Sodafabrik mit besonderer Berücksichtigung der Kriegs- und Nachkriegszeit, sowie ihre Bedeutung für die deutsche Volkswirtschaft und den deutschen Außenhandel, Erlangen 1924

Mörz, Stefan: Vom Westboten zur Rheinpfalz. Die Geschichte der Presse im Raum Ludwigshafen von den Anfängen bis zur Gegenwart; Veröffentlichungen des Stadtarchivs Ludwigshafen 19, Ludwigshafen 1994

Nesseler, Emil: Der Hemshof. Die Geschichte eines pfälzischen Bauernhofes, Neustadt a.d.Weinstraße 1939

Nipperdey, Thomas: Deutsche Geschichte 1866—1918, Bd. 2, Machtstaat vor der Demokratie, München 1992

Osteroth, Dieter: Soda, Teer und Schwefelsäure. Der Weg zur Großchemie, Hamburg 1985

Schiffmann, Dieter: Von der Revolution zum Neunstundentag. Arbeit und Konflikt bei der BASF 1918—1924, Frankfurt a. M./New York 1983

Springer, Max: Die Entwicklung der Stadt Ludwigshafen a. Rh. in den Jahren 1903—1928, Typoskript in Bibl. StALu 1929

Thalmann, Heinrich: Die Pfalz im Ersten Weltkrieg. Der ehemalige bayerische Regierungskreis bis zur Besetzung Anfang Dezember 1918; Beiträge zur Pfälzischen Geschichte 2; Kaiserslautern 1990

Titelbild Kapitel 9: Kartoffelausgabe im Hemshof, 1916

[2] entnommen aus: Aus dem Fotoalbum der Ilse Eicher, hg. v. Friesenheimer Stadtteilverein, Ludwigshafen 1994

[7] StALu, Sammlung ›Schriftbeispiele‹

[15] StALu, Plakatsammlung

[20, 21] StALu, Sammlung ›Schriftbeispiele‹

[24] StALu, Plakatsammlung

[25, 27] Landesarchiv Speyer

[42] StALu, Plakatsammlung

[45] StALu, Sammlung ›Schriftbeispiele‹

[49, 50] ebd.

[51] Stadtmuseum Ludwigshafen

[61] Unternehmensarchiv BASF

[65] StALu, Zeitungssammlung

[67] StALu, N 28, B 4

[68] StALu, N 15, 10

[1, 3, 6, 7, 8, 9, 22, 26, 28—41, 43, 44, 46, 47, 55—63, 66, 69—72, 78—80]
Fotosammlung StALu

[4, 5, 10, 11, 12, 13, 14, 16—19, 23, 48, 52—54, 64, 73—77]
StALu, Zeitungssammlung

veröffentlichungen
des stadtarchivs
Ludwigshafen am Rhein

Band 1 Wilhelm Jakob Jung
Musikgeschichte der Stadt Ludwigshafen am Rhein 1850—1918. 1968. 147 Seiten
4 Euro. ISBN 3-924667-00-4

Band 2 Siegfried Fauck
Geschichte der Stadt Ludwigshafen am Rhein in Daten. 1989. 251 Seiten
3 Euro. ISBN 3-924667-14-4

Band 3 Siegfried Fauck
Ludwigshafen in alten Ansichten. 1978. 128 Seiten
Vergriffen. ISBN 3-924667-02-0

Band 4 Friedrich Barth
Ruchheim gestern und heute. 1986. 254 Seiten
10 Euro. ISBN 3-924667-11-x

Band 5 Willi Breunig
Soziale Verhältnisse der Arbeiterschaft und sozialistische Arbeiterbewegung in Ludwigshafen am Rhein 1869—1919. 1990. 858 Seiten
10 Euro. ISBN 3-924667-16-0

Band 6 Karl Kreuter
Maudach im Wandel der Zeiten. 1986. 168 Seiten
Vergriffen. ISBN 3-924667-12-8

Band 7 Hans Loschky
Ein Leben im Dienst der Schule und der Heimat. 1979. 247 Seiten
Vergriffen. ISBN 3-924667-06-3

Band 8 Hans-Joachim Belitz
Evangelische Kirche in Ludwigshafen am Rhein 1853—1918
1981. 628 Seiten mit Anhang
8 Euro. ISBN 3-924667-07-1

Band 9 Lothar Meinzer
Ludwigshafen am Rhein und die Pfalz in den ersten Jahren des Dritten Reiches
1991. 300 Seiten
10 Euro. ISBN 3-924667-18-7

Band 10 Karl Kreuter
Aus der Chronik von Oggersheim 1983. 186 Seiten
6 Euro. ISBN 3-924667-09-8

Band 11 Rolf Weidner
Wahlen und soziale Strukturen in Ludwigshafen am Rhein 1871—1914. 1984
704 Seiten mit Anhang. 8 Euro. ISBN 3-924667-10-1

Band 12 Willi Breunig
Vom Handelsplatz zur Industriestadt
Wirtschaftsentwicklung in Ludwigshafen am Rhein 1820—1920. 1986. 151 Seiten
10 Euro. ISBN 3-924667-13-6

Band 13 Hans-Joachim Belitz, Michael Demessier
Evangelische Kirche in Ludwigshafen am Rhein 1919—1945. 1989. 674 Seiten
5 Euro. ISBN 3-924667-15-2

Band 14 Peter Ruf
Der Frankenthaler Kanal, 1991. 43 Seiten
5 Euro. ISBN 3-924667-17-9

Band 15 Ulrike Minor, Peter Ruf
Juden in Ludwigshafen. 1992. 189 Seiten
Vergriffen. ISBN 3-924667-19-5

Band 16 Peter Ruf
Ludwigshafener Abgeordnete im Landtag, Reichstag und Bundestag. 1993
58 Seiten. 3 Euro. ISBN 3-924667-20-9

Band 17 Matthias Rogg
„Wir schenken dem Heiligen Nazarius ..." Der Grundbesitz des Klosters Lorsch im Raum Ludwigshafen am Rhein. 1993. 73 Seiten
4 Euro. ISBN 3-924667-21-7

Band 18 Thomas Breier	Eine Stadt wird gebaut. Ludwigshafen am Rhein von der Gründung bis zum Zweiten Weltkrieg. 1994. 103 Seiten 8 Euro. ISBN 3-924667-22-5
Band 19 Stefan Mörz	Vom Westboten zur Rheinpfalz Die Geschichte der Presse im Raum Ludwigshafen von den Anfängen bis zur Gegenwart. 1994. 222 Seiten 6 Euro. ISBN 3-924667-23-3
Band 20 Willi Breunig	Kommunalpolitik und Wirtschaftsentfaltung in Ludwigshafen am Rhein 1843—1871. 1995. 50 Seiten 6 Euro. ISBN 3-924667-24-1
Band 21 Rainer Koepke	Armut in Ludwigshafen. Die öffentliche Armenpflege in Ludwigshafen am Rhein von 1871 bis 1914. 1996. 179 Seiten 5 Euro. ISBN 3-924667-25-X
Band 22 Stefan Mörz	Das Gedächtnis der Stadt Das Stadtarchiv Ludwigshafen am Rhein und seine Bestände. 1997. 177 Seiten 3 Euro. ISBN 3-924667-26-8
Band 23 Roland Krischke (Herausgeber)	Friedrich Burschell Erinnerungen 1889—1919. 1997. 311 Seiten 15 Euro. ISBN 3-924667-27-6
Band 24 Willi Breunig (Herausgeber)	Der Sprung auf die Bühne. Die Jugend- und Theatererinnerungen des Schauspielers und Regisseurs William Dieterle. 1998. 153 Seiten 10 Euro. ISBN 3-924667-28-4
Band 25 Stefan Mörz	Ludwigshafen – ein Jahrhundert in Bildern. 1999. 230 Seiten Vergriffen. ISBN 3-924667-29-2
Band 26 Friedrich Kirsch	Mundenheim. Bilder zu seiner Geschichte. 1999. 277 Seiten Vergriffen. ISBN 3-924667-30-6
Band 27 Friedhelm Borggrefe	Juden in der BASF. 2000. 85 Seiten 10 Euro. ISBN 3-924667-31-4
Band 28 Claudia Friedrich	Emanzipation auf Widerruf. 2000. 158 Seiten 10 Euro. ISBN 3-924667-32-2
Band 29 Willi Breunig (Herausgeber)	Der Kampf um die Story. Die Hollywood- und Lebenserinnerungen des Schauspielers und Regisseurs William Dieterle. 2001.190 Seiten 12 Euro. ISBN 3-924667-33-0
Band 30 Inge Brodbeck Erich Janson und Stadtarchiv Ludwigshafen (Herausgeber)	Günther Janson. Ein Sohn des Volkes. Erinnerungen. 2002. 215 Seiten 12,80 Euro. ISBN 3-924667-34-9
Band 31 Klaus J. Becker (Herausgeber)	Mundenheim ... wie es früher war. Historische Fotografien 1899—1949 2002. 112 Seiten 17,40 Euro. ISBN 3-934845-13-4

Die Veröffentlichungen sind beim Stadtarchiv, Rottstraße 17, 67061 Ludwigshafen am Rhein erhältlich oder über den Buchhandel zu beziehen

Geschichte der Stadt Ludwigshafen am Rhein

Band 2

Geschichte der Stadt Ludwigshafen am Rhein

Band 2

Vom Ende des Ersten Weltkrieges bis zur Gegenwart

Herausgegeben
von Stefan Mörz und Klaus Jürgen Becker
Stadtarchiv Ludwigshafen am Rhein

Gestaltung von
Schutzumschlag, Überzug und Typolayout
Hans-Joachim Kotarski

Gedruckt auf geglättetem, säurefreiem, chlorfreiem und alterungsbeständigem Werkdruckpapier

Satz und Bildbearbeitung
Llux Datenverarbeitung GmbH, Ludwigshafen am Rhein

Druck und buchbinderische Verarbeitung
Westermann Druck Zwickau GmbH

ISBN: 3-924667-35-7

STADT
LUDWIGSHAFEN
AM RHEIN

献给市民

Посвящается жителям города

مهدى لساكني هذه المدينة

Αφιερωμένο στους κατοίκους της πόλης

تقد یم به ساکنین این شهر

Dedicado a estes habiatantes de esta cidade

Dedicated to the inhabitants of the city

Dedicato agli abitanti della città

Fer die Leit wo do dehäm sin

şehir sakinlerine ithaf edilmiştir

Dedié aux habitants de la ville

Namijenjeno je građanima grada

A los habitantes de la ciudad

Awienesem ɛfa ɛkrumu hɔ foɔ hu

מקדש לתושבי העיר

Присвячується мешканцям міста

市民に捧ぐ

Vorwort zum zweiten Band

Dr. Eva Lohse
Oberbürgermeisterin
der Stadt Ludwigshafen am Rhein

Der erste Band der Geschichte der Stadt Ludwigshafen am Rhein ist auf große Resonanz und ein überaus positives Echo gestoßen. Nun liegt auch der zweite Band vor, in dem die Zeit vom Ende des Ersten Weltkrieges bis in unsere Gegenwart beschrieben wird.

Den Auftakt bildet ein farbiges Bild der Weimarer Zeit – ein Kapitel, das bisher stark vernachlässigt wurde. Auch die dunkle Epoche des Nationalsozialismus und des Zweiten Weltkrieges erfährt eine angemessene Würdigung. Es folgt eine umfassende Darstellung der Nachkriegszeit und des Wiederaufbaus und es werden die Entwicklungslinien bis in unsere Gegenwart nachgezeichnet.

Der zweite Band der Stadtgeschichte enthält mehr und größere Abbildungen als der erste Band und zwei Farbteile. Die Herausgeber haben damit Anregungen aus den Reihen der Leser des ersten Bandes aufgenommen.

Die Stadtgeschichte entläßt uns mit dem zweiten Band aus der unmittelbaren Vergangenheit in Gegenwart und Zukunft unserer Stadt. Ihre Sichtweise ist auch ein Zeugnis unserer Zeit.

Ludwigshafen kann stolz sein auf seine junge Geschichte und Ludwigshafen kann stolz sein auf diese Publikation. Mein Dank gilt noch einmal allen, die zum Erfolg der Stadtgeschichte beigetragen haben. Mein Wunsch ist es, daß diese Geschichte der Stadt Ludwigshafen am Rhein und die Geschichte der Menschen, die hier leben, eine gute Fortsetzung erfahren möge.

Eva Lohse

Frontispiz: Blick in die Bismarckstraße;
Ausschnitt aus einer Radierung von Bielecki
›Blick über den Jubiläumsplatz‹
aus dem Jahr 1956, StALu

Wir bedanken uns für die Hilfe bei den Übersetzungen
und Transkriptionen
Julia Becker
Rui Coutinho
Christina Georgiadou
Riadh Hassoon
Kamuran Izi
Jüdische Kultusgemeinde Mannheim
Karmela Nimac
Kwaku Antwi Owusu
Helena Pastor
Giandomenico Scognamillo
Mohammad Shahani
Da Yi

Inhaltsverzeichnis

Geschichte der Stadt Ludwigshafen am Rhein
Band 2

Kurzbiographien, Einzeldarstellungen, Grafiken und Tabellen, die in die einzelnen Kapitel eingebettet oder diesen am jeweiligen Kapitelende angefügt sind, werden im Inhaltsverzeichnis an die einzelnen Kapitel anschließend jeweils gesondert aufgeführt und ihr Ort [Seitenzahl] durch Einschluß in Klammern von der ansonsten fortlaufenden Numerierung unterschieden.

Im Anschluß an das Inhaltsverzeichnis finden sich biographische Notizen zu den Autoren sowie ein alphabetisches Verzeichnis der Kurzbiographien und der Abkürzungen.

Jedem Kapitel folgen eine eigene Bibliographie und ein Bildnachweis.

Anhang

Kurzbiographien

Die [in Klammern gesetzten Persönlichkeiten] werden lediglich im Rahmen einer erweiterten Bildunterschrift behandelt

147 Latteyer, Karl
122 [Lehmann, Ernst]
445 Liebel, Paul
665 Lochner, Karl
737 Lohse, Eva
507 Lorenz, Ernst
925 Loschky, Johannes
625 [Ludwig, Adolf]
734 Ludwig, Werner

678 Medem, Viktor von
281 Mittasch, Alwin
517 Müller, Herbert

481 Nord, Karl

635 Oedekoven, Dietrich
748 [Osterheld, Horst]
828 [Özdemir, Hasan]

957 Ramstetter, Erich
91 [Rauschert, Lina]
429 Reichert, Ludwig
445 Reichling, Ludwig
591 Reimann, Erich (Bürgermeister)
925 Reinfrank, Arno
587 Reppe, Walter Julius
571 Ries, Heinrich
523 Roos, Heny
739 Rund, Rainer

591 Schäfer, Wilhelm
492 Schaub, Josef
674 Schmitt, Heinrich
645 Schork, Horst
736 Schulte, Wolfgang
563 [Schuster, Ludwig]
841 Seefelder, Mathias
189 Siebert, Ludwig
427 Spieß, Otto
423 Stabel, Otto
90 [Steinbrenner, Berta]
63 Sternlieb, Marcus
239 Stolleis, Erich
843 Strube, Jürgen
291 Stützel, Karl
537 Süß, Georg

647 Timm, Bernhard
647 Trupp, Peter

790 Varnholt, Wilhelm

Dr. **Klaus J. Becker**, geb. 1963, Studium in Mannheim, seit 1996/97 wissenschaftlicher Angestellter im Stadtarchiv Ludwigshafen, promovierte über die KPD in Rheinland-Pfalz, veröffentlichte seitdem mehrere zeitgeschichtliche Arbeiten zur Wirtschafts- und Sozialgeschichte sowie zur Geschichte der Arbeiterbewegung in Ludwigshafen, Rheinhessen und der Pfalz.

Dr. **Günter Braun**, geb. 1953, Studium in Mannheim, Wissenschaftlicher Mitarbeiter am Mannheimer Zentrum für europäische Sozialforschung, promovierte über den Aufbau und die Entwicklung der Industriegewerkschaft Chemie-Papier-Keramik. Forschungsschwerpunkte sind die Gewerkschaftsgeschichte sowie europäische Interessensverbände.

Prof. Dr. **Michael Erbe**, geb. 1940, Studium an der FU Berlin, promovierte zur Entwicklung des Niederkirchenwesens in Ostsachsen, 1974 bis 1989 Lehrtätigkeit an der FU Berlin, 1985—1989 Erster Vizepräsident der FU, seit 1989 Professor für Neuere Geschichte an der Universität Mannheim. Schwerpunkt seiner umfangreichen Forschungstätigkeit bilden Arbeiten zur westeuropäischen und deutschen Geschichte der frühen Neuzeit.

Dr. **Peter Gleber**, geb. 1965, Studium in Mannheim, wissenschaftlicher Angestellter im Stadtarchiv Mannheim, promovierte über die pfälzische SPD in den sechziger Jahren, veröffentlichte seitdem mehrere Arbeiten zur Kulturgeschichte in der Nachkriegszeit, zur Technikgeschichte im 19. Jahrhundert sowie zur Geschichte der pfälzischen Sozialdemokratie.

Dr. **Lothar Meinzer**, geb. 1953, Studium in Mannheim, seit 1985 in verschiedenen Funktionen bei der BASF tätig, u. a. als Leiter des Unternehmensarchivs, seit 2001 Leiter des BASF Sustainability Center, promovierte über Stationen und Strukturen der nationalsozialistischen Machtergreifung in Ludwigshafen und der Pfalz und veröffentlichte seitdem mehrere Arbeiten zur Geschichte von Stadt und Region in der Zwischenkriegszeit.

Dr. **Stefan Mörz**, geb. 1959, Studium in Mainz und München, Archivar – seit 1998 Leiter – des Stadtarchivs Ludwigshafen, promovierte über den Aufgeklärten Absolutismus in der Kurpfalz unter Kurfürst Carl Theodor, veröffentlichte seitdem mehrere Arbeiten zur kurpfälzischen Geschichte des 17. und 18. Jahrhunderts sowie zu verschiedenen Aspekten der Ludwigshafener Stadtgeschichte.

Dr. **Christiane Pfanz-Sponagel**, geb. 1964, Studium in Mannheim, Archivarin im Zentralarchiv zur Erforschung der Geschichte der Juden in Deutschland, promovierte über Frauenbewegung und politische Partizipation von Frauen im Rhein-Neckar-Raum 1890—1933, veröffentlichte mehrere Arbeiten zur Frauen- und Wirtschaftsgeschichte der Region.

Prof. Dr. **Clemens Zimmermann**, geb. 1951, Studium in Tübingen, Freiburg und Heidelberg, promovierte über ›Reformen der bäuerlichen Gesellschaft. Studien zum aufgeklärten Absolutismus in der Markgrafschaft Baden‹. 1980 bis 1999 Lehrtätigkeit am Institut für Sozial- und Wirtschaftsgeschichte in Heidelberg, seit 2000 Professor für Kultur- und Mediengeschichte in Saarbrücken. Schwerpunkt seiner Forschungen sind die Stadtgeschichte, Mediengeschichte, Geschichte der ländlichen Gesellschaft, Administration, Sozialpolitik, Reformen und Staatspraxis.

Abkürzungen

AB	Adreßbuch
AVT	Aus vergangenen Tagen
BASFUA	Unternehmensarchiv der BASF
BASp	Archiv des Bistums Speyer
BayHStA	Bayerisches Hauptstaatsarchiv München
BayHStA, MA	ebd., Ministerialablage der Bayerischen Staatskanzlei
Bll.Pf.Kig.	Blätter für pfälzische Kirchengeschichte
Bundesarchiv, NS 25	Bundesarchiv, Bestand NSDAP-Hauptamt für Kommunalpolitik
f.d.F.	für das Folgende
FtEJ	Frankenthal Einst und Jetzt
GA	General-Anzeiger Ludwigshafen
GO	Gemeindeordnung
Hbll.Lu	Heimatblätter für Stadt- und Landkreis Ludwigshafen
Jb.Westdt.Lg.	Jahrbuch für Westdeutsche Landesgeschichte
k.A.	keine Angabe(n)
LASp	Landesarchiv Speyer (zit. auch LAS)
MdB	Mitglied des Bundestags
MdL	Mitglied des Landtags
MGB	Mannheimer Geschichtsblätter (zit. auch MGBl)
MGB, NF.	Mannheimer Geschichtsblätter, Neue Folge
MHVP	Mitteilungen des Historischen Vereins der Pfalz
MFA	Monatschrift des Frankenthaler Altertumsvereins
MM	Mannheimer Morgen
NAZ	Neue Abendzeitung
N.F.	Neue Folge
NSZ	Nationalsozialistische Zeitung
NPfL	Neue Pfälzische Landeszeitung (zit. auch NPL)
OA	Oggersheimer Anzeiger
OB	Oberbürgermeister
OEA	Oppau-Edigheimer Anzeiger
OLG	Oberlandesgericht
PfH	Pfälzer Heimat
PfHbll.	Pfälzische Heimatblätter
PfP	Pfälzische Post
PfR	Pfälzische Rundschau
PR	Protokolle der Ratsherrensitzungen aus der NS-Zeit (1935—1944)
RdP	Regierung der Pfalz
Rhpf	Die Rheinpfalz
SAZ	Süddeutsche Allgemeine Zeitung
SRP	Stadtratsprotokoll
StAnz.	Stadtanzeiger Ludwigshafen
StALu	Stadtarchiv Ludwigshafen (zit. auch StaLu)

Bestände des Stadtarchivs Ludwigshafen

StALu, DS	Druckschriften, Abt. Ludwigshafen
StALu, DsB	Druckschriften, Abt. Bayern
StALu, Ed.	Edigheim,
StALu, Fr.	Friesenheim

StALu, LUA bzw. ZR Ludwigshafen vor 1945
mit den zwei Gruppen LUA bzw. ZR

StALu, LUN	Ludwigshafen nach 1945
StALu, M	Manuskripte
StALu, Md.	Maudach
StALu, Mu.	Mundenheim
StALu, N	Nachlässe
StALu, Og.	Oggersheim
StALu, Op.	Oppau
StALu, PA/Pa I	Protokollabteilung I (bis 1945)
StALu, PA/Pa II	Protokollabteilung II (ab 1945)
StALu, PGV	Parteien, Gewerkschaften, Vereine
StALu, Rgh.	Rheingönheim
StALu, Ru.	Ruchheim
StALu, Ws.	Wirtschaftsschriftgut (Firmenarchive) (zit. auch Ws)
StALu, ZR II	Restbestand Zentralregistratur
StALu, ZSL	Zeitungsschnitte Ludwigshafen
VB	Verwaltungsbericht des Bürgermeisteramts Ludwigshafen am Rhein für das Jahr ...
VSWG	Vierteljahresschrift für Sozial- und Wirtschaftsgeschichte
ZASp	Zentralarchiv der Evangelischen Kirche der Pfalz
ZGO	Zeitschrift für die Geschichte des Oberrheins
ZsLu	Zeitschrift Lu

Siglen der Verfasser der Kurzbiographien

Die Kurzbiographien ohne Siglen stammen vom Autor des jeweiligen Kapitels.
Falls dies nicht der Fall ist, bedeutet

G. B.	Günter Braun
K. B.	Klaus J. Becker
M. E.	Michael Erbe
S. M.	Stefan Mörz

Eine Großstadt wird korrigiert

Ludwigshafen in der Weimarer Republik
1919—1933

Eine Einleitung
Ludwigshafen in der Weimarer Republik

Ludwigshafen sei „trocken über die Umwälzung hinweggekommen", beschrieb der liberale Stadtrat Hans Lebender Mitte November 1918 erleichtert die wenig revolutionären Vorgänge vor Ort.[1] Wie in den meisten Städten und Gemeinden Deutschlands schuf der Umbruch von 1918 hier keine tiefgreifenden kommunalpolitischen Veränderungen. Zwar reklamierte der sozialdemokratisch beherrschte Arbeiter- und Soldatenrat gleichsam die kommunale Oberaufsicht für sich. Doch agierte er in Zusammenarbeit mit der Stadtverwaltung und war auf das Funktionieren des Verteilungs-, Versorgungs- und Dienstleistungsapparates angewiesen.[2] Dies bezog sich zuallererst auf Ruhe, Sicherheit und Ordnung, galt aber genauso mit Blick auf das politische Personal in der Stadt. Ein schroffer Wachtwechsel blieb aus. Zu einer demokratischen Erneuerung der Kommunalparlamente kam es in der Pfalz besatzungsbedingt erst im April 1920.

Und wie in der Umbruchsphase 1918/19 bestimmten auch weiterhin gemäßigte politische Kräfte in Arbeiterschaft und Bürgertum die Geschicke der Stadtverwaltung. Die kommunale Selbstverwaltung in Ludwigshafen war bis zum Beginn der dreißiger Jahre weithin von politischem Konsens und Kompromiß zwischen Sozialdemokraten,

Anmerkungen
Seite 2

1 *›Aussprache über die neue politische Lage‹ in der Stadtratssitzung vom 15. November 1918, SRP, Bd. 42, Bl. 180*

2 *ebd., Bl. 176ff*

Blick auf Ludwigshafen von der Mannheimer Sternwarte aus
Linke Bildhälfte mit der Walzmühle links und der Ludwigskirche rechts, rechte Bildhälfte mit der Lutherkirche, linke Bildmitte; montierte Panoramaaufnahme um 1927 [2]

Zentrumspolitikern und Linksliberalen geprägt. Anders als auf Reichsebene entwickelten hier die Parteien der Weimarer Koalition eine stabilere Bindekraft und eine einvernehmlichere Politik. Bemerkenswert ist dies, weil kommunale Selbstverwaltung in der Weimarer Demokratie durchgehend sehr problembehaftet und krisenanfällig war, bemerkenswert aber auch angesichts der Zerreißproben, vor die sich Ludwigshafens Kommunalpolitiker in den turbulenten Anfangsjahren der Republik gestellt sahen. Denn mit der nachrevolutionären Normalität war es in der vorderpfälzischen Industrie-Metropole bald vorbei: politische Radikalisierung, soziale Konflikte, aufstandsartige Proteste sowie Streiks und Aussperrungen in bis dahin unbekanntem Ausmaß begleiteten die Inflationsperiode bis 1924. Besonders spannungsgeladen erwies sich das Klima in der BASF, das sich auf Arbeitgeber- wie auf Arbeitnehmerseite in rücksichtslos geführten Arbeitskämpfen entlud.

Und über allem lastete die französische Besatzungspolitik. Das okkupierte Rheinland bildete ein Faustpfand, das die Reparationsansprüche Frankreichs an das besiegte Deutschland gewährleisten sollte. Zugleich strebte das französische Sicherheitsbedürfnis nach einer langfristigen Schwächung Deutschlands, und diese Politik schloß territoriale Konsequenzen als Maximalziel ein. In der Pfalz, dem linksrheinischen bayerischen Landesteil, schienen die Chancen recht günstig, ohne

Zwischen Tümpeln und Löchern: Blick auf die Stadt von der Großen Blies aus, rechts der Schlachthof mit seinem charakteristischen Turm, hinten links die BASF [3.1]

unmittelbare Gewalt, aber mit vielfältigen Werbe- und Druckmitteln, eine Revision der Grenzen erreichen zu können. Diesbezügliche Erwartungen an pfälzisch-bayerische Verstimmungen im Gefolge des Konflikts zwischen Bayern und dem Reich gehörten ebenso ins Kalkül dieser Politik wie hervorgekramte Reminiszenzen an die napoleonische Ära oder das Fördern separatistischer Kräfte.

Die pfälzische Wirtschaft verkraftete die unmittelbaren Folgen des verlorenen Krieges – beispielsweise den Verlust der Absatzgebiete bzw. Rohstoffbezugsquellen Elsaß-Lothringen und Saargebiet – zwar branchenbedingt unterschiedlich, aber insgesamt gesehen zunächst recht gut, auch wenn die besatzungspolitisch verordneten Verkehrs- und phasenweise Zollbeschränkungen nicht ohne Wirkung blieben. Nach Reorganisationsproblemen, die mit der Demobilmachung und dem Übergang zur Friedenswirtschaft verbunden waren, partizipierte die Pfalz an dem inflationsbewegten Aufschwung der deutschen Wirtschaft. Während die siegreichen westlichen Staaten mit einer Nachkriegsdepression zu kämpfen hatten,[3] gelang es in Deutschland Mitte 1920 nicht nur die politische Lage zu stabilisieren, sondern ebenso den Wachstumsmotor der Industrieproduktion wieder anzuwerfen. Zwei Jahre lang heizte die Inflationskonjunktur die deutsche Wirtschaft an und bescherte dem Land nahezu Vollbeschäftigung, bis das Währungschaos des Jahres 1923 und der Ruhrkampf den ökonomischen Zusammenbruch verursachten. Der plötzliche Verfall der inflationären Scheinblüte 1922/23 mündete für viele Arbeitnehmer in einer Katastrophe. Hunger und Entbehrungen bestimmten jetzt ihr Alltagsleben. „In der Pfalz brachte die Währungskrise im Verein mit der Sperrung der Rheinübergänge durch die Franzosen und dem Ausfall der Kohleversorgung die Industrieproduktion fast völlig zum Erliegen. Im Dezember 1923 waren fast 85 000 Arbeitslose gemeldet – ein Höchststand, der selbst während der Weltwirtschaftskrise kaum noch übertroffen werden sollte."[4]

Anmerkungen Seite 4 und 5

3 *vgl. Berghahn, S. 127ff*
4 *Meinzer, Dauerkrise, S. 164*
5 *Peukert, S. 72*
6 *Winkler, S. 144*
7 *Wirsching, S. 46f*
8 *Rebentisch, S. 90f*

Links die Türme der Apostel- und Dreifaltigkeitskirche, rechts der Korkturm von Grünzweig und Hartmann [3.2]

Wer wollte den politisch Verantwortlichen der jungen Republik verdenken, daß sie nach Kriegsende keinen rigorosen Spar- und Verzichtskurs eingeschlagen, sondern „bewußt auf eine Politik des leichten Geldes" gesetzt hatten,[5] um die enormen Kriegsfolgelasten bewältigen zu können? Auch ein radikaler Währungsschnitt bei Kriegsende wäre dem neuen Staat und nicht den wilheminischen Verursachern des Währungsdesasters angelastet worden. „Ob eine prinzipiell andere Politik damals möglich gewesen wäre, ist sehr fraglich. Die Inflation hat, soviel steht fest, Deutschland zunächst das Schicksal einer schweren Depression mit Massenarbeitslosigkeit und damit eine Entwicklung erspart, die die junge Demokratie von Weimar wohl kaum überlebt hätte."[6]

Für das Bedienen der Staatsverschuldung, die Erfüllung des Friedensvertrages und vor allem für den Aufbau des neuen Staates und seiner Sozialpolitik benötigte die Republik enorme finanzielle Mittel. Vor diesem Hintergrund schuf Reichsfinanzminister Erzberger 1919/20 eine eigene Finanzverwaltung des Reiches – das bis 1918 von den Finanzzuweisungen der Bundesstaaten abhängig gewesen war – und gliederte das Steueraufkommen in Reichs-, Länder- und Gemeindesteuern. Das Reich erhielt unter anderem 100% der Einkommensteuer und der Verbrauchsteuern, 85% der Umsatzsteuer und 80% der neueingeführten Erbschaftsteuer. Die Erzbergersche Steuer- und Finanzreform war für die Länder und insbesondere für die Gemeinden äußerst problematisch. Auf dem Zuschlagsrecht zur Einkommensteuer ruhte bis dahin der maßgebliche Anteil der Gemeindefinanzen. So gesehen waren sie die politischen Verlierer der Reform. „Vom teilautonomen Steuersouverän wurde die Kommune zum Zuschußempfänger."[7]

Damit einher ging eine Ausweitung ihrer Leistungen. Die vielfältigen Kriegsfolgebelastungen bedingten eine zunehmende zentralstaatliche Regulierung vor allem im Wohlfahrtsbereich, was Städte und Gemeinden „praktisch zu Exekutivbehörden des Reiches"[8] werden ließ.

Bekanntmachung.

Tarif maximum des consommations. | Höchstpreise für Getränke.

Vin vieux
le litre . . . . Marks 6.—
y compris la taxe de 20%
le quart . . . „ 1.50
y compris la taxe de 20%

Vin nouveau
le litre . . . . Marks 4.—
y compris la taxe de 20%
le quart . . . „ 1.—
y compris la taxe de 20%

Vins bouchés
prix variables selon la qualité

Bière le litre Marks 0.45

Limonade
la bouteille . „ 0.30

Café la tasse „ 0.35

La vente de tout alcool est sévirement interdite. (Eau de vie, Liqueurs etc.)

Alter Wein
der Liter . . . Mark 6.—
einschl. 20% Steuer
das Viertel . . „ 1.50
einschl. 20% Steuer

Neuer Wein
der Liter . . . Mark 4.—
einschl. 20% Steuer
das Viertel . . „ 1.—
einschl. 20% Steuer

Flaschen-Weine
Preis je nach Qualität

Bier der Liter Mark 0.45

Limonade
die Flasche . „ 0.30

Kaffee die Tasse „ 0.35

Der Verkauf von Alkohol ist strengstens verboten. (Schnaps, Liköre etc.)

Ludwigshafen am Rhein, 19. Dezember 1918.

Le commandant de la place
signé Frisch.

Der Oberbürgermeister
gez. Krafft.

Zweisprachige Bekanntmachung
von Getränkehöchstpreisen
Dezember 1918 [4]

Die von den Franzosen gesperrte Rheinbrücke
1919 [5]

Man befand sich „im Zeitalter der Verreichung", wie der Ludwigshafener Zentrumsabgeordnete Hermann Hofmann diesen Prozeß charakterisierte.[9] Die Entwicklung der Weimarer Republik zum Interventionsstaat zwang die Kommunen ebenso zum Ausbau ihres Verwaltungsapparates wie die Befriedigung neuer Ansprüche, die aus dem rapiden Wandel in den sozialen, hygienischen, kulturellen und politischen Bedürfnissen der Stadtbevölkerungen resultierten – man denke nur an den Wohnungsbau oder die Anpassung der Infrastruktur an die zunehmende Motorisierung des Verkehrs. „Im Grunde befanden sich die Städte nach dem Krieg von vornherein unter einem ›Mehrfrontendruck‹, dem sie nur unter großen Anstrengungen in gewissem Umfang standhalten konnten", beschrieb Jürgen Reulecke ihre Lage in dieser Zeit.[10]

Trotz leerer Kassen und in Anbetracht der schwierigen politischen Rahmenbedingungen sowie der krisenhaften Zuspitzungen in den ersten und letzten Jahren der Weimarer Republik ist in Ludwigshafen zwischen 1919 und 1933 Enormes geleistet worden. Dafür steht leitmotivisch der Titel ›Eine Großstadt wird korrigiert‹. Er nimmt zugleich Bezug auf das ›deutsche Chicago‹ – denn die städtebaulichen, kulturellen und sozialen Defizite, die aus der ›amerikanischen‹ Entwicklung im Kaiserreich resultierten, wurden in den zwanziger Jahren wenigstens teilweise abgebaut. Zielbewußt hatten die führenden Kommunalpolitiker dieser Zeit „den Kampf mit dem überstürzt Gewordenen" aufgenommen. Das bezog sich nicht allein auf verkehrsbedingte und kosmetische Korrekturen in der Innenstadt, sondern ebenso auf den Wohnungs- und Siedlungsbau oder die Anlage des Ebertparks und vieles andere mehr.

Schon deshalb verdient es die ›Weimarer‹ Phase der Stadtentwicklung als Epoche von eigenem Gewicht gedeutet und nicht von ihrem Ende her als Übergang zur NS-Diktatur interpretiert zu werden. Und dies, obwohl viele der ökonomischen, sozialen und politischen Probleme, die das – jedoch keineswegs zwangsläufige – Scheitern der Weimarer Demokratie mitverursachten, gerade in einer Stadt wie Ludwigshafen sich wie in einem Brennglas bündelten.

Anmerkungen
Seite 6

9 SRP 20.2.1920, Bd. 43, Bl. 235
10 Reulecke, S. 151f

Paßkontrolle auf der Rheinbrücke
1920er Jahre [6]

LAISSEZ-PASSER
permanent
No. 6613/
pour le Pont
Ludwigshafen—
Mannheim.

Nom: Neuß
Prénoms: Karl
Profession: electricien
Adresse légale à Ludwigshafen:
Leopoldstr. 64
Ludwigshafen, le 19. XII. 1919.
P. O. du Général Cdt. la

Brückenpaß der Besatzungsbehörde,
der zur Überquerung der Rheinbrücke
berechtigte, 1919 [7]

Die Darstellung folgt zwar chronologisch der ›klassischen‹ Drei-Phasen-Gliederung der Weimarer Geschichte, innerhalb dieser Abschnitte dominieren jedoch systematische Gesichtspunkte. Einige Themen, etwa die Kultur, der Verkehr oder der Sport werden nur einmal aufgegriffen; andere, wie der Wohnungsbau und das Wählerverhalten sind in allen Kapiteln zu finden. Obwohl ausführlicher ausgefallen als geplant, konnten bei weitem nicht alle Facetten, Begebenheiten und Bezüge der Stadtgeschichte zwischen 1919 und 1933 präsentiert werden.

Zu bedenken ist allerdings auch: Kaum eine andere Periode der deutschen Geschichte bot innerhalb von nur 14 Jahren ein solch prall gefülltes, hektisches Zeitgeschehen; kaum eine andere barg in solch kurzer Zeit so viel politischen Zündstoff oder traumatische Erfahrungen wie die Inflation und Massenarbeitslosigkeit. Es waren höchst unruhige Jahre voller Widersprüche und Konflikte, wie auf den folgenden Seiten nachzulesen und zu betrachten ist.

11. März 1919: Fahnenübergabe auf dem Ludwigsplatz an ein französisches Kolonialregiment aus Madagaskar; viele Ludwigshafener ›fürchteten‹ die ›Schwarzen‹ [8]

Teil 1
Turbulenzen in den Nachkriegskrisen (1919—1924)

Die besetzte Stadt
›Die Revolverrepublik am Rhein‹

„Am 6. Dezember 1918 betraten die ersten französischen Offiziere die BASF-Werke in Ludwigshafen und Oppau. Sie etablierten eine Kontrollstelle im Werk, verlangten Übersichten über Vorräte und Rohmaterialien, über Produktion und Kohlenbedarf und konfiszierten Farbstoffe im Wert von 1,5 Millionen Francs. Ansonsten schien es zunächst so, als ob man die Besatzungszeit ohne größere Probleme überstehen könne. Natürlich gab es die üblichen Querelen. Über die Belästigung ‚weiblicher Personen' in der Hemshofkolonie wurde ebenso geklagt wie über die ‚Frauenzimmer', die die Soldaten mit aufs Fabrikgelände nahmen. Es war offenbar nicht möglich, die Franzosen zur Einhaltung des Rauchverbots im Werk zu bewegen, hie und da wurden Kesselwagen beschlagnahmt oder Fahrräder geklaut, ‚Turnspiele' der Soldaten auf einem Kleefeld in der landwirtschaftlichen Versuchsstation verursachten Flurschaden, ein Mitarbeiter beklagte sich, daß er Briefmarken von Geschäftsbriefen an einen philatelistisch tätigen Offizier abliefern müsse."[11] Sowohl für die BASF als auch für die Stadt sollte die Lage, die mit der Besatzung einherging, jedoch bald ernster werden.

Mit dem Einmarsch der Truppen Ende November 1918 begann für das linksrheinische Gebiet eine bis 1930 währende historische Phase, in der sich die politischen und gesellschaftlichen Bedingungen in wesentlichen Bereichen von den Verhältnissen im unbesetzten Teil des Reiches unterschieden. Blieben die Ziele der französischen Deutschlandpolitik in den ersten Jahren unverändert, wandelten sich die angewandten Methoden ihrer Durchsetzung. Die Monate des Waffenstillstands waren beherrscht von massiver Kontrolle und dem eindringlichen Werben für eine Separation der Pfalz. Alle politischen Organisationen – einschließlich des Arbeiter- und Soldatenrates – und Aktivitäten wurden zunächst

Anmerkungen Seite 8 und 9

11 Meinzer, Pfand, S. 246
12 Gembries, S. 56

›La Garde au Rhin‹ – die französische Wachtruppe an Brücke und Rhein ca. 1920 [9]

Nr. 337.

Pfälzische Rundschau

Unabhängige Zeitung für nationale Politik

Drahtmeldungen

Weihnachten 1918.

Die ›Pfälzische Rundschau‹ mit Zensurlücken 25. Dezember 1918 [10]

suspendiert, der Telefon- und Postverkehr mit dem rechten Rheinufer wurde gekappt, die Rheinbrücke immer wieder gesperrt; der Besitz rechtsrheinisch gedruckter Zeitungen war verboten, die örtliche Presse stand unter Vorzensur. Als Ende August 1919 französische Polizei das Hauptpostamt stürmte, wurden zwei der dortigen Beamten erschossen. Die Unterzeichnung des Friedensvertrages Mitte 1919 leitete dann eine Zeit relativer Beruhigung ein. „Die Besatzungsmacht nahm vorläufig Abschied von ihrem Ziel einer selbständigen Pfalz und konzentrierte sich auf die neue Politik der ›pénetration pacifique‹, der friedlichen Durchdringung mit Hilfe einer intensiven Kulturpropaganda."[12] So wurden auch in Ludwigshafen Französischkurse zum besseren Kennenlernen der Kultur des westlichen Nachbarn angeboten, die zeitweise recht großen Anklang fanden. Das Palast-Kino zeigte regelmäßig französische Filme, in der Ludwigstraße wurde eine französische Buchhandlung, am Ludwigsplatz eine Lesehalle mit Zeitungen und Zeitschriften eingerichtet. Zum 100. Todestag Napoleons veranstalteten die Franzosen einen Gedenkgottesdienst in der Ludwigskirche und eine große Ausstellung, die an das gemeinsame Schicksal der Franzosen und linksrheinischen Deutschen während des napoleonischen Kaiserreichs erinnern sollte. Und selbst den Kult der Jeanne d'Arc, der französischen Nationalheiligen, versuchte man zu verbreiten: In der Ludwigskirche wurden Messen für sie gelesen. Darüber hinaus halfen die Franzosen nach dem Oppauer Unglück 1921, und sie richteten eine Suppenküche in der Stadt ein, die zeitweise 400 bis 500 arme Kinder im Hemshof speiste. Diese positive Politik wurde jedoch ergänzt durch weiterhin restriktive Maßnahmen bei Versammlungsrecht und Pressezensur: So blieb zum Beispiel weiterhin jedwede Kritik am Versailler Vertrag verboten.

Mit der Besetzung des Ruhrgebiets im Januar 1923 und dem passiven Widerstand spitzte sich die politische Situation dramatisch zu. Die Besatzungsmacht beantwortete den passiven Widerstand zum einen mit der Ausweisung von Beamten, Bürgermeistern und Abgeordneten, zum andern schob sie Tausende Eisenbahnbeschäftigte über den Rhein ab,

Am 29. August 1919 werden der Postverwalter Ludwig See und der Postbeamte Sebastian Funk von der französischen Polizei bei der Besetzung des Hauptpostamts erschossen; auf dem Foto sind verschiedene Einschußlöcher markiert [11]

Anfertigung von Paßfotos auf dem Gelände der BASF für die von den französischen Behörden angeordneten Paßformulare, 1919 [12]

um das wichtigste Verkehrsmittel in eigene Regie zu übernehmen. Im Mai 1923 wurde die BASF von den Franzosen besetzt, im Juni eine Zollgrenze am Rhein eingeführt, so daß Waren zwischen Ludwigshafen und Mannheim verzollt werden mußten. Im Spätsommer beschlagnahmte die Besatzungsmacht dann zuerst die Lohngelder in der BASF und wenig später die Kassen der Stadtverwaltung. Mit dem Abbruch des passiven Widerstands – er hatte die finanzielle Leistungsfähigkeit des Reiches erschöpft und die ›galoppierende‹ zur Hyperinflation gesteigert – war die Krise in der Pfalz aber noch keineswegs durchgestanden.

Entschlossen, die wirtschaftliche Erschöpfung Deutschlands auszunutzen, starteten die französischen Besatzer im Herbst 1923 eine erneute Initiative zur Separation der linksrheinischen Gebiete.[13] In Ludwigshafen begannen wie im ganzen Rheinland und der Pfalz separatistische Gruppierungen aufzutauchen. Versammlungen wurden abgehalten, ein Teil der Aktivisten erhielt von der Besatzungsbehörde Waffenscheine. In Ludwigshafen war vor allem die unter französischer Regie stehende Eisenbahnwerkstätte ein Zentrum der Separatisten. Dorthin wurden Anfang November zwei Polizisten verschleppt und mißhandelt, zwei andere wenig später von dort aus erschossen. Am 13. November verhafteten die Besatzungsbehörden Oberbürgermeister Weiß und setzten ihn nach einem ›Schuldspruch‹ durch ein Kriegsgericht in Landau fest. Zu diesem Zeitpunkt hatte bereits die ›Eroberung‹ der Pfalz durch separatistische Verbände mit Hilfe der Franzosen begonnen. In Speyer hatten sie am 12. November die ›Autonome Republik‹ der Pfalz proklamiert. Die Kreisregierung war nach Ludwigshafen geflohen. Elf Tage später ergriffen die Separatisten auch dort die Macht. Im Verein mit einer großen Masse Erwerbsloser, deren Führer Kunz sich ihnen angenähert hatte, besetzten und verwüsteten sie das Bezirksamt und die Stadthäuser; die nach Ludwigshafen geflohenen Vertreter der Kreisregierung wurden verhaftet. Die Polizei war zuvor von der Besatzungsbehörde entwaffnet worden. Zwar wurden die Stadthäuser bald geräumt, doch die Separatisten bedrohten weiter die Verwaltung, deren Vertreter sich allerdings nicht zu ihrer Anerkennung, lediglich zur Zusammenarbeit im Interesse der Versorgung der Bevölkerung bereit erklärten. Mitte

Anmerkungen
Seite 10 und 11

13 *VB 1924, S. 11ff, 21, 205f; StALu, Rgh. 794a; Etatrede 1924; StALu, PA I 47; SRP 3.4.1924; Bayer. Staatskommissar für die Pfalz (Hg.): Die Pfalz unter französischer Besatzung, S. 156ff*

14 *Mörz, Westbote, S. 77*

15 *wie Gerhard Gräber und Matthias Spindler das zwischen November 1923 und Februar 1924 existierende Separatisten-Gebilde ob seiner gewaltsamen Herrschaftspraxis und Zerschlagung titulierten; Gräber / Spindler*

16 *VB 1924, S. 13f*

* *Kleefoot hatte zuvor zu den Exponenten der sogenannten ›Hoffmannaktion‹ der pfälzischen SPD gehört, die im Interesse der Bevölkerung letztlich eine französisch kontrollierte pfälzische Republik akzeptiert hätte. Vielleicht also war seine Krankheit eher diplomatisch (siehe auch S. 39, Kurzbiographie Hoffmann auf Seitenmarge).*

In der Zeit des ›passiven Widerstands‹ und der französischen ›Regiebahn‹ werden Aniliner in Lastkraftwagen transportiert, 1923 [13]

General-Anzeiger

Ludwigshafen a. Rh., den 22. Januar 1924.

Zum Protest

gegen die Unterdrückung der Presse durch die Autonomisten stellen wir, wie die anderen pfälz. Zeitungen, heute unser Erscheinen ein und fordern die Wiederherstellung der Pressefreiheit im Rahmen des Rheinlandabkommens.

Verlag und Redaktion:

General-Anzeiger — Neue Pfälz. Landeszeitung
Pfälzische Post — Pfälzische Rundschau

In Ludwigshafen wurden von den Autonomisten folgende Strafen ausgesprochen:

„General-Anzeiger“
10000 Goldmark und Stellung unter Vorzensur.
„Neue Pfälzische Landeszeitung“
Schließung des Betriebes und vorläufiges Verbot.
„Pfälzische Rundschau“
10000 Goldmark und Stellung unter Vorzensur.

Die Ludwigshafener Zeitungen stellen aus Protest gegen die Separatisten ihr Erscheinen ein, 22. Januar 1924 [14]

Dezember folgte die Abschiebung der beiden ehrenamtlichen Bürgermeister; angesichts einer Krankheit Bürgermeister Kleefoots* war die Stadtverwaltung nun ›kopflos‹. Dies verhinderte nicht eine von allen Parteien und Gewerkschaften organisierte Massendemonstration gegen Besatzung und Separatisten am 17. Dezember, die 20000 Menschen auf die Beine brachte. Die häufig in Leitartikeln geäußerte Ablehnung der Autonomen Pfalz durch die örtliche Presse führte zu grotesken Szenen. Als Mitte Januar 1924 die ›Pfälzische Rundschau‹ mit der Schlagzeile „Die Pfalz will keine Autonomie" titelte, besetzten bewaffnete Separatisten während des Drucks den Betrieb. Die Angestellten warfen daraufhin die schon fertigen Exemplare in benachbarte Gärten, von wo sie in der Stadt verteilt wurden.[14] Die ›Revolverrepublik am Rhein‹[15] scheiterte allerdings nicht so sehr an dem später vielgepriesenen antiseparatistischen Proteststurm der Pfälzer, sondern an der sich verändernden politischen Großwetterlage: Auf Druck Englands war das von ihm wirtschaftlich abhängige Frankreich gezwungen, das separatistische Experiment abzubrechen. Am 16. Februar 1924 nahm die Regierung der Pfalz wieder ihre Arbeit auf, im Mai durfte OB Weiß wieder amtieren, im September 1924 wurden die Beschränkungen der Paßvisa und die Zollsperre zwischen Mannheim und Ludwigshafen aufgehoben.[16]

Die Besetzung der BASF Mai 1923

Am 15. Mai 1923, in der Zeit des Ruhrkampfes, wurde das Werk Ludwigshafen der BASF von französischen Truppen besetzt. Der Brandinspektor des Werkes schilderte das Einrücken der Soldaten wie folgt:

„Dienstag, den 15. Mai 1923, etwa um 3 Uhr Meldung, daß größere französische Kolonnen von Oggersheim aufgebrochen seien, um Anilinfabrik zu besetzen. Darauf sofortige Entfernung der in Ludwigshafen wohnenden Vorstandsmitglieder. Um halb 5 Uhr Besetzung sämtlicher Fabriktore [...]. Postenkette bis Oppau, wo im übrigen nur die Haupttore des Werkes besetzt werden. Einrücken im Werk Lu, Besetzung insbesondere vom Bau I und der großen Farbenmagazine. Nachtschicht am Verlassen des Werks verhindert. Eintritt den Angestellten und Arbeitern im allgemeinen nicht gestattet [...]. Die stellvertretenden Direktoren Krauss, Mehner und Scharff, teils im Werk festgehalten, teils aus den Wohnungen dahin geholt, werden als Geiseln im Werk festgehalten.

›Befreiungsfeier‹ auf dem ›Meßplatz‹ in der Westendsiedlung in der Nacht vom 30. Juni zum 1. Juli 1930 [15]

Abzug der französischen Besatzungstruppen: Parade an der Rheinbrückenauffahrt 30. Juni 1930 [16]

Straßen in der Umgebung der Fabrik zum Teil abgesperrt, Straßenbahnverkehr im nördlichen Stadtteil bis 8 Uhr unterbunden. Spahis, Streifwachen halten die Hauptstraßen frei; sollen z. T. nicht rasch genug Ausweichende mit dem Säbel bearbeitet haben; treten jedoch nach einigen Stunden nicht mehr nach außen in Erscheinung. Die Stärke der beteiligten Truppen sollen ungefähr ein Regiment Marokkaner, 2 Schwadronen Spahis, eine Anzahl von Maschinengewehren und Tanks betragen haben. Brandinspektor macht den französischen Obersten bald nach dem Eintreffen auf die Feuergefährlichkeit des Betriebs und auf die Notwendigkeit des Rauchverbots aufmerksam. Franzose hält Rauchen in Straßen für ungefährlich." Der Bericht schließt mit den Worten: „Die Kommission französischer Offiziere verlangt und erhält Verpflegung im Kasino."[17]

Vor allem die Neuordnung der Reparationsleistungen und ein verbindliches Besatzungsreglement durch das Londoner Protokoll vom 30. August 1924 normalisierten dann die Verhältnisse auch in der Pfalz. Mit dem Rückzug der Militärbehörde auf eine mehr kontrollierende Tätigkeit endete eine widerspruchsvolle Politik, die, stets auf neuer Partnersuche, mal sanft werbend, mal mit rigidem Druck, opportunistisch hin und her geschwankt war. Nach fast zwölfjähriger Besatzungszeit zogen die französischen Truppen Ende Juni 1930 ab. Die vorzeitige Räumung – fünf Jahre früher als im Versailler Vertrag vorgesehen – hatte der im August 1929 angenommene Young-Plan festgelegt. Noch bis zuletzt hatte die Besatzungsbehörde Nadelstiche ausgeteilt und beispielsweise den protestantischen Theologen Georg Handrick zu 30 Tagen Gefängnis verurteilt, weil er bei einem Sportfest in Mundenheim einen mit Trommeln und Pfeifen begleiteten Festzug 14- bis 16jähriger gestattet hatte; dies sei eine „Veranstaltung militärischen Charakters". Nach Einspruch wurde Handrick im Oktober 1929 freigesprochen.[18]

Der Abzug der Franzosen wurde wie in der ganzen Pfalz auch in Ludwigshafen enthusiastisch gefeiert. Am 1. Juli 1930 Punkt Mitternacht rückte die bisher linksrheinisch verbotene militärisch organisierte bayerische Landespolizei unter Sirenengeheul der Fabriken und mit

Anmerkungen
Seite 12 und 13

17 *Meinzer, Pfand, S. 248; Quelle: BASFUA, A 862/III*

18 *Kreutz/Scherer, S. 360*

19 *nach dem Bericht der NPfL, 1.7.1930*

20 *Bisher war die Polizei seit 1869 von der Stadtverwaltung getragen worden. Die Verstaatlichung bedeutete für die Stadt eine große finanzielle Entlastung*

21 *OEA, 9.4.1931*

Reichspräsident von Hindenburg in Ludwigshafen, vor dem Lichtenberger-Haus in der Kaiser-Wilhelm-Straße, 19. Juli 1930 [17]

Ludwigshafen

Neue

Pfälzische Landes-Zeitung

Organ für Kultur, Politik und Volkswirtschaft

BEFREIUNGS-AUSGABE

FREI

Der Rhein

Die ›Befreiungs‹-Ausgabe der ›Neuen Pfälzischen Landeszeitung‹ zeugt von Freude wie national(istisch)em Überschwang zum Ende der französischen Besatzung; in dem Gedicht ›Der Rhein‹ werden die Franzosen mit einem „schwarzverzottelten Krähenschwarm verglichen", der nun wegfliege [18]

Geläut der Kirchenglocken über die Rheinbrücke vor. „Die Brückenfronten erstrahlten in magischem Licht." Eine große Feier auf dem Meßplatz in der Westendsiedlung schloß sich an, bei der das Pfalzorchester die Meistersingerouvertüre und der städtische Beethovenchor das Hallelujah aus Händels ›Messias‹ zu Gehör brachten.[19] Alle Zeitungen der Stadt druckten große ›Befreiungsausgaben‹, in denen mit Häme und Haßparolen gegen die Besatzer nicht gespart wurde. Lediglich die ›Pfälzische Post‹ äußerte die Hoffnung auf eine mögliche Verständigung mit Frankreich.

Wenige Tage später besuchte Reichspräsident von Hindenburg die ›befreiten‹ Gebiete, in die er zuvor keinen Fuß gesetzt hatte, und im April 1931 meldete die Presse stolz, daß die Beamten der – seit Dezember 1930 verstaatlichten[20] – Polizei nun endlich wieder die unter der Besatzung verbotenen Helme trugen.[21] Die Besatzungszeit mit ihrer zeitweise drastischen Erschwerung des Zugangs zur Nachbarstadt war nicht nur Fluch für Ludwigshafen gewesen. Vielmehr wurden vor allem im Bereich des Einzelhandels und der Kultur eine Reihe von Entwicklungen angestoßen, die der von ihrer ›alten Schwester‹ abgeschnittenen Stadt neue Impulse vermittelten: So wurde, um nur ein Beispiel zu nennen, vor allem wegen der Unmöglichkeit, die ›höheren Töchter‹ nach Mannheim zum Abitur zu schicken, im April 1919 der Mädchenschule ein realgymnasialer Zweig angegliedert. Und auch die Gründung von Beethovenchor und Pfalzorchester, die Ansiedlung großer Kaufhäuser und die Errichtung des alten Pfalzbaus als Veranstaltungsstätte wurden durch die erzwungene Eigenständigkeit Ludwigshafens beflügelt.

Besatzung und Verwaltung

„Ich kenne nur den Bürgermeister, weil es so in meiner Vorschrift steht. Ich verhandle nicht mit dem Reichsschatzminister und nicht mit dem Reich. Ich kenne nichts außer mir und dem ersten Bürgermeister. Wir sind im besetzten Gebiet; Sie haben den Krieg verloren. Sie können protestieren gegen meine Anordnungen, aber Sie müssen sie vollziehen.

Eine speziell für französische Besatzungssoldaten angefertigte Karte [19]*

Französische Kultur: die ›Librairie Francaise‹ in der Ludwigstraße 43 vor 1925 [20]

Ich bin Oberst und habe über mir einen General, dem ich gehorchen muß. [...] Wenn der Bürgermeister meine Befehle nicht vollzieht, so muß ich ihn nach meiner Vorschrift strafen und vor ein Kriegsgericht stellen, da ich Militär bin. Daß der Bürgermeister nach den französischen Gesetzen für den Vollzug der militärischen Befehle verantwortlich ist, ist eine Folge des Krieges, den Sie Deutsche verloren haben. Ich gehe nach meiner Vorschrift."[22]

Was könnte den Besatzungsalltag besser dokumentieren als dieser Wortwechsel zwischen Oberst Mouveaux und Oberbürgermeister Dr. Christian Weiß? ›Gespräche‹ wie dieses am 9. November 1920 geführte, sind zahlreich überliefert, und ihr Inhalt, es ging um Wohnraum und Büros für die Truppe, war oft Thema Nummer eins. Mouveaux beanstandete, „daß die Häuser für französische Familien und die Kasernen so langsam gebaut werden, langsamer als die übrigen Häuser [...] wenn die Häuser nicht rascher fertig werden", drohte er, „werde ich bewohnte Häuser selbst requirieren auf Grund meiner Vorschriften." Und nochmals: „Ich habe alle Rechte; ich habe das Recht, den 4. Bürgermeister aus dem Hause zu treiben, und er muß mir seine Wohnung hergeben." Vergeblich hatte Oberbürgermeister Weiß versucht, dem Offizier zu verdeutlichen, daß nicht die Stadt, sondern das Reich für die Besatzungsbauten zuständig war. An der Kaiserallee – heute Saarlandstraße – wurde eine Infanteriekaserne für ein Regiment mit einem Kostenaufwand von nahezu sechs Millionen Goldmark errichtet. Außer den Mannschaftsräumen, Stallungen, Werkstätten und dergleichen befanden sich dort die Büros des Stabes und die Lazaretträume. Die Geschäftsräume der Kommandantur, der ›Delegation‹, der Gendarmerie und Militärpolizei waren in Privathäusern untergebracht.[23] Schon im Dezember 1918 wurde auf Befehl der Besatzung ein Haus in der Dammstraße geräumt und als ›städtisches Bordell‹ für die französischen Soldaten eingerichtet – das erste, größere ›Freudenhaus‹ im Besitz der jungen Stadt. Fortan tauchte dessen Betrieb als kommunale Aktivität in den Verwaltungsberichten auf. Als 1927 die Besatzungsmacht das Interesse daran verloren hatte und die Besucher fast ausschließlich Deutsche waren, wurde die Einrichtung wieder aufgelöst.

Anmerkungen
Seite 14 und 15

22 *StALu, LUA 324—326, Bl. 211, Niederschrift über eine Sitzung mit der Besatzungsmacht am 9. November 1924*

23 *StALu, LUA 324—326, Bl. 837, Übersicht über die Unterbringung der Besatzungstruppen; für das Bordell: ZR 2211 / 3*

24 *StALu, LUA 324—326, Schreiben vom 23. Oktober 1928*

* *Der Text auf deutsch: „Wenn Du noch nie Ludwigshafen gesehen hast, mach' Dir keine Sorgen, hebe einfach mein Hemd und Du wirst es sehen." Das Hemd(teil), welches das Leporello ursprünglich abgedeckt hat, ist verlorengegangen. Dadurch ist das Leporello – mit acht Ansichten im Kleinformat (34 mm * 21 mm) von Ludwigshafen – jetzt ohne die im Text erwähnte Prozedur sichtbar.*

Die französische Kaserne nahe der Firma Knoll
1920er Jahre [21]

Taxe pour Visiteurs:

Taxe für Besucher:

1 Visite courte . . . M. 5.–
1 kurzer Besuch

1 Visite d' une heure . „ 15.–
1 einstündiger Besuch

1 Visite de la nuit entière „ 30.–
1 Nachtbesuch

à payer tout de suite.
sofort bezahlen.

Ludwigshafen a. Rh., Februar 1919.

Le Commandant militaire de la place.
Die Stadtkommandantur.

Gebührenordnung
für das städtische Bordell, 1919 [22.1]

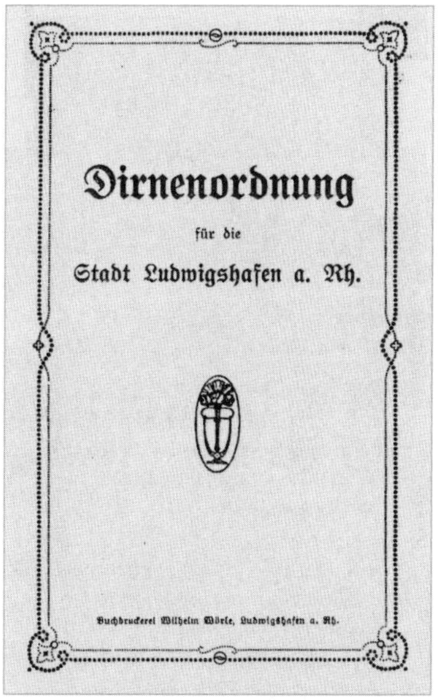

Dirnenordnung

für die

Stadt Ludwigshafen a. Rh.

Buchdruckerei Wilhelm Wörle, Ludwigshafen a. Rh.

Dirnenordnung der Stadt Ludwigshafen
Die Franzosen erzwingen die Eröffnung
eines von der Stadt betriebenen Bordells
für ihre Besatzung, 1919 [22.2]

Die Klagen der Stadtverwaltung im Kontext der Besatzung bezogen sich in der Regel auf die entstandenen finanziellen „Mehrlasten" und die Beschlagnahme von Baulichkeiten. „Im Vordergrund des öffentlichen Interesses", schrieb Oberbürgermeister Weiß im Oktober 1928 an den ›Verband der Stadt- und Landkreise des besetzten Gebiets‹, „steht nach wie vor die mehrfach angestrebte Freigabe von beschlagnahmten Gebäuden und Räumen, die früher gewerblichen und geschäftlichen Zwecken dienten, wie Gesellschaftshaus, Gewerkschaftshaus, Bürgerbräu usw. Durch die Beschlagnahme dieser Gebäude sind der Allgemeinheit, Vereinen, Gewerkschaften Räume entzogen, die erstere zur Aufrechterhaltung und Förderung ihrer Betriebe unbedingt benötigen, zumal in Ludwigshafen an Gesellschaftsräumen und Versammlungssälen ein fühlbarer Mangel besteht. Desweiteren wäre hervorzuheben die Beschlagnahme von ca. 63 ha hochwertigem Acker- und Wiesengelände für Exerzierplatz, Schießstand und Munitionsdepot, das hierdurch seiner landwirtschaftlichen Nutzung vollständig entzogen ist."[24] Darüber hinaus gingen die Polizeikosten im besetzten Gebiet ausschließlich zu Lasten der Städte, da die Polizei nicht verstaatlicht werden durfte. Ebenso wurden immer wieder negative Auswirkungen auf die wirtschaftlichen Verhältnisse beklagt. Nicht allein die Beeinträchtigungen aufgrund der entstandenen Grenzland-Lage wurden beklagt, Ludwigshafen litt auch als Wirtschaftsstandort, weil die besetzte Stadt für eine Neuansiedlung von Unternehmen wenig attraktiv war. Einige Industriebetriebe wanderten deshalb sogar ab.

Statistisches über die Besatzungszeit in Ludwigshafen 1918—1930

„Beim Einzug der Besatzungstruppen Ende 1918 mußte in Ludwigshafen für 8 000 Mann, 250 Offiziere und 350 Pferde Unterkunft geschaffen werden. Schulen, Fabrikbetriebe, Restaurationen mit größeren Sälen usw. dienten als Quartiere der Truppen und deren Dienststellen, während zur Unterbringung von Offiziers- und Unteroffiziersfamilien sowie ledigen Offizieren Wohnungen der Zivilbevölkerung herangezogen werden mußten.

Eines der für französische Offiziere erbauten Wohnhäuser im Stadtteil Süd ›La Rotonde‹, Wittelsbachstraße [23]

Nach Unterzeichnung des Friedensvertrages – am 28. Juni 1919 – verminderte sich die Besatzungsstärke auf 4 000 Mann, 250 Offiziere und 100 Pferde.

In den Jahren 1920, 1921 und 1922 sank nach und nach die Bestandszahl auf etwa 2 200 Mann und 250 Offiziere für deren Unterbringung außer den Kasernen und sonstigen Massenquartieren noch 224 Wohnungen und etwa 150 Einzelzimmer – möblierte Zimmer – in Anspruch genommen waren. Nach Fertigstellung der Reichsbauten – Offiziers- und Unteroffizierswohnungen – ging die Zahl der beschlagnahmten Wohnungen auf etwa 105 und die der Einzelzimmer auf 111 zurück.

Zur Zeit des passiven Widerstands im Jahre 1923/24 erreichte die Beschlagnahme bzw. Inanspruchnahme von Wohnungen in Privathäusern mit 835 und Einzelzimmern mit 281 ihren Höchststand, hierbei sind nicht eingerechnet die Wohnungen in Dienstgebäuden der Reichsbahn und der Zollverwaltung. Im Juli und August 1924 begann bereits die vereinzelte Rückgabe von beschlagnahmten Wohnungen an die Stadtverwaltung bzw. an die früheren Inhaber, doch erst das Londoner Abkommen vom August 1924 brachte eine Besserung hinsichtlich der Quartierlasten. Gleichzeitig mit dem Abbau der französischen Regie und Zollverwaltung erfolgte die Rückgabe der von diesen Stellen und ihrem Personal beanspruchten Diensträume und Wohnungen. Die Besatzungsstärke war mittlerweile auf 1 600 Mann mit etwa 100 Offizieren heruntergegangen. 1925 waren noch benützt 82 Wohnungen in Privathäusern, 25 möblierte Einzelzimmer in Privatwohnungen, ferner 162 Familienwohnungen in den eigens zu diesem Zwecke errichteten Reichswohnhausbauten. 1926 waren es noch 48 Wohnungen in Privathäusern und 3 Einzelzimmer. 1927: 27 Familienangehörige bei privaten und 155 Wohnungen in den Reichsbauten.

Diese Zahlen blieben so ziemlich bis zum Beginn der Räumung bestehen. Am Schluß war noch eine Besatzung in Stärke von etwa 1 200 Mann vorhanden.

Während der Besatzungs- und Separatistenzeit waren ausgewiesen: 1 159 Eisenbahner mit 1 084 Frauen und 1 808 Kindern; 50 Personen anderer Berufe; 18 städtische Beamte und Stadträte."[25]

Anmerkungen
Seite 16 und 17

25 *StALu, LUA 324—326, Bl.388—390*

26 *StALu, LUA 324—326, Bl.684, Der Bataillonschef Mennetrier, Bezirksoffizier für Zivilangelegenheiten an den Herrn Bezirksamtmann in Ludwigshafen, auch f.d.F.*

27 *ebd., Bl.145—148, Betreff: Behandlung von Besatzungsangelegenheiten in Ludwigshafen a. Rh., 10. Juli 1926*

28 *ebd., Bl.494, 40 Jahre bei der Stadt; Auszug aus der NPfL vom 30. April 1930*

In den Monaten des Waffenstillstands, also bis zur Unterzeichnung des Friedensvertrages und dem Abkommen über die Besetzung war den deutschen Behörden im besetzten Gebiet die Verantwortung für die Zivilverwaltung entzogen. Erst am 12. Januar 1920 gab der Ludwigshafener Besatzungskommandant Mennetrier diese offiziell an die Stadt zurück.[26] Damit waren aber Auflagen verknüpft: Alleiniger Ansprechpartner auf Besatzerseite war ein Verbindungsoffizier für Zivilangelegenheiten. Diesen mußten die deutschen Behörden „genau auf dem laufenden halten über alle Fragen, die für die Sicherheit der Besatzungstruppen oder die öffentliche Ordnung, deren Aufrechterhaltung letzten Endes den Besatzungstruppen obliegt, von Belang sind, wie Streiks, aufrührerische Bewegungen, Ernährungsangelegenheiten usw." Im Namen der Alliierten Behörden rechnete Mennetrier, der sich mit diesem Schreiben zugleich als Delegierter der Hohen Interalliierten Kommission im Bezirk Ludwigshafen präsentierte, „auf eine loyale Mitarbeit der deutschen Behörden."

Für letztere bedeutete die lästige ›Kooperation‹ mit den Besatzern einen erheblichen personellen und materiellen Aufwand im Rahmen der kommunalen Verwaltungstätigkeit. Im Gegensatz zu anderen pfälzischen Städten richtete Ludwigshafen hierfür kein eigenständiges ›Besatzungsamt‹ ein, sondern reagierte flexibel auf die sich wandelnden Aufgaben. Dies kam der Erfordernis zugute, meist sehr rasch auf die Anforderungen der Franzosen reagieren zu müssen. So etablierte man in der Anfangsphase der Besatzung innerhalb des Hochbauressorts ein Städtisches Quartieramt, das zunächst allein dazu bestimmt war, „den direkten Verkehr mit der Besatzungsbehörde, den deutschen Behörden und den Bürgern zu führen."[27] Der anfänglich hohe städtische Personalaufwand konnte erst reduziert werden, nachdem die Berliner Regierung im Oktober 1919 in Ludwigshafen eine Reichsvermögensstelle eingerichtet hatte. Ihr oblag fortan die Verwaltung der reichseigenen Gebäude für Besatzungszwecke.

Nach Erlaß des ›Okkupationsleistungsgesetzes‹ am 2. März 1919 wurde mit der ›Prüfungsstelle für Besatzungskosten‹ eine besondere bürgermeisterliche Dienststelle gegründet, die dem Steuer- und Finanzamt angeschlossen war. Auch das ›städtische Verkehrsamt‹ war eine Schöpfung der Besatzungszeit. Diese Dienststelle wurde 1919 eigens geschaffen, um die Ausstellung der Personal-, Rheinbrücken- und sonstigen abverlangten Ausweise sowie die Zugangskontrollen bewältigen zu können. Dafür waren zunächst 20 Beamte abgestellt, 1923 noch drei. 1924 wurde sie wieder aufgelöst.

Mit Beginn des Jahres 1923 waren in der Stadtverwaltung noch 17 Beamte ausschließlich mit Besatzungsangelegenheiten befaßt. Einer von ihnen, M. Genser, erwarb sich besondere Verdienste. In seiner schwierigen Position als Mittler zwischen Einwohnerschaft und Okkupationsbehörden vertrat er jederzeit die Interessen der Stadtbevölkerung, hieß es anläßlich seines 40jährigen Dienstjubiläums am 1. Mai 1930. „Sein taktisch kluges Verhalten sowie seine Sprachkenntnisse trugen dazu bei, mit der Besatzungsbehörde in Ludwigshafen meist ein relativ erträgliches Verhältnis herzustellen, wodurch der Bevölkerung mancherlei Unannehmlichkeiten erspart blieben." Ihm selbst freilich nicht: „Die aufrechte Haltung Gensers während des Ruhrkampfes führte zu seiner Ausweisung aus dem besetzten Gebiete, die 1 Jahr andauerte."[28]

Bürgermeister Ludwig Butscher sitzend, erster von links [24]

Unter dem Decknamen ›Journalist Osterhuber‹ kämpfte auch Bürgermeister Ludwig Butscher (1874—1929) sowohl vor als auch nach seiner Ausweisung Mitte Dezember 1923 gegen die französische Besatzung und die Separatisten. Maßgeblich war er an der Vorbereitung der Großdemonstration vom 17. Dezember beteiligt.

Butscher, gebürtiger Mundenheimer, Rechtsanwalt, Justizrat, war seit 1910 im Stadtrat, 1920—1924 vierter (ehrenamtlicher) Bürgermeister Ludwigshafens. 1924 als Exponent der BVP in den Streit um die Wiedergründung des Zentrums in der Pfalz verwickelt. Von Herzkrankheit gezeichnet, gab er 1928 sein Ratsmandat auf und starb 1929.

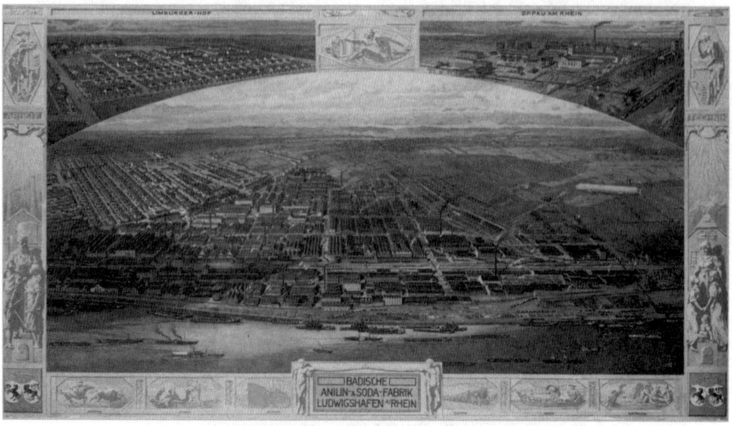

Arbeit und Technik in Harmonie unter dem Dach der BASF vereint
Illustration in Form eines Glaskolbens, um 1912 [25]

Soziale Unruhen und politische Kämpfe

Von vorgeblicher Harmonie zu bitteren ersten Konflikten

Verglichen mit vielen anderen Industriezentren bot Ludwigshafen – wir haben es bereits erwähnt – in den Revolutionsmonaten ein Bild von Ordnung und Normalität. Zunächst hatte der von bewährt gemäßigten Kräften angeführte Arbeiter- und Soldatenrat dafür gesorgt, daß „sich der Übergang von der alten zur neuen Staatsordnung in der Chemiestadt ohne Störung vollzog."[29] Zudem bewirkten die Besatzungsordern eine Flaute im Revolutionsgeschehen, und auch die Versöhnungspolitik der Chemie-Industriellen trug dazu bei, die Lage zu beruhigen. Es herrschte – wie sich bald zeigen sollte – Ruhe vor dem Sturm.

Gegen Kriegsende gewann die mit dem Hilfsdienstgesetz eingeleitete Annäherung von Gewerkschaften und Unternehmerverbänden eine neue Qualität. Die Unternehmer glaubten sich jetzt von zwei Seiten bedroht: von der Staatsverwaltung, die mit bürokratischen Lenkungsmethoden ihre Freiheit zumindest in einer nicht absehbaren Übergangsphase weiterhin einengen wollte, und von der revolutionären Arbeiterbewegung, die das kapitalistische System grundsätzlich in Frage zu stellen schien. In den Gewerkschaften sahen sie Partner, die diese radikalen Kräfte in reformistische Bahnen lenken konnten und mit denen es möglich war, Arrangements über die Gestaltung der Übergangs- und Friedenswirtschaft zu treffen. Bei den gemäßigten Gewerkschaftsspitzen wurde das sozialpartnerschaftliche Angebot für ein antirevolutionäres Bündnis bereitwillig angenommen. Einerseits, weil man den reformistischen Kurs nunmehr als anerkannte gesellschaftspolitische Kraft fortzusetzen trachtete, andererseits, weil man Radikalisierungstendenzen ebenso fürchtete und die anstehenden Sozial- und Wirtschaftsprobleme nur vereint mit den Unternehmern lösen zu können glaubte. Außerdem sahen sie ihr Monopol auf Vertretung der Arbeitnehmerinteressen durch die Rätebewegung bedroht, die sich ihrem Einfluß entzog.

Vor dem Hintergrund dieser relativen Interessengleichheit ist die rasche Übereinkunft zwischen den sozialen Widerparts zu sehen. Am 15. November 1918 unterzeichneten beide Seiten ein Abkommen, in dem die Gewerkschaften als berufene Vertreter der Arbeiterschaft

Anmerkungen
Seite 18

29 Breunig, S.556

Elend: Verteilung von Nahrungsmitteln bei der BASF um 1919 [26]

akzeptiert und – im Vorgriff auf die Weimarer Verfassung – Arbeitern und Arbeiterinnen die Koalitionsfreiheit zugesichert wurde. Die Anerkennung von Tarifverträgen, die Gründung von paritätisch besetzten Arbeitsnachweisen und die Bildung von Arbeiterausschüssen in Betrieben mit mehr als 50 Beschäftigten, ferner die Verpflichtung der Arbeitgeber, die Unterstützung der ›gelben‹ Werkvereine aufzugeben, und nicht zuletzt die Festlegung auf den Achtstundentag mit garantiertem Lohnausgleich waren weitere Bestandteile des sogenannten Stinnes-Legien-Abkommens. Als institutioneller Rahmen der zukünftigen Kooperation wurde am 4. Dezember 1918 die paritätisch zu besetzende ›Zentralarbeitsgemeinschaft der industriellen und gewerblichen Arbeitgeber und Arbeitnehmer Deutschlands‹, kurz ZAG, gegründet. Sie verfolgte den Zweck, alle die Industrie und das Gewerbe berührenden wirtschaftlichen und sozialen Fragen zu lösen.

Getreu diesem unternehmerischen Pragmatismus auf Reichsebene verwandelte die BASF-Direktion ihr ›Königreich Anilin‹ gleichsam in eine ›Republik‹: Am 13. November 1918 opferte sie den ›gelben‹ Werkverein, Ende des Monats signalisierte ihr freiwilliger Übergang zum Achtstundentag die neue Politik.

Einer wachsenden Zahl von Arbeitern und Angestellten in der BASF waren die materiellen und betrieblichen Vorteile, die aus dem Zweckbündnis der Gewerkschaften mit den Chemie-Unternehmern resultierten, jedoch nicht groß genug. Sie wollten mehr, als die arbeitsgemeinschaftliche Politik in Aussicht stellte. Nach den jahrelangen Entbehrungen der Kriegszeit bestand zweifellos ein großer Nachholbedarf an Nahrungsmitteln und an allen Gütern des täglichen Lebens, von der Kleidung bis zur Wohnungseinrichtung. Auch wenn bis in das Jahr 1923 hinein die Familieneinkommen ausreichten, um die wichtigsten Grundnahrungsmittel zu beschaffen, so traten doch immer wieder Engpässe auf, die subjektiv als besonders drückend empfunden wurden, weil man sich vom Frieden und der Republik eine deutlich spürbare Verbesserung der Lebenslage erhofft hatte. Bei einkommensschwachen Bevölkerungsschichten stellte sich das Gefühl ein, auch weiterhin in Elend und Not leben zu müssen.

Diese materielle Unzufriedenheit allein kann jedoch das aggressive Unruhepotential unter der BASF-Belegschaft kaum erklären, das

Zu den Vorgängen im Oppauer Werk der Anilinfabrik.

Ausfertigung des Schiedsspruchs.

Ludwigshafen a. Rh. 17. Juli. Das durch Schiedsvertrag vom 9. Juli 1919 eingesetzte Schiedsgericht hat in zweitägiger Verhandlung die zwischen der Direktion der Anilinfabrik und der Arbeiterschaft der Anilinfabrik aus Anlaß der Mißhandlung des Fabrikbeamten Scheftlein entstandenen Streitigkeiten einer eingehenden Prüfung unterstellt und sich auf Grund der Ergebnisse der Verhandlung, insbesondere der Vernehmung von nahezu 80 Zeugen und Beteiligten sein Urteil gebildet. Das Schiedsgericht fällt seinen Spruch zu den drei ihm zur Entscheidung übertragenen Punkten wie folgt:

a) die Entlassung der 30 im Fall Scheftlein beteiligten Arbeiter ist nicht zu Recht erfolgt.

b) Der Schlosser Hinz hat sich die Leitung des Betriebs im Oppauer Werk angemaßt.

c) die Bestrafung des Ingenieurs Scheftlein wegen seines Verhaltens gegenüber der Arbeiterschaft war eine genügende Sühne.

Die Entscheidung zu a) und c) erfolgte einstimmig, zu b) mit Stimmenmehrheit.

Die Kosten des Verfahrens trägt die Badische Anilin- und Sodafabrik.

Zeitungsbericht über die Schlichtung nach der ›Scheftlein-Aktion‹ [27]

Arbeiter der BASF bei der ›Scheftlein-Aktion‹, 3. Juli 1919 [28]

Anmerkungen
Seite 20 und 21

30 *Sehr viel detaillierter, als dies hier möglich ist, hat Schiffmann diese Vorgänge zwischen 1918 und 1924 analysiert. Sein Buch mit dem beziehungsreichen Titel ›Von der Revolution zum Neunstundentag. Arbeit und Konflikt bei der BASF‹ [Schiffmann, Revolution] bildet die wichtigste Grundlage der folgenden Ausführungen, dort auch die Nachweise der Zitate; vgl. auch Braun, Schichtwechsel; als zeitgenössische Studie: Kinzinger*

* *im GA vom 14. April 1919*
Die Verschlechterung der Lebensbedingungen trieb auch die Angestellten der BASF, die noch niemals in Ausstand getreten waren, zum Streik. Als besonders empörend empfanden sie die Argumentation der Betriebsleitung, Gehaltserhöhungen seien überflüssig, weil man mit dem Geld ohnehin nichts mehr kaufen könne.

sich 1919 in kollektiven krawallähnlichen Aktionen explosionsartig entlud. Die Konfliktbereitschaft der Aniliner war offenkundig Ausdruck einer sozialpsychologischen Krisensituation, in die sowohl Vorbelastungen aus dem Kaiserreich als auch traumatische Kriegserlebnisse hineinspielten, und in der sich die Belegschaften an glänzende Umsatzrenditen aus der Kriegsproduktion des Unternehmens erinnerten. Der Ludwigshafener Arbeiterradikalismus in den ersten Nachkriegsjahren hatte also nicht nur einen sozialen Hintergrund und war, wie sich zeigen sollte, von den Arbeiterparteien und Gewerkschaften nur schwer zu kanalisieren. Konfliktfördernd wirkten zudem sture Unternehmer-Reaktionen. Kaum war die Sozialisierungsgefahr gebannt, kaum hatte sich die Position der Arbeitgeber durch ein härteres Vorgehen in den Verteilungskämpfen stabilisiert, schon gingen die Unternehmer daran, „die Fesseln des Novemberabkommens" wieder abzustreifen. Ihr revolutionsbedingtes Bündnis mit den Gewerkschaften erwies sich als Sozialpartnerschaft auf Zeit.

Was sich zuerst im Juli, dann verstärkt seit Winter 1919/20 vor und hinter den Toren der BASF-Werke Ludwigshafen und Oppau abspielte, was zum Teil auf andere Betriebe, auf das Stadtgebiet und selbst sein Umland übergriff, das mutet in der Erinnerung reichlich bizarr an. Es kann an dieser Stelle nur ausschnittweise dargestellt werden.[30]

Das erste Zeichen ihrer zunehmenden Unzufriedenheit mit der nachrevolutionären Entwicklung setzte die BASF-Belegschaft am 22. Februar 1919 in einer spontanen Protestaktion nach der Ermordung des bayerischen Ministerpräsidenten Kurt Eisner. Seinen Ursprung nahm der imposante Demonstrationszug in einer Protestversammlung im Oppauer Werk, zu der weder Parteien noch Gewerkschaften, sondern Vertrauensleute aufgerufen hatten. Bevor die Marschsäulen aus Oppau kommend ihr Ziel, den städtischen Marktplatz erreichten, hatte das französische Militär den Protestzug gegen die ›Reaktion‹ allerdings aufgelöst. Ein Verbot aller politischen Veranstaltungen und die Sperrung

Sekretariat

Zur Erwiderung!

Zum Streik in der Anilin-Fabrik.

Die Direktion unseres Werkes veröffentlichte in der Tagespresse eine Statistik der z. Zt. von ihr gezahlten Teuerungszulagen, die geeignet ist, auf den ersten Blick verblüffend zu wirken. An der Richtigkeit der von der Werksleitung veröffentlichten Zahlen haben wir keinen Anlaß zu zweifeln, obschon uns jeder Einblick in die Gehaltsstatistik bisher grundsätzlich verweigert wurde und eine Prüfung der Angaben also gar nicht möglich ist.

Immerhin zeigt sich bei näherer Betrachtung und wenn man vor allem das **Lebensalter** der Betreffenden mit heranzieht, daß im Grunde der Prozentsatz an Angestellten mit einem **der heutigen Zeit entsprechenden** Einkommen recht gering ist. Der Kernpunkt unserer Streitfrage ist aber garnicht der Stand unserer jetzigen Bezüge, sondern die unumstößliche, **von der Direktion aber nicht anerkannte Tatsache,** daß die bisher bezahlten Summen eine Verschuldung der Angestelltenschaft in weitestem Maße nicht haben aufhalten können und daß auch die jetzigen Bezüge nicht im Entferntesten hinreichen, diese wirklich vorhandenen Lücken auszufüllen. Man stelle nur einmal folgende Betrachtung an: Um wieviel Prozent hat sich das Einkommen der Angestellten gegenüber 1914 heute verbessert und wieviel Prozent beträgt die durchschnittliche Steigerung des notwendigen Lebensunterhaltes. Auf der einen Seite etwa 60 bis 80 Prozent, auf der anderen Seite aber weit über 300 Prozent, bei manchem unumgänglichen Artikel über 1000 Prozent. Wer aber trägt an dieser Entwicklung der Dinge mehr Schuld als unsere Kriegsindustrie (darunter auch die B. A. S. F.) mit ihrer unsinnigen Kriegswirtschaft. Darum ist es eine Forderung der **Gerechtigkeit,** daß die Lasten nicht von den wirtschaftlich Schwachen, sondern von den Miturhebern dieser Zustände getragen werden.

Auch **das** übergeht die Direktion in ihren Ausführungen, daß sie den Ausschuß mit Redensarten wie „man könne für das Geld ja doch nichts kaufen", oder „das Geld wird ja doch nur Schiebern und Schleichhändlern zugute kommen" und dergleichen abspeisen zu können glaubte, ja man wagte sogar die Behauptung aufzustellen, den „Löwenanteil" (sic!) an den Betriebsüberschüssen hätten während der letzten Jahre nicht die Aktionäre etc., sondern die Arbeiter und Angestellten gehabt. Wir glauben, daß es genügt, diese Aeußerungen der Oeffentlichkeit bekanntzugeben und daran zu erinnern, daß Ende 1917 eine „Kapitalverwässerung" stattfand durch Ausgabe neuer Aktien in Höhe von 36000000 Mk. Damals hätte die Werkleitung Gelegenheit gehabt, ihren Arbeitern und Angestellten einen handgreiflichen Beweis des so oft von ihr betonten Wohlwollens zu geben, wenn sie das Millionengeschenk, welches sie damals ihren Aktionären in den Schoß warf, zu Gunsten ihrer Mitarbeiter am Werk ein wenig beschnitten hätte. Es wären damals mit Leichtigkeit 15000000 Mk. für diesen Zweck zu erübrigen gewesen, wenn man die jungen Aktien, statt zu 107 zu 150 Prozent ausgegeben hätte. Und wo ist der „Löwenanteil", wenn wie im Jahre 1917 9 Herren des Aufsichtsrates sich in einen Betrag für Tantiemen **von rund 740000 Mk. teilten,** die Direktion (10 Herren) schätzungsweise eine ähnliche Summe erhielt, während an die übrigen, rund 2000 Angestellten (Prokuristen und Chemiker inbegriffen) zirka 2000000 Mk. zur Verteilung kamen.

Was die Direktion veröffentlicht, gilt **erst seit allerneuester Zeit.** Wir stellen aber dem gegenüber:

1. Daß in den ersten beiden Kriegsjahren vorsichtshalber, trotz schon beginnender Teuerung, mit Aufbesserungen der Gratifikation usw. fast ganz zurückgehalten wurde, was später nicht wettgemacht worden ist.
2. Daß ein aus dem Felde zurückkehrender, verheirateter Mann, Vater von 3 Kindern, bis vor kurzem mit sage und schreibe 140.— Mk. Monatsgehalt beschäftigt wurde und bezeichnenderweise in der „Wohlfahrts"-Abteilung.
3. Daß ein kaufmännischer Angestellter nach 12jähriger Dienstzeit und bei ebenfalls 3 Kindern ganze 100.— Mk. jährl. Gratifikation erreicht hatte, nach Aufbesserungen von 5.— Mk. und 10.— Mk. pro Jahr.
4. Daß eine ganze Reihe Techniker mit abgeschlossener Fachschulbildung nach 5—8jähriger Tätigkeit noch 170.— und 180.— Mk. Monatsgehalt und 25.— Mk. Jahresgratifikation, letztere Jahre hindurch ohne Aufbesserung, bezogen.

Und schließlich: Man vertröstete uns auf eine wohlwollende Prüfung, die jetzt gelegentlich der Erhöhung des Arbeitertarifes stattfinden soll. Die Direktion verkennt, daß sie heute Gehaltsfragen nicht mehr nach ihrem Ermessen und Wohlwollen zu entscheiden hat, sondern daß in dem gesetzlichen Angestelltenausschuß eine **in diesen Fragen gleichberechtigte Körperschaft** besteht, die sie bei Bearbeitung aller das Angestelltenverhältnis berührenden Angelegenheiten hinzuziehen muß.

Nicht um Geschenke geht **es hier,** sondern um Rechte.

Endlich einmal Menschenrecht vor Sachenrecht.

2272 **Im Namen der Angestelltenschaft: Der Angestellten-Ausschuß.**

Auch Angestellte streiken. Erklärung des Angestellten-Ausschusses der BASF [29]*

der Rheinbrücke waren die besatzungstypische Folge. Sah die bürgerliche Presse bereits beim Anblick dieser gewaltlosen Massendemonstration ›spartakistischen Terror‹ am Werke, dürften ihre Redakteure für die zukünftigen radikalen Protestaktionen in Ludwigshafen eigentlich keine Worte mehr gefunden haben.

Einen Vorgeschmack auf die vielfach mit Gewalt verbundenen Aktionen in der BASF bot der sogenannte Scheftlein-Konflikt Anfang Juli 1919 im Werkteil Oppau. Scheftlein, Leiter eines Teilbetriebes, zog den Mißmut der Arbeiterschaft auf sich, weil er – so die Kunde unter der Arbeiterschaft – manchen Kollegen wegen ›Lohndrückerei‹ in die Schützengräben befördert habe. Auch nach dem Krieg schikanierte er die Belegschaft, bis der Arbeiterausschuß seine Entlassung forderte. Die Direktion gab diesem Verlangen nicht nach, konnte ihm nicht nachgeben, wollte sie die innerbetriebliche Disziplin erhalten und keinen Präzedenzfall für ähnliche Ansprüche schaffen. Sie beließ es bei einer Ermahnung des ›Beamten‹, was den gewerkschaftlichen Vertrauensleuten freilich nicht ausreichte. Mit Kampfmaßnahmen drohend, wiederholten die Arbeitnehmervertreter ihre Forderung und stellten ein Ultimatum. Bevor das Gremium nach dem erneuten Nein aus der Chefetage über das weitere Vorgehen entschieden hatte, waren die aufgebrachten Arbeiter im ›Scheftlein-Betrieb‹ selbst initiativ geworden. Sie wiesen den mißliebigen Ingenieur kurzerhand aus dem Werk, was dieser sich energisch verbat. Nach einem Handgemenge wurde er von den Wortführern ergriffen und in Begleitung einiger hundert Belegschaftsmitglieder unter lautstarken Beschimpfungen zunächst durch das Oppauer, von dort in das Ludwigshafener Werk geschleppt, wo man ihn unsanft vor das Haupttor setzte. Hilfsbereite Angestellte waren gewaltsam abgedrängt worden.

Ein Akt von Selbstjustiz, „eine Gewalttat", zeterten die Direktoren, „wie sie in der Geschichte der Anilinfabrik einzig dastehe." Außergewöhnlich war auch die weitere Entwicklung des Konfliktes: Weil der

Nach Massen-Diebstählen errichtet: Kontrollstellen am Eingang der BASF Anfang der 1920er Jahre [30]

Arbeiterausschuß die Entlassung der ›Rädelsführer‹ nicht mittrug und die zur Kompensation angebotene werksinterne Versetzung Scheftleins als unzureichend ablehnte, ordnete die Direktion die Stillegung des Oppauer Werkes an und sperrte alle dort beschäftigten Arbeiter aus.

Diesem Rückfall in die überwunden geglaubten ›Herr-im-Hause‹-Praktiken wollten sich wiederum die selbstbewußten Belegschaftsvertreter nicht beugen. Nach Rücksprache mit der Besatzungsmacht, wie sie beteuerten, beschloß das Kollegium der Vertrauensleute, die Anlagen in Oppau wiederanzufahren. „Die Direktion hat nichts mehr zu sagen", gab ihr Obmann, der Schlosser Hintz, den verdutzten Ingenieuren und Meistern zu verstehen. „Die Arbeiterschaft hat Besitz von dem Betrieb ergriffen", verkündete er. Es werde weitergearbeitet, der Betrieb sozialisiert. Für einige Stunden des 3. Juli 1919 wähnte sich der eine oder andere Oppauer Kollege wohl tatsächlich im Sozialismus, dem von Partei und Gewerkschaften stets proklamierten Ziel. Der Coup war gelungen, indessen gingen die Arbeiter mit ihrer ›Eroberung‹ allzu sorglos um. Als sei nichts besonderes geschehen, verließ die Tagschicht zum gewohnten Arbeitsschluß den ›sozialisierten‹ Betrieb, ohne etwa die Energieversorgung abzusichern. Diese Schwachstelle nutzte denn auch die Werkleitung, um ihren Willen doch noch durchzusetzen.

Nach Vorkriegsmanier konnten die Fabrikherren ihre Kampfziele in der unsicheren politischen Lage freilich nicht durchfechten. Ihre Absicht war es nunmehr vor allem, den Arbeiterausschuß in die Schranken einer gemäßigten Belegschaftsvertretung zu weisen. So willigte die Direktion schließlich in ein außerbetriebliches Schiedsverfahren ein, das aus ihrer Sicht jedoch einen „lahmen Ausgang" nahm. Scheftlein sollte versetzt werden, und die beabsichtigten Massenentlassungen mußten ausbleiben. Dem Obmann Hintz, der sich „die Leitung der Oppauer Fabrik angemaßt" habe, wurde indessen gekündigt. Einem Antrag des Arbeiterausschusses, darüber zu befinden, ob die BASF-Direktion überhaupt in der Lage sei, die Leitung des Werkes zu gewährleisten, und zu prüfen, ob die Fabrik nicht sozialisiert werden sollte, folgte das Schiedsgericht jedoch nicht.

Arbeitermacht: Mitarbeiter der BASF sammeln sich zur Teilnahme an einer antiseparatistischen Kundgebung, 2. Juni 1919 [31]

In den folgenden Monaten bestimmten die rapide Verschlechterung der Versorgungslage und die rasch fortschreitende Inflation Lage und Verhalten der Lohnempfänger, die immer verbitterter auf die Verhältnisse reagierten. Protestaktionen und Streiks, kollektive Lebensmitteldiebstähle, Plünderungen und ein Ansteigen der Kleinkriminalität waren eine Folge; die wachsende Entfremdung der Arbeiterschaft von den überkommenen Gewerkschaftsorganisationen eine andere.

Zwischen September 1919 und Januar 1920 verlor die Mark zwei Drittel ihres Wertes. Im November 1919 erhielt die Ludwigshafener Bevölkerung lediglich zehn Pfund Kartoffeln pro Person, im Dezember 20 Pfund und im Januar wiederum nur zehn Pfund. Bei der allgemeinen Kohleknappheit war die Zuteilung des Winterbrandes so knapp ausgefallen, daß die Frauen täglich zu hunderten an die Schutthalden der Anilinfabrik kamen, um Koks aus der Asche zu lesen. Die USPD, mit einem Fünftel der Ludwigshafener Reichstags-Wählerstimmen inzwischen zu respektabler Anhängerschaft gekommen, aber noch ohne jede Verantwortung in städtischen Gremien, machte sich zum Anwalt der notleidenden Bevölkerungsschichten. „Wir schaffen und arbeiten", klagte deren Zeitung ›Tribüne‹, „aber die Not und das Elend [werden] immer größer. Wir stehen am Rande der Verzweiflung [...]."

So reagierten viele Arbeiter mit ›Selbsthilfe‹-Aktionen. „Jeder zweite oder dritte Mann hat einen Sack auf dem Rücken, in dem die gestohlenen Gegenstände verborgen sind", meldete das Bezirksamt im Januar 1920 an die Regierung der Pfalz, Eigentumsdelikte der Aniliner im Blick. Der Diebstahl von Kohle, Werkzeugen oder Dünger war bei der BASF zu einer massenhaften und weitgehend offen praktizierten Erscheinung geworden, der die Werksleitung recht hilflos gegenüberstand. Intensivere Durchsuchungen führten zu gewalttätigen Ausschreitungen gegen das Wachpersonal und Polizisten; eine am Haupttor errichtete Kontrollsperre wurde von einem Stoßtrupp der radikalisierten Arbeiter niedergerissen.

Am 24. Februar 1920 erreichten die Ernährungsproteste ihren ersten Höhepunkt, als alle Abteilungen der BASF die Arbeit einstellten, und etwa 20 000 Demonstranten mit Parolen gegen Preiswucher und Schieber gen Innenstadt zogen. Die erregten Massen zwangen Bürgermeister Krafft, das Stadthaus zu verlassen und auf dem Ludwigsplatz zu den Demonstranten zu sprechen. Hohn und Spott begleiteten seine Worte, und das alte Stadtoberhaupt vermochte nur durch unerfüllbare Versprechungen den Menschen zu entkommen. Auf dem Rückweg ins Stadthaus wurde er derart bedrängt, daß er in ein Privathaus flüchtete. Unmittelbar nach diesen Ereignissen reichte er seinen Rücktritt ein. Im Anschluß an die Kundgebung kam es zu Krawallen und Plünderungen, bevor das französische Militär, von Flaschen und Steinwürfen traktiert, den Aufruhr mühsam niederschlagen konnte. Die im Sommer 1920 nach Einführung einer zehnprozentigen Lohnsteuer inszenierte Kampagne gegen den ›Steuerraub‹ sowie der gegen die vorderpfälzischen Bauern geführte ›Kartoffelkrieg‹, verbunden mit Demonstrationszügen und Diebstählen in den Umlandgemeinden, sind weitere Beispiele für Revolten der Ludwigshafener Arbeiterbevölkerung in den krisengeschüttelten Anfangsjahren der Republik.

An der innerbetrieblichen Konfliktspirale der BASF drehte vor allem die Arbeiterschaft im Werk Oppau. Daß sie meist den aktiven Part bei direkten Aktionen übernahm, hatte mit ihrer Struktur und der Bedeutung der Oppauer Produktion zu tun: Erst in den letzten Vorkriegsjahren als Belegschaft gebildet und im Zuge der Rüstungsanstrengungen vielfach erweitert und umgeschichtet, verkörperte sie den verhältnismäßig jungen ›proletarischen Nachwuchs‹ mit geringer gewerkschaftlicher Disziplin. Sehr rabiat ging die Oppauer Belegschaft bei einer Lohnbewegung im Mai 1920 vor. Anfang des Monats, zu einem Zeitpunkt als Tarifverhandlungen anstanden, mußte die Bekanntgabe der Unternehmensbilanz, die hohe Gewinne und eine 18-Prozent-Dividende auswies, auf die darbende Arbeiterschaft provozierend wirken. Entsprechend hoch waren ihre Forderungen. Sie beinhalteten eine Verdoppelung des Stundenlohnes sowie eine Teuerungsbeihilfe von 500 Mark. Doch statt dem geforderten Plus von sechs Mark pro Stunde, wollte die Direktion nur 50 Pfennige geben. Ein „bewußter Affront", argwöhnten die Arbeitervertreter und einmal mehr war Protest angesagt. Wir folgen der Schilderung von Dieter Schiffmann:

„Um die Mittagszeit [des 21. Mai 1920] sammelten sich die Oppauer Arbeiter und zogen zum Ludwigshafener Werk, wo sich ihnen unterwegs die Arbeiter der dortigen Betriebe anschlossen. Während Tausende von Arbeitern, z. T. mit Eisenstangen und Röhren bewaffnet, auf dem sogenannten Holzplatz zusammenströmten, befand sich bereits Polizei, von der Werkleitung alarmiert, im Anmarsch. Sie konnte jedoch zunächst nicht eingreifen. Das Haupttor der Anilinfabrik und der Platz vor dem Direktionsgebäude waren von den Arbeitermassen besetzt, die ein Durchkommen der Polizeimannschaften unmöglich machten. Inzwischen war nach einigen kurzen Ansprachen durch Zuruf aus der Menge eine Kommission gebildet worden, die mit dem für die Lohnverhandlungen zuständigen Direktor Otto Seidel verhandeln sollte. Als sich auch nach mehrfacher Aufforderung kein Direktionsmitglied bereit erklärte, zu den Demonstranten zu sprechen, drängten mehrere hundert Mann in das Gebäude, um Direktor Seidel persönlich zur Rede zu stellen. Man fand ihn schließlich zusammen mit drei weiteren Direktoren in einem verschlossenen Besprechungszimmer. Ein Arbeiter brach die Tür gewaltsam auf, und im Nu drängten etwa 100 Demonstranten in dieses Büro. Einer der Wortführer, ein Oppauer Hilfsschlosser, packte [...] Seidel mit den Worten: ‚Unser Geld her!' Das war das auslösende Moment für ein größeres Handgemenge. Seidel wurde in das Vorzimmer geschleppt und dort mit Stühlen, Gläsern und Aktenordnern beworfen, bis er blutüberströmt zusammenbrach. [...] Anschließend strömte die Menge wieder zurück auf den Vorplatz, wo Direktor Freund durch die Zusage weiterer Verhandlungen die Situation zunächst einmal beruhigte. Inzwischen gelang es einer Hundertschaft der Polizei, das Direktionsgebäude zu besetzen [...] Der zwischenzeitliche Aufmarsch französischer Truppen am Werkstor wirkte zusätzlich einschüchternd. Aus Furcht vor weiteren Zwischenfällen hielten die Polizeikräfte die Direktion noch mehrere Tage besetzt."

Das geringe Entgegenkommen der Direktion in den Lohnverhandlungen der Tarifkommission veranlaßte weiterhin zahlreiche Arbeitergruppen, sich mit kurzzeitigen Arbeitsniederlegungen Zulagen zu erstreiten. Solche Kurzstreiks wurden am Betriebs- und Arbeiterrat vorbei geführt und waren für Arbeiter mit qualifizierten Berufen durchaus erfolgreich. Im Oktober 1920 glaubten auch die Gasarbeiter im Werk Oppau, diesen Weg zur Lohnaufbesserung einschlagen zu müssen. Der zentralen Bedeutung ›ihres‹ Betriebsteils für die Stickstoff-Anlage bewußt, forderten sie eine Aufstockung ihrer Gesundheitszulage um eine Mark, andernfalls wollten sie streiken. Als ihr Ultimatum am 8. Oktober 1920 verstrichen war, stellten sie ihre Arbeit ein, und binnen einer halben Stunde kam die Oppauer Produktion mangels Gaszufuhr zum Erliegen. Ein Vermittlungsversuch der Vertrauensleute, die diese isolierte Aktion mißbilligten, scheiterte. Die Unternehmensleitung nahm die Herausforderung an und war mit aller Macht entschlossen, den Konflikt zu ihren Gunsten zu entscheiden. Alle 8 700 Arbeiter des Werks Oppau wurden entlassen, und um Betriebsbesetzungen oder Gewaltakte von vornherein zu vereiteln, quartierte die um Schutz gebetene Besatzungsmacht eine Kompanie der Kolonialtruppen auf dem Betriebsgelände ein.

Diesmal befanden sich alle Trümpfe in der Hand der Direktion. Solidaritätsaktionen der Ludwigshafener Belegschaft blieben aus, nicht zuletzt, weil Gewerkschaften und Betriebsrat gegen die „Unvernunft", wegen der „Disziplinlosigkeit" einer kleinen Gruppe die Errungenschaften aller Arbeiter aufs Spiel zu setzen, agitiert hatten. Genau dies, die Reduktion aller Privilegien und betriebspolitischen Rechte auf das gesetzlich und tarifvertraglich fixierte Minimum, beinhaltete das Positionspapier, das von der BASF-Spitze den Gewerkschaften als Bedingung für die Rücknahme der Aussperrung präsentiert wurde. Nach Lage der Dinge mußten die Arbeitnehmerrepräsentanten klein beigeben. Selbst eine uneingeschränkte Wiedereinstellung der Betroffenen erreichte sie nicht. Mißliebige Arbeiter wurden „ausgesiebt", die Freizügigkeit der Vertrauensleute im Betrieb stark eingeschränkt.

Der Kommentar des Werkschronisten Voigtländer-Tetzner traf den Nagel auf den Kopf. „Dieses Abkommen [mit Betriebsrat und Gewerkschaften] bedeutete für die Werkleitung einen vollen Sieg und gestattete ihr nunmehr, eine Reihe wichtiger Maßnahmen zur Hebung ihrer Autorität sowie zur Stärkung der Arbeitsdisziplin und Arbeitsmoral zu treffen."

Explosionszentrum [32]

Französische Feldküche: Essensausgabe an obdachlose Kinder 1921 [33]

Die ›Oktober-Niederlage‹ der BASF-Belegschaft markierte eine deutliche Wende in ihrem Konfliktverhalten. Nicht, daß die Auseinandersetzungen mit der Direktion ein Ende gefunden hätten; zwei große Arbeitskämpfe in den Jahren 1922 und 1924 standen noch bevor. Aber an die Stelle von spontanen und gewaltsamen Protestaktionen trat vorübergehend die ›geordnete‹ Konfliktregelung in den dafür vorgesehenen Gremien.

Anmerkungen
Seite 27

* *Angesichts der Katastrophe brach der Reichspräsident die Regel, die linksrheinischen Gebiete aus Protest gegen die dortige Besatzung nicht zu besuchen. Insofern zeigt die Aufnahme mit Ebert und dem vor ihm ›strammstehenden‹ französischen General de Metz eine wirklich ›besondere‹ Situation.*

Die Explosionskatastrophe im Werk Oppau der BASF

Ein Großteil der Aktivitäten, die der Fabrikarbeiterverband für die Beschäftigten in der chemischen Industrie entfaltete, betraf die Sicherheitsprobleme und gesundheitlichen Risiken, die mit dieser Branche seit jeher verbunden waren. Stets drängten die Funktionäre auf eine Reduzierung der Gefährdungspotentiale, verlangten bessere technische Standards und die Beseitigung von Gefahrenquellen, zu denen sie auch überlange Arbeitszeiten oder Arbeitshetze durch Akkord- und Prämiensysteme rechneten.

Kaum eine Ausgabe der Gewerkschaftszeitung ›Proletarier‹, die keine Meldung über Unfälle oder gesundheitliche Gefahren enthielt. Oftmals war die BASF Gegenstand solcher Informationen und Anklagen, so etwa in der Ausgabe vom 22. November 1913, als eine Explosion im Oppauer Stickstoffbetrieb im Mittelpunkt stand. Ein zerborstenes Hochdruckrohr hatte gewaltigen materiellen Schaden angerichtet, aber glücklicherweise kein Menschenleben gefordert. Gleichwohl Anlaß genug, auf die Sicherheitsprobleme im neuen Werk Oppau deutlich hinzuweisen:

„Explosionen finden in diesem Betrieb häufig statt", wußte der Redakteur zu berichten, „aber mit solcher Wucht und Ausdehnung war noch keine zu verzeichnen. Leider", so warnte er, „stellte diese Explosion noch nicht die Grenze nach oben dar, sondern es sind bedeutend stärkere denkbar." „Jedem Menschenfreund" müsse sich deshalb „die

Reichspräsident Ebert bei der Trauerfeier für die Explosionsopfer auf dem Ludwigshafener Hauptfriedhof am 25. September 1921 [34]*

Denkmal für die Explosionsopfer auf dem Oppauer Friedhof [35]

Frage aufdrängen, was denn die Anilinfabrik zur Verhütung weiterer Explosionen zu unternehmen gedenke. Wenn erst ein Massenunglück erfolgt ist", prophezeite der ›Proletarier‹, „dann läßt sich der Schaden nicht wieder gutmachen." Geschrieben im November 1913, acht Jahre bevor der ›Größte Anzunehmende Unfall‹ im Oppauer Werk Wirklichkeit wurde.

Am 21. September 1921, morgens 7 Uhr 32, erschütterte eine gewaltige Detonation die Rhein-Neckar-Region. 4000 Tonnen Ammonsulfatsalpeter im Lagergebäude O 110 des Werkteils Oppau waren explodiert – ein Unglück unvorstellbaren Ausmaßes mit grausamen Folgen: 561 Todesopfer wurden beklagt, nahezu 2000 Verletzte mußten versorgt werden, die Zehntausend-Seelen-Gemeinde Oppau lag in Trümmern.

Die Dimensionen dieser damals weltweit größten Chemie-Katastrophe, ihre Ursachen, Folgen und Bewältigung sind vielfach beschrieben worden. Weniger bekannt sind indessen unmittelbare Reaktionen aus der betroffenen Gemeinde, die Standpunkte der Unternehmensleitung und die Auswirkungen auf das Verhalten der Arbeiterschaft. Waren die Oppauer Gemeinderäte noch am Unglückstag entschlossen, „das Privatvermögen sämtlicher Direktoren und Aktionäre der BASF" beschlagnahmen zu lassen, weil man die Ursache der Katastrophe deren Experimentierfreudigkeit zuschrieb und „infolgedessen eine Haftung" als erwiesen ansah, gingen die so Beschuldigten rasch zur Tagesordnung über. Carl Bosch, Konstrukteur der Oppauer Anlagen, machte Naturgewalten verantwortlich. Auf der Trauerkundgebung, die auch Reichspräsident Friedrich Ebert begleitete, sprach Bosch vom „Kampf der Menschheit mit den Naturkräften", der schon ungezählte Opfer gefordert habe und notwendig auch in Zukunft fordern werde. Niemandem könne deshalb eine Schuld an den Ereignissen in Oppau zugerechnet werden. „Selbst heute noch, vor den offenen Gräbern", so der BASF-Vorstandsvorsitzende, „zwingt uns das unerbittliche Muß bereits wieder auf den Weg unserer Pflichterfüllung."

Anmerkungen
Seite 29

* Titelseite mit der Zeichnung ›Fünf Uhr früh‹ von George Grosz

An die Beamten der Bad. Anilin- & Soda-Fabrik!

Der Kampf der Arbeiter um den 8 Stundentag hat verschärfte Formen angenommen! Durch die Gesamtaussperrung in Ludwigshafen und durch das Uebergreifen der Bewegung auf das Reich ist ein Kampf entstanden, der von ganz ungeheurer Bedeutung für die Arbeiterbewegung ist!

Die Arbeiterschaft verlangt, daß ihr der 8 Stundentag erhalten bleibt, denn durch eine längere Arbeitszeit werden Tausende von Kollegen entlassen werden, der Lohn wird gesenkt und die wirtschaftlich und soziale Not ins Unermeßliche gesteigert!

Den Kampf, den wir um unsere Rechte führen, ist gleichzeitig ein **eintreten für Eure Rechte! für Euren 8 Stundentag!**

Wir können es aber nicht dulden, daß sich aus Euren Reihen Elemente finden, die sich auf Seiten der Direktion stellen und durch Streikarbeit uns in den Rücken fallen!

Wir erwarten daß Ihr sofort in unseren Kampf mit eintretet!

Eure Kollegen des Leunawerkes haben fast einmütig den 9 Stundentag abgelehnt und haben sich mit der Arbeiterschaft verbrüdert! Eure dortigen Kollegen haben sofort begriffen, daß nur eine geschlossene Kampffront eine Garantie für den Sieg ist!

Genau so müßt Ihr handeln! Ihr werdet sonst nach Beendigung dieses Kampfes von derselben Direktion, die Ihr heute unterstützt, arbeitslos gemacht und viel schärfer geknechtet werden!

Wir erklären aber mit aller Deutlichkeit, daß wir es auch **nicht dulden können, daß Ihr uns in den Rücken fallt!**

Wir werden uns mit **allen Mitteln gegen Streikbruch zu wehren wissen!**

In diesem Kampfe gibt es nur ein Hüben und ein Drüben!

Wer nicht mit uns ist, den müssen wir als unsern Feind behandeln!

Darum müßt Ihr Euch sofort einreihen in die Kampffront Eurer Klassengenossen!

Im einigen Kampfe werden wir siegen!

Industrie-Verband der Chemie.

Aufruf der kommunistischen Gewerkschaft an die ›Beamten‹ der BASF März 1924 [36]

Da waren viele Arbeiter dann doch anderer Ansicht. Sah Bosch in der Chemie-Produktion einen „naturnotwendigen Kampf im Interesse des Vaterlandes", begriffen diese ihr Fabrikdasein als gefahrvolle Arbeit, die von den gesellschaftlichen Verhältnissen aufgezwungen wurde. Und der Tod von weit über 500 Menschen konnte „als der sinnfälligste Beweis für ihre Ausbeutung gelten, als Beleg auch für die Geringachtung ihrer physischen Existenz. Der Fluch über die ›Anilinhölle‹ brachte solche Stimmungen auf einen einprägsamen agitatorischen Nenner. Am Beispiel von 561 Toten und Hunderten von Verstümmelten ließ sich „die menschenverachtende Profitgier des Anilinkapitals" von kommunistischen Agitatoren vortrefflich demonstrieren. Die Parole der Stunde war ein „Verbot der Akkord- und Prämienarbeit", denn darin, so wurde argumentiert, sei eine der Hauptursachen für Unfälle zu suchen. Neue

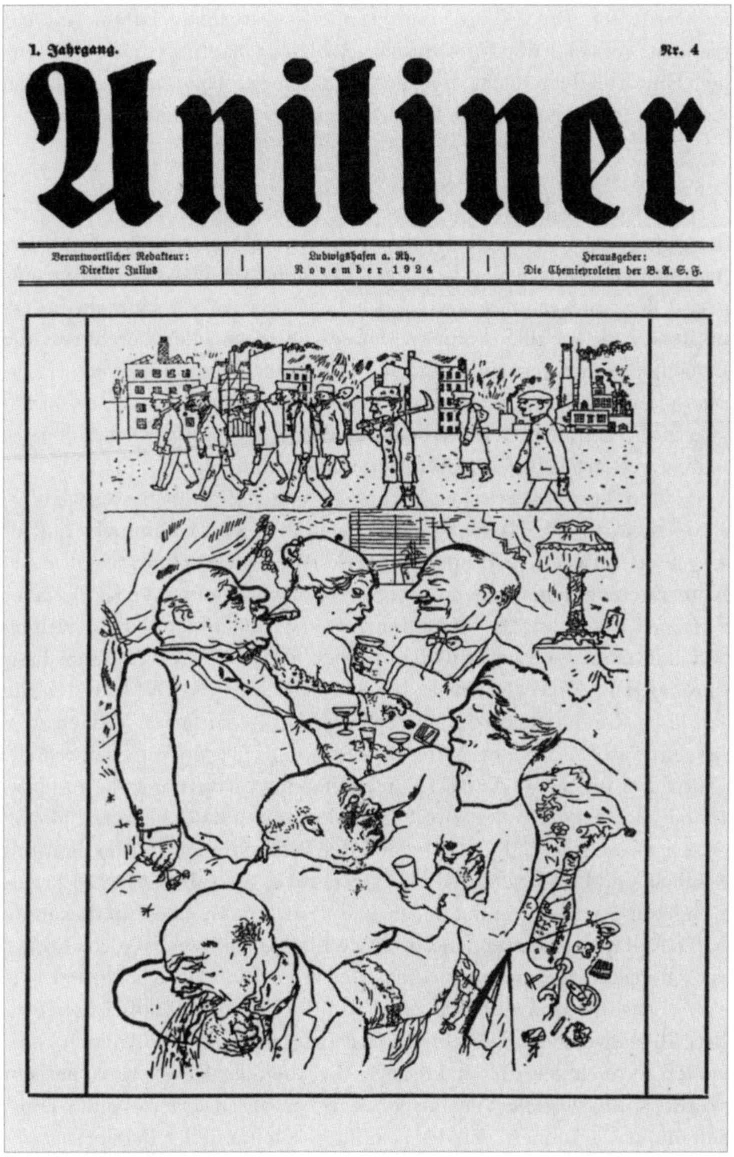

›Der Aniliner‹, das Agitationsblatt der KPD für die BASF*
November 1924 [37]

Nahrung erhielten radikale Einstellungen und Ansprüche einerseits durch weitere Explosionen mit Todesfällen, andererseits durch die Praxis des ›Hilfswerks Oppau‹, dem die materielle Entschädigung der Unfallfolgen oblag. Während fast alle verfügbaren Baukapazitäten für eine zügige Rekonstruktion der BASF-Betriebe zum Einsatz kamen, schleppten sich die Wiederaufbauarbeiten in Oppau träge dahin, sehr zum Unwillen der betroffenen Arbeiter. Zu diesen Hemmnissen gesellten sich andere Schwierigkeiten, vor allem der Ärger über die inflationsbedingte Entwertung der verfügbaren Hilfsgelder.

Nachdem am 23. Juli 1922 bei einer Explosion im Oppauer Werk erneut ein Arbeiter getötet wurde, machten sich Unruhe und Mißstimmung unter der BASF-Belegschaft erstmals wieder in einer spontanen Streikaktion Luft: Die ›Oppauer‹ legten kurzfristig die Arbeit nieder und forderten, das Akkord- und Prämiensystem abzuschaffen, eine allgemeine Versicherung für sämtliche Arbeiter einzuführen, die Existenz der Hinterbliebenen der Oppauer Katastrophe abzusichern und den Arbeiterrat zur technischen Überwachung der Betriebe freizustellen.

Massenstreik

Je weiter die Inflation fortschritt, desto häufiger kamen Lohnforderungen auf, die den Arbeitnehmern einen Ausgleich für Kaufkraftverluste bringen sollten – ein Verlangen, das ihnen die Gewerkschaften aufgrund der angespannten wirtschaftlichen Situation jedoch nicht im erhofften Maße erfüllen konnten. Dieses Dilemma, darüber hinaus die Unfähigkeit der Verbände, das als lebensbedrohend empfundene Leistungslohnsystem zu beseitigen, trugen nun dazu bei, das ohnehin angekratzte Vertrauen vieler Arbeiter zu den Gewerkschaften und den gemäßigten Betriebsfunktionären weiter auszuhöhlen.

Dem kommunistischen Vormarsch in den Betrieben, der wichtigsten Plattform der Klassenkampfagitation, war jetzt kaum mehr Einhalt zu gebieten. In den Vertrauensmännerkörpern, in den Betriebs- und Arbeiterräten der chemischen Großunternehmen konnten die KPD-Kader zwischen 1922 und 1924 Machtpositionen erringen, die sich für weitergehende Ziele der Partei nutzbar machen ließen. Gestützt auf ihre Basis unter den BASF-Vertrauensleuten, eroberten die KPD-Aktivisten die vorderen Kandidatenplätze auf der freigewerkschaftlichen Betriebsratsliste, die bei der Wahl im März 1922 88% der gültigen Stimmen erhielt. Damit war die Spitze der BASF-Arbeitnehmervertretung in kommunistischer Hand: Fritz Reinhardt, Hilfsschlosser und KPD-Sekretär, Johann Selzer, Kesselschmied und Obmann der Vertrauensleute, Max Frenzel, Schlosser und pfälzischer KPD-Führer sowie die Fabrikarbeiter Friedrich Baumgärtner, Emil Löcher und Hans Mohr, allesamt bekannte KPD-Agitatoren, hatten eine wichtige Etappe auf dem Weg zur Eroberung betrieblicher und gewerkschaftlicher Positionen zurückgelegt.

Diese Bastion zu halten, und von dort aus eine Politik zu betreiben, die sowohl den hochgespannten Erwartungen der ›Aniliner‹ entsprach als auch den parteitaktischen Vorgaben der KP-Zentrale gerecht wurde, sollte sich allerdings als schwierig erweisen. Frenzel und Genossen mußten erkennen, daß der Handlungsspielraum der Betriebsvertreter, zumal bei der krisenhaften Zuspitzung der wirtschaftlichen Lage, sehr eingeengt war. Aber mit bloßer Fundamentalkritik, mit einem Verbalradikalismus, dem keine Taten, erst recht keine materiellen Ergebnisse folgten, wäre ihr Vertrauensbonus rasch verwirkt gewesen. Einen Arbeitskampf ohne Zugriff auf die Ressourcen der Gewerkschaften zu führen, erschien wiederum als ein von vornherein aussichtsloses Unterfangen.

Ende November 1922 gerieten die kommunistischen Obleute jedoch in eine Lage, die keinen Rückzug mehr erlaubte. Stärker von den radikalisierten Teilen der Belegschaft gedrängt als von den KPD-Vormännern gewollt, wurden sie unter denkbar ungünstigen Bedingungen gezwungen, das immer wieder angekündigte Kräftemessen mit der Direktion aufzunehmen. Den Funken, an dem sich der nun folgende dreiwöchige Massenstreik entzündete, hatte die Unternehmensleitung mit den fristlosen Entlassungen der KPD-Betriebsräte Frenzel, Löcher und

Mohr ausgelöst. Von einer BASF-Arbeiterversammlung delegiert, hatten sie entgegen einer Warnung der Direktion am Reichsbetriebsrätekongreß teilgenommen und boten den ›Anilin‹-Chefs somit eine willkommene Gelegenheit, die linksradikalen Wortführer loszuwerden.

Die Kunde von der Maßregelung verbreitete sich rasch. Noch bevor die Vertrauensleuteversammlung über mögliche Reaktionen befunden hatte, signalisierten erste Arbeitsniederlegungen im Oppauer Werk die Kampflust einzelner Arbeitergruppen. Weder die Mehrheit der Vertrauensleute noch die alarmierten Gewerkschaftsverbände vermochten die vereinzelt auflodernden Streikflammen zu löschen. Nachdem die Vertrauensleuteversammlung von 24 Ludwigshafener Betrieben die Solidarität und den Kampfwillen „aller Arbeiter" für den Fall eines Streiks in Aussicht gestellt hatte, war der Flächenbrand nicht mehr zu verhindern. „Streik bis zum schließlichen Sieg", hieß die Losung, die von den Anilin-Vertrauensleuten am 29. November 1922 ausgegeben wurde. Wiedereinstellung der kommunistischen Betriebsräte oder Generalstreik, lautete das Ultimatum, das die BASF-Direktion zum Einlenken zwingen sollte. Im Vorstandsgebäude herrschte unterdessen Entschlossenheit vor. Es galt, den Einfluß und die Stellung der radikalen Gruppen ein für allemal zu brechen.

Am Abend des 29. November hatten die Belegschaften fast aller wichtigen Industriebetriebe Ludwigshafens die Arbeit niedergelegt. Neben rund 21 000 ›Anilinern‹ und 11 500 Beschäftigten von ›Fremdfirmen‹ in der BASF waren im Bereich der chemischen Industrie die Firmen Giulini mit 1 500, Raschig mit 500 und Benckiser mit 170 Arbeitnehmern in den Streik gezogen, während die Grünzweig & Hartmann-Belegschaft noch zögerte. Insgesamt, so die Statistik des Bürgermeisteramtes, befanden sich etwa 36 000 Lohnabhängige im Ausstand.

An dieser Stelle können nicht alle Facetten des größten Ludwigshafener Arbeitskampfes aller Zeiten abgehandelt werden. Zwei Aspekte, die seinen Verlauf entscheidend prägten, seien hervorgehoben: Die mißlungene Ausweitung des Konflikts in und über Ludwigshafen hinaus sowie die Weigerung der Gewerkschaften, ihre Streikkassen zu öffnen. Entgegen der Schlagzeile in der ›Roten Fahne‹, die am 3. Dezember 1922 schon über den „Generalstreik in der Pfalz" frohlockte, scheiterte das Ansinnen, die Streikbewegung in die Region zu tragen, und damit über ein politisches Druckmittel zu verfügen. Einen herben Rückschlag für die Generalstreik-Planungen gab es schon in der ›Chemie-Stadt‹ selbst. Ausgerechnet die Reichsbahner, neben der BASF die zweite wichtige KPD-Bastion in der Pfalz, weigerten sich, in den Ausstand einzutreten, ebenso wie Ludwigshafens Straßenbahner. Zwar gelang es kurzfristig, die Pfalzwerke zu bestreiken und damit die Energieversorgung zu unterbrechen, doch hier griff die Besatzungsmacht ein, drohte mit Kriegsgerichtsverfahren und verpflichtete die Arbeiter zwangsweise.

Die Stagnation der Streikbewegung und die schwindende Hoffnung auf ein rasches erfolgreiches Ende des Konflikts rückten das Unterstützungsproblem in den Mittelpunkt des Geschehens. Um eine Finanzierung des Ausstands hatte sich niemand gekümmert, jetzt waren die Gewerkschaften erster Adressat entsprechender Appelle. Während sich die Metallarbeiter- und Bauarbeiterverbände moderat aus der

Affäre ziehen wollten, blieben die Verantwortlichen des Fabrikarbeiterverbandes hart: Man sei nicht bereit, „die Dummheiten der Kommunistischen Partei zu finanzieren", ließ der ›Proletarier‹ die Meinung des Hauptvorstandes durchblicken, und Gauleitung wie Zahlstellen-Spitze standen dem nicht nach. Als sich auf einer Mitgliederversammlung des örtlichen Fabrikarbeiterverbandes ein Mehrheitsbeschluß für finanzielle Leistungen abzeichnete, brach man die Konferenz kurzerhand ab. Eine Haltung mit gravierenden Folgen, die die Verbandsspitze, der unbotmäßigen Mitgliederschaft überdrüssig, offenbar einkalkuliert hatte. Nicht nur, daß sich der Kampfwille nunmehr gleichrangig mit den ursprünglichen Zielen gegen die „offizielle Gewerkschaftsbürokratie" richtete, der beim Scheitern des Streiks in einer Art ›Dolchstoßlegende‹ die Niederlage zugeschoben werden konnte. Überdies setzte noch im Dezember 1922 eine Austrittswelle ein, die besonders den Fabrikarbeiterverband treffen sollte.

Bei allen Solidaritätsbekundungen und Spenden, die den Streikenden selbst aus dem Ausland zuteil wurden – die Bewegung geriet in eine Sackgasse, die Streikleitung wurde orientierungslos, die Kampfstimmung flaute zusehends ab. In zähen, von der Kreisregierung und dem Oberbürgermeister vermittelten Verhandlungen zwischen Gewerkschaften und BASF-Direktion diktierte letztere ihre harten Bedingungen. Jeder arbeitswillige ›Aniliner‹ mußte einen Katalog von ›21 Bedingungen‹ unterschreiben, die nicht nur den Verlust letzter Privilegien brachten, sondern das Prämien- und Akkordsystem festschrieben, der ›Werkpolizei‹ Weisungsbefugnis einräumten und die Institution der Vertrauensleute im Betrieb de facto abschafften. Über Maßregelungen behielt sich das Unternehmen alle Entscheidungsgewalt vor. Erneut hatte die Direktion in einer Machtprobe die Oberhand behalten, doch nicht zuletzt die Härte und das rigorose Umsetzen ihrer Bedingungen ließen Konfliktpotentiale zurück.

Anmerkungen
Seite 33

31 vgl. Schönhoven, S. 88ff

Mit Blick auf die damalige Generallinie der KPD in der Gewerkschaftsfrage war das Interessante an der nun einsetzenden Entwicklung in Ludwigshafen, daß die Führer der KPD-Ortsgruppe sich genötigt sahen, die ›Einheitsfront-Politik‹ abzubrechen und eine kommunistische ›Konkurrenz-Gewerkschaft‹ ins Leben zu rufen. Einige Monate bevor auch die KPD-Zentrale zum Motto ›Heraus aus den Gewerkschaften‹ blies, gründeten Frenzel und Genossen im Januar 1923 den ›Industrieverband Chemie‹. Nachdem das Manöver fehlgeschlagen war, die FAV-Zahlstelle unter ihre Kontrolle zu bekommen, sollte diese Ersatzorganisation die abtrünnigen Gewerkschaftsmitglieder sammeln und dem Einfluß der KPD zugänglich machen.

Der zahlenmäßige Erfolg war zunächst bescheiden. Ein Instrukteur, von der KPD-Führung nach der Streikniederlage zur Kontrolle in die Pfalz beordert, berichtete Anfang Februar 1923 von den Schwierigkeiten, die ›oppositionellen Fabrikarbeiter‹ zu erfassen. Nur 478 von ihnen hatten bis dahin den Weg zum ›Industrieverband‹ gefunden, die Zahlstelle des Fabrikarbeiterverbandes allerdings schon dreitausend Mitglieder verloren. Daß die Kommunisten in dieser Phase vor erheblichen Problemen standen, ihre Anhängerschaft zu mobilisieren, belegt das Resultat der BASF-Betriebsratswahl Ende Januar 1923. Die erstmals aufgestellte Liste der kommunistischen Gewerkschaftsspalter erhielt lediglich 29,3% der Stimmen, auf die ›Freien‹ entfielen 58,7%, die ›Christen‹

kamen auf 14,2%. Zwar ist in Rechnung zu stellen, daß zahlreiche kommunistische Betriebsfunktionäre inzwischen aus der BASF entfernt worden waren, den entscheidenden Faktor für das verhältnismäßig schwache Abschneiden der KPD-Liste bildete jedoch die geringe Wahlbeteiligung von 60%. Die desillusionierte Anhängerschaft verfiel in Resignation. Überblickt man die dramatischen Ereignisse um den Jahreswechsel 1922/23, kann als Fazit nur eine Feststellung getroffen werden: Nie zuvor war die Arbeiterbewegung in Ludwigshafen so uneins.

In die Auseinandersetzungen der folgenden Jahre ging eine zutiefst verunsicherte Gewerkschaftsbewegung, die sich immer weiter zurückdrängen lassen und schließlich während der Staats- und Wirtschaftskrise des Jahres 1923, als sich die Inflation zur Hyperinflation steigerte, den Offenbarungseid leisten mußte. Finanziell ausgeblutet und organisatorisch bis in die Grundfesten erschüttert, standen die Gewerkschaften im Herbst 1923 vor einem Trümmerhaufen. Der Glaube an die eigene Stärke als Kraft des demokratischen und sozialen Fortschritts war verflogen.[31]

„Verheerende Machtprobe": Massenaussperrung 1924

Die symbolträchtigste soziale Errungenschaft der Revolution, die noch nicht wieder demontiert war, stand seit Herbst 1923 auf dem Wunschzettel der Arbeitgeber ganz oben: der Achtstundentag. Die Rückkehr zur Vorkriegsarbeitszeit, zuerst bei den Bergarbeitern sowie in der Eisen- und Stahlindustrie erzwungen, lag auch der Großchemie am Herzen. „Intensiveres und längeres Arbeiten" hieß die Formel, die nach der Währungsstabilisierung die Produktionskosten zugunsten der Weltmarktfähigkeit senken sollte. Die Gewerkschaften, nach Beendigung des passiven Widerstands gegen die französische Sanktionspolitik an Rhein und Ruhr am Rande des Ruins, vermochten dem Generalangriff der Unternehmer in der Arbeitszeitfrage wenig entgegenzusetzen. Im Hauptvorstand des Fabrikarbeiterverbandes war man sich der Symbolhaftigkeit des Achtstundentags natürlich bewußt. Doch einen „längeren Kampf" zu seiner Verteidigung zu führen, beurteilten August Brey und Kollegen „unter den gegenwärtigen Machtverhältnissen" als unmöglich. „Um Schlimmeres zu verhüten" und das eigene Ansehen zu wahren, versuchte die Verbandsspitze, „durch die Vermittlung des Reichsarbeitsministeriums [...] die Dinge so günstig wie möglich zu gestalten." Der „Neunstundentag" in der Branche Chemie war freilich nicht zu verhindern. Seine Einführung, so der Entscheid der Schlichter, bedurfte lediglich des „Benehmens" mit dem jeweiligen Arbeiterrat.

Am 28. Februar 1924, wenige Tage nach dem Schiedsspruch, ordnete die BASF-Direktion für Arbeiter der Normalschicht eine neunstündige Arbeitszeit an, die am 3. März 1924 in Kraft treten sollte. Vorübergehend schien es, als würden die Belegschaft und selbst der KPD-gelenkte Industrieverband Chemie die ›Kröte‹ ohne Murren schlucken. Verschärfte Kritik am „Verrat" der reformistischen Gewerkschaftsführer, ja! Aber Kampfmaßnahmen in dieser aussichtslosen Situation, davor schreckten die Leiter des Industrieverbandes vorerst zurück. Doch setzten sie nicht die Existenzberechtigung und Glaubwürdigkeit als Sammelbecken des „revolutionären Chemie-Proletariats" aufs Spiel, wenn ihre Sonderorganisation die Einführung des Neunstundentags ohne Widerstand hinnehmen würde – passiv wie die gescholtenen Reformisten?

Badische Anilin- & Soda-Fabrik

Nachdem sich auf unsere Aufforderung vom 25. März zur Wiederaufnahme der Arbeit nur annähernd ein Drittel der Arbeiterschaft gemeldet hat, sehen wir uns noch nicht in der Lage, den Betrieb wieder zu eröffnen; hierzu sind etwa zwei Drittel der Belegschaft erforderlich. Wir müssen deshalb den Termin so weit hinausschieben, bis sich wenigstens 12 000 Arbeiter gemeldet haben.

Weitere Meldungen sind wie bisher mittels Postkarte an uns zu richten. (Adresse: Badische Anilin- & Soda-Fabrik, Ludwigshafen-Rh.)

Ludwigshafen-Rh., den 2. April 1924.

Badische Anilin- & Soda-Fabrik.

3513

Die BASF fordert die Wiederaufnahme der Arbeit
Zeitungsannonce, 2. April 1924 [38]

So oder ähnlich mag die Berliner KPD-Zentrale argumentiert haben, um doch noch einen Sinneswandel herbeizuführen. Auf den „langfristigen revolutionären Effekt" auch aussichtsloser Kämpfe spekulierend, mobilisierte der Industrieverband seine Anhängerschaft doch noch zum Konflikt, der mit einer verheerenden Niederlage endete. Es sollte der längste und zugleich letzte Akt in den kampfbetonten Auseinandersetzungen zwischen Belegschaft und Unternehmensleitung der BASF sein, nicht nur mit Blick auf die Serie der schweren Nachkriegskonflikte, sondern zeitlich weit darüber hinaus.

Initiativ wurden die Kommunisten am 3. März 1924, dem Tag, an dem die neue Arbeitszeitregelung erstmals galt. Ein Flugblatt forderte die Arbeiter dazu auf, die Betriebe – wie gehabt – nach achtstündigem Arbeitstag zu verlassen. Doch erst Arbeiterversammlungen und eine umfassende Plakataktion auch in den Pendlerorten der Vorderpfalz sorgten am Tag darauf für eine ansprechende Resonanz. Viele Arbeiter waren nicht bereit, „ihre heiligsten Rechte, den Achtstundentag, preiszugeben." Die Direktion drohte mit Werkschließung und Kündigung, sollte am 5. März mehr als ein Drittel der Belegschaft die Arbeitsplätze vorzeitig räumen.

Einmal mehr übernahm der BASF-Vorstand eine werkübergreifende Abwehrfunktion; nicht nur für die anderen Großunternehmen der chemischen Industrie, die den Übergang zum Neunstundentag auf den 10. März terminiert hatten, sondern ebenso für die pfälzischen Industriellen, die in diesem heiklen Punkt dem mächtigen Zugpferd am Rhein gerne den Vortritt ließen. Die Unternehmensleitung entsprach diesen Erwartungen voll und ganz. Ohne auf Kompromißangebote der sozialdemokratischen Betriebsratsmehrheit überhaupt einzugehen, verfügte sie am Abend des 5. März die Schließung der Werke und kündigte der gesamten Arbeiterbelegschaft. Nur ein technischer Notdienst und die Angestellten waren von dieser Massenaussperrung nicht betroffen.

Einblicke in den dramatischen Verlauf und die verheerenden Folgen dieses über acht Wochen währenden Konflikts vermittelt die Stadtratssitzung vom 25. März 1924, in der „Interpellationen über die Vorfälle am 6. März 1924 aus Anlaß der Aussperrung der Anilinarbeiter"

Anmerkungen
Seite 35

32 SRP 25.3.1924, Bd. 47, Bl. 1—39

Die Badische Anilin- & Soda-Fabrik

wird am Freitag, den 9. Mai 1924 ihren Betrieb wieder aufnehmen.

Die Arbeiter können sich nunmehr nach ihrem Selbstbestimmungsrecht frei entscheiden, ob sie die Arbeit aufnehmen wollen oder nicht. Niemand ist gezwungen wieder in den Dienst der Fabrik zu treten Wer aber arbeiten will, muß sich frei entscheiden können und darf daran nicht durch Gewalttätigkeiten gehindert werden.

An die Arbeiterschaft ergeht die Mahnung Ruhe und Besonnenheit zu wahren.

Gegen gewaltsame Störungen der öffentlichen Ruhe und Ordnung sind Maßnahmen getroffen.

Auf die Bestimmungen des Reichsstrafgesetzbuches über Bedrohung, Nötigung, Landfriedensbruch usw. wird hingewiesen.

Speyer a. Rh., den 7. Mai 1924.

Regierung der Pfalz.

Regierungserklärung zum Streik(ende)
7. Mai 1924 [39]

auf der Tagesordnung standen.[32] In den frühen Morgenstunden des 6. März war es zu gewalttätigen Ausschreitungen an den Fabriktoren gekommen, bis die Direktion um polizeilichen Schutz des Werkes nachsuchte. Bei ihrem Eintreffen wurden die Beamten „von den bereits eingedrungenen, nach mehreren Hunderten zählenden Arbeitern mit einem Hagel von Steinen und anderen Wurfgeschossen empfangen." Als die Lage weiter eskalierte und für die rund 50 Polizisten lebensbedrohlich wurde, gaben sie Schüsse ab. Vier Personen wurden getötet und etwa 40 verletzt. Bürgermeister Kleefoot verteidigte das Handeln der Polizeikommandos: „Der Eindruck der beteiligten Beamten sowie verschiedener einwandfreier Zeugen war der, daß die Beamten von der geradezu rasenden Menge unfehlbar überwältigt und zum mindesten schwer mißhandelt worden wären, wenn nicht rechtzeitig auf Ersuchen der Polizei und des Bürgermeisteramtes französisches Militär zur Hilfeleistung eingetroffen wäre."

Die kommunistischen Stadträte versuchten vergeblich, Paul Kleefoot „für das Blutbad am 6. März" verantwortlich zu machen. Gleich wer außer den Kommunisten in der Sitzung das Wort ergriff, gab die Erkenntnis zu Protokoll, daß es der KPD mit dem von ihr angezettelten Arbeitskampf allein darum ging, ein „besonderes parteipolitisches Süppchen" zu kochen. Kleefoots Bemerkung, „ihm scheine, als ob von Ludwigshafen aus der politische Karren geschoben werden sollte für eine neue Weltrevolution", konterte Peter Müller für die Kommunisten, diese „setze sich in Gang, und wenn es gelänge, sie von Ludwigshafen aus zu entwickeln, würden sie stolz darauf sein."

Frei vom Parteienhader auf der ›Linken‹ und deshalb ebenso differenziert wie eindringlich analysierte der Zentrumspolitiker Hermann Hofmann das erschreckende Ausmaß dieses „Anilinkonflikts." Für den Stadtrat sei es verpflichtend, sich damit zu befassen, weil etwa 8 400 der ausgesperrten Arbeiter „gleichzeitig Bürger der Stadt Ludwigshafen sind", darunter 5 600 Familien, „die sich zum Teil in außerordentlicher Notlage befinden." „Durch diese Notlage", so Hofmann, „ist unsere Stadt im besonderen Maße an dem Konflikt engagiert, weil ihr ganz außerordentlich finanzielle Ausgaben erwachsen. Wir wissen nicht, wie die

Mittel aufgebracht werden können. Die Geldquellen der Stadt sind erschöpft und der Notarmenverband der Pfalz muß einspringen. Wöchentlich sind 25 000 Goldmark für die allernotdürftigste Befriedigung erforderlich [...]" Es müsse alles aufgeboten werden, „um dem Übel ein Ende zu machen."

Die Fürsorgebilanz der BASF-Aussperrung

„Die Zahl der von März bis Mai in der Anilinfabrik Ausgesperrten, die Unterstützung erhielten, betrug 8 215 mit 5 757 Ehefrauen und 7 486 Kindern, zusammen 21 458 Personen. In der Metallindustrie waren ausgesperrt und wurden unterstützt 1 124 Personen mit 834 Ehefrauen und 1 061 Kindern, zusammen 3 019 Personen. Es standen demnach am 30. April 1924 insgesamt 38 813 Personen, das sind rund 39% der Gesamtbevölkerung in öffentlicher Fürsorge.

Sind schon die Unterstützungen der in laufender Fürsorge befindlichen Personen eine starke Belastung der städtischen Finanzen, so stellte die den Erwerbslosen und den Familien der Ausgesperrten der Anilinfabrik und der Metallindustrie gewährte Naturalunterstützung im Betrage von rund 280 000 Mark eine Belastung dar, die bei etwas längerer Dauer den finanziellen Ruin der Stadt herbeigeführt hätte. Diese Zahlen reden eine furchtbare Sprache, es sind Zahlen des Elends und der Not unserer Zeit, sie leuchten unbarmherzig hinein in das traurige Dasein derer, die im Schatten leben. Es sind aber auch Zahlen unwiderleglicher Beweiskraft dafür, daß die Stadtverwaltung ihr Möglichstes tut, um das Los der Fürsorgebedürftigen zu mildern."

Insgesamt wurden ausgegeben: Lebensmittelgutscheine im Werte von 129 174 Mark, 134 280 Laib Brot, 135 282 Liter Milch, 19 450 Gasmarken und 13 527 Zentner Holz. Nach Ende der Aussperrung erhielten die nicht wiedereingestellten Arbeiter auf die Dauer der gesetzlichen Karenzzeit von vier Wochen Bargeld in Höhe der gesetzlichen Erwerbslosenunterstützung von 14 200 Mark.

Mit Rücksicht auf die durch die Aussperrung hervorgerufene außerordentliche Belastung der Stadt überwies die Regierung der Pfalz einen Betrag von 87 000 Mark.[33]

Anmerkungen
Seite 36

33 Kleefoot, S. 24; VB 1924, S. 130f

Nicht zuletzt nahm Hofmann die BASF-Spitze in die Pflicht. Sie habe „nicht genug psychologisches Verständnis der Arbeiterschaft gegenüber" aufgebracht und deshalb „ein gerüttelt Maß Schuld an den augenblicklichen Zuständen." „Das sogenannte Antreibersystem, die Institution der Kalkulatoren, die Wiedereinführung der Mittagspause, der Lohnabbau und die scharfen Überwachungskontrollen" hätten „in der Anilinfabrik Verhältnisse herausgebildet, die psychisch und physisch deprimierend auf die Arbeiterschaft einwirken müssen."

„Man muß es tief beklagen, daß die Stadt in ein solches Unglück hineingestürzt worden ist. Nun ist's aber genug. Man muß so schnell als möglich darnach trachten, die Machtprobe einzustellen und die Arbeit wieder aufzunehmen." Doch „das ganze große Werk", dieser „Lebensnerv unserer Stadt", so der DDP-Abgeordnete Ludwig Bertram in der gleichen Ratssitzung, stand noch weitere sechs Wochen still.

Die Unnachgiebigkeit der Anilin-Chefs – sie hatten mehrere Schlichtungsversuche platzen lassen – und eine von ihnen gestartete Postkartenaktion, in der Arbeitswillige zu schriftlicher Rückmeldung aufgefordert wurden, zermürbten schließlich den Durchhaltewillen und führten am 9. Mai 1924 zum Abbruch des Kampfes. Dreihundert Aktivisten des Industrieverbandes wurden nicht wieder eingestellt, der Neunstundentag war durchgesetzt.

Für die Position der Freien Gewerkschaften in Ludwigshafen hatte der Konflikt katastrophale Folgen. War das Debakel bei den Arbeiterratswahlen 1924 noch zu verschmerzen – zwei Drittel der Aniliner hatten für die Kommunisten gestimmt – ging der Mitgliederverlust an die Substanz. Nur noch 2 323 Mitglieder zählte der Fabrikarbeiterverband Ende 1924. Seine kommunistische Konkurrenzorganisation, der Industrieverband Chemie, wurde aufgelöst, als die KPD-Führung eine erneute Wende in ihrer Gewerkschaftspolitik vollzog. Das politische Ende dieser Sonderorganisation, die im Februar 1925 noch 2 700 Mitglieder hatte, warf im Nachhinein ein bezeichnendes Licht auf ihre Rolle als bloßes Instrument der KPD.

Ludwigshafen ›links‹? – Wahlen und politische Strukturen

Die Wahlen zur Nationalversammlung 1919

Die Unruhen und Umwälzungen der frühen Weimarer Jahre sorgten auch beim Wahlverhalten der Ludwigshafener für jähe Ausschläge und ein steiles Auf und Ab. Unmittelbar nach Kriegsende herrschte jedoch zuerst, der äußerlich friedlichen Stimmung an der ›sozialen Front‹ entsprechend, eher Ruhe. Nur wenige Wochen nach der Ausrufung der Republik und der Abdankung des Kaisers brachte der erste reichsweite Urnengang nach dem Krieg eine beeindruckende Bestätigung für den von der Mehrheitssozialdemokratie gemeinsam mit der linksliberalen DDP und dem katholischen Zentrum eingeschlagenen parlamentarischen Kurs. Rechnet man die Stimmenanteile der Bayerischen Volkspartei hinzu, erzielten die Parteien der ›Weimarer Koalition‹ bei der Wahl zur verfassunggebenden Nationalversammlung am 19. Januar 1919 reichsweit eine satte Mehrheit von 76,2% der gültigen Stimmen. In Ludwigshafen schnitten sie mit 88% noch deutlich günstiger ab. Für die – allerdings organisatorisch noch wenig entwickelte – USPD als linke Flügelpartei stimmten hier 5,6% der Wähler, 6,4% erhielt die DVP, die in der Pfalz – mangels Kandidatur der Deutschnationalen – in der frühen Nachkriegszeit als Flügelpartei auf der rechten Seite des politischen Spektrums anzusehen ist. Überragender Wahlsieger war 1919 die Ludwigshafener (M)SPD, die mit 54,1% die absolute Mehrheit der gültigen Stimmen auf sich vereinigen konnte. Damit knüpfte sie auf beeindruckende Weise an ihre Vorkriegserfolge in der Arbeiterstadt an. Werden die Stimmen der USPD hinzugerechnet, nahm das sozialdemokratisch-sozialistische Wählerlager gegenüber der Reichstagswahl von 1912 (57,8%) sogar noch um 2,1 Prozentpunkte zu. Und dies, obwohl sich das Elektorat aufgrund des allgemeinen und gleichen Wahlrechts erheblich verändert hatte: Nach Einführung des Frauenstimmrechts und der Senkung des Wahlalters auf 20 Jahre waren 1919 etwas mehr als 50 000 Ludwigshafener Männer und Frauen stimmberechtigt, gegenüber 19 000 bei der letzten Reichstagswahl vor dem Krieg.

Kommunalwahl 1920

Bei der am 18. April 1920 durchgeführten ersten Wahl zum Stadtrat nach dem allgemeinen und gleichen Wahlrecht verlor die SPD über die Hälfte ihrer Wähler von 1919. Statt damals 55,3% erhielt sie nur noch 29,4% der gültigen Stimmen. Nur 74 Wähler weniger verzeichnete

Friedliche Stadt: Bismarckstraße 1923 [40]

Stadtratswahlen (SR) und Reichstagswahlen (RT) 1920 in Ludwigshafen

		SR 4/20	RT 6/20
Wahlberechtigte		50 549	50 246
Wahlbeteiligung in %		63,0	75,8
davon in %	KPD	–	3,3
	USPD	29,1	19,8
	SPD	29,4	33,5
	DDP	10,4	11,8
	BVP	18,0	17,0
	DVP	13,0	14,6

Mandatsverteilung in der Stadtratsperiode 1920—1924

SPD	USPD	BVP	DVP	DDP
12	12	7	5	4

die USPD, sie hatte gegenüber der Wahl zur Nationalversammlung 7 000 Stimmen hinzugewonnen. Beide waren mit je 12 Abgeordneten ins Stadtparlament eingezogen, angesichts der tiefgreifenden politischen Differenzen, gegenseitigen Schuldvorwürfen und wechselseitigen persönlichen Diffamierungen „konnte das Gewicht dieser linken Mehrheit nur selten in die Waagschale geworfen werden."[34] Hintergrund des USPD-Erfolgs war die oben beschriebene zunehmend radikalisierte Stimmung allgemeiner Unzufriedenheit mit der sozialen Lage.

Die neue Wahlperiode des Stadtrates begann mit der Sitzung vom 30. April 1920. Seine politische Zusammensetzung sollte sich in den ersten beiden Jahren – ohne Zutun der Wähler – durch Fraktionsbildung, Fusion oder Übertritte auf Seiten der ›Linken‹ mehrfach ändern. So wurde in der Parlamentssitzung vom 25. Oktober bekanntgegeben, daß die Stadträte Peter Müller, Richard Boiselle und Eugen Zumpf eine eigene Sektion innerhalb der USPD-Fraktion gebildet haben. Dabei handelte es sich um die Keimzelle einer Fraktion der Vereinigten Kommunistischen Partei (VKP), deren Gründung knapp zwei Monate später am 17. Dezember 1920 im Rat vermeldet wurde. Die (Wieder-)Vereinigung von Unabhängigen und Mehrheitssozialdemokraten wurde im Ludwigshafener Stadtrat im November 1922 vollzogen.

Die erste Direktwahl des Oberbürgermeisters 1920

Am 9. Mai 1920 wurde zum erstenmal in der Geschichte der Stadt ihr Oberbürgermeister direkt gewählt. Es sollte bekanntermaßen für lange Zeit die einzige Direktwahl des Stadtoberhauptes bleiben. Seit dem 26. März 1920 war die Stelle des Ersten Bürgermeisters vakant, nachdem der langjährige Amtsinhaber, der Geheime Hofrat Krafft, auf eigenen Wunsch in den Ruhestand versetzt worden war. Die Amtsgeschäfte führten seitdem die drei gesetzlichen Stellvertreter Adjunkt Binder, Adjunkt Gelbert und Rechtsrat Dr. Müller.[35]

Zwei Kandidaten kristallisierten sich für die Wahl am 9. Mai heraus. Das bürgerliche Parteienlager einigte sich auf das DDP-Mitglied

Anmerkungen
Seite 38 und 39

34 Schiffmann, Sozialdemokratie, S. 62

35 SRP 26.3.1920, Bd. 43, Bl. 305

36 Hennig, S. 451f; siehe auch Schiffmann, Sozialdemokratie, S. 62

37 zum Wahlergebnis in den Stadtteilen siehe Tabelle ›Stadtrats- und Bürgermeisterwahlen 1920—1929 nach Stadtteilen‹, S. 84f

Blick vom Ludwigsplatz über den Winterhafen, frühe 1920er Jahre [41]

Der unterlegene Oberbürgermeister-Kandidat: Johannes Hoffmann (1867 bis 1930) [42]

Lehrer, seit 1908 SPD-Landtags-, seit 1912 Reichstagsabgeordneter, 1910 bis 1919 Erster Adjunkt in Kaiserslautern, 1918 bayerischer Kultusminister, 1919/20 Ministerpräsident im Kampf gegen die Münchner Räterepublik. Nach seinem Rücktritt wieder Lehrer und weiter Reichstagsabgeordneter. Im Oktober und November 1923 war er zusammen mit den Ludwigshafenern Paul Kleefoot und Friedrich Wilhelm Wagner eine der Hauptfiguren der ›Pfalzaktion‹ der SPD, die eine Abtrennung der Pfalz von Bayern vorzugsweise innerhalb des Reichs, aber u. U. auch mit Frankreich erstrebte, deshalb bald darauf als ›Separatist‹ attakkiert. Sein Sohn Hans Hoffmann wurde 1945 kurzzeitig Oberbürgermeister von Ludwigshafen.

Dr. Dr. Christian Weiß, einen kommunalpolitisch erfahrenen Juristen aus Nürnberg; die Ludwigshafener Sozialdemokraten schickten den Kaiserslauterer Reichstagsabgeordneten Johannes Hoffmann ins Rennen, der Anfang März 1920 als bayerischer Ministerpräsident zurückgetreten war. Gemessen am sozialdemokratisch/sozialistischen Wählerpotential in der Arbeiterstadt – rund 60% bei der Stadtratswahl nur wenige Wochen zuvor – hätte die Pfalz am Abend des 9. Mai den ersten sozialdemokratischen Oberbürgermeister haben können. Allein, die gespaltene Linke in der Stadt war unfähig, sich auf Hoffmann als gemeinsamen Kandidaten zu einigen. Hoffmann hatte sich selbst ins Spiel gebracht. Am 18. März 1920 verkündete der ›Pfälzer Volksbote‹ sein Interesse am Bürgermeisterposten in Ludwigshafen. Von der Ludwigshafener SPD wurde dieses Angebot wohlwollend angenommen. „Die Mitgliederversammlung der Ludwigshafener SPD votierte einstimmig für seine Kandidatur, weil seine Qualifikation und Beliebtheit in der Partei außer Frage stehen", berichtete die ›Pfälzische Post‹ am 4. Mai 1920. In den Augen der lokalen USPD-Führung war der Kandidat Hoffmann jedoch „völlig kompromittiert." Drei Tage vor der ersten Direktwahl eines Ludwigshafener Bürgermeisters polemisierte das pfälzische USPD-Organ ›Tribüne‹ gegen Hoffmann: „Jedem unserer Genossen muß es innerlich widerstreben, dem Manne die Stimme zu geben, der die Reichswehrtruppen im Mai vorigen Jahres nach Bayern gerufen hat und so der Verantwortliche für die tausend in Bayern begangener Morde ist."[36]

Konsequenz dieser Sichtweise: die Unabhängigen Sozialdemokraten forderten ihre Anhänger zur Stimmenthaltung auf, und viele der potentiellen sozialistischen Wählerinnen und Wähler folgten ganz offensichtlich dieser ›Empfehlung‹.[37]

Ein Vergleich mit den Ziffern der nur wenige Wochen zuvor erfolgten Kommunalwahl legt jedenfalls folgende Rückschlüsse nahe: Am 18. April 1920 gingen 62% der Ludwigshafener Wahlberechtigten zur Abstimmung, bei der Bürgermeisterwahl waren es dagegen nur 55,6%. Auffällig ist darüber hinaus, daß in den Stadtteilen mit größerem linken

Wählerpotential, also vor allem im Hemshof, die Beteiligungsziffern besonders deutlich gesunken waren. In der Südstadt Ludwigshafens, dort wo das bürgerliche Leben seinen Schwerpunkt hatte, hielt sich der Wählerschwund an den Wahlurnen in Grenzen.

Hatte das linke Lager bei der Stadtratswahl im April 1920 rund 18 500 Stimmen auf sich vereinigen können, vermochte der SPD-Kandidat Hoffmann nur rund 13 000 Wähler zu mobilisieren, mithin 5 500 weniger. Die bürgerlichen Parteien erhielten im April 13 200 Stimmen, ihr Bürgermeisterkandidat Weiß jedoch mehr als 16 000, wobei hinzuzufügen ist, daß die Zahl der Wahlberechtigten von April bis Mai um etwa 2 100 zugenommen hatte. Eindeutiger Sieger der ersten Direktwahl des Ludwigshafener Oberbürgermeisters war also Christian Weiß, der 55,6% der gültigen Stimmen bekam – davon die meisten im Stadtteil Süd (63,8%).

„In den Reihen der MSPD rief das Verhalten der USPD bei der Bürgermeisterwahl in Ludwigshafen Ärger und Enttäuschung hervor. Die sozialdemokratische ›Pfälzische Post‹ warf der sozialistischen Konkurrenzpartei vor, daß sie sich zum Komplizen bürgerlich-reaktionärer Kreise gemacht habe: ‚Arm in Arm mit dem Zentrum und der Demokratischen Volkspartei, Arm in Arm mit dem unparteiischen Generalanzeiger und der schwerindustriellen nationalistisch unabhängigen ‚Rundschau' haben die Unabhängigen von Ludwigshafen die Wahl des Sozialdemokraten Hoffmann zum 1. Bürgermeister verhindert.'"[38]

Weiß wurde am 2. Juli 1920 im Stadtrat durch Regierungsrat Dr. Poeverlein von der Kreisregierung verpflichtet und in sein neues Amt eingeführt. Zu Beginn führte Bürgermeister Ludwig Butscher aus, „daß Bürgermeister Dr. Weiß seit dem gestrigen Tage in unserer Stadt weile, Einwohner derselben und damit auch Mitglied unserer Stadtgemeinschaft geworden, in unmittelbare Beziehung mit Ludwigshafen getreten sei und die amtliche Tätigkeit aufgenommen habe. Die Bürde, die ihm übertragen werden soll, sei nicht leicht, überhaupt in jeder Stadt, die in eine Großstadt hineinwachse. Es sei nicht leicht für das Oberhaupt einer Stadt bei einem derartigen Einschlag in gewerblicher und industrieller Beziehung, besonders aber nicht leicht in der heutigen schweren und harten Zeit."[39]

Immerhin unterstützte die Ludwigshafener USPD am 8. Juli 1920 im Stadtrat die Wahl des Sozialdemokraten Paul Kleefoot zum Zweiten Bürgermeister von Ludwigshafen.

„Die Einsicht, daß mit dieser verhängnisvollen Losung der USPD der Ludwigshafener Arbeiterbewegung eine wichtige Macht- und Einflußposition verlorengegangen war, führte wiederum einen Monat später bei den Reichstagswahlen einen Teil ehemaliger Wähler der Unabhängigen wieder zur SPD zurück, während die USPD auch auf der äußersten Linken über 1 000 Stimmen an die erstmals kandidierenden Kommunisten verlor."[40]

Die Reichstagswahlen 1920

Der ›Kapp-Lüttwitz-Putsch‹ und der Umsturzversuch der ›Roten Ruhrarmee‹ hatten die Weimarer Koalition veranlaßt, sich früher als geplant den Wählern zu stellen und den ersten republikanischen Reichstag an die Stelle der Nationalversammlung treten zu lassen. Bei der Wahl am 6. Juni 1920 büßte das Parlamentsbündnis zwischen sozialdemokratischer Arbeiterschaft, liberalem Bürgertum und politischem

Anmerkungen
Seite 40 und 41

38 *Hennig, S.451, Binnenzitat: PfP vom 14.5.1920*

39 *SRP, Bd. 43, Bl.494*

40 *Schiffmann, Sozialdemokratie, S.62*

41 *GA, 15.9.1930: Oberbürgermeister Dr. Dr. Weiß †*

42 *SRP, Bl.257; StALu, PA I, 50*

Der Oberbürgermeister der Weimarer Zeit:

***Christian Weiß** (1882—1930)*

Geboren am 21. März 1882 in Augsburg als Sproß einer alten Gelehrten-, Beamten- und Pfarrersfamilie. Nach Besuch des Gymnasiums studierte Weiß Jura und Volkswirtschaft an der Universität München und bereitete sich auf die Laufbahn eines Kommunalverwaltungsbeamten vor.

Im Anschluß an das juristische Staatsexamen war er von 1908 bis 1911 im Staatsministerium der Justiz sowie in der Eisenbahndirektion in München tätig. Von der Stadt Nürnberg wurde er dann als Ratsassessor angestellt und bald darauf zum Magistratsrat ernannt. Hier bearbeitete er als Rechtsrat besonders wirtschaftliche und soziale Fragen. Vor Übernahme des Amtes in Ludwigshafen war Weiß Leiter des Kommunalverbandes Nürnberg-Stadt.

Promotion zum Dr. phil. mit einer zweibändigen Arbeit über ›Die Stadt Nürnberg und ihre Arbeiter‹. Juristische Schriften: ›Verjährung und gesetzliche Befristung nach dem Bürgerlichen Recht des deutschen Reiches‹ (1905), ›Wettbewerbgesetz‹ (1910).

Weiß betätigte sich nebenbei als Dozent für deutsches Staatsrecht an der Handelshochschule Mannheim.

1920 zum Bürgermeister Ludwigshafens gewählt, wurde ihm im Oktober 1922, nachdem die Stadt die Marke von 100 000 Einwohnern überschritten hatte und Großstadt geworden war, der Titel ›Oberbürgermeister‹ verliehen. Seit Februar 1930 mußte er aus gesundheitlichen Gründen dem Amt fernbleiben.

Weiß starb 48jährig am 13. September 1930 in St. Moritz, wo er Genesung von einer schweren Krankheit suchte.

Der ›General-Anzeiger‹[41] würdigte ihn mit folgenden Worten:

„Dr. Weiß war ein rühriger Verwaltungsfachmann, der sich von durchaus neuzeitlichen Gesichtspunkten leiten ließ. Als Dr. Weiß 1920 durch das Vertrauen der Bürgerschaft an die Spitze der hiesigen Stadtverwaltung aus Nürnberg hierher berufen wurde, stand Ludwigshafen vor der nicht leichten Aufgabe, die großen Schäden, die Krieg und Nachkriegszeit geschlagen, einigermaßen wieder auszugleichen. [...]

Industrie und Handel erholten sich langsam, während die sozialen Fragen andererseits schon stark in die Erscheinung traten. Dazu kam die Abschnürung der Pfalz durch die Besetzung des linken Rheinufers, die Ludwigshafen schwere nachteilige Störungen im Verkehrs- und Wirtschaftsleben brachte. Als dann später die Eingriffe der Besatzungsbehörde nicht mehr so fühlbar wurden, galt es, den Stillstand, der sich während der Kriegsjahre bemerkbar gemacht hatte, durch ein verschärftes Tempo auszugleichen, und dazu kam, daß gerade in der so schnell gewachsenen jüngsten Großstadt am Rhein noch mannigfache kommunalpolitische Probleme der Lösung harrten, die in der Vergangenheit nicht zur Durchführung gekommen waren.

[...]

Er hatte Aufgaben zu bewältigen, an die er mit großem Arbeitseifer und einem starken Optimismus, der ein besonderes Merkmal seiner Persönlichkeit war, heranging. [...] Besonders nachdrücklich setzte sich Oberbürgermeister Dr. Weiß für die Regelung wichtiger Verkehrsfragen ein. [...] Die Straßenbahnlinie nach Oppau wurde nach lebhaften Auseinandersetzungen mit der Stadt Frankenthal gebaut, eine Straßenbahnlinie nach der Gartenstadt war geplant, konnte aber durch die Ungunst der Verhältnisse nicht zur Ausführung kommen. [...] Die Rheinbrückefrage, die seit Jahren das Gesprächsthema der Bürgerschaft bildete, wurde durch den Oberbürgermeister immer stark in den Vordergrund gestellt.

[...]

Leider konnte Dr. Weiß nicht verhindern, daß die I. G. Farben ihre Direktion nach Frankfurt a. M. verlegte, aber für den Weggang spielten andere wichtigere Gründe eine Rolle als etwa der Umstand, daß Dr. Weiß in der verhältnismäßig kurzen Zeit seiner Tätigkeit nicht jene engeren Beziehungen zu den maßgebenden großindustriellen Führern gewinnen konnte, die in früheren Zeiten zwischen Stadtverwaltung und Anilinfabrik bestanden hatten."

Bürgermeister Paul Kleefoot fügte hinzu:

„Seine rührige Tätigkeit im deutschen Städtetag und im bayerischen Städtebund zeigt ihn uns als einen Kommunalpolitiker von Format, dessen Arbeitskraft, dessen Wissen und Können weit über unsere Stadt hinaus überall in deutschen Landen Anerkennung und Lob fand; diese Tätigkeit ist auch nicht ohne segensreiche Auswirkung für unsere Stadt geblieben."[42]

[S. M.]

Christian Weiß [43]

›Illustrierte Pfälzische Wahlzeitung‹ des Zentrums zur Reichstagswahl am 4. Mai 1924 [44]

Katholizismus viele Stimmen ein. MSPD, DDP und Zentrum erlitten so schwere Verluste, daß sie zusammen unter die 50-Prozent-Marke rutschten.

In Ludwigshafen votierten nur noch 62% der Wählerinnen und Wähler für die Parteien der ›Weimarer Koalition‹. Den größten Aderlaß mußten hier die Sozialdemokraten hinnehmen. Ihr Stimmenanteil fiel um mehr als 20% auf 33,5%. In absoluten Zahlen gerechnet, halbierte sich das SPD-Stimmenvolumen gegenüber 1919 nahezu, allerdings war auch die Wahlbeteiligung um rund zwölf Prozent zurückgegangen. Konfrontiert mit diesem herben Verlust titulierte das SPD-Blatt ›Pfälzische Post‹ die massenhaft abgewanderten ehe- und wohl einmaligen Wähler der Sozialdemokratie als „Novembersozialisten, die ausgerissen" seien „wie Schafsleder."[43]

Ein Großteil der abtrünnigen SPD-Wähler dürfte sich 1920 für die USPD entschieden haben. Deren Stimmenaufkommen verdreifachte sich; nahezu ein Fünftel der Ludwigshafener Wähler und Wählerinnen votierte jetzt für die radikale Variante der Sozialdemokratie, während die erstmals bei einer Reichstagswahl kandidierende KPD hier noch nicht über den Status einer Splitterpartei hinauskam. Auf die Kommunisten entfielen rund 1 200 Stimmen, gleich 3,3%.

Nach der USPD war die DVP bei der Reichstagswahl 1920 der zweite große Gewinner in Ludwigshafen. Der Stimmenanteil der Rechtsliberalen hatte sich gegenüber 1919 verdoppelt, relativ betrug ihr Zuwachs knapp 8%. Leidtragender dieser Entwicklung war die DDP mit einem Verlust von mehr als vier Prozent – von 16,1% auf 11,8%, weniger die Bayerische Volkspartei, die nur ein Prozent verlor und mit 17% der gültigen Stimmen als drittstärkste politische Kraft in Ludwigshafen aus dieser Reichstagswahl hervorging.

Auf Reichsebene schlug der Wählertrend zu den radikalen Flügelparteien noch stärker durch, wobei am rechten Rand des politischen Spektrums vor allem die republikfeindliche DNVP reüssierte – ein Sammelbecken der konservativen und völkischen Kräfte des Kaiserreichs.

Die Reichstagswahl vom Mai 1924

Das Ergebnis der sogenannten Inflationswahl vom 4. Mai 1924 war noch nicht von den Stabilisierungstendenzen, sondern von den bitteren Erfahrungen des Krisenjahres 1923 geprägt. Extremistische Parteien fanden deshalb noch mehr Zulauf als vier Jahre zuvor. Auf Reichsebene vermochte die DNVP ihren Stimmenanteil abermals auf jetzt 19,5% zu steigern, obwohl ihr auf der extremen Rechten mit der ›Deutsch-Völkischen Freiheitspartei‹ sowie der erstmals sich an Parlamentswahlen beteiligenden NSDAP Konkurrenz erwachsen war. Das rechtsextreme Bündnis erzielte auf Anhieb 6,5% der gültigen Stimmen. Zudem „gelang es einer Vielzahl von partikularistisch orientierten, politisch zumeist ebenfalls weit rechts von der Mitte angesiedelten Regional- und Interessenparteien im Mai 1924 ihre Stimmenzahl gegenüber 1920 fast zu verdreifachen; die Wählerschaft der in Gegnerschaft oder zumindest in bewußter Distanz zur Republik stehenden Parteien wuchs damit im Verlaufe der Inflation allein auf der Rechten um rund fünf Millionen."[44] Über ein Viertel der deutschen Wähler hatte sich damit im Mai 1924 für die antirepublikanische Rechte entschieden. Allerdings war im Vorfeld der Wahl u. a. als Folge der Inflation ein weitaus stärkerer Rechtsruck erwartet, erhofft oder befürchtet worden.

Anmerkungen Seite 42

43 *PfP, 8.6.1920: Das Wahlergebnis für den Reichstag in der Pfalz*

44 *Falter, S. 27*

Auch das linke Lager wurde bei der ›Inflationswahl‹ radikalisiert. Von der Spaltung der USPD, deren linker Flügel sich der KPD angeschlossen hatte, profitierten vor allem die Kommunisten. Sie gewannen 3 Millionen Stimmen hinzu und setzten sich mit 12,6% erstmals auf Reichsebene als proletarische Massenpartei durch. Für die Sozialdemokraten endete dieser Wahlgang erneut mit einem enttäuschenden Resultat. Mit einem Minus von 1,2% gegenüber der 1920er Wahl hielten sich ihre Verluste zwar in Grenzen. Doch der erste Blick täuscht, denn die SPD war nach der Fusion mit dem gemäßigten USPD-Flügel als wiedervereinigte Partei angetreten und erhielt dennoch weniger Zuspruch als die MSPD vier Jahre zuvor. Insgesamt büßte die Linke gegenüber 1920 1,5 Millionen Stimmen ein.

Unter völlig anderen Vorzeichen fand diese Reichstagswahl in Ludwigshafen und Umgebung statt. Die durch die Nachwirkungen des passiven Widerstands, der Hyperinflation und der Separatistenherrschaft ohnehin angespannte politische und soziale Lage hatte sich im Frühjahr 1924 in der Vorderpfalz nochmals durch den bitteren Konflikt bei der BASF dramatisch zugespitzt. Er prägte das Wahlverhalten nicht nur in Ludwigshafen, sondern auch in den Pendlerorten des vorderpfälzischen Umlands.

Als am Morgen des 4. Mai 1924 die Wahllokale öffneten, hatte die Auseinandersetzung zwischen der ausgesperrten und gekündigten Arbeiterbelegschaft auf der einen sowie der kompromißlosen Unternehmensführung auf der anderen Seite schon acht Wochen angedauert. Viele Ludwigshafener Familien waren inzwischen von öffentlicher Fürsorge und Spendengeldern abhängig und nur notdürftig versorgt. Von der radikalisierten Stimmung in dieser Ausnahmesituation hat vor allem die KPD profitiert, zumal ihre Wortführer den Kampf für den Erhalt des Achtstundentages – dem sozialpolitischen Erfolg der Novemberrevolution schlechthin – initiiert und die BASF-Arbeiterschaft mobilisiert hatten.

Die pfälzische KPD hatte im März 1920 das Licht der Öffentlichkeit erblickt, nachdem die Besatzungsmacht das Verbot kommunistischer Organisationen im Vorfeld der Reichstagswahlen aufgehoben hatte. Doch erst die Verschmelzung mit der USPD-Linken zur ›Vereinigten Kommunistischen Partei Deutschlands‹ (VKPD) im Dezember 1920 führte sie aus dem Sektendasein heraus. Ende 1921 gehörten dem KPD-Bezirk Pfalz rund 2 300 zahlende Mitglieder in 41 Ortsgruppen an, im August des folgenden Jahres wurden hier 2 889 kommunistische Parteigänger registriert, wobei Ludwigshafen unter den jetzt 53 Ortsverbänden mit 478 Mitgliedern der größte war. Gegenüber diesen recht bescheidenen Zahlen nehmen sich die (1922) mehr als 19 200 organisierten Sozialdemokraten in der Pfalz nachgerade als Massenanhängerschaft aus. Allein in der Stadt der Chemie hatte die MSPD so viele Mitglieder wie die VKPD im gesamten Pfälzer Land.

Nahezu 11 000 Ludwigshafener, rund ein Viertel aller Wählerinnen und Wähler, stimmten am 4. Mai 1924 für die Kandidaten der KPD. Damit avancierten die Kommunisten zur zweitstärksten politischen Kraft in der Arbeiterstadt, relativ knapp hinter den Sozialdemokraten, die nur 1 200 Stimmen mehr erhalten hatten. In der Stadt und im Bezirksamt Speyer wurde die KPD sogar stärkste Arbeiterpartei, ebenso im Bezirksamt Neustadt, wo die BASF-Pendler-Großgemeinde Haßloch den Ausschlag gab.

Exponent des Zentrums in der Pfalz Hermann Hofmann (1880—1941), Lehrer und Oberlehrer in Ludwigshafen, 1911—1933 Stadtrat, 1919—1920 Landtagsabgeordneter, 1919—1933 Abgeordneter der Nationalversammlung bzw. des Reichstags, schloß sich, obwohl in der Pfalz als BVP-Abgeordneter gewählt, dem Zentrum an, Vorstandsmitglied der Partei. Nach Wiedergründung des Zentrums in der Pfalz offiziell Zentrumsabgeordneter im Reichstag, 1933 Entlassung aus dem Schuldienst, 1934 bis zu seinem Tod 1941 lebte er unter materiell beengten Verhältnissen in seinem Geburtsort Ommersheim.

Die Abbildung zeigt ihn mit Theodor Heuss circa 1930/31 [45]

Die Villa B. in Ludwigshafen
frühe 1920er Jahre [46]

Schülerinnen der Rheinschule in der Rottstraße
1926 [47]

Die Ludwigshafener SPD, 1919 noch absoluter Wahlsieger in der Stadt, war binnen fünf Jahren unter die 28-Prozent-Marke abgestürzt – ein gleichsam historischer Tiefstand in der Wählergunst, der nur noch in der Schlußphase der Weimarer Republik unterboten wurde. Ihre erneuten Verluste lagen zwar im reichsweiten Trend. Die Haltung der SPD-nahen Gewerkschaftsfunktionäre im Vorfeld des BASF-Konflikts dürfte die Partei jedoch zusätzliche Stimmen gekostet haben.

Rund 5 000 neue Wahlberechtigte sowie eine leicht gestiegene Beteiligung hatten bei dieser Reichstagswahl für ein Plus von insgesamt 6 000 abgegebenen Stimmen gesorgt. Außer der KPD kam dies allein dem politischen Katholizismus zugute, den erstmals seit Kriegsende zwei Parteien bei einer Wahl in Ludwigshafen repräsentierten. Drei Wochen vor dem Urnengang hatte sich die Zentrumspartei der Pfalz neugegründet. Vorausgegangen war ein länger schwelender Konflikt um die erneute Nominierung des Abgeordneten Hermann Hofmann, der 1920 auf dem BVP-Ticket in den Reichstag eingezogen war, sich aber der Zentrumsfraktion angeschlossen hatte. Starke Impulse zur Reorganisation des Zentrums in der bayerischen Pfalz gingen seit längerem vom Arbeitnehmerflügel aus. Speziell in Ludwigshafen fanden sich die stärker sozialpolitisch orientierten Anhänger des politischen Katholizismus in der BVP nicht angemessen vertreten. Hier erzielte denn auch die Zentrumspartei aus dem Stand einen beachtlichen Erfolg. 19,1% der Ludwigshafener Wähler entschieden sich für sie, 2,1% mehr als ihr jetziger Konkurrent vier Jahre zuvor auf sich vereinigen konnte. Den BVP-Anteil hinzugerechnet, erhielt das katholische Lager am 4. Mai 1924 3 000 Stimmen mehr als 1920 und kam insgesamt auf 22,1%.

Hermann Hofmann, der auch dem Ludwigshafener Stadtrat angehörte, dürfte mit seiner öffentlich bekundeten Einstellung zum BASF-Konflikt manche Wählerstimme für das Zentrum gewonnen haben. Am 25. März 1924 hatten er und Ludwig Bertram von der DDP im Stadtrat zu den Ursachen des Arbeitskonfliktes gesprochen und es dabei nicht gescheut, auch Fehler auf Seiten der BASF-Direktion zu benennen. Im Anzeigenteil verschiedener Zeitungen wurden beide Ratsmitglieder

Anmerkungen
Seite 45

45 *SRP, Bd. 47, Bl. 1ff und SRP 1.4.1924, Bl. 47*

Hemshöfer Kinder in einem Hinterhof der Friesenheimer Straße 1927/28 [48]

Ecke Kanal- und Gräfenaustraße; links die französische Straßenbezeichnung, weißes Schild, oberhalb der deutschen Oktober 1926 [49]

In der Küche eines kleinen Fuhrunternehmers, Bismarckstraße 1930er Jahre [50]

daraufhin von der Firmenleitung massiv kritisiert, doch machten Hofmann und Bertram geltend, nur ausgesprochen zu haben, „was ein weit überwiegender Teil der Bürgerschaft zu dem Konflikte denkt."[45]

Eine Enttäuschung bereiteten die Ludwigshafener wie auch die pfälzischen Wähler den anderen bürgerlichen Parteien, gleich ob liberaler, konservativer, nationaler oder völkischer Prägung. Sie alle hatten mit einer erheblichen Zunahme ihres Stimmenpotentials gerechnet. Wenn schon für das Reich insgesamt ein stärker deutschnational-völkisch orientiertes Wahlverhalten prognostiziert wurde, so konnte man in der Pfalz erst recht davon ausgehen, daß Inflation, passiver Widerstand, Separatismus und Besatzungsherrschaft einen Rechtsruck der Wähler nach sich ziehen würde. Darauf spekulierte selbst die liberale DDP, die bei dieser Wahl als „Deutscher Block in Bayern" firmierte. Als „Vereinigte nationale Rechte" trat die Deutsche Volkspartei an, und wer den „Völkischen Block" auf dem Stimmzettel ankreuzte, wählte de facto die NSDAP, die von der Besatzungsmacht unter diesem Namen in der Pfalz nicht zugelassen worden war. Die extreme Rechte schnitt in Ludwigshafen (4,3%) wie im gesamten Wahlkreis Pfalz (5,8%) schlechter ab als im Reichsdurchschnitt (6,5%). Verglichen mit der Wahl von 1920 verlor die DVP in Ludwigshafen 350 Stimmen und fiel von 14,6% auf 11,8%. Für die Demokraten mit ihrem Spitzenkandidaten Raschig machten sich die nationalistischen Parolen noch weniger bezahlt. Sie verzeichneten in der ›Chemiestadt‹ ein Minus von mehr als 900 Stimmen, was einem Anteil von nurmehr acht Prozent entsprach, gegenüber 11,8% vier Jahre zuvor.

Die Stadt der leeren Kassen

Die Finanzlage der Stadt

Klagen über die chronische Finanznot durchziehen wie ein roter Faden die Geschichte Ludwighafens in der Weimarer Republik. „Die Reichsfinanzreform hat der städtischen Finanzpolitik das Rückgrat

Kanalstraße 10
18. Oktober 1926 [51]

gebrochen", machte Christian Weiß, seit 1920 Oberbürgermeister der Chemiestadt, Ende 1920 deutlich, wer seiner Meinung nach Schuld daran trug, daß „die Finanznot der Gemeinden aufs Höchste gestiegen" sei.[46] Weiß ließ auch sonst kaum eine Möglichkeit aus, auf die Finanzmisere und deren Ursachen hinzuweisen. Vier Jahre später gab er im Stadtrat kund, „keine Gelegenheit vorübergehen [zu] lassen, um dem Reich und den Ländern die schwere Verantwortung vorzuhalten, die auf ihnen lastet, daß die Gemeinden zahlungsfähig und damit lebensfähig bleiben. Es ist nicht verwerflicher Egoismus, wenn die Gemeinden entsprechende Berücksichtigung bei der Verteilung der Einnahmen des Reiches und der Länder fordern, sondern Ausfluß einer eminent staatserhaltenden Gesinnung, die in der Bürgerschaft unserer Stadt ruht, wenn wir verlangen, daß die Gemeinden wieder selbständig gemacht werden im Kampf um ihre Existenz. Die Gemeinden müssen jetzt eine Menge von Aufgaben erfüllen, welche eigentlich Staatsaufgaben wären; umso mehr haben Reich und Länder das größte Interesse daran, daß die Gemeinden gedeihen können."[47]

Wollte die Stadtverwaltung mehr als ihre auferlegten Fürsorgepflichten erledigen und städtebauliche oder kulturelle Akzente setzen, blieb, da frei verfügbare reguläre Mittel weitgehend fehlten, außer einer fortschreitenden Kommerzialisierung der städtischen Betriebe und der Ausschöpfung noch verbliebener Steuerquellen nur der Weg einer zunehmenden Verschuldung.

„Die Bestimmungen der Reichsfinanzreform wurden von den Gemeinden als umso gravierender empfunden, als sie unmittelbar in die beispiellose Finanznot der Inflationszeit mündeten. Die im Zeichen der Hyperinflation explodierenden Wohlfahrtslasten und die Ausgaben für die kommunalen Beamten, Angestellten und Arbeiter drohten die städtischen Haushalte zu sprengen. Denn die Gemeinden mußten sich den Gehalts- und Lohnerhöhungen des Reiches voll anpassen, ohne selbst über die dafür notwendigen Mittel verfügen zu können."[48] Tatsächlich stand die Stadt Ludwigshafen während der Inflationsperiode mindestens zweimal kurz vor der Zahlungsunfähigkeit – Mitte 1922 sowie Ende 1923.

„Das ganze Jahr", blickte der Verwaltungschef im Januar 1923 sorgenvoll zurück, „haben wir mit schweren Finanzsorgen zu kämpfen gehabt. Unsere Haupt- und fast unsere ausschließliche Sorge war die, die Mittel beizuschaffen, welche erforderlich sind für die Bezahlung der Gehälter und Löhne und der dringendsten sachlichen Aufwendungen."[49] Besonders schwierig gestaltete sich die städtische Finanzlage, weil die Stadtkasse den Wettlauf mit der ›galoppierenden‹ Inflation nicht gewinnen konnte. Denn die Ausgaben mußten jeweils sofort nach den neuesten Tarifen und Preisen geleistet werden, während die Einnahmen hierfür weder in der notwendigen Höhe und noch rasch genug zur Verfügung standen. Im April, zu Beginn des Rechnungsjahres 1922/23, betrug der Monatsaufwand für Gehälter und Löhne 4,5 Millionen Mark. Im Dezember 1922 waren dafür monatlich 120 Millionen Mark aufzuwenden. Für die Gehälter der Beamten wurden der Stadt der Mehraufwand seit 1. Oktober 1921 aus Reichsmitteln ersetzt, während sie für den Rest sowie für die Arbeiterlöhne in voller Höhe selbst aufkommen mußte.

„Zur Führung der städtischen Wirtschaft", so der Oberbürgermeister, „war es daher notwendig, große Bankvorschüsse aufzunehmen. Dafür sind aber jetzt außerordentlich hohe Zinsen zu zahlen. Sie

Anmerkungen
Seite 46 und 47

46 *SRP 28.12.1920, Bd. 44, Bl. 269f*
47 *SRP, Bd. 47, Bl. 283 bis 317; SRP 19.12.1924, Bl. 309*
48 *Wirsching, S. 46*
49 *SRP 9.1.1923, Bd. 46, Bl. 274ff, auch f.d.F.*
50 *Geheime SRP, Bd. 10, Geheime Stadtratssitzung vom 18.7.1922, Bl. 471ff*
51 *ebd., Bl. 475ff*
52 *SRP 9.1.1923, Bd. 46, Bl. 285*

bewegen sich in Sätzen 16—23%; beim eventuellen Überziehen des Kontos sind sogar bis zu 29% zu vergüten. Es errechnet sich daraus eine Zinsensumme von über 20 Millionen pro Jahr. Der Weg der Vorschußaufnahme wird deshalb fernerhin nicht mehr gegangen werden können, abgesehen davon, daß die Stadt auch kaum noch weitere Kredite erhalten wird."

Die Stadtkasse war zu dieser Zeit vielfach nicht in der Lage, Rechnungen fristgemäß zu bezahlen. Vom Krankenhaus lagen Forderungen in Höhe von 20 Millionen vor, für den Straßenbahnbetrieb wollte Mannheim 15 Millionen Mark Vorschuß, den Pfalzwerken schuldete die Stadt 70 Millionen für die Lieferung von Strom. Mitte Juli 1922 forderte die Landesgetreidestelle in München 12,5 Millionen Mark für geliefertes Getreide und drohte ihre Lieferungen einzustellen, sollte die Summe nicht unverzüglich beglichen werden. Doch der Stadtkasse standen nur noch sieben Millionen Mark zur Verfügung. „Trotz aller Bemühungen" mußte Weiß eingestehen, „sei es bis jetzt nicht möglich gewesen, Geld aufzutreiben." Die Finanzverhältnisse der Stadt seien zur Zeit „die denkbar traurigsten. Die Gelder für die Gehaltszahlungen am 1. August seien vorhanden. Die gestellten Anleihebedingungen würden immer schärfer, so daß es unmöglich sei, darauf einzugehen, da sonst die Stadt zu große Verluste erleiden müßte. [...] Wenn es nicht gelinge, Geld aufzutreiben, werde er am nächsten Freitag [in der Sitzung des Finanzausschusses] den Antrag stellen, daß er ermächtigt werde, bei der Anilinfabrik dahier um die Gewährung einer Anleihe zu bitten und zwar speziell für den Ausbau des Krankenhauses und für die Durchführung der Kanalisation."[50]

Sollte der Verwaltungschef tatsächlich beabsichtigt haben, den finanziellen Engpaß mit einem Täuschungsmanöver zu lösen? Gedachte er bei der BASF Geld unter dem Vorwand vordringlicher Bauarbeiten zu leihen, um die Stadtkasse wieder ›flüssig‹ zu machen? In der geheimen Stadtratssitzung am 1. August 1922 berichtete Weiß von seinen persönlichen Verhandlungen „mit der Anilinfabrik." In Sachen Anleihe kam von der BASF-Spitze ein klares Nein. „Schon der Konsequenzen wegen" könne „an Städte und Gemeinden keine Anleihe gewährt werden." Das Krankenhaus wollte man gleichwohl „nicht fallen lassen." Mit Schreiben vom 31. Juli 1922 teilte die Unternehmensleitung mit, „daß sie für die Fertigstellung des Krankenhauses ein Darlehen bis zur Höhe von 20 Millionen Mark [...] gewähren wolle" – unter Bedingungen freilich, die eine andere Verwendung der Mittel ausschlossen. Man verlangte Nachweise, die definitiv belegten, daß der Kredit – Verzinsung nach dem jeweils gültigen Reichsdiskontsatz und Tilgung mit einer Annuität von drei Prozent ab dem 1. Januar 1926 – allein für „die Fertigstellung des Krankenhauses" verwendet wurde. Bei rückständigen Zahlungen sollte die BASF berechtigt sein, ihre laufenden Steuerverpflichtungen gegenüber der Stadt aufzurechnen.

Und: „Die Darlehensangelegenheit ist vertraulich zu behandeln und in keiner Weise als Präzedenzfall zu betrachten."[51]

Viel war mit diesem Betrag angesichts des rapiden ›Marksturzes‹ nicht gewonnen. Blieben nur strengste Sparsamkeit und das Drehen an der Steuer- und Gebührenschraube. Diese Einnahmequellen sollten jetzt „bis zur äußersten Grenze festgesetzt und erhoben werden". „Zuschußbetriebe", so Weiß im Januar 1923, „können wir weiterhin nicht mehr unterhalten [...] Wir sind ein bettelarmes Volk geworden."[52]

Fabrikarbeiter beim Zeitunglesen
Wohnung in der Prinzregentenstraße
um 1930 [52]

Schreibtisch in der Wohnung
eines BASF-Angestellten
um 1930 [53]

Bürgerliche Weihnachtstafel
Rottstraße, 1924 [54]

Ende 1920, als der erste kommunale Haushalt nach der Steuer- und Finanzreform einzubringen war, wurde Reichsfinanzminister Erzberger von Oberbürgermeister Weiß dahingehend zitiert, dieser habe den Städten und Gemeinden „empfohlen, sich im Erfinden neuer Steuerquellen zu üben." „Wir haben", gab Weiß in der Stadtratssitzung am 28. Dezember 1920 zu Protokoll, „unser möglichstes in dieser Beziehung getan. Wir haben eine ›Lustbarkeitssteuer‹, eine Gebühr für Hausangestellte, eine Straßenbenützungsgebühr für Fahrzeuge, insbesondere für Automobile beschlossen; es wird den Herren demnächst eine Vorlage über die Einführung einer Gebühr für Straßenschilder sowie der Entwurf einer Reklamesteuer zugehen."[53] Mit Neid blickte Weiß auf solche Städte, die „eine finanziell günstigere Bevölkerungsschichtung" vorzuweisen hatten. Dort seien die Verwaltungen in der Lage, noch ganz andere Steuerquellen sprudeln zu lassen. So werde in Großstädten „eine Jagdsteuer, eine Personenaufzugssteuer, eine Luxuswohnsteuer, Klaviersteuer usw. erhoben; alles Dinge, die sich in Ludwigshafen leider von selbst verbieten, da ihre Erhebung mehr kosten würde, als ihr Ertrag ausmachen könnte."

Das Steuererfindungsrecht war bald auch durch wirtschaftliche Nöte beeinträchtigt, bereits im Stadtrat beschlossene Abgaben wurden teilweise nicht erhoben, etwa die Reklame- und Schildersteuer. Eine Wohnungsluxussteuer wurde 1922 ins Auge gefaßt, mit Rücksicht auf das evtl. geringfügige Ergebnis aber wieder fallen gelassen. „Aus den gleichen Gründen wurde von der Einführung der Nachtsteuer, welcher Gäste, die über die Polizeistunde hinaus in Wirtschaften verweilen, unterworfen werden sollten, abgesehen."[54]

Ausbaufähig war indessen das Gebührenwesen als neue Finanzquelle der Stadt. Im ersten Anlauf verweigerte sich allerdings die Mehrheit des Kommunalparlaments, dieses „noch jungfräuliche steuerliche Gebiet zu erschließen" und lehnte die Einführung von Gebühren für die Kehrichtabfuhr, Kanalisation und Straßenreinigung ab. Angesichts zunehmender Finanznöte hatte der Stadtrat 1921 ein Einsehen und beschloß diese Abgaben, „um die enormen Ausgaben dieser Betriebe wenigstens teilweise zu decken."

„Reichen Ertrag warfen" unterdessen die Lustbarkeits- und die Getränkesteuer ab. Beide beruhten auf gesetzlichen Vorschriften. „Die Lustbarkeitssteuer muß erhoben werden; sie fließt in ihrem ganzen Ertrag dem Wohlfahrtsamt zu; zur Erhebung der Getränkesteuer besteht kein reichsgesetzlicher Zwang; aber jede Beseitigung der Getränkesteuer – der man ja leicht entgehen kann ohne gesundheitlich das geringste einzubüßen – würde zu einer erheblichen Belastung des Grund-, Haus- und Gewerbebesitzes führen, da der durch den Wegfall der Getränkesteuer entstehende Ausfall in anderer Weise gedeckt werden müßte."[55] Zeitverzögerungen und damit Einnahmeausfälle traten im besetzten Gebiet dadurch ein, daß Steuergesetze von der Rheinlandkommission genehmigt werden mußten.

Einen Überblick über die Finanzquellen der Stadt Ludwigshafen im Jahr 1924 gibt die Tabelle ›Gebühren, Gemeindesteuern und ...‹.

Der „katastrophale Marksturz": Ludwigshafen im Strudel der Inflation

Alle Bemühungen um zusätzliche Einnahmen wurden jedoch zuerst durch die Inflation zunichte gemacht. Um den Zahlungsverkehr

Anmerkungen
Seite 48 und 49

53 *SRP, Bd. 44, Bl. 279*
54 *Lieb, S. 37*
55 *SRP 19.12.1924, Bd. 47, Bl. 311f: Fünfjahresbilanz des Oberbürgermeisters Ende der Legislaturperiode 1920—1924*
56 *Lieb, S. 38*
57 *SRP 27.12.1923, Bd. 46, Bl. 479ff*

Gebühren, Gemeindesteuern und Steueranteile der Stadt Ludwigshafen in Prozent des gesamten Steueraufkommens im Jahr 1924[56]

Gemeindeumlagen aus Grund-, Haus- und Gewerbesteuern	41,0 %
Anteil an der Einkommen- und Körperschaftsteuer	25,8 %
Anteil an der Umsatzsteuer	6,7 %
Gebühren für Kanal- und Straßenreinigung, Müllabfuhr	5,1 %
Anteil an der Mietzinssteuer	4,7 %
Lohnsummensteuer (nur für ein halbes Jahr, wieder abgeschafft)	4,4 %
Getränkesteuer	4,2 %
Vergnügungssteuer	2,3 %
Grunderwerbsteuer	1,9 %
Zuwachssteuer	1,8 %
Hundesteuer	1,3 %
Grundwertabgabe	0,7 %
Fremdensteuer	0,1 %

Der berühmte ›Anilin-Dollar‹ Oktober 1923 [55]

Zehn-Millarden-Mark-Note der Stadt Ludwigshafen, Oktober 1923 [56]

in der Stadt angesichts der rapiden Geldentwertung aufrechterhalten zu können, entschloß sich die Verwaltung schon am 14. August 1923, erneut Notgeld auszugeben. Ihr folgte schon bald die Privatwirtschaft. Unter dem Ersatzgeld erlangte das Goldmark-Notgeld der BASF besonderes Ansehen. Damit wurden 22 000 Beschäftigte ein halbes Jahr lang entlohnt. In der Vorderpfalz und in Nordbaden war es vor allem im Einzelhandel als Zahlungsmittel sehr begehrt, was in seiner volkstümlichen Bezeichnung ›Anilin-Dollar‹ zum Ausdruck kam.

Außerdem gab es in der Pfalz auch den ›Regie-Franken‹, ein Zahlungsmittel, das von der unter französischer und belgischer Regie stehenden Reichsbahn eingeführt wurde. Im Oktober 1923 bemühte sich General de Metz, der französische Kreisdelegierte in Speyer, den Regie-Franken zur offiziellen pfälzischen Währung zu machen. Dieser separatistische Vorstoß scheiterte aber am energischen Widerstand verschiedener pfälzischer Institutionen.

Nur noch ein Währungsschnitt konnte die Sanierung herbeiführen: Bei der am 15. November 1923 eingeführten ›Rentenmark‹ – eine Rentenmark entsprach einer Billion Papiermark bei 4,20 Rentenmark für den US-Dollar – handelte es sich zwar um eine Übergangswährung, doch wurde sie rasch als Zahlungs- und Wertaufbewahrungsmittel akzeptiert und führte auch in Ludwigshafen zu einer Stabilisierung der Preise. Am 30. August 1924 erfolgte ihre Ablösung durch die goldgedeckte, im internationalen Zahlungsverkehr voll konvertierbare ›Reichsmark‹.

Ende Dezember 1923 war die Stadtkasse so gut wie leer. In einer eigens „zur Regelung der Finanzverhältnisse der Stadt Ludwigshafen a. Rh." einberufenen Krisensitzung des Rates berichtete der Vorstand der Stadthauptkasse: „Wir sind kaum noch im Stande, die ungeheuren Ausgaben, die tagtäglich an uns herantreten, bestreiten zu können."[57] Seit Wochen erhielten städtische Beamte und Arbeiter ihre Monats- bzw. Wochenbezüge nur noch ratenweise. „Unsere Not war in den letzten Tagen derart groß, daß wir fast nicht mehr so viel aufbringen konnten, um den Klein- und Sozialrentnern, soweit dabei städtische Zuschüsse in Frage kamen, noch vor Weihnachten etwas bezahlen zu können."

Das Karussell der Inflation[58]

„Im Januar 1923 wurde der Dollar bereits mit 17 972 Mark notiert.

Nun gewann der wilde Devisenhandel eine gewaltige Bedeutung; auf dem Bahnhofs- und dem Ludwigsplatz boten zahlreiche Schieber fremde Währungen zum Kauf an. Eine wahnsinnige Kurstreiberei war die Folge. Im Juli zahlte man schon 300 000 Mark für einen [US-]Dollar. Banknoten wurden knapp, und wieder einmal brachte die Stadt Notgeld heraus.

Was dann kam, war ein Sturz ins Bodenlose. Im November 1923 kostete ein Pfund Butter sechs Billionen (6 000 000 000 000) und ein Paar Schuhe 32 Billionen Mark.

Die Guthaben bei der Stadtsparkasse beliefen sich am Ende des Jahres auf 2 417 536 565 656 070 Mark, in Worten: zwei Billiarden vierhundertsiebzehn Billionen fünfhundertsechsunddreißig Milliarden fünfhundertfünfundsechzig Millionen sechshundertsechsundfünfzig Tausend und siebzig Mark!

Dieser ›stolze‹ Betrag schmolz nach der Währungsreform auf ganze 2 417 Rentenmark zusammen."

Um die Stadtkasse zu entlasten, war am 6. November 1923 an sämtliche städtischen Dienststellen verfügt worden, alle Arbeiten, deren Ausführung finanziell nicht abgesichert war, „bis auf weiteres einzustellen, und alle laufenden Ausgaben soweit einzuschränken, daß noch die Möglichkeit besteht, den Geschäftsbetrieb aufrechtzuerhalten."

Für dieses Finanzdesaster gab es mehrere Gründe. Zum Beispiel der, daß eine der wichtigsten Einnahmequellen, die Anteile an der Reichseinkommen- und Körperschaftsteuer sehr spärlich und schleppend flossen, was nicht verwundert, deckten doch im Oktober 1923 die Steuereinkünfte nur noch ein Prozent der Reichsausgaben. 99% mußten durch den Druck von Papiergeld produziert werden. Bei Zahlungseingang waren die sehnsüchtig erwarteten Einnahmen aus Berlin bereits stark abgewertet, wenn nicht völlig wertlos geworden. Ein Beispiel: Im Dezember 1923 wurden der Stadt „nur 220 Billionen Mark an Einkommensteueranteilen überwiesen", ein Betrag, der gerade hinreichte, um das Monatsgehalt eines einzigen Beamten der mittleren Besoldungsgruppe bestreiten zu können.

Sodann mußte die Stadtverwaltung, wollte sie 12 000 Arbeitslosen samt ihren Familien wenigstens das Allernotwendigste zum Leben geben, bei der Erwerbslosenfürsorge einspringen, weil das Reich nicht ausreichend gezahlt hatte. Ein weiterer Grund: Der städtische ›Betriebsmittelfond‹, eine finanzielle Reserve in Höhe von 3,5 Millionen Goldmark, die die Stadtkasse in besseren wirtschaftlichen Zeiten liquide hielt, war im Zuge des Währungsverfalls „in ein Nichts zerronnen." Dazu kam schließlich, daß ein erheblicher Teil der städtischen Rechnungen in der Zeit der Hyperinflation „unter dem Druck der Verhältnisse" mit Notgeld bezahlt worden war – so Kohlelieferungen für die städtischen Betriebe, Zahlungen an die Besatzungstruppen oder Zuschüsse an das Krankenhaus, zur Armenpflege und für den Straßenbahnbetrieb. Zur Ausgabe von Notgeldscheinen im Wert von rund einer Trillion Papiermark – mit regional und zeitlich begrenzter Gültigkeit – war die Stadt auf dem Höhepunkt der Geldentwertung angehalten worden. Bis zum 1. April 1924 sollten sie in Umlauf bleiben. Jetzt aber, nachdem seit Oktober 1923 Maßnahmen zur Sanierung der deutschen Währung ergriffen worden waren, mußte das Notgeld gleichsam über Nacht wieder aus dem

Anmerkungen
Seite 50 und 51

58 Reinfried, S. 36
59 vgl. Rudloff
60 Kleefoot, S. 21f
** oberer Teil einer Rechnung der Ludwigshafener Back- und Zuckerwarenfabrik Eiermann aus der Inflationszeit*

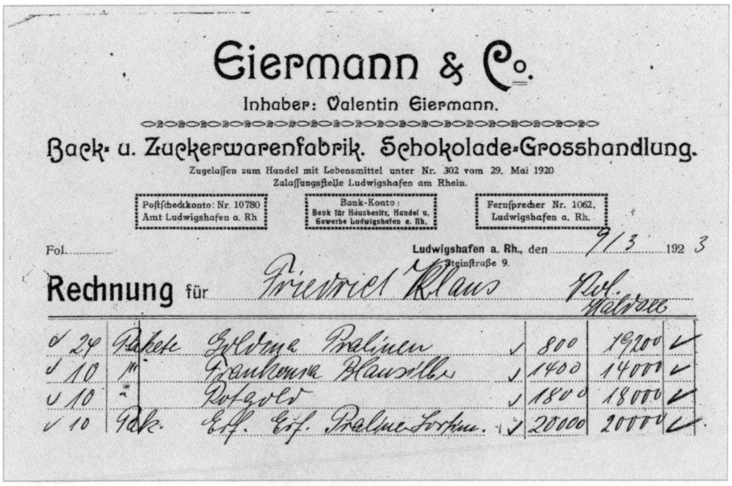
Eiermann & Co.
Inhaber: Valentin Eiermann.
Back- u. Zuckerwarenfabrik. Schokolade-Grosshandlung.
Zugelassen zum Handel mit Lebensmittel unter Nr. 302 vom 29. Mai 1920
Zulassungsstelle Ludwigshafen am Rhein.
Postscheckkonto: Nr. 10780 Amt Ludwigshafen a. Rh
Bank-Konto: Bank für Hausbesitz, Handel u. Gewerbe Ludwigshafen a. Rh.
Fernsprecher Nr. 1062, Ludwigshafen a. Rh.
Fol.
Ludwigshafen a. Rh., den 9/3 1923
Steinstraße 9.
Rechnung für Friedrich Klaus [illegible]

24	Pakete	Goldene Pralinen	800	19200
10	"	[illegible]	1400	14000
10	"	Rotgold	1800	18000
10	Pak.	[illegible] Praline-Sortim.	20000	20000

Pralinen für 800—2 000 Mark, 9. März 1923 [57]*

Verkehr gezogen werden. Doch Mittel für die Einlösung der ausgegebenen Scheine vermochte die Stadt mangels Masse nicht zu hinterlegen.

Um aus der gröbsten Finanznot herauszukommen, hatte die Verwaltung Ende 1923 nur eine Wahl: eine vorgezogene Umlageerhebung bei den Gewerbesteuerpflichtigen auf Goldmarkbasis – zahlbar sofort!

Die Wohlfahrtsstadt

„Alles, was die soziale Fürsorge betrifft, nimmt die erste Stelle ein"

Eine Studie über die kommunale Ernährungs-, Fürsorge- und Wohnungspolitik der bayerischen Hauptstadt München zwischen 1910 und 1933 trägt den Titel „Die Wohlfahrtsstadt."[59] Dieses Etikett paßt für die Zeit zwischen dem Ersten Weltkrieg und der NS-Diktatur mindestens genauso gut auf die Arbeiterstadt Ludwigshafen. Denn, das was hier unter der Federführung des sozialdemokratischen ›Wohlfahrtsbürgermeisters‹ Paul Kleefoot trotz der chronischen Finanznöte an gesetzlich verpflichtenden Aufgaben im Fürsorgebereich bewältigt und darüber hinaus an freiwilligen Leistungen erbracht wurde, verdient allen Respekt.

„Der Ausbau der sozialen Fürsorgeeinrichtungen in einer Gemeinde ist ein Gradmesser für das soziale Verständnis einer Stadtverwaltung", schrieb der Chef des Sozialressorts 1924 in einer Bilanz nach „fünf Jahren Arbeit in der Ludwigshafener Stadtverwaltung." „Dort, wo wenig oder gar kein Verständnis für soziale Tagesfragen vorhanden ist, wird man Fürsorge rein schematisch im engen Rahmen der gesetzlichen Bestimmungen – und auch hier vielleicht nur widerwillig – betreiben; dort aber, wo dem harten Ringen einer fürsorgebedürftigen Bevölkerung im Kampfe um das nackte Dasein soziales Verständnis und liebevolles Mitgefühl entgegengebracht wird, wird auch dem Ausbau der Fürsorgeeinrichtungen größere Beachtung geschenkt, und die Fürsorge von größeren, wahrhaft humanitären Gesichtspunkten aus betrieben werden." Durchaus zu Recht reklamierte Kleefoot für die Stadt Ludwigshafen Variante zwei.[60]

Vom Elend der Kriegsgefangenenheimkehrer (frz. ›P[risonier de] G[uerre]‹) [58]

Barmherzige ›Wohltätigkeit‹ und traditionelle Armenpflege, die im Laufe des Krieges durch eine Kriegswohlfahrtspflege ergänzt worden war, genügten nicht mehr, als die Kriegsfolgen und die Inflationskrise immer größere Bevölkerungsgruppen hilfsbedürftig machten. Deshalb wurde es unumgänglich, die öffentliche Fürsorge sowohl in materieller als auch in formeller Hinsicht neu zu regeln und auszubauen. Hinzu kam, daß die neue Verfassung dem Reich gesetzgeberische Kompetenzen übertrug, die zur rechtlichen und institutionellen Fixierung unvollendeter sozialpolitischer Reformansätze des späten Kaiserreichs führten.

„Mit dem Ersten Weltkrieg hatte sich eine Klientel der sogenannten Gehobenen Fürsorge herausgebildet, die aus Angehörigen von Frontsoldaten, Witwen, Waisen sowie aus Kriegsversehrten bestand. Für sie wurden Leistungen ausgewiesen, die sich an deren bisherigen Lebensstandard und nicht allein am Existenzminimum orientieren sollten. Das Reichsversorgungsgesetz und die Schwerbeschädigtengesetze regelten dann 1920 die weitere Versorgung der Kriegsopfer."[61]

Sodann galt es für diejenigen Bevölkerungsgruppen ein soziales Netz zu knüpfen, die Opfer des Währungsverfalls wurden oder zu werden drohten. Das traf in besonderem Maße auf die sogenannten Sozialrentner zu, also auf die Bezieher einer Rente aus der Invaliden- und Angestelltenversicherung. Sie hatten am meisten unter den Folgen der inflationären Nachkriegsentwicklung zu leiden, was den Gesetzgeber im

Anmerkungen
Seite 52 und 53

61 Janson, S. 85—90
62 Peukert, S. 140
63 s. Eicke, S. 22
64 Blaich, Inflation, S. 17

Paul Kleefoot – der „Wohlfahrtsdezernent" während der Weimarer Republik

Fast 13 Jahre lang, von 1920 bis zum erzwungenen Ausscheiden im März 1933, war Paul Kleefoot in hauptamtlicher Funktion Zweiter Bürgermeister von Ludwigshafen und in diesem Amt vor allem für das Sozialwesen der Stadt verantwortlich.

Kleefoot wurde am 14. Dezember 1870 in Hamburg geboren, wo er aufwuchs und die Volksschule besuchte. Nach einer Lehre und Arbeit in der Tabakbranche legte er die Meisterprüfung ab und wurde mit 23 Jahren Werkführer in einer Mannheimer Zigarrenfabrik. Er wohnte in Ludwigshafen, trat folglich hier dem Sozialdemokratischen Verein bei und wurde nebenamtlicher Mitarbeiter der ›Pfälzischen Post‹. „Seine rednerische Begabung, sein fundiertes Wissen, das er sich angeeignet hatte, machten Paul Kleefoot bald zu einem der führenden Männer der Ludwigshafener SPD. Im Jahre 1905 gab er seinen Beruf auf und wurde hauptamtlicher Redakteur des SPD-Organs, 10 Jahre lang." 1915 wurde er Direktor des Konsumvereins, am 20. Juli 1920 wählte ihn der Stadtrat zum Zweiten Bürgermeister.

Sein Referat umfaßte das gesamte Sozialressort, ausgenommen das Wohnungswesen und die Wohnungsfürsorge, die zumindest phasenweise dem Dritten, ehrenamtlichen Bürgermeister unterstellt waren. Überdies oblag ihm die Aufsicht über die Betriebsführung der städtischen Werke, Betriebe und Einrichtungen, namentlich das Krankenhaus, die Erholungsheime für Beamte und Arbeiter, Gas- und Wasserwerke, das Elektrizitätswerk, der Schlachthof, die Berufsfeuerwehr, die Bekleidungsstelle, das Stadtarztwesen und die Beratungsstelle für Geschlechtskranke.[62] *Obgleich es diese Amtsbezeichnung nicht gab, wird seine Position in der Stadt am einfachsten auf den Nenner ›Wohlfahrtsdezernent‹ gebracht, und nicht nur in den Anfangsjahren der Republik, sondern noch mehr in ihrer Endphase, als die Wirtschaftskatastrophe Lohn- und Gehaltsempfänger wesentlich schärfer traf als die Hyperinflation, nahm alles, was die soziale Fürsorge betraf, in der Arbeiter- und Angestelltenstadt die erste Stelle ein.*

Am 14. Oktober 1929 war Kleefoot im Stadtrat für weitere zehn Jahre in seinem Amt bestätigt worden, doch als Sozialdemokrat wurde er am 10. März 1933 von den Nazis aus dem Dienst gejagt. Das ihm angetane Unrecht, die Demütigungen, die er ertragen mußte, verletzten den aufrechten Mann, der sein ganzes Leben in den Dienst seiner Mitmenschen gestellt hatte, zutiefst.

Am 25. April 1938 verstarb er nach schwerem Krankenlager.[63]

Paul Kleefoot [59]

Dezember 1921 veranlaßte, Notstandsmaßnahmen zur Unterstützung dieser Rentenempfänger einzuführen.

Eine andere Opfergruppe der Inflation waren die sogenannten Kleinrentner, für die ein Reichsgesetz vom 4. Februar 1923 eine Sonderfürsorge vorsah. Zu diesem Personenkreis zählten erwerbsunfähige und alte Angehörige des selbständigen Mittelstands sowie der freien Berufe bzw. ihre Hinterbliebenen, die keiner Sozialversicherung angehörten, sondern für ihr Altersauskommen Geldkapital angelegt hatten, dessen Erträge ihnen in ›normalen‹ Zeiten einen angemessenen Lebensabend garantierten. Diese Schicht der ›Rentiers‹ hat in der Inflation ihre Rücklagen verloren und ist zum Teil völlig verarmt. „Erbarmungslos drückte die Notenpresse diese einst wohlhabenden und in hohem Ansehen stehenden Bürger auf den Stand des Fürsorgeempfängers hinab, der sich in die Schlange vor der städtischen ›Notküche‹ einreihen mußte, wenn er eine warme Mahlzeit erhalten wollte. Die Zunft der ›Privatgelehrten‹, denen Deutschlands Wissenschaft und Kultur viel verdanken, starb fast völlig aus."[64]

Die weitaus größte ›Armengruppe‹, die es zwischen 1918 und 1933 in allerdings ganz unterschiedlichen Maßen zu versorgen galt, waren die Erwerbslosen. Arbeitslosigkeit wurde während der Weimarer Zeit zum sozialpolitischen Kardinalproblem schlechthin und zu einer dauernden öffentlichen Herausforderung, nicht zuletzt für die kommunale Selbstverwaltung. Zwar kann die Einführung der alle Arbeiter und

Arbeitsamt Ludwigshafen a. Rh.
(Oeffentlicher Arbeitsnachweis für Ludwigshafen a. Rh. Stadt, Ludwigshafen a. Rh. Bezirk und Bezirk Dürkheim)
Hauptarbeitsamt für die Pfalz
*
Geschäftsbericht
für das Jahr 1925/26
Öffentlicher Arbeitsnachweis
der Buchdruckerei Gerisch & Cie., Ludwigshafen am Rhein

Geschäftsbericht des Arbeitsamts für das Geschäftsjahr 1925/26 [60]

Notstandsarbeiten: Planierung des Ebertparks, Frühjahr 1925 [61]

Angestellten umfassenden Arbeitslosenversicherung als die bedeutsamste Errungenschaft der Weimarer Republik für das System der Sozialversicherung angesehen werden. Doch ihr Start im Jahre 1927 kam zu spät, um über ein solides finanzielles Fundament gegen den Ansturm der Weltwirtschaftskrise verfügen zu können. Zuvor hangelten sich die Reichsregierungen in Sachen Erwerbslosenunterstützung von einem Provisorium zum nächsten.

Die Arbeitsmarktpolitik der Republik begann mit dem „Problem der Wiederbeschäftigung eines Millionenheeres in einer zerrütteten, ihrer Friedenszwecke entfremdeten Wirtschaft."[65] Das Amt für Demobilmachung verpflichtete die Gemeinden im November 1918, eine Erwerbslosenfürsorge für diejenigen Soldaten einzurichten, die vorübergehend beschäftigungslos bleiben würden. Sie wurde aus öffentlichen Mitteln bestritten, die zur Hälfte das Reich, zu einem Drittel die Länder und zu einem Sechstel die Gemeinden aufbrachten, und von kommunalen Fürsorgeausschüssen verwaltet, die nichts mit den kommunalen Arbeitsnachweisen zu tun hatten.

Diese Verordnung wurde mehrfach verlängert, bis die Regierung Stresemann Ende Oktober 1923 die Erwerbslosenfürsorge herauslöste und in eigenes Recht setzte. Arbeitgeber und Arbeitnehmer hatten nunmehr Pflichtbeiträge zu leisten, die von den zuständigen Krankenkassen mit den Krankenversicherungsbeiträgen erhoben und von diesen an das Landesamt für Arbeitsvermittlung in die Kasse der sogenannten Landesgefahrengemeinschaft abgeführt wurden. Trotz dieser neuen finanziellen und organisatorischen Grundlagen war diese Form der Arbeitslosenunterstützung ein „notgeborener Zwitter" – „ein Institut sozialer Sicherung, das Beiträge einforderte, die kein unbefragtes Anrecht auf vorwegbestimmte Leistungen konstituierten. Die Leistungen der Erwerbslosenfürsorge hingen vielmehr weiterhin von einer demütigenden Bedürftigkeitsprüfung ab und wurden nach Ermessen bestimmt. Im übrigen galt die etwas widersinnige Regel, daß die Erwerbslosigkeit

Anmerkungen Seite 54 und 55

65 Hentschel, S. 105
66 ebd., S. 107f
67 VB 1924, S. 150ff
68 ebd., S. 160

Unterstützte Erwerbslose im Bereich des Arbeitsamtes Ludwigshafen 1919 bis 1925 (jeweils am Monatsende)

April	Mai	Juni	Juli	Aug.	Sept.	Okt.	Nov.	Dez.	Jan.	Feb.	März
1919/20											
2 501	2 603	2 279	1 817	1 258	1 084	970	633	478	963	769	370
1920/21											
195	128	126	154	123	102	132	417	217	184	219	169
1921/22											
148	182	182	237	77	69	44	18	47	55	56	29
1922/23											
80	36	31	26	15	19	22	25	78	393	460	1 212
1923/24											
2 521	2 879	3 670	4 728	6 780	6 265	12 289	12 484	11 986	9 123	6 520	5 425
1924/25											
4 110	3 617	4 059	4 250	3 897	3 634	3 498	3 324	3 291	3 514	3 031	2 871

Quelle: VB 1924, Ludwigshafen 1925, S. 158

nach wie vor eine Folge des Krieges sein mußte, Unterstützung aber nur fällig wurde, wenn der Erwerbslose in den vorangehenden zwölf Monaten 13 Wochen lang krankenversicherungspflichtig beschäftigt gewesen war."[66] Zuständig dafür waren fortan die kommunalen Arbeitsnachweise, denen zugleich die Arbeits- und Lehrstellenvermittlung sowie Berufsberatung oblagen. In Ludwigshafen wurde diese institutionelle Neuregelung zum 1. April 1924 umgesetzt, wobei auf Anregung der Regierung der Pfalz ein gemeinsamer Arbeitsnachweis für Stadt und Bezirk Ludwigshafen inklusive des Bezirks Bad Dürkheim entstand. Somit hatte das am 1. Juli 1903 errichtete Arbeitsamt der Stadt Ludwigshafen am Rhein als eine rein städtische Einrichtung zu bestehen aufgehört.[67]

Die Statistik der unterstützten Erwerbslosen belegt, wie gut es um die Beschäftigungssituation während der Inflationskonjunktur von 1920 bis Anfang 1923 in Ludwigshafen stand. Zugleich macht sie deutlich, daß sich die hiesige Wirtschaftslage nach der Währungsreform wenig gebessert hatte. Um die Jahreswende 1924/25 wurden vom Arbeitsamt immer noch mehr als 3 000 arbeitslose Unterstützungsempfänger registriert. Dabei war die Arbeitslosenrate im französisch besetzten Gebiet besonders hoch. Entfielen Ende März 1925 im gesamten Deutschen Reich 7,9 Hauptunterstützungsempfänger auf 1 000 Einwohner, waren es in der Pfalz 23,5. Auf 1 000 Ludwigshafener Bürger kamen zu diesem Zeitpunkt 31,1 unterstützte Arbeitslose, noch trauriger gestaltete sich das Bild in Speyer (45,1), Pirmasens (40,2) und Zweibrücken (33,0). In Mannheim lag diese Rate bei 18,1.[68]

Um in dieser andauernden Krisensituation wenigstens einem Teil der Arbeitslosen aus der allergrößten Not zu helfen – vor allem denjenigen, die keinen Anspruch auf Unterstützungsleistungen hatten, bemühten sich Rat und Verwaltung um Zuschüsse aus der sogenannten „produktiven Erwerbslosenfürsorge". Mit dieser wurden Notstandsarbeiten finanziert, zu der freilich auch die Stadt ein wesentliches Scherflein beizutragen hatte. Auffüllen von Sumpfgelände, Straßenbau, Kanalbau,

Die zur Berufsschule umgebaute Maxschule, 1930 [62]

Waisenkinder im ›Fickeisenstift‹* um 1925 [63]

Gleisbauarbeiten für die Erweiterung des Straßenbahnnetzes lauteten beispielsweise die Maßnahmen zur Arbeitsbeschaffung von April 1924 bis März 1925; bekanntermaßen wurde das Ebertparkgelände mit Hilfe solcher Notstandsarbeiten hergerichtet. Im oben genannten Zeitraum wurden insgesamt 114775 Tagschichten geleistet. Von den gesamten Lohn- und Materialkosten hatte die Stadtverwaltung rund 800000 Mark zu tragen, etwa 280000 Mark wurden von der produktiven Erwerbslosenfürsorge bezuschußt.

Die ›3. Steuernotverordnung‹ der Reichsregierung vom 14. Februar 1924 regelte das gesamte Fürsorgewesen neu. Sie überwies „den Ländern zugleich mit Teilen des Steueraufkommens auch die Aufgaben der Wohlfahrtspflege zur selbständigen Regelung und Erfüllung nach Maßgabe näherer Vorschriften."[69] Als Träger der Fürsorge wurden Bezirks- und Landesfürsorgeverbände bestimmt, deren Bildung den Ländern oblag. Neben der bisherigen Armenpflege hatten diese die Fürsorge für Kriegsbeschädigte und Kriegshinterbliebene, Sozial- und Kleinrentner, Schwerbeschädigte und Schwererwerbsbeschränkte, hilfsbedürftige Minderjährige und Wöchnerinnen zu erfüllen. Nachdem die Bayerische Landesregierung am 12. Januar 1925 eine Verordnung über die Verwaltung der Fürsorgeverbände erlassen hatte, befaßte sich der Ludwigshafener Stadtrat am 16. Februar diesen Jahres mit der Neuordnung des Wohlfahrtswesens.[70] Demnach war Ludwigshafen ›Bezirksfürsorgeverband‹, als dessen wichtigste Organe Wohlfahrtsbezirksausschüsse und der Wohlfahrtshauptausschuß zu nennen sind. Dessen Zusammensetzung – 38 Mitglieder – ist insofern von Interesse, als damit seine Funktion als Bindeglied zwischen öffentlicher und freier Wohlfahrtspflege deutlich wird: Neben dem Vorsitzenden bzw. seinem Stellvertreter gehörten ihm zwölf Stadtratsmitglieder, der Bezirksarzt, drei kirchliche Vertreter, zehn Vertreter der Verbände der freien Wohlfahrtspflege – Caritasverband, Evangelischer Verband für Kinderhilfe

Anmerkungen
Seite 56 und 57

69 *Diese Vorschriften waren enthalten in der Verordnung über die Fürsorgepflicht (RFV) vom 13. Februar 1924, geändert durch das Gesetz vom 8. Juni 1926, und den Reichsgrundsätzen über Voraussetzung, Art und Maß der öffentlichen Fürsorge vom 4. Dezember 1924 und 29. März 1928; Frerich/Frey, S. 232*

70 *SRP, Bd. 47, Bl. 332—340*

71 *ebd., Satzung des Bezirksfürsorgeverbandes Ludwigshafen am Rhein Stadt.*

72 *Peukert, S. 132*

* *Der Ludwigshafener Kommerzienrat Carl Ludwig Fickeisen (1849—1918) hatte 400000 Mark für Waisenkinder gestiftet, eine der bedeutendsten Summen, die je ein Privatmann der Stadt für wohltätige Zwecke vermacht hat. Mit diesen und anderen Mitteln wurde das ehemalige Kinderheim des Roten Kreuzes in der Dörrhorststraße zum städtischen Waisenheim umgebaut. 1934 wurde es aufgelöst.*

Das Kinder-Tageserholungsheim im Ebertpark unter der Leitung von Dr. Jacki 1930 [64]

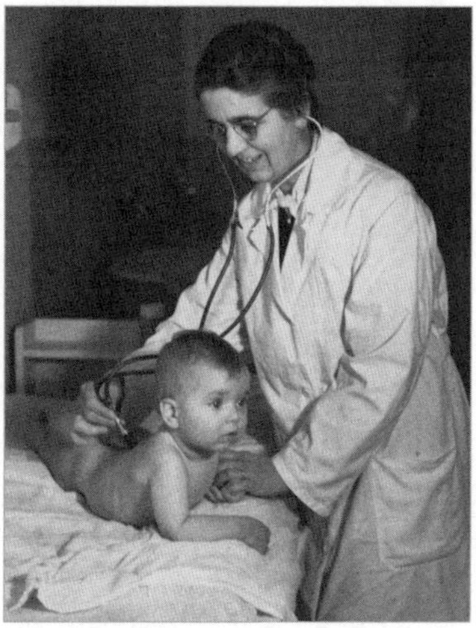

Elisabeth Jacki, Leiterin der städtischen Säuglingsfürsorge [65]

und soziale Fürsorge, Ortsausschuß der Arbeiterwohlfahrt, Israelitischer Frauenverein, Frauenverein vom Roten Kreuz, Verein Knaben- und Mädchenhort, Freigeistiger Frauenverein, schließlich drei Vertreter der Kriegsbeschädigten und Kriegshinterbliebenen, zwei Vertreter der Sozialrentner und ein Vertreter der Kleinrentner, außerdem vier Vorsteher der Wohlfahrtsbezirke an.[71]

Aus dem Vorstehenden sollte deutlich geworden sein, daß die Kommunalverwaltungen in einem nie zuvor gekannten Ausmaß verpflichtet waren, reichsgesetzlich übertragene Wohlfahrtsaufgaben zu erfüllen. Zu diesem Zweck mußten sie auf eigene Kosten neue Verwaltungen einrichten und finanzielle Bürden übernehmen, zu denen im Grunde auch die verstärkten kommunalen Aktivitäten im Wohnungsbau zu rechnen sind. Insofern waren die von Berlin auferlegten Fürsorgelasten für den um seinen Haushalt bekümmerten Verwaltungschef stets „Kosten des Vollzugs der Reichsfürsorgeverordnung". Die mit dem prestigeträchtigen Versprechen aufwartende Weimarer Republik, die Sozialpolitik auszuweiten und auszugestalten, setzte die kommunale Selbstverwaltung in Zeiten akuter Krisenverschärfung unter enormen finanziellen Druck.[72]

Von 1919 bis 1924 erschöpfte sich die kommunale Selbstverwaltung in Ludwigshafen zunehmend in städtischer Sozialfürsorge. Die sozialen Folgen von Weltkrieg, Lebensmittelknappheit und forcierter Demobilisierung, dann die in der Nachkriegszeit einsetzende Teuerungswelle in der Lebenshaltung, die durch die Inflation verarmten Schichten, ferner die massenhafte Erwerbslosigkeit als Folge des passiven Widerstandes und von Arbeitskämpfen haben die Zahl der auf öffentliche Hilfe angewiesenen Personen und damit auch den allgemeinen Unterstützungsaufwand enorm erhöht. Die Narben, die das Kriegs- und Inflationsjahrzehnt in der Stadtgesellschaft hinterlassen hat, mögen an den folgenden Beispielen aus den Jahren 1922 und 1924 deutlich werden.

„Groß ist auch die Not in unserer Stadt", begann Paul Kleefoot am 21. November 1922 seine Rede zur sozialen und finanziellen Lage in Ludwigshafen.[73] Ausgangspunkt war ein Appell des örtlichen Gewerkschaftsbundes an den Stadtrat zur Unterstützung notleidender Bevölkerungsschichten. Der Chef des Sozialressorts verschloß sich diesen Mahnrufen nicht – allein: Es fehlte ihm das Geld. „Wie in allen Gemeinden des besetzten Gebietes, so hat auch in Ludwigshafen die Teuerungswelle ein Ausmaß angenommen, das selbst den Umfang in Großstädten, Berlin, Hamburg usw. bei weitem übertrifft. Die vom Stadtrat zur Linderung der Not zur Verfügung gestellten Mittel in Verbindung mit den vom Reich und Staat zu gleichem Zweck gewährten Zuschüssen sind unzureichend, immer schlimmere Formen nimmt die Not an und ausgiebige Hilfe ist dringend geboten."

Alsdann rechnete Kleefoot vor, welche sozialen Lasten die Stadt zu tragen hatte:

„In der Armenpflege werden laufend 920 Parteien und vorübergehend 1 100 Parteien unterstützt. Es werden nach dem heutigen Geldstande monatlich aufgewendet: für Barunterstützung: 100 000 Mark; für Sachleistungen: 800 000 Mark; für Krankenhilfe: 600 000 Mark; für Erziehung und Ausbildung: 250 000 Mark; für Fürsorgeerziehung: 600 000 Mark" – zusammen 2 350 000 Mark.

„Auf das Jahr umgerechnet, ist für diese Kapitel allein eine Summe von rund 28 Millionen erforderlich. Der von der Stadt zu leistende Zuschuß wird in diesem Jahre wenigstens 18 Millionen Mark betragen. Zu den Kosten der Armenpflege kommen nun aber noch die Beihilfen für die Sozialrentner, Kleinrentner und die sonstige notleidende Bevölkerung, für diese wurden aus Mitteln des Reichs, des Landes und der Gemeinde bisher elf Millionen Mark ausgegeben; es kommen hier insgesamt in Betracht: ca. 3 800 Sozialrentner, ca. 200 Kleinrentner, ca. 1 000 sonstige notleidende Familien. Die Fürsorge der Kriegsbeschädigten und Kriegshinterbliebenen geht bekanntlich ihren eigenen Weg. Die Zahl der Kriegsbeschädigten ist 2 200, die der Kriegshinterbliebenen 2 527." Sein Fazit: „Aus dem Zahlenmaterial ist ohne Weiteres zu ersehen, daß die Gemeinde bis an die Grenze ihrer Leistungsfähigkeit, ja noch weit darüber hinausgegangen ist. Für die Stadtverwaltung", so Kleefoot bedauernd, „gilt jetzt das bittere Wort ‚Wir können nicht mehr!'"

Im Frühjahr 1924 erhielten insgesamt 8 147 Personen dauerhaft Unterstützung des Wohlfahrtsamtes, das waren acht Prozent der Gesamtbevölkerung. Die meisten von ihnen – 3 021 – erhielten finanzielle Mittel aus der Kriegsbeschädigten- und Kriegshinterbliebenenfürsorge, 2 837 Personen wurden von der Armenfürsorge unterstützt, außerdem waren 1 312 Sozialrentner, 482 Kleinrentner und ebenso viele Jugendliche zu versorgen. „Zu diesen in laufender Fürsorge befindlichen Personen kamen noch 2 716 Erwerbslose mit 1 417 Ehegatten und 2 056 Kindern, zusammen 6 189 Personen."[74] Die städtische Volksküche gab vom 1. April 1924 bis 31. März 1925 insgesamt 683 450 Essen aus, das waren 2 248 Essen pro Tag.

Auch in den wirtschaftlich besseren Zeiten der Weimarer Jahre sollte ein erheblicher Prozentsatz Ludwigshafener Bürger auf die Unterstützung der Gemeinschaft angewiesen bleiben. So hat Dieter Schiffmann mit Blick auf die Wohlfahrtsstatistik des Jahres 1926 berechnet,

Anmerkungen
Seite 58 und 59

73 SRP 21.11.1922, Bd. 46, Bl. 221ff
74 Kleefoot, S. 23; Stand: 30. April 1924
75 Schiffmann, Kommunalpolitik, S. 449
76 SRP 22.2.1926, Bd. 48, Bl. 31ff; vgl. auch Mörz, Jugend, S. 18f; ders., Gedächtnis; Kleefoot; VB 1919—1922, 1926, 1953; Grosche/Molter

daß 13% der Ludwigshafener Bürger aus dem städtischen Sozialetat bzw. aus der Erwerbslosenfürsorge des Arbeitsamtes versorgt wurden.[75]

Gleichwohl war die Mehrheit der Ludwigshafener Kommunalpolitiker bereit, das soziale Netz für die minderbemittelte Stadtbevölkerung über die reichsgesetzlich übertragenen Wohlfahrtsaufgaben hinaus noch enger zu knüpfen.[76] Schon 1921 war eine offene Säuglings- und Kleinkindfürsorge eingerichtet worden, die durch Beratung und Aufklärung helfen sollte, die erschreckend angestiegene Säuglingssterblichkeit – 1921: 10,8% der Kinder unter einem Jahr, 1922: 13,3% – zu senken. Alle Neugeborenen wurden bei Hausbesuchen erfaßt, das Schicksal der Pflegekinder bis zum sechsten Lebensjahr überwacht. Ebenso wurden alle Kinder in den Kleinkinderschulen begutachtet. Die Säuglingssterblichkeit sank in den Folgejahren deutlich unter 10%, 1929 erreichte sie mit 6,7% einen Niedrigstwert. Die Bemühungen um die Kleinkinder wurden 1926 noch verstärkt. Im Ebertpark wurde ein Tageserholungsheim errichtet, in dem nach den Worten des Verwaltungsberichts „hundert der elendsten Kinder", die unter extremem Untergewicht und Unterernährung litten, betreut werden konnten. Im selben Jahr beschloß der Stadtrat die Errichtung städtischer Kindergärten, und es wurde das Jugendamt ›aus der Taufe gehoben‹. Hierzu war die Stadt durch das Reichsgesetz für Jugendwohlfahrt vom 9. Juli 1922 verpflichtet, das wegen finanzieller Schwierigkeiten erst Ende 1925 in Kraft gesetzt worden war. Der Gemeindewaisenrat wurde somit abgeschafft und ein Jugendamt als Abteilung des Wohlfahrtsamtes geschaffen. Seine Aufgaben erstreckten sich auf die Jugendfürsorge, die Jugendpflege und den Jugendschutz.

Eng verknüpft mit sozialer Fürsorge war nach den Worten Bürgermeister Kleefoots der Ausbau der beruflichen Bildung. „Die Berufsfortbildungsschule ist für die Entwicklung unserer werktätigen Jugend von nicht zu unterschätzender Bedeutung." Deshalb trat gerade die Sozialdemokratie für die schon 1913 nach einer bayerischen Verordnung vorgesehene Errichtung einer gemeindlichen Berufsschule ein. 1917 wurde mit den Vorbereitungen begonnen, im Januar 1919 trat sie ins Leben und ersetzte alle älteren Formen der öffentlichen beruflichen Bildung in der Stadt. In vier Abteilungen gegliedert – Gewerbliche Abteilung je für Knaben und für Mädchen, Kaufmännische, Hauswirtschaftliche und Allgemeine Abteilung – offerierte sie ein umfassendes Angebot. In den folgenden Jahren entstanden verschiedene Lehrwerkstätten, das Lehrangebot wurde ausgeweitet, und 1927 liefen chemotechnische Fortbildungskurse an – eine Anerkenntnis des industriellen Schwerpunktes der Stadt. 1928 wurde die Berufsschulpflicht auf drei Jahre verlängert. Die Unterbringung in verschiedensten Schulgebäuden, zum Teil in Kellerräumen, blieb lange ein Problem. Erst 1930 konnte die Berufsschule die renovierte und modern ausgestattete Maxschule beziehen – auch sie war allerdings schon von Anfang an zu klein.

Wohnungsnot und Wohnungszwangswirtschaft in der Nachkriegszeit

Zu den wichtigsten wohlfahrts- und sozialpolitischen Handlungsfeldern auf kommunaler Ebene zählte in der Nachkriegszeit die Regulierung des Wohnungswesens. In ganz Deutschland war während der letzten Kriegsjahre der Wohnungsbau fast völlig zum Erliegen gekommen

Stadtrat und Bauausschuß auf der Baustelle der Heimstättensiedlung in der Gartenstadt, 20. Mai 1920 [66]

und nach Kriegsende setzte die Neubautätigkeit nur sehr zögernd ein. Dem gewaltigen Defizit auf dem Wohnungsmarkt stand jedoch nach der Demobilisierung des Heeres eine deutlich erhöhte Nachfrage gegenüber. Ein erheblicher Teil der heimkehrenden Soldaten beanspruchte eigene Wohnungen; zahlreiche Kriegsehen führten erst jetzt zur Errichtung eines selbständigen Hausstandes. In manchen Regionen mußten darüber hinaus Flüchtlinge aus abgetretenen bzw. besetzten Gebieten aufgenommen werden, oder die Quartiernahme der französischen Besatzer schränkte den ohnehin knappen Wohnungsbestand zusätzlich ein. Schließlich überraschte die Wohnungspolitiker eine Welle von Eheschließungen, die das Verhältnis der Wohnungssuchenden zur Bedarfsdeckung täglich ungünstiger werden ließen.

Kein Wunder also, wenn der Leiter des Statistischen Amtes die auch in Ludwigshafen anhaltende Heiratswut wie eine Hiobsbotschaft verkündete: Die Zahl der Eheschließungen, so Dr. Albert Zwick in den Statistischen Monatsheften, Ausgabe Mai 1920, habe im ersten Halbjahr 1920 die beängstigende Höhe von 668 erreicht. Im gleichen Zeitraum des Vorjahres waren es noch 377 gewesen, doch schon diese Ziffer hatte den Vorkriegsdurchschnitt deutlich übertroffen. Kamen die Ludwigshafener gewöhnlich auf etwa zehn neu geschlossene Ehen pro 1 000 Einwohner im Jahr, waren es 1919 bereits 13,6, bevor 1920 die Rekordzahl von 18,3 erreicht wurde. „Wie sollen die Wohnungen für diese neuen Haushalte beschafft werden?", fragte Zwick zu Recht, denn auch in Ludwigshafen herrschte Wohnungsnot, ja Wohnungselend.

Schon vor dem Ersten Weltkrieg bestand in der sich rasch entwickelnden Stadt eine empfindliche Knappheit an Wohnraum. So war der im Wohnungswesen geforderte Leerstand von drei Prozent des insgesamt verfügbaren Wohnraumes bereits 1913 nicht mehr erreicht worden, und in der Kriegszeit – rekapitulierte Stadtbaurat Alois Laur – „sank die Zahl der erstellten Wohnungen [...] in erschreckendem Maße".[77] Waren 1913 immerhin noch 510 Wohnungen gebaut worden, entstanden 1914 nur mehr 317, 1915 waren es noch 275 bevor die Zahl der Neubauten 1916 auf 24 schrumpfte und 1917 auf ganze sechs neue Wohnungen sank. 1918 stand sogar eine Negativbilanz mit fünf Wohnungsabgängen zu Buche. „Diese Zahlen", so Laur, „ließen mit aller Deutlichkeit das herannahende Unheil der Wohnungsnot erkennen und

Anmerkungen Seite 60 und 61

77 *Laur, S. 62f, auch zu den folgenden Daten*

78 *SRP 14.1.1919, Bl. 277f*

79 *SRP 28.7.1919, Bl. 517f*

Stadtrat und Bauausschuß in der Kleinbahn auf dem Weg von der städtischen Ziegelei zur Baustelle in der Gartenstadt, 20. Mai 1920 [67]

Errichtung eines Wohnhauses in Einfach-Ausführung, nach vier Arbeitstagen, 1926 [68]

Nach elf Arbeitstagen [69]

Fertigstellung nach 48 Arbeitstagen [70]

gaben der Stadtverwaltung Anlaß, der nun brennend gewordenen Wohnungsfrage erhöhte Aufmerksamkeit zu schenken."

Bereits am 14. Januar 1919, in seiner ersten Sitzung nach dem Krieg, machte sich der Stadtrat bewußt, daß „eine der wichtigsten Aufgaben für die nächste Zukunft [...] die Schaffung ausreichender Wohnungsgelegenheit" war. Dabei verkannten die Abgeordneten nicht, wie schwierig diese Aufgabe zu lösen sein würde. Von Privatunternehmen war vorerst keine Initiative zu erwarten; außerordentlich hohe Baukosten und extrem hohe Zinssätze machten den privat finanzierten Wohnungsbau unrentabel. Die dadurch äußerst beeinträchtigte Neubautätigkeit zwang zur finanziellen Unterstützung durch die öffentliche Hand, wenn sich der Wohnungsfehlbestand nicht noch erhöhen sollte. Seit dem 31. Oktober 1918 ermöglichte eine Verordnung, direkte Baukostenzuschüsse von Reich, Staat und Gemeinde „in Höhe des unrentierlichen Bauaufwandes" zu gewähren. Das Ludwigshafener Stadtparlament entschloß sich, vorab eine Anleihe von zwei Millionen Mark für diesen Zweck aufzunehmen. Eine „vorschußweise Bereitstellung" des Geldes wurde jedoch an die Bedingung geknüpft, daß der „in Aussicht gestellte Rückersatz" durch das Reich – 3/6 – und durch den bayerischen Staat – 2/6 – tatsächlich erfolgen würde.[78] Nachdem die Stiftung der BASF für diese Zwecke zusätzlich 500 000 Mark bereitgestellt hatte, wurden diese Gelder zu einer ›Wohnungsfürsorgekasse‹ gebündelt.[79] Dies war gleichsam der Grundstock für den kommunal gesteuerten sozialen Wohnungsbau in der Arbeiterstadt.

Wie andernorts konnte sich jedoch der Aufgabenkreis des öffentlichen Wohnungswesens vorerst nicht darauf beschränken, den Bau neuer Wohnungen zu unterstützen, zumal die öffentlichen Fördermittel angesichts des anhaltenden Währungsverfalls bald unter der Hand zerronnen. Dringlich waren ebenso die Rationierung und Zwangsbewirtschaftung des vorhandenen Wohnraums, auch die Mietzinsbildung durfte angesichts der krassen Mangelsituation nicht dem freien Spiel der (Markt-)Kräfte überlassen werden. Dramatische Mietsteigerungen wären die Folge gewesen. „Das Problem der Wohnungsnot derart auf Kosten der in erster Linie betroffenen Arbeiterschaft ›lösen‹ zu wollen, verbot sich einmal im Hinblick auf die sozialen und politischen Erschütterungen, die dadurch ausgelöst zu werden drohten, zum anderen aus sozialpolitischen Erwägungen. Schließlich hatten bereits unter den vergleichsweise günstigen Marktverhältnissen der Vorkriegszeit weithin unhaltbare Zustände geherrscht."[80]

Durch die Maßnahmen zur Wohnraumbewirtschaftung[81] wurde der gesamte Altwohnungsbestand, Stichtag war der 1. Juli 1918, praktisch der Verfügungsgewalt seiner Eigentümer entzogen – mit tiefgreifenden Auswirkungen auch für die Mieten. Sie wurden ›künstlich‹ etwa 15—40% über Friedensstand gehalten und blieben immer mehr hinter der allgemeinen Preis- und Einkommensentwicklung zurück, bis sie schließlich 1923 im Zeichen der Hyperinflation zu einem bloßen Erinnerungsposten im Budget der Privathaushalte geschrumpft waren.

Dauerhaft – das wurde immer wieder betont – konnte die Wohnungsmisere allerdings nur durch Neubauten behoben werden. In Ludwigshafen schienen die Voraussetzungen dafür zunächst recht günstig zu sein.[82] Die Stadt konnte 1918/19 auf dem Mundenheimer Hochfeld ein größeres Siedlungsgebiet bereitstellen, das Dank der Geländestiftung von Dr. Friedrich Raschig entstanden war. Hier, an der Maudacher Straße, entstand 1919/20 eine sogenannte Heimstätten-Siedlung mit 86 Wohnungen, die Gartenstadt-Genossenschaft baute in dieser Zeit mit öffentlichen Zuschüssen 81 Wohnungen. Auch für diesen Siedlungstyp gab es mit dem ›Reichsheimstättengesetz‹ vom 10. Mai 1920 eine rechtliche Grundlage. Es besagte u. a., daß Reich, Länder und Gemeinden Heimstätten auf zweckgebundener Eigentumsbasis ausgeben konnten, wobei Kriegsteilnehmer, insbesondere Kriegsbeschädigte und Witwen der im Kriege Gefallenen sowie kinderreiche Familien vorzugsweise zu berücksichtigen waren. Zwar wurden solche Heimstätten während der ganzen Zeit der Weimarer Republik gebaut, ebenso Kleinhaussiedlungen auf Genossenschaftsbasis, doch das Schwergewicht der Wohnungsbaupolitik verlagerte sich spätestens ab 1924 eindeutig auf mehrgeschossige größere Wohnanlagen.[83]

Vorausschauend war die Stadtverwaltung den großen Engpässen und Kostenproblemen in der Baustoffbeschaffung begegnet, indem die Kommune die ehemalige Baumannsche Ziegelei angekauft, einen Baggereibetrieb sowie eine Transportbahn eingerichtet hatte, um so die Eigenproduktion wichtiger Baustoffe zu ermöglichen. Ziel des öffentlich geförderten Wohnungsprogramms 1919 war es überdies, durch Rationierung möglichst rasch zusätzliche Klein(st)wohnungen zu gewinnen. „Es wird", argumentierte Marcus Sternlieb am 28. Juli 1919 im Stadtrat, „von Sach- und Ortskundigen die Ansicht vertreten, daß bei gutem Willen der Hausbesitzer und Wohnungsinhaber die Zahl der Kleinwohnungen durch Ausbau von geeigneten Dachgeschossen in öffentlichen oder privaten Gebäuden eine rasche und ansehnliche Vermehrung erfahren könnte." Auch für den Umbau leerstehender Wirtschaften und ungenutzter Geschäftsräume zu Wohnungen wurde finanzielle Unterstützung gewährt. Immerhin gelang es mit diesen Anreizen binnen eines Jahres 100 zusätzliche Wohneinheiten zu schaffen, wenngleich sie eher als Notquartiere anzusehen waren.

Um die Jahresmitte 1919 mußte sich die Stadt zudem darauf einrichten, mindestens 40 möblierte Wohnungen für französische Offiziersfamilien bereitzustellen. Auf „freiwilliger Basis" – die Verwaltung hatte in Ludwigshafener Zeitungen annonciert – war dieses Kontingent nicht aufzubringen. Eine Beschlagnahmeaktion wollte die Stadtspitze

Anmerkungen
Seite 62 und 63

80 *Ruck, S.95*

81 *Rechtliche Grundlage bot zunächst eine Bekanntmachung des Bundesrates über ›Maßnahmen gegen Wohnungsmangel‹ vom 23.9.1918, dann das Reichsgesetz über Maßnahmen gegen Wohnungsmangel vom 11.5.1920, das für Bayern durch eine Bekanntmachung des bayerischen Ministeriums für Soziale Fürsorge vom 10.8.1920 präzisiert wurde; vgl. Rudloff, S.413*

82 *vgl. SRP 14.4.1920, Bd. 43, Bl. 314ff, Ausführungen von Stadtbaurat Marcus Sternlieb*

83 *Saldern, S.143; Reichsgesetzblatt 1920, S.962*

84 *Personalakte Sternliebs bei der GAG; Kopie in Manuskriptsammlung StALu*

85 *die folgenden Angaben aus der Diplomakte Sternliebs im Archiv der TU Darmstadt; TH 12-242-34*

86 *StALu, ZR 1201/6*

87 *Personalausschußsitzung, 17.6.1924; StALu, PA I, 194*

88 *Zitate aus der Festschrift zum fünfjährigen Jubiläum der GAG 1925*

89 *Personalakte Sternliebs bei der GAG*

90 *Ruf/Minor, S.70*

Marcus Sternlieb *– Stadtoberbaudirektor und Leiter der GAG*

„Ihre baulichen Schöpfungen haben nicht allein in Ludwigshafen, sondern auch weit darüberhinaus in allen maßgeblichen Kreisen restlose Anerkennung gefunden und sind als nachahmenswertes Beispiel empfohlen worden." Mit diesen Worten lobte Ende 1932 Bürgermeister Kleefoot das Wirken des Oberbaudirektors Marcus Sternlieb.[84]

Marcus Sternlieb [71]

Marcus Sternlieb wurde 1877 im rumänischen Braila als Sohn des Kaufmanns Mayer Sternlieb geboren.[85] *Nach der ›Maturitätsprüfung‹ an der Universität Bukarest nahm er 1897 ein Studium an der Technischen Universität München auf und wechselte im Jahr 1900 an die TH Darmstadt.*

1904 unterbrach er sein Studium und trat in den Dienst des Hochbauamtes der Stadt Kaiserslautern. In jener Zeit erwarb er auch die deutsche Staatsangehörigkeit. 1905 wurde er ›Planrevisor‹ im Ludwigshafener Bauamt. 1911 erwarb er in Darmstadt das Architektendiplom mit einer Prüfungsarbeit zu dem ihm übertragenen Entwurf des Ludwigshafener Erholungsheims ›Trifels‹ in Annweiler. Durch die offensichtliche Schwäche des Bauamtsleiters fiel ihm schon in den Jahren vor dem Ersten Weltkrieg der bestimmende Einfluß auf das Hochbauwesen der Stadt zu, eine Tatsache, die ihm 1913 möglicherweise antisemitisch gefärbte Kritik seitens des ›General-Anzeigers‹ eintrug. Die sozialdemokratische ›Pfälzische Post‹ nahm ihn hingegen in Schutz.[86] *1914 wurde Sternlieb offiziell Leiter des Hochbauamts, 1920 erhielt er den Titel Oberbaudirektor. In jenen Jahren entstanden nach seinen Vorstellungen das Stadthaus Nord, die Rheinschule und andere heute noch stadtbildprägende Bauten.*

In den Jahren nach dem Krieg wurde Sternlieb auch zum Verantwortlichen der neuentwickelten Stadtplanung und der Bauten für die französische Besatzungsmacht. Sein Herzensanliegen aber war der kommunale Wohnungsbau. Er wollte das Elend der Menschen lindern und sowohl ästhetisch als auch hygienisch überzeugende Lösungen für die Stadtgestaltung finden. Dabei teilte er die vom ›Bauhaus‹ vertretenen Ideen und suchte sie in seiner Arbeit umzusetzen. Seit 1920 war er, in Nachfolge des BASF-Baurates Trambauer, nebenamtlich Leiter der GAG, in deren Dienst er 1926 hauptamtlich trat.

Nur hier, so führte er aus, könne er „die Ziele, die er sich gesetzt habe, erreichen"[87] *– „Verschönerung und Ausbau [...] des Stadtbildes, aber auch die Besserung der kulturellen und sozialen Verhältnisse" bzw. „der minderbemittelten Bevölkerung gesunde und zweckmäßig eingerichtete Wohnungen billig und preiswert zu beschaffen." Das „Wasserspülklosett, wohl der einzige wahre Fortschritt auf dem Gebiet des Bauwesens", fehle auch in der kleinsten Wohnung der GAG nicht, hob er 1925 stolz hervor.*[88]

Unter seiner architektonisch-technischen wie Gesamtleitung erbaute die GAG in den Jahren 1920 bis 1932 eine Reihe hervorragender Wohnkomplexe: den Roten und Grünen Hof in der Gartenstadt, die Wohnanlagen im Stadtteil Süd, die Ebertsiedlung, die Siedlung ›Finkennest‹, die Westend- und die Christian-Weiß-Siedlung. Fast alle stehen heute unter Denkmalschutz und gehören zu den architektonisch überzeugendsten Bauten der Stadt. Auch dem Projekt des Ebertparks lieh Sternlieb seine Unterstützung. Seine Mitarbeiter lobten ihn als sozial, aufrichtig, überaus kompetent und fairen Kritiker.

Ende 1932 trat der kaum 55jährige in Ruhestand – vielleicht aus Gesundheitsgründen. Doch spielten auch andere Momente eine Rolle,[89] *möglicherweise der heraufziehende Nationalsozialismus – als Jude wurde Sternlieb in der Endphase der Weimarer Republik im Nazi-Blatt ›Eisenhammer‹ verschiedentlich diffamiert. Nach der Machtergreifung mußte er auch seinen Sitz im Aufsichtsrat der GAG räumen; er geriet in ›Schutzhaft‹ und wurde auf vielerlei Weise schikaniert. Noch 1933 reiste Sternlieb, der schon lange in der zionistischen Bewegung aktiv gewesen war, nach Palästina, wo er über mögliche Zuwanderung verhandeln wollte, kehrte aber offenbar zutiefst frustriert zurück. Im Herbst 1934 starb er an Nierenversagen – unter seinen treuen Mitarbeitern kursierten freilich Gerüchte von Mord oder Selbstmord. „Das monumentale Familiengrab ist heute noch an der rückwärtigen Mauer des jüdischen Friedhofes in Ludwigshafen zu sehen."*[90]

Sternliebs Frau mußte vielfache Zurücksetzungen und harte Verfolgung erleiden. 1938 wurde ihre Wohnung in der ›Kristallnacht‹ verwüstet, 1940 wurde sie mit den meisten übrigen Ludwigshafener Juden ins südfranzösische Gurs deportiert. Nur durch die Bemühungen ihrer schon in die USA emigrierten Töchter konnte sie gerettet werden und wanderte in die Staaten aus, wo sie noch Jahrzehnte lebte.

[S. M.]

Der 1920 fertiggestellte Wislicenus-Block, Aufnahme von 1938 [72]*

mit Rücksicht auf die angespannte Lage auf dem Wohnungsmarkt vermeiden, wodurch ihr nur der Ausweg blieb, „eine genügende Zahl von Wohnungsneubauten" für diesen Zweck „zu erstellen." Die Kosten für diese Bauten sowie der gesamten Einrichtungen gingen zwar auf Rechnung des Reiches, mußten aber zunächst aus der Stadtkasse bestritten werden.[91]

Im Laufe des Jahres 1919 zeichnete sich immer stärker ab, daß die Stadt Ludwigshafen bei der Versorgung mit Wohnraum mehr als eine Art ›Erste-Hilfe-Funktion‹ ausüben mußte. Private Bauinitiativen waren angesichts der Finanzierungsprobleme und fortschreitender Geldentwertung weniger denn je zu erwarten. „Eine große Anzahl von Wohnungsbauten, wird nur in Angriff genommen werden können, wenn größere Körperschaften als Bauherren auftreten", prognostizierte Marcus Sternlieb am 20. Februar 1920 im Stadtrat. Hierzu rechnete er das Deutsche Reich, das für die Unterkunft der Besatzungstruppen aufkommen, den bayerischen Staat, der für sein Personal Wohnungen bauen und die Stadt, die ihre „Siedlungstätigkeit energisch" fortführen solle, „die Industrie, welche den Bau von Werkwohnungen aufzunehmen hätte", schließlich die gemeinnützigen Baugenossenschaften, etwa die der Straßenbahner, welche den begonnenen Siedlungsbau fortsetzen müßten.[92]

Als erfolgversprechendste Lösung für eine intensive Förderung der Bautätigkeit in Ludwigshafen pries Sternlieb eine Kooperation zwischen Stadt, Industrie und den genossenschaftlichen Bauherren. Diese sollten, so der Vorschlag der Verwaltungsspitze, ein gemeinnütziges Siedlungsunternehmen in Form einer Aktiengesellschaft bilden, wobei der Stadt aus Gründen des Gemeinnutzes der dominante Einfluß gesichert bleiben mußte. Unschwer zu erkennen, daß hier die Geburtsstunde der GAG schlug – jener ›Gemeinnützigen Aktiengesellschaft für Wohnungsbau‹ also, die das Wohnen in Ludwigshafen seither maßgeblich mitgestaltet hat. Modellfunktion hatte eine seit 1913 bestehende Wohnungsbaugesellschaft in Köln; Starthilfe leistete der damalige Ministerialreferent für das Wohnungswesen in Bayern, Dr. Stützel. Gegründet wurde die GAG am 16. Juni 1920 mit einer Kapitalausstattung von vier Millionen Mark. Davon brachte die Stadtgemeinde selbst eine

Anmerkungen
Seite 64 und 65

91 *SRP 28.7.1919, Bl.510*

92 *SRP 20.2.1920, Bd.43, Bl.231f*

* *Bauten der BASF/GEWOGE*

** *im Hof des Wislicenus-Blocks; Bildhauer Hahn, München, errichtet 1923*

GAG-Bauten in der Max-Reger-Straße [73]

*Kriegerdenkmal der BASF** [74]*

Sacheinlage im Wert von 1,1 Millionen ein: die Heimstättensiedlung an der Maudacher Straße sowie 23 000 Quadratmeter Baugelände. Gründungsaktionäre waren daneben die Unternehmen BASF, Giulini, Röchling, Raschig und Sulzer sowie die Pfälzische Hypothekenbank und die Pfälzische Bank. Der in der ersten Satzung der GAG formulierte Zweck der Gesellschaft brachte ihre anstehende Aufgabe nüchtern auf den Punkt: Es galt, „der minderbemittelten Bevölkerung gesunde und zweckmäßig eingerichtete Wohnungen preiswert zu beschaffen".

Trotz Bündelung der Kräfte konnte dieses Ziel angesichts der miserablen Bedingungen in den ersten Geschäftsjahren der GAG nur sehr eingeschränkt verwirklicht werden. Was der gemeinnützig organisierte Wohnungsbau in Ludwigshafen während der Weimarer Republik zu leisten im Stande war, sollte sich in der zweiten Hälfte der 1920er Jahre erweisen. Bis dahin kämpfte die kommunale Wohnungsbaupolitik gegen unüberwindbare Hindernisse an. Treffend werden diese Schwierigkeiten in der Festschrift der GAG beschrieben:

„Die nach der offiziellen Übernahme des Geschäftsbetriebes durch die beiden ersten Vorstände, Oberbaudirektor Marcus Sternlieb und Stadtrat Bruno Körner, mit so vielen Hoffnungen und Erwartungen begonnene Tätigkeit stand bald schon unter den ungünstigen Einflüssen von Streiks, Baustoffmangel und einer ständig ansteigenden Teuerungswelle, die sich besonders nach der Explosionskatastrophe im Werk Oppau der BASF im Jahre 1921 bemerkbar machten. Der Verfall der Währung war ab Mitte 1922 nicht mehr aufzuhalten. Alle getroffenen Maßnahmen, wie die eigene Baustoffbeschaffung, die Ausdehnung des Regiebetriebes auf die Herstellung von Kunststeinen und Dachziegel, konnten diesem Verfall nur noch bedingt entgegenwirken. Die Baukosten für das Programm 1922 von insgesamt 268 Wohnungen stiegen innerhalb von wenigen Monaten von 109 Millionen auf 1,9 Milliarden Mark. Die noch härtere Wirklichkeit des Jahres 1923 begrub alle Hoffnungen auf eine dringend notwendige Bautätigkeit. Der Ruhrkampf, die Verkehrs- und Zollsperren vom besetzten zum unbesetzten Gebiet hinderten den Zugang von Material und Arbeitskräften. Die rapide Geldwertverflüchtigung ließ keine finanzielle Übersicht mehr zu [...]"

›Aschantidorf‹, Wolframstraße [75]

Preisentwicklung beim Bauen in der Inflationszeit

„Kostenvoranschläge, Finanzierungspläne wurden innerhalb kurzer Zeit über den Haufen geworfen, Beträge mußten rückgängig gemacht, andere Abmachungen und Lieferungstermine konnten nicht eingehalten werden. Kostete z. B. im April 1922 ein Quadratmeter überbauter Wohnraum noch 2 500 Mark, so war er im September des gleichen Jahres auf 12 500 Mark gestiegen und erreichte im April 1923 den Stand von 125 000 Mark. Millionenbeträge mußten aus den Kassen oder besser gesagt aus den Notendruckereien des Reiches, des Landes und des Kreises beschafft werden, bis der Rohbau erstellt war. Zur Fertigstellung legte die Stadt eine Anleihe von einer Milliarde Mark auf. Sie hatte zwar Erfolg, nach kurzer Zeit stand jedoch wiederum fest, daß auch dieser Betrag nicht ausreichend war und zur endgültigen Fertigstellung erhebliche Mittel aus Krediten des Reiches und des Landes in Anspruch genommen werden müssen."[93]

Immerhin gelang es trotz dieser vielfältigen Probleme, zwischen 1921 und 1923 insgesamt 1 057 Wohnungen mit öffentlichen Mitteln zu errichten.[94] Die Mehrzahl davon, genau 618 Wohnungen, gingen auf das Konto der Stadt bzw. der GAG. Sie entstanden in 297 Häusern. Daß hiervon wiederum 221 – etwa drei Viertel – Einfamilienhäuser waren, verweist klar auf den Schwerpunkt des GAG-Bauprogramms, die Heimstättensiedlung auf dem Hochfeld. Den Massenwohnungsbau im Stile von Groß-Siedlungen ging die GAG erst in der zweiten Hälfte der zwanziger Jahre an. Von den 48 Mehrfamilienhäusern, die bis 1923 unter ihrer Regie gebaut wurden, gehörten die meisten zur Siedlung an der Nietzschestraße. Sie entstand zwischen 1920 und 1922. Auf genossenschaftliche und private Initiative ging der Bau von 439 Wohnungen zurück. Dazu zählten die Fichte-Siedlung – auch ›Hohenzollernblock‹ genannt – und das ›Aschantidorf‹, beide von der BASF für Arbeiter, Beamte und wissenschaftliche Angestellte errichtet, sowie Reihenhäuser des ›Pfälzischen Ansiedler-Verbandes‹ in der Rupprechtstraße – heute: Leuschnerstraße.

Mit Blick auf die weiter steigende Zahl der Wohnungssuchenden wurde diese Bauleistung als „völlig ungenügend" bemängelt.[95] Gleich wer die Lage auf dem Ludwigshafener Wohnungsmarkt in dieser Zeit zu

Anmerkungen
Seite 66 und 67

93 *Laur, S.71*
94 *ebd., S.73f*
95 *VB 1924, S.123*
96 *StALu, ZR 4050/5, Bl.40—42*

GAG-Wohnblocks in der Nietzschestraße [76]

Die Lage auf dem Wohnungsmarkt wurde mit folgenden Zahlen dokumentiert:

Stand 1923 zum	1.4.	31.12.
Zahl der angemeldeten vermietbaren Wohnungen	2029	2144
Zahl der Wohnungssuchenden	9165	10203
Vermittelte Wohnungen (einschl. der durch Rationierung gewonnenen)	2255	2363
Es blieben unbefriedigt	6910	7840
hiervon besitzen selbständige, aber unzureichende Wohnungen	3022	3538
Bleibt reines Wohnungsbedürfnis	3888	4302

kommentieren hatte – er fand meist drastische Worte. Kennzeichnend dafür ist eine Zustandsbeschreibung, mit der das städtische Wohnungsamt Ende 1923 eine Anfrage des Gewerberats für die Pfalz-Nord bezüglich der Wohnungsverhältnisse in Ludwigshafen[96] beantwortete:

„Das einzige Mittel zur wirksamen Bekämpfung der Wohnungsnot bildet der Wohnungsbau. Im Jahre 1923 konnte die Bautätigkeit den Wohnungsbedarf nur in geringem Maße befriedigen, so daß der in den Kriegs- und Nachkriegsjahren entstandene Ausfall an neuen Wohnungen weiter zugenommen hat. Die Zahl der überfüllten und sittenwidrig belegten Wohnungen wird daher immer größer, auch nimmt die Benutzung ungeeigneter Räume – Mansarden und dergl. – zu Wohnzwecken ständig zu. Die Wohnungsnot gestaltet sich angesichts dieser Entwicklung immer besorgniserregender und zeitigt Folgen, die vom Standpunkt der Erhaltung der Volksgesundheit und Sittlichkeit, besonders hinsichtlich der heranwachsenden Jugend, sehr zu bedauern sind."

Auch von Oberbürgermeister Weiß wurden die Verhältnisse im Wohnungswesen keinesfalls beschönigt. In seiner Rede zum Haushaltsentwurf 1924 kennzeichnete er die Wohnungsmisere als „überaus trauriges Kapitel." „Die Wohnungsnot" habe „Formen angenommen, die aller Hygiene und Sittlichkeit Hohn sprechen." Aus der Perspektive des

Frühjahrs 1924 war diese Not nur durch private Bautätigkeit zu beheben oder wenigstens zu lindern. Doch der Bauwirtschaft fehlte das Geld. Einerseits waren die Kosten des Wohnungsbaus durch die Gesundung der Währung wieder kalkulierbar geworden, andererseits brachte die Stabilisierung der Mark eine starke Verknappung auf dem Kapitalmarkt mit sich. Hypotheken waren im Jahre 1924 sehr schwer zu beschaffen und in den meisten Fällen wegen ihrer hohen Zins- und Tilgungssätze für den Wohnungsbau überhaupt nicht geeignet. Deshalb war eine weitere Förderung aus öffentlichen Mitteln eigentlich zwingend, doch hatten die Rathauschefs das gleiche Problem. Auch Weiß konnte zu diesem Zeitpunkt keine „größeren Barmittel" seitens der Stadt offerieren. Um die private Wohnungsbautätigkeit dennoch zu fördern, entschloß sich der Stadtrat zu Bauerleichterungen, etwa Gebührenermäßigungen oder günstigeren Geländepreisen. „Im übrigen gab die Stadtgemeinde 1924, soweit sich dies mit ihrer Leistungsfähigkeit vereinbaren ließ, für jede mit einem staatlichen Darlehen unterstützte Wohnung aus ihrer Ziegelei bis zu 25 000 Stück Backsteine ab."[97]

Für die überwiegende Zahl der Wohnungssuchenden in Ludwigshafen – zwischen Januar 1919 und September 1924 registrierte das Wohnungsamt mehr als 11 000 Familien und über 5 000 Einzelpersonen[98] – war es allerdings unerheblich, wie der Mangel zustande kam oder begründet wurde. Ihre Klagen richteten sich an die Stadtverwaltung, wobei vor allem dem Wohnungsamt große Vorwürfe gemacht wurden. Für Sozialbürgermeister Kleefoot war „dies menschlich wohl begreiflich und verständlich, denn Unmut muß es auslösen, wenn Leute trotz mehrjähriger Vormerkung keine Wohnung erhalten können." Nur rund 5 300 der registrierten 16 000 Antragsteller konnten in den ersten sechs Nachkriegsjahren mit einer neuen Wohnung versorgt werden.

Weder Kleefoot noch Oberbürgermeister Weiß wollten jedoch in den Ruf vieler Hausbesitzer nach Beendigung der Wohnungszwangswirtschaft einstimmen. Davon abgesehen, daß sowohl das Wohnungsamt als auch das Mieteinigungsamt auf reichsgesetzlichen Vorschriften beruhten, warnten beide vor einer Auflösung dieser Ämter, solange das Wohnungselend einen derartigen Umfang hatte. Weiß sah ansonsten Verhältnisse heraufziehen, „die auch diejenigen schaudern machen würden", die dies vehement forderten.

„Gerade die Stadtverwaltungen", so ihr Chef in seiner Bilanz am Ende der Legislaturperiode 1920/24, „haben kein Interesse daran, die Wohnungszwangsbewirtschaftung bloß aus Freude [...] aufrechtzuerhalten. Die Aufgaben der Städte auf dem Gebiet des Bauwesens sind von jeher andere gewesen; unser Sehnen geht danach, daß sich der Wohnungsmarkt wieder so hebt, daß eine Bautätigkeit seitens öffentlicher Körperschaften überhaupt nicht mehr nötig erscheint, daß wir uns vielmehr wieder der Erstellung öffentlicher Bauten zuwenden können."[99]

Dies sollte Wunschdenken bleiben, denn die Gemeinden mußten sich, unterstützt von Reich und Ländern, noch länger auf das ungewohnte Terrain der Neubauförderung begeben, weil private Bautätigkeit auch weiterhin an die Belastungsgrenzen verdoppelter Finanzierungskosten im Vergleich mit der Vorkriegsära stieß. Das Wohnraummangelgesetz wurde ebenfalls erst zum Ende der Weimarer Republik außer Kraft gesetzt, sein Geltungsbereich aber schon vorher schrittweise auf immer weniger Wohnungen eingeschränkt.

Anmerkungen
Seite 68

97 Fünfjahresbilanz des Oberbürgermeisters Ende der Legislaturperiode 1920 bis 1924, SRP 19.12.1924, Bd. 47, Bl. 283ff

98 Kleefoot, S. 37, auch für das folgende Zitat

99 Fünfjahresbilanz des Oberbürgermeisters Ende der Legislaturperiode 1920 bis 1924, SRP 19.12.1924, Bd. 47, Bl. 296f

Der ›Grüne Hof‹ in der Gartenstadt, frühe 1920er Jahre [77]

Litfaßsäule am Ludwigsplatz um 1930 [78]

Teil 2
Geordnete Verhältnisse: Stadtentwicklung und Stadtgestaltung im Schein der Normalität (1924—1929)

Neue Impulse und wachsende Schulden

In der ereignisreichen und wechselvollen Geschichte der kurzlebigen Weimarer Republik war das Jahrfünft zwischen Währungsreform und Weltwirtschaftskrise eine vergleichsweise stabile Entwicklungsphase. Günstigere außenpolitische Bedingungen – Gewaltverzicht, Verträge von Locarno, Dawes-Plan, der Wandel der sowjetischen Kominternpolitik – beruhigten auch das innenpolitische Klima und sorgten insgesamt für eine Konsolidierung der sozialen und politischen Lage. Gleichwohl war auch die mittlere Phase der Weimarer Demokratie keineswegs so krisen- und sorgenfrei, wie es das Bild von den ›Goldenen Zwanzigern‹ nahelegt. Ein hektisches Auf und Ab der Wirtschaftsdaten, eine beschleunigte Rationalisierung, hohe Arbeitslosigkeit und finanzielle Engpässe in den öffentlichen Haushalten deuten die weiterhin labile Lage in der Wirtschaft an. Und auch auf der politischen Bühne des Reiches herrschte weniger Kontinuität, als es die für Weimarer Zeiten lange Wahlperiode des von Dezember 1924 bis Mai 1928 arbeitenden Reichstags auf den ersten Blick vermuten läßt. Mußten doch die regierenden Bürgerblock-Kabinette in der kurzen Zeitspanne von 1925 bis 1928 insgesamt viermal umgebildet werden.

Wenn sich für viele Zeitgenossen dennoch das Gefühl eingestellt hatte, endlich wieder in geordneten Verhältnissen leben und arbeiten zu können, so geschah dies vor dem Hintergrund der Erfahrungen von Krieg, Nachkriegswirren und Hyperinflation. Nach deren Überwindung kam ein gewisser Optimismus auf. „Die Welt schien sich wieder aufbauen zu wollen", schrieb der Schriftsteller Stefan Zweig in seinen Lebenserinnerungen über diese Zeit. „Paris, Wien, Berlin, New York, Rom, die Siegerstädte ebenso wie jene der Besiegten, wurden schöner als je, das Flugzeug beschwingte den Verkehr [...] Die Spannungen zwischen den Währungen hatten aufgehört, man wußte, wie viel man einnahm, wie viel man ausgeben durfte, die Aufmerksamkeit war nicht mehr so fieberhaft auf die äußerlichen Probleme gerichtet. Man konnte wieder arbeiten, sich innerlich sammeln, an geistige Dinge denken. Man

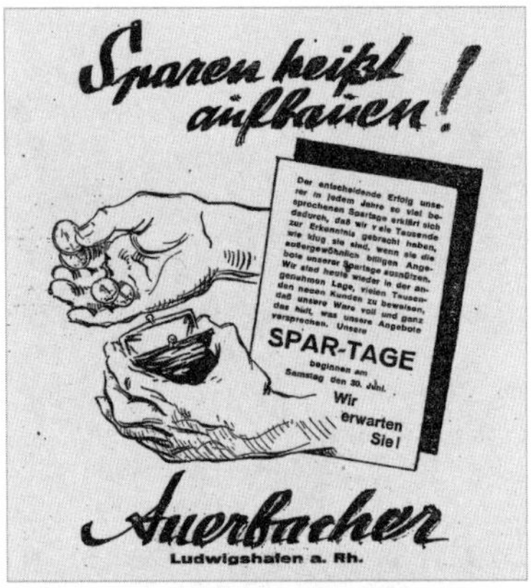

Die Ludwigshafener Kundschaft wird mit dem Preis gelockt: ›Spar-Tage‹ bei Auerbacher in der Ludwigstraße 1928 [79]

Blick über den Stadtteil Süd und die Parkinsel, um 1927/28 [80]*

konnte sogar wieder träumen und auf ein geeintes Europa hoffen. Einen Weltaugenblick [...] schien es, als sollte unserer schwergeprüften Generation wieder ein normales Leben beschieden sein."[100]

Historiker haben das trügerische Bild der mittleren Weimarer Jahre zum Ausdruck gebracht, indem sie beispielsweise den „Schein der Normalität" betonten (Heinrich August Winkler) oder eine „widerspruchsvolle Konsolidierung" ausmachten (Detlef Lehnert). In älteren historischen Darstellungen wurde diese zwiespältige Etappe oft mit dem Begriff der „relativen Stabilisierung" gekennzeichnet.

Auch auf der kommunalen Ebene hatte die Zeit zwischen dem krisengeschüttelten Anfang und Ende der Weimarer Republik zwei Gesichter. Einerseits war die sozialpolitische und finanzielle Lage vieler Gemeinden weiterhin sehr angespannt. Hohe Arbeitslosigkeit, Wohnungsmangel und andere soziale Defizite beeinträchtigten das kommunale Leben besonders der Industriestädte auch in der Stabilisierungsphase. Andererseits sorgten der wirtschaftliche Aufwärtstrend und die Notwendigkeit, den durch Krieg und Inflation zurückgestauten Investitionsbedarf zu befriedigen sowie die städtische Infrastruktur zu modernisieren, für eine investitionsfreundliche Stimmung der öffentlichen Hand. In den Rathäusern der Republik schlugen fortan die Stunden der Bauräte, Verkehrsexperten und Kulturpolitiker.

Nicht anders war es in Ludwigshafen, zumal sich hier schon im Kaiserreich ein enormer städtebaulicher Rückstau gebildet hatte, der weder in der Kriegszeit noch danach merklich reduziert werden konnte. „Das Durcheinander von Wohnungen und Fabriken, der Mangel an Grünflächen und alles, was wir sonst an Schäden rasch gewachsener Industriestädte kennen", so eine der zahlreich überlieferten Skizzen des Ludwigshafener Stadtbildes jener Zeit, „ist hier durch das übersteigerte Tempo der Entwicklung in ein fast heilloses Chaos verwirrt." Umso erfreuter stellte der gleiche Autor Ende 1929 fest, „wie die Stadt zielbewußt den schweren Kampf mit dem überstürzt Gewordenen" aufgenommen habe, „wie sie versucht, die vorhandenen Schäden durch planvolle Trennung der Industrie- und Wohngebiete, durch Auflockerung der Stadtmasse und durch die Anlage von Grünflächen für Spiel und Erholung zu heilen."[101] Karl Fluhr, Redakteur der Zeitschrift ›Die Pfalz

Anmerkungen
Seite 70 und 71

100 *Zweig, S. 289*
101 *Gerlach, S. 35*
102 *›Die Pfalz am Rhein‹, 11. 1928, Nr. 8, S. 119*
103 *vgl. hierzu: Die Großstadt Ludwigshafen, von Dr. Julius Ganser, in: ›Die Pfalz am Rhein‹, 11. 1928, Nr. 20, 15. 10. 1928, S. 380f*
104 *Deutsche Zentrumspartei, Ortsgruppe Ludwigshafen am Rhein: Tätigkeitsbericht der Stadtratsfraktion, Wahlperiode 1925/29; erstellt aus Anlaß der Stadtratswahl im Dezember 1929, Ludwigshafen 1929, S. 5*
105 *GA, 9. 3. 1929: Draußen im Wittelsbachviertel*
* *Im Vordergrund Halberg, rechts in der Mitte vor allem GAG-Bauten und die neue Klosterschule mit dem Baugerippe der Herz-Jesu-Kirche*

am Rhein‹, hatte dieses Ziel 1928 in einem Artikel zum 75jährigen Jubiläum Ludwigshafens unverblümter auf den Punkt gebracht: „Die nächsten Jahre gelten der Verschönerung der Stadt, was früher leider Gottes verbummelt worden ist.”[102]

›Ausverkauf‹ in der Ludwigstraße um 1930 [81]

Die vorderpfälzische Industrie-Metropole war zwar ihrer Einwohnerzahl nach in die Reihe der Großstädte aufgerückt, doch noch ziemlich weit davon entfernt, mit ihrer Infrastruktur großstädtischen Notwendigkeiten gerecht werden zu können. Man wollte die „klein- und mittelstädtischen Überbleibsel” deshalb möglichst ablegen; sich stattdessen mit städtebaulichen Korrekturen und kulturpolitischen Aktivitäten wenigstens im City-Bereich ein Image zulegen, das einer Großstadt würdig war.[103] Die kommunalpolitischen Initiativen in der zweiten Hälfte der zwanziger Jahre galten indes nicht allein der Zierde, sie entsprangen auch dem Zwang zur Modernisierung, speziell mit Blick auf die rasch zunehmende Motorisierung des wachsenden Verkehrs, aber ebenso hinsichtlich der Energieversorgung, der Abfallbeseitigung oder der Anpassung öffentlicher Einrichtungen auf die Bedürfnisse einer modernen Leistungsverwaltung.

Als treibende Kräfte der Stadtentwicklung jener Zeit sind in erster Linie Oberbürgermeister Christian Weiß, Oberbaudirektor und GAG-Chef Marcus Sternlieb sowie Stadtbaumeister Hermann Graf zu nennen; um die soziale Ausgestaltung hat sich der Zweite Bürgermeister Paul Kleefoot intensiv bemüht. Weitestgehende Zustimmung fanden sie im Stadtrat, der am 7. Dezember 1924 neu gewählt worden war, nach wie vor bei den Fraktionen der Sozialdemokratie, der Zentrumspartei und der Demokratischen Partei – mithin den staatstragenden Kräften der Weimarer Koalition. „Das Verhältnis der Fraktion zur Stadtverwaltung kann im allgemeinen ein gutes genannt werden und gern haben wir ihre Anträge und Vorlagen – von Ausnahmen abgesehen – unterstützt”, hieß es im Tätigkeitsbericht der Zentrumsfraktion am Ende der Wahlperiode 1925/29. „Wir haben damit der Erkenntnis Ausdruck gegeben, daß trotz der schweren Notzeit [...] die Entwicklung der Stadt in sozialer, kultureller und wirtschaftlicher Beziehung tunlichst gefördert werden muß. Daß die Stadtverwaltung hierin ihr Möglichstes getan hat, darf wohl auch bei dieser Gelegenheit kurz festgestellt werden.”[104] Für diese hatte mit dem Jahre 1924 eine Periode regen und geordneten Schaffens begonnen, die auch von einem wesentlich entspannteren Verhältnis zum französischen Besatzungsregime gekennzeichnet war.

Tatsächlich haben die in der Stadtratsperiode 1925/29 geplanten, teils erst Anfang der dreißiger Jahre ausgeführten Bauprojekte das Stadtbild erheblich verändert und nachhaltig geprägt. „Die Silhouette der Stadt von 1928/29”, hielt ein Redakteur des ›General-Anzeigers‹ 1929 fest, „ist kaum mehr vergleichbar mit der vor zehn Jahren.”[105] Dabei waren die finanziellen Rahmenbedingungen für eine kommunale Expansionspolitik in diesen Jahren alles andere als günstig gewesen. Paradoxerweise wurden in Ludwigshafen schon früher verfolgte städtebauliche Projekte wie der Durchbruch von der Bismarck- zur Ludwigstraße ausgerechnet in einer Zeit verwirklicht, in der die finanziellen Mittel äußerst knapp bemessen waren. Die verantwortlichen Vertreter der Stadt konnten sich jedoch leicht mit dem Argument struktureller Notwendigkeiten legitimieren.

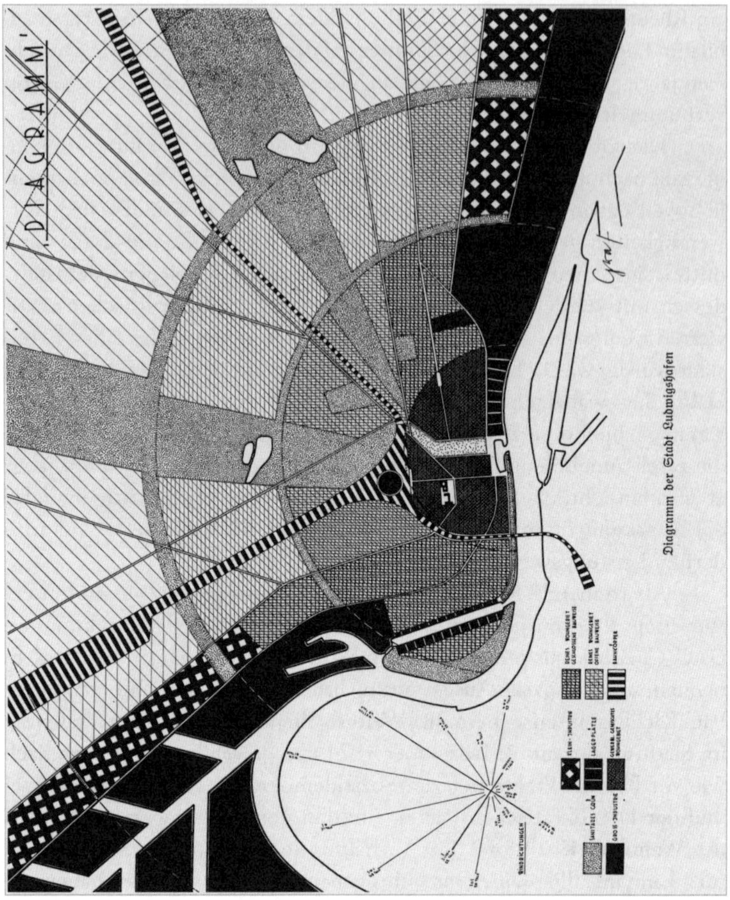

Stadtentwicklungsplan nach Graf, 1927 [82]

„Die Organisatorin des Lebensglückes [...]" – Stadtplanungseuphorie und -realität in der ›Stadt der Chemie‹ der Weimarer Zeit

Die Stadt als „Organisatorin des Lebensglückes"* – so optimistisch sah 1927 Stadtbaurat Hermann Graf die Möglichkeiten umfassender Planung zur Erneuerung des städtischen Raumes. Ludwigshafen habe das Glück, daß sich hier „keine Marktplatz-Romantik [...] in Gegensatz zu den rauchenden Essen und drehenden Riemenscheiben" stelle. „Wir sind hier der Sorge enthoben, Gebäude gleich Museumsstücken vor dem Moloch Verkehr zu schützen und als unantastbar zu erklären. Der Heimatschutz hat in Ludwigshafen seine vornehmste Sorge nicht in der Erhaltung überkommener Sachen, sondern in dem Schaffen einer Siedlermöglichkeit für die lebende und zukünftige Generation [...]." „Zweckmäßigkeit, Hygiene und Wirtschaftlichkeit" seien die Grundlage der Neuplanung eines idealen Lebensraums, in dem „sanitäres Grün" die aufgelockerten Baumassen umrahmen, und eine klare Struktur Wohn- und Arbeitsstätten sowie die Verkehrsanlagen gliedern sollte.

Grafs Plan sah einen neuen Hauptbahnhof etwa am Platz des heutigen vor. Das innerstädtische Bahngelände sollte zu einer Grünzone werden, die sich mit dem Ebertpark zu einer von mehreren, die Stadt durchziehenden Grünachsen vereinigen sollte.

Am Rhein sollte die Industrie, im Hinterland lockere reine Wohnbebauung dominieren.

Anmerkungen
Seite 72

* *Quelle: Graf, S.61; zum gesamten Abschnitt vgl. Graf; StALu, ZR 3010/1; StALu, LUA 528; VB 1919, S.146ff; 1920, S.93f; 1922, S.91f; 1924, S.112; 1927, S.80f; 1928/30, S.61; 1930/32, S.41f*

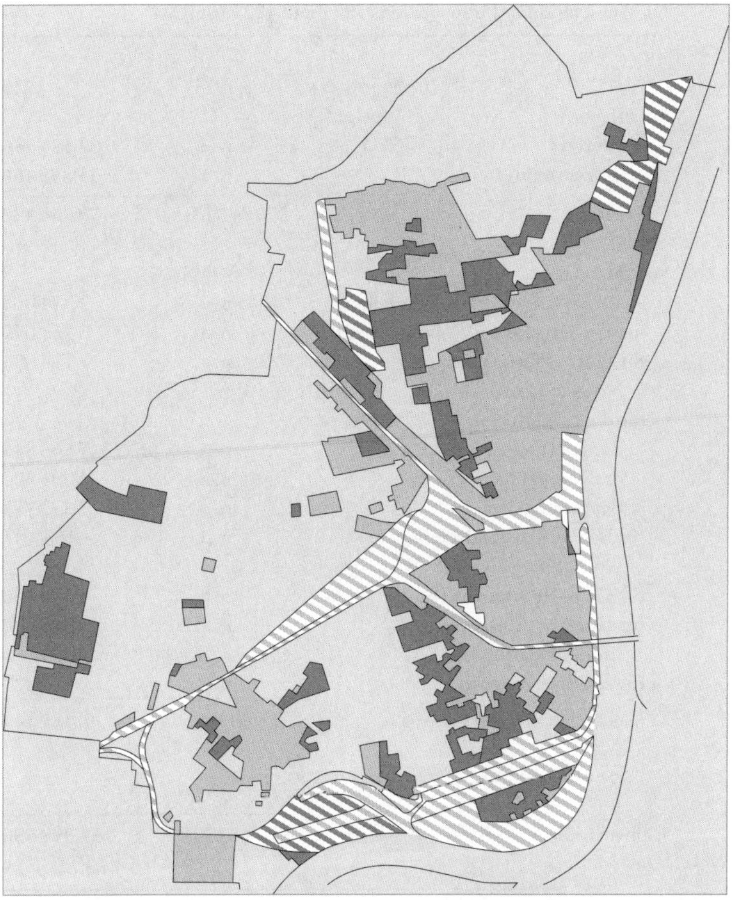

Hellere Tönung: bebaute Fläche 1915
Dunklere Tönung: Zuwachs der bebauten Fläche 1915 bis 1933/34. Deutlich wird vor allem das Baugeschehen im Bereich zwischen dem Hemshof und Friesenheim, imStadtteil Süd sowie die Entstehung der Gartenstadt,
Schraffuren: Hafen-, Bahn-, Parkanlagen

Entwicklung der bebauten Fläche im Stadtkreis Ludwigshafen 1915—1933/34 [83]

Solche Ideen waren nicht gänzlich neu und entstammten zum Teil der internationalen wie lokalen Planungsdiskussion der Vorkriegszeit. Das ungezügelte Wachstum der industriellen Anlagen während des Ersten Weltkriegs hatte dann 1917/18 zur Einrichtung eines – von Baumeister Sternlieb geleiteten – ›Stadterweiterungsbüros‹ geführt, das die Entwicklung in geordnete Bahnen lenken sollte. Mit Anregung staatlicher Stellen entwickelte sich das Büro zur Zentralstelle für die Raumplanung des gesamten Gebiets zwischen Rheingönheim und Frankenthal. Der so geschaffene Gemeindeverband entfaltete anfangs eine rege Tätigkeit, zahlreiche Bebauungspläne wurden unter der Ägide des Stadterweiterungsbüros geschaffen. Der Gesamtplan blieb jedoch unvollendet, denn die politischen Unruhen der Jahre nach 1922 machten den Bemühungen ein Ende. Allerdings erarbeitete die ›Stadterweiterungsabteilung‹ die städtischen Erschließungsprojekte in der Gartenstadt und rund um den Ebertpark. Hermann Graf zitierte gerade sie als leuchtende Beispiele des von ihm favorisierten modernen gegliederten Städtebaus. Nach der Mitte der 1920er Jahre lebten die Bemühungen um die regionale Planungszusammenarbeit wieder auf, ein ›Generalverkehrslinienplan‹ wurde aufgestellt und ein ›Aufteilungsplan‹ bearbeitet, „der zusammenhängende Grünflächen für Ernährung, Sport und Erholung, Wohn-, Siedlungs- und Industriegelände vorsieht". Eingepaßt in die Gesamtkonzeption des ›Generalzonen- und Siedlungsplans‹ wurden dann z. B. die Pläne für die Niederfeldsiedlung oder das Baugebiet von der Stadt gegen Mundenheim zu.

Die Verschuldung Ludwighafens 1925 und 1929 (in RM)

	1925	1929
Vermögen		
rentierend	n. a.	62 354 946
nicht rentierend	n. a.	15 889 186
gesamt	57 184 910	78 244 132
Schulden		
aus alten aufgewerteten Anleihen	n. a.	2 754 065
für Förderung des Wohnungsbaus	n. a.	3 761 070
für Durchführung von Notstandsmaßnahmen	n. a.	1 794 050
für die Erweiterung		
der städtischen Werke	n. a.	7 566 846
der Straßenbahn	n. a.	1 091 800
des Krankenhauses	n. a.	2 372 973
für Bau und Instandsetzung von Schulen	n. a.	163 611
für Grundstückserwerb	n. a.	5 100 200
für bauliche Anlagen im Ebertpark	n. a.	815 000
für sonstige Zwecke	n. a.	825 827
gesamt	1 940 690	26 245 442
Reinvermögen	55 244 220	51 998 690

Quelle: Zentrumspartei, Ortsgruppe Ludwigshafen, Tätigkeitsbericht der Stadtratsfraktion, Wahlperiode 1925/29, S. 8

Anmerkungen Seite 74

106 SRP Etatrede 26.3.28, Bd. 49, Bl. 36f

Vor allem die fehlende Planungssicherheit machte den kommunalen Bauherren zu schaffen. Immer wieder beklagte der Ludwigshafener Oberbürgermeister, daß es „unmöglich" sei, „ein großzügiges Kommunalprogramm auf lange Sicht aufzustellen." Meist herrschte Unsicherheit darüber, wieviele Mittel aus Berlin und München für den jeweiligen städtischen Jahresetat zu erwarten waren. Insbesondere die Gestaltung des Finanzausgleichs auf Reichs- und Länderebene blieb weiterhin ein Provisorium und variierte stark.

„In allen Gemeinden, nicht nur hier in Ludwigshafen" – so Oberbürgermeister Weiß in seiner Etatrede am 26. März 1928, „ist man gezwungen von der Hand in den Mund zu leben und unter den mannigfachen Problemen, welche an die Stadtverwaltungen herantreten, einige wenige, welche als lebensnotwendig angesehen werden müssen, herauszugreifen, und alle anderen einer glücklicheren Zukunft zu überlassen. Gerade wir in Ludwigshafen, die wir in unserer kommunalen Entfaltung mit der Entwicklung der Stadt in wirtschaftlicher Beziehung niemals gleichen Schritt halten konnten, sehen uns gezwungen, vieles nachzuholen, was – recht häufig ohne Schuld der vergangenen Geschlechter – versäumt wurde."[106]

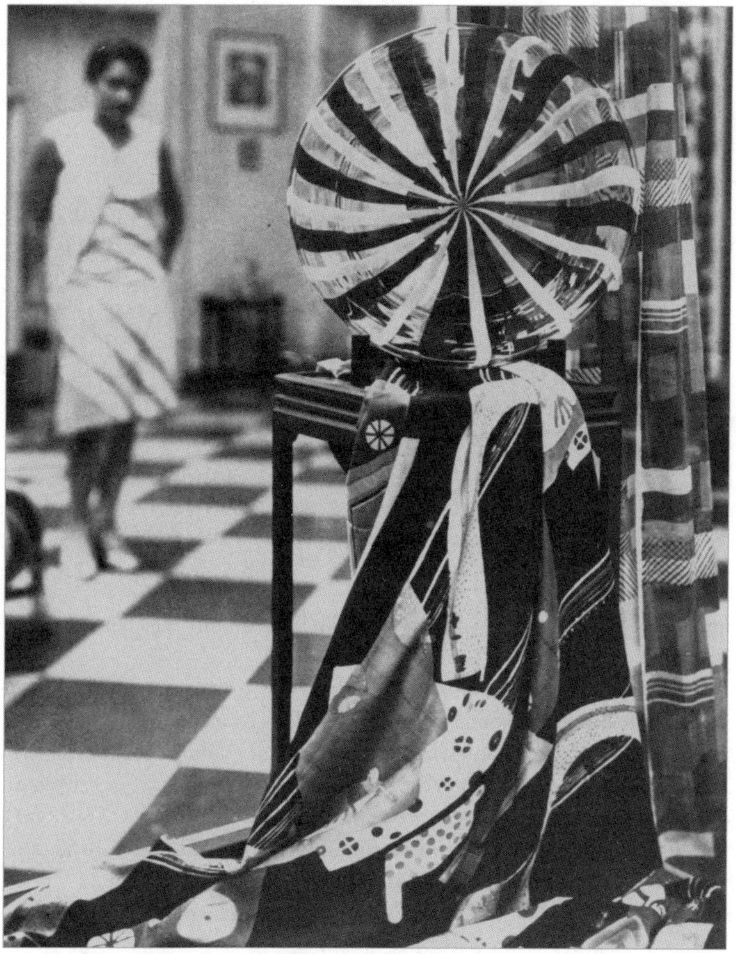

Gehobener Bedarf: Einrichtungshaus Demuth, 1929 [84]

Obwohl die ein oder andere Bitte um finanzielle Unterstützung in München nicht abschlägig beschieden wurde und für manche Vorhaben Zuschüsse aus dem Reichshaushalt flossen, mußte die Stadt Ludwigshafen für das kommunale Investitionsprogramm der zwanziger Jahre selbst erhebliche Mittel aufbringen. Aus Steuereinnahmen waren sie freilich nur begrenzt zu bestreiten. Diese reichten in der Regel noch nicht mal aus, um die abverlangte Leistungsexplosion im Fürsorge- und Wohlfahrtsbereich zu finanzieren.

Ein großer Teil der Mittel wurde deshalb über Anleihen und Kredite beschafft. Mit andern Worten: die kommunale Neuverschuldung war immens.

Diese Anleihe- und Kreditpolitik war kein Ludwigshafener Spezifikum, hier befand man sich sozusagen in bester großstädtischer Gesellschaft. Kritik über das kommunale Finanz- und Wirtschaftsgebaren blieb nicht aus. Mitte der zwanziger Jahre gehörte die Rede von städtischen Luxusbauten und überzogenen Gehältern zum Standardarsenal kommunalfeindlicher Argumentation. Sie kam zum einen aus Kreisen der Privatindustrie und der ihnen nahestehenden Parteien, in Ludwigshafen vor allem der DVP und der Wirtschaftlichen Bürgervereinigung,

Im Boom: Einkaufsstraße Ludwigstraße 1920er Jahre [85]

Arbeit für Frauen: Schuhhaus Schnurmann, frühe 1920er Jahre [86]

Anmerkungen
Seite 76 und 77

107 *vgl. hierzu die Beiträge im Sammelband Hansmeyer*

108 *SRP 19.12.1924, Bd. 47, Bl. 315f*

109 *Soweit keine anderen Nachweise erfolgen, beziehen sich die folgenden Daten auf die Statistik des Deutschen Reiches, Bd. 406, H. 6: Volks-, Berufs- und Betriebszählung 1925, Die berufliche und soziale Gliederung der Bevölkerung in den Großstädten, Ludwigshafen am Rhein, S. 666—672; daneben für die Frauenbeschäftigung: Friedrich, S. 88ff; Wort und Zahl 9/1936; StALu, DS 241/1935—1937*

und richtete sich beispielsweise gegen die Ausdehnung des gemeinnützigen Wohnungsbaus.

Wachsende Kritik an der kommunalen Ausgabenpolitik und der Kreditaufnahme regte sich zum andern im Reichsfinanzministerium, das zusammen mit Reichsbankpräsident Schacht und dem Reparationsagenten Parker Gilbert bestrebt war, die kreditpolitische Bewegungsfreiheit der Kommunen möglichst einzuschränken, vor allem deren Kreditaufnahme in den USA einzudämmen. Einerseits wollte die Reichsbank eine umfassende Kontrolle über die öffentlichen Ausgaben gewinnen, andererseits bestand eine generelle Sorge um Deutschlands Kreditwürdigkeit im Ausland.[107]

Der Standpunkt der Ludwigshafener Verwaltungsspitze in diesem finanzpolitischen Dissens zwischen Reich und Kommunen läßt sich mit einem Statement des Oberbürgermeisters verdeutlichen. Im Dezember 1924 verwies er darauf, „nicht nur die uns gesetzlich obliegende Aufgabe zu erfüllen, sondern auch kommunalpolitische Initiative entfalten zu wollen. Tief bedauerlich ist es, daß der Reichsfinanzminister die Länderregierungen aufmerksam macht, daß sie jedenfalls im Wege der Kommunalaufsicht in der Lage sein werden, die Finanzwirtschaft der Gemeinden stärker als bisher zu beeinflussen, d. h. dahin zu wirken, daß der gemeindlichen Initiative die Flügel gestutzt werden [...] Was soll der Art. 127 der Reichsverfassung bedeuten, daß Gemeinden und Gemeindeverbände das Recht der Selbstverwaltung haben sollen, wenn die Regierungen des Reiches und der Länder alles tun, um diese Selbstverwaltung nicht praktisch werden zu lassen, wenn uns die Luft genommen wird, die wir zum Leben brauchen."[108]

Die ›Luft zum Leben‹ verschaffte man sich vor Ort – vorzugsweise bei der Stadtsparkasse. Der wirtschaftliche Aufschwung Mitte der zwanziger Jahre verführte die Kommunalpolitiker dazu, sich bei ihrem ›eigenen‹ Geldinstitut großzügige Kredite zu günstigen Konditionen einzuräumen, was – wie noch zu zeigen sein wird – die Stadtsparkasse Ludwigshafen im Krisenjahr 1931 in eine bedrohliche Lage bringen sollte.

Arbeit für Frauen: BASF-Telefonzentrale, 1921 [87]

Konturen der jungen Großstadt
Mitte der zwanziger Jahre

Wenn auch Ludwigshafen sich schon lange als ›Großstadt‹ gefühlt hatte – erst im März 1920 wurde sie ›kreisunmittelbare Stadt‹, und die 100 000-Marke bei der Einwohnerzahl überschritt sie nicht vor dem April 1922. Die statistische ›mittlere‹ jährliche Bevölkerung erreichte gar erst 1924 die ›magische‹ Grenze. In den ersten Nachkriegsjahren war die Zahl der Eheschließungen in die Höhe geschnellt, die zurückgekehrten Soldaten begannen ihr ziviles Leben. Ebenso stieg die Geburtenzahl steil an, ohne allerdings das Niveau der Vorkriegszeiten zu erreichen. Zudem zog die wirtschaftliche Scheinblüte der Jahre bis 1922 offenbar noch viele Menschen in die Stadt. So wuchs die Einwohnerzahl noch einmal kräftig um circa zehn Prozent zwischen 1919 und 1922. Danach aber änderte sich das Bild. Der natürliche Zuwachs ging ebenso zurück wie der Wanderungsgewinn, der sich in den meisten Jahren sogar in einen Wanderungsverlust verkehrte. Ebenso schrumpfte das einst so gewaltige Wanderungsvolumen, d. h. die Summe von Zu- und Fortzügen bezogen auf die Bevölkerung, ab 1925 auf Werte von um die zehn Prozent, ein Zeichen sowohl von wachsender Seßhaftigkeit wie aber auch von schwindender Gründerzeitdynamik. Auch die Zahl der Umzüge in der Stadt ging während der ›besseren‹ Jahre Mitte der 1920er zurück, stieg allerdings während der Wirtschaftskrise wieder, als viele teure Wohnungen aufgeben und billigere Quartiere suchen mußten.

Die konfessionelle Gliederung der Bevölkerung wurde durch eine evangelische Mehrheit (49,3%), bei einer allerdings starken katholischen Minderheit von 45,7% der Einwohner bestimmt. Der jüdische Bevölkerungsteil war in Ludwigshafen nicht besonders hoch (1,2% gegenüber 2,9% beispielsweise in Mannheim). Im Einzelhandel der Innenstadt und bei den freien Berufen waren die jüdischen Mitbürger jedoch wie andernorts stark vertreten.

Die Ergebnisse der Volks-, Berufs- und Betriebszählung von 1925[109] bestätigten einmal mehr, wie zutreffend die Charakterisierung

Familienbetrieb: Metzgerei Haas, Oggersheim, um 1928—1930 [88]

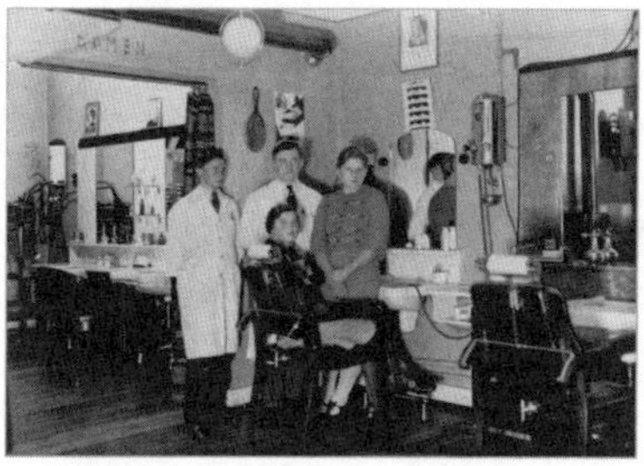

Familienbetrieb: Friseursalon Hoferer, Oppau, 1932 [89]

Arbeit für Männer: Gießerei der Sulzer Aktiengesellschaft, 1927 [90]

Arbeit für Männer: Laboratorium im Werk Oppau der BASF 1930er Jahre [91]

Bevölkerungsbewegung in Ludwigshafen 1919 bis 1933 [110]

Jahr	Einwohner[1]	Natürl. Bev.-zuwachs	Wande-rungs-gewinn	Verän-derung[2]	Ehen[3]	Umzüge[4]
1919	90 779[5]	820	3 037	3 857	13,6	9 228
1920	94 400[5]	1 165	2 422	3 587	18,3	11 835
1921	96 900[5]	1 224	2 708	3 932	15,1	7 020
1922	99 600[5]	903	3 248	4 151	15,1	7 187
1923	99 600[5]	880	-885	-5	11,9	4 802
1924	101 700[5]	1 093	2 189	3 282	9,1	6 757
1925	102 200	924	-67	857	9,9	5 427
1926	102 500	892	-442	450	10,4	4 538
1927	103 300	868	152	1 020	11,2	4 624
1928	104 400	917	413	1 330	11,1	5 670
1929	105 400	863	-123	740	11,4	8 020
1930	106 200	854	-54	800	9,9	5 244
1931	106 900	714	-244	470	9,1	11 892
1932	107 200	634	-464	170	9,1	11 238
1933	107 200	629	-919	-290	10,8	11 138

1 im Jahresmittel · 2 insgesamt · 3 Eheschließungen auf 1 000 Einwohner · 4 im Stadtgebiet · 5 am Jahresende

Ludwigshafens als Industrie-, Arbeiter- und Chemiestadt war. Am Stichtag des Zensus lebten 101 869 Personen in der Stadt. Von der Wohnbevölkerung waren 51 349 Frauen (50,4%). Nach der Berufszählung von 1925 betrug der Anteil der erwerbstätigen Arbeiter 24 722 (52,2% – in Mannheim zum Vergleich: 45,3%). Rechnet man den Anteil der kaufmännischen und Büro-Angestellten – 8 692, außerdem die Hausangestellten – 2 376 – hinzu, so kommt man auf einen Satz von 75,6% abhängig Beschäftigter in der Stadt. Ziemlich genau ein Viertel aller Erwerbstätigen waren zu dieser Zeit Frauen – gegenüber etwa 20% 1907. Bis 1933 stieg dieser Prozentsatz auf 30% an, wobei der Anteil der weiblichen Beschäftigten in der Industrie mit 13,9% kaum höher lag als Anfang des 20. Jahrhunderts. Demgegenüber waren rund 35% der Erwerbstätigen in Handel und Verkehr und 37% der im Öffentlichen Dienst und privaten Dienstleistungen Beschäftigten weiblich. Frauen standen nun weitaus mehr Berufsfelder offen als im Kaiserreich, der Schwerpunkt ihrer Beschäftigung in Ludwigshafen war nicht mehr der ›häusliche Dienst‹, sondern vielmehr der kaufmännische Bereich – wenn sie auch hier kaum je leitende Funktionen erreichten.

An dieser Stelle kann nur ein sehr geraffter Überblick über die wichtigsten Ludwigshafener Industriezweige gegeben werden. Die größte Bedeutung kam natürlich weiterhin der Chemieindustrie zu. Mitte 1925 beschäftigte sie 13 862 Personen. Betrachtet man die Stadtbevölkerung nach Berufszugehörigen – Erwerbstätige mit Ehepartnern, Kindern und weiteren Angehörigen ohne eigenen Haupterwerb, lebten in Ludwigshafen nahezu 34 000 Menschen (rund 36%) von Einkommen in dieser Branche. Die Werke Ludwigshafen und Oppau der I. G. Farbenindustrie hatten 1925 eine Gesamtbelegschaft von 21 820 Arbeitern und Angestellten, doch nicht einmal die Hälfte davon wohnte in der ›Chemiestadt‹.[111]

Anmerkungen
Seite 78 und 79

110 *Hauptzahlen über die Bevölkerungsbewegung in Ludwigshafen a. Rh. in den Jahren 1913 und 1919 bis 1938, in: Wort und Zahl, 4. 1938, S. 42; StALu, DS 241 / 1938*

111 *vgl. den statistischen Anhang in Schiffmann, Revolution, S. 457ff*

112 *125 Jahre BASF, S. 35, 40f, 45*

113 *Mörz, Westbote, S. 62ff, 81ff; Meinzer, Machtergreifung, S. 94ff*

* *näheres zu Josef Binder siehe Bd. 1, Kap. 7 ›Zwischen kleindeutscher Reichsgründung und Weltkriegs-Katastrophe‹*

Die chemische Industrie im Wandel
Größte Fusion im Deutschen Reich
Die BASF wird Teil der I. G. Farben[112]
Hauptsitz in Frankfurt am Main
Erster Vorstandsvorsitzender: Carl Bosch

Nachdem sich schon 1904 BASF, Bayer und Agfa zum sogenannten ›Dreibund‹ zusammengeschlossen hatten, war 1916 eine ›Interessengemeinschaft‹ unter Einschluß von Hoechst und anderen Firmen entstanden. Nach dem Krieg strebten die Großunternehmen eine Intensivierung ihrer Zusammenarbeit an, und im Dezember 1925 war die Fusion der BASF mit fünf weiteren Firmen – Hoechst, Bayer, Agfa, Weiler-ter-Meer und Griesheim-Elektron – zur ›Interessengemeinschaft Farbenindustrie Aktiengesellschaft‹, kurz I. G. Farben, beschlossene Sache.

Carl Bosch, bisher Chef der BASF, wurde der erste Vorstandsvorsitzende der I. G. Damit hörte die BASF auf, ein selbständiges Unternehmen zu sein. Es war nun Zweigwerk der I. G. Farben, deren Zentrale in Frankfurt a. M. war, wo ein monumentales Verwaltungsgebäude errichtet wurde.

In jenen Jahren gelangen in der BASF eine Reihe bahnbrechender Erfindungen. So wurde hier an der Herstellung von synthetischem Kautschuk, Buna und Benzin, dem sogenannten Leuna-Benzin, gearbeitet. Um 1929 gelang die Herstellung von Polystyrol, einem der ersten großindustriell verwertbaren Kunststoffe.

I. G. Kolben nach dem Entwurf von Josef Binder [92]*

Schon I. G. Farbenwerk Ludwigshafen: die BASF, Luftbild, Mai 1929 [93]

Nach der Betriebszählung von 1925 waren von 43 068 in der Stadt beschäftigten Personen 33 991 als Arbeiter und Angestellte in der Industrie tätig. Allein die Hälfte aller in der Industrie Beschäftigten arbeitete in der größten chemischen Fabrik der Stadt, der BASF, die sich Mitte der 1920er Jahre in das Zweigwerk Ludwigshafen und Oppau der I. G. Farben verwandelte.

Nach der Berufszählung von 1925 waren in Industrie, Handwerk, Handel und Verkehr insgesamt 41 040 Personen beschäftigt, auf Industrie und Handwerk entfielen davon mehr als 30 000 Erwerbstätige. Bezogen auf die Berufszugehörigen, exakt 95 013 Personen, waren nach der mit weitem Abstand führenden chemischen Industrie (35,6%) die Baubranche (8,5%), Maschinen-, Apparate- und Fahrzeugbau (7,3%) und das Nahrungs- und Genußmittelgewerbe die wichtigsten Industriezweige. Große Bedeutung kam darüber hinaus dem Handel (10,2%) und dem Verkehrswesen (9,8%) zu.

Während im Bereich der Industrie keine wesentliche Neugründung mehr erfolgte, vielmehr das schon im Kaiserreich entwickelte Bild sich verfestigte, zeigten andere Wirtschaftsfelder eine deutliche Dynamik.[113] So traten in den Weimarer Jahren nicht weniger als fünf Zeitungen in Ludwigshafen neu an die Öffentlichkeit, womit die Stadt um 1930 neben einem großen Lokalblatt vier parteipolitisch definierte regionale Blätter besaß, deren Bandbreite von kommunistisch über liberal, katholisch, sozialdemokratisch bis zu nationalsozialistisch reichte. Etwa 30% der Gesamtauflage aller pfälzischen Zeitungen erschien in Ludwigshafen.

Die Abschnürung der Pfalz von Mannheim durch die Besatzung machte die Stadt zum bevorzugten Einkaufsort der Vorderpfälzer. Die Ansiedlung eines Warenhauses des Tietz-Konzerns war sinnfälliges Zeichen der gewachsenen Bedeutung Ludwigshafens als Einkaufsstadt.

Die wichtigsten Industriezweige/ Wirtschaftsgruppen (1925)	Berufszugehörige	in %[1]
Chemische Industrie	33 795	35,6
Handelsgewerbe	9 643	10,2
Verkehrswesen	9 341	9,8
Baugewerbe und Baunebengewerbe	8 043	8,5
Maschinen-, Apparate- und Fahrzeugbau	6 957	7,3
Verwaltung, Heerwesen, Kirche, freie Berufe	4 503	4,7
Nahrungs- und Genußmittelgewerbe	3 674	3,9
Bekleidungsgewerbe	2 457	2,6

1 Prozentwerte beziehen sich auf die Gesamtzahl der Berufs-/Statuszugehörigen (95 013, s. folgende Tabelle)

Die Ludwigshafener Bevölkerung nach dem Hauptberuf der Erwerbstätigen (Juni 1925, Quelle s. Anm. 110)

Beruf/ Status	Erwerbs- tätige[1]	davon weibl.[2]	Ehe- frauen[3]	Sonst. Ang.[4]	gesamt[5]
Selbständige	4 581 [9,7][6]	1 214 [26,5][7]	2 333	3 995	10 909 [11,5][8]
Angestellte u. Beamte	14 255 [30,1][6]	3 579 [25,1][7]	6 898	8 844	29 997 [31,6][8]
Arbeiter	24 722 [52,2][6]	3 356 [13,6][7]	10 089	15 418	50 229 [52,9][8]
Hausangest.	2 376 [5,0][6]	2 375 [99,9][7]		108	2 484 [2,6][8]
Mithelfende Fam.-angeh.	1 394 [3,0][6]	1 088 [78,0][7]			1 394 [1,5][8]
insgesamt	47 328 [100][6]	11 612 [24,5][7]	19 320	28 365	95 013 [100][8]
o. Beruf/ keine Angabe	4 355	2 872 [65,9][7]	778	1 723	6 856
Wohn- bevölkerung	51 683	14 484 [28,0][7]	20 098	30 088	101 869

1 Männliche und weibliche Erwerbstätige im angegebenen Beruf/mit angegebenem Status
2 Weibliche Erwerbstätige im angegebenen Beruf/ mit angegebenem Status
3 Ehefrauen der Erwerbstätigen im angegebenen Beruf/mit angegebenem Status ohne eigenen Erwerb
4 Sonstige Angehörige der Erwerbstätigen im angegebenen Beruf/mit angegebenem Status ohne eigenen Erwerb
5 Berufszugehörige – im angegebenen Beruf/mit angegebenem Status ohne eigenen Erwerb
6 Prozentwert bezogen auf die Gesamtzahl der Erwerbstätigen (Basis 100%, grau hinterlegte Zeile 6 ›insgesamt‹, Spalte 2: 47 328)
7 Prozentwert der weibl. Erwerbstätigen bezogen auf die Gesamtzahl der Erwerbstätigen im angegebenen Beruf/mit angegebenem Status (Basis: Spalte 2, ›Erwerbstätige‹)
8 Prozentwert bezogen auf die erwerbstätige Wohnbevölkerung ohne den Anteil der berufs-/statuslosen (6 856), jedoch einschließlich Ehefrauen und sonstiger Angehöriger (Basis 100%: grau hinterlegte Zeile 6 ›insgesamt‹, Spalte 6: 95 013)

Anmerkungen
Seite 81

114 StALu, ZR 1440/19a, Bl.272—276
115 Winkler, S.278 auch f.d.F.

Daneben existierten eine ganze Reihe leistungsfähiger kleiner Kaufhäuser und großer Einzelhandelsgeschäfte. Die Ludwigstraße als Hauptgeschäftsstraße war bei Aktionen wie dem Ausverkauf oft schwarz von Menschen – auch wenn viele davon sicher nicht zu den zahlungskräftigsten Kreisen gehörten.

Politik und Gesellschaft

Das neue Kommunalparlament 1924

Das Durchschnittsalter des neu gewählten Stadtrats lag 1924 bei 45,3 Jahren. Die Fraktion mit dem niedrigsten Altersdurchschnitt waren die Kommunisten (37,6 Jahre), gefolgt von den Sozialdemokraten (44,6 Jahre). Deutlich über dem Schnitt lag die dreiköpfige Fraktion der DDP, weil ihr mit dem 61jährigen Dr. Friedrich Raschig einer der Senioren angehörte. Nur zwei Abgeordnete waren älter: der mittlerweile 62 Jahre alte SPD-Spitzenkandidat Bruno Körner und der Obervermessungsrat Otto Reinhardt (63) von der Wirtschaftlichen Bürgervereinigung. Das jüngste Ratsmitglied dieser Zeit war Karl Rihm, ein 25jähriger Kaufmann aus den Reihen der KPD.

Mit Blick auf die Berufsstruktur der Abgeordneten kann den Fraktionen der SPD und der Zentrumspartei am ehesten Volkspartei-Charakter zugeschrieben werden. Für die DVP, DDP, BVP und die Wirtschaftliche Bürgervereinigung saßen hingegen Repräsentanten im Rat, die deren Klientel entsprachen: Gießereibesitzer, Fabrikant, Bäckermeister, Chemiker, Landwirt, Diplomingenieur und Rechtsanwälte. Fünf Sitze im 40köpfigen Kommunalparlament nahmen nun Frauen ein. Während Zentrum (Elise Buser), DVP (Elise Schad) und KPD (Rosa Hermann) nur jeweils eine Stadträtin stellten, gehörten der sozialdemokratischen Fraktion mit Lina Rauschert und Susanne Jacobshagen immerhin zwei weibliche Abgeordnete an. Unter der Rubrik ›Stand oder Beruf‹ hatten sie alle „Hausfrau" oder „Ehefrau" angegeben.[114]

Flugblatt der Wirtschaftlichen Bürgervereinigung zur Stadtratswahl 1924 [94]

Die Ergebnisse der Stadtratswahlen vom 7. Dezember 1924 nach Geschlecht

	Wahlberechtigte	Wahlbeteiligung in %	Gültige Stimmen
weiblich	28 545	64,2	18 336
männlich	27 637	78,0	21 542
gesamt	56 182	71,0	39 878

davon – in % der abgegebenen gültigen Stimmen – entfallen auf:

	SPD	USPD	KPD	Z	BVP	DVP	DDP	VBlock[1]	WiBV[2]	CNVP[3]
weiblich	31,0	0,7	9,8	20,6	3,4	16,7	7,3	0,9	13,7	1,9
männlich	35,0	0,9	15,2	15,0	1,5	8,6	6,8	1,2	14,6	1,2
gesamt	33,2	0,8	12,7	17,6	2,4	9,6	7,1	1,1	14,2	1,3

1 Völkischer Block
2 Wirtschaftliche Bürgervereinigung
3 Christlich-nationale Volkspartei

Sitzverteilung im Stadtrat 1924—1929

SPD	KPD	Z	BVP	DVP	DDP	WiBV[2]
14	5	7	1	4	3	6

Die Reichspräsidentenwahl 1925

Am 28. Februar 1925 war Reichspräsident Friedrich Ebert im Alter von 54 Jahren gestorben. „Sein Tod, wenige Monate vor dem Ende seiner Amtszeit, und die Wahl seines Nachfolgers wurden zu einer der tiefsten Zäsuren in der Geschichte der ersten deutschen Demokratie."[115]

Wahlplakat der Bayerischen Volkspartei [95]

Demonstration der Stärke der republikanischen Kräfte: Reichsbannertag in Ludwigshafen, 1927 [96]

Anmerkungen Seite 83

116 *Winkler, S. 280f*

„Am 29. März 1925 fand der erste Wahlgang der ersten Direktwahl eines Reichspräsidenten durch das Volk statt. Für die gouvernementale Rechte trat der frühere Reichsinnenminister und damalige Oberbürgermeister von Duisburg, Karl Jarres, an, der von seiner eigenen Partei, der DVP, den Deutschnationalen und der Wirtschaftspartei unterstützt wurde. Sozialdemokratischer Kandidat war Otto Braun, der am 23. Januar im Zuge der jüngsten Regierungskrise von seinem Amt als preußischer Ministerpräsident zurückgetreten war. Für das Zentrum ging der frühere Reichskanzler Wilhelm Marx, für die DDP der badische Staatspräsident Willy Hellpach und für die BVP Heinrich Held, seit April 1924 Ministerpräsident des Freistaates, ins Rennen. Die Kommunisten hatten Ernst Thälmann, die Nationalsozialisten Erich Ludendorff aufgestellt."

Keiner der Bewerber erhielt die im ersten Wahlgang erforderliche absolute Mehrheit der Stimmen. Am besten Schnitt Jarres mit 38,8% ab, gefolgt von Braun (29%) und von Marx mit 14,5% der Stimmen. Weit abgeschlagen landeten Thälmann (7%), Hellpach (5,8%), Held (3,7%) und Ludendorff (1,1%) auf den Plätzen. Der Trend zur Entradikalisierung der Wählerschaft hatte sich seit den letzten Reichstagswahlen im Dezember 1924 also fortgesetzt: Die politisch extremen Kandidaten, Thälmann und Ludendorff, verbuchten deutlich weniger Stimmen als ihre Parteien vier Monate zuvor. Zurückgegangen war auch die Wahlbeteiligung (68,9%). Sie lag am 29. März 1925 um etwa zehn Prozent niedriger, und offenkundig ist dieses Minus vor allem zu Lasten der extremen Flügelparteien gegangen.

In Ludwigshafen entsprach die Stimmenverteilung auf die Kandidaten weithin dem Resultat der Reichstagswahl vom Dezember 1924. Deutlich abweichend vom Reichsdurchschnitt siegte hier der Sozialdemokrat Otto Braun mit 35,6% der gültigen Stimmen, für die SPD hatten vier Monate zuvor 35,2% der Ludwigshafener Wähler gestimmt.

Wahlplakat für den Zentrumskandidaten Marx bei der Reichspräsidentenwahl 1925 [97]

Wahlplakat für die SPD Reichstagswahlen 1924(?) [98]

Fast gleichauf folgten mit deutlichem Abstand Jarres (19,9%) und Marx (19,7%) – die Zentrumspartei lag im Dezember 1924 bei 19,4%. Für Thälmann votierten mehr als 13% der Chemiestädter, was dem letzten Reichstagswahlergebnis der KPD (12,8%) ebenfalls sehr nahe kam. Der DDP-Kandidat Willy Hellpach erhielt neun Prozent der Stimmen, im Dezember 1924 hatten seine Partei 9,3% der Ludwigshafener Wähler präferiert.

Da den drei ›Weimarer‹ Parteien klar war, daß sie im zweiten Wahlgang, bei dem die relative Mehrheit ausreichte, die Rechte nur schlagen konnten, wenn sie sich auf einen gemeinsamen Bewerber verständigten, einigten sich SPD, Zentrum und DDP auf Wilhelm Marx als gemeinsamen Kandidaten für das Amt des Reichspräsidenten. Gegen diesen, darüber war man sich wiederum im rechten Lager einig, würde Karl Jarres, obgleich erfolgreichster Anwärter im ersten Wahlgang, keine Chancen haben. Die Suche nach einem attraktiveren Bewerber konnte sich auch auf eine Persönlichkeit richten, die im ersten Wahlgang noch nicht angetreten war – das Gesetz über die Wahl des Reichspräsidenten vom 4. Mai 1920 sah dies ausdrücklich vor. Mit dem bereits 77 Jahre alten ehemaligen Generalfeldmarschall Paul von Hindenburg wurde schließlich eine „volkstümliche Galionsfigur des ›nationalen‹ Lagers" gefunden. Schon zu Lebzeiten zu einem Mythos geworden, genoß Hindenburg eine große Popularität als Heerführer, Politiker war er freilich nicht. Seine Wahlchancen als Kandidat des ›Reichsblocks‹ stiegen, nachdem sich auch die Bayerische Volkspartei für den preußischen General ausgesprochen hatte. Wahlentscheidend sollte auch werden, daß die Zentrale der KPD beschloß, Ernst Thälmann im Rennen zu lassen. „Es ist nicht die Aufgabe des Proletariats", so ein KPD-Appell an die Werktätigen Deutschlands, „den geschicktesten Vertreter der Bourgeoisieinteressen auszusuchen, zwischen dem Zivildiktator Marx und dem Militärdiktator Hindenburg das kleinere Übel zu wählen."[116]

Stadtrats- und Bürgermeisterwahlen 1920—1929
nach Stadtteilen

Stadtteil Süd

Stadtrat 1920

Wahlberechtigte	Wahlbeteiligung in %	Ungültige Stimmen	Gültige Stimmen
16979	61,0	20	10283

davon entfallene Stimmen auf*

SPD	USPD	KPD	LKPD	Z	BVP	DVP	DDP	NSDAP	WiBV
25,6	24,6	–	–	–	17,5	18,6	13,7	–	–

Bürgermeisterwahl 1920

Wahlberechtigte	Wahlbeteiligung in %	Weiß*	Hoffmann*
17687	57,4	63,8	36,2

Stadtrat 1924

Wahlberechtigte	Wahlbeteiligung in %	Ungültige Stimmen	Gültige Stimmen
18034	73,1	318	12881

davon entfallene Stimmen auf*

SPD	USPD	KPD	LKPD	Z	BVP	DVP	DDP	NSDAP	WiBV
31,2	0,9	9,1	–	15,7	2,7	12,7	8,8	1,4	15,8

Stadtrat 1929

Wahlberechtigte	Wahlbeteiligung in %	Ungültige Stimmen	Gültige Stimmen
21268	68,0	98	14354

davon entfallene Stimmen auf*

SPD	USPD	KPD	LKPD	Z und BVP	DVP	DDP	NSDAP	WP
29,3	–	5,7	2,0	15,6	12,4	7,3	10,7	7,9

Anmerkungen
Seite 84 und 85

* *Angaben in % der abgegebenen gültigen Stimmen*

Stadtteil Nord

Stadtrat 1920

Wahlberechtigte	Wahlbeteiligung in %	Ungültige Stimmen	Gültige Stimmen
18193	61,8	17	11228

davon entfallene Stimmen auf*

SPD	USPD	KPD	LKPD	Z	BVP	DVP	DDP	NSDAP	WiBV
32,1	34,7	–	–	–	14,3	12,2	6,7	–	–

Bürgermeisterwahl 1920

Wahlberechtigte	Wahlbeteiligung in %	Weiß*	Hoffmann*
18758	53,0	47,9	52,1

Stadtrat 1924

Wahlberechtigte	Wahlbeteiligung in %	Ungültige Stimmen	Gültige Stimmen
20369	72,5	451	14300

davon entfallene Stimmen auf*

SPD	USPD	KPD	LKPD	Z	BVP	DVP	DDP	NSDAP	WiBV
38,0	0,8	16,8	–	15,0	2,0	8,2	4,9	1,0	12,0

Stadtrat 1929

Wahlberechtigte	Wahlbeteiligung in %	Ungültige Stimmen	Gültige Stimmen
20433	68,9	121	13954

davon entfallene Stimmen auf*

SPD	USPD	KPD	LKPD	Z und BVP	DVP	DDP	NSDAP	WP
38,2	–	10,9	4,0	15,3	6,1	2,9	7,5	8,0

Stadtteil Friesenheim

Stadtrat 1920	Wahlberechtigte	Wahlbeteiligung in %	Ungültige Stimmen	Gültige Stimmen
	7409	65,7	17	4847

davon entfallene Stimmen auf*

SPD	USPD	KPD	LKPD	Z	BVP	DVP	DDP	NSDAP	WiBV
30,5	31,5	–	–	–	21,4	9,0	7,7	–	–

Bürgermeisterwahl 1920	Wahlberechtigte	Wahlbeteiligung in %	Weiß*	Hoffmann*
	7786	55,8	52,4	47,6

Stadtrat 1924	Wahlberechtigte	Wahlbeteiligung in %	Ungültige Stimmen	Gültige Stimmen
	8836	70,5	200	6018

davon entfallene Stimmen auf*

SPD	USPD	KPD	LKPD	Z	BVP	DVP	DDP	NSDAP	WiBV
31,1	0,7	9,5	–	21,2	1,8	10,6	8,2	1,1	14,6

Stadtrat 1929	Wahlberechtigte	Wahlbeteiligung in %	Ungültige Stimmen	Gültige Stimmen
	11444	69,0	93	7801

davon entfallene Stimmen auf*

SPD	USPD	KPD	LKPD	Z und BVP	DVP	DDP	NSDAP	WP
32,0	–	5,8	1,2	21,6	9,9	5,5	6,9	9,3

Stadtteil Mundenheim

Stadtrat 1920	Wahlberechtigte	Wahlbeteiligung in %	Ungültige Stimmen	Gültige Stimmen
	7968	68,1	11	5419

davon entfallene Stimmen auf*

SPD	USPD	KPD	LKPD	Z	BVP	DVP	DDP	NSDAP	WiBV
29,7	24,0	–	–	–	24,0	7,9	14,4	–	–

Bürgermeisterwahl 1920	Wahlberechtigte	Wahlbeteiligung in %	Weiß*	Hoffmann*
	8424	57,6	56,4	43,6

Stadtrat 1924	Wahlberechtigte	Wahlbeteiligung in %	Ungültige Stimmen	Gültige Stimmen
	9207	75,2	258	6679

davon entfallene Stimmen auf*

SPD	USPD	KPD	LKPD	Z	BVP	DVP	DDP	NSDAP	WiBV
28,5	0,5	13,4	–	23,4	3,2	6,4	7,1	0,9	15,7

Stadtrat 1929	Wahlberechtigte	Wahlbeteiligung in %	Ungültige Stimmen	Gültige Stimmen
	9813	71,8	72	6969

davon entfallene Stimmen auf*

SPD	USPD	KPD	LKPD	Z und BVP	DVP	DDP	NSDAP	WP
32,4	–	10,9	1,1	26,8	3,1	3,7	5,7	7,7

Gesamtergebnisse der Stadtratswahlen 1920 bis 1929

	1920	1924	1929
WB[1]	63,0	70,9	69,0
KPD	–	12,7	8,2
LKPD[2]	–	–	2,4
USPD	29,1	0,8	–
SPD	29,3	33,2	33,2
DDP	10,4	7,1	5,0
DVP	13,0	9,6	8,4
WiBV[3]	–	14,2	9,5
Z[4]	–	17,6	18,4
BVP	18,1	2,4	–
KF[5]	–	–	2,3
Rechte[6]	–	2,4	4,3
NSDAP	–	–	8,1

1 Wahlbeteiligung

2 Linke Opposition der KPD

3 1924 Wirtschaftliche Bürgervereinigung, 1929 Wirtschaftspartei

4 1929 Zentrum und BVP

5 Katholikenfrauenliste

6 1924: Völkischer Block 1,1%, CNV: Christlich-nationale Volkspartei 1,3%; 1929: Christlich-sozialer Volksdienst 2,5%, DNVP 0,9%, u. a.

Donnerstag, den 14. August 1924
1. Jahrgang Nummer 4
Arbeiter-Zeitung
Organ der Kommunistischen Partei Deutschlands
(Sektion der Kommunistischen Internationale) für Pfalz, Rheinhessen u. Nahe-Gebiet.
Niedner fällt neue Zuchthausurteile
Morgen-Welt — Welt-Morgenröte: der christliche Frieden der Bethlehem-Stahl-Werke.

Kopf der kommunistischen ›Arbeiter-Zeitung‹ vom 14. August 1924 [99a]

Neue
Pfälzische Landes-Zeitung
Organ für Kultur, Politik und Volkswirtschaft
Nummer 244
LUDWIG HUSSE, Pfarrer an Herz-Jesu, Ludwigshafen
Ecce Sacerdos Magnus!

Kopf des Zentrumsblatts ›Neue Pfälzische Landeszeitung‹ vom 19. Oktober 1929 [99b]

Nuntius Pacelli (Mitte) wird vor der Herz-Jesu-Kirche von Pfarrer Husse (links) und dem Speyerer Bischof Ludwig Sebastian (rechts) empfangen [100]*

„Hindenburg von Thälmanns Gnaden!", lautete denn auch die Schlagzeile des ›Vorwärts‹ vom 27. April 1925, als tags zuvor die Entscheidung zugunsten des Feldmarschalls gefallen war. Mit einem Vorsprung von 900 000 Stimmen vor Marx (45,3%) ging Hindenburg (48,3%) als Sieger aus dem zweiten Wahlgang hervor. Für Thälmann entschieden sich 6,4% der Wähler – der Weimarer Republik hätte mithin ein Reichspräsident von Hindenburg erspart bleiben können. Doch sein Sieg „hatte mehr Väter und Mütter, als die Schlagzeile des sozialdemokratischen Parteiorgans suggerieren wollte", so Heinrich August Winkler (Weimar, S. 282) mit Blick auf andere „Abtrünnige" aus dem republikanischen Lager. Zudem hatte der Kandidat der Rechten offenbar eine „große Schar bisheriger Nichtwähler [. . .] an die Urne geführt", wie die ›Frankfurter Zeitung‹ schrieb. Die Wahlbeteiligung war von 68,9% auf 77,6% gestiegen.

Auch in Ludwigshafen mobilisierte die Entscheidung um das höchste Staatsamt rund 1 500 Wahlberechtigte mehr als am 29. März. Ihre Voten dürften ebenfalls weitgehend Hindenburg zugekommen sein, denn auf ihn entfielen rund 2 000 Stimmen mehr als die Kandidaten Jarres, Held und Ludendorff im ersten Wahlgang auf sich vereinigt hatten. Gleichwohl waren den Wahlchancen des Feldmarschalls im politisch-sozialen Milieu der Arbeiterstadt enge Grenzen gesetzt. Nur ein gutes Viertel der Ludwigshafener Wähler, genau 26,5%, sah in ihm das geeignete Staatsoberhaupt. Die Anhängerschaft der ›Weimarer‹ Parteien wählte zu größten Teilen den gemeinsamen Kandidaten Wilhelm Marx, der in Ludwigshafen mit 27 194 Stimmen (63,9%) überlegener Wahlsieger wurde. Die kommunistische Klientel folgte indessen dem Wahl-Appell der KPD-Zentrale nicht mehr geschlossen. Trotz höherer Wahlbeteiligung erhielt Ernst Thälmann rund 1 350 Stimmen weniger als im ersten Wahlgang, kam aber immer noch auf einen Anteil von 9,7%.

Anmerkungen
Seite 86 und 87

117 *Mörz, Westbote, S. 81ff*

118 *StALu, PGV 13; reponiert unter M 310*

* *wahrscheinlich 6. Oktober 1928, als der spätere Papst Pius XII. über Ludwigshafen nach Speyer zum Jubiläum des dortigen Dominikanerinnenklosters reiste*

Moderne Konstruktionsmethoden auch beim Kirchenbau: die Marienkirche 1926 [101]

Das ›Bollwerk christlicher Jugenderziehung‹: Don-Bosco-Haus im Stadteil Nord [102]

Wettbewerb zwischen Rot und Schwarz

Trotz ihrer dauernden Zusammenarbeit in vielen kommunalpolitischen Fragen zeigten die Weimarer Jahre einen nicht zu übersehenden ›Wettbewerb zwischen Rot und Schwarz‹, zwischen Arbeiterbewegung/SPD und Katholizismus/Zentrum um Einfluß auf ›Kopf und Herz‹ der Bevölkerung der Industriestadt.

Schon früh machte sich das im Bereich der Presse bemerkbar.[117] Hier erhielt die ›Pfälzische Post‹ zwar auch von links Konkurrenz: Ab 1924 erschien in Ludwigshafen die ›Arbeiter-Zeitung‹ als Organ der KPD. Die bedeutendste Zeitungsgründung im Ludwigshafen der 1920er Jahre war jedoch die ›Neue Pfälzische Landeszeitung‹, die 1922 die ›Pfälzer Zeitung‹ als katholisches Organ in der Chemiestadt ersetzte.

Ihr Schöpfer war der Reichstagsabgeordnete Hermann Hofmann, der sich damit eine Plattform für seine BVP-kritische Position schuf. Nach der Abspaltung des pfälzischen Zentrums von der BVP 1924 tobte ein heftiger Kampf um die Macht bei der Zeitung, in deren Verlauf es zu handgreiflichen Auseinandersetzungen zwischen BVP- und Zentrumsanhängern im Verlag kam. Zuerst siegte die BVP; nach einer Protestversammlung der zentrumstreuen Leserschaft mußte sie jedoch ihre Position räumen. Weitere bittere Fehden zwischen dem nunmehrigen Zentrumsblatt und der pfälzischen BVP-Presse veranlaßten 1926 den Bischof von Speyer, allen Kontrahenten mit dem Entzug der – für die Existenz der Blätter wesentlichen – kirchlichen und gottesdienstlichen Mitteilungen zu drohen: „Kann eine solche Presse sich katholisch nennen, die Jahre lang in unversöhnlichem Streite liegt, vor Gericht sich herumreißt, Prozesse anstrengt und wieder zurücknehmen muß?"[118] Die ›Neue Pfälzische Landeszeitung‹ erlangte pfalzweite Verbreitung, und 1928 entsprach ihre Auflage mit 18 000 Stück täglich in etwa der der ›Pfälzischen Post‹, die allerdings nur die Vorderpfalz bediente.

Modell für die Herz-Jesu-Kirche und die Schule der Dominikanerinnen im Stadtteil Süd [103]*

Am deutlichsten wurde die Konkurrenz zwischen katholischem und sozialdemokratischem ›Milieu‹ im Bereich der sozialen und Bildungseinrichtungen. Anfang der 1920er Jahre waren nahezu parallel die ›Caritas‹[119] und die ›Arbeiterwohlfahrt‹[120] in der Stadt ins Leben gerufen worden. Mitte der zwanziger Jahre warf dann der Streit um die Einrichtung der ersten städtischen Kindergärten ein deutliches Licht auf die Empfindlichkeiten der Kontrahenten.

Aus „sozialen, hygienischen und sittlichen Gründen", so führte Stadtschulrat Günzel im Stadtrat zu Beginn des Jahres 1926 aus, hielt es die Verwaltung für dringend geboten, städtische Kindergärten einzurichten.[121] Zwar wurden zu dieser Zeit bereits 2 000 Kinder in bestehenden kirchlichen Kinderhorten betreut, doch diese reichten „aber bei weitem nicht aus, da etwa 5 000 Kinder in Frage kämen. Der pädagogische Gedanke spiele bei den Kindergärten die Hauptrolle. Die Kindergärten sollten nicht nur die körperliche sondern auch die geistige Entwicklung der Kinder fördern. Die notwendigen Mittel seien im Voranschlag 1925 bereits vorgesehen und zwar für vier Abteilungen. Hiervon sollen zwei Abteilungen in der Rheinschule und zwei in der Goetheschule untergebracht werden. Die Kindergärten sollen auch die Lücke zwischen Säuglingsfürsorge und Volksschule ausfüllen. Ein Wettbewerb mit konfessionellen Kindergärten soll nicht stattfinden."

Gegen dieses Vorhaben sprach sich entschieden die Zentrumsfraktion aus. Ihr Ratsmitglied August Heller führte zunächst Kostenfragen ins Feld, ließ dann aber verlauten, was den politischen Katholizismus daran vor allem störte: „Mit der Errichtung von städtischen Kindergärten wolle man die Entchristlichung der Kinder herbeiführen und deshalb lehne er und seine Fraktion die Vorlage ab." Mit ihrer ablehnenden Haltung befanden sich die Zentrumsabgeordneten jedoch allein auf weiter Flur. Die Sozialdemokraten standen „der Vorlage sympathisch gegenüber", Ludwig Bertram erklärte für die Demokraten, „daß die gemeinnützigen Kindergärten im Sinne Fröbels, der ein guter Christ war, geführt werden", und selbst die Wirtschaftliche Bürgervereinigung begrüßte das Vorhaben. „Wer das Wohnungselend in hiesiger Stadt ansieht", so ihr Fraktionschef Otto Reinhardt, „und weiter beobachtet,

Anmerkungen Seite 88 und 89

119 *Wetzler, S. 216f*
120 *Fauck, S. 76*
121 *SRP 15.2.1926, Bd. 48, Bl. 28ff*
122 *Kupper, S. 13ff*
123 *NPfL, 30.6.1928; Dreifaltigkeit, S. 31*
124 *NPfL, 2.7.1928*
125 *Müller, S. 27f*
* *Abgesehen vom großen Kirchturm wurde der Entwurf von Albert Boßlet im wesentlichen entsprechend dem abgebildeten Modell realisiert.*

Das Marienkrankenhaus in der Gartenstadt [104]

wie die Kinder tagsüber ohne Aufsicht auf der Straße sind, der müsse zustimmen." Dies geschah dann auch mit der großen Mehrheit von 31 gegen 8 Stimmen.

In der zweiten Hälfte der zwanziger Jahre entstanden neben einer Reihe hervorragender neuer katholischer Kirchenbauten – Herz-Jesu im Stadtteil Süd, Marien- und Josefskirche in Nord und Friesenheim sowie St. Bonifaz in der Gartenstadt – in den Stadtteilen Süd, Nord und Gartenstadt bedeutende und durch ihre moderne Architektur stadtbildprägende katholische Einrichtungen. Den Anfang machte das Mädchenlyzeum der Speyerer Domikanerinnen an der Rottstraße.[122] Auf einem großen Areal entstand ab 1926 nach den Plänen der Architekten Albert Boßlet und Karl Lochner ein großer Schulkomplex mit Kloster. Der Schulbetrieb wurde im April 1927 aufgenommen. Dem Institut wurden eine höhere Mädchenschule, ein Realgymnasium und – 1933/34 – eine Haustöchterschule angegliedert. Zusammen mit der 1929 ebenfalls nach Plänen von Boßlet und Lochner errichteten Herz-Jesu-Kirche bildete die sogenannte ›Klosterschule‹ das katholische Zentrum des südlichen Stadtteils. Ganz ähnliche Funktion hatte für den Hemshof das im Juli 1928 eingeweihte ›Don-Bosco-Haus‹,[123] ein vom Elisabethen-Verein der Pfarrei St. Dreifaltigkeit errichteter Komplex von Wohnungen und Lehrlingsheim, das auch das Zentrum der katholischen Jugendarbeit in Ludwigshafen und besonders im stark antikirchlich ›links‹ bestimmten Stadtteil Nord sein sollte. Das nach dem Salesianer-Pater und Jugendpädagogen Don Bosco benannte Haus sei ein „Bollwerk christlicher Jugenderziehung",[124] betonte der Geistliche der Ludwigskirche, Prälat Walzer, bei der Einweihung des Gebäudes.

Als dritte große Einrichtung entstand in der Gartenstadt das Marienkrankenhaus,[125] ein wie das Don-Bosco-Haus von dem in München ansässigen Ludwigshafener Architekten Ritter von Perignon in den strengen Formen der Moderne geplantes Gebäude. Die Einrichtung der Speyerer Armen Schulschwestern entstand in enger Kooperation mit den Kommunalbehörden. Wie Bürgermeister Kleefoot bei der Einweihung im Mai 1930 betonte, begrüßte die von Finanznöten geplagte Verwaltung die Hilfe bei der medizinischen Versorgung der Stadt. Den

Bertha Steinbrenner (1877?—1928)
Gattin eines im Hemshof praktizierenden Tierarztes, führte ein großbürgerliches Haus, engagierte sich aber auch aktiv in der protestantischen Kirche und besonders in der Frauenarbeit. 1920/21 betrieb sie zusammen mit Dekan Stepp die Gründung des ›Evangelischen Sekretariats‹ in Ludwigshafen, das bereits im Jahr darauf zum pfalzweiten ›Evangelischen Verband der Pfalz für Kinderhilfe und soziale Fürsorge‹ mit Sitz in der Stadt der Chemie umgewandelt wurde. [105]

Schwestern hatte sie das Grundstück für das Krankenhaus zu günstigen Konditionen überlassen. Damit wurde es dem Orden erleichtert, dem Wunsch des Bischofs von Speyer zu folgen und gerade in Ludwigshafen eine große katholische karitative Einrichtung zu gründen, die auch der Aus- und Fortbildung der Schwestern dienen sollte.

Neben diesen Neugründungen wurde das 1912 von der katholischen Lehrerin Karolina Burger in ihrer Privatwohnung gegründete Mundenheimer Kinderheim ›St. Anna-Stift‹[126] stark ausgebaut. Seit 1927 entstanden dort ein kleines Krankenhaus, eine Säuglings- und Kleinkinderpflegerinnenschule und ein Obdachlosenasyl.

Genauso wie der kommunale Wohnungsbau erfolgte der Ausbau der katholischen Einrichtungen in der Stadt vorzugsweise mit Hilfe von Krediten in- und ausländischer Geldgeber – ein nicht unproblematischer Weg, wie sich in der Folge zeigen sollte. So hatten sich die Armen Schulschwestern für die Kapitalbeschaffung einem Heidelberger Unternehmer anvertraut, durch dessen Veruntreuungen sie in langwierige Prozesse verwickelt wurden und einen Schaden von 2,5 Millionen Mark erlitten.[127] Beim Annastift führte der Abzug der meisten Pflegekinder, die von der Stadtverwaltung im Zeichen der Wirtschaftskrise in billigere Privatpflege vermittelt wurden, zu einer Existenzkrise. Nur durch die Aufnahme von erwachsenen Patienten in ihr kleines Krankenhaus, die ihnen von Privatärzten überwiesen wurden, konnten sie überleben. Dabei entstand ein häßlicher Streit mit dem Marienkrankenhaus, das um seine Zuteilungen an städtischen ›Wohlfahrtspatienten‹ rang, d. h. solcher ›Kunden‹, deren Behandlungskosten das Fürsorgeamt trug. Dabei fürchteten die Verantwortlichen des Marienkrankenhauses, daß, „soweit wir die Verhältnisse in Ludwigshafen kennen", die sozialdemokratische Fürsorgeverwaltung die katholischen Institute gegeneinander ausspielen werde.[128]

In die Zeit der Weltwirtschaftskrise fällt auch die letzte hervorstechende katholische Gründung im Ludwigshafen der Weimarer Zeit, die im Mai 1931 eingerichtete Residenz der Jesuiten im ›Franz-Xaver-Haus‹ im Stadtteil Süd.[129] Die erste Niederlassung des Ordens in der Pfalz seit dessen vorübergehender Auflösung im Jahr 1773 entstand offenbar einmal mehr auf Anregung des Bischofs von Speyer und wurde auch von Laien wie der Ludwigshafener Hauptlehrerin und BVP-Landtagsabgeordneten Klara Barth gefördert. Wie ein Brief des Provinzials betonte, diente die Jesuitenstation vor allem der außerordentlichen Seelsorge in der Pfalz „wie Priesterkonferenzen, Lehrerinkongregation, Exerzitien und Missionen" und war insofern ein Vorgänger des heutigen Ludwigshafener Heinrich-Pesch-Hauses. Nach 1945 wurde das Franz-Xaver-Haus nach Mannheim verlegt.

Neben Stadt und katholischer Kirche trat auch die evangelische Kirche bei der Gründung sozialer Einrichtungen auf den Plan. Unter der Ägide des 1926 verstorbenen Dekans Ferdinand Stepp, eines für soziale Fragen offenen Liberalen, der – für bürgerliche Herrschaften höchst ungewöhnlich – nach Erzählungen vor den der BASF zustrebenden Arbeitern den Hut zog, wurde 1921 das ›Evangelische Sekretariat‹ errichtet, aus dem sich der Gemeindedienst und die Diakonie in Ludwigshafen entwickelte. Im Juni 1928 wurde mit dem Evangelischen Kinder- und Altersheim in der Gartenstadt die erste ausdrücklich von Beginn an für die Betreuung alter Menschen bestimmte Institution in

Anmerkungen
Seite 90 und 91

126 StALu, M 295
127 StALu, Zeitungsschnittsammlung, L 64
128 Leitung der Armen Schwestern an Annastift, 25.3.1932; StALu, M 295
129 Wetzler, S. 164, Anm.; Brief des Jesuitenprovinzials P. Hayler, Pullach, an Pfr. Husse, Ludwigshafen, 8.3.1931 (im Archiv des Kath. Stadtdekanats Ludwigshafen)
130 Belitz, S. 212f, 233
131 zit. n. Demessier, S. 54
132 Die Zahl ist eigentlich die der ›Sonstigen‹, die neben den Konfessionslosen die Freireligiösen, aber auch die Mennoniten und andere Glaubensgemeinschaften mit einschließt.
** von A. Throll, Offenbach a. M.*

Wandgemälde im Betsaal des Evangelischen Altersheims in der Gartenstadt Aufnahme von 1937 [106a]*

Lina Rauschert (1878—1963)
Frau des Arbeitersekretärs und Ludwigshafener AOK-Direktors Albert Rauschert, engagierte sich aktiv in der SPD und betrieb die Gründung des ersten pfälzischen Ortsausschusses der Arbeiterwohlfahrt in Ludwigshafen, die im April 1921 erfolgte. Dort war sie weiterhin leitend tätig und von 1924 bis 1933 auch Stadträtin. Von den Nationalsozialisten wurde sie aus allen Ämtern verdrängt. [106b]

Ludwigshafen eröffnet, zwei Jahre vor dem Altersheim des Roten Kreuzes in der Schuckertstraße.

War das Verhältnis von ›Rot‹ und ›Schwarz‹ im Sinne des Katholizismus von einem Wechsel zwischen Konkurrenz und Kooperation bestimmt, so standen viele überzeugte Protestanten und ihre überwiegend deutschnational gesinnten Geistlichen den neuen Herrschaftsträgern weit distanzierter gegenüber. Bezeichnend war es, daß bei der Eröffnung des vom Gast- zum Protestantischen Gemeindehaus umgebauten ›Eichbaums‹ in Friesenheim die Redner mit einem Hoch auf Hindenburg endeten, und Pfarrer Opp unter Anspielung auf die deutsche Eiche den Wunsch äußerte: „Möge sich das junge Germanengeschlecht mit dem frischen Grün der christlichen Tugenden schmücken, um dem deutschen Volk zur Wiedergeburt zu helfen."[130] Allerdings gab es innerhalb des Protestantismus mit den ›Religiösen Sozialisten‹ auch eine der SPD nahestehende Gruppierung. Bei den ersten – und bisher einzigen – direkten Wahlen zur pfälzischen Landessynode im Jahr 1927 konnten sie in der Pfalz 11,8% der Stimmen gewinnen. In Ludwigshafen lag ihr Anteil mit 15% deutlich höher, wobei Mundenheim mit einem Anteil von 31,5% die Hochburg darstellte. Die bestimmenden Kräfte in der Kirche standen jedoch der Sozialdemokratie feindlich gegenüber, die ihrerseits – gerade am Beginn und Ende der Weimarer Jahre – vor antikirchlichen Äußerungen nicht zurückschreckte. Dies umso weniger, als Kreise des Ludwigshafener Protestantismus nach 1930 deutliche Sympathien für die Nationalsozialisten zu zeigen begannen. Die Trauung eines NS-Anhängers in voller Uniform mit aufgepflanzten Hakenkreuzfahnen in der Apostelkirche im November 1930 wirkte dabei als ungeheure Provokation. Der Pfarrer der Kirche beklagte sich 1931 in seinem Jahresbericht bitter, daß „radikal-sozialistische und kommunistische Elemente alles tun, um in ihren Versammlungen und ihrer Presse die Kirche verächtlich zu machen."[131] Der ›Erfolg‹ solcher Rhetorik zeige sich in steigenden Kirchenaustrittszahlen. In der Tat nahm ihre Zahl in der Zeit der Wirtschaftskrise nach 1930 stark zu – ähnlich wie in der nachrevolutionären Zeit 1920 bis 1922. Insgesamt stieg jedoch der Anteil der Konfessionslosen[132] an der Bevölkerung Ludwigshafens nur von zwei Prozent im Jahr 1910 auf 5,4% im Jahr 1933, zwar mehr als eine Verdoppelung, doch kein tiefer Einbruch.

›Moderne‹ Werbe- und Transportmöglichkeiten: Wagen des ›Küchenmagazins‹ Gebr. Pabst um 1930 [107]

„Eine Großstadt wird korrigiert"

Zur Entwicklung des Verkehrs

In der Stadtratssitzung vom 11. Oktober 1927 richtete die Zentrumsfraktion „das Ersuchen an die Stadtverwaltung, die Passanten in den Straßen des gesamten Stadtgebietes Ludwigshafen a. Rh. durch schärfere polizeiliche Maßnahmen gegenüber unvorschriftsmäßigem und namentlich zu schnellem Fahren der Radfahrer, Motorradfahrer und Kraftwagenlenker zu schützen."[133]

„Für ältere Leute," begründete Stadtrat Hofmann diesen Antrag, „sei es bei den heutigen Verhältnissen nicht mehr möglich auf die Straße zu gehen." Vor allem der Verkehr an der Kreuzung Ludwig-/Wredestraße „sei mit Lebensgefahr verbunden." Allgemein werde zu schnell gefahren, außerdem würden die Bürger durch allzu häufiges und lautes Hupen in ihrer Nachtruhe gestört.

Polizeiamtmann Buchmann begrüßte diese Initiative, machte aber geltend, daß „neben den vorhandenen Verkehrsposten seit einiger Zeit zwei Beamte ausschließlich mit der Überwachung des Verkehrs" betraut seien. In der „Art einer fliegenden Kontrolle" waren diese „täglich an zahlreichen Stellen der Stadt" im Einsatz und bedienten sich „hierbei auch der modernen Verkehrsmittel wie Auto und Fahrrad. Insoweit die Zahl der Strafanzeigen einen Maßstab für die Tätigkeit unserer Verkehrspolizei bildet", so Buchmann, „darf ich darauf hinweisen, daß im Jahre 1926 allein 2 686 Strafanzeigen wegen Übertretung der Radfahrvorschriften und 1 991 Anzeigen wegen Zuwiderhandlung gegen die Vorschriften über den Kraftfahrzeugverkehr errichtet worden sind."

Solche Klagen waren nicht neu. Das Verhalten im Straßenverkehr hielt nicht Schritt mit der raschen Zunahme, Vorschriften wurden vielfach ignoriert, zur Einhaltung einer Verkehrsordnung und zu gewissen Sicherheitsstandards mußten die immer zahlreicher werdenden Verkehrsteilnehmer erst erzogen werden. So mahnte die Pfälzische Kreisregierung bereits Anfang 1920 in einer Bekanntmachung, die straßenpolizeilichen Vorschriften besser zu beachten. „Die Polizei wird künftig die Vorschriften über Beleuchtung der Fuhrwerke und Kraftwagen zur Nachtzeit, über Einhaltung der rechten Straßenseite und über Ausweichen und Vorfahrt sowie gegen das Schlafen der Wagenlenker und das Verlassen der Fuhrwerke strenge durchführen [...]"[134]

Ein Blick auf die Kraftfahrzeugstatistik Ludwigshafens läßt angesichts der rasch wachsenden Massenmotorisierung[135] die entstandenen Verkehrsprobleme erahnen. Die Zahl der Kraftfahrzeuge wurde jeweils zum 1. Juli von der Polizeidirektion Ludwigshafen erstellt. Die Tabelle verdeutlicht, daß sich die Zahl der Kraftfahrzeuge zwischen 1921 und 1931 verzehnfacht hatte. Bis 1930 war ein stetes Wachstum zu verzeichnen, erst im Zuge der Wirtschaftskrise ging der Bestand wieder leicht zurück. Im Jahre 1930 kam auf 43 Einwohner ein Kraftfahrzeug, 1921 waren es dagegen noch 320 Einwohner. „Seit der ersten Zählung ist der Anteil der reinen Lastwagen am Gesamtbestand unaufhörlich zurückgegangen [von 33,8 auf 12,1%], dagegen derjenige der Krafträder besonders stark gestiegen [von 26,7 auf 45,5% über 52,9% im Jahre 1927]." Seit 1928 wurden „Kraftfahrzeuge mit deutscher Marke besonders ermittelt. Ihr Anteil betrug 1928: 79,2%, 1929: 82,5%, 1930: 84,3%, 1931: 85,8%; er ist also", stellten die Verkehrstatistiker zufrieden fest, „erfreulicherweise stets gewachsen."

Anmerkungen Seite 92 und 93

133 *SRP, Bd. 48, Bl. 522, f.d.F. Bl. 523—526*

134 *GA, 5. 1. 1920, Lokale Nachrichten*

135 *vgl. Rothenberger, S. 345—383*

136 *Ludwigshafener Wirtschaftszahlen, Nr. 7, Juli 1931*

137 *Zwick, S. 252*

Kraftfahrzeuge in Ludwigshafen 1921—1932[136]

	1921	22	23	24	25	26	27	28	29	30	31	32
Krafträder	80	77	154	202	351	617	888	1113	1273	1252	1157	884
in %	26,7	30,5	41,8	43,6	40,7	49,3	52,9	49,1	47,4	45,3	45,5	45,3
PKW	116	105	113	130	332	386	497	766	1011	1111	1045	785
in %	38,8	41,7	30,6	28,1	38,5	30,8	29,6	33,8	37,6	40,2	41,1	40,2
LKW	101	68	96	120	164	232	269	357	368	369	308	245
in %	33,8	27,0	26,0	25,9	19,0	18,5	16,1	15,8	13,7	13,3	12,1	12,6
Sonstige	2	2	6	11	15	17	24	29	34	32	33	38
in %	0,7	0,8	1,6	2,4	1,8	1,4	1,4	1,3	1,3	1,2	1,3	1,9
gesamt	299	252	369	463	862	1252	1678	2265	2686	2764	2543	1952
± Vj. in %		-15,7	46,4	25,5	86,2	45,2	34,0	35,0	18,6	2,9	-7,4	-23,2

Praktisch: neben der Verwaltung eine Zapfsäule, Ausschnitt aus Abb. 108b [108a]

Kraftstoff für den Verkehr: das 1926/27 nach Plänen des Düsseldorfer Architekten Brüning erbaute Verwaltungsgebäude der Rhenania-Ossag, später Shell AG [108b]

Zählung des Rheinbrückenverkehrs am 25. August 1925[137]

Über die Brücke bewegten sich an diesem Tag nach Mannheim 102 Lastwagen, darunter 32 mit Anhänger, 386 Personenautomobile und 54 automobile Lieferwagen, 6 Traktorenzüge, darunter 3 Möbelwagen, ferner 199 Fuhrwerke und 16 von Pferden gezogene Fahrzeuge für Personen, also Chaisen und dergl., außerdem 2 sonstige Fahrzeuge; insgesamt wurde also die Brücke in der Richtung nach Mannheim von 765 Großfahrzeugen benutzt; dazu kommen aber noch 3 771 Kleinfahrzeuge, nämlich 3 445 Radfahrer, 132 Motorradfahrer, 194 Handwagen, so daß sich in der Richtung nach Mannheim 4 536 Fahrzeuge bewegten.

Von Mannheim nach Ludwigshafen a. Rh. fuhren am gleichen Tage über die Brücke: 97 Lastkraftwagen, 38 Lieferwagen, 387 Personenautomobile und 5 Traktorenzüge, 178 Pferdefuhrwerke, 53 Chaisen u. dergl. und 2 sonstige Fahrzeuge, insgesamt also 760 Großfahrzeuge; Kleinfahrzeuge bewegten sich in dieser Richtung insgesamt 4 132, nämlich 3 762 Radfahrer, 131 Motorradfahrer und 239 Handwagen.

Da für die Fahrzeuge keine getrennten Fahrstraßen für die beiden Richtungen bestehen, im Gegenteil durch die Straßenbahn, deren Schienen fast die ganze Breite der Brücke beanspruchen, ein gegenseitiges Ausweichen der Fahrzeuge oft sehr schwierig ist, müssen, um ein richtiges Bild über die Frequenz der Brücke zu gewinnen, die Zahlen für beide Richtungen zusammengefaßt werden. Danach passierten an jenem Tage – und man darf wohl sagen täglich – die Brücke 1 525 Groß- und 7 903 Kleinfahrzeuge, insgesamt also 9 428; hinzuzuzählen sind noch nach Mitteilung der Straßenbahndirektion 1 270 Straßenbahnwagen, so daß die Zahl der Fahrzeuge sich auf insgesamt 10 698 erhöht. Im Durchschnitt wird also pro Stunde die Rheinbrücke von 446, pro Minute von 7 Fahrzeugen in Anspruch genommen. Diese Zahlen besagen jedoch nicht viel, da in Wirklichkeit der Verkehr sich sehr ungleichmäßig auf die einzelnen Tageszeiten verteilt, bei Nacht sogar vollständig ruht. Die Zeit zwischen 2 und 4 Uhr morgens mit insgesamt nur 30 Fahrzeugen darf als die verkehrsärmste Zeit angesprochen werden. Dann steigt der Verkehr ziemlich rasch, zwischen 6 und 7 Uhr morgens erreicht er seinen ersten Höhepunkt mit insgesamt 863 Fahrzeugen einschließlich Straßenbahn. Eine weitere Verkehrswelle ist zwischen 12 und 1 Uhr mittags festzustellen, wo 670 Vehikel aller Art gezählt wurden. Am mächtigsten aber schwillt der Verkehr an in den Stunden zwischen 4 und 7 Uhr abends. In der ersten Stunde dieser Zeitspanne, also zwischen 4 und 5 Uhr, fuhren 971 Wagen, Radfahrer usw. über die Brücke, also in der Minute 16 Fahrzeuge; zwischen 5 und 6 Uhr schlugen die Verkehrswogen am höchsten; 1 007 oder 17 Fahrzeuge in der Minute bewegten sich über die Fahrstraße der Brücke. In der nächsten Stunde bereits flaut der Verkehr ab; die entsprechende Zahl lautet nur noch 858.

Kraftwagen im Stadtbild: Rheinbrückenauffahrt (möglicherweise) bei der Eröffnung der neuen Rheinbrücke 1932 [109]

›Vom Strand des Rheins zum Land des Weins!‹: Eröffnung der Autobuslinie Ludwigshafen—Deidesheim, Busse auf dem Ludwigsplatz, 15. Juni 1929 [110]

Die meisten deutschen Fahrzeuge waren unter den Krafträdern zu verzeichnen, die wenigsten unter den Personenwagen.

Da konnte das Angebot an „Benzinzapfstellen" nicht zurückbleiben. 1930 berichtete Bürgermeister Kleefoot im Stadtrat, daß im Laufe des Jahres 1929 in Ludwigshafen acht private und drei öffentliche Benzinzapfstellen sowie eine Großtankstelle neu errichtet wurden. Damit konnte die motorisierte Stadtbevölkerung Mitte 1930 an 58 privaten und 26 öffentlichen Zapfstellen tanken.[138]

Mit der Zunahme der Fahrzeuge häuften sich naturgemäß die Unfälle im Stadtgebiet. „1931 wurden 408 Verkehrsunfälle festgestellt gegen 374 im Vorjahre", berichtete am 11. Februar 1932 der ›General-Anzeiger‹. An den 408 Verkehrsunfällen waren beteiligt: 240 Personenkraftwagen, 117 Lastkraftwagen, 112 Krafträder, 85 Straßenbahnwagen, 143 Radfahrer, 26 Fuhrwerke, 79 Fußgänger. Es wurden 282 Personen verletzt, acht Personen wurden getötet. Von den Toten waren fünf Fußgänger, drei Radfahrer.

Unfallursachen: In 181 Fällen wurde auf der falschen Straßenseite gefahren; 81 Unfälle passierten durch zu schnelles Fahren; 66 mal verursachten Fußgänger durch Unachtsamkeit den Unfall. In 13 Fällen mußte als Ursache des Unfalls Betrunkenheit von Fahrern festgestellt werden. „Zur Warnung der Fahrer wird wiederholt darauf hingewiesen, daß die Polizeidirektion in solchen und anderen schweren Fällen rücksichtslos den Führerschein entzieht. Im abgelaufenen Jahre mußte die Polizeidirektion in 23 Fällen zu diesem scharfen Mittel greifen."

Unfall-Brennpunkte waren drei Kreuzungen: Bismarckstraße/Oggersheimer Straße, Schillerstraße/Wredestraße, Jubiläumsstraße/Ludwigstraße. Unverständlich schien auf den ersten Blick die Unfallhäufigkeit an der letztgenannten, sehr übersichtlichen Kreuzung. Der Grund: Um die Steigung zur Rheinbrücke zu meistern, gaben die Fahrer – aus der Jubiläumsstraße kommend – zur Brücke hin heftig Gas und überquerten die Ludwigstraße in hoher Geschwindigkeit.

Anmerkungen
Seite 94 und 95

138 *SRP 14.4.1930, Bd. 50, Bl. 91*

139 *Denkschrift der Stadtverwaltung Ludwigshafen am Rhein (Studienreise des Bayerischen Landtages in die Pfalz vom 5. bis 10. Oktober 1925), Ludwigshafen am Rhein [1925], StALu, DS*

Blick in die Ludwigstraße von der Rheinbrückenabfahrt vermutlich 1932 [111]

Taxen vor dem Ludwigshafener Hauptbahnhof, 1920er Jahre [112]

Stolz auf das Motorrad: Ludwigshafener Familie, um 1930 [113]

Sozialer Wohnungsbau und innerstädtischer Wandel

Die aus ihrer Sicht größten Defizite der Stadtentwicklung hatte die Verwaltungsspitze 1925 in einer Denkschrift aufgelistet. Sie war an den Bayerischen Landtag adressiert, der auf einer Studienreise durch die Pfalz am 9. Oktober auch in Ludwigshafen Station machte. „Im Nachstehenden", begründete das Bürgermeisteramt die Petition, „wird versucht, auf die wichtigsten Mängel in unserer Stadt hinzuweisen, mit der Bitte, der hohe Landtag möge uns das größtmögliche Wohlwollen und die größtmögliche Förderung in unserem Bestreben angedeihen lassen, das dahingeht, zum Heil unserer einheimischen Bevölkerung und damit zum Segen unseres gesamten Volkes die schwersten wirtschaftlichen, sozialen und kulturellen Mängel zu beseitigen."[139]

Ganz oben auf dem Wunschzettel stand die „Schaffung besserer Verkehrsverhältnisse", und hier die Forderung nach dem Bau einer neuen Rheinbrücke. Belegt wurde dieses Verlangen mit Daten zur Verkehrsfrequenz auf der 56 Jahre alten Brücke, die „an der Grenze ihrer technischen Trag- und Leistungsfähigkeit angelangt" war. Mittlerweile hatte sie einen Tagesverkehr von rund 10 700 Fahrzeugen – darunter 1 270 Straßenbahnwagen – sowie 11 250 Fußgängern zu bewältigen – und dies bei einer Fahrbahnbreite von 6,50 Metern.

Als ebenso „unerquicklich wie auf der Rheinbrücke" wurden die Verkehrsverhältnisse im Bereich des Hauptbahnhofes geschildert. Seine Lage zerreiße die Stadt in zwei Hälften und sei geradezu verkehrsverhindernd. Daß er deshalb aus dem Stadtinnern verlegt werden müsse, wurde bereits 1925 als „ein altes notwendiges Projekt" bezeichnet. Einmal mehr nutzte die Verwaltung die Anwesenheit der bayerischen Volksvertreter, um Stimmung gegen die „Dampf-Lokalbahn" zu machen. Dieses „vorsintflutliche" Vehikel, wie Oberbürgermeister Weiß bei vielen Gelegenheiten nicht müde wurde zu betonen, müsse „im Interesse einer modernen Verkehrs- und Siedlungspolitik" aus der Stadt verschwinden.

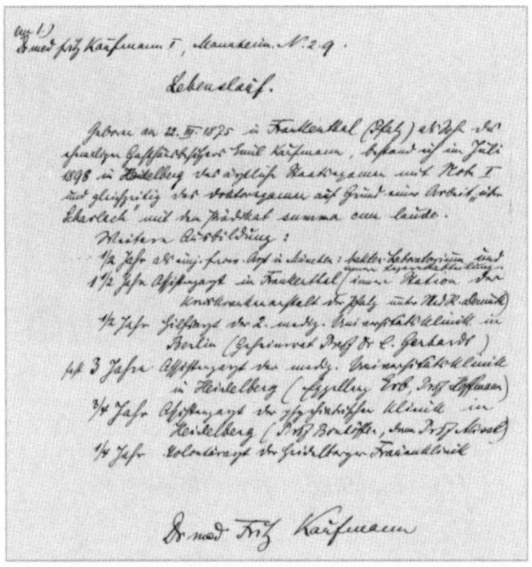

Dr. med. Fritz Kaufmann I, Mannheim N 2.9.

Lebenslauf.

Geboren am 22. III. 1875 in Frankenthal (Pfalz) als Sohn des [illegible] Emil Kaufmann, bestand ich im Juli 1898 in Heidelberg das ärztliche Staatsexamen mit Note I und gleichzeitig das Doktorexamen auf Grund einer Arbeit über Scharlach mit dem Prädikat summa cum laude.

Weitere Ausbildung:

1/2 Jahr [illegible] in München [illegible]

1 1/2 Jahr Assistenzarzt in Frankenthal ([illegible])

1/2 Jahr Hilfsarzt der 2. mediz. Universitätsklinik in Berlin (Geheimrat Prof. Dr. C. Gerhardt)

3 Jahre Assistenzarzt der mediz. Universitätsklinik in Heidelberg ([illegible] Erb, Prof. Hoffmann)

3/4 Jahr Assistenzarzt der psychiatrischen Klinik in Heidelberg (Prof. Bonhoeffer, [illegible] Prof. Nissl)

1/4 Jahr Volontärarzt der Heidelberger Frauenklinik

Dr. med. Fritz Kaufmann

Einer der renommiertesten Ärzte im Städtischen Krankenhaus während der zwanziger Jahre war der Leiter der Inneren Abteilung, Dr. Fritz Kaufmann.

Der 1875 in Frankenthal geborene Fachmann für Nervenheilkunde hatte Pionierarbeit bei der Elektroschockbehandlung geleistet und als Stabsarzt im Reservelazarett Ludwigshafen eine richtungsweisende Methode entwickelt, Kriegsneurotiker symptomfrei zu machen. 1933 verdrängten die Nationalsozialisten den jüdischen Mediziner aus seinem Amt. Kaufmann ging nach Erlegung der ›Reichsfluchtsteuer‹ zu seinem Sohn nach Holland und lebte zuletzt in der Schweiz, wo er 1941 starb. Zur gleichen Zeit sollte ihm die deutsche Staatsbürgerschaft aberkannt werden. Seine wissenschaftlichen Forschungen sind bis heute europaweit nachgefragt.

Abbildung seiner Unterschrift und des Beginns seines Lebenslaufes [114]

›Moderne‹ Hygiene: Krankensaal des in der Weimarer Zeit errichteten ›Normalbaus‹ des Städtischen Krankenhauses [115]

Der zweite Abschnitt in der Denkschrift widmete sich dem Themenkreis ›Soziales‹, aus dem hier lediglich die Wohnungsfrage und die Lage des Städtischen Krankenhauses angeführt werden sollen. Trotz früherer Bemühungen – erinnert sei an den GAG- und BASF-Siedlungsbau von 1920 bis 1924 – sahen die Verfasser das „Wohnungselend" in der Arbeiterstadt „bis zur Unerträglichkeit gesteigert." Dargestellt wurde das Problem mit „bereinigten" Zahlen der Wohnungssuchenden. Demnach hielten 1925 insgesamt 6 487 Bürger Ausschau nach einer neuen Bleibe. 2 500 davon waren „überhaupt ohne eigene Wohnung, während die übrigen teils zu kleine Wohnungen [haben], teils aus Geschäfts- oder Gesundheitsrücksichten, teils auf Grund eines Räumungsurteils ihre Wohnungen wechseln müssen." Überdies würden zunehmend „Räumungsurteile gegen Mieter ausgesprochen und vollstreckt", was die Stadtverwaltung zwinge, Behelfswohnungen zu schaffen, da sie „als Polizeibehörde verpflichtet ist, für Unterkunft obdachloser Familien zu sorgen." 150 000 Mark seien allein für den Bau der „vorgesehenen Notwohnungen" aufzubringen. Um dieser dramatischen Entwicklung rascher gegensteuern zu können, seien höhere Zuweisungen aus staatlichen Töpfen nötig als die für 1925 bewilligten 750 000 Mark Baudarlehen, mit denen „günstigstenfalls 165 Neubauwohnungen" finanzierbar waren.

„Überwiegend bedingt durch die Wohnungsnot mußte das städtische Krankenhaus vor 2 Jahren um 140 Betten vergrößert werden. Die gegenwärtige Aufnahmefähigkeit beläuft sich auf 560 Betten, während bei der heutigen Bevölkerungsziffer von Ludwigshafen bei einer Norm von einem Bett auf 1 000 Seelen 1 000 Betten zur Verfügung stehen müßten. Da das hiesige Krankenhaus auch von auswärtigen Patienten stark besucht wird, weil Tausende von Arbeitern, welche auswärts wohnen, in hiesigen Kassen sind und daher Anspruch auf Behandlung haben, ist es seit Monaten derart überfüllt, daß ein großer Teil der Patienten ungeheilt entlassen werden muß, um neuem Zugang Platz zu machen. Der Raummangel hat sich derart zugespitzt, daß auch die Kellerräume des Normalbaues, in welchem sonst nur mit Krätze behaftete Personen

Der neuentstandene Ebertpark: Blick auf die Festhalle 1928 [116]

Bei der Eröffnung der ›Süddeutschen Gartenbauausstellung‹ im Ebertpark 28. Mai 1925 [117]

behandelt werden, mit anderen Kranken belegt werden mußten [...] Die Zahl der verpflegten Personen stieg im 1. Halbjahr 1925 in weit größerem Maße wie die Zahl der Verpflegungstage. Es kommt dies daher, weil die Patienten zum allergrößten Teil ungeheilt entlassen werden müssen, ein Zustand, der auf Dauer nicht mehr zu verantworten ist."

Auch für den Sektor ›Kulturelles‹ forderten die Ludwigshafener Lokalpolitiker höhere Zuschüsse vom Land. Zum einen sollten sie in den Aus- und Neubau von Schulen fließen sowie in Spiel- und Sportplätze für die Jugend investiert werden. Nicht zuletzt stand im Wunschkatalog der Stadtoberen der Bau eines neuen Amtsgerichts. „Das hiesige Gebäude ist des Staates unwürdig", lautete das vernichtende Urteil über die Substanz des in die Jahre gekommenen Hauses. Indem sie so an das Ehrgefühl der bayerischen Volksvertreter appellierten, sollte der Landtag in die Pflicht genommen werden, für die „sofortige Bereitstellung der Baumittel" zu sorgen und einen „Baubeginn bis Frühjahr 1926" zu gewährleisten.

Abgesehen von der Verlegung des Hauptbahnhofs, die bekanntlich noch mehr als vierzig Jahre auf sich warten ließ, wurden die erwähnten Vorhaben in den kommenden Jahren tatsächlich verwirklicht. Ein neues Amtsgericht entstand, in Schulgebäude wurde investiert und das Krankenhaus erweitert, eine neue Eisenbahnbrücke entlastete bald den alten Übergang, mit dem Pfalzbau erhielt die Stadt eine moderne ›Kulturstätte‹ und vor allem wurde der Wohnungsbau forciert. Man denke nur an die Siedlung am Ebertpark, die Christian-Weiß-Siedlung oder das Westend. Anderes kam hinzu: Der Wochenmarkt fand einen neuen Platz, das Straßenbahnnetz wurde erweitert, außerdem der ›Durchbruch‹ von der Bismarck- zur Ludwigstraße realisiert – ein Projekt, das in früheren Jahrzehnten wiederholt angegangen, aber nie ausgeführt worden war. Schließlich stand der Einwohnerschaft der 1924/25 angelegte Ebertpark mit Ausstellungshalle und Veranstaltungs- bzw. Sportgelände zur Verfügung.

›Bogenschütze‹*, Ebertpark
1930er Jahre [118a]

Das ›Heckentheater‹ hinter dem Sternrestaurant im Ebertpark
1925 [118b]

„Eine Stadt wird korrigiert" – schrieb die ›Neue Badische Landes-Zeitung‹ am 22. Februar 1929 mit Blick auf die Arbeiten für den Straßendurchbruch von der Bismarck- zur Ludwigstraße. Diese Formel wurde seit Mitte der zwanziger Jahre gleichsam kommunalpolitisches Programm.

Eine Oase für die Industriestadt: der Ebertpark

Drei Tage nach der Visite der bayerischen Landtagsabgeordneten in Ludwigshafen ging hier – am Ortsrand von Friesenheim – die Südwestdeutsche Gartenbauausstellung (SÜGA) zu Ende, deren bleibendes Ergebnis eine „herrliche Parkanlage" war. Zur Erinnerung an den ersten Reichspräsidenten der Weimarer Republik, den am 28. Februar 1925 verstorbenen Friedrich Ebert, sollte der neue Stadtgarten seinen Namen tragen. Bevor dieses Ausstellungsgelände geschaffen wurde, waren „es nur einzelne Lichtpunkte [...], die dem düsteren Stadtbild Ludwigshafens aufgesetzt werden konnten," schrieb Stadtoberbaudirektor Sternlieb in einem Bericht über die „gärtnerischen Anlagen" der Stadt. „Es muß daher unsere Sorge sein, einmal den Stadtpark und den Ebertpark [gemeint war der umgetaufte Riedsaumpark] auszubauen und neuzeitlich zu gestalten [...], außerdem im Stadterweiterungsgebiet größere Grünflächen, die verschiedene Stadtteile zusammenhängend durchziehen, vorzusehen."[140]

Nach ursprünglichen Plänen, die von Oberbürgermeister Weiß angeregt worden waren, hätte auf dem Gelände der späteren Landwirtschafts- und Gartenbau-Ausstellung lediglich ein Stadion entstehen sollen. Dies war 1920 in einer Zusammenkunft des Stadtoberhaupts mit Vertretern der Ludwigshafener Turn- und Sportvereine besprochen worden, doch „Inflationsschwierigkeiten" ließen das Vorhaben scheitern.[141] 1922 hatte das Tiefbauamt vorgeschlagen, die seit Jahren bestehenden Friesenheimer „Wasserlöcher" im Riedsaumpark „zu beseitigen und die Fläche einzuebnen." Vor allem die Nähe des Städtischen Krankenhauses sprach dafür, diese Brutstätten einer regelmäßig auftretenden Schnakenplage endlich zu entfernen. Doch der Widerstand einiger

Anmerkungen
Seite 98

140 *zit.n. Baum, in: Rhpf, 15.9.2000*
141 *SRP 18.12.1925, Bd. 47, Bl.462ff, auch f.d.F.*
* *die prominent plazierte Skulptur ›Bogenschütze‹ des Bildhauers Moritz Geiger, ein damals vielfach reproduziertes, sehr populäres Kunstwerk, vermutlich ein Geschenk der Firma WMF für die Gartenschau, vor der Zentralanlage des Ebertparks*

Ebertblock hinter Palmen: Blick aus dem Ebertpark
Juni 1930 [119]

›Flötenspieler‹
Skulptur im Ebertpark [120]

Grundeigentümer brachte das Anliegen erneut zu Fall. Erfolg war ihm erst im Herbst 1924 beschieden, als zwei günstige Umstände zusammentrafen: Zum einen der Hilferuf vom Leiter des Arbeitsamtes, Remmele, der dringend nach Gelegenheiten für Notstandsarbeiten suchte, weil die Langzeitarbeitslosigkeit in der Stadt dramatisch zunahm und mehreren hundert Arbeitslosen die Aussteuerung aus der Erwerbslosenfürsorge drohte, für die dann das Wohlfahrtsamt hätte aufkommen müssen. Neben anderen Maßnahmen sollte deshalb das langgehegte Projekt – Einebnung des Riedsaumgeländes und Stadionbau – in die sogenannte produktive Erwerbslosenfürsorge einbezogen werden. Förderlich war zum andern, daß die Kreisbauernkammer der Pfalz am 4. November 1924 bei der Stadtverwaltung beantragt hatte, das Areal für eine landwirtschaftliche Ausstellung zur Verfügung zu stellen. Von Ende Mai bis Anfang Oktober sollte parallel hierzu die Süddeutsche Gartenbauausstellung stattfinden.

Das gemeinsame Interesse aller Beteiligten war die wichtigste Voraussetzung, die geplanten Ausstellungen gleichsam aus dem Boden zu stampfen. Das frühere Altrheingebiet zwischen Friesenheim und der sich ausweitenden Kernstadt lag rund fünf Meter unter dem durchschnittlichen Wasserspiegel des Rheins und wies zahlreiche bis zu zwei Meter tiefe Wasserlöcher auf. Ab 11. November 1924 war zunächst eine Schicht von (Notstands-)Arbeitern damit beschäftigt, das 125 000 Quadratmeter große Gelände einzuebnen. Seit dem 6. April 1925 arbeitete man in zwei Schichten. Jetzt waren rund 700 Mann an zusammen 85 000 Tagschichten mit der Einebnung beschäftigt.

Das Material erhielt man durch Ausgraben eines sieben Meter tiefen Weihers. Parallel zu den Bauarbeiten für den neuen Park wurden die Planungen für die Ausstellung vorangetrieben. Am 23. Januar entschied sich das Preisgericht für das Konzept des Gartenarchitekten C. W. Siegloch aus Cannstatt – er hat später auch die Innenhöfe der Ebert-Siedlung gestaltet. Dessen Motto ›Sternklar‹ schlägt sich noch heute in dem achteckigen Brunnen im Eingangsbereich nieder. Für die verschiedenen Gartenbau- und Landwirtschaftsschauen wurden mehrere Hallen gebaut.

Großstädtisches Flair für Ludwigshafen: der geplante Ausbau der ›Durchbruchstraße‹ mit vielstöckigen Geschäftshäusern, Kaufhaus und Hotel
Karte des Verkehrsvereins der Stadt um 1928 [121]

Image-Werbung für Ludwigshafen Ende der 1920er Jahre[142]
Ludwigshafen am Rhein. Die jüngste deutsche Großstadt
Weder mit hochragenden Bergen noch mit schattigen Wäldern kann unsere Stadt sich anpreisen, denn sie ist eine Stadt der Arbeit und kein Luftkurort. Aber sie ist nicht so trostlos öde, wie sie oft geschildert wird und schon mancher war angenehm überrascht, nachdem er sie näher kennengelernt hatte. Wohl ragen zahlreiche Fabrikschlote in die Luft und verkünden vom emsigen Fleiß der Bevölkerung, dafür bietet andererseits aber auch der Rhein mit seinem lebhaften Schiffsverkehr ein imposantes Bild, um das uns so manche andere Stadt beneidet. Am Ufer des Rheines gewährt der Stadtpark mit seinen alten Bäumen und schattigen Wegen dem Ruhe und Erholung Suchenden genußreichen Aufenthalt. Die Blumenanlagen des Ebertparks sind mustergültig und durch die Süddeutsche Gartenbau-Ausstellung in den weitesten Kreisen Deutschlands bekannt geworden. Konzerte und gute Gaststätten bieten den zahlreichen Besuchern angenehme Unterhaltung. Moderne Villenviertel und neue Siedlungen sind entstanden, die jeden Vergleich mit anderen Großstädten aufnehmen können.

Ein ›Hauptrestaurant‹ – das heutige Turmrestaurant, das ›Pfälzer Weinhaus‹ und das ›Parkkaffee‹ sollten für die Bewirtung sorgen. Die vorgegebene kurze Planungs- und Realisierungszeit wurde zusätzlich durch Organisations- und Finanzierungsprobleme erschwert, und ein Sturm zerstörte die bereits im Rohbau stehende städtische Ausstellungshalle. Trotzdem waren bei der Eröffnung am 28. Mai alle gärtnerischen Anlagen und Bauten fertiggestellt.

Ungeachtet eines unerquicklichen Nachhutgefechts über das Mißmanagement der SÜGA-GmbH – angezettelt von der Deutschen Volkspartei, die einmal mehr dem Oberbürgermeister an den Karren fahren wollte – fand die geschaffene Parkanlage auch in den folgenden Jahren uneingeschränktes Lob. Sie sei nicht „nur ein gärtnerischer Schmuckkasten", hieß es am 19. März 1929 in der Etat-Debatte der Stadtratssitzung, „sondern die am meisten besuchte Erholungsstätte unserer in öde Mauern gebannten Bevölkerung."[143] Beispielsweise wurde der Park zwischen April und Jahresende 1926 von 370 000 Personen besucht, Abonnementkartenbesitzer nicht einmal eingerechnet. In dieser Zeit fanden dort 102 Veranstaltungen statt, 24 davon in der großen Ausstellungshalle. So fiel es dem Stadtrat leicht, im Februar 1927 Mittel zur Erweiterung des Ebertparks und für Umbauten zu bewilligen.[144]

Wendepunkte der innerstädtischen Entwicklung

Die Planung einer der wichtigsten Veränderungen, die im Stadtkern je vorgenommen wurden, leitete Oberbürgermeister Weiß in der Ratssitzung vom 13. Februar 1928 mit den Worten ein, die Stadt Ludwigshafen stehe „an dem Wendepunkt ihrer Entwicklung." Den großen Wurf im innerstädtischen Wandel sollten vier Projekte garantieren: der Bau einer Eisenbahnbrücke über den Rhein, die Beseitigung der Lokal-Dampfbahn, der Durchbruch der Bismarck- zur Ludwigstraße und schließlich die Bebauung des Jubiläumsplatzes mit einem Kino- und Theaterbau.

Ausgangspunkt aller Überlegungen in diesem Zusammenhang war die dringend erforderliche Lösung verkehrstechnischer Probleme. „Die Überlastung der Ludwigstraße zwingt uns, die Regelung des Verkehrs

Anmerkungen
Seite 100 und 101

142 *Das Wochenende in Baden und der Pfalz. Organ der Wochenend-Arbeitsgemeinschaft Baden-Pfalz e. V., September 1928*
143 *SRP, Bd. 49, Bl. 303*
144 *siehe SRP 21. 2. 1927, Bd. 48, Bl. 329ff*
145 *SRP 27. 7. 1928, Bd. 49, Bl. 164*
146 *SRP 13. 2. 1928, Bd. 49, Bl. 4ff*

Verkehrstechnisch verpfuscht!

Hermann Hofmann, Fraktionsvorsitzender des Zentrums, zur innerstädtischen Verkehrsmisere:

Man muß zugeben, daß Ludwigshafen selbst verkehrstechnisch verpfuscht sei. Man brauche nur zu denken an die Tatsache, daß der Hauptbahnhof als Sackbahnhof mit dem Viadukt Stadtteil Nord und Süd voneinander trennt und infolgedessen ein Hauptverkehrshindernis für Ludwigshafen darstellt. Ferner hemme die Bahnlinie Ludwigshafen—Mannheim bisher die Stadtentwicklung nach Südwesten. Überflüssig sei noch zu erwähnen die unzulängliche Rheinbrücke, die den ganzen Stadtplan, der ursprünglich die Hauptachse Kaiser-Wilhelm-Straße zur Schiffbrücke hatte, verschiebt. Leider müsse festgestellt werden, daß auch heute noch das Eisenbahnpräsidium einen Hemmschuh für die Stadtentwicklung darstellt. Man denke nur an die vorsintflutliche Lokalbahn, die in Deutschland in ihrer Art einzig dasteht. Wo gibt es in Deutschland noch eine Großstadt, durch die ein derartiger dampfqualmender Orient-Express fährt?[145]

›Alt und Neu‹, ein ›alter‹ Konflikt: Satirische Zeichnung im ›General-Anzeiger‹ vom 24. November 1928 zum (noch immer) fortdauernden Betrieb der rußschleudernden Lokalbahn, Szene vor dem neuerbauten Pfalzbau [122]

im Innern der Stadt, im Stadtkern, im Laufe der nächsten Zeit einer gründlichen Änderung zu unterziehen", skizzierte Weiß die Situation. Es bestehe „die unabweisbare Pflicht, raschestens für eine Regelung in der Ludwigstraße und für eine Verteilung des Verkehrs auf die Ludwigstraße und Bismarckstraße zu sorgen."[146] Alles krankte an der unglücklichen Lage der Hauptdurchgangsadern zur Rheinbrücke hin. Die Achse der Stadt war ursprünglich die Kaiser-Wilhelm-Straße, die zu einer Schiffbrücke führte. Als dann „die Rheinbrücke gebaut wurde, war sie zunächst ausschließlich als Eisenbahnbrücke gedacht, und niemand dachte daran, daß sie einen Verkehr aufzunehmen haben würde, wie er sich nunmehr herausgebildet hat."

Die Erkenntnis, hier für Abhilfe sorgen zu müssen, war schon länger gereift. Bald nach der Wende zum 20. Jahrhundert wurde daher der erste Versuch unternommen, einen Durchbruch von dem Brückenaufgang zur Bismarckstraße, d. h. zur Ecke gegenüber der Ludwigskirche zu finden. Dieser wie auch ein zweiter Versuch, der kurz vor dem Krieg unternommen worden war, mißlang. „Die unumgängliche Notwendigkeit, für eine vernünftige Regelung des Verkehrs zu sorgen, die es den Fahrzeugen wie den Fußgängern ermöglichte, ohne Lebensgefahr durch die Stadt zu kommen, zwang uns vor Jahresfrist das Durchbruchsprojekt neuerdings aufzugreifen, allerdings in einer den modernen Verhältnissen angepaßten, gegenüber den früheren Projekten veränderten Form." Die Absicht, die „Durchbruchstraße" flüssig auf die Brücke zuzuführen, war für die ganze Planung bestimmend. Grünes Licht dafür bekam die Verwaltungsspitze in der Stadtratssitzung vom 24. Mai 1927.

Waren Stadtplaner und Kommunalpolitiker beim ›Feurigen Elias‹ wie beim Eisenbahnbrückenbau samt Bahndamm auf das ›Goodwill‹ der Deutschen Reichsbahn angewiesen, lag die Entscheidung über die Bebauung des Jubiläumsplatzes und der Verwirklichung des Durchbruchs allein in ihrer Hand. Allerdings hingen auch diese Vorhaben in bestimmtem Maße von der Investitionsbereitschaft vor allem zweier Privatunternehmen ab: von der Bavaria-Finanz-Gesellschaft (Berlin), die sich angeboten hatte, ein großes Lichtspielhaus zu bauen, und von der Kaufhauskette Tietz, die noch im Planungsstadium des Durchbruchprojektes

Bei den Arbeiten zum Durchbruch 1929 [123]

sich zur dortigen Ansiedlung verpflichtet hatte. „Ohne die Firma Tietz wäre die Jubiläumsstraße nicht so rasch entstanden," bemerkte denn auch Bürgermeister Kleefoot bei der Eröffnungsfeier des Warenhauses, wohl wissend, daß Tietz mit dem Erwerb des Bauplatzes für rund 400 000 Reichsmark den Straßenbau zu einem nicht unwesentlichen Teil mitfinanziert hatte.[147]

Wegen langwieriger Verhandlungen mit den Grundstückseigentümern – immerhin sollten im Bereich Ludwig-, Bismarck- und Wredestraße 15 Häuser dem Abriß zum Opfer fallen – beanspruchten die Vorarbeiten mehr als ein Jahr. Zwischendurch traten die Ludwigshafener Architekten Latteyer und Schneider mit der Idee auf den Plan, am Rande des Jubiläumsplatzes ein Kino mit Café, Restaurant, großen Terrassen, Läden und Ausstellungsräumen zu errichten. Ein attraktiver Vorschlag, durchaus passend zur angestrebten Aufrüstung als Großstadt, doch taten sich zahlreiche Hindernisse auf, die das Schicksal dieses Projektes ein ums andere Mal zu besiegeln schienen. Hinderlich vor allem: „Die Durchführung der Durchbruchstraße nach der Brücke zerschnitt das geplante Theater in der Mitte!" Demzufolge mußte das Lichtspielhaus „nun unter Aufgabe der Jubiläumsplatz-Anlage auf dieser selbst projektiert werden; aber auch der Lokalbahnhof mußte fallen, ebenso die Barackenanlage der Besatzung am Brückenhäuschen; schließlich stellte sich heraus, daß für einen Teil des Geländes grundbuchliche Bindungen zu Gunsten der Reichsbahn bestanden; die Freunde des Jubiläumsparks standen gegen das Projekt auf und eines Tages war der Kampf für und gegen den Bau auf der ganzen Linie entbrannt. Fast zwei Jahre vergingen mit dieser bewegten Vorbereitung; allmählich klärten sich die Meinungen, eine Schwierigkeit nach der anderen wurde überwunden und als endlich auch mit der Reichsbahn das Projekt fördernde Abmachungen getroffen werden konnten, verblieb nur noch die Entscheidung der Parteien, die bzgl. des Durchbruchprojektes einstimmig, bzgl. des Theaterneubaus mit großer Mehrheit günstig abschloß."[148]

Anmerkungen
Seite 102 und 103

147 *GA, 29.3.1930: Der Durchbruch zur Bismarckstraße; GA, 11.4.1930: Die Eröffnung des Warenhauses Tietz*

148 *GA, 29.9.1928: Der ›Pfalzbau‹ in Ludwigshafen a. Rh.; vgl. auch GA, 11.2.1928: Der Kampf um den Jubiläumsplatz*

149 *GA, 15.9.1928: Tempo – Tempo! Das ist die Parole beim Pfalzbau*

150 *GA, 1.10.1928: Ludwigshafens Pfalzbau ist eingeweiht!*

151 *SRP 27.7.1928, Bd. 49, Bl. 152*

Bei den Arbeiten zum Durchbruch 1929 [124]

Was lange währte, wurde schließlich in nur siebenmonatiger Bauzeit gut. Nachdem die Stadtoberen dem Finanzier als Gegenleistung zum geschenkten Baugelände zusätzlich zum Kinobau einen Konzert- und Versammlungssaal abgetrotzt hatten, konnte das interessierte Publikum Tag für Tag beobachten, „wie amerikanisch schnell im ›pfälzischen Chicago‹ dieser stattliche Bau" wuchs.[149] Für rund 2,25 Millionen Reichsmark entstand ein monumentaler, wuchtiger Quader, dem der Oberbürgermeister bei der Einweihung am 29. September 1928 den Namen ›Pfalzbau‹ verlieh: „Erhebt er sich doch an der Stätte, wo an der Rheinbrücke der Fremde zuerst die Pfalz betritt," begründete Weiß seine Wahl.[150]

Ein „amerikanisch anmutendes Bild" – jedenfalls was die Größe der Häuserkomplexe im Vergleich zu den Altbauten anbelangte – sollte die von Baurat Hermann Graf „kühn" geplante Durchbruchstraße abgeben. Vor allem ihren „Eckplätzen" kam „architektonisch eine ganz besondere Bedeutung zu. Ihre Lage," so Rechtsrat Dr. Reichert bei der Vorstellung des Projektes im Stadtrat, „fordert monumentale Gebäude."[151] Folgen wir einer zeitgenössischen Beschreibung wird die geplante Großzügigkeit, das urbane Flair des Vorhabens deutlich: „Die Durchbruchstraße erhält eine Breite von 19 Metern, für jeden Bürgersteig sind 4,25 Meter Breite vorgesehen, so daß rund 11 Meter für die Fahrbahn der Straße verbleiben. Wenn man von der Brücke herunter kommt, um in die Durchbruchstraße zu gelangen, so wird das erste Eckhaus links das große Warenhaus von Leonhard Tietz sein, das 36 Meter Front in der Straße erhält; dasselbe Haus bekommt in der Ludwigstraße 24 Meter Front. Anschließend an Tietz in der Durchbruchstraße ist zur Zeit noch ein nicht vergebener Bauplatz, für den aber Interessenten vorhanden sind. An diese Lücke anschließend kommt das neue Kaufgeschäft Gebr. Münch, deren bisheriges Haus ein Opfer des Durchbruchs wird. Gegenüber von dem Eckhaus Tietz wird als Eckhotel ein neues Hotel, ein sogenanntes Mittelstandshotel mit zirka 105—110 Betten errichtet.

Bauarbeiten an der neuen Eisenbahn-Unterführung zur Mundenheimer Straße 17. Juni 1932 [125]

Luftbild mit Pfalzbau, Kaufhaus Tietz und der nach dem Stadtjubiläum von 1928 benannten ›Jubiläumsstraße‹ – vormals Durchbruchstraße, 1930 [126]

[...] seine Straßenfront ist 32 Meter. Es schließt sich zuerst noch eine Lücke an, dann eine Autohandlung, und zum Schluß das große Gebäude der Städtischen Sparkasse, das 32 Meter Straßenfront in der Durchbruchstraße hat, Eckhaus wird und in seinem unteren Stockwerk nur Schalter für die Sparkasse bekommt."[152]

Als die Jubiläumsstraße Anfang April 1930 für den Verkehr freigegeben wurde, mußten die Ludwigshafener jedoch „einige Phantasie" aufbringen, um in dem neu Entstandenen eine Verbesserung des Stadtbildes zu erkennen. Im Anschluß an den imposanten Neubau von Tietz sahen sie nach einer Baulücke noch „das schöne Haus der Firma Münch", doch damit war „vorerst die Reihe der Neubauten abgeschlossen. Was man darüber hinaus in weiter Runde betrachten konnte, waren unfreundliche schwarze Hintergebäude, zum Teil auch blaue schäbige Fassaden von Hinterhäusern. Kein ästhetisches Bild. Ein drei Meter hoher Bretterzaun, den man bereits zu errichten beginnt, sollte den Blick von den ‚dunklen Stellen' abwenden, eine Notmaßnahme, bis bessere Zeiten kommen würden und neue Projekte in Angriff zu nehmen wären. Kaum waren die ersten Elemente des Zaunes aufgestellt, hatte der Volksmund die Jubiläumsstraße in ›Lattegaß‹ umgetauft."[153]

Der beabsichtigte Neubau der Stadtsparkasse unterblieb, weil das Bankinstitut in der Ludwigstraße 48 im ehemaligen Gebäude der Süddeutschen Diskonto-Gesellschaft gut unterkommen konnte;[154] die anderen Baulücken waren der einsetzenden Wirtschaftskrise geschuldet. Weder private noch öffentliche Investoren wollten sich in dieser Zeit mit risikovollen Projekten belasten. Daß wenigstens der Kaufhauskonzern Tietz sein Warenhaus selbst in Zeiten wirtschaftlicher Not errichtet hatte, sei zwar in vielen Kreisen „mit gemischten Gefühlen" verfolgt worden, zumal „doch die Ludwigstraße mit Geschäftsläden übersättigt" war. Doch dürfe man, so Bürgermeister Paul Kleefoot auf der Einweihungsfeier, „nicht zu schwarz sehen." Dankbar war er allemal, schon deswegen, „weil zahlreiche Arbeiter hier Brot gefunden und viele stellenlose Angestellte in diesem neuen Hause wieder Verdienst hatten."[155]

Anmerkungen Seite 104 und 105

152 *›Neue Badische Landeszeitung‹, 22.2.1929: Eine Stadt wird korrigiert*
153 *GA, 29.3.1930: Der Durchbruch zur Bismarckstraße*
154 *vgl. GA, 1.2.1930: Die neue Stadt-Sparkasse*
155 *GA, 11.4.1930: Die Eröffnung des Warenhauses Tietz*
156 *GA, 29.3.1930: Der Durchbruch zur Bismarckstraße*
157 *GA, 17.10.1928: Ankauf des Giulini-Geländes*

Eröffnung des Warenhauses Tietz am 10. April 1930, Aufnahme um 15^{18} Uhr, kurz nach dem ersten Einlaß für die Kunden [127]

Vielfach positiv wirkte sich die erzwungene Umsiedlung für die betroffenen Mieter aus. Insgesamt waren 100 Wohnungen mit 140 Familien zu ›verpflanzen‹. Fast alle durch den Durchbruch wohnungslos gewordenen Familien bekamen in den Ersatzwohnungen bessere und größere Wohnflächen.

Ungelöst blieb weiter die Lokalbahn-Frage. Daraus resultierte vorübergehend die groteske Situation, „daß vom Pfalzbau her eine neue breite Straße bis zur Bismarckstraße läuft, die aber auch nach Einführung einer neuen Verkehrsordnung nicht von den Autos benutzt werden kann, weil das ›Bähnchen‹ ein Verkehrshindernis ist."[156] Die letzte Fahrt des ›Feurigen Elias‹ war am 11. Juli 1933.

Besser sah es bald mit dem Bau einer neuen Rheinbrücke aus. Nach langen Verhandlungen war 1930 endlich eine positive Entscheidung gefallen. Neben die bestehende wurde bis November 1932 eine zweite Brücke über den Rhein gespannt, die ausschließlich dem Zugverkehr diente. Befreit von Eisenbahnschienen war das alte Brückenbauwerk somit frei für den Straßenbahn- und enorm gestiegenen Individualverkehr. Um diesem auch innerstädtisch gerechter zu werden, erhielt die Mundenheimer Straße eine breitere Überführung, des weiteren wurde der vordem schienengleiche Übergang an der Heinig-/Schützenstraße mit einer Brücke überbaut.

Ein vielbeachtetes Ereignis im innerstädtischen Wandel der zwanziger Jahre war auch die Verlegung des Wochenmarktes. Am 9. Juli 1929 zogen die Markthändler vom Ludwigsplatz zum Karree an der Kaiser-Wilhelm-, Schiller- und Heinigstraße, dorthin also, wo sich heute u. a. das Wilhelm-Hack-Museum befindet. Lange hatte sich die Firma Giulini geweigert, ihr ursprüngliches Produktionsgelände an die Stadt Ludwigshafen zu veräußern, bis das Werben des Bürgermeisteramtes um dieses ›Filetstück‹ in der City im Oktober 1928 endlich von Erfolg gekrönt war.[157] „Das hinter der Giulinischen Wohnkaserne gelegene Gelände, welches den Bewohnern des Gebäudes seither als Pflanzgärten diente, ist zu einer sauberen Anlage umgewandelt worden," berichtete die

Aus Anlaß der Eröffnung des von dem bekannten Kölner Warenhaus-Architekten Georg Falk entworfenen Warenhauses Tietz schwärmte der ›General-Anzeiger‹ am 11. April 1930:

„Wohl selten dürfte hier in Ludwigshafen der Eröffnung eines Hauses ein solch großes Interesse entgegengebracht worden sein, als es gestern Nachmittag bei der offiziellen Übergabe des Warenhauses Tietz der Fall war. Schon um 2 Uhr sammelte sich vor dem Neubau und in den Zufahrtsstraßen die Menschenmenge. Eine halbe Stunde später war der Fahrzeugverkehr so gut wie lahmgelegt [...]. Plötzlich geht eine Bewegung durch die Menschenmasse. Die Schaufenstergardinen werden hochgezogen und zum ersten Male spricht Tietz durch seine Schaufensterreklame zur Bevölkerung. Da gab es kein Halten mehr. Wie ein Bienenschwarm setzte sich ein Menschenknäuel vor der Eingangspforte fest. Das Hauspersonal und die Polizei waren machtlos [...]. Noch waren es drei Minuten bis 3 Uhr, noch schaukelten sich 1 000 bunte Luftballons an ihren ›Haltetauen‹ hoch oben auf dem Dachgarten im Wind, noch war die Hausflagge nicht gehißt und schon strömte unten das Volk hinein [...]."

Das Mosaik ›Justitia‹ von August Babberger im großen Sitzungssaal des Amtsgerichts; im Krieg zerstört [128]

Aus dem Festzug der Marktfrauen vom alten, dem Ludwigsplatz, zum neuen Marktplatz, 1929 [129]

›Pfälzische Post‹ am 3. Juli 1929. Und die ›Neue Badische Landeszeitung‹ ging in ihrem Lob für die Gestaltung sogar so weit zu schreiben, „daß Ludwigshafen zur Zeit den schönsten und praktischsten Marktplatz von ganz Süddeutschland sein eigen nennt. Der Platz ist in einzelne Blocks eingeteilt, die wiederum durch zahlreiche Wege gegliedert sind. Die Verkaufsplätze sind in heller, die Wege in dunkler Farbe gehalten. Die Verkaufsfront beträgt jetzt etwa 2 000 Meter gegen 600 auf dem alten Marktplatz. [...] die Oberfläche des Platzes ist mit einer neuzeitlichen Teerschicht versehen, so daß es keinen Staub und keinen Schmutz mehr gibt. Neu in diesem Stadtbild sind die 25 Kojen, die in den Markt eingebaut sind. Diese Kojen, die mit Wasser, Gas und elektrischem Licht versehen sind, sind den ganzen Tag geöffnet."[158] An seiner früheren Stätte wurde eine Grünanlage geschaffen, außerdem gab der 1928 fertiggestellte ›Rheinblock‹ dem Ludwigsplatz ein modernes Gepräge.

Gemeinnütziger Wohnungsbau im großen Stil

Bauen und nochmals bauen – so lautete Mitte der 1920er Jahre weiterhin die Devise der Weimarer Wohnungspolitiker. In den turbulenten Nachkriegsjahren konnte die Wohnungsfrage trotz mancher Verbesserungen nicht gelöst werden. Nach der Geldwertstabilisierung war ein neues Instrument zur Förderung des Wohnungsbaus geschaffen worden – die Vergabe sogenannter Hauszinssteuerhypotheken. Die Mittel dafür stammten aus dem Aufkommen an Gebäudeentschuldungssteuern bzw. Hauszinssteuern, eingeführt mit der 3. Steuernotverordnung vom 14. Februar 1924. Infolge der Aufwertungsgesetzgebung waren die laufenden Geldverpflichtungen an Zinsen für hypothekarische Belastungen bei gleichzeitiger Erhöhung der Mieteinnahmen gemindert worden. Zum Ausgleich dieser Entschuldung wurden die vor 1918 fertiggestellten Gebäude und der Grundbesitz mit Abgaben belegt. Ein Teil des Betrages war für den Wohnungsbau zu verwenden, wobei das Reich nur die Rahmenbedingungen vorgab, es im übrigen aber den Ländern überließ, diese Sondersteuerquelle auszuschöpfen und durch Landesrecht zu regeln.[159]

Anmerkungen
Seite 106 und 107

158 ›Neue Badische Landeszeitung‹, 7.7.1929
159 vgl. Frerich / Frey, S. 239
160 Ruck, S. 104
161 Laur, S. 75

*Das neue Amtsgericht**
[130]

* *Das Ludwigshafener Stadtbild, das Wittelsbachviertel und das neue Amtsgericht.*

„Das Ludwigshafener Städtebild erlebt von Jahr zu Jahr eine neue Wandlung. Moderne Bauten wachsen aus seinem Weichbild hervor, in Nord und Süd, in Ost und West. Neue Stadtviertel mit monumentalen Häusergruppen ragen zum Himmel empor, wo noch wenige Jahre vorher Öde herrschte. Man holt nach, was die Vergangenheit versäumt hat, versäumen mußte [...] Die kommerzielle und industrielle Entwicklung Ludwigshafens scheint aber doch ziemlich abgeschlossen, ihren Höhepunkt erreicht zu haben, die städtebauliche drängt jetzt nach Ausgestaltung. Immer enger schließen sich die verschiedenen Stadtteile zusammen, Lückenbauten entstehen im Zentrum, Wohnkolonien in der Stadt. Das Wittelsbachviertel zeigt bereits modern großstädtisches Gepräge. Man staunt über die Entwicklung, die dieser Stadtteil in den letzten Jahren genommen hat, da ragt schon wieder ein Monumentalbau, das neue Amtsgerichtsgebäude, das Werk des verstorbenen Amtsgerichtspräsidenten Jung, aus dem Häusermeer dort draußen am Luitpoldhafen empor. Das Stadtbild rundet sich ab, wird geschlossener, harmonischer, ästhetischer."
›General-Anzeiger‹, 2.3.1929

Aus den Eingängen dieser Steuer wurden in Bayern zunächst geringverzinsliche zweistellige Hypotheken bis zu einem Höchstbetrag von 6000 Reichsmark ausgeworfen. Ohne diese staatlichen Darlehen wäre der Wohnungsbau auch in den ›goldenen Jahren‹ der Weimarer Republik nur zu dem Preis extrem hoher Mieten möglich gewesen. Kapital war knapp und dementsprechend teuer in Deutschland. Erstrangige Hypotheken, die nur etwa ein Drittel des Beleihungswertes abdeckten, kosteten doppelt so viel wie vor dem Krieg: Zwischen 1925 und 1931 wurden dafür meist neun bis zehn, niemals jedoch unter acht Prozent Jahreszins verlangt. Das Hauptproblem war jedoch die Beschaffung der zweiten Hypothek, für die sich auf dem freien Kapitalmarkt kaum ein Kreditgeber finden ließ. Hier also setzte die öffentliche Wohnungsbauförderung mit der ›Hauszinssteuerhypothek‹ an. Sie bildete zwischen 1924 und dem Beginn der 1930er Jahre das Rückgrat der öffentlichen Wohnungsbauförderung. Rund 60% der zwischen 1924 und 1931 dafür ausgegebenen Gelder stammten aus dieser Quelle.[160]

Zur „Entfaltung einer größeren Bautätigkeit" genügten diese Subventionen aber nicht; Reich, Länder und vor allem die Kommunen mußten sich darüber hinaus mit erheblichen zusätzlichen Mitteln für den Wohnungsbau engagieren. Hierzu wurde einmal mehr „der Anleiheweg beschritten." In Ludwigshafen stellten seit Ende 1924 die Städtische Sparkasse sowie die Reichsversicherungsanstalt für Angestellte „erste Hypotheken in größerem Maßstab und zu erträglichen Bedingungen für den Wohnungsbau zur Verfügung."[161]

Ein Blick auf die finanziellen Grundlagen des am 22. März 1926 im Stadtrat debattierten Wohnungsbauprogramms verdeutlicht das notwendige Engagement der Stadt: Um das zweckbestimmte Staatsdarlehen in Höhe von 750000 RM an potentielle Bauherren vergeben zu können, mußte die Gemeinde selbst weitere 850000 RM aufbringen, und dies war nur per Anleihe möglich. Moniert wurde im Stadtparlament, daß das Reich in Ludwigshafen 1926 etwa eine Million Reichsmark Hauszinssteuer kassiert hatte, aber nur drei Viertel davon als Fördermittel an die Stadt zurückgeflossen waren. Einstimmig wurde auf

GAG-Bauten am ›Rolandsplatz‹, heute Teil der Kanalstraße, um 1930 [131]

›Moderne Architektur‹: Umspannwerk in der Stadtmitte am ›neuen‹ Marktplatz Entwurf des städtischen Hochbauamts, errichtet 1927—1929 [132]

Anmerkungen
Seite 108 und 109

162 *SRP 22.3.1926, Bd.48, Zitat, Bl.78*
163 *ebd., Bl.68*
164 *SRP 21.2.1927, Bd.48, Bl.313ff, auch f.d.F.*
165 *Stabel*
166 *vgl. Laur, S.62*

Antrag der KPD „gegen die Maßnahmen der Reichs- und Landesregierung über die Verwendung der Mietzinssteuer protestiert" und gefordert, „diese Steuer restlos dem Wohnungsbau zuzuführen."[162]

In solchen Resolutionen kam eine gehörige Portion Mißmut über die geringen Fortschritte bei der Lösung der Wohnungsfrage zum Ausdruck. Mehr als 163 neue Wohnungen waren mit den oben bezifferten Zuschüssen der öffentlichen Hand nicht zu bauen – ein Kontingent, das auch Oberbaudirektor Marcus Sternlieb „angesichts der herrschenden Wohnungsnot äußerst gering" erschien und, so war er überzeugt, „sicherlich niemanden befriedigen" konnte.[163] Inklusive der ohne staatliche oder kommunale Hilfe erstellten Wohnungen betrug der Neuzugang im Jahre 1926 immerhin 376 Wohnungen, doch diesen stand allein ein Neubedarf von 650 gegenüber; also war eine Minderproduktion von 274 Wohneinheiten in diesem Jahr zu verzeichnen.

„Diese Gegenüberstellung", so Baurat Laur in der Stadtratssitzung vom 21. Februar 1927, „zeigt, daß die seitherigen Maßnahmen von Reich, Staat und Gemeinde auf dem Gebiete des Wohnungsbaus durchaus unzulänglich sind. Nach drei Jahren Baudarlehenswirtschaft steht fest, daß andere Wege beschritten werden müssen, wenn nicht Wohnungselend, Wohnungszwangswirtschaft und Mietzinssteuer verewigt werden sollen." Offenkundig hatten sich zu diesem Zeitpunkt Verwaltungsspitze und GAG zum großen Wurf entschlossen. „Aufstellung eines Generalwohnungsbauprogramms" lautete der Tagesordnungspunkt im Stadtrat und der Referent steckte die wohnungspolitischen Ziele Ludwigshafens für die kommenden vier Jahre ab.[164]

Bei der Bestimmung des objektiven Wohnungsfehlbedarfs konnte sich Laur erstmals auf zuverlässige Daten berufen. Seit Februar 1927 lagen die Ergebnisse der Wohnungszählung vom 10. Mai 1925 vor, die im Vorfeld der Volks- und Berufszählung 1925 reichsweit durchgeführt worden war.[165]

Der 1928 eröffnete ›Rheinblock‹ am Ludwigsplatz [133]

GAG-Bauten: die Wittelsbachstraße in Richtung Bürgermeister-Krafft-Platz Aufnahme um 1930 [134]

Die für 1927 aktualisierte Bilanz sah folgendermaßen aus:[166]

Wohnbevölkerung (28. Februar 1927)	103 510
Familien mit eigener Wohnung	22 748
Familien ohne eigene Wohnung	2 972
Wohnungen in Rückgebäuden	1 208
Wohnungen in Kellern	11
Zahl der überfüllten Wohnungen	2 675
Zahl der fehlenden Wohnungen (Stand Ende 1926)	3 270
Zahl der Wohnungssuchenden (Stand 28. Februar 1927)	7 588
davon ohne Wohnung	3 956
Anzahl der vorhandenen Kleinwohnungen (1 bis 2 Zimmer und Küche)	13 360
Zahl der Wohnungen überhaupt (Mai 1925)	22 798

Den aktuellen Gesamtbedarf an neuen Wohnungen bezifferte der Stadtbaurat im Februar 1927 auf 3 095 Wohnungen. „Soll die Wohnungsnot bis spätestens 31. Dezember 1930 behoben werden, kommt ein Neubedarf von 1 700 Wohnungen hinzu. Insgesamt," rechnete Laur den Stadträten vor, „müßten also 4 800 Wohnungen gebaut werden." Unter der Annahme, daß die „zuschußlose" private Bautätigkeit „bei der Verflüssigung des Geldmarktes und dem Zurückgehen der Zinssätze" wieder intensiver werden würde, außerdem mit einem Abzug der Besatzung und der Freigabe der belegten Wohnungen gerechnet werden könne, glaubte er mit 3 600 Neubauwohnungen die dringlichste Wohnungsnot beheben zu können. Ziel war es mithin, von 1928 bis 1930 alljährlich 1 200 Wohnungen zu bauen und zu finanzieren.

Da nach Erkenntnissen des Wohnungsamtes der Bedarf an größeren Einheiten weithin befriedigt war, sollten überwiegend Ein- bis Dreizimmerwohnungen entstehen. Die Baukosten je Wohnung wurden auf durchschnittlich 7 000 RM veranschlagt, vorausgesetzt, daß „auf baureifem Gelände und an fertigen Straßen, in Reihenhäusern geschlossen und

GAG-Bauten an der Kaiser-Allee, heute Saarlandstraße, erbaut 1926/27, das üppige ›modernistische‹ Dekor ging im Zweiten Weltkrieg verloren [135]

Blick vom Ebertpark auf die monumentalen Ebertblöcke der GAG 1930er Jahre [136]

Bautätigkeit in Ludwigshafen 1924 bis 1932*

	1	2	3	4	5
1924/26	913	437	1455	485	23250
1927/28	978	647	1604	561	25414
1929/30	548	340	1246	508	26543
1931/32	551	420	1033	774	27550

1 Neubauten: Gebäude überhaupt · 2 Neubauten: Wohngebäude (Teilsumme von 1) · 3 Neue Wohnungen 4 davon Kleinwohnungen (1—3 Wohnräume incl. Küche) 5 Wohnungsbestand am Jahresende (Wohnungszugang abzgl. Wohnungsabgang)

Anmerkungen
Seite 110 und 111

167 SRP 21.2.1927, Bd. 48, Bl. 326
168 Lehnert, S. 305; vgl. auch Ruck
169 Lehnert, S. 304f
170 ebd.
171 Gerlach
** Quelle: Wort und Zahl 193; StALu, DS 241*

mehrstöckig gebaut" werden würde. Nach Laurs Kalkulation waren 40% als erstrangige Hypothek von der Reichsversicherungsanstalt für Angestellte, der Städtischen Sparkasse oder von Hypothekenbanken aufzubringen; die Hälfte der Baukosten sollte eine zweistellige, gering verzinsliche Hypothek aus öffentlichen Mitteln abdecken, und der Rest von zehn Prozent aus Eigenkapital finanziert werden.

Das Ludwigshafener Stadtparlament folgte dieser Vorlage unter der Prämisse, „daß der Staat die zur Verzinsung und Tilgung des benötigten Kapitals erforderlichen Beiträge zur Verfügung stellt, sei es in Form von Zuweisung der Mietzinssteuer, die in ihrem vollen Eingange für den Wohnungsbau zu verwenden wäre, oder in Form anderer Steuern."[167]

Auch wenn die avisierte Jahresproduktion von 1200 Wohnungen nicht erreicht wurde, zeigte der Aufschwung im gemeinnützigen Ludwigshafener Wohnungsbau zwischen 1927 und 1931 eine insgesamt eindrucksvolle Bilanz: 3518 Wohnungszugänge wies die Statistik für diesen Zeitraum aus, so viele wie in keiner anderen Phase der Zwischenkriegszeit. Mit Abstand die meisten Neubauten, nämlich 963, wurden 1928 gezählt. Diese Entwicklung korrespondierte mit den Trends im Deutschen Reich: Während 1924 reichsweit noch unter 100000 und 1926 erst 200000 Neubauwohnungen entstanden, wurden 1927 bis 1930 jeweils 300000 hergestellt.[168] Da in Ludwigshafen überwiegend in große geschlossene Siedlungsanlagen investiert wurde, die auch städtebauliche

*Ein Innenhof der Ebertblöcke**
Aufnahme vor 1945 [137]

* *„Die breite Ebert- und Hohenzollernstraße und die weiträumigen Höfe sorgen für genügend Licht und Luft. Wenn auch der Lageplan eine reine Nordlage der Zimmer nicht immer vermeidet, so entschädigen dafür freundliche Spielplätze mit Planschbecken und grünem Rasen, der der Jugend überlassen ist, und für deren Wohl durch einen modern eingerichteten Kindergarten noch weiter gesorgt wird. Zwei Schmuckhöfe mit gärtnerischen Anlagen sollen den Erwachsenen Erholung bieten. Die Wohnungen, die sich aus 2-, 3- und 4-Zimmer-Wohnungen zusammensetzen, sind als Mittelstandswohnungen sorgfältig und solide ausgestattet. [...] In Verbindung mit der Küche vor dem Bad liegt die Loggia von 2,5 qm Fläche. Die Küche ist in Größe und Ausstattung eine Zwischenlösung von Koch- und Wohnküche. [...] Da die Wohnungen Zentralheizung besitzen, ist zum Kochen nur ein Gasherd vorgesehen. [...] Eine besondere Annehmlichkeit ist die Installierung aller Bäder und Küchen mit fließendem Warmwasser."*
nach: Gerlach

Akzente setzten, hat der forcierte Mietwohnungsbau dieser Zeit das Gesicht der Stadt nachhaltig geprägt. Das gilt besonders für die zwischen 1927 und 1929 entstandene Wohnanlage am Ebertpark, die 1929/30 errichtete Westend-Siedlung und die von November 1930 bis Oktober 1931 gebaute Christian-Weiß-Siedlung. Diese drei Wohnkomplexe repräsentieren den modernen Weimarer Mietwohnungsbau der zweiten Hälfte der zwanziger Jahre, sie spiegeln aber ebenso die sich aufgrund wirtschaftlicher Gegebenheiten innerhalb weniger Jahre verändernden gesellschaftlichen und wohnkulturellen Anforderungsprofile.

Der Schwerpunkt der öffentlich geförderten Bautätigkeit lag bis Ende der zwanziger Jahre auf Wohnungen mittlerer Größe und gehobener Ausstattung. „Die im Durchschnitt etwa 60—65 Quadratmeter großen Neubauwohnungen unterschieden sich von einem traditionellen Arbeiterquartier des Stube-Küche-Typs – mit häufig kaum 40 Quadratmeter – nicht allein durch ihr zusätzliches Raumangebot, sondern erst recht in der Ausstattung: Über das Innen-WC hinaus wurde das eigene Bad und eine kleine Eingangsdiele zum geräusch- und geruchsübertragenden Treppenhaus eingeplant, nach Möglichkeit auch ein Balkon sowie umgebende Grünanlagen und funktionsgerechte Infrastruktur."[169] „Luxuriös", wie manche Kritiker meinten, waren diese Neubauten deshalb noch lange nicht. Vielmehr entsprachen sie zeitgemäßen Standards menschenwürdiger Wohnstätten. Die gesamten Wohnkosten für durchschnittliche Neubauhaushalte bei solchen Objekten wuchsen allerdings auf rund 30% des Nettoeinkommens an gegenüber vorkriegsüblichen 15—20%.[170] Wohnungen dieser Güte konnten sich meist nur besserverdienende Beamten-, Angestellten- und Facharbeiterfamilien leisten; ungelernte und angelernte Arbeiterschichten – das Gros der Arbeitnehmerschaft in der chemischen Industrie – schloß der Weimarer Sozialwohnungsbau ob seiner hohen Mieten in der Regel aus.

Das galt auch für die GAG-Siedlung am Ebertpark, dem modernsten und am besten ausgestatteten Wohngebiet dieser Zeit in Ludwigshafen. Ein Blick ins Adreßbuch von 1930 bestätigt die zeitgenössische Einschätzung, daß dort „Mittelstandswohnungen"[171] errichtet wurden.

Zeitgemäß moderne, aber bescheidene Wohnstandards: Küche einer Wohnung in der Westend-Siedlung, 1930er Jahre [138]

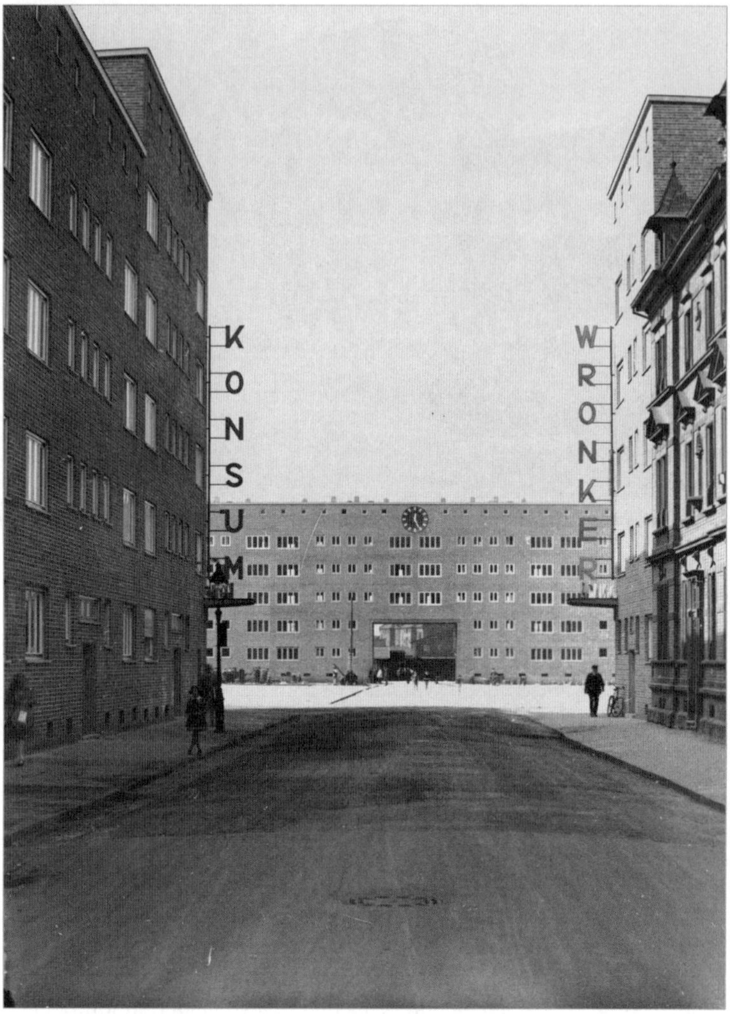

Blick in die Westend-Siedlung von der heutigen Bahnhofstraße aus, um 1930 [139]

Anmerkungen
Seite 112 und 113

172 *PfP, 30.1.1929: Die Großsiedlung der GAG beim Ebertpark*

173 *Breier, Stadt, S. 74*

174 *Breier, Zeiten der Not, S. 5*

Die am häufigsten genannten Berufe der Mieter waren Kaufleute (105), Studienräte und Lehrer (45), Techniker und Ingenieure (30), Meister (27), Obersekretäre (19) sowie Chemiker (15). So kam denn auch die sozialdemokratische Tageszeitung ›Pfälzische Post‹ nicht umhin darauf hinzuweisen, „daß sich solche Wohnungen mit solchen Einrichtungen die meisten Arbeiter und Angestellten noch nicht leisten können." Dennoch wurde die Anlage auch in der SPD-Presse aufs höchste gelobt. Denn, so ihr Redakteur, „der Kampf" gelte „nicht den kulturellen Fortschritten auf dem Wohnungsgebiet," sondern dem Ziel, „soviel zu verdienen," daß sich der kleine Mann „die vorhandenen Kulturgüter, in diesem Falle eine anständige Wohnung, leisten kann." Nachgerade entzückt war der Redakteur der ›Pfälzischen Post‹ von den Annehmlichkeiten, die das Wohnumfeld bot: „Wer beispielsweise nur die zentrale Waschküche in der Ebertpark-Siedlung gesehen hat, kann dem Ganzen nicht im geringsten gram sein, ja muß es in begeisterndster Weise feiern. Sie zeigt nämlich, daß unsere Frauen vom tagelangen Waschen – Trocknen und Bügeln mit einbegriffen – befreit werden können, ihnen dadurch die so

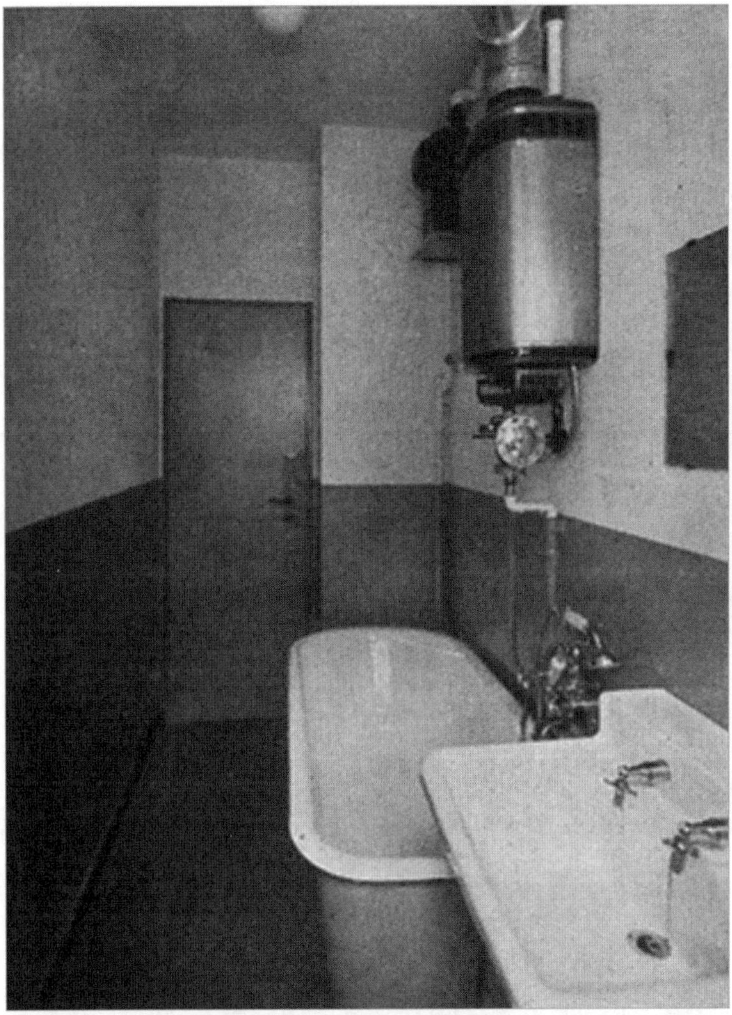

Zeitgemäß modern, aber bescheiden: Bad in der Westend-Siedlung 1930er Jahre [140]

Westend-Siedlung, Eingang zur Haardtstraße (heute Bahnhofstraße) 1930er Jahre [141]

bitter notwendige Lebenszeit für die Familie und anderes errungen werden kann. Wer wollte da nicht mitmachen? Was von der zentralen Waschküche gilt, gilt in gleichem Maße auch für die anderen getroffenen zentralen Einrichtungen und auch für die, die noch in der Ebertpark-Siedlung geschaffen werden. Wir erinnern an die Spielplätze für Kinder, an die Planschbecken für Kinder, an die Schmuck- und Erholungshöfe, die Kleinkinderschule usw."[172]

Konzeption und Gestaltung der Ebertsiedlung erfuhren nicht nur zeitgenössisches Lob; rund 65 Jahre nach dem Bau der Anlage rühmte Thomas Breier ihre „bemerkenswerte Geschlossenheit und hohe städtebauliche wie gestalterische Qualität", darüber hinaus den „über Jahrzehnte andauernden günstigen Gebrauchswert" der Siedlung.[173]

Maßstäbe setzte die GAG auch mit ihrem nächsten großen Siedlungsprojekt, dem zwischen April 1929 und Mai 1930 errichteten Westendviertel. Es galt „damals im deutschen Raum als musterhaftes Beispiel für gelungenen Wohnungsbau für Werktätige mit kleinem Einkommen."[174] Zudem war die Wohnanlage ein Modell für effektives Bauen in

Innenstadt, BASF und Stadtteil Nord, links die Westend-Siedlung, in der Mitte der neue Marktplatz
Luftbild vom 30. August 1930 [142]

Ebertpark, Ebertsiedlung und Stadtteil Nord
Luftbild vom 6. Juli 1933 [143]

Anmerkungen
Seite 114

175 *GA, 21.9.1929: Die neue Westend-Siedlung*

176 *Frerich/Frey, S. 239*

wirtschaftlich schwierigen Zeiten. Daß hier – anders als mit der Großsiedlung am Ebertpark – „ein entscheidender Schritt auf dem Gebiete des Klein- und auch Kleinstwohnungsbaues getan wurde", wie der ›General-Anzeiger‹ am 21. September 1929 schrieb,[175] lag im Trend der Zeit. Ende der zwanziger/Anfang der dreißiger Jahre war Kleinstwohnung Trumpf, zumal die Investitionen der öffentlichen Hand in den Bau moderner Wohngebiete jetzt reichseinheitlich bindend dafür verwendet werden sollten. Am 17. Dezember 1929 verabschiedete der Reichstag „Reichsrichtlinien für den Kleinstwohnungsbau."[176]

Innenstadt, im Vordergrund die Bahnanlagen, rechts das Dörrhorstgelände der Firma Benckiser, dahinter die Westend-Siedlung
Luftbild vom 6. Juli 1933 [144]

Blick über die Gartenstadt, das Marienkrankenhaus vorne, die St. Bonifazkirche, dahinter das protestantische Altersheim und die Erlöserkirche, um 1931 [145]

Auch der bayerische Staat verstärkte jetzt seinen Einfluß auf die Wohnungspolitik der Kommunen. Für die Westend-Siedlung wurde zum einen die maximale Miethöhe festgelegt – sie durfte zehn Reichsmark pro Quadratmeter Nutzfläche im Jahr nicht überschreiten. Zum andern war vorgegeben, beim Erstbezug mindestens 80% der Wohnungen nur solchen Familien zuzuweisen, die Altwohnungsbestand freimachten. Zugleich wurden neue Wege der Finanzierung beschritten, um größere Bauprogramme in kürzerer Zeit realisieren zu können. Statt Kapitaldarlehen gab der bayerische Staat jetzt Zinszuschüsse an die Stadt, die

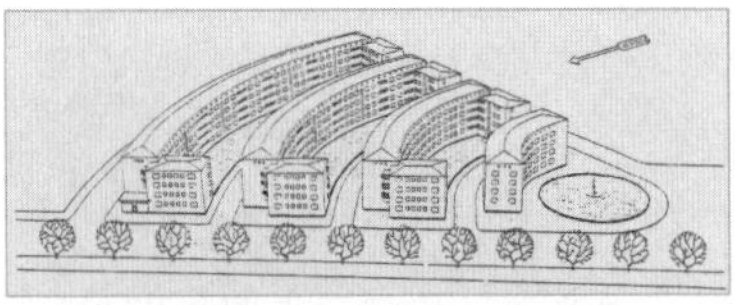

Skizze der Christian-Weiß-Siedlung an der heutigen Saarlandstraße [146]

Einweihung des Denkmals für Oberbürgermeister Weiß vor der im Halbrund zwischen der Kurfürstenstraße und der damaligen Kaiserallee – heute Saarlandstraße – angelegten Christian-Weiß-Siedlung, 13. September 1931 [147]*

dadurch in die Lage versetzt wurde, größere Privatkapitalien aufzunehmen und diese an die GAG weiterzugeben.[177]

Konzipiert wurde das Westend noch vor Beginn der großen Depression. Ende Januar 1929 berichtete die ›Neue Badische Landeszeitung‹ erstmals von den Plänen der GAG, „300 Kleinstwohnungen in der Südstadt (Dörrhorst) erstellen" zu wollen. Mit diesem Vorhaben würden „die Wünsche und die Wohnungsbedürfnisse des kleinen Mannes berücksichtigt, der keine hohen Mieten zahlen, aber doch seinen Lebensbedürfnissen entsprechend gut wohnen möchte."[178]

Niedrige Mieten, rationelles Bauen, aber dennoch den zeitgemässen Bedürfnissen neuzeitlicher Wohnkultur gerecht werden – all dies zwang zu geschickten und sparsamen Grundrißlösungen sowie zur schlichten, aber funktionsgerechten Ausstattung. Folgen wir dem Urteil der Zeitschrift ›Die Wohnung‹, so ist das den Architekten der Westend-Siedlung rundum gelungen. Formgebend für die fünfgeschossigen Backsteinbauten war der Bauhausstil und auch die städtebauliche Ästhetik fand Gefallen: Die Umbauung des neuen Meßplatzes „mit ruhigen, klargegliederten Backsteinfassaden gibt der Oggersheimer und der Haardtstraße einen guten Abschluß, sie verdeckt den unerfreulichen Blick auf alte Industrieanlagen und rauchende Schlote und schafft einen großen und räumlich gut wirkenden neuen Platz, der für die Stadt, die wenig derartige Anlagen hat, besonders wertvoll ist."[179]

Maßgebend für die Grundrißgestaltung der Wohnräume war das Ziel, einen Vierpersonenhaushalt auf möglichst kleinem Raum unterbringen zu können. Selbst der kleinste Wohnungstyp mit 41 Quadratmetern – Wohnküche, zwei Schlafräume – wurde für eine vierköpfige Familie angeboten. Typ II mit 51 Quadratmetern verfügte über eine Kochküche, ein Wohnzimmer und ebenfalls zwei Schlafräume, die 64 Quadratmeter großen Wohnungen waren für Sechspersonenhaushalte konzipiert und hatten also ein Schlafzimmer mehr. Wer ins Westend zog,

Anmerkungen
Seite 116 und 117

177 *GAG, Geschäftsbericht 1929. Der Wortlaut des neuen Vertrages ist abgedruckt bei Gerlach, S. 50–52*

178 *›Neue Badische Landeszeitung‹, 31.1.1929: Die Stadt der Siedlungen*

179 *Gerlach, S. 36*

180 *ebd., S. 42*

181 *GAG Ludwigshafen, Geschäftsbericht 1930, S. 7*

* *In der Mitte Oberbürgermeister Ecarius bei der ›Übernahme‹ des Denkmals, links Bürgermeister Kleefoot*

Die neue Eisenbahnbrücke neben der 1867 in Dienst genommenen Rheinbrücke, die danach allein dem Straßen- und Straßenbahnverkehr diente 1932 [148]

mußte vor allem Abschied von der traditionellen Wohnküche nehmen. Doch mit der auch als „Kochteil" bezeichneten Kleinküche auf sechs Quadratmetern Fläche fanden sich die Hausfrauen, so Gerlach, „überraschenderweise recht gut ab." Allerdings erwiesen sich die mitgebrachten Küchenmöbel oft als zu sperrig, so daß sich die GAG dazu entschloß, die Küchen komplett auszustatten.[180]

Die monatlichen Mietpreise in den Westendblöcken mit ihren insgesamt 341 Wohnungen bewegten sich zwischen 35 und 47 Reichsmark. Ähnlich günstig sollte das Neubauwohnen in der Christian-Weiß-Siedlung sein, denn auch bei dieser Anlage war ein fester Mietsatz für den Quadratmeter Wohnfläche vom Darlehensgeber vorgeschrieben. Der letzte größere Siedlungsbau, der von der GAG in der Zeit der Weimarer Republik geschaffen wurde, ging auf ein besonderes Reichsbauprogramm zurück, das im Herbst 1930 ausgelobt worden war. Aus einem Fonds von 100 Millionen Reichsmark zum Bau von Kleinstwohnungen entfielen auf Ludwigshafen 615 000 RM, die mit einem Darlehen aus dem Herbstbauprogramm 1930 des Bayerischen Staatsministeriums für Landwirtschaft und Arbeit aufgestockt wurden.[181]

Um dem Verlangen der Reichsregierung nach tragbaren Mieten für Bewerber mit geringerem Einkommen gerecht werden zu können, mußte das Bauareal aus Kostengründen bereits voll erschlossen sein. Die Wahl fiel deshalb auf das städtische Gelände am Schnittpunkt der früheren Christian-Weiß-Straße (heute Kurfürstenstraße) und der damaligen Kaiser-Allee (heute Saarlandstraße). Kein optimales Grundstück, denn seine Lage hätte bei einer Bebauung gemäß den bestehenden Baulinien ungünstige Lichtverhältnisse zur Folge gehabt. Zudem war bei dem Projekt aufgrund des Mietfixums eine besonders wirtschaftlich-rationelle Aufteilung des Geländes angesagt. Die Lösung des Problems bestand in „radial gekrümmten Häuserblocks, die mit dem als Drehpunkt an der Spitze gelegenen Springbrunnen einen Fächer bilden. So kam es, daß die

Die Ergebnisse der Reichswohnungszählung vom 16. Mai 1927 im Gebiet der heutigen Stadt Ludwigshafen[182]

	1	2	3	4	5	6	7
Edigheim	404	74,2	–	1,29	556	50,7	4,67
Ludwigshafen	7 194	36,7	26,4	3,29	23 750	50,7	4,32
Süd*	1 532	11,4	44,4	4,84	7 413	52,2	4,26
Nord*	1 958	40,2	39,2	4,00	7 836	64,6	4,46
Friesenheim*	1 677	40,9	11,0	2,31	3 882	61,4	4,41
Mundenheim*	1 707	47,1	9,0	2,14	3 667	55,8	4,66
Maudach	396	76,2	–	1,27	509	56,3	4,46
Oggersheim	1 539	62,5	1,3	1,54	2 430	52,7	4,21
Oppau	1 085	68,5	0,4	1,37	1 531	38,2	4,81
Rheingönheim	741	57,0	0,8	1,57	1 180	53,0	4,21
Ruchheim	264	87,8	–	1,14	299	41,4	4,50

1 Gesamtzahl der Wohngebäude
2 Gebäude mit einer Wohnung in % der Gesamtzahl der Gebäude
3 Gebäude mit mehr als fünf Wohnungen
4 Wohnungen pro Gebäude
5 Gesamtzahl der Wohnungen
6 davon Kleinwohnungen mit 1—3 Wohnräumen (incl. Küche) in %
7 Einwohner pro Wohnung
* Zahlen von 1925

einzelnen Bauzeilen bogenförmige Gestalt erhielten" und der Zweck des ausreichenden Tageslichteinfalls erreicht wurde. „Diese rein sachlichen Erwägungen", so lobte ein Redakteur des ›General-Anzeigers‹ die architektonische Lösung, haben zu einer neuartigen und hübschen Gliederung der ganzen Baugruppe geführt, die noch durch die farbige Behandlung der Fassaden – in rotbraun und hellrosa – gesteigert wurde."[183] Im ganzen entstanden hier 231 Wohnungen,[184] deren letzte Ende November 1931 bezugsfertig war. Sie kosteten je nach Größe und Ausstattung zwischen 24,50 RM und 60 RM monatliche Miete.

Nicht weniger als 1 800 Bewerber waren an diesen günstigen Kleinwohnungen interessiert, und dies zeigte einmal mehr, daß das Angebot die Nachfrage auf dem Ludwigshafener Wohnungsmarkt bei weitem nicht deckte. Gleichwohl wurde die GAG vorerst nicht mehr in die Lage versetzt, mit weiteren Siedlungsbauten dieser Art abzuhelfen. Wie in anderen gesellschaftlichen Bereichen mit öffentlichem Finanzierungsbedarf beendete die Weltwirtschaftskrise die kurze Blütezeit des Weimarer Sozialwohnungsbaus. Weder das Reich noch der Staat Bayern gaben weitere Finanzierungshilfen. Und ohne „diese Darlehen", bedauerte der GAG-Vorstand im Geschäftsbericht für das Jahr 1932, „mußte die Gesellschaft auf die Fortführung ihrer Bautätigkeit selbst in kleinerem Umfange verzichten."

Die Bilanz von 13 Jahren gemeinnützigem Wohnungsbau in Ludwigshafen, ebenfalls im Geschäftsbericht der GAG von 1932 veröffentlicht, war gleichwohl beachtlich. Von 1920 bis 1931 errichtete die Gesellschaft 535 Häuser mit 2 135 Wohnungen, davon 1 311 Kleinwohnungen – 1 bis 2½ Zimmer, jeweils mit Küche, gleich 61%, 800 mittlere Wohnungen – 3 bis 4½ Zimmer, jeweils mit Küche, gleich 37%, sowie

Anmerkungen Seite 118 und 119

182 *Ergebnisse der Reichswohnungszählung in Bayern vom 16.5.1927, Beiträge zur Statistik Bayerns 108; StALu, DSB 125*
183 *GA, ohne Datum: Christian-Weiß-Siedlung, StALu, Presseausschnittsammlung*
184 *Weckesser, S. 385*
185 *vgl. hierzu: GEWOGE*

Festumzug im Roten Hof der Gartenstadt zum zehnten Jubiläum der GAG 1930 [149]

24 größere Wohnungen – 5 und 6 Zimmer, gleich 2%. Daneben wurden gebaut: 47 Läden, 6 Ateliers, 2 Büros, 2 Polizeistationen, 2 Gaststätten, 1 Werkstätte, 1 Kindergarten und 1 Radio-Zentrale. Neben den herausragenden Objekten – Ebertpark-, Westend-, Christian-Weiß- und Heimstätten-Siedlung in der Gartenstadt-Hochfeld – entstanden darüber hinaus größere Wohnhausbauten in der Rott- und Mendelssohnstraße (92 Wohneinheiten), im Finkennest (169), in der Hans-Sachs-Straße (72), in der Blücherstraße (76), Kanalstraße (66), an der Rupprechtstraße (70) und im Komplex Lessing-, Arndtstraße (62).

Seit dem 25. Mai 1926 existierte eine weitere gemeinnützige Wohnungsbaugesellschaft in der Stadt, nämlich diejenige „für Werksangehörige der I. G. Farbenindustrie Aktiengesellschaft, Ludwigshafen a. Rh. m.b.H.", kurz: GEWOGE genannt.[185] Auch sie war ein ›Kind‹ der herrschenden Wohnungsnot und zielte vor allem darauf, Mietwohnungen für BASF-Werksangehörige zu errichten.

Nach dem Ersten Weltkrieg hatte die Angestellten-Pensionskasse der BASF zahlreichen Mitarbeitern Darlehen für den Bau von Einfamilienhäusern gewährt. Ihre Mittel reichten jedoch bei weitem nicht für alle Anträge aus. Um die vielfach unbefriedigende Wohnungssituation für ihr Stammpersonal rascher und zielgerichteter lösen zu können, entschloß man sich Mitte der zwanziger Jahre, die Gelder der Pensionskasse auf den Bau von größeren Mietshäusern zu konzentrieren. Auf diese Weise entstanden 1926/27 48 Wohnungen in der Leuschner-, Lessing-, Arndt- und Platenstraße. 1928 investierte die GEWOGE wiederum in den Bau von Einfamilienhäusern in der Gartenstadt, so im Schlehengang, Erlenweg und Hermann-Löns-Weg.

›Aus Wissenschaft und Praxis der Schnakenbekämpfung‹: Hygiene-Ausstellung im Ebertpark, Aufnahme vom 8. Juni 1927 [150]

›Erste Süddeutsche Wochenend-Ausstellung‹ im Ebertpark 1928 [151]

Anmerkungen
Seite 121

* *Der zugefrorene Rhein*
Mitte Februar 1929 fror der Rhein – zum bisher letzten Mal – vor Mannheim und Ludwigshafen vollständig zu. Am Sonntag, dem 17. Februar, wälzten sich „Völkerscharen" auf dem zugefrorenen Fluß; „Brezel, warme Würstchen und heiße Grogs fanden reißenden Absatz." „Die Gastwirte müßten von Rechts wegen dem vereisten Rhein ein Dankopfer bringen für den außergewöhnlichen Zustrom." Selbst ein Motorrad kreiste auf dem Eis, und die ›Aniliner‹ nutzten den zugefrorenen Strom als Nachhauseweg. Ähnliche Vereisungen hatte es zuvor 1864 – damals war noch ein Faß auf dem Rhein ›gebunden‹ worden und man hatte Verkaufshäuschen, Reitschulen und Kegelspiele auf dem Eis aufgestellt –, 1879/80, 1890/91, 1892/93 und 1895 gegeben.
GA, 14.2., 15.2., 18.2.1929

Wochenend und Sonnenschein: Freizeit, Sport und ›moderne‹ Unterhaltung

Ende September 1928 wurden die Ludwigshafener mit einer besonderen Messe-Attraktion in den Ebertpark gelockt. Man präsentierte die ›Erste Süddeutsche Wochenend-Ausstellung‹. Vom 29. September bis 14. Oktober zeigten namhafte Aussteller Sportausrüstungen, Geräte sowie „Textilien für Wochenend und Reise"; die Besucher konnten „Wochenend- und Touristenkonserven" kosten, die neuesten Modelle der Fahrräder, Motorräder, Kraftwagen und Autobusse waren zu bestaunen, „Musikinstrumente fürs Wochenende" wurden vorgeführt, der Wochenendhäuserbau samt Innenausstattung war vertreten und auch Optik, Photo, Radio und Elektrotechnik kamen nicht zu kurz. Das Vereins- und Verkehrswesen war ein weiteres Thema der Messe, angepriesen wurden ferner „Neuheiten und Erfindungen auf einschlägigem Gebiet", darunter ein Hosenspanner namens ›Hallo‹, ein „kombiniertes Bügelbrett mit Zimmerleiter" oder „Vegetabilische Erzeugnisse in Tuben". Wichtigster Aussteller in punkto Bekleidung und Ausrüstung war das Mannheimer Traditionshaus Engelhorn und Sturm; der Touristenverein ›Die Naturfreunde‹ Ludwigshafen präsentierte das Modell eines Ferienheims sowie Kochgeschirr und andere „Touristengegenstände".

*Der zugefrorene Rhein**
1929 [152]

Was es mit der „Wochenendidee" auf sich hatte, begründete die Ausstellungsnummer der Zeitschrift ›Das Wochenende in Baden und der Pfalz – Organ der Wochenend-Arbeitsgemeinschaft Baden-Pfalz e.V.‹ „Gleichviel", hieß es dort, „ob Arbeitgeber oder Arbeitnehmer, ob Wanderer, Radfahrer, Automobilist, Wassersportler, Kunst- oder Naturfreund, allen gemeinsam ist in der Wochenendbewegung der Wille zur Lebensbejahung geworden, der Wille, die Offenbarungen der Natur, das Mythos der Heimat, die Ethik der Freiheit zu erfassen und dadurch dem Leben des Einzelnen neue, aufbauende Werte zu geben. [...] Die Zurückführung des Menschen zur Natur ohne Rücksicht auf soziale Schichtung, ohne Rücksicht auf politische Parteizugehörigkeit, ohne Rücksicht auf materielle Differenzierung, das ist einer der wesentlichsten Faktoren der Wochenendbewegung, deren kosmopolitischen Wert man nicht hoch genug einschätzen kann." Ein Foto, mitten hineinplaziert in dieses Plädoyer zur sinnvollen Gestaltung des Sonnabends und Sonntags, bildete ein „Wochenende für Verwöhnte" ab: Ein glückstrahlendes Paar war „mit Auto, Hauszelt und Faltboot" unterwegs. „Wochenend und Sonnenschein und dann mit Dir im Wald allein/weiter brauch ich nichts zum Glücklichsein [...]", sangen die Comedian Harmonists auf einer Schallplatte, aufgenommen Ende August 1930.

Luftschiffkapitän aus Ludwigshafen: Ernst Lehmann [153]
Geboren 1886 als Sohn eines BASF-Chemikers; nach einer Ausbildung bei der kaiserlichen Marine und an der TH Charlottenburg wurde der Diplomingenieur 1912 zum Zeppelin-Luftschiff-Führer und erlangte im Ersten Weltkrieg und danach große Berühmtheit. 1937 kam er beim Brand des Zeppelins ›Hindenburg‹ in Lakehurst in den USA ums Leben.

Gleichwie die Ausstellung in der ›Stadt der Arbeit‹ angenommen wurde – ein „Wochenende für Verwöhnte" konnten sich innerhalb der hiesigen Bevölkerung nur die wenigsten leisten, und zweifellos kam das ›Weekend‹ bei den Ludwigshafenern nicht so groß in Mode wie in der Reichshauptstadt Berlin. Doch „zur sozialen Institution" wurde das Wochenende „als ersehnte, konzentrierte Freizeit"[186] in den zwanziger Jahren auch hier.

Daß sich für die Mehrheit der deutschen Bevölkerung in dieser Zeit so etwas wie eine moderne Freizeitkultur entwickeln konnte, ermöglichten Arbeitszeitverkürzungen und bezahlter Urlaub. Zwar wurde die 1918 eingeführte Regelung des Achtstundentags in der Industrie nach 1924 wieder vielfach durchbrochen, bis 1932 setzte sich jedoch die wöchentliche Arbeitszeit von 48 Stunden als geltende Regel durch. Auch die Forderung nach bezahltem Urlaub wurde in der Weimarer Republik verwirklicht. Hatten vor dem Ersten Weltkrieg nur rund zehn Prozent aller Arbeiter einen rechtlichen Anspruch auf eine bezahlte Jahresfreizeit, so waren es Anfang 1928 etwa 90% aller Arbeiter, denen ein tarifvertraglich gesicherter Urlaub zustand. Für die Masse der Angestellten betrug der Höchsturlaub mehr als zwölf Tage, für nahezu ein Drittel sogar mehr als 18 Tage. Der Großteil der Arbeiterschaft lag mit der tariflichen Höchsturlaubsgrenze allerdings bei maximal zwölf Tagen, mit höchstens sechs Werktagen Urlaub mußten immerhin 40% aller Arbeiter auskommen.[187]

Auch wenn Freizeit für die Arbeitnehmerschaft damit noch relativ knapp bemessen war – erst mit diesen urlaubsrechtlichen Voraussetzungen und verkürzten Arbeitszeiten war es breiten Bevölkerungsschichten überhaupt möglich geworden, die nach ihrer Berufstätigkeit verbleibende Zeit eigenen Wünschen gemäß zu gestalten und an Vergnügungen teilzunehmen, die bisher vorwiegend dem Bürgertum vorbehalten geblieben waren. Vor allem in den Städten entstand in der Weimarer Zeit eine vielfältige schichtenübergreifende Freizeit- und Populärkultur, wobei traditionelle Vergnügungen neben den modernen Massenspektakeln weiterhin Bestand hatten.

Gefördert wurde der Anspruch auf erlebnisreiche Freizeit und Vergnügen aber ebenso von den Entbehrungen und bitteren Erfahrungen der Kriegszeit. „Und Elend, gewaltsame Erschütterung und Verlust gewohnter Sicherheiten bis zur Verarmung durch Inflation kennzeichneten auch die Nachkriegszeit bis weit in die 20er Jahre hinein. Das nährte politische und geistige Radikalisierung, aber auch eine gesteigerte Suche nach Vergnügen. Der Wille, angesichts einer ungewissen Zukunft das Heute zu genießen, bildete eine Konstante städtischen Lebens."[188]

Angesichts der ungewissen Zukunft stürzten sich viele in die Lust des Augenblicks, wollten sich wenigstens für Stunden in gehobene Stimmung versetzen lassen. Klaus Mann hat diese Seelenlage in seiner Autobiographie ›Der Wendepunkt‹ auf frappante Weise eingefangen: „Millionen von unterernährten, korrumpierten, verzweifelt geilen, wütend vergnügungssüchtigen Männern und Frauen torkeln und taumeln dahin im Jazz-Delirium. Der Tanz wird zur Manie, zur idée fixe, zum Kult. Die Börse hüpft, die Minister wackeln, der Reichstag vollführt Kapriolen. Kriegskrüppel und Kriegsgewinnler, Filmstars und Prostituierte, pensionierte Monarchen (mit Fürstenabfindung) und pensionierte Studienräte (völlig unabgefunden) – alles wirft die Glieder in grausiger

Anmerkungen
Seite 122 und 123

186 Maase, S. 134
187 Reichsarbeitsblatt, Sonderheft 47, S. 26ff, zit. n. Keitz, S. 184f
188 Maase, S. 115
189 Mann, S. 143f
190 SRP, Bd. 44, Bl. 152ff. Seit dem 1. Dezember 1920 wurden ›Lustbarkeiten‹ in Ludwigshafen besteuert
191 Turn-Verein Ludwigshafen-Friesenheim, Monatsblatt für die Mitglieder, Oktober 1920, S. 3: ›Was wir wollen‹

Euphorie. [...] Ein geschlagenes, verarmtes, demoralisiertes Volk sucht Vergessen im Tanz [...]"[189]

Wer nun glaubt, dies charakterisiere vielleicht den Amüsierbetrieb in Berlin, jedoch kaum die Stimmung in der Stadt der rauchenden Schlote, wird sogleich eines Besseren belehrt. Als der Ludwigshafener Stadtrat am 8. Oktober 1920 über die Einführung von „gemeindlichen Lustbarkeitsabgaben" debattierte – so bezeichnete man damals Vergnügungssteuern, waren kritische Untertöne gegen „Auswüchse in den Festlichkeiten" unüberhörbar. Sie kamen aus fast allen Fraktionen, am deutlichsten aus der katholischen BVP, für die Benedikt Schmitt erklärte, daß seine Parteifreunde die Einführung der Steuer „voll und ganz" unterstützen, da „trotz der Notlage die Vergnügungssucht gewaltig zugenommen habe, und" bislang „nichts vermocht hatte, diese Vergnügungssucht einzudämmen."[190]

Daß die neuzeitlichen Freizeitgenüsse in bürgerlich konservativen Kreisen zum Teil noch viel drastischer verurteilt wurden, belegt ein Beitrag aus dem Monatsblatt für die Mitglieder des Turnvereins Friesenheim, ebenfalls von Oktober 1920.[191] „Wie verbringt ein großer Teil unseres Volkes seine Freizeit? Wie vergnügt es sich?", fragte der Autor dieser kulturmoralistischen Suada, nachdem er eingangs die gute alte Zeit beschworen hatte, die Menschheit in der Nachkriegsära aber bereits mitten in einem „schauderhaften Abgrund" wähnte. „Da läuft die Menge ins Kino und läßt sich von verlogenen, den gemeinen Trieben schmeichelnden Stücken die Nerven aufkitzeln. Da wird Schundlesestoff in breiten Massen verkauft. Da jagt eine ›Sensation‹ die andere. Da spriessen die Vergnügungsklubs wie Pilze aus dem Boden. Man will unterhalten, angeregt, aufgeregt, aufgepeitscht werden. Erst wenn's ganz toll oder kunterbunt oder grausig zugeht, fühlt man sich befriedigt. Panem et circenses – Brot und Spiele, darin scheint die ganze Weisheit der Welt heute zu gipfeln. Das war einmal Wahlspruch des großen römischen Volkes – und darnach ging es unter. Und selbst wo es sich um Befriedigung des Ehrtriebes handelt, bei Wettkämpfen und Wettspielen, da tritt nicht immer wahres Ehrgefühl, sondern gar oft rohester Egoismus zutage. Und wenn die Menge herbeiläuft und johlend, lachend und kreischend drum herum steht, dann ist das nicht Interesse an der Sache, sondern lediglich nackte Sensationssucht.

Wie ganz anders malt sich in unserem Kopfe doch die Welt! Nach der Arbeit des Tages seien die Freistunden ganz uns selbst gewidmet. Zunächst unserem Körper. Ein rechtschaffenes Turnen, ein frohes Spiel erquicken einen Jeden, mag er tagsüber geschafft haben, was er will. Dann eine gemütliche Plauderstunde. Es wird gelesen, vorgetragen, gesprochen, auch eins gesungen – ja selbst ein Gläschen Bier oder Wein und der ›Duwaksklowe‹ haben hier ihre Berechtigung, nämlich für den, der es vertragen kann. Das gibt so eine urgemütliche Stimmung, ganz frei von dem Hasten und Drängen, von dem Hetzen und Jagen, von Streit und Neid und Haß. Und wenn wir zum Wettkampf schreiten, so ist's ein ehrliches Ringen um den Sieg, ein Aufwärtsringen der eigenen Kraft, nicht ein mehr oder minder heimtückisches Niederwerfen des Gegners. Und wenn wir Feste feiern und unsere ganze große Turngemeinde versammeln, dann wollen wir ihnen gute echte Hausmannskost vorsetzen, die sie labt und erquickt, nicht blasiges Schaumgebäck, das den Magen leer läßt oder ihn elend verdirbt.

Eisgebirge im Rhein, Februar 1929 [154]

Das von Lehmann gesteuerte Luftschiff ›Graf Zeppelin‹ auf einer Süddeutschland-Reise über der Rheinbrücke, 19. April 1929 [155]

„Moralischer Verfall" [156]*

Züchtiges Tanzvergnügen: Tanzkränzchen frühe 1920er Jahre [157]

Tänzerin, Zeichnung des Ludwigshafener Malers Willy Weber, um 1926/27 [158]

Anmerkungen
Seite 124 und 125

192 *SRP, Bd. 45, Bl. 181f*

* *Wilhelm Dieterle in dem Film ›Sumpf und Moral‹; Anzeige der Mundenheimer Lichtspiele im ›Mundenheimer Anzeiger‹, 8.4.1926*

So wollen wir unser liebes deutsches Volk einmal wieder sehen: Einfach und nüchtern, wahrhaftig und echt, gesund an Körper und Geist, zufrieden in sich in allen seinen Gliedern! Wer dazu mithelfen will, der trete herein in unsere Reihen."

Um Mangel an Mitgliedern brauchten sich die Turnväter bald nicht mehr zu sorgen. Denn in den zwanziger Jahren strömte eine Flut neuer Anhänger in die Turn- und Sportvereine. Aber auch diese Vereine mußten zunehmend Wünschen nach Unterhaltung und Geselligkeit, Ausflügen und Tanzabenden Rechnung tragen – mit Folgeproblemen. So beklagte die Fraktion der Demokratischen Partei in der Ratssitzung vom 5. Juli 1921 zunehmende „nächtliche Ruhestörungen besonders nach Festlichkeiten sowie Diebstähle und Zerstörungen in den gärtnerischen Anlagen der Stadt." Und Polizeirat Probst, nach vorbeugenden

In der Teestube, Zeichnung von Willy Weber, 1926 [159]

Unterhaltung und Vergnügung
Tanzbär in der Friesenheimer Sternstraße
1920er / 1930er Jahre [160]

Konzert im Ebertpark, 1928 [161]

Harmlose Belustigung
Sommertagszug in der Gartenstadt
um 1920 [162]

Maßnahmen seitens der Ordnungshüter befragt, kam nicht umhin, diese „Übelstände" zu bestätigen. Er führte sie auf das „Überhandnehmen der meist mehrtägigen Festlichkeiten" zurück, diese wiederum auf eine regere Vereinstätigkeit. Zudem habe sich die Jugend während der Kriegszeit eine „gewisse Unbändigkeit" angeeignet, die jetzt zum Ausdruck komme.[192]

Mit einer jugendlichen Unbändigkeit ganz anderer Art hatte sich der Rat bereits im Mai 1920 zu befassen gehabt – „mit dem überhandnehmenden Unwesen des Rollschuhlaufens, Fußballspielens usw. auf den Bürgersteigen, den öffentlichen Straßen und Plätzen in der Stadt." Vielfache Klagen veranlaßten das Polizeiamt zu Anzeigen, die „mangels einer genauen Bestimmung" jedoch ins Leere liefen. Um dies zu ändern, plädierten die Vertreter des Gesetzes gegenüber der Stadtverwaltung

Radtour zur Ludwigshafener Hütte im Pfälzer Wald, 1935 [163]

Ludwigshafener Arbeiterfamilie beim Wanderausflug, 1926/27 [164]

für ein generelles Spielverbot. Doch dafür war der zuständige Finanzausschuß des Rates nicht zu gewinnen. „Bei dem herrschenden Mangel an Spielplätzen könne das Spielen auf den öffentlichen Straßen und Plätzen nicht gut ganz verboten werden, da die Jugend [sich] austoben müsse. Nur das Fußballspielen, das sich zu einem Unfug ausgewachsen habe, und wodurch schon viele Verletzungen Erwachsener erfolgt seien, müßte eingeschränkt werden. Mit einer Ergänzung der ortspolizeilichen Vorschriften sollte Fußball von den Straßen und öffentlichen Plätzen Ludwigshafens verbannt werden."[193]

Diese Beispiele einer rückwärtsgewandten Kultur- und Zivilisationskritik zeigen zweierlei: Zum einen war die Gesellschaft der Weimarer Zeit bei weitem noch nicht befreit von der Engstirnigkeit und Reglementierung des Wilhelmismus im Kaiserreich. Zum andern lassen sie erkennen, daß ein nicht unwesentlicher Teil des deutschen Volkes sich gegen den Zeitgeist zu sperren suchte. „Wie ganz anders malt sich in unserem Kopfe doch die Welt!" Alles, was mit dem traditionellen Verständnis von deutscher Kultur unvereinbar war, wurde abgelehnt, ja bisweilen verteufelt. Das galt für die aufkommende Massen- und Freizeitkultur ebenso wie die damit verbundenen modernen Lebensstile und selbst für den Sport – in Abgrenzung zum Turnen. Die Weimarer Gesellschaft blieb kulturell gespalten, und dieser Gegensatz war ein Spiegelbild ihrer politischen Zerrissenheit.

›Stadt des Sports‹

Mochten sich die traditionellen Turnväter noch so sehr dagegen auflehnen – entgegen ihrem Motto, daß Leibesübungen allein der Kraft und Gesundheit des Volkskörpers sowie der Erziehung zu freiwilliger Unterordnung zu dienen hätten, war die deutsche Gesellschaft nach dem Ersten Weltkrieg auf dem Weg zum Freizeitsport – und das auch oder vorwiegend zu ihrem Vergnügen. Hinzu kam die Lust am kommerziellen Schausport – das Interesse an Spektakeln und Sensationen, an Tempo und Rekordjagd. „Sportfimmel" nannte das Sebastian Haffner in seiner ›Geschichte eines Deutschen‹.[194] 1919 habe eine „Springflut von Sportbegeisterung" eingesetzt, blickte der Ludwigshafener ›General-Anzeiger‹ 1932 auf die Zeit zurück, als Ballspiele aller Art, Wassersport, Leichtathletik, Radfahren oder Wandern zu den beliebtesten Freizeitbeschäftigungen aufstiegen.

Wie sehr das Interesse an Sport gewachsen war, wird auch daran ersichtlich, daß die Ludwigshafener Medienlandschaft um eine eigenständige Sportzeitung bereichert wurde. Die ›Allgemeine Sport-Zeitung‹ (ASZ), seit 1919 im Hause Waldkirch verlegt, entwickelte sich „schnell zu einem bedeutenden Blatt mit (um 1928) zweimal wöchentlicher Erscheinungsweise und einer Auflage von 13 500 Exemplaren."[195]

Viele Ludwigshafener Vereine erlebten bald nach Kriegsende einen Mitgliederansturm. Ein Beispiel hierfür bietet der ›Ludwigshafener Ruderverein 1878 e. V.‹ Er gewann zwischen 1919 und 1924 insgesamt 352 Mitglieder hinzu und zählte damit 856 Wassersportanhänger in seinen Reihen. Selbst in Zeiten der galoppierenden Inflation, als die Vierteljahresbeiträge von anfänglich 900 Mark über 3 000 und 4 500 auf über 1 Million Mark Ende 1923 hochschnellten, hatte der ›LRV‹ neue Mitglieder gewinnen können. Auch die Restriktionen der Besatzungsmacht – Einquartierungen in Turnhallen, Verkehrssperren, Versammlungsschwierigkeiten, Verbote von Sport mit militärischem Einschlag

Anmerkungen
Seite 126 und 127

193 *SRP, Bd. 43, Bl. 378ff*
194 *Haffner, S. 72*
195 *Mörz, Westbote, S. 105*
196 *Maase, S. 137*
197 *vgl. die Tabellen bei Ditthardt*
198 *GA, Sonderbeilage zum Jubiläums-Turn- und Sportwerbetag 1928*

sowie Marschordnung und Musik – hatten dem ›Run‹ auf die Vereine keinen Abbruch getan.

Nach dem ›Pfälzerwald-Verein‹ mit mehr als 2 300 Mitgliedern und den ›Naturfreunden‹ (1 300) war der ›Ludwigshafener Schwimmverein 07‹ mit seinen nahezu 1 250 ›Wasserratten‹ die größte Ludwigshafener Sportorganisation. Etwa 1 000 Mitglieder zählte der ›Turn- und Fecht-Club 1887‹, den fünften Rang nahm der ›Turnverein Friesenheim‹ mit 730 Mitgliedern ein. „Auffällig für die Zeitgenossen war der Platz, den Frauen sich dabei eroberten. Spitzensportlerinnen erschienen immer noch als Fremde in einer Männerdomäne; aber im Breitensport, beim Turnen und in der körperbetonten Erholung begann man sich an das weibliche Element zu gewöhnen. Frauen stellten zwar 1930 nur ein Siebtel der rund 6,5 Millionen Sportverbandsmitglieder in Deutschland; doch im Vergleich zur Vorkriegszeit hatte sich ihre Zahl verachtfacht, ihr Anteil immerhin verdreifacht."[196]

Im Laufe der zwanziger Jahre sind zudem zahlreiche Sportklubs in Ludwigshafen neu gegründet worden. Zum einen wurde damit das Breitensportangebot weiter aufgefächert, etwa mit dem ›Tennis-Club Hochfeld‹ (1925) und dem ›Hockey-Club‹ (1929) oder – auf Seiten des Arbeitersports – mit Schach-Clubs (1926), Schützenvereinen (1927), dem ›Freien Anglerverein Eiserne Ruhe‹ (1928) und dem Kegelklub ›Linkmichel‹ (1929). Zum andern gingen sie auf die Bildung von Betriebssportvereinigungen zurück: Seit 1925 gab es den ›Polizeisportverein‹, 1927 wurde in Ludwigshafen der Postsportverein unter dem Namen ›Verein für Körperübungen des Postpersonals‹ gegründet, zwei Jahre später der Turn- und Sportverein der I. G. Farben.

Ende der zwanziger, Anfang der dreißiger Jahre existierten hier mehr als 60 Turn- und Sportvereine, in denen 15 000—17 000 Mitglieder eingeschrieben waren.[197] Zwei Drittel davon rechneten zum ›bürgerlichen‹ Lager der Sports, also zu denjenigen Vereinen, die sich im Ludwigshafener ›Ortsverband für Leibesübungen‹ organisiert hatten. Das restliche Drittel gehörte zur ›Arbeitsgemeinschaft der Arbeitervereine‹, dem sogenannten Sportkartell. War dieses bereits 1911 ins Leben gerufen worden, ist der Ortsverband für Leibesübungen (OfL) ein Kind der Nachkriegszeit. Als er am 28. Mai 1920 von 20 Vereinen gegründet wurde, konnte gleichwohl auf rudimentäre Strukturen eines seit 1914 bestehenden ›Ludwigshafener Stadtverbandes für Athletik‹ aufgebaut werden. Zweck und Ziel des Ortsverbandes für Leibesübungen wurden so definiert: „Förderung der Leibesübungen und der Jugendpflege, Unterstützung aller dahinzielender Bestrebungen und Vertretung der Interessen aller in ihm zusammengeschlossenen Leibesübung treibenden Vereine. Turnen, Sport und Spiel zu fördern und damit vorbeugende Gesundheitspflege zu treiben, ist seine Aufgabe. Er fragt nicht nach Parteizugehörigkeit und Konfession seiner Mitglieder. Durchdrungen von der Wahrheit des alten Satzes, daß nur in einem gesunden Körper eine gesunde Seele wohnt, will er die Überzeugung vom Werte natürlich und planmäßig betriebener Leibesübungen hineintragen in das Leben des Alltags. Er will die breite Masse der Bevölkerung gewinnen für die Abkehr von schädigenden Genüssen und er will die Gleichgültigen und Lauen hinführen zu den reinen Quellen der Volksgesundung. Kräftigung der Jugend, auf daß sie den harten Daseinskampf bestehe, Erziehung zu freiwilliger Unterordnung, auf daß sie die staatsbürgerlichen Pflichten begreife, Erstarkung und Ertüchtigung des Volkes ist sein Ziel."[198]

Beim Zelten, Februar 1932 [165]

Unterhaltung und Bildung für die Bevölkerung: Volkssternwarte im Turm der Rheinschule, eröffnet am 22. Oktober 1920 [166]

Kreisturnfest, Ebertpark
1925 [167]

Hockey beim TFC Ludwigshafen auf dem Spielfeld im Stadtpark
1925 [168]

Ganz offenkundig wurde dieses ›Programm‹ noch ganz im alten Turnergeist formuliert. Doch abgesehen davon, daß dieses Sendungsbewußtsein längst auch nicht mehr von allen Turnern geteilt wurde, sah der Alltag für die Vereinsführungen sehr viel nüchterner aus. Es ging für den Ortsverband wie für das Arbeitersportkartell in erster Linie darum, für die Wünsche und Anregungen der Vereine bei der Stadtverwaltung einzutreten. Mit anderen Worten: Es ging ums Geld, um Zuschüsse, um die Benutzung von Sportplätzen und Hallen – ein mühseliges Geschäft, eingedenk der chronischen Finanzmisere der öffentlichen Hand. Ansprechpartner war das Stadtamt für Leibesübungen, mit Beschluß des Stadtrates vom 16. November 1925 als bürgermeisteramtliche Dienststelle errichtet – und aus Kostengründen dem Referat für Gesundheitspolizei angegliedert.[199] Langjähriger und dem Vereinswesen in Ludwigshafen wohlgesonnener Leiter dieses Amtes zur Förderung des Sports in der Stadt war Rechtsrat Dr. Weiler.

Mag die zweite Hälfte der Zwanziger mit Blick auf die Höhe der Unterstützungen noch verhältnismäßig ›golden‹ gewesen sein, so folgte doch spätestens 1930 „dem Rausch der Begeisterung zur Förderung des Sports seitens Staat und Gemeinde [...] der große Katzenjammer der Finanznot."[200] Noch ganze 2 400 Reichsmark wurden dem Ortsverband 1931 „zur Verteilung an bedürftige Vereine" angewiesen, und sämtliche „Anregungen, Wünsche und Forderungen wegen Entgegenkommens der Stadt bei der Pacht für städtische Sportplätze, bei der Gebühr für die Ebertparkhalle und für Turnhallen" sind abschlägig beschieden worden. Nicht besser erging es dem Arbeitersportkartell, dessen Vorsitzender schon 1930 heftigst gegen „die brutale Absicht der Stadtverwaltung, den Vereinen überhaupt nichts mehr zu geben", protestiert hatte.

Seinen Vorschlag, wie denn die finanzielle Lage für die Vereine zu verbessern wäre, wollen wir nicht vorenthalten: „Bei der erst kürzlich stattgefundenen Verpflichtung des neuen Oberbürgermeisters, Herr Dr. Ecarius, sagte dieser: ‚Die äußerste Sparsamkeit ist jetzt das Gebot der Stunde. Aber auch sie hat ihre Grenzen, wenn sie an die Lebensinteressen unserer Bürger geht.' Wir geben unserem neuen Oberhaupt

Anmerkungen
Seite 128 und 129

199 *Bereits am 23. Juli 1920 war per Stadtratsbeschluß ein ›Ausschuß zur Förderung der Leibesübungen‹ gebildet worden, der jedoch 1923 seine Arbeit wieder einstellte*

200 *Arbeitersportkartell, Jahresbericht des Vorstandes für das Jahr 1931*

201 *Arbeitersportkartell, Jahresbericht des Vorstandes für das Jahr 1930*

202 *Geiring, S. 207*

203 *ebd.*

Arbeiter-Sport-Tag 1928 [169]

Kreisfest der katholischen ›Deutsche Jugendkraft‹-(DJK)-Vereine 1927, Zug auf dem Ludwigsplatz [170]

hierin Recht und wir wollen sehen, ob er die Leibesübungen, wie sie in den Sportvereinen der beiden Sportverbände [...] seit Jahrzehnten gepflegt werden, zu den nötigsten Lebensinteressen der Bürgerschaft zählt. Und somit rufen wir der Stadtverwaltung zu: ‚Wir Arbeitersportler verzichten lieber auf jedes Konzert und jede Theatervorstellung als auf die Betätigung in unseren Sportvereinen. Dieser Notschrei mag kunstfeindlich klingen und kann uns jedes Verständnis für das deutsche Kulturleben absprechen. Wir halten dem gegenüber, daß mehr als 80% der Bevölkerung seit Jahren nicht mehr Konzerte und Theater besuchen kann, infolge Arbeitslosigkeit oder Mindereinkommen durch Kurzarbeit. Darum laßt uns doch das letzte, was wir noch besitzen, die Freude am Sport und Spiel."[201]

Zwar mußten die Vereine in der Zeit der schlimmsten Wirtschaftsnot und Massenarbeitslosigkeit zum Teil erhebliche Mitgliederverluste in Kauf nehmen, ihr Bestand war dadurch aber nicht bedroht. Eine Statistik des sportlichen Ludwigshafen aus dem Jahre 1931 zählte noch 4 000 Mitglieder in Vereinen des Arbeitersportkartells und 12 000 in denen des Ortsverbandes für Leibesübungen. Von den vorhandenen Plätzen waren 16 in städtischem, 14 in Vereinseigentum.[202]

Sportliche Stadt[203]

„Man wird keinen Tag umsonst nach Ludwigshafen kommen, wenn man irgendwelche sportliche Veranstaltung miterleben will. Da sind die Rasensport treibenden Vereine, die Fußballkämpfe größten Stils austragen, die ihre Kräfte im Handball messen, die sich in einem Hockeykampf gegenüberstehen, oder die miteinander einen Faustballkampf austragen. Vereine wie Phönix Ludwigshafen, Pfalz Ludwigshafen, Turn- und Fechtklub, Turn-Verein 61 Ludwigshafen, Turn-Verein Friesenheim haben in allen diesen Sportspielen sich einen Namen gemacht, der nicht bloß in der Zentrale am Rhein, sondern weit in Süddeutschland und im ganzen Deutschen Reich bekannt ist. Nach den Aufstellungen des Stadtamtes für Leibesübungen, der bürgermeisteramtlichen Stelle für Sport also, stehen zum Betrieb der Leibesübungen 30 im ganzen Stadtgebiet günstig verteilte Plätze mit einer Gesamtfläche von 377 700 Quadratmeter zur Verfügung."

Mannschaft des ›Stemm- und Ring-Clubs‹ mit Georg Gehring (links neben der Fahne) bei einem Wettbewerb, vor 1930 [171]

Was waren die sportlichen Glanzlichter in dieser Zeit? Wer errang die größten Erfolge? Rudern, Radfahren und Ringen – die drei großen ›R‹ des Ludwigshafener Sports – sind verschiedentlich auch für die zwanziger und beginnenden dreißiger Jahre als die erfolgträchtigsten sportlichen Disziplinen hervorgehoben worden. Doch dies ergibt ein schiefes und unvollständiges Bild. Gemessen an Meisterschaften auf nationaler und internationaler Ebene konnten von den drei großen ›R‹ allein die Ringer mit bedeutenden Siegen aufwarten. Besser gesagt: ein Ringer, nämlich Georg Gehring vom ›Stemm- und Ring-Club 1892‹. Er war der bekannteste Athlet Ludwigshafens in dieser Zeit und wohl der bekannteste Ludwigshafener Sportler überhaupt. 1925 wurde er zum erstenmal Deutscher Meister im Schwergewicht. Diesen Titel hielt er bis 1932. Nach einem vierten Platz 1925 in Mailand holte sich Gehring 1926 in Riga und 1929 in Dortmund die Europameisterschaft im Schwergewicht. 1930 in Stockholm und 1931 in Prag war er jeweils Dritter geworden. Er gewann bei den Olympischen Spielen 1928 in Amsterdam die Bronzemedaille, 1932 in Los Angeles reichte es nur für den undankbaren vierten Platz. „Doch auch aus einem anderen Grund war man in Ludwigshafen stolz auf diesen Sportler. Georg Gehring trug 1932 beim Einmarsch der 120 deutschen Athleten ins Olympia-Stadion von Los Angeles die deutsche Fahne. ‚Schorsch', wie ihn die meisten nannten, war hierbei – nicht zuletzt wegen seiner Körpergröße von fast 1,90 Meter – eine imposante Erscheinung."[204]

Immer größerer Beliebtheit erfreute sich der Radsport in Ludwigshafen, wobei die Zersplitterung in insgesamt elf Vereine auffällig ist. Die mitgliederstärksten waren auf Seiten des Arbeitersports die Ortsgruppen des Arbeiter-Rad- und Kraftfahrbundes ›Solidarität‹ Mundenheim, Ludwigshafen, Friesenheim, die 1932 zusammen 677 Mitglieder zählten, auf Seiten des ›bürgerlichen‹ Vereinswesens besaßen der ›RV 1898 Mundenheim‹ – 155 im Jahre 1931 – sowie der ›RC Friesenheim‹ – 148 im Jahre 1931 – die größten Mitgliederscharen. Damit ist zugleich der in den zwanziger Jahren erfolgreichste Radsportverein

Anmerkungen
Seite 130 und 131

204 *Ditthardt, S. 24*

205 *Peter Ruf: Der Ludwigshafener Ringerkönig, in: Rhpf, 31.3.1999, sowie: Ganze Ringer-Ära im Zeichen Georg Gehrings, in: Rhpf, 16.10.1968*

Georg Gehring – *„das pfälzische Sportidol seiner Zeit"*[205]

Georg Gehring wurde 1903 in Frankenthal geboren.

Als 15jähriger kam er nach Ludwigshafen, wo er bei der BASF als Bleilöter Arbeit fand. Mit seinem mächtigen Körperbau fiel er dem ›Stemm- und Ringclub 1892‹ auf, der seine Talente in den Arbeitervierteln des Hemhofs und Friesenheims fand. Schon 1921 wurde Gehring Jugendeuropameister im Schwergewicht, bald folgten zahlreiche Deutsche und Europa-Meistertitel. Zur gezielten Vorbereitung auf die Olympiade gründete er außerhalb seines Stammvereins mit einer Gruppe talentierter Ringer die ›Siegfriedstaffel‹.

Ein Posten als Hausmeister des I. G. Farben Feierabendhauses gab ihm Raum für seine sportliche Arbeit. Der wahrscheinlich auf anfechtbare Wertungen zurückgehende vierte Platz bei der Olympiade in Los Angeles traf ihn tief. Noch 1936 nahm er – allerdings ohne Medaillenerfolg – an der Olympiade in Berlin teil, nach 1937 trat er zu keinem Einzelkampf mehr an. Seine Siegfriedstaffel aber machte er zur stärksten Ringermannschaft der Welt.

In Ludwigshafen, der Pfalz und weit darüber hinaus genoß Gehring ungeheure Popularität, sein freundliches, lauteres Wesen gewann ihm viele Sympathien.

Offenbar recht arglos leitete ihn seine nationale Gesinnung auch dazu an, bei der Kriegsmetallsammlung alle seine Medaillen und Trophäen zu opfern.

1943 starb er, erst 39jährig, an Tuberkulose.

[S. M.]

Georg Gehring [172]

genannt. 1926 und 1927 standen für den RC die Süddeutsche Meisterschaft im Sechser-Kunstreigen zu Buche und in der gleichen Disziplin holten sich die Friesenheimer, ebenfalls 1927, die deutsche Vizemeisterschaft. 1930, um ein weiteres Beispiel zu nennen, gewann Max Jason das 180-km-Rennen ›Rund um die Pfalz‹. Erfolgreich waren die RC-Radler auch im Radball, Straßen- und Bahnrennen, wo sie im Bereich des Pfälzischen Radfahrer-Bundes mehrere Titel gewannen.

Die Attraktion des Rudersports in Ludwigshafen zehrte noch von den Lorbeeren des Vierer-Olympiasiegs anno 1912. Der Rhein war in den zwanziger Jahren bei halbwegs günstigem Wetter zwar noch immer von zahlreichen Ruderbooten ›besetzt‹, doch tummelten sich dort jetzt zunehmend Paddelboote.

In der damals jüngsten Ballsportart, dem Handball, ragte die Mannschaft des Turnvereins Friesenheim heraus. Bereits mehrfacher süddeutscher Titelträger, wurde sie 1929 und 1930 Deutscher Meister im Feldhandball.

Und ›König Fußball‹? Seine steigende Beliebtheit in den ›Zwanzigern‹ verdeutlicht nicht allein der Straßenfußball, sondern die große Zahl der Ludwigshafener Vereine, die das Fußballspielen in ihr Sportprogramm aufgenommen hatten. Selbst in den traditionellen Turnvereinen wurde in der zwanziger Jahren neben Handball oder Faustball auch Fußball gespielt. Am erfolgreichsten waren indes die ausgesprochenen Fußballvereine, und unter diesen in erster Linie die ›Fußball-Gesellschaft 1903‹, der Fußball-Club ›Pfalz‹ 1903 sowie der Fußball-Club ›Phoenix‹ 1904. Die beiden letztgenannten standen je zweimal in den Endspielen um die Süddeutsche Meisterschaft, verloren sie aber jeweils gegen solch ruhmreiche Klubs wie den 1. FC Nürnberg und die Spielvereinigung Fürth.

In der Leichtathletik verschaffte sich nach dem Ersten Weltkrieg der ›TFC Ludwigshafen‹ einen weit über die Stadtgrenzen hinausreichenden Ruf. Zunächst durch deutsche Meisterehren im Hochsprung und im 800-Meter-Lauf, dann durch herausragende Leistungen in den

Freikörperkultur und freies Leben: Bade- und Erholungsanlage des sozialistischen Lebensreformverbunds ›Verein für Volksgesundheit‹ an der Kleinen Blies 1925 [173]

Zum ›Entsetzen‹ mancher Beobachter: Männer und Frauen bunt gemischt ›Strandbad‹ am Rhein auf der Sandbank vor dem Stadtpark, frühe 1920er Jahre [174]

Sprintdisziplinen. Die TFCler stellten bei den Deutschen Turnfestspielen viermal den Sieger über 100 Meter und gewannen mehrfach die Staffelwettbewerbe.

Freizeitwelten

Neben den Sportplätzen und den Vereinslokalen erfreuten sich die Schwimm- und Strandbäder immer größerer Beliebtheit. Dies läßt sich an den hohen Mitgliederzahlen der Schwimmvereine ablesen, wird aber ebenso bestätigt in einem Artikel des ›General-Anzeigers‹ über ›Ludwigshafens Sommerbäder‹.[206] „Die Badefreudigkeit hat in den letzten Jahren außerordentlich zugenommen", mit der Folge, „daß die vorhandenen Anstalten bei großer Hitze und somit starkem Andrang nicht mehr ausreichen", schrieb das Blatt im Juli 1930.

Dabei waren die Kapazitäten schon gegenüber der Zeit des Kaiserreichs gewaltig ausgeweitet worden. Im Juli 1921 öffnete das Rheinstrandbad auf der Sandbank vor der Parkinsel. Die Anlage wurde außerordentlich populär – an Sonntagen kamen 1923, wie die ›Pfälzische Post‹ berichtete, bis zu 15 000 Menschen. Nach damaliger Einschätzung galt das Strandbad als „einzige Gelegenheit, wo an heißen Tagen ein Massenbadebetrieb möglich" war, allerdings konnte die Sandbank erst bei einem Rheinwasserstand von höchstens 3,50 Meter genutzt werden. Die muntere Mischung von Frauen und Männern und die Tatsache, daß der Stadtpark als Umkleideareal genutzt wurde, erregten freilich die Gemüter prüder Zeitgenossen. Als „idealste Badegelegenheit" in Ludwigshafen wurde das im August 1927 eröffnete ›Sommerbad an der Großen Blies‹ eingestuft. Die Besucherfrequenz stieg ständig und erreichte 1929 51000 Badegäste. Es war wohl zu dieser Zeit das einzige Ludwigshafener Freibad mit Sportausrüstung: eine 50 Meter lange Schwimmbahn, Sprungturm und Wasserballfeld. Zwei Nichtschwimmerbecken sowie ein Kinderbecken komplettierten dieses beliebte Bad mit seinen terrassenförmig angelegten Liegeplätzen auf Rasen. 1928 eröffnete der Ludwigshafener Schwimmverein am Willersinnweiher eine Freibadeanlage.

Anmerkungen Seite 132 und 133

206 *GA, 11.7.1930; StALu, ZSL 35, 62*

207 *Walter/Regin; StALu, ZR 4254/1; Sternlieb, in: SRP 28.5.1920, Bd. 43, Bl.400*

Das alte Rheinschwimmbad nördlich der Rheinbrücke um 1925—1930 [175]

Eröffnung des städtischen Schwimmbads an der Großen Blies 7. August 1927 [176]

Eine Besonderheit stellte das 1922 vom sozialistischen Lebensreformbund ›Verein für Volksgesundheit‹ eröffnete ›Licht-, Luft- und Sonnenbad‹ mit Badeanlage an der Kleinen Blies dar.[207] Der hauptsächlich in Sachsen beheimatete Verband hatte in Ludwigshafen seine zweitstärkste Gliederung mit – 1924 – 1 200 Mitgliedern. Vorsitzender war in jener Zeit der Erfinder des ›Rhönrads‹, Otto Feick. Der Verein bot seine Anlagen auch für die breite, vor allem minderbemittelte Bevölkerung, er offerierte Schülerturnen und Schwimmen und Erholung für Patienten der benachbarten Krankenhäuser. Freilich huldigte er auch der Freikörperkultur und mußte laut Vertrag mit der Stadt dafür Sorge tragen, „daß die Regeln des Anstandes beachtet, Verstöße gegen das Sittlichkeits- und Schamgefühl hintangehalten werden. Inbesondere ist der Austritt unbekleideter Personen aus dem Bereich der Anlage auf alle Fälle zu verhüten." Für die Anlage hatte sich im Frühjahr 1920 Marcus Sternlieb im Stadtrat stark gemacht und betont, die Verwaltung müsse „in der Fürsorge für Sportgelände, Erholungsplätze und andere dem Volkswohle und der Volksgesundheit dienenden Anlagen allmählich aus der vor dem Kriege üblichen Zurückhaltung in diesen Fragen heraustreten und in den verschiedensten Stadtteilen solche Anlagen schaffen."

Neben den neuen bestanden die alten, vor der Innenstadt verankerten Rheinbäder mit ihren kleinen Becken fort. Von ihnen erfreute sich das seit 1918 im städtischen Besitz befindliche ›Rennerbad‹ bei Erwachsenen weiterhin großen Zuspruchs. Im ›Volksbad‹ stieg die Besucherfrequenz von 50 000 (1927) auf 98 000 Personen im Jahre 1929, was aber auf die Einführung des Schwimmens als Pflichtsport an den Schulen zurückzuführen sein dürfte. Als nicht mehr zeitgemäß bezeichnete eine Denkschrift des Tiefbauamts das 1882 errichtete, im Rhein schwimmende städtische Frauenbad. Generell bemängelte sie für sämtliche Ludwigshafener Badeanstalten das Fehlen ausreichender Umkleidekabinen und hielt die Kapazitäten der Bäder aufgrund der gestiegenen Besucherfrequenz für insgesamt zu gering. Als das Tiefbauamt Ende der zwanziger Jahre einen Entwurf für den Bau eines neuen Rheinbades mit einem Kostenvoranschlag von hunderttausend Reichsmark vorlegte,

Freude am Radio: zerlegtes Gerät einer Ludwigshafener Familie, um 1932 [177]

Rummel auf dem Meßplatz in der Westend-Siedlung um 1930 [178]

war dies aus bekannten Gründen zu spät. Trotz dieser Engpässe warb die ›Pfälzische Verkehrs- und Touristenzeitung‹ 1931 damit, daß „alle, denen die Mittel eine größere Urlaubsreise nicht gestatten", hier „in den Sommermonaten hinreichenden Ersatz für den Aufenthalt an einem See" finden würden.[208]

„Schier unbegrenzte Möglichkeiten, bequem aus Ludwigshafens Mauern herauszukommen" bot eine Zweigstelle des ›Mitteleuropäischen Reisebüros‹ im Ludwigshafener Hauptbahnhof.[209] Doch wer konnte sich in der Arbeiterstadt Ludwigshafen damals eine größere Urlaubs- oder kurze Ferienreise überhaupt leisten? Dieser Kreis ist kaum zu beziffern, gewiß ist jedoch, daß der moderne Massentourismus in der Weimarer Zeit auch die hiesige Stadtbevölkerung angezogen hat. Neben den bereits beschriebenen urlaubsrechtlichen Voraussetzungen beförderten vor allem folgende Bedingungen die Lust am Reisen: „Krieg, Reparationen, wirtschaftliche Umstrukturierungen, die Verbreitung des Omnibusses und der inflationsbedingte Abschied des alten zahlungskräftigen Reisepublikums hatten in den zwanziger Jahren einen Anpassungs- und Konkurrenzdruck erzeugt, der die Anbieter zu neuen Wegen der Absatzförderung nötigte. Im Zuge dessen mußten Transportgewerbe, Beherbergungsanbieter, Reiseveranstalter und Zielorte erstmals die kaufkraftschwächeren Gruppen umwerben und die Reise als erschwingliches Konsumgut konsequent vermarkten."[210]

Bis zu Beginn der dreißiger Jahre scheint das der Deutschen Reichsbahn auch in Ludwigshafen gelungen zu sein. 1930 jedoch, in der sich zuspitzenden wirtschaftlichen Krisensituation, registrierte die Bahn „einen großen Ausfall der Ferienreisenden", die auf ein Drittel gegenüber 1929 gesunken waren. Gleiches galt für die „sonst so geliebten Feriensonderzüge", und auch „die Stimmung für Auslandsreisen" hatte erheblich nachgelassen. Mit Ausnahme von Österreich und der Schweiz beschränkte man sich 1930 im allgemeinen auf den Binnenverkehr.[211] Unverändert stark begehrtes Reiseziel war der Schwarzwald, häufig nachgefragt wurden auch Bahnfahrten nach München als Ausgangspunkt für Reisen nach Tirol, Österreich und in die bayerischen Alpen. Italien

Anmerkungen
Seite 134 und 135

208 Die Sommerbäder der Stadt Ludwigshafen am Rhein, in: ›Die Pfalz am Rhein‹, 14. Jg., Nr. 9 vom 1.5.1931, S. 208

209 GA, 28.8.1930: O Wandern, meine Lust [...] Rückgang der Zahl der Ludwigshafener Ferienreisenden.

210 Keitz, S. 182

211 GA, 28.8.1930

212 GA, 10.5.1930

Das Kino lockt: Portal des UfA-Palastes im Pfalzbau [179]

Moderne Kommunikation: Telefonzelle 1930er Jahre (?) [180]

aber war nicht mehr ›in‹. „Im Gegensatz zur Italiensehnsucht der Nachkriegsjahre," so der ›General-Anzeiger‹, „macht sich jetzt eine gewisse Italiensättigung geltend [...]."

„Italiensättigung"!: Wie wohl die mehr als 2 000 Ludwigshafener Schrebergartenpächter darüber dachten? Gleichwie: Man wird, was arbeitsfreie Zeit oder Urlaub in jener Zeit betrifft, einer nicht unerheblichen Zahl Ludwigshafener Familien zweifellos eher gerecht, nimmt man diese Freizeitbeschäftigung in den Blick. Vor allem abends wurde in den Schrebergärten der Stadt „fleißig geschafft", wie ein Redakteur des ›General-Anzeigers‹ nach einem „Spaziergang durch Ludwigshafens Gartenkolonien" schrieb. Doch auch sonntags waren „die Gärten bei schönem Wetter von früh bis spät bevölkert, und es ist sicher nicht nur ein schönes, gesundes, sondern auch billiges Sonntagsvergnügen, sich im Schrebergarten zu sonnen, ein wenig zu schaffen und nachmittags bei einem Pfeifchen Tabak oder einer Zigarre sich auszuruhen oder Sonntagsbesuch zu empfangen." Wurden Ende 1906 in Ludwigshafen gerade mal 111 Schrebergärten mit einer Gesamtfläche von rund 52 000 Quadratmetern gezählt, waren es 1923 sage und schreibe 2 690 auf 808 000 Quadratmetern. „Nach der Stabilisierung", berichtete der ›General-Anzeiger‹, „ging diese Ziffer etwas zurück, so daß wir 1925 2 501 Kleingärten mit 761 567 Quadratmetern Fläche hatten. In den letzten fünf Jahren ist in Ludwigshafen viel gebaut worden, und das hatte eine Einschränkung der Kleingärten zur Folge, die ja vorwiegend auf brachliegendem städtischen Baugelände errichtet wurden. Der Rückgang der Kleingärten beträgt bis zum 1. April 1930 20%, denn wir zählten an diesem Termin 2 006 Kleingärten mit 633 880 Quadratmetern [Fläche], einschließlich der Gärten auf Privatgelände."[212]

Neben Sportarenen, neben traditionellen Vergnügungen wie Jahrmarkt und Rummelplatz, die freilich mit neuen technischen Attraktionen wie den Achterbahnen aufwarten konnten, wurde das städtische Unterhaltungsleben in den zwanziger Jahren zunehmend von Revuen, Varietés, Tanzsälen und Lichtspielpalästen geprägt. Kinos wurden zu Hochburgen der neuen Freizeitwelt; der Film, zusammen mit Illustrierten,

Richard Strauß in einer Pause während der Proben mit dem Pfalzorchester 1929/30 [181]

Schallplatten und – seit 1923 – auch dem Rundfunk, formte eine schichtübergreifende konsum- und freizeitorientierte Massenkultur.

„Die neuen Medien übersprangen die Grenzen zwischen arm und reich, evangelisch und katholisch, Stadt und Land, Arbeiterschaft und Bürgertum. Den neuesten Schlager pfiffen die Sekretärin und ihr Chef; ins Kino gingen Menschen aller Klassen und Schichten; Charleston tanzte man in Berlin und in der Provinz. Von konservativen Kritikern gerne als geistige Verflachung und Wertverfall beschrieben, bedeutete die Massenkultur auch ein Stück Demokratisierung: Bildungsgüter, die bislang Statussymbol der ›höheren Stände‹ gewesen waren, wurden nun auch breitesten Bevölkerungsgruppen zugänglich. Auf der anderen Seite drangen populäre Unterhaltungsprodukte in das gehobene Milieu der ›Gebildeten‹ ein. Eine strikte Abkapselung gegenüber dem ›Vulgären‹ war ebenso wenig möglich wie eine Abschottung der sozialistischen Arbeiterschaft gegenüber den Angeboten der kapitalistischen Freizeitindustrie, allen voran denen aus Hollywood oder den Studios der Universum Film AG, der ›UfA‹, in Babelsberg bei Potsdam."[213]

Mit dem Bau des Pfalzbaus bekam 1929 auch Ludwigshafen einen ›UfA-Palast‹ – zu seiner Zeit eines der repräsentativsten Lichtspielhäuser in der Region. Nahezu 1 400 Besucher fanden darin Platz. Das erste Ludwigshafener Großkino stand jedoch im nördlichen Stadtteil, genauer in der Prinzregentenstraße 45, hieß ›Rheingold‹ und gehörte dem jüdischen Kaufmann Markus Cohn. Es wurde am 21. September 1928 eröffnet, faßte 1 200 Sitzplätze, „trotz des großen Ausmaßes wirkt es aber intim, da der Bau architektonisch überlegen gegliedert und auch künstlerisch ausgestattet ist [...]. Die Filmvorführung selbst wird pausenlos vor sich gehen; für Varieté, Revuen und Theater wurde eine geräumige Bühne mit allen Requisiten eingerichtet" – fand der ›General-Anzeiger‹ lobende Worte für das Vergnügungsetablissement im Hemshof.[214]

Bevor der ›UfA-Palast‹ und das ›Rheingold‹ das Ludwigshafener Kino-Publikum lockten, gab es bereits die folgenden Filmtheater in der Stadt und ihrer Umgebung: die ›Mundenheimer Lichtspiele‹ – später ›Alhambra-Lichtspiele‹ genannt, in der Hauptstraße 13 – heute Mundenheimer Straße, das ›Palast-Theater‹ in der Ludwigstraße 26, die ›Schauburg-Lichtspiele‹ in der Gellertstraße 46 – heute Hemshofstraße – und das ›Union-Theater‹ in der Ludwigstraße 14—16, schließlich noch die ›Oggersheimer Lichtspiele‹ und in Oppau außerdem das ›Odeon-Theater‹.[215]

Die zunehmende Beliebtheit des Films spiegelt sich in der rasanten Ausbreitung der Lichtspielhäuser in Deutschland: 1918 waren es 2 300, 1920 schon 3 700, 1930 schließlich mehr als 5 000 mit zwei Millionen Sitzplätzen. Bereits 1925 kauften täglich zwei Millionen Menschen eine Kinokarte. Als seit 1929 die Umstellung auf den Tonfilm erfolgte, passten sich bis Ende 1930 bereits 900 Kinos mit 600 000 Sitzplätzen an die neue Technik an.

In Ludwigshafen wurden, so Herbert Baum, „vermutlich um 1931 die ersten Tonfilme gezeigt." Am 9. Juli 1931 berichtete der ›General-Anzeiger‹ von einer „Tonfilmeinrichtung in den Atlantik-Lichtspielen." Ein Jahr später, am 20. Mai 1932, lockten das Rheingold, der Ufa-Palast, das Palast-Theater und das Atlantik mit „›Der Frechdachs‹ – eine ganz entzückende und liebenswürdige Tonfilm-Komödie", mit ›Fräulein – falsch verbunden!‹, eine „Tonfilm-Operette" sowie mit ›Dienst ist

Anmerkungen
Seite 136 und 137

213 *Winkler, S. 296*
214 *GA, 7.9.1928*
215 *Baum, S. 35, zusammengestellt aus den Ludwigshafener Adreßbüchern der 1920er Jahre*
216 *ebd., S. 26*
217 *vgl. Marßolek*
218 *PfP, 30.1.1929: Die Großsiedlung der GAG beim Ebertpark.*

Dienst‹ – „ein ausgelassener Militär-Tonfilmschwank mit großem tönendem Beiprogramm."

„Die damaligen Stars Hans Albers, Brigitte Helm, Willy Fritsch, Lilian Harvey, Brigitte Horney, Heinrich George, Emil Jannings und Oscar Kallweiß begeisterten das Ludwigshafener Publikum. Die Filmvorführungen wurden oft durch eine Bühnenschau eingeleitet, bei der Artisten, Humoristen und Orchester auftraten."[216] Erschwinglicher Eintrittspreis – 1932 verlangte das Atlantik zwischen 40 und 60 Pfennigen, Erwerbslose zahlten 35 Pfennige, formloser Zugang und schneller Wechsel der Programme hatten den Film zu dem Freizeitvergnügen der einfachen Leute gemacht.

Ein Radiogerät konnten sich die einfachen Leute zu jener Zeit in der Regel noch nicht leisten. Von den vier Millionen angemeldeten Empfangsgeräten, die im Februar 1932 in Deutschland gezählt wurden, standen die weitaus meisten in mittelständischen Haushalten, bei Beamten und Angestellten sowie selbständigen Erwerbstätigen.[217] Die Geburtsstunde des Rundfunks in Deutschland hatte am 14. Oktober 1923 geschlagen, doch erst mit dem technischen Wandel „vom Detektor- zum Röhrengerät konnte sich gegen Ende der 20er Jahre das Radio als Heimmedium verankern."

Einer anderen technischen Möglichkeit bediente sich die GAG bei der Ausstattung ihrer Komfortwohnungen in der Ebertsiedlung. Sie ließ eine Zentralrundfunkanlage installieren, deren Anschlüsse von den Mietern abonniert werden konnten. Kosten sowie Vor- und Nachteile dieses Prinzips schilderte die ›Pfälzische Post‹ so: „Der Mieter braucht nur einen Kopfhörer oder Lautsprecher zu beschaffen und diese mittels Schnur an einer, in jeder Wohnung vorhandenen Steckdose anzuschliessen. Jeder Rundfunkteilnehmer hat die postalische Gebühr von Mark 2,– pro Monat zu bezahlen. Anschluß eines Kopfhörers ist frei, während für den Anschluß eines Lautsprechers weitere Mark 2,– zu entrichten sind. Sämtliche Radioleitungen liegen unter Putz; die unschönen und mitunter gefährlichen Antennen sind dadurch überflüssig geworden. Man kann zwar nicht frei wählen, sondern muß das von der Zentralstelle gewählte Programm entgegennehmen, dafür aber tritt durch die Gleichmäßigkeit des Empfangs eine gewisse Ruhe in den Wohnungen ein, die bei der unvermeidlichen Hellhörigkeit der Häuser nicht zu erreichen ist, wenn verschiedene musikalische Empfänge in einem Hause stattfinden, zumal wenn Lautsprecher verwendet werden."[218]

Das neue Medium präsentierte sich im ersten Jahrzehnt vorwiegend bildungsbürgerlich – seinem erlesenen Hörerkreis entsprechend.

›Die kulturelle Unsicherheit der jugendlichen Stadt‹

Die Jahre zwischen 1918 und 1933 gelten allgemein als kulturelle Blütezeit. In beispielloser Weise wurden während der Weimarer Republik auf nahezu allen Gebieten künstlerische Energie und Kreativität frei. Kunsthistoriker zählen die Jahre zwischen 1918 und 1933 zur ›klassischen Moderne‹. Denn die Vielfalt und Modernität ihrer Kunst- und Kulturformen – ›nur‹ zwischenzeitlich vom NS-Regime unterdrückt – wirkten auch nach dem Zweiten Weltkrieg und waren bis in die Gegenwart hinein inhaltlich und formal anregend, wenn nicht sogar prägend. Dabei blieb der Weimarer Kulturbetrieb mehrfach gespalten: Traditionalistische Strömungen hielten sich neben avantgardistischen;

Erstes Programm des Landes-Sinfonie-Orchesters [182]

Das Pfalzorchester mit seinem ersten Leiter Ernst Boehe [183]

linksliberale, konservative und völkische Richtungen konkurrierten mit der proletarisch-revolutionären Kunst- und Kulturszene.

Wo, vor diesem Hintergrund, ist das Kulturleben in „der traditionslos eigenwüchsig emporgeschossenen Industriestadt"[219] zu verorten? Welche Ausgangsbedingungen, welche Möglichkeiten gab es überhaupt, den Sinn der Bevölkerung für das Schöne zu wecken? Jeder Kommunalpolitiker, der in der Weimarer Zeit auf die kulturellen Potentiale Ludwigshafens zu sprechen kam, verwies zunächst einmal auf das Fehlen fast jeglicher Infrastruktur – Theaterräume, Bibliotheken, Museen, Gemäldesammlungen etc. – und auf das Ersatz bietende Mannheim.

„Eine große Lücke besteht im geistigen Leben unserer Stadt," bedauerte Oberbürgermeister Weiß in seiner Fünfjahresbilanz am Ende der Legislaturperiode 1920—1924. „Die allgemeine Finanznot hat es uns unmöglich gemacht, hier die Aufgaben zu erfüllen, die eine Stadt von der Größe Ludwigshafens hat. Auch hier wieder ein Zeichen, daß die Not den Sinn der Ludwigshafener Bevölkerung in erster Linie auf die Arbeit richtet und daß für Erholung und geistige Genüsse wenig mehr übrig bleibt. Wenn auch in dieser Beziehung Mannheim für manches Ersatz bot, so wird sich doch die Stadt ihrer Aufgabe, diesen Dingen besondere Aufmerksamkeit zuzuwenden, nicht entschlagen können."[220]

In der bereits mehrfach zitierten Denkschrift an den Bayerischen Landtag forderten Ludwigshafens Lokalpolitiker auch für den Sektor ›Kulturelles‹ höhere Zuschüsse vom Land, denn man war darauf bedacht, sich in kulturellen Belangen von der „vollständigen Abhängigkeit" Mannheims zu emanzipieren – ein Streben, das seit der besatzungsbedingten Absperrung Ludwigshafens von der Nachbarstadt mit mehr Nachdruck verfolgt wurde. „Das einzige Kulturinstrument", über das die Stadt Mitte der zwanziger Jahre verfügte, war das Landessymphonie-Orchester, und dies konnte nur „mit schweren Sorgen durchgehalten" werden.[221]

Anmerkungen
Seite 138 und 139

219 *vgl. Grevenig*

220 *SRP 19.12.1924, Bd. 47, Bl. 303*

221 *Denkschrift der Stadtverwaltung Ludwigshafen am Rhein (Studienreise des Bayerischen Landtages in die Pfalz vom 5. bis 10. Oktober 1925), Ludwigshafen am Rhein [1925], StALu, DS*
Für das folgende Lebensbild Boehes: Gottfried Heinz, Biographische Notiz zu Ernst Boehe, in: ›Aus Odysseus' Fahrten‹, CD mit Einspielung der Staatsphilharmonie; StALu, CD-Sammlung, o. Nr.

222 *vgl. Berg, S. 321—332*

223 *Boehe, S. 337*

224 *GA, 5.12.1929: Kulturelle Interessen in Ludwigshafen; f.d.F.*

Der erste Dirigent der Pfalzorchesters: ***Ernst Boehe***

Ernst Boehe wurde 1880 in München in eine alte bayerische Offiziersfamilie geboren. Zuerst für eine militärische Laufbahn bestimmt, nahm er, angeregt von seinem im Musikerberuf stehenden Bruder, schon während seiner Gymnasialzeit musikalische Studien auf.

Danach betätigte sich Boehe zuerst als Komponist. Schon einige Werke des Schülers waren öffentlich aufgeführt worden. Neben Liedern und Kammermusik entstanden nun eine Reihe von Werken für großes Orchester. Boehe dirigierte eigene Kompositionen im In- und Ausland (Wien, London, Oslo, Petersburg, Riga) und seine Schöpfungen „haben in Europa und Amerika Hunderte von Aufführungen erlebt", wie ein Nachruf 1938 betonte.

Von 1912 an leitete er für ein Jahr die Volks-Symphonie-Konzerte des Kaim-Orchesters München und wurde dann Leiter der Oldenburger Hofkapelle. Zu seinem Abschied wurde er 1920 vom dortigen Landestheater und Landesorchester zum Ehrenmitglied ernannt.

Am 1. September 1920 trat Boehe als Generalmusikdirektor beim Pfalzorchester ein. Unter seiner Leitung entwickelte sich das neugegründete Orchester zu einem künstlerisch anspruchsvollen Klangkörper, der bei zahlreichen Gastspielen viel Lob erfuhr – selbst 1929 „auf dem heißen Boden der Reichshauptstadt" Berlin, wie eine Zeitung damals formulierte. Richard Strauß pries bei seinen Gastdirigentenauftritten den „wohldisziplinierten und vorzüglich geleiteten Klangkörper".

Während des Dritten Reiches kämpfte Boehe für die Erhaltung des Pfalzorchesters, das schließlich 1938 zum ›Saarpfalzorchester‹ umgeformt wurde.

Im Winter desselben Jahres erlag der Komponist und Dirigent einer Lungenentzündung.

[S. M.]

Ernst Boehe [184]

Ursprüngliche Pläne des 1918 gegründeten „Stadtausschusses für Kunst, Musik und wissenschaftliche Angelegenheiten", ein Ludwigshafener Orchester zu bilden, wurden obsolet, als im September 1919 die Gründung des ›Philharmonischen Orchesters für Pfalz und Saarland‹ beschlossen worden war. Es sollte nach Entscheid der Gründungsversammlung 1920 in der größten pfälzischen Stadt residieren. Die Entstehung des sogenannten Pfalzorchesters war dem Verbot von Militärkapellen geschuldet, die vordem als Begleitorchester zur Verfügung standen.[222]

Orchesterchef Ernst Boehe schilderte selbst die beschwerliche Anfangszeit dieses kulturellen Unternehmens, „bis schließlich die Inflation des Jahres 1923 und ein Spielverbot durch die französische Verwaltung der Pfalz [...] eine geradezu katastrophale Situation schufen. Aber auch diese Krise konnte überwunden werden [...] Im Frühjahr des Jahres 1924 konnten endlich Männer wie Oberbürgermeister Dr. Weiß, der monatelang im französischen Gefängnis zu Landau gefangen gehalten war, und Direktor Dr. Zwick dem Pfalz-Orchester eine feste wirtschaftliche Basis schaffen und somit die innere Ruhe geben, die zur Erreichung jedes künstlerischen Zieles überhaupt unbedingt vonnöten ist."[223]

Für die Entwicklung des musikalischen Lebens in der Stadt habe Ernst Boehe, der „bewährte, außerordentlich erfolgreiche Leiter" des Pfalzorchesters, „einen Markstein bedeutet", applaudierten schon Zeitgenossen wie Jakob Jung Anfang Dezember 1929 im ›General-Anzeiger‹. Dadurch sei „ein vollständiger Umschwung eingetreten, mit einem Schlage wurden wir gegenüber Mannheim auf eigene Füße gestellt, und da die I. G. Farbenindustrie den großen Saal im Vereinshause mit der neuen Orgel zur Verfügung stellte, so waren alle Bedingungen zur Aufführung erster Chor- und Orchesterwerke gegeben."[224]

Ernst Boehe ging seine Aufgabe mit dem Sendungsbewußtsein eines ›nationalkonservativen Retters deutscher Kulturwerte‹ an.

Urbanes Flair um den neuen Kulturtempel: der Pfalzbau um 1930 [185]

Anmerkungen Seite 140 und 141

225 *Boehe, S. 338*

226 *GA, 5. 12. 1929, Kulturelle Interessen in Ludwigshafen; Berg, S. 326*

227 *125 Jahre BASF, S. 37*

228 *SRP 13. 12. 1928, Bd. 48, Bl. 10*

Wie kaum ein anderer zog er gegen den „niederträchtigen" Einfluß moderner westlicher Zivilisationserscheinungen ins Feld, wenn er zur „Mission" des Pfalzorchesters bekannte: „Welche Umwertung aller Werte! Im Mittelpunkt des allgemeinen Interesses stehen heute andere Dinge als die ›hohen geistigen Güter der Nation‹: Körperliche Ertüchtigung, Sport und Rekord und nach des Tages Last und Mühen zur Erholung Operette, Varieté, Kino, Niggertanz! Das Volkslied ist verstummt. Statt dessen hört man überall, im Salon der ›Gesellschaft‹ wie draußen im Gebirge, die gemeinsten Gassenhauer, niederträchtigen, sentimentalen Kitsch. Ist da nicht Pflege und Wachstum der Musik in jenem höchsten deutschen Sinne aufs schwerste gefährdet! Und gilt es nun nicht, alle Kräfte zusammenzufassen, dem Niedergang der deutschesten aller Künste entgegenzutreten! An diesem gewaltigen Werke aufs intensivste mitzuarbeiten, hierin erblicken wir die große Mission des Pfalz-Orchesters."[225]

In Boehes und seiner Mitstreiter Sinne anspruchsvolle musikalische Kultur bot zudem der „als Frucht der städtischen Singschule" gewachsene Beethovenchor. Nach dem Scheitern eines „städtischen Singchores" – er war Ende 1925 vor allem wegen „katastrophalem Mangel an Männerstimmen" eingegangen – wurde unter Fritz Schmidt, er unterrichtete auch Musik am Lyzeum, „ein gemischter Chor von einer Güte und Leistungsfähigkeit geschaffen, wie ihn Ludwigshafen noch niemals besessen hatte."[226]

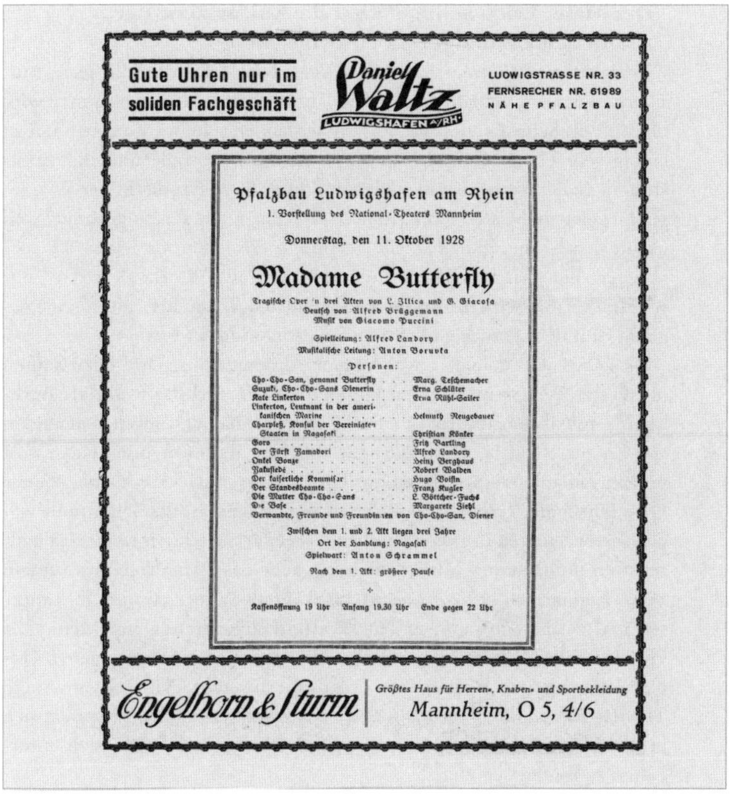

Gute Uhren nur im soliden Fachgeschäft

Daniel Waltz
LUDWIGSHAFEN A/RH.

LUDWIGSTRASSE NR. 33
FERNSRECHER NR. 61989
NÄHE PFALZBAU

Pfalzbau Ludwigshafen am Rhein

1. Vorstellung des National-Theaters Mannheim

Donnerstag, den 11. Oktober 1928

Madame Butterfly

Tragische Oper in drei Akten von L. Illica und G. Giacosa
Deutsch von Alfred Brüggemann
Musik von Giacomo Puccini

Spielleitung: Alfred Landory
Musikalische Leitung: Anton Boruvka

Personen:

Cho-Cho-San, genannt Butterfly	Marg. Teschemacher
Suzuki, Cho-Cho-Sans Dienerin	Erna Schlüter
Kate Linkerton	Erna Rühl-Sailer
Linkerton, Leutnant in der amerikanischen Marine	Helmuth Neugebauer
Charpleß, Konsul der Vereinigten Staaten in Nagasaki	Christian Könker
Goro	Fritz Bartling
Der Fürst Yamadori	Alfred Landory
Onkel Bonze	Heinz Berghaus
Yakusidé	Robert Walden
Der kaiserliche Kommissar	Hugo Voisin
Der Standesbeamte	Franz Kugler
Die Mutter Cho-Cho-Sans	L. Böttcher-Fuchs
Die Base	Margarete Ziehl

Verwandte, Freunde und Freundinnen von Cho-Cho-San, Diener

Zwischen dem 1. und 2. Akt liegen drei Jahre
Ort der Handlung: Nagasaki
Spielwart: Anton Schrammel

Nach dem 1. Akt: größere Pause

Kassenöffnung 19 Uhr Anfang 19.30 Uhr Ende gegen 22 Uhr

Engelhorn & Sturm
Größtes Haus für Herren-, Knaben- und Sportbekleidung
Mannheim, O 5, 4/6

Die erste Vorstellung des Mannheimer Nationaltheaters im Pfalzbau
11. Oktober 1928 [186]

Plakat zur Ausstellung
›Industrie im Bilde‹ im Ebertpark
1928 [187]

Eng verbunden mit der Entstehung des Pfalzorchesters ist das Kulturangebot der BASF,[227] das in den 1920er Jahren ein beachtliches Niveau erreichte. 1919 begann der ›Bildungsausschuß‹ des Werks mit Vorträgen, literarischen Abenden und volkstümlichen Konzerten seine Tätigkeit. Schon 1921 wurde erstmals das Pfalzorchester zu einem Symphoniekonzert ins Feierabendhaus geholt. Ab 1922 entwickelte sich daraus eine eigene Reihe von Veranstaltungen mit Abonnement, man begann, prominente Künstler zu verpflichten. 1929 und 1930 dirigierte zum Beispiel Richard Strauß das Pfalzorchester im Feierabendhaus, und 1931 gastierte Wilhelm Furtwängler mit den Berliner Philharmonikern. Neben den Symphoniekonzerten wurden auch Filmabende, Kammerkonzerte, Oper, Operette und Schauspiel sowie seit der Eröffnung der großen Orgel im Feierabendhaus 1928 auch Orgelkonzerte geboten.

Die Absicht, Ludwigshafen kulturell auf eigene Füße zu stellen und ein eigenes kulturelles Leben zu wecken, bedingten in erster Linie „geeignete Baulichkeiten." Insofern war es nur allzu verständlich, wenn Oberbürgermeister Weiß im Februar 1928, als der Stadtrat das Für und Wider eines Theater- und Kinobaus diskutierte, sich für ein positives Votum einsetzte: „Möge die Entscheidung so ausfallen, daß das wirtschaftliche, politische und kulturelle Leben Ludwigshafens aus ihr neuen Antrieb nehme [...]"[228] Im Vorfeld der Entscheidung hatte die Stadtspitze, wie bereits angemerkt, darauf hingewirkt, am Jubiläumsplatz – heute Berliner Platz – nicht bloß „einen Kintopp" entstehen zu lassen.

›Moderne‹ Kunstszene: Festschrift zum 15jährigen Bestehen des Vereins für Bildende Kunst Ludwigshafen August 1927 [188]

Der Maler Erich Schug[229] über die Kulturszene der ›Goldenen Zwanziger‹ in Ludwigshafen[230]

Es war nur ein kleiner vertrauter Kreis von Malern, Bildhauern, Musikern, Sängern, Schriftstellern und Theaterleuten, die sich immer wieder, fast im Schwabinger Stil, zusammenfanden. Und es war auch nur in einem sehr engen Gebiet – so zwischen Ludwigstraße und Bismarckstraße – in den verschiedenen kleinen Cafés. So zuerst das in der Wredestraße gelegene ›Café Hühnerleiter‹ (Defiebre), von uns so genannt, weil es nur durch eine schmale steile Treppe zu erreichen war; dann das vornehmere bürgerliche Café ›Böhm‹ oder das Café ›Vaterland‹ in der Ludwigstraße, mit seinem dicken uniformierten Türsteher, die ›Geig‹ genannt, mit dem gewissen Flair von Spielern und Zockern.

Dies alles war damals unser kleiner Aktionsradius. Und dazu kamen noch zwei Ateliers im Ebertpark. Die Bildhauerwerkstatt von Käte Burkhard[231] mit ihrem improvisierten Kistenmobiliar und ihren Dutzenden von Katzen. [...] Ja, diese zierliche Käte mit ihrem blonden Pagenkopf und ihrem männlichen Schaffensdrang. Dann noch das kleine Atelier Otto Ditschers,[232] dieses blendenden Aquarellierers, den ich immer wegen seiner leichten Hand bewunderte. Wie oft malten wir dort Parklandschaften und Blumen. In der Nähe lag auch das ›Weinhaus‹ mit seinem Wirt Weimar, in dem wir uns oft zur ›Dämmerstunde‹ trafen, diskutierten und freche Schwabinger Überbrettelsketche aufführten. Mein alter Freund Willy Weber[233] und ich traten dort auf, zu unserer eigenen Unterhaltung und zur Freude unserer Künstlerfreunde. Wir stellten uns ein Thema, alles andere war dann eine frivole Improvisation. Es sprach sich in der Gegend herum, und immer mehr Bürger kamen, um sich unterhalten zu lassen.

Meine Freunde: der Maler Willy Weber, ein korpulenter immer frühmorgens heimkehrender ewiger Schwabinger. Er studierte in München wie ich, und ihn zog es immer wieder an den weißblauen Chiemsee zum Malen. Dort fand er seine Motive, immer wieder die Fraueninsel – er hatte sie quasi abonniert. Sie ging auch gut im Handel – goldgerahmt

„Der Hauptzweck unserer Arbeit und das Hauptziel, das wir von Anfang an verfolgten, war", so Oberbürgermeister Weiß in seiner Rede auf der Eröffnungsfeier des Pfalzbaus, „neben einem eigenen Konzert- und Versammlungssaal auch die Möglichkeit zu erhalten, von einer ersten Theatergruppe erstklassige Vorstellungen zu erhalten."[238]

Gemeint war das Mannheimer Nationaltheater. Bereits zwei Wochen vor der Einweihung des neuen Ludwigshafener ›Kulturtempels‹ war man sich über die Modalitäten der Gastspiele einig geworden. Erstmals in der Spielzeit 1929/30 gab das Nationaltheater im Pfalzbau 40 Vorstellungen. Je acht davon übernahmen der ›Bühnenvolksbund‹ und die ›Freie Volksbühne‹ für ihre Mitglieder, der Rest ging in den öffentlichen Verkauf. „Welch ein Fortschritt", kommentierte „Viaduktus" im ›General-Anzeiger‹ in Vorfreude auf das künftige kulturelle Angebot in der ›Stadt der Arbeit‹.[239]

Den Mannheimer Theaterschaffenden mußte man dafür eine Jahreseinnahme von 55 000 Reichsmark garantieren, der UfA außerdem den jeweils ausgefallenen Filmabend erstatten. Bis dahin hatte die Stadtverwaltung dem ›Landestheater für die Pfalz und Saar‹ pro Jahr 3 000 Reichsmark Zuschuß für Vorstellungen in Ludwigshafen gewährt. Im Wissen, daß andere Städte viel größere „Theaterdefizitsorgen" hatten, wurde der Vertrag allgemein gutgeheißen.

Anmerkungen
Seite 142 und 143

229 1906—1982, in Ludwigshafen geboren
230 Schug; zu den Künstlern vgl. bes. StALu, M 290, 458, 459, 471, 488, 552
231 1906—1974, in Ludwigshafen geboren und gestorben
232 1902—1987, arbeitete lange Zeit in Ludwigshafen
233 1895—1959, Lebensbild s.u. S. 146
234 1907—1944
235 1876—1966
236 1884—1960
237 vgl. Lebensbild in Kap. 17 ›Das neue Gesicht der Stadt‹
238 GA, 1.10.1928: Ludwigshafens Pfalzbau ist eingeweiht!
239 GA, 15.9.1928: Tempo – Tempo! Das ist die Parole beim Pfalzbau
240 GA, 16.7.1930

versteht sich [...] Dann der lange dürre Robert Sessig,[234] dessen Gestalt man wieder in den ekstatischen Formen und Farben seiner Bilder ahnen konnte, dann die Maler Robert Fuller, Otto Ditscher, Robert Grenzlinger, die malenden, beamteten Architekten Christian Kröverath[235] und Wilhelm Vorholz,[236] den Architekten und späteren Oberbaudirektor Dr. Karl Lochner.[237] Alle waren wir damals mit den Bildhauern Käthe Burkhard und Theo Siegle, in dessen Atelier ich einmal die bekannte Schauspielerin Elisabeth Stieler vom Nationaltheater Mannheim zeichnete, im damaligen Ludwigshafener Kunstverein zusammen. Um unsere Szene farbiger zu gestalten, gehörten natürlich auch Schriftsteller und Theaterleute wie Hans Geißler und Paul Burkhardt, Musiker wie der Cafégeiger Victor Balbach, und die Sänger, der lyrische Tenor vom Staatstheater in Stuttgart, Dr. Kurt Unold, der Bariton Georg Ullrich und der bekannte Tenor Franz Köth dazu.

Themen der Malerei: Unsere tägliche Umwelt, die Stadt der Arbeit, boten sie uns in Hülle und Fülle. Fabriken, rauchende, dampfende Schiffe, Schornsteine, sich drehende Kräne, der fließende Strom, Schrebergärten, die Rheinauen bei Altrip. Wir kamen stilistisch alle noch vom späten Impressionismus her. Aber im Gegensatz zur Münchener Schule bestimmte das Sfumato, dieses silbrige Grau der oberrheinischen Tiefebene (wie der Isle de France) das Kolorit unserer Bilder. Wir webten keine schönen goldgerahmten Pfalzlandschaften, keine Tapetenschoner für das traute Heim. Unsere Bilder trugen bewußt schmucklose einfache Holzleisten als Rahmen. Wir zeichneten und malten uns gegenseitig. Bei uns galt die Aussage, die Stellungnahme zu unserer Umwelt, zu unserer Zeit. Beginnende Abstraktionen wurden sichtbar. Wir waren damals von unserer bürgerlichen Umwelt nicht gefragt, höchstens als Kuriosum.

Man verstand uns nicht. Man stellte uns auch nicht in den so kultivierten Buchhandlungen aus. Uns störte dies nicht. Wir spürten, wie ein Seismograph, das Drohende auf uns zukommen. Ich zeichnete mit politischen Karikaturen dagegen an. Wir waren bereits vor der Machtübernahme markiert; ›Kulturbolschewisten‹ nannte man dies damals [...]"

Maler, Lehrer und Chronist der Ludwigshafener Kunstszene: Erich Schug [189]

Als Mitte 1930 die erste Spielzeit abgelaufen war, zog Ludwig Bertram, Stadtratsmitglied der Demokratischen Partei, für den ›General-Anzeiger‹ eine weithin positive Bilanz der Kulturkooperation mit dem Nationaltheater.[240] Daß der Theaterbetrieb 4 000 Mark weniger als die Garantiesumme einspielte, die Stadt Ludwigshafen also diesen Betrag zuschießen mußte, fand er zwar unangenehm, aber nicht abschreckend. „Wenn wir bedenken", so Bertram, die Vorteile des Kulturangebotes herausstellend, „in welch vorzüglicher Weise uns Werke der Großen geboten werden, wenn wir bedenken, wie andere Städte in der Größe und Bedeutung von Ludwigshafen Hunderttausende für ihr Theater aufwenden müssen, wenn wir des großen Kultur- und Bildungsgutes gedenken, das von der Bühne aus der Bevölkerung vermittelt wird – ist der Zuschuß von 4 000 Mark auch in der Notzeit unseres Gemeindehaushalts wohl zu rechtfertigen."

Vorgeführt hatte das Mannheimer Ensemble neun Opern, sieben Operetten, zehn Lustspiele, sechs Schauspiele und ein Märchen, wobei die Oper ›Carmen‹ auf größte Publikumsresonanz traf und mehrfach aufgeführt wurde.

Diese Vorstellung erbrachte doppelt bis dreimal so viele Einnahmen wie andere. Das geringste Interesse fand das pfälzische Dialektstück ›Der Aumüller‹.

Design der 1920er in Ludwigshafen: Wintergarten in der Direktorenwohnung einer Ludwigshafener Bank [190]

Die Ludwigshafener Kulturpolitik hatte sich natürlich mit den Gastspielen des Nationaltheaters im Pfalzbau erneut in eine Abhängigkeit von der Schwesterstadt begeben. Dies wurde den Beteiligten spätestens bewußt, als die Vertragsverlängerung für die Spielzeit 1930/31 anstand und das Nationaltheater erheblich günstigere Konditionen einforderte. So sollte die Einnahmegarantie um 20 000 RM erhöht werden – auf dem Hintergrund von wachsender wirtschaftlicher Not und bedrohlich leerer Stadtkasse eine kaum akzeptable Bedingung für die meisten Mitglieder des Kommunalparlaments, das am 22. Juli 1930 die Fortsetzung des Gastspiels diskutierte. „Zuerst Brot, dann Theater!", warf beispielsweise Stadträtin Anna Weltin von der Katholikenfrauenliste in die Debatte ein. Erst als Bürgermeister Kleefoot appellierte, „wenn man schon einmal für die Kunst eintrete, dann müsse man auch bereit sein, etwas dafür auszugeben", stimmte das Gremium mehrheitlich für den Kompromiß, 65 000 RM zu garantieren, aber zugleich die Ausfallforderung der UfA von 1 100 auf 950 RM pro Vorstellung herabzusetzen.[241]

In der zeitgenössischen Bewertung der ›Kunstpflege‹ in Ludwigshafen herrschten (selbst-)kritische Töne vor. „[...] für Musik zigtausend Mark, für Sport doppelt so viel und für bildende Kunst 10 – in Buchstaben ›zehn‹ – Mark": mit diesem zugespitzten Verweis auf die Kultur-Posten im städtischen Etat machte der Kunstvereinsvorsitzende Friedrich Grevenig anläßlich einer Ausstellungseröffnung im August 1928 einmal mehr auf die Geringschätzung der von ihm vertretenen Künstler aufmerksam.[242]

In die gleiche Kerbe schlug Hermann Graf in seinen „Gedanken zur pfälzischen Kunstpolitik", dargelegt in der 1927 veröffentlichten Festschrift zum 15jährigen Bestehen des ›Vereins für bildende Kunst Ludwigshafen am Rhein‹: „Die Geschichte der pfälzischen Künstler ist ein einziger Schrei nach Aufträgen und nach Mäzenen und weil diese so gar spärlich waren oder ganz ausblieben, sanken viele derer, die in der Heimat blieben, in ihrer Leistung auf ein Provinzniveau; die Stärksten und Besten aber mußten die Heimat verlassen, um nicht unterzugehen. Hier hat die Arbeit der pfälzischen Kunstpolitik einzusetzen. [...] Mäzene und Gönner sind erschreckend wenig in der Pfalz, Kunstsammler von Rang und Qualität noch weniger. Die Stadtverwaltungen und Gemeindeverwaltungen müssen sparen und haben vor lauter sozialen Lasten kein Geld mehr, „als wenn nicht Kunstförderung nicht nur eine kulturelle, sondern auch eine soziale Tat wäre." Daß unsere großen pfälzischen Städte mit vielfachen Millionenetats im Jahr keine Mk. 2 bis 10 000 für die Pflege bildender Kunst aufbringen können, ist beschämend. Noch keine pfälzische Stadt hat eine städtische Galerie oder einen ständigen repräsentablen Ausstellungsraum, überall aber stehen Konzertsäle und Turnhallen tage- und wochenlang leer."

Daß die bildende Kunst vor und während der Weimarer Jahre wie ein Stiefkind der Ludwigshafener Kulturpolitik behandelt wurde, bestätigt Bettina Scheeder in einer historischen Abhandlung über den hiesigen Kunstverein.[243] Als eigenständige Kunstförderorganisation bestand er von 1921 bis 1928 unter dem Namen ›Verein für bildende Kunst‹, bevor die Generalversammlung am 6. Juni 1928 beschloß, seine Basis zu erweitern und zukünftig als ›Kunstverein Ludwigshafen‹ zu firmieren. Zu dieser Zeit waren 151 Mitglieder eingetragen.[244] Von 1924 bis 1929

Anmerkungen
Seite 144 und 145

241 *SRP, Bd. 50, Bl. 236*

242 *PfP, 29.8.1928: Industrie im Bilde*

243 *Scheeder, S. 12; vgl. auch Christmann, S. 188—197*

244 *GA, 21.12.1929*

245 *ebd., S. 20ff; vgl. auch GA, 9.6.1928; GA, 30.4.1932*

246 *GA, 18.5.1931, Pfälzische Kunst; zit. n. Christmann, S. 196*

247 *1927 feierte der Verein sein 15jähriges Bestehen. Dabei folgte man nicht der Organisationschronik, sondern der Tatsache, daß 1912 zum ersten Mal eine Jahresausstellung des ›Vereins Pfälzischer Künstler und Kunstfreunde‹ in Ludwigshafen stattgefunden hatte*

248 *PfP, 29.8.1927*

249 *Grevenig*

war der Studienrat Friedrich Grevenig Vorsitzender, ihm folgte der Ingenieur und Kunstmaler Christoph Kröwerath, der die Geschicke des Vereins bis zu seiner Auflösung 1933 leitete.[245] Spätestens seit 1927 verfügte man über ein eigenes Büro am Eingang des Ebertparks, zu eigenen Räumen kam der Verein erst 1932 – zunächst in der Oggersheimer Straße, dann in der Kaiser-Wilhelm-Straße, wo er die ehemaligen Räume der Dresdner-Bank-Filiale bezog.

Zuvor, im Rahmen einer Ausstellung der Arbeitsgemeinschaft Pfälzer Kunst im linken Flügel der Blumenhalle im Ebertpark, waren die mangelhaften Ausstellungsmöglichkeiten in Ludwigshafens Tagespresse erneut heftig kritisiert worden: „Trostlos wirkt dieses schon angejährte Gebälk, über das man nicht einmal die Kulisse einer Leinwand gezogen hat. Es wird Zeit, hohe Zeit", mahnte der ›General-Anzeiger‹,[246] „daß die Stadt Ludwigshafen sich auch einmal der Dinge annimmt, die nicht mit Kanalisation, Verkehrsregelung, Einbahnstraßen usw. verwandt sind. Wir wiederholen, wie so oft in den letzten Jahren, den Ruf nach würdigen Räumen für derartige Ausstellungen. Und wir wissen, daß sich auch in Ludwigshafen noch Platz dafür schaffen ließe! Muß sich denn diese ›Stadt der Arbeit‹ so aschenbrödelartig anstellen, daß eine schon ausrangierte Halle gerade gut genug für Kunst ist?"

Innenraumgestaltung in Ludwigshafen: Direktorenzimmer der Aktiengesellschaft für Trikotweberei Mann [191]

Zwischen 1921 und 1928 lassen sich 14 Ausstellungen des Vereins für bildende Kunst nachweisen, mangels geeigneter Räumlichkeiten war man hierbei auf Turnhallen angewiesen, nutzte mal den Gartensaal des Gesellschaftshauses der Stadt in der Bismarckstraße oder die große Blumenhalle im Ebertpark. Nehmen wir als Beispiel die 1927 präsentierte Jubiläumsausstellung des Vereins[247] unter dem Motto ›Industrie im Bilde‹, stoßen wir auf eine herbe Kritik seitens der sozialdemokratischen Presse: „[...] was wir hier sehen," zürnte der Feuilleton-Redakteur in der ›Pfälzischen Post‹, ist „mit etwa 90% Stillebenware, ob der Vorwurf zum Bilde nun Capri heißt, oder Rosen und Tulpen oder überzuckerte Industrie, es paßt im teuren Goldrahmen, in jedes Schmückedein-Heim-Eßzimmer. Und all das Drohende, all das Quälende, die Arbeitslosigkeit und die anderen Schrecken aus dem Gefolge der Industrie, all das, was tiefer geht, fehlt – bis auf weniges von Käthe Kollwitz, Werner Heuser und anderen. Die Ausstellung ist eine Schulmeisterangelegenheit, sie rührt uns genau so wenig, als wenn sie ›Der Rhein im Bilde‹ oder ›Das schöne Oberbayern‹ hieße."[248]

Nein, einfach hatten sie es wirklich nicht, die bildenden Künstler in Ludwigshafen. Selbst Kunstvereinschef Grevenig haderte mit der Produktion der aus der Industriestadt stammenden Maler – und dies ausgerechnet in der Festschrift zum 15jährigen Bestehen, die nicht zufällig den Untertitel trug: „Eine Feststellung des künstlerischen Nebeneinanders in der Provinz heutiger Tage." Statt kreativer Moderne, statt freudiger Hinwendung „an den jungen Zeitgeist [...] sieht man sie Wege wandeln, die rückwärts weisen! Das macht die kulturelle Unsicherheit der jugendlichen Stadt. Ihr entwächst ein Anlehnungsbedürfnis, das sich lieber dem Altbewährten als dem suchenden Neuen vertraut. So erklärt es sich auch, daß sich noch kaum einer unserer Künstler von dem eigentlichen Arbeitsrhythmus unserer Stadt zum Gestalten hat anregen lassen! Und doch müßte gerade er für den Künstler der Industriestadt Anreiz genug bieten."[249]

Willy Weber [192]

Ein Maler in Ludwigshafen: ***Willy Weber****

Er war „eine stadtbekannte Persönlichkeit", bei den bohemienhaften nächtlichen Künstlertreffen in den einschlägigen Cafés der jungen Industriestadt der 1920er Jahre war er immer „in der Mitte der Runde". Willy Weber begleitete über Jahrzehnte Ludwigshafens künstlerisches Leben. Geboren 1895 als Sohn eines Dekorationsmalers, ist er „inmitten von Farbtöpfen großgeworden". Nach einer Lehre im väterlichen Geschäft vermittelte ihm ein Lehrer, dem sein Talent auffiel, ein Stipendium. So gelangte Weber auf die Münchner Akademie. Im Ersten Weltkrieg wurde er schwer verwundet. Danach ließ sich der junge Künstler in seiner Heimatstadt nieder. Mit seinem Bruder betrieb er das väterliche Geschäft weiter, in einer von ihm eröffneten Malschule zählten Georg Heieck, Erich Schug und Otto Ditscher zu seinen Schülern. Vor allem war er jedoch auf Aufträge von betuchteren Einwohnern, Behörden und Industrie angewiesen. Weber knüpfte und hielt zahlreiche Kontakte. Dekorationen, Portraits, Landschaften wurden von seinen Kunden gefragt. Einnahmen aus lukrativen Werbeaufträgen ermöglichten ihm u.a. Reisen ins benachbarte Ausland, aber auch nach Spanien und Marokko. In Ludwigshafen organisierte er zahlreiche Künstler- und Faschingsfeste, und die Stadt der Chemie bot ihm neben idyllischeren Gegenden Anregungen für Gemälde. Dazu traten religiöse Sujets. Zwischen 1925 und seinem Tod nahm er an allen Ausstellungen pfälzischer Künstler teil.

Mit dem Dritten Reich arrangierte sich Weber, um als hauptberuflicher Maler weiterhin überleben zu können. Obgleich durchaus kein Nazi und wiederholt von wohlwollenden Kunstfreunden wegen seiner spitzen Zunge gewarnt, wurde er zum Illustrator des amtlichen ›Stadt-Anzeigers‹ und des von der NSDAP herausgegebenen ›Hemshof-Echos‹. 1938 leitete Weber die künstlerische Gestaltung des Eingemeindungsfestzugs. Im Zweiten Weltkrieg wurde er als Kustos der städtischen Kunstsammlung tätig, sorgte für Zukäufe und für eine rechtzeitige Evakuierung der Objekte. Sein eigenes Atelier mit einem großen Teil seines Werks wurde in der Nacht vom 5./6. September 1943 vernichtet. Weber übersiedelte nach Gstadt am Chiemsee. Für die Teilnehmer des Verfassungskonvents auf Herrenchiemsee fertigte er 1948 ein Gedenkblatt an.

1954 kehrte Willy Weber nach Ludwigshafen zurück. Er organisierte weiter Künstlerfeste, seine Stimme wurde in der städtischen Kunstkommission gehört. 1959 ist er nach längerer Krankheit gestorben. 2001 hat seine Witwe der Stadt den Nachlaß des Malers übereignet. Das Wilhelm-Hack-Museum hat eine Reihe seiner besten Gemälde erworben.

[S. M.]

Es gab indessen auch Anerkennung für das Engagement des Kunstvereins, eingedenk der weder leichten noch dankbaren Aufgabe, „sich in der rasch emporgeschossenen Fabrikstadt Ludwigshafen für kulturelle Ziele einzusetzen. Das sich stets wandelnde Gesicht der Bevölkerung, der Mangel an kultureller Überlieferung und die Vormundschaft Mannheims, alles bedingt durch den Charakter als nüchterner, nur der harten Werktagsarbeit dienenden Industriestadt, standen nicht nur der Schaffung einer ausgeprägten Gesellschaft, sondern auch der Einbürgerung von Kunst und Kultur entgegen."[250]

Unter die zum Teil hervorragenden Künstler in der Stadt reihte Grevenig auch die Architekten ein: Marcus Sternlieb wurde an erster Stelle genannt, dann die Stadtbauräte Graf und Laur, „jener durch seine Bauten in der Süga, dieser durch seine ausgezeichneten Leistungen in der Friedhofskunst." Von den anderen Baukünstlern in der Stadt wurden u. a. die Architekten Karl Latteyer und Hans Schneider lobend erwähnt.

Dieses Architektenpaar hatte nicht nur den Pfalzbau geplant, es war ebenso von der Protestantischen Gesamtkirchengemeinde Ludwigshafen Ende der zwanziger Jahre mit der Projektbearbeitung des Baus der ›Friedenskirche‹ im nördlichen Stadtteil betraut worden.

Erste Wettbewerbe waren bereits 1925/26 ausgeschrieben, doch mit der Entscheidung, ob am Bauplatz Ecke Rupprecht- und Lessingstraße im Schnittpunkt mit der Achse Fichtestraße eine Langhauskirche

Anmerkungen
Seite 146 und 147

250 *PfR, 15.8.1927: Jubiläumsausstellung in Ludwigshafen. 15 Jahre Ludwigshafener Kunstverein*

251 *vgl. Friedenskirche; GA, 16.8.1930: Eine Zentralkirche in Friesenheim.*

* *Quelle zum Leben Webers: StALu, N Weber; Jöckle*

Ein stadtbildprägender Achitekt
Karl Latteyer
Sein Büro gehöre zu den größten im südwestdeutschen Raum, und mit seinen Bauten sei er weit über die Grenzen Ludwigshafens hinaus bekannt geworden. Mit diesen Worten würdigte der ›Mannheimer Morgen‹ am 5. Juli 1954 Karl Latteyer zu seinem 70. Geburtstag.

Latteyer war 1884 in Frankfurt geboren worden.

Nach einem Studium an der TH Darmstadt trat er zuerst in den Dienst der preußischen Regierung in Münster. Besonders widmete er sich der damals modernen Entwicklung von ›Gartenstädten‹. So ist es wohl kein Zufall, daß er 1912 in Ludwigshafen zusammen mit seinem Kollegen Schuler ein Architektenbüro eröffnete – zu einer Zeit, als auch dort die Idee einer Gartenstadt heiß diskutiert wurde:

Beim Wettbewerb der Baugenossenschaft Gartenstadt für die Gestaltung einer ersten Anlage erhielten Latteyer und Schuler mit ihrem Projekt ›Sonnige Au‹ 1913 den ersten Preis. Der Bau dieser Häuser war denn auch Latteyers erste große Aufgabe in Ludwigshafen.

In der Weimarer Zeit entstand nach Latteyers Plänen der größere Teil aller nicht von der Stadt selbst entworfenen repräsentativen Gebäude, unter anderem die Zentrale der Pfalzwerke mit ihrem imposanten Säulen- und Skulpturenschmuck, Siedlungsanlagen der GAG im Stadtteil Süd, der alte Pfalzbau, das Rheingold-Kino an der Prinzregentenstraße, die Friedens-, die Erlöserkirche und das Evangelische Altersheim sowie der Jahnsaal in Friesenheim. An der Erschließung der Parkinsel und beim Wiederaufbau Oppaus nach der Explosion 1921 war er maßgeblich beteiligt.

Auch jenseits der Stadt bauten Latteyer und die Architekten seines Büros an vielen Orten links und rechts des Rheins.

Nach dem Zweiten Weltkrieg war er einer der Initiatoren und der erste Vorstand der 1949 gegründeten ›Wiederaufbaugesellschaft‹, die unter anderem den als Entrée zum neuen Ludwigshafen gedachten ›Ankerhof‹ am damaligen Jubiläumsplatz erbaute. Große Teile der Ludwigstraße und weitere Gebäude in der Innenstadt sowie die Hochhäuser ›Hannes‹ und ›Peter‹ an der Saarlandstraße, die zu den ersten derartigen Bauten in der Stadt gehörten, sind das Werk der 1947 etablierten Architektengemeinschaft Latteyer und Koch.

1959 ist Karl Latteyer in Ludwigshafen gestorben.
[S. M.]

Karl Latteyer [193]

oder eine Zentralkirche entstehen sollte, ließ man sich Zeit.[251] Nachdem die Wahl zugunsten der Variante Zentralkirche gefallen war, galt es das Problem der Eingliederung des Kirchturms zu lösen. Man entschloß sich, ihn über der Mitte des Zentralraumes zu errichten. Doch nicht allein die moderne Technik der Eisenbetonkonstruktion überzeugte bei diesem ausgefallenen Kirchenbau, der am 17. Juli 1932 eingeweiht wurde. Eine besondere Attraktion war auch das von Max Slevogt geschaffene, hundert Quadratmeter große Altarbild, ›Golgatha-Fresko‹ genannt. Es war das letzte Werk Max Slevogts vor seinem Tode.

Teil 3
Die ›Stadt der Arbeit‹ im Sog der Krise (1929—1933)

„Die wirtschaftliche und soziale Struktur unserer Stadt bedingt eine besondere Einstellung zum Problem der Wohlfahrtspflege", betonte einmal mehr ihr Oberbürgermeister am 26. März 1928 in seiner Rede zum Haushaltsentwurf 1928/29. Nach dem Stand vom 1. Februar 1928 wurden insgesamt 7 878 Menschen von der Ludwigshafener Wohlfahrtspflege unterstützt, darunter 767 Erwerbslose mit 2 117 Angehörigen sowie 818 Sozial- und Kleinrentner mit 312 Angehörigen. 962 Personen mit 1 018 Angehörigen rechneten zu dieser Zeit in die allgemeine Fürsorge. „Eine Entlastung der Stadt gerade auf diesem Gebiet wäre sehr wünschenswert", hoffte ihr Verwaltungschef mit Blick auf den

Der Altarraum der Erlöserkirche in der Gartenstadt mit den Gemälden von Adolf Keßler, 1930 [194]

Slevogt in Ludwigshafen: Friedens- und Erlöserkirche

In den Jahren um 1930 entstanden zwei große protestantische Kirchenbauten in Ludwigshafen:[252] die Erlöserkirche in der Gartenstadt und die Friedenskirche am Südende von Friesenheim. Obwohl die eine – die Friedenskirche – von Anfang an als monumentales und repräsentatives Gebäude an der Kreuzung zweier wichtiger Stadtstraßen geplant wurde, die andere als „einfache Vorstadtkirche", sind Entwicklung und Entstehung der beiden Bauten aufs engste verknüpft. Beide sind der architektonischen Moderne verpflichtet, beide im Büro des Ludwigshafener Architekten Latteyer entstanden, beide nutzen moderne Materialien – Eisen, Stahl, Beton, über deren Gebrauch für Sakralbauten damals durchaus noch kontrovers diskutiert wurde. Sie waren damit auf der Höhe der Zeit und paßten sich den Stadtteilen an, in denen sie plaziert wurden. Letztendlich sind beide Kirchen Frucht einer großen Anstrengung der Ludwigshafener Protestanten, die mitten in der Zeit der Weltwirtschaftskrise zwei große Bauten errichteten. Die Namensgebung wurde wohl erwogen: der Ruhe ausstrahlende, ungewöhnliche Rundbau der Friesenheimer Kirche inmitten einer von politischen und sozialen Konflikten geprägten Industriestadt sollte dem Frieden geweiht sein; die Bezeichnung der Gartenstädter Kirche nahm auf die Fresken in ihrem Inneren Bezug.

Gerade durch ihre Hauptzierde sind bzw. waren Erlöser- und Friedenskirche am meisten verbunden. Der Schöpfer der Erlöserfresken im Chor der Gartenstädter Kirche, der Godramsteiner Maler Adolf Kessler, war sehr von Max Slevogt gefördert worden und empfahl ihn für das große Kreuzigungsfresko in der Friedenskirche. Beide Kunstwerke stellen Christus bzw. sein Kreuz „mitten unter uns", wie es Slevogt in einem Brief betonte. Menschen der Gegenwart in moderner Kleidung umgeben das Kreuz bzw. den Erlöser. Hier griffen die beiden Künstler die alte Tradition christlicher Kunst auf, die Ereignisse der Heilsgeschichte in die eigene Gegenwart zu holen, eine Tradition, die die historisierenden Gemälde des 19. Jahrhunderts weitgehend aufgegeben hatten.

Während die Gemälde Kesslers den Krieg überdauert haben, wurde Slevogts gewaltiges Fresko im Krieg stark zerstört. Die Reste haben in der Nachkriegszeit Friesenheimer Buben in der ungeschützten Ruine mit Steinen zertrümmert. 1956 wurde die Friedenskirche in stark veränderter Form wiederaufgebaut. Von Slevogts Kunstwerk bleiben nur Fotografien und Entwürfe.

hohen Sozialetat. „Aber statt die Stadt zu entlasten, ersinnt man stets neue Aufgaben [...] Welche Wirkung das Reichsgesetz vom 16. VII. 1927 über Arbeitsvermittlung und Arbeitslosenversicherung ausüben wird, läßt sich noch nicht überblicken. Voraussichtlich wird es eine weitere Belastung der Gemeinden bringen [...]"[253]

Diese Prognose des Stadtoberhaupts sollte sich wahrlich bestätigen – in Dimensionen indessen, die auch er für undenkbar gehalten hätte. Waren im Februar 1928 immerhin 7,6% der Stadtbevölkerung von der Unterstützung des Wohlfahrtsamtes abhängig, lag dieser Prozentsatz fast genau vier Jahre später, Mitte Februar 1932, bei 18,2%.

Oberbürgermeister Weiß hat nurmehr den Beginn dieser katastrophalen Notzeit erlebt. Im Januar 1930 schwer erkrankt, konnte er seinen Dienstgeschäften seit Februar nicht mehr nachgehen und ist am 13. September 1930 in St. Moritz, wo er Genesung suchte, 48jährig gestorben.[254] Weiß war, wie sein Stellvertreter Paul Kleefoot, am 14. Oktober 1929 von einer großen Mehrheit des Stadtrates für weitere zehn Jahre in seinem Amt bestätigt worden.[255] Erneut mußte Paul Kleefoot,

Anmerkungen
Seite 148 und 149

252 *Erlöserkirche, bes. S. 32f; Friedenskirche, bes. S. 15ff, 333ff, 37ff; Reinfrank, S. 27f*

253 *SRP, Bd. 49, Bl. 63f*

254 *vgl. GA, 15.9.1930: Oberbürgermeister Dr. Dr. Weiß †; GA, 1.10.1930: Dr. Weiß zum Gedächtnis; Sondersitzung des Stadtrates am 18.9.1930; SRP, Bd. 50, Bl. 254—259*

255 *SRP, Bd. 49, Bl. 403ff*
Vor der Bestätigung hatte es lange Diskussionen über das Für und Wider gegeben, die Neuwahl schon zu diesem frühen Zeitpunkt vorzunehmen, weil im Dezember 1929 der neue Stadtrat zu wählen war. Offenbar wollten SPD, Zentrum und DDP allen Eventualitäten der zukünftigen Sitzverteilung vorbeugen und setzten die Wahl in dieser Stadtratssitzung durch. Weiß erhielt 23, Kleefoot 27 von 31 abgegebenen Stimmen. Ihre zweite Amtszeit begann am 1. Januar 1930

256 *vgl. Janson, S. 87f; Schiffmann, Kommunalpolitik, S. 445f*

Eines der bedeutendsten Kunstwerke in der Stadt: das kriegs- und nachkriegszerstörte Kreuzigungsfresko von Max Slevogt in der Friedenskirche [195]

Das Äußere der Friedenskirche in Friesenheim, 1930 [196]

wie schon in der Zeit des passiven Widerstands, als die Besatzungsbehörden den Ersten Bürgermeister zwischen November 1923 und Mai 1924 aus seiner Funktion verbannt hatten, die Amtsgeschäfte des Oberbürgermeisters mit übernehmen – dieses mal für ein ganzes Jahr. Insgesamt 18 Monate vertrat der Sozialdemokrat alleine die Verwaltungsspitze in der Weimarer Zeit und müßte im Grunde in die Ahnengalerie der Ludwigshafener Oberbürgermeister aufgenommen werden.[256]

Das Ende der Ära Weiß hatte gleichsam Symbolcharakter für die Entwicklung Ludwigshafens in der Weimarer Republik. Konstruktive Stadtpolitik war seit 1930 nicht mehr möglich. Endzeitstimmung dämmerte herauf: für die kommunale Selbstverwaltung, denn Städte und Gemeinden, durch die Folgen der wirtschaftlichen Depression – Massenarbeitslosigkeit, Rückgang der Steuereinnahmen, Explosion der Soziallasten – meist finanziell ruiniert – verkamen zu quasi notverordneten Instrumenten Brüningscher Katastrophenpolitik; für die Weimarer Demokratie insgesamt, deren parlamentarisches Fundament in einer autoritären Wende von der altpreußisch-konservativen Machtelite um den greisen Reichspräsidenten zielgerichtet ausgehöhlt und demontiert wurde. Zuerst mit einem Regime präsidialer Notverordnungen unter Reichskanzler Heinrich Brüning (Zentrum), der einen bürokratischen Obrigkeitsstaat errichtete, dann, ab Juni 1932, mit einer „präfaschistischen Präsidialdiktatur" der Regierung Franz von Papen, fortgesetzt im Dezember 1932 und Januar 1933 mit der „antiparlamentarischen Junta des Reichswehrgenerals Kurt von Schleicher", schließlich mit der Übertragung der Macht an Adolf Hitler und die Nationalsozialisten am 30. Januar 1933.[257]

Seit 1930 war es nicht mehr der Rhythmus der Arbeit, welcher der ›Arbeiterstadt‹ das Gepräge gab, sondern der Schrei nach Lohn und Brot. Hochkonjunktur gab es nur für diejenigen, die mit dem Kampf gegen die zunehmende Armut weiter Bevölkerungsschichten zu tun hatten. Die Stadt half, so gut sie konnte, die Kostenexplosion im Fürsorgewesen engte jedoch ihren Spielraum drastisch ein. Kommunale Politik reduzierte sich immer mehr auf die Verwaltung der Misere, da die sozialen Folgelasten der Krise vor allem den Städten und Gemeinden aufgebürdet wurden.

Und hier erreichte Ludwigshafen eine traurige Spitzenposition.

Rat und Verwaltung in der Endphase der Weimarer Republik

Ein neues Stadtoberhaupt

„Wer wird Oberbürgermeister?", fragte der ›General-Anzeiger‹ bereits am 26. September 1930 seine Leserschaft, um in der beginnenden Diskussion „eingeweihter Kreise" rechtzeitig Standpunkt zu beziehen. „Parteikuhhandel und das Parteibuch" dürften nicht ausschlaggebend sein, „die einzige Großstadt der Pfalz kann nicht auf einen erfahrenen Verwaltungsfachmann verzichten, der in der gegenwärtigen Krisenzeit doppelt notwendig ist." „Deshalb", so das bürgerliche Blatt zum Anforderungsprofil der Kandidaten, „benötigen wir als Nachfolger für Dr. Weiß einen Kommunalbeamten, der schon in reiferen Jahren steht und eine längere Verwaltungspraxis als Bürgermeister hinter sich hat. Die fachliche Befähigung muß entscheidend sein. Eine derartige Kraft, die sich anderwärts schon bewährt hat, gilt es zu finden. Der Posten muß deshalb ausgeschrieben werden [...]"

Ob in der Chefredaktion des liberal-konservativen ›General-Anzeigers‹ schon zu diesem Zeitpunkt bekannt war, wer aus den ihr nahe stehenden Kreisen aufs Schild gehoben werden sollte, muß offen bleiben. Die Zeitung hatte 1920 nicht wenig dazu beigetragen, daß Christian Weiß zum Zuge kam, und auch sein Nachfolger, Dr. Fritz Ecarius, entsprach durchaus ihrer politischen Couleur, ohne allerdings Parteimitglied zu sein. Protegiert wurde Ecarius, der sich als amtierender berufsmäßiger Zweiter Bürgermeister der Stadt Pforzheim qualifiziert bewerben konnte, im Vorfeld der Wahl aus dem Lager des protestantischen Bürgertums.

Aussichtsreich beworben hatten sich darüber hinaus Regierungsrat Dr. Conrath, Dr. Reichert, seines Zeichens Rechtsrat in Diensten der Ludwigshafener Stadtverwaltung, der sozialdemokratische Bürgermeister des damaligen Nachbarstädtchens Oppau, Dr. Rudolf Zorn,

Anmerkungen Seite 150 und 151

257 *Zitate: Schönhoven, S. 160, 167*

258 *vgl. GA, 2.5.1928: Das neue bayerische Gemeinderecht.*

259 *SRP 8.12.1930, Bd. 50, Bl. 312f*

260 *zit.n. Meinzer, Machtergreifung, S. 226*

und Regierungsrat Schattenfroh, den die Zentrumspartei präsentierte. Kurz vor dem Wahlgang am 8. Dezember 1930 im Stadtparlament zauberte die KPD-Fraktion ad hoc noch einen Kandidaten namens Jendrosch, MdL in Preußen, aus dem Hut. Auffällig war mithin, daß mit Ausnahme der Ludwigshafener NSDAP – ein Indiz für ihre schwache personelle Position in der Stadt – zunächst alle parteipolitischen Milieus mit einem Kandidaten ihrer Provenienz aufwarteten – ein untrügliches Zeichen für die zunehmenden Zerwürfnisse zwischen den ehemaligen Koalitionären auf der kommunalpolitischen Bühne.

Das neue bayerische Gemeinderecht, im April 1928 in Kraft getreten, sah nur noch in Gemeinden bis zu 3 000 Einwohnern die Direktwahl des lokalen Verwaltungschefs vor. In allen größeren Orten mußte er von den Ratsmitgliedern gewählt werden. Es begrenzte im übrigen die Zahl der Bürgermeister in einer Kommune auf höchstens drei, und maximal zwei davon durften hauptamtlich tätig sein.[258]

In der Stunde der Wahl waren drei Bewerber übrig geblieben: Schattenfroh, Ecarius und Jendrosch. Conrath, Zorn und Reichert hatten ihre Kandidatur zurückgezogen. Dabei überrascht vor allem der Rückzug des Sozialdemokraten Rudolf Zorn. Er erfüllte alle Anforderungen, hatte bei der Vorstellung im Stadtrat einen guten Eindruck hinterlassen und galt nicht zuletzt aufgrund seiner „Vertrautheit mit dem Industriegebiet Ludwigshafen" als geeigneter Mann. Doch die „Fühlungnahme mit den bürgerlichen Parteien" seitens der sozialdemokratischen Fraktion hatte keine Unterstützung für ihn erkennen lassen, bedauerte SPD-Stadtrat Richard Hammer.[259] „Sämtliche bürgerlichen Parteien, von den Demokraten bis nach Rechts", erklärte die Fraktion im Parteiblatt ›Pfälzische Post‹, „waren sich einig darin, daß ein Bürgerlicher 1. Bürgermeister werden müsse [...]. Soll sie angesichts eines sicheren Unterliegens die Kandidatur ihres Genossen Zorn aufrecht erhalten, oder soll sie versuchen, Einfluß darauf zu gewinnen, wer Bürgermeister wird?" Gegen erheblichen Widerstand in den eigenen Parteireihen entschied sich die SPD-Fraktion, den bürgerlichen Kandidaten Ecarius mitzuwählen. Den Ausschlag für ihn habe dessen „Garantie zu sachlicher Zusammenarbeit" gegeben. Wichtiger war es ihr jedoch, den Zentrumskandidaten Schattenfroh auszuschalten.

So gerieten die Genossen bei der Abstimmung in eine „unheilige Allianz" mit den Abgeordneten der Wirtschafts-, Volks- und Staatspartei, aber auch mit den drei Ratsmitgliedern der NSDAP. Fritz Ecarius – ein Mann, „der über den Parteien stehe und keine politischen Bindungen habe", wie Ludwig Bertram für ihn warb – wurde mit 27 Stimmen zum neuen Oberbürgermeister gewählt. Für Schattenfroh votierten zehn Ratsmitglieder, der KPD-Kandidat Jendrosch erhielt vier Stimmen. Kein Wunder also, wenn die ›Neue Pfälzische Landeszeitung‹ den „bewußt antikatholischen Charakter" dieser Wahl herausstellte.[260] Hinzuzufügen ist allerdings, daß die Zentrumspartei bereits mit Franz Zang in der Stadtspitze vertreten war. Seit 3. Januar 1930 amtierte er als ehrenamtlicher dritter Bürgermeister.

„Die Auseinandersetzungen zwischen SPD und Zentrum bei dieser wichtigen Personalentscheidung" hatten demonstriert, „wie wacklig die über Jahre in zahllosen Entscheidungen praktizierte Gemeinsamkeit der beiden großen Parteien der Weimarer Koalition geworden war. Das Zentrum unternahm seit Ende der 1920er Jahre große Anstrengungen, sich von der Sozialdemokratie abzusetzen. Um dem Druck von rechts auszuweichen, wollte sie ‚das Odium von sich abschütteln, daß Schwarz und Rot die Politik auf dem Stadthaus machen'."[261]

Der Stadtrat als „Tummelplatz politischer Leidenschaften"

Das Stadtparlament war am 8. Dezember 1929 zum letztenmal für lange Zeit demokratisch gewählt worden. „Zersplitterung des Bürgertums – Wirtschaftspartei und Demokraten erleiden Verluste – Die Nationalsozialisten gewinnen", lautete die schlagzeilenartige Wahlbilanz des ›General-Anzeigers‹ am 9. Dezember.[262] In seiner Gewinn- und Verlustrechnung konzentrierte sich das Blatt naturgemäß auf einen Vergleich mit den Stadtratswahlen von 1924. Demnach konnten die Parteien der Linken „über Wahlträgheit ihrer Anhänger" nicht klagen: Die Sozialdemokraten behielten ihre 14 Sitze, während das in Ludwigshafen inzwischen gespaltene kommunistische Lager ein Mandat einbüßte. Die KPD – ›Sektion der Dritten Internationale‹ – erhielt 3 551 Stimmen und zog mit drei Abgeordneten ins Rathaus ein; für die Linken Kommunisten holte Max Frenzel einen Sitz – 1 017 Stimmen. „Die Linke hat also insgesamt 18 Mandate von 40 Sitzen erhalten, so daß ihr 22 Mandate im andern Lager gegenüberstehen", rechnete der General-Anzeiger vor.

Der politische Katholizismus konnte mit seinem Abschneiden zufrieden sein. Zentrum und Bayerische Volkspartei gehörten dem neuen Stadtrat in alter Stärke an und hatten mit Hauptlehrerin Anna Weltin jetzt eine – allerdings ungeliebte – Gleichgesinnte mehr. Sie gewann ihr Mandat mit der ›Katholikenfrauenliste‹. Dies war etwas Besonderes: Frauenlisten, gleichgültig welcher politischen Richtung, waren im Deutschland der Weimarer Republik überaus ungewöhnlich. Die treibende Kraft in Ludwigshafen war die Gründerin des Annastifts, die Lehrerin Karolina Burger, gewesen, die sich über die schlechte Plazierung von Frauen auf der Liste des Zentrums geärgert und die Initiative ergriffen hatte. Damit zog sie sich die erbitterte Feindschaft des Zentrums zu, die ihre Gruppierung auf das heftigste bekämpfte und von „Schande" und „ungerechtfertigter, rücksichtsloser Machenschaft" sprach, die den Katholizismus schwäche. Um dennoch die Stimmen der katholischen Frauen zu gewinnen, umwarb das Zentrum die Wählerinnen mit speziellen Anzeigen und beschloß, die Schulung der weiblichen Parteimitglieder zu verbessern, da man „das Manko einer politischen Durchbildung intelligenter Frauen" als Ursache für das eigenmächtige Handeln der Katholikinnen sah.[263]

Eindeutiger Wahlsieger waren die Nationalsozialisten. Sie vereinigten 3 515 Stimmen auf sich, was ihnen erstmals den Einzug ins Ludwigshafener Stadtparlament ermöglichte, und das gleich mit drei Sitzen. Um diesen ersten Schub der Rechtsradikalisierung richtig einzuordnen, diente dem Chronisten ein vergleichender Blick auf die Ziffern der Reichstagswahl von Mai 1928: „ein Mehr von 150%!" Und wer hat „die Zeche bezahlen müssen"? Für den ›General-Anzeiger‹ waren es eindeutig die „Mittelparteien". Tatsächlich verlor die Wirtschaftspartei – der lokale Ableger der Reichspartei des Deutschen Mittelstandes – gegenüber 1924 rund 2 000 Stimmen und büßte drei von ehemals sechs Sitzen ein. Die DDP, die Partei des Oberbürgermeisters Weiß, sah sich mit einem Verlust von 700 Stimmen und einem Mandat konfrontiert, während die deutschnational-rechtskonservative Listenverbindung aus DNVP und

Anmerkungen
Seite 152 und 153

261 *Schiffmann, Kommunalpolitik, S. 444*
262 *zum Ergebnis vgl. auch VB 1928/29, 1929/30, S. 128*
263 *Pfanz-Sponagel, S. 41f*
264 *Meinzer, Machtergreifung, S. 235f; Personalakte Ecarius; StALu, LUN 1645; Rhpf, 4. 1., 20. 6. 1966; weiteres siehe Kap. 11 ›Die Reihen fast geschlossen‹*
265 *StALu, M 295*

Von der Republik zum Nationalsozialismus: Oberbürgermeister **Fritz Ecarius**[264]

Der am 4. Januar 1886 geborene Fritz Ecarius entstammte einer Kaiserslauterer protestantischen Beamtenfamilie. Nach dem Abitur am Humanistischen Gymnasium Ludwigshafen (1904) studierte er Rechtswissenschaften in München, Heidelberg und Erlangen, wo er zunächst als Rechtsanwalt tätig war. 1913 Promotion zum Dr. jur., im gleichen Jahr Rückkehr in die Heimat als Regierungsassessor bei der pfälzischen Regierungsbehörde in Speyer. Als Kriegsfreiwilliger schwer verwundet, wurde er 1915 mit einer hundertprozentigen Kriegsbeschädigung aus dem Heer entlassen. Danach in Pirmasens stellvertretender Bezirksamtmann, bevor er 1921 als Rechtsrat in die Stadtverwaltung Zweibrücken wechselte. Dort sammelte Ecarius ebenso Erfahrungen als kommunaler Finanz- und Verwaltungsfachmann wie in Pforzheim, wo er 1928 hauptamtlicher Zweiter Bürgermeister wurde.

Er galt als unpolitischer ›Technokrat‹, gab sich aber bei öffentlichen Auftritten und Reden eindeutig als Mann der nationalen Rechten (wenn auch als Beamter unbedingt staatstreu) zu erkennen. Er war Mitglied beim Volksverband für das Deutschtum im Ausland, beim Kyffhäuserbund und der Kolonialgesellschaft. Nach der Machtergreifung übte sich der Oberbürgermeister auch bis zur Selbstverleugnung in Loyalität gegenüber dem neuen Regime und versicherte wieder und wieder seine Treue zum nationalsozialistischen Staat. So konnte er vorübergehend seine Position stabilisieren. Doch geriet er über eine Sachfrage – die Einführung der Gasfernversorgung in der Stadt – in Gegensatz zum Gauleiter, der schließlich ohne Rücksicht auf die Einhaltung rechtlicher Formen auf seine Entfernung drängte. 1937 wurde Ecarius bis zum Ablauf seiner Amtszeit 1941 in den Wartestand versetzt. An seine Stelle trat als Oberbürgermeister ein Vertrauter des Gauleiters.

Der abgesetzte Oberbürgermeister trat in den Dienst der I. G. Farben, wo er in den Werken Ludwigshafen und Schkopau – als stellvertretender Abwehrbeauftragter – tätig war. 1945/46 inhaftiert, wurde er 1949 als ›Nichtschuldiger‹ klassifiziert und arbeitete dann als Rechtsanwalt in Kirchheimbolanden. Als CDU-Mitglied war er kommunalpolitisch tätig und 1955 bis 1963 Mitglied des Landtages von Rheinland-Pfalz. 1966 wurde er aus Anlaß seines 80. Geburtstags zum Justizrat ernannt und starb wenige Monate später. [G. B. / S. M.]

Der neue Oberbürgermeister: Fritz Ecarius mit ›alter‹ Amtskette [197]

Katholische Politikerin und Schöpferin des Annastifts: **Karolina Burger**[265]

Karolina Burger wurde 1879 als Tochter eines Postbeamten in Regensburg geboren. Nach einer Erziehung in verschiedenen Klosterschulen besuchte sie, den Versetzungen ihres Vaters folgend, die Lehrerinnenbildungsanstalten der Englischen Fräulein in Bamberg und der Dominikanerinnen in Speyer. Von dort trat sie in den pfälzischen Schuldienst und amtierte ab etwa 1905 in Ludwigshafen, wo sie schon bald für das Schulamt arbeitete und sich im Hemshof um Arme kümmerte.

1912 nahm sie kurz nacheinander ein Waisenkind, eine taubstumme Waise mit ihrem unehelichen Kind und einen Säugling, den seine schwachsinnige Mutter für 50 Pfennig verkauft hatte, trotz Proteste der Nachbarn in ihre Wohnung auf. Damit begann ihre Fürsorgetätigkeit, aus der das St.-Anna-Stift wuchs. Immer wieder hatte sie mit Widerständen aus der Bevölkerung zu kämpfen, die die „schlechten Kinder" nicht in ihrer Nachbarschaft dulden wollten. Doch erhielt sie behördliche Unterstützung und konnte 1918 ein größeres Haus in Mundenheim erwerben, die Keimzelle des heutigen Standortes. Von Epilepsie und Herzleiden geplagt, war Karolina Burger ein offenbar recht herber Charakter. Doch gerade so verstand sie sich durchzusetzen. 1929 gründete sie zur besseren Vertretung katholischer Fraueninteressen für die Stadtratswahl die ›Katholikenfrauenliste‹. 1933 zog sie sich aus gesundheitlichen Rücksichten zurück, lebte zuerst in Maikammer, dann in Altötting, wo sie 1949 starb und in der Gruft des Dritten Ordens der Franziskaner beigesetzt wurde.

[S. M.]

Kommunalpolitikerin: Karolina Burger Gründerin des Annastifts [198]

DVP ihre Position zu behaupten vermochte. Sie stellte weiterhin vier Abgeordnete. Für zusätzliche Zersplitterung im rechten bürgerlichen Lager sorgte zwar die Kandidatur des Christlichen Volksdienstes. Doch Reichsbahninspektor Konrad Schneider, der auf dieser Liste sein Mandat gewann, schloß sich ebenfalls der Fraktionsgemeinschaft von DNVP/ DVP an.

Industrielle, Kaufleute, Gewerbetreibende, Handwerker!

Am kommenden Sonntag, den 8. Dezember, finden hier die

Stadtrats-Wahlen

statt. Für die hiesigen wirtschaftlichen Kreise sind die Arbeiten und Beschlüsse des Stadtrats von großer Bedeutung. Die unterzeichneten Körperschaften und Verbände richten daher an alle Wahlberechtigten aus Industrie, Handel, Gewerbe und Handwerk die dringende Bitte, sich an der Wahl zu beteiligen.

Männer u. Frauen müssen wählen!

Ludwigshafen a. Rh., den 6. Dezember 1929.

Industrie- und Handelskammer Ludwigshafen a. Rh.

Handwerkskammer der Pfalz
Abteilung Ludwigshafen a. Rh.

Handelsschutzverband der Pfalz
Ortsgruppe Ludwigshafen a. Rh.

Arbeitgeberkartell Ludwigshafen a. Rh.

Ludwigshafener Bankenvereinigung

Handwerker- und Gewerbeverband Ludwigshafen a. Rh.

Wahlaufruf der Mittelstands- und Industrievertreter zur Kommunalwahl [199]

Pfälzische Post

Organ der Sozialdemokratischen Partei Deutschlands

Beilagen: „Volk u. Zeit“ (illustriert), „Heim u. Welt“, „Bei uns daheim“, „Die Welt der Kleinen“, „Jugendwille“, „Pfälzische Frauen-Post“

35. Jahrgang | Ludwigshafen a. Rh., Samstag den 7. Dezember 1929 | Nummer 287

Auf zur Gemeinderatswahl!

Die sozialdemokratische ›Pfälzische Post‹ zur Kommunalwahl 1929 [200]

Anmerkungen Seite 154 und 155

266 vgl. hierzu vor allem Falter

267 vgl. GA, 17.12.1929: Die Stimme der Frau

Mandatsverteilung nach den Stadtratswahlen von 1929

SPD	KPD	DDP	Zentrum	DVP	WP[1]	NSDAP	Sonst.[2]
14	3	2	8	4	3	3	3

1 Wirtschaftspartei
2 je 1 Sitz für: Christlich-Sozialer Volksdienst, Linke Kommunisten, Katholikenfrauenliste

Fazit des ›General-Anzeigers‹ zur Wählerwanderung des Ludwigshafener Bürgertums: „Die Rechtsradikalen erschlagen gewiß nicht die Linke, sondern holen vorwiegend ihre Stimmen aus dem Lager des verärgerten und auch schwer bedrohten Mittelstands.“ Dank der historischen Wahlforschung[266] wissen wir heute, wie problematisch diese zeitgenössische These war. Für sie spricht allerdings die Tatsache, daß die NSDAP ihre Stimmen hauptsächlich im bürgerlichsten der damals vier Stadtteile gewann – dem Ludwigshafener Süden. Hier bekamen die Nazis 10,7% der gültigen Stimmen, in Mundenheim dagegen nur 5,7%. Besonders anfällig für den rechtsextremistischen Wählertrend erwiesen

Reichsweit höchst selten: Plakat der ›Katholiken-Frauenliste‹ für die Kommunalwahl 1929 [201]

Wahlaufruf der NSDAP zur Kommunalwahl 1929 [202]

sich die Wahlberechtigten des Wittelsbachviertels. Im Stimmbezirk 15, Wahllokal Wittelsbachschule, wählten 17,1% die Nazipartei. Und eine weitere NSDAP-Hochburg kristallisierte sich in Friesenheim heraus: Stimmbezirk 59 (Pestalozzischule), neu eingerichtet für die Wähler aus der Ebert-, Ernst-Lehmann-, Hohenzollern- und Rathenau- (heute: Erzberger-) Straße, also den gerade bezogenen ›Ebert-Blöcken‹, meldete 13,2% NSDAP-Stimmenanteil. Doch dazu an anderer Stelle mehr.

Insgesamt 14 Listen hatten um die Wählergunst gerungen, für die Volksrechtspartei, die Christlich-Soziale Reichspartei sowie den Mieterschutzverband reichte es jeweils nicht, im kommenden Stadtrat vertreten zu sein. Die Wahlbeteiligung lag bei 69%, wobei die nach Geschlecht getrennte Stimmabgabe interessante Rückschlüsse auf das Wählerverhalten erlaubte. Während die Männer zu 75% von ihrem Wahlrecht Gebrauch machten, waren es unter den Frauen nur rund 65%. Gewannen die Arbeiterparteien ihre Stimmen vorwiegend bei den männlichen Wählern, lagen die politischen Präferenzen der Frauen eindeutig bei den gemäßigten bürgerlichen Parteien, und hier vor allem bei den katholischen Gruppierungen. Die Nationalsozialisten wurden wiederum mehrheitlich von Männern gewählt.[267]

In dieser Legislaturperiode dem Stadtrat anzugehören, brachte wahrlich keinen Spaß. Sämtliche Sitzungen von 1930 bis Ende 1932 waren in irgendeiner Form mit dem Problem befaßt, wie lösen wir das Rätsel um die Finanzierung des nächsten Etats, wie stopfen wir die riesigen Löcher, die der Haushalt des Vorjahres hinterlassen hat. Sparpolitik und Steuer- bzw. Gebührenerhöhungen – das war der triste kommunalpolitische Alltag dieser Zeit. Diskutable städtebauliche Projekte standen mangels Verfügungsmasse so gut wie keine in Aussicht, die eigentliche kommunale Arbeit stand nahezu still. Gleichwohl kam in den Zusammenkünften der Stadtverordneten selten Langeweile auf; denn Nationalsozialisten wie Kommunisten sorgten für Stimmung. Wie andernorts benutzten sie den Stadtrat als Forum – für flammende Anklagen zu allgemeinpolitischen Problemen, zu Dringlichkeitsanträgen, um irgendwelche Nebensächlichkeiten aufzubauschen, und immer mal wieder mit der Forderung nach Auflösung des Parlaments. Obstruktionspolitik war angesagt.

Da nutzte es wenig, wenn Bürgermeister Kleefoot nüchtern das „Alpha und Omega unserer Not" erläuterte, um an die Adresse der Störenfriede hinzuzufügen, da helfe „weder eine bolschewistische Weltrevolution von links noch eine solche von rechts."[268] Auch Ecarius' Versuch, die Gemüter zum Auftakt des Jahres 1932 mit einer salbungsvollen Neujahrsansprache dauerhaft zu befrieden, war wenig Erfolg beschieden. In einer Zeit, als sich paramilitärische Verbände der Parteien in politischen Versammlungen und auf der Straße Schlachten lieferten, wünschte sich der Ludwigshafener Verwaltungschef etwas weltfremd, „das Rathaus solle kein Tummelplatz der Parteipolitik, sondern eine Oase friedlicher, von echtem Bürgersinn getragener Gemeinschaftsarbeit sein." Und: „Das Losungswort in unserer Zeit muß sein: Entpolitisierung des Stadtrates."[269]

Was Kommunisten und Nationalsozialisten zum Besten gaben, hatte in der Tat wenig mit Politik zu tun, mit kommunaler schon gar nicht. Es handelte sich um Störmanöver, und die Strickmuster waren auf beiden Seiten gleich. Eine Kostprobe: In der zweiten Ratssitzung nach Ecarius' Appell wollte einmal mehr die NSDAP-Fraktion parlamentarischer Spielverderber sein. Ein abgelehnter Dringlichkeitsantrag hinderte den NSDAP-Stadtrat Heinrich Foerster nicht daran, „trotz dreimaligem Ordnungsruf immer weiterzusprechen." Die Sitzung wurde unterbrochen. „Nach Wiedereröffnung der Sitzung versucht Foerster weiterzusprechen. Er wird deshalb aufgefordert, den Sitzungssaal zu verlassen. Nachdem Foerster dieser Aufforderung keine Folge gegeben hat, und immer wieder versucht zur alten Sache zu sprechen, wird er durch einen Polizeibeamten aus dem Sitzungssaal verwiesen.

Stadtrat Fischer [von der SPD] soll einen Zwischenruf ‚Lausbuben' gemacht haben, und wird deshalb vom Vorsitzenden zur Ordnung gerufen.

Stadtrat Kessler fährt dann fort, in der Sache Foerster weiterzusprechen, und muß deshalb dreimal zur Ordnung gerufen und schließlich aus dem Saal verwiesen werden.

Bürgermeister Ecarius führt alsdann aus, es sei tief bedauerlich, daß die Sitzungen des Stadtrates zum Tummelplatz politischer Leidenschaften werden sollen." Soweit das Protokoll.[270] Mit der gleichen Masche waren am 13. Juli 1931 die Kommunisten ›erfolgreich‹ gewesen.

Anmerkungen
Seite 156 und 157

268 *SRP, Bd. 50, Bl. 83*

269 *SRP 11.1.1932, Bd. 51, Bl. 7*

270 *ebd. 29.2.1932, Bl. 81*

271 *Wir folgen hier weitgehend der Darstellung von Blaich, Inflation, S. 64ff; ausführlicher: Führer; Homburg*

272 *Wort und Zahl, 2. Jg., Nr. 3, März 1936, S. 9: Die Arbeitslosigkeit in Ludwigshafen am Rhein in den Jahren 1929 bis 1935; StALu, DS 241/1935—37*

„Unserer Stadt ist die chemische Industrie zum Verhängnis geworden"

Die Wohlfahrtskrise

Die Arbeitslosenunterstützung wurde im Verlauf der Weltwirtschaftskrise zum sozialpolitischen Problem Nummer eins, an dem die kommunale Selbstverwaltung schon vor 1933 praktisch zerbrach. Bevor wir uns der heraufziehenden Katastrophe und ihrem Erscheinungsbild in Ludwigshafen zuwenden, ist ein Blick auf die gesetzlichen Regelungen der am 1. Oktober 1927 in Kraft getretenen Arbeitslosenversicherung und ihrer Auswirkungen auf die Wohlfahrtspflege angebracht.[271]

Die Entwicklung der Arbeitslosigkeit in Ludwigshafen 1931—1932[272]

Arbeitslose 1931 im	gesamt	Arbeitslosen-unter-stützte	Krisen-unter-stützte	Summe Al. u. Kr.-U.	Wohl-fahrts-Erw.-lose	ohne Unter-stützung
Jan	10 252	3 185	2 157	5 342	3 380	1 530
Feb	10 359	2 596	2 043	4 639	3 637	
März	10 253	2 418	2 080	4 498	3 796	
April	9 727	2 435	1 949	4 384	3 952	
Mai	9 706	2 153	1 578	3 731	4 036	
Juni	9 185	2 137	1 781	3 918	3 960	
Juli	9 225	2 081	1 796	3 877	4 047	
Aug	10 085	2 143	1 616	3 758	4 230	
Sept	9 950	2 383	1 533	3 916	4 554	
Okt	9 914	2 071	1 827	3 898	4 773	
Nov	10 289	2 268	1 843	4 111	4 973	1 205
Dez	10 888	2 703	1 867	4 570	5 059	1 259
Mittel	9 986	2 381	1 839	4 220	4 200	
1932						
Jan	11 492	3 005	1 980	4 985	5 420	1 087
Feb	11 999	3 120	2 261	5 381	5 555	1 063
März	12 001	2 757	2 292	5 049	5 889	1 063
April	11 872	2 308	2 495	4 803	6 159	910
Mai	11 995	2 201	2 617	4 818	6 238	938
Juni	11 688	2 199	2 563	4 762	6 264	662
Juli	11 955	1 846	2 291	4 137	6 291	1 527
Aug	11 920	1 688	2 321	4 009	6 405	1 506
Sept	11 691	1 709	2 486	4 195	6 224	1 272
Okt	11 809	1 487	2 432	3 919	6 485	1 405
Nov	11 950	1 488	2 460	3 948	6 690	1 312
Dez	12 110	1 524	2 500	4 024	6 815	1 271
Mittel	11 874	2 111	2 392	4 503	6 203	1 168

Die ›Reichsanstalt für Arbeitsvermittlung und Arbeitslosenversicherung‹ gewährte ihre Leistungen nach sehr restriktiven Bedingungen, die auf dem Höhepunkt der Wirtschaftskrise noch härter wurden. Arbeitnehmer, die vor ihrer Arbeitslosigkeit mindestens 26 Wochen lang eine versicherungspflichtige Tätigkeit ausgeübt hatten, erhielten für die Dauer von 26 Wochen Arbeitslosenunterstützung, deren Höhe sich am durchschnittlichen Arbeitsentgelt der letzten drei Monate orientierte. Nach dieser Frist mußte die Anwartschaft von neuem erfüllt werden.

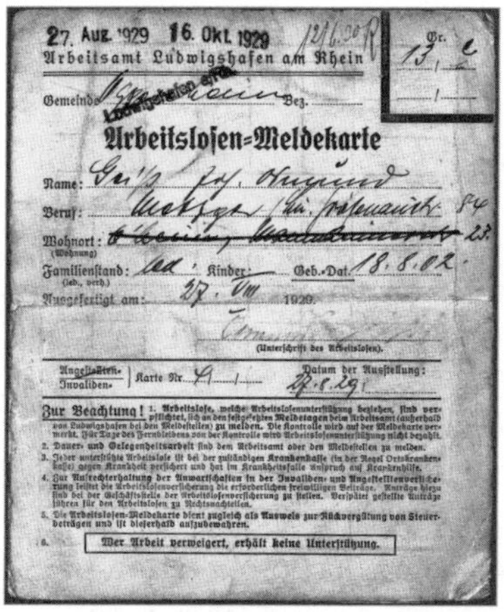
Arbeitsamt Ludwigshafen am Rhein
Arbeitslosen-Meldekarte
Name:
Beruf:
Wohnort:
Familienstand: Kinder: Geb.-Dat.
Ausgefertigt am:
Wer Arbeit verweigert, erhält keine Unterstützung.

Arbeitslosen-Meldekarte, 1929 [203]

Kinderwünsche in der Krisenzeit Luxuriöse Weihnachtsbescherung in einer ›glücklichen Familie‹, Ludwigshafen 1931 [204]

Unterstützungsuchende vor dem städtischen Wohlfahrtsamt, Frankenthaler Straße 13 um 1932 [205]

Anmerkungen Seite 159

* *›Der Blinde Geiger‹ in der Unterführung am ehemaligen Hauptbahnhof Gemälde von Otto Lang, 1929*

„Erhielt der Erwerbslose keine Arbeitslosenunterstützung mehr, war er aber im vergangenen Jahr mindestens 13 Wochen beschäftigt gewesen, konnte er für weitere 13 Wochen eine Unterstützung aus der ›Krisenfürsorge‹ erhalten. Diese der heutigen Arbeitslosenhilfe ähnelnde Mischform zwischen Versicherungs- und Fürsorgesystem, deren Mittel zu vier Fünfteln vom Reich und zu einem Fünftel von den Gemeinden aufgebracht wurden, war nach den Erfahrungen mit der Wirtschaftskrise 1925/26 eingerichtet worden. Sie zielte darauf ab, die Folgen einer länger anhaltenden Arbeitslosigkeit in einzelnen Branchen oder bestimmten Regionen zu mildern. War auch der Anspruch auf Krisenunterstützung erloschen, so wurde der Bedürftige als ›Wohlfahrtserwerbsloser‹ der allgemeinen Fürsorge seiner Wohngemeinde zugewiesen."

Bei der Konstruktion der Arbeitslosenversicherung waren die Sozialpolitiker mit Blick auf die Beitragshöhen und Leistungen von der relativ guten Beschäftigungslage des Jahres 1927 ausgegangen. Kalkuliert waren durchschnittlich 700 000—800 000 Arbeitslose im Jahr. Schon

„[...] die im Schatten sieht man nicht [...]"*
[206]

der strenge Winter 1928/29 warf ihre Berechnungen jedoch über den Haufen, ausreichende Rücklagen waren nicht gebildet. Ende März 1929 verzeichnete die Reichsanstalt bereits ein Defizit von fast 350 Millionen Reichsmark.

Und bald war der Streit um die Sanierung der Versicherung äußerer Anlaß für das Auseinanderbrechen der vom Sozialdemokraten Hermann Müller angeführten Regierungskoalition. Seitdem regierte der Zentrumspolitiker Heinrich Brüning ohne Parlamentsmehrheit, gestützt auf Notverordnungen des Reichspräsidenten. Statt der Wirtschaftskrise mit einer antizyklischen, staatlich finanzierten Wachstumspolitik zu begegnen, machte Brünings altertümliche deflationäre Sparpolitik alles nur noch schlimmer. Sein Motiv hatte vornehmlich außenpolitische Gründe: Er wollte den Alliierten durch den Krisenzustand des Landes demonstrieren, daß das Reich zur Zahlung der Reparationen außerstande sei. Der Weimarer Sozialstaat war den vernichtenden Auswirkungen, die Brünings fatale Fehlentscheidung mitverursachten, nicht gewachsen.

Das Elend nimmt wieder zu ›Kunden‹ – so die heutige Ausdrucksweise – in der städtischen Volksküche 1931 [207]

Ausgewählte Wirtschaftsdaten 1929—1933[273]

	1929	1930	1931	1932	1933
Hafenumschlag in 1 000 t	4 002,5	2 906,0	2 580,8	2 249,4	2 431,5
Postscheckamt Umsatz in Mill. RM	2 300,0	2 079,2	1 752,3	1 496,5	1 500,7
Fremdenverkehr Anzahl der Übernachtungen	29 808	29 454	22 021	18 686	18 119
Großhandelsindex, Jahresdurchschnitt	137,2	124,6	110,9	96,5	93,3

Der immer katastrophaleren Entwicklung des Arbeitsmarktes begegnete man mit Beitragserhöhungen auf der einen sowie Leistungskürzungen auf der anderen Seite. Die Dauer der Unterstützung wurde Mitte 1931 auf 20 Wochen herabgesetzt und der Kreis der Anspruchsberechtigten eingeengt. Bestimmten Gruppen der Bevölkerung wurde jede Unterstützung durch die Arbeitslosenversicherung versagt. Zu ihnen zählten die über 60 Jahre alten Arbeitnehmer, Jugendliche, die nach der Schulentlassung oder dem Ende ihrer Lehrzeit keine Anstellung gefunden hatten und bei Eltern oder Verwandten lebten. Ehefrauen erhielten die ›Stütze‹ nur, soweit sie bedürftig waren.

So gelang zwar die finanzielle Sanierung der Reichsanstalt, doch Leidtragende dieser Strategie der zunehmenden Ausgrenzung von Anspruchsberechtigten waren Städte und Gemeinden, auf deren Schultern die finanziellen Lasten der Massenarbeitslosigkeit schließlich abgewälzt wurden. Denn mit zunehmender Langzeitarbeitslosigkeit vergrößerte sich der Kreis der Wohlfahrtserwerbslosen, derjenigen ausgesteuerten Arbeitslosen, die in vollem Umfang der kommunalen Fürsorge anheim fielen.

Ein Heer von Wohlfahrtserwerbslosen

„Unserer Stadt ist leider die chemische Industrie, die früher ihren Segen bedeutete, heute größtenteils zum Verhängnis geworden."[274] Ohne Zweifel lag Oberbürgermeister Ecarius mit dieser im September 1932 geäußerten Klage nicht falsch, wenn er damit die hohe Arbeitslosigkeit in der ›Chemiestadt‹ erklären wollte. Die Nachfrage auf dem Arbeitsmarkt wurde hier einseitig von diesem Industriezweig bestimmt. Von August bis Dezember 1929 war die Zahl der Arbeitslosen von 4 000 auf 6 500 gestiegen.[275] Etwa die Hälfte gingen auf das Konto der Massenentlassungen bei der I. G. Farbenindustrie, die nicht aus konjunkturellen Gründen, sondern im Zuge von Rationalisierungsmaßnahmen in der Zeit vom 1. Juli bis 1. Dezember 1929 allein 2 500 Arbeitern gekündigt hatte.[276]

Eine interessante Konjunkturanalyse der Ludwigshafener Industrien lieferte Paul Kleefoot in seiner Etatrede zum Haushaltsvoranschlag für 1930/31. Er beurteilte deren Wirtschaftslage nach dem Stromverbrauch in Kilowattstunden. „Noch am besten beschäftigt", so

Anmerkungen
Seite 160 und 161

273 *siehe SRP 14.4.1930, Bd. 50, Bl. 80f: Voranschlag für das Jahr 1930/31*

274 *GA, 17.9.1932: Ein Pfalztag im Ebertpark.*

275 *Wort und Zahl, 2. Jg., Nr. 3, März 1936, S. 9: Die Arbeitslosigkeit in Ludwigshafen am Rhein in den Jahren 1929 bis 1935; StALu, DS 241/1935—37*

276 *Ludwigshafener Wirtschaftszahlen, Jahresübersichten 1931—1933; StALu, DS 241/1931—33*

277 *Quelle: Wort und Zahl, 2. Jg., Nr. 3, März 1936, S. 9: Die Arbeitslosigkeit in Ludwigshafen am Rhein in den Jahren 1929 bis 1935; StALu, DS 241/1935—1937*

278 *SRP, Bd. 50, Bl. 96f*

279 *Blaich, Wirtschaftspolitik, S. 94; Meinzer, Machtergreifung, S. 111*

280 *Blaich, Wirtschaftspolitik, S. 94f, mit Bezug auf die Zahlenangaben im Statistischen Jahrbuch deutscher Städte, Jg. 27 (1932), S. 311—313 und Jg. 28 (1933), S. 545*

Unterstützte Arbeitslose in Ludwigshafen 1924—1932[277]

	1924	1925	1926	1927	1928	1929	1930	1931	1932
insgesamt	3 036	1 876	3 332	2 619	3 010	4 168	6 870	9 986	11 874
Arbeitslos.-Vers. (Alu)	3 036	1 876	3 332	1 867	1 843	2 283	3 151	2 381	2 111
Krisenfürsorge (Kru)	k.A.	k.A.	k.A.	752	490	623	1 140	1 839	2 392
Alu u. Kru	3 036	1 876	3 332	2 619	2 333	2 905	4 291	4 220	4 503
Wohlfahrtserwerbslose	k.A.	k.A.	k.A.	k.A.	677	1 263	2 579	4 200	6 203
Nicht unterstützte Arbeitslose	k.A.	k.A.	k.A.	k.A.	k.A.	k.A.	k.A.	k.A.	1 168

der Sozialbürgermeister am 14. April 1930 vor dem Stadtratskollegium, war demnach die chemische Industrie. Sie hatte eine Mehrabnahme gegenüber dem Vorjahr von 20,6% zu verzeichnen. Einigermaßen gut ging es der Nahrungsmittelbranche, die 14,2% mehr Strom abgenommen hatte, entsprechend 400 000 kWh. In der Maschinenindustrie war ein „starker Rückgang" zu registrieren, und am stärksten hatte der Großabnehmer-Verbrauch in der Holzindustrie nachgelassen. In diesem Zweig betrug der Rückgang nahezu 70%.[278]

Erst 1931 wurde die stark exportabhängige Chemiebranche von der Wirtschaftskrise voll erfaßt. Jetzt baute die Anilin erst recht Arbeitsplätze ab: Von etwa 11 000 im Jahre 1929 reduzierte das Ludwigshafener Werk der I. G. Farben seine Belegschaft auf 4 000 im Jahre 1932, einschließlich des Werkes Oppau fiel der Beschäftigtenstand von 25 722 im Jahr 1928 auf nur noch 12 099, ebenfalls 1932.[279]

Mit Blick auf das Heer der Wohlfahrtserwerbslosen und den ruinösen Haushalt der Stadt Ludwigshafen in der Endphase der Weimarer Republik erschließt sich der eigentliche Kern der oben zitierten Oberbürgermeister-Klage allerdings aus einer Besonderheit des Arbeitslosenversicherungssystems. Gerade weil die chemische Industrie 1929 noch verhältnismäßig gut florierte, wurde sie vom Landesarbeitsamt nicht als notleidender Wirtschaftszweig eingestuft. Ihre Beschäftigten rechneten damit auch nicht zu denjenigen konjunkturgefährdeten Berufsgruppen, die nach Ablauf der Arbeitslosenunterstützung von der Krisenfürsorge aufgefangen wurden. Mit anderen Worten: Wer in der Chemieindustrie arbeitslos wurde und keinen Anspruch (mehr) auf Mittel der Reichsanstalt hatte, fiel direkt in das soziale Sicherheitsnetz der städtischen Wohlfahrtsämter. So erklärt sich, daß die Arbeitslosigkeit in Ludwigshafen zwar keine außergewöhnliche Höhe erreichte: „Unter den 14 deutschen Städten, die 1932 zwischen 100 000 und 150 000 Einwohner zählten, nahm die Stadt hinsichtlich des Anteils der Arbeitslosen an der gesamten Wohnbevölkerung den achten Platz ein." Eine traurige Spitzenposition im Reigen der krisengeschüttelten deutschen Großstädte fiel ihr dennoch zu: Hinter Kassel (54,4%) und Gelsenkirchen (53,9%) stand Ludwigshafen (52,5%) „an dritter Stelle in der Reihe der 50 deutschen Großstädte, in denen im Jahre 1931 im Durchschnitt 40,12% der Arbeitslosen vorwiegend von städtischen Unterstützungen lebten."[280]

Städtische Krisenpolitik

Bezeichnete Ecarius am 17. Juni 1931 die Finanzlage der Stadt als „ernst", kennzeichnete er sie zu Beginn des Jahres 1932 als die „vielleicht komplizierteste und schwierigste von allen Städten Bayerns."[281] Das städtische Budget war einerseits durch die Wohlfahrtsausgaben enorm belastet, andererseits stand ein katastrophaler Rückgang an Steuereinnahmen zu Buche. Die von Jahr zu Jahr zunehmende Verschlechterung des Haushaltsplanes stellte sich im Rechnungsjahr 1932/33 nach dem Entwurf des Voranschlages so dar, daß die Einnahmen aus sämtlichen Reichs-, Landes- und Gemeinde-Steuern und aus den örtlichen Abgaben noch nicht einmal ganz ausreichten, um die für das Wohlfahrts- und Gesundheitswesen vorgesehenen Ausgaben zu decken. „Allein für die Wohlfahrtserwerbslosen werden die Einnahmen aus sämtlichen Reichssteuern, den Umlagen und aus ⅔ der Bürgersteuer aufzuwenden sein. Für das Rechnungsjahr 1932/33 ergibt sich allein durch den Rückgang an den Reichssteuern und die Erhöhung des Zuschußbedarfs des Fürsorgeverbandes eine Verschlechterung des städtischen Haushalts gegenüber 1928/29 von rund sieben Millionen Reichsmark. Schon seit Jahren reichten die städtischen Anteile an den Reichssteuern nicht mehr aus, den Zuschußbedarf des Fürsorgeamtes zu decken."[282]

Einnahmen der Stadt Ludwigshafen aus den Reichssteuern im Vergleich zum Zuschußbedarf des Fürsorgeverbandes 1928—1932[283]

Rechnungsjahr	Steuereinnahmen in Tsd RM	Steuereinnahmen in %[1]	Zuschußbedarf Fürsorge in Tsd RM	Zuschußbedarf Fürsorge in %[1]	Überschuß/ Unterdeckung in Tsd RM	Deckung durch Steuern in %[1]
1928	3 885	100	2 304	100	+1 581	168,6
1929	3 904	101	3 173	138	+731	123,0
1930	3 248	84	4 331	188	-1 083	75,0
1931	1 950	50	5 566	242	-3 616	35,0
1932	1 455	38	6 810	296	-5 355	21,4

1 Basis 1928

Während in diesen fünf Jahren die Eingänge an Reichssteuern auf nahezu ein Drittel zurückgegangen sind, hat sich der Zuschußbedarf des Fürsorgeverbandes auf das Dreifache erhöht. Im Rechnungsjahr 1932/33 reichten die Steuerzahlungen des Reiches nur noch aus, um ein Fünftel der Fürsorgebedürftigen zu unterstützen. Dabei sollte der Reichssteueranteil einen Hauptpfeiler des kommunalen Finanzgebäudes bilden. Nach dem Haushaltsentwurf für 1932/33 brachten sie der Ludwigshafener Stadtkasse jedoch nur den etwa gleichen Ertrag wie die als Ergänzungssteuern gedachten Bürger-, Bier- und Getränkesteuern.

Um deren Einführung und schrittweise Erhöhung hat es mehrfach heftige Konflikte gegeben, die zum Teil groteske Züge annahmen. Kontrahenten waren das Bürgermeisteramt und die staatliche Aufsichtsbehörde auf der einen sowie der Steuer-resistente Stadtrat auf der anderen Seite. War die Verwaltung bestrebt – und per Notverordnung vom 26. Juli 1930 auch verpflichtet, sämtliche kommunalen Steuerquellen auszuschöpfen, um für einen ausgeglichenen Etat zu sorgen, widerstrebte es jeweils einer großen Mehrheit der Stadträte, die geplagte

Anmerkungen
Seite 162 und 163

281 SRP 11.1.1932, Bd. 51, Bl. 8

282 Krisenzahlen der Stadt Ludwigshafen a. Rh., bearb. im Auftrage des Ersten Bürgermeisters vom Amt für Wirtschaft und Statistik, Mai 1932, S. 4

283 ebd.

284 Blaich, Wirtschaftspolitik, S. 101f

285 Krisenzahlen der Stadt Ludwigshafen a. Rh., S. 6

Einwohnerschaft mit weiteren Abgaben zu belasten. Sieger in diesem Steuerstreit blieb immer das Bürgermeisteramt, denn das letzte Wort hatte jeweils die Regierung der Pfalz, indem sie die Steuern bzw. steigende Hebesätze gegen die Stadtratsbeschlüsse einfach anordnete.

Begonnen hatte das Steuer-Theater im Herbst 1930, als der Stadtrat die gewünschte Einführung der sogenannten Bürgersteuer sowie die Erhöhung der Gemeindebiersteuer in Verbindung mit einer neuen kommunalen Getränkesteuer grundsätzlich debattierte und erstmals ablehnte. „Daraufhin setzte die Aufsichtsbehörde dem Stadtrat eine Frist zur Einführung der neuen Gemeindesteuern und drohte, bei einer erneuten Ablehnung die Erhebung dieser Steuern zu einem ihr genehmen Steuersatz zu verfügen. Die auf diesen Einspruch hin anberaumte Stadtratssitzung vom 6. November 1930 erbrachte indessen keine neuen Gesichtspunkte. Die Mittelstandsparteien lehnten die Bier- und die Getränkesteuer entschieden ab, befürworteten jedoch die Bürgersteuer. Das Zentrum wandte sich gegen die Bürgersteuer, stimmte aber für die Biersteuer, falls die Brauereien auf eine Steuerüberwälzung im Verkaufspreis verzichten würden. Die SPD verwahrte sich gegen jede neue Steuerbelastung der Bevölkerung. Die NSDAP und die KPD schließlich erklärten, ‚dem derzeitigen System' keine neuen Steuern bewilligen zu wollen. Das Abstimmungsergebnis ergab jedenfalls wieder eine Mehrheit – 22 zu 15 Stimmen – gegen die geplanten Steuererhöhungen. Die Staatsaufsichtsbehörde zögerte jedoch nicht, ihre Drohung wahr zu machen. Sie ordnete die Erhebung der Bürgersteuer für das Rechnungsjahr 1930 mit dem einfachen Landessatz von 6 RM an und verfügte die Erhöhung der Getränkesteuer mit Wirkung vom 1. Dezember 1930."[284]

Dieses traurige Spiel ging weiter: Am 24. Oktober 1931 setzte die Regierung der Pfalz eine Erhebung der Bürgersteuer mit 450% des Landessatzes durch, ein Jahr später verfügte sie einen Zuschlag von 1 000% – die Stadtverwaltung hatte in ihrer verzweifelten Lage, die Haushaltslöcher stopfen zu müssen, für den Zeitraum zwischen April 1932 und Dezember 1933 sogar einen Steuersatz von 1 100% beantragt.

Doch auch die Erträge aus der Bürgersteuer, Biersteuer und Getränkesteuer, die vom Gesetzgeber als Ergänzungssteuern für die Zeit der Überlastung mit Wohlfahrtsausgaben gedacht waren, vermochten zusammen mit dem Aufkommen aus den Reichssteuern und den Gemeindeumlagen aus Grund-, Haus- und Gewerbesteuern den Zuschußbedarf des Fürsorgeverbandes nicht voll zu decken; für ein Viertel der Wohlfahrtslasten fehlte nach dem Budget-Voranschlag die Deckung durch Steuern und Abgaben.

„Unter diesen Umständen ist es selbstverständlich, daß im Rechnungsjahr 1932/33 nach dem Entwurf des Haushaltsplanes jede Einnahmequelle auf das gründlichste ausgeschöpft und jede vermeidbare Ausgabe eingespart wird. Daß die städtischen Werke seit Jahren steigende Abführungen an den Haushalt vornehmen, und daß der Voranschlag kaum noch Aufwendungen für nicht unbedingt erforderliche Zwecke aufweist, ist aus dem Bestreben zu erklären, für die der Fürsorge bedürftigen Einwohner unter allen Umständen die erforderlichen Mittel sicherzustellen. Keine Minute ist mehr zu verlieren; das Reich muß endlich die schon längst vordringliche Reform des Unterstützungswesens für die Arbeitslosen durchführen und die Gemeinden von diesen Lasten befreien."[285]

Titelblatt des ›Eicke-Gutachtens‹ zur Reorganisation der Stadtverwaltung 1932 [208]

Referatseinteilung in der Stadtverwaltung Ludwigshafen (Stand: 1932)[286]

I	Oberbürgermeister (hauptamtlich)	Allg. Geschäftsleitung und Organisation des städtischen Dienstes
II	2. Bürgermeister (hauptamtlich)	Soziales, städtische Werke, Betriebe und Einrichtungen
III	3. Bürgermeister (ehrenamtlich)	Wohnungswesen, Wohnungsfürsorge, Aufsicht Standesamt, Amt für Wirtschaft und Statistik
IV	Rechtsrat	Finanzwesen, Leitung Steuer- und Rechnungsamt, Mieteinigungsamt, Kunst- und Musikreferat
V	Rechtsrat	Angelegenheiten der inneren Verwaltung, Einwohnermeldeamt, Stadtamt für Leibesübungen, Unterricht für Referendare
VI	Rechtsrat	Juristisches Referat, Grundstücksangelegenheiten, Stiftungswesen
VII	Oberamtmann	Personalangelegenheiten, zentrale Gehaltszahlungsstelle
VIII	Oberbaurat	Hochbauwesen
IX	Oberbaudirektor	Straßenbau und -unterhaltung, Kanalisation, Rheinbäder
X	Oberbürgermeister	Volks- u. Berufsschulen, Lyzeum

„Bei einer solchen Finanzlage wird das Jahr 1932 ein Jahr eiserner Sparsamkeit sein müssen", hatte Ecarius im Januar angekündigt.[287] Um weitere Sparpotentiale auszuloten, ließ er im März 1932 von einem Frankfurter Wirtschaftsprüfer namens Dr. Eicke „die städtische Verwaltung sowie ihre Einrichtungen und Betriebe einer genaueren Prüfung in Bezug auf ihre zweckmäßige und sparsame Organisation" unterziehen. Dessen Gutachten sollte auch Vorschläge zur Erneuerung der Verwaltungsstruktur beinhalten. Eickes gründliche Arbeit, die in einen 440 Seiten umfassenden Prüfbericht mündete,[288] wurde bereits in der Stadtratssitzung vom 19. Mai 1932 im Rahmen der Etatdebatte ansatzweise diskutiert. Umgesetzt wurden seine Vorschläge jedoch erst in der NS-Zeit.

Im September 1932 war der Oberbürgermeister trotz Gesundhungern der Verwaltung, Personalabbau und Gehaltskürzungen noch immer auf der Suche nach Entlastung der städtischen Ausgaben – und zwar „aus eigener Kraft". Diese sei, gab er einem Redakteur des ›General-Anzeigers‹ zu verstehen, „gerade jetzt dringender denn je, denn insgesamt hat die Stadt immer noch 24 000 Menschen, Wohlfahrtserwerbslose, Sozialrentner usw. zu betreuen, wofür monatlich 600 000 Mark, täglich also 20 000 Mark aufzubringen sind." Er versprach zugleich, „alles zu tun, um dieser ihrer Pflicht, der Sorge für diese 24 000 Menschen, die mit den Unterstützten des Arbeitsamtes sich auf 30 000 belaufen, Genüge zu leisten."

Anmerkungen
Seite 164 und 165

286 *Die Reorganisation der Stadtverwaltung Ludwigshafen Rh. Ein Gutachten von Dr. Ing. Eicke, 1932, S. 20ff*

287 *SRP 11. 1. 1932, Bd. 51, Bl. 10*

288 *Die Reorganisation der Stadtverwaltung Ludwigshafen Rh. Ein Gutachten von Dr. Ing. Eicke, 1932*

289 *Ludwigshafener Wirtschaftszahlen, Jahresübersichten 1931—1933*

290 *ebd.*

291 *Krisenzahlen der Stadt Ludwigshafen a. Rh., bearb. im Auftrage des Ersten Bürgermeisters vom Amt für Wirtschaft und Statistik, Mai 1932, S. 2*

292 *GA, 17.9.1932: Ein Pfalztag im Ebertpark*

Ausgewählte Daten zur wirtschaftlichen und sozialen Notlage 1929—1933 [289]

	1929	1930	1931	1932	1933
Zwangsversteigerungen (Fälle)	12	29	29	91	31
Konkurse	25	21	44	22	26
Offenbarungseide	–	385	343	367	117
Haftbefehle zur Erzwingung des Offenbarungseides	–	1 133	1 397	1 163	625
Fleischverbrauch in kg/Kopf	51,2	46,5	45,8	42,6	44,1
Milchverbrauch in Liter/Kopf	109,2	106,3	105,4	101,2	97,9

Jährlicher Strom- und Gasverbrauch in Ludwigshafen 1930—1933 [290]

	1930	1931	1932	1933
Strom (1 000 kWh)	35 605,0	31 052,4	24 910,1	20 444,0
Gas (1 000 m³)	8 778,6	8 518,9	7 887,7	7 341,3

Sparverkehr bei der Stadtsparkasse Ludwigshafen (in Tausend Reichsmark) [291]

	Einzahlungen	Auszahlungen	Bilanz
1928	7 492,6	5 336,8	+2 155,8
1929	6 946,0	5 983,0	+963,0
1930	6 534,5	6 167,9	+366,6
1931	4 137,5	7 862,5	-3 725,0

„Da eine weitere Erhöhung der städtischen Gebühren nicht tragbar und indiskutabel" sei, müsse die Stadtverwaltung andere Mittel in Erwägung ziehen, um über ihre Finanzschwierigkeiten hinwegzukommen." Ein Weg, der schon früher und nunmehr wieder verstärkt beschritten wurde, waren Notstandsarbeiten, jetzt „freiwillige Arbeitsdienstpflicht" genannt. Vorgesehen war, 340 Arbeitslose einzustellen, die 27 660 Tagschichten verrichten sollten. „Als Lohn, der teils in bar, teils in Naturalien in Aussicht genommen ist, sollen 2 Mark pro Tag und pro Mann zur Auszahlung gelangen." [292]

Erscheinungsbilder der Krise

„Wie lebt der Farbenkumpel?", fragte die Gewerkschaftszeitung ›Der Proletarier‹ am 9. Januar 1932 ihre Leser, um die schwieriger gewordene soziale Lage auch derjenigen Chemiearbeiter zu illustrieren, die noch einen Arbeitsplatz hatten. Wir folgen diesem Beispiel, weil es uns darüber hinaus Anhaltspunkte zum Ein- und Auskommen der Fabrikarbeiterfamilien Ende der Weimarer Jahre bietet.

Der Tariflohn eines ungelernten Arbeiters in der chemischen Industrie betrug Anfang 1932 78,5 Pfennige pro Stunde. Für sein Beispiel berechnete der Redakteur indes einen durchschnittlichen Effektivverdienst von einer Reichsmark, in dem eine „Kopfzulage, Überstunden und Überverdienste durch Prämien und Akkordarbeit" einbezogen waren. Diesem Wochenverdienst von 50 RM wurden die Abzüge einer

Bürgermeister der Weimarer Zeit in Ludwigshafen

Erster bzw. Oberbürgermeister
Friedrich Krafft bis 1920
Christian Weiß 1920—1930
Fritz Ecarius ab 1930

Zweiter (1920 ehrenamtlicher, danach hauptamtlicher) Bürgermeister
Richard Müller (Rechtsrat)
April—Juli 1920
Paul Kleefoot (SPD)
1920—1933

Dritter (ehrenamtlicher) Bürgermeister
Jakob Binder (Adjunkt, SPD)
April—Juli 1920
Jakob Müller (Arbeiter, USPD)
1920—1924(?)
Theodor Schäufele (Sattler, Zentrum)
1925—1930
Franz Zang (Schlosser, Zentrum)
1930—1933

Vierter (ehrenamtlicher) Bürgermeister
Ludwig Butscher (Rechtsanwalt, BVP)
April 1920—1925

Arbeiterfamilie mit zwei Kindern gegenübergestellt. An Abgaben und Steuern waren wöchentlich 5,21 RM zu leisten, die sich aus der Invalidenversicherung (1,00 RM), Krankenkassen- und Erwerbslosenbeiträgen (2,71 RM) sowie der Lohnsteuer (rund 0,50 RM), der Krisensteuer (0,40 RM) und der Bürgersteuer (etwa 0,60 RM) addierten. Nicht eingerechnet waren Kirchensteuer und Fahrgeld für den Weg zur Arbeitsstelle. Die Wohnungsmiete für eine vierköpfige Familie mußte mit etwa acht Reichsmark veranschlagt werden. Bei summa summarum rund 13 Reichsmark Abzügen blieb also ein Betrag von 27 Reichsmark übrig, von dem allerdings noch Nebenkosten für Wohnung und Heizung, in der Regel auch Vereins- und Gewerkschaftsbeiträge sowie das Zeitungsabonnement abzuziehen wären. „Für den direkten Lebensbedarf einschließlich Kleidung", so die Budgetberechnung des ›Proletariers‹, verblieb folglich „im besten Falle ein Betrag von 20 bis 22 Mark." Daß diese Summe „auch die allergeringste Nebenausgabe" verbiete, verstehe sich am Rande.

Ein untrügliches Zeichen, wie sehr die breite Masse der Stadtbevölkerung von der Krise erfaßt worden war, bot auch die Statistik der Stadtsparkasse. Endete das Geschäftsjahr 1930 bei den Spareinlagen noch mit einem Plus, begannen nun „die Rückzahlungen die Einzahlungen um ein Erkleckliches zu übersteigen. Diese Talfahrt vollzog sich bei der Stadtsparkasse mit einer hohen Rasanz: Im Laufe des Jahres 1931 verminderten sich die Spareinlagen um 3 724 950 Reichsmark oder 26%. Das durchschnittliche Guthaben der Sparbücher schrumpfte von 872 auf 506 Reichsmark zusammen – der höchste Schwund unter allen bayerischen Sparkassen."[293]

Die soziale Bedrängnis, in die viele Ludwigshafener inzwischen geraten waren, ist ein wesentlicher Grund für diesen traurigen Rekord. Ein anderer war das generelle Mißtrauen der Sparer gegenüber den Kreditinstituten, die sich im Sommer 1931 einer massiven Liquiditätskrise ausgesetzt sahen, als schlagartig ausländische Kredite aus Deutschland abgezogen wurden. Das im internationalen Vergleich hohe deutsche Zinsniveau hatte zahlreiche Ausländer angelockt, ihr Geldkapital bei deutschen Banken anzulegen oder an deutsche Investoren auszuleihen. Etwa die Hälfte der importierten Gelder war jedoch – die Hyperinflation hinterließ ihre Spuren – nur kurzfristig angelegt. Im Falle einer ökonomischen oder politischen Krise konnten die meisten der ausländischen Gläubiger ihre Darlehen rasch abziehen. Dieses Damoklesschwert schwebte nicht nur über den mit Auslandsanleihen hochverschuldeten Kommunen, sondern ebenso über zahlreichen Banken, die ihre Kreditvergabe im Verhältnis zu ihrem Eigenkapital zu stark ausgedehnt hatten.

Die erste Rückzugswelle setzte unmittelbar nach dem NSDAP-Erfolg bei der Reichstagswahl vom 14. September 1930 ein: damit war eine wichtige Voraussetzung für die Kreditwürdigkeit im Ausland, nämlich die Zuversicht in die politische Stabilität der Weimarer Republik, stark ramponiert. Mitte 1931, als eine Reihe deutscher Großunternehmen in massive Schwierigkeiten geriet und mehrere Banken, darunter die alte und angesehene ›Danatbank‹, ihre Zahlungsunfähigkeit erklären mußten, gesellten sich zu den politischen Zweifeln wirtschaftliche Bedenken. „In Ludwigshafen erregten die Illiquidität der ›Landesbank der Rheinprovinz‹ und der Zusammenbruch der ›Bank für Hausbesitzer, Handel und Gewerbe‹ die Gemüter."[294]

Anmerkungen
Seite 166 und 167

293 Reinfried, S.46
294 ebd.
295 ebd., S.48
296 SRP, Bd. 50, Bl. 502f
297 GAG-Geschäftsbericht 1931, S.7

Kunst in der Stadt der Chemie: linke Hälfte des Kreuzigungsfreskos von Max Slevogt in der Friedenskirche; StALu [f 1]

Bick über die Innenstadt
vom Zeppelin aus
vermutlich vor 1920; StALu [f2]

Die Kaserne der französischen Besatzung
die spätere ›Knoll-Kaserne‹
1920er Jahre; StALu [f3]

Neue Stätte der Kultur
der ›alte‹ Pfalzbau
um 1930; StALu [f4]

Der ›Rote Hof‹
in der Gartenstadt
1920er Jahre; StALu [f5]

Eine Großstadt wird korrigiert:
Blick vom Ebertpark auf die Ebertblöcke, um 1930; StALu [f6]

Das Turmrestaurant im Ebertpark
nach 1925; StALu [f7]

Der Ludwigsplatz
um 1930
Gemälde von Erich Schug
StALu; Original Kunstbesitz der Stadt Ludwigshafen [f 8]

Die Weltgeltung der Ludwigshafener Industrie:
Werbeplakat der Firma Knoll für den spanischen Markt, 1920er (?) Jahre; StALu, DS [f9]

Ludwigshafen im modischen Design der ›Goldenen Zwanziger‹
Werbung der Ludwigshafener Möbelfabrik Heinrich Lauth
StALu, DS [f 10]

Politische Leidenschaften:
Wahlplakat des Zentrums für die Reichstagswahlen vom 7. Dezember 1924
StALu, DS, Wahlkampfmaterial [f 11]

Politische Leidenschaften:
Feier der Rheingönheimer KPD zum 10jährigen Jubiläum der Oktoberrevolution; StALu, Plakatsammlung [f 12]

Nationalsozialistische Propaganda in der grauen Innenstadt:
das Stadthaus an der Ludwigstraße im Flaggenschmuck, 1. Mai 1941; StALu [f 13]